Chronique de la Seconde Guerre mondiale

Chronique de la Seconde Guerre mondiale

JOL
INTERNATIONAL
PUBLISHING

Réimpression Nº 1, 1994

ISBN : 2-905969-41-5

Dépôt légal : novembre 1990

Photocomposition : Imprimerie Louis-Jean, Gap
Photogravure : Christian Bocquez, Beauclair, Paris
Impression et reliure: Brepols, Turnhout, Belgique

Chronique de la Seconde Guerre mondiale

a été conçu et réalisé sous la direction de Jacques Legrand

Rédacteurs en chef — Derrik Mercer et Thomas André
assistés de David Gould et Christophe Péry

Consultants — Air Chief Marshal Sir Michael Armitage, Admiral of the Fleet Lord Lewin, Field Marshal Sir John Stanier
Général Le Diberder, Général Michel Loridan, Pierre Padovani

Conseiller éditorial — Robert Maillard

Comité de Rédaction — Frank Barber, Hazel Bedford, Peter Bently, Robert Carvel, Christopher Dobson, Tony Geraghty, Richard Grant, Godfrey Hodgson, Sir Tom Hopkinson, Robert Jones, Peter Lewis, George Odgers, Curtiss Pierson, Denis Pitts, Richard Trench
Odile Brunet, Laurence Caracalla, Isabelle Colard, Christine Courtois, Charles Frankel, Catherine Guiton, François Herry, Anna Orofianna Geneviève Reynes, Carole Thierry

Chronologies — Pierre-Yves Grasset

Annexes techniques — Charles Messenger

Documentation — Joan Thomas, Marion Dain, Jonathan Bates, Annabel Freyberg, Russell Mould, Robert Steven

Iconographie — Christian Danger, Francesca Odell

Cartes et dessins — Bull Publishing Associates Ltd, Michael Badrocke

Secrétariat de production — Arnaud Guillon (*index*), Yves Kielan, Nathalie Palomba, Anne-Marie Esteves-Viana

Correction — Denis Coursin, Marianne Dauvel, Philippe Godard, Josiane Saintis, Léo Fraillon

Informatique — Martine Colliot, Dominique Klutz (*software*), Perry Leopard

Fabrication — Catherine Balouet, Emmanuelle Berenger

Avant-propos

Cet ouvrage a pour ambition de retracer, sous la forme d'un récit distribué chronologiquement, l'immense conflit qui, durant six années, a secoué la planète et plongé l'humanité dans la plus terrible des tragédies que l'histoire ait connues. Le propre de ce conflit n'est pas, toutefois, d'avoir été mondial (la guerre de 1914-1918 partage avec lui cette particularité), mais d'avoir revêtu une dimension idéologique et morale qui en a modifié la nature et, pour cette raison, les valeurs mêmes de l'existence en étant devenues l'enjeu, qui a requis un engagement total des hommes. Si les faits militaires constituent, évidemment, la trame principale du livre et en ponctuent, jour après jour, le déroulement, ils ne sauraient à eux seuls rendre compte de la lutte qui fut menée sur tous les fronts par les hommes épris de liberté contre la bête noire du nazisme et ses alliés. Cette guerre fut totale et il convenait, sous peine d'en donner une image tronquée, d'étendre nos investigations à toutes les formes qu'elle a empruntées : exécutions sommaires, prises d'otages, représailles collectives, liquidation systématique de groupes humains entiers (Juifs, Tziganes...).

Fidèle à la formule qui a fait le succès des ouvrages "Chronique", on a tenté de restituer les faits jour après jour – comme le ferait un journaliste – dans leur diversité, leur éclairage du moment, et parfois même leur incertitude. Ce souci n'est pas allé toutefois jusqu'à méconnaître les distorsions que la censure, le secret ou la propagande ont pu imposer aux informations telles qu'elles furent diffusées à l'époque. Cette chronique, bien évidemment, tient compte de toutes les données accumulées depuis lors, ainsi que des nombreux travaux menés par les historiens sur des événements déjà vieux maintenant d'un demi- siècle.

Le principe même du découpage chronologique (à raison d'une semaine en moyenne par double page) offre, par ailleurs, l'avantage considérable de montrer, s'agissant d'un conflit mondial, les événements dans leur simultanéité aux quatre coins de la terre. Une illustration, enfin, d'une abondance exceptionnelle (quelque 1 500 documents noir et blanc ou en couleurs) permet de "visualiser" et de rendre sensible la présence des hommes derrière l'immense appareil technologique de la guerre moderne.

Les limites de l'ouvrage sont celles-là mêmes du conflit : du 1er septembre 1939, date de l'invasion de la Pologne par Hitler, au 2 septembre 1945, jour de la capitulation définitive du Japon, soit 2 194 jours relatés en 660 pages, en moyenne une page pour un peu moins de trois jours et demi de guerre ! On ne saurait plus fidèlement suivre les événements, grands ou petits.

Complément indispensable de ce récit, on trouvera, en introduction, une brève chronologie du 7 mars 1936, date de l'entrée des troupes allemandes en Rhénanie, au 31 août 1939 et, en conclusion, une chronologie succincte des derniers mois de 1945, marqués notamment par l'ouverture du procès de Nuremberg.

D'importantes annexes (75 pages) comportent :

– un état descriptif des différents types d'armement (avec croquis et photographies) mis au point par les belligérants dans une guerre où l'avancée technologique et la course aux armes secrètes jouèrent un rôle décisif ;

– le coût de la guerre en vies humaines et en richesses matérielles ;

– des notices biographiques des principales personnalités civiles et militaires ayant joué un rôle lors du conflit, avec un appendice plus spécialement consacré aux Français dans la guerre ;

– un glossaire des mots clés indispensables pour une bonne lecture de l'ouvrage ;

– un index, enfin, répertoriant tous les noms propres de personnes et de lieux.

L'éditeur

France libre
éléments blindés de la division Leclerc
sont entrés à Paris, cette nuit,
d'un peuple enthousiaste
Paris dans la bataille
Les premiers soldats
français a l'Hotel de Ville
Vers le châtiment

Sommaire

Les forces en présence le 1er septembre 1939

Forces terrestres	France	Angleterre	Allemagne	Pologne	Belgique	Etats-Unis
Division d'infanterie (active)	23	4	39	30	6	189 839 h (1)
Division d'infanterie (réserve)	51	5	53	9	12	–
Division d'infanterie motorisée	7	1	4	–	–	–
Division blindée ou Pz.D.*	–	–	6	–	–	–
Division légère mécanique ou L.D.**	2	–	4	–	–	–
Division de cavalerie	3	–	–	–	–	–
Total	86	10 (2)	106-109 (3)	39 (4)	18	–

* Pz.D. : Panzer Divisionen

** L.D. : Leichte Divisionen

Forces navales	France	Angleterre	Allemagne	Pologne	Belgique	Etats-Unis
Cuirassés, croiseurs de bataille	7	15	5	–	–	125 202 h (5)
Croiseurs	19	64	8	–	–	14
Porte-avions	2	7	–	–	–	5
Contre-torpilleurs ou destroyers	32	184	22	4	–	82
Torpilleurs	38	–	12	4	–	–
Sous-marins	77	58	57	5	–	10

Forces aériennes (5)	France	Angleterre	Allemagne	Pologne	Belgique	Etats-Unis
Chasseurs	600	560	1 179	270	194	*
Bombardiers	260	855	1 516	170	–	

* Les forces américaines comptent, en septembre 1939, 2 400 appareils de tous types. Le total des effectifs de l'armée américaine est de 334 473 hommes, y compris les Marines (19 434 h).

(1) Le nombre de divisions de l'armée américaine n'est pas connu. Ces chiffres sont ceux de juin 1939.

(2) En ligne le 2 octobre 1939.

(3) Le second chiffre inclut les unités SS.

(4) Il faut ajouter à ce chiffre 11 brigades de cavalerie et 2 brigades motorisées.

(5) A l'exception de l'aéronavale.

De Sedan à Sedan : les raisons d'une défaite

Par une étrange répétition de l'histoire, c'est à Sedan, là où l'empereur Napoléon III capitula en 1870, que s'est joué le sort de la campagne de 1940. Les divisions blindées allemandes font une percée dans ce même secteur et, en l'espace de cinq jours, emportent la décision. L'armée française, tenue pour la plus puissante du monde, doit s'incliner au terme d'une campagne de quarante jours. Comment expliquer une pareille défaite, considérée non sans raison comme une faillite globale de la nation ?

Lorsque la guerre éclate, la France n'est pas prête. Le matériel de ses armées est désuet, son aviation insuffisante, mais, surtout, la nation n'est pas engagée sur le plan psychologique. Peu de Français sont convaincus de la légitimité du combat qui s'engage. "Qu'on nous foute la paix !" Ce refrain chanté par Maurice Chevalier dans l'immédiat avant-guerre illustre à merveille les sentiments qui prédominent dans la société française : défaitisme et pacifisme. La dimension belliciste et totalitaire du nazisme ne sera perçue que très tardivement. Les raisons de l'attentisme français lors de la remilitarisation de la Rhénanie en deviennent presque risibles: on était à un mois des élections, les hommes qui auraient donné l'ordre ou simplement approuvé publiquement une intervention militaire en Allemagne étaient assurés de les perdre. Pourtant, en quarante-huit heures, l'affaire aurait pu être réglée et l'Europe se serait sans doute épargné un conflit dévastateur de soixante-dix mois. Traumatisés par la saignée de la Grande Guerre, lors des négociations de Munich en 1938, et même encore en 1939, les Français s'accrochent désespérément à l'idée que celle-ci restera bel et bien "la der des der". Un sentiment que partage l'ensemble de la classe politique et des élites, et qui explique l'acharnement à sauver la paix au prix de capitulations et de démissions qui finiront par mener au désastre.

Attentisme et immobilisme caractérisent aussi la pensée militaire de l'entre-deux-guerres. L'état-major français, vainqueur en 1918, ne conçoit pas qu'une guerre puisse se dérouler selon un autre schéma que celui qui l'a mené une première fois à la victoire. Aussi s'enferme-t-on dans une doctrine défensive qui se traduit en pratique par la construction de la ligne Maginot. Une ligne de fortifications n'est pas une fin en soi, et cette muraille de béton et d'acier a son talon d'Achille: la ligne Maginot ne couvre pas toute la frontière. On songera bien à la prolonger jusqu'à l'Escaut et la Sambre, mais, pour des raisons d'économie et de politique étrangère, le projet sera abandonné. Dans ce contexte, les chars de combat et l'aviation n'ont guère d'avenir. Si l'on ouvre l'*Instruction sur l'emploi tactique des grandes unités*, rédigée en 1936 par le général Joseph Georges et un aréopage de onze généraux, un texte qui représente pour les militaires de l'époque "la Loi et les Prophètes", le rôle des blindés est ainsi défini: "La mission des chars est d'aider l'infanterie à surmonter les difficultés qu'elle rencontre dans sa progression." En France, les théoriciens de la guerre blindée, du général Estienne au colonel de Gaulle, ne rencontrent que peu d'échos auprès des autorités militaires suprêmes. Dans le même temps, en Allemagne, Heinz Guderian connaîtra également les pires difficultés pour faire admettre ses théories. Elles ne plaisent guère aux généraux de la Wehrmacht, et c'est à la protection du général von Manstein qu'il devra d'être introduit auprès de Hitler, qui, enthousiasmé, lui laissera carte blanche. La pensée militaire française est tout aussi déficiente en ce qui concerne l'aviation de combat: il n'est pas question pour les stratèges français d'en faire une arme autonome et de l'employer directement sur le champ de bataille ; son utilisation en liaison avec l'artillerie et les blindés n'est pas non plus évoquée, elle restera dispersée entre les corps d'armée.

Pourtant, de septembre 1939 à mai 1940, un répit est offert aux Français. Ce fut la "drôle de guerre". Au cours de ces mois d'inaction, des projets chimériques furent échafaudés, tels que l'ouverture d'un front balkanique ou le bombardement des puits de pétrole caucasiens, avant que ne soit finalement engagée une expédition à peine moins chimérique, en Norvège, en vue de couper à l'Allemagne la "route du fer". On sait ce qu'il en advint. Toutefois, sous l'impulsion d'un organisateur remarquable, Raoul Dautry, qui joue le rôle d'un Carnot dans une guerre qui sera perdue, la France tente de combler son retard. Chars B et avions de combat sortent des usines. Trois divisions cuirassées sont formées et prêtes au combat, une quatrième verra le jour en pleine bataille. Mais c'est trop peu, et il est déjà trop tard. Le 10 mai, l'offensive allemande à l'ouest bouscule toutes les prévisions. En quelques jours, le pays perd pied et ne réagit plus. Eliminée du champ de bataille, la France sombre dans la défaite.

Une longue nuit commence, mais déjà des voix s'élèvent, qui refusent l'inacceptable ; de Londres, le général de Gaulle appelle à continuer le combat. Sur le sol français, des hommes seuls, peu nombreux, dispersés, résistent dès les premiers jours de l'Occupation. Le moment est encore loin où le conflit deviendra planétaire, plus loin encore celui où se profilera la victoire. C'est le récit de ces années qui forme la trame de ce livre. On y verra comment, grâce à la ténacité de quelques-uns, la France surmontera sa défaite initiale et figurera dans le camp des vainqueurs au moment de la capitulation du Reich.

L'Europe s'achemine vers un conflit généralisé

1936

7 mars, Allemagne. Hitler dénonce les accords de Locarno, tandis que la Wehrmacht occupe la zone démilitarisée de Rhénanie.
3 mai, France. Victoire électorale du Front populaire.
5 mai, Ethiopie. Les troupes italiennes pénètrent dans Addis-Abeba.
9 mai, Italie. Le roi d'Italie est proclamé empereur d'Ethiopie.
11 mai, France. Les ouvriers de la métallurgie et de l'aviation inaugurent les premières « grèves sur le tas » avec occupation des usines.
3 juillet, Genève. Pour dénoncer le nazisme, Stephen Lux, journaliste juif allemand, se suicide en pleine séance de la SDN.
15 juillet, Genève. Abandon officiel des sanctions contre l'Italie par la SDN, qui reconnaît de fait la conquête de l'Ethiopie.
18 juillet, Espagne. Soulèvement militaire contre la république du Front populaire.
11 août, France. Le gouvernement nationalise les industries d'armement.
17 août, Berlin. Aux Jeux olympiques, Hitler quitte la tribune officielle afin de ne pas serrer la main de l'athlète noir américain Jess Owens.
24 août, Berchtesgaden. Hitler signe un décret qui porte à deux ans la durée du service militaire.
14 septembre, Nuremberg. VIIIe congrès du parti nazi. Göring est chargé de mettre en place un plan de réarmement de quatre ans.
23 octobre, Berlin. Pour soutenir le général Franco, Hitler décide l'envoi en Espagne de la légion Condor.
24 octobre, Berlin. Le régime nazi reconnaît Victor-Emmanuel III comme empereur d'Ethiopie.
1er novembre, Milan. Mussolini annonce la création d'un axe Rome-Berlin.
1er novembre, Espagne. Arrivée à Madrid de la 1re brigade internationale, commandée par le Hongrois Kleber.
18 novembre, Espagne. Le gouvernement nationaliste de Burgos est reconnu par l'Italie et l'Allemagne.
25 novembre, Berlin. Signature entre le Japon et l'Allemagne du pacte antikomintern.

1937

30 janvier, Berlin. Le Reichstag renouvelle pour quatre ans les pleins pouvoirs de Hitler. Le gouvernement allemand garantit la neutralité de la Belgique et de la Hollande.
2 mars, Rome. Le Grand Conseil fasciste décide un effort de réarmement de l'Italie.
9 mars, Allemagne. Rafle de deux mille « criminels invétérés ou individus attentant aux bonnes mœurs », que l'on déporte.
14 mars, Vatican. Dans l'encyclique *Mit brennender Sorge*, le pape Pie XI condamne le nazisme. La Gestapo interdit sa diffusion en Allemagne.
26 avril, Espagne. Les avions de la légion Condor détruisent sciemment la ville de Guernica afin de terroriser la population.
19 juin, Espagne. Prise de la ville de Bilbao par les troupes franquistes.
21 juin, Paris. Démission du cabinet de Front populaire de Léon Blum.
22 juin, Paris. Camille Chautemps est chargé de former le 102e ministère de la IIIe République.
8 juillet, Chine. Le Japon envahit le pays sans déclaration de guerre.
19 juillet, Munich. Inauguration d'une exposition sur « l'Art dégénéré ». A cette occasion, plusieurs milliers de toiles sont brûlées.
26 juillet, Madrid. Violente offensive franquiste.
9 août, Allemagne. Ouverture d'un camp de concentration à Buchenwald, construit sur les critères « d'unité et de capacité fonctionnelles » acquis à Dachau.
25 septembre, Berlin. Mussolini est accueilli par Hitler, qui lui remet l'insigne en or du parti nazi. Le Duce nomme le Führer caporal d'honneur de la milice fasciste.
6 novembre, Rome. Adhésion de l'Italie au pacte antikomintern.
27 novembre, Berlin. Göring ôte au Dr Schacht la direction du ministère des Affaires économiques du Reich.
1er décembre, Tokyo. Le Japon reconnaît le régime de Franco comme le gouvernement officiel de l'Espagne.
11 décembre, Rome. Le Grand Conseil fasciste décide le retrait immédiat de l'Italie de la SDN.

1938

1er janvier, Allemagne. Tous les médecins juifs sont exclus des caisses d'assurance maladie.
4 février, Allemagne. Remaniement au sein du haut commandement de la Wehrmacht : Hitler en chasse les officiers qui lui sont opposés et devient chef suprême des armées.
12 février, Berchtesgaden. Négociations entre le chancelier autrichien Schuschnigg et Hitler sur l'avenir de l'Autriche.
14 février, Autriche. Le nazi Seyss-Inquart devient ministre de l'Intérieur.
11 mars, Autriche. Le chancelier Schuschnigg est contraint à la démission par Hitler. Seyss-Inquart le remplace.
13 mars, Linz. Légalisation de l'Anschluss par une loi rattachant l'Autriche à l'Allemagne.
10 avril, Paris. La démission de Léon Blum met fin à l'expérience du Front populaire. Le radical Edouard Daladier forme un nouveau cabinet.
10 avril, Europe. En Autriche et en Allemagne, l'Anschluss est plébiscité par 99 % des voix.
7 mai, Europe. Londres et Paris interviennent auprès de Berlin et de Prague pour tenter de résoudre la crise des Sudètes.
22 juillet, Allemagne. Création d'une carte d'identité spéciale pour les Juifs.
12 septembre, Nuremberg. Dans un discours véhément, Hitler désigne son prochain objectif : l'annexion des Sudètes.
26 septembre, Europe. Mobilisation partielle en France et en Grande-Bretagne.
30 septembre, Munich. Conférence des Quatre : Anglais, Français, Allemands et Italiens signent, en l'absence des Tchécoslovaques, les accords par lesquels la France et la Grande-Bretagne acceptent l'annexion des Sudètes par Hitler.
9 novembre, Allemagne. « Nuit de cristal » dans tout le pays, où les SA de Röhm incendient les synagogues et pillent 7 500 magasins juifs ; trente-cinq mille Juifs sont internés dans des camps.
6 décembre, France. Signature à Paris d'un traité franco-allemand de « bonne entente ».

1939

17 janvier, Allemagne. Un décret-loi retire aux Juifs leurs permis de conduire et leur interdit certaines professions.
30 janvier, Berlin. Dans un discours à la Diète, Hitler annonce « une solution au problème des Juifs en Allemagne ».
4 février, Rome. Mussolini déclare que l'Italie est prisonnière en Méditerranée, et que les barreaux de sa prison sont la Corse, la Tunisie, Malte et Chypre.
10 février, Espagne. Les troupes nationalistes occupent la Catalogne.
27 février, Espagne. Londres et Paris reconnaissent le gouvernement de Franco. Le maréchal Pétain est nommé ambassadeur de France.
14 mars, Slovaquie. Mgr Tiso, prélat germanophile et chef du gouvernement autonome, se place sous la protection du Reich.
15 mars, Tchécoslovaquie. Entrée des troupes allemandes à Prague, et création du protectorat de Bohême-Moravie par Hitler.
24 mars, Lituanie. Annexion par Hitler de la ville de Memel et sa région. Garant de son statut, Londres ne proteste pas.
27 mars, Madrid. L'Espagne rejoint l'Italie, la Hongrie, l'Allemagne, le Japon et la Mandchourie au sein du pacte antikomintern.
28 mars, Espagne. L'entrée des troupes de Franco dans Madrid met fin à la guerre civile.
7 avril, Albanie. Les troupes italiennes envahissent le pays.
13 avril, France. Traité de garantie mutuelle entre la France, l'Angleterre et la Pologne.
28 avril, Berlin. Hitler dénonce l'accord naval germano-anglais et le pacte de non-agression avec la Pologne, conclus en 1934.
22 mai, Berlin. L'Italie et l'Allemagne signent le Pacte d'acier.
31 mai, Berlin. Hitler signe un pacte de non-agression avec le Danemark.
13 juin, Chine. Le Japon décrète le blocus des concessions britanniques et françaises.
24 août, Dantzig. Le nazi Albert Forster est nommé gauleiter de la cité libre.
25 août, Londres. Signature du pacte d'assistance anglo-polonais.

La Tchécoslovaquie est sous le joug nazi, et, à Prague, la population adresse sous la contrainte le salut hitlérien aux conquérants qui défilent.

Armements	GRANDE-BRETAGNE*	FRANCE	URSS	ALLEMAGNE	POLOGNE	ITALIE
Population (millions)	47,7	41,6	170,3	68,4	34,6	43,8
Hommes mobilisés (millions)	1	2	chiffres non disponibles	2,5	2,8	1,5
Armée de métier (millions)	0,4	0,75	2,5	1	0,35	0,6
Marine (nb de navires de guerre)	290	161	101	88	4	240
Aviation (nb de chasseurs et de bombardiers)	2 086	784	3 000 (approx.)	2 690	313	1 300 (approx.)

* à l'exclusion des forces de l'Empire

PUISSANCES MILITAIRES EUROPEENES EN SEPTEMBRE 1939

Le coup de poker de Staline et Hitler

Molotov signe le pacte de non-agression. Derrière lui, Ribbentrop et Staline.

Moscou, 24 août
La conclusion, hier, d'un pacte de non-agression entre Hitler et Staline surprend l'Europe. Les premiers étonnés par la volte-face soviétique sont les Occidentaux, car une délégation militaire franco-britannique tentait encore, le 21, de négocier un accord entre l'URSS et les démocraties libérales. Mais, si le général Doumenc était arrivé porteur d'un ordre de mission lui donnant qualité pour traiter de toute question militaire, l'amiral Drax-Plumkett n'avait pas de consignes. Du côté soviétique, le maréchal Vorochilov s'est vite rendu compte que les Britanniques étaient venus les sonder, sans plus. En outre, le refus de la Pologne de laisser passer sur son territoire des troupes soviétiques a sans doute amené les Soviétiques à se désintéresser de négociations qui semblaient ne pas devoir être reprises. A peu près au même moment, Ribbentrop prenait contact avec le ministre des Affaires étrangères soviétique Molotov. C'est finalement de Staline qu'est venue l'initiative ultime. Le 19, il proposait un projet de pacte de non-agression comportant un « protocole particulier ». Saisissant la balle au bond, Hitler acceptait et, hier dans la nuit, Molotov et Ribbentrop signaient le pacte en présence de Staline. Le texte officiel affirme la stricte neutralité de l'URSS à l'égard d'un éventuel conflit. Grâce au protocole secret, l'URSS et l'Allemagne se répartissent des zones d'influence et prévoient, en cas de bouleversement en Pologne, de s'attribuer des zones d'intérêt. Hitler et Staline ont tout lieu d'être satisfaits : le Führer a désormais les mains libres à l'ouest comme à l'est, et, de son côté, Staline obtient un superbe glacis défensif à bon compte.

Hitler dévoile à ses généraux le motif du litige

Berchtesgaden, 22 août
C'est dans sa résidence de l'Obersalzberg (Alpes bavaroises) que Hitler a réuni ses généraux pour leur annoncer ses dernières résolutions à l'égard de la Pologne. En présence de Keitel, du général Halder, chef d'état-major des armées, et de la plupart des généraux importants, le Führer a révélé qu'il était décidé à attaquer la Pologne et à se battre à l'ouest s'il le fallait. Une décision qui, semble-t-il, a pris de court tous les généraux de la Wehrmacht, persuadés que Hitler n'oserait jamais déclencher un conflit généralisé, pour lequel l'Allemagne n'est pas préparée. Pourtant, le 23 mai dernier, le Führer s'était déjà confié à eux en ces termes : « Dantzig n'est pas du tout le motif du litige, la question est d'étendre notre *Lebensraum* (espace vital) à l'est. » Néanmoins, chez les nazis comme chez les militaires, on craint un conflit qui risquerait d'être fatal à l'Allemagne.

Des vacances sous le signe de la guerre

France, 31 août
Le bel été se termine en cauchemar. A Paris, les gares sont depuis deux jours transformées en pouponnières : trente mille petits Parisiens quittent la capitale. Ce matin encore, vingt-sept trains s'apprêtent à évacuer ces troupes bruyantes vers Dreux, Blois, Orléans et Nantes. A Chartres, le préfet Jean Moulin a dû se démener la journée durant pour répartir les enfants de huit arrondissements de Paris et de dix communes de banlieue. Ils sont les premiers à faire les frais du « coup de tonnerre » du pacte germano-soviétique et de l'aggravation de la crise polonaise. Le gouvernement français, qui négociait avec Moscou, a reçu le choc de plein fouet. Le général Doumenc, chef de notre délégation militaire à Moscou, écrivait encore le 17 août : « Il n'est pas douteux que l'URSS désire un pacte. » Aussi, nous aurions fait la cour à Staline pour rien? Le parti des Munichois jubile, qui demande une nouvelle conférence de la paix sans tarder. Quant au PCF, il tente de réaliser un difficile équilibre entre la défense de l'URSS et celle de ses intérêts en France. Le 25, l'*Humanité* commentait en termes particulièrement mal choisis le Pacte : « L'Union soviétique apporte une nouvelle et appréciable contribution à la sauvegarde de la paix. » Aujourd'hui, les militants renâclent et souvent refusent de défendre ce pacte. Le Gouvernement, indigné, a très vite réagi en interdisant, le 26, la parution des journaux communistes, précipitant la décomposition du parti. Même au sein des syndicats, nombreux sont ceux qui stigmatisent « les maîtres du Kremlin et leurs moujiks français ». Le groupe parlementaire communiste s'est disloqué, vingt députés ont renvoyé leurs cartes et, tous les jours, les rangs se creusent un peu plus. Mais, au-delà, à gauche comme à droite de l'échiquier politique, la question essentielle aujourd'hui est de savoir si la France, qui a donné sa garantie à la Pologne, respectera ses engagements.

Les diplomates tentent de sauver la paix

Berlin, 31 août
L'agitation diplomatique qui règne à Berlin trahit assez l'embarras et les atermoiements des démocraties depuis le 23 août. La garantie des frontières polonaises par Chamberlain, le 25, a semblé faire hésiter Hitler; le Suédois Dahlerus, messager de Göring, s'est même rendu à Londres, à l'insu de la Pologne et de la France. Mais les entretiens ressemblent de plus en plus à des dialogues de sourds, au cours desquels les échanges sont de plus en plus violents. Le 26, Neville Henderson et Robert Coulondre ont exposé à Berlin la position de leurs gouvernements, afin d'amener le Reich et la Pologne à négocier. Le 29, Hitler a alors exigé la venue d'un plénipotentiaire polonais à Berlin pour le lendemain, et transmis à Varsovie un véritable diktat sur la question de Dantzig. Les Polonais ont seulement chargé aujourd'hui leur ambassadeur, Josef Lipsky, de négocier. A 21 h, Hitler a remis aux ambassadeurs anglais et français une lettre dénonçant le refus polonais d'engager des pourparlers. Il avait déjà donné l'ordre d'attaquer la Pologne.

Les faux Polonais étaient de vrais nazis

Allemagne, 31 août
Vers 20 h, cinq ou six hommes en uniforme polonais ont attaqué, près de la frontière, la station de radio de Gleiwitz (Haute-Silésie). Ils ont pu lire à l'antenne, en polonais et en allemand, une déclaration hostile au Reich avant d'être maîtrisés. En vérité, ces agresseurs étaient commandés par le SS Alfred Naujocks, aux ordres de Heydrich, chef du *Sicherheitsdienst* (service de sécurité du Reich). Ils ont même laissé un cadavre afin de prouver au monde les provocations polonaises en Allemagne. C'est en fait celui d'un déporté de Sachsenhausen exécuté pour la cause (→ 1.9).

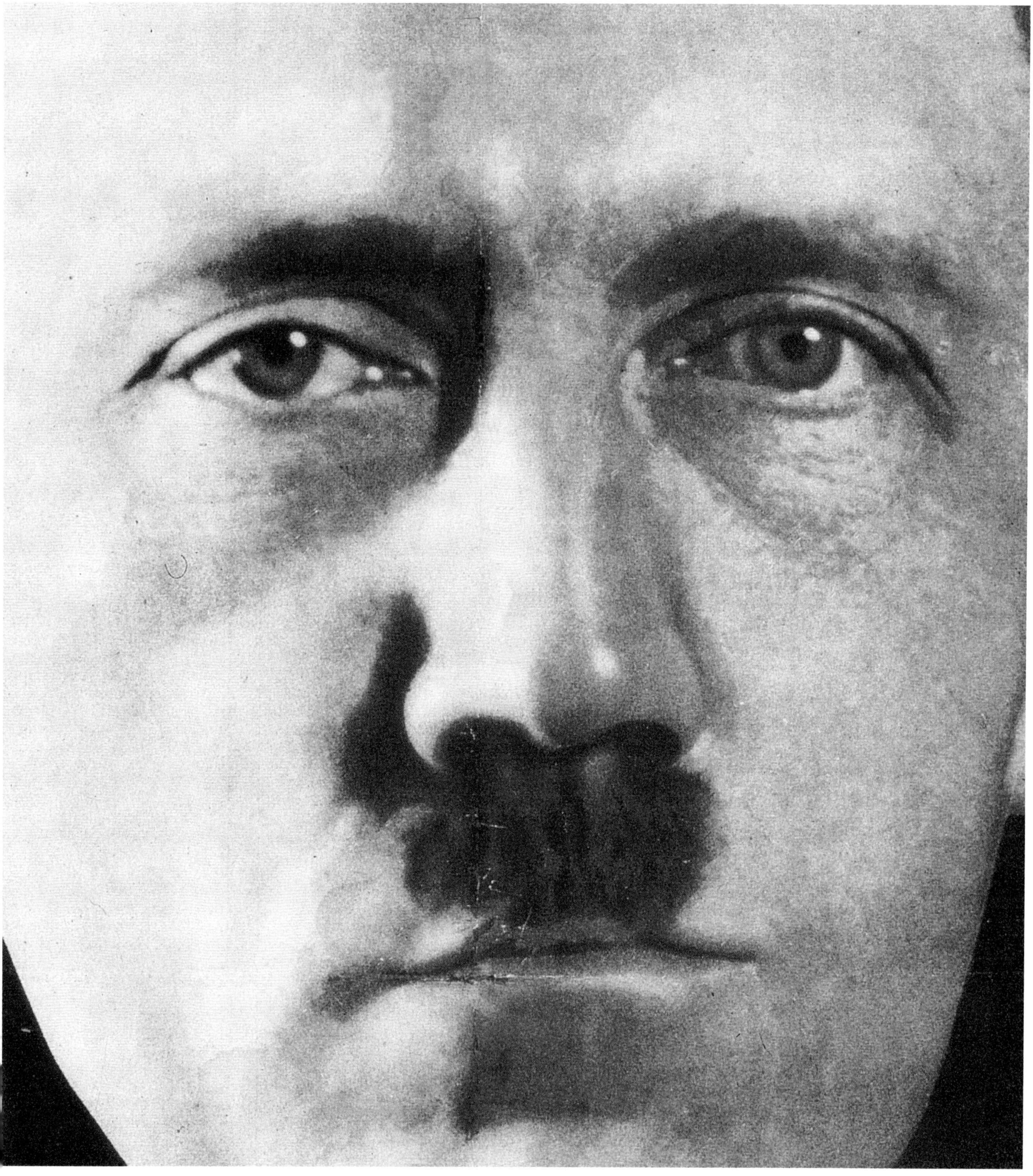

1939

Septembre

Di	Lu	Ma	Me	Je	Ve	Sa
					1	2
3	4	5	6	7	8	9
10	11	12	13	14	15	16
17	18	19	20	21	22	23
24	25	26	27	28	29	30

1er. Pologne : à 4 h 45, l'armée allemande franchit la frontière polonaise.→

1er. Europe : la Norvège, la Finlande et la Suisse déclarent leur neutralité, alors que l'Italie proclame sa « non-belligérance ».→

2. Paris : vote par les Chambres des crédits de guerre.

3. Europe : la France et la Grande-Bretagne lancent un ultimatum à l'Allemagne pour se retirer de Pologne, tandis que les Italiens s'efforcent de réunir une conférence de paix.→

3. Europe : la Grande-Bretagne, à 11 h, et la France, à 17 h, déclarent la guerre à l'Allemagne.→

4. Canal de Kiel : sept avions de la RAF sont abattus – les premiers de la guerre – dans des raids désastreux sur Wilhelmshaven et Brunsbuttel.

5. Pologne : les Allemands entrent à Piotrkow et abattent les Juifs qui essaient de s'enfuir (→ 16).

5. Washington : la neutralité des Etats-Unis, annoncée par Roosevelt le 3 septembre, devient officielle.→

6. Pologne : la 14e armée allemande prend Cracovie.

6. Afrique du Sud : le Premier ministre, J. C. Smuts, déclare la guerre à l'Allemagne.

7. Allemagne : la peine de mort est décrétée pour toute personne « mettant en danger la puissance défensive du peuple allemand ».

9. Pologne : la 4e division Panzer atteint les faubourgs de Varsovie, mais les unités polonaises contre-attaquent sur la rivière Bzura.

9. Berlin : le maréchal Göring déclare : « Jamais l'armée polonaise ne se dégagera de l'étreinte allemande. »

9. Grande-Bretagne : le dernier des treize escadrons de la RAF s'envole vers la France pour renforcer le CEB [corps expéditionnaire britannique] (→ 11).

9. Ottawa : le Canada déclare la guerre à l'Allemagne (→ 14).

Les Allemands attaquent la Pologne

Un soldat allemand lève la barrière du poste-frontière : la guerre est ouverte et elle va s'étendre rapidement.

Pologne, 1er septembre
Depuis 4 h 45, le canon tonne à la frontière germano-polonaise. Appuyés par les attaques au sol des bombardiers Junkers 87 Stuka, les chars ont rapidement enfoncé les premières lignes polonaises. Les colonnes blindées allemandes usent de leur surprenante vitesse pour briser les unités polonaises qui se trouvent devant elles et les anéantir. Lorsque l'opposition est trop forte, les chars contournent l'obstacle pour laisser à l'infanterie qui suit le soin de réduire la poche de résistance ainsi isolée. Varsovie a été bombardé. Des vagues de bombardiers Heinkel et Dornier pilonnent sans relâche les terrains d'aviation et les objectifs stratégiques. Les premiers comptes rendus allemands font état du déploiement du groupe d'armées Sud en Silésie et de la jonction prochaine entre la 4e armée qui vient de Poméranie et la 3e armée qui, à partir de la Prusse-Orientale, se dirige à sa rencontre. Le plan allemand vise à prendre en tenailles les forces polonaises regroupées près des frontières. Elles devaient protéger les zones industrielles. Malgré la violence de l'attaque, le maréchal Rydz-Smigly, commandant en chef de l'armée polonaise, est confiant. Il reste persuadé que son armée tiendra jusqu'à ce que les Français et les Britanniques puissent lancer à l'ouest la grande offensive qui soulagera la pression contre les Polonais. La violence de l'offensive des armées du général Walter von Brauchitsch les a surpris. Les stratèges de Varsovie disposent de peu de blindés. Ils comptent encore sur la bravoure légendaire de leur cavalerie (douze brigades) et de leur infanterie. Que pèseront ces forces face au fer de lance de la Wehrmacht, neuf divisions blindées surentraînées et suréquipées ? De même, il semble que l'aviation polonaise, inférieure en nombre et en qualité, soit déjà réduite à l'impuissance.
Enfin, on se bat déjà à Dantzig. L'imposant croiseur cuirassé allemand *Schleswig Holstein* pilonne depuis plusieurs heures les fortifications de la Westerplatte. C'est là que se trouve l'arsenal de la petite marine polonaise (→ 29).

Hitler justifie l'agression allemande

Berlin, 1er septembre
Le Reichstag s'est réuni ce matin à 10 h pour entendre le Führer et chancelier du Reich Adolf Hitler. Ce dernier, en uniforme militaire, a d'abord désigné ses héritiers éventuels s'il venait à disparaître, Hermann Göring et Rudolf Hess, puis il s'est employé à justifier l'attaque allemande en Pologne, lancée ce matin, à 4 h 45, sans déclaration de guerre. Tout au long de son discours, retransmis par toutes les radios allemandes, Hitler a soigneusement évité de prononcer le mot « guerre ». Il a affirmé que l'action allemande ne visait qu'au règlement du problème de Dantzig et de son « corridor », et que son pays ne cherchait qu'à établir une « coexistence paisible » entre les peuples polonais et allemand. Le Führer a ensuite invoqué l'attaque de la station de radio de Gleiwitz par des Polonais, que les services secrets nazis avaient en fait montée de toutes pièces, pour justifier les opérations d'aujourd'hui, qui ne constituaient selon lui qu'une « juste riposte » à une agression polonaise

La France et la Belgique mobilisent

Paris, 3 septembre
« La Nation tout entière répond à l'appel avec un calme grave et résolu. » C'est en ces termes que Daladier s'est adressé hier aux députés, alors même qu'une certaine résignation semblait avoir accueilli l'annonce, la veille, de l'ordre de mobilisation générale. Après une intervention du président de la Chambre, Edouard Herriot, le président du Conseil devait prononcer un discours un peu terne, insistant sur le fait que les Français n'avaient rien contre le peuple allemand, avant d'inviter les députés à accorder les 70 milliards de crédits extraordinaires qu'il demandait. Les députés ne se sont guère fait prier, et le vote à main levée des crédits s'est fait à la quasi-unanimité des présents; le groupe communiste a voté lui aussi sans discuter. Seuls quelques pacifistes invétérés ont protesté, comme le député Gaston Bergery qui a tenté sans succès de prendre la parole. Le Sénat a, lui aussi, entériné la décision sans difficulté. Pourtant, certains s'étonnent que le président du Conseil se soit présenté devant le Parlement sans demander explicitement l'autorisation d'ouvrir les hostilités. En fait, Daladier, en vieux routier du jeu parlementaire, sachant combien le pays est incertain et dérouté, a voulu affirmer la résolution de la France tout en laissant une porte ouverte à une chance ultime de négociation. Laisser l'Allemagne commettre le geste irréparable – ce qui est fait – et donner de la France une image extérieure de fermeté inébranlable. C'est au reste avec un calme impressionnant que la population accueille l'orage : dans la capitale comme en province, peu d'enthousiasme, mais aucun signe non plus d'un refus déterminé de la guerre. Une guerre qui, cette fois, ne se cache plus. Tout le monde pense qu'il faut en finir. Mais si les Français reprennent leur barda sans rechigner, ils aimeraient comprendre le sens de ce conflit : l'Alsace-Lorraine n'est pas menacée, et le pays n'est même pas envahi. Enfin, les Français craignent par-dessus tout le retour aux hécatombes de la Grande Guerre, une crainte partagée par les états-majors et le président du Conseil qui est un ancien combattant. L'armée, de son côté, est prête, c'est ce qu'affirmait, dès le 23 août au comité permanent de la Défense nationale, le général Gamelin, commandant en chef des armées. Ce dernier possède la confiance tant des alliés britanniques que du gouvernement. Autre signe des temps, les accrochages habituels entre partisans de la guerre et pacifistes qui, ces derniers mois, divisaient la classe politique ont reçu un coup d'arrêt le 31 août en Conseil des ministres lorsque la France a décidé de remplir ses engagements envers la Pologne. Mais, pour l'heure, l'opinion attend surtout de Daladier qu'il s'affirme comme le bâtisseur de « l'union sacrée ».

Manœuvres de défense antiaérienne à Paris, devant les Invalides.

L'Europe entre dans la tourmente

Londres et Paris, 3 septembre
C'est par un message radiodiffusé à 11 h 15 que les Anglais ont appris, avant les Français, la terrible nouvelle : l'Europe est de nouveau en guerre. Le Premier ministre Neville Chamberlain, rappelant les termes de l'ultimatum du gouvernement de Sa Majesté au chancelier Hitler, à savoir le retrait des troupes allemandes des territoires polonais avant 11 h ce matin, annonçait à ses compatriotes que, cet ultimatum n'ayant pas reçu de réponse, les deux pays étaient en guerre. Aussitôt après, les hurlements d'une sirène d'alerte précipitaient les Londoniens aux abris; ce n'était qu'une fausse alerte. Aujourd'hui, un peu après midi, l'ambassadeur de France à Berlin, Robert Coulondre, signifiait à Ribbentrop que les engagements que la France avait contractés à l'égard de la Pologne seraient remplis avant 17h. Aucune réaction n'étant venue du côté allemand, la France se retrouve à son tour en guerre avec le Reich. Si les Alliés étaient d'accord sur le fait que la guerre ne pouvait plus être évitée, gouvernements et états-majors divergeaient sérieusement sur la manière d'entrer dans le conflit. Les Anglais ont même indiqué que, si la France ne respectait pas ses obligations, la Grande-Bretagne déclarerait seule la guerre à l'Allemagne. Effectivement, du côté français on hésitait. Daladier entendait tout tenter pour sauvegarder la paix, mais pas à n'importe quel prix, contrairement au ministre des Affaires étrangères Georges Bonnet, qui, hier soir, faisait savoir à Mussolini qu'il se tenait prêt à accepter une conférence de la dernière chance en échange d'un retrait « symbolique » des troupes allemandes de Pologne. Ce soir, il faut déchanter, et à 20 h 30 ce sera au tour d'Edouard Daladier d'annoncer aux Français qu'ils devront se battre.

Big Ben à l'heure du combat.

Churchill est rappelé par Chamberlain

Londres, 3 septembre
« Winston is back ! » Tel est le message laconique et exultant que l'Amirauté a fait diffuser aujourd'hui à toutes les unités de la Royal Navy de par le monde. De Singapour à Inverness, tous les marins savent désormais que Winston Churchill est de retour à ce poste de premier lord de l'Amirauté qu'il avait occupé de 1911 à 1915. Chamberlain a pris la décision de s'entourer d'une aussi forte personnalité pour sans doute insuffler de l'énergie à un cabinet de guerre aux allures somme toute bourgeoises, où un notaire méthodiste s'est vu confier le ministère de l'Aviation. De plus, le Premier lord passe pour être populaire auprès de l'opinion qui, aujourd'hui, apprécie ses vigoureuses charges contre l'esprit de Munich. Pourtant, dans les allées du pouvoir, on se méfie de Churchill et de ses manières intempestives. Ses nombreux adversaires appréhendent le retour aux affaires de cet enfant gâté de la politique.

Attendu impatiemment, Sir Winston Churchill arrive à l'Amirauté.

▷

La première victime des U-Boote

Atlantique nord, 4 septembre
L'Allemagne vient de renouer avec la guerre sous-marine de triste manière. L'*Athenia*, un paquebot de 13 581 tonnes qui reliait Glasgow à Montréal, a été torpillé hier à 19 h 45. La plupart des 1 418 passagers du navire sont sains et saufs ; il y a eu néanmoins 112 morts, dont 27 passagers américains. D'après le capitaine James Cook, la torpille a explosé dans la salle des machines, ce qui explique que le navire ait rapidement coulé. Un passager tchécoslovaque raconte aussi : « Il y avait une colonne d'eau près du navire et des coups furent tirés dans notre direction depuis une ombre en forme de cigare. Il y eut une explosion. Je vis des hommes du sous-marin viser notre antenne radio. » Ils la manquèrent, car le SOS de l'*Athenia* fut capté à 20 h 59 par la station de Malin Head en Irlande. Immédiatement, le *Knut Nelson*, un bâtiment norvégien, se déroutait, précédant sur les lieux du naufrage le *Southern Cross*, un voilier suédois. A eux deux, ils recueillirent 500 survivants, puis trois contre-torpilleurs venus à la rescousse achevèrent de récupérer les naufragés. La preuve est donc faite que l'Allemagne est prête à entamer sans délai la guerre sous-marine. Une décision arrêtée par l'état-major de la Kriegsmarine le 19 août dernier. Il semble toutefois peu vraisemblable que l'équipage du sous-marin ait voulu couler un paquebot civil ayant à son bord 300 passagers américains. Car l'incident rappelle fâcheusement le torpillage du *Lusitania* en 1915, qui avait contribué à l'entrée en guerre des Etats-Unis. Aussi, la radio du Dr Goebbels accuse ce soir les Britanniques d'avoir provoqué le naufrage. Une fable qui ne convainc personne, pas même les Allemands.

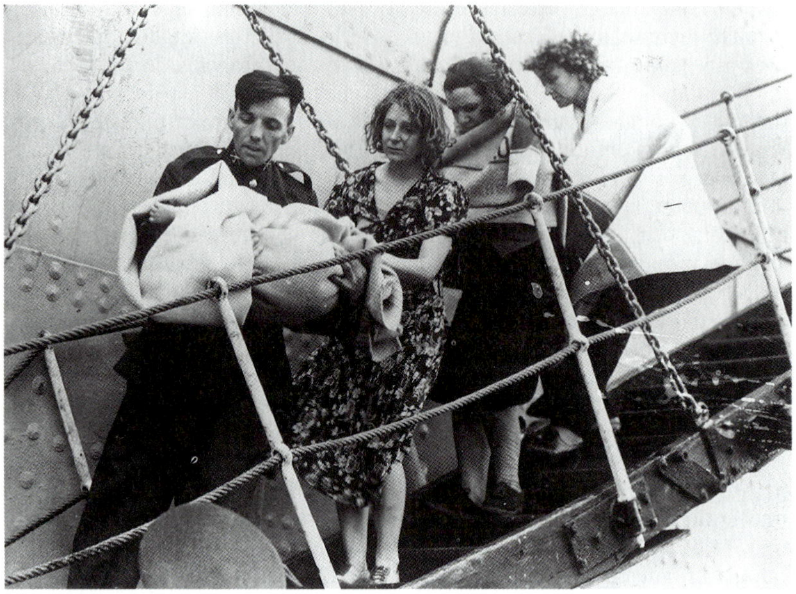

Un enfant blessé ou en état de choc est descendu précautionneusement.

La Royal Air Force bombarde de tracts l'Allemagne

Londres, 9 septembre
Ils « visitent » Hambourg puis Brême, avant de survoler la Ruhr, sans faire de victimes. En effet, chaque nuit, les bombardiers Whitley qui survolent l'Allemagne ne transportent pas de bombes mais des ballots de tracts qu'ils larguent en abondance sur leurs objectifs. Près de douze millions de ces tracts accusant Hitler de « plonger le monde dans la guerre » ont été largués par la RAF depuis le début des hostilités. Une activité qui met en rage pas mal d'équipages de la RAF guère favorables à une propagande qu'ils qualifient de coup d'épée dans l'eau, mais qui correspond bien au postulat stratégique du haut commandement allié : le temps travaille pour nous, le blocus économique épargne des vies humaines, il n'est pas déraisonnable d'espérer un effondrement du moral allemand. Un sentiment qui n'est pas partagé par les plus belliqueux des membres du gouvernement, Churchill notamment. Les partisans d'une vraie guerre qualifient ces opérations de « guerre des confettis ». Néanmoins, s'ils ne produisent pas l'effet attendu sur les Allemands, ces raids ont au moins l'avantage d'offrir de l'entraînement aux pilotes, qui mettent à profit ces missions pour rapporter des renseignements très précieux.

La Royal Air Force recrute à tout va.

Les Français franchissent la frontière allemande à Sarrebruck

Front de l'Ouest, 9 septembre
Depuis quatre jours, l'armée française attaque entre Rhin et Moselle. Neuf divisions de la 4ᵉ et 5ᵉ armée se sont lancées à l'assaut des positions avancées allemandes dans la Sarre. La frontière française forme ici un vaste saillant, dit « saillant de Cadenbronn », afin de pouvoir attaquer la ligne Siegfried ; le général Gamelin a donné l'ordre de réduire les poches allemandes qui l'entourent : à l'ouest, la forêt de la Warndt, et, à l'est, la région de la Blies. Dans la nuit du 6 au 7, les avant-gardes de l'armée Réquin (la 4ᵉ armée) ont franchi, au moyen de barques et de radeaux, la Sarre et la Blies avant de s'engager sur les hauteurs d'Ausmacher. Ce matin, le gros des forces françaises a débouché sur les positions ennemies à l'est de Sarrebruck. La progression se poursuit, ralentie seulement par la résistance d'avant-postes. Une offensive qui, pour le général Gamelin, est un « test ».

Du Luxembourg aux Deux-Ponts, sur un front de quatre-vingts kilomètres, la bataille s'engage.

En Pologne, la cavalerie légère charge les Panzer

Ce pont, construit en quelques heures, permet l'avance des blindés.

L'artillerie polonaise, tirée par des chevaux, se bat contre des chars.

Varsovie, 9 septembre
Alors que des unités de la 4e division Panzer ont atteint les faubourgs de Varsovie, la situation des armées polonaises devient de plus en plus critique. Depuis quatre jours, le gouvernement polonais a quitté la capitale, trop exposée, et le maréchal Rydz-Smigly a dû lancer un ordre de repli général à ses troupes. Il semble que cet ordre vienne trop tard pour permettre le rétablissement d'un front cohérent. L'armée polonaise paie en ce moment le prix pour les graves erreurs commises dans l'établissement de son dispositif de défense. Concentrées à la frontière, sur des positions trop avancées, les troupes polonaises n'ont pu mener les actions de retardement qui eussent permis d'organiser une ligne de défense à l'arrière. Les divisions blindées allemandes rencontrent maintenant des unités polonaises qui ont tout juste achevé leur mobilisation et se retrouvent coupées de leurs arrières alors qu'elles ont à peine commencé de progresser. Le matraquage de la Luftwaffe a achevé la désorganisation des lignes de communication des Polonais qui se battent pourtant avec un allant et un mordant qui forcent l'admiration de leur adversaire. Dans le corridor de Dantzig, les Panzer de la 4e armée du général von Kluge ont vu avec surprise les régiments de cavalerie légère de l'armée Pomorze les charger au sabre et à la lance. Hitler, qui s'est rendu, à bord de son train spécial l'*Amerika*, en Pologne pour une courte visite sur le front, est le premier à s'étonner des ravages causés par la puissance de feu des unités blindées. Il y a quatre jours, alors qu'il inspectait en compagnie du général Heinz Guderian un secteur du front, les restes d'une colonne d'artillerie ennemie détruite attirèrent son attention ; il fut très étonné d'apprendre que sa destruction résultait d'une attaque de chars et non d'un bombardement de Stuka. Toutefois, la campagne n'est pas encore terminée. Le général Sonskowski, qui commande l'armée des Carpates, a été chargé de constituer un réduit défensif derrière la San. L'armée Poznan, celle-là même qui devait marcher sur Berlin, s'est repliée dans la région de Kutno et tente de franchir la Bzura où l'armée de von Reichenau est déjà en position de barrage. Des nouvelles qui n'émeuvent pas le « père des Panzer », le général Guderian, qui a établi son QG dans le château de Finkenstein, lequel fut autrefois la résidence de Napoléon pour une nuit. Il est tellement sûr de la victoire, sa victoire, qu'il a trouvé quelques heures pour se consacrer à son passe-temps favori : la chasse à courre. Il tire les daims du parc de Finkenstein.

La stratégie de la « guerre éclair »

Varsovie, 9 septembre
Les armées allemandes emploient une nouvelle stratégie en Pologne : le *Blitzkrieg*. Les divisions blindées de la Wehrmacht agissent de manière autonome et peuvent avancer de 150 km par jour. En créant la surprise, elles percent le front et désorganisent les arrières ennemis. En liaison permanente avec l'aviation d'assaut, qui attaque au sol, les divisions Panzer isolent les forces ennemies laissées de part et d'autre de leur percée en forme de tenaille. Privé de ravitaillement, démoralisé par les attaques aériennes, l'adversaire ne peut plus se replier.

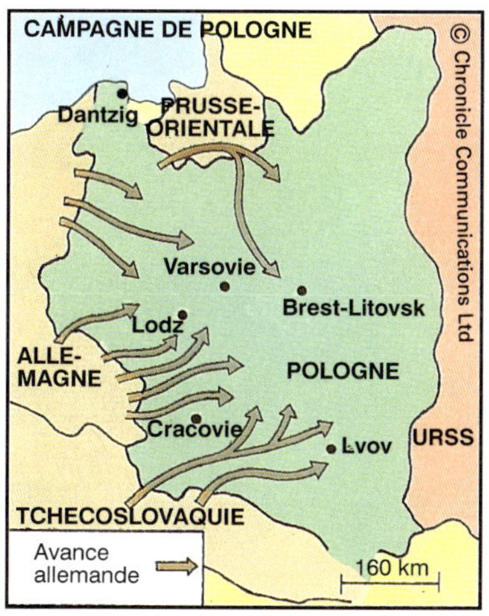

Strasbourg se transporte à Périgueux

Périgueux, 9 septembre
La capitale de l'Alsace se vide depuis le 2 septembre. Par trains entiers, 250 000 Strasbourgeois ont pris le chemin de l'exode. Périgueux en a accueilli 11 375 parmi les 66 320 qui arrivent en Dordogne. La mairie provisoire de Strasbourg s'installera dans les locaux de la chambre de commerce et d'industrie. Plus de 14 000 malles d'archives sont déménagées. On a installé 2 000 paillasses dans les écoles et construit 58 abris de fortune. Les Alsaciens ont eu deux heures pour faire leurs valises et rejoindre les gares avec les 30 kilos de bagages autorisés par personne. A Neuf-Brisach, des habitants sont partis en abandonnant leur repas sur la table. A Lembach, c'est à pied et à bicyclette que des fermiers ont quitté précipitamment leurs maisons. 127 000 hectares de terres cultivées sont laissés à l'abandon. Dans les villes et les villages, pas âme qui vive, excepté les chiens, les chats et le bétail qui errent dans les rues, livrés à eux-mêmes. Face à cette situation dramatique, seuls les habitants de Gros-Réderching ont fait preuve de prévoyance : leurs bagages sont prêts depuis 1938, soit dès avant les accords de Munich.

Le conflit unit l'empire

Londres, 9 septembre
La guerre aura eu pour effet de souder l'Empire britannique autour de la métropole. Déjà, l'Australie et la Nouvelle-Zélande sont engagées dans le conflit. Le Canada s'apprête à les rejoindre. En Palestine, Juifs et Arabes semblent mettre une sourdine à leurs divisions. En Afrique, les colonies anglaises et les Etats sous protectorat ont tous pris parti pour les Alliés. En Afrique du Sud, l'arrivée au pouvoir du général Smuts, un fidèle de l'Union, a rassuré Chamberlain. Bien que ce pays déclarât la guerre à l'Allemagne le 6 septembre et s'engageât à défendre en tout lieu les intérêts britanniques, une incertitude subsiste, du fait qu'il y existe un fort parti germanophile. Un problème similaire se pose en Egypte, où une intense propagande allemande essaie de détacher le pays de l'Angleterre.

Lord Neville Chamberlain.

La loi de Neutralité gêne Roosevelt

Washington, 9 septembre
« J'ai vu la guerre et je la hais », a déclaré aujourd'hui le président Roosevelt lors d'une causerie au coin du feu. Le Président a émis l'espoir que son pays se maintiendrait en dehors du conflit. Comme on lui demandait s'il excluait toute « marche arrière », Roosevelt répondit qu'il s'en portait garant. Des paroles sages, aux antipodes des vœux du Président qui souhaiterait modifier la loi de Neutralité afin d'aider les Alliés, mais se doit de ménager l'opinion majoritairement neutraliste.

L'Italie a choisi la non-belligérance

Rome, 9 septembre
C'est avec soulagement que les Italiens ont appris qu'ils ne rejoindraient pas leurs alliés allemands dans la guerre. Farouchement anticommunistes, les Italiens avaient été choqués par le pacte germano-soviétique, aussi Mussolini a-t-il décidé d'attendre. Une décision qui satisfait les Alliés qui redoutaient l'ouverture d'un second front en Méditerranée. En revanche, les intentions de Mussolini à l'égard des Balkans inquiètent les Alliés. L'Italie estime que les Balkans font partie de son espace naturel.

La mort pour les « malades incurables »

Berlin, 1er septembre
Les fonctionnaires nazis de la Santé du 4, Tiergartenstrasse, ont mis au point un « plan T4 », qui devrait être appliqué une fois qu'il aura été approuvé par Hitler. Il s'agit, sous couvert d'une libéralisation de l'euthanasie, d'organiser le meurtre de près de 70 000 personnes. Des questionnaires envoyés à toutes les maisons de santé permettront de recenser les malades incurables : épileptiques, schizophrènes, vieillards séniles, syphilitiques, arriérés mentaux, ainsi que les criminels et les non-aryens hospitalisés depuis plus de cinq ans. Des médecins du ministère décideront alors lesquels seront éliminés. Transférés dans des établissements « d'utilité publique », Sonnenstein, Hadamar, Hartheim, Grafeneck, entre autres, ils seront mis à mort, les adultes par gazage, les enfants par le poison. Les corps brûlés, les cendres seront restituées aux familles.

Les civils se préparent à la guerre avec masques à gaz, couvre-feu et alertes

Grande-Bretagne, 9 septembre
Il est bien difficile d'identifier la tante Ethel ou l'oncle Peter ! Malgré des appels pressants, des milliers de masques à gaz sont perdus tous les jours et finissent le plus souvent par être remis aux autorités de la défense civile qui les redistribuent. Car, au dire du Service des objets trouvés, les propriétaires de ces engins ne se pressent guère pour les réclamer. Près de 38 millions de ces équipements ont été distribués l'an dernier : ils font désormais partie de la vie quotidienne. Les écoliers en sont dotés et les cinémas refusent l'entrée aux spectateurs qui n'en sont pas munis. Une campagne régulière d'information commence à porter ses fruits. Tous les citoyens savent comment rendre une pièce étanche aux gaz et reconnaître ces derniers grâce à leur odeur : poire, géranium ou foin. Les vigiles chargés de signaler les attaques aériennes sont munis de crécelles. Les boîtes aux lettres sont recouvertes d'une peinture chimique sensible aux gaz. Les sacs en bandoulière destinés à ranger les masques à gaz sont devenus des objets de mode. Les boudins de sable qu'on empile autour des portes et des fenêtres des bâtiments publics pour éviter les effets de souffle des bombardements voient leurs prix grimper. Le gouvernement vient d'allouer la somme de 400 millions aux autorités locales, à raison de 3 livres par boudin, mais les acquéreurs privés ne les obtiennent jamais à moins de 6 à 9 livres, les spéculateurs ayant déjà acheté le gros des stocks. Le matériel destiné au couvre-feu, comme le papier brun et la peinture noire, est devenu rare. Les piles pour certains types de torches tout comme les punaises sont introuvables. Le fameux zoo de Londres a détruit tous ses reptiles, de peur qu'ils ne s'échappent à l'occasion d'un bombardement. Et la BBC a modifié le 3 septembre ses émissions régionales en un *Service à domicile* qui retransmet toutes les heures des bulletins d'information, des messages et de la musique.

Il faut tout camoufler, même la lune.

C'est excitant de jouer aux fléchettes quand le dictateur est la cible.

Di	Lu	Ma	Me	Je	Ve	Sa
					1	2
3	4	5	6	7	8	9
10	11	12	13	14	15	16
17	18	19	20	21	22	23
24	25	26	27	28	29	30

10. Pologne : l'armée attaque les Allemands le long de la rivière Bzura (→ 11).

11. Pologne : bataille de Radom à 100 km de Varsovie. Les Allemands capturent 60 000 Polonais (→ 12).

11. Berlin : l'Allemagne répond à la menace de blocus naval britannique en annonçant un contre-blocus (→ 29.11).

11. Allemagne : les experts du Chiffre décryptent le code britannique des navires de commerce, identifiant les points de départ des convois.

11. Mandchoukouo : les Japonais acceptent une trêve dans le secteur du lac Kashan, où des combats les opposent depuis le mois de juillet aux Soviétiques (→ 16).

12. Grande-Bretagne : le Conseil suprême de guerre franco-anglais se réunit pour la première fois.

12. Pologne : les troupes polonaises repoussent les Allemands au sud de Kutno et reprennent Lowicz (→ 14).

12. Grande-Bretagne : le ministère de l'Intérieur ouvre une enquête sur l'application du couvre-feu (→ 22).

13. Paris : les vitraux de Notre-Dame sont mis à l'abri.

14. URSS : la *Pravda* lance une campagne de propagande antipolonaise.

14. Atlantique : l'U-Boot *U-39* attaque le porte-avions *HMS Ark Royal*, mais est coulé par des escorteurs ; 43 marins sont capturés (→ 17).

14. Pologne : les Allemands entrent à Gdynia, à l'ouest de Dantzig (→ 16).

15. Paris : le métro cesse de fonctionner la nuit.

15. Grande-Bretagne : les automobilistes assiègent les pompes à essence, bien qu'aucune date de rationnement n'ait encore été fixée (→ 22).

16. Moscou : l'URSS signe un armistice avec le Japon.→

16. Varsovie : à la veille du nouvel an juif, les avions de la Luftwaffe bombardent le quartier juif (→ 21).

Les soldats de Sa Majesté en France

Front de l'Ouest, 11 septembre

Ils arrivent ! Quatre divisions fortes de 158 000 hommes avec 25 000 engins blindés ont pris position dans le secteur du nord de la France qui leur a été attribué par l'état-major allié. Il y a quelques jours, discrètement, les unités du corps expéditionnaire britannique (CEB) avaient fait mouvement vers les ports du sud de l'Angleterre où des transports de troupes les attendaient. Escortés par des destroyers, ils ont gagné sans encombre les ports français du Havre et de Dunkerque, avant d'être dirigés vers la frontière belge. L'équipement des soldats anglais suscite la jalousie de leurs collègues français. Parmi les nouveautés dont sont dotés les Britanniques, on remarque le masque et les vêtements de protection contre les gaz de combat. Pour la marche, l'Anglais porte un sac à dos qui contient une grosse veste, un cardigan et les effets personnels. L'équipement complet, avec l'uniforme, le casque en acier et les brodequins, pèse 32 kg. Un point faible demeure toutefois : l'armement. Le CEB manque de matériel lourd. Un rapport secret de l'état-major anglais indique que, sur les 352 canons antiaériens du CEB, seuls 152 ont été livrés. En attendant, les Britanniques reçoivent un accueil très chaleureux. L'heure est à « l'Entente cordiale », ainsi que l'exprimait Edouard Herriot en déclarant à la Chambre le 2 septembre : « L'Empire britannique ne forme plus avec nous qu'un seul corps et une seule âme. »

Le corps expéditionnaire britannique débarque en France.

Gamelin arrête l'offensive de la Sarre

Front de l'Ouest, 12 septembre

Les divisions des généraux Réquin et Condé ont constitué une tête de pont dans la Sarre. Le saillant allemand entre Spicheren et Hornbach est à peu près entièrement occupé par les troupes françaises. Une vingtaine de villages allemands abandonnés ont été conquis. Les soldats tirent un enseignement encourageant de ces premiers combats : les chars alliés n'ont rien à craindre des canons antichars allemands. Fiers, les équipages montrent les points d'impact des obus qui ont ricoché sur les blindages. Un enthousiasme que ne semble pas partager le grand état-major. Le général Gamelin vient en effet d'ordonner ce matin, par une instruction personnelle, l'arrêt de l'offensive (→ 21.10).

Un char français qui semble bien différent du Panzer allemand.

Daladier forme un cabinet de guerre

Paris, 13 septembre

Edouard Daladier, président du Conseil, a fait parvenir au président de la République, Albert Lebrun, le détail de la composition de son cabinet de guerre. Daladier conserve les portefeuilles de la Guerre et de la Défense nationale et prend en charge les Affaires étrangères. Georges Bonnet est nommé ministre de la Justice, une nomination en forme de sanction pour l'ancien ministre des Affaires étrangères. Deux nouveaux portefeuilles ont été confiés l'un à Raoul Dautry, l'Armement, et l'autre à Georges Pernot, qui devient ministre du Blocus. Daladier qui s'est efforcé de constituer une équipe capable de gouverner dans un esprit d'union nationale a pourtant échoué sur un point : il n'a pu convaincre le maréchal Pétain d'entrer dans son ministère. Celui-ci a décliné l'offre en déclarant qu'il ne saurait entrer dans une combinaison ministérielle établie « presque exclusivement sur des bases politiques ». ▷

La guerre est-elle encore évitable ?

France, 13 septembre
Les pacifistes le constatent eux-mêmes avec amertume, leur parti s'effrite chaque jour davantage. Craignant que leur refus ne soit considéré comme une lâcheté, les plus ardents partisans de la paix obéissent en général à l'ordre de mobilisation sans oser protester. Dans un ultime effort, un militant anarchiste, Louis Lecoin, a diffusé aujourd'hui à cent mille exemplaires un tract qu'il a intitulé *Paix immédiate !* : « Le monde entier va sombrer dans le sang des hommes. Que les armées, laissant la parole à la raison, déposent donc les armes ! » Il compte demander leur signature à des personnalités comme Alain, Victor Margueritte, Marcel Déat, Jean Giono, etc. Mais, si quelques hommes politiques et gens de lettres semblent disposés à lui répondre favorablement, c'est surtout auprès des syndicalistes qu'il peut encore espérer le meilleur accueil.

Armistice conclu au Mandchoukouo

Moscou, 16 septembre
Depuis 1931, les Japonais sont engagés dans une guerre de conquêtes sur le continent asiatique, qui aujourd'hui se fait aux dépens de la Chine. Contraint de quitter la Société des Nations (SDN) en 1933, le Japon est depuis 1936 membre avec l'Allemagne nazie et l'Italie fasciste du pacte antikomintern. Au mois d'août de cette année, de graves incidents de frontière ont éclaté dans la région de Nomonhan, au Mandchoukouo, une région située à la frontière soviétique. Il y a quelques semaines, le conflit s'est aggravé : le général Joukov a fait intervenir cinq brigades mécanisées et trois divisions d'infanterie qui ont écrasé les forces armées japonaises. Le grand état-major japonais est surpris par l'ampleur des pertes – plus de 11 000 hommes – ainsi que par la vivacité et la pugnacité de l'Armée rouge. Sur les conseils de l'Allemagne, les Japonais viennent d'accepter la conclusion d'un armistice qui gèle temporairement un conflit qui durait depuis plus de quatre mois.

Charles Lindbergh pense « America first »

Washington, 15 septembre
En trois jours, plus d'un million de lettres sont arrivées au Capitole. Toutes exigent des membres du Congrès le maintien des *Neutrality Acts* qui interdisent aux Etats-Unis la livraison d'armes à des pays en guerre. Une campagne qui rencontre un écho favorable jusqu'au Congrès, où certains représentants sont partisans de l'isolationnisme. Plusieurs sont originaires du Middle West, comme les sénateurs Borah Nye et Vanderberg. Mais leur meilleur porte-parole reste le colonel Charles Lindbergh, cet aviateur célèbre dans le monde entier depuis sa traversée de l'Atlantique sans escale, en 1927, à bord du *Spirit of Saint Louis*. En 1932, il avait dû payer sa célébrité de manière dramatique : son fils était enlevé, puis retrouvé assassiné. La publicité macabre donnée à l'affaire, ajoutée au chagrin, décida le couple Lindbergh à quitter l'Amérique. En Grande-Bretagne, il se rapprocha du « cercle de Cliveden », un « lobby » proallemand. Il s'y lia d'amitié avec l'ambassadeur américain Joseph Kennedy, qui partageait les mêmes idées. Aujourd'hui, Lindbergh fait l'éloge « du sens de la bienséance » des nazis, considère Hitler comme « un grand homme indubitablement » et a même accepté une décoration nazie. Devenu l'une des figures de proue du mouvement isolationniste américain, il

Le célèbre pilote de l'Atlantique chante aujourd'hui l'Allemagne.

y côtoie des hommes comme le père Coughlin, un orateur antisémite, des banquiers conservateurs, des radicaux des Etats agricoles, des Irlandais immigrés de fraîche date, et beaucoup de citoyens américains d'origine allemande qui, sans être nazis, ne veulent pas condamner le Reich. Un mouvement pronazi défraie aussi régulièrement la chronique d'outre-Atlantique, il s'agit des Sympathisants de la nouvelle Allemagne, que dirige Fritz Kuhn et dont les membres s'affichent en chemise brune (→ 14.10).

Le Canada renforce le camp allié

Ottawa, 14 septembre
Le Canada, le dernier des grands dominions à avoir déclaré la guerre à l'Allemagne, doit être, selon son Premier ministre Mackenzie King, l'arsenal des Alliés. Il rappelle que la démocratie canadienne est « l'héritage d'hommes, en France et en Angleterre, qui n'ont jamais hésité à sacrifier leurs vies quand leur liberté était en danger ». Mackenzie King ne tient toutefois pas à ordonner la conscription ; on est en période électorale. Envoyer des troupes risquerait de compromettre sa réélection. Il préfère pour son pays le rôle discret de « soldat de l'arrière ». Le Canada fournira aux Alliés des armes, du minerai, des denrées alimentaires et divers produits industriels.

Le Premier ministre canadien.

1939

Septembre

Di	Lu	Ma	Me	Je	Ve	Sa
					1	2
3	4	5	6	7	8	9
10	11	12	13	14	15	16
17	18	19	20	21	22	23
24	25	26	27	28	29	30

17. Moscou : l'URSS promet de respecter la neutralité finlandaise.

17. Pologne : entrée des troupes soviétiques.→

17. Varsovie : la cathédrale St-Jean est bombardée durant une messe ; les cimetières étant pleins, les morts sont enterrés dans des parcs publics.

18. Pologne : fin de la bataille de la Bzura ; les Allemands font 170 000 prisonniers de guerre (→ 19).

18. Pologne : les membres du Bureau du chiffre polonais, avec des informations essentielles sur le code allemand de l'Enigma, quittent le pays pour Paris.

18. Roumanie : les membres du gouvernement polonais en exil sont internés à la suite de pressions allemandes.

19. Dantzig : entrée triomphale du Führer à Dantzig ; il jure que la ville sera allemande pour toujours et que l'Allemagne se battra jusqu'au bout.

19. Pologne : les armées soviétiques et allemandes font leur jonction à Brest-Litovsk.

20. Aix-la-Chapelle : des avions de la RAF se heurtent à la Luftwaffe ; deux Fairey Battles de la RAF et un Messerschmitt sont abattus.

21. Bucarest : assassinat du Premier ministre de Roumanie, Armand Calinescu, par des pronazis.

21. Berlin : Reinhardt Heydrich ordonne que les Juifs polonais soient concentrés dans quelques zones urbaines comme première étape d'un plan pour les exterminer (→ 23).

21. Grande-Bretagne : le gouvernement publie son *Livre bleu*, des documents diplomatiques d'avant-guerre.

22. Grande-Bretagne : l'essence est rationnée (→ 29).

23. Panama : une conférence interaméricaine crée une zone neutre de 300 miles autour des côtes américaines.

23. Allemagne : les postes de radio sont confisqués à tous les Juifs.

La Pologne écrasée entre le marteau et l'enclume

Les premiers éléments de l'infanterie allemande pénètrent dans Varsovie.

Comme au défilé, les troupes soviétiques pénètrent en Pologne.

Varsovie assiégée résiste aux nazis

Varsovie, 17 septembre
Sommée de se rendre, Varsovie refuse. La capitale polonaise, encerclée par les troupes allemandes depuis le 9, se défend farouchement. Les soldats du général Juliusz Rommel ont déjà repoussé une attaque massive des Panzer du général Reinhardt. Ils ont détruit soixante chars en quelques heures, ce qui a obligé Reinhardt à rompre le contact et à attendre des renforts. Au même moment, à l'ouest de la capitale, une bataille décisive mettait aux prises sur les rives de la Bzura les 170 000 hommes de l'armée Poznan du général Tadeusz Kutrzeba et la 8e armée allemande. Forçant le passage, Kutrzeba n'est pas parvenu à faire sortir toutes ses divisions de la nasse constituée par la Vistule et la Bzura. Réalisant tardivement l'état de la situation, les Allemands ont mis en jeu toute la puissance de leurs blindés et de leurs Stuka pour lancer l'ensemble de leurs troupes dans la bataille, sous le commandement du général von Rundstedt. Les opérations sont maintenant presque terminées dans ce secteur. Seuls quelques milliers de Polonais ont pu rejoindre la capitale. Varsovie est désormais l'objectif principal de l'envahisseur. La chute de la cité, quotidiennement bombardée par l'artillerie lourde et l'aviation, est une question de jours. Mais Hitler, excédé par la résistance des Polonais, a refusé la proposition de ses généraux qui suggéraient d'attendre que la famine ait fait son œuvre. Il vient d'ordonner que la ville soit considérée comme une grande forteresse qui doit être réduite par tous les moyens (→ 27).

Un chasseur Messerschmitt 110 en patrouille dans le ciel polonais.

L'Armée rouge donne le coup de grâce

Pologne, 17 septembre
Aujourd'hui à l'aube, alors que les unités de l'armée polonaise luttent désespérément contre les Panzer, l'Armée rouge a franchi la frontière polonaise. Les troupes soviétiques avancent sur un front de 128 km ; elles ne rencontrent pas de résistance sérieuse dans leur progression. Un calme qui laisse penser à l'anéantissement de la résistance polonaise. D'autre part, on sait que le gouvernement, après avoir donné l'ordre de résister aux Soviétiques, est parti se réfugier en Roumanie. L'intervention de Staline aux côtés des Allemands est un véritable coup de poignard dans le dos des Polonais. Certains observateurs avisés auraient pu déceler les indices de cette manœuvre à Moscou. Il y a deux jours, la *Pravda* attribuait par exemple « la débâcle militaire polonaise » au « traitement brutal » appliqué à ses minorités nationales. On citait en particulier les Polonais ukrainiens et les Russes blancs de Pologne. Les dirigeants polonais, constatait le journal, « se vantent de leur amour de la liberté, mais ils se sont surtout appliqués à transformer l'Ukraine et la Russie blanche occidentales en colonies, privées de leurs droits et livrées au pillage des colons polonais ». Dans cette même ligne de pensée, Staline a fait une déclaration où il justifie la présence des Soviétiques aux côtés des Allemands en Pologne. Il faut y restaurer la paix, l'ordre et aider le peuple polonais à mettre en place de nouvelles structures administratives et politiques. Les Polonais ont une très bonne expérience de l'autorité soviétique ; ils savent ce que cela signifie (→ 18).

Un nouveau partage de la Pologne ?

Pologne, 23 septembre
Alors que Varsovie résiste toujours, Russes et Allemands se livrent dans le pays à une course-poursuite après les restes de l'armée polonaise : des opérations militaires qui auraient tendance à se transformer en un vaste ratissage de leurs zones respectives. Les troupes de Staline et de Hitler ont fait leur jonction le 19 à Brest-Litovsk, la ville où, en 1918, les Soviétiques, reniant les engagements du régime tsariste, avaient conclu avec les Allemands sur le dos des Alliés une paix très dure. Les Soviétiques occupent les territoires à l'est de la ligne Narew-Vistule-San. Mais Staline, tout comme les Allemands, conteste à présent ce partage. Conscients d'avoir mené l'essentiel du combat à l'est de cette ligne, les soldats allemands rechignent à l'idée de céder aux Russes la ville de Lvov qu'ils ont prise il y a quelques jours. Des incidents mineurs ont déjà opposé Allemands et Soviétiques. Staline, qui cherche à tirer avantage du grand service qu'il a rendu à Hitler – en lui permettant d'attaquer la Pologne –, propose aux Allemands de leur céder tous les territoires à l'est jusqu'au Boug, y compris la ville de Varsovie, qui devait être divisée en deux zones et serait dans ce cas entièrement allemande. L'argument de Staline, « laisser un moignon de Pologne indépendant serait une erreur », a séduit Hitler, qui en échange s'apprêterait à offrir au maître du Kremlin les Etats baltes. En agissant ainsi, les Russes font d'une pierre deux coups : ils accroissent leur zone de sécurité qui doit les protéger d'une attaque surprise allemande, et ils récupèrent des pays qui avaient été enlevés à la Russie après la Première Guerre mondiale, tout en laissant le problème polonais... aux Allemands. Car Staline sait pertinemment que les Polonais ne se résoudront pas dans le calme à la perte de leur indépendance. Le marchandage entre les deux parties est intense et le quatrième partage de la Pologne n'a pas encore abouti. Désormais, les jours de la Pologne indépendante sont comptés, et l'on songe irrésistiblement à la phrase lapidaire et cruelle qu'Alfred Jarry prête au père Ubu : « La scène se passe en Pologne, c'est-à-dire nulle part ! »

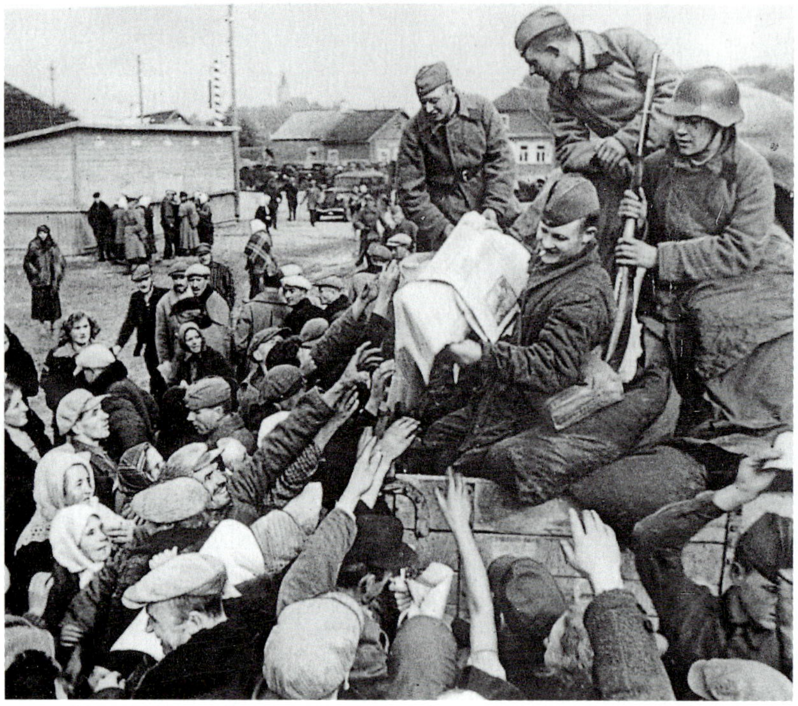

Des soldats de l'Armée rouge distribuent des journaux aux paysans de Wilno.

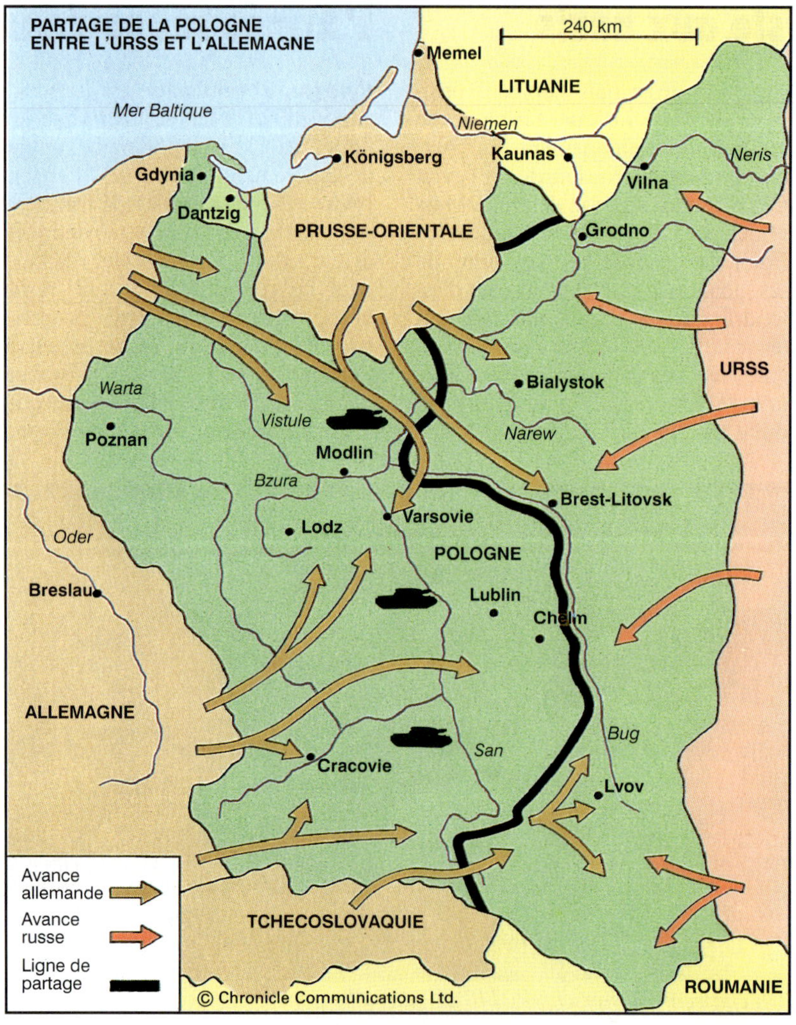

Chamberlain dans le collimateur des travaillistes

Westminster, 20 septembre
La crise polonaise a des répercussions jusqu'en Angleterre. Cet après-midi, l'opposition travailliste a vivement critiqué l'attitude du Premier ministre pour le peu d'aide que les Alliés apportent à la Pologne. C'est le leader et député de l'opposition, Arthur Greenwood, qui a été le plus acerbe. Prenant la parole tout de suite après que « l'homme au parapluie » eut exposé la situation, il devait s'exclamer furieux : « C'est avec un profond regret que nous constatons que l'aide que nous avions prévu d'apporter à la Pologne n'a pas été fournie, au moment même où l'urgence d'une assistance généreuse se faisait sentir. » Il mit ensuite le gouvernement en garde sur les conséquences d'une telle attitude à l'égard des alliés de l'Angleterre qui risquent désormais de se détacher d'elle, à moins que le gouvernement britannique ne se décide à remplir ses obligations à l'égard de la Pologne et respecte sa propre garantie.

Rencontre secrète des chefs alliés

Angleterre, 22 septembre
C'est l'effondrement du front oriental, le 17 septembre, qui, semble-t-il, a motivé, pour la deuxième fois, la convocation des membres du Conseil de guerre suprême interallié à Hove, dans le Sussex. Selon Paris, il faudrait débloquer la situation militaire à l'avantage des Alliés, en ouvrant un front balkanique (en installant une tête de pont à Salonique ou à Istanbul) afin de contrecarrer l'avancée allemande. Les autorités britanniques, en désaccord complet avec les projets élaborés du côté français, ne veulent rien entreprendre dans ce secteur qu'elles considèrent comme leur « chasse gardée ». Quant au débat sur la coordination des politiques d'armement, la proposition de Daladier de créer un pool franco-britannique, évitant ainsi la dispersion des énergies, a reçu le plein accord de Chamberlain. En somme, ce dernier peut être satisfait.

Ce porte-avions britannique va couler

Blessé à mort, le porte-avions de 22 500 tonnes donne déjà de la bande.

Iles Hébrides, 17 septembre
Jour de deuil pour la marine britannique qui a perdu aujourd'hui le *HMS Courageous*. En patrouille à l'ouest des îles Hébrides, le vieux cuirassé transformé en porte-avions recherchait les sous-marins allemands. Il fut repéré par l'*U-29*. Le sous-marin lança ses torpilles dont deux ont atteint le géant de plein fouet. Malgré un grenadage intense des destroyers d'escorte, accourus immédiatement, il réussit à prendre la fuite. Blessé à mort, le porte-avions a sombré en un quart d'heure. Il engloutissait avec lui la moitié des mille hommes d'équipage. Un marin rescapé raconte : « Beaucoup d'hommes ont carrément sauté par-dessus bord et sont restés dans l'eau plus d'une heure, en chantant pour se donner du courage des chansons de marins telles que *Roll out the barrel* et *Show me the way to go home*. La mer était recouverte d'une épaisse couche de pétrole, et on avait l'impression de nager dans une curieuse mélasse. » Non loin de là, il y a trois jours, l'*Ark Royal* avait réussi à échapper aux torpilles de l'*U-39*, qui, lui, avait été envoyé par le fond.

Les Britanniques à l'heure du black-out

Angleterre, 22 septembre
Depuis trois semaines, l'Angleterre vit à l'heure du black-out. Le camouflage et le calfeutrage des maisons sont devenus obligatoires. Mais, d'après la police, l'absence totale d'éclairage dans les rues et l'obligation faite aux automobilistes de rouler sans phares, le long de la ligne blanche, autrement dit au milieu de la route, sont à l'origine de nombreux accidents mortels et de sinistres divers. Des mesures vont donc être prises pour que les bordures des trottoirs soient peintes en blanc et redeviennent aisément discernables. Les autorités ont également donné pour consigne aux piétons de ne traverser les rues qu'aux endroits éclairés par des feux de signalisation, afin d'éviter tout risque d'accident. On déplore néanmoins des infractions de plus en plus nombreuses.
D'honorables citoyens ont été pris sur le fait : une lampe oubliée dans une pièce pas encore calfeutrée, qui brûle, ou bien un conducteur distrait qui laisse ses phares allumés sont des infractions désormais classiques, qui mènent souvent les récidivistes devant les tribunaux. Certains contrevenants sont d'ailleurs rendus agressifs par ces consignes méticuleuses. Le bruit court qu'une femme de chambre londonienne, excédée par ces recommandations, a été condamnée à six mois de travaux forcés pour avoir frappé un policier avec un tisonnier. Une jeune fille qui braquait sa lampe de poche sur le visage des policiers en prétextant que c'était mieux que de se cogner aux gens a été condamnée à un mois. Désormais, les piétons sortent munis de torches qu'ils doivent tenir pointées vers le bas, afin d'assurer leur marche. Quant aux trains, ils ont été repeints en noir et dotés d'un éclairage tamisé et bleuté afin de ne pas être repérés la nuit. Ces mesures draconiennes sont acceptées de bonne grâce, car la population a compris l'enjeu de règles qui, bien appliquées, permettront de sauver des vies humaines.

Chez soi, dès le coucher du soleil.

Mort du père de la psychanalyse

Londres, 23 septembre
Sigmund Freud vient de mourir. D'origine juive, il avait dû en 1938, à l'avènement du régime nazi en Autriche, quitter Vienne où, depuis 1886, il exerçait son métier de médecin. Ce n'est que vers 1900 qu'il avait défini les principes de base de la psychanalyse. Sa notoriété avait alors très vite grandi. En 1913, il avait publié *L'Interprétation des rêves*, *Psychopathologie de la vie quotidienne*, *Totem et tabou*. Il fut à la fois reconnu et dénigré. Ce n'est que sur le tard, dans les années 30, que Freud s'intéressa aux problèmes de société, traités dans un ouvrage au titre, hélas ! prophétique : *Malaise dans la civilisation*.

Eviter la guerre en livrant des armes ?

Washington, 21 septembre
C'est avec un sentiment d'angoisse que l'Amérique suit l'évolution de la situation en Europe. A l'ordre du jour de la session plénière du Congrès figurait l'éventualité de la levée de l'embargo qui empêche les Etats-Unis d'aider les Alliés. Le Président a déclaré à ce sujet : « Nos actes doivent être guidés par une seule idée : que l'Amérique reste en dehors de la guerre ! » Or, pour Roosevelt, le moyen pour éviter un engagement militaire serait d'autoriser la vente d'armes. Un argument habile qui reprend un thème cher aux isolationnistes et pourrait bien permettre à Roosevelt de gagner la bataille de l'embargo.

La crainte des bombardements a poussé les autorités françaises à ordonner la protection des monuments historiques. C'est le cas à Amiens où les stalles de la cathédrale disparaissent derrière un important dispositif.

Un cortège d'atrocités en Pologne

Cadavres de combattants polonais abattus par des soldats allemands.

Pologne, 21 septembre
La poursuite de la guerre dans tout le pays donne lieu à des manifestations de barbarie particulièrement féroces. En Pologne occidentale, envahie par les Allemands, la SS, formation militaire nazie, et la police de sécurité, qui accompagnent l'avance de l'armée (Wehrmacht), font régner la terreur. De nombreux rapports relatant pillages, viols, assassinats, fusillades et exécutions sommaires parviennent à l'état-major. Ces atrocités s'expliquent par le peu de cas que les nazis font des habitants de Pologne, tous de « race inférieure » à leurs yeux. Heydrich, le chef du service de sécurité, a déclaré avant-hier qu'il fallait « nettoyer » la Pologne des Juifs, de l'intelligentsia, du clergé et de la noblesse. Les Juifs surtout, les plus méprisés, sont visés : les synagogues sont incendiées, des rabbins brûlés vifs avec leurs livres, des enfants tués devant leurs parents. Dans le village de Pilica, tous les hommes juifs ont été rassemblés sur la place et massacrés sans raison. Ce bain de sang n'épargne personne : à Bydgoszcz (Bromberg), des centaines de civils allemands de Pologne, suspectés de pactiser avec la Wehrmacht, ont été exécutés il y a quelques jours, et autant d'otages polonais fusillés en représailles.

La mort obscure du général von Fritsch

Varsovie, 22 septembre
L'armée fait part du décès du baron Werner von Fritsch, tué par une balle ennemie devant Varsovie alors qu'il inspectait le régiment dont il était colonel honoraire. En l'absence de combats sérieux devant la ville, cette mort paraît suspecte : de 1935 à 1938, Fritsch, alors général, était commandant en chef des forces terrestres allemandes et joua à ce titre un rôle capital dans le réarmement allemand. Il n'hésita pas à exprimer ses doutes sur le bien-fondé de la politique du Führer : erreur fatale ! Accusé d'homosexualité par Himmler, il fut disgracié et mis à la retraite en février 1938.

Le baron Werner von Fritsch.

1939

Septembre

Di	Lu	Ma	Me	Je	Ve	Sa
					1	2
3	4	5	6	7	8	9
10	11	12	13	14	15	16
17	18	19	20	21	22	23
24	25	26	27	28	29	30

24. Allemagne : tirs de l'artillerie française sur la frontière du Rhin.

25. Allemagne : introduction du rationnement du pain et de la farine (→ 1.10).

25. Allemagne : Hitler lance sa quatrième directive de guerre, ordonnant d'augmenter les attaques contre les navires alliés ; elle se conclut par une brève note sur la guerre en Pologne (→ 27).

25. Allemagne : l'aviation française bombarde avec succès les usines Zeppelin de Friedrichshafen.

26. France : dissolution du parti communiste.→

26. Londres : Winston Churchill annonce aux députés que la Grande-Bretagne est en train de gagner la guerre contre les U-Boote.

27. Allemagne : Hitler annonce aux chefs de la Wehrmacht son intention d'attaquer la France en novembre. Ses généraux estiment ce plan irréalisable.

27. Allemagne : Hitler crée formellement le Reichssicherheitshauptamt (RSHA), service de sécurité du Reich confié à Reinhardt Heydrich, qui dirige maintenant la police secrète d'Etat (Gestapo), la police criminelle (Kripo) et le service de sécurité (SD).

28. Pologne : la garnison de Modlin se rend après 18 jours de siège.

28. Moscou : l'URSS et l'Estonie signent un traité d'assistance mutuelle de dix ans, donnant à l'URSS d'importantes bases navales sur la Baltique (→ 5.10).

29. Pologne : capitulation du pays.

29. New York : Fritz Kuhn, chef de l'organisation pronazie les Sympathisants de la nouvelle Allemagne, est emprisonné.

30. Berlin : l'Allemagne prévient la Grande-Bretagne que les navires armés pourront être coulés sans avertissement.

30. Paris : constitution d'un gouvernement polonais en exil, présidé par le général Wladyslaw Sikorski.→

Le « Graf Spee » agit en corsaire

Atlantique sud, 30 septembre
Le cargo anglais *HSS Clement* est la première victime du cuirassé de poche *Graf Spee*. Ce dernier a reçu l'ordre d'intercepter le trafic commercial britannique dans l'Atlantique sud et de l'envoyer par le fond. Il est 1 h du matin quand le cargo repère déjà son meurtrier. Vers 13 h, un hydravion lancé du cuirassé mitraille la passerelle. Le commandant est blessé. La lutte est impossible. L'équipage britannique abandonne alors le navire qui ne va pas résister aux premières bordées du « vaillant » cuirassé.

La guérilla pour vaincre l'ennui

Paris, 29 septembre
Créés depuis moins de quinze jours, les corps francs commencent à faire parler d'eux. Formés de volontaires des unités de ligne, ils agissent en « enfants perdus » entre les lignes et carrément chez l'ennemi où ils opèrent des coups de main. Les officiers qui voyaient l'inactivité ronger le moral des hommes ne peuvent qu'approuver, tandis que, dans la troupe, les plus belliqueux et tous ceux qui ne comprennent pas pourquoi on reste l'arme au pied derrière la ligne Maginot applaudissent. On va enfin se battre !

Daladier interdit le parti communiste

Paris, 27 septembre
Le Parti communiste français et « toute association ou tout groupement de fait qui s'y rattache » ont été dissous hier par décret au nom de la Défense nationale. Cette mesure, après l'interdiction le 25 août de la presse communiste, indique assez le discrédit qui frappe ce parti en France depuis la signature du pacte germano-soviétique et la surprise horrifiée qui l'a suivie. En effet, malgré les réticences des militants et les démissions nombreuses, le PCF, fidèle à la ligne imposée par l'URSS, dénonce la guerre « impérialiste » et appelle à une paix qui ferait le jeu de l'Allemagne.

Varsovie capitule sans conditions

Ces visages scrutent le ciel de Varsovie d'où viendra la prochaine attaque.

Hitler, fier des troupes qui défilent.

Varsovie, 27 septembre
La bravoure désespérée de ses défenseurs n'aura servi à rien : la capitale polonaise s'est rendue aujourd'hui. Depuis deux jours, plus de 400 avions de la Luftwaffe, par vagues successives, terrorisaient la ville : ils ont largué 560 tonnes de bombes explosives et 72 tonnes de bombes incendiaires. La domination aérienne des Allemands était si complète qu'ils ont même utilisé comme bombardiers des Ju-52, qui sont, en fait, des transports de troupes. Les dégâts sont immenses : 12 % des maisons sont détruites et de nombreux monuments ont été touchés, parmi lesquels l'église du Sauveur et aussi l'hôpital Ujazden, malgré la croix rouge très reconnaissable qui identifiait ses toits. La ville entière semble avoir été prise pour cible, bien que la Wehrmacht assure que seules les installations militaires étaient visées. Sur les 140 000 hommes du général Juliusz Rommel qui défendaient la cité, 2 000 ont trouvé la mort et les autres, parmi lesquels 16 000 sont blessés, ont été faits prisonniers. La population civile, qui a combattu aux côtés des soldats, a beaucoup souffert : on dénombre 10 000 tués et 35 000 blessés au moins. Il n'y a plus d'électricité, plus de gaz, et la nourriture se fait rare. Les pompiers ne peuvent même pas lutter contre les incendies : les conduites d'eau sont détruites. La typhoïde est apparue ; médicaments et bandages manquent cruellement. De nombreuses victimes sont ensevelies dans les ruines de leurs maisons, et beaucoup de gens sont tués par l'explosion d'obus en fouillant les gravats pour leur porter secours. Jusqu'à la fin, la résistance polonaise a été acharnée, et les Allemands ont eu beaucoup de mal à pénétrer dans Varsovie. Leurs blindés, si rapides dans les plaines, étaient arrêtés par les fortifications permanentes et les tranchées antichars creusées par la population. Les Polonais, armés de baïonnettes, étaient farouchement déterminés à infliger de lourdes pertes à l'ennemi dans les combats au corps à corps. L'état-major allemand décida alors d'employer des moyens radicaux pour soumettre Varsovie : la rapidité de la défaite polonaise s'explique par la terrible efficacité de la guerre moderne, malgré le courage et la résistance des défenseurs. Le général Johannes Blaskowitz, qui a reçu la capitulation polonaise, a reconnu la bravoure de ses adversaires et permis aux officiers de garder leurs sabres. Il a promis que les hommes ne resteraient en captivité que le temps de « régler les formalités nécessaires » et s'est engagé à ce que des secours soient apportés aux blessés et aux civils. Blaskowitz est connu pour être un homme d'honneur, mais le comportement des SS et de la Gestapo paraît plus incertain. Pour le moment, la forteresse de Modlin, à 36 km de Varsovie, résiste encore, mais la résistance héroïque de sa garnison épuisée ne pourra sans doute pas durer longtemps. La fin paraît proche pour la Pologne (→ 28).

La population de la capitale polonaise est mise à rude épreuve et elle a faim. Au point de découper le cadavre d'un cheval à même le trottoir.

Les vainqueurs ont dépecé la Pologne

Moscou, 29 septembre
Molotov et Ribbentrop ont signé ce matin, au nom de leurs gouvernements, un traité portant sur « la frontière et l'amitié » entre l'URSS et le Reich. Ce pacte réglemente en fait le partage de la Pologne en deux zones d'influence. Ses clauses publiques proclament qu'après la « disparition » de l'Etat polonais, il est du devoir des deux signataires de rétablir le calme et l'ordre dans la région en respectant les « caractères nationaux » des peuples qui l'habitent. L'essentiel du traité réside cependant dans ses clauses tenues secrètes. La première complète le traité du 23 août : l'URSS obtient la Lituanie, et l'Allemagne les deux voïvodies de Varsovie et de Lublin. Le Reich reçoit ainsi la partie la plus riche et la plus industrielle du pays, où vivent 22 millions d'habitants. Les Soviétiques contrôlent 200 000 km^2 de territoire, à l'est d'une ligne Narew-Boug-San. Dans une deuxième clause secrète assez inquiétante, les deux dictatures s'engagent à ne « tolérer aucune agitation polonaise qui puisse se répandre » dans les deux zones (→ 30).

Un gouvernement en exil en France

Paris, 30 septembre
Le général Wladyslaw Sikorski, ancien chef du gouvernement polonais, réfugié en France depuis le coup d'Etat de Pilsudski en 1926, a formé aujourd'hui un gouvernement polonais en exil, et pris le commandement des militaires réfugiés en France. Ces derniers ont échappé au destin des membres du gouvernement de Varsovie qui, enfuis le 17 septembre en Roumanie, où ils reçurent tout d'abord un accueil amical, furent peu après jetés en prison par les autorités agissant sous la pression des Allemands. Le président Ignacy Moscicki avait alors transmis ses fonctions au sénateur Wladyslaw Raczkiewicz qui, dès son arrivée à Paris, appela Sikorski. La reconnaissance de ce gouvernement polonais en exil par la France et la Grande-Bretagne est imminente (→ 7.10).

Non à la paix séparée

Londres, 29 septembre
C'est non! A la Chambre des communes, le Premier ministre Neville Chamberlain a rejeté catégoriquement les offres officieuses de paix allemandes. Cette « offensive de paix » ainsi qu'on la surnomme ici est menée par le biais de l'omniprésent Birger Dahlerus, un homme d'affaires suédois, qui est un intime de Göring. Selon Dahlerus, qui a confié ces propos à Ogilvie Forbes, un conseiller de la légation britannique d'Oslo, les Allemands proposeraient que la reine Wilhelmine lance un appel pour la paix, qui serait suivi par la tenue à La Haye d'une conférence secrète d'armistice entre la Grande-Bretagne et l'Allemagne. A ce sommet, Hitler garantirait la sécurité de la Grande-Bretagne, de la France et des Pays-Bas. Une offre de paix séparée qui n'intéresse plus Neville Chamberlain; ce dernier, depuis qu'il a découvert que Hitler n'est pas un « gentleman », ne prenant plus au sérieux les promesses nazies. Il a réaffirmé que la France et l'Angleterre étaient entrées en guerre pour enrayer l'agression nazie, et que rien n'avait été fait qui justifiât un changement d'attitude des Alliés. Le Premier ministre britannique a, de la même manière, dénoncé l'appel en faveur de la paix lancé conjointement par Molotov et Ribbentrop.

L'artisan de la future victoire : Gamelin

Le général Gamelin (à droite) et le vicomte Gort, chef des armées anglaises.

Paris, 31 septembre
Hier chef des armées de terre, Maurice Gamelin est aujourd'hui le commandant en chef des forces terrestres françaises et des armées alliées en France. Adulé par les Anglais qui l'appellent « notre Gamelin », il apparaît à tous comme l'homme du moment. Au reste, certains n'ont-ils pas affirmé que le vrai vainqueur de la Marne n'était pas Joffre, mais son chef de cabinet, le commandant Gamelin? Ce brillant militaire de 67 ans, très diplomate, est surtout un homme d'état-major, ce qui faisait dire récemment au chef du CEB en France, lord Gort : « Ce n'est pas un guerrier. » Temporisateur habile, il répète à toutes les réunions qu'il veut sauver des vies françaises. Sur ce point, le commandant en chef est à l'unisson avec le président du Conseil. Comme lui, il hésite car, s'il sent bien que la décision se fera à l'Ouest sur le front principal, il songe aussi à des actions dans les Balkans et en Norvège pour couper le ravitaillement en fer et en pétrole de l'Allemagne.

Une mobilisation qui trouble le monde paysan

France, septembre
« J'vas t'apprendre à faucher », a dit un fermier à sa jeune femme, avant de rejoindre son régiment. Au chagrin de voir partir leurs maris s'ajoute pour les paysannes l'inquiétude d'avoir à faire face presque seules à la conduite d'une exploitation agricole. Comme si leur vie quotidienne, avec les enfants, la maison et tous les travaux de la ferme qui leur revenaient déjà, ne leur suffisait pas. Alors que les moissons se terminent et que les vendanges s'annoncent, elles ont dû apprendre à faire marcher des machines agricoles trop lourdes pour elles, à labourer, à semer. Epuisées par ce surcroît de travail, elles doivent se lever plus tôt que de coutume pour approvisionner les marchés en légumes. Les plus chanceuses sont celles qui ont encore auprès d'elles leurs parents et leurs enfants, mais ceux-ci ne sont pas toujours d'une aide bien efficace. Pourtant, il leur faut mener de front toutes ces tâches, afin de préserver l'exploitation, en attendant la fin de la guerre et le retour des hommes.

« Français, sortez donc de vos trous ! »

Front de l'Ouest, 30 septembre
Immobiles dans leurs casemates, les soldats français désœuvrés entendent soudain une voix d'outre-Rhin hurler : « Français, pourquoi se battre? l'Allemagne n'a aucune raison de vous faire la guerre. » Puis c'est de nouveau le silence. De jour comme de nuit, les compagnies spéciales de propagande de la Wehrmacht continuent leur action de démoralisation. A la guerre des tracts et des affiches il faut ajouter maintenant la guerre des slogans. Equipées de haut-parleurs géants d'une portée minimale de 5 km, ces compagnies qui ont reçu l'ordre d'intensifier leur action sapent le moral des soldats français en diffusant vraies et fausses nouvelles, chansons et messages de bienvenue personnalisés aux unités qui viennent relever leurs camarades sur la ligne Maginot.

1939

Octobre

Di	Lu	Ma	Me	Je	Ve	Sa
1	2	3	4	5	6	7
8	9	10	11	12	13	14
15	16	17	18	19	20	21
22	23	24	25	26	27	28
29	30	31				

1er. France : dans une lettre au président de la Chambre, Edouard Herriot, les députés F. Bonte et A. Ramette appellent le gouvernement à saisir les offres de paix à venir.

1er. Pologne : reddition des défenseurs polonais de la base navale de Hel.

2. France : le gouvernement accepte la formation d'une armée nationale tchécoslovaque en exil.

2. Allemagne : premier raid nocturne de propagande de la RAF sur Berlin.

4. France : dans l'Aisne, le soldat Maurice Thorez déserte son cantonnement de Chauny.

4. Lvov : Nikita Khrouchtchev annonce la communisation de la Pologne orientale (→ 5).

5. Lublin : reddition avec les honneurs de la guerre des restes du corps d'armée de Podolie du général Kleeberg.

5. Varsovie : dans les ruines de la capitale polonaise, Hitler passe ses troupes en revue.

5. Moscou : la Lettonie et l'URSS signent un traité d'assistance mutuelle, donnant aux Soviétiques des bases navales et aériennes sur la Baltique.→

5. Allemagne : l'hebdomadaire nazi *Der Sturmer*, consacré au « problème juif », publie un « Hymne à la haine » qui qualifie l'Angleterre de « fléau du monde ».

6. Chine : les forces chinoises gagnent la première bataille de Tch'ang-Cha.→

6. Berlin : dans un discours au Reichstag, Hitler lance un appel à la paix et assure Bruxelles et La Haye de son amitié.→

7. Allemagne : à l'occasion de l'anniversaire de Himmler, Hitler le nomme commissaire « à la consolidation de la race allemande ».

7. Allemagne : Hitler ratifie un décret qui ordonne l'expulsion des habitants de Pologne occidentale (→ 12.10).

7. Washington : les Etats-Unis reconnaissent le gouvernement polonais en exil.

Menus de guerre en Allemagne

Berlin, 1er octobre
Les succès militaires n'empêchent pas les Allemands de connaître eux aussi les cartes de rationnement. Depuis le 25 septembre, elles limitent la consommation de pain, de lait, de matières grasses, de confiture, de sucre, de lessive et de savon. Les rations attribuées sont variables : les femmes enceintes, celles qui allaitent et les travailleurs de force, entre autres, sont privilégiés. Par semaine, la ration normale comprend 2,4 kg de pain, 500 g de viande, 250 g de sucre et 3,5 l de lait. Par ailleurs, l'essence est rationnée depuis le début de la guerre.

Vaste purge dans l'armée japonaise

Tokyo, 1er octobre
Le haut commandement militaire nippon a démis de leurs fonctions de nombreux officiers supérieurs de l'armée du Mandchoukouo, l'Etat fantoche que les Japonais ont créé en Mandchourie. Cette purge fait suite à l'accord, signé le mois dernier à Moscou, qui mettait fin au conflit frontalier entre le Japon et l'URSS. Elle sanctionne les chefs d'une armée à laquelle les troupes soviétiques avaient infligé de lourdes pertes. Cet accord signé avec les Russes renforce à Tokyo la position des partisans d'une offensive contre les intérêts américains dans le Pacifique.

Moment de pause pour ces soldats japonais avant de retourner au feu.

Succès des nationalistes en Chine

Tch'ang-Cha, 6 octobre
Plus de 40 000 soldats nippons ont trouvé la mort au cours de violents combats qui ont duré onze jours. C'est la première fois que l'armée nippone subit un revers aussi cinglant. Le butin des Chinois en armes et en munitions est considérable, mais cette victoire est aussi pour eux déterminante : leur nouvelle stratégie, qui se rapproche de la guérilla, se révèle payante. L'entraînement intense auquel étaient soumis les hommes depuis peu pour qu'ils gagnent en mobilité s'est révélé efficace. Autour de la capitale du Yunnan, Tch'ang-Cha, les lignes de défense japonaises, trop longues, paraissaient vulnérables aux Chinois qui savaient que la guerre avec l'URSS avait affaibli leur ennemi. Ils saisirent donc l'occasion pour attaquer et harceler les 120 000 soldats japonais. Disséminés en petits groupes, ils ont mené une guerre d'embuscades payante. Les Japonais sont tombés dans le piège, au moment où ils prévoyaient d'en finir avec les nationalistes du général Tchang Kaï-chek grâce à la signature d'un armistice avec les Russes. Cette défaite clôt une série ininterrompue de succès japonais depuis juillet 1937 : l'armée japonaise occupe aujourd'hui Pékin, T'ien-tsin, Shanghai, et même la capitale officielle, Nankin, toutes régions où l'administration du Tenno fait régner la terreur.

L'étau soviétique se resserre sur les Etats baltes

Moscou, 5 octobre
Depuis que la signature du traité germano-soviétique du 28 septembre dernier lui a donné toute liberté d'action sur les Etats baltes, Staline s'est activement employé à renforcer la pression sur leurs gouvernements. Dès le 29 septembre, avant même que le quadrimoteur Condor personnel de Hitler n'eût ramené Ribbentrop à Berlin, l'Union soviétique contraignait l'Estonie à signer avec elle un traité d'assistance mutuelle. Les Russes ont ainsi obtenu le droit d'occuper les bases navales de Narva, Baltiski, Haapsalu et Parnu. C'est aujourd'hui la Lettonie qui a dû accepter de conclure un traité de même type. Les Soviétiques établiront donc des bases militaires dans les ports de Libau et Windau, et pourront installer des batteries d'artillerie sur la côte. Le tour de la Lituanie ne saurait tarder : n'est-elle pas explicitement citée dans le dernier pacte germano-soviétique, qui a, par ailleurs, restitué à l'URSS la région de Wilno (Vilnius), peuplée de Lituaniens mais annexée en 1920 par la Pologne ? Des « discussions » ont commencé, mais il ne fait aucun doute qu'elles aboutiront à un traité d'assistance mutuelle. Les Etats baltes se retrouvent donc sous contrôle russe : leur indépendance n'aura duré que vingt ans.

Pour les Allemands, le Blitzkrieg est réellement efficace

Varsovie, 6 octobre
Les militaires allemands font déjà le bilan de ce premier mois de guerre. Le premier enseignement que les Allemands tirent du Blitzkrieg est que cette forme de guerre est dévastatrice pour l'adversaire. Les pertes de la Wehrmacht sont très faibles (10 572 tués, 3 404 disparus et 30 322 blessés) comparées aux pertes polonaises (66 000 morts et 133 000 blessés), soit une moyenne de 330 morts par jour du côté allemand. Une stratégie qui éprouve aussi durement les populations. A Varsovie, les bombardements ont tué 25 000 civils, et la capitale polonaise n'est qu'un exemple parmi d'autres.

Ces prisonniers polonais transportant l'un des leurs vers le camp où ils sont détenus croisent les vainqueurs sans leur adresser un regard.

Hitler joue au pacifiste

Berlin, 6 octobre
A midi, devant le Reichstag réuni au Krolloper de Berlin, le chancelier Hitler a fait le bilan de la guerre en Pologne et proposé, une fois de plus, la tenue d'une conférence de paix qui réunirait les grandes puissances européennes. Selon lui, la campagne de Pologne était nécessaire pour fixer au Reich une frontière qui tienne compte « des facteurs historiques, ethnographiques et économiques ». Il fallait aussi résoudre la question des minorités et tenter de « régler le problème juif ». Le Führer s'est donc prononcé pour « la création d'un Etat polonais, à condition qu'il n'abrite aucun foyer d'opposition au Reich allemand, et qu'aucune intrigue contre l'Allemagne et la Russie ne s'y forme ». Il exige également une révision totale des traités de paix de Versailles. Souhaitant la « collaboration de toutes les nations du continent », il a répété qu'il n'était pas en conflit avec la France et qu'il avait toujours cherché à protéger l'amitié avec la Grande-Bretagne. La paix ainsi proposée légitimerait toutes les annexions allemandes. Le gouvernement britannique a aussitôt affirmé que ce discours « accumulait les travestissements de la vérité » et que les propositions faites étaient « vagues et obscures ». Quant au gouvernement français, malgré la rumeur qui courait à Berlin sur le défaitisme croissant des Français, il a condamné ces propositions. Daladier, le président du Conseil, est resté très ferme. Devant la commission des Affaires étrangères du Sénat, il a répété que la France et la Grande-Bretagne restaient en guerre et ne cesseraient le combat que lorsque la paix serait rétablie.

Campagne d'anglophobie dans la presse française de droite et d'extrême droite

France, 5 octobre
« La France et l'Angleterre ont dit ensemble : *Il faut en finir !* » C'est en ces termes que Léon Blum dans *Paris-Soir* a tenu à couper l'herbe sous les pieds de tous ceux qui accusent la France de s'être laissé entraîner dans une guerre qui ne la concernait pas. Car, depuis l'arrivée du CEB en France, on assiste dans la presse de droite et d'extrême droite à une campagne d'anglophobie feutrée et insidieuse. *Gringoire* et *Je suis partout* ne se privent pas de critiquer la « gouvernante anglaise » qui « dicte » sa politique à la France. Des arguments qui ressemblent à s'y méprendre aux slogans antianglais que déverse sur les ondes la propagande allemande. Si tout cela ne résiste pas à l'épreuve des faits, quelques « poilus » français pourraient s'y laisser prendre. Car, passé le premier sentiment d'admiration, ce n'est pas sans colère que les soldats français côtoient ces Anglais trop élégants qui, pour comble d'injustice, touchent 15 francs par jour, alors qu'eux-mêmes ne reçoivent que 15 sous par jour. Aussi, le pouvoir politique est-il soucieux de réagir vite.

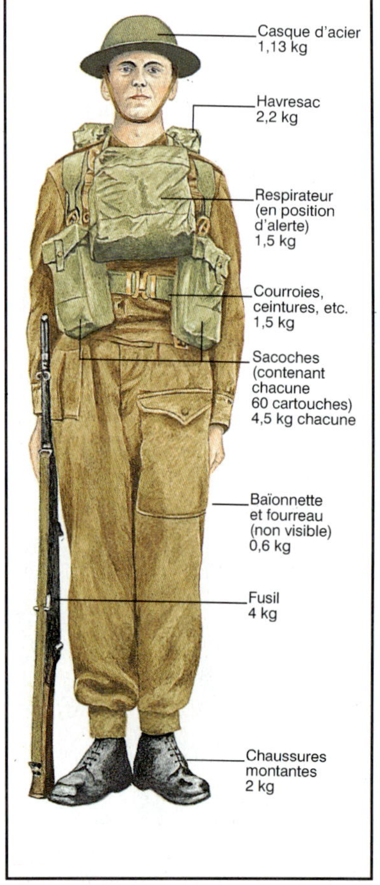

1939
Octobre

Di	Lu	Ma	Me	Je	Ve	Sa
1	2	3	4	5	6	7
8	9	10	11	12	13	14
15	16	17	18	19	20	21
22	23	24	25	26	27	28
29	30	31				

8. Paris : arrestation de quatorze députés communistes.→

8. Allemagne : annexion au Reich allemand des territoires frontaliers de Pologne.

9. Allemagne : Hitler édicte sa sixième directive de guerre, qui ordonne la préparation du Plan jaune – une attaque de la Belgique, des Pays-Bas et de la France (→ 19).

9. Helsinki : face aux pressions soviétiques, la Finlande mobilise ses réservistes (→ 12).

10. Moscou : l'URSS signe un traité d'assistance mutuelle de quinze ans avec la Lituanie, complétant sa présence militaire dans les trois Etats baltes (→ 15).

10. Grande-Bretagne : le recrutement des femmes dans l'armée de terre est suspendu après 25 000 engagements.

10. France : 37 députés du GOP (le PCF clandestin) sont incarcérés.

11. France : le général Gamelin donne l'ordre de faire sauter les ponts du Rhin, hormis celui de Kehl, solidement défendu.

11. Westminster : le secrétaire à la Guerre, Leslie Hore-Belisha, annonce que 158 000 soldats britanniques sont maintenant en France.

11. Paris : dans un discours méprisant, Edouard Daladier repousse les propositions de paix de Hitler du 6 octobre.→

12. Helsinki : l'URSS propose officiellement aux Finlandais un échange de territoires (→ 14).

12. Cracovie : Hitler nomme le juriste nazi Hans Frank à la tête du gouvernement général créé dans les territoires polonais occupés (→ 26).

12. Europe : premières déportations de Juifs d'Autriche et de Tchécoslovaquie en Pologne, à l'instigation d'Eichmann.

12. Londres : le Premier ministre Chamberlain rejette l'appel à la paix lancé par Hitler.

14. Moscou : l'URSS refuse les contre-propositions finlandaises d'échange de territoires frontaliers (→ 15).

Cette bombe qui inquiète déjà Albert Einstein

Washington, 11 octobre
Un émigré russe très écouté à Washington, le Dr Alexandre Sachs, a remis au président Roosevelt une lettre rédigée par le physicien allemand Albert Einstein et par deux chercheurs hongrois Léo Szilard et Eugene Wigner. Les trois hommes y rappellent que, grâce aux travaux de Joliot-Curie, Fermi et Szilard, on pourra bientôt fabriquer une bombe qui serait une arme absolue. Selon eux, les travaux actuels sur l'énergie atomique en Allemagne pourraient bien à terme fournir à Hitler cette arme terrifiante. Convaincu de l'intérêt de l'observation, le Président a déclaré que cela exigeait une action.

Einstein : de l'uranium à la bombe.

Les communistes pourchassés

Paris, 8 octobre
Camouflé depuis sa dissolution sous la bannière du Groupe ouvrier et paysan (GOP), le parti communiste maintenait tant bien que mal son activité. Mais la publication en début de mois d'une lettre d'Arthur Ramette exigeant un débat public au Parlement sur des propositions de paix « à venir », qui laissaient supposer une intelligence avec l'ennemi, puis la désertion de Thorez, ont mis le feu aux poudres. Quatorze députés ont été arrêtés. Les autres ont pris la fuite.

Un raid audacieux sur Scapa Flow

Le « Royal Oak » au premier plan.

Günther Prien commandait l'U-47.

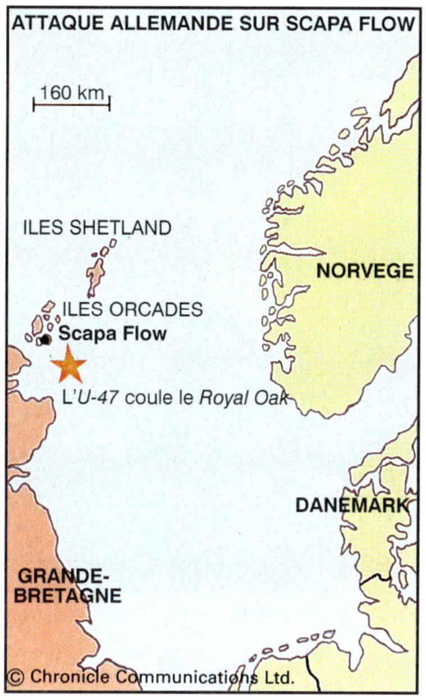

Scapa Flow, 14 octobre
La Royal Navy est touchée au cœur ! L'*U-47* a réussi à pénétrer hier dans la rade de la grande base navale de Scapa Flow. Il y avait heureusement assez peu de navires au mouillage, mais le *Royal Oak*, un vétéran de la bataille du Jutland, a été envoyé par le fond. 810 hommes sur les 1 224 de l'équipage de ce cuirassé de 29 150 tonnes ont péri dans l'action. Un repérage aérien a dû permettre aux Allemands de repérer un trou dans les défenses et a permis de constater que les détroits n'étaient pas tous barrés par des filets anti-sous-marins. Le lieutenant de vaisseau Günther Prien put ainsi pénétrer dans le Kirk Sound, un détroit qui mène à la rade, par une brèche de 17 mètres dans le barrage d'épaves qui en interdisait l'entrée. Resté immergé toute la journée, l'*U-47* fit surface à la nuit. Tout était calme, et l'aurore boréale éclairait le ciel. Le sous-marin s'approcha des bateaux au mouillage et, à 0 h 59, torpilla le *Royal Oak* et le transport d'avions *Pegasus*. A 1 h 27, il lança encore trois torpilles qui touchèrent de plein fouet le cuirassé qui sombra en moins de 13 minutes. L'alerte était alors donnée, mais l'*U-47* avait déjà gagné la haute mer.

Les Juifs sont de plus en plus maltraités en Pologne

A Myslowice, sur la place du marché, les biens des Juifs ont été brûlés.

Varsovie, 13 octobre
Les atrocités commises par les nazis contre les Juifs en Pologne, surtout dans le gouvernement général, se multiplient. La Gestapo et les SS infligent aux Juifs les humiliations les plus dégradantes : à Bydgoszcz, plusieurs milliers d'entre eux ont été enfermés dans leur synagogue, dont les toilettes étaient verrouillées ; on les força à utiliser leurs châles de prière pour nettoyer le sol. Des centaines d'exécutions ont lieu chaque jour. La barbarie paraît de plus en plus organisée : les Juifs, privés de leurs biens, sont déportés en masse dans le gouvernement, où ils sont assignés à résidence. Les *Judengeräte* (conseils juifs) doivent administrer les communautés où la vie est de plus en plus misérable. La mise en place de ghettos juifs que prônait Heydrich le 21 septembre paraît de plus en plus probable.

Une autre guerre : celle des rumeurs

Londres, 14 octobre
Les gouvernants d'aujourd'hui sont tous convaincus qu'il est essentiel de maîtriser l'opinion publique. C'est pourquoi la guerre des propagandes fait rage. En Grande-Bretagne, par exemple, l'instauration de la censure a détourné la population des sources d'information officielles, une situation qui naturellement favorise l'éclosion de multiples rumeurs incontrôlées. L'action du gouvernement est fort critiquée, et les affiches de propagande provoquent parfois des réactions très éloignées de l'effet attendu ; ainsi une affiche qui proclamait : « VOTRE courage, VOTRE ardeur, VOTRE résolution NOUS donneront la victoire », a-t-elle été interprétée comme un appel à la mobilisation au service des intérêts de l'élite dirigeante et non de la nation. Une certaine lassitude s'est emparée de l'opinion fatiguée de lire sur tous les murs qu'il faut « étouffer les rumeurs, car elles servent Hitler », et l'activité désordonnée du ministère de l'Information est régulièrement brocardée. Par contrecoup, la propagande allemande marque des points : on estime que plus d'un million d'auditeurs écoutent William Joyce, le présentateur anglais de Radio Hambourg. « Lord Haw Haw », comme l'a surnommé le *Daily Express* à cause de sa diction distinguée, se pose en ami qui veut du bien aux Anglais.

▷

Edouard Daladier refuse de céder à Hitler

Paris, 11 octobre
Le président du Conseil Edouard Daladier a rejeté officiellement aujourd'hui l'offre de paix de Hitler. Cette fermeté est conforme à la politique qu'il suit depuis le mois de mars, et qui l'a conduit à déclarer la guerre au Reich le 3 septembre. Daladier est conscient depuis longtemps du danger nazi : il devint pour la première fois président du Conseil le jour même de l'accession au pouvoir de Hitler en 1933. Né en 1884, cet agrégé d'histoire est un ancien combattant de la Grande Guerre plusieurs fois décoré. Il devint député du Vaucluse en 1919. Président du parti radical, souvent ministre de la Guerre ou de la Défense, dès 1936 il tenta d'accélérer le réarmement français.

Daladier, aussi grave que déterminé.

Tollé contre Lindbergh en Amérique

Washington, 14 octobre
Les propos tenus hier à la radio par le colonel Charles Lindbergh font sensation, aux Etats-Unis comme au Canada. Il est vrai que Lindbergh a même remis en question le droit du Canada d'attirer le Nouveau Monde dans la guerre européenne parce que ce pays « préfère la couronne d'Angleterre à l'indépendance américaine ». Le président de la commission aux Affaires étrangères du Sénat, Key Pittman, s'est vivement élevé contre ce discours, que le *New York Herald Tribune* a trouvé « aussi étonnant par sa logique que par son mauvais goût ». Au Canada, les hommes politiques et les anciens combattants clament leur indignation. Accusé d'être proallemand, Lindbergh a affirmé qu'il voulait empêcher les nazis et les communistes d'avoir une quelconque influence en Amérique, et aussi que les colonies britanniques et françaises devraient revenir aux Etats-Unis en paiement des dettes de guerre.

Sur une route de France, un peloton en route vers le Nord double un convoi français de matériel d'artillerie (avec une batterie de 75).

1939

Octobre

Di	Lu	Ma	Me	Je	Ve	Sa
1	2	3	4	5	6	7
8	9	10	11	12	13	14
15	16	17	18	19	20	21
22	23	24	25	26	27	28
29	30	31				

15. Estonie : signature d'un traité avec l'Allemagne pour le transfert vers le Reich des Estoniens d'origine allemande.

15. Finlande : création du service national obligatoire.

16. Grande-Bretagne : les avions de la Luftwaffe attaquent des navires anglais dans le Firth of Forth.

16. Lorraine : contre-offensive allemande dans la Sarre.

16. Allemagne : la marine reçoit l'ordre de torpiller sans avertissement les navires de commerce alliés.

16. Paris : rentrée scolaire pour 10 000 écoliers seulement, soit 20 % de l'effectif normal.

17. Ankara : la Turquie rompt les négociations pour un traité de défense avec l'URSS (→ 19).

17. France : exil de Luis Companys, ancien gouverneur de la généralité de Catalogne.

18. Stockholm : les souverains scandinaves rencontrent le président finlandais pour étudier la menace soviétique.

19. Pologne : un ghetto juif est créé à Lublin, centre d'une « réserve » juive en Pologne orientale (→ 30).

19. Berlin : le haut commandement de l'armée met au point le Plan jaune, stratégie qui prévoie une offensive à l'ouest.

19. Ankara : les commandants alliés au Moyen-Orient, Maxime Weygand et Archibald Wavell, signent un pacte d'assistance mutuelle avec la Turquie.

20. Vatican : le pape Pie XII condamne le racisme et les dictatures dans sa première encyclique, *Summi Pontificatus*.

20. Grande-Bretagne : le ministère de la Guerre recommande aux soldats du front de lire à la fois *Mein Kampf* et le *Manifeste du parti communiste*.

21. France : suite à un différend avec l'amiral Darlan, l'amiral Muselier est mis à la retraite d'office.

21. Italie : traité germano-italien pour le droit d'option des habitants du Haut-Adige.

La ville de Forbach abandonnée aux Allemands

France, 19 octobre
C'est par un communiqué du haut commandement que les Français ont appris l'abandon de Forbach par leurs troupes. La ville a été abandonnée sans résistance, suivant les ordres du général Maurice Gamelin. Dans la zone de Sarrebruck, l'armée allemande a également récupéré la vingtaine de villages que les troupes françaises avaient occupés lors de leur offensive de septembre, arrêtée soudainement du fait de l'effondrement polonais. Ce retrait a été décidé par le commandant en chef, qui jugeait la position de ses troupes trop fragile, et afin de résorber, selon ses propres termes, la « verrue que nous avons en Sarre ».

Un traître à Radio Stuttgart ?

Paris, 15 octobre
Depuis quelque temps déjà, les autorités françaises se doutaient qu'un Français participait à la réalisation des émissions de Radio Stuttgart. Il est désormais identifié. Il s'agit de Paul Ferdonnet, un journaliste fixé en Allemagne depuis les années vingt. Il est l'auteur d'ouvrages qui ne laissent guère de doute sur ses opinions si l'on en juge par les titres de ses deux derniers livres : *la Crise tchèque* et *la Guerre juive*. Est-il un simple speaker ou parle-t-il en son nom propre ? nul ne sait.

Goebbels, l'employeur de Ferdonnet.

Lignes Maginot et Siegfried : étrange face-à-face

Installé sur la ligne Maginot, ce bar improvisé accueille les désœuvrés.

Hitler et Todt (le dernier à droite) venus inspecter la ligne Siegfried.

Côté français, l'heure est à la défensive

Paris, 21 octobre
Pour les Français, c'est la « drôle de guerre », pour les Anglais la *Phoney War* (la guerre des haut-parleurs), pour les Allemands c'est le *Sitzkrieg* (la guerre assise). On ne peut mieux qualifier l'étrange atmosphère qui règne aujourd'hui sur le front de l'Ouest. Après les escarmouches de l'offensive française de la Sarre au mois de septembre, puis la contre-offensive de la Wehrmacht qui a entraîné l'évacuation des portions de territoire allemand grignotées par l'armée du général Réquin, plus rien ne bouge. De Dunkerque à Huningue sur le Rhin, 110 divisions françaises et anglaises veillent ou plus exactement attendent. Dans les états-majors, il semble que le désarroi règne depuis l'effondrement inattendu de la Pologne. Les Alliés prévoyaient que celle-ci tiendrait jusqu'au printemps de 1940. Elle a tenu trois semaines. Désormais, Anglais et Français semblent surtout préoccupés de combler leur retard en armement. Les mines, les canons antichars manquent, de même que les pièces de DCA et les munitions d'artillerie. L'aviation française n'a pas encore atteint le niveau souhaité, à l'exception de la chasse ; elle manque de bombardiers modernes et d'avions d'observation. Alors on a ressorti des stocks d'obus de la Grande Guerre et les vieilles et fragiles « saucisses », les ballons d'observation. Le général Gamelin ne veut pas prendre l'offensive, tout le monde ayant encore en mémoire les pertes terribles qui ont résulté des offensives à outrance de l'été 1914. L'heure est donc à la défensive, derrière cette formidable barrière d'acier et de béton qu'est la ligne Maginot. Ce complexe d'ouvrages fortifiés est sans équivalent en Europe. Les Alliés en sont conscients, qui s'accordent sur un point : « C'est ici que l'on se battra, si l'on doit se battre. »

Sur l'air de « Nous irons pendre not' linge sur la ligne Siegfried ».

Côté allemand, c'est la « guerre assise »

Allemagne, 21 octobre
L'Allemagne a aussi sa ligne fortifiée. De Bâle à Aix-la-Chapelle, la ligne Siegfried assure le Reich contre toute mauvaise surprise à l'ouest. Avec son exagération coutumière, Hitler en parle comme « des fortifications les plus formidables de tous les temps ». Edifiée sur l'ordre exprès du chancelier entre 1936 et 1939, c'est le Dr Fritz Todt, le constructeur des autostrades allemandes, qui a été chargé de la réalisation de ce réseau de 17 000 ouvrages bétonnés et blindés. Conçue pour permettre une défense en profondeur, la ligne Siegfried est constituée par une première zone d'avant-postes bétonnés échelonnés sur le terrain. En lisière, d'importants barrages antichars et des champs de mines sont destinés à retarder la progression d'un éventuel ennemi. Ensuite vient une position de résistance très dense d'ouvrages en béton, sur une profondeur de 2 à 3 km et communiquant entre eux par des réseaux de souterrains. Au-delà, dans les secteurs « sensibles » du front, une troisième ligne d'arrêt a été installée parfois à près de 20 km en arrière des avant-postes. De quoi donner des cauchemars aux stratèges alliés.

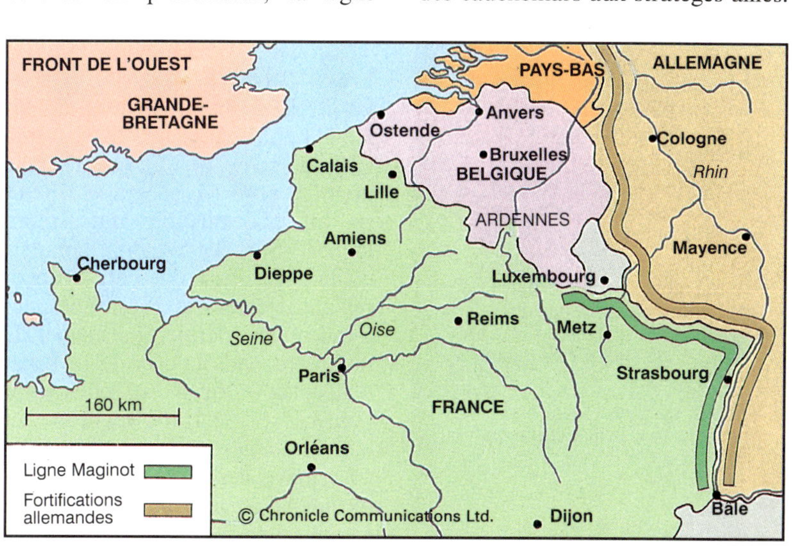

1939

Octobre

Di	Lu	Ma	Me	Je	Ve	Sa
1	2	3	4	5	6	7
8	9	10	11	12	13	14
15	16	17	18	19	20	21
22	23	24	25	26	27	28
29	30	31				

22. Helsinki : des envoyés finlandais partent pour Moscou pour de nouvelles négociations (→ 3.11).

23. Mourmansk : un équipage allemand dirige le navire américain *City of Flint* dans la baie de Kola.

24. Paris : arrivée des réserves d'or de la Pologne, qui ont transité par la Roumanie et la Syrie.

26. Paris : sortie du premier numéro clandestin de *l'Humanité*.

26. Cracovie : Hans Frank occupe son poste de gouverneur général de Pologne.→

26. Bratislava : Joseph Tiso devient le premier président de Slovaquie.

26. France : dans *Gringoire*, l'écrivain Roland Dorgelès emploie pour la première fois l'expression « drôle de guerre ».

27. Belgique : proclamation de neutralité.

28. Berlin : Himmler publie son décret sur les *Lebensborn*, recommandant aux Allemandes célibataires de se passer de la « pratique bourgeoise » du mariage pour mettre au monde des enfants de « race pure ».

28. Allemagne : les SS proposent au gouvernement du Reich de faire porter aux Juifs l'étoile jaune.

30. Londres : un communiqué officiel expose le système des camps de concentration et les brutalités nazies envers les Juifs et les opposants.

30. URSS : annexion des territoires occupés en Pologne, qui devront être intégrés aux républiques d'Ukraine et de Biélorussie.

30. Lettonie : traité avec l'Allemagne sur l'évacuation des Allemands vers le Reich.

31. Italie : Mussolini remplace les membres germanophiles de son gouvernement par des modérés ; le maréchal Graziani est nommé chef d'état-major des armées.

31. En mer : la Royal Navy lance la chasse aux cuirassés de poche *Graf Spee* et *Deutschland*.→

Les Alliés font la chasse aux U-Boote

Atlantique nord, 31 octobre

La flotte britannique intensifie son action contre les sous-marins allemands. Depuis la perte, il y a quinze jours, du *Royal Oak* coulé à Scapa Flow, la Royal Navy n'a cessé d'effectuer des sorties en mer. Il est vrai que la menace allemande est toujours aussi inquiétante. Le mois dernier, les bâtiments de ligne allemands ont saisi six cargos, mais ce sont surtout les U-Boote qui font le plus de ravages. Ces derniers mouillent des mines sur les routes maritimes et se tiennent à l'affût près des côtes. Hier, l'un d'entre eux s'est audacieusement glissé au sein d'une escadre en patrouille. Sans se laisser impressionner par la présence des cuirassés *Hood* et *Nelson*, il a lancé sur ce dernier deux torpilles qui l'ont endommagé. Les destroyers, les frégates et les corvettes de la Navy sont malheureusement dotés d'un écho-sondeur par ultrasons datant de la dernière guerre (fruit des recherches du Comité allié d'investigation et de détection sous-marines) qui n'est pas particulièrement efficace, ce qui rend leur tâche malaisée.

Le croiseur « Deutschland ».

La revue des chars de la 5e armée

Wangenbourg, 23 octobre

C'est en présence du président Albert Lebrun que la 5e armée a fait défiler ses chars. La revue a permis au président de la République d'admirer les chars lourds B 1 bis, l'orgueil de l'armée française et sans doute le meilleur char du monde. Armé de deux canons de 75 mm, un en tourelle, un autre en caisse, et de deux mitrailleuses, c'est un engin puissant et redoutable. Accompagné du général Réquin, commandant la 5e armée, Albert Lebrun s'est fait présenter les équipages et le commandant des chars de l'armée, le colonel de Gaulle. Ce dernier est un promoteur enthousiaste de l'arme blindée qu'il voudrait voir encore plus développée qu'elle ne l'est.

Le colonel Charles de Gaulle.

Quand le poilu monte sur la scène

France, octobre

Après une dernière révérence, la Madelon se retire sous les bravos, quitte ses jupes et ses souliers à talons, et réendosse rapidement son uniforme pour aller assurer son tour de garde. Les spectacles d'amateurs, qui font appel à toutes les bonnes volontés du régiment, font la joie des soldats et des officiers. Si l'on se contente généralement d'un pot-pourri de chansons à la mode, d'une chronique de la vie du régiment ou de quelques imitations d'artistes de music-hall connus, on n'hésite pas à jouer aussi du Molière, du Beaumarchais, ou même la dernière pièce d'Anouilh. Le soldat de deuxième classe fera, selon l'occasion, une Rosine très acceptable ou une Mistinguett qui ravira ses camarades. Un canotier sur l'oreille suffit à camper Maurice Chevalier, et un bout de sparadrap noirci sous les narines un Hitler qui déchaînera les huées.

Première victoire de la RAF dans le ciel de Grande-Bretagne

Ecosse, 28 octobre

La RAF a abattu aujourd'hui un He-111 à l'est de Dalkeith, une ville du sud-est de l'Ecosse. C'est le premier appareil allemand détruit en vol au-dessus des îles Britanniques. Sur les quatre hommes d'équipage, deux ont péri. L'appareil appartenait à la 2e Luftflotte qui a exécuté ces dernières semaines de nombreux raids à partir de ses bases d'Allemagne du Nord, raids dont l'objectif est le trafic maritime au large des côtes écossaises. Les 16 et 17 octobre, des pilotes du groupe 13 de la RAF avaient déjà repoussé des assauts allemands.

Le modèle Heinkel porte le nom de l'ingénieur et industriel qui l'a inventé.

Varsovie : travail obligatoire pour les Juifs

Varsovie, 26 octobre
Hans Frank, l'avocat nazi nommé le 12 octobre à la tête du gouvernement général de Pologne, zone non intégrée à l'Allemagne, vient de rendre officiel son premier décret. Cette mesure qui institue, entre autres, le travail forcé pour les Juifs augure mal de l'avenir de cette communauté en Europe centrale. En effet, les nazis commencent à déporter des Juifs autrichiens, allemands et tchécoslovaques dans certaines provinces polonaises. L'officier responsable de ces transferts de population, bureaucrate zélé, serait un dénommé Adolf Eichmann. Cette législation fait obligation aux Juifs âgés de 14 à 60 ans de travailler sur des projets officiels, pour lesquels ils seront organisés en brigades ou envoyés dans des camps spéciaux qu'ils devront construire eux-mêmes dans des conditions particulièrement difficiles.
Toutefois, les Juifs ne sont pas les seuls en butte aux menaces de l'occupant : les habitants de Torun doivent « débarrasser la chaussée [...], les rues appartenant aux vainqueurs, pas aux vaincus ». Des ordres sont donnés pour que quiconque importune une femme ou une jeune fille allemande soit châtié de manière exemplaire. Quant aux femmes polonaises qui adressent la parole à des Allemands, elles seront envoyées dans des bordels. La politique définie par Frank est claire : « Les Polonais doivent devenir les esclaves du grand Reich allemand », avait-il déclaré lors de sa nomination. Opinion déjà exprimée le même jour par Heydrich, le chef de la police de sécurité du Reich, lorsqu'il disait vouloir débarrasser une fois pour toutes la Pologne des Juifs, de l'intelligentsia, du clergé et de la noblesse.
Les Juifs cependant paraissent les plus exposés. Il semble en effet qu'une réunion ait eu lieu à Berlin à la fin du mois dernier à l'instigation de l'adjoint de Heinrich Himmler dans le dessein d'organiser des plans de déportation à long terme des populations juives.

Frank, un nazi de la première heure.

Prague sous la botte nazie

Prague, 28 octobre
Le vingtième anniversaire de la naissance de la Tchécoslovaquie a donné lieu à des manifestations étudiantes dans les rues de Prague. La répression a été particulièrement violente. Les troupes d'occupation ont lancé des voitures blindées sur la foule. Des affrontements se sont prolongés tard dans la soirée dans le centre ville entre des Allemands des Sudètes, armés de pistolets, de fouets et de fusils, et les patriotes tchèques. Un étudiant aurait été tué d'une balle de revolver, et plus de 3 500 personnes s'entasseraient déjà en prison, soumises aux mauvais traitements de la Gestapo, en attendant d'être jugées.

« Le lion (britannique) a des ailes » : le titre d'un film de guerre annoncé en couverture d'une revue de cinéma anglaise.

1939

Novembre

Di	Lu	Ma	Me	Je	Ve	Sa
			1	2	3	4
5	6	7	8	9	10	11
12	13	14	15	16	17	18
19	20	21	22	23	24	25
26	27	28	29	30		

1er. Etats-Unis : inauguration, à New York, du Rockefeller Center.

1er. Allemagne : annexion officielle de la ville libre de Dantzig, du corridor polonais et des régions frontalières cédées à la Pologne en 1919 en vertu du traité de Versailles, y compris Lodz et le district de Ciechanow.

1er. Pays-Bas : le gouvernement proclame l'état de siège dans les provinces frontalières et les zones inondables (→ 5).

1er. Suisse : des plans d'urgence sont établis en cas d'invasion.

2. France : condamnation du journaliste Henri Jeanson à 3 ans de prison pour avoir écrit un article pacifiste.

2. Berlin : Hitler rappelle en consultation ses ambassadeurs de Moscou et de Rome.

3. Grande-Bretagne : suite aux plaintes répétées des trade-unions, le couvre-feu est réduit d'une heure.

3. Moscou : les entretiens finno-soviétiques se poursuivent ; les Finlandais refusent de céder aux Soviétiques le port stratégique de Hangö (→ 13).

3. Afrique du Sud : le Premier ministre, le général Smuts, promet de défendre les colonies britanniques en Afrique (→ 9).

3. Europe : accord germano-soviétique sur l'émigration des Allemands de Volhynie vers la région de Warta en Pologne.

4. Oslo : un scientifique allemand dépose sur le rebord d'une fenêtre du consulat de Grande-Bretagne un prototype de détonateur pour mine de proximité et un rapport détaillé sur la recherche militaire allemande.

4. Norvège : l'amirauté norvégienne signale qu'elle a interné l'équipage du cargo américain *City of Flint*, capturé par les Allemands et arraisonné par les Norvégiens.

4. Varsovie : le gouverneur du district fait établir, dans une partie de la vieille ville où les Juifs sont nombreux, une zone de quarantaine interdite aux troupes allemandes.

Fin de l'embargo américain sur les armements

Washington, 4 novembre
Le président Roosevelt a signé aujourd'hui la clause « Cash and Carry » amendant la loi de Neutralité afin de permettre les livraisons d'armes aux pays en guerre. Les Français et les Britanniques, qui avaient commandé pour 44 millions de livres d'équipement, vont donc voir ces commandes honorées. 300 à 400 avions seraient consignés dans les ports américains attendant d'être embarqués à destination de la France et de l'Angleterre. 2 500 autres devraient suivre.
La loi de Neutralité, votée en 1935 par le Congrès, avait été renouvelée en 1936 puis en 1937. Les isolationnistes, estimant que les Etats-Unis étaient entrés en guerre contre leurs intérêts en 1917, voulaient à tout prix rester à l'écart du conflit européen et ont défendu avec acharnement cette loi. Le 28 octobre, le Sénat puis les Représentants avaient voté en faveur du projet « Cash and Carry » défendu par le Président qui souhaitait autoriser la livraison d'armes aux pays pouvant « payer comptant ». Il est cependant évident qu'il n'est pas dans les intentions américaines de vendre des armes à l'Allemagne, comme la clause qui s'applique à tous les belligérants le permettrait. Le revirement américain a sans doute été provoqué par l'impact sur l'opinion des atrocités nazies commises en Pologne et en Tchécoslovaquie.

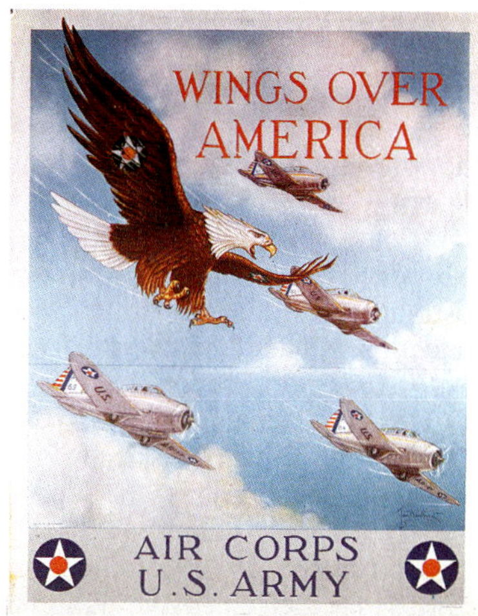

L'aigle, oiseau symbole des Etats-Unis, accompagné d'avions de chasse, vole vers l'Europe en guerre.

L'est de la Pologne annexé par l'URSS

Moscou, 2 novembre
Le Soviet suprême a entériné l'annexion de la région rebaptisée par les Soviétiques Russie de l'Ouest à la République socialiste soviétique de Russie. La veille, c'est l'« Ukraine de l'Ouest » qui avait été réunie à la République soviétique d'Ukraine. Les préparatifs de la soviétisation des 200 000 km² de Pologne occupés par l'URSS ont commencé tout de suite après l'invasion. La police secrète y fut très vite envoyée à la poursuite des « ennemis de classe ». On comptait alors 11,5 millions d'habitants, dont 38,2 % d'Ukrainiens, 9,5 % de Russes et 36 % de Polonais. Environ 1 650 000 personnes furent envoyées de force en URSS ; 600 000 d'entre elles, Juifs et Polonais, avaient fui l'invasion allemande à l'ouest, 850 000 étaient des Polonais et des Juifs établis depuis longtemps dans la région, et 200 000 étaient des Ukrainiens et des Russes « suspects ». Avec la police étaient venus des fonctionnaires du parti chargés de préparer la population à une intégration « spontanée » à l'URSS. Partout des commissions électorales ont sélectionné des candidats « sûrs » pour les envoyer aux assemblées nationales créées à Lvov (Ukraine) et à Bialystok (Russie). Les députés élus sont naturellement des fidèles de la ligne imposée par l'URSS.

Le 19 septembre dernier, après avoir écrasé l'armée polonaise, les troupes soviétiques et allemandes avaient fait leur jonction à Brest-Litovsk.

Le sort des Juifs toujours incertain

Varsovie, 4 novembre
Celui que l'on surnomme déjà le « roi Frank », le gouverneur général de Pologne, a pris des mesures contre les Juifs varsoviens qui semblent de mauvais augure pour le sort de la communauté juive de la capitale polonaise. Tout un quartier de la vieille ville où les Juifs sont nombreux est depuis aujourd'hui « zone de quarantaine ». Les troupes d'occupation n'ont pas le droit d'y entrer. Des sentinelles veillent à la périphérie. En revanche, les habitants de la zone, juifs et non-juifs, peuvent entrer et sortir de cette zone librement. La rue Nowolipie, la rue Muranowska et une cinquantaine de rues du vieux Varsovie sont concernées par cette mesure, décidée par le gouverneur du district, le docteur SS Fisher, en plein accord avec le gouverneur général Hans Frank. Le président du conseil juif de la ville, Adam Czerniakow, est inquiet. Car, si les Juifs sont libres encore de leurs mouvements, une zone de quarantaine est aisément transformable en « ghetto », clos ou non de murs. Il serait facile d'y enfermer les cinq cent mille Juifs de la ville, une extrémité à laquelle personne dans la communauté ne veut croire. Enfin, Czerniakow est persuadé que la création du Judenrat permettra d'avoir avec les autorités du gouvernorat des relations à peu près acceptables et de protéger les habitants des exactions nazies.

La ligne Maginot s'enlise dans l'inaction et l'ennui

France, novembre
« N'entrez pas chez nous, nous ne tirerons pas sur vous », ont inscrit les Allemands sur des panneaux plantés aux frontières. Le souci qui prédomine de part et d'autre est d'éviter toute provocation. Chacun reste chez soi. Allemands et Français se font face sans rechercher l'affrontement. Les journées s'écoulent, uniformément vides. Au début de l'automne, quand il faisait beau, on pouvait encore tuer le temps en se baignant dans le Rhin ou en pêchant à la ligne. Mais que faire maintenant que le froid arrive ? La radio allemande joue *Parlez-moi d'amour*, et les avions ennemis survolent les lignes françaises en jetant des tracts antianglais. Des réservistes, pères de famille nombreuse, ont déjà été renvoyés dans leurs foyers, et beaucoup d'ouvriers, « affectés spéciaux », regagnent les usines où, pense-t-on, ils seront plus utiles que sur le front. On croit si peu à la guerre que, quand retentit la cloche de l'alerte aérienne, les soldats se précipitent dehors pour scruter le ciel et encourager leurs pilotes : « Vas-y, Léon ! Dis donc, t'as vu le Fritz ! quel looping ! » Le reste du temps, pour tromper l'ennui, on tape le carton, on fume, on plaisante sur le taux de bromure contenu dans le vin, et surtout on attend avec impatience la prochaine permission qui n'en finit pas d'arriver. Le soir, on organise des revues qui permettent de railler sans méchanceté le colonel, assis au premier rang. Sans le danger des mines et des francs-tireurs qui rappellent aux hommes que la mort les guette, cette attente pourrait ressembler à d'interminables vacances.

1939

Novembre

Di	Lu	Ma	Me	Je	Ve	Sa
			1	2	3	4
5	6	7	8	9	10	11
12	13	14	15	16	17	18
19	20	21	22	23	24	25
26	27	28	29	30		

5. Allemagne : Hitler fixe au 12 novembre la date de l'attaque des Pays-Bas et de la France.

7. Londres : un agent double, Paul Thummel, fournit au gouvernement tchécoslovaque en exil des informations sur les projets allemands d'offensive à l'ouest.

7. Allemagne : l'attaque à l'ouest prévue pour le 12 novembre est ajournée à cause du mauvais temps (→ 8).

7. Varsovie : les autorités nazies décident la création d'un ghetto.

7. Europe : la reine Wilhelmine des Pays-Bas et le roi des Belges, Léopold III, lancent un appel à la paix et offrent leur médiation (→ 12).

7. Allemagne : l'assurance automobile devient obligatoire.

8. Munich : attentat à la bombe contre Hitler.→

8. Bohême-Moravie : la projection du film de Leni Riefensthal, *le Triomphe de la volonté*, déclenche des manifestations antinazies.

9. Afrique du Sud : découverte d'un complot fomenté par des nazis sud-africains, qui prévoyait le sabotage d'usines.

10. Suisse : la mobilisation générale est décrétée.

10. Front de l'Ouest : la Wehrmacht renforce ses défenses sur la ligne Siegfried.

10. Pays-Bas : le consul des Etats-Unis conseille aux ressortissants américains de quitter le pays.

10. Stockholm : le prix Nobel de littérature est attribué à l'écrivain de langue finnoise Frans Eemil Sillanpää.

11. Europe : en France et en Grande-Bretagne, des journées franco-britanniques sont organisées, dans le dessein de resserrer les liens d'amitié entre les deux Alliés.→

11. Berlin : le ministre des Affaires étrangères, Joachim von Ribbentrop, réaffirme que l'Allemagne respectera la neutralité de la Belgique et des Pays-Bas (→ 12).

Hitler échappe à un grave attentat

Munich, 8 novembre
Une explosion a ravagé ce soir la brasserie *Buergerbräukeller* où Hitler était venu fêter, avec la vieille garde du parti, le putsch manqué de 1923. Une bombe de forte puissance avait été placée dans un pilier derrière la tribune. Douze minutes après le départ du Führer, la bombe explosait, faisant sept morts et soixante-trois blessés. Hitler, dont le discours fut inhabituellement court, était déjà sur le chemin de la gare quand il apprit la nouvelle. « C'est un signe que la Providence me soutient ! » s'écria-t-il. Plusieurs heures après, on fait déjà état d'arrestations de francs-maçons, de Juifs et de nazis hostiles au Führer. Toutefois, un communiqué officiel tardif fait mention de la mise sous les verrous d'un dénommé Georges Elser. Cet « artisan menuisier aux sympathies communistes prouvées » aurait été arrêté à la frontière suisse en possession des plans de la brasserie et aurait avoué à la Gestapo être l'auteur du crime. Une version des faits qui n'est pas convaincante, car le bruit court déjà dans tout Munich qu'Elser était auparavant détenu dans un camp de concentration. S'il en est sorti, avec une bombe entre les mains, ce ne peut être qu'avec l'accord ou la complicité probables des plus hautes autorités SS. Tous les journalistes étrangers sont persuadés que l'attentat a été organisé afin de redorer le blason de Hitler. En somme, un nouvel « incendie du Reichstag ».

Les partisans de Hitler ont fait salle comble pour applaudir leur Führer.

Quelques minutes après la fin du discours, la brasserie est pulvérisée.

Churchill prédit la victoire sur mer

Westminster, 8 novembre
Le premier lord de l'Amirauté a fait aujourd'hui devant les Communes un discours de combat comme il les aime. Tout en reconnaissant que les pertes navales sont plus importantes que celles des autres armes, l'aviation et l'armée de terre, Churchill a félicité la Royal Navy pour son action et lancé : « Nous sommes en train de ravir la maîtrise de la mer aux U-Boote. » Puis il ridiculisa la dernière en date des revendications allemandes : le torpillage du porte-avions *Ark Royal*. Ironique, il s'est écrié : « Nous serions très heureux si nous n'avions à engager contre l'Allemagne que les navires qu'ils estiment nous avoir coulés. »

Le soldat français est-il bien nourri ?

France, novembre
Le moral des troupes est à ce prix. Le soldat doit être bien nourri pour que la patrie soit bien défendue. Les journaux informent donc régulièrement leurs lecteurs de la ration quotidienne du soldat au front : 600 grammes de pain, 350 grammes de viande, 60 grammes de légumes, du lard, du café, du sucre et un demi-litre de vin. Le menu des tirailleurs sénégalais, nombreux dans l'armée française, est différent pour tenir compte de leurs habitudes alimentaires : ils ont droit à moins de pain et à davantage de riz. Aux jours de fête, on ajoute à l'ordinaire un « gamelin », gâteau inventé, paraît-il, par le général du même nom, soucieux d'offrir à ses hommes un peu de douceur. Malgré ces informations qui rassurent les familles, on sait que le vin est un grand sujet de mécontentement : trafiqué, coupé d'eau, mêlé de débris répugnants, il contiendrait en outre du bromure. Légende ou vérité ? Des soldats, à qui leurs femmes avaient rendu visite, se seraient plaints de n'avoir pas été en état de « remplir leurs devoirs conjugaux ». Les autorités ont beau protester qu'une telle opération coûterait trop cher à l'armée française, le bruit continue à courir et la méfiance à régner.

Deux suspects britanniques arrêtés

Venlo, 9 novembre
Deux agents de renseignements britanniques kidnappés et conduits en Allemagne. C'est la mésaventure rocambolesque qui est arrivée aujourd'hui au major Richard Stevens et au capitaine S. Payne Best. Depuis quelques mois, ils rencontraient régulièrement à Venlo, petite ville frontalière des Pays-Bas, un officier allemand, le major Richard Schaemmle. Les deux Britanniques pensaient être sur la piste d'un complot contre Hitler. Afin de convaincre son intermédiaire, le capitaine Best désireux de prouver sa bonne foi avait même préparé un flash d'information sur le service en langue allemande de la BBC. Leur contact, qui était en fait un agent de Heydrich du nom de Walter Schellenberg, devait leur faire rencontrer les chefs de la conjuration à la frontière. Là, le major Stevens et le capitaine Best eurent la désagréable surprise d'être accueillis par des coups de feu. Les deux officiers et leur accompagnateur hollandais, le lieutenant Klopp qui avait été blessé dans l'action, furent alors jetés comme des bottes de foin dans une voiture, puis emmenés en Allemagne, avant même que les gardes-frontières aient pu réagir.

La trahison du colonel Oster

La Haye, 7 novembre
Une déclaration commune du roi des Belges et de la reine des Pays-Bas qui offrent de s'entremettre pour la paix embarrasse Hitler, qui vient d'ajourner l'offensive prévue pour le 12 novembre. En effet, Léopold et Wilhelmine ont été prévenus par le colonel Jacob Sas, l'attaché militaire hollandais à Berlin, de l'imminence d'une invasion allemande. Sas a été averti par un officier de l'*Abwehr*, le service de renseignements de la Wehrmacht, le colonel Hans Oster.

Le coquelicot et le bleuet symboles de l'union des Alliés

Paris et Londres, 11 novembre
Les cérémonies du 11 Novembre ont pris cette année le caractère d'une journée de solidarité franco-britannique. Afin de démontrer la solidité des liens qui unissent les deux Alliés, une affiche, éditée par le Commissariat général à l'information, représentant un tommy et un « poilu » de 1939, a été placardée dans toutes les communes de France. Dans les rues de Paris, des insignes franco-anglais et des fleurs – le coquelicot britannique découvert en 1914 dans les campagnes de Flandre par les premiers tommies débarqués et le bleuet de France – sont proposés par les « femmes françaises décorées de la Légion d'honneur ». A Londres, des initiatives semblables ont été prises, et la BBC doit retransmettre aujourd'hui l'*Ode à la France* de Rudyard Kipling. Le président de la République Albert Lebrun et Sa Majesté le roi George VI ont, pour l'occasion, échangé des télégrammes d'amitié. Ce soir à Londres, la reine Elisabeth adressera un message aux femmes de l'empire. En effet, en Grande-Bretagne, quarante-cinq mille d'entre elles se sont engagées dans les divers services auxiliaires de l'armée de terre où elles rendent d'appréciables services. D'autres organismes comme le WVS, le service des femmes volontaires pour la défense civile, qui regroupe déjà cinq cent mille volontaires, ont même dû cesser d'inscrire les recrues devant l'afflux des candidatures.

L'épouse de George VI s'adresse aux femmes de son pays.

L'une des nombreuses volontaires anglaises décidées à servir leur patrie.

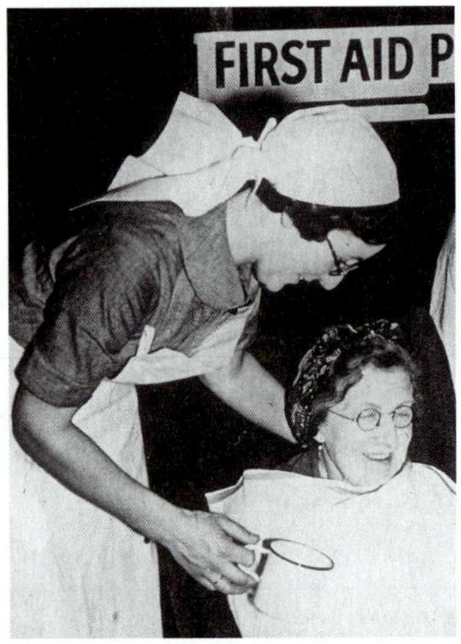

Convertie en infirmière, elle prodigue des soins et du réconfort.

Dans le ciel lorrain : Curtiss français contre Messerschmitt

Toul, 6 novembre
Les pilotes du groupe de chasse II/5 peuvent jubiler. Au cours d'une mission de protection, neuf d'entre eux ont affronté avec succès une meute de vingt-sept Messerschmitt Bf 109. Les neuf appareils, d'excellents Curtiss Hawk 75C.1 qui valent les meilleurs chasseurs allemands, assuraient la protection d'un Potez 63-11 de reconnaissance, quand ils furent attaqués par les avions allemands. Les pilotes français n'hésitèrent pas et se ruèrent à l'assaut. En l'espace de quelques minutes, quatorze Allemands étaient abattus, sans qu'il y ait de pertes du côté français.

Le Dewoitine D.520 côtoie le Curtiss parmi les fleurons de la chasse française.

1939

Novembre

Di	Lu	Ma	Me	Je	Ve	Sa
			1	2	3	4
5	6	7	8	9	10	11
12	13	14	15	16	17	18
19	20	21	22	23	24	25
26	27	28	29	30		

12. Europe : Chamberlain et Daladier déclinent l'offre de médiation de la reine des Pays-Bas et du roi des Belges (→ 14).

12. Allemagne : arrestation de centaines d'opposants et de Juifs dans les recherches sur l'attentat de Munich.

12. Allemagne : les cartes de rationnement de vêtements sont introduites (→ 23).

13. Roumanie : offre de médiation aux belligérants par le roi Carol (→ 16).

13. Moscou : après l'échec des pourparlers de paix, la délégation finlandaise rentre à Helsinki ; Staline ordonne de préparer l'invasion de la Finlande.

13. Finlande : mobilisation générale.

14. Berlin : Hitler rejette courtoisement l'offre de médiation de la reine Wilhelmine et du roi Léopold.

14. Europe : les Alliés acceptent de s'arrêter à une ligne de défense sur la rivière Dyle en Belgique si l'Allemagne attaque.

14. Londres : visite du général Sikorski, chef du gouvernement polonais en exil.

15. Chine : fin du débarquement japonais dans le nord du pays.

15. Prague : la Gestapo exécute sommairement des protestataires nationalistes aux obsèques de Jan Opletal, leader étudiant blessé aux manifestations du 28 octobre (→ 17).

15. France : par décret, la semaine de travail passe de 40 à 43 heures.

16. Roumanie : l'offre de médiation du roi Carol est rejetée par les belligérants (→ 22.12).

17. Paris : l'ex-président de Tchécoslovaquie, Edvard Benes, crée le Comité national tchèque (→ 18).

18. Prague : la loi martiale est décrétée (→ 19).

18. Paris : un Comité de coordination des programmes et des achats alliés, présidé par Jean Monnet, est créé.

Les Alliés rejettent la paix des rois

Londres et Paris, 12 novembre
Le roi George VI et le président Lebrun ont repoussé officiellement la médiation proposée par le roi des Belges Léopold III et la reine Wilhelmine des Pays-Bas pour tenter de rétablir la paix en Europe. Les deux souverains avaient offert de contribuer à rassembler, « dans un esprit de compréhension amicale, les éléments d'un accord » avant que la guerre ne gagne l'Europe de l'Ouest. Cette tentative désespérée d'éviter une invasion de la Belgique et des Pays-Bas par les Allemands avait peu de chances d'aboutir : en effet, Albert Lebrun a rappelé que, pour les Alliés, la paix ne serait conclue que si l'Autriche, la Pologne et la Tchécoslovaquie étaient reconstituées.

Léopold III, roi des Belges.

Les bateaux civils victimes des mines

Mer du Nord, 18 novembre
En deux jours, les mines flottantes allemandes ont détruit six bâtiments civils. Le dernier en date, le paquebot néerlandais *Simon Bolivar*, a sombré samedi dernier avec, à son bord, environ 400 passagers et membres d'équipage. Les ponts du navire connaissaient leur animation habituelle quand une violente explosion déchira l'air, ébranlant durement le bateau. Aussitôt, le *Simon Bolivar* prit une forte gîte qui rendit impossible la mise à flot des canots de sauvetage. De nombreux passagers durent descendre dans l'eau le long de filets jetés à la hâte sur la coque du bateau, ou bien sauter par-dessus bord. Une fois à la mer, ils durent chercher des morceaux d'épave et s'y accrocher en attendant les secours. Ainsi, une sœur de charité passa-t-elle plusieurs heures dans l'eau agrippée à une planche. Un passager anglais, Sidney Preece, sauva la vie de sa fille âgée de trois ans en la mettant dans une caisse en bois. Il dériva à ses côtés près d'une heure, dans une eau glaciale et rendue visqueuse par le pétrole, avant l'arrivée des sauveteurs. 86 personnes ont péri au cours de cette catastrophe, parmi lesquelles beaucoup de femmes et d'enfants, et le commandant du paquebot, le capitaine Voorspuiy. Mais l'aventure n'était pas terminée : à peine étaient-ils arrivés dans un port de la côte est qu'une alerte aérienne obligeait les rescapés à se précipiter dans les abris. L'émotion est vive aux Pays-Bas, car la mine se trouvait dans un couloir maritime très fréquenté. D'après le code maritime, les Allemands auraient dû prévenir qu'ils avaient miné le passage, ce qu'ils n'avaient pas fait. Il s'agit certainement d'une de ces nouvelles mines magnétiques, déjà responsables du naufrage, le 4 novembre dernier, d'un navire danois, le *Canada*, au large du Humber. Il est clair que les Allemands, qui affirment que leurs sous-marins ont coulé cent quinze navires ces deux derniers mois, veulent encore intensifier la guerre maritime.

L'équipage d'un sous-marin allemand à l'heure du déjeuner.

URSS et Finlande au bord du conflit

Helsinki, 13 novembre
Les représentants finlandais ont suspendu aujourd'hui les pourparlers avec les Soviétiques. Sans illusions sur l'état de ses forces, le général Mannerheim a ordonné la mobilisation de l'armée finlandaise. Le négociateur finlandais, Juho Kusti Paasikivi, s'était pourtant rendu à Moscou avec la consigne de tout faire pour trouver un compromis. Mais l'étendue des concessions demandées par les Soviétiques a obligé les Finlandais à refuser les propositions russes présentées sous forme d'ultimatum.
L'URSS demandait aux Finlandais de reculer la frontière dans l'isthme de Carélie, entre le lac Ladoga et le golfe de Finlande, de façon à placer Leningrad hors de portée d'éventuels canons ennemis. Elle exigeait aussi la cession d'îles du golfe de Finlande, ainsi que la location pour trente ans du port de Hangö. Dans l'extrême Nord, l'Union soviétique réclamait Petsamo, le seul port finlandais de la mer de Barents à n'être jamais pris par les glaces.
En échange, les Soviétiques offraient à la Finlande 5 500 km² dans les régions septentrionales de Repola et Porajorpi. C'est la demande de cession de Hangö qui a fait échouer la négociation. Le céder reviendrait à abandonner aux Soviétiques le contrôle absolu du golfe de Finlande.

La guerre est finie pour Jean Giono

Marseille, 15 novembre
Arrêté le 16 septembre pour avoir rédigé des tracts pacifistes, le romancier Jean Giono est sorti aujourd'hui du fort Saint-Nicolas où il était incarcéré depuis deux mois. Plusieurs de ses amis, en particulier André Gide, étaient intervenus en sa faveur auprès de Daladier. Mobilisé, l'écrivain s'était pourtant rendu à Digne, son lieu d'affectation, où il avait été arrêté au bout d'une semaine. Bénéficiant d'un non-lieu, Giono a même été dispensé par l'autorité militaire de toute obligation de service. Il va pouvoir se remettre à écrire, loin de cette guerre qu'il déteste.

Quand « Anastasie » veille sur le moral des Britanniques

Londres, 16 novembre
L'espionnite et la censure font toujours bon ménage en temps de guerre. La Grande-Bretagne n'échappe pas à cette règle. Dès les premiers jours de la guerre, les limiers de Scotland Yard ont été chargés d'arrêter les agents ennemis et d'interpeller leurs sympathisants potentiels. Aujourd'hui, près de 6 000 suspects sont détenus, et certains pour longtemps. D'autre part, dame Anastasie a repris sa paire de ciseaux : la censure veille ! A Liverpool, des centaines de milliers de lettres et d'objets à destination des pays neutres sont ouverts discrètement et passent entre les mains d'experts en linguistique, avant d'être acheminés à destination.

Leur travail quotidien consiste à ouvrir systématiquement lettres et plis.

1939

Novembre

Di	Lu	Ma	Me	Je	Ve	Sa
			1	2	3	4
5	6	7	8	9	10	11
12	13	14	15	16	17	18
19	20	21	22	23	24	25
26	27	28	29	30		

19. Tchécoslovaquie : 50 000 personnes seraient arrêtées ; les nazis exécutent trois opposants de plus (→ 24).

19. Londres : Churchill propose d'envoyer des avions larguer des mines sur le Rhin.

19. Chine : l'armée nationaliste de Chongqing lance une offensive d'hiver contre les Japonais (→ 24).

20. Grande-Bretagne : les avions de la Luftwaffe commencent à parachuter des mines dans l'estuaire de la Tamise ; ils ont largué les premières mines magnétiques le long des côtes le 18 novembre (→ 25).

20. Allemagne : Hitler lance une seconde directive pour l'attaque à l'ouest.

21. Westminster : Chamberlain déclare que les navires de commerce allemands seront saisis en représailles aux destructions causées par les mines.

23. Paris : première distribution à la gare de l'Est de « vin chaud au soldat », en présence du ministre de l'Agriculture Henri Queuille.

23. Cracovie : Hans Frank ordonne à tout Juif âgé de plus de dix ans de porter, dans la zone du gouvernement général, un brassard blanc marqué de l'étoile de David (→ 28).

23. Pologne : le général Petzel, commandant la XXIe région militaire, dénonce les exactions commises par les SS à Turek.

23. Atlantique nord : les cuirassés allemands *Gneisenau* et *Scharnhorst* coulent le croiseur *HMS Rawalpindi.*

23. Allemagne : rationnement de nourriture pour les animaux domestiques.

24. Prague : la Gestapo fusille cent vingt étudiants arrêtés lors de manifestations patriotiques.

24. Berlin : l'Allemagne fait savoir au Comité olympique qu'elle n'organisera pas les Jeux olympiques d'hiver de 1940.

25. Moscou : l'URSS somme la Finlande de retirer ses troupes à 25 km de la frontière (→ 26).

Alerte aux mines magnétiques !

Une mine magnétique sous le regard attentif de George VI (de face).

Ce nouveau type d'engin aura été fatal au destroyer anglais « HMS Gipsy ».

Portsmouth, 25 novembre

L'Amirauté britannique doit depuis peu affronter une nouvelle menace, celle des mines magnétiques. Ces mines que les Allemands mouillent dans les eaux britanniques se révèlent être des armes particulièrement redoutables. Le 21 novembre dernier, elles ont envoyé par le fond le destroyer *HMS Gipsy* et mis hors de combat le nouveau croiseur *HMS Belfast*. Elles ont aussi causé la perte de vingt-neuf navires marchands depuis le début du mois. Elles sont beaucoup plus dangereuses que les mines ordinaires, qui flottent en surface et sont faciles à draguer : déposées sur les fonds marins par des bâtiments de surface ou des sous-marins, ou même parachutées depuis le 18 novembre, elles sont déclenchées par la variation du champ magnétique terrestre que provoque la masse métallique des bateaux qui passent à leur verticale. Ces mines ont été disposées par les Allemands à faible distance des côtes britanniques, à la sortie des ports et dans les estuaires, notamment dans celui de la Tamise. En raison de leur redoutable efficacité, l'Amirauté a donné l'ordre de récupérer l'une d'entre elles, intacte, au plus vite. Le 20 novembre, le dragueur de mines *HMS Mastiff* fut détruit par l'explosion de celle qu'il tentait de remonter à l'aide d'un filet de pêche. Le lendemain, une sentinelle de la batterie d'artillerie de Shoeburyness vit un Heinkel He-111 qui, à basse altitude, larguait un objet dans l'estuaire de la Tamise. L'Amirauté envoya aussitôt sur le site deux experts en déminage, les capitaines de corvette R. C. Lewis et J. G. D. Ouvry. La marée était basse et ils purent s'approcher de la mine. Remarquant deux pièces de laiton dont elle était munie, et qu'il semblait nécessaire d'enlever pour désamorcer l'engin, ils en prirent une empreinte, afin de faire fabriquer par un atelier de l'armée les outils adéquats en laiton, dont le champ magnétique est trop faible pour activer la mine. Cela fut fait immédiatement. Accompagnés par le matelot breveté Vearncombe et le quartier-maître de première classe Baldwin, les deux officiers revinrent auprès de la mine, qu'il fallait désamorcer avant que la marée montante ne la recouvrît. L'opération fut menée avec une grande prudence : la mine pouvait être aussi acoustique, et réagir au moindre bruit. Deux détonateurs furent neutralisés. Le second émettait un tic-tac menaçant mais, heureusement pour les démineurs, son horloge fonctionnait mal. Elle devait servir à activer la mine une fois posée sur le fond sous-marin. La mine est à présent entre les mains des experts de la Royal Navy, et n'aura bientôt plus de secrets pour eux.

Ils ont survécu au naufrage du « Simon Bolivar » que deux mines ont détruit.

Les Japonais s'emparent de Nanning

Nanning, 24 novembre
Le Japon a annoncé aujourd'hui que son armée occupait Nanning, ville du sud de la Chine, conquise après de violents combats contre les 100 000 soldats nationalistes qui la défendaient. L'occupation de Nanning, capitale de la province du Guangxi et position stratégique importante, constitue pour les Japonais une victoire majeure : c'est la première depuis leur avancée vers l'ouest, entamée pour priver les Chinois de leurs derniers liens avec l'Indochine. De fait, la stratégie de Tchang Kaï-chek paraît bien compromise. Le chef du Kuo-min-tang avait prévu, lors d'une offensive d'hiver, de repousser les Japonais jusqu'au cours inférieur du Yang-tseu-kiang et aux frontières d'avant 1937. Au lieu de cela, les nationalistes ont perdu le contrôle d'une importante voie de ravitaillement et se trouvent menacés sur leur flanc sud. Les Japonais affirment contrôler la route par laquelle transitaient jusqu'ici 70 % des approvisionnements des Chinois en provenance d'Indochine. Tchang Kaï-chek a rappelé la nuit dernière les réservistes des provinces de Guizhou et du Yunnan, pour protéger le « chemin de fer du Yunnan » qui conduit à Hanoi et qui reste le seul lien des nationalistes avec l'Indochine. Il est clair que l'état-major japonais est décidé à interdire à la Chine toute relation, non seulement avec l'Indochine mais aussi avec la Birmanie. S'ils réussissent, les Chinois n'auront plus qu'un seul fournisseur de matériel de guerre : l'Union soviétique.

Joséphine et Maurice sur le front

France, novembre
Abandonnant pour un temps le Casino de Paris, Maurice Chevalier et Joséphine Baker obtiennent un énorme succès en Alsace et en Lorraine où ils sont en tournée sur le front. Pour plus de sécurité, les lieux et dates précis de leurs spectacles sont un secret militaire. Si la belle Joséphine obtient un grand succès auprès de ces hommes, privés de toute présence féminine, Maurice Chevalier gagne tous les cœurs en rejoignant sans façon les soldats aux popotes, où sa bonne humeur et son prestige de médaillé de la dernière guerre font beaucoup pour sa popularité. D'autres artistes, tels Jean Nohain ou Charles Trenet, ont comme eux pris à cœur de venir remonter le moral des troupes françaises.

Himmler ou le totalitarisme personnifié

Heinrich Himmler, nazi pur et dur.

Berlin, 19 novembre
Les atrocités commises en Pologne par les nazis mettent en lumière le rôle de plus en plus important de Himmler dans les hautes sphères du pouvoir en Allemagne. Ce Bavarois catholique, né à Munich en 1900, est entré très tôt au parti et a participé à la tentative de putsch de 1923. Nommé par Hitler chef de la SS (Schutzstaffel) dès 1929, il en a fait un corps d'élite du parti nazi, dévoué sans limite à Hitler. En 1934, il prit la tête de la Gestapo, police secrète politique, et, depuis 1936, dirige toutes les polices allemandes. Son rôle dans l'élimination de Röhm et des responsables des SA le 30 juin 1934 lors de la « Nuit des longs couteaux » est essentiel. Depuis, il a mis en place l'impitoyable système répressif de l'Allemagne nazie, développant les camps de concentration et organisant la persécution des opposants politiques et des Juifs. Son influence personnelle est devenue déterminante, comme en témoigne l'élimination des généraux Fritsch et Blomberg en 1938. Aujourd'hui un des premiers dignitaires nazis, Himmler agit en fonctionnaire zélé, sans états d'âme devant les atrocités qu'il ordonne : ainsi, la terreur que fait régner le totalitarisme hitlérien est-elle incarnée par un petit bourgeois sans charisme.

Fritz Thyssen dépossédé par les nazis

Berlin, 24 novembre
Il ne faut jamais faire confiance aux nazis. C'est la conclusion amère que doit méditer Fritz Thyssen, allemand, multimillionnaire et magnat de l'acier, de son refuge suisse de Locarno. Les nazis ont saisi tous ses biens, car il refuse de revenir en Allemagne. Thyssen, comme beaucoup d'industriels de la Ruhr, avait d'abord soutenu Hitler financièrement, escomptant qu'une fois au pouvoir, il favoriserait les entreprises. L'instauration du totalitarisme balaya ces espoirs. Thyssen, opposé à la guerre et aux persécutions des Juifs et craignant pour sa vie, préféra alors s'exiler.

La colère de Hitler face à ses généraux

Berlin, 23 novembre
Les commandants en chef de l'armée allemande ont assisté, éberlués, à une véritable explosion de rage de Hitler. Celui-ci les avait réunis à la Chancellerie pour leur exposer ses plans d'offensive contre la France et la Grande-Bretagne. Les objections de certains, dont Brauchitsch, concernant la neutralité belge ou la puissance de l'armée française, ont mis Hitler dans une colère folle. Il a hurlé que c'est à lui que le Reich devait ses victoires et que ses plans resteraient inchangés.

1939

Novembre

Di	Lu	Ma	Me	Je	Ve	Sa
			1	2	3	4
5	6	7	8	9	10	11
12	13	14	15	16	17	18
19	20	21	22	23	24	25
26	27	28	29	30		

26. Grande-Bretagne : lors d'une émission radiodiffusée, Neville Chamberlain annonce la découverte du secret des mines magnétiques.

26. Moscou : l'URSS accuse la Finlande d'avoir bombardé le territoire soviétique et exige le retrait des troupes finlandaises de Carélie, près de Leningrad (→ 27).

27. Norvège : le jury du prix Nobel de la paix annonce qu'en raison du conflit ce prix ne sera pas attribué.

27. Allemagne : les autorités accordent un délai d'un an aux « aryens » pour divorcer de leurs conjoints juifs.

27. Moscou : l'URSS dénonce le pacte de non-agression avec la Finlande de 1932 (→ 29).

28. France : à Amiens, un tribunal militaire condamne Maurice Thorez à six ans de prison pour désertion.

28. Londres : lors d'un conseil restreint, le roi signe l'ordre de saisir les exportations allemandes en haute mer.

28. Archipel Frison : à Borkum, des avions de la RAF attaquent des hydravions mouilleurs de mines de la Luftwaffe.

28. Pologne : Hans Frank ordonne l'installation d'un conseil juif dans toutes les zones de quarantaine, où résident des Juifs.

29. Etats-Unis : le chef pronazi de l'association germano-américaine, Fritz Kuhn, est reconnu coupable d'escroquerie.

29. Moscou : l'URSS rompt les relations diplomatiques avec la Finlande, ignorant l'offre unilatérale de dernière heure des Finlandais de retirer leurs troupes des frontières (→ 30).

29. Madrid : l'Espagne ratifie un traité d'amitié avec l'Allemagne. Des clauses secrètes autorisent l'Allemagne à utiliser les ports espagnols et promettent une coopération des services de police et de propagande.

30. Finlande : sans déclaration de guerre, l'Armée rouge attaque la Finlande.→

L'artillerie soviétique commence à ouvrir le feu sur les premières positions finlandaises décidées à riposter.

L'Armée rouge attaque la Finlande

Helsinki, 30 novembre

Devant le refus de la Finlande de satisfaire à ses exigences, Staline a donné l'ordre ce matin à l'Armée rouge d'entrer en Finlande. Les offensives les plus importantes se déroulent dans l'isthme de Carélie. En Laponie, les troupes soviétiques se dirigent vers le port de Petsamo. La flotte soviétique bombarde depuis ce matin les ports du golfe de Finlande, et Helsinki est la cible d'attaques aériennes de grande envergure. Aucun objectif militaire ne justifie ces raids. Staline emploie à son tour la stratégie expérimentée par les Allemands à Varsovie, afin de contraindre la capitale à la reddition en semant la terreur parmi les populations civiles. Pourtant, on observe le résultat inverse : les hôpitaux sont envahis de blessés, mais la colère et le ressentiment des Finlandais contre les Soviétiques ont encore accru leur résolution à poursuivre le combat. Un combat qu'ils commencent dans des conditions difficiles : le maréchal Mannerheim ne dispose que de neuf divisions, soit 130 000 hommes, pour faire face aux vingt-six divisions et aux 500 000 soldats que l'URSS a jetés dans la bataille. L'infériorité finlandaise est patente aussi dans les airs : ils n'ont que cent quarante-cinq avions, tous de type ancien, tandis que les Soviétiques en alignent mille. Il faut cependant tenir compte d'un élément qui constitue un lourd handicap pour les Soviétiques : les purges de l'état-major ordonnées par Staline en 1937 et en 1938 ont clairsemé les rangs des officiers supérieurs de l'Armée rouge. Beaucoup d'excellents officiers ont été exécutés ou croupissent en prison. Les combats que les soldats soviétiques ont menés en Pologne ont révélé la faiblesse de leur encadrement, ainsi que l'inadaptation de leur stratégie. En revanche, les Finlandais sont bien entraînés et rompus à la guerre d'hiver. L'état-major finlandais est certain de stabiliser le front si les troupes tiennent jusqu'aux premiers grands froids. En outre, ils savent qu'ils peuvent compter sur leur commandant en chef, le baron Carl von Mannerheim, figure emblématique de la nation finlandaise. C'est ce dernier, stratège d'envergure et grand politique, qui a organisé la ligne de défense fortifiée qui porte son nom. Constituée de « dents de dragon » antichars, de casemates qui contrôlent les routes forestières, elle protège le sud du pays. Si les Finlandais compensent leur infériorité par leur courage et leur mobilité, pourront-ils résister seuls longtemps au rouleau compresseur russe ?

Ils attendent l'ennemi de pied ferme.

1939

Décembre

Di	Lu	Ma	Me	Je	Ve	Sa
					1	2
3	4	5	6	7	8	9
10	11	12	13	14	15	16
17	18	19	20	21	22	23
24	25	26	27	28	29	30
31						

1er. Espagne : obsèques de José A. Primo de Rivera.→

2. Finlande : installation par Moscou d'un gouvernement finlandais fantoche à Terijoki, présidé par Otto Kuusinen.

4. Moscou : l'URSS rejette une offre de médiation des Suédois dans la guerre avec la Finlande.

5. Finlande : les troupes soviétiques atteignent la ligne Mannerheim, principale position défensive des Finlandais.

5. Washington : Roosevelt demande 1,319 milliard de dollars pour les dépenses militaires, en plus de son budget de 9 milliards (→10).

6. Pologne : les SS fusillent les malades de l'hôpital psychiatrique de Chelm.

6. Paris : le prix Goncourt est attribué à Philippe Hériat pour *les Enfants gâtés*.

7. Finlande : une division soviétique fait une percée en direction de la ville de Suomussalmi (→11).

7. Europe : le Danemark, la Suède et la Norvège déclarent leur stricte neutralité dans le conflit finno-soviétique.

7. Paris : le président Lebrun et Edouard Daladier reçoivent à déjeuner le roi George VI, venu inspecter les secteurs du front tenus par les Anglais.

7. Rome : le Grand Conseil fasciste confirme l'alliance des pays de l'Axe, mais réaffirme la non-belligérance de l'Italie (→9).

8. Washington : les Etats-Unis protestent contre le blocus britannique de l'Allemagne, qui porte atteinte au droit des nations neutres à commercer librement.

9. France : le caporal Thomas Priday, du King's Shropshire Light Infantry, est tué. Depuis le début des hostilités, c'est le premier mort anglais sur le front de l'Ouest.

9. Moscou : les Soviétiques découvrent que l'Italie envoie des fournitures militaires à la Finlande par l'Allemagne.

9. Finlande : l'URSS décide le blocus des côtes finlandaises.

Hitler veut assiéger la Grande-Bretagne

Berlin, 29 novembre

« [L'Angleterre est] la principale puissance ennemie [et] anime l'esprit combattant de l'ennemi. » C'est ce que Hitler a déclaré à son état-major. La défaite de l'Angleterre, selon lui, est une étape essentielle vers la victoire finale du Reich. Aussi a-t-il ordonné à la Kriegsmarine et à la Luftwaffe de détruire l'économie britannique par tous les moyens. Selon cette directive secrète, Londres, Liverpool et Manchester, par où, d'après les calculs allemands, transitent 95 % du commerce extérieur britannique, doivent être détruits. Les ports seront minés, et les usines bombardées sans pitié. Un blocus sans précédent qui, dans l'esprit du Führer, doit conduire à la victoire.

Epargnez, la Navy a besoin d'argent.

L'étrange rumeur qui effraie Dieppe

Dieppe, 26 novembre

La préfecture de Rouen vient de mettre en garde Paris : les habitants de Dieppe ont de bonnes raisons de craindre que des Allemands aient infiltré la base sanitaire anglaise d'Offranville. Une émission de Radio Stuttgart qui donnait une foule de détails véridiques sur cette base serait à l'origine de la rumeur. Toujours est-il que la population s'inquiète, « l'ennemi est dans les murs », « Stuttgart sait tout ».

Les araignées sont aussi mobilisées

Grande-Bretagne, 30 novembre

Le vice-amiral Harold Brown a révélé qu'il existait actuellement dans le pays des usines textiles très spéciales, dont les ouvrières chargées de tisser la toile ne sont autres que des araignées, auxquelles on prodigue les meilleurs soins. Leur mission ? Fabriquer des toiles qui sont utilisées dans la fabrication de lentilles optiques pour l'armée. A quand les escadrons de moustiques dressés pour piquer les Allemands ?

La guerre est là, mais Noël approche et la publicité ne désarme pas.

Première bombe pour l'Allemagne

Londres, 3 décembre

C'est la première bombe alliée de la guerre à exploser sur le sol allemand – et c'est une erreur ! Selon la RAF, 24 Wellington volant par trois à 6 282 m d'altitude revenaient d'un raid en mer du Nord au cours duquel ils avaient touché un croiseur allemand, quand un des pilotes s'aperçut que l'une de ses bombes était encore dans la soute. Il la largua immédiatement, mais le sort voulut qu'elle tombât sur l'île d'Helgoland, en face de l'embouchure de l'Elbe. La DCA entra en action, et des Messerschmitt Bf 109 et Bf 110 allemands prirent en chasse les Wellington. Ces derniers sont tous rentrés sains et saufs à la base.

« Gilles », le roman d'une génération

Paris, 5 décembre

Longtemps retardée par la censure, la parution du dernier roman de Drieu La Rochelle, *Gilles*, a eu lieu aujourd'hui. Dans ce livre largement autobiographique, où il s'est peint sous les traits de Gilles Gambier, Drieu espère que toute sa génération se retrouvera « de gré ou de force ». Les deux années qu'il a passées à l'écrire ont été marquées par son engagement dans le parti fasciste de Jacques Doriot. Déçu par cette expérience, l'écrivain, réformé en raison de son état de santé, passe désormais le plus clair de son temps à ressasser ses griefs contre la société.

Pierre Drieu La Rochelle.

▷

Helsinki bombardé

Helsinki, 9 décembre
« Le général Hiver », le grand allié des Russes, a préféré cette fois-ci venir en aide aux Finlandais. Le mauvais temps, en effet, empêche les bombardiers de l'Armée rouge de renouveler les raids aériens des premiers jours de la guerre. Ce répit permet aux habitants de la ville d'Helsinki de mieux organiser leurs moyens de défense. Les feux causés par les bombes incendiaires ont pu être maîtrisés, les rues ont été dégagées, et les femmes et les enfants évacués en lieu sûr, dans les zones forestières où, pense-t-on, ils seront à l'abri des bombardements. Lors des premiers raids, quatre-vingts personnes ont trouvé la mort. Mais les Finlandais ne se laissent pas abattre : avec du matériel dérisoire, trente-six Fokker hollandais D-21 et de vieux Bristol Bulldogs, les aviateurs n'hésitent pas à s'attaquer aux escadrilles soviétiques et à leur disputer farouchement la maîtrise du ciel. Il faut dire que les Soviétiques, persuadés que les Finlandais ne pourraient pas leur résister, n'avaient pas jugé nécessaire de mettre en ligne l'élite de leur chasse. De plus, l'élan et la virtuosité technique des pilotes finlandais bouleversent les données du problème. Les moyens tactiques qu'ils emploient sont simples, voire simplistes, mais efficaces. Les pilotes finlandais foncent audacieusement au milieu des escadrilles soviétiques, obligent les avions à se séparer les uns des autres, puis ils les abattent ensuite un par un. C'est ainsi qu'au deuxième jour des hostilités le lieutenant Eino Luukkanen a pu abattre un bombardier soviétique SB 2 avec un vieux Fokker d'un modèle périmé. Enfin, la Finlande compte sur l'aide prochaine des Alliés. L'agression soviétique a déclenché un vaste mouvement de solidarité en Occident. De leur côté, les Anglais enverront trente Gloster Gladiator ; quant au gouvernement français, il a promis la livraison d'armes ultramodernes : des pièces de campagne, des canons antichars et des milliers d'armes individuelles. Enfin, solidarité scandinave oblige, un escadron de pilotes suédois, tous volontaires, est en formation. Mais il ne faudrait pas que cette aide à la Finlande tarde trop. Recevant les ambassadeurs occidentaux, le maréchal Mannerheim leur a fait clairement savoir que, sans une action rapide des Alliés, il ne pourrait maintenir l'équilibre du front plus de deux ou trois mois.

Une maison effondrée et des gravats fumants : la capitale prise pour cible.

Les habitants fuient en masse. Leur but : atteindre la Suède ou la Norvège.

Difficile ambassade pour le Maréchal

Madrid, 1er décembre
Exécutions de prisonniers républicains, messes devant les autels, paysannes à genoux au passage du convoi funèbre, salves d'artillerie : l'« Espagne noire » rendait hommage ces jours-ci à l'un de ses martyrs, José Antonio Primo de Rivera, le fondateur de la Phalange fusillé en novembre 1936 par les républicains. Ramenée à dos d'hommes d'Alicante à l'Escurial, la dépouille mortelle de José Antonio Primo de Rivera a été inhumée aujourd'hui au cours d'une cérémonie grandiose. Dans son oraison funèbre, le Caudillo a appelé l'Espagne à engranger la moisson semée par sa mort, avant que les membres de tout le corps diplomatique ne s'inclinent devant le tombeau du fondateur de la Phalange. Le maréchal Pétain, qui est ambassadeur de France à Madrid, assistait à la cérémonie, ainsi que l'ambassadeur britannique. Le « héros de Verdun » s'emploie, depuis le mois de mars dernier, à renouer les fils d'une relation qui a toujours été difficile entre la France et le gouvernement du général Franco. Il a fait restituer aux nouvelles autorités le trésor de guerre républicain qui était en France. Un geste qui a plu ici et qui permet de penser que le maréchal Pétain saura éviter l'alignement complet de l'Espagne franquiste sur l'axe Berlin-Rome. Un tel cas de figure serait dommageable pour la France. Une menace directe pèserait sur la frontière des Pyrénées et sur nos colonies d'Afrique du Nord. Une tâche délicate, mais qui ne déplaît pas au Maréchal qui, de son observatoire madrilène, attend la suite des événements.

Le maréchal Pétain et le général Miguel Primo de Rivera, père du phalangiste.

A Aix, le camp d'étrangers des Milles

Aix-en-Provence, 9 décembre
L'arrivée aujourd'hui au camp des Milles de deux officiers allemands capturés sur le cargo *Chemnitz* a failli tourner au drame. Les deux hommes, en uniforme avec la croix de fer, n'ont échappé au lynchage que grâce à l'intervention du peintre Ferdinand Springer et d'un infirmier. Le camp des Milles accueille, en vertu des lois d'exception prises au mois de septembre, les ressortissants de l'Empire allemand qui se trouvaient en France au mo-ment de la déclaration de guerre. I y a là beaucoup d'intellectuels qu ont fui le nazisme, comme l'écrivai Lion Feuchtwanger qui ne cesse d répéter aux autorités du camp qu' a été l'hôte d'Albert Lebrun, le peintres Max Ernst et Hans Bel mer, le musicologue Heinrich Stro bel et bien d'autres encore, qui n comprennent pas pourquoi ils so détenus et traités comme des enn mis de la France.

1939

Décembre

Di	Lu	Ma	Me	Je	Ve	Sa
					1	2
3	4	5	6	7	8	9
10	11	12	13	14	15	16
17	18	19	20	21	22	23
24	25	26	27	28	29	30
31						

10. Washington : les Etats-Unis prêtent 10 millions de dollars à la Finlande (→ 18).

10. France : des restrictions sur la vente de viande sont annoncées (→ 15.1.1940).

11. Finlande : à Suomussalmi, l'armée finlandaise sectionne la 163e division soviétique.

11. Genève : la SDN demande à l'URSS de cesser les hostilités contre la Finlande (→ 14).

11. Berlin : Hitler rencontre l'homme politique norvégien Vidkun Quisling, fondateur dans son pays de l'Union nationale, pronazie (→ 14).

12. Moscou : l'URSS rejette la requête de la SDN pour une paix avec la Finlande (→ 14).

12. Finlande : pour aider le pays, la France et la Grande-Bretagne envoient du matériel militaire.

12. Allemagne : Hitler ordonne que la production de mines navales et de munitions soit presque doublée.

13. Baie d'Helgoland : le sous-marin anglais *Salmon* endommage les croiseurs allemands *Leipzig* et *Nurnberg*.

14. Genève : la SDN condamne et exclut l'URSS pour son agression contre la Finlande.→

14. Allemagne : Hitler ordonne à son commandement suprême de préparer les plans pour l'invasion de la Norvège (→ 18).

15. France : Chamberlain visite le CEB sur le front de l'Ouest.

15. Allemagne : des centaines d'usines produiraient un ersatz de café à partir d'orge, de figues et de baies.

16. Rome : le comte Galeazzo Ciano, ministre des Affaires étrangères de Mussolini, attaque l'URSS dans un discours à l'Assemblée fasciste.

16. Finlande : la principale offensive de l'URSS commence dans le secteur de Summa.

16. Allemagne : deux stations de radio nazies, Radio Humanité et la Voix de la paix, commencent à émettre en direction des lignes alliées. Elles diffusent des messages procommunistes.

Le « Graf Spee » est pris au piège

Montevideo, 13 décembre
Un peu avant minuit, les rares promeneurs arpentant les quais du port de la capitale uruguayenne ont pu voir se profiler la silhouette impressionnante d'un navire de guerre faisant son entrée dans le port. Il s'agissait du cuirassé de poche *Graf Spee*. Tôt le matin, le navire allemand avait été repéré par une escadre navale anglaise à 150 milles au large de l'estuaire du Rio de la Plata. Pour son malheur, au lieu de chercher à se dérober, le commandant du *Graf Spee*, le capitaine de vaisseau Hans Langsdorff, confondant les croiseurs légers *Ajax* et *Achilles* avec des contre-torpilleurs, ouvrit le feu. Il était 6 h 14. Trois minutes plus tard, le feu des deux croiseurs légers et du croiseur lourd *Exeter* touchait le navire allemand. Derrière un rideau de fumigènes, le *Graf Spee* mettait le cap sur le Rio de la Plata, suivi par les navires anglais tirant de toutes leurs batteries. A 7 h 40, l'*Exeter*, criblé d'impacts, abandonnait la partie, tandis que les deux croiseurs légers continuaient la poursuite. Un quart d'heure plus tard, l'*Achilles* étant légèrement endommagé, ils se retiraient à leur tour, laissant le *Graf Spee* à son sort. Ce dernier a perdu une partie de son artillerie, et sa coque est endommagée. Langsdorff décida de gagner Montevideo, un port neutre où il pourrait faire halte. Mais, désormais, le navire est pris au piège. Langsdorff n'a obtenu qu'un délai de soixante-douze heures. Ensuite, il devra appareiller, or les croiseurs britanniques attendent leur proie dans les eaux internationales (→ 17).

Le cuirassé dispose de soixante-douze heures pour quitter ce port neutre.

Des ballons barrent le ciel britannique aux avions allemands

Angleterre, 11 décembre
Les habitants des grandes cités vont devoir s'habituer à un nouveau spectacle hors du commun : des barrages de ballons que le RAF Balloon Command est en train d'installer à proximité de tous les objectifs stratégiques du Royaume-Uni. Ces énormes ballons, connus aussi sous le sobriquet de saucisses volantes, sont des engins apparemment inoffensifs mais qui peuvent jouer un rôle non négligeable dans la défense antiaérienne. Ce système d'arme vise à empêcher, ou tout du moins à rendre dangereuses, les attaques à basse altitude des bombardiers allemands. Le danger de ces saucisses provient du câble qui les relie au sol. Celui-ci peut aisément sectionner les ailes, la queue ou le train d'un appareil trop audacieux qui voudrait opérer en rase-mottes. Des essais concluants ont eu lieu à Farnborough. Un pilote d'essai canadien, le lieutenant John Kent, a jeté volontairement son appareil dans les câbles. Il a réussi à atterrir sans casse, mais en perdant 90 cm d'aile. Près de quarante mille hommes, des auxiliaires de la RAF, les servent. Remplis d'hydrogène, les faire monter à l'altitude voulue ne prend que quelques minutes. En revanche, les jours de grand vent, ils doivent être abaissés. Néanmoins, la question demeure : ces ballons seront-ils suffisants pour dissuader la Luftwaffe d'opérer à basse altitude ? ▷

Une saucisse volante utilisée par la RAF comme moyen de défense antiaérienne.

La guerre des skieurs finlandais

Helsinki, 16 décembre
Le « rouleau compresseur » soviétique a des ratés. L'Armée rouge piétine en Finlande. Si l'issue du conflit ne fait pas de doute, une fois que l'hiver sera terminé, par des assauts massifs qui feront craquer la défense finlandaise, en attendant, les Soviétiques paient le prix fort. Les unités de skieurs de l'armée finlandaise, camouflés afin de se confondre avec la neige, profitent d'un milieu naturel hostile et des inconséquences du commandement soviétique pour infliger de lourdes pertes aux Russes. Ces derniers sont mal armés, de nombreux soldats ont été envoyés au front en uniforme d'été, et la campagne qui ne devait durer que quelques jours s'éternise. Beaucoup d'hommes meurent de froid, dans ce linceul blanc qu'ils appellent *Bielaja Smert*, la Mort blanche. Les Finlandais ont développé une tactique qu'ils appellent *motti*. Tels des fantômes, ils se déplacent quasi invisibles autour des lourdes colonnes russes qui ne peuvent quitter les routes forestières. Ils mitraillent les Soviétiques puis disparaissent en silence. Pour affaiblir leur ennemi, les Finlandais pratiquent la politique de la terre brûlée. Le bétail est systématiquement abattu, les fermes incendiées ou parfois piégées. Ils sont devenus experts dans l'élimination des tanks russes grâce aux cocktails Molotov, hommage ironique au ministre des Affaires étrangères soviétique. Lancées sur les parties vitales des blindés, ces bouteilles remplies d'essence et d'acide sulfurique les détruisent ou les immobilisent. Jusqu'à présent, les Finlandais ont repoussé les grandes offensives de l'Armée rouge contre la ligne Mannerheim, qui couvre l'isthme de Carélie. Au nord du lac Ladoga, l'avancée soviétique peut difficilement être contrée. Le front s'étire sur 1 280 km, et les Finlandais ne peuvent surveiller une ligne de défense aussi longue. Heureusement, les Russes ne sont pas assez mobiles pour exploiter la faille. Ils ont été expulsés de Suomussalmi, qu'ils avaient pris le 9 décembre. Au nord, sur les côtes de la mer de Barents, les Russes occupent Petsamo et avancent en direction du sud-ouest le long de ce qu'on appelle la « route arctique ».

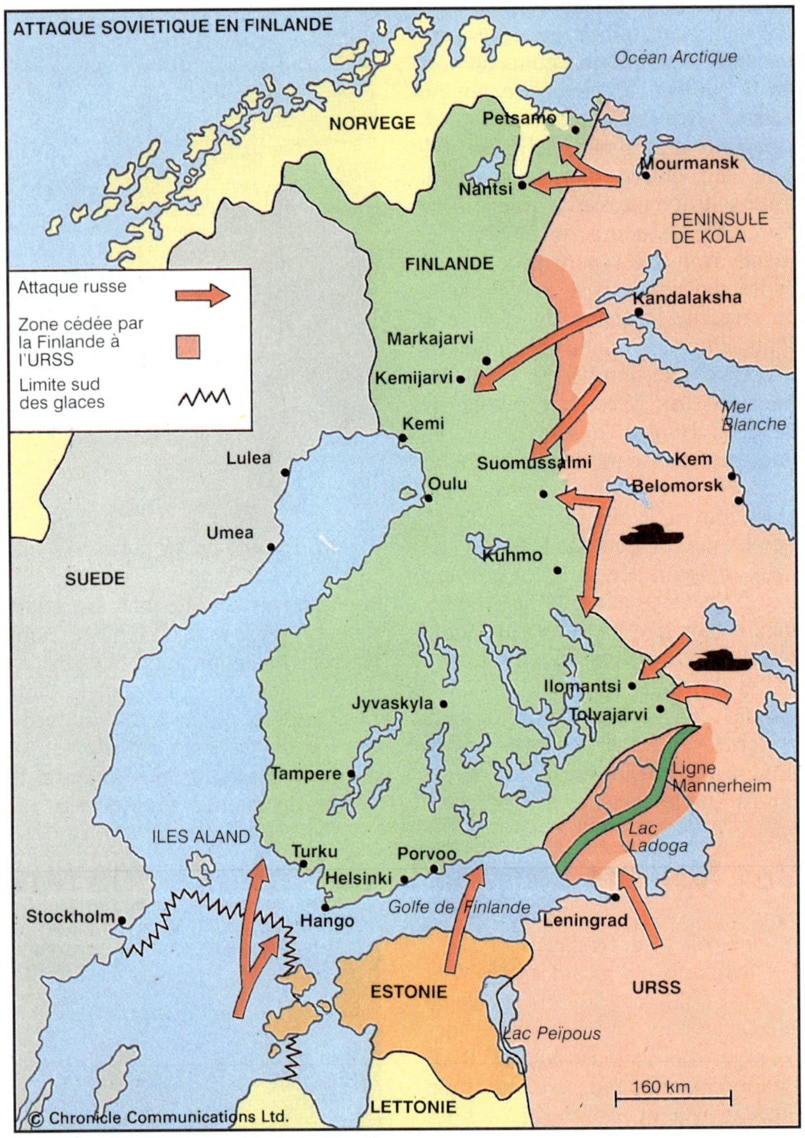

En arrière des lignes du front nord, les soldats finlandais stockent du bois.

Pas de swing pour la musique nazie

Allemagne, décembre
Malgré la guerre, on a beaucoup chanté et dansé en Allemagne cette année. Revues, opérettes, chanteurs populaires et chansonniers, tout fait recette. Le régime encourage les spectacles, qui entretiennent le moral de la population. Tous ces divertissements doivent néanmoins rester compatibles avec les principes nazis, et la censure veille. Il y a un humour officiel, et quiconque déplaît au Dr Goebbels risque sa carrière. Werner Finck, un célèbre chansonnier, l'a appris à ses dépens : il n'a plus le droit de se produire en public. Les textes des mélodies sont épluchés par les censeurs. Il est défendu d'utiliser des paroles anglaises ; ce qui rappelle le jazz, tout ce qui « swingue » devient suspect. En Poméranie, des fonctionnaires zélés ont même interdit « le swing et la musique de nègres », celle qui fait « exagérément piailler les instruments ». Nombre de jazz-bands allemands très célèbres, comme les *Goldene Sieben* et l'orchestre de Max Rumpf, ont été dissous dès le début de la guerre. Leur musique, trop syncopée au goût des fonctionnaires nazis, a fait place à celle des big-bands de Michael Jary ou de Willy Berking, qui jouent de la « vieille musique de danse allemande », encore qu'ils se souviennent un peu trop du jazz eux aussi. Comme les soldats alliés, les hommes de la Wehrmacht ont leurs spectacles. Les artistes se produisent dans des théâtres mobiles installés sur le front de l'Ouest. Depuis le 1er octobre, de grands concerts radiodiffusés, les *Wunschkonzerte*, sont organisés chaque semaine pour les militaires loin de leurs foyers. Ils peuvent écouter Hans Albers ou Zarah Leander, qui interprètent leurs grands succès, *Goodbye, Johnny*, *Der Wind hat mir ein Lied erzählt* (le vent m'a dit) et *Bel Ami*. Les *Wunschkonzerte* rencontrent un franc succès auprès des mobilisés : c'est l'occasion rêvée pour les soldats et leurs familles de se retrouver.

1939

Décembre

Di	Lu	Ma	Me	Je	Ve	Sa
					1	2
3	4	5	6	7	8	9
10	11	12	13	14	15	16
17	18	19	20	21	22	23
24	25	26	27	28	29	30
31						

17. Finlande : l'armée revendique l'anéantissement de deux divisions soviétiques, et a fait 36 000 prisonniers.

17. Front de l'Ouest : recrudescence des vols de reconnaissance allemands.

17. Montevideo : sabordage du cuirassé *Graf Spee*.→

18. Washington : la marine américaine accepte d'envoyer 40 avions à la Finlande.

18. Berlin : Hitler promet de l'argent à Quisling en échange de son aide pour une invasion allemande de la Norvège.

19. Atlantique : deux navires de commerce allemands sont interceptés par des unités britanniques près des côtes des Etats-Unis ; l'un des deux, le *Columbus*, se saborde.

19. Allemagne : lancement de l'*Atlantis*, navire corsaire.

20. Grande-Bretagne : les experts examinent le système de conduite de tir par ondes radio capturé sur le *Graf Spee*.

20. Buenos Aires : Hans Langsdorff, le commandant du *Graf Spee*, se suicide dans sa chambre d'hôtel.

20. Washington : les Etats-Unis interdisent l'exportation de renseignements techniques sur la production de carburant d'aviation aux pays en guerre.

21. Finlande : l'armée monte une contre-attaque réussie à Kemijärvi.

21. Italie : l'accord germano-italien sur le transfert en Allemagne des citoyens italiens de langue allemande est étendu à la province de Trente.

22. Bucarest : la Roumanie signe une convention commerciale avec l'Allemagne.

22. Grande-Bretagne : le gouvernement déclare que 870 000 tonnes de marchandises destinées à l'Allemagne ont été saisies depuis le début de la guerre.

23. Amérique du Sud : plusieurs Etats adressent aux belligérants une énergique protestation contre l'action navale du Rio de la Plata, qui est une violation de la zone de sécurité américaine.

L'Union soviétique au ban de la SDN

Genève, 14 décembre
La Société des Nations, réunie en assemblée extraordinaire, a décidé d'expulser l'Union soviétique pour avoir envahi la Finlande. Bien que l'organisation ne dispose que d'un pouvoir restreint, ses appels à l'aide en faveur de la Finlande ont été entendus. Ainsi, deux de ses membres, la France et l'Angleterre, viennent d'annoncer, respectivement, un programme substantiel d'aide militaire et l'envoi de trente avions chasseurs. Des volontaires étrangers sont en route pour rejoindre les forces finlandaises. Les Etats-Unis, qui ne font pas partie de la SDN, ont eux aussi sévèrement condamné Moscou.

Paul Reynaud présente son plan

Paris, 13 décembre
Le ministre des Finances a défendu aujourd'hui devant les députés son plan de financement du conflit. Afin d'éviter l'inflation, Paul Reynaud a proposé « l'écrêtement des salaires excessifs et des profits abusifs » par une série d'impôts et d'emprunts. Comme en 1914, le ministre souhaite que l'on finance la guerre en récupérant une partie du pouvoir d'achat créé par ces mêmes dépenses de guerre. Mais une telle politique implique la mise en œuvre de mesures de restrictions qui touchent les salariés : il est toujours impopulaire d'établir un impôt sur les heures supplémentaires !

La fin du « Graf Spee »

Le redoutable cuirassé a explosé à 5 milles au large de la baie de Montevideo.

Montevideo, 17 décembre
Des milliers de personnes ont assisté en fin d'après-midi au départ du cuirassé de poche allemand *Graf Spee*. Malgré les pressions de l'ambassade allemande, les autorités ont refusé d'accorder un nouveau délai au navire de guerre, obligeant le cuirassé à quitter les lieux. L'affaire est même remontée jusqu'au Führer qui a laissé le capitaine de vaisseau Hans Langsdorff libre de se saborder ou de combattre en haute mer. De plus, la propagande anglaise a laissé croire que le porte-avions *Ark Royal* et le croiseur *Renown* avaient rejoint l'escadre composée du *Cumberland*, de l'*Ajax* et de l'*Achilles* qui croise au large de Montevideo. A 18 h 15, le navire allemand largue les amarres et se dirige vers le milieu de la baie. A 20 h 50, une gigantesque explosion met fin à une poursuite commencée le 30 septembre dernier : le *Graf Spee* vient de se saborder. Ce navire, véritable joyau du génie maritime allemand, avait été construit selon une technique particulière, afin de pouvoir tourner les clauses du traité de Versailles qui interdisaient à la marine allemande d'aligner des bâtiments de plus de 10 000 tonnes. D'une autonomie de 20 000 km et puissamment armé (6 pièces de 280 mm, 8 pièces de 150 mm), le *Graf Spee* et son frère jumeau le *Deutschland* avaient commencé à opérer dans l'Atlantique sud le 26 septembre dernier. Les deux bâtiments, en un peu plus de deux mois de croisière, avaient coulé aux flottes alliées et neutres plus de 50 000 tonnes. Désormais, le cauchemar de l'Amirauté est terminé (→ 20).

Le capitaine de vaisseau Langsdorff (à gauche) négocie le sort de son équipage. ▷

Des physiciens qui aident l'Amirauté

Londres, 19 décembre
Les scientifiques font aussi la guerre, mais à leur manière. Une équipe de chercheurs de l'Amirauté, dirigée par les professeurs Goodeve et Bullard, vient de mettre au point une parade contre les mines magnétiques. C'est l'examen d'un engin largué dans les marais de Shoeburyness le 21 novembre qui a permis de percer leur secret. Les Anglais ont ainsi rapidement découvert qu'il suffisait d'entourer la coque d'un navire avec des câbles électriques reliés à un générateur pour créer un champ magnétique inversé et empêcher l'explosion de la mine. Un système de dragage adapté équipe les dragueurs alliés. Les marins exultent, ils vont pouvoir déminer les fonds de la Manche et de la mer du Nord où des milliers de ces engins meurtriers reposent encore.

Les Alliés aideront la Finlande

Paris, 19 décembre
Tandis que les communiqués de guerre continuent de se réduire à un laconique « rien à signaler », le Conseil suprême allié s'est réuni ce matin au ministère de la Guerre. Les responsables français et britanniques sont tombés d'accord sur un point essentiel : il faut aider la Finlande. L'agression soviétique indigne l'opinion publique qui réclame à cor et à cri une intervention directe des Alliés. Cette réaction passionnelle ne laisse pas indifférents Daladier et Chamberlain, mais les Alliés se méfient. Ils ne veulent pas ouvrir directement les hostilités avec l'URSS, ce qui serait tout bénéfice pour le Reich. L'aide à la Finlande doit permettre la fermeture de la Scandinavie et de la route du fer suédois à l'Allemagne. Aussi, Anglais et Français, conjointement à leur action diplomatique, ont décidé l'envoi de matériel de guerre à l'armée finlandaise. Daladier a fait prélever sur les stocks des armes modernes, parmi lesquelles des canons antichars. Une décision courageuse, car ce sont ces armes qui manquent le plus dans les rangs alliés.

Les Finlandais contiennent l'Armée rouge

Joseph Staline est présent, à sa manière, dans les bagages de ses troupes.

Helsinki, 23 décembre
Les soldats finlandais ont reçu l'aide d'un allié inattendu : l'hiver ! Ces derniers jours, il faisait moins quarante degrés. De telles conditions atmosphériques ralentissent les opérations soviétiques. Dans l'isthme de Carélie, les soldats piétinent aux abords de la ligne Mannerheim. Au nord du lac Ladoga, les lourdes colonnes de l'Armée rouge, prisonnières des rares routes praticables, se heurtant à des forêts impénétrables, à des lacs et des marais, sont prises de flanc par les insaisissables unités de skieurs finlandais qui attaquent avec la rapidité de l'éclair, avant de s'évanouir dans les bois. Hier, dans la région de Suomussalmi, l'armée finlandaise a stoppé l'offensive de la 44ᵉ division blindée soviétique venue secourir la 163ᵉ division d'infanterie qui se trouvait en mauvaise posture. Soumises à d'incessantes attaques, les troupes russes encerclées ont dû constituer des « hérissons » dont certains ne peuvent déjà plus être ravitaillés que par avion. La destruction de cette division semble à présent imminente, à la grande joie des Finlandais.

La RAF mise en échec à Helgoland

Londres, 18 décembre
La RAF a subi aujourd'hui un revers qui aura sans doute des répercussions sur la stratégie du Bomber Command. Un groupe de 24 bombardiers Wellington, qui devait bombarder le port de guerre de Wilhelmshaven, s'est fait intercepter au-dessus de l'île d'Helgoland, en mer du Nord, par la Luftwaffe. Le ciel était parfaitement clair quand, non loin d'Helgoland, les équipages du lieutenant-colonel R. Kellett ont vu fondre sur eux des nuées de Messerschmitt Bf 109 et Bf 110. Prévenus par radar, les chasseurs allemands ont harcelé sans merci les avions britanniques, aussi bien à l'aller qu'au retour. Certains avaient des canons d'une portée supérieure aux mitrailleuses des bombardiers. D'autres attaquaient par le travers, et, pris sous cet angle, les Wellington sont sans défense. Nombre d'entre eux ont pris feu, et le bilan de ce raid est catastrophique : douze bombardiers détruits, trois autres gravement endommagés. Des pertes que ne compensent pas la destruction de quatre chasseurs de la Luftwaffe. Au soir de ce raid, si la radio allemande est euphorique, les pilotes anglais, eux, s'interrogent. Même avec leurs meilleurs appareils, ils n'arrivent plus à franchir de jour les défenses allemandes.

Les premiers contingents canadiens arrivent à la rescousse

Liverpool, 17 décembre
De la pluie et des nuages gris. L'Angleterre n'a pas failli à sa réputation de contrée pluvieuse pour accueillir les premières troupes canadiennes. C'est à Liverpool que les 7 400 hommes de la première division ont débarqué. Pour un pays qui entretient une armée permanente de 4 500 hommes, équipée de seize chars, créer de toutes pièces une division n'a pas été une mince affaire et relève de l'exploit. Commandée par le major général McNaughton, la division a été transportée par cinq paquebots. Les officiers dormaient dans les suites, les soldats dans des cabines de première classe. Un tel luxe a étonné McNaughton, vétéran de la Grande Guerre et habitué des hamacs.

Le Canada s'engage dans la guerre par l'envoi de renforts à l'Angleterre.

Le maître du Kremlin, Staline, fête ses 60 ans

Maître de l'URSS depuis 1929.

Moscou, 21 décembre
Le fils du petit cordonnier d'un modeste village de Géorgie fête ce matin ses 60 ans, dans les somptueux décors dressés par les tsars de Russie. Un anniversaire triomphal puisque le Secrétaire général du parti communiste a reçu un télégramme du chancelier du Reich ainsi libellé : « A Joseph Staline, avec tous mes vœux de prospérité pour les peuples des Républiques socialistes soviétiques. Adolf Hitler. » La réponse du maître du Kremlin, ravi dit-on, ne s'est pas fait attendre : « A Adolf Hitler, chancelier du Reich. Que l'amitié scellée dans le sang entre les peuples allemand et soviétique connaisse une longue vie. » Une allusion cynique aux malheurs de la Pologne qui ne doit guère tromper les deux dictateurs sur la nature de leur alliance. La méfiance règne. Staline, dont l'armée est en difficulté en Finlande, avait observé avec appréhension l'avancée fulgurante de l'armée allemande en Pologne. L'enjeu pour lui est désormais de retarder au maximum la date fatidique de l'affrontement qui va inévitablement se produire entre les deux pays.

1939

Décembre

Di	Lu	Ma	Me	Je	Ve	Sa
					1	2
3	4	5	6	7	8	9
10	11	12	13	14	15	16
17	18	19	20	21	22	23
24	25	26	27	28	29	30
31						

24. Finlande : victoire des Finlandais à Tolvajärvi, au nord du lac Ladoga. Ils récupèrent soixante chars et trente canons soviétiques (→ 27).

24. Vatican : Pie XII lance en vain un nouvel appel à la réconciliation.→

26. Belgique : grève de trente-six mille mineurs du Hainaut qui protestent contre l'allongement du temps de travail.

27. France : le ministre des Transports, Anatole de Monzie, convoque Louis Renault et le convainc d'augmenter la construction de véhicules au gazogène. La forêt française pourrait en alimenter 45 000.

27. Turquie : un violent tremblement de terre fait 8 000 morts en Anatolie.→

27. Pologne : après une bousculade dans un bar de Cracovie où deux officiers allemands sont tués, les autorités arrêtent 107 hommes et les fusillent.

27. Europe : les Alliés font pression sur la Suède pour qu'elle laisse transiter par son territoire l'aide à la Finlande.

28. France : condamnation de Jean Hérold-Paquis, ancien speaker du poste franquiste de Radio Burgos, à douze jours de prison pour escroquerie.

28. Suisse : l'industriel et ancien argentier du parti nazi Fritz Thyssen répond à Hitler : « Je n'ai pas sacrifié mes millions pour le bolchevisme, mais contre lui. »

29. Allemagne : la police lance un mandat d'arrêt contre le magnat Fritz Thyssen.

29. Finlande : au nord du lac Ladoga, les Finlandais mettent en fuite les survivants de la 163e division soviétique.

31. Belgique : mise au point par le constructeur Renard du premier avion équipé d'une capsule de pilotage éjectable, le Renard 40, destiné à l'armée française.

31. Londres : des noceurs qui allumaient des feux de Bengale malgré le couvre-feu terminent l'année au poste.

Un appel du pape en faveur de la paix

Rome, 24 décembre
Aujourd'hui, dans son allocution au Collège des cardinaux, le pape Pie XII a fait référence au droit des nations, petites et grandes, à la vie et à l'indépendance.
« Lorsque l'égalité des droits a été mise en péril, bafouée ou détruite, a déclaré le souverain pontife, le droit exige réparation et justice. » Pie XII, pour qui la paix doit reposer sur le désarmement, a précisé : « Les nations doivent se tenir à l'écart de la course aux armements. La force matérielle peut devenir entre les mains d'un dictateur un outil de violation des droits de l'homme. Il faut tirer les leçons du passé. » Le souverain pontife appelle à une conférence sur la paix.

Le souverain pontife a pris position.

Le roi George VI s'adresse à l'empire

Londres, 25 décembre
Le roi George VI vient d'exprimer sa gratitude aux nations de l'empire pour avoir consenti, malgré les sacrifices, à engager leurs forces aux côtés de la Grande-Bretagne. « La mère patrie vous en sera à jamais reconnaissante », a déclaré le souverain britannique, avant d'ajouter : « Nous faisons tous partie de cette grande famille des nations prêtes à tout sacrifier pour sauver la liberté de penser. » George VI, dont le message radiodiffusé a été largement retransmis, a rappelé que les sujets de la Couronne se battaient pour la défense de la civilisation et devaient tous croire en Dieu.

Ces petits sujets britanniques ont tenu à respecter la trêve de Noël.

Tremblement de terre en Turquie

Anatolie, 27 décembre
Le tremblement de terre qui a touché la partie occidentale de l'Anatolie, en Turquie, aurait fait, d'après les premiers bilans, plus de 8 000 morts et des milliers de sans-abri. Les deux secousses les plus fortes ont été enregistrées entre 14 h et 17 h hier. La situation est dramatique dans la région de Tokat, et dans les deux provinces de Samsun et Ordu, situées sur les bords de la mer Noire. L'hiver très rigoureux cette année gêne l'évacuation des sinistrés et l'arrivée des secours dans cette région désolée. ▷

Premier Noël au front

France, 25 décembre
Il est de tradition dans l'armée britannique que, le jour de Noël, les officiers servent le repas aux hommes du rang. Cette coutume, en inversant les rôles, permet aux troupes d'oublier pour quelques heures leurs soucis du moment. On a donc vu aujourd'hui les officiers du corps expéditionnaire britannique servir la dinde de Noël aux soldats. La bière et le vin ont coulé à flots dans les cantonnements, et tous les malchanceux qui n'avaient pas de permission ont ainsi passé agréablement Noël. Dans le camp adverse, sur la ligne Siegfried, Hitler est venu se joindre aux célébrations de Noël. Il aurait affirmé à l'occasion qu'il mettrait les Anglais à genoux d'ici à huit mois, grâce aux mines magnétiques.

Ce soldat a eu la chance de pouvoir retrouver les siens pour les fêtes.

Une mobilisation industrielle difficile

France, 31 décembre
S'adressant aux chefs d'entreprise, le ministre de l'Armement Raoul Dautry a été très ferme. Il faut des bras, il faut retrousser ses manches et produire plus, plus vite et mieux. En effet, l'industrie se porte mal : la main-d'œuvre manque, et l'équipement industriel et les machines-outils sont vieillis. L'application de la règle des quarante heures fait l'objet de nombreuses dérogations. La production se porte mal. Dans les mines du Gard, elle a chuté de 39 %. Le rythme de sortie des chars B 1 des usines Renault est passé de douze par mois avant la guerre à neuf ce mois-ci ! Le principal goulot d'étranglement est la main-d'œuvre. Aussi s'est-on décidé à employer les femmes. Dans les établissements militaires, elles représentent maintenant 26 % des effectifs. Les employeurs ont découvert avec étonnement que, dans plusieurs secteurs – le vêtement, la mécanique de précision, le travail des métaux –, le rendement de la main-d'œuvre féminine était équivalent, voire supérieur, à celui de la main-d'œuvre masculine. Enfin, les chômeurs qui n'avaient pas été mobilisés en septembre ont été embauchés. Mais ces mesures semblent déjà insuffisantes et le ministre de l'Armement souhaite que l'on fasse appel à la main-d'œuvre des colonies. Des travailleurs marocains, algériens et indochinois devraient arriver bientôt.

La France ne produit actuellement que neuf chars B 1 par mois.

La vie de château de « la Joconde »

Louvigny, 26 décembre
La Joconde est voyageuse. Après avoir visité les Etats-Unis en 1938, le célèbre tableau est hébergé depuis le 27 septembre dans un château de la Loire. Désormais à l'abri d'un éventuel bombardement, le chef-d'œuvre de Léonard a été l'un des premiers à bénéficier de la décision prise par la direction des musées de France le 25 août dernier d'évacuer le musée. L'opération, qui vient de s'achever, a été orchestrée par Jacques Jaujard, directeur des musées de France, qui avait déjà officié pendant la guerre d'Espagne : il avait alors mis à l'abri les trésors du Prado. Trente-sept convois ont ainsi dispersé tableaux et sculptures, après une halte au château de Chambord, reconverti pour l'occasion en centre de triage. A Valençay, on a stocké les antiquités grecques, les objets d'art et les collections d'art asiatique. Quant aux départements de peinture du Louvre, ils ont élu domicile dans cinq châteaux de la Sarthe.

Tout est bon pour distraire les soldats de leur angoissante inactivité. Les acteurs du théâtre aux armées s'y emploient du mieux qu'ils peuvent.

Coco Chanel joue au Père Noël

Montdidier, 25 décembre
Marraine de guerre de Jean Marais, Coco Chanel a voulu offrir un Noël somptueux à tous les soldats de sa compagnie. Elle a fait travailler toute sa maison de couture pour leur envoyer des pulls, des gants, des passe-montagnes et des plaids portant sa célèbre griffe. Des camions sont venus livrer des vins et des cigarettes. Bien plus, elle a fait envoyer des cadeaux à leurs femmes et à leurs enfants. Le jeune acteur, qui bénéficie d'un régime de faveur dans le régiment où il a été affecté, reçoit aussi fréquemment la visite de Jean Cocteau.

Pour un nouvel ordre en Asie

Hanoi, 30 décembre
Un groupe de Chinois nationalistes menés par Wang Tsing-wei, l'ancien ministre des Affaires étrangères du Kuo-min-tang, va former sous la protection du Japon un gouvernement national. Wang Tsing-wei, qui fut par le passé un des principaux rivaux de Tchang Kaï-chek à la direction du Kuo-min-tang, est réfugié à Hanoi depuis un an. Du Tonkin, il mène un mouvement de propagande en faveur de la paix qui fait écho au mot d'ordre lancé par les Japonais en faveur d'un « nouvel ordre asiatique » qui serait naturellement le leur.

Le « nouvel ordre » en Europe selon Hitler

Berlin, 31 décembre
« Nous ne parlerons de paix que lorsque nous aurons gagné cette guerre. Le monde judéo-capitaliste ne survivra pas au XXe siècle. » C'est par ces mots qu'Adolf Hitler s'est adressé au peuple allemand à l'occasion du Nouvel An. Selon le chef du parti nazi, c'est une Europe nouvelle qui se construit aujourd'hui, dominée par l'Allemagne et libérée de la « tyrannie britannique ». Il semble bien que Hitler, en désignant l'« ennemi capitaliste » comme adversaire principal, ait voulu rassurer Staline : il a cité le pacte germano-soviétique comme un des événements les plus importants de ces dernières années. Le Führer a également prononcé un discours destiné aux forces armées, dans lequel l'accent était mis moins sur la paix que sur le prix de la victoire : « Les plus durs combats pour le peuple allemand, ceux qui ont pour enjeu son existence même, sont encore à venir. » Ces sombres prédictions ont été encore aggravées par Göring, qui a prévenu la Luftwaffe qu'elle aurait à lancer sur l'Angleterre une « attaque comme il n'y en a jamais eu dans l'histoire du monde », dès que Hitler en donnerait l'ordre.

La Finlande tient l'Armée rouge en échec

Un char et un avant-train d'affût de canon abandonnés par les Soviétiques.

Helsinki, 28 décembre
La résistance des Finlandais surprend le monde entier. Après 17 jours de combats, c'est la déroute pour la 163e division soviétique, près de Suomussalmi, au nord du lac Ladoga. La 9e division finlandaise n'a perdu que 900 hommes, alors que les cadavres gelés des Soviétiques se comptent par milliers. La « guerre de l'hiver » avantage les soldats finlandais qui, équipés de skis, sont bien mieux entraînés que les hommes de l'Armée rouge. Connaissant le terrain, ils opèrent selon la « tactique Motti », par petites unités mobiles qui lancent des attaques surprises sur les longues colonnes soviétiques, impuissantes malgré leurs blindés, et les disloquent en petits groupes qu'ils anéantissent. Le général Wallenius, commandant l'armée finlandaise du Nord, a indiqué que ses hommes combattaient à présent sur le sol soviétique même. Voilà une situation que Staline n'avait pas prévue : dès le 2 décembre, convaincu d'une rapide victoire de ses troupes, il avait mis en place, dans la ville-frontière de Terijoki, un gouvernement finlandais fantoche dirigé par le communiste Otto Wilhelm Kuusinen, et signé avec lui un traité d'alliance qui attribuait à l'Union soviétique tous les territoires sur lesquels elle avait exprimé auparavant des revendications.

Rires et chansons à la radio britannique

Le couvre-feu et les restrictions ont une conséquence inattendue en Grande-Bretagne : la radio y est devenue la distraction la plus appréciée. Au début de la guerre, la BBC ne diffusait que des disques et les concerts de l'organiste Sandy MacPherson, qui jouait en direct du théâtre de la radio. Puis les animateurs vedettes sont revenus dans les studios : le 16 septembre, les auditeurs ont pu de nouveau écouter Richard Murdoch et Arthur Askey dans leur émission « Band Wagon ». Trois jours après, c'est la voix familière du célèbre acteur de Liverpool, Tommy Handley, qui s'est fait entendre sur les ondes. Son émission s'appelle « It's that man again » (Encore cet homme !), un titre emprunté au *Daily Express* qui avait ainsi intitulé un article sur Hitler. Elle est si populaire qu'on la désigne familièrement par les initiales ITMA. C'est une charge pleine d'humour, épinglant les tracas et les lourdeurs d'une administration qui veut réglementer tous les instants de la vie quotidienne depuis quelques mois. Handley s'en donne à cœur joie dans le rôle du ministre de l'Aggravation et des Mystères, dont un des discours commence ainsi : « Bonsoir, citoyens britanniques ; j'ai quelques centaines de restrictions exaspérantes à vous imposer. » L'émission, si farfelue qu'elle en devient parfois surréaliste, est parsemée d'effets sonores. Parmi les plus marquants, on entend souvent le bruit d'une porte qui s'ouvre, laissant entrer les personnages les plus improbables, et la sonnerie du téléphone qui annonce l'intervention d'un calamiteux espion nazi nommé Fünf, interprété par Jack Train. La radio diffuse aussi les chansons en vogue, comme *Run, Rabbit, Run*, par le groupe Crazy Gang, et *We're gonna hang out the washing on the Siegfried Line*, par Flanagan et Allen, qui n'est autre que la version anglaise d'une chanson que Ray Ventura a rendue très célèbre en France.

Cette chanson en vogue sur les ondes est aussi sur toutes les lèvres.

Judy Garland dans « le Magicien d'Oz » réalisé par Victor Fleming.

" La bataille d'Angleterre " ,par Paul Nash.

1940

1940

Janvier

Di	Lu	Ma	Me	Je	Ve	Sa
	1	2	3	4	5	6
7	8	9	10	11	12	13
14	15	16	17	18	19	20
21	22	23	24	25	26	27
28	29	30	31			

1er. Londres : la mobilisation générale de tous les hommes âgés de 20 à 27 ans est proclamée.

1er. France : les liaisons ferroviaires avec l'Espagne, suspendues pendant la guerre civile, sont rétablies.

1er. Rome : l'URSS rappelle son ambassadeur en Italie à la suite des manifestations antisoviétiques à Rome.

1er. Stockholm : Aleksandra Kollontaï, ambassadeur d'URSS en Suède, prend des contacts pour essayer de résoudre par la diplomatie la question finlandaise (→ 2).

2. Finlande : les forces soviétiques lancent une grande offensive en Carélie.

2. Grande-Bretagne : le couvre-feu aurait permis d'établir l'importance de la vitamine A pour une bonne vue dans l'obscurité.

2. Prague : des journalistes et d'anciens officiers de l'armée sont arrêtés en masse par les nazis.

3. Finlande : le gouvernement déclare avoir détruit 400 chars soviétiques et abattu 150 avions depuis le début des hostilités (→ 5).

3. Leningrad : des avions finlandais lâchent trois millions de tracts sur la ville.

4. Allemagne : Göring prend le contrôle de l'économie et de toutes les industries de guerre allemandes.

5. Washington : au Congrès, Roosevelt demande une rallonge du budget militaire de 1,8 milliard de dollars.

5. Finlande : la 18e division soviétique est encerclée au nord du lac Ladoga (→ 6).

5. Moscou : l'URSS conclut un traité de commerce avec la Bulgarie dont la neutralité est encore garantie par le pacte germano-soviétique.

6. Grande-Bretagne : les chiens portent des réflecteurs de bicyclette sur leurs colliers pour être vus dans l'obscurité.

6. Finlande : deux chasseurs finlandais Fokker détruisent sept bombardiers Iliouchine au-dessus de Lahti.→

Les Soviétiques acculés à la défensive

Des soldats finlandais entourent un char soviétique devenu prise de guerre.

Helsinki, 6 janvier
Les Finlandais ont réussi ce que nul n'avait cru possible : ils ont acculé les Soviétiques à la défensive. L'Armée rouge, après des efforts infructueux pour la briser, piétine devant la ligne Mannerheim. Les soldats soviétiques s'enterrent à proximité des lignes finlandaises. Ils ont creusé des tranchées à la dynamite, ils ont établi des obstacles antichars et déroulé des fils de fer barbelés. Des blockhaus ont surgi en même temps que des positions d'artillerie. Si, pour l'instant, les Soviétiques se contentent de canonner les positions adverses, le haut commandement finlandais est inquiet. Ces positions défensives peuvent servir de bases à de nouvelles offensives soviétiques. En outre, les Russes ont beaucoup appris de leurs adversaires et ne commettent plus les fautes grossières du début de la guerre. Ils utilisent leur aviation pour ravitailler les troupes, et ils profitent des étendues glacées pour amener leurs pièces d'artillerie lourde sur les positions de tir. Enfin, l'état-major finlandais a eu confirmation de la nomination imminente du général Timochenko au poste de commandement en remplacement du maréchal Vorochilov et du général Meretskov. Ce soldat au visage buriné et au crâne lisse réussira-t-il à donner enfin aux armées soviétiques l'élan qui leur a manqué jusqu'ici ? Hier encore, les troupes finlandaises encerclaient au nord du lac Ladoga la 18e division soviétique ; aujourd'hui, deux chasseurs ont abattu sept bombardiers ennemis.

Céline fait naufrage à Gibraltar

Gibraltar, 6 janvier
Le *Chella*, un navire transportant des troupes, a fait naufrage la nuit dernière en heurtant, détail curieux en temps de guerre, un aviso britannique ami, le *Kingston Cornelian*. Le médecin de bord, le docteur Destouches, alias Louis-Ferdinand Céline, a, selon ses propres dires, « suturé pendant quatorze heures et piqué dans tous les sens – toute la nuit coupaillé ici et là ! ». Non mobilisable en raison des blessures qu'il avait reçues pendant la dernière guerre, l'écrivain a pourtant tenu à reprendre du service et il a réussi à se faire engager comme médecin dans la marine.

Son expérience de médecin continue à nourrir son travail d'écrivain.

Les Polonais exilés reconstituent leur armée en France

Paris, 4 janvier
La Pologne veut continuer le combat aux côtés des Alliés ! Le général Sikorski, commandant en chef de l'armée polonaise en France, et le président du Conseil Daladier ont signé un nouvel accord prévoyant la reconstitution d'une véritable armée polonaise en France. Il ne s'agit plus d'une division qui combattrait sur le front comme le stipulait l'accord du 9 septembre dernier, mais d'unités des trois armes, terre, air et mer, relevant des autorités polonaises. Toutefois, étant l'armée d'un Etat allié, elle sera placée sous les ordres du général Gamelin. Ce projet de créer une unité militaire en France remonte au printemps 1939. Une convention militaire avait alors été établie à Paris, en mai 1939, entre le général Kasprzycki et le général Gamelin. Aujourd'hui, le général Sikorski espère enrôler les nombreux Polonais qui vivent en France et récupérer une partie des 70 000 soldats polonais internés à la suite de la défaite polonaise en Hongrie et en Roumanie. Régulièrement, des officiers et des soldats s'évadent des camps d'internement et cherchent à gagner la France. Parfois, ce sont de tout jeunes gens ou des civils qui fuient les persécutions allemandes et russes. Leur périple est long et difficile, et tous ne parviennent pas à destination.

Le général Wladyslaw Sikorski refuse que son pays s'avoue vaincu.

Un portefeuille pour le patron de la BBC

Londres, 6 janvier
Sir John Reith, le père et premier directeur de la BBC, va être nommé ministre de l'Information. Composé de 999 fonctionnaires basés à la maison du Sénat dans l'université de Londres, ce ministère a été critiqué par la presse et par le Parlement pour son incapacité à relever le moral de la nation face aux diatribes ciblées de « Lord Haw Haw » à la radio allemande. Le ministère s'est donc vu retirer certaines de ses fonctions : le contrôle de la presse relève d'un bureau indépendant dirigé par Sir Walter Monckton, la propagande ressortit à la fois au ministère de l'Information, à celui des Affaires étrangères et au cabinet de guerre qui a pris en main la censure postale. Aussi certains posent la question : un ministère de l'Information sans information a-t-il encore sa raison d'être ?

William Joyce alias Lord Haw Haw.

L'Irlande prend des mesures contre l'IRA

De Valera, la politique de l'urgence.

Dublin, 6 janvier
Eamon De Valera, le Premier ministre irlandais, réclame de nouvelles mesures d'exception afin de mener une action nationale d'envergure contre l'IRA. La libération prématurée, par décision de la Haute Cour, de 53 personnes qui avaient été emprisonnées en vertu d'une première loi d'exception, justifie selon lui l'adoption de nouvelles mesures d'urgence. Parmi les prisonniers relâchés, plusieurs sont membres de l'IRA. L'amendement proposé à l'examen du Dail, le parlement irlandais, devrait permettre au gouvernement d'arrêter et de détenir sans jugement les suspects.

Madame Tabouis nous a prédit...

Paris, 1er janvier
« En ce 1er janvier 1940, il apparaît à tous d'une façon indiscutable que les Alliés ont gagné la guerre. » Geneviève Tabouis, titulaire de la rubrique étrangère de *l'Œuvre*, ne craint jamais d'assener dans ses éditoriaux des évidences qui relèvent parfois du domaine de la voyance. Toujours bien informée grâce à un réseau de relations personnelles, elle s'est fait une spécialité de divulguer les secrets les plus jalousement gardés des hommes d'Etat et des chancelleries. Au reste, elle doit son audience et sa réputation de « pythonisse » de la France et de l'Europe à un imprésario involontaire : le chancelier du Reich. Au cours des journées qui précédèrent les accords de Munich, le Führer, en prononçant à la tribune du Reichstag un discours véhément, s'écria soudainement ironique : « Je ne sais pas encore ce que je ferai demain, mais Mme Tabouis le sait pour moi... » On ne pouvait rêver meilleur lancement.

1940

Janvier

Di	Lu	Ma	Me	Je	Ve	Sa
	1	2	3	4	5	6
7	8	9	10	11	12	13
14	15	16	17	18	19	20
21	22	23	24	25	26	27
28	29	30	31			

7. Finlande : le général Semion Konstantinovich Timochenko prend le commandement des forces soviétiques.→

7. Finlande : le bilan des pertes soviétiques de ces cinq dernières semaines s'élèverait à 50 000 morts.

8. Syrie : une armée d'Orient est mise sur pied à Damas. Sous les ordres du général Weygand, elle doit protéger le Moyen-Orient.

8. Chine : le Japon prétend avoir tué vingt-cinq mille Chinois dans la bataille au nord de Canton.

8. Mer du Nord : un bombardier Wellington, équipé d'un cerceau métallique magnétisé destiné à faire exploser les mines, fait ses premiers essais avec succès.

9. Berlin : le responsable SS de Prusse-Occidentale rend compte de l'élimination « réussie » de quatre mille malades mentaux incurables en Pologne.

10. Allemagne : Hitler annonce à ses généraux sa décision de déclencher le 17 janvier l'offensive sur le front de l'Ouest (→ 13).

10. Allemagne : selon le *Schwarze Korps*, une publication de la SS, l'Etat projetterait de payer une partie des salaires en bons d'achat, afin de masquer l'inflation du pays.

10. Finlande : les Etats-Unis consentent au pays un prêt de 20 millions de dollars pour l'achat de matériel militaire.

11. France : l'essayiste Paul Hazard est élu à l'Académie française.

12. Allemagne : le général Albert Kesselring est nommé commandant de la 2e flotte de la Luftwaffe.

13. Allemagne : en raison des conditions météorologiques défavorables, Hitler remet au 20 janvier son offensive à l'ouest (→ 16).

13. Europe : la Belgique mobilise, et les Pays-Bas suppriment toute permission militaire ; les deux pays sont mis en état d'alerte en cas d'invasion de l'Allemagne.

Les femmes participent à l'effort de guerre

Londres, 11 janvier
La section des Auxiliaires féminines des transports aériens vient de prendre possession de son premier appareil à sa sortie d'usine. Les femmes sont de plus en plus partie prenante de l'effort de guerre, même si cette place leur est parfois contestée. Il y a eu beaucoup de protestations contre les aviatrices de la RAF. On les accuse fréquemment de prendre la place de pilotes du sexe masculin et de chômeurs. La conquête de l'armée de terre a été en revanche moins difficile, quoique l'on ait évoqué avec crainte et angoisse l'utilité de bouleverser, même provisoirement, tout le système d'enseignement élaboré ces vingt-cinq dernières années, aux seules fins d'entraîner quelques centaines de jeunes femmes. Mais tout le monde ne partage pas ces vues. Une réunion a été organisée cette semaine pour informer les responsables féminines de l'enseignement des changements que la guerre allait amener dans le travail des femmes. Néanmoins, la qualification des Auxiliaires féminines des transports aériens n'est pas remise en cause. Les neuf femmes, dont l'officier Pauline Gower et huit sous-officiers, totalisent 7 500 heures de vol. La plus jeune, Joan Hughes, qui vole depuis l'âge de 17 ans, est, à 22 ans, aussi qualifiée qu'un instructeur.

Des poupées de papier en uniforme la guerre s'apprend aussi à l'école.

La Finlande crie victoire

Ces soldats finlandais gardent leurs skis à proximité, en cas de repli rapide.

Helsinki, 8 janvier
Ce soir, Helsinki est en fête. Les Finlandais saluent la victoire écrasante des troupes du général Siilasvuo sur deux divisions soviétiques. La vodka finlandaise coule à flots, les passants s'embrassent comme du bon pain, les cloches des églises carillonnent. L'engagement a mis aux prises la 9e division finlandaise avec la 44e division blindée soviétique qui s'est fait écraser alors qu'elle tentait de venir en aide à la 163e division. L'état-major a déclaré que les soldats finlandais avaient pris à l'ennemi cent deux canons de campagne, quarante-trois tanks, plus de trois cents véhicules et mille cent soixante-dix chevaux. Les témoins oculaires rapportent tous que l'assaut a été d'une férocité inouïe. Les soldats finlandais tapis dans des fossés qu'ils avaient creusés en lisière des forêts ont engagé le combat contre les chars soviétiques en leur lançant à bout portant des cocktails Molotov. Plusieurs chars ont été incendiés et leurs équipages ont péri brûlés vifs. Au même moment, d'autres Soviétiques mouraient de froid, leurs abris de branchages offrant une maigre protection. La tactique finlandaise – laisser le froid et la faim affaiblir l'ennemi – porte ses fruits. Les Finlandais ont d'abord coupé les voies de communication des Russes, empêchant ainsi les défenseurs de recevoir du ravitaillement. Les privations et le gel ont vite affaibli l'esprit de résistance des Soviétiques qui, par endroits, se sont débandés ou n'ont opposé qu'une faible résistance.

Au cours de leur retraite, les Soviétiques ont aussi abandonné leurs blindés.

Une petite faim ? Une noix de beurre, une cuillerée de sucre, une tranche de bacon

Londres, 8 janvier
Désormais, les ménagères devront se munir de leur carnet de tickets avant de faire leurs courses. Les mesures de rationnement prises aujourd'hui étaient devenues nécessaires. On prévoit que le conflit sera long : plus de trois ans au dire des pessimistes. C'est le beurre qui est le plus durement sacrifié sur « l'autel de la raison » : la ration hebdomadaire d'un adulte tombe à 113 grammes par semaine. Le gouvernement se montre plus généreux sur le sucre : une livre par semaine ; quant au bacon du traditionnel breakfast, il connaît le même sort que le beurre : la ration est fixée à 113 grammes de bacon ou de jambon cru. Néanmoins, une circulaire autorise les hôtels à servir 28 grammes de beurre à chaque repas et deux morceaux de sucre par personne. Une situation qui n'épargne pas non plus l'Allemagne nazie où, depuis le mois d'août dernier, la portion hebdomadaire de 85 grammes de beurre et 226 grammes de sucre par personne est plus chiche qu'en Grande-Bretagne. Une concession à la tradition, cependant, les ménagères britanniques vont être autorisées par le ministère de l'Alimentation à recevoir des suppléments de sucre pour faire de la marmelade !

Une vendeuse découpe suivant le pointillé les tickets de rationnement.

Les nazis s'inquiètent du chômage

Berlin, 13 janvier
La baisse du nombre des travailleurs de sexe masculin est un sujet de préoccupation pour les Allemands et pourrait entraîner une révision de la doctrine nazie en faveur du travail des femmes. Le problème avait trouvé un début de solution en février 1939, lorsque les industriels furent autorisés à recourir, dans l'industrie de guerre, à l'embauche d'office de main-d'œuvre qualifiée, dans la mesure où celle-ci n'était pas encore enrôlée sous les drapeaux. Cette mesure a conduit à une redistribution partielle de la force de travail allemande en direction de l'agriculture et de l'armement, mais elle s'est avérée inefficace et n'a pas empêché la chute de la main-d'œuvre. 1 500 000 hommes actuellement sous les drapeaux n'ont pas été remplacés. Au sein du parti nazi, ce sont les anciens qui font le plus souvent barrage à l'idée de faire participer les femmes à la production, estimant que celles-ci doivent se cantonner dans leur rôle de femmes au foyer et de mères de famille.

Découverte de plans secrets allemands

Berlin, 10 janvier
Le grand état-major de la Luftwaffe est en émoi aujourd'hui après l'annonce par l'ambassade allemande de Bruxelles de l'atterrissage forcé d'un de ses avions militaires. L'avion reliant Munster à Cologne, pris dans un épais brouillard, perdit son cap et dut se poser en Belgique, près de Mechelen-sur-Meuse. Une fois l'appareil au sol, un des passagers se précipita à couvert pour brûler des documents, que des soldats belges récupérèrent à moitié calcinés. L'homme, un officier de la Luftwaffe, le major Helmut Reinberger, transportait les plans d'une attaque allemande aéroportée prévue pour le 14 janvier sur tout le front de l'Ouest, aux Pays-Bas, en Belgique et en France, où le bombardement des aérodromes militaires doit mettre en œuvre une nouvelle tactique. Mis au courant par son entourage, Hitler aurait déclaré : « Ce sont des faits comme celui-là qui peuvent nous faire perdre la guerre. »

La « vache noire » et la « vache verte »

Paris, 7 janvier
Les censeurs ont les ciseaux lourds ou légers, c'est selon. Toujours est-il qu'ils n'ont rien trouvé à redire à un article paru ce matin dans *l'Intransigeant*, qui développe longuement des nouvelles alarmantes et véridiques sur l'état de santé du Führer, atteint, au choix, d'un cancer de la gorge ou d'un raidissement des cordes vocales et de dépression nerveuse. C'est beaucoup pour un seul homme, mais cela ne dérange pas les services de l'hôtel *Continental* où sont installés les bureaux de la censure. Dans les chambres de cet hôtel de la rue de Rivoli, chaque nuit les censeurs épluchent les journaux du lendemain en s'aidant de la « vache noire » et de la « vache verte ». Ces deux serviettes qui leur sont remises le plus souvent le matin contiennent les directives d'application du jour et les recommandations des différentes administrations. Certaines consignes sont permanentes : le gouvernement ne doit être critiqué qu'avec modération, les attaques contre le régime ne sont pas tolérées, et l'image du président du Conseil, Daladier, symbole de l'unité nationale, est intouchable. D'autres sont fonction de l'actualité ; ainsi, les quotidiens qui osent s'insurger contre les « jours sans » ou contre les nouvelles mesures de restriction tenues secrètes, qui doivent entrer en vigueur à partir du 15 janvier, sont impitoyablement caviardés.

9 janvier, côte sud-est de l'Angleterre : ce qu'il reste du « Dunbar Castle », un paquebot de dix mille tonnes en partie détruit par une mine allemande. 152 passagers ont péri, parmi lesquels de nombreux enfants.

1940

Janvier

Di	Lu	Ma	Me	Je	Ve	Sa
	1	2	3	4	5	6
7	8	9	10	11	12	13
14	15	16	17	18	19	20
21	22	23	24	25	26	27
28	29	30	31			

14. Japon : sous la pression des militaires, le gouvernement de Noboyuki Abe démissionne. L'amiral Yonai est chargé de constituer un cabinet (→ 1.2).

14. Varsovie : dans la zone de quarantaine du quartier juif, la faim fait soixante-dix victimes par jour (→ 18).

15. Belgique : le gouvernement, pour préserver la neutralité du pays, n'autorise pas les troupes alliées à pénétrer sur son territoire.

15. Finlande : l'Armée rouge commence à bombarder les lignes finlandaises à Summa (→ 17).

16. France : l'état-major décide de mettre sur pied deux nouvelles divisions blindées.

16. Allemagne : Hitler reporte au printemps l'offensive à l'ouest à cause du mauvais temps qui s'aggrave, et ordonne les préparatifs pour une attaque de la Scandinavie.

17. Europe : il fait – 26 °C à Moscou, – 13 °C à Paris, et le détroit entre le Danemark et la Suède est gelé.

17. Finlande : sur le front de Salla, les Soviétiques sont repoussés de 19 km (→ 19).

18. Varsovie : la Gestapo fusille 250 Juifs dans des bois en dehors de la ville, à la suite de l'arrestation du chef de la résistance juive, Andrzej Kott, né catholique (→ 26).

19. Finlande : l'armée finlandaise monte une attaque sans succès contre les positions soviétiques de Salla (→ 28).

19. France : le gouvernement prononce la déchéance des élus communistes.

19. France : Daladier demande au général Gamelin d'étudier une éventuelle intervention militaire contre les puits de pétrole soviétiques du Caucase (→ 22.2).

20. Londres : Churchill demande aux nations neutres d'Europe de rejoindre les Alliés.

20. Washington : les Etats-Unis protestent auprès de la Grande-Bretagne contre la retenue de leurs navires à Gibraltar.

Un général poète au Moyen-Orient

Wavell : il se bat en intellectuel.

Le Caire, 15 janvier
Afin de protéger leurs intérêts au Moyen-Orient, les Britanniques ont envoyé un commandant en chef d'un style un peu particulier, Archibald Wavell. Ce vétéran de la guerre des Boers où, tout juste âgé de 18 ans, il se distingua comme officier, a la réputation d'être un meneur d'hommes. Une réputation acquise au prix de la perte d'un œil à la bataille d'Ypres au cours de la Grande Guerre. Depuis, le général Wavell est devenu un partisan de la guerre de mouvement. Poète et intellectuel, son ouvrage intitulé *Generals and Generalship* est un classique en Angleterre. Pour l'heure, sa tâche est de veiller sur l'Egypte et de prévenir toute attaque italienne.

Une nouvelle arme antimagnétique

Londres, 18 janvier
La menace des mines magnétiques demeure. De septembre à la fin de décembre, l'Amirauté estime à 260 000 t le tonnage des navires coulés par les mines. Une entreprise vient d'expérimenter un nouveau système antimagnétique. D'un dragueur dont la coque en bois le protège des mines, on lance un câble électrique à l'extrémité duquel est fixée une masse métallique. Le champ magnétique induit ainsi créé suffit à faire exploser la mine, et ce à bonne distance du navire. ▷

Quiproquo et tragi-comédie à la frontière franco-belge

La Ferté-sous-Jouarre, 15 janvier
Depuis la saisie, le 10, sur des majors allemands d'un plan d'invasion de la Belgique et des Pays-Bas, la question se pose pour les Belges de savoir s'ils doivent appeler les Alliés à l'aide. Le 11, le général Van Overstraeten reçoit l'attaché militaire français, le lieutenant-colonel Hautecœur, le met au courant et lui demande sur quels renforts la Belgique pourra compter dans les quarante-huit heures qui suivront son appel aux Alliés ou dans les quatre jours. Le lendemain, le général Gamelin décide de mettre en état d'alerte le groupe d'armées n° 1 (GA 1), quoique les renseignements du chef des services spéciaux, le colonel Rivet, indiquent que rien ne bouge du côté allemand. On ne peut prendre le risque de rater le rendez-vous. A Londres, à Paris et à Bruxelles, les consultations vont bon train. Le 14, à 15 h 30, Gamelin avertit Paris que Léopold III a fait connaître son intention de nous appeler. A 16 h 15, le général Georges lance l'ordre d'alerte générale n° 3, les troupes françaises font mouvement vers les frontières belges qui sont ouvertes sur l'ordre du chef d'état-major de l'armée belge, le général Van den Bergen. Mais, aujourd'hui, c'est la déception : l'appel tant attendu n'est pas venu. La grande bataille n'a pas eu lieu.

Des mitrailleurs français à couvert et à l'affût dans un champ enneigé.

Les revenus annuels du chancelier Hitler

Paris, 20 janvier
Hitler est le Crésus du régime qu'il a lui-même institué, révèle *le Petit Parisien*. Le Führer, qui déclare se contenter modestement des droits d'auteur de *Mein Kampf* (qui s'élèvent, pour la seule année 1934, à 1 604 816 Reichsmarks), cumule en fait plusieurs traitements à des titres divers. Ses revenus atteindraient au moins les 38 millions de francs. Cette somme inclut son traitement annuel de président du Reich, ses frais personnels de représentation comme chancelier du Reichstag, ses indemnités de chef du parti... La référence aux textes nazis révèle pourtant que la qualité de membre du parti ne rapporte que mille marks par an.

Le chef communiste chinois Mao Tsé-toung avec des paysans du Yunnan. Le « front uni » que le leader avait formé avec le vieux général nationaliste Tchang Kaï-chek contre les Japonais est en train de s'effondrer.

La Belgique se passe des Alliés

Bruxelles, 16 janvier
C'est non ! Paul Henri Spaak, le ministre des Affaires étrangères belge vient de signifier aux Alliés que les frontières de son pays leur resteront fermées. Pourtant, il y a deux jours, le roi Léopold se disait prêt à faire appel aux troupes françaises et britanniques. A la condition expresse, toutefois, de se voir accorder diverses garanties d'ordre politique, économique et financier. Edouard Daladier a aussitôt accepté, mais Neville Chamberlain a refusé. Sur les conseils de Churchill, il exige au préalable que des conversations d'état-major se tiennent. Or Léopold III s'oppose depuis des mois à des contacts de ce type. Le gouvernement d'Hubert Pierlot a donc décidé de ne pas faire appel aux Alliés. La « politique de neutralité » suivie depuis 1936 par la Belgique reste le credo politique du roi. Ultime conséquence de la crise, le général Van den Bergen, le chef d'état-major de l'armée belge qui avait pris sur lui de faire ouvrir les frontières sud du pays, a été démis de ses fonctions et remplacé par le général Michiels.

Bientôt, l'Enigma sera sans secret pour les Alliés

Vignolles, 17 janvier
Enfin une victoire alliée ! Les messages codés de l'armée et de la diplomatie allemandes seront bientôt percés à jour, grâce aux services secrets français, britanniques et polonais. Depuis plusieurs années, en effet, Enigma, la machine à crypter des Allemands, défiait les Alliés. Cet appareil code les messages par impulsions électriques. Deux machines, dont le réglage identique change chaque jour, sont nécessaires : l'une chiffre le texte, l'autre le déchiffre en sens inverse, le procédé de cryptage étant réversible. Les indications fournies par Hans Thilo Schmidt, alias Asche (H. E.), fonctionnaire berlinois au service des Français depuis 1931, ont permis de reconstituer des appareils, qu'examinent les Britanniques et les Polonais. Ces derniers, parmi lesquels le sous-lieutenant Langer et le mathématicien Marian Rejewski, ont mis au point une puissante calculatrice, la Bomba, pour accélérer leurs recherches. Depuis la défaite de leur pays, ils travaillent avec les Français au QG du 2e Bureau, au château de Vignolles, à 50 km de Paris. Cette coopération, à laquelle participent les services britanniques de Bletchley Park, a porté ses fruits : la clé allemande du 28 octobre 1939 a été brisée, et les messages ont pu être décodés. Les scientifiques tentent à présent de réduire les délais de décryptage.

Nul ne peut douter de la résolution de la résistance finlandaise.

1940

Janvier

Di	Lu	Ma	Me	Je	Ve	Sa
	1	2	3	4	5	6
7	8	9	10	11	12	13
14	15	16	17	18	19	20
21	22	23	24	25	26	27
28	29	30	31			

21. Japon : un croiseur britannique aborde le paquebot japonais *Asamu Maru*, au large de Honshu, et arrête 21 Allemands à bord (→ 29.2).

21. Vatican : le pape condamne les réglementations nazies en Pologne (→ 29).

22. Helsinki : les Finlandais annoncent la formation d'une légion étrangère.

23. Londres : les Britanniques et les Français annoncent qu'ils attaqueront les navires allemands rencontrés dans la zone de neutralité américaine.

24. Berlin : le maréchal Göring charge le chef du SD Reinhardt Heydrich de « résoudre la question juive par l'émigration ou l'évacuation » (→ 30).

24. Madrid : une loi interdit la franc-maçonnerie en Espagne.

25. Canada : une controverse sur l'état de préparation à la guerre aboutit à la dissolution du Parlement.

25. Suisse : le Conseil fédéral annonce que la Suisse ne peut pas être un pays d'accueil pour les émigrants, mais uniquement un lieu de transit.

26. Pologne : les autorités allemandes interdisent aux Juifs de voyager en chemin de fer (→ 30).

28. Finlande : l'armée finlandaise tente d'enfoncer la 54e division soviétique près de Kuhmo (→ 29).

29. Paris : le gouvernement polonais en exil annonce que les nazis ont éliminé 18 000 scientifiques et intellectuels polonais.

29. Moscou : le gouvernement soviétique se déclare prêt à négocier avec le gouvernement légitime de la Finlande.

30. Berlin : Heydrich ordonne de nouvelles expulsions de Juifs du Reich vers Lublin, en Pologne orientale ; Himmler autorise la déportation de 30 000 Tziganes.

31. France : le général britannique Ironside fait part au général Gamelin de l'opposition de son gouvernement à une intervention en Finlande.

Contrôle préalable des informations

Sir Reith, ministre de l'Information, et lord Trenchard, ex-chef de la RAF.

Londres, 22 janvier

La censure gagne du terrain. On vient de décider que les journaux filmés présentés dans les salles de cinéma avant les films seront préalablement visionnés par les censeurs. Dans la bande-annonce, le mot « censure » ne figurera pas. Celle-ci ne s'appliquera ni à Hitler ni à Mussolini : on considère que leurs actes déments favorisent la cause des Alliés.

Le IIIe Reich veut étendre les Lebensborn

Allemagne, janvier

Sous le nom poétique de « Sources de vie » (Lebensborn) se dissimule ce qu'on pourrait appeler des « haras pour SS », créés pour produire des enfants purement aryens. Dans ces centres, installés à la campagne, sont accueillies les jeunes femmes enceintes de SS. Après l'accouchement, leur enfant leur est retiré afin d'être élevé pour le Reich. Cinq Lebensborn existent déjà en Allemagne, mais le Führer veut en augmenter le nombre. Dans ces établissements surmontés du drapeau SS et gardés par des soldats en armes, la vie n'est pas facile pour les futures mères, qui se plaignent du manque d'hygiène, de l'incompétence et de la dureté du personnel. Certaines se suicident ou s'enfuient avant l'accouchement. Ces centres se heurtent aussi à l'hostilité de l'opinion allemande qui confond « œuvre de régénérescence raciale » et « lieux de débauche ».

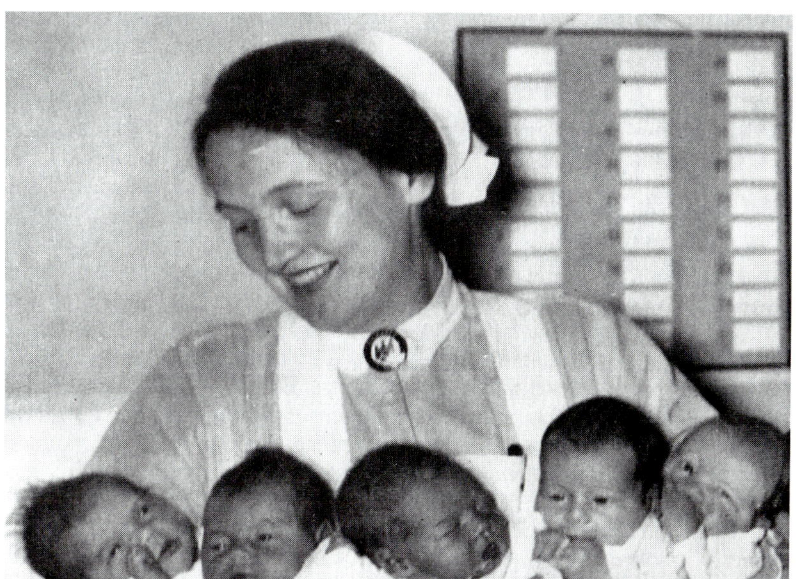

Une puéricultrice tient dans ses bras cinq futurs combattants du Reich.

L'Empire français à l'honneur

Paris, 30 janvier

C'est sous les auspices du président de la République et du ministre des Colonies Georges Mandel que le dernier film de Léon Poirier, *Savorgnan de Brazza*, a été projeté au Marignan. Ce film qui exalte la grandeur de l'Empire français retrace la carrière aventureuse de cet officier de marine français qui, parti du Gabon, explora le bassin de l'Ogooué, puis au cours d'une seconde expédition fonda Brazzaville en 1880. Un film qui permettra aux Français de découvrir ou de redécouvrir l'existence de ces territoires qui contribuent à l'effort de guerre. Dès le début des hostilités, les deux fils du souverain des Mossis se sont engagés au 24e régiment de tirailleurs sénégalais. L'empereur d'Annam, Bao Dai, tout comme le sultan du Maroc ont assuré les autorités des sentiments indéfectibles de leurs sujets à l'égard de la France. Une loyauté qui se concrétise par l'envoi de travailleurs et par la levée de troupes nombreuses.

Les commentaires acides du Maréchal

Paris, 28 janvier

« ...Personne n'est à sa place, les responsabilités sont enchevêtrées, c'est l'anarchie. » C'est en termes peu amènes pour ses pairs que le maréchal Pétain a commenté au général Georges l'organisation du commandement aux armées. Un constat en partie véridique, car au sein de l'état-major et du gouvernement, « faucons et colombes » commencent à s'affronter. Le président du Conseil, Edouard Daladier, s'est engagé personnellement dans le débat sur l'assistance à la Finlande. Du matériel a déjà été envoyé, et l'on songe de plus en plus à l'envoi d'un corps expéditionnaire en Scandinavie. Mais Paul Reynaud s'oppose de plus en plus à sa conduite de la guerre. Un débat qui envenime les relations entre le général Gamelin et le général Georges. Des clans se forment, Paul Reynaud est proche de Georges, et Daladier fait confiance à Gamelin. S'achemine-t-on vers une crise gouvernementale ?

L'Europe connaît un rude hiver

La neige saupoudre pèlerines réglementaires et capuches de fortune...

France, janvier
Aux rigueurs de la guerre sont venues s'ajouter celles de la terrible vague de froid qui s'est abattue sur l'Europe depuis quelques semaines. La température a souvent chuté au-dessous de −15 °C, surtout dans le nord de la France. A Paris, la neige et le verglas rendent la circulation très difficile, et une bise glaciale souffle sans relâche. En ces temps de restrictions, la lutte contre le froid est particulièrement difficile, et les sans-logis sont les plus touchés. Les services publics et plusieurs organismes privés, comme l'Armée du Salut, font de leur mieux pour leur offrir un abri et des vêtements chauds, mais leur situation deviendra dramatique si ces conditions météorologiques persistent plus longtemps. La France n'est pas la seule à être touchée par ce terrible hiver. L'Angleterre n'a pas connu d'hiver aussi rigoureux depuis 1895. Entre les villes de Teddington et Sunbury, la Tamise est gelée sur près de treize kilomètres. Par endroits, c'est la mer elle-même qui est prise. Le port de Folkestone et les docks de Southampton sont pris par les glaces. Dans le centre de Londres, les canaux gelés sont envahis chaque week-end par une multitude de patineurs : un spectacle gracieux et insolite en ces temps de guerre. En ce qui concerne les grandes voies de communication, la situation est plus grave : des congères de 3 m de haut entravent la circulation. La censure a interdit que l'on parle de cette vague de froid. Les Anglais en rient. Ils apprennent tous les matins avec quinze jours de retard qu'il fait un froid de canard.

Un mémorandum du colonel de Gaulle

France, 26 janvier
Le colonel de Gaulle vient d'envoyer à plusieurs dizaines de personnalités civiles et militaires un mémoire intitulé *l'Avènement de la force mécanique*. De ce « manifeste », le jeune colonel attend une réaction bénéfique et la mise en place rapide de nouvelles unités blindées qui agiront de manière autonome et en liaison avec l'aviation et l'infanterie.
L'auteur souligne que l'immobilité militaire actuelle n'est qu'apparente et que « le conflit présent sera tôt ou tard marqué par des mouvements, des surprises, des irruptions, des poursuites, dont l'ampleur et la rapidité dépasseront infiniment celles des plus fulgurants événements du passé ». Le commandant des chars de la 5e armée espère bénéficier du choc provoqué par l'utilisation des blindés par la Wehrmacht en Pologne. Il attend maintenant les réponses et les réactions des destinataires, parmi lesquels le général Georges, Paul Reynaud, le général Billotte et le leader socialiste Léon Blum.

Les troupes de l'ENSA essuient échec sur échec

Londres, 28 janvier
L'ENSA (Entertainements National Service Association), que les Anglais eux-mêmes s'amusent à surnommer « Every Night Something Awful », laissant entendre que la qualité des spectacles présentés laisse vraiment à désirer, vient d'envoyer une troupe d'artistes faire une tournée en France. « Ce n'est que désordre et chaos, se plaint Jack Payne, directeur d'une troupe de danse. Quand nous sommes arrivés en France, il n'y avait aucun transport et personne n'était là pour nous écouter. » Billy Cotton et son orchestre, après avoir manqué une représentation à cause d'un pont écroulé, ont dû se résigner à abandonner leurs instruments et à monter dans une voiture de chargement. D'ailleurs, Lord Haw Haw (surnom donné à William Joyce, commentateur anglais chargé des émissions de Radio Hambourg destinées aux Anglais) a fait des gorges chaudes de la médiocrité de ces spectacles. Basil Dean, qui dirige l'ENSA, s'accorde à admettre les erreurs qui ont été commises, mais rappelle que le temps a manqué pour se perfectionner. Toutes ces péripéties n'ont pas empêché la troupe de l'ENSA de se produire près de quatre cents fois, en direct, avec la participation de Gracie Fields, Leslie Henson, Will Hay et de bien d'autres stars.

Une des stars au service de l'ENSA.

1940

Février

Di	Lu	Ma	Me	Je	Ve	Sa
				1	2	3
4	5	6	7	8	9	10
11	12	13	14	15	16	17
18	19	20	21	22	23	24
25	26	27	28	29		

1er. Japon : les dépenses militaires s'élèvent à la moitié du budget national.

1er. Chine : Mao Tsé-toung demande aux Etats-Unis de rester fermes avec le Japon (→ 28).

1er. Finlande : le général Timochenko déclenche une attaque de grande envergure contre les Finlandais dans le secteur de Summa. L'URSS a perdu deux cent mille hommes depuis le début de la campagne (→ 3).

1er. France : le Touring Club organise une collecte de skis pour aider la Finlande.

3. Finlande : l'armée finlandaise réussit à contenir l'offensive soviétique contre la ligne Mannerheim (→ 11).

4. Helsinki : de violents raids aériens soviétiques font quatorze morts et cent soixante-dix-neuf blessés.

5. Pays-Bas : le général Reynders, commandant en chef, démissionne du fait du manque de préparation de l'armée néerlandaise.

5. Paris : le Conseil suprême allié approuve un plan d'intervention en Finlande.→

7. Birmingham : les responsables des attentats de l'IRA d'août 1939, à Coventry, sont pendus (→ 14).

8. Le Caire : le général Weygand, chef de l'armée d'Orient, rencontre le général britannique Wavell afin d'étudier l'ouverture d'un front dans les Balkans.

8. Paris : une descente de police à l'agence de presse soviétique établit que cette dernière sert de façade à la propagande proallemande.

9. Allemagne : le général von Manstein est nommé à la tête du 38e corps d'armée, nouvellement créé (→ 17).

9. Washington : Roosevelt envoie le sous-secrétaire d'Etat Sumner Welles en mission de paix à Rome, Paris, Berlin et Londres.

10. Washington : Roosevelt condamne l'URSS et déclare que le peuple américain soutient la Finlande (→ 18).

Les Finlandais en mauvaise posture

La Carélie menacée par les Russes

Helsinki, 9 février
Alors que les combats redoublent d'intensité, le général Timochenko a décidé d'accroître encore la pression soviétique sur la ligne Mannerheim. De nouvelles réserves sont engagées afin d'essayer de briser la résistance finlandaise. Dès le premier jour de l'offensive, les Finlandais ont compris que les Russes cherchaient à en finir. Une préparation d'artillerie dantesque, avec plus de 300 000 obus qui sont tombés en quelques heures sur les positions finlandaises à Summa, a précédé l'assaut. Au même moment, les bombardiers soviétiques attaquaient les lignes de communication et les bases de repli de la ligne Mannerheim. On estime que les Russes ont rassemblé pour cette nouvelle offensive 1 500 avions de tous types, y compris les excellents Iliouchine 16 et 17. Ils ont également innové en utilisant une arme toute nouvelle, un transport de troupes blindé monté sur des traîneaux et armé de mitrailleuses. Ces véhicules se déplacent vite, déposent les soldats qui lancent des grenades fumigènes et repartent. A la faveur du rideau de fumée, les chars attaquent, suivis de près par l'infanterie. Une tactique qui réussit aux Soviétiques : elle leur permet de progresser en limitant les pertes au maximum.

Volontaires américains et suédois aux côtés des Finlandais sur le front nord.

Les Alliés au secours de la Finlande

Paris, 5 février
Le Conseil suprême interallié, réuni à Paris, a décidé l'envoi d'un corps expéditionnaire franco-anglais en Finlande. Pour ce faire, les Alliés n'attendent plus qu'un appel à l'aide des Finlandais et l'acceptation par la Suède et la Norvège du passage des troupes alliées, ou du moins leur absence de résistance. Les Alliés ne savent toujours pas si ces deux conditions seront remplies. Si du côté français on est plein d'allant, du côté britannique on est plus réticent. Sur les conseils de l'Amirauté, on a abandonné l'idée de débarquer dans le port de Petsamo, projet jugé irréalisable. Aussi le Conseil a-t-il adopté le principe d'une opération sur Narvik, qui permettrait de contrôler, voire de s'emparer des mines de fer suédoises qui approvisionnent l'Allemagne. Là, des troupes seraient à pied d'œuvre pour passer rapidement en Finlande.

Exploit du corps franc Agnely

Forbach, 9 février
Opérer dans les lignes ennemies n'est pas de tout repos. Une section du 24e bataillon de chasseurs vient d'en faire l'expérience. Partis observer Forbach, aux mains des Allemands depuis quelques mois, les chasseurs du lieutenant Agnely, pourchassés par des SS, sont revenus dans les lignes françaises en combattant à un contre dix. Dix-sept chasseurs ont été tués et, parmi eux, leur chef. Bravant le danger, le lieutenant Joseph Darnand est retourné chercher le cadavre de son camarade, que l'on vient d'enterrer aujourd'hui avec les honneurs.

Le lapin est mangé à toutes les sauces

Grande-Bretagne, 2 février
Depuis que les autres viandes sont rationnées, le lapin a acquis une immense popularité dans les cuisines britanniques. Les recettes pour en rehausser le goût – ou pour le dissimuler – remplissent les colonnes de la rubrique de gastronomie des quotidiens. Si l'on en croit leurs auteurs, le lapin peut être cuit à la vapeur, bouilli, fricassé, braisé ou encore accommodé en pâté. On en trouve sans mal et pour un prix modique. Le poisson non plus n'est pas rationné, mais il est plus rare et nettement plus coûteux, excepté le hareng, dont le cours est fixé.

8 février. Pinocchio apparaît sur l'écran au Centre Theatre de New York.

Les Juifs tchèques persécutés

Prague, 10 février
Les nazis ont ordonné la fermeture de tous les magasins de textile, de vêtements et d'articles de cuir appartenant aux Juifs. Dans le même sens, le Reichsprotektor de Bohême-Moravie, von Neurath, a décrété la mise en vente des bijoux en métal précieux et des œuvres d'art leur appartenant, et il menace à terme de fermer tous leurs commerces. Ces mesures sont ressenties comme le début d'une politique d'élimination systématique des Juifs de la vie économique.

Des recettes de temps de guerre.

Anglais, les murs ont des oreilles !

Londres, 6 février
Une campagne nationale de sensibilisation vient d'être lancée pour empêcher les conversations imprudentes. Le mot d'ordre en est : « Des bavardages négligents peuvent coûter des vies. » Le ministère de l'Information a fait distribuer deux millions et demi d'affiches dans les bureaux, les hôtels, les commerces, les banques et les édifices publics. Toutes mettent en garde les citoyens : il ne faut pas parler de n'importe quoi avec n'importe qui. Certaines sont comiques, comme ce dessin qui met en scène deux femmes bavardant dans un train, Hitler et Göring assis derrière elles, avec pour légende : « Vous ne savez jamais qui vous écoute ! » Une autre série de dessins humoristiques montre Hitler, caché dans un porte-bagages de train et écoutant de façon indiscrète les conversations. Des affiches qui frappent l'imagination et dont on espère en haut lieu qu'elles donneront de meilleurs résultats que les efforts déployés par le ministère pour expliquer qu'il « ne faut pas contester ce qui relève de l'intérêt de la nation ». La section du film du ministère de l'Information, sous la direction de Kenneth Clark, a commandé également des films sur tous ces thèmes. Dans *All Hands*, un marin attablé avec sa petite amie dans un pub lui confie que son bateau partira de Portsmouth cette nuit à neuf heures. La serveuse qui a tout entendu raconte les faits à la patronne qui est, en fait, une espionne à la solde de l'ennemi. Le soir même, un agent, depuis le rivage, lance des signaux à un sous-marin allemand qui torpillera le bateau. La conclusion de cette saynète nous est donnée par la serveuse : « Un si beau couple ! Et moi qui espérais pouvoir les aider. » « L'objectif de ces films n'est pas de faire croire aux gens qu'un espion est systématiquement caché dans les lieux publics, déclare Kenneth Clark, mais de leur faire prendre conscience que des paroles malheureuses, une attitude insouciante peuvent être lourdes de conséquences. »

Chaque mot peut vous coûter la vie.

Pour prévenir l'homme de la rue.

Les artistes « dégénérés » sont indésirables en Allemagne

Zurich, 10 février
Paul Klee est-il décadent ? Les Zurichois ne le pensent pas : le musée organise une exposition pour fêter son soixantième anniversaire. Il n'en est pas de même pour les nazis : Klee est banni d'Allemagne et ses œuvres y sont interdites depuis 1937. En fait, les autorités allemandes ont réduit au silence la plupart des peintres et des sculpteurs importants du pays. Beaucoup ont choisi l'exil, en Europe ou aux Etats-Unis ; c'est le cas pour John Heartfield, George Grosz ou Oskar Kokoschka. Ceux qui restent se mettent au service de l'art officiel : il faut représenter le « type humain allemand idéal », exalter sa pureté et sa dignité. Les œuvres autorisées, naturalistes ou mièvres, oscillent entre un académisme tiède et la grandiloquence pompeuse des statues d'Arno Breker.

Le peintre suisse Paul Klee enseigna en Allemagne avant de fuir les nazis.

1940

Février

Di	Lu	Ma	Me	Je	Ve	Sa
				1	2	3
4	5	6	7	8	9	10
11	12	13	14	15	16	17
18	19	20	21	22	23	24
25	26	27	28	29		

11. Moscou : signature d'un accord commercial entre l'URSS et l'Allemagne.→

11. Finlande : l'Armée rouge, dans une attaque sur un front de 19 km, enfonce la ligne Mannerheim à Summa (→15).

12. France : création de centres d'achat pour la récupération de la ferraille afin de répondre à l'effort de guerre.

13. Stockholm : les Suédois rejettent la demande d'aide militaire de la Finlande (→19).

14. Grande-Bretagne : les citoyens britanniques sont autorisés à rejoindre la Légion étrangère finlandaise (→27).

14. Birmingham : cinq bombes de l'IRA explosent.

14. Mer du Nord : un avion des gardes-côtes localise le navire-prison allemand *Altmark* dans les eaux norvégiennes (→16).

14. Vatican : le pain, le beurre, le café, le sucre, le tabac et l'essence sont rationnés.

14. Grande-Bretagne : le gouvernement déclare que les navires de commerce en mer du Nord seront armés (→15).

15. Allemagne : en réponse aux Britanniques, le gouvernement annonce que tous les navires de commerce seront considérés comme navires de guerre.→

15. Finlande : l'Armée rouge prend Summa, et les Finlandais se replient sur une position défensive, derrière la ligne Mannerheim (→17).

15. Allemagne : protestation d'officiers généraux de la Wehrmacht contre le comportement des SS en Pologne.

16. Norvège : les Britanniques arraisonnent l'*Altmark*.→

17. Finlande : la ligne Mannerheim est conquise par les Soviétiques ; 54 divisions de l'Armée rouge du général Timochenko font face à 15 divisions finlandaises épuisées.→

17. Pays baltes : le Reich commence à rapatrier les Allemands d'Estonie, de Lituanie et de Lettonie, bien que ces pays soient encore liés par des pactes de non-agression avec l'URSS.

La flotte marchande prise pour cible

Allemagne, 15 février
Tous les navires marchands britanniques seront désormais considérés comme des bâtiments de guerre et traités comme tels. C'est, en bref, le message que Hitler vient d'adresser à ses commandants de sous-marins. Cette directive s'applique aux bateaux de commerce anglais ou battant pavillon neutre. Tous les navires, repérés dans une zone sous contrôle britannique comme la Manche ou la mer du Nord qui figurent parmi les voies maritimes les plus fréquentées du monde, seront torpillés sans avertissement. Une politique, hélas ! déjà entrée en vigueur si l'on en juge par le nombre de bateaux danois, néerlandais, norvégiens et suédois torpillés ces derniers jours. Ce matin, tous les quotidiens danois protestent contre le torpillage du *Chastine Maersk* par un sous-marin allemand. Les armateurs danois, norvégiens et suédois pressent leurs gouvernements d'agir et proposent leur solution : organiser les bateaux neutres en convois que protégeraient des bâtiments de guerre. La décision allemande fait suite à l'annonce par le gouvernement britannique que sa flotte de commerce serait désormais armée. Le bras de fer va donc continuer. Des informations confidentielles font état de la mise en chantier, en Allemagne, de nouveaux sous-marins encore plus performants. Une nouvelle qui contrarie l'Amirauté, qui, la veille encore, annonçait la destruction de deux U-Boote.

Un convoi de navires marchands anglais escorté par la Royal Navy.

Les troupes de Timochenko enfoncent la ligne Mannerheim

Helsinki, 17 février
Le maréchal Mannerheim vient de donner l'ordre à ses troupes de se replier sur la seconde position de défense de la succession d'abris et de fortins qui protège l'isthme de Carélie. C'est le 11 février que le front a brusquement craqué. La disproportion des forces en présence explique cet effondrement inattendu. Les Soviétiques mettent en jeu une artillerie formidable et des troupes désormais aguerries. Timochenko dispose de cinquante-quatre divisions, alors que le maréchal Mannerheim ne peut lui en opposer que quinze, pour la plupart au bord de l'épuisement. Le général soviétique a habilement choisi de concentrer ses efforts sur le secteur de Summa, un des points faibles de la ligne Mannerheim. La 123e division soviétique attaquant en force réussissait la première à percer les défenses. Il y a trois jours, le général Oquist demandait l'autorisation de se replier. Aujourd'hui, avec l'accord du maréchal Mannerheim, l'armée finlandaise bat en retraite en combattant. Comme le souligne avec un sens de l'à-propos macabre un porte-parole de Mannerheim : « Ils ont beaucoup de morts, mais, malgré cela, on a toujours l'impression qu'ils ont des troupes fraîches à engager ; tout seuls, nous faisons ce que nous pouvons, il nous faut maintenant l'aide des nations civilisées. » Les pertes finlandaises en hommes et en matériel sont très lourdes. Le haut commandement fait appel maintenant à des recrues sans instruction et à des vétérans de la garde nationale afin de retarder au maximum l'échéance fatale, à moins qu'entre-temps des négociations n'aboutissent.

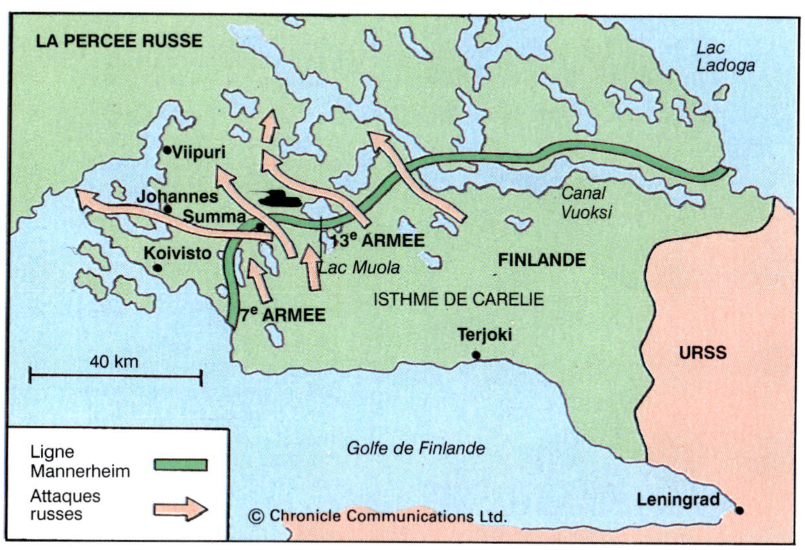

La bataille de la ferraille commence

Paris, 16 février
Les lits-cages ? On en fera de l'acier. Les vieux radiateurs ? De la fonte. Tout est bon pour les entreprises métallurgiques. Depuis quatre jours, la campagne pour la récupération de la ferraille bat son plein. Tantôt ce sont des étudiants qui vont triomphalement porter un lot de débris rouillés, tantôt ce sont des banlieusards qui réunissent la récolte de leurs greniers. Cet après-midi, c'est Maurice Chevalier qui s'est présenté rue de Tocqueville, au centre de récupération : il offre une vieille auto. Dans une aciérie, elle sera refondue et transformée en munitions.

L'armée allemande se plaint des SS

Pologne, 15 février
Le général commandant l'armée allemande d'occupation, Johannes Blaskowitz, a remis à Walter von Brauchitsch, général en chef des armées de terre, une protestation écrite contre les exactions et les massacres commis en Pologne par les SS et la police allemande. Pour lui, ces méthodes brutales et anarchiques ne permettront pas de supprimer le nationalisme polonais ni les Juifs et aggravent la haine envers l'Allemagne. Il souhaite que la Wehrmacht se voie confier l'administration et la justice en Pologne. Une revendication qui a fort peu de chances d'être acceptée.

Accord commercial germano-russe

Moscou, 11 février
Le traité de commerce signé avec Moscou, à l'issue de six mois de négociations, est vital pour le Reich : l'URSS lui livrera en effet céréales, pétrole, phosphates et métaux nécessaires à l'économie de guerre. L'Allemagne fournira en échange du charbon et des armements aux Soviétiques. Elle est ainsi en mesure de préparer l'offensive à l'ouest, mais son industrie aura fort à faire pour honorer les engagements pris à l'égard de l'URSS.

Les prisonniers de l'« Altmark » libérés

Bergen, 16 février
Le navire de ravitaillement allemand *Altmark* longeait les côtes norvégiennes lorsqu'il fut repéré, peu avant 17 h, par une escadre britannique, formée de cinq destroyers et d'un croiseur, qui lui intima l'ordre de s'arrêter. Le capitaine de l'*Altmark*, Heinrich Dau, refusa et tenta de fuir en pénétrant dans le Jössingfjord. Mal lui en prit : le *Cossack*, un destroyer britannique, se lança à sa poursuite. L'*Altmark* essaya par deux fois d'éperonner son poursuivant, mais ce dernier réussit vers 22 h à l'immobiliser. Les marins de la Royal Navy, armés de fusils et de baïonnettes, prennent alors d'assaut le bateau allemand. Quatre matelots sont tués lors d'un affrontement qui ressemble plus à une « chasse au rat », où l'on « se canarde dans les coins », selon les termes mêmes d'un soldat britannique qui y participa. Deux canonnières norvégiennes assistant à l'opération ne sont pas intervenues. Maîtres de l'*Altmark*, les Anglais y découvrent alors quelque trois cents prisonniers britanniques qui s'y trouvaient enfermés. C'était pour les libérer que Churchill avait ordonné cet assaut, dans les eaux territoriales d'un pays tiers. Car l'*Altmark*, s'il était le pétrolier ravitailleur du *Graf Spee*, servait aussi de prison. On y enfermait les marins des navires coulés par le cuirassé de poche. Après le sabordage de ce dernier le 17 décembre 1939, les Allemands voulurent, pour démontrer l'efficacité de la Kriegsmarine, ramener les prisonniers et les armes qui se trouvaient cachés à bord de l'*Altmark*. Le navire fit route en passant par l'Arctique pour éviter d'être repéré. Arrêté par des navires norvégiens, le navire avait été fouillé. Inexplicablement, les Norvégiens ne trouvèrent pas les détenus, malgré leurs SOS, leurs sifflets et leurs hurlements lors de la fouille, dans le port de Bergen. Il est vrai que les Allemands avaient mis en marche un treuil pour couvrir le vacarme des hommes, puis braqué une lance à incendie contre eux. Le navire étant immobilisé à Bergen, il est probable que le gouvernement britannique va faire pression sur les autorités norvégiennes afin que l'*Altmark* soit interné jusqu'à la fin du conflit.

L'« Altmark » dans le Jössingfjord après la libération des prisonniers.

Les marins anglais massés sur le « Cossack » laissent éclater leur joie.

1940

Février

Di	Lu	Ma	Me	Je	Ve	Sa
				1	2	3
4	5	6	7	8	9	10
11	12	13	14	15	16	17
18	19	20	21	22	23	24
25	26	27	28	29		

18. Etats-Unis : le secrétaire d'Etat Cordell Hull applique l'embargo américain à l'URSS.

18. Paris : le gouvernement autorise la reconstitution de la force aérienne polonaise sur le territoire français.

18. Paris : débat à la Chambre sur la censure, dont l'absurdité irrite la gauche et la droite. Les députés demandent un assouplissement de ses règles.

19. Allemagne : Hitler ordonne d'accélérer les préparatifs de l'opération *Weser*, nom de code de l'invasion de la Norvège et du Danemark (→ 20).

19. Suède : le roi Gustave V approuve la décision de son gouvernement de refuser une aide militaire à la Finlande (→ 23).

20. Allemagne : le général Nikolaus von Falkenhorst, qui commandait en Pologne le 21e corps d'armée, est nommé à la tête de l'opération *Weser*.

21. Mer du Nord : des chalutiers britanniques attaqués par la Luftwaffe ripostent à coups de canons.

21. Pologne : à Auschwitz, les travaux de construction de quatre camps de concentration commencent.

22. Tibet : intronisation du nouveau dalaï-lama. Il a 5 ans.

22. Allemagne : le général SS Martin Bormann indique que l'éducation religieuse dans le Reich doit comporter des références au nazisme.

23. Moscou : l'URSS présente à la Finlande ses ultimes conditions de paix.→

23. Helsinki : la Finlande redemande à la Suède et à la Norvège le droit de passage pour les troupes étrangères.→

23. Turquie : l'état d'urgence est déclaré, à la suite du prétendu franchissement de la frontière du Caucase par un détachement soviétique.

24. Allemagne : à Munich, Hitler prévient : « Nous ne pouvons pas être vaincus ni économiquement ni militairement [...]. Le monde est peut être plein de diables, mais nous gagnerons. »

Von Manstein présente son plan au Führer

Berlin, 24 février
Hitler a pris connaissance d'un nouveau plan d'invasion de l'Europe de l'Ouest, qui tient compte de l'emploi massif des blindés : le plan *Faucille* (Fall Sichelschnitt). Le général Erich von Manstein lui a exposé les grandes lignes de ce dispositif d'attaque. Il prévoit une offensive des divisions blindées à travers les Ardennes, où l'ennemi, en raison des difficultés du terrain, ne s'attend pas à être attaqué. Une fois le front rompu à Sedan, les blindés feraient une percée pour atteindre la baie de la Somme. Ce plan, qui a déjà reçu l'aval de deux experts, les généraux Guderian et von Rundstedt, est jugé trop téméraire par l'état-major de la Wehrmacht. Von Manstein saura-t-il convaincre Hitler ?

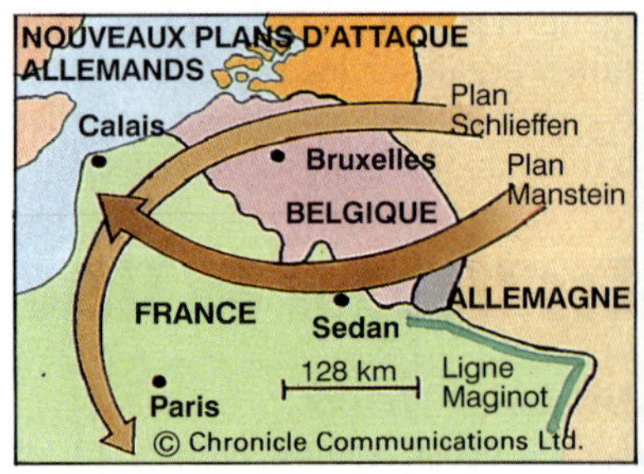

L'industrie manque de main-d'œuvre

Londres, 24 février
Le gouvernement s'inquiète du manque de main-d'œuvre qualifiée, qui empêche l'essor de la production d'armements. Un programme de formation ambitieux, mis au point par le ministère du Travail permet à tous les hommes sans emploi âgés de 17 à 45 ans de bénéficier d'un stage de formation de six mois. Pour ce faire, 22 centres de formation ont été créés. On espère que d'ici à un an 40 000 travailleurs qualifiés auront été formés. Les chômeurs de plus de 45 ans sont acceptés à condition d'être en bonne santé. Les hommes de 20 à 27 ans étant tous mobilisables, ils ne seront pas acceptés dans les centres avant d'avoir été déclarés inaptes à servir dans l'armée.

Vers une « pax sovietica » en Finlande ?

Les Finlandais continuent à se battre, en dépit de l'ultimatum de Staline.

Moscou, 23 février
C'est par l'intermédiaire de la Suède que le gouvernement soviétique a fait connaître à la Finlande ses dernières propositions de paix. Il veut obtenir l'isthme de Carélie, y compris Viipuri, deuxième ville du pays en nombre d'habitants, avec, en plus, la région du lac Ladoga. Il exige aussi la cession à bail pour trente ans de la base navale stratégique de Hangö. Enfin, les Soviétiques évacueraient, en échange d'un traité garantissant la sécurité du golfe de Finlande, les territoires conquis autour de Petsamo. Ces conditions sont aussi dures que celles que le gouvernement finlandais avait refusées au mois de novembre 1939. Le dernier espoir finlandais réside dans une intervention directe des Alliés, une solution qui ne satisfait qu'à moitié le maréchal Mannerheim, peu désireux de voir son pays devenir le champ de bataille de l'Europe.

23 février. Les Londoniens acclament sur la place du Parlement les hommes de l'« Exeter » et de l'« Ajax » qui ont contribué à la fin du « Graf Spee » et que le maire a conviés à déjeuner.

La Suède défend sa neutralité

Stockholm, 23 février
« J'ai l'intime conviction que, si la Suède intervenait en faveur de la Finlande, nous risquerions gravement d'être entraînés dans une guerre avec l'URSS, mais aussi dans un conflit entre les grandes puissances, et je ne peux endosser cette responsabilité. » Le roi Gustave V justifiait ainsi officiellement, dès le 19 février, son refus d'intervenir dans le conflit russo-finlandais. Résolument neutres, la Suède et la Norvège viennent de refuser le libre passage du corps expéditionnaire franco-britannique sur leurs territoires. La Suède redoute, en cas d'extension du conflit, que la flotte soviétique ne s'installe dans l'archipel des îles Aland, tout près de Stockholm.

1940

Février

Di	Lu	Ma	Me	Je	Ve	Sa
				1	2	3
4	5	6	7	8	9	10
11	12	13	14	15	16	17
18	19	20	21	22	23	24
25	26	27	28	29		

25. Copenhague : les ministres des Affaires étrangères des Etats scandinaves réaffirment leur neutralité (→ 26).

25. Grande-Bretagne : arrivée du premier escadron des forces aériennes canadiennes.

26. Stockholm : les Suédois pressent Tanner, ministre des Affaires étrangères de Finlande, d'accepter les offres de paix soviétiques (→ 27).

26. Allemagne : Hitler signe sa première directive pour déclencher l'invasion de la Norvège et du Danemark.

26. Paris : les batteries antiaériennes tirent sur des avions de reconnaissance de la Luftwaffe.

26. Rome : Sumner Welles rencontre Mussolini et le comte Ciano, ministre des Affaires étrangères (→ 1.3).

27. Scandinavie : la Suède et la Norvège rejettent une nouvelle fois la demande finlandaise de droit de passage pour les troupes étrangères (→ 28).

27. Grande-Bretagne : départ des premiers volontaires pour la Finlande.

27. Finlande : les quinze derniers chars de l'armée finlandaise ne peuvent arrêter l'offensive de Timochenko. Mannerheim ordonne à ses troupes d'évacuer leur seconde ligne de défense (→ 29).

28. Berlin : Goebbels appelle les pays neutres à « maîtriser leur opinion publique ». Il met en garde la Suède contre une aide à la Finlande.

28. Chine : les troupes communistes reprennent aux Japonais la ville d'Anding, près de Yenan (→ 14.3).

29. Finlande : les troupes soviétiques franchissent la dernière ligne de défense finlandaise (→ 4.3).

29. Japon : les Britanniques remettent aux Japonais 9 des 21 Allemands faits prisonniers à bord de l'*Asamu Maru*.

29. Palestine : sous mandat international, le gouvernement britannique établit les droits d'occupation des Arabes et des Juifs, en créant trois zones.→

Le rationnement va s'étendre en France

Paris, 29 février
Le ministre des Finances Paul Reynaud vient d'ordonner par décret l'extension du rationnement. Après les jours sans viande, il y aura désormais des jours sans boissons alcoolisées. Ce décret s'applique aussi à l'essence et aux produits pétroliers. En outre, les prix ont été bloqués. Toutes ces mesures ont été prises pour essayer de lutter contre l'inflation et assurer aux Français un approvisionnement décent. Et même si ce n'est pas le cas, il y a au moins de quoi alimenter la verve des chansonniers.

Nouveau partage de la Terre promise

Palestine, 29 février
La paix va-t-elle enfin régner sur la Terre promise ? Les administrateurs britanniques de la Palestine mettent en place des *Land Transfert Regulations* qui divisent le pays en trois zones. Les Juifs ne peuvent se fixer dans la première et doivent bénéficier d'une autorisation pour s'installer dans la deuxième. En revanche, la plaine côtière qui s'étend entre Jaffa et Haïfa leur est librement accessible. Les Britanniques espèrent faire ainsi régner la paix entre Juifs et Arabes. Une décision qui ne satisfait pas les Juifs, qui y voient une mesure déguisée d'arrêt de l'immigration juive en Palestine.

Le nouveau plan du général Gamelin

Paris, 26 février
Ira-t-on bombarder Bakou ? Le général Gamelin vient de remettre à Daladier son plan de guerre pour le printemps 1940, établi en accord avec le général Vuillemin et l'amiral Darlan. Gamelin y étudie les possibilités militaires des belligérants et propose des actions de guerre. Le rapport prévoit un éventuel bombardement des champs pétrolifères soviétiques du Caucase, à Bakou et à Batoum. L'aviation alliée mènerait ce raid à partir du Liban et de la Syrie, territoires sous mandat français.

Paul Reynaud dévalue le franc

Pour encourager l'effort de guerre.

Paris, 29 février

L'effort de guerre est à ce prix! Paul Reynaud dévalue le franc. La parité passe de 24,57 à 21,006 mg d'or fin. Une opération qui va permettre au ministère des Finances de réaliser une plus-value de 17,4 milliards de francs. Cette dévaluation, la deuxième depuis 1938, s'explique par la crainte du gouvernement de ne pas pouvoir financer les dépenses de guerre et enrayer l'accroissement de la dette publique. Comme le rappelle Paul Reynaud, les matières premières nécessaires à l'approvisionnement des usines coûtent cher. Malgré les immenses efforts accomplis depuis quelques mois, les programmes d'armement sont très en deçà des prévisions. La France doit acheter les armes qui lui manquent, les machines-outils qui serviront à en fabriquer. Si les Etats-Unis sont tout disposés à continuer de fournir les Alliés, ils exigent d'être payés en or, comme c'est la règle. Enfin, sans le clamer haut et fort, les gouvernants s'attendent à une guerre longue : trois ans, voire davantage. Sans cette dévaluation, le gouvernement craint de « tomber sur les genoux en cours de route ». Une décision qui s'imposait donc, et qui vient compléter le dispositif d'emprunts mis en place dès le 23 juillet 1939. En cinq mois, des bons d'armement ont été émis pour une valeur de vingt-trois milliards de francs, afin de drainer l'argent des particuliers vers les caisses de l'Etat. Affiches, tracts, films diffusés dans les salles de cinéma, tout a été fait pour persuader les épargnants de souscrire des bons d'armement. Innovant jusqu'au bout, Paul Reynaud a même fait diffuser par ses services une lettre autographe incitant à l'achat des bons. En outre, le ministre des Finances a décidé la taxation des bénéfices exceptionnels créés par le conflit. Les heures supplémentaires au-delà de la quarantième heure et les bénéfices des entreprises sont l'objet d'une retenue à la source, selon une fourchette allant de 25 à 100 %. Une mesure impopulaire mais rendue nécessaire par l'urgence de la situation. A toutes ces armes, il faut désormais ajouter la dernière des bottes secrètes du ministre des Finances : le « franc Reynaud ».

C'est le film de l'année. Clark Gable (Rhett Butler) et Vivien Leigh (Scarlett O'Hara) y incarnent les héros d'« Autant en emporte le vent », d'après le roman de Margarett Mitchell sur la guerre de Sécession.

1940

Mars

Di	Lu	Ma	Me	Je	Ve	Sa
					1	2
3	4	5	6	7	8	9
10	11	12	13	14	15	16
17	18	19	20	21	22	23
24	25	26	27	28	29	30
31						

1er. France : rationnement de l'alcool et des produits pétroliers, et réglementation de la main-d'œuvre féminine.

1er. Paris : première émission officielle de télévision en France. Elle a lieu au théâtre Marigny.

1er. Berlin : Hitler envoie ses dernières instructions pour l'invasion du Danemark et de la Norvège. Il rencontre Sumner Welles, à qui il déclare qu'« il n'y a pas d'autre issue qu'un combat sans merci ».

1er. Grande-Bretagne : on recommande aux femmes le port de vêtements clairs, les tissus sombres étant réservés à la confection des uniformes.

2. France : le 2e Bureau reçoit des informations sur les préparatifs allemands contre la Norvège et le Danemark.

3. Berlin : Göring rencontre Sumner Welles. Il élude ses questions sur le sort des Juifs en Pologne ; il préfère lui montrer sa vaste collection d'objets d'art (→ 7).

4. Finlande : l'Armée rouge assiège Viipuri (Vyborg), ville stratégique de Carélie (→ 5).

5. Finlande : le gouvernement accepte l'offre soviétique de reprendre les négociations pour une trêve et la cession de zones frontalières (→ 8).

5. Toronto : le Canada promet d'envoyer mille volontaires en Finlande.

6. Mer du Nord : l'aviation allemande bombarde et mitraille deux bateaux-feux.

7. Paris : Edouard Daladier rencontre l'envoyé américain Sumner Welles (→ 11).

7. Pologne : des avions de la RAF décollent de bases françaises pour lâcher des tracts en Pologne occidentale.

8. Finlande : après la chute de Viipuri, l'URSS rejette la demande finlandaise pour un armistice immédiat (→ 9).

8. Italie : Mussolini décide d'incorporer les milices fascistes à l'armée régulière.

8. Saint-Nazaire : lancement du cuirassé *Jean Bart*, dont la construction avait été accélérée à la demande des Britanniques.

L'URSS contraint la Finlande à la capitulation

Helsinki, 9 mars

Devant le danger d'une offensive fatale, déclenchée tout le long du front, la Finlande a dû se résoudre à entamer des négociations de paix, malgré les exigences démesurées des Soviétiques. Les événements se sont succédé très rapidement depuis que l'ultimatum de l'Union soviétique pour la conclusion de la paix a expiré le 1er mars. Deux jours plus tard, le maréchal Timochenko lançait une nouvelle offensive dévastatrice, et la ville de Viipuri, déjà ravagée par les bombes et les obus, se trouvait directement menacée. Il apparaissait alors clairement que les Finlandais ne pourraient plus tenir bien longtemps : le 6 mars, une délégation, conduite par le Premier ministre Risto Ryti, arrive à Moscou. Le ministre chargé des négociations, Juho Paasikivi, pensait qu'il pourrait obtenir quelques concessions de la part de l'URSS. Après avoir été accueillis froidement par le ministre soviétique des Affaires étrangères, Viatcheslav Molotov, les Finlandais ont poursuivi les entretiens jusqu'à l'annonce de la chute de Viipuri. Les Finlandais demandent alors un armistice, mais, devant le refus de Molotov, ils doivent accepter la capitulation. Pour le moment, Ryti qui reste en contact permanent avec son gouvernement, demeure à Moscou, afin de mettre au point les derniers détails de l'accord.

Paasikivi a plaidé pour la Finlande.

Voyage inaugural du « Queen Elizabeth »

Le plus grand paquebot du monde, le « Queen Elizabeth », à New York.

New York, 7 mars

C'est le plus grand paquebot du monde et il devra faire la guerre, lui aussi. Le nouveau fleuron de la Cunard Line, le *Queen Elizabeth*, a été triomphalement accueilli à son arrivée. Parti de Liverpool le 28 février, il vient d'accomplir, sans passagers à bord, un périlleux voyage inaugural à travers l'océan Atlantique. Heureusement, aucun sous-marin allemand ne s'est montré pendant son périple. Le secret le plus absolu a entouré l'événement. C'est aujourd'hui, en apercevant à l'horizon l'immense silhouette grise qui se dirigeait vers Nantucket, que l'alerte a été donnée. Très vite, la nouvelle se propage. Les journalistes et les photographes affrètent des avions pour aller à la rencontre du paquebot. Dans la matinée, une station de radio diffuse le témoignage d'un reporter qui a survolé le *Queen Elizabeth* à 7 h 45 ce matin. Il est 17 h quand le paquebot entre dans le port pour venir se ranger à côté de son petit frère, le *Queen Mary*. Massée sur les quais, une foule compacte de près de dix mille personnes ovationne le navire. C'est un véritable délire. Le câble de cuivre qui entoure la coque suscite d'abord de la curiosité, puis de l'enthousiasme quand les spectateurs découvrent que ce dispositif est destiné à protéger le navire des mines magnétiques. On apprend que le *Queen Elizabeth* a navigué à la vitesse de croisière de 24,5 nœuds, trop vite pour les sous-marins et pour son destroyer d'escorte qui, après un jour de voyage, a dû renoncer à le suivre. Une vitesse qui est le meilleur garant de sa sécurité. Mis en chantier le 27 septembre 1938 à Glasgow, ce géant des mers de 315 m de long jauge 83 673 tonneaux et peut accueillir 2 285 passagers. Compte tenu des circonstances, il est probable qu'il servira au transport des troupes.

Les ennuis de la marine de Mussolini

Douvres, 5 mars

Six cargos italiens saisis ! C'est le bilan d'une journée de patrouille des navires britanniques. Les charbonniers qui relâchent sous surveillance près des côtes du comté de Kent attendent maintenant qu'il soit statué sur le sort des équipages. Ils espéraient gagner l'Italie sans encombre, mais c'était compter sans la décision prise par le gouvernement britannique de renforcer le blocus de l'Allemagne et d'empêcher les exportations de charbon. Tous les pays neutres sont touchés par cette mesure. Le gouvernement de Sa Majesté a rejeté à l'avance leurs protestations. En interceptant les approvisionnements en matières premières des Italiens, les Alliés espèrent sans doute amener Mussolini à reconsidérer son alliance avec Hitler. Le rationnement du charbon est en effet très mal vu par la population italienne, qui a durement souffert de l'hiver.

Les Polonais exploités par les Allemands

Berlin, 8 mars

Les nazis entreprennent l'asservissement des populations vaincues : les « décrets polonais », publiés ce matin, transforment pratiquement les civils polonais travaillant en Allemagne en esclaves du Reich. Les Polonais devront coudre sur leurs vêtements la lettre « P », afin d'être facilement identifiables. Assignés à résidence, il leur est interdit d'emprunter les transports en commun et de se déplacer à bicyclette. Ils ne leur est pas permis de pénétrer dans une église allemande ni d'assister à un spectacle. Tout contact avec la population est réprimé. Les relations sexuelles avec une Allemande sont punies de mort ; la femme, elle, est mise au pilori avant d'être envoyée en camp de concentration. Les Polonais envoyés de force en Allemagne viennent du gouvernement général qui, selon les plans nazis, doit devenir un réservoir de main-d'œuvre pour le Reich. Tous les Slaves des régions annexées y seront d'ailleurs déportés, afin que le peuplement en devienne homogène.

Le vin chaud réjouit le cœur du soldat

Si le vin chaud est apprécié, la bière coule aussi à flot.

France, 3 mars

Une nouvelle journée nationale organisée par l'« Œuvre du vin chaud au soldat » a connu aujourd'hui le même succès que les précédentes. La première avait été inaugurée à la gare de l'Est, à Paris, le 23 novembre dernier en présence du ministre de l'Agriculture. Les dames du Club franco-américain des « gourmettes » se sont fait un plaisir et un honneur de verser de leurs mains le vin chaud aux valeureux défenseurs de la patrie. Cette distribution gratuite est financée par la vente d'un timbre, ce qui permet à tout Français de s'associer à cette œuvre charitable.

1940

Mars

Di	Lu	Ma	Me	Je	Ve	Sa
					1	2
3	4	5	6	7	8	9
10	11	12	13	14	15	16
17	18	19	20	21	22	23
24	25	26	27	28	29	30
31						

11. Londres : au cours de son entrevue avec le roi, Sumner Welles discute des possibilités de paix et de l'objectif de sa mission en Europe avec Chamberlain et Halifax (→ 16).

11. Etats-Unis : fin de l'embargo sur les armes, afin de permettre à la France et à la Grande-Bretagne d'acheter des avions de chasse P-40.

11. Toulon : le croiseur *Algérie* et le cuirassé *Bretagne* partent pour le Canada avec, à leur bord, 2 379 lingots d'or provenant de la Banque de France.

12. Lublin : sur les mille Juifs allemands de Stettin déportés dans des wagons scellés, soixante-douze meurent de froid après une marche de dix-huit heures dans une tempête de neige (→ 23).

12. Moscou : les négociateurs finlandais rectifient le traité de paix avec l'URSS (→ 13).

13. Finlande : entrée en vigueur du cessez-le-feu à 11 h ce matin (→ 14).

14. Finlande : conséquence du traité, 470 000 Finlandais devront évacuer les territoires cédés à l'URSS (→ 15).

14. Paris : un livre blanc publié à Paris par le gouvernement polonais en exil révèle que, dès 1935, l'Allemagne songeait à envahir l'URSS.→

14. Allemagne : Göring décrète que tous les objets en cuivre, bronze, laiton et autres métaux utiles doivent être récupérés.

14. Chine : vingt-sept des trente avions de chasse chinois sont abattus par les Japonais au-dessus de Chengdu (→ 18).

15. Roumanie : amnistie des membres de l'organisation fasciste la Garde de fer. Ils sont libérés après avoir prêté serment au roi Carol.

15. Montevideo : Nahum Goldmann, président du Congrès juif mondial, déclare que 90 000 Juifs de Palestine se sont engagés aux côtés des Alliés.

16. Allemagne : Richard Darré, ministre de l'Agriculture et l'Alimentation, ne tient pas compte des Juifs dans le calcul du rationnement.

La paix pour la Finlande

Helsinki, 15 mars
La diète finlandaise, réunie en session secrète, a ratifié aujourd'hui le traité de paix de Moscou par 145 voix contre 3. La « guerre de l'hiver », qui avait éclaté le 30 novembre 1939, est donc officiellement terminée. La Finlande, qui a dû satisfaire aux lourdes exigences territoriales de l'URSS, en sort très diminuée, mais sa souveraineté est garantie. L'URSS a d'ailleurs fait des concessions, surtout pour éviter une intervention alliée : elle renonce aux mines de nickel de la région de Petsamo, qui sont pour partie propriété britannique. L'ouverture des négociations de paix a surpris le monde entier. Les Finlandais ont estimé qu'ils ne pouvaient faire autrement, compte tenu de leurs propres pertes et du faible soutien reçu de leurs « amis » : les armes fournies par les Britanniques, les Suédois et les Français, insuffisantes en nombre, étaient parfois trop vieilles. De plus, le refus de la Norvège et de la Suède de laisser passer les cinquante mille hommes formant le corps expéditionnaire allié a suscité dans le pays une vive amertume.

L'infanterie finlandaise quitte Viipuri après l'attaque réussie des Russes.

Moins de viande pour les Anglais

La viande fait la une de l'actualité.

Grande-Bretagne, 11 mars
Le rationnement de la viande commence ce matin, sans files d'attente aux étals des bouchers : les ménagères ont, à l'évidence, fait des provisions. Pour acheter de la viande, nul ne peut plus désormais dépasser la valeur limite fixée à un shilling et quatre pence par adulte et par semaine. Par exemple, pour une famille de quatre personnes, cela représente 3 kg d'agneau. Volaille, gibier, abats et pâtés ne sont pas rationnés, et les restaurants peuvent servir de la viande sans demander de coupons.

Uniformes, mousseline et taffetas dans les clubs de Londres

Depuis quelque temps, une armée pacifique envahit les clubs et les restaurants londoniens fréquentés par les militaires en route vers la France : c'est celle des robes longues et des frous-frous. Alors que l'austérité vestimentaire était de règle durant les premiers mois de la guerre, les femmes portent de nouveau de la soie, du taffetas et du tulle pour sortir le soir. Loin de leurs épouses, les soldats sont ravis de trouver des cavalières. Le couvre-feu inspire la dernière danse à la mode, le Blackout Stroll : à un moment précis, les lumières s'éteignent et les couples profitent alors de l'obscurité pour changer de partenaires.

Soldat avec godillots cherche cavalière en robe longue pour ouvrir le bal.

Le sénateur Pierre Laval accuse !

Paris, 14 mars
L'annonce hier de la signature du traité de paix entre la Finlande et l'URSS a eu l'effet d'un coup de tonnerre dans un ciel serein en France. La cause finlandaise y est assimilée, à tort ou à raison, à celle des Alliés, et on accepte mal la fin des hostilités au moment où le corps expéditionnaire franco-britannique est enfin prêt à partir. Les débats au Sénat ont offert à l'un des plus farouches opposants à l'entrée en guerre de la France, Pierre Laval, un retour remarqué sur la scène politique.
Aujourd'hui, devant les sénateurs réunis en comité secret, le sénateur du Puy-de-Dôme accuse Daladier de « ne pas faire la guerre comme il faut » et déclare, impitoyable : « Dans quelques jours ou dans quelques semaines, la paix nous sera offerte et nous ne pourrons pas l'accepter parce que ce ne pourrait être qu'une paix blanche, déshonorante. » Et Léon Blum de renchérir dans *le Populaire* : « Les peuples de France et de Grande-Bretagne avaient compris que la cause de la Finlande était la leur. » Partisans et adversaires de la guerre ont donc fait front commun. Mais, si la Finlande est le prétexte, c'est bien le président du Conseil, Edouard Daladier, qui est la cible !

La Marseillaise de l'Arc de Triomphe, en couverture, appelle aux armes.

Un négociateur américain à Rome

Rome, 16 mars
Sumner Welles, le sous-secrétaire d'Etat américain, était reçu aujourd'hui à Rome. Au terme d'une épuisante tournée des capitales européennes, il a rencontré Mussolini, le comte Ciano puis le roi Victor-Emmanuel III. Le médiateur américain qui, le 1er mars dernier, avait averti Hitler que toute extension du conflit de l'Allemagne entraînerait des réactions énergiques de la part des Etats-Unis n'a pas rencontré plus de succès à Berlin qu'à Paris. Aucun des deux camps ne montre d'enthousiasme à l'égard d'une « paix blanche ». Rome, seule, manifeste de l'intérêt pour les propositions américaines.

Visées nazies sur l'Union soviétique

Paris, 14 mars
Le gouvernement polonais en exil en France vient de rendre public un livre blanc qui fait le point sur les relations germano-polonaises de mai 1933 à octobre 1939. Un des éléments les plus marquants de ce curieux ouvrage est la révélation d'une tentative de Hitler qui cherchait à associer la Pologne et le Reich afin de monter une attaque commune contre l'Union soviétique. Göring aurait fait cette proposition au vieux maréchal Pilsudski lors d'une visite qu'il effectua à Varsovie au mois de février 1935. Le livre blanc insiste sur le fait que le président polonais a décliné l'offre allemande.

1940

Mars

Di	Lu	Ma	Me	Je	Ve	Sa
					1	2
3	4	5	6	7	8	9
10	11	12	13	14	15	16
17	18	19	20	21	22	23
24	25	26	27	28	29	30
31						

17. Berlin : Hitler nomme Fritz Todt ministre du Reich pour l'Armement et les Munitions.→

17. Grande-Bretagne : les mineurs du Nottinghamshire renoncent à une partie de leurs vacances pour relancer l'effort de guerre.

18. Italie : rencontre entre Hitler et Mussolini au col du Brenner.→

18. Londres : un nouvel organisme est créé pour assurer la liaison entre les autorités coloniales britanniques et françaises.

18. Chine : les Chinois reprennent Nanning aux Japonais et rétablissent la liaison entre la Chine et l'Indochine.

19. Canada : l'ambassadeur des Etats-Unis, James Cromwell, condamne publiquement le nazisme. C'est la première fois qu'un représentant officiel des Etats-Unis prend position publiquement.

19. Londres : une femme venue acheter en Rolls-Royce une quantité de sucre égale à 140 fois la ration hebdomadaire autorisée est condamnée à payer une amende de 75 F.

20. Paris : le procès à huis clos de 44 députés communistes s'ouvre devant le tribunal militaire.

20. Moscou : l'URSS prévient qu'elle s'opposera à toute alliance des nations scandinaves qui lui serait hostile.

20. Italie : l'envoyé spécial du président Roosevelt, Sumner Welles, embarque à Gênes ; sa mission de paix est un échec.

21. Syrie : des délégations turques et britanniques ont une réunion secrète à Alep.

21. Paris : après la démission du cabinet Daladier, Paul Reynaud forme un nouveau gouvernement (→ 22).

22. Ankara : tous les navires turcs dans les eaux étrangères reçoivent l'ordre de rentrer dès que possible.

23. Allemagne : le maréchal Göring ordonne l'arrêt momentané de la déportation des Juifs en Pologne occupée.

Des critiques sur la défense de Sedan

Paris, 21 mars
Sedan est mal protégé. C'est le constat que dresse le député de Paris, Pierre Taittinger, au retour d'un voyage d'inspection. Dans ce secteur tenu par la 2e armée, il a découvert avec étonnement que les défenses étaient le plus souvent « rudimentaires, voire embryonnaires ». Dans certains ouvrages, seul le coffrage est terminé, le béton n'est même pas coulé. Autre sujet d'inquiétude, la DCA qui semble quasi inexistante. Les troupes paraissent inexpérimentées. Quant à l'aviation de la 2e armée, elle se réduit à un appareil d'observation et à quelques chasseurs. Par courrier, il a fait part de ses craintes à Daladier et à Gamelin.

L'atome fait peur aux scientifiques

Londres, 21 mars
Il est possible de produire une super-bombe grâce à une réaction nucléaire en chaîne : c'est la conclusion capitale que tirent deux scientifiques réfugiés en Angleterre, l'Autrichien Otto Frisch et l'Allemand Rudolf Peierls, dans un rapport à Sir Henry Tizard, le conseiller scientifique du gouvernement britannique. Selon eux, il suffirait que les nazis possèdent quelques kilogrammes d'isotope d'uranium pour réaliser un tel engin de mort. Ils conseillent au gouvernement de prendre garde à cette menace.

Représailles sur l'île de Sylt

Westminster, 19 mars
Cinquante bombardiers de la RAF ont attaqué, cette nuit, non loin des côtes danoises, la base d'hydravions de Hornum sur l'île de Sylt. Ce raid n'a pas donné les résultats escomptés, la plupart des bombes étant tombées à la mer. La RAF n'a perdu qu'un seul appareil. Chamberlain a annoncé aux Communes le raid qu'il a présenté comme une riposte au bombardement, avant-hier, de la base navale de Scapa Flow qui avait fait six morts. ▷

Rencontre entre Mussolini et Hitler

Hitler n'a pas réussi à obtenir le soutien total et immédiat de Mussolini.

Col du Brenner, 18 mars
C'est dans une petite gare située à la frontière de l'Italie et de l'Autriche que Mussolini et Hitler ont tenté d'aplanir leur différend. Cet entretien était devenu nécessaire, car l'axe Rome-Berlin ne donne pas satisfaction aux deux dictateurs. Ribbentrop, qui était à Rome le 10 mars dernier, n'a pas obtenu des Italiens l'engagement ferme d'attaquer la France et l'Angleterre. Mussolini campe sur ses positions. L'Italie est non belligérante et ne rentrera pas dans le conflit. Le Duce sait bien que l'Italie ne sera prête à entrer en guerre qu'aux environs de 1943, et il n'apprécie pas non plus la lune de miel du Führer avec l'URSS. En même temps, il est pris à la gorge, car il a besoin de l'aide économique de l'Allemagne nazie pour son ravitaillement en matières premières. Après une poignée de main cordiale, les deux hommes se sont donc enfermés dans un wagon-salon. Hitler a monologué pendant tout le temps de la conférence, expliquant que d'ici à un an l'Allemagne aurait gagné la guerre. A la fin du discours du chancelier, Mussolini a simplement déclaré qu'il comprenait qu'il était impossible que l'Italie restât neutre jusqu'à la fin de la guerre, mais il a refusé de s'engager plus avant et de fournir une date précise au chancelier du Reich.

Paul Reynaud est président du Conseil

Paris, 22 mars
Le Parlement vient d'accorder sa confiance au nouveau gouvernement formé par Paul Reynaud. Un vote ambigu, acquis d'extrême justesse, à une voix de majorité, car, si 268 parlementaires ont dit oui, on compte 156 non et surtout 111 abstentions. Au reste, la composition du cabinet Reynaud annoncée hier fait déjà l'objet de critiques. *Le Canard enchaîné* se gausse du nombre des ministres : vingt et un, et quatorze sous-secrétaires d'Etat. En conséquence, le journal propose que le Conseil des ministres se tienne au Vélodrome d'hiver. A droite on parle d'un « cocktail de *Marseillaise* et d'*Internationale* ». Pourtant, l'arrivée à la présidence du Conseil de Paul Reynaud marquera peut-être un tournant dans la conduite d'un conflit qui s'enlise. Reynaud est un belliciste, partisan de la guerre à outrance.
L'opinion publique espère de cet anglophile qu'il saura rétablir sur des bases saines l'alliance avec les Britanniques, mise à mal ces temps derniers du fait du refus de Chamberlain d'intervenir rapidement en Finlande. Des divergences stratégiques ont contribué à la chute du prédécesseur de Reynaud, Edouard Daladier. Ce dernier voulait attaquer en Finlande et avait même menacé, le 11 mars, de se retirer de l'alliance. La défaite des Finlandais a été ressentie en France comme celle des Alliés. En butte à l'hostilité des « bellicistes » et des partisans d'une « paix blanche » avec l'Allemagne, Edouard Daladier n'a pu obtenir de majorité claire au Parlement le 20 mars.
Dès lors, la démission de son cabinet semblait inévitable. Son successeur sera-t-il plus heureux, lui qui a dû offrir le portefeuille de la Défense au président sortant, afin d'éviter une rupture et de pouvoir former un gouvernement qui ait l'aval des radicaux, sans lesquels rien ne peut se faire en France. Paul Reynaud ne bénéficiera que d'une étroite marge de manœuvre. Son allocution à la Chambre a d'ailleurs été fort brève. Il s'est contenté d'annoncer la première décision du gouvernement, à savoir la création d'un Comité de guerre.

Un farouche partisan de la guerre.

Fritz Todt, nouveau ministre du Reich

Todt a profité de l'estime du Führer.

Berlin, 17 mars
Les autoroutes mènent à tout ! Leur promoteur en Allemagne, Fritz Todt, inspecteur général des routes du Reich depuis 1933, vient d'être nommé par Hitler à un poste spécialement créé pour lui : celui de ministre des Armements et des Munitions du Reich. Tous les secteurs de la production d'armes sont désormais placés sous son autorité. Il lui faudra mettre en place la coopération entre les services de l'armée et les industries civiles, qu'il compte mettre davantage à contribution. Il prend aussi en charge la gestion du personnel, notamment les prisonniers de guerre.

Les membres du gouvernement sur le perron de l'Elysée. Entourant Reynaud Daladier (à gauche) et Chautemps, le vice-président du Conseil (à droite) Au premier rang, Campinchi (avec le nœud papillon) en charge de la Marine.

1940

Mars

Di	Lu	Ma	Me	Je	Ve	Sa
					1	2
3	4	5	6	7	8	9
10	11	12	13	14	15	16
17	18	19	20	21	22	23
24	25	26	27	28	29	30
31						

24. France : mort, à l'âge de 96 ans, d'Edouard Branly, le père de la TSF.

24. Beyrouth : le paquebot turc *Satarya* est arraisonné par les Britanniques et conduit à Beyrouth. Il transportait deux mille Juifs roumains qui espéraient s'installer en Palestine.

25. Rome : le comte Teleki, Premier ministre hongrois, a de longs entretiens avec le comte Ciano, ministre italien des Affaires étrangères.

26. Allemagne : après une conférence avec l'amiral Erich Raeder, Hitler décide que l'opération *Weser* précédera de peu l'offensive à l'ouest.

26. France : Paul Reynaud lance un appel aux Français pour soutenir une guerre totale contre l'Allemagne.→

27. France : le gouvernement demande à l'URSS de rappeler son ambassadeur à Paris.

27. Finlande : constitution du cabinet Ryti, partisan de la conciliation avec Moscou.

30. Washington : les Etats-Unis refusent de reconnaître le régime japonais de Nankin.→

30. Allemagne : Hitler ordonne en public que la priorité soit donnée au transport d'armes en URSS, pendant qu'il planifie en privé de l'attaquer en 1941.

30. Grande-Bretagne : dans une émission, Churchill dit que les Britanniques n'ont pas de désaccord avec les Soviétiques, mais jure de « poursuivre cette guerre où qu'elle nous mène ».

30. Paris : au Comité de guerre, Daladier fait ajourner l'opération *Royal-Marine* qui prévoyait le largage de mines fluviales en Allemagne.

30. Paris : l'amiral Darlan demande par une note adressée au ministre de la Guerre le débarquement d'un corps expéditionnaire à Narvik en même temps que l'on procédera au mouillage des mines, afin de prévenir toute riposte allemande.

31. Italie : Mussolini prévient le roi Victor Emmanuel III que l'Italie devra éventuellement s'engager dans la guerre (→2.4).

Les Alliés se réunissent à Londres

Pas de paix séparée avec l'Allemagne

Londres, 28 mars

Jamais aucun « traité de paix ou armistice » ne sera signé séparément avec Hitler. Cet engagement du Conseil suprême interallié surprend tout le monde à Paris. Paul Reynaud a en effet négligé de consulter le gouvernement avant de signer un tel engagement qu'Edouard Daladier avait déjà repoussé le 19 décembre dernier en déclarant à Chamberlain que la France ne pouvait aliéner sa liberté d'action sans garanties pour sa sécurité. Le nouveau président du Conseil a cherché à obtenir un succès de prestige. Il est revenu à la charge sur le plan français de bombardement aérien des puits de pétrole de Bakou et le minage des eaux norvégiennes. Paul Reynaud est fermement décidé à pousser les Britanniques à « une guerre plus active ». Mais le vieil ami de Churchill n'a pas pu obtenir l'aval de lord Halifax et de Neville Chamberlain à propos de l'URSS, car ces derniers jugent les plans français très aventureux. Ultime concession des Anglais, des experts des deux pays vont quand même reprendre le dossier « Bakou » en main.

Churchill : pas de concessions.

Minage des eaux norvégiennes

Londres, 28 mars

« Couper la route du fer suédois » était devenu un des leitmotive des gouvernements français successifs. Le 22 février dernier, Daladier qui proposait un débarquement des forces alliées en Norvège sans attendre l'appel du gouvernement finlandais avait essuyé un refus de la part des Britanniques. Aujourd'hui, Paul Reynaud a refait cette proposition au Conseil suprême interallié qui a accepté le principe d'une opération en Norvège. Le 5 avril, les eaux territoriales norvégiennes seront donc minées, y compris les ports. La neutralité de la Norvège et de la Suède n'est plus considérée comme un obstacle valable. Une seule ombre à ce tableau : quelle sera la riposte de l'Allemagne ? Ne risque-t-elle pas d'envahir la péninsule scandinave ?

Gouvernement projaponais à Nankin

Nankin, 30 mars

L'ancien lieutenant de Sun Yatsen, qui fut en 1927 président du gouvernement provisoire du Kuomin-tang, vient de former un gouvernement à Nankin. Les nouvelles autorités, qui assurent ne pas vouloir remettre en cause la présence japonaise, ont immédiatement bénéficié de la reconnaissance du Japon, de l'Italie et de l'Allemagne. Wang Tsing-wei a pris la tête du Kuo-min-tang réformé après avoir rompu avec le parti nationaliste de Tchang Kaï-chek retranché à Chongqing. Le gouvernement de Nankin procure aux Japonais un partisan de poids dans les territoires qu'ils occupent.

Wang Tsing-wei, leader fantoche.

Mackenzie King victorieux

Ottawa, 29 mars

Majorité record au Parlement pour le Premier ministre canadien. Le parti libéral a obtenu – ce qui ne s'était encore jamais vu – 179 des 245 sièges que compte la Chambre des communes. La nation canadienne a donc « plébiscité » royalement la politique du Premier ministre Mackenzie King, qui consiste à limiter l'envoi de troupes en Europe, tout en développant les industries d'armement pour soutenir les Alliés. Les conservateurs gardent la plupart de leurs sièges, les gains libéraux se faisant au détriment du parti radical.

Pour les fêtes de Pâques, les Londoniens défient le black-out

Londres, 25 mars

Les Londoniens ont célébré Pâques en ignorant la guerre. Tard dans la nuit, les restaurants et les pubs étaient encore bondés malgré le black-out. Une foule étrangement insouciante a envahi les rues, formant d'étranges cortèges dans Piccadilly, Shaftesbury Avenue et dans le Strand, illuminés comme aux grands jours. Dès 17 h, les théâtres du West End affichaient complet, et il n'y avait plus moyen de trouver ne fût-ce qu'un strapontin. Même chose en ce qui concerne les cinémas, devant lesquels d'interminables files d'attente se formaient. « Je n'ai pas vu une telle affluence depuis trente-cinq ans », reconnaît un directeur de salle. Une même ambiance joyeuse régnait dans les gares où permissionnaires et civils entonnaient des chansons à boire et des chants de marche.

1940

Avril

Di	Lu	Ma	Me	Je	Ve	Sa
	1	2	3	4	5	6
7	8	9	10	11	12	13
14	15	16	17	18	19	20
21	22	23	24	25	26	27
28	29	30				

1er. France : entrée en vigueur du nouveau Code de la famille.

1er. France : la revue *Esprit* publie un texte du théologien Karl Barth qui appelle les protestants à participer à la lutte armée contre le nazisme.

1er. Allemagne : Hitler fixe la date de l'opération *Weser*, concernant l'invasion de la Norvège et du Danemark, au 9 avril (→ 3).

2. Italie : la mobilisation civile est décrétée pour tous les citoyens âgés de plus de 14 ans.

2. Pays-Bas : les garnisons frontalières sont mises en état d'alerte.

3. Baltique : des troupes du Reich et du matériel de guerre quittent les ports allemands pour Narvik à bord de navires de commerce (→ 6).

3. Grande-Bretagne : Churchill est nommé président du Comité de défense anglais.

5. Paris : Churchill rencontre Daladier et tente vainement de le convaincre de l'intérêt de larguer des mines fluviales au-dessus de l'Allemagne.

5. URSS : à Katyn, le NKVD exécute des milliers d'officiers polonais internés au camp de prisonniers de guerre de Kozelsk.

5. Oslo : les Alliés préviennent les Norvégiens qu'ils se réservent le droit de saisir leurs fournitures destinées à l'Allemagne.

5. Scapa Flow : les mouilleurs de mines britanniques partent pour les eaux norvégiennes (→ 7).

6. Grande-Bretagne : après avoir lâché 65 millions de tracts depuis le début de la guerre, la RAF suspend ses raids de propagande sur l'Allemagne.

6. Kiel : des reconnaissances aériennes de la RAF révèlent qu'il règne une intense activité navale dans les ports allemands de la région (→ 9).

6. Madrid : présentation, au cours d'un gala présidé par le maréchal Pétain, d'un film de Marcel L'Herbier, *Entente cordiale*.

Jean Giraudoux est chargé de remonter le moral des Français

Paris, avril
Depuis le 26 août dernier, l'écrivain Jean Giraudoux, nommé commissaire général à l'Information, s'emploie chaque jour à remonter le moral des Français. Rude tâche pour un poète plus au fait des guerres antiques que des conflits politiques modernes. Dans son bureau du luxueux hôtel *Continental*, qui fut autrefois l'hôtel d'Eugénie de Montijo, Giraudoux rédige des affiches de propagande, prépare des causeries radiophoniques dans lesquelles il prouve, chiffres à l'appui, que les Alliés « vaincront car ils sont les plus forts », et que Hitler perdra la guerre puisque « le temps travaille pour nous ». Les affiches sont superbes, les causeries brillantes, et les Français ne demandent qu'à se laisser convaincre. Pourtant, au cours des débats sur l'information et la censure qui ont eu lieu au mois de février dernier à la Chambre, des doutes avaient été émis quant à l'efficacité de ses services. L'accusation devait être insignifiante, puisque l'écrivain est toujours à l'hôtel *Continental*.

Giraudoux, écrivain-commissaire.

Fin du procès des Quarante-Quatre

Paris, 3 avril
Le procès à huis clos des quarante-quatre députés communistes du GOP (Groupe ouvrier et paysan) a pris fin. Malgré les plaidoiries enflammées de Me Willard et l'audition de nombreux témoins de moralité, dont un conseiller à la Cour des comptes, un curé et un professeur au conservatoire de Roubaix, trente-six des accusés qui étaient inculpés de reconstitution de ligue dissoute ont été condamnés à cinq ans de prison, et huit autres à quatre ans avec sursis. Le GOP servait de façade légale au parti communiste après sa dissolution prononcée le 26 septembre 1939.

La RAF remanie son état-major

Londres, 3 avril
Le Bomber Command (commandement des bombardiers) de la RAF a un nouveau chef. C'est le général de division aérienne, Sir Charles Portal, qui a été nommé à ce poste en remplacement de Sir Edgar Ludlow-Hewitt atteint par la limite d'âge. Portal est un brillant officier d'état-major, froid mais doué intellectuellement, ce qui, au dire de ses détracteurs, lui fait parfois oublier une donnée essentielle de la guerre : le facteur humain. Disciple de lord Trenchard, le « père » de l'actuelle RAF, c'est un partisan farouche du bombardement stratégique.

Churchill et ses mines fluviales

Londres, 3 avril
Churchill est tout à sa marotte du moment, l'opération *Royal Marine*. Ce plan, qui a reçu l'aval du cabinet de guerre britannique et du Conseil suprême allié, prévoit le largage par la RAF de mines fluviales dans les eaux du Rhin et des autres grands fleuves allemands afin de paralyser le trafic fluvial de l'ennemi. Verra-t-il le jour ? rien n'est moins sûr. Car, à Paris, Daladier a persuadé le Comité de guerre de l'inutilité de ce plan. Du coup, Londres en fait une affaire d'honneur et déclare : « Pas de mines, pas de Narvik. » Après-demain, Churchill doit rencontrer Daladier : saura-t-il le convaincre ?

Douglas Bader, le héros de l'air est privé de ses jambes

Londres, 1er avril
« Voler est toujours un véritable plaisir ! » Douglas Bader vient de réintégrer un Hurricane après avoir retrouvé toute son habileté aux commandes. En décembre 1931, cet as du pilotage écrasait son avion de combat, un Bristol Bulldog, et perdait ses deux jambes. Il fut alors déclaré inapte à voler par la RAF malgré une maîtrise totale de ses prothèses. Mais, dès le début de la guerre, Bader fait jouer toutes ses relations jusqu'à ce qu'il obtienne de passer un test sur un avion-école. Lorsqu'il s'avance sur la piste pour rejoindre son cockpit de sa démarche saccadée et s'apprête à traverser la Manche avec sa patrouille, il est aussi combatif que les autres... et meilleur pilote !

Malgré son infirmité, Douglas Bader refuse de lâcher les commandes.

1940

Avril

Di	Lu	Ma	Me	Je	Ve	Sa
	1	2	3	4	5	6
7	8	9	10	11	12	13
14	15	16	17	18	19	20
21	22	23	24	25	26	27
28	29	30				

7. Mer du Nord : les transports de troupes allemands et la flotte britannique lèvent l'ancre pour la Norvège (→ 8).

7. Mer du Nord : dans la nuit, la Royal Navy dispose trois champs de mines le long des côtes norvégiennes (→ 8).

8. Mer du Nord : le sous-marin polonais *Orzel* coule le transport de troupes allemand *Rio de Janeiro*.

8. Oslo : informée par les Alliés, la Norvège proteste contre le mouillage des mines, mais s'abstient de mobiliser.

9. Scandinavie : les Allemands envahissent le Danemark et la Norvège. Toute la marine du Reich participe à l'opération (→ 11).

9. Oslo : l'ancien ministre de la Guerre, Vidkun Quisling, forme un gouvernement pronazi que le roi Haakon VII ne reconnaît pas (→ 11).

9. Belgique : à la nouvelle de l'attaque allemande en Norvège et au Danemark, les Alliés tentent une nouvelle fois d'obtenir l'autorisation de pénétrer en Belgique, mais en vain.

10. Narvik : une force navale britannique attaque dans le fjord dix contre-torpilleurs allemands. Deux navires allemands sont coulés ainsi que deux bâtiments anglais.

10. Norvège : le sous-marin *HMS Truant* coule le croiseur allemand *Karlsruhe* dans le détroit de Skagerrak.

10. Norvège : le croiseur *Königsberg* est coulé devant Bergen par des bombardiers Skua britanniques.

10. Paris : Paul Reynaud déclare au Sénat que « la route permanente du fer suédois vers l'Allemagne est coupée ».

10. Etats-Unis : à Washington, la commission franco-britannique d'achats que préside Jean Monnet signe un contrat portant sur l'achat de 2 440 chasseurs, 2 160 bombardiers et 13 000 moteurs, afin d'équiper rapidement l'aviation alliée.

12. France : les premières troupes embarquent à Brest à destination de la Norvège (→ 14).

Hitler s'attaque à la Scandinavie

Norvège, 9 avril
C'est avec une précision d'horloge que se déroule l'opération *Weser*. A 2 h 15 ce matin, les premiers navires allemands se présentaient devant Bergen, et, à 4 h, la flottille chargée de prendre Narvik entrait dans le fjord ; puis, vers 8 h, l'aérodrome de Sola, situé à 12 km de Stavanger, tombait aux mains des paras allemands. Celui de Fornebu est également contrôlé par les Allemands. En revanche, à l'entrée du fjord d'Oslo, c'est la catastrophe. A l'aube, le mouilleur de mines *Olaf Trygverson* se porte à la rencontre de la flotte allemande, coule un torpilleur puis endommage le croiseur léger *Emden*. Nouvelle surprise désagréable pour les nazis, les canons Krupp de la forteresse d'Oskarsborg tirent sur le croiseur lourd *Blücher* et sur le cuirassé de poche *Lützow*. Les soldats norvégiens lancent des torpilles, et l'une d'entre elles touche le *Blücher*, qui explose avec mille six cents hommes à bord. Avec le croiseur disparaissent l'état-major des troupes d'invasion et les agents de la Gestapo chargés de capturer le souverain norvégien. Le contre-amiral Kummertz qui commandait l'escadre et le général Engelbrecht, le commandant de la 163e DI, qui se trouvaient sur le *Blücher* gagnent miraculeusement la rive à la nage, où ils sont faits prisonniers par les Norvégiens. Devant une résistance aussi farouche, la flotte allemande se retire. Chez les Alliés, c'est la consternation. Des mines ont bien été posées la veille le long des côtes norvégiennes, mais personne ne pensait que les Allemands attaqueraient les premiers en Scandinavie. Cet après-midi à Londres, les Alliés doivent décider de leur riposte. (→ 11)

Les Allemands conquièrent le Danemark en vingt-quatre heures

Les troupes allemandes entrent au Danemark sans rencontrer de résistance.

A Copenhague, capitale occupée.

Copenhague, 10 avril
« Nos soldats ont-ils combattu assez longtemps ? – Non ! » Ce dialogue entre le roi Christian X et le général Pryor, commandant en chef de l'armée danoise, donne la mesure du désarroi des autorités danoises face au coup de force dont ils sont victimes. Hier matin à 5 h 20, les troupes allemandes pénétraient au Danemark, et, ce matin à 6 h, le roi du Danemark ordonnait un cessez-le-feu. Il aura fallu moins de vingt-quatre heures aux nazis pour s'emparer du petit royaume. L'opération avait été minutieusement préparée par les Allemands. Le 7 avril, le général Kurt Himer, chef d'état-major du corps expéditionnaire allemand, arrivait à Copenhague, vêtu en civil, pour faire tranquillement ses repérages. Hier, à l'aube, le transport de troupes *Hansestadt Danzig* venait s'amarrer à la jetée Langelinie à une courte distance du palais royal d'Amalienborg. Les troupes allemandes se faufilent silencieusement dans le port de Copenhague. Armé d'un simple revolver, un policier isolé qui tente de résister est abattu. Partout, les mêmes scènes se répètent. Des transports de troupes escortés de vedettes rapides débarquent des contingents de soldats dans les ports et sur les îles principales. A Aalborg, des troupes aéroportées s'emparent de l'aérodrome. Dans les villes de Flensburg et Tondem, de lourdes colonnes motorisées franchissent la frontière et s'enfoncent aussitôt sur les routes de la péninsule du Jutland. A Gjedser, c'est un ferry qui débarque un train blindé au complet. C'est une véritable promenade militaire. Les pertes des deux camps l'attestent, on ne s'est guère battu : treize morts et vingt-trois blessés du côté danois, une vingtaine de morts et de blessés chez les Allemands. Hitler justifie l'opération comme de coutume par un mensonge énorme : « L'Allemagne occupe le Danemark et la Norvège pour les protéger des Alliés et faire respecter leur neutralité jusqu'à la fin du conflit. » Plus prosaïquement, l'occupation du Jutland et des détroits du Skagerrak et du Cattégat confère aux Allemands un avantage stratégique important dans la bataille qui s'engage en Norvège.

▷

Les Alliés regardent en direction de la Norvège

Norvège : les croix gammées flottent sur la capitale

Oslo, 11 avril

C'est finalement un bataillon de parachutistes de la Luftwaffe qui s'est emparé d'Oslo avant-hier. Les parachutistes partis de l'aéroport de Fornebu sont entrés dans la capitale désertée en défilant au son d'une musique militaire. Curieusement, les Norvégiens, qui disposaient de troupes dans les environs, n'ont pas réagi. Il est vrai que les nouvelles alarmantes du jour – lâchers de troupes aéroportées, prise de nombreux ports par les Allemands – ajoutaient à la confusion. Tôt le matin, la famille royale, des membres du Parlement et du gouvernement avaient pris le train pour se réfugier à Hamar, situé à 130 km plus au nord. Au même moment, vingt camions transportant l'or de la Banque de Norvège et trois autres les papiers secrets des Affaires étrangères quittaient la capitale. Dans l'après-midi, les Allemands tentaient de s'emparer du roi, mais se heurtaient au barrage mis en place par le colonel norvégien Ruge et devaient se replier sur Oslo. Dans la soirée, Vidkun Quisling, le leader du National Samling, le parti nazi norvégien, se proclamait Premier ministre de la Norvège. Hier, le roi Haakon VII a rencontré un émissaire allemand, le Dr Brauër. Ce dernier est reparti bredouille, le roi refusant énergiquement de reconnaître le gouvernement de Quisling. Il est décidé à résister malgré la faiblesse de l'armée norvégienne, qui ne peut opposer que quelques unités d'active et une milice provisoire à l'armée allemande. Au début de l'invasion, la seule unité d'active complète était postée sur la frontière finlandaise. Renvoyée d'urgence dans le Sud, grossie de réservistes récupérés en chemin, elle est placée sous le commandement d'Otto Ruge, qui a été promu général et commandant en chef de l'armée norvégienne. Le seul espoir de Ruge est d'empêcher les Allemands solidement installés à Oslo de faire leur jonction avec les troupes qui ont pris pied sur les côtes.

Des parachutistes allemands attendent des renforts de troupes aéroportées.

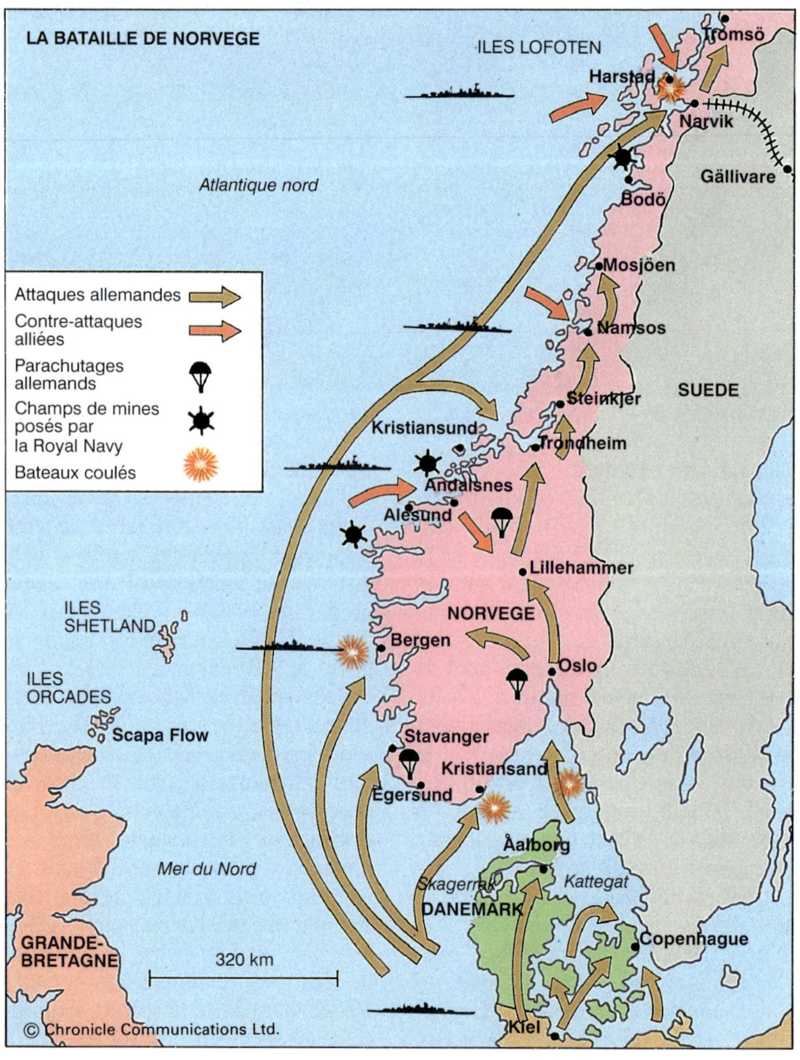

Pour Paul Reynaud, la route du fer suédois est coupée

Narvik, 13 avril

Les Anglais sont bien décidés à reprendre l'initiative dans le secteur de Narvik, toujours aux mains de la Kriegsmarine. Aujourd'hui, le cuirassé *Warspite*, escorté de neuf destroyers et des avions du porte-avions *Furious*, s'engage dans le fjord. Aussitôt, le combat s'engage. Le *Warspite* arrose de ses pièces de 381 mm les huit destroyers allemands et les cargos chargés de matériel qui mouillent dans le fjord. En début d'après-midi, quatre destroyers allemands sont déjà coulés. Les navires allemands cherchent désespérément refuge dans le Rombaksfjord. Peu après, les navires rescapés se sabordent. Les équipages rejoignent le littoral tenu par les troupes de montagne du général Dietl. C'est un succès complet pour les Britanniques, qui ont coulé ou détruit huit destroyers, un sous-marin, l'*U-64*, et plusieurs cargos. Mais l'amiral Whitworth commet une erreur : craignant pour son cuirassé, il ne débarque pas de fusiliers marins dans la ville et se retire en recommandant le débarquement de troupes terrestres. Oui, mais quand ? Pour le moment, les Alliés, surpris, parent au plus pressé. A Paris et à Londres, on improvise. A Londres, le cabinet est si mal informé de la situation que Chamberlain, à l'annonce de la prise de Narvik, ne peut croire à une opération allemande aussi lointaine. Les services de l'Amirauté ont toutes les peines du monde à le convaincre de la dure réalité. En France, un Paul Reynaud triomphant annonce, le 10 avril, en plein Sénat : « La route permanente du fer suédois est désormais coupée. » Néanmoins, les Alliés commencent à réagir. Un corps expéditionnaire britannique est en route. Hier, la France décidait d'envoyer le contingent destiné à la Finlande, à savoir deux demi-brigades de chasseurs alpins, la 5e et la 27e, et une compagnie antichar, prélevée sur la 31e DI. C'est le général Béthouart qui commandera ces unités.

1940

Avril

Di	Lu	Ma	Me	Je	Ve	Sa
	1	2	3	4	5	6
7	8	9	10	11	12	13
14	15	16	17	18	19	20
21	22	23	24	25	26	27
28	29	30				

14. Norvège : les troupes alliées débarquent à Harstad, dans les îles Lofoten (→ 16).

15. Tokyo : M. Arita, ministre des Affaires étrangères, avertit que, si les hostilités s'étendent aux Pays-Bas, donc aux Indes néerlandaises, la paix sera compromise dans le Pacifique.

15. Grande-Bretagne : à Bletchley Park, le Service du chiffre britannique décrypte le code allemand de l'Enigma utilisé en Norvège (→ 22.5).

15. Oslo : les Allemands remplacent Quisling par le fantoche Ingolf Christensen à la tête du gouvernement (→ 19).

16. Iles Féroé : en accord avec le gouvernement danois, les troupes britanniques occupent les îles au nord de l'Ecosse.

16. Norvège : les troupes alliées débarquent de nuit à Namsos. Elles établissent le contact à Steinkjer avec le colonel Getz, nouveau commandant des forces norvégiennes (→ 18).

16. Islande : le gouvernement fait appel aux Etats-Unis pour être reconnu et aidé.

17. Norvège : le croiseur *HMS Suffolk* pilonne l'aéroport de Sola, près de Stavanger, avant de regagner Scapa Flow.

17. Washington : Cordell Hull, secrétaire d'Etat, déclare que des menaces sur le *statu quo* des Indes néerlandaises nuiraient à la paix dans le Pacifique.

18. Norvège : les troupes alliées débarquent à Andalsnes (→ 19).

19. Norvège : débarquement à Namsos de trois mille chasseurs alpins français.→

20. Allemagne : selon une directive secrète du commandement de la Wehrmacht, tous les militaires ayant du sang juif ou ayant épousé des Juives sont exclus de l'armée.

20. Norvège : les Allemands attaquent les lignes norvégiennes qui défendent Rena et Lillehammer (→ 21).

20. Berlin : pour son 51e anniversaire, Hitler crée un nouveau régiment SS, constitué de Norvégiens, de Danois et d'Allemands.→

La neutralité de l'Italie et de la Hongrie vacille

Rome et Budapest, 13 avril

Il paraît de plus en plus difficile aux Etats neutres d'Europe de se tenir hors de la guerre. C'est ce qu'illustre l'évolution actuelle en Italie et en Hongrie, même si leurs situations sont différentes. En dépit de l'obligation que le Pacte d'acier fait à l'Italie d'aider l'Allemagne avec « toute sa puissance militaire », Mussolini a tenu jusqu'ici son pays hors des combats, par peur des conséquences de la guerre, compte tenu de « l'état actuel de la préparation militaire italienne », comme il l'a écrit à Hitler. Mais les succès continuels du Reich l'aiguillonnent : il veut sa part des dépouilles, et pour cela paraît décidé à faire jouer très vite un rôle offensif à l'Italie. Pour la Hongrie, le problème est tout autre. Le pays est inconfortablement situé entre l'Allemagne et l'Union soviétique, et ses grandes plaines conviennent parfaitement aux offensives des blindés. Bien que son armée soit la meilleure de l'Europe danubienne, la Hongrie surveille avec inquiétude l'attitude de ses puissants voisins. Jusqu'à présent, l'autoritaire régent Horthy a réussi à louvoyer entre eux, mais il pourrait bientôt avoir à choisir entre Hitler et Staline.

Beatrice Tanner, la comédienne anglaise qui fut l'héroïne du « Pygmalion » de G. B. Shaw, est morte le 9 avril à l'âge de 75 ans.

C'est le moral des soldats qu'on attaque

Front de l'Ouest, 20 avril

« Neuf mois de belote, six semaines de course à pied » : la drôle de guerre s'éternise. Ceux qui n'ont pas encore eu l'occasion d'entendre de coups de feu ni de tirs de canon – il y en a – sont la risée des villageois auxquels ils prêtent parfois leur concours. Soldats vendangeurs, laboureurs, ils s'entendent railler : « Alors, pas trop de mal les gars ? En somme, c'est pas encore la guerre. » Certains, pourtant, ont payé leur tribut à la mort au cours de rares affrontements. Et ceux qui campent depuis des mois dans des casemates supportent mal les nuits de veille à – 25 °C sur le front d'Alsace. Ils protestent alors contre l'insuffisance de nourriture, la vétusté des locaux, les lenteurs de la poste ou encore contre l'inconfort des trains de permission. Bon an mal an, ils finissent par ressembler à l'image que donnent d'eux les journaux de soldats tels que *le Cafard enchaîné* ou *le Barbu*, journal du front qui se dit « la voix officieuse et tortillée de sapeurs crottés et fourbus d'un type spécial ».

Londres attend la guerre avec flegme

Craignant les bombardements, Eros a quitté son socle à Piccadilly Circus.

Londres, 20 avril

A quand le bombardement ? C'est la question que se posent tous les jours les dix millions d'habitants de la capitale britannique. Néanmoins, la vie continue dans une ville que la guerre a tout de même transformée. Partout, des sacs de sable empilés devant les fenêtres et les portes des bâtiments publics, des magasins et des abris souterrains. Depuis le temps qu'ils sont là, ils commencent même à verdir, à cause de l'humidité, et à laisser échapper leur contenu par les coins. A Belgravia, à Mayfair et dans les autres quartiers huppés, on remarque de plus en plus d'écriteaux « A vendre » ou « A louer » : les riches sont partis nombreux pour la campagne, hors d'atteinte des bombes de Hitler. On ne trouve pas d'acquéreurs... Dans la City pourtant, que 3 500 sociétés avaient quittée il y a six mois, l'animation est revenue. 700 entreprises au moins sont rentrées, et des milliers d'employés se hâtent dans les rues peu encombrées par les rares voitures. Les statues et les monuments sont pour la plupart invisibles derrière leurs remparts de sacs de sable, et Eros a abandonné Piccadilly Circus pour un endroit plus sûr. Il n'y a plus un tableau à la National Gallery – ils ont tous été transportés au pays de Galles –, mais les mélomanes s'y pressent chaque jour vers midi pour les concerts organisés par Mayra Hess. Hyde Park est défiguré par les barbelés qui en isolent le centre, devenu zone militaire. Seuls les ballons du barrage aérien paraissent romantiques dans la lumière du crépuscule, comme des perles immenses accrochées aux nuages. ▷

Débarquement allié en Norvège

Norvège, 19 avril

C'est dans une grande confusion que les troupes britanniques et françaises ont débarqué en Norvège. Treize mille soldats alliés ont débarqué sur les îles Lofoten, non loin de Narvik, et à Namsos et Andalsnes, en Norvège centrale. Certaines unités, embarquées, débarquées puis rembarquées, arrivent à pied d'œuvre en piteux état. Ainsi, la 146ᵉ brigade britannique, qui devait opérer à Narvik, a finalement débarqué à Namsos, tandis que son chef, qui n'a pu en être avisé à temps, se trouve à Harstad, dans les îles Lofoten, avec du matériel mais pas de troupes ! La 148ᵉ brigade, quant à elle, a perdu toutes ses armes lourdes lors du voyage. Enfin, les états-majors de l'armée de terre et de la marine défendent des points de vue opposés sur les opérations. Aussi est-ce un miracle si les Anglais ont fait leur jonction avec les troupes du général norvégien Ruge, à Lillehammer. A la vue des détachements alliés, ce dernier, amer, n'a pu s'empêcher de remarquer : « C'est cela, les renforts annoncés ?... » Car la situation est délicate. Les Allemands ont eu le temps de renforcer les troupes débarquées à Oslo. Les escadrilles de la Luftwaffe basées à Trondheim et à Stavanger ont complété leur formation. A Namsos, où les « diables bleus », les chasseurs alpins du général Audet, débarquent en ce moment même, les bombardements sont incessants et bloquent toute velléité d'offensive.

Un voile de fumée recouvre le port de Narvik après les bombardements.

« La Meuse, Corap, ça ne m'intéresse pas »

Dinant, 15 avril

« La Meuse, Corap, ça ne m'intéresse pas ! » Cette réflexion du général Gamelin au soldat qui est à la tête de la 9ᵉ armée peut surprendre. Elle confirme surtout que le haut commandement n'attend pas les Allemands de ce côté-là. Le général Corap, chargé de défendre un territoire qui s'étend de Namur à Mézières, est venu demander des renforts à Gamelin, mais il en sera pour ses frais. Le général Corap est inquiet, car la proportion d'officiers d'active placés sous ses ordres est dérisoire, la majorité des troupes se compose de réservistes, et les dotations en armes sont insuffisantes. Il faut de la DCA, encore de la DCA. Sur les 105 kilomètres du front, les fortifications sont peu nombreuses. En revanche, les canons antichars sont excellents, mais ils sont tractés par des chevaux. Quant aux chasseurs de la 2ᵉ et de la 9ᵉ armée, ils vont aller renforcer le front du Nord-Est. Enfin, depuis des mois, Corap répète à qui veut l'entendre : « Si les Allemands viennent nous attaquer, c'est par Donchéry, à la charnière de la 9ᵉ et de la 2ᵉ armée, qu'ils chercheront à passer. » Un argument qui n'a toujours pas convaincu le général Gamelin.

Le Führer fête son anniversaire

Berlin, 20 avril

Les rues principales de la capitale du Reich sont pavoisées ce matin : Adolf Hitler fête ses 51 ans. Plusieurs centaines de personnes se sont rassemblées vers midi devant la Chancellerie, sur la Wilhelmplatz, pour présenter leurs vœux au Führer. Mais, en cette deuxième année de guerre, il n'y aura ni parades ni manifestations solennelles. Hitler a seulement reçu hier soir, à Marienburg, en Prusse-Orientale, un groupe d'adolescents des Jeunesses hitlériennes (Hitlerjugend).

1940

Avril

Di	Lu	Ma	Me	Je	Ve	Sa
	1	2	3	4	5	6
7	8	9	10	11	12	13
14	15	16	17	18	19	20
21	22	23	24	25	26	27
28	29	30				

21. Norvège : l'armée allemande prend Lillehammer aux forces norvégiennes.

22. Norvège : les troupes alliées débarquées à Namsos sont arrêtées par les Allemands à Steinkjer, au nord de Trondheim (→ 26).

22. Moscou : l'URSS proteste auprès de l'Allemagne pour quatre-vingts violations de son territoire aérien en vingt jours.

24. Norvège : Hitler nomme Josef Terboven commissaire du Reich en Norvège, et met en place une administration civile allemande.

24. France : Paul Reynaud écrit à Mussolini pour le convaincre de rester en dehors du conflit.

26. Rome : Mussolini répond à Paul Reynaud que l'Italie reste l'alliée de l'Allemagne (→ 29).

26. Norvège : dans le Nord, des unités alliées commencent à battre en retraite (→ 28).

27. Berlin : l'Allemagne déclare officiellement la guerre à la Norvège. Hitler informe ses généraux de son intention d'attaquer la France la première semaine de mai.→

27. Londres : au Conseil suprême, les Britanniques veulent évacuer Namsos et Andalsnes et renoncer à prendre Trondheim. Les Alliés s'accordent à concentrer leurs efforts sur Narvik.

28. Norvège : les troupes du général britannique Bernard Paget, débarquées à Andalsnes, ne réussissent pas à progresser dans le Gubrandsdalen (→ 30).

29. Washington : Roosevelt envoie un message à Mussolini lui demandant d'utiliser son influence pour apporter la paix (→ 1.5).

30. Norvège : les troupes allemandes venant d'Oslo et de Trondheim font leur jonction à Dombas.

30. Etats-Unis : des habitants de Pittsburgh offrent un million de dollars pour la capture de Hitler vivant.

30. Norvège : les troupes britanniques commencent à évacuer leurs positions à Andalsnes (→ 1.5).

Les Alliés tenus en échec en Norvège

Bombardé quotidiennement par la Luftwaffe, le port de Narvik en feu.

Les Allemands continuent à progresser

Namsos, 30 avril
Les villes de Narvik et Trondheim sont toujours solidement tenues par l'armée allemande : l'objectif principal des Alliés, les en déloger, est bien loin d'être atteint. Mal préparé pour une opération combinée, le corps expéditionnaire franco-britannique est harcelé par les Stuka ; il ne peut rien contre les bombes, puisque son artillerie et sa DCA n'ont pas encore été débarquées. Il cède donc progressivement devant la pression des troupes du général Nikolaus von Falkenhorst, qui, de leur base d'Oslo, remontent vers le Nord afin de rejoindre le 139e régiment de chasseurs alpins du général Eduard Dietl, qui tient la région de Narvik. Isolé du gros des forces allemandes, Dietl ne dispose que de ses chasseurs alpins et de marins reconvertis en fantassins. Cet excellent stratège devra user de tout son talent pour résister en cas d'attaque aérienne.

Des membres du service de déminage de la Royal Navy en train de manœuvrer un engin explosif de façon à le faire exploser.

La guerre se fait sur terre et sur mer

Norvège, 30 avril
La force aérienne de la Royal Navy est le principal atout des Alliés face aux Allemands. L'affrontement à terre est limité par la configuration des côtes norvégiennes, très montagneuses, et par la présence allemande dans le Sud. Le conflit s'est donc déplacé sur mer et dans les airs. La Norvège étant hors de portée des avions de la RAF basés en Ecosse, ce sont les bombardiers Blackburn Skua et les chasseurs Roc de la Royal Navy qui sont en première ligne. Les Skua, dotés de bombes de 250 kg, piquent sur leur objectif, un navire ennemi le plus souvent. En 25 secondes, ils passent de 3 300 à 600 m d'altitude. Le 11 avril, ils ont touché des navires allemands dans le fjord de Trondheim, puis, au large, ont attaqué le croiseur *Königsberg* qu'ils ont coulé. Les Roc sont des chasseurs très fiables, bien qu'un peu lents. Munis d'un canon à l'arrière, ils conviennent parfaitement aux missions de reconnaissance. Les pertes infligées à la marine du Reich sont importantes : quatre croiseurs, le *Blücher*, le *Lützow*, le *Karlsruhe* et le *Königsberg* ont été coulés depuis le 9 avril, ainsi que dix destroyers.

Les nazis créent un ghetto juif en Pologne occupée

Lodz, 30 avril
Où s'arrêtera la barbarie nazie à l'égard des Juifs ? A Lodz (Litzmannstadt), on vient de les parquer comme du bétail, dans le quartier de Taludy. Dans cette zone de taudis vivaient déjà soixante-deux mille Juifs. Depuis, cent mille autres les ont rejoints de force : les autorités ont d'abord fait déménager les Polonais et les Allemands ethniques qui habitaient le quartier avant le 29 février, puis les Juifs les ont remplacés par arrivages successifs. Ils ont abandonné tous leurs biens pour se retrouver entassés, sur 4,13 km², dans des rues étroites et souvent insalubres Sur 32 000 appartements, 700 seulement possèdent l'eau courante. Les habitants vivent ici à six par pièce en moyenne et sont totalement dépendants de l'extérieur pour survivre. L'administration est assurée par les Juifs eux-mêmes, que dirige un « Conseil des Anciens », sous le contrôle étroit des Allemands. Leur isolement est total : les Juifs ne peuvent sortir du ghetto, sauf si leur travail l'exige. La zone est séparée du reste de la ville par des barbelés sévèrement gardés. L'itinéraire des autobus municipaux a même été modifié de façon à longer le ghetto sans le traverser.

Les Allemands prêts à attaquer à l'Ouest

Berlin, 27 avril
Hitler est de plus en plus sûr de lui. Certain d'une victoire rapide en Norvège, à qui il vient seulement de déclarer la guerre, il a déjà fixé la date de l'offensive sur la France, les Pays-Bas et la Belgique : le général de brigade Alfred Jodl, chef d'état-major du feld-maréchal Wilhelm Keitel, ainsi que d'autres officiers supérieurs ont reçu l'ordre de lancer les opérations le 5 mai ou l'un des jours suivants. Les gouvernements néerlandais et belge ont été prévenus de l'imminence de l'attaque par le Vatican, qui en avait été informé par des officiers allemands hostiles à Hitler. Ces messages ont d'ailleurs été interceptés par les nazis, mais le Führer n'a même pas jugé bon de changer ses plans.

Le général Alfred Jodl exécute les ordres de Hitler sur le terrain.

Impôts plus lourds pour les Anglais

Londres, 23 avril
Les contribuables britanniques participeront à l'effort de guerre. Le chancelier de l'Echiquier, Sir John Simon, a soumis au Parlement des propositions d'augmentation des impôts sur le revenu, jusqu'à 30 % du total. Le taux majoré s'appliquerait à un revenu de 1 500 £ par an, au lieu de 2 000 auparavant. Le ministre prévoit d'alourdir les taxes sur le tabac, les allumettes, la bière et l'alcool; il veut aussi augmenter le prix des timbres, des télégrammes et du téléphone. Le gouvernement espère ainsi freiner la consommation. Sir John Simon a mis en garde contre la spéculation : des châtiments sévères seront appliqués... après la guerre !

Travail forcé pour les Allemandes ?

Berlin, 27 avril
Les Allemandes seront peut-être tenues d'effectuer un service du travail. C'est ce que révèle un rapport secret du ministère du Travail en Allemagne, qui prévoit l'inscription obligatoire sur ses registres de toutes les femmes âgées de 15 à 40 ans. Cela permettrait de répertorier nombre d'entre elles qui n'ont encore jamais travaillé et de repérer une main-d'œuvre que convoite l'industrie de l'armement. Les femmes seront probablement moins enthousiastes, car leurs salaires sont inférieurs de 20 % à ceux des hommes. Certains dirigeants nazis sont d'ailleurs opposés au travail féminin : pour eux, la femme ne peut être qu'épouse et mère.

Le Canada formera des pilotes de guerre

Ces pilotes de la Royal Air Force discutent de stratégie entre deux missions.

Ottawa, 29 avril
Le Canada formera les aviateurs de l'empire : c'est l'objet d'un accord qu'ont signé aujourd'hui le représentant de Londres, lord Riverdale, et le Premier ministre canadien William Mackenzie King. La contribution demandée au Canada est essentielle : il faut former 20 000 hommes – pilotes, observateurs, hommes d'équipage, tireurs –, ce qui veut dire près de 4 000 instructeurs qui seront répartis dans 58 centres d'instruction. Le premier, situé à Camp Borden, ouvrira le mois prochain. Les premiers pilotes qualifiés qui seront formés y resteront d'ailleurs comme instructeurs. L'Australie espère fournir 10 000 aviateurs par an à la RAF; toutefois, même si quelques unités de ce pays combattront, les Australiens seront, eux aussi, le plus souvent instructeurs. Le ministre de l'Air britannique avait demandé dès 1939 l'aide du Commonwealth afin de réorganiser une armée de l'air, mais les Canadiens avaient alors refusé : il a fallu que la guerre éclate pour qu'ils changent d'avis...

1940

Mai

Di	Lu	Ma	Me	Je	Ve	Sa
			1	2	3	4
5	6	7	8	9	10	11
12	13	14	15	16	17	18
19	20	21	22	23	24	25
26	27	28	29	30	31	

1er. Berne : l'attaché militaire français avertit Paris que les Allemands déclencheront une offensive entre le 8 et le 10 mai principalement sur Sedan.

1er. Turquie : la France livre 190 canons de 25 mm à l'armée turque, alors que l'armée française manque cruellement d'armes antichars.

1er. Rome : Mussolini répond à l'invitation à la paix de Roosevelt en déclarant que l'Allemagne ne peut pas être vaincue en Europe (→ 2).

1er. Norvège : les Allemands encerclent Andalsnes. Les Alliés évacuent 4 000 hommes du port en y abandonnant leur matériel.

1er. Chine : l'armée japonaise s'avance de Xinjiang vers le fleuve Yang-tseu-kiang (→ 31).

1er. Washington : les Etats-Unis annoncent l'établissement mutuel de consulats avec le Groenland, territoire danois, « en vue de l'occupation allemande au Danemark » (→ 3).

2. Norvège : sous un violent bombardement de la Luftwaffe, les Alliés évacuent 4 600 soldats de Namsos.

2. Rome : Mussolini propose un traité à Roosevelt : il s'abstiendra d'envahir les Etats-Unis si ceux-ci restent en dehors du conflit.

3. Norvège : toutes les troupes alliées sont évacuées, sauf à Harstad. Le général Béthouart prend le commandement des forces encore présentes.→

3. Groenland : une protection militaire est demandée par le gouvernement aux Etats-Unis.

4. Auschwitz : le nouveau commandant du camp, Rudolf Höss, prélève trente détenus violents à Sachsenhausen et les affecte comme kapos (→ 14.6).

5. Norvège : des troupes de la Légion étrangère française débarquent à Tromso (→ 13).

5. Paris : dernière parution du *Neuer Vorwäerts*, journal du parti social-démocrate allemand en exil.

6. Grande-Bretagne : arrivée des réserves d'or norvégiennes, d'une valeur de 33 millions de livres.

La verte Erin veut à tout prix rester hors de la guerre

Dublin, 1er mai
Les Irlandais sont prêts à tout, peut-être même à se battre. Contre les Allemands, sans doute ? Pas du tout, mais pour préserver leur neutralité. L'Eire est la seule nation du Commonwealth qui n'a pas rejoint la cause des Alliés. L'attitude distante du Premier ministre, Eamon De Valera, a beaucoup irrité au Royaume-Uni. Son refus de laisser relâcher dans les ports irlandais les navires militaires escorteurs anglais provoque un tel tollé que les Irlandais craignent sérieusement une invasion anglaise. C'est pourquoi ils ont fait appel aujourd'hui aux Etats-Unis. Certes, il est peu probable que l'Irlande obtienne des assurances de Washington, mais l'influent lobby irlandais en Amérique saura sans doute faire entendre sa voix. Le soutien américain est essentiel pour la Grande-Bretagne. Les Britanniques ont proposé à De Valera la création d'un système unique de défense pour l'Eire et l'Irlande du Nord. Le Premier ministre, qui a connu les geôles de Belfast, n'acceptera sans doute pas, mais son gouvernement collabore cependant activement avec la police britannique pour arrêter les terroristes de l'IRA. Par ailleurs, beaucoup d'Irlandais s'engagent comme volontaires dans l'armée britannique; voilà qui rend bien improbable un geste hostile de la Grande-Bretagne envers l'Irlande.

L'uniforme britannique change.

Les troupes alliées évacuent la Norvège

Dans le port de Namsos en ruine, un marin français et un destroyer anglais.

Namsos, 3 mai
Français et Anglais n'auront finalement combattu que quinze jours en Norvège : ils sont sur le point de quitter le centre du pays. Il y a quatre jours, le roi Haakon VII et le gouvernement se sont réfugiés à Tromso, dans le Nord. Le lendemain, les hommes du général britannique Adrian Carton de Wiart, qui devaient prendre Trondheim, se sont embarqués pour l'Angleterre. Hier enfin, l'arrière-garde du corps expéditionnaire de Namsos a pris place dans les bateaux d'évacuation. Malgré de sérieuses pertes infligées à la Kriegsmarine lors des deux batailles navales de Narvik, l'échec de l'action alliée pour soutenir la Norvège est patent. La Royal Navy avait déposé des mines dans les eaux norvégiennes pour empêcher le transport par bateau du minerai de fer scandinave vers l'Allemagne, et pensait pouvoir contrôler les principaux ports du pays en cas de représailles allemandes. Mais elle ne s'attendait pas à une invasion massive en Norvège et comprit trop tard les mouvements de la marine ennemie. Les Allemands ont ainsi bénéficié d'un temps précieux pour assurer leurs positions et enfoncer les défenses côtières, malgré l'âpre résistance des troupes du général Ruge.

Les Alliés perdent deux destroyers

Mer du Nord, 3 mai
C'est la première fois depuis le début de la guerre qu'un destroyer français est coulé par la Luftwaffe. Le *Bison* a fait naufrage en même temps que le destroyer britannique *Afridi* : tous deux ont été atteints par des bombes allemandes lors de l'attaque du convoi de navires qu'ils protégeaient. Des neuf transports de troupe qui rapatriaient les soldats évacués du port norvégien de Namsos, aucun n'a été touché. La plupart des hommes d'équipage des deux destroyers ont pu être secourus. En outre, deux avions allemands ont été abattus au cours de l'opération.

Le maréchal Pétain rend visite à Darlan

Maintenon, 5 mai
« Enfin, je vois quelque chose qui marche ! Je vous félicite », a déclaré, admiratif, le maréchal Pétain à François Darlan, chef d'état-major général de la marine et, depuis le 6 juin 1939, amiral de la flotte. En effet, Darlan, qui a fait installer depuis le début de la guerre l'amirauté à Maintenon, fait montre de talents d'organisateur exceptionnels. Sous son impulsion, la marine de guerre française est devenue la 4ᵉ flotte du monde. Disposant d'un personnel qualifié et d'un matériel de transmission remarquable, elle a encore été peu engagée et attend son heure.

1940

Mai

Di	Lu	Ma	Me	Je	Ve	Sa
			1	2	3	4
5	6	7	8	9	10	11
12	13	14	15	16	17	18
19	20	21	22	23	24	25
26	27	28	29	30	31	

7. Londres : Chamberlain est incapable de s'expliquer sur l'échec des Alliés en Norvège. Il est mis en minorité à la Chambre des communes (→ 10).

8. Berlin : l'ambassadeur belge signale à son gouvernement que les Allemands préparent un ultimatum.

9. Belgique : alerte générale. La Grande-Bretagne et la France en sont informées.

9. Pays-Bas : des soldats allemands en uniforme néerlandais passent la frontière. Ils ont ordre de détruire les détonateurs prévus pour faire sauter les ponts.

9. France : Paul Reynaud veut remplacer le général Gamelin. Face à l'opposition de Daladier il menace de démissionner.

10. Europe : à 5 h 35, l'offensive à l'Ouest commence. Deux corps d'armée allemands attaquent les Pays-Bas, la Belgique et le Luxembourg.→

10. Belgique : mise en place du plan Dyle. Les troupes alliées entrent en territoire belge.

10. Londres : Chamberlain démissionne. Churchill forme un gouvernement de coalition.→

10. France : l'armée française adopte la charge creuse, employée le même jour par les Allemands à Eben-Emael.→

10. Belgique : la Wehrmacht franchit le canal Albert par les ponts intacts de Maastricht.→

11. France : Albert Lebrun inaugure la Foire de Paris.

12. Belgique : les Belges font sauter tous les ponts sur la Meuse. La 7ᵉ division Panzer de Rommel l'atteint au nord de Dinant.

13. France : franchissement de la Meuse à Sedan par le 19ᵉ corps blindé de Guderian, et à Monthermé par la 6ᵉ division Panzer de Reinhardt (→ 14).

13. Belgique : les Allemands prennent Liège et Dinant.

13. Norvège : les troupes françaises du général Béthouart débarquent à Bjerkvik, avec ordre de prendre Narvik (→ 28).

13. Pays-Bas : l'état-major néerlandais donne l'ordre de repli à son armée.

Les Britanniques occupent l'Islande

Reykjavik, 10 mai
Une invasion suit l'autre : l'entrée des Allemands au Danemark a incité la Grande-Bretagne à envoyer ses troupes en Islande. Les soldats britanniques ont débarqué dans cette ancienne colonie danoise sans rencontrer d'opposition. Tout est calme dans l'île, qui avait proclamé son indépendance le mois dernier, mais ne possédait aucune défense. Selon le gouvernement britannique, son importance stratégique en justifie l'annexion : il fallait empêcher les Allemands de réaliser leur projet d'y installer une base de sous-marins ou une base aérienne.

Le chancelier Hitler au « Felsennest »

Allemagne, 9 mai
C'est par train spécial que le Führer gagne son quartier général du front de l'Ouest, le *Felsennest* (nid de rochers), un bunker construit à flanc de montagne, à Euskirchen, dans le massif de l'Eifel, non loin des frontières des Pays-Bas, de la Belgique et du Luxembourg. C'est de là que le chancelier du Reich a l'intention de superviser les opérations à l'ouest. A Hanovre, où son train *Amerika* s'est arrêté, Hitler a consulté un dernier bulletin météo : il fera beau demain. Sauf contre-ordre avant 21 h 30 ce soir, l'offensive à l'ouest, reportée tant de fois cet hiver, commencera demain.

Une caricature parmi d'autres.

Hitler attaque la Belgique et les Pays-Bas

Belgique et Pays-Bas, 10 mai
La surprise est totale : personne n'avait imaginé une offensive comme celle qui déferle aujourd'hui sur le plat pays. Point de fantassins cheminant lourdement avec fusils et baïonnettes, mais des bombardiers surgissant à l'aube, qui lâchent leurs projectiles sur les aéroports et foudroient sur place les avions de combat néerlandais et belges. Des bataillons de parachutistes qui s'emparent d'un seul coup des ponts et des défenses des rivières. Ce matin, les habitants de Rotterdam ont vu avec surprise des hydravions allemands amerrir sur la Meuse en plein cœur de la ville, et y débarquer des fantassins qui se sont rués à l'assaut des ponts. Au même moment, la 9e division Panzer filait vers Rotterdam. Plus au sud, ce sont les blindés de la 6e armée de von Reichenau qui passent en trombe les trois ponts intacts de Maastricht où des pontonniers mettent en place des ponts d'équipage afin d'accélérer encore le mouvement. Tout va très vite du côté allemand, trop vite même. A 6 h 30, la Belgique lance un appel à l'aide aux Alliés. Cinq minutes plus tard, de son quartier général de Vincennes, le général Gamelin donne l'ordre aux troupes françaises de se porter à la rencontre de l'ennemi. Le corps de cavalerie de la 1re armée que commande le général René Prioux entre alors en Belgique. Les deux divisions de Prioux doivent couvrir l'installation de l'armée française entre Wavre et Namur.

L'action se situe aux Pays-Bas et fait partie d'un film d'actualités diffusé par la propagande du Reich.

Mais à 14 h, quand les unités de reconnaissance arrivent sur les positions, elles découvrent avec stupeur que les défenses antichars promises par les Belges n'existent pas. Le général Prioux doit tenir cette position cinq jours, mais cela paraît déjà impossible. Le corps expéditionnaire britannique est aussi entré en Belgique, tandis que la RAF minait le Rhin et, afin d'arrêter la progression des troupes allemandes, détruisait les installations portuaires belges et néerlandaises à l'embouchure de la Scheldt. Malgré une énergique résistance, à midi les Néerlandais étaient repoussés dans les limites de la «forteresse Hollande», ce triangle dont la base s'étend de La Haye à Rotterdam et dont Amsterdam forme la pointe. Sur le canal Albert, l'armée belge éprouve les pires difficultés à repousser les assauts allemands.

Coup de main sur Eben-Emael

Eben-Emael, 10 mai
Eben-Emael était imprenable. Elle est pourtant tombée aux mains des soldats allemands. La forteresse, située sur le canal Albert entre Maastricht et Liège, défend les ponts de Veldwezlt, Vrœnhoven et Canne. Ces ponts, les Allemands doivent s'en emparer à tout prix pour continuer leur progression. Il leur fallait donc neutraliser l'artillerie du fort capable de les détruire. Pour ce faire, les Allemands ont utilisé les grands moyens : ils ont bâti une maquette d'Eben-Emael qu'ils ont étudiée pendant des mois. Aujourd'hui à l'aube, onze planeurs se sont posés sur les toits du fort tandis que d'autres atterrissaient à proximité des ponts. La surprise est totale pour les hommes du major Jottrand qui s'attendaient à un assaut terrestre. Les 78 parachutistes du lieutenant Witzig ont réduit en un clin d'œil les quatre mitrailleuses antiaériennes du fort puis ont attaqué les casemates à l'explosif. Les canons et les abris bétonnés ont vite été hors d'usage grâce aux nouvelles charges creuses utilisées par le commando. Affolés, les 1 200 soldats de la garnison, ne sachant où est l'ennemi, se sont repliés dans les salles souterraines du fort.

En France, on reste confiant

France, 10 mai
«Ça y est, ils attaquent! Ils attaquent? mais qui attaque?» Au PC du secteur fortifié de Thionville, le capitaine Renaud ne peut obtenir la communication avec l'état-major. Il doit «faire le mur» pour prévenir ses supérieurs. Sur tout le front, des soldats sont réveillés avant l'aube par des bruits de tirs ou par le grondement sourd de vols d'avions. «C'est un aviateur qui s'excite...» diront certains. Les mêmes se rendormiront jusqu'à ce que l'alerte soit donnée deux heures plus tard. Deux heures, c'est en moyenne le temps qu'il faut pour réagir. Car, en cette veille de Pentecôte, tout le monde n'est pas à son poste. Dans beaucoup d'unités on compte de 15 à 20 % de permissionnaires. Les états-majors ne sont pas épargnés : les généraux Billotte et Prételat qui commandent les groupes d'armées nº 1 et 2 ne sont pas en poste. Mais, au GQG de Vincennes, on est confiant. Ce matin, le général Gamelin avait un large sourire. Depuis des mois, il attend, il espère même, l'invasion allemande en Belgique. Pour lui c'est là que le sort de la bataille va se jouer, dans ces plaines du Nord qui ont déjà vu tant d'invasions.

Les Alliés sous le choc

Les Néerlandais sauvent leur reine

La Haye, 11 mai
La vague allemande déferle sur les Pays-Bas, malgré les efforts désespérés des soldats néerlandais. Le Reich a lancé une attaque massive, appuyée par la Luftwaffe. Le plan initial était très simple : il s'agissait de frapper la « forteresse Hollande » au cœur, en prenant le contrôle de La Haye et de ses trois aéroports, Valkenburg, Ypenburg et Ockenburg, grâce aux parachutistes, et de capturer du même coup la reine Wilhelmine, la famille royale et le gouvernement de Dirk Jan De Geer. Heureusement, la reine a pu fuir à temps. Au même moment, l'assaut était lancé sur Rotterdam et sur les ponts de la Meuse. L'infanterie néerlandaise, soutenue par l'artillerie, a sauvé la capitale, mais au prix de l'affaiblissement des autres fronts, ce dont les Allemands ont amplement profité à Amsterdam et à Rotterdam. La ligne Peel-Raamstelling est enfoncée à Mill, et la Wehrmacht progresse dans le Brabant-Septentrional. La 9e division Panzer est en passe de rejoindre son avant-garde aéroportée sur la Meuse. Pour la première fois, des formations SS de vaste dimension combattent sur le front aux côtés de l'armée régulière. Deux divisions récemment formées et la garde personnelle du Führer participent aux opérations : le régiment « Adolf Hitler » a établi près du Grebbeberg une tête de pont. Ce désastre réjouit au moins un habitant des Pays-Bas : l'ex-empereur d'Allemagne Guillaume II. Il a refusé l'asile en Grande-Bretagne que lui proposait Churchill. Il est resté chez lui, à Doorn où, dès qu'elle est entrée dans la ville, la Wehrmacht a placé autour de sa résidence une garde d'honneur.

A Hannut, blindés contre Panzer

Hannut, 12 mai
C'est une journée décisive pour le général Hoepner. Le commandant du 16e Panzerkorps a pour mission de rompre les forces françaises à la charnière de Gembloux. Là, sur 40 km environ, entre Huy, Hannut et Tirlemont, le corps de cavalerie de la 1re armée lui fait face. Les 2e et 3e DLM (division légère mécanique) regroupent 311 blindés de tous types. En face, Hoepner aligne deux divisions Panzer, soit 416 blindés. A 9 h 20, Hoepner reçoit l'ordre de foncer sur Gembloux. Mais le combat a déjà commencé : 25 chars Somua de la 3e DLM viennent d'attaquer à Hannut et Crehen. Jusque tard dans l'après-midi, les Allemands lancent des reconnaissances qui seront toutes repoussées. Dans Crehen, le capitaine Sainte-Marie-Perrin (2e cuirassiers) engage un violent combat. Il sera tué après dix heures de lutte. Sur les vingt chars Hotchkiss engagés, neuf reviendront... sur ordre. Peu après, c'est le sous-lieutenant Lositsky qui fonce sur Crehen, incendie plusieurs camions et détruit quatre Panzer. La ténacité des cavaliers français empêchera longtemps Hoepner de localiser le gros des forces françaises. Ce n'est qu'à 19 h que les unités de la 4e division Panzer chargeront en masse. Les vagues de Panzer IV armés d'un canon de 75 se ruent sur Thisnes et Wansin, suivis par des Panzer I et II et les fusiliers. On se bat pied à pied dans Thisnes. Quand la nuit tombe, les Français doivent se replier sur Jandrain. Des deux côtés, on dénombre de lourdes pertes.

Les chars français montent en ligne.

Le jour où la « drôle de guerre » a pris fin : l'irrésistible assaut des Allemands

La guerre vue du ciel : parachutistes allemands largués sur les Pays-Bas.

La guerre sur la terre ferme : une batterie antichar au nord de Gand.

Le prix de la guerre : cadavres de soldats néerlandais et vélos abandonnés.

Quatre états-majors pour une armée

Vincennes, 11 mai
« Etre près du gouvernement tout en échappant à l'atmosphère de la capitale. » C'était la raison invoquée par le général Gamelin, commandant en chef des forces terrestres alliées, pour installer son GQG en banlieue parisienne. Là, avec un état-major réduit, le général Gamelin assure la coordination des armées de terre, de mer et de l'air. Il a délégué la responsabilité du théâtre des opérations au commandant en chef du front du Nord-Est, le général Alphonse Georges, dont le QG est à La Ferté-sous-Jouarre. Non loin, le général Georges a son PC personnel au château des Bondons. Dans un autre château, à Montry, à mi-chemin entre La Ferté et Vincennes, fonctionne l'autre partie du GQG sous la direction du major général Doumenc. Le 4e bureau (transports et services) est à Montry et fonctionne pour les besoins des deux quartiers généraux. Le 1er bureau (personnel et organisation) ainsi que le 2e bureau (renseignements) sont en revanche scindés entre Montry et Vincennes. Enfin, l'état-major de l'armée de l'air est à Coulommiers, tandis que celui de la marine est à Maintenon, non loin de Rambouillet. Une telle dispersion ne risque-t-elle pas de gêner la conduite des opérations? Non, pourvu que les transmissions soient bonnes, ce qui ne semble pas le cas. A Vincennes, en dehors du téléphone, aucune liaison par téléscripteur ou par radio n'est possible avec les armées en campagne. Aussi n'est-il pas rare d'assister à de véritables courses de voitures de liaison et d'officiers entre Vincennes, Montry, La Ferté et les Bondons. Une situation qui ne semble pas émouvoir le généralissime. Gamelin a prescrit à toutes les autorités du Nord-Est de ne s'adresser qu'au général Georges. Celui-ci contrôle donc depuis hier la bonne marche des opérations. Sur les cent quatre divisions du front du Nord-Est, trente-deux ont été disposées, en comptant les huit divisions anglaises, entre Dunkerque et Charleville, et elles progressent en Belgique. Sur le flanc droit, quarante-quatre divisions sont regroupées derrière la ligne Maginot, où rien ne se passe pour l'instant.

Une équipe de sauveteurs déblaie les décombres de la garnison de Nancy, l'une des nombreuses villes bombardées au cours de la vaste offensive allemande.

La 7e armée du général Giraud doit battre en retraite

Breda, 13 mai
La mission du général Giraud était décidément impossible : la 7e armée française, qu'il commande, était installée à l'extrême gauche du dispositif allié, touchant à la mer du Nord le long de la frontière belge. Selon les plans français, en cas de menace allemande au nord, elle devait gagner Anvers et pousser le long de la côte pour se relier à la « forteresse Hollande » le long d'une ligne qui va de Breda à Saint-Léonard. Le nouveau front allié suivrait alors la rivière Dyle. Giraud et ses hommes ont atteint Tilburg, aux Pays-Bas. Mais la résistance néerlandaise s'effondre : la jonction est impossible. Par ailleurs, l'armée belge se retire sur la position Anvers-Louvain, ce qui empêche une action efficace sur Dordrecht et Moerdijk. Les Français, harcelés par les Stuka, se replient sur Anvers.

Le sacrifice du lieutenant Delattre

Montdidier, 12 mai
La menace s'aggravant en Belgique, l'aviation d'assaut a reçu l'ordre de bombarder les colonnes allemandes à Maastricht et Tongres. A 12 h 5, 12 Breguet 693 du groupe 1/54 décollent de Montdidier; de Roye, 12 autres appartenant au 2/54 font de même. Après avoir survolé la vallée de la Sambre déjà encombrée par les réfugiés, les appareils survolent Tongres. Le lieutenant Rivet aperçoit une colonne à l'arrêt, il plonge, mais ne largue pas ses bombes : au dernier moment il a aperçu un groupe d'enfants autour des véhicules. A Maastricht, la section Delattre est accrochée par la Flak. A moins de 10 m du sol, Delattre attaque en vol rasant. Son moteur droit en feu, il lâche ses bombes sur les véhicules allemands qui flambent. Son deuxième moteur touché, il revient sur les blindés, tire au canon et à la mitrailleuse, avant de jeter son appareil en flammes sur la tête d'une colonne ennemie. Le bilan du raid est lourd : seuls 4 Breguet sont rentrés à leur base.

Attaque des blindés de von Kleist dans les Ardennes

Sedan, 13 mai
Convoqué hier au PC du groupement blindé que commande le général von Kleist, Guderian a reçu l'ordre de franchir la Meuse à Sedan. Il dispose pour ce faire du 19e corps blindé, un corps d'élite. En face de lui se trouve le 10e corps du général Gransard, qui comprend deux divisions de réserve de qualité moyenne, la 55e et la 71e, et la 3e division d'infanterie nord-africaine. Ce matin, l'ennemi est sorti de la forêt. C'est une descente ininterrompue de fantassins et d'engins blindés vers Donchery, la presqu'île d'Iges, Floing, Balan, Bazeilles et Messincourt. Les chars allemands et les canons de la Flak, embossés à courte distance du fleuve, ouvrent le feu sur les ouvrages français. L'importante artillerie française riposte, mais chichement par crainte de manquer de munitions. Puis les Stuka font leur apparition. L'effet moral du bombardement ininterrompu est catastrophique sur des troupes peu aguerries. Les artilleurs cessent le feu et se terrent, les fantassins tapis dans leurs tranchées, abrutis par le fracas des bombes, encaissent sans songer à riposter avec les armes antiaériennes. Durant cinq longues heures, la 55e DI subit ce supplice auquel elle n'est pas préparée. A 15 h 30, c'est l'assaut. Le bataillon motocycliste de la 1re division Panzer attaque la presqu'île d'Iges, les fusiliers du régiment d'élite « Grande Allemagne » se ruent sur Torcy. Partout des combats isolés se produisent, mais, à 18 h, la défense française est submergée. A la même heure, à l'est, les régiments de choc de la 10e division Panzer passent la Meuse dans le secteur de Wadelincourt où ils réalisent une petite tête de pont. A la tombée de la nuit, c'est le bois de la Marfée qui tombe, tandis qu'à Bulson le général Lafontaine, qui commande la 55e division, voit déferler un flot de fuyards affolés. « Les chars sont à Chaumont ! » On tire des coups de fusil, le général et ses officiers tentent de raisonner les hommes. Canonniers et fantassins de la 55e DI terrorisés s'enfuient. Dans la nuit, on a retrouvé des fugitifs à Vouziers.

Winston Churchill Premier ministre

Le retour de Winston Churchill à la tête du gouvernement à la place de Neville Chamberlain rassure les Anglais.

Londres, 10 mai
La nomination de Churchill à la tête du gouvernement britannique n'est pas vraiment une surprise. Trois jours plus tôt, la Chambre des communes avait engagé un débat sur la désastreuse expédition de Norvège. La politique d'*appeasement* menée par Neville Chamberlain et l'insuffisance des moyens militaires ont été violemment critiquées à cette occasion. Les résultats d'un vote demandé par les travaillistes ont révélé que le gouvernement n'était plus soutenu que par 281 députés au lieu de 440, et que l'opposition pouvait compter sur 200 voix. Quarante conservateurs ont même voté contre Neville Chamberlain. Les Communes ont violemment conspué ce dernier, qui a lui-même suggéré hier au roi d'appeler Winston Churchill pour le remplacer. Malgré les pressions des conservateurs pour imposer Halifax, Churchill apparaît comme l'homme politique le plus apte à mener l'effort de guerre. Aussitôt convoqué à Buckingham, il a fait part de son intention de former un gouvernement d'union nationale, et il a déclaré qu'il avait déjà rencontré les chefs du parti travailliste Clement Attlee et Arthur Greenwood. Le cabinet comportera certainement des dirigeants syndicaux. Ce sont d'ailleurs les travaillistes qui ont décidé Neville Chamberlain à démissionner hier soir : ils l'ont prévenu qu'ils ne participeraient au gouvernement que si le Premier ministre changeait. L'aggravation rapide de la situation aux Pays-Bas et en Belgique a décidé Chamberlain à partir. A la radio ce soir, il a révélé qu'il avait accepté de participer au nouveau gouvernement. C'est un homme totalement brisé qui, d'une voix tremblotante, a déclaré : « De même que j'ai essayé de préserver la paix honorablement, j'ai lutté de toutes mes forces pour la rétablir. » Il ne laissera pas, malgré tout, le souvenir d'un grand chef de guerre.

Les travaillistes qui ont aidé Churchill

C'est à Clement Attlee et Arthur Greenwood que Churchill doit d'être au pouvoir. Les deux chefs du parti travailliste ont en effet clairement fait comprendre qu'ils ne participeraient à un gouvernement de coalition que si Churchill le dirigeait, et ont refusé nettement la candidature de lord Halifax, le ministre des Affaires étrangères.

C. Attlee et A. Greenwood.

1940

Mai

Di	Lu	Ma	Me	Je	Ve	Sa
			1	2	3	4
5	6	7	8	9	10	11
12	13	14	15	16	17	18
19	20	21	22	23	24	25
26	27	28	29	30	31	

14. Pays-Bas : Rotterdam subit un terrifiant bombardement aérien.→

14. Londres : Churchill, signant « premier lord de l'Amirauté », écrit à Roosevelt pour lui demander de l'aide.

15. Pays-Bas : le général en chef Winkelman signe la capitulation du pays.

15. France : communiqué du général Georges : « Peu d'événements nouveaux [...]. L'attaque semble stoppée [...]. Tous les prisonniers soulignent la fatigue des troupes allemandes. »

15. Allemagne : l'amiral Dönitz envoi un U-Boot dans l'Atlantique, l'*U-37*, pour y tester les torpilles magnétiques.

16. Washington : Roosevelt demande au Congrès une augmentation des crédits militaires pour la construction de 50 000 avions par an (→ 31).

16. France : le général Hering, gouverneur militaire de Paris, conseille au gouvernement de se replier sur Tours. Gamelin donne l'ordre de retraite à toutes les forces françaises en Belgique.

17. Belgique : les troupes allemandes occupent Bruxelles, Louvain et Namur.

17. France : brillante mais vaine contre-offensive de la 4e division blindée du colonel de Gaulle au nord de Laon.

17. Norvège : au sud de Narvik, le croiseur *HMS Effingham* s'échoue et coule.

18. Paris : remaniement du gouvernement Reynaud. Le maréchal Pétain devient vice-président du Conseil.→

18. France : Saint-Quentin est occupé par Guderian. La 16e armée prend l'ouvrage de La Ferté, situé le plus à l'ouest de la ligne Maginot (→ 19).

18. Belgique : Anvers capitule.

18. Pays-Bas : Arthur Seyss-Inquart, le dernier chancelier autrichien, est nommé commissaire du Reich à La Haye.

18. Berlin : Hitler ordonne par décret la réintégration dans le Reich des régions belges de Eupen, Malmédy et Moresnet.

Les Pays-Bas sont vaincus à leur tour

Les bombardements intensifs ont anéanti la ville et le port de Rotterdam en une heure et demie à peine.

Hilversum, 14 mai
Hier encore, les Néerlandais pouvaient espérer. Aujourd'hui, tout est fini : la reine Wilhelmine et son gouvernement ont dû se résigner à abandonner le territoire national, après avoir vainement lancé un dernier appel à l'aide à la Grande-Bretagne. Arrivée hier à Londres, elle a été accueillie chaleureusement par le roi George VI. La reine a aussitôt déclaré que les Néerlandais en exil poursuivraient la lutte et que l'Empire colonial resterait aux côtés des Alliés. Aux Pays-Bas, toute la « forteresse Hollande » est à présent investie. Seul Rotterdam résiste encore, en particulier dans le quartier du pont Willem. Devant l'inéluctabilité de la défaite, les autorités ont commencé hier à négocier une reddition de la ville avec les Allemands. C'est trop tard : Göring a déjà donné l'ordre à la 2e Luftflotte de bombarder la cité. Au début de cet après-midi, 100 bombardiers décollent des aérodromes allemands. Au même moment, la ville se rend. Le général Schmidt, commandant le 39e Panzerkorps, essaie alors de joindre les escadrilles par radio. Peine perdue : 57 des 100 avions ne reçoivent pas ses messages pressants et larguent 97 tonnes de bombes sur Rotterdam. En une heure et demie, le centre est ravagé. Quelque 25 000 maisons brûlent, on compte 78 000 sans-abri. La rumeur annonce 35 000 morts, sur 600 000 habitants ; en réalité, il y a eu 900 morts. Ce désastre a convaincu le général Henri Winkelman, commandant en chef des forces néerlandaises, de déposer les armes. Il informe la population par radio : « La supériorité de l'ennemi en armes modernes a brisé notre résistance. Mais les Pays-Bas redeviendront un jour une nation libre. Longue vie à notre reine ! »

Missions impossibles pour les bombardiers alliés à Sedan

Sedan, 14 mai
Depuis le matin, ils se succèdent par vagues. Les pilotes français et britanniques tentent désespérément de détruire les ponts de bateaux mis en place par les Allemands à Sedan. Le groupe de bombardement 1/34, stationné à La Ferté-Gaucher, ne compte que de vieux Amiot 143 essoufflés par les missions sur les arrières de l'ennemi. Voler de jour dans ces appareils dont la vitesse de pointe est de 180 km à l'heure est suicidaire, mais les pilotes passent outre. De leur sacrifice dépend le sort du pays. Le colonel Jean Veron, qui est à leur tête, raconte : « A 11 h 30, nous décollons à trois avions chargés chacun de seize bombes de 50 kilos et de deux bombes de 100 kilos. La journée est magnifique. La formation est parfaite. Sedan est en vue. Le calme est absolu. Et, tout à coup, sans aucune transition, c'est l'enfer. Des centaines de bouches à feu de petit et moyen calibre crachent sur nous. Imperturbablement, nous continuons notre route. Les objectifs désignés sont atteints et bombardés. » Touché par un Messerschmitt 110, l'appareil du colonel Veron atterrit en plein champ. L'opération alliée ne donne pas le résultat escompté. La Flak, la DCA allemande, est particulièrement puissante à cet endroit. Un pont a été détruit mais au prix de la perte de 85 appareils alliés, dont 35 britanniques. Entre Dinant et Sedan, la brèche pratiquée par les Allemands est toujours ouverte et les blindés s'y engouffrent. Guderian concentre ce soir sur la Meuse la quasi-totalité de ses deux divisions blindées.

Les Panzer avancent jusqu'à Sedan

Sedan, 14 mai
« Impénétrables, si on fait des aménagements. » C'était l'opinion des stratèges français à propos des Ardennes. C'est pourtant à partir de celles-ci que l'offensive allemande se développe. Les Allemands s'apprêtent à reporter leurs efforts à l'ouest, sur le flanc de la 9e armée. Là, le général Corap se trouve aux prises avec les blindés de Rommel qui ont percé à Dinant et tiennent une tête de pont dans la région de Houx et d'Onhaye. Ce matin à Sedan, une contre-attaque française a échoué. Les restes de la 55e division ont tenté de reprendre les hauteurs du bois de la Marfée. Ce bois d'où, en 1870, l'empereur Guillaume Ier avait déjà observé les combats entre Prussiens et Français. Enfin, la panique a gagné la 71e division d'infanterie qui tenait les positions à droite de la 55e DI. Le dernier espoir français réside dans l'intervention de la 3e DCR du général Brocard. Cette magnifique unité attend depuis ce matin l'ordre d'attaquer Bulson et Sedan. Elle comprend deux bataillons de chars B, les plus puissants de tous, et deux bataillons de chars H, une force de frappe redoutable. En fin d'après-midi, la division va donner l'assaut quand un contre-ordre du corps d'armée arrive : « Les unités doivent se disperser en bouchons pour barrer la route aux Panzer. » Il n'y aura pas de contre-attaque à Sedan.

Soldats allemands traversant la Meuse à bord d'un canot pneumatique.

Carcasses calcinées dans les rues de Sedan après l'attaque allemande.

Le front allié en Belgique semble très près de céder

Bruges, 18 mai
La capitale belge est tombée. Les Allemands occupent Bruxelles, et le roi Léopold s'est replié à Bruges, où il a installé son quartier général. L'heure est au pessimisme : Anvers est près de tomber. Affolés par la défaite de Sedan, les Français commencent à retirer leurs forces du pays, sans en informer les Anglais ni les Belges ; sur les routes de la région, les réfugiés s'acheminent par dizaines de milliers. Lord Gort, chef des troupes britanniques, n'a appris la décision française que parce que l'un de ses officiers, au cours d'une visite au QG du général Gaston Billotte, a lu un message sur le point d'être communiqué aux officiers. L'annonce de la retraite française a été « un coup de tonnerre dans un ciel bleu », rapporte le général Olivier Derousseaux, l'un des chefs d'état-major du roi Léopold. Les armées belge et anglaise, soudainement contraintes à l'action, commencent à leur tour une retraite sur tout le front, large de 80 km, sans rencontrer l'ennemi, les Panzer étant positionnés dans le secteur de Sedan. Le départ soudain, à l'embouchure de la Scheldt, de la 7e armée française, a provoqué une rupture dans les lignes belges et anglaises, et a créé un chaos assez indescriptible.

Quel est le secret de l'invincibilité des Panzer allemands ?

France, 18 mai
Les Britanniques et les Français sont en passe de subir le sort des Polonais : les Panzer ont franchi aisément la Meuse, et leur avance à l'ouest paraît irrésistible, tandis que l'état-major allié semble paralysé. Comment donc expliquer la redoutable efficacité du Blitzkrieg ? Les théories qui tentent de démontrer que la mécanisation des armements augmente la rapidité des opérations ne datent pourtant pas d'hier : il y a vingt ans déjà, des militaires britanniques tels que Basil Liddell Hart ou J. F. C. Fuller l'avaient écrit. En France, le général Estienne a longtemps lutté pour le développement d'une arme blindée autonome, sans être vraiment écouté. Ces principes sont appliqués avec maestria par les Allemands, dont la vitesse d'action est foudroyante. Mais leur réussite tient aussi à leur tactique, qui doit beaucoup au général Heinz Guderian, l'un des responsables de la modernisation des blindés allemands. Guderian pense qu'il est inutile de perdre du temps à consolider des positions après une attaque victorieuse : il faut poursuivre la progression en profondeur. La présence des officiers sur le front est indispensable, quel que soit leur grade, afin qu'ils prennent rapidement les décisions nécessaires. Les Stuka Ju-87, contrôlés depuis le sol par radio, ont aussi un rôle déterminant pour appuyer l'offensive.

Guderian, le théoricien des chars.

La RAF intensifie ses bombardements

Londres, 16 mai
Le Bomber Command, commandement des bombardiers de la RAF, a lancé ses avions sur l'Allemagne la nuit dernière. Près de cent appareils ont attaqué des installations militaires de la Ruhr, et douze raids ont été lancés sur les voies de communication belges. Bien qu'une nappe de brouillard ait empêché certains avions de localiser leurs objectifs, les gares de Duisbourg et d'Aix-la-Chapelle, ainsi que des routes importantes, des voies ferrées et des colonnes mécanisées en direction du front ont subi de graves dégâts. Un seul Wellington a été perdu.

▷

Reynaud appelle Pétain

Paris, 18 mai
Depuis trois jours la rumeur courait : le maréchal Pétain revient. Cette fois-ci, c'est chose faite. Paul Reynaud vient d'annoncer la nomination du maréchal Pétain au poste de vice-président du Conseil. L'annonce du retour à Paris du vainqueur de Verdun déclenche l'enthousiasme, à la mesure du drame qui se joue. Depuis le 14, les Allemands, qui ont percé le front, déferlent par la trouée de Sedan. L'armée française n'a plus de masse de manœuvre à opposer aux divisions blindées. La présence du Maréchal galvanisera les énergies, du moins est-ce l'effet que l'on en attend! En tout cas, le maréchal Pétain ne perd pas de temps. Hier, à sept heures et demie, à peine débarqué du train qui l'avait ramené d'Espagne, il se rend à Louveciennes chez le président du Conseil, Paul Reynaud. Ce dernier étant encore sous la douche, c'est l'amie de celui-ci, Hélène de Portes, qui le reçoit. Reynaud, enfin visible, le remercie d'avoir répondu à son appel et lui annonce son intention de nommer Weygand généralissime en remplacement de Gamelin. La réponse fuse : « Weygand, Weygand, je ne l'aime pas ! » Puis un officier lui montre la situation des troupes qui est catastrophique. Il quitte alors Reynaud pour se rendre chez le général Gamelin à Vincennes, qui ne peut guère lui donner de renseignements. Il continue sa tournée en interrogeant, à La Ferté-sous-Jouarre, le général Georges. Celui-ci est épuisé et reste évasif, semblant attendre des ordres. Du coup, le Maréchal ressent une impression de vide : en ces jours tragiques, l'armée paraît être devenue un corps sans tête.

Philippe Pétain au pouvoir à 84 ans.

Winston Churchill promet aux Anglais du sang, de la sueur et des larmes

Westminster, 13 mai
C'est les larmes aux yeux que le premier lord de l'Amirauté est sorti du palais royal de Buckingham le 10 mai : Winston Churchill venait d'accepter de former un nouveau gouvernement. Depuis, le « vieux lion » a repris courage. Il s'est attelé à la tâche et vient de former un gouvernement d'union nationale qui rassemble libéraux, travaillistes et conservateurs. Dans ce ministère, Churchill cumule les fonctions de chef de gouvernement et de ministre de la Défense. Le Premier ministre a prononcé aujourd'hui, devant les Communes, un discours de combat comme on n'en avait plus entendu depuis longtemps. En des termes que ne renierait pas Clemenceau, il devait déclarer sur un ton ému et ferme : « Nous sommes à la première étape d'une des plus grandes batailles de l'histoire. Nous avons établi des positions en Norvège et aux Pays-Bas, nous fourbissons nos armes en Méditerranée, la guerre aérienne bat son plein. Mais beaucoup reste à faire ici... Je veux dire aux Communes, et je déclare à tous ceux qui ont rejoint ce gouvernement que je n'ai rien d'autre à offrir que du sang, du labeur, de la sueur et des larmes. Nous sommes placés devant une épreuve particulièrement difficile avec, devant nous, de longs, longs mois de lutte et de souffrance. Et vous me demandez quelle est notre politique ? Je vous réponds : il faut gagner la guerre ! Il faut la gagner sur mer, il faut la gagner sur terre et il faut gagner dans les airs avec toutes les forces que Dieu voudra bien nous donner. Il nous faut gagner contre une tyrannie monstrueuse, d'un cynisme jamais vu dans l'histoire de l'humanité... Telle est notre politique. Vous me demandez : quel est votre but ? Je vous répondrai par un seul mot : la victoire ! la victoire à tout prix, la victoire sur la terreur quels que soient le prix et le temps qu'il faudra pour y parvenir. Pour notre survie, nous sommes obligés de gagner. Mais j'aborde ma tâche avec entrain. Et je suis plein d'espoir car je suis sûr que nos hommes feront tout pour que notre cause ne soit pas perdue. Et je me sens le droit de demander l'aide de tous et de dire : Venez, avançons tous ensemble et unissons nos forces ! »

La bataille de la Meuse serait-elle déjà perdue ?

France, 16 mai
A Paris, la nouvelle de l'effondrement de la 9e armée et de la 2e armée provoque l'affolement. La bataille de la Meuse semble désormais perdue. Hier, Paul Reynaud téléphonait à Churchill pour lui dire que la route de Paris était ouverte. Ce matin, la panique règne dans les ministères. Au Quai d'Orsay, les fonctionnaires brûlent les archives sur la pelouse du jardin du ministre. Faute de mesures de sécurité, « diplomates et journalistes » errent dans les couloirs déserts sans qu'on leur demande quoi que ce soit. C'est dans cette atmosphère de crise et de panique que le Conseil suprême interallié s'est réuni. Le Premier ministre britannique est tombé des nues en écoutant le général Gamelin expliquer dans un silence de mort comment les Allemands « avaient crevé le front sur une largeur de 90 kilomètres ». Churchill demande alors au généralissime : « Où sont les réserves stratégiques, la masse de manœuvre ? » Gamelin répond : « Il n'y en a aucune. » Puis il lui révèle l'abandon de la ligne Namur-Wavre par la 1re armée. Reynaud demande des renforts d'aviation. Churchill lui annonce l'arrivée de quatre groupes de chasse. Reynaud en veut six autres, mais Churchill refuse, ne voulant pas trop dégarnir les défenses aériennes de l'Angleterre.

Les soldats belges s'en vont sous la surveillance des troupes allemandes.

Les petits Parisiens quittent la capitale

Paris, 15 mai
Devant l'avance des Allemands, le gouvernement a décidé de mettre les enfants de Paris à l'abri. En deux jours, quatre convois d'écoliers ont déjà quitté les gares Montparnasse, d'Austerlitz et de Lyon en direction de la province. C'est plus de 25 000 petits Parisiens qui ont ainsi été évacués sous le contrôle des services de la préfecture de la Seine. Les parents ne se sont guère fait prier pour éloigner leurs enfants, car une rumeur étrange circulait ces jours derniers : en banlieue, on aurait découvert, dans des jardins, des bonbons empoisonnés lancés par des avions allemands. Malgré leur chagrin de les voir partir, les mères de famille sont rassurées, elles savent que leurs enfants seront beaucoup moins exposés à la campagne, en Dordogne ou en Provence où les Panzer n'iront pas les chercher.

1940

Mai

Di	Lu	Ma	Me	Je	Ve	Sa
			1	2	3	4
5	6	7	8	9	10	11
12	13	14	15	16	17	18
19	20	21	22	23	24	25
26	27	28	29	30	31	

19. France : la 7e division Panzer de Rommel prend Cambrai.

19. Paris : relevé de ses fonctions, le général Gamelin est remplacé par le général Weygand (→ 20).

20. France : Rommel atteint les faubourgs d'Arras. Guderian prend Amiens et atteint la mer à Noyelles. Les armées alliées sont coupées en deux.

21. France : échec des contre-attaques britannique à Arras et française à Cambrai.

21. Belgique : conférence d'Ypres entre Léopold III, Weygand et Billotte. Ce dernier est victime d'un accident de voiture au sortir de la conférence.

22. Londres : le Parlement vote les pleins pouvoirs à Churchill.→

23. Belgique : mort à l'hôpital d'Ypres du général Billotte. Dans l'affolement, on oublie de remplacer le commandant interallié. L'action des armées française, belge et britannique n'est plus coordonnée.

23. Paris : Paul Reynaud donne l'ordre de faire venir des renforts d'Afrique du Nord.

23. France : les Alliés évacuent Boulogne.

24. France : abandon d'Arras par les forces britanniques. Avec l'accord de Hitler, von Rundstedt donne l'ordre aux divisions Panzer de la 4e armée de s'arrêter pour se regrouper. Elles s'arrêtent en vue de Dunkerque.→

24. Londres : le gouvernement décide d'arrêter les opérations militaires en Norvège.

24. Allemagne : 13e directive de Hitler qui ordonne l'anéantissement des Alliés en Artois et dans les Flandres, et l'attaque aérienne de la Grande-Bretagne.

25. France : les Allemands s'emparent de Boulogne. Les Alliés se replient sur Dunkerque (→ 26).

25. Belgique : le front tenu par l'armée belge s'effondre.→

25. France : à Limoges, Hubert Graf Pierlot constitue un gouvernement belge en exil.

Weygand prend la guerre en marche

Paris, 20 mai

Le général Weygand prend le relais. Rappelé de Syrie par Paul Reynaud, le nouveau chef d'état-major de la Défense nationale et commandant en chef des forces terrestres a simplement déclaré à sa sortie de l'Elysée : « Je ferai ce que je pourrai, mais je ne garantis pas de réussir. » Agé de 73 ans, l'ancien chef d'état-major de Foch est resté intellectuellement jeune. Sa forme physique est surprenante. Il est clair, sec et précis dans ses explications. Il n'a pas subi le choc psychologique des premiers revers qui ont laminé les gens en place. Le nouveau généralissime, qui a une confiance aveugle dans les possibilités de l'armée, est persuadé de pouvoir redonner la force morale qui manque aux troupes et qui permettrait de reprendre l'initiative. Il est aussi très conscient du fait que personne ne commande véritablement. Ce matin, il a rendu visite à l'ancien commandant en chef qui ne lui a pas dit un mot sur ses dernières instructions qu'il a remises à Georges. C'est de la bouche du major général Doumenc que Weygand apprendra l'incroyable vérité : les lacunes inimaginables dans les transmissions, des chefs souvent dans l'incapacité de localiser leurs unités, trente-sept divisions qui tiennent un front de 300 km, là où il en aurait fallu cinquante-cinq, et, le fait incroyable : il n'y a pas de réserves stratégiques !

Weygand est promu généralissime.

Le colonel de Gaulle résiste aux Panzer

Crécy-sur-Serre, 19 mai

Le colonel Charles de Gaulle vient de passer de la théorie à la pratique. Placé à la tête de la 4e division cuirassée de réserve (DCR), de Gaulle est chargé de prendre position en avant de Laon afin de retarder la progression des Panzer de von Kleist et de Guderian, jusqu'à la mise en place de la 6e armée du général Touchon que l'on a arrachée à la défense de la ligne Maginot. Sur le terrain, le spectacle de la débâcle des troupes françaises lui a causé un véritable choc. Avant-hier, la centaine de chars dont il dispose « a tenu le coup » face aux Panzer dont l'avance a été ralentie. Ce matin, à l'aube, l'assaut a été donné en direction de Crécy. Après cinq heures de combat acharné, de Gaulle a dû tirer la leçon de la supériorité des moyens de l'ennemi : les Stuka font la loi. Ignorant les ordres de repli, il a ce soir essayé vainement d'obtenir des renforts du général Touchon afin de tenter de faire sa jonction avec les armées du Nord. En pure perte : une telle chimère ne pouvait convaincre le général. Et puis, ce n'est pas un simple colonel qui peut changer les plans de l'état-major. Pourtant, malgré l'absence de moyens, cette offensive aura permis de prouver que les Panzer ne sont pas forcément invincibles.

Le général Giraud est fait prisonnier

Le Catelet, 19 mai

Le sort est décidément contraire aux armes de la France. L'un des meilleurs officiers français, le général Henri Giraud, est prisonnier des Allemands. Il avait remplacé le 14 mai le général Corap à la tête de la 9e armée. Dès son arrivée au PC de Vervins, il se rend compte qu'il n'a plus sous ses ordres que quelques hommes désorientés. La fulgurante avancée allemande au-delà de Mézières et Sedan renforce la confusion. Le 18 mai, Giraud tente de se replier sur Le Catelet, mais des blindés allemands contrôlent les carrefours. Abandonnant son véhicule, il marche trois heures à la boussole : Le Catelet est déjà aux mains des Panzer. Après une nuit passée dans les bois, une colonne de camions français qui monte vers le front le recueille. Très vite, le convoi se heurte à des chars ennemis. Le général et ses compagnons se cachent alors dans une ferme isolée où, à 6 h 30 ce matin, les Allemands sont venus les cueillir. Giraud, soucieux d'épargner le sang, s'est rendu sans combat.

Chars légers allemands à l'œuvre dans un village du nord de la France.

▷

Effondrement des lignes belges

Courtrai, 25 mai
Deux mille wagons mis bout à bout n'auraient pas suffi à contenir l'avancée des blindés allemands. Le front belge s'est effondré aujourd'hui entre Geluwe et la Lys. Les troupes de Léopold III se battent dos à la mer, cantonnées à une étroite bande de terre où s'entassent les réfugiés civils. Le bilan est lourd : 7 000 morts, 20 000 blessés. Léopold III et ses quatre ministres demeurés en Belgique, Pierlot, Spaak, le général Denis et Vanderpoorten, se sont réunis ce matin au château de Wynendaele. La rencontre fut orageuse. Le roi, chef des armées, qui est persuadé que la victoire sera allemande, craint que l'honneur de l'armée n'ait déjà que trop souffert de ces dix-huit jours de retraite. Ses quatre ministres, en revanche, font confiance aux troupes franco-britanniques pour rétablir la situation. La rupture est consommée sur le front de la guerre comme sur le front politique.

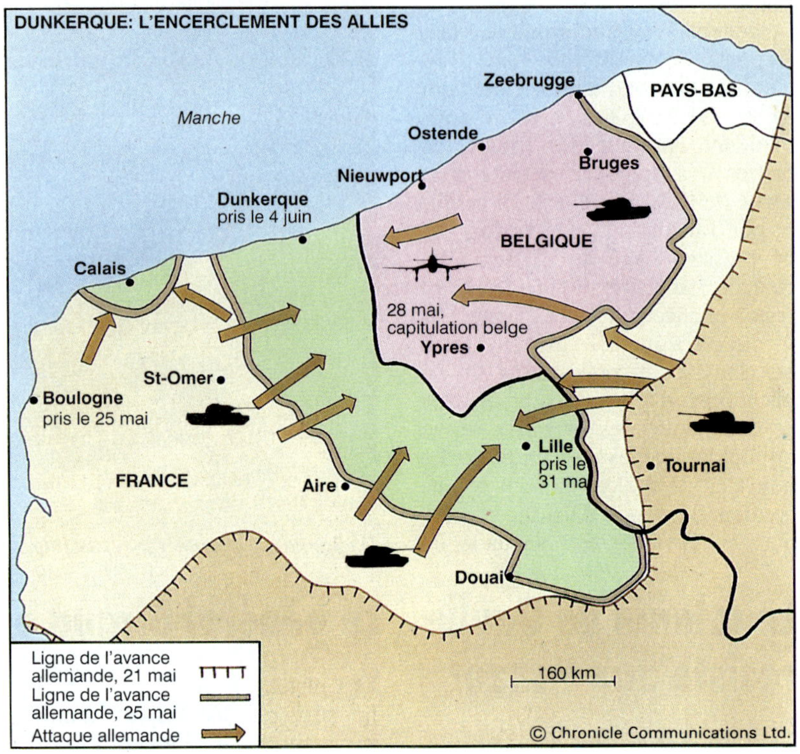

Churchill obtient les pleins pouvoirs

Londres, 22 mai
Trois heures ont suffi au Parlement britannique pour adopter un texte historique : jamais, dans toute l'histoire du pays, un gouvernement n'a disposé d'un pouvoir aussi étendu sur la vie, la liberté et la propriété des hommes qui vivent ici. La loi sur les compétences d'exception soumet à un rigoureux contrôle étatique les industries de l'armement, ainsi que les profits, salaires et conditions de travail. Elle prévoit aussi une mobilisation exceptionnelle de la main-d'œuvre. Clement Attlee, nouveau lord du Sceau privé et vice-Premier ministre, a appelé au calme : « Chacun doit continuer à travailler normalement, en attendant d'autres instructions. » Le ministre du Travail et du Service national, Ernest Bevin, est doté de compétences discrétionnaires qui lui permettent d'imposer à quiconque toute tâche nécessaire au combat pour la survie nationale. Les parlementaires ne se sont pas arrêtés là et ont adopté dans la foulée une loi sur la trahison, qui modifie et complète la liste des actes de traîtrise passibles de mort.

Ordre du Führer : arrêtez les Panzer !

Stoppé en plein assaut : pourquoi ?

Dunkerque, 24 mai
C'est un miracle pour les Alliés : les Panzer sont bloqués à 20 km au sud de Dunkerque, devant l'Aa, et c'est Hitler lui-même qui leur interdit de franchir la ligne des canaux pour fondre sur la ville ! Les généraux allemands sont furieux. Pourquoi cet ordre insensé ? Hitler veut-il, influencé par Göring, laisser à la Luftwaffe la gloire d'une victoire, plus difficile pourtant pour elle que pour les Panzer ? Craint-il pour les chars l'enlisement dans les marais des Flandres ? Ou bien veut-il, en laissant les troupes embarquer, éviter d'humilier l'Angleterre afin de négocier plus aisément avec elle ?

La guerre secrète de Bletchley Park

Grande-Bretagne, 22 mai
Dans la campagne anglaise, des hommes se battent contre le temps. Au château de Bletchley Park, à 64 km au nord de Londres, le gouvernement a rassemblé des savants, dont les mathématiciens Welchmann et Alan Turing, et des champions d'échecs. Leur mission ? Décrypter les messages secrets des Allemands, surtout ceux codés à l'aide de la machine Enigma. La « Bombe », une calculatrice très puissante qu'ils ont fabriquée, vient de leur permettre de briser la « clef rouge » de la Luftwaffe. C'est un éclatant succès : les messages de l'aviation allemande sont connus, ce qui est un atout précieux en cas d'offensive sur le pays.

Franklyn repousse Rommel à Arras

Arras, 21 mai
Les troupes de Rommel sont violemment accrochées au sud d'Arras par des blindés britanniques. Lord Gort, en accord avec le général Billotte, a confié au général Franklyn la mission d'attaquer les Allemands en direction de Bapaume, tandis que les Français attaqueront Cambrai, prenant ainsi les Panzer de flanc. Mais, aujourd'hui, les Anglais sont partis à l'assaut tout seuls, les Français n'étant pas encore prêts. Les chars et l'infanterie britanniques sont tombés sur le flanc de la 7e Panzer de Rommel. Les Anglais se sont emparés de plusieurs localités au sud d'Arras, jetant la panique dans les rangs des blindés. L'infanterie SS de la division « Totenkopf » s'est débandée. En fin de journée, les Britanniques se sont repliés avec 400 prisonniers. Du côté français, seule la 3e DLM est intervenue en enlevant Dainville et Warlus, à l'ouest d'Arras. Au GQG du Führer, c'est la stupeur ; on craint que cette action ne soit le prélude à une grande attaque de flanc des divisions blindées.

Arrestation d'un fasciste britannique

Londres, 23 mai
Sir Oswald Mosley, le leader de la British Union of Fascists (l'Union britannique des fascistes), dort ce soir à la prison de Brixton. Trente-trois autres personnes, parmi lesquelles un membre du Parlement, sont également inculpées de complicité avec l'ennemi. Mosley a été arrêté alors qu'il regagnait son appartement londonien de Dolphin Square. L'organisation fasciste avait manifesté, en octobre 1939, son opposition à l'entrée en guerre contre l'Allemagne. Mosley estimait qu'il était possible de trouver un terrain d'entente avec l'Allemagne tout en préservant la sécurité de l'Empire britannique dans son intégralité. Le groupement prit position à l'époque pour une conférence sur la paix proposée par Mussolini. Récemment toutefois, Mosley était allé encore plus loin en se déclarant pronazi.

Di	Lu	Ma	Me	Je	Ve	Sa
			1	2	3	4
5	6	7	8	9	10	11
12	13	14	15	16	17	18
19	20	21	22	23	24	25
26	27	28	29	30	31	

Mai

26. Dunkerque : à 18 h 57, début de l'opération *Dynamo*. 400 000 soldats alliés sont encerclés dans la poche de Dunkerque.

26. Allemagne : Hitler ordonne la reprise des opérations à Dunkerque.

27. France : l'armée allemande prend Calais. A Dunkerque, tout juste 8 000 hommes sont évacués.→

27. Bucarest : l'Allemagne et la Roumanie signent un traité commercial. En échange de fournitures d'armement, le Reich importera 200 000 tonnes de pétrole.

28. Belgique : sans consulter les Alliés, le roi Léopold signe la capitulation de son pays.→

28. Norvège : les troupes franco-polonaises du général Béthouart s'emparent de Narvik (→ 4.6).

28. Dunkerque : 17 800 hommes sont évacués sous des bombardements aériens et terrestres continuels.

28. France : journée dramatique à Steenwerck, le général Prioux commandant la 1re armée est fait prisonnier. Le général Molinié se replie sur Lille avec 40 000 hommes.

29. Dunkerque : 47 300 hommes sont évacués. A Lille, le général Juin et le reste de ses hommes, épuisés, se rendent.

29. France : Hitler transmet à ses commandants de groupes d'armées réunis à Cambrai leur prochain objectif : régler son compte à l'armée française et prendre Paris.

31. Washington : Roosevelt demande au Congrès une rallonge de 1 300 millions de dollars au titre des dépenses militaires (→ 11.6).

31. Dunkerque : 68 000 hommes sont évacués. Lord Gort embarque pour Douvres et le général Alexander prend le commandement des troupes du CEB restées en France (→ 1.6).

31. Lille : à court de munitions, le général Molinié capitule avec les honneurs de la guerre.

31. France : fin de parution de *l'Os à moelle* de Pierre Dac.

Evacuation des troupes britanniques

Dunkerque, 27 mai

C'est depuis une cave du château royal de Douvres que le vice-amiral Bertram Ramsay a donné hier le signal de l'évacuation des troupes britanniques encerclées à Dunkerque. L'opération porte le nom de code de *Dynamo*, car ce qui est aujourd'hui le PC de Ramsay fut pendant la Grande Guerre une salle où fonctionnait un groupe électrogène. Les troupes françaises et britanniques tiennent pour le moment une bande côtière de 48 km, de Gravelines à Nieuport. A l'intérieur des terres, le front s'étire presque jusqu'à Lille où six divisions françaises sont encerclées par les Allemands. Hitler, qui avait d'abord fait stopper les blindés de Guderian dans l'attente de renforts, a ordonné la reprise des combats afin de réduire la poche où tout le corps expéditionnaire britannique et la 1re armée française sont à la merci d'une offensive. En attendant, Français et Britanniques ont profité de l'erreur tactique allemande pour se renforcer. Dès le 20 mai, Ramsay avait fait rassembler une flotte immense et disparate : des cargos, des yachts privés et même les navires de la brigade des sapeurs-pompiers de Londres ont été réquisitionnés, ainsi que 40 caboteurs néerlandais. Avant même le déclenchement officiel des opérations aujourd'hui, la Royal Navy a déjà rapatrié 27 000 hommes. Les responsables de l'opération, le vice-amiral Ramsay et le capitaine de vaisseau Tennant, espèrent que 45 000 hommes seront évacués en deux jours. Les Allemands, persuadés de tenir entre leurs griffes les soldats alliés, ont repris l'offensive aujourd'hui. Depuis 7 h, les bombardiers se succèdent au-dessus de la ville. Les premiers bateaux sont arrivés et l'évacuation se fait difficilement : les soldats abandonnent leurs abris le long des digues et se précipitent sur les embarcations qui viennent s'amarrer côte à côte. Mais, pour l'instant, il y a trop d'hommes et pas assez de bateaux. La tâche est immense, mais la volonté est là. Avec une solidarité magnifique, navires français et anglais rivalisent d'audace pour approcher le plus près possible des plages où les hommes attendent le salut.

Des soldats du corps expéditionnaire britannique rejoignent l'un des bateaux participant à l'opération « Dynamo », qui mouille près de Dunkerque.

Des hommes attendent leur embarquement sur fond d'usines en flammes.

Léopold III signe la capitulation

Bruges, 28 mai
L'armée belge se rend. Léopold III vient de signer l'acte de capitulation à 0 h 30 ce matin. La nouvelle est parvenue deux heures plus tard sur le front d'Ypres. Le gouvernement belge, avant de partir en exil à Paris, proclame : « L'acte que nous déplorons est sans valeur légale ; il n'engage pas le pays... Le roi n'est plus en situation de gouverner, car, de toute évidence, la fonction de chef de l'Etat ne peut être exercée sous le contrôle de l'étranger... » Le souverain britannique, George VI, invitant Léopold III à se rendre à Londres pour y poursuivre la résistance, voit ses arguments réfutés par ce dernier qui prétend que « la cause des Alliés est perdue ». Le fort discrédit qui s'attache déjà à la personne du souverain belge, à Londres comme à Paris, se renforce. Léopold avait rejeté toute forme d'alliance avec ses voisins puis avait de nouveau requis leur aide lorsque la menace allemande s'était précisée. Ni l'assaut des blindés ni l'insistance des bombardements n'ont eu pourtant raison de la vaillance des troupes belges, pendant ces dix-huit jours de guerre où elles durent s'opposer à des forces bien supérieures. Léopold, toutefois, s'était adressé en ces termes, le 26 mai, aux Alliés : « Le commandement belge a l'intention de continuer le combat jusqu'au bout. Mais les troupes ont atteint les limites de leur résistance. » Le souverain belge négligea par la suite de contacter tant son gouvernement que les Alliés et a pris sa décision seul. Le général et député Derousseaux, son propre chef d'état-major, s'en est allé hier demander l'armistice aux Allemands. L'émissaire a négocié six heures durant et est revenu avec cette réponse : le Führer exige une reddition inconditionnelle. Le haut commandement allemand a alors manifesté le désir de traverser librement la Belgique pour rejoindre la mer. Une demi-heure plus tard, les colonnes allemandes avançaient en direction d'Ostende et de Dixmude. Gouvernement et Parlement organisent déjà la résistance du pays en dehors des frontières.

Exilés à Paris après avoir rejeté l'acte de reddition de leur roi, les ministres belges écoutent Frans Van Cauwelaert, président de l'Assemblée de leur pays.

A Narvik, baroud d'honneur des chasseurs alpins

Norvège, 28 mai
Depuis l'offensive du 10 mai, on avait oublié la Norvège. Pourtant, on s'y bat encore. Malgré les mauvaises nouvelles parvenues de France, le général Béthouart qui commande en second les forces terrestres alliées a voulu terminer la campagne de Norvège par un succès et prendre Narvik. Aujourd'hui à l'aube, Béthouart a donné le signal de l'assaut. Un premier échelon de légionnaires, protégé par les batteries du destroyer *Beagle*, débarque sur la plage d'Orsenet. Les chasseurs alpins du général Dietl réagissent vigoureusement. Les combats vont jusqu'au corps à corps. A Ankenes, de l'autre côté du fjord de Narvik, les soldats polonais du corps expéditionnaire attaquent depuis les hauteurs et repoussent les Allemands. Pris entre deux feux, ces derniers ne peuvent plus se maintenir dans les ruines de la ville. Dietl prend la décision qui s'impose, il fait évacuer leurs positions à ses deux régiments de montagne. Les Allemands remontent la voie ferrée en direction de la frontière suédoise. Narvik est pris au moment où les Alliés évacuent la Norvège.

Les SS massacrent des soldats anglais

Le Paradis, 27 mai
Ce paisible lieu-dit du département du Nord mérite bien mal son nom, après l'horreur qu'il a connue cet après-midi. Une compagnie du 2e Royal Norfolk, qui n'a pas pu gagner Dunkerque, s'est retrouvée encerclée par le 33e régiment d'infanterie SS de la division « Totenkopf ». Le major Lisle Ryder se résout à se rendre. Les 80 hommes sont conduits vers une grange voisine. Soudain, une rafale de mitrailleuse : les armes étaient cachées derrière un long muret. Les SS se ruent alors sur les corps étendus et les achèvent au pistolet ou à la baïonnette. Deux hommes, Albert Pooley et William O'Callaghan, laissés pour morts, échapperont miraculeusement à ce massacre.

Sainte Geneviève sauvera-t-elle le pays ?

Paris, 26 mai
Comme en 1914, l'approche de l'ennemi a donné au pays un nouvel élan de ferveur religieuse. Dans l'espoir que le ciel renouvelle le miracle de la Marne, les Français multiplient les processions. Les effigies des saintes protectrices de la France, sainte Odile, sainte Thérèse, mais surtout sainte Geneviève et sainte Jeanne d'Arc, sont promenées par les rues, enfants de Marie, bannières et musique en tête. Le gouvernement lui-même donne l'exemple. Le 10 mai, Paul Reynaud assistait, avec ses ministres, à un office à Notre-Dame pour implorer de la Vierge le salut de la patrie. Aujourd'hui, les Parisiens sont venus en nombre à Saint-Etienne-du-Mont pour supplier la patronne de Paris de repousser une nouvelle fois l'envahisseur.

Procession de Parisiens derrière la châsse de leur sainte patronne.

Prière royale pour la victoire alliée

Londres, 26 mai
L'abbaye de Westminster n'a pu accueillir tous les fidèles, comme beaucoup d'églises dans le pays d'ailleurs. Ce dimanche est déclaré journée nationale de prière, « au nom de la nation, de l'Empire et de leurs alliés, pour la cause qui les unit ». La situation est grave : les Allemands progressent en France et les Britanniques se replient sur Dunkerque. Le roi George VI et la reine Elisabeth sont venus à Westminster accompagnés par la reine Wilhelmine des Pays-Bas, en exil à Londres, et par le Premier ministre Winston Churchill. Dans son sermon, le Dr Lang, archevêque de Canterbury, a défini la guerre comme « une lutte formidable contre les forces du mal ».

Juin

Di	Lu	Ma	Me	Je	Ve	Sa
						1
2	3	4	5	6	7	8
9	10	11	12	13	14	15
16	17	18	19	20	21	22
23	24	25	26	27	28	29
30						

1er. Paris : le roi des Belges, Léopold III, est radié de l'ordre de la Légion d'honneur.

1er. Dunkerque : 64 400 hommes sont évacués. Les défenses britanniques sont enfoncées à Bergues.

2. Rome : suite à la demande de Hitler, Mussolini accepte de repousser au 10 juin l'entrée en guerre de son pays (→ 10).

2. Dunkerque : 26 250 hommes sont évacués, dont les 4 000 derniers soldats britanniques.

3. Dunkerque : les arrière-gardes françaises doivent se replier à 3 km du port.

3. Chine : les forces chinoises contre-attaquent et reprennent Xiangtan aux Japonais (→ 10).

4. Dunkerque : le *HMS Shikari* est le dernier navire à partir avec des troupes françaises à bord. A l'aube, les Allemands arrivent sur la plage.→

4. Norvège : l'évacuation des forces alliées commence à Harstad, face à Narvik.

5. France : Hitler déclenche le plan rouge à 5 h 35. La bataille de France débute sur la Somme et sur l'Aisne.

5. France : Edouard Daladier quitte le gouvernement. De Gaulle, promu général de brigade à titre temporaire, est nommé sous-secrétaire à la Guerre.→

6. France : les lignes de défense françaises sont forcées par la Wehrmacht sur la Somme et sur l'Aisne.

7. Norvège : les Français évacuent Narvik. Le roi Haakon et son gouvernement embarquent à Tromsö pour gagner Londres (→ 9).

7. France : les Allemands occupent Montdidier, Noyon et Forges-les-Eaux. Rommel force la ligne de l'Andelle et s'ouvre la route de la Seine (→ 8).

8. France : le vapeur *Washington* quitte Bordeaux avec à son bord un millier de ressortissants américains.

8. Mer du Nord : au large de Narvik, les croiseurs allemands *Scharnhorst* et *Gneisenau* coulent le porte-avions britannique *HMS Glorious*.

En plein jour, un raid de la Luftwaffe fait 167 morts à Paris

Paris, 3 juin
L'opération *Paula* est terminée. Pour la première fois depuis le début de la guerre, 300 appareils allemands ont bombardé Paris. Ils ont atteint la ville à l'heure du déjeuner. Dans le XVe arrondissement, les bureaux des usines Citroën sont en flammes. A Passy et à Auteuil, des immeubles se sont écroulés. Une torpille a failli tuer Laurent Eynac, le ministre de l'Air, et l'ambassadeur des Etats-Unis, Bullitt. Le Bourget a également souffert. Les banlieues sont durement touchées : il y a des victimes à Malakoff, à Châtillon-sous-Bagneux et à Issy-les-Moulineaux. Les impacts des bombes sont disséminés : les avions allemands sont restés en altitude pour échapper à la DCA. La ville est encore sous le choc, mais il n'y a pas eu de mouvement d'affolement pendant le raid. Pourtant, la nuit précédente, un lâcher de tracts allemands annonçant le bombardement avait provoqué des scènes de panique. A présent, dans les rues jonchées de verre brisé, les Parisiens font l'inventaire des dégâts. On déplore 167 morts. La ville est silencieuse, et seuls les cafés ont ouvert à peu près normalement. Mais l'heure n'est pas à l'abattement. Les Parisiens n'ont qu'un mot à la bouche : vengeance. On veut savoir quand Berlin sera bombardé à son tour. A la surprise et à l'incrédulité ont succédé l'indignation et la haine. Le « Boche » est redevenu l'ennemi héréditaire.

Paris après le bombardement.

Le « Jules-Verne » bombarde Berlin

Berlin, 8 juin
« De l'audace, encore de l'audace, toujours de l'audace ! » Le capitaine de corvette Daillière a fait sienne cette maxime de Danton. Il a convaincu l'amirauté de le laisser bombarder Berlin. Aujourd'hui, vers 15 h, un Farman 223/4 de l'aéronavale, camouflé en noir, décolle de Bordeaux-Mérignac. Aux commandes, Daillière, le pilote Yonnet et le navigateur Paul Comet. L'avion survole la Manche, puis la mer du Nord, coupe à travers le Danemark au nord de Kiel pour arriver à Berlin de nuit. Les consignes de l'équipage sont strictes : défense de bombarder la ville proprement dite. A l'heure prévue, le *Jules-Verne* arrive au-dessus de Berlin, désynchronise ses moteurs et fait plusieurs passages sur la capitale afin de laisser croire à la présence de plusieurs avions, avant de larguer deux tonnes de bombes. Il est minuit. La Flak se déchaîne. Mais l'avion, volant en rase-mottes, se cache dans les nuages et parvient à se poser au petit jour à Orly sans dommages.

Le frère jumeau du « Jules-Verne », le Farman 223/4 « Camille-Flammarion ». Ce long-courrier n'a été construit qu'en trois exemplaires.

« Je suis partout » cesse de paraître

Paris, 5 juin
L'hebdomadaire d'extrême droite *Je suis partout* vient d'être saisi. Son directeur, Charles Lesca, et son rédacteur en chef, Alain Laubreaux, coucheront à partir de ce soir en prison. Le ministre de l'Intérieur Georges Mandel, excédé par les propos défaitistes du journal, les a fait arrêter. Il est vrai que Laubreaux fait partie de ceux qui souhaitent pour la France « une guerre courte et désastreuse ».

La « Gentry » met ses enfants à l'abri

Londres, 5 juin
Les Allemands traverseront-ils la Manche, et les enfants de la *Gentry* l'Atlantique ? Conséquence inattendue des menaces d'invasion, des parents fortunés mettent leurs rejetons à l'abri à l'étranger. Pour cela, ils s'adressent à leurs amis ou à leurs familles et leur font gagner le Canada ou les Etats-Unis. Ce mouvement de panique irrite profondément le Premier ministre qui a tout de même accepté que l'on étudie un plan général d'évacuation des enfants âgés de cinq à seize ans. Un office spécialisé placerait ces enfants, y compris ceux des familles défavorisées, outre-mer. ▷

L'opération « Dynamo » a sauvé 338 226 hommes

Des soldats britanniques se hâtent vers les points d'embarquement.

Les vainqueurs contemplent l'épave d'un navire anglais coulé à Dunkerque.

Dunkerque, 4 juin
A 3 h 45, le destroyer anglais *Shikari* accoste à Dunkerque. Il fait déjà jour, et l'ennemi n'est qu'à 1 500 m du port. Six cents hommes du secteur fortifié des Flandres sautent à bord. Une heure plus tard, lorsque le bataillon Miquel du 137ᵉ RI qui défend le dernier carré décroche à son tour, c'est pour apprendre qu'il n'y a plus aucun espoir d'embarquer. Vers 8 h, les Allemands pénètrent dans Dunkerque en ruine. La mort dans l'âme, le sous-préfet Le Gentil les reçoit. Il reste sur les plages 30 000 Français qui déposent les armes avec une discipline intacte, leur devoir accompli. Dans le camp retranché, il n'y a plus d'Anglais, excepté les blessés. Si le nombre de morts ou de blessés s'élève à 60 000 environ depuis une semaine, en revanche, grâce aux efforts conjugués de la Royal Navy et de la marine de guerre, 338 226 hommes, dont 110 000 Français, ont été évacués. Un succès acquis grâce à l'erreur de Hitler qui a d'abord voulu confier à la Luftwaffe le soin de réduire Dunkerque. Il n'avait pas prévu l'effort gigantesque qu'allait fournir la chasse anglaise qui, en sept jours, devait exécuter 2 739 missions et détruire 262 appareils allemands au-dessus du camp retranché. A terre, l'ardeur au combat des Alliés a permis de retarder au maximum l'issue fatale. A Lille, les divisions du général Molinié ne se sont rendues, après de farouches combats, que le 1ᵉʳ juin. Le 2, le général Janssen, dont la division motorisée défend le périmètre du port, est tué par une bombe. Une défense qui provoque des heurts entre les Alliés. Pour Weygand, il faut défendre la tête de pont à tout prix, alors que les Anglais veulent évacuer le corps expéditionnaire. C'est tardivement, le 28 mai, que les Français se décident à embarquer. Dès lors, la solidarité entre marins joue à plein. Si la Royale se dévoue sans compter, les Anglais ne sont pas en reste. Lorsque le *Sirocco* coule dans la nuit du 30 au 31 mai, trois bateaux anglais et un polonais le secourent. L'avant-veille, le *Cyclone*, bien que surchargé de soldats français, avait déjà recueilli 158 Anglais d'un dragueur coulé près de lui. Le 31 mai, le chef du CEB, lord Gort, quitte Dunkerque sur un Au revoir, la France ! Le lendemain, le groupe d'armées nº 1 dissous, le général Blanchard embarque à son tour. Le commandement passe à l'amiral Abrial, chef des forces maritimes du Nord. C'est alors que l'incident le plus grave se produit. Le général Alexander annonce qu'il a reçu l'ordre d'embarquer le 2 à 0 h les derniers soldats britanniques. Pis, la mission navale française de Londres fait savoir que l'Amirauté aurait l'intention de bloquer le port aussitôt après. Il faudra un ordre exprès de Churchill pour que les embarquements continuent. Une promesse magnifiquement tenue par la Royal Navy qui va poursuivre pendant deux jours son effort au profit des seuls Français. Cette nuit, 26 174 hommes ont encore embarqué. Les marins n'ont qu'un regret : un jour de plus, on sauvait tout le monde.

Le visage défait d'un prisonnier.

La joie : vaincus, les rescapés du CEB sont accueillis en héros.

L'amertume de ceux qui restent.

Dunkerque : trois témoins racontent

Sur les plages de Dunkerque se forment d'immenses files de soldats qui attendent anxieusement d'être rembarqués.

« Des Anglais tirent sur des Anglais ! »

Grande-Bretagne, 2 juin

Le sergent Leonard Howard était hier encore à Dunkerque. Il décrit les dernières heures de son calvaire : « J'étais allongé dans les dunes. J'ai longtemps somnolé tellement j'étais épuisé. Hier matin, j'ai décidé de tenter ma chance. Je me suis avancé dans l'eau au milieu des autres, dans l'espoir de pouvoir monter sur un bateau. Ils essayaient bien d'organiser des files d'attente, mais le désordre et la panique étaient trop grands. J'ai vu des Anglais tirer sur des Anglais ! Un petit bateau qui s'était approché fut pris d'assaut au risque de sombrer. Le type qui le commandait a compris ce qui allait se passer. Alors, il a abattu le premier resquilleur à sa portée. C'était plus qu'on n'en pouvait supporter. J'ai vu des soldats craquer nerveusement et se ruer dans l'eau en hurlant. » Howard et l'un de ses camarades ont enfin mis la main sur un canoë avec lequel ils ont pu rallier un bateau. « Le canoë était sur le point de couler. Nous nous sommes agrippés à la corde qu'ils nous ont lancée et nous avons été hissés à bord. »

« Pas de place pour un chat de plus ! »

Grande-Bretagne, 2 juin

Le matelot Ernest Frederick Eldred sert à bord du destroyer *HMS Harvester* qui a participé à l'évacuation de Dunkerque. Comme les autres membres de l'équipage, il croyait effectuer une simple patrouille. C'est peu à peu qu'il s'est rendu compte du nombre de bateaux qui traversaient la Manche à ses côtés. « On se serait cru à la plage en été ! Tout ce qui flottait était sur l'eau. Les plus petites embarcations étaient remorquées par les plus grosses. Cela formait une ligne ininterrompue. C'était une vision fantastique ! » Le *Harvester* était chargé de contrer les attaques aériennes de la Luftwaffe, tout en recueillant le plus de soldats possible. « Je n'aurais jamais cru qu'un destroyer pouvait transporter autant d'hommes. Ils devaient être des centaines, agglutinés dans tous les espaces où ils pouvaient se loger ! Il y en avait partout, depuis la salle des machines jusqu'au pont supérieur. Même un chat n'aurait pas trouvé place à bord. Il n'y a que devant les canons qu'il n'y avait personne ! »

« Des ambulances sous les bombes ! »

Grande-Bretagne, 2 juin

Sœur Catherine Mary Butland a été évacuée de Dunkerque après avoir servi deux semaines comme infirmière dans un centre de triage des blessés en Belgique. Elle accuse les Allemands de ne pas avoir tenu compte des insignes universellement reconnus et respectés de la Croix-Rouge et d'avoir attaqué des convois sanitaires. « Nous avons subi les assauts répétés de l'aviation allemande durant tout le temps qu'a duré notre retraite. Le fait que nous voyagions à bord d'ambulances ne changeait rien. Les avions nous bombardaient en piqué ou nous mitraillaient en rase-mottes sans distinction, même lorsque nous transbordions nos patients ! » Les blessés qu'elle escortait en compagnie d'autres infirmières ont été recueillis à bord du *Worthing*, converti pour l'occasion en navire-hôpital. « Ce n'était pas le moment de se reposer, malgré l'envie que nous en avions. Les blessés réclamaient des soins. Le seul vœu que nous formulions, tout comme eux, était de rejoindre au plus vite notre unité. »

L'étrange odyssée du capitaine de Hauteclocque

Flavy-le-Martel, 4 juin

Parti de Lomme-lès-Lille, le capitaine Philippe de Hauteclocque vient de rejoindre les lignes françaises non loin de Saint-Quentin. Officier à l'état-major de la 4e DI, il apprend le 28 mai que Lille est quasiment encerclé. Après avoir obtenu de son chef l'autorisation de tenter sa chance, il part à pied pour gagner le front qui va de la Somme à l'Aisne. Il se cache le jour et marche la nuit en se repérant sur les étoiles, car il a perdu sa boussole. Réflexe de soldat de métier, il fixe dans sa mémoire le dispositif allemand qu'il croise dans ses déplacements. Le 29, il passe la journée caché dans un petit bois du côté d'Ennetières. A Wallicourt, il est arrêté par des Allemands qui l'envoient à Bohain. Là, il parvient à convaincre le colonel qui l'interroge que, père de six enfants, il est dégagé des obligations militaires. Furieux, l'Allemand le fait jeter dehors. Il reprend alors sa marche puis, après avoir passé la nuit à Flavy dans une maison vide, il rejoint une patrouille française au matin.

De Gaulle entre au gouvernement

Paris, 5 juin

Devant la montée du péril, le président Reynaud vient d'appeler le jeune général de Gaulle pour l'assister au ministère de la Guerre, où il l'a nommé sous-secrétaire d'Etat. De Gaulle ne se fait guère d'illusions sur les chances de la France de résister à l'invasion allemande. Mais il refuse toute idée de capitulation et il est décidé à se battre jusqu'au bout. Ce jeune militaire est déjà bien connu par ses livres, *Au fil de l'épée* et *Vers l'armée de métier*, où il a exposé des idées jugées révolutionnaires sur l'utilisation d'armes modernes comme l'aviation et les blindés. Nommé général de brigade depuis le 25 mai seulement, de Gaulle a l'amertume de se voir reconnu bien tardivement. Est-il encore en son pouvoir de redresser la situation ? ▷

Les Allemands ont franchi la Somme

Rouen, 8 juin
Hâtivement mise en place sur la Somme, la défense alliée est de nouveau enfoncée. Cette fois-ci, pourtant, on s'est bien battu. Si le front a craqué, c'est en raison de l'infériorité numérique des armées françaises et du manque de blindés et d'avions. Le général Weygand avait organisé sa défense en de multiples points d'appui, capables de se défendre dans toutes les directions. Truffés de canons de 75, utilisés en pièces antichars, ces «hérissons» ont résisté vigoureusement, à la surprise des généraux allemands. Désormais, ce n'est plus la panique; aguerris, conscients des enjeux, les soldats français s'accrochent désespérément au terrain. Dans l'Aisne, la 14ᵉ DI du général de Lattre de Tassigny contient l'ennemi, puis le refoule. On reprend des villages perdus. Des points d'appui, encerclés, parfois dépassés par les blindés ennemis refusent de se rendre et continuent de résister. Mais, une fois de plus, ce sont les divisions blindées qui ont fait la différence. La 7ᵉ division d'Erwin Rommel, longtemps bloquée par le «hérisson» d'Hermigny, a fait une percée. Hier, ses blindés atteignaient Forges-les-Eaux, situé à 65 km de la Somme. Aujourd'hui, ses chars avancent sur Elbeuf et Rouen afin de s'emparer des ponts sur la Seine, avant leur destruction. Les Panzer essaient d'éviter les grandes routes et les villages, de même que les obstacles naturels qui peuvent servir de points d'appui aux Français; ils passent à travers champs. La percée de Rommel bouscule le dispositif de Weygand. Une partie de la 10ᵉ armée est encerclée dans Saint-Valery-en-Caux, tandis que le reste des troupes se replie en deux tronçons, l'un sur Le Havre, l'autre sur Pontoise. La situation est d'une telle gravité que le gouverneur militaire de Paris a pris sur lui de former une «armée de Paris» afin de défendre la capitale. A l'est, la situation n'est guère meilleure. Au sud d'Amiens, les troupes allemandes ont progressé jusqu'à Saint-Just-en-Chaussée. La 7ᵉ armée tente d'enrayer l'avance allemande vers l'Ourcq. Ce soir, la bataille de la Somme semble perdue.

Premières images de désolation.

Un Panzer III traverse les ruines d'un village de l'est de la France.

1940

Juin

Di	Lu	Ma	Me	Je	Ve	Sa
						1
2	3	4	5	6	7	8
9	10	11	12	13	14	15
16	17	18	19	20	21	22
23	24	25	26	27	28	29
30						

9. France : les Allemands atteignent la Seine et occupent Dieppe, Rouen et Compiègne. Offensive de von Rundstedt en Champagne.

9. Norvège : les Allemands réoccupent Narvik. Entrée en vigueur d'un armistice avec l'armée norvégienne.→

10. France : les divisions Panzer de Guderian franchissent l'Aisne.

10. Rome : Mussolini déclare la guerre à la France et à la Grande-Bretagne.→

10. Paris : le gouvernement décide de quitter la capitale pour se réfugier à Tours (→ 14).

10. Chine : les Japonais attaquent Yichang sur le fleuve Yang-tseu-kiang (→ 12).

11. Washington : le Congrès attribue 1 500 millions de dollars à l'US Navy.

11. France : les Allemands occupent Reims.

11. Paris : le général Hering, gouverneur militaire, déclare Paris ville ouverte (→ 14).

11. Malte : l'aviation italienne effectue sept raids sur la base navale britannique de l'île.

12. France : la Marne est franchie par les Allemands qui occupent Château-Thierry et Châlons-sur-Marne.

12. Tours : le général Weygand signe l'ordre de retraite.

12. Espagne : le gouvernement passe de la neutralité à la non-belligérance (→ 14).

12. Afrique du Nord : premier combat entre Britanniques et Italiens à la frontière libyenne.

14. France : la ligne Maginot est enfoncée en Lorraine. La Wehrmacht occupe Paris.→

14. France : l'armée française se replie sur la Loire. Le gouvernement quitte Tours pour Bordeaux.

14. Tanger : les Espagnols occupent la zone internationale.

14. Auschwitz : ouverture du camp avec l'arrivée d'un premier convoi de Polonais.

15. France : sur ordre de Hitler, Guderian prend Verdun.

Avancée nippone en Chine au prix de lourdes pertes

Yichang, 12 juin
Yichang est aux mains des Japonais. C'est la ville la plus à l'ouest qu'ils aient jusqu'à présent conquise. La chute de cet important verrou situé sur le Yang-tseu-kiang, dans la province du Hubei, leur ouvre la porte des provinces tenues par les nationalistes chinois. Chongqing, leur capitale, dans le Sichuan, n'est plus qu'à six cent quarante kilomètres. Cette victoire marque le terme d'une campagne de trois mois visant à placer l'armée nationaliste sur la défensive après ses succès militaires et le continuel harcèlement qu'elle fait subir aux colonnes du corps expéditionnaire japonais. La décision d'envahir les provinces nationalistes s'est révélée coûteuse. En mai, les Japonais ont subi de lourdes pertes qu'ils ont dû compenser en faisant appel à de nombreux renforts.

Le roi et les Alliés quittent la Norvège

Narvik, 10 juin
La campagne de Norvège est terminée. C'est un échec total pour les Alliés : leurs troupes, trop dispersées et commandées par des chefs trop pusillanimes, comme le général Mackesy, ont été vaincues par des Allemands pourtant moins nombreux. La seule victoire importante est la prise de Narvik le 28 mai, sous les ordres des généraux Béthouart et Auchinleck. Or, la décision de rapatrier les soldats alliés, en raison de la gravité de la situation en France, date du 24 mai. L'évacuation a commencé le 7 juin. Le roi Haakon est l'un des derniers à partir, à bord du vaisseau anglais *Devonshire*. Il a donné aujourd'hu[i] l'ordre à toutes les forces de so[n] pays de cesser les combats. Lors d[u] rapatriement, la Royal Navy [a] perdu un porte-avions, le *Gloriou[s]* et deux destroyers, l'*Ardent* e[t] l'*Acasta*. Le croiseur alleman[d] *Scharnhorst* est hors de comba[t]. L'affaiblissement de la Kriegsma[rine] est d'ailleurs le seul avantag[e] que tirent les Alliés de cette désa[s]treuse aventure en Norvège.

L'Italie déclare la guerre aux Alliés

Rome, 10 juin
Benito Mussolini s'est décidé à voler au secours de la victoire. Marchant sur les traces des Panzer, il a aujourd'hui déclaré la guerre à la France et à la Grande-Bretagne. Il est vrai qu'il ne craint rien autant que la paix, cet état si peu propice à la gloire. Les ambassadeurs français et britannique ont été informés par le comte Galeazzo Ciano, gendre du dictateur et ministre des Affaires étrangères. Interrogé sur les motifs de son pays, il a répliqué que l'Italie ne faisait qu'exécuter les plans établis en collaboration avec l'Allemagne. En fait, Mussolini n'a pas choisi la date de sa déclaration de guerre. Il y a cinq jours encore, il intervenait auprès de Hitler pour lui demander l'autorisation de participer aux combats contre la France. Mais celui-ci, qui voulait que la victoire soit allemande, lui a « suggéré » d'attendre jusqu'à ce que l'aviation française soit totalement détruite. Quand la France sera vaincue, l'Italie pourra s'asseoir à la table des négociations d'armistice. C'est chose faite. Plus de 250 000 personnes ont assisté au discours prononcé par le Duce depuis le balcon de sa résidence du Palazzo Venezia. « Nous vaincrons ! hurlait-il. Aux armes, peuple d'Italie ! C'est le moment de montrer votre bravoure ! »

La déclaration de guerre de Mussolini telle que la figure un magazine italien.

L'Amérique critique sévèrement Mussolini

New York, 12 juin
L'entrée en guerre de l'Italie a peut-être été fatale à l'isolationnisme américain. En effet, elle a déclenché un fort sentiment d'hostilité à l'égard des puissances de l'Axe et renforcé la sympathie à l'égard des Alliés. Un éditorial du *New York Times* résume bien l'opinion de beaucoup d'Américains sur la décision italienne : « Avec le courage d'un chacal qui s'abrite derrière un fauve plus audacieux que lui, Mussolini a tendu son embuscade. » Le journaliste décharge le peuple italien de la responsabilité de la décision prise par un homme qui entraîne l'Italie dans les ténèbres et en fait l'ennemie morale de tous les peuples démocrates ». Le *Baltimore Sun* décrit l'acte italien comme « une partie longue et risquée... qui sera de toute façon perdue ». Les autres grands journaux condamnent Mussolini avec une égale sévérité, et le président Roosevelt lui-même soutient officiellement les Alliés sans ambiguïté. L'Italie a, selon lui, mis en danger la sécurité des autres pays. Par conséquent, les Etats-Unis soutiendront matériellement tous ceux qui s'opposent à cette démonstration de force. Le Président a ajouté : « Certains s'accrochent encore à la conviction trompeuse que les Etats-Unis peuvent devenir un îlot de démocratie dans un monde entièrement dominé par une philosophie totalitaire. Pour l'immense majorité des Américains, la vie sur un îlot comme celui-là serait un cauchemar sans fin, car ce serait celle d'un peuple sans amis. »

Premiers combats aériens pour l'Italie

Le Caire, 12 juin
Les premières bombes anglaises sont tombées sur l'Italie, touchant Milan et Gênes. En même temps, des bombardiers anglais et sud-africains, basés au Caire, attaquaient des aéroports et des dépôts de pétrole et de munitions en Libye et en Afrique de l'Est. La surprise paraissait totale chez les Italiens, dont la DCA ne s'est guère fait entendre. La RAF affirme que la force de frappe de Mussolini au Proche-Orient est à présent paralysée. L'Italie a aussi attaqué. L'île de Malte a été touchée au cours de sept raids aériens qui visaient des cibles civiles, dont un hôpital. Dix-sept personnes sont mortes et deux bombardiers ont été détruits.

Suite du partage de l'Europe : l'URSS envahit la Lituanie

Kaunas, 15 juin
L'Armée rouge entre en force en Lituanie. Le président Antanas Smetona n'a eu que quelques heures pour fuir la capitale en avion, accompagné de sa famille et de ses proches. Deux cents chars ont pris position dans Kaunas où les bâtiments publics sont occupés par les militaires soviétiques. Puis, une seconde vague d'invasion a rejoint la première : celle des responsables du parti, arrivés par avions entiers. La première action des agents du NKVD qui les accompagnaient a été d'arrêter le ministre de l'Intérieur et le chef de la police lituanienne. La loi martiale est décrétée et le couvre-feu instauré. Par le traité du 11 octobre 1939, l'URSS avait restitué à la Lituanie sa capitale historique, Vilnius, qu'elle venait d'arracher à la Pologne, contre la cession de bases militaires en territoire lituanien. Face à l'occupation qui vient compléter l'opération, les Lituaniens semblent résignés. En revanche, la population allemande de Lituanie est très inquiète. L'ambassade d'Allemagne est assaillie de demandes de départ. L'occupation de la Lituanie est considérée ici comme une phase supplémentaire du plan soviétique consistant à former un tampon entre l'URSS et l'Allemagne. Après la Pologne et la Finlande, quelle sera la prochaine victime des Russes ? L'Estonie, la Lettonie ?

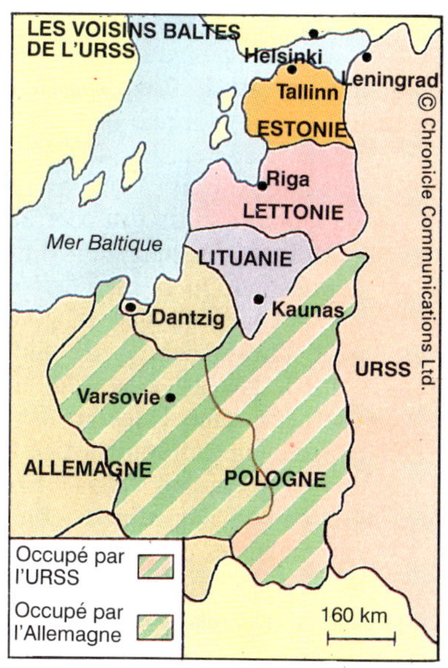

Les troupes allemandes sont entrées dans Paris

Des Parisiens qui se terrent...

Paris, 14 juin
C'est dans un Paris vidé des trois quarts de ses habitants que la Wehrmacht a fait son entrée. Dès l'aube, le gouverneur de Paris, le général Dentz, avait garanti au général von Küchler, le commandant de la 18e armée allemande, qu'il n'y aurait aucune résistance. A 8 h ce matin, les premiers contingents allemands qui attendent à Saint-Denis s'ébranlent : en tête, quatre divisions d'infanterie, suivies par d'innombrables unités. Le ciel est couvert, et c'est sous la pluie que le défilé des vainqueurs commence. Le premier acte symbolique de l'occupant est d'ôter le drapeau tricolore qui flotte sur le ministère de la Marine. Quelques heures plus tard, l'étendard à croix gammée se déploie au fronton du ministère de l'Air et au sommet de l'Arc de Triomphe. Sur la place de l'Etoile, une musique militaire se met en place qui va rythmer l'interminable défilé de la 18e armée. Parfois, le vent rabat d'immenses volutes de fumée noire sur la ville, qui proviennent des réservoirs d'essence du Pecq, de Port-Marly et de Colombes, incendiés la veille par les troupes françaises, qui continuent de brûler. Des voitures équipées de haut-parleurs sillonnent les rues en diffusant un appel au calme : « Parisiens, pendant quarante-huit heures les troupes allemandes vont défiler dans Paris ; que chacun reste chez soi ! » D'autres enjoignent aux habitants de déposer dans les commissariats les armes de guerre et de chasse qui se trouveraient en leur possession. Ce matin, rares ont été les Parisiens qui se sont risqués dehors, mais dans l'après-midi, rassurés par le calme qui règne et incorrigiblement curieux, des badauds réapparaissent dans les rues. A 14 h, un petit attroupement se forme place de l'Hôtel-de-Ville. Des officiers allemands commentent leur victoire devant des passants. Vers 16 h, la même scène se répète rue de Flandre. Mais tous les Parisiens n'ont pas montré une telle insouciance : certains, abasourdis par la défaite, se terrent chez eux. A 20 h, heure du couvre-feu, plus personne ne circule dans les rues, hormis les troupes ennemies qui traversent la capitale. Peu avant minuit, le préfet de police Langeron reçoit le relevé des suicides : il y en a eu seize dans la journée, chiffre jamais atteint en un temps si court.

Parade de victoire de l'armée allemande sur l'une des avenues de l'Etoile.

... et d'autres qui s'enfuient

France, 14 juin
Le patron part, ne soyons pas en reste. Le voisin fait son balluchon, nous aussi. La « grande peur » gagne Paris. Tant qu'ils voyaient passer les réfugiés belges ou des Français venus du Nord et de l'Est, les Parisiens ne s'étaient pas inquiétés d'une guerre qui leur paraissait bien lointaine. Mais le front s'est rapproché et Paris a été bombardé. Enfin, le départ des membres du gouvernement, il y a quatre jours, a déclenché la panique chez les Parisiens. En quelques jours, la ville s'est en partie vidée, en particulier le XIVe arrondissement qui a subi une véritable hémorragie : sur ses 178 000 habitants, 129 000 ont fui. Unis par la peur de la soldatesque, le Paris des beaux quartiers et celui des faubourgs ont pris le chemin de l'exode. Une seule direction pour ces gens éperdus et vite affamés : le Sud, et les ponts de la Loire, au-delà desquels ils espèrent se mettre à l'abri d'un ennemi qui ne les épargne pas. Les avions de chasse allemands et italiens ne dédaignent pas de tirer sur les colonnes de réfugiés qui serpentent misérablement sur les routes de France.

Churchill trouve les dirigeants français défaitistes

Tours, 13 juin
C'est dans une ville encombrée par le flot des réfugiés que Winston Churchill et Paul Reynaud ont réuni le Conseil suprême interallié. En compagnie de Paul Baudouin, le sous-secrétaire d'Etat à la présidence du Conseil, et de son chef de cabinet Roland Jacquin de Margerie, le président du Conseil devait expliquer à Churchill que le gouvernement l'avait chargé de l'informer que le général Weygand, en raison de l'épuisement des armées, souhaitait demander un armistice à l'Allemagne. Churchill, abasourdi, sort alors de son silence pour compatir aux malheurs de la France et réaffirmer la résolution de l'Angleterre décidée à combattre jusqu'à la mort. Paul Reynaud propose d'envoyer un nouveau message au pré-sident Roosevelt pour lui demande une aide immédiate. Si celle-ci n'es pas accordée, la question de l'ar-mistice ou de la paix se poserait Churchill répond que l'Angleterr ne peut délier la France de ses en-gagements du 28 mars, mais que, s l'Angleterre gagnait la guerre, l France serait rétablie dans sa d-gnité et dans sa grandeur. Après ce étrange dialogue de sourds, les Br-tanniques se concertent et décider de ne rien faire avant d'avoir reç la réponse de Roosevelt. La délég-tion anglaise, désabusée, quitte l préfecture de l'Indre-et-Loire pou regagner Londres. Le Conseil su-prême interallié est terminé. En ce jours critiques, a-t-il encore un raison d'exister ?

W. Churchill, J. Dill, C. Attlee et P. Reynaud lors d'une précédente rencontre.

1940

Juin

Di	Lu	Ma	Me	Je	Ve	Sa
						1
2	3	4	5	6	7	8
9	10	11	12	13	14	15
16	17	18	19	20	21	22
23	24	25	26	27	28	29
30						

16. France : les Allemands prennent Orléans et commencent à franchir la Loire.

16. Bordeaux : après le rejet par le Conseil des ministres d'une offre d'« union franco-britannique », Paul Reynaud démissionne. Le maréchal Pétain devient président du Conseil.→

17. Indochine : l'armée japonaise met en place un blocus afin d'empêcher le passage de fournitures militaires vers la Chine nationaliste.→

17. France : Guderian atteint la frontière suisse à Pontarlier. Les forces françaises du Nord-Est sont isolées.

17. Bordeaux : le général Weygand fait transférer au gouvernement britannique le bénéfice de tous les contrats de fournitures de matériel de guerre passés avec les Etats-Unis.

18. Londres : à la BBC, le général de Gaulle appelle à la poursuite de la lutte.→

19. France : Rommel s'empare de Cherbourg. Brest est occupé, mais le cuirassé *Richelieu* a pu appareiller pour Dakar.

19. Saint-Nazaire : le capitaine de vaisseau Ronarch réussit à faire sortir du bassin de carénage le cuirassé *Jean-Bart* qui était en cours d'armement. Il met le cap sur Casablanca (→ 8.7).

19. Douarnenez : évacuation totale de l'école de pilotage de Morlaix. Les aviateurs et les élèves pilotes partent pour l'Angleterre.

20. France : les Allemands prennent Lyon, puis se dirigent vers les Alpes pour soutenir l'offensive italienne qui piétine.

20. Bordeaux : le gouvernement demande un armistice à l'Italie (→ 24).

21. Bordeaux : Pierre Laval fait échouer le projet de départ du gouvernement en Afrique du Nord.→

22. Rethondes : signature de la convention d'armistice franco-allemande.→

La France demande l'armistice

Bordeaux, 17 juin

« C'est le cœur serré que je vous dis qu'il faut cesser le combat... Je me suis adressé cette nuit à l'adversaire pour lui demander s'il était prêt à rechercher avec moi, entre soldats, après la lutte et dans l'honneur, les moyens de mettre un terme aux hostilités. » C'est peu après midi que les Français qui possèdent une radio ont entendu la voix chevrotante et triste du maréchal Pétain leur annoncer ce qu'ils devinaient ou savaient déjà : les armées ne sont plus en état d'arrêter l'ennemi, il faut donc se résigner à traiter avec l'Allemagne. Le gouvernement, qui avait fui Paris le 10 juin, après quelques jours d'errance en Touraine, est aujourd'hui installé à Bordeaux. C'est de cette ville que le maréchal Pétain, qui est président du Conseil depuis hier, a fait son discours. En deux jours, la situation a évolué de telle manière que les espoirs des partisans de la continuation de la lutte ont tous été balayés. Hier, Paul Reynaud recevait un message du président Roosevelt : les Etats-Unis n'entreront pas en guerre. Dans cette atmosphère de déliquescence et de décomposition, les projets les plus fous naissent et meurent en quelques heures. Au sein du gouvernement, partisans de la lutte et partisans de l'armistice s'affrontent. Reynaud veut poursuivre la lutte en Afrique du Nord, mais le Maréchal et Weygand s'y opposent. Enfin, personne ne veut endosser la responsabilité de la défaite. Le général Weygand ne veut pas que l'armée soit obligée de capituler, et Paul Reynaud ne veut pas d'armistice. Dernier coup de théâtre, de Londres où il est en mission, le général de Gaulle téléphone à Bordeaux où se tient le Conseil des ministres : Churchill propose à Reynaud une union franco-britannique jusqu'à la victoire. La proposition est rejetée ; se croyant mis en minorité, Paul Reynaud saisit l'occasion et démissionne. Le président de la République charge alors le maréchal Pétain de former immédiatement un nouveau gouvernement. Nous sommes le 16 juin au soir. Tard dans la nuit, le nouveau ministre des Affaires étrangères Paul Baudouin convoque l'ambassadeur d'Espagne de Lequerica. L'entretien a lieu à la préfecture de la Gironde. A 3 h ce matin, le gouvernement espagnol a prévenu Berlin que le gouvernement français demandait la cessation des hostilités et les conditions de paix.

Le maréchal Philippe Pétain adresse aux Français un message radiodiffusé.

Jean Moulin, préfet d'Eure-et-Loir, torturé par les Allemands

Chartres, 17 juin

Torturé par les Allemands, le préfet d'Eure-et-Loir, Jean Moulin, a tenté ce soir de mettre fin à ses jours. A l'aube, il avait accueilli très calmement les premières troupes allemandes. Puis, brusquement, la situation s'est tendue. Trois officiers allemands le convoquent et le somment de signer un protocole reconnaissant que des tirailleurs sénégalais avaient commis des atrocités dans un village des environs, tuant et violant des femmes et des enfants. Sur un premier refus de Jean Moulin, on en vient aux injures, puis aux coups, mais le préfet ne cède pas. Mis en présence des cadavres des malheureux, victimes à l'évidence d'un bombardement, il refuse de plus belle de se « déshonorer » en sanctionnant ce qu'il qualifie « d'outrage à l'armée française ». Devant son obstination, les Allemands lui infligent un nouveau passage à tabac avant de le jeter pour la nuit dans la loge du concierge de l'hôpital de Chartres, en compagnie d'un tirailleur sénégalais fait prisonnier. Epuisé, Jean Moulin, craignant de céder sous de nouvelles tortures, décide de se suicider. Le sol de sa cellule est jonché de débris de verre. Sans hésiter, il en prend un et s'entaille la gorge. Quelques heures plus tard, ses bourreaux le découvrent baignant dans son sang, mais vivant.

Le plus jeune préfet de France.

▷

L'armistice signé dans le wagon du maréchal Foch

Rethondes, 22 juin

Hitler exulte : cet après-midi, dans la clairière de Rethondes, où, vingt ans plus tôt, l'armistice franco-allemand avait été conclu, les Allemands ont dicté leurs conditions à la France vaincue. Joseph Goebbels en personne a choisi l'endroit et organisé les négociations, pour effacer de manière éclatante l'humiliation allemande de 1918. Arrivée hier à 14 h 30, la délégation française, conduite par le général Charles Huntziger, a été reçue de manière glaciale par Hitler, accompagné de Göring, Ribbentrop, Hess et des principaux chefs d'état-major. Dans le wagon du maréchal Foch, un préambule à l'accord a été lu, rappelant les conditions humiliantes dans lesquelles l'Allemagne dut se soumettre en 1918, « bien que l'ennemi n'eût pas défait l'armée allemande de manière décisive ». Le Führer est parti peu après, laissant au général Wilhelm Keitel le soin de conduire les discussions. Les Allemands espéraient signer le premier jour, mais la délégation française n'avait que le pouvoir de négocier au nom du gouvernement. Grâce à un téléphone, au demeurant placé sur écoute, le général Huntziger a pu communiquer avec le général Weygand et lui annoncer que, bien que très dures, les conditions « ne contiennent rien de contraire à l'honneur ». Trois articles sont jugés inacceptables par les délégués français : l'article 17 qui interdit tout transfert de valeurs à caractère économique et de stocks de la zone occupée à la zone libre ; l'article 19, dont Keitel fait une condition *sine qua non* qui prévoit la livraison au Reich de tous les ressortissants allemands réfugiés en France ; et l'article 23, subordonnant l'entrée en vigueur de la convention à la signature d'un protocole équivalent avec le gouvernement italien. Ce matin à 10 h s'est tenue la réunion décisive. Dans une atmosphère tendue, Keitel, excédé, refuse de céder sur les articles litigieux et exige que l'accord soit conclu avant 18 h 30. A 17 h 50, après avoir consulté le gouvernement, le général Huntziger signe la convention d'armistice. Elle place sous occupation militaire les trois cinquièmes de la France, dont les principales villes industrielles et la côte atlantique dans sa totalité « en vue de sauvegarder les intérêts du Reich ». Une administration civile française subsistera dans cette zone. L'Alsace et la Lorraine seront administrées directement par l'Allemagne. Quant au reste du territoire français, il sera indépendant. Les forces françaises seront démobilisées et désarmées, à l'exception de cent mille hommes destinés à maintenir l'ordre. Le matériel lourd sera livré ou démilitarisé. La flotte de guerre est épargnée, car Hitler sait que le gouvernement français ne cédera pas sur ce point : les navires doivent regagner leurs ports d'attache, mais seuls seront désarmés ceux qui ne sont pas nécessaires à la sauvegarde de l'empire colonial, qui reste par ailleurs administré directement par la France. Mais de nombreux problèmes sont encore en suspens et l'Allemagne s'est assuré un gage de taille pour les futures négociations : un million cinq cent mille prisonniers de guerre qui ne seront libérés qu'à la signature de la paix.

C'est le deuxième armistice signé ici, cette fois aux dépens de la France.

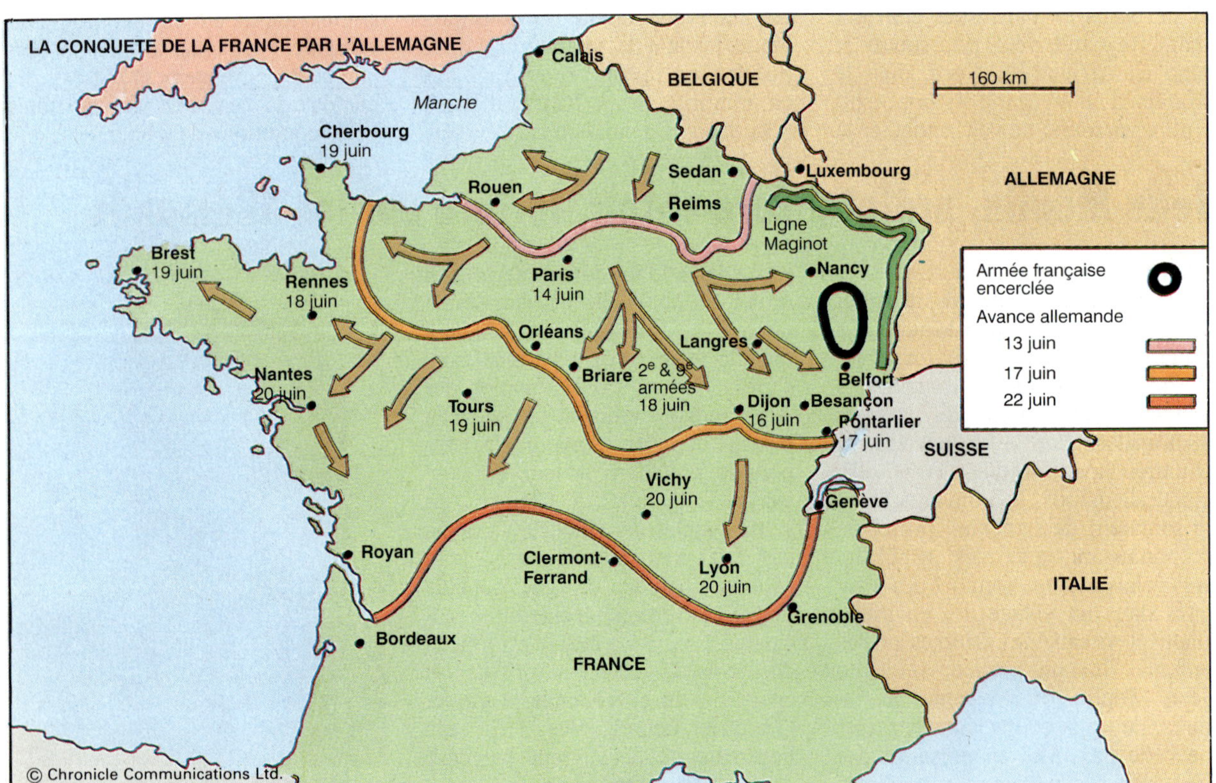

Hitler ne cache pas sa joie à l'annonc de la capitulation de la France.

Le général de Gaulle parle aux Français

Londres, 18 juin
Les Français n'ont pas tous baissé les bras. Ce soir, vers 20 h, une voix grave et ferme, rendue vibrante par l'émotion, se fait entendre sur les ondes de la BBC. Elle déclare notamment : « Rien n'est perdu pour la France. [...] Elle n'est pas seule ! [...] Cette guerre est une guerre mondiale. [...] Moi, général de Gaulle [...], j'invite les officiers et les soldats français qui se trouvent en territoire britannique ou qui viendraient à s'y trouver [...], les ingénieurs et les ouvriers spécialistes des industries d'armement [...] à se mettre en rapport avec moi. Quoi qu'il arrive, la flamme de la résistance française ne doit pas s'éteindre et ne s'éteindra pas. » Le général de Gaulle est, pour ainsi dire, un inconnu. Brillant officier de blindés, c'est sa nomination comme sous-secrétaire d'Etat dans le dernier cabinet de Paul Reynaud qui l'a fait sortir de l'anonymat. La démission de ce dernier l'a décidé à s'envoler pour l'Angleterre. Son appel de ce soir a sans doute été peu entendu en France, à cause des brouillages allemands. La BBC ne l'a pas enregistré, car la diffusion du discours de « la plus belle heure » de Winston Churchill mobilisait ses moyens techniques.

Le général de Gaulle a rallié Londres à bord de l'avion du général Spears.

Des parlementaires prennent le large

A bord du « Massilia » ont pris place ceux qui veulent poursuivre la lutte.

Le Verdon, 21 juin
Ils ne sont que vingt-six députés et un sénateur parmi les passagers qui ont embarqué sur le *Massilia* pour gagner l'Afrique du Nord. Edouard Daladier, Georges Mandel, Yvon Delbos et Pierre Mendès-France pensaient tous s'exiler avec le Parlement au grand complet et le gouvernement. Mais, au dernier moment, celui-ci a décidé de ne pas s'embarquer. Le 18, n'ayant pas obtenu de réponse à sa demande d'armistice et craignant un coup de main allemand sur Bordeaux, le gouvernement avait décidé de se transporter à Alger. Albert Lebrun partirait avec les présidents des deux Chambres, tandis que le maréchal Pétain resterait seul à Bordeaux, entouré des ministres militaires et de deux ministres civils. Mais, le soir même, coup de théâtre : Pierre Laval s'oppose à ce qu'il qualifie d'« évasion du gouvernement ». Il menace Albert Lebrun en ces termes : « Si vous quittez la France, vous n'y remettrez plus les pieds. » Aujourd'hui, le ministre Alibert a pris le cachet de Pétain, sans l'en avertir, et a donné l'ordre de surseoir au départ.

Dans les Alpes, les Italiens piétinent face aux Français

France, 22 juin
Du col du Petit-Saint-Bernard à la Méditerranée, l'armée italienne vient de lancer une offensive de dernière heure. Mussolini a besoin de gages, afin d'obtenir des concessions des Français au moment de l'armistice. L'idée maîtresse du plan italien est de jouer sur le fait que l'entrée en vigueur de l'armistice franco-allemand est subordonnée à la signature d'une convention similaire entre la France et l'Italie. Le Duce espérait que le choc de la victoire allemande amoindrirait la résistance française et lui donnerait une victoire facile. Il n'en est rien, malgré la disproportion des forces en présence : 450 000 Italiens s'opposent à 185 000 Français. Le général Olry, qui commande l'armée des Alpes, ne s'est pas laissé surprendre : un réseau serré d'ouvrages défensifs et une artillerie fournie permettent aux Français de bloquer l'offensive des armées du prince de Piémont. Les canons des forts de Briançon ont réduit au silence les batteries italiennes du fort de Chaberton, bloquant le passage du mont Genèvre. Au Petit-Saint-Bernard, l'ouvrage français de la Redoute ruinée, qui fait partie de la position avancée française, empêche les Italiens de s'emparer de Bourg-Saint-Maurice. En Maurienne, malgré la prise de Lanslebourg et de Termignon, les Alpini du général Guzzoni sont bloqués par les deux 75 mm de l'avant-poste de Turra. Dans le secteur des Alpes-Maritimes, les divisions d'infanterie Cosseria, Modena et Livorno lancent des compagnies contre des sections, des régiments contre des bataillons, mais sans parvenir à briser la résistance française. Il est vrai que, pour défendre Nice, le général Alfred Montagne dispose de 472 pièces d'artillerie dont la moitié de calibre égal ou supérieur à 155 mm. L'allant des troupes alpines surprend les Italiens. Leur supériorité numérique ne leur permet pas de prendre l'avantage sur les Français. Les Allemands qui, dans l'Isère, se portent au secours de leurs alliés ne sont pas non plus à l'abri des mauvaises surprises. L'armée des Alpes repousse depuis ce matin avec succès les assauts du 16e corps de Panzer du général Hoepner. Devant Voreppe, une colonne forte de 150 blindés a été repoussée avec de lourdes pertes. A Moirans, les chasseurs alpins ont rejeté sur leurs positions de départ les avant-gardes de la 3e division de Panzer ; des batteries allemandes qui tiraient sur Grenoble ont été pulvérisées. Du côté italien, cette tragique passe d'armes semble mal engagée. Lors des négociations, Mussolini devra modérer ses prétentions. (→ 24)

Pour exprimer leur manque de « confiance », certains passent outre à l'interdiction de lacérer les affiches de propagande.

1940

Juin

Di	Lu	Ma	Me	Je	Ve	Sa
						1
2	3	4	5	6	7	8
9	10	11	12	13	14	15
16	17	18	19	20	21	22
23	24	25	26	27	28	29
30						

23. Londres : le général de Gaulle annonce à la radio la formation d'un Comité national français (→ 28).

24. Bordeaux : l'amiral Darlan confirme à la flotte l'ordre de se saborder plutôt que de tomber aux mains d'un pays étranger (→ 27).

24. Rome : signature de l'armistice franco-italien.→

25. France : entrée en vigueur des armistices. La France observe une journée de deuil national. En Allemagne commencent dix jours de célébrations officielles.→

26. Moscou : ultimatum de l'URSS à la Roumanie pour la cession de la Bessarabie et du nord de la Bucovine (→ 28).

27. France : les troupes allemandes atteignent la frontière espagnole.

27. Bordeaux : Pierre Laval est nommé vice-président du Conseil.→

27. Londres : le gouvernement décide d'empêcher les navires de guerre français de quitter les ports britanniques (→ 3.7).

28. Libye : Italo Balbo, le gouverneur général italien, est abattu par sa propre DCA au-dessus de Tobrouk.

28. Alsace : entrée solennelle de Hitler à Strasbourg.

29. France : le gouvernement quitte Bordeaux, maintenant en zone occupée, pour Clermont-Ferrand (→ 1.7).

29. Londres : arrivée de l'amiral Muselier.

29. Tokyo : le gouvernement japonais annonce qu'il est de son intérêt de contrôler les mers du Sud. Il considère qu'elles font partie de sa sphère d'influence en Asie orientale (16.7).

30. La Manche : les Allemands occupent les îles Britanniques de Jersey et Guernesey.

30. Berlin : Hermann Göring ordonne un blocus aérien de la Grande-Bretagne.

30. Ecosse : après le *Narval*, qui a rallié la France libre le 24, l'équipage du sous-marin *Rubis* décide de continuer le combat aux côtés des Anglais.

Churchill reconnaît le général de Gaulle

Londres, 28 juin

C'est un succès de taille pour de Gaulle : le gouvernement de Sa Majesté le reconnaît comme « chef de tous les Français libres, où qu'ils se trouvent, qui se rallient à lui pour la cause alliée ». Les Anglais considèrent désormais que le gouvernement français de Bordeaux a perdu son indépendance et sa légitimité et font confiance à ce général isolé et rebelle, qui parle tous les jours à la BBC de l'honneur de la France, sur un ton de plus en plus méprisant pour son gouvernement auquel il reproche de livrer la patrie à Hitler. Il a dénoncé l'armistice dès le 23 et s'est déclaré partisan d'un Comité national français provisoire muni des compétences internationales de la France. Le 26, l'échec de Duff Cooper, dépêché par Churchill à Casablanca pour négocier auprès des hommes politiques français du *Massilia*, a décidé le Premier ministre. Churchill espérait que Paul Reynaud serait à Casablanca. Ne se trouvaient là que Georges Mandel et Edouard Daladier, que les émissaires anglais ne purent approcher, le général Noguès les ayant fait consigner à bord en même temps que les autres passagers du *Massilia*. Convoqué hier au 10, Downing Street, de Gaulle s'est entendu dire : « Vous êtes tout seul? Eh bien, je vous reconnais tout seul ! »

Armistice entre la France et l'Italie

Rome, 24 juin

Le gouvernement français est soulagé : l'armistice franco-italien signé à 18 h 15 à la villa Incisa, sur la via Cassia, est moins rigoureux pour la France qu'on aurait pu le craindre. Mussolini a dû réduire ses prétentions, après l'échec de ses armées dans les Alpes. Il renonce à la rive gauche du Rhône, à la Corse et à la Tunisie. Les soldats italiens restent sur leurs lignes avancées, ce qui limite la zone d'occupation à 832 km^2. Une bande large de 50 km au-delà de ce territoire est démilitarisée, comme d'autres régions en Algérie et en Tunisie. Les entretiens se sont déroulés presque clandestinement : on évite de faire traverser Rome à la délégation française et la presse n'est pas avertie. Les Français sont cependant surpris de la courtoisie des Italiens. Il est vrai que les discussions sont présidées par le maréchal Badoglio, qui passe pour être francophile. En 1935, il avait même plaidé en faveur d'un accord militaire franco-italien. La convention est signifiée à 18 h 35 à von Mackensen, ambassadeur d'Allemagne à Rome, et aussitôt communiquée à Berlin, l'armistice signé à Rethondes ne devant entrer en application qu'après la signature de l'armistice entre la France et l'Italie.

Debout, Badoglio ; à sa gauche, Ciano ; en face de ce dernier, Huntziger.

Hitler a réalisé son rêve : visiter Paris

Adolf Hitler admire le Trocadéro.

Paris, 23 juin

C'était une visite éclair : elle n'a duré que trois heures. Le Führer, arrivé à 4 h ce matin au Bourget, entre dans Paris désert à 6 h, à bord d'une Mercedes noire. A 9 h, il repart, ravi d'avoir parcouru au pas de charge la Ville lumière. Hitler n'était jamais venu à Paris, mais il en connaît le plan par cœur. Sa première visite est pour l'Opéra, « le plus beau théâtre du monde », qui lui arrache des cris d'admiration. L'huissier qui le guide est surpris de ses connaissances sur le bâtiment de Garnier, mais refuse néanmoins les 50 marks de pourboire qu'on lui tend. Hitler médite ensuite devant le tombeau de Napoléon aux Invalides, puis passe en revue le Trocadéro, l'Etoile, la tour Eiffel et Notre-Dame, pour terminer par le Sacré-Cœur, d'où il admire le panorama. Dans le petit groupe qui le suit, on remarque le sculpteur Arno Breker et les architectes Hermann Giessler et Albert Speer, chargés de faire de Berlin la plus belle ville du monde. Hitler, qui voulut un temps devenir architecte, se pique d'urbanisme. Il fait même mesurer les Champs-Elysées : l'avenue triomphale de Berlin doit être deux fois plus large.

Les Sénans ont choisi de Gaulle

Londres, 28 juin
« Sein, Sein, mais c'est le quart de la France ! » s'est exclamé le général de Gaulle devant des Français qui ont rejoint Londres. En effet, un sur quatre vient de l'île de Sein. L'appel du 18 juin et les rumeurs du continent ont convaincu ces marins au tempérament farouche : plutôt mourir que de subir les Allemands. Alors ils partent, avec la bénédiction du recteur : le 20 juin, l'*Ar Zenith* met à la voile. Il sera suivi par une kyrielle de bateaux de pêche. Tous les Sénans en âge de porter les armes ont rallié de Gaulle. Ils sont cent trente-trois. Dans l'île de Sein où ne restent que des vieillards, des enfants et des femmes en coiffe de deuil, on surnomme ces hommes les Anglais.

C'est sur ce type de bateaux que les Sénans ont rallié l'Angleterre.

Staline s'empare de la Bessarabie

Bucarest, 28 juin
Les chars de l'Armée rouge ont pénétré en Bessarabie et dans le nord de la Bucovine. L'occupation de ces riches provinces roumaines s'est faite avec l'approbation tacite de l'Allemagne. En effet, le Reich impose désormais sa politique au nouveau gouvernement que le roi Carol II a été contraint de nommer. Et si ce dernier a ordonné la mobilisation générale, ce n'est pas en vue de s'opposer aux Soviétiques – les Roumains n'en ont de toute façon pas les moyens –, mais afin de prévenir les velléités des Hongrois et des Bulgares. Les premiers revendiquent la Transylvanie où vit une importante minorité magyare, et les seconds, la plaine de la Dobroudja.

Les Anglais sont seuls face à l'ennemi

Grande-Bretagne, 30 juin
Pour la première fois depuis les guerres napoléoniennes, un ennemi puissant est installé sur les côtes de la Manche, face à l'Angleterre, qui redoute un débarquement allemand imminent. En attendant, les Britanniques se préparent. Les habitants des côtes sud et est ont été évacués. Partout, on déploie en hâte des réseaux de barbelés et des obstacles antichars sur les plages. Des blockhaus, camouflés en élégantes villas ou en meules de foin, sont érigés aux endroits stratégiques. Afin d'empêcher l'atterrissage de planeurs, les espaces dégagés, comme les terrains de golf, ont été parsemés d'obstacles constitués de carcasses d'automobiles. Les panneaux indicateurs ont été retirés et les noms des gares effacés, afin de gêner la progression de l'ennemi. Les 375 aérodromes du pays sont tous protégés et pourvus de défenses antiaériennes efficaces. Tous les Anglais s'associent à cet effort gigantesque. Il est vrai qu'il n'y a pas d'échappatoire possible : le sort de l'Angleterre est en jeu.

e « Tommy » est le dernier à se dresser contre les éléments déchaînés.

Pierre Laval est nommé ministre d'Etat

Bordeaux, 23 juin
C'est une revanche éclatante pour Pierre Laval : quand les députés radicaux avaient renversé son gouvernement le 22 janvier 1936, il ne s'était trouvé personne pour le plaindre et l'accompagner dans une traversée du désert qui devait durer quatre ans. Il est aujourd'hui ministre d'Etat au sein du gouvernement du maréchal Pétain et paraît décidé à prendre sa revanche sur la Chambre. Il vient en effet d'empêcher le départ du gouvernement en Afrique du Nord. Un résultat qui n'est sans doute pas étranger à sa nomination au gouvernement. C'est d'ailleurs son expérience du monde parlementaire qui lui vaut d'avoir été choisi par Pétain. Est-ce à dire que les deux hommes ont des affinités ? certes non ! Pétain ne l'apprécie guère, mais il manque d'expérience politique, aussi juge-t-il utile d'avoir à ses côtés celui que l'on surnomme le « Louis XI de grande banlieue » ou encore le « maquignon de Châteldon », selon l'expression cruelle de Léon Blum. En effet, Pierre Laval a peu d'amis et beaucoup d'ennemis. Le général Weygand, qui le méprise, empêche le maréchal Pétain de le nommer aux Affaires étrangères. Cet Auvergnat né en 1883, fils de cafetier, avocat à Paris en 1908, fut d'abord de gauche et membre de la SFIO jusqu'en 1922. L'ascension de Laval, qui, après avoir été maire d'Aubervilliers, député, sénateur, puis plusieurs fois ministre, ne s'arrête qu'en 1936, lorsque son ministère tombe. Habile en affaires, il s'est vite enrichi, honnêtement semble-t-il, et a pu acheter le château de son village natal de Châteldon. Pacifiste convaincu depuis toujours, il était hostile à la déclaration de guerre et croit fermement à la victoire finale de l'Allemagne. Une thèse qu'il entend bien faire partager aux autres membres du gouvernement. (→ 10.7).

Voyage bien incongru pour ces pigeons voyageurs utilisés par l'armée allemande en France.

1940

Juillet

Di	Lu	Ma	Me	Je	Ve	Sa
	1	2	3	4	5	6
7	8	9	10	11	12	13
14	15	16	17	18	19	20
21	22	23	24	25	26	27
28	29	30	31			

1er. France : sur ordre du gouvernement, les vingt-deux mille derniers défenseurs de la ligne Maginot se rendent.

1er. France : le gouvernement s'installe à Vichy. L'*Hôtel du Parc* abrite Pétain, Laval, les Affaires étrangères et les services d'information.

1er. Libye : le maréchal Graziani remplace Italo Balbo à la tête des forces italiennes d'Afrique du Nord (→ 17.8).

2. Allemagne : Hitler ordonne l'étude de l'opération *Otarie*, nom de code pour l'invasion de la Grande-Bretagne.

3. Grande-Bretagne : à l'aube, le premier volet de l'opération *Catapult*, qui vise à neutraliser la flotte française, est réalisé. Tous les avions français réfugiés en Grande-Bretagne sont saisis.

3. Pays-Bas : déportation en Allemagne du général Henri Winkelman, l'ancien chef de l'armée néerlandaise.

3. France : réunion à Pontivy des autonomistes du Parti national breton sous la protection des Allemands.

4. Afrique de l'Est : à partir de l'Erythrée, les forces italiennes entrent au Soudan et occupent Kassala et Gallabat.

4. Vichy : après Mers el-Kébir, le Conseil des ministres décide de rompre les relations diplomatiques avec la Grande-Bretagne.

5. Roumanie : le nouveau gouvernement d'Ion Gigurtu décide d'aligner sa politique sur celle des pays de l'Axe (→ 9).

5. Washington : Roosevelt interdit l'exportation de matériaux « stratégiques » vers le Japon.

6. Berlin : de retour du front de l'Ouest, Hitler est accueilli par des foules enthousiastes.

6. France : les Allemands évacuent Lyon après l'avoir consciencieusement pillé.

6. France : arrivée des commissaires allemands en zone occupée pour contrôler la remise en route des entreprises, organiser les réquisitions et surveiller l'application de l'Armistice.

Les Anglais tirent sur la « Royale »

Mers el-Kébir, 3 juillet

Le drame aura duré moins de vingt minutes. A 17 h 54, le vice-amiral James Somerville fait ouvrir le feu sur la marine française au mouillage dans la rade de Mers el-Kébir, à 6 km d'Oran. Gênés par l'éperon rocheux qui ferme la rade, les cuirassés français, mouillés le long des quais, ne peuvent riposter. Seul le *Strasbourg*, suivi de cinq contre-torpilleurs, parvient à s'échapper. La *Bretagne* coule avec son équipage, tandis que le *Dunkerque* doit se réfugier au fond de la rade et que la *Provence* s'échoue. Près de 1 300 marins français sont morts. Comment en est-on arrivé là? Le matin, l'amiral français Marcel Gensoul avait reçu l'ultimatum anglais, qui lui laissait cinq possibilités : se joindre à la Royal Navy, gagner les ports anglais, les Etats-Unis ou un port des Antilles françaises pour y être interné, ou se saborder. Dans son message à Vichy, Gensoul omit de mentionner la possibilité qui lui était offerte de rallier les Etats-Unis ou les Antilles. En l'absence de Darlan, injoignable, l'amiral Le Luc, son collaborateur direct, donna l'ordre à Gensoul de résister et l'avertit que des renforts étaient en route. Informé de ces nouveaux développements, Somerville, qui ne pouvait attendre indéfiniment sans mettre en péril ses navires, ouvrit le feu, décision odieuse, prise par Churchill, qui craint une mainmise allemande sur la flotte française. (→ 6)

Surpris au mouillage, les navires français ne peuvent échapper à la destruction.

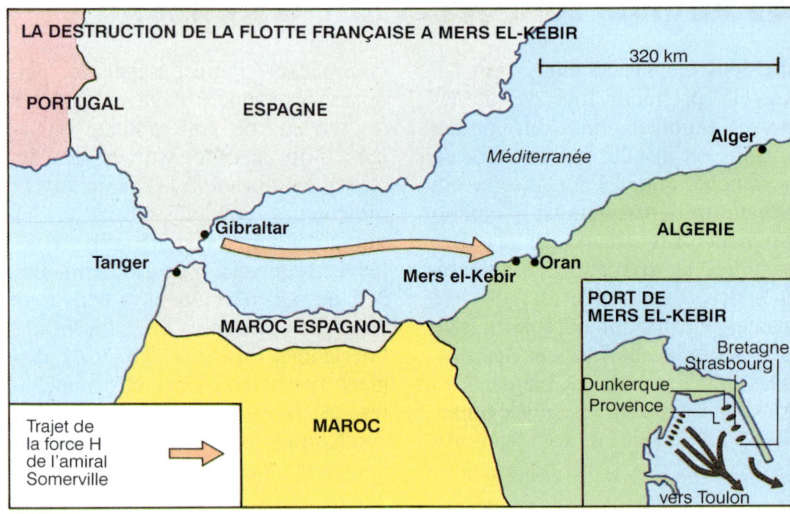

L'alliance franco-anglaise n'existe plus

Vichy, 6 juillet

La France répondra « à l'attaque par l'attaque, à la guerre par la guerre » : après le massacre de Mers el-Kébir, Paul Baudoin, le ministre des Affaires étrangères, et l'amiral François Darlan, ne mâchent pas leurs mots. En guise de riposte, trois avions français ont largué des bombes au-dessus de Gibraltar, sans faire de dégâts. Pour Baudoin, Mers el-Kébir restera une « tache indélébile sur l'honneur britannique ». Personne n'attend d'autres représailles, mais la rupture entre la France de Vichy et la Grande-Bretagne est désormais consommée. Les relations diplomatiques sont rompues. En France, l'opinion et la presse réagissent vivement. Le sentiment qui domine est la rancœur à l'égard de l'ancien allié. Darlan avait donné des assurances catégoriques à Churchill comme à Roosevelt. Indéniablement, la crise renforce au sein du gouvernement, comme dans la population, la position des germanophiles. A Londres, on célèbre l'opération *Catapult* comme une victoire stratégique : si l'Axe avait pris le contrôle de la flotte française, sa puissance navale aurait doublé. Enfin, Churchill a prouvé à la face du monde sa résolution de combattre jusqu'au bout.

Le ressentiment des Français est exploité contre les Britanniques.

La France libre aura aussi sa marine

Londres, 2 juillet
Comment créer de toutes pièces une marine, quand on a peu de marins et encore moins de navires à sa disposition ? C'est l'impossible pari que le chef des Forces navales françaises libres (FNFL) doit désormais tenir. Dès son arrivée en Angleterre, l'amiral Muselier, qui est aussi le commandant à titre provisoire de l'aviation de la France libre, s'est mis au travail. C'est sur une caisse d'emballage qu'il a dicté à une secrétaire de hasard son premier ordre du jour qui appelle les bâtiments de guerre et de commerce à rallier les bases françaises libres ou alliées afin de combattre l'ennemi. L'amiral espère réarmer les nombreux bâtiments français qui se sont réfugiés en Angleterre. Mais, aujourd'hui, les FNFL ne comptent guère qu'une dizaine d'officiers et environ 400 marins. Hormis quelques cargos, la flotte ne comprend que deux petits patrouilleurs ralliés par l'amiral Muselier à Gibraltar, alors qu'il était sur le chemin de Londres, le *Rhin* et le *Président Houduce*, et deux sous-marins, le *Narval*, qui a rejoint Malte le 26 juin, et le *Rubis*, qui relâche à Dundee. Après un vote à bulletin secret, l'équipage de ce dernier a choisi de continuer la lutte aux côtés des Anglais.

Le pavillon frappé en son centre de la croix de Lorraine est fixé sur le beaupré d'un voilier utilisé pour l'entraînement des marins de la France libre.

Plan pour exiler les Juifs à Madagascar

Berlin, 3 juillet
Les nazis semblent se préoccuper toujours davantage du « problème juif ». Franz Rademacher, responsable de la question juive aux Affaires étrangères, a une idée originale pour le résoudre. Dans son rapport, « La question juive dans les traités de paix », il propose de déporter outre-mer tous les Juifs d'Europe lorsque la guerre aura pris fin. Selon lui, l'île de Madagascar, actuellement colonie française, pourrait accueillir une population estimée à quatre millions de personnes, rien que pour la sphère d'influence allemande. Pour Rademacher, il sera plus facile de contrôler les Juifs dans une île éloignée d'Europe que dans la région de Lublin, qui sert actuellement de « réserve juive ». Ce projet est pris très au sérieux par les autorités allemandes, en particulier par les ministères de l'Intérieur et des Affaires étrangères. De nombreux responsables nazis, notamment ceux qui sont chargés de mettre sous coupe réglée les provinces polonaises annexées par le Reich et le gouverneur général de Pologne, Hans Frank, approuvent ce plan dont la réalisation reste toutefois subordonnée à la victoire finale du Reich et aussi à l'accord des autorités françaises.

1940

Juillet

Di	Lu	Ma	Me	Je	Ve	Sa
	1	2	3	4	5	6
7	8	9	10	11	12	13
14	15	16	17	18	19	20
21	22	23	24	25	26	27
28	29	30	31			

7. Egypte : l'amiral français Godfroy et l'amiral britannique Cunningham s'entendent pour désarmer et interner la flotte française ancrée à Alexandrie.

8. Afrique : la flotte britannique attaque à Dakar et à Casablanca les cuirassés français *Richelieu* et *Jean Bart*, et les met hors de combat.

8. Stockholm : le gouvernement signe avec le Reich un accord qui autorise le transit par la Suède de troupes et de matériel de guerre vers la Norvège.

9. Bucarest : la Roumanie passe sous la protection militaire de l'Allemagne.

10. Washington : Roosevelt demande au Congrès de voter un budget de la défense de 4 848 millions de dollars afin de mettre sur pied une armée de 1 200 000 soldats (→ 19).

10. Vichy : l'Assemblée nationale accorde les pleins pouvoirs au maréchal Pétain.→

10. Grande-Bretagne : début de la bataille d'Angleterre par les raids de bombardement de la Luftwaffe sur Swansea.

11. Europe : la RAF bombarde des aérodromes aux Pays-Bas et des usines de munitions en Allemagne.

11. Berlin : conférence entre Hitler et l'amiral Reader. Il cherche à dissuader le Führer d'attaquer la Grande-Bretagne par un débarquement (→ 13).

11. Paris : premier numéro de *la Gerbe*, hebdomadaire collaborationniste.

11. Roumanie : le gouvernement se retire de la Société des Nations.

12. Paris : première parution de l'hebdomadaire antisémite *Au pilori*.

12. Vichy : remaniement ministériel et désignation de Pierre Laval comme successeur du maréchal Pétain au cas où ce dernier disparaîtrait.

13. Grande-Bretagne : création du premier escadron de chasse polonais dans la RAF.

13. Berlin : la directive nº 15 de Hitler fixe la stratégie de l'opération *Otarie* : la Luftwaffe doit détruire la RAF.

Les premiers ralliés à Charles de Gaulle

René Cassin, l'un des tout premiers.

Londres, 10 juillet
Le général de Gaulle n'est plus tout à fait seul. Mais, parmi les Français qu'il rencontre, bien peu se décident à suivre ce général au tempérament autoritaire, hier quasi inconnu et qui prétend représenter la France à lui seul. Souvent pris pour un rebelle sans avenir, il n'a convaincu ni l'écrivain André Maurois, ni le député Henri de Kerillis, et encore moins Jean Monnet, de rester auprès de lui. Peu de grandes figures de l'avant-guerre ont rallié le général de Gaulle : un seul député, Pierre-Olivier Lapie, qui se trouvait par hasard à Londres où il était arrivé avec le corps expéditionnaire évacué de Narvik, et un amiral, Emile Muselier. Les officiers supérieurs qui le rejoignent viennent tous des colonies, comme le général Catroux, ancien gouverneur d'Indochine, le général Legentilhomme, qui arrive de Djibouti, ou le colonel de Larminat, qui était en Syrie. Un seul universitaire de renom, René Cassin, et un journaliste de l'agence Havas, Maurice Schumann. Il est vrai que l'« agression » de Mers el-Kébir a porté un rude coup aux ambitions gaullistes en dissuadant nombre de militaires qui en avaient la possibilité de rejoindre Londres. Les Anglais eux-mêmes n'encouragent pas les engagements dans la France libre. ▷

La République se suicide, l'Etat français naît

L'Assemblée nationale se réunit une dernière fois au casino de Vichy.

Pétain et Laval : ils ne s'aiment pas, mais ont besoin l'un de l'autre.

Le Maréchal obtient les pleins pouvoirs

Vichy, 10 juillet
Ironie de l'Histoire, c'est la Chambre élue par le Front populaire qui vient d'accepter la révision de la Constitution et de confier les pleins pouvoirs – législatif et exécutif – au maréchal Pétain. Il est vrai que l'ampleur de la défaite militaire subie par la France ne pouvait que déboucher sur une remise en cause du régime.

Réunis au grand casino, désorientés, inquiets, les parlementaires conscients de leur impopularité n'ont guère opposé de résistance à l'offensive de Laval et de ses amis qui s'abritaient derrière l'autorité et le prestige du Maréchal. Ce matin, lors de la séance à huis clos, la seule opposition sérieuse est venue d'un groupe de sénateurs anciens combattants menés par Jean Taurines, un élu de la Loire. Laval les a désarmés en reprenant l'une de leurs propositions : la future Constitution sera « ratifiée par la nation ». Habilement, le vice-président du Conseil a lu un message du maréchal Pétain qui déclarait que le vote du texte préparé par le gouvernement était « nécessaire pour assurer le salut de notre pays ». Puis un parlementaire très respecté, Pierre Etienne Flandin, se ralliait à son tour au projet, non sans demander le respect des libertés essentielles. Dès lors, la voie était libre, et l'après-midi, en séance publique, seul Edouard Herriot protesta contre l'absence des parlementaires du *Massilia*, retenus contre leur gré à Alger. Pierre Laval donnait ensuite lecture du projet gouvernemental. Après une interruption de séance, il fut rapidement mis aux voix et adopté par 569 voix contre 80.

Lorsque les résultats du vote furent annoncés, des cris de « Vive la France ! Vive le Maréchal ! » fusèrent, auxquels répondit la voix solitaire d'un parlementaire, Marcel Astier, qui s'écria : « Vive la République quand même ! »

Laval est le dauphin du nouveau régime

Vichy, 12 juillet
Jusqu'à quand tout lui réussira-t-il ? En trois jours, le maréchal Pétain vient d'obtenir la consécration qu'il souhaitait. Désormais, il cumule trois titres : vainqueur de Verdun, président du Conseil et chef de l'Etat français. Il y a deux jours, l'Assemblée nationale lui accordait les pleins pouvoirs, afin de promouvoir une nouvelle Constitution de l'Etat français qui devra garantir « les droits du Travail, de la Famille et de la Patrie ». Aujourd'hui, les trois premiers actes constitutionnels du nouveau régime ont été publiés au *Journal officiel*. Tous commencent par cette formule : « Nous, Philippe Pétain, maréchal de France, chef de l'Etat français, le Conseil des ministres entendu, décrétons... » Le premier acte abolit la présidence de la République et déclare que le maréchal Pétain assume les fonctions de chef de l'Etat français, tandis que le second énumère les pouvoirs législatif et exécutif du Maréchal.

Ceux-ci sont totaux puisque le chef de l'Etat français nomme et révoque les ministres. Une seule réserve : il ne peut déclarer la guerre sans l'assentiment des deux assemblées. Enfin, Pétain vient, par l'acte constitutionnel n° 4, de faire de Pierre Laval son successeur : « Si, pour quelque cause que ce soit, avant la ratification par la nation de la nouvelle Constitution, nous sommes empêché d'exercer la fonction de chef de l'Etat, M. Pierre Laval, vice-président du Conseil, l'assurera de plein droit. »

Le nouveau « dauphin » savoure l'effacement auquel il a condamné les gouvernants d'hier. Il espère aussi manœuvrer le vieux maréchal qu'il tient pour une potiche. Mais il devrait méditer la remarque que lui a faite le maréchal Pétain au soir du 10 juillet : « Et maintenant, monsieur Laval, vous allez apprendre à obéir ! »

Pétain, chef de l'Etat français, réunit tous les jours un conseil restreint.

Paris est mis à l'heure allemande

Paris, juillet
Après avoir réquisitionné des casernes pour loger ses régiments, l'occupant a installé ses services aux quatre coins de Paris, dans les grands hôtels et les principaux édifices publics. Les Parisiens ne se sentent plus vraiment chez eux depuis que les carrefours sont envahis de poteaux de signalisation en allemand et que ce sont des agents de la Feldgendarmerie qui règlent la circulation. L'hôtel Meurice, rue de Rivoli, est devenu le siège de la Kommandantur du Gross Paris et le Sénat celui de la Luftwaffe. Le quartier de l'avenue Kléber a été presque entièrement réservé aux administrations allemandes. Quatre foyers, ou *Soldatenheim*, ont été aménagés pour les soldats ; le principal se trouve place de Clichy, dans l'ancien café Wepler. Pour leurs loisirs, les Allemands se sont réservé des cinémas (le Marignan, le Paris et le Rex), des théâtres (l'Empire et le Palais de Chaillot), des restaurants et... des maisons closes ; même dans les restaurants qui restent ouverts à la clientèle française, les menus sont rédigés, pour plus de sûreté, dans les deux langues. Pourtant, pour séduire le public parisien, la propagande allemande ne ménage pas ses efforts. Des fanfares parcourent la ville et, tous les dimanches, l'armée donne des concerts de musique militaire place de l'Opéra, place Notre-Dame et aux Tuileries.

Pour l'information de l'occupant.

Pour les soldats allemands, la guerre est aussi l'occasion de faire du tourisme.

1940

Juillet

Di	Lu	Ma	Me	Je	Ve	Sa
	1	2	3	4	5	6
7	8	9	10	11	12	13
14	15	16	17	18	19	20
21	22	23	24	25	26	27
28	29	30	31			

14. Paris : Claude Aveline, Jean Cassou et Jean Paulhan fondent « les Amis d'Alain-Fournier », l'un des premiers groupes de résistance.

14. Londres : à Whitehall, de Gaulle passe en revue les premières troupes des Forces françaises libres (FFL).

16. Berlin : Hitler ordonne par sa directive nº 16 la préparation d'un débarquement en vue de l'invasion de la Grande-Bretagne.

16. Vichy : le gouvernement prive de la nationalité française les Juifs naturalisés.

16. Palestine : l'aviation italienne bombarde la base britannique de Haïfa.

16. France : les Allemands expulsent vers la zone libre 22 000 Français d'Alsace-Lorraine (→ 7.8).

16. Tokyo : l'amiral Mitsumasa Yonai, Premier ministre, est contraint de démissionner sous la pression des militaires (→ 22).

17. Etats-Unis : Roosevelt gagne l'investiture des démocrates pour les élections présidentielles (→ 5.11).

17. Vichy : loi d'épuration de l'Administration excluant des emplois publics tous ceux qui ne sont pas nés de père français.

18. Allemagne : « Radio Caledonia » commence ses émissions sur la Grande-Bretagne, en faveur du séparatisme écossais.

18. Paris : la Propaganda Abteilung s'installe à l'hôtel Majestic.

19. Berlin : Hitler lance un « dernier appel à la raison », invitant Churchill à faire la paix. Il nomme également douze maréchaux, et donne l'unique et nouveau titre de maréchal du Reich à Göring.

19. Crète : des navires britanniques coulent le croiseur italien *Bartolomeo Colleoni*.

19. Danemark : le gouvernement se retire de la Société des Nations.

20. Vichy : Pierre Laval prend personnellement en main l'information et la radio.

Les Anglais ferment la route birmane

Rangoon, 18 juillet
Les Japonais ont obtenu gain de cause. La Grande-Bretagne accepte de fermer pour trois mois la route de 1 160 km qui mène de Birmanie en Chine. Cette décision empêche tout transit d'armes, d'essence, de camions et de matériel ferroviaire. Churchill a rappelé que les Britanniques n'accepteront pas de couper définitivement la route, en raison des obligations qu'ils ont envers la Chine. La fermeture provisoire n'aura que peu d'effet sur l'effort de guerre chinois ; en effet, peu de marchandises circulent en cette période de mousson.

Tchang Kaï-chek ne sera pas gêné.

Une seule marine pour deux océans

Washington, 19 juillet
La marine américaine dominera toutes les mers du globe. Le vote par la Chambre des représentants d'un crédit de quatre milliards de dollars supplémentaires, demandé par le président Roosevelt, va permettre de lancer la construction de nouveaux navires. Les Etats-Unis seront alors en mesure de contrer le danger allemand dans l'Atlantique, aussi bien que les menées japonaises dans le Pacifique. Les premiers bateaux supplémentaires seront prêts dans six ans. En 1947, l'US Navy disposera de 701 bateaux, contre 369 actuellement. Le nombre de ses cuirassés passera de 15 à 35. ▷

Un mode d'emploi de l'Occupation

Paris, 14 juillet
Alors que les Français croient encore à l'image d'un occupant allemand « correct », Jean Texcier emploie son jour de congé à rédiger de virulents *Conseils à l'occupé*, qu'il compte diffuser sous le manteau. Ce fonctionnaire au ministère du Commerce, indigné par la passivité de ses compatriotes, veut les mettre en garde contre la propagande officielle et les engager dans la lutte : « Surveille-toi, civil, mon frère, ajuste avec soin ton beau masque de réfractaire. » Suivent trente-trois conseils pour résister activement ou passivement à l'ennemi. « Etale une belle indifférence, mais entretiens secrètement ta colère. Elle pourra servir... Surveille tes barrages contre leur radio et leur presse. Surveille tes blindages contre la peur et les résignations faciles ! Surveille-toi ! » A leur apparente correction, il faut répondre par la correction, mais froidement et sans aucune compromission. Jean Texcier n'est pas seul à réagir contre l'apathie générale. Des tracts, manuscrits ou tapés à la machine, distribués de la main à la main ou glissés de nuit dans les boîtes aux lettres, commencent à circuler, témoignant qu'après la stupeur des premiers jours est venue l'heure de se ressaisir.

Les Français libres célèbrent le 14 Juillet

Londres, 14 juillet
Whitehall, la célèbre avenue londonienne, semble bien vaste pour la parade qui s'y déroule et regroupe quarante aviateurs, trente marins, une section de chars de combat et quarante légionnaires. Pourtant, l'émotion est intense au moment où la haute silhouette de Charles de Gaulle prend la tête du défilé jusqu'à Victoria Station, où il dépose une gerbe au pied de la statue du maréchal Foch. Alors la foule l'acclame et entonne avec lui *la Marseillaise*. De Gaulle mesure ainsi, une fois encore, la popularité des « Gallant French », comme on les surnomme ici, auprès de tous les Anglais, du Premier ministre à l'homme de la rue. Ils sont pourtant encore bien peu nombreux dans les rangs de la France libre : le 8 juillet, on comptait 98 officiers, 133 sous-officiers, 716 hommes de troupe, 200 jeunes de moins de 18 ans et 1 118 civils. Mais ils s'organisent : le professeur de droit René Cassin travaille à la rédaction d'un accord avec les Britanniques, qui ont attribué aux FFL un bel immeuble, au 4, Carlton Gardens. A présent, le général de Gaulle n'est plus seul.

De Gaulle inspecte un régiment de la Légion étrangère appartenant aux FFL.

Decoux gouverneur général d'Indochine

Hanoi, 19 juillet
C'est un homme fort qui va gouverner l'Indochine française, à partir du 22 juillet, date de la passation des pouvoirs. Nommé par le maréchal Pétain, sur le conseil de l'amiral Darlan, l'amiral Jean Decoux était jusqu'alors à la tête des Forces navales d'Extrême-Orient que l'on vient de dissoudre. Il devient ainsi gouverneur à la place du général Catroux, que le gouvernement de Vichy jugeait trop indépendant. Decoux a la réputation d'être un chef autoritaire et fort conservateur, qui aime le faste et le commandement. Il est conscient de la difficulté de sa mission, alors que l'empire est de plus en plus menacé. Les Japonais, dont les armées sont massées sur la frontière chinoise, exigent un droit de passage à travers le Tonkin. Leur volonté expansionniste dans la région est de plus en plus nette, comme en témoigne leur rapprochement avec la Thaïlande, alors que l'Indochine est, quant à elle, bien isolée.

Une ville d'eaux devient la capitale de la moitié de la France

Vichy, juillet
« Vichy-Etat », comme les plaisantins l'appellent, n'est plus reconnaissable. La petite ville d'eaux naguère si paisible bourdonne d'une perpétuelle agitation. Autour de l'hôtel du Parc, nouveau siège du gouvernement, c'est un va-et-vient de députés, d'ambassadeurs, de journalistes, d'hommes d'affaires, d'écrivains et d'artistes. On se croirait à la fois à Saint-Germain-des-Prés et à Deauville. Chaque matin, le train arrivant de Paris déverse sur le quai son flot de personnalités. Le voyage, dans ce qu'on appelle « la micheline des ministres », est des plus mondains et, au passage de la ligne de démarcation, les Allemands eux-mêmes affectent de ne pas demander leurs papiers à ces privilégiés.

Pétain assiste à la relève dominicale de la garde devant l'hôtel du Parc.

Hitler élabore ses plans d'invasion

Berlin, 16 juillet
La guerre avec la Grande-Bretagne n'est pas absolument nécessaire. C'est ce qu'a déclaré Hitler devant le Reichstag réuni au Krolloper. Il a même offert la paix aux Anglais, si ces derniers cessent de considérer le Reich comme un ennemi pour voir en lui la plus grande puissance du Continent.
Il ne fait aucun doute que cette proposition sera refusée. En fait, Hitler essaie de gagner du temps, tout en travaillant à ses plans d'invasion. Il a rédigé le 16 juillet sa directive n° 16 sur l'opération *Seelöwe* (Lion de mer), dont le but est « d'éliminer l'Angleterre en tant que base avancée pour la poursuite de la guerre ». Il suffirait de vingt divisions pour envahir le pays, la marine et la Luftwaffe assurant le passage de la Manche. Mais l'état-major de la Kriegsmarine est réticent. La marine, affaiblie par ses pertes en Norvège, est incapable de protéger des centaines de navires de débarquement.

1940

Juillet

Di	Lu	Ma	Me	Je	Ve	Sa
	1	2	3	4	5	6
7	8	9	10	11	12	13
14	15	16	17	18	19	20
21	22	23	24	25	26	27
28	29	30	31			

21. Nouvelles-Hébrides : c'est le premier territoire à répondre à l'appel du général de Gaulle.

22. France : arrestation à Villeneuve-Saint-Georges de centaines de manifestants qui réclament le retour de la municipalité communiste.

22. Tokyo : le prince Fumimaro Konoe est nommé Premier ministre.

23. Vichy : loi prononçant la déchéance de la nationalité française et la confiscation des biens des personnes ayant quitté la France entre le 10 mai et le 30 juin (→ 31).

24. Palestine : l'aviation italienne bombarde Jérusalem, faisant 46 morts.

25. Londres : de Gaulle charge le capitaine Leclerc de rallier les pays d'AEF à la France libre.

26. Côte-d'Ivoire : ralliement à la France libre.

26. Allemagne : rencontre entre Hitler et le Premier ministre roumain Ion Gigurtu au sujet des revendications hongroises sur la Transylvanie (→ 30.8).

27. Vichy : le vieux leader royaliste Charles Maurras rend visite au maréchal Pétain.

27. Allemagne : le Premier ministre de Bulgarie, Bogdan Dimitrov Filov, s'entretient avec Hitler des revendications roumaines sur la Dobroudja bulgare.

28. France : les Allemands interdisent la circulation entre les zones libre et occupée.

29. Belgique : l'Allemagne annexe les cantons germanophones de Malmédy, Eupen et Moresnet.

30. Vichy : création des chantiers de jeunesse, dont la direction est confiée au général de La Porte du Theil (→ 7.9).

30. Vichy : un acte constitutionnel crée une Cour suprême de justice qui siégera à Riom.

31. Vichy : le gouvernement décrète la peine de mort pour les Français qui rejoignent une armée étrangère (→ 2.8).

Attaque de la Luftwaffe sur Douvres

Gerbes d'eau soulevées par les bombes et nuages causés par les tirs de DCA.

Douvres, 29 juillet
L'aviation allemande s'est à nouveau déchaînée sur Douvres. Cette fois, le port a été la cible des bombardiers en piqué Junkers type Ju 87, les fameux Stuka, que protégeaient des nuées de Messerschmitt. L'attaque a été d'une rare violence : les lames de fond et les remous provoqués par l'explosion des bombes ont fait littéralement danser les navires à l'ancre comme d'immenses bouchons. Sur le front de mer, les vitres des immeubles volaient en éclats.
Mais ce raid n'est pas une victoire éclatante pour la Luftwaffe. Sur les quatre-vingts appareils qu'elle a engagés, douze ont été abattus par les Hurricane et les Spitfire de la RAF, qui n'en a perdu que trois. Les Stuka semblent bien être des proies faciles pour les Spitfire, qui sont beaucoup plus rapides.

Un nouveau service secret britannique

Londres, 22 juillet
« Et maintenant, embrasez l'Europe. » Telle est, selon les mots mêmes de Churchill, la mission de la nouvelle organisation secrète britannique, le Special Operations Executive (SOE), dont le Cabinet de guerre vient d'approuver la création. Le SOE sera dirigé par le député travailliste Hugh Dalton, ministre de l'Economie de guerre dans le gouvernement, qui a été pressenti dès le 16 juillet. L'armée, et surtout le service de renseignements MI6, qui possède déjà une section chargée d'effectuer des sabotages, protestent vivement, car le SOE empiète sur leurs compétences, mais Dalton croit fermement à son utilité : selon lui, « les militaires ne sont pas les hommes qu'il faut pour fomenter des révolutions, entretenir l'agitation sociale ou utiliser les moyens les moins scrupuleux pour gagner la guerre, ce que font les nazis sans hésitation ».

Les Etats baltes rejoignent l'URSS

Helsinki, 21 juillet
C'est un succès de plus pour la patrie du socialisme. L'Estonie, la Lettonie et la Lituanie ont « unanimement » décidé de devenir des républiques soviétiques membres de l'URSS. Dans les trois Etats, le Parlement nouvellement élu s'est réuni en session. Cette parodie démocratique ne trompe personne quant au rôle joué par les Soviétiques : ainsi, en Estonie, c'est Andreï Jdanov, le théoricien du « réalisme socialiste », qui avait été délégué par Staline pour assister à la session du Parlement, dont le hall était pavoisé de drapeaux soviétiques. Les Baltes n'ont pas le choix : de gré ou de force, ils seront soviétiques.

Un gouvernement tchèque en exil

Londres, 23 juillet
Le Dr Edvard Benes, président tchèque en exil, a formé un gouvernement provisoire tchécoslovaque dans la capitale anglaise. Il a l'assentiment du Cabinet britannique, qui accréditera un ministre auprès de lui. Le nouveau gouvernement s'efforcera, selon Benes lui-même, d'organiser les forces terrestres et aériennes tchécoslovaques « pour que [leur] contribution à la défense de la Grande-Bretagne et à la victoire sur le nazisme soit aussi efficace que possible ».

Edvard Benes a quitté son pays après les accords de Munich, en 1938.

Des milliers de Français dispersés par l'exode

France, 28 juillet
Alors qu'à Wiesbaden les représentants français de la Commission d'armistice discutent âprement avec leurs homologues allemands des conditions pratiques de l'armistice, la Werhmarcht vient d'interdire momentanément le passage de la zone libre à la zone occupée. Cette décision entraîne de multiples drames, dont les plus faibles, les vieillards et surtout les enfants, sont souvent victimes, comme en témoignent ces rubriques des enfants perdus, qui parsèment les quotidiens des deux zones. « Françoise, deux ans et demi, disparue dans l'Aube ; Marie-José, six ans, trouvée à Bourges ; Camille et Ghislaine, perdues à Evreux ; Marie-Augustine, deux ans, disparue dans un bombardement en Seine-et-Marne... » Tous les jours, les journaux publient des listes interminables de prénoms et des photos d'enfants au visage angoissé. Pour des parents désespérés, c'est l'espoir, encore trop souvent déçu, de découvrir enfin le signalement de leur fils ou de leur fille, égaré dans la tourmente de l'exode. Des enfants seuls, parfois un groupe de frères et sœurs, ont été trouvés errant dans des gares ou au bord des routes. Ceux-ci ont encore une chance d'être finalement identifiés et rendus à leur famille. Mais bien pis est le cas de ceux qui ont disparu sans laisser de trace, de ceux qu'on a dû confier à un inconnu et dont on est sans nouvelles depuis. Des familles se sont proposées pour accueillir ces enfants, en attendant qu'ils retrouvent leur foyer, et les orphelinats sont pleins, mais les semaines passent et des milliers de familles restent encore dispersées. Ces tragédies, qui bouleversent l'opinion française, trouveront-elles un heureux dénouement ?

Vichy : une première mesure antijuive

Vichy, 22 juillet
Plus de 15 000 personnes, dont 6 000 Juifs, vont perdre la nationalité française. Sans les mentionner explicitement, ce sont eux qui sont les premiers visés par la loi votée aujourd'hui. Ce texte prévoit la création d'une commission chargée de revoir les naturalisations récentes et de retirer la nationalité française aux individus jugés indésirables. Cette loi, hâtivement votée douze jours après que le maréchal Pétain a été investi du pouvoir constituant, montre sans équivoque qu'il est tout prêt à devancer les instructions allemandes pour inaugurer une politique antisémite.

Un parti unique pour l'Etat français ?

Vichy, 23 juillet
Le maréchal Pétain a reçu ce matin un rapport fort intéressant. L'ancien député Marcel Déat, très favorable à la collaboration avec le Reich, y défend la création d'un parti unique. Cette organisation, qui s'inspire d'assez loin des partis nazi, fasciste et franquiste, doit permettre, en servant d'intermédiaire entre un Etat très dirigiste et l'opinion, de façonner la nouvelle France telle qu'on la rêve à Vichy. Sa doctrine reprend bien sûr certaines idées du Maréchal, qui n'a pas fait de commentaire sur le projet. Mais Déat doit encore convaincre Laval et la droite « classique ».

1940

Août

Di	Lu	Ma	Me	Je	Ve	Sa
				1	2	3
4	5	6	7	8	9	10
11	12	13	14	15	16	17
18	19	20	21	22	23	24
25	26	27	28	29	30	31

1er. Allemagne : Hitler fixe au 15 septembre la date d'invasion de la Grande-Bretagne. Par sa directive nº 17, il ordonne à la Luftwaffe d'intensifier les raids à partir du 5 août.

2. Clermont-Ferrand : un tribunal militaire condamne le général de Gaulle à mort.→

2. Indochine : ultimatum du Japon à la France pour le passage des troupes et la cession des bases du Tonkin.

2. Grande-Bretagne : des bombardiers allemands lâchent des tracts détaillant les propositions de paix de Hitler.

3. Tokyo : le gouvernement proteste contre l'embargo des Etats-Unis sur l'exportation de kérosène destiné à l'aviation.

3. Afrique du Nord : l'amiral Abrial est nommé par Vichy gouverneur général de l'Algérie, et l'amiral Estéva résident général en Tunisie.

5. Allemagne : l'offensive aérienne contre la Grande-Bretagne est retardée en raison du mauvais temps.

6. Etats-Unis : Cordell Hull, secrétaire d'Etat, demande une fabrication massive d'armes pour décourager les attaques ennemies.

7. Londres : signature de la Charte de la France libre, préparée par René Cassin, entre de Gaulle et Winston Churchill. Elle donne un statut aux volontaires et comporte une reconnaissance de la souveraineté de la France libre.

8. France : arrestations d'Edouard Daladier, de Léon Blum, de Georges Mandel et du général Gamelin.

9. Londres : la Grande-Bretagne promet au Japon de se retirer de Shanghai et de Chine du Nord (→27).

10. Roumanie : le Parlement vote une législation antisémite.

10. Vienne : Hitler nomme Baldur von Schirach gauleiter de la ville.

10. Grande-Bretagne : malgré la menace d'invasion, Winston Churchill décide d'envoyer trois régiments de chars en Egypte.

La RAF mène la vie dure à la Luftwaffe

Londres, 8 août

Cela fait maintenant une semaine que la Luftwaffe a lancé sa dernière offensive destinée à détruire la RAF en vue de la prochaine invasion de la Grande-Bretagne. Elle ne semble pas près de réussir, malgré les intenses combats aériens qu'elle provoque au-dessus de la Manche et de la côte sud de l'Angleterre. Dès que ses formations de bombardiers escortées de chasseurs sont signalées, les Hurricane et les Spitfire de la chasse britannique décollent pour se porter à leur rencontre et les empêcher de pilonner les ports, les bases navales et les terrains d'aviation. Depuis le début de sa dernière offensive, la Luftwaffe a ainsi perdu 31 appareils contre 17 seulement pour la RAF.

Le principal engagement a eu lieu aujourd'hui, entre 9 h et 17 h. Pas moins de 150 Stuka et Messerschmitt ont attaqué un convoi sur le point de toucher un port anglais. Sitôt repérés au radar, les appareils ont été pris en chasse par les pilotes de la RAF guidés depuis le sol. Les plus redoutables d'entre eux sont les pilotes polonais qui vouent une haine farouche aux Allemands. Ils les ont déjà combattus en Pologne puis en France. A présent, ils servent dans les rangs de l'aviation britannique.

Equipage allemand prêt à décoller.

Un pilote a raconté ce soir comment il avait abattu deux Junkers Ju-87 dans la journée : « Je m'apprêtais à rompre le combat en raison d'une défaillance mécanique, lorsqu'un Ju-87 est apparu au-dessous de moi. J'ai plongé sur lui et je l'ai abattu rapidement. Mon moteur paraissant de nouveau fonctionner, j'avisai un autre Ju-87 qui s'apprêtait à piquer sur le convoi. Je l'abattis et il s'abîma à son tour en mer. C'est à ce moment que mon moteur a vraiment commencé à avoir de sérieux ratés. J'ai alors regagné l'Angleterre. » Ce pilote est parvenu de justesse à poser son avion endommagé sur un terrain proche de la côte. Demain, il volera de nouveau. Décidément, l'aviation allemande aura fort à faire pour anéantir la RAF !

Un ambassadeur à Paris : Otto Abetz

Paris, 5 août

Le nouvel ambassadeur du Reich à Paris, Otto Abetz, doit autant son poste à la protection de Ribbentrop qu'à ses amitiés françaises. Francophile, il l'est de longue date. Cet amoureux d'Alphonse Daudet et de Romain Rolland a longtemps participé à l'organisation de rencontres germano-françaises de jeunes, puis aux activités du Comité France-Allemagne. Il s'est lié, à cette occasion, avec le journaliste d'extrême droite Jean Luchaire, dont il a épousé la secrétaire. Bel homme, cultivé et nonchalant, il compte sur sa séduction personnelle pour réaliser la mission que lui a confiée le Führer : conquérir les personnalités françaises et les engager dans la collaboration en faisant de l'ambassade située rue de Lille un des centres mondains de la capitale. Il se fie d'ailleurs davantage aux vertus de la persuasion qu'à l'usage de la force. Il sait qu'il n'a aucun intérêt à faire des intellectuels des martyrs, car c'est sur eux qu'il compte le plus. L'équipe qu'il va diriger se compose d'hommes à l'étiquette libérale, et francophile comme lui. Il est par ailleurs un nazi convaincu, ardent partisan de la « purification » raciale de la France, et l'une des premières tâches qu'il se propose est de soumettre à Berlin quelques mesures antisémites qu'il juge urgentes.

Le duc de Windsor dit non aux nazis

Lisbonne, 1er août

Le complot a échoué : le duc et la duchesse de Windsor sont à bord du paquebot *Excalibur*, en route vers l'Amérique. Les nazis n'ont pu les convaincre de prendre la tête d'un mouvement pacifiste contre Churchill et le roi George VI. Le couple, qui vivait en France, s'était réfugié au Portugal à l'approche des Allemands. A la requête de Ribbentrop, le phalangiste Miguel Primo de Rivera avait rencontré le duc et lui avait laissé entendre qu'il pourrait bien redevenir roi s'il le voulait. Mais le frère de George VI refusa fermement, en répondant : « Non, ce serait anticonstitutionnel. »

Drame sur la ligne de démarcation

Amiens, 9 août

Il n'avait que huit ans et habitait avec ses parents le quartier Saint-Pierre, non loin de la Somme, à Amiens. Il a été abattu par un soldat allemand. Pourquoi ? Simplement parce qu'en jouant, sans s'en apercevoir, il avait franchi la ligne qui sépare la « zone occupée » de la « zone interdite » et qui passe au milieu de la ville. En effet, les Allemands, violant l'armistice, ont établi de nouvelles limites dans leur zone d'occupation. Amiens, traversée par la Somme, est coupée en deux, et ses habitants sont à tout moment sous la menace des coups de feu des sentinelles allemandes.

Charles de Gaulle condamné à mort

Clermont-Ferrand, 2 août

Le verdict ne peut être plus sévère : par contumace, Charles de Gaulle est condamné à mort, dégradé, et ses biens sont confisqués. Le tribunal militaire, présidé par le général Frère, a estimé par cinq voix contre deux que l'accusé, bien qu'il n'ait pas trahi, est néanmoins un déserteur au service de l'étranger. Déjà, le 4 juillet, le tribunal militaire de Toulouse, d'une « coupable indulgence » selon Vichy, avait condamné de Gaulle, pour « incitation à la désobéissance », à 100 F d'amende et quatre ans de prison. Vue de Londres, la justice française doit sembler bien dérisoire... ▷

Les Italiens marchent sur la Somalie

Somalie britannique, 5 août
Pris d'assaut après un bombardement de trois heures par l'infanterie et les chars, Hargeisa est tombé aux mains des Italiens. La ville était défendue par deux bataillons indien et africain et par une partie du corps méhariste britannique formé de combattants somalis encadrés par des officiers britanniques. La majeure partie des défenseurs s'est repliée sans dommages. Après avoir franchi la frontière, le 3 août, l'armée italienne s'est scindée en deux. Tandis qu'une colonne se dirigeait vers la Côte française des Somalis, au cas où la garnison de Djibouti aurait voulu aider les Anglais, le reste de l'armée, commandé par le général de Simone, marchait sur Hargeisa. L'objectif suivant des Italiens était Berbera. De Simone disposait de douze bataillons d'Ascaris érythréens qui ont fait le gros du travail, et de quatre bataillons de Chemises noires. Mais, depuis le début de l'invasion, l'armée italienne, très supérieure en nombre, a fait preuve de lourdeur et d'une grande prudence. Pourtant, les forces britanniques, cinq bataillons et un corps méhariste, ne pourront pas tenir éternellement. De plus, le dernier espoir de pouvoir défendre sérieusement la Somalie s'est évanoui la semaine dernière quand le gouverneur de la Côte française des Somalis, le général Legentilhomme, un gaulliste, a été remplacé par le général Germain, fidèle au gouvernement de Vichy. Sur les autres fronts, l'armée italienne, qui, sur le papier, compte 300 000 hommes, mais seulement 91 000 Italiens de souche, reste l'arme au pied. Les Italiens ne semblent pas vouloir attaquer par crainte de manquer d'essence. Ils occupent des villes frontières, comme Moyale au Kenya et Kassala au Soudan, et mènent dans le nord du Kenya une guérilla très efficace. (→ 11)

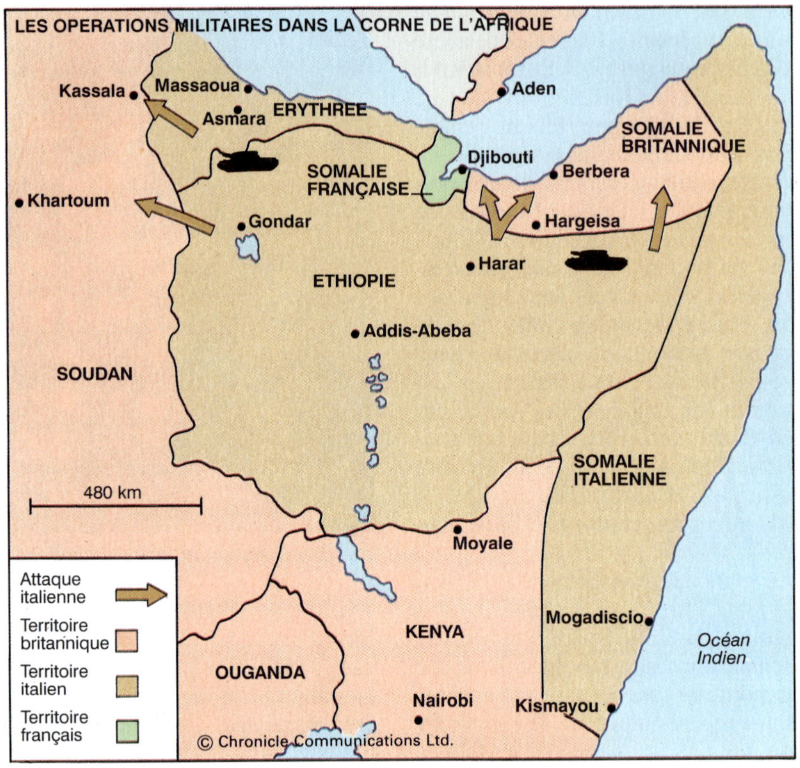

Les Allemands nomment des gauleiters en Alsace-Lorraine

Strasbourg, 7 août
Cette fois, les plans de Hitler sont clairs : l'Alsace-Lorraine doit être allemande. En 1933, il avait mis en veilleuse cette revendication, exprimée dans *Mein Kampf*. Mais, dès le 19 juin, la mise en place d'une administration civile allemande a été décidée. Même si la région n'est pas formellement intégrée dans le grand Reich, deux gauleiters ont été nommés : Josef Bürckel en Lorraine et Robert Wagner en Alsace. L'allemand devient la langue officielle. Les deux hommes sont chargés de nazifier la région : ils ont trois mois pour faire disparaître les monuments, les inscriptions et tout ce qui rappelle la France. En Alsace, même les cimetières sont visés. Les enseignes des magasins doivent être en allemand, et porter un béret basque est devenu suspect.

Les Strasbourgeois proallemands se pressent pour accueillir leur gauleiter.

1940

Août

Di	Lu	Ma	Me	Je	Ve	Sa
				1	2	3
4	5	6	7	8	9	10
11	12	13	14	15	16	17
18	19	20	21	22	23	24
25	26	27	28	29	30	31

11. Somalie : à Tug Argan, les troupes italiennes attaquent les forces britanniques (→ 16).

11. Washington : le gouvernement va fournir 4 000 chars à la Grande-Bretagne.

11. Grande-Bretagne : la RAF perd 82 avions en combat aérien et la Luftwaffe 35.

12. Grande-Bretagne : des avions allemands bombardent 6 importantes stations radar du Sud. La RAF perd 13 avions et la Luftwaffe 45.

13. Vichy : promulgation de la loi interdisant les sociétés secrètes qui vise principalement les francs-maçons (→ 19).

13. Grande-Bretagne : *Jour de l'Aigle*, nom de code du début des bombardements massifs sur les bases aériennes de la RAF. La Luftwaffe engage 1 485 avions.

15. Belgique : premier numéro de *la Libre Belgique*, journal clandestin.

15. Méditerranée : le croiseur grec *Helle* est coulé par un sous-marin italien.

15. Grande-Bretagne : dans une offensive d'envergure, la Luftwaffe engage 1 790 avions. Elle en perd 76 contre 35 pour la RAF.

16. Vichy : dissolution des organisations patronales et création des comités d'organisation qui doivent programmer la production.

16. Marseille : Henri Frenay rencontre Maurice Chevance. Il commence à constituer le noyau de son Mouvement de libération nationale.

16. Somalie : les forces britanniques abandonnent Tug Argan (→ 19).

17. Allemagne : l'état-major de la Luftwaffe retire les Stuka de ses forces aériennes d'assaut. Ils sont trop lents face aux Spitfire, deux fois plus rapides.

17. Méditerranée : la flotte anglaise bombarde les positions italiennes de Bardia et de Fort Capuzzo, en Libye.

17. Grèce : la mobilisation des forces armées commence, du fait de l'aggravation des tensions avec l'Italie (→ 22).

Luftwaffe et RAF luttent pour conquérir le ciel

Londres, 17 août
Les combats aériens se poursuivent avec le même acharnement dans le ciel britannique. La Luftwaffe essaie toujours d'évincer le Fighter Command. Convaincu que la RAF est à l'agonie après les pénibles raids du Kanalkampf (la guerre de la Manche), Göring a baptisé le mardi 13 le *Jour de l'Aigle*. Il pensait alors que la RAF allait être réduite en poussière et que l'invasion de la Grande-Bretagne ne serait plus qu'une question d'heures. Il est vrai que les terrains d'aviation et les stations radar de la RAF ont été gravement touchés. Toutefois, les pilotes de la RAF, envoyés au combat au compte-gouttes par le général de brigade aérienne Keith Park, se sont si bien défendus qu'ils ont abattu 46 avions ennemis. Ils n'ont perdu que 13 appareils. Le combat a été si terrible que, le lendemain, les deux adversaires ont profité du mauvais temps pour panser leurs plaies. La Luftwaffe a perdu 27 avions et la RAF 11. Le jeudi 15, les Allemands décollaient des bases situées sur les côtes allant de la Norvège à la Bretagne. Peu après, la bataille faisait rage sur la côte est, de la Tyne à la Manche, et sur toute la côte sud. Les panneaux des kiosques à journaux affichent les scores comme dans un match international : 90 appareils abattus par la RAF contre 42 par l'adversaire. Ces chiffres ne tiennent pas compte des avions allemands qui sont rentrés à leur base avec à bord des blessés ou des tués. Les Allemands sont revenus hier pour attaquer des stations radar et des aérodromes. De nouveau, ils ont subi de grosses pertes (44 appareils contre 24 pour la RAF). Churchill a passé l'après-midi à observer le déroulement des événements depuis la base du groupe nº 11 à Uxbridge, près de Londres. Il a été très impressionné par le courage des pilotes face aux attaques continuelles de la Luftwaffe. Dans sa voiture, il a dit : « Ne me parlez pas ; je n'ai jamais été aussi ému. » (→ 18)

Ce feu d'artifice illumine chaque nuit le ciel de l'Angleterre. Le tracé des obus de la DCA vient s'ajouter à celui des mitrailleuses des avions.

Messerschmitt, Hurricane et Spitfire

Londres, 17 août
De la qualité des chasseurs engagés dans la bataille au-dessus de l'Angleterre dépendra l'issue de celle-ci. Le Messerschmitt Bf 109E est le fer de lance de la Luftwaffe. Doté de deux canons de 20 mm et de deux mitrailleuses de 7,9 mm, il a une puissance de feu supérieure à celle de ses adversaires britanniques. Sa vitesse de pointe est de 560 km/h et il peut monter à 35 000 pieds. Il est très maniable, avec une bonne vitesse d'ascension. Son principal inconvénient provient de sa faible autonomie de vol, qui ne lui permet pas de tenir en vol plus d'une heure, c'est-à-dire pas plus de vingt minutes au-dessus du sol britannique. Le bimoteur Bf 110 dispose d'une plus grande autonomie mais son manque de maniabilité le rend très vulnérable aux attaques des chasseurs britanniques.
Le Hurricane IIA n'est pas aussi rapide que le Bf 109E ni aussi maniable, mais la vision totale qu'il offre et son excellent angle de tir en font un chasseur redoutable. Il est doté de huit mitrailleuses, tout comme le Spitfire. Ce dernier, un peu plus lent que le Messerschmitt, a de meilleurs résultats en ascension et en rotation.

L'arme secrète de la Grande-Bretagne

Londres, 17 août
En 1932, Stanley Baldwin, Premier ministre, déclarait que « les bombardiers réussiraient toujours à passer ». A l'époque, tout le monde partageait cet avis, y compris le ministère de l'Aviation. Lorsqu'un groupe de bombardiers était repéré, on avait tout juste le temps de faire décoller les chasseurs biplans et de l'intercepter avant qu'il ne largue ses engins de mort. Aujourd'hui, la situation a changé grâce aux monoplans, aux chasseurs et au Radar (radio detection and ranging).
C'est dès 1935 qu'un savant écossais, Robert Watson Watt, s'attaqua à la détection des avions. Les résultats furent tellement satisfaisants que, en décembre 1935, on décide de créer une chaîne de vingt stations Radar couvrant les côtes et le sud de la Grande-Bretagne. Echelonnées tous les 50 km, ces stations permettent de détecter les avions volant à une distance de 150 à 200 km à une altitude de 3 000 m. Ces informations sont transmises immédiatement aux groupes de chasse et leur permettent d'intervenir dans les meilleures conditions. Dès lors, il ne faut pas s'étonner si la Luftwaffe cherche en priorité à détruire les stations Radar. ▷

Les Etats-Unis monnaient leur aide

Washington, 16 août

Les Etats-Unis sont sur le point de conclure un accord capital avec la Grande-Bretagne. C'est ce que vient d'annoncer, au cours d'une conférence de presse, le président Roosevelt. En échange de cinquante vieux destroyers et d'avions, le gouvernement anglais céderait pour quatre-vingt-dix-neuf ans des bases militaires à Terre-Neuve, aux îles Bermudes, en Jamaïque, aux Antilles et en Guyane britannique. Le projet, annoncé officiellement il y a deux jours, vient de recevoir l'aval du Président. La genèse de cet accord que les deux parties devraient bientôt ratifier remonte au mois de mai. Le 15, alors qu'il venait de prendre ses fonctions de Premier ministre, Churchill écrivit à Roosevelt pour lui faire savoir que l'Angleterre avait un besoin urgent de l'aide américaine. La flotte britannique était épuisée, les Allemands contrôlaient les côtes de l'Europe, de la Norvège aux Pyrénées. Tous les jours, les convois menacés par les « meutes » de sous-marins allemands perdaient des navires. Dans l'esprit de Churchill, ces destroyers serviraient à maintenir la supériorité maritime de la Home Fleet. Il s'agissait d'une « question de vie ou de mort ». Le roi George VI avait ajouté à la lettre de Churchill un message personnel attestant que Londres avait un besoin croissant de ces destroyers. Le 16 mai, Roosevelt répondait négativement. Il ne pouvait fournir ces matériels sans l'approbation du Congrès. Or il y avait en son sein une très forte opposition isolationniste, notamment au sein du parti républicain. Pour Roosevelt, ce n'était pas le bon moment pour déclencher un débat sur la guerre qui risquait de tourner à son désavantage. Mais, depuis, la défaite de la France, l'entrée en guerre de l'Italie aux côtés de l'Allemagne ont modifié la situation : la sécurité des Etats-Unis est menacée. En même temps, les isolationnistes ne désarment pas. Le 1er août, le Century Group, un lobby partisan de l'entrée en guerre des Etats-Unis, trouvait une solution satisfaisante : il suffirait que Roosevelt, qui est commandant en chef des armées, s'appuie sur ses pouvoirs pour fournir les armes nécessaires à la défense du Royaume-Uni sans l'accord des représentants. Mais, en contrepartie, la Grande-Bretagne devra fournir des bases. Tous les Américains comprendront l'intérêt d'un tel accord pour la défense du pays. Roosevelt a gagné, puisque le candidat républicain à la présidence, l'isolationniste Wendell Willkie, approuve l'accord. (→ 2.9)

De vieux destroyers sont remis en état dans les chantiers de Philadelphie.

L'acteur George Formby, actuellement sur le tournage de « Spare a Copper », participe à la campagne de récupération de vieux métaux.

Rien n'arrête un pilote de la RAF

Londres, 16 août

Le lieutenant James Nicolson de l'escadrille 249 pourrait symboliser à lui seul l'héroïsme des pilotes de la Royal Air Force.

Blessé au pied et à demi aveuglé par le tir d'un Messerschmitt Bf 110 au cours d'une mission, il allait sauter en parachute de son Hurricane en flammes quand il décida de poursuivre l'avion ennemi. En dépit du feu qui dévorait son cockpit et de ses mains blessées, il le prit en chasse et parvint à l'abattre. Après cela, il se décida à sauter, mais, alors qu'il allait toucher terre, la Home Guard l'a abattu. Son nom a été proposé pour la Victoria Cross.

1940

Août

Di	Lu	Ma	Me	Je	Ve	Sa
				1	2	3
4	5	6	7	8	9	10
11	12	13	14	15	16	17
18	19	20	21	22	23	24
25	26	27	28	29	30	31

18. Grande-Bretagne : violents bombardements des terrains d'aviation par la Luftwaffe, qui perd 67 appareils. La RAF en perd 29 au sol et 33 en combats aériens.

18. Berlin : Göring blâme les généraux de la Luftwaffe pour leur décevante campagne. En réponse, l'as de la chasse Adolf Galland demande des Spitfire.

18. Etats-Unis : Américains et Canadiens créent un Joint Board of Defence (Bureau commun chargé de la défense) qui coordonnera leur défense nationale.

19. Grande-Bretagne : le dépôt de mazout de l'Amirauté à Pembroke est bombardé.

19. Somalie : les troupes italiennes occupent la capitale, Berbera.→

20. Europe : 120 bombardiers de la RAF attaquent des cibles en Allemagne et des aéroports en France, en Belgique et aux Pays-Bas.

20. Méditerranée : l'aviation italienne bombarde Gibraltar.

20. Rome : Mussolini annonce le blocus des ports britanniques en Méditerranée.

22. Mexico : Léon Trotski meurt assassiné à 61 ans.→

22. Athènes : les Britanniques promettent d'envoyer en Grèce des forces aériennes et navales en cas d'attaque ennemie.

22. Londres : les membres du Parlement condamnent l'internement des étrangers.

22. Allemagne : des avions britanniques bombardent des leurres qui imitent la gare de Francfort, dans la région de Nordhausen.

23. Vichy : le général de La Laurencie est nommé délégué général du gouvernement en zone occupée.

23. Berlin : Goebbels, ministre de la Propagande, ordonne d'arrêter les railleries sur le mode de vie anglais. Il demande que l'on insiste sur l'esprit combatif de l'ennemi.

24. Londres : la ville subit son premier bombardement aérien. De retour d'un raid, dix avions allemands se délestent de leurs bombes par erreur.

La Luftwaffe vise les aérodromes

Londres, 24 août
La Luftwaffe concentre ses raids sur les aérodromes du Fighter Command. Ce matin, à 8 h 30, quarante Dornier Do 17 et Junkers Ju 88, escortés par soixante-six Messerschmitt Bf 109, se sont approchés de la côte. Douze escadrilles de Spitfire et de Hurricane ont décollé pour les intercepter. Mais cette attaque n'était qu'une feinte, l'objectif des Allemands étant de surprendre les chasseurs britanniques au sol pendant le ravitaillement. C'est ce qui est arrivé sur les aérodromes de Hornchurch et de North Weald qui ont été sévèrement touchés. De nombreux chasseurs y ont décollé en catastrophe sous les bombes. A Hornchurch, la DCA a permis d'éviter le pire. A North Weald, des Hurricane sont venus en renfort depuis la base voisine de Romford. Manston a été très touché en raison de sa situation vulnérable sur les falaises du Kent. Les rumeurs qui font état d'une mutinerie au sein du personnel au sol – celui-ci aurait, dit-on, refusé de sortir des abris souterrains en dépit des ordres – semblent être le fait d'une série de malentendus. Il en va de même des bruits qui courent selon lesquels des travailleurs civils auraient refusé de combler des cratères de bombes sous le feu de l'ennemi. Aujourd'hui, la base de Manston n'est plus une base de première ligne. Elle ne servira plus que de terrain d'atterrissage d'urgence. Aux déboires de la journée, il faut ajouter la perte de cinq Defiant de l'escadrille 264. A l'instar des Stuka, ils ne sont pas invincibles. De plus, l'entente entre le groupe 11 du général de division aérienne Keith Park et le groupe 12 que commande son collègue Trafford Leigh-Mallory ne semble pas des plus cordiales. Quand Park a demandé du renfort aujourd'hui, les escadrilles du groupe 12 ont mis si longtemps à former leur « big wing » que les bombardiers avaient déjà fini leur raid et avaient regagné leur base avant leur arrivée. Les Allemands ont aussi attaqué Portsmouth où ils ont tenté de bombarder le chantier naval, mais ils ont subi les tirs de la DCA. De nombreuses bombes sont tombées sur la ville, faisant beaucoup de victimes parmi les civils. Ramsgate n'a pas été épargné non plus. Certes, les Allemands ont déjà perdu quarante et un appareils, et la RAF vingt, mais la journée n'est pas encore finie. Göring a ordonné vingt-quatre heures d'offensive non-stop. On redoute de nouveaux raids sur la banlieue londonienne.

La chasse britannique va tenter d'intercepter les bombardiers allemands.

Léon Trotski meurt assassiné au Mexique

Mexico, 22 août
Léon Trotski est mort à l'hôpital d'une fracture du crâne après avoir été frappé par un homme armé d'un piolet, avant-hier à son domicile. L'identité de son assassin demeure incertaine. Dans l'ambulance qui l'emmenait à l'hôpital, Trotski a affirmé que ce ne pouvait être qu'un agent de la police de Staline ou un fasciste. Partisan de la révolution permanente et fondateur de l'Armée rouge, Trotski fut l'un des proches collaborateurs de Lénine avant de s'opposer à Staline. Exclu du parti en 1927, expulsé d'URSS en 1929, il vivait depuis en exil. Ses partisans sont regroupés au sein de la IVe Internationale, qu'il a créée.

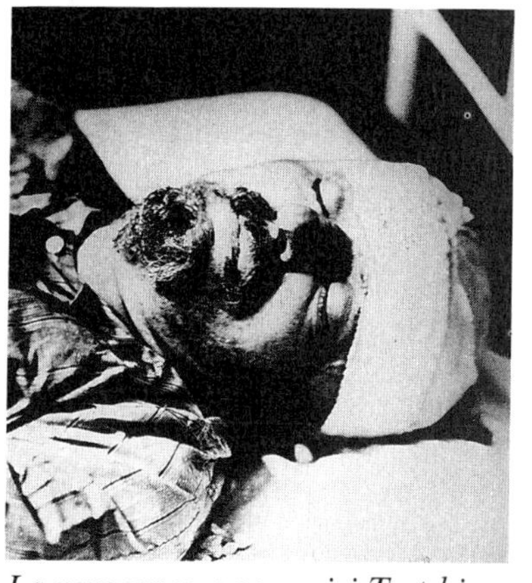
La vengeance a poursuivi Trotski.

Churchill adresse de vives félicitations aux pilotes de la RAF

Londres, 20 août
Aujourd'hui, à la Chambre des communes, Churchill a rendu un vibrant hommage à la Royal Air Force : « Chaque foyer de notre île, de notre empire et du monde entier [...] est reconnaissant envers les pilotes britanniques qui, bravant le destin et défiant inlassablement le danger mortel, sont en train de changer le cours de cette guerre. Jamais dans un conflit humain autant d'hommes n'auront été aussi redevables à un aussi petit nombre. Tous les cœurs accompagnent nos pilotes de chasse, dont nous observons de nos propres yeux et jour après jour les exploits. »
Le Premier ministre a ensuite comparé la guerre actuelle avec celle de 1914-1918 en ces termes : « Le massacre est limité, mais, cette fois-ci, les conséquences pour les belligérants sont plus meurtrières. Nous avons vu de grands pays dotés de puissantes armées anéantis en quelques semaines [...]. Des changements stratégiques et scientifiques [...] sont en train de se produire [...]. Il existe une autre différence, plus frappante, avec la Grande Guerre : des nations entières sont engagées dans la guerre, pas seulement leurs soldats, mais la population tout entière, hommes, femmes, enfants. Nos citoyens sont unis comme ils ne l'ont jamais été. La mort, la ruine sont devenues un moindre mal comparées à la honte de la défaite. » (→ 9.10)

Un héroïque pilote de Hurricane.

Les francs-maçons frappés d'interdit

Paris, 19 août
La loi interdisant les sociétés secrètes dont le ministre Raphaël Alibert est le principal artisan est évidemment dirigée contre la franc-maçonnerie. Tout fonctionnaire ou agent de l'Etat sera tenu de jurer qu'il n'en fait pas partie. Convaincu que les loges détiennent un terrible pouvoir occulte dirigé contre la religion et l'unité nationale, le régime de Vichy désigne les francs-maçons à la vindicte populaire avec une violence dans la dénonciation comparable à celle qui s'exerce à l'encontre des Juifs. C'est la mort du Grand Orient et de la Grande Loge qui est ainsi prononcée. ▷

Les Britanniques chassés de Somalie

Berbera, 19 août
Les troupes africaines embarquent dans des chaloupes pour rejoindre le navire australien *Hobart* venu les chercher. Les Britanniques et leurs alliés de l'empire évacuent la Somalie dont la capitale, Berbera, est tombée hier. Depuis seize jours, ils étaient six mille à combattre contre trente mille Italiens. L'arithmétique aura eu raison de l'habileté tactique des Britanniques. Pendant que les soldats du Black Watch s'éloignent de la côte, les hommes du génie détruisent les installations. Seuls les supplétifs somalis restent chez eux. La plupart prendront le maquis.

Les communistes contre les Japonais

Chan-si, Chine, 20 août
La 8e armée communiste chinoise est parvenue aujourd'hui à isoler du reste du monde le réseau des garnisons japonaises du nord de la Chine. Quarante mille soldats ont en effet lancé une série d'attaques coordonnées sur divers objectifs routiers et ferroviaires, coupant ainsi toutes les communications de l'ennemi. Le succès de cette offensive va certainement renforcer le moral des combattants communistes, qui en avait bien besoin. Il fera taire les critiques du Kuo-min-tang qui se plaignait du fait que les communistes s'en prenaient à lui plutôt qu'aux Japonais.

Douvres est bombardé depuis la France

Un canon allemand pointé vers la côte anglaise, de l'autre côté de la Manche.

Douvres, 22 août
Les batteries de l'armée allemande ont pilonné la ville à l'issue d'un duel, au-dessus de la Manche, qui a duré toute la journée. Leur première cible a été un convoi de cargos serrant la côte anglaise sous la protection de la Royal Navy. Dans les airs, la RAF a pu disperser les vagues de chasseurs bombardiers qui attaquaient le convoi. Tard dans la nuit, les appareils britanniques ripostaient encore. Entretemps, le convoi qui amenait cinquante mille tonnes de nourriture et de matériel de guerre s'était mis à l'abri dans le port. C'est la première fois que les Allemands faisaient usage des batteries lourdes d'une portée de 32 km. Installées entre Calais et Boulogne en prévision de l'invasion de l'Angleterre, elles rendent difficile pour les convois l'accès à la Manche et menacent Douvres et les localités environnantes. A Douvres, où le pilonnage a sévi durant quarante-cinq minutes, un obus a même traversé le vitrail d'une église avant d'exploser près de l'autel. Vers minuit, des réfugiés transportant leur literie ont cherché des abris. La RAF a riposté en bombardant les batteries allemandes sur la côte française.

1940

Août

Di	Lu	Ma	Me	Je	Ve	Sa
				1	2	3
4	5	6	7	8	9	10
11	12	13	14	15	16	17
18	19	20	21	22	23	24
25	26	27	28	29	30	31

25. Paris : après un séjour en zone libre, arrivée d'André Weil-Curiel, chargé de mission par de Gaulle pour organiser les patriotes.

26. Europe : la RAF effectue son premier raid de bombardement sur Berlin. La Luftwaffe bombarde de nouveau Londres.

26. Tchad : la colonie rejoint la France libre (→ 29).

27. Chine : les Britanniques achèvent l'évacuation de leurs troupes de Shanghai.

27. Islande : la RAF établit une base aérienne destinée à la protection des convois dans l'Atlantique.

27. Vichy : abolition du décret réprimant les injures raciales ou confessionnelles.

28. Afrique : après le Cameroun hier, le Congo se rallie à la France libre (→ 29).

28. Vichy : rupture des relations diplomatiques avec les gouvernements européens réfugiés à Londres.

29. Vichy : promulgation de la loi créant la Légion française des combattants.

30. Vienne : arbitrage de l'Allemagne, qui impose à la Roumanie la cession de la Transylvanie septentrionale à la Hongrie.

30. Grande-Bretagne : raids de la Luftwaffe sur Biggin Hill, important PC opérationnel de la RAF. Elle lâche des bombes incendiaires sur Londres.

30. Vichy : le ministre de l'Intérieur Adrien Marquet interdit à plusieurs personnalités allemandes de quitter le pays. Parmi elles, Rudolf Hilferding, ex-ministre de la république de Weimar, et Fritz Thyssen.

31. Moscou : l'URSS proteste de ne pas avoir été consultée sur la cession à la Hongrie de la Transylvanie, territoire qu'elle convoitait.

31. Grande-Bretagne : plusieurs aéroports vitaux du Sud-Est sont bombardés et rendus inutilisables.

31. Scapa Flow : départ de l'escadre britannique qui doit appuyer le débarquement de 2 700 hommes des FFL à Dakar (→ 23.9).

Les Trois Glorieuses de la France libre

Afrique équator. française, 29 août
Pour acquérir plus de légitimité et de pouvoir, les Forces de la France libre doivent s'appuyer autant que possible sur les Français de l'empire colonial. Dans les premiers jours du mois, des représentants ont donc été envoyés par le général de Gaulle en Afrique noire pour y négocier le ralliement des principaux chefs des territoires français. Ces représentants, Larminat, Pleven, Boislambert et Leclerc, se heurtent tout d'abord aux hésitations d'hommes habitués à l'obéissance et qui craignent pour leur carrière. Le 26, Félix Eboué, gouverneur du Tchad, déjà tout acquis à de Gaulle, est le premier à donner l'exemple en hissant le drapeau tricolore à croix de Lorraine à la mairie de Fort-Lamy. Le lendemain, Leclerc et Boislambert, accompagnés de vingt-trois Français, abordent en pirogue à Douala, qu'ils prennent par surprise, sans un coup de feu. Le contrôle du Cameroun n'était plus qu'un jeu d'enfant, et sa capitale Yaoundé a accueilli aujourd'hui Leclerc en triomphateur. Pourtant, au Congo, ils ont rencontré quelques difficultés. Refusant obstinément de se rallier à la France libre, le général Husson concentre des forces pour s'opposer à l'arrivée des gaullistes, qui, après lui avoir envoyé un ultimatum, sont passés à l'attaque. Tandis que Husson est embarqué pour Lisbonne, Larminat peut s'installer au quartier général. Désormais, à l'exception du Gabon, la France libre tient toute l'Afrique équatoriale française.

Félix Eboué et Charles de Gaulle.

L'étau se resserre autour de la Grande-Bretagne

Le bombardement des capitales

Londres, 31 août
Des raids aériens ont touché hier Berlin et Londres. Cette guerre des capitales a commencé dans la nuit du 24 avec le bombardement de Londres par plusieurs Heinkel He 111. A la suite d'une erreur de navigation, les avions ennemis avaient remonté la Tamise trop haut. En représailles, Churchill ordonnait le bombardement immédiat de Berlin. La nuit suivante, quatre-vingt-un bombardiers britanniques ont attaqué la capitale allemande, provoquant la consternation des habitants et la fureur de Hitler. Celui-ci avait en effet imprudemment affirmé que Berlin ne serait jamais bombardée. Hitler, qui avait rêvé d'un défilé triomphal de la Wehrmacht dans Londres intact, comme à Paris, est hors de lui. Nul doute qu'il ne prépare déjà de nouvelles représailles sur la capitale, ce qui devrait plaire au Reichsmarschall Göring. Selon lui, Londres est la seule cible que l'aviation britannique devra défendre à tout prix. La RAF, pense-t-il, ne survivra pas à une telle attaque. Jusqu'ici, ce sont surtout les banlieues du sud de Londres qui ont été touchées. Des aérodromes tels que Biggin Hill et Kenley constituent en effet des cibles de choix.
La Luftwaffe attaque aussi de nuit et lâche des bombes puissantes et des bombes incendiaires. Ces raids nocturnes n'ont pas fait beaucoup de dégâts. De même, les attaques de la RAF sur Berlin n'ont guère donné de résultats. Un pilote de la RAF raconte : « A notre arrivée, Berlin était déjà en feu. Nous pouvions l'apercevoir vingt-cinq minutes avant de le survoler. Nous avons largué notre chapelet de bombes juste à gauche du foyer principal. Quatre autres incendies ont alors commencé. En tout, nous avons survolé Berlin pendant une demi-heure environ. » Il est probable que les bombardements de Londres et de Berlin vont s'intensifier. Quelle capitale résistera le mieux ? La réponse dépend de la volonté de résistance des habitants et du talent des pilotes.

Winston Churchill observe la bataille d'artillerie au-dessus de la Manche.

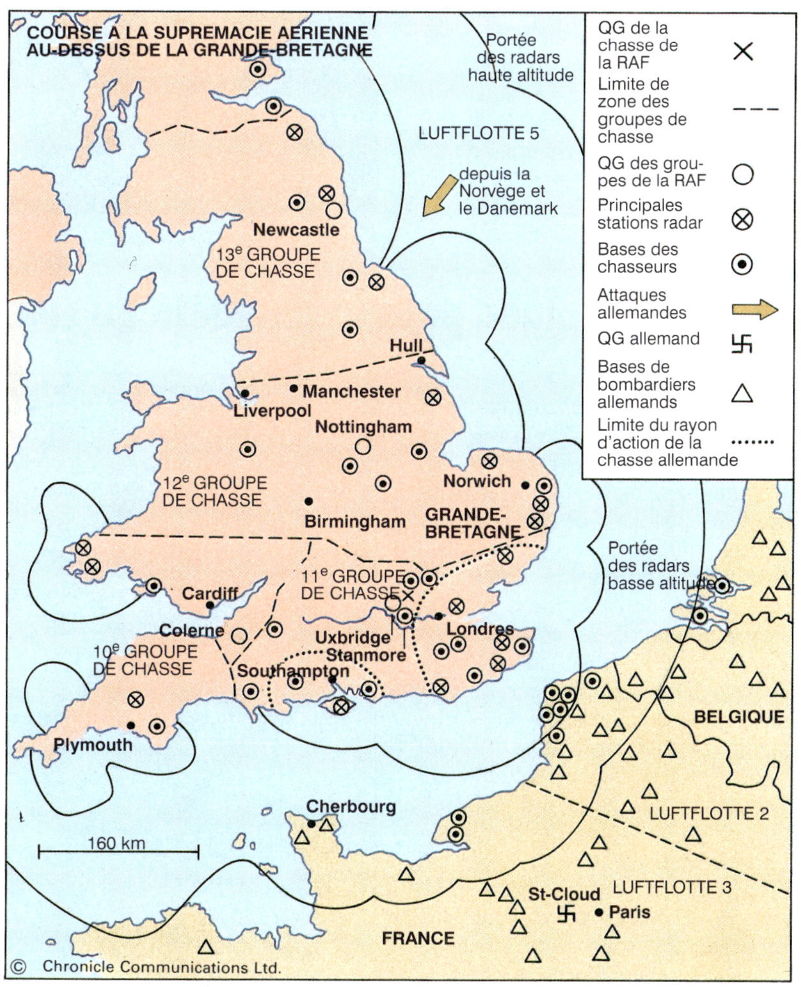

L'invasion du pays se prépare

Berlin, 31 août
Faisant fi des craintes de ses généraux et amiraux, Hitler a ordonné le lancement de l'opération *Seelöwe* : l'invasion de l'Angleterre. Göring a promis de détruire la force des chasseurs du sud de l'Angleterre en quatre jours, et le reste de la RAF en deux ou trois semaines. Le Führer décidera donc de la date exacte de l'invasion.
Le rassemblement des bateaux dans les ports de la Manche a déjà commencé, et une attaque de diversion sur la côte est de la Grande-Bretagne est programmée. Mais Hitler doit encore résoudre le conflit qui divise l'armée et la marine au sujet du déploiement des forces d'invasion. L'armée a en effet prévu de débarquer sur un front de 320 km entre Ramsgate et Lyme Regis, à l'aide de 1 722 péniches, 1 161 bateaux à moteur, 470 remorqueurs et 155 navires de transport. Mais l'amiral Erich Raeder (grand amiral du Reich depuis le 1er avril 1939) pense que sa flotte ne pourra jamais protéger une force aussi étendue et dispersée. Il a déclaré à Hitler que la marine risquait de voir tous ses bateaux coulés par les Britanniques. Selon lui, l'armée devrait se concentrer sur un front étroit entre Folkestone et Eastbourne. Pour le général Halder, chef d'état-major de la Wehrmacht, ce serait un « véritable suicide ». Ses soldats se heurteraient à une force écrasante. « Autant faire passer les troupes dans une machine à chair à saucisse », ajoute-t-il, furieux. Au cours d'une réunion d'état-major à l'Obersalzberg, Hitler a demandé à Raeder son avis sur la question. « Tout bien considéré, a répondu celui-ci, le meilleur moment pour lancer cette opération serait en mai 1941. » Une manière habile de dire non à un homme qui ne supporte pas l'opposition. A cette date en effet, les Britanniques auront eu assez de temps pour préparer leur défense, et leur armée se sera remise de la défaite de Dunkerque. La Kriegsmarine ne sera toujours pas capable alors de se mesurer à la Royal Navy (→ 3.9).

▷

1940

Septembre

Di	Lu	Ma	Me	Je	Ve	Sa
1	2	3	4	5	6	7
8	9	10	11	12	13	14
15	16	17	18	19	20	21
22	23	24	25	26	27	28
29	30					

1er. Lituanie : à Kaunas, le consul japonais Sugihara est expulsé pour avoir accordé des visas de sortie à des Juifs.

2. Pacifique : ralliement de la Polynésie française à la France libre (→ 24).

2. Washington : signature de l'accord par lequel les Etats-Unis donnent 50 destroyers à la Grande-Bretagne contre l'octroi de ses bases navales en mer des Antilles (→ 28).

3. France : la RAF bombarde la base d'U-Boote à Lorient.

3. Grande-Bretagne : une indemnité jusqu'à 2 000 livres est accordée par le gouvernement. Elle concerne les maisons détruites par les raids de la Luftwaffe.

3. Berlin : Hitler repousse la date d'invasion de la Grande-Bretagne au 21 septembre.

4. Berlin : Hitler déclare : « J'ai tenté d'épargner les Anglais [...], ils répondent en assassinant des femmes et des enfants allemands. Je raserai leurs villes. »

5. Luxembourg : sous la pression de l'occupant, les autorités adoptent les lois antisémites allemandes. Saisie de tous les établissements appartenant aux Juifs (→ 22.10).

6. Grande-Bretagne : violents bombardements allemands sur les ports de la côte sud. Ils déclenchent l'alerte jaune, signifiant attaque probable dans les trois jours.

6. Chine : le gouvernement nationaliste fait de Chongqing sa capitale (→ 13).

6. Roumanie : le roi Carol est contraint d'abdiquer en faveur de son fils Michel. Le général Antonescu instaure une dictature militaire et se proclame Conducator (→ 23.11).

6. Vichy : remaniement ministériel. Le général Weygand est nommé délégué général en Afrique française.

6. France : des appels à la résistance signés par le général Cochet commencent à circuler en zone libre.

7. Londres : début du Blitz. La Luftwaffe lâche 352 tonnes de bombes sur la ville.→

La Grande-Bretagne sur le qui-vive

Londres, 7 septembre
Aujourd'hui, 350 bombardiers allemands et autant de chasseurs ont surgi au-dessus des docks. Dans la soirée, ils étaient 247, et quelques heures plus tard on déplorait 2 000 tués ou blessés parmi les habitants de la zone touchée, ravagée par les flammes. Depuis, toutes les lignes ferroviaires du Sud sont bloquées, et au QG des Home Forces (Forces de l'intérieur) on a diffusé le signal d'alerte d'« invasion imminente », *Cromwell*. La Home Guard et les troupes régulières sont mobilisées. On sonne les cloches des églises et l'on fait sauter des ponts. Churchill a averti les chefs de l'état-major que, si une tentative d'invasion avait lieu, cela ne saurait tarder, car on prévoit du mauvais temps pour les prochains jours. Autre indice inquiétant, on a repéré dans la Manche des centaines de péniches autopropulsées venant de ports allemands et néerlandais. Elles se dirigeaient vers les côtes du nord de la France. Bombardées par la RAF et la Royal Navy, elles ont subi de lourdes pertes. Mais le pilonnage des docks, vu comme un prélude à l'invasion, n'a pas été suivi du moindre mouvement de la flotte. Les Allemands espèrent sans doute que leurs raids sur les cibles civiles auront semé une telle panique que l'invasion ne sera pas nécessaire.

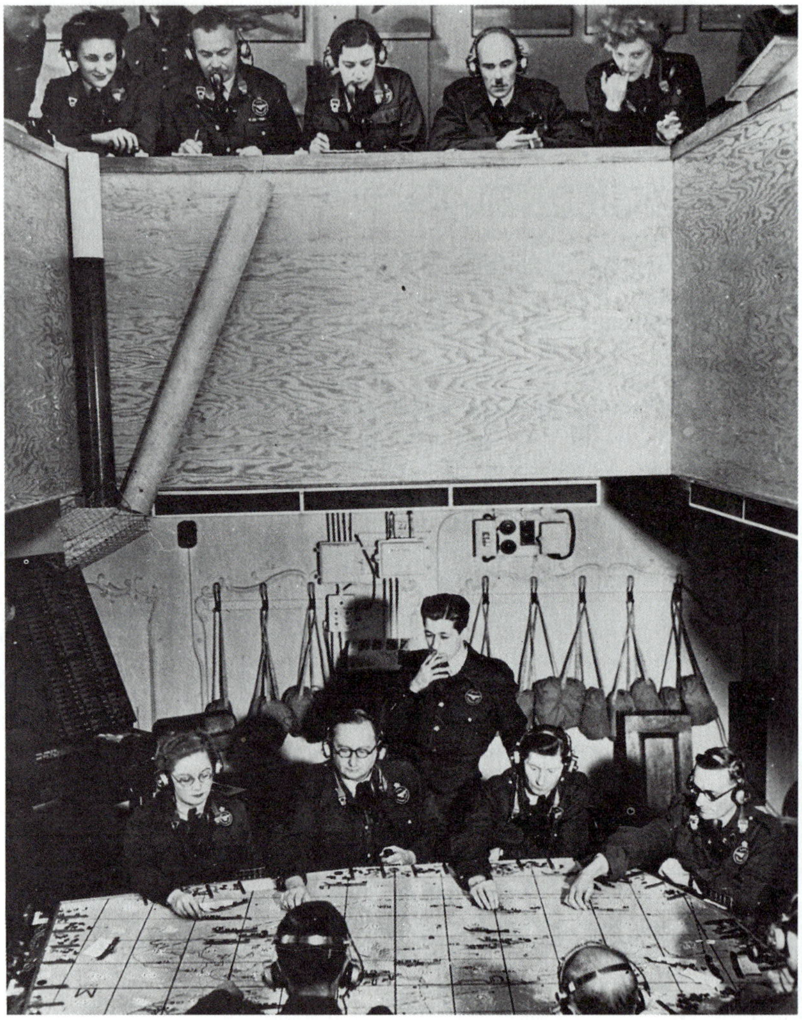

Ce poste de commandement de la RAF centralise toutes les informations.

Le plan allemand pour la conquête du sud de l'Angleterre

Berlin, 7 septembre
Les forces armées allemandes ont élaboré un plan détaillé qui vise non seulement à débarquer sur les îles Britanniques, mais aussi à consolider leurs positions dès les premiers débarquements. L'opération *Seelöwe* prévoit la descente d'une première vague de 13 divisions sur plusieurs points de la côte sud, de Ramsgate, à l'est, à Lyme Regis, à l'ouest. Des troupes aéroportées doivent aussi intervenir. Les Allemands pénétreraient alors à l'intérieur des terres pour s'établir de Gloucester jusqu'au sud de Colchester. A ce stade du conflit, la Grande-Bretagne devrait avoir capitulé, et un gouvernement militaire serait mis en place. Toutefois, l'absence de supériorité aérienne inquiète les chefs d'état-major (→ 9).

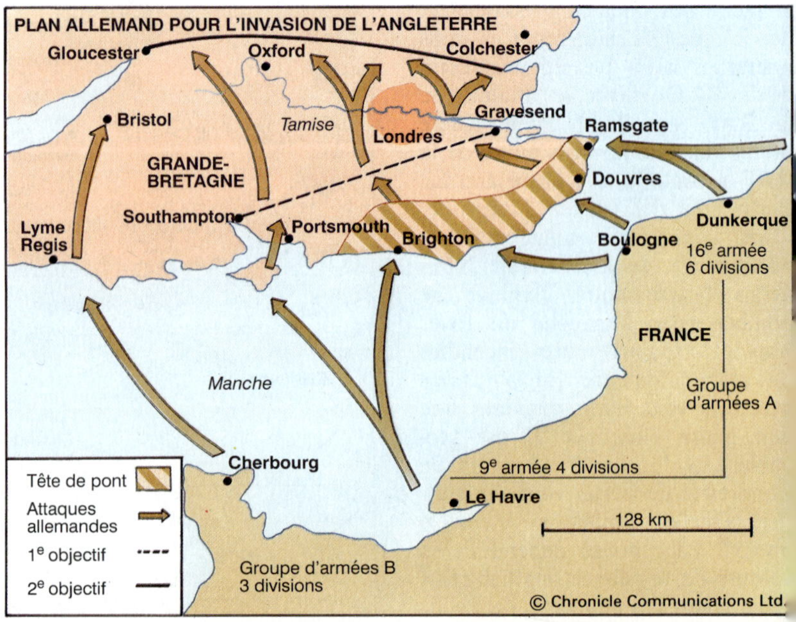

Hitler déchaîne le Blitz sur les villes britanniques

La Royal Air Force est exténuée

Londres, 7 septembre
Le Fighter Command a atteint une phase critique. Les attaques sur ses aérodromes et ses stations de radar sont de plus en plus violentes, et les pertes en vol se multiplient. Göring veut en finir avec les chasseurs de la RAF. Il envoie donc régulièrement une pléthore de chasseurs allemands que le radar ne distingue pas des bombardiers, pour inciter les chasseurs de la RAF à s'engager dans la bataille. La tactique du général d'armée aérienne Hugh Dowding consiste à lutter exclusivement contre les bombardiers. Il n'envoie ses avions que parcimonieusement afin de préserver ses troupes. Car, s'il a suffisamment d'appareils, il manque d'hommes. De nouveaux pilotes n'ayant que vingt heures de vol sont précipités dans la bataille et périssent trop souvent dès leur première sortie. Dowding a ainsi perdu 11 de ses 46 chefs d'escadrille et 39 commandants de vol sur 97. Ceux qui ont survécu sont à bout de forces. Ce que la RAF ignore encore, c'est que Göring est décidé à continuer l'attaque des villes, au moment précis où la fortune des armes boude le Fighter Command. Ce que Göring ne sait pas, c'est qu'il accorde à la RAF un moment de répit (→ 14).

Hugh Dowding, chef de la chasse.

Les docks de la capitale britannique bombardée sont en flammes, mais Tower Bridge est toujours debout.

Londres en feu après les bombardements allemands

Londres, 7 septembre
Ce soir, les docks brûlent encore, après le bombardement massif au cours duquel 300 tonnes d'explosifs et de bombes incendiaires ont été larguées sur la capitale. La RAF n'a pas pu arrêter les bombardiers allemands, qui ont semé la mort et la destruction sur les quartiers est. On estime que 450 personnes ont été tuées et 1 600 blessées.
Pour la circonstance, Hermann Göring était venu en France. Des côtes du Pas-de-Calais, il a assisté à l'envol de 350 bombardiers escortés par 650 chasseurs au-dessus de la Manche. Emettant de son quartier général, il a déclaré qu'il pouvait voir des vagues d'avions déferler sur l'Angleterre.
Il semble que, cette fois, la RAF ait été mal renseignée, malgré les messages de l'Enigma qui avaient annoncé une attaque sur la capitale. Le matin, des raids avaient eu lieu sur l'aérodrome de Hawkinge. Pensant que les vagues d'avions se dirigeaient vers les aérodromes au nord de Londres, le contrôleur de la brigade 11 envoyait ses escadrilles au nord de la capitale. Quand il comprit que Londres était visé, il était trop tard. Certes, 21 escadrilles sur 23 auront pu intervenir, mais le mal était déjà fait. Néanmoins, 41 appareils ennemis ont été abattus, contre 25 britanniques.
Les premières bombes ont incendié des entrepôts des douanes. De la peinture, du rhum et du sucre en feu flottent sur la Tamise. Beaucoup de gens doivent être évacués par bateau. « Apportez toutes les pompes disponibles, supplie un pompier, c'est la terre entière qui brûle. » En raison du niveau de la Tamise, très bas après un été sec, les pompiers ont eu du mal à faire fonctionner les pompes. Dans la nuit, 247 avions ont renouvelé l'attaque, lâchant 352 tonnes d'explosifs et 440 bombes incendiaires (→ 14).

Des « chantiers » pour la jeunesse

France, septembre
Depuis que le décret du 30 juillet les a officiellement institués, les chantiers de jeunesse ont pris une rapide extension. Neuf groupements existent déjà qui rassemblent chacun 2 500 hommes. Pourtant, c'est sans enthousiasme que les jeunes gens du « semestre 1920 » ont appris qu'ils allaient accomplir un stage civil en guise de service militaire, interdit par l'armistice. L'idée de camper loin des villes, des bistrots et des cinémas n'avait rien pour les enchanter. La réalité s'est révélée plus dure encore.
Pour forger une nouvelle jeunesse, disciplinée, travailleuse et « propre », le général de La Porte du Theil les a expédiés en plein bois, sans logement, sans outils, sans matériel. Ils s'habillent de bric et de broc, couchent à même le sol et mangent rarement à leur faim. ▷

Abdication du roi Carol de Roumanie

Bucarest, 6 septembre
Le roi Carol II de Roumanie s'est aujourd'hui rendu au général Ion Antonescu. Contraint par l'Allemagne et l'URSS, il a abdiqué en faveur de son fils Michel. Carol, qui a trouvé asile en Suisse, a déclaré : « J'espère que mon sacrifice contribuera à sauver la Roumanie. » En 1925, déjà, il avait été contraint de renoncer à son droit à la succession en raison de sa liaison affichée avec la belle Magda Lupescu. Rappelé en 1930, il s'était aligné sur la politique des démocraties occidentales avant d'instaurer, en 1938, une dictature royale.

L'arrestation d'un espion mal informé

Lydd, 3 septembre
Mabel Cole, l'épouse du tenancier du Rising Sun, avait toutes les raisons d'être soupçonneuse lorsqu'un jeune homme bien habillé est venu frapper à la porte du bar à neuf heures du matin pour réclamer un verre de cidre. Il parlait avec un fort accent étranger et méconnaissait à l'évidence les lois anglaises concernant l'alcool. Elle l'a envoyé chercher des cigarettes de l'autre côté de la rue, le temps pour elle de chercher du secours. Le jeune homme – un Hollandais – était l'un des quatre espions débarqués sur la plage la nuit précédente. Ils ont à présent tous été arrêtés.

1940

Septembre

Di	Lu	Ma	Me	Je	Ve	Sa
1	2	3	4	5	6	7
8	9	10	11	12	13	14
15	16	17	18	19	20	21
22	23	24	25	26	27	28
29	30					

9. Vichy : après Daladier, Reynaud et le général Gamelin, Georges Mandel est interné au château de Chazeron, sur ordre du gouvernement français.

9. Inde : ralliement à la France libre des cinq comptoirs français (→ 24).

9. Palestine : des avions italiens bombardent Tel-Aviv.

9. Londres : la Luftwaffe perd 27 avions dans un raid, et la RAF 20.

9. Europe : bombardements de la RAF sur les concentrations de troupes allemandes dans les ports d'Ostende, de Boulogne, Hambourg et Brême.

9. Berlin : Hitler repousse au 24 septembre la date d'invasion de la Grande-Bretagne (→ 14).

10. Albanie : concentration de troupes italiennes, en vue d'une attaque contre la Grèce.

11. Belgique : la première grève depuis l'arrivée des Allemands éclate à Liège.

11. Londres : du fait de raids aériens, le lord maire ouvre un fonds de secours (→ 5.10).

12. Vichy : le général Huntziger est nommé ministre de la Guerre, et le général Doyen, chef de la délégation française à la Commission d'armistice de Wiesbaden.

12. France : des écoliers découvrent des peintures rupestres dans une grotte à Lascaux.

13. Afrique du Nord : début de l'offensive italienne à Sollum, sur la frontière entre la Libye et l'Egypte.

13. Chine : le Zero, avion de chasse japonais, entre en action pour la première fois au-dessus de Chongqing.

13. Afrique de l'Est : les troupes italiennes d'Ethiopie avancent de 30 km dans la colonie britannique du Kenya.

14. Grande-Bretagne : l'activité portuaire de Londres est transférée sur l'estuaire de la Clyde en Ecosse.

14. Berlin : sur les conseils de Göring, Hitler reporte au 27 septembre l'invasion de la Grande-Bretagne.→

L'erreur tactique des Allemands

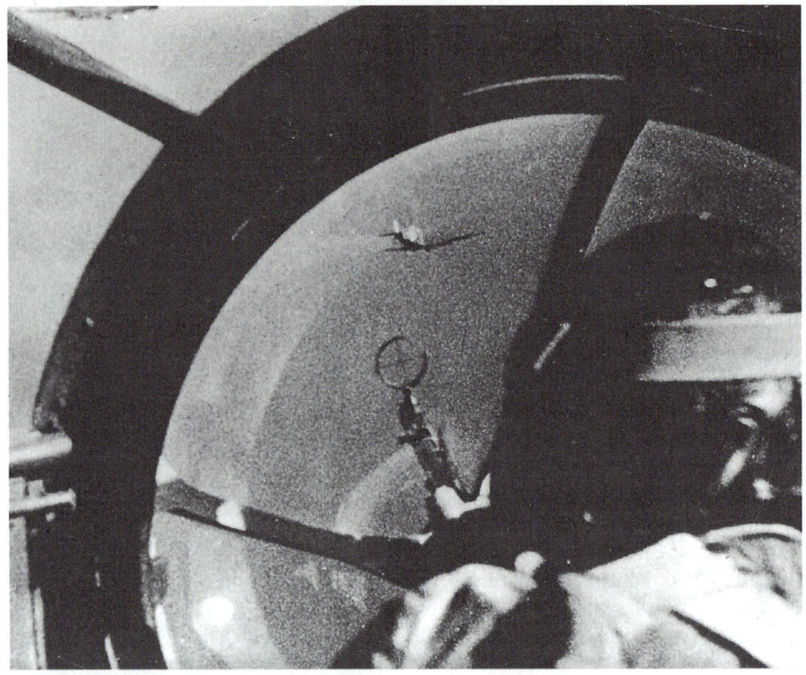

Un Spitfire plonge pour tenter d'échapper à la mitrailleuse allemande.

Londres, 14 septembre
Le changement de tactique de la Luftwaffe, qui bombarde Londres et Liverpool au lieu de continuer à attaquer les aérodromes du Fighter Command, cause la désolation dans les villes. Toutefois, il procure un répit inespéré aux pilotes, qui se battent toujours avec le même acharnement dans le ciel mais peuvent désormais se reposer au sol. Les cratères de bombes se comblent, les communications sont rétablies et les équipements réparés. Des abris sûrs attendent les pilotes à leur retour de mission. La RAF se trouve dans la même situation qu'un boxeur sonné, envoyé dans les cordes, mais à qui on laisse le temps de récupérer. La RAF peut remercier Hitler pour ce répit : il était si furieux lorsque les Britanniques ont bombardé Berlin en représailles le 25 août qu'il a menacé, si l'attaque devait continuer, de « raser complètement leurs villes ». Il met sa menace à exécution nuit et jour. Mais la Luftwaffe, déjà éprouvée par des pertes en hommes et en appareils infligées par les chasseurs britanniques, ne croit déjà plus à l'anéantissement de la RAF. Les Allemands semblent avoir commis une erreur fondamentale.

L'exploitation de l'économie française

Paris, 10 septembre
L'occupant a mis l'économie française en coupe réglée. Son objectif est de l'intégrer au sein d'une économie de guerre européenne placée sous la direction de l'Allemagne. A la demande de cette dernière, le gouvernement français vient de créer un Office central de répartition. Sa mission est de recenser et de distribuer les matières premières, et sa politique est évidemment fortement guidée par les intérêts allemands dans de nombreux secteurs stratégiques.
Non seulement la France ne tient plus les rênes de son économie, mais elle doit encore verser aux Allemands des sommes astronomiques au titre des frais d'occupation. Le 8 août dernier, à Wiesbaden, le général Huntziger s'est vu imposer le versement de 20 millions de Reichsmarks par jour, soit 400 millions de francs.
Les Allemands considèrent arbitrairement que la France doit payer le cinquième de ce que leur a coûté la guerre. C'est beaucoup plus que ce que la France avait exigé de l'Allemagne vaincue au lendemain de la Première Guerre mondiale. Le gouvernement français proteste mais ne peut que payer.

Le Blitz frappe les villes

Londres, 14 septembre
Le front de la guerre a basculé dans les grandes villes britanniques. En dépit de ce qu'affirme la propagande allemande – seuls des objectifs militaires seraient visés –, les bombardiers allemands déversent en fait leurs engins de mort sur les zones urbaines. Le but de la manœuvre consiste à terroriser la population. Les chefs nazis préféreraient que la Grande-Bretagne se rende, comme l'ont fait les Pays-Bas après le bombardement de Rotterdam, plutôt que de se risquer à traverser la Manche. Les bombardements nocturnes de la RAF sur leur flotte d'invasion les ont convaincus du risque de cette entreprise. La côte française est si bien éclairée par les incendies de péniches que les pilotes des bombardiers britanniques l'appellent le *Blackpool Front*, d'après le nom d'une station balnéaire située sur la côte ouest de l'Angleterre. Le sud du pays de Galles, le Merseyside et Londres essuient le Blitz. Après le raid diurne dévastateur sur les docks le 7 septembre, 247 bombardiers sont revenus la nuit. L'enfer aura duré neuf heures. Deux jours plus tard, les *raiders* ont subi de lourdes pertes. Mais, cette nuit-là, les bombardiers sont revenus, faisant 370 victimes. Les raids continuent, et on pense que la bataille va encore gagner en intensité (→18).

Six bombes sur Buckingham Palace

Londres, 13 septembre
Pour la deuxième fois, la résidence royale a été touchée par les bombardements. Six bombes sont tombées dans les jardins, à environ 70 m de la petite pièce où se tenaient le roi et la reine, donnant sur la cour intérieure. L'explosion a fait voler les vitres en éclats. Deux projectiles sont tombés dans la cour, deux dans l'avant-cour, un autre a ravagé la chapelle royale, et la dernière a explosé dans le jardin sans causer de dégâts. Winston Churchill craint pour la sécurité du couple royal, qui refuse cependant de quitter la capitale.

Les docks de Londres en feu

Londres, 14 septembre
Une fois encore, la Luftwaffe a réussi à percer les défenses de la capitale et à incendier les docks. Ces enfilades d'entrepôts regorgeant de produits inflammables, facilement repérables par les avions allemands, sont une cible facile.
La RAF a riposté moins violemment que d'habitude. Aussi, les Allemands ont pensé que le Fighter Command montrait enfin les premiers signes de faiblesse tant attendus. Les pertes réciproques – huit avions allemands contre treize britanniques – pourraient les conforter dans ce sentiment.

La répression s'intensifie en zone occupée

France, 10 septembre
Depuis ce matin, les Français peuvent lire sur les murs de leurs villes et de leurs villages une affiche annonçant que, désormais, la peine de mort sera appliquée à tout auteur d'un acte de sabotage affectant les transmissions de l'armée allemande. L'occupant n'a pas attendu cette décision du gouverneur militaire allemand en France. Accusé d'avoir saboté des câbles de transmission à Royan, un jeune homme de dix-sept ans a été condamné par la justice française à une peine de prison, le 4 septembre. Mécontents du verdict, les Allemands l'ont rejugé le 7 devant leur propre tribunal militaire et condamné à mort. Il a été aussitôt exécuté. Si les saboteurs se trouvent dans le collimateur de l'occupant, ce sont les « responsables de la défaite » qui font les frais des lois répressives de l'Etat français. Celle du 3 septembre autorise le ministère de l'Intérieur à procéder à des internements sans jugement. Deux jours plus tard, Paul Reynaud, Edouard Daladier et le général Gamelin étaient internés au château de Chazeron, près de Vichy, où Georges Mandel les a rejoints le 9. On peut douter que leur sécurité y soit assurée.

Les Londoniens se sont réveillés dans une ville à moitié détruite

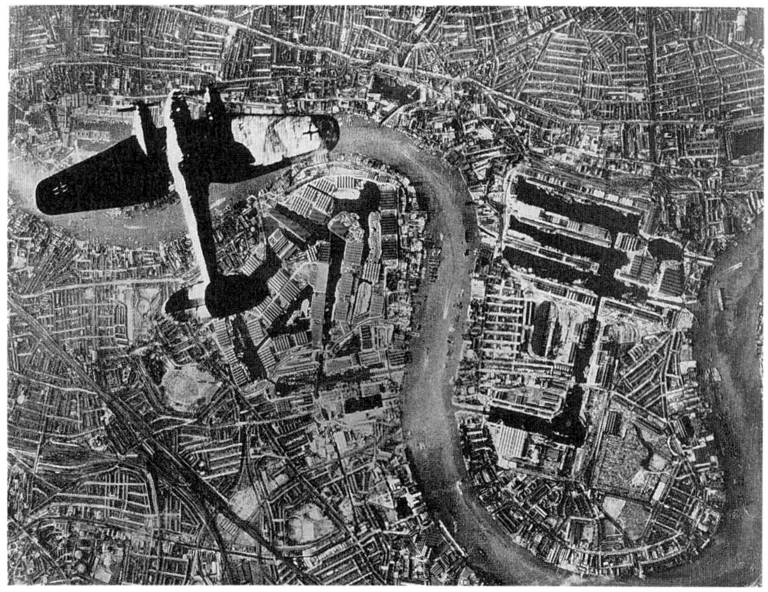

Les quartiers de Londres s'étalent sous les ailes d'un Heinkel He 111.

George VI inspecte le Palais.

Les incendies après les bombes.

A la recherche de survivants dans un bus renversé comme un jouet.

1940

Septembre

Di	Lu	Ma	Me	Je	Ve	Sa
1	2	3	4	5	6	7
8	9	10	11	12	13	14
15	16	17	18	19	20	21
22	23	24	25	26	27	28
29	30					

15. Libye : les premières forces terrestres de la France libre sont engagées à Sidi-Barrani contre les Italiens.

15. Egypte : les Italiens occupent Sollum (→16).

15. Canada : mobilisation des hommes célibataires âgés de 21 à 24 ans.

15. Grande-Bretagne : la RAF abat 61 avions allemands ; elle-même en perd 29.→

16. Etats-Unis : pour la première fois en temps de paix, un service militaire obligatoire est mis en place.→

17. Méditerranée : des avions de l'aéronavale britannique attaquent Benghazi, et des destroyers bombardent Sollum et Sidi-Barrani.

17. Berlin : Hitler reçoit le ministre de l'Intérieur espagnol, Serrano-Suner. Il espère l'entrée en guerre de l'Espagne aux côtés de l'Allemagne (→23.10).

17. Berlin : Artur Axmann décrète l'obligation pour tous les membres des Jeunesses hitlériennes âgés de 14 à 18 ans de participer à la défense aérienne le dimanche matin.

18. Egypte : l'armée italienne arrête son offensive et fortifie ses positions (→15.11).

18. Vichy : le gouvernement supprime les écoles normales d'instituteurs.

19. France : Hitler ordonne l'arrêt des concentrations de la flotte de transport dans les ports de la Manche (→12.10).

20. Chine : la 8e armée de route communiste attaque les lignes japonaises. Elle lance la seconde phase d'une offensive de cent régiments.

21. Londres : les autorités autorisent les Londoniens à utiliser le métro comme abri antiaérien (→3.10).

21. France : les Allemands interdisent le retour en zone occupée des étrangers, des Juifs et des gens de couleur.

21. Paris : les Allemands autorisent la reparution du quotidien *l'Œuvre* sous la direction de Marcel Déat qui prêche la collaboration.

Londres défie les bombardements

Londres, 18 septembre
La Luftwaffe est revenue bombarder Londres en plein jour. Après les quarante-huit heures de répit qui ont suivi les revers subis par les Allemands dimanche dernier, seuls soixante-dix bombardiers ont pu prendre l'air. Ils ont attaqué en trois vagues, protégés par une solide escorte, mais sans résultats. C'est la nuit que les Allemands se déchaînent et tentent de briser la résistance de la capitale britannique. Chaque nuit, des formations de bombardiers composées de cent soixante appareils en moyenne survolent Londres. Incapables de localiser leurs cibles, ils larguent leurs bombes au hasard, faisant de nombreuses victimes civiles et ravageant des quartiers entiers. Dans la Cité, une bombe de une tonne gît, intacte, devant le portail Ouest de la cathédrale St. Paul. Des experts du génie essaient de la désamorcer. Le West End, Downing Street et la Chambre des lords ont été ravagés par les bombes incendiaires. La population garde tout son calme. Se réfugier dans le métro n'empêche pas les habitants de planter l'Union Jack sur les décombres de leurs maisons. Sur les restes de leurs boutiques ou de leurs bureaux, des écriteaux signalent qu'ils « restent ouverts ». La famille royale a choisi de partager le sort des Londoniens en restant sur place : Buckingham Palace a déjà été bombardé deux fois. Aussi, lorsqu'elle s'est rendue dans l'East End, elle y a été chaleureusement acclamée. La rage et une froide détermination ont saisi le peuple anglais. Winston Churchill, lors de ses visites dans les zones sinistrées, s'entend régulièrement dire : « Rendez-leur la pareille. »

Aux prises avec une bombe de 600 kg tombée sur l'hôpital allemand.

Noircis par les flammes, les immeubles d'Oxford Street tiennent debout.

Les démineurs britanniques sont les véritables héros du Blitz

Grande-Bretagne, 21 septembre
« Escadron suicide » est l'inscription réjouissante que l'on peut lire à l'arrière d'une des camionnettes d'une section de déminage du génie. Pour les artificiers, c'est une façon d'attirer l'attention. Car, tous les jours, ils remplissent des missions dangereuses et, d'une certaine manière, sans gloire. Il y a quatre jours, ils ont appris que quatre membres de la section allaient recevoir la médaille de l'ordre de l'Empire britannique, en reconnaissance de leurs services. Une des décorations a récompensé le lieutenant Reynolds pour son incroyable dévouement. Deux fois en quinze jours, il a désamorcé des bombes à retardement susceptibles d'exploser d'une minute à l'autre. Le lieutenant Talbot a aussi reçu une médaille pour avoir transporté sur ses épaules une bombe sur près de deux cents mètres, afin de la désamorcer dans un endroit sûr. Il avait pris soin auparavant de mettre ses équipiers à l'abri. Mais, pour le sergent Button, décoré à titre posthume, l'aventure est terminée. Avec ses hommes, il avait reçu l'ordre de continuer à déterrer une bombe pouvant exploser à tout moment. Il opérait avec sang-froid quand la bombe a éclaté, le tuant avec quatre artificiers.

Pour la RAF, la bataille d'Angleterre est gagnée

Londres, 15 septembre
Le Fighter Command de la RAF, qui vient d'infliger une défaite cuisante à la Luftwaffe, crie victoire. Les Allemands pensaient écraser aujourd'hui la RAF et lancer l'opération *Otarie*. Hitler avait en effet prévu de déclencher l'invasion de la Grande-Bretagne le 17 septembre. Pour la RAF, tout s'est déroulé au mieux. Les pilotes, qui avaient eu une semaine relativement calme, étaient reposés et prêts à se battre. Les nouveaux systèmes de brouillage allemands n'ont pas empêché les stations radars de repérer les formations ennemies survolant le nord de la France. Il n'y a pas eu de surprise. La première formation ennemie – environ cent bombardiers escortés par quatre cents chasseurs – se dirigeait droit sur Londres. Le général de brigade aérienne Park lança à leurs trousses onze groupes de chasse qui les harcelèrent jusqu'à Londres. Les bombardiers larguèrent leurs bombes au plus vite et décrochèrent. Sur le chemin du retour, le Wing de Duxford du groupe nº 12, venu d'East Anglia, fondit à son tour sur eux. A la vue de tant de chasseurs, les pilotes allemands perdirent le moral : on leur avait certifié que la RAF n'en possédait plus que quelques-uns. Les Spitfire et les Hurricane les talonneront sans répit. L'après-midi, Göring lança une seconde attaque, avec le même résultat. Le général de corps aérien Hugh Dowding, aussitôt averti par un message des services de Bletchley Park, attendait l'ennemi de pied ferme. Malgré tout, les Anglais étaient sur la corde raide. Venu s'informer au quartier général d'Uxbridge, à l'ouest de Londres, du déroulement de la bataille, Churchill demanda : « De quelles autres réserves disposons-nous ? – D'aucune », lui répondit le général Keith Park. Néanmoins, la RAF peut être satisfaite : le bilan est de 61 appareils allemands abattus, contre 29 avions anglais (dont la moitié des pilotes ont été sauvés). Une riposte de la RAF qui, à l'instar de celle du 15 août dernier, apporte un démenti flagrant aux vantardises du maréchal Göring. Tous les jours, ce dernier enterre la RAF.

Des pilotes anglais témoignent

Grande-Bretagne, 21 septembre
Alors que la bataille fait rage dans le ciel britannique, les pilotes de la RAF racontent leurs poignantes aventures. Elles prennent parfois un tour comique, comme celle de ce jeune officier qui a volé plusieurs semaines sans jamais rencontrer d'avion ennemi : « Je dois avouer que j'ai eu très peur quand c'est arrivé. En voyant la croix noire, j'ai frissonné et j'ai pensé : mon Dieu, il est en train de passer derrière moi ! Je n'allais pas le laisser me prendre en chasse. Je me suis efforcé de l'en empêcher, j'ai décroché en pleine vitesse pour me mettre derrière lui... Je l'ai pourchassé, j'ai tiré... Il s'est retourné sur le dos avant de disparaître dans les nuages. » Le sergent Hannah, âgé de 18 ans, va recevoir la Victoria Cross. Il a miraculeusement survécu à l'incendie de son appareil alors qu'il attaquait des péniches de débarquement à Anvers. « Nous avons été pris dans un barrage antiaérien. L'avion a pris feu. Il pouvait sauter d'une minute à l'autre, alors j'ai cherché mon parachute, en flammes lui aussi. Le navigateur et le pointeur avaient sauté. L'avion n'était plus qu'une boule de feu, une cible idéale pour la Flak. J'ai eu le réflexe de jeter par-dessus bord tout ce qui brûlait. Pendant ce temps, les balles que nous transportions fusaient de toutes parts sous l'effet de la chaleur. Avec le pilote, nous avons regagné la base tant bien que mal. J'ai été hospitalisé juste après. »

Le radar, l'une des clés de la victoire

Hurricane et Spitfire : les deux avions qui ont sauvé l'Angleterre.

Londres, 17 septembre
Il y a deux mois, au début de ce que l'on appelle déjà la « bataille d'Angleterre », la RAF ne pouvait opposer que six cents chasseurs aux deux mille cinq cents avions allemands. Pourquoi, en dépit de cette supériorité numérique écrasante, la Luftwaffe a-t-elle été tenue en échec ? Pilotes anglais et allemands sont de même niveau. Le Spitfire est sans doute un meilleur appareil que le Messerschmitt, mais cette raison est insuffisante. En revanche, le RDF, système radar britannique, a joué un rôle primordial. Il permet en effet d'avertir à temps les escadrilles de chasse de l'imminence des raids et de suivre la progression des avions de la Luftwaffe vers leurs objectifs. Il est ainsi possible de les intercepter avant, pendant et après. Les stations RDF et les postes de l'Observer Corps (qui suivent les bombardiers une fois qu'ils ont franchi la côte) envoient des messages aux QG de secteurs de la chasse, qui les centralisent au QG du général Dowding. Alors l'ordre est donné aux Spitfire et aux Hurricane de décoller et d'intercepter les avions ennemis. Il ne faut pas négliger non plus le rôle joué par le centre de décryptage de Bletchley Park, qui, par sa connaissance de l'Enigma, déchiffre aisément les messages de la Luftwaffe. Enfin, le service Y de la RAF surveille les fréquences radio de la Luftwaffe. De plus, Göring a commis une erreur stratégique en attaquant Londres au lieu de détruire méthodiquement les aérodromes militaires et les stations RDF : une erreur sans doute fatale, qui a permis à la RAF de se regrouper.

Hitler repousse l'opération Otarie

Allemagne, 17 septembre
L'opération *Otarie*, l'invasion de la Grande-Bretagne, prend de plus en plus l'allure d'un serpent de mer. Le 9 septembre, Hitler repoussait la période d'alerte au 14, en vue d'un débarquement le 24. Aujourd'hui, au vu des résultats désastreux des raids d'avant-hier, en accord avec l'état-major de la Kriegsmarine, il a remis l'invasion à « une date ultérieure ». On a appris la nouvelle grâce au décodage d'un message d'Enigma adressé par l'état-major allemand à l'officier chargé du chargement des avions de transport. Il lui était ordonné de démonter son matériel de chargement aérien. Un indice qui n'a pas trompé les chefs de la RAF, notamment les généraux Dowding et Park.

Le général de brigade aérienne Keith Park en tenue de pilote.

USA : le Sénat vote le service militaire

Le président Franklin D. Roosevelt.

Washington, 16 septembre
Le Sénat américain vient de voter le projet de loi du *Selective Service*, qui prévoit que tout Américain âgé de 21 à 35 ans est susceptible d'être appelé pour effectuer son service militaire.
Le projet de loi doit être débattu à la Chambre des représentants en début de semaine prochaine. Le Sénat l'a amendé de façon que le nombre d'hommes en service ne dépasse pas 900 000 à la fois.
Roosevelt vient également de signer un projet de loi l'autorisant à mobiliser pendant un an les 238 000 hommes de la Garde nationale (que les Etats américains contrôlent individuellement), ainsi que les officiers de réserve.

Les Italiens prennent Sidi-Barrani

Sidi-Barrani, Egypte, 16 septembre
Les Italiens ont réussi à se frayer un chemin vers cet avant-poste de la côte. Entre-temps, le général Wilson et ses troupes britanniques et indiennes, écrasés par le nombre, se sont retirés vers la ligne de défense à Mersa Matruh. La prochaine bataille pourrait être décisive : une victoire italienne ouvrirait l'Egypte au maréchal Graziani. Pourtant, les Italiens sont en train de prendre Sidi-Barrani. Ils font fi des ordres furieux du Duce sommant le maréchal de lancer une offensive. Celuici préfère ériger des monuments dédiés à son « avancée victorieuse ». Pendant ce temps, Churchill, malgré la menace pesant sur Londres, prend la « terrible mais juste » décision d'envoyer plus de 150 blindés et autres armes au général Wavell. Le chef de l'armée britannique du Moyen-Orient en a grand besoin. Ses troupes sont peu nombreuses : moins de 30 000 hommes, face aux 250 000 Italiens. Mais elles sont professionnelles, courageuses et fiables. La question reste maintenant de savoir si les lignes britanniques tiendront jusqu'à l'arrivée des chars à Alexandrie.

Un prototype de la Jeep, nouveau véhicule léger tout terrain de l'armée américaine, est durement mis à l'épreuve. Son nom vient des initiales G.P. de « general purpose », qui signifie « tous usages ».

Des pilotes de diverses nationalités viennent renforcer la Royal Air Force

Des équipages de chasse tchécoslovaques s'élancent vers leurs appareils.

Londres, 21 septembre
Miroslav Liskutin est un jeune pilote tchécoslovaque. Il s'est réfugié en France lorsque l'Allemagne a envahi son pays. Après l'armistice, il a rejoint ses compatriotes dans la RAF. Ceux-ci ne sont pas seuls. Des Polonais, des Yougoslaves, des Norvégiens, des Danois et même, dit-on, quelques Allemands servent dans la RAF. L'aviation polonaise, forte de trois cents pilotes chevronnés, conserve son autonomie. La RAF s'enorgueillit de véritables as, tel l'Irlandais Paddy Finucane. Mais d'autres pilotes ont encore besoin d'entraînement, comme les sept cents Norvégiens. L'aviation britannique manque cruellement de pilotes. L'industrie aéronautique produit deux cents avions par semaine, ce qui couvre en grande partie les pertes en matériel. Mais, parallèlement, on compte cinq cents pilotes tués en mission ou blessés par mois. Les instructeurs ne peuvent en former que deux cent soixante dans ce laps de temps, alors qu'il en faudrait huit cent quarante par mois.

Les auteurs juifs frappés d'interdit

France, 21 septembre
Tout livre portant atteinte à l'idéologie nazie ou simplement écrit par un Juif a été répertorié par la *Liste Otto* pour être interdit à la vente. Outre les œuvres d'écrivains juifs comme André Maurois ou Joseph Kessel, on y trouve celles d'auteurs comme Romain Rolland, Georges Duhamel, André Malraux et, naturellement, Charles de Gaulle. Beaucoup plus étonnant, cette liste comporte aussi la traduction de *Mein Kampf* d'Adolf Hitler : les Allemands craignent visiblement que les Français n'apprécient pas à leur juste valeur les idées de leur Führer.

Début de la guerre des ondes

France, septembre
La guerre des ondes aura-t-elle lieu ? Depuis son appel du 18 juin, le général Charles de Gaulle a fait de la BBC le lieu de toutes ses batailles, à tel point que ses adversaires l'ont surnommé « le général Micro ». Autour de lui, Jean Marin, Jean Oberlé, Maurice Schumann et Pierre Bourdan incarnent, pour les Français qui les écoutent en cachette, « la voix de l'espérance ». La radio est ainsi devenue un fabuleux instrument de propagande. Entre Radio-Paris, qui est aux mains des collaborateurs, et la radio britannique, la guerre est désormais ouverte et le ton monte.

1940

Septembre

Di	Lu	Ma	Me	Je	Ve	Sa
1	2	3	4	5	6	7
8	9	10	11	12	13	14
15	16	17	18	19	20	21
22	23	24	25	26	27	28
29	30					

22. Indochine : l'amiral Decoux signe une convention militaire avec les Japonais. Le même jour, ceux-ci attaquent la garnison française de Lang Son (→ 26).

22. Atlantique : 12 navires du convoi britannique HX-72 sont coulés par des U-Boote.

23. Dakar : arrivée de la flotte britannique et des FFL de De Gaulle. Le gouverneur Boisson refuse de se rallier (→ 25).

23. Allemagne : Himmler ordonne de retirer les dents en or aux prisonniers des camps de concentration.

24. Pacifique : ralliement à la France libre de la Nouvelle-Calédonie (→ 9.10).

25. France : création d'une cour martiale à Gannat par le gouvernement de Vichy.

25. Etats-Unis : les services du chiffre de l'armée décryptent le code *Pourpre* des Japonais.

26. Indochine : au Tonkin, 2 000 Japonais débarquent à Haiphong. Ils occupent Lang Son qui a capitulé hier.

26. Washington : Roosevelt annonce l'embargo sur les exportations d'acier et de ferraille, sauf pour la Grande-Bretagne (→ 7.10).

27. France : en zone occupée, les Allemands ordonnent le recensement des Juifs (→ 30).

27. Berlin : signature du pacte tripartite entre l'Allemagne, l'Italie et le Japon.→

28. Allemagne : par une directive, Hitler ordonne la mobilisation de toutes les ressources économiques, en vue d'une grève à l'Est (→ 12.11).

28. Grande-Bretagne : livraison du premier des cinquante destroyers promis par Roosevelt.

28. Norvège : le commissaire nazi Josef Terboven dépose formellement le roi. Il fait de Vidkun Quisling le chef du gouvernement légal.

30. Grande-Bretagne : depuis le début du Blitz, les pertes civiles s'élèvent à 6 954 morts et 10 615 blessés. La RAF a perdu 247 avions, et la Luftwaffe 433.

De Gaulle renonce à prendre Dakar

Dakar, Sénégal, 25 septembre

La France libre n'aura pas la capitale dont elle rêvait! Dakar et l'AOF sont restés fidèles au gouvernement de Vichy. L'escadre britannique qui bombardait Dakar depuis deux jours vient de repartir en direction de Freetown avec, à son bord, le général de Gaulle. Le 23, à l'aube, la flotte anglo-gaulliste se présentait devant Dakar. Le gouverneur général Boisson, fermement déterminé à défendre la ville contre toute intrusion, a refusé de recevoir les émissaires gaullistes et a fait tirer sur eux. C'est alors que le capitaine Thierry d'Argenlieu fut grièvement blessé. En même temps, les manifestations des gaullistes de Dakar ont été réprimées, et les meneurs jetés en prison. Une tentative de débarquement des FFL à Rufisque, dont la population était acquise à de Gaulle, échoua également. Surpris par cette réaction, Churchill, irrité, ordonna le bombardement de Dakar. Le cuirassé *Richelieu* et les trois croiseurs venus renforcer la défense du port ont croisé le fer avec l'escadre anglaise. Du côté des forces de Vichy, deux sous-marins ont été coulés, le *Richelieu* et deux contre-torpilleurs endommagés. Dans le camp adverse, le cuirassé *Resolution* et deux destroyers ont été gravement touchés. Dans la journée du 24, de Gaulle conférait avec l'amiral Cunningham et le général Spears : d'un commun accord, les trois hommes ont décidé d'arrêter les frais. L'opération est un cuisant échec.

La capitale du Sénégal s'est opposée à de Gaulle et à ses alliés britanniques.

Le port de Dakar a été bombardé par les navires français et anglais.

Vichy riposte en bombardant Gibraltar

Gibraltar, 24 septembre

Pour la première fois depuis le début des hostilités, le Rocher de Gibraltar a été touché par les bombes... d'un ancien allié. Après l'opération britannique sur Dakar, une riposte de Vichy était inévitable. Le raid des cent bombardiers aurait dû anéantir le port. Or, il semble que de nombreux pilotes français aient sciemment lancé leur charge dans la mer, et la plupart des bombes qui ont touché le sol avaient été sabotées pour éviter d'exploser. Les autorités s'emploient à récupérer les projectiles qui n'ont pas sauté. Toutefois, un autre problème les préoccupe : Hitler est en train de déployer ses efforts pour pousser l'Espagne à rejoindre l'Axe. Pendant ce temps, Roosevelt essaie de la forcer à redevenir neutre. Les trois avions abattus la nuit dernière par les canons antiaériens de Gibraltar n'augurent rien de bon : Madrid rejoindra-t-il Berlin? Le détroit reste un point stratégique essentiel pour Londres. C'est une base primordiale pour les navires d'escorte. Au moment où la flotte de Mussolini risque d'investir la Méditerranée, toute menace pesant sur le Rocher doit être prise au sérieux.

Une cour martiale instituée à Gannat

Vichy, 25 septembre

Le gouvernement de Vichy s'est doté d'une nouvelle juridiction d'exception. Une cour martiale vient d'être instituée qui siégera à Gannat, dans l'Allier. Devant cette cour seront déférées par le gouvernement les personnes inculpées de « crimes et manœuvres commis contre l'unité et la sauvegarde de la Patrie ». Elle statuera dans les deux jours, et ses décisions seront sans appel et exécutoires dans les vingt-quatre heures. Une mesure qui vise à réprimer les gaullistes. ▷

Le Japon s'allie à l'Axe

S. Kurusu lit la déclaration de ralliement du Japon aux puissances de l'Axe.

Berlin, 27 septembre
L'ambassadeur japonais Saburo Kurusu vient de signer un pacte tripartite qui étend l'Axe Rome-Berlin à l'Extrême-Orient. Faisant clairement allusion aux USA, les trois pays jurent de se prêter assistance en usant de « tous les moyens politiques, économiques et militaires », en cas d'agression de l'un d'eux par une « puissance non engagée dans la guerre européenne ». Le Japon accepte l'hégémonie de l'Allemagne et de l'Italie en Europe. En échange, celles-ci reconnaissent au Japon le droit d'organiser la « grande sphère de coprospérité de l'Asie de l'Est ». Une clause prévoit de préserver le *statu quo* dans les relations avec l'Union soviétique. A Washington, Roosevelt a convoqué ses conseillers à la Maison Blanche pour étudier les conséquences du pacte. Quand on lui a demandé s'il s'attendait à ce que le Japon rejoigne l'Axe, le Président a répondu : « Oui et non. » Selon un porte-parole du ministère de la Marine, le pacte n'entraînerait aucun changement de la politique. La marine, a-t-il déclaré, restera basée à Pearl Harbor (→ 29).

Birmanie : une autre route vers la Chine

Londres, 29 septembre
L'Angleterre vient de notifier au Japon qu'aux termes de l'accord en vigueur, elle avait l'intention de rouvrir la route birmane vers la Chine dès le 17 octobre. Cette mesure est une conséquence directe du traité signé entre le Japon et l'Axe. Churchill a rappelé à la Chambre des communes que son pays avait décidé, à l'origine, d'interdire – et ce jusqu'à ce que les deux pays parviennent à un accord – le transit par la Birmanie de matériel de guerre destiné à la Chine. Le Japon n'a pas saisi cette opportunité : il a signé un pacte de dix ans avec l'Axe. Acclamé par les députés, Churchill a ajouté que, vu les circonstances, il ne voyait pas l'intérêt de renouveler l'accord (→ 18.10).

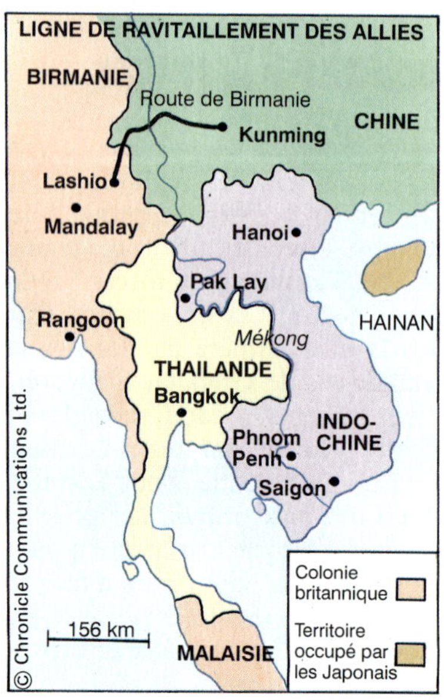

Le réseau du Musée de l'Homme agit

Paris, 25 septembre
Les intellectuels sont parfois aussi des hommes d'action : dès la première heure, certains ont organisé des noyaux de résistance. Le réseau du Musée de l'Homme, fondé en juillet par un jeune ethnologue, Boris Vildé, est de ceux qui ont pris le plus d'extension. Au cours de l'été, des professeurs, des bibliothécaires, des conservateurs de musée, des écrivains ont rejoint le petit groupe de collègues qu'il avait réuni. Aujourd'hui, ils diffusent leur premier tract au titre provocateur. Tiré à des milliers d'exemplaires, *Vichy fait la guerre* est glissé dans des boîtes aux lettres, « oublié » dans des bureaux de poste ou dans des magasins. Très vite, Boris Vildé s'est efforcé de prendre contact avec la France libre et avec les services de renseignements britanniques. Son premier but, aider les prisonniers évadés, a été rapidement dépassé et son réseau a élargi de plus en plus ses activités, qui vont du passage de la ligne de démarcation ou des frontières à la collecte de renseignements, en passant par l'aide aux évadés et aux militaires alliés. Le titre de leur futur journal est déjà tout choisi : il s'intitulera *Résistance*, tout simplement.

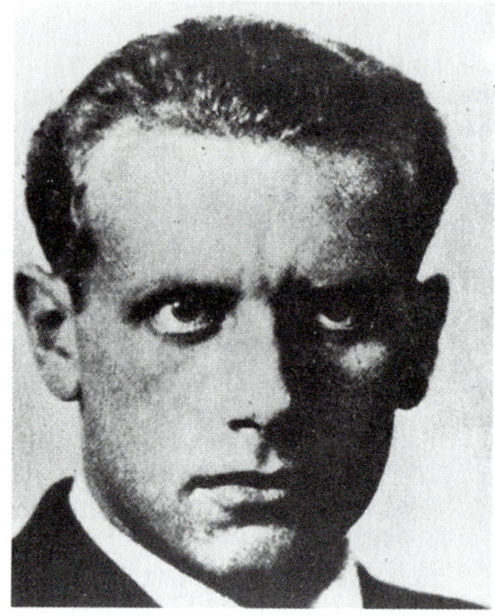

Boris Vildé, ethnologue et résistant.

Accords difficiles entre Vichy et Tokyo

Hanoi, 22 septembre
Alors que la convention militaire vient d'être signée par l'amiral Decoux, quelques heures avant que n'expire l'ultimatum de Tokyo, l'armée japonaise n'a pas hésité à envahir le Tonkin, au mépris de toutes les lois de la guerre. Il est vrai que le Japon cherche surtout à profiter de la situation difficile de la France pour imposer sa suprématie en Extrême-Orient et que les longues tergiversations des représentants du gouvernement français en Indochine l'ont profondément irrité. Depuis le 19 juin, il multiplie les ultimatums. Le premier, qui affirmait leur intention d'utiliser le Tonkin dans sa guerre contre la Chine, avait été accepté par le général Catroux, ce qui avait déplu à Vichy. Le général, passé au gaullisme, avait été remplacé par un fidèle du Maréchal, l'amiral Decoux. Le 2 août, nouvel ultimatum des Japonais, portant toujours sur leur volonté d'utiliser le Tonkin à des fins militaires. Le 30 août, un accord était enfin signé : en échange de la reconnaissance de la souveraineté française sur l'Indochine, la France cédait aux exigences de l'Empire nippon et acceptait sa suprématie en Asie. Une convention militaire devait fixer les modalités d'application de cet accord, mais l'amiral Decoux s'arrangea pour faire traîner en longueur les discussions sur cette convention, et le Japon s'impatienta de nouveau. Il posa encore un ultimatum le 19 septembre, que les Français n'acceptèrent qu'*in extremis*, trop tard pour calmer la colère des Japonais.

L'amiral Jean Decoux a été nommé par Pétain gouverneur général de l'Indochine en juillet 1940.

Danger sous-marin en Atlantique nord

Atlantique nord, 22 septembre
La menace des U-Boote s'accroît. Les convois de ravitaillement venant des Etats-Unis constituent pour eux des cibles très vulnérables. Ces deux derniers jours, le convoi HS-72 a ainsi perdu douze bateaux. Les U-Boote ne s'attaquent pas qu'aux navires marchands. Le mois dernier, en effet, ils ont coulé le *Volendam*, un bateau d'évacuation dont tous les passagers ont pu être sauvés. Mais, le 17 septembre, le torpillage du *City of Benares* a causé la mort de 325 personnes, dont 77 enfants.

Espions allemands arrêtés en Ecosse

Edimbourg, 30 septembre
La gare de Waverley a été le théâtre d'une arrestation spectaculaire la nuit dernière. Un agent allemand, qui avait été débarqué d'un hydravion sur une plage isolée du nord-est de l'Ecosse et qui voyageait sous le nom de Werner Walti, a été arrêté alors qu'il venait récupérer sa valise déposée à la consigne de la gare. Celle-ci avait attiré l'attention car elle était humide. Elle contenait un émetteur. Un policier déguisé en porteur a maîtrisé l'espion alors que celui-ci, se sentant démasqué, tentait de saisir son pistolet. Ses deux complices ont été arrêtés dans une autre gare.

Les Juifs français vont être recensés

France, 30 septembre
Les mailles du filet se resserrent autour des Juifs français. Le mois dernier, le maréchal Philippe Pétain a abrogé la loi condamnant l'incitation à la haine raciale. Depuis ce mois-ci, les Juifs sont obligés de posséder une carte d'identité spéciale. Ceux d'entre eux qui sont commerçants sont tenus d'indiquer qu'ils sont juifs sur une pancarte placée à la devanture de leur magasin. Aujourd'hui, à Paris, un service placé depuis Berlin sous les ordres d'Adolf Eichmann a été chargé de recenser toute la population juive.

1940

Octobre

Di	Lu	Ma	Me	Je	Ve	Sa
		1	2	3	4	5
6	7	8	9	10	11	12
13	14	15	16	17	18	19
20	21	22	23	24	25	26
27	28	29	30	31		

1er. France : parution des premiers journaux clandestins : *Pantagruel*, de Raymond Deiss, et *l'Université libre*, de Jacques Solomon.

1er. Chine : la 89e armée du Kuo-min-tang attaque la nouvelle 4e armée communiste de Chen Yi à T'ien-tsin.

1er. Chine : les Japonais occupent Wei-hai (→ 29).

1er. Finlande : signature d'un traité avec l'Allemagne lui attribuant les exportations de nickel contre des armes.

1er. Pologne : l'Allemagne lance l'opération *Otto* pour améliorer les routes et les voies ferrées vers l'URSS.

2. France : arrestation de Léon Jouhaux, secrétaire général de la CGT.

2. Varsovie : Ludwig Fischer, gouverneur du district, donne l'ordre de construire un mur autour du quartier juif.

3. Varsovie : tous les Juifs doivent s'installer à l'intérieur de la zone de quarantaine (→ 16).

3. Grande-Bretagne : pour des raisons de santé, Chamberlain démissionne. Kingsley Wood et Ernest Bevin entrent au gouvernement (→ 9).

3. Vichy : sans pression allemande, le gouvernement promulgue un statut des Juifs. Ceux-ci sont exclus de tous les emplois de la fonction publique (→ 18).

3. Europe : 81 bombardiers de la RAF effectuent des raids nocturnes sur l'Allemagne, sur l'aéroport d'Eindhoven aux Pays-Bas et sur les ports de la Manche.

4. Italie : Hitler rencontre Mussolini au col du Brenner. →

4. Londres : afin de défendre Singapour, Churchill demande à Roosevelt d'y envoyer des navires américains.

5. Londres : le lord maire réunit 5 millions de livres destinées à un fonds de secours aux victimes des raids aériens.

5. Tokyo : le Premier ministre du Japon déclare que la guerre contre les Etats-Unis est inévitable si ces derniers continuent à considérer les pays de l'Axe comme hostiles (→ 7).

Le Duce doute des paroles du Führer

Séance orageuse d'explication entre Mussolini, Hitler et le comte Ciano.

Col du Brenner, 4 octobre
« Nous avons gagné la guerre », a déclaré Hitler à Mussolini. C'est ce qui émane de l'échange de points de vue entre les deux dictateurs. Ceux-ci se sont entretenus pendant trois heures dans un train blindé offert par le Führer au Duce. Selon Hitler, les Britanniques subissent une « pression inhumaine » et ne tarderont pas à craquer. Il oublie de mentionner qu'en sept semaines il a perdu plus de 400 appareils en Grande-Bretagne. Il omet aussi de dire qu'il a décidé d'abandonner les raids diurnes. A Berlin, un porte-parole a fait une déclaration à des correspondants neutres. Les deux chefs et leurs ministres des Affaires étrangères se seraient surtout interrogés sur l'opportunité de proposer à Londres un arrêt des hostilités. Les Italiens n'ont pas tardé à remarquer que Hitler ne parle plus d'envahir la Grande-Bretagne. Le comte Ciano, ministre italien des Relations extérieures, raconte que cet échec manifeste de Hitler a ravi Mussolini : « J'ai rarement vu le Duce d'aussi bonne humeur. » De retour à Rome, il semble que Ciano ait donné une conférence de presse. *Il Popolo di Roma*, commentant la rencontre au sommet, prévoit une longue guerre. Il ajoute que les projets de Hitler concernant l'invasion de l'Angleterre sont abandonnés, au moins pour cette année.

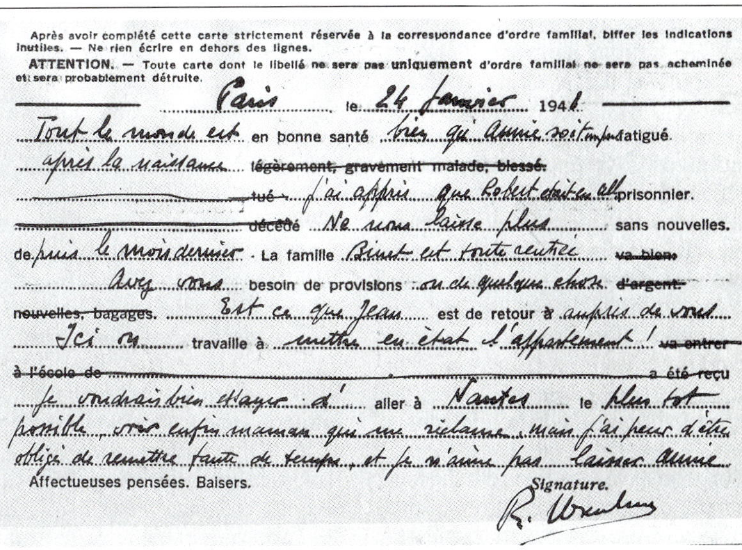

Après avoir complété cette carte strictement réservée à la correspondance d'ordre familial, biffer les indications inutiles. — Ne rien écrire en dehors des lignes.
ATTENTION. — Toute carte dont le libellé ne sera pas **uniquement** d'ordre familial ne sera pas acheminée et sera probablement détruite.

Paris le 24 janvier 1941

Tout le monde est en bonne santé bien qu'Annie soit un peu fatigué
après la naissance ~~légèrement, gravement malade, blessé.~~
~~tué~~ → j'ai appris que Robert était en all prisonnier.
~~décédé~~ Ne nous laisse plus sans nouvelles.
depuis le mois dernier. La famille Binet est toute rentrée ~~va bien.~~
Avez vous besoin de provisions ou de quelque chose ~~d'argent.~~
~~nouvelles, bagages.~~ Est ce que Jean est de retour auprès de vous
Ici on travaille à mettre en état l'appartement ! ~~va entrer~~
~~à l'école de .... a été reçu~~
Je voudrais bien essayer d' aller à Nantes le plus tôt
possible, voir enfin maman qui me réclame mais j'ai peur d'être
obligé de remettre faute de temps, et je n'aime pas laisser Annie
Affectueuses pensées. Baisers.
Signature.
R. [illegible]

La « carte familiale » est la seule forme de correspondance privée admise entre la zone libre et la zone occupée. L'expéditeur n'a plus qu'à remplir les espaces laissés libres entre des tronçons de phrases imprimés.

▷

Un nouveau lit : le métro

Le métro est le seul endroit où les Londoniens peuvent dormir tranquilles.

Londres, 3 octobre
Les Londoniens n'ont pas attendu l'aval des autorités pour s'abriter dans les stations de métro. Pendant la cinquième nuit du Blitz, les habitants de l'East End, fuyant le vacarme et les ruines, ont envahi la station de Liverpool Street. Ils se méfient des abris publics en brique qu'ils trouvent humides et mal protégés. Beaucoup préfèrent se cacher dans des entrepôts, sous les ponts de chemin de fer, dans les caves ou les cryptes. Mais ce sont les stations de métro qui offrent la protection la plus sûre après des semaines d'insomnie. Munis du ticket le moins cher, ils vont de station en station pour trouver un endroit où s'installer sur les quais. Les autorités ont fini par céder. On fait la queue devant les stations dès le début de l'après-midi pour obtenir les meilleures places. Au bord des quais, on laisse un espace de deux mètres pour les passagers jusqu'à 19 h 30. Passé cette heure, il ne reste plus qu'un mètre. A 22 h 30, quand les rames s'arrêtent, on coupe le courant et les gens s'installent entre les rails. Un tunnel de Liverpool Street et la ligne auxiliaire d'Aldwych servent d'abri permanent à plus de dix mille personnes. On estime que cent soixante-dix-sept mille sans-abri passent la nuit dans soixante-dix-neuf stations. A Piccadilly, on en compte cinq mille, et les retardataires dorment dans les escaliers. « Vas-y, Herbert », conseille le *Daily Telegraph* à Herbert Morrison, qui vient d'être nommé ministre de l'Intérieur et de la Sécurité. Le quotidien affirme que les Londoniens grognent sur l'insuffisance de l'approvisionnement. Pourtant, Morrison a l'intention d'aménager un million de couchettes ainsi que des installations sanitaires dans les abris et le métro.

Tous les peuples de l'Empire britannique luttent aux côtés de la Grande-Bretagne

La propagande fait grand usage de la solidarité des peuples de l'empire.

Londres, 2 octobre
Des Néo-Zélandais se battent en Palestine, des Australiens en Egypte, des Sud-Africains au Kenya, des Canadiens dans les îles Caraïbes et des Indiens à Singapour. Malte a levé son propre régiment, et l'armée privée d'un prince indien sert au Moyen-Orient.
Mais nulle part la force de l'Empire britannique n'est plus apparente qu'en Afrique de l'Est. A l'exception d'une demi-douzaine de bataillons, toutes les troupes qui sont engagées sur le théâtre est-africain proviennent de l'empire. L'Inde, l'Afrique du Sud, l'Ouganda, le Tanganyika, la Rhodésie et l'Afrique de l'Ouest ont apporté leur soutien aux forces indigènes soudanaises, somaliennes et kenyanes. L'appui logistique est assuré par les Indiens au Soudan et par les Sud-Africains au Kenya.
Le général Jan Christian Smuts, Premier ministre sud-africain, a été nommé commandant en chef des armées pour l'ensemble du continent. Il a, en Afrique, les mêmes fonctions que son ancien adversaire de la guerre des Boers, Winston Churchill, a en Grande-Bretagne.

De Gaulle surmonte son échec de Dakar

Freetown, octobre
« Alors, on continue ? » a demandé Charles de Gaulle à ceux qui ont assisté à ses côtés à l'échec de l'opération sur Dakar. La question comporte en elle-même la réponse. Elle confirme que le général est enfin parvenu à surmonter la crise qui l'avait ébranlé dans les derniers jours de septembre.
Le fiasco de Dakar n'a pas seulement été pour lui un échec militaire. Cela a aussi été un revers moral. Deux cents Français, dans les deux camps, sont morts du fait d'une décision prise sur son initiative. Le 26 septembre, rendant visite au commandant d'Argenlieu blessé, il lui a confié : « Si vous saviez comme je me sens seul ! » Il aurait même avoué à René Pleven avoir été sur le point de se suicider. Le général a été humilié. Sans doute, pour en arriver là, lui a-t-il fallu voir grand. Mais il a dû reconnaître que la France libre ne faisait pas encore le poids face aux structures vichystes. Il lui faut consolider ce qui a déjà été acquis.
Dès le 27, toutefois, il a adressé à Londres ce communiqué : « Le redressement de la France dans la guerre est une partie en plusieurs manches. En ralliant douze millions d'hommes dans l'empire, les Français ont gagné la première. En forçant Vichy à se battre à Dakar, les Allemands ont gagné la seconde. La partie continue. » L'amiral Cunningham lui a proposé de le convoyer jusqu'à Douala, d'où est parti le mouvement de ralliement à la France libre. Le général a accepté : il va se ressourcer.

Di	Lu	Ma	Me	Je	Ve	Sa
		1	2	3	4	5
6	7	8	9	10	11	12
13	14	15	16	17	18	19
20	21	22	23	24	25	26
27	28	29	30	31		

7. Vichy : le gouvernement prive les Juifs d'Algérie de la nationalité française.→

7. Washington : l'ambassadeur japonais Horinouchi informe les Etats-Unis que l'embargo sur l'acier « est considéré comme un acte inamical dirigé contre le Japon ».

8. Paris : les Allemands autorisent la reparution du *Petit Parisien*.

8. France : le général Weygand part pour Dakar, afin d'y organiser une base d'opérations pour combattre les FFL du général de Gaulle.

8. Etats-Unis : le gouvernement conseille à ses citoyens de quitter l'Extrême-Orient (→ 14).

9. Afrique : les FFL s'implantent au Cameroun (→ 27).

9. Allemagne : les bombardiers de la RAF effectuent un raid sur le cuirassé *Tirpitz* en cale sèche à Wilhelmshaven.

9. Londres : une bombe tombe sur la cathédrale St. Paul et endommage le toit (→ 12).

9. Grande-Bretagne : Churchill succède à Chamberlain à la tête du parti conservateur.

10. Belgique : une ordonnance des autorités d'occupation exclut les Juifs des emplois publics.

10. France : la Royal Navy bombarde les installations portuaires et les navires allemands à Cherbourg.

11. Grande-Bretagne : quatre navires sont coulés par des raids allemands dans le port de Liverpool. La ville a aussi été bombardée.

11. Vichy : dans un discours radiodiffusé, le maréchal Pétain définit les grandes lignes du projet politique de l'Etat français : la Révolution nationale.

12. Etats-Unis : à Dayton, le président Roosevelt rejette le pacifisme. Il promet de défendre l'Amérique et ses mers contre toute agression ennemie.

12. Allemagne : Hitler renonce à l'opération *Otarie*, l'invasion de la Grande-Bretagne, qui est reportée au printemps 1941 (→ 12.11).

Les Allemands occupent le sol roumain

Bucarest, 7 octobre

Les puissances de l'Axe sont entrées en Roumanie. Deux divisions allemandes, 30 000 hommes au total, et quelques unités italiennes symboliques viennent de traverser la Hongrie. Elles se sont emparées des puits et des ports pétroliers. Les Allemands prétendent avoir envoyé leurs troupes en Roumanie « en vertu d'un accord avec le gouvernement roumain, pour entraîner et réorganiser l'armée roumaine avec tout l'équipement requis par la guerre moderne ». Cependant, dans un autre communiqué, Berlin déclare avoir agi pour protéger la Roumanie contre les Britanniques qui projetteraient de saboter les puits de pétrole. Il est certain que ces puits, dont le développement a été assuré avec des capitaux britanniques, sont la principale raison de l'invasion. La semaine dernière, le dictateur Ion Antonescu a fait arrêter des fonctionnaires britanniques sous prétexte qu'ils voulaient incendier les puits de pétrole. Certains d'entre eux ont même été maltraités. Il semble que les Allemands soient entrés dans le pays avec

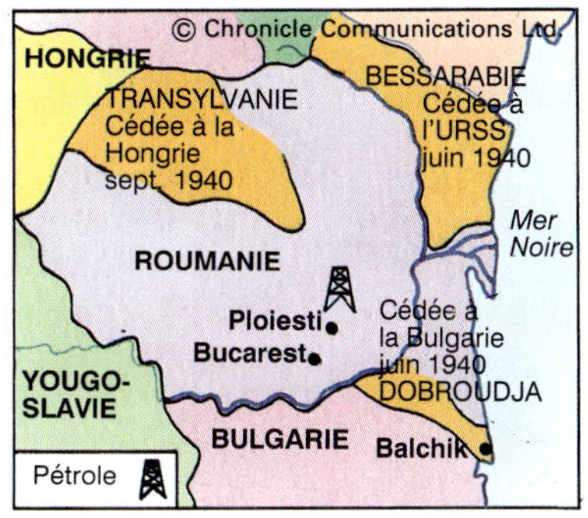

l'aval d'Antonescu et grâce à sa coopération. Dans la capitale, l'armée roumaine a évacué des casernes au profit des Allemands, et un quartier général a été mis en place. Il est déjà entré en contact avec l'état-major roumain. L'invasion serait l'un des premiers résultats de la récente entrevue au col du Brenner, entre Hitler et Mussolini. Il ne fait pas de doute que l'Axe veut ainsi s'assurer le contrôle du pétrole roumain car il n'a plus accès à celui du Moyen-Orient. Pour l'instant, la Grande-Bretagne ne peut pas faire grand-chose. Indéniablement, les nazis sont les plus forts dans les pays danubiens.

Japon : triomphe du nationalisme

Tokyo, 7 octobre

Le Japon va devenir un régime à parti unique. La semaine prochaine, l'IRAA (Imperial Rule Assistance Association), formation impériale ultra-nationaliste, remplacera toutes les formations politiques actuelles. Les deux partis principaux, le Rikken Seiyukai et le Rikken Minseito, majoritaires au parlement, seront dissous.

En créant cette organisation sur l'initiative du Premier ministre, le prince Konoe désire tirer profit de la ferveur patriotique croissante. Il veut également mobiliser toutes les forces politiques pour soutenir les projets expansionnistes du Japon en Chine et dans le Sud-Est asiatique. Avec des bureaux dans chaque préfecture, l'IRAA va refléter avec précision la structure législative actuelle. Les discussions sur la création de ce parti avaient déjà commencé en juillet dernier. Modérés et nationalistes divergeaient alors sur un point : le degré de ressemblance avec les partis totalitaires nazi et communiste européens.

La Navy coule trois destroyers italiens

Méditerranée, 11 octobre

Pour Mussolini, la Méditerranée est peut-être le « lac de plaisance » de l'Italie. Il oublie la Royal Navy. Au cours d'un affrontement bref mais brutal, la troisième escadre vient de couler trois destroyers italiens à 128 km au sud de la Sicile. Les canons de 203 mm du *HMS Ajax* eurent vite raison de deux destroyers qui sombrèrent rapidement, pendant qu'un autre prenait la fuite. De son côté, le *HMS Liverpool*, sous les ordres du commandant A.D. Read, réussit à stopper et à mettre hors de combat l'*Artigliere*, un magnifique destroyer de 620 tonnes tout juste sorti des chantiers italiens. Au petit matin, le *HMS York* repère le bâtiment endommagé et le coule. Le torpillage n'a lieu qu'après que tout l'équipage eut abandonné le navire. Captain P.H. Portal, commandant du *HMS York*, transmettra alors la position des survivants sur les fréquences italiennes et préviendra un hydravion Sunderland qui guidera un navire-hôpital italien vers les lieux du drame (→ 20).

Le « York » achève l'« Artigliere ».

Le décret Crémieux abrogé en Algérie

Algérie, 7 octobre

Le gouvernement de Vichy vient d'abroger le décret Crémieux qui autorisait la naturalisation des Juifs d'Algérie. Des Français d'Algérie et certains musulmans voient sans déplaisir les Juifs privés des avantages qui s'attachaient à leur citoyenneté. La majorité accueille cette décision avec la même satisfaction que le programme de la Révolution nationale qui, à leurs yeux, doit contribuer à balayer un régime inégalitaire. Toutefois, les réactions des Arabes face aux récents événements sont diverses. Les nationalistes algériens sont divisés, les uns se réjouissent de la défaite de la France, qui ne peut que servir leurs desseins, et ils attendent le Reich. D'autres estiment qu'il ne faut pas profiter de ce revers. En choisissant de les fondre parmi eux, les nouveaux « Juifs indigènes » vont leur montrer quel type d'« égalité » Vichy souhaite maintenant instaurer.

RAF : nouvelles recrues des USA

Londres, 9 octobre
De jeunes Américains ont choisi de combattre en Angleterre, et, ces jours-ci, on pouvait entendre dans le mess de la RAF des paroles teintées de l'accent de l'Ohio, de New York et du Texas. La neutralité de leur pays n'empêche pas ces idéalistes de défendre l'Amérique au même titre que la Grande-Bretagne. Le groupe qu'ils forment, le groupe des Aigles, est exclusivement américain. W. Taylor, leur chef, a quitté l'armée de réserve de la marine pour se battre ici. Il existe un précédent : pendant la Grande Guerre, après avoir servi dans les tranchées, 180 Américains de la Légion étrangère avaient constitué l'escadrille Lafayette, qui abattit en vol 199 appareils ennemis.

Un appel de Pétain à la collaboration

France, 11 octobre
Aujourd'hui, dans un discours radiodiffusé, le maréchal Pétain a de nouveau lancé aux Français un appel à collaborer : « Cette collaboration, la France est prête à la rechercher dans tous les domaines, avec tous ses voisins. Le problème des rapports franco-allemands, si criminellement traité dans le passé, continuera de déterminer son avenir quelle que soit la carte politique de l'Europe. »

Ancien cagoulard, nouveau résistant

Béarn, 7 octobre
Georges Loustaunau-Lacau est tout naturellement retourné dans son Béarn natal pour recruter les premiers membres de la Légion des combattants. Réfugié à Vichy après s'être évadé, ce jeune chef de bataillon, ancien de la Cagoule et proche du maréchal Pétain, a aussitôt été nommé à sa tête. Ainsi, ce militant familier des pratiques subversives compte poursuivre la lutte contre l'occupant en se servant de son organisation, tout à fait légale, afin d'étoffer son futur réseau de résistance.

Londres : sous le Blitz, la vie continue

Le lait n'est toujours pas rationné, le laitier poursuit donc sa tournée.

Londres, 12 octobre
Malgré le toit béant et l'autel en ruine, on persiste à célébrer les offices à la cathédrale St. Paul. Les séances sont maintenues au Parlement et au palais de justice, tous deux très endommagés. L'hôpital St. Thomas, touché par le Blitz, est toujours en service, ainsi que la Bourse. Au début, tout s'arrêtait avec l'alerte. Maintenant, dans les ministères, les bureaux de poste, les banques, on place des guetteurs sur les toits. On ne gagne les abris que lorsque le raid est imminent. Seulement 40 % des Londoniens se mettent à l'abri. Les boutiquiers du West End balaient les débris de verre et laissent malgré tout leur magasin ouvert.
La nuit, les Londoniens se pressent dans les bureaux et les magasins qui transforment leur cave en abri. Les hôtels, comme le *Dorchester* et le *Savoy*, qui proposent des lits dans leur sous-sol après le service, sont bondés en permanence. Certains cinémas restent ouverts jusqu'à la fin des alertes. On s'équipe de couvertures et, après la projection, on s'installe sous le balcon. Il y a peu d'absentéisme. Les employés se fraient un chemin dans les décombres et travaillent à la bougie. Sur les boutiques, on peut voir cet écriteau : « Plus ouvert que jamais. »

Une famille de Londoniens sans abri à la recherche d'un nouveau toit.

1940

Octobre

Di	Lu	Ma	Me	Je	Ve	Sa
		1	2	3	4	5
6	7	8	9	10	11	12
13	14	15	16	17	18	19
20	21	22	23	24	25	26
27	28	29	30	31		

13. France : les conseils généraux sont remplacés par des commissions administratives départementales.

13. Mer du Nord : un convoi allemand de trois navires et deux escorteurs est coulé par des destroyers britanniques.

14. Paris : les Allemands autorisent la reparution du quotidien *le Cri du peuple*. Jacques Doriot y prêche la collaboration.

14. Extrême-Orient : les réserves américaines de pétrole sont déplacées de Shanghai et Hong Kong à Singapour.

14. Vichy : interdiction des emplois des services publics aux femmes mariées.

15. Rome : malgré l'opposition de Hitler, Mussolini ordonne l'invasion de la Grèce et charge le comte Ciano de provoquer un *casus belli* (→ 26).

15. Londres : 64 personnes réfugiées dans la station de métro de Balham meurent sous un bombardement (→ 26).

15. Etats-Unis : 16 millions d'hommes sont enregistrés pour la conscription.

16. Varsovie : le ghetto juif est formellement établi par décret (→ 15.11).

16. Europe : la Royal Navy bombarde Dunkerque. L'aéronavale attaque les réservoirs de pétrole de Tromso en Norvège.

16. Calais : les premiers ballons de propagande sont lancés par les Allemands vers le sud de l'Angleterre.

17. Allemagne : bombardement nocturne de la base navale de Kiel par la RAF.

18. France : en zone occupée, les Allemands prennent sous leur contrôle les affaires juives. En zone libre, publication au *Journal officiel* du statut des Juifs.

19. Tokyo : les Indes néerlandaises acceptent de fournir au Japon 40 % de leur production de pétrole pendant les six prochains mois (→ 13.11).

19. Grande-Bretagne : le destroyer *HMS Venetia* est coulé par une mine dans l'estuaire de la Tamise.

Les U-Boote multiplient les attaques

Atlantique nord, 19 octobre
Alors que Dönitz intensifie les attaques de ses U-Boote, la Royal Navy fait le bilan de ses pertes. Les sous-marins allemands ont l'ordre de chasser en meutes d'une douzaine d'unités. En deux jours, l'une d'elles a coulé près de trente navires, répartis en deux convois. Le massacre a commencé quand le lieutenant Bleichrodt, de l'*U-48*, a repéré un convoi, le SC-7, faiblement escorté par deux sloops et une corvette. Sans attendre le reste de la troupe, Bleichrodt attaqua et coula deux navires marchands. Un hydravion Sunderland et un sloop le prirent en chasse, mais sans succès. Puis hier, à la tombée de la nuit, cinq autres sous-marins le rejoignirent. Avec efficacité et précision, ils envoyèrent par le fond quinze navires en six heures. L'escorte du convoi, débordée et affairée à récupérer les survivants, ne put intervenir efficacement. Entre-temps, l'*U-48* et deux autres sous-marins, à court de torpilles, avaient quitté le groupe pour regagner leur base. Les autres restèrent sur place, guettant une nouvelle proie. Ce fut le convoi HX-79, comportant quarante-neuf navires. Les U-Boote attendirent la nuit pour passer à l'attaque. Sans perdre un seul sous-marin, la même meute coula treize autres cargos. Un succès de plus à l'actif du « taureau de Scapa Flow » qui commandait la flotille, Günther Prien, célèbre dans toute la Kriegsmarine pour avoir mené un raid audacieux sur cette base de la Royal Navy en 1939. (→ 7.3.41)

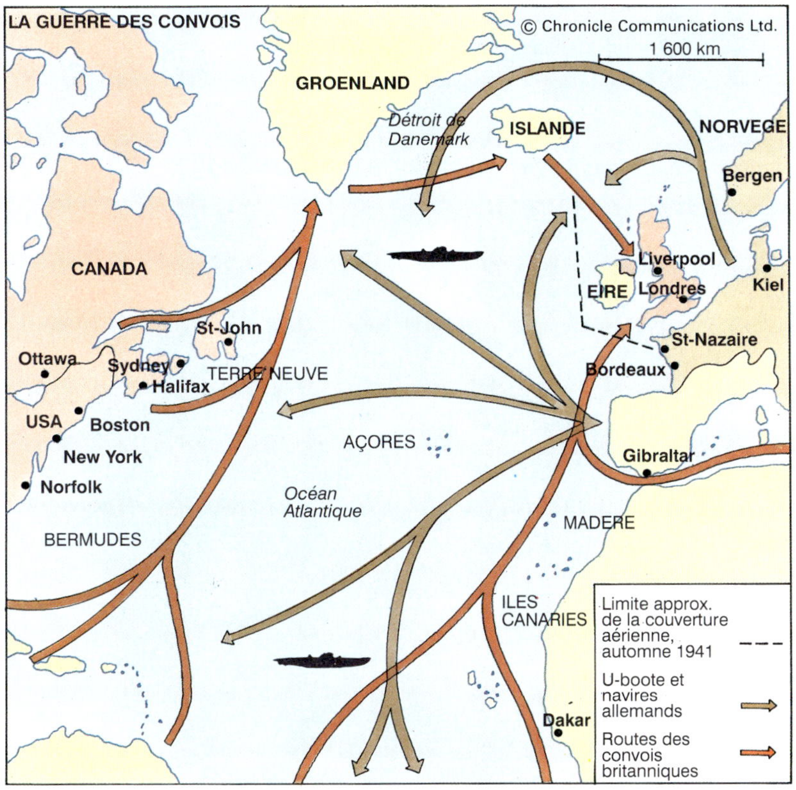

Un sous-marin allemand de retour de mission à la base de Saint-Nazaire.

Londres défie Tokyo et rouvre la route de la Chine

Kunming, Chine, 18 octobre
Les premiers camions transportant du matériel de guerre par la Birmanie sont arrivés ce soir de Lashio. La route, qui avait été fermée il y a trois mois en vertu d'un accord anglo-japonais, a été rouverte depuis. Les camions ont pu voyager sans encombre, malgré la menace d'un raid aérien nippon sur la partie chinoise de la route. Le premier convoi compte 60 camions et 2 000 autres devraient suivre. A Rangoon, 500 000 tonnes de matériel de guerre, dont des avions et des munitions, attendent d'être acheminées. Au retour, les camions seront chargés de tungstène, de bois, d'étain et de soies de porc, qui seront exportés aux Etats-Unis. (→ 29)

La mort tragique d'un poète

Brest, 18 octobre
Hospitalisé depuis l'attaque de son manoir par un soldat allemand, le poète Saint-Pol-Roux est mort sans avoir pu se remettre de cet horrible choc. Au mois de juin, sa vieille servante avait été assassinée, lui et sa fille violentés par un soudard ivre, qui avait ensuite saccagé sa maison, isolée dans la lande de Coecilian, près de Camaret. De son vrai nom Paul Roux, Saint-Pol-Roux était un symboliste, disciple de Mallarmé.

Charles Chaplin incarne Adenoïd Hynkel dans « le Dictateur »

Charlot, barbier et dictateur.

New York, 15 octobre
La première du *Dictateur*, le nouveau film de Charles Chaplin, a été un immense succès. Son avertissement parodie la célèbre formule hollywoodienne : « Toute ressemblance entre le barbier juif et le dictateur Hynkel est due à une pure coïncidence. » Charlot incarne en effet les deux personnages. A l'issue d'un quiproquo, le premier prend la place du second et transforme un discours de guerre en un hymne à la paix : « La haine des hommes passera et les dictateurs périront. Et le pouvoir qu'ils ont usurpé retournera aux peuples... Soldats ! Au nom de la démocratie, unissons-nous !... » Il termine par un appel à sa compagne, interprétée par Paulette Goddard : « Regarde, Hannah, on a donné des ailes à l'âme humaine ! » Hannah était aussi le nom de la mère juive de Chaplin. Bien que s'affirmant athée, celui-ci a tenu à apparaître sous les traits d'un Juif. La Commission des activités antiaméricaines, dirigée par un député isolationniste – qui enquête plus sur les partisans de la cause alliée que sur les groupes néo-nazis –, a dénoncé le film.

Chateaubriand repose en paix.

Londres : les enfants fuient le Blitz

Londres, 18 octobre
Une fois de plus, les 500 000 enfants londoniens sont en voie d'être évacués. Suivant un plan qui se déroule « au compte-gouttes », ils quittent Londres au rythme de 2 000 par jour. Plus de 20 000 départs ont eu lieu en septembre. Il est prévu que 89 000 femmes et enfants quittent la capitale ce mois-ci.
Quand les bombardements systématiques ont commencé le 7 septembre, des milliers d'habitants de l'East End ont fui la ville. Cinq mille personnes campent dans la forêt d'Epping. D'autres se sont rendues en camion dans les houblonnières du Kent. Des logements de fortune s'aménagent, les gens dorment sur la paille. Près de 10 000 Londoniens vivent aujourd'hui dans les grottes de Chislehurst. Ils y disposent d'une infirmerie et de l'électricité. Les familles occupent des grottes où elles ont installé meubles et lits.
Environ 25 000 Londoniens ont pris le train pour Reading et Oxford, où sont déjà logés 15 000 réfugiés. La plupart de ces « randonneurs » choisissent maintenant de rentrer à Londres. Les habitants de l'East End préfèrent rentrer chez eux, quitte à courir le risque des bombardements.

Une nouvelle vague d'évacuation d'enfants a lieu après celle de septembre.

Les entreprises juives seront placées sous contrôle allemand

France, 18 octobre
Une première ordonnance allemande, le 27 septembre, a visé directement les Juifs en interdisant à ceux qui ont quitté la zone occupée d'y retourner, et en obligeant ceux qui y sont restés à se faire recenser. Une seconde ordonnance franchit un pas de plus : elle exige que les entreprises juives de la zone occupée, même celles qui n'ont pas été abandonnées par leurs propriétaires, soient placées sous le contrôle de commissaires administrateurs allemands. Cette ordonnance aggrave encore le sort des Juifs et constitue un véritable danger pour l'économie nationale, puisque beaucoup de ces entreprises sont de grande importance. Cette situation inquiète le gouvernement de Vichy, qui a l'intention de proposer une présence administrative française dans le contrôle de ces entreprises.

Etre juif n'empêche pas cet entrepreneur d'être aussi français et patriote.

1940

Octobre

Di	Lu	Ma	Me	Je	Ve	Sa
		1	2	3	4	5
6	7	8	9	10	11	12
13	14	15	16	17	18	19
20	21	22	23	24	25	26
27	28	29	30	31		

20. Egypte : l'aviation italienne bombarde Le Caire.

20. Allemagne : Helmuth James, comte von Moltke, rédige le manifeste démocratique et antinazi du mouvement de résistance Cercle de Kreisau.

21. Londres : à la radio, Churchill demande aux Français de l'aider à lutter contre Hitler et le nazisme.

21. Grande-Bretagne : 200e raid aérien sur Liverpool.

22. France : rencontre entre Hitler et Laval à Montoire. Le Führer cherche à entraîner la France dans sa stratégie en Afrique (→ 24).

22. Luxembourg : dissolution de la Chambre des députés et du Conseil d'Etat sur ordre du chef de l'administration civile allemande.

22. Bulgarie : le roi Boris III décline l'invitation de Mussolini à participer à une guerre contre la Grèce.

22. France : déportation dans des camps en zone libre de 6 500 Juifs allemands des pays de Bade et de Sarre-Palatinat.

23. France : à Hendaye, Hitler ne peut persuader Franco d'entrer dans le conflit. Ses troupes ne pourront pas non plus traverser l'Espagne pour attaquer Gibraltar.

24. France : rencontre entre Hitler et Pétain à Montoire.→

25. Grande-Bretagne : le corps expéditionnaire de l'aviation italienne, basé en Belgique, monte sa première attaque sur le port de Harwich (→ 11.11).

25. France : le général Otto von Stülpnagel remplace le général Streccius au poste de gouverneur militaire.

25. Vichy : création de l'Ordre national des médecins.

25. Londres : Louis Rougier, envoyé secret de Pétain, s'entretient avec Churchill. Ce dernier redoute la belligérance de Vichy aux côtés de Berlin.

26. Rome : l'Italie accuse la Grèce d'attaquer l'Albanie. 162 000 soldats italiens sont regroupés sur la frontière albanaise (→ 28).

Les gares londoniennes sont bombardées

La gare de St. Pancras après les bombardements nocturnes de la Luftwaffe.

Londres, 26 octobre
Depuis quelque temps, les attaques nocturnes de la Luftwaffe visent plus particulièrement les réseaux de transport de la capitale. Les gares, notamment, ont subi d'importants dégâts. Cette semaine, c'était au tour de la gare St. Pancras, mais l'avant-cour de la gare Victoria a aussi été touchée. Le service passager est lourdement perturbé, surtout sur le réseau Sud. Chaque jour, les conducteurs doivent trouver de nouvelles voies.
Les itinéraires des bus sont aussi détournés en raison de la présence sur la chaussée de bombes qui n'ont pas explosé. Il y a tellement de bus détruits que la compagnie a été obligée d'en emprunter à d'autres villes. Les passants reconnaissent ainsi les bus d'Aberdeen ou d'Exeter à leurs couleurs inhabituelles.
Le métro a également souffert des bombardements. Quatre stations ont été touchées. Dans celle de Balham, où six cents personnes étaient réfugiées, une importante inondation, consécutive à la rupture d'une canalisation d'approvisionnement en eau, a causé la mort de soixante-quatre personnes.

Le football sauve Spaak et Pierlot

Londres, 25 octobre
Le Premier ministre belge, Hubert Pierlot, et son ministre des Affaires étrangères, Paul-Henri Spaak, sont arrivés sains et saufs dans la capitale. Ils ont donc réussi à fuir la France de Vichy et à échapper à la prison en Espagne. Après l'armistice, Pierlot et Spaak étaient restés en France pour maintenir les liens diplomatiques avec Vichy. Mais, sur ordre de l'occupant, les Français ont rompu ces relations. Les deux Belges ont passé trois nuits à la belle étoile, dans un champ à la frontière franco-espagnole avant de pouvoir passer en Espagne, où ils ont été aussitôt arrêtés. Mis sous surveillance dans un hôtel de Barcelone, c'est un match de football qui les a sauvés. Leurs geôliers, désireux d'y assister, ne pouvaient le faire qu'en ayant la parole d'honneur des prisonniers de ne rien tenter pour s'évader. Le 18 octobre, à l'heure du match, profitant évidemment de l'absence des policiers, Paul-Henri Spaak et Hubert Pierlot filaient à l'anglaise, dissimulés dans une camionnette fournie par le consulat de Belgique. Le lendemain, après avoir passé 24 heures cachés dans un double fond pratiqué derrière le siège du conducteur, les deux fugitifs arrivaient à Lisbonne, épuisés mais heureux. Hier, un hydravion britannique les a emmenés à Bournemouth.

H. Pierlot, chef du gouvernement.

P.-H. Spaak, chef de la diplomatie.

Un accord secret anglo-américain

Londres, 26 octobre
La Grande-Bretagne et les USA ont conclu secrètement un accord sur la livraison d'armes qui permettra de soutenir l'effort de guerre britannique jusqu'à ce que le rapport des forces en présence soit inversé, probablement vers 1942. L'accord prévoit que les USA équiperont dix divisions britanniques avec des armes en cours de production. Churchill a reçu d'autres bonnes nouvelles : le matériel américain destiné à son pays comprend 250 moteurs d'avion, 2,5 millions de tonnes d'explosifs, 78 millions de cartouches pour les mitrailleuses Thompson et autant de cartouches de fusil.

Le paquebot royal touché par une bombe

Atlantique nord, 26 octobre
Le paquebot *Empress of Britain*, qui ramène le couple royal après une visite au Canada, a été touché par des bombardiers allemands. Le splendide vaisseau de 42 348 tonnes appartient à la Canadian Pacific. Il est la dernière victime de l'intensification de la campagne allemande contre les navires britanniques dans l'Atlantique. Le paquebot, qui est à 150 milles marins des côtes irlandaises, progresse lentement vers son port d'attache (→ 28).

Aucun paquebot, quoi qu'il transporte, n'est à l'abri des bombes allemandes.

Tollé général contre l'écrivain Wells

Londres, 23 octobre
Les députés s'élèvent contre les critiques à l'encontre des politiciens et généraux britanniques que Herbert George Wells prononce en ce moment en Amérique au cours d'une tournée de conférences. Ils ont demandé au gouvernement britannique comment il avait pu autoriser l'auteur à aller dénigrer son pays à l'étranger en cette heure critique. Un député du parti travailliste a désapprouvé les positions de Wells, tout en rappelant que son pays se bat pour la liberté d'expression. Aux Etats-Unis, l'attitude de H. G. Wells surprend et indigne aussi bien les milieux politiques que le grand public.

Hitler rencontre Pétain à Montoire

Pas de résultats concrets, mais le lourd symbole d'une poignée de main.

Montoire-sur-le-Loir, 24 octobre
En acceptant, après Laval, de rencontrer à son tour Hitler dans son train blindé, sous un tunnel proche de la gare de Montoire, le maréchal Pétain a franchi un pas décisif dans la voie de la collaboration. Depuis la signature de l'armistice, le gouvernement de Vichy a multiplié les ouvertures en direction de l'Allemagne, persuadé que celle-ci allait gagner rapidement la guerre.
D'abord resté sourd à ces avances, Hitler, qui aujourd'hui a besoin d'une collaboration de la France, a laissé entendre que celle-ci pourrait y trouver son compte en appuyant la lutte contre l'Angleterre. L'entretien s'est déroulé en présence de Laval et de Ribbentrop. Le chef de l'Etat français et celui du IIIe Reich sont seulement convenus d'envisager une politique de collaboration «loyale», dont il faut encore définir les termes. Le Führer a subordonné la signature d'un traité de paix et la libération des prisonniers de guerre français à sa victoire sur l'Angleterre, tentant ainsi d'obtenir un engagement du gouvernement de Vichy à ses côtés, engagement auquel le maréchal Pétain s'est fermement opposé, ne voulant pas engager l'avenir. (→31)

Le 23 octobre, à Hendaye, Hitler a rencontré le général Francisco Franco, chef de l'Etat espagnol, qui a refusé de s'engager contre l'Angleterre.

1940

Octobre

Di	Lu	Ma	Me	Je	Ve	Sa
		1	2	3	4	5
6	7	8	9	10	11	12
13	14	15	16	17	18	19
20	21	22	23	24	25	26
27	28	29	30	31		

27. Gabon : les FFL sous les ordres du général de Larminat occupent Lambaréné (→7.11).

27. Tchécoslovaquie : la RAF bombarde les usines d'armes Skoda de Pilsen.

28. Vichy : Laval s'attribue les Affaires étrangères. Il remplace Baudouin qui devient secrétaire d'Etat à la présidence.

28. Athènes : le Premier ministre grec, Metaxas, rejette l'ultimatum de Mussolini. Les Italiens sont passés à l'attaque avant son expiration.→

29. Londres : le gouvernement propose son soutien militaire à la Grèce.

29. Grande-Bretagne : près de Porthcawl, une nouvelle mine allemande est découverte. Elle explose au bruit des navires (→25.11).

30. Gibraltar : échec d'une attaque italienne sur les navires britanniques avec des torpilles chevauchées par des hommes.

30. Grèce : les Italiens bombardent Patras à cinq reprises.

30. Paris : arrestation par la Gestapo de Paul Langevin, antifasciste connu et professeur de physique au Collège de France.

30. Vichy : Conseil des ministres. Laval fait interdire l'audition de la BBC dans les lieux publics. 23 personnalités sont déchues de la nationalité française. Parmi elles, le cinéaste René Clair et le journaliste Pierre Lazareff.

31. Méditerranée : des troupes britanniques débarquent en Crète (→3.11).

31. Grèce : l'offensive italienne piétine. L'état de la mer oblige le commandement à annuler le débarquement prévu à Corfou.

31. Allemagne : publication d'une confession du pasteur protestant Dietrich Bonhoeffer, interdit de prêche et d'enseignement. Pour lui, l'Eglise est restée «muette quand elle aurait dû crier, car le sang des innocents pleure au ciel».

31. Paris : Abetz reçoit Laval à l'ambassade d'Allemagne. Les entretiens portent sur les modalités de la collaboration.

Le pari allemand de Pétain et Laval

France, 31 octobre
Inquiet de l'exploitation de la poignée de main de Montoire par la propagande allemande, le maréchal Pétain s'est aujourd'hui adressé aux Français : «J'ai rencontré, jeudi, le chancelier du Reich. Cette rencontre a suscité des espérances et provoqué des inquiétudes. Je vous dois à cet égard quelques explications... C'est librement que je me suis rendu à l'invitation du Führer. Je n'ai subi, de sa part, aucun diktat, aucune pression. Une collaboration a été envisagée entre nos deux pays. J'en ai accepté le principe... Ainsi, dans un prochain avenir, pourrait être allégé le poids des souffrances de notre pays, amélioré le sort de nos prisonniers, atténuée la charge des frais d'occupation.»
Au même moment, à Paris, le vice-président du Conseil et ministre des Affaires étrangères Pierre Laval annonce publiquement : «Dans tous les domaines et spécialement sur le plan économique et sur le plan national, nous avons envisagé et nous continuerons d'examiner dans quelle forme pratique notre collaboration peut servir les intérêts de la France, de l'Allemagne et de l'Europe.»
Le maréchal Pétain et Pierre Laval ont ainsi fait le pari de la victoire de l'Allemagne. Ils tentent, dans ce contexte, de sauvegarder la place de la France dans une Europe dominée par l'Allemagne nazie...

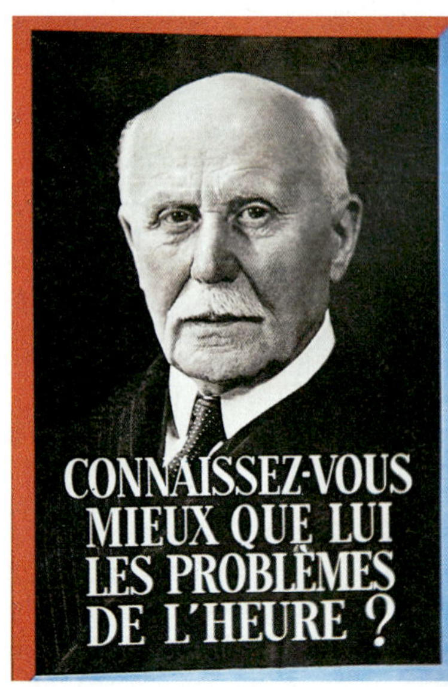

La propagande de Vichy tente ains d'apaiser les doutes des Français.

Les Italiens envahissent la Grèce

Florence, 28 octobre
C'est un Duce enthousiaste qui a annoncé à Hitler la nouvelle : l'armée italienne est entrée en Grèce. Un enthousiasme que le Führer, placé devant le fait accompli, ne partage pas. Il considère que, stratégiquement, le rôle de l'Italie est de s'assurer le contrôle de la Méditerranée et de contrer la Grande-Bretagne en Afrique et au Moyen-Orient, mais pas de s'aventurer dans les Balkans. De plus, l'Allemagne n'a aucune raison d'en vouloir au gouvernement grec, à la tête duquel se trouve un germanophile indiscutable, le général Metaxas, qui, lors de la Grande Guerre, avait été mis en prison par les Alliés pour cette raison. Il a néanmoins aussitôt proposé à Mussolini de lui prêter des divisions parachutistes et des divisions blindées avec leur personnel, ce que le Duce a refusé.
Le prétexte à l'invasion, le gouvernement italien l'a trouvé aisément : il revendique la région de l'Epire qui jouxte l'Albanie, la considérant comme une terre irrédente de l'Albanie. Reçu à Athènes à 6 h ce matin, l'ultimatum italien a été immédiatement rejeté par le général Metaxas.
Entre-temps, les troupes italiennes rassemblées en Albanie avaient déjà franchi les frontières. Le général Visconti-Prasca dispose d'excellentes troupes, notamment la division blindée *Centauro* et la division alpine *Julia*. Son plan est simple : au nord, tenir la frontière albanaise; au sud, progresser par le littoral vers la cuvette d'Ioannina et s'emparer du col de Metsovon pour couper les liaisons entre l'Epire et la Macédoine. En face, le chef d'état-major de l'armée grecque, le général Papagos, dispose de forces inférieures, mais qui combattent sur un terrain qu'elles connaissent parfaitement, ce qui constitue un avantage de taille.

Des cavaliers italiens passent la frontière entre l'Albanie et la Grèce.

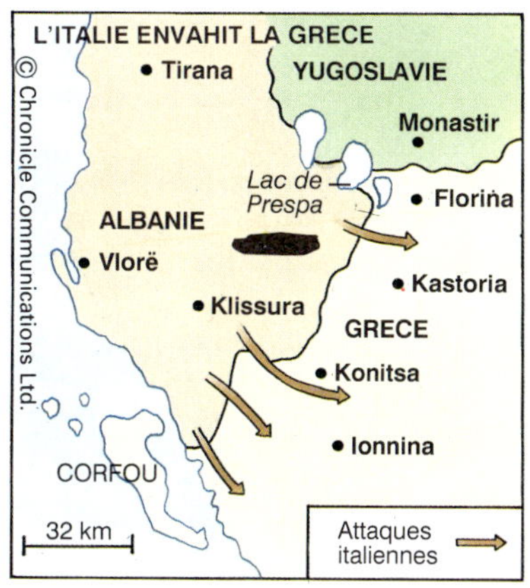

Le « manifeste de Brazzaville » contre l'entrevue de Montoire

Brazzaville, 27 octobre
Beaucoup de Français ont acclamé le maréchal Pétain lorsque celui-ci a fait « don de sa personne » à la France. Mais nombre d'entre eux ne le suivront peut-être pas dans la voie de la collaboration avec l'Allemagne nazie. La légitimité du pouvoir de Vichy apparaît minée. Il faut saisir l'occasion de se poser en recours. C'est probablement le calcul qu'a fait le général de Gaulle en créant le Conseil de défense de l'empire. Dans le *Manifeste de Brazzaville* qui le fonde, il affirme qu'il ne faillira pas » au « devoir sacré » de « diriger l'effort français dans la guerre ». Et il prend « l'engagement solennel de rendre compte de ses actes aux représentants du peuple français dès qu'il aura été possible de les désigner librement ».

Troupes des Forces françaises libres (FFL) à l'entraînement.

Défaite japonaise en Chine du Sud

Nanning, 29 octobre
Tokyo vient d'essuyer un sérieux revers dans sa tentative de prise de contrôle de la Chine du Sud. Après avoir perdu Nanning, la capitale du Guangxi, à la frontière sud de la Chine, les troupes nippones ont dû se retirer en Indochine. Cette perte compense l'accord récent qui permet au Japon de stationner des troupes en Indochine française. Après sept mois de furieux combats pour cette ville clé située sur la ligne Pékin-Hanoi, on déplore de très lourdes pertes dans les deux camps.

André Maurois mal reçu à New York

New York, 29 octobre
Invité aujourd'hui à prononcer un discours à un dîner offert par l'Association des libraires américains, André Maurois a demandé instamment à ses compatriotes émigrés de ne pas juger « la France trop durement dans cette heure de grande détresse, car elle a besoin plus que jamais de la compréhension affectueuse de ceux qui l'aiment ». Mais son refus de se désolidariser officiellement du gouvernement de Vichy, dont il désapprouve pourtant la politique de discrimination raciale, a été très mal interprété par les Français de New York. L'heure n'est pas à la nuance.

Pertes terribles dans l'Atlantique

Atlantique nord, 29 octobre
Cette semaine, les pertes de la flotte alliée s'élèvent à 88 000 tonnes : huit fois plus que la moyenne hebdomadaire au printemps. Les mines et les bombardements en sont les premiers responsables, mais aussi les U-Boote, qui font la différence. Depuis les ports français, les Allemands ont un accès direct à l'Atlantique. Même les petits bâtiments peuvent atteindre les routes commerciales. La campagne de Norvège étant terminée, les terribles U-Boote sont bien plus nombreux dans l'Atlantique, où la tactique des « meutes » fait des ravages.

1940

Novembre

Di	Lu	Ma	Me	Je	Ve	Sa
					1	2
3	4	5	6	7	8	9
10	11	12	13	14	15	16
17	18	19	20	21	22	23
24	25	26	27	28	29	30

1er. Paris : publication des *Nouveaux Temps* de Jean Luchaire, ami d'Abetz et partisan de la collaboration.

1er. Grèce : les forces italiennes atteignent les fleuves Kalamas et Thyamis dans l'Epire.

2. Grèce : l'aviation italienne bombarde Salonique, tuant 200 civils.

3. Paris : Fernand de Brinon reçoit rang d'ambassadeur de France pour représenter Vichy (→ 18.12).

3. France : évasion d'André Malraux à Sens. Il gagne Roquebrune, en zone libre.

3. Grèce : arrivée de la 30e escadrille de la RAF, composée de Blenheim (→ 16).

4. Albanie : début de la contre-attaque grecque. Elle atteint la route Korçë-Perat (→ 8).

5. Grèce : l'aviation italienne bombarde Le Pirée.

5. Atlantique : le cuirassé *Admiral Scheer* attaque le convoi HX-84. Il coule le croiseur *HMS Jervis Bay*.→

6. Grande-Bretagne : un bombardier de la Luftwaffe s'écrase. Le pilote croit se trouver en France, trompé par les signaux émis par une balise radio britannique.

7. Allemagne : bombardement par la RAF des usines de munitions Krupp à Essen.

7. Irlande : le gouvernement refuse aux Britanniques l'usage de ses bases navales.

7. Gabon : les FFL du général Leclerc débarquent près de Libreville.

8. Munich : la RAF bombarde la ville. Hitler doit retarder son discours d'anniversaire de la tentative de putsch de 1923.

9. France : les Allemands commencent à expulser les Français d'Alsace-Lorraine (→ 22).

9. Gabon : ralliement à la France libre (→ 12).

9. Vichy : dissolution de la CGT, du CNPF et du Comité des forges et houillères.

9. Albanie : le général Soddu remplace Visconti-Prasca à la tête des armées italiennes.→

Roosevelt est réélu

Washington, 5 novembre

Tôt ce matin, on a compris que Roosevelt remplirait son troisième mandat à la Maison Blanche. Il a remporté la majorité dans les Etats en totalisant 427 suffrages du collège électoral. Le républicain Wendel Wilkie n'a obtenu que 87 voix.

Dédaignant la remontée récente de son rival républicain, Roosevelt est le premier président des Etats-Unis à être élu pour la troisième fois. Une fois de plus, il s'agit d'un véritable raz de marée électoral. Le nouveau vice-président est Henry Wallace, éditeur d'un journal pour agriculteurs.

Roosevelt arrive déjà en tête dans l'Ohio, qui dispose de 26 voix, ainsi que dans les trois plus grands Etats : New York (47), la Pennsylvanie (36), et l'Illinois (29). Il l'emporte à une écrasante majorité dans les grandes villes (New York, Philadelphie, Pittsburg et Chicago) sur le républicain Wilkie, élu dans les zones rurales. Les conséquences de la victoire électorale de Roosevelt sur le cours de la guerre seront sans doute énormes.

L'an dernier, la tâche de Roosevelt était délicate. Il a tenté d'avertir les Américains des dangers du fascisme et de l'impossibilité de l'isolationnisme, et il ne voulait pas s'aliéner les sentiments potentiellement isolationnistes de la majorité américaine en se montrant trop désireux d'engager les Etats-Unis dans la guerre. Maintenant, la Grande-Bretagne peut s'attendre à un soutien plus ferme des Etats-Unis.

La foule est rassemblée sur Times Square où les résultats sont affichés.

Chamberlain meurt hanté par l'échec de l'accord de Munich

Chamberlain : naïf ou incompris ?

Grande-Bretagne, 9 novembre

Arthur Neville Chamberlain vient de s'éteindre à l'âge de 71 ans. On sait maintenant que l'ancien Premier ministre britannique souffrait depuis longtemps d'un cancer de l'estomac. Son échec de mai 1940, qui l'avait amené à démissionner pour céder la place à Winston Churchill, n'avait fait qu'accélérer la progression du mal. Dur à la tâche, administrateur austère et clairvoyant, toutes ces qualités qui lui avaient permis de mener une carrière brillante ne pourront faire oublier que Chamberlain s'est trompé. Comme Daladier, il a signé en 1938 avec Hitler un accord intitulé *Paix pour notre époque*, qui a favorisé l'expansion de l'Allemagne nazie. Pourtant, comme Churchill l'a souligné, « il a agi en parfait accord avec ses convictions ».

Les Français découvrent de nouvelles et étranges boissons

France, novembre

Après la loi du 23 août qui limite la consommation des apéritifs, la vente du café se trouve également réglementée depuis le 1er octobre. Le vrai café est devenu introuvable, et les apéritifs ne dépassent plus un morose 16°. On peut évidemment se passer de café et d'alcool, mais la vie vaut-elle encore la peine d'être vécue ? Les Français qui tiennent encore à garder au moins l'illusion de leurs plus chères boissons quotidiennes en sont réduits à de tristes expédients. On baptise désormais café n'importe quelle boisson chaude obtenue à partir d'orge, de maïs, de pois chiches, ou même de glands, de figues, de dattes, de haricots, de soja, etc. : en fait, n'importe quel produit végétal, grillé à la poêle et mis à infuser, peut faire l'affaire, surtout si l'on ajoute de la chicorée. On prétend que le meilleur café est fabriqué à partir de malt d'orge ou d'avoine. Pour faire du thé, difficile aussi à se procurer, on fait infuser des pelures de fruits, qui ont le mérite de parfumer l'eau chaude. Toutes ces boissons gagneraient à être additionnées de lait, mais depuis que la carte de lait est entrée en vigueur, le 15 septembre, le lait est devenu lui aussi une denrée rare, réservée aux enfants et aux femmes enceintes. Pour se consoler, les Français, au retour d'une promenade en forêt, pourront toujours se confectionner un « cidre de tempérance » à base de feuilles de frêne, qui, au moins, ne risquent pas d'être rationnées.

Les Grecs repoussent les Italiens

Grèce, 9 novembre
Moins de deux semaines après avoir franchi la frontière grecque, l'armée italienne d'Albanie bat en retraite dans le plus grand désordre. Son commandant, le général Visconti-Prasca, vient d'être destitué et remplacé par le général Soddu. Dès le 4 novembre, rassuré par l'attitude de neutralité de la Bulgarie et de la Turquie, le commandement grec lançait toutes ses forces disponibles contre les troupes italiennes.
La division alpine *Julia*, surprise près du col de Metsovon, était attaquée par sept divisions d'infanterie grecque. Prise de flanc et sur ses arrières, elle a été secourue par quatre grandes unités d'infanterie italienne qui, à leur tour, ont été bousculées. Les Grecs menaçant d'encerclement tout le dispositif ennemi, le commandement italien a dû donner l'ordre de retraite. En raison des difficultés de liaison, certaines unités n'ont pas eu connaissance de cet ordre. Ainsi le commandant de la division *Julia* ne s'est-il décidé à battre en retraite qu'après avoir écouté les informations sur Radio-Londres, d'après lesquelles sa division était en difficulté et allait être bientôt écrasée. L'armée grecque a d'ores et déjà acculé à la reddition les soldats de Mussolini aventurés dans le massif du Pinde. Le relief montagneux et le climat, noyant les sommets dans les nuages, ont empêché les Italiens d'utiliser avec précision leur aviation. Enfin, le froid et les pluies glacées, conjugués à l'exceptionnelle combativité des soldats grecs, ont fait le reste.

L'« Admiral Scheer » coule le « Jervis Bay »

.e cuirassé « Admiral Scheer ».

Atlantique nord, 5 novembre
Le *Jervis Bay*, un paquebot transformé en croiseur, vient de couler à l'issue d'une bataille héroïque.
Il escortait seul le convoi HX 84, dont les 37 navires croisaient au large du Canada quand le cuirassé de poche allemand *Admiral Scheer* les attaqua. Le capitaine anglais Fegen comprit que son vaisseau ne ferait pas le poids face à la puissance de tir du cuirassé. Il ordonna pourtant au convoi de se disperser derrière un rideau de fumée, puis il attaqua de front son adversaire. Ses canons n'ont pas atteint le navire ennemi. Toutefois, son courageux sacrifice n'a pas été inutile et aura permis de sauver le convoi à l'exception de 5 bateaux.

:nfin une nuit sans lerte à Londres

ondres, 4 novembre
Mais que se passe-t-il ?» se sont emandé les Londoniens en se réillant ce matin. Tout au moins :ux qui avaient dormi. Les autres 'ont pu fermer l'œil de la nuit. Le acarme des sirènes, des bombes et :s canons antiaériens leur manait sans doute... C'est la première uit tranquille depuis le début du itz, le 7 septembre. Combien de mps cela va-t-il durer ?

L'espionne russe et Lord Haw Haw

Londres, 7 novembre
Anna Wolkoff, la fille d'un ancien attaché naval soviétique à Londres, vient d'être condamnée à dix ans de prison pour avoir enfreint les lois relatives au secret. Elle a été reconnue coupable d'avoir envoyé un message codé à Lord Haw Haw, le célèbre traître américain qui s'est mis au service de la radio allemande où il travaille comme speaker. Serait-elle une espionne ?

En Grande-Bretagne, les femmes aident l'armée sans prendre part au combat

Ce livre à colorier est-il destiné aux enfants ou à leur mère ?

Les femmes règlent les canons de DCA, les hommes les actionnent.

Grande-Bretagne, 9 novembre
La propagande présente des patriotes courageuses et une Miss Angleterre plus occupée que jamais. Toutefois, il s'avère que le nombre des femmes sans emploi est supérieur à celui d'avant-guerre. Certaines d'entre elles trouvent du travail dans l'armée, mais leur contribution à l'effort de guerre est moins importante que ne le suggèrent les affiches de recrutement. Chacun des trois corps d'armée a un service ou un organisme réservé aux femmes. L'Auxiliary Territorial Service est la branche féminine de l'armée de terre, le WRENS celle de la marine et le WAAF celle de la RAF, corps actuellement le plus prestigieux. Nombre de femmes y jouent un rôle déterminant. Dans les postes radar, elles aident par exemple à repérer les mouvements des avions ennemis. On les trouve dans les batteries de DCA et dans les centres de commandement naval... Toutefois, elles ne participent jamais au combat ; certes, elles suivent les cibles, mais ce sont les hommes qui manient les armes. Celles qui ont répondu présent à l'appel patriotique, en bravant les inquiétudes de leur famille sur le prétendu préjudice moral, se plaignent d'un manque d'engagement direct et de devoir exécuter des tâches inférieures. En théorie, elles peuvent être formées à tout, sauf au combat. Dans la pratique, on les affecte le plus souvent à des travaux ménagers : la cuisine ou le nettoyage. Dans le civil, il y a beaucoup de femmes qui ont été licenciées l'automne dernier des secteurs d'activité secondaire. Elles sont toujours à la recherche d'un emploi. Au début de l'année, la Federation of Business and Professional Women a protesté devant le Parlement. Plus de la moitié de ses 7 000 adhérentes sont au chômage. Jusqu'ici, le gouvernement s'est opposé au recyclage des chômeuses dans la machine de guerre.
Néanmoins, la pression augmente pour faire bouger le gouvernement, voire pour instituer la mobilisation obligatoire des femmes.

Elles manient les projecteurs et les amplificateurs de sons.

1940

Novembre

Di	Lu	Ma	Me	Je	Ve	Sa
					1	2
3	4	5	6	7	8	9
10	11	12	13	14	15	16
17	18	19	20	21	22	23
24	25	26	27	28	29	30

11. Allemagne : exécution de 55 intellectuels polonais au camp de Dachau.

11. Etats-Unis : la firme Willys présente le premier modèle de Jeep.

11. Grande-Bretagne : raid manqué de 50 avions italiens sur l'estuaire de la Tamise. Six sont abattus.

11. Chartres : Jean Moulin, préfet d'Eure-et-Loir, en zone occupée, est relevé de ses fonctions par le ministre de l'Intérieur de Vichy.

11. Italie : attaque britannique sur le port de Tarente. Des avions torpilleurs Swordfish coulent 3 cuirassés italiens.→

12. Berlin : contrarié, Hitler évite les questions de Molotov sur le rôle de l'URSS dans l'Europe future.

12. Berlin : Hitler lance sa 18e directive de guerre. Il impose des mesures politiques pour entraîner l'Espagne dans la guerre et asphyxier lentement la Grande-Bretagne.

12. Tchad : Félix Eboué est nommé gouverneur général de l'Afrique équatoriale française par le général de Gaulle.

13. Berlin : Hitler ordonne à Göring de préparer la Luftwaffe pour une invasion de l'URSS en mai prochain (→29).

13. Pacifique : les Indes néerlandaises acceptent de fournir au Japon 2 millions de tonnes de pétrole par an.

14. Allemagne : signature, à Wiesbaden, de l'accord de compensation germano-français par le gouverneur de la Banque de France.

15. Varsovie : le ghetto juif, avec 400 000 habitants, est complètement isolé du reste de la ville par la police (→19).

15. France : Maurice du Fretay de Halna rejoint l'Angleterre à bord d'un petit avion – le *Zlin* – qu'il avait caché dans le manoir familial, à Dinan.

16. Grèce : arrivée au Pirée de 3 500 soldats britanniques, venant d'Alexandrie.

16. Allemagne : en représailles au bombardement de Coventry, la RAF lâche 2 000 bombes sur Hambourg.

Commémorations du 11 Novembre à Paris

Hommage au Soldat inconnu, malgré les avertissements de la préfecture.

Paris, 11 novembre
Hier, les journaux ont publié cette information dans leurs colonnes : « La préfecture de police communique : les administrations et les entreprises privées travailleront normalement le 11 novembre à Paris et dans le département de la Seine. Les cérémonies commémoratives n'auront pas lieu. Aucune démonstration publique ne sera tolérée. » De nombreux Parisiens sont pourtant venus, ce matin, déposer des fleurs sur la tombe du Soldat inconnu. Des agents de police empêchaient la formation d'attroupements. Quelques heures plus tôt, des agents gaullistes ont fait mieux : après avoir appelé, les jours précédents, leurs sympathisants à venir fleurir la statue de Clemenceau, « l'homme qui ne voulut jamais capituler », André Weil-Curiel et Léon-Maurice Nordman sont allés déposer ce matin à 5 h 30 au rond-point des Champs-Elysées une gerbe signée du général de Gaulle. Dans la journée, ils ont pu constater que d'autres fleurs s'amoncelaient auprès des leurs.

Le courage des lycéens parisiens

Paris, 11 novembre
Etait-ce une réaction spontanée de lycéens et de collégiens à l'Occupation ou bien une manifestation dûment organisée ? Les deux, probablement. La date s'y prêtait. Ce soir, vers 17 h, des cortèges de jeunes ont convergé vers la place de l'Etoile, en chantant *la Marseillaise*, le drapeau tricolore en tête, afin de fleurir la tombe du Soldat inconnu. Les Allemands sont aussitôt intervenus, n'hésitant pas à tirer sur les jeunes manifestants. Une centaine d'entre eux ont été arrêtés, et on ignore s'il y a des victimes.

Création de l'ordre de la Libération

Brazzaville, 16 novembre
A la veille de quitter l'Afrique, le général de Gaulle a institué l'ordre de la Libération qu'il a décerné à quelques personnes. Il leur remettra plus tard la croix, dont il a déjà prévu le dessin : un glaive surmonté d'une croix de Lorraine ; le ruban sera vert et noir pour symboliser l'espoir et le deuil de la France.

Les Alsaciens et les Lorrains sont expulsés vers la zone libre

Lyon, 11 novembre
Une Alsace-Lorraine allemande ! C'est ce que veulent réaliser les nazis qui, aujourd'hui, ont levé le masque. Six trains spéciaux chargés de Lorrains francophiles sont arrivés ce matin à 9 h 30 à la gare des Brotteaux. Il semble que les Allemands veuillent expulser tous les Alsaciens et les Lorrains francophiles. Le gouvernement de Vichy, surpris par les événements, aurait décidé de protester. Les gauleiters Bürckel et Wagner prévoient qu'au rythme de cinq ou six trains par jour, l'opération sera terminée d'ici à une quinzaine. Déjà, le 16 juillet dernier, les Juifs de Colmar, puis le 22 octobre, 7 500 Juifs allemands de Sarre-Palatinat et du pays de Bade avaient été envoyés en France, sans que le gouvernement français en ait été prévenu. Ils sont aujourd'hui regroupés dans des camps en zone libre, à Gurs, Noé, Recébédou.

A Strasbourg, la statue de Kléber, l'illustre général de Napoléon, a dispa[...] de la place qui portait son nom. Celle-ci a été rebaptisée place Karl-Roos.

La ville de Coventry est rasée par la Luftwaffe

Maigre consolation, les vitraux de la cathédrale avaient été démontés.

Le roi a tenu à venir constater lui-même les dégâts du bombardement.

Coventry, 15 novembre

La lumière est voilée par un brouillard de suie. La chaleur dégagée par les incendies écrase encore Coventry, où errent des habitants désemparés, hébétés. La nuit dernière, 450 bombardiers allemands se sont acharnés sur la ville. La cathédrale n'est plus qu'un amas de décombres fumants, de nombreuses usines de munitions, de moteurs et d'avions ont été sérieusement endommagées. Le bilan est lourd : 568 morts et 863 blessés graves. De nombreux habitants ont fui, l'eau et le téléphone sont coupés, les transports sont paralysés.

Une fois de plus, ce raid démontre l'efficacité d'une attaque aérienne sur une ville à forte densité de population. Guidés par les avions-éclaireurs, les bombardiers allemands ont agi en trois vagues. Les Heinkel He-111, qui composaient la première, ont largué des bombes incendiaires à 19 h 20, puis les deux autres vagues, se guidant à la lueur des incendies, ont déversé leurs charges sur la malheureuse cité. Sur les 75 000 édifices que comptait celle-ci, 60 000 sont détruits ou endommagés.

La défense de Coventry s'est révélée inefficace. La ville était protégée par une DCA très faible (quarante pièces), et les sorties des chasseurs n'ont pu endiguer l'attaque. Les Allemands n'ont perdu qu'un appareil sur les 450 engagés, et l'on ne peut dire avec certitude s'il a été abattu ou s'il s'est écrasé, victime d'un accident.

Le plus tragique de l'histoire est que le haut commandement britannique savait que Coventry allait être bombardé. Grâce au décodage des messages Enigma, le nom de code de l'opération (*Sonate au clair de lune*) était connu, quand hier après-midi un opérateur allemand a lancé en clair le nom de l'objectif. Immédiatement prévenu, le Premier ministre a finalement choisi de ne pas faire évacuer la ville, afin que l'ennemi ne puisse découvrir que la Grande-Bretagne est en possession du code Enigma et qu'elle déchiffre ses messages.

Les piétons cherchent un chemin à travers les décombres de leur ville.

1940

Novembre

Di	Lu	Ma	Me	Je	Ve	Sa
					1	2
3	4	5	6	7	8	9
10	11	12	13	14	15	16
17	18	19	20	21	22	23
24	25	26	27	28	29	30

24. Berlin : le Premier ministre fantoche de Slovaquie, Vojtech Tuka, signe le Pacte tripartite.

25. Bulgarie : à la suite de pressions soviétiques, le gouvernement refuse de se joindre à l'Axe.

25. Palestine : des réfugiés juifs d'Allemagne, d'Autriche et de Tchécoslovaquie sabordent leur navire, le *Patria*, à Haïfa ; ils entendent ainsi échapper à la déportation vers l'île Maurice, décidée par les autorités britanniques.

25. En mer : trois des nouvelles mines acoustiques allemandes sont draguées avec succès.

25. Grande-Bretagne : premier vol du Mosquito De Havilland, bombardier léger fabriqué avec une cellule en bois.

25. Marseille : des militants démocrates-chrétiens lancent le journal clandestin *Liberté*.

26. Afrique : le Congo belge déclare la guerre à l'Italie.

26. Libye : l'aéronavale britannique bombarde Tripoli.

26. Roumanie : soixante-quatre dignitaires de l'ancien régime sont massacrés par la Garde de fer pronazie (→29).

27. Méditerranée : au large de la Sardaigne, la flotte italienne refuse le combat face à la flotte britannique.

28. Berlin : sortie du film *le Juif éternel*, qui est « recommandé politiquement et culturellement ».

28. Roumanie : l'état d'urgence est déclaré (→29).

29. Grande-Bretagne : raid nocturne dévastateur de la Luftwaffe sur Liverpool.

29. Paris : conférence franco-allemande sur l'organisation de la collaboration. Pour prouver ses bonnes dispositions, Laval remet aux Allemands l'or de la Banque nationale de Belgique confié à la France.

29. Berlin : le haut commandement allemand achève ses préparatifs pour l'opération *Barbarossa*, l'invasion de l'URSS (→5.12).

30. Allemagne : l'annexion de l'Alsace-Lorraine au Reich est officiellement déclarée.

Après Coventry, c'est Southampton

Southampton, 30 novembre
Depuis une semaine, les bombardiers de la Luftwaffe s'acharnent sur les villes britanniques. Hier, c'est Liverpool qui a été sévèrement bombardé. Ce soir, c'est Southampton qui a subi les assauts de la Luftwaffe. Le premier bilan fait état de 137 morts et d'environ 500 blessés. Le style de l'attaque rappelle celle qui a frappé Coventry au début de ce mois.
Après avoir largué des fusées éclairantes, les bombardiers, qui se sont succédé par vagues au-dessus de la ville pendant plus de sept heures, ont jeté des milliers de petites bombes incendiaires, allumant de multiples foyers d'incendie. Aussitôt après, l'ennemi largue des bombes puissantes qui attisent ces incendies et font s'écrouler les immeubles. Eglises, bureaux, habitations et magasins : rien n'a été épargné. Lors de l'évacuation des malades d'un hôpital, un brancardier a dégagé une bombe incendiaire qui était tombée sur le toit sans exploser. Des habitués qui venaient juste de quitter un pub l'ont vu disparaître sous leurs yeux, soufflé par l'explosion d'une bombe.
Les autorités de la ville, qui craignent la répétition des bombardements, songent de plus en plus à évacuer les femmes et les enfants vers la campagne.

Les immeubles par trop ébranlés sont abattus par des équipes spécialisées.

Les vrais héros du Blitz : les pompiers

Grande-Bretagne, 30 novembre
Le raid de cette nuit sur Southampton a mis en évidence des problèmes insoupçonnables il y a encore quelque temps, auxquels les pompiers sont confrontés. Si les bombes incendiaires qui ont ravagé la ville ont causé de lourds dégâts, les bombes de forte puissance, en détruisant 74 canalisations d'eau, ont bien failli empêcher les pompiers d'éteindre les incendies. La pression hydraulique ayant chuté, de nombreuses équipes se sont retrouvées sans eau.
Il a donc fallu prendre des décisions dont les conséquences ont été dramatiques : laisser des quartiers périphériques brûler et utiliser l'eau pour éteindre en priorité les incendies dans le centre-ville et les docks. Les brigades de sapeurs-pompiers locales ont reçu des renforts d'autres villes. Londres, Newbury, voire Newport et Nottingham ont envoyé 160 pompes, mais nombre d'entre elles n'ont pu servir car elles ne s'adaptaient pas aux bouches d'incendie de la ville.
Ces difficultés n'ont pas empêché les pompiers de Southampton, et plus généralement les soixante mille hommes de l'Auxiliary Fire Service, de faire preuve d'un courage et d'un sens du devoir exemplaires, mais elles restreignent leur efficacité. Leurs horaires (48 heures de service suivies de 24 heures de repos) mettent ces héros discrets sur la brèche, au péril de leur vie, durant plus de 40 heures consécutives.

En Angleterre, les pompiers sont de vrais combattants de première ligne.

Guerre civile en Roumanie

Bucarest, 29 novembre
Depuis le récent massacre de prisonniers politiques par le mouvement fasciste de la Garde de fer, le désordre règne dans la capitale roumaine. Les hommes de main de Codreanu affrontent l'armée, tandis que les factions rivales de la Garde de fer s'entre-tuent. Le jeune roi Michel qui vient tout juste de succéder à son père aurait fui la capitale pour se réfugier en Yougoslavie. Le professeur Jorga, ancien Premier ministre, et le docteur Madgearu, ancien ministre des Finances, comptent parmi les victimes de ces combats de rue. Aujourd'hui, nul n'est capable de dire qui l'emportera, de la Garde de fer ou de l'armée.

Jean Chiappe disparaît en mer

Méditerranée, 27 novembre
« Sommes mitraillés. Feu. S.O.S. S.O... » L'émetteur de l'avion qui transportait Jean Chiappe vers Damas s'est tu brusquement. Sans le savoir, l'avion survolait une zone où Italiens et Anglais étaient aux prises. Un appareil italien qui a vu surgir inopinément l'avion l'a abattu. Préfet de police très populaire parmi les ligues d'extrême droite (son renvoi avait provoqué l'émeute du 6 février 1934), Jean Chiappe venait d'être nommé haut-commissaire de France en Syrie. (→7.12)

Jean Chiappe, abattu par erreur.

Décembre

Di	Lu	Ma	Me	Je	Ve	Sa
1	2	3	4	5	6	7
8	9	10	11	12	13	14
15	16	17	18	19	20	21
22	23	24	25	26	27	28
29	30	31				

1er. France : premier numéro de *Libération-Nord*, en zone occupée, organe de résistants socialistes et de syndicalistes, rédigé par Christian Pineau.

1er. Italie : la farine, le riz et les spaghettis sont rationnés.

2. Vichy : loi sur l'organisation corporative de l'agriculture.

2. Vatican : un décret du Saint-Office interdit à l'Eglise catholique toute participation aux mesures d'euthanasie.

2. Grande-Bretagne : Bristol subit un violent raid nocturne de 121 bombardiers allemands.

2. Vichy : les ministres Baudouin, Bouthillier et Peyrouton pressent Pétain de se séparer de Laval (→ 13).

3. Grande-Bretagne : le gouvernement ordonne à soixante navires de commerce se trouvant aux Etats-Unis de remplacer ceux perdus dans l'Atlantique.

3. Soudan : la RAF bombarde la base italienne de Kassala.

4. Roumanie : l'armée maîtrise l'agitation civile qui dure depuis une semaine (→ 14.1.1941).

4. Grande-Bretagne : mobilisation des femmes.

4. Albanie : les forces grecques occupent le port de Saranda et la ville de Pogradec à 40 km de la frontière.

5. Allemagne : Hitler discute avec ses généraux de ses plans d'invasion de l'URSS (→ 18).

5. Europe : la RAF fait des raids nocturnes sur les cités industrielles de Turin en Italie et de Düsseldorf en Allemagne.

6. Albanie : les forces grecques s'emparent de la base navale italienne de Santi Quaranta, et avancent vers le nord le long de la côte (→ 8).

6. Italie : le maréchal Pietro Badoglio, commandant en chef, démissionne. Il est remplacé par Ugo Cavallero.

6. Extrême-Orient : le Japon et la Thaïlande signent un traité d'amitié.

7. Vichy : le général Dentz est nommé haut-commissaire en Syrie et au Liban.

Ghetto de Varsovie : l'étau se resserre

Des passages dans le mur qui entoure le ghetto permettent d'aller et venir.

Varsovie, 26 novembre
Six semaines, c'est le temps qu'il aura fallu pour clore d'un mur de 16 km de long la zone de quarantaine et transformer celle-ci en une véritable prison. Environ 400 000 personnes y vivent désormais sans aucun lien avec l'extérieur. Près de 113 000 Polonais qui habitaient dans cette zone ont dû déménager précipitamment, tandis que les nazis y installaient 138 000 Juifs raflés dans d'autres quartiers de la ville. Ils vivent dans des conditions abominables, entassés à six ou sept par pièce, dans des immeubles qui sont de véritables taudis. Les nazis ont laissé 28 points de passage intacts. Ces « portes » sont gardées en permanence par des détachements de la police allemande, de la police polonaise et du service d'ordre juif. Environ 53 000 personnes disposent de laissez-passer qui leur permettent de sortir du ghetto.
La peur et la colère règnent ici. Les gens ne peuvent plus se rendre à leur travail comme à l'accoutumée, 150 000 personnes sont au chômage. Tous les postes de radio et tous les téléphones ont été confisqués. Le président du conseil juif, Adam Czerniakow, a été reconduit dans ses fonctions par les Allemands et va donc devoir gérer les affaires du ghetto et servir de tampon entre son peuple et les Allemands qui exigent sans cesse de l'argent et de la main-d'œuvre à bon marché. (→ 31.1.1941)

Publicité pour le Spitfire, fer de lance de l'aviation britannique.

Plus de bananes après les fêtes

Grande-Bretagne, 26 novembre
Après Noël, il n'y aura plus de bananes. Les stocks une fois épuisés ne seront pas renouvelés. Le gouvernement veut utiliser les cargos en priorité pour transporter les produits de première nécessité. Citrons et oignons se font rares eux aussi. Dès que les prix des denrées non rationnées sont réglementés, celles-ci disparaissent des vitrines. En fait, elles sont écoulées sur le marché noir. On a néanmoins promis des rations supplémentaires de thé et de sucre pour Noël.

Kennedy rappelé à Washington

Washington, 1er décembre
Joseph Kennedy, l'ambassadeur des Etats-Unis à Londres, vient de démissionner. Depuis plusieurs mois, on savait que Roosevelt n'était pas satisfait de ses services. Germanophile distingué, partisan de la neutralité américaine, défaitiste, Kennedy ne cache pas ses opinions. Il dit tout haut qu'il faudrait calmer Hitler et que la Grande-Bretagne perdra la guerre. Jusqu'alors, Roosevelt avait besoin de son appui car le diplomate est très influent à Wall Street. Désormais solidement réélu, ce n'est plus le cas. L'ancien ambassadeur n'est pas rentré de Londres les mains vides : il a rapporté une sirène d'alerte qu'il compte installer dans sa propriété de Cape Cod.

Un ambassadeur peu diplomate.

Madrid veut rester en dehors du conflit

Madrid, 2 décembre
Le général Franco, le dictateur espagnol, a fait fi des pressions de l'Allemagne nazie, en signant aujourd'hui un accord financier avec la Grande-Bretagne. Il a en même temps garanti à Londres et à Washington qu'en aucun cas l'Espagne ne ferait la guerre à la Grande-Bretagne, ni n'autorisera l'utilisation de son territoire pour des opérations militaires. Un accord qui va permettre à l'Espagne de récupérer ses avoirs en Angleterre, gelés depuis 1936. ▷

Défaites japonaises au nord de la Chine

Des soldats chinois exhibent leur butin : drapeau, alcool et matériel.

Chine du Nord, 5 décembre
Après l'offensive menée depuis trois mois par les communistes chinois de la 8e armée de route, les Japonais auraient perdu le contrôle de vastes zones au nord du pays. Depuis quelques jours, il semble que les communistes, épuisés, ralentissent l'opération baptisée *Campagne des cent régiments*, destinée à détruire les installations nippones de la région. Ils pensent avoir atteint leur objectif politique : semer le trouble dans les pourparlers entre Tchang Kaï-chek et le Japon. Selon les communistes, cette campagne, au cours de laquelle les troupes chinoises ont adopté la tactique de l'affrontement direct, a rempli entièrement sa mission. Les attaques sur les avant-postes japonais ont forcé l'ennemi à se retrancher dans de vastes enclaves. Les positions japonaises qui résistent ont été si endommagées qu'il faudra attendre six mois avant que le plus gros des installations ne redevienne opérationnel. Les dégâts les plus importants affectent la ligne Pékin-Hankou, coupée en 86 endroits, ainsi que le complexe sidérurgique d'Anshan dans le Mandchoukouo. Les communistes estiment que les Japonais ont perdu au moins cinq bataillons. Mais leur stratégie axée sur la supériorité numérique – dix Chinois pour un Japonais – coûte très cher aux communistes, qui déplorent 22 000 morts, et nourrit des critiques internes.

Le maréchal Pétain acclamé à Marseille

Marseille, 4 décembre
A la descente du train, une petite fille habillée en bleu, blanc, rouge a tendu au Maréchal le traditionnel bouquet tricolore tandis que toutes les cloches de la ville se mettaient à sonner. Arrivé hier, Pétain a eu deux journées chargées : prestation de serment de la Légion, défilés militaires, visite du port et de l'hôpital de Montalivet, discours à l'hôtel de ville. Partout, la foule en délire était massée sur son parcours, et Pétain n'hésitait pas à descendre de voiture pour serrer inlassablement des mains. « Qu'il est beau ! s'est exclamée avec émotion une vieille Provençale. C'est dommage qu'il ne reste pas à Marseille ! »

Le Maréchal, appuyé par l'Eglise.

L'édition française saura-t-elle sauvegarder son âme ?

France, 1er décembre
La Nouvelle Revue française, qui avait cessé son activité en juin, reparaît à partir d'aujourd'hui sous la protection d'Otto Abetz. La direction en a été confiée à l'écrivain Pierre Drieu La Rochelle. La collaboration est une bonne affaire pour les intellectuels qu'elle ne répugne pas, car l'occupant, très soucieux de s'assurer le concours de l'intelligentsia parisienne, dispense de généreux subsides à ceux qui acceptent de servir sa propagande. D'une manière générale, les éditeurs français n'ont pas trop à se plaindre : après avoir presque tous fermé leurs portes au moment de l'exode, ils les ont rouvertes les uns après les autres. Les Allemands exercent sur eux un contrôle qu'ils cherchent à rendre discret. Parmi les maisons d'édition qui ont les meilleures relations avec l'occupant figurent Denoël et Sorlot. Le cas de Hachette est plus complexe, puisque les Allemands ont pratiquement réquisitionné les puissantes Messageries Hachette. Il est question que seul le secteur librairie de cet éditeur reste français.

Pierre Drieu La Rochelle.

1940

Décembre

Di	Lu	Ma	Me	Je	Ve	Sa
1	2	3	4	5	6	7
8	9	10	11	12	13	14
15	16	17	18	19	20	21
22	23	24	25	26	27	28
29	30	31				

8. Berlin : Hitler apprend le refus de Franco d'autoriser une opération de la Wehrmacht contre Gibraltar (→ 10).

8. Italie : l'amiral Cavagnari, chef de la marine, démissionne.

8. Londres : la Chambre des communes et la tour de Londres sont touchées lors d'un raid de la Luftwaffe.

8. Albanie : l'armée grecque prend Delvina et Gjirokastër. Les Italiens font retraite vers Himara (→ 20).

9. Libye : l'armée du général Wavell commence l'opération *Compass*, attaque-surprise vers Sidi-Barrani, et fait onze cents prisonniers italiens (→ 11).

10. Berlin : Hitler lance sa directive nº 19, l'opération *Attila*, qui prévoit l'occupation de la zone libre par la Wehrmacht. L'opération *Felix*, l'attaque de Gibraltar, est annulée.→

10. Grèce : l'amiral Canaris, chef de l'Abwehr, propose la paix à la Grèce. En cas de refus, l'offensive allemande sera décidée.

11. Libye : la Royal Navy bombarde Sollum.

12. Grande-Bretagne : raids nocturnes de la Luftwaffe sur la ville de Sheffield.

12. Belgrade : afin d'améliorer ses relations avec l'Allemagne, la Yougoslavie signe un traité d'amitié avec la Hongrie.

13. Libye : des bombardiers de la RAF endommagent les bases italiennes de Derna et de Bardia (→ 2.1.1941).

13. France : en zone occupée, rafles par les Allemands d'ouvriers « volontaires » pour travailler dans le Reich.

13. Vichy : Pétain démissionne Laval et le fait arrêter (→ 14).

13. Amiens : le tracé de la limite entre la zone occupée et la zone interdite est modifié. Toute la ville est désormais en zone occupée.

14. Méditerranée : un sous-marin italien est coulé au large de Bardia par des destroyers britanniques. Des Swordfish de l'aéronavale basés à Malte bombardent Tripoli.

Victoire britannique dans le désert

Sidi-Barrani, 11 décembre
Au lever du soleil rouge sanglant sur le désert, des soldats écossais surgissent de la chaîne de montagnes surplombant la ville avant de se lancer à l'assaut des ruines. Au bout d'une heure de corps à corps, les Italiens commencent à se rendre. La première phase de l'assaut mis au point par le général de division O'Connor est terminée. Le problème qui se pose maintenant aux Britanniques, c'est de garder plus de 15 000 prisonniers.
La victoire déterminante remonte à deux jours quand, usant de la ruse et de l'effet de surprise, le général britannique a lancé ses chars sur le fort italien de Nibeiwa. Deux jours durant, hommes et chars ont progressé de nuit, guidés par les lueurs du fort pour emprunter les pistes accidentées du désert. Le jour, les 30 000 hommes et les engins restaient complètement immobiles et, pour éviter la réverbération du soleil, les pare-brise des véhicules étaient rabattus. Les positions défensives italiennes orientées vers l'est, l'attaque se fit par l'ouest. Les défenseurs du fort préparaient le petit déjeuner lorsque l'assaut fut déclenché. Ils virent alors des troupes britanniques et indiennes marcher sur eux, appuyées par des blindés. Deux autres forts se rendront plus tard (→ 17).

Un soldat britannique inspecte le contenu des poches d'un prisonnier italien.

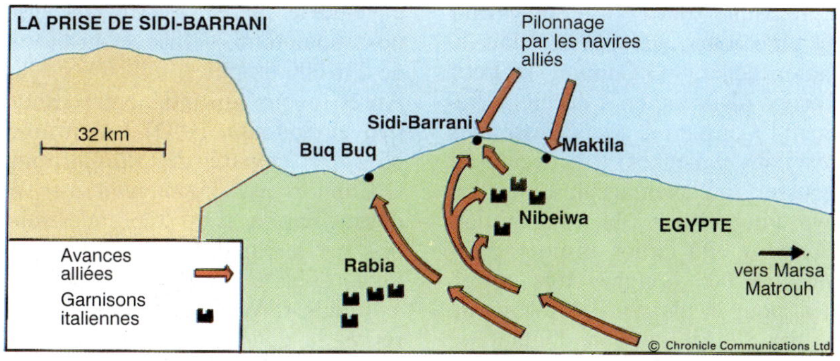

Hitler envoie de nouvelles divisions dans les Balkans

Berlin, 13 décembre
Hitler vient d'ordonner une concentration de ses troupes dans le sud de la Roumanie pour déclencher l'opération *Marita*. Celle-ci prévoit l'occupation de Thessalonique et, si nécessaire, de toute la Grèce continentale. Vingt-quatre divisions, dont la 16ᵉ division Panzer, seront affectées à cette opération. Elles traverseront la Bulgarie dès que le temps sera favorable. Hitler a assuré à ses généraux qu'ils pouvaient compter sur le soutien des Bulgares. Il paraît préoccupé par l'échec de Mussolini en Albanie, et craint que la Grande-Bretagne n'établisse une base aérienne dans les Balkans pour attaquer les gisements de pétrole italiens et roumains. Ce rassemblement de troupes se fait discrètement, pour que Hitler puisse, comme à son habitude, dissimuler ses intentions. L'arrivée de la force d'invasion en Roumanie sera présentée comme un « renforcement de la mission militaire ». Les ordres ne mentionnent rien en ce qui concerne la Russie. Mais les Russes ne manqueront pas de constater que la conséquence de l'opération *Marita* est de protéger le flanc sud de l'Allemagne en cas de guerre avec la Russie.

Le maréchal Pétain démissionne son dauphin Pierre Laval

Vichy, 14 décembre
« Je n'ai pas confiance en vous. Vous êtes impopulaire et, chaque fois que vous allez à Paris, je ne sais quelle tuile va me tomber sur la tête. » C'est hier en plein Conseil des ministres que le maréchal Pétain a annoncé à Pierre Laval son limogeage. Depuis, le vice-président du Conseil est gardé à vue dans sa résidence de Châteldon par une escouade des Groupes de protection du colonel Groussard. A Vichy, on s'attend maintenant à un autre bras de fer, beaucoup plus sérieux, avec les Allemands qui voient leur homme de confiance éliminé.
Comment en est-on arrivé là ? Tout d'abord, le maréchal Pétain, malgré Montoire, n'a rien obtenu de Hitler. Si l'idée de collaboration ne comportait pas d'engagement de sa part, il en allait autrement pour Laval. En un mois, celui-ci a obligé la Compagnie française des mines de Bor en Yougoslavie à vendre ses actions aux Allemands, puis il a accepté de faire revenir en Belgique, à la demande du Reich, les 200 tonnes d'or confiées par le gouvernement belge à la France, toujours sans contrepartie. Enfin, le 10 décembre, au cours d'une réunion avec des généraux allemands, il envisageait une action militaire contre l'AEF gaulliste. Londres faisait immédiatement savoir qu'une action contre le Tchad entraînerait des hostilités immédiates entre l'Angleterre et la France. Or, pour Pétain, la France trop affaiblie ne peut rentrer dans le conflit. Il devenait dès lors urgent d'éliminer Laval.

Laval, l'ex-dauphin du Maréchal, est tombé en disgrâce.

Les plans hitlériens pour l'an prochain

Berlin, 10 décembre
Hitler a signé sa directive nº 19, qui précise les détails du plan *Attila*, c'est-à-dire d'une éventuelle invasion de la zone libre française par la Wehrmacht, au cas où les colonies françaises d'Afrique du Nord décideraient de se démarquer de la métropole. La prise de Libreville le 10 novembre donne à cet égard quelques inquiétudes au Führer. Le plan *Attila* doit, bien sûr, rester ultrasecret, comme tous ceux auxquels le Führer met en ce moment la dernière main. Parmi ceux-ci : le plan *Marita*, qui prévoit l'invasion de la Grèce par la Bulgarie, et l'opération *Barbarossa*, qui déclenchera les manœuvres pour l'invasion de l'Union soviétique.

1940

Décembre

Di	Lu	Ma	Me	Je	Ve	Sa
1	2	3	4	5	6	7
8	9	10	11	12	13	14
15	16	17	18	19	20	21
22	23	24	25	26	27	28
29	30	31				

15. Italie : déploiement du 10e corps aérien allemand en Sicile (→ 1.1.1941).

15. Paris : premier numéro de *Résistance*, journal du groupe du Musée de l'Homme (→ 11.2.1941).

17. Vichy : Otto Abetz, ambassadeur du Reich, obtient de Pétain la libération de Laval, qu'il emmène à Paris protégé par la Wehrmacht. →

17. Washington : Roosevelt annonce la loi prêt-bail. « Nous ferons tout pour aider l'Empire britannique à se défendre lui-même. » (→ 19)

18. Berlin : Hitler signe sa directive n° 21 pour l'opération *Barbarossa* contre l'URSS. Les préparatifs doivent être achevés le 15 mai 1941.

18. Paris : Fernand de Brinon devient délégué général du gouvernement de Vichy.

18. Londres : Churchill écrit à Wavell : « Demande et il te sera donné » (Matthieu, VII, 7).

19. Egypte : Wavell répond à Churchill en demandant plus d'avions : « Chaque cadeau bon et parfait vient du ciel » (Jacques, I, 17) (→ 22).

19. Finlande : Risto Ryti remplace Kyösti Kallio à la présidence de la République.

19. Allemagne : violents bombardements de la RAF sur Mannheim et Mayence.

20. Belgique : création par Camille Joset d'un groupe de résistance, le Mouvement national belge.

20. Albanie : les Grecs commencent un bombardement intensif sur Klisura (→ 23).

20. Bulgarie : lois frappant les Juifs et les francs-maçons.

21. Suisse : le Conseil fédéral refuse de nouer des relations diplomatiques avec l'URSS.

21. Berlin : l'Allemagne considère la position pro-britannique des Etats-Unis comme « une insulte, une provocation et une agression morale ».

21. Norvège : le ministre de la Justice préfère démissionner plutôt qu'administrer la justice sous contrôle de l'occupant.

Revers italiens en Afrique du Nord

La monture des forces égyptiennes du Camel Corps est adaptée au désert.

Bardia, Libye, 17 décembre
L'offensive britannique, qui se déroule actuellement dans le désert de Cyrénaïque, devait être un « raid de cinq jours, pas plus ». Mais le major général O'Connor, le Petit Terrier irlandais, en a décidé autrement. Constatant la faiblesse des réactions italiennes, il a décidé de pousser son avantage jusqu'en Libye. Pour mener à bien l'opération *Compass*, O'Connor dispose d'environ 35 000 hommes très entraînés, pour la plupart des soldats de métier : la 4e division d'infanterie indienne, la 7e division blindée britannique et une force mobile, la force Selby, du nom du général qui la commande. Des effectifs très inférieurs à ceux de ses adversaires, puisque le maréchal Graziani dispose pour toute l'Afrique du Nord de 236 000 hommes.
Après avoir anéanti, entre Buqbuq et Solloum, la DI Catanzaro, et s'être emparé de Sidi-Barrani, O'Connor est maintenant arrivé devant Bardia. Il est le premier surpris par la rapidité de son avance, qu'il souhaite maintenant exploiter à fond. Or, Wavell a décidé de lui retirer la division indienne, qui ne sera remplacée par une unité australienne que d'ici à quinze jours.

Le nouveau film de Pagnol sort à Lyon

Lyon, 20 décembre
Poncifs et bons sentiments triomphent sur fond de *Travail, Famille, Patrie* dans le nouveau film de Marcel Pagnol, *la Fille du puisatier*. Tout y est : la famille pauvre, la fille séduite, l'ouvrier au cœur pur, le père généreux, dans cette version rurale de *Roméo et Juliette* relevée d'aïoli. Le public lui réserve déjà un accueil triomphal. Seul le talent des acteurs sauve de la médiocrité ce film dans lequel Pagnol fait preuve d'un pétainisme certain. Dans la scène finale, tous les cœurs de la France de Vichy battent à l'unisson quand les deux familles ennemies se réconcilient autour du poste de radio qui diffuse le discours prononcé par Pétain le 17 juin.

Fernandel amoureux de Josette Day

Le retour à Paris des cendres de l'Aiglon

Paris, 15 décembre
« On leur demandait du charbon, ils nous envoient des cendres. » Le retour des cendres de l'Aiglon, décidé personnellement par Hitler, n'a ni amadoué les Parisiens ni modifié leur attitude vis-à-vis des Allemands. De plus, en raison de la crise ouverte par le renvoi de Pierre Laval du gouvernement, le maréchal Pétain a fait savoir, de Vichy, qu'il n'assisterait pas aux cérémonies. De ce fait, la grandiose manifestation, qui devait sceller une réconciliation franco-allemande, a eu lieu en catimini. Le cortège, venant de la gare de l'Est, a traversé de nuit un Paris désert pour arriver à l'hôtel des Invalides, où l'attendait la garde républicaine.

L'événement est relaté dans la revue « Signal », éditée par les Allemands.

Un article hors de prix : les avions

Washington, 19 décembre
A cinq heures ce matin, la Britis[h] Purchasing Commission a termin[é] sa liste de commandes de guerre. [Il] y en a pour 750 millions de do[l]lars. Cette liste a été dressée sur l[a] demande de Roosevelt. Toutefois aucun contrat ne sera signé tant qu[e] le Congrès n'aura pas été consulté. D'après le ministre des Finance[s] Henry Morgenthau, le premie[r] contrat à exécuter en douze mo[is] porte sur 60 cargos. Le plus gr[os] poste s'élève à 300 millions de livre[s] et concerne 12 000 avions. Londre[s] achètera aussi pour 425 millions [de] livres de canons, chars et autre m[a]tériel de guerre (→ 30).

1940

Décembre

Di	Lu	Ma	Me	Je	Ve	Sa
1	2	3	4	5	6	7
8	9	10	11	12	13	14
15	16	17	18	19	20	21
22	23	24	25	26	27	28
29	30	31				

22. Libye : 15 Swordfish du porte-avions *HMS Illustrious* bombardent Tripoli.

23. Chine : Tchang Kaï-chek interdit toutes les organisations communistes sur son territoire.

23. Londres : remaniement ministériel. Anthony Eden devient ministre des Affaires étrangères. Il remplace lord Halifax, nommé ambassadeur à Washington.→

23. Albanie : les avant-gardes grecques prennent la ville de Himarë.

24. France : à Abbeville, discours de Hitler à ses pilotes de chasse. Il leur dit que les succès des U-Boote et la neutralisation de l'URSS rendent la victoire certaine.

24. France : le commandant d'Estienne d'Orves, du 2e Bureau de la France libre, débarque à Plogoff, établit sa première liaison radio avec Londres, et part aussitôt pour Paris (→ 22.1.1941).

25. Atlantique : le croiseur allemand *Admiral Hipper* est endommagé par les croiseurs britanniques *Bonadventure* et *Berwick*, escortant un convoi.

25. France : près de Beauvais, Hitler reçoit l'amiral Darlan, qui déclare que le renvoi de Laval ne doit pas nuire à la politique de collaboration.

25. Italie : Mussolini demande l'aide de l'Allemagne dans le conflit en Albanie (→ 3.1.1941).

26. Vichy : le gouvernement remet à la Gestapo l'industriel antinazi Fritz Thyssen.

26. Albanie : les troupes grecques déclenchent une nouvelle offensive au nord de Pogradec.

27. Pacifique : le corsaire allemand *Komet*, naviguant sous pavillon japonais, bombarde les mines de phosphate du protectorat australien de Nauru.

29. Londres : une importante attaque de la Luftwaffe déclenche de sérieux incendies (→ 30).

31. Allemagne : Hitler écrit à Franco. Le Führer est désolé que le Caudillo ait décidé de ne pas rejoindre l'Axe.

Otto Abetz obtient la libération de Pierre Laval

Vichy, 17 décembre
Pierre Laval, victime le 13 d'une « révolution de palais », est libre. C'est l'ambassadeur d'Allemagne, Otto Abetz, arrivé à Vichy avec des SS en armes, qui a exigé ce matin du Maréchal qu'il fasse immédiatement libérer Pierre Laval. Le Maréchal a dû s'incliner, mais il a refusé de le réintégrer dans le gouvernement. En attendant la formation d'un nouveau cabinet, l'intérim est donc assuré par le nouveau ministre des Affaires étrangères, Pierre-Etienne Flandin. Le chancelier du Reich et son ambassadeur avaient ressenti le limogeage de Laval comme un camouflet. Ce qui explique la rapidité de leur réaction et montre aussi les limites de la souveraineté de Vichy. On y avait oublié un peu vite que les armées allemandes existent et que le gouvernement français se trouve, depuis la signature de l'armistice, dans la position d'un débiteur face à un créancier. Les seuls atouts du maréchal Pétain sont l'Afrique du Nord, que dirige le général Weygand, et la flotte aux ordres de l'amiral Darlan. L'Allemagne connaît les sentiments antiallemands du premier et redoute sa dissidence. Quant à l'amiral Darlan, il doit rencontrer Adolf Hitler dans huit jours. Que se diront-ils ? (→ 25)

Les travailleurs britanniques sont appelés à se lever tôt. Le réveil indique l'heure : 4 h 45.

Anthony Eden aux Affaires étrangères

Le ministre accueille de jeunes recrues arrivées du Canada et de Terre-Neuve.

Grande-Bretagne, 23 décembre
Anthony Eden retrouve son ancien portefeuille. Il avait démissionné des Affaires étrangères en 1936 pour protester contre la hâte du gouvernement Chamberlain à accepter l'annexion de l'Ethiopie par l'Italie. Sa nomination fait donc partie d'un remaniement ministériel. Lord Halifax quitte le Foreign Office pour l'ambassade à Washington, Anthony Eden quitte le ministère de la Guerre. Aux côtés de Churchill, il fut l'un des principaux adversaires de la « politique de Munich ». Ils ont subi les mêmes assauts pour se rallier à la ligne du parti. Margesson, chef de file des gouvernements Baldwin et Chamberlain, remplace Eden. Le Premier ministre compense ainsi la promotion d'un vieil ami par celle d'un vieil ennemi. Il est vrai que Margesson a autrefois été mêlé à une tentative visant à déloger Churchill et Eden de leurs circonscriptions.

Le premier fusillé de la capitale

Paris, 23 décembre
Jacques Bonsergent a été fusillé à l'aube. Arrêté le 10 novembre à la place d'un de ses amis qui avait frappé un soldat allemand, le jeune ingénieur n'en a pas moins été jugé seul responsable de l'incident par la cour martiale allemande qui l'a condamné à mort le 5 décembre. Sitôt posées ce matin, les affiches annonçant son exécution ont été lacérées. Il a fallu les faire garder par des agents qui n'ont pu empêcher les Parisiens de venir déposer un amoncellement de bouquets au pied de chaque affiche, en hommage à la première victime parisienne de l'occupation allemande.

Les Français font feu de tout bois

France, décembre
L'hiver s'annonce rude. Le bois est introuvable, et le charbon sévèrement rationné. Il faut se résigner à ne chauffer qu'une pièce par appartement. Les journaux sont remplis de conseils : cosses de haricot, coquilles de noix, copeaux, boulets de papier ou de sciure, poussière de charbon ramassée dans la cave, tout est bon pour faire une petite flambée. Dans la journée, les citadins marchent beaucoup ou passent de longues heures dans les lieux publics chauffés. Jamais les cinémas, les bureaux de poste ou la fauverie du jardin zoologique n'ont connu une telle affluence. ▷

Des bombes incendiaires anéantissent la City

Londres, 30 décembre
Même le grand incendie de Londres en 1666 n'avait pas fait autant de dégâts. Le bombardement, qui a frappé la capitale britannique dans la nuit de samedi à dimanche, est l'un des plus violents jamais subis. C'est essentiellement la City, le cœur historique de Londres, qui a été touchée. Beaucoup de vieilles demeures et de monuments parmi les plus précieux ont été anéantis ce week-end. L'événement est déjà intégré par les Londoniens dans leur histoire : ils en parlent comme de « la nuit où *ils* ont essayé de brûler la City ». Après l'attaque, on a appris que 136 avions avaient lâché 22 000 bombes incendiaires sur la capitale. Ce sont les Luftflotte 2 et 3 qui ont opéré. Le brasier provoqué par ce bombardement a dévasté huit églises de Wren, ainsi que le tribunal Old Bailey et trois hôpitaux. Guildhall, le siège du gouvernement de la City, n'est plus qu'un amas de ruines. Les bureaux du *Daily Telegraph*, dans Fleet Street, ont subi de sérieux dommages. Outre les bombes incendiaires, les Luftflotte 2 et 3 ont lâché 127 tonnes d'explosif. L'ennemi a frappé entre 18 h et 21 h 30, de façon à être de retour à ses bases avant l'arrivée du mauvais temps. Il est plus facile d'identifier les monuments encore debout que ceux qui ont été sévèrement touchés. St. Paul se dresse fièrement audessus des décombres des bâtiments voisins. Dans la cathédrale, des cierges de Noël brûlent toujours. Malgré les affirmations de la radio allemande, Mansion House et la Banque d'Angleterre sont intactes. En revanche, St. Bride est rasée, ses cloches, dont l'une pesait une tonne et demie, sont brisées, et les statues de Gog et Magog, les sentinelles de Guildhall, sont pulvérisées. Girdlers' Hall, qui datait du XVIe siècle, n'existe plus, de même que St. Lawrence Jewry, qui abritait les sculptures de Gibbons. Le pasteur de St. Andrew by the Wardrobe, le révérend Sankey, a pu sauver des vêtements sacerdotaux anciens, et un registre paroissial qui remonte à 1566. Vingt mille pompiers ont lutté contre l'incendie. On dénombre beaucoup de morts et de blessés, mais les Londoniens conservent un moral de vainqueurs.

La nuit où les bombardiers allemands ont tenté de détruire la ville, seul le dôme de St. Paul émergeait de la fumée.

De la statue de la Justice à St.Paul, ce ne sont que ruines et immeubles éventrés par les attaques allemandes.

Les USA, arsenal de la démocratie ?

Washington, 30 décembre
Au cours d'une « conversation au coin du feu » à la TSF, le Président a lancé hier un appel à son pays pour que celui-ci devienne « l'arsenal de la démocratie ». Il a déclaré ouvertement aux Américains que les Etats-Unis risquent beaucoup moins d'entrer en guerre s'ils font tout ce qui est en leur pouvoir maintenant pour aider les nations à se défendre contre l'Axe, que s'ils admettent leur défaite. Dans une conférence de presse il y a neuf jours, Roosevelt avait usé d'une métaphore sans prétentions pour expliquer la loi prêt-bail. Si la maison de votre voisin brûle, a-t-il dit, et que celui-ci veuille emprunter votre tuyau d'arrosage, vous ne lui demanderez rien, si ce n'est de vous le rapporter.

Il semble que la campagne menée par le Président pour avertir ses concitoyens du risque de guerre porte ses fruits. Sa dernière conversation au coin du feu est la plus réussie de toutes. Selon un sondage, plus des trois quarts de la population sont au courant de ces déclarations et 60 % des Américains les approuvent.

Tout cela vient confirmer que l'attitude des Américains face à la guerre a radicalement changé au cours de cette année. Un sondage publié dans le magazine *Fortune* révèle par exemple qu'il y a un an les hommes d'affaires américains compatissaient peu avec la France et la Grande-Bretagne. Désormais, la majorité d'entre eux est déterminée à faire tout ce qu'il faut pour aider Londres à vaincre Hitler. Toutefois, ils espèrent encore ne pas avoir à se battre.

Soutenir plutôt qu'intervenir.

Le Président a reçu dernièrement un télégramme de 150 personnalités lui demandant d'adopter une véritable politique pour mettre en œuvre les moyens nécessaires à la défaite des puissances de l'Axe. Parmi les signataires, on trouve le nom de Hamilton Fish, un républicain conservateur membre du Congrès. Tout récemment, il était encore président de l'Isolationist Group. La belle-mère de Charles Lindbergh a aussi apposé sa signature. Personne ici ne souhaite plus la victoire de l'Axe. Peu à peu, la neutralité fait place à une sympathie affirmée pour la cause des Alliés.

Les présentateurs à la une des ondes

Les présentateurs d'actualités sont les nouvelles stars de la BBC. Auparavant, les informations étaient présentées par d'illustres inconnus. Désormais, on peut entendre les speakers annoncer leurs propres noms à la radio : « Voici le journal, présenté par Alvar Lidell. » Stuart Hibberd, Frank Phillips, Joseph MacLeod, Bruce Belfrage : tous ces noms sont devenus familiers aux Britanniques, qui les entendent six fois par jour. Le 15 octobre, les titres de l'actualité de 9 h, présentés par Bruce Belfrage, ont été suivis par une détonation, puis une voix a demandé : « Ça va ? » Une bombe à retardement venait d'exploser dans les studios, au cinquième étage, causant la mort de sept personnes. Néanmoins, Belfrage a continué à lire son texte sans commettre la moindre erreur.

Le 8 décembre, une mine a gravement endommagé le bâtiment du European Service, qui émet sur la Norvège, le Danemark, les Pays-Bas et la Belgique occupés. Il a fallu évacuer la station. Les grands moments de cette année, où la TSF a aidé à souder la nation, ont été les émissions *Finest Hour*, de Churchill, et *Postscripts*, de J. B. Priestley. C'est aussi cette année qu'ont débuté *Kitchen Front*, souvent interprété par Elsie et Doris Waters, et *Music While You Work* qui divertit les ouvriers à l'usine. Au début de l'année, les auditeurs ont élu leur interprète favorite : ce n'est pas Judy Garland, mais la fille d'un plombier d'East Ham : Vera Lynn. Elle a chanté avec l'orchestre Ambrose. Elle interprète en particulier *Faithful For Ever* et *We'll Meet Again*, sorti l'an dernier. Curieusement, la chanson préférée des Londoniens pendant le Blitz s'intitule *A Nightingale Sang in Berkeley Square*. Parmi les films de l'année, on retiendra surtout ceux qui invitent au rêve : *le Magicien d'Oz*, ou *Pinocchio* de Walt Disney, puis le *Sherlock Holmes* hollywoodien, interprété par le maigre Basil Rathbone, et *Rebecca*, sombre roman de Daphné Du Maurier filmé par Hitchcock.

La célèbre chanteuse Vera Lynn.

Laurence Olivier et Joan Fontaine dans « Rebecca », d'Alfred Hitchcock.

Cadeaux de Noël au marché noir

Allemagne, 24 décembre
Les habitants du Reich auront droit à un petit extra pour les fêtes : 750 grammes supplémentaires de riz et de légumes, et un peu plus de 500 grammes de sucre, confiture et café. Toutefois, cela n'a pas empêché de faire exploser la demande en denrées et en cadeaux sur le marché noir. Selon un rapport confidentiel des SS de Dortmund, « la chasse au gibier et à la volaille a commencé depuis quelque temps et les produits atteignent des prix exorbitants ». L'oie, par exemple, vaut 10 Reichsmarks la livre.

Le retour au sein de la mère patrie

Allemagne, 31 décembre
Ce ne sont pas moins de 200 000 ressortissants allemands qui seront rapatriés dans le Reich au terme d'accords qui devraient être signés entre l'Allemagne et les pays où vivent de fortes communautés germanophones. L'URSS a accepté le transfert de 50 000 Allemands des Etats baltes. La Roumanie et la Bulgarie rapatrieront aussi leurs ressortissants allemands. Mais, jusqu'ici, il a été plus facile de signer des accords que de résoudre les problèmes matériels que pose l'immigration de tant de personnes.

“ Dévastation, 1941 : une rue de l’East End ” (détail) par Graham Sutherland.

1941

1941

Janvier

Di	Lu	Ma	Me	Je	Ve	Sa
			1	2	3	4
5	6	7	8	9	10	11
12	13	14	15	16	17	18
19	20	21	22	23	24	25
26	27	28	29	30	31	

1er. Belgique : Léon Degrelle, chef du mouvement rexiste, lance un appel à la collaboration avec l'Allemagne.

1er. Allemagne : 95 avions de la RAF font un raid nocturne sur Brême. Ils bombardent les chantiers navals et les usines aéronautiques Focke-Wulf.

1er. Méditerranée : la RAF a 15 Hurricane pour défendre Malte. En Sicile, la Luftwaffe a déployé 96 bombardiers et 25 chasseurs (→ 10).

1er. Londres : le général de Gaulle demande aux Français de manifester silencieusement en restant chez eux entre 15 h et 16 h.→

1er. Vienne : Ribbentrop rencontre le président du Conseil bulgare, Bogdan Filov. Ils règlent les modalités du passage de la Wehrmacht à travers la Bulgarie (→ 8.2).

2. France : la ration de pain est réduite à 300 g par jour.

2. France : en zone occupée, les Allemands interdisent la Légion des combattants.

2. Méditerranée : les *HMS Terror*, *Aphis* et *Ladybird* bombardent le port de Bardia pour préparer un assaut.

3. Libye : dès le premier jour de l'attaque de Bardia par les Australiens, trente mille Italiens sont faits prisonniers (→ 4).

3. Vichy : démission de Paul Baudouin, secrétaire d'Etat.

3. Dublin : Eamon De Valera, Premier ministre irlandais, adresse une protestation à l'Allemagne. La Luftwaffe a bombardé trois fois l'Irlande en vingt-quatre heures.

3. Suisse : le Conseil fédéral vote un impôt spécial pour faits de guerre, qui sera payé par les émigrants, très nombreux.

3. Albanie : les premières unités de la Luftwaffe arrivent pour soutenir les Italiens.

4. Albanie : nouvelle offensive des forces grecques vers Berat, Valona et Këlcyrë (→ 10).

4. France : Le *Journal officiel de la République française* devient celui de l'Etat français.

Les Australiens prennent Bardia

Les troupes australiennes donnent l'assaut au port stratégique de Bardia.

Libye, 4 janvier

Pour son premier fait d'armes, la 6e division australienne a choisi de frapper très fort. Cette unité a quasiment achevé la réduction des forces italiennes qui défendaient le camp de Bardia. Investi dès le 17 décembre, Bardia avait été surnommé le « bastion du fascisme » par Mussolini. Ses fortifications s'étirent sur un périmètre de 38 km et sont défendues par le 23e CA italien, commandé par le général Annibale Bergonzoli, surnommé Barbe électrique par ses hommes en raison de la longueur de sa barbe. Hier, les troupes de la 6e division ont pris l'ennemi par surprise. L'assaut, précédé de sévères raids aériens de la RAF et d'un bombardement depuis la mer, a commencé à 5 h 30. Sous le feu des Italiens, les soldats du génie ont aménagé à l'explosif deux passages dans les réseaux de barbelés ennemis et comblé les fossés antichars. Les blindés ont pu ainsi faire une profonde percée dans la ligne fortifiée.

Ensuite, chantant et hurlant à gorge déployée, les fantassins australiens ont attaqué les postes de défense italiens. En certains endroits, les Italiens ont opposé une vive résistance ; ailleurs, les soldats de Bergonzoli se sont rendus sans avoir vraiment combattu. Ce soir, les Australiens sont parvenus à la mer, coupant en deux la garnison italienne. Le nettoyage du camp n'est plus qu'une question d'heures. Désormais, les Anglais menacent toute la Cyrénaïque. (→ 5)

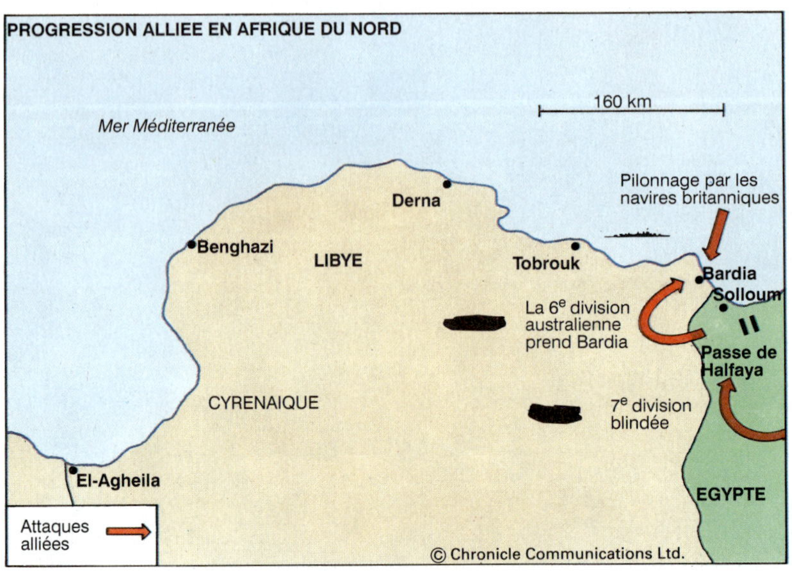

« Radio Paris est allemand ! »

Paris, janvier

« Radio Paris ment, Radio Paris est allemand ! » scande la BBC. L'occupant, qui connaît la valeur de la propagande radiophonique, s'est en effet emparé l'été dernier de cinq stations existantes pour en faire le poste unique de Radio Paris, qu'il a placé sous le contrôle de l'ex-directeur de Radio Stuttgart, Bofinger. Depuis l'automne, une équipe de journalistes, recrutés au sein de l'extrême droite, a été engagée et la programmation prend une tournure résolument proallemande. Désormais, les émissions politiques se multiplient. Depuis le début du mois, cinq bulletins d'information sont diffusés quotidiennement, alternant avec les émissions de variétés qui font le succès de cette radio. D'autres émissions plus spécialisées, intellectuelles, artistiques ou politiques, sont programmées certains jours de la semaine. Elles font aussi souvent que possible appel à des personnalités françaises bien connues, afin de mieux les compromettre auprès de l'opinion publique.

Succès de l'« heure d'espérance »

France, 1er janvier

Entre 15 h et 16 h, l'« heure d'espérance » demandée par le général de Gaulle a été largement observée en France, surtout en France occupée. A trois heures moins cinq, les rues se sont brusquement vidées et le silence a régné. Calfeutrés chez eux, les gens faisaient signe aux promeneurs attardés de se hâter de rentrer. A Paris, la consigne de la BBC a été particulièrement suivie malgré les distributions gratuites de pommes de terre que les Allemands avaient organisées précisément à cette heure-là dans divers quartiers. Il est vrai que de Gaulle avait bien choisi son jour et son heure pour proposer aux Français cette sorte de plébiscite. Les déjeuners familiaux du jour de l'an, l'heure de la digestion et de la sieste, et le froid qui règne aujourd'hui partout en France ont probablement favorisé ce bel élan de paresse et de patriotisme.

Roosevelt veut lancer 200 cargos

Washington, 3 janvier
Lors de sa conférence de presse, le président Roosevelt a annoncé un programme pour la construction de deux cents cargos dans l'année, afin de remplacer les pertes de la guerre navale. En effet, ce programme, qui s'élève à 87,5 millions de livres, prévoit une pénurie mondiale de navires après la guerre. Le manque d'esthétique de ces bateaux sera compensé par une construction rapide à moindres frais.
Roosevelt a ajouté qu'il allait prochainement envoyer son conseiller privé, Harry Hopkins, à Londres pour le représenter personnellement jusqu'à la nomination du prochain ambassadeur américain qui succédera à Joseph Kennedy.
Assistant social avant de devenir ministre du Commerce, Hopkins est un joueur de polo invétéré. Ce quinquagénaire est tellement proche du président Roosevelt qu'il vit à la Maison Blanche depuis un an. Sa prochaine mission à Londres témoigne du grand souci de Roosevelt de maintenir d'étroites relations avec la Grande-Bretagne.

4 janvier : d'origine allemande et l'une des plus grandes stars de Hollywood, Marlene Dietrich est aujourd'hui devenue citoyenne américaine.

1941

Janvier

Di	Lu	Ma	Me	Je	Ve	Sa
			1	2	3	4
5	6	7	8	9	10	11
12	13	14	15	16	17	18
19	20	21	22	23	24	25
26	27	28	29	30	31	

5. Chine : une importante force nationaliste du Kuo-min-tang attaque les troupes de la nouvelle 4ᵉ armée communiste (→ 17).

5. Libye : la garnison italienne de Bardia, 45 000 hommes, se rend. Les Britanniques s'emparent de 462 canons, 129 chars et plus de 700 camions.

6. Gibraltar : un convoi protégé par la force H et transportant des fournitures vitales part pour Malte et la Grèce.

7. Libye : les Britanniques prennent l'aéroport de Tobrouk.→

8. Washington : le budget de la défense annoncé pour 1942 est de 17 486 millions de dollars.

9. Méditerranée : trois escadrons de Hurricane et deux de Blenheim sont envoyés en Grèce pour renforcer la couverture aérienne.

9. Vichy : tous les hommes âgés de 20 ans doivent faire un stage de 8 mois dans les chantiers de jeunesse (→ 27).

10. Pays-Bas : les Juifs reçoivent l'ordre de se faire enregistrer par les autorités.

10. Albanie : les Grecs s'emparent de Këlcyrë (→ 13).

10. Méditerranée : au large de la Sicile, violentes attaques aériennes italo-allemandes sur le convoi parti de Gibraltar.→

10. Londres : Churchill insiste pour que l'assistance à la Grèce devienne la priorité après la prise de Tobrouk.

10. Moscou : signature d'un accord germano-soviétique, qui délimite les nouvelles frontières entre les deux pays et élargit les échanges commerciaux (→ 31).→

11. Grande-Bretagne : raid sur Portsmouth par 155 avions de la Luftwaffe. Ils lâchent 140 tonnes de bombes explosives et 50 000 bombes incendiaires.

11. Allemagne : directive de guerre nº 22 de Hitler. Il ordonne la création d'une formation blindée destinée à la Libye pour aider les Italiens.

11. Méditerranée : le croiseur *HMS Southampton* est coulé, après une attaque de Stuka.

Adieu à Amy Johnson

Amy Johnson, pilote auxiliaire.

Londres, 5 janvier
On déplore la disparition d'Amy Johnson, jeune femme pilote qui a marqué d'une pierre blanche l'histoire de l'aviation. Elle était devenue vedette il y a dix ans pour son vol en solitaire de 16 000 km à destination de l'Australie. Amy Johnson a péri lorsque l'avion qu'elle convoyait s'est écrasé dans l'estuaire de la Tamise. Aucun avion ennemi n'était en vue au moment de l'accident. Aussi pense-t-on que miss Johnson a perdu son cap dans de mauvaises conditions atmosphériques et qu'elle est tombée en panne de carburant. L'équipage du chalutier *Haslemere* l'a vue sauter en parachute. Malgré la forte houle, W. E. Fletcher, capitaine du bateau, s'est précipité à son secours. Epuisé et frigorifié, il n'a pu la secourir. Recueilli par ses hommes, il est mort d'épuisement à l'hôpital.
La famille d'Amy a appris la nouvelle par un coup de téléphone de l'ATA, le Service auxiliaire de transport pour lequel elle travaillait. L'ATA assure le convoyage des avions entre les ateliers de production et les escadrilles du front.
« Amy convoyait les avions depuis six mois, a déclaré sa mère. Elle était très fière de pouvoir rendre service à son pays de cette manière ; en fait, je ne l'ai jamais connue aussi gaie que durant ces derniers mois. »
Jim Mollison, l'ex-mari d'Amy Johnson, travaille aussi à l'ATA.

Pénurie de charbon en Allemagne

Allemagne, 11 janvier
L'hiver très rigoureux qui sévit sur la majeure partie de l'Europe n'épargne pas l'Allemagne. Et, en effet, les Allemands se plaignent des maigres rations de charbon qu'ils jugent insuffisantes pour le chauffage individuel. Or, la situation ne risque guère de s'améliorer. Les services de sécurité des SS publient régulièrement leur rapport au gouvernement du Reich sur la situation du pays et le moral de la population. Vraisemblablement, ils devront mentionner la forte pénurie de charbon dans les ménages et les petites entreprises du Reich. Une pénurie imputable surtout à la politique nazie qui favorise l'industrie de l'armement aux dépens de la population et des autres industries, car on n'a jamais autant produit de charbon en Allemagne. En outre, le Reich dispose du charbon extrait dans les pays occupés, en Pologne, en France et en Belgique.

Encore un pacte Moscou-Berlin

Moscou, 10 janvier
L'Allemagne et l'Union soviétique intensifient leur coopération économique. Le pacte qui vient d'être signé revêt une importance toute particulière pour la machine de guerre nazie. Il prévoit en effet que les Allemands seront ravitaillés par les Soviétiques en matières premières, produits pétroliers et denrées alimentaires.
Il s'agirait notamment de caoutchouc, de manganèse et de chrome. Or, suite au blocus britannique, l'Allemagne manque de ces matières premières indispensables à la fabrication des armes. De plus, les Allemands vont recevoir des produits pétroliers et des wagons entiers de blé d'Ukraine, surnommée le grenier de l'Europe.
En contrepartie, les Soviétiques recevront des machines-outils pour moderniser leurs usines. Selon le communiqué officiel soviétique, il s'agit là d'un grand pas en avant. ▷

Roosevelt proclame le principe des quatre libertés en soutien aux Alliés

Washington, 6 janvier
Le président Roosevelt vient de renouveler publiquement son engagement à faire des Etats-Unis l'arsenal de la démocratie. Il soutient toutes les nations qui combattent au nom de quatre principes : la liberté d'expression, la liberté de religion, la liberté d'être à l'abri du besoin, et enfin celle de n'avoir rien à redouter. De plus, il propose de fournir à la Grande-Bretagne des armes payables après la guerre plutôt que de lui octroyer un crédit.
Selon lui, la Grande-Bretagne et ses alliés ont plus besoin de milliards de dollars en armement que de soldats américains. Il a ajouté que les Alliés ne tarderont plus à manquer de liquidités. « Nous ne pouvons et nous ne saurions les prier de se rendre à cause de leur insolvabilité actuelle, ni les priver d'armes dont nous connaissons pertinemment l'utilité. » Aussi, il n'a pas demandé au Congrès d'octroyer aux Alliés des crédits qu'il aurait fallu honorer en dollars.
« Je vous invite à faire tout ce qui est possible pour continuer à approvisionner ces pays en matériel de guerre afin d'intégrer leurs besoins dans notre programme de production. » Le Président a précisé qu'il s'exprimait devant la nation à l'heure la plus dangereuse qu'aient connue les Etats-Unis jusqu'ici. « La démocratie, notre principe de vie, est aussi bien menacée directement par les armes que par le poison insidieux de la propagande. » Enfin, il a rappelé que la tactique utilisée par les Allemands en Norvège pour s'emparer des points stratégiques pourrait un jour s'appliquer aussi à l'Amérique.

Liberté d'expression et de croyance, protection contre le besoin et la peur.

Le « HMS Illustrious » est en flammes

Les bombes ont notamment endommagé le pont du porte-avions britannique.

Méditerranée, 10 janvier
Quelques minutes auront suffi à trente Stuka pour paralyser l'*Illustrious* après une attaque brillamment organisée. Bilan : un porte-avions en flammes qui ballotte désespérément, amputé de son gouvernail. Ainsi, la Luftwaffe vient de faire son entrée en Méditerranée en déployant le fameux 10ᵉ Fliegerkorps du général Geissler, une unité spécialement entraînée pour bombarder en piqué les navires.
Alors qu'il surveillait un convoi à destination de Malte sur le *Warspite* portant son pavillon, le vice-amiral Cunningham est surpris par deux bombardiers italiens attaquant l'*Illustrious* à la torpille. La chasse décolle du porte-avions, le privant de sa couverture aérienne. Or, il ne s'agit là que d'une diversion. Des Stuka formés en cercle et volant à 12 000 pieds piquent alors un à un sur l'*Illustrious* et le touchent six fois. En lui défonçant l'avant, une bombe a ouvert le pont d'envol comme une boîte de conserve. En proie aux flammes, l'*Illustrious* essaie de maintenir son cap sur Malte.

Disparition d'Henri Bergson

Paris, 5 janvier
Le philosophe Henri Bergson est mort d'une congestion pulmonaire à l'âge de 82 ans. Issu d'une famille de Juifs polonais, il se sentait depuis quelques années très proche du catholicisme, mais il n'avait pas voulu se convertir pour ne pas se désolidariser de son peuple à une heure où il voyait l'antisémitisme déferler sur le monde. Professeur au Collège de France de 1900 à 1914, ce philosophe spiritualiste a profondément influencé toute une génération d'étudiants, et la nouvelle de sa mort a été accueillie avec une grande émotion dans les milieux intellectuels.

Muselier accusé d'espionnage

Londres, 10 janvier
Un amiral des FFL vient de faire connaissance avec les geôles britanniques. Emile Muselier a été arrêté le 2 janvier. Antony Eden a informé de Gaulle, documents à l'appui, que l'amiral était en relation avec Vichy. De Gaulle n'en a rien cru. Faisant jouer la solidarité des amiraux, il a mis le premier lord de l'Amirauté de son côté. Les documents se sont révélés être des faux. De Gaulle s'est même offert le plaisir de démasquer les véritables traîtres. Il a donné vingt-quatre heures à Churchill pour libérer Muselier. Mais quel rôle a joué le MI5 dans cette affaire ?

Le Congrès délibère sur la loi prêt-bail

Washington, 10 janvier
Les amis politiques de Roosevelt incitent leurs collègues du Congrès à entériner la loi prêt-bail. Ce qui revient, en fait, à signer un chèque en blanc à l'ordre de l'Angleterre. La loi donnerait en effet au Président le pouvoir de prêter ou de louer à bail quasiment un arsenal à tout pays dont la défense serait jugée par lui vitale pour les Etats-Unis. Le coût prévisionnel de cette loi est estimé à 2,5 milliards de dollars. De plus, cette loi octroierait à Roosevelt de considérables pouvoirs. Il pourrait sur sa seule décision contrôler, inspecter, équiper ou remettre en état de marche tout matériel de guerre pour tout gouvernement menacé; vendre, transférer, échanger, louer, prêter, voire utiliser tout armement; communiquer à tout gouvernement menacé toute information relative à la défense. Parallèlement, Roosevelt a été investi des pouvoirs extraordinaires pour empêcher l'acheminement vers l'Axe du cuivre, du zinc, du nickel et de la potasse, matières premières indispensables à l'industrie de l'armement.
Le Président a refusé de citer un chiffre sur le coût exact du prêt-bail. Dans sa dernière conférence de presse, il a déclaré que, si les Etats-Unis voulaient vraiment sauver la démocratie, ils se devraient d'utiliser sans tarder tous les moyens qui sont à leur disposition sans toutefois enfreindre la loi. (→ 17)

La prise de Tobrouk serait imminente

Reddition de soldats italiens à Bardia : la route de Tobrouk est ouverte.

Afrique du Nord, 7 janvier
Rien ne peut empêcher la 7e division blindée britannique et la 16e BI australienne de prendre rapidement le port de Tobrouk. Bientôt, les Italiens seront chassés du nord de l'Afrique. La retraite de l'ennemi s'est transformée en déroute. Sur les pistes qui mènent à Tobrouk, on ne compte plus les Italiens démoralisés, avant tout désireux de se rendre comme leurs compagnons pris à Bardia. Pour aller plus vite, l'infanterie du général de division O'Connor s'est motorisée. Elle utilise les bus et les camions pris aux Italiens et fait la course avec les unités blindées le long du littoral. Sur les bus, les soldats anglais ont inscrit : « Benito's bus » ou encore « Rome next stop ». Dans cette euphorie, on trouve également des panneaux militaires inattendus : « Si tu aimes les spaghettis, continue, c'est tout droit ! » ou « Prochain arrêt : Tobrouk. » Dans le même temps, Churchill a proposé au général grec Metaxas l'aide des troupes britanniques. Malgré la réserve de Wavell, qui veut conserver le plus de troupes possible, Churchill a câblé à son commandant en chef : « Rien ne saurait empêcher la prise de Tobrouk. En fait, les opérations menées en Libye sont destinées à aider la Grèce. Veuillez agir promptement. » (→ 10)

L'amiral Leahy, ambassadeur à Vichy

Vichy, 8 janvier
On attendait Pershing, c'est finalement l'amiral William Daniel Leahy que le président Roosevelt a désigné pour représenter son pays en France. Cet ancien commandant en chef de la flotte des Etats-Unis, qui a pris sa retraite de gouverneur de Porto Rico, est l'homme de confiance de Roosevelt.
Le Maréchal est très sensible à ce choix. Hier, le nouvel ambassadeur a présenté copie de ses lettres de créance, et, aujourd'hui, le maréchal Pétain le recevait officiellement. Porteur d'un message personnel du Président au Maréchal, Leahy est chargé d'œuvrer en faveur d'un rapprochement franco-américain et de s'assurer des bonnes intentions de Vichy. Washington veut obtenir la certitude que la flotte française sera maintenue hors de l'emprise allemande et que la France ne basculera pas dans le camp de l'Axe. En outre, la question de l'Indochine française, où les Japonais cherchent à s'installer, et celle des Antilles tracassent aussi Washington. Dans l'un et l'autre cas, Roosevelt veut éviter que l'Axe puisse utiliser ces territoires.

Le dernier bombardier sorti des usines Avro : le Lancaster

Cette silhouette va bientôt devenir familière aux aviateurs allemands.

Manchester, 9 janvier
Le nouveau bombardier lourd britannique vient de faire son premier vol au-dessus de Ringway. L'Avro Lancaster est la version quadrimoteur de l'Avro Manchester qui vient d'être livré à la RAF. Son rayon d'action est plus grand et il peut emporter une charge plus importante que tout autre bombardier anglais. Mais l'appareil qui vient de voler est un prototype. Il faudra des mois avant qu'il ne sorte des chaînes de montage. Ce matin, alors que le pilote d'essai Bill Thorne arrachait l'avion du sol, le patron des usines Avro, Sir Roy Dobson, s'est écrié en direction de l'homme qui a conçu l'appareil, Roy Chadwick : « Dieu, quelle machine ! »

Ce nouvel an trouve les Anglais toujours aussi spirituels.

1941

Janvier

Di	Lu	Ma	Me	Je	Ve	Sa
			1	2	3	4
5	6	7	8	9	10	11
12	13	14	15	16	17	18
19	20	21	22	23	24	25
26	27	28	29	30	31	

12. Sicile : les chasseurs Hurricane de la RAF basés à Malte attaquent l'aéroport de Catane.

13. Athènes : les généraux grecs demandent neuf divisions au général britannique Wavell, qui leur propose deux régiments et soixante chars pour repousser une éventuelle offensive allemande.

13. Albanie : le général Ugo Cavallero, chef d'état-major, relève le général Soddu du commandement italien. Il prend personnellement la direction des opérations.

13. Allemagne : Hitler essaie d'obtenir l'adhésion du roi Boris de Bulgarie au Pacte tripartite.

14. Allemagne : Hitler fait pression sur la Roumanie pour qu'elle entre en guerre aux côtés de l'Axe (→24).

14. Paris : au marché noir, les œufs se vendent 3,25 F pièce et l'huile 120 F le litre.

14. Londres : à la BBC, le chef de la section belge, Victor De Laveleye, propose de diffuser la lettre V sur tous les supports possibles.

15. France : l'abbaye de Clairvaux est pillée par des soldats allemands.

16. Grande-Bretagne : violent raid nocturne de la Luftwaffe sur Bristol.

17. Chine : le gouvernement nationaliste dissout la 4e armée communiste.

17. Grande-Bretagne : dans un discours à Glasgow, Churchill s'adresse à Harry Hopkins, l'envoyé de Roosevelt. Il lui demande plus d'armes, de navires et d'avions.

18. Chine : le parti communiste qualifie l'incident de la 4e armée de « combinaison de conspirateurs projaponais et d'irréductibles anti-communistes » (→29).

18. Malte : les avions de la Luftwaffe bombardent les aérodromes de l'île (→23).

18. France : entrevue secrète entre Pétain et Laval à La Ferté-Hauterive près de Vichy. Laval tente d'obtenir le départ de Flandin.

Le port de Malte est la cible des Stuka

Un navire marchand allié touché par une bombe dans le port de La Valette.

Malte, 16 janvier

C'est au tour de Malte de subir les raids continuels de la Luftwaffe. Le Führer a donné l'ordre de neutraliser ce point stratégique au sud de la Sicile. Les Stuka n'ont pas tardé à s'exécuter. Déferlant en vagues successives, quatre-vingts appareils ont bombardé la ville, endommageant surtout le port et quelques églises avoisinantes. Le nombre des victimes serait élevé. Les dockers ont refusé de travailler sous le feu de l'ennemi. Les soldats et les marins ont donc dû décharger les cargos. Attaqué au large et touché par les Stuka, le porte-avions britannique *HMS Illustrious* a réussi à regagner le port. Il vient d'y subir une nouvelle attaque ce matin. Une seule bombe l'a touché. On tente de le rendre de nouveau opérationnel ; sa coque a souffert d'explosions sous la ligne de flottaison. Le croiseur *Perth* a aussi été endommagé.

La RAF reste active : elle a abattu cinq Stuka ce matin, mais sa présence ne suffit pas à rassurer la population maltaise qui n'est pas préparée à subir des bombardements. Les Maltais, persuadés que la Luftwaffe ne relâchera pas ses efforts, se construisent maintenant des abris dans le sol calcaire.

La déroute des Italiens gêne Hitler

Méditerranée, 14 janvier

Peu d'Anglais imaginaient que la petite armée du général Wavell serait aussi efficace face aux nombreuses forces italiennes, que ce soit en Cyrénaïque, en Erythrée ou en Ethiopie. De même, la Royal Navy, première marine du monde, était persuadée que la puissante flotte italienne allait lui opposer une sérieuse résistance. Rien de tout cela. Les Italiens se sont laissé surprendre par la puissance aérienne des Alliés. La Fleet Air Arm en a fait une belle démonstration à Tarente. Et la petite armée grecque, elle, a réussi à chasser de son pays les légions de Mussolini.

Toutefois, le raid de la Luftwaffe sur le *HMS Illustrious* vient de rappeler la puissance de l'Allemagne. Si les troupes allemandes étaient envoyées dans les Balkans et en Afrique du Nord, l'équilibre des forces en présence en Méditerranée pourrait bien basculer dans l'autre sens. Les Italiens essuyant échec sur échec, on peut se demander si une intervention allemande en Méditerranée n'est pas imminente. Pourtant, aux yeux de Hitler, ce théâtre d'opérations est secondaire.

Les Italiens sont chassés de Klisura

Athènes, 13 janvier

Les Grecs ont pris la ville clé de Klisura. L'envahisseur italien est repoussé en Albanie, et la fameuse division Lupi di Toscana a été taillée en pièces. Plus de onze cents hommes se sont rendus.

A l'annonce de la chute de Klisura, en début d'après-midi, les cloches des églises se sont mises à sonner et les Athéniens ont fêté cette victoire en descendant dans la rue. Le roi George et le Premier ministre, le général Metaxas, sont apparus au balcon, où ils ont reçu une bruyante ovation. Les forces grecques progressent maintenant vers Valona, port d'attache italien sur l'Adriatique. Elles repoussent l'ennemi vers les régions montagneuses de l'Albanie où règne un froid terrible à cette époque de l'année. A Valona seraient déjà rassemblés plus de 30 000 soldats blessés, attendant d'être rapatriés en Italie.

Vive la gaine sans caoutchouc !

La disparition de James Joyce

Zurich, 13 janvier

« Ils feraient mieux de me lire », avait-il affirmé à l'annonce de la déclaration de guerre. Mais « ils » n'ont pas suivi son conseil et beaucoup en sont morts... L'auteur d'*Ulysse* s'est éteint aujourd'hui des suites d'une opération, en Suisse loin de son Irlande natale qu'il avait quittée en 1904.

La chasse aux spéculateurs est ouverte

« Ne gaspillez pas la nourriture ! »

Grande-Bretagne, 14 janvier
Le ministre de l'Agriculture, lord Woolton, vient d'ouvrir la chasse aux spéculateurs en bloquant le prix de vingt et une denrées alimentaires au niveau de décembre 1940. Le prix de certains de ces produits va donc chuter, mais cette mesure ne réjouit pas les détaillants qui, selon leurs dires, auraient été contraints d'acheter à leur fournisseur à des prix surévalués. D'ailleurs, le prix du poulet, qui figure sur la liste des marchandises contrôlées, a flambé en un mois. Feront aussi l'objet d'un contrôle sur les prix le café, le cacao, le miel, les conserves, le riz, les pâtes et autres denrées. « Je suis toujours heureux d'attraper un spéculateur », déclare lord Woolton. Le contrôle des prix devrait bientôt s'étendre à d'autres articles. Selon une enquête menée par le ministère du Travail, les ménages dont les revenus annuels sont inférieurs à 250 livres dépensent par semaine 1,6 livre pour leur alimentation, sur un budget total de 4,3 livres (se reporter au tableau de conversion pages 670-671). Or, cette enquête, qui remonte à quatre ans, ne tient vraisemblablement pas compte de la récente flambée des prix depuis la guerre.

Victoire navale française à Ko Chang

Ko Chang, 17 janvier
En Thaïlande, la marine française vient de remporter une superbe victoire sans subir aucune perte. Poussés par les Japonais, les Thaïlandais devenaient menaçants. L'amiral Terreaux, commandant des forces navales en Indochine, a alors décidé de détruire la marine thaïlandaise. Ses hydravions ont repéré trois navires au mouillage dans l'archipel de Ko Chang. Le capitaine de vaisseau Béranger, à la tête d'une escadre de cinq bâtiments dirigée par le croiseur *La Motte-Picquet*, s'est présenté devant l'archipel. L'effet de surprise a été total. Les marins thaïlandais étaient en train de faire leur gymnastique. En une heure et quarante minutes, trois torpilleurs ont été coulés, et les garde-côtes *Ahidea* et *Dombury*, gravement touchés, devaient couler dans la journée. Plus d'un tiers de la marine thaïlandaise venait d'être envoyé par le fond.

.e croiseur français « La Motte-Picquet » au large des côtes du Cambodge.

Le négus rentre chez lui

Chassé par les Italiens, exilé en Angleterre puis au Soudan, le voici de retour.

Ethiopie, 15 janvier
Cinq ans après son exil forcé, Hailé Sélassié, empereur d'Ethiopie (ou Abyssinie), est de retour. La RAF l'a rapatrié du Soudan en fin de matinée. Il a été accueilli triomphalement par des officiers britanniques, de nombreux chefs de tribus et des soldats de l'armée régulière éthiopienne.
Au moment de l'invasion de son pays par les Italiens, l'empereur avait dû s'exiler après avoir vainement tenté de faire intervenir la Société des Nations en sa faveur. Dans sa proclamation, il avait invité ses compatriotes à lutter contre l'envahisseur italien : « L'Italie est prise dans l'étau britannique aérien, naval et terrestre. Elle n'échappera pas à nos valeureux guerriers. »
Accompagné de ses deux fils, Hailé Sélassié a remercié le gouvernement et le peuple britanniques de l'avoir soutenu durant ses dures épreuves. Ainsi, celui qui, à Bath, se faisait appeler M. Smith est redevenu « Sa Majesté impériale, Lion de Juda, Roi des Rois d'Ethiopie ». Son retour devrait accélérer la chute de ce bastion chancelant de l'empire colonial mussolinien. (→ 5.5)

Un chef-d'œuvre musical est créé au stalag

Görlitz, Silésie, 15 janvier
Les prisonniers du stalag 8 A ont assisté à un événement : la création d'une œuvre de Messiaen. Le musicien, prisonnier à Görlitz, a offert à ses camarades le *Quatuor pour la fin du temps*, pour violon, clarinette, violoncelle et piano. Les interprètes étaient le compositeur lui-même et trois autres prisonniers, ce qui explique cette formation assez inhabituelle. L'œuvre, inspirée par l'Apocalypse, a été accueillie avec curiosité par les prisonniers. Les concerts, même s'il s'agit peu souvent de musique aussi « savante » que celle de Messiaen, ne sont pas rares dans les camps, non plus que les activités culturelles les plus diverses : les prisonniers déploient souvent une grande énergie pour créer des bibliothèques, organiser des cours parfois très érudits, malgré les difficultés. Les représentations de théâtre qu'ils organisent sont très appréciées. La pièce la plus jouée est *Gringoire*, de Théodore de Banville. Pour développer une activité intellectuelle, les prisonniers des oflags sont toutefois favorisés par rapport à ceux des stalags, qui sont astreints au travail.

1941

Janvier

Di	Lu	Ma	Me	Je	Ve	Sa
			1	2	3	4
5	6	7	8	9	10	11
12	13	14	15	16	17	18
19	20	21	22	23	24	25
26	27	28	29	30	31	

19. Soudan : le général William Platt lance une offensive contre les Italiens en Erythrée. Il dispose des 4e et 5e divisions indiennes. Les Britanniques reprennent Kassala.

20. Extrême-Orient : le Japon propose sa médiation dans le conflit entre l'Indochine française et la Thaïlande (→ 7.2).

20. Washington : serment de Roosevelt pour son troisième mandat de Président, fait sans précédent.

20. Grande-Bretagne : mise en place du service de défense civile. Il concerne tous les hommes et femmes âgés de 16 à 60 ans.

20. Albanie : violent raid de la RAF sur Valona (→ 26).

21. Tokyo : le ministre des Affaires étrangères, Yosuke Matsuoka, met les Etats-Unis en garde contre toute intervention dans les affaires asiatiques (→ 27).

21. Méditerranée : les *HMS Gnat*, *Ladybird* et *Terror* bombardent Tobrouk.

22. Libye : les troupes anglo-australiennes s'emparent de Tobrouk.→

22. Vichy : création d'un Conseil national de 188 membres. Parmi eux : Louis de Broglie, Antoine Pinay, Louis Lumière et le cardinal Suhard.

22. Pologne : dans une réunion à Lublin, le gouverneur Hans Frank déclare aux officiels nazis : « Nous qui avons combattu derrière le Führer pendant vingt ans, on ne peut pas nous demander d'avoir une quelconque considération pour les Juifs. »

23. Malte : le porte-avions *HMS Illustrious*, endommagé, quitte le port de La Valette. Il part pour Alexandrie pour des réparations complètes.

24. Libye : dans l'une des premières batailles de chars en Cyrénaïque, la 4e brigade blindée britannique repousse les forces italiennes sur Mechili (→ 26).

24. Bucarest : aidé par les Allemands, Ion Antonescu réussit à mater les débordements de la Garde de fer pronazie.

La Garde de fer massacre les Juifs

Bucarest, 21 janvier

On vient d'apprendre l'odieux massacre perpétré par la Garde de fer roumaine pronazie contre les Juifs. Certains ont été brûlés vifs dans des immeubles incendiés par les émeutiers. D'autres ont été battus au point d'en perdre connaissance. Enfin, certains ont été plongés dans un bain d'essence avant d'être brûlés vifs. Le sommet de l'horreur a été atteint lorsque, dans l'abattoir municipal, ils ont tranché la gorge de cinquante Juifs en parodiant sauvagement le rite kascher. Lassés par ce jeu macabre, les gardes ont encore allongé la liste des victimes en fusillant cent soixante Juifs détenus à la prison de Jilava.

La Garde de fer fait régner la peur.

Roosevelt refuse les Juifs allemands

Washington, 24 janvier

Les Etats-Unis ont rejeté l'appel du gouvernement de Vichy en faveur des réfugiés juifs. Le gouvernement français leur avait en effet demandé de recueillir les milliers de réfugiés juifs allemands arrivés sur le territoire, qui, selon Vichy, ne font qu'aggraver les problèmes de ravitaillement des Français. Aussi la France a-t-elle invité l'Amérique à ouvrir ses frontières et à proposer à ses voisins d'Amérique latine d'en faire autant. Roosevelt a refusé. Il ne veut pas non plus faire suivre cette demande aux pays latino-américains par crainte d'exercer sur eux la moindre pression. Les Etats-Unis avancent deux raisons pour justifier leur refus. D'abord, on ne doit pas distinguer les réfugiés politiques en fonction de leur religion ou de leur race ; ensuite, la législation actuelle sur l'immigration et son système de quotas ne peut faire l'objet d'un amendement.

Un porte-parole a ajouté que le gouvernement refuse d'imposer un nouveau flot d'immigration qui pourrait perturber l'équilibre social et économique dans les pays qui accepteraient de les accueillir.

Arrestation de d'Estienne d'Orves

Paris, 22 janvier

Le capitaine d'Estienne d'Orves, chef du 2e Bureau de la France libre, vient d'être arrêté au cours d'une mission en France. Les Allemands ont fait irruption à 2 h ce matin dans l'appartement qu'il occupait et l'ont arrêté, ainsi que les amis qui l'hébergeaient.

Depuis quelques semaines, d'Estienne d'Orves commençait à se méfier de son radio, Marty, dont le comportement lui paraissait très imprudent. Il ne l'estimait cependant pas capable de trahison. Tout donne pourtant à penser que c'est lui qui l'a livré aux Allemands ainsi que d'autres membres du réseau arrêtés aujourd'hui dans le port de Saint-Nazaire.

De la marine au renseignement.

La villa Air-Bel devient un refuge pour les surréalistes

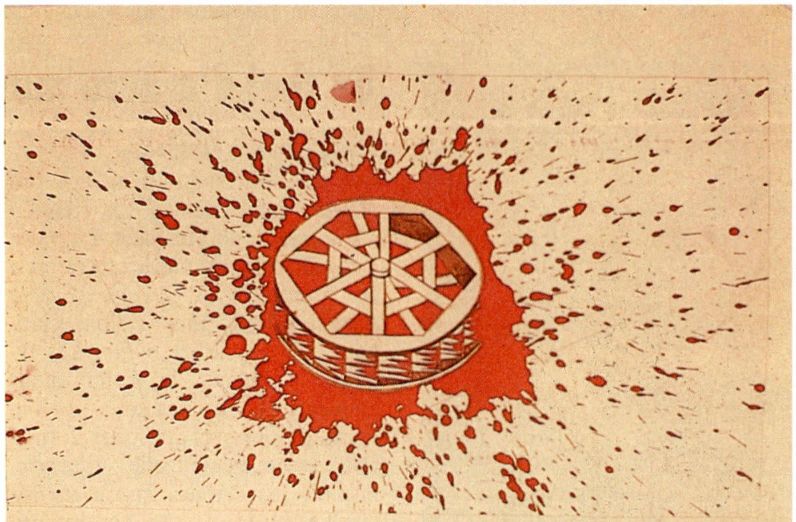

Le tarot de Marseille revu par les surréalistes : l'As de la Révolution.

Marseille, janvier

Depuis le mois d'octobre, la villa Air-Bel abrite toute une communauté d'artistes et d'intellectuels français et étrangers, surtout des surréalistes. Cette grande bâtisse rectangulaire de dix-huit pièces, somptueusement meublée, est entourée d'un vaste jardin. Malgré son manque de confort, ses habitants y mènent joyeuse vie, la plupart en attente d'un départ pour l'Amérique. Selon les moments, elle a accueilli André Breton et sa famille, Victor Serge, le poète Benjamin Péret, les peintres Max Ernst, André Masson, Marcel Duchamp, etc. Tous les dimanches, ils se réunissent, organisent des expositions et invitent les nombreux artistes réfugiés dans la région.

Mussolini perd toutes ses positions en Afrique

L'infanterie britannique avance dans les défenses italiennes vers Tobrouk.

Protégée par une chenillette Bren, l'infanterie indienne fouille un village.

Les Alliés ont enlevé le port de Tobrouk

Tobrouk, 22 janvier
Depuis quelques jours, il n'y avait qu'un seul ennemi : le sable. Soulevé par le khamsin, le vent du désert, il empêchait toute manœuvre, bloquant les prises d'air des avions et des tanks, s'engouffrant dans les tubes des canons, brûlant les visages. Les hommes n'ont plus qu'un seul souci : se protéger les yeux, la bouche et les oreilles.
Dès la première accalmie, des milliers d'obus se sont abattus sur les lignes de défense italiennes, attaque appuyée par des vagues de bombardiers. Ces tirs de barrage ont redoublé, il y a deux nuits, au point de rappeler aux vétérans anglais ce qu'ils avaient connu à Ypres en 1917. Hier, à la fin de la nuit, le génie australien a préparé le terrain pour l'infanterie en pratiquant des brèches dans les lignes de barbelés du périmètre extérieur. L'infanterie a pu ainsi se faufiler jusqu'à un kilomètre des tranchées ennemies. L'attaque a été déclenchée au petit matin. Appuyés par des chars Matilda, les Australiens ont rencontré une vaillante résistance des Italiens qui se sont battus jusqu'à la limite de leurs forces. Beaucoup sont tombés l'arme à la main. Puis des drapeaux blancs sont apparus ; des milliers d'hommes se rendaient. Les premières lignes de défense étant prises, les chars ont pu progresser vers les dernières zones encore tenues par l'ennemi. Trois forteresses restaient à prendre. La première ne fut enlevée qu'après des combats au corps à corps. Puis les occupants des deux autres bastions n'ont pas tardé à capituler.
Hier au crépuscule, les assaillants étaient en vue du port de Tobrouk. Quelques rafales de mitrailleuses ont suffi pour décider les derniers Italiens à se rendre. Après avoir cherché en vain un Union Jack, on s'est contenté du chapeau d'un chercheur d'or australien, lequel flotte aujourd'hui au sommet du mât du port de Tobrouk.

Cunningham fonce vers la Somalie

Rivière Tana, Kenya, 24 janvier
Après s'être emparé du poste-frontière de Liboi, le général Cunningham s'apprête à marcher sur la Somalie italienne.
Parallèlement, les troupes sud-africaines avancent sur Moyale en traversant les zones frontalières pour faire une percée vers le nord. La 12e division africaine de Cunningham, qui regroupe des troupes venues des quatre coins des colonies anglaises, se dirige vers le sud en direction du Jubaland (Somalie italienne du Sud). Sur cette terre aride, la guerre est synonyme d'embuscade. Ce qu'il y a surtout dans la région, ce sont des mouches, des escadrons, des bataillons, des armées de mouches. Elles arrivent par escadrilles. « Tapez dessus, tapez fort et retapez s'il le faut ! » avait dit Cunningham à ses hommes avant de lancer son attaque. Ceux-ci pensent maintenant qu'il ne parlait que des mouches. Il y a huit mois, quand l'Italie a déclaré la guerre, la Grande-Bretagne disposait d'un bataillon et d'une brigade de King's African Rifles. Depuis, 75 000 hommes ont été incorporés et forment maintenant une véritable armée. Cunningham veut franchir la rivière Juba pour s'emparer du port de Kismayu avant d'y faire une percée plus importante et de gagner l'Ethiopie en juin, après la saison des pluies. Il fait face à une armée de 100 000 Italiens et de 200 000 indigènes. En réalité, un tiers de ces forces est retenu par la guérilla en Ethiopie et un autre défend l'Erythrée contre les Britanniques au Soudan. De plus, les Italiens ne sont pas sûrs de leurs auxiliaires indigènes. Il est fréquent que des unités entières disparaissent dans la nature pour réapparaître du jour au lendemain, certaines rejoignant la guérilla anti-italienne. Pour d'autres, c'est une plaisanterie traditionnelle que prendre le maquis et réapparaître ensuite comme si de rien n'était...

Mussolini s'incline devant le Führer

Berchtesgaden, 19 janvier
C'est un Mussolini méconnaissable qui s'est présenté à Hitler pour lui demander une aide militaire. Le choix du lieu de la rencontre est significatif. Jusqu'ici, les deux hommes se parlaient d'égal à égal et se rencontraient à la frontière germano-italienne. Cette fois-ci, c'est en Allemagne. Durant son voyage en train spécial, le Duce craignait que Hitler ne saisisse l'occasion pour se montrer sévère à son égard, suite à la série d'échecs qu'il vient d'essuyer en Afrique du Nord, en Grèce et en Albanie. Mais Mussolini a trouvé un Führer cordial et accueillant. Hitler lui a promis de soutenir l'armée italienne. Du matériel antichar et des escadrilles de la Luftwaffe seront envoyés en Albanie et en Libye. En contrepartie, le Duce devra se subordonner aux ordres militaires de Hitler. (→ 6.2)

1941

Janvier

Di	Lu	Ma	Me	Je	Ve	Sa
			1	2	3	4
5	6	7	8	9	10	11
12	13	14	15	16	17	18
19	20	21	22	23	24	25
26	27	28	29	30	31	

26. Albanie : sur ordre de Mussolini, les Italiens contre-attaquent sans succès sur la ville de Këlcyrë.

26. Libye : en Cyrénaïque, les forces italiennes évacuent Mechili au sud de Derna.

27. Tokyo : l'ambassadeur des Etats-Unis au Japon, Joseph Grew, prévient Washington que les Japonais projettent de détruire la flotte américaine.→

27. Albanie : le comte Ciano, ministre italien des Affaires étrangères, prend le commandement d'un escadron de bombardiers (→9.3).

27. Washington : réunion secrète entre des représentants des états-majors britannique et américain (ABC1).→

28. Londres : les membres du Parlement votent l'interdiction du *Daily Worker*, le quotidien du parti communiste.

29. Singapour : visite du Premier ministre australien, Robert Menzies, en route pour la Grande-Bretagne. Il est effrayé par la faiblesse des défenses britanniques, cibles faciles pour le Japon (→16.2).

29. Chine : les troupes nationalistes du Kuo-min-tang reprennent Shenyang aux Japonais (→3.2).

29. Tchad : les éléments de tête des FFL de Leclerc, en route pour Koufra, franchissent la frontière libyenne à Tekro (→7.2).

30. Berlin : Hitler est persuadé que 1941 sera « l'année cruciale du Nouvel Ordre en Europe ». Il menace de s'en prendre aux navires américains portant aide à la Grande-Bretagne.

30. Vichy : Abetz fait savoir à Pétain que l'Allemagne mettra fin à la collaboration si le gouvernement Flandin reste en place.

31. Grande-Bretagne : Josef Jakob, un espion allemand, est parachuté dans le comté de Cambridge. Il se casse la jambe à l'atterrissage et est arrêté.

31. Allemagne : l'état-major de la Wehrmacht complète les plans initiaux de l'opération *Barbarossa* contre l'URSS.

Les Italiens contre-attaquent à Derna

Prendre Derna et son eau, c'est aussi résoudre le problème de la soif.

Derna, Libye, 30 janvier
Pour la première fois depuis le début de la guerre du désert, Britanniques et Australiens ont dû faire face à une sérieuse contre-attaque. Les Italiens protégeaient en fait l'évacuation des civils et de la garnison du port. Une semaine après l'attaque victorieuse sur Tobrouk, les blindés et l'infanterie ont trouvé une défense ennemie mieux organisée. Tirant le meilleur parti d'un relief montagneux et accidenté, les Italiens utilisent avec une étonnante précision leurs canons de 20 mm, montés sur camions. Leur force aérienne s'est aussi réveillée : longtemps absente du ciel, elle a réapparu pour bombarder et mitrailler les positions alliées. Alors que les Britanniques repoussaient les Italiens vers un escarpement, deux nouvelles difficultés sont apparues : la tempête de sable et la soif. Les réserves d'eau des Britanniques s'épuisaient et le ravitaillement à l'arrière était à plus de 160 km, par de mauvaises pistes. Le point d'eau le plus proche était à Derna, sur l'autre versant de la butte. C'est sans doute ce qui a décuplé le courage des hommes. A l'arrivée des Britanniques en ville, une poignée d'Italiens les attendaient les mains en l'air. Le gros des forces alliées se dirige maintenant vers l'ouest, à travers le désert de Cyrénaïque. Ces nouveaux combats font penser que la bataille pour Benghazi sera dure. (→7.2)

La Grèce pleure le général Metaxas

Athènes, 29 janvier
Le général Joannis Metaxas, Premier ministre grec et symbole de la résistance à l'agresseur italien, s'est éteint à l'âge de 70 ans. Emprisonné pour avoir été trop germanophile durant la Grande Guerre, il était un royaliste convaincu et un fervent nationaliste. Chef d'état-major par trois fois, il a réorganisé l'armée, construit une ligne de défense au nord du pays et créé une académie militaire. Le fait le plus marquant de son existence aura été d'avoir inculqué son esprit combatif à ses concitoyens. Le gouvernement veut lui édifier un monument. Néanmoins, sa mort modifie brutalement les données du jeu diplomatique. L'Allemagne avait des raisons de le ménager. Mais son successeur ?

Un héros grec : Joannis Metaxas.

Un serment exigé des agents de l'Etat

France, 27 janvier
Les ministres du gouvernement et les hauts fonctionnaires seront désormais tenus de prêter serment de fidélité au maréchal Pétain, chef de l'Etat français. C'est ce qui ressort de l'acte constitutionnel adopté aujourd'hui, qui vient compléter l'impressionnant arsenal juridique dont dispose le régime de Vichy pour contrôler l'Administration. Nul ne doute vraiment que ce serment sera bientôt exigé de tous les agents de l'Etat.

Mort et révoqué parce que juif

France, 27 janvier
« Monsieur le Maréchal Pétain,
« Je lis dans le journal que Jacques Cohen, chef de cabinet de la préfecture de la Côte-d'Or, vient d'être révoqué. Si l'on s'était renseigné avant de prendre cette mesure, on aurait appris que l'aspirant Cohen avait été tué, le 20 mai, à Abbeville, suivant en cela le glorieux exemple de ses cousins, morts pour la France en 14-18, dont les mânes ont dû tressaillir d'horreur... »

Mme Nerson, sa tante.

Henri Frenay quitte l'armée de Vichy

Vichy, 28 janvier
Le capitaine Henri Frenay, qui avait été muté il y a quelques semaines au 2e Bureau de Vichy, a donné sa démission pour se consacrer à l'organisation de son mouvement de libération nationale. Ses supérieurs voient partir à regret cet officier très bien noté et ils lui ont proposé de prendre le poste qui lui plairait. Il leur a répondu : « Je suis dans la situation d'un prêtre qui a perdu la foi et à qui vous proposez de changer de paroisse. »

Premiers revers pour les Anglais

Barentu, Erythrée, 27 janvier
Depuis huit jours, les Britanniques avançaient du Soudan en Erythrée. Mais, aujourd'hui, ils sont bel et bien bloqués devant la rivière Baraka à Agordat.
Les 4e et 5e divisions indiennes, avec les forces de défense soudanaises, avaient d'abord repris la ville frontière de Kassala. Dès le lendemain, elles ont avancé dans un paysage qui, selon un officier italien, ressemble à une « mer houleuse déchaînée par la colère divine ». La 5e division, trouvant la ville de Tessanaï déserte, a poursuivi vers Barentu. Soixante kilomètres plus au nord, la colonne mobile du colonel Frank Messervy, surnommée Gazelle Force, a été bloquée aux gorges de Keru. Quant à la 10e brigade indienne, elle s'est perdue en essayant de déborder les défenses de Keru. Elle a essuyé des attaques aériennes et s'est repliée. Son commandant, le général de division Bill Slim, a été blessé d'une balle dans le dos. Il faudra deux jours à Gazelle Force pour franchir les gorges. Son artillerie a même dû faire face à une charge frontale de cavalerie en terrain découvert...
Aujourd'hui, Messervy est aux portes d'Agordat, et la 5e division indienne proche de Barentu. Ce sont deux obstacles majeurs. (→ 4.2)

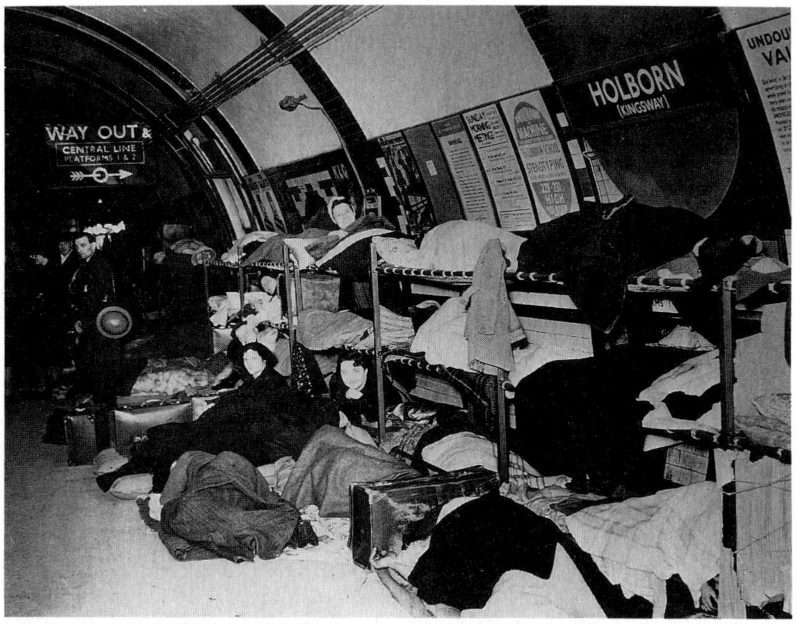

En attendant le dernier train, pendant que d'autres s'endorment.

Les troglodytes londoniens s'organisent

Londres, 29 janvier
Les Londoniens s'accommodent du confort rudimentaire des abris publics et de la vie souterraine dans les stations de métro. Le gouvernement a aménagé 600 000 couchettes dans les abris dont 22 000 dans les stations de métro. Les habitués reçoivent un ticket pour une couchette spécifique. Des installations sanitaires et des distributions de nourriture sont même prévues dans les abris les plus importants. Les trains de victuailles circulent le soir et tôt le matin. Des policiers ou des volontaires assurent la surveillance et chassent les indésirables. Les clochards ont leur propre refuge sous les ponts de Charing Cross. Une des stations-abris publie un journal, *the Swiss Cottager*. D'autres organisent des concerts ou des parties de cartes. Même s'il faut parfois lutter contre les poux ou les moustiques, on ne fait état d'aucune épidémie. S'ils ont été jusqu'à 177 000 à partager cette vie, ils ne sont plus que 96 000 à présent.

Tokyo cacherait ses intentions

Tokyo, 27 janvier
Joseph C. Grew, ambassadeur des Etats-Unis, aurait envoyé un câble à Washington dans lequel il annonce que la marine japonaise préparerait secrètement une attaque à Hawaii, sur la base navale américaine de Pearl Harbor. Le diplomate aurait été averti par son homologue péruvien. Si le ministre japonais des Affaires étrangères parle de paix, l'état-major impérial envisage effectivement d'entrer en guerre contre les Etats-Unis. La stratégie nippone consiste à frapper au sud afin de s'emparer des champs pétrolifères de Bornéo et des îles de la Sonde. Une offensive victorieuse sur la base navale de Pearl Harbor protégerait les Japonais sur le flanc est. (→ 19.2)

Yosuke Matsuoka parle de paix.

Les Juifs du ghetto de Varsovie connaissent la faim et la misère

Varsovie, 31 janvier
Les nazis distribuent la nourriture au compte-gouttes dans le ghetto. Emanuel Ringelblum écrit : « Des gens meurent ou s'évanouissent presque tous les jours dans la rue. » La famine et le typhus font 65 victimes par jour parmi la population du ghetto (377 000 personnes). Le gouverneur Hans Frank fait en sorte que les Juifs ne reçoivent que la moitié des denrées indispensables. Réduits à la famine, on les détruit petit à petit en leur promettant plus de nourriture, ou en menaçant de leur en donner moins. La faim ronge les corps et les âmes. Elle annihile toute volonté. Pour Frank, « en tuant ainsi un Juif, on économise une balle qui permettra à la race supérieure de conquérir le reste du monde ». (→ 18)

Dans le ghetto, on enlève les corps de ceux qui sont morts de faim.

Sommet militaire anglo-américain

Washington, 27 janvier
Les états-majors américain et britannique entament cette semaine, dans la capitale américaine, une série d'entretiens visant à établir une stratégie commune pour le cas où les Etats-Unis seraient amenés à entrer en guerre. Dès le 12 novembre, le chef des opérations navales américaines soumettait à son ministre un plan d'action dans l'Atlantique et réclamait à cet effet l'établissement de relations avec les Britanniques. Ces discussions, baptisées ABC1, illustrent le changement de mentalité des Etats-Unis face aux menaces de guerre.

1941

Février

Di	Lu	Ma	Me	Je	Ve	Sa
						1
2	3	4	5	6	7	8
9	10	11	12	13	14	15
16	17	18	19	20	21	22
23	24	25	26	27	28	

1er. Paris : Marcel Déat et Eugène Deloncle créent le RNP (Rassemblement national populaire), collaborationniste.→

1er. Vichy : évasion du sergent Colin à bord d'un Goéland. L'avion venait d'atterrir avec des officiers allemands de la Commission d'armistice. Il rallie les FAFL en Angleterre.

1er. Etats-Unis : les forces navales sont réorganisées en trois flottes : atlantique, pacifique et asiatique.

3. Chine : Tseng-tsing, à l'est de Canton, est occupé par les Japonais (→ 7).

3. Atlantique : le *Scharnhorst* et le *Gneisenau* réussissent à sortir de la mer du Nord. (→ 22.3)

3. Paris : envoyé par Pétain, Darlan rencontre Laval, qui refuse un poste ministériel et exige la présidence du Conseil.

4. Erythrée : les troupes britanniques lancent une offensive pour arracher la ville de Keren aux Italiens (→ 12).

5. Paris : la Gestapo arrête le préfet de police Langeron.

6. Allemagne : Hitler nomme le général Rommel à la tête de l'Afrikakorps, constitué pour soutenir les Italiens en Libye. Sa mission : tenir Tripoli à tout prix (→ 14).

7. Tokyo : à l'initiative des Japonais, une Conférence de la paix réunit l'ambassadeur de France et des émissaires thaïlandais.

7. Paris : *Je suis partout* reparaît. L'hebdomadaire est dirigé par Robert Brasillach.

7. Libye : pour organiser son attaque, Leclerc lance un raid de reconnaissance des FFL sur Koufra (→ 20).

7. Libye : après deux jours de combat, les forces italiennes de Beda Fomm se rendent. Les Britanniques prennent plus de 200 canons, 120 chars, et font 20 000 prisonniers.→

8. Berlin : des représentants des états-majors allemand et bulgare signent un accord militaire (→ 22).

8. Washington : la Chambre des représentants vote la loi prêt-bail (→ 11.3).

Les Italiens sont vaincus à Benghazi

Les hommes de l'infanterie britannique capturent un blindé italien.

Benghazi, 7 février

Le port est tombé après une attaque brillamment orchestrée. Venant de Tobrouk par les pistes qui traversent le désert, les blindés britanniques ont surpris les Italiens à Benda Fomm, au sud de la ville. Les défenseurs n'avaient plus de retraite possible. Au même instant, les chars australiens et l'infanterie déferlaient du nord-est pour se joindre aux Britanniques, encercler la ville et donner l'assaut. Les combats de chars ont été terribles. Les Italiens n'ont rompu le combat qu'après la perte de 60 blindés. Benghazi est donc tombé. Les vainqueurs ont capturé un important stock de munitions et de carburant. Le commandant italien, le général Tellera, a été grièvement blessé au cours des combats. On l'a retrouvé dans sa tente, baignant dans son sang. Le chef du 13e corps d'armée, le général Bergonzoli, qui avait pu échapper aux Britanniques lors de la chute de Bardia, fait cette fois-ci partie des prisonniers. Ils sont ainsi des milliers à attendre leur départ en captivité.

Le général Richard O'Connor poursuit sa route vers l'ouest – ses unités d'avant-garde ont déjà atteint Syrte, avec Tripoli comme objectif, mais la bataille s'est déplacée vers Whitehall. Le Comité de défense de Churchill insiste maintenant pour que la Grèce ainsi que la Turquie deviennent les objectifs prioritaires de Wavell. (→ 9)

Bataille décisive dans le Henan

Xinyang, 7 février

Après s'être durement battues, les forces chinoises viennent de repousser une offensive japonaise dans le centre du pays. L'attaque de l'ennemi avait pour but de protéger la garnison nippone de Wuhan. Ce matin, les troupes chinoises ont repris Xinyang ainsi que tous les points nord de la ville. Il y a trois semaines, trois divisions japonaises s'étaient emparées de cette cité stratégique sur la voie ferrée reliant Wuhan à Pékin. Puis, elles ont pris Wuyang après avoir percé les lignes chinoises. La bataille dans le Henan a pris un tournant décisif lorsque les Japonais ont essuyé de lourdes pertes en essayant de s'emparer de la ville de Fangcheng. (→ 6.3)

La guerre ruine l'Angleterre

Grande-Bretagne, 4 février

Le chancelier de l'Echiquier vient d'annoncer une triste nouvelle : la guerre saigne les provinces de Sa Majesté. Les dépenses militaires, qui s'élevaient à 7,5 millions de livres par jour en juillet dernier, ont presque doublé depuis.

Les coûts de fabrication des matériels de guerre et des préparatifs militaires ont de beaucoup excédé le budget prévisionnel. Le déficit est deux fois plus important que celui évalué il y a huit mois. Les députés vont augmenter les impôts.

Une école anglaise accueille les cadets de la France libre

Malvern College, février

« Ils s'instruisent pour vaincre ! » L'Ecole des cadets, fondée par le général de Gaulle, a choisi de reprendre à son compte la fière devise des Saint-Cyriens. Une trentaine de très jeunes gens (leur moyenne d'âge est de 17 ans), rêvant d'exploits guerriers, avaient gagné l'Angleterre pour s'engager dans les troupes de la France libre. Refoulés de partout en raison de leur trop grande jeunesse, ballottés d'un campement à un autre, ils attendaient navrés qu'on veuille bien s'occuper un peu d'eux. Certains, en désespoir de cause, ont triché sur leur âge pour tenter de s'infiltrer quand même dans les rangs de la Légion, ou à Aldershot, l'un des camps d'instruction des Forces françaises libres. Ils se sont tant acharnés que le général de Gaulle a fini par confier à André Baudouin, un ancien professeur au lycée français de Kaboul, le soin de mettre sur pied le programme de leur formation. La nouvelle école militaire s'est installée à Malvern College dans les locaux d'une *Public School*. Les futurs combattants de la France libre ont reçu un uniforme de chasseur, avec un passant brodé *France* à l'épaulette.

Le fanion de l'Ecole des cadets.

1941

Février

Di	Lu	Ma	Me	Je	Ve	Sa
						1
2	3	4	5	6	7	8
9	10	11	12	13	14	15
16	17	18	19	20	21	22
23	24	25	26	27	28	

9. Vichy : Flandin démissionne. L'amiral Darlan le remplace aux Affaires étrangères (→ 10).

9. Libye : les Britanniques occupent El-Agheila (→ 18).

10. Berlin : l'Espagne signe un accord secret avec l'Allemagne. Elle s'engage à repousser toute attaque des Alliés.

10. Londres : rupture des relations diplomatiques entre la Grande-Bretagne et la Roumanie.→

10. Italie : première opération aéroportée des Britanniques. Des parachutistes détruisent l'aqueduc de Trajan dans la province des Pouilles.

11. Pays-Bas : le bombardier Stirling entre en opération dans un raid sur les réservoirs du dépôt de pétrole de Rotterdam.

12. Moscou : le général Joukov est nommé chef d'état-major de l'Armée rouge.

12. Erythrée : les troupes alpines italiennes reprennent des positions autour de Keren. Elles obligent les 4e et 5e divisions indiennes à se replier.

13. Erythrée : les avions du *HMS Formidable* attaquent le port de Massaoua.

13. Italie : à Merano, l'amiral italien Arturo Riccardi et l'amiral allemand Erich Raeder mettent au point la coopération de leurs forces navales.

14. Libye : les premières unités de l'Afrikakorps débarquent à Tripoli.→

14. Allemagne : le croiseur *Admiral Hipper* rentre d'un raid de 14 jours. Il a coulé 64 navires alliés.

14. Vichy : le ministre de l'Intérieur Peyrouton démissionne. Darlan va cumuler cette nouvelle charge avec ses autres postes (→ 25).

14. Berchtesgaden : Hitler reçoit le président du Conseil yougoslave, Cvetkovic. Il insiste pour que son pays adhère au Pacte tripartite (→ 4.3).

15. Autriche : début des déportations massives de Juifs, au rythme de 1 000 par mois. Ils sont dirigés vers les ghettos de Lublin et de Kielce.

Hitler reconnaît son échec

Berlin, 6 février
Hitler a presque reconnu que les raids de terreur de la Luftwaffe sur la Grande-Bretagne n'avaient pas atteint leur but : abattre l'esprit de résistance de la population. Dans sa directive nº 23, *Instructions sur les opérations contre l'économie de guerre anglaise*, il indique que les bombardements ont eu un effet plus faible que celui escompté sur le moral et la détermination des Anglais. Aussi ajoute-t-il que les bombardements des zones résidentielles sont voués à l'échec. Mais il veut que l'Allemagne intensifie ses bombardements des navires et des ports pour causer un maximum de dégâts à l'économie britannique et laisser croire à une prochaine invasion.

Les Anglais ne perdent pas l'appétit.

La France a aussi un parti pronazi

Paris, 1er février
Le parti nazi a trouvé son pendant dans la France occupée. Le Rassemblement national populaire, financé par les Allemands, vient de naître. Cette formation politique dirigée par Marcel Déat vise à « collaborer avec l'Allemagne » et à « protéger la Race », ce qui revient en fait à de l'antisémitisme. Le siège du RNP se situe près de la gare Saint-Lazare. Même si Jean Goy, le chef des vétérans, en est membre, il semble que peu de Français aient envie de le suivre.

Les Italiens se replient en Somalie

La guérilla éthiopienne a rejoint les forces britanniques contre les Italiens.

Somalie italienne, 14 février
Les Italiens sont aussi en déroute en Afrique de l'Est. A deux heures, cet après-midi, ils ont abandonné le port de Kismayou (sur l'océan Indien) aux troupes africaines de l'Empire britannique du lieutenant général Alan Cunningham. Pour ce dernier, c'est la première étape d'un vaste plan qu'il entend mener sur deux fronts. Une partie de ses forces remontera le long de la côte afin de prendre Mogadiscio, la capitale. L'autre partie remontera le fleuve Juba, qui mène en Ethiopie.
Cette offensive en territoire somalien a débuté il y a trois jours. Auparavant, Cunningham avait repris aux Italiens les territoires qu'ils occupaient au Kenya et les postes-frontières entre ces deux pays.
Il y a deux jours, les King's African Rifles se sont distingués dans la prise d'Afmadu, ville située à 160 km à l'est de la frontière et au nord de Kismayou. Il y eut peu d'escarmouches sur le chemin de Kismayou. Le Gold Coast Regiment et une unité indienne d'artillerie de montagne ont pu assurer la progression. L'aviation sud-africaine avait préparé le terrain en bombardant le port. La prochaine étape est Mogadiscio. (→ 22)

La Royal Navy bombarde Gênes

Gênes, 9 février
Dès leur arrivée au large de Gênes, ce matin, les cuirassés ont entamé un pilonnage systématique du port et de ses installations. Le *HMS Renown* et le *HMS Malaya* ont tiré 300 tonnes d'obus de 16 pouces sur les docks, les entrepôts et la centrale électrique d'Ansaldo. En même temps, le *HMS Ark Royal* lançait ses escadrilles d'avions torpilleurs *Swordfish* sur les raffineries de pétrole de Livourne et sur l'important nœud ferroviaire de Pise. Tous les objectifs ont été touchés.

Hitler vient au secours des Italiens

Erwin Rommel et l'Afrikakorps

Tripoli, Libye, 14 février

Arrivé le 12, le général Erwin Rommel est au port pour assister au débarquement de ses premières troupes en Afrique. Il a reçu l'ordre de Hitler de secourir l'armée italienne en déroute. En deux mois, celle-ci a perdu 380 chars, 845 canons et 130 000 de ses hommes ont été capturés. Le Führer a promis à Rommel deux divisions, dont une blindée qui devrait arriver à la fin du mois d'avril. Pour l'instant, il ne peut opposer aux Alliés que deux bataillons : un de reconnaissance et un antichar. Tant pis ; il compte mystifier l'adversaire avec des maquettes de chars en bois, montées sur des châssis de Volkswagen...

Même si les ordres l'obligent à attendre l'arrivée des deux divisions, Rommel a l'intention de tester la résistance des défenses ennemies. C'est une décision intelligente, car les forces alliées sont réparties sur plus de 800 km, de la frontière égyptienne à El-Agheila, en Libye. La 2e division, qui remplace la division blindée de Wavel, actuellement au repos en Egypte, manque encore d'expérience. Enfin, beaucoup de bonnes unités ont été envoyées en Grèce, laissant Wavel démuni dans le désert de l'Ouest. La clé de l'Afrique du Nord est le ravitaillement. Depuis la Sicile, la Luftwaffe a bombardé Malte. La RAF ne peut donc plus intervenir contre les convois allemands vers Tripoli. Pour les Alliés, la Méditerranée est maintenant devenue tellement dangereuse que leurs convois de ravitaillement doivent passer par le cap de Bonne-Espérance.

Le déchargement de l'équipement.

Des renforts vers les Balkans

Bucarest, 12 février

En n'expédiant pas moins de quarante trains d'armement par jour à travers la Hongrie vers la Roumanie, Hitler rassemble une formidable armée de 600 000 hommes le long de la frontière ukrainienne. La plupart des armes équipant ces troupes sont françaises et font partie des stocks pris en juin 1940.

Le Danube n'étant plus pris par les glaces, les Allemands vont donc construire des ponts flottants sur le fleuve pour faciliter l'entrée de leurs troupes en Bulgarie. Ce plan a été secrètement avalisé par le gouvernement bulgare il y a quatre jours. En récompense, Hitler a promis aux Bulgares une partie de la Macédoine grecque et un accès à la mer Egée, à la fin de la guerre. Ces mouvements de troupes ont suscité beaucoup de spéculations sur les intentions du Führer. On pense qu'il vient à la rescousse de son allié italien. Ce dernier a été sévèrement malmené par les Grecs. D'autres suggèrent encore que Hitler prépare une offensive contre l'Union soviétique, malgré le pacte germano-soviétique. (→ 23)

« Le Juif Süss » est sur tous les écrans

Paris, février

Du roman de Lion Feuchtwanger, lui-même juif, ne subsiste que le titre. Le cinéaste allemand Veit Harlan en a tiré un film violemment antisémite, qui sort aujourd'hui à Paris. Il a transformé Süss Oppenheimer, interprété par Ferdinand Marian, en un Juif prévaricateur qui ne gagne la confiance du duc allemand Charles-Alexandre de Würtemberg que pour mieux détruire sa cour par la corruption et le viol. Condamné à la pendaison, Süss meurt comme un lâche.

Pétain désigne son successeur : Darlan

Vichy, 10 février

Le maréchal Philippe Pétain a aujourd'hui annoncé la nomination de l'amiral François Darlan comme vice-Premier ministre et ministre des Affaires étrangères. Et pour souligner encore la victoire de l'amiral sur son rival Pierre Laval, récemment évincé, il a désigné Darlan comme son successeur.

Il y a un an, celui qui avait fait rétablir à son profit le rang d'amiral de la flotte pouvait encore passer pour le meilleur allié de la Royal Navy. Né dans une famille de marins au service de la Royale depuis plus d'un siècle, Darlan a été l'artisan du renforcement et de la modernisation de la marine française avant la guerre. Mais il s'est immédiatement rallié au Maréchal, et l'opération de Mers el-Kébir a encore renforcé son anglophobie.

François Darlan est à présent le numéro deux du régime de Vichy.

Londres rompt avec Bucarest

Londres, 10 février

La Grande-Bretagne a rompu ses relations diplomatiques avec la Roumanie. Churchill n'admet pas l'autorisation donnée aux Allemands par le président Ion Antonescu de baser dans son pays un important corps expéditionnaire. Après une demi-heure d'entretien avec Antonescu, l'ambassadeur britannique, Sir Reginald Hoare, est rentré faire ses bagages.

L'Allemagne dépend de la Roumanie pour son approvisionnement en pétrole et ce sont des Allemands qui contrôlent à présent la production. Quand les troupes du Reich sont arrivées, Antonescu a prétendu qu'elles venaient entraîner l'armée roumaine. Cela nécessite-t-il un corps expéditionnaire complet ?

Démantèlement d'un réseau

Paris, 11 février

Le réseau de résistance du Musée de l'Homme vient de subir un coup très grave. L'opération menée par les SS était minutieusement préparée, grâce à des dénonciations provenant d'employés du musée et à la trahison d'un des membres du réseau, Albert Gaveau. Des cars ont encerclé le palais de Chaillot et des hommes en armes se sont engouffrés dans le bâtiment et ont procédé à une perquisition en règle. Ils ont arrêté un grand nombre de personnes, dont Lewitsky, seul chef du réseau depuis le départ de Vildé pour Toulouse, et sa fiancée Yvonne Oddon. En janvier, les renseignements donnés par Gaveau avaient déjà permis de procéder à une première série d'arrestations.

1941

Février

Di	Lu	Ma	Me	Je	Ve	Sa
						1
2	3	4	5	6	7	8
9	10	11	12	13	14	15
16	17	18	19	20	21	22
23	24	25	26	27	28	

16. Soudan : la brigade française d'Orient du colonel Monclar débarque à Port-Soudan.

16. Somalie italienne : les troupes alliées d'Afrique du Sud commencent à traverser le fleuve Juba.

16. Singapour : minage des eaux autour de la colonie par les Britanniques.

17. Somalie italienne : au sud, les Britanniques occupent le port de Kismayou.

18. Libye : l'aviation italienne bombarde le port de Benghazi. Les Britanniques ne peuvent plus l'utiliser comme dépôt de munitions.

18. URSS : le commandant Pavlov accélère la construction de routes à l'Ouest.

18. Ethiopie : les Sud-Africains prennent la ville de Mega.

19. Le Caire : consultations entre Anthony Eden et les commandants en chef Dill, Wavell et Cunningham sur le plan d'aide à la Grèce (→ 22).

19. Washington : l'ambassadeur japonais déclare qu'il n'y aura la guerre avec les Etats-Unis que s'ils la veulent.

20. Libye : les troupes des FFL sous les ordres de Leclerc attaquent le fort d'El-Tadj, tenu par les Italiens. Ce fort défend l'oasis de Koufra (→ 26).

21. Italie : les rations d'huile d'olive et de beurre sont diminuées de moitié.

22. Bulgarie : l'état-major allemand arrive à Sofia. 17 divisions ont déjà passé la frontière. 8 d'entre elles se dirigent vers la Grèce (→ 23).

22. Varsovie : dans le ghetto, la ration quotidienne de pain est fixée à 85 grammes. 400 personnes meurent de faim chaque semaine.

22. Amsterdam : suite à la blessure accidentelle d'un officier dans un bar dont le propriétaire est juif, les SS arrêtent 389 Juifs (→ 27).

22. Somalie italienne : le croiseur *HMS Shropshire* bombarde le port de Brava, entre Kismayou et Mogadiscio (→ 25).

Singapour reçoit des renforts australiens

Les charmes du mode de transport local séduisent les soldats australiens.

Singapour, 18 février
Des troupes australiennes fortes de 12 000 hommes sont aujourd'hui arrivées à Singapour afin de renforcer la garnison britannique stationnée sur place. La 11e division indienne les y avait précédées et le 3e corps indien, placé sous le commandement du général Sir Lewis Heath, doit y établir son quartier général en mai.
Ce renforcement des troupes britanniques répond à la menace militaire croissante que les Japonais font peser sur le sud de leurs positions. L'Allemagne a en effet pressé l'empire du Soleil-Levant d'attaquer au plus tôt Singapour. Cette progression des Japonais vers le sud inquiète fortement les Australiens, dont la majorité des forces armées est engagée au Moyen-Orient. De leur point de vue, Singapour constitue le dernier rempart contre l'invasion des troupes japonaises. De leur côté, les Britanniques leur ont assuré qu'ils enverraient une flotte dès que l'attaque japonaise paraîtrait imminente.
En attendant, Singapour et la Malaisie ont besoin de renforts terrestres et aériens pour tenir. C'est pourquoi les Australiens ont envoyé une brigade d'infanterie.

A Brighton, en Angleterre, les forces de défense passive simulent une alerte au gaz en prévenant la population à l'aide de crécelles, de cloches et de panneaux. Ceux qui n'ont pas de masque sont évacués.

La bataille de l'Atlantique s'annonce mal

Atlantique nord, 22 février
Le vice-amiral Günther Lutjens, commandant la flotte de l'Atlantique, était à bord du croiseur *Gneisenau* quand ce dernier a coulé cinq cargos alliés. Cette tragédie vient de se dérouler à 650 milles au large des côtes de Terre-Neuve.
On ne peut pas parler de bataille. Accompagné de son jumeau, le croiseur de guerre *Scharnhorst*, construit aussi en 1935, les deux navires se sont retrouvés au milieu d'un convoi allié qui était démuni de toute protection.
Ces croiseurs de guerre allemands ne sont qu'un des soucis de l'Amirauté. Elle vit son mois le plus noir depuis le début des hostilités en mer.
Les mines se taillent encore une bonne part des résultats enregistrés par les Allemands. Le dernier modèle acoutisque (l'explosion est déclenchée par le bruit des bateaux) a déjà prouvé son efficacité. Depuis octobre dernier, les avions allemands jouent aussi un rôle croissant dans cette guerre. Les Kondor à long rayon d'action décollent des bases continentales pour faire une large incursion dans l'Atlantique avant de se poser à leur nouvelle base norvégienne de ravitaillement de Stavanger.
Les U-Boote restent toujours les plus redoutés. Le mois dernier, le mauvais temps les a empêchés de couler plus de 127 000 tonnes de fret sur les 320 000 transportées, un chiffre qu'on peut déjà multiplier par deux ce mois-ci. Les tentatives pour les détruire échouent dans la plupart des cas. La dernière victoire, sur l'*U-104*, par la corvette *Rhododendron*, remonte à avant Noël. Les Allemands n'ont perdu que 32 sous-marins depuis le début de la guerre. Les pertes ont en fait été causées par une flotte sous-marine qui n'a jamais réuni plus de 30 unités en opération au même moment. Enfin, et là est le problème, l'Allemagne les construit plus vite que les Alliés ne les coulent. (→ 22.3)

▷

Les Grecs sont inquiets pour leur avenir

Anthony Eden accompagné de Dill, Cunningham, Longmore et Wavell.

Athènes, 22 février
Anthony Eden, ministre des Affaires étrangères de Sa Majesté, n'est pas arrivé seul ce matin à Athènes. Avec lui, on remarquait le général John Dill, chef de l'état-major général impérial, le général Archibald Wavell, commandant en chef au Moyen-Orient, l'amiral Andrew Cunningham, commandant en chef de la flotte de la Méditerranée, et le maréchal de l'air Arthur Longmore, commandant de la RAF en Afrique du Nord. Ces personnalités se sont entretenues avec le roi de Grèce Georges II et son gouvernement sur l'opportunité d'une aide militaire britannique.

Côté grec, on observe une certaine réserve face aux offres d'aide anglaise. Cette attitude est guidée par la crainte de précipiter une intervention allemande que l'aide britannique pourrait se révéler incapable de contenir. D'autant que les Grecs savent que Hitler n'a désormais plus aucune raison de les ménager, le successeur de Metaxas, Korizis, n'étant pas germanophile.

Ce soir, les négociations semblent être en bonne voie. Elles vont probablement devoir se poursuivre tard dans la nuit. De toute manière, avec ou sans l'aide des Anglais, les Grecs sont décidés à se battre jusqu'au bout. (→ 23)

Un traité entre Ankara et Sofia

Ankara, 17 février
Le traité que viennent de signer la Turquie et la Bulgarie reflète bien la méfiance qui règne entre les deux pays depuis quelque temps. En effet, il insiste lourdement sur la bienveillance réciproque et l'amitié entre les deux peuples. Depuis toujours, Sofia redoute que la Turquie ne cherche un jour à lui reprendre les territoires qu'elle a perdus lors de la Grande Guerre et dans la guerre des Balkans. La Turquie, elle, s'inquiète de la récente concentration de troupes allemandes en Bulgarie et craint une éventuelle violation de ses frontières.

Staline renvoie Maxime Litvinov

Moscou, 21 février
Staline a humilié une nouvelle fois Maxime Litvinov, ex-commissaire du peuple aux Affaires étrangères. Il vient de l'exclure du Comité central. Litvinov est israélite. Il a épousé une Anglaise. C'est un fervent opposant à Hitler. Il devenait donc embarrassant dans les négociations que mène Staline avec le Führer.

Polina Molotova, l'épouse juive de l'actuel commissaire du peuple aux Affaires étrangères, Viatcheslav Molotov, a été limogée elle aussi récemment. Depuis deux ans, elle était commissaire de l'Industrie de la pêche.

Des Anglaises en uniforme

Grande-Bretagne, 22 février
Si peu de femmes rêvent de porter l'uniforme, elles sont quand même nombreuses à s'enrôler dans l'armée britannique. Elles ont même le choix. La plupart optent pour l'Auxiliary Territorial Service (ATS). Les Wrens, auxiliaires de la Navy, se sont fait une réputation d'élite. Les WAAF (Women's Auxiliary Air Force) sont fières de côtoyer les pilotes, toujours célèbres. Dans l'ATS, on apprend aux femmes à faire presque tout ce qui n'a pas directement trait au combat. Nombreuses sont celles qui apprennent à se servir du système de pointage des pièces antiaériennes sans toutefois déclencher le tir. La formation de chauffeur ou de mécanicien est très populaire. Le plus souvent, elles accomplissent des tâches administratives ou se retrouvent derrière les fourneaux.

Pour les WAAF, le travail le plus dur est d'organiser les opérations de barrage de ballons, qui sont tellement lourds qu'il faut seize femmes pour remplacer une équipe de dix hommes. La WAAF forme aussi des mécaniciens, des photographes, des opératrices radio, etc. Toutefois, les avis sont partagés à l'égard de ces femmes. Au cours d'un sondage, une dame a déclaré : « Ces filles de l'ATS nous déshonorent. Le soir, elles visitent le bar, boivent comme les hommes ; elles sont ivres mortes quand elles sortent. »

Le prestige de l'ATS devrait attirer des volontaires.

1941

Février

Di	Lu	Ma	Me	Je	Ve	Sa
						1
2	3	4	5	6	7	8
9	10	11	12	13	14	15
16	17	18	19	20	21	22
23	24	25	26	27	28	

23. Allemagne : Himmler réclame une augmentation de la natalité.

23. Rome : Mussolini reconnaît la perte de 200 000 hommes en Ethiopie. Il déclare que l'Italie se battra « jusqu'à la dernière goutte de sang » (→ 6.3).

23. Athènes : le Premier ministre grec, Korizis, accepte l'offre britannique d'aide militaire : 100 000 hommes, 142 chars et 464 canons.

24. Libye : premier accrochage entre les troupes britanniques et l'Afrikakorps, près de Nofilia à l'est de Sirte (→ 24.3).

24. Méditerranée : le cuirassé *HMS Terror* et le destroyer *HMS Dainty* sont coulés après 3 jours d'attaques des Stuka au large de Tobrouk en Libye.

25. Vichy : formation du cabinet Darlan. L'amiral, vice-président du Conseil, détient les portefeuilles de la Marine, des Affaires étrangères, de l'Intérieur et de l'Information.

25. Pays-Bas : pour protester contre la persécution des Juifs, grève générale à Amsterdam, Utrecht et Haarlem. Les SS répriment les manifestations.

25. Méditerranée : le sous-marin britannique *Upright* attaque un convoi italien. Il coule le croiseur *Armando Diaz* au large de Sfax en Tunisie.

26. Alger : signature des accords Weygand-Murphy.

26. Libye : à l'oasis de Koufra, les FFL de Leclerc font sauter le dépôt de munitions italien de 250 caisses de bombes. Ils réduisent la garnison du fort d'El-Tadj (→ 1.3).

27. Amsterdam : la loi martiale est déclarée. Les 389 Juifs arrêtés le 22 sont déportés au camp de Buchenwald.

27. Méditerranée : les Italiens repoussent les Britanniques de l'île de Kastellorizon dans le Dodécanèse, où ils avaient débarqué 2 jours plus tôt.

27. Londres : le Premier ministre australien, Robert Menzies, accepte d'envoyer des troupes en Grèce.

28. Erythrée : la RAF bombarde la ville d'Asmara (→ 15.3).

Victoire en Somalie

Mogadiscio, 25 février
Le général de division Alan Cunningham met un terme victorieux à sa campagne dans l'Est africain. Hier, ses troupes, constituées surtout de régiments africains, étaient à Brava, ville située à 192 km de la capitale de la Somalie italienne. Ce soir, il dormira à Mogadiscio, que ses troupes occupent déjà. Cette dernière étape a été menée à un train d'enfer, sous un soleil torride. Les opérations britanniques en Somalie italienne ont été expédiées en quinze jours. La zone frontalière avec le Kenya a tout d'abord été sécurisée. Le 12 février, les troupes africaines prenaient Afmadu et, le 14, l'important port de Kismayou tombait entre leurs mains. Il y eut très peu de résistance italienne jusqu'au fleuve Juba, où le général de Simone avait établi sa ligne de défense.
Le 23 février, les Sud-Africains franchissaient le fleuve au sud des positions ennemies pendant que le régiment de la Gold Coast (ancien nom du Ghana) traversait au nord. Adossés à la rivière et bloqués par un mouvement d'encerclement, les Italiens n'ont pas tardé à se rendre. Le plus gros de leurs troupes a capitulé à Djelib, laissant la capitale sans défenses. La Royal Navy participait aux opérations en bombardant la route côtière encombrée par les Italiens en retraite. Il ne restait plus alors qu'à foncer vers le port de Mogadiscio. (→ 16.3)

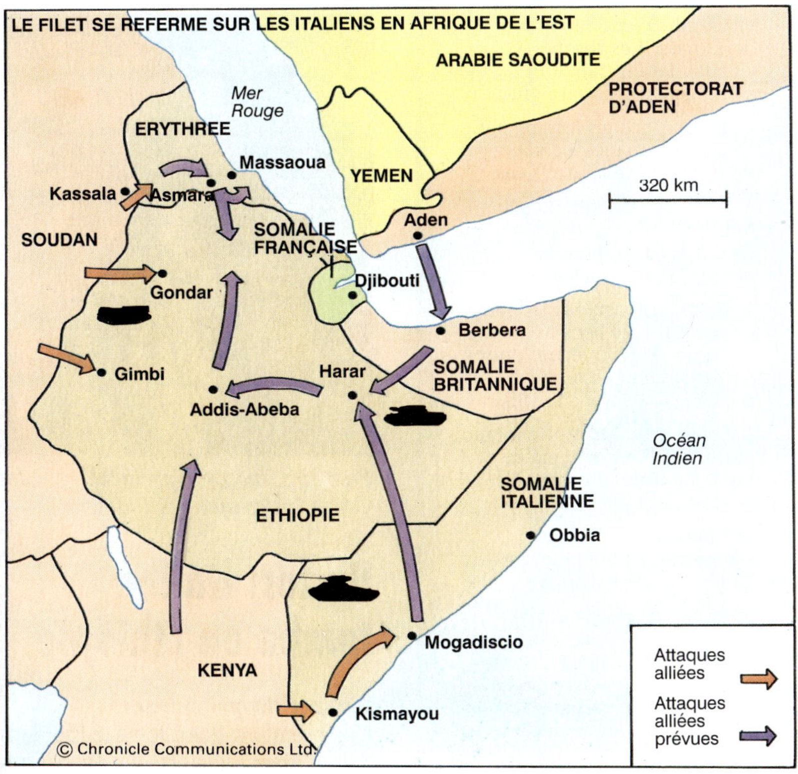

Les Allemands entrent en Bulgarie

Ils n'ont pas attendu que Sofia rejoigne l'Axe pour entrer en Bulgarie.

Sofia, 23 février
C'est avec la plus grande discrétion que des colonnes motorisées et des chars allemands ont pénétré en Bulgarie. Venant de Roumanie, ils ont choisi l'endroit très retiré de Cernavoda pour traverser le Danube. Ils ont pris soin d'éviter les ponts importants. C'est une invasion pacifique. Elle s'effectue à petits pas. Elle révèle l'intention de Hitler de pousser peu à peu la Grande-Bretagne à adresser un ultimatum à la Bulgarie. Hitler aurait ainsi un prétexte pour occuper le pays et le « sauver des Anglais ».
La discrétion de ces manœuvres est entretenue par la censure de la presse bulgare, très stricte sur les nouvelles militaires et nationales... ce qui n'empêche pas les Bulgares de s'apercevoir que des mouvements de troupes ont lieu sur leur territoire.

Anthony Eden convainc les Turcs

Ankara, 27 février
Londres et Ankara viennent de se mettre d'accord sur le problème des Balkans et de la Méditerranée orientale. La délégation britannique dirigée par Anthony Eden, ministre des Affaires étrangères, est arrivée par avion du Caire dans la capitale turque pour s'entretenir avec le Premier ministre, le Dr Saydam, et le ministre des Affaires étrangères. Le général Dill et son homologue le maréchal Chakmak ont aussi pris part à cet entretien.
Ces négociations ont été si fructueuses qu'il est inutile d'en prévoir d'autres. De plus, le porte-parole du gouvernement a précisé que « les deux parties sont entièrement satisfaites de la teneur des discussions ». Ce soir, Radio Ankara a fait l'éloge d'Eden. (→ 2.3)

Hitler veut plus de sous-marins

Munich, 24 février
Hitler a déclaré hier à un public trié sur le volet : « C'est maintenant que la guerre navale va vraiment commencer. » Il prononçait un discours à la Hofbräuhaus pour l'anniversaire de l'annonce publique du programme du parti nazi, le 24 février 1920. Il n'y est pas allé par quatre chemins, déclarant : « Nos méthodes nazies ont déplu à certains, mais j'étais à l'époque un soldat revenant du front où j'étais habitué à la méthode ferme. » Il a aussi parlé de la formation des équipages qui conduiront les U-Boote produits par les chantiers navals. Il a exagéré en citant le chiffre de 190 000 tonnes coulées en deux jours. C'est plutôt son bilan mensuel, mais c'est bien plus que ce que les Alliés peuvent supporter.

Vichy cède aux exigences de Tokyo

Vichy, 28 février
En acceptant les propositions japonaises sur le règlement du conflit frontalier entre l'Indochine et la Thaïlande, la France vient en fait de capituler. Le gouvernement a rendu sa décision ce matin même, alors que l'ultimatum japonais avait déjà expiré depuis quelques heures. Hier, le Japon avait fait savoir qu'il était prêt à intervenir par la force si cela devenait nécessaire. Quand l'accord sera signé, la France devra céder à la Thaïlande le territoire du Laos, à l'ouest du Mekong, et une parcelle importante du nord-ouest du Cambodge. Le Japon veut implanter des bases militaires dans le Sud indonésien et en Thaïlande. Cette initiative devrait permettre de signer un pacte avec ce dernier pays (→ 11.3).

Manifestations antinazies à Amsterdam

Beaucoup de Juifs sont déportés

Peu rentreront chez eux

Les habitants d'Amsterdam ont voulu réagir massivement contre les nazis. Ils ont manifesté, le 22 février, contre la déportation de jeunes Juifs. Plusieurs manifestants ont été arrêtés, certains ont même été fusillés sur place par les Allemands.

L'Asiatique doit régner chez lui

Tokyo, 24 février

Jamais on n'avait entendu de déclaration plus explicite sur l'idéologie de l'expansionnisme japonais.

S'exprimant devant le Parlement, le ministre des Affaires étrangères, Yosuke Matsuoka, a revendiqué l'Océanie au nom du « droit naturel ». Celle-ci englobe pour lui toutes les îles du Pacifique ouest.

« La race blanche doit céder l'Océanie aux Asiatiques. Cette région dispose d'assez de ressources naturelles pour nourrir de 600 à 800 millions d'habitants. Je crois que nous avons le droit naturel de nous y installer », a-t-il ajouté. S'il indique le chiffre de 600 millions, c'est qu'il englobe probablement l'Australie.

L'US Navy n'ira pas à Singapour

Washington, 24 février

Les Etats-Unis viennent de rejeter la demande d'envoyer des unités de l'US Navy vers Singapour.

Ils prétendent que si la chute de ce point stratégique est regrettable, elle n'entraînera pas de conséquences graves pour l'issue de la guerre. En revanche, la flotte du Pacifique serait dangereusement affaiblie. Cette décision a été annoncée à la fin de la conférence d'état-major anglo-américaine.

La RAF bombarde le port de Brest

Brest, 25 février

Cette nuit, 57 bombardiers de la RAF ont attaqué le croiseur lourd *Admiral Hipper*, en cale sèche dans le port de Brest mais ne l'ont pas atteint. Six bimoteurs Avro Manchester de la 207e escadrille faisaient également partie de la formation. C'était leur première mission. Le Short Stirling, autre bombardier lourd quadrimoteur, avait fait sa première sortie dans la nuit du 10 au 11 février. Aucun appareil n'a été touché mais un Manchester s'est écrasé après une panne de moteur. C'est son point faible et les pilotes s'en plaignent.

1941

Mars

Di	Lu	Ma	Me	Je	Ve	Sa
						1
2	3	4	5	6	7	8
9	10	11	12	13	14	15
16	17	18	19	20	21	22
23	24	25	26	27	28	29
30	31					

1er. Vichy : Pétain interdit les augmentations de salaire.

1er. Libye : la garnison italienne de Koufra se rend aux FFL du colonel Leclerc.→

1er. Vienne : la Bulgarie adhère au Pacte tripartite (→ 2).

1er. Grèce : un tremblement de terre laisse 10 000 personnes sans abri à Larissa.

2. Turquie : les autorités ferment les Dardanelles aux navires sans permis.

2. Roumanie : promulgation de lois antisémites.

3. Grèce : l'aviation italienne bombarde la zone du tremblement de terre de Larissa. Les troupes allemandes en Bulgarie atteignent la frontière grecque.

4. Turquie : le gouvernement refuse la demande personnelle de Hitler de rejoindre l'Axe.

4. Athènes : arrivée du général Maitland Wilson, commandant du corps expéditionnaire britannique en Grèce.

5. Berchtesgaden : Hitler exige de resserrer les liens avec le Japon. Mais il insiste pour garder secrète l'opération *Barbarossa* contre l'URSS.

6. Egypte : la Luftwaffe largue des mines dans le canal de Suez. La route du ravitaillement britannique est coupée.

6. Ethiopie : début de l'offensive britannique à partir de la Somalie italienne (→ 10).

6. Paris : premier numéro de *l'Appel*, hebdomadaire de l'aviateur Pierre Costantini. Il fonde la Ligue française d'épuration, d'entraide sociale et de collaboration européenne.

7. Grèce : les premières troupes du corps expéditionnaire britannique débarquent au Pirée et à Volos.

7. Atlantique : le destroyer *HMS Wolverine* coule l'U-Boot *U-47* du commandant Günther Prien. Churchill l'appelait le « formidable et indomptable Prien » (→ 17).

8. Londres : la Luftwaffe bombarde la ville. La boîte de nuit Café de Paris est touchée : 34 morts et 80 blessés (→ 15).

Raid spectaculaire aux îles Lofoten

Iles Lofoten, Norvège, 4 mars

Les Commandos (unités spéciales d'action britanniques) ont réussi une opération spectaculaire. Ils ont détruit dix-huit usines produisant de l'huile de poisson, laquelle intervient dans la fabrication de la glycérine, ingrédient de base pour les explosifs. Le bilan de l'opération est lourd : plus de 3 000 tonnes d'huile et d'essence parties en fumée, 11 navires détruits et 225 Allemands et Norvégiens collaborateurs faits prisonniers. La mission se composait de 500 Commandos et de 100 techniciens. Placée sous les ordres du général de brigade Charles Haydon, des Irish Guards, elle est venue par la mer, escortée par 5 destroyers et un sous-marin.

Premier succès spectaculaire des Commandos aux îles Lofoten.

Un fort italien tombe en Ethiopie

Burye, Ethiopie, 6 mars

Les premiers guérilleros éthiopiens entrés dans le fort de Burye offraient un étrange spectacle. Tous étaient vêtus d'uniformes disparates, vestes de soldats italiens et robes traditionnelles. Les Italiens ont résisté une semaine avant d'évacuer le fort cette nuit. Auparavant, Haile Yussuf, le chef des guérilleros, avait détruit leur réseau de communication. Démoralisée par les bombardements de la RAF, assiégée par les Ethiopiens, la garnison qui comptait 6 000 hommes a préféré décrocher, non sans avoir détruit un bataillon éthiopien. (→ 10

La tension monte dans les Balkans

Moscou et Londres isolent Sofia

Sofia, 5 mars
Londres vient de rompre ses relations diplomatiques avec la Bulgarie. Le ministre Georges Rendel a remis une note très sèche au gouvernement bulgare, accusé de coopérer activement avec l'Allemagne. Cette collaboration constitue une grave menace pour la Grèce, alliée de la Grande-Bretagne. Cette situation est « incompatible avec le maintien de la représentation diplomatique britannique en Bulgarie ».
M. Rendel a ajouté un commentaire personnel encore plus direct. Faisant allusion à la disparition d'un fonctionnaire bulgare dans sa légation, il a déclaré : « Cet incident a empoisonné nos affaires et fait régresser la Bulgarie de cent ans. Depuis des années, j'essaie de traiter les Bulgares en Occidentaux civilisés. Je viens de réaliser que je me suis trompé. »
Le Kremlin aussi a condamné l'arrivée des troupes allemandes. « On ne saurait considérer cette attitude comme pacifique pour la région des Balkans. » Moscou ne peut toutefois rien faire pour empêcher les Allemands de traverser paisiblement le Danube.

Des artilleurs allemands, au col de Shipkas, dans le centre de la Bulgarie.

La Bulgarie ouvre ses frontières à Hitler

Sofia, 2 mars
L'Allemagne a reconnu officiellement la présence de ses troupes en Bulgarie. « L'armée allemande, en accord avec le gouvernement royal bulgare, circule dans le pays depuis samedi », indique le communiqué du haut commandement allemand. Alors qu'il s'adressait au Parlement, le Premier ministre bulgare a déclaré que l'Allemagne avait bien demandé l'autorisation d'envoyer provisoirement ses troupes pour maintenir la paix dans les Balkans. Pendant toute la journée, les Allemands ont traversé le Danube. On apprend par ailleurs que l'avant-garde des forces allemandes se rapproche déjà de la frontière grecque. De même, en Bulgarie, l'importance des effectifs de la Luftwaffe fait supposer qu'une offensive contre la Grèce se prépare effectivement.

A Koufra, Leclerc prête serment

Libye, oasis de Koufra, 1er mars
Dans la cour du fort inondée de soleil, le clairon a sonné *Au drapeau*. Là, devant tous ses hommes, le colonel Leclerc a prononcé le serment qui désormais va guider son action : « Vous venez de remporter une victoire qui peut vous enorgueillir. Mais Koufra n'est qu'une étape dans la libération de la France. Nous ne déposerons pas les armes avant que le drapeau français flotte également sur Strasbourg et Paris. » La veille, le capitaine Colonna, commandant italien du fort d'El-Tadj qui contrôle l'oasis de Koufra, capitulait avec 12 officiers et 320 hommes. Très vite rallié au général de Gaulle, avec quelques officiers impatients d'en découdre, comme le colonel Ingold, le commandant Dio, les capitaines de Guillebon et Massu, Leclerc a formé une force mobile avec laquelle il pratique une « guerre de course » très efficace. Le 26 janvier, avec 120 méharistes, 250 tirailleurs sénégalais et un canon de 75, il partait de Faya-Largeau pour attaquer l'oasis de Koufra, située à 800 km plus au nord. Le succès de Leclerc met désormais à l'abri d'un coup de main italien la ligne de communication aérienne Kodari-Fort-Lamy-Khartoum-Le Caire, qui est vitale pour les Alliés.

Le prince Paul de Yougoslavie s'est incliné devant le Führer

Munich, 4 mars
Paul, le prince régent de Yougoslavie, avait été convoqué au Berghof, le repaire du Führer niché dans la montagne. Il y a reçu le traitement habituellement réservé aux petites nations. Il eut d'abord droit à une série de menaces. Puis, à l'aube, il a fini par céder en acceptant de rejoindre la Roumanie et la Bulgarie dans le camp germanique, et il signera le Pacte tripartite.
Hitler, heureux d'avoir obtenu ce qu'il voulait, a offert au prince en guise de consolation le port de Salonique, qui donnera à la Yougoslavie un accès à la mer Egée. Conscient de l'impopularité de sa décision, Paul a obtenu que le traité soit signé dans la plus grande discrétion.
La signature devrait avoir lieu dans dix jours. (→ 11)

Hitler et le prince Paul, au cours d'une précédente réunion, plus agréable.

Nouvelle offensive du Japon en Chine

Yichang, 6 mars
De violents combats ont éclaté sur la rive ouest du Yang-tseu-kiang, dans l'ouest de la province du Hubei. Les troupes japonaises y ont lancé une nouvelle offensive. Cette manœuvre vise à repousser les Chinois à l'Ouest, dans les montagnes, et vers Chongqing, la capitale du régime nationaliste du Kuo-min-tang.
L'offensive a débuté à 5 h 30 ce matin. L'artillerie a pilonné les positions chinoises pour couvrir l'avance de son infanterie, qui a pris l'importante position de Chankangling. Sur un autre flanc, près de sept cents Japonais appuyés par l'aviation et l'artillerie lourde prenaient Fan-chia-hu. (→ 13)

Himmler agrandit Auschwitz

Auschwitz, 1er mars
Ancien éleveur de poulets, Himmler s'est donné pour objectif de débarrasser l'Europe des Juifs et des bolcheviques. Il est aujourd'hui en visite au camp d'Auschwitz. Il a ordonné au commandant du camp, Rudolf Höss, d'aménager les lieux pour accueillir 130 000 prisonniers. Il devra aussi mettre au travail 10 000 d'entre eux dans l'usine de caoutchouc synthétique d'IG Farben.
Höss est un ancien condamné. Il a été reconnu coupable de l'assassinat d'un opposant politique. Il est ravi de ces projets et a promis de s'y consacrer avec le plus grand zèle.

Lisbonne, porte de sortie de l'Europe

Lisbonne, 8 mars
La capitale portugaise est devenue le point de ralliement de tous ceux qui fuient les persécutions nazies. Nombre de ces réfugiés y séjournent plusieurs semaines dans des conditions parfois misérables avant de pouvoir embarquer à destination de l'Australie ou des Etats-Unis.
La liste des passagers en attente est si longue que l'American Export Line, seule ligne maritime régulière entre l'Amérique et l'Europe, a décidé de cesser d'enregistrer des réservations tant que toutes les demandes existantes ne seront pas satisfaites.

1941

Mars

Di	Lu	Ma	Me	Je	Ve	Sa
						1
2	3	4	5	6	7	8
9	10	11	12	13	14	15
16	17	18	19	20	21	22
23	24	25	26	27	28	29
30	31					

9. Albanie : offensive italienne, dirigée par Mussolini, entre les fleuves Devoll et Vjosë. Les Grecs tiennent leurs positions (→ 13).

10. Pologne : un acteur qui déclarait ne pas être polonais mais allemand est exécuté par des résistants. En représailles, les Allemands fusillent dix-sept civils.

10. Ethiopie : les troupes britanniques se heurtent aux Italiens à Dagabur. Elles viennent de parcourir 960 km depuis Mogadiscio (→ 17).

11. Tokyo : par la signature d'un traité, la France cède à la Thaïlande une partie du Laos et du Cambodge. Le Japon obtient l'usage de l'aéroport de Saigon et le monopole de la production de riz d'Indochine.

11. Yougoslavie : à Belgrade, des manifestations éclatent contre l'influence croissante des pays de l'Axe (→ 19).

11. Europe : le bombardier Handley-Page Halifax fait ses débuts opérationnels dans un raid de la RAF sur Le Havre.

13. Grande-Bretagne : raids nocturnes de la Luftwaffe sur Glasgow et Clydeside. 236 avions lâchent 272 tonnes de bombes explosives et 59 400 bombes incendiaires.

13. Erythrée : la brigade française d'Orient est engagée contre les Italiens (→ 2.4).

13. Allemagne : Hitler nomme Alfred Rosenberg ministre des Territoires occupés à l'Est. Il confie à Himmler le contrôle des conquêtes futures à l'Est. Göring devra exploiter pour le Reich l'économie soviétique.

15. Erythrée : les divisions indiennes lancent une série d'attaques vers Keren (→ 27).

15. Belgique : création à Liège du Front de l'indépendance. Ce mouvement de résistance réunit des hommes de tous les horizons politiques.

15. France : mission *Savannah* à Vannes. Son but : éliminer les pilotes allemands qui guident les bombardiers vers leurs cibles anglaises. C'est la première opération de commandos parachutistes de la France libre. Elle échoue.

Le prêt-bail est signé

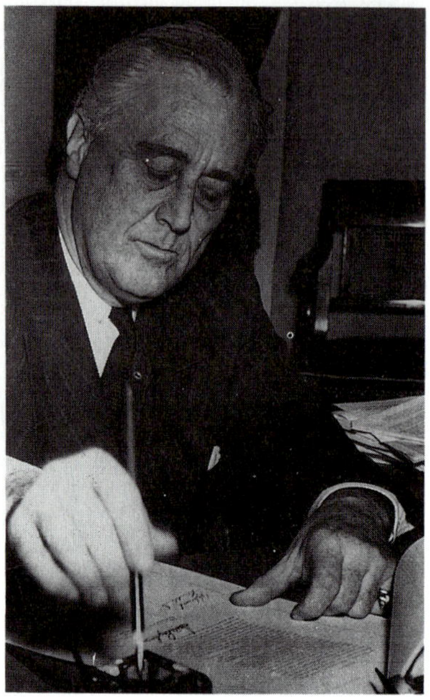
Roosevelt peut maintenant agir.

Washington, 11 mars
Le président Roosevelt a signé cet après-midi la loi prêt-bail. Elle fait des Etats-Unis l'allié de la Grande-Bretagne.
La loi avait été ratifiée à une large majorité par la Chambre des représentants et le Sénat. Selon les partisans du prêt-bail, cette loi vise à légitimer la politique qui fait des Etats-Unis l'arsenal des démocraties. Par ailleurs, elle concrétise l'engagement pris par le président Roosevelt « d'envoyer aux pays menacés un nombre illimité de navires, d'avions, de blindés et de canons ». La loi l'autorise à prêter à la Grande-Bretagne et à tous ses alliés des armements américains achetés ou construits par eux. Au stade de projet, la loi avait entraîné des débats parlementaires parfois houleux. Ses opposants faisaient de l'obstruction. Il y a cinq jours, l'influent sénateur Walter George, président du comité des affaires étrangères au Sénat, a prononcé un discours très favorable. Il a fait comprendre qu'un effondrement de l'Empire britannique bouleverserait le monde entier. La loi était adoptée au Sénat deux jours plus tard par 60 voix contre 31.
Juste après la ratification, l'armée et la marine ont accepté d'exporter en Grande-Bretagne les premiers matériels militaires. Le contenu en reste confidentiel. Déjà vingt-quatre vedettes rapides lance-torpilles qui avaient été construites suivant des plans britanniques sont dégagées. Elles renforceront les défenses contre une éventuelle invasion. Les autorités américaines en avaient interdit l'exportation. La plupart de ce matériel part à destination de la Grande-Bretagne. Le reste sera expédié en Grèce ou en Chine, où le conseiller du Président, Laughlin Currie, s'est rendu pour déterminer les besoins de ce pays.
Quelques heures après le vote, le Président a adressé au Congrès une demande de subventions de sept mille millions de dollars pour l'achat de munitions. Le *New York Times* a annoncé que, si nécessaire, des convois américains seront organisés pour acheminer ce matériel depuis les bases américaines.

Recul japonais en Chine nationaliste

Yichang, 13 mars
Après une semaine de durs combats, les forces nationalistes chinoises sont parvenues à repousser la dernière offensive japonaise dans l'ouest de la province du Hubei. L'ennemi, qui s'est replié sur ses positions initiales, à Yichang, aurait perdu quatre mille hommes. Les nationalistes ont alterné des actions de guérilla et des mouvements d'ensemble ; ainsi, la Force de défense de la rivière – c'est son nom – qui s'est infiltrée derrière les lignes ennemies.

Mariage discret du Maréchal

Paris, 9 mars
Dans le plus grand secret, le ma-riage religieux du maréchal Pétai a été célébré à l'archevêché. E 1920, il s'était marié civilement - la Maréchale étant divorcée – et depuis, ils n'avaient pas régularis leur situation. Ses fonctions de che de l'Etat ont rendu cette cérémoni urgente. En effet, quel scandale s l'Eglise, en cas de décès, lui refusa une sépulture religieuse ! La Maré chale s'est pourtant présentée seul devant l'autel, son mari lui ayan juste remis une procuration.

Une confrérie qui s'étend

France, 15 mars
En quelques jours, Gilbert Renault vient de faire des recrues de choix pour son réseau de la confrérie Notre-Dame. A Bordeaux, il a recruté Jean Fleuret, ancien syndic des pilotes du port, et Marie-Ange Gaudin, pilote lui-même. Puis, à Brest, il a rencontré le lieutenant de vaisseau Phillipon. Celui-ci est un pétainiste fervent et ne s'est engagé qu'après s'être assuré auprès de son chef, le capitaine de corvette Courson, qu'il n'y avait pas incompatibilité entre prêter serment au Maréchal et fournir des renseignements aux Anglais. Il a en outre indiqué à Renault l'adresse d'un de ses anciens marins, Bernard Anquetil, qui servira d'opérateur radio. Une moisson qui a justifié l'envoi d'un courrier à Londres.

Industrie de guerre cherche ouvrières

Grande-Bretagne, 9 mars
Dans un discours prononcé aujourd'hui à Newcastle, le ministre britannique du Travail, Ernest Bevin, a lancé un vibrant appel aux femmes de son pays. Il leur a demandé de répondre spontanément à la demande de l'industrie d'armement, qui a besoin de cent mille bras dans les quinze jours, sans attendre de convocations officielles. (→ 17)

« Venez me rejoindre à l'usine ! » clame cette ouvrière patriote.

Nuits de cauchemar en Grande-Bretagne

Les grilles du palais de Buckingham ont été touchées. On déblaie les ruines.

Grande-Bretagne, 15 mars
Depuis huit jours, les bombardiers allemands s'acharnent sur les villes britanniques. Londres a subi une première attaque dans la nuit du 8 au 9 mars. Le palais de Buckingham a été touché par des bombes incendiaires et une charge explosive est tombée sur l'esplanade. Un pavillon est détruit, un policier a été tué. Par chance, la majorité des bombes sont tombées dans Green Park. Beaucoup d'officiers en permission se trouvaient, ce même samedi soir, au Café de Paris, club à la mode du West End. A 21 h 30, deux bombes ont traversé l'immeuble jusqu'à la boîte de nuit située au sous-sol. La première a tué tous les musiciens. La seconde est tombée au milieu de la piste de danse, mais elle n'a pas explosé. On relevait cent blessés. Dans une ambiance hallucinante, des femmes en tenue de soirée déchiraient leur robe pour en faire des pansements. D'autres sortaient, hagardes, des ruines. Des taxis emportaient des blessés, les ambulances ne suffisaient pas. Le bilan a été de 34 tués, dont certains ne pourront être identifiés qu'après plusieurs jours.
Portsmouth connut les mêmes cauchemars les deux nuits suivantes. Dans la nuit du 10 au 11, pas moins de 244 bombardiers allemands, le plus gros raid de cette année, ont concentré leurs efforts sur la ville et le port. La population a fini par passer la nuit dans les tunnels de Portsdown Hill. Plus de 750 habitants sont morts.
Birmingham a subi des raids dans la nuit du 11 au 12. Le lendemain soir, c'était au tour de Merseyside, puis, le soir suivant, Birkenhead et Wallasey, où on a dû déplorer 630 morts, 2 bateaux coulés au dock et plusieurs autres endommagés. A Cardiff, l'hôpital de la Royal Infirmary a été touché.
Clydebank et ses chantiers navals ont le plus souffert. La région a été attaquée dans la nuit du 13 au 14. Il ne reste que 7 maisons debout. On compte 2 000 victimes, dont la moitié de tués. (→ 22)

Clydebank en ruine après le raid aérien le plus meurtrier sur l'Ecosse.

Göring pille les musées de Paris pour son compte

Paris, 15 mars
Les collectionneurs d'œuvres d'art ont récemment eu l'honneur de recevoir un visiteur très distingué. Le Reichsmarschall Hermann Göring est venu à Paris, sur ordre de Hitler, pour sélectionner les plus belles pièces des collections privées. Le Führer les considère comme butin de guerre et pourrait les marchander avec la France dans le cadre d'éventuelles négociations de paix. Il a fait son choix parmi les tableaux volés qui sont stockés au Louvre et au musée du Jeu de paume. Il aime les peintures de Rembrandt, de Rubens et de Goya, qui seront expédiées dans son manoir de Karin Hall près de Berlin. Elles enrichiront sa collection, qu'il est fier de montrer à ses amis. Depuis que les Allemands occupent le pays, Alfred Rosenberg, le Reichsleiter des Affaires intérieures, a mis en place un réseau spécial chargé d'importer des œuvres d'art en Allemagne. Son rôle consiste à sélectionner les pièces susceptibles d'intéresser le Führer, et suffisamment importantes pour rejoindre la collection privée de Göring ou assez « aryennes » pour être exposées au public.
A l'automne dernier, Rosenberg évaluait à 22 000 les objets précieux réquisitionnés, dont 5 281 tableaux et 2 477 meubles d'art. Naturellement, les œuvres d'art appartenant à des Juifs ont été confisquées les premières. Les collections des Rothschild, qui ont fui à l'arrivée des nazis, ont été immédiatement expédiées en Allemagne. Rosenberg a également pillé leur bibliothèque, dont 30 000 ouvrages polonais ont été envoyés aux écoliers de Berlin.
La Convention de La Haye interdit le pillage d'œuvres d'art... Göring n'en n'a cure : « Laissez-moi m'en occuper personnellement, a-t-il dit à un fonctionnaire allemand. Je suis le plus éminent juriste du pays. Mes ordres doivent être exécutés à la lettre et immédiatement. »

Echec d'une attaque italienne en Albanie

Des soldats d'une unité grecque inspectent un camion italien abandonné.

Tirana, Albanie, 13 mars
Depuis le 9 mars, en uniforme très imposant, Mussolini inspecte le front d'Albanie pour prendre la tête de ses troupes. Entouré de ses gardes du corps, il reste à l'arrière de la ligne de front dans sa voiture blindée. Ses ordres sont d'attaquer à tout prix. Malgré le courage de ses Chemises noires qui se battent furieusement, la tentative de reconquête des collines de la région de Tempelini entraîne des pertes très élevées. La présence du Duce a galvanisé les hommes, qui se battent avec un acharnement qu'on ne leur connaissait plus. Ils se lancent par vagues à l'assaut des hauteurs, laissant derrière eux des milliers de morts. Ce soir, ils ont arrêté l'offensive. Un communiqué du quartier général grec confirme qu'ils n'ont pas réussi à gagner du terrain. Pour maintenir le moral de ses troupes, Mussolini a fait distribuer des tracts les informant de sa présence.
Furieux, le Duce devrait regagner Rome d'ici à deux jours. Il se console en lisant les quotidiens italiens qui relatent par le menu le voyage au front du *condottiere*, sans toutefois mentionner les énormes pertes dues à cette offensive infructueuse.

Darlan menace la Royal Navy

Vichy, 10 mars
L'amiral Darlan menace d'utiliser la marine pour protéger les convois de vivres si la Royal Navy continue de les arraisonner. Aux côtés du maréchal Pétain, le ministre de la Marine a déclaré aux journalistes américains lors d'une conférence de presse : « Je suis responsable de la vie de 40 millions de concitoyens et de millions de personnes en Afrique. Je les nourrirai même si je dois employer la force. » Pétain a ajouté que les Français mangeaient avant la guerre une moyenne de 454 g de pain par jour et qu'ils ont dû réduire cette ration de moitié depuis le début des hostilités.

Roosevelt soutient les démocraties

Washington, 15 mars
Le président Roosevelt a confirmé qu'il ne subsiste pas la moindre hésitation chez les Américains à vouloir apporter une aide inconditionnelle à la Grande-Bretagne, à la Grèce et à la Chine, ainsi qu'aux démocrates contraints à l'exil.
Il a confié au cours d'un dîner à la Maison Blanche que si l'autocratie prussienne était déjà très mauvaise, le nazisme était pire encore. Le Président a aussi parlé du grand pont de solidarité de l'Atlantique où des milliers de bateaux transportent des denrées alimentaires et du matériel militaire vers ceux qui luttent pour la bonne cause.

1941

Mars

Di	Lu	Ma	Me	Je	Ve	Sa
						1
2	3	4	5	6	7	8
9	10	11	12	13	14	15
16	17	18	19	20	21	22
23	24	25	26	27	28	29
30	31					

16. Berlin : pour Hitler, la Grande-Bretagne sera vaincue en 1942, quelle que soit l'aide des Etats-Unis.

16. Somalie britannique : des unités anglaises débarquent à Berbera. Elles reprennent la ville aux Italiens et se dirigent vers l'Ethiopie.

17. Ethiopie : les divisions parties de Mogadiscio, dirigées par le général Cunningham, prennent Djidjiga. Les Italiens viennent d'évacuer la ville.

17. Maroc : à Tanger, Franco expulse le représentant du sultan du Maroc. L'Espagne offre sa résidence au consul allemand.

19. Londres : de Gaulle et Churchill fixent la parité du franc et de la livre. Les officiels de la France libre instituent leur propre système bancaire.

19. Belgrade : ultimatum de Hitler aux Yougoslaves : il leur donne cinq jours pour signer le Pacte tripartite (→25).

19. Londres : regroupement des groupes socialistes allemands en exil. Ils s'engagent à établir « un futur démocratique et socialiste pour l'Allemagne ».

20. Londres : raid nocturne massif de la Luftwaffe avec 479 bombardiers : 750 morts.

20. Moscou : le général Golikov, chef des services de renseignements de l'armée, assure Staline que Hitler n'attaquera jamais l'URSS tant que la Grande-Bretagne restera invaincue.

20. Somalie britannique : les troupes anglaises parties de Berbera reprennent Hargeisa.

22. Ethiopie : les Italiens déclarent Harar ville ouverte. Les troupes coloniales belges prennent Gambelo. Les forces anglo-africaines s'emparent de Neghelli au sud (→26).

22. Brest : arrivée des croiseurs allemands *Gneisenau* et *Scharnhorst*. Ils ont coulé 22 navires alliés en vingt jours de croisière dans l'Atlantique (→31).

22. Grande-Bretagne : le gouvernement accepte que les Etats-Unis livrent un cargo de farine à la France de Vichy.

L'évasion d'un passeur du Jura

Besançon, 20 mars
Quatre jours avant la date prévue pour son exécution, Paul Kœpfler a pu être sauvé grâce à la complicité des médecins et des infirmières qui le soignaient après sa tentative de suicide. Malgré sa discrétion, Kœpfler était devenu célèbre dans la région depuis son exploit de la dernière nuit de Noël où il avait réussi à faire passer la ligne de démarcation à 120 personnes. Hélas ! sa tête avait été mise à prix par les Allemands, et il avait été condamné à mort par contumace. Arrêté le 3 mars près d'Arbois, alors que, porteur d'un courrier important, il rentrait en zone occupée, il fut aussitôt transféré à Besançon. Torturé par les Allemands, sa peine de mort confirmée, il se trancha la gorge si profondément que ses bourreaux, le jugeant perdu, le firent conduire à la morgue de l'hôpital Saint-Jacques, où les derniers sacrements lui furent même donnés. Mais des médecins français apprenant son histoire le subtilisèrent aux Allemands, qui ne se souciaient plus vraiment de lui. Après lui avoir sauvé la vie, ils ont organisé son évasion avec l'aide de tout le personnel soignant, et, grâce aux filières que Kœpfler avait lui-même mises en place, il a pu regagner la zone libre où on le soigne, car, en se tranchant la gorge, il s'est sectionné les cordes vocales.

Chantier naval sur les Grands Lacs

Ottawa, Canada, 19 mars
Adolf Berle, secrétaire d'Etat adjoint américain, et William Mackenzie King, Premier ministre du Canada, ont signé un accord qui fait de la région des Grands Lacs le plus vaste chantier naval du monde. Les navires seront construits du côté canadien. Les matériaux, l'énergie et la finance viendront du côté américain. Le président Roosevelt a déclaré qu'il ignorait encore dans quelle mesure l'intensification des attaques aériennes et sous-marines contre les convois entraînera une extension des programmes de construction. Le nombre de navires nécessaires sera sûrement décuplé.

L'Angleterre de nouveau bombardée

Londres, 22 mars
La Luftwaffe a repris ses bombardements de nuit sur les plus importants centres de Grande-Bretagne. Il y a deux jours, Londres a connu le raid aérien le plus terrible de cette année. Plus de 100 000 bombes incendiaires ont été larguées par des centaines de bombardiers. Il y a cinq jours, la cible était Bristol. Les pompiers ont eu raison des incendies, mais on compte de très nombreuses victimes. Une bombe qui a explosé dans un abri public a fait de nombreux morts. Cette nuit, ce fut le tour de Plymouth. Une véritable tornade de bombes s'est abattue sur la ville, que venait de quitter le couple royal après une visite aux chantiers navals. Les dégâts sont considérables dans les quartiers résidentiels et le centre commercial. En ce moment, la ville est encore en flammes.
Tout le sud-ouest de l'Angleterre se mobilise pour envoyer du matériel de lutte anti-incendie. Les pompiers et les sauveteurs sont à bout de forces. Hier, à Clydeside, ils ont extrait des ruines deux hommes restés coincés sous des décombres pendant une semaine. Les défenses antiaériennes et les chasseurs de nuit ont été efficaces; les Allemands ont perdu beaucoup de bombardiers. Ce sont surtout les chasseurs Bristol Beaufighters, bimoteurs équipés maintenant de radars d'interception, qui se sont distingués. Certains de leurs pilotes se sont révélés être de véritables as comme par exemple le lieutenant aviateur Cunningham, surnommé Œil de lynx. Les services de renseignements pensent que ce retour en force des bombardements vise à détourner l'attention des activités sur le front de l'Est. Ils n'en restent pas moins atrocement réels.

Devant des ruines à Bristol, Winston Churchill promet de se venger.

L'Allemagne perd trois grands capitaines de sous-marin

Atlantique nord, 17 mars
Un bon début de semaine pour la Royal Navy qui enregistre une série de victoires au large des côtes d'Islande. Le *HMS Vanoc*, destroyer qui escortait le convoi HX-112, a reçu la reddition de l'*U-99*. Un autre destroyer, le *HMS Walker*, repêchait les survivants qui venaient vers lui à la nage. Le dernier de ces nageurs était le capitaine Otto Kretschmer. Il détenait le record en tonnage coulé. Cette victoire couronne une série de succès dans la guerre anti-sous-marine. Hier encore, le *Vanoc* a touché et envoyé par le fond l'*U-100* et son capitaine, Joachim Schepke. Il y a dix jours, la Royal Navy a coulé l'*U-47* dont l'équipage de quarante-sept hommes a péri avec son capitaine, Günther Prien. Ce personnage légendaire est connu de toute la flotte. C'est le héros de Scapa Flow, la base navale britannique où il avait coulé dans une mission impossible le *HMS Royal Oak*. Après cet exploit, il a totalisé 161 000 tonnes envoyées au fond de l'Atlantique. Il y a huit jours, peu après minuit, l'*U-47* traquait le convoi OB-293 à 200 milles au sud-est de l'Islande. Les destroyers d'escorte l'ont attaqué avec des grenades sous-marines. L'*U-47* a refait surface pour se retrouver à quelques mètres du *HMS Wolverine*. Il a replongé immédiatement, mais c'était trop tard. Le destroyer lui a envoyé une nouvelle série de grenades. Les marins racontent qu'ils ont vu une lueur orange s'étendre sous l'eau et une nappe d'huile en surface, puis plus rien. Prien n'avait que 31 ans.

Kretschmer débarque en prisonnier.

Prien, le « Taureau de Scapa Flow ».

Les Anglaises sont mobilisées à l'usine

Grande-Bretagne, 17 mars
Le ministre du Travail, Ernest Bevin, a donné des précisions concernant la mobilisation des femmes britanniques. Le but de l'opération est qu'aucun homme ne remplisse plus de tâche qu'une femme puisse exercer à sa place. Le mois prochain, toutes les femmes âgées de vingt et vingt et un ans seront enregistrées. Elles iront occuper les postes jusque-là tenus par des hommes dans les nouvelles usines d'armement qui pratiquent le système des trois huit. Les hommes pourront ainsi être mobilisés à des tâches exclusivement militaires.

Crise du régime en Yougoslavie

Belgrade, 21 mars
La décision du prince Paul de s'allier aux puissances de l'Axe provoque une grave crise gouvernementale à Belgrade. Trois ministres ont présenté leur démission et un autre est sur le point de les imiter. Le prince régent de Yougoslavie a vainement tenté de contrecarrer la volonté de ses ministres qui n'acceptent pas de s'allier à Hitler ni de laisser transiter les convois militaires allemands par leur pays. Cette crise ministérielle menace de retarder la signature du pacte. Une rencontre entre le Führer et les ministres devait avoir lieu aujourd'hui à Vienne. Elle est repoussée. (→ 25)

Le Reich a besoin de plus de charbon

Allemagne, 19 mars
L'industrie et le commerce du charbon viennent d'être réunis au sein d'un gigantesque cartel. Les dirigeants allemands espèrent que l'application d'un contrôle centralisé sur ce secteur stratégique permettra de dépasser le chiffre des 246 millions de tonnes produites cette année. Une importante augmentation de ce chiffre déjà élevé sera en effet nécessaire pour atteindre les objectifs du gouvernement en matière de fabrication d'armement.

1941

Mars

Di	Lu	Ma	Me	Je	Ve	Sa
						1
2	3	4	5	6	7	8
9	10	11	12	13	14	15
16	17	18	19	20	21	22
23	24	25	26	27	28	29
30	31					

23. Vichy : promulgation d'une loi décidant la mise en œuvre d'un transsaharien.

24. Libye : Rommel lance son offensive sur la Cyrénaïque. L'Afrikakorps reprend El-Agheila.

26. Ethiopie : les Britanniques occupent Harar.

26. Crète : raid de vedettes italiennes chargées d'explosifs dans la baie de La Sude. Le croiseur *HMS York* est mis hors de combat.

27. Washington : le Congrès attribue une aide d'un montant de 7 milliards de dollars pour le prêt-bail.

27. Balkans : la Luftwaffe envoie 500 avions en Bulgarie et en Roumanie.

28. France : à Lyon et à Marseille ont lieu des manifestations de solidarité avec la Yougoslavie.

28. Etats-Unis : une équipe de physiciens annonce la découverte d'un nouvel isotope de l'uranium : le plutonium 239 (→ 30.6).

29. Vichy : création du Commissariat général aux questions juives. Xavier Vallat en prend la direction. →

29. Ethiopie : les Britanniques occupent Dirédaoua (→ 4.4).

30. France : mise en place à Nîmes du premier comité d'action socialiste.

30. Amérique : tous les cargos allemands, italiens et danois dans les ports des Etats-Unis, du Mexique, du Costa Rica et du Venezuela sont saisis.

30. Berlin : en privé, Hitler s'adresse à 250 officiers sur l'inéluctabilité de la guerre à l'Est et la nécessité de détruire le bolchevisme.

31. Méditerranée : le sous-marin italien *Ambra* coule le croiseur *HMS Bonadventure* au large de la Crète.

31. Brest : raid nocturne sans succès de 109 bombardiers de la RAF sur les croiseurs allemands *Scharnhorst* et *Gneisenau* (→ 5.4).

31. Libye : l'Afrikakorps force les positions britanniques à Mersa Brega (→ 2.4).

La bataille navale du cap Matapan

Méditerranée, 29 mars

La bataille s'est achevée ce matin à l'abordage. L'amiral Iachino avait décidé d'envoyer deux escadres vers la Crète pour attaquer les convois britanniques. Le 27, un hydravion Sunderland repère trois croiseurs italiens. Il avertit Cunningham qui fait appareiller l'escadre d'Alexandrie. A 7 h 22 le 28, les Italiens entrent en contact avec une escadre qui vient de Grèce. Elle est formée des croiseurs *Orion*, *Ajax*, *Gloucester* et *Perth*. Ils engagent le combat et les Britanniques se replient vers les cuirassés de Cunningham. Au bout d'une heure de poursuite, les Italiens changent de cap pour rejoindre le cuirassé *Vittorio Veneto* qui arrive du nord. Les Anglais virent à leur tour, mais, à 10 h 58, l'*Orion* aperçoit le cuirassé italien qui ouvre le feu de ses canons de 381 mm. C'est alors que cinq avions torpilleurs du *Formidable* entrent en action pendant que la RAF, à 10 000 pieds d'altitude, bombarde le cuirassé. Touché à la proue par une torpille, il rompt le combat et remet le cap sur l'Italie avec le reste de la flotte. Au début de la nuit, le radar de l'*Ajax* détecte un écho immobile. Les cuirassés *Warspite*, *Valiant* et *Barham* se précipitent pour tomber à 22 h 30 sur les croiseurs *Fiume* et *Zara* qui secouraient le *Pola* stoppé par une torpille. Ils sont coulés en quinze minutes. Le matin, le *Pola* sera pris à l'abordage : son équipage est soûl de s'être réchauffé à l'alcool. Mais le *Vittorio Veneto* s'est échappé...

A la lueur des projecteurs, le « Fiume » et le « Zara » sont coulés par la Navy.

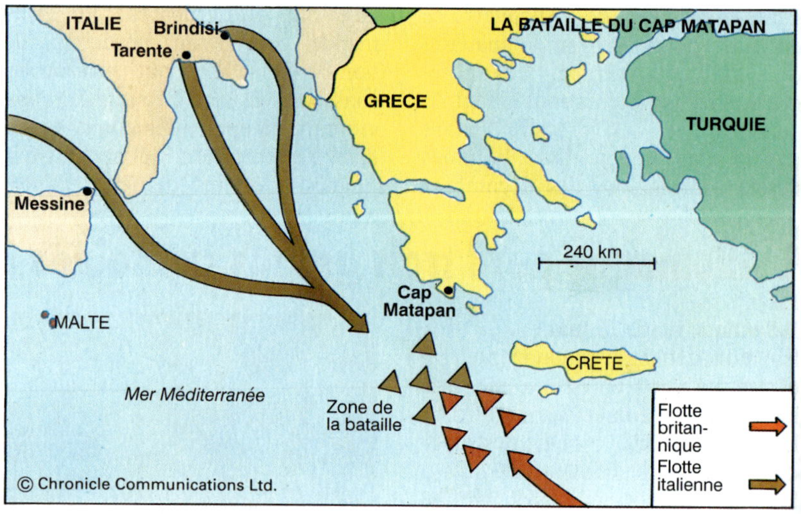

Les SS espionnent aussi la population allemande

Allemagne, 24 mars

Le Sicherheitsdienst, service de sécurité des SS, publie deux fois par semaine des rapports secrets sur l'état d'esprit de la population allemande. Ces *Rapports du Reich* sont constitués à partir d'informations glanées dans le pays par un réseau d'espionnage que dirige Otto Ohlendorf. Cette organisation dispose de plus de 550 antennes qui regroupent près de 30 000 espions et informateurs. Leur rôle consiste à saisir la moindre occasion pour mener des conversations discrètes et évaluer l'impact des décisions politiques auprès de la population allemande. Ces méthodes permettent aussi de connaître l'opinion publique et servent de plus à identifier les opposants au régime nazi. La toute première cible est l'Eglise. Le 10 mars, le rapport concernait la vente de photographies du Führer sur les champs de foire. Il précise : « Pour le moment, le peuple désapprouve la vente de portraits du Führer au milieu d'images saintes, de chapelets et d'objets pieux. » Le 17, un nouveau rapport affirme : « Dans les milieux cléricaux circule en ce moment une prophétie prononcée dans une langue étrangère qui ne laisse aucun doute sur sa signification. Elle annonce que le temps est venu pour l'Allemagne d'être appelée la nation la plus belliqueuse du monde. Le plus terrifiant de tous les soldats sortira de ses rangs pour semer la guerre à travers le monde. Les peuples de la terre entière s'uniront pour prendre les armes contre lui et l'appelleront l'Antéchrist. »

Accord des états-majors américain et britannique

Washington, 27 mars
Au terme de négociations secrètes relatives à l'éventuelle entrée en guerre des Etats-Unis, les états-majors américain et britannique sont parvenus à un total accord. Les deux parties se sont rencontrées quatorze fois depuis le 29 janvier. Elles ont débattu du plan américain soigneusement étudié par le président Roosevelt et présenté par le capitaine Turner, de l'US Navy, et le colonel de l'armée de terre McNarmey. Le résultat de leurs discussions s'appelle le plan ABC1, dont le principe est que l'Allemagne devra être vaincue la première. Les Etats-Unis donneraient donc la priorité au théâtre atlantique et européen. L'US Navy interviendrait aussi dans le Pacifique, pour protéger Singapour. Mais les Américains en sont convaincus : « Si nous perdons dans l'Atlantique, nous perdrons partout. »

Hitler réunit les peuples allemands

Etats baltes, 25 mars
Les autorités du Reich ont achevé le transfert vers l'Allemagne de 60 000 Allemands de souche qui habitaient l'Estonie, la Lettonie et la Lituanie. Cette opération résulte d'un accord signé le 10 janvier avec les Soviétiques, qui prévoit aussi le rapatriement en Union soviétique de 20 000 Baltes d'origine russe.
Depuis 1936, le Reich encourage – parfois fermement – les Allemands de souche à rejoindre leur pays d'origine. Le service spécial créé à cet effet en 1938 était placé sous la direction personnelle du Führer jusqu'à sa prise en charge par Himmler, en 1939. Ainsi, plus de 400 000 Allemands ont été « rapatriés ». La plus grande partie venait du Tyrol, région autrichienne cédée à l'Italie après la Grande Guerre.
Ces nouveaux citoyens regroupés dans des camps vivent dans des conditions misérables. Mais les autorités leur ont promis de leur remettre les propriétés appartenant aux Juifs et aux Polonais.

Les Yougoslaves disent non à Hitler

Berlin, 27 mars
Ce matin, Hitler est entré dans une rage folle quand on lui a annoncé le coup d'Etat organisé par les Yougoslaves pour renverser leur gouvernement pronazi. Il a convoqué sur-le-champ ses chefs militaires à la chancellerie du Reich, où, pendant des heures, il leur a énuméré en hurlant les terribles punitions qu'il compte infliger à ces rebelles. Exigeant une invasion immédiate, il ordonne la destruction « sans pitié » de la Yougoslavie.
Son ministre des Affaires étrangères, von Ribbentrop, a été envoyé en Italie, en Hongrie et en Roumanie pour informer les gouvernements qu'ils recevraient bientôt des morceaux de la Yougoslavie dépecée. Seuls les Croates, proallemands, pourront survivre dans l'Etat fantoche qui leur sera accordé.
Ce soir, à minuit, le Führer a écrit à Mussolini : « La situation actuelle ne laisse aucun doute quant aux événements qui vont se dérouler en Yougoslavie. J'ai donné toutes instructions dans ce sens... Je considère comme nécessaire, Duce, que vous renforciez vos forces le long de la frontière italo-yougoslave avec tous les moyens disponibles et dans les meilleurs délais. »
Tout en exécutant les ordres de leur Führer, les généraux ne cachent pas leur anxiété. A la fin de cette conférence, Hitler a révélé qu'il faudra repousser le début de l'opération *Barbarossa* (l'attaque de l'URSS) de quelques semaines pour se consacrer à la campagne yougoslave.

Mardi, la signature du pacte avec l'Axe provoque la crise

Vienne, 25 mars
A Vienne, dans le merveilleux décor du palais du Belvédère, le Premier ministre yougoslave, Dragisa Cvetkovic, a signé un pacte qui lie son pays à l'Allemagne et aux puissances de l'Axe. Il a quitté Belgrade en laissant derrière lui un gouvernement et un peuple divisés, avec des Serbes qui sont passionnément probritanniques et des Croates qui sont tout autant proallemands.
Après la signature, le Premier ministre a déclaré qu'il voulait la paix pour son peuple. Von Ribbentrop a promis que l'Allemagne respectera l'intégrité territoriale de son nouvel allié et n'aura aucune exigence sur le plan militaire. Personne ne le croit, et surtout pas celui qui vient de signer le pacte.

La signature à Vienne de l'acte qui lie les Yougoslaves aux Allemands.

Deux jours plus tard, le peuple renverse le gouvernement

Belgrade, 27 mars
En pleine nuit, à 2 h 30, le conseil de régence dirigé par le prince Paul a abdiqué. Agé de 17 ans, son neveu le roi Pierre II a pris sa succession. Il a immédiatement nommé au poste de Premier ministre le général Dusan Simovitch, chef d'état-major de l'armée de l'air. C'est lui qui est à l'origine de ce coup d'Etat qui a éclaté après deux jours de manifestations antiallemandes. Dès l'annonce de la nouvelle à la radio, le roi Pierre II a été acclamé par la foule qui a déferlé dans les rues de la capitale en scandant : « Nous sommes libres ! » Devant la légation soviétique, les gens ont crié : « Vive l'Angleterre ! Vive la Russie ! » et « A bas Hitler ! »

La population de Belgrade est en liesse pour fêter le régime antinazi.

Les Alliés progressent en Erythrée

A Chelamet, le général de Gaulle félicite les hommes de la Légion étrangère.

Keren, 27 mars
La bataille de Keren est terminée. Après cinquante-deux jours de combats, les Britanniques et les Français des FFL ont remporté une victoire stratégique sur les forces italiennes. La tâche n'a pas été aisée. Si les Italiens ont perdu la bataille, ils ont en revanche gagné le respect de leurs ennemis. La radio suisse a été jusqu'à parler de leur « courageuse résistance ».
La progression en territoire érythréen semblait pourtant aisée aux hommes des 3e et 4e divisions indiennes, de la Force de défense soudanaise et des FFL. Ils ont livré deux batailles jusqu'à Keren, l'une à Agordat, l'autre à Barentu. Lors de cette dernière, deux compagnies légères des Highlands ont été massacrées par trois cents soldats des forces érythréennes. Ce n'était là qu'un premier avertissement.
Keren est situé au pied des montagnes du nord de l'Ethiopie. Les Italiens qui occupaient la place étaient moins nombreux que les assaillants. Les renforts acheminés sur place par le général Nicolangelo Carnimeo ont rétabli l'équilibre, mais les Italiens sont moins bien armés. Toutes leurs positions n'ont pourtant été conquises qu'au prix fort et les redditions ont été rares lors de l'assaut final. On s'est battu au corps à corps au milieu des cadavres de Highlanders et de grenadiers de Savoie. Le bilan est de 536 morts et 3 229 blessés du côté allié, et de 3 000 morts et 4 000 blessés du côté italien.

Le croiseur « HMS York » quelques jours avant qu'il ne soit sérieusement endommagé au large de la Crète, le mercredi 26, par des commandos italiens qui ont lancé leur vedette bourrée d'explosifs sur sa coque.

Xavier Vallat nommé au CGQJ

Vichy, 29 mars
En nommant Xavier Vallat directeur du nouveau Commissariat général aux questions juives, Darlan a voulu faire un geste d'indépendance face aux exigences allemandes.
Certes, il a cédé en créant cet Office central juif réclamé par l'occupant pour appliquer les lois antisémites françaises. Mais il a cru affirmer sa liberté d'action en choisissant de mettre à sa tête cet antisémite notoire, mais connu aussi pour son nationalisme et ses opinions antiallemandes. Les Allemands n'en ont cure, car, pour eux, l'important est d'avoir obtenu satisfaction sur un point essentiel : l'implication plus grande du gouvernement de Vichy dans la participation de la France à la « solution finale ». Laisser les Français libres du choix du directeur, c'est les compromettre davantage. Xavier Vallat va donc s'installer dans les bureaux qui ont été désignés pour le nouveau commissariat, à l'hôtel d'Alger. La tâche qui l'attend est de démontrer aux Allemands que les Français sont parfaitement capables de mettre en œuvre par eux-mêmes un programme antijuif pour les deux zones.

Les nazis à l'étude de la question juive

Francfort-sur-le-Main, 26 mars
L'Institut de recherche sur la question juive a inauguré ses activités par un congrès de deux jours. Son rôle et ses activités à venir y ont été exposés par son président, Wilhelm Grau, qui vient d'être nommé. Créé sous l'impulsion de l'idéologue nazi Alfred Rosenberg, cet institut est l'une des « grandes écoles » du NSDAP. Il examinera « scientifiquement et systématiquement la question juive » selon les conceptions du régime nazi et communiquera les résultats de ses recherches au gouvernement. Sa bibliothèque de 350 000 documents provient d'archives réquisitionnées. Alfred Rosenberg a conclu son discours d'inauguration en affirmant : « La question juive sera résolue pour le pays lorsque le dernier Juif aura quitté la Grande Allemagne. »

1941

Avril

Di	Lu	Ma	Me	Je	Ve	Sa
		1	2	3	4	5
6	7	8	9	10	11	12
13	14	15	16	17	18	19
20	21	22	23	24	25	26
27	28	29	30			

1er. Lille : premier numéro de *la Voix du Nord*, nouveau périodique clandestin.

1er. Irak : coup d'Etat de Rachid Ali à Bagdad. Il est favorable à l'Axe (→ 3).

1er. Yougoslavie : le Sénat est dissous et la mobilisation générale décrétée : 1 400 000 hommes sous les drapeaux.→

2. Allemagne : premier vol d'un avion à réaction : le Heinkel He-280.→

2. Libye : Rommel s'empare d'Adjedabia et d'Al-Zueidina.

3. Paris : le commissaire aux questions juives, Xavier Vallat, rencontre l'ambassadeur Abetz. Ils conviennent d'accélérer « l'émigration » juive.

3. Londres : Churchill avertit son ambassadeur à Moscou, Sir Stafford Cripps, de l'attaque allemande contre l'URSS. Il doit en informer Staline.

3. Libye : les Britanniques évacuent Benghazi.

4. Atlantique : des U-Boote coulent dix cargos d'un convoi américain de 22 navires. Un sous-marin allemand est coulé. Le corsaire *Thor* coule le cargo armé *HMS Voltaire*.

4. Berlin : Hitler rencontre Matsuoka. Il lui promet de rejoindre le Japon dans les combats contre les Etats-Unis s'ils déclaraient la guerre.

4. Allemagne : sortie du film de propagande antibritannique *Président Krüger*. Il dépeint les atrocités britanniques contre les Sud-Africains pendant la guerre des Boers.

4. Ethiopie : les Italiens évacuent Addis-Abeba (→ 6).

4. Washington : Roosevelt autorise les navires de guerre britanniques endommagés à être réparés dans les chantiers navals américains.

5. Moscou : la Yougoslavie et l'URSS signent un traité de non-agression et d'amitié, que les Allemands condamnent.

5. Brest : un Beaufort de la RAF torpille et endommage sérieusement le *Gneisenau*, avant d'être abattu.

5. URSS : premier vol de l'avion de chasse Mig-3.

Suicide du Premier ministre hongrois

Budapest, 3 avril
A l'aube, le comte Teleki, Premier ministre hongrois, a mis fin à ses jours d'un coup de fusil. Décidé à ne pas céder aux exigences de Hitler, mais incapable d'y résister sans entraîner la Hongrie dans la guerre, le comte Teleki a préféré se donner la mort plutôt que de capituler dans le déshonneur. Dans la lettre qu'il a laissée au régent, l'amiral Horthy, il écrit : « [...] Vous comprendrez que je suis incapable d'affronter le spectre de la guerre. »
Il est peu probable que sa mort ait une influence sur la détermination de Hitler à conquérir les Balkans. On signale que les troupes allemandes traversent déjà la frontière hongroise. Le comte Teleki ne vivra pas la défaite.

Une bombe de deux tonnes sur Emden

Londres, 1er avril
La RAF a lâché la nuit dernière une nouvelle bombe sur l'Allemagne. Six bombardiers Wellington des escadrilles 9 et 149 ont attaqué le port allemand d'Emden sur la mer du Nord. Dans chaque formation, un avion modifié portait une bombe de deux tonnes. Son enveloppe est bourrée d'explosifs, comme celle de la bombe d'une tonne utilisée en juillet dernier. Cet engin est déjà surnommé « cookie » ou « gros calibre » par ceux qui le manipulent. Elle marque une escalade dans la guerre du bombardement.

Rommel est passé à l'offensive

Afrique du Nord, 5 avril
Vu du ciel, le désert libyen est devenu une immense masse de poussière tourbillonnante. Il ne s'agit pas d'une tempête de sable, mais des blindés de Rommel qui foncent vers l'est, en balayant les troupes alliées de ces pistes qu'elles avaient conquises il y a peu de temps. Deux mois après que le Fürher l'a envoyé en Libye avec des forces réduites à une division légère, une division de Panzer et quelques armes antichars, l'Afrikakorps de Rommel a transformé la physionomie de la guerre en Afrique du Nord.
Il y a onze jours, Rommel, connu pour la rapidité de mouvements de ses Panzer au cours de la campagne de France, s'est emparé d'El-Agheila à la frontière de la Tripolitaine et de la Cyrénaïque. Partout présent, il lance ses ordres depuis sa voiture de commandement ou depuis l'avion avec lequel il survole le terrain. Hier, ses chars ont repris Benghazi, et ce matin les unités d'avant-garde sont aux portes de Barce, à 320 km déjà d'El-Agheila. Ils rencontrent très peu de résistance. Une partie des troupes de Wavell est allée renforcer le corps expéditionnaire en Grèce. Il reste la 2e division blindée qui ne connaît pas le désert. Ses hommes ne sont pas entraînés à ce type de guerre mobile et la plupart de ses chars sont en panne.

Les habitants de Benghazi découvrent les blindés de Rommel.

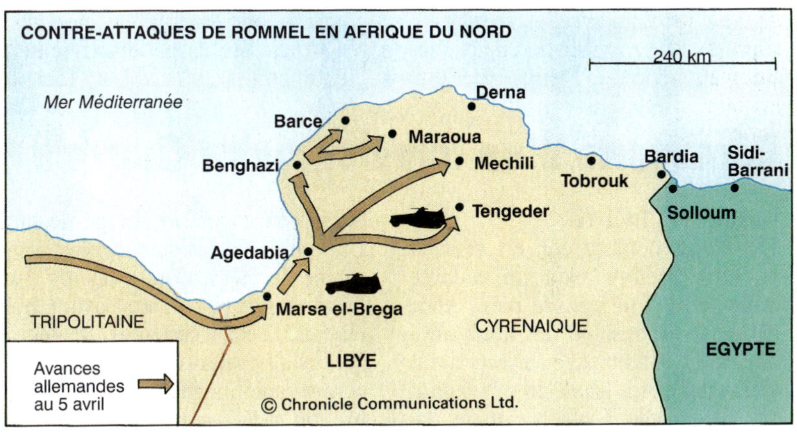

Les Anglais reçoivent une dure leçon du Renard du désert

Afrique du Nord, 5 avril
Quelques semaines après son arrivée en Afrique, Rommel représente déja une menace sérieuse pour les Alliés. Fils d'instituteur, membre des SA depuis 1929, nazi fervent, mais en même temps soldat humain, Rommel inquiète par la rapidité de son offensive. L'état-major allemand ignore qu'il avait reçu de Hitler, avant son départ, des journaux alliés qui décrivaient la tactique utilisée par le général Wavell pour battre les Italiens. Rommel a remarqué la bonne coordination qui existe entre les forces terrestres, aériennes et navales. Il étudia la tactique originale utilisée par le général O'Connor qui combinait avec ses chars les effets de choc et de surprise. Rommel commandait pendant la campagne de France la 7e division de Panzer qui, des Ardennes, a déferlé sur la France. Il a pris pour habitude de frapper l'ennemi en ses points faibles. Cet ancien chef d'état-major de Hitler dans la campagne de Pologne a toujours su saisir les occasions. Il a été déçu que l'Allemagne ne décide pas de poursuivre vers l'Angleterre après la bataille de Dunkerque, alors que les Anglais étaient en état de choc. Aujourd'hui, ses ordres sont de contenir les Britanniques et de rester subordonné aux Italiens. Sachant que les Alliés ont dégarni leurs positions, il a choisi d'ignorer les instructions de Hitler et de lancer une offensive rapide. Il vient d'ajouter une nouvelle victoire aux succès de l'Allemagne. (→ 6)

Rommel : le Renard du désert.

Le biréacteur de Heinkel est testé en vol

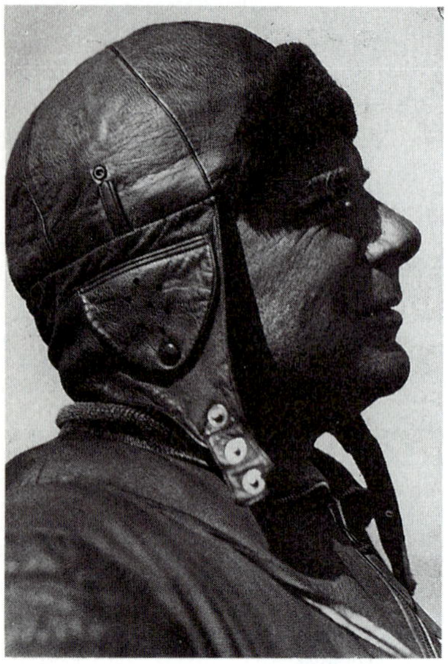

Udet n'est pas encore convaincu.

Marienehe, Allemagne, 2 avril
Une nouvelle étape dans l'histoire de l'aviation a sans doute été franchie aujourd'hui avec le premier vol d'un avion propulsé par deux moteurs à réaction, le Heinkel He 280. Les spécialistes en aéronautique connaissaient les limites d'altitude et de vitesse des avions propulsés par des hélices actionnées par des moteurs à explosion. Des équipes anglaises et allemandes travaillent depuis longtemps sur un moteur révolutionnaire : le turbojet ou réacteur. La compagnie allemande est actuellement la plus avancée. Le 27 août 1939, le He 178 fut le premier avion qui s'envola propulsé par un turboréacteur. Le général Udet, chef du développement technique de la Lufwaffe, se montra très peu convaincu par cet appareil, et le projet de moteur à réaction ne reçut pas grand soutien. Aujourd'hui, Udet a tout de même accepté d'observer les vols du nouvel appareil. La société britannique Power Jets Ltd, dirigée par le lieutenant-colonel Frank Whittle, de la RAF, vient, avec la Gloster Aircraft Company, de construire un avion conçu pour recevoir un moteur à réaction; cet appareil effectuera bientôt son premier vol. (→ 15.5)

Découverte d'un complot contre Churchill

Cambridge, 1er avril
Quand un petit garçon est venu la prévenir qu'il y avait un cadavre dans l'abri situé dans le parc, Alice Stutley, responsable des abris anti-aériens à Cambridge, a cru à un poisson d'avril. Mais, en se rendant sur place, elle a effectivement découvert le corps d'un homme, la tête fracassée par une balle. Il s'agissait de Jan Willen Ter Braak, un espion allemand chargé de tuer Churchill. Il résidait depuis l'automne dernier à Cambridge où il se faisait passer pour un savant hollandais. Ses fréquentes visites à Whitehall avaient fini par alerter le contre-espionnage. Dans sa chambre, on a découvert un Luger et un rapport sur les déplacements de Churchill. Se sachant surveillé, l'homme s'est sans doute suicidé.

Hitler a décidé du sort des Yougoslaves

Belgrade, 1er avril
Hitler ne décolère toujours pas, cinq jours après les événements qui se sont déroulés en Yougoslavie. Il vient de faire connaître au nouveau régime de Belgrade des exigences qu'il sait inacceptables. Il veut la démobilisation immédiate de toute l'armée yougoslave et la ratification du pacte avec l'Axe signé le 25 mars dernier à Vienne. Sa troisième volonté poserait moins de problèmes : il exige des excuses pour les manifestations antinazies qui se sont déroulées dans le pays. Pendant ce temps, les chefs de l'état-major allemand préparent l'invasion de la Yougoslavie, conformément à la 25e directive de guerre du Führer. Très conscient des réalités, le gouvernement yougoslave craint le pire. Il essaie de signer un pacte de non-agression avec l'Union soviétique, alliée de l'Allemagne. Le traité en cours de rédaction prévoit l'aide de chaque signataire en cas d'attaque par un pays tiers. Toutefois, le secours que pourrait offrir l'URSS à la Yougoslavie en cas d'offensive allemande est plus qu'incertain. Les troupes de Hitler sont déjà massées aux frontières, alors que l'Union soviétique est bien loin... (→ 6)

Berlin a favorisé le coup d'Etat en Irak

Bagdad, 3 avril
Un coup d'Etat a porté au pouvoir il y a deux jours Rachid Ali, l'ex-Premier ministre irakien soutenu par Berlin. Il a désigné un nouveau régent qui gouvernera au nom du roi Fayçal II, âgé de six ans. Rachid Ali a déclaré que l'armée lui faisait confiance pour « rétablir l'ordre et la paix ».
L'émir Abdul Ilah, régent renversé, accuse Rachid Ali de « pousser à la rébellion des éléments dont le mensonge est l'arme principale ». L'intervention britannique est quasi certaine : un traité prévoyant assistance en cas de guerre, dont la mise à disposition des aérodromes, lie la Grande-Bretagne et l'Irak.

Rachid Ali, Premier ministre d'Irak.

Asmara est aux mains des Anglais

Asmara, Erythrée, 2 avril
Alors que la brigade française d'Orient contournait la capitale pour contrôler les régions du mont Cantibaï, la 5e division indienne s'est dirigée vers Asmara. Le général Carmineo, malgré sa blessure à la jambe, a essayé, avec les débris de son armée, de contenir l'avance indienne à 35 km d'Asmara. Les Italiens, ayant perdu leurs dernières réserves dans la bataille de Keren, ont préféré se rendre aux Indiens plutôt que de risquer de tomber aux mains des Ethiopiens. (→ 8)

1941

Avril

Di	Lu	Ma	Me	Je	Ve	Sa
		1	2	3	4	5
6	7	8	9	10	11	12
13	14	15	16	17	18	19
20	21	22	23	24	25	26
27	28	29	30			

6. Libye : l'Afrikakorps reprend Msous et Mechili.

6. Balkans : en Yougoslavie, la Luftwaffe effectue des bombardements sur Belgrade. En Grèce, elle détruit le port du Pirée (→ 8).

7. Bulgarie : la RAF bombarde Sofia, en représailles aux raids ennemis sur Belgrade.

7. Libye : les troupes de Rommel s'emparent de Derna. Les généraux anglais Neame et O'Connor sont capturés.

8. Erythrée : les Alliés, avec la brigade française d'Orient, prennent Massaoua, le dernier centre de résistance italien.

9. Grande-Bretagne : raid de 237 bombardiers de la Luftwaffe sur Birmingham.

10. Libye : Rommel assiège la 9e division australienne retranchée à Tobrouk (→ 14).

10. France : la cour martiale de Gannat condamne à mort par contumace le général Catroux.

10. Londres : le cabinet de guerre envoie en Irak les troupes du général Auchinleck servant en Inde (→ 19).

10. Allemagne : après intervention de Pétain auprès de Hitler, le général Juin est libéré sur parole. Il s'engage à ne pas reprendre les armes contre l'Axe.

10. Atlantique : le destroyer *Niblack* lance des grenades sur un U-Boot. C'est le premier engagement militaire entre les Etats-Unis et l'Allemagne.

11. Yougoslavie : les armées italiennes et hongroises attaquent le pays. Les Italiens occupent Ljubljana.

11. Allemagne : le lieutenant français Alain Le Ray est le premier prisonnier de guerre à s'évader du château de Colditz.

12. Yougoslavie : Belgrade capitule. En Croatie, l'Axe crée un Etat fantoche dirigé par Ante Pavelic.

12. Libye : les troupes de Rommel occupent Bardia, à la frontière égyptienne.

12. France : Henri Frenay crée le premier journal clandestin publié dans les deux zones, *les Petites Ailes de France*.

Les Allemands partent à l'assaut des Balkans

Belgrade est rasé en trois jours

Belgrade, 8 avril
Belgrade n'est plus. Conformément à un ordre personnel du Führer, les bombardiers de la 4e Luftflotte du général Löhr ont conduit l'opération *Châtiment* avec leur zèle coutumier. Pendant trois jours et trois nuits, Stuka et Junker Ju-88, décollant des aérodromes proches de Bucarest occupés par les Allemands, ont pilonné sans relâche la capitale yougoslave. On estime que 17 000 personnes ont été tuées au cours de ces bombardements inhumains. Tandis que les premières bombes tombaient sur Belgrade, la 12e armée du maréchal List franchissait la frontière entre la Bulgarie et la Yougoslavie pour s'enfoncer en Macédoine.
Après trois jours de combat, il semble bien que le sort de l'armée yougoslave soit réglé. Skopje est tombé hier aux mains des Allemands, la ville de Nis en Serbie est depuis ce matin occupée par le groupe blindé de von Kleist, et des unités allemandes ont déjà franchi la frontière grecque dans l'intention de s'emparer de Salonique. Les Yougoslaves, qui avaient massé leurs troupes au nord, se retrouvent de fait pris à contrepied.
Le gouvernement du général Simovitch s'est réfugié à Uzice dans les montagnes de Serbie et semble ne plus avoir d'illusions. D'autant que les Italiens, les Hongrois et les Bulgares s'apprêteraient à participer à la curée. Les Britanniques ont envoyé 58 000 hommes, mais ils se sont déployés en Grèce. Les Yougoslaves sont seuls !

L'invasion des Balkans : des soldats allemands progressent sous les obus.

Les Allemands ont pris Salonique

Salonique, 9 avril
Trois jours seulement après le début des opérations en Yougoslavie, les Allemands arrivent déjà à Salonique. La ligne Metaxas, ces défenses qui s'étirent le long de la frontière bulgare, résiste encore, mais le 18e corps de montagne du général Böhme l'a contournée en passant par la Yougoslavie et s'est enfoncé vers Kilkis pour atteindre les faubourgs du port à la tombée de la nuit. Les Allemands sont maintenant à portée de la ligne de défense de l'Aliakmon où se trouvent les troupes britanniques, australiennes et néo-zélandaises. Leur débarquement au Pirée en début de semaine s'est effectué sous les attaques de la Luftwaffe. Dans la nuit de dimanche à lundi, un raid s'est transformé en carnage. Les cargos du convoi AFN 24 étaient toujours dans le port avec notamment le *Glen Fraser* qui contenait encore, à la tombée de la nuit, 250 tonnes d'explosifs dans ses cales. Vers 21 h, des bombardiers ont largué des mines magnétiques pour bloquer la sortie du port. Peu après, d'autres se sont acharnés sur le cargo. L'explosion fut terrible. Les morceaux de ferraille incandescents retombaient sur les autres bateaux qui s'enflammaient immédiatement. Les immeubles du quai ont pris feu, et le port est devenu un univers de flammes jusqu'au petit matin. Onze cargos ont été coulés, et il y a des dizaines de victimes. Les Allemands ont dû être renseignés par leurs agents du contenu de la cargaison du *Glen Fraser*.

Un navire américain pour les enfants

Marseille, 7 avril
L'arrivée du navire de la Croix-Rouge américaine, *Exmouth*, dans le port de Marseille, a été saluée par une explosion de joie et la foule en délire a longuement acclamé l'amiral Leahy, ambassadeur des Etats-Unis.
En apportant cette aide humanitaire à la France, les Américains n'ont donc pas cédé aux pressions de l'Angleterre, qui voit d'un mauvais œil des percées dans le blocus. Le chargement de l'*Exmouth* en vivres, en vêtements et en médicaments est particulièrement destiné aux enfants, qui souffrent plus encore que les adultes des conséquences du rationnement.

L'invasion des Balkans préoccupe Staline

Moscou, 12 avril
En signant avec Hitler le pacte de non-agression et ses protocoles secrets, Staline pensait consolider sa frontière occidentale. L'invasion des Balkans par les Allemands est une violation flagrante des promesses de ce pacte.
A la recherche d'alliés, Staline s'est tourné vers la Yougoslavie. Aux premières heures du 6, il a signé un traité d'amitié au moment même où les bombes de la Luftwaffe écrasaient Belgrade. Cet accord ne lui apportera donc plus rien. Il vient de rédiger des directives secrètes pour renforcer les zones fortifiées le long de la frontière occidentale. Près de 150 000 ouvriers du bâtiment sont enrôlés, mais les travaux ne peuvent pas encore commencer : on manque de bois et de ciment. (→ 17)

Addis-Abeba est libéré

Dans Addis-Abeba, les Sud-Africains empilent les armes prises aux Italiens.

Addis-Abeba, 6 avril
Le duc d'Aoste, commandant les troupes italiennes en Afrique de l'Est, a décidé de ne pas défendre la capitale. Résigné après les défaites qu'il a subies, il a choisi de reconstituer ses forces dans des régions inaccessibles. Il souhaite aussi que la population civile italienne ne subisse pas le sort qu'elle a connu lors de l'abandon de Dirédaoua, où des femmes et des enfants avaient été massacrés. Le général Cunningham a d'ailleurs fait larguer par avion un message au duc d'Aoste pour lui demander de faire en sorte que de tels événements ne se reproduisent pas. Le duc d'Aoste a répondu en signalant que l'administration civile italienne collaborerait et faciliterait l'entrée des troupes britanniques. Hier matin, un policier italien affolé s'est présenté aux avant-postes alliés pour les supplier d'entrer le plus vite possible dans la ville. Cunningham décida de ne pas laisser sa brigade d'Afrique de l'Est entrer la première. Il préféra confier cette mission aux troupes sud-africaines. Il eut quelques difficultés à le faire comprendre au général Fowkes qui, voulant entrer le premier dans Addis-Abeba, ignora les ordres transmis par signaux, les qualifiant d'incompréhensibles. Il faudra un ordre écrit de Cunningham pour qu'il freine l'avance de ses hommes. Ce matin, les Alliés sont maîtres de la situation, et le pire est évité. (→ 3.5)

L'Angleterre toujours sous les bombes

Grande-Bretagne, 12 avril
Les raids nocturnes de la Luftwaffe qui se poursuivent à travers le pays ont encore endeuillé le mois d'avril. Celui-ci sera probablement aussi meurtrier que le mois de mars, durant lequel 4 259 personnes ont été victimes des bombardements. Ce dernier bilan est le plus lourd depuis le début de l'année. Le nombre des tués depuis septembre est de 24 000, et celui des blessés graves de 34 000.
Coventry a encore été pris comme cible cette semaine. Deux cent trente avions y ont déversé trois cent trente tonnes de bombes. Les incendies provoqués par les explosions ont toutefois pu être maîtrisés par les guetteurs d'incendies et les auxiliaires du feu des AFS. Un hôpital a notamment été touché à plusieurs reprises. Les équipes de secours ont tout fait pour tenter de sauver les cent soixante patients qui s'y trouvaient, les transportant au sous-sol tandis que les salles étaient frappées les unes après les autres. Plusieurs médecins et infirmières ont été tués. Les villes de Birmingham, de Newcastle et de Bristol ont aussi souffert.
Des cantines mobiles, surnommées les Queen's Messengers, ont été envoyées sur place afin de pourvoir au ravitaillement des sans-abri. Ces citernes et ces camions équipés de cuisines contiennent chacun de quoi fournir six mille repas, et le service est assuré par des volontaires féminins du WVS et de la Société des amis. La plupart de ces cent quarante-quatre véhicules proviennent de l'aide américaine. La reine Elisabeth en a financé un, d'où leur surnom.

Les Queen's Messengers offrent plats chauds et boissons aux sinistrés.

Les USA vont construire des bases militaires au Groenland

Washington, 12 avril
Dans le cadre d'un accord conclu entre Henrik Kauffman, ministre danois, et Cordell Hull, secrétaire d'Etat, les Etats-Unis vont pouvoir établir des bases navales et aériennes au Groenland non occupé. Désavoué par les collaborateurs qui dirigent son pays, Kauffman a déclaré qu'il agissait au nom du roi. Cet accord facilitera le convoyage des avions vers l'Europe en assurant une escale indispensable. Il permettra aussi à la marine américaine de patrouiller plus à l'est pour protéger les convois alliés.

Le premier contingent américain au Groenland se recueille pendant la messe.

La guerre coûte cher aux Anglais

Grande-Bretagne, 7 avril
Le taux d'imposition vient d'êtr relevé de manière spectaculaire un niveau jamais atteint jusqu'ic Les rentes personnelles et les limite d'exonération fiscale ont été sévère ment réduites. L'argent recueil par la diminution ou l'annulatio des franchises d'impôts sera cons déré comme épargne obligatoire. sera remboursé après la guerre pa le biais de comptes d'épargne po taux. Les autorités ont promis c stabiliser le coût de la vie.

La RAF s'acharne sur le port de Kiel

Cette vue de Kiel montre les ravages causés par les bombes de la RAF.

High Wycombe, 8 avril
Le Bomber Command annonce que la base navale de Kiel a été touchée trente-six fois au cours d'un raid de cinq heures lancé la nuit dernière. Pas moins de 229 Whitley, Wellington et Hampden ont largué 40 000 bombes incendiaires qui ont transformé la ville et le port en un immense brasier. C'est l'attaque la plus violente que la RAF ait jamais lancée sur une seule cible. Allemands et Anglais utilisent la stratégie du bombardement de la zone entière de l'objectif avec des bombes incendiaires. L'état-major de la RAF, après avoir analysé le bombardement de Coventry par les Allemands, a conclu que les bombes incendiaires étaient dix fois plus efficaces que celles remplies d'explosifs. Churchill vient de déclarer que seuls les bombardiers apporteront la victoire. Hitler avait déjà ordonné de rayer les villes anglaises de la carte. Certains, en Angleterre, critiquent ces décisions en arguant du fait qu'on ne toucherait que des agglomérations urbaines. Aussi, la RAF a mis à l'étude une bombe qui « marquerait » avec précision les cibles. Le bombardement stratégique préconisé par la RAF avant 1939 suffira-t-il à vaincre ?

Douglas Fairbanks Jr sous les drapeaux

Etats-Unis, 10 avril
L'acteur Douglas Fairbanks Jr s'est engagé dans l'US Navy où il a été promu au grade de sous-lieutenant. Depuis le début de la guerre, Fairbanks mène campagne pour renforcer le soutien des Américains aux Alliés. Ses relations internationales lui ont permis d'apprécier à leur juste valeur nazisme et fascisme. Il a connu von Ribbentrop quand il était ambassadeur à Londres. Il a aussi rencontré le comte Ciano. La presse lui reprochait d'être un défenseur passionné de l'engagement américain sans avoir jamais porté l'uniforme. Maintenant, Fairbanks a toutes les raisons d'être heureux de sa nomination.

En uniforme et ce n'est plus un rôle.

1941

Avril

Di	Lu	Ma	Me	Je	Ve	Sa
		1	2	3	4	5
6	7	8	9	10	11	12
13	14	15	16	17	18	19
20	21	22	23	24	25	26
27	28	29	30			

13. Albanie : les Italiens lancent une puissante offensive contre les Grecs. Ils reprennent Korçë et Gjirokastër.

13. Malte : violent bombardement de la Luftwaffe (→ 27).

14. Yougoslavie : les divisions allemandes écrasent l'armée sud. Elles s'engouffrent par la trouée de Monastir et isolent l'armée grecque en Albanie.

14. Londres : Robert Menzies, le Premier ministre australien, convaincu que ses troupes ont supporté une part inéquitable des combats, propose de mettre un terme à la dictature de guerre de Churchill.

14. Egypte : le roi Farouk envoie un message secret à Hitler. Il espère que l'Egypte sera bientôt libérée du « joug britannique » (→ 26).

14. Lisbonne : le commandant Loustaunau-Lacau, officier français et chef du réseau Alliance, entre en contact avec l'Intelligence Service.

15. Irlande : la Luftwaffe lance un raid sur Belfast, qui fait 758 morts et 454 blessés.

16. Yougoslavie : les forces allemandes occupent Sarajevo. Elles détruisent la principale synagogue.

17. Yougoslavie : les Italiens occupent Dubrovnik. L'acte de reddition de l'armée yougoslave est signé près de Sarajevo.→

17. Londres : Churchill accepte d'évacuer la Grèce continentale, mais il insiste pour que la Crète soit solidement tenue.

17. Atlantique sud : le corsaire allemand *Atlantis* coule le paquebot égyptien *Zamjam.* 220 passagers sont prisonniers.

18. Athènes : le Premier ministre grec, Alexandros Korizis, se suicide.

19. Grèce : les Allemands prennent le mont Olympe et la ville de Larissa. La division SS « Adolf Hitler » coupe la retraite de l'armée grecque (→ 20).

19. Irak : les premières troupes britanniques venant des Indes débarquent à Bassora (→ 25).

Tobrouk résiste à un premier assaut

Premier échec pour l'Afrikakorps.

Tobrouk, 14 avril
Au terme des combats les plus difficiles qu'ils ont dû mener jusqu'à présent, les chars de Rommel ont été forcés de battre en retraite devant les défenses rapidement préparées par les Alliés à Tobrouk. Accueillis par des tirs de canons antichars et d'artillerie lourde, Rommel les a vus reculer en désordre dans le désert où les blindés les ont poursuivis. L'Afrikakorps a pu pénétrer dans cette zone de défense qu'une reconnaissance avait décrite comme un point faible du dispositif ennemi, mais ses chars légers n'ont pas fait le poids contre l'artillerie qui les attendait. Dix-sept blindés étaient déjà hors de combat quand le général Olbrich, qui dirigeait l'attaque, a dû donner l'ordre de retraite. La charge spectaculaire de Rommel en Libye toucherait-elle à sa fin ? Ses lignes de ravitaillement sont très étirées. Les hommes sont fatigués, les chars ont besoin de réparations. Il sait que le siège de Tobrouk sera long et que les Alliés pourront être ravitaillés par mer tant que la Royal Navy contrôlera la Méditerranée.
A l'origine, la mission de Rommel en Afrique du Nord consistait à motiver l'armée italienne et à chasser les Alliés de Tripolitaine. S'il connaît un premier échec à Tobrouk, il n'en contrôle pas moins aujourd'hui la Tripolitaine ainsi que l'ensemble de la Cyrénaïque. Hitler, ravi de la progression de son « protégé », lui envoie d'importants renforts. (→ 21)

La Yougoslavie dépose les armes

Brandissant tout ce qu'ils ont pu trouver comme linge blanc, les soldats yougoslaves courent se rendre.

Belgrade, 17 avril
Le ministre des Affaires étrangères yougoslave, Alexandre Cincar-Markowitch estime qu'on aurait mieux fait de suivre sa politique. Il signait, le 25 mars dernier à Vienne, le Pacte tripartite avec Berlin. Deux jours plus tard, un coup d'Etat militaire le forçait à se réfugier à Pale. Ce soir, les Allemands l'ont réquisitionné pour signer la capitulation de son pays. Belgrade s'était déjà rendu le 12. A Sarajevo, les débris de l'armée yougoslave, 6 000 officiers et 335 000 hommes, sont prisonniers. Le roi Pierre et le gouvernement sont en fuite vers la Grèce, tandis que des soldats, en majorité serbes, prennent déjà le maquis. Durant cette campagne de douze jours, les Yougoslaves se sont battus courageusement quand ils en ont eu l'occasion. On a vu des hommes se lancer, sans armement antichar, contre les blindés avec des grenades à main. Les tensions ethniques ont vite éclaté. Les Croates ne voulaient pas se battre pour un gouvernement qu'ils désavouaient. Deux régiments se sont ralliés aux Allemands, et un troisième aux Hongrois. Au nord, les minorités allemandes ont choisi de se battre aux côtés des nazis. Laissées sans ordres, les troupes en réserve entre Nis et Belgrade ont été capturées sans tirer un coup de feu ou se sont dispersées dans les montagnes. Sans le mauvais temps, les Allemands auraient terminé la campagne encore plus vite. Dès le 10, Zagreb tombait aux mains des Allemands, qui y ont fait 10 000 prisonniers. Les blindés de von Kleist ont pris Nis en une journée. Ces succès faciles ont encouragé les Bulgares, les Italiens et les Hongrois à intervenir. Cinq brigades hongroises, une division bulgare et la 2e armée italienne se sont jointes de manière peu glorieuse aux opérations. (→ 5.7)

L'opération « Barbarossa » est retardée

Berlin, 17 avril
Hitler peut ajouter à la liste de ses victoires éclair la capitulation yougoslave et l'effondrement progressif des défenses alliées sur le front grec. Cette situation rend la position de la Grande-Bretagne en Méditerranée de plus en plus fragile. La décision de Hitler, à la fin du mois dernier, d'envahir les Balkans devrait modifier son plan d'attaque de l'Union soviétique.
Berlin a prévu de terminer cette opération, qui a reçu le nom de code *Barbarossa*, à la mi-octobre, avant l'approche du terrible hiver russe. Les instructions étaient d'achever tous les préparatifs pour le 15 mai. Hitler va sans doute différer la date de l'invasion, puisqu'il a envoyé dans les Balkans des troupes qui sont affectées à l'opération *Barbarossa*. Cela lui donne à peine le temps d'atteindre ses objectifs. Le haut commandement reste cependant persuadé qu'il ne lui faudra pas plus de six semaines pour briser la résistance des Soviétiques. (→ 4.5)

Moscou admet que le Mandchoukouo est japonais

Moscou, 13 avril
Soucieux de protéger leurs frontières, l'Union soviétique et le Japon ont signé un pacte de neutralité pour cinq ans.
La seule frontière qui puisse exister entre les deux pays est celle, contestée, du Mandchoukouo. La signature de ce pacte signifie donc que l'Union soviétique reconnaît officiellement cette partie du continent comme possession japonaise.
Le traité prévoit qu'au cas où l'un des deux pays serait l'objet d'une attaque, l'autre s'engagerait à rester neutre. C'est l'Union soviétique qui, préoccupée par la dégradation de ses relations avec Berlin, a entamé ces négociations. A Tokyo, on se réjouit de cette nouvelle garantie.

Le ministre Viatcheslav Molotov.

Courage en Suisse

Zurich, 19 avril
L'exil de Bertolt Brecht, parti d'Al-lemagne en 1933, en sera adouci : sa pièce *Mère Courage et ses enfants*, créée au Schauspielhaus, est un triomphe. Pendant la guerre de Trente Ans, qui lui ravit ses enfants un à un, la vivandière Courage tente de tirer parti, au mieux de ses intérêts, des événements en se livrant à des trafics. La misérable roulotte qui lui sert de demeure et la transporte de pays en pays a surtout valeur de symbole : l'exil.

La Navy décime un convoi allemand

Malte, 16 avril
C'est à ce jour l'attaque la plus réussie contre un convoi allemand. La Royal Navy a coulé au large du cap Bon (Tunisie) cinq navires transportant 20 000 tonnes de marchandises de Tripoli à la Sicile, ainsi que les trois destroyers qui les escortaient. Un des bateaux contenait des munitions, un autre était chargé de camions. Le destroyer *HMS Mohawk* a également sombré, mais la majeure partie de son équipage a pu être sauvée. Pendant ce temps, sur les côtes d'Afrique du Nord, les chars de Rommel sont constamment harcelés par la Navy.

Grèce : retrait partiel des Alliés

Athènes, 19 avril
La dégradation de la situation militaire en Grèce a amené les Alliés à tenir conseil, afin d'étudier les possibilités de résistance. C'est dans une ambiance assombrie par la nouvelle du suicide du Premier ministre Korizis que le roi de Grèce Georges II, le général Papagos et les généraux Wavell et Maitland Wilson ont analysé le cours de la campagne. Tous sont arrivés à la même conclusion : il faut évacuer la Grèce continentale. En effet, la défaite yougoslave a creusé une brèche dans le front allié. En Albanie et en Macédoine, les divisions grecques, trop lentes à se replier, sont menacées d'être contournées par les Allemands.
En Epire, la 1re armée grecque a capitulé aujourd'hui même. Malgré la vaillance de ses combattants, l'armée grecque ne pourra pas prolonger sa résistance plus d'une quinzaine de jours et peut-être moins si les armées de Macédoine lâchent pied. Aussi est-ce sans hésitation aucune que le roi Georges et le général Papagos ont accepté l'évacuation du corps expéditionnaire anglais, dont une partie sera repliée sur la Crète, que Winston Churchill veut défendre en raison de sa position stratégique qui en fait un véritable « porte-avions » en Méditerranée orientale. L'opération d'évacuation, baptisée *Demon*, devrait commencer dès demain.

1941

Avril

Di	Lu	Ma	Me	Je	Ve	Sa
		1	2	3	4	5
6	7	8	9	10	11	12
13	14	15	16	17	18	19
20	21	22	23	24	25	26
27	28	29	30			

20. Grèce : les forces alliées se replient sur Kalamata, Nauplie et Monemvasia.

20. Chine : les Japonais s'emparent de Ningbo.

21. Libye : la Royal Navy bombarde le port de Benghazi.

22. Chine : les forces japonaises occupent Fu-tcheou.

23. Grèce : signature de la capitulation de l'armée grecque près de Salonique. Le roi Georges et son gouvernement quittent Athènes pour la Crète.

24. Grèce : des parachutistes allemands occupent les îles de Thasos, Samothrace et Lemnos au nord de la mer Egée. Les Alliés commencent à évacuer leurs troupes du Péloponnèse.

25. Irak : l'Allemagne et l'Italie s'engagent à fournir une aide financière et militaire à Rachid Ali.

25. Atlantique : les Etats-Unis élargissent la zone de sécurité de leur marine à 2 000 milles nautiques de la côte est.

25. Allemagne : Hitler ordonne l'opération *Merkur*, l'invasion de la Crète.

25. Egypte : l'Afrikakorps s'empare de la passe d'Halfaya et repousse les Britanniques sur la ligne Bouk Bouk - Sofafi (→ 15.5).

26. Grèce : des parachutistes allemands s'emparent du pont du canal de Corinthe. Pendant qu'ils désamorcent les charges, le pont saute (→ 27).

26. France : en zone occupée, nouvelle ordonnance allemande contre les Juifs. Elle leur interdit l'accès de la plupart des professions.

27. Londres : Churchill déclare que, si l'Egypte n'est pas tenue, il « abattra des généraux ».

27. Malte : le porte-avions *HMS Ark Royal* apporte 23 chasseurs Hurricane (→ 1.5).

29. Irak : les troupes de Rachid Ali coupent le pipe-line qui approvisionne les Britanniques à Haïfa. Le pétrole est dirigé sur Tripoli en Syrie au profit des forces de l'Axe.

30. Irak : l'armée irakienne assiège la base aérienne de la RAF à Habbaniyya (→ 2.5).

Parachutage de mines sur l'Angleterre

Le transept nord de la cathédrale St. Paul après le dernier raid allemand.

Grande-Bretagne, 20 avril
Selon la radio allemande, le raid de la nuit dernière sur Londres est la réponse aux attaques anglaises sur Berlin. Ce raid est le plus important depuis le « grand incendie » du 29 décembre dernier. Birmingham et d'autres villes ont aussi été les cibles de la Luftwaffe, qui utilise pour la première fois une nouvelle arme, le parachutage de mines terrestres. Commencée dans la nuit, l'attaque de Londres s'est poursuivie jusqu'à l'aube.
Sept cent douze avions ont lâché 153 096 bombes incendiaires, allumant 1 500 incendies, ainsi que 1 026 tonnes d'explosifs et de mines parachutées. Grosses comme des colonnes Maurice, ces mines pèsent plus de deux tonnes chacune et sont extrêmement puissantes. Elles descendent portées par le vent et explosent au contact du sol. Deux de ces mines peuvent détruire une rue entière. C'est ce qui s'est passé près de Victoria Station mercredi. « On se serait cru dans les Flandres », a raconté un des sauveteurs. Une des mines a raté sa cible et a atterri sur le pont de chemin de fer menant à Charing Cross. Une équipe spécialisée l'a aussitôt désamorcée. Ailleurs, on a eu moins de chance. Huit hôpitaux de Londres ont été touchés, dont le Guy's. Les salles des ventes de Christie's, le magasin de meubles Maple's et le Shaftesbury Theatre ont été détruits. Le feu a pris en plusieurs endroits chez Selfridge's ; une partie de Westminster (Speaker's House), le palais de justice et la caserne Wellington ont été endommagés.
Quant à la cathédrale St. Paul, elle est fermée depuis qu'une bombe de 250 kg est tombée sur le transept nord, emplissant la crypte de gravats. Les gardes de la cathédrale, qui se trouvaient sur le toit pour éteindre le feu, n'ont heureusement pas été blessés. Toutes les vitres ont été brisées par l'explosion, mais le dôme est intact. St. Andrew's, dans Holborn, le Temple, St. Clement Danes et Chelsea Old Church ont aussi été touchés. Ce soir, les raids ont repris en force sur les docks et l'East End.

La ville de Birmingham n'a pas non plus été épargnée... ▷

Les divisions Panzer entrent dans Athènes

La croix gammée flotte sur l'Acropole

Athènes, 27 avril
Les Panzer sont entrés dans la ville ce matin, et, ce soir, la croix gammée domine l'Acropole. La phase finale de la bataille de Grèce a commencé le 20 avril, jour anniversaire du Führer. Ce jour-là, les forces alliées se sont repliées vers le sud, par le défilé des Thermopyles, ne laissant en arrière-garde que quelques détachements destinés à ralentir l'avance des divisions allemandes. Ce même jour, les troupes grecques d'Epire se sont rendues. Le 23, en Macédoine occidentale, le général Tzolakoglou, encerclé, capitule à son tour, en dépit des ordres formels de ses supérieurs. Comme il s'était rendu au maréchal List, on recommença le lendemain les cérémonies de capitulation à Salonique, sur la demande de Mussolini. Entre-temps, les forces alliées commençaient à évacuer la Grèce à partir des ports du Péloponnèse, Nauplie, Kalamata, Monemvassia. Le lendemain, talonnées par les Allemands, les troupes qui tenaient les Thermopyles et l'Attique furent à leur tour évacuées par Mégare, Rafina, et Porto Raphti. Le 25, les parachutistes allemands s'emparaient du canal de Corinthe, tandis que la division blindée « Leibstandarte SS Adolf Hitler » traversait par des moyens de fortune le golfe de Patras et se lançait à l'assaut du Péloponnèse.

Dans les rangs grecs, c'est la rage au cœur que les officiers ont ordonné à leurs troupes de se rendre. Mais capituler devant les Italiens fut pour eux la pire des humiliations. S'ils s'inclinent devant la victoire des Allemands, les Grecs n'en oublient pas leur résistance acharnée au fascisme pendant six mois. Pour certains, l'humiliation de la défaite est trop forte. Un officier, le major d'artillerie Versis, recevant des Allemands l'ordre de se rendre, rassemble ses canons, les salue, puis se suicide alors que ses hommes entonnent l'hymne national. Ailleurs, ce sont des groupes de soldats qui se réfugient dans les montagnes pour éviter la captivité ou pour continuer le combat.

Athènes connaît à son tour le sort commun aux cités occupées par les nazis.

Les soldats allemands évacuent déjà leurs prisonniers vers les stalags.

Les armées alliées quittent la Grèce

Péloponnèse, 30 avril
Les dernières troupes britanniques, australiennes, néo-zélandaises et polonaises se sont embarquées aujourd'hui à Kalamata. La retraite alliée a duré dix jours, dix jours de marches épuisantes sous les bombardements incessants de la Luftwaffe.

Plusieurs milliers d'hommes n'ont pas pu être sauvés et ont été capturés par les Allemands qui les déportent déjà vers l'Allemagne. Cependant, l'opération d'évacuation montée par la Royal Navy en un temps record, l'opération *Demon*, a permis de sauver l'essentiel, c'est-à-dire 50 732 hommes du corps expéditionnaire britannique, dont une partie a été débarquée en Crète, où se trouve le roi de Grèce Georges II, afin de renforcer la défense de l'île. Les autres ont été dirigés sur l'Egypte. Beaucoup d'avions, de camions et d'armes lourdes qui n'ont pas pu être emportés ont été abandonnés à l'ennemi.

Les pertes des Britanniques pour la campagne de Grèce s'élèvent à 12 712 tués, blessés et disparus et 9 000 prisonniers. Les Allemands comptent 1 518 morts et 3 360 blessés en Grèce, en plus des 151 victimes, 15 disparus et 392 blessés en Yougoslavie. Du côté grec, 218 000 hommes ont été faits prisonniers et il y a 15 700 morts et disparus. Pour les Alliés, la campagne de Grèce est une erreur sur le plan stratégique. Déjà inférieurs en nombre et en armement, ils ont perdu des hommes aguerris et du matériel qui auraient pu leur être très utiles face à l'Afrikakorps et à Rommel. Mais, au dire de Churchill, ne pas répondre à l'appel au secours de la Grèce « aurait été fatal à l'honneur de l'Empire britannique ».

Comme elle l'avait fait à Dunkerque, la Royal Navy a rempli sa mission d'évacuation avec succès. Ses bâtiments ont assuré le transport de la force expéditionnaire impériale en Crète, même si elle a subi des pertes. Le 25, deux transports de troupes ont sombré et, le 27, les destroyers *HMS Diamond* et *HMS Wryneck* ont connu le même sort.

Charles Lindbergh quitte l'armée

Washington, 28 avril
Le colonel Charles Lindbergh vient de démissionner. Membre du cadre de réserve de l'armée de l'air des Etats-Unis, il était aussi un isolationniste fervent, l'un des leaders du groupe America First. Dernièrement, le héros de la traversée de l'Atlantique avait attaqué le président Roosevelt et avait déclaré « qu'une minorité conduisait les Etats-Unis à la guerre ». La présidence avait réagi vivement, le comparant à ces nordistes qui, au cours de la guerre civile, œuvraient en sous-main en faveur du Sud.

Entretien Roosevelt Mackenzie King

New York, 21 avril
C'est dans sa maison de famille, à Hyde Park, dans l'Etat de New York, que le président Roosevelt a reçu le Premier ministre canadien William Mackenzie King.
Les deux hommes ont évoqué l'avenir et envisagé des mesures sans précédent pour venir en aide à la Grande-Bretagne. Les Etats-Unis se préparent à assurer la défense du Canada, afin que le gouvernement canadien équipe de nouveaux contingents d'hommes qui pourront être engagés contre l'Allemagne.

Qui peut rivaliser avec les Panzer ?

Bovington, Dorset, 22 avril
Les Anglais réorganisent leurs divisions blindées. Sur le front, les chars posséderont désormais leur propre assistance : mécaniciens, infanterie motorisée, unités d'artillerie, unités antiaériennes et unités antichars. C'est une organisation semblable à celle-ci qui donne aux divisions allemandes de Panzer leur surprenante et terrible efficacité. D'après le gouvernement britannique, les chars Cruiser (Matilda, Crusader, Cavalier, Cromwell) sont tout à fait à la hauteur des équipements allemands ou italiens. Mais les soldats anglais qui ont affronté les Panzer Mk-IV ne semblent pas être vraiment convaincus.

Plymouth : des milliers de sans-abri

Un fauteuil et un chien : c'est tout ce qu'il reste à ces deux enfants.

Plymouth, 24 avril
Cela fait trois nuits que Plymouth est la cible de la Luftwaffe. Les bombardiers se sont encore acharnés sur le centre-ville, déjà dévasté lors des raids des 21 et 22 mars.
Le quartier de Guildhall avait déjà été rasé une première fois dans un rayon de 500 mètres, et des constructions datant du Moyen Age avaient été entièrement anéanties.
Mais le chantier naval de Devonport, principale cible des bombardements, est toujours en activité. Toutefois, comme d'habitude, que le raid soit allemand ou anglais, ce sont les civils qui en ont le plus souffert. Le mois dernier déjà, on avait constaté que les dégâts civils étaient considérables. On dénombre désormais 1 000 victimes, 30 000 sans-abri et plus de 18 000 habitations détruites.
La vie s'organise à nouveau : pendant que la Royal Navy dégage les décombres, le maire et son épouse soutiennent le moral de la population. A Plymouth Hoe, un orchestre anime un bal en plein air et, le soir venu, 50 000 personnes quittent la ville et s'en vont à la recherche d'un gîte pour la nuit dans les granges, les églises, voire dans les étables des alentours.

Le Ras Sayoum s'adresse à des guérilleros éthiopiens : les Italiens, quand ils le peuvent, se rendent aux Anglais, jamais aux Ethiopiens.

Rommel refoule les Alliés à la frontière égyptienne

Le Caire, 26 avril
La route de l'Egypte est désormais ouverte aux troupes de Rommel. Après avoir forcé sans difficulté les défenses du « défilé de l'Enfer », elles franchissent la frontière à Halfaya en compagnie de trois colonnes motorisées italiennes.
Pendant ce temps, à Tobrouk, les Alliés repoussent les assauts des chars de Rommel et font 2 000 prisonniers. C'est apparemment la seule bonne nouvelle pour une nation qui, quelques mois plus tôt, a failli expulser les Italiens du continent africain.
Churchill aspire à une victoire décisive des Alliés, mais après le repli des forces britanniques ses relations avec le commandant en chef, Sir Archibald Wavell, sont de plus en plus tendues. D'après ce dernier, les blindés anglais ne font pas le poids face aux Panzer et aux armes antichars allemandes.
De son côté, Rommel a aussi quelques démêlés avec ses supérieurs. Le général Paulus est en route pour Le Caire, chargé par le haut commandement de le rappeler à l'ordre et de l'empêcher de mener d'autres assauts sur Tobrouk. Mais le fougueux général allemand, fort de ses succès, va-t-il enfin se résoudre à exécuter les ordres ?

Bavière : plus de crucifix à l'école

Munich, 30 avril
L'interdiction des crucifix dans les écoles scandalise les Bavarois. « Les crucifix, images saintes et autres ornements religieux n'ont pas leur place dans nos écoles », a déclaré le ministre de la Culture de l'Etat de Bavière, Adolf Wagner. Il a ordonné de les enlever progressivement. Mais en Bavière, berceau du nazisme, règne un catholicisme fervent. Aussi, en signe de protestation, les fermiers ont refusé de distribuer le lait, et les parents retirent leurs enfants des écoles.
Le cardinal de Munich, von Faulhaber, dénonce la « disparition du christianisme de la vie publique » due à la politique nazie.

1941

Mai

Di	Lu	Ma	Me	Je	Ve	Sa
				1	2	3
4	5	6	7	8	9	10
11	12	13	14	15	16	17
18	19	20	21	22	23	24
25	26	27	28	29	30	31

1er. France : en zone libre, Pétain déclare à Commentry : « Le 1er mai sera désormais un symbole d'union et d'amitié. » Ce jour-là sera fêtée la Saint-Philippe.

1er. France : dans les mines du Nord et du Pas-de-Calais, on hisse des drapeaux rouges sur les terrils. A Lambersart, un sous-officier de la Wehrmacht est abattu par les mineurs (→ 26).

1er. Malte : raid massif des avions de l'Axe sur La Valette. A l'entrée du port, une mine coule le destroyer *HMS Jersey* (→ 21).

2. Irak : émeutes contre les Britanniques à Bassora, où des troupes indiennes continuent à débarquer. La RAF attaque les bases irakiennes de la région.

3. Ethiopie : offensive des Alliés contre les Italiens à Amba Alagi (→ 16).

4. Irak : la RAF bombarde Bagdad, son aérodrome et les routes d'accès à la ville.

4. Libye : échec des attaques de Rommel sur Tobrouk (→ 16).

5. Marseille : des navires français apportent 14 000 t de céréales des Etats-Unis.

6. URSS : Staline remplace Molotov comme président du Conseil des commissaires du peuple.

6. Paris : accords Darlan-Vogl. La Luftwaffe pourra utiliser les aérodromes de Syrie (→ 28).

6. Moscou : l'attaché militaire soviétique à Berlin prévient ses supérieurs que l'Allemagne se prépare à envahir l'URSS.

7. Islande : le destroyer *HMS Somali* s'empare du navire météo allemand *München*. Une machine à crypter Enigma et le livre des codes sont saisis.

8. Alsace : le STO est imposé aux Alsaciens.

8. Océan Indien : le croiseur *HMS Cornwall* coule le corsaire allemand *Pinguin*.

9. Syrie : arrivée des premiers avions de la Luftwaffe (→ 14).

10. Irak : la Habforce créée par le général Wavell s'empare du fort de Routba.

Les U-Boote déciment les convois

Atlantique nord, 9 mai

Les U-Boote *U-94* et *U-110* n'ont pas hésité à braver le grenadage pour lancer leurs torpilles sur le convoi OB-318, pourtant solidement escorté par dix bâtiments alliés. En deux jours, cinq bateaux sur trente-huit ont été coulés, l'*U-94* gravement touché, et la Royal Navy s'est emparée de l'*U-110*, réussissant à mettre la main sur son précieux système de codage.

Les attaques en mer, effectuées en majeure partie par les U-Boote, ont causé de lourdes pertes (50 % de plus en avril qu'en mars). Dans la plupart des cas, ces dégâts sont le résultat d'attaques combinées des nouveaux sous-marins de type IV à grande autonomie et des avions basés en Norvège, qui élargissent encore la zone d'insécurité pour les bateaux alliés dans l'Atlantique. Le mois dernier, des convois ont été attaqués avant l'arrivée de leur escorte. Ainsi le convoi SC-26 a perdu 10 de ses 22 cargos. Pourtant, l'espoir renaît avec l'instauration par Winston Churchill du Comité de la nouvelle bataille de l'Atlantique. Celui-ci vient de mettre en place une stratégie entièrement nouvelle et coordonnée au plus haut niveau. Un QG est déjà installé en Islande, d'où sont envoyés des hydravions, des avions de patrouille de la RAF et des destroyers de la marine. La zone de l'Atlantique ouest est couverte par la marine royale canadienne.

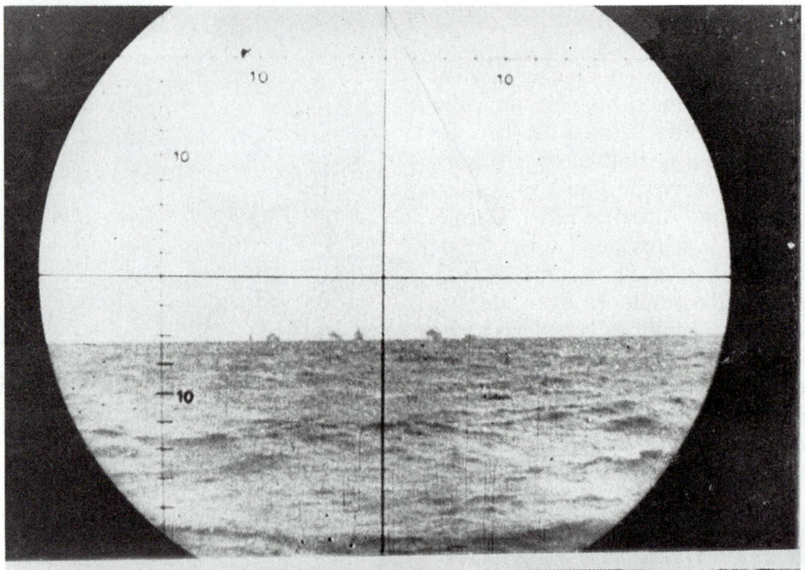

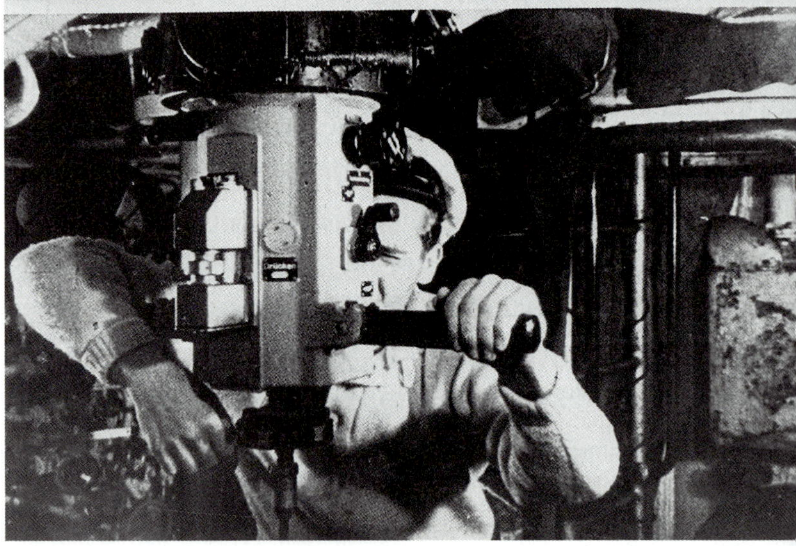

Le capitaine d'un U-Boot vient de repérer au périscope ses nouvelles cibles.

Les camps de concentration se multiplient

Allemagne, 1er mai

Les nazis ont utilisé les camps de concentration dès leur arrivée au pouvoir, mais leur nombre a considérablement augmenté depuis le début de la guerre. Les premiers à y être envoyés sont les démocrates, les socialistes, les communistes et les syndicalistes, vite rejoints par les activistes des territoires occupés et par ceux qui sont considérés comme des parias : les Tziganes, les homosexuels et, surtout, les Juifs.

Autre constatation : au début, juste après l'incendie du Reichstag, aucun secret n'entourait ces camps, et les reporters pouvaient même en visiter certains, des « modèles ». Aujourd'hui, on n'a aucune information officielle sur le nombre de prisonniers, mais on sait que la plupart d'entre eux sont astreints à des travaux physiques pénibles, dans des usines où les ouvriers sont traités comme des esclaves. La plupart succombent aux coups, à la malnutrition, à la maladie, à la surcharge de travail.

Vu les déportations massives, les camps déjà existants ont été agrandis : Dachau, Gross-Rossen, Sachsenhausen... Dans la Pologne occupée, les ghettos solidement gardés, peuplés de Juifs déportés contraints de travailler pour les usines allemandes, sont en réalité de gigantesques camps de concentration, où la mort est toujours présente.

Grave menace nationaliste en Irak

Bagdad, 8 mai

La tension monte depuis que les troupes irakiennes encerclent la base aérienne britannique de Habbaniyya. A l'origine du revirement irakien : la prise du pouvoir par Rachid Ali, sympathisant des puissances de l'Axe. Pour gagner du temps jusqu'à l'arrivée des renforts l'ambassadeur de Grande-Bretagne envoie des notes diplomatiques à Ali, exigeant le retrait de ses troupes. De son côté, Ali, confiant maintient ses positions et attend l'aide de l'Allemagne. Enjeu de la bataille : le contrôle des puits de pétrole irakiens.

Les bombardements coupent Liverpool du monde

Epargnée par les bombes, la statue de la reine Victoria trône encore au centre de Liverpool. Autour, il n'y a plus que des ruines à perte de vue.

Liverpool, 7 mai
C'est par une belle nuit de mai que la Luftwaffe est revenue bombarder les villes anglaises. Après une semaine de raids nocturnes, Liverpool et le Merseyside sont la proie des flammes. Le centre n'est plus qu'un amas de décombres, et l'incendie n'est pas encore maîtrisé dans les quartiers du port. Samedi, le bombardement a été un vrai cauchemar : 400 civils ont péri. Un navire qui transportait des obus et des munitions pour le Proche-Orient, le *Malakand*, a été incendié par l'explosion d'un ballon de barrage ; la déflagration a été si violente qu'elle a anéanti la zone portuaire de Huskisson et coulé six autres navires. On a retrouvé des débris du *Malakand* à plus de 3 km de là. Ailleurs, c'est un train de munitions qui a sauté pendant que des cheminots l'aiguillaient sur une voie de garage. En ville, de nombreux édifices ont été totalement détruits : les bâtiments des douanes, la halle au blé, le musée, la gare centrale... Les flammes ont dévoré les grands magasins Lewis. Une aile de la prison de Walton, en s'effondrant, a causé la mort de 22 prisonniers. A Mersey, un ferry a coulé ; on déplore 160 morts dans une école touchée par les bombes et 60 victimes dans les hôpitaux qui n'ont même pas été épargnés.
Des troupes sont réquisitionnées pour déblayer les rues, et l'accès au centre est interdit aux voitures. La plupart des installations téléphoniques étant détruites, les gens sont sans nouvelles de leurs familles. Les rumeurs les plus folles circulent : il y aurait eu 50 000 morts, et la loi martiale aurait été proclamée pour réprimer les manifestations en faveur de la paix. Ces bruits ont finalement été démentis.
Bilan de cette « semaine de mai » : 1 450 morts, ce qui porte à 4 000 le nombre des victimes des 68 raids menés par la Luftwaffe sur Liverpool, Bootle, Walasey et Birkenhead. En outre, on dénombre quelque 70 000 sans-abri.

Après cinq ans d'exil, Hailé Sélassié retrouve son trône

Addis-Abeba, Ethiopie, 5 mai
Hailé Sélassié fait un retour triomphal dans sa capitale. Pour l'empereur d'Ethiopie, le Roi des rois, « M. Smith » pour les services secrets alliés, le long voyage de retour a commencé en Angleterre, à Bath, et s'est poursuivi à dos de mulet en Ethiopie, sous l'escorte de la force Gideon du major Wingate et des patriotes éthiopiens. Hailé Sélassié est entré solennellement dans les rues d'Addis-Abeba où l'attendaient les troupes anglaises. Salué par 21 coups de canon, l'empereur a prononcé un discours et remercié « Dieu tout-puissant d'être de retour dans son palais d'où les fascistes se sont enfuis ».

Le général Cunningham accueillant l'empereur d'Ethiopie, Hailé Sélassié.

Main basse sur les codes allemands

Atlantique, 9 mai
Au sud du Groenland, la Royal Navy a réussi un beau coup de filet en forçant l'*U-110* à se rendre. Le capitaine Lemp a bien tenté de saborder son U-Boot endommagé par le grenadage de l'*Aubretia*, mais des marins anglais ont pris d'assaut le sous-marin et ont mis la main sur le code secret Enigma.
Grâce à cette prise, les services du chiffre anglais devraient à nouveau pouvoir décoder les communications entre les U-Boote et leur QG parisien. Les convois maritimes pourront ainsi éviter les meutes de sous-marins allemands.

Mission de paix en Ecosse pour Rudolf Hess

Glasgow, 10 mai
Qu'est-ce qui a pu pousser Rudolf Hess, l'un des plus anciens conseillers d'Adolf Hitler, à gagner cette nuit l'Angleterre ? Hier après-midi, il s'est envolé subrepticement de l'aérodrome militaire d'Augsbourg, à bord d'un Messerschmitt Bf 110 flambant neuf. Personne n'était prévenu. Avant le départ, Hess avait fait ajouter deux réservoirs supplémentaires, afin de disposer d'une autonomie suffisante. Après un périple de 1 400 km au-dessus de l'Allemagne et de la mer du Nord, Hess a profité de la présence dans le ciel anglais d'une escadre de bombardiers de la Luftwaffe en route vers Londres pour se diriger incognito vers l'Ecosse. Un instant repéré par un groupe de Hurricane, il leur a échappé en volant en rase-mottes. Au-dessus de Glasgow, Hess s'orienta et finit par trouver ce qu'il cherchait : le domaine de Dungavel, possession du duc de Hamilton qu'il avait rencontré en 1936. Afin que son appareil ne tombe pas aux mains de l'ennemi, il lui redonna un peu d'altitude, le retourna et coupa les gaz, avant de s'éjecter en parachute. Au sol, c'est un paysan armé d'une fourche, David Maclean, qui l'accueillit et l'emmena chez lui. La cheville fracturée, Hess prétendit s'appeler Alfred Horn. Transféré à Glasgow dans une infirmerie, Maryhillbarracks, ce n'est qu'une fois mis en présence du duc qu'il révéla son identité, assurant qu'il était porteur d'un message de paix destiné à Winston Churchill. Abasourdi, le duc, qui n'avait vu Hess qu'une fois, pensa avoir affaire à un affabulateur, mais, quand Hess lui cita le nom du général Karl Haushofer et de son fils Albrecht, il ne douta plus. Hamilton connaît le général qui, en décembre 1940, lui avait envoyé une lettre suggérant une entrevue. Haushofer, membre de la secte théosophique de Thulé, n'est autre que le concepteur de la notion de *Lebensraum*, l'espace vital cher aux nazis. Théoricien de la géopolitique, anglophile, Haushofer est partisan de la paix à l'Ouest entre Germains et Anglo-Saxons. Le duc entra donc en contact avec le secrétaire particulier de Churchill, qui comprit qu'un événement important était arrivé et lui demanda de rejoindre le Premier ministre à Ditchley Park, près d'Oxford, où il se reposait. (→ 13)

Rudolf Hess au cours d'une réunion des Jeunesses hitlériennes.

L'air dubitatif, ce robuste Ecossais inspecte les débris de l'avion de Hess.

Adolf Hitler prédit mille ans de règne pour le Troisième Reich

Berlin, 4 mai
Accompagné par Hess et Göring, Hitler pénètre dans le Kroll Opera House, où siège le Reichstag depuis l'incendie de 1933. « En cette ère de capitalisme juif, l'Etat national-socialiste se dresse comme un solide édifice plein de bon sens. Il vivra encore mille ans », déclare-t-il devant les députés.
Son discours sur les victoires allemandes dans les Balkans se transforme en une attaque cinglante contre le Premier ministre britannique, qu'il dépeint comme un belliciste assoiffé de sang et dépourvu des qualités nécessaires à un combattant. « Le talent de Churchill est de savoir mentir tout en conservant un air pieux, et de détourner la vérité au point de transformer de terribles défaites en glorieuses victoires », ajoute-t-il. De son côté, le grand amiral Raeder le presse de mettre à profit ses victoires grecques et yougoslaves en lançant une offensive sur Suez et sur l'Egypte. « Cette victoire, précise Raeder, serait plus fatale à l'Empire britannique que la prise de Londres. » Mais Hitler ne songe déjà plus qu'à la conquête de l'Union soviétique, l'opération *Barbarossa*.

Churchill remanie son cabinet

Westminster, 1er mai
L'industriel Frederik Leather vient d'être nommé par Churchill à la tête d'un nouveau ministère : celui des Communications en temps de guerre. Cet ancien garçon de bureau cumule cette fonction avec celle de ministre des Transports, et devient pair du royaume en entrant au gouvernement. Par ailleurs, lord Beaverbrook est nommé au rang de ministre d'Etat, titre jamais accordé. C'est lord Brabazon qui prend le portefeuille de la Production aéronautique.

Des officiers allemands vérifient le contenu des wagons postaux au passage de la ligne de démarcation entre les deux zones.

Londres et Hull bombardés

Londres, 10 mai
« Les assassins reviennent toujours sur les lieux de leurs crimes. » Ce vieil adage policier s'appliquerait assez bien à la Luftwaffe, qui est revenue bombarder Londres hier soir. Cette nuit encore, la pleine lune a facilité la tâche des pilotes allemands qui, malgré le black-out, pouvaient aisément distinguer leurs cibles.
Les pompiers londoniens luttent contre près de deux mille foyers d'incendie, dont neuf sont d'une ampleur telle que près de cent pompes ont été réquisitionnées pour alimenter les lances à incendie. Mais sauveteurs et pompiers sont très inquiets, car le niveau de la Tamise est tellement bas que l'on craint de manquer bientôt d'eau.
Après avoir été bombardé hier, le grand port industriel de Hull, situé en mer du Nord sur la rive nord de l'estuaire du Humber, a été de nouveau, ce soir, la cible de bombardements aussi meurtriers qu'à Coventry. On dénombre déjà près de mille morts et environ quarante mille sans-abri.

1941

Mai

Di	Lu	Ma	Me	Je	Ve	Sa
				1	2	3
4	5	6	7	8	9	10
11	12	13	14	15	16	17
18	19	20	21	22	23	24
25	26	27	28	29	30	31

11. Paris : les dirigeants du mouvement Valmy appellent à une manifestation. Plusieurs milliers de Parisiens se rassemblent devant la statue de Jeanne d'Arc.

11. Etats-Unis : l'ancien président Hoover déclare que les Etats-Unis doivent rester en dehors de la guerre afin d'aider la Grande-Bretagne.

12. Alexandrie : arrivée du convoi maritime Tiger. Il apporte 238 chars et 43 chasseurs à l'armée du désert de Wavell (→ 15).

12. Syrie : un premier convoi de 200 tonnes d'armes et de munitions françaises part pour l'Irak.

13. Allemagne : la presse décrit Hess comme un idéaliste voulant appuyer le sincère désir de paix du Führer (→ 17).

13. Irak : le grand mufti de Jérusalem, réfugié à Bagdad, prêche la guerre sainte contre l'Angleterre.

14. Syrie : la RAF bombarde les aérodromes de Palmyre et d'Alep que la Luftwaffe utilise avec l'accord de Vichy.

14. Vichy : Darlan dit à Pétain qu'il collaborera avec Hitler pour éviter une « polonisation » de la France.

15. Crète : bombardements de la Luftwaffe sur l'île (→ 19).

15. Tokyo : Richard Sorge, un espion soviétique, prévient Moscou que l'Allemagne envahira l'URSS dans la troisième semaine de juin (→ 25).

15. Egypte : le général Wavell lance l'opération *Brevity*. Il reprend la passe d'Halfaya aux troupes de Rommel.

15. Allemagne : le Dr Sigmund Rascher demande à Himmler l'autorisation d'effectuer des expériences médicales sur des prisonniers du camp de concentration de Dachau (→ 31).

16. Irak : des Heinkel He-111 effectuent des raids sur la base de la RAF à Habbaniyya (→ 19).

16. Libye : Rommel reçoit l'ordre d'attaquer Sollum et de laisser les Italiens assiéger Tobrouk (→ 27).

Les Italiens en déroute

Une colonne de prisonniers italiens conduits en captivité sous bonne garde.

Ethiopie, 16 mai

C'est dans les montagnes arides du Tigré que le duc d'Aoste avait installé son QG. Le col d'Amba Alagi, à mi-chemin entre Addis-Abeba et Asmara, est à plus de 3 000 m d'altitude. Dominé par neuf pics qui culminent à 4 000 m, l'ensemble forme une redoute naturelle quasi imprenable. Chaque pic est fortifié, et près de la passe se dresse le fort Toseli. Au début du mois, le duc d'Aoste s'y était retranché avec 18 000 hommes dont beaucoup ont déserté. Aujourd'hui, les espoirs des Italiens se sont envolés. Le duc d'Aoste a signé la capitulation de toutes les forces italiennes d'Afrique orientale. Une décision rendue nécessaire par la prise, avant-hier par la 1re brigade sud-africaine, du pic du Triangle, le dernier sommet encore aux mains des Italiens. La veille, les Ethiopiens avaient conquis les deux pyramides jumelles, qui se dressent non loin de là, et avaient massacré une bonne partie de leurs prisonniers. (→ 19)

Wavell en difficulté en Egypte

Egypte, 15 mai

L'été approchant, la chaleur et les vents de sable ralentissent la progression des tanks de Rommel. Ses lignes de communication sont mises à rude épreuve, ses blindés manquent de carburant et ses hommes sont exténués. En outre, l'attaque de Tobrouk dans la nuit du 30 avril au 1er mai a coûté à Rommel la moitié de ses chars. Sur ces entrefaites, Paulus, arrivé de Berlin pour superviser les décisions de Rommel, lui a demandé d'attendre des renforts et d'installer une ligne de défense à l'ouest de Tobrouk, à Gazala, avant de continuer sa progression.

Toutes ces informations, décryptées par les services anglais, ont amené Churchill à demander à Wavell de reprendre l'offensive. D'autant que le convoi Tiger, arrivé le 12 mai, a apporté 240 chars Matilda en renfort à Wavell. Ce dernier a donc mis au point l'opération *Brevity*. Aujourd'hui, la 7e division blindée et la 22e brigade des Gardes se sont emparées pendant quelques heures des défenses extérieures de Sollum, Fort Capuzzo et Halfaya, mais, durement contre-attaquées, elles se sont repliées, abandonnant Sollum et Fort Capuzzo à l'ennemi. Seule une garnison a été laissée sur les hauteurs d'Halfaya, position stratégique vitale, car qui veut entrer en Egypte doit passer par Halfaya.

Le Gloster, premier avion à réaction britannique, a volé

Une maquette du Gloster E.28/39. Une version à deux réacteurs est à l'étude.

Cranwell, Lincolnshire, 15 mai

Peu de temps après les Allemands, les Britanniques lancent leur premier avion à réaction. Le prototype Gloster E.28/39, piloté par Gerry Sayer, a décollé à 17 h 40 de Cranwell, base de la Royal Air Force, pour un vol inaugural de dix-sept minutes dans le ciel du Lincolnshire. « J'étais un peu inquiet, a déclaré après coup le lieutenant-colonel Whittle, un des pionniers du moteur à réaction, pas tant pour le moteur lui-même, mais parce que c'était le tout premier vol de l'appareil. » En l'état actuel, cet avion est prévu avec un armement de six mitrailleuses mais Gloster prévoit une version avec deux réacteurs et six canons de 20 mm.

Londres en flammes : le Blitz a fait des ravages

Cette vue prise du dôme de St. Paul montre l'étendue des destructions.

Churchill, l'air désabusé, contemple les restes de la Chambre des communes.

Le feu continue de dévorer la ville

Londres, 11 mai
L'ampleur de l'attaque de la nuit dernière par plus de 500 bombardiers allemands a laissé la population londonienne abasourdie. En ce dimanche matin de printemps, un sombre voile de fumée recouvre la cité meurtrie. Une odeur âcre flotte dans l'air. Les réservoirs en feu d'une centrale électrique vomissent une lourde fumée noire. Au nord de Londres, des lambeaux de tissu carbonisés tournoient au-dessus d'un tas de décombres. Des morceaux de papier brûlés et emportés par le vent sont retrouvés à plus de 30 km de la ville.

On estime qu'un tiers des rues sont impraticables, et les gens peuvent à peine se frayer un chemin pour se rendre à leur travail. Les terminus des principales lignes de chemin de fer sont hors d'usage. Certaines gares, comme Victoria Station, ont été touchées à plusieurs reprises. Plus de 50 000 habitants sont privés de gaz, d'eau et d'électricité. Sur les trottoirs, les bombes incendiaires finissent de se consumer.

Le bilan provisoire atteint des chiffres records : 5 000 habitations détruites, 1 400 morts et 1 800 blessés graves, que des équipes de secours continuent de dégager. Deux mille deux cents incendies sont considérés comme graves, et d'innombrables foyers couvent encore sous les décombres.

A l'ouest, la fabrique de savon Palmolive, en feu, embaume l'air, et l'eau dirigée sur le feu se transforme aussitôt en mousse brûlante. Chacun vit dans la terreur l'attente du prochain raid.

Les Communes forcées de déménager

Londres, 13 mai
La Chambre des communes est privée de toit. C'est dans les bâtiments de l'Eglise d'Angletere que les députés ont tenu leur séance. Après le raid nocturne de samedi, la Chambre des communes n'est plus qu'un amas de décombres : la tribune présidentielle n'existe plus, et seuls les murs, brûlés, tiennent encore debout. Le toit de Westminster Hall, bâti en l'an 1100, a résisté. Quant à Big Ben, touché par une bombe, il sonne toujours les heures, malgré son cadran cabossé et noirci.

« Le travail du Parlement ne sera pas interrompu par les actions de l'ennemi », a déclaré Churchill. Ce n'est pas la première fois que les Communes siègent à la Church House : elles s'y étaient réunies en novembre dernier avant de retourner à Westminster juste avant le raid. La Chambre des lords, bien qu'ayant souffert des bombardements, est utilisable, mais Churchill n'a pas pu dire si elle allait être ouverte aux députés.

De nombreux monuments londo niens ont été victimes du granc raid. La verrière de l'abbaye d Westminster s'est effondrée dan un flot de plomb fondu – on n' rien pu faire à cause du manqu d'eau. Le Deanery est détruit. L Lambeth Palace, Scotland Yard, l War Office, St. James Palace, Vic toria Station, les Law Courts : tou ces édifices ont subi de sérieu dommages. Au Royal College c Surgeon (école de chirurgie), on sorti des décombres des cadavre conservés dans du formol.

Au British Museum, 250 000 ou vrages ont brûlé. Une centaine d bombes incendiaires se sont aba tues sur la Tour de Londres, et l Pier Tower s'est effondrée, coula un bateau de la Royal Navy.

Miracle au théâtre Palladium : u mine aéroportée est restée suspe due au-dessus de la scène ava d'être évacuée.

St. Thomas et Charing Cross so au nombre des quinze hôpita touchés.

Darlan rencontre Hitler à Berchtesgaden

Berchtesgaden, 11 mai
Huit mois après Montoire, les responsables de Vichy cherchent toujours ce miraculeux accord politique global avec l'Allemagne, qui permettrait de raffermir les bases de l'Etat français. Darlan est de plus en plus convaincu de la défaite prochaine de l'Angleterre, pour laquelle il n'a jamais éprouvé de tendresse particulière. Aussi est-il prêt à faire des concessions au Führer, mais en échange de garanties sur l'avenir et la position de la France dans l'Europe nouvelle.
Composée de l'amiral de La Monneraye, du capitaine de vaisseau Fontaine, de Jacques Benoist-Méchin et de Darlan, la délégation française a reçu un accueil mitigé de la part d'un Hitler bien plus préoccupé par la préparation de l'attaque de l'Union soviétique que par les petites combinaisons de l'amiral Darlan.
Hitler ne cache pas que l'affaire d'Irak lui paraît mal engagée. En ce qui concerne l'avenir des Français, le Führer se montre évasif. Il refuse de formuler les conditions de paix. Il écarte aussi l'idée d'une participation active de la France à la guerre. « Je n'ai pas besoin d'elle pour vaincre. Mais de son attitude dépend la durée du conflit. Si elle la prolonge, elle en subira les conséquences, et elles seront dures. Si elle l'abrège, pour chaque acte positif, je lui accorderai une concession équivalente. »
« En somme, ce sera donnant donnant ? » hasarde Darlan. « C'est bien cela », confirme Hitler, mettant fin aux espoirs de l'amiral.

Darlan n'a obtenu aucune garantie de Hitler quant au sort de la France.

RAF-Luftwaffe : c'est la bataille des ondes

Grande-Bretagne, 13 mai
Aux yeux du citoyen ordinaire, les principales armes utilisées depuis huit mois dans la bataille contre la Luftwaffe sont le canon antiaérien et le ballon de barrage. Si ce dernier a découragé les avions volant à basse altitude, les canons ne se montrent pas vraiment efficaces. Les récents succès de la RAF dans les combats de nuit contre les bombardiers allemands sont dus à un nouveau système aérien de détection radio.
Plus efficace, la « bataille des ondes » est menée en secret par les scientifiques allemands et anglais. Il y a un an, ils ont découvert l'existence du système Knickebein qui guide les bombardiers ennemis jusqu'à leur cible. Pour brouiller les pistes, les Anglais créent de puissants émetteurs connus sous le nom de code d'Aspirins.
Les Allemands expérimentent alors un système plus sophistiqué : le X-Gerat. Ils en équipent une escadrille de la Luftwaffe qui marque les cibles avec des bombes incendiaires avant le passage des bombardiers. Les Anglais ripostent avec le brouilleur Bromide et allument de faux signaux (les Starfish).
Ainsi, il y a cinq jours, la plupart des bombes que les Allemands pensaient avoir lancées sur Nottingham et Derby ont explosé sans dommage en plein champ !

Navires français bloqués aux Etats-Unis

Washington, 15 mai
Les relations entre Vichy et les Etats-Unis se détériorent. Le Sénat vient en effet de voter une loi permettant au gouvernement de bloquer les navires étrangers dans les ports américains.
En vertu de cette loi, les Etats-Unis peuvent « saisir » les navires en les achetant, en les réquisitionnant pour des besoins d'affrètement ou en les plaçant en « détention préventive ». Cette mesure n'est pas spécifiquement dirigée contre Vichy, mais elle répond à la décision de Pétain de collaborer plus étroitement avec l'Allemagne. Déjà, des gardes armés sont en poste sur les bateaux français au mouillage dans les ports du pays. Le *Normandie*, paquebot de 83 423 tonnes, n'a pas échappé à la règle : il a été réquisitionné. Une vingtaine de navires marchands français seront placés sous bonne garde dès leur arrivée.
Pendant ce temps, on annonce officiellement à Londres que la RAF a bombardé des appareils de la Luftwaffe au sol sur les aérodromes syriens de Damas, Rayak et Palmyre.

Les conditions ont beaucoup changé depuis la période d'avant-guerre.

Le général Dentz, haut-commissaire de Vichy en Syrie, a protesté contre ces raids. Ils sont dirigés contre les Allemands qui envoient des armes à l'Irak pour soutenir Rachid Ali.

Hess est enfermé à la Tour de Londres

Londres, 17 mai
Le prisonnier qui a pénétré aujourd'hui dans la Tour de Londres n'est autre que Rudolf Hess. Il est arrivé d'Ecosse en train, après son « vol pacifique » d'Allemagne vers l'Angleterre. Enfermé dans une cellule proche de la tour Blanche, il passe son temps à regarder les exercices des soldats de la garde. Il restera là en attendant que l'on ait équipé une demeure du Hampshire en vue de sa détention.
Interrogé dès le 13 mai par Ivone Kirkpatrick, qui fut premier secrétaire de l'ambassade de Grande-Bretagne en Allemagne de 1933 à 1938, il a déclaré que le Führer proposait un marché : « Que l'Angleterre laisse à l'Allemagne les mains absolument libres en Europe, tandis que l'Allemagne laissera à l'Angleterre les mains absolument libres dans son empire. » Cette proposition a été refusée par Churchill.
En Allemagne, Hitler a fait arrêter Messerschmitt : c'est de sa piste d'essai que Hess avait décollé.

Rixe entre Français dans une sacristie

New York, 11 mai
Loin de les unir, l'amour de leur patrie oppose les Français de New York en deux clans irréductibles dont la rivalité tourne à la haine. Un incident à la fois grotesque et odieux a eu lieu ce matin lors d'un service religieux célébré dans un temple protestant. Les pétainistes, avec à leur tête M. Henry-Haye, l'ambassadeur de Vichy, s'étaient regroupés dans la travée de gauche, et les gaullistes dans celle de droite, derrière le délégué de l'association France Forever, M. Garreau-Dombasle. Tout au long de la cérémonie, les deux camps s'étaient défiés du regard, sans égard pour la solennité du lieu. A la fin de la messe, les représentants des deux groupes se ruèrent simultanément à la sacristie, chacun voulant être le premier à saluer le pasteur au nom de la France. Il en est résulté une bousculade, des insultes en pleine église. Il fallut s'interposer pour empêcher une rixe ridicule entre les chefs des deux groupes.

1941

Mai

Di	Lu	Ma	Me	Je	Ve	Sa
				1	2	3
4	5	6	7	8	9	10
11	12	13	14	15	16	17
18	19	20	21	22	23	24
25	26	27	28	29	30	31

18. Rome : le duc de Spolète accepte la couronne de Croatie. Il devient le roi Tomislav II.

18. Baltique : le cuirassé *Bismarck* quitte Gdynia pour son premier raid en Atlantique.

19. Crète : les six derniers chasseurs de la RAF restés sur l'île sont envoyés en Egypte.

19. Allemagne : 100 000 prisonniers de guerre français sont libérés. Le régime de Vichy les a échangés contre sa bonne volonté à collaborer.

19. Irak : les Britanniques basés à Habbaniyya prennent Falloudja.

20. Paris : Gabriel Péri est dénoncé à la Gestapo. Il animait les *Cahiers* clandestins du parti communiste.

21. Crète : la Luftwaffe coule le destroyer *HMS Juno*.

21. France : en Alsace, les Allemands ouvrent le camp d'internement du Struthof.

21. Atlantique : un U-Boot coule le cargo américain *Robin Moor* dans la zone de sécurité.

22. Crète : des Stuka coulent les croiseurs *HMS Gloucester* et *HMS Fiji*. Le croiseur *HMS York* est endommagé.

23. Allemagne : Hitler ordonne d'aider militairement la révolte de Rachid Ali en Irak (→ 28).

23. Crète : Georges II, roi des Grecs, s'envole pour l'Egypte.

23. Allemagne : directive de Göring pour l'exploitation économique de l'URSS. Il dit que la famine et la mort de millions de Soviétiques sont inévitables.

23. Grande-Bretagne : début des émissions de la station de propagande allemande GS1. Churchill y est qualifié de « bâtard aux pieds plats » et de « fils de vieux Juif alcoolique ».

24. Crète : les Alliés sont repoussés à Galatas. Des forces allemandes s'établissent autour de Malémé (→ 27).

24. Méditerranée : le sous-marin *HMS Upholder* coule le transport de troupes italien *Conte Rosso*.

24. Ethiopie : les Alliés s'emparent de Soddou (→ 21.6).

Le combat du « Hood »

Le « Hood » photographié à Scapa Flow avant son premier et dernier combat.

Groenland, 24 mai

Stupeur en Grande-Bretagne : les Anglais viennent de perdre un des symboles de leur puissance navale, le *Hood*.

Le plus gros cuirassé du monde a coulé en quatre minutes, touché par un obus du *Bismarck*. Sur les 1 416 hommes d'équipage, trois seulement ont survécu.

Le *Hood* et le *Prince of Wales* filaient le *Bismarck* depuis les côtes du Groenland. Le *Hood* tira tout d'abord sur le croiseur *Prinz Eugen*. Mais le *Bismarck* était très proche, ce qui rendait ses canons plus redoutables. Il fit feu.

Le commandant du *Prinz Eugen*, décrit ainsi la scène : « Il y eut une explosion d'une violence inouïe... A travers l'énorme brèche dans la coque, on voyait des flammes gigantesques jaillir des profondeurs du navire et danser quelques secondes à travers un rideau de fumée couleur cendre. »

Ce fut l'unique bataille du *Hood*. Achevé en 1920, son blindage n'a pas résisté à un obus qui a mis le feu à sa principale soute à munitions.

Smuts, un Premier ministre maréchal

Le Cap, 21 mai

Le Premier ministre sud-africain, Jan Smuts, commandant en chef des forces armées, a reçu un bâton de maréchal en cadeau pour son 71e anniversaire.

« J'accueille avec grand plaisir la nouvelle de votre promotion au plus haut rang militaire, lui a écrit le roi George VI, elle récompense non seulement vos services dévoués, mais aussi votre conduite d'un peuple qui a brillamment contribué au succès de la campagne menée en Afrique orientale. »

L'estime dans laquelle les Britanniques tiennent aujourd'hui Jan Smuts n'est pas dénuée d'ironie. Durant la guerre des Boers, au tournant du siècle, celui-ci dirigeait en effet un commando qui combattait l'armée britannique. Après la conclusion de la paix, il a largement contribué à l'élaboration des statuts du dominion sud-africain.

Ses liens avec la Grande-Bretagne se sont resserrés en 1916 lorsqu'il a obtenu le commandement des forces armées de l'empire en Afrique orientale et qu'il a rejoint le cabinet de guerre. Il est devenu Premier ministre en 1919, mais son impopulaire politique antisyndicale l'a fait rejeter par les électeurs. En 1939 le déclenchement des hostilités l'a tout naturellement, ramené aux affaires.

Le duc d'Aoste et ses troupes cessent le combat à Amba Alagi

A Fort Toseli, les Alliés rendent les honneurs aux troupes du duc d'Aoste.

Amba Alagi, Ethiopie, 19 mai

Après quinze jours de combats, l[e] duc d'Aoste, vice-roi d'Ethiopi[e] s'est rendu aux troupes britann[i]ques. Une décision qu'il a dû pre[n]dre quasiment contraint et forcé, [à] cause de ses soldats qui redoutai[ent] de tomber aux mains des Ethi[o]piens, ceux-ci ayant commis d[e] nombreux massacres de priso[n]niers. Le duc d'Aoste a donc profi[té] de la présence des Sud-Africai[ns] pour se rendre et sauver la vie de s[es] hommes. Les 5 000 survivants [de] son armée se sont vu accorder l[es] honneurs de la guerre et ont défi[lé] devant les troupes alliées avant [de] remettre leurs armes. Une capit[u]lation qui ne signifie pas la fin de [la] guerre : il reste encore 80 000 I[ta]liens éparpillés en Ethiopie.

Les paras allemands largués en Crète

Des parachutistes par milliers...

Crète, 22 mai
Avant-hier, les bombardiers allemands, arrivés par vagues, ont pilonné durant deux longues heures les aérodromes de Malémé et d'Héraklion. Des milliers de tonnes de bombes ont anéanti la plupart des avions et des canons antiaériens qui s'y trouvaient. Les quelques appareils de la RAF qui ont pu échapper au massacre ont gagné l'Egypte. But de l'opération : priver les Anglais de cette base stratégique. La Crète n'est qu'à 320 km de Tobrouk. Dès le 21 avril, Hitler, par la directive n° 28, prescrit l'organisation de l'opération *Merkur*, la conquête de la Crète. Les forces alliées (42 500 hommes), qui avaient été obligées de laisser leurs équipements en Grèce, manquent d'armes lourdes pour faire face à l'invasion allemande. Ce jour-là, à peine la dernière vague de bombardiers disparaît-elle de l'horizon que le ciel est empli du rugissement de 493 avions transporteurs Ju 52/3m escortés de chasseurs et de 72 planeurs. La plus grande invasion aéroportée de l'histoire vient de commencer. Ce sont des nuées d'Allemands, 22 750 parachutistes et chasseurs alpins, qui descendent sur Malémé, Héraklion, La Canée et Réthymnon. A Malémé, cible principale, les parachutistes précèdent des planeurs. Arrivés au sol, les soldats se précipitent hors de leurs frêles appareils et, sous un feu très nourri, ils tentent de gagner leurs objectifs. Certains parviennent à s'emparer d'un pont stratégique, et d'autres, restés cloués sur place, sont faits prisonniers sans beaucoup de difficultés.
A l'ouest de Malémé, un bataillon entier de parachutistes atterrit sans encombres et se reforme aussitôt pour aller prêter main-forte au régiment de planeurs. Le colonel Andrews, chef du bataillon néo-zélandais, ne peut plus communiquer avec ses troupes – les lignes téléphoniques ont été coupées par les bombardements et sa TSF est inutilisable ; il ne sait donc pas que tout se passe plutôt bien pour elles. Il décide alors d'engager ses réserves dans la bataille : neuf hommes seulement en réchapperont. Pendant quelques heures, on pense que l'invasion a échoué car, en mer, les croiseurs de la Royal Navy ont intercepté un convoi transportant des renforts allemands et ont réussi à en couler une grande partie. Mais le soir, après une bataille féroce, les troupes aéroportées allemandes investissent l'aérodrome de Malémé. En dépit d'une contre-offensive qui a duré toute la nuit, la Luftwaffe a débarqué hier en Crète des milliers de soldats. L'opération allemande a réussi. Les défenses britanniques sont tronçonnées et le général Freyberg envisage un repli. (→ 28)

Dans la baie de Suda, les Stuka s'acharnent sur les bateaux anglais.

Des chasseurs pour l'île de Malte

La Valette, 21 mai
La Luftwaffe continue de s'acharner sur la petite île, située à mi-chemin entre la Sicile et Tripoli. De jour comme de nuit, les bombardiers venus d'Italie, en une noria incessante, larguent leur chargement de bombes.
Inlassablement, la RAF décolle pour intercepter les avions tandis que la Royal Navy tente d'enrayer le passage des convois de l'Afrikakorps. Aujourd'hui sont arrivés en renfort 48 Hurricane, qui ont été accueillis avec joie par les Maltais.

L'étrange silence du pape Pie XII

Rome, 18 mai
Hier, le souverain pontife a reçu l'ambassadeur de Yougoslavie, qui a voulu attirer l'attention du Saint-Père sur les pendaisons et les fusillades massives de Serbes, pratiquées par les Allemands, les Bulgares et les Croates.
Le Pape a répondu en promettant l'envoi d'un visiteur apostolique. Une mesure bien timide ! Curieusement, depuis le début de la guerre, le Vatican évite de condamner publiquement les atrocités, malgré les appels à l'aide qui lui arrivent de toutes parts.

Paulhan arrêté... et sauvé par Drieu

Paris, 20 mai
Rendu à la liberté après cinq jours d'angoisse, Jean Paulhan a adressé ce soir même un pneumatique à Drieu La Rochelle : « Mon cher Drieu, je crois bien que c'est à vous seul que je dois d'être rentré tranquillement ce soir rue des Arènes. Alors merci. » Dénoncé à la Gestapo pour avoir accepté d'entreproser la ronéo d'un ami résistant, Paulhan s'attendait au pire. A sa grande surprise, les nazis l'ont soudain libéré après l'avoir simplement blâmé d'avoir été « sottement imprudent ». C'est en effet à une intervention de Drieu auprès de ses amis allemands que Paulhan doit cette clémence inespérée.

1941

Mai

Di	Lu	Ma	Me	Je	Ve	Sa
				1	2	3
4	5	6	7	8	9	10
11	12	13	14	15	16	17
18	19	20	21	22	23	24
25	26	27	28	29	30	31

25. Paris : Pierre Laval déclare : « La collaboration est dans l'ordre naturel des choses. »

25. Atlantique : le *Bismarck* se dirige vers la France. La force navale britannique de poursuite perd le contact.

25. Indochine : à Haiphong, des soldats japonais retirent de deux entrepôts des fournitures américaines d'une valeur de 10 millions de dollars.

25. Europe : à la frontière soviétique, le haut commandement allemand met en place son dispositif d'attaque. Cent trains de transports de troupes y arrivent chaque jour (→ 6.6).

26. Méditerranée : des Stuka endommagent sérieusement le porte-avions *HMS Formidable* et le destroyer *HMS Nubian* dans le Dodécanèse.

26. Etats-Unis : premier essai de couvre-feu à Newark.

26. France : une grève des mineurs est déclenchée dans le Pas-de-Calais. A Montigny-en-Gohelle, le puits n° 7, dit le Dahomey, lance le mouvement (→ 2.6).

27. Crète : Freyberg ordonne l'évacuation des troupes britanniques. Les Allemands prennent La Canée et contrôlent la baie de la Sude. Le cuirassé *HMS Barham* est endommagé par la Luftwaffe.

27. Egypte : Rommel reprend et fortifie la passe d'Halfaya.

28. Irak : les Alliés s'emparent d'Ur au sud, et de Khan Noukta à 25 km de Bagdad.

29. Crète : les destroyers *HMS Hereward* et *HMS Imperial* sont coulés.

29. Etats-Unis : Washington accepte de former les pilotes de la RAF aux avions américains fournis par la loi prêt-bail.

30. Crète : Réthymnon et Héraklion tombent aux mains des Allemands.

31. Crète : les derniers soldats britanniques évacués quittent Sphakia (→ 1.6).

31. Allemagne : Himmler autorise Sigmund Rascher à soumettre des prisonniers de Dachau à des expériences en chambre de pression.

La Home Fleet coule le « Bismarck »

Atlantique nord, 27 mai

Au terme d'une poursuite effrénée, la Royal Navy vient de venger la perte du *Hood* en coulant le cuirassé *Bismarck*. L'Amirauté n'a pas lésiné sur les moyens, puisque pas moins de deux porte-avions, quatre cuirassés et huit croiseurs ont participé de près ou de loin à la poursuite : au nord, la Home Fleet ; au sud, la force H, venant de Gibraltar. Il est vrai qu'au moment où le *Bismarck* et le *Prinz Eugen* avaient été repérés onze convois anglais faisaient route dans l'Atlantique. On risquait une hécatombe, si les navires allemands les interceptaient.

Pourtant, à 10 h 36 ce matin, le *Bismarck* a coulé, à quelques centaines de milles de la rade de Brest. Le coup fatal lui a été décoché hier soir par 14 avions torpilleurs de l'*Ark Royal*. Au cours de la journée, le temps s'était détérioré ; la pluie et des bourrasques de vent de nord-ouest faisaient craindre le pire. Les Swordfish avaient décollé une première fois, attaquant par erreur le croiseur anglais *Sheffield* qui, par miracle, évita toutes les torpilles qui lui étaient destinées. En fin de soirée, les avions découvraient enfin leur cible et touchaient sous la poupe le cuirassé allemand. Ses hélices endommagées et son gouvernail bloqué, le *Bismarck* était désemparé. Un peu avant minuit, le vice-amiral Lütjens, qui commandait le *Bismarck*, envoya ce message : « Impossible manœuvrer le bâtiment. Combattrons jusqu'au dernier obus. Vive le Führer ! » Harcelé toute la nuit par les destroyers de la 4ᵉ flottille, son navire a été rejoint ce matin par les cuirassés *King George V* et *Rodney*, tandis qu'il flottait péniblement sur une mer houleuse. Les canons se sont acharnés sur le géant en perdition. Touché par des centaines d'obus, il s'est transformé en brasier. Lütjens a alors donné l'ordre de saborder son bâtiment, tandis que les cuirassés anglais décrochaient. C'est le croiseur *Dorsetshire* qui donna le coup de grâce au *Bismarck* en lui envoyant deux torpilles.

Le vice-amiral Lütjens meurt le jour de son 52ᵉ anniversaire, avec son capitaine, Ernst Lindemann, et 2 200 matelots. De l'équipage du *Bismarck*, 110 hommes seulement ont pu être sauvés.

La lueur des salves des pièces de 380 mm du « Bismarck » illumine la nuit.

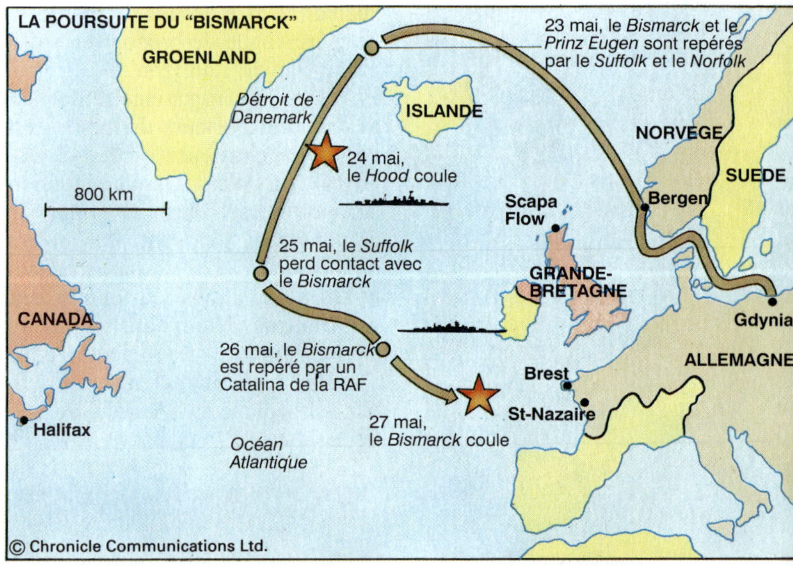

Vaincu : le vice-amiral Lütjens.

Vainqueur : le capitaine Martin.

Roosevelt proclame l'état d'urgence

Washington, 27 mai
Dans un discours radiodiffusé, le président Franklin Roosevelt vient d'éclairer ses concitoyens sur les projets de Hitler concernant le continent américain. Proclamant l'« état d'urgence national et illimité », il promet de renforcer les patrouilles américaines dans l'Atlantique pour protéger la route vers l'Angleterre. Il a précisé que les Etats-Unis s'armaient uniquement pour se défendre. Mais, selon lui, ils pourraient avoir à se battre à des milliers de kilomètres d'ici.

L'Eglise contre les camps de jeunesse

Allemagne, 31 mai
Dans les zones les plus touchées par la guerre, le gouvernement a ordonné aux parents d'envoyer leurs enfants à la campagne, dans des camps où des professeurs spécialisés s'occuperont d'eux. Défavorable à cette évacuation, l'Eglise considère que c'est un prétexte pour séparer les parents de leurs enfants en vue d'instaurer « l'éducation par l'Etat ». Pour rassurer les parents, Arthur Axmann, le chef des Jeunesses hitlériennes, vient de visiter des camps en Slovaquie.

Les troupes alliées évacuent l'enfer crétois

Sous bonne garde, un convoi allié quitte la baie de Suda pour Alexandrie.

Héraklion, Crète, 28 mai
Les soldats britanniques n'en peuvent plus. Assourdis par les hurlements des Stuka et exténués après une semaine de combats sans merci, ils essaient de se frayer un chemin vers la mer. Ici et dans le nord de l'île, la Royal Navy les évacue à la faveur de la nuit.
La semaine dernière, les troupes aéroportées allemandes avaient réussi à établir une tête de pont. Depuis, les soldats néo-zélandais, anglais, australiens, grecs et crétois n'ont cessé de se battre. Très mal équipés, ils ont dû se servir de leurs casques pour creuser des tranchées. Le manque de communication et de soutien aérien se fait durement ressentir. Malgré cela, toujours harcelés par les bombardements de la Luftwaffe, ils contre-attaquent continuellement.
Du côté allemand, les pertes sont élevées : plus de 40 % des troupes ont été tuées dès le premier jour. « Je ne m'attendais pas à un combat aussi acharné, écrit un officier allemand, nous commencions à désespérer d'atteindre nos objectifs et à douter de notre survie... »
Des commandos de la RAF ont atterri avant-hier dans la baie de Suda pour couvrir l'évacuation.

Les forces britanniques écrasent la rébellion de Rachid Ali

Bagdad, 30 mai
Face à l'avancée des forces britanniques, Rachid Ali s'inquiète d'être sans nouvelles de l'assistance que devaient lui fournir les nazis et de l'or qui lui avait été personnellement promis. Le Premier ministre irakien, qui a fini par perdre patience, s'est envolé pour l'Iran avec ses conseillers allemands et italiens. Le maire de Bagdad, armé du drapeau blanc, a alors demandé l'armistice aux forces britanniques. Celles-ci comptaient dans leurs rangs les 300 hommes appartenant à la fameuse Légion arabe du major Glubb.
Aux termes de cet armistice, les Anglais conserveront l'usage de la base de Habbaniyya et des ports irakiens. Quant au roi Fayçal, âgé de 6 ans, il est sain et sauf.

Des hommes de la RAF contrôlent des Bédouins à Fort Rutbah.

Scandale autour de la croisière du « Dunera »

Angleterre, 31 mai
La traversée qu'avait effectuée le *Dunera* en juillet dernier a fait l'objet de questions répétées au Parlement. A son bord voyageaient 2 700 internés politiques destinés à être conduits en Australie. Une cour martiale vient de juger les officiers britanniques qui commandaient l'escorte.
A l'arrivée du bateau, on a appris que les prisonniers – pour la plupart des Juifs qui avaient fui l'Allemagne – avaient été fouillés avec brutalité. Leurs bagages, ouverts à coups de baïonnettes, avaient été confisqués, et les soldats n'ont jamais restitué les objets de valeur qui leur appartenaient. Pendant les deux mois que dura la traversée, ils sont restés enfermés dans la cale du navire dans des conditions déplorables. Certains ont subi des violences corporelles, et l'un d'eux a même sauté par-dessus bord. La cour martiale vient de condamner le major Scott, commandant du navire, que l'on a sévèrement blâmé. Son adjudant-chef est condamné à douze mois de prison ferme.
Cet incident est sans doute le plus grave enregistré à la suite d'une série de décisions prises entre le 12 mai et le 26 juin 1940. Elles visaient à interner toute personne venant d'Allemagne, d'Italie ou d'Autriche et se trouvant en Grande-Bretagne. Les prisonniers étaient placés dans des camps de transit avant d'être transférés sur l'île de Man. Ces mesures ont touché 27 000 personnes. Quatre bateaux partirent pour le Canada. L'un d'eux fut coulé par un U-Boot : 175 Allemands et 486 Italiens ont péri dans le naufrage.
Rapidement, l'opinion publique s'est prononcée en faveur des prisonniers. L'internement collectif fut dénoncé à la Chambre des communes. On considère que ce sombre épisode souille l'histoire de l'Angleterre. Plus de 15 000 prisonniers ont été relâchés, dont de nombreux passagers du *Dunera*.

▷

Santé : les virus se développent

Allemagne, 31 mai
La Wehrmacht mobilisant de plus en plus de médecins, les civils allemands sont relégués au bas de la liste pour les soins médicaux. A Hagen, en Westphalie, on compte un seul médecin, un jeune diplômé, pour 33 000 habitants. Les privations de la guerre et les conditions de vie précaires de milliers de déportés favorisent le développement de certaines maladies. Par exemple, le trachome, qui jusqu'à présent se limitait à l'Afrique, affecte aujourd'hui 200 000 personnes en Pologne et 100 000 dans le Reich.

Echec de l'offensive japonaise en Chine

Chungtiao Shan, 25 mai
L'armée nationaliste chinoise a réussi à repousser une offensive des Japonais destinée à établir un contrôle sur la rive nord du fleuve Jaune et à prendre pied à l'ouest du Hunan.
Le Japon avait engagé six divisions et trois brigades dans la bataille. Le combat a pris un tournant décisif quand les Chinois, retranchés dans les montagnes du Chungtiao, ont adopté une tactique de guérilla. L'armée chinoise a alors attaqué par l'arrière les Japonais cloués sur place par les guérilleros.

Une affiche de recrutement pour les services auxiliaires des transports en Angleterre.

Raid meurtrier de la Luftwaffe sur Dublin

La neutralité irlandaise n'aura pas permis d'éviter le drame.

Dublin, 31 mai
Très tôt ce matin, la ville neutre a été victime d'un raid de la Luftwaffe qui a fait 28 morts – dont 20 dans North Strand, la banlieue ouvrière de la capitale – et 87 blessés. Il n'y a pas eu d'avertissement avant l'arrivée des bombes. Hormis l'absence de sirènes d'alerte, la scène rappelle les bombardements éclairs sur Londres et Rotterdam. Les sauveteurs fouillent les décombres dans une course contre la montre pour tenter d'en extraire des survivants.
On suppose que Dublin, par l'intermédiaire de son chargé d'affaires à Berlin, va élever une vive protestation après ce nouvel outrage. C'est le dernier en date d'une série de bombardements que la Luftwaffe a dirigés sur l'Irlande. En janvier, six comtés avaient été attaqués, mais les pertes y furent moins lourdes. Ces événements nuisent à la crédibilité de la politique irlandaise antibritannique et des hommes politiques américano-irlandais. Cela concerne autant les représentants de l'IRA (qui se trouveraient en Allemagne) que Joseph Kennedy, ambassadeur américain à Londres.

Les protocoles de Paris signés par Darlan

Paris, 28 mai
Le général Warlimont et l'amiral Darlan ont signé aujourd'hui les protocoles de Paris comportant plusieurs clauses qui viennent compléter les accords passés entre Darlan et le général allemand Vogl. Ils autorisent le transit d'avions allemands par la Syrie, afin d'aider la rébellion irakienne, et la livraison d'armes françaises à Rachid Ali. En échange de la vente de matériel de guerre français à l'Irak et de la possibilité pour l'Axe d'utiliser l'aérodrome d'Alep et les moyens de transport syriens, la France obtient le renforcement de ses forces au Levant. Le second protocole, qui a trait à l'Afrique du Nord, prévoit la livraison de matériel à l'Afrikakorps, l'utilisation du port de Bizerte en Tunisie et de la voie ferrée jusqu'à Gabès. Un troisième protocole concernant le Sénégal prévoit le ravitaillement des sous-marins par bateau et des points d'appui à Dakar pour les forces de surface et pour l'aviation. Un protocole complémentaire précise que le « gouvernement allemand fournira au gouvernement français, par la voie de concessions politiques et économiques, les moyens de justifier devant l'opinion publique de son pays, l'éventualité d'un conflit armé avec la Grande-Bretagne et les Etats-Unis ». Sans attendre, les Allemands ont envoyé une centaine d'appareils en Syrie. Les Britanniques s'apprêteraient à riposter.

Des espions en France occupée

Brest, 25 mai
De son observatoire brestois, le lieutenant de vaisseau Phillipon (Hilarion) continue d'effectuer son travail de fourmi. Ce mois-ci, il a fourni deux renseignements de taille à son chef Rémy qui les a transmis à Londres ; l'un d'entre eux n'a malheureusement pas pu être exploité.
Le 10, il transmettait l'information suivante : à Lanvéoc, à l'île Longue et au Fret, on installe de gigantesques « ducs d'Albe » (des piliers d'amarrage), laissant prévoir l'arrivée prochaine d'un navire d'au moins 35 000 tonnes. Le 25, il envoyait en code à l'adresse parisienne de Rémy, ce bref message : « Bismarck vers Brest, attendu mercredi prochain. » Mais Rémy, occupé à franchir la ligne de démarcation, n'a trouvé le message qu'à son retour.
De son côté, le SOE (Bureau des opérations spéciales), vient d'envoyer en France plusieurs agents de la France libre. Les premiers à être parachutés ont été les cinq membres de la mission *Savannah* chargés d'abattre les équipages des bombardiers éclaireurs du groupe de reconnaissance KG 100 basé à Vannes. Mais, hélas ! un changement d'itinéraire et de moyens de transport des pilotes allemands a rendu leur mission purement et simplement impossible à exécuter.

Les U-Boote aussi sont parfois torpillés. Ici, un sous-marinier naufragé s'accroche à un caisson.

1941

Juin

Di	Lu	Ma	Me	Je	Ve	Sa
1	2	3	4	5	6	7
8	9	10	11	12	13	14
15	16	17	18	19	20	21
22	23	24	25	26	27	28
29	30					

1er. Irak : les Britanniques entrent à Bagdad. Le régent reprend le pouvoir.

1er. Méditerranée : en route de Crète à Alexandrie, le croiseur *HMS Calcutta* est coulé.

2. France : en zone libre, Pétain et Darlan signent une loi prescrivant le recensement des Juifs. Elle complète un nouveau statut des Juifs qui allonge la liste des professions interdites.

3. Irak : les troupes gurkhas des Britanniques occupent Mossoul. A Bagdad, des partisans de Rachid Ali tuent des centaines de Juifs et pillent leurs magasins.

4. Irak : formation d'un gouvernement probritannique.

4. Pays-Bas : mort de Guillaume II.

4. Atlantique : la Royal Navy coule quatre des navires de soutien du *Bismarck*.

4. Yougoslavie : mesures d'« aryanisation » en Croatie : interdiction des restaurants et des tramways aux Tziganes et aux Juifs.

5. Washington : pour le budget de la Défense de 1942, Roosevelt demande au Congrès 10 400 millions de dollars.

5. Etats-Unis : Cordell Hull déclare : « Toute accentuation de la politique de collaboration franco-allemande apparaîtrait comme un acte hostile. »

6. Londres : les services de renseignements apprennent de source sûre que l'Allemagne attaquera l'URSS le 22 juin.

6. Allemagne : Hitler ordonne d'éliminer les commissaires politiques durant l'invasion de l'URSS.

6. Syrie : les derniers avions de la Luftwaffe se retirent du pays. Hitler l'a ordonné après la demande du général Dentz, commandant de l'armée de Vichy en Orient (→ 8).

7. Libye : la RAF bombarde Benghazi et Derna. L'aviation italienne maintient ses attaques sur Tobrouk (→ 15).

7. Brest : des bombardiers de la RAF attaquent sans succès le croiseur lourd allemand *Prinz Eugen* (→ 2.7).

Crète : la fin d'un combat sanglant

Sphakia, Crète, 1er juin

Il est minuit et un silence inquiétant règne sur la baie. Quelques heures plus tôt, les bombes décimaient les derniers rescapés des troupes britanniques qui attendaient d'être embarqués au large des plages de la Royal Navy. Une année s'est écoulée depuis la bataille de Dunkerque. Beaucoup de soldats sont blessés. Harassés par leur longue retraite en terrain rude et montagneux sous le harcèlement des bombes et des mitrailleuses, ils dorment au soleil. Des embarcations à fond plat, faisant la navette entre la plage et les navires, les évacuent par groupes de cinquante. Ils ne sont pas humiliés, car ils se sont bien battus, mais ils pensent qu'avec un soutien aérien approprié ils auraient pu repousser l'invasion. La Luftwaffe a perdu 220 appareils contre seulement 46 pour la RAF. Les pertes des Alliés s'élèvent à 1 742 morts et à 1 737 blessés. Côté allemand, on dénombre 3 985 morts ou disparus et 2 131 blessés. Quant à la Royal Navy, elle a été sévèrement affectée : 2 011 morts, trois croiseurs et six destroyers coulés, dix-sept navires endommagés. Cette nuit, quand les derniers soldats auront quitté les plages, la marine aura évacué 18 000 hommes. Il va falloir pourtant en abandonner 12 000 qui, inéluctablement, seront faits prisonniers.

Les parachutistes du général Kurt Student rassemblent leurs prisonniers.

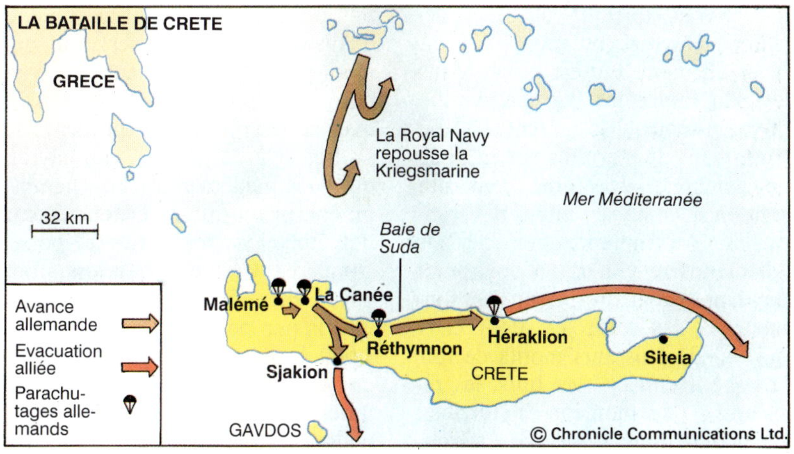

Weygand rue dans les brancards

Vichy, 6 juin

« Du vent ! » Le général Weygand n'a pas de mots assez durs pour qualifier les protocoles de Paris. Revenu d'Algérie, le délégué du gouvernement de Vichy en Afrique du Nord a fait échouer de justesse la ratification par le maréchal Pétain des protocoles, en déclarant en Conseil des ministres qu'il « ferait tirer sur les Allemands contre les ordres de son gouvernement ». Il a reçu l'appui du gouverneur d'AEF, le général Boisson. Du coup, Vichy demande la suppression des frais d'occupation et la libération de tous les prisonniers pour appliquer l'accord à Bizerte et à Dakar, sachant pertinemment que Hitler refusera.

Toutes les mines du Nord sont en grève

France, 2 juin

Dourges, Carvin, Nœux, Courrières. Un à un, les puits ont cessé le travail. Aujourd'hui la grève est générale dans le bassin minier du Pas-de-Calais et du Nord. Le mouvement a fait tache d'huile, et des ouvriers des centrales électriques, du rail et du bâtiment ont rejoint le mouvement. Des manifestations de rue ont eu lieu dans plusieurs villes. Strictement spontanée et revendicative au départ, la grève a pris une tournure antinazie marquée. Mais ce succès risque de se payer très cher. Les Allemands recherchent les membres du parti communiste et les syndicalistes impliqués dans le mouvement.

Une opération de sabotage à Pessac

Pessac, 7 juin

L'opération *Joséphine B* est un succès. Cette nuit, le poste de transformateurs de Pessac a été saboté. L'équipe de quatre hommes, dont trois officiers de la France libre parachutés, est arrivée à bicyclette. L'un d'eux a escaladé le mur du poste pour ouvrir à ses camarades de l'intérieur. En moins de trente minutes, les charges de plastic aimantées et reliées à des bombes incendiaires ont été mises en place. Les saboteurs pédalaient déjà de toutes leurs forces quand elles ont explosé, tandis que les projecteurs de la Flak cherchaient vainement les bombardiers. Six des huit transformateurs ont été détruits.

Les dangers du passage de la ligne

File d'attente devant le passage de la ligne de démarcation à Moulins.

France, juin
« Avez-vous quelque chose à déclarer ? Ouvrez vos valises. » L'officier allemand qui est monté dans le train fouille les bagages, vérifie minutieusement les identités. Le train vient de s'arrêter sur la ligne de démarcation. Même ceux qui sont en règle ne se sentent pas tranquilles. Au moindre prétexte, les Allemands retiennent les voyageurs pendant des heures pour les soumettre à des contrôles. Pour ceux qui ont de puissants motifs de fuir la zone occupée – les Juifs, les résistants –, le moment est terrible. Beaucoup préfèrent encore affronter les dangers d'un passage clandestin. C'est d'ailleurs la seule solution pour ceux qui n'ont pas obtenu d'Ausweis (laissez-passer) ou qui n'ont pas osé prendre le risque d'en faire la demande. Quand on connaît mal la région, il est prudent de s'adresser à un passeur : un paysan qui vous guidera à travers champs, un épicier ou un conducteur de car dont on ne se méfie pas au poste-frontière. Certains passeurs font payer cher leurs services : 100 à 200 F par personne, voire jusqu'à 1 000 F s'il y a danger. D'autres, qui en font une mission humanitaire, n'acceptent jamais d'argent, malgré les risques auxquels ils s'exposent quotidiennement.

Doorn, 4 juin. Exilé aux Pays-Bas depuis 1919, l'ex-empereur d'Allemagne Guillaume II a rendu son dernier soupir.

Des navires saisis aux Etats-Unis

Washington, 7 juin
Sans perdre un instant, les autorités maritimes américaines ont commencé à saisir et à réquisitionner les navires de commerce qui mouillaient ces derniers temps dans les ports des Etats-Unis. Deux navires allemands, 39 cargos battant pavillon danois et 28 navires italiens ont été saisis. Le paquebot français *Normandie*, détenteur du Ruban bleu qui récompense la traversée la plus rapide de l'Atlantique, figure parmi les navires réquisitionnés.
Enfin, on apprend que le président Roosevelt a ratifié aujourd'hui la loi votée le 15 mai par le Sénat autorisant ces saisies.

1941

Juin

Di	Lu	Ma	Me	Je	Ve	Sa
1	2	3	4	5	6	7
8	9	10	11	12	13	14
15	16	17	18	19	20	21
22	23	24	25	26	27	28
29	30					

8. Moyen-Orient : les Forces françaises libres et les Alliés entrent au Liban et en Syrie.

8. Beyrouth : le capitaine Moshé Dayan est à la tête d'une section alliée de la Haganah. Une balle française atteint ses jumelles dont un éclat le blesse à l'œil.

9. Syrie : les Alliés prennent Tyr aux troupes de Vichy.→

10. France : fin de la grève des mineurs du Nord et du Pas-de-Calais.→

10. Paris : les autorités allemandes expulsent la plupart des diplomates étrangers.

11. Allemagne : pour la suite de l'opération *Barbarossa*, Hitler ordonne à ses généraux de préparer une attaque sur Gibraltar et des opérations en Turquie et en Iran.

11. Washington : Roosevelt libère une division britannique. Il accepte de remplacer la garnison d'Islande par des troupes américaines (→ 7.7).

11. URSS : la 16e armée d'Extrême-Orient est déplacée à l'Ouest. Elle n'est pas mise en état d'alerte.

11. Erythrée : des troupes indiennes, débarquées hier par la Royal Navy (opération *Chronometer*), s'emparent du port d'Assab.

12. Allemagne : 130 divisions sont regroupées à la frontière soviétique.

12. Allemagne : entretien entre Hitler et le général Antonescu, chef de l'Etat roumain. Ils arrêtent les termes de leur coopération militaire dans le conflit contre l'URSS.

12. Malte : violents combats aériens entre la RAF et la chasse italienne (→ 15).

12. Norvège : des bombardiers torpilleurs Beaufort de la RAF endommagent sérieusement le cuirassé de poche *Lutzow*.

13. Moscou : communiqué de l'agence de presse Tass : « Les rumeurs d'une intention de l'Allemagne d'attaquer l'URSS sont sans fondement. »

14. Moscou : Molotov, ministre des Affaires étrangères, déclare que « seul un fou attaquerait l'URSS » (→ 15).

Hitler veut éliminer tous les bolcheviks

Berlin, 12 juin
En vertu d'un décret (le *Kommissarbefehl*), les soldats allemands devront éliminer tous les commissaires du peuple russes qu'ils captureront. Il y a six jours, Hitler a formulé cet ordre sous le titre : *Directives relatives à la conduite des troupes en Russie*.
1. Le bolchevisme est l'ennemi moral du peuple allemand national-socialiste ; l'Allemagne doit combattre son idéologie destructrice et ceux qui la propagent.
2. Dans ce but, des mesures impitoyables et énergiques seront prises contre les agitateurs bolcheviks, les saboteurs, les résistants et les Juifs. La résistance devra être anéantie.

Cosignataire du décret : Keitel.

La famine a vaincu les mineurs

France, 10 juin
Les mineurs du Pas-de-Calais ont repris le chemin de la mine, après avoir, durant treize jours, tenu tête massivement à l'occupant. Seule la faim a eu raison de la volonté de ces hommes. Le manque de ravitaillement a obligé les ouvriers à arrêter la grève générale : il n'y avait plus rien à manger et la vie des enfants était en danger.
Sur le plan humain, le bilan de la répression est lourd. Plus de 400 mineurs auraient été arrêtés et certains seraient sur le point d'être internés à Huy, en Belgique. On parle aussi de condamnations à mort et de déportations.

FFL et vichystes s'affrontent en Syrie

Une colonne de spahis, la cavalerie du désert en pleine action.

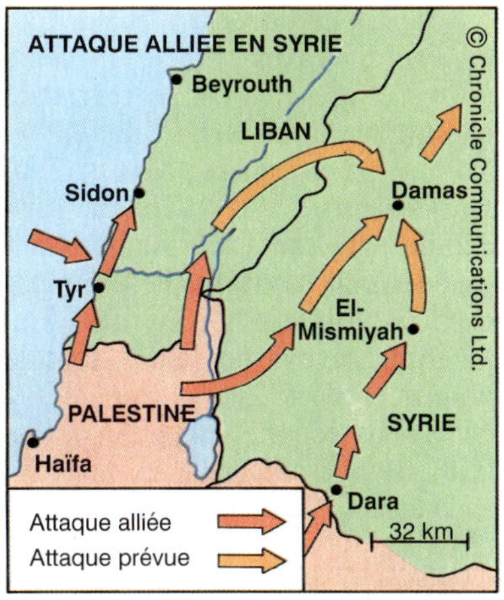

Sur cette carte des opérations en Syrie apparaissent les deux étapes de l'offensive des Alliés, dont le principal objectif est la prise de Damas.

Syrie, 9 juin
Les FFL et les troupes fidèles au gouvernement de Vichy sont engagées depuis hier dans un fratricide combat d'envergure. Des deux côtés, un cruel cas de conscience étreint les combattants. Avant le début des opérations, le général de Gaulle a laissé la liberté de choix aux hommes de la 1re DFL (division de la France libre) dont quelques-uns ont demandé à ne pas être engagés contre leurs compatriotes. De même, le général a prévenu qu'aucune distinction ou décoration ne serait attribuée.
Dans le camp adverse, les vichystes connaissent les mêmes scrupules. Plusieurs cependant, tel le commandant Collet qui, avec quatre escadrons de cavaliers tcherkesses, a rallié au mois de mai la France libre, ont fait savoir que les hommes ayant prêté serment au maréchal Pétain se battront avec détermination. Et, de fait, les troupes de Vichy font mieux que résister.
La pénétration allemande dans cette région du Levant inquiétait Londres. Depuis Damas, le consul d'Allemagne, von Hertig, l'organisateur des révoltes antibritanniques au Moyen-Orient durant la Grande Guerre, a mis en place l'aide aux rebelles irakiens. Au mois de mai, 106 appareils de la Luftwaffe basés en Syrie allaient ravitailler Rachid Ali en Irak. Ceux-ci ont quitté précipitamment la Syrie il y a deux jours. Cédant à la pression politique de Churchill et de De Gaulle, le commandant des forces britanniques au Moyen-Orient a rassemblé toutes les troupes qu'il a pu soustraire aux fronts de Libye, de Crète, d'Irak, de Palestine, d'Egypte et d'Afrique de l'Est. Du côté allié, 20 000 hommes sont engagés, dont les 6 000 de la 1re DFL que commande le général Legentilhomme. En face, le général Dentz dispose de 45 000 hommes environ.
Aujourd'hui, les Australiens de la 7e division ont atteint Tyr.

Roosevelt gèle les capitaux de l'Axe

Washington, 14 juin
Le cargo américain *Robin Moor* ayant été coulé par un U-Boot, le président Roosevelt a décidé de geler les capitaux de l'Axe aux Etats-Unis. La marine américaine est en pleine effervescence. A Boston, deux destroyers viennent d'être mis à l'eau. De gros cargos sont convertis en porte-avions. La prochaine étape, selon les sénateurs, sera l'armement des navires marchands.
A leur tour, Hitler et Mussolini ont pris des mesures pour geler les capitaux américains, qui s'élèveraient à 420 millions de dollars en Allemagne et à 144 millions de dollars en Italie.

« Amérique, ouvre les yeux ! »

Chantiers de jeunesse : culte du Maréchal et feux de camp

France, juin
Les chantiers de jeunesse sont sur le pied de guerre. Le 29 juin, le maréchal Pétain doit remettre le drapeau des chantiers à leur chef, le général de La Porte du Theil, au cours d'une cérémonie solennelle, comme on les aime à Vichy.
Créés au lendemain de la défaite, les chantiers de jeunesse sont la seule structure d'encadrement obligatoire de la jeunesse. En zone sud, tous les jeunes âgés de vingt ans révolus ont l'obligation de suivre un stage de huit mois dans l'un de ces chantiers, une façon de remplacer le service militaire. Cette année, près de 150 000 d'entre eux seront incorporés en trois contingents. Mais les chantiers de jeunesse sont aussi un moyen de faire adhérer les jeunes aux idéaux de Vichy. Le général de La Porte du Theil conçoit ainsi la mission des chantiers : « Créer une âme commune des jeunes autour d'une mystique. Cette mystique, c'est refaire la France. Nous le réaliserons par le retour au foyer et au métier. » Officiellement laïque, le mouvement est néanmoins marqué par l'empreinte du catholicisme.
Ainsi est-ce une vie à mi-chemin entre le scoutisme et l'armée qui s'offre aux jeunes gens dans ces camps installés loin des villes corruptrices : travaux manuels et gymnastique obligatoire occupent les corps, tandis que l'exaltation des vertus patriotiques, de la famille et du travail conditionnent les esprits.
Une philosophie édifiante qui sombre parfois dans le simplisme et la naïveté si l'on en juge par ces maximes livrées à l'attention des stagiaires : « Un jeune de France n'a qu'une parole. Un jeune de France est courtois ; comme les chevaliers. Un jeune de France est bon pour les animaux [...] ; un jeune de France est propre dans son corps et ses pensées [...]. »

Churchill se défend devant les députés

Westminster, 10 juin
Hier, Churchill s'est défendu devant la Chambre des communes : « Je ne sache pas que *Herr* Hitler ait dû expliquer devant le Reichstag pourquoi il avait envoyé le *Bismarck* à la catastrophe. Je ne sache pas davantage que *Signor* Mussolini ait eu à rendre compte de la perte de son empire africain. » Irrité par le débat sur la défaite en Crète, il pense qu'il serait préférable de fixer enfin des échéances pour discuter de la conduite de la guerre. Défendant farouchement le gouvernement, il a ajouté qu'ayant « servi toute sa vie le Parlement », il lui obéira.

1941

Juin

Di	Lu	Ma	Me	Je	Ve	Sa
1	2	3	4	5	6	7
8	9	10	11	12	13	14
15	16	17	18	19	20	21
22	23	24	25	26	27	28
29	30					

15. Liban : les troupes alliées s'emparent du port de Saïda.

15. Libye : échec des Britanniques dans l'opération *Battleaxe*, lancée pour libérer Tobrouk (→ 17).

15. Vietnam : Hô Chi Minh lance un appel au peuple vietnamien, la *Lettre de l'étranger*.→

15. Berlin : ordre est donné à la marine allemande d'anéantir les sous-marins soviétiques.

16. Grande-Bretagne : en tentant de se suicider à la prison d'Aldershot, Rudolf Hess se casse une jambe.

16. Syrie : un avion britannique torpille le contre-torpilleur *Chevalier Paul* de la marine française de Vichy.

17. Lyon : les professeurs de la faculté de théologie protestent contre les mesures antisémites du gouvernement de Vichy.

18. Ankara : l'Allemagne et la Turquie signent un traité d'amitié pour dix ans.

18. URSS : un soldat allemand déserte et gagne l'Ukraine où il prévient que l'attaque sera déclenchée le 22 à 4 h. Staline part en vacances.

19. Europe : l'Allemagne et l'Italie expulsent les consuls des Etats-Unis.

20. Washington : Roosevelt accuse le gouvernement nazi d'être internationalement hors la loi et d'avoir des visées de conquête mondiale.

21. Syrie : les FFL et un bataillon australien occupent Damas. La Habforce alliée entre en Syrie à partir de l'Irak et se dirige sur Palmyre.→

21. Ethiopie : la garnison italienne de Djimma se rend aux troupes éthiopiennes (→ 3.7).

21. Prusse-Orientale : Hitler et son état-major arrivent à Rastenburg. La Tanière du Loup est son quartier général pour le front oriental.

21. URSS : les pilotes de chasse reçoivent l'ordre de ne pas tirer sur un avion de reconnaissance de la Luftwaffe. La garde frontalière est mise en état d'alerte (→ 22).

L'opération « Battleaxe » a échoué

Le Caire, 17 juin

A son retour du désert occidental, le général Wavell a dicté un câble pour Londres : « J'ai le regret de vous apprendre l'échec de *Battleaxe*... » Sa première contre-offensive majeure s'est soldée par une défaite : 91 chars britanniques ont été détruits, contre 25 seulement chez les Allemands. Churchill, qui lui avait envoyé des chars sous le nom de code « Tigre », avait fondé de grands espoirs sur cette opération. Mais il accueille la nouvelle avec calme : il a déjà décidé de remplacer Wavell. Ce dernier était lui aussi optimiste bien qu'il doutât des capacités mécaniques de ses chars. Mais il avait compté sans l'intelligence de Rommel, qui avait prévu l'attaque. De plus, l'idée ne l'avait pas effleuré que l'Afrikakorps utiliserait ses canons antiaériens pour tirer sur ses chars. Avec le soutien des blindés, les troupes indiennes ont durement combattu pour s'emparer du défilé d'Halfaya. Mais, improvisant rapidement une contre-attaque, les Panzer ont eu le mot de la fin.

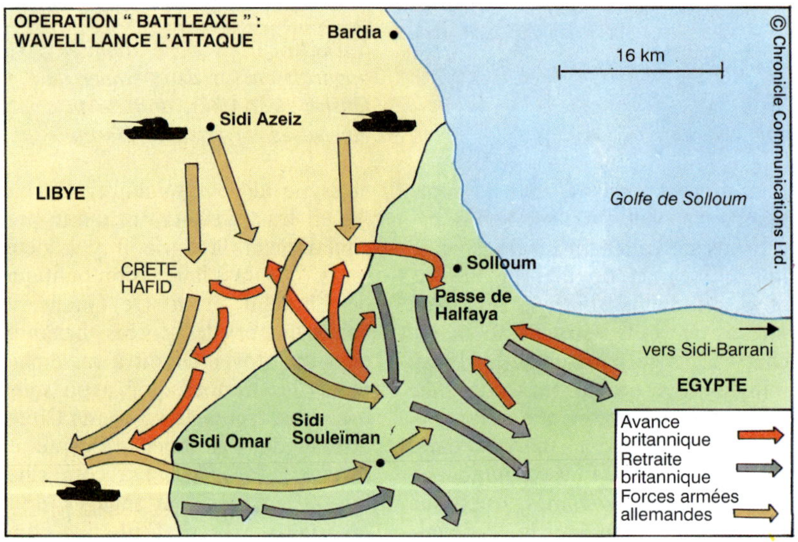

Wavell est remplacé par Auchinleck

Wavell (à droite) et son successeur.

Londres, 20 juin

Après l'échec de l'opération *Battleaxe* (offensive britannique contre Rommel pour libérer Tobrouk), Winston Churchill a décidé de remplacer Wavell à la tête des Forces du Moyen-Orient. Cette défaite s'ajoute à l'offensive victorieuse de Rommel, qui a déjà repoussé l'attaque des Alliés en mai. Pour le Premier ministre, c'est la preuve qu'un sang neuf est nécessaire pour rétablir la « fortune des armes » britannique. Le successeur de Wavell sera le général Auchinleck, chef de l'armée des Indes. Durant cette guerre, il a pris part une seule fois au combat en commandant les forces anglo-françaises à Narvik. Il a aussi combattu en Mésopotamie en 1914-1918 et, plus tard, à la frontière nord-ouest de l'Inde. Surnommé Auk (le Pingouin) et doué d'une vive intelligence, il jouit d'une haute considération.

Les FFL entrent enfin dans Damas

Damas, Syrie, 21 juin

Treize jours après l'invasion du pays par les Alliés, les FFL viennent de prendre la capitale. Aujourd'hui, à 11 h, les troupes de Vichy ont demandé une trêve pour évacuer la ville, qui s'est rendue à midi au colonel Cateau. Le combat a été particulièrement sanglant. Les cadavres de 200 Punjabis à Mezze, dans la banlieue de Damas, tués au cours d'une contre-attaque des forces du général Dentz, en témoignent. Si Damas est pris, cela ne signifie pas que les combats vont cesser. Au Liban et dans l'arrière-pays syrien, les combats se poursuivent. La résistance farouche des soldats français est due au fait que le général Dentz a reçu l'ordre de défendre la Syrie et le Liban jusqu'au bout. En outre, il s'est vite aperçu que les Alliés manquaient de moyens et étaient inférieurs en nombre. Ce fait l'a empêché de renoncer au combat et fait espérer une victoire. Vichy lui a promis des renforts, qu'il attend toujours, mais, prudemment, l'amiral Darlan lui a refusé par deux fois de lui accorder l'appui des escadrilles de la Luftwaffe basées en Crète.

Avant-hier, au Caire, le général de Gaulle et le général Catroux ont rencontré l'ambassadeur britannique Miles Simpson et le général Wavell afin d'obtenir la reconnaissance des droits particuliers de la France au Liban et en Syrie, qui sont des protectorats français.

Un sergent de l'escadron de spah marocains de la France libre.

Mobilisation générale en Finlande

Les Finlandais sont prêts ; ils n'ont pas oublié l'agression soviétique de 1939.

Helsinki, 17 juin
La Finlande ordonne la mobilisation de ses forces armées. Dans les rues, des affiches intiment à tous les réservistes âgés de moins de 44 ans de prendre leur service dans les trois jours.
Ici, la tension monte rapidement et l'on murmure que Hitler se prépare à marcher sur l'URSS. Si les Allemands attaquent la Russie, il ne fait pas de doute que les Finlandais se battront à leurs côtés. Les souvenirs amers de la « guerre d'hiver » au terme de laquelle l'URSS avait écrasé la Finlande qui se défendait courageusement sont trop profondément enracinés pour qu'il en soit autrement. Récemment, dix mille soldats allemands sont arrivés en Finlande. Apparemment, ils marchaient sur la Norvège, mais ils seraient toujours ici et prépareraient une offensive sur Leningrad avec les Finlandais. Ces derniers, connaissant bien le pays et sachant parfaitement utiliser le terrain, pourraient retenir les Russes au Nord pendant que les nazis lanceraient une guerre éclair sur Moscou. Ici, la haine des Russes l'emporte sur toute autre considération.

Les Hurricane au secours de Malte

Malte panse ses plaies et reste un enjeu pour les Alliés comme pour l'Axe.

La Valette, 15 juin
Hier, 43 chasseurs Hurricane ont atterri sur l'île de Malte assiégée. Ils viennent renforcer les défenses de la RAF dans une bataille clé pour le contrôle de la Méditerranée et, indirectement, de l'Afrique du Nord. L'Angleterre et les puissances de l'Axe s'accordent sur l'importance stratégique primordiale de Malte. Dès son entrée en guerre, l'Italie a dirigé huit attaques contre l'île. Celles-ci se sont multipliées depuis que la Luftwaffe s'est installée en Sicile et en Italie du Sud, en janvier dernier. La Royal Navy a dû déployer de nombreux efforts pour assurer le ravitaillement régulier des troupes basées à Malte qui doivent essuyer de nombreuses attaques ennemies. L'île est située au cœur de la route maritime qu'empruntent les pays de l'Axe pour se rendre en Afrique du Nord (en particulier à Tripoli, en Libye). Si l'Axe atteint son but principal en s'emparant du canal de Suez, il doit s'assurer cette route. Et si les Britanniques désirent empêcher que les troupes ennemies ne se reconstituent en Afrique du Nord, il ne faut surtout pas qu'ils lâchent l'île.

[L]e département d'Etat fait fermer les consulats allemands

[W]ashington, 17 juin
[R]oosevelt a ordonné la fermeture [d]es 24 consulats allemands aux [U]SA, et l'expulsion du personnel [c]onsulaire. Les diplomates de l'am[b]assade ne sont pas concernés. Bien [q]ue, dans l'ensemble, les relations [g]ermano-américaines se détério[r]ent, le gouvernement maintient [q]ue ce n'est pas pour ce motif qu'il [a] fait fermer les consulats. Il estime [q]u'ils étaient utilisés à des fins d'es[p]ionnage et pour des activités qui [s]ortent complètement du cadre [d]e leurs fonctions légitimes ».
[C]ette mesure n'a pas été prise plus [t]ôt car elle va certainement pousser [le]s Allemands à fermer les consu[la]ts américains, qui sont des postes [d]'observation très utiles en Europe.

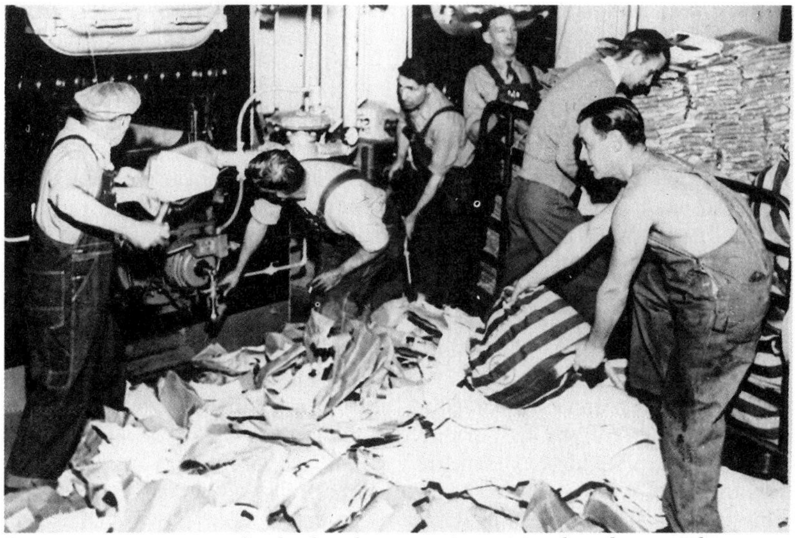

Des postiers jettent au feu les brochures nazies saisies dans les consulats.

Hô Chi Minh : pour un Vietnam libre

Cao bang, 15 juin
La Ligue de l'indépendance du Vietnam (Viêt-minh) créée il y a tout juste un mois au cours d'un congrès qui s'est tenu au Tonkin, à Pac Bo, vient de lancer un appel à l'insurrection. La Ligue rassemble sous les auspices du PC indochinois nationalistes et communistes vietnamiens. Le Viêt-minh s'est fixé pour but d'éliminer toute domination étrangère, japonaise ou française en Indochine. L'un de ses fondateurs est le dirigeant du PC vietnamien, Nguyen Ai Quôc, qui a pris récemment le pseudonyme de Hô Chi Minh (« celui qui apporte la lumière »).

1941

Juin

Di	Lu	Ma	Me	Je	Ve	Sa
1	2	3	4	5	6	7
8	9	10	11	12	13	14
15	16	17	18	19	20	21
22	23	24	25	26	27	28
29	30					

22. France : les polices allemande et française déclenchent une rafle dans les milieux communistes : 600 personnes sont arrêtées dans les deux zones.

22. Belgique : la Gestapo arrête 337 communistes et militants de gauche au cours de l'opération *Sonnewende*.

23. Libye : les forces aériennes allemandes et italiennes bombardent Tobrouk (→ 9.7).

24. Europe : en Espagne et au Danemark, recrutements de volontaires voulant combattre l'URSS avec l'Allemagne.

24. Washington : Roosevelt décide d'accorder une aide matérielle à l'URSS. Il dégèle 39 millions de dollars, qui correspondent à des biens soviétiques aux Etats-Unis.

25. Finlande : l'aviation soviétique bombarde Helsinki. Ryti, Premier ministre, justifie par cet acte l'entrée en guerre de son pays contre l'URSS.

26. Allemagne : la ration de viande est réduite à 397 g par semaine. La ration de miel artificiel est augmentée.

27. Budapest : la Hongrie déclare la guerre à l'URSS.

27. URSS : les Allemands saccagent la ville de Bialystok. Plus de 2 000 Juifs sont tués.

28. URSS : les troupes finlandaises avancent vers Mourmansk (→ 16.7).

28. Lituanie : la police locale et des forçats libérés battent à mort des centaines de Juifs à Kaunas (→ 4.7).

28. Tirana : l'Albanie déclare la guerre à l'URSS.

29. URSS : le nouveau Comité de défense, dirigé par Staline, contrôle totalement le pays.→

29. Roumanie : la police locale et des miliciens tuent 260 Juifs à Iasi. Ils en rassemblent 5 000 qui seront déportés.

30. URSS : le général Pavlov, commandant du front ouest, et ses officiers supérieurs sont exécutés sur ordre de Staline pour incompétence.

30. Vichy : le gouvernement rompt ses relations diplomatiques avec l'URSS.

L'Allemagne attaque son ancien allié

Berlin, 22 juin

A 3 h 15 ce matin, l'Allemagne a attaqué l'Union soviétique, sur une ligne de front qui s'étend de la Baltique à la mer Noire. Elle a engagé dans la bataille 152 divisions (plus de 3 millions d'hommes) soutenues par des unités blindées, des chars, des canons et des avions.

Malgré les avertissements répétés des réseaux d'espionnage soviétiques – celui de Sorge au Japon, celui de Rudolf Roessler en Suisse et ceux de Churchill –, Staline semble avoir été pris par surprise. Les Russes n'ont eu connaissance de l'invasion qu'au moment où les canons ont tonné. A 4 h, l'ambassadeur soviétique à Berlin, Dekanozov, est appelé à la Wilhelmstrasse. Là, on lui apprend que l'Allemagne vient d'entrer en URSS en riposte à des « violations de frontières ».

En réalité, l'invasion est l'aboutissement de six mois de travail de l'état-major allemand agissant sur ordre de Hitler. Le but de l'opération *Barbarossa* est la destruction de l'URSS et du bolchevisme. « Il nous suffit d'enfoncer la porte et toute la structure, pourrie, s'effondrera d'elle-même », a affirmé Hitler au général Jodl. Ce matin à la radio, il a glorifié les actions de l'armée allemande et sa mobilité, « la plus formidable que le monde ait jamais connue ». Selon les premières informations, Finlandais et Roumains se battraient aux côtés des nazis. La première réaction officielle britannique est parvenue cette nuit dans un discours radiodiffusé de Churchill, proposant aux Russes une assistance technique la meilleure possible.

Les fantassins soviétiques apprennent à surmonter leur peur des blindés.

« Barbarossa » : les puissances sont inégalement préparées

Europe, 23 juin

Une formidable machine de guerre a déferlé sur la Russie qui ne s'y attendait pas : 3 millions de soldats, 3 350 tanks, 7 184 canons et 2 815 avions, auxquels s'ajoutent 8 divisions déployées en Finlande. Il ne reste à Hitler que 61 divisions (600 000 hommes) pour couvrir le reste de l'Europe et l'Afrique du Nord. Mais les unités venant de Finlande, de Roumanie, de Slovaquie, de Hongrie, et même d'Italie devraient se mettre en marche sur la Russie car, vraisemblablement, ces pays ne devraient pas tarder à lui déclarer la guerre. Face à ce déploiement, l'URSS dispose de 132 divisions (2 500 000 hommes), dont 34 blindées, dans les régions frontalières de l'ouest, 20 divisions face à la Finlande et 133 à l'intérieur et dans la zone extrême-orientale. A la fin de la mobilisation, ces effectifs vont plus que doubler. L'équipement blindé russe se compose d'environ 20 000 chars ; beaucoup sont obsolètes, d'autres, plus modernes et plus puissants viennent d'être mis en service. Le systèmes de ravitaillement sur l front, les munitions et les équipe ments radio font terriblement dé faut. L'armée de l'air dispose d 10 300 avions dont la moitié son basés à l'ouest. La plupart sont p rimés, et plus de 3 500 déjà anéan tis. Autres faits aggravants : le refu de Staline de se préparer à l'inv sion, la désorganisation de l'armé privée par les purges de 1936-193 de ses meilleurs officiers.

Churchill promet de s'allier à la Russie

Londres, 27 juin
Staline vient d'accepter de s'allier à Churchill pour combattre Hitler. La collaboration militaire entre les deux nations se fera sur « une base mutuelle ». Des missions militaires et économiques vont être envoyées à Moscou pour coordonner l'effort de guerre. Churchill n'a jamais caché ses opinions vis-à-vis de l'Union soviétique. Après avoir été informé de l'invasion allemande, et malgré son anticommunisme, celui qui avait affirmé : « Si Hitler envahit l'enfer, je ferai au moins un rapport favorable sur le diable à la Chambre des communes », a tenu parole. Il a déclaré : « Je ne retirerai rien de ce que j'ai dit à ce propos, mais tout cela s'évanouit devant le spectacle qui se déroule sous nos yeux. Tout Etat ou tout individu qui combat le nazisme a droit à notre aide. Tout Etat ou individu qui marche aux côtés de Hitler est notre ennemi. Nous n'avons qu'un but, lequel est irrévocable. Nous sommes résolus à détruire Hitler et le régime nazi. » Il a annoncé une alliance encore plus large : « Le danger que court la Russie est aussi le nôtre et celui des Etats-Unis. La cause de tout Russe qui se bat pour sa patrie et sa maison est la cause de tout homme et de tout peuple libres. »

Staline dirigera la guerre antinazie

Moscou, 29 juin
Ebranlé par la trahison de son ancien allié, Staline a commencé de prendre des mesures d'urgence afin de rétablir une situation bien compromise par ses négligences.
Le 23 juin, au lendemain de l'invasion, est créée la *stavka*, l'état-major général, Staline s'attribuant le titre de commandant en chef. Aujourd'hui, un Comité d'Etat pour la défense, présidé par Staline et Molotov, vient de voir le jour. Cet organisme aura tous les pouvoirs civils et militaires. Staline va ainsi pouvoir contrôler ses officiers.

Une guerre sainte contre l'URSS ?

Helsinki, 22 juin
La Roumanie, la Hongrie et la Finlande ont rejoint ce que le baron Mannerheim qualifie de « guerre sainte » contre les Soviétiques. Les Roumains combattent avec les Allemands depuis les premiers jours de l'invasion, et la Hongrie vient d'entrer en guerre. Quant aux Finlandais, ils n'ont pas déclaré la guerre, mais ils considèrent qu'un raid soviétique aérien sur Helsinki vient de marquer le début de nouvelles hostilités avec leur vieil ennemi. Leur haine étouffe tout scrupule de s'associer à Hitler.

Hitler nourrit des projets terroristes

Allemagne, 22 juin
« La Russie est un corps de Slave tartare, surmonté d'une tête de Juif. » Ainsi Hitler a-t-il coutume de qualifier l'URSS. L'armée allemande est entrée en campagne en sachant que le but de Hitler n'est autre que de réduire le peuple russe en esclavage. Après la victoire, les Allemands devront s'installer dans ce Lebensraum, ce qui implique un nettoyage des territoires.
C'est naturellement Himmler qui en est chargé, par une directive de Keitel du 13 mars dernier. Dans les zones d'opérations de l'armée, le Reichsführer SS exécutera des missions spéciales préparatoires à l'administration politique. Le Sicherheitsdienst agira immédiatement derrière l'armée, en exterminant les ennemis idéologiques et raciaux de l'Allemagne nazie.
A cette fin, des Einsatzgruppen ont été reconstitués. Au nombre de quatre, ils regroupent 3 000 hommes environ venant de la Waffen SS et de la police. Leur mission : exterminer les communistes faits prisonniers et les populations juives, des enfants jusqu'aux vieillards.
Les nazis ont un autre projet : la mise en coupe réglée des terres russes. Une administration spéciale, appelée Oldenburg, sera chargée de ravitailler l'Allemagne aux dépens de la Russie. Les bureaucrates de cette administration ont prévu que dix millions de Russes mourraient sans doute de faim...

L'invasion allemande de l'URSS, ...

Les troupes motorisées allemandes à la recherche de leur itinéraire.

... déterminée et fulgurante, ...

La traversée des fleuves russes se fait avec des moyens de fortune.

... a stupéfié l'homme de la rue

Dans les rues, des haut-parleurs annoncent l'agression aux Soviétiques.

Une attaque massive force l'Armée rouge à reculer

Les Panzer brisent les positions de défense des Russes

Moscou, 30 juin
L'Armée rouge, dont les officiers furent parmi les principales victimes des purges staliniennes, n'était pas du tout préparée à la guerre, Staline ayant toujours refusé de croire que Hitler attaquerait son pays. Aussi, la première semaine de l'opération *Barbarossa* a causé de lourdes pertes. Partout où elles ont attaqué, les colonnes blindées allemandes ont percé les défenses soviétiques. Elles ont ensuite pénétré loin à l'intérieur du pays, laissant derrière elles des milliers de soldats russes désorganisés, démoralisés et livrés à l'infanterie ennemie.
Les Panzer du général Guderian couvrent 40 km par jour. Pour traverser les rivières ses tanks sont équipés de *Schnorkel* (manches à air). Hier, près de Minsk, il a rejoint les Panzer de Hoth, refermant ainsi la tenaille dans le dos des Soviétiques. Les Allemands estiment qu'ils ont déjà fait 150 000 prisonniers et détruit 1 200 tanks et 600 canons. Au fur et à mesure que la campagne avance, on remarque que le plan allemand repose sur l'action des trois groupes d'armées :
1. Le premier, au nord, commandé par le maréchal von Leeb, avance à travers les Etats baltes en direction de Leningrad également menacé par les troupes finlandaises ;
2. Au centre, les forces blindées du maréchal von Bock, les plus importantes numériquement, ont l'ordre d'encercler et d'anéantir les forces de Biélorussie et d'ouvrir la route de Moscou ;
3. En Roumanie, les troupes du maréchal von Rundstedt préparent une attaque sur la Bessarabie, tandis que des chars foncent sur Kiev, en Ukraine, pour couper la retraite aux Russes.
Cependant, certains signes tendent à montrer que la défense russe s'organise. Des contre-offensives ont été lancées contre ces trois groupes. Elles n'ont pas réussi jusque-là à contenir les Allemands, mais les soldats soviétiques se battent avec acharnement et bravoure.

Les Allemands incendient tous les refuges potentiels des soldats russes.

Les Allemands ont aussi la maîtrise de l'espace aérien

Moscou, 30 juin
Dès les premières heures de l'invasion allemande, la Luftwaffe remporte une victoire écrasante sur l'aviation russe. Volant par trois et à très haute altitude pour ne pas être repérés, les bombardiers Heinkel He 111, Junker Ju 88 et Dornier Do 17 ont attaqué soixante-six aérodromes.
Les Soviétiques n'avaient aucune chance de résister à l'opération *Barbarossa*. Leurs appareils, garés aile contre aile, ont été pulvérisés, puis les bombardiers ont tournoyé au-dessus des bases pour mitrailler les avions en feu. La riposte a été pratiquement nulle. Les Russes se remettaient à peine de ce choc que les Stuka et les Messerchmitt survolaient les bases qui, à l'instar des QG, baraquements et positions d'artillerie, avaient déjà été repérées lors de vols de reconnaissance. Les vieux bombardiers Poliakov I-15 et I-16 qui réussirent alors à décoller furent abattus par les Messerschmitt Bf 109s, qui avaient déjà démontré leur supériorité sur les massifs bombardiers russes pendant la guerre civile espagnole. Sur le champ de bataille, les Allemands avancent désormais sans encombre derrière les Panzer. Les Stuka font sauter les chars pendant que les bombardiers s'abattent sur les villes avant l'arrivée des troupes. Dans la citadelle de Brest-Litovsk, des soldats russes continuent de résister malgré les bombardements aériens et le pilonnage du mortier géant *Karl* de 650 mm.
Après une journée de bataille, les Soviétiques ont perdu 1 811 appareils (1 489 au sol et 322 en vol), contre 35 chez les Allemands. Les pilotes russes combattent avec courage, s'écrasant parfois volontairement sur leurs adversaires. Les bombardiers Tupolev SB-2 ainsi que les Iliouchine Il-4 (ou DB-3), souvent privés d'escorte de chasseurs, ont subi de terribles pertes au cours des attaques des bases aériennes ou face aux canons antiaériens des colonnes blindées.

On peut construire la bombe atomique

Londres, 30 juin
Le comité Maud vient de remettre son rapport. Créé l'année dernière, il a pour mission d'étudier la possibilité de fabriquer une bombe à partir de la fission nucléaire. Il a présenté ses conclusions au gouvernement. L'effet d'une bombe contenant 11 kg de matière active serait égal à celui de 1 829 tonnes de TNT et produirait en plus de nombreuses substances radioactives. La première bombe pourrait être fabriquée dans trois ans, mais l'usine nécessaire à sa fabrication coûtera plus de un million de livres.

Attaque massive des U-Boote

Groenland, 29 juin
Il y a maintenant huit jours que le convoi HX-133 est harcelé par une meute forte, au départ, de dix U-Boote. Il n'en reste plus que sept après le dernier succès de son escorte qui compte notamment le destroyer canadien *Ottawa*. Les attaques ont commencé le 23 ; un premier cargo a été perdu. Dans les jours suivants, quatre autres bâtiments ont été torpillés. L'escorte est en alerte permanente. Equipée de l'échosondeur Asdic, elle avait déjà réussi par des grenadages en profondeur à se débarrasser de trois sous-marins.

« Jeeves » en visite chez les Berlinois

Berlin, 26 juin
L'écrivain britannique P. G. Wodehouse, créateur de Jeeves et Bertie Wooster, s'est adressé hier soir aux Etats-Unis sur les ondes berlinoises. Il a raconté son arrestation dans sa villa du Touquet après la prise de la ville par les Allemands. « Wodehouse, mon vieux, ce n'est pas ton jour », s'est-il dit alors. Le sexagénaire a été libéré après quatre mois de détention, qu'il qualifie d'expérience agréable. Puis il a été amené à Berlin, où il va donner une série de conférences. Il réside en ce moment à l'Adlon, le meilleur hôtel de la capitale.

1941

Juillet

Di	Lu	Ma	Me	Je	Ve	Sa
		1	2	3	4	5
6	7	8	9	10	11	12
13	14	15	16	17	18	19
20	21	22	23	24	25	26
27	28	29	30	31		

1er. France : en zone libre, entrée en vigueur de la carte de vêtements.

1er. Etats-Unis : les hommes de plus de 21 ans doivent se déclarer pour le service militaire. Les avions de l'US Navy commencent à patrouiller dans l'Atlantique nord.

1er. Lettonie : les troupes allemandes occupent Riga.

2. Moscou : le maréchal Semion Konstantinovitch Timochenko est nommé commandant du front ouest.

2. Lettonie : les Allemands se concentrent sur la rive droite de la Dvina. Ils forcent les défenses frontalières soviétiques à Ostrov (→ 7).

2. Brest : des bombardiers de la RAF endommagent le croiseur *Prinz Eugen*.

3. Syrie : les troupes alliées s'emparent de Deir ez-Zor et de Palmyre.

3. Ethiopie : la garnison italienne de Debra Tabor se rend aux Britanniques. Dans le Sud, l'armée du général Gazzera se rend aux troupes alliées belges venues du Congo.

4. Etats-Unis : Roosevelt recommande aux Américains d'engager leur vie comme leur travail dans la défense du monde libre.

4. Lituanie : à Kaunas, des miliciens tuent 463 Juifs (→ 6).

4. Syrie : au nom de la France libre, le général Catroux proclame l'indépendance du pays.

5. URSS : la 6e armée allemande enfonce la ligne Staline à l'est de Lvov (→ 6).

5. Méditerranée : le sous-marin *HMS Torbay* coule le sous-marin italien *Jantina*.

5. Rastenburg : pour l'adjudant major de Hitler, le meurtre de milliers de Juifs soviétiques par les Einsatzgruppen ou par des milices locales fait partie d'une « opération de nettoyage nécessaire » (→ 6).

5. Belgique : les pilotes belges Divoy et Donnet s'emparent d'un biplan Stampe et Vertongen dans un hangar privé. Ils s'envolent du Brabant wallon et gagnent l'Angleterre.

Tchang Kaï-chek rompt avec l'Axe

Chongqing, 1er juillet
En Chine, le gouvernement nationaliste du Kuo-min-tang a rompu ses relations diplomatiques avec l'Allemagne et l'Italie, en réponse à la reconnaissance par l'Axe du nouveau régime de Nankin dirigé par le dissident Wang Tsing-wei, qui a négocié avec l'envahisseur nippon. La décision de l'Axe de soutenir le régime fantoche de Nankin est le résultat des pressions diplomatiques japonaises. Elle a été prise contre l'avis des émissaires allemands en Chine, opposés au régime pronippon de Nankin, qui estiment que, depuis les hostilités avec l'URSS, l'Allemagne a intérêt à s'allier avec l'anticommuniste Tchang Kaï-chek, même si son parti, le Kuo-min-tang, se bat aujourd'hui aux côtés de Mao contre les Japonais. Les nazis pensent que cette alliance tactique est temporaire et que Tchang a un avenir politique, à l'inverse de Wang. (→ 18)

Tchang, le nouvel ennemi de l'Axe.

Le Japon mobilise un million d'hommes

Tokyo, 2 juillet
Le Japon se prépare à engager la guerre contre la Grande-Bretagne et les Etats-Unis en Indochine. Un million d'hommes sont mobilisés et les navires marchands de l'Atlantique sont rapatriés. Ce sont 400 000 conscrits qui iront renforcer l'armée du Guangdong en Chine. Les autres partiront pour l'Asie du Sud-Est. La décision d'ouvrir un front méridional dans la grande sphère de prospérité d'Asie de l'Est est inspirée par la rapidité des succès allemands. Au cours d'une conférence impériale où l'empereur a fait une courte apparition, Tojo Hideki, ministre de la Guerre, a dit qu'il fallait saisir cette occasion unique de consolider l'empire.

1er juillet. Mackenzie King, Premier ministre canadien, avec Winston Churchill à Downing Street. Il lui a remis le « flambeau de la Victoire ».

Staline réveille le patriotisme russe

L'avance à travers les ruines.

Sur ordre de Staline, des villages entiers sont brûlés devant l'ennemi.

Moscou, 3 juillet
« Camarades, citoyens, frères et sœurs, combattants de notre armée et de notre marine, je m'adresse à vous, mes amis ! » Par ces mots, Staline a demandé à son peuple de mener à l'envahisseur allemand une guerre totale, au sens où on l'entendait autrefois dans la vieille Russie. Dans un discours diffusé dans toute l'Union soviétique, il a ordonné de faire table rase devant l'ennemi. Il faut emmener tout ce qui est transportable et détruire le reste, a-t-il déclaré. Ce discours émouvant vise à réveiller l'amour du peuple russe pour sa vieille patrie, en usant de phrases telles que : « L'ennemi ne doit pas trouver une seule locomotive, pas un seul wagon, pas une livre de pain ni un verre de pétrole. » A l'instar de leurs ancêtres qui firent face aux armées de Napoléon, les Soviétiques doivent employer la tactique de la terre brûlée. Il leur faudra incendier les villages et les récoltes, tuer le bétail et détruire les barrages. Des groupes de partisans devront « organiser la guérilla aux quatre coins du pays, faire sauter ponts et routes, saboter les lignes de télécommunication, incendier les forêts, les entrepôts et les trains. Il faut à tout prix rendre la situation insupportable à l'ennemi dans les zones occupées ». Le carburant est un point crucial. Les troupes allemandes, à court de réserves, ne pourront s'en procurer pour alimenter leurs chars et leurs avions qu'en réquisitionnant. Il n'est pas important de brûler les habitations tant que dure l'été, mais, si la campagne devait se poursuivre en hiver, les Allemands, sans abri, se retrouveraient dans la même situation que les troupes de Napoléon.
C'est un grand sacrifice que Staline demande à son peuple. Les Soviétiques ne lui obéiront probablement pas tous ; dans certaines régions, les Allemands ont été bien accueillis, avec du pain et du sel. En revanche, beaucoup sont prêts à tout sacrifier pour leur sainte mère patrie, sinon pour le communisme.

Tito appelle à la résistance

Belgrade, 5 juillet
Josip Broz, alias Tito, un communiste de 49 ans qui a lutté contre Franco pendant la guerre civile espagnole, appelle ses concitoyens à « se rebeller et à ne faire plus qu'un contre les envahisseurs et leurs laquais ». Il recrute ses partisans dans les montagnes, où se cachent les réfractaires au travail obligatoire instauré par les Allemands. En Serbie occidentale, un autre groupe de résistants s'est constitué sous le commandement du colonel Draza Mihailovic. Ce royaliste éprouve toutefois une haine plus féroce encore pour Tito le communiste que pour les nazis. (→ 8)

Tito, chef de la résistance yougoslave.

Un pilote américain de la RAF meurt dans le ciel de France

Grande-Bretagne, 2 juillet
L'escadrille de la RAF *American Eagle*, composée de pilotes américains, enregistre sa première perte. Au cours d'un raid de bombardiers Blenheim sur un aérodrome allemand du nord de la France, elle s'est heurtée à une soixantaine de Messerschmitt Bf 109.
Dans la confusion du combat, deux chasseurs de la RAF, qui pourraient bien appartenir aux Eagles, sont entrés en collision. Trois Messerschmitt ont été abattus, deux par des officiers pilotes américains, l'autre par le commandant de l'escadrille britannique. Enfin, un sergent pilote anglais a abattu deux avions allemands d'une seule rafale de ses mitrailleuses.

Un groupe de pilotes américains des Eagles devant un Hawker Hurricane.

Noel Coward fait rire Londres

Londres, 2 juillet
La première de *Blithe Spirit*, de Noel Coward, a eu lieu hier soir au théâtre de Piccadilly. Cette pièce rappelle l'atmosphère d'avant guerre. L'auteur, lui, considère son œuvre, qui ne fait aucune référence à la guerre, comme un vaudeville. Le sujet est une séance de spiritisme dans laquelle on conjure l'esprit maléfique de la première femme du héros, Elvira. Ce personnage est remarquablement interprété par Kay Hammond, maquillée de gris fantomatique. Cecil Parker joue le rôl de l'époux, Margaret Rutherfor celui du médium. Le public a ét littéralement enthousiasmé.

Victoire des Belges en Ethiopie

Addis-Abeba, 4 juillet
Un détachement belge venu du Congo a mis fin à la résistance de deux divisions italiennes qui se repliaient en direction du nord-ouest dans la région de Djimma. Le général Gazzera n'avait guère le choix. Les deux bataillons belges possédaient des mortiers lourds. Aussi, hier à Sidamo, il a fait savoir au général Gilliaert qu'il était prêt à se rendre. Ce dernier a accepté sa reddition. Il ne reste plus maintenant aux Alliés pour que cette campagne se termine qu'à déloger les 40 000 soldats du général italien Nasi, retranché dans un réduit montagneux au nord du lac Tana.

Le charbon manque en Angleterre

Grande-Bretagne, 4 juillet
A partir d'aujourd'hui, la consommation domestique mensuelle de charbon, de coke ou autre combustible solide est limitée à une tonne, quantité qui ne sera même pas garantie. Cette nouvelle restriction, qui s'applique à tous les ménages, aux hôtels, aux clubs et aux bureaux, est destinée à économiser l'énergie pour l'industrie.
C'est surtout la mobilisation des jeunes mineurs qui a réduit la production. Le ministre du Travail, Ernest Bevin, a rappelé 50 000 anciens mineurs, mais sans succès. Il envisage de les réquisitionner.

Bière approuvée par la censure...

1941

Juillet

Di	Lu	Ma	Me	Je	Ve	Sa
		1	2	3	4	5
6	7	8	9	10	11	12
13	14	15	16	17	18	19
20	21	22	23	24	25	26
27	28	29	30	31		

6. URSS : sur le front sud, les Roumains occupent Cernauti.

6. Lituanie : les miliciens de Kaunas tuent 2 514 Juifs sur ordre des Allemands.

6. Amérique du Sud : une contestation des frontières entre le Pérou et l'Equateur déclenche la guerre (→ 26).

7. URSS : contre-attaque sans succès de chars soviétiques à Ostrov, point clé sur la route de Leningrad.

7. Europe : en Belgique et en France, les nazis lancent des campagnes antibolcheviques.

7. France : en zone occupée, création de la Légion des volontaires français contre le bolchevisme (LVF).

8. Allemagne : raid nocturne de 114 bombardiers Wellington de la RAF sur Cologne.

8. Belgrade : l'Allemagne et l'Italie annoncent leurs plans de partage de la Yougoslavie.

8. Etats baltes : les Juifs ont l'ordre de porter un insigne jaune d'identification.

9. URSS : Vitebsk à l'ouest de Smolensk, et Pskov au nord d'Ostrov sont aux mains des Allemands.

9. Libye : l'artillerie et l'aviation de l'Axe bombardent Tobrouk.

10. Londres : le colonel Martial Valin prend le commandement des Forces aériennes françaises libres (FAFL).

10. Lituanie : les unités mobiles de tuerie SS conduisent les 1 600 Juifs de Jedwabne sur la place du marché. Ils les torturent avant de les brûler vivants dans une grange.

10. Liban : les Australiens occupent Damour. Beyrouth reste la seule place forte du régime de Vichy (→ 15).

11. Washington : Roosevelt demande un crédit de 3 300 millions de dollars pour l'US Navy. Il a réclamé hier 4 700 millions pour l'US Army.

11. URSS : les Allemands sont à 16 km de Kiev. Ils ont fait 600 000 prisonniers soviétiques.

12. URSS : la Luftwaffe bombarde Moscou pour la première fois (→ 14).

Des Américains pour protéger l'Islande

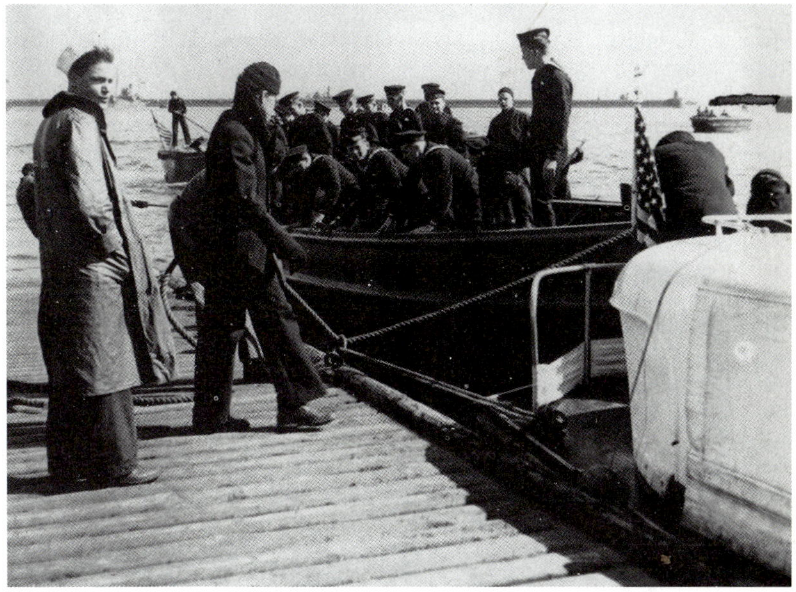
Les Américains arrivent pour relever la garnison britannique à Reykjavik.

Washington, 7 juillet
Le président Roosevelt a annoncé au Congrès que des troupes américaines avaient débarqué en Islande et au Groenland. Les Etats-Unis ont ainsi décidé de se joindre aux Anglais et aux Canadiens pour défendre l'Islande, lorsqu'ils ont appris que les Allemands avaient formé un corps expéditionnaire au nord de la Norvège pour envahir l'île. Laisser l'ennemi s'emparer d'un tel bastion au milieu des lignes maritimes occidentales qui relient l'Amérique du Nord à l'Europe aurait été un désastre stratégique pour la Grande-Bretagne. La portée de la décision américaine va toutefois au-delà des conséquences qu'elle peut avoir en Islande. Ce geste prouve que les Etats-Unis, nation non belligérante, sont résolus à aider la Grande-Bretagne, y compris en lui permettant de libérer une partie de ses forces pour d'autres terrains d'opérations. La Maison Blanche a publié le rapport des négociations tripartites qui avaient eu lieu entre Washington, Londres et le Premier ministre islandais, Herman Jonasson. Les Etats-Unis reconnaissent la souveraineté de l'Islande et promettent de retirer leurs troupes dès la fin de la guerre.

On ne sifflera plus les actualités

France, 8 juillet
La projection des actualités dans les salles de cinéma était trop houleuse. Les Français, n'appréciant pas l'information revue et corrigée par la double censure des services de Vichy et des autorités nazies, profitaient de l'obscurité protectrice des salles pour manifester un peu trop librement leurs sentiments. Pour les Allemands, ce n'est pas une raison suffisante pour renoncer à cet extraordinaire moyen de propagande. Au contraire, les actualités seront désormais obligatoires, mais pour surveiller les perturbateurs, leur projection aura lieu désormais dans des salles éclairées.

Pendaison d'un marin britannique

Grande-Bretagne, 9 juillet
George J. Armstrong est le premier citoyen britannique à être pendu pour avoir enfreint le *Treachery Act*. L'exécution de cet ingénieur naval, condamné à mort le 8 mai par le tribunal d'Old Bailey, a eu lieu à la prison de Wandsworth. Il fut arrêté à son retour des Etats-Unis où il avait rencontré un consul allemand à qui il avait proposé des informations pour les nazis. Quatre autres personnes ont été condamnées à la même peine : trois étrangers surpris sur la côte avec des appareils radio, et une femme, dont la sentence a été commuée en une peine de quatorze ans de prison. ▷

Pacte anglo-soviétique

Moscou, 12 juillet

Après vingt ans de froid diplomatique, l'Union soviétique et la Grande-Bretagne sont de nouveau alliées. Sir Stafford Cripps, ambassadeur britannique à Moscou, et Viatcheslav Molotov, ministre des Affaires étrangères, ont signé aujourd'hui un pacte qui prévoit une aide et un soutien réciproques dans la guerre contre l'Allemagne hitlérienne. Le visage souriant, Staline a assisté au Kremlin à la signature de l'acte et à l'apposition des rubans bleus avec sceaux de cire rouge. On a ensuite servi des chocolats et du champagne de Géorgie. Staline a levé son verre à la gloire de la coopération entre les deux pays.

Ce nouveau pacte, qui avait été proposé par Churchill, va plus loin qu'un simple accord de guerre contre les nazis. Il engage aussi les deux pays à ne pas négocier ni signer d'armistice ou de traité de paix sans l'accord de son allié.

Churchill a, en fait, très bonne mémoire. Il n'a pas oublié que c'est la paix germano-soviétique de la dernière guerre, en 1918, qui a permis à l'Allemagne de préparer sa dernière grande offensive sur le front de l'Ouest, et qu'elle avait failli réussir. (→ 19)

En Europe de l'Est, l'invasion allemande attise l'antisémitisme et le nationalisme

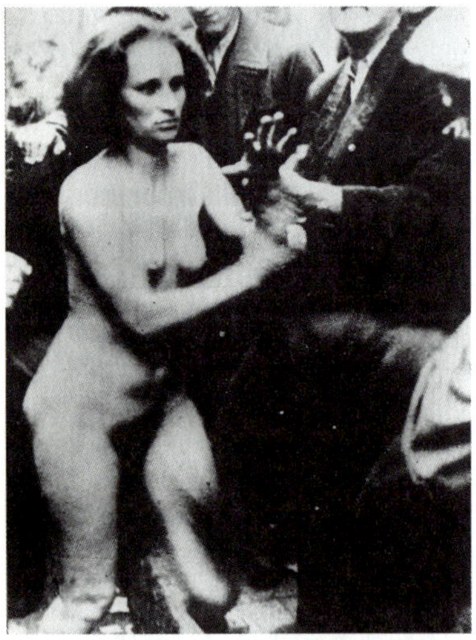

Humiliations et viols collectifs...

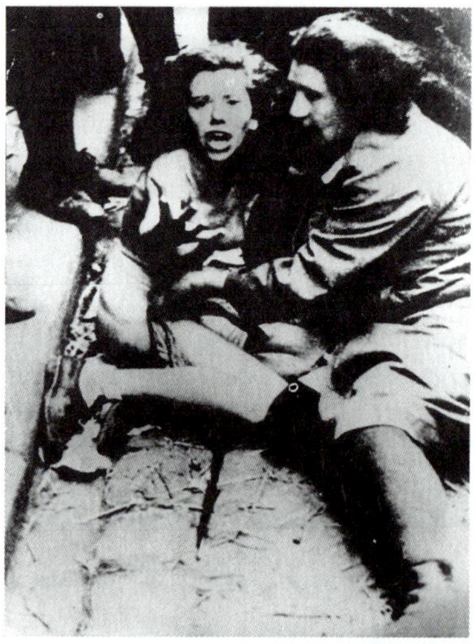

... la barbarie nazie est sans limites.

Lvov, Ukraine, 12 juillet

Son seul crime est d'être juive. Depuis l'arrivée des Allemands, elle n'a connu que la peur. Maintenant, on la déshabille, on l'humilie, on la frappe. Elle sera probablement violée et torturée en prison si elle n'est pas simplement abattue en pleine rue. Ici, le nationalisme et l'antisémitisme traditionnels des populations ont servi les desseins barbares des nazis. Des photos de nationalistes ukrainiens massacrés par les Russes ont été affichées dans toute la ville avec la légende : « Tués par les Juifs ». Les Allemands ont recruté une milice locale et, deux jours après leur arrivée, des habitants ont lancé l'*Aktion Petlioura*. C'est une revanche symbolique pour le meurtre, il y a quinze ans à Paris, d'un Ukrainien par un Juif. Un rapport banal faisant état de l'exécution de 7 000 Juifs a été envoyé à Berlin. Les pogroms se multiplient au fur et à mesure de l'avancée des troupes allemandes vers l'est. A Kovno, la police lituanienne a, sous le contrôle des nazis, tué plus de 3 000 Juifs. A Jassy, les troupes roumaines en ont massacré au moins 200. Ils ont entassé 5 000 Juifs dans des fourgons à bestiaux. A Bialystok, le jour de leur arrivée, les Allemands ont enfermé tous les Juifs dans la synagogue qu'ils ont incendiée. Tarnopol, Dvinsk, Zolochev, Luck, Lubieszov et Lutsk sont autant de villes rougies par le sang des Juifs. (→ 17)

Minsk se rend aux Panzer allemands

Minsk, 10 juillet

Les chars allemands déferlent au cœur de la Russie. Hier, Minsk est tombé. Le groupe de Panzer de Guderian a franchi la Berezina là où Napoléon perdit 30 000 hommes, mais échappa à l'encerclement. Les chars allemands s'apprêtent déjà à traverser le Dniepr, en direction de Smolensk, l'ancienne porte de Moscou. Le général Guderian emprunte la route directe, et le général Hoth se dirige vers le nord, en contournant Smolensk, pour couper la route de la retraite vers la capitale aux Russes.

L'avance des Panzer soulève un nuage de poussière qui s'élève de la plaine roussie par le soleil, et se reconnaît à la fumée qui monte des villages incendiés. Les Soviétiques prennent toutes les mesures pour tenter d'arrêter leur progression. Ils ont établi une ligne de défense placée sous le commandement du maréchal Semion Timochenko, ministre de la Défense.

Evasion collective de 21 communistes

Paris, 8 juillet

Cette nuit, vers 4 h, vingt et un communistes ont réussi à s'évader du dépôt du Palais de justice où ils étaient détenus. L'opération était dirigée par Pierre Hervé, un jeune professeur de philosophie, qui avait réussi à s'assurer des complicités de l'extérieur.

Sa femme lui avait procuré des scies métalliques, et deux de ses amis devaient faire le guet à l'extérieur. Le plus difficile pour lui avait été de persuader ses codétenus de le suivre dans sa cavale. Hier soir, la moitié d'entre eux ont finalement accepté de tenter l'aventure. Pour que ses camarades s'occupent et gardent le moral, Hervé avait organisé une soirée récréative : jusqu'à minuit, les prisonniers ont chanté et fait du bruit, puis ils ont commencé à scier patiemment les barreaux de la fenêtre qui donnait sur la place Dauphine. A l'aube, l'espace était assez grand pour que Hervé réussisse à s'y faufiler le premier. Il était libre. Un à un, vingt et un de ses camarades l'ont suivi.

1941

Juillet

Di	Lu	Ma	Me	Je	Ve	Sa
		1	2	3	4	5
6	7	8	9	10	11	12
13	14	15	16	17	18	19
20	21	22	23	24	25	26
27	28	29	30	31		

14. URSS : sur le front nord, les Allemands atteignent le fleuve Louga. Ils menacent directement Leningrad.

14. Smolensk : les lance-roquettes Katiouchka sont utilisés pour la première fois.

14. Paris : sur les grands boulevards, la police arrête des manifestants arborant la cocarde tricolore et chantant *la Marseillaise* (→ 24).

15. URSS : l'Armée rouge lance une contre-offensive à Leningrad. La population commence à fortifier la ville.

15. Terre-Neuve : les Etats-Unis installent une base aérienne à Argentia.

15. Liban : les Alliés occupent Beyrouth.

16. URSS : les Allemands atteignent les faubourgs de Smolensk. Près de Vitebsk, ils font prisonnier le fils de Staline, le lieutenant Djougatchvili.

16. URSS : les Finlandais occupent Sortavala à l'extrême nord du lac Ladoga.

17. Malte : bombardement nocturne des bases de l'île par l'aviation de l'Axe (→ 26).

17. URSS : Hans-Georg, le fils du maréchal Keitel, meurt de ses blessures au combat.

17. France : des cheminots communistes font dérailler un train de matériel à Epinay.

18. Japon : le prince Konoe remanie son gouvernement. Le vice-amiral Toyoda remplace Matsuoka au ministère des Affaires étrangères (→ 22).

18. Chine : plus de 35 000 soldats projaponais attaquent la 4e armée des communistes fortifiée dans le Jiangsu (→ 1.8).

18. Moscou : l'URSS signe un traité d'amitié avec le gouvernement tchèque en exil.

19. Rastenburg : Hitler donne l'ordre à Guderian de diriger son offensive vers le sud. Ce dernier est opposé à l'arrêt de l'avance sur Moscou, mais il n'est pas écouté.

19. Lituanie : à Ponar, 5 000 Juifs ont été massacrés par petits groupes, puis jetés dans des fosses.

Avance allemande vers Leningrad

Moscou, 19 juillet
Tout en avançant vers Leningrad, les troupes allemandes rencontrent une résistance soviétique de plus en plus forte. De violents combats ont eu lieu hier près du lac Peïpous. L'infanterie allemande n'est pas parvenue à appuyer ses unités blindées. Un communiqué soviétique fait état de l'encerclement et de la destruction par l'Armée rouge d'unités motorisées entre Pskov et Porkov, à 290 km au sud-ouest de Leningrad. L'ancienne capitale du tsar est actuellement menacée sur trois fronts : les Finlandais progressent par le nord et le nord-est, de part et d'autre du lac Ladoga, tandis que les Allemands arrivent par l'Estonie et que la Luftwaffe prépare de sérieux raids sur la ville et sa liaison ferroviaire avec Moscou. Toutefois, Leningrad semble bien difficile à prendre.

Les rares maisons encore debout cachent peut-être des tireurs embusqués.

Les commandos à l'œuvre en Russie

Union soviétique, 17 juillet
Reinhardt Heydrich a donné des ordres à ses quatre commandos d'action SS qui suivent la progression à l'est de l'armée régulière. Leur mission est à caractère idéologique et non militaire : exterminer les communautés juives et tziganes et terroriser le peuple. Ils ont carte blanche pour anéantir d'autres « éléments politiquement indésirables », tels que les responsables du parti communiste, les fonctionnaires soviétiques et les « peuples asiatiques inférieurs ». C'est apparemment sans état d'âme qu'ils accomplissent leur mission.

Heydrich : crimes sur commande.

La Résistance perd deux chefs de réseau

Pau, 18 juillet
Loustaunau-Lacau, le chef du réseau Alliance, a été arrêté dans l'appartement où il se cachait depuis qu'il se savait menacé. C'est son chef d'état-major, Marie-Madeleine Méric, qui va lui succéder à la tête du réseau, comme elle l'a annoncé par radio aux Anglais. Il y a trois jours, c'était le colonel Groussard, chef d'un autre réseau de la zone libre, les Groupes de protection, qui était arrêté à Vichy, alors qu'il revenait d'une mission à Londres où il venait de rencontrer Churchill.
Ces deux réseaux, qui recrutaient tous deux dans les milieux nationalistes d'extrême droite, avaient vainement cherché à travailler avec la France libre, mais de Gaulle leur avait obstinément opposé une fin de non-recevoir, craignant que ces deux hommes ne soient trop manipulés par Vichy. L'Intelligence Service s'était montré moins réticent, et entretenait au contraire avec eux des relations suivies.

Un nouveau journal pour la Résistance

Paris, 14 juillet
L'idée est née très simplement : « Il faudrait faire un canard », a dit un jour Marcel Lebon, un riche industriel qui a mis à la disposition de la jeunesse estudiantine une aide importante pour financer des actions de résistance. Le journal, qui a vu le jour dans un laboratoire de géographie physique de la Sorbonne, s'appelle *Défense de la France*. Autour d'Hélène Mordkovitch, une étudiante, se sont réunis d'autres jeunes gens : Philippe Viannay, Robert Salmon, Marianne Réau, Charlotte Nadel. Grâce à l'argent de Lebon, ils ont acheté une machine à imprimer baptisée *Simone*. Quant à l'indispensable machine à écrire, surnommée *Adèle*, le plus simple a été d'aller la voler dans un bureau du ministère de l'Agriculture à l'heure du déjeuner.
Le premier numéro a été ronéotypé aujourd'hui, mais il ne sera diffusé que dans quelques semaines. Rédigé par de très jeunes gens, ce journal hésite encore dans ses choix politiques : défendre la France oui, mais avec qui ? « Ni Allemands, ni Russes, ni Anglais » reste le slogan d'une équipe qui se refuse encore à condamner Pétain.

« V pour victoire », le nouveau slogan de Radio Londres

Londres, 20 juillet
La BBC a lancé hier soir à minuit la campagne du « V de la victoire » en diffusant un message de Winston Churchill à l'Europe occupée : « Le V doit être le symbole de la volonté indéfectible des peuples des territoires occupés et annonce la fin de la tyrannie nazie. »
Le présentateur chargé de cette campagne, Colonel Britton, pseudonyme de Douglas Ritchie, responsable du service européen de la BBC, a déclaré : « Demain l'armée de la Victoire, l'armée invisible de l'Europe regroupant des millions d'hommes, deviendra réalité. Vous aurez deux choses à faire : jurer de continuer la lutte pour l'indépendance de votre pays et narguer les Allemands en inscrivant le V de la victoire sur tous les murs et en le scandant à tous moments. » Ce V était apparu pour la première fois en janvier. Lors d'une émission de la BBC destinée à la Belgique, Victor De Laveleye avait suggéré aux Belges d'ajouter aux trois lettres RAF inscrites sur les murs l'initiale du mot flamand *vrijheid* qui signifie liberté. Le V a donc été repris en anglais et en français comme symbole de la Victoire.
Colonel Britton a aussi suggéré un V sonore qui utiliserait le morse (trois points et un trait). Ces sons, qui correspondent aux premières mesures de la cinquième symphonie de Beethoven, sont désormais utilisés par la BBC pour toutes ses émissions destinées à l'Europe.

Une affiche pour chaque mur.

1941

Juillet

Di	Lu	Ma	Me	Je	Ve	Sa
		1	2	3	4	5
6	7	8	9	10	11	12
13	14	15	16	17	18	19
20	21	22	23	24	25	26
27	28	29	30	31		

20. Moscou : Staline remplace le maréchal Timochenko au poste de commissaire du peuple à la Défense.

21. Minsk : des SS attachent 45 Juifs et ordonnent à 30 Russes blancs de les enterrer vivants dans une fosse. Ils refusent; les 75 victimes sont massacrées à la mitrailleuse.

21. Gibraltar : le convoi de ravitaillement *Substance* part pour l'île de Malte.

22. Tokyo : Teijiro Toyoda, le nouveau ministre des Affaires étrangères, confirme l'alliance du Japon avec l'Axe (→27.8).

22. URSS : les Allemands font une pause dans leur avance. Ils ont conquis 1,5 million de km² du territoire soviétique.

23. Belgique : les autorités d'occupation imposent le couvre-feu à 22 h.

23. Indochine : sans que Vichy s'y oppose, l'armée japonaise pénètre en Annam et en Cochinchine (→26).

24. Paris : André Masseron, l'un des manifestants arrêtés le 14 juillet, est fusillé.

24. URSS : assiégé depuis le 22 juin, Brest-Litovsk capitule. Les Allemands ont pilonné la ville avec le mortier Karl, dont l'obus pèse 2 tonnes.

24. France : des bombardiers de la RAF touchent gravement le croiseur *Scharnhorst* au large de La Pallice.

24. Pologne : le commandant d'un Einsatzgruppe informe Berlin que 4 435 Juifs ont été liquidés à Lachowicze.

24. France : déclaration des cardinaux et archevêques : « Nous voulons que, sans inféodation, soit pratiqué un loyalisme sincère et complet envers le pouvoir établi. »

25. Atlantique sud : le croiseur *HMS Newcastle* intercepte le navire allemand *Erlangen*, qui se saborde.

26. Amérique du Sud : le Pérou et l'Equateur déclarent une trêve dans la guerre frontalière.

26. France : les destroyers *HMS Cattistock*, *Mendip* et *Quorn* bombardent Dieppe.

Sanctions économiques contre Tokyo

Washington, 26 juillet
L'occupation japonaise des bases françaises en Indochine a entraîné des sanctions économiques visant à porter un dur coup au Japon sans pour autant lui déclarer la guerre. En gelant les avoirs japonais (au minimum 135 millions de dollars), les Etats-Unis et la Grande-Bretagne ont aussi mis fin aux espoirs d'apaisement en Asie. Hier soir, le président Roosevelt imposait le contrôle de l'Etat sur toutes les transactions financières portant sur des intérêts japonais. Le gouvernement britannique vient d'annoncer les mêmes restrictions sur son territoire et dans ses dominions. A la demande du gouvernement chinois, cette mesure s'applique aussi aux biens chinois. Cela empêchera les Japonais d'abuser de leur situation privilégiée en tant qu'occupants des principaux centres financiers en Chine. Le Japon voit diminuer de 80 % ses importations de pétrole, blé, coton, zinc, minerai de fer, bauxite et manganèse, matières premières indispensables en temps de guerre. Il devra vivre sur ses stocks. Ses deux grands marchés d'exportation, soie (220 millions de dollars aux Etats-Unis) et toile de coton (160 millions de livres en Grande-Bretagne) disparaissent aussi. Tokyo a répliqué en gelant les avoirs américains et britanniques. Ceux-ci sont peu importants.

Konoe, président du Conseil.

Vichy ne peut défendre aux Japonais de s'installer en Indochine

Les troupes japonaises déjà stationnées au Tonkin en route pour Saigon.

Vichy, 26 juillet
Comment, en position de vaincus sous un régime d'armistice, conserver un empire colonial que l'on n'a pas les moyens de défendre face aux convoitises des puissances étrangères? C'est la question à laquelle le gouvernement français se trouve confronté en Indochine depuis la défaite de 1940. Le 14 juillet dernier, le Japon présentait à la France un ultimatum exigeant de participer à la défense de l'Indochine, de débarquer des troupes dans le Sud, sans limites d'effectifs, et d'y utiliser les aérodromes et les bases navales. L'amiral Darlan, faute de moyens militaires adéquats, conseille au gouvernement de s'incliner, la présence française n'étant pas remise en cause. (→29)

Une bombe tue Marx Dormoy

Montélimar, 26 juillet
Assigné à résidence dans la Drôme, l'ancien ministre de l'Intérieur du Front populaire, le socialiste Marx Dormoy, a été assassiné aujourd'hui à Montélimar. Une bombe placée dans sa chambre a explosé, soufflant la pièce. L'attentat aurait été perpétré par d'anciens membres de la Cagoule collaborant avec les Allemands et les Italiens et des militants du Parti populaire français de Jacques Doriot.

La France s'engage dans l'aryanisation

Paris, 25 juillet
La loi sur l'aryanisation des entreprises et des biens juifs, œuvre de Xavier Vallat et du Commissariat aux questions juives, étend à la zone libre le programme allemand d'épuration économique, déjà mis en place en zone occupée. Ainsi, le gouvernement de Vichy viole de façon directe sa promesse souvent réitérée de ne toucher ni aux personnes ni aux biens et montre sa volonté d'étendre à tout le pays les lois antisémites que les Allemands ne lui ont jamais demandé d'appliquer. Cette loi aura des conséquences graves sur la vie publique. Elle donne à l'Etat le pouvoir de confisquer les biens des Juifs français ou étrangers, et de les placer entre les mains d'administrateurs afin de les liquider ou de les vendre à des acquéreurs non-juifs. Pour Xavier Vallat, il s'agit d'« éliminer toute influence juive dans l'économie nationale ». Un texte entièrement en accord avec ses convictions intimes, bien qu'il déplore que cette loi suscite « un déchaînement de convoitises ».

Bombardements allemands sur Moscou

Des batteries de DCA, en pleine action, dans le parc Gorki à Moscou.

Moscou, 21 juillet
Après Londres, le Blitz frappe Moscou. Les bombardiers allemands ont de nouveau attaqué la ville la nuit dernière, lançant des bombes incendiaires et explosives. L'agence de presse officielle allemande a fait savoir que ce raid égalait « les plus lourdes opérations de la Luftwaffe sur des objectifs militaires en Grande-Bretagne ». Tout comme aux îles Britanniques, la plupart des bombes sont tombées sur des habitations. La population a réagi avec beaucoup de courage et de détermination. Comme toujours, les premières vagues d'avions lancent des bombes éclairantes et incendiaires pour indiquer les objectifs aux suivantes. Bien organisés, les habitants ont pu neutraliser nombre de bombes incendiaires en les recouvrant de sable. Les canons antiaériens ont accueilli la Luftwaffe avec un tir de barrage fait de fusées éclairantes et d'obus traçants. Les projecteurs ont pu repérer de nombreux appareils sur lesquels un tir nourri se concentrait. L'un d'eux, touché par des obus, a été vu en difficulté avant de s'écraser. Les Russes affirment avoir abattu cette nuit vingt-deux des deux cents bombardiers.

Opération suicide des Italiens sur Malte

Couvert d'huile, cet officier italien est un des rescapés du raid audacieux.

Malte, 26 juillet
Cette nuit, des commandos italiens venus par voie d'eau ont tenté dans le port même une opération aussi spectaculaire qu'audacieuse. Ils y ont laissé quinze hommes et n'ont finalement causé ni perte ni dommage. Il s'en est fallu de peu, car le port était saturé de cargos lorsque le gros convoi de l'opération *Substance* est arrivé. En route, un de ses cargos avait été endommagé, le destroyer *HMS Fearless* avait sombré et le croiseur *HMS Manchester* était touché.
L'attaque italienne était programmée depuis des mois. Arrivant de nuit en vedettes rapides dont la proue était bourrée d'explosifs et à bord de sous-marins de poche, la mission devait faire sauter tout ce qu'elle pouvait. Une équipe d'hommes-grenouilles devait détruire le filet, suspendu à un pont, qui protège l'entrée du port. Ensuite, les vedettes et les sous-marins pouvaient accomplir le travail. Mais tout a échoué quand le major Tesei, en faisant sauter non seulement le filet mais aussi le pont, a rendu l'accès impossible à ses hommes. Repérés, les Italiens sont devenus la cible des artilleurs qui ne leur ont laissé aucune chance.

L'accord de Gaulle-Lyttleton signé

Le Caire, 21 juillet
Après une entrevue orageuse avec le capitaine Oliver Lyttleton, le représentant permanent du cabinet de guerre anglais au Proche-Orient, le général de Gaulle a réussi a obtenir des Anglais une révision des accords de Saint-Jean-d'Acre. Les Français libres sont autorisés à tenter de rallier les troupes de Vichy, le matériel saisi leur sera livré, enfin l'autorité britannique s'exercera dans le seul domaine militaire. Ces concessions de taille n'ont pu être acquises que sous la menace de la France libre de rompre ses engagements à l'égard des Anglais.

Ce véritable film de guerre est un succès

Londres, 26 juillet
Le septième art s'enrichit d'un genre nouveau. Produit par Harry Watt et la Crown Film Unit (les productions GPO d'avant-guerre), *Target for Tonight* remplit les salles. Ce film réaliste fait vivre une mission de bombardement de la RAF au-dessus de l'Allemagne. Il a été tourné depuis un bombardier Wellington au nom de code « F pour Freddie ». Les acteurs sont les vrais aviateurs, de la base de Mildenhall dans le Suffolk. Après avoir bombardé sa cible, l'avion, piloté par le chef d'escadrille Pickard, est touché par la Flak. Il se traîne vers sa base et, pour comble, il devra atterrir dans le brouillard.

Une histoire vraie et passionnante.

Roosevelt rappelle MacArthur

Washington, 26 juillet
Le président Roosevelt a décidé de rappeler en service actif un de ses plus brillants soldats, le général Douglas MacArthur. Il lui confie le commandement des forces américaines en Extrême-Orient. La décision du président américain fait suite aux tensions créées par l'occupation japonaise du sud de l'Indochine ainsi qu'au gel des avoirs japonais aux Etats-Unis.
Le général est convaincu que les Philippines, objectif très tentant pour le Japon, pourront être défendues si le conflit vient à s'étendre en Extrême-Orient.

1941

Juillet

Di	Lu	Ma	Me	Je	Ve	Sa
		1	2	3	4	5
6	7	8	9	10	11	12
13	14	15	16	17	18	19
20	21	22	23	24	25	26
27	28	29	30	31		

27. Cambodge : les Japonais occupent Phnom Penh.

27. Londres : après une accalmie de dix semaines, la Luftwaffe recommence à bombarder la ville.

27. Lituanie : les Allemands exécutent deux membres du conseil juif de Vilnius. La communauté n'a pas pu réunir l'énorme rançon demandée.

28. URSS : dans le secteur centre, les troupes allemandes commencent à liquider la poche soviétique de Smolensk.

29. Indochine : les Japonais achèvent l'occupation du Sud. L'accord franco-japonais pour « la défense commune de l'Indochine » est signé par Darlan à Vichy (→ 31).

29. Moscou : Staline renvoie le général Joukov qui a conseillé une reddition tactique à Kiev. Il le remplace par le maréchal Boris Chapochnikov.

30. Scandinavie : les porte-avions britanniques *Victorious* et *Furious* attaquent respectivement les bases navales allemandes de Kirkenes en Norvège et de Petsamo en Finlande. Le *Victorious* perd 13 avions.

30. Moscou : arrivée de Harry Hopkins, envoyé de Roosevelt. Il vient mettre au point l'aide américaine à l'URSS (→ 2.8).

30. Rastenburg : Hitler ordonne des offensives vers Leningrad et le Caucase plutôt qu'une attaque frontale sur Moscou.

31. URSS : après quatorze jours de massacres continus, les Einsatzgruppen nazis ont tué 10 000 Juifs à Kichinev et 2 500 à Jitomir.→

31. URSS : au nord, l'armée allemande atteint le lac Ilmen. L'armée finlandaise lance une attaque visant Vyborg (→ 31.8).

31. Afrique du Nord : réorganisation de l'Afrikakorps. Le général Crüwell en prend le commandement. Rommel est nommé commandant du nouveau groupe blindé Afrika.

31. France : le journal clandestin *les Petites Ailes* prend le nom de *Résistance* en zone nord et de *Vérités* en zone sud.

Hitler veut en finir avec les Juifs

Le Reichsmarshall Göring.

Berlin, 31 juillet
Le programme des nazis en vue de débarrasser l'Europe des Juifs prend forme. Reinhardt Heydrich, chef de la police et de la Gestapo, a en effet reçu le message suivant de Hermann Göring : « Je vous charge de mener à bien la préparation matérielle et financière de la solution du problème juif dans la sphère d'influence allemande en Europe. Si la compétence d'autres services était concernée par cette mission, ceux-ci devraient participer à son exécution. Je vous prie de me soumettre aussitôt que possible un rapport faisant état des mesures déjà prises en vue de résoudre la question juive. » Cette directive accorde à Heydrich le pouvoir de mettre en œuvre un programme à l'échelon européen et de le faire appliquer par les SS de Heinrich Himmler.
La nature exacte du dispositif n'est pas encore précisée. Des indices en laissent toutefois deviner l'orientation. Ainsi, le caractère systématique des massacres perpétrés par les Allemands en Union soviétique durant les six dernières semaines donne à penser que c'est plutôt dans le sens des exécutions massives que dans celui de l'émigration qu'est cherchée la « solution » au « problème » juif. Il ressort des récentes discussions qui ont eu lieu entre Himmler et Rudolf Höss, commandant du camp d'Auschwitz, que les ordres provenaient de Hitler lui-même. Il semblerait que ce camp ainsi que celui qui doit être bâti à Majdanek, près de Lublin, soient au centre du dispositif.

La montée des persécutions antisémites

L'anxiété se lit dans les regards de ces Juifs contraints de balayer les rues.

Allemagne, 31 juillet
Les nazis ont certainement consacré plus d'énergie à combattre les Juifs qu'à résoudre toute autre question.
Le premier camp de concentration, initialement destiné aux opposants politiques, a été ouvert en Allemagne en 1933. A la même date, les entreprises juives ont commencé à être boycottées. En 1935, les Juifs ont été exclus de la vie publique. Les violences physiques à leur encontre sont alors devenues quotidiennes. Celles-ci ont culminé en 1938 lors de la « Nuit de cristal », ainsi nommée en raison du nombre de devantures de boutiques juives brisées.
Les persécutions et les déportations de Juifs se sont étendues en Europe centrale sur les pas des armées allemandes. En octobre dernier, les premiers Juifs viennois sont arrivés à Varsovie et dans d'autres villes de Pologne ainsi qu'à Vilnius où ils ont été enfermés dans des ghettos et contraints de porter l'étoile de David. Les lois et les pratiques antisémites ont de la même façon accompagné l'invasion de l'Europe occidentale puis de l'URSS.

Massacres nazis sur le front russe

Front de l'Est, 31 juillet
Les Einsatzgruppen sont entrés en action sur le front russe. Au nombre de quatre, ils opèrent derrière la ligne de front. Divisés en petits commandos, ils recherchent les Juifs pour les tuer. Ils bénéficient de l'appui d'auxiliaires locaux qui les renseignent sur les communautés juives ou qui se substituent à eux. La Wehrmacht les aide avec enthousiasme parfois, mais aussi avec réticence, car les officiers allemands craignent pour la santé mentale des hommes qui assisteraient ou participeraient à des exécutions, comme à Jitomir où le général Reinhardt a aidé l'Einsatzgruppe C à passer la zone au peigne fin. D'autres unités de la dimension d'une brigade, commandées par les chefs suprêmes de la police SS, agissent concurremment sous les ordres des généraux SS Prützmann, Jeckeln et von dem Bach-Zelewski.
Les exécutions, qui n'étaient pas au départ collectives et visaient les individus de sexe masculin, changent progressivement de nature, et le nombre de femmes et d'enfants abattus par les commandos croît régulièrement, dévoilant les buts des nazis. En un mois de campagne les unités SS auraient déjà tué près de 100 000 personnes.

Les troupes japonaises pénètrent en Indochine française

Saigon, 31 juillet
En Extrême-Orient, la crise s'aggrave avec l'arrivée de cinquante mille soldats japonais en Indochine française. Des unités de la flotte japonaise se trouvent dans la baie de Camranh ainsi qu'à Tourane, et l'aviation impériale stationne à Saigon. De même, huit mille soldats japonais occupent le Cambodge.
Avant-hier, à Vichy, l'amiral Darlan et l'ambassadeur du Japon Kato ont signé un accord aux termes duquel les Japonais sont autorisés à s'installer en Indochine et à participer à la défense du pays en cas d'agression extérieure. Les Japonais se montrent fort satisfaits de cet accord. Laisser en place les autorités françaises était le meilleur moyen pour eux d'utiliser le territoire indochinois et ses ressources. Quant au gouvernement de Vichy, il est parvenu à sauver la face : l'Indochine reste française, même si une étrange cohabitation se met en place. Dans le cadre du nouvel accord, les troupes françaises sont chargées de la défense du Tonkin et des frontières de la Chine, ce qui arrange les Japonais, qui placent un tampon entre eux et les Chinois, et permet à l'amiral Decoux de surveiller les nationalistes indochinois installés aux frontières. La décision nippone de neutraliser l'Indochine s'explique par le fait que l'axe d'expansion japonais se situe désormais en Asie du Sud-Est et dans l'océan Pacifique.

Sous les regards de la population, les Japonais entrent dans Saigon.

La capitale de l'Estonie est encerclée par l'armée allemande

Tallin, 31 juillet
Les Allemands progressent de plus en plus en territoire soviétique. Malgré le courage de ses soldats, l'Armée rouge est dépassée par la tactique allemande du Blitzkrieg, et la Wehrmacht enlève ville après ville sans jamais s'arrêter.
Tallin, capitale de l'Estonie, est encerclé par le groupe d'armées Nord de von Leeb qui poursuit vers Leningrad. Les chars de Guderian, de plus en plus rapides, filent vers Smolensk qui n'est qu'à 320 km de la capitale. Von Kleist menace Kiev tandis que la 4e armée roumaine avance sur Odessa, sur la mer Noire. Les succès de la Wehrmacht se mesurent au nombre de victimes soviétiques – on en dénombre plus de un million en un peu plus de un mois de combats. Si les Allemands remportent ces nombreuses victoires, ils subissent néanmoins des pertes. En six mois de combats, ils ont perdu 100 000 hommes, soit plus que dans toutes les autres campagnes qu'ils ont lancées. De plus, la machine de guerre allemande commence à montrer des signes de faiblesse. Les blindés tombent en panne, les filtres à air supportant mal la poussière des steppes. Plus grave, les lignes de ravitaillement allemandes sont si étirées qu'elles risquent de ne plus fonctionner. Le général Hoepner a ainsi dû arrêter ses blindés sur la route de Leningrad, car il n'avait plus d'obus. L'immensité du territoire est impressionnante. Les Allemands avancent, mais ce pays n'en finit pas. Les Soviétiques ont aussi appris à mieux se défendre. De nouveaux chars, les T-34, et les avions de combat Mig ont fait leur apparition. Des hommes comme Koniev et Rokossovsky se sont révélés être d'excellents chefs. Enfin, la tactique de la terre brûlée empêche les Allemands de vivre de leurs conquêtes. (→ 5.8)

Les Allemands avancent en Estonie. Ici à Narva, sur la route de Leningrad.

Un nouveau traité russo-polonais

Londres, 30 juillet
Un traité d'amitié entre le gouvernement soviétique et le gouvernement polonais en exil vient dêtre signé. Pour Winston Churchill, ce traité est « la preuve que désormais des centaines de millions d'hommes partout dans le monde se rejoignent dans la lutte contre les gangsters nazis ».
Le premier résultat de cet accord est de reconnaître que les changements territoriaux intervenus en Pologne à la suite du pacte germano-soviétique sont nuls et non avenus. En outre, une armée polonaise sera formée avec les prisonniers de guerre polonais actuellement internés en Union soviétique.

Heurs et malheurs des résistants

France, 30 juillet
Si la Résistance voit un important développement de ses activités et de ses organisations, elle reste encore bien faible et connaît ses premiers succès et ses premiers déboires.
Le Colonel Rémy a perdu aujourd'hui même un de ses radios, Bernard Lhermite, arrêté à Angers par la police allemande. Il avait dépassé les limites de sécurité et n'avait pas suspendu à temps ses émissions vers Londres, ce qui a permis aux voitures radiogoniométriques allemandes de le repérer.
A Lyon, Henri Frenay a achevé le découpage de la zone sud en six régions, que parcourt inlassablement son adjoint Chevance-Bertin, qui cherche par un patient travail de « boutons de veste » à établir de nouveaux contacts. Un bureau de liaison a été établi. De même, le bulletin du Mouvement de libération nationale a changé de nom, du fait des poursuites engagées par la justice de Vichy : *les Petites Ailes* s'appelle maintenant *Vérités* et est devenu une feuille imprimée à trois mille exemplaires. C'est également en zone sud, à Clermont-Ferrand, qu'est paru le premier numéro de *Libération*, fruit des efforts du petit groupe de syndicalistes et de socialistes, comme André Philip, rassemblés autour d'Emmanuel d'Astier de La Vigerie.

1941

Août

Di	Lu	Ma	Me	Je	Ve	Sa
					1	2
3	4	5	6	7	8	9
10	11	12	13	14	15	16
17	18	19	20	21	22	23
24	25	26	27	28	29	30
31						

1er. Washington : Roosevelt interdit les livraisons de carburant d'aviation au Japon.

1er. Chine : les Japonais lancent une offensive contre les troupes communistes dans les régions du Chan-si, du Tchahar et du Ho-pei (→ 13).

2. URSS : premières livraisons de matériel américain selon les dispositions de la loi prêt-bail.

2. URSS : sur le front sud, les divisions italiennes Pasubio et Torino sont engagées aux côtés des Allemands.

3. Méditerranée : le *HMS Maplin*, équipé d'une catapulte, remporte son premier succès. Un chasseur Hurricane lancé de son pont descend un Focke Wulf Condor de la Luftwaffe.

4. Washington : les Etats-Unis s'engagent formellement à fournir du matériel militaire à l'URSS.

6. Tokyo : le Japon propose aux Etats-Unis des concessions en Asie du Sud-Est, si ses avoirs sont débloqués (→ 27).

6. URSS : le général Anders est nommé commandant en chef de la nouvelle armée polonaise qu'il constitue.

7. Moscou : Staline prend le commandement de toutes les forces soviétiques.

7. Gibraltar : le destroyer *HMS Severn* coule le sous-marin italien *Michele Bianciu*.

7. Vichy : Pétain écrit à son ambassadeur au Vatican. Il veut l'avis du Saint-Siège sur les lois antijuives.

8. Bruxelles : Léon Degrelle, chef du mouvement rexiste, part pour le front de l'Est en uniforme allemand. Il est à la tête des volontaires de sa légion Wallonie.

8. URSS : les forces allemandes écrasent les troupes soviétiques défendant Kazatin et font 38 000 prisonniers.

8. Allemagne : Berlin est attaqué par un bombardier soviétique Iliouchine Il-4, en représailles au raid de la Luftwaffe sur Moscou.

9. Terre-Neuve : Churchill et Roosevelt arrivent pour une conférence sur la participation des Etats-Unis au conflit (→ 14).

La Chine fait appel aux Tigres volants

Des Chinois pilotent des biplans Curtiss Hawks. Les Tigres vont les rejoindre.

Chongqing, 1er août
Les mercenaires américains engagés par Tchang Kaï-chek pour piloter ses chasseurs et remplir des missions de bombardement pour le compte de la Chine nationaliste seront faits membres des forces armées chinoises. Les 101 volontaires, surnommés les Tigres volants, doivent arriver dans un mois. Ils forment très officiellement le Groupe des volontaires américains, composé d'officiers de l'armée de l'air ou de l'aéronavale à la retraite, et de quelques officiers en service actif. Ils ont reçu un congé spécial de un an, sans perte d'ancienneté après leur contrat. Ils recevront 750 dollars par mois et une prime de 500 dollars par avion japonais abattu. Les Tigres volants s'embarqueront à bord de chasseurs P-40, lesquels, jugés obsolètes par les Anglais, ont été financés par les Etats-Unis avec un prêt-bail de 50 millions de dollars. Les pilotes sont sous les ordres du capitaine Claire L. Chennault, un Texan de cinquante ans peu conformiste qui a été mis à la retraite de l'US Army Air Corps en 1937 pour surdité. Peu après, Mme Tchang Kaï-chek en personne le faisait venir pour instruire les pilotes chinois.

Etat d'urgence en Norvège

Norvège, 1er août
Les Allemands ont instauré l'état d'urgence. Ils espèrent ainsi écraser la résistance des populations contre l'occupation du pays. Des grèves ont presque paralysé certaines régions. Des actes de sabotage perpétrés sur les installations de la Wehrmacht et sur les voies ferrées ont causé de très importants dégâts. Considérant la radio britannique comme responsable de la résistance locale, les Allemands ont confisqué 90 % des récepteurs.

Un prêtre allemand dénonce l'horreur

Munster, 3 août
Clemens Graf, évêque de Munster, n'a pas mâché ses mots dans son sermon dominical. Il s'est courageusement élevé contre les assassinats d'invalides et de personnes âgées perpétrés par les nazis. Il a qualifié cette doctrine de « terrible » parce qu'elle vise à justifier le meurtre d'innocents, le massacre des invalides, des malades incurables, des personnes âgées et des faibles inactifs. Selon lui, si l'on admet le principe de tuer les humains improductifs, chacun n'a plus qu'à craindre le jour où il sera vieux et faible. (→ 24)

L'Australie s'inquiète de la progression nippone en Indochine

Canberra, 9 août
Face à l'expansionnisme japonais, l'inquiétude des Australiens grandit. Le gouvernement réclame avec insistance la signature d'une déclaration commune avec la Grande-Bretagne et les Etats-Unis pour empêcher tout nouvel empiétement japonais en Asie du Sud-Est. Cette déclaration ferait suite aux embargos que subit déjà Tokyo depuis l'arrivée de ses troupes en Indochine. Une nouvelle brigade australienne, la 27e, est affectée aux garnisons d'Extrême-Orient.
Par ailleurs, le Premier ministre, Robert Menzies, presse la Grande-Bretagne d'avertir le Japon qu'en cas d'attaque de la Thaïlande et de menace sur Singapour, ce serait la déclaration de guerre.

La progression des troupes japonaises inquiète l'Australie.

La défense de Smolensk a coûté cher

Moscou, 5 août
En réduisant la poche de Smolensk, les Allemands ont anéanti les 16e et 20e armées soviétiques. Le bilan est de 300 000 prisonniers, 3 200 chars et 3 100 pièces d'artillerie capturés. Loukine y a inauguré l'usage des lance-roquettes Katiouchka, ou «orgues de Staline». La poche avait été formée par le mouvement du 3e groupe de Panzer du général Hoth et celui du 2e groupe de Guderian. Après leur victoire à Minsk, ils s'étaient séparés pour encercler Smolensk par le nord et par le sud.
La ville même de Smolensk, la «porte de Moscou», est tombée le 16 juillet. Les troupes soviétiques, qui stationnaient à l'est de la ville, furent encerclées par des blindés qui ont attendu l'infanterie pour attaquer. Le haut commandement allemand a déclaré hier soir que le gros des forces soviétiques encerclées à l'est de Smolensk était anéanti et que le reste s'était dispersé.
A la tête de plusieurs armées nouvellement formées, le maréchal Timochenko a vainement tenté de sauver les hommes pris au piège. Ses assauts ont été mal préparés, et, si quelques unités ont pu percer, la tentative a échoué. Les combats continuent autour de Roslavl, où la 28e armée s'était rassemblée en hâte pour tenter de briser l'encerclement des Allemands. Guderian a lancé ses chars il y a quatre jours et pris la ville le lendemain, malmenant très sérieusement cette 28e armée. La victoire est totale et les soldats allemands se voient si près du but qu'ils dressent des pancartes indiquant la direction de Moscou.
Hitler a néanmoins décidé d'envoyer Hoth au nord pour renforcer l'attaque de Leningrad, et Guderian au sud, ne gardant que l'infanterie pour l'attaque de Moscou.
Les communiqués allemands continuent de préciser que «l'objectif de la guerre n'est pas seulement la conquête territoriale, mais aussi la poursuite de la guerre d'extermination des populations». Des unités de réserve soviétiques sont regroupées sur une nouvelle ligne défensive à 32 km à l'est de Smolensk. Bien qu'elle soit fragile, cette ligne pourrait bien contenir l'infanterie allemande, privée du soutien de ses blindés.

Smolensk en feu. Les Allemands ne s'emparent que de ruines et de cendres.

Ils sont abandonnés au bord de la route, à quelques kilomètres de Smolensk.

Le retour à la glèbe ou la terre glorifiée

France, août
Face à la désertion des campagnes, le retour à la terre était prôné jusqu'ici comme une nécessité économique ; Pétain en a fait un nouveau principe idéologique. Fils de cultivateur et lui-même propriétaire terrien, le Maréchal a une foi inébranlable dans les vertus régénératrices de la vie aux champs. C'est donc au nom de l'ordre moral autant que par conviction politique qu'il mène depuis son avènement une nouvelle croisade : la France, pervertie par la vie urbaine, ne connaîtra de salut qu'en retrouvant ses racines paysannes. La propagande intensive menée par Vichy éveille les nostalgies champêtres qui sommeillent dans le cœur de bien des Français, même si les citadins endurcis ne manquent pas d'ironiser sur «le retour à la terre ou la charrue devant les bœufs». Cependant, insensible à l'humour, l'hebdomadaire pétainiste *la Terre française* «trace chaque semaine le sillon de l'avenir».

Danièle Casanova recrute Ouzoulias

Paris, 2 août
Après s'être évadé d'un stalag autrichien, le militant communiste Albert Ouzoulias est arrivé à Reims le 28 juillet et a été immédiatement contacté par le Comité central clandestin qui a vu le parti qu'il pouvait tirer d'un homme capable d'un tel exploit. Aujourd'hui, il devait rencontrer Danièle Casanova, responsable des Jeunesses communistes. Elle lui a appris que le parti avait l'intention de lui confier la responsabilité de l'ensemble des groupes de jeunes francs-tireurs institués depuis quelques mois. Son nom de code serait désormais Marc. Surpris et un peu inquiet de se voir confier une telle charge, Ouzoulias a objecté son inexpérience en matière militaire. Danièle Casanova l'a immédiatement rassuré en lui présentant son futur adjoint, Pierre Georges, un jeune homme extraordinaire de sang-froid et d'audace et connaissant parfaitement tous les problèmes d'explosifs et d'armement.

1941

Août

Di	Lu	Ma	Me	Je	Ve	Sa
					1	2
3	4	5	6	7	8	9
10	11	12	13	14	15	16
17	18	19	20	21	22	23
24	25	26	27	28	29	30
31						

10. Amérique du Sud : des coups d'Etat pronazis sont déjoués en Argentine, à Cuba et au Chili.

10. Londres : la Grande-Bretagne et l'URSS promettent d'aider la Turquie en cas d'attaque de l'Axe.

12. URSS : par sa directive de guerre n° 34, Hitler ordonne la prise de Leningrad au nord. Le groupe d'armées Sud doit s'emparer de la Crimée et de Kharkov. L'offensive sur Moscou est suspendue afin d'appuyer les autres groupes.

12. Grande-Bretagne : l'*Argus* appareille pour Mourmansk et Arkhangelsk transportant deux groupes de chasse (40 avions) afin de renforcer les Russes.

13. Chine : après avoir été bombardé durant sept jours par les Japonais, Chongqing est ravagé (→ 17).

13. France : en zone occupée, tous les récepteurs de radio sont confisqués aux Juifs.

13. Paris : premier attentat contre un officier allemand par deux jeunes communistes. Ils le poignardent à sa sortie d'un hôtel de passe près de la porte d'Orléans.

13. Paris : manifestation patriotique des Jeunesses communistes porte Saint-Denis. Deux jeunes militants sont arrêtés.

15. France : *l'Humanité*, dans un article sur « Les francs-tireurs de 1870 », lance un appel à la lutte armée (→ 21).

15. Tokyo : le gouvernement japonais assure qu'il n'envahira pas l'URSS.

15. France : Maurice Duclos, alias Saint-Jacques, passe la ligne de démarcation vers la zone libre. Il échappe à la Gestapo, qui vient de démanteler son réseau de résistance.

15. Minsk : Himmler assiste à une liquidation de Juifs par un Einsatzgruppe. Troublé par l'aspect sanglant de l'opération, il demande aux officiers de rechercher d'autres méthodes d'exécution massive.

16. URSS : les Allemands traversent le fleuve Volkhov près de Novgorod (→ 17).

Raidissement du régime de Vichy

Vichy, 12 août
« De plusieurs régions de France, je sens se lever depuis quelques semaines un vent mauvais. » C'est en ces termes que le maréchal Pétain s'est adressé ce soir aux Français pour leur rappeler les principes de l'« ordre nouveau ». Un discours rendu nécessaire par les critiques qui pleuvent sur le gouvernement, mais qui épargnent encore la personne du Maréchal. Vichy, en négociant avec l'Allemagne, n'a pu obtenir que des concessions mineures qui ne modifient en rien les conditions de vie de plus en plus difficiles des Français. En outre, la lutte que le gouvernement a menée pendant plusieurs semaines au Liban et en Syrie contre les Anglais est loin d'être approuvée. Devant un mécontentement qui devient général, le régime a choisi de renforcer ses pouvoirs. Le Maréchal a annoncé que toute activité politique était suspendue en zone libre. Les prérogatives de la police et des préfets sont accrues. Un conseil de Justice politique sera chargé de punir les responsables de la défaite de la France. Les ministres et les hauts fonctionnaires devront prêter serment au Maréchal, qui reconnaît que la « révolution nationale » apparaît plus difficile que prévu à mettre en place. Il a ajouté que la collaboration « offerte au mois d'octobre par le chancelier du Reich » n'avait pas encore porté ses fruits. Le maréchal Pétain indique ainsi très clairement que la voie choisie en 1940 reste la bonne.

Test positif de radionavigation à la RAF

La majorité de ces bombes chargées sur un Wellington atteindront leur objectif.

München-Gladbach, 12 août
La nuit dernière, 24 bombardiers Wellington ont attaqué un objectif ferroviaire à München-Gladbach, à la limite de la Ruhr. Malgré la couche de nuages qui recouvrait la région, l'attaque a réussi, et tous les appareils sont rentrés à la base. Deux des bombardiers étaient équipés d'un nouveau système de guidage qui a reçu le nom de code de *Gee*. Jusqu'ici, les pilotes des bombardiers devaient se fier à leur instinct ou à l'astronavigation pour repérer leurs objectifs la nuit. Près de 90 % des bombes rataient leurs cibles. Robert Dippy, un savant du Telecommunications Research Establishment, de Worth Matravers dans le Dorset, a inventé un système de radionavigation baptisé TR 1335. Il fonctionne avec trois émetteurs radio, installés au sol sur une distance de 320 km, qui envoient des signaux destinés aux avions. Le navigateur repère ces signaux sur un tube cathodique et peut connaître sa position avec une précision de 1,6 km.
Les premiers résultats sont encourageants, mais, malheureusement, ce système a une portée limitée à 1 000 km et il peut être brouillé. On ne dispose pour l'instant que de douze appareils qui vont donner lieu à de nouveaux essais ce mois-ci. Le TR 1335 pourra ensuite être fabriqué en série.

Mission en plein jour sur Cologne

Cologne, 12 août
A très basse altitude, 54 bombardiers Blenheim et quatre Forteresses volantes de la RAF ont incendié deux centrales électriques dans la région de Cologne. Il s'agit d'un des plus importants raids de jour depuis le début de la guerre.
L'ordre de mission a été donné par le vice-maréchal de l'air Norman Bottomley, qui soutient que les raids sur les villes industrielles minent le moral des civils. Le mois dernier, il écrivait encore qu'il fallait « saper le moral des civils, en particulier celui des ouvriers ».
Au ministère de l'Air, on rapporte que les bombardiers ont été escortés par la chasse jusqu'à Anvers, puis ils ont poursuivi seuls leur vol dans le système de défense allemand sur 250 km. Treize appareils ne sont pas rentrés de mission.

Ils frappent l'ennemi chez lui.

Signature de la charte de l'Atlantique

Washington, 14 août
On sait maintenant que le président Roosevelt s'est secrètement entretenu pendant les cinq derniers jours avec le Premier ministre britannique, Winston Churchill, à bord du croiseur américain *Augusta* et du cuirassé britannique *Prince of Wales*, mouillés au large d'Argentia (Terre-Neuve). Le vice-Premier ministre, Clement Attlee, a diffusé une déclaration commune en huit points qui a déjà reçu le nom de charte de l'Atlantique.
Les deux pays déclarent n'attendre de la guerre aucune conquête territoriale. Ils disent espérer que toutes les nations coopéreront sur le plan économique après la disparition de la tyrannie nazie. Ils souhaitent une paix durable ainsi que la fin du recours à la force. Le président Roosevelt considère que l'entrée en guerre de l'URSS oblige les démocraties occidentales à prendre clairement position. Au grand soulagement des Britanniques, le président américain n'a pas dénoncé le protectionnisme ni les empires coloniaux.

Un hymne à l'espoir : Roosevelt et Churchill à bord du «Prince of Wales».

Assassinat du père Kolbe à Auschwitz

Auschwitz, 14 août
Jusqu'au bout, le père Kolbe aura été admirable. Il est mort, tué par une injection de phénol, pour sauver un autre homme : il avait pris la place d'un père de famille, Fracisek Gajowniczek, parmi dix détenus condamnés à mort par l'administration du camp en représailles à une évasion.
Les condamnés ont été mis au secret sans nourriture. Six d'entre eux sont morts de faim, et le poison a eu raison des derniers. Né le 7 janvier 1894 à Zdunska-Wola, Maximilian Kolbe était devenu prêtre franciscain en 1918. Il avait développé la presse catholique en Pologne et avait participé en 1927 à la fondation de la ville conventuelle de Niepolkalanow. Quoique déjà gravement malade des poumons, il avait été interné par les Allemands dès 1939, puis déporté au camp d'Auschwitz en février 1941, où son rayonnement spirituel et son dévouement étaient des soutiens moraux essentiels pour de nombreux détenus.

Les Allemands traitent sauvagement les prisonniers russes

Moscou, 16 août
Les milliers de prisonniers russes capturés pendant la bataille de Smolensk sont traités de manière abominable. En fait, les divisions Panzer ont très peu de ressources pour faire face à un tel afflux de bouches supplémentaires à nourrir. Les prisonniers sont donc livrés à eux-mêmes, sans nourriture, sans eau ni abri. Nombre d'entre eux s'échappent et disparaissent dans les bois pour rejoindre les partisans. Les Allemands considèrent que les Russes – comme les Juifs – appartiennent à une race inférieure et les traitent comme tels : les directives de la convention de Genève ne s'appliquent donc pas à eux. Des informations émanant des territoires occupés font état de brutalités, de passages à tabac et d'exécutions sommaires. Tout prisonnier dénoncé ou soupçonné d'être un commissaire politique ou membre du parti communiste est exécuté sur-le-champ, et les partisans sont pendus sans jugement. Les soldats allemands ne respectent pas les lois militaires relatives au traitement des prisonniers et ils agissent comme ils l'entendent. Les actions disciplinaires pour mauvais traitement ou exécution de prisonniers ne sont décidées que par les commandants d'unités pour maintenir la discipline. Cette politique de terreur n'a pas l'effet escompté. Certains Soviétiques, qui avaient accueilli les Allemands en libérateurs, ont été choqués par cette mentalité et par ces traitements. Ils sont maintenant passés dans l'autre camp.

Ces soldats soviétiques se rendent, mais ce qui les attend est terrible.

Pierre Pucheu à l'Intérieur

Vichy, 14 août
Pierre Pucheu nommé le 11 août secrétaire d'Etat à l'Intérieur fait partie de ces jeunes technocrates que le régime de Vichy a mis en selle. Cet ancien élève de l'Ecole normale supérieure, où il fut le condisciple de Marcel Déat, était avant guerre l'un des dirigeants du cartel de l'Acier. Après avoir été secrétaire d'Etat à la Production industrielle, il a aujourd'hui sous ses ordres préfets et policiers. Cet homme inflexible, anticommuniste et antigaulliste, accordait récemment une interview à *la Gerbe* dans laquelle il se prononçait en faveur d'un parti unique. Placé à la tête du maintien de l'ordre, il va devoir appliquer les nouvelles consignes de l'amiral Darlan qui souhaite une aggravation des peines prévues pour la répression des menées antinationales, pouvant aller dans certains cas jusqu'à la peine capitale, et l'institution d'une juridiction d'exception.

Août

Di	Lu	Ma	Me	Je	Ve	Sa
					1	2
3	4	5	6	7	8	9
10	11	12	13	14	15	16
17	18	19	20	21	22	23
24	25	26	27	28	29	30
31						

17. Londres : protestation de la Grande-Bretagne et de l'URSS auprès de l'Iran, qui accueille de nombreux « touristes » allemands dans ce pays (→ 25).

17. Chine : le gouvernement nationaliste approuve la charte de l'Atlantique (→ 3.9).

17. URSS : au nord, les Allemands prennent Novgorod. Sur la mer Noire, au sud, ils encerclent Odessa et occupent la base navale de Nikolaïev.

18. Rastenburg : Hitler rejette les propositions du général Halder et du maréchal von Brauchitsch d'attaquer Moscou.

18. Rastenburg : Hitler donne l'ordre de déporter les 76 000 Juifs restés à Berlin vers les ghettos de Pologne.

18. URSS : au sud, les troupes soviétiques commencent à se retirer derrière le Dniepr.

18. Libye : une audacieuse opération navale nocturne permet de ravitailler et de renforcer les « Rats de Tobrouk », les Australiens assiégés.→

19. Spitzberg : un commando de Norvégiens, d'Anglais et de Canadiens débarque dans l'île norvégienne de l'océan Arctique (→ 3.9).

19. Atlantique : un U-Boot coule le paquebot britannique *Aquilla*.

20. Paris : rafle des Juifs étrangers. Ouverture du camp de Drancy où ils sont internés.

21. URSS : les Allemands occupent Tchoudovo au nord. Ils coupent ainsi la principale voie ferrée reliant Leningrad à Moscou. Dans le secteur centre, l'Armée rouge évacue Gomel.

23. Rastenburg : Hitler ne tient pas compte des arguments du général Guderian pour prendre Moscou comme prochaine cible. Il lui ordonne de diriger ses Panzer vers le sud par Gomel et Starodoub.

23. France : le corsaire allemand *Orion* rejoint l'estuaire de la Gironde. En 510 jours de croisière, il a coulé douze navires alliés.

Staline sacrifie le barrage du Dniepr

Moscou, 20 août
Poussant à l'extrême sa politique de la terre brûlée, l'Armée rouge a fait sauter l'une des plus belles réalisations technologiques soviétiques : le barrage Lenin Dnieprogues, à Zaporojie sur le Dniepr. Ce barrage était le complexe hydroélectrique le plus grand au monde. Achevé en 1932, il symbolisait l'efficacité du communisme. On le montrait fièrement aux étrangers, bien que des ingénieurs américains en aient réalisé la plus grande partie. Constitué de béton armé sur environ un kilomètre, il comportait d'énormes écluses et des docks pour permettre aux cargos de descendre le fleuve. L'importance de ce barrage pour l'industrie soviétique ne saurait être sous-estimée. Les usines de la vallée du Dniepr, occupées par les Allemands, étaient alimentées par cette source hydroélectrique. De même, la ville de Kharkov, autre centre de l'industrie de défense soviétique, dépendait du barrage pour ses besoins énergétiques. Les Russes prétendent que cette perte sera compensée par l'entrée en service de nouvelles centrales à l'est de l'Oural.
Il est certain que ce grand sacrifice, dont on attend encore l'annonce officielle, va priver les Allemands de la plus grande partie des richesses ukrainiennes. Rien ne peut mieux illustrer la détermination de Staline pour vaincre Hitler et le nazisme.

Le barrage du Dniepr est sacrifié.

La bataille fait rage aux abords de Leningrad encerclé

Les femmes de Leningrad essaient d'enrayer l'avance des Panzer.

Leningrad, 22 août
La bataille fait rage aux portes de Leningrad où le maréchal von Leeb a engagé toutes ses forces pour prendre la ville, véritable fenêtre sur l'ouest de la Russie. Il veut en finir avant que les pluies d'automne n'immobilisent ses blindés.
Chacun est conscient de l'importance de l'enjeu. Le maréchal Vorochilov a lancé un appel aux armes à tous les habitants pour qu'ils défendent leur ville jusqu'au bout aux côtés de l'Armée rouge : « L'ennemi ne mettra jamais les pieds dans notre magnifique cité. Leningrad n'a jamais été et ne sera jamais livré à l'ennemi. » La machine de propagande de Goebbels a répliqué en menaçant de réduire la ville en cendres.

Le géant américain se décide à agir

Washington, 22 août
L'Amérique rassemble son armée, dont le potentiel en hommes s'est considérablement accru. Il y a un an, son effectif ne s'élevait qu'à 265 000 hommes et 243 000 gardes nationaux. En avril dernier, ces chiffres sont passés à 487 000 pour l'armée active, 286 000 gardes nationaux, 38 000 officiers de réserve et 374 000 recrues à l'entraînement, soit en tout 1 185 000 hommes. Il y a un an environ, le président Roosevelt avait signé une loi permettant la mobilisation de 16,5 millions d'hommes âgés de vingt et un à trente-cinq ans.
Le Congrès s'est incliné, mais avec réticence, après trois mois de débats, en formulant d'importantes réserves : les conscrits ne pourront servir qu'en Occident et dans les possessions américaines, leur temps sera de un an avec possibilité d'extension à trente mois, et leur solde sera identique à celle des soldats de métier. Le Président veut rassembler deux millions d'hommes.

Londres refuse Maurice Thorez

Moscou, 23 août
Le secrétaire général du PC français, Maurice Thorez, réfugié en URSS depuis janvier 1940, avait fait savoir qu'il souhaitait gagner Londres et rejoindre la France libre. L'ambassadeur britannique Sir Stafford Crips, a répondu aux Soviétiques qu'il n'en était pas question. Le général de Gaulle ne souhaite pas non plus accueillir à Londres un allié aussi encombrant.

Les « Rats de Tobrouk » face à Rommel

Ils vivent dans des ruines, et la Luftwaffe les bombarde du soir au matin.

Tobrouk, 18 août
Depuis avril, l'attention du monde s'est de nouveau portée sur ce port d'Afrique du Nord balayé par les vents de sable. Après des semaines de bombardements allemands, il ne reste que des ruines. A Berlin, la propagande de Goebbels qualifie les hommes de la garnison de « rats pris au piège ». Les Australiens ont trouvé le terme très acceptable et se sont baptisés les Rats de Tobrouk. Ils ont déjà repoussé une offensive de Rommel, qui ne peut se passer de ce port stratégique pour l'arrivée de ses renforts et l'amélioration de ses routes de ravitaillement. La Luftwaffe bombarde chaque nuit. Il y a même eu un record de vingt et un raids entre la tombée de la nuit et le petit matin. Les Australiens ont organisé leur vie, qui est particulièrement monotone. Les repas se réduisent à des conserves de viande et de fruits avec des tablettes de vitamines. L'eau est rationnée à six pintes par jour et par homme. Malgré les raids aériens et les bombardements de canon à longue portée, le moral est bon à Tobrouk. Les Australiens publient même un journal grâce aux nouvelles qu'ils reçoivent de la BBC. Le *Tobrouk Truth* paraît ainsi chaque matin. Malgré le siège du port, les bateaux continuent à apporter le ravitaillement. Hier soir, après une opération navale assez audacieuse, les Australiens ont eu la très bonne surprise d'accueillir des renforts de troupes polonaises, britanniques, indiennes et sud-africaines.

Grave attentat à la station Barbès

Paris, 21 août
A 8 h ce matin, sur le quai de la station Barbès-Rochechouart, l'aspirant de la Kriegsmarine Alphonse Moser a été abattu de deux coups de revolver par un résistant communiste, Pierre Georges, alias Colonel Fabien. Cet assassinat a été décidé en représailles à l'exécution de deux jeunes militants communistes des Bataillons de la jeunesse arrêtés au cours d'une manifestation. Peu enthousiastes à l'idée de tuer des soldats qui ne sont pas forcément des nazis, c'est après bien des hésitations que les jeunes gens sont passés aux actes. Les autorités allemandes se sont immédiatement réunies pour décider des mesures qu'elles entendent prendre à la suite de cette affaire. La solution adoptée, qui sera annoncée aux Parisiens par la radio, la presse et par voie d'affiches dans les jours prochains, est de prendre des otages parmi les Français actuellement détenus et d'en passer un certain nombre par les armes à chaque attentat (→ 23).

1941

Août

Di	Lu	Ma	Me	Je	Ve	Sa
					1	2
3	4	5	6	7	8	9
10	11	12	13	14	15	16
17	18	19	20	21	22	23
24	25	26	27	28	29	30
31						

24. Ukraine : offensive des Allemands, qui se heurtent à une forte résistance.

25. Iran : invasion du pays par des troupes britanniques et soviétiques.

25. Rastenburg : Mussolini visite le QG de Hitler qui peste contre la neutralité de Franco.

25. URSS : le commandant du front de Briansk, le général Eremenko, déclare à Staline : « J'écraserai ce scélérat de Guderian. »

26. Irlande du Nord : première victoire du sous-lieutenant Mouchotte qui commande l'escadrille B de la RAF. Il abat un Junkers Ju-88.

26. Ukraine : les Allemands prennent Dniepropetrovsk.

27. Tokyo : le Japon proteste auprès des Etats-Unis. Les navires qui transportent du matériel à Vladivostok violent ses eaux territoriales.

27. Atlantique : un bombardier Hudson de la RAF immobilise l'U-Boot *U-570* au large de l'Irlande. La Royal Navy le capture avec son matériel de transmission codée Enigma.

28. Iran : Ali Furughi, chef du nouveau gouvernement, signe l'acte autorisant les Alliés à occuper les points stratégiques du pays, sauf Téhéran (→ 9.9).

28. Sicile : destruction d'un important pont de chemin de fer près de Carsonia par une compagnie de débarquement du *HMS Triumph*.

28. Lituanie : à Kedainiai, plus de 2 000 Juifs sont conduits à la fosse commune et abattus.

29. Ukraine : à Kamenets-Podolski, les Einsatzgruppen ont massacré en deux jours 11 000 Juifs hongrois, affectés aux travaux forcés.

29. URSS : les Finlandais reprennent Vyborg.

30. Serbie : les nazis nomment le général Nedic à la tête d'un gouvernement fantoche (→ 15.9).

30. URSS : au nord, les Allemands prennent Mga. Ils coupent la dernière liaison ferroviaire avec Leningrad.

31. Ukraine : contre-offensive des Soviétiques sur le Dniepr.

Churchill déclare : « A l'Est, les nazis sont des bouchers »

L'ennemi le plus acharné de Hitler.

Londres, 25 août
Hier soir, dans son discours radiodiffusé, Churchill a accusé les Allemands de se livrer à un véritable massacre de civils dans les territoires soviétiques occupés. « Depuis les grandes invasions, on n'a jamais assisté à une boucherie aussi méthodique. Nous sommes en présence d'un crime inqualifiable. »
Le Premier ministre a pris soin de ne pas faire allusion aux Juifs, qui sont, en fait, les principales victimes. Des rapports établis par les Einsatzgruppen et destinés à leurs supérieurs hiérarchiques ont été transmis par des catholiques allemands à des agents anglais opérant en Suède.
Dans ces rapports sont énumérés avec précision les lieux et le nombre des exécutions. Ce sont souvent des milliers de personnes qui sont jetées dans les fosses communes.

Les modèles servent d'exemple.

Anglais et Russes envahissent l'Iran

Téhéran, 24 août
Le Premier ministre Ali Mansur vient d'annoncer au Parlement l'invasion de l'Iran par des troupes soviétiques au nord et britanniques au sud. Les condamnations fusent des quatre coins du Moyen-Orient. Les pays neutres – ceux qui ne sont pas devenus totalement cyniques – se disent scandalisés.
Les attaques ont débuté à l'aube. Pendant que les colonnes soviétiques du général Novikov se dirigaient vers Tabriz et Kasvin, les troupes indiennes, entassées dans des bateaux à vapeur, débarquaient à Abadan. L'opération était semblable à celle du débarquement allemand à Copenhague en 1940. Une troisième force sous les ordres du général Slim a franchi la frontière près de Kermanshah. Les troupes iraniennes, à l'exception de l'amiral Bay Endor, qui a péri à son poste, ont opposé peu de résistance.
Depuis le partage anglo-russe de la Perse en deux zones d'influence en 1908, les Iraniens cherchent l'appui allemand pour échapper à cette emprise. L'Iran compte de nombreux Allemands qui dirigent les postes et télégraphes et les chemins de fer. La plupart y sont installés depuis des années. Les Alliés ont violé la neutralité de l'Iran. Londres justifie son action par son besoin du pétrole d'Abadan, et Moscou par la nécessité d'ouvrir une voie de ravitaillement partant du golfe Persique. De plus, aucun des Alliés ne voulait laisser l'Allemagne profiter du pétrole de cette région.

Mission accomplie. Les Alliés prennent une importante raffinerie en bon état.

Attentat manqué contre Pierre Laval et Marcel Déat

Versailles, 27 août
A la caserne de Borgnis-Desbordes, Pierre Laval, ancien dauphin du Maréchal, vient d'échapper à un attentat alors qu'il passait en revue le premier contingent de la Légion des volontaires français contre le bolchevisme partant pour le front russe. Du premier rang où se tiennent les volontaires ayant rejoint la LVF depuis trop peu de temps pour être incorporés, un homme sort un pistolet de sa poche, vise froidement les Français présents et vide son chargeur. Touché à la poitrine, Pierre Laval s'écroule, et Marcel Déat, directeur du journal pronazi *l'Œuvre*, est blessé à l'abdomen. Le meurtrier, Paul Colette, un navigateur mécanicien de 21 ans, ne cherche pas à s'enfuir.
Tandis qu'on hurle A mort! des gendarmes le ceinturent, l'entraînent vers une voiture. A peine ont-ils démarré que l'un d'eux s'écrie : « Ce que vous venez de faire est magnifique, mais nous ne pouvons rien pour vous, nous sommes des flics ! » Alors qu'on emmenait Laval, un officier allemand lui a déclaré : « Votre agresseur a été arrêté, nous allons l'exécuter. » Toujours fin politique, Laval a répondu : « Surtout pas! Vous ne connaissez pas aussi bien que moi les réactions des Français. » L'attentat n'a pas soulevé de réprobation. Laval, fervent collaborateur, est unanimement haï. (→ 4.10)

D'Estienne d'Orves a été exécuté

Paris, 29 août
Après avoir entendu la messe à la prison de Fresnes, le commandant Honoré d'Estienne d'Orves et ses deux camarades, Maurice Barlier et Yan Doornik, ont été fusillés ce matin à 7 h au fort du Mont-Valérien. Sur les neuf membres de son réseau condamnés à mort, six ont vu leur sentence commuée en peine de prison. Lors du procès, d'Estienne d'Orves a courageusement protégé ses subordonnés en revendiquant la responsabilité des faits qui leur étaient reprochés.

Les bombardiers de la RAF sont imprécis

Londres, 31 août
Les rapports du commandement des bombardiers remettent sérieusement en question les dommages réels causés sur les objectifs ennemis. L'analyse des photographies aériennes effectuée par un fonctionnaire civil, D. Butt, membre du secrétariat du cabinet de Guerre, est embarrassante. Butt a examiné 633 photos prises au moment du largage au cours de cent raids sur 28 objectifs, en 48 nuits pendant juin et juillet. Il a considéré comme coup au but la chute de bombes dans une zone de 7,5 km autour de la cible. Il est apparu que seul un bombardier sur trois en moyenne parvenait à atteindre la zone en question. Dans la région industrielle de la Ruhr, la proportion tombait à un sur dix. Par nuit de pleine lune, le taux de réussite augmente, mais celui de l'ennemi aussi. Comme ces chiffres ne tiennent pas compte des appareils qui n'ont pas atteint les objectifs, la proportion de coups au but par rapport au nombre total de sorties est inférieure à un sur trois. Le vice-maréchal Robert Saundby, membre de l'état-major de l'armée de l'air, a accepté le rapport, mais il pense que les chiffres sont peut-être exagérés.

Hitler ordonne de cesser l'euthanasie

Allemagne, 24 août
Hitler a ordonné de mettre fin à l'action connue sous le nom de code T4. Elle a déjà fait 70 273 victimes parmi les malades mentaux depuis le mois de septembre 1939.
Même si les exécutions étaient supposées se dérouler dans le plus grand secret, des rumeurs sur des centres d'euthanasie spécialement aménagés s'étaient multipliées. Le 28 juillet, l'évêque de Munster avait dénoncé ces meurtres dans un sermon. Il semblerait que Hitler ait cédé à la pression populaire.

Face à la pression allemande, l'URSS se mobilise

Leningrad en péril, mais il pleut déjà...

Leningrad, 31 août
Le maréchal von Leeb resserre son étreinte sur Leningrad. L'Armée rouge a dû abandonner Novgorod à trois cents kilomètres au sud après une semaine de combats.
Hier soir, Radio Moscou a reconnu que « l'ennemi [était] aux abords de Leningrad ». Sur les murs de la ville, des affiches proclament : « L'ennemi est à nos portes. »
Cependant, les pluies d'automne ont apporté aux Soviétiques une aide inattendue. Le terrain s'est transformé en véritable bourbier. Les Panzer, enlisés, sont immobilisés, et la Luftwaffe est paralysée par le mauvais temps.
La ville se transforme en forteresse. Devant les vitrines des magasins s'amoncellent les sacs de sable, et la milice quadrille les rues. Tous les citoyens sont appelés à combattre. « Nous devons creuser la tombe du fascisme en face de Leningrad », a déclaré Andreï Jdanov, secrétaire du PC de la ville. (→2.9)

Belle opportunité pour les Finlandais

Helsinki, 31 août
Dès l'annonce du retrait de huit divisions soviétiques de l'isthme de Carélie pour consolider les défenses de Leningrad, les Finlandais ont décidé d'attaquer. Ils ont repris le village de Kivennapa et poursuivi sur la route de Viipuri à Leningrad. Ils ont ainsi récupéré la quasi-totalité des territoires cédés aux Russes pendant la « guerre d'hiver » de l'année dernière. L'Armée rouge a dû abandonner les anciennes fortifications finlandaises de la ligne Mannerheim et a établi ses nouvelles positions sur la ligne Staline, de l'autre côté de l'isthme, au nord de Leningrad. La rumeur selon laquelle les Finlandais veulent négocier une paix avec Moscou s'amplifie de jour en jour. La très grave pénurie de nourriture dont souffre la Finlande en est certainement la cause. Il y a très peu de chance que Hitler les y autorise. (→4.9)

Les Soviétiques sont décidés à défendre Leningrad coûte que coûte.

Moscou les attend, Leningrad les voit

Moscou, 31 août
Le mois dernier, après les raids massifs de la Luftwaffe sur la capitale pendant trois nuits consécutives, on avait craint que Moscou ne connaisse chaque nuit les mêmes pertes en civils et les mêmes destructions d'habitations que Londres. Or, les attaques ont pratiquement cessé. De fait, en ce moment, les Allemands ne peuvent plus rassembler qu'une douzaine d'appareils pour attaquer Moscou, et ce pour plusieurs raisons. Tout d'abord, les premiers raids ont été ordonnés par Göring, qui voulait surtout relever le défi lancé par Hitler. Le Führer avait douté du courage des pilotes, qu'il jugeait incapables de survoler 500 kilomètres de territoire ennemi pour aller attaquer Moscou.
La Luftwaffe a aussi besoin de tous les appareils disponibles pour appuyer des batailles de plus en plus acharnées au lieu de bombarder des villes. Enfin, la pénurie en carburant et en munitions est telle que l'aviation doit calculer ses sorties. Les Moscovites prennent toutefois très au sérieux la menace aérienne. Comme les Londoniens, ils logent dans les stations de métro et s'organisent efficacement en brigades de défense antiaérienne.
La situation à Leningrad est différente. Pratiquement encerclée, la ville devra subir non seulement l'assaut des bombardiers lourds et des Stuka qui peuvent l'atteindre, mais aussi supporter le tir des canons à longue portée. D'importants incendies y ont été allumés par les bombes du 8e Fliegerkorps du général Wolfram von Richthofen. Les groupes, organisés par le secrétaire du PC de Leningrad Andreï Jdanov, en sont venus à bout. Des équipes spéciales ont été mises en place pour assurer la garde des trésors de Leningrad. Des unités anti-incendie sont installées dans les palais des tsars et dans les églises, qui sont maintenant gardés comme les musées et sont prêts à lutter contre les bombes incendiaires. Les chefs-d'œuvre de l'Ermitage sont en lieu sûr : un train blindé a déjà emporté 500 000 pièces de valeur.

1941

Septembre

Di	Lu	Ma	Me	Je	Ve	Sa
	1	2	3	4	5	6
7	8	9	10	11	12	13
14	15	16	17	18	19	20
21	22	23	24	25	26	27
28	29	30				

1er. Moyen-Orient : création par les FAFL des escadrilles de chasse et de bombardement Alsace et Lorraine.

1er. Allemagne : tous les Juifs âgés de plus de 6 ans reçoivent l'ordre de porter, à partir du 19 septembre, une étoile jaune sur la poitrine.

2. Paris : la magistrature et le tribunal civil de la Seine prêtent serment à Pétain. Le juge Paul Didier est le seul à refuser.

3. Chine : les forces chinoises reprennent le port de Foutcheou aux Japonais (→ 7).

3. Moscou : appel à la mobilisation de tous les hommes de plus de 18 ans.

4. Allemagne : les évêques félicitent Hitler pour la conquête de l'Ukraine.

4. URSS : les Finlandais prennent la gare frontière de Belostrov, à 30 km de Leningrad (→ 1.10).

4. Paris : le premier contingent de la LVF part pour le front de l'Est. Il est conduit par Jacques Doriot (→ 12.10).

4. Atlantique : au large des côtes islandaises, le destroyer américain *Greer* est attaqué par l'U-Boot *U-652*.→

5. Moscou : à l'approche des Allemands, les enfants âgés de moins de douze ans sont évacués.

5. France : la revue *Esprit* et l'hebdomadaire catholique *Temps nouveaux* sont interdits en zone libre.

6. Lituanie : les nazis créent un grand et un petit ghetto à Vilnius (→ 12).

6. Tokyo : le gouvernement ordonne que les préparatifs de guerre soient achevés en six semaines (→ 16.10).

6. URSS : dans le secteur centre, l'Armée rouge reprend Ielna, à l'est de Smolensk.

6. Paris : la Foire de Paris rouvre ses portes. Le stand le plus visité est celui des véhicules à gazogène.

6. Paris : les résistants communistes multiplient les attentats. Un officier allemand, Hauffmann, est abattu (→ 7).

Hitler se passera du charbon de Spitzberg

Les Alliés ont pris le contrôle de l'île de Spitzberg, à 800 km du Pôle.

Spitzberg, 3 septembre
Cette île norvégienne, située à 800 km du pôle Nord, était la base allemande la plus au nord. Un détachement allié s'en est emparé. La population (700 âmes) a été évacuée, et les mines de charbon ont été détruites. L'opération s'est déroulée de façon singulière : aucun Allemand n'était présent lorsqu'un avant-groupe de Norvégiens, de Canadiens et d'Anglais a pris la station radio. Quand le commandant de l'expédition, un Canadien de la Saskatchewan, a compris qu'ils étaient les bienvenus, il a fait débarquer calmement ses hommes du bateau. Il a été accueilli par le commissaire soviétique (la Norvège autorisait l'URSS à exploiter les mines) qui, en le saluant, lui a tendu des cigarettes et des cadeaux. Au campement proche de Svalbard, un major norvégien a lu un discours du roi Haakon, actuellement en exil. Pendant plusieurs jours, les soldats ont fraternisé avec les habitants. Avant le départ des mineurs norvégiens et russes, on a organisé une grande soirée où les jeunes Norvégiennes ont dansé avec les hommes de l'expédition.

Un U-Boot attaque un destroyer US

Reykjavik, 4 septembre
Le destroyer américain *Greer* a pu éviter de justesse les deux torpilles de l'U-Boot *U-652* au sud-est des côtes islandaises. Il a riposté en lançant des grenades, mais l'U-Boot a réussi à s'échapper. Le *Greer* transportait le courrier des Américains, de plus en plus nombreux sur l'île. Cet incident, qui n'a pas fait de victimes, reflète l'engagement croissant des Etats-Unis, après la rencontre Roosevelt-Churchill le mois dernier au large de Terre-Neuve.
Roosevelt avait alors ouvertement fait de « la destruction définitive de la tyrannie nazie » un pilier de sa politique. Il avait aussi assuré en privé à Churchill que la marine américaine ferait progressivement la police dans l'Atlantique ouest. Les Etats-Unis et le Reich n'étant pas encore en guerre, cela signifie qu'un conflit armé ne peut tarder. La Royal Navy confie déjà la responsabilité des escortes aux Américains. Cela va représenter 50 destroyers et corvettes qui pourront être affectés à d'autres missions. Comme tous les bâtiments de la marine américaine qui ravitaillent les bases islandaises, le *Greer* naviguait en état permanent d'alerte de guerre, tous feux éteints. Il est aussi équipé du dernier système de détection sous-marine.

Ici Radio Londres : « Lisette va bien », je répète...

France, 1er septembre
D'énigmatiques « messages personnels » ont commencé à être diffusés le soir par la BBC. A la barbe des Allemands, Londres a trouvé ce moyen de correspondre avec les réseaux de résistance des pays occupés. Le premier, « Lisette va bien », sous une apparence des plus anodines, annonçait une opération aérienne : un passager clandestin a été déposé cette nuit près de Châteauroux.
Le système a été minutieusement mis au point par les services secrets avant d'être utilisé. Ces phrases sibyllines vont épargner la vie de bien des résistants, car c'est au moment où ils cherchent à communiquer avec l'Angleterre que les opérateurs radio, « les pianistes », sont les plus exposés.

Un passager et une valise, c'est la charge utile du Westland Lysander.

Les Allemands à 30 km de Leningrad

Leningrad, 2 septembre
Les combats font rage à Gatchina, à 32 km au sud de la ville, où les défenseurs tentent avec acharnement d'enrayer l'avance allemande. En appui, la flottille des canonnières de la Neva pilonne les positions ennemies. Dans le sud-est, la ville de Mga, avec son important nœud ferroviaire, est tombée aux mains des Allemands après trois jours de combats. Les communications avec le reste de la Russie sont coupées et les Allemands encerclent presque entièrement la région de Leningrad. Mais la ville ne contient plus que ses habitants. Pendant que l'Armée rouge retenait l'ennemi, plus de 300 trains ont évacué les machines-outils des 90 usines de la ville (dont deux usines de blindés) derrière les montagnes de l'Oural, où elles ont été remontées et immédiatement remises en marche.
Le problème le plus grave est celui de la nourriture. Si un siège doit être soutenu, les 2 500 000 habitants, les 100 000 réfugiés et les troupes devront être nourris. C'est probablement le manque de pain plus que le manque de munitions qui forcera la ville à capituler. (→ 8)

Ce couple fouille les épluchures. Ils sont plus de deux millions à avoir faim.

Un nouveau gaz pour tuer à Auschwitz

Auschwitz, 3 septembre
Depuis la fin de 1939, les nazis utilisaient l'oxyde de carbone pour tuer les malades mentaux incurables et autres « indésirables ». Rudolf Höss, le commandant du camp, a expérimenté un nouveau produit. Pour cela, 600 prisonniers de guerre russes et 250 Juifs ont servi de cobayes. On les a enfermés dans une cave aux ouvertures obstruées. Par la porte, les gardes y ont lancé une poudre. La fumée a rempli la pièce et ses occupants sont morts très rapidement. L'expérience a été jugée très concluante. Cette poudre est le zyklon B, de l'acide prussique cristallisé, fourni par une firme de Hambourg qui travaille sous licence IG Farben. On l'utilise habituellement pour tuer les rats.

Un Juif allemand et son insigne.

1941

Septembre

Di	Lu	Ma	Me	Je	Ve	Sa
	1	2	3	4	5	6
7	8	9	10	11	12	13
14	15	16	17	18	19	20
21	22	23	24	25	26	27
28	29	30				

7. Paris : Pierre Roche est fusillé par les Allemands pour avoir coupé des câbles téléphoniques militaires à Royan.

7. Suez : la Luftwaffe coule le cargo américain *Steel Seafarer*.

7. Chine : attaque des Japonais sur les positions chinoises près de Yuezhou. C'est le début de la seconde bataille de Tch'ang-cha (→ 26).

8. Paris : cent dirigeants de la communauté juive sont arrêtés par les autorités d'occupation. Ils sont pris comme otages pour les récents meurtres d'officiers allemands.

8. URSS : la communauté allemande de la Volga (600 000 personnes), qui formait une république, est exilée en Sibérie. Le Kremlin craint qu'elle ne soit une 5e colonne de sympathisants nazis.

8. Allemagne : les bombardiers de la RAF font de sérieux dégâts à Berlin.

9. Téhéran : l'Iran expulse les « touristes » et les diplomates allemands et italiens (→ 16).

10. URSS : les groupes allemands d'armées Centre et Sud lancent une offensive combinée sur Kiev.

11. Grande-Bretagne : la RAF prend livraison de son premier chasseur Hawker Typhoon.

11. Belgique : en secret, le roi Léopold III se remarie avec Marie-Liliane Baels.

12. Atlantique : un U-Boot torpille le cargo américain *Montana*.

12. Paris : après un nouvel attentat, douze des otages arrêtés le 8 sont exécutés par les Allemands (→ 16).

12. URSS : premières neiges de l'hiver. Les Panzer de von Kleist et de Guderian font leur jonction à Lokvitsa, à 170 km à l'est de Kiev. La ville est encerclée (→ 17).

12. Lituanie : les Einsatzgruppen exécutent 3 434 Juifs à Ponary, près de Vilnius.→

12. France : parti de Marseille le 8, Jean Moulin passe la frontière franco-espagnole à Cerbère.

Pierre Billotte rejoint Londres

Londres, 10 septembre
Ils sont 186 ! C'est bien peu, dira-t-on, dans un conflit où des millions d'hommes sont engagés. Mais ces Français qui viennent d'arriver à Londres pour rejoindre la France libre sont des recrues de choix et leur itinéraire est peu commun, puisqu'ils arrivent d'URSS. Il y a parmi eux le capitaine Pierre Billotte, Alain de Boissieu et beaucoup d'autres qui ne souhaitent qu'une chose : combattre. Tous ont en commun de s'être évadés de leurs stalags et de leurs oflags dans des conditions parfois rocambolesques et toujours dangereuses. Une fois arrivés en Union soviétique, leurs malheurs ont continué. Les Russes, méfiants, les ont soumis au régime réservé aux étrangers circulant en URSS sans passeport : la prison. Là, le NKVD les a interrogés sans relâche ; à eux de faire la preuve qu'ils n'étaient pas des espions. Après ce « tri », les fugitifs se sont retrouvés pour la plupart au camp de Mitchourine, situé sur les rives de l'Oka, un affluent de la Volga. L'invasion de l'URSS a précipité leur libération. Le 29 août, ils se sont embarqués à Arkhangelsk sur un *liner* anglais transformé en transport de troupes, l'*Empress of Canada*. Hier, les « Russes » sont enfin arrivés à Glasgow.

Des Américains critiquent Chaplin

Washington, 10 septembre
Charlie Chaplin a été accusé aujourd'hui de se servir du cinéma dans le dessein d'« empoisonner les esprits pour leur faire désirer la guerre ». Le sénateur Bennett Champ Clark, un des chefs du parti isolationniste, a déclaré devant une commission du Sénat chargée d'enquêter sur les accusations lancées contre Hollywood que Chaplin et Alexandre Korda utilisaient l'United Artists (*le Dictateur*) pour faire une propagande pro-interventionniste. Chaplin, a-t-il dit, a fait fortune ici mais n'a jamais jugé bon de devenir citoyen américain. Toujours selon Clark, c'est la propagande anglaise qui a entraîné les Etats-Unis dans la dernière guerre. ▷

Leningrad encerclé : le siège a commencé

Ces miliciens ouvriers se révéleront de redoutables combattants.

Leningrad, 8 septembre

La ville est encerclée; les Allemands sont à Schlusselburg, sur le lac Ladoga, et les Finlandais ont pris le canal Staline qui le relie au lac Onega. Le maréchal von Leeb et ses Panzer ne sont qu'à 16 km de la cité, qui subit en ce moment des tirs d'artillerie à longue portée et les bombardements de la Luftwaffe. La ville a déjà reçu plus de 6 000 bombes incendiaires. L'énorme entrepôt de vivres de Badayev, qui contenait des centaines de tonnes de provisions irremplaçables, est détruit. C'est un coup terrible pour les défenseurs de la ville.

Dans le ciel, les Soviétiques, bien qu'en état d'infériorité, se battent férocement contre les vagues de Stuka qui, en piqué, s'acharnent sur les navires ancrés dans les ports de Kronstadt et Leningrad. Les objectifs des Stuka, équipés de bombes spéciales de 800 kg, sont les cuirassés *Marat* et *Révolution d'octobre*, qui utilisent toute la puissance de feu de leurs canons de 12 pouces pour bombarder l'arrière des positions allemandes. A terre, la 1re division blindée qui avance sur la rive gauche de la Neva et la 6e qui remonte le long de la ligne de chemin de fer Moscou-Leningrad mènent l'attaque, rencontrant une résistance à chaque instant. Pendant trois semaines, elles ont dû repousser des contre-attaques suicidaires. Hommes et matériel doivent affronter non seulement les Russes, mais aussi la boue, résultat des pluies persistantes. Un mois plus tôt et ils auraient déjà été dans les palais des Romanov. Maintenant, ils pataugent sans pouvoir avancer aussi rapidement qu'auparavant. Ils s'empêtrent dans des lignes de défense construites à la hâte par les *Opolchenye*, ces unités de milice armées de fusils, de cocktails Molotov et de grenades.

Mais la tentative de von Leeb de prendre la ville pourrait ne pas durer. Hitler veut récupérer les chars pour attaquer Moscou et laisser Leningrad se rendre par lassitude. Il préférerait poursuivre le siège avec des bombardements. Cela permettrait de disposer d'une bonne partie de l'armée pour d'autres fronts et d'éviter les sanglants combats de rue, que les Allemands redoutent. Mais von Leeb se sent prêt à s'emparer de la capitale des tsars et il continuera jusqu'à ce que l'ordre d'arrêter lui soit donné. (→ 30)

Hitler est aidé en URSS par ses alliés

Berlin, 9 septembre

Dans l'assaut contre l'URSS, la Wehrmacht bénéficie d'une aide importante des alliés du Reich. Mussolini a rassemblé un corps expéditionnaire italien; les Roumains prêtent main-forte dans la poussée d'Odessa; en Ukraine, ce sont les Hongrois qui supportent la pression. Franco a aussi envoyé son contingent de « volontaires » espagnols. Des soldats slovaques se battent pour les Allemands, et des légions de la Wehrmacht sont formées de volontaires néerlandais, danois, belges, norvégiens et bientôt français. Les Finlandais déçoivent : ils ne font que tenir la ligne nord autour de Leningrad.

L'US Navy s'en prendra aux U-Boote

Washington, 11 septembre
Le Président a fait un pas de plus vers l'entrée en guerre des Etats-Unis. Dans un discours à la nation, parlant de l'attaque subie par le destroyer *Greer*, il l'a définie légalement et moralement comme un « acte de piraterie ». Il a ajouté que les bases américaines établies en Islande, au Groenland, au Labrador et à Terre-Neuve étaient là pour protéger les navires de tous les pays dans l'Atlantique. La protection de l'US Navy est apportée en plus de celle assurée par la Royal Navy. Il a insisté sur la difficulté de protéger les navires contre les torpilles des sous-marins. « Si un serpent à sonnettes s'apprête à vous attaquer, vous n'attendez pas qu'il vous morde pour le neutraliser. C'est pourquoi l'Amérique se doit de frapper la première. Les sous-marins et autres pirates nazis sont les serpents à sonnettes de l'Atlantique. Ils représentent une menace pour la liberté de navigation. » Il a prononcé ces mots dans un style qui lui est cher, celui de la causerie au coin du feu. Avant de s'exprimer en public, le Président s'est assuré du soutien politique des principaux membres du Congrès. (→ 16)

Ses succès sont peints sur la coque.

Les nazis imposent la loi martiale à Oslo

Oslo, 10 septembre
Des gardes en armes patrouillent dans les rues de la ville. La tension est extrême après les décisions brutales de Joseph Terboven, commissaire de Hitler en Norvège. Deux responsables syndicaux ont été exécutés après avoir été traduits en cour martiale. Quatre autres restent en prison. Le couvre-feu est imposé de 20 h à 5 h. Les bals publics sont fermés, la vente d'alcool est interdite, de même que tous les rassemblements. Plusieurs rédacteurs de journaux ont été licenciés. Tervoren a imposé la loi martiale à la suite de rumeurs selon lesquelles les syndicats s'apprêteraient à déclarer la grève générale pour lutter contre le régime nazi. Il a accusé les « éléments communistes » des syndicats de « désorganisation criminelle de l'industrie ».
Le journal clandestin antinazi *Fri Ragbevegelse* a appelé la population à rester calme tout en luttant pour ses droits par tous les moyens possibles.

Keitel exhorte à tuer les Juifs russes

Rastenburg, 12 septembre
Le maréchal Keitel, chef du haut commandement allemand, vient de donner à ses hommes une instruction explicite sur la façon de traiter les Juifs en Union soviétique. Sa directive, intitulée Les Juifs dans les nouveaux territoires occupés de l'Est, stipule : « La lutte contre le bolchevisme requiert des mesures énergiques et impitoyables, surtout contre les Juifs, principaux germes de ce fléau. » (→ 16)

1941

Septembre

Di	Lu	Ma	Me	Je	Ve	Sa
	1	2	3	4	5	6
7	8	9	10	11	12	13
14	15	16	17	18	19	20
21	22	23	24	25	26	27
28	29	30				

15. Paris : « suicide » en prison de l'ancien ministre des Finances de la république de Weimar, Rudolf Hilferding, livré aux autorités nazies par le gouvernement de Vichy.

15. Yougoslavie : des troubles provoquent l'établissement d'une loi martiale à Zagreb, en Serbie et en Croatie (→ 17).

15. Moscou : Staline demande aux Britanniques d'envoyer 25 à 30 divisions pour soutenir la lutte des Soviétiques.

16. Paris : dix otages sont fusillés, en représailles aux agressions contre des officiers allemands. Nouvel attentat contre le capitaine Schoben, de la Wehrmacht.

16. Damas : les FFL mettent fin au mandat de la France et garantissent l'indépendance de la Syrie.

16. URSS : le maréchal Keitel ordonne que cent otages soient exécutés pour chaque soldat allemand tué par des partisans.

16. Canada : le premier convoi escorté par l'US Navy, le HX-150, part pour l'Europe.

17. URSS : le commandement suprême soviétique ordonne tardivement d'évacuer Kiev. Les Allemands en forcent les défenses extérieures (→ 19).

18. Washington : Roosevelt demande au Congrès un supplément de 5 985 millions de dollars au titre de la loi prêt-bail (→ 27).

18. Méditerranée : le sous-marin *HMS Upholder* coule les transports de troupes italiens *Neptunia* et *Oceania*.

19. Atlantique : un U-Boot coule l'escorteur canadien *Levis*.

19. Yougoslavie : rencontre sans résultat de Mihailovic et Tito, pour discuter d'une stratégie commune (→ 21.10).

20. Paris : le couvre-feu à 21 h est instauré. Douze nouveaux otages sont fusillés pour « l'assassinat » du 16 septembre (→ 23).

20. Grande-Bretagne : par les décodages de l'Enigma, les Alliés sont avertis de l'attaque allemande sur Moscou.

Les Alliés imposent un nouveau chah

Le nouveau chah, celui des Alliés.

Téhéran, 16 septembre
Le chah d'Iran, Reza Khan Pahlavi, a dû abdiquer sous la pression des Alliés dont les troupes menaçaient Téhéran. Son fils Mohammad Reza a été choisi pour le remplacer. Depuis l'armistice qui a suivi l'invasion anglo-russe, il y a deux semaines, le chah refusait d'extrader les ressortissants allemands soupçonnés d'espionnage et de faciliter les communications ferroviaires entre l'URSS et le golfe Persique. Il paie le prix de sa neutralité. Ainsi s'achève la carrière d'un homme qui avait débuté chez les Cosaques. Ses initiatives ont permis à son pays d'entrer dans le XXe siècle, mais il a dû, pour cela, écraser l'opposition libérale et religieuse et faire, pendant vingt ans, la politique de l'Angleterre contre l'URSS, politique qui se retourne aujourd'hui contre lui. (→ 19)

L'étrange garde du palais de Téhéran

Téhéran, 19 septembre
La relève de la garde du palais s'est effectuée aujourd'hui dans une atmosphère inhabituelle. Les troupes soviétiques qui ont occupé la ville pendant plusieurs jours laissent la place aux Britanniques. C'est la première fois qu'ils se rencontrent. Les Britanniques ont été impressionnés par l'uniforme des Russes. Quant à ces derniers, ils écarquillaient les yeux à la vue des soldats britanniques en short. ▷

Les troupes allemandes sont à Kiev

Rastenburg, 19 septembre
Le quartier général du Führer a annoncé la prise de Kiev, capitale de l'Ukraine. C'est le résultat de la manœuvre en tenailles des Panzer de Guderian et de von Kleist.
Selon une série de communiqués nazis, « l'attaque de Kiev s'est déroulée sous forme d'opérations d'encerclement. Après avoir percé les fortifications situées sur les rives du Dniepr, [leurs] troupes ont pénétré dans la ville. Le drapeau du Reich flotte sur la citadelle depuis ce matin ». Toujours selon les communiqués, les pinces se sont refermées à Lokhvista, situé à 200 km à l'est de Kiev. « Le cercle s'est ainsi refermé sur quatre armées russes. Leur anéantissement est maintenant en cours. »
On craint que cinq cent mille Russes au moins ne soient pris au piège à cause de l'obstination de Staline. Ses ordres ont été de tenir bon et de mourir si nécessaire. Lorsque le maréchal Boudennyï, commandant en chef des forces soviétiques dans le sud, a demandé la permission de battre en retraite, Staline l'a limogé. Le général Kirponos, commandant de Kiev, a fini par obtenir l'autorisation de repli, mais il était déjà trop tard. Il a été tué dans une embuscade ainsi que la plupart des mille hommes de la colonne qui l'accompagnaient.

Les Allemands circulent dans Kiev, où il ne reste que des ruines dévastées.

Pour l'Armée rouge, c'est la défaite la plus désastreuse depuis le début des hostilités. Encerclée et à découvert, l'infanterie russe se bat seule, avec son acharnement habituel, contre des chars et des Stuka. Elle sera bientôt à court de munitions et de nourriture. La fin ne saurait tarder. La ville de Kiev, autrefois splendide, est dévastée. Ce ne sont que décombres et ruines. Elle a été vidée de tout ce qui pourrait servir à l'envahisseur. Les centrales électriques et hydrauliques ont été sabotées, et des bombes à retardement ont été posées pour détruire la ville jusqu'au bout. Les exécutions de responsables du parti et de Juifs, destinées à « liquider la menace bolchevique », ont commencé. Elles sont confiées aux escadrons SS qui sont entrés dans la ville derrière les Panzer.
Les Allemands n'ont pas obtenu cette victoire sans mal. Ils ont sacrifié un grand nombre d'hommes, de blindés, d'avions et de canons. Berlin reconnaît avoir perdu quatre cent mille hommes depuis le début de la campagne de Russie.

Des avions de la RAF aident Staline

Arkhangelsk, 14 septembre
La dernière fois qu'un Britannique, lord Ironside, avait secouru la Russie blanche remonte à 1919. Aujourd'hui, des forces britanniques opèrent de nouveau sur le sol russe, devenu soviétique. L'URSS est désormais l'alliée de la Grande-Bretagne face à l'Allemagne nazie. Les pilotes de la RAF sont arrivés le 7 sur le porte-avions *HMS Argus*. Deux escadrilles – les 81 et 134 – ont commencé les opérations il y a deux jours et se battent contre les Stuka, qui continuent à faire beaucoup de dégâts. La RAF ne doit pas rester jusqu'à la fin de la guerre. Son rôle se limite à apprendre aux Soviétiques à piloter les Hurricane.

Sabotage dans la baie de Gibraltar

Gibraltar, 20 septembre
Sous les ordres du prince Giunio Borghèse, six hommes-grenouilles italiens ont pénétré dans la baie la nuit dernière. Chevauchant par deux leurs torpilles, le prince et ses hommes avaient quitté leur bâtiment de soutien, un sous-marin transformé, au large de la côte espagnole. Ils ont placé leurs charges explosives sur deux pétroliers et sur un navire de fret, avant de repartir sains et saufs.

Cinq jeunes Français gagnent l'Angleterre en canoë

Eastbourne, 19 septembre
Des ouvriers travaillant dans une carrière de galets au bord de la mer ont eu la surprise de découvrir ce matin trois adolescents trempés et épuisés qui longeaient la grève en direction de la ville. Ces garçons ne parlaient pas l'anglais. Ils les ont conduits au poste de police où les ont rejoints deux autres camarades repêchés plus loin.
Grâce aux services d'un interprète, ils ont pu raconter leur extraordinaire odyssée. Partis de Port-Mahon à bord de deux canoës le 17 septembre vers 21 h, ces jeunes gens âgés de quinze à dix-neuf ans ont navigué durant trente et une heures avant d'aborder, presque par miracle, en Angleterre où ils viennent rejoindre les forces de la France libre.

Les jeunes héros ont été reçus par Winston Churchill au 10, Downing Street.

Loi martiale en vigueur à Belgrade

Belgrade, 17 septembre
Suite aux attentats perpétrés contre des Allemands, la loi martiale a été imposée pour une durée indéfinie par le régime serbe mis en place par les nazis. Les autorités ont aussi décidé d'une expédition dans les montagnes pour en déloger les rebelles. A l'aube, un sous-marin de la Royal Navy a par ailleurs débarqué le colonel Hudson sur la côte dalmate. Cet agent doit rencontrer Tito et l'autre chef de la résistance Mihailovic. Il devra déterminer laquelle de ces deux factions est la plus virulente et la mieux organisée dans la lutte contre les nazis.

La bataille de l'Atlantique ne peut être perdue

L'US Navy protège la partie ouest

Halifax, Canada, 16 septembre
Le convoi HX-150 qui vient de quitter le port est le premier à bénéficier du nouveau soutien américain aux Alliés. Il sera d'abord escorté par la marine canadienne jusqu'à un point situé au sud de Terre-Neuve. Les destroyers de l'US Navy y prendront le relais, offrant ainsi pour la première fois une protection officielle. Puis, quelque part au milieu de l'océan, ils confieront le convoi au British Western Approaches Command, qui l'escortera jusqu'à destination. Ce schéma se répétera à l'avenir pour tous les convois rapides du type HX. Ceux du type SC, plus lents, seront protégés par les Canadiens jusqu'au milieu de l'Atlantique.
Les navires sur la route de l'est transportent du matériel de guerre et des denrées alimentaires. Les Britanniques se sont vite adaptés aux nouvelles nourritures telles que lait condensé, œufs en poudre ou encore haricots en boîte.
Cette aide américaine va pouvoir soulager la Royal Navy. Trois de ses groupes d'escorte vont aller protéger les convois de Gibraltar et de Sierra Leone. Enfin, les hydravions Catalina de l'US Navy et les Forteresses volantes basées à Argentia devront également assumer ces missions.

Un destroyer lutte dans la tempête.

Les traversées sont faites de monotonie, mais l'angoisse n'est jamais absente.

L'importance des pertes justifie une nouvelle stratégie

Atlantique nord, 16 septembre
La décision de l'US Navy d'escorter les convois de matériel en prêt-bail jusqu'en Islande renforce la position des Alliés dans la guerre aux U-Boote. Durant ces deux derniers mois, les pertes en tonnage dans l'Atlantique ont déjà considérablement diminué. Au cours du premier semestre, elles s'élevaient, par mois, à 400 000 tonnes. Depuis, elles ne représentent qu'à peine plus de 100 000 tonnes. Il existe plusieurs raisons à cette amélioration. D'abord, les Britanniques ont récemment réussi à déchiffrer les messages codés destinés aux flottilles de sous-marins allemands. Ces informations capitales sont transmises au centre de l'Amirauté, lequel peut ainsi localiser et dénombrer les ennemis. Puis les renseignements passent au quartier général des Western Approaches de Liverpool, commandement responsable de la bataille de l'Atlantique, qui détermine l'itinéraire des convois en fonction de la position des U-Boote. Liverpool abrite aussi le groupe nº 15 du contrôle côtier de la RAF rattaché au QG des Western Approaches. Il couvre une grande partie de l'espace aérien du nord-est de l'Atlantique, à partir de ses bases en Ecosse, en Irlande du Nord et en Islande. Quant au Nord-Ouest, il est contrôlé par l'aviation canadienne. Toutefois, le manque d'appareils à long rayon d'action se fait sentir. Ainsi, le sud du Groenland n'est pas protégé. Cette région, appelée le « Trou Noir », reste toujours la plus dangereuse pour les convois. Malgré cela, les nouvelles méthodes de détection des U-Boote et l'expérience du convoyage devraient encore réduire les pertes actuelles.

Ces chiffres ont fait réfléchir l'Amirauté

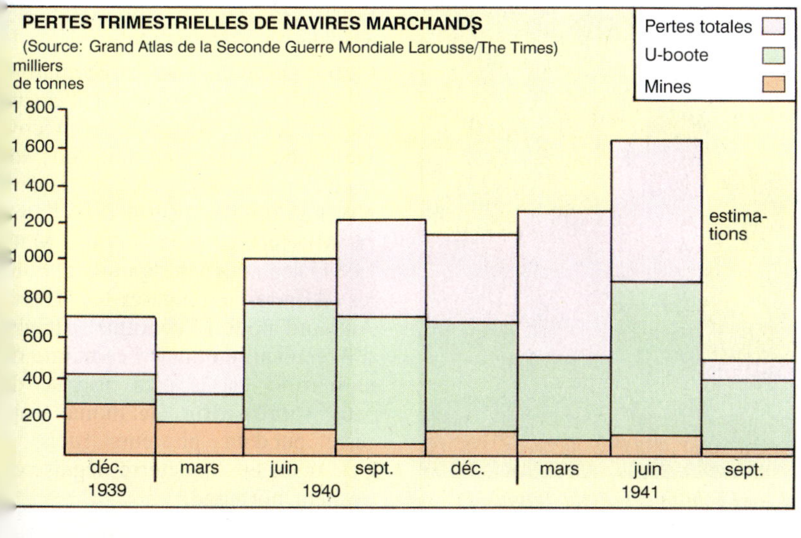

Il a passé dix-neuf jours à la dérive...

Islande, 16 septembre
Henrik Bjerregaard, officier danois du *Sessa*, a passé dix-neuf jours à dériver dans les eaux de l'Arctique. Parti de New York, l'ancien cargo danois, battant aujourd'hui pavillon panaméen, transportait du ravitaillement pour les troupes américaines basées en Islande. Torpillé par un U-Boot, il a coulé en deux minutes. Bjerregaard raconte : « Je n'avais pas de bouée de sauvetage, mais j'ai pu attraper un morceau de mât quand je suis tombé à l'eau. Un marin m'a rejoint et nous sommes restés accrochés pendant deux heures. Puis nous avons atteint un canot de sauvetage retourné, sur lequel nous sommes restés toute la nuit. Le lendemain, un radeau de sauvetage s'est approché de nous. Nous avons choisi d'y monter, car nous ne pouvions retourner notre canot. Quand j'ai vu que nous avions de l'eau et des biscuits, j'ai détaché un morceau de toile du radeau pour commencer un journal de bord. Chaque jour, j'y faisais une marque. Le dixième jour, un homme est mort, le treizième deux autres. Le dix-septième jour, nous n'avions plus une goutte d'eau. Le dix-neuvième, à bout de forces, j'ai entendu une sirène. Puis j'ai vu les étoiles du drapeau américain d'un destroyer. Il était temps. »

1941

Septembre

Di	Lu	Ma	Me	Je	Ve	Sa
	1	2	3	4	5	6
7	8	9	10	11	12	13
14	15	16	17	18	19	20
21	22	23	24	25	26	27
28	29	30				

22. URSS : des miliciens ukrainiens formés par les SS tuent 28 000 Juifs à Vinnitsa (→ 30).

23. URSS : des partisans tuent trois sentinelles allemandes à Krasnaya Gora. Les soldats massacrent la population.

23. France : les troupes allemandes reçoivent l'ordre d'envoyer leurs couvertures sur le front de l'Est.

24. Méditerranée : arrivée du premier U-Boot qui franchit le détroit de Gibraltar.

25. URSS : la Wehrmacht isole la Crimée du reste du pays.

26. Chine : les forces japonaises encerclent Tch'ang-cha.

26. Londres : la Grande-Bretagne reconnaît le Comité national français.

26. Etats-Unis : l'amirauté ordonne de couler tout navire allemand ou italien se trouvant dans les eaux territoriales.

27. Méditerranée : le cuirassé *HMS Nelson* est endommagé par une torpille au sud de la Sardaigne.

27. Etats-Unis : lancements des premiers cargos Liberty.→

27. Grèce : création du Front national de libération et de l'Armée populaire grecque de libération.

28. Malte : le convoi de l'opération *Halberd* arrive de Gibraltar. Neuf cargos escortés par 3 cuirassés, 1 porte-avions, 5 croiseurs et 18 destroyers débarquent 50 000 tonnes de matériel et 2 600 soldats.

29. Rastenburg : Hitler donne l'ordre de rayer Leningrad de la surface de la terre et d'exterminer sa population.

29. Chine : des troupes de renfort arrivent à Tch'ang-cha. Elles forcent les Japonais à se retirer, avec de lourdes pertes (→ 1.10).

30. Ankara : la Turquie met l'embargo sur les exportations de chrome en Allemagne.

30. URSS : les Panzer de Guderian, revenus dans le secteur centre, attaquent en direction d'Orel et de Briansk. Au sud, von Kleist se dirige sur Stalino.→

« Le Juif et la France » attire les foules

Vu d'un autre bâtiment, un destroyer vient d'être touché à l'arrière.

Paris, septembre

Au palais Berlitz, l'exposition « Le Juif et la France » connaît depuis le 5 septembre un grand succès. Dénoncé comme l'ennemi juré de l'Europe, le Juif y est décrit à grand renfort d'affiches, de livres, de photographies, de statistiques. Les visiteurs doivent apprendre à reconnaître au premier regard son type physique caractéristique, ou prétendu tel. Le Juif est censé avoir le nez crochu, les yeux humides, l'allure négligée, des mimiques faciales particulières. Les organisateurs ont bénéficié des subventions de l'ambassade d'Allemagne et des conseils des « spécialistes scientifiques » de l'Institut d'études des questions juives, que dirige un pseudo-ethnologue, le médecin suisse naturalisé français George Montandon. Ce dernier est l'auteur de divers opuscules racistes et antisémites, *l'Ethnie française*, *Comment reconnaître le Juif*, qui ne s'embarrassent pas de nuances. Un tel pot-pourri de documents ne peut que rassurer et conforter le « Français moyen » dans son antisémitisme. Un antisémitisme qui semble être devenu un devoir civique.

Quinze alliés qui ont le même but

Londres, 24 septembre

La charte de l'Atlantique, élaborée par Churchill et Roosevelt le mois dernier, vient d'être adoptée par les quinze pays en guerre contre les Allemands ou occupés par eux. Présidée par Anthony Eden, ministre des Affaires étrangères, la rencontre a débuté dans la très belle Picture Gallery de St. James Palace, par un discours d'Ivan Maïsky, l'ambassadeur soviétique. Celui-ci a dénoncé « la bande de maraudeurs à la solde de Hitler, qui, armée jusqu'aux dents, se proclame race supérieure ». L'Union soviétique, au contraire, a-t-il déclaré, est « guidée par le principe de l'autodétermination des peuples » et s'est engagée à défendre l'intégrité territoriale de tout pays et du « droit à établir l'ordre social et la forme de gouvernement qu'il juge opportuns et souhaitables ».

Maïsky n'a pas mentionné le pacte germano-soviétique de 1939 qui a conduit au démantèlement et à l'occupation de la Pologne. Les signataires de cette charte s'engagent à coopérer après la guerre, à libérer les pays occupés par les nazis et à ne pas procéder à des annexions ni à des modifications de frontières sans le libre consentement exprès des peuples concernés.

Le général de Gaulle forme un gouvernement français en exil

De Gaulle inspecte des recrues ; celles-ci se sont échappées d'Allemagne.

Londres, 23 septembre

Le général Charles de Gaulle, che de la France libre, vient d'annon cer au cours de sa conférence d presse la formation du Comité na tional français. Il appartient dé sormais aux Etats-Unis et à l Grande-Bretagne de le reconnaîtr en tant que gouvernement françai en exil au lieu de celui de Vichy De Gaulle garde en fait tous le pouvoirs, et ses neuf conseiller n'ont qu'un rôle consultatif : l'ami ral Muselier pour la Marine, Mau rice Dejean, ancien diplomate, pou les Affaires étrangères et Herv Alphand pour l'Economie. Thierr d'Argenlieu, un ancien capitaine d la marine, est le plus original d tous : après avoir été moine tra piste pendant plusieurs mois, s'est enfui en Angleterre déguisé e pêcheur normand.

Le martyre des Juifs de Kiev

Kiev, 30 septembre
Les membres du commando de Paul Blobel, qui dépend de l'unité mobile de tuerie C d'Otto Rasch, se reposent après leur ignoble tâche. En deux jours, ils ont exterminé 33 771 Juifs à Babi Yar, un ravin situé aux environs de Kiev.
Il y a quatre jours, des affiches invitaient les Juifs à se présenter en vue de leur « réaménagement ». Aucun d'eux ne se doutait qu'il avait en réalité rendez-vous avec une mort atroce. Disciplinés, tous se sont rassemblés à l'endroit indiqué avec leurs effets personnels. Ils ont alors été conduits à pied en dehors de la ville, à un endroit appelé Babi Yar. Tout de suite, les SS ont tiré à la mitrailleuse sur leurs victimes alignées au bord du ravin, dans lequel elles sont tombées mortes ou blessées. Ils les ont fait aussi marcher sur une planche en partie audessus du vide et leur ont tiré une balle dans la nuque. Les enfants ont subi le même sort.
Dans le gouffre, les survivants se débattaient pour éviter l'étouffement. Entre deux fusillades, les SS descendaient au fond du ravin pour y achever au revolver ceux qui bougeaient encore. Par miracle, quelques survivants sont parvenus à s'échapper de Babi Yar. Parmi eux, on a retrouvé Dina Pronicheva, qui avait eu la bonne idée de se faire passer pour morte.

Les chars russes T-34 étonnent les nazis

L'approvisionnement, chaque jour plus difficile, devient un problème crucial.

Moscou, 30 septembre
Les combats continuent de faire rage sur le front entre Leningrad et la Crimée. Pourtant, les nouvelles de Leningrad sont bonnes : les Soviétiques ont réussi à arrêter les Allemands à 11 km de la ville. Leur moral est encore meilleur depuis l'arrivée du général Joukov, dont la réputation est connue de tous les hommes.
Aux abords de Moscou, quinze nouvelles armées se sont retranchées pour se préparer à l'attaque allemande. Celle-ci devrait avoir lieu d'un moment à l'autre puisque Kiev est tombé. De jour en jour, les défenses se renforcent. Hitler, toutefois, n'en a pas encore terminé en Ukraine. L'offensive sur Moscou devra être retardée jusqu'à ce que von Rundstedt ait achevé ses opérations sur Kharkov et en Crimée. Cette campagne pourrait bien durer plus longtemps que prévu. Les Soviétiques se battent de mieux en mieux; ils utilisent maintenant en masse leurs nouveaux chars T-34. Les performances de ces blindés se révèlent supérieures à celles des Panzer. Les obus antichars classiques ricochent sur leur blindage. Pour en venir à bout, les Allemands ont dû former des commandos spéciaux qui attaquent à la grenade et à l'explosif. (→ 1.10)

Les Parisiens punis par von Stülpnagel

Paris, 23 septembre
Devant la recrudescence des attentats, le commandant du Grand Paris, le général von Stülpnagel, a décidé de punir les Parisiens. Prétextant que les auteurs des attentats n'avaient pas été retrouvés, le couvre-feu a été prolongé du 20 septembre jusqu'à aujourd'hui inclus dans le département de la Seine. La circulation sur la voie publique a été totalement interdite entre 21 h et 5 h. Les salles de spectacle parisiennes ont fermé leurs portes à partir de 20 h. Mais, surtout, les contrevenants arrêtés sont considérés comme otages et susceptibles d'être passés par les armes en cas de nouvel attentat. (→ 3.10)

L'URSS appelle ses alliés à l'aide

Londres, 29 septembre
Churchill a informé les députés de la rencontre historique qui a débuté hier, entre l'Union soviétique, la Grande-Bretagne et les Etats-Unis. Il a déclaré que, bien que l'aide alliée vienne seulement d'être officiellement décidée, des secours urgents ont déjà été envoyés. Les difficultés d'accès sont un obstacle majeur. L'URSS est encerclée de toutes parts par les Allemands, et le froid s'installe. (→ 1.10)

Baltimore, le 27 septembre. Le premier Liberty Ship, cargo rapide pour les convois vers l'Europe, est lancé. On en construit nuit et jour.

Les Tchèques sous la coupe de Heydrich

Prague, 29 septembre
Reinhardt Heydrich, le bras droit de Himmler, est désormais le protecteur délégué de la Bohême et de la Moravie. Sa tâche est d'éliminer toute opposition au régime nazi. La loi martiale a été instaurée hier et des centaines de personnes ont été arrêtées. Parmi elles se trouvait le chef du gouvernement fantoche, le général Aloïs Elias, qui a été condamné à mort.
Hitler désire faire de la Bohême une province allemande. Déjà les universités tchèques sont fermées et on enseigne l'allemand de préférence au tchèque. Dans beaucoup de cas, on évacue les habitants pour laisser place aux immigrants venant des Etats baltes.

Heydrich : « l'ordre » en Bohême.

1941

Octobre

Di	Lu	Ma	Me	Je	Ve	Sa
			1	2	3	4
5	6	7	8	9	10	11
12	13	14	15	16	17	18
19	20	21	22	23	24	25
26	27	28	29	30	31	

1er. Odessa : les Allemands atterrissent à bord de planeurs derrière les lignes soviétiques.

1er. URSS : les Finlandais s'emparent de Petrozavodsk, à l'ouest du lac Onega (→ 7).

2. URSS : dans le secteur sud, les Allemands attaquent vers la mer d'Azov. Au centre, ils lancent l'opération *Tempête d'hiver*, l'attaque de Moscou.→

3. Paris : six synagogues sont dynamitées par des militants du PPF de Doriot. La police nazie a fourni les explosifs.

3. Berlin : le ministre de la Propagande, Josef Goebbels, annonce que 150 000 mères de famille ont été évacuées dans des régions sûres d'Allemagne.

3. URSS : dans le secteur nord, les Allemands s'emparent des défenses de Tsarskoïe Selo, près de Leningrad. Au sud de Moscou, Guderian prend le centre industriel d'Orel.

3. Inde : Mahandas Gandhi appelle tous les peuples de l'Empire britannique à la résistance passive (→ 25.12).

3. Berlin : Hitler annonce que l'URSS a été écrasée « et qu'elle ne se relèvera jamais ».

3. New York : première du film de John Huston, *le Faucon maltais*.

3. Londres : le gouvernement belge en exil de Pierlot rompt ses relations avec celui de Pétain à Vichy. Il reconnaît le CNF de De Gaulle.

4. Vichy : Pétain commue en réclusion à perpétuité la condamnation à mort de Paul Colette, auteur de l'attentat contre Laval et Déat (→ 16).

4. Oslo : les nazis avertissent les Norvégiens de coopérer ou de faire face à la famine, après les troubles croissants et les émeutes de rue.

4. URSS : les Panzer des généraux Hoepner et Hoth attaquent Viazma en tenailles, à l'ouest de Moscou.

4. Lyon : formation du comité directeur du mouvement de résistance France-Liberté.

4. Vichy : Krugg von Nidda arrive comme consul général d'Allemagne.

Les Japonais en déroute à Tch'ang-cha

Face aux Chinois, l'armée japonaise a perdu une partie de sa réputation.

Tch'ang-cha, 1er octobre
Après avoir vainement tenté de prendre la ville pendant deux mois, les troupes japonaises sont en fuite dans la province du Hunan. On estime qu'ils ont déjà perdu quatre cent mille hommes, cuisant échec pour les Japonais, car la ville, située sur la ligne ferroviaire reliant le Mandchoukouo à Canton, a une importance stratégique. Le contrôle de Tch'ang-cha aurait permis d'ouvrir une nouvelle voie de communication pour les troupes et le matériel destinés aux fronts birman et malais. Le moment décisif de la bataille s'est déroulé il y a quatre jours au moment de l'attaque en force par le gros des troupes nippones appuyées par cent avions. En fin d'après-midi, un détachement de Japonais en civil a pénétré dans la ville. Mais l'unité de soutien aéroportée qui devait l'aider à détruire les défenses a été lâchée trop près des lignes chinoises et elle a été anéantie.
Les troupes chinoises du général Hsueh Yueh ont alors pu encercler les Japonais en déroute entre le Laodao et le Liuyang. Ils leur ont infligé de très lourdes pertes. Au même moment, une offensive chinoise a été lancée à Yichang, immobilisant la seule armée qui aurait pu venir en aide au 11e corps.

Une charte pour les ouvriers français

Vichy, 4 octobre
La charte du Travail, promise par le maréchal Pétain dans son message de Saint-Etienne du 1er mars 1941 aux ouvriers, vient enfin de voir le jour. C'est René Belin, un ancien dirigeant de la CGT qui l'a préparée. Aux yeux des dirigeants de Vichy, elle doit assurer le nouvel ordre social du régime dont le credo se veut : ni libéralisme, ni capitalisme, ni communisme. Pour ce faire, la charte du Travail commence par supprimer le droit de grève pour reconnaître un droit d'association limité à l'échelon régional. Les syndicats dissous ont d'ores et déjà exprimé leur opposition à ce projet.

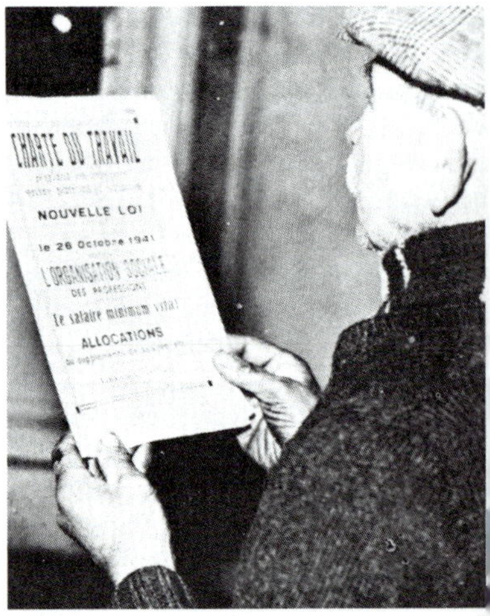

Nul n'est censé ignorer la loi...

Un programme anglo-américain d'aide militaire à l'URSS

La mission revient de Moscou avec cette affiche qui illustre l'effet de l'aide.

Moscou, 1er octobre
La mission anglo-américaine dirigée par lord Beaverbrook et Averell Harriman-Dalton a décidé de renforcer son aide à Staline. Le 1[…] août, la Grande-Bretagne ouvrait à l'URSS un crédit de 10 millions de livres sur cinq ans. Aujourd'hui Anglais et Américains se sont mi[s] d'accord sur la livraison d'armes. Lors d'un cocktail, Molotov, Beaverbrook et Harriman ont déclaré que les Etats-Unis livreront 1 20[…] chars à la Grande-Bretagne et [à] l'URSS. A partir de juillet 194[2] 3 600 avions seront livrés à l'URSS. En échange, celle-ci fournira de[s] matières premières à ses alliés américains et anglo-saxons qui e[n] ont un besoin urgent.

Hitler lance ses forces vers Moscou

Russie, 2 octobre
L'attaque de Moscou – opération *Tempête d'hiver* – est lancée. Le temps ce matin est idéal. Un million d'hommes, 77 divisions, 19 500 canons et mortiers, 1 700 chars et 950 avions de la Luftwaffe foncent vers les lignes russes. Les Soviétiques opposent autant de divisions, lesquelles ne comportent toutefois que 6 000 hommes alors que les allemandes en totalisent 15 000. En ce qui concerne les blindés et l'artillerie, l'Armée rouge n'en dispose que de la moitié. De plus, la Luftwaffe est trois fois plus nombreuse dans le ciel.
Hitler a rassemblé ses forces venues du nord et du sud pour lancer cet assaut que certains de ses généraux suggéraient de déclencher il y a plusieurs semaines déjà. Mais Hitler avait préféré occuper d'abord les régions industrielles et minières du Sud. Cette opération laisse un répit à Leningrad. Von Leeb n'a pas réussi à prendre la ville, et ses Panzer sont allés rejoindre l'opération *Tempête d'hiver*. Pour prendre Leningrad, il lui reste l'artillerie, l'aviation et la famine, arme traditionnelle en temps de siège. Selon Hitler, la ville « tombera comme une feuille ». La population souffre déjà terriblement du manque de nourriture. Le mois dernier, plus de 4 000 personnes ont péri pendant les 200 bombardements d'artillerie et les 23 raids aériens. On a annoncé les premiers décès par inanition. Le siège sera donc de plus en plus impitoyable. (→ 10)

Dans ces tranchées, que les Panzer ne peuvent franchir, chacun participe.

Les partisans soviétiques harcèlent sans répit les lignes allemandes

Pour l'Allemand, le partisan soviétique reste un danger de chaque instant.

Moscou, 4 octobre
Les bandes de partisans qui attaquent les Allemands loin derrière les lignes du front s'organisent. Elles sont maintenant placées sous le contrôle de la stavka (haut commandement soviétique). Ces groupes se sont parfois formés par la force des choses. Les Allemands ont isolé beaucoup de poches de soldats qui, par crainte d'être punis en rejoignant leurs lignes, se sont cachés dans les forêts où ils vivent depuis en pillant le ravitaillement ennemi. Ils ont constitué une véritable guérilla qui harcèle la Wehrmacht et transmet des informations aux forces régulières de l'Armée rouge. Ils possèdent des armes, reçoivent l'appui d'officiers, de commissaires politiques et d'opérateurs radio. Une discipline de fer leur est imposée. Certains groupes opèrent à cheval, attaquant l'arrière-garde allemande en surgissant des taillis. Des milliers de soldats allemands sont ainsi immobilisés pour protéger leurs lignes. Lorsqu'ils sont capturés, les partisans sont massacrés sauvagement et leurs corps sont exposés, pendus, pour servir d'exemple. (→ 26)

Les Allemands ont un avion-fusée

Peenemünde, 2 octobre
Le Me 163A, avion-fusée Messerschmitt, a atteint la vitesse record de 998 km/h, dans un centre ultrasecret de mise au point des fusées. Au cours des vols précédents, le carburant avait été presque épuisé avant que l'appareil n'ait atteint l'altitude des essais. Aujourd'hui, il a été remorqué jusqu'à 13 000 pieds d'altitude par un Bf 110 avant d'être largué. Le pilote, Heini Dittmar, a déclaré que le Me 163A avait subi de fortes vibrations et que, à un moment, il aurait même perdu le contrôle de l'appareil. Pour des raisons de sécurité, ce record ne sera pas officialisé.

Comment parler du maréchal Pétain ?

France, octobre
Le maréchal Pétain adore visiter les villes de province. C'est dans l'enthousiasme des manifestations populaires qu'il célèbre ses noces constamment renouvelées avec la France. Pour les journalistes, rendre compte des voyages du chef de l'Etat n'est cependant pas chose facile, car les consignes qui émanent de son entourage sont très strictes. Pour le décrire, l'expression de « vieillard » est formellement proscrite, même précédée de l'épithète « illustre » ou « valeureux ». Il convient en revanche de faire ressortir sa valeur physique et intellectuelle, ainsi que sa lucidité. Il n'est d'ailleurs pas recommandé de décrire ses qualités, trop évidentes, mais plutôt de le montrer en action : « Le Maréchal, doit-on dire, s'avance d'un pas alerte et rapide », ou encore : « Il prend le plus vif intérêt aux explications qui lui sont données. » Il importe de souligner sa bienveillance : « Le Maréchal accueille avec sollicitude les délégations. »
Etant donné les circonstances, il est préférable de passer sous silence son passé militaire, excepté dans l'expression « le vainqueur de Verdun », qui est toujours bienvenue. Plus qu'un chef ou un soldat, le Maréchal est un saint. Sous ses pas s'accomplissent des miracles. Epoux, guide et père des Français, il peut être comparé à un Christ, envoyé par Dieu pour les sauver.

L'espionnage existe partout, et surtout aux Etats-Unis. La propagande attire l'attention de tous sur les conséquences de conversations en présence d'inconnus.

1941

Octobre

Di	Lu	Ma	Me	Je	Ve	Sa
			1	2	3	4
5	6	7	8	9	10	11
12	13	14	15	16	17	18
19	20	21	22	23	24	25
26	27	28	29	30	31	

6. France : en zone occupée, l'accès et le séjour sur les côtes seront interdits à partir du 20 octobre.

6. Bucarest : les Roumains affirment avoir tué 70 000 soldats soviétiques et fait 60 000 prisonniers sur le front de l'Est. Leurs propres pertes seraient de 20 000 morts.

6. URSS : dans le secteur sud, les Panzer de von Kleist atteignent Berdiansk, sur la mer d'Azov (→ 16).

7. Helsinki : la Finlande refuse de considérer les pressions des Alliés pour arrêter les combats contre l'URSS.

7. URSS : les SS conduisent 17 000 Juifs dans des fosses à l'extérieur de Rovno. Ils arrachent les yeux de ceux qui refusent de se dévêtir, avant de les abattre.

8. URSS : sur le front de Moscou, la boue et la pluie ralentissent la progression des Allemands. Des batailles font rage dans les secteurs de Briansk et de Viazma. Au sud, ils prennent Marioupol sur la mer d'Azov.

8. Chine : les troupes chinoises arrivent à l'extérieur de Yuezhou. Elles mettent fin à la seconde bataille de Tch'ang-cha (→ 24.12).

8. Rome : Mussolini appelle les Japonais à s'engager aux côtés de l'Axe, en faisant la guerre à la Grande-Bretagne.

9. Europe : la Turquie signe avec l'Allemagne un traité commercial. Elle fournira des matières premières contre des produits manufacturés.

9. Washington : l'autorisation de s'armer est donnée aux navires marchands américains dans l'Atlantique (→ 17).

10. Luxembourg : référendum organisé par les nazis pour l'annexion du grand-duché à l'Allemagne. C'est un échec : il y a 97 % d'abstentions.

11. URSS : les chars T-34 des Soviétiques, puissants et très mobiles, entrent en action sur le front de Moscou.

11. Paris : Drieu La Rochelle dénonce Aragon et les revues « littéraires et poétiques cousues de fil rouge ».

Les Russes ont perdu 750 000 hommes

Les Allemands et leurs motos embourbées en reviennent au cheval de trait.

Moscou, 10 octobre

Pour l'Armée rouge, l'opération *Tempête d'hiver* a commencé par un véritable désastre. Les six armées de Timochenko, qui stationnent sur la ligne défensive Rjev-Viazma-Briansk, ont été encerclées à Viazma par les 3e et 4e groupes blindés allemands, et leur chef a été évacué par avion. Depuis une semaine, ses hommes font face à 28 divisions blindées. En moins de quinze jours, 750 000 hommes ont été tués ou faits prisonniers. La pluie qui ne cesse de tomber depuis deux jours a transformé le terrain en un véritable bourbier. Le temps perdu par les Allemands à réduire cette poche a permis aux Soviétiques de réorganiser une nouvelle défense sur la ligne de Mojaïsk, à moins de 100 km de Moscou. Staline a fait venir le général Joukov de Leningrad assiégé pour assurer le commandement des défenses de Moscou. Il rassemble de nouvelles divisions venues d'Extrême-Orient, de la Volga, de Sibérie et du Kazakhstan ainsi que des brigades prélevées sur les réserves. (→ 11)

Un plan allié pour soulager Tobrouk

Egypte, 5 octobre

Le commandement britannique a mis au point un plan pour battre Rommel et son Afrikakorps. L'enclave alliée de Tobrouk est le premier objectif de l'opération *Crusader*. La décision a été prise il y a deux jours. Même si Churchill a insisté sur la rapidité de l'intervention, le général Auchinleck, commandant en chef, désire assurer le ravitaillement nécessaire avant de lancer l'offensive le mois prochain. Le lieutenant général Alan Cunningham dirigera les opérations à la tête de la 8e armée, formée le mois dernier à partir des 13e et 30e corps. Il disposera, en outre, des troupes australiennes, indiennes, polonaises et néo-zélandaises et de celles de la France libre. (→ 22.11)

« Radio Goebbels »

Berlin, 11 octobre

Joseph Goebbels, ministre de la Propagande nazie, a prié les Allemands de ne plus écouter les radios étrangères.

Intervenant sur Radio Berlin, il a déclaré : « La question n'est pas d'avoir peur d'entendre ce qu'elles disent. Il s'agit simplement d'une mesure préventive. Un microbe est toujours un ennemi insidieux même dans un corps sain. »

Joukov organise la défense de Moscou

Moscou, 11 octobre

Fils de cordonnier et ancien officier de cavalerie de l'armée tsariste, Gueorgui Joukov a reçu la mission de diriger les défenses de Moscou. Cet homme, d'un solide gabarit, qui fêtera ses quarante ans le 1er décembre prochain, respire la fermeté et inspire la confiance. Il connaît bien les forces de la Wehrmacht et ses tactiques. C'est lui qui a battu les Japonais à Khalkin-Gol en 1939, permettant ainsi l'annexion de la Mongolie. Il s'est aussi bâti une réputation en matière de discipline. Il a été souvent blessé et ne tolère pas la lâcheté. A Leningrad, il a fait pendre des officiers pour abandon de poste. Il doit organiser ses défenses afin d'empêcher les Allemands de contourner Moscou. (→ 12)

Joukov a la confiance de Staline.

Selon Reichenau, il faut tuer les Juifs

Russie occupée, 10 octobre

Le maréchal Walther von Reichenau, commandant en chef de la 6e armée allemande, a déclaré aujourd'hui à ses hommes : « Le soldat allemand n'est pas seulement un combattant dans les règles de l'art de la guerre, mais aussi le porteur d'une idée nationale inexorable et le vengeur de tous les maux infligés au peuple allemand et à sa race. Le soldat doit donc toujours être conscient de la nécessité de l'expiation sévère, mais juste, de la race inférieure juive. »

Hitler a tellement apprécié cette déclaration qu'il a décidé de la donner en exemple aux autres généraux du front de l'Est.

Il arrive en URSS par la route arctique

Arkhangelsk, 11 octobre
PQ-1, le premier convoi ouest-est de ravitaillement à destination de l'URSS vient d'arriver. Parti d'Islande le 28 septembre, il était escorté par le croiseur *HMS Suffolk*, deux destroyers et une unité anti-sous-marine. Il a emprunté la route arctique, dans le froid glacial et les tempêtes, couvrant une distance d'environ 3 200 km. Recourir à cet itinéraire a obligé le convoi à être accompagné d'un pétrolier pour ravitailler l'escorte en carburant. Cela implique toute une organisation pour que les tankers repartent avec les convois qui se dirigent vers l'ouest, appelés QP. On a essayé d'établir une base de ravitaillement sur l'île norvégienne de Spitzberg. Le contre-amiral Philip Vian, qui y avait amené deux croiseurs et deux destroyers le 27 juillet, a jugé l'endroit trop exposé aux attaques aériennes allemandes pour pouvoir en faire un relais fiable.
Le deuxième convoi PQ doit appareiller la semaine prochaine. Le grand froid devrait s'être installé avant son arrivée à destination. Les Russes espèrent pouvoir maintenir le port opérationnel pendant tout l'hiver, mais les Alliés hésitent à faire naviguer de précieux bateaux dans des chenaux dangereux, entre des murs de glace. Ils pourraient bien prendre la décision de les détourner sur Mourmansk.

.e « HMS Suffolk » touche au but après avoir bravé les glaces et la tempête.

Un échange de prisonniers échoue

ewhaven, 6 octobre
Jne déclaration officielle allenande, lue à la radio de Brême par e renégat William Joyce, alias Lord Haw Haw, a conduit à annuler un change de prisonniers de guerre nglais et allemands, tous grièvement blessés. Deux navires-hôpiaux devaient appareiller de Newaven pour gagner Dieppe lorsque ministère de la Guerre a annulé ur départ par téléphone. Sur le noment, aucune raison n'a été vancée. La déclaration mentionait un échange de cent prisonniers nglais contre autant d'Allemands. r, depuis 1929, un tel échange est nterdit par la convention de Geève, qui stipule que tous les blessés aves doivent être échangés, sans nir compte de leur nombre.

Ils ont besoin de votre aide.

1941

Octobre

Di	Lu	Ma	Me	Je	Ve	Sa
			1	2	3	4
5	6	7	8	9	10	11
12	13	14	15	16	17	18
19	20	21	22	23	24	25
26	27	28	29	30	31	

12. Allemagne : la Légion des volontaires français, en route pour le front de l'Est, prête serment à Hitler.

12. URSS : l'armée soviétique évacue Briansk. Les civils commencent à quitter Moscou.

12. Libye : à la suite d'une opération prématurée pour relever la garnison australienne de Tobrouk, entre le 12 et le 22 septembre, une autre opération de secours est lancée (→ 26).

13. Allemagne : premier raid à grande échelle des bombardiers de la RAF sur Nuremberg, la nuit dernière.

13. URSS : l'Armée rouge évacue Viazma. Les Allemands occupent Kalouga, à 165 km au sud-ouest de Moscou.

14. URSS : les Panzer du général Hoth s'emparent de Kalinine au nord-ouest de Moscou. Des unités avancées sont à moins de 100 km de la capitale, mais se heurtent à une résistance acharnée.

15. Méditerranée : le sous-marin *HMS Torbay* bombarde le port libyen d'Apollonia (→ 14.11).

16. Tokyo : le prince Konoe, Premier ministre, est contraint de démissionner (→ 18).

16. URSS : au sud, les forces de l'Axe s'emparent d'Odessa. A Moscou, 500 000 hommes et femmes créent de nouvelles défenses autour de la ville : 8 000 km de tranchées, 100 km de fossés antichars et 300 km de réseau de barbelés.→

16. Vichy : sans attendre l'ouverture de leur procès, Pétain ordonne la détention en enceinte fortifiée de Blum, Daladier et du général Gamelin au fort du Portalet.

17. Washington : les navires de commerce américains dans les eaux asiatiques reçoivent l'ordre de faire escale dans un port ami.

18. URSS : la 4e Panzer division du général Hoepner s'empare de Mojaïsk, à l'ouest de Moscou, position clé dans la défense de la capitale. Au sud, la zone conquise à l'ouest du Dniestr est incorporée à la Roumanie (→ 19).

Un espion russe arrêté à Tokyo

Tokyo, 18 octobre
Richard Sorge, un des meilleurs espions de l'histoire, vient de se faire arrêter. Né de père allemand et de mère russe, il a été élevé en Allemagne où il adhéra au parti communiste. En 1928, il devient agent soviétique et exécute alors des missions en Amérique, en Chine et au Japon. La profession de journaliste lui sert de couverture. Puis Staline l'autorise à revenir en Allemagne et à s'enrôler dans le parti nazi. Il retourne à Tokyo comme correspondant d'un journal de Francfort. Le visage taillé à la serpe, ce grand buveur aime aussi les femmes. Il gagne la confiance de l'ambassadeur allemand. Il crée même un réseau d'agents japonais haut placés. Très vite, il envoie à Moscou des informations d'ordre économique, politique et militaire. Un de ses plus grands succès fut d'avertir Staline que Hitler se préparait à attaquer la Russie, allant même jusqu'à lui indiquer la date de l'invasion, mais Staline ne l'écouta pas. Le meilleur service qu'il a rendu aux Soviétiques, et aussi le dernier, fut de confirmer au Kremlin, il y a trois jours, que les Japonais n'avaient pas l'intention d'attaquer la Russie. Staline pourra donc faire revenir plusieurs divisions de Sibérie afin de les envoyer défendre Moscou.

Incident au large de l'Islande

Reykjavik, 17 octobre
Le destroyer américain *Kearny* a été touché par une torpille près des côtes islandaises à 2 h ce matin. Il faisait partie des cinq bâtiments qui venaient à la rescousse du convoi SC-48. Ce dernier, après avoir perdu la moitié de son escorte canadienne dans la tempête, était la proie d'une meute de sous-marins. Malgré ces renforts, les U-Boote ont coulé six autres cargos la nuit dernière. Illuminé par les incendies, le *Kearny* a été touché de plein fouet sur tribord par une torpille de l'*U-568* après avoir tenté de grenader le sous-marin. Onze hommes ont péri. Les machines sont toujours en état et le *Kearny* a signalé qu'il tentait de rejoindre sa base. ▷

L'avance nazie panique les Russes

Les Panzer sont à 80 km de Moscou

Ils s'installent dans le métro. Que leur réservent les prochaines heures ?

Moscou, 16 octobre
Les troupes allemandes avancent dangereusement vers la capitale. Leurs chars ne sont plus qu'à 80 km de la ville. Au nord-ouest, Kalinine est tombé. En face de la capitale, les défenses de Mojaïsk subissent une attaque sévère et devraient bientôt être abandonnées. Sur le champ de bataille historique de Borodino, la 32e division d'infanterie soviétique a résisté cinq jours. Au sud-ouest, Kalouga est déjà aux mains des nazis. A Toula, au sud, les bataillons d'ouvriers font face à une forte offensive. Prise dans la poche de Briansk, la 50e armée a été anéantie. Seul point positif pour les Russes : près de Mtsensk, la 5e brigade de chars, dotée de T-34, a porté un sérieux coup aux blindés du général allemand Guderian.
Molotov vient d'annoncer l'évacuation des ambassades étrangères sur Kuybichev. On brûle les documents secrets, et les papiers carbonisés jonchent les rues. Les membres du parti déchirent leurs cartes. Un vent de panique souffle sur la ville. On murmure que les chars allemands sont déjà dans la banlieue.
Il ne reste plus de moyens de transport : les bus et les taxis ont été réquisitionnés pour emmener les troupes au front. Effrayés par ce qui les attend quand les nazis seront là, des fonctionnaires et des policiers ont préféré prendre la fuite, abandonnant la ville aux pillards. Le général Gueorgui Joukov s'emploie activement à organiser les lignes de défense. Il détermine les emplacements des batteries de canons et des défenses antichars pour tendre des embuscades aux Panzer. Des renforts arrivent en urgence. Près d'un demi-million de Moscovites ont été mobilisés pour creuser des tranchées et élever des barricades. Des bataillons formés d'ouvriers, armés par les usines de la capitale, rejoignent le front. Au milieu de toute cette agitation, l'*Associated Press* a demandé à son correspondant en Union soviétique un article sur le mausolée de Lénine. Avant de fuir, le journaliste a envoyé ce message laconique : « Mausolée fermé. »

Le général Tojo devient Premier ministre du Japon

Tokyo, 18 octobre
Le Japon sort de l'impasse politique. Après la démission du cabinet Konoe, le général Tojo, 57 ans, surnommé le Rasoir, a été nommé Premier ministre. Il a repoussé au 25 novembre l'échéance diplomatique pour éviter l'entrée en guerre avec les Etats-Unis et annule ainsi la décision prise au cours de la dernière conférence impériale où il avait été convenu que le Japon se prononcerait avant le 15 octobre sur ce sujet. C'est précisément ce qui a divisé le cabinet Konoe et précipité sa démission. Avant d'accepter sa nomination par l'empereur Hirohito, le général Tojo voulait carte blanche pour régler la question. Cette nomination est pour le moins soudaine, car, jusqu'à la nuit dernière, le prince Higashikuni était favori. Mais le marquis Kido, conseiller personnel de l'empereur, a fait valoir aux sept ex Premiers qui pèsent sur la décision de l'empereur que Tojo était le seul capable de contrôler les partisans de la guerre au sein de l'armée. Un grand nombre de Japonais les rendent d'ailleurs responsables de la dernière crise gouvernementale. Tojo conservera son portefeuille de ministre de la Guerre. C'est la première fois au Japon qu'un général en service actif est nommé chef de gouvernement. (→ 1.11)

Tojo, l'homme fort du Japon.

Allemands et Roumains prennent Odessa dont il ne reste rien

Odessa, 16 octobre
Roumains et Allemands sont entrés dans le port de la mer Noire qu'ils assiègent depuis trois mois. Ils ne découvrent qu'une ville déserte et en proie aux flammes.
Pendant la nuit, les défenseurs se sont enfuis vers Sébastopol : trente-cinq mille hommes ont été discrètement évacués sur trente bateaux. Quant à l'arrière-garde, elle a pris le large ce matin à 4 h. Le capitaine Makarenko, commandant du port, fut le dernier à partir.
La plus grande partie de la garnison, ainsi que les fonctionnaires du parti et plusieurs milliers de prisonniers avaient déjà été évacués quelques jours plus tôt. Tout le matériel laissé sur place a été brûlé, et les canons de la 95e division d'infanterie ont été jetés à l'eau.
La version officielle des Roumains, publiée au pays, est assez remarquable. Elle interprète un peu la vérité puisqu'elle dit : « Les troupes de notre 4e armée sont entrées cet après-midi dans Odessa. Les dernières poches de résistance ont été écrasées dans des combats de rue acharnés, et la population nous a accueillis avec enthousiasme. »
En réalité, le dictateur roumain Ion Antonescu est furieux. La fuite des Russes l'a vexé au point qu'il a relevé de son commandement le général Ciuperda. Les Soviétiques estiment que les combats des 69 jours de siège ont coûté la vie à 250 000 soldats roumains pour capturer, en fait, une ville entièrement brûlée, aux installations portuaires détruites. L'Armée rouge est partie. Ses hommes vont renforcer les défenses de Sébastopol. La forteresse est en effet menacée par la 11e armée du général Manstein qui progresse en Crimée. (→ 22)

La barbarie des SS n'a pas de limite

Varsovie, 15 octobre
Dans le ghetto de Varsovie, le traitement imposé aux Juifs par les nazis dépasse tout ce qu'on peut imaginer. Hans Frank, le gouverneur de Pologne, accélère le régime de répression. Sa cruauté coûte chaque jour la vie à des centaines de personnes. Le stade de la famine est dépassé depuis longtemps. Il disait d'ailleurs à son entourage la semaine dernière : « Quant aux Juifs, pour parler franchement, il faut tous les supprimer, d'une façon ou d'une autre. » Pendant que ses troupes avancent en URSS, les pays d'Europe de l'Est découvrent le traitement que Hitler réserve aux « sous-hommes » que sont pour lui les Gitans, les communistes, les homosexuels et surtout les Juifs. Heydrich et Himmler les décrivent comme de la vermine ou des poux, des créatures dégénérées dont le Reich doit se débarrasser. Maintenant, les Einsatzgruppen organisent des massacres quotidiens, et certains officiers de la Wehrmacht sont choqués par leur brutalité. Le major Rosler, commandant de la garnison allemande à Jitomir, en URSS, a même osé écrire à Berlin pour demander en quoi des SS qui remplissent une fosse de cadavres juifs contribuent à l'effort de guerre du Reich. Cette semaine, en effet, les polices allemande et ukrainienne avaient organisé à Stanislawow une mise en scène abominable. Après avoir rassemblé tous les Juifs de la ville, environ huit mille personnes, ils les ont poussés à coups de pied jusqu'au cimetière juif. Là, au bord d'une fosse commune, les victimes ont dû déposer leurs objets de valeur et se déshabiller. Les mitrailleuses SS les ont abattus dans le dos. Sous l'impact des balles, ils étaient projetés dans la fosse.

Il va être abattu comme un animal. Son seul crime est d'être né juif.

Serment à Hitler des soldats de la LVF

Paris, 12 octobre
« Devant Dieu, je prête le serment sacré d'observer dans la lutte contre le bolchevisme une obéissance absolue au commandant en chef des armées allemandes Adolf Hitler et d'être prêt, en vaillant soldat, à donner à tout moment ma vie pour ce serment. » Bras tendu, les premiers membres de la Légion des volontaires français à partir pour le front de l'Est ont juré fidélité au Führer. Puis la fanfare a attaqué *Sambre et Meuse*. Les volontaires avaient diversement apprécié l'obligation de revêtir l'uniforme allemand. Maintenant, ils se demandent si les Français comprendront leur geste, bien souvent dicté par la peur du communisme, peur considérée par les nazis comme le meilleur ciment de la collaboration.

Une affiche guerrière pour inciter à combattre l'ennemi communiste et à obéir aveuglément au Führer.

1941

Octobre

Di	Lu	Ma	Me	Je	Ve	Sa
			1	2	3	4
5	6	7	8	9	10	11
12	13	14	15	16	17	18
19	20	21	22	23	24	25
26	27	28	29	30	31	

19. URSS : la 11ᵉ armée allemande prend Taganrog sur la mer d'Azov, au sud (→ 27).

19. Moscou : arrivée de troupes de Sibérie et d'Extrême-Orient.

19. Atlantique : un U-Boot coule le cargo américain *Lehigh* au large de l'Afrique.

20. URSS : le gouvernement quitte Moscou pour Kuybichev, sur la Volga.→

21. Yougoslavie : à Kragujevac, les Allemands et des miliciens locaux massacrent 2 300 Serbes en représailles à des attaques de partisans (→ 26).

21. Italie : la RAF lance sur Naples des bombes incendiaires et explosives.

22. URSS : des partisans font sauter le QG roumain à Odessa, tuant le général Glogojanu et tout son état-major. Dans la nuit, l'armée roumaine pend ou fusille 5 000 Juifs dans la ville.

23. Londres : à la BBC, le général de Gaulle demande aux résistants de ne « pas tuer ouvertement d'Allemands ». Il veut éviter les représailles.→

23. URSS : le commandement soviétique est réorganisé. Le général Joukov est nommé à la tête du front nord, le maréchal Timochenko sur le front sud.

24. Berlin : Adolf Eichmann approuve un système de gazage des Juifs par les fumées d'échappement de camions spécialement adaptés (→ 27).

24. Paris : grand meeting des partis collaborationnistes à la salle Wagram. 8 000 personnes acclament Jacques Doriot, parti pour le front de l'Est.

24. Londres : le CNF du général de Gaulle est reconnu par les gouvernements polonais et tchécoslovaque en exil.

25. Grande-Bretagne : le cuirassé *HMS Prince of Wales* part pour Singapour. C'est le navire amiral de la nouvelle flotte britannique en Extrême-Orient (→ 2.12).

25. Damas : création des lignes aériennes militaires de la France libre. Elles relient Londres à Fort-Lamy, Damas, Le Caire, Beyrouth, Aden et Brazzaville.

La France s'indigne devant la politique des otages

Châteaubriant, 23 octobre
Quatre-vingt-dix-huit Français – vingt-sept à Châteaubriant, vingt et un à la prison de Nantes hier, et cinquante cet après-midi au camp de Souges, près de Bordeaux – ont été tués en représailles au meurtre de deux officiers allemands. Le gouvernement de Vichy est si désemparé que le maréchal Pétain a songé un instant à se proposer comme otage pour sauver la vie de ces victimes. A Londres, le général de Gaulle a aussi réagi en demandant aux Français d'attendre et de ne pas tuer ouvertement d'Allemands. Le dimanche 19, Jacques d'Andurain et Maurice Le Berre font dérailler un train sur la ligne Rouen-Le Havre. Le lendemain matin, à 8 h, Gilbert Brustlein et Guisco Spartaco abattent le lieutenant-colonel Karl Hotz, commandant de la place de Nantes. Le 21, Pierre Ribière abat le conseiller militaire Reimers, place Peyberland, à Bordeaux. La riposte des Allemands est terrible : ils exécutent des otages. Si le ministre de l'Intérieur Pierre Pucheu sauve d'anciens combattants désignés par les Allemands, en revanche il ne bronche pas devant les listes de communistes et de militants d'extrême gauche. A Châteaubriant, les fusillés sont en majorité des militants communistes. Parmi eux le jeune résistant Guy Môquet, âgé de dix-sept ans, fils de député.

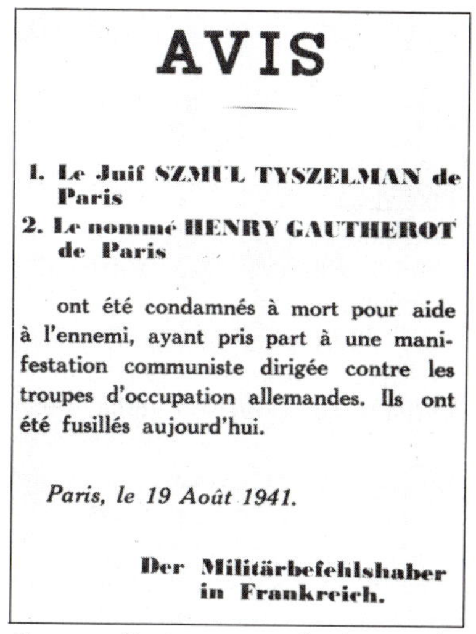

AVIS

1. Le Juif SZMUL TYSZELMAN de Paris
2. Le nommé HENRY GAUTHEROT de Paris

ont été condamnés à mort pour aide à l'ennemi, ayant pris part à une manifestation communiste dirigée contre les troupes d'occupation allemandes. Ils ont été fusillés aujourd'hui.

Paris, le 19 Août 1941.

Der Militärbefehlshaber in Frankreich.

Ce type d'avis va se multiplier sur les murs de France.

Les Allemands font la course contre l'hiver russe

Les Allemands entrent dans Kharkov par un pont très endommagé.

Staline déclare l'état de siège à Moscou

Moscou, 20 octobre
Bravant la menace des chars allemands, Staline vient de déclarer l'état de siège dans la capitale. Il n'hésite pas à user de méthodes rapides et radicales pour enrayer la panique grandissante et renforcer la détermination de l'Armée rouge. Son décret appelle tous les travailleurs à « garder leur sang-froid et à fournir à l'Armée rouge, qui défend Moscou, le meilleur soutien possible ». Il ajoute que tous les ennemis de l'ordre public seront immédiatement traduits en cour martiale. Les provocateurs, espions et autres ennemis fomentant des révoltes seront abattus sur-le-champ. Il a demandé à des personnalités soviétiques de soutenir son appel aux armes. L'écrivain Alekseï Tolstoï, parent du grand romancier, a adressé à l'Armée rouge ce message poignant : « Serrez les dents ! Tranchez la gorge de l'ennemi ! Ne reculez jamais ! Ecrasez les hordes allemandes sous une pluie de bombes et les feux de l'artillerie, avec l'acier de vos baïonnettes et la rage de vaincre ! » (→ 24)

Les Soviétiques doivent lâcher Kharkov

Moscou, 24 octobre
Après plusieurs jours de combats aux portes de la ville, Kharkov est tombé devant les 6e et 17e armées allemandes. La grande cité industrielle du bassin du Donets est défigurée par les bombes et les tirs d'artillerie. Cédant du terrain tout en infligeant de lourdes pertes au Allemands, les Russes se sont du rement battus. Finalement, c'es Staline qui a ordonné au marc chal Timochenko d'abandonner l ville pour éviter que les Allemand n'encerclent ses défenseurs et n leur infligent une nouvelle défait L'Armée rouge s'est repliée cet fois en bon ordre. Elle continue s lente retraite. Les Russes se batter pour chaque morceau de terrai contre un ennemi qui souffre d conditions climatiques qui emp rent de jour en jour.

Cependant, il faut reconnaître qu l'avance allemande dans le bass du Donets prive l'Union soviétiq d'une grande partie de son charbo de sa fonte et de son blé, indispe sables à la population et à la fab cation des chars. (→ 28)

Hitler a besoin du pétrole soviétique

Moscou, 21 octobre
A l'heure actuelle, la machine de guerre allemande n'a accès qu'à trois pour cent de la production mondiale de pétrole. Cette quantité, qui représente un peu plus de ce dont elle disposait avant la guerre, reste toutefois insuffisante pour couvrir ses besoins. Ce problème serait résolu si les Allemands s'emparaient des gisements de pétrole de Bakou, dans le Caucase. Cela quadruplerait leurs ressources. L'hiver va ralentir les opérations, et les besoins en pétrole vont se réduire. Mais la conquête du Caucase sera reportée au printemps.

1941

Octobre

Di	Lu	Ma	Me	Je	Ve	Sa
			1	2	3	4
5	6	7	8	9	10	11
12	13	14	15	16	17	18
19	20	21	22	23	24	25
26	27	28	29	30	31	

26. Libye : fin de l'opération de relève des troupes australiennes à Tobrouk, par la 70e division d'infanterie britannique. Le mouilleur de mines *HMS Latona* a été coulé par les attaques en piqué des Stuka (→ 14.11).

27. Allemagne : la RAF a attaqué Hambourg dans la nuit avec 115 bombardiers.

27. Pologne : en territoires occupés par les Allemands, 290 Juifs d'une maison de retraite sont gazés à Kalisz. Un nouveau camion équipé pour les asphyxier avec les gaz d'échappement est essayé.

27. URSS : au sud, les troupes allemandes atteignent le port de Sébastopol, dernière ville tenue par les Soviétiques en Crimée. En Ukraine, les Allemands s'emparent de Kramatorsk (→ 1.11).

27. Atlantique : le destroyer *HMS Cossack* est coulé par un U-Boot.

28. France : les Allemands suspendent les exécutions d'otages pour les attentats de Nantes et de Bordeaux.

28. URSS : Guderian lance une nouvelle attaque sur Moscou. Ses Panzer ne progressent pas, immobilisés par la boue et harcelés par les Soviétiques.

30. Norvège : des bombardiers Hudson de la RAF attaquent la base navale allemande dans le port d'Aalesund.

30. Washington : Roosevelt accorde à l'URSS un prêt sans intérêts de 1 milliard de dollars, dans le cadre de la loi prêt-bail (→ 11.11).

30. URSS : les Allemands arrêtent l'offensive terrestre sur Moscou. Ils attendent que le gel durcisse le sol.

31. Estonie : Erich von dem Bach-Zalewski, commandant SS, informe Berlin qu'il n'y a plus de Juifs dans le pays.

31. Moscou : en un seul jour, la Luftwaffe effectue 45 bombardements sur la ville (→ 7.11).

31. Atlantique : le destroyer américain *Reuben James* est coulé par l'U-Boot *U-552* au large de l'Islande. 115 hommes d'équipage périssent.→

Un destroyer américain a été torpillé

Reykjavik, 31 octobre
Le soleil se couchait sur l'horizon, à l'ouest de l'Islande, quand le commandant de l'*U-552* décida de faire feu sur le destroyer d'escorte américain *Reuben James*. Une torpille le frappa dans le compartiment central; l'explosion coupa le destroyer en deux. La partie avant coula immédiatement, alors que l'arrière put encore flotter quelques minutes. Au moment où il disparut, une partie de ses grenades anti-sous-marines explosèrent, tuant un grand nombre de marins déjà dans l'eau. Le *Reuben James*, qui escortait le convoi HX-156, est le premier bâtiment de l'US Navy à être coulé par les Allemands. Sur les 160 hommes d'équipage, on dénombre 115 victimes. L'émotion est grande aux Etats-Unis. Pour l'instant, Washington maintient ses relations diplomatiques avec Berlin.

Les Britanniques soignent leurs recrues

Grande-Bretagne, 31 octobre
Les Britanniques ont tiré une leçon de la dernière guerre : le corned-beef et le ragoût de mouton ne remontent pas le moral des troupes et ne les rassasient pas.
On vient donc de créer le corps d'intendance de l'armée. Pour chaque corps d'armée, des chefs ont suivi un programme de formation sophistiqué. Des cuisiniers d'hôtels et de restaurants ont été mis à contribution. Après avoir analysé les besoins des militaires sous des climats aussi différents que ceux de Libye et d'Islande, ils ont établi 89 tableaux de rationnement.
Les civils ne doivent pas craindre de n'avoir droit qu'aux restes de la table. Le ministre de l'Alimentation a déclaré qu'il prenait également leurs besoins au sérieux.

Ces nouvelles recrues anglaises découvrent les secrets de la cuisine militaire.

Louis Mountbatten donne un grain de prestige à la Navy

Lord et lady Louis Mountbatten.

Londres, 27 octobre
A quarante et un ans, lord Mountbatten, toujours aussi élégant et dynamique, vient d'être nommé chef des opérations combinées. Il est chargé de donner un nouveau souffle aux attaques éclair menées contre les positions allemandes sur le continent. Lord Louis est apparenté à la plupart des familles royales d'Europe. Sa réputation d'officier courageux a grandi quand il a réussi à ramener à bon port son destroyer, le *HMS Kelly*, torpillé en mer du Nord et attaqué par des raids incessants. Pendant la Grande Guerre, son père, le prince Louis de Battenberg, victime de l'hystérie antigermanique, avait dû démissionner de ses fonctions de premier lord de la mer. Son fils, qui a la ferme intention d'effacer cet affront, espère accéder aux mêmes fonctions que son père.

En Yougoslavie, les nazis cherchent une ombre nommée Tito

Belgrade, 26 octobre
Les Allemands fouillent toutes les ruines de la capitale. Ils sillonnent les montagnes. Ils font venir renfort sur renfort pour trouver cet homme sans patronyme, dont le nombre de partisans croît au fil des jours.
Josip Broz, ex-sergent de l'armée austro-hongroise, est devenu un fervent communiste pendant son emprisonnement chez les Soviétiques. Ses convictions lui ont valu de passer d'autres années en prison, en Yougoslavie cette fois.
Maintenant, il commande ses bandes de partisans à partir d'une luxueuse villa, pourvue d'une sortie secrète dissimulée derrière un lavabo. Il a utilisé plus de vingt pseudonymes avant de retenir celui de «Tito». Jusqu'à présent, pour lutter contre les Allemands, les partisans de Tito ont maintenu une alliance prudente avec les combattants tchetniks, que dirige le colonel d'armée Draza Mihailovic. Les deux leaders viennent de se rencontrer au moment où les nazis exécutent cent otages pour chaque soldat allemand tué. Tito souhaite partager le commandement, mais Mihailovic y est opposé. (→ 9.11)

La propagande britannique porte Staline aux nues

Londres, 31 octobre

Alors que l'opinion publique adhère à la cause alliée, la venue des Soviétiques parmi les puissances en guerre a provoqué des remous. La réalité de l'alliance anglo-soviétique n'a pas immédiatement convaincu les Britanniques, comme en témoigne l'affaire de *l'Internationale.*

Tous les dimanches, avant les informations de 9 h, la BBC diffusait les hymnes nationaux des pays alliés. Or, le 13 juillet, au lendemain de la signature de l'accord avec l'Union soviétique, on a entendu sur les ondes une marche russe, mais pas *l'Internationale*, qui est l'hymne national d'URSS. L'ambassadeur soviétique s'est aussitôt plaint. La BBC s'en est tirée par une pirouette : elle a supprimé tous les hymnes avant le journal de 9 h, en déclarant que, vu leur nombre, le temps imparti ne permettait plus de leur rendre justice. En fait, le ministère de l'Information est confronté à un délicat problème : depuis que Staline est devenu un allié, quel langage faut-il tenir au public sur le communisme ?

Churchill a nommé le journaliste Brendan Bracken à la tête du ministère juste après l'invasion de l'Union soviétique. Bracken s'est rapidement aperçu que les fonctionnaires redoutaient une montée en puissance des communistes. Il a donc décidé de porter Staline et son armée aux nues, sans jamais faire allusion au communisme. Toute tentative d'exploitation politique de l'admiration vouée à l'URSS, de la part des communistes britanniques, serait devancée et désamorcée par la mise en place d'une campagne « chars pour la Russie ». Lors de la création de cette campagne, le ministère fut tourné en dérision pour son penchant à l'exhortation : « *Votre* courage, *votre* enthousiasme, *votre* résolution, nous mèneront à la victoire. » Les responsables politiques ont beaucoup tardé à prendre conscience que la population n'avait pas tant besoin de cri de ralliement que d'informations véritables pour empêcher certaines rumeurs de circuler.

Une belle illustration de la propagande allemande. Le Reich, étendu à ses nouvelles frontières, connaît la prospérité. Staline est l'ennemi.

C'est la crosse du fusil soviétique qui écrase l'araignée nazie.

Il est l'homme de confiance qui donnera la victoire aux Alliés.

Ils défilent vers la mort ou l'esclavage

Kovno, Lituanie, 28 octobre

A l'aube, les nazis ont rassemblé sur la place principale de la ville tous les Juifs du ghetto, soit vingt-sept mille personnes environ. Le commandant SS Rauca domine le spectacle, son chien à ses pieds. Les Juifs défilent devant lui un par un. Tout en mangeant des sandwichs et en buvant du café, il désigne du doigt une direction à chacun : à gauche, les plus jeunes et les plus robustes, à droite, les enfants, les vieux et les malades. Pour les uns, c'est la vie, mais aussi l'esclavage ; pour les autres, ce sera la mort. Plus de 10 000 Juifs vont ainsi périr sur un simple claquement de doigts.

Paris sous toutes ses coutures

Paris, octobre

Envers et contre tout, Paris rester la capitale de la mode. Comble d l'élégance, les restrictions semblen servir de prétexte à une nouvell mode, plus fonctionnelle, mais qu mise toujours sur le charme. Lucil Manguin propose une jupe court sur laquelle on adaptera, le soir, u volant. Paquin crée des jupes étu diées pour monter à bicyclette. L jupe-culotte, si pratique, triomphe Elle se porte avec un chemisier trè masculin et des souliers plats. Le Françaises apprécieront-elles ?

Les exécutions sont arrêtées en France

France, 31 octobre

L'indignation soulevée par la mo des otages de Châteaubriant, Nantes et de Souges a amené il y trois jours le commandement al mand en France à suspendre pro soirement les exécutions d'otage A Châteaubriant même, malgré l risques encourus, plusieurs millie de personnes sont venues se recue lir dans la carrière où eurent lieu l fusillades. Aujourd'hui, la consig du général de Gaulle d'observ cinq minutes de silence à la m moire des fusillés a été respectée p de nombreux Français, que ce tuerie odieuse a écœurés.

1941

Novembre

Di	Lu	Ma	Me	Je	Ve	Sa
						1
2	3	4	5	6	7	8
9	10	11	12	13	14	15
16	17	18	19	20	21	22
23	24	25	26	27	28	29
30						

1er. Tokyo : l'ambassadeur des Etats-Unis, J. Grew, prévient Roosevelt de l'imminence d'une attaque japonaise.

1er. URSS : les Allemands lancent une grande offensive au sud vers Rostov-sur-le-Don et le Caucase. En Crimée, ils nettoient les dernières poches de résistance de Simferopol.

2. Yougoslavie : à Uzice se battent des bandes rivales de partisans : les tchetniks de Draza Mihailovic et les combattants de Tito (→ 9).

3. France : l'un des chefs du réseau Interallié, Raoul Kiffer, est arrêté par l'Abwehr, qui réussit à le « retourner » (→ 18.11).

3. URSS : les Allemands s'emparent de Koursk.

4. Afrique du Sud : cinq cargos du gouvernement de Vichy, qui transportaient de l'étain et du caoutchouc d'Indochine vers l'Allemagne, sont interceptés au large du Cap. Ils ont tenté de se saborder.

4. Grenoble : les mouvements de résistance de François de Menthon (Liberté) et de Henri Frenay (MLN) fusionnent sous le nom de Combat.→

5. Tokyo : le gouvernement japonais envoie Saburo Kurusu à Washington pour y régler la question du rôle du Japon en Asie du Sud-Est.→

6. Atlantique : le croiseur *Omaha* et le destroyer *Somers* de l'US Navy capturent le corsaire allemand *Odenwald*, camouflé en cargo américain.

6. Vichy : Pétain envoie un message d'encouragement à la LVF, sur le front de l'Est.

7. URSS : les Allemands abattent 12 000 Juifs à Minsk.

8. Atlantique : des avions Martlet du *HMS Audacity* descendent deux Focke-Wulf FW 200, durant l'attaque du convoi ON-76.

8. URSS : les Allemands occupent Tikhvin, à 180 km à l'est de Leningrad (→ 14).

8. Allemagne : discours de Hitler à Munich : « Le destin de l'Europe est en train de se décider pour mille ans. »

Plan d'attaque à Tokyo

Tokyo, 5 novembre

Le haut commandement japonais a donné l'ordre à la marine impériale de se préparer à attaquer par surprise la flotte américaine à Pearl Harbor. Il y a un an, il avait envisagé de lancer simultanément une offensive sur la Malaisie et les Philippines pour s'emparer des gisements de pétrole des Indes néerlandaises. Certains généraux hésitaient à envahir un territoire américain, ce qui entraînerait l'entrée en guerre des Etats-Unis. Toutefois, il leur a semblé essentiel de frapper les premiers pour désemparer les défenses américaines.

L'idée d'attaquer Pearl Harbor n'est pas nouvelle. Il a fallu cependant la détermination du commandant en chef, l'amiral Yamamoto, pour la faire adopter. Après avoir étudié l'anglais à Harvard, il a été attaché naval à Washington. Il connaît bien le potentiel militaire des Etats-Unis. Selon lui, seul un raid surprise aérien garantira le succès. Avant l'offensive, le Japon tentera une ultime négociation sur son rôle en Extrême-Orient. Si elle échoue, les deux pays seront en guerre avant Noël. (→ 10)

L'amiral Isoroku Yamamoto.

La France s'apprête à un rude hiver

France, novembre

Le troisième hiver de la guerre s'annonce déjà difficile. Instruits par l'expérience, les Français se préparent donc à lutter contre le froid. Les soirées à la maison sont occupées par de longs travaux d'aiguille. Les femmes détricotent les pulls usagés et retournent les vêtements élimés pour en faire de nouveaux. Comme on ne trouve plus ni bas ni chaussettes, elles s'emploient aussi à renforcer ceux de l'année dernière. Le moindre brin de laine, le plus petit morceau de tissu est soigneusement récupéré pour confectionner des couvertures, des gants, des pantoufles, des genouillères. On fouille dans les greniers pour retrouver le vieux complet de grand-père, qui vivra une seconde vie comme manteau d'enfant ou comme veste d'intérieur. C'est dans les maisons qu'il est le plus difficile de se protéger du froid. Comme l'hiver dernier, on colle déjà du papier Cellophane sur les fenêtres et on fait provision des combustibles les plus divers, car le charbon menace de manquer cruellement. Le papier journal, qui servira à doubler les vêtements et à fabriquer des boulettes pour faire le feu, est particulièrement recherché. On ramène du foin de la campagne : il suffira d'en remplir de petites caisses dans lesquelles on glissera les pieds pour obtenir des chaufferettes économiques et efficaces.

Le mouvement Combat fondé à Grenoble

Grenoble, 4 novembre

Pour la première fois, deux mouvements de résistance de la zone sud ont décidé la fusion de leurs organisations. Il s'agit du mouvement Liberté, dirigé par un professeur de la faculté de droit de Lyon, François de Menthon, et du Mouvement de libération nationale, de Henri Frenay. Au comité directeur, qui a été formé aujourd'hui, siégeront deux représentants de chacun des anciens mouvements : Claude Bourdet et Chevance-Bertin pour le MLN ; Pierre Henri-Teitgen et Alfred Coste-Floret pour Liberté. Le journal du nouveau groupe prendra le titre de *Combat*.

Ces Américaines exigent la paix

Detroit, 5 novembre

Hier soir, lord Halifax, ambassadeur de Sa Gracieuse Majesté, a été bombardé d'œufs et de tomates par des manifestantes, alors qu'il achevait une visite dans les différentes usines d'armement de la ville. Un œuf a si bien atteint sa cible que, une heure plus tard, le diplomate était soigné à l'hôpital Henry Ford pour une ecchymose à l'œil.

Ces femmes protestaient contre l'éventuelle entrée en guerre des Etats-Unis. Les *Mères américaines* et les *Mères des Etats-Unis* se rejettent mutuellement la responsabilité de cet incident.

Ce Hawker Hurricane, ou « Hurricat », est lancé par une catapulte expérimentale avant d'être monté sur des navires marchands.

A Moscou, le défilé traditionnel passe devant le mausolée de Lénine. Cette fois, cependant, les hommes iront directement du défilé au combat.

L'ouverture d'un second front soulagerait Staline

Moscou, 7 novembre
Hier, au cours d'un grand discours célébrant l'anniversaire de la révolution d'Octobre, Staline a lancé un appel à l'Ouest pour ouvrir en Europe un « deuxième front » contre les nazis. Lors de la réunion à Moscou du parti des ouvriers, il a déclaré : « Il est certain que l'absence d'un second front facilite la tâche de l'ennemi. Mais nous espérons que celui-ci sera établi prochainement, ce qui soulagera la pression contre l'armée soviétique. »
Les raids incessants des avions de la Luftwaffe ont obligé les délégués à se réunir dans le hall de marbre de la station de métro Maïakovski. Staline y a été accueilli par des applaudissements. Il a été ovationné quand il a déclaré que les Allemands, qui ont reçu l'ordre de tuer tout ce qui est russe, « allaient avoir leur guerre d'extermination et seraient anéantis sans pitié ». Un tel discours est courageux quand on sait que les Allemands sont aux portes de la ville. Staline reste confiant. « Notre armée se doit de gagner, et elle gagnera. L'armée allemande doit être vaincue, et elle le sera dans un avenir très proche. » Selon lui, la défaite de Hitler est inéluctable pour trois raisons : « La première est l'instabilité de l'impérialisme allemand et du nouvel ordre hitlérien. On nous affirme que Hitler agit en tous points comme Napoléon. Or, je peux vous dire que Hitler ressemble autant à Napoléon qu'un chaton à un lion. Deuxièmement, Napoléon se battait pour des forces libérales contre des forces réactionnaires. Hitler mène un combat réactionnaire et il sera vaincu par des forces progressistes. Troisièmement, qui peut encore douter que l'Angleterre et les Etats-Unis nous apporteront leur soutie pour battre Hitler ? La guerre mo derne est dirigée par des machine Elle sera remportée par ceux q bénéficient d'une supériorité écr sante en matière de production c matériel. C'est une des raisons fo damentales qui perdra l'impéri lisme nazi. » Ce matin, au cours c traditionnel défilé militaire deva le mausolée de Lénine, sur la pla Rouge, Staline a exhorté l'armée défendre la « sainte Russie ». D là, les soldats en tenue de comb ont rejoint le front pour défend la capitale. (→ 12)

La RAF essuie de lourdes pertes

Allemagne, 8 novembre
La RAF révise radicalement sa stratégie après les pertes qu'elle vient de subir dans ses missions de bombardement. Sur les 380 appareils qui ont attaqué Berlin, Cologne, Mannheim et la Ruhr, 34 ne sont pas rentrés. La RAF a baptisé la technique de défense aérienne allemande *Kammhuber line*. En fait, la Luftwaffe a quadrillé la carte du ciel sur les itinéraires utilisés par les bombardiers. Un chasseur de nuit patrouille dans chaque zone, où il attend, prêt à l'attaque.

Un prêtre priait à Berlin pour les Juifs

Berlin, 8 novembre
On apprend de source sûre que la Gestapo a arrêté Bernhard Lichtenberg, doyen de la cathédrale Sainte-Hedwige. Connu pour son opposition au nazisme, il terminait tous ses offices en priant pour les Juifs et les prisonniers rassemblés dans les camps de concentration.
Cet été, il a prononcé une série de sermons dans lesquels il critiquait la politique nazie et notamment les méthodes de la Gestapo. La police lui avait fait subir un interrogatoire à la suite duquel il avait été relâché. Cet incident ne l'a pas empêché de continuer à défier Hitler au sein de l'Eglise, et même en dehors de celle-ci. Avec l'évêque de Munster, il n'a pas cessé de prononcer de très virulents sermons contre le régime nazi. Dernièrement, il a écrit au médecin en chef du Reich, Leonardo Conti, pour protester contre la campagne d'« euthanasie » lancée par les autorités dans le dessein de tuer les malades mentaux ou les incurables. « En tant qu'être humain, chrétien, prêtre et Allemand, écrit-il, j'exige que vous répondiez des crimes qui ont été perpétrés avec votre consentement, et qui attireront la vengeance de Dieu sur le peuple allemand. »

1941

Novembre

Di	Lu	Ma	Me	Je	Ve	Sa
						1
2	3	4	5	6	7	8
9	10	11	12	13	14	15
16	17	18	19	20	21	22
23	24	25	26	27	28	29
30						

9. Roumanie : le maréchal Antonescu, dictateur roumain, organise un plébiscite sur sa politique : 3 640 000 voix pour, 70 voix contre.

9. Méditerranée : les croiseurs *HMS Aurora* et *Penelope*, avec les destroyers *HMS Lance* et *Lively*, détruisent un convoi entier de ravitaillement italo-allemand pour la Libye. Neuf cargos sont coulés.

9. Yougoslavie : les partisans de Mihailovic maintiennent leur attaque contre le groupe communiste de Tito. Ils affaiblissent la résistance organisée contre les nazis.

11. Washington : l'aide de la loi prêt-bail est étendue aux FFL du général de Gaulle.

11. Ethiopie : les troupes alliées attaquent Chilga et Koulkaber pour éliminer les forces italiennes du pays (→21).

12. URSS : le général Franz Halder, chef d'état-major de Hitler, tient une conférence à Orsha. Il prépare les plans de l'offensive finale sur Moscou.

12. Chine : le gouvernement nationaliste demande aux Britanniques de fournir une couverture aérienne sur la route de Birmanie.

12. Méditerranée : les porte-avions *HMS Ark Royal* et *Argus* livrent 34 chasseurs Hurricane à Malte (opération *Perpetual*).

13. URSS : la température sur le front de l'Est est tombée à moins 20 degrés.

14. URSS : Leningrad est ravitaillé par avion, pour la première fois (→20).

14. Libye : des commandos britanniques sont débarqués par les sous-marins *HMS Torbay* et *Talisman* près d'Apollonia. Ils ont pour mission d'attaquer le quartier général de Rommel (→18).

15. URSS : sur les 1 150 chars de la 2e armée de Panzer, 150 sont opérationnels. Le froid extrême provoque des pannes mécaniques, et le soutien logistique s'est effondré.

15. France : Otto Abetz exige le renvoi de Weygand, délégué général du gouvernement de Vichy en Afrique (→18).

Le Congrès s'éloigne des isolationnistes

Washington, 10 novembre

La Chambre des représentants a voté, par 212 voix contre 194, la révision de la loi de Neutralité de 1939. Les cargos américains pourront désormais débarquer des munitions dans les ports britanniques.
L'appel des votes s'est déroulé dans un silence tendu. Juste après, le président Sam Rayburn a pris la parole pour lire une lettre du président Roosevelt, qui conseillait le vote de cette révision.
Le sort de cette loi reflète le déclin du pouvoir des isolationnistes et l'habileté politique de Roosevelt. Celui-ci a réalisé qu'il ne disposait pas, dans un premier temps, des voix nécessaires à la révision radicale de la loi de Neutralité qui aurait permis aux cargos de pénétrer dans les zones de guerre. Il a donc commencé par soumettre un projet de loi à la Chambre pour autoriser les navires marchands à s'armer. Des sondages prouvaient alors que la population le soutenait. Le projet fut voté pratiquement à deux voix contre une, le 17 octobre. Roosevelt déclara ensuite qu'il détenait des documents prouvant que les Allemands voulaient s'implanter en Amérique centrale et en Amérique du Sud. Il soumit alors au Sénat un projet de loi plus ambitieux, permettant aux navires de pénétrer dans les zones en guerre. Le projet ne fut voté qu'à 50 voix contre 37. Le sénateur isolationniste Hiram Johnson dira à son fils qu'il estimait avoir obtenu un bon résultat, étant donné la forte pression en faveur des Anglais. C'est seulement après ce vote que le Président soumettra le projet complet au Congrès. Roosevelt signera lundi.

Des Canadiens à Hong Kong

Ils préféreraient ajouter « back to ».

Hong Kong, 15 novembre

Le paquebot *Awatea,* transformé en transport de troupes, a amené hier soir 2 000 soldats canadiens sous les ordres du brigadier général J. Lawson. Ils viennent renforcer la garnison. Mais, comme le fait remarquer Churchill, il est peu probable que deux bataillons canadiens sans entraînement puissent décourager les Japonais de faire la guerre. Ils renforceront les rangs des prisonniers. Les hommes en sont tous conscients. « Ciel, c'est parti pour un autre Dunkerque ! » s'est écrié un radio en apprenant où il se rendait. « Non, mon vieux, lui a-t-on répondu, à Dunkerque, il y avait une porte de sortie. »

Le porte-avions « Ark Royal » est torpillé

Gibraltar, 14 novembre

Malgré tous les efforts déployés pour le maintenir à flot, il a coulé ce matin à 6 h 13. Gibraltar n'était qu'à 25 milles nautiques. Les deux sous-marins *U-81* et *U-205* l'ont attaqué hier soir. Une torpille tirée par l'*U-81* l'a atteint en son point le plus vulnérable – au centre, en dessous de l'îlot –, détruisant une de ses chaudières et le système électrique. L'eau s'est engouffrée et il a pris de la bande. Pendant quelques heures, on a pensé qu'il pourrait gagner Gibraltar. Une chaudière du navire, tiré par deux remorqueurs pour corriger la gîte, fut remise en marche. Mais, à l'aube, un incendie s'est déclaré dans la chaufferie, les pompes se sont arrêtées et le bateau a repris une gîte de 35 degrés.
Lorsque l'ordre d'évacuation a été donné, un seul membre de l'équipage était porté manquant. L'*Illustrious* et le *Formidable* sont en réparation aux Etats-Unis. Les Britanniques n'ont plus de porte-avions en Méditerranée. C'est grave pour Malte et la Royal Navy. Hitler, qui doit ravitailler Rommel, pense faire venir de Russie une escadrille de la Fliegerkorps.

Les hommes qui ne sont pas indispensables sont transférés sur le « Legion ».

Charles Huntziger se tue en avion

Nîmes, 12 novembre

Le général Huntziger, ministre de la Guerre du gouvernement de Vichy, a été victime d'un accident d'avion près du Vigan. Il revenait d'Afrique, où il avait rencontré le général Weygand au sujet d'une demande des Allemands pour utiliser les bases françaises en Afrique du Nord. Huntziger avait signé l'armistice en juin 1940. Il a toujours défendu les intérêts de la France face aux nazis. Il s'est sans cesse opposé à Laval pour ouvrir les ports français à l'Allemagne. ▷

Presse officielle et clandestine

France, novembre
Le premier numéro des *Cahiers du témoignage chrétien*, une nouvelle publication clandestine, fait sensation. Son fondateur, le père Pierre Chaillet, lui a donné un titre qui secoue les milieux catholiques. « France, prends garde de perdre ton âme ! » Pour les cahiers, l'acceptation des principes nazis et le soutien à l'« ordre nouveau » du Maréchal contribuent à faire régner la conception du monde national-socialiste en France. Son rédacteur en chef, le père Gaston Fessard, est d'ailleurs un collaborateur de *Défense de la France*, journal fondé en juin dernier par un groupe d'intellectuels résistants. Cette fin d'année a vu aussi l'apparition de *Combat*, né lors de la création du Mouvement de libération nationale, de la transformation de feuilles d'information et de propagande fondées par Henri Frenay. Imprimé à Lyon dans des conditions difficiles, il commence à être diffusé dans les deux zones. Fondé à Paris par Raymond Burgard, *Valmy* tire à plusieurs centaines d'exemplaires grâce à une imprimerie miniature achetée au rayon des jouets du Bazar de l'Hôtel-de-Ville. L'une des plus grandes difficultés pour ces journaux clandestins est de se procurer du papier, ce qui ne peut se faire qu'avec la complicité d'imprimeurs ayant pignon sur rue. La diffusion n'est pas moins problématique, et les risques sont énormes.
La France socialiste, qui vient de renaître des cendres de *la France au travail*, ne connaît pas ces soucis : bien qu'elle se réclame des grands socialistes français, elle est publiée sous le contrôle des Allemands qui veulent en faire, comme le titre dont elle est issue, un quotidien destiné aux milieux ouvriers. Malgré la protection des nazis, ce nouveau journal semble appelé à un certain succès. Nettement moins virulente que *la France au travail*, *la France socialiste* est aussi moins vichyste et plus pacifiste.

L'OKW lance les Panzer sur Moscou

URSS, 13 novembre
Depuis le début du mois, les blindés allemands sont bloqués à quelques kilomètres de Toula. Le froid étant arrivé, la reprise de l'offensive sur Moscou est à l'ordre du jour. Mais avant de confirmer la décision de poursuivre l'avance vers Moscou, l'OKW et Hitler ont voulu prendre l'avis des commandants au front. Le général Halder, chef d'état-major de la Wehrmacht, s'est donc rendu à Orcha où les représentants des trois groupes d'armées, les généraux Brennecke, von Sodenstern et von Greiffenberg, l'ont rejoint. Seul le représentant du groupe d'armées centre, von Greiffenberg, a défendu le principe de l'attaque conformément aux vœux du maréchal von Bock. Ce dernier veut prendre Moscou. Il n'ignore pas les risques d'une telle entreprise : il fait – 20 °C, le front est tortueux, les Soviétiques se renforcent et il n'y a pas de réserves disponibles, mais, depuis le début de l'opération *Barbarossa*, Guderian, Brauchitsch et lui ne cessent de demander à Hitler l'autorisation d'avancer sur Moscou. Leurs hommes aussi veulent la poursuite de l'attaque sur Moscou, si proche. Halder a donc dévoilé en fin de séance le plan d'attaque sur la capitale soviétique. Un plan tellement ambitieux que le chef d'état-major de Guderian, en découvrant que ses troupes devaient prendre Toula, puis Kolomna et, ensuite, s'enfoncer dans les terres à l'est de Moscou pour s'emparer de Gorki à 400 km, s'est écrié furieux : « Nous ne sommes pas au mois de mai et nous ne combattons plus en France. » La date de la reprise des opérations n'a pas été fixée, mais plus tôt ce sera et plus les Allemands seront avantagés.

Le froid donne une chance supplémentaire aux Soviétiques

Moscou, 15 novembre
L'hiver russe a commencé. Dans la nuit du 6 au 7 novembre, le gel a transformé le paysage des steppes de Russie occidentale. La température a chuté de 30 degrés. La boue qui, depuis un mois, paralyse les Allemands s'est figée comme du béton et le sol est recouvert d'une fine couche de neige. Le ciel est clair, et l'ennemi devrait reprendre l'offensive. La mobilité ne sera toutefois pas retrouvée avant d'avoir réglé une série de problèmes nouveaux. Le froid affecte tout. Les moteurs des blindés et des camions refusent de démarrer. Les câbles qui commandent les gouvernes des avions sont bloqués dans leurs gaines. Il faut alimenter un feu sous les véhicules pour les réchauffer. Les canons gèlent, et ils menacent d'exploser au premier tir. Il faut briser la glace à coups de pics. Les armes s'enrayent car l'huile s'est durcie. Il y a pis encore : seule une petite proportion de troupes allemandes envoyées sur le front de l'Est a reçu son équipement d'hiver. Cela témoigne de l'optimisme dont Hitler et ses généraux ont fait preuve lorsqu'ils ont lancé leur attaque contre l'URSS.
Les troupes soviétiques, en revanche, sont habituées à ces conditions climatiques. C'est le cas, en particulier, des divisions sibériennes qui traversent Moscou en ce moment pour rejoindre le front. Le « général Hiver » est sans aucun doute un grand allié de l'Union soviétique. Il pourrait bien empêcher Hitler d'entrer à Moscou. (→ 13.12)

La neige est moins désagréable que la boue, mais le froid paralyse les homm

Churchill met le Japon en garde

Londres, 10 novembre
Churchill vient d'avertir le Japon que, s'il entre en guerre contre les Etats-Unis, la Grande-Bretagne lui déclarera aussitôt la guerre. Le Premier ministre a lancé cet avertissement au cours du traditionnel banquet organisé par le maire de la capitale. Il a ajouté que la Royal Navy était prête à intervenir avec toute sa puissance dans le Pacifique et l'océan Indien. Il estime que ce serait une aventure très périlleuse pour le Japon que de se précipiter dans cette guerre : les Etats-Unis et l'Empire britannique représentent la majorité de la population mondiale. (→20)

Un commando est décimé en Egypte

Le Caire, 15 novembre
Un commando de la Special Air Service Brigade (SAS) a perdu 32 des 55 hommes qui avaient été parachutés en pleine tempête de sable. Le commando a aussi échoué dans sa mission de destruction des aérodromes de Rommel. Le capitaine Stirling qui commandait le groupe a été récupéré par le *Long Range Desert Group*, organisation créée il y a quatorze mois et qui rassemble d'anciens explorateurs du désert spécialisés dans la reconnaissance et équipés de véhicules spéciaux. Stirling désire maintenant les associer à la SAS.

1941

Novembre

Di	Lu	Ma	Me	Je	Ve	Sa
						1
2	3	4	5	6	7	8
9	10	11	12	13	14	15
16	17	18	19	20	21	22
23	24	25	26	27	28	29
30						

17. Chine : Tchang Kaï-chek, chef des nationalistes, demande aux démocraties occidentales d'intervenir contre le Japon.

18. URSS : onze ingénieurs de l'Armée rouge immobilisent 20 chars allemands à Strokovo.

18. Libye : la 8ᵉ armée britannique, commandée par le général Cunningham, lance l'opération *Crusader* contre Rommel. Le char léger Stuart M 3 américain fait ses premiers essais au combat.

18. Vichy : suite aux pressions allemandes, Darlan relève le général Weygand de son poste en Afrique du Nord. Il est mis à la retraite d'office.

19. Libye : les Britanniques atteignent Sidi Rezegh.

19. Australie : le corsaire allemand *Kormoran* coule le croiseur australien *Sydney* au large des côtes occidentales.→

20. URSS : dans le secteur sud, les Allemands s'emparent de Rostov-sur-le-Don (→21).

20. Leningrad : les rations alimentaires sont réduites pour la cinquième fois en deux mois (→1.12).

21. Ethiopie : reddition des forces italiennes de Koulkaber (→28).

21. Libye : venant d'Egypte, des forces néo-zélandaises prennent Fort Capuzzo.

21. Paris : au Quartier latin, des résistants communistes font sauter la librairie allemande *Rive Gauche* (→22).

22. Allemagne : mort de l'as de la Luftwaffe, Werner Molders. Son avion a heurté une cheminée d'usine à Breslau alors qu'il se rendait aux obsèques du général Udet.

22. Libye : violent combat entre les troupes sud-africaines et la 21ᵉ division Panzer, près de Sidi Rezegh. Les pertes sont lourdes de part et d'autre.→

22. Atlantique : le croiseur *HMS Devonshire* coule le corsaire allemand *Atlantis*. Ce dernier a coulé 22 navires alliés représentant 145 697 tonnes.

22. Paris : les Allemands condamnent la ville à une amende de un million de francs pour l'attentat d'hier.

Les Panzer restent maîtres du désert

Désert occidental, 22 novembre
L'opération *Crusader* est lancée depuis cinq jours. Les combats n'ont jamais été aussi violents dans la guerre du désert qu'en ce moment à Sidi Rezegh. Supérieurs en nombre et en équipement, les Alliés opposent sept cents blindés aux trois cent vingt de Rommel, et sept cents avions aux trois cent vingt appareils de la Luftwaffe. Malgré l'avis de Winston Churchill, le nouveau commandant en chef, le général Claude Auchinleck, avait refusé de lancer l'offensive tant que toutes ses forces ne seraient pas rassemblées. *Crusader* doit bloquer les forces de l'Axe à la frontière, les déborder dans le désert et écraser les troupes de Rommel pour rejoindre la garnison de Tobrouk, à 120 km au nord. Au début, les Alliés ont profité de l'effet de surprise, prenant au dépourvu un Rommel qui préparait sa propre attaque sur Tobrouk. Les choses ont changé hier quand les Panzer ont attaqué les Britanniques qui, au départ de Sidi Rezegh, tentaient de rejoindre Tobrouk. A midi, la 21ᵉ division de Panzer a percé sur le flanc ouest. Elle a pris l'aérodrome et anéanti ses défenseurs. La situation ce soir est très confuse. (→30)

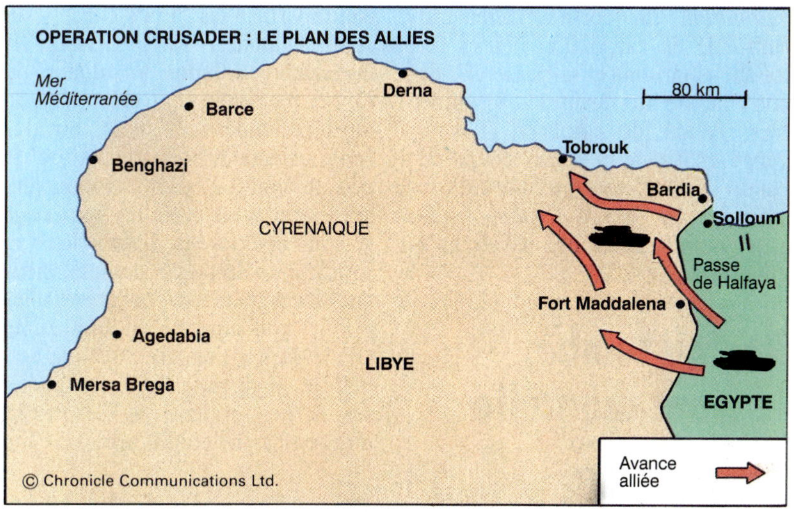

Un raid désastreux qui fait rire Rommel

Afrique du Nord, 18 novembre
Au moment où les Alliés lancent l'opération *Crusader*, un commando tente une audacieuse mission. Placé sous les ordres du lieutenant-colonel Geoffrey Keyes, un petit groupe a été débarqué la nuit dernière au large de la côte, à l'arrière des lignes ennemies. La mer, très houleuse, n'a pas facilité l'arrivée sur la plage, heureusement déserte. Leur objectif est de surprendre Rommel dans sa villa située à quelques kilomètres. Il faut capturer le Renard du désert ou, si nécessaire, l'abattre. En arrivant aux abords de la villa, Keyes se fait repérer par une sentinelle qu'il neutralise, mais elle a eu le temps de tirer. Tout l'effet de surprise disparaît. Le commando fait maintenant face à douze Allemands. Keyes est abattu en lançant une grenade. Les rares survivants sont faits prisonniers, et seulement deux hommes réussiront à rejoindre les lignes britanniques. Là, ils apprendront que Rommel était en visite à Rome au moment du raid.

Geoffrey Keyes, chef du commando.

Un pirate coule un croiseur australien

PAustralie, 19 novembre
Toutes les opérations de sauvetage ont été vaines ; il n'y a pas de survivant sur les 550 hommes du *HMS Sydney*. Alors qu'il s'en retournait à Melbourne après une mission d'escorte, le croiseur australien *HMS Sydney* n'avait aucune raison de se méfier quand, dans la baie des Requins, sur la côte ouest de l'Australie, il se préparait à croiser le cargo *Streat Malaka* qui battait pavillon néerlandais. Il restait très peu de distance entre les bâtiments quand le cargo hissa la svastika et ouvrit le feu. Il s'agissait en fait du *Kormoran*, un corsaire allemand camouflé en cargo. Le *Sydney* fut touché, son pont et sa passerelle de contrôle de tir devinrent inutilisables. Avant de sombrer, il s'est vengé en tirant plusieurs coups de canon sur le *Kormoran*, qui a dû se saborder. La perte du *Sydney* est la plus grande catastrophe navale qu'a connue l'Australie.

Rostov tombé, le front chancelle

Russie, 21 novembre
Aucune partie du front n'échappe aux offensives allemandes. Partout, elles se heurtent à une résistance russe désespérée. Dans la zone sud, les Panzer de von Kleist ont pris Rostov-sur-le-Don. Les hommes de l'Armée rouge se regroupent pour tenter de reprendre la ville. Au nord, le siège de Leningrad se poursuit. Malgré l'évacuation des civils par avion, il y a encore trop de bouches à nourrir et les Allemands ont détruit le centre de communication de Tikhvin, à 192 km à l'est. Toula tient toujours, bloquant la route de Moscou à Guderian.

Au nord de la ville, les Soviétiques tentent d'enrayer une avance des Allemands. Une division sibérienne équipée de chars T-34 a rejoint le front près de Venev, à environ 100 km de Moscou. La forteresse de Sébastopol est le dernier bastion russe en Crimée depuis l'invasion de la péninsule. Jusqu'à présent, elle a réussi à repousser toutes les tentatives allemandes pour percer ses défenses. La forteresse devient le Tobrouk soviétique. (→27)

Roosevelt rejette la proposition de Tokyo

Washington, 21 novembre
Le gouvernement vient de rejeter les propositions de l'émissaire japonais Saburo Kurusu. Selon le secrétaire d'Etat Cordell Hull, un accord des Américains équivaudrait à aider et encourager le Japon à instaurer une hégémonie dans le Pacifique ouest. Les Japonais ayant assorti leur demande d'un délai, l'espoir d'éviter la guerre disparaît donc lentement, mais, hélas ! sûrement. Dans ces nouvelles propositions, le Premier ministre japonais Hideki Tojo exclut tout recours à la force par les deux parties. Il offre de retirer ses troupes du sud de l'Indochine vers le nord du pays. En contrepartie, les Etats-Unis lèveraient l'embargo sur le pétrole. Ils livreraient au Japon un million de tonnes d'essence pour avion chaque mois et l'aideraient à obtenir des Indes orientales hollandaises tout le pétrole dont il a besoin. Depuis juillet, les relations entre les deux pays se sont détériorées. L'Amérique et la Grande-Bretagne maintiennent un blocus pétrolier en représailles à l'invasion nippone en Indochine. Or, le Japon importe 80 % de son pétrole. Il dispose de 3 ans de réserves, qui seraient épuisées en 18 mois en cas de conflit armé. (→30)

En bas, le Premier ministre Tojo.

Brooke, chef de l'état-major britannique

Le général irlandais Alan Brooke.

Londres, 18 novembre
Winston Churchill a choisi le général Sir Alan Brooke afin de diriger l'état-major impérial. Ce faisant, Churchill respecte une vieille tradition non écrite, qui est d'offrir à des Irlandais loyalistes de hautes fonctions dans l'armée. Le prédécesseur immédiat de Brooke à ce poste, Sir John Dill, est aussi un protestant d'Ulster, tout comme l'était Sir Henry Wilson avant son assassinat par l'IRA en 1922.

Le nouveau chef d'état-major est issu d'une vieille famille du comté de Fermanagh. En 1940, il commandait le second corps d'armée du corps expéditionnaire britannique en France, dont il a dirigé l'évacuation à partir de la poche de Dunkerque. A son retour, il prit le commandement des forces territoriales. Ce « jeune homme » de cinquante-huit ans, ainsi que le décrit le général Dill, se trouve donc au sommet de la hiérarchie militaire.

Le spectre de la guerre hante les Etats-Unis

Etats-Unis, 20 novembre
Le spectre d'une guerre prochaine menace les USA. Les Américains écoutent les dernières nouvelles de l'Atlantique, d'Angleterre, d'Allemagne et du front russe. Ils attendent l'arrivée sur la côte ouest de l'émissaire japonais. Cela ne les empêche pas d'acheter leur dinde pour le *Thanksgiving Day* et de faire déjà leurs achats de Noël. En cette période de fête, le commerce a augmenté de quinze pour cent par rapport à l'année dernière.

Mais toutes les nouvelles économiques ne sont pas aussi bonnes. Roosevelt prépare avec le Congrès une loi fiscale anti-inflationniste et menace de nationaliser les mines de charbon. En annonçant qu'il reporte son voyage en Georgie, le Président a condamné la grève des mineurs. Toutefois, selon son entourage, ce qui le préoccupe, c'est d'écouter ce que l'émissaire japonais Saburo Kurusu, va lui proposer. Après les récentes déclarations des autorités de Tokyo, on n'est guère optimiste sur leurs intentions. Roosevelt vient d'obtenir l'amendement de la loi de Neutralité. D'ailleurs, les isolationnistes (*America Firsters*) font de moins en moins parler d'eux.

Pour les Allemands, Churchill est le lèche-bottes de l'Oncle Sam.

1941

Novembre

Di	Lu	Ma	Me	Je	Ve	Sa
						1
2	3	4	5	6	7	8
9	10	11	12	13	14	15
16	17	18	19	20	21	22
23	24	25	26	27	28	29
30						

23. Guyane hollandaise : avec l'accord du gouvernement des Pays-Bas en exil, des troupes américaines occupent la région pour protéger les mines de bauxite.

24. Libye : Rommel tente en vain de contourner les troupes britanniques attaquant sur Tobrouk. Les Alliés occupent pendant ce temps le dépôt de ravitaillement des troupes de l'Axe à Garbut.

24. Atlantique : l'U-Boot *U-124* coule le croiseur *HMS Dunedin*.

26. Libye : le général Ritchie remplace Cunningham à la tête de la 8e armée britannique.

26. Iles Kouriles : une force navale japonaise quitte en secret l'île d'Itouroup. Elle a reçu l'ordre de se diriger vers les îles Hawaii par une route nord peu fréquentée (→ 2.12).

27. Méditerranée : au large de Tobrouk, un U-Boot coule le sloop australien *Paramatta*. 138 hommes périssent.

27. Copenhague : deux jours d'émeutes suivent la signature par le gouvernement danois du pacte antikomintern à Berlin.

27. Libye : les forces néo-zélandaises font leur jonction avec la garnison de Tobrouk.

28. Ethiopie : le général Guglielmo Nasi capitule à Gondar. L'Afrique orientale italienne n'existe plus.

28. Libye : le général von Ravenstein, commandant la 21e division Panzer, est le premier général allemand à tomber aux mains des Alliés (→ 1.12).

29. URSS : les Soviétiques lancent une contre-offensive dans le Sud et reprennent Rostov-sur-le-Don.

30. URSS : Hitler élimine le maréchal von Rundstedt du commandement du groupe d'armées Sud, après l'abandon de Rostov-sur-le-Don. Il avait ordonné de ne pas évacuer la ville (→ 3.12).

30. Golfe de Gascogne : un U-Boot, l'*U-206*, est localisé par l'interception d'un message codé. Un bombardier Whitley de la RAF, envoyé sur la zone, le coule après l'avoir repéré au radar.

L'armée allemande à 35 km de Moscou

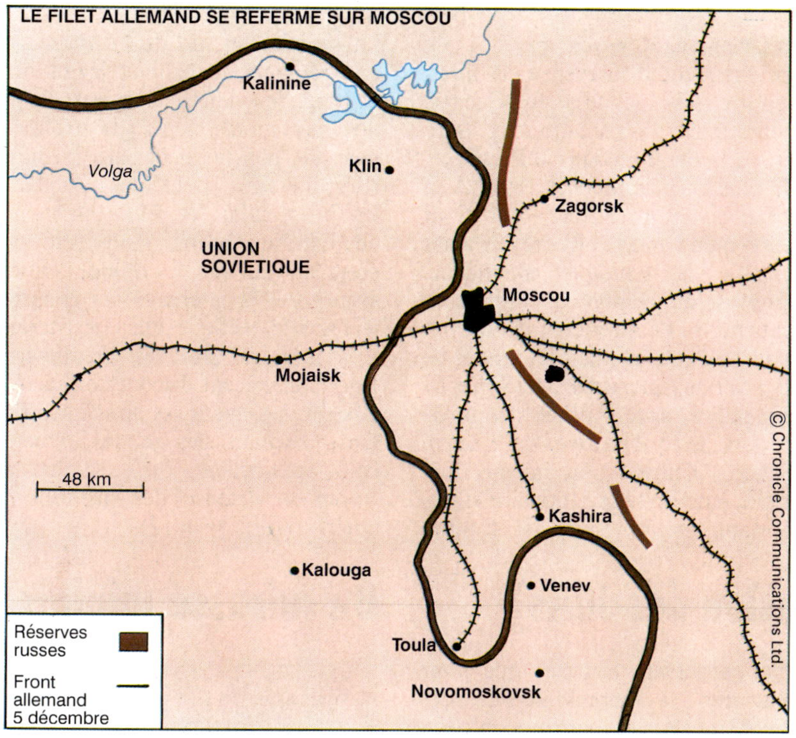

Moscou, 27 novembre
« La Russie est immense, mais nous ne pouvons reculer nulle part, car Moscou est derrière nous. » Ce slogan lancé par le commissaire politique Basile Klotchkov pour galvaniser ses troupes dans le secteur de Volokolansk est devenu le cri de guerre de l'Armée rouge. Aujourd'hui, la bataille fait rage à 35 km de la capitale. En effet, la Wehrmacht a agrandi le saillant dans les lignes soviétiques, au nord-ouest de la ville, et a annoncé la capture de Klin le 23 novembre puis d'Istra le 25, pris par la division SS « Das Reich ». En revanche, l'Armée rouge contient l'ennemi à Toula, au sud de Moscou. Selon l'ordre du jour des Soviétiques : « L'ennemi s'est rapproché de Moscou. La situation devient de plus en plus difficile mais nous devons, et nous pouvons tenir le choc. » Et il s'achève par une référence à la bataille de Verdun. « Vous devez vous battre jusqu'au dernier. L'ennemi ne passera pas. » (→ 5.12)

Les prisonniers soviétiques martyrisés

Moscou, 25 novembre
Le ministre soviétique des Affaires étrangères, Viatcheslav Molotov, a protesté dans une dépêche envoyée aux puissances alliées contre le traitement barbare infligé par les nazis aux prisonniers de guerre soviétiques. Dans une allocution radiodiffusée depuis Moscou assiégé, Molotov assure que « des prisonniers ont été torturés au fer rouge, leurs yeux crevés, et leurs nez et leurs oreilles déchirés. On les a attachés à des chars et écartelés ». Molotov accuse les nazis d'exterminer les prisonniers soviétiques, en les abattant ou en les affamant : « Le haut commandement allemand a ordonné que les prisonniers soviétiques devaient recevoir moins à manger que les prisonniers des autres pays. Tôt le matin, ils sont réveillés à coups de bâtons et de gourdins et envoyés aux travaux forcés. En un seul jour, au camp de Chernukhinsk en Ukraine, 95 prisonniers ont été abattus. » Ces révélations consternantes sont, hélas ! loin d'être exhaustives : de nombreux prisonniers de guerre soviétiques ont péri dans les chambres à gaz au cours d'expériences visant à définir les méthodes les plus efficaces pour exterminer les Juifs. C'est ainsi que plus de 18 000 prisonniers soviétiques ont été tués au seul camp de Sachsenhausen depuis le début de l'invasion. (→ 21.12)

Poursuite de la guerre des sables

Désert occidental, 30 novembre
Alors que l'opération *Crusader* entre dans son 13e jour, les troupes du maréchal Rommel sont parvenues à déloger la 6e brigade néo-zélandaise de la crête de Sidi Rezegh à la suite de combats acharnés. Les Allemands sont maintenant en mesure d'harceler la garnison de Tobrouk qui, il y a trois jours, se croyait au contraire sauvée par l'arrivée des Néo-Zélandais, premier but de l'opération *Crusader*. En ripostant à l'assaut des Alliés par une audacieuse contre-attaque, le maréchal Rommel a justifié son surnom de Renard du désert. Le 24, il lançait ses troupes dans une véritable course contre la montre pour tenter de déborder les Alliés qui faisaient route vers Tobrouk. Rommel parcourait à cette occasion près de cent kilomètres en cinq heures puis faisait demi-tour pour rejoindre ses unités qui avaient de la peine à le suivre. Il passait la nuit dans un véhicule pris aux forces britanniques, se sachant entouré par les Alliés. Mais, le lendemain, Rommel se rendit compte qu'il ne pouvait plus progresser. L'arrière-garde italienne était stoppée par la 1re brigade sud-africaine et les colonnes de ravitaillement tardaient à arriver. Les Anglais ont pu ainsi profiter du répit, et sont d'autant plus soulagés que le général Alan Cunningham, commandant l'opération *Crusader*, qui a échoué dans sa tentative de surprendre Rommel, a été remplacé par le général Neil Methuen Ritchie. (→ 1.12)

Le général Ritchie est le successeur du général Alan Cunningham.

La tension monte dans le Pacifique

L'ambassadeur japonais Kurusu.

Washington, 30 novembre
Le président Roosevelt a dû interrompre ses vacances en Georgie pour rallier Washington et faire face à la situation dans le Pacifique, de plus en plus préoccupante. A la veille de ses vacances – qui n'ont duré qu'un jour – Roosevelt avait qualifié la politique américaine vis-à-vis du Japon d'« infiniment patiente ». Le président Roosevelt a adressé aux Japonais les termes de la position américaine, déclinée en dix points, après l'échec des pourparlers avec l'envoyé de Tokyo, Saburo Kurusu. Au même moment, une armada japonaise transportant cinq divisions de troupes fut signalée au sud de Formose. A une réunion du cabinet le 28 novembre, les Américains ont établi que les mouvements de troupes japonais constituaient une menace « formidable » pour les Anglais, les Néerlandais et les Américains en Extrême-Orient. Roosevelt est conscient des risques d'une attaque surprise. Il a interrogé ses conseillers sur la tactique qui consisterait à « les faire tirer les premiers ». Lors d'un récent discours officieux, Roosevelt a averti ses amis que, dès l'an prochain, les jeunes Américains pourraient bien se battre « pour la défense des institutions américaines ». (→ 6.12).

Les Italiens enfin chassés d'Ethiopie

Ethiopie, 27 novembre
Dix-sept mois et dix-sept jours après que Mussolini eut déclaré la guerre à la France et à l'Angleterre, les dernières troupes italiennes en Afrique orientale ont déposé les armes. Le général Nasi s'est rendu ce soir au général C. C. Fowkes, commandant la 12e division africaine. Les Italiens, 22 000 en tout, se sont bien battus mais, enfermés dans Gondar, ils se sont laissé asphyxier par les Alliés. L'entrée en force dans la ville d'un escadron de chars du régiment du Kenya et de partisans éthiopiens a poussé Nasi à capituler rapidement.

Une loi entérine l'exclusion des Juifs

Vichy, 29 novembre
En créant l'Union générale des israélites de France (l'UGIF) pour les deux zones, le gouvernement de Vichy a cédé aux pressions des Allemands. Il s'agit de mettre en place une organisation qui sera l'unique interlocuteur des nazis, puisque toutes les associations juives existantes sont dissoutes. Il sera ainsi beaucoup plus facile de contrôler les Juifs français et étrangers (regroupés sous l'appellation Juifs de France), et de leur imposer les volontés de l'occupant. Mais le texte est assez ambigu pour que l'on puisse s'y tromper. Officiellement, l'UGIF n'a aucune fonction politique et n'a été instituée que pour « assurer la représentation des Juifs auprès des pouvoirs publics, notamment pour les questions d'assistance, de prévoyance et de reclassement social ». Tous les Juifs résidant en France doivent y être affiliés et payer une cotisation. Cette loi provoque évidemment une grande émotion dans les milieux juifs, déjà traumatisés par le statut des Juifs d'octobre dernier. Accepter d'adhérer à l'UGIF, n'est-ce pas mettre entre les mains des Allemands un terrible outil de répression? Refuser, à condition d'en avoir le choix, n'est-ce pas les laisser libres d'agir à leur guise?

Actuellement sur les écrans, le film de Chritian Jaque, « l'Assassinat du Père Noël » avec Harry Baur et Renée Faure.

Un cuirassé anglais torpillé par les nazis

Le cuirassé « Barham » explose, touché par les torpilles de l'« U-331 ».

Crête, 25 novembre
Les U-Boote allemands ont coulé un deuxième cuirassé britannique depuis le début de la guerre. Après le *Royal Oak*, envoyé par le fond en 1939, cet après-midi, à 16 h 29, le *HMS Barham* a été coulé alors qu'il participait avec deux autres cuirassés à la poursuite d'un convoi italien en mer Ionienne.
Le baron von Tiesenhausen, commandant l'U-Boot *U-331*, a plongé hors de portée des destroyers et a tiré une série de torpilles en direction du *Barham*. Trois torpilles ont fait mouche, provoquant une explosion d'une telle ampleur que, sous la violence de l'onde de choc, le sous-marin a été contraint de faire surface. Quatre minutes plus tard, le *Barham*, secoué par une seconde explosion, coulait avec so capitaine et 858 membres d'équ page. Il y a toutefois des rescapé dont le vice-amiral Pridhan Wippell, qui ont été sauvés par *HMS Hotspur*. Son commandan Hugh Hodgkinson, décrit le sauv tage : « Chaque homme que no hissions à bord était noir de m zout. Le pont était devenu glissa au point qu'on arrivait à peine à tenir debout. »
Le dernier homme à être repêc nageait derrière un radeau où veillait sur un matelot à bout forces. « Quand il leva le bras toute sa manche était dorée et je r suis rendu compte de qui il s'ag sait. Je ne m'attendais pas à re voir un amiral à bord dans de tel circonstances. »

1941

Décembre

Di	Lu	Ma	Me	Je	Ve	Sa
	1	2	3	4	5	6
7	8	9	10	11	12	13
14	15	16	17	18	19	20
21	22	23	24	25	26	27
28	29	30	31			

1er. Lyon : Antoine Avinin et Jean-Pierre Lévy lancent un journal clandestin en zone libre, *Franc-Tireur*, nom de leur groupe de résistance.

1er. Leningrad : le mois dernier, 11 000 personnes sont mortes de faim (→ 31).

1er. Malte : l'île subit son millième raid aérien.

2. Tokyo : le Premier ministre, Hideki Tojo, rejette en public les offres de paix des Etats-Unis. Il ordonne secrètement à la force navale en route pour Pearl Harbor d'« escalader le mont Niitaka », c'est-à-dire d'attaquer les Etats-Unis.

2. Libye : les troupes de Rommel reprennent Sidi Rezegh. Les divisions Panzer isolées par les Britanniques refont leur jonction (→ 8).

2. Singapour : arrivée du cuirassé *HMS Prince of Wales* et du croiseur de bataille *HMS Repulse* (→ 10).

3. URSS : le général Walther von Reichenau remplace von Rundstedt au commandement du groupe d'armées Sud.

4. Chine : au sud, la force japonaise d'invasion de la Malaisie quitte l'île de Hainan.

4. Finlande : les Finlandais réoccupent le port de Hangö, évacué hier par les Soviétiques.

4. Moscou : le général Sikorski, chef du gouvernement polonais en exil, signe avec Staline un pacte d'assistance mutuelle.

5. Tokyo : le Japon assure les Etats-Unis que l'augmentation de ses troupes en Indochine est une mesure défensive (→ 6).

5. Rastenburg : Hitler arrête l'offensive sur Moscou à cause des conditions climatiques. Il ordonne de déplacer la 2e flotte de la Luftwaffe du front de l'Est vers la Méditerranée.

5. URSS : les Soviétiques lancent une contre-offensive générale (→ 6).

6. Pacifique : des forces japonaises quittent les îles Palau pour les Philippines.

6. Méditerranée : le sous-marin *HMS Perseus* est coulé par une mine. Un survivant s'échappe d'une profondeur de 51 m, et nage sur 18 km jusqu'à la côte.

Mobilisation des femmes britanniques

Westminster, 4 décembre
Les femmes célibataires seront mobilisées en Angleterre pour servir dans la police, le corps des pompiers et les forces armées. Cette annonce faite par le Premier ministre concerne les femmes âgées de 20 à 30 ans. Les femmes mariées et les célibataires de 30 à 40 ans doivent se faire recenser pour d'éventuels emplois dans l'industrie. Churchill a dépeint l'arrangement comme étant un nouveau « palier de l'escalade sueur et labeur ». L'âge de mobilisation des hommes est descendu à 18 ans et demi, et les hommes de 41 à 50 ans sont également mobilisables. Les jeunes gens et les jeunes filles doivent se faire recenser dès 16 ans, les premiers étant encouragés à devenir volontaires pour la défense du territoire. Ainsi que le dit Churchill, « nous devons veiller à ce que nos garçons ne s'éparpillent pas ».
Les femmes célibataires ayant des enfants illégitimes ou adoptés sont dispensées de service. Les femmes objecteurs de conscience peuvent aussi prétendre à une dispense, bien que les femmes ne soient pas admises dans la plupart des unités de combat. Chez les hommes, les prêtres et les ouvriers agricoles sont aussi dispensés. En tout, le nouveau règlement concerne 1,7 million de femmes recrutables et environ un demi-million de jeunes.

« Nuit et brouillard » sur l'Europe

Berlin, 3 décembre
Hitler vient de décider que les habitants dangereux pour la sécurité du Reich et des pays occupés seront déportés. Le sort de ces hommes et de ces femmes doit demeurer secret. Une fois déportés, ils disparaîtront sans laisser de traces. Ce décret qui porte le nom de *Nacht und Nebel* (Nuit et brouillard) est arrivé sur le bureau du maréchal Keitel qui devrait le signer dans les prochains jours. La Gestapo et la SS seront chargées de son application, ce qui suppose, hélas ! encore plus de massacres et de tueries aveugles. (→ 7)

Tobrouk : les chars rapides vedettes de la bataille du désert

Désert occidental, 1er décembre
La bataille de Tobrouk fait rage : les chars anglais, allemands et italiens surgissent de tous côtés, donnant à l'affrontement un visage inhabituel. « C'est une véritable bataille navale ! s'est exclamé un général allié. Nos chars sont des navires qui surgissent et disparaissent à une telle vitesse qu'on a souvent du mal à savoir où sont les lignes. » Rommel, bien que dominé en nombre, a réussi à couper la liaison à Belhamed entre les forces de Tobrouk et les Néo-Zélandais. La contre-attaque alliée a échoué avant même d'avoir commencé, et les rescapés ont dû battre en retraite vers l'est et le sud.

Une colonne de chars britanniques A13 Cruiser Mk IV en route vers le front.

Malgré la guerre, les Anglais ne sont pas dans le cirage.

L'entrevue Pétain-Göring est un échec

Saint-Florentin, 1er décembre
Pour Vichy, la rencontre entre le maréchal Pétain et Göring était le signe que l'Allemagne acceptait de reprendre le dialogue, mais cette entrevue a vite tourné au fiasco. « Enfin, monsieur le Maréchal, quels sont les vainqueurs, vous ou nous ? » se serait écrié Göring furieux après avoir écouté la lecture d'un mémorandum de sept pages sur les concessions que le gouvernement de Vichy osait demander aux Allemands comme préalable à toute collaboration. Dans sa colère, il ne voulut même pas prendre le texte que Pétain lui tendait, et le Maréchal dut le lui glisser de force dans la poche. La visite de Göring avait pourtant été difficile à obtenir. Depuis le renvoi du général Weygand, Pétain souhaitait rencontrer un haut responsable allemand pour donner l'impression d'avoir agi non de lui-même, mais sous la pression des nazis. Mais Göring n'était venu que pour discuter de politique extérieure, et surtout de l'aide que la France pouvait apporter à l'Afrikakorps. Aucune entente n'était donc possible entre les deux maréchaux. Bien que cette entrevue soit un échec évident, le maréchal Pétain en est ressorti satisfait. Cette tentative inhabituelle de rébellion l'avait visiblement ragaillardi. ▷

Contre-attaque des Soviétiques devant Moscou

Les unités sibériennes défilent dans Moscou. Leur contribution sera décisive.

Les Soviétiques attaquent avec acharnement et sans aucune velléité de fuite.

Moscou, 6 décembre
Il y a quatre jours, un bataillon de reconnaissance allemand sur motocyclettes s'est avancé jusqu'aux faubourgs nord de Moscou, à 20 km à peine du Kremlin. Les intrus furent repoussés par des ouvriers armés à la hâte qui se portèrent au devant d'eux. Le même jour, le petit village de Bourzevo est pris par quelques dizaines de fantassins allemands. Des déserteurs russes leur apprennent qu'entre le village et les faubourgs de Moscou, il n'y a plus de défense. Ce soir-là, les soldats allemands épuisés se voyaient entrer dans Moscou. Aujourd'hui, une violente contre-attaque soviétique est venue briser ce rêve.
Le 29 novembre, le général Joukov informait Staline qu'il était prêt à passer à la contre-attaque. Hier, sur le front de Kalinine, Koniev a lancé des troupes fraîches sur les premières lignes allemandes où des combats acharnés se déroulent en ce moment.
Aujourd'hui, ce sont les armées de Joukov qui sont entrées dans la danse afin de réduire le saillant formé par les 3e et 4e groupes blindés allemands au nord de Moscou. Les Soviétiques, bien équipés, avancent face à un ennemi diminué par l'effort, le manque de ravitaillements et le froid glacial qui coûtent à la Wehrmacht près de 3 000 hommes par jour. Les nazis n'ont pas d'antigel et, pour faire fonctionner leurs chars, ils doivent allumer des feux sous les moteurs pour les faire démarrer. Les mitrailleuses gelées s'enrayent. A partir d'une certaine température, les armes individuelles, même protégées, ne fonctionnent plus. Le froid, les troupes soviétiques à skis, les chars T-34 et les avions d'assaut Iliouchine Il-62 font subir à l'armée allemande le sort que la Wehrmacht avait réservé aux Français et aux Polonais en 1940. Au nord de Moscou, la 30e armée du général Lelyuchenko est parvenue à briser le front allemand entre la mer de Moscou et le canal Volga-Moskva, balayant les divisions allemandes et couvrant 18 km dans ce secteur. La route de Klin est ouverte. Au sud, les défenseurs de Toula se sont métamorphosés en assaillants, sortant de leur place forte pour attaquer les Panzer de Guderian. Une brèche s'est creusée entre Guderian et la 4e armée de von Kluge, que Joukov tente d'exploiter. L'Armée rouge est en train d'infliger à la Wehrmacht sa première grande défaite, mais non sans en payer le prix.
Les Soviétiques, impatients de passer à l'attaque, mènent souvent des assauts de front sans préparation. Les pertes sont très élevées, et le général Joukov a fait circuler une directive qui appelle à des manœuvres de contournement moins coûteuses en hommes. Du côté allemand, les généraux demandent à l'OKW l'autorisation de se replier sur des positions d'hiver tenables.

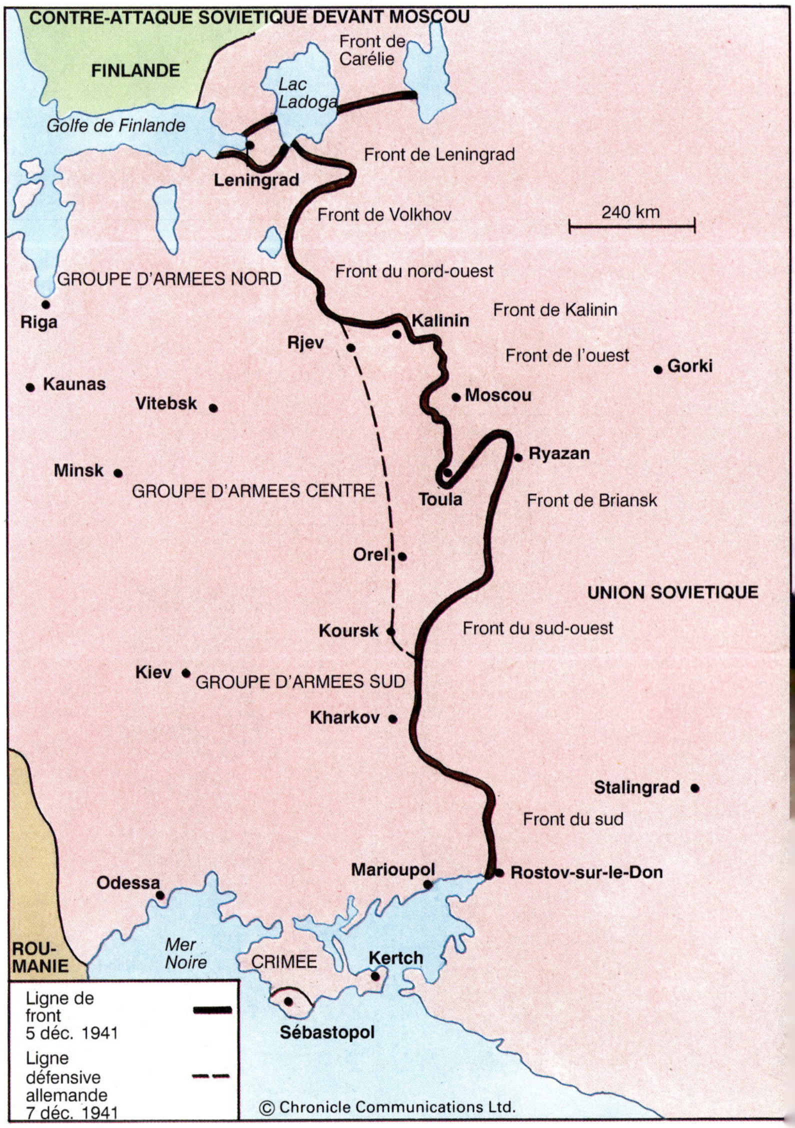

Roosevelt lance un ultime appel au Japon

Washington, 6 décembre
Le président Roosevelt a envoyé un message personnel urgent à l'empereur Hirohito, « en vertu des circonstances critiques et de leurs conséquences considérables ». Le Président, très pessimiste quant à l'éventualité d'une guerre dans le Pacifique, a souligné que c'est en raison de l'importance extraordinaire de la situation qu'il s'adressait directement à l'empereur plutôt qu'à ses ministres. En effet, cette ultime tentative de sauvetage de la paix intervient alors que Roosevelt vient d'apprendre que les convois d'invasion japonais se dirigent vers la Thaïlande. Les Japonais disposent d'une telle armada en Asie du Sud-Est que l'Indonésie, la Malaisie, la Thaïlande et les Philippines sont directement menacées. Roosevelt a souligné qu'il partageait avec l'empereur « un devoir sacré de restaurer l'amitié et d'empêcher un avenir de mort et de destruction dans le monde », exprimant son « profond espoir » de voir l'empereur dissiper « les noirs nuages ». Après avoir rédigé ce message, il a ajouté, désabusé, à l'intention de sa femme : « Le fils de l'homme vient d'adresser un dernier message au fils de Dieu. » Quelques minutes plus tard, alors qu'il converse avec Harry Hopkins, son conseiller le plus proche, il reçoit la réponse japonaise à la précédente proposition américaine de règlement du contentieux : celle-ci est négative. Le Président murmure alors : « Cela signifie la guerre. »

Le mikado est déifié de son vivant.

Ces ouvriers récupèrent le métal de ce qui fut la statue de Victor Hugo.

1941

Décembre

Di	Lu	Ma	Me	Je	Ve	Sa
	1	2	3	4	5	6
7	8	9	10	11	12	13
14	15	16	17	18	19	20
21	22	23	24	25	26	27
28	29	30	31			

7. Pacifique : l'aviation japonaise attaque Pearl Harbor, et la marine bombarde Midway.

8. Extrême-Orient : le Japon attaque simultanément Pearl Harbor et, de l'autre côté de la ligne internationale de changement de date, toute la région.

8. Philippines : l'aviation japonaise détruit 86 avions américains à Luçon.

8. Malaisie : les Japonais débarquent au nord. Leur aviation bombarde Singapour.

8. Chine : le Japon occupe les concessions étrangères de Shanghai et de T'ien-tsin. Hong Kong est bombardé.

8. Rastenburg : Hitler admet l'échec du Blitzkrieg à l'Est.

8. Libye : les Alliés reprennent Sidi Rezegh. Ils commencent à dégager le port de Tobrouk.

9. Chine : les nationalistes déclarent la guerre au Japon, à l'Allemagne et à l'Italie.

10. Allemagne : entrée en vigueur du décret *Nuit et brouillard*. Hitler confie à la SS et à la Gestapo les modalités de son exécution.

10. Philippines : les Japonais débarquent au nord de Luçon. Ils construisent aussitôt des bases aériennes (→ 13).

10. Malaisie : l'aviation japonaise coule le cuirassé *HMS Prince of Wales* et le croiseur *HMS Repulse*.→

10. Pacifique : les Japonais s'emparent de Guam.

11. Etats-Unis : Roosevelt reçoit les déclarations de guerre de l'Allemagne et de l'Italie. Il leur déclare la guerre à son tour.

12. URSS : l'Armée rouge force Guderian à se retirer de Stalinogorsk, au sud de Moscou (→ 15).

12. France : en zone libre, le réseau de résistance Bertaux est démantelé. Arrestation de Jean Cassou, après celle de Pierre Bertaux hier.

13. Bornéo : des troupes indiennes détruisent les puits de pétrole du Sarawak et de Brunei (→ 16).

Le général Hiver au secours de Moscou

Moscou, 13 décembre
Les Allemands mettent leur échec devant Moscou sur le compte de l'hiver plutôt que sur celui de l'Armée rouge. « Notre armée, a admis Berlin ce soir, ne s'attend pas à prendre Moscou cette année. Les grandes campagnes doivent être suspendues jusqu'au printemps... » « Les officiers et les hommes qui tentent de se mettre à couvert sont gelés au sol, indique un porte-parole. Combattre dans ces conditions est impossible. Il n'y a aucune raison que nous exposions nos hommes à la terrible rigueur de l'hiver russe. » (→ 19)

La garnison alliée secourue à Tobrouk

Tobrouk, 10 décembre
La garnison alliée encerclée à Tobrouk a finalement reçu des renforts, dix-huit jours après le début de l'opération *Crusader* mise sur pied par Sir Claude Auchinleck.
Le port africain a été pris aux Italiens en janvier par les troupes du général Wavell. Depuis le mois d'avril, Tobrouk est tenu par la 7e division australienne, et son port a connu un intense trafic avec le va-et-vient de 32 667 soldats, de 34 000 tonnes de ravitaillement, de 7 516 blessés et de 7 097 prisonniers de guerre des forces de l'Axe. (→ 18)

Le massacre des Juifs se poursuit

Chelmno, Pologne, 8 décembre
Nouvelle escalade dans l'horreur avec le massacre par les nazis de 700 Juifs en provenance de Kolo. Par groupes de 80, ils ont été entassés dans un camion au tuyau d'échappement raccordé à leur compartiment. Ils ont ainsi été systématiquement asphyxiés par les gaz d'échappement. Le camion a déchargé sa macabre cargaison dans les bois où les nazis ont extirpé de la bouche des cadavres leurs plombages et leurs dents en or. Leurs vêtements et leurs bijoux ont été arrachés, et les cadavres jetés dans une fosse commune. (→ 15) ▷

A Pearl Harbor, les Japonais détruisent la flotte

Le cuirassé « Arizona » touché à mort s'enfonce dans les flots. L'explosion de ses machines provoquera la mort de près de mille matelots et officiers.

Honolulu, 7 décembre

Le Japon a choisi sa cible : les Etats-Unis. Tôt ce matin, l'aéronavale japonaise a détruit la flotte américaine du Pacifique en un peu moins de deux heures. A 7 h 49, le commandant Mitsuo Fuchida, qui conduit la première vague d'assaut, lance le signal « Tora, tora, tora ! » (Tigre, tigre, tigre !) à l'amiral Nagumo, commandant la force navale d'assaut. Le message indique que l'effet de surprise est total. Effectivement, aucun avion américain n'est en l'air ; les 183 appareils japonais n'ont que l'embarras du choix. Les bombardiers Val et les Kate, munis de longues torpilles, concentrent leurs attaques sur la base aérienne d'Hickham, au sud de Pearl Harbor, où les bombardiers et les avions de chasse sont détruits au sol en l'espace de quelques minutes. Au même moment, d'autres avions attaquent les cuirassés américains au mouillage. A 7 h 56, les bombardiers japonais déchaînent un feu d'enfer sur les navires de guerre. A bord du cuirassé *Maryland*, le soldat Short écrit des cartes postales. De son poste de mitrailleur, il voit des avions piquer sur la base navale. Il croit à des manœuvres, mais les flammes et les explosions lui font vite comprendre que c'est une attaque ennemie. Il charge sa mitrailleuse et se met à tirer sur les avions japonais. A 7 h 58, la tour de contrôle de Ford Island émet par radio : « Raid aérien sur Pearl Harbor. Ce n'est pas un exercice. » Quelques minutes plus tard, le QG de l'amiral Kimmel communique la nouvelle à tous les commandants de la flotte du Pacifique et à Washington. Très au-dessus de Pearl Harbor, le commandant Fuchida orchestre l'attaque. Les bombes et les torpilles éventrent cinq cuirassés, l'*Oklahoma*, le *Nevada*, l'*Arizona*, le *West Virginia* et le *California*. Touché à bâbord, l'*Oklahoma* se retourne, engloutissant quatre cents marins. Dans le quart d'heure qui suit, l'*Arizona* explose, sa soute à munitions ayant été touchée. Un millier de marins y perdent la vie. Amarré en tête de file, le *California* sera le dernier cuirassé à être atteint. Deux torpilles le touchent sous la passerelle. L'équipage l'empêche de chavirer, mais ne peut éviter qu'il s'enfonce lentement dans les eaux du port. Après une heure d'attaque continue, on enregistre une accalmie relative. A 8 h 40, une seconde vague de 86 bombardiers en piqué, de 54 bombardiers en altitude et de 36 chasseurs Zero aborde Oahu par l'est. Aucun pilote d l'US Navy ne peut décoller, car le avions sont détruits. Seuls quelque chasseurs s'envolent de la piste d Wheeler. Ils détruiront onze avion ennemis. Le capitaine de corvett Shimazaki, qui dirige l'actio prend pour cible les navires épa gnés et le cuirassé *Nevada* qui a pr la mer sous les acclamations d l'équipage de l'*Oklahoma* à présen retourné. Mais ce second raid e moins efficace, du fait de la DC dont le tir renforcé gêne les Jap nais. A 10 h, tout est fini. La pui sance navale américaine se trou amoindrie pour de longs mois ; di huit navires sont détruits ou tr endommagés pour être réparé L'aviation a perdu 347 apparei L'attaque aura coûté peu de pert aux Japonais : vingt-neuf avions cinq sous-marins de poche.

américaine du Pacifique : le conflit devient mondial

Malgré le danger, les bateaux-pompes tentent de sauver le « West Virginia ».

L'équipage du « California » parvient à compenser la gîte du navire atteint.

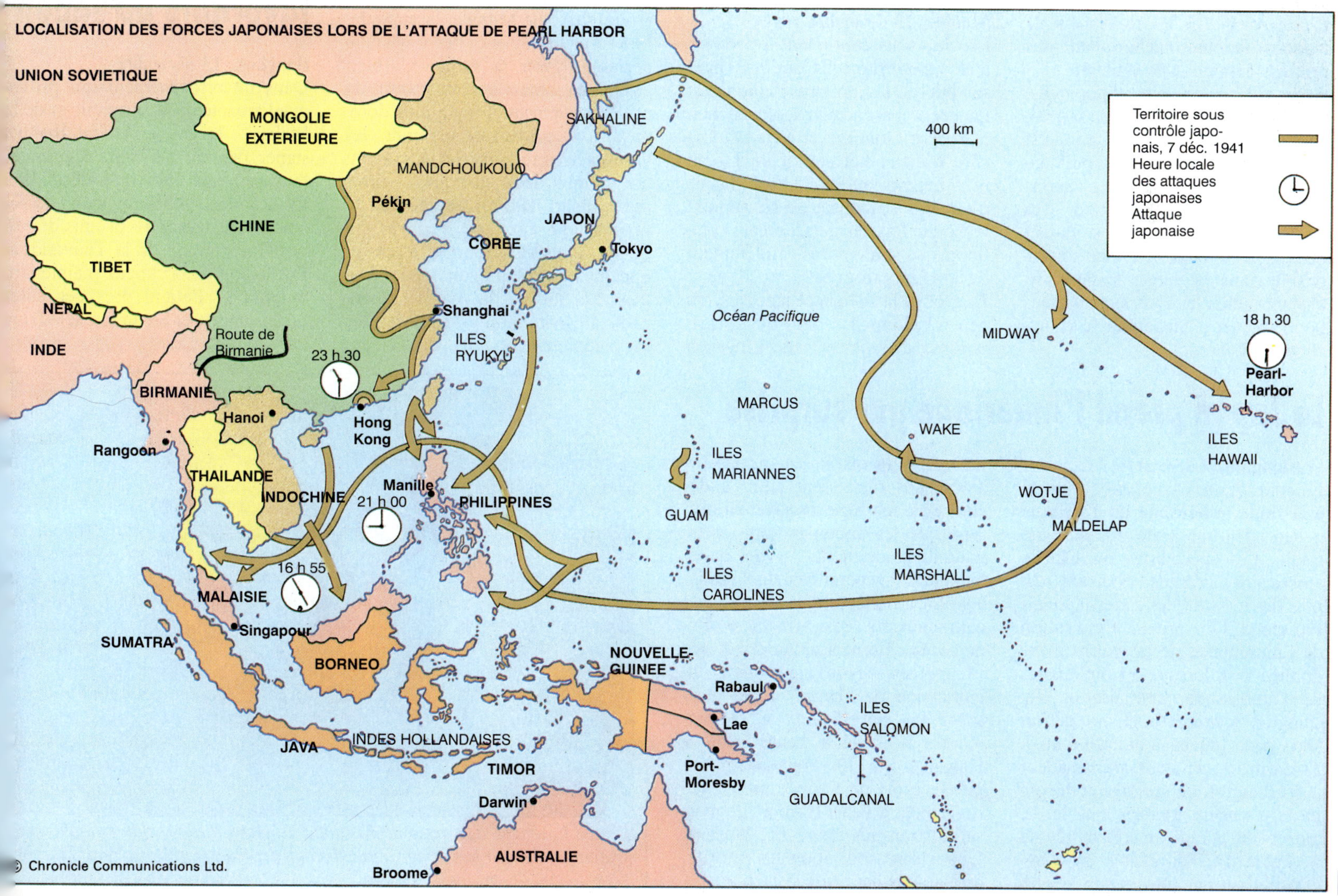

Les Japonais se déploient sur l'océan Pacifique

Avance japonaise en Malaisie

Malaisie, 13 décembre
Voilà seulement cinq jours que l'armée japonaise a débarqué. Pourtant, elle contrôle déjà les deux plus importants aérodromes du nord de la Malaisie. Depuis ce matin, les Japonais ont pris l'aérodrome d'Alor Star, sur la côte nord-ouest. Les avions s'y ravitaillent en carburant et en bombes britanniques. Parties de Singora, dans l'isthme Thai, les troupes impériales progressent très rapidement, à bicyclette sur les routes carrossables, à pied dans la jungle.
Le commandant de la 25e armée, le général Yamashita, a dorénavant une supériorité écrasante sur son adversaire anglais. Depuis la perte du croiseur *Repulse* et du cuirassé *Prince of Wales*, les transports de troupes japonais débarquent des renforts comme ils le veulent.
Avec quatre fois plus d'appareils, l'aviation japonaise possède la maîtrise du ciel. A terre, la situation est catastrophique. Les troupes indiennes n'ont ni chars ni canons antichars à leur disposition. Les stratèges britanniques estimaient que la guerre motorisée était impraticable dans la jungle malaise. Ils avaient oublié les routes construites pour amener à Singapour le caoutchouc et l'étain.

Les soldats japonais font route vers l'île de Luçon, aux Philippines.

Philippines : le Japon gagne des points

Manille, 13 décembre
Les Japonais continuent à prouver leur supériorité : ils ont pris pied sur l'île de Luçon, aux Philippines. Quatre débarquements ont eu lieu à Aparri, Gonzaga et Vigan sur la côte nord et nord-ouest de Luçon et à Legaspi au sud. Les Japonais n'ont pas rencontré de résistance ; à chaque fois, les détachements philippins se sont retirés prudemment devant leurs troupes.
Le gros de la 14e armée japonaise du général Homma devrait bientôt débarquer dans le golfe de Lingayen et marcher sur Manille, la capitale. Les autorités américaines à Manille déclarent avoir la situation « bien en main », mais reconnaissent en privé que, puisqu'il n'y a plus dorénavant de couverture aérienne, les bases aériennes américaines ayant été bombardées quelques heures après Pearl Harbor, empêcher la progression japonaise sera très difficile. Seuls dix bombardiers et quelques chasseurs sont opérationnels. Le port de la marine américaine à Cavite, non loin de Manille, est complètement détruit.

L'île de Hong Kong est assiégée

Hong Kong, 13 décembre
La colonie de la Couronne est en état de siège depuis qu'aujourd'hui les troupes anglaises, canadiennes et indiennes ont évacué Kowloon, partie continentale de l'île, après cinq jours de combat. Cette évacuation a été décidée après que la 38e division japonaise a enfoncé la dernière ligne de fortification qui défendait le continent : la Gindrinkers' Line (ligne des buveurs de gin). L'aviation de la colonie a été réduite au silence dès les premières heures de l'attaque. Depuis, l'île est bombardée sans relache. (→ 18)

Thaïlande : traité favorable au Japon

Bangkok, 13 décembre
Dans un retournement qui provoque l'anxiété de la Birmanie et de la Malaisie, le gouvernement thaï va signer demain un traité légitimant l'invasion japonaise du 8 décembre. En échange du libre passage de ses troupes, le Japon a « promis de respecter l'intégrité de la Thaïlande ». Les Japonais occupent maintenant Singora et Patani, près des côtes malaisiennes, et Siemreap, à la frontière indochinoise.

Le Japon prend l'Amérique par surprise

Washington, 9 décembre
Le coup que les Japonais ont porté à la flotte américaine du Pacifique à Pearl Harbor a été une surprise totale. Les spécialistes du Chiffre américains savaient pourtant depuis des mois lire les codes japonais top secret. Une première indication de l'imminence de la guerre a été donnée le 4, lorsque les diplomates de l'ambassade japonaise à Washington sont partis et ont détruit leurs codes. Dans la nuit du 6 au 7, Tokyo transmet à son ambassadeur à Washington un message codé, qui parle d'« heure limite », que le département d'Etat américain réussit à capter. Des difficultés de transcription causent un certain retard, mais, le 7 au matin, les spécialistes américains réussissent enfin à déchiffrer le message. Ils savent à présent que les Japonais sont prêts, mais ils ignorent où ils vont livrer bataille. Le général Marshall rédige aussitôt un télégramme destiné aux commandants des armées à Panama, San Francisco, Hawaii et aux Philippines. « Nous ignorons la signification de l'heure limite, mais soyez en état d'alerte à ce moment. » Il est 11 h, heure locale à Hawaii : 5 h 30. Marshall ignore que le câble de l'armée est en dérangement à Pearl Harbor. Le message, transmis par la Western Union sans indication de priorité, arrivera six heures trop tard.

Service funéraire à la base de Kanioke de Hawaii : les soldats américains rendent un dernier hommage à une dizaine des leurs, tombés à Pearl Harbor

Etats-Unis et Japon : c'est la guerre !

Washington, 8 décembre
Huit minutes ont suffi aujourd'hui au président Roosevelt pour demander au Congrès de déclarer la guerre au Japon. Et il n'aura fallu au Congrès guère plus de vingt minutes pour voter l'entrée en guerre des Etats-Unis.
Le Président, arrivé au bras de son fils James, capitaine de la marine des Etats-Unis, a fait sa déclaration devant les représentants vers midi. S'exprimant lentement, Roosevelt commença son discours d'une voix grave : « Hier, 7 décembre 1941, un jour qui restera dans l'histoire comme un jour d'infamie, les Etats-Unis ont été attaqués délibérément par les forces navales et aériennes de l'empire du Japon. »
Retraçant le drame, le Président a souligné qu'il n'y avait aucun doute sur le fait que le peuple, le territoire et les intérêts des Etats-Unis étaient gravement menacés. Il termina son allocution en demandant au Congrès de déclarer la guerre au Japon. Les derniers mots du Président : « So help us God ! » (que Dieu nous aide !) déclenchèrent un tonnerre d'applaudissements. Le Sénat a voté la résolution à l'unanimité, et la Chambre des représentants par trois cent quatre-vingt-huit voix contre une. La seule réfractaire est Jeanette Rankin, du Montana, qui avait déjà voté contre la déclaration de guerre en 1917. La résolution a été signée par le vice-président Henry Wallace, qui présidait la séance du Sénat, et par Sam Rayburn, le speaker de la Chambre. Ils l'ont ensuite apportée à la Maison Blanche, où le Président l'a contresignée à 17 h 10 heure locale.
La nation tout entière a appris la nouvelle à la radio. Les stations ont fonctionné la nuit durant, et la musique a été interrompue par des appels aux agents de la Croix-Rouge afin qu'ils rejoignent leurs quartiers et aux volontaires qui veulent rallier la défense passive. Diplomates et membres du Congrès sont d'accord sur le fait que les Japonais, en attaquant la flotte américaine à Pearl Harbor, ont choisi parmi plusieurs possibilités stratégiques celle qui ferait entrer inévitablement le pays en guerre. Cette décision ne rencontre aucune opposition dans l'opinion américaine, traumatisée par l'agression japonaise. L'isolationnisme est bel et bien mort à Pearl Harbor.

Portant un crêpe de deuil, Roosevelt signe la déclaration de guerre.

D'innombrables Américains veulent s'enrôler dans l'armée

Washington, 13 décembre
Indigné par la perfidie de l'attaque de Pearl Harbor, on vient en masse se porter volontaire dans la Navy et dans le corps de la marine, qui n'engagent pas d'appelés. Pendant ce temps, l'armée américaine est déjà presque dix fois plus importante depuis que la loi dite *Selective Service Act* a introduit le système de la conscription en 1940.
En septembre 1939, les troupes ne comptaient que 174 000 hommes, soit moins qu'au Portugal. La loi dite *Burke-Wadsworth Act*, du mois de juin 1940, prévoit un an d'entraînement pour 1,4 million de soldats. Certains s'inquiètent de la mauvaise condition physique des conscrits, en particulier de celle des habitants des régions industrielles et des Etats du Sud.

Les conscrits rejoignent en masse les rangs de l'armée après Pearl Harbor.

Les Britanniques se battent à leur tour contre les Japonais

Londres, 8 décembre
Une session spéciale du Parlement s'est tenue aujourd'hui afin d'écouter le Premier ministre s'expliquer sur la déclaration de guerre contre l'Empire japonais. Churchill a parlé de son projet d'associer la déclaration de guerre britannique à celle des Américains, celle-ci attendant l'approbation du Congrès. Lorsque la nouvelle du débarquement japonais en Malaisie est arrivée à Londres, le cabinet a aussitôt approuvé le texte de déclaration, qui a été envoyé aux Japonais à 13 h aujourd'hui. A la radio, le Premier ministre a prévenu que l'extension de la guerre réduira le nombre des avions disponibles en Europe.

De nombreux pays rejoignent les Alliés

Europe, 9 décembre
Les spectaculaires entrées en guerre de l'Amérique et du Japon ont occulté celles d'autres pays tout aussi impliqués dans ce conflit. Cette semaine, la Grande-Bretagne a déclaré la guerre à la Finlande, à la Roumanie et à la Hongrie, qui ne veulent pas arrêter de soutenir l'Allemagne. Et la Chine a officiellement déclaré la guerre au Japon, à l'Allemagne et à l'Italie.

L'aide américaine satisfait Churchill

Londres, 11 décembre
« Nous traversons une période difficile », a dit Churchill aux parlementaires dans un rapport sur la situation depuis l'attaque des Japonais sur les territoires britanniques et américains en Extrême-Orient. Mais, dans quelques mois, l'approvisionnement des munitions et les secours, venant des Etats-Unis, « dépasseront largement tout ce qui avait été prévu en période de paix ». Alors la Grande-Bretagne, les Etats-Unis et l'Union soviétique donneront à « cette bande de malfaisants » une leçon qu'ils ne sont pas près d'oublier. ▷

Nouvelle attaque surprise des Japonais

Préparation d'une attaque surprise, à bord d'un porte-avions japonais.

Manille, 10 décembre
En deux raids, la quasi-totalité des forces aériennes américaines d'Extrême-Orient basées aux Philippines ont été détruites. Quelques heures après Pearl Harbor, la 11ᵉ flotte aérienne japonaise venue de Formose attaquait la base américaine de Clark Field à Luçon, détruisant les trois quarts des chasseurs et des bombardiers du général d'aviation Breton. Des avertissements avaient été pourtant envoyés au général MacArthur, qui commande les troupes dans les Philippines, mais ce dernier n'y a pas cru, et Breton, qui voulait lancer un raid préventif contre les bases japonaises de Formose, n'a pas eu la permission de lancer l'attaque. Les Japonais, ravis de trouver les avions sortis comme pour une inspection sur les pistes de Clark, Ibu et Nicholls Fields, les ont détruits en une demi-heure, prouvant ainsi qu'ils avaient la puissance nécessaire pour envahir les Philippines, qui, sans aviation, sont quasiment indéfendables.

Le monde entier se bat

Rastenburg, 11 décembre
« Maintenant, nous ne pouvons plus perdre la guerre ! » Dans son QG de Prusse-Orientale, la Wolfsschanze (la Tanière du loup), Hitler exulte : il a appris l'attaque de Pearl Harbor. Quant à Churchill, il déclare : « Eh bien, nous avons enfin gagné ! » Le Führer se réjouit de l'entrée en guerre de la redoutable armée japonaise à ses côtés. Churchill songe, lui, à la puissance de l'économie américaine, qui représente à elle seule la moitié de celle de la planète. Avec l'attaque japonaise, la guerre devient mondiale. Les Etats-Unis sont la seule puissance capable d'organiser un débarquement dans les deux hémisphères, suivant ainsi un plan mis au point avec la Grande-Bretagne et l'Union soviétique. Les agents anglais et américains, qui tentent de percer les secrets stratégiques de l'Axe, n'ont pas trouvé trace d'une collaboration militaire entre Berlin et Tokyo. Les Allemands mènent une guerre, les Japonais une autre, et ils sont si confiants dans la puissance de leurs armées qu'ils ne cherchent pas à coopérer. Profitant de la faiblesse de l'armée anglaise après Dunkerque, les Japonais auraient pu attaquer plus tôt les possessions britanniques en Extrême-Orient. L'état-major impérial espérait manifestement que, une fois que son armée aurait conquis l'Asie du Sud-Est et une grande partie du Pacifique, l'Amérique reculerait devant l'effort immense à fournir pour l'en déloger. Mais le Japon est décidé à accélérer ses conquêtes, obligeant ainsi les Américains à entrer en guerre. En Europe, l'Allemagne, enlisée en Union soviétique et incapable de menacer la Grande-Bretagne, est dans une situation comparable : elle attend une attaque américaine, sans savoir quand elle aura lieu.

Hitler est convaincu de sa victoire.

Deux cuirassés anglais coulent en Extrême-Orient

Singapour, 10 décembre
Les deux cuirassés de la force Z, le *Prince of Wales* et le *Repulse*, qui patrouillaient dans le golfe de Siam, ont été coulés aujourd'hui par des avions torpilleurs japonais. Imprudemment, le vice-amiral Phillips remontait le golfe de Siam sans protection aérienne. Il ignorait que, la veille, un sous-marin japonais l'avait repéré et avait transmis la nouvelle à Saigon où le chef de la 22ᵉ flotte aérienne, l'amiral Matsunaga, avait aussitôt lancé ses avions à la poursuite des deux cuirassés. Ce matin, juste avant 10 h, le *Prince of Wales* a capté le signal de détresse du destroyer *Tenedos*, attaqué par des avions japonais à 160 km au sud. Phillips a compris qu'un danger mortel le menaçait. Il a fait demi-tour pour regagner Singapour, sans émettre de crainte d'être repéré. Quinze minutes plus tard, l'avion torpilleur du lieutenant Haruki Iki aperçut les cuirassés. A 11 h 15, 89 avions japonais se déchaînèrent sur les cuirassés, sans résultat. A 11 h 30, nouvelle attaque : le *Prince of Wales*, touché par des torpilles, était désemparé. Le *Repulse* lança alors un SOS. A Singapour, six vieux Brewster Buffalo décollèrent, ils arriveront trop tard. Les Japonais s'étaient regroupés pour l'assaut final. A 12 h 12 ce fut au tour du *Repulse* d'être touché par deux torpilles. Les marins abandonnèrent les navires et furent recueillis par des destroyers, mais 840 marins périrent. Le Japon a perdu trois avions.

Deux rescapés du « Repulse » : le commandant et l'aumônier.

1941

Décembre

Di	Lu	Ma	Me	Je	Ve	Sa
	1	2	3	4	5	6
7	8	9	10	11	12	13
14	15	16	17	18	19	20
21	22	23	24	25	26	27
28	29	30	31			

14. Paris : attentat contre l'hôtel Imperator, réservé aux officiers de la Luftwaffe. Le général von Stülpnagel ordonne l'exécution de cent otages.

15. Paris : Gabriel Péri, ancien député communiste, est fusillé.→

15. URSS : les Soviétiques repassent la rivière Volkhov.

15. Crimée : massacre de 14 300 Juifs à Simferopol par les Einsatzgruppen.

15. Libye : à Gazala, la 8e armée britannique attaque les forces de Rommel (→ 19).

16. URSS : l'Armée rouge reprend Kalinine, au nord-ouest de Moscou.

16. Bornéo : les Japonais débarquent au Sarawak et au Brunei.

16. Cracovie : le gouverneur Frank déclare : « Nous anéantirons les Juifs partout où nous les trouverons. » (→ 5.1.1942)

16. Malaisie : les Japonais débarquent sur l'île de Penang. Ils ont pris Gurun hier.

17. Etats-Unis : Chester Nimitz remplace l'amiral Kimmel au commandement de la flotte du Pacifique.

17. France : le commandement militaire allemand prend prétexte de l'assassinat d'un officier pour imposer aux Juifs une amende de 1 milliard de francs.

19. URSS : le feldmarshall von Bock demande à être remplacé pour « raisons de santé. » Hitler nomme le maréchal von Kluge à la tête du groupe d'armées Centre.

20. Chine : les Tigres volants, volontaires américains dans les forces aériennes chinoises, abattent dix bombardiers japonais à Kunming.

20. URSS : l'Armée rouge reprend Volokolamsk, à l'ouest de Moscou (→ 30).

20. Washington : l'amiral King est nommé commandant en chef de l'US Navy.

20. France : le colonel Rémy, se procure les plans allemands de la base sous-marine de Lorient.

Lourdes pertes pour la flotte britannique

Méditerranée, 19 décembre
Après la série d'attaques qui a ébranlé la Royal Navy, l'Amirauté envisage le retrait total de sa flotte en Méditerranée. Les difficultés ont débuté avec le torpillage du croiseur *Galatea* par un U-Boot près d'Alexandrie. Deux jours plus tard, l'aviation de l'Axe a attaqué les quatre croiseurs et les seize destroyers escortant le navire de ravitaillement *Breconshire* qui faisait route vers Malte.
Hier soir, le convoi s'est heurté à des bateaux ennemis qui se dirigeaient vers Benghazi. Les Italiens ont ouvert le feu, mais ils ont battu en retraite devant la contre-attaque des Britanniques. Ce matin, après avoir mené à bon port le *Breconshire*, les escorteurs sont tombés sur un champ de mines. Le croiseur *Neptune* a coulé, le destroyer *Kandahar* n'a plus de poupe, et les croiseurs *Penelope* et *Aurora* ont subi de sérieux dommages.
Pendant ce temps, des hommes-grenouilles italiens, montés sur des torpilles, ont coulé les cuirassés *Queen Elizabeth* et *Valiant* dans le port d'Alexandrie, ainsi qu'un destroyer et un pétrolier. La flotte de l'amiral Cunningham se trouve donc très affaiblie.

Les Maïale (cochons de mer) italiens ont à leur actif deux cuirassés anglais.

Rommel bat en retraite en Libye

Libye, 19 décembre
La 4e division indienne vient d'ajouter Derna à la liste des conquêtes alliées depuis le lancement par la 8e armée de l'opération *Crusader*, il y a un mois à peine. Rommel a donné le signal de la retraite il y a trois jours après l'attaque alliée sur ses défenses de Gazala.
Si la contre-attaque des Panzer a permis de gagner du temps, c'est au prix de lourdes pertes en matériel. Après coup, l'Afrikakorps n'avait plus qu'environ 40 chars à opposer aux 200 de la 8e armée. Rommel a donc décidé de reculer jusqu'en Cyrénaïque pour attendre des renforts venant de positions sûres. Quand la 4e brigade blindée britannique a décidé de le poursuivre, il était déjà loin, ainsi que les Italiens. Maintenant, l'Afrikakorps et le corps mobile italien traversent le désert en direction de l'ouest, tandis que les divisions italiennes d'infanterie longent la côte. Mais les Anglais aussi commencent à manquer de munitions, et leurs troupes risquent de se retrouver bientôt immobilisées par manque de carburant. En fait, les batailles sanglantes qui, depuis un mois, ont permis la prise de Sidi Rezegh et de Tobrouk ont épuisé les soldats de part et d'autre du front. (→ 24)

Les princesses Elisabeth et Margaret montent sur les planches

Grande-Bretagne, 19 décembre
Environ deux cents soldats ont assisté aujourd'hui à une royale pantomime de *Cendrillon*. Le spectacle, interprété par l'héritière du trône, la princesse Elisabeth, et sa sœur, Margaret Rose, était destiné à aider le Royal Household Wool Fund. Margaret incarnait une charmante petite Cendrillon, et Elisabeth son fringant prince charmant. Accompagnées par un orchestre militaire, les deux princesses ont interprété de nombreuses chansons bien connues, invitant le public à se joindre aux chœurs. Le carrosse citrouille était une ancienne chaise à porteurs de la reine Anne. Des enfants du village, dirigés par leur maître d'école, constituaient le reste de la troupe. Le frère d'une femme de chambre de la reine a été particulièrement applaudi.

La reine apprend comment manier l'éventail à une gracieuse Cendrillon.

L'hiver russe brise la Wehrmacht

Berlin, 20 décembre
Goebbels, le ministre de la Propagande allemande, a invité hier ses compatriotes à donner leurs vêtements chauds. Ainsi, ils pourront réconforter les soldats qui luttent contre le froid sur le front russe. Il n'a pas osé avouer que Hitler, persuadé de la victoire avant les premières chutes de neige, n'a pas jugé utile d'équiper ses troupes pour le grand froid. Au lieu de cela, il a souligné le fait que l'hiver est précoce et exceptionnellement vigoureux. Il a déclaré que les autorités ont tout mis en œuvre pour aider les soldats en réquisitionnant tous les moyens de transport disponibles pour acheminer un maximum de vêtements jusqu'au front. En dépit de tous ces efforts, les troupes manqueraient encore de bien des choses. « Il n'y aura pas le moindre répit pour quiconque en Allemagne tant qu'un seul de nos compatriotes souffrira du froid et sera privé de vêtements chauds. » Cet appel a suscité de vives réactions dans les journaux allemands. L'un d'eux écrit : « Le strict rationnement de ces dernières années nous empêche d'avoir le moindre vêtement de rechange. Nous ne disposons d'aucun excédent, aussi faut-il que nous cédions nos propres habits. Nous sommes condamnés à grelotter de froid pour réchauffer nos soldats. » Le journal du parti nazi, le *Volkischer Beobachter*, a rétorqué : « Hitler ne nous rend certes pas la tâche facile ; cependant, nous ne lui demandons pas pourquoi il nous impose un tel sacrifice. Réjouissons-nous de ne pas être à Smolensk, à Minsk ou à Vyazma. » En attendant, les soldats sont toujours aussi mal lotis. La réalité est bien différente de la propagande, qui les montre tout sourire, en pleine forme dans un bain chaud. En fait, ils sont couverts de poux car il fait trop froid pour se laver. Les sentinelles qui s'endorment meurent de froid, et les routes sont jonchées de chevaux gelés. Dans l'espoir de remédier au désastre engendré par l'optimisme démesuré de Hitler, les Allemands ont commandé des équipements pour le grand froid. Skis, pulls et couvertures ont été réquisitionnés en Norvège et dans les pays baltes. Sous peu, au fin fond de la Russie, un soldat portera le manteau de fourrure d'une Berlinoise.

Hitler n'avait pas prévu le froid.

Goebbels lance sa croisade d'hiver.

Avec les pleins pouvoirs, Roosevelt mobilise les jeunes

Washington, 19 décembre
Les Etats-Unis sont sur le pied de guerre. Les deux chambres du Congrès – le Sénat et la Chambre des représentants – viennent de voter la loi qui confère au président Roosevelt les pouvoirs exceptionnels en temps de guerre. Ainsi, l'âge minimal pour effectuer le service militaire passe de 21 à 19 ans, ce qui permet d'appeler sous les drapeaux 2,4 millions d'hommes supplémentaires. Cette loi dote le Président de pouvoirs considérables que ses prédécesseurs n'auraient jamais obtenus, excepté en cas de conflit.
Il s'agit notamment du droit de censurer la presse, de gérer la propriété de l'ennemi aux Etats-Unis (estimée à sept milliards de dollars) et d'adjuger des contrats sans appel d'offres préalable. Le Président est habilité à réorganiser le pouvoir exécutif comme il l'entend afin de poursuivre la guerre plus efficacement. Byron Price, âgé de 50 ans, éditeur de l'Associated Press, a été nommé directeur de la censure. Roosevelt a confié au juge Owen de la Cour suprême les fonctions de président de la commission chargée d'enquêter sur la défaite américaine à Pearl Harbor.

La Grande-Bretagne à l'affût de papier

Grande-Bretagne, 20 décembre
Lors d'une émission radiodiffusée, Sir Charles Portal, responsable du personnel de l'armée de l'air, a réitéré son appel en invitant ses compatriotes à récupérer leurs vieux papiers. « Chacun d'entre vous a chez lui des munitions pour faire la guerre. » Vieux magazines ou journaux, cartes de vœux et décorations de Noël, emballages et paquets de cigarettes sont tous nécessaires à la fabrication d'emballages d'obus, de mines, de balles de mitrailleuse, de postes de radio, de blindés ou d'avions.
Malgré les cinq mille tonnes de clôture qui ont déjà été récupérées, les Britanniques ont toujours un besoin urgent en ferraille. Or, certaines personnes ont opposé une vive résistance pour conserver leurs clôtures, que d'aucuns ont même électrifiées.

Des femmes récupèrent le papier.

Hitler se nomme commandant en chef

Berlin, 19 décembre
Ayant constaté que ses armées se trouvaient paralysées par d'importantes chutes de neige et par le froid tenace, Hitler vient, comme l'indique aujourd'hui un communiqué officiel, de destituer son commandant en chef « en suivant son intuition » pour lui succéder.
Le maréchal von Brauchitsch, commandant en chef de l'armée de terre depuis 1938, profondément consterné par la situation désespérée de l'armée allemande en URSS, vient d'être victime d'une crise cardiaque. Hitler en a profité pour le démettre. En même temps, le Führer a pris une très grave décision hier en ordonnant aux troupes de la Wehrmacht de résister sur place. Un ordre qui apparaît impossible à exécuter, mais l'armée allemande a-t-elle le choix ?

Hitler, qui déteste von Brauchitsch le traite publiquement de pleutre.

Pacifique : le rouleau compresseur nippon avance

Débarquements ennemis au sud

Philippines, 20 décembre
La nuit dernière, les troupes japonaises ont débarqué à Davao, sur l'île de Mindanao, l'île la plus au sud des deux plus grandes terres de l'archipel. Ainsi, la nouvelle phase du plan d'attaque nippon, qui consiste à prendre en tenailles le territoire américain, a commencé. Depuis le 10 décembre, date de leur arrivée, les Japonais progressent très rapidement. Il y a six jours, 6 500 hommes avaient débarqué sur la plus grande île du nord des Philippines, Luçon. Mais, au fur et à mesure qu'avance l'armée impériale, les soldats américains assiégés résistent vaillamment. Le 14 décembre, les Japonais ont pris Tuguegarao, au nord de Luçon. Les bombardiers américains ont riposté en attaquant les convois de soldats. Un pilote, retardé par une panne de moteur, n'a pu atteindre son objectif qu'après le départ des autres bombardiers. Soudain, un essaim de 18 chasseurs s'est abattu sur lui. Toutefois, il a lâché sa charge et regagné la base, poursuivi par des chasseurs sur près de 120 km. En chemin, il a abattu 11 appareils.

Un coup de feu claque ! Les Japonais abandonnent leurs bicyclettes et chargent.

Malaisie : la menace accroît la tension

Singapour, 20 décembre
Les autorités viennent de lancer un appel aux Britanniques en les pressant de leur envoyer des renforts en hommes et en avions pour contrer la menace japonaise croissante. Il y a trois jours, les troupes britanniques ont abandonné l'île de Penang sans combat. L'occupation par les Japonais de l'Etat de Kedah et de la province de Wellesley est chose faite à présent. Les Japonais, en route vers le sud, ont assailli l'Etat voisin de Perak, riche en mines d'étain. A Wellesley, l'armée impériale a investi le terrain d'aviation de Butterworth, à 576 km de Singapour, ce qui leur donne accès à cinq des onze aérodromes malais. Les Britanniques sont en train de regagner la rivière Krian, où ils pensent pouvoir mieux résister.

La Birmanie, une nouvelle fois ciblée

Bangkok, 15 décembre
La Birmanie est la dernière victime de l'offensive japonaise en Asie du Sud-Est. L'invasion a débuté ce matin, lorsque la 15e armée nippone venant de l'ouest de la Thaïlande a traversé l'isthme de Kra pour investir les trois terrains d'aviation stratégiques du sud, Victoria Point, Tavoy et Tennasserim.
Tokyo a décidé d'autoriser le général Lida, commandant la 15e armée, à lancer l'offensive. Il est vrai que le débarquement japonais en Malaisie ayant réussi, la 25e armée de Yamashita n'a plus besoin de lui pour renforcer ses arrières.
L'objectif premier de Lida est de prendre Rangoon et de priver les nationalistes chinois de la principale ligne de ravitaillement alliée. Le général japonais dispose d'un soutien logistique important : 2 divisions, 35 000 hommes et 100 appareils. En outre, il bénéficie du renfort de la cinquième colonne. Ces nationalistes birmans entraînés par les Japonais sont farouchement déterminés à vaincre les Britanniques, qui sont mal organisés et trop peu nombreux. (→ 24)

Hong Kong : le gouverneur refuse par trois fois de se rendre

Hong Kong, 18 décembre
Les jours de la colonie britannique semblent être comptés. Quarante mille Japonais s'apprêtent à assaillir l'île qui n'est défendue que par huit mille hommes. Hier soir, un contingent de Japonais a réussi à établir une tête de pont à Tai Koo, sur l'île de Hong Kong, après avoir traversé le bras de mer séparant l'île du continent. Remarquablement renseignés, les artilleurs japonais ont détruit blockhaus, postes de défense fixes et abris antiaériens sur le rivage nord de l'île. Sur les injonctions de Churchill, le gouverneur de Hong Kong, Sir Mark Young, continue à rejeter l'offre du général de corps d'armée Sakai. Celui-ci l'invite à se rendre pour des « raisons humanitaires ». Sir Mark vient de rejeter « platement » cette proposition pour la troisième fois.

L'armée refoule sans pitié les Chinois qui veulent se réfugier à Hong Kong.

Pacifique : pleins feux sur Wake

Wake, Pacifique, 20 décembre
« Les Japonais occupent toutes les îles. Ils attaqueront l'Australie. La race blanche est menacée de disparaître de cette partie du globe », a déclaré Hitler. Il voit d'un œil assez critique l'avancée de son allié. Seule, l'île de Wake échappe encore à l'occupant. Cet atoll sans arbres à mi-chemin de Manille et de Pearl Harbor, est défendu par 400 marines, une douzaine d'avions et 6 canons de 5 pouces. Le 11 décembre, la flotte japonaise s'est rapprochée de l'île après trois jours de pilonnage aérien. Le major Devereux, commandant des marines, a attendu que tous les bâtiments soient à la portée de ses canons avant de couler deux destroyers et d'endommager un croiseur.

1941

Décembre

Di	Lu	Ma	Me	Je	Ve	Sa
	1	2	3	4	5	6
7	8	9	10	11	12	13
14	15	16	17	18	19	20
21	22	23	24	25	26	27
28	29	30	31			

21. France : arrestation de Jacques Arthuys, chef de l'Organisation civile et militaire (OCM), mouvement de résistance en zone occupée.

21. Berlin : le général Juin, convoqué par Göring, a un entretien avec lui sur l'Afrique du Nord. Göring exige la possibilité de ravitailler Rommel par Bizerte.

21. Atlantique : un U-Boot coule le cargo allemand capturé *Hannover*. Equipé d'une catapulte de chasseur, il défendait un convoi.

22. Philippines : importants débarquements japonais dans le golfe de Lingayen.

22. Washington : arrivée de Churchill pour des entretiens avec Roosevelt (→ 26).

23. Philippines : Manille est déclarée ville ouverte. Le général MacArthur transfère son QG dans l'île fortifiée de Corregidor (→ 24).

23. Pacifique : les Japonais prennent l'île de Wake, et la rebaptisent île des Oiseaux.

24. Bornéo : débarquement japonais à Kuching, capitale de l'État de Sarawak (→ 10.1.1942).

24. Birmanie : les Japonais lancent de violentes attaques aériennes sur Rangoon.

25. Inde : Gandhi quitte la direction du parti du Congrès. Il a décidé de soutenir l'effort de guerre des Britanniques.

25. URSS : Guderian est relevé de son commandement sur le front de Moscou.

27. Norvège : attaque combinée de la RAF, de la Royal Navy et de commandos contre la base allemande de Vaagso.→

29. Birmanie : les Britanniques prennent Bokpyin aux Japonais et les repoussent en Thaïlande (→ 19.1.1942).

30. URSS : l'Armée rouge reprend Kalouga au sud-ouest de Moscou. En Crimée, les Soviétiques reprennent Kertch et Féodossia par des opérations amphibies (→ 1.1.1942).

31. France : en décembre, 221 attentats contre les Allemands ont été commis en région parisienne par les Bataillons de la jeunesse, communistes.

Leningrad, assiégé, meurt de faim

Epuisé par le froid, la faim, le siège, les bombardements et les combats, le peuple de Leningrad résiste encore !

Leningrad, 31 décembre
Après quatre mois de siège, la ville continue à résister. Toutefois, les habitants souffrent cruellement de la faim et du froid. La ration quotidienne de pain n'y est en effet que de 225 g. Il n'est pas rare de voir une mère conduire au cimetière le cadavre de son enfant emmitouflé sur une luge. On évalue à environ trois mille le nombre de personnes qui meurent de faim chaque jour malgré les expéditions suicidaires au cours desquelles des convois de camions tentent de traverser le lac Ladoga, gelé. Ils circulent de nuit le long d'un chemin balisé et roulent sous le feu ennemi. Presque chaque nuit, la glace cède et engloutit l'un d'entre eux. Il n'y a ni carburant pour les autobus ni chauffage pour les foyers. On a ressorti d'antiques poêles. Pour nombre de gens, l'unique façon de se chauffer est de brûler ses meubles. La population souffre aussi de maladies liées à la carence alimentaire. Le scorbut fait rage. Les femmes qui forment durant des heures d'interminables files d'attente pour tenter d'obtenir une simple miche de pain dissimulent sous d'épais manteaux un ventre gonflé par la faim. On mélange de la sciure à la farine. Les plus robustes affrontent le chemin périlleux qui mène aux champs gelés pour y déterrer des pommes de terre. L'agonie continue et l'on parle même parfois de cannibalisme.

Le Troisième Reich réquisitionne toutes les matières premières

Berlin, 31 décembre
Bien que la Wehrmacht soit arrêtée aux portes de Moscou, le Troisième Reich a considérablement étendu son empire en un an. Dans l'ensemble, la guerre continue à lui sourire, mais comment l'économie nazie supporte-t-elle le choc? La première année de conflit n'a pas apporté de changements sensibles dans la vie quotidienne des Allemands. La production d'armes a dû être doublée en Allemagne. En revanche, elle a été multipliée par six au Royaume-Uni et par plus de huit aux Etats-Unis. Pendant les premiers mois de guerre, le Troisième Reich a puisé dans ses réserves. Ses victoires rapides sur la France et la Pologne lui ont permis d'économiser une partie du matériel. Ce sont en fait la bataille d'Angleterre et l'invasion de l'URSS qui ont véritablement affaibli les stocks. La destruction du *Bismarck* et les pertes en mer ont contraint les Allemands à ouvrir des chantiers navals d'appoint. Ainsi, ils ont dû mobiliser usines et matières premières ainsi que la main-d'œuvre destinées normalement à l'économie civile. L'Allemagne dépend plus que jamais de l'importation ou de la réquisition de matières premières. Aussi, les Allemands saisissent tout ce qui a de la valeur en Pologne, en France et dans la partie occupée de l'Union soviétique. La plus grande partie des 9 000 tonnes de métaux non ferreux d'un contrat passé avec l'URSS a été livrée avant l'invasion nazie...

La 8e armée entre dans Benghazi

Benghazi, 24 décembre

Lasse et usée par un mois de combat sans répit, la 8e armée s'est emparée de la ville dévastée. Rommel a combattu avec acharnement, protégeant ses quelques Panzer avec une importante puissance de feu antichar. Il a pu déjouer les tentatives britanniques visant à prendre à revers l'Afrikakorps en pleine retraite. Car la Desert Air Force, quoique gênée à plusieurs reprises par le mauvais temps, a constitué pour lui la menace la plus dangereuse. L'opération *Crusader* lui a infligé de lourdes pertes en hommes et 170 véhicules de combat ont été détruits. Il devra attendre longtemps les renforts.

Auchinleck pourrait marcher sur Tripoli et ainsi assurer la victoire en Afrique du Nord, mais ses hommes sont épuisés et les chars ont subi de graves dommages lors des durs combats dans le désert. A leur tour, les Britanniques éprouvent de nouveau les difficultés propres à ce genre de guerre où il est difficile de communiquer avec ses arrières. Avant d'être envoyées en Grèce et au désastre, les troupes britanniques se sont déjà trouvées dans la même situation. Or, le 12, Auchinleck a appris que les renforts tant attendus (2 divisions, 4 groupes de bombardiers et des armes antichars) seront en fait envoyés en Extrême-Orient.

Muselier prend Saint-Pierre-et-Miquelon

Les marins des FNFL et la population de Saint-Pierre fraternisent bien vite.

Saint-Pierre, 24 décembre

Au nom de la France libre, l'amiral Muselier a pris possession des îles de Saint-Pierre-et-Miquelon aux acclamations de la population, déjà acquise au général de Gaulle depuis l'armistice. Après avoir mis au point une stratégie d'attaque avec de Gaulle, Muselier a quitté l'Angleterre hier pour se diriger vers Terre-Neuve. Sous prétexte d'inspecter sa division de corvettes qui y était basée, il devait prendre la mer avec elle et s'emparer de Saint-Pierre par surprise. Ce matin à l'aube, les marins des Forces françaises libres n'ont eu aucune peine à entrer dans la ville profondément endormie. En vingt minutes, l'opération était terminée sans un seul coup de feu. L'enseigne de vaisseau Alain Savary sera nommé gouverneur. Il va falloir maintenant faire accepter ce coup de force aux Britanniques et aux Américains qui y étaient opposés. La France libre craint surtout la réaction des Américains qui entretiennent de bonnes relations avec Vichy et qui lui ont garanti le maintien du *statu quo* dans les possessions françaises de l'hémisphère occidental.

La guerre inquiète les Australiens

Melbourne, 31 décembre

« C'est l'heure la plus grave de notre histoire », a déclaré John Curtin, le Premier ministre australien, le lendemain de Pearl Harbor, dans une interview parue dans le *Herald* de Melbourne. Le pays n'est pas du tout préparé aux malheurs qui l'attendent. Depuis deux ans, les Australiens participent à l'effort de guerre en combattant aux côtés des Britanniques loin du Pacifique. Curtin est inquiet car les meilleures divisions australiennes sont en Egypte. Il prévient clairement que, si l'Angleterre ne remplit pas ses obligations, l'Australie appellera l'URSS à l'aide et mènera sa politique de défense en accord avec les Etats-Unis. Toutefois, le drame de Pearl Harbor, l'anéantissement

Les Australiens se préparent à la guerre de manière intensive.

des forces aériennes américaines, du Moyen-Orient aux Philippines, le débarquement des Japonais en Malaisie et en Thaïlande et enfin la perte du *Prince of Wales* et du *Repulse* ont sérieusement inquiété les Australiens. Après deux semaines de guerre en Asie du Sud-Est, la situation est alarmante. Le général de division Bennett, commandant de l'armée australienne en Malaisie, a demandé le transfert du Moyen-Orient d'au moins une division australienne. Le gouvernement australien a envoyé un message à Churchill et à Roosevelt réunis à Washington, leur demandant d'envoyer des renforts à Singapour, dont la perte isolerait l'Australie. ▷

Le convoi HG-76 rudoyé mais sauf

Atlantique nord, 23 décembre

Le convoi HG-76 est finalement arrivé à bon port après une traversée mouvementée. Conscient du danger, il avait retardé son départ jusqu'à l'arrivée d'une puissante escorte : deux sloops, trois destroyers, sept corvettes et un paquebot, *Audacity*, pris aux Allemands et transformé en porte-avions d'escorte. Au cours des six derniers jours, le convoi a été attaqué par 4 U-Boote. Le commandant Walker, spécialiste de la défense anti-sous-marine, a utilisé les avions d'*Audacity* pour couler 5 U-Boote et abattre 2 avions de reconnaissance à long rayon d'action. Il n'a perdu que 2 cargos sur 32, mais *U-751* a torpillé hier *Audacity*.

Depuis la baignoire, l'équipage veille.

Raid britannique sur la Norvège

Vaagso, 27 décembre

L'opération effectuée par les forces britanniques – terre, air et mer combinées – sur l'île de Vaagso, située au nord du port de Bergen, était destinée à laisser croire aux Allemands que les Alliés avaient l'intention d'envahir la Norvège. Après la destruction des batteries côtières par les canons de la Navy et celle du terrain d'aviation par les bombardiers de la RAF, les combats de rues ont encore duré cinq heures. Les Britanniques ont perdu dix-neuf hommes sur les huit cents engagés, ainsi que huit navires et autant d'avions. Une centaine de soldats allemands ont été tués.

Hong Kong se rend aux Japonais

Hong Kong, 25 décembre
Le drapeau japonais flotte ce soir sur Hong Kong. A l'issue de dix-huit jours de combat dont les sept derniers ont été marqués par des bombardements continus, le gouverneur, Sir Mark Young, s'est rendu officiellement au général Taikaishi Sakai à 19 h 5, heure locale. C'était la seule chose à faire sachant que les réservoirs d'eau non détruits suffisaient à peine pour tenir une journée de plus. Dans un communiqué, le bureau colonial a indiqué que Sir Mark avait pris cette décision sur les conseils du général Maltby qui lui avait fait savoir qu'une « résistance armée » n'était pas possible. Il est vrai que l'état-major impérial avait décidé de ne pas défendre Hong Kong. Les ordres de Maltby étaient stricts : « Tenir le plus longtemps possible en cas d'attaque. » Sir Mark est retenu prisonnier à l'hôtel Peninsula dans Kowloon où il a déclaré, au cours d'une brève cérémonie, au commandant en chef japonais : « Je me constitue prisonnier en ordonnant à l'ensemble des forces britanniques de cesser toute résistance. » Les pertes britanniques et japonaises sont évaluées des deux côtés à environ 2 000. Cependant, le nombre des victimes britanniques est sans doute plus élevé. En effet, le colonel Tanaka aurait ordonné à son régiment, le 229ᵉ, de ne pas faire de prisonnier. Après avoir dévasté une batterie antiaérienne il y a trois jours, ils ont attaché vingt survivants avant de les transpercer à la baïonnette. Ce régiment a utilisé la même méthode dans un centre médical. La phase finale de l'invasion japonaise a débuté il y a trois jours avec le débarquement de 40 000 fantassins sur la côte nord-est. Pendant ce temps, les Britanniques les attendaient sur la partie nord-ouest de l'île. Ils ont ensuite progressé vers le sud en direction de Deep Water Bay, s'emparant de tous les points fortifiés et dispersant les forces de défense. Londres pensait que celles-ci pourraient tenir quatre-vingt-dix jours. Sakai doit sa victoire à sa stratégie et à la bonne organisation de son service de renseignements. Des espions, dont le barbier de l'hôtel Peninsula, ont fourni des cartes précises et actualisées de tous les emplacements des canons britanniques.

Défilé de la victoire pour le général Sakai dans Hong Kong désert.

D'importants renforts japonais ont débarqué aux Philippines

Manille, 24 décembre
L'étau se resserre lentement sur la capitale des Philippines. Un renfort de 7 000 hommes est arrivé à Lamon Bay sur la côte est de Luçon. Ils vont vraisemblablement chercher à rejoindre le gros des troupes du général Homma, soit 43 000 hommes qui ont débarqué il y a deux jours dans le golfe de Lingayen à 192 km de la capitale, Manille. Certains renseignements incitent le général MacArthur à penser que les forces japonaises seraient proches de 90 000 soldats. Ne disposant que de 25 000 hommes et d'éclaireurs philippins pour défendre Manille, il a donc déclaré la capitale ville ouverte. MacArthur et le président philippin, Manuel Quezon, ont embarqué à bord du *Don Esteban*, afin de gagner Corregidor.

En route vers Manille : ici des fantassins japonais en position d'assaut.

La division indienne quitte la Malaisie

Singapour, 30 décembre
La 11ᵉ division indienne chargée de défendre la Malaisie centrale a abandonné Kampar et tous les territoires situés au-delà de la rivière Perak. Elle se rassemble plus au sud sur le fleuve Slim.
Les espoirs du général de division Heath de stopper le gros des forces japonaises dans leur avancée vers le sud par la côte ont été anéantis. En effet, une seconde colonne japonaise a surgi de la jungle, jugée jusqu'alors infranchissable, sur le flanc est, après avoir traversé la Thaïlande. Le moral de la division se maintient en dépit de la défection récente d'une unité composée de soldats indiens indépendantistes.

Chine : la guerre risque de reprendre

Tch'ang-cha, 24 décembre
Tch'ang-cha, porte de la Chine centrale, est menacé d'être investi par les forces japonaises pour la troisième fois en un an, au moment où le combat sans issue reprend entre la Chine et le Japon. Les Japonais ont marché sur la ville pour détourner les nationalistes chinois. Ceux-ci viennent du Hunan et se dirigent vers Canton au sud. Ils veulent attaquer les forces impériales pour soulager Hong Kong.

Les Alliés vivent un triste réveillon

Asie du Sud-Est, 31 décembre
Le Noël des commandants américains a été gâché par l'avancée de l'impitoyable rouleau compresseur japonais dans le Pacifique. Déjà présents aux Philippines, les Japonais continuent à progresser dans cette partie du globe.
Le 10 décembre, ils ont pris Guam. L'île de Wake vient de tomber sous les bombardements redoutables de bâtiments japonais. Les dernières troupes britanniques viennent de quitter Bornéo pour les Indes néerlandaises. La nouvelle année s'annonce difficile pour les Alliés dont les bastions aux Philippines et Singapour sont très menacés.

Le V de la victoire de Churchill au Congrès

Washington, 26 décembre
« Pour qui nous prennent-ils ? » a déclaré Winston Churchill au sujet des Allemands et des Japonais dans un discours enflammé devant le Congrès. « Ils n'ont pas l'air de comprendre que nous ne cesserons pas de nous battre avant de leur avoir donné une bonne leçon qu'ils n'oublieront pas de sitôt, et le monde non plus. » Les propos du Premier ministre britannique ont maintes fois recueilli les applaudissements nourris de l'auditoire. Quittant la tribune, les épaules un peu voûtées, il s'est retourné pour saluer ses auditeurs en leur faisant de la main droite le V de la victoire. Son geste a déchaîné une nouvelle ovation. Le Congrès a été très sensible à son allocution célébrant l'héritage démocratique que partagent la Grande-Bretagne et les Etats-Unis. « Ce discours visait à souligner l'unité existant entre les USA et la Grande-Bretagne », a déclaré le sénateur Byrd. L'isolationniste Wheeler a admis pour sa part qu'il s'agissait d'un discours intelligent que l'Américain moyen appréciera plus ou moins dans les circonstances actuelles.

Churchill fait un point d'information.

Rencontre des chefs alliés à Washington

Washington, 31 décembre
Churchill achève sa visite dans la capitale en faisant la synthèse de la conférence, connue sous le nom d'Arcadie, entre les états-majors anglais et américains.
A l'issue des négociations, il a été décidé, en dépit des réticences de certains Américains, de reconnaître Hitler comme l'ennemi principal, bien qu'il ne constitue pas actuellement la menace la plus dangereuse. La conquête des Indes orientales par les Japonais constitue en fait un danger latent, car cette région renferme d'immenses réserves de matières premières. Il faut d'abord se préoccuper de stopper l'offensive japonaise avant d'organiser l'invasion totale de l'Europe et de vaincre l'Allemagne. Juste avant Noël, un accord prévoyant la création de deux comités mixtes, un pour la guerre, l'autre pour le ravitaillement, a été conclu. Le général Marshall a exigé que soit mis en place un commandement unique dans le Pacifique, l'ABDA (American, British, Dutch, Australian), qui sera confié à un Britannique.

Eden et Staline satisfaits de leur entrevue

Moscou, 22 décembre
A l'issue d'une semaine de pourparlers entre Staline et Anthony Eden, le ministre britannique des Affaires étrangères, et leurs conseillers militaires et diplomatiques, le communiqué officiel fait état d'une convergence d'opinion. Les deux pays veulent poursuivre la guerre contre l'Allemagne hitlérienne. Le communiqué reste toutefois évasif en ce qui concerne l'après-guerre : « Cet échange de vues a été très fructueux et utile, et il permettra à l'avenir l'élaboration de propositions concrètes. » Pour clore cette rencontre, Staline a donné un banquet au Kremlin. Peu avant, Eden a effectué une visite au front où il a admiré les soldats soviétiques. Il a également rencontré des prisonniers allemands grelottant de froid, sans gants, vêtus de manteaux non doublés et chaussés de simples bottes. Eden est arrivé à Moscou après un long détour et 72 heures de train. Au cours des 5 sessions, il s'est entretenu avec les Soviétiques pendant vingt heures environ.

« Ah ! les p'tites femmes de Paris !... »

Paris, 31 décembre
Le Führer l'a déclaré : pour avilir les Français, Paris, capitale intellectuelle, doit devenir la Babylone des plaisirs, le Luna Park de l'Europe nazie. Les autorités d'occupation se montrent donc particulièrement libérales envers les lieux de plaisir parisiens, boîtes de nuit et maisons de tolérance.
Le Bœuf sur le toit, par exemple, un des cabarets que les Allemands apprécient le plus, vient de recevoir une attribution de charbon de huit tonnes par mois.
Il faut dire qu'en matière de spectacle les occupants ont une prédilection marquée pour les revues déshabillées, et l'on ne peut pas demander aux « petites femmes de Paris » de claquer des dents vêtues de leurs seuls charmes.
« La bière et le nu », au Moulin de la Galette, et un numéro d'écuyères en tenue plus que légère au Tabarin obtiennent tous les soirs un énorme succès auprès de cette clientèle aux uniformes galonnés.
Montmartre, Montparnasse et les Champs-Elysées restent donc les hauts lieux traditionnels des nuits de Paris. Huit jours après l'entrée de la Wehrmacht, les cabarets reprenaient leurs activités. Aujourd'hui, plus de cent boîtes de nuit sont ouvertes, dont le Lido, le Shéhérazade, le Monseigneur, le Moulin-Rouge, le Grand Jeu, etc. Les Allemands ne sont d'ailleurs pas les seuls à les fréquenter. Certains Français, que la présence de l'occupant ne semble pas gêner outre mesure, en profitent sans vergogne. Ils en font même une sorte de patriotisme à rebours, fiers de voir la soldatesque du vainqueur apprécier des agréments si typiquement français. Par mesure de précaution, les Allemands préfèrent pourtant se réserver l'usage exclusif de certaines maisons closes particulièrement surveillées. Le One-Two-Two, l'une des plus connues, était même réservé aux officiers supérieurs de la Wehrmacht, mais on a fini par y accueillir de nouveau des Français : au dire des vainqueurs, sans eux, on s'y ennuyait trop.

Sur la scène du Shéhérazade.

Le spectacle du Moulin de la Galette est réservé aux permissionnaires.

" La bataille d'Egypte, 1942. Un chasseur-bombardier " par Anthony Gross.

1942

1942

Janvier

Di	Lu	Ma	Me	Je	Ve	Sa
				1	2	3
4	5	6	7	8	9	10
11	12	13	14	15	16	17
18	19	20	21	22	23	24
25	26	27	28	29	30	31

1er. France : Jean Moulin est parachuté en zone libre, au-dessus des Alpilles. Le général de Gaulle lui a donné pour mission d'unifier la Résistance.

1er. URSS : l'Armée rouge progresse en Crimée, malgré une énergique contre-attaque des Allemands (→ 19).

2. Libye : les forces alliées reprennent le port de Bardia aux Allemands.

2. Philippines : les troupes japonaises occupent Manille et la base navale de Cavite. Les Américains se replient dans la péninsule de Bataan (→ 10).

3. Washington : Tchang Kaï-chek est nommé commandant en chef des forces alliées en Chine.

3. Singapour : 51 chasseurs Hurricane viennent renforcer la défense aérienne de l'île, avec seulement 24 pilotes.

4. Malaisie : l'aviation japonaise bombarde les forces indiennes le long du Slim.

4. Etats-Unis : décret du gouvernement pour reconvertir la production d'automobiles dans l'armement. La vente de voitures neuves est interdite.

5. Moscou : contre l'avis de son chef d'état-major, le général Joukov, Staline ordonne une offensive générale sur tous les fronts (→ 10).

5. Méditerranée : le sous-marin *HMS Upholder* coule un sous-marin italien au large des îles Lipari.

6. Libye : Rommel reçoit 55 nouveaux chars. Les unités avancées des Britanniques atteignent El-Agheila.

7. Malaisie : les Japonais enfoncent les défenses de la 11e division indienne sur le Slim.

8. Paris : ouverture du procès du réseau de résistance du Musée de l'Homme.

8. Irak : à Bagdad, Rachid Ali est condamné à mort par contumace. Il conduisait la rébellion antibritannique.

9. Malaisie : les forces britanniques reçoivent l'ordre de se replier sur Johore Bahru.

10. Bornéo : les Japonais débarquent à Tarakan (→ 17).

Une déclaration des « nations unies »

Washington, 1er janvier

Les Etats-Unis, la Grande-Bretagne, l'Union soviétique, la Chine et vingt-deux autres pays viennent de signer un engagement solennel, qui prévoit de combattre à l'extrême les forces de l'Axe et de ne pas conclure de paix séparée. Aux côtés des quatre grandes puissances, on compte parmi les signataires quatre nations de l'Empire britannique : Australie, Canada, Nouvelle-Zélande et Afrique du Sud ; s'y ajoutent les gouvernements en exil de huit pays européens occupés par les nazis : Belgique, Norvège, Tchécoslovaquie, Pays-Bas, Grèce, Luxembourg, Pologne et Yougoslavie. On trouve aussi dix républiques latino-américaines : Costa Rica, Cuba, Guatemala, Honduras, République dominicaine, El Salvador, Haïti, Honduras, Nicaragua et Panama. Ces pays adhèrent tous aux principes de la charte de l'Atlantique. C'est à Roosevelt que revient l'idée d'appeler les puissances associées les « nations unies ».

Churchill et Roosevelt sont unis dans leur détermination à combattre.

Le grand arsenal des démocraties

Washington, 6 janvier

La guerre sur deux fronts devant se prolonger sans qu'on puisse risquer le moindre pronostic sur sa durée, les Etats-Unis vont jeter dans la balance toute leur puissance industrielle.

Aujourd'hui, le président Roosevelt, dans son message annuel sur l'état de l'Union, a révélé devant le Congrès que le programme des fabrications de guerre avait été révisé à la hausse. Il a annoncé que les industries américaines devraient produire 125 000 avions de combat en 1943 (45 000 en 1942), 75 000 chars, 35 000 pièces de DCA. En outre, il a été décidé de porter la construction de navires marchands à 8 millions de tonneaux de jauge brute pour 1942 et d'atteindre le chiffre de 10 millions en 1943.

Cette révision du programme américain d'armement doit beaucoup aux interventions de Churchill et de lord Beaverbrook, le ministre de la Production industrielle qui, avec l'appui déterminé de Harry Hopkins ont su convaincre Roosevelt avec éloquence de la nécessité d'accroître la production d'armement. Le Congrès a accueilli cette nouvelle du « front » avec un enthousiasme communicatif.

La contre-offensive des Soviétiques bouscule les Allemands

Moscou, 10 janvier

Le général Joukov a déclenché une vaste offensive contre la « ligne d'hiver » allemande qui s'étend de Briansk au nord jusqu'à Rjev. Les Allemands pensaient pouvoir attendre là bien au chaud et à l'abri jusqu'à leur campagne de printemps. Or, l'Armée rouge, contrairement à eux, n'a pas l'intention d'arrêter les combats jusqu'à la belle saison. Elle pousse les Allemands à la retraite, ce qui cause la déroute à certains endroits. Les Russes ont pris Mosalsk, sur la route de Smolensk. Ils menacent d'encercler la base allemande de Mojaïsk. Les avions d'assaut Iliouchine Il-62 Sturmovik tournoient dans le ciel avant de descendre en piqué sur leurs proies. Vlassov progresse dans le secteur de Volokolansk. La Luftwaffe a dû dépêcher sur ses bases de première ligne tous les chasseurs disponibles pour protéger la retraite. Les Allemands prétendent que leur débâcle est une manœuvre destinée à causer des pertes chez les Soviétiques et qu'ils vont reprendre l'offensive.

L'hiver russe et la dernière offensive de Joukov ont contraint les Allemands à une retraite précipitée.

Progrès japonais dans le Pacifique

Philippines : rudes combats à Bataan

Bataan, 10 janvier
Un barrage incessant d'obus d'artillerie illumine de nuit la péninsule de Bataan, à l'ouest de Manille. Les 80 000 hommes des forces américaines et philippines, commandées par le général MacArthur, luttent encore pour empêcher la conquête totale des Philippines par la 14e armée japonaise du général Homma. L'artillerie du 2e corps américain, dissimulée dans la jungle recouvrant les volcans du mont Natib à Abucay, est constamment harcelée par des chasseurs Zero. Pourtant, elle prétend avoir détruit 40 canons et plusieurs pelotons ennemis. Ce succès est dû à la précision de la reconnaissance aérienne des avions américains restants et à l'efficacité du camouflage des pièces d'artillerie réalisé par le général King.
Le moral des troupes américaines reste au beau fixe malgré le largage de tracts japonais appelant à la reddition. Peu d'hommes savent cependant que Washington a averti MacArthur que pas un renfort n'était disponible. La pénurie de vivres est le souci majeur. Non seulement il faut nourrir les soldats, mais aussi les 26 000 réfugiés civils, philippins et américains venus de Manille. Les stocks permettront de tenir à peine un mois. (→ 23)

Blitzkrieg à la japonaise : la bicyclette devient un moyen de transport.

Retraite forcée des Alliés en Malaisie

Singapour, 7 janvier
Depuis le début de l'invasion japonaise le mois dernier, jamais les combats n'auront été aussi violents. Appuyées par les blindés et les chasseurs, les troupes nippones ont envahi les positions britanniques. Puis elles ont franchi le Slim à 320 km au nord de Singapour, le dernier obstacle naturel sur la route de Kuala Lumpur. Les troupes de Yamashita font ainsi en moyenne 32 km par jour à pied ou à bicyclette. La rapidité de leur progression empêche toute tentative de regroupement. Aujourd'hui, les Japonais ont percé la ligne de défense fortifiée à Kuala Buku, important nœud de communication à 40 km au nord de Kuala Lumpur. Le plan britannique de défense de la Malaisie, qui repose sur les 9e et 12e divisions indiennes et sur la 8e division australienne, est compromis. Même si les Britanniques font état de lourdes pertes japonaises dans la bataille du Slim, ils ne cachent pas leur inquiétude sur le sort de Kuala Lumpur. Après avoir analysé la situation, Wavell, le nouveau commandant en chef des Alliés en Extrême-Orient, a ordonné de renforcer sans délai la défense sur la côte nord de Singapour. (→ 16)

i Bataan leur résiste encore, les aponais contrôlent le reste du pays.

L'île de Bornéo tombe à son tour

Bornéo, 8 janvier
Les Japonais ont pris position à Jesselton, capitale du secteur britannique de l'île, où l'Union Jack a été arraché. Les Anglais avaient déjà quitté la ville. Le 15 décembre dernier, le 124e régiment d'infanterie japonais a débarqué dans la région des champs pétrolifères de Miri, qui étaient en feu. Toutes les forces que l'Empire britannique pouvait alors lui opposer étaient un bataillon indien et la police locale. De Miri, un bataillon japonais s'est dirigé vers le terrain d'aviation de Kutching, tandis qu'un second prenait la direction de Jesselton.

Le front d'Extrême-Orient est renforcé

Australie, 5 janvier
Churchill vient d'accepter, comme le lui demande le cabinet de guerre australien, de transférer le 1er corps australien du Moyen-Orient en Asie du Sud-Est, rassurant ainsi le gouvernement sur la défense du pays. En décembre, les Britanniques avaient assuré le Premier ministre australien, John Curtin, qu'ils feraient tout leur possible pour renforcer le front extrême-oriental de Rangoon à Darwin. La 18e division britannique ainsi que la 17e division indienne ont déjà quitté le Moyen-Orient pour rejoindre d'urgence l'Inde et Singapour.

Les nazis au ban du clergé néerlandais

Amsterdam, 5 janvier
Le conseil clérical s'est élevé publiquement contre le traitement que les nazis infligent aux Juifs. Il a qualifié celui-ci de « pure barbarie ». Cette protestation, la dernière en date depuis les nombreux témoignages de vive désapprobation manifestés par la population, ne va sans doute pas empêcher les rafles ni les déportations. Il y a un an, tous les Juifs néerlandais ont dû se faire enregistrer auprès des autorités allemandes. Les déportations au camp de travail de Mauthausen en Autriche ont commencé peu après. Rares sont ceux qui y survivent plus de quelques mois. (→ 13)

Des libres-services pour les civils

Grande-Bretagne, 6 janvier
Les cafétérias libres-services mises en place par les autorités pour offrir des repas à un prix abordable ont été baptisées « restaurants britanniques » à l'initiative de Sir Winston Churchill. Elles proviennent des services d'urgence instaurés pendant le Blitz pour nourrir les civils sans abris victimes des bombardements et sont si populaires que l'on a prévu d'en ouvrir d'autres. Un repas coûte entre 10 pence et 1 shilling et inclut plat garni, dessert, pain, beurre et café.

Dans les deux camps, la 5e colonne est devenue une hantise.

1942

Janvier

Di	Lu	Ma	Me	Je	Ve	Sa
				1	2	3
4	5	6	7	8	9	10
11	12	13	14	15	16	17
18	19	20	21	22	23	24
25	26	27	28	29	30	31

11. Washington : au cours d'une conférence secrète du colonel Solborg, de l'OSS, le commandant Aumeran expose la situation de l'Afrique du Nord, où les Américains comptent débarquer et conseille une opération globale (Maroc, Algérie, Tunisie) pour éviter l'échec.

11. Célèbes : des parachutistes japonais s'emparent de Kema et de Manado (→ 23).

11. Malaisie : les Japonais occupent Port Swettenham et Kuala Lumpur (→ 12).

12. Tokyo : le Japon déclare officiellement la guerre aux Indes néerlandaises.

12. Berlin : Hitler ordonne que les croiseurs *Gneisenau* et *Scharnhorst* quittent Brest pour la Norvège (→ 12.2).

12. Maroc : un projet allemand de détection des mouvements alliés en Méditerranée échoue à Tanger. Des Britanniques font sauter l'émetteur de rayons infrarouges.

13. Pologne : 700 Juifs de Lodz sont déportés au camp de Chelmno. Ce sont les premières des 10 000 déportations prévues (→ 20).

13. URSS : dans le secteur centre, l'Armée rouge reprend Kirov. Elle enfonce ainsi un coin entre les 2e et 4e divisions Panzer.

14. Washington : fin de la conférence Arcadie qui décide du débarquement allié en Afrique du Nord.

15. URSS : les Soviétiques attaquent le front sud tenu par les Italiens (→ 18).

16. Singapour : évacuation des avions de la RAF sur Sumatra (→ 17).

17. Bornéo : les Japonais débarquent dans la partie britannique de l'île.

17. Egypte : reddition des troupes de l'Axe à Halfaya : 5 500 prisonniers.

17. Arctique : première attaque d'U-Boote contre un convoi de l'Arctique. Le destroyer *HMS Matabele*, escortant le convoi PQ-8, est coulé par l'*U-454* au large de Mourmansk (→ 1.4).

Les côtes américaines envahies d'U-Boote

Ce navire marchand allié vient d'être torpillé au large des Etats-Unis.

New York, 14 janvier
Les manchettes des journaux ont fait trembler tout Manhattan hier soir. La nouvelle du torpillage d'un pétrolier norvégien, à 176 km du port où accostent les paquebots, confronte les habitants aux tristes réalités de la guerre. Il y a deux jours, un cargo britannique a été coulé à 300 milles des côtes. Ces deux attaques sont les premiers signes de ce que l'amiral Dönitz appelle la *Paukenschlag*, le « roulement de tambour », censé accueillir l'entrée en guerre des Etats-Unis. Dönitz a envoyé en chasse sur les côtes américaines ses meilleurs U-Boote à long rayon d'action. De jour, ils naviguent en plongée. De nuit, ils font surface pour torpiller les navires dont la silhouette se dessine sur la côte américaine. Obéissant aux ordres de « couler un maximum de navires avec le moins de munitions possible », les commandants des U-Boote savourent l'idée de s'offrir à nouveau du « bon temps », comme ils l'avaient fait pour la première fois il y a deux ans quand leurs sous-marins avaient coulé une série de bâtiments au large de la Grande-Bretagne.

La tempête est l'alliée des U-Boote.

16 janvier. La femme de Clark Gable, l'actrice Carole Lombard, meurt dans un accident d'avion.

Les Sud-Africains à l'assaut de Solloum

Solloum, 11 janvier
Toutes baïonnettes dehors, les troupes sud-africaines ont pris d'assaut la redoute de l'Afrikakorps. Ils ont chassé des grottes dominant la ville les centaines de tireurs qui s'y cachaient. Cette victoire coupe donc la ligne de ravitaillement par mer en nourriture et en eau douce des sept mille hommes de l'Axe. Ceux-ci occupent toujours Halfaya. En bloquant l'accès à la route côtière, la garnison allemande constitue un danger majeur pour l'armée britannique, qui doit faire un détour de 170 km à travers le désert pour rejoindre le front.

Des prisonniers alliés s'évadent

Genève, 15 janvier
Deux officiers alliés, un Britannique et un Néerlandais, ont réussi à gagner la Suisse sains et saufs. Après s'être évadés du château de Colditz, ils ont dû marcher jusqu'à la frontière en se faisant passer pour des agriculteurs néerlandais.
La nouvelle de leur « retour au pays » a été accueillie avec enthousiasme à Colditz, où sont enfermés les prisonniers les plus coriaces. Vêtus d'uniformes d'officiers de la Wehrmacht, les deux hommes sont tout simplement sortis du château. Pour détourner les soupçons d'une sentinelle, le Néerlandais n'a pas hésité à l'obliger à lui faire le salut réglementaire.

Hitler limoge ses meilleurs généraux

Moscou, 17 janvier
Tandis que les troupes du général Vlassov viennent de s'emparer de Chakhovskaïa et de Lobochino, à 7 km à l'est de Rjev, la Wehrmacht se remet d'une série de purges à l'échelon du haut commandement, dont les effets à long terme sont délicats à évaluer.
Le premier général à être démis est von Rundstedt, le 30 novembre. Il avait ordonné l'abandon de Rostov et le repli sur une position sûre. La réaction de Hitler est immédiate : abandon du repli ou démission. Von Rundstedt préfère démissionner. Le 7 décembre, c'est au tour de von Brauchitsch, victime d'une crise cardiaque. Hitler le remplace à son poste. Le 18 décembre, c'est von Bock, puis, le 25, Guderian, qui refuse d'appliquer la directive de Hitler de se faire tuer sur place. Le 7 janvier, le général Hoepner est chassé de la Wehrmacht. En tout 35 généraux ont été relevés. Serait-ce la fin du règne des généraux ? Hitler s'est imposé à tous comme général en chef, mais rien ne prouve que les officiers qui ont perdu leur pouvoir devant Moscou n'essaient pas de le reconquérir.

Les Japonais prennent Kuala Lumpur

Malaisie, 12 janvier
Kuala Lumpur, la capitale malaise, a été occupé hier par la 25e armée japonaise. Ainsi s'achève la première phase du plan japonais d'invasion de la Malaisie.
Les conséquences sont alarmantes pour Singapour. Malgré les destructions, d'énormes stocks sont tombés aux mains des Japonais, qui appliquent l'ordre du général Yamashita : « Pour les rations, servez-vous sur l'ennemi ! » L'occupation des aérodromes leur permettra d'intensifier leurs bombardements sur les bases et les installations de Singapour. La chute de Kuala Lumpur suit de peu l'écroulement il y a cinq jours de la 11e division indienne sur la rivière Slim. En inspectant le 3e corps d'armée indien, dont la base principale de ravitaillement était à Kuala Lumpur, Wavell et son chef d'état-major ont constaté l'état de démoralisation des troupes indiennes. Désormais, il n'y a plus d'obstacles entre les Japonais et Singapour, à l'exception de Johore, où les Alliés peuvent espérer se reposer et tenir.
L'exode de Kuala Lumpur a commencé avant-hier. Nuit et jour, un interminable convoi de véhicules de toutes sortes, transportant des civils et des militaires, se dirige vers le sud. De petits groupes silencieux de Malais, d'Indiens et de Chinois regardent avec étonnement les Blancs quitter la ville et les abandonner à l'ennemi. La conquête de la Malaisie par l'armée japonaise remonte à son débarquement à Kota Bahru, sur la côte nord-est.

A Kuala Lumpur, les Japonais progressent au milieu des tirs d'artillerie.

Les opérations ont commencé le 8 décembre, deux heures avant le raid sur Pearl Harbor. Peu après le débarquement à Kota Bahru, des hommes de la 5e division japonaise ont accosté à Singora et à Patani, dans le sud de la Thaïlande. Deux divisions indiennes au nord et la 8e division australienne au sud assurent la défense britannique de la Malaisie et de Singapour aux côtés des troupes mobiles. La RAF a envoyé 416 appareils en Malaisie, la plupart obsolètes, tel le biplan Wildebeest. Cependant, 64 bombardiers modernes, dont des Blenheim, et 6 hydravions Catalina, les ont rejoints.
On attend à présent l'arrivée de 51 Hurricane. La RAF voulait déployer 336 appareils en première ligne. Le 12 décembre, les Japonais tenaient déjà les positions britanniques de Jitra, faisant trois mille prisonniers. Le 26 décembre, après de rudes combats au nord d'Ipoh, les chars japonais sont arrivés à déborder les positions indiennes et à ouvrir la route de Kuala Lumpur et, plus loin, celle de Singapour. (→ 19)

Les gouvernements en exil menacent

Londres, 13 janvier
Les auteurs des atrocités commises dans l'Europe occupée par les nazis sont avertis. Ils devront rendre compte de leurs actes après la guerre et ils seront punis. Cette mise en garde émane des représentants des neufs pays occupés par les Allemands. Il s'agit de la première décision que les Alliés prennent ensemble pour juger des crimes de guerre, même si les trois grands Alliés ont déjà fait des déclarations individuellement. Le général polonais Sikorski est à l'origine de cette concertation. Belgique, Tchécoslovaquie, France (Comité national de la Résistance), Grèce, Pays-Bas, Norvège et Yougoslavie ont pris part à la décision.

Sikorski est un antinazi convaincu.

L'avance japonaise menace Singapour

Singapour, 17 janvier
Le dénouement est proche pour les défenseurs de la Malaisie. Après la chute de Kuala Lumpur, que les habitants fuient, la 5e division japonaise et la division des gardes avancent vers Johore, au sud. C'est là qu'aura lieu la prochaine bataille décisive pour Singapour. Lors des premiers combats avec les Japonais à Gemas, les Australiens leur ont tendu une embuscade, causant de nombreuses victimes parmi les soldats à bicyclette, avant de se replier en bon ordre. La 45e brigade indienne a été battue sur la rivière Muar par la division des gardes. Après une lutte acharnée, l'armée du général Percival a dû battre en retraite sur Singapour.

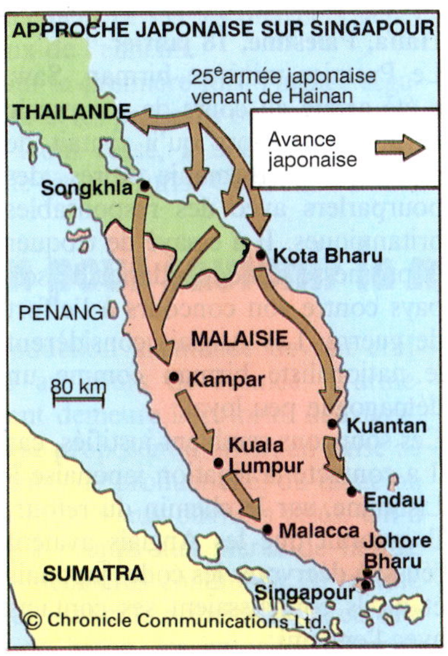

Le Japon en guerre contre les Pays-Bas

Indes néerlandaises, 11 janvier
Les Japonais poursuivent leur plan sans être inquiétés et l'on se demande ce qui pourrait les arrêter. Aujourd'hui, ce sont les colonies hollandaises des îles de la Sonde qui ont été attaquées. Pour la première fois, les Japonais ont parachuté des unités aux Célèbes. Ils se sont posés à Menado et se sont emparés de la base aérienne de Langoan après de durs combats avec la garnison hollandaise. A Bornéo, ils ont débarqué à Tarakan, une ville pétrolière de la côte est qui est aujourd'hui occupée. Les Néerlandais se sont retirés dans la jungle après avoir détruit les puits de pétrole.

L'Amérique latine dans le camp allié ?

Brésil, 15 janvier
La conférence des Etats d'Amérique du Sud qui vient de s'ouvrir aujourd'hui à Rio de Janeiro va permettre aux vingt et une républiques latino-américaines de définir une attitude commune devant le conflit mondial. Les Etats-Unis, qui sont représentés par Sumner Welles, insistent pour que les gouvernements déclarent la guerre à l'Axe. Sumner Welles, dans son allocution d'ouverture, a déclaré : « Abandonnez les schémas classiques de neutralité et unissez-vous en un front commun contre les agresseurs de l'Axe qui veulent conquérir le monde ! » (→ 28)

1942

Janvier

Di	Lu	Ma	Me	Je	Ve	Sa
				1	2	3
4	5	6	7	8	9	10
11	12	13	14	15	16	17
18	19	20	21	22	23	24
25	26	27	28	29	30	31

25. Bangkok : la Thaïlande déclare la guerre aux Etats-Unis et à la Grande-Bretagne.

25. Libye : les troupes allemandes reprennent Msous, écrasant la 2e brigade blindée britannique.

26. Méditerranée : attaques aériennes de l'Axe sur les aérodromes de Malte. La RAF bombarde Catane, en Sicile.

27. URSS : en Ukraine, les Soviétiques prennent Lozovaïa, nœud ferroviaire près de Dniepropetrovsk.

28. Java : le porte-avions *Indomitable* livre 48 chasseurs Hurricane. Ils étaient d'abord destinés à Singapour.

28. Rastenburg : Hitler décore le pilote Adolf Galland, as de la Luftwaffe, de la croix de chevalier avec diamants. Göring est consterné que les brillants soient faux.

28. Brésil : clôture de la conférence panaméricaine de Rio. 19 Etats sur 21 rompent leurs relations avec les puissances de l'Axe (→ 11.3).

29. Pacifique : des troupes américaines débarquent aux îles Fidji.

29. Allemagne : Hitler ordonne d'utiliser tous les moyens pour forcer les travailleurs des territoires occupés à travailler pour l'Allemagne (→ 21.3).

30. Grande-Bretagne : le pilote belge Le Roy du Vivier devient commandant d'une escadrille britannique de la RAF.

30. Moluques : 20 000 soldats japonais débarquent dans les îles et occupent Amboine, importante base navale. La faible garnison, hollandaise et australienne, est anéantie.

30. Berlin : dans un discours au palais des Sports, Hitler déclare : « Le résultat de cette guerre sera l'anéantissement total des Juifs. »

31. Berlin : le général SS Franz Stahlecker, commandant des Einsatzgruppen dans les Etats baltes, informe ses supérieurs de l'élimination de 229 052 Juifs.

31. Birmanie : il reste 35 avions aux Alliés face aux 150 appareils japonais.

Les Américains arrivent au Royaume-Uni

Belfast, 26 janvier
Les quelques milliers de soldats américains qui ont débarqué aujourd'hui sur le sol irlandais ont été accueillis au son des fanfares. Les premières forces aériennes et navales arrivées il y a trois semaines n'avaient pas reçu un accueil aussi chaleureux. Une division d'infanterie de l'Iowa a accosté en Irlande du Nord. Elle devra veiller sur les stocks de matériel militaire américain fournis grâce à la loi prêt-bail. Nombre de ces soldats sont d'origine germanique ou irlandaise. Les Américains ont été accueillis par le duc d'Abercorn, gouverneur de la province d'Ulster, accompagné de John Andrews, membre du Parlement, ainsi que de Sir Archibald Sinclair, ministre de l'Aviation. La fanfare des chasseurs à pied les a salués avec sa propre version de l'hymne national américain. Sir Archibald a déclaré que ce débarquement constituait une nouvelle étape dans le conflit, mais aussi un mauvais présage pour Hitler.

Ces Américains qui arrivent à Belfast portent encore le casque de 1918.

Staline poursuit sa contre-offensive

Moscou, 31 janvier
La contre-offensive de l'Armée rouge se heurte à la résistance farouche des Allemands. Les Russes s'avancent vers le sud en direction de Viazma pour leur tendre un piège. Une bataille décisive a lieu en ce moment pour contrôler Rhzev. De son côté, le général Joukov se dirige vers Briansk pour se rapprocher de Viazma. Pendant ce temps, le maréchal Timochenko s'avance sur Izym et veut reprendre Kharkov. Sur leur chemin, les combats font rage. Enfin, le général Vlassov a traversé la rivière Volkhov et continue vers Leningrad. Malgré la vague de froid qui sévit en ce moment, Staline ne veut pas ralentir le rythme des attaques. Il pense que la chute des Allemands est proche.

Accord Moscou-Téhéran-Londres

Téhéran, 29 janvier
Des troupes britanniques et soviétiques occupent des zones stratégiques en Iran depuis cinq mois. Londres et Moscou viennent de signer un traité d'alliance avec le jeune chah. Son père, qui menait une politique en faveur du nazisme, a été récemment détrôné. Aux termes de ce traité, les Britanniques et les Soviétiques pourront rester sur le territoire iranien pendant les six mois qui suivront la fin du conflit. Ils respecteront l'intégrité territoriale du pays, sa souveraineté et son indépendance. Ils s'engagent à défendre l'Iran contre toute agression. En échange, le chah a promis de ne pas adopter dans ses rapports avec l'étranger d'attitude contraire aux principes de l'alliance.

Moulin, chef unique de la Résistance

Paris, 26 janvier
Qui aurait pu croire qu'une simple boîte d'allumettes ouvrirait tant de portes ? Celle que Jean Moulin porte toujours sur lui contient les ordres du général de Gaulle sous forme de microfilms.
Jean Moulin, Max pour les résistants, était préfet à Chartres. Puis il a gagné l'Angleterre il y a presque cinq mois. Depuis, il a été parachuté en France le 1er janvier avec la mission d'unifier la Résistance sous le drapeau de la France libre. Sa petite boîte d'allumettes contient sa lettre d'introduction auprès des chefs de la Résistance de la zone sud-ouest. Non sans quelques hésitations, Henri Frenay, qui dirige le réseau Combat, a été le premier à se rallier à de Gaulle. Jean Moulin s'est ensuite rendu à Avignon, à Nîmes, à Valence et enfin à Lyon où il a rencontré Raymond Aubrac, du réseau Libération. Les premières prises de contact avec les chefs des mouvements antinazis n'ont pas toujours été faciles. Les chefs de la Résistance ne sont pas prêts à abandonner à de Gaulle l'autorité et l'indépendance qu'ils ont durement gagnées. Et ce, d'autant plus qu'il ne leur a encore rien promis de concret en échange de leur appui et de leur confiance. De plus, ils n'ont toujours pas vu la couleur de l'argent, des armes, des munitions et des explosifs qu'ils réclament depuis si longtemps.

Jean Moulin : construire et unifier !

La Cité des lions est prise d'assaut

L'avance japonaise sur Singapour

Singapour, 31 janvier
Depuis le retrait des troupes de Sa Majesté du passage de Johore, l'île fait l'objet d'une attention particulière. Depuis ces vingt dernières années, la base navale de Singapour constitue le point névralgique des Britanniques en Extrême-Orient. Les stratèges d'avant-guerre pensaient qu'une offensive ne pourrait venir que de la mer. Cette erreur se retourne contre eux aujourd'hui. En effet, depuis que les Japonais contrôlent la Malaisie, le danger vient du nord. Les canons, pointés vers le sud, qui étaient censés défendre Singapour, n'arrêteront plus l'avancée des troupes japonaises, qui n'ont plus qu'un détroit à franchir. L'état-major se demande s'il faut défendre Singapour ou l'abandonner aux mains de l'ennemi. Le général Wavell, récemment promu commandant des forces alliées pour cette région, estime que l'île ne tiendra pas longtemps. De son côté, Churchill a donné l'ordre de garder Singapour à tout prix. Il considère la reddition comme une trahison envers les autochtones. De plus, la chute de Singapour sonnerait le glas des Indes néerlandaises.

A Johore, l'offensive japonaise prend des allures de promenade militaire.

Les Britanniques quittent la côte malaise

Singapour, 31 janvier
C'est une armée japonaise triomphante, stimulée par le succès de sa campagne malaise, qui s'apprête à assener le coup fatal à Singapour, la Cité des lions. Suite à la défaite qu'il a subie dans l'Etat de Johore, le général Percival a dû retirer toutes ses troupes de l'isthme menant à l'île occupée. Ce matin, des soldats de l'arrière-garde britannique ont été refoulés dans Singapour après un tir d'obus visant précisément la chaussée qui relie l'île au continent. Les soldats anglais et indiens sont plus nombreux que l'ennemi, mais la supériorité navale et aérienne des Japonais les rend plus vulnérables. Malgré tout, le général Wavell fait l'objet d'une forte pression politique pour résister à l'ennemi. Elle vient de Churchill, mais aussi de Curtin, le Premier ministre australien, pour qui l'abandon de Singapour serait une trahison impardonnable.

Il faut détruire le mythe Rommel

Benghazi, 29 janvier
Le commandement britannique en Afrique du Nord se voit confronté à une menace d'un genre nouveau : la réputation grandissante d'invincibilité de ce « bon vieux Rommel ». Dans un ordre qui circule parmi les officiers supérieurs, le général Auchinleck loue l'« énergie et les qualités » de son adversaire. Toutefois, il ajoute que Rommel risque de devenir aux yeux des soldats un magicien, pis encore, une sorte de père Fouettard. Auchinleck leur demande de bannir par tous les moyens l'idée que Rommel serait plus qu'un simple général allemand. Cependant, celui-ci vient de prendre Benghazi.

Le rude hiver est l'ennemi de Hitler

Berlin, 30 janvier
Hitler vient de célébrer le neuvième anniversaire de son accession au pouvoir. Il n'y a pourtant pas vraiment de quoi se réjouir. Le Führer a reconnu que son offensive sur le front oriental était paralysée. Il a mis cet échec sur le compte de l'hiver très rude. Il a même confié qu'il ignorait si la guerre pourrait être terminée cette année.

Après Moulmein, le Japon prépare une offensive sur Rangoon

New Delhi, 31 janvier
Le port de Moulmein est tombé quand ses défenseurs ont reçu l'ordre de rembarquer. La chute de cette ville birmane constitue une menace pour Rangoon. C'est par ce port que transitent les armes et les vivres acheminées par la route de Birmanie vers les troupes de Tchang Kaï-chek en Chine.
La 15e armée japonaise, entrée dans Bangkok le 8 décembre, prépare l'offensive. Elle doit s'emparer des bases aériennes anglaises au sud de la Birmanie pour pouvoir lancer des raids aériens sur Rangoon. Une de ces pistes est déjà tombée aux mains des Japonais qui, depuis huit jours, ne cessent de pilonner Rangoon. Les chasseurs britanniques et américains ont contraint les Japonais à ne bombarder que la nuit.

La prise de la base aérienne et de la ville de Moulmein met les Japonais en position de s'emparer du port de Rangoon, la capitale de la Birmanie.

Vote de confiance pour Churchill

Londres, 29 janvier
Par 464 voix contre une, la Chambre des communes a pris l'engagement de « faire de son mieux pour soutenir l'effort de guerre ». Ce vote de confiance est survenu après 19 heures de débats. Ceux-ci ont été étalés sur 3 jours, car les députés ont dû rentrer chez eux avant le couvre-feu. Seuls, 3 membres du parti travailliste indépendant ont été récalcitrants. Deux d'entre eux ont fini par se rallier à l'opinion générale, alors que James Maxton, le troisième, est resté sur ses positions. Lors des débats, plus d'une centaine de députés étaient absents, la plupart pour des raisons militaires. Churchill a annoncé la création d'un ministère de la Production.

1942

Février

Di	Lu	Ma	Me	Je	Ve	Sa
1	2	3	4	5	6	7
8	9	10	11	12	13	14
15	16	17	18	19	20	21
22	23	24	25	26	27	28

1er. Paris : un groupe de résistants, commandé par l'Allemand Karl Schoënhaar, attaque à l'explosif un convoi place de la Concorde.

1er. Allemagne : début du rationnement du tabac. Les femmes reçoivent la moitié de la ration des hommes.

1er. Pacifique : 92 appareils des porte-avions américains *Yorktown* et *Lexington* attaquent les bases japonaises des îles Marshall et Gilbert.

2. Le Caire : Sir Lampson, ambassadeur britannique en Egypte, fait encercler le palais du roi Farouk par des chars, pour le contraindre à nommer un gouvernement proallié.

3. Java : premiers raids aériens des Japonais sur l'île. Ils mitraillent la base navale de Surabaya, et détruisent au sol l'aviation néerlandaise (→ 19).

3. Nouvelle-Guinée : l'aviation japonaise bombarde Port-Moresby (→ 8.3).

3. Océan Indien : Port T, base secrète britannique sur l'atoll Addu, devient opérationnelle.

4. Tokyo : le Japon demande la reddition de Singapour.

4. Le Caire : Nahas Pacha, chef du parti nationaliste Wafd, devient Premier ministre d'Egypte, avec l'appui des Britanniques.

5. Singapour : un convoi amène en renfort le reste de la 18e division britannique. Le paquebot de 16 400 tonnes *Empress of Asia* est coulé par l'aviation japonaise.

6. Atlantique : l'U-Boot *U-82* attaque le convoi OS-18. Il est coulé par les destroyers *HMS Rochester* et *HMS Tamarisk*.

6. Washington : les chefs de l'état-major interallié tiennent leur première conférence.

6. Philippines : des renforts japonais débarquent sur l'île de Luçon. Les Américains contre-attaquent dans la péninsule de Bataan (→ 8).

7. Libye : Rommel s'empare d'Aïn el-Gazala. Il s'arrête face à la ligne de défense qui va jusqu'à Bir Hakeim pour ne pas trop s'éloigner de ses axes de ravitaillement (→ 20.3).

Quisling est nommé Premier ministre

Vidkun Quisling, méprisé et haï.

Oslo, 1er février

L'homme dont le nom reste associé à la trahison et à la collaboration avec l'ennemi vient d'être nommé Premier ministre sur ordre de Hitler en personne. En 1940, au moment de l'invasion allemande, Vidkun Quisling s'était proclamé Premier ministre, mais il n'occupa ces fonctions que durant six jours. Les Allemands avaient estimé que son comportement leur créait plus d'ennemis que d'amis. Maintenant, étant donné le manque de main-d'œuvre qui ralentit la machine de guerre, Hitler n'a plus que faire de la sympathie des Norvégiens. Il veut tout simplement les mettre à l'ouvrage. Quisling saura bien les y forcer. Il a prononcé son discours en allemand.

L'Europe s'enferre dans la collaboration

Europe, 1er février

Depuis deux ans, Hitler sait qu'il peut compter sur de nombreux collaborateurs bienveillants dans tous les pays occupés. Certains ne sont que des êtres médiocres impressionnés par l'ordre nouveau nazi ; d'autres, comme Pierre Laval, avocat cynique et sournois, ministre et président du Conseil avant-guerre, sont des opportunistes. D'autres encore, comme le maréchal Pétain, héros de la Première Guerre mondiale, pensent que la collaboration est le seul moyen de préserver la population des atrocités de la guerre.

Le Danemark, occupé depuis avril 1940, a déjà vu naître six partis nazis. Ils proclament tous leur admiration pour Hitler. En Belgique, la vieille querelle opposant les Flamands aux Wallons a permis de créer deux partis nazis rivaux. Les Allemands recrutent surtout leurs volontaires parmi les Flamands. Le roi Léopold a été insulté par son peuple pour avoir ordonné la reddition de son armée en 1940. Aux yeux des Belges, il a souillé son nom en rendant visite à Hitler. Or, il l'a fait pour sauver son peuple de la famine. D'ailleurs, il a obstinément refusé de collaborer.

La RAF continue de bombarder le Reich

Londres, 1er février

En dépit de directives lui recommandant d'économiser son matériel et ses équipages en vue d'une offensive de printemps, le Bomber Command continue ses raids sur l'Allemagne. Emden, Hambourg, Kiel, Cologne et Mannheim ont été sévèrement touchés.

Prenant exemple sur la manière dont la Luftwaffe a mené le raid sur Coventry, les avions de la RAF balisent leurs cibles avec des engins incendiaires, avant de larguer leurs chargements de bombes sur les objectifs ainsi éclairés.

Discipline militaire pour les jeunes

Berlin, 5 février

Le chef des Jeunesses hitlériennes, Artur Axmann, a décidé que les jeunes Allemands âgés de 17 ans révolus devront faire des stages où ils seront astreints à une discipline militaire stricte. Cette mesure est destinée à faciliter l'incorporation des éléments les plus âgés qui, compte tenu du taux de pertes sur le front de l'Est, ont toutes les chances de revêtir rapidement l'uniforme de la Wehrmacht. Une militarisation accrue des Jeunesses hitlériennes, qui ne les empêche pas d'aider les familles des soldats tombés au front.

Un nouveau code pour les U-Boote

Atlantique, 1er février

Les Britanniques subissent des revers dans la bataille de l'Atlantique. Les U-Boote viennent d'adopter un nouveau code secret, le Triton, qui les relie au quartier général de l'amiral Dönitz à Paris. La machine à coder est équipée d'un rotor de plus que la précédente, Hydra, qui en avait trois. La machine à déchiffrer de Bletchley Park, Bombe, mise au point par le mathématicien Alan Turing, ne dispose, elle aussi, que de trois rotors. C'est pourquoi elle ne peut décoder Triton. Ce changement n'est pas motivé par les soupçons de l'ennemi, qui ignore que les Alliés peuvent déchiffrer Enigma. Cette volonté résulte plutôt du fait que l'amiral Dönitz veut mieux contrôler ses troupes, pour couler toujours plus de navires alliés. Quant aux codes des U-Boote dans la Baltique (Tetis) et le long des côtes (Hydra), ils restent inchangés.

Le centre de contrôle de l'Amirauté pourra donc continuer à suivre les mouvements des derniers U-Boote mis en service et leurs mouvements dans le golfe de Gascogne et dans les eaux norvégiennes. Mais le changement de code pour l'Atlantique va l'empêcher de connaître les intentions des sous-marins qui s'y trouvent. Aussi sera-t-il impossible de les surveiller.

Toutes les unités blindées sont équipées de machines Enigma.

Les succès allemands discréditent Ritchie

Afrique du Nord, 4 février
Les Britanniques se retranchent derrière la ligne Gazala-Bir Hakeim en attendant la prochaine offensive allemande. La carrière du général Ritchie, commandant de la 8e armée, semble très compromise. Le général Godwin-Austen, assez populaire, vient de démissionner. Quant au général Auchinleck, il a ordonné au général Dorman-Smith de recueillir l'opinion des officiers sur leur collègue. Les deux hommes ont pu aborder librement la question lors d'un déjeuner dans le désert, loin des oreilles indiscrètes. Selon Dorman-Smith, Ritchie serait « trop lent et peu imaginatif ». Mais Auchinleck, qui a déjà renvoyé un commandant, préfère le garder pour ne pas saper le moral des troupes.

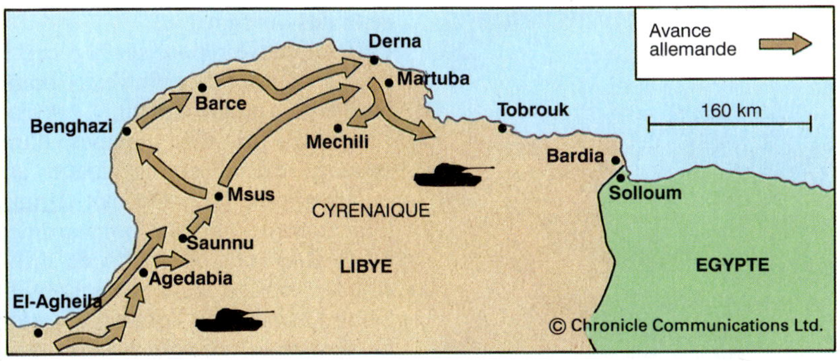

Henri Frenay rencontre Pierre Pucheu

Vichy, 6 février
Le dirigeant du Mouvement de libération nationale et du journal *Combat* chez le ministre de l'Intérieur ! Voilà qui a de quoi étonner. C'est à la demande des autorités françaises que Henri Frenay s'est rendu à Vichy, le 28 janvier, avec l'intention de plaider la cause de ses camarades emprisonnés. Pierre Pucheu lui a dit que l'action de son mouvement empêchait le gouvernement de mener à bien sa politique de rassemblement et de protection de la population française. Il a rapporté ces propos au comité directeur du Mouvement, qui a consenti à cesser, pour un temps, ses attaques contre Pétain en échange de la mise en liberté provisoire des militants emprisonnés. Aujourd'hui, les deux hommes sont restés sur leurs positions : *Combat* n'a pas l'intention de cesser ses opérations.

Les relations anglo-soviétiques sont bonnes : ces délégués syndicaux des chantiers navals Harland et Wolff vont accueillir leurs homologues russes.

1942

Février

Di	Lu	Ma	Me	Je	Ve	Sa
1	2	3	4	5	6	7
8	9	10	11	12	13	14
15	16	17	18	19	20	21
22	23	24	25	26	27	28

8. Grande-Bretagne : le sous-lieutenant René Mouchotte est le premier pilote français nommé capitaine dans la RAF.

8. Philippines : le président Quezon, réfugié à Corregidor, demande l'indépendance à Roosevelt. Il veut proclamer la neutralité de son pays pour obtenir le retrait des Japonais et des Américains. Roosevelt repousse l'argument.

8. URSS : sur le front de Moscou, l'Armée rouge encercle 90 000 soldats allemands à Demiansk (→ 24).

9. Inde : arrivée de Tchang Kaï-chek. Il vient consulter Sir Stafford Cripps (→ 21).

10. Indes néerlandaises : les Japonais débarquent au sud de Bornéo, à Bandjermasin, et à Macassar, aux Célèbes.

10. Singapour : en inspectant les défenses de l'île, le général Wavell tombe d'une digue. Il se blesse au dos.

10. Londres : le Conseil de guerre du Pacifique se réunit pour la première fois (→ 30.3).

10. New York : le paquebot français *Normandie* brûle. Un incendie s'est déclaré hier lors de travaux de transformation.

11. Canada : à Montréal, une manifestation contre la conscription tourne à l'émeute.

11. Espagne : Salazar, chef du gouvernement portugais, rencontre le général Franco. Ils réaffirment la neutralité de leurs pays.

12. Malte : le destroyer *HMS Maori* est coulé pendant son amarrage à La Valette (→ 6.3).

13. Philippines : à Luçon, des bombardiers japonais attaquent la péninsule de Bataan. Ils tirent par erreur sur leurs propres troupes.

13. Pearl Harbor : l'amiral Halsey, superstitieux, refuse d'appareiller avec la Task Force 13. Rebaptisée Task Force 16, elle prendra la mer demain.

14. Singapour : des troupes japonaises tuent à la baïonnette 150 malades et membres du personnel à l'hôpital militaire Alexandra (→ 15).

Un architecte dirige la machine de guerre nazie

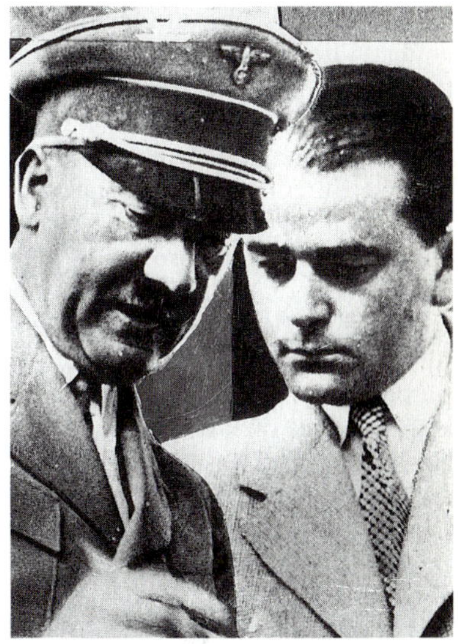

Le démagogue et le technocrate.

Berlin, 8 février
Hitler a nommé son ami Albert Speer, âgé de 36 ans, au poste de ministre de l'Armement et de la Machine de guerre. Ce jeune architecte succède à Fritz Todt, qui vient de périr dans un accident d'avion au retour d'une visite au Führer. Speer devra augmenter de 50 % la production d'armes. Il est bien décidé à y parvenir en forçant les prisonniers de guerre à travailler dans les usines. Précédemment, il travaillait à un plan de reconstruction de Berlin pour l'après-guerre.

Ruée sur le savon rationné à Londres

Grande-Bretagne, 9 février
Le gouvernement a réduit de 20 % les rations de savon afin de réserver l'huile et les graisses à l'alimentation. Malgré les tentatives sophistiquées pour garder cette nouvelle secrète – dans les communiqués, on a remplacé le mot « savon » par « noix de muscade » –, on a constaté une ruée sur le savon bien avant l'avis officiel de restriction. Chacun a droit à 113 grammes de savon ménager par mois et à 56 grammes de savon de toilette sous forme de paillettes ou en morceaux. Des dérogations pourront être accordées aux ouvriers effectuant des travaux « salissants ». ▷

Le « Scharnhorst » file à l'anglaise

Manche, 12 février

Malgré tous leurs efforts, les Britanniques n'ont pas pu empêcher les trois plus puissants bâtiments ennemis de traverser la Manche et de gagner l'Allemagne. Les croiseurs de bataille *Scharnhorst* et *Gneisenau* ainsi que le *Prinz Eugen*, qui constituent les cibles principales de la RAF, se cachaient dans le port de Brest depuis le printemps dernier. 110 raids aériens ont déjà été menés vainement pour les éliminer. Leur fuite, ordonnée par Hitler et préparée par le vice-amiral Ciliax, a été baptisée opération *Cerbère*. Le lieutenant de vaisseau Philippon - membre de la Confrérie Notre-Dame, qui surveille depuis de nombreux mois les mouvements des navires dans le port de Brest – a averti les Britanniques, qui ont mis au point leur plan (opération *Füller*). Hier soir, 16 Wellington de la RAF ont bombardé Brest, mais ce raid n'a retardé que d'une heure l'opération *Cerbère*, qui fut lancée à 22 h 45. N'ayant rien repéré, le sous-marin britannique en observation, le *Sea Lion*, a transmis à l'Amirauté que la flotte allemande ne sortirait probablement pas ce soir-là. Mais, à 22 h 45, trois navires quittèrent le port de Brest. Ce n'est que ce matin à 11 h 9 qu'un Spitfire de la RAF a repéré les navires ennemis, déjà engagés dans le pas de Calais. Les canons du château de Douvres ne purent pas les atteindre. Les torpilleurs du port se précipitèrent en mer sans pouvoir s'en approcher à cause de leur puissante escorte. Six Swordfish, dirigés par le commandant Esmonde, se lancèrent dans une poursuite courageuse, sans leur escorte de Spitfire, qui n'était pas prête. Malgré leur vitesse réduite, ils réussirent à rattraper les Messerschmitt Bf 109 et les Focke-Wulf 190, mais ils furent abattus avant même de voir leurs cibles. La RAF avait pu rassembler 242 bombardiers pour attaquer les bateaux au large des côtes néerlandaises avant la tombée de la nuit. Ce n'est que tard ce soir que les mines larguées par la RAF ont réussi là où les bombardiers avaient échoué, touchant les croiseurs – le *Scharnhorst* sérieusement – à proximité des eaux allemandes. Dans la bataille, la RAF a perdu 42 appareils.

Le « Gneisenau » photographié depuis le « Prinz Eugen » durant la traversée.

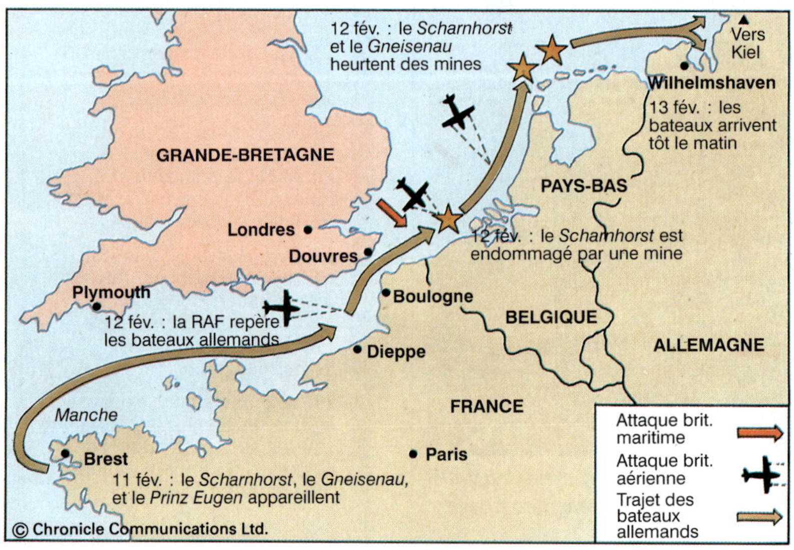

La RAF a l'ordre de bombarder les civils et les usines

Londres, 14 février

Après avoir économisé leurs forces, les bombardiers se lancent de nouveau dans la bataille. Leur commandement vient de recevoir un nouvel ordre : celui d'agir dorénavant sur le moral de la population civile allemande, et notamment sur celui des ouvriers.

Cette directive repose sur la récente mise en service des nouveaux bombardiers quadrimoteurs Avro-Lancaster. Ils sont équipés d'un système spécial de navigation au radar, appelé Gee. On sait depuis longtemps déjà que les bombardiers de la RAF ont beaucoup de difficultés à repérer leurs cibles la nuit. Selon le libellé de l'ordre, « l'introduction de ce nouveau système doit être considérée comme un progrès révolutionnaire dans les techniques de bombardement, ce qui devrait permettre d'obtenir de bien meilleurs résultats ». Cette directive implique également que, désormais, les cibles, tant civiles que militaires, ne seront plus épargnées. (→ 22)

Des paras japonais sur Palembang

Sumatra, 14 février

Le détachement spécial de l'amiral Ozawa, constitué par vingt-cinq navires, a été bombardé hier par l'aviation australienne de Palembang (Sumatra) alors qu'il quittait les îles Anamba. Tôt ce matin, sept cents parachutistes japonais ont été largués en trois points dans la dernière région pétrolifère des Indes néerlandaises encore aux mains des Alliés. Ils voulaient prendre ainsi le contrôle de la base aérienne, pour préparer le débarquement des troupes du vice-amiral Ozawa.

Palembang, qui produit la moitié du pétrole des Indes néerlandaises, est solidement fortifié. Les Japonais semblent encore ignorer l'existence d'une deuxième base aérienne où cinquante-cinq Hurricane attendent que soit lancée l'offensive sur la flotte d'Ozawa. Si Palembang tombe, l'Australie devra importer son pétrole des Etats-Unis ou du golfe Persique.

Invasion japonaise de l'île de Singapour

Les sapeurs japonais réparent à la hâte la chaussée de Johore endommagée.

Singapour, 9 février
Après une série de tirs de barrage particulièrement nourris, les troupes d'assaut japonaises sont parvenues, la nuit dernière, à traverser le détroit de Johore. Elles ont balayé toute résistance sur la côte nord-ouest de l'île de Singapour. Le général Yamashita a concentré l'attaque de ses trois divisions sur la ligne fragile tenue par les deux brigades de la 8e division australienne. Selon les premiers rapports, les Australiens auraient succombé à l'écrasante supériorité numérique des Japonais, qui chargeaient à la baïonnette. A l'aube, l'ennemi a déferlé par une brèche ouverte dans les lignes adverses, et le terrain d'aviation de Tengan est maintenant entre ses mains. Puis, plus de quatre mille hommes ont, en quelques heures, débarqué des barges, les blindés et l'infanterie étant acheminés par radeaux. On estime que trente mille soldats Japonais ont réussi à débarquer.
Avant cet assaut, certains chefs militaires britanniques avaient repoussé l'idée d'un renforcement des dispositifs de défense. Cette mesure constituait selon eux une atteinte au moral. Ils ont aussi refusé d'envoyer des troupes sur la côte nord-ouest. Des hommes ont rejoint les troupes au nord-est du littoral avant d'être débordés par la manœuvre japonaise. Certains bataillons australiens ont toutefois résisté toute la journée. Puis, surpris par la vitesse de l'ennemi, les chefs ont ordonné un repli prématuré.

Ces femmes de Singapour pleurent leurs enfants tués dans un bombardement.

1942

Février

Di	Lu	Ma	Me	Je	Ve	Sa
1	2	3	4	5	6	7
8	9	10	11	12	13	14
15	16	17	18	19	20	21
22	23	24	25	26	27	28

15. Sumatra : les forces alliées se replient vers la côte ouest. Les Japonais prennent les puits de pétrole de Palembang (→ 28).

16. Singapour : le drapeau japonais est hissé sur l'ancienne résidence du gouverneur britannique.→

16. Venezuela : deux U-Boote bombardent les réservoirs de pétrole d'Aruba et de Curaçao. Ils coulent sept pétroliers.

17. Tokyo : Singapour est surnommé *Shonan* (Lumière du Sud).

18. Atlantique : le sous-marin français *Surcouf*, le plus grand du monde (4 373 t en plongée), est coulé par accident. Un cargo l'a éperonné.

18. Birmanie : les Japonais franchissent le fleuve Bilin. Les Britanniques ordonnent l'évacuation de Rangoon.

19. Bali : les Japonais occupent l'île, à l'est de Java (→ 25).

19. Birmanie : l'aviation japonaise bombarde la ville de Mandalay (→ 22).

19. Washington : Roosevelt ordonne l'internement dans des camps des *Nisei*, citoyens d'origine japonaise vivant aux Etats-Unis (→ 25).

19. Paris : la police française arrête le philosophe Georges Politzer avec les chefs de la résistance communiste J. Decour et J. Solomon.

20. Philippines : à Luçon, les Japonais bombardent l'île fortifiée de Corregidor. Le président Quezon s'en échappe à bord d'un sous-marin américain.

20. Washington : les Etats-Unis accordent à l'URSS un prêt de 1 milliard de dollars.

20. Pacifique : l'aviation japonaise repousse l'attaque du porte-avions américain *Lexington* sur Rabaul, en Nouvelle-Bretagne.

21. Inde : dans une émission radiodiffusée, Tchang Kaï-chek appelle la population à soutenir la Chine et les Alliés dans la guerre contre le Japon.

21. Paris : attentat manqué contre Doriot et Déat au Lido, où ils festoyaient en compagnie d'officiels allemands.

Peine de mort pour des résistants

Fresnes, 17 février
Après avoir entendu des plaidoiries de pure forme, les juges allemands ont rendu leur verdict dans le procès des résistants du groupe du Musée de l'Homme. Le capitaine von Rostoken, président du tribunal, installé dans une baraque en bois de la prison de Fresnes, a d'abord signifié à six des inculpés acquittés qu'ils allaient être libérés. Puis, il énuméra les condamnations à mort de sept hommes et trois femmes du réseau, dont Boris Vildé et Anatole Lewitsky. L'un des accusés, Jules Andrieux, a tenu à souligner qu'il n'avait aucune haine envers les Allemands. (→ 25.5)

S. Cripps entre dans la coalition

S. Cripps : de Moscou à Londres.

Londres, 19 février
Winston Churchill remanie son cabinet de coalition, qui comptera désormais sept membres au lieu de neuf. Ainsi, lord Beaverbrook, si souvent en désaccord avec l'influent ministre du Travail Ernest Bevin, quitte ses fonctions de ministre de la Production. Le chancelier de l'Echiquier Sir Kingsley Wood, et Arthur Greenwood, jusqu'alors ministre sans portefeuille, font de même. Sir Stafford Cripps, l'idole de l'aile gauche du parti travailliste, fait son entrée dans ce cabinet, et Clement Attlee devient vice-Premier ministre. ▷

Singapour tombe : désastre pour les Britanniques

Le général Percival (à l'extrême droite sur la photo) se dirige vers les lignes japonaises afin de négocier les conditions de sa reddition avec Yamashita.

Singapour, 15 février
Singapour est tombé aux mains des Japonais. A 20 h 10 ce soir, le général Percival, chef des forces britanniques, a officiellement capitulé devant son homologue japonais, le général Yamashita, surnommé le Tigre de la Malaisie.

Ce désastre représente la plus cuisante défaite qu'ait jamais connue l'armée britannique. Tokyo s'extasie, tandis que les Japonais fêtent leur triomphe. Il est vrai qu'ils sont parvenus à s'emparer de la ville avec plus d'un mois d'avance sur le plan du haut commandement japonais. Percival avait mis au point un plan provisoire pour constituer un arc de défense autour de Singapour. Le secteur nord-est était occupé par la 11e division indienne et par la 18e division britannique sous les ordres du général Heath. Le général Bennett était responsable du secteur nord-ouest, et le général Simmons du secteur sud.

Le général Wavell, commandant en chef des Alliés, venu à Singapour il y a cinq jours pour tenter de conjurer la catastrophe imminente, n'a rien pu faire. Quand Percival a pris connaissance du télégramme mélodramatique de Churchill que lui tendait Wavell, les réactions ont été vives. « Il faudra se battre jusqu'à la fin. Le commandant et les officiers supérieurs devront périr avec leurs hommes. L'honneur de l'Empire britannique est en jeu. »

Le même jour, Percival, sous la pression de Wavell, a ordonné à Bennett d'organiser une contre-attaque le 10 février, mais en vain, car celle-ci n'a fait que multiplier les pertes et engendrer encore plus de confusion. Percival a préféré renoncer à contre-attaquer de nouveau. Les communications étaient difficiles. Hier, les Japonais se sont emparés des citernes de la colonie, mettant en péril la vie de un million de civils, qui risquent d'être privés d'eau potable. En dépit de son premier télégramme, Churchill s'est vu contraint d'autoriser Percival à cesser toute résistance.

Un long calvaire attend maintenant les 130 000 soldats de l'Empire britannique, dont 27 000 Anglais, prisonniers de l'ennemi.

Churchill ne cache pas la cuisante défaite

Londres, 16 février
Churchill a annoncé hier soir à la TSF la chute de Singapour à son pays et au reste du monde. Dans une émission qui a duré 23 minutes, le Premier ministre a déclaré que la perte de Singapour constituait une « pénible défaite, lourde de conséquences ». Evoquant Dunkerque, il a appelé à l'unité en soulignant que, seul, le manque de résolution pouvait « voler la victoire aux nations unies ». Le leader britannique a ajouté : « L'instant présent est l'un de ceux où les Britanniques peuvent prouver leur génie et ce dont ils sont capables, et où ils puisent dans le gouffre du malheur la force vitale de la victoire. [...] N'oublions pas que nous ne sommes plus seuls. Les trois quarts du monde nous soutiennent dorénavant. L'avenir de l'humanité entière dépend de nous. »

Hirohito fait l'éloge de ses troupes

Tokyo, 16 février
L'euphorie du gouvernement japonais ne cessera pas de surprendre. Il vient d'annoncer qu'il allait officiellement fêter son triomphe à Singapour dans deux jours. En effet, les troupes de la 25e armée sont sur le point d'organiser un défilé de la victoire à travers la ville.

L'empereur Hirohito a rédigé un message dans une écriture ancienne, dont l'usage lui est exclusivement réservé. Roulée dans de la soie écarlate, cette missive est destinée à ses soldats, dont il fait tout simplement l'éloge. Or, le général Yamashita, à qui le Japon doit ce triomphe, pourrait voir sa gloire se flétrir. Le Premier ministre, le général Tojo, craint que l'officier ne lui dame le pion au ministère de la Guerre qu'il occupe en ce moment. Yamashita risque d'être envoyé en opérations au Mandchoukouo.

Yamashita s'empare d'un arsenal anglais

A Singapour, le défilé de la victoire.

Singapour, 16 février
Le général Yamashita vient de remplir sa plus réjouissante mission en faisant l'inventaire d'un vaste arsenal pris aux Britanniques. Lorsqu'il a lancé l'attaque sur Singapour, il savait que ses munitions ne lui permettraient de tenir que quelques heures. Or, les armes et les munitions constituant le butin auraient pu permettre aux Britanniques de se défendre pendant trois mois. La prise s'élève en tout à 18 500 millions de cartouches, 55 000 fusils, 2 300 mitrailleuses et 300 pièces de campagne. La moitié est constituée par des canons modernes dotés d'obus antichars. Enfin, sur les 52 pièces de forteresse pointées vers la mer pour défendre le port de Singapour, 49 ont été saisies.

Riom : le procès des fauteurs de défaite

Riom, 19 février
Pour les Allemands, il s'agit de faire la preuve que la France est la seule responsable du déclenchement de la guerre. Pour Vichy, le procès des « responsables de la défaite » est l'occasion de montrer l'inaptitude du régime républicain et, par conséquent, l'impérieuse nécessité de la révolution nationale.
Au lendemain de la défaite, dans l'atmosphère du retour d'exode, l'opinion aurait certainement applaudi sans y regarder de trop près au procès de quelconques responsables. Mais aujourd'hui, sous le contrôle et la pression de l'occupant, c'est la parodie de justice qui saute aux yeux. En inculpant Léon Blum, l'Etat français veut faire le procès du Front populaire, ce régime honni. Avec Edouard Daladier, le général Gamelin, le ministre de l'Air Guy La Chambre et le contrôleur général des armées Jacomet, c'est l'impréparation à la guerre qui est en cause. Les juges n'auraient-ils pas sous-estimé Blum et Daladier? D'accusés, ils se posent en accusateurs, dénonçant la conduite de la guerre et mettant en cause Pétain lui-même! Le procès de Riom devient le procès des faux maîtres et des faux juges.

Dans le boxe des accusés, les « responsables » de la guerre et de la défaite.

Les Japonais continuent d'avancer vers l'Australie : Darwin a été bombardé

Le raid massif de l'aéronavale japonaise sur Darwin a fait 243 morts.

Canberra, 20 février
L'angoisse ne quitte plus le cœur des Australiens. Après la chute du verrou de Singapour, il n'y a plus guère d'obstacle entre eux et les Japonais. Hier, une force aéronavale ennemie a bombardé le grand port de la côte nord de l'Australie, Darwin. Une partie des 188 bombardiers japonais engagés dans ce raid a décollé des porte-avions qui croisent en mer de Banda, les autres venaient des Célèbes où les Japonais possèdent désormais des bases aériennes. Les dégâts matériels sont importants : de nombreux navires ont été coulés, dont l'*USS Peary*. Le bombardement a fait 243 victimes parmi les civils. Cette attaque japonaise est interprétée par certains comme le prélude à une invasion du continent australien.

Sumatra et Java menacées par le Japon

Jakarta, 20 février
Tandis que le chef de l'ABDA, le général Wavell, s'apprête à quitter son quartier général de Lembang dans l'île de Java, les forces japonaises commencent à débarquer dans les possessions néerlandaises. Des troupes de marines ont débarqué à Timor et à Bali aujourd'hui même. La menace se précise donc, car Bali n'est séparée de Java que par un détroit large de 3 km. De même, depuis qu'ils ont pris le terrain d'aviation de Kupang par une opération aéroportée à Timor, les Japonais disposent d'une base à 600 km des côtes australiennes. Les navires alliés ont tenté de s'opposer aux débarquements, mais en vain, car leurs forces sont trop faibles.

Vercors : un silence plein de cris

Paris, 20 février
C'est dans le minuscule atelier d'un imprimeur de faire-part que vient d'être achevé d'imprimer *le Silence de la mer* du graveur Jean Bruller, qui a adopté le pseudonyme de Vercors. Ce livre inaugure la maison d'édition clandestine, les Editions de minuit, qu'il a fondée avec son ami Pierre de Lescure « pour témoigner aux yeux du monde de la constance spirituelle d'une France qui n'a pas démissionné ». L'histoire est celle d'un officier allemand sensible et cultivé qui se heurte au silence de la famille française contrainte de l'héberger. Ce roman, tout en nuances, semble hors de la guerre et du temps. Français et Allemands s'y reconnaîtront-ils?

1942

Février

Di	Lu	Ma	Me	Je	Ve	Sa
1	2	3	4	5	6	7
8	9	10	11	12	13	14
15	16	17	18	19	20	21
22	23	24	25	26	27	28

22. Grande-Bretagne : création du premier quartier général de l'US Army Air Force en Europe.

22. Birmanie : la population civile fuit Rangoon. Les forces britanniques se replient sur le fleuve Sittang.

22. Australie : le Premier ministre John Curtin bloque un plan de Churchill pour envoyer des troupes australiennes en Birmanie.

23. Etats-Unis : le sous-marin japonais *I-17* bombarde une raffinerie de pétrole à Santa Barbara, en Californie. Des obus tombent pour la première fois sur le territoire américain.

23. Nouvelle-Bretagne : six bombardiers américains B-17, venant d'Australie, attaquent la base japonaise de Rabaul.

24. Mer Noire : un sous-marin soviétique coule le vapeur *Struma* en route pour la Palestine. 764 réfugiés juifs roumains périssent.

25. Java : le commandement interallié ABDA est dissous. Wavell retourne en Inde. Les Néerlandais restent seuls pour défendre l'île.

26. Birmanie : les Japonais menacent la voie ferrée Rangoon-Mandalay (→ 5.3).

27. Vichy : Pétain assure que la flotte française ne tombera pas aux mains des Allemands.

27. Océan Indien : l'aviation japonaise attaque les îles Andaman (→ 12.3).

28. Java : alors qu'il tentait de sortir du port de Batavia, le croiseur américain *Houston*, endommagé pendant la bataille de la mer de Java, est coulé. Les Japonais débarquent à l'est de l'île.→

28. Varsovie : 4 618 Juifs du ghetto sont morts de faim en une semaine.

28. France : après avoir réquisitionné 52 000 chevaux, les Allemands exigent la livraison de 40 000 camions et de 400 locomotives.

28. Londres : arrivée du colonel Rémy, qui apporte au général de Gaulle les contacts établis avec les résistants de la zone occupée.

Désastre allié à Java

Batavia, 28 février

Hier soir, deux croiseurs néerlandais, le *De Ruyter* et le *Java*, ont explosé avant de couler dans une bataille capitale au large de Java. Le contre-amiral Karel Doorman, qui commande les forces alliées, a disparu en même temps que 344 de ses hommes et que le navire portant sa marque. Les deux destroyers britanniques *Electra* et *Jupiter* ont également coulé ainsi que le contre-torpilleur néerlandais *Kortenaer*. Le 25 février, le général Wavell avait cédé son commandement de l'île de Java au contrôle opérationnel néerlandais. Il avait déconseillé de prendre sur place de nouvelles mesures susceptibles de fragiliser la défense de l'Australie et de la Birmanie. La bataille finale pour défendre les Indes néerlandaises étant imminente, il fallait la mener avec les forces disponibles dans cette zone. La « flotte orientale » de Doorman a dû quitter Surabaya et se lancer à la poursuite d'un convoi japonais transportant les forces d'invasion et l'attaquer. Il était constitué par cinq croiseurs et neuf destroyers. Ayant aperçu les manœuvres de la flotte alliée, l'ennemi a très vite déployé ses forces. Sa puissance de feu légèrement supérieure lui a permis de remporter la victoire. (→ 1.3)

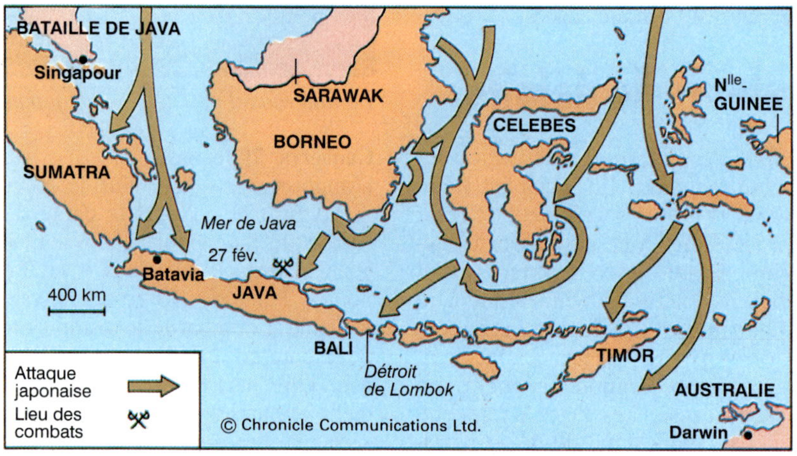

Un général en fuite fait scandale

Sumatra, 28 février

Le général de division Bennett, qui commande la 8e division australienne à Singapour, a pu échapper à l'ennemi. Cela donne lieu à une redoutable polémique. La situation étant devenue sans espoir à Singapour, Bennett a cédé le commandement de sa division à son chef d'artillerie. Sans demander l'avis de son supérieur, le général Percival est monté dans l'une des nombreuses petites embarcations qui quittaient la colonie. Il est accusé d'avoir abandonné ses hommes, tandis que d'autres chefs sont restés avec leurs troupes et ont été faits prisonniers. L'officier le plus élevé en grade a fui pour rejoindre les 3 000 soldats et civils recherchés localement.

Les bombardiers changent de chef

Le vétéran « Bert » Arthur Harris.

Londres, 22 février

La première fois qu'Arthur Harris a combattu les Allemands, c'était en 1915 avec le 1er régiment rhodésien dans le sud-ouest de l'Afrique. Le général de corps aérien vient d'être nommé commandant en chef du Bomber Command.

A quarante-neuf ans, cet officier compte à son actif vingt ans d'expérience des bombardements. Sa formation sur des Bristol Fighter à bout de souffle a été rude. Il exécutait alors des raids de représailles contre les tribus à la frontière du nord-ouest. Il a aussi piloté des Vickers Vernon transportant des casiers à bombes, pour lutter contre les rebelles iraquiens. Depuis cette époque, il a commandé les groupes de bombardiers no 4 et no 5.

Baptisé Bert par ses proches, il est irascible et ignore l'autorité. C'est peut-être la raison pour laquelle Churchill a pensé à lui. Il mise sur le bombardement stratégique. On peut compter sur Bert pour exécuter les nouveaux ordres du Bomber Command et pour saper le moral des civils allemands.

Joseph Darnand crée le Service d'ordre légionnaire

Nice, 22 février

Le SOL (Service d'ordre légionnaire) a été institué hier aux arènes de Cimiez. Ses membres en uniforme ont écouté au garde-à-vous un message enregistré du maréchal Pétain : « A vous qui prenez l'engagement de servir, avec le meilleur de votre cœur et de votre dévouement, je dis ma confiance. » Le Maréchal ignore-t-il le contenu du serment du SOL : « Je jure de lutter contre la démocratie, la dissidence et la lèpre juive » ? Ne connaît-il pas le dernier couplet du *Chant des cohortes* : « SOL, faisons la France pure. Bolcheviks, francs-maçons ennemis, Israël, ignoble pourriture, écœurée, la France vous vomit » ? Le SOL a été créé par Joseph Darnand, responsable de la Légion dans les Alpes-Maritimes. Cet ancien combattant, ex-membre de l'Action française, du PPF et de la Cagoule, a rassemblé autour de lui les éléments les plus durs de sa section, appuyé par l'amiral Darlan et par Pierre Pucheu, qui trouvaient que la Légion manquait d'esprit militant.

Hold-up sur les falaises de Bruneval

France, 27 février
Grâce aux renseignements fournis par un agent de Rémy, Roger Dumont (Pol), un groupe de parachutistes est parvenu, la nuit dernière, à s'emparer d'un radar allemand d'un type nouveau. De nuit, les hommes ont sauté dans la neige, au sommet d'une falaise, à Bruneval, à proximité du Havre.
Au signal donné par ses quatre coups de sifflet, le major Frost est entré avec quatre hommes par la grande porte du château surplombant la mer et ont ouvert le feu. Puis les soldats du Royal Engineers ont arraché l'antenne et d'autres éléments du radar top secret Wurzburg, sous les balles ennemies. Au moment du repli vers la plage, le chemin vers le bas de la falaise était balayé par le feu d'une mitrailleuse postée en surplomb. Le sergent-major Strachan a alors été touché au ventre. Puis un autre groupe d'hommes, largués au-delà de la zone d'atterrissage, est arrivé sur les lieux à marche forcée. Pris sous un feu croisé et surpris par un cri de guerre poussé en gaélique, les mitrailleurs allemands ont alors pris la fuite.
Les survivants ont attendu sur la plage, mais les signaux du major Frost sont d'abord restés vains. Tous se préparaient à un assaut des Allemands quand un message est arrivé : « La marine est enfin là ! » Les hommes ont alors embarqué avec le matériel secret et un opérateur allemand. Bilan de l'attaque : trois morts et six prisonniers.

Les commandos du major John Frost après le hold-up réussi de Bruneval.

Un pont aérien pour cent mille Allemands

En tenue d'hiver, des fantassins soviétiques progressent sous le feu ennemi.

Moscou, 24 février
Dans le secteur nord du front de Moscou, six divisions allemandes isolées à Demyansk repoussent depuis plusieurs semaines des attaques incessantes de l'Armée rouge. La poche de Demyansk et celles d'autres villes également défendues freinent l'offensive soviétique. Le cas de Demyansk est particulier, dans la mesure où les 100 000 Allemands sont totalement coupés de l'extérieur et qu'ils doivent être entièrement ravitaillés par les airs.
Tous les types d'appareils sont utilisés pour acheminer les vivres et les munitions, notamment des Junkers Ju 52/3m, mais également des bombardiers, sous la protection de tous les Messerschmitt Bf 109 encore disponibles. Mais la DCA et la chasse soviétique leur mènent la vie dure. Tous les jours, la Luftwaffe subit des pertes importantes.
Dans les environs de Kholm, une autre poche solidement tenue par les Allemands est ravitaillée de la même manière. Mais, ici, le terrain d'atterrissage est sous le feu de l'artillerie russe. Aussi, les Allemands doivent parachuter le ravitaillement ou utiliser des planeurs. Ces poches de résistance ont pour effet de briser la cohésion du front. Les Russes ne peuvent poursuivre leur offensive et les Allemands ne réussissent pas à se regrouper. En ce moment, les deux camps montrent des signes d'épuisement, le froid est plus meurtrier que les balles pour les Allemands, et les Russes sont tout simplement éreintés. (→ 19.3)

U-Boote contre un convoi américain

New York, 25 février
Cinq U-Boote, dont quatre très éloignés de leur base de Biscaye, ont causé des ravages sur l'un des premiers convois américains à destination de l'Europe. Les navires ont été repérés à 600 miles (960 km) au nord-est de Cap Race.
Les sous-marins les ont suivis, puis se sont formés en meute avant de les torpiller. Au cours de ces trois jours de bataille, huit navires, dont six pétroliers, ont été coulés. Quant aux sous-marins allemands, ils ne déplorent aucune perte.

Internement des Américains japonais

Washington, 25 février
Des milliers d'Américains d'origine japonaise doivent quitter la côte ouest pour rejoindre des camps d'internement dans l'arrière-pays. Plus de 112 000 citoyens nés aux Etats-Unis ou naturalisés ont été transportés en bus ou en camions, le plus souvent sous la menace des fusils. L'hostilité envers les Japonais est si forte depuis l'attaque de Pearl Harbor que cette mesure n'a pratiquement suscité aucune protestation. Les 3 000 habitants d'origine japonaise de Terminal Island et Los Angeles ont trois jours pour quitter les lieux. Cette décision provient d'une part de l'armée et de la marine, qui craignent que le Japon ne demande aux citoyens américains d'origine japonaise d'effectuer des opérations de sabotage aux Etats-Unis, et des pressions de la population d'autre part. Depuis le 7 décembre 1941, sept Japonais ont été abattus par des membres de milices populaires. Un sénateur a demandé que tous les Japonais, citoyens américains ou non, soient internés dans des « camps de concentration ». Des scènes identiques se déroulent aussi au Canada. Les hommes sont séparés de leurs familles et déportés dans des camps de travail.

Un appel aux donneurs de sang.

1942

Mars

Di	Lu	Ma	Me	Je	Ve	Sa
1	2	3	4	5	6	7
8	9	10	11	12	13	14
15	16	17	18	19	20	21
22	23	24	25	26	27	28
29	30	31				

1er. Paris : les Bataillons de la jeunesse attaquent à la bombe le poste de garde 328 de la Wehrmacht, rue de Tanger (→ 9).

1er. URSS : les Soviétiques lancent une offensive en Crimée (→ 13).

2. Java : les troupes japonaises occupent Batavia, la capitale.

3. Grande-Bretagne : dans une mission de largage de mines avec le groupe n° 44, le nouveau bombardier Lancaster fait ses débuts opérationnels.

3. Pologne : 3 200 Juifs de Zychlin sont gazés à Chelmno.

4. Pacifique : le porte-avions américain *Enterprise* attaque les îles Marcus, à 1 850 km de Tokyo. Ses avions infligent de lourds dégâts aux installations japonaises.

4. Birmanie : le général Harold Alexander prend la tête des forces alliées.

4. Mer de Java : des navires japonais coulent le destroyer *HMS Stronghold* et le sloop australien *Yarra* avec leurs 138 hommes d'équipage.

5. Birmanie : à Rangoon, les portes des prisons et des asiles sont ouvertes. Des incendies et des pillages à grande échelle s'ensuivent.

5. URSS : première, à Kuybichev, de la septième symphonie de Dmitri Chostakovitch, écrite pendant le siège de Leningrad.

5. Grande-Bretagne : la conscription est étendue aux hommes jusqu'à 45 ans, et aux femmes âgées de 20 à 30 ans.

6. Malte : le porte-avions *HMS Eagle* livre quinze Spitfire. Sept bombardiers Blenheim arrivent d'Afrique du Nord (→ 26).

6. Belgique : parution d'un décret sur le travail obligatoire, qui prépare l'intégration progressive de l'économie belge dans l'économie allemande. Les réquisitions de travailleurs commencent.

7. Java : le gouvernement du Dr Van Mook part pour l'Australie. Les troupes néerlandaises se rendent.

Bombardement des usines Renault

Les usines Renault après le raid. La production reprendra le mois suivant.

Paris, 4 mars
Le Bomber Command a mené cette nuit une opération de bombardement au-dessus de l'agglomération parisienne. Objectif : les usines de Louis Renault, qui fournissent camions et voitures aux autorités allemandes. Ce bombardement a fait l'objet de nombreuses discussions dans les milieux politiques et militaires britanniques, et ce n'est pas sans hésiter que, le 2 février, au cours d'une réunion du cabinet de guerre, Winston Churchill a donné le feu vert aux aviateurs de la RAF. Le général de division aérienne Arthur Harris a préparé minutieusement le raid. Cette nuit, 235 bombardiers ont survolé les usines à basse altitude. La première vague a marqué la cible et largué des bombes de 500 kg, tandis que les deux autres lâchaient des centaines de bombes de 2 tonnes. Les dégâts matériels semblent ne pas avoir entamé le potentiel de l'entreprise : seulement 10 % du parc de machines est inutilisable, et 7 % des bâtiments sont détruits. En revanche, les banlieues proches ont terriblement souffert. Il y a 486 morts et plus de 600 blessés; 89 immeubles sont éventrés, et 285 autres endommagés. On compte 9 250 sans-abri.

Vêtements de travail ou uniformes

Grande-Bretagne, 4 mars
Des vêtements fabriqués à partir de « vêtements fonctionnels » seront bientôt en vente. Les spécialistes de la mode tentent déjà de définir l'impact des nouveaux tissus sur les tendances. Sir Thomas Barlow, directeur général de l'habillement civil, a toutefois prévenu que la limitation des styles disponibles n'empêchera pas pour autant la fantaisie; les habits civils ne ressembleront jamais à des uniformes.
Les ourlets des dames seront remontés et la gamme des couleurs devrait se réduire. Plis et motifs seront également limités. De l'avis de M. Bridgland, éditeur de *Tailor and Cutter*, les hommes seront les plus désavantagés à cause de la disparition des revers et des doublures.

Coudre devient un acte de guerre.

L'amiral Muselier quitte son poste

Londres, 6 mars
Une grave crise vient d'éclater entre le commissaire national à la marine et le général de Gaulle. L'amiral Muselier a été remplacé à la tête des FNFL par le contre-amiral Auboyneau. L'amiral Muselier reproche au général de Gaulle de l'avoir lancé dans l'opération de Saint-Pierre-et-Miquelon, sans l'avoir prévenu que les Américains et les Anglais y étaient totalement opposés. En conséquence, l'amiral a démissionné. L'affaire s'envenime, car tous ceux qui jugent que le « connétable » est un homme encombrant s'engouffrent dans la brèche. André Labarthe et le commandant Moullec, chef d'état-major de Muselier, font partie de la cabale, tout comme le premier lord de l'Amirauté, Victor Alexander, et Anthony Eden. Ces derniers ont affirmé à de Gaulle qu'ils refusaient la démission de Muselier, aggravant ainsi la crise, puisque les FNFL dépendent de l'Amirauté. (→ 19)

Trois navires alliés sombrent à Java

Batavia, 1er mars
Au cours d'une bataille contre quatre croiseurs lourds japonais au nord de Java, le croiseur *Exeter*, le destroyer *Encounter*, tous deux britanniques, et le destroyer américain *Pope* ont été coulés.
L'*Exeter*, déjà touché auparavant, voit deux croiseurs ennemis venir à bâbord et deux autres à tribord. Avec ses machines hors d'usage, il coule dès que les Japonais ouvrent le feu. Le capitaine et 651 hommes d'équipage sont sains et saufs. Ces victoires japonaises incessantes préoccupent Churchill. Il craint que Madagascar, actuellement sous le contrôle de Vichy, ne tombe aux mains des Japonais. Cela signifierait en effet la perte de l'accès vers l'océan Indien et entraverait les communications avec l'Extrême-Orient. De plus, il serait alors impossible d'exploiter les réserves de pétrole des Alliés dans le golfe Persique. Churchill a d'ailleurs prévenu Roosevelt de son intention de s'emparer du premier port de Madagascar, Diego Suarez.

Raid aérien japonais sur l'Australie

Perth, 3 mars
Au petit matin, des chasseurs Zero japonais ont attaqué le port de Perth et la base de la RAAF de Broome, à l'ouest de l'Australie. Bilan : 70 victimes et 24 avions ou hydravions détruits.
Ces hydravions servaient à l'évacuation des réfugiés de Java, parmi lesquels des femmes et des enfants. Broome n'était qu'une étape pour ces civils qui fuient la guerre. Signe précurseur de l'attaque, un appareil japonais a survolé hier le port à trois reprises. Les chefs d'escadrille avaient ordre de se tenir prêts à décoller à tout moment dès l'aube. En l'espace de quinze minutes, les bombardiers, qui n'ont rencontré aucune résistance, ont détruit tous les appareils, y compris deux Forteresses volantes et deux Liberator. L'un d'eux n'a eu que le temps de décoller avant d'être abattu au-dessus de la mer. Sur les 33 passagers, un seul a survécu. Le raid et les nuages de fumée visibles sur le littoral ont fait craindre aux habitants un débarquement des troupes japonaises.

Les Anglais préparent l'après-guerre

Une vision passéiste de leur pays que les Britanniques veulent modifier.

Londres, 4 mars
Sir William Jowitt, député travailliste et trésorier-payeur général, vient d'être nommé ministre. Il est chargé de préparer le plan de reconstruction du pays pour l'après-guerre. Dans les journaux, on ne cesse de discuter sur la façon d'améliorer les conditions de vie en Grande-Bretagne. Les idées fusent. L'archevêque de Canterbury et d'autres personnalités de l'Eglise demandent l'abolition « de l'inégalité excessive des richesses et des biens ». Ils souhaitent un système « d'égalité des chances », après le conflit. Dans son dernier livre, l'archevêque prône l'amélioration de l'habitat, revendique les congés payés et les allocations familiales.

Réquisition pour les travaux des champs

Berlin, 7 mars
Des centaines de milliers d'Allemands et d'Européens des pays occupés partiront travailler dans les fermes allemandes. Le plan, rendu public aujourd'hui, concerne tout d'abord les habitants des zones rurales et des villes de province. Il faudra environ 800 000 personnes pour la moisson. Toute résistance à la réquisition entraînera une répression exemplaire. Toutefois, les tentatives pour requérir les femmes enceintes ou âgées de plus de 55 ans ont soulevé une vive protestation. Les nazis vont aussi requérir les femmes des classes plus favorisées, qu'ils soupçonnent de bénéficier d'appuis ou de complaisance pour ne pas s'exécuter.

A Leningrad, l'arrivée du printemps fait craindre un nouveau blocus

La nourriture est si rare qu'un système de troc fonctionne à Leningrad.

Leningrad, 1er mars
Leningrad résiste toujours, mais les habitants de la grande cité sont dans un état pitoyable. Le mois dernier, près de cent mille personnes sont mortes de faim et de froid. Les Allemands, s'ils n'ont pas les moyens de réduire les défenses de la ville, n'en continuent pas moins à l'assiéger. Les Soviétiques, de leur côté, n'ont pas non plus assez de troupes pour briser l'étau qui enserre Leningrad.
Les habitants ont peur de la venue du printemps et du dégel. Angoissés, ils craignent que le peu de ravitaillement qui arrive par la « route de la vie » ne leur parvienne plus. De Tikhvine, repris le 9 décembre dernier après des combats terribles, la voie ferrée va jusqu'à Voibokalo. Ensuite, des camions amènent le ravitaillement sur les rives du lac Ladoga. Une partie des marchandises emprunte ensuite le tronçon de voie ferrée construit sur la glace ou arrive par camions dans les faubourgs de la ville. Quand la fonte des glaces se produira, il ne faudra plus compter que sur la flottille du lac Ladoga, aux prises avec les attaques des Stuka, pour relier la ville au reste de l'URSS. Pis, avec le dégel, les milliers de cadavres des victimes des combats ou de la famine qui avaient été enterrés à la hâte sous des monticules de neige vont entrer en décomposition. Les autorités craignent des épidémies, aussi les habitants valides ont formé des équipes chargées de nettoyer la cité de tous ces restes macabres.

Malgré les privations, les habitants de Leningrad luttent avec rage.

1942

Mars

Di	Lu	Ma	Me	Je	Ve	Sa
1	2	3	4	5	6	7
8	9	10	11	12	13	14
15	16	17	18	19	20	21
22	23	24	25	26	27	28
29	30	31				

8. Nouvelle-Guinée : des forces japonaises débarquent à Lae et à Salamaua (→ 10).

8. Paris : obsèques des victimes du bombardement de Boulogne-Billancourt. Joseph Barthélemy, garde des Sceaux, y représente Pétain.

9. France : sept communistes des Bataillons de la jeunesse, âgés de 17 à 20 ans, sont fusillés au mont Valérien.

10. France : à Issy-les-Moulineaux, un détachement espagnol de la MOI (Main-d'œuvre immigrée) attaque à la bombe un garage de la Wehrmacht (→ 16).

10. Iles Salomon : les Japonais débarquent à Buka.

11. Grande-Bretagne : la peine maximale pour avoir pratiqué le marché noir est portée à 14 ans d'emprisonnement.

11. Le Cap : le général Smuts choque les Afrikaners quand il déclare vouloir armer les Noirs et les gens de couleur pour défendre « leur » pays.

11. Méditerranée : un U-Boot coule le croiseur *HMS Naiad* au large des côtes libyennes.

12. Pacifique : les troupes américaines du général Patch débarquent à Nouméa pour installer des bases en Nouvelle-Calédonie (→ 14).

12. Océan Indien : la garnison britannique des îles Andaman est évacuée (→ 2.4).

12. Norvège : après une sortie de six jours, le cuirassé *Tirpitz* revient à Trondheim. Il a tenté en vain d'intercepter les convois PQ-12 et QP-8.

13. Allemagne : la RAF a envoyé 251 bombardiers sur Essen, la nuit dernière (→ 8.4).

13. Crimée : l'Armée rouge lance une nouvelle offensive pour dégager Sébastopol (→ 20).

13. Pologne : après Chelmno, ouverture du deuxième camp d'extermination à Belzec. 6 000 juifs de Mielec y sont transportés (→ 16).

14. Washington : le Comité des chefs d'état-major décide de mener une guerre défensive dans le Pacifique. La priorité est donnée à l'attaque de l'Allemagne.

Le Japon tient Java et la Birmanie

Java se rend à la flotte nippone

Jakarta, 9 mars
Java vient de tomber. C'est la prise la plus importante de la campagne japonaise en Asie du Sud-Est. Au terme de violents combats dans la jungle, les forces néerlandaises, britanniques, australiennes et américaines se sont rendues. Le gouvernement des îles néerlandaises a fui vers l'Australie. Depuis la chute de Singapour il y a trois semaines, l'île de Java était condamnée.
Dès qu'ont débarqué les trois forces d'invasion japonaises, la résistance s'est rapidement écroulée. Celles-ci n'ont pas eu de mal à s'enfoncer à l'intérieur des terres. Une colonne japonaise a attaqué le terrain d'aviation de Kalidjati, défendu par des artilleurs britanniques transformés en fantassins, qui se sont vaillamment battus avant d'être presque tous anéantis. A l'ouest de l'île, la 2e division marche sur Batavia par la route côtière et sur Buitenzorg par le sud. La destruction de la flotte alliée dans la mer de Java le mois dernier, la faiblesse des forces aériennes et le blocus imposé par la marine japonaise, très nettement supérieure en nombre, ont rendu inévitable la capitulation. A neuf heures, un message radio du commandant allié, le général H. ter Poorten, a demandé à ses hommes de déposer les armes.

Les fantassins japonais qui ont pris Rangoon laissent éclater leur joie.

Les Japonais dans Rangoon déserté

Rangoon, Birmanie, 8 mars
Seule la flèche de la pagode de Shwe Dagon émerge de la fumée. La ville est déserte tandis que le 215e régiment du colonel Munaji traverse les faubourgs en ruine.
Rangoon est tombé aux mains des Japonais, notamment grâce à l'aide des nationalistes birmans, partisans d'U Saw, l'ancien Premier ministre interné par les Anglais. Ils mènent une action de guérilla contre les forces britanniques. Celles-ci ont tenté de défendre Rangoon quatre jours durant, même après le départ de la plupart des civils. Toutefois, après la catastrophe du pont de Sittang, elles manquaient d'appui et, en outre, le gouvernement australien a refusé d'envoyer sa 7e division. Les soldats britanniques ont eu la chance de pouvoir fuir à temps. Le général Alexander, le nouveau chef militaire de la zone, et ses aides de camp ont pu échapper de justesse à l'ennemi. (→ 19)

MacArthur quitte les îles Philippines

Bataan, 11 mars
Le moral des troupes américaines assiégées dans la péninsule de Bataan et ravagées par la faim et la maladie, s'assombrit. Le président Roosevelt a ordonné au général MacArthur, commandant militaire de l'archipel, de rejoindre l'Australie, nouveau QG du Pacifique. Il est parti cette nuit à bord d'une vedette lance-torpilles à destination de Mindanao, à 1 000 km de Bataan, avec sa femme et son fils. « Si je parviens à gagner l'Australie, je reviendrai le plus tôt possible avec le plus de moyens possible. Jusque-là, tenez ! » Ce sont ses derniers mots à son successeur, Wainwright.

MacArthur tiendra-t-il parole ?

Raid des Alliés sur la Nouvelle-Guinée

Port-Moresby, 10 mars
Les avions alliés bombardent les aéroports et les installations portuaires sur la côte nord de la Nouvelle-Guinée, depuis deux jour aux mains des Japonais. But de l'opération : prévenir toute tentative de prise de contrôle du détroi de Torres, séparant la Nouvelle Guinée de l'Etat du Queensland en Australie. L'attaque vise les aéroports de Salamaua et Lae et le por de Finschhafen. Dans le même temps, les Japonais bombarden Port-Moresby. On attend ici l'arrivée de navires de combat. (→ 1.4)

Essen repéré grâce au système Gee

Londres, 9 mars
L'aviation de bombardement équipée d'un système de navigation révolutionnaire au nom de code Gee a attaqué Essen. C'est la première fois que l'on utilise ce nouveau matériel sur une grande échelle. Le système Gee envoie des impulsions à partir de trois stations terrestres. Ces signaux, captés par les bombardiers, permettent aux navigateurs de déterminer leur position en fonction du temps de transmission. Les avions ainsi équipés éclairent leur cible. Puis d'autres bombardiers Gee larguent des bombes incendiaires. Ce système devrait permettre d'améliorer la navigation de nuit. (→ 13)

Atrocités des Japonais à Hong Kong

Prisonnier aux mains des Japonais.

Westminster, 10 mars
Anthony Eden dépeint au Parlement les atrocités que commettraient les Japonais à Hong Kong. Abasourdis, les députés aprennent le triste sort d'une garnison qui s'était rendue. Cinquante soldats britanniques, pieds et poings liés, ont été tués à coups de baïonnette. Des femmes de toutes races ont été violées par les soldats japonais. Plus d'une semaine s'est écoulée depuis leur reddition avant que les blessés ne soient évacués des collines. De plus, les Japonais ont refusé d'enterrer les morts.
Anthony Eden a qualifié d'« hypocrisie écœurante » les allégations des Japonais selon lesquelles ils s'inspirent du code chevaleresque des samouraïs.

Nouvelle offensive sur la Russie

Berlin, 14 mars
En promettant une nouvelle offensive l'été prochain contre son ancien allié, Hitler entend raviver le moral de ses troupes. Celui-ci a été entamé par la défaite de Moscou l'an dernier. Le Führer exposera demain à Berlin ses plans au cours d'une cérémonie commémorative des disparus. Les préparatifs militaires ont déjà commencé. Mais on ignore encore où la Wehrmacht attaquera exactement. L'analyse de la situation montre que Moscou est maintenant bien protégé par les Soviétiques. Hitler pourrait bien s'attaquer de nouveau au Caucase pour son pétrole et, donc, à la route du Moyen-Orient.

Stilwell à la tête de l'armée chinoise

New Delhi, 11 mars
Le général Vinegar Joe Stilwell, un Américain dégingandé aux lèvres minces et à la réputation de ne pas mâcher ses mots, prendra la semaine prochaine le commandement de toutes les forces américaines pour l'Inde, la Chine et la Birmanie. Stilwell, héros de la Grande Guerre, est un ancien étudiant en chinois et a été attaché militaire à Pékin. Il sera également le chef d'état-major de Tchang Kaï-chek, bien qu'il préfère manger et dormir en compagnie de ses hommes.

Des infirmières abattues par les Japonais

Grande-Bretagne, 10 mars
D'horribles histoires à peine croyables concernant les atrocités commises par les Japonais commencent à circuler dans le pays. Soldats, infirmières et civils sont impitoyablement maltraités et assassinés. On signale des exécutions massives de prisonniers à coups de baïonnette. Le mois dernier, en Malaisie, un groupe d'infirmières australiennes et de soldats britanniques qui s'étaient rendus aux Japonais auraient été sommairement exécutés. Les hommes ont été passés à la baïonnette, et les femmes contraintes de marcher vers la mer, avant d'être abattues. Deux hommes et une femme ont miraculeusement survécu. Des civils chinois ont subi le même sort. Le 18 février, cinq mille d'entre eux ont été encerclés à Singapour. Quinze jours plus tard, ils étaient tous morts. De nombreux corps ont été retrouvés décapités, les mains attachées dans le dos. Les hommes en captivité vivent dans la peur incessante d'être assassinés. Le 20 février, sur l'île d'Ambione, cent vingt prisonniers de guerre australiens, à genoux et les yeux bandés, auraient été massacrés à la baïonnette par leurs bourreaux.

Hitler veut reprendre l'initiative.

Les Américains arrivent en Australie

Melbourne, 14 mars
Un convoi de trente mille Américains vient d'arriver en Australie, qui serviront ici et en Nouvelle-Calédonie. Après un bref séjour ici, un détachement spécial calédonien, fort de quatorze mille hommes et officiers, est arrivé à Nouméa avant-hier. Ces premières troupes américaines font partie d'un convoi de huit bâtiments en route pour les Philippines au moment de l'attaque de Pearl Harbor. Deux autres divisions américaines sont attendues, et une australienne devrait revenir dans le courant du mois. Il y a donc une importante concentration de forces terrestres. (→ 25.4)

Le jour qui a marqué l'Amérique.

Le Brésil confisque les biens de l'Axe

Brésil, 11 mars
Le président brésilien Getulio Vargas confisque jusqu'à 30 % des fonds détenus par des ressortissants allemands, italiens ou japonais dans le pays. Il a rappelé tous ses bâtiments au port et assigné à résidence l'ambassadeur japonais et le personnel consulaire. Ces mesures, qui viennent en représailles du torpillage d'un quatrième bateau brésilien par les Allemands et du mauvais traitement subi par son ambassadeur à Tokyo, ouvrent la voie à son entrée en guerre contre les forces de l'Axe. (→ 23.5)

Désormais, le pain anglais sera gris

Londres, 11 mars
Lord Woolton, ministre de l'Alimentation, annonce qu'il n'y aura plus de ventes de pain blanc dès le 6 avril afin d'affecter les navires de transport de farine au transport de troupes. Le pain qui le remplacera n'est pas noir, mais gris.
Jusqu'à présent, la commercialisation de ce pain a été un échec, avec seulement 7 % des ventes totales. Lord Woolton reconnaît que son pays préfère le pain blanc. Pourtant, il est peu probable que les citoyens britanniques veuillent entraver les mouvements de troupes.

1942

Mars

Di	Lu	Ma	Me	Je	Ve	Sa
1	2	3	4	5	6	7
8	9	10	11	12	13	14
15	16	17	18	19	20	21
22	23	24	25	26	27	28
29	30	31				

15. Philippines : l'artillerie japonaise pilonne les îles fortifiées de la baie de Manille.

15. Méditerranée : les croiseurs *HMS Dido* et *HMS Euryalus* bombardent Rhodes.

16. Pologne : 1 600 juifs du district de Lublin sont déportés au camp d'extermination de Belzec (→ 26).

16. Londres : l'ambassadeur soviétique demande à Churchill d'ouvrir un deuxième front en Europe continentale (→ 23).

16. Suisse : de nombreux membres du Front national, organisation nazie interdite, sont internés pour propagande.

16. France : à Tours, le résistant Isidore Grinberg tente d'abattre Marcel Déat à la grenade.

17. Australie : trois groupes d'avions de chasse américains Kittyhawk commencent leurs opérations dans le Pacifique, à partir de Darwin.

17. Sicile : le sous-marin *HMS Unbeaten* coule le sous-marin italien *Guglielmotti*.

18. Méditerranée : au large de Brindisi, le sous-marin *HMS Upholder* coule le sous-marin italien *Tricheco*.

18. Allemagne : au centre d'expérimentation des fusées à Peenemünde, le prototype de la fusée balistique à longue portée A4 (V2) explose (→ 19.6).

18. Australie : MacArthur prononce son serment : « Je suis parti, mais je reviendrai. »

20. Crimée : une attaque de la 22e division Panzer échoue à Sébastopol. Elle est détruite en avançant dans une zone tenue par les Soviétiques (→ 11.4).

20. Libye : la RAF attaque les terrains d'aviation de Derna et de Benghazi afin de détourner les avions de l'Axe d'un convoi pour Malte (→ 24).

21. Philippines : les forces américaines commencent à se replier sur l'île fortifiée de Corregidor (→ 29).

21. Berlin : pour décourager ceux qui voyagent en train sans raison valable, des peines sévères sont annoncées, dont l'internement en camp de concentration (→ 1.4).

Menace d'interdiction du « Daily Mirror »

La caricature du « Daily Mirror » qui a déclenché les foudres de la censure.

Londres, 19 mars
Herbert Stanley Morrison, ministre de l'Intérieur, accuse, sans doute sous l'impulsion de Churchill, le *Daily Mirror*. Il lui reproche « son indifférence criminelle à l'égard des intérêts nationaux » par la publication répétée d'articles « visant à déclencher une opposition contre la poursuite de la guerre ».
Morrison a ainsi convoqué Bartholomew et Thomas, respectivement rédacteur en chef et directeur du journal, pour leur montrer une caricature représentant un marin qui s'agrippe à un radeau, avec pour légende : « Le prix du pétrole a augmenté d'un penny. Officiellement. » Pour le ministre, ce croquis signifie clairement que les marins risqueraient leur vie pour les compagnies pétrolières. L'interprétation des journalistes, pour leur part, est que le pétrole coûte non seulement des pennies, mais également des vies humaines.
Morrison a rétorqué que ce dessin n'était que le dernier d'une longue série de « présentations grossières, de comptes rendus déformés et exagérés et de généralisations irresponsables ». Il a aussi cité un article qualifiant les chefs de la nation, civils et militaires, « d'idiots galonnés, pleins de préjugés sociaux, arrogants et tatillons... avec une tendance aux maladies de cœur, à l'apoplexie, au diabète et à l'hypertension ». Le ministre a conclu en disant que, si le journal ne changeait pas d'attitude, il en interdirait la parution.

La censure fait le tri dans les nouvelles

Londres, 19 mars
Churchill s'est plaint au ministère de la Guerre des censeurs. Ils enlèvent des bulletins d'information les noms des régiments qui se sont vaillamment battus, même lorsqu'il s'avère que l'ennemi les connaît. C'est que les responsables de la censure sont des gens prudents. Ainsi, pour respecter la règle qui veut qu'aucun cuirassé ne soit cité, un censeur a supprimé le nom *HMS Pinafore* d'une critique de théâtre.
La censure s'est généralisée. Elle touche l'ensemble du courrier en provenance de l'étranger, et le téléphone interurbain est sur écoute. Théoriquement, la presse s'autocensure, mais le gouvernement peut interdire certaines parutions, par exemple, le journal communiste *Daily Worker*. Seule l'information est contrôlée. Les commentaires sont libres, mais comptes rendus sportifs et rubriques nécrologiques peuvent être censurés.
Le but est d'éviter toute référence à des personnes mobilisées ou travaillant dans des centrales électriques.

L'amiral Muselier a perdu la partie

Londres, 19 mars
Dans le bras de fer qui l'oppose au général de Gaulle, l'amiral Muselier a commis une erreur fatale, en appelant les marins des FNFL à une « grève générale » en sa faveur. Du coup, l'amirauté britannique et le gouvernement de Sa Majesté, qui penchaient en sa faveur, ont cessé de le soutenir. On ne badine pas, surtout en Angleterre, avec la discipline dans la flotte. Muselier a donc cessé toute activité. Malgré les invites pressantes du général de Gaulle à reprendre au sein de la France libre un poste à sa mesure, l'amiral s'y refuse. Une situation fort dommageable pour la France libre qui se voit privée d'un chef d'envergure et d'un organisateur hors pair.

Slim à la tête des forces birmanes

Slim est un chef respecté et estimé.

Calcutta, 19 mars
Face au repli des forces alliées devant une armée japonaise apparemment invincible, le général Slim prend le commandement des dernières unités. Ses troupes comprennent deux divisions, l'une indienne, l'autre birmane, commandées par des alliés de l'époque du régiment gurkha. Toutes deux sont sous-équipées. Ainsi, trois mille hommes qui fuyaient l'ennemi à la nage se sont retrouvés pieds nus et en caleçon. De plus, l'ennemi a dix fois plus d'avions que les Alliés.

Raid nazi contre les partisans russes

Moscou, 19 mars
Les Allemands lancent l'opération *Munich*. Cette grande offensive vise à exterminer les nombreux partisans opérant derrière les lignes ennemies entre Vyazma et Smolensk. Un détachement aérien spécial, constitué à Bobruisk, bombarde les bases qu'il a repérées dans la forêt et harcèle les fuyards. Des compagnies de chasseurs alpins allemands ratissent la campagne, incendiant les villages dont ils tuent les habitants. La mise en place de cette opération par les Allemands prouve l'impact de plus en plus fort de la résistance sur le cours du conflit. Même si l'offensive nazie devait disperser des unités de partisans, qui sont maintenant renforcées par des hommes spécialement entraînés, il ne fait aucun doute que celles-ci se reformeraient. Elles reprendront le combat, avec l'aide plus soutenue des villageois qui auront survécu.

Les nazis recrutent les hommes robustes

Allemagne, 21 mars
Décidé à optimiser la production de sa machine de guerre, Hitler a chargé Fritz Sauckel de mobiliser de la main-d'œuvre. Il disposera de tous les pouvoirs pour réquisitionner des ouvriers dans les pays occupés. La pénurie actuelle en hommes constitue l'obstacle majeur pour intensifier la production. Toutes les méthodes seront bonnes pour que Sauckel puissent recruter le nombre de travailleurs requis. Ils pourront être enlevés dans la rue ou chez eux. Puis ils seront emmenés, sans eau, ni vivres, ni aucune hygiène, à leur lieu de travail. Krupp, le fabricant de canons, de chars et de munitions, devrait être l'un des plus gros clients de Sauckel.
Les Allemands considèrent que les hommes et les femmes robustes des pays occupés constituent une main-d'œuvre idéale qui peut travailler pour rien jusqu'à l'épuisement. De plus, leur coût est quasiment nul. Les camps de travail sont répartis pour répondre aux besoins de l'industrie allemande. Au début de l'année, on comptait 2,1 millions de travailleurs étrangers en Allemagne, plus un million et demi de prisonniers de guerre travaillant dans l'industrie ou l'agriculture. Ces chiffres ne devraient pas tarder à croître.

Le Reich est un dévoreur d'hommes.

Les nazis troublés par le ministère des sales blagues

Woburn, Angleterre, 21 mars
Une histoire rapportée par les agents opérant en Europe provoque des gloussements de satisfaction chez ceux qui travaillent dans la demeure du duc de Bedford, Woburn Abbey, actuellement réquisitionnée.
Les troupes allemandes auraient entrepris une fouille minutieuse pour dénicher une station de radio libre à Bucarest, en Roumanie ; opération vaine puisque cette radio émet depuis Woburn Abbey. Ce n'est que l'un des émetteurs clandestins dirigés vers l'Europe nazie qui se trouve sur le sol roumain. Officiellement, ce sont les opposants aux nazis qui les utilisent. En fait, ces émetteurs sont contrôlés par une agence gouvernementale secrète, camouflée en service du ministère de la Guerre économique. Cette section était dirigée il y a cinq jours encore par Hugh Dalton, surnommé le « ministre de la guerre discourtoise » par Churchill. Dalton y a nommé Rex Leeper, un vieux loup des services de renseignements. Il lui a assuré son soutien pour tous les mauvais coups qu'il pourrait inventer. Certains sont diaboliquement simples. Ainsi, quel chaos peut-on provoquer, simplement en intervertissant les panneaux de destination sur les trains ! La calomnie constitue une autre arme pratique, quoique parfois inefficace, comme les rumeurs répandues en Europe par des agents sur les orgies et le train de vie extraordinaire des chefs nazis. La mise en circulation de fausses cartes de rationnement ou de journaux allemands diffusant des nouvelles lugubres n'est que routine ici. L'une des opérations les plus efficaces se déroule actuellement sous la direction de Sefton Delmer, un ancien du *Daily Express* à Berlin. Sa station de radio, prétendument tenue par des soldats allemands mécontents, aime à dire aux hommes du front que les travailleurs étrangers couchent avec leurs femmes.

'énergie rationnée au Royaume-Uni

ondres, 17 mars
e Parlement a annoncé un rationement du charbon, du gaz et de électricité pour le chauffage et éclairage domestiques. Sir Wilam Beveridge, qui a déjà participé u plan de rationnement lors de la Grande Guerre, est chargé du noueau programme.
e président du *Board of trade* a ndiqué que la situation est si grave u'il faut déclencher l'opération le lus tôt possible. On s'attend à une iminution de 25 % de la consommation. Chaque foyer devra donc rveiller attentivement son compur, en gardant à l'esprit qu'une onsommation abusive est passible poursuites et de coupures. De us, dans les trois semaines à enir, la livraison de charbon sera nitée à 300 kg à la fois par famille. ne réduction de la confection de tements civils permettra d'affecr cinquante mille ouvriers de l'instrie textile aux besoins de la erre. Pour économiser l'essence, navigation de plaisance sera susndue cet été, y compris les proenades en mer.

L'Inde sur le chemin de l'indépendance

Cette affiche de propagande nationaliste appelle à chasser les Anglais.

New Delhi, 21 mars
Sir Stafford Cripps arrivera en Inde la semaine prochaine, porteur de nouvelles propositions constitutionnelles pour le pays. Bien qu'il ait refusé de dévoiler la nature de ces propositions avant son départ, il est probable qu'une forme d'indépendance soit envisagée. Le parti travailliste s'est engagé à donner à l'Inde son indépendance. Churchill, fervent partisan de la domination anglaise, a subi la pression de Roosevelt pour offrir à la colonie son autonomie après la guerre. Les millions d'Indiens qui se battent avec les Alliés face à l'éventuelle menace japonaise en Inde n'en attendront certainement pas moins malgré le problème de la réconciliation de la majorité hindoue avec la minorité musulmane.

1942

Mars

Di	Lu	Ma	Me	Je	Ve	Sa
1	2	3	4	5	6	7
8	9	10	11	12	13	14
15	16	17	18	19	20	21
22	23	24	25	26	27	28
29	30	31				

22. Prague : arrestation de Paul Thummel, important agent double de l'Abwehr.

22. Birmanie : les avions alliés abandonnent la base de Magwe après de violentes attaques de l'aviation japonaise.

23. Allemagne : craignant l'ouverture d'un deuxième front en Europe de l'Ouest, Hitler ordonne d'y renforcer les défenses côtières (→ 18.4).

23. France : les Allemands arrêtent deux opérateurs radio du réseau CND, Subsol alias Phœbus et Gloriod, à Chatou, repérés à l'aide d'une voiture radiogoniométrique.

24. Egypte : le parti nationaliste Wafd remporte les élections générales.

25. Alsace : la Gestapo arrête René Deiber, du groupe Brecheisen, filière d'évasion de prisonniers (→ 2.4).

26. France : entrevue secrète entre Pétain et Laval en forêt de Randan. Laval recommande une collaboration plus active, pour éviter la nomination par Hitler d'un gauleiter à la tête du pays (→ 16.4).

26. Malte : la RAF a repoussé cinq attaques importantes de la Luftwaffe en 2 jours (→ 1.4).

26. Pologne : les premiers déportés, 999 Juifs slovaques, arrivent au camp d'Auschwitz.

26. Pas-de-Calais : sept sabotages à la dynamite rendent les voies ferrées inutilisables dans le triangle Arras-Lens-Douai.

27. Atlantique : premier succès du radar HF/DF de repérage par ondes centimétriques. Les destroyers d'escorte du convoi WS-17 coulent l'*U-587*.

29. Philippines : les guérilleros locaux créent le Hukbalahap, mouvement de résistance paysanne antijaponaise (→ 1.4).

29. Saint-Nazaire : les derniers commandos anglais se rendent, après 36 h de combats. Des habitants ont réussi à en cacher ; certains ont fait le coup de feu avec les Anglais.

30. Washington : les Etats-Unis, le Canada, la Chine et les Philippines rejoignent le Conseil de guerre du Pacifique.

La Royal Navy escorte un convoi à Malte

Très endommagé, le croiseur « Breconshire » est évacué par son équipage.

Malte, 24 mars
Après avoir essuyé d'intenses bombardements, un convoi de ravitaillement britannique a pu atteindre l'île de Malte. Opposé à une flotte italienne puissamment armée, il a remporté un combat digne de celui de David contre Goliath. En effet, les cinq croiseurs et les dix-sept destroyers escortant quatre cargos ont été attaqués par le cuirassé *Littorio*, équipé de canons de 15 pouces, qui venait du nord-est, accompagné de trois croiseurs lourds et de quatre destroyers de soutien. Les bâtiments britanniques ne disposaient, quant à eux, que de canons de 5,25 et de 4,7 pouces. Le contre-amiral Philip Vian a alors ordonné de naviguer à pleine vitesse vers le sud-ouest. Puis il est remonté vers les Italiens derrière un écran de fumée. Ces derniers, craignant un éventuel torpillage à travers la fumée, se sont repliés. Toutefois, leur manœuvre a fait perdre du temps aux quatre bâtiments du convoi, qui fut bientôt pris sous le feu d'une attaque aérienne. Deux des cargos ont été coulés. Même si le *Talabot* et le *Pampas* sont arrivés à destination, la Luftwaffe s'est alors acharnée sur eux dans le port. Trois cent vingt-six bombardiers et chasseurs se sont ainsi employés à les détruire. Sur les vingt-six mille tonnes chargées en Egypte, seules cinq mille sont arrivées à Malte.

Un raid de la RAF détruit Lübeck

Londres, 29 mars
La nuit dernière, les bombardiers de la RAF ont totalement détruit le port allemand de Lübeck. Equipés du nouveau système de guidage Gee, 234 Wellington, Hampden, Stirling et Manchester ont largué plus de 400 tonnes de bombes, dont la moitié de bombes incendiaires. Selon le général Harris, de l'armée de l'air, les maisons en bois de la vieille ville pittoresque de Lübeck étaient plus un allume-feu que des habitations. Le raid a fait environ 320 tués et 784 blessés. Cette attaque est la plus meurtrière qu'a subie l'Allemagne en une seule fois. Des photographies montrent que 30 % de la ville ont été détruits.
Un grand nombre d'usines ont été dévastées. Les installations portuaires et ferroviaires ont été sérieusement endommagées. Toutefois, cette opération ne visait pas des objectifs militaires. Elle constituait juste une démonstration des ravages qu'un raid de bombardiers peut causer. Les chefs d'état-major ont indiqué que le but de ces bombardements était de « détruire et disloquer progressivement le système économique et industriel de l'ennemi et de saper son moral jusqu'à l'affaiblissement de ses capacités de résistance armée ».
Lübeck est la première victime de cette politique. Douze appareils britanniques ont été abattus.

Goebbels évince Wilhelm Frick et reloge les sans-abri de Lübeck

Berlin, 30 mars
Le raid aérien de la RAF sur le port de Lübeck a donné à Goebbels l'occasion de monter un stratagème contre son ennemi numéro un, Wilhelm Frick, ancien officier de police devenu ministre de l'Intérieur. Lorsque Hitler a téléphoné pour avoir des nouvelles de l'attaque, Goebbels lui a dit que la situation était chaotique et que le ministère de l'Intérieur était incapable de prendre les mesures nécessaires pour reloger les centaines de familles sans abri.
Le Führer a alors décidé sur-le-champ de confier à Goebbels le soin des opérations, et non plus à Frick. Goebbels a déclaré : « Hitler m'a confié les pleins pouvoirs et, à minuit, toutes les mesures possibles avaient été prises. J'ai pu agir sans être gêné par la bureaucratie. » Cet homme infirme et chétif, véritable bourreau de travail, cherche à devenir le bras droit du Führer. En tant que ministre de la Propagande du Reich, il contrôle la publication de tous les livres et journaux et la production de l'ensemble des films et des manifestations théâtrales et artistiques. A cause de sa jambe atrophiée, il a été réformé lors de la Grande Guerre. Il cherche à impressionner Hitler en lui témoignant une loyauté excessive et en lui montrant sa famille nombreuse. Son épouse Magda doit impérativement mettre un enfant au monde chaque année pour le Reich.

Goebbels est ambitieux et arriviste.

Raid allié sur le port de St-Nazaire

Saint-Nazaire, 28 mars
Les installations de cale sèche les plus importantes de l'Europe occupée, vitales pour les bâtiments ennemis tels que le *Tirpitz*, sont réduites à l'état de ruines. Lors d'un raid la nuit dernière, le destroyer *HMS Campbeltown*, transformé en bombe à retardement, a enfoncé les portes du dock à la vitesse de vingt nœuds. Des commandos ont ensuite envahi les installations pour saboter certains postes clés. Une charge a été placée à une douzaine de mètres au-dessous du niveau du sol, juste 90 secondes avant d'exploser. A 11 h 30 ce matin, environ douze heures après le début de l'opération, alors que plus de la moitié des attaquants ont été tués ou capturés, le destroyer explose, tuant plus de 380 Allemands montés à bord. Seules les installations pour les sous-marins sont désormais utilisables.
L'opération a été minutieusement préparée et parfaitement exécutée. Son succès est surtout dû au courage héroïque des soldats : au total 611 hommes (345 marins, 257 commandos, 4 médecins, 3 officiers de liaison et 2 journalistes), dont 169 ont été tués (104 marins) et 200 faits prisonniers.
Sur les dix-sept vedettes et les deux petites embarcations qui ont pris part à la remontée de l'estuaire de la Loire, quatre seulement sont revenues. L'effet de surprise n'a pas été celui escompté. Seule une embarcation a pu décharger ses hommes. L'amiral Mountbatten, à la tête de l'opération, a demandé un autre destroyer pour le repli. Mais cette aide lui a été refusée.

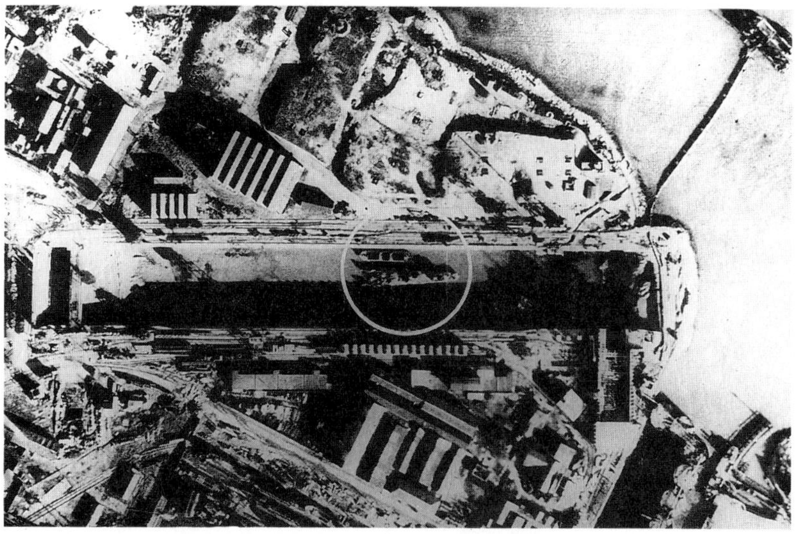

L'épave du « Campbeltown » photographiée plusieurs mois après le raid.

Des combats furieux opposèrent commandos anglais et soldats allemands.

Le train spécial 767 Paris-Auschwitz emmène des Juifs

Auschwitz, 30 mars
A 5 h 33 ce matin, le train spécial 767 entre dans la gare du camp, et 1 112 Juifs en provenance de Paris en descendent. Le responsable, le capitaine SS Theodore Dannecker, déplore que les wagons de marchandises qu'il a demandés n'aient pas été disponibles. Ces déportés ont donc voyagé dans le confort relatif d'un train de voyageurs.
Leur voyage a commencé il y a trois jours et demi dans les camps de Drancy et de Compiègne. Là, tous les hommes ont reçu l'ordre de se ranger dans la cour. Puis le commandant Kuntze a commencé à faire l'appel. Les prisonniers ne savaient pas pourquoi. Les 550 personnes appelées ont dû se ranger sur le côté. Elles disposaient ensuite de quinze minutes pour ramasser leurs affaires, couvertures déchirées et paquets de vêtements en lambeaux, avant de passer la nuit dans deux cabanes placées sous haute surveillance. Le lendemain, les Allemands les ont remises en rangs, distribuant au hasard coups de poing et coups de crosse. Puis, hâves et meurtris, ils ont marché dans les rues de Compiègne jusqu'à la gare, sous le regard incrédule des habitants. Ceux-ci se demandaient comment ces spectres pouvaient être encore en vie.
Maintenant, ils doivent s'habituer au nouveau camp. Peu y survivront longtemps. Les chambres à gaz et les fours crématoires sont bientôt prêts à Birkenau. La plupart mourront avant l'automne.

La guerre finie, l'Inde sera un dominion

New Delhi, Inde, 28 mars
L'Empire britannique accordera à l'Inde, une fois la guerre achevée, le statut de dominion. C'est l'importante décision que vient d'annoncer Sir Stafford Cripps, actuellement en visite en Inde. Il précise toutefois que cette proposition devra être « largement approuvée » et qu'elle sous-entend une aide durant le conflit.
Hier, Stafford Cripps a passé deux heures avec le dirigeant du parti du Congrès, le mahatma Gandhi, un non-violent acharné. L'entrevue n'a pas du tout été le dialogue escompté, Gandhi ayant fait vœu de silence et n'ayant pas prononcé une parole. Demain, Cripps rencontrera Mohammed Jinnah, dirigeant de la Ligue musulmane pro-Alliés. Personne n'espère autant que Churchill un échec de Cripps. De fait, Churchill n'a accepté la proposition du ministre que sous la pression des Américains et il répète souvent qu'il ne se bat pas pour démanteler l'Empire.

Nimitz et MacArthur se partagent le globe

Washington, 30 mars
La Grande-Bretagne et les Etats-Unis divisent le monde en zones de conflit. Ils ont convenu de se répartir leurs champs de responsabilité. Les Etats-Unis auront la charge des opérations dans l'ensemble du Pacifique, y compris l'Australie et la Nouvelle-Zélande. Le haut-commandement sera assumé par les Américains.
Dans le même temps, une zone centrale est délimitée, allant de Singapour à la Méditerranée. Elle relève de l'autorité britannique. L'Australie et la Nouvelle-Zélande fourniront toute l'aide possible dans ce territoire. La troisième zone couvrira l'Atlantique et un éventuel second front sur le continent européen. Elle sera sous la responsabilité conjointe des deux nations. La zone du Pacifique, sous le commandement de l'amiral Chester Nimitz, est divisée en trois secteurs : nord, centre et sud. Le général Douglas MacArthur commande la zone sud-ouest du Pacifique.

1942

Avril

Di	Lu	Ma	Me	Je	Ve	Sa
			1	2	3	4
5	6	7	8	9	10	11
12	13	14	15	16	17	18
19	20	21	22	23	24	25
26	27	28	29	30		

1er. Allemagne : l'usage des voitures particulières pour les voyages privés est interdit.

1er. Sicile : le croiseur italien *Giovanni delle Bande Nere* est coulé par le sous-marin *HMS Urge*, au large de l'île.

1er. Suède : onze cargos norvégiens quittent Göteborg et s'enfuient en Angleterre (→ 5).

1er. Malte : des avions torpilleurs de l'Axe coulent deux sous-marins dans le port de La Valette (→ 16).

1er. Philippines : 24 000 défenseurs de la péninsule de Bataan sont malades, à cause du manque de vivres et des maladies tropicales.

1er. Nouvelle-Guinée : les Japonais débarquent à Sorong, sur la côte ouest, et à Hollandia, sur la côte nord (→ 30).

2. Océan Indien : des Forteresses volantes de l'US Air Force bombardent la flotte japonaise aux îles Andaman.

2. Birmanie : le 1er corps birman abandonne Prome et se replie sur Allanmyo (→ 11).

2. Paris : arrestation du chef du réseau de résistance Valmy, Raymond Burgard, professeur au lycée Buffon (→ 16).

3. Philippines : les Japonais lancent une offensive contre les forces alliées dans la péninsule de Bataan. Une préparation d'artillerie la précède pendant cinq heures (→ 5).

4. Ceylan : un chef de groupe canadien, Léonard Burchill, repère la flotte japonaise au large de Colombo. Il donne l'alerte avant d'être abattu par un chasseur Zero. L'amiral Somerville ordonne à la flotte anglaise de se disperser (→ 6).

4. Allemagne : Hitler ordonne des raids sur les cités historiques britanniques, en représailles au bombardement de Lübeck. Ils sont baptisés raids *Baedeker*, du nom des guides touristiques allemands (→ 29).

4. Allemagne : dans son journal, Goebbels écrit son soulagement que les Allemands solides et dynamiques du Nord aient été bombardés plutôt que les mous du Sud.

La « solution finale » est mise en œuvre

A Auschwitz-Birkenau, les femmes sont tondues dès leur arrivée au camp.

Europe, 2 avril

Depuis son ouverture le 16 mars dernier, le camp d'extermination de Belzec fonctionne à plein rendement. Vingt mille Juifs y ont été exterminés. D'autres camps sont en cours de construction, comme à Sobibor, où la SS active les travaux afin de commencer l'extermination des Juifs. A Belzec, quatre ou cinq trains débarquent quotidiennement les malheureux, dans la gare à côté du camp. Ils sont entassés dans des wagons de marchandises scellés. Le rude voyage tue déjà les plus faibles. Les gardes accueillent les survivants avec fouets et chiens. Ils confisquent les maigres biens que les Juifs ont emportés. Les plus robustes, une centaine environ, sont sélectionnés pour travailler sur place. Les autres, y compris les femmes et les enfants, doivent aller prendre une « douche ». Regroupés dans ce qui ressemble à un bloc sanitaire, les Juifs se déshabillent. Ce n'est que lorsque la porte de la salle de douche est fermée à clé et que les gaz mortels envahissent la pièce qu'ils comprennent ce qui leur arrive. Les chambres à gaz et les fours crématoires peuvent exterminer 15 000 personnes par jour. D'ici à la fin du mois, des installations identiques doivent être prêtes à Majdanek, Treblinka, Auschwitz et Sobibor. Plus de 100 000 personnes pourront y être massacrées quotidiennement.

L'efficacité est le maître mot du nouveau système. En moins de deux heures, ces camps peuvent réduire un être humain à une poignée de cendres.

Les nazis reculent près de Kharkov

Moscou, 3 avril

Les armées russe et allemande se disputent l'avantage avant de lancer leur grande offensive de printemps. Des échauffourées sont signalées aux abords de Leningrad. De violents combats se déroulent pour le contrôle de Novgorod et de Staraya Russa au centre.

La plupart des batailles ont lieu dans le sud où le dégel rend les sols praticables. Les Russes sont ainsi parvenus à repousser les Allemands au sud-est de Kharkov. Les nazis ont reconnu que leurs lignes avaient été enfoncées et qu'ils avaient été contraints au repli.

Cette affiche souligne le lien entre le deux fronts de l'Est et de l'Ouest.

Procès des femmes objecteurs

Londres, 2 avril

Les premières femmes objecteurs de conscience depuis la mise en place du service national féminin sont jugées par le tribunal. La demande du statut d'objecteur introduite par une femme membre de l'Armée du Salut a été acceptée. Elle a déclaré à la cour travailler dans des cantines et des abris antiaériens. Le juge a estimé qu'elle ne pourrait trouver tâche plus utile. Plusieurs demandes ont été rejetées. Le public a applaudi lorsqu'une jeune femme a déclaré qu'elle préférait la prison aux travaux de guerre.

Nagumo menace l'océan Indien

Colombo, 4 avril

L'amiral Nagumo, à la tête d'une imposante force de cinq porte-avions, a pénétré dans l'océan Indien. Il est aujourd'hui à 560 km au sud de Ceylan. L'amiral Nagumo compte en effet attaquer Colombo où, pense-t-il, se trouve la flotte anglaise et réitérer ainsi le coup de Pearl Harbor. Mais il se trompe. Le nouveau chef de la flotte de l'océan Indien, l'amiral Somerville, bien que ne disposant que d'un seul porte-avions, l'*Hermes*, est en mer. Prévenu de l'arrivée des navires de Nagumo, il a mis le cap sur Ceylan.

Retraite alliée en Birmanie

Birmanie, 1er avril

Le vent de la défaite souffle aussi e Birmanie où Anglais et Chinois na tionalistes commencent à évacue leurs positions sous l'effet de l poussée japonaise. Les Britann ques, qui avaient reformé un fror à 240 km de Rangoon, se replier vers le nord à partir de Prome, e suivant l'Irrawaddy, les Chino reculant à partir de Toungoo. Cett retraite intervient au pire momer de la saison sèche. La températur atteint 46 °C, transformant ce rep en une véritable tragédie pour l soldats tenaillés par la soif.

Les U-Boote anéantissent la flotte des Alliés

Atlantique nord, 1er avril
Les Alliés ont essuyé leur pire défaite dans la bataille navale du mois dernier. Pas moins de 273 navires marchands ont coulé, ce qui représente 834 184 tonnes. Pour ce premier trimestre, les pertes atteignent 1,93 million de tonnes. La majorité (1,34 million de tonnes) a été détruite par les U-Boote. Les Allemands disposent de 121 sous-marins opérationnels, alors qu'ils n'en avaient que 91 au début de la guerre. En raison des longues distances qui les obligent à traverser la principale zone de bataille sur la côte est des Etats-Unis, ils sont rarement plus d'une douzaine en mesure d'attaquer les cibles alliées. Celles-ci ont été néanmoins anéanties. Ces trois derniers mois, les sous-marins ennemis ont détruit 216 bateaux dans le seul secteur de l'Atlantique nord, la plupart dans la zone où patrouille la marine américaine. L'amiral Dönitz, commandant en chef de la flotte sous-marine allemande, a donné l'ordre de se diriger dans les zones de l'est vers les bateaux présentant un grand intérêt stratégique, en particulier les pétroliers qui transportent le mazout, carburant essentiel pour la guerre en Europe. Plus de la moitié des bateaux coulés sont des pétroliers. En outre, les Allemands ont multiplié leurs actions et, d'ici à six mois, ils disposeront d'au moins cent U-Boote supplémentaires.

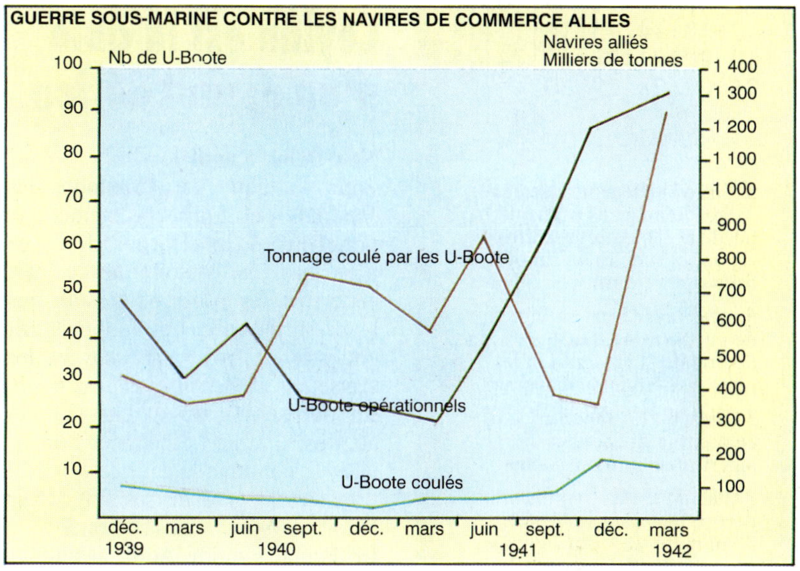

Convois américains sur la côte est

ncore une victime du « tir aux pigeons » coulée au large de New Jersey.

ew York, 1er avril
'amiral Ernest J. King, commandant en chef de la marine américaine, a accepté le point de vue des ritanniques : les attaques répétées s U-Boote contre les navires archands – la plupart dans les ux américaines – le mois der- er, l'ont convaincu d'appliquer le stème des convois. Paradoxaleent, les Alliés n'ont jamais été ssi faibles face aux U-Boote que puis l'entrée en guerre des Etatsnis. Les Anglais avaient auparaant établi un système de convois ec l'aide du Canada et, malgré ır neutralité, des Etats-Unis. ne fois les Américains en guerre, l'amiral King s'est aperçu que des convois d'escorte mal organisés étaient pis que tout. Des centaines de bateaux partent parfois sans escorte des ports américains avant de rejoindre les convois au large. Il suffit donc aux U-Boote de s'approcher des côtes américaines très éclairées. Il leur est si facile de viser leurs cibles qu'ils appellent cela le « tir aux pigeons ». Les Américains n'avaient pas assez de bateaux d'escorte pour accompagner les cargos tout au long du trajet. Le nouveau système exige des bateaux qu'ils naviguent en convoi le jour et qu'ils jettent l'ancre dans les ports la nuit.

Arrivée du premier convoi de l'Arctique

Mourmansk, 1er avril
Le voyage a été dramatique pour le convoi PQ-13 : cinq des 19 navires marchands qui ont entrepris le voyage ont été coulés, deux par des U-Boote, deux par des avions et un par un torpilleur. Le 24 mars, une violente tempête, au large de Bear Island, les a éloignés de l'escorte constituée par le croiseur *HMS Trinidad* et par deux destroyers. La Luftwaffe a repéré les navires sans protection et a immédiatement fait intervenir des U-Boote ainsi que trois torpilleurs du port de Kirkenes : cinq navires ont été détruits avant que l'escorte ne retrouve le convoi. Celui-ci a cependant détruit un des torpilleurs allemands, le *Z-26*. Atteint par une torpille, le *Trinidad* a quand même pu regagner la péninsule de Kola, non loin de là. C'est alors que l'équipage, examinant les dégâts dans la salle des chaudières, a découvert que la torpille qui avait frappé le navire était une des siennes : son système de pilotage a été endommagé par le froid, qui rend si périlleuse la route arctique. Les marins travaillent sous une pluie glaciale qui gèle sur le pont. Avec l'arrivée du printemps, le temps s'adoucit mais cela accroît le danger : les convois doivent affronter le plus puissant des cuirassés allemands, le *Tirpitz*, envoyé dans cette région il y a quelques semaines. Une unité de 34 Halifax, chargée de le bombarder, n'a même pas réussi à le localiser.

Le climat polaire s'ajoute aux périls de la traversée de l'Arctique.

1942

Avril

Di	Lu	Ma	Me	Je	Ve	Sa
			1	2	3	4
5	6	7	8	9	10	11
12	13	14	15	16	17	18
19	20	21	22	23	24	25
26	27	28	29	30		

5. Grande-Bretagne : des 11 cargos norvégiens partis de Suède le 1er, deux sont arrivés, six ont été coulés ou sabordés, trois sont retournés en Suède.

5. Allemagne : par sa directive de guerre n° 41, Hitler ordonne de prendre Leningrad et les puits de pétrole du Caucase.

5. Bataan : les Japonais écrasent la 21e division américaine au mont Samat.

6. Pacifique : les Japonais débarquent dans les îles de l'Amirauté, et à Bougainville dans les îles Salomon (→ 3.5).

6. Inde : sur la côte est, les Japonais bombardent les villes de Vizagatapam et Cocanada.

7. Allemagne : trois prêtres catholiques et Karl Friedrich Stellbrink, un théologien protestant, sont arrêtés pour activités antinazies.

8. Bataan : les soldats américains reçoivent l'ordre de détruire leur matériel (→ 9).

8. Allemagne : Hambourg est attaqué par 272 bombardiers de la RAF.

8. Chine : les premiers ravitaillements arrivent d'Inde, en franchissant l'Himalaya.

8. Vichy : loi du gouvernement stipulant que les congrégations religieuses n'ont plus besoin de solliciter une autorisation.

9. Océan Indien : le porte-avions *HMS Hermes* et le destroyer *HMS Vampire* sont coulés en dix minutes par 85 bombardiers japonais.→

10. Norvège : Berggrav, évêque d'Oslo, est envoyé au camp de concentration de Bredvedt.

10. Philippines : 12 000 soldats japonais débarquent dans l'île de Cebu (→ 16).

11. Birmanie : les Japonais attaquent la ligne de défense Minhla-Taungdwingyi, tenue par le 1er corps birman (→ 13).

11. Allemagne : au cours d'un raid sur Essen, un bombardier Halifax de la RAF lâche la première bombe de 2 tonnes utilisée dans le conflit (→ 17).

11. Crimée : la 11e armée allemande repousse une tentative de débarquement des Soviétiques à Eupatoria (→ 8.5).

Raid japonais dans l'océan Indien

Ceylan est la cible d'un assaut aérien

New Delhi, 6 avril

Pour l'attaque de Colombo, les Japonais ont utilisé la même tactique qu'à Pearl Harbor. Mais ce n'est pas une victoire totale, car, cette fois, les Alliés ne se sont pas laissé surprendre. Les Japonais ont coulé le destroyer *Tenedos* et les croiseurs *Dorsetshire* et *Cornwall*. En outre, vingt-six avions ont été abattus. L'amiral Sir James Somerville, le commandant de la flotte, a transféré le gros de ses forces sur l'atoll d'Addu, au sud-ouest de Ceylan. Il a quitté Addu avant-hier pour attaquer la flotte japonaise, mais ce fut un échec. La Royal Navy a été informée des intentions des Japonais concernant l'océan Indien en interceptant des signaux et grâce aux radars au sol qui captent l'approche de leur flotte sur Ceylan. Les avions ont décollé à partir des cinq porte-avions de la première flotte de l'amiral Chuichi Nagumo, qui avaient tous participé à l'attaque surprise de Pearl Harbor. Les Japonais ont pénétré dans l'océan Indien par le détroit de Sunda. Leur objectif est de chasser la flotte britannique d'Extrême-Orient et de l'océan Indien. Le même jour, une seconde flotte navale japonaise, constituée autour d'un porte-avions léger, est entrée dans le golfe du Bengale par les détroits de Malacca avec l'intention de détruire les navires britanniques actuellement dans la zone. (→ 9)

Le porte-avions « HMS Hermes » coule dans le golfe du Bengale.

Un porte-avions coule en dix minutes

New Delhi, 9 avril

Une escadrille de bombardiers japonais a aujourd'hui effectué un raid contre la base aérienne de la baie de Chine et les entrepôts de Trincomalee. Leurs projectiles ont causé de sérieux dommages.

L'attaque ayant été annoncée, des Hurricane et des Fulmar de l'aéronavale ont tenté d'intercepter les avions japonais. Ils en ont abattu quinze, mais ont perdu douze des leurs. Neuf Blenheim ont alors vaillamment attaqué en représailles les porte-avions japonais. Ils n'ont pas réussi à atteindre les navires, mais ont détruit cinq avions ennemis. Cinq Blenheim ont également ét[é] abattus. A l'annonce du raid, le[s] unités alliées s'étaient éloignées d[e] Trincomalee. Sur le chemin du re[-]tour, le porte-avions *HMS Herme[s]* et le *HMS Vampire* ont été repéré[s] par un avion de reconnaissance ja[-]ponais. L'escadrille alliée qui s'es[t] portée à leur rencontre n'a pas ét[é] assez rapide. Les 85 bombardiers e[t] les 9 chasseurs envolés des porte[-]avions japonais ont attaqué les deu[x] navires. En dix minutes, le *Herme[s]*, frappé de 40 bombes, était le pr[e]mier porte-avions à être coulé pa[r] les avions d'un autre porte-avion[.] Le *Vampire* sombrait à son tour.

Le procès de Riom est suspendu sine die

Vichy, 11 avril

L'un des accusés a fait la remarque, à l'audience du 25 mars, qu'il y avait « un ultimatum d'un gouvernement étranger... » Le président du tribunal lui a répondu : « N'en parlez pas, d'autant plus que personne n'en sait rien. » Mais, au contraire, tout le monde sait, ou croit savoir, que le professeur-docteur Grimm, conseiller juridique de Hitler, a été envoyé à Vichy pour exiger l'arrêt du procès, à Riom, des « fauteurs de guerre ». Les débats y tournent à la mise en cause des accusateurs et risquent de se retourner contre ceux qui les ont provoqués. En fait, il n'y a pas d'ultimatum. Les Allemands sont trop contents de voir le régime de Vichy se fourvoyer dans de telles situations. Mais à Vichy, certains font tout pour prévenir le moindre désir du Führer. Le rapport qui a été remis aujourd'hui à Pétain par le ministre de la Justice, Joseph Barthélemy, et l'amiral Darlan recommande la suspension du procès... tout en souhaitant qu'il se poursuive sous une autre forme. (→ 15)

Les défenseurs de Bataan se rendent

C'est le début d'une interminable marche pour les prisonniers américains.

Bataan, 9 avril
« Nous sommes des chiens en lutte
a Bataan ; ni maman, ni Oncle Sam,
ni tantes, ni oncles, ni neveux, ni
nièces, sans fusils, sans avions, sans
artillerie, on peut tous aller se faire
foutre. » Ce chant amer des GI ex-
prime à merveille le drame qui s'est
joué ici. Il eût été encore plus amer
si les soldats américains avaient su
que, depuis janvier 1942, l'état-
major avait fait une croix sur les
Philippines, abandonnant à leur
sort 75 000 soldats américains et
philippins. Aujourd'hui, après qua-
tre mois d'une âpre résistance, les
défenseurs de Bataan se sont ren-
dus. Recrus de fatigue, épuisés par
la malaria et par la famine, ils ne
pouvaient plus se battre. Hier, leur chef, le général Edward P. King, lançait un appel désespéré à son supérieur, le général Wainwright : « Nous n'avons plus les moyens nécessaires à une résistance organisée. » De Corregidor où il est retranché, Wainwright lui rappela les ordres sans ambiguïté de MacArthur : « Pas question de se rendre, attaquez ! » Afin de sauver la vie de ses hommes, King décida, sans en référer à ses supérieurs, de négocier une trêve. Ce matin à 9 h, il se rendait au QG nippon à Lawao. Epuisé et honteux, il accepta de se rendre sans conditions, espérant ainsi mettre fin aux souffrances de ses hommes. En fait, pour la plupart d'entre eux, le calvaire ne faisait que commencer.

Le clergé norvégien contre le nazisme

Oslo, 7 avril
Au cours d'une grande manifestation antinazie, l'écrasante majorité du clergé luthérien (654 ecclésiastiques sur 699) a démissionné. Il marque ainsi son refus de faire partie des fonctionnaires de Quisling, ministre du Culte et de l'Education. Les membres continueront à officier au sein de leurs congrégations dans la mesure du possible, en accord avec les Saintes Ecritures ».
Dans tous les temples du pays, le clergé norvégien a proclamé la suprématie de Dieu sur les idéologies politiques et a affirmé avoir agi dans l'intention de préserver la vie chrétienne du peuple norvégien.
Ces démissions massives ont d'autant plus perturbé le gouvernement fantoche en place que ce dernier avait tenté de contraindre les fonctionnaires à constituer un parti national-socialiste.
Quisling a réuni hâtivement un Conseil des ministres. « C'est un acte de subversion, une déclaration de guerre », affirme un porte-parole, qui ajoute que les leaders seront punis. (→ 10)

1942

Avril

Di	Lu	Ma	Me	Je	Ve	Sa
			1	2	3	4
5	6	7	8	9	10	11
12	13	14	15	16	17	18
19	20	21	22	23	24	25
26	27	28	29	30		

12. Inde : Nehru, chef du parti du Congrès, promet de résister aux puissances de l'Axe. Il a malgré tout rejeté la demande de Stafford Cripps à l'Inde pour une coopération militaire plus importante, en échange de l'indépendance après la guerre.

13. Birmanie : les Alliés se replient sur Magwe. Ils laissent les puits de pétrole du centre exposés aux Japonais (→ 16).

14. Atlantique : le destroyer américain *Roper* coule l'*U-85*.

14. Méditerranée : le sous-marin *HMS Upholder* est coulé par un torpilleur italien.

14. Stuttgart : Marcel Weinum, résistant alsacien de 17 ans, est décapité. Il avait placé une bombe dans la voiture du gauleiter Wagner.

14. URSS : Staline lance un emprunt de guerre de 10 milliards de roubles.

15. Vichy : un communiqué à la presse annonce la suspension *sine die* du procès de Riom.

16. Philippines : 4 000 soldats japonais débarquent sur l'île de Panay (→ 26).

16. Paris : manifestation des élèves du lycée Buffon contre l'arrestation de Raymond Burgard. La police disperse brutalement le cortège.

16. Allemagne : Hitler nomme le maréchal von Rundstedt commandant en chef à l'Ouest. Il le charge de poursuivre la fortification du mur de l'Atlantique.

16. Vichy : Pétain reçoit Pierre Laval. Sous la pression de Hitler, il le nomme chef du gouvernement (→ 18).

17. Vichy : l'amiral Leahy, ambassadeur des Etats-Unis, est rappelé à Washington pour consultation.

17. Allemagne : le général Henri Giraud s'évade de la forteresse de Königstein (→ 25).

17. Allemagne : un rapport de la Gestapo fait état d'une campagne de graffitis antinazis dans tout le pays.

18. Birmanie : les Japonais anéantissent la 55e division chinoise. La route de Birmanie, qui part de Lashio, est dès lors menacée (→ 19).

Retour au pouvoir de Pierre Laval

Laval, l'apôtre de la collaboration.

Vichy, 18 avril
Pierre Laval, révoqué de ses fonctions de vice-président du Conseil par le maréchal Pétain en décembre 1940, reprend ses fonctions officielles à Vichy. Laval n'a pas seulement été nommé chef du gouvernement, mais aussi ministre des Affaires étrangères, de l'Intérieur et de l'Information. Il ne sera responsable que devant Pétain.
Resté un peu plus de un an au pouvoir, son prédécesseur, l'amiral Darlan, a mené une politique de collaboration, mais qui a abouti à une impasse. Malgré ses bons contacts avec les Allemands, il n'a pu obtenir le traité de paix qui aurait sauvé Vichy. La neutralité française reste précaire et soumise dans les colonies aux aléas des succès de l'Axe ou des Alliés. En outre, l'attitude des Allemands a changé. Ils se méfient de plus en plus des dirigeants français, et sont conscients de l'hostilité grandissante de la population française à leur égard. La mésaventure du procès de Riom fait dire à Goebbels : « Il est temps que la France file doux. »
Progressivement, les nazis mettent en place un système où la collaboration voulue par Pétain n'est plus que subie. Les Allemands décident, et aux Français de moduler l'application de décisions prises par d'autres qu'eux. Dans ces conditions, le retour de Laval au pouvoir est de mauvais augure. Pétain n'avait guère le choix. Il espère que l'impopularité du régime rejaillira sur Laval et non sur sa personne. ▷

Bombardement américain sur Tokyo

Washington, 18 avril
C'est la consternation au Japon. Des bombardiers américains ont effectué un raid surprise sur les grandes villes japonaises, y compris sur Tokyo. Les Américains ont lancé leur raid à partir du porte-avions *Hornet*, à environ 1 000 km de Tokyo, avec 16 Mitchell B-25. Leurs raids terminés, les avions ont survolé les îles japonaises et se sont dirigés comme prévu vers la Chine. C'est dans l'intention délibérée de provoquer un choc psychologique chez les Japonais que le raid a été planifié, ainsi que pour remonter le moral des Alliés, très éprouvé par la série de désastreuses défaites subies depuis le début de la guerre du Pacifique. Tous les équipages de l'US Army Air Force sont constitués par des volontaires bien entraînés en secret pour cette dangereuse et très particulière mission. Car décoller d'un porte-avions avec un chargement de carburant et de bombes aussi lourd est un exploit sans précédent pour les pilotes de l'armée de l'air. Après avoir quitté Pearl Harbor, une escorte qui comptait le porte-avions *Enterprise* a rejoint le *Hornet*. Les B-25 n'ont rencontré aucune opposition lorsqu'ils ont franchi les côtes japonaises.
L'opération a été menée par le colonel Doolittle. Il a réussi à larguer ses bombes incendiaires sur Tokyo à une hauteur d'environ 400 m en évitant les barrages de ballons captifs. Certains pilotes n'ont pas pu atterrir en Chine car le temps n'était pas propice. Soixante-trois hommes ont dû sauter en parachute; cinq sont morts et huit ont été capturés. (→ 19)

Un B-25 décolle du « Hornet »; trop lourd, il ne pourra pas revenir s'y poser.

Le colonel Doolittle et des membres de son équipage après le raid.

Mountbatten : alliance des états-majors

Londres, 15 avril
La fulgurante ascension de lord Mountbatten dans la hiérarchie militaire se poursuit à grands pas. Après avoir été chef du Service combiné terre-air-mer pendant six mois, il a été nommé vice-amiral de la Royal Navy, général de l'armée de terre, commandant de la Royal Air Force et membre du comité des chefs d'états-majors. Lors de la rencontre anglo-américaine au sommet, il a été décidé de ne pas ouvrir de second front à l'ouest cette année. C'est à Mountbatten et au Service des opérations combinées qu'incombe la responsabilité de faire appliquer cette décision qui laissera les Allemands dans l'incertitude. Les Alliés continueront à effectuer leurs raids éclair. Cependant, un rapport officieux mentionne le projet d'un assaut d'envergure contre un port français de la Manche. Une telle opération serait d'une portée inestimable dans la perspective d'une invasion conçue sur une grande échelle.

Taxes en hausse

Londres, 14 avril
La taxe d'achat va augmenter de plus de 66 % sur la plupart des denrées secondaires. La bière coûte déjà plus de deux livres la pinte. Une bouteille de whisky coûtera environ vingt-trois livres au lieu de dix-huit, et le paquet de cigarettes passera d'une livre et demie à deux livres. Mais le tabac ne manquera pas ! Ces lourdes augmentations s'inscrivent dans le cadre des nécessités et des sacrifices requis par le gouvernement pour la victoire.

Les Soviétiques pour un second front à l'Ouest

Londres, 18 avril
Viatcheslav Molotov, ministre des Affaires étrangères soviétique, est en route pour Londres afin de poser la question urgente d'une intervention anglo-américaine à l'ouest. Il s'agit de soulager les forces soviétiques engagées dans une bataille sans répit avec les Allemands sur un front large de 1 600 km. Molotov sera surpris et gratifié de voir le slogan des communistes anglais : « Second front maintenant ! » écrit sur les murs de la capitale, les immeubles bombardés et sur tous les ponts de chemin de fer. Les communistes anglais, qui, il y a quelques mois encore, étaient défaitistes, ont actuellement de curieux alliés.
Par exemple, lord Beaverbrook, qui faisait récemment partie du cabinet de Churchill, a appelé son journal, le *Daily Express*, à militer en faveur d'un second front. De même, du côté américain, le général Marshall, chef de l'état-major, et Henry Stimson, secrétaire d'Etat à la Guerre, font pression sur Churchill pour attaquer l'Europe. Différents intérêts sont en jeu. Les communistes reçoivent leurs ordres de Moscou; ils reprochent donc aux ministres travaillistes leur trop timide soutien à l'Union soviétique. En harcelant les Américains, Beaverbrook sème le trouble, surtout lorsqu'il fait l'éloge de Staline « produisant les meilleurs généraux ». Mais ce sont les Américains qui constituent le problème majeur de Churchill, car ils veulent agir à tout prix. Les Anglais pensent qu'ils sont loin d'évaluer les ressources en hommes et en matériel nécessaires pour assurer une intervention. Comme Churchill ne peut s'opposer aux Américains, il a accepté la réunion d'un état-major anglo-américain pour planifier une attaque en Europe. Churchill pense que les Alliés devraient d'abord repousser les Allemands de l'Afrique du Nord et ouvrir ensuite un second front en Italie. (→ 17.5)

Malte est décorée pour son courage

Malte, 16 avril
Au cours d'une cérémonie tragique sans précédent, le roi George VI a décerné hier la George Cross (décoration civile équivalant à la Victoria Cross) à l'île de Malte. Le général Sir William Dobbie a prononcé le discours de remise de la décoration : « Pour récompenser son peuple courageux, Sa Majesté décore l'île de Malte de la George Cross en hommage à sa bravoure, à son dévouement et à son héroïsme qui demeureront célèbres dans l'Histoire. »
Aucun endroit de l'Empire britannique n'a subi de bombardements si intensifs et si meurtriers que cette petite île située à 160 km de la Sicile, stratégiquement vitale pour les Alliés basés en Afrique du Nord. Depuis que l'Italie est entrée en guerre, Malte est régulièrement et implacablement bombardée. Mais son véritable calvaire a commencé il y a quatre mois quand Hitler a donné l'ordre de neutraliser l'île en prévision d'une invasion.
Depuis, l'île a subi plus d'un millier de raids aériens, soit une moyenne de sept par jour, et la Luftwaffe n'a pas réduit sa cadence. Les Maltais se réfugient dans des abris précaires creusés dans le sol de l'île, très friable. Dès qu'ils entendent les sirènes, ils se précipitent vers ces abris, puis, une fois l'alerte passée, ils en ressortent et reprennent une vie presque normale. La Valette est actuellement dévastée et méconnaissable. Le pilonnage de Malte continue de façon aussi intensive. C'est au point que les sous-marins restent toujours immergés, même dans le port. Ils sont essentiels pour la défense de l'île : ce sont eux qui vont chercher le ravitaillement en carburant pour les Spitfire et les Hurricane capables de protéger les terrains d'aviation bombardés tous les jours. Des équipes au sol travaillent sans relâche, souvent même pour récupérer des avions détruits dont ils se servent ensuite comme stock de pièces détachées.
Le *HMS Welshman*, l'un des plus rapides de la flotte, fait régulièrement des voyages éclair depuis Gibraltar, rapportant des vivres et les munitions pour aider l'île à résister aux bombardements, qui sont « des plus précis », comme s'en targuent les Allemands.

Manœuvre d'un canon Bofor au cours d'un bombardement sur Malte.

Les Maltais subissent les plus violents bombardements d'Europe.

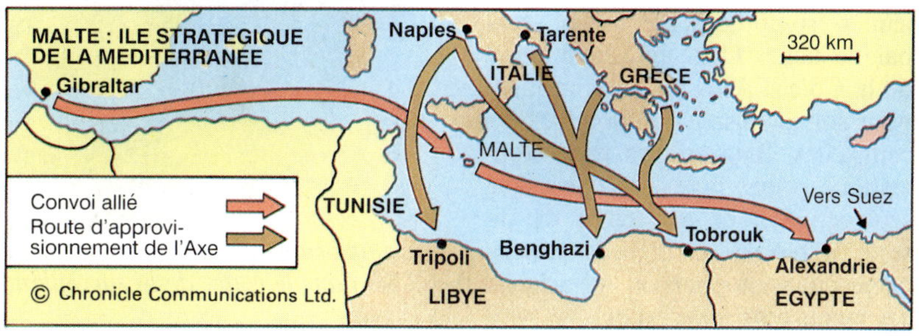

Raids intensifiés sur l'Allemagne

Allemagne, 17 avril
La Royal Air Force, qui continue à pilonner Lübeck, a mené une attaque audacieuse, à 160 m d'altitude, sur une usine de moteurs Diesel à Augsbourg. L'opération a pour objectif d'inaugurer les nouveaux bombardiers Lancaster en prenant une cible facilement identifiable. Mais, sur 12 Lancaster, 7 ont été abattus ainsi que 44 Squadron sur 97, et 5 avions ont été endommagés. Huit seulement atteindront leur cible et 12 bombes sur 17 exploseront. Quatre usines ont été touchées, mais l'opération, effectuée en plein jour et à basse altitude, a frappé les esprits. (→ 25)

Nouveau camp de la mort en Pologne

Pologne, 15 avril
Sobibor, un nouveau camp situé au fond d'un bois sur une ancienne voie ferrée, près de la rivière Bug, est prêt à recevoir les premiers convois de Juifs polonais et de Tziganes. Comme Chelmno et Belzec, c'est un camp d'extermination. Il n'y a pas de travail forcé ici, mais la mort immédiate dans les chambres à gaz. Le sergent SS Paul Grot, qui va y sévir, est un tortionnaire déjà tristement célèbre. Il a dressé son énorme chien, Barry, à arracher les testicules de ses victimes dès qu'il entend son maître hurler Jude ! (Juif). (→ 24)

Pas de fantaisies en temps de guerre

Angleterre, 15 avril
A partir du 1er juin, il n'y aura plus de frivolités en Angleterre : ni dentelle ni volants ! Le ministère du Commerce a interdit toute une série d'accessoires féminins jugés frivoles et trop coûteux actuellement. Il a mis en place une réglementation stricte pour réduire le travail dans le secteur du vêtement. Les jupes n'auront plus que trois boutons, six coutures, une poche, deux plis creux ou quatre plis plats. Plus d'ensembles croisés ni de poches aux pyjamas masculins non plus !

1942

Avril

Di	Lu	Ma	Me	Je	Ve	Sa
			1	2	3	4
5	6	7	8	9	10	11
12	13	14	15	16	17	18
19	20	21	22	23	24	25
26	27	28	29	30		

19. Washington : Roosevelt annonce à la presse que l'attaque de Doolittle a été lancée du Shangri-La. Il veut tromper les Japonais sur la situation du *Hornet* (→ 15.5).

19. Birmanie : les forces chinoises tiennent Twingon, près de Yenangyaung. 7 000 soldats alliés peuvent ainsi échapper aux Japonais.→

19. Rennes : attentat manqué, à la grenade, de la Résistance contre Doriot, le chef du PPF.

20. Méditerranée : le porte-avions américain *Wasp* apporte 46 Spitfire à Malte. 30 sont détruits par la Luftwaffe.→

20. Vichy : dans une émission de radio, Laval appelle les Français à une coopération plus étroite avec l'Allemagne.→

21. Washington : Roosevelt ordonne la saisie de tous les brevets possédés ou contrôlés par des pays ennemis. Il veut prévenir l'ingérence allemande dans l'industrie américaine.

21. France : les Allemands fusillent 20 otages, «pour complicité» durant le raid du 27 mars à Saint-Nazaire.

21. URSS : les Allemands délivrent les troupes encerclées dans la poche de Demiansk et ravitaillées par pont aérien depuis dix semaines.

22. Birmanie : les troupes alliées se replient sur Meiktila.

23. Afrique du Sud : rupture des relations diplomatiques avec le gouvernement de Vichy.

23. Birmanie : Stilwell mène des soldats chinois à l'attaque, près de Taunggyi. Ils n'obéissent aux ordres qu'avec la promesse d'une récompense en argent (→ 28).

23. Berlin : décret de Fritz Sauckel, plénipotentiaire du Travail du Reich. Les écoliers âgés de 14 à 16 ans et les écolières de 16 à 17 ans doivent accomplir un service agricole.

24. Allemagne : l'usage de tous les transports publics est interdit aux Juifs.

25. Pacifique : des troupes américaines viennent renforcer la Nouvelle-Calédonie.

Les Chinois aident les Britanniques

Yenangyaung, Birmanie, 19 avril
Les soldats chinois, qui ont rencontré aujourd'hui les Royal Inniskilling Fusiliers, ont mis leurs képis sur la crosse de leurs fusils et les ont brandis pour ne pas être pris pour des Japonais. S'en apercevant, les Japonais ont fait de même et c'est ainsi qu'ils ont tué une vingtaine de fusiliers. Les nationalistes chinois de la division du général Sun Li-jen se sont battus à l'est des troupes anglaises. Ils défendent la route de Birmanie qui permet de ravitailler l'armée de Tchang Kaï-chek. Et lorsque la plupart des Inniskilling Fusiliers se sont trouvés piégés par les forces japonaises, c'est la division de Sun qui a permis aux Britanniques assiégés de prendre la fuite. (→ 22)

Chinois et Britanniques ensemble.

La «Source K» devient opérationnelle

Noisy-le-Grand, 19 avril
Depuis ce matin, les Alliés ont connaissance des communications de la Wehrmacht, de la Luftwaffe, de la Kriegsmarine, de la Gestapo et de tous les services allemands installés en France. Les membres du réseau Résistance-PTT ont en effet effectué une dérivation sur le câble Paris-Berlin.
Avant-hier, l'ingénieur Keller a intentionnellement provoqué une panne sur ce câble de façon à pouvoir entreprendre des travaux de la façon la plus officielle. Ceux-ci se sont déroulés hier soir. Avec l'aide de vérificateurs complices et malgré les techniciens allemands à l'affût, chaque circuit a été débranché pendant le temps nécessaire à sa dérivation sous prétexte de mesures de contrôle. La tranchée pratiquée dans la chaussée a ensuite été refermée. Le branchement dérivé aboutit à une villa de Noisy-le-Grand équipée d'une table d'écoute.

Le général Giraud arrive en zone libre

Lyon, 25 avril
Le général Henri Giraud est arrivé en France, en zone sud. Son évasion de la forteresse allemande de Königstein, où il était incarcéré depuis mai 1940, a parfaitement réussi. Elle a été organisée par des officiers de l'armée d'armistice et réalisée par des résistants alsaciens et lorrains.
Malgré ses soixante-trois ans et une jambe mal remise d'une blessure, le général n'a pas hésité à s'échapper au moyen d'une corde lancée le long d'un mur de quarante mètres de haut. Il a transité par la Suisse avant d'arriver à Lyon. Dès l'annonce de son évasion, Churchill a câblé à Roosevelt : «Cet homme pourrait jouer un rôle décisif et provoquer les événements que vous espérez.»
Ces «événements» sont ceux qui permettraient d'éviter que l'Afrique du Nord tombe sous la coupe des Allemands. Il faudrait créer les conditions matérielles et politiques d'une possible résistance aux forces de l'Axe. Or, ni Churchill ni Roosevelt n'envisagent de confier cette tâche à de Gaulle. En France métropolitaine, ils souhaitent continuer à utiliser le prestige de Pétain et les fonctions de Darlan. Ils voient déjà Giraud à Alger pour diriger les activités de la France libre.

Les extravagances d'une milliardaire

Paris, avril
La richissime américaine Florence Gould vient de quitter l'hôtel Bristol pour un superbe appartement, avenue Malakoff, où elle a ouvert, tous les jeudis, un salon littéraire, que fréquente assidûment son ami Marcel Jouhandeau. A condition d'être célèbres, artistes et hommes de lettres sont donc assurés de déjeuner somptueusement une fois par semaine. Cette ancienne reine de la Côte d'Azur est aussi réputée pour son snobisme que pour ses excentricités. Bien qu'il la juge «fantastique et pas bête», Céline est le seul écrivain, en ses temps de disette, à bouder cette belle Américaine qui veut pourtant lui acheter ses manuscrits à prix d'or.

L'emplacement de cette batterie lourde a été aménagé par l'organisation Todt dans le cadre de la surveillance des côtes de l'Atlantique.

Bombardements croisés sur les villes

Londres, 25 avril

Pour la deuxième nuit consécutive, la Royal Air Force a bombardé le port de Rostock sur la Baltique. La nuit dernière, 125 bombardiers, dont des Lancaster quadrimoteurs, ont utilisé une nouvelle tactique. Les équipes, spécialement entraînées pour attaquer le camp d'aviation de Heinkel, ont fait preuve d'une très grande précision. C'est de cette usine, en effet, que sortent les bombardiers qui ont détruit de si nombreuses villes britanniques.

Les raids de précision des Manchester du groupe nº 10, conduits par le lieutenant-colonel Guy Gibson, ont été effectués à moins de 650 m d'altitude. Malgré le fait que de nombreuses cibles aient échappé aux raids de la Royal Air Force, ces opérations ont provoqué la rage de Hitler. A la suite du bombardement de Lübeck, le mois dernier, il a ordonné d'effectuer une série de bombardements terroristes sur des villes britanniques historiques. Il a dit à Goebbels qu'il continuerait systématiquement jusqu'à ce que « les Anglais en tombent malades ». Ces bombardements terroristes sur les villes historiques d'Angleterre ont reçu le nom de code de *Baedeker*, tiré du titre du guide touristique où elles sont mentionnées.

Après le bombardement de Lübeck, le fonctionnaire allemand chargé du département de la presse étrangère a déclaré : « Maintenant, la Luftwaffe décollera pour chaque bâtiment signalé par trois étoiles dans le *Baedeker.* » Exeter et Bath ont été les premières villes à souffrir des bombardements effectués en se référant à ce guide. Les immeubles d'habitation ont également été gravement endommagés. On suppose que les Allemands utilisent un nouveau système de guidage électronique pour atteindre leurs cibles, mais ils ne peuvent mobiliser qu'un faible nombre d'avions à la fois, ce qui a permis aux aviateurs de la Royal Air Force de faire aussi un grand nombre de victimes dans le camp ennemi. (→ 27)

A Bath, après un raid Baedeker, un pasteur devant les ruines de son temple.

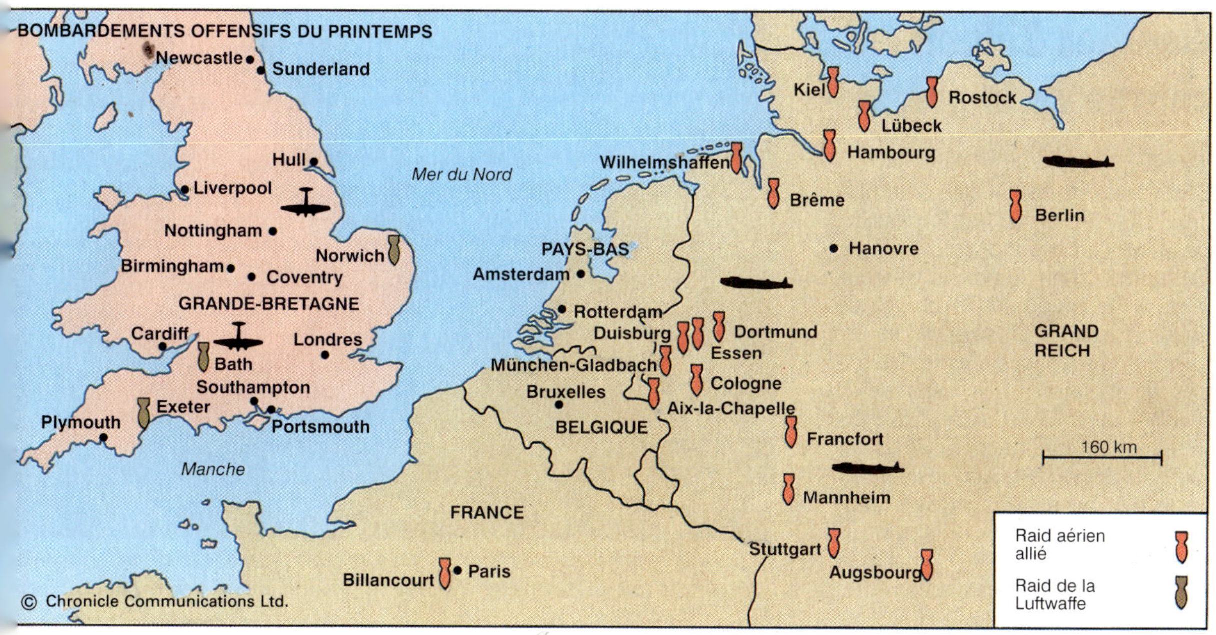

Des Spitfire détruits à Malte

Malte, 20 avril

Les bombardements italiens et allemands continuent par vagues successives et incessantes à s'acharner sur l'île, réduisant de jour en jour le nombre déjà restreint de Spitfire et de Hurricane. Mais la nouvelle de l'arrivée de 46 Spitfire qui venaient de décoller du porte-avions *Wasp* a suffi à redonner espoir à la garnison de Malte. Cependant, les radars ennemis basés en Sicile ont détecté l'opération, et les Stuka ont détruit presque toute cette flotte aérienne absolument nécessaire à la défense de l'île. (→ 28)

Maternité et effort de guerre

Berlin, 24 avril

Depuis toujours, on enseignait aux Allemandes que leur véritable vocation était la maternité. Ce ne sera plus le cas. Un nouveau décret du gauleiter Fritz Sauckel, plénipotentiaire du Travail, stipule que les femmes devront désormais travailler dans l'industrie. Cela signifie que de nombreuses mères de famille iront travailler en usine pour la première fois et gagneront 20 % de moins que les hommes pour un travail égal. Les femmes sont donc mécontentes de leur condition – travail, problèmes d'approvisionnement, éducation des enfants.

Laval souhaite une collaboration loyale

Vichy, 20 avril

Le nouveau chef du gouvernement de Vichy, Pierre Laval, exposait aujourd'hui ses projets. Pour lui, rien ne semble avoir changé depuis juillet 1940. Il s'est exprimé en termes quasiment élogieux à l'égard du Führer : « Hitler n'est pas un conquérant qui abuse de sa victoire », ajoutant que la bataille que l'Allemagne est en train de remporter contre le bolchevisme donne un sens nouveau à la guerre. L'heure n'est donc plus à la Révolution nationale, mais à une collaboration loyale avec le Reich, qui, selon Laval, gagnera la guerre.

1942

Avril

Di	Lu	Ma	Me	Je	Ve	Sa
			1	2	3	4
5	6	7	8	9	10	11
12	13	14	15	16	17	18
19	20	21	22	23	24	25
26	27	28	29	30		

26. Berlin : Hitler devient juge suprême du Reich. Il a ainsi tout pouvoir pour agir indépendamment de la loi.→

26. Philippines : 4 800 Japonais quittent l'île conquise de Cebu. Ils vont renforcer les troupes à l'assaut de Mindanao.

27. Washington : Roosevelt met l'économie américaine en état de guerre totale.

27. Allemagne : la RAF bombarde Rostock pour la quatrième nuit consécutive. La ville est détruite à 70 %. Il y a 100 000 sans-abri (→ 20.5).

27. Tchécoslovaquie : mille Juifs de Theresienstadt sont déportés vers les camps de la mort de Belzec et de Sobibor.

28. Birmanie : la 28e division chinoise, basée à Mandalay, reçoit l'ordre de défendre Lashio, menacé.

29. Belgique : une explosion dans une usine de produits chimiques fait 250 morts. Il s'agit probablement d'un sabotage.

29. Chine : les Japonais assiègent la 39e armée nationaliste à Buxian, dans le sud-ouest du Shandong (→ 5.5).

29. Philippines : les renforts japonais débarquent sur la côte ouest de l'île de Mindanao. A Luçon, Corregidor est violemment bombardée (→ 4.5).

29. France : le groupe de résistants de Charles Debarge attaque l'immeuble occupé par la Gestapo à Arras.

30. Mer de Barents : le croiseur *HMS Edinburgh* est gravement endommagé par l'*U-456*. Il transporte de l'or soviétique destiné à payer du matériel de guerre américain (→ 2.5).

30. Pacifique : les porte-avions japonais *Shoho*, *Shokaku* et *Zuikaku* appareillent. Ils doivent fournir la couverture aérienne d'un débarquement à Port-Moresby en Nouvelle-Guinée (→ 4.5).

30. Varsovie : la typhoïde et la faim ont provoqué la mort de 4 432 Juifs en un mois (→ 9.5).

30. Birmanie : le général Stilwell reçoit l'autorisation d'évacuer ses troupes en Inde.→

Raids « Baedeker » sur Norwich et York

Des rangées de maisons détruites pendant le dernier raid sur Norwich.

Londres, 29 avril

La Luftwaffe a ajouté Norwich et York à la liste des villes à bombarder en riposte aux bombardements de la Royal Air Force sur Lübeck et Rostock. Il y a deux jours, les Allemands ont bombardé et mitraillé Norwich durant une heure, et la nuit dernière ils ont frappé au cœur de York. Ces raids *Baedeker* viennent après ceux sur Exeter et Bath. A chaque fois, si les bombardiers n'ont largué que la moitié de leur chargement sur leurs cibles, ils ont néanmoins causé des dommages considérables et fait 400 victimes. Persuadés qu'un signal électronique permet à l'ennemi la très grande précision de ses bombardements, les experts britanniques ont décidé de semer la confusion chez les pilotes afin qu'ils larguent leurs bombes en pleine campagne.

Ces raids ont aussi causé de lourdes pertes chez les Allemands. Sur cent cinquante avions, dix-sept ont été abattus, des équipages ont été perdus ainsi que des instructeurs hautement qualifiés engagés dans la bataille pour apaiser la fureur de Hitler. On peut considérer que les raids *Baedeker* seront, à terme, plutôt nuisibles à l'effort de guerre allemand. (→ 4.5)

Marche de la mort forcée pour les GI

Philippines, 28 avril

Des nouvelles venues d'Asie relatent l'horreur de la marche forcée des prisonniers américains et philippins de Bataan, au cours de laquelle probablement 20 000 hommes sont morts de maladie, de faim ou victimes de la bestialité des Japonais. Les prisonniers capturés après la chute de Bataan sont morts pour la plupart au cours d'une marche de 104 km qui a commencé près de la base aérienne de Clark Field, lieu de leur capture. Avant même le début de la marche, de nombreux prisonniers ont été décimés par la malaria, la dysenterie, le béribéri... Les Japonais leur faisaient accélérer le pas à l'aide de baïonnettes, de matraques, de fusils, dans un climat d'une cruauté inouïe. Des dizaines d'hommes ont été battus, torturés, décapités, tués selon les caprices de leurs geôliers. Ceux qui s'effondraient étaient battus à mort ou enterrés vivants. Les Philippins ont été particulièrement victimes de cette brutalité : les soldats japonais ont massacré 400 de leurs officiers en les coupant en morceaux avec leurs sabres. Tous les prisonniers ont été spoliés de leurs objets personnels. Un officier qui avait refusé de se défaire de son alliance a eu le doigt tranché. On ne saura sans doute jamais combien sont morts au cours de ce voyage vers l'enfer, mais on suppose qu'un GI sur trois y a succombé.

Georges Bidault en charge de la presse

France, 28 avril

Dans le cadre de sa tâche d'unification des forces de la Résistance, Jean Moulin a annoncé à Londres la création d'un Bureau d'information et de presse (BIP) chargé de faire circuler l'information et les thèmes de propagande entre les forces de l'intérieur, les chefs de la France libre et les Alliés. Il en a tout naturellement confié la direction à Georges Bidault, le plus notoire des journalistes engagés dans la Résistance, ancien rédacteur en chef de l'*Aube*, à la fois proche du réseau Combat et des communistes du Front national.

Le ravitaillement en mer par le tanker sous-marin « U-459 » – baptisé la « vache à lait » – permet d'accroître le rayon d'action des U-Boote.

Hitler s'octroie les pleins pouvoirs

Berlin, 26 avril

Dans un long discours annonciateur de catastrophes, Hitler a déclaré qu'il avait désormais le pouvoir absolu, y compris celui de vie et de mort sur chaque Allemand. Il a également aboli toutes les lois susceptibles d'entraver son ascension. Un texte lu au Reichstag et approuvé par les députés proclame le Führer chef de la nation, commandant suprême des forces armées, chef du gouvernement, chef des pouvoirs exécutif et législatif, et le confirme comme chef du parti. En tant que tel, il doit disposer de tous les moyens pour contraindre chaque Allemand, du simple soldat à l'officier supérieur, à accomplir son devoir. Bien que le Führer ait déclaré avoir surmonté un « péril unique dans l'Histoire » et évité un désastre sur le front est grâce à un combat sans merci, il a fait état de nombreux exemples inacceptables de manque de sens du devoir et de cas de désobéissance. Il se fit alors menaçant et haussa fortement le ton pour dire qu'il éliminerait tous ceux qui ne feraient pas leur devoir. Il a admis que les forces allemandes avaient été obligées de battre en retraite dans ce qu'il a qualifié de « mouvement de repli » qui a, par ailleurs, permis aux soldats de résister contre la poussée de nouvelles troupes soviétiques nombreuses et très bien entraînées. Hitler a établi un inquiétant parallèle entre la situation des forces allemandes à l'hiver dernier et le destin de l'armée de Napoléon en 1812. Mais il a ajouté : « Nous avons maîtrisé une situation qui fut fatale à Napoléon. » Il a également promis aux soldats de meilleures conditions en équipement, vêtements et transports pour l'hiver prochain, affirmation implicite que la guerre allait continuer encore un an au moins. « Nous combattrons le colosse bolchevique jusqu'à son écrasement total. » Bien qu'accueilli par des applaudissements, cette fois son discours n'a pas suscité d'acclamations frénétiques. D'ailleurs, l'idéologue du Reich, Goebbels, fit ensuite remarquer que le Führer était parfois plutôt difficile à comprendre, avant d'ajouter que les terribles efforts physiques et intellectuels du dictateur nazi avaient laissé leur empreinte. Après son discours, Hitler aurait confié à Goebbels qu'il s'était senti mal.

Hitler a pris les pleins pouvoirs et se compare à Napoléon.

La route de la Birmanie est perdue

Pont d'Ava, Birmanie, 30 avril

Le pont d'Ava, sur le fleuve Irrawaddy, va sauter cette nuit. La retraite des troupes britanniques vers l'Inde à travers la jungle, les fleuves et les montagnes commence. Mandalay est perdu. Le général Bill Slim est un cas rare : toujours serein et amical, il est apprécié de ses soldats. Bien que ceux-ci n'aient remporté aucune bataille et que les Chinois aient perdu la route de la Birmanie, vitale pour ravitailler les nationalistes en Chine, la présence même du général Slim leur remonte toujours le moral. Birmans, Pendjabis, Gurkhas, Royal Marines, Sikhs, soldats du régiment du Yorkshire, tous sont solidaires dans une marche pénible, malgré la terrible perspective d'avoir à traverser 440 km de jungle sauvage. (→ 1.5)

La route de la Birmanie, vitale pour ravitailler les Chinois, est perdue.

La conscription divise le Canada

Ottawa, 28 avril

Le parlement canadien a aujourd'hui adopté une loi de conscription militaire. Le vote a divisé les anglophones et les francophones. La majorité de langue anglaise était favorable à la constitution d'un contingent chargé d'aller combattre à l'étranger. La minorité de langue française y était opposée. En 1939 ainsi qu'en 1940, le Premier ministre Mackenzie King avait promis à ces derniers qu'il n'y aurait pas de conscription. Il craignait alors que ne s'installe à Québec un gouvernement provichyste. Les événements survenus dans le Pacifique, notamment la chute de Hong Kong et la capture de 1 689 Canadiens, l'ont fait changer d'avis.

Prix à payer pour l'effort de guerre aux Etats-Unis

Washington, 28 avril

Le Président estime que les Américains doivent envisager une diminution de leur niveau de vie. Dans son message adressé au Congrès, il fixe le montant maximal des salaires annuels après impôt à 25 000 dollars ; il impose un plafond aux prix des biens de consommation et déclare que certains d'entre eux tels l'essence ou le sucre seront dorénavant rationnés.

Le président Roosevelt s'adressera à ses concitoyens ce soir. Ce discours complétera une série de décisions qui ont peu à peu imposé aux Etats-Unis un régime de temps de guerre. Ainsi, l'armée a pris en main la production de certaines entreprises dans des domaines stratégiques. D'autre part, le gouvernement a prévenu les Américains que toutes les activités relatives à la guerre auraient désormais priorité sur les activités civiles. Les services de la production en temps de guerre élaborent des projets de loi qui permettraient d'affecter les cadres de l'industrie privée à des postes militaires. Les besoins en ouvriers dans l'industrie militaire s'élèvent à 5,5 millions de personnes. Un signe de la dureté des temps à venir : pour dissimuler leurs rondeurs, les femmes devront se contenter de gaines contenant moins de caoutchouc.

Le président Roosevelt prend des mesures strictes pour engager son pays dans l'effort de guerre.

1942

Mai

Di	Lu	Ma	Me	Je	Ve	Sa
					1	2
3	4	5	6	7	8	9
10	11	12	13	14	15	16
17	18	19	20	21	22	23
24	25	26	27	28	29	30
31						

1er. Birmanie : les Japonais prennent Mandalay (→ 4).

1er. Atlantique : le destroyer *HMS Punjabi* est éperonné et coulé dans la brume par le cuirassé *HMS King George V*.

2. Océan Arctique : trois torpilleurs allemands attaquent le croiseur *HMS Edinburgh*. Son équipage l'abandonne et la Royal Navy le coule.

2. Washington : Roosevelt étend l'aide de la loi prêt-bail à l'Iran et à l'Irak (→ 2.6).

2. France : le général Giraud évadé de Königstein le 17 avril rencontre Laval et Abetz à Moulins. A ceux-ci qui lui demandent de retourner en Allemagne, il pose une condition inacceptable : que le Reich libère les 500 000 prisonniers mariés.

4. Pacifique : la bataille de la mer de Corail commence (→ 9).

5. Chine : les Japonais entrent dans la province du Yunnan par la route de Birmanie. Tchang Kaï-chek attaque Nankin par surprise (→ 29).

5. Madagascar : des troupes britanniques débarquent dans l'île. La menace japonaise dans l'océan Indien a amené les Anglais à lancer l'opération *Ironclad* (→ 7).

5. Grande-Bretagne : la RAF met en place des brouillages radio qui réduisent les succès des raids allemands *Baedecker*. Les bombes atteignant leurs cibles passent de 50 à 13 %.

6. Paris : arrivée de Heydrich, chef de la sécurité du Reich, qui rencontre René Bousquet, secrétaire général de la police française. Il lui expose le désir de Hitler de créer une nouvelle police, composée de militants des partis collaborateurs.→

6. Bruxelles : la Gestapo démantèle la centrale de la filière d'évasion Comète (→ 14).

7. Madagascar : prise de Diégo-Suarez par les Anglais.→

8. Crimée : la 11e armée allemande lance une offensive pour reprendre Kertch (→ 12).

9. Pologne : 30 000 Juifs de Lublin ont été massacrés à Belzec depuis l'ouverture du camp le 13 mars (→ 20).

Victoire américaine dans le Pacifique

Les 3 000 marins américains évacuent le « Lexington » à l'aide de filets tendus sur les flancs du porte-avions.

Pacifique, 9 mai

Dans la mer de Corail, au sud-ouest du Pacifique, une force navale américaine vient de remporter son premier combat contre les Japonais contraints de reculer. C'est un formidable coup de fouet pour le moral des Américains. En effet, pour la première fois depuis le début de la guerre du Pacifique, une troupe d'invasion nippone a dû rebrousser chemin. Stimulés par les rapides succès remportés dès le début de la guerre, les chefs militaires japonais étaient fermement décidés à envahir l'Australie. Mais, depuis qu'ils ont réussi à décrypter le code naval des Japonais, les Alliés sont bien informés des plans de leur marine. Afin de les neutraliser, l'amiral Nimitz envoie dans la mer de Corail une escadre navale commandée par le contre-amiral Frank Fletcher et comprenant les porte-avions *Lexington* et *Yorktown*.

Les Japonais appuient leurs opérations par les porte-avions *Shokaku*, *Zuikaku* et *Shoho* qui, avec quatre croiseurs, protègent les onze bâtiments transportant leur force d'invasion. Ce sont les Japonais qui ont déclenché la bataille : du bastion de Rabaul sont partis deux groupes d'action amphibies, l'un vers Port-Moresby, point vital des Alliés, l'autre vers Tulagi, dans les Salomon. Le 7 mai au matin, un avion de reconnaissance américain signalait la présence de deux porte-avions et de quatre croiseurs lourds. Tous les appareils disponibles ont alors décollé des navires américains et, à 11 h, ils arrivaient en vue du porte-avions léger *Shoho* et l'envoyaient par le fond en quelques minutes. Les Japonais, eux, avaient repéré un pétrolier, puis le destroyer *Sims*, qu'ils ont coulé. Le lendemain, les Américains endommagaient sérieusement le *Shokaku*, mais le *Zuikaku* et son escorte leur ont échappé. De leur côté, les Japonais ont envoyé 70 bombardiers attaquer le *Yorktown*, qui fut endommagé, et le *Lexington* qui, atteint dans ses œuvres vives, est inutilisable et sera coulé par un destroyer américain afin qu'il ne tombe pas entre les mains de l'ennemi. Les Américains ont subi des pertes supérieures en tonnage : le *Lexington* qui jaugeait 42 000 tonnes, contre 12 000 pour le *Shoho*, porte-avion léger. Même si les Japonais ont débarqué à Tulagi le 4, ils n'ont pas atteint leur objectif, Port-Moresby.

Victoire stratégique pour les Américains, mais le « Lexington » part en fumée

Le Japon s'empare du port d'Akyab

New Delhi, 4 mai
La tentative des Alliés pour établir une solide ligne défensive en Birmanie centrale a échoué et mène à la dernière phase de la campagne militaire. Aujourd'hui les Japonais ont pris Akyab ; le dernier port de Birmanie est désormais sous contrôle ennemi. La prise de Lashio par les Japonais le 25 avril a coupé la route reliant la Birmanie à la Chine. Il ne reste qu'un passage aérien au-dessus de la bosse de l'Himalaya de Dinjan à Kunming. Des éléments des armées chinoises opérant en Birmanie ont atteint Ledo depuis Myitkyina. Le gros de ces troupes a rejoint la Chine. (→ 12)

Les Japonais avancent en Birmanie.

Darquier nommé aux Affaires juives

Vichy, 6 mai
Nommé le 23 mars commissaire général aux Affaires juives, Xavier Vallat a été remercié : trop chauvin aux yeux des Allemands. Laval l'a remplacé par Louis Darquier, qui se fait appeler Darquier de Pellepoix, ancien président de l'Association des blessés du 6 février 1934 qui a quitté les Croix de Feu en 1935 parce que le colonel de La Rocque n'était à ses yeux qu'un dictateur à l'eau de rose ». Après avoir fait trois mois de prison en 1939 pour « incitation à la haine raciale », il a fondé en 1940 l'Union française pour la défense de la race. C'est l'homme de la situation.

Reddition des Américains à Corregidor

Corregidor, Philippines, 6 mai
La forteresse alliée de l'île de Corregidor, dernière place forte des Philippines, s'est rendue aujourd'hui, avec plus de douze mille hommes, faits prisonniers. La nuit dernière, des commandos japonais ont ouvert une brèche dans ses défenses, très affaiblies par un barrage d'artillerie de vingt-sept jours. Le général américain Wainwright a décidé de capituler ce matin, après avoir joint par radio le président Roosevelt et le général MacArthur. Tandis qu'il leur faisait part de ses craintes de voir toute la garnison bientôt décimée, plusieurs centaines de Japonais mitraillaient l'entrée est du tunnel de Malinta, galerie souterraine abritant six mille membres de l'intendance non exercés au combat, et mille blessés ou malades. Le Président a dit à Wainwright : « Vous avez ainsi donné au monde l'exemple éclatant de la grandeur patriotique et de l'abnégation. » La chute de Corregidor était prévisible à partir de la reddition de Bataan, vingt-sept jours plus tôt.
Depuis, l'île, située à quatre kilomètres au large des côtes, a essuyé trois cents raids aériens et reçu trois cents obus par jour. Avant-hier, l'île a subi treize attaques aériennes, et, la nuit dernière, les Japonais ont débarqué sous une lune brillante. Deux canons camouflés de 75 mm leur ont infligé des centaines de victimes. Mais cela n'a pas stoppé leur avancée.

Prisonniers de guerre américains.

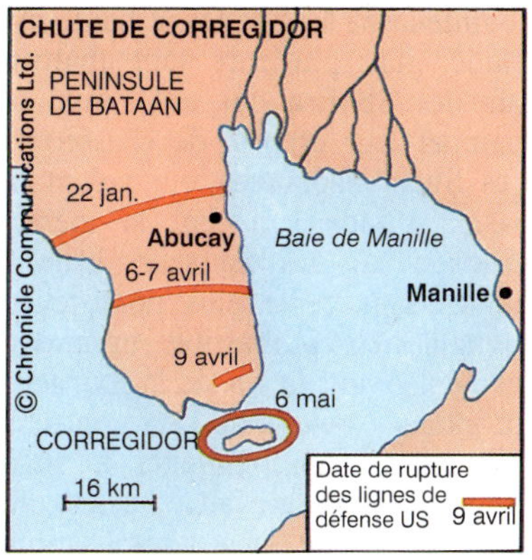

Oberg, chef de la police nazie en France

Paris, 5 mai
Karl Albrecht Oberg vient de s'installer à Paris. Il y occupera les fonctions de chef des SS et de la police. Oberg est un policier-né. Entré au parti nazi, il s'est tout naturellement occupé des services de sécurité. Son poste a été créé par Hitler en vue de découpler les tâches strictement militaires de celles concernant le maintien de l'ordre, et principalement la lutte contre les attentats. Unique responsable jusqu'à présent, Otto von Stülpnagel était mécontent de devoir appliquer les ordres de Berlin concernant entre autres les représailles massives contre la population civile, mesures qu'il jugeait comme n'étant pas de son ressort.

Le chef suprême des SS en France.

Des manifestations d'une rare ampleur

France, 1er mai
Le général de Gaulle avait appelé les Français à manifester silencieusement à l'occasion du 1er mai, et cette consigne avait été largement reprise par tous les mouvements de résistance. Les manifestations populaires ont en effet connu aujourd'hui une importance exceptionnelle, mais silencieuses, elles ne l'étaient guère. Dans toutes les grandes villes de la zone sud, et en particulier à Lyon et à Marseille, des milliers de personnes ont défilé en chantant *la Marseillaise* et *l'Internationale*. Dans la zone occupée, cette journée a surtout été marquée par des actions de sabotage et des attentats. A Caen, par exemple, deux trains de permissionnaires allemands ont déraillé, mais les Allemands ont immédiatement annoncé de terribles représailles.

Résistance de Tito en Yougoslavie

Croatie, mai
La colonne de six mille hommes s'étend sur trois kilomètres. L'armée de partisans communistes yougoslaves fait mouvement dans les montagnes du nord, sous le commandement de son chef, Tito, qui combattit aux côtés des bolcheviks de 1917 à 1920. Elle s'apprête à combattre les Oustachi d'Ante Pavelic qui ont choisi le camp nazi contre la promesse de l'indépendance de la Croatie, leur patrie. Les hommes de Tito sont épuisés et mal équipés – les Oustachi les surnomment les « combattants à cinq balles ». Mais ils sont animés d'une soif de vengeance qui résulte des spectacles atroces dont ils ont été témoins. En Serbie, les Oustachi ont massacré les populations de villages entiers en leur tranchant la gorge. Leur bestialité dégoûte jusqu'à leurs alliés nazis !
Les partisans transportent cinq mille exemplaires de l'*Histoire du Parti communiste*, de Staline, que Tito a lui-même traduit en serbo-croate. Mais l'URSS lui refuse des armes. Elle ne veut pas gêner ses alliés anglo-saxons qui soutiennent les tchetniks, partisans royalistes du colonel Draza Mihailovic. (→ 3.7) ▷

Malte : les Spitfire font échec à l'Axe

Le navire américain « Wasp » porte les Spitfire qui défendent Malte.

Malte, 9 mai

Pour les équipages des bombardiers allemands et italiens, ce raid sur Malte était une affaire de routine. Certes, ils risquaient de tomber sous les tirs serrés des défenses anti-aériennes, mais aucun ne s'attendait à une riposte des avions chasseurs. Trois semaines plus tôt, ils avaient réussi, en trois jours, à détruire 17 Spitfire au sol et à en endommager 29. Aujourd'hui, c'est une autre histoire. La RAF a profité de la leçon. Tous les hommes disponibles se tiennent prêts sur les terrains d'aviation de Malte. Des camions-citernes attendent, moteur en marche, tandis que 60 Spitfire apparaissent à l'horizon. Les pilotes sont renseignés sur la position des porte-avions *HMS Eagle* et *USS Wasp*. Ils savent exactement, cette fois, où parquer leurs appareils en sûreté. La rotation est si rapide que certains Spitfire redécollent 35 min seulement après avoir apponté. Les bombardiers italiens commencent à attaquer, à haute altitude, mais plusieurs sont abattus par des Spitfire qui ont réussi à tromper leur escorte de chasseurs. Les Stuka allemands qui volent à basse altitude subissent la même sanction car des chasseurs britanniques sans cesse plus nombreux, ravitaillés en combustible, prennent les airs. Avant la fin de la journée, au moins 7 avions de l'Axe ont été détruits et 16 endommagés. Le maréchal Kesselring avait pourtant dit au Führer que la « neutralisation de Malte était complète ». (→ 18)

Allouis : sabotage réussi in extremis

Allouis, Cher, 9 mai

La radio d'Allouis qui brouillait les ondes de la BBC a cessé d'émettre : un commando français a fait sauter les pylônes de la station. L'opération *Pilchard* a réussi, paradoxalement, grâce à la distraction des trois saboteurs dépêchés de Londres pour cette mission. Ils n'ont pas, comme prévu, cassé les crayons détonateurs réglés à six heures, avant de déposer les charges de plastic sur les pylônes, et ont dû le faire en catastrophe sous les rafales des sentinelles. Oubli opportun, car les crayons, défectueux, ont déclenché la déflagration 90 min après.

La Chine reprend des villes au Japon

Chine, 6 mai

L'attaque de sept villes hier a marqué le départ d'une offensive, le long d'un front de 650 km, des forces chinoises menées par le général Tchang Kaï-chek contre les troupes d'occupation japonaise.

Shanghai et Nankin sont parmi les villes assaillies, avec, comme cibles, leurs réseaux de communication et centres de ravitaillement en munitions. Nankin, aux mains des Japonais depuis plus de quatre ans, est le siège du gouvernement fantoche de Wang Tsing-wei soutenu par les Japonais.

A Madagascar, les Britanniques prennent les Japonais de vitesse

Diégo-Suarez, Madagascar, 7 mai

Le destroyer *HMS Anthony* franchit à toute allure la ligne de feu de l'artillerie des forces françaises de Vichy, et fait halte au quai. Cinquante marines sautent à terre. L'artillerie qui appuie les Royal Welch Fusiliers, les Royal Scots Fusiliers et East Lancashires pilonne la zone derrière le port. Les marines pénètrent dans la ville et rejoignent les Royal Welch. Madagascar capitule aujourd'hui. Les Alliés redoutaient que le Japon prenne l'île avant eux et qu'il s'assure le contrôle de l'océan Indien. Mais le Japon, qui n'avait pas un tel projet, est aussi surpris que les autres par l'invasion. (→ 14)

Les Anglais débarquent à Madagascar pour protéger la route des Indes.

1942

Mai

Di	Lu	Ma	Me	Je	Ve	Sa
					1	2
3	4	5	6	7	8	9
10	11	12	13	14	15	16
17	18	19	20	21	22	23
24	25	26	27	28	29	30
31						

10. Paris : le groupe de résistants de Maurice Leber attaque une station allemande de transmission, rue de Grenelle.

10. Philippines : le général Sharp, commandant les forces alliées de Mindanao, ordonne à ses troupes de se rendre.

11. Méditerranée : un groupe de 31 bombardiers en piqué Stuka coule les destroyers *HMS Lively*, *Kipling* et *Jackal*.

11. Canada : un U-Boot coule un navire de transport dans l'estuaire du Saint-Laurent.

11. New York : à l'initiative de David Ben Gourion, réunion des dirigeants sionistes, qui réclament la création d'un Etat juif en Palestine.

12. URSS : en Crimée, les Allemands progressent vers Kertch. Dans la région de Kharkov, Timochenko lance une offensive en tenailles. →

12. Méditerranée : la RAF abat 13 avions de transports de troupes allemands, au large des côtes d'Afrique du Nord.

12. Birmanie : début de la mousson. Les pluies arrêtent aussi bien les opérations des Alliés que celles des Japonais.

13. Vichy : Laval écrit à Ribbentrop ; il lui offre les travailleurs que l'Allemagne exige et, en plus, des soldats que le Reich ne demande pas.

14. Londres : les Britanniques assurent qu'après la guerre ils rendront Madagascar à la France. De Gaulle y envoie des FFL pour faire valoir sa souveraineté sur l'île (→ 31).

14. Rastenburg : Hitler, obsédé par la victoire à l'Est, refuse de donner à Dönitz les moyens d'une guerre totale contre les navires de commerce alliés.

14. France : la Gestapo arrête l'abbé Grandjean au presbytère de Willerzie. Il est l'animateur de la filière d'évasion Dragon à la frontière belge.

16. Crimée : les Allemands occupent Kertch, repris hier aux Soviétiques (→ 18).

16. Paris : sortie du film d'Henri Decoin, *les Inconnus dans la maison*, interprété par Raimu et Mouloudji.

Les Russes percent le front allemand

Moscou, 12 mai
Les Russes attaquent Kharkov sur deux fronts et, ce soir, le haut commandement soviétique annonce que l'Armée rouge a enfoncé le front allemand à l'issue d'une des plus grandes batailles de chars de la guerre. Sous une pluie torrentielle qui gêne les opérations, les Russes repoussent vers l'ouest les Allemands, qui prennent la fuite. Ils ont saisi les munitions stockées à l'arrière du front, en prévision de la campagne d'été de Hitler, redoutée depuis longtemps. Avant la bataille, le maréchal Timochenko, qui dirige l'offensive de Kharkov, galvanise ses troupes par un discours véhément : « Nous sommes entrés dans une nouvelle phase de la guerre : nous allons débarrasser les terres soviétiques de la canaille hitlérienne. J'ordonne aux troupes de lancer l'offensive décisive contre notre plus vil ennemi, l'armée fasciste allemande, d'anéantir ses effectifs et matériels de guerre et de hisser notre magnifique bannière soviétique dans les villes et les villages libérés. » Les soldats russes, combattant comme toujours avec un courage tenace, lui obéissent à la lettre. Mais certains membres de l'état-major ont le sentiment qu'ils avancent trop vite, et redoutent un piège des Allemands. (→ 17)

Sur le front de Kharkov, des soldats allemands se livrent aux Soviétiques.

Les Birmans fuient en Inde devant la poussée japonaise

Imphal, Inde, 15 mai
Plusieurs jours après l'arrivée pathétique du premier réfugié birman apparaît à l'horizon une colonne « organisée », constituée par des sapeurs-pompiers indigènes, coiffés d'un casque colonial bizarrement découpé et chaussés de bottes en caoutchouc, mais sans leur pompe à incendie. Marchant au pas, malgré tout, ils précèdent un groupement disparate de fonctionnaires, d'équipes de travaux publics, d'employés sans bureau, tandis que les réfugiés continuent d'affluer. Les forces armées surgissent enfin.
Depuis cinq mois, ces soldats fuient devant la déferlante japonaise en Birmanie, harcelés par les bombardiers en piqué, l'infanterie nippone et les forces nationalistes birmanes alliées du Japon. Certaines unités ont parcouru à pied, dans les pires conditions, jusqu'à 1 500 km. La plupart sont de véritables épaves humaines, les autres, pieds et torse nus, portent encore leur fusil à l'épaule. Chacun garde en mémoire de terribles images. Pour le général Bill Slim, chef du corps d'armée, ce fut la vision d'une gamine de quatre ans, essayant de nourrir à la cuillère sa mère, morte, avec une boîte de lait en poudre. Regardant ses hommes défiler, il notait : « Ils ressemblent à des épouvantails, mais aussi à des soldats. » (→ 18)

En Amérique, dix-sept Etats de la côte est rationnent le carburant

Etats-Unis, 15 mai
Le rationnement de l'essence est entré en vigueur à minuit dans dix-sept Etats de la côte est, dans un climat de mécontentement général. Sauf dérogation, la quantité affectée par personne est de 9 litres par semaine. Des automobilistes se plaignent de cette ration, qu'ils jugent irréaliste, mais de nombreux conducteurs, qui bénéficiaient de mesures d'exception, renvoient leur carte X et B-3. Même Roosevelt a une carte A donnant droit à 9 litres par semaine, expliquant qu'il utilisera son nouveau vélo anglais pour se déplacer. Un citoyen américain, Bernard Baruch, qui doit souvent se rendre à Washington pour des conférences, échange sa carte spéciale contre une carte A. « Je suis venu à New York, il y a soixante-deux ans, et j'allais à pied. Je peux toujours le faire », dit-il. Les pénuries aux stations d'essence survenues avant minuit sont le résultat d'une ruée générale sur le carburant. Pour éviter les conducteurs, excédés, des pompistes fermeront les samedis et dimanches.

La mode ne souffre pas de la pénurie

Des bas qui tiennent sans jarretelles...

Grande-Bretagne, 14 mai
Les bas font la une des journaux : le ministère du Commerce a prié les femmes de ne pas en porter cet été, de sorte qu'il en reste pour cet hiver. On a conseillé aux parents de ne pas se soucier au sujet de leurs filles allant travailler jambes nues. Tandis que leurs plus jeunes sœurs ont été encouragées à renfiler les socquettes de leur enfance, certaines femmes optent pour les faux bas, plutôt que de dévoiler leurs jambes aux passants. Elles se colorent les jambes à l'aide de substances telles que la crème teintée aux pelures d'oignons, puis elles dessinent une couture au dos avec un crayon à sourcils.

Le sculpteur préféré de Hitler, Arno Brecker, expose aux Tuileries.

1942

Mai

Di	Lu	Ma	Me	Je	Ve	Sa
					1	2
3	4	5	6	7	8	9
10	11	12	13	14	15	16
17	18	19	20	21	22	23
24	25	26	27	28	29	30
31						

17. France : la tournée du Philharmonique de Berlin est interrompue à Marseille. Une bombe lacrymogène éclate dans la salle.

18. URSS : à la fin de la bataille de Kertch, deux armées soviétiques ont été anéanties par six divisions allemandes et roumaines de Panzer et d'infanterie (→ 2.6).

18. Birmanie : Tchang Kaï-chek ordonne à la 5e armée chinoise de prendre des positions défensives à Myitkyina (→ 20).

18. Mer du Nord : l'aéronavale britannique attaque le croiseur lourd *Prinz Eugen*, au large de la Norvège. Il réussit à rejoindre Kiel.

19. France : en zone sud, le général Giraud reçoit un émissaire du groupe des Cinq, Jacques Lemaigre-Dubreuil. Ces cinq résistants coordonnent la résistance en Afrique du Nord.

20. Londres : le général Harris, chef du Bomber Command de la RAF, reçoit l'autorisation de réaliser son projet : raser en une seule nuit, avec 1 000 bombardiers, un centre vital de l'industrie allemande (→ 31).

20. Washington : des forces navales sont envoyées aux îles Aléoutiennes et à Midway. Des messages codés japonais ont été interceptés, révélant les préparatifs d'une attaque (→ 25).

20. Pologne : 300 wagons de sous-vêtements ayant appartenu à des Juifs gazés à Chelmno, arrivent à Lodz. Ils y seront nettoyés et triés dans les ateliers du ghetto.

21. Rastenburg : Hitler ajourne l'invasion de l'île de Malte jusqu'à la fin de la conquête de l'Egypte par les puissances de l'Axe (→ 6.6).

23. Inde : le général Stilwell et ses hommes arrivent à Dimapur. Dans leur retraite, ils ont traversé 240 km de jungle en Birmanie. « Nous avons pris une raclée du diable », dit Stilwell (→ 11.9).

23. URSS : les Allemands isolent une partie des forces soviétiques du saillant d'Izioum, dans la région de Kharkov (→ 31).

Combat acharné pour la prise de Kharkov

Kharkov, 22 mai
Au sud de Kharkov, un combat titanesque oppose les Soviétiques aux Allemands, qui ont lancé simultanément leur offensive. Le maréchal Timochenko a démarré plus vite. Ses hommes ont enfoncé le front allemand et progressé de 50 km en trois jours. Les Allemands ont riposté en attaquant la base sud-est du saillant créé par l'avancée russe. Les troupes de Timochenko risquent d'être coupées en deux par la 6e armée du groupe d'armées Sud de von Bock, qui rejoint depuis le nord le groupe de von Kleist (17e armée et 1re armée Panzer) et resserre l'étau au sud de Balakleya. Timochenko, qui prend sans doute conscience du danger, tente de renforcer les flancs du saillant, tandis qu'il fait se replier l'avant-garde par sécurité. Son problème est d'obtenir de Staline, hésitant, l'autorisation pour le retrait des troupes. La bataille croît chaque jour en violence, sous les feux des chars, des canons et de l'aviation, et piège les hommes dans le combat, tandis que des fumées s'élèvent des chars qui se consument dans les steppes de l'Ukraine. (→ 23)

En Birmanie, débâcle des Alliés

New Delhi, 20 mai
Toute la Birmanie est désormais aux mains des Japonais. La Chine est isolée, et l'Inde risque d'être envahie. La défaite des Alliés en Birmanie est un désastre militaire qui a coûté la vie à 750 000 réfugiés, morts de leurs blessures, de faim, de maladie, ou d'épuisement. Près de 400 000 ont rejoint l'Inde au cours d'un exode massif, mais, parmi eux, beaucoup succombent à la suite de cette terrible épreuve.
Les pertes sont élevées chez les Alliés ; 13 463 soldats britanniques, indiens, birmans, gurkhas ont été tués dans les combats, au cours de leur retraite de 1 400 km, alors que les forces japonaises ne comptent que 4 597 morts. Mais pas une seule fois les troupes britanniques n'ont perdu leur cohésion dans la plus longue retraite jamais entreprise par une armée anglaise.
Constamment harcelées par les attaques aériennes, elles se sont battues sur des centaines de kilomètres avec ténacité. Les soldats, amaigris, sont en loques, mais la majorité ont encore leurs armes et gardent un esprit combatif inébranlable.
Dans la vallée de Kabow, on assiste à des scènes de débâcle, et dans les ruines calcinées de Mandalay, où l'eau est maintenant polluée, la variole tue jusqu'à 600 personnes par jour. (→ 23)

Une exposition nazie perturbée

Berlin, 18 mai
Un groupe de résistants, constitué en grande partie par de jeunes Juifs, a attaqué cette nuit une exposition antisoviétique, organisée dans le Lustgarten, un parc de Berlin. Onze personnes ont été blessées au cours de l'opération, qui visait à mettre le feu aux pièces exposées, rassemblées par les autorités nazies de la ville, sous le titre ironique : « Le paradis soviétique ».
Pendant leur raid, les hommes du commando, dont le chef présumé est un électricien nommé Herbert Baum, ont laissé des tracts qui dénoncent les « mensonges de la Gestapo ». La police nazie traque maintenant Baum et ses hommes.

La stratégie aérienne des Alliés s'organise

Recrutement pour la bataille du ciel.

Ottawa, 19 mai
Le Canada devient « l'aérodrome de la démocratie », annonçait hier Roosevelt alors que les représentants des Alliés, à l'exception des Soviétiques, se rencontraient pour coordonner leur stratégie aérienne. Les propos de Roosevelt ont été rapportés par son conseiller à la Guerre, Robert A. Lovett. Depuis le lancement au Canada du plan d'entraînement des forces de l'Empire britannique, en décembre 1939, 50 écoles d'aviation ont été créées. Un plan signé le 5 mai, concernant le Canada, la Rhodésie et l'Australie, prévoit la formation de 20 000 pilotes par an ; 2 200 sont déjà diplômés. Bientôt 4 000 avions seront constamment utilisés. Des centaines de volontaires sont américains.

Un nouveau contingent de GI en Ulster

Certains de ces GI qui débarquent à Belfast ont des racines irlandaises.

Belfast, 18 mai
Mené par un soldat du Dakota, Marvin O'Neal, le plus gros contingent d'Américains jamais envoyé au Royaume-Uni a débarqué aujourd'hui, transportant de l'artillerie et des unités blindées. On a ainsi débarqué des chars de 14 tonnes sur les docks. De nombreux soldats ont des ancêtres irlandais, tout comme les infirmières de Harvard, qui, vêtues de pantalons, ont déçu les Irlandais. Ceux-ci les ont accueillies par des sifflets. Autre élément de curiosité : le nouveau casque de l'armée américaine, proche de la marmite des Allemands. Pour les autorités britanniques, l'armée américaine a eu tort d'afficher les liens existant entre les émigrants et leur pays d'origine, car une polémique s'est développée à la suite du meurtre par l'IRA du policier Patrick Murphy, un mois plus tôt à Belfast. Six jeunes partisans doivent être pendus en représailles, mais 207 000 personnes ont signé une pétition de recours en grâce. Cordell Hull, secrétaire d'Etat américain, presse le ministre des Affaires étrangères anglais Anthony Eden de ne pas « pendre six hommes pour la mort d'un seul, car cela choquerait l'opinion publique ».

Pacte de défense Brésil - Etats-Unis

Washington, 23 mai
Les Etats-Unis ont signé aujourd'hui un pacte avec le Brésil visant à renforcer la défense du continent américain. L'éventualité d'une tentative de l'Axe de prendre pied en Amérique les préoccupe depuis Pearl Harbor. La longue côte atlantique du Brésil, qui a rompu ses liens avec l'Axe le 28 janvier, pourrait être une première cible.
Les forces brésiliennes aériennes et navales du nord-est du pays seront sous le commandement de la force américaine de l'Atlantique sud, responsable de la défense maritime. Mais les opérations terrestres se dérouleront sous l'égide de l'armée brésilienne. (→ 22.8)

Unanimité pour un second front

Bristol, 17 mai
Sir Stafford Cripps, ancien ambassadeur à Moscou et maintenant membre du cabinet de guerre, explique à ses électeurs de Bristol que le gouvernement ainsi que l'opinion publique réclament un second front en Europe de l'Ouest. « La seule différence entre nous est que le public peut en parler librement, contrairement à nous, qui avons une double responsabilité : organiser ce front en lieu et temps prévus, et ne pas divulguer nos intentions à l'ennemi. Déjà les Allemands s'inquiètent de l'esprit enthousiaste et offensif des Britanniques et des Américains dans cette affaire. » (→ 24)

1942

Mai

Di	Lu	Ma	Me	Je	Ve	Sa
					1	2
3	4	5	6	7	8	9
10	11	12	13	14	15	16
17	18	19	20	21	22	23
24	25	26	27	28	29	30
31						

24. Londres : Charles de Gaulle rencontre Molotov, ministre soviétique des Affaires étrangères.

25. France : sept dirigeants du réseau Musée de l'Homme sont exécutés au fort du Mont-Valérien

25. Japon : une escadre quitte Hokkaïdo pour les îles Aléoutiennes. Elle doit attirer la flotte américaine par une manœuvre de diversion pendant l'attaque sur Midway (→ 3.6).

26. Londres : l'URSS et la Grande-Bretagne signent un traité d'assistance mutuelle de vingt ans (→ 8.9).

26. Libye : Rommel reprend son offensive interrompue le 7 février à Aïn el-Gazala.

27. Libye : la division italienne Ariete et la 21e division Panzer attaquent Bir Hakeim. L'oasis est défendue par les 5 500 hommes de la 1re brigade des FFL du général Kœnig (→ 31).

28. Japon : la flotte de l'amiral Yamamoto rejoint l'escadre de porte-avions de l'amiral Nagumo, partie pour Midway.

29. France : le port de l'étoile jaune est imposé aux Juifs en zone occupée (→ 7.6).

29. Rastenburg : Hitler reprend les plans pour occuper la zone libre en France, et l'Espagne.

30. Libye : Rommel concentre ses blindés entre Sidra et Aslagh (→ 31).

30. Pearl Harbor : l'escadre de l'amiral Fletcher appareille pour Midway. Le porte-avions *Yorktown*, endommagé pendant la bataille de la mer de Corail, l'accompagne. Il a été réparé d'urgence, en 4 jours (→ 4.6).

31. Europe : 130 000 Juifs ont été tués ce mois-ci dans les camps de la mort ou par les Einsatzgruppen (→ 1.6).

31. Cologne : au cours du raid des 1 000 bombardiers de la RAF, le Mosquito fait son premier vol opérationnel.→

31. Madagascar : les sous-marins de poche transportés par les submersibles japonais *I-16* et *I-20* attaquent dans le port de Diégo-Suarez. Ils endommagent le cuirassé *HMS Ramilies* et coulent un pétrolier (→ 1.6).

Avancée japonaise dans le Zhejiang

Kinhoua, 29 mai
Une force de 40 000 soldats japonais appuyée par l'aviation s'est emparée aujourd'hui de la capitale de la province du Zhejiang, située à 300 km au sud-ouest de Shanghai, dans le cadre d'une nouvelle offensive nippone contre la Chine orientale. La résistance des Chinois a toutefois été très forte. Les Japonais ont perdu 1 500 hommes dans la traversée de terrains minés. Lors du franchissement de la rivière Lan, les Chinois sont parvenus à repousser dix assauts des Japonais avant de céder devant le nombre. Des gaz de combat ont été utilisés par l'ennemi, très désagréables, mais trop faibles pour être mortels. (→ 3.6)

L'Eglise en quête d'une paix négociée

Stockholm, 26 mai
Deux hommes d'Eglise allemands, Hans Schoenfeld et Dietrich Bonhoeffer, ont aujourd'hui rencontré l'évêque anglais de Chichester en Suède, pays neutre. Ils ont évoqué les conditions de paix en cas de défaite des armées du Reich. Les Allemands ont affirmé que l'hostilité à Hitler ne cessait de grandir à travers le pays, notamment parmi les officiers.

Jeanne d'Arc, qui combattit les Anglais, sert la propagande du régime collaborateur de Vichy.

Mille bombardiers sur Cologne

Cologne, 31 mai
La nuit dernière, 1 047 avions de la RAF ont envahi le ciel de Cologne, au cours d'un raid qui restera sans doute comme l'un des plus importants de cette guerre. Les appareils, avec à leur bord 6 500 jeunes soldats, ont largué 1 455 tonnes de bombes sur la ville, dont deux tiers de bombes incendiaires, allumant des foyers visibles jusqu'à 250 km. Ce raid, ou opération *Millennium*, a été planifié par le général Arthur Harris pour saturer les défenses de cette importante ville industrielle, mais aussi pour montrer la force de frappe de la RAF et sa capacité à atteindre l'Allemagne au cœur. Il a réuni tous les avions disponibles, depuis les modernes Lancaster jusqu'aux Whitley obsolètes. Les cinq groupes de bombardement de première ligne ont utilisé tous les avions en état de marche. L'opération a été achevée en 90 minutes, et les équipages avaient ordre de rentrer à leur base, qu'ils aient ou non accompli leur mission de bombardement, pour éviter que les retardataires ne soient pris au-dessus de l'Allemagne en plein jour. Au cours de l'action, 868 avions ont effectivement bombardé Cologne. Dans un ciel sillonné par les avions faisant de brusques écarts pour éviter la Flak, les risques de collision étaient évidents. Quarante et un bombardiers ont été perdus, mais deux seulement sont entrés en collision. Le raid a été dévastateur, comme en témoigne ce bilan : environ 480 morts, 5 027 blessés et 45 132 sans-abri. 2 500 foyers d'incendie ont ravagé la ville. En ce qui concerne les immeubles, 3 300 ont été détruits, 2 090 gravement endommagés, et 7 420 légèrement touchés. La cathédrale, achevée en 1880, a été elle aussi atteinte. L'épaisse fumée qui monte encore des ruines empêche les avions de reconnaissance de prendre des photos, mais les usines chimiques ont sans doute également subi de graves dommages.

La ville historique de Cologne n'est plus qu'un amas de ruines.

Cinq armées russes prises en tenailles par les Allemands

Kharkov, 31 mai
Le combat au sud de Kharkov, qui a commencé si brillamment pour l'Armée rouge, s'est terminé en désastre. Les Allemands, qui ont lancé leur contre-offensive, l'opération *Fridericus*, sur les arrières des Soviétiques ont anéanti les cinq armées soviétiques, prises dans une nasse dont elles n'ont pu sortir.
Ils affirment avoir capturé au total 241 000 soldats russes, 1 250 chars et 2 000 canons. Parmi les Russes pris au piège, seuls 23 000 ont pu s'échapper et traverser le Don pour se trouver hors d'atteinte. Leur commandant, le général Kostenko, et trois autres généraux ont été tués. Les hommes encerclés ont combattu avec courage, et le maréchal Timochenko a, par trois fois, tenté de les libérer, mais il n'a pu enfoncer les lignes allemandes. Une analyse de la bataille révèle nombre de fautes fondamentales dans la conduite des combats par les Soviétiques. Leurs chars ne se sont pas déployés pour exploiter la percée initiale, dont ils n'ont pas élargi et renforcé les flancs. Les ordres de contre-attaques étaient mal coordonnés. Enfin, ils étaient faiblement soutenus par leurs forces aériennes laissant aux Allemands la suprématie au-dessus du champ de bataille. Ces derniers tiennent maintenant une ligne de front, qui s'étire le long du Donets, et se préparent à lancer de nouvelles offensives contre leurs ennemis. (→ 9.6)

Manifestation de femmes communistes

Paris, 31 mai
Tout semblait calme ce matin dans le magasin d'alimentation ECO de la rue de Buci, devant lequel s'étendait la file d'attente habituelle de clients. Soudain trois femmes forcent l'entrée du magasin, s'emparent de boîtes de conserve qu'elles jettent dans la rue en criant : « Les Boches prennent tout ! On a faim ! A manger pour nos gosses ! » La police française, en arrivant sur les lieux, s'aperçoit trop tard qu'elle est tombée dans un piège : postés à l'angle de la rue, des partisans armés tirent, tuant deux agents et en blessant trois autres. Comme dans de nombreuses émeutes du même genre, il s'agit de militants communistes qui ont préparé l'action selon un scénario désormais classique qu'ils reproduisent dans les principales villes de France : des femmes soulèvent la foule en protestant contre le rationnement tandis que des hommes les secondent. Leurs cibles favorites : les usines de conserve, les stocks alimentaires, les épiceries. Cette fois, la manifestation risque de déclencher une répression impitoyable, mais pourra-t-elle les décourager ?

« Ma mort aura été en partie vengée »

Berlin, 31 mai
Le Führer du Reich, Adolf Hitler, a répété à un groupe d'officiers nouvellement promus qu'il ne doutait pas de la victoire de l'Allemagne : « Le destin ne m'a pas laissé aller si loin pour rien, leur a-t-il dit. Il ne peut m'avoir trompé à ce point et me retirer maintenant ce qui a été conquis après une lutte si féroce. » Pourtant, les signes de résistance contre la tyrannie nazie se font de plus en plus évidents. En Union soviétique, le mouvement partisan s'est organisé et monte de plus en plus d'actions derrière les lignes ennemies. De son côté, la RAF a effectué son premier raid de mille bombardiers sur Cologne, où 1 455 tonnes de bombes ont été larguées. L'annonce de la destruction de Cologne a réjoui les occupants du ghetto de Varsovie. Emmanuel Ringelblum a écrit dans son journal : « Le bombardement de Cologne est un acompte sur la vengeance des milliers de Juifs que Hitler a massacrés. Depuis Cologne, je me sens mieux parce que je sais que si je meurs entre leurs mains, ma mort aura déjà été en partie vengée. »

Rommel lance l'attaque

Jn engin blindé de l'Afrikakorps en route vers le désert de l'Ouest.

Libye, 31 mai
De Gazala à Bir Hakeim, le front 'est soudainement embrasé. Depuis le 26 mai, l'Afrikakorps a epris l'offensive et tente de percer es défenses alliées afin de s'empaer de Tobrouk. Le général Ritchie ttend Rommel sur la ligne Gazala-3ir Hakeim. Une ligne de défense ue les Alliés occupent à ses extrénités nord et sud, le centre de la osition étant protégé par de lares champs de mines en V allant de Gazala à Bir Hakeim et à Knightsridge ; en tout, 4 millions de mies. En face, l'essentiel du disposif germano-italien est concentré u nord. L'attaque débute dans le ecteur de Gazala, où le général llemand Cruewell est chargé d'une pération de diversion. Car c'est au sud que Rommel veut lancer l'assaut décisif le lendemain. Les chars de Rommel et la division blindée italienne Ariete foncent au sud de Bir Hakeim. La 21e division Panzer anéantit la 3e brigade motorisée indienne, tandis que la 90e division légère de Rommel bouscule la 7e brigade blindée anglaise. Le 27, la division Ariete attaque Bir Hakeim par le sud-est. Les légionnaires du général Kœnig repoussent les Italiens par un feu nourri. Aujourd'hui, les combats se concentrent au nord-ouest de Bir Hakeim, dans le secteur de Dahar el-Aslagh et Got el-Oualeb. Le Renard du désert, qui a besoin d'un point d'appui, envisage de reporter tous ses efforts sur la position tenue par les Français libres.

Attentat contre le Boucher de Prague

Prague, 27 mai
La Mercedes vert foncé n'est pas apparue à l'heure habituelle. Les quatre hommes postés à l'arrêt du tramway, en bas de Kirchmayerstrasse, commencent à s'inquiéter. Les tramways vont et viennent, ramassant et déposant leurs passagers. Enfin, les hommes chargés de faire le guet, Josef Valcik et Adolf Opalka, donnent le signal. Jan Kubis et Josef Gabcik sont postés dans le tournant, là où la route fait un virage à 180 degrés, quand la Mercedes apparaît. Gabcik sort brusquement la mitraillette qu'il dissimulait sous son imperméable, et vise l'homme assis près du chauffeur : Reinhardt Heydrich, le commissaire du Reich pour la Bohême et la Moravie. Mais son arme s'enraye et, au passage du véhicule, Kubis lance une grenade, faisant un énorme trou dans la carrosserie. Heydrich et son chauffeur sautent hors de la voiture, et les quatre résistants tchèques, parachutés de Grande-Bretagne pour cet attentat, prennent la fuite. Heydrich, chancelant, est conduit à l'hôpital : il a des éclats de grenade dans la rate, une côte cassée et le diaphragme perforé. (→ 4.6)

Heydrich, à présent gravement blessé.

Sacrifice héroïque des FFL à Bir Hakeim

Libye, 31 mai
Les FFL du général Kœnig remplissent admirablement leur mission qui consiste à retarder l'offensive de l'Afrikakorps vers Tobrouk et l'Egypte. Ils défendent avec acharnement la position de Bir Hakeim afin de laisser le temps aux Alliés d'opérer leur retraite et de préparer leur contre-offensive. Les Français libres se savent sacrifiés d'avance. Mais ils sont aussi conscients que c'est leur réputation au sein des troupes alliées qui est en jeu. A cette phase du combat, les Français ont détruit quarante et un chars et fait plus de deux cent cinquante prisonniers. Ils n'ont eu que deux tués. Mais la pression de l'ennemi est de plus en plus implacable.

Les soldats de la France libre combattent sous l'uniforme britannique.

1942

Juin

Di	Lu	Ma	Me	Je	Ve	Sa
	1	2	3	4	5	6
7	8	9	10	11	12	13
14	15	16	17	18	19	20
21	22	23	24	25	26	27
28	29	30				

1er. Paris : arrivée de Fritz Sauckel, haut responsable du Service du travail obligatoire. Il veut 250 000 travailleurs avant le 1er août (→ 16).

1er. France : Jean Moulin propose à Londres la création d'un Comité général des études (CGE). Groupe de réflexion de la Résistance, il étudierait la prise du pouvoir civil à la libération du pays.

1er. Pologne : un 3e camp de travail est créé à Auschwitz pour construire l'usine de caoutchouc de Buna.→

1er. Libye : défaite de la 150e brigade d'infanterie britannique face aux Allemands. 3 000 hommes sont faits prisonniers.

2. Washington : traité pour l'extension de la loi prêt-bail à la Chine (→ 11).

2. Crimée : la 11e armée allemande bombarde Sébastopol (→ 7).

3. Chine : les troupes chinoises abandonnent la base aérienne de Chuchow (→ 11).

3. France : raid de commandos britanniques près du Touquet.

4. Pacifique : les Japonais attaquent Midway (→ 6).

4. Libye : la 8e armée britannique lance une contre-attaque sur les forces de Rommel, dans la zone dite du Chaudron.

5. URSS : opération allemande de grande envergure contre les partisans (→ 30).

5. Washington : les Etats-Unis déclarent la guerre à la Hongrie, à la Bulgarie et à la Roumanie.

5. Grande-Bretagne : la Bombe est installée à Bletchley Park. C'est une nouvelle machine à décoder, surnommée Robinson.

6. Libye : échec total de la contre-attaque britannique sur les positions allemandes du Chaudron. Rommel libère la 15e division Panzer et l'envoie à Bir Hakeim où les FFL du général Kœnig résistent aux assauts (→ 11).

6. Malte : nouvelle et violente attaque des bombardiers de l'Axe (→ 9).

Les usines Krupp bombardées par la RAF

Un atelier de fonderie chez Krupp, avant que la firme devienne une cible.

Essen, 2 juin
La nuit dernière, le Bomber Command a lancé la deuxième mission en trois jours impliquant mille appareils. Après Cologne, c'est Essen qui était visé. Essen est le berceau des usines d'armement Krupp ; c'est aussi le centre industriel de la Ruhr et un important nœud ferroviaire, situé non loin des gisements de fer et de charbon de Westphalie. Les nuages épais qui bouchaient la vue ont gêné les aviateurs, et peu d'équipages sont parvenus à localiser leur cible avec précision. Le Premier ministre, Winston Churchill, n'en a pas moins affirmé ce matin devant la Chambre que le raid avait été un succès. De son côté, un capitaine de Lancaster a déclaré : « Il a semblé à ceux qui ont déjà bombardé la Ruhr que c'était un joli coup. Cela n'a pas été le grand embrasement de Cologne, mais, lorsque j'ai quitté le coin, ça brûlait pas mal. »
Des opérations de diversion ont été menées par des Bleinheim, tandis que des Beaufighter occupaient la chasse ennemie. Sur les 956 bombardiers engagés, 31 sont portés manquants.

Cologne évacué après le raid de la RAF

Cologne, 4 juin
Les habitants de la zone dévastée par le bombardement de la RAF de la fin du mois dernier ont été évacués, excepté les ouvriers des industries stratégiques.
L'ordre d'évacuation est paru dans le *Kölnische Zeitung* à côté d'un message du Führer s'inquiétant de l'étendue des dommages. Le journal a aussi annoncé que des troupes avaient été envoyées en renfort afin de lutter contre la vague de pillage. En revanche, partout ailleurs dans le Reich, la dimension de la catastrophe a été considérablement minimisée par la presse. Les Allemands qui n'habitent pas Cologne ou sa région n'ont aucun moyen de connaître la vérité. Les cours martiales n'hésitent pas à infliger des peines de mort aux propagateurs de « fausses nouvelles » ou prétendues telles.
L'une des conséquences du raid de la RAF a été la fermeture des grands magasins dans les zones sensibles, afin d'éviter la destruction ou le pillage de grandes quantités de ravitaillement.

Heydrich succombe à ses blessures

Prague, 4 juin
Reinhardt Heydrich n'aura survé que huit jours à ses blessures. To le deuxième étage de l'hôpital Prague avait été réquisitionné po lui. Tandis que des médecins al mands tentaient de sauver le ch de l'Office central de sécurité Reich, des soldats SS et des agen de la Gestapo patrouillaient ville, multipliant les arrestations les exécutions sommaires. Mais plupart des suspects sont parven à trouver refuge chez des amis sû Heydrich est décédé d'un empo sonnement du sang, dû à l'infecti causée par des éclats de grenade.

Des gaz utilisés contre les Juifs ?

Varsovie, 1er juin
Le magazine clandestin du parti s cialiste polonais interdit publie u incroyable et horrible nouvelle q est attestée par le témoignage d' Juif échappé du camp de Chelmn Véritable miraculé, Yakow Grob nowski affirme que les Juifs e fermés à Chelmno sont gazés p centaines et que leurs corps so brûlés avant d'être jetés dans d fosses communes.
Pendant ce temps, en France et a Pays-Bas, les autorités allemand ont imposé aux Juifs le port d'u étoile jaune, qui déjà les dénonce tous. (→ 11)

Une affiche de propagande italien illustre la menace juive sur le mon

Victoire navale américaine au large de Midway

Sévèrement touché par les bombes japonaises, le porte-avions américain « Yorktown » donne de la bande, mais ses canons sont toujours pointés vers le ciel.

Pacifique, 6 juin

Une poignée de bombardiers de l'US Navy vient de porter un sévère coup à la flotte japonaise en coulant quatre de ses porte-avions chargés d'appareils, de bombes et de torpilles. La bataille s'est déroulée au large de l'île de Midway, au nord-est d'Hawaii. Etrangement, ce qui apparaît dès à présent comme l'un des plus grands engagements navals de tous les temps a opposé deux flottes qui n'avaient jamais été en contact visuel. Tout a commencé le jeudi 4 juin.

La flotte japonaise acheminait cinq mille soldats d'élite répartis sur quinze transports de troupes vers Midway, en vue de la conquête de l'île. Le convoi comprenait onze cuirassés, quatorze croiseurs, deux croiseurs légers et quatre porte-avions. Les stratèges japonais pensaient que la menace représentée par cette armada forcerait la flotte américaine, plus faible en nombre, à se découvrir, et que l'issue du combat leur serait favorable. Mais leurs plans se sont retournés contre eux. Hier, l'amiral Yamamoto, commandant en chef de la marine nippone, abasourdi par l'importance des pertes, a ordonné le repli général de sa flotte. Les Japonais ont perdu dans cette opération quatre de leurs onze porte-avions, ainsi que 3 500 hommes et 275 appareils. Quant aux Américains, ils déplorent la perte d'un porte-avions, de 307 hommes et de 132 avions. C'est la qualité du renseignement qui a déterminé l'issue de la bataille. Les Américains étaient parvenus à déchiffrer les codes japonais, ce qui leur a permis de connaître les plans ennemis. L'attaque japonaise n'a donc pas été une surprise pour eux. C'est pourquoi le bombardement de Midway, bien que très sévère, n'a pas causé de dégâts majeurs dans les défenses de l'île, qui avaient pu être prévenues. L'amiral Nagumo, commandant de la flotte, a alors été partagé devant deux décisions possibles : bombarder à nouveau l'île ou attaquer la flotte américaine qui arrivait en renfort depuis l'archipel d'Hawaii. L'amiral japonais a alors constaté avec stupéfaction et inquiétude que cette flotte comprenait trois porte-avions aux côtés de sept croiseurs. Les bombardiers lance-torpilles de l'*Enterprise*, du *Hornet* et du *Yorktown* attaquaient déjà. Seulement six des quarante et un appareils américains sont revenus, et aucune de leurs torpilles n'a fait mouche. Mais leur attaque a contraint les porte-avions japonais à manœuvrer et a contenu la chasse nippone au ras des vagues. Lorsque les bombardiers, volant à une altitude de 19 000 pieds, sont intervenus à leur tour, ils n'ont rencontré que peu de résistance. L'*Akagi* a été touché le premier. Il a été achevé le lendemain. Quelques minutes plus tard, le *Kaga* recevait quatre coups au but. Le *Soryu* était à son tour frappé à trois reprises avant d'être coulé par un sous-marin américain. Les avions embarqués sur le *Hiryu* sont tout de même parvenus à toucher le *Yorktown*, mais leur base flottante a bientôt subi le sort des autres porte-avions japonais. Gravement endommagé, le *Yorktown* a été coulé aujourd'hui par un sous-marin japonais.

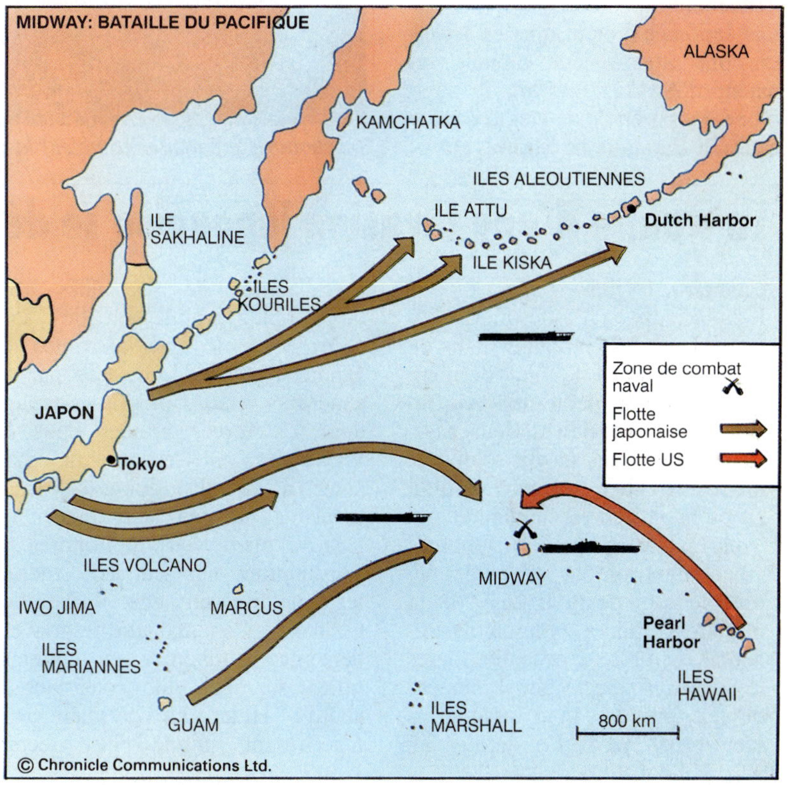

▷

Attaque sous-marine du port de Sydney

Sydney, 1er juin
Des sous-marins de poche japonais ont effectué un raid dans le port de Sydney, ce matin à l'aube. Ils ont été lancés par des submersibles opérant au large des côtes australiennes. Ils sont parvenus à couler le navire ravitailleur *Kuttabull.*
Le 30 mai, les Japonais ont envoyé un hydravion de reconnaissance survoler le port de Sydney. L'appareil, tous feux allumés, a survolé par deux fois le croiseur américain *Chicago* sans qu'aucune mesure ne soit prise contre lui.
La nuit dernière, la pleine lune était obscurcie par la brume lorsque les trois sous-marins de poche sont entrés dans le port. Un veilleur du bureau des services maritimes a remarqué un « objet suspect » près du filet de protection contre les torpilles. Mais l'équipage a sabordé le sous-marin avant d'être fait prisonnier. De son côté, le *Chicago* a aperçu un périscope à 500 m. Il a ouvert le feu, tirant des balles traçantes au canon mitrailleur. Les Japonais ont alors tiré une torpille qui est passée sous un sous-marin néerlandais pour aller toucher le fond, juste sous le *Kittabull.* L'explosion a détruit l'arrière du navire, qui s'est aussitôt enfoncé dans les flots. Attaqué à son tour, le troisième sous-marin de poche s'est sabordé lui aussi. Aucun des trois submersibles n'est rentré.

Des renforts pour le continent indien

Inde, 5 juin
On apprend seulement maintenant l'arrivée en Inde d'un des plus importants convois à avoir jamais quitté la Grande-Bretagne. Avec à son bord des milliers d'hommes, d'ingénieurs et de médecins, ainsi que du matériel militaire en très grande quantité, ce convoi, composé de bateaux de ligne aux noms célèbres, est protégé par un cuirassé et par de nombreux destroyers. Il a touché les différents ports indiens de sa destination il y a un mois. Des raisons de sécurité évidentes imposaient jusqu'à aujourd'hui la plus grande discrétion.

L'aviation japonaise effectue un raid sur les îles Aléoutiennes

Iles Aléoutiennes, 3 juin
Tôt dans la matinée, quatre bombardiers japonais accompagnés de quinze chasseurs ont effectué un raid éclair sur les installations militaires secrètes que l'aviation et la marine américaines possèdent à Dutch Harbor. Au cours de cette opération d'un quart d'heure, considérée comme un raid de représailles après le bombardement de Tokyo, des entrepôts ont été incendiés, mais peu de dommages sont finalement à déplorer.
Les Japonais croient que les avions qui ont attaqué leur capitale venaient d'Alaska. En fait, il s'agit d'une opération de diversion dans le cadre de l'attaque de Midway. (→ 6)

Les bombes japonaises troublent la tranquillité du port de Dutch Harbor.

La crainte d'une invasion japonaise se développe en Australie

Canberra, 1er juin
L'audacieux raid sous-marin effectué par les Japonais dans le port de Sydney la nuit dernière a réactivé la peur des Australiens d'une invasion de leur pays. Bien que ce raid se soit soldé par un relatif échec, le seul fait qu'il ait pu avoir lieu est inquiétant.
Voilà six mois que les Japonais volent de triomphe en triomphe, excepté lors de la bataille de la mer de Corail. L'opinion australienne est prête à accepter toutes les mesures que le gouvernement devrait prendre pour assurer la sécurité du pays. Ce dernier insiste auprès de ses alliés afin qu'une plus grande attention soit accordée à la guerre contre le Japon. Il est en cela aidé par le général MacArthur, commandant les forces armées dans le Pacifique, qui estime ne pas avoir à sa disposition suffisamment de moyens pour mener sa tâche à bien. Mais ni Londres ni Washington ne semblent redouter une invasion de l'Australie. Ce n'est qu'en mai que le gouvernement australien a eu connaissance du plan allié consistant à abattre Hitler en premier lieu, n'accordant qu'une place secondaire à la guerre du Pacifique. Il s'est étonné de ne pas avoir été informé plus tôt de cette décision stratégique.
De son côté, le général MacArthur a envoyé un message à John Curtin, le Premier ministre australien, l'incitant à développer la défense du « bastion » que constitue l'île continent. Il estime en fait qu'il y a de « très sérieuses probabilités » d'invasion de la part du Japon, qui dispose à présent de nombreuses troupes à pied d'œuvre dans les Philippines, en Malaisie et dans les Indes néerlandaises. (→ 8)

1942

Juin

Di	Lu	Ma	Me	Je	Ve	Sa
	1	2	3	4	5	6
7	8	9	10	11	12	13
14	15	16	17	18	19	20
21	22	23	24	25	26	27
28	29	30				

7. Sébastopol : après cinq jours de très violentes préparations d'artillerie, 7 divisions allemandes et 2 roumaines attaquent la ville (→ 18).

7. Iles Aléoutiennes : 1 800 Japonais débarquent dans les îles d'Attu et de Kiska (→ 15).

7. Etats-Unis : le *Chicago Tribune* compromet les opérations de décodage en publiant un reportage sur la bataille de Midway, intitulé : « La marine connaissait le plan d'attaque des Japonais ».

8. Berlin : Hitler dépose une couronne de lauriers aux obsèques nationales de Heydrich. Le Philharmonique de Berlin joue la marche funèbre de l'opéra de Wagner *le Crépuscule des dieux* (→ 10).

9. Malte : le porte-avions *HMS Eagle* livre 32 Spitfire.

9. URSS : les Allemands lancent une nouvelle offensive sur le front de Kharkov (→ 28).

10. France : la Gestapo arrête Nelly Devienne et les dix derniers militants du groupe de résistants Action-40 à Roubaix, en zone interdite.

11. Vichy : décret interdisant aux Juifs les emplois d'artistes.

11. Berlin : Himmler exige la déportation de 100 000 Juifs de France vers le Reich (→ 23).

11. Chine : les forces japonaises attaquent dans les montagnes de Taihang Shan.

11. Méditerranée : 2 convois mettent le cap sur Malte. Le convoi *Harpoon* franchit Gibraltar, et le *Vigorous* appareille d'Alexandrie (→ 16).

12. Chine : les Japonais s'emparent de Kiangshan (→ 30).

12. Allemagne : Himmler approuve un plan à long terme pour envoyer en Sibérie 30 millions de Slaves vivant en Europe de l'Est occupée.

13. Etats-Unis : un U-Boot débarque quatre saboteurs allemands à Long Island (→ 17).

13. Libye : les Panzer de Rommel détruisent plus de 100 chars britanniques à El-Adem et à Knightsbridge. Les Alliés évacuent la zone, et Tobrouk est directement menacé (→ 15).

Le martyre des villageois de Lidice

Lidice, Tchécoslovaquie, 10 juin
Les services de sécurité allemands ont aujourd'hui encerclé le village tchécoslovaque de Lidice, dont ils ont rassemblé toute la population. Ils ont exécuté les 173 hommes et garçons âgés de plus de 15 ans. Les 198 femmes et les 98 enfants ont été envoyés en camp de concentration. Les Allemands ont ensuite littéralement rasé le village, ne laissant pas un mur debout. Le nom même de Lidice a été effacé des registres administratifs. Cependant, 13 enfants ont été épargnés parce qu'ils étaient blonds. Ils seront envoyés en Allemagne pour y être élevés. Plus tard dans la journée, un sort identique a été infligé à Lezaky, où 33 hommes et femmes ont été massacrés, et 14 enfants déportés.
Ces opérations ont été menées en représailles après l'assassinat de Reinhardt Heydrich à Prague, et, selon les nazis, pour apprendre aux Tchèques à rester humbles et serviles. Les Allemands ont offert une récompense de dix millions de couronnes tchèques pour la capture des auteurs de l'attentat. Un pardessus, deux porte-documents et une bicyclette de femme, retrouvés sur les lieux et appartenant aux patriotes, sont exposés. Mais personne n'est venu les reconnaître... (→ 18)

Les obsèques de Reinhardt Heydrich.

Le pétrole roumain à la merci de l'USAF

Le Caire, 12 juin
Aujourd'hui, douze bombardiers B-24 Liberator de l'US Air Force, opérant depuis la base de la RAF de Fayid, dans la zone du canal de Suez, sont allés bombarder les champs pétrolifères roumains de Ploiesti, qui constituent la source d'approvisionnement principale du Reich. Les cinq escadrilles de Liberator et l'escadrille de Forteresses volantes renforcent la présence américaine dans la région. Ce sont les premiers bombardiers à long rayon d'action au Moyen-Orient. L'Europe du Sud est à présent à leur portée.

Résistance de la garnison de Bir Hakeim

Baïonnette au canon, les soldats de la Légion étrangère s'élancent à l'assaut.

Bir Hakeim, 11 juin
Pour la première fois depuis 1940, des Français se trouvaient en première ligne. Ils s'y sont parfaitement comportés. La 1re brigade des FFL du général Kœnig est parvenue à retarder durant seize jours l'avancée de l'armée de Rommel qui, de son propre aveu, n'avait jamais encore rencontré d'opposition aussi vive. La 8e armée, quelque peu bousculée par les forces de l'Axe, a ainsi pu se replier en bon ordre sur El-Alamein.
Hier soir, à court de munitions, Kœnig a dû se résoudre à abandonner la place. A 23 h 30, dans une obscurité totale, la lune ne se lèvera qu'à 4 h 10, l'infanterie s'élance. A minuit, ce sont les véhicules précédés par les Brenn Carriers qui s'ébranlent. Mais le passage ouvert par le génie est plus étroit que prévu, des camions sautent sur les mines et l'ennemi alerté se déchaîne. Les résistances ennemies sont importantes, trois lignes de feu échelonnées sur 2 km attendent les Français. Plus question de passer en file tranquillement, car les engins en flammes servent de repère aux Allemands et aux Italiens qui ajustent les blindés qui passent dans le champ des incendies. Le général Kœnig ordonne de charger et, par groupes de 10 ou 15, les véhicules se ruent à l'assaut. Malgré le feu, les chars, les automitrailleuses, les Français passent. Vers 5 h 30, tous les Français ont franchi les positions ennemies. La 1re BFL a rempli sa mission.

L'étoile jaune est imposée aux Juifs

Le port de l'étoile est obligatoire pour les Juifs vivant en zone occupée.

Zone occupée, 7 juin
A partir d'aujourd'hui, tous les Juifs âgés de plus de six ans qui résident dans la zone occupée devront porter de façon visible une étoile jaune cousue sur le côté gauche de leur vêtement et portant l'inscription « Juif » en lettres noires. Ces étoiles, dont la fabrication a été confiée à des maisons spécialisées, sont délivrées dans les commissariats en échange d'un bon de textile.
Cette mesure vexatoire a été difficile à imposer. Le gouvernement de Vichy craignait en effet qu'elle ne choque l'opinion française et étrangère. Mais les Allemands y tenaient absolument. Le port de l'étoile est déjà obligatoire sur tout le territoire du Reich depuis septembre 1941. Après avoir repoussé plusieurs fois la date de publication du décret, l'occupant a finalement dû se résoudre à restreindre son application à la zone occupée. La plupart des 100 000 personnes concernées par cette mesure n'ont pas osé s'y dérober. Comme les autorités françaises l'avaient prévu, la décision a suscité de nombreuses réactions d'indignation chez les non-Juifs.
Par sympathie et solidarité, quelques-uns ont décidé d'arborer aussi un insigne. Les uns affichent une étoile jaune portant par dérision une inscription telle que « goy », « papou » ou « bouddhiste », ou encore « juif d'honneur ». D'autres arborent, plus discrètement, une fleur ou une pochette jaune au revers de leur veston.

1942

Juin

Di	Lu	Ma	Me	Je	Ve	Sa
	1	2	3	4	5	6
7	8	9	10	11	12	13
14	15	16	17	18	19	20
21	22	23	24	25	26	27
28	29	30				

14. Crète : le capitaine Bergé et des parachutistes FFL détruisent 20 Stuka sur l'aérodrome d'Héraklion.

14. Washington : le Mexique et les Philippines adhèrent aux Nations unies.

14. Nouvelle-Zélande : arrivée de marines américains.

15. Iles Aléoutiennes : des avions américains attaquent les positions japonaises (→ 7.8).

15. Libye : Rommel coupe la route de Tobrouk et atteint Sidi-Rezegh.

16. Londres : Churchill part pour Washington ; il nomme Anthony Eden, ministre des Affaires étrangères, pour lui succéder s'il meurt (→ 18).

17. Etats-Unis : en Floride, un U-Boot débarque quatre saboteurs allemands à Ponte Vedra, au cours de l'opération *Pastorius* (→ 26).

17. France : le colonel Remy embarque à Pont-Aven pour l'Angleterre. Son réseau, la Confrérie Notre-Dame, a été démantelé par la Gestapo.

18. Sébastopol : les Allemands sont maîtres de onze forts, dont le redoutable Maxime-Gorki. Sur les douze bastions soviétiques, seul le fort Lénine résiste encore.

18. Libye : les Allemands assiègent Tobrouk (→ 19).

19. URSS : un avion allemand atterrit en catastrophe derrière les lignes soviétiques en Ukraine. Il contient les plans de l'offensive du maréchal von Bock (→ 28).

19. Allemagne : les spécialistes en balistique de Peenemünde reçoivent l'ordre de développer les recherches sur la bombe volante V1. Facile à fabriquer, elle nécessite une rampe de lancement (→ 3.10).

20. Canada : le sous-marin japonais *I-26* bombarde la station de transmission du gouvernement sur l'île de Vancouver, mais il manque sa cible.

20. Sébastopol : les troupes germano-roumaines prennent le fort Lénine et atteignent le port (→ 24).

Des travailleurs français en Allemagne

Sauckel, chargé de la main-d'œuvre.

Paris, 16 juin
Le climat de la rencontre entre Pierre Laval et Fritz Sauckel a été très tendu. Le chef du gouvernement s'est heurté à l'intransigeance du plénipotentiaire du Travail allemand, qui exige que 350 000 Français, dont un tiers de spécialistes, partent travailler en Allemagne. Acquis à l'idée d'associer la France à « l'œuvre gigantesque qui s'accomplit en Europe », Laval a cependant demandé le retour d'un prisonnier pour chaque ouvrier expatrié. La mesure serait très populaire. Sauckel a refusé, par tactique. Hitler a en fait déjà donné son accord. Ce sera un retour pour trois départs.

L'armée de Rommel fonce vers l'Egypte

Afrique du Nord, 19 juin
La progression des Panzer du Renard du désert semble ne plus avoir de limite. Après le repli de la garnison française de Bir Hakeim, les blindés allemands foncent à travers le désert, poussant devant eux les Britanniques en fuite. Le général Ritchie, commandant les forces britanniques, a en effet ordonné la retraite de son armée sur une ligne marquant la frontière égyptienne. Il ignorait que le général Auchinleck avait exigé que le port de Tobrouk soit défendu à tout prix. A présent, Tobrouk est isolé : une belle proie pour Rommel. (→ 21)

Discussions entre Churchill et Roosevelt

Washington, 18 juin
Winston Churchill est arrivé aujourd'hui aux Etats-Unis afin d'y rencontrer le président Roosevelt, pour la troisième fois en dix mois. Leurs discussions porteront sur l'organisation de nouvelles offensives contre l'Allemagne et sur la fourniture du matériel américain nécessaire à la poursuite des combats. Ils aborderont aussi le sujet du second front en Europe. Excepté les membres du cabinet de guerre, la plupart des ministres de Churchill ignorent tout de la démarche de ce dernier. En son absence, le vice-Premier ministre travailliste Clement Attlee est chargé de diriger le gouvernement. (→ 23)

Premier ministre et chef de guerre.

Belle résistance des partisans tchèques

Prague, 18 juin
Les partisans qui ont exécuté Heydrich ont été abattus dans l'église de Saint-Cyril après une longue résistance. Trois d'entre eux, postés derrière l'autel, sont morts après deux heures de lutte, tués à la grenade et à la mitrailleuse. Refugiés dans la crypte, les quatre autres ont tenu encore quatre heures. Ils ont gardé leurs dernières balles pour eux, après avoir abattu quatorze Allemands. Les sept partisans ont été vendus par l'un des leurs, Karel Curda, en échange d'une nouvelle identité et de l'autorisation d'épouser une Allemande. (→ 29.9)

Le réseau de l'Orchestre rouge perd un de ses « pianistes »

Bruxelles, 20 juin
Le fameux réseau d'agents soviétiques en Belgique, connu sous le nom d'Orchestre rouge, a subi un grave revers. L'opérateur radio du groupe (le « pianiste »), Johann Wenzel, a été arrêté par l'Abwehr, qui a réussi à le faire parler sous la torture. Il se pourrait que Wenzel ait révélé les noms de centaines d'agents à travers toute l'Europe, dont certains sont infiltrés jusque dans les ministères berlinois. De leur côté, les agents allemands espèrent profiter de cette prise pour intoxiquer les Soviétiques en envoyant de fausses informations aux chefs de Wenzel, qui ignorent tout de sa capture.
L'arrestation de Wenzel suit de peu le démantèlement du premier réseau communiste qui agissait dans la banlieue bruxelloise sous la direction de Leopold Trepper. En décembre dernier, les services de détection radio de l'Abwehr avaient repéré l'organisation. La faute en incombe aux Soviétiques, qui exigeaient une telle somme d'informations de leurs agents qu'ils les forçaient à émettre longtemps, les rendant ainsi plus vulnérables. Lors de la rafle, Trepper est parvenu à s'échapper. Le reliquat de son réseau a récemment été réactivé par un Finlandais nommé Yefremoff. Lorsque ce dernier a choisi Wenzel comme opérateur radio, il ne savait pas qu'il était déjà « brûlé » par les aveux d'un des membres du réseau déjà prisonnier, Rita Arnould, qui fut exécutée après avoir cédé sous la torture et révélé les noms qu'elle connaissait. Lorsque l'Orchestre rouge a repris ses émissions depuis Bruxelles, l'Abwehr a tout de suite su à quelle porte aller frapper.

Combats pour le contrôle de la Méditerranée

Le cuirassé « Malaya », appartenant à l'escorte de l'opération « Harpoon ».

La tranquillité de Malte avant que les Stuka reprennent possession du ciel.

Echec d'une tentative alliée de diversion

Malte, 16 juin
L'objectif des Alliés était d'envoyer simultanément deux convois maritimes vers Malte, l'un depuis Gibraltar dans le cadre de l'opération *Harpoon*, et l'autre depuis Alexandrie dans le cadre de l'opération *Vigorous*, afin de provoquer la dispersion des forces aériennes allemandes. Les deux convois ont subi de lourdes pertes.

La marine et l'aviation britanniques sont parvenues à couler le croiseur italien *Trento* et à endommager le cuirassé *Littorio*, mais l'escorte alliée a encore plus souffert. Le croiseur *Hermione* a été coulé par un U-Boot peu après que le second convoi eut été contraint de rebrousser chemin. Trois destroyers appartenant au même convoi, le *Hasty*, l'*Airedale* et le *Nestor* ont été coulés par l'aviation ennemie. Il est vrai que l'opération *Vigorous* n'était assistée d'aucun gros navire de guerre et ne disposait que d'une couverture aérienne. Quant à l'opération *Harpoon*, elle bénéficiait de la protection d'un cuirassé, de deux porte-avions, de trois croiseurs et de huit destroyers. Son escorte rapprochée comptait neuf destroyers et un croiseur de lutte antiaérienne. Sur les dix-sept navires marchands composant les deux convois, seuls deux ont atteint l'île de Malte.

Malte menacée par l'aviation allemande

Malte, 16 juin
La bataille pour le contrôle de la Méditerranée n'oppose plus seulement les flottes ennemies entre elles, car désormais l'aviation y joue un rôle croissant. La capacité des forces de l'Axe de lancer des attaques aériennes depuis leurs bases d'Afrique du Nord, d'Italie et de Grèce a donc accentué la pression qu'elles sont en mesure de faire peser sur le dernier bastion allié en Méditerranée, l'île de Malte.

Située à un croisement de routes maritimes, l'île de Malte constitue une position stratégique pour les Alliés. Si elle tombe, ils ne pourront plus empêcher le ravitaillement des armées de Rommel, ravitaillement qui provient d'Europe. Cependant, l'île a également besoin d'être ravitaillée. Les convois de navires marchands alliés sont harcelés par les Stuka que les Allemands ont détachés du front russe pour les affecter au secteur.

Les marins des navires d'escorte passent leurs journées à leurs postes de combat, tentant d'enrayer la ronde folle des Stuka qui attaquent par vagues, piquant sur les bateaux dans un bruit infernal qui porte sur les nerfs, avant de larguer leurs bombes et de se redresser au ras des flots pour plonger de nouveau quelques instants plus tard. (→ 19.7)

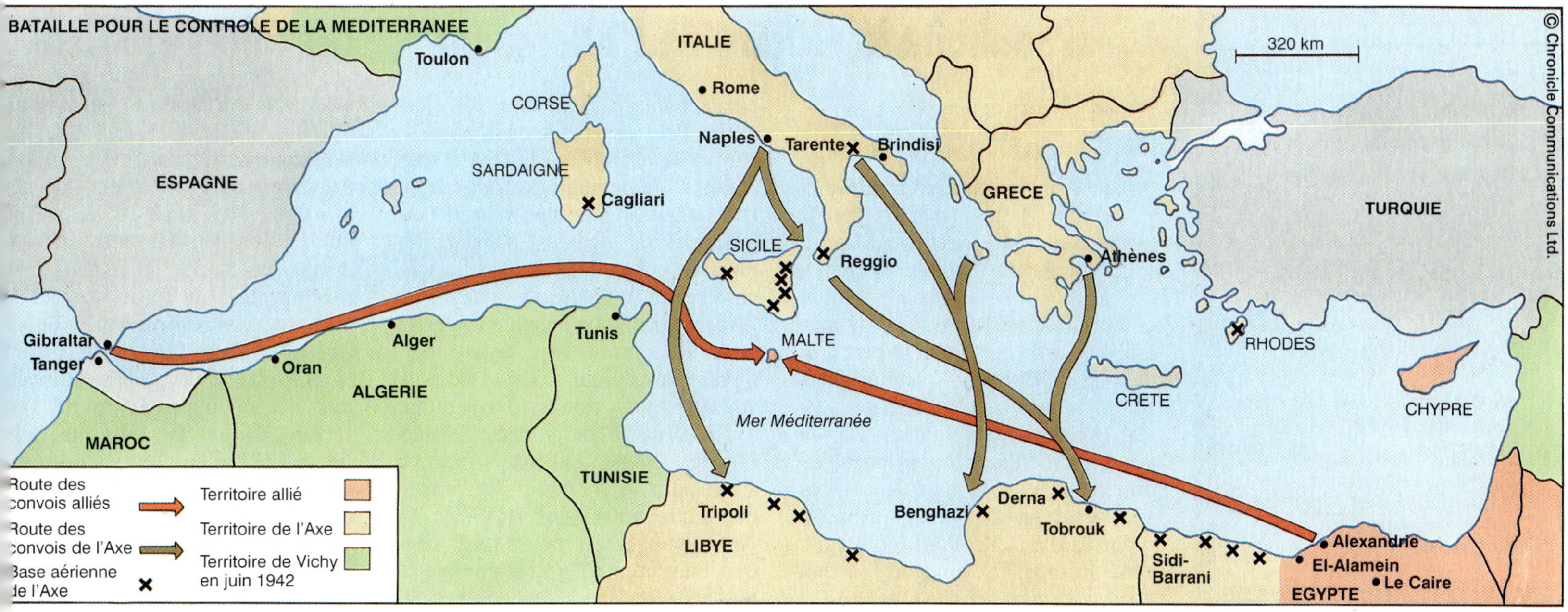

1942

Juin

Di	Lu	Ma	Me	Je	Ve	Sa
	1	2	3	4	5	6
7	8	9	10	11	12	13
14	15	16	17	18	19	20
21	22	23	24	25	26	27
28	29	30				

21. Etats-Unis : un sous-marin japonais bombarde le dépôt militaire de Fort Stevens, sur la côte de l'Oregon.

22. Libye : Rommel est promu maréchal, après la prise de Tobrouk hier.

22. France : dix-neuf militants communistes s'évadent du camp de Royallieu, en forêt de Compiègne, par un tunnel de 40 m qu'ils ont creusé pendant deux mois.

23. Auschwitz : un train de Juifs arrive de Paris. Les premières sélections pour les chambres à gaz sont effectuées.

23. Grande-Bretagne : après avoir atterri par erreur au Pays de Galles, un Focke-Wulf Fw-190, le dernier chasseur de la Luftwaffe, est pris intact.

23. Rastenburg : Hitler est fasciné par le rapport d'Albert Speer, ministre de l'Armement, sur les dernières recherches sur les armes atomiques.

24. Crimée : des fusiliers-marins soviétiques débarquent pour soutenir Sébastopol.

26. Etats-Unis : le FBI arrête les huit saboteurs allemands qui avaient débarqué en Floride et à Long Island la semaine dernière (→ 1.7).

27. Pacifique : les Américains bombardent les bases aériennes japonaises de l'île de Wake.

27. Reykjavik : le convoi PQ-17 appareille pour Mourmansk (→ 1.7).

28. Egypte : les forces italo-allemandes s'emparent de Mersa Matruh.

29. Libye : Mussolini arrive à Tripoli. Il envisage d'effectuer une entrée triomphale au Caire.

30. URSS : 100 000 partisans harcèlent les Allemands (→ 6.7).

30. Egypte : la 90e division légère de Rommel atteint El-Alamein.→

30. Sébastopol : l'Armée rouge abandonne la ville (→ 1.7).

30. Chine : une tentative japonaise de détruire le quartier général communiste est déjouée au sud-est du Chan-si (→ 1.7).

Raid destructeur de la RAF sur Brême

Les immeubles des quartiers industriels de Brême en feu après le raid.

Brême, 26 juin
Le troisième grand raid de la RAF sur l'Allemagne impliquant plus de 1 000 bombardiers a causé de très importants dégâts dans la ville de Brême. L'usine aéronautique Focke-Wulf et quatorze hectares de zone industrielle ont été détruits. Ce raid a aussi été le plus coûteux pour la RAF. Des 1 067 appareils engagés dans l'opération, 48 n'ont pas regagné leur base. Ce chiffre de 5 % de pertes, auquel s'ajoutent un bon nombre d'avions endommagés, a conduit certains observateurs à mettre en doute la rentabilité des raids massifs. Cette opinion n'est pas celle du général Arthur Harris, chef frais émoulu du Bomber Command. Il a fait remarquer que, contrairement aux deux raids précédents qui ont eu lieu sur Cologne et Essen, les pertes étaient cette fois-ci partagées avec l'aviation côtière, qui a engagé 102 bombardiers dans les raids, Brême étant une importante base de sous-marins.
La couche de nuages qui recouvrait l'objectif a permis de tester l'efficacité du système de guidage automatique de bombardement, le système Gee. Mais les reflets de la lune sur les appareils permettaient malheureusement à la chasse allemande de repérer les Alliés avec plus de facilité. (→ 9.7)

Laval souhaite la victoire de l'Allemagne

France, 22 juin
Le chef du gouvernement, Pierre Laval, a prononcé aujourd'hui un discours radiodiffusé dans lequel il a expliqué à ses compatriotes le principe de la « relève ». Mais il s'agissait surtout pour lui de relancer la politique de collaboration, compromise ces derniers temps, afin que la France prenne part à la victoire allemande. « Notre génération ne peut pas se résigner à être une génération de vaincus [...]. Je voudrais que demain nous puissions aimer une Europe dans laquelle la France aurait une place qui serait digne d'elle [...]. Pour construire cette Europe, l'Allemagne [...] doit consentir d'immenses sacrifices et elle ne ménage pas le sang de sa jeunesse. Pour la jeter dans la bataille, elle va la chercher à l'usine et aux champs. Je souhaite la victoire de l'Allemagne parce que, sans elle, le bolchevisme, demain, s'installerait partout. » Laval avait écrit : « Je crois et je souhaite la victoire de l'Allemagne. » Le maréchal Pétain lui a fait retirer « je crois » car, n'étant pas militaire, Laval ne pouvait à ses yeux donner d'avis quant à l'éventualité de la victoire allemande. « Ouvriers de France ! C'est pour la libération des prisonniers que vous allez travailler en Allemagne ! C'est pour notre pays que vous irez en grand nombre ! » a conclu Laval.

Des prisonniers de guerre au travail

Ban Pong, 24 juin
Un gigantesque chantier a débuté aujourd'hui en Thaïlande. Pour améliorer l'acheminement de leur approvisionnement, les Japonais ont décidé de poursuivre jusqu'à Rangoon la ligne de chemin de fer qui relie Singapour à Bangkok. Ils ont affecté à cette tâche les nombreux prisonniers de guerre dont ils disposent. Six mille Britanniques placés sous les ordres du major Sykes sont arrivés de Singapour aujourd'hui afin de construire le camp de base du chantier. Les cinquante premiers kilomètres de voie ferrée seront posés sur terrain plat. Mais, lorsqu'ils atteindront les berges de la rivière Kwae Noi, il faudra construire un pont de 240 m de long.

Les économies sont à l'ordre du jour

Grande-Bretagne, 30 juin
Le ministre anglais de l'Energie a lancé une vaste campagne d'économies. Il convie ses concitoyens à éteindre les lumières superflues, à utiliser moins d'eau chaude et à réparer tous les robinets qui fuient. Il leur recommande de tamiser les cendres de leurs poêles afin de récupérer les morceaux de charbon incomplètement consumés. L'approvisionnement en charbon sera réduit, sans toutefois être rationné.

Les Alliés étudient de nouveaux plans

Washington, 23 juin
Au terme d'un week-end de discussions, Roosevelt et Churchill ont déclaré que leurs pays allaient mettre en œuvre « la plus forte concentration de forces armées jamais vue contre l'ennemi ». Ils ont refusé d'entrer dans les détails. Mais le chef du département américain des munitions a promis l'ouverture d'« un second, d'un troisième, voire d'un quatrième front nécessaire afin d'enfermer l'Allemagne dans un cercle de feu ». Il a ajouté : « Nous avons une dette envers la Grande-Bretagne, et nous allons la payer. »

Rommel prend Tobrouk et fait 35 000 prisonniers

Tobrouk tombe : l'Egypte menacée

Le Caire, 21 juin
Tobrouk est tombé. Ce port vital de la côte d'Afrique du Nord a été enlevé par l'Afrikakorps de Rommel, alors qu'il y a trois semaines le général allemand était, selon les journaux anglais, pris au piège dans le désormais fameux Chaudron. Aujourd'hui, il a capturé 35 000 soldats alliés, 70 chars et un énorme stock de provisions, portant au moral des Anglais son coup le plus dur depuis la perte de Singapour. Winston Churchill a été informé de la chute de Tobrouk alors qu'il rencontrait le président Roosevelt à Washington. La 8e armée, sûre d'un succès en Afrique du Nord, après avoir repoussé les forces de l'Axe loin vers l'ouest l'année dernière, avait réduit les défenses de Tobrouk. De plus, les Britanniques avaient perdu leur avantage numérique en chars au cours d'une série d'attaques dans le Chaudron. Les chars de Rommel poursuivant la 8e armée, personne ne s'attendait à ce qu'il fasse demi-tour pour attaquer Tobrouk. Mais, avec une rapidité incroyable, Rommel s'est emparé de deux aérodromes à Gambut avant de repartir pour Tobrouk. Il a frappé hier à l'aube, par un lourd bombardement aérien et terrestre, avant que l'infanterie donne l'assaut, suivie par les Panzer. Avant l'après-midi, tout était fini. (→ 22)

Paysage après la bataille : Tobrouk est tombé face aux Panzer de Rommel.

Des prisonniers britanniques rassemblés par les Allemands, victorieux.

Prêche et désert pour le Duce et Auk

Derna, Afrique du Nord, 30 juin
Des soldats de l'Afrikakorps stupéfaits ont assisté aujourd'hui, sur l'aéroport, à l'arrivée de Benito Mussolini, arborant des rangées de médailles, accompagné d'un cheval arabe blanc, sur lequel le Duce a l'intention de conduire prochainement son armée victorieuse dans les rues du Caire : une telle assurance vient du fait que l'armée de Rommel s'approche d'Alexandrie. Cinq jours plus tôt, un drame d'importance majeure est survenu chez les Alliés, plus loin vers l'est.
Le général Sir Claude Auchinleck, commandant en chef des forces alliées au Moyen-Orient, a pris le commandement direct des opérations dans le désert, assurant la relève du général Ritchie, « fatigué ». S'opposant au projet de Ritchie de tenir une ligne défensive à Mersa Matruh, « Auk » a décidé de se replier en Egypte, pour se préparer à une guerre mobile, près d'une tête de ligne appelée El-Alamein. Rommel s'est emparé de Mersa Matruh il y a deux jours avec une relative facilité : misant sur l'effet de surprise, il a lancé ses blindés, réduits à 60, contre les 160 chars des forces britanniques. Il a écrit ce soir à sa femme : « Plus que 150 km jusqu'à Alexandrie ! » Avant la tombée de la nuit, la vitesse de l'avancée allemande est telle que cette distance s'est réduite à 100 km. (→ 1.7)

De la Libye à l'Egypte, l'incroyable avancée du Renard du désert

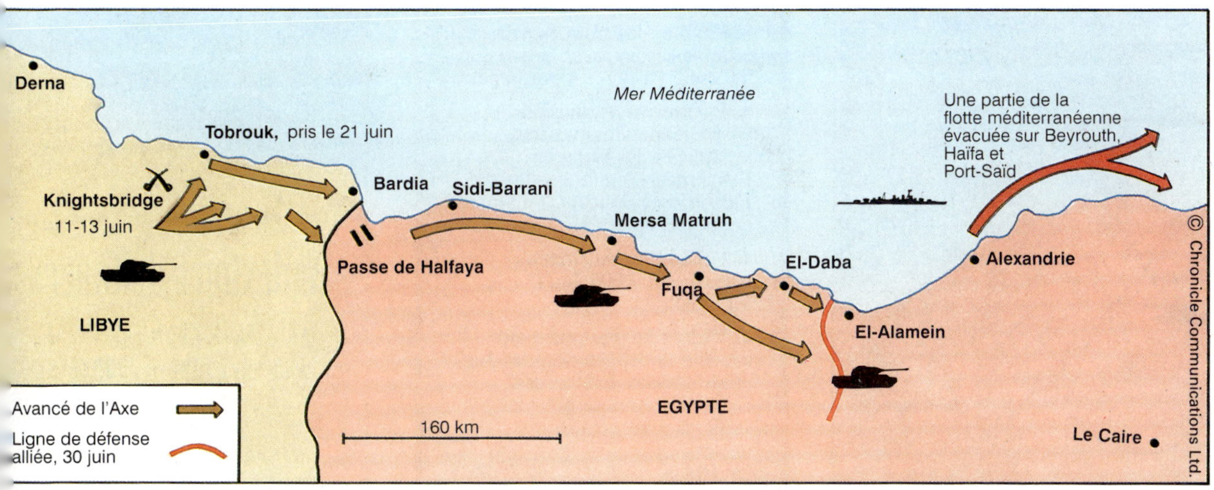

Auchinleck face à son destin.

L'offensive allemande en Ukraine vise Stalingrad et le pétrole du Caucase

Ukraine, 28 juin
Dans les plaines d'Ukraine, particulièrement « roulantes » pour les blindés, les Allemands pratiquent une nouvelle fois la tactique du Blitzkrieg. Ils ont attaqué Koursk sur deux flancs.
L'engagement de l'opération baptisée *Fall Blau* – plan Bleu – a été précédé d'un déluge de feu, œuvre commune de l'artillerie et des Stuka un moment détachés du front de Sébastopol. Ensuite seulement, les blindés ont attaqué. La 4ᵉ armée Panzer commandée par le général Hermann Hoth a déjà sérieusement ébranlé la 40ᵉ armée soviétique. Et les Allemands progressent actuellement vers leur premier objectif, la ville de Voronej qui contrôle le franchissement du Don et constitue un important nœud de communication. L'opération *Fall Blau* est l'une de ces visions militaires extrêmement ambitieuses qu'affectionne Hitler. Elle implique une progression sur l'ensemble du front allemand dans le sud de l'URSS, depuis la côte, le long du Donets, jusqu'à Koursk. Après avoir conquis Koursk et Voronej, les premières unités engagées doivent descendre le Don jusqu'à Stalingrad. La seconde phase du plan consiste à envahir le Caucase en atteignant d'une part la frontière turque à Batumi et en s'emparant, d'autre part, des terrains pétrolifères de Bakou. L'approvisionnement en pétrole est en effet le principal souci de l'état-major du Reich. Pour les besoins de l'opération *Fall Blau*, des renforts sont venus grossir les rangs du groupe d'armées Sud commandé par le maréchal von Bock. Celui-ci comprend à présent près de la moitié des forces de la Wehrmacht affectées au front de l'Est. Il y a neuf jours, le 19 juin, les Soviétiques avaient contraint un avion léger allemand à atterrir. A son bord se trouvait le major Reichel, un officier d'état-major, qui était porteur d'ordres détaillés concernant l'opération *Fall Blau*. Staline n'en a pas tenu compte, pensant qu'il s'agissait d'une grossière tentative d'intoxication. (→ 5)

1942

Juillet

Di	Lu	Ma	Me	Je	Ve	Sa
			1	2	3	4
5	6	7	8	9	10	11
12	13	14	15	16	17	18
19	20	21	22	23	24	25
26	27	28	29	30	31	

1ᵉʳ. France : Laval autorise les voitures goniométriques allemandes à pénétrer en zone libre pour traquer les émetteurs clandestins de la Résistance.

1ᵉʳ. Etats-Unis : IBM met au point le tube électronique. Il calcule mille fois plus vite que les dispositifs mécaniques existants.

1ᵉʳ. Washington : la loi prêt-bail est étendue à la Pologne.

1ᵉʳ. Etats-Unis : le FBI arrête 250 étrangers. Ils complotaient pour faire sauter les chemins de fer de Pennsylvanie (→ 11).

1ᵉʳ. Palestine : l'aviation de l'Axe attaque le port de Haïfa.

1ᵉʳ. Océan Arctique : le convoi PQ-17 est localisé par deux U-Boote. Les Alliés savent désormais que les Allemands sont renseignés sur les mouvements de leurs navires vers Mourmansk (→ 7).

2. Océan Indien : des forces britanniques occupent l'île de Mayotte dans l'archipel des Comores.

3. Atlantique : le *Tigre*, contre-torpilleur des FNFL, coule un U-Boot au large de New York.

3. Yougoslavie : les Allemands lancent une attaque contre les partisans, et contre les paysans qui les abriteraient (→ 14).

3. Pologne : à Cracovie, les SS massacrent 93 Tziganes.

3. Paris : les dirigeants de la Résistance dans la police et la gendarmerie se rencontrent dans le bois de Clamart. Ils préparent la création d'un Front national de la police.

3. Egypte : les troupes néo-zélandaises écrasent la division italienne Ariete à Alam Nayil.→

4. Egypte : la 9ᵉ division australienne vient renforcer les Alliés à El-Alamein. Les unités allemandes de Panzer commencent à manquer de munitions (→ 9).

4. URSS : les Allemands massacrent 4 000 Juifs à Loutsk.

4. Vichy : le gouvernement accepte la déportation des Juifs apatrides des deux zones, contre l'immunité pour les Juifs français (→ 17).

Churchill échappe à un vote de censure

Londres, 2 juillet
Le Premier ministre a quitté la Chambre des communes en faisant de la main le signe de la victoire. Il venait de faire échec au premier vote de censure de son gouvernement depuis le début de la guerre. La chute de Tobrouk, le mois dernier, avait fait peser des doutes sur ses capacités à conduire son pays dans la guerre. Selon les sondages, la moitié de ses concitoyens ne lui faisaient pas confiance. Quant à la presse, elle était très sévère à son endroit. Mais il fallut se rendre à l'évidence. Il n'y a pas d'alternative à Churchill.

L'occupant japonais pacifie la Chine

Lac Tai, 1ᵉʳ juillet
La 13ᵉ armée japonaise va étendre au bassin inférieur du Yang-tseu-kiang son programme de pacification rurale qui vise à éliminer les guérillas communistes. En collaboration avec le régime fantoche de Wang Tsing-wei, les Japonais ont établi une « zone de paix » au sud du lac Tai, à la frontière des provinces du Zhejiang et du Jiangsu, une région où opèrent cinq mille communistes. Cette zone protégée sera à l'image de celle qui existe depuis l'an dernier dans la région du delta du fleuve. Depuis avril 600 000 réfugiés qui l'avaient fui y sont retournés. (→ 7)

Les Allemands arrêtés à El-Alamein

El-Alamein, 3 juillet
Il y a trois jours encore, la radio de l'Afrikakorps diffusait des airs romantiques et avertissait les femmes du Caire qu'elles devaient se tenir prêtes à accueillir ses soldats.
Après des jours de combats et de progression ininterrompue derrière les Britanniques en fuite, Rommel semblait avoir la victoire assurée. Il ne lui restait plus qu'à engager une dernière course vers le Nil et les femmes cairotes.
Durant toute la nuit, les soldats britanniques à l'abri dans leurs casemates ont assisté au feu d'artifice que formaient les fusées éclairantes allemandes. Rommel envisageait de contourner ce qui restait du 10e corps britannique stationné à El-Alamein pour se rendre à Alexandrie en laissant le soin aux unités d'infanterie italiennes de nettoyer la garnison. Bien parti, il a vite été ralenti par le vent de sable, mais aussi par les attaques aériennes et les tirs d'artillerie britanniques. De son côté, le commandant en chef des forces britanniques, le général Auchinleck, a judicieusement ordonné une contre-attaque dans le sud. Celle-ci s'est bientôt transformée en engagement frontal. Les Britanniques ont été quelque peu contenus par les tirs meurtriers des canons de 88 mm. Mais, cette nuit, l'avancée de Rommel a malgré tout été stoppée. Auchinleck a atteint son objectif. Les troupes de l'Axe se retranchent et les agréments rêvés du Caire s'éloignent dans la fureur des combats...

Les soldats britanniques creusent des tranchées sous le soleil d'Egypte.

Les troupes de Rommel sont arrêtées dans leur élan par celles d'Auchinleck.

La guerre sous-marine dans les eaux américaines

Mer des Caraïbes, 1er juillet
Juin a été l'un des plus mauvais mois depuis le début de la guerre en ce qui concerne les pertes maritimes. Pas moins de 173 navires marchands, représentant un total de 834 196 tonnes, ont été coulés, dont 144 par des U-Boote.
Ces chiffres sont la preuve du succès de la stratégie allemande consistant à porter la guerre sous-marine très loin à l'intérieur des eaux américaines. En effet, 60 % des pertes ont été causées dans la mer des Caraïbes et dans le golfe du Mexique.
La gravité de la situation est apparue dès le milieu du mois dernier. Le chef d'état-major américain, le général Marshall, avait alors écrit à l'amiral King pour lui demander d'organiser de toute urgence les transports maritimes en convois. « Les pertes dues à l'action des sous-marins dans le proche Atlantique compromettent la totalité de notre effort de guerre », lui faisait-il remarquer. Peu de temps après, l'amiral lui répondait que « l'escorte des flottes de commerce n'était pas seulement *une* solution de déjouer la menace des U-Boote, mais certainement la seule ». Il déplorait toutefois que les Etats-Unis disposent de moyens si modestes de lutte anti-sous-marine.

Une seule solution : les convois.

La pénurie de pétrole menace les Alliés

Egypte, 1er juillet
L'offensive de Rommel sur le front d'El-Alamein ne menace pas seulement les positions britanniques en Egypte et sur le canal de Suez.
Hitler pense en effet qu'il lui est à présent possible de prendre en tenailles et de conquérir la totalité du Moyen-Orient. Le groupe d'armées Sud du maréchal von Bock a atteint le Caucase via l'Ukraine. Les forces armées turques, sous-équipées, ne lui opposeraient qu'une faible résistance. Il pourrait ainsi pénétrer au Moyen-Orient par la porte de derrière et opérer sa jonction avec les armées de Rommel.
La perte de leurs positions dans la région ne couperait pas seulement la route directe des Indes aux Britanniques, mais elle les priverait surtout de leur principale source d'approvisionnement en pétrole. Les Etats-Unis seraient également touchés, et c'est l'ensemble des Alliés qui connaîtrait alors une grave crise de l'énergie. Celle-ci affecterait la conduite de leurs opérations contre les Allemands et les Italiens en Europe, mais aussi contre les Japonais dans le Pacifique. Il est donc absolument vital que la 8e armée arrête la progression de Rommel à El-Alamein.

Atmosphère de fin de règne au Caire

Le Caire, 3 juillet
Mussolini a promis la « pleine souveraineté » au gouvernement égyptien en cas de défaite britannique. Cela, ajouté aux rumeurs de combat provenant d'Alexandrie, a provoqué aujourd'hui une ruée sur les banques. Depuis deux jours, les membres de l'ambassade britannique brûlent des documents qu'ils ne veulent pas voir tomber aux mains de l'ennemi, tandis que les navires de la Royal Navy quittent le port dans la crainte de la chute prochaine du pays.

Les Allemands s'emparent de Sébastopol

Des Soviétiques, après s'être farouchement battus, se rendent aux Allemands.

Rastenburg, 1er juillet
L'annonce de la conquête de Sébastopol a déchaîné une véritable explosion de joie dans le quartier général de Hitler. La prise de la capitale de la Crimée après vingt-cinq jours de durs combats a valu au général von Manstein sa promotion au grade de maréchal.
En fait, c'est d'un champ de ruines dont viennent de s'emparer les Allemands. La ville a été littéralement écrasée sous des tonnes de bombes larguées des Stuka ou tirées par la plus grande concentration d'artillerie jamais rassemblée depuis le commencement de la guerre. Les soldats soviétiques ont combattu très vaillamment, maison par maison, pièce par pièce. Hier, alors que la situation semblait à l'évidence perdue, les derniers défenseurs sont parvenus à fuir par mer. Ceux qui ont résisté jusqu'au bout ont été délogés aux lance-flammes ou à l'aide de gaz toxiques. (→ 5)

Premier raid des Américains en Europe

Londres, 4 juillet
L'US Army Air Force a célébré à sa manière la fête nationale américaine. Six équipages pilotant des appareils américains se sont joints à six autres de la RAF pour aller bombarder des aérodromes allemands aux Pays-Bas. Deux des avions pilotés par des Américains sont portés manquants. Un autre a réalisé une prouesse : touché par la Flak, il perdait de l'altitude lorsque son pilote, le capitaine Charles Kegelman, est parvenu à le redresser puis à détruire une batterie de DCA avant de regagner l'Angleterre sur un seul moteur. Il a été désigné pour l'obtention de la Distinguished Service Cross.
Cette première participation américaine à la guerre aérienne en Europe augure bien de l'avenir. La RAF espère à présent la participation de groupes de bombardement au complet à des raids contre l'Allemagne. D'autre part, les groupes de bombardement lourd américains se renforcent au Moyen-Orient en prévision de prochaines missions sur l'Italie ou sur les terrains pétrolifères roumains. Par ailleurs, les volontaires chinois, baptisés Tigres volants, ont été incorporés au sein de l'USAAF. (→ 17.8)

L'insigne des Tigres volants.

1942

Juillet

Di	Lu	Ma	Me	Je	Ve	Sa
			1	2	3	4
5	6	7	8	9	10	11
12	13	14	15	16	17	18
19	20	21	22	23	24	25
26	27	28	29	30	31	

5. Atlantique : premier succès du Leigh Light, un puissant projecteur couplé avec un radar sur les Wellington : un U-Boot repéré est coulé.

5. URSS : les forces allemandes atteignent les faubourgs de Voronej, à l'est de Koursk.

5. Crimée : fin de la résistance des Soviétiques dans la région.

6. Argentine : le président Castillo annonce que son pays restera neutre dans le conflit.

6. URSS : les Allemands lancent l'opération *Fleur des marais* : élimination des partisans à Dorogobuj (→ 11).

7. Grande-Bretagne : raid de la Luftwaffe sur Middlesbrough.

7. Londres : deux espions nazis, Alphonse Timmerman et Jose Keys, sont pendus.

7. Sicile : la RAF bombarde Messine et Reggio-de-Calabre.

9. Allemagne : des bombardiers de la Royal Air Force attaquent la base d'U-Boote de Wilhelmshaven (→ 11).

9. Amsterdam : la famille juive Frank se réfugie dans un appartement clandestin. Anne, âgée de 13 ans, commence à écrire son journal.

9. Méditerranée : le sous-marin italien *Perla* est capturé par la corvette *HMS Hyacinth* au large de Beyrouth.

9. URSS : Hitler divise le groupe d'armées Sud en deux parties. Elles doivent attaquer séparément le Caucase et Stalingrad.

10. URSS : les Allemands prennent Rossoch, à l'est de Kharkov. Ils coupent la voie ferrée entre Moscou et Rostov, et traversent le Don.

10. Egypte : la 9e division australienne s'empare des positions italiennes de Tell el-Eisa, à l'ouest d'El-Alamein (→ 15).

10. Auschwitz : cent femmes juives sont conduites à l'hôpital du camp pour y subir des expériences médicales (→ 15).

11. Chine : les Japonais occupent l'île de Futou.

11. URSS : les Allemands prennent Lisitchansk, sur le Donets (→ 12).

Raid aérien contre la base de Dantzig

Chaque bombe égale une mission.

Londres, 11 juillet
Après le raid contre Brême, l'aviation britannique vient d'effectuer une nouvelle mission contre une autre base sous-marine, celle de Dantzig, sur la mer Baltique. Une flotte de 44 Lancaster dépourvue d'escorte de chasseurs a parcouru 2 400 km dans le mauvais temps la nuit dernière afin de prendre l'ennemi par surprise.
Les bombardiers ont largué des explosifs de haute densité ainsi que des bombes incendiaires au-dessus des silos protégeant les U-Boote. Seuls deux Lancaster manquent à l'appel. Mais les experts de l'aviation côtière ont estimé que les sous-marins constituaient de meilleures cibles lorsqu'ils se trouvaient en mer que dans leurs silos.

Le FBI poursuit les nazis activement

New York, 11 juillet
Le FBI vient d'annoncer l'arrestation de 158 Allemands, dont 30 femmes, résidant aux Etats-Unis, pour menace contre la sécurité de l'Etat. Cette arrestation, la plus importante au sein de la même communauté nationale depuis l'entrée en guerre des Etats-Unis, illustre la détermination des services américains à lutter contre l'espionnage. Tous les Allemands arrêtés étaient membres de la German American Vocational League. Cinq appartenaient au parti nazi.

La tragédie du PQ-17

Océan Arctique, 7 juillet
Les deux tiers du convoi PQ-17 ont sombré dans la pire des tragédies navales depuis le début de la guerre. Des trente-six navires marchands qui composaient le convoi, vingt-trois ont été coulés, ce qui représente une perte de cent mille tonnes.
Le PQ-17 avait quitté l'Angleterre le 27 juin à destination de l'URSS, chargé de matériel militaire dont les Soviétiques avaient un besoin urgent. 430 chars, 210 avions et quelques 3 350 véhicules divers reposent désormais au fond de l'eau. La controverse au sujet de la responsabilité de ce désastre n'est pas près de s'apaiser. Les Britanniques savaient en effet que les Allemands préparaient une opération navale offensive dans l'Arctique. Mais le PQ-17 a été détruit sans que celle-ci ait été déclenchée ! L'opération *Rosselsprung* – expression qui désigne la marche du cavalier aux échecs – avait été préparée par le grand amiral Raeder en personne. Elle mettait en jeu le plus gros cuirassé allemand, le *Tirpitz*, basé à Trondheim, ainsi que le croiseur lourd *Admiral Hipper*, les cuirassés de poche *Admiral Scheer* et *Lutzow* et six destroyers. Son objectif était d'attaquer un convoi dans l'océan Arctique.
L'Amirauté avait appris que les navires de soutien avaient rejoint le *Tirpitz* le 4 juillet et que l'opération *Rosselsprung* était près d'être lancée. Mais elle ne savait pas à quelle date. Le premier lord, Sir Dudley Pound, chef de l'état-major de la marine, a demandé confirmation de l'appareillage des navires ennemis. N'obtenant pas de réponse, il a préféré considérer que la flotte allemande avait déjà pris la mer, et il a alors donné l'ordre aux navires du convoi PQ-17 de se disperser et de tenter de rallier séparément les ports soviétiques les plus proches. Or, à ce moment, le *Tirpitz* et sa flotte étaient encore à l'ancre. En revanche, d'importantes forces navales allemandes se trouvaient dans le secteur, principalement des sous-marins et des avions. Les U-Boote et les Stuka ont sans peine vaincu leurs proies, une à une.
Quand le grand amiral Raeder a été informé de la destruction du convoi, il a annulé l'opération *Rosselsprung* qui avait réussi sans avoir été engagée. L'amiral Pound affirme de son côté que les pertes auraient été encore plus importantes si le *Tirpitz* était entré en action. (→ 17)

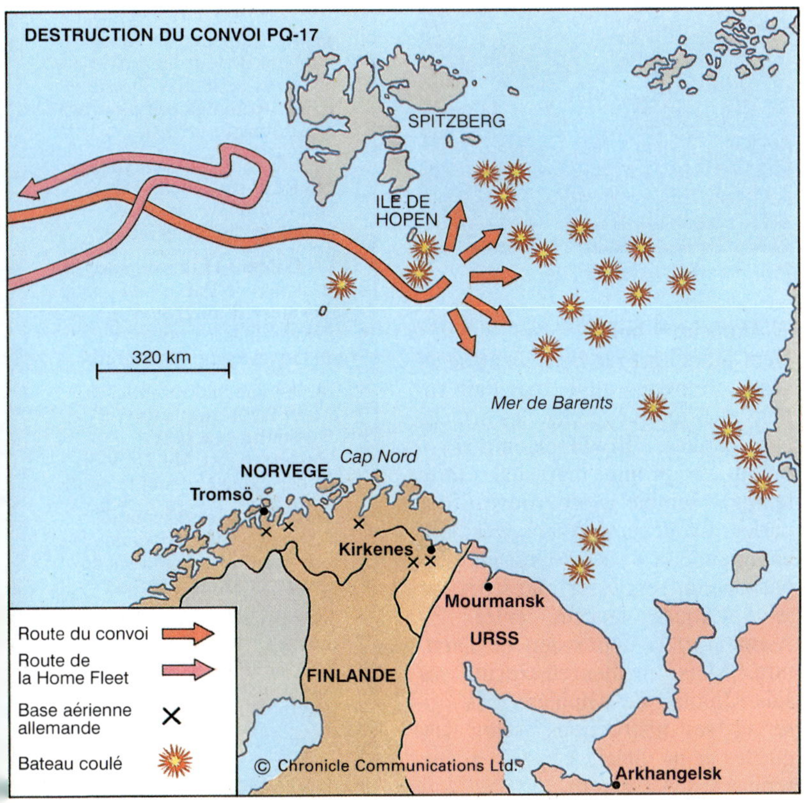

La ferme résistance des partisans russes

Des partisans soviétiques procèdent au sabotage d'une voie ferrée.

Moscou, 11 juillet
Les partisans et les parachutistes qui les soutiennent rendent la vie difficile aux troupes allemandes qui occupent l'Union soviétique. Pour lutter contre ce véritable fléau, les Allemands sont obligés d'engager de vastes opérations de nettoyage qui impliquent la participation de nombreuses forces détachées du front où elles font alors cruellement défaut. La dernière en date, baptisée *Fleur des marais*, vient d'être lancée dans la région de Dorogobuj. Le mois dernier déjà, deux opérations d'envergure avaient été engagées contre les partisans. La première avait mobilisé 16 000 soldats allemands dans la région de Borisov, et la seconde 5 000 hommes entre Roslavl et Briansk.
Les Allemands, qui ne déplorent que 58 morts dans leurs propres rangs, ont annoncé avoir exécuté 1 193 partisans. Ce nombre inclut certainement des centaines de paysans qu'ils abattent sans jugement dans les villages qu'ils traversent. Face à de telles opérations d'envergure, les partisans, quant à eux, se dispersent dans la forêt pour ne reparaître que plus tard, une fois le danger passé.
Ces combattants sont devenus des héros populaires, et le gouvernement lui-même, après un moment d'hésitation, exploite leurs faits d'armes à des fins de propagande auprès de la population. Leur valeur se mesure au nombre des gibets que les Allemands dressent sur leur chemin. (→ 17.8)

Un groupe de partisans revient d'une mission, avec ses blessés.

Sixième année de guerre pour les Chinois

Le général Tchang Kaï-chek est optimiste, mais ses hommes sont fatigués.

Chongqing, 7 juillet
Fort de ses récentes victoires, le général Tchang Kaï-chek, chef du Kuo-min-tang, entame sa sixième année de guerre contre les Japonais, plus optimiste que jamais. Mais il a toutefois lancé un avertissement aux Alliés. Il leur a fait savoir par l'intermédiaire de son attaché militaire à Washington, le général Chu Shih-ming, que le sort de la Chine dépendait à présent de la fourniture de cinq cents bombardiers supplémentaires. Selon lui, avec ces appareils, les forces chinoises seraient en mesure d'engager une offensive contre le Japon. Sans eux, elles ne pourraient pas résister longtemps à l'attaque tous azimuts lancée par les forces nippones. Les succès enregistrés ces dernières vingt-quatre heures par les Tigres volants, les forces aériennes chinoises incorporées à l'USAF, sont là pour confirmer les dires du chef du parti nationaliste. Six chasseurs japonais ont été abattus, et trois bases aériennes bombardées sans aucune perte du côté chinois. Sur terre, les Chinois ne sont pas en reste. Ils sont parvenus à repousser les attaques japonaises lancées à la frontière des provinces du Jiangxi et du Hunan, causant la perte de 1 700 hommes parmi les troupes ennemies.
Dans un discours, Tchang Kaï-chek a prédit : « Nous connaîtrons peut-être de plus sérieux revers dans les mois à venir, mais ils ne dureront pas car, de toute façon, la victoire est proche. »

Les « Tigres volants » pourront-ils lutter longtemps contre ces pilotes japonais ?

Des « Décombres » bien encombrants

Paris, juillet
« Chronique du long glissement, des écroulements successifs qui ont accumulé ces énormes tas de décombres », c'est ainsi que Lucien Rebatet définit lui-même le pamphlet qu'il vient de publier et qu'il a justement intitulé *les Décombres*. La violence du récit, son racisme haineux, l'exaltation du fascisme ont pourtant fait hésiter les premiers éditeurs auxquels Rebatet s'est adressé. Gallimard, puis Grasset l'ont refusé. Denoël, qui l'a finalement accepté, n'aura certainement pas lieu de s'en repentir. Si le succès qu'il rencontre déjà se confirme, ce livre sera sans doute le best-seller de l'année et peut-être même de toute l'Occupation.

Rommel aurait-il trouvé son maître ?

Pique-nique au milieu du désert.

El-Alamein, 9 juillet
Neuf jours après le lancement de sa vaste offensive, qu'il imaginait rapide et définitive, contre les armées britanniques, Erwin Rommel – qui a été promu maréchal entre-temps – semble avoir trouvé à qui parler. Le général Auchinleck, qui commande la 8e armée, est en effet parvenu à repousser plusieurs de ses attaques lancées entre El-Alamein et la dépression de Quattara. Mais, malheureusement, ses subordonnés ne semblent pas observer ses instructions, selon lesquelles il ne fallait « laisser aucun répit » aux Allemands.

1942

Juillet

Di	Lu	Ma	Me	Je	Ve	Sa
			1	2	3	4
5	6	7	8	9	10	11
12	13	14	15	16	17	18
19	20	21	22	23	24	25
26	27	28	29	30	31	

12. URSS : Staline nomme le maréchal Timochenko à la tête du front de Stalingrad.

12. Nouvelle-Guinée : après cinq jours de marche à travers les monts Owen Stanley, des forces australiennes arrivent pour défendre Kokoda (→ 21).

13. URSS : Hitler fait de Stalingrad le principal objectif du groupe d'armées B. Il remplace son commandant, von Bock, par von Weich.

13. Chine : des fusiliers marins japonais s'emparent de Juian.

14. Zagreb : les nazis massacrent 700 personnes, en représailles au meurtre du chef de la Gestapo locale, le commandant SS Helm (→ 16).

14. Londres : à l'initiative du général de Gaulle, la France libre devient officiellement la France combattante.

14. France : 100 000 personnes défilent à Lyon en chantant *la Marseillaise*. En zone occupée, les FTP font dérailler quatre trains et sabotent des usines.

15. Amsterdam : 1 135 Juifs sont déportés à Auschwitz. Ils pensent partir pour des camps de travail en Allemagne.

15. El-Alamein : les Alliés infligent de lourdes pertes aux divisions italiennes Trieste et Pavia. Rommel doit ajourner son offensive (→ 19).

16. URSS : les Allemands avancent sur Rostov ; ils se heurtent à la résistance acharnée des Soviétiques.

17. URSS : Hitler déplace la 4e armée de Panzer du groupe d'armées B au groupe A. Il remodifie les priorités de l'avance sur Stalingrad.

18. Allemagne : premier vol à Leipheim du prototype de chasseur à réaction Messerschmitt Me 262V-3. Le capitaine Wendel le pilote.

18. URSS : les Allemands s'emparent de Vorochilovgrad, important centre minier du bassin du Donets (→ 24).

18. Auschwitz : impressionné par l'efficacité des chambres à gaz, Himmler ordonne d'en construire d'autres. Il nomme Rudolf Höss, chef du camp, commandant SS (→ 19).

Rafle massive de Juifs au Vel' d'Hiv'

Paris, 17 juillet
L'opération *Vent printanier*, commencée hier, s'est poursuivie toute la journée d'aujourd'hui. Elle a pour objectif l'arrestation en masse de Juifs, surtout étrangers ou apatrides. Hier matin, la police française, seule chargée de son exécution, a cerné les quartiers désignés, et la chasse à l'homme a débuté. Enfants, adultes, vieillards, malades ou bien-portants, tous les Juifs trouvés chez eux ont été arrêtés et immédiatement conduits à Drancy ou au vélodrome d'Hiver, boulevard de Grenelle, où ils s'entassent dans des conditions inhumaines. Ce terrain de sport, qui a déjà servi à l'occasion d'autres rafles, n'avait pas été préparé pour une opération d'une telle ampleur : les 7 500 personnes qui s'y retrouvent enfermées ce soir, dont 4 000 enfants, ne disposent ni d'eau, ni de nourriture, ni d'installations sanitaires, et n'ont même pas tous la place de s'étendre.

Les milliers de Juifs raflés sont parqués dans des conditions d'inconfort total.

Ils ignorent combien de temps ils vont devoir attendre leur transfert vers divers camps.
Pourtant l'objectif des nazis est loin d'avoir été atteint puisque, sur les 28 000 arrestations prévues, moins de la moitié ont été effectuées. Prévenus qu'une rafle se préparait, beaucoup de Juifs ont eu le temps de s'enfuir, d'autres ont préféré se suicider plutôt que d'attendre l'arrivée de la police.

Perte cruelle pour la Royal Air Force

Grande-Bretagne, 15 juillet
Il était le plus jeune lieutenant-colonel de la RAF. A vingt et un ans, Brendan « Paddy » Finucane a été abattu aujourd'hui aux commandes de son Spitfire, alors qu'il était en mission au-dessus de la côte française. Il rejoint les 122 pilotes portés disparus depuis le début du mois de juin. Il a été victime d'une véritable malchance. Il volait à très basse altitude quand son avion a été atteint par une rafale de mitrailleuse allemande installée sur une dune près du Touquet, une arme de petit calibre. « Ils m'ont eu ! » est le seul message radio qu'il a eu le temps d'émettre à l'intention de ses camarades d'escadrille avant de plonger.

Finucane, le jeune as irlandais.

Création de l'OSS

Washington, 13 juillet
Le président Roosevelt vient d'approuver la création d'une agence centrale de renseignements pour les Etats-Unis. Baptisée Office of Strategic Services (OSS), celle-ci sera dirigée par « Wild Bill » Donovan, un dynamique juriste millionnaire de Wall Street. Ce dernier entretient de bonnes relations avec le SOE (Special Operations Executive) britannique pour lequel il a déjà effectué des missions.

Les Allemands avancent vers Stalingrad

Ukraine, 17 juillet
Les Panzer progressent à travers les champs de blé mûr de la plaine ukrainienne, à peine ralentis par les attaques suicides à la grenade d'escadrons soviétiques.
Toutefois, la bataille pour la conquête de Voronej, premier objectif allemand, se poursuit. Hitler avait ordonné au plus gros des forces allemandes de contourner la ville afin de poursuivre les troupes du maréchal Timochenko. Mais le général von Weich y rencontre toujours une forte résistance. Et de nombreux Panzer affectés à la prise de Stalingrad sont retenus à Voronej.
Pour Hitler, Stalingrad est devenu le principal objectif, avant le Caucase. Aujourd'hui, il a ordonné le transfert en renfort de la 4e armée Panzer. Malgré son retard, il pense que la ville est à sa portée et que l'Armée rouge n'est plus un obstacle, mais telle n'est pas l'opinion de son état-major. (→ 18.8)

Tito dispute la Croatie aux Oustachi

Croatie, 16 juillet
Dans une Europe continentale plongée dans l'obscurité nazie, il demeure une armée qui aligne victoire sur victoire contre les alliés de Hitler. Il s'agit de l'armée des partisans yougoslaves regroupés autour de Tito.
Ceux-ci sont parvenus à s'emparer des principales grandes villes et de nombreux villages de la Croatie, cette région administrée par le leader nationaliste Ante Pavelic et ses Oustachi, pour le compte de Hitler qui leur a promis l'indépendance. Les combats pour le contrôle de la Croatie sont violents. Les Oustachi qui battent en retraite devant les hommes de Tito n'hésitent pas à commettre de terribles atrocités. Aussi les prisonniers ne doivent-ils attendre aucune clémence de la part des tribunaux populaires instaurés par Tito : leur justice est expéditive et les exécutions collectives sont monnaie courante.
Ne perdant pas de temps, Tito vient de fonder un Etat des soviets en Croatie libérée. Celui-ci dispose déjà de sa presse, de son service postal, de ses écoles et de ses installations sanitaires.

Ligne Kammhuber contre bombardiers

Allemagne, 16 juillet
Cette nuit, les bombardiers de la Royal Air Force ont effectué un raid au-dessus de la Ruhr. Usant d'une nouvelle stratégie destinée à échapper à la défense aérienne allemande, la ligne Kammhuber, ils ont utilisé les nuages en guise de couverture. Cette ligne, qui s'étend du Danemark à Paris et possède 250 appareils, est un réseau de zones d'interception où patrouillent des chasseurs de la Luftwaffe, en relation avec le sol. (→ 27)

1942

Juillet

Di	Lu	Ma	Me	Je	Ve	Sa
			1	2	3	4
5	6	7	8	9	10	11
12	13	14	15	16	17	18
19	20	21	22	23	24	25
26	27	28	29	30	31	

19. Berlin : Himmler ordonne « l'épuration totale » des Juifs des territoires polonais du gouvernement général avant la fin de l'année (→ 22).

19. Allemagne : les U-Boote sont retirés de la côte est des Etats-Unis. Le système des convois les a privés de cibles.

19. Malte : durant cinq jours, l'île a été ravitaillée par sous-marins et par transports rapides. Le porte-avions *HMS Eagle* y a apporté 31 Spitfire.

19. Egypte : les croiseurs britanniques *Dido* et *Euryalus* bombardent Mersa Matruh.

20. Rome : retour de Mussolini qui a abandonné l'idée d'une marche triomphale au Caire.

20. Allemagne : Eichmann accepte la proposition de Laval de déporter les enfants juifs de moins de seize ans.

21. El-Alamein : Auchinleck lance une attaque sur le centre des lignes italo-allemandes. Il est arrêté sur la crête de Ruweisat (→ 30).

21. Etats-Unis : l'amiral Leahy, ambassadeur des Etats-Unis à Vichy, est nommé chef de l'état-major personnel de Roosevelt et rejoint Washington.

22. France : les Allemands déportent les Juifs enfermés au Vel' d'Hiv'.

22. Washington : Roosevelt accepte le refus de Churchill de tenter un débarquement en Europe du Nord-Ouest cet été.

22. Nouvelle-Guinée : les Japonais débarqués hier à Gona avancent sur la piste de Kokoda. Ils se dirigent vers Port-Moresby (→ 29).

24. URSS : le groupe d'armées A des Allemands s'empare de Rostov-sur-le-Don et de Novotcherkassk (→ 27).

25. Londres : Roosevelt se rallie aux positions de Churchill, partisan de la stratégie périphérique. Les Alliés décident l'opération *Torch*, grand débarquement en Afrique du Nord.

25. Londres : arrivée d'André Philip, député socialiste du Rhône et animateur du groupe de résistance Libération (→ 28).

Offensive japonaise en Nouvelle-Guinée

A Port-Moresby, une bombe japonaise manque de peu un navire américain.

Nouvelle-Guinée, 21 juillet
Renouvelant leur offensive contre la Nouvelle-Guinée et la Papouasie, les Japonais sont parvenus cette nuit à s'emparer de Gona, sur la côte nord de l'île. Les troupes d'invasion appartiennent aux forces des mers du Sud commandées par le général Tomitaro Horii. Celui-ci compte à présent faire emprunter à ses hommes la piste Kokoda afin de conquérir Port-Moresby, sur la côte sud. La piste escalade les pentes des monts Owen Stanley avant de redescendre vers la ville portuaire. Les maigres bataillons d'infanterie papous ont beaucoup de mal à résister à la progression des soldats japonais, bien équipés et vêtus de tenues de camouflage.

Les SS déportent les Juifs du ghetto

Varsovie, 23 juillet
Le ghetto juif est en état de choc après la vaste opération de rafle d'enfants organisée aujourd'hui en vue de les déporter à l'est. Ce matin, des gardes SS à la gâchette facile ont encerclé le ghetto pendant que d'autres en parcouraient les rues, arrachant les enfants en pleurs aux bras de leurs mères. Le major SS Hermann Höfle a refusé à Adam Czerniakow, le leader de la communauté juive, de laisser la vie sauve aux enfants des orphelinats. Comprenant que le Judenrat ne servait plus à rien et ne sauverait pas les Juifs, Czerniakow a choisi de se suicider. Enfermé dans son bureau, il a avalé une capsule de cyanure. Höfle, responsable des déportations, avait ordonné à Czerniakov de lui fournir six mille de ses coreligionnaires chaque jour. Si celui-ci refusait d'obéir, les otages qu'il détenait – parmi lesquels se trouve l'épouse de Czerniakow – devaient être exécutés. Les seuls Juifs épargnés pour le moment sont ceux qui travaillent pour les entreprises allemandes.

Des officiers de l'Armée rouge rejoignent les rangs allemands

Union soviétique, 25 juillet
Peu après que la 2e armée d'assaut soviétique s'est rendue aux troupes du Reich à Leningrad, un paysan est venu trouver les agents du service de renseignements allemand pour leur transmettre une proposition inattendue. Le commandant en chef de la 2e armée, le général Andreï Vlassov, décoré de l'ordre du Drapeau rouge par Staline pour avoir été l'un des sauveurs de Moscou, demandait à se joindre à la lutte contre les forces communistes. Compétent et modeste, Vlassov a fait une forte impression sur les Allemands. Il n'est toutefois pas le premier officier général appartenant à l'Armée rouge à leur proposer ses services. Ainsi, le major cosaque Kononov, commandant le 436e régiment d'infanterie, l'a fait avant lui. Selon les ordres de Hitler, les Slaves, considérés comme des « sous-hommes », ne pouvaient pas se battre sous l'uniforme allemand. Mais ses généraux l'entendent bien autrement. Ils utilisent les déserteurs de l'Armée rouge comme troupes auxiliaires et n'hésitent pas à les engager contre leurs anciens camarades. La fiction selon laquelle les Cosaques ne seraient pas des Slaves mais, en fait, des Allemands a convaincu Hitler. Ces défections s'expliquent tant par les défaites de l'Armée rouge que par les rancœurs accumulées après les sévères purges effectuées au sein de l'armée par Staline.

Une charge de cavaliers cosaques ayant revêtu l'uniforme allemand.

1942

Juillet

Di	Lu	Ma	Me	Je	Ve	Sa
			1	2	3	4
5	6	7	8	9	10	11
12	13	14	15	16	17	18
19	20	21	22	23	24	25
26	27	28	29	30	31	

26. Belgique : 100 membres du parti communiste sont déportés en Allemagne, à la suite d'attentats.

27. Allemagne : la RAF bombarde Hambourg (→ 31).

28. Londres : sur proposition de Passy et de Brossolette, de Gaulle nomme André Philip commissaire à l'Intérieur. Le BCRAM devient le BCRA, qui centralise désormais aussi bien l'action militaire que politique en France.

28. Berlin : Himmler déclare aux chefs SS : « Les territoires occupés à l'Est doivent être libérés des Juifs. L'exécution de cet ordre très grave a été placé sur mes épaules par le Führer » (→ 2.8).

28. Etats-Unis : 4 millions d'Américains font leur service militaire.

29. France : Jacques Renouvin, de Combat, lance l'opération *Kermesses* en zone libre. A la même heure et dans huit villes, les groupes francs font sauter les bureaux de recrutement de la main-d'œuvre française pour l'Allemagne.

29. URSS : après avoir pris Bataïsk avant-hier, les Allemands s'emparent de Proletarskaïa au sud du Don dans le Caucase (→ 31).

30. Egypte : ayant empêché l'avance de Rommel, Auchinleck arrête ses troupes pour attendre l'arrivée de renforts. C'est la fin de la première bataille d'El-Alamein.

31. Iles Salomon : des bombardiers américains Liberator attaquent les bases aériennes japonaises à Tulagi et à Guadalcanal (→ 7.8).

31. Atlantique : les escorteurs britanniques de convois sont équipés avec des radars à haute fréquence (HF/DF).

31. Atlantique : l'amiral Dönitz dispose de 341 U-Boote. Sur 168 en opérations en mer ce mois-ci, onze ont été coulés.

31. Allemagne : l'Institut de recherche pratique en science militaire débute une collection de squelettes de Juifs. Il s'est procuré des cadavres gazés au camp d'extermination d'Oranienburg.

Intensification des raids sur l'Allemagne

Dans un abri, des petits Allemands s'occupent durant un bombardement.

Allemagne, 31 juillet
« Vous n'avez pas de chance », a déclaré aux Allemands le général Arthur Harris, chef du Bomber Command. Cette nuit, tandis que les bombardiers de la RAF pilonnaient la ville industrielle de Düsseldorf, il a adressé un message en allemand aux populations du Reich. Il leur a dit que les pertes de 5 % en moyenne subies par ses flottes de bombardement étaient largement couvertes par la production des usines de construction aéronautique américaines. « Sachez qu'avec les Américains nous viendrons chaque jour et chaque nuit, qu'il pleuve, qu'il vente ou qu'il neige. » Ces dix derniers jours, Duisburg, dans la Ruhr, a été bombardé trois fois. Il y a quatre jours, 175 000 bombes incendiaires ont été lancées sur Hambourg en l'espace de trente-cinq minutes en prélude au pilonnage de la ville par des bombes de deux tonnes.
Le raid de cette nuit a causé la perte de 29 appareils sur les 630 engagés, soit un peu moins de 5 %. Plus de 150 bombes de deux tonnes ont été larguées, au rythme de trois par minute. La capacité des nouveaux Lancaster à embarquer une plus grande charge de bombes est déterminante dans la conduite de tels raids.

Paul Morand est nommé ministre

Paris, 28 juillet
Ecrivain et aussi diplomate, Paul Morand reprend du service grâce à la protection de Laval. Mis à la retraite en juillet 1940 pour avoir quitté Londres sans autorisation, il est rentré en grâce le mois dernier et, aujourd'hui, il a été nommé ministre plénipotentiaire. Il compte d'ailleurs de nombreux amis dans le gouvernement et parmi les Allemands. Son épouse Hélène, d'origine roumaine, est une amie intime de Mme Abetz, la femme de l'ambassadeur du Reich, et elle tient un salon fréquenté par le Tout-Paris de la collaboration, ce qui lui permet d'intervenir souvent en faveur de Juifs, malgré son antisémitisme.

Les Etats-Unis contre la barbarie

Washington, 31 juillet
Le président Roosevelt a été sollicité pour lancer un avertissement solennel aux puissances de l'Axe afin qu'elles cessent de commettre quotidiennement, dans les pays qu'elles occupent, des « crimes barbares et inhumains ». Cette demande émane des gouvernements en exil belge, tchécoslovaque, néerlandais, grec, norvégien, polonais, luxembourgeois, yougoslave et de la France libre.

Kokoda tombe aux mains des Japonais

Nouvelle-Guinée, 29 juillet
Cette nuit, les troupes japonaises se sont emparées de Kokoda et en ont chassé les défenseurs. Eprouvées par le climat, ici plus meurtrier que les balles, les forces japonaises des mers du Sud ont atteint le village, situé à mi-parcours de leur progression vers Port-Moresby, sur la mer de Corail, au terme d'une semaine de marche forcée à travers un terrain très montagneux. Au cœur des monts Stanley, Kokoda est entouré de sommets de plus de 2 000 m. A présent, les Japonais n'ont plus qu'à redescendre vers la côte sud pour achever leur conquête de la Nouvelle-Guinée.

Les petits Anglais sont privés de sucreries

Assiette et conscience propres !

Grande-Bretagne, 26 juillet
Lord Woolton, le ministre de l'approvisionnement, a annoncé que le chocolat et les sucreries seraient désormais rationnées. Les adultes comme les enfants n'auront droit qu'à une demi-livre de friandises pour les quatre semaines à venir. Le montant des rations sera précisé en temps voulu pour les périodes ultérieures. Les acheteurs devront remettre des tickets aux commerçants pour tout achat de sucreries. Le « prix » du chocolat est fixé à seize tickets la livre. La tablette de un penny vaut un ticket. Si les enfants ne s'en satisfont pas, ils devront convaincre leurs parents et leurs grands-parents de leur céder leurs rations.

Les Soviétiques reculent

Les soldats allemands poursuivent leur avancée dans les steppes russes.

Moscou, 27 juillet
L'Armée rouge se retire vers le Don, où le maréchal Timochenko, qui a replié le gros de ses troupes en bon ordre, a établi une nouvelle ligne de défense. Les Allemands ont déjà annoncé la reprise de Rostov-sur-le-Don, d'où ils avaient été chassés en décembre dernier. Mais de nombreux soldats russes sont restés dans la ville détruite, et, cachés dans les ruines, ils causent de lourdes pertes aux Allemands, qui se fraient un chemin maison par maison. Au nord de Rostov, les Allemands avancent vers Stalingrad. Cette ville, autrefois dénommée Tsaritsyne, est aujourd'hui un centre industriel et de communications vital, que les Allemands vont sans doute chercher à prendre, car la ville couvrira le flanc nord de l'offensive vers Bakou et le Caucase. En outre, tenir Stalingrad permet de contrôler les cours inférieurs de la Volga et du Don.

Hitler désoriente sa propre armée

Moscou, 31 juillet
Changeant sans cesse d'avis, Hitler jette la confusion dans la progression de la Wehrmacht au sud de la Russie. Son insistance pour que le groupe d'armées Sud de von Bock se scinde en deux pour attaquer Stalingrad et avancer simultanément dans le Caucase a suscité les protestations de von Bock et son renvoi, il y a 18 jours. Le Führer a donné des ordres qui ont conduit Hoth et von Kleist avec leurs armées de Panzer à franchir le Don au même moment, ce qui a provoqué un monstrueux embouteillage. Convaincu en outre que l'Armée rouge est à bout de souffle, il retire des unités du champ de bataille. Il a envoyé de Crimée la 11ᵉ armée de von Manstein pour préparer l'assaut sur Leningrad, et expédié deux divisions d'élite en France dans la crainte d'une invasion alliée.

Staline interdit tout repli à ses troupes

Moscou, 31 juillet
Staline a ordonné à l'Armée rouge, qui se repliait devant la double poussée allemande sur Stalingrad et dans le Caucase, de résister et de combattre : « Nous vaincrons ou nous mourrons, mais nous ne nous retirerons jamais. » Personne n'est autorisé à un nouveau retrait sans en avoir reçu l'ordre : « Les commandants et commissaires politiques qui abandonnent leurs positions sans un ordre de l'état-major sont traîtres à la patrie et doivent être punis comme tels. » L'ordre de Staline a été publié dans tout le pays. Le journal de l'armée, l'*Etoile rouge*, ajoute : « Tout homme qui reculera sur le champ de bataille au lieu d'affronter la mort sera condamné comme un traître livrant son pays à l'esclavage allemand. » Des renforts importants sont envoyés en toute hâte sur le front sud. (→ 1.8)

Grâce au magnat Kaiser, l'Amérique accélère sa production de bateaux

Etats-Unis, 30 juillet
Le constructeur des barrages de Grand Coulee et Hoover a été « affecté » à la fabrication en série d'armes pour la machine de guerre américaine, car le pays s'efforce de devenir « l'arsenal de la démocratie ». Ainsi, l'industriel Henri John Kaiser a promis au Sénat qu'il appliquerait aux avions de transport ses techniques de préfabrication, déjà utilisées pour les bateaux Liberty, qui peuvent être assemblés en quatre-vingts heures. Il y a une semaine, la commission navale de la Chambre des représentants a appris l'accroissement de 360 % de la production de navires. Le temps requis pour construire un porte-avions est passé de 45 à 17 mois environ. Et hier, un comité anglo-américain a été créé à Londres pour contrôler la distribution des fournitures de guerre aux deux pays. Averell Harriman, chargé de l'application de la loi prêt-bail en Angleterre, et Oliver Lyttleton, le ministre britannique de la Production, en sont les membres éminents.
Les leaders syndicaux américains ont assuré au président Roosevelt que « tous les sacrifices » seront faits pour que soit assuré le quota de 60 000 avions, 45 000 chars, 500 000 mitrailleuses, 20 000 canons antiaériens et des navires marchands pour un tonnage total de 8 millions de tonnes avant la fin de l'année.

Henri J. Kaiser, le fer de lance de l'industrie de guerre américaine.

Août

Di	Lu	Ma	Me	Je	Ve	Sa
						1
2	3	4	5	6	7	8
9	10	11	12	13	14	15
16	17	18	19	20	21	22
23	24	25	26	27	28	29
30	31					

1er. Allemagne : le réalisateur de cinéma Herbert Selpin est étranglé par des agents de la Gestapo. Il avait dit en public « Wehrmacht de m... »

1er. URSS : les Allemands prennent Salsk. Ils coupent la voie ferrée de Krasnodar à Stalingrad.

2. Mer du Nord : l'aviateur belge Henri Picard, chef de l'escadrille 350 de la RAF, est capturé. Son avion abattu, il a passé 5 jours dans un canot.

3. URSS : la 4e armée de Panzer traverse le Don à Tsimlanskaïa. Dans la boucle du fleuve, face à Stalingrad, les Soviétiques tiennent la tête de pont de Kletskaya.

4. Méditerranée : l'*U-372* est coulé par des destroyers au large de Jaffa.

5. URSS : les Allemands occupent Kropotkine dans le Caucase. Ils se dirigent vers les champs pétrolifères de Maïkop, et prennent Kotelnikovo sur le front de Stalingrad (→ 9).

6. Paris : au stade Jean-Bouin, un commando de FTP attaque une unité de la Luftwaffe à l'entraînement. Deux soldats sont tués, quinze blessés (→ 11).

6. Le Caire : Churchill, arrivé avant-hier, nomme le général Alexander commandant en chef au Moyen-Orient. Le général Gott remplace Ritchie à la tête de la 8e armée.

7. Egypte : l'avion du général Gott, rejoignant Le Caire, est abattu par deux Messerschmitt. Montgomery lui succède (→ 12).

7. Palestine : les Britanniques créent un régiment palestinien, avec des bataillons juifs et arabes séparés.

7. Iles Aléoutiennes : la force navale américaine bombarde l'île de Kiska (→ 16.9).

8. Iles Salomon : les troupes américaines s'emparent de Tulagi et de Gavutu.→

8. Atlantique : cinq navires du convoi SC-94 sont coulés. La corvette *Dianthus* coule l'*U-379*.

8. Nouvelle-Guinée : une force combinée australo-papoue reprend Kokoda (→ 11).

Arrivée des marines à Guadalcanal

Guadalcanal, 7 août

La première offensive américaine de la guerre du Pacifique a débuté aujourd'hui de façon spectaculaire, quand la 1re division de marines, précédée de bombardements aériens et navals, a débarqué au sud des îles Salomon, à Guadalcanal et Tulagi. Les 19 000 marines ont abordé la tête de pont de Guadalcanal sans difficulté. C'est la première conquête territoriale sur les Japonais, et les marines, en s'emparant de la piste d'aviation, n'ont rencontré qu'une résistance symbolique.

Mais, sur l'île de Tulagi, ils ont mené un dur combat pour soumettre les 1 500 Japonais qui luttaient avec acharnement mais furent anéantis. Les Américains, quant à eux, n'ont perdu que 150 hommes. La victoire de Midway avait renversé l'équilibre sur les mers.

Arrêtés dans leur avance depuis la bataille de la mer de Corail, les Japonais ont décidé de compenser leur manque de porte-avions en construisant des aérodromes sur les îles qu'ils occupent. Guadalcanal a été transformé en base aérienne. De là, l'armée impériale menace les communications entre l'Austalie et les Etats-Unis. La directive américaine du 2 juillet prévoyait une double offensive, l'une au nord de la Nouvelle-Guinée et l'autre sur l'archipel des îles Salomon.

Le but final de l'opération était de reprendre Rabaul et d'ouvrir une brèche dans la barrière des îles Bismarck. La riposte nippone au défi de Guadalcanal ne devrait pas se faire attendre, car le Japon possède une puissante force d'attaque de bombardiers et de chasseurs, basés à Rabaul.

Des prisonniers japonais attendent d'être conduits en centre de détention.

La riposte du Japon dans les îles Salomon fait mille morts

Iles Salomon, 8 août

La marine américaine vient d'essuyer un revers cinglant au large de Guadalcanal : les Japonais, attaquant de nuit, ont écrasé des unités navales alliées près de l'île Savo, coulant trois croiseurs américains, ainsi qu'un croiseur australien. On craint que plus de mille marins alliés aient péri. Cependant, une cible essentielle, les navires transportant les troupes d'invasion de Guadalcanal, est intacte. La force d'attaque nippone, qui se compose de sept croiseurs et d'un destroyer, a échappé au dépistage durant sa course ultrarapide depuis Rabaul, et elle a subi très peu de dommages. Les croiseurs américains *Astoria*, *Vincennes* et *Quincy* et le *Canberra* de la marine royale australienne ont été pris par surprise car les deux destroyers américains équipés de radars et patrouillant au large de l'île Savo n'ont pas détecté l'avancée des Japonais. Et puis soudain, aujourd'hui, le destroyer *Paterson* a vu la force japonaise approcher et a lancé le signal : « Alerte ! des bateaux étrangers entrent dans le port ! » Mais il était trop tard. Le commandant japonais a donné à tous les navires l'ordre d'attaquer ; les torpilles ont été lancées en direction des navires alliés qui ne s'y attendaient pas. Les croiseurs japonais ont ouvert le feu sur le croiseur américain *Chicago* et sur le *Canberra*. En quelques minutes, ce dernie, touché, prenait de la gîte et perdait son capitaine. Le *Chicago*, frappé par une torpille, restait cependant à flot. Les navires de guerre japonais viraient autour de l'île de Savo pour détruire les croiseurs américains pris sous les tirs croisés des Japonais. (→ 10)

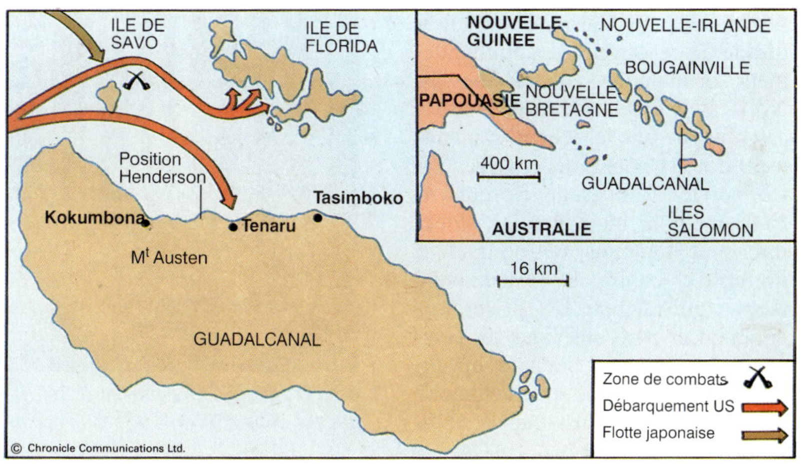

Le doryphore, ennemi public n° 1

France, 4 août
Une note de l'Agence française de presse recommande aux journaux d'informer le public sur les dangers que présente le doryphore, cet insecte jaune rayé de noir qui fait des ravages dans les cultures de pommes de terre. Pour lutter contre ce redoutable parasite, on a mobilisé les enfants des écoles, qui extirpent les insectes un par un à la main et les détruisent. La prolifération du doryphore ayant coïncidé avec l'arrivée des Allemands, les Français ont vite donné à ces derniers le nom de l'insecte, et ce surnom est devenu le symbole des restrictions.

Manifestation dans un grand magasin

Paris, 1er août
Des quatre coins de Paris, elles ont répondu à l'appel des comités féminins communistes. La tactique de ces femmes est maintenant bien rodée : protégées par des groupes de francs-tireurs, elles se réunissent devant un magasin et créent l'incident. Aujourd'hui, leur cible était le *Félix Potin* de l'avenue d'Orléans. Lise Ricol est montée sur un étalage pour haranguer la foule, tandis que d'autres militantes distribuaient des tracts. La répression de la manifestation a fait un mort. Lise Ricol est parvenue à s'enfuir.

Un nouveau chef en Afrique du Nord

Le Caire, 4 août
Arrivé hier au Caire, Churchill a décidé de renouveler le commandement britannique en Afrique du Nord. Bien qu'il connaisse les succès obtenus par le général Auchinleck, qui est notamment parvenu à stopper les troupes de Rommel à El-Alamein le mois dernier, il est impatient toutefois de poursuivre l'offensive contre les Allemands, alors qu'Auchinleck préférerait commencer par consolider ses positions. Le Premier ministre britannique a donc décidé qu'Auchinleck serait remplacé, ainsi que le commandant de la 8e armée. (→ 12)

De nouvelles déportations à Treblinka

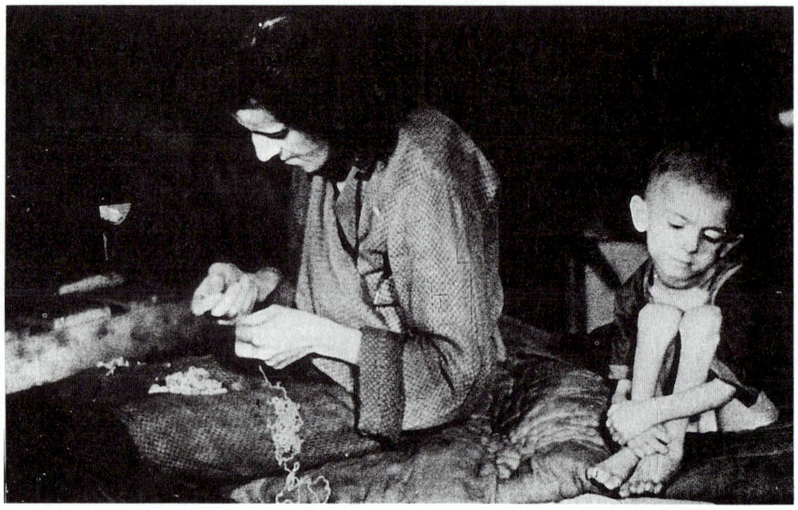

Une mère et son enfant, avant leur départ du ghetto pour Treblinka.

Pologne, 2 août
Ignorant le sort qui les attend et abusées par la propagande nazie, de nombreuses familles juives se rendent, sans résistance, à la gare du ghetto de Varsovie pour rejoindre ce qu'elles croient être un camp de transit avant leur départ pour « l'Est ». Seuls les Juifs travaillant dans les usines allemandes échappent à la déportation. Jusqu'à Treblinka, situé à 80 km, les déportés sont entassés à deux cents dans des wagons de marchandises (soixante wagons par train). Pour construire le camp, achevé en juillet, les nazis avaient réquisitionné de la main-d'œuvre dans le ghetto.
Les wagons qui arrivent au camp sont garés par vagues de vingt. A l'arrivée des convois, les gardes SS font le tri entre les hommes, les femmes et les enfants. Forcés de se déshabiller, les déportés marchent nus, en rang, jusqu'aux chambres à gaz camouflées en salle de douche. Le fronton du bâtiment s'orne d'une étoile de David, et, à l'entrée, une tenture dérobée dans une synagogue et placée là à dessein porte l'inscription suivante en hébreu : « Ceci est la porte par laquelle entrent les Justes. » Vingt minutes plus tard, tous sont morts.
Chaque semaine, quarante mille Juifs meurent à Treblinka. Il n'y a pas de four crématoire. Les corps sont généralement brûlés dans des fosses communes, mais les convois se suivent à un tel rythme qu'il n'est plus possible de faire disparaître tous les cadavres.

6 août : à Paris, le musée d'Art moderne est inauguré au palais de Tokyo, qui fut construit en 1937 à l'occasion de l'Exposition internationale.

1942

Août

Di	Lu	Ma	Me	Je	Ve	Sa
						1
2	3	4	5	6	7	8
9	10	11	12	13	14	15
16	17	18	19	20	21	22
23	24	25	26	27	28	29
30	31					

9. URSS : dans le Caucase, les Allemands s'emparent des centres pétroliers de Maïkop et Krasnodar. En se repliant, l'Armée rouge a détruit les raffineries de pétrole (→ 13).

9. Auschwitz : mort d'Edith Stein. Juive allemande convertie au catholicisme et philosophe, elle était devenue carmélite.

10. Pacifique : au large de la Nouvelle-Irlande, le sous-marin américain *S-44* coule le croiseur lourd japonais *Kako*.

10. Méditerranée : le chalutier britannique *Islay* coule le sous-marin italien *Scire*, au large de Haïfa.

10. Europe : l'offensive des bombardements de la RAF est menacée. Les Allemands commencent à brouiller le système de navigation Gee.

11. Paris : en représailles à l'attaque du stade Jean-Bouin, Oberg fait fusiller 93 otages.

11. Grande-Bretagne : décision de créer la Pathfinder Force au sein du Bomber Command de la RAF. Elle sera chargé de localiser et d'éclairer les cibles (→ 31).

11. Méditerranée : le porte-avions *HMS Eagle*, escortant le convoi de l'opération *Pedestal*, est coulé par l'*U-73* (→ 15).

11. Nouvelle-Guinée : sous les attaques japonaises, les forces australo-papoues doivent évacuer Kokoda (→ 18).

12. Nouvelles-Hébrides : 1 400 marines américains débarquent sur l'île d'Espiritu Santo. Ils commencent à construire une base de ravitaillement.

12. Inde : après l'arrestation par les Britanniques de Nehru, de Gandhi et des chefs du parti du Congrès il y a 4 jours, des émeutes se déclenchent dans tout le pays. Hier, sept morts à Bombay ; aujourd'hui, trente et un à New Delhi, Agra et Allahabad (→ 10.9).

13. Suisse : la police commence à refuser les réfugiés juifs (→ 29).

15. France : en zone libre, la police française arrête 5 000 Juifs apatrides, qu'elle remet aux autorités allemandes (→ 28).

Des chefs dans le désert

Le Caire, 12 août
Le général Bernard Montgomery a pris aujourd'hui le commandement de la 8e armée en Afrique du Nord. Son arrivée marque la fin d'une semaine de remous au sein de la hiérarchie militaire, suscités par les changements imposés par Winston Churchill : le chef nouvellement promu pour la 8e armée ayant été tué par les Allemands, la place est libre désormais pour Montgomery. Les chefs militaires rivalisaient surtout pour le poste de commandant en chef : finalement, Auchinleck a été remplacé par le général Sir Harold Alexander. Auchinleck a scellé son destin quand il a dit au Premier ministre qu'il était peu probable qu'il lance une grande offensive avant que son armée épuisée ne soit renforcée et réentraînée. Lorsqu'il a déploré l'inadaptation de ses blindés et de ses armes antichars, cela a conduit Churchill à s'exclamer : « Rommel, Rommel, Rommel ! Qu'est-ce qui importe, à part de le battre ? » La rapidité avec laquelle l'offensive va pouvoir démarrer est une autre affaire. (→ 15)

Alexander : de la retraite à l'attaque

Harold Alexander avec George VI.

Le Caire, 15 août
Le nom du général Harold Alexander, le nouveau commandant en chef au Moyen-Orient, était associé jusqu'à présent aux deux grandes retraites de la guerre, à Dunkerque et en Birmanie. On ne peut nier qu'il les a conduites avec éclat. A Dunkerque, Alexander fut le dernier Anglais à quitter la plage pour s'assurer que personne ne restait en arrière. En Birmanie, il a mené sains et saufs la plupart de ses hommes à travers les montagnes jusqu'en Inde, tout en combattant contre les Japonais, bien mieux armés que les Britanniques.
Alexander sera un élément stabilisateur face à Montgomery, mais, pour l'instant, il s'agit d'attaquer.

Montgomery : l'étoffe d'un chef

Afrique du Nord, 15 août
A l'école déjà, il excellait dans tous les jeux, mais refusait d'y participer s'il n'en était pas le chef. Arrogant et bourru, il a été longtemps méconnu. A sa sortie de l'académie militaire de Saundhurst, on lui avait dit : « Vous n'arriverez jamais à rien dans l'armée. » Bernard Law Montgomery, le nouveau commandant de la 8e armée britannique en Afrique du Nord, est un vrai professionnel et il a la certitude d'avoir Dieu de son côté. Il a été décoré du Distinguished Service Order pour ses faits d'armes pendant la Première Guerre mondiale. En 1940, il commandait la 3e division, qui fut engagée en Belgique. Maintenant, il est face au Renard du désert. (→ 31)

Monty croit à son étoile.

Churchill rencontre Staline à Moscou

Churchill, le délégué américain Harriman, Staline et Molotov à Moscou.

Moscou, 15 août
Après une escale au Caire où il a rencontré les chefs militaires britanniques, Churchill a gagné Moscou. Son avion, un bombardier américain Liberator et les deux appareils transportant des conseillers diplomatiques et militaires ont été escortés, en fin de parcours, par les forces aériennes de l'Armée rouge. Pendant quatre jours d'entretiens avec Staline, au Kremlin, le Premier ministre britannique a donné au chef soviétique une explication détaillée des plans anglo-américains pour chasser les Allemands et les Italiens d'Afrique du Nord, et pour préparer une attaque sur le continent européen, au sud de l'Italie. Mais les propositions de Churchill n'ont pas satisfait Staline : menacé par les Allemands qui se trouvent aux portes de Stalingrad, sur la Volga et profondément enfoncé dans le Caucase, il réclamait l'ouverture d'un second front en Europe de l'Ouest. Churchill lui a soutenu qu'une poussée alliée en Italie forcerait Hitler à retirer des troupes du front soviétique. Au moment de quitter Moscou, Churchill a envoyé un message à Staline, le remerciant de son « attitude amicale » et ajoutant : « Je suis très heureux de vous avoir rendu visite à Moscou, premièrement parce qu'il était de mon devoir de m'expliquer, deuxièmement parce que je suis certain que notre entrevue sera utile pour faire avancer notre cause. » (→ 22)

Stalingrad menacé par les Allemands

Stalingrad, 15 août
De violents combats font rage près de Stalingrad, ville importante sur la Volga. La 6e armée allemande du général Friedrich Paulus a réussi à repousser la 62e armée soviétique au-delà de la grande courbe du Don, à quelque 80 km de la ville, mais la résistance acharnée des Soviétiques a empêché les Allemands de traverser le fleuve. Paulus est arrêté aussi à Kletskaya. Il semble qu'il manque d'effectifs depuis sa sortie manquée dans le Sud et qu'il attende la 4e armée de Panzer de Hoth. Pendant ce temps, les défenses de Stalingrad se renforcent de jour en jour. (→ 17)

Une affiche écossaise rappelle à la population à quels moments récolter, « pour la Victoire ».

France : la relève des prisonniers se met en place

France, 11 août

Le premier train ramenant des prisonniers de guerre est arrivé aujourd'hui en gare de Compiègne, tandis qu'un autre embarquait des travailleurs à destination des usines allemandes. Le 22 juin, Laval avait présenté aux Français la politique de la relève, lancée par les Allemands pour obtenir de la main-d'œuvre à tout prix. En effet, voyant que les « volontaires » attirés par la promesse de hauts salaires n'étaient pas assez nombreux, Hitler avait ordonné au gauleiter Fritz Sauckel, plénipotentiaire du Reich pour la répartition de la main-d'œuvre, de recruter des travailleurs dans les pays conquis. Sauckel, connu comme « le négrier de l'Europe », a donc réclamé 250 000 hommes, dont 150 000 ouvriers qualifiés. Pour faire accepter cette mesure impopulaire par les Français, Laval a demandé à Hitler de relâcher, en échange, des prisonniers de guerre. Le Führer a accepté ce marchandage, à raison toutefois de trois ouvriers pour un prisonnier. Mais, malgré tous les efforts déployés par le gouvernement de Vichy, les Français n'ont pas répondu à l'appel : il manque toujours des volontaires. Hitler pensait avoir laissé un délai suffisant pour susciter un afflux de « volontaires ». Des mesures de coercition sont désormais à craindre. Avant même le discours de Laval, Sauckel avait publié une directive, le 7 mai, autorisant l'usage de la force pour le recrutement des travailleurs dans les pays occupés. Des usines ont été fermées, et des rafles organisées pour rassembler un nombre suffisant d'ouvriers.

Aujourd'hui, à la gare de Compiègne, des familles retrouvaient les leurs après une longue absence. Les soldats autorisés à rentrer ont été choisis parmi les plus âgés. Priorité est donnée aux médecins et aux pères de familles nombreuses. Laval présidait la cérémonie d'accueil.

L'opération « Pedestal » sauve Malte

Malte, 15 août

En ce jour de la Sainte-Marie, les fidèles qui remplissent les églises de La Valette fêtent l'Assomption et aussi l'arrivée du pétrolier *Ohio* et de quatre cargos qui débarquent leur fret dans le port. Sans ce « miracle », Malte aurait dû capituler. Après l'échec des opérations *Harpoon* et *Vigorous* en juin, le gouvernement britannique avait décidé au début du mois d'août d'envoyer un convoi de ravitaillement. L'opération *Pedestal* prévoit une escorte impressionnante comprenant les porte-avions, *Victorious*, *Indomitable*, *Eagle* et *Furious*, les cuirassés *Nelson* et *Rodney*, les croiseurs *Nigeria*, *Kenya*, *Cairo* et *Manchester*, une armée de destroyers, et huit sous-marins. Le convoi, qui appareille de Gibraltar le 10 août, est attaqué dès le lendemain par les forces ennemies. Touché par quatre torpilles, le porte-avions britannique *Eagle* sombre rapidement, mais 900 sur les 1 160 membres d'équipage sont sauvés. Puis 36 bombardiers allemands passent à l'attaque, sans marquer de points. Le 12 août à midi, 80 avions arrivent de Sicile, mais ils sont repoussés. Le *Victorious* est touché par une bombe qui n'explose pas, et le navire marchand *Deucalion* est endommagé par erreur; plus tard dans la journée, il est coulé par des bombardiers lance-torpilles. Puis vient l'épreuve des sous-marins : en fait, aucun bateau n'est touché. Un sous-marin italien est éperonné et coulé par le navire anglais *Ithuriel*. En début de soirée, les attaques aériennes redoublent d'intensité, et quatre bombes mettent hors d'usage le pont d'envol de l'*Indomitable*. Puis le sous-marin italien *Axum* réussit à torpiller les croiseurs américains *Nigeria* et *Cairo* et le pétrolier *Ohio*. A la tombée de la nuit, lors d'une autre attaque aérienne soigneusement coordonnée, deux cargos sont coulés et le *Kenya* est légèrement endommagé. Après minuit, alors que le convoi dépasse le cap Bon, les vedettes lance-torpilles allemandes coulent cinq navires marchands et le *Manchester*. A l'aube, des appareils venant des aérodromes ennemis situés à moins de 150 km continuent d'attaquer. Le *Waimaramaa*, qui transporte des munitions et du pétrole, explose. Le *Dorset* est englouti sous une pluie de bombes, mais, sous la protection des soldats de la RAF venus de Malte, trois bateaux gagnent le port principal. Le lendemain arrive le *Brisbane Star*, gravement endommagé. Il reste l'*Ohio*, qui transporte du fuel : touché cinq fois, il a dû être remorqué. Filant péniblement deux nœuds, il est arrivé aujourd'hui sous les acclamations : Malte est sauvée.

Le navire anglais « Indomitable », qui escorte le convoi, est touché.

Nouvelle attaque japonaise en Chine

Un soldat communiste chinois.

Shandong, 12 août

Les forces japonaises ont profité de la confusion qui règne dans les troupes chinoises pour lancer de nouvelles opérations dans le centre de la province de Shandong, contre les troupes du général nationaliste Yu Hsuehchung. Ce dernier est en fuite depuis que les communistes ont envahi son quartier général, il y a neuf jours, et que ses hommes ont rejoint la 8e armée de route. Yu a réussi à s'échapper en se déguisant en berger alors que les communistes investissaient son secteur de base pour une opération de nettoyage contre les nationalistes irréductibles. Parmi les hommes capturés se trouvait le militant anticommuniste Ch'in Chijung, qui, cerné par la 8e armée, a choisi le suicide. (→ 28)

9 août. Le mahatma Gandhi, le leader indien, est arrêté après l'explosion dans tout le pays d'émeutes pour l'indépendance.

1942

Août

Di	Lu	Ma	Me	Je	Ve	Sa
						1
2	3	4	5	6	7	8
9	10	11	12	13	14	15
16	17	18	19	20	21	22
23	24	25	26	27	28	29
30	31					

16. Egypte : des bombardiers américains attaquent pour la première fois les positions allemandes à El-Alamein.

17. Iles Gilbert : un commando américain débarque de deux sous-marins dans l'île de Makin. Il détruit une station de radio japonaise, mais neuf marines sont pris et décapités.

17. URSS : les Allemands traversent le fleuve Kouban dans le Caucase. Ils occupent les centrales électriques vitales d'Iessentuki et Piatigorsk.

18. Nouvelle-Guinée : des renforts japonais débarquent à Basabaua, sans opposition.

18. France : six résistants du groupe havrais Vagabond bien-aimé cisaillent 39 câbles de transmission téléphonique dans la région. Ils ont été prévenus du raid des Canadiens sur Dieppe (→ 20).

19. Nouvelle-Guinée : des troupes de la 7e division australienne arrivent à Port-Moresby (→ 26).

19. Angleterre : Tommy, un pigeon voyageur, arrive des Pays-Bas. De précieuses informations militaires ont été attachées à sa patte par un résistant.

20. Vichy : loi condamnant à mort les utilisateurs d'un émetteur radio clandestin.

20. France : les bombardiers de l'US Air Force font un raid sur Amiens (→ 9.10).

21. Guadalcanal : la Cactus Air Force se constitue. 15 chasseurs Wildcat et 12 bombardiers Dauntless arrivent à la base Henderson (→ 22).

21. URSS : des soldats allemands plantent la svastika au sommet du mont Elbrouz (5 600 m), dans le Caucase.

21. France : Pétain félicite les Allemands pour avoir défendu le sol français durant le raid des Alliés sur Dieppe.

22. Stalingrad : des Allemands parachutés en arrière des lignes soviétiques sont massacrés (→ 23).

22. Pologne : depuis le 10 août, 75 000 Juifs de Lvov ont été déportés à Belzec (→ 2.9).

Le premier raid de l'USAAF en France

Après le raid, la cathédrale de Rouen se dresse au milieu des décombres.

France, 17 août
Aujourd'hui, les Forteresses volantes de l'USAAF ont effectué leur premier raid en Europe, en bombardant le centre de triage de Rouen. Volant de jour à haute altitude, les 12 Forteresses, escortées par la RAF et des chasseurs alliés, ont été attaquées par les Messerschmitt Bf 109s, mais elles sont rentrées sans dommage. Le général de brigade Ira Eaker, à la tête du Bomber Command de l'USAAF, a conduit l'attaque peu après la promesse du général de division Carl Spaatz, commandant de l'USAAF en Europe, de faire subir « de redoutables raids anglo-américains à l'ennemi ». Spaatz, accueillant les équipages à leur retour sur l'aérodrome, s'est exclamé : « Ils se sont comportés comme des vétérans ! C'est le véritable coup d'envoi de notre effort de bombardement, et nous allons le poursuivre. » Les hommes des Forteresses volantes se réjouissent de leur raid. Un pilote raconte : « Nous sommes enfin entrés dans le vif du sujet. C'est ce que nous attendions. Le grand moment est arrivé, à haute altitude, quand nous avons aperçu les cibles, une importante gare de triage, un terminus de chemin de fer et des rotondes abritant 250 locomotives. Voir les bombes les atteindre de plein fouet égalait tous les 4 Juillet que j'ai vécus. »
Ce raid marque l'entrée des bombardiers lourds de l'USAAF dans la guerre en Europe, mais il donne aussi aux aviateurs américains l'occasion de tester, en situation, leurs théories sur les bombardements de précision exécutés de jour. Selon eux, les Forteresses, hérissées de mitrailleuses, peuvent repousser les chasseurs par le feu défensif de leurs formations à haute altitude. Mais la RAF, qui a subi de lourdes pertes au cours de bombardements de jour, reste sceptique. (→ 20)

Le Brésil déclare la guerre à l'Axe

Rio de Janeiro, 22 août
Après la semaine d'émeutes antinazies qui a suivi le récent torpillage de six navires brésiliens par les sous-marins de l'Axe, le Brésil a déclaré la guerre à l'Allemagne et à l'Italie. Le président Getulio Vargas a pris cette décision après avoir réuni son cabinet, cet après-midi. Les forces armées du pays ont reçu l'ordre de se préparer « au sacrifice jusqu'à la mort ». Aucune explication n'est donnée quant à l'absence du Japon dans la déclaration, mais il est signalé officieusement qu'il n'a pas commis d'acte d'agression contre le Brésil. (→ 7.9)

Attaque japonaise à Guadalcanal

Guadalcanal, 22 août
Menée par un colonel drapé dans la bannière du Soleil-Levant, une unité d'élite japonaise a été massacrée la nuit dernière, alors qu'elle attaquait des marines, solidement retranchés, près de l'embouchure de l'Ilu, au nord de Guadalcanal. Les 916 soldats du détachement Ichiki, partis de Truk à bord de six destroyers, devaient reprendre Guadalcanal en trois jours. Dans l'intervalle, le premier contingent japonais de renfort à Guadalcanal était aussi anéanti par les marines, sur les bords du Tenaru. (→ 24)

Restrictions sur les voyages en train

Allemagne, 16 août
Cet été, la compagnie des chemins de fer allemands mène depuis le mois de juin une vaste campagne baptisée « Les trains doivent rouler pour la victoire », destinée à limiter les déplacements personnels en train. « Votre voyage nous aidera-t-il à remporter la victoire ? » demandent les affiches placardées dans les gares.
La presse publie aussi des encarts de propagande dont les illustrations représentent des soldats au regard menaçant qui interpellent leurs compatriotes : « Vous privez le front de wagons ! »

Dieppe : les Allemands massacrent les Canadiens

Avant le raid, les troupes canadiennes approchent des falaises de Dieppe.

Des soldats allemands investissent l'un des chars perdus au cours du raid.

Angleterre, 20 août
Les forces alliées qui regagnent la Grande-Bretagne ont tenté en vain, pendant neuf heures hier, de débarquer à Dieppe. Sur le contingent de 5 000 Canadiens, de 1 100 Anglais et d'environ 50 rangers américains dispersés dans les unités à titre d'observateurs, on compte plus de 4 000 tués, blessés ou disparus. L'infanterie canadienne paie à elle seule le lourd tribut de 667 morts, 218 disparus et 1 894 prisonniers. Les partisans de la collaboration exploitent l'échec de l'opération *Jubilee* pour convaincre la France de s'allier au Reich. Il s'agissait, en fait, de la répétition à petite échelle d'une opération combinée de débarquement visant à tester les défenses côtières ennemies. Avant l'attaque, tout un dispositif à terre était déjà en action : les « Vagabonds bien-aimés » du réseau de Résistance dirigé par le garagiste havrais Svetislav Tsiritch avaient opéré une série de sabotages, essentiellement de câbles téléphoniques. Hier, une flotte de 252 bateaux appareillait de la côte sud de l'Angleterre et arrivait au large de Dieppe à 3 h. A 3 h 30, les navires de transport mettaient à l'eau les barges de débarquement. A 3 h 47 un des commandos s'est trouvé pris sous le feu de vedettes allemandes au large de Berneval. Deux bateaux allemands ont été coulés, mais les déflagrations avaient attiré l'attention des forces terrestres allemandes, annulant l'effet de surprise, tandis que les troupes débarquaient sur une bande côtière de 18 km de long de part et d'autre du port. L'objectif était de détruire une série de batteries côtières et de s'emparer du quartier général allemand. Une batterie a été réduite au silence, mais les autres ont déversé une pluie d'obus sur les Canadiens, piégés par les barbelés sur l'étroite plage de galets, devant les destroyers de la Royal Navy, impuissants. Sur les 24 barges de transport des blindés, 10 seulement ont pu débarque[r] 27 chars, qui furent tous détruits. Au total, 33 barges et un destroye[r] furent coulés. La RAF, qui assurai[t] la couverture aérienne, a perd[u] 106 appareils contre 170 pour le[s] Allemands, dont les pertes en hom[mes] sont moins lourdes : 314 sol[dats] tués, 294 blessés et 37 prison[niers] emmenés en Angleterre. (→ 21

Les hommes qui ont laissé leur vie sur les plages de Dieppe

Dieppe, 19 août
Sur 18 km, le long des côtes françaises, des chars calcinés, des barges de débarquement en pièces et les corps déchiquetés d'au moins mille soldats restent comme un sinistre mémorial du désastre. Le lieutenant Edwin Loustalot, du 1er bataillon de rangers, a été le premier Américain de la guerre à être tué au cours d'un débarquement. L'aumônier John Foote s'est occupé des blessés sur la plage et les a portés jusqu'aux bateaux. Mais il a refusé de rembarquer avec eux, choisissant la captivité pour aider les autres prisonniers de guerre blessés. Le colonel J. P. Phillips est tombé, alors qu'il signalait aux dernières barges de faire demi-tour, sauvant ainsi deux cents de ses hommes.

Des prisonniers canadiens maintenant aux mains des Allemands.

Bilan à tirer pour les Alliés

Angleterre, 20 août
La reconquête de l'Europe par le[s] Alliés passe par un débarquemen[t]. Mais, après le raid sur Dieppe, un[e] question se pose : comment déba[r]quer et être prêt à combattre, fac[e] à une batterie de canons ennemi[e] braquée sur les troupes d'invasion[?] Lord Mountbatten, chef des opér[a]tions combinées, pense que l'éche[c] de Dieppe révèle le besoin de tirs d[e] soutien, massifs et rapprochés, du[]rant la phase initiale de l'attaqu[e]. L'expérience de Dieppe a co[n]vaincu les chefs alliés chargés d[e] planifier les opérations que les tro[u]pes nécessaires pour ouvrir un s[e]cond front ne pourraient pas êt[re] rassemblées avant 1944.

1942

Août

Di	Lu	Ma	Me	Je	Ve	Sa
						1
2	3	4	5	6	7	8
9	10	11	12	13	14	15
16	17	18	19	20	21	22
23	24	25	26	27	28	29
30	31					

23. URSS : dans la boucle du Don, face à Stalingrad, six cents cavaliers de la Savoia Cavalleria italienne mettent en déroute deux mille Soviétiques armés de mitrailleuses.

23. Stalingrad : six cents bombardiers de la Luftwaffe attaquent la ville (→ 25).

24. Guadalcanal : raid japonais sur la piste Henderson. Ils perdent 21 avions, et les Américains 3 (→ 25).

26. URSS : attaques de l'Armée rouge sur Viazma et Rjev, à l'ouest de Moscou. Elle essaie de réduire la pression sur Stalingrad (→ 1.9).

27. Rastenburg : Hitler donne l'ordre de libérer 800 Français prisonniers de guerre, pour récompenser la « conduite exemplaire » de la population de Dieppe lors du raid allié.

27. France : les Allemands autorisent le gouvernement de Vichy à créer une unité blindée en Afrique du Nord.

28. Etats-Unis : un avion lancé du sous-marin japonais *I-25* lâche deux bombes incendiaires sur une forêt, dans l'Oregon.

28. Mer des Antilles : un avion américain et le navire canadien *Oakville* coulent l'*U-94*.

28. Paris : première du film *L'assassin habite au 21*, de Clouzot, avec Pierre Fresnay.

28. France : en trois jours, la police française a arrêté en zone libre 7 000 Juifs. Elle les livre aux autorités allemandes.→

28. France : l'archevêque de Toulouse, Mgr Saliège, fait lire dans les paroisses de son diocèse une lettre : « Les Juifs sont des hommes [...] Ils font partie du genre humain. Ils sont nos frères [...] » →

30. Luxembourg : à l'annonce de l'application au pays du service militaire allemand, une grève générale est déclenchée. Elle est matée par les armes.

31. Pacifique : le sous-marin japonais *I-26* endommage près des îles Santa Cruz le porte-avions américain *Saratoga*.

31. Bruxelles : démantèlement de « l'Orchestre rouge ».

Echec des Japonais dans les îles Salomon

Raid des bombardiers américains sur l'île très disputée de Guadalcanal.

Guadalcanal, 25 août
Tel un gigantesque aimant, Guadalcanal continue d'attirer les Japonais qui veulent désormais chasser de l'île les troupes d'invasion américaines. Mais, hier, ils ont perdu un porte-avions et un grand nombre d'avions dans la bataille des Salomon orientales. Les Japonais essayaient de débarquer des troupes de renfort à Guadalcanal, où leur situation est extrêmement critique, mais le convoi transportant 1 500 soldats a dû se retirer sur les îles Shortland après qu'un bateau de transport, touché, a pris feu. Les Américains ont d'abord marqué un point en coulant le porte-avions léger *Ryujo*. Puis le porte-avions américain *Enterprise*, gravement endommagé, a été retiré de la bataille. Au total, les Japonais ont perdu 90 avions, contre 20 seulement pour les Américains. (→ 8.9)

Le « Daily Worker » à nouveau en vente

Londres, 26 août
La suspension gouvernementale du journal du parti communiste *The Daily Worker* a été levée la nuit dernière, au bout de dix-neuf mois. Il reparaît donc aujourd'hui, mais il s'en est fallu de peu. En effet, à la dernière minute, les imprimeurs se sont mis en grève. William Rust, le directeur, a refusé d'embaucher un ancien ouvrier typographe, qui avait « accueilli » la police venue fermer le journal par ces mots : « Je vous attendais. Je ne suis pas d'accord avec la politique de ces salauds là-haut. » Le Natsopa, le syndicat des ouvriers du livre, a informé Rust qu'il n'acceptait pas l'embauche sélective. Ses dirigeants ont appelé leurs membres à cesser le travail. Rust a finalement cédé, et 120 000 exemplaires ont été imprimés (deux fois plus qu'avant l'interdiction). Le quotidien avait été suspendu pour diffusion de propagande défaitiste. En effet, les communistes étaient alors opposés à la guerre, et le parti avait perdu les trois quarts de ses effectifs. Après l'attaque allemande contre l'Union soviétique, le parti a modifié sa position et soutient désormais l'effort de guerre : du coup, on lui reconnaît aujourd'hui 55 000 membres.

En zone sud, des voix s'élèvent contre les persécutions raciales

Toulouse, 28 août
Les déportations massives de Juifs ont immédiatement provoqué, dans la zone sud, des réactions de solidarité avec les victimes de la barbarie nazie et une condamnation de Vichy. Ces protestations viennent en premier lieu de ceux-là mêmes que les partisans de la révolution nationale voulaient rallier à leur projet, en se posant en champions du christianisme. En effet, la réponse la plus éclatante a été lancée ce dimanche par l'archevêque de Toulouse, Mgr Saliège. Dans une lettre pastorale, lue dans la plupart des paroisses de son diocèse, il oppose aux persécutions raciales la morale « qui impose des devoirs et reconnaît des droits » et la fraternité chrétiennes, car « tout n'est pas permis contre ces hommes [...] Ils font partie du genre humain [...] Un chrétien ne peut l'oublier. »

Des chrétiens se mobilisent contre la déportation massive des Juifs.

▷

Les Allemands assiègent Stalingrad

A Stalingrad, des chars soviétiques se portent à la rencontre des Panzer allemands sous les tirs de l'artillerie.

Stalingrad, 25 août
La bataille de Stalingrad a commencé. Il y a deux jours, la 6e armée du général Paulus a réussi à percer le front tenu par la 62e armée soviétique du général Lopatine et à atteindre la Volga, dans les faubourgs nord de la ville. Enfin, ces deux dernières nuits, la 4e Luftflotte de Richthofen a bombardé la ville. Des Heinkel He 111 et des Junkers Ju 52/3m ont participé à ces raids, qui ont sans doute été les plus massifs organisés à l'Est depuis le 22 juin 1941. La ville étant construite essentiellement en bois, les projectiles incendiaires ont fait des ravages. Du côté soviétique, on parle déjà de quarante mille morts. Hier, les Allemands n'ont pas réussi à pénétrer dans le faubourg de Spartakovka, mais ils se sont emparés du ferry-boat de Rynok, seule liaison entre Stalingrad et la rive est de la Volga. Les autres ponts sur le fleuve se trouvent pris sous le feu de l'artillerie allemande.
Mais Stalingrad refuse de se rendre. Le comité régional du Parti a proclamé aujourd'hui l'état de siège dans un message adressé à la population, qui sonne comme un défi : « Nous ne livrerons jamais notre ville natale à l'envahisseur allemand. Nous devons nous appliquer à défendre notre ville bien-aimée, nos foyers et nos familles. Barricadons chaque rue, transformons chaque quartier, chaque maison en une forteresse inexpugnable. »

Une batterie antichar en action.

Les Soviétiques bombardent Berlin et les grandes villes

Allemagne, 29 août
La radio de Moscou a annoncé aujourd'hui que l'aviation soviétique avait bombardé Berlin pour la seconde fois en quatre nuits. Dantzig, Königsberg et Stettin ont aussi été touchés. Le présentateur a indiqué que, pendant cette opération de bombardement de la capitale du Reich, un pilote soviétique était en liaison radio avec Staline et l'informait au fur et à mesure du bon déroulement de la mission.
Les Allemands ont admis que Berlin avait été bombardé, mais ils prétendent que quelques bombes seulement ont été larguées.
De leur côté, les Soviétiques ont indiqué que leurs bombes avaient provoqué quarante-huit incendies et que neuf cibles avaient explosé. Ils ont donné les mêmes précisions concernant les autres villes bombardées. La reprise des raids sur Berlin prouve que les Soviétiques sont parvenus à constituer une flotte de bombardiers capables d'intervenir à plus de mille cinq cents kilomètres de leurs bases.

Des chrétiens au secours des enfants juifs

Vénissieux, 27 août
Après les deux rafles de Juifs étrangers de la région lyonnaise qui ont eu lieu les 20 et 26 août, les responsables de l'*Amitié chrétienne*, une association de prêtres et de laïcs lyonnais, ont décidé de tenter l'impossible pour sauver au moins les enfants. Ils ont courageusement demandé de participer aux opérations de tri qui doivent précéder le départ des convois pour Drancy. En arrivant au camp de Vénissieux, où ont été regroupés les quatre mille Juifs arrêtés, ils ont découvert un monde d'horreur et de désespoir. Parcourant les baraquements, ils ont commencé à parlementer avec les familles pour les persuader de leur confier leurs enfants. Dès qu'un enfant leur était remis, ils lui attachaient au cou ou au bras une étiquette portant son nom et sa date de naissance. Mais il fallait faire vite, et certains parents hésitaient trop. Vers la fin de la nuit, les sauveteurs ont dû littéralement user de violence pour sauver les enfants malgré tout. « Nous venons chercher vos enfants », ont-ils déclaré à des pères ou des mères affolés, sans pouvoir s'expliquer davantage. Ils sont parvenus à en arracher ainsi une centaine à une mort certaine.

Le sort qui attend les enfants juifs.

Les Alsaciens sont enrôlés de force

Strasbourg, 25 août
Contrairement à la promesse faite par le gauleiter Robert Wagner en 1940, le service militaire obligatoire vient d'être instauré en Alsace. Les autorités allemandes avaient préparé la population à cette éventualité en obligeant, dès le 8 mai 1941, les jeunes des deux sexes à rejoindre le Service du travail. En même temps, un appel était fait aux volontaires pour s'engager dans l'armée allemande. Deux mille cent Alsaciens se sont portés candidats. Aujourd'hui, malgré tous les efforts pour présenter les conseils de révision comme des fêtes, les recruteurs allemands doivent souvent recourir à la force. Afin de rendre l'enrôlement plus attrayant, la nationalité allemande est automatiquement accordée aux soldats alsaciens.

Le duc de Kent meurt accidentellement

Ecosse, 26 août
Le duc de Kent, le plus jeune frère du roi George VI, est le premier membre de la famille royale à mourir en service actif depuis le début de la guerre. L'hydravion Sunderland à bord duquel il se rendait en Islande s'est écrasé sur une colline, dans le nord de l'Ecosse, en raison de la brume qui recouvrait la région. Les corps des quatorze passagers et membres d'équipage ont été retrouvés ce matin à l'aube. Seul le mitrailleur de queue a eu la vie sauve. Le duc de Kent avait quitté la Navy pour raisons médicales en 1929 et avait commencé à voler l'an dernier. Il était à présent attaché au service d'inspection de la RAF avec le grade de général. Il avait trente-neuf ans. Il y a sept semaines, son épouse, la princesse Marina de Grèce, a mis au monde leur dernier fils, le prince Michael.

L'Afrikakorps enlisé

Après Tobrouk, le maréchal Erwin Rommel avait encore le sourire.

Alam Halfa, Libye, 31 août
Cette nuit, les chars du maréchal Rommel se sont ensablés dans le secteur d'Alam Halfa, à 16 km au sud d'El-Alamein. L'Afrikakorps avait attaqué hier, espérant déborder la 6e armée britannique. Mais sa progression a été ralentie par les champs de mines mis en place par les Alliés. Les 8e et 22e brigades blindées en ont profité pour pilonner les colonnes allemandes, déjà aux prises avec l'aviation.
Rommel s'est alors résolu à diriger son attaque sur Alam Halfa. C'est à cet endroit que ses chars se sont enfoncés dans le sable meuble. De plus, sa nouvelle position est encore plus exposée que la précédente au pilonnage de l'artillerie alliée. Sa bonne étoile semble avoir abandonné Rommel. Aujourd'hui, c'est un homme malade, qui souffre d'hépatite. Il a perdu l'un de ses généraux et un autre a été blessé. L'Afrikakorps est à court de carburant, malgré les assurances de ravitaillement aérien données par le commandant en chef Kesselring.
Ironie du sort, le plan de défense appliqué à El-Alamein par les généraux Montgomery et Alexander est celui que les Allemands avaient mis au point... Réveillé pour être informé des succès de son armée, Montgomery a admis que « cela n'aurait pas pu mieux se passer », puis il s'est rendormi.

La RAF se dote d'avions éclaireurs

Grande-Bretagne, 31 août
Malgré l'avis défavorable de leur commandant en chef, les escadrilles de bombardiers sont chargées depuis peu d'un nouveau type de mission particulièrement dangereux : la signalisation des cibles. Des avions éclaireurs devront précéder des bombardiers, à basse altitude, afin de parachuter des fusées éclairantes au-dessus des cibles. Aucun entraînement spécial n'est prévu pour ces équipages, qui devront effectuer une cinquantaine de missions par semaine. Leur chef, le général Bennett, reconnaît que « leurs chances de survie sont faibles ».

La Suisse s'inquiète du sort des Juifs

Berne, 29 août
Les citoyens suisses s'interrogent de plus en plus sur l'attitude de leur pays, qui est neutre, à l'égard des Juifs et des Gitans qui sont raflés en France pour être déportés « à l'Est » – en fait, vers les camps d'extermination. Afin de répondre à leur inquiétude, le gouvernement de Berne a aujourd'hui fait savoir que sa politique ne consistait pas à renvoyer les réfugiés juifs d'où ils venaient. Voilà pour les intentions. Dans les faits, pourtant, les Juifs qui tentent de fuir les persécutions du régime de Vichy sont souvent refoulés à la frontière suisse.

Les Japonais traitent sauvagement leurs prisonniers de guerre...

Prisonniers aux mains des Japonais dans un camp des Philippines.

Asie du Sud-Est, 31 août
Lors de la prise de Hong Kong, certaines des unités japonaises avaient reçu l'ordre de ne pas faire de quartier. Beaucoup de soldats alliés qui avaient survécu aux combats, ont été abattus alors qu'ils se rendaient, ou ont été achevés à la baïonnette. Ceux qui sont maintenant prisonniers des Japonais se demandent quelquefois si ce sort n'était pas préférable à celui qu'ils endurent désormais.
Trois cents Britanniques et plusieurs milliers d'Australiens travaillent ainsi à la construction d'une ligne ferroviaire entre la Thaïlande et la Birmanie, surnommée le « chemin de fer de la mort » en raison de la dureté des conditions de travail. Pendant ce temps, leurs compatriotes, prisonniers des geôles de Changi, à Singapour, subissent une nouvelle torture. Jusqu'à ce qu'ils signent la promesse de ne pas s'évader, les 15 400 captifs sont parqués dans des baraquements où la chaleur est étouffante, avec à peine quelques gouttes d'eau. Le moindre manque de respect envers les geôliers est assimilable à un arrêt de mort.

... et les Allemands agissent de même

Allemagne, 31 août
Les Allemands ne respectent pas plus que les Japonais la convention de la Croix-Rouge de 1929 relative au traitement des prisonniers de guerre. La plupart des Britanniques et des Français, notamment les officiers, enfermés dans les oflags reçoivent une nourriture et des vêtements corrects et peuvent même se divertir. En revanche, le traitement infligé aux prisonniers soviétiques est effroyable : astreints à des travaux pénibles, dans les usines ou dans les champs, ils sont systématiquement sous-alimentés et ainsi réduits par milliers à une mort lente.

Prisonniers anglais à Colditz.

1942

Septembre

Di	Lu	Ma	Me	Je	Ve	Sa
		1	2	3	4	5
6	7	8	9	10	11	12
13	14	15	16	17	18	19
20	21	22	23	24	25	26
27	28	29	30			

1er. Paris : le groupe de combat n° 3 de Valmy attaque à la grenade un détachement de trente-six soldats de la Wehrmacht (→ 10).

1er. URSS : la 6e armée allemande atteint les faubourgs de Stalingrad. Le port d'Anapa est occupé.

1er. Egypte : la 22e division blindée britannique repousse une attaque de la 15e division Panzer à Alam Halfa.

2. Pologne : la Gestapo, des miliciens ukrainiens et la police polonaise massacrent deux mille Juifs à Dzialosyce. Huit mille survivants sont déportés au camp de Belzec (→ 12).

2. Pologne : l'aviation soviétique bombarde Varsovie.

2. URSS : les Allemands lancent une grande offensive contre les partisans dans la région de Mogilev (→ 24).

2. Grande-Bretagne : premier vol du prototype du chasseur Hawker Tempest.

3. Nouvelle-Guinée : mille Japonais ont débarqué de nuit à Basabaua pour renforcer la garnison de Buna.

3. Tokyo : démission de Shinegori Togo, ministre des Affaires étrangères. Hideki Tojo, Premier ministre, le remplace (→ 27).

3. Stalingrad : les Allemands percent sur la Volga, au sud de la ville, et pénètrent dans les faubourgs ouest (→ 5).

3. Egypte : la RAF attaque les convois de ravitaillement des forces de l'Axe, qui n'ont plus ni carburant ni munitions.

3. Manche : un commando britannique saisit des livres de code allemands, au cours d'un raid nocturne sur un phare des îles Anglo-Normandes.

4. Belfast : la police se heurte à des tireurs de l'IRA.

5. Nouvelle-Guinée : les Japonais évacuent 1 300 soldats de la baie de Milne (→ 7).

5. Budapest : raid aérien des Soviétiques sur la ville. Le couvre-feu est instauré.

5. Mer Noire : les Allemands assiègent la base navale de Novorossisk (→ 6).

Joukov étoffe la défense de Stalingrad

Combats pour quelques mètres de terrain dans la banlieue de Stalingrad.

Stalingrad, 5 septembre

Le général Friedrich Paulus a remis à plus tard l'assaut de Stalingrad pour s'occuper en priorité des importants effectifs soviétiques qui menacent le flanc nord de ses troupes. Simultanément, le maréchal Joukov est arrivé à Stalingrad pour prendre le commandement et préparer une offensive contre les Allemands. Devant le risque encouru, il a adressé avant-hier une circulaire à ses officiers : « Stalingrad peut tomber aux mains de l'ennemi aujourd'hui même ou demain si les troupes situées au nord de la ville ne reçoivent pas une assistance immédiate. » Pour « les commandants des secteurs nord et nord-ouest de Stalingrad, ses ordres sont de porter une attaque éclair contre l'ennemi. Aucun contretemps ne sera toléré. [...] Toute hésitation sera jugée criminelle. »

En tant que commissaire politique, Khrouchtchev a recruté pour la défense 125 000 volontaires qu'il a répartis dans les unités de l'Armée rouge. 7 000 adolescents des Komsomols ont été réquisitionnés et 3 000 jeunes filles versées dans les services auxiliaires. Des vieillards en civil font route vers le front. Il est clair que Joukov entend faire respecter l'ordre de Staline : « Ne plus reculer d'un pas. » (→ 11)

Impôts sur les jeux en Australie

Brisbane, 4 septembre

Lors d'une allocution diffusée hier soir, le Premier ministre australien John Curtin a mis en garde ses compatriotes : si Port Moresby et Darwin tombent aux mains des Japonais, l'Australie aura à faire face à un combat sanglant sur son propre territoire. Entre autres mesures d'austérité prévues pour durcir l'effort de guerre, il a annoncé une hausse des impôts indirects, notamment sur les jeux, l'alcool, le tabac et les repas fins, ainsi que des restrictions sur les courses de chevaux et de lévriers. Il envisage également l'intensification de la lutte contre le marché noir.

Travail obligatoire pour les Français

France, 4 septembre

La loi promulguée aujourd'hui rend mobilisables tous les hommes âgés de 18 à 50 ans et les femmes célibataires de 21 à 35 ans pour « effectuer tous les travaux que le gouvernement jugera utiles dans l'intérêt supérieur de la nation ». Malgré le flou de la formulation, il est bien question de réquisition de main-d'œuvre pour l'Allemagne. Pierre Laval a certes adouci les exigences du gauleiter Sauckel qui voulait, comme dans les autres pays occupés, envoyer dans les usines du Reich tous les ouvriers dont il avait besoin. Mais Vichy va devoir maintenant doser habilement volontariat et coercition.

Rommel en déroute laisse ses chars

Libye, 3 septembre

Tandis que les Panzer de Rommel battent en retraite, harcelés par l'infanterie britannique et la RAF, c'est au tour des Alliés de faire main basse sur le matériel de l'Afrikakorps. Faute de carburant, Allemands et Italiens ont abandonné de nombreux véhicules de combat, qui encombrent maintenant les pistes. Les troupes du génie de la 8e armée britannique s'emploient à les rendre inutilisables.

3 septembre : journée nationale de prières, à l'abbaye de Westminster. Churchill est aux côtés de son épouse et de sa fille en uniforme des ATS.

Les femmes portent aussi l'uniforme, même pour les travaux civils

Des volontaires féminines en uniforme sont instruites par un sergent.

Grande-Bretagne, 1er septembre
Il n'y a pas que les femmes enrôlées dans l'armée à porter l'uniforme ces temps-ci. Les civiles, depuis les infirmières jusqu'aux conductrices de ous, disposent à présent d'une tenue réglementaire.
Ainsi, les employées de la société ondonienne de transport de passagers sont aisément reconnaissables à leur chemise gris pâle et à leur pantalon bleu. Sur les dix-neuf mille conducteurs de bus, de trolleys et de trams que compte la capitale, huit mille sont à présent des emmes. Leur salaire – 4 livres et 3 shillings par semaine – qui quivaut au minimum du salaire les hommes, devrait toutefois être bientôt augmenté.
Les femmes qui ont choisi le travail aux champs portent un pantalon de elours côtelé kaki, un pull-over ert et un petit chapeau de feutre aki. Elles sont à présent quarante mille à servir dans la Women's Land Army, travaillant dehors par ous les temps et vivant souvent loin e leurs familles. Pendant quarante-uit heures par semaine, elles onduisent les tracteurs, rentrent es moissons, traient les vaches t soignent le bétail. Si, pour les mêmes travaux, un homme gagne livres par semaine, elles ne touhent, quant à elles, que 18 shillings près paiement de leur chambre et e leurs repas. Les fermiers sont les remiers à admettre que, pour le ravail qu'elles fournissent, le saire qu'elles perçoivent est tout à it dérisoire.
Les services d'infirmières lancent d'incessants appels à candidatures. Les étudiantes commencent au salaire de 40 livres par an, logées et nourries, mais elles peuvent gagner jusqu'à 55 livres comme auxiliaires de santé.
Certes, les salaires des femmes sont moins élevés que ceux des hommes pour un travail équivalent. Pourtant, beaucoup de ces femmes sont satisfaites d'occuper un emploi. En outre, la camaraderie et le travail en commun sont une véritable source d'enrichissement pour ces femmes, qui, pour la plupart, n'avaient pas d'activité professionnelle et ne faisaient que s'occuper de leurs enfants et de leurs foyers.

Les infirmières défilent sous le regard des habitants de Bournemouth.

1942

Septembre

Di	Lu	Ma	Me	Je	Ve	Sa
		1	2	3	4	5
6	7	8	9	10	11	12
13	14	15	16	17	18	19
20	21	22	23	24	25	26
27	28	29	30			

6. Pacifique : graves avaries pour le cuirassé américain *South Dakota* qui a heurté une barrière de corail.

6. Grande-Bretagne : première apparition de Messerschmitt Me-210 dans le ciel anglais. Deux sont abattus par des Hawker Typhoon au-dessus des côtes du Yorkshire.

6. Mer Noire : les Allemands s'emparent de Novorossisk.

6. Egypte : les Allemands sont repoussés sur leurs positions de départ à Alam Halfa. Ils commencent à creuser des défenses antichars (→ 14).

7. Rome : l'Italie déclare la guerre au Brésil.

7. France : la Gestapo arrête Natalis Dumez, cofondateur de *la Voix du Nord*.

8. Guadalcanal : des marines américains débarquent près de Taivu, pour attaquer la base japonaise. Ils sont repoussés.

9. Vinnitsa : de son nouveau QG en Ukraine, Hitler relève le maréchal List du commandement du groupe d'armées A. Il n'a pas atteint les puits de pétrole de Groznyï. Le général von Kleist le remplace (→ 24).

10. Londres : Churchill annonce des mesures fermes, y compris l'intervention des troupes, pour refréner les activités « révolutionnaires » du Parti du Congrès en Inde.

10. Etats-Unis : un U-Boot mouille douze mines au large des côtes de Virginie.

10. Paris : les FTP font sauter le local du PPF, rue des Sablons, avec une bombe à retardement (→ 20).

11. Birmanie : les bombardiers de la RAF attaquent les positions japonaises à Prome, Mandalay et Rangoon (→ 21).

12. Guadalcanal : les Japonais infiltrent le périmètre de défense américain, près de Lunga (→ 14).

12. URSS : le général Tchouïkov est nommé à la tête de la 62e armée, chargée de la défense de Stalingrad (→ 18).

12. France : des commandos britanniques font un raid sur Port-en-Bessin en Normandie.

Controverse autour du torpillage du "Laconia"

Atlantique sud, 12 septembre
Une double controverse entoure le torpillage, qui a eu lieu aujourd'hui au large de l'île de l'Ascension, de l'ancien paquebot *Laconia*, reconverti en transport de troupes.
Le *Laconia*, qui avait à son bord 811 passagers britanniques et plus de 1 500 prisonniers italiens, a été éventré par une torpille. D'après le commissaire de bord, l'évacuation a été gênée par la panique qui a gagné les prisonniers. A l'inverse, ceux qui ont survécu soutiennent que ce sont les gardes qui ont verrouillé les portes étanches, enfermant les prisonniers. Une deuxième controverse concerne les conditions dans lesquelles le sous-marin *U-156*, auteur de l'attaque, a porté secours aux rescapés. Quand son capitaine, Werner Hartenstein, a entendu des cris en italien, il a compris qu'il avait torpillé un transport de prisonniers. Il a alors pris à son bord autant de naufragés que possible – 193 au total, dont 21 Anglais. Il a aussitôt émis un message en anglais indiquant qu'il n'attaquerait pas les navires portant secours aux autres naufragés. Or, quelques heures plus tard, il a été attaqué par un avion américain. On attend la réaction de l'amiral Dönitz. Et l'on redoute que celui-ci ordonne de ne plus porter secours aux naufragés, ce qui serait contraire à l'accord naval de 1936.

Les Canadiens d'expression française sont appelés à réagir à la menace japonaise et allemande.

Massacre à Varsovie

Les visages émaciés des enfants juifs en route pour les camps de la mort.

Varsovie, 12 septembre
La mise à mort de 2 196 Juifs dans les chambres à gaz de Treblinka assombrit encore le bilan de cette semaine, qui a vu la déportation de près de 70 000 Juifs du ghetto de Varsovie. Depuis que les nazis ont pris la décision en juillet d'anéantir le ghetto, près de 255 000 Juifs ont été déportés vers les camps de la mort. Cette dernière *Aktion*, à laquelle les Juifs ont donné le nom macabre de *kesl* (chaudron, en yiddish), a débuté le 5 par l'ordre à tous les habitants du ghetto de se rassembler de nouveau dans la rue Mila. Attachés les uns aux autres et surveillés par la police – qui signale en avoir abattu 2 648 dans la semaine lors de tentatives d'évasion –, les Juifs ont été déportés à Treblinka au rythme de 10 000 par jour. Des 350 000 personnes qui vivaient dans le ghetto, il n'en resterait plus que 70 000 aujourd'hui. Aucune famille n'a été épargnée ; il ne reste guère d'enfants ni de vieillards ; les adultes de 20 à 40 ans sont en sursis, tant qu'ils peuvent alimenter l'effort de guerre allemand dans les usines du ghetto. Ceux qui détiennent l'indispensable carte de travail dorment sur place. Les autres se cachent dans les bâtiments délabrés. Les gardes ukrainiens et lettons sillonnent le quartier, les abattant à vue. Les cadavres s'empilent dans les rues. (→ 18)

Les Japonais stoppés en Nouvelle-Guinée

Port Moresby, 7 septembre
Pour la première fois depuis le début de la guerre du Pacifique, une offensive amphibie japonaise a été repoussée, avant même qu'une tête de pont ait pu être établie sur la plage. Ce sont deux brigades d'infanterie australiennes qui ont accompli cet exploit à Milne Bay, au sud-est de la Nouvelle-Guinée, empêchant ainsi les Japonais d'établir une base aérienne qui aurait servi à épauler leur avance à travers les montagnes Owen Stanley en direction de Port Moresby. Les Japonais avaient affecté 2 400 hommes de leur Force spéciale de débarquement à cette entreprise. Mais Milne Bay a été défendue par la 7e brigade (une formation de la milice australienne) et par la 18e brigade de la 7e division australienne, de retour dans le Pacifique sud-ouest après avoir combattu au Moyen-Orient. Après un débarquement nocturne le 25 août, les Japonais avaient lancé une offensive dans la nuit du 26 au 27, au terme de laquelle les Australiens durent se retirer jusqu'à la rivière Gama. Les Japonais essuyèrent de lourdes pertes dans la nuit du 31 quand ils lancèrent trois folles offensives pour s'emparer du terrain d'aviation. Les Australiens ouvrirent le feu sur les Japonais qui chargeaient en rangs serrés, les fauchant sous les balles. L'offensive japonaise tourna à la débâcle. D'autres navires japonais furent envoyés à la rescousse, mais, le 5 septembre, la base de Rabaul émit l'ordre « de les sortir de là ». C'est maintenant chose faite, mais au prix de très lourdes pertes. (→ 14)

Les troupes alliées et les porteurs indigènes prennent un instant de repos.

Après quatre mois d'attente, les Alliés attaquent Madagascar

Madagascar, 10 septembre
Les Alliés ont lancé une offensive sur la colonie française de Madagascar, jusqu'alors fidèle à Vichy. En mai, ils avaient occupé le port de Diégo-Suarez pour empêcher son utilisation par la marine japonaise. Les Alliés soutiennent à présent que les Japonais se servent de l'île pour ravitailler leurs sous-marins, ce que Vichy dément. La 29e brigade d'infanterie britannique a débarqué à Majunga, sur la côte ouest, suivie par la 22e brigade est-africaine. Toutes deux marchent vers Tananarive pendant que la 7e brigade sud-africaine avance vers elles depuis Diégo-Suarez. (→ 18)

Les soldats alliés débarquent de leurs barges sur les plages de Madagascar.

Stalingrad menacé par les Allemands

Stalingrad, 11 septembre
Stalingrad va-t-il tomber au[x] mains des Allemands ? Le génér[al] Paulus a repoussé une contre-a[t]taque soviétique et se fraie à prése[nt] un chemin vers le cœur de la vill[e] en dépit d'une résistance acharné[e]. L'artillerie soviétique, qui s'est in[s]tallée sur la rive orientale de [la] Volga, pilonne sans arrêt les tro[u]pes allemandes. Le dernier comm[u]niqué allemand annonce que [la] ceinture extérieure de fortificati[ons] de Stalingrad a été arrachée mèt[re] par mètre aux Soviétiques « qui l[ut]tent désespérément ». (→ 12)

Churchill promet un second front

Londres, 8 septembre
Dans un discours à la Chambre des communes, que ses membres ont qualifié d'un « optimisme mesuré », Churchill a annoncé qu'il a promis à Staline que les Alliés viendraient à son secours « le plus rapidement et de la manière la plus efficace possible, quelles que soient les pertes et les sacrifices encourus ». Le Premier ministre a été aussi loin qu'il a pu face aux demandes répétées de Staline, qui souhaite l'ouverture rapide d'un second front à l'Ouest. Dès le début des pourparlers, Staline avait souligné qu'il estimait qu'Anglais et Américains ne s'engageaient pas suffisamment pour soulager l'armée soviétique de la pression nazie.

'ision soviétique des Alliés.

.a RAF incendie la ville de Düsseldorf

llemagne, 10 septembre
.a RAF a largué plus de 100 000 ombes incendiaires sur Düsseldorf n l'espace de une heure cette nuit rs d'un raid qui a laissé une rande partie de la ville en flammes. Les bombardiers, au nombre e 476 dont 174 avions d'entraînement, se sont faufilés au milieu des rs de la Flak pour atteindre leur bjectif, illuminé par un Pathfinder ses fusées éclairantes. Le premier es bombardiers a atteint la ville au oment même où les fusées l'illuminaient. Au cours de cette mission, la RAF a perdu 31 appareils.

1942

Septembre

Di	Lu	Ma	Me	Je	Ve	Sa
		1	2	3	4	5
6	7	8	9	10	11	12
13	14	15	16	17	18	19
20	21	22	23	24	25	26
27	28	29	30			

13. Libye : la RAF bombarde Tobrouk pendant trois heures. Elle prépare une opération de commando pour détruire les installations du port et les dépôts de l'Axe (→ 14).

14. Guadalcanal : après trois jours de combat, les Japonais sont repoussés de la « colline sanglante ». Les Américains tiennent toujours la piste Henderson (→ 15).

14. Nouvelle-Guinée : les Japonais atteignent la crête Imita sur la piste Kokoda, à 51 km de Port Moresby.

14. Atlantique nord : attaqué par une meute de 13 U-Boote durant quatre jours, le convoi ON-127 a perdu 12 cargos et un destroyer canadien. Un U-Boot a été touché (→ 16.10).

15. Nouvelle-Guinée : arrivée à Port Moresby d'unités d'infanterie américaines (→ 23).

16. Grande-Bretagne : l'US Air Force prend le commandement des Américains volontaires dans la RAF.

16. Iles Aléoutiennes : les Japonais évacuent secrètement leurs forces de l'île d'Attu sur Kiska (→ 12.1.1943).

17. Norvège : Vidkun Quisling, Premier ministre, réintroduit la peine de mort (→ 6.10).

17. Etats-Unis : Roosevelt commence une inspection des industries de guerre dans tout le pays.

17. Londres : arrivée des chefs de la Résistance d'Astier de La Vigerie et Frenay. Charles Vallin, dignitaire du régime de Vichy, rallie la France combattante.→

17. Etats-Unis : la recherche sur les armes atomiques est placée sous contrôle militaire. Le colonel Groves prend la direction du programme (→ 23).

18. Stalingrad : de leurs positions, dans le silo à grains de la ville, les fusiliers marins soviétiques repoussent dix attaques allemandes.→

19. Paris : en représailles aux récentes attaques contre des soldats allemands, tous les lieux de divertissement sont fermés, et 116 otages exécutés (→ 20).

Des combats meurtriers à Stalingrad

Stalingrad, 18 septembre
Depuis cinq jours, la 6e armée de Paulus lance assaut sur assaut afin de briser la résistance soviétique. On se bat à la grenade, à la mitraillette et à l'arme blanche. La gare centrale a changé quatre fois de mains en trois jours. Aujourd'hui, les Allemands ont été refoulés de la colline Mamaï, cette butte qui domine les points de passage sur la Volga. Demain, ce sera peut-être au tour des Soviétiques de perdre cette position. Des éléments allemands sont parvenus à la Volga, et quasiment tout le sud de la ville échappe au commandement du général Tchouïkov. Les soldats russes isolés continuent la lutte. Au nord de la Tsaritsa, les troupes de Tchouïkov s'accrochent au terrain avec acharnement. Les consignes sont claires : user les Allemands en attendant sur les ailes une offensive de grande envergure qui, seule, pourra être décisive. Comme le dit Tchouïkov : « Le temps, c'est du sang. » Des deux côtés, les effectifs fondent, mais l'état-major soviétique espère épuiser la 6e armée rapidement. Le combat de rues que Hitler voulait éviter est devenu la caractéristique de la bataille qui se déroule à Stalingrad. Et, dans ce domaine, l'expérience et l'initiative reviennent sans conteste aux Soviétiques. Le général Rodintsev, qui commande la 13e division d'infanterie de la garde, a combattu à Madrid en 1936. Il connaît la question sur le bout des doigts. De plus, la topographie de Stalingrad se prête admirablement à ce type de combat. Le fleuve coule dans un lit très encaissé et les berges permettent de creuser des abris profonds.

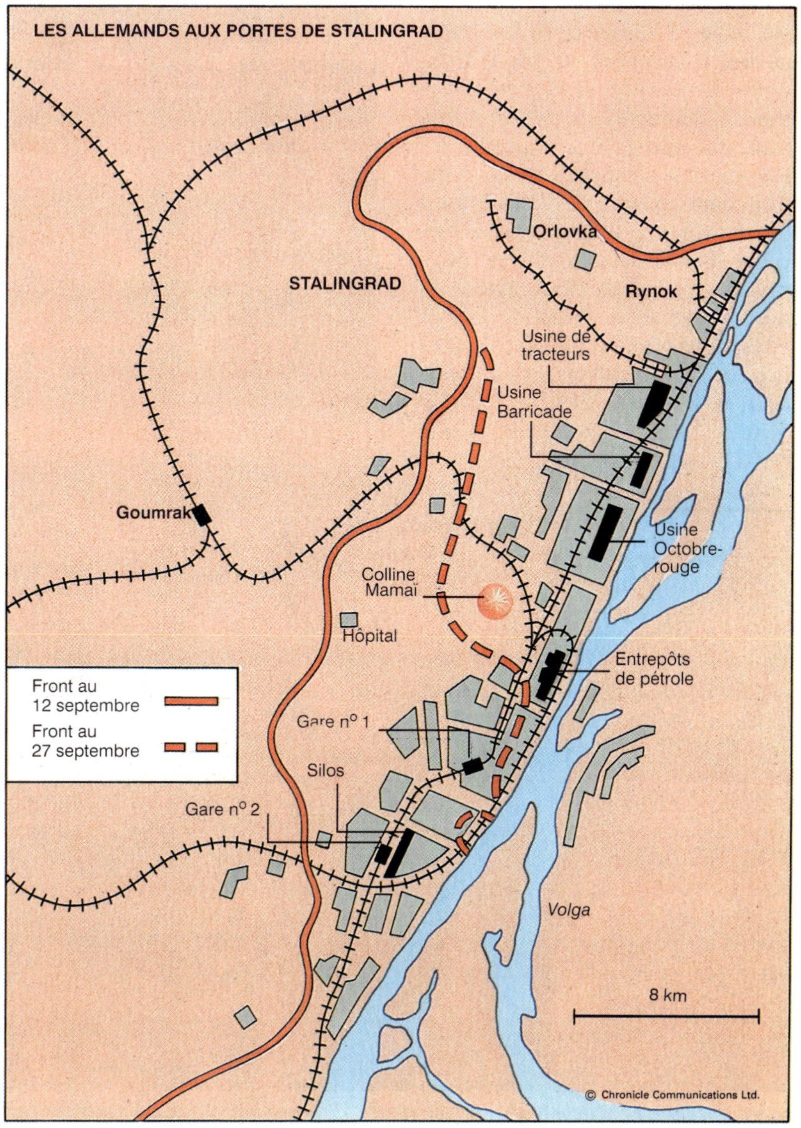

Le convoi naval PQ-18 rallie l'URSS

Mer Blanche, 18 septembre
Le convoi naval PQ-18 a atteint aujourd'hui la mer Blanche, vingt-sept de ses quarante navires encore intacts. Malgré les pertes subies, il s'agit du plus grand convoi qui ait atteint l'URSS. C'est le 2 que ce convoi a appareillé. Depuis juillet, aucun convoi n'était parti, à la suite d'une décision conjointe de Churchill et de Staline. En juillet, sur les trente-six navires marchands que comptait le convoi PQ-17, seulement onze étaient arrivés à bon port. Churchill avait alors suggéré à Staline de suspendre les départs jusqu'à l'automne, pour profiter des nuits plus longues. Staline avait accepté, mais à contrecœur. Cette fois, on n'a pas lésiné sur l'escorte du PQ-18 : une armada de près de cinquante navires, dont vingt destroyers et le porte-avions *Avenger*, était mobilisée. La Kriegsmarine a été tenue à distance, et les treize navires coulés l'ont été par la Luftwaffe. La journée du 13 a été meurtrière : quarante avions torpilleurs coulèrent huit navires. La veille, les sous-marins allemands avaient détruit deux navires de l'aile tribord du convoi. Le destroyer *Faulknor* coula l'*U-88.* En tout, les Allemands ont perdu vingt avions et deux sous-marins. L'escorte fera le voyage de retour avec les rescapés des derniers convois, y compris ceux du PQ-17. (→26)

Les destroyers qui escortaient le convoi ont mené à bien leur dure mission.

L'un des bateaux-citernes du convoi vient d'être touché : 13 des 40 navires qui le composent n'arriveront pas à bon port.

A Madagascar, un port repris à Vichy par les Anglais

Madagascar, 18 septembre
Le port principal de Madagascar, Tamatave, est aux mains des Anglais. Fidèle à Vichy, le gouverneur de la colonie, Annet, avait, la veille, rejeté les termes de la reddition proposée par le commandant britannique, le général William Platt. Ce matin, après deux heures de négociations infructueuses, la flotte britannique a bombardé la ville. Trois minutes plus tard, le drapeau blanc était hissé sur la demeure du gouverneur et sur le phare de la pointe Tanio. Mais, le temps que la 29e brigade débarque, les forces de Vichy s'étaient déjà retirées à l'intérieur des terres. Une fois de plus, la prise de Tamatave n'a rien résolu. Le gouverneur, qui s'est réfugié à Tananarive, refuse obstinément de se rendre. Depuis le mois de mai, l'armée anglaise tente en vain d'arriver à un résultat.

Un ralliement qui gêne Londres

Londres, 17 septembre
Pierre Brossolette a ramené d'u voyage en France un personnag bien encombrant. Ancien vice-pré sident du Parti social français d colonel de La Rocque, Charles Va lin a aussi été l'un des huit membre du Conseil de justice qui, en octobr 1941, a permis au maréchal Pétai de faire arrêter Blum, Daladie Reynaud, Mandel et Gamelin. L ralliement de Vallin a été apparen ment bien accueilli à Londres. Ma de sérieuses réticences demeuren La préparation du discours qu'il prononcé aujourd'hui à la BBC e a apporté la preuve. Certains gau listes ont trouvé plutôt choquan les passages du texte qui semblaie excuser la révolution nationale justifier le retour de Laval aux a faires. Vallin a remanié son di cours. Mais les remous provoqu par sa présence s'amplifient. n'obtiendra probablement pas fonction officielle à Londres. Bro solette a, quant à lui, échoué da sa tentative de prouver que les ra liements étaient des adhésions personnalités et non de partis.

Les sections spéciales mises en échec

Une patrouille de commandos britanniques fait une pause dans le désert.

Le Caire, 14 septembre
Le plan préparé par les Britanniques est un cuisant échec. Il visait la destruction d'objectifs situés en Libye par des équipes spéciales de commandos. A Benghazi, le commando du SAS de David Stirling a fait face à un ennemi qui l'attendait. Il a dû battre en retraite sous le feu nourri des Allemands qui ont ainsi détruits 18 Jeep et 25 véhicules. A Tobrouk, une opération qui combinait une attaque de l'infanterie et un débarquement des commandos de Marine a coûté trois navires et entraîné de lourdes pertes. Enfin, un commando australien a réussi à détruire vingt-quatre avions allemands, mais on redoute la perte totale de ce groupe d'élite.

L'« USS Wasp » est coulé par les Japonais

Guadalcanal, 15 septembre
La bataille de Guadalcanal a tourné en faveur des Japonais aujourd'hui à la suite du torpillage du porte-avions *USS Wasp* par un de leurs sous-marins. Maintenant, les Japonais pourront de nouveau acheminer des renforts par le Tokyo Express – ces convois maritimes qui, à certaines périodes, débarquent toutes les nuits des renforts.
Sous le commandement du général Kawagushi, ils sont bien parvenus, le 12 septembre, à briser le front américain sur la crête de Bloody Ridge, mais ils ont été repoussés après trois jours de durs combats, qui ont fait six cents morts du côté japonais et cent cinquante du côté américain (→ 9.10).

Les torpilles japonaises n'ont laissé aucune chance à l'« USS Wasp ».

Les « asociaux » de l'Europe nazie sont aux mains de Himmler

Berlin, 18 septembre
Le nouveau ministre de la Justice du Reich, Otto Thierack, vient de conclure avec Himmler un accord aux termes duquel, dans certains cas, la justice nazie abandonnera ses compétences pénales au Reichsführer SS. Les deux parties ont décidé que tous les Juifs allemands condamnés à des peines de plus de trois ans seraient remis à la SS, et qu'à l'avenir tous les délits commis par des Juifs relèveraient exclusivement de la compétence de Himmler. Le second volet de cet accord étend la décision aux « asociaux » allemands, aux Polonais, aux Russes, aux Ukrainiens, aux Tziganes et aux Tchèques. Un accord qui condamne à une mort encore plus rapide des millions d'hommes, de femmes et d'enfants.
Dans les camps de concentration, les déportés sont tenus d'arborer, sur le côté gauche de la veste ou de la robe, un triangle de couleur et une bande de tissu où figure leur matricule. Une lettre cousue sur le triangle indique, sauf pour les Allemands, la nationalité du déporté : F (Français) ; B (Belge) ; R (Russe), etc. La couleur du triangle indique la catégorie du déporté : il est rose pour les homosexuels, violet pour les pacifistes, rouge pour les « délinquants » politiques, vert pour les criminels de droit commun, noir pour les asociaux, brun pour les Tziganes et bleu pour les apatrides. Les Juifs doivent porter une étoile de David jaune, ou jaune et rouge s'ils ont été déportés à titre politique.
Durant les deux premières années de la guerre, près de quatre-vingts mille Allemands accusés d'être des « éléments inutiles » avaient été exterminés, sans même que soit publié un décret officiel.
Aujourd'hui, Otto Thierack explique et justifie sa décision en indiquant qu'elle « permettra de libérer plus vite des territoires à l'Est, que repeupleront des ressortissants allemands ». De cette façon, il entérine et facilite l'extension du grand massacre.

1942

Septembre

Di	Lu	Ma	Me	Je	Ve	Sa
		1	2	3	4	5
6	7	8	9	10	11	12
13	14	15	16	17	18	19
20	21	22	23	24	25	26
27	28	29	30			

20. France : 150e anniversaire de la bataille de Valmy.
La compagnie FTP du même nom, dirigée par le colonel Fabien, attaque un train de soldats allemands en Franche-Comté.

21. Birmanie : première contre-offensive terrestre des Alliés contre les Japonais dans l'Arakan (→ 23.10).

21. Etats-Unis : premier vol du prototype de la super-forteresse Boeing XB-29.

22. Stalingrad : les Allemands prennent le silo à grains de la ville aux fusiliers marins soviétiques. Dans le centre, les combats se déroulent immeuble par immeuble.→

23. Mer de Timor : le destroyer australien *Voyager* est coulé. Il tentait de ravitailler à Timor les combattants qui mènent une guérilla antijaponaise.

23. Nouvelle-Guinée : arrivée à Port Moresby du général Blamey qui prend le commandement des forces alliées (→ 26).

23. Madagascar : les troupes britanniques entrent dans la capitale. Tananarive a été déclaré ville ouverte (→ 29).

23. Libye : Rommel part suivre un traitement médical en Allemagne. Il est remplacé à la tête de l'Afrikakorps par le général Stumme, alors qu'il avait demandé à être remplacé par Guderian (→ 30).

24. Allemagne : Hitler démet le général Halder de son poste de chef d'état-major. Le général Zeitzler le remplace.→

24. Stalingrad : Olga Yamschikova est la première pilote de chasse à abattre un avion ennemi, un bombardier en piqué Junkers Ju-88.

24. URSS : des partisans soviétiques détruisent le dépôt de ravitaillement allemand de Ryabchichi (→ 3.10).

25. Norvège : des Mosquito du groupe 105 de la RAF mènent une attaque de jour contre le quartier général de la Gestapo à Oslo.

26. France : Jean Moulin confie à Claude Bourdet l'organisation du Noyautage des administrations publiques (NAP).

Défaite japonaise sur la piste Kokoda

Les marécages de Nouvelle-Guinée n'arrêtent pas les soldats australiens.

Nouvelle-Guinée, 26 septembre
La campagne japonaise contre Port Moresby s'est soldée par un échec, donnant à l'armée australienne sa seconde victoire en Nouvelle-Guinée en moins d'un mois. Après une retraite de plusieurs semaines le long de la piste Kokoda, qui traverse les monts Owen Stanley, les Australiens sont passés à la contre-attaque, refoulant les Japonais dans les montagnes. Ces derniers étaient parvenus à 42 kilomètres seulement de Port Moresby, dont ils pouvaient voir les projecteurs dans l'obscurité. MacArthur redoutait qu'en prenant ce port qui fait face aux côtes australiennes les Japonais s'en servent comme base pour attaquer l'Australie. La retraite le long de la piste Kokoda l'avait alarmé au point qu'il disait ne plus faire confiance aux Australiens et redoutait une défaite. Le général Blamey, quant à lui, ne se sentait nullement préoccupé. Après une visite en Nouvelle-Guinée, il avait rapporté au Conseil de guerre australien que les Japonais n'étaient pas en mesure de prendre Port Moresby. Au même moment, MacArthur téléphonait au Premier ministre John Curtin pour lui faire part de ses doutes et proposer d'envoyer Blamey sur-le-champ en Nouvelle-Guinée pour « redresser la situation ». Curtin se rallia à son avis. Le jour même où Blamey débarquait à Port Moresby, les Japonais recevaient leur dernière ration de riz et devaient battre en retraite trois jours plus tard. (→ 27)

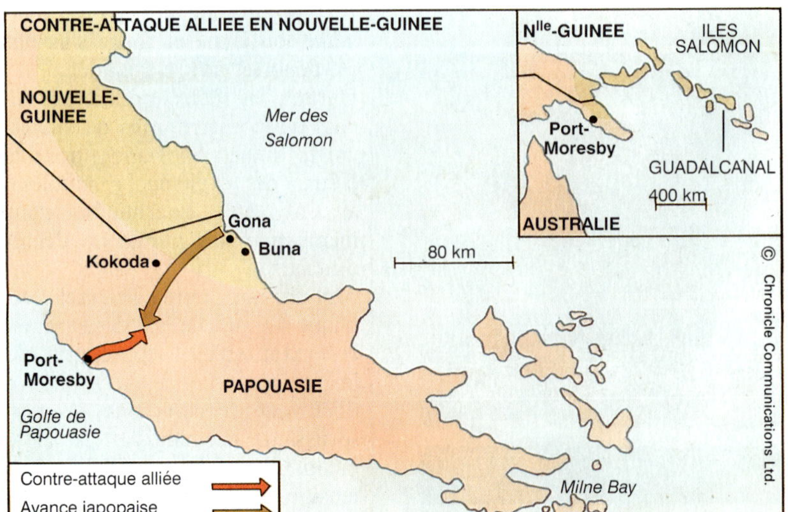

Une nouvelle revue littéraire engagée

Paris, 20 septembre
Une nouvelle revue littéraire clandestine, *les Lettres françaises*, a vu le jour sous la direction de Claude Morgan et de Jacques Debû-Bridel. Faute de moyens, c'est encore une simple feuille polycopiée dont les articles portent de prestigieuses signatures comme celles de François Mauriac, Paul Eluard, Jean Guéhenno. C'est l'écrivain Jacques Decour, exécuté il y a quatre mois pour ses activités de résistant, qui avait eu l'idée de fonder cette revue et de lui donner son nom. Ce premier numéro, qui sort le jour anniversaire de la bataille de Valmy – première victoire de la République contre les Prussiens –, lui rend un vibrant hommage.

Hitler renvoie son chef d'état-major

Berlin, 24 septembre
Hitler a congédié le chef d'état major de l'armée de terre, le géné ral Franz Halder. Celui-ci avai osé lui affirmer que les Allemands déjà engagés dans le Caucase, n pourraient contenir les troupes qu les Soviétiques allaient jeter dans l bataille de Stalingrad. « Vous ête un officier de la vieille école, vou manquez d'ardeur nazie », lui a d le Führer. « Ce n'est pas un chef d guerre responsable, mais un fana tique », a commenté Halder.

Franz Halder, un soldat clairvoyar

L'Amérique prépare une bombe atomique

Washington, 23 septembre
Lors d'une réunion du cabinet de Henry Stimson, il vient d'être décidé de confier à l'armée un projet d'arme secrète : la « bombe atomique ». Les scientifiques, dont le professeur Vannevar Bush, ancien vice-président du MIT, ont finalement accepté que le programme atomique soit dirigé par les militaires. En retour, l'armée s'est engagée à donner une priorité absolue au projet. Le colonel Leslie Groves, promu aujourd'hui au grade de général et nommé directeur général du projet, est déjà en route pour le Tennessee afin d'y trouver un site possible pour la future « usine » atomique. Dès octobre 1939, des scientifiques qui avaient quitté l'Europe, Albert Einstein en tête, avaient averti le président Roosevelt que, si les Etats-Unis ne mettaient pas rapidement en chantier la bombe atomique, ils seraient devancés par les nazis.
Au début du mois, un officier américain avait discrètement pris des mesures pour réserver aux Etats-Unis l'entière production de la mine de Shinkolobwe au Congo belge, le plus grand gisement au monde d'uranium, minerai nécessaire à la fabrication de la bombe. Averti de ses nouvelles fonctions, le colonel Groves a déclaré qu'il aurait préféré être envoyé au front, ce à quoi il lui fut répondu que, « s'il menait à bien sa mission, la guerre serait gagnée ». (→ 25.11)

Le secrétaire à la Guerre Stimson.

Le dernier combat de l'Insaisissable

Arras, 24 septembre
L'Insaisissable est mort cette nuit à la prison d'Arras. Charles Debarge y avait été transporté hier après avoir été gravement blessé dans un guet-apens, alors qu'il se rendait à un rendez-vous clandestin en pleine campagne. Depuis des semaines, sa tête était mise à prix. Ce militant communiste avait participé à des actions de sabotage de l'Organisation spéciale tout en continuant à descendre chaque jour à la mine, jusqu'à son arrestation et son évasion, en août 1941. Il était alors entré dans la clandestinité. Au sein de l'OS puis des FTP, il était l'un des principaux responsables du sabotage dans la région Nord, et certainement l'un des plus efficaces.

Les vacances des petits allemands

Allemagne, 23 septembre
C'est aujourd'hui le deuxième anniversaire du décret de Hitler accordant aux autorités le droit d'envoyer les enfants des villes dans des camps de jeunesse situés à la campagne. Là, les Jeunesses hitlériennes leur inculquent la doctrine nationale-socialiste et les entraînent au maniement des armes.
Chaque année, les petits Allemands passent ainsi plusieurs semaines de « vacances » loin de l'influence de leurs parents.

1942

Septembre

Di	Lu	Ma	Me	Je	Ve	Sa
		1	2	3	4	5
6	7	8	9	10	11	12
13	14	15	16	17	18	19
20	21	22	23	24	25	26
27	28	29	30			

27. Nouvelle-Guinée : les Australiens repoussent les Japonais de Ioribaiwa. Ces derniers reculent rapidement le long de la piste Kokoda.

27. Tokyo : Masayuki Tani, nouveau ministre japonais des Affaires étrangères, annonce qu'il poursuivra la politique de non-agression envers l'URSS.

27. Atlantique : le Liberty Ship *Stephen Hopkins*, armé d'un seul canon de 100 mm, coule le corsaire allemand *Stier* et est coulé par ce dernier.

28. Java : des renforts japonais débarquent sur la côte nord.

28. Nouvelle-Guinée : la 32e division d'infanterie américaine arrive à Port Moresby. Elle rejoint les assaillants de Wairopi (→ 1.10).

28. URSS : le front de Stalingrad est renommé front du Don par les Soviétiques. Le front sud-est du général Eremenko devient le nouveau front de Stalingrad (→ 11.10).

28. France : le circuit du Tour de France est réduit, à cause de l'existence de la ligne de démarcation.

29. Tokyo : l'espion soviétique Sorge est condamné à mort.

29. Madagascar : une force sud-africaine débarque à Tuléar, sur la côte sud-ouest. Elle occupe le port et l'aéroport qui permettent de contrôler le canal de Mozambique (→ 19.10).

29. Berlin : Hitler ordonne la construction de cinq tours de DCA en Allemagne pour renforcer les défenses contre les attaques aériennes alliées.

30. Tobrouk : l'avion de Hans Joachim Marseille est abattu. As de la Luftwaffe, il meurt avec 151 victoires à son actif.

30. Berlin : dans un discours au Palais des sports, Hitler se moque du commandement allié comme « militairement idiot [...], mentalement malade ou continuellement ivre ».

30. Europe : ce mois-ci, 14 000 Juifs de France, 6 000 des Pays-Bas et 5 000 de Belgique ont été déportés à Auschwitz. 20 000 Juifs polonais sont morts à Belzec (→ 3.10).

Représailles nazies contre les Tchèques

Prague, 29 septembre
L'assassinat de Reinhard Heydrich continue d'entraîner de violentes représailles contre la population tchèque. Pour avoir prêté assistance ou donné asile aux assassins de Heydrich, 252 personnes ont été condamnées à mort. Les familles de Josef Valcik et Jan Kubis, deux des assassins, ont été arrêtées et déportées en totalité au camp de concentration de Mauthausen. La famille Novak, y compris leur fille de 14 ans, Jindriska, a aussi été condamnée à mort. Après le meurtre de Heydrich, les Novak avaient donné asile à Kubis.

Les hommes de Rommel à l'épreuve

El-Alamein, 30 septembre
Tandis que des milliers de soldats britanniques s'entraînent à l'arrière du front sous l'œil averti de leur nouveau chef, le général de division Bernard Montgomery, des unités de la 8e armée sont allées tester les lignes de défense de l'Afrikakorps. Ces troupes allemandes ont également un nouveau chef, le général Georg Stumme, car Rommel est hospitalisé en Allemagne.
Deux brigades appartenant à la 44e division ont donc attaqué les positions allemandes de la dépression du Munassib. La bataille s'est déroulée au sud de la ligne El-Alamein, provoquant de lourdes pertes de part et d'autre. (→ 20.10)

Une école touchée par la « Luftwaffe »

Petworth, Sussex, 29 septembre
Un bombardier allemand isolé a plongé vers le sol ce matin pour larguer ses bombes à basse altitude sur une école, anéantissant le bâtiment qui abritait 85 écoliers et provoquant la mort de 31 garçons et de deux professeurs. Dans ce village de 2 500 habitants du sud de l'Angleterre, les parents se sont précipités pour creuser à mains nues dans les décombres. Les sauveteurs sont parvenus à dégager 28 enfants vivants mais grièvement blessés. ▷

Les Américaines répondent présent

Les femmes sont appelées à travailler à la fabrication des bombardiers...

Etats-Unis, 30 septembre
Tous les Américains, à commencer par la première dame, s'accordent à reconnaître que les femmes joueront désormais un nouveau rôle dans l'effort de guerre américain. Non seulement elles devront être formées en conséquence, mais leurs employeurs, les commerçants, les militaires et les hommes de loi, devront l'être aussi. Mme Eleanor Roosevelt a ainsi lancé un appel pour que les tâches domestiques des femmes travaillant à l'effort de guerre soient allégées. Elle a appelé les restaurants à préparer des repas à emporter pour les travailleuses et milite pour un meilleur système de crèches et de transport des écoliers. Ce mois-ci, des cours de soudure et de bobinage d'armatures ont débuté pour les femmes. Mme Elinore M. Herrick, promue chef du personnel aux chantiers navals Todd, a déclaré que l'apprentissage de métiers plus difficiles ne saurait tarder, un sursis de six mois seulement s'appliquant à la conscription des hommes de métier « semi-qualifiés ». Dans les 27 usines de Republic Steel, un millier de femmes ont été engagées pour fabriquer et assembler les pièces et les accessoires des avions. Elles portent l'uniforme et reçoivent un salaire égal à celui des hommes. L'accès aux fourneaux leur est toutefois refusé en raison des hautes températures. A la question de savoir si Republic Steel embaucherait plus de femmes à l'avenir, l'un des vice-présidents a rétorqué : « Il y en a déjà trop à l'heure actuelle. » Il était entouré de 25 femmes journalistes.
Les métiers de production ne sont pas les seuls accessibles désormais aux femmes. L'université Columbia donne des cours pour celles qui désirent devenir ingénieurs assistants à la Grumman (aéronautique). La Croix-Rouge, qui a besoin d'aides soignantes, compte les recruter parmi les femmes « oisives ». Selon la WAACS et la WAVES, les femmes se présentent en nombre record, et la dirigeante de la WAVES, Mildred McAfee, affirme ne pas être gênée par son nouveau surnom de « vieux type ».

... ou bien comme aide-machiniste.

1942

Octobre

Di	Lu	Ma	Me	Je	Ve	Sa
				1	2	3
4	5	6	7	8	9	10
11	12	13	14	15	16	17
18	19	20	21	22	23	24
25	26	27	28	29	30	31

1er. Nouvelle-Guinée : MacArthur ordonne aux Alliés d'attaquer Buna et Gona (→ 10).

2. Pacifique : des marines américains occupent l'atoll Funafuti, près des îles Gilbert, et y installent une base militaire.

2. Etats-Unis : le prototype Bell XP-59A Airacomet, le premier avion à réaction américain, effectue son premier vol d'essai à Muroc Dry Lake, dans le désert de Californie.

2. Atlantique : le paquebot britannique *Queen Mary* heurte et coule son croiseur d'escorte, le *Curacao* : 338 morts.

2. Londres : un Comité de coordination des mouvements de résistance de la zone libre est créé, en accord avec de Gaulle. Il comprend les chefs de Combat, Libération et Franc-Tireur (→ 11.11).

3. Pologne : le transfert des Juifs de Varsovie se termine. 310 332 ont été envoyés dans les camps de la mort (→ 21).

4. Allemagne : « Cette guerre n'est pas la seconde guerre mondiale : c'est la guerre des races », déclare Göring.

5. Chine : Tchang Kaï-chek réincorpore formellement la province du Xinjiang à la Chine. Il demande à l'URSS d'en retirer ses troupes.

6. Paris : une bombe explose au cinéma Maillot-Palace, où le PPF fait projeter *le Juif Süss*.

7. Atlantique : le destroyer *HMS Active* coule l'*U-179* au large de la ville du Cap.

7. Washington : Roosevelt annonce qu'après la guerre une commission sera créée, qui jugera les coupables de meurtres massifs et d'atrocités.

9. Guadalcanal : chargés de protéger la piste Henderson, les marines repoussent les Japonais au-delà du fleuve Matanikau (→ 12).

9. Moscou : Staline supprime les pouvoirs de décisions militaires des commissaires politiques dans l'armée.

10. Nouvelle-Guinée : la base de ravitaillement des Japonais, à Rabaul, est bombardée par l'aviation américaine (→ 17).

Premier lancement réussi d'une fusée par les Allemands

Allemagne, 3 octobre
La troisième fois fut la bonne. A la station expérimentale secrète de Peenemunde, sur les rives de la Baltique, la fusée A4 a accompli son premier vol libre après les deux échecs de juin et de juillet.
Dernier-né du jeune et brillant savant Wernher von Braun et du général Walter Dornberger, directeur du centre, l'A4 mesure 14 mètres de haut et pèse 13,2 tonnes. Au travail sur leurs prototypes de fusées depuis 1932, Wernher von Braun et Walter Dornberger doivent maintenant convaincre le ministre de l'Armement, Albert Speer, de lancer la production de l'A4 à grande échelle.

Un navire japonais scellé en cercueil

Zhejiang, 1er octobre
Un navire qui transportait des prisonniers de guerre alliés a sombré aujourd'hui au large des côtes de la Chine. Torpillé par le sous-marin américain *Grouper*, le *Lisbon Maru*, un navire de 7 152 tonnes, transportait 1 816 prisonniers. Avant de l'évacuer, les gardes japonais ont verrouillé les écoutilles, emmurant vivants 840 prisonniers britanniques et canadiens. Ceux qui purent se jeter à l'eau furent fauchés par les mitrailleuses des navires d'escorte.

Mot d'ordre : bricolez et réparez.

La lutte antinazie s'accroît en Europe

Europe, 3 octobre
La lutte armée contre les nazis s'intensifie en Europe occupée, et les Allemands réagissent avec leur brutalité coutumière. Ils ont lancé aujourd'hui une vaste offensive contre les partisans, l'opération *Regatta*, près de Smolensk et de Gorki. Hier encore, les partisans ont dynamité cinquante poteaux télégraphiques près de Peklina. Dans d'autres territoires occupés, la population mène aussi la vie dure aux occupants et à leurs sympathisants. Au Danemark, par exemple, les Danois qui se sont enrôlés dans l'armée allemande sont agressés par leurs concitoyens à leur retour d'Union soviétique.

'ictimes soviétiques des nazis.

.es SS étoffent leur :ollecte d'hiver

:erlin, 1er octobre
osef Goebbels, ministre allemand e la Propagande, a donné hier le oup d'envoi de la 4e collecte d'hier de la guerre. Il a annoncé que, année dernière, les donations reueillies auprès de la population vaient atteint 1,2 milliard de eichsmarks. La majeure partie de collecte sert à financer des orgaisations d'assistance sociale qui occupent des familles défavories, comme la NSV (sécurité soale nationale-socialiste). La quête t conduite de porte à porte par des embres de la NSV et d'organisaons nazies, Jeunesses hitlériennes, A et SS en tête, qui rappellent aux téressés leur « devoir » civil.

Raids de jour pour les avions américains

Les membres de l'équipage d'un bombardier revêtent leur tenue de vol.

Londres, 9 octobre
Les avions de la 8e armée de l'air américaine sont récemment passés à de vastes opérations diurnes de bombardement, à l'inverse de la RAF qui se cantonne à des attaques nocturnes. La différence de style de commandement est d'autant plus notoire que c'est le général Ira Eaker en personne qui a mené ses hommes au combat le 17 août dans un raid contre la gare de triage de Rouen. La stratégie américaine vise à envoyer de jour des bombardiers puissamment armés et en rangs serrés à l'attaque d'objectifs militaires, plutôt qu'à monter des attaques nocturnes et locales visant à saper le moral de l'ennemi. Aujourd'hui a eu lieu le plus grand raid diurne depuis l'Angleterre, contre les usines de Lille, avec plus de 100 Forteresses volantes B-17 et Liberator B-24 escortés par 500 chasseurs alliés. Quatre bombardiers ont été abattus et un équipage récupéré. A l'actif des chasseurs, les Polonais revendiquent trois « cartons » et la RAF deux, le score des bombardiers n'étant pas encore connu.

4 octobre : le général Tchang Kaï-chek – ici aux côtés de son épouse – a rencontré aujourd'hui l'envoyé spécial des Etats-Unis, Wendel Willkie.

Menottes et bras de fer

Londres, 8 octobre
Suite à un triste conflit entre gouvernements allemand et britannique, les prisonniers de guerre porteront désormais les menottes aux poignets, en contradiction avec la convention de Genève de 1921.
L'Allemagne a ouvert les hostilités en faisant savoir qu'en réponse aux « brutalités » commises par les Anglais sur des Allemands prisonniers lors d'un raid commando contre l'île de Sercq, l'une des îles Anglo-Normandes, le 4 octobre, les 2 190 Britanniques faits prisonniers à Dieppe par les Allemands porteraient les menottes. Au cours des combats de Sercq, cinq Allemands furent capturés et emmenés les poings liés. S'apercevant du petit nombre de leurs ravisseurs, les Allemands se mirent à résister. Alors, redoutant qu'ils ne donnent l'alerte, les commandos abattirent trois des Allemands avant de prendre la fuite. En découvrant les trois soldats abattus et les mains liées derrière le dos, les Allemands ont cru à un meurtre commis de sang-froid. Fou de rage, Hitler ordonna immédiatement des représailles.
La Suisse, qui œuvre pour la protection des prisonniers de guerre, tant anglais qu'allemands, devra à présent convaincre les deux nations de régler le différend de façon politique.

L'état d'urgence est décrété en Norvège

Trondheim, 8 octobre
Josef Terboven, commissaire du Reich en Norvège, est arrivé à Trondheim aujourd'hui pour une opération de représailles. Au milieu de l'après-midi, 10 personnes furent fusillées pour sabotage et 700 arrêtées. Dans ce port qui sert de base à la marine allemande dans ses raids contre les convois britanniques, des résistants norvégiens auraient saboté des installations de communication. Terboven, agissant sous couvert de l'état d'urgence, a placé sous surveillance les chemins de fer, décrété le couvre-feu et la peine de mort en cas de nouvelles tentatives de sabotage ou de résistance sur les lieux de travail.

1942

Octobre

Di	Lu	Ma	Me	Je	Ve	Sa
				1	2	3
4	5	6	7	8	9	10
11	12	13	14	15	16	17
18	19	20	21	22	23	24
25	26	27	28	29	30	31

11. Italie : la fabrication de jouets est interdite. Les fabriques de jouets doivent se reconvertir dans l'armement.

12. Atlantique : un Liberator du Coastal Command de la RAF coule un U-Boot. C'est la première victoire contre un sous-marin de ce bombardier à long rayon d'action (→ 24).

12. Washington : 600 000 Américains d'origine italienne sont rayés de la liste des « ennemis étrangers ».

13. Guadalcanal : un régiment d'infanterie de l'armée américaine vient renforcer la 1re division de marines.

14. Guadalcanal : la piste Henderson est bombardée par les cuirassés japonais *Kongo* et *Haruna*. 48 avions américains sur 90 sont détruits (→ 23).

14. Stalingrad : les défenseurs de l'usine Octobre rouge soutiennent des attaques presque constantes.→

14. Vinnitsa : Hitler ordonne la suspension de toutes les opérations sur le front de l'Est, excepté à Stalingrad et sur le fleuve Terek dans le Caucase.

14. Manche : la vedette lance-torpilles britannique *MTB 326* coule le navire corsaire allemand *Komet*.

15. Moscou : le gouvernement soviétique réclame le jugement immédiat de Rudolf Hess et de tous les généraux allemands détenus par les Alliés.

15. France : en zone libre, François Mitterrand constitue le Mouvement de résistance des prisonniers de guerre (MRPDG).

16. Thaïlande : des sous-marins américains minent les abords de Bangkok (→ 26.11).

16. Inde : un cyclone fait 40 000 morts au Bengale. Il désorganise le ravitaillement du front de Birmanie.

17. Nouvelle-Guinée : violents combats entre Japonais et Australiens à Eora Creek, sur la piste Kokoda (→ 22).

17. Ecosse : la flotte d'invasion alliée pour l'opération *Torch* du mois prochain en Afrique du Nord se rassemble dans l'estuaire de la Clyde (→ 23).

Bataille navale au large de Guadalcanal

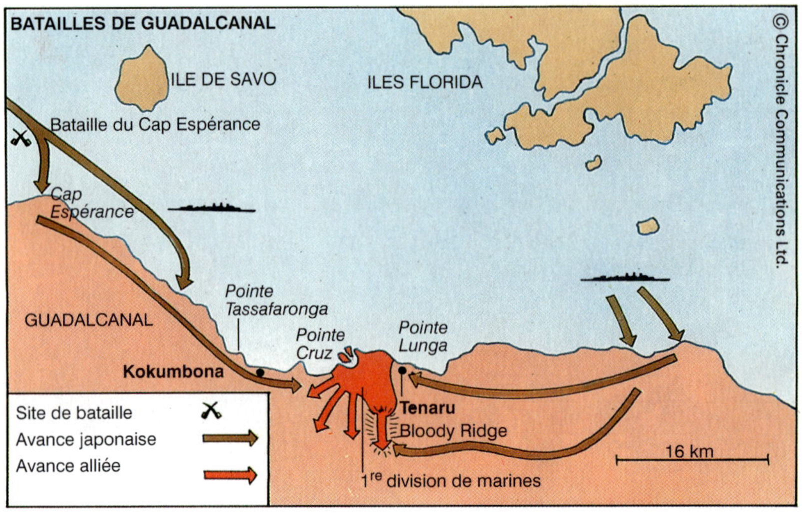

Archipel des Salomon, 12 octobre
Un combat naval décisif s'est déroulé cette nuit au large de l'île de Guadalcanal. Une force américaine a attaqué une escadre japonaise, coulant un croiseur et un destroyer. Les Américains ont perdu le croiseur *Boise* et deux destroyers. Cette « victoire » est importante pour le moral des marins américains qui étaient jusqu'à présent convaincus de la supériorité des Japonais dans les combats de nuit. La mission des deux flottes qui se sont affrontées était de protéger les convois de soldats qui sont acheminés vers Guadalcanal en vue de la bataille pour le contrôle de l'île. La force navale japonaise était composée de trois croiseurs, de huit destroyers et de deux hydravions ravitailleurs et transportait 718 soldats de la 2e division. De son côté, le vice-amiral Norman Scott était chargé de défendre – de façon offensive s'il le fallait – le convoi américain. Hier, Scott recevait un rapport de reconnaissance aérienne lui signalant que la flotte japonaise se dirigeait à toute allure vers Guadalcanal. Il a décidé de l'intercepter au large du cap Espérance. Les Japonais, qui ignoraient la présence de l'ennemi, se sont trouvés pris par surprise sous le feu des navires américains. Le croiseur *Furutaka* était envoyé par le fond. Les destroyers japonais ont profité de la bataille pour débarquer leurs troupes, mais pour la première fois, les Japonais ont subi un revers au cours d'un combat nocturne.

Recensement des criminels de guerre

Londres, 17 octobre
Les gouvernements alliés ont décidé de mettre sur pied une commission chargée d'enquêter sur les crimes de guerre commis par les nazis et leurs collaborateurs.
Celle-ci dressera une liste des criminels et rassemblera contre eux des preuves qui seront produites lors des procès qui se tiendront après la guerre. Hitler figurera en tête de liste, suivi des leaders et des collaborateurs du parti nazi. Ensuite viendront les Allemands servant dans les pays occupés, les autochtones d'origine allemande travaillant pour le compte des envahisseurs et les dirigeants collaborateurs, ceux que Churchill surnomme les « Quisling », d'après le nom du numéro un norvégien.

Bombardement des usines Schneider

Le Creusot, 17 octobre
Quatre-vingt-quatorze Lancaster de la RAF ont traversé la France à très basse altitude à la tombée de la nuit pour aller bombarder les usines d'armement Schneider du Creusot, à 270 km au sud-est de Paris. La mission a été un succès. Un seul Lancaster est porté manquant malgré l'absence de couverture de la chasse.

Réarmement clandestin en France et en Afrique du Nord

Premiers essais du prototype de l'automitrailleuse élaboré clandestinement en zone sud, dont plusieurs centaines d'exemplaires ont été commandés.

France, 17 octobre
Depuis juillet 1940, un servic[e] CDM (camouflage du matériel) [a] été mis en place au sein de l'armé[e] d'armistice, afin de préparer la r[e]prise des hostilités. En zone libre, l[e] colonel Mollard récupère et ca[mou]fle des armes et des munitions. Aujourd'hui, dans le parc du châ[teau] de la Carrière, à Marquay, u[n] prototype d'automitrailleuse a fa[it] ses premiers essais. Mais c'est su[r]tout en Afrique du Nord que [le] CDM a pris de l'extension grâc[e] à l'appui du général Weygand. U[n] peu partout, des armes légères, de[s] canons et des munitions ont été ca[]chés au nez et à la barbe des o[f]ficiers allemands et italiens de [la] Commission d'armistice.

Stalingrad : nouvel assaut allemand

Un groupe de soldats allemands fait mouvement au milieu des décombres en flammes, dans l'enfer de Stalingrad.

Stalingrad, 17 octobre
La Wehrmacht a aujourd'hui déployé trois divisions d'infanterie et deux divisions de Panzer sur un front de cinq kilomètres. Ce nouvel assaut s'est accompagné d'intenses bombardements aériens et de mitraillages en piqué.
Les deux principaux objectifs des Allemands sont l'usine de tracteurs Dzerjinski et l'usine Barricade (voir la carte p. 333). La première résiste toujours. Aux alentours, le sol est jonché de cadavres de soldats allemands qui ont été victimes du feu roulant de l'artillerie soviétique.
Dans l'usine Barricade, des combats acharnés se déroulent à l'intérieur même des ateliers. L'espace est si réduit que chacun peut entendre la respiration de l'ennemi.
L'éclatement d'une grenade, le crépitement d'une rafale de pistolet-mitrailleur, le souffle brûlant d'un lance-flammes, et la pièce est nettoyée.
Ces combats aveugles rappellent les boucheries de la Grande Guerre. Certaines divisions de la 62e armée soviétique ont été totalement anéanties. Beaucoup d'unités composées de civils à peine entraînés ont subi des pertes énormes. Mais les survivants sont devenus de véritables experts en combats de rue et se battent avec courage.

a terrible bataille du convoi SC-104 contre les U-Boote

tlantique nord, 16 octobre
Gêné dans sa progression par un ort vent de sud-ouest et une mer lémontée, le convoi SC-104 a subi attaque d'une meute de sous-narins allemands appartenant au roupe Wotan. Par miracle, seulement huit des quarante-sept navies marchands qui le composaient nt été coulés. Les U-Boote ont epéré le convoi le 12, mais il leur tait difficile d'effectuer des visées ans de telles conditions météorologiques. Le 13, l'*U-221* s'est rapproché et est parvenu à couler trois ateaux en quarante minutes. Le ndemain, il en a encore coulé eux. Et dans les premières heures e la matinée, trois autre sous-narins ont envoyé chacun un cargo ar le fond. Les navires d'escorte se taient alors sur les traces laissées ar les U-Boote « comme des x-terriers », selon l'expression u capitaine de frégate Heathcote. e roulis réduisait l'efficacité de urs sonars. Toutefois, les attaques pétées à la grenade sous-marine ont forcé certains U-Boote à faire surface. C'est ainsi qu'hier un Liberator de la RAF est parvenu à couler l'*U-661*. La nuit dernière, le destroyer *Viscount* commandé par le capitaine de corvette Waterhouse a éperonné et coulé l'*U-619*. Mais les dommages causés par la collision l'ont contraint à quitter le convoi. L'*U-353* a été coulé aujourd'hui par le *Fame*, le bateau leader de l'escorte.

La mer démontée de l'Atlantique nord cache des meutes de sous-marins.

Réseaux d'aide aux prisonniers évadés

Paris, 17 octobre
Les aviateurs abattus derrière les lignes ennemies et les prisonniers de guerre qui parviennent à s'évader rejoignent l'Angleterre par le biais des réseaux clandestins, mis en place par la Résistance française et avec l'aide des agents parachutés en Belgique, au Luxembourg et en France par le MI9 – le département du renseignement britannique chargé des évasions. L'un des chefs du MI9, le capitaine Airey Neave, s'est évadé de la forteresse de Colditz, déguisé en officier allemand, et est parvenu à gagner la Suisse à pied.
Le devoir de tout militaire, s'il est pris, est de s'évader. Il dispose à cet effet d'un certain équipement. Par exemple, un des boutons de l'uniforme d'aviateur se dévisse pour laisser apparaître une boussole. Sur son foulard de soie est imprimée la carte qui lui permettra de rejoindre son pays. Ses bottes de vol se transforment en chaussures de marche. Une scie à métaux et de la monnaie étrangère y sont dissimulées. On apprend ainsi aux équipages la façon de s'évader et de voir du pays avant de pouvoir prendre contact avec la résistance. Par prudence, on ne leur donne pas de noms ni d'adresses de correspondants. C'est à eux de trouver les patriotes susceptibles de les mettre en relation avec les résistants. Si tout se passe bien, les évadés sont nourris, vêtus, dotés de faux papiers et amenés par étape jusqu'à la frontière espagnole ou suisse, ou bien jusqu'à un terrain d'atterrissage clandestin où un Lysander ou un Hudson de l'escadrille spéciale de la Royal Air Force viendra les chercher.
L'un des plus courageux de ces chefs de réseau, parfois surnommés « chefs d'orchestre », est Andrée de Jongh, une Belge de vingt-quatre ans qui dirige le réseau Comète. La filière conduit de Bruxelles à Gibraltar, en passant par Paris, les Pyrénées et Bilbao.

1942

Octobre

Di	Lu	Ma	Me	Je	Ve	Sa
				1	2	3
4	5	6	7	8	9	10
11	12	13	14	15	16	17
18	19	20	21	22	23	24
25	26	27	28	29	30	31

18. Pacifique sud : le vice-amiral Halsey remplace le vice-amiral Ghormley au commandement du secteur.

19. Delhi : le général Stilwell soumet à Tchang Kaï-chek des plans pour l'armée chinoise en Birmanie, dont l'équipement de 30 nouvelles divisions (→ 3.11).

19. Madagascar : les troupes britanniques continuent de progresser au sud. 800 soldats de l'armée de Vichy sont capturés près d'Ivato (→ 29).

20. Egypte : la RAF bombarde les aéroports de l'Axe pour s'assurer la suprématie aérienne à El-Alamein.

21. URSS : les Allemands essaient de couper la route de ravitaillement des Soviétiques vers Leningrad. Ils lancent une attaque sans succès contre l'île Suho sur le lac Ladoga.

21. Pologne : en sept jours, 20 000 Juifs de Piotrkow ont été gazés à Treblinka.

22. Cherchell : les Alliés préparent l'opération *Torch*. Robert Murphy, envoyé du Président Roosevelt, le général Clark, et le général Eisenhower discutent avec les réseaux de résistants. (→ 8.11)

22. Stalingrad : les premières neiges tombent sur les collines en dehors de la ville (→ 27).

23. Birmanie : les premiers combats se déclenchent entre Britanniques et Japonais dans l'Arakan (→ 17.12).

23. Egypte : Montgomery lance la seconde bataille d'El-Alamein par une préparation d'artillerie intensive (→ 24).

23. Etats-Unis : un convoi de transports de troupes appareille pour l'Afrique du Nord (→ 25).

23. Guadalcanal : les marines américains repoussent une tentative des Japonais de franchir le Matanikau (→ 24).

24. El-Alamein : alors que sa voiture est prise entre deux feux, le général Stumme meurt d'une crise cardiaque. Rommel est rappelé de son lit d'hôpital.

24. Atlantique : un bombardier Liberator coule l'*U-599*. C'est le troisième sous-marin coulé par la RAF en quatre jours.

Essoufflement japonais à Guadalcanal

Cet avion américain ne rejoindra jamais le terrain de Henderson Field.

Guadalcanal, 24 octobre
Malgré l'engagement de quatre cuirassés, de deux porte-avions et de vingt mille hommes, les Japonais paraissent sur le point d'échouer dans leur tentative d'arracher aux Américains l'île de Guadalcanal dans l'archipel des Salomon. Leur offensive a débuté il y a trois jours, fortement appuyée par les tanks et l'artillerie. Mais ils ont été tenus en échec derrière la rivière Matanikau sur les rives de laquelle leurs blindés ont été balayés. Deux autres assauts sont actuellement menés le long des rivières Lunga et Tenaru par la 2e division d'infanterie placée sous le commandement du général Maruyama. Les troupes japonaises ont dès à présent subi de lourdes pertes, notamment face à la division Americal qui a débarqué récemment. L'objectif visé par les attaques japonaises est la base aérienne de Henderson Field, qui est la cible de bombardements répétés depuis plusieurs jours.
A Washington, le président Roosevelt suit de près les opérations. Il a demandé aux chefs d'état-major de tenir à tout prix la position de Guadalcanal. Tout dépend à présent de la capacité des défenseurs américains à résister et du nombre de soldats engagés du côté japonais. Il semble en effet que les services de renseignements japonais, habituellement si fiables, se soient trompés cette fois sur l'évaluation des forces américaines.

Raids de la RAF sur l'Italie du Nord

Italie, 24 octobre
Pour la première fois, des Lancaster britanniques ont bombardé des villes italiennes. La nuit dernière, cent avions ont effectué un raid au-dessus de Gênes, et aujourd'hui ils étaient cent douze à traverser en plein jour le barrage de ballons pour frapper Milan. La nuit prochaine, d'autres opérations sont prévues dans le triangle Gênes-Turin-Milan. Ces assauts répétés coïncident avec l'offensive de la 8e armée à El-Alamein.
Un pilote de Lancaster a raconté : « Nous avons traversé la Manche au ras des flots, puis nous avons survolé la France à très basse altitude, et très regroupés. Nous pouvions voir des Français nous faire signe de la main. » L'escadrille a ensuite franchi les Alpes à une altitude inférieure à celle du mont Blanc avant d'émerger des nuages 4 000 pieds (environ 1 200 m) audessus de la gare de Milan. Survolant le terrain de football, les aviateurs ont pu voir le ballon sur la pelouse. Puis ils ont largué leurs « cookies » de 4 000 livres... Le soleil se couchait sur les Alpes lorsqu'ils ont entamé leur voyage de retour long de 1 200 km. Trois bombardiers seulement ont été abattus. Un résultat qui confirme l'efficacité des vols à basse altitude et en grande formation pour les missions diurnes, en dépit du manque de protection des Lancaster.

Des Français dans les usines du Reich

Paris, 20 octobre
Le chef du gouvernement de Vichy, Pierre Laval, a envoyé aujourd'hui cent mille ouvriers français travailler dans les usines allemandes, au titre du Service du travail obligatoire, où ils rejoindront les milliers de leurs compatriotes. Le 11 août, le premier convoi de prisonniers de retour d'Allemagne croisait le premier train d'ouvriers français volontaires. Hitler a promis à Laval de libérer un prisonnier pour trois travailleurs. Tous les Français âgés de 18 à 50 ans et les Françaises célibataires âgées de 21 à 35 ans sont susceptibles d'être enrôlés.

21 octobre : à l'occasion du jour anniversaire de la victoire de Trafalgar, le Premier ministre sud-africain, le maréchal Jan Smuts, s'adresse à des parlementaires britanniques réunis à la Chambre des lords.

Montgomery attaque à El-Alamein

Les blindés alliés encombrent les routes qui ont été dégagées par les démineurs au milieu du « jardin du diable ».

El-Alamein, 24 octobre
Après des mois passés à peaufiner les détails de l'offensive, 195 000 soldats ont rassemblé leurs forces en vue de la plus grande des batailles à laquelle ils aient jamais participé. Certains vérifient leurs armes pour la centième fois, d'autres jouent aux cartes au clair de lune, d'autres encore prient. Les officiers regardent leurs montres. A 21 h 40 précises hier soir, le silence du désert a été déchiré par l'entrée en action d'un millier d'armes lourdes. Le sol tremblait sous les pieds des démineurs qui progressaient dans le « jardin du diable » – les huit kilomètres de champs de mines installés par Rommel –, afin de délimiter des chemins.
Le premier barrage d'artillerie a duré un quart d'heure. Le vacarme a cessé peu avant 22 h pour laisser la place quelque temps au son aigu de la cornemuse, avant de reprendre de plus belle. C'était là le signal de l'offensive pour l'infanterie. Baïonnette au canon, la 51ᵉ division de Highlanders, la 1ʳᵉ division sud-africaine et la 1ʳᵉ division néo-zélandaise se sont élancées en courant pour ouvrir la voie aux blindés. La progression des Highlanders a été si rapide que ceux-ci se sont trouvés pris sous le feu de leur propre artillerie. Au prix de lourdes pertes, ils sont quand même parvenus à enlever la crête pourtant bien défendue de Miteiriya. Par ailleurs, la 9ᵉ division australienne se préparait à attaquer au nord tandis que la 44ᵉ division indienne faisait diversion dans le sud. Le général Montgomery, dit « Monty », n'avait pas d'autre choix que d'attaquer de front. La faille infranchissable de Qattara interdisait en effet toute manœuvre d'encerclement.
Le succès de l'offensive dépend à présent de la percée des blindés. Leur assaut simultané a donné lieu, dans un premier temps, à un gigantesque embouteillage, sous le feu de l'artillerie allemande. Après un violent échange de mots sous la tente de Monty, les choses semblent maintenant rentrées dans l'ordre.

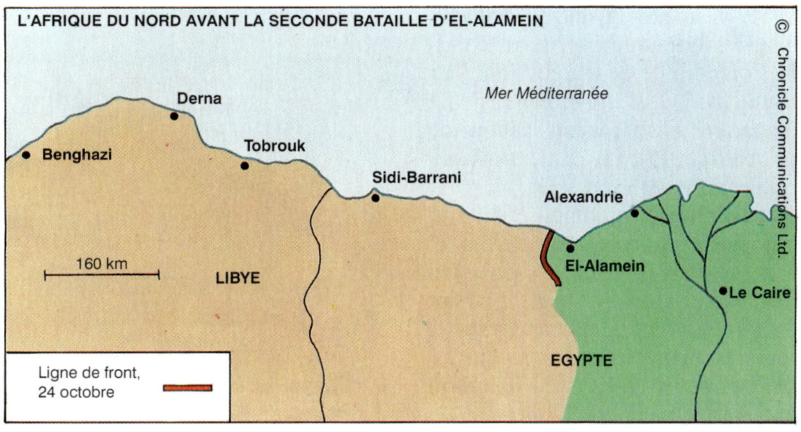

Les commandos, un souci pour Hitler

Berlin, 18 octobre
Constatant les revers que subissent ses armées, Hitler a édicté une directive secrète concernant les commandos alliés. Celle-ci ordonne que « dorénavant, les commandos ennemis opérant en Europe ou en Afrique, même en uniforme, qu'ils soient armés ou non, en situation de combat ou non, soient anéantis jusqu'au dernier homme ». Hitler prétend y avoir été contraint par la recrudescence des actions commandos alliées – il préfère ne pas parler de leurs succès. Le général Jodl a fait diffuser la directive en indiquant qu'elle ne devait pas tomber aux mains de l'ennemi.

Malte de nouveau sous les bombes

Malte, 20 octobre
Depuis dix jours, la Luftwaffe bombarde Malte dans le dessein – non atteint à ce jour – de paralyser l'île. Celle-ci continue en effet à défier les bombardements des Italiens et des Allemands qui menacent d'interrompre les communications entre l'Angleterre et l'Afrique du Nord. Les Alliés se défendent bien. Ils déclarent avoir abattu une centaine de bombardiers allemands. Et leurs chefs savent que la prochaine offensive en Afrique du Nord obligera les forces aériennes ennemies à se redéployer.

Assemblée chinoise sans communistes

Chongqing, 22 octobre
La séance inaugurale de l'Assemblée du peuple chinois, qui s'est tenue en l'absence remarquée des délégués communistes, a donné lieu à une mise en garde de Tchang Kaï-chek. Evoquant implicitement la guerre de factions que mènent le Kuo-min-tang et les communistes, il a déploré le gaspillage en hommes et en matériel que cela représentait et les répercussions sur l'effort de guerre de la Chine. Même le succès militaire ne suffira pas à sauver le pays si les dissensions internes subsistent, a-t-il averti.

1942

Octobre

Di	Lu	Ma	Me	Je	Ve	Sa
				1	2	3
4	5	6	7	8	9	10
11	12	13	14	15	16	17
18	19	20	21	22	23	24
25	26	27	28	29	30	31

25. Guadalcanal : les Japonais pilonnent toute la journée les positions américaines. De nuit, ils attaquent sur les rivières Lunga et Matanikau.

25. Bermudes : une escadre de porte-avions américains appareille pour l'Afrique du Nord (→ 8.11).

26. Guadalcanal : la Cactus Air Force ne possède plus que 29 avions opérationnels (→ 27).

26. Chine : des bombardiers américains effectuent des raids sur Canton et Hong Kong.

26. URSS : les Allemands prennent Naltchik, au sud de Piatigorsk, dans le Caucase.

27. Stalingrad : les Allemands avancent à portée de feu des débarcadères soviétiques sur la rive ouest de la Volga. La bande de terrain tenue par l'Armée rouge n'a plus que 300 m de large en moyenne.

27. Allemagne : un jeune de 17 ans est exécuté pour avoir écouté la radio étrangère.

28. Guadalcanal : des renforts japonais débarquent sur la côte nord-ouest, où ils se heurtent à une rude résistance.

28. Gibraltar : le porte-avions *HMS Furious* part pour Malte avec des Spitfire (→ 20.11).

29. Madagascar : les troupes est-africaines font prisonniers 440 soldats de l'armée de Vichy à Alakamisy. Elles occupent Fianarantsoa (→ 7.11).

29. Stalingrad : 60 000 soldats allemands et deux divisions Panzer lancent une nouvelle attaque. Ils avancent seulement de 50 mètres (→ 19.11).

29. URSS : les Allemands massacrent 16 000 Juifs à Pinsk (→ 2.11).

29. Alaska : une route militaire est ouverte à travers l'Alaska.

30. Guadalcanal : des croiseurs américains bombardent les positions japonaises de Pointe Cruz (→ 1.11).

30. France : Edouard Herriot, hostile au régime de Pétain, est placé en résidence surveillée.

31. Atlantique : harcelé depuis une semaine par une meute d'U-Boote, le convoi SL-125 perd son 13e navire (→ 4.11).

El-Alamein : les Alliés progressent

El-Alamein, 31 octobre

Tandis que les obus pleuvent autour de son quartier général, Rommel écrit à sa femme, comme il le fait chaque jour. Désabusé, il évoque « les rivières de sang ruisselant sur cette misérable bande de terre dont l'Arabe le plus pauvre ne voudrait même pas ». Ce sang n'est pas seulement celui de ses soldats, car les Alliés ont perdu plus d'hommes que l'ennemi dans la conquête de cette « misérable bande de terre » qui se trouve être un point stratégique de la défense adverse, la crête Kidney. Celle-ci est tombée aux mains des Alliés. Les pertes en blindés sont également lourdes de part et d'autre. Quatre-vingt-huit des cent onze chars que comptait la 25e division Panzer ont été détruits lors de l'assaut de la crête Kidney. Plus au nord, le 30e corps britannique a perdu deux cents blindés alors qu'il tentait de faire une percée dans les positions allemandes pour faciliter l'assaut de la 9e brigade blindée, des 7e et 10e divisions blindées et de l'infanterie néo-zélandaise. De leur côté, les Australiens bataillent dur dans le Nord pour opérer une percée jusqu'à la route côtière. Rommel semble avoir été abandonné par sa bonne étoile. Encore malade, il avait dû quitter l'Allemagne pour reprendre la tête de l'Afrikakorps après le décès, le 24 octobre, de son remplaçant, le général Stumme. Ce dernier avait succombé à un arrêt du cœur alors que son véhicule était pris sous le feu croisé de l'ennemi. Son « jardin du diable » truffé de mines n'est pas parvenu à arrêter l'offensive alliée. Le général de corps d'armée Bernard Montgomery est le premier qui soit parvenu à faire reculer le Renard du désert. Pour cela, il a mené une guerre d'usure fondée sur une supériorité numérique. Aux 104 000 soldats de Rommel, il a opposé 195 000 hommes, 1 029 blindés – dont 252 Sherman – aux 489 chars allemands, 2 311 canons contre 1 219, et 750 avions contre 675. Et, avantage décisif, il a déchiffré les codes de l'ennemi et connaît donc les plans de Rommel.

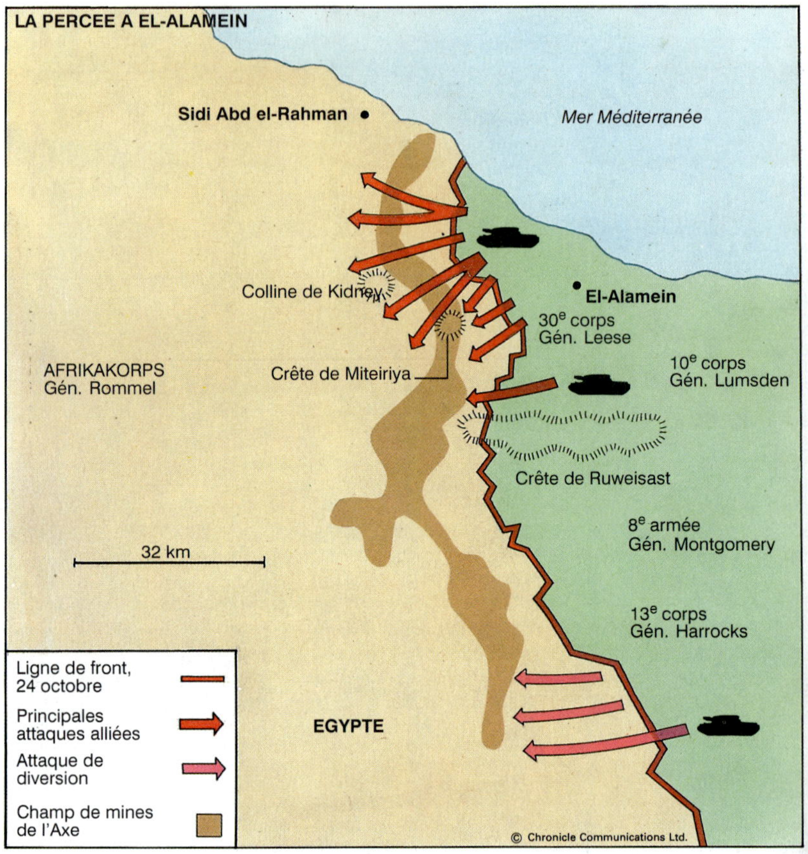

Le char Sherman, un atout décisif dans la guerre du désert

Le Caire, 31 octobre

Le nouveau char américain Sherman M4 a joué un rôle décisif dans l'offensive du général Montgomery à El-Alamein. Quatre brigades blindées britanniques étaient en effet équipées de ce matériel qui leur a été livré à la mi-septembre. Le Sherman dispose d'un canon de tourelle de 75 mm et de trois mitrailleuses.

Son équipage est composé de cinq hommes : un chef, un artilleur et son serveur, un pilote et son copilote. Avec ses 30,5 tonnes, il atteint 38 km/h. Comme le char Grant, il tire des obus explosifs, ce qui lui permet de rivaliser avec le canon antichar allemand de 88 mm.

Le nouveau char américain Sherman M4 équipe les Alliés dans le désert.

La bataille fait rage dans le désert égyptien

’un des membres de l’équipage d’un char allemand immobilisé se rend; deux fantassins britanniques se précipitent aussitôt pour prévenir toute ruse de sa part.

n artilleur s’apprête à venger le bombardement meurtrier de Coventry.

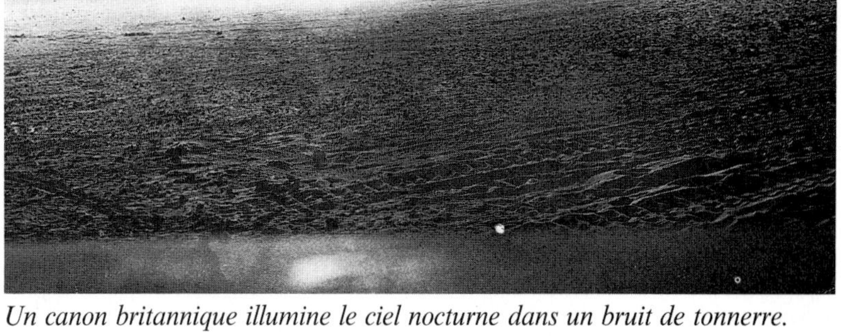

Un canon britannique illumine le ciel nocturne dans un bruit de tonnerre.

Le porte-avions « Hornet » est coulé

Guadalcanal, 27 octobre
Les pertes sont énormes pour les Américains comme pour les Japonais. Deux jours durant, une bataille à l'issue incertaine a fait rage sur mer et dans les airs, au nord de l'île de Santa-Cruz. Pendant ce temps, on se battait à terre, à Guadalcanal, dans les îles Salomon. Du côté américain, un porte-avions, le *Hornet*, a été coulé, et l'*Enterprise* très endommagé. Il n'y a donc plus un seul porte-avions opérationnel dans la flotte américaine du Pacifique. Les Japonais n'en ont perdu aucun, mais les pistes d'envol du *Shokaku* et du *Zuiho*, touchées par des bombes de 500 kg, sont hors d'usage pour des mois. Plus de cent appareils de l'aéronavale impériale ont été détruits : il n'en reste presque plus aucun sur le *Zuikaku*. Deux bâtiments plus petits, le *Hiyo* et le *Junyo*, n'alignent plus à eux deux que cent avions. L'amiral Kondo a certes remporté une victoire numérique. Mais il n'a pas atteint son objectif principal, qui était de s'approcher à moins de 30 milles de Henderson Field, pour pouvoir y utiliser la piste d'atterrissage, toujours tenue par 23 000 marines. Depuis quatre jours, ceux-ci ont repoussé deux attaques massives. Appuyés par les chars, 5 700 Japonais ont donné l'assaut à l'est, mais l'artillerie les a repoussés. Le lendemain, 7 000 hommes, épuisés par une progression pénible, ont attaqué au sud, mais ils ont été défaits et ont perdu 3 500 des leurs.

Le « Hornet » est victime des bombardements en piqué des avions japonais.

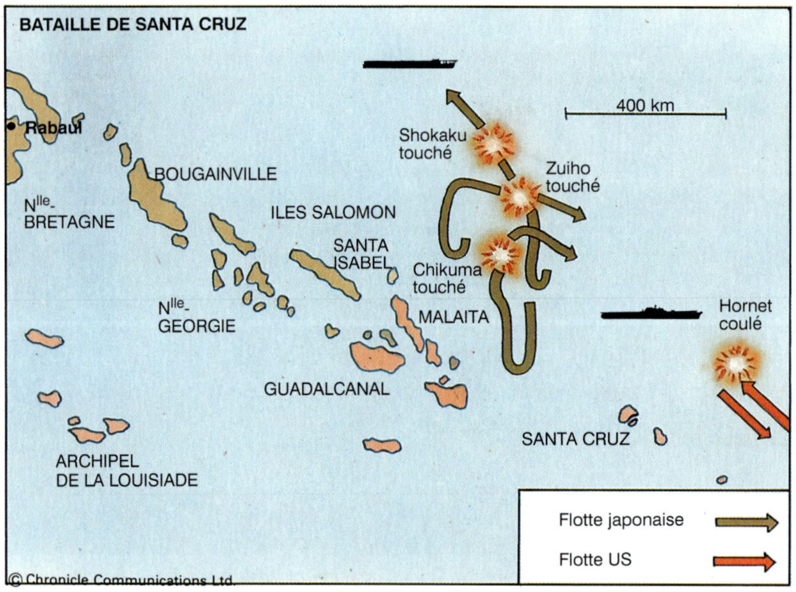

Protestation contre la barbarie nazie envers les Juifs

Londres, 29 octobre
L'Albert Hall accueille ce soir une manifestation organisée pour protester contre les atrocités nazies commises contre les Juifs en Europe occupée. Selon les propres termes de l'archevêque de Canterbury, le Dr William Temple, qui préside cette soirée, ce qui se passe est « si horrible que l'imagination refuse de se le représenter. C'est un retour à la barbarie qui semble avoir pour but l'extermination du peuple juif ». Churchill a déclaré : « Les cruautés systématiques auxquelles le peuple juif est soumis par le régime nazi comptent parmi les plus terribles événements de l'histoire et souillent irrémédiablement ceux qui les commettent et les provoquent. Lorsque ce combat mondial finira par le triomphe des droits de l'homme, la persécution raciale n'existera plus. »
Les chefs des gouvernements en exil participent aussi à cette manifestation. Le général Sikorski déclare « assurer aux Juifs polonais, après la victoire, qu'ils seront traités comme tous les citoyens polonais », ce qu'affirme également Jan Masaryk, qui représente le gouvernement tchèque.
Un million de Juifs auraient été exterminés depuis le début de la guerre. On attend la publication rapide d'un livre blanc du gouvernement sur la question.

Le code était dans le sous-marin coulé

Alexandrie, 30 octobre
Le sacrifice de deux marins anglais, Tony Fasson et Colin Grazier, n'aura pas été vain. Ils sont montés à bord de l'*U-559*, qui venait de se saborder après avoir été attaqué par des destroyers à 70 milles au large de l'Egypte. Ils ont réussi à en sortir une machine Enigma et ses clés de décodage, mais n'ont pu s'échapper du sous-marin, qui a sombré en les entraînant avec lui. Cette prise permettra cependant aux spécialistes de Bletchley Park de progresser dans le décodage des communications des sous-marins allemands.

Moins de sucre pour les gâteaux anglais

Grande-Bretagne, 25 octobre
Les gourmands vont être déçus. Dès demain, les pâtissiers ne pourront ajouter qu'une seule couche de confiture ou de chocolat sur les gâteaux après la cuisson. Le glaçage au sucre blanc est interdit depuis 1940. Les gâteaux ne doivent pas contenir plus de 20 % de matière grasse et 30 % de sucre. Leur prix ne doit pas dépasser 1 livre et 6 shillings par livre. La ration de lait par adulte est de 1,5 l par semaine, et sera sans doute bientôt d'un seul litre. Les femmes enceintes reçoivent un demi-litre en plus par jour.

Les collaborateurs chinois en congrès

Pékin, 27 octobre
Wang Tsing-wei est arrivé à Pékin pour une visite officielle. Le chef du gouvernement fantoche de Nankin assiste à la troisième convention des Hsin-min-hui (Société du peuple nouveau), l'organisation politique collaborationniste de la Chine du Nord. C'est ce groupement qui exerce en fait le pouvoir dans cette partie du pays, théoriquement sous l'autorité du gouvernement présidé par Wang Tsing-wei, en fait manipulé par le Japon. Ses objectifs sont simples : faire adopter à la population de la région une philosophie japonaise de la vie, pour faciliter les manœuvres des Japonais.

Wang Tsing-wei, président fantoche

Les Panzer bloqués dans le Caucase

Union soviétique, 31 octobre
A l'entrée de l'hiver, l'offensive allemande dans le Caucase semble faiblir, face à la résistance soviétique. La 1re armée blindée du général von Kleist est arrêtée à 8 km à l'ouest d'Orjonikidze, en proie à de sérieux problèmes de ravitaillement. Ironiquement, c'est le manque d'essence qui la gêne avant tout, alors qu'elle doit traverser le Caucase jusqu'aux gisements pétroliers de Bakou. La progression allemande a d'abord été rapide, mais aucun des objectifs initiaux des offensives méridionales de 1942 – contrôle des gisements et prise de Stalingrad – n'est réalisé.

Attaque aérienne sur Canterbury

Canterbury, 31 octobre
Les représailles n'ont pas tardé : une semaine après le bombardement de Milan par la RAF, Canterbury a été attaqué. La ville a reçu 52 tonnes de bombes, qui ont fait de nombreuses victimes. Un bus a été atteint et dix passagers sont morts. La tactique employée est celle mise au point par la RAF : approche à basse altitude, au crépuscule, puis attaque brève mais intensive, suivie d'un raid nocturne. La Luftwaffe a engagé dans l'opération 68 chasseurs-bombardiers et 68 chasseurs, dont trois ont été abattus.

« Réservé aux hommes » : pour remonter le moral des soldats.

1942

Novembre

Di	Lu	Ma	Me	Je	Ve	Sa
1	2	3	4	5	6	7
8	9	10	11	12	13	14
15	16	17	18	19	20	21
22	23	24	25	26	27	28
29	30					

1er. Hambourg : le groupe de résistance Jacob-Bästlein est démantelé par la Gestapo.

1er. Guadalcanal : la 1re division de marines américains attaque à l'ouest vers Pointe Cruz.

2. Nouvelle-Guinée : la 25e brigade australienne reprend Kokoda et son aéroport (→ 5).

2. Pologne : dix mille Juifs de la région de Bialystok sont déportés à Treblinka, après une tentative de résistance.

2. Berlin : le Dr Sievers, de l'Institut de l'héritage ancestral, réquisitionne les cadavres de 150 bolcheviques juifs pour dissection. Ils sont pour lui un « type sous-humain typique » (→ 9).

3. Guadalcanal : les Japonais débarquent 1 500 hommes à l'est de Pointe Koli.

3. Yougoslavie : les partisans de Tito s'emparent de Bihac, en Bosnie (→ 15.1.1943).

3. Delhi : Tchang Kaï-chek met 15 divisions chinoises sous les ordres du général Stilwell, pour la campagne de Birmanie.

4. Guadalcanal : le 5e régiment de marines liquide une poche de résistance japonaise et s'installe à Pointe Cruz.

4. Egypte : le général allemand von Thoma est fait prisonnier.→

4. Londres : Churchill préside la 1re réunion du Comité anti-U-Boote. Il doit coordonner les efforts des scientifiques et des militaires dans la bataille de l'Atlantique (→ 19).

5. France : par l'opération *Minerve*, le général Giraud embarque au Lavandou sur le sous-marin *HMS Seraph* (→ 7).

6. Port Moresby : arrivée du général MacArthur qui vient diriger la campagne de Nouvelle-Guinée (→ 9).

6. Afrique du Nord : des pluies torrentielles transforment le sable du désert en boue, et coupent les contacts radio.

7. Guadalcanal : le 164e régiment d'infanterie américain occupe Pointe Koli (→ 13).

7. Egypte : les troupes alliées entrent à Marsa Matrouh. Les Allemands ont évacué la ville.→

Madagascar s'est enfin rendue

Ambalavao, 6 novembre
La bataille de Madagascar est terminée : elle aura duré six mois. Les forces françaises soumises à l'autorité de Vichy, dirigées par le gouverneur Annet, n'ont demandé la reddition qu'hier. Elles sont totalement isolées au sud-est de l'île. Les Alliés, avec dans leurs rangs beaucoup de Sud-Africains, ont progressé lentement : leurs adversaires ont fait sauter les ponts et abattu des arbres en travers des routes. Cette campagne, entreprise pour prévenir une attaque japonaise, a coûté la vie de cinq cents hommes, et les soldats ont beaucoup souffert de la malaria.

Staline réclame un second front

Moscou, 6 novembre
La Grande-Bretagne et les Etats-Unis sont responsables des succès allemands en URSS. C'est du moins l'opinion exprimée par Staline, telle qu'il l'a exprimée dans un discours tenu lors d'une cérémonie pour fêter le 25e anniversaire de la révolution russe. Selon lui, en effet, si un second front avait été ouvert en Europe, « les Allemands n'auraient pu obtenir un tel succès. [Cela] leur a permis de mener à bien leurs opérations sans être eux-mêmes menacés. » Il s'est déclaré certain que ce second front s'ouvrira car, a-t-il ajouté, « nos Alliés en ont besoin autant que nous ».

Fido est dressé à disperser le brouillard

Les torchères de pétrole éclaircissent la brume et balisent le terrain.

Grande-Bretagne, 4 novembre
La mission des aviateurs devient encore plus risquée avec l'arrivée de l'hiver. Le brouillard est particulièrement dangereux, en particulier pour les bombardiers de la RAF qui reviennent après avoir effectué de longs vols au-dessus de l'Allemagne. Faire atterrir un bombardier lourd dans la brume, surtout s'il est endommagé, relève de la chance et du hasard. Beaucoup d'appareils ont été perdus lors de cette manœuvre. Il y a quelques mois, Churchill avait chargé le Petroleum Warfare Department, section chargée des questions pétrolières en temps de guerre, d'examiner le problème. Mission accomplie : la solution se nomme Fido, sigle utilisé pour Fog Investigation Dispersal Operation. Il s'agit d'un système composé de torchères à pétrole, disposées régulièrement le long des pistes. Allumées peu avant les décollages ou les atterrissages, elles se sont révélées très efficaces : elles réduisent les nappes de brouillard et accroissent la visibilité. Trois aérodromes, équipés de systèmes d'approche très modernes, vont en être dotés : Carnaby, Manston et Woodbridge. Les appareils touchés en mission seront dirigés vers l'un d'entre eux à l'aide d'un système de radioguidage nommé Darkee. Il est cependant douteux que le système Fido, qui nécessite la pose de nombreuses conduites souterraines, soit opérationnel dès cet hiver. ▷

L'opération « Supercharge » fait reculer Rommel

El-Alamein, 3 novembre
Le Renard du désert bat en retraite. Erwin Rommel a ordonné hier à ses troupes un nouveau repli devant la nouvelle offensive lancée par une 8e armée britannique qui sent que l'adversaire est à sa merci. Hitler veut toujours tenir El-Alamein, mais il est trop tard. Rommel a retardé sa retraite un moment, mais cela n'a fait que diminuer ses chances de stabiliser le front. Les Alliés avaient lancé sans succès une première offensive. Montgomery s'est alors retourné sur les lignes allemandes de l'intérieur des terres, moins bien défendues. L'opération *Supercharge* prévoyait à l'ouest un assaut du 13e corps d'armée du général Leese, tandis que les divisions blindées du 10e corps contiendraient les attaques des Panzer de Rommel, la 9e division australienne réalisant des opérations de diversion plus près de la côte.
L'offensive a commencé tôt hier matin. La contre-attaque allemande a été rude : plus de 200 chars anglais ont été mis hors de combat. Toutefois, hier soir, les Alliés pouvaient encore compter sur plus de 600 chars opérationnels. Les Allemands n'en avaient plus que 30, qu'ils ne peuvent même pas utiliser faute de carburant. Rommel s'est alors résigné à décrocher, laissant ainsi le champ libre aux hommes de Montgomery.

Autrefois si fiers, les hommes de Rommel, épuisés, font à présent retraite.

Onze jours et onze nuits de combats

Les soldats britanniques chargent une position ennemie, baïonnette au canon.

Afrique du Nord, 4 novembre
Le magnifique clair de lune de la nuit du 23 au 24 octobre dernier restera sans doute dans la mémoire de bien des soldats. D'un seul coup, une salve d'artillerie a retenti : un long cauchemar commençait, qui allait durer onze jours. Pour les hommes qui, baïonnette au canon, ont connu l'horreur des combats au corps à corps, la bataille du désert demeurera à jamais un souvenir terrifiant. Selon George Greenfield, un lieutenant des Buffs qui a servi à El-Alamein, ce sont les simples soldats qui ont le plus souffert : « Ce n'était pas si difficile de rester au quartier général de l'armée, et d'envoyer les autres au casse-pipe. » Il se souvient de l'amputation de la jambe d'un de ses camarades, dont il maintenait le pied : « J'étais là, accroupi sur le sable, tenant stupidement la jambe une fois détachée, toujours avec sa chaussette et son brodequin, sur mon genou. Je ne savais pas, avant, ce que pesait une jambe à elle seule. » D'autres survivants évoquent le sonneur du régiment écossais des Black Watch, Duncan McIntyre, âgé de dix-neuf ans. En première ligne, déjà blessé deux fois, il a continué à jouer jusqu'à ce qu'une rafale de mitrailleuse le réduisît à jamais au silence.

Montgomery, nouveau héros du désert

Le général Montgomery félicite des officiers de la division des Highlands.

Londres, 7 novembre
Son nom est sur toutes les lèvres, dans une Grande-Bretagne qui se prépare à fêter dignement sa victoire. Monty, en s'emparant d'El-Alamein, a donné à sa patrie le succès dont elle avait désespérément besoin. Il est devenu son héros. Bernard Montgomery était jusque-là complètement inconnu des Britanniques. Aujourd'hui, son portrait est en première page de tous les journaux. Pour la première fois depuis les désastres de Dunkerque, Singapour et Tobrouk, le pays se reconnaît dans un vainqueur. La prise d'El-Alamein a été rendue possible grâce à la préparation méticuleuse imposée par Montgomery. Le général a insisté pour que la 8e armée soit spécialement entraînée et pour que chaque soldat sache exactement ce qu'on attendait de lui. Depuis son arrivée en Egypte, Monty semble être partout organisant, tyrannisant, malmenant, félicitant, galvanisant ses hommes et renvoyant tout officier soupçonné d'avoir une « mentalité défensive ».
Fort soucieux de l'amour-propre de ses troupes, il arbore en permanence les insignes d'au moins trois régiments, même s'il paraît avoir choisi en définitive de porter le béret noir du Royal Tank Corps.

La seconde évasion du général Giraud

France, 7 novembre
L'opération *Minerve* s'est déroulée sans incident. Le général Giraud, à qui les Américains et les Britanniques proposent de prendre le commandement des troupes d'Afrique du Nord et de combattre à leurs côtés, a quitté la France sans encombre. Dans la nuit du 5 au 6, un sous-marin de la Royal Navy, le *Seraph*, sans identification, son équipage en uniforme américain, car le général Giraud ne voulait pas faire appel aux agresseurs de Mers el-Kébir, a embarqué le général, son fils, l'aspirant Bernard Giraud, le capitaine Beaufre et l'enseigne de vaisseau Giret, son officier d'ordonnance. En pleine mer, un hydravion les a pris à son bord pour les mener à Gibraltar. La nuit suivante, près de Cros-de-Cagne, le sous-marin *F-217* embarquait le capitaine Carlos, gendre du général Kœnig, le radio Robert Philippe, et les agents qui avaient fait évader Giraud, Roger et Edgard Gerlach, recherchés par la Gestapo.

Un régiment de baroudeurs pour la RAF

Le major David Stirling aux côtés de membres du Special Air Service.

Le Caire, 1er novembre
Le détachement «L» de la brigade spéciale de l'armée de l'air prend de l'ampleur : il devient le premier régiment des services spéciaux de l'armée de l'air britannique. Les survivants de la brigade dirigée par le major David Stirling, qui ont effectué pendant douze mois des sabotages au-delà des lignes tenues par Rommel, vont être rejoints par d'autres vétérans de la guérilla. Il s'agit du Middle East Commando (30 officiers et 300 hommes, dont Stirling ne veut qu'un tiers); d'une compagnie de parachutistes des FFL (14 officiers, 80 hommes); de l'Escadron sacré grec (14 officiers, 100 soldats), et d'une unité navale d'élite (15 officiers, 40 hommes). D'autres unités spéciales existent : le SOE, le régiment de parachutistes, l'Armée privée de Popski, etc.

Les Australiens tentent de prendre Oivi

Nouvelle-Guinée, 5 novembre
Tout en continuant à avancer sur la piste Kokoda, les troupes australiennes ont lancé une attaque massive contre les Japonais qui battaient en retraite, afin de prendre le contrôle de la ville d'Oivi, au pied des monts Owen Stanley. Après la chute de Kokoda le 2 novembre, une brigade australienne s'est heurtée près d'Oivi à des défenseurs très déterminés, sur environ 5 km. Les Japonais, qui ont creusé des tranchées, résistent âprement. Pour les prendre à revers, une autre brigade d'Australiens tente de les approcher sur leur flanc sud afin de couper leurs communications avec l'arrière. Si Oivi tombe, la route de Gona et Buna, sur la côte nord, sera libre, mais cette route mènera les Australiens vers d'autres combats.

1942

Novembre

Di	Lu	Ma	Me	Je	Ve	Sa
1	2	3	4	5	6	7
8	9	10	11	12	13	14
15	16	17	18	19	20	21
22	23	24	25	26	27	28
29	30					

8. Afrique du Nord : les Alliés déclenchent l'opération *Torch*. Ils débarquent à Alger, à Oran et à Casablanca (→ 10).

8. Vichy : rupture des relations diplomatiques avec Washington, pour «avoir porté la guerre sur le territoire français».

8. Egypte : l'armée de Rommel en retraite repasse la frontière libyenne.

8. Munich : dans son discours pour l'anniversaire du putsch de la brasserie, Hitler dit que Stalingrad est tombé, «excepté de toutes petites parties».

9. Nouvelle-Guinée : des forces de l'infanterie américaine sont aéroportées de Port Moresby à Natunga.

9. Pologne : ouverture du camp de concentration de Majdanek avec l'arrivée de 4 000 Juifs de Lublin (→ 25).

10. Alger : l'amiral Darlan demande aux troupes de Vichy en Algérie et au Maroc de ne plus résister aux Alliés (→ 17).

10. Nouvelle-Guinée : la 16e brigade australienne s'empare d'Oivi. Les Japonais perdent 600 hommes dans la bataille.

11. Libye : la 8e armée britannique occupe Bardia sans tirer un seul coup de feu (→ 12).

11. France : la Wehrmacht déclenche l'opération *Anton*, l'invasion de la zone libre.→

12. France : les Allemands occupent Marseille et arrivent à Toulon. Darlan ordonne à la flotte de rejoindre l'Afrique, mais il n'est pas obéi (→ 27).

12. Tunisie : des unités allemandes débarquent à Tunis et à Bizerte.

13. Iles Salomon : dans le détroit du Fond-de-Ferraille, les Japonais sabordent le cuirassé *Hiei*, touché par des avions-torpilleurs et des bombardiers en piqué américains (→ 15).

13. Nouvelle-Guinée : les Australiens anéantissent les arrière-gardes des Japonais près du fleuve Kumusi (→ 17).

14. Tunisie : le général Barré concentre les troupes françaises à Medjez el-Bab pour rallier les forces alliées.→

Le Premier ministre danois est pronazi

Copenhague, 9 novembre
Les nazis ont finalement contraint Christian X à nommer le pronazi Erik Scavenius, Premier ministre. En septembre, à l'occasion des 72 ans du monarque, Hitler lui avait envoyé des félicitations obséquieuses. Le roi, qui n'aime ni le Führer ni les nazis, avait répondu par un accusé de réception très sec. L'«outrage» ayant rendu furieux le chancelier allemand, il a exigé l'installation d'un gouvernement plus docile. Scavenius, qui conserve aussi le portefeuille des Affaires étrangères, est particulièrement impopulaire. Il a imposé le pacte antikomintern aux Danois et les a encouragés à combattre les Russes.

Delestraint, chef de l'Armée secrète

France, 11 novembre
L'évolution de la situation – débarquement allié en Afrique du Nord et invasion de la zone sud – nécessite une rapide mise en place de l'Armée secrète, organe destiné à fédérer les troupes de divers mouvements de résistance et les cadres de l'armée d'armistice. Le général de Gaulle vient de nommer à sa tête le général Delestraint. Henri Frenay, chef du réseau Combat, le secondera dans ses relations avec les réseaux et le familiarisera avec le travail clandestin. L'AS espère le ralliement de nombreux officiers.

Les forces alliées débarquent en Afrique du Nord

Afrique du Nord, 8 novembre
L'opération *Torch* est lancée. Depuis ce matin, 100 000 soldats américains et anglais débarquent sur les plages algériennes et marocaines. Préparé dans le plus grand secret, l'envoi de troupes alliées en Afrique du Nord a surpris les autorités françaises qui ne s'attendaient pas à une action alliée avant 1943. Seuls étaient au courant certains chefs militaires favorables aux Alliés et les responsables de la résistance civile. Le général Mast, commandant la division d'Alger, et le colonel Jousse, major de la garnison, en liaison avec Henri d'Astier de La Vigerie et le docteur Henri Aboulker, ont organisé l'occupation des centres vitaux d'Alger par des détachements civils. Dès deux heures du matin, la grande poste, la préfecture et les centraux téléphoniques sont contrôlés par la résistance. Un groupe commandé par l'aspirant de réserve Bernard Pauphilet a réussi à isoler dans sa résidence de la villa des Oliviers le chef des forces françaises en Afrique du Nord, le général Juin. A Blida, le général de Montsabert s'est arrangé pour neutraliser la base aérienne.
Mais la situation va évoluer de manière inattendue, du fait de la présence de l'amiral Darlan à Alger venu au chevet de son fils, terrassé par une attaque de poliomyélite. Revenues de leur surprise, les troupes françaises ripostent. Dans le port d'Alger, le contre-torpilleur canadien *Broke* est coulé, des soldats américains sont faits prisonniers. Le général Juin est libéré par des gardes mobiles et destitue Mast et Jousse sur-le-champ.
En Oranie et au Maroc, les plans de la résistance n'ont pu être exécutés. A Oran, le général Boissau destitue le colonel Tostain qui l'avait imprudemment alerté. Au Maroc, Noguès fait arrêter le général Béthouart et déclenche le dispositif de défense. A Casablanca, les troupes du général américain Patton rencontrent elles aussi une résistance acharnée.

Des soldats américains débarquent d'une barge sur la plage d'Arzew, près d'Oran, où ils essuient le feu des Français fidèles au gouvernement de Vichy.

Pétain ordonne de rejeter les Alliés

Vichy, 10 novembre
C'est le chargé d'affaires américain Pinckney Tuck qui a prévenu dès le 8 le maréchal Pétain du débarquement allié. Celui-ci a réagi en ordonnant aux troupes d'Afrique du Nord de résister. Le gouvernement de Vichy estime que l'Afrique du Nord, territoire français, doit être défendue contre l'ennemi d'où qu'il vienne et que la France doit se tenir à l'écart du conflit du fait de sa faiblesse.

Cessez-le-feu en Afrique du Nord

Maroc, 11 novembre
Les armes se sont tues. Ce matin à 2 h 30, le général Noguès a ordonné la cessation des hostilités au Maroc et en Oranie, conformément aux instructions qui lui ont été transmises d'Alger. C'est dans ces deux secteurs que les combats les plus meurtriers ont eu lieu. A Oran, dix-sept navires français ont été coulés. A Casablanca, la totalité de la flotte française a été détruite.
Dans l'ensemble de l'Afrique du Nord, les pertes cumulées des Alliés et des troupes françaises se montent à environ 4 000 morts et blessés. Finalement, c'est avec l'amiral Darlan que le commandant en chef américain, le général Clark, a négocié un armistice général. Il a été obligé de forcer la main à l'amiral qui a pris autorité sur toute l'Afrique du Nord au nom du maréchal Pétain. Ce dernier l'a finalement désavoué, et, hier, il envoyait l'ordre de continuer à résister. Aujourd'hui, il a nommé le général Noguès son seul représentant en Afrique du Nord. Mais celui-ci vient de rallier Darlan.

Est-ce « le début du commencement » ?

Londres, 10 novembre
Churchill exulte. Il a plusieurs raisons pour cela : la victoire à El Alamein, le débarquement en Afrique du Nord, la résistance de Malte aux assauts allemands, et les bonnes nouvelles d'URSS. Mais il sait que tout n'est pas encore gagné. Ce soir à un dîner donné à Mansion House il a déclaré : « Ce n'est pas la fin Ce n'est même pas le commencement de la fin. Mais c'est, peut-être, le début du commencement. »

Invasion de la zone sud

Les troupes allemandes entrent en zone libre ; ici, dans une ville du Sud-Ouest.

France, 11 novembre
Les troupes de l'Axe occupent la zone sud. L'opération *Attila*, rebaptisée *Anton* pour d'évidentes raisons de susceptibilité, a été déclenchée par Hitler après que le chef du gouvernement de Vichy, Pierre Laval, eut refusé de laisser les Allemands occuper la Tunisie. Dans une lettre adressée au maréchal Pétain, le Führer a justifié son action par la nécessité de protéger le sud de la France d'une possible invasion, après le débarquement allié en Afrique du Nord. C'est l'évasion du général Henri Giraud du château de Königstein et son transfert en Afrique du Nord la semaine dernière avec l'aide des Britanniques qui auraient décidé Hitler à faire occuper la zone libre. Pétain, qui avait là l'occasion de passer en Afrique du Nord, a refusé de quitter la métropole, malgré les conseils de Weygand et de nombreux officiers. Le territoire jusque-là régi par le gouvernement de Vichy est désormais occupé par les forces de l'Axe, à l'exception d'une petite enclave autour du port de Toulon, afin probablement de ne pas effrayer la marine française.

Général de Lattre : premier obstacle

Vichy, 12 novembre
De Lattre de Tassigny a été arrêté par les autorités de Vichy. A l'annonce de l'invasion de la zone sud, le général commandant la division militaire de Montpellier avait voulu, avec quelques autres officiers, mettre en application le plan de résistance du général Giraud qu'avait diffusé le général Verneau, chef d'état-major des armées, en profitant de l'absence de l'amiral Darlan. Il envisageait ainsi d'évacuer une partie de l'armée d'armistice vers l'Algérie, ce qui n'était pas au goût du général Bridoux, secrétaire d'Etat à la Guerre.

Général Weygand : second obstacle

Saint-Pourçain, 12 novembre
Le mythe de la volonté de résistance du maréchal Pétain s'est aujourd'hui effondré. Le général Weygand a en effet été arrêté par la Gestapo alors qu'il revenait de Vichy. Depuis qu'il était rentré d'Afrique du Nord, Weygand n'occupait plus de fonctions officielles. Il n'en incarnait pas moins le symbole de la résistance à l'occupation allemande aux yeux des détracteurs de la politique de collaboration à outrance de Pierre Laval. Les Allemands viennent de balayer le dernier obstacle qui pouvait encore les gêner en zone sud.

1942

Novembre

Di	Lu	Ma	Me	Je	Ve	Sa
1	2	3	4	5	6	7
8	9	10	11	12	13	14
15	16	17	18	19	20	21
22	23	24	25	26	27	28
29	30					

15. Iles Salomon : le cuirassé américain *Washington* coule le cuirassé japonais *Kirishima*. A Guadalcanal, 4 transports de troupes nippons sont coulés. Ils ont débarqué 4 000 hommes ; 2 000 sont tués sur la plage.→

15. Algérie : la 1re armée britannique passe la frontière et occupe Tabarka, en Tunisie.

16. Tunisie : un bataillon de parachutistes américains occupe Souk el-Arba.

17. Nouvelle-Guinée : 1 000 soldats japonais viennent renforcer Buna et Gona (→30).

17. Vichy : promulgation de l'acte constitutionnel n° 12 qui donne à Laval le pouvoir de signer seul lois et décrets.

18. Tunisie : des attaques allemandes sont repoussées à Medjez el-Bab par le 19e corps d'armée français, et à Djebel Abiod par une brigade de la 78e division britannique (→25).

19. Libye : les Alliés s'emparent de Benghazi.→

19. Norvège : une opération anglo-norvégienne contre l'usine d'eau lourde de Vermork échoue. Le planeur de l'équipe de sabotage s'est écrasé.

19. Stalingrad : les Soviétiques achèvent une opération de ravitaillement de 2 semaines. 160 000 hommes, 430 chars, 600 canons, 4 000 véhicules et 7 000 tonnes de munitions ont été transbordés par bac sur la Volga (→20).

19. Grande-Bretagne : l'amiral Horton remplace l'amiral Noble au commandement des approches ouest. Il est responsable de la sécurité des convois de l'Atlantique.

20. URSS : les généraux Ieremenko, Vatoutine et Rokossovski déclenchent une manœuvre en tenailles pour encercler 22 divisions allemandes (270 000 hommes), entre le Don et la Volga.→

20. France : Paul Reynaud et Georges Mandel sont déportés en Allemagne. La police de Vichy les a livrés aux nazis.

21. Guadalcanal : les Japonais qui ont repris Pointe Cruz hier en sont chassés par l'infanterie américaine (→24).

Les Japonais sans renforts à Guadalcanal

Guadalcanal, 15 novembre
Après trois jours de combat naval, le Japon est contraint par les Américains de renoncer à renforcer sa garnison sur l'île de Guadalcanal. Les pertes sont lourdes pour les deux adversaires, mais ce sont les Japonais qui sortent affaiblis : à l'avenir, ils devront ravitailler leur garnison assiégée en larguant de leurs destroyers des tonneaux flottants qui, espèrent-ils, parviendront jusqu'au rivage.
En fait, il y a eu deux batailles navales séparées. La première a commencé dans la nuit du 12 au 13 novembre quand des croiseurs américains ont intercepté une escadre japonaise à l'est de l'île de Sabo, en route pour ravitailler la garnison de Guadalcanal par le fameux « Tokyo Night Express ». Neuf navires américains furent coulés et cinq gravement endommagés. Le Japon n'en a perdu que quatre, et sept de ses transporteurs ont été touchés. La seconde a débuté le surlendemain, lorsque le Japon a bombardé de jour la base américaine de Henderson Field. Si les pertes américaines sont les plus lourdes, avec quatre vaisseaux touchés contre un pour le Japon, cette bataille est toutefois un succès pour eux, puisqu'elle a eu pour effet d'empêcher l'armée nippone de renforcer ses bases de Guadalcanal.

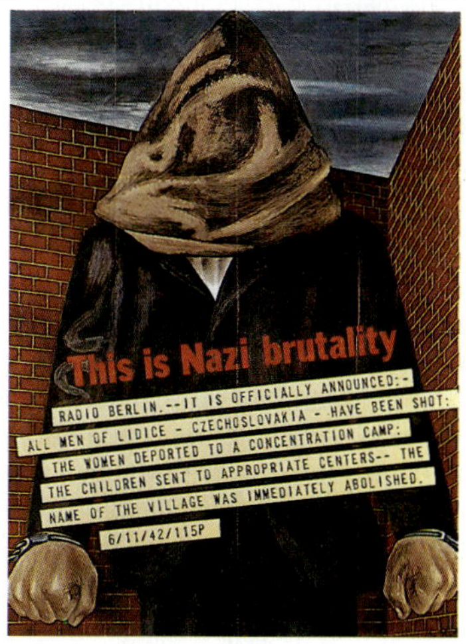

Cette affiche américaine rappelle le massacre par les Allemands des habitants de Lidice, en Tchécoslovaquie, le 6 novembre.

▷

Joukov contre-attaque à Stalingrad

Des soldats de l'Armée rouge participant à la vaste contre-offensive soviétique occupent les faubourgs de Stalingrad.

Stalingrad, 21 novembre
Hier, à 7 h 30, dans la brume et le froid, 3 500 canons soviétiques ont donné le signal de la contre-offensive sur Stalingrad. L'opération préparée par le général Joukov porte le nom de code *Uranus*. Elle consiste en deux attaques d'encerclement en tenailles.
L'Armée rouge a réussi une percée rapide en faisant sauter les faibles maillons du dispositif ennemi. A défaut d'effectifs suffisants, les Allemands ont dû faire confiance aux Roumains en poste sur la ligne du Don, qui ont subi de plein fouet le choc de l'offensive soviétique et se sont débandés. L'attaque est tellement puissante qu'elle balaie tout sur son passage. Après la débâcle roumaine, les armées soviétiques rencontrent maintenant les échelons non combattants de la 6e armée allemande. Friedrich Paulus ne dispose comme réserve à lancer sur son flanc nord que de deux groupements : le groupe de soutien Simons et le 48e corps blindé, soit l'équivalent d'une petite division blindée.
Dans le camp adverse, les forces de trois fronts soviétiques sont mobilisées : celles du front sud-ouest dirigées par le général Vatoutine, celles du Don du général Rokossovski et enfin celles de Stalingrad du général Eremenko. La 63e armée de Joukov et la 66e armée de Zhadov, qui étaient chargées de la défense de Stalingrad, se sont jointes à la contre-offensive en attaquant au nord-ouest. Les Soviétiques disposent de 900 chars T-34, de 13 500 canons lourds et de 1 100 avions – le quart de leurs forces aériennes. C'est une Luftwaffe épuisée et diminuée par son engagement sur de multiples fronts qui tente de faire face aux nouveaux chasseurs Lavochkin La-5 et Yakovlev Yak-9, ainsi qu'à une nouvelle version du chasseur-bombardier Sturmovik et à des bombardiers Boston, fournis par les Etats-Unis.

Le général Joukov dans le quartier général souterrain de la 62e armée.

Les Alliés négocient avec Darlan à Alger

Alger, 20 novembre
Roosevelt a tenu à mettre les choses au point au sujet de la politique américaine en Afrique du Nord. « L'accord provisoire actuel n'est qu'un expédient temporaire uniquement justifié par des nécessités de guerre », a-t-il déclaré lors d'une conférence de presse.
L'« expédient » évoqué est l'accord passé le 10 entre le général américain Mark Clark et l'amiral Darlan, commandant en chef des armées de Vichy, qui se trouvait à Alger au chevet de son fils lors du débarquement allié du 8 novembre. Justifiant son geste en agitant la même menace que celle dont Clark a usé à son égard, Darlan a écrit au maréchal Pétain : « Les Américains se sont déclarés décidés à traiter avec Giraud et à couper tout contact avec vous... Je crains qu'il n'en résulte des désordres graves et que l'Afrique ne soit perdue pour nous... En conséquence : ordonne suspension des hostilités en Afrique du Nord et neutralité entière vis-à-vis des belligérants, sous réserve que je conserve une autorité totale sur l'Afrique en votre nom. »
Darlan a en effet été nommé par les Alliés haut-commissaire en Afrique du Nord, sans cesser de représenter le maréchal Pétain qui, depuis Vichy, dénonce sa « félonie » tout en l'assurant secrètement de son appui. Giraud a obtenu le commandement militaire, sous Darlan. De Gaulle, qui se retrouve isolé face à la politique d'« expédient » des Alliés, ne décolère pas.

Volées de cloches pour El-Alamein

Grande-Bretagne, 15 novembre
A travers tout le pays, les cloches des églises, silencieuses depuis juin 1940, ont sonné à toute volée pour fêter la victoire d'El-Alamein. Le carillon de l'abbaye de Westminster a été retransmis par la BBC vers l'Europe occupée. Mais la sonnerie la plus vigoureuse a été celle du dernier clocher encore intact de la cathédrale de Coventry. La victoire de Montgomery a valeur de revanche. Il y a deux ans jour pour jour, la Luftwaffe rasait la ville.

Un convoi parvient à ravitailler Malte

Le déchargement des navires se poursuit après la tombée de la nuit.

Malte, 20 novembre
Les Maltais vont enfin pouvoir manger à leur faim. Des navires marchands britanniques et américains sont aujourd'hui arrivés en convoi à La Valette où ils déchargent leur cargaison.
Les besoins en vivres de l'île étaient pressants. Les Maltais ne disposaient plus que de 1 500 calories par jour et par personne. Aussi la marine britannique n'a pas voulu prendre de risque avec cette opération de convoyage baptisée *Age de pierre*. Les quatre cargos étaient escortés par sept destroyers et par la 15e escadre de croiseurs. Les victoires alliées en Afrique du Nord n'empêchent pas Malte de subir les effets du blocus imposé par les bombardiers de la Luftwaffe basés en Sicile. Il était donc vital que l'opération *Age de pierre* réussisse. Par bonheur, l'attention de l'ennemi était détournée par d'autres opérations. Les quatre navires sont donc arrivés indemnes, excepté le croiseur *Arethusa* qui a été touché par une torpille aérienne. En feu, il a dû être remorqué par le destroyer *Petard* jusqu'à Malte. Cent cinquante-cinq marins ont péri.

La Tunisie, point faible du dispositif allié

Afrique du Nord, 19 novembre
En Tunisie, les forces de l'Axe ont pris l'avantage du fait de la confusion qui a régné dans le camp allié la semaine dernière. Dès le 11 novembre, le général Georges Barré, qui commande les troupes de Tunisie, a rejoint le camp allié, en dépit des pressions de l'envoyé du gouvernement de Vichy, l'amiral Platon. Ce dernier a néanmoins convaincu les amiraux Estéva et Derrien de rester fidèles au maréchal Pétain et de laisser les Allemands entrer à Tunis et Bizerte. En outre, la lenteur de la pénétration alliée a favorisé les desseins de l'Axe. Jusqu'au 13 au soir, un groupement blindé français a attendu les Alliés dans Tunis. Ne voyant rien venir, ils se sont repliés sur des positions plus sûres; la faiblesse numérique des Français a empêché toute velléité d'offensive.

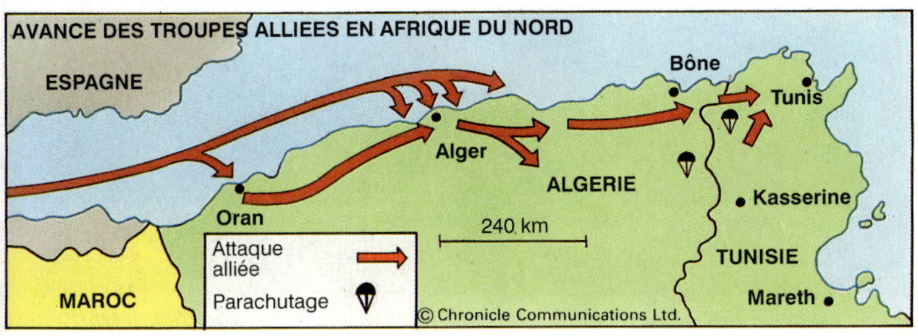

1942

Novembre

Di	Lu	Ma	Me	Je	Ve	Sa
1	2	3	4	5	6	7
8	9	10	11	12	13	14
15	16	17	18	19	20	21
22	23	24	25	26	27	28
29	30					

23. URSS : en prenant Kalatch les armées soviétiques font leur jonction. Elles enferment la 6e armée allemande à Stalingrad.

23. Sénégal : ralliement de la colonie française aux Alliés qui occupent Dakar (→ 28).

23. Rastenburg : Hitler refuse de céder du terrain à Stalingrad. Il ordonne à ses troupes de « s'y établir et d'attendre des renforts ».

24. Iles Salomon : les Japonais débarquent une équipe du génie à Munda pour construire un aéroport (→ 3.12).

24. Berlin : le maréchal von Manstein est nommé à la tête du groupe d'armées du Don, sur le front de Stalingrad (→ 26).

25. Grèce : des résistants font sauter le viaduc de chemin de fer de Gorgopotamos, coupant la voie stratégique reliant Salonique au Pirée (→ 30).

25. Norvège : les Juifs de Bergen sont déportés à Auschwitz (→ 17.12).

25. Tunisie : un détachement américain effectue un raid contre l'aéroport de Djedeida. Il détruit 30 avions allemands.

27. Toulon : l'amiral Laborde ordonne à la flotte française de se saborder.→

28. Djibouti : deux bataillons de l'armée d'armistice se joignent aux FFL.

28. Rastenburg : Hitler rejette la demande de Rommel d'évacuer les forces allemandes d'Afrique du Nord (→ 12.12).

28. Tunisie : les forces alliées atteignent les faubourgs de Djedeida, à 24 km de Tunis.

29. Tunisie : deux bataillons de parachutistes britanniques sont lâchés près d'Oudna, avec mission d'occuper l'aéroport. Les Allemands les repoussent (→ 2.12).

30. URSS : les 12 premiers pilotes du groupe de chasse no 3 des FAFL, le Normandie, arrivent à Ivanovo (→ 5.4.1943).

30. France : après la dissolution de l'armée de l'armistice (60 000 hommes), le général Frère dirige l'Organisation de résistance de l'armée, qui regroupe des officiers (→ 12.6.1943).

Le colonel Fabien est arrêté à Paris

Pierre Georges, alias colonel Fabien.

Paris, 30 novembre
Le résistant communiste Pierre Georges, dit colonel Fabien, a été arrêté dans une rafle, au métro République. Cet ancien des Brigades internationales est un des plus farouches partisans de l'action immédiate. Il a mis au service de la résistance un courage et une audace peu ordinaires, acquis au cours de son expérience espagnole. Il est l'auteur de l'attentat du métro Barbès, qui coûta la vie à l'officier allemand Alphonse Moser, le 21 août dernier. Auparavant, il avait dirigé d'autres actions, comme l'attaque de la librairie franco-allemande *Rive gauche* en novembre 1941.

Des bombes de gros calibre sur Turin

Italie, 29 novembre
Cette nuit, les Lancaster ont une fois de plus fait la démonstration de leur redoutable puissance en larguant pour la première fois sur l'Italie des nouvelles bombes de quatre tonnes. Le Lancaster est entré en service dans la RAF au début de l'année et ces bombes ont été utilisées pour la première fois en avril. En huit jours, c'est le onzième raid aérien que subit Turin, où cent mille bombes de tous calibres ont déjà été déversées. ▷

La flotte se saborde à Toulon

Un soldat allemand regarde les navires de la flotte française s'enfoncer lentement dans les eaux du port de Toulon.

Toulon, 27 novembre
Les marins français ont préféré saborder leur puissante flotte plutôt que de la voir tomber aux mains des Allemands. Deux cuirassés, un croiseur cuirassé, sept croiseurs, vingt-neuf destroyers et deux sous-marins reposent à présent au fond du port de Toulon. L'amiral Darlan avait « recommandé » que la flotte rejoigne les forces alliées en Afrique du Nord. Mais son commandant en chef, l'amiral Jean de Laborde, a préféré attendre la confirmation du maréchal Pétain. Il pensait que jamais les Allemands ne se saisiraient de ses navires, aussi a-t-il longtemps hésité, d'autant que l'émissaire porteur des ordres définitifs avait été capturé par l'ennemi. La Wehrmacht n'avait-elle pas épargné Toulon lors de l'occupation de la zone libre? Or, les Allemands avaient bel et bien prévu de capturer la flotte intacte et ils prévoyaient d'exécuter leur plan la nuit dernière. L'entrée du port avait été minée, et des vedettes rapides chargées de troupes d'intervention se tenaient prêtes à aborder les navires français.

A Londres, Churchill a longtemps espéré le ralliement de la flotte française. « Je ramperais sur des kilomètres pour rencontrer l'amiral Darlan – malgré la haine que j'ai pour lui – et le convaincre de mettre sa flotte à la disposition des Alliés », disait-il.

« Pilote de guerre » sort aux Etats-Unis

New York, 27 novembre
Antoine de Saint-Exupéry, réfugié aux Etats-Unis, y publie son dernier livre, *Pilote de guerre*, en deux versions, française et américaine. Son héros, un pilote, survole la France au moment de l'exode. Persuadé de laisser sa vie dans une mission absurde et sans espoir, il se livre à un long monologue intérieur, où se mêlent souvenirs personnels et réflexions sur le destin de l'homme. Cette œuvre, qui prend la défense des Juifs et prône la poursuite de la guerre, apparaîtra sans doute comme une provocation aux milieux fascistes français. Saint-Exupéry espère pourtant obtenir le visa de censure pour la publier, le mois prochain, à Paris.

Répit dans la fuite de l'Afrikakorps

Libye, 24 novembre
Dans sa fuite après la défaite d'El-Alamein, le maréchal Rommel s'est arrêté à El-Agheila, situé à une centaine de kilomètres au sud de Benghazi. Depuis plus de deux semaines, l'Afrikakorps – bien que très diminué – parvient à conserver une longueur d'avance sur la 7e division blindée et sur les troupes néo-zélandaises de la 8e armée, lancées à ses trousses à travers le désert.

Un centre d'essais nucléaires est créé

Los Alamos, 25 novembre
Le site du futur centre américain de recherche sur la bombe atomique a été choisi. Il s'agit d'une propriété de 25 000 hectares, située à Los Alamos, qui était jusqu'à ce jour un internat de garçons. Cette ville, qui se trouve à 2 200 m d'altitude dans les montagnes Jemez, au Nouveau-Mexique, n'est distante de Santa Fe que de 35 kilomètres.

Le docteur Robert Oppenheimer, nommé directeur du centre malgré ses idées de gauche, a choisi l'endroit : c'est un moyen pour lui de concilier ses deux grandes passions : la physique et le désert.

Ordre de MacArthur : « Prenez Buna ou faites-vous tuer ! »

Nouvelle-Guinée, 30 novembre
Irrité par la lenteur du déroulement de la campagne de Papouasie, le général MacArthur a décidé d'en finir. Il a donné l'ordre au général Robert Eichelberger, qui commande le 1er corps américain, de prendre la tête d'une division et de conquérir Buna, près de Popondetta. « Prenez Buna ou faites-vous tuer ! » lui a-t-il dit. En cas de succès, il a promis de lui obtenir la croix du Distinguished Service Order et de le recommander pour une décoration britannique. Buna est une position réputée « très mûre », mais des Japonais qui ont survécu aux combats pour la piste de Kokoda y sont retranchés.

Des soldats alliés s'approchent avec prudence d'un char japonais détruit.

Les Allemands encerclés à Stalingrad

Stalingrad, 26 novembre

Les Soviétiques sont parvenus à refermer le cercle d'acier et de feu autour de Stalingrad. La tentative allemande de conquérir la ville a échoué.

Il y a trois jours, le lieutenant-colonel Filippov, commandant la 14e brigade d'infanterie motorisée du 26e corps blindé soviétique, a réussi un véritable exploit. Un peu avant l'aube, il s'est présenté à la tête de son détachement, tous phares allumés, sur le pont du Don à Kalatch, alors tenu par l'ennemi, espérant qu'aux yeux des Allemands ses chars passeraient pour des véhicules pris au combat que l'on acheminait vers le centre d'entraînement à la lutte antichar situé non loin de là. Sa ruse a totalement réussi. Le pont fut donc conquis et défendu jusqu'à ce que le reste de la ville tombe.

Le lendemain, les chars de l'Armée rouge ont traversé le pont en nombre et ont fait leur jonction avec la branche sud de la « tenaille » soviétique à Sovetsky, situé à une cinquantaine de kilomètres au sud-est. Le cercle était clos, et le piège refermé. A l'intérieur se trouvent la 6e armée du général Paulus et une partie de la 4e armée de Panzer du général Hoth – soit 270 000 hommes répartis en vingt divisions –, deux divisions roumaines de faible valeur militaire et un régiment croate. L'ennemi est à son tour victime de la tactique d'encerclement qu'il a lui-même voulu appliquer précédemment et dont il connaît déjà l'issue : la destruction des divisions encerclées.

Il est bien trop tard désormais pour tenter de s'échapper vers l'ouest, comme Paulus l'avait un moment envisagé. Alors, il a envoyé un message à Hitler : « La situation militaire est catastrophique, il est vital d'évacuer nos divisions de Stalingrad. » Mais le Führer lui a ordonné de résister. « Je ferai tout ce qui est en mon pouvoir pour ravitailler la 6e armée et pour la désengager lorsque cela sera opportun. » Se fondant sur le succès de l'approvisionnement par la voie des airs des troupes allemandes autour de Stalingrad l'hiver dernier, Göring a promis à Hitler de réitérer l'opération. Mais la Luftwaffe est déjà débordée. Pour acheminer les cinq cents tonnes de carburant et de munitions quotidiennement nécessaires à la survie des Allemands à Stalingrad, il lui faudrait mobiliser tous ses avions de transport. Or, beaucoup de ceux-ci ont été envoyés en opération au Moyen-Orient, et il ne reste qu'un tiers de la flotte aérienne disponible. De plus, le temps est épouvantable, et les deux terrains d'atterrissage que les Allemands contrôlent encore sont menacés par les Soviétiques. Le général Paulus a raison de s'alarmer : la situation militaire est catastrophique.

Les troupes soviétiques referment le piège sur la 6e armée allemande.

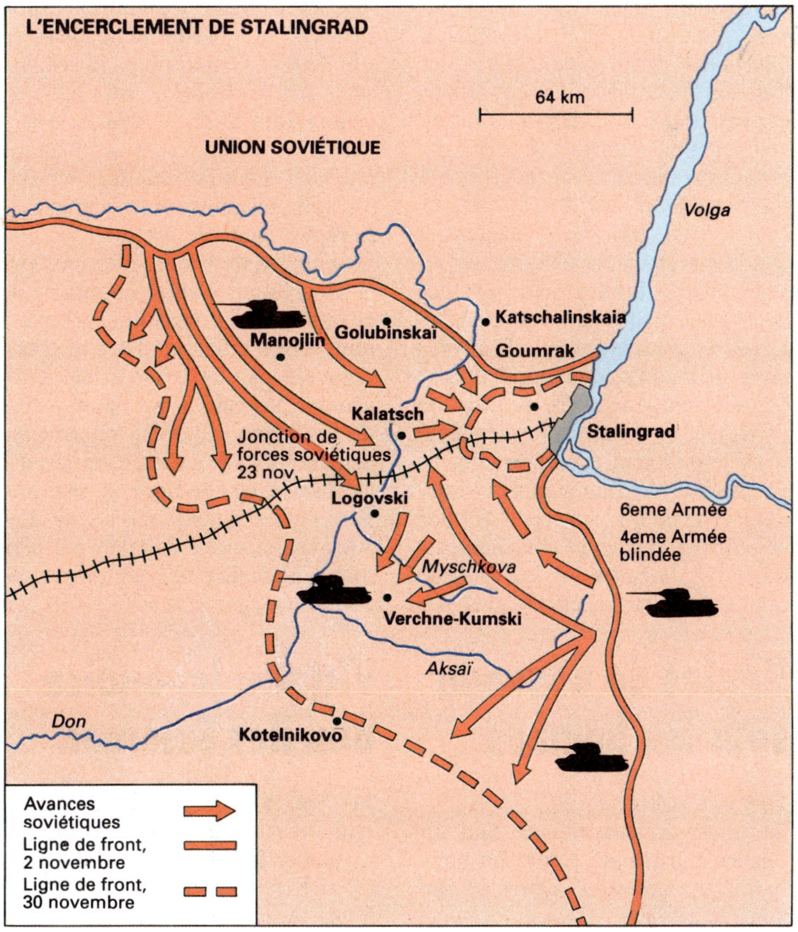

Une France qui collabore, une France qui résiste

France, 28 novembre

L'occupation par la Wehrmacht de la zone libre bouleverse la situation politique en France. De part et d'autre, on s'organise en prévision du combat futur. Les Allemands ont désormais les mains complètement libres pour faire tourner à leur profit les industries françaises. Pour ce faire, ils ont choisi de ne pas toucher à l'édifice construit par le maréchal Pétain en juillet 1940. L'Etat français reste en place bien qu'il ne soit plus désormais qu'un Etat croupion aux mains des ultras de la collaboration. Le divorce entre le gouvernement de Vichy et les Français est net, néanmoins il épargne la personne du Maréchal qui reste toujours populaire. A Vichy même, l'arrivée des Allemands en zone sud a donné à réfléchir. Une partie de l'état-major du réseau Alliance, qui avait préparé le passage du général Giraud en Afrique du Nord, arrêté le 7 novembre, a été libérée avec la bénédiction de la Direction de la surveillance du territoire. Plusieurs agents anglais du SOE emprisonnés ont été élargis avant que les Allemands ne s'en emparent. En certains endroits, les mouvements de résistance ont bénéficié de l'aide des officiers du CDM et ont pu récupérer des armes et des munitions. C'est le cas à Toulouse, grâce à l'action du colonel Noetinger, et à Grenoble où le commandant du parc d'artillerie, le lieutenant-colonel Delaye, avait méthodiquement camouflé du matériel. Les mouvements de résistance cherchent à s'unir. En zone sud, les principaux mouvements, comme Combat, Libération et Franc-Tireur se réclament déjà de la France combattante tout en gardant leur indépendance. A Paris, le colonel Rémy a rencontré aujourd'hui un représentant du PC, Fernand Grenier. Celui-ci devrait se rendre prochainement à Londres pour rencontrer le général de Gaulle.

1942

Décembre

Di	Lu	Ma	Me	Je	Ve	Sa
		1	2	3	4	5
6	7	8	9	10	11	12
13	14	15	16	17	18	19
20	21	22	23	24	25	26
27	28	29	30	31		

1er. Addis-Abeba : l'Ethiopie déclare la guerre à l'Italie, à l'Allemagne et au Japon.

1er. Vichy : dissolution officielle de l'armée d'armistice. Ses meilleurs éléments rejoignent l'Armée secrète ou l'Organisation de résistance de l'armée.

2. Belgique : José Streel, l'un des chefs du mouvement rexiste, incite ses membres à faire de l'espionnage au profit des Allemands.

2. Tunisie : les Britanniques sont arrêtés à Tebourba par les unités allemandes et perdent quarante chars.→

2. Nouvelle-Guinée : l'aviation alliée repousse les Japonais et les empêche d'amener des renforts à Buna (→9).

2. Rome : Mussolini révèle que 40 000 Italiens sont morts au combat, 86 000 ont été blessés et 231 000 faits prisonniers depuis le début de la guerre.

3. Iles Salomon : des bombardiers américains commencent une série de raids sur Munda pour empêcher les Japonais de construire un aéroport (→4.1.1943).

3. URSS : sur le front de Moscou, les Soviétiques font une percée dans les positions allemandes, à l'ouest de Rjev.

3. Vichy : une loi oblige les Français, sous peine de mort, à déclarer les stocks d'armes dont ils ont connaissance.

4. Alger : l'amiral Darlan crée un Conseil impérial. Il assume les fonctions de chef de l'Etat français en Afrique du Nord, considérant Pétain comme prisonnier des Allemands (→24).

4. France : à Gannat, Jean Sainteny, avec l'aide du réseau Alliance, fait évader Claude Hettier de Boislambert.

4. Guadalcanal : les marines américains achèvent une fouille de la jungle commencée depuis un mois. Ils ont perdu 17 des leurs et tué 400 Japonais (→9).

5. Etats-Unis : sur l'avion de chasse Thunderbolt, des pilotes atteignent 1 160 km/h, vitesse très proche de celle du son.

5. Méditerranée : le navire-hôpital allemand *Graz* est coulé au large de la Libye.

Sévère défaite alliée près de Tunis

Les troupes allemandes dotées de matériel lourd résistent farouchement.

Tebourba, 2 décembre
Les troupes alliées qui convergent vers Tunis ont été confrontées à une nouvelle arme diabolique : les Tigre, chars de 56 tonnes équipés de canons de 88 mm. Hitler en a envoyé cinq en Tunisie à titre d'essai. Deux de ces engins ont contribué à infliger une sévère défaite aux Alliés à Tebourba. Les mauvaises conditions météorologiques et les redoutables bombardements des avions allemands avaient déjà retardé l'offensive alliée. Les officiers américains commençaient à se plaindre au général Eisenhower de l'absence de couverture aérienne. Mais le pire était encore à venir.
Le général Nehring a en effet rapidement réagi à l'avancée alliée. Sur ses ordres, de petits détachements ont été parachutés sur les villes de Sousse, Sfax et Gabès. De plus, des unités tiennent la ligne de crête des massifs formant la « dorsale tunisienne », interdisant toute avancée sur Tunis. Les troupes alliées qui avaient pris position sur la route côtière sont tombées dans une embuscade à Djefna. Des commandos ont bien tenté de prendre l'ennemi à revers, mais ils ont finalement dû se replier faute de renforts.
La défense de Tunis, menacée par la progression d'une quarantaine de chars dotés d'armes antichars, a été tout aussi efficace. Tout d'abord repoussé par les tirs d'artillerie, le général Nehring a fait appel à toutes les forces disponibles pour finalement parvenir à mettre en déroute les forces alliées dont la majorité s'est repliée dans la montagne. Les Allemands ont tout de même capturé un millier d'hommes et de nombreux chars.

Première réaction nucléaire contrôlée

Chicago, 2 décembre
L'expérience s'est déroulée dans un laboratoire aménagé sur un court de squash de l'université. L'équipe de chercheurs conduite par l'ingénieur italien Enrico Fermi a fait fonctionner pendant quatre minutes et demie le réacteur alimenté en uranium et isolé par des barres de graphite. La puissance produite n'a été que de un demi-watt. Mais c'était la première fois que des hommes parvenaient à maîtriser une réaction nucléaire en chaîne.
Tandis que Fermi confirmait la réussite de l'expérience, quelqu'un téléphonait à James Conant, responsable de la recherche militaire à Washington, pour lui annoncer que le « navigateur italien » avait atteint le « Nouveau Monde ».

Enrico Fermi, exilé depuis 1939.

Naples de nouveau sous les bombes

Le Caire, 4 décembre
Au cours de leur premier raid sur Naples à partir du Caire, les bombardiers américains Liberator ont coulé le croiseur *Muzio Attendolo* et endommagé six autres navires. On dénombre 159 morts.
Ce raid à longue portée bouleverse les données stratégiques en Méditerranée. Depuis que Rommel occupait l'Afrique du Nord, ces six derniers mois, Naples était épargné. A présent, la ville est à la portée des Liberator basés au Caire.

Victoire japonaise aux îles Salomon

Iles Salomon, 1er décembre
Huit destroyers japonais partant ravitailler leur garnison de Guadalcanal ont infligé une sévère défaite à une escadre de l'US Navy.
Au large de Tassafaronga, ils sont parvenus à envoyer par le fond le croiseur *Northampton* et à en endommager deux autres. Les Japonais ont perdu un destroyer, mais, surtout, une fois de plus, ils n'ont pas pu ravitailler leurs soldats dans l'île. Cette victoire navale regonfle le moral des troupes.

Etat britannique ou Etat providence ?

Grande-Bretagne, 1er décembre
Si le programme de l'économiste li béral William Beveridge est adopté la Grande-Bretagne deviendra u véritable Etat providence après la guerre. Des contributions indivi duelles et patronales financeraien un système de retraite, de presta tions sociales et d'assurance contr la maladie et le chômage. Le gou vernement considère déjà ce proje comme l'une des clés de son plan d reconstruction et lui accorde tout son attention.

Attaque d'U-Boote dans l'océan Indien

Recrutement pour les U-Boote.

Durban, 5 décembre
Trois navires alliés au moins ont été coulés cette semaine dans l'océan Indien. Poursuivant sa politique, qui consiste à frapper les défenses alliées là où elles sont les plus faibles, l'amiral Dönitz a envoyé des U-Boote à large rayon d'action à partir des bases japonaises, et parfois avec l'aide de navires nippons. L'opération s'avère rentable. Un bateau britannique a été coulé au large de la province du Natal avec un millier de soldats sud-africains à son bord. Un autre qui convoyait aussi des troupes sud-africaines et des réfugiés italiens venant d'Erythrée a subi le même sort ainsi que le navire grec *Cleanthis* – l'ancien *Framlington Castle*.

Des « Visiteurs » qui sentent le soufre

Paris, 5 décembre
La victoire du Bien sur le Mal, l'Amour plus fort que la Mort... Malgré la transposition de l'histoire dans un cadre médiéval et le ton délibérément fantastique, qui rompt avec le réalisme poétique auquel nous avait habitué son auteur, *les Visiteurs du soir*, le dernier film de Marcel Carné avec Arletty et Alain Cuny, n'est pas sans évoquer par moments la situation actuelle. On y voit un émissaire envoyé sur Terre par le diable afin d'empêcher un mariage royal et de tomber amoureux de la fiancée.
Et l'on se demande si le cœur qu'on entend battre tout au long du récit n'évoque pas celui, meurtri mais toujours plein d'espoir, de la France? Le film, qui sort aujourd'hui dans deux grands cinémas parisiens, le *Lord-Byron* et le *Madeleine*, suscite déjà des jugements tranchés et contradictoires. Il y a ceux qui n'aiment pas, comme l'écrivain Jean Galtier-Boissière qui l'appelle « les Emmerdeurs du soir ». Il y a même ceux qui détestent, comme Sacha Guitry qui le qualifie de « parodie de chef-d'œuvre luxembourgeois ». Mais beaucoup crient au génie, comme Lucien Rebatet. Quant au public lassé par la guerre, il aime cette fable étrange et poétique.

1er décembre : sur la base aérienne de Henderson Field, à Guadalcanal, cible des Japonais, des avions américains se préparent pour une mission.

1942

Décembre

Di	Lu	Ma	Me	Je	Ve	Sa
		1	2	3	4	5
6	7	8	9	10	11	12
13	14	15	16	17	18	19
20	21	22	23	24	25	26
27	28	29	30	31		

6. Pays-Bas : en volant à basse altitude de jour, la RAF attaque Eindhoven.→

6. Tunisie : les troupes allemandes repoussent la 1re division blindée américaine sur les hauteurs d'El-Guessa.

7. Singapour : un sanctuaire shinto, construit par des prisonniers de guerre, est inauguré au camp de Changi.

7. Atlantique : le paquebot britannique *Ceramic* est coulé par l'*U-515*. Il n'y a qu'un rescapé dans l'équipage.

7. Allemagne : en Rhénanie-Westphalie, la Gestapo arrête 700 jeunes gens. Ils sont membres du groupe zazou les Pirates de l'edelweiss.

8. Madrid : Franco invite les Espagnols à abandonner « leurs préjugés libéraux » et à choisir le fascisme plutôt que le communisme.

8. Gibraltar : trois *maïale* italiens tentent de pénétrer dans le port. L'opération échoue (→ 12).

8. Chine : à Taihu, des soldats du Kuo-min-tang abattent un avion qui transportait des officiers supérieurs japonais dans le Wuhan.

8. Paris : création à la Comédie-Française de *la Reine morte*, pièce de Montherlant.

9. Guadalcanal : le général Patch remplace le général Vandergrift à la tête des forces américaines de l'île.

9. Nouvelle-Guinée : les forces australiennes prennent Gona, après une bataille acharnée au corps à corps (→ 10).

10. Tunisie : quatre bataillons français et une brigade britannique repoussent une colonne de Panzer, à 3 km de Medjez el-Bab (→ 14).

11. Vinnitsa : Hitler refuse d'autoriser la 6e armée à évacuer Stalingrad (→ 12).

12. Moscou : Staline décide de déjouer les tentatives allemandes de ravitailler Stalingrad avant d'écraser l'armée encerclée de Paulus.→

12. Berlin : réouverture de l'Opéra avec l'exécution des *Maîtres chanteurs* de Wagner.

De courageux soldats italiens

Alger, 12 décembre
La nuit dernière, des hommes-grenouilles italiens montés sur des *maïale* sont parvenus à pénétrer dans le port d'Alger où ils ont coulé deux navires marchands et en ont endommagé deux autres.
Les Italiens ne sont pas réputés pour leur bravoure au combat, et beaucoup d'entre eux répugnent à servir aux côtés des Allemands. Mais le courage de leurs nageurs, qui ont déjà opéré avec succès à Alexandrie, à Gibraltar et en Crète, a forcé l'estime de la Royal Navy elle-même. Cela n'empêche pas celle-ci d'utiliser contre eux des grenades percutantes.

Les beaux restes de l'Afrikakorps

Des soldats allemands se reposent.

Afrique du Nord, 12 décembre
Souvent battu mais pas encore vaincu, l'Afrikakorps n'a pas perdu toute capacité de nuire. La progression des Alliés en est très ralentie. Ainsi, à Mersa Brega, la 8e armée a rencontré une farouche résistance de la part des troupes de Rommel, qui sont parvenues à échapper aux chars néo-zélandais. La route de Tripoli est truffée de mines. A Medjez el-Bab, les Forces françaises libres et la 1re brigade de gardes britanniques ont repoussé de violentes contre-attaques ennemies. Et des renforts allemands continuent d'arriver à Tunis. ▷

Les Etats-Unis, un an après Pearl Harbor

Etats-Unis, 7 décembre
Au jour anniversaire du désastre de Pearl Harbor, quasiment à la même heure, les chantiers du port de Philadelphie ont lancé le *New Jersey*, le plus gros navire de guerre jamais construit. Celui-ci n'est que l'un des quinze navires mis à l'eau ce jour-là à travers toute l'Amérique, dont un porte-avions, deux destroyers, un sous-marin, six dragueurs de mines, deux navires d'escorte, un navire ravitailleur et ce que la marine américaine nomme pour le moment un navire « spécial ».
Cette activité illustre les propos du président Roosevelt pour qui la période défensive est révolue et l'offensive en marche. « Les victoires de la mer de Corail, de Midway, des îles Salomon, de Nouvelle-Guinée et d'Afrique du Nord témoignent de notre pouvoir », a-t-il dit. L'amiral Nimitz, qui commande la flotte du Pacifique, a déclaré que le fait d'avoir assuré la sécurité des voies maritimes sur « le plus grand des océans » avait contribué aux récents succès.
Mais le bilan des pertes en hommes tempère l'optimisme officiel. Il s'élève à 58 307, dont 35 822 dans le Pacifique. Parmi ces victimes figurent de nombreux disparus, dont la plupart sont probablement prisonniers. Plus d'un million d'Américains sont actuellement engagés.

Vision d'un sinistre anniversaire.

Les Alliés bombardent l'Europe

Bombardement diurne par une escadrille de Forteresses volantes B-17.

Un raid regroupe des avions de sept pays

Londres, 6 décembre
Une escadrille de chasseurs qui regroupait des appareils appartenant à sept pays alliés a participé, hier, à l'un des plus importants raids jamais organisés en plein jour au-dessus de l'Europe. Des avions de la Royal Norvegian Air Force, des Forces françaises libres, de l'US Army Air Force et des appareils polonais, canadiens et néo-zélandais côtoyaient des unités de la Royal Air Force. L'ensemble servait de protection aux bombardiers légers britanniques, dont la mission était de mener à basse altitude une attaque contre les usines Philips à Eindhoven, aux Pays-Bas.
Ils encadraient aussi les Forteresses volantes et les Liberator américains dont les cibles étaient situées au nord de la France ; ils visaient en effet la zone industrielle de Lille et le terrain d'aviation d'Abbeville.

La Royal Air Force fait ses comptes

Londres, 6 décembre
Les bombardiers allemands ne se hasardent plus guère dans le ciel anglais. Le commandement des bombardiers continue quant à lui à orchestrer le déversement quotidien de milliers de tonnes de bombes sur les villes allemandes.
Mais, pour l'heure, la RAF fait ses comptes. Durant l'année passée, elle a perdu 1 453 appareils et 2 724 autres ont été endommagés. Il n'y a plus que 200 Lancaster en service. De plus, les Allemands brouillent les fréquences radio.
Le sort du commandement des bombardiers n'est pas tranché. Le chef d'état-major de l'armée de l'air pousse à la création d'une flotte anglo-américaine de 4 000 à 6 000 bombardiers. Il en a dressé le bilan prévisionnel : 35 millions de sans-abri, 900 000 morts, 1 million de blessés grave en Allemagne. Son plan est très contesté.
De son côté, le commandement de la chasse poursuit ses raids coûteux au-dessus de la France, et le commandement côtier a enfin obtenu les avions qu'ils réclamait. Au Moyen-Orient, la RAF est en train de réapprendre à soutenir une armée sur le terrain.

Les Australiens viennent à bout de la résistance japonaise

Nouvelle-Guinée, 10 décembre
Hier, les Australiens sont enfin parvenus à conquérir Gona. Les Japonais ont farouchement défendu cette position clé, à partir de laquelle ils avaient lancé leur assaut sur Port Moresby. Les 638 corps retrouvés après la bataille sont là pour témoigner de la terrible violence de l'affrontement.
Les quatre bataillons australiens de la 21e brigade, qui étaient chargés de prendre Gona, ont subi de très lourdes pertes. Leurs forces avaient déjà été décimées par de précédentes batailles, sans parler des décès causés par la malaria ou d'autres maladies tropicales. Avec au total 530 tués ou blessés, ils ne comptent à présent plus que 60 % de leurs forces initiales.

L'offensive victorieuse des troupes australiennes en Nouvelle-Guinée.

« Tempête d'hiver », la bien-nommée

Les défenseurs soviétiques de Stalingrad tiennent l'ennemi à distance.

Stalingrad, 12 décembre
Le maréchal von Manstein a aujourd'hui lancé l'opération *Tempête d'hiver*, destinée à briser l'encerclement de Stalingrad par l'Armée rouge et à porter secours à la 6e armée prise au piège.
Le stratège allemand a choisi de lancer son offensive assez loin de Stalingrad, mais sur un terrain propice. La 4e armée Panzer de Hoth doit atteindre l'Aksaï, seul obstacle naturel qui la sépare de la poche. Puis le 48e corps Panzer franchira le Don lorsque les avant-gardes allemandes seront à 30 km de la poche de Stalingrad. Les assiégés lanceront toutes leurs forces dans l'attaque pour percer le front soviétique. Le maréchal a ordonné la « reconquête des positions précédemment occupées » par l'armée allemande et a décrit l'opération comme une « course contre la mort ». Son échec serait en effet fatal à la 6e armée. Contrairement à ce qu'avait promis Göring à Hitler, la Luftwaffe ne parvient plus à ravitailler Paulus et ses troupes. La chasse soviétique fait payer un lourd tribut aux Heinkel He-111 utilisés comme avions de transport. Dans Stalingrad, les soldats en sont réduits à manger leurs chevaux, et ils n'ont plus assez de carburant pour tenter une percée. De son côté, Paulus ne fait rien pour rejoindre les forces avancées du général Hoth. Non par négligence, mais l'état d'abandon de la 6e armée est tel qu'il voue à l'échec tout mouvement offensif de grande envergure.

Les soldats de l'Armée rouge avancent dans les rues obscures de la ville.

Un commando britannique sabote des navires allemands mouillés à Bordeaux

Bordeaux, 12 décembre
Quatre navires marchands, un tanker et un navire auxiliaire ont explosé ce matin dans le port de Bordeaux. Le commando britannique chargé de les saboter a rempli sa mission.
Ces membres de la Royal Navy ont pour cela pagayé sur une distance de cent cinquante kilomètres, remontant le dangereux estuaire de la Gironde par un froid polaire. Aucun plan n'a été prévu pour les récupérer. Cinq canoës lourdement chargés et dix hommes ont été amenés par un sous-marin à neuf milles au sud de l'estuaire. Ils ont contourné la pointe de Grave avant de s'engager sur la Gironde. Les courants y sont très forts. Un premier canoë a été repoussé vers la haute mer. Un deuxième a été retourné par des vagues de un mètre cinquante. Ses occupants ont tenté de s'accrocher aux autres embarcations, mais les ordres étaient de ne pas les secourir. Dans une eau à une telle température, cela équivalait à une sentence de mort. Un troisième canoë s'est renversé à l'embouchure du fleuve.
Les quatre survivants étaient le major Hasler et le fusilier marin Sparks d'une part, le caporal Laver et le fusilier marin Mills de l'autre. Cachés dans les roseaux durant la journée, ils ont fait route la nuit à la faveur des marées. Parvenus dans le port, ils se sont glissés dans l'eau glaciale pour poser les mines. Ils avaient neuf heures pour fuir. Il leur reste à ne pas se faire prendre sur la route de l'Espagne.

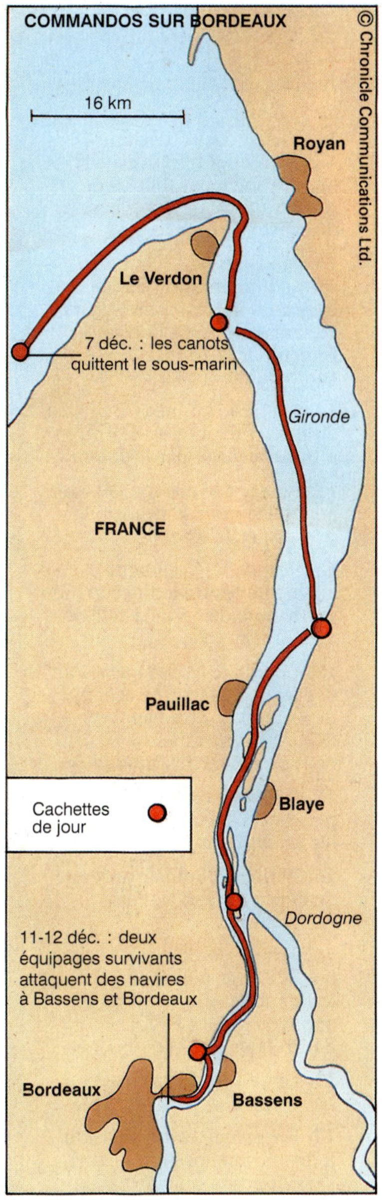

Manipulation d'une mine lors d'un exercice d'entraînement au sabotage.

1942

Décembre

Di	Lu	Ma	Me	Je	Ve	Sa
		1	2	3	4	5
6	7	8	9	10	11	12
13	14	15	16	17	18	19
20	21	22	23	24	25	26
27	28	29	30	31		

13. Vichy : Laval déclare à la presse : « Je renverserai impitoyablement tout ce qui, sur ma route, m'empêchera de sauver la France. »

14. Madagascar : l'île passe sous administration du général Legentilhomme, nommé haut-commissaire pour l'océan Indien par la France combattante (→ 8.1.1943).

14. Nouvelle-Guinée : 2 unités d'infanterie américaine entrent à Buna, évacué par le Japon.

15. Ecosse : le convoi JW-51A appareille pour la presqu'île de Kola en URSS.

15. France : l'Allemagne augmente les frais d'occupation journaliers de 15 à 25 millions de Reichsmarks.

15. Corse : le *Casabianca*, l'un des trois sous-marins échappés de Toulon le 27 novembre, débarque une mission de renseignements interalliée.

15. Allemagne : Hitler fait prélever 300 000 hommes dans les usines pour la Wehrmacht.

16. Berlin : Himmler ordonne de déporter les Tziganes à Auschwitz.

16. Tchad : la colonne Leclerc quitte Zouar pour conquérir le Fezzan et gagner Tripoli, appuyée par les FAFL de Bretagne (→ 31).

17. Libye : les Britanniques occupent El-Agheila (→ 25).

17. Birmanie : la 14e division indienne occupe Buthidaung, sans opposition (→ 19).

18. Guadalcanal : l'infanterie américaine se heurte à la résistance des Japonais au mont Austen (→ 30).

18. Nouvelle-Guinée : les Australiens attaquent les positions japonaises de Napapo et de Sananda (→ 27).

18. France : une ordonnance allemande condamne à la peine de mort tout distributeur, auteur ou imprimeur de tracts.

19. Stalingrad : la Luftwaffe livre 300 t de ravitaillement en une seule journée à la 6e armée encerclée.

19. URSS : les Soviétiques reprennent Kantemirovka, entre le Don et le Donetz (→ 22).

Les Alliés dénoncent le massacre des Juifs

Londres, 17 décembre

Anthony Eden a lu à la Chambre des communes une longue déclaration signée par les gouvernements alliés. Ce texte condamne l'extermination systématique des Juifs européens entreprise par les nazis, et avertit les responsables qu'ils auront à répondre de leurs atrocités après la guerre. Cette déclaration, retransmise à travers l'Europe par la BBC et d'autres radios alliées, mentionne « l'épouvantable horreur et la brutalité » des nazis, et affirme que la Pologne « est devenue le principal abattoir des nazis. On tue lentement les valides à force de travail, on laisse mourir les infirmes d'épuisement ou de faim, ou bien on les massacre délibérément ». Le député travailliste juif Sidney Silverman a demandé aux gouvernements alliés quelles mesures ils comptaient immédiatement prendre pour venir en aide aux Juifs. « Nous ferons ce que nous pourrons, lui a répondu Eden, mais ce que nous pouvons faire me paraît, hélas ! bien mince. » A la Chambre des lords, où la déclaration a également été lue, le vicomte Samuel a, au nom des Juifs britanniques, exprimé la gratitude de la communauté aux Alliés pour leur geste. Il espère qu'une action efficace pourra être entreprise, pour qu'au moins les enfants soient sauvés. D'autres orateurs ont suggéré que les Alliés offrent une assistance aux pays neutres pour les aider à assurer la protection des Juifs réfugiés qu'ils ont accueillis.

Que faire pour arrêter la déportation massive des Juifs vers les camps ?

Le Renard du désert échappe aux Alliés

El-Agheila, 14 décembre

Rommel s'est encore une fois joué de Montgomery et de sa 8e armée. Après avoir évacué le port libyen d'El-Agheila, l'armée de Panzer Afrika (nouveau nom officiel de l'Afrikakorps) se dirige à l'ouest vers Tripoli et la Tunisie. Le piège, pourtant bien préparé, n'a pas fonctionné. La 2e division néo-zélandaise était en train d'encercler la ville, pour préparer l'assaut frontal prévu pour demain. Mais, il y a deux jours, les Panzer de Rommel avaient profité du crépuscule pour s'échapper. Ils espèrent pouvoir rejoindre les autres troupes de l'Axe qui préparent une position de repli sur la ligne Mareth en Tunisie.

Enigma a enfin révélé ses secrets

Londres, 13 décembre

Bletchley Park a enfin réussi à percer le chiffre des machines Enigma utilisées par l'amiral Dönitz pour communiquer avec ses U-Boote de l'Atlantique. C'est l'ajout d'un disque de codage supplémentaire pour ce code, surnommé Requin, qui bloquait les décrypteurs jusqu'ici. L'Amirauté va donc pouvoir de nouveau envoyer des convois de navires vers l'ouest. Hélas pour lui, le capitaine Roger Winn, chef de la salle de repérage des sous-marins, a dû se résoudre à quitter son poste pour raison de santé.

Nouveau péril pour les Anglais : l'amour

Grande-Bretagne, 15 décembre

Les Britanniques en guerre se trouvent face à un nouveau danger : l'amour.

Les maladies vénériennes progressent dans tout le pays. L'an dernier, 70 000 patients ont été traités, ce qui permet d'estimer leur nombre total à 150 000 environ – c'est-à-dire plus que celui des victimes du Blitz. Le nombre de cas de syphilis a augmenté de 70 % depuis 1939. Dans les usines, ces maladies affectent sensiblement l'effort de guerre.

Le gouvernement va donc lancer une vaste campagne d'information à l'aide de brochures, de films et d'émissions de radio. Des soins gratuits seront assurés dans les hôpitaux et dans de nombreuses cliniques, et l'éducation publique devra contribuer à la prévention de ces maladies. Le Parlement a voté une nouvelle réglementation qui établit que toute personne identifiée par deux autres comme étant contaminée pourra être soignée sans son consentement. Mais certains parlementaires estiment que ces mesures sont très insuffisantes. Lady Astor a déclaré : « La moralité publique s'est dégradée, et le gouvernement n'a rien fait. »

Furieux combats autour de Stalingrad

Dans la ville, les usines Octobre rouge sont le théâtre d'une lutte acharnée.

Stalingrad, 17 décembre
Une bataille de chars fait rage dans la steppe de Kalmyk, au sud-ouest de Stalingrad. La 4e armée de Panzer de Hoth lutte pour s'ouvrir un chemin vers la 6e armée encerclée dans la ville. Pour la première fois depuis l'encerclement, les Soviétiques sont en difficulté. La 4e armée a atteint les rives de l'Aksaï, et la rivière a été franchie en deux endroits. Stalingrad n'est plus qu'à 55 km. La 51e armée soviétique bousculée, Staline a dépêché une unité d'élite, la 2e armée de la Garde. Mais, en attendant son arrivée, Ieremenko et Vatoutine doivent puiser dans les troupes qui assiègent Stalingrad. Les équipages des chars de première ligne peuvent déjà distinguer les éclairs que lancent les canons du périmètre de défense. Dans le même temps, les Russes ont déclenché l'opération *Saturne* au moment où Hoth avançait. Avant l'aube, Joukov a lancé l'armée blindée et deux armées de la Garde au nord-ouest de la ville, sur la ligne de défense tenue par la 8e armée italienne sur le flanc de Manstein. Cette attaque a été décisive, ouvrant une brèche de 96 km dans les défenses allemandes, par laquelle se ruent les Soviétiques.

Prudente avance des Alliés en Birmanie

Maungdaw, 19 décembre
La 14e division indienne continue à progresser. Elle a déjà parcouru plus de 300 km, de l'Inde à la ligne Maungdaw-Buthidaung, entre la côte birmane et les monts Arakan. Son objectif est d'atteindre la base aérienne japonaise installée sur l'île d'Akyab, 140 km plus au sud, pour y prendre le contrôle d'un aéroport d'où Rangoon serait accessible. Le général Wavell, commandant les forces alliées en Inde, espérait lancer une attaque par la mer, mais, comme il ne disposait pas du matériel nécessaire, il s'est décidé pour une action terrestre. Jusqu'ici, il y a eu peu de combats : les avant-postes japonais ont été évacués. Un unique régiment, le 213e, défend Akyab, mais deux divisions, la 55e et la 33e, se trouvent à proximité.

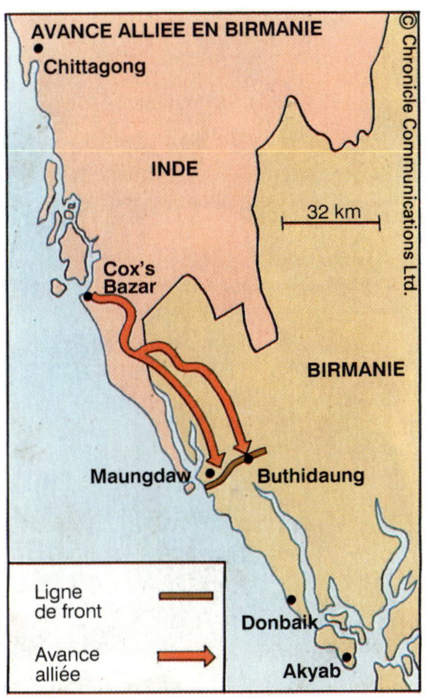

1942

Décembre

Di	Lu	Ma	Me	Je	Ve	Sa
		1	2	3	4	5
6	7	8	9	10	11	12
13	14	15	16	17	18	19
20	21	22	23	24	25	26
27	28	29	30	31		

20. Inde : l'aviation japonaise effectue un raid nocturne sur Calcutta.

20. Sumatra : l'aviation alliée bombarde des bases japonaises.

20. Japon : le premier cargo japonais à toucher une mine américaine coule au cap Inubo.

21. Birmanie : les forces alliées prennent Alethangyaw (→ 27).

22. Caucase : von Kleist commence à retirer ses Panzer des positions les plus avancées.

23. Tunisie : des pluies torrentielles arrêtent les opérations des deux côtés.

23. Paris : les Allemands découvrent la source K, table d'écoute du câble Paris-Berlin. Keller et Lobreau sont arrêtés.

24. URSS : l'Armée rouge repousse la 4e armée de Panzer de Hoth du fleuve Myschkova, à 60 km au sud de Stalingrad.

24. Stalingrad : les Soviétiques reprennent l'usine Octobre rouge (→ 29).

24. Tunisie : une unité britannique des Coldstream Guards réoccupe le djebel El-Ahmera, perdu par la 1re division américaine hier.

25. Nouvelle-Bretagne : des bombardiers américains, basés à Guadalcanal, attaquent le QG japonais de Rabaul.

25. Libye : les Britanniques occupent Syrte.

25. Tunisie : les Allemands reprennent aux Britanniques le djebel El-Ahmera (→ 31).

25. Rennes : exécution de 25 résistants. Ils avaient fait sauter le siège de la LVF et le bureau de recrutement des travailleurs pour l'Allemagne.

26. Norvège : en chaire, les ecclésiastiques dénoncent les persécutions des Juifs par les nazis (→ 31).

26. Alger : Bonnier de La Chapelle, qui a assassiné Darlan avant-hier, est fusillé. Le général Giraud remplace Darlan comme commandant en chef en Afrique du Nord. →

26. Somalie française : des unités françaises ralliées aux Alliés occupent deux ponts de chemin de fer et coupent la ligne Djibouti - Addis-Abeba.

La résistance juive s'organise

Cracovie, 22 décembre
Une vingtaine d'officiers allemands au moins ont péri dans les explosions de deux cafés frappés par des bombes. Ces attentats ont été commis par un groupe de jeunes sionistes menés par Adolf Liebeskind. Les résistants ont aussi incendié récemment des locaux occupés par les nazis et ont volé des armes aux soldats allemands et à la police.
Les jeunes Juifs sont de plus en plus nombreux à rejoindre la Résistance clandestine, souvent soutenue par des partisans communistes polonais ou russes. Ils veulent ainsi montrer que leur peuple ne se laissera pas massacrer sans réagir.

« Bombe volante » pour les Allemands

Peenemünde, 24 décembre
L'essai effectué par le centre allemand de recherche aéronautique a réussi. Il s'agissait d'expérimenter une bombe volante, qui préfigure un nouveau type d'armes. Appelée FZG 76 ou Fi 103, elle ressemble à un petit avion, avec un fuselage long d'un peu plus de 1,50 m et une envergure de 5,50 m. Elle est propulsée par un moteur à réaction. L'engin, parti d'une rampe de 80 m de long, a parcouru une trajectoire d'environ 1,5 km. D'autres vols d'essai sont prévus pour perfectionner l'engin et le mettre au point.

La Résistance fête Noël à sa manière

Roanne, 25 décembre
Une équipe du réseau Franc-Tireur vient de mener à bien l'une des premières opérations de sabotage industriel en zone sud, en détruisant l'usine Francolor de Roanne d'une façon plus précise et moins coûteuse que ne l'aurait fait un bombardement. Ce type d'« action immédiate » illustre le désaccord existant entre la soif d'agir des divers mouvements de résistance et l'attentisme prôné par l'Armée secrète que le général Delestraint continue d'organiser sous l'autorité de Londres. ▷

Darlan assassiné par un résistant à Alger

Le jeune étudiant justicier et martyr.

Alger, 24 décembre
L'émotion est vive dans la capitale algérienne : l'amiral François Darlan a été exécuté par un étudiant, Fernand Bonnier de La Chapelle. Le haut-commissaire en titre était à la tête d'un régime ironiquement défini comme un gouvernement vichyste soutenu par les Alliés. Les Américains l'avaient en effet gardé en fonctions, malgré le peu d'estime qu'il leur inspirait. Il arrivait cet après-midi à son bureau au palais d'Eté, quand il a été abattu.
Hier, quatre membres du Special Detachment, un réseau de résistants sous les ordres de la 1re armée britannique, avaient tiré au sort qui allait l'éliminer. Arrêté sur-le-champ, Bonnier de La Chapelle passera demain en cour martiale.

Le général Giraud succède à Darlan

Alger, 26 décembre
Le nouveau haut-commissaire en Afrique du Nord est déjà nommé. Il s'agit du général Henri Giraud, dont le choix par le Conseil impérial français a été approuvé par le Haut Commandement allié. Par ailleurs, l'assassin de l'amiral Darlan, condamné à mort hier, a été exécuté. Le porte-parole du général de Gaulle a commenté favorablement cette entrée en fonctions, en dépit des relations assez froides que les deux hommes entretiennent. Giraud est officier de carrière et saint-cyrien. Prisonnier en 1940, il est détenu à la forteresse de Königstein où il prépare pendant deux ans son évasion. Le 17 avril dernier, il fausse compagnie aux Allemands en descendant les murs de la forteresse, hauts de 40 m. Avec l'aide précieuse de l'équipe du colonel de Linares, il traverse la Suisse en train et, passant par Vichy, il arrive à Gibraltar au moment de l'opération *Torch*. Il passera à Alger grâce aux services secrets britanniques le 14 novembre. Murphy, a déjà traité avec le « groupe des Cinq » (Henri d'Astier, Tarbe de Saint-Hardouin, Jacques Lemaigre-Dubreuil, Jean Rigault et Van Eeck) et ensuite avec l'amiral Darlan. (→ 30)

Le général Giraud (à droite) aux côtés de l'amiral Cunningham, à Alger.

Stalingrad brûle et Leningrad lutte pour survivre alors que la famine s'aggrave

Soldats soviétiques vêtus d'une tenue de camouflage adaptée à la neige.

Leningrad, 25 décembre
En cette fin d'année, le monde entier a les yeux fixés sur Stalingrad, où les Allemands piégés par l'Armée rouge mènent un combat désespéré. Mais 1 600 km plus au nord, une lutte tout aussi inhumaine se poursuit à Leningrad. Les habitants y sont en effet assiégés depuis maintenant quinze mois. Dans l'ancienne capitale impériale, un rat constituerait un repas de Noël fastueux. Chiens et chats ont été mangés l'an dernier. Les Allemands, devant les échecs répétés de leurs assauts, tentent à présent d'affamer la ville. Mais un ravitaillement minimum, qui parvient par le lac Ladoga, en bateau en été, en traîneau, en camion, voire en train, sur les glaces en hiver, continue à être assuré, et les habitants ont appris à vivre avec les bombes et les obus qui ravagent périodiquement la cité. Les souffrances endurées par la population et son courage semblent être sans limites. Un million de personnes ont pu être évacuées, par camions et par bateaux, mais à ceux, très nombreux, qui sont restés, la famine ne semble laisser d'autre issue que la mort, comme en témoigne le journal laissé par une écolière, Tania Savitch : « Jenia est morte le 28 décembre 1941, à 12 h 30. Grand-mère est morte le 25 janvier 1942. Lena est morte le 17 mars. Oncle Lecha est mort le 10 mai. Le 13 mai, à 7 h 30, ma chère maman est morte. »

Les habitants de Leningrad se préservent comme ils peuvent du froid intense

1942

Décembre

Di	Lu	Ma	Me	Je	Ve	Sa
		1	2	3	4	5
6	7	8	9	10	11	12
13	14	15	16	17	18	19
20	21	22	23	24	25	26
27	28	29	30	31		

27. Nouvelle-Guinée : la garnison japonaise de Napapo reçoit l'ordre de se replier sur Giruwa.

27. Birmanie : les troupes indiennes atteignent la Pointe Foul, dans la péninsule de Mayu. Elles ne rencontrent pas de résistance dans leur avance vers Akyab (→ 6.1.1943).

27. Smolensk : sous protection allemande, le général Andréï Vlassov recrute une armée russe de libération, destinée à lutter contre le bolchevisme.

27. Atlantique : les destroyers d'escorte du convoi ONS-15 coulent l'*U-356*.

28. Nouvelle-Guinée : les Japonais qui tiennent la mission de Buna reçoivent l'ordre de se retirer à Giruwa (→ 2.1.1943).

28. Rastenburg : Hitler donne l'ordre de fortifier la Grèce et la Crète et d'éliminer la résistance dans les Balkans. Il accepte l'évacuation du groupe d'armées A du Caucase.

28. Etats-Unis : Roosevelt ordonne de ne pas partager les secrets sur la recherche atomique avec les Britanniques, à moins qu'ils ne travaillent sur une partie du projet.

29. URSS : l'Armée rouge reprend Kotelnikovo, au sud-ouest de Stalingrad (→ 31).

29. Somalie française : les Alliés occupent Djibouti, après le ralliement, hier, de la colonie à la France combattante.

31. Tokyo : l'état-major japonais décide d'abandonner Guadalcanal et de faire décrocher sa garnison assiégée vers la Nouvelle-Géorgie.→

31. Libye : des colonnes FFL venues du Tchad sous les ordres du général Leclerc avancent à travers le désert du Fezzan pour faire leur jonction avec la 8e armée britannique (→ 6.1.1943).

31. Rastenburg : Hitler reçoit le rapport no 51 de Himmler sur l'exécution de 336 211 Juifs en URSS (→ 20.1.1943).

31. Pologne : en un mois, 18 000 prisonniers de guerre soviétiques sont morts de faim à Poniatowa.

Nouvel assaut américain sur Guadalcanal

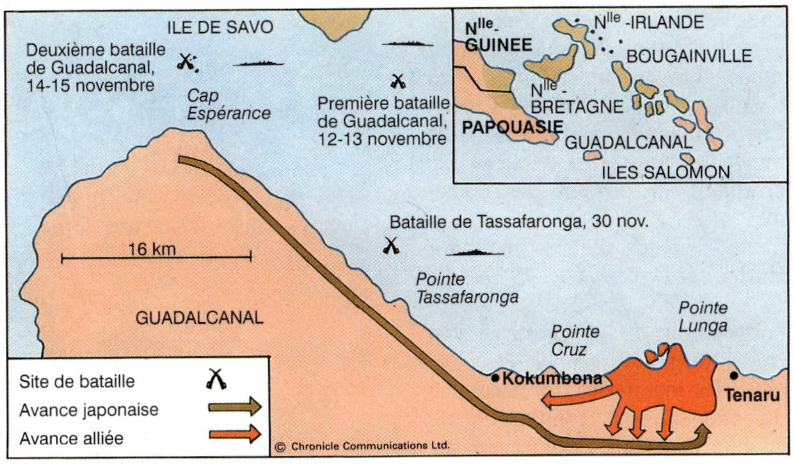

Honiara, 31 décembre
Guadalcanal, l'« île de la mort », comme on l'appelle aux Etats-Unis, mérite bien son surnom. De nouveaux renforts américains y ont été envoyés pour prendre le contrôle de tout le territoire et anéantir si possible l'ennemi. Le général de brigade Alexander Patch, commandant le 14e corps américain, espère investir le mont Austen et entreprendre un mouvement enveloppant, pour préparer l'offensive principale prévue pour le nouvel an. Son avance a commencé le 17 décembre, et, la veille de Noël, un poste d'observation japonais situé sur le mont Austen est tombé. Patch a pris le commandement des troupes américaines de Guadalcanal le 9 décembre dernier. Il a relevé le général Vandergrift, qui commandait la 1re division de marines quand elle a débarqué sur l'île en août.

Bien que déjà bien engagée, la victoire des Américains sera totale quand ils auront pris le mont Austen. C'est pourquoi la 1re division de marines a été envoyée en Australie pour goûter un repos bien mérité. Il y a actuellement 50 000 soldats américains sur Guadalcanal, contre 25 000 Japonais. Ces derniers, pour la plupart affamés et épuisés, sont isolés et leur marine ne peut plus les ravitailler convenablement. En revanche, les Américains, qui disposent de la base de Henderson Field, peuvent beaucoup plus facilement relever leurs troupes, renforcer les garnisons et assurer de manière satisfaisante l'entretien et le ravitaillement nécessaires.

Nouveau dispositif de guidage à la RAF

Grande-Bretagne, 31 décembre
« Oboe » commence son service au commandement des bombardiers de la RAF. Il s'agit du nouveau dispositif de radioguidage qui équipe les Mosquito du 105e groupe des bombardiers éclaireurs, chargés pendant les raids de larguer des bombes éclairantes sur les objectifs. Ce système, qui perfectionne la technique des rayons Lorenz allemands, a été testé à Brest contre le *Scharnhorst* et le *Gneisenau* le mois dernier. Utilisé le 20 décembre lors d'un raid sur une centrale à Lutterade aux Pays-Bas, il le sera pour une attaque sur Düsseldorf et en Belgique ce soir. (→ 9.1.1943)

Arrestations en série en Algérie

Alger, 30 décembre
Le général Giraud, nouveau haut-commissaire français depuis la mort de l'amiral Darlan, fait savoir qu'il a ordonné l'arrestation de douze personnalités « afin de prévenir d'autres assassinats ». Les personnes interpellées sont, selon Giraud, impliquées dans des complots qui visaient à attenter aux vies du haut-commissaire lui-même et du représentant du président Roosevelt, Robert Murphy. (→ 31)

En ces jours difficiles, élégants et zazous ne sont pas à la fête

France, décembre
L'époque est dure pour les élégants. Pour économiser le tissu, le gilet leur a été interdit ainsi que le veston croisé, les vestes à revers, à soufflets ou à martingale et les culottes de golf. Ce n'est pas la coupe du costume dit national, remis en échange de deux complets usagés, qui pourra consoler les anciens dandys. S'il a l'avantage d'être neuf, il n'en garde pas longtemps l'aspect. Coupé dans de nouveaux tissus à base de fibranne – en « bois de peuplier », ironisent les chansonniers –, il rétrécit et se déforme à la première averse. Les temps sont aussi durs pour les zazous. Ces jeunes gens issus de la bourgeoisie revendiquent le « droit à la paresse », ce qui déclenche la fureur de leurs ennemis : les jeunes doriotistes que fascine le nazisme. Aux discours du Maréchal, les zazous préfèrent donc le jazz et la danse, disant d'eux-mêmes qu'ils sont *swing*. Dans les cafés à la mode, ils consomment, les « jours sans », du jus d'orange et, les « jours avec », du Cinzano. On les reconnaît à leur allure vestimentaire. Pour les garçons : haut col, nœud de cravate minuscule, veste trop longue aux épaules carrées, pantalon trop court et souliers épais ; pour les filles : robe courte et chaussures à semelles compensées.

Pas d'interdits pour les zazous.

Héros indomptables et chants « virils »

Dmitri Chostakovitch, auteur de la symphonie dite de Leningrad.

Ceux qui servent (In Which We Serve) est considéré comme le meilleur film sur la guerre réalisé jusqu'ici, que ce soit à Hollywood ou en Grande-Bretagne. Il est écrit et réalisé par Noel Coward, qui joue le capitaine aux nerfs d'acier du destroyer *Torrin* qui fait naufrage à la première séquence. Le film fait largement appel au flash-back. La guerre est aussi un sujet traité par les Américains, par exemple dans *la Bataille de Midway (The Battle of Midway)*, de John Ford. Mais ils s'attachent aussi à décrire avec lucidité les errances de héros pessimistes et tragiques, comme dans *la Splendeur des Amberson (The Magnificent Ambersons)*, d'Orson Welles, ou *Casablanca*, de Michael Curtiz. Le cinéma allemand est sous la tutelle pesante des services de Goebbels. Il produit des comédies mièvres ou des drames édifiants, souvent réalisés par Veit Harlan : *Die goldene Stadt (la Ville dorée)*. En Italie, malgré l'opposition de la censure, Visconti tourne *Ossessione* et signe ainsi le manifeste de naissance du néo-réalisme. L'influence de la guerre se fait aussi sentir sur la musique. La BBC diffuse plus de chansons martiales et « viriles ». On reproche aux *crooners* et aux mélodies sentimentales de diminuer l'ardeur au combat. Cela n'empêche pas la chanteuse de charme Vera Lynn de multiplier les succès, ni même la vedette de l'UFA Zarah Leander d'être internationalement célèbre. La guerre a provoqué l'exil des grands musiciens contemporains, réfugiés pour la plupart aux Etats-Unis : ainsi, Arnold Schönberg, Kurt Weill, Paul Hindemith, Bela Bartok ou Igor Stravinsky. Mais certains sont restés, et la guerre les inspire également. Dmitri Chostakovitch est de ceux-là. Sa septième symphonie, dite de Leningrad, composée pendant le siège de la ville par les Allemands, se veut un hommage à la résistance de l'Union soviétique.

L'acteur Noel Coward interprète le rôle d'un capitaine de destroyer.

Victoire anglaise sur la mer de Barents

Une couche de glace d'eau de mer se forme sur les superstructures du navire.

Mer de Barents, 31 décembre
Le convoi britannique JW-51B, le premier à faire route pour Mourmansk depuis trois mois, est sauvé. Alors qu'il luttait contre une mer déchaînée, il fut repéré par un sous-marin allemand, qui alerta une importante escadre de la Kriegsmarine, composée du croiseur lourd *Admiral Hipper*, du cuirassé de poche *Lutzow* et de six contre-torpilleurs. Les Allemands entreprirent d'intercepter le convoi, mais le capitaine Robert Sherbrooke, qui commande l'escorte alliée à bord du destroyer *Onslow*, se défendit courageusement. A 9 h, dès que l'ennemi fut en vue, il lança quatre de ses destroyers à l'attaque. Le vice-amiral allemand Kummetz, suivant l'ordre de Hitler de ne pas engager imprudemment les bâtiments de surface importants, battit en retraite, mais les canons de huit pouces de l'*Admiral Hipper* endommagèrent sévèrement l'*Onslow*. Sherbrooke reçut un éclat d'obus en plein visage. Son œil gauche pendait sur sa joue fracassée, mais il continua à diriger la bataille jusqu'à ce que le capitaine de corvette Kinloch le remplaçât. Les destroyers, lancés contre une force supérieure, réussirent à mettre les Allemands en déroute. Le destroyer *Achates* et le dragueur de mines *Bramble* furent coulés, mais l'*Admiral Hipper* fut atteint et un contre-torpilleur envoyé par le fond. Le convoi, qui transportait 202 chars, 2 046 véhicules, 87 chasseurs, 33 bombardiers, 11 500 t de carburant pour avions et 54 321 t de matériel pour l'URSS, poursuit sa route.

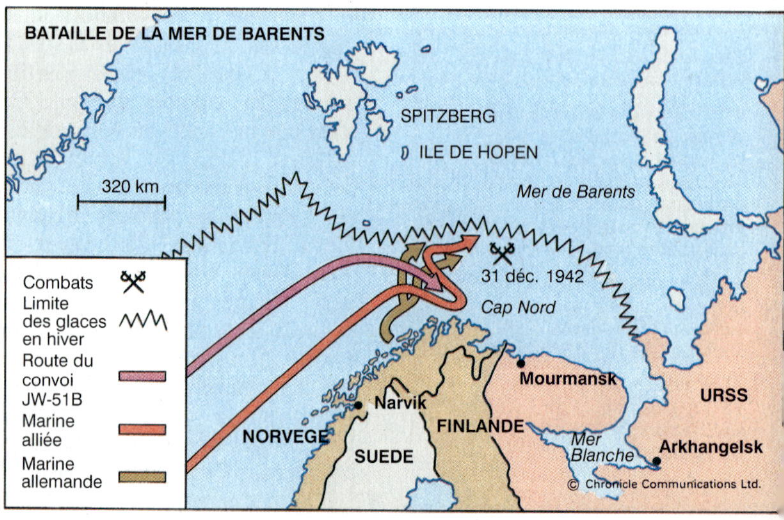

La victoire est-elle en train de changer de camp ?

Londres, 31 décembre
Les chefs alliés vont se rencontrer le mois prochain pour examiner l'évolution future de la guerre avec plus d'optimisme qu'auparavant. En cette fin d'année, l'avantage paraît tourner en leur faveur, alors que les forces de l'Axe faiblissent en Europe et en Asie. Pourtant, les frontières du Reich hitlérien s'étendent de l'Atlantique à une grande partie de l'Union soviétique, de l'Arctique à la Tunisie. Le Japon domine un empire comparable. Mais le mythe de leur invincibilité est détruit. En Nouvelle-Guinée et à Guadalcanal, les forces nippones sont tenues en échec. Les Britanniques ont lancé une nouvelle offensive en Birmanie, où une armée chinoise endurcie par une guerre de cinq ans les soutient. L'acharnement de la résistance japonaise laisse prévoir que la route de Tokyo sera longue et sanglante. En Europe, ce sont les Allemands qui paraissent subir la pression de leurs adversaires : l'Armée rouge vient de les repousser dans le Caucase. C'est leur 6e armée qui est la plus menacée, encerclée dans Stalingrad sans ravitaillement, alors que Hitler avait prématurément crié victoire le mois dernier. Mais les Allemands sont encore de redoutables adversaires. Ils l'ont montré en Afrique, où l'envoi de renforts a arrêté l'avance alliée. Les combats en Tunisie marquent surtout l'entrée en guerre des Etats-Unis sur le théâtre européen. Les Américains sont désormais actifs militairement, dans le Pacifique et en Afrique du Nord, mais aussi économiquement : leur industrie d'armement produit de plus en plus.
Sur mer, les U-Boote continuent à menacer l'approvisionnement britannique, particulièrement au large du Groenland, dans le « trou noir », où il n'y pas de couverture aérienne, mais la Grande-Bretagne n'est plus menacée d'invasion.
Ailleurs en Europe, les mouvements de résistance se développent, surtout en URSS et en Yougoslavie. Cependant, toute action d'éclat de la Résistance provoque des représailles sanglantes, et ce n'est que ce mois-ci que les Alliés ont fermement condamné le massacre des Juifs par les nazis. Le vent tourne, certes, mais combien de morts la guerre exigera-t-elle encore ?

Afrique du Nord : Rommel tenu en échec

L'équipage d'un Messerschmitt Bf 110 à l'ombre de son appareil.

Afrique du Nord, 31 décembre
Depuis les pires moments de la bataille de la Somme, les conditions de combat n'ont jamais été aussi difficiles. Pour tous les belligérants en présence, l'ennemi le plus redoutable est la boue : les pluies ont transformé le terrain en un immense marécage.
L'opération *Torch*, qui devait être une offensive mobile, est à présent une guerre de tranchées où les deux adversaires sont embourbés. Les Alliés ont toutefois l'avantage. Eisenhower va recevoir d'Europe des renforts qui permettront aux Américains de couper les vivres à Rommel, dont les troupes de Libye se replient vers l'ouest. (→ 5.1.1943)

Pacifique : revers pour l'armée japonaise

Armé d'un lance-flammes, un soldat américain nettoie le terrain.

Guadalcanal, 31 décembre
La situation est désespérée pour les Japonais dans les îles Salomon. L'empereur Hirohito a dû se résoudre à accepter la retraite de ses troupes de Guadalcanal. En cette fin d'année 1942, bien des signes semblent indiquer que la guerre du Pacifique est parvenue à un tournant décisif.
Après ses victoires stratégiques au large de Guadalcanal, l'US Navy sait à présent qu'elle ne sera pas battue. Les troupes japonaises sont prises au piège à Papua ; bientôt, les Alliés contrôleront tout l'archipel des Salomon et, en Birmanie, l'armée britannique poursuit lentement sa progression. (→ 1.1.1943)

URSS : désastre allemand à Stalingrad

Moscou, 31 décembre
L'année finit par un triomphe de l'Armée rouge. Sa victoire à Stalingrad n'est plus qu'une question de jours ; les survivants de l'armée de Paulus meurent de froid, de faim et du typhus dans les ruines de la cité qu'ils ont cru conquérir. Kotelnikova, pris pour base par Manstein lors de sa tentative pour reprendre la ville, est tombé hier. Les Allemands sont à présent menacés dans tout le Caucase par la ruée des Russes vers le sud. Le général Joukov, architecte de la victoire de Stalingrad, est reparti pour Leningrad où, l'an dernier, il avait organisé la résistance. Staline lui ordonne à présent de mettre fin au siège allemand. (→ 1.1.1943)

Hitler comparé à un cannibale par la propagande de guerre soviétique.

Allemagne : appréhensions pour l'avenir

Berlin, 31 décembre
Ces derniers temps, le moral des Allemands paraît vaciller. Goebbels lui-même exprime des doutes dans un éditorial : « Où que nous regardions, nous sommes face à des montagnes de problèmes. [...] Le sentier semble devenir de plus en plus escarpé, et nulle part nous ne trouvons d'endroit ombragé pour nous reposer. » Après une réunion des spécialistes de la propagande, les journaux ont commencé à parler de revers pour l'Axe. Le comte Ciano, ministre italien des Affaires étrangères, en visite au QG de Hitler, a trouvé l'atmosphère pesante en Allemagne : « Personne n'essaie plus de me cacher les mauvaises nouvelles de la guerre », écrit-il.

« La victoire sera à nous ! » Combien d'Allemands le croient encore ?

“ Les chantiers navals de la Clyde : les riveurs ” (détail) par Sir Stanley Spencer.

1943

1943

Janvier

Di	Lu	Ma	Me	Je	Ve	Sa
					1	2
3	4	5	6	7	8	9
10	11	12	13	14	15	16
17	18	19	20	21	22	23
24	25	26	27	28	29	30
31						

1er. Belgique : en représailles à une série d'attentats, les Allemands instaurent le couvre-feu à 21 h.

1er. Atlantique : le croiseur *HMS Scylla* coule le forceur de blocus allemand *Rhakotis* et le transport italien *Viminale*.

1er. Stalingrad : l'Armée rouge fait pression sur la 6e armée allemande, enfermée dans une poche de 260 kilomètres carrés.

2. Guadalcanal : un régiment d'infanterie américain attaque le point d'appui Gifu sur le mont Austen. Il échoue face à la résistance des Japonais (→ 4).

3. Sicile : des « chariots » britanniques (torpille humaine) coulent à Palerme le croiseur léger italien *Ulpio Traiano*.

3. France : 68 bombardiers américains attaquent la base sous-marine de Saint-Nazaire.

4. Caucase : après Mozdok hier, l'Armée rouge reprend Naltchik et le centre ferroviaire de Cherniakovsky (→ 5).

4. Nouvelle-Géorgie : de nuit, une escadre navale américaine bombarde l'aéroport japonais de Munda, en service depuis une semaine.

5. URSS : les Soviétiques s'emparent de Tsimliansk et de Morozovsk, les principaux aéroports utilisés par la Luftwaffe pour ravitailler Stalingrad (→ 9).

6. Libye : les FFL de Leclerc s'emparent du poste italien d'Umm el-Araneb (→ 12).

6. Birmanie : la 14e division indienne se heurte à une forte résistance des Japonais à Donbaik et Rathedaung (→ 18).

6. France : 6 000 manifestants bloquent à Montluçon un train devant transférer en Allemagne des ouvriers réquisitionnés pour le STO. Sur 160 requis, 20 ouvriers partent.

7. Nouvelle-Guinée : des renforts japonais débarquent à Lae, malgré les attaques de l'aviation américaine (→ 13).

8. Madagascar : le général britannique Platt transmet l'administration de l'île au général Legentilhomme, haut-commissaire pour les territoires français dans l'océan Indien.

Sanglante victoire alliée à Buna

Buna, Nouvelle-Guinée, 2 janvier

Les hommes de la 32e division d'infanterie occupent enfin Buna. Malgré la saison des pluies qui transforme les pistes et la jungle en un vaste bourbier, les Américains ont livré de furieux combats. Le général MacArthur avait choisi de lancer cette offensive afin de soulager les Australiens qui progressaient au nord sur la piste Kokoda vers Gona, toujours soumis à des attaques japonaises. Des deux côtés, les pertes sont lourdes : les Alliés ont perdu 2 870 hommes, parmi lesquels 913 Australiens, et on estime les pertes japonaises à 1 390 hommes. Lorsqu'il apparut que leur défaite était inévitable, deux des chefs nippons se sont solennellement fait *seppuku*. Il reste encore des poches de résistance, mais, hier, les Alliés se sont rendus maîtres, vers 16 h 30, de Government Station, dernier quartier à résister, qui n'est plus qu'un amas de maisons éventrées, d'arbres brisés, où la terre recouvre des cadavres distordus dans les cratères creusés par les bombes. Au même moment, un kilomètre plus à l'est, la 18e brigade australienne attaquait les positions japonaises. Le général Robert Eichelberger a lancé l'attaque décisive pour les Américains; les Australiens devaient en même temps lancer l'assaut sur la zone de Simeni Creek-Giropa Point. La résistance farouche des Japonais a beaucoup impressionné les Alliés, qui craignent qu'il ne faille encore bien du temps, d'efforts et de sang pour chasser définitivement les Japonais de toute la Nouvelle-Guinée. (→ 7)

Les vagues ramènent au rivage les corps des Japonais morts pour Buna.

Les soldats américains se mettent à couvert pour échapper aux tirs japonais.

La Chine projaponaise déclare la guerre

Nankin, 9 janvier

Le régime fantoche de Wang Chao-ming, issu du Kuo-min-tang nationaliste de Tchang Kaï-chek, a en fin de compte cédé à ses protecteurs japonais : il vient de déclarer la guerre aux Etats-Unis et à la Grande-Bretagne.

En retour, le Japon a accepté d'abandonner ses revendications territoriales sur les grandes villes chinoises. Il a aussi annulé les effets désastreux pour les Chinois du traité de novembre 1940, qui légitimait les restrictions apportées à la souveraineté de l'empire du Milieu. La décision de Wang Chao-ming de déclarer la guerre est le résultat d'un net infléchissement de la politique japonaise à son égard. Il y a deux semaines, déjà, l'« assistance » des Japonais avait remplacé ce qui était auparavant nommé leur « direction » et leur « surveillance ».

Les officiers japonais ont également reçu l'ordre de respecter désormais un peu plus les Chinois en évitant les discours et les pratiques brutales à leur encontre.

Indemnités égales pour les deux sexe

Londres, 6 janvier

Les chefs des services de défen féminins assistés d'un dirigea syndicaliste ont revendiqué deva un comité ad hoc de la Chamb des communes l'égalité entre l hommes et les femmes concerna les indemnités pour blessures guerre. Ces femmes ont décla qu'on leur avait déjà exposé les r sons de la différence de salair mais pas encore celles de la dif rence d'indemnisation...

.e maréchal Paulus 'efuse de se rendre

talingrad, 9 janvier
.'ordre de Hitler est de combattre ısqu'au bout. Le maréchal Paulus donc rejeté la proposition soviéque de cessez-le-feu. L'offre de Rokossovski a été communiquée ujourd'hui aux Allemands par un apitaine soviétique protégé par un rapeau blanc. Les Allemands, afımés et transis dans le piège de talingrad, avaient pourtant là une ccasion de capituler honorablement. La nouvelle s'est propagée ans les lignes allemandes, et les ommes épuisés de la 6e armée ont ru un moment voir la fin de leur alvaire approcher. Ce matin, ils nt pu lire les conditions détaillées e l'offre sur des tracts qu'un avion oviétique avait largués au-dessus e leurs lignes. Selon ces conditions, tout combattant qui se renrait serait nourri et soigné, et sa ie et sa sécurité seraient garanties. .e texte des Soviétiques promettait ussi qu'ils « garderaient leurs insignes, leurs décorations, ainsi que eurs biens personnels et leurs obets de valeur. Les officiers supérieurs pourraient conserver leur pée et leur baïonnette ». Le généal Rokossovski n'a, par ailleurs, aissé aucun doute au cas où cette proposition serait refusée : l'Armée ouge écrasera les troupes assiégées t les réduira à néant. (→ 10)

Les Russes reconquièrent des villes clés

La pression soviétique s'accentue ; chargement d'un mortier dans la neige.

Caucase, 5 janvier
L'Armée rouge n'est plus qu'à 96 km de Rostov-sur-le-Don. Si la ville tombe aux mains des Soviétiques, le groupe d'armées A du général von Kleist, dont les avant-gardes sont à 640 km de là, dans les monts Caucase, sera pris dans une passe semblable à celle de Stalingrad. Dans le Caucase, les Soviétiques ont repris des villes importantes comme Mozdok et Naltchik. Ils avancent aussi vers Elista, dans la steppe kalmouke, menaçant Armavir, un des maillons essentiels de communication avec Rostov. Les Allemands sont conscients du péril qui menace von Kleist. Hitler, dans un premier temps, a interdit toute retraite au groupe d'armées A, mais est revenu sur sa décision. Une véritable course contre la montre est engagée et von Kleist se replie avec ses troupes vers Rostov. Manstein lutte pour garder la ville ouverte jusqu'à leur arrivée, ce qui ne sera pas facile. On peut lire dans *Der Montag* : « Les chars soviétiques arrivent en groupes compacts, suivis des unités équipées de skis et de raquettes. Ils transportent avec eux des batteries de mortiers et des canons antichars. La neige épaisse ne les empêche pas d'avancer. »

L'Axe devra rendre ce qui a été volé

Londres, 5 janvier
Après la victoire, les puissances de l'Axe devront restituer les immenses richesses qu'elles ont volées dans les pays occupés.
C'est ce qu'affirme un communiqué officiel des Alliés, qui rappelle que des pillages de toute sorte ont eu lieu, « du vol caractérisé aux détournements financiers les mieux camouflés ». Les biens volés comprennent des œuvres d'art, des lingots de métal précieux, des billets de banque, des titres de toute espèce. Les pays neutres où les Allemands ont caché leur butin devront tout restituer.

Essen bombardé par les Anglais

Essen, 9 janvier
« Oboe » est efficace. Le système de radioguidage de la RAF vient à nouveau de faire ses preuves. Ce soir, la RAF a bombardé les usines d'armement Krupp à Essen, malgré une météo défavorable. Les avions sont reliés par radio à deux stations en Grande-Bretagne. Le temps mis par les impulsions radio pour parcourir la distance entre l'avion et la base permet de localiser précisément l'appareil et de lui envoyer un signal précis au moment où il atteint son objectif. La marge d'erreur est de moins de 300 mètres.

.es Japonais sur le point d'évacuer l'île de Guadalcanal

Guadalcanal, 4 janvier
.es troupes américaines ont dû enoncer pour le moment à prendre e mont Austen, ce sommet qui omine leur base aérienne d'Henerson Field. Les Japonais leur nfligent des pertes sévères depuis eux semaines. Ils lancent de nombreuses attaques surprises, embusués dans des casemates et des ostes de tir habilement dissimulés. .es endroits où ils sont installés les nettent à l'abri des bombardements t des tirs d'artillerie. Le relâchement de la pression américaine oulage le général Hyakutake. .'état-major impérial lui a donné, n effet, l'ordre de préparer l'évauation de ses douze mille hommes, nais ce retrait doit être graduel et e faire en combattant jusqu'au derier moment. (→ 10)

Accalmie dans la bataille pour cette patrouille de marines.

Les conspirateurs roumains châtiés

Bucarest, 6 janvier
Un coup d'Etat contre le régime pronazi d'Ion Antonescu vient d'être déjoué. Des nostalgiques de la Garde de fer, mouvement fasciste naguère à la tête du pays, auraient tenté de reprendre le pouvoir 2 ans jour pour jour après en avoir été chassés par les militaires. Le bruit circule que 80 personnes ont été exécutées, ou que 56 anciens dirigeants de la Garde de fer sont en prison. Le coup d'Etat devait coïncider avec le retour de leur chef, Horia Sima, qui s'est évadé d'Allemagne mais a été arrêté pendant sa fuite par la police italienne.

1943

Janvier

Di	Lu	Ma	Me	Je	Ve	Sa
					1	2
3	4	5	6	7	8	9
10	11	12	13	14	15	16
17	18	19	20	21	22	23
24	25	26	27	28	29	30
31						

10. Guadalcanal : début d'une grande offensive américaine.

10. Stalingrad : les troupes de Rokossovski attaquent le périmètre défensif de la 6e armée allemande.

11. URSS : l'Armée rouge reprend Mineralnye Vody et Piatigorsk dans le Caucase. A l'opposé du front, elle attaque les lignes allemandes autour de Leningrad.→

12. Libye : la colonne des FFL du général Leclerc contrôle le Fezzan, repris aux Italiens.

13. Bulgarie : 200 arrestations et 36 exécutions ont lieu à la suite de manifestations antinazies à Sofia (→ 5.5).

13. Nouvelle-Guinée : le général Eichelberger prend le commandement des forces avancées alliées (→ 21).

14. Guadalcanal : 600 Japonais débarquent au cap Espérance, pour préparer l'évacuation (→ 17).

14. France : les autorités italiennes s'opposent à la déportation des Juifs résidant dans leur secteur d'occupation.

14. Stalingrad : les Soviétiques s'emparent de l'aéroport de Pitomnik. Seul celui de Gumrak permet encore aux Allemands encerclés d'être ravitaillés par pont aérien.

14. France : en riposte à l'accroissement des opérations d'U-Boote, la RAF bombarde les bases de Cherbourg et de Lorient (→ 13.2).

15. URSS : l'Armée rouge écrase la 2e armée hongroise sur le Don, au sud de Voronej.

15. Rastenburg : Hitler donne l'ordre à la Luftwaffe de fournir 300 tonnes de ravitaillement par jour à la 6e armée à Stalingrad, objectif impossible à l'heure actuelle (→ 16).

16. Bagdad : l'Irak déclare la guerre aux puissances de l'Axe.

16. Libye : les troupes alliées enfoncent la ligne de défense allemande de Bouerat (→ 23).

16. Paris : les restrictions d'électricité entraînent la fermeture des théâtres non subventionnés un jour par semaine.

Sommet à Casablanca

Les clients de l'hôtel « Anfa » : Roosevelt, Churchill et leurs chefs d'état-major.

Casablanca, 14 janvier
A l'hôtel *Anfa,* placé sous haute surveillance, l'amiral Q rencontre M P. C'est en fait le destin des Alliés qui se joue : l'amiral Q, c'est le président Roosevelt, M P, Winston Churchill. Accompagnés par leurs conseillers militaires, ils étudient la stratégie future à mener contre l'Axe. C'est une conférence à trois qui était d'abord prévue, mais Staline a écrit qu'il ne pouvait quitter son pays, la bataille de Stalingrad nécessitant « sa présence constante auprès de ses hommes ». Il a rappelé que l'ouverture d'un second front en Europe lui avait été promise pour le printemps 1943. Mais les Anglo-Saxons sont plutôt tentés d'exploiter la victoire imminente des Alliés en Afrique du Nord pour traverser la Méditerranée. Les Alliés débarqueraient en Sicile ou en Sardaigne et régleraient d'abord son compte à l'Italie, ce qui repousserait la date d'un éventuel assaut au nord-ouest de l'Europe. Les états-majors estiment en effet que deux débarquements poseraient de trop grands problèmes logistiques. Mais le cas de l'Italie pourrait être réglé en un an, ce qui obligerait les Allemands à porter leurs efforts ailleurs qu'en URSS. (→ 23)

Hitler prépare la mobilisation totale

Berlin, 13 janvier
Les autorités du Reich peuvent présent réquisitionner les All mands, hommes et femmes, pou remplir toute tâche considéré comme nécessaire à la défense d pays. Ce premier pas vers la « m bilisation totale » doit permettr d'envoyer tous les hommes en âg de combattre sur le front. Le décre de Hitler stipule qu'il est « néce saire d'identifier tous les hommes e les femmes dont les efforts ne vor pas ou pas totalement dans ce sens et de mobiliser toute leur énergie ». Une « formation » et une « ré rientation » seront organisées su une large échelle. Les homme mûrs et les femmes sont les pre miers visés par ces mesures, q s'appliqueront ce mois-ci. (→ 28)

Raid aérien sur la capitale du Reich

Berlin, 16 janvier
La RAF n'avait plus attaqué Berli depuis 1941. Cette nuit, ses bom bardiers ont largué sur la ville de milliers de bombes incendiaires e d'autres, d'un type nouveau, q indiquent les cibles (*target ind cators*). Il y a eu 88 tués. La défens antiaérienne s'est montrée peu eff cace. Les Allemands semblent s contenter du camouflage pour es sayer de tromper l'ennemi. (→ 17)

Giraud et de Gaulle : deux généraux pour une seule France

Casablanca, 14 janvier
Les deux frères ennemis se sont finalement rencontrés. Les généraux Giraud et de Gaulle, qui se disputent la fonction de chef des Français en guerre, ont eu un entretien dans une villa d'un faubourg de Casablanca, en marge du sommet allié. Charles de Gaulle, qui dirige les Forces françaises libres, n'a accepté la rencontre avec Henri Giraud, établi à Alger, que sous la pression de Churchill. Il a tout d'abord rejeté avec hauteur l'invitation de Roosevelt à venir à Casablanca. Il considérait comme une insulte le fait d'être convié par un Américain à visiter le Maroc, protectorat français. Il a fini par venir, mais, pour qu'il accepte de voir Giraud, il a fallu que Churchill menace de le priver du soutien britannique dont il a besoin. De Gaulle, qui est le symbole de la Résistance française depuis le désastre de 1940, est très méfiant envers Giraud, dont les opinions conservatrices et antirépublicaines sont connues. De son côté, Giraud, qui est récemment arrivé en Afrique, refuse que de Gaulle soit le chef unique des combattants français et refuse de participer à des opérations militaires communes. Après une conversation de deux heures, les deux officiers n'étaient d'accord que sur un point : ils doivent rester en contact l'un avec l'autre. (→ 23)

Cette photo fut exigée par Churchil

Les Allemands sous la pression de l'Armée rouge

Soldats de l'Armée rouge dans les décombres enneigés de Stalingrad : la ville est à présent presque entièrement détruite après des mois de combats et de siège.

Offensive sur la poche de Stalingrad

Stalingrad, 16 janvier
Le général Rokossovski a mis sa menace à exécution. Les Allemands, piégés dans Stalingrad, vont être exterminés. Les hommes de la 6e armée, épuisés et affamés, sont entre le marteau de l'attaque qu'il a lancée par l'ouest et l'enclume que forment les défenseurs soviétiques de la ville. L'aérodrome de Pitomnik a été investi par les chars soviétiques il y a deux jours. C'est un terrible coup pour les Allemands, car c'est le seul terrain où les avions peuvent se poser de nuit. Même un génie de l'organisation comme le feldmarschall Erhard Milch, chargé du ravitaillement des assiégés, ne peut plus rien. Seul Gumrak, où Paulus a installé son QG, est utilisable par la Luftwaffe. Mais il est encombré de centaines de blessés qui attendent leur évacuation, et dont le sang se change en glace rouge. Les Allemands se battent encore avec courage et obstination, mais savent qu'il n'y a plus d'espoir. Un soldat écrit à sa famille : « Nous sommes entièrement seuls, sans aucune aide extérieure. Hitler nous a lâchés. Quand vous aprendrez la chute de Stalingrad, vous saurez que je ne reviendrai pas. » (→ 19)

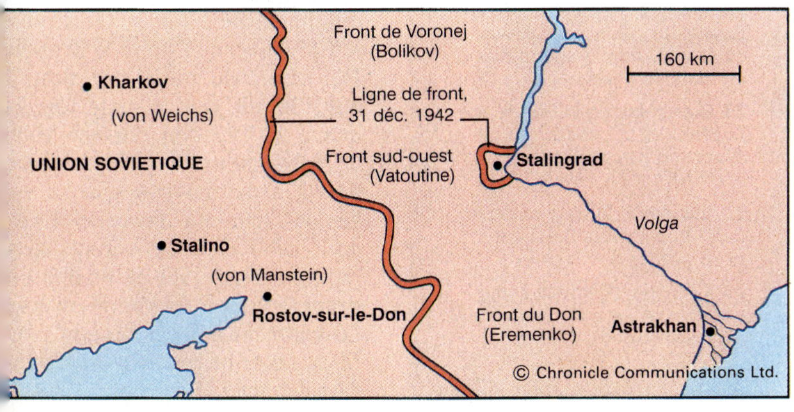

Les Russes lancent l'assaut sur Leningrad

Leningrad, 11 janvier
Il faisait encore nuit et le thermomètre indiquait −23° lorsque l'Armée rouge a déclenché l'opération *Iskra* (Etincelle), qui doit, si elle réussit, libérer Leningrad. Deux mille canons et mortiers ont commencé à tirer tandis que les soldats d'élite de la 2e armée de choc, en uniforme blanc, attaquaient en direction de Schlüsselburg (Petrokrepost), où la Neva se jette dans le lac Ladoga. En même temps, des éléments de la 67e armée du front de Leningrad, appuyés par des unités de la flotte de la Baltique, s'élançaient sur les assiégeants, empruntant la rivière gelée. Le plan du général Joukov, arrivé depuis peu de Stalingrad, prévoit la jonction de l'armée de Leningrad et l'envoi de renforts dans une cité ouvrière au sud de Schlüsselburg. Cela permettra d'établir autour du lac une liaison avec Leningrad et de ravitailler ses habitants épuisés par la famine. Cet après-midi, la première partie de ce plan a réussi. La 12e brigade d'infanterie, composée de skieurs expérimentés, a foncé à travers le blizzard pour frapper l'arrière-garde allemande. Par endroits, les Russes ne sont plus qu'à 16 km de leur objectif, mais trouvent devant eux un adversaire déterminé et bien préparé. Avec les Allemands combattent notamment les volontaires espagnols envoyés par le général Franco, qui forment la fameuse division Azul. La bataille promet d'être rude. (→ 18)

Le général Govorov commande la 67e armée soviétique à Leningrad.

Dur hiver pour les Américains à Amchitka

Iles Aléoutiennes, 12 janvier
Les troupes américaines ont débarqué sur l'île d'Amchitka, dans la mer de Béring à 144 km de l'île de Kiska, occupée par les Japonais, par un froid intense et une mer déchaînée. De quatre transports de troupes sont sortis 2 000 hommes. Drossé contre les récifs, le destroyer *Worsen* a sombré dans les eaux glaciales, perdant quatorze hommes. Les vents violents du Pacifique nord ont aussi jeté à la côte un transport de troupes, écrasant la plupart de ses occupants. A terre, hommes et jeeps s'enlisent dans un sol spongieux, alors que la rapidité d'action est essentielle : présents dans l'archipel depuis l'été, les Japonais ne vont pas tarder à repérer les nouveaux arrivants. (→ 19)

Pénible progression sur Amtchika.

Hitler veut anéantir Tito et ses résistants

Bihac, Yougoslavie, 15 janvier
C'est la plus grande offensive jamais lancée contre l'« armée fantôme » de Tito. Sur les ordres de Hitler, 40 000 Allemands, Italiens et Oustachi (nationalistes croates fascistes) y participent. Tito a déjà dû abandonner son QG, installé ici, pour se réfugier le long de la frontière croate. Ses partisans se replient au sud, vers leur bastion du mont Durmitor, dans le Monténégro. Ce type de retraite, accompagnée de contre-attaques brèves mais violentes, d'embuscades et de destructions, après lesquelles les partisans disparaissent, est une technique qui réussit de plus en plus à Tito. Les forces de l'Axe, impuissantes, répliquent en traitant avec sauvagerie quiconque est suspecté de collaborer avec les partisans. Chaque jour ont lieu des exécutions massives, au cours desquelles les Oustachi se distinguent par leur cruauté. Leur chef, Ante Pavelic, est un pronazi convaincu. En dépit de ses succès contre l'Axe, Tito ne reçoit aucun soutien des Alliés, malgré ses appels à l'aide réitérés. Seule l'URSS ravitaille par avion ses propres partisans. (→ 15.4)

Guadalcanal, 15 janvier : les marines progressent. Une barque descend la rivière avec des blessés, une autre la remonte avec du ravitaillement.

1943

Janvier

Di	Lu	Ma	Me	Je	Ve	Sa
					1	2
3	4	5	6	7	8	9
10	11	12	13	14	15	16
17	18	19	20	21	22	23
24	25	26	27	28	29	30
31						

17. Berlin : la RAF effectue un raid sur la ville pour la seconde nuit consécutive, en lâchant des bombes de 4 t.

17. Guadalcanal : le point d'appui japonais de Gifu est lourdement bombardé par les forces américaines, qui utilisent des haut-parleurs pour inviter les Japonais à se rendre (→ 23).

18. Birmanie : à Donbaik, les Japonais résistent aux assauts des troupes indiennes (→ 3.2).

18. Moscou : le général Joukov est promu maréchal.→

18. Tunisie : pour la première fois en Afrique du Nord, les Allemands utilisent des chars Tigre à Bou Arada.

18. Allemagne : Emilienne Mopty est décapitée à Cologne. En mai 1941, elle fut l'une des meneuses de la grève des mineurs du Pas-de-Calais.

19. Stalingrad : le siège de la 6ᵉ armée allemande immobilise 90 des 259 divisions soviétiques.

20. Berlin : pour accélérer l'extermination des Juifs, Himmler demande plus de trains. Ceux-ci font pourtant cruellement défaut pour le transport des armes sur le front de l'Est (→ 21).

20. Londres : Fernand Grenier, représentant officiel du PCF, rencontre de Gaulle : le PCF reconnaît l'autorité de la France combattante.

21. Nouvelle-Guinée : les troupes alliées font leur jonction à Sanananda (→ 23).

21. Caucase : les Soviétiques reprennent Vorochilovsk.

21. Stalingrad : l'Armée rouge s'empare de l'aéroport de Gumrak, le dernier encore aux mains des Allemands. Hitler câble à Paulus : « La reddition est hors de question. » (→ 23)

22. Rastenburg : Hitler donne l'ordre que la production de chars soit prioritaire sur la construction navale.

22. Caucase : la base aérienne de la Luftwaffe à Salsk est prise par les Soviétiques.

23. Caucase : l'Armée rouge s'empare d'Armavir, important nœud ferroviaire (→ 30).

Les Alliés exigeront que l'Axe se rende « sans conditions »

Casablanca, 23 janvier
Les plans de campagne des Alliés pour cette année sont prêts. La quatrième rencontre entre Churchill et Roosevelt a duré neuf jours. A sa conférence de presse, le président américain a annoncé que les Alliés s'étaient mis d'accord pour obtenir une « reddition inconditionnelle » des puissances de l'Axe. Il n'y aura pas de négociations, l'ennemi devra désarmer et les responsables d'atrocités seront remis à la justice. Le communiqué officie[l] indique que « des actions militaires ont été décidées contre l'Allemagne, l'Italie et le Japon afin d'exploiter au mieux le tour favorable pris par les événements à la fin de 1942 ». Aucune indication sur la prochaine offensive n'a été donnée mais on pense que les Alliés on[t] décidé pour cette année d'envahi[r] l'Italie ». Il y est rendu hommage à l'« énorme effort de guerre supporté avec succès par l'URSS. Le « principal objectif » des Allié[s] est de soulager « autant que possible les forces russes en affrontan[t] très massivement l'ennemi sur le[s] théâtres d'opérations les mieu[x] choisis ». Mais Staline devra atten[-]dre 1944 pour que ses vœux su[r] l'ouverture d'un second front e[n] Europe du Nord se réalisent.

A Bruxelles, échec à la Gestapo

Bruxelles, 20 janvier
Le capitaine Jean-Michel de Sély[s] Longchamps, pilote belge dans [la] RAF, a réalisé un exploit hors d[u] commun en mitraillant ce matin [le] quartier général de la Gestapo, s[i]tué 453, avenue Louise, à Bruxelle[s]. De retour de mission, l'escadril[le] 609 rentrait vers sa base anglais[e] quand le Typhoon de Jean-Mich[el] de Sélys quitta la formation. Ve[rs] 9 h 30, arrivé au-dessus de la vil[le], l'avion remonta l'avenue Dem[…] pour déboucher sur l'immeuble [de] onze étages du SD de Bruxelles [en] tirant au canon. Les derniers étag[es] du bâtiment ont été ravagés par [le] tir du pilote belge, qui a pu regagn[er] l'Angleterre sain et sauf.

Les Britanniques prennent Tripoli

Tripoli, 23 janvier
Une heure avant l'aube, Dorothy est arrivée sur la place principale de la ville. Dorothy est un scout-car anglais, qui porte le nom de la fiancée de son conducteur. A son bord sont juchés sept soldats des Gordon Highlanders.
Une heure plus tôt, les véhicules de reconnaissance du 11e Hussard n'avaient trouvé aucun signe de la présence des forces de l'Axe dans es faubourgs déserts de la ville. Les Anglais avaient attendu toute la nuit avant de s'ébranler.
Les Highlanders de la 51e division sont arrivés de l'est par la route côtière, pourtant rendue impraticable par la présence de pièges, de mines et par la destruction des ponts et des ouvrages d'art. A l'ouest progressait une autre division, tandis que la 7e division blindée, après s'être postée dans les montagnes dominant Tripoli, chargeait sur la ville par le sud.
Le général Montgomery, visiblement satisfait – il avait prédit la date de cette victoire –, a accepté es clefs de la ville des mains du maire. Le grand uniforme et les médailles de ce dernier contrastaient étangement avec le treillis et le béret du général britannique, qui a déclaré à ses correspondants de guerre : « Je n'ai que des félicitations à faire aux hommes de la 8e armée. » (→ 25)

Un char de la 8e armée pénètre dans Tripoli sous les applaudissements.

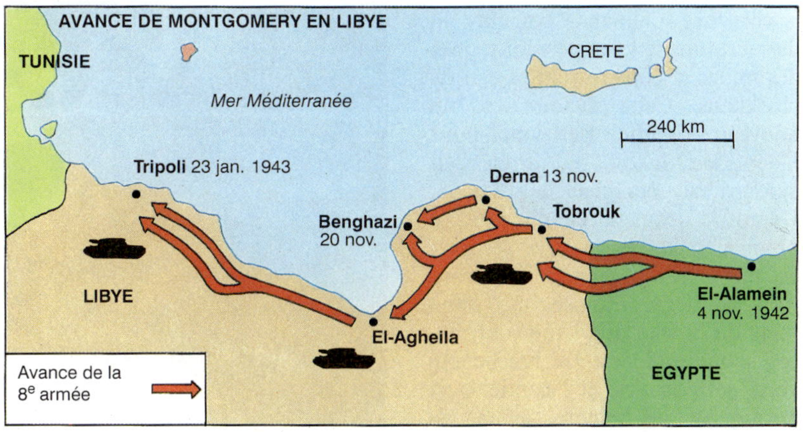

L'étau soviétique se resserre sur la 6e armée

Stalingrad, 23 janvier
Le dernier îlot de résistance allemande est sur le point de s'effondrer. La 6e armée est scindée en deux groupes, au nord et au sud de la ville. Gumrak, le dernier aérodrome allemand, est tombé il y a deux jours sous l'assaut des chars soviétiques, qui ont écrasé des files entières de blessés attendant sur leurs brancards d'être évacués. Le dernier avion qui a pu décoller, un bombardier Heinkel He 111, emportait dix-neuf hommes et sept sacs de courrier contenant les dernières lettres des condamnés à mort adressées à leurs familles. Devant l'inéluctabilité de la défaite, certains Allemands se rendent ou se suicident. Alors qu'il allait être capturé, le général von Hartmann, qui commandait la 71e division d'infanterie, est monté sur un remblai avec sa carabine et a tiré sur les Soviétiques jusqu'à ce qu'il soit fauché par une rafale de mitrailleuse. Refusant de prolonger l'agonie de ses hommes, Paulus a envoyé à Hitler le message suivant : « Poursuite de la défense inutile. Ecroulement inévitable », auquel le Führer a répondu : « Capitulation interdite ; la 6e armée tiendra ses positions jusqu'au dernier homme et jusqu'au dernier assaut. » (→ 26)

Nouveaux revers japonais à Guadalcanal

Guadalcanal, 23 janvier
Les forces japonaises, qui tentaient déjà de battre en retraite, ont subi deux importants revers : elles ont perdu leur base principale, à Kokumbona, et leur dernière position sur le mont Austen. Kokumbona s'est rendu après trois jours d'un pilonnage naval intense. Commandés par le contre-amiral Walden Ainsworth, quatre destroyers ont tiré 600 obus contre les positions japonaises. Ils font à présent route vers Kolombangara, au nord-ouest de l'île, pour rejoindre une escadre de onze navires qui bombarde l'aérodrome en construction de Vila. Les Américains contrôlent le mont Austen depuis que cent Japonais, qui défendaient leur QG de Gifu, ont chargé contre leurs lignes. (→ 24)

Préparatifs avant de diffuser un ultimatum destiné aux Japonais.

La guerre résorbe le chômage anglais

Grande-Bretagne, 23 janvier
Le marché du travail n'a jamais été aussi florissant. Selon les dernières statistiques du ministère du Travail, on compte en effet moins de cent mille chômeurs et leur nombre continue de baisser. Depuis 1918, le nombre des chômeurs n'avait jamais été inférieur à un million.
Selon les mêmes statistiques, 6 769 000 femmes travaillent, soit deux millions de plus qu'avant la guerre. Plusieurs centaines de milliers occupent, en plus, un emploi à temps partiel.
D'autre part, l'industrie d'armement emploie 4,3 millions de personnes et 4,7 millions sont sous les drapeaux.

L'Italie singée par de jeunes Français

Grenoble, 23 janvier
L'occupant italien critiqué et chahuté par une manifestation d'étudiants et les laissant faire sans intervenir, tel est le spectacle peu banal auquel ont assisté les habitants de Grenoble. Les étudiants ont en effet organisé un défilé dans les rues en imitant la marche des bataillons italiens, chacun portant ostensiblement un macaroni à la boutonnière. Quand celui qui les commandait a crié : « En avant, marche ! » tous sont partis à reculons. Il est vrai que l'occupant italien installé sur une partie de la rive gauche du Rhône ne se montre pas vindicatif. Et il faut bien que jeunesse se passe...

Leningrad est dégagé

Les fantassins soviétiques à l'assaut : la route de Leningrad bientôt ouverte.

Leningrad, 18 janvier
L'étau qui enserrait la ville depuis seize mois est enfin brisé. Ce matin, les troupes de secours ont fait leur jonction avec les assiégés, lorsque le capitaine Sabatkin, de la 67e armée du front de Leningrad, a échangé un mot de passe avec le capitaine Demidov, de la 2e armée venue en renfort. Puis les deux hommes se sont embrassés pour célébrer leur victoire, au milieu des cadavres allemands et soviétiques qui jonchent le sol de la Cité ouvrière nº 5, non loin de Schlüsselburg (Petrokrepost). Il a fallu cinq jours de durs combats aux Soviétiques pour briser le cercle d'acier qui entourait la ville. Les Allemands avaient, l'an dernier, fortifié leurs positions, posé des mines et construit un réseau de blockhaus. Cette victoire est un nouveau triomphe personnel pour Gueorgui Joukov, qui a été fait aujourd'hui maréchal de l'URSS. Depuis le début du conflit, il est le premier militaire russe à recevoir ce titre. Il est cependant encore trop tôt pour annoncer aux habitants de la ville que leurs souffrances sont terminées. La brèche ouverte entre la ville et l'extérieur est étroite, et les canons allemands sont toujours actifs. (→ 27)

Les Japonais contrés en Papouasie

Port Moresby, 23 janvier
La campagne de Papouasie touche à sa fin. Trois semaines de combats sanglants dans les marais pestilentiels de la côte de Nouvelle-Guinée ont finalement abouti à l'occupation de Sananda par les Alliés, qui ont nettoyé les dernières poches de résistance ennemie. Le recul des Japonais a commencé dès la chute de Buna, mais les marécages et les palétuviers ont ralenti l'avance alliée. Deux bataillons américains ont dû être envoyés en renfort pour construire des routes.
Le 12, la 18e brigade australienne, qui encerclait l'ennemi, lança ses chars à l'assaut, mais rencontra une résistance inattendue, qui a coûté la vie à cent hommes en une seule journée. Le jour suivant, les Japonais ont commencé à être évacués par bateau. La raison de cette retraite n'a été comprise que plus tard : ils n'avaient plus de riz et ils mouraient de faim. Le commandant en chef des troupes japonaises avait reçu l'ordre de se replier jusqu'à l'embouchure du Kumbusi ou du Mambare, puis, de là, à Lae et Salamaua.
Si les Alliés ont remporté la victoire, ils paient cependant un lourd tribut : 2 165 morts et 3 533 blessés pour les Australiens, 671 morts et 2 172 blessés pour les Américains. Mais, à présent, ils contrôlent des terrains d'aviation et des ports qui leur seront fort utiles pour organiser leur avance sur Rabaul. Sur les 20 000 soldats japonais envoyés dans toute la Papouasie, il semble que plus de 13 000 aient perdu la vie au cours des combats. (→ 1.2)

Le riz abandonné par les Japonais est à présent entre les mains des Alliés.

La difficile et dangereuse vie quotidienne des clandestins

L'opérateur clandestin cherche une « planque » d'où émettre sans être répéré.

France, janvier
Plonger dans la clandestinité, outre les risques que cela comporte, pose des problèmes pratiques. Le premier est celui de l'argent : comment, en abandonnant son travail, continuer à subsister et à entretenir sa famille alors que la vie clandestine coûte plus cher qu'une existence au grand jour ?
Le second problème est celui du changement d'identité : s'il est devenu assez facile de se procurer de faux papiers, il l'est beaucoup moins de rompre toute attache avec ses proches. En plus d'apprendre à passer inaperçu et à déjouer les filatures, le clandestin doit se méfier de tout et apprendre à vivre avec sa peur.

Version nazie du repos du guerrier

Paris, 17 janvier
Les soldats SS vont être contents des maisons closes seront bientô installées dans chacune des garni sons de Waffen-SS stationnées e France. Heinrich Himmler estim en effet que la mise à la dispositio de ses hommes de cette commodit entretiendra leur ardeur – leur a deur guerrière, bien sûr. L'ordre d Reichsführer a été transmis à Ka Albrecht Oberg, chef des SS e France, qui, justement, s'inquiéta récemment du développement d maladies vénériennes parmi s troupes. Les prostituées, elles a moins, pourront être médicaleme surveillées.

La résistance juive s'organise enfin

La police juive du ghetto en action. Les nazis, loin de les épargner, finiront par déporter ces policiers juifs.

Varsovie, 21 janvier
Personne ne pensait qu'un tel événement pût un jour arriver : les Juifs ont pris les armes. Dans la rue Niska, une colonne de déportés, en route vers la gare et le train pour Treblinka, s'est soudain retournée contre ses gardes-chiourme nazis. Des prisonniers armés de pistolets et de grenades se sont barricadés dans une maison voisine où, une fois à couvert, ils ont tenu leurs adversaires en respect, malgré les renforts. Les nazis ont finalement mis le feu au bâtiment, mais ses occupants ont continué à tirer jusqu'à la dernière cartouche. Cette révolte soudaine n'a pas empêché les Allemands de déporter d'autres Juifs, avec la plus grande violence : environ 6 500 ont été dirigés sur les camps d'extermination et 1 171 ont été tués par balles au cours de ces opérations ordonnées par Himmler au début du mois, lors d'une visite à Varsovie. Il a jugé qu'il y avait encore trop d'habitants dans le ghetto (de 40 000 à 70 000) et il a ordonné la déportation immédiate des Juifs, à l'exception de 16 000 d'entre eux destinés aux camps de travail. Mais, depuis le mois d'octobre 1942, la Zydowska Organizacja Bojowa (Organisation juive de combat) fait passer en secret des armes dans le ghetto. Cette organisation militaire est dirigée par un jeune homme de 24 ans, Mordechaï Anielewicz.
L'ennemi ? Ce sont les Allemands, bien sûr, mais aussi les hommes abhorrés de la police juive contrôlée par les nazis. Les balles de la résistance tuent les policiers, les informateurs et les collaborateurs. Les armes ? La résistance se les procure difficilement. Des centaines de pistolets ont été achetés à prix d'or au marché noir. Des négociations avec le général « Rola » Zymierski de la Garde du peuple ont permis d'obtenir les 25 derniers fusils que possédait cette organisation de résistance communiste. Le général Rowecki de l'Armée de l'intérieur a fourni un millier de grenades à mains, des fusils et quelques mitrailleuses : pas de quoi soutenir un siège prolongé face à des troupes régulières.
En prévision du choc final, les groupes de combat ont construit des centaines de casemates raccordées aux égouts, qui pourront servir d'abris aux habitants. Dans les greniers des immeubles, des passages ont été aménagés, ce qui permet de parcourir en toute sécurité des centaines de mètres, voire des rues entières, sans toucher un seul instant le macadam. Le ghetto est prêt à mourir les armes à la main.

Message de Pologne aux Juifs américains

New York, 21 janvier
Dans une lettre adressée à la communauté juive américaine, le ghetto de Varsovie annonce son anéantissement prochain. Il précise aussi : « Nous dénonçons le crime le plus odieux de tous les temps, le meurtre de millions de Juifs en Pologne. [...] Frères, les Juifs subsistant en Pologne vivent en sachant qu'aux jours les plus terribles de notre histoire vous ne nous êtes pas venus en aide. Ecoutez-nous, au moins, aux derniers jours de notre vie. » (→30)

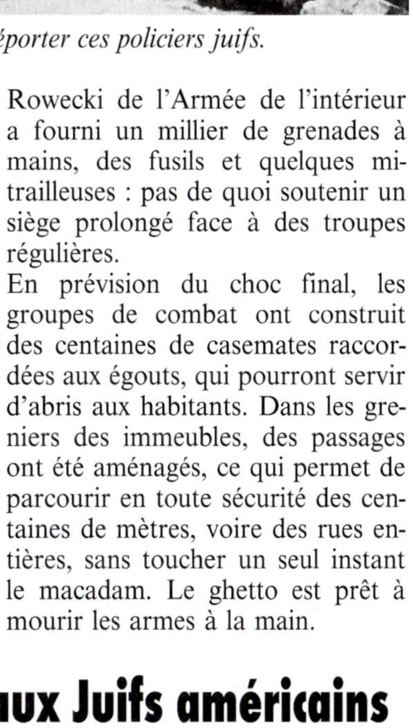

Un des symboles de la cruauté nazie.

Les sept pays qui restent hors du conflit en Europe

Londres, 23 janvier
Les Panzer de Hitler ont déferlé de l'Atlantique à l'Oural, mais, malgré tout, sept Etats – Suisse, Portugal, Espagne, Irlande du Sud, Vatican, Suède, Turquie – ont réussi à ne pas être entraînés dans la guerre. Ils jouent pourtant un rôle essentiel dans la lutte acharnée qui oppose l'Axe aux Alliés.
La Suisse, dont la frontière avec le Reich est fort perméable, est une plaque tournante de l'espionnage. Des agents anglais y ont rencontré des officiers supérieurs allemands et même des membres des services secrets. Un important réseau soviétique opère depuis Lucerne ; l'Américain Allen Dulles a installé son QG à Genève. La Suisse est aussi un havre de paix pour les réfugiés de tous les pays occupés par les nazis.
Au Portugal, Lisbonne est aussi une des destinations préférées des espions de l'Axe et des Alliés, qui s'intéressent fort aux navires. Mais, par un accord tacite, les uns et les autres ne fréquentent pas les mêmes cafés.
Si l'Espagne est devenue une étape obligée pour les aviateurs alliés et les prisonniers de guerre qui s'évadent, le général Franco n'en continue pas moins son jeu ambigu, car ses sympathies vont à l'Axe, qu'il aide discrètement en ouvrant les ports espagnols aux U-Boote allemands, qui peuvent s'y ravitailler et y relâcher.
En Irlande du Sud, l'Abwehr a tenté, sans grand succès, de recruter des agents secrets.
Quant au Vatican, il est utilisé par les Allemands antinazis comme lieu de contact avec les Alliés.
La neutralité suédoise, bien utile pour vendre des roulements à billes aux Allemands et aux Anglais, permet aux trains militaires du Reich d'aller en Finlande.
La Turquie doit à sa position stratégique, non loin de l'URSS et du Caucase, d'être elle aussi très fréquentée par les espions de toute espèce.

1943

Janvier

Di	Lu	Ma	Me	Je	Ve	Sa
					1	2
3	4	5	6	7	8	9
10	11	12	13	14	15	16
17	18	19	20	21	22	23
24	25	26	27	28	29	30
31						

24. Marseille : 40 000 habitants du quartier du Vieux-Port sont expulsés en représailles à l'attentat du 3 janvier (→ 17.2).

24. Egypte : formation avec des éléments venus de Djibouti d'une 3e brigade FFL, commandée par le colonel Raynal.

25. Afrique du Nord : le général Messe, de la 1re armée italienne, prend le commandement des forces de l'Axe.

26. France : le Comité de coordination des mouvements de résistance en zone sud annonce la fusion de ses principales composantes : Combat, Franc-Tireur et Libération. Le comité directeur comprend Jean Moulin, assisté de Henri Frenay, d'Emmanuel d'Astier et de Jean-Pierre Lévy.

26. Stalingrad : les Soviétiques divisent en deux la poche de la 6e armée.

27. URSS : la ligne de chemin de fer Leningrad-Moscou est rouverte (→ 14.4).

28. Allemagne : les hommes de 16 à 65 ans et les femmes de 17 à 45 ans sont mobilisés pour la production de guerre.

29. Berlin : Kaltenbrunner succède à la tête du RSHA à Heydrich, abattu par la résistance tchécoslovaque.

30. Vichy : création de la Milice française, dirigée par Joseph Darnand, sous l'autorité de Laval (→ 31).

30. Allemagne : Dönitz est promu grand amiral et remplace l'amiral Raeder comme commandant en chef de la marine.

30. Iles Salomon : l'escadre du contre-amiral Giffen est attaquée au large de l'île Renell par 31 bombardiers japonais. Le croiseur lourd *Chicago* est coulé.

31. Allemagne : lors d'un raid sur Hambourg, la RAF utilise pour la première fois le radar de navigation H2S.→

31. Italie : le général Ambrosio remplace le maréchal Cavallero, éliminé par Mussolini, comme chef d'état-major de l'armée.

Reddition de Paulus à Stalingrad

Stalingrad, 31 janvier
Jamais un maréchal de l'armée allemande n'avait capitulé en rase campagne. C'est pourtant ce que vient de faire le commandant de la 6e armée, le feldmarschall Paulus. Hier, Hitler lui a en effet accordé ce grade en lui recommandant de résister jusqu'au bout. Mais Paulus a finalement refusé le suicide : il accompagnera ses soldats en captivité. Le feldmarschall a pris la décision de se rendre après que son chef d'état-major eut constaté que les Soviétiques n'étaient plus qu'à quelques dizaines de mètres du grand magasin *Univermag*, dans les sous-sols duquel était installé son QG. Tôt ce matin, après avoir signalé à Paulus que les cas de fraternisation se multiplient entre soldats allemands et soviétiques, le capitaine Boris von Neithardt part à la rencontre de l'ennemi. Il traverse la place Rouge de Stalingrad. Près de là, dans une petite rue, l'officier découvre un char russe en embuscade. Le capitaine demande au chef de char, le lieutenant Fyodor Yelchenko, de venir discuter avec ses supérieurs. Les deux officiers, accompagnés de soldats russes, reviennent jusqu'au QG allemand. Là, Yelchenko est mis en présence du feldmarschall qui attendait dans une petite cabine munie d'un lit de camp. Les deux hommes se regardent sans rien dire, puis Yelchenko s'écrie : « Eh bien, cette fois, c'est fini ! » Paulus aquiesce tristement. Peu après, d'autres officiers russes arrivent pour participer aux négociations. Paulus et ses officiers refusent de signer une capitulation générale ; ils ne consentent qu'à la reddition de la partie sud de la poche, laissant ainsi aux autres commandants le choix de leur propre sort. En effet, les Allemands tiennent toujours solidement certaines positions dans la poche nord. Le général Strecker, qui commande le 11e corps, contrôle encore la zone de l'usine de tracteurs et de l'usine Octobre rouge.
Une fois l'accord réalisé, Paulus et son chef d'état-major montent dans une voiture soviétique qui gagne le faubourg de Beketovka. Là, dans une modeste ferme, le maréchal allemand rencontre enfin l'un de ses vainqueurs, le général Mikhaïl Choumilov, commandant de la 64e armée soviétique. Une joie sans mélange se lit sur le visage du Soviétique : la bataille de Stalingrad est enfin terminée.

Friedrich Paulus après sa reddition.

Un coup porté au mythe du « surhomme »

Europe, 31 janvier
La défaite de la Wehrmacht à Stalingrad vient de porter un rude coup au mythe de l'invincibilité des armées allemandes. Certes, le sacrifice de la 6e armée a permis, en immobilisant d'énormes effectifs soviétiques, de sauver l'ensemble du front de l'Est d'une catastrophe plus grande encore. Il n'empêche que le monde entier sait désormais que les Allemands ont été battus par ceux qu'ils souhaitaient asservir et qu'ils considèrent comme des sous-hommes. L'initiative a maintenant changé de camp : pour les Alliés, envisager la victoire est devenu un pari raisonnable.

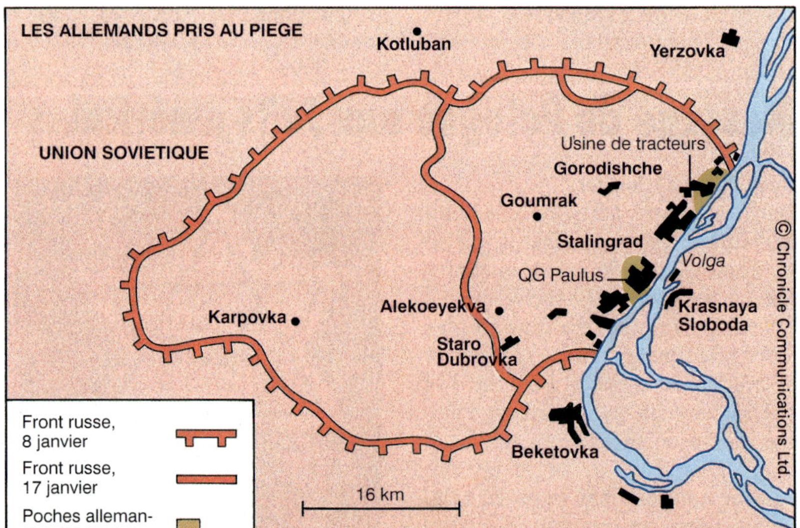

Ce que Stalingrad coûte au Reich

Stalingrad, 31 janvier
L'étendue des pertes de l'armée allemande en hommes et en matériel dans le secteur de Stalingrad est à peine croyable. De juin 1942 jusqu'au 31 janvier 1943, près de un million et demi de soldats allemands ont été tués, blessés, faits prisonniers ou portés disparus. Stalingrad aura englouti près du quart des forces allemandes du front de l'Est. Rien qu'en janvier, il y a eu 140 000 morts dans le camp allemand. Quand les dernières poches de résistance seront réduites, ce qui n'est plus qu'une question de jours voire d'heures, les soldats soviétiques feront 91 000 prisonniers. Deux armées allemandes, la 3e et la 4e armée roumaine, ainsi que la 8e armée italienne ont été totalement anéanties. Les pertes des Allemands en matériel suffiraient à équiper 80 divisions. L'Armée rouge a aussi détruit ou récupéré 3 500 chars et canons automoteurs. La Luftwaffe a perdu 1 775 appareils : c'est une véritable saignée !

Une armée détruite, une ville martyrisée

alingrad a chèrement payé sa libération. La ville, vaste champ de ruines recouvert par la neige, est devenue un véritable cimetière.

e famille à la recherche d'un toit.

Un soldat accroche le drapeau soviétique à un immeuble du centre ville.

Les Allemands assiégés se rendent. ▷

Premier raid américain sur l'Allemagne

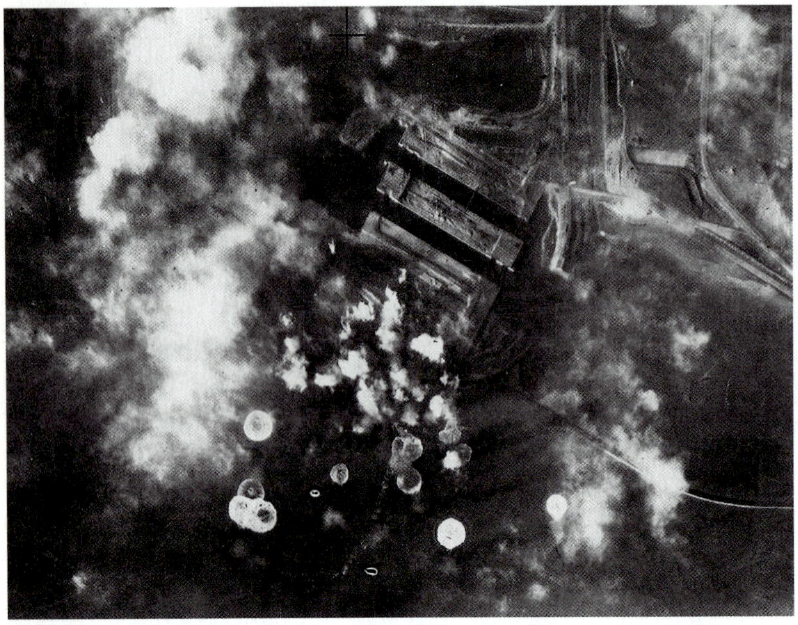

Certaines bombes atteignent leur objectif, d'autres finissent dans l'eau.

Europe, 27 janvier

Pour leur premier bombardement du territoire allemand, les Américains avaient aligné quatre-vingt-quatre Forteresses volantes et sept Liberator. L'objectif de ce raid diurne non escorté était la base navale de Wilhelmshaven et, accessoirement, d'autres cibles dans le nord-ouest de l'Allemagne.

Le port de Wilhelmshaven était considéré par la Royal Air Force comme un objectif difficile. Mais, bien qu'ils aient eu à subir les attaques de la chasse, les équipages américains ont estimé que « ça ne valait pas Saint-Nazaire » ! Le capitaine Ryan a déclaré : « Lorsque j'ai aperçu la taille des navires dans le port, j'ai pensé que nous aurions à affronter une défense aérienne fournie. En fait, elle n'était pas assez forte pour nous inquiéter. » Le capitaine Riordan, récemment récompensé par la Distinguished Flying Cross pour avoir ramené à bon port trois Forteresses très endommagées, a surenchéri en affirmant que ça avait été l'une de ses missions les plus faciles : « Nous sommes rentrés avec nos quatre moteurs, c'est rare ! » Toutefois, trois Forteresses volantes sont portées manquantes.

24 janvier : les accès au quartier du Vieux-Port, à Marseille, sont contrôlés ; la population est évacuée ; les immeubles seront bientôt détruits (→ 17.2).

Le gouvernement de Vichy institue la Milice française

Vichy, 31 janvier

Rassemblés dans l'hôtel thermal qui tient lieu de siège au gouvernement, les dirigeants vichystes se sont engagés à poursuivre leur lutte contre les gaullistes, les Juifs, les francs-maçons et les communistes, bref, tous ceux qui s'opposent à leur politique de collaboration avec l'Allemagne nazie.

Cette cérémonie, qui s'est déroulée sur fond de drapeau tricolore, était organisée en l'honneur de la nouvelle Milice française dont le secrétaire général, Joseph Darnand, a rencontré le Premier ministre, Pierre Laval, l'amiral Platon, le ministre de l'Education, Abel Bonnard, et le secrétaire d'Etat à l'Information, Paul Marion. Après que l'assistance eut repris *le Chant des cohortes* (l'hymne du SOL, devenu celui de la Milice), Laval et Darnand ont précisé quelles seraient les tâches des miliciens : soutenir l'action du gouvernement au moyen de la propagande, lutter contre le marché noir et détruire le maquis.

La loi portant création de la Milice a été promulguée hier par le chef de l'Etat. Elle sera dirigée par le chef du gouvernement assisté du secrétaire général, qui en aura le véritable contrôle. Darnand, fidèle au Maréchal et à l'Allemagne nazie, est en passe de devenir l'un des hommes forts du régime de Vichy.

Le dispositif H2S guidera les avions

Londres, 31 janvier

Cette nuit, pour la première fois, les bombardiers de la RAF ont utilisé un nouveau dispositif de radionavigation. Baptisé H2S, ce système est déjà surnommé *Home, Sweet Home* par les pilotes. Contrairement au Gee, le H2S ne repose pas sur le calcul d'alignements. La méthode est bien plus simple : le terrain survolé apparaît sur un écran cathodique, et il suffit alors de comparer l'image obtenue avec celle des cartes. Cette nuit, les Pathfinder du 8e groupe ont ainsi pu localiser nettement les côtes aux environs de Hambourg, ainsi que l'Elbe.

1943

Février

Di	Lu	Ma	Me	Je	Ve	Sa
	1	2	3	4	5	6
7	8	9	10	11	12	13
14	15	16	17	18	19	20
21	22	23	24	25	26	27
28						

1er. Libye : à Gambat, formation de la 1re division française libre, que mène le général de Larminat.

1er. Nouvelle-Guinée : à Wau, les Australiens, renforcés avant-hier par la 18e brigade, repoussent les Japonais à moins de 400 m de l'aéroport.

1er. Guadalcanal : 20 contre-torpilleurs japonais évacuent de nuit 5 000 soldats au cap Espérance (→ 4).

1er. Méditerranée : le mouilleur de mines *HMS Welshman*, qui devait approvisionner Malte assiégé, est coulé par l'*U-617* au large de la Crète.

2. Méditerranée : le sous-marin *HMS Turbulent* coule le pétrolier allemand *Utilitas*, qui transportait toute la réserve de combustible de l'escadre navale italienne en Sicile.

3. URSS : l'Armée rouge reprend Kouchtchievskaïa au sud de Rostov-sur-le-Don, et Koupiansk en Ukraine.

4. Afrique du Nord : en Libye, les premières unités de la 8e armée britannique franchissent la frontière tunisienne (→ 12).

5. URSS : l'Armée rouge prend Ieïsk, sur la mer d'Azov. Le groupe d'armées A de von Kleist est complètement isolé dans le Kouban (→ 6).

5. Alger : à la suite d'une campagne de presse, vingt-sept députés communistes détenus depuis 1940 à Maison-Carrée sont libérés.

6. Nouvelle-Guinée : l'aviation japonaise fait un raid contre l'aéroport de Wau. La DCA et 37 chasseurs alliés abattent 26 des 70 avions japonais (→ 10).

6. Berlin : Himmler reçoit un inventaire des biens pris aux Juifs polonais assassinés. Il comprend 825 wagons remplis de vêtements à redistribuer aux minorités allemandes de l'Est, et un wagon contenant trois tonnes de cheveux de femmes.

6. Corse : le sous-marin des FNFL *Casabianca* débarque une nouvelle mission de renseignements et apporte à la Résistance des postes émetteurs et 450 mitraillettes.

La Wehrmacht perd du terrain en Union soviétique

Retraite pour les armées allemandes

Rastenburg, 6 février
Les progrès de l'Armée rouge dans le sud de l'Union soviétique font enrager Hitler. Celui-ci comptait interdire au maréchal von Manstein de poursuivre sa retraite. Cependant, les réalités militaires telles qu'elles se présentent au lendemain de la chute de Stalingrad l'ont contraint à autoriser ses troupes à se replier du Donets jusqu'à la Mius, en ne laissant qu'une arrière-garde à Rostov-sur-le-Don.
La chute de Rostov, qui n'est plus qu'une question d'heures, isolera un peu plus la 17e armée, laissée en arrière par le général von Kleist lors de sa retraite du Caucase ; elle se trouve déjà bloquée dans la péninsule de Taman, entre la mer Noire et la mer d'Azov. Hitler comptait se servir de cette armée comme tremplin pour entreprendre la reconquête du Caucase, mais l'Armée rouge a décidé de lui faire subir le même sort qu'à la 6e armée à Stalingrad. Il y a deux jours, des forces soviétiques amphibies ont débarqué dans la péninsule en vue de couper la route de la Crimée aux Allemands. La 17e armée, qui est à l'écoute de la radio soviétique, était prévenue. Elle est parvenue à repousser l'attaque en deux points. Sur une troisième plage située près de Novorisiisk, en revanche, les soldats de l'Armée rouge ont établi une tête de pont. Pendant ce temps, le général Malinovski, qui se moque de savoir si Hitler a autorisé von Manstein à reculer ou non, force celui-ci à se replier vers Taganrog et la Mius. Les Soviétiques sont ainsi prêts à s'emparer de tout le bassin du Donets.
Plus au nord, la situation est identique. Là aussi, Hitler a été contraint de permettre au général von Kluge, qui commande le groupe d'armées du centre, d'abandonner le saillant de Rzhev. Von Kluge est à présent sur le point de perdre aussi Koursk.
La seule cité que Hitler a exigé que l'on défende à tout prix est Kharkov, quatrième ville d'URSS. Un corps de Panzer SS a été chargé d'y résister jusqu'à la mort.

Les prisonniers allemands n'ont aucune pitié à espérer de la part de leurs geôliers. N'ont-ils pas eux-mêmes massacré les prisonniers soviétiques ?

Une patrouille soviétique effectue une mission de reconnaissance nocturne sur le front du Don. La chute de la ville de Rostov est à présent imminente.

L'Allemagne en deuil de Stalingrad

Allemagne, 6 février
La veille de la reddition de Paulus, Goebbels proclamait encore : « Le mot de capitulation n'existe pas dans notre langue. Nous en avons fini avec tous les dangers et toutes les crises. » Deux jours plus tard, les auditeurs de la radio allemande pouvaient entendre un communiqué laconique : il annonçait simplement la fin de la bataille, en passant sous silence la capitulation. Comme à l'habitude, la mise en scène ne perdait pas ses droits : la lecture du bulletin, précédée d'un roulement de tambour, fut suivie du deuxième mouvement de la cinquième symphonie de Beethoven, et un deuil national de quatre jours décrété. Le deuil prend fin aujourd'hui. Et l'on peut se demander si les Allemands se remettront jamais de cette tragédie. Car la victoire des Soviétiques sur le front de Stalingrad est plus qu'une victoire locale. Le Führer a encore amplifié le choc ressenti par les dirigeants nazis en déclarant à un groupe de gauleiters réunis à la « tanière du loup » à Rastenburg : « Vous assistez à un séisme d'une magnitude jamais atteinte. Si le peuple allemand manque à son devoir, il ne mérite pas que nous nous battions pour son sort. Nous pouvons alors nous en laver les mains. »
Le général Dietmar, commentateur à la radio allemande, a fait écho aux propos de Hitler lors d'une émission diffusée hier à Berlin. « La tragédie de Stalingrad continue de peser sur nos âmes. Pour la première fois, nous avons fait l'expérience de la défaite. Pour la première fois, une armée allemande a été anéantie. Ce que d'habitude nous faisions subir à nos ennemis, c'est à nous qu'on l'a infligé. Nous avons été encerclés, attaqués de toute part et finalement réduits. Nous ressentons comme une profonde blessure physique. » De plus, au milieu de cet abîme de douleur est née la crainte. Goebbels a rappelé un article du code militaire prussien de 1689 qui stipule que « quiconque recule au cours d'un combat sera exécuté sans merci ». ▷

Mussolini limoge son gendre Ciano

Rome, 5 février
La première lézarde dans la façade du régime fasciste est apparue aujourd'hui avec le limogeage de trois ministres, dont le comte Galeazzo Ciano, gendre de Mussolini et ministre des Affaires étrangères depuis 1936. Son beau-père assurera désormais ses fonctions.
Mussolini n'est plus que l'ombre du Duce vainqueur, vantard et orgueilleux qui voulait recréer l'Empire romain. Les proies faciles qu'il avait conquises, Albanie ou Ethiopie, lui ont depuis lors été arrachées par les Alliés.
Le peuple italien a perdu toute illusion. Le Duce lui avait promis la victoire. Au lieu de cela, il n'assiste qu'à l'allongement sans fin de la liste des morts et des prisonniers. Déjà, d'importantes grèves ont éclaté dans le Nord industriel. Les revendications sont « du pain, la paix et la liberté ».
Il y a pis : la Tunisie est à la merci des troupes anglo-américaines, et Mussolini sait que l'invasion de l'Italie ne saurait tarder. C'est pourquoi il a proposé – mais en vain – à Hitler de conclure la paix avec l'URSS pour venir ensuite appuyer les armées italiennes contre un débarquement des Alliés.
Mais le Duce aurait plusieurs fers au feu. Certains observateurs pensent en effet que le comte Ciano a été nommé comme ambassadeur auprès du Saint-Siège afin de négocier une paix séparée.

Le comte Galeazzo Ciano en 1940, alors au faîte de sa puissance.

Victoire américaine dans le Pacifique

Les Américains chassent les derniers Japonais de la jungle de Guadalcanal.

Guadalcanal, 4 février
Le général Haruchi Hyakutake, qui commandait les troupes japonaises à Guadalcanal, a rembarqué à son tour sur le destroyer *Hamakaze*. Après six mois de siège de l'île, son départ marque la victoire totale des Américains, la première dans la bataille du Pacifique.
Quatre mille hommes ainsi que tout l'état-major ont évacué Guadalcanal en même temps que Hyakutake. Une arrière-garde de 2 000 soldats quittera l'île dans les quarante-huit heures. Le Tokyo Express, composé de vingt destroyers, qui a procédé à l'évacuation vers le cap Espérance, cette nuit, a été harcelé par soixante-quatre bombardiers et chasseurs de la Cactus Air Force – baptisée du même nom de code que l'île. Les Américains ont abattu dix-sept avions japonais et perdu dix appareils.
Le premier bilan de la campagne est de 6 300 victimes du côté américain et de 24 000 du côté japonais. Chacun des deux camps a perdu vingt-quatre navires, d'un tonnage total équivalent. Mais ces pertes frappent plus le Japon, qui n'a pas la même capacité de construction navale que les Etats-Unis. D'autre part, l'impact psychologique de la défaite ébranle fortement les Japonais. Enfin, le terrain d'aviation d'Henderson Field reste aux mains des Américains.

Sous-marins alliés en Méditerranée

Sicile, 5 février
On a appris aujourd'hui que des sous-marins britanniques agissant en meutes, comme les U-Boote, au large de la Sicile, avaient lourdement obéré les capacités de transport naval de l'Axe. L'un d'eux s'est même aventuré dans le détroit de Messine, en dépit des forts courants qui y règnent, pour couler un bateau de transport et les deux remorqueurs qui l'assistaient. Au total, dix bateaux, dont un navire de lutte anti-sous-marine, ont été coulés. La marine italienne était singulièrement absente.

Churchill en visite au Moyen-Orient

Tripoli, 4 février
Les hommes du 51e Highland et de la division néo-zélandaise ont eu l'honneur de défiler devant Winston Churchill. Le Premier britannique a en effet consacré aux héros d'El-Alamein l'une des journées de sa tournée éclair au Moyen-Orient. Il a également visité le port de Tripoli, que des hommes du génie sont en train de dégager. Churchill avait précédemment fait étape en Turquie, pays neutre. Il doit s'envoler dès demain pour Alger, malgré les menaces de mort qui pèsent sur sa personne. (→ 8)

La Birmanie résiste aux Britanniques

Birmanie, 3 février
Pendant trois jours, les troupes britanniques appuyées par des chars ont vainement tenté de percer les défenses japonaises des villes de Donbaik et de Rathedaung, dans la péninsule Arakan. Elles ont arrêté l'offensive cette nuit, sans avoir obtenu aucun résultat. Cela fait maintenant un mois que la 14e division indienne assiège les deux villes. Mais, retranchés dans leurs bunkers et fermement déterminés, les Japonais ont réussi à résister à toutes les attaques. Ils attendent l'arrivée prochaine de la 55e division du général Koga, envoyée en renfort.

Nouveaux objectifs

Grande-Bretagne, 4 février
Lors de la conférence qui les a réunis le mois dernier à Casablanca, Churchill et Roosevelt avaient notamment défini de nouvelles tâches aux bombardements alliés. La directive ministérielle qui vient d'être envoyée à Sir Arthur Harris, chef de l'aviation de bombardement, précise que le principal objectif doit être « la destruction progressive du potentiel économique, industriel et militaire allemand et du moral de la population ». La construction des sous-marins sera particulièrement visée, mais aussi les usines de Brême, sans oublier les navires de guerre japonais mouillés à Rabaul en Nouvelle-Bretagne.

Les Allemands économisent le gaz pour servir l'effort de guerre.

1943

Février

Di	Lu	Ma	Me	Je	Ve	Sa
	1	2	3	4	5	6
7	8	9	10	11	12	13
14	15	16	17	18	19	20
21	22	23	24	25	26	27
28						

7. Rastenburg : pour Hitler, si l'Allemagne perd la guerre, le peuple allemand en sera plus responsable que le parti nazi.

8. Guadalcanal : les dernières unités japonaises sont évacuées sans attirer l'attention des Américains. Les arrière-gardes ralentissent l'avance américaine vers le cap Espérance.

9. Guadalcanal : les troupes américaines font leur jonction à Tenaro, après l'évacuation de l'île par les Japonais.

9. Londres : conférence de presse du général de Gaulle. Il expose les conditions nécessaires pour « sceller l'union des Français dans la guerre » : libérer les détenus politiques et abolir les lois antisémites en Algérie.

9. URSS : l'Armée rouge prend Bielgorod au nord de Kharkov.

10. Alger : un jeune militant nationaliste, Ferhat Abbas, envoie à Roosevelt un *Manifeste du peuple algérien* signé par 90 personnalités (→ 31.3).

10. France : Lorient, devenu la cible des bombardements lourds des Alliés, est évacué (→ 13).

10. Nouvelle-Guinée : des unités américaines atteignent l'embouchure du Kumusi.

10. France : la Gestapo arrête Jacques Renouvin, chef des Groupes francs, et Edmond Michelet, responsable régional des MUR.

11. Allemagne : la RAF commence une campagne de raids nocturnes sur la base navale de Wilhelmshaven.

12. Londres : le général de Gaulle confie à Jean Moulin la mission de réunir la résistance intérieure à celle de l'extérieur (→ 27.5).

12. Pacifique : le QG allié déclenche l'opération *Elkton* pour chasser les Japonais de Nouvelle-Guinée et de Nouvelle-Bretagne (→ 9.3).

13. URSS : l'Armée rouge reprend Novotcherkassk, à 40 km de Rostov (→ 14).

13. Allemagne : Himmler donne l'ordre aux autorités allemandes de Varsovie de raser le ghetto (→ 19.4).

Nouvelle tactique guerrière en Birmanie

Une patrouille japonaise dans les marécages birmans.

Birmanie, 8 février

Cela fait six semaines que les forces britanniques ont lancé leur assaut contre les positions japonaises, progressant au milieu d'une jungle infestée de moustiques et de sangsues, entre la péninsule arakanienne et le golfe du Bengale.

Aujourd'hui, une attaque à revers a été menée par une unité spéciale derrière les lignes ennemies, à près de cinq cents kilomètres plus au nord. Les hommes de la 77e brigade indienne sont dirigés par le général Orde Wingate, un spécialiste de la tactique de la pénétration en profondeur sur ce terrain. Les opérations de ce type font appel au transport muletier et au ravitaillement aérien. Leur but est de désorganiser l'approvisionnement des Japonais et de détruire leurs liaisons ferroviaires.

La réussite de cet assaut ne soulagera pas immédiatement la 14e division indienne qui, la première, s'est heurtée à la résistance du système de défense fortifié japonais. Celui-ci est composé d'un réseau de tranchées dissimulées, renforcées par des rondins très résistants et placées de façon à se défendre mutuellement. Chaque bunker abrite une vingtaine d'hommes.

Lorient sous les bombes de la RAF

France, 13 février

Lorient n'est plus qu'une ville fantôme dont les habitants ont été évacués la semaine passée. C'est aussi un champ de ruines. La nuit dernière encore, 466 appareils de la RAF ont déversé un millier de tonnes de bombes sur le port. Le raid était mené par des bombardiers Lancaster, Halifax, Wellington et Stirling. Sept appareils sont portés manquants. Ces attaques aériennes massives visent à paralyser l'activité de la base d'où partent les U-Boote pour leurs raids contre le trafic marchand dans l'Atlantique. Tous les mois, la RAF exécute environ mille sorties dont l'objectif est Lorient. Le port de Saint-Nazaire subit un sort analogue.

Le chef de l'aviation de bombardement, Sir Arthur Harris, a toutefois des doutes quant à l'utilité de ces opérations. « Dans ces bases, les U-Boote sont logés dans des abris bétonnés qui résistent aux bombes », fait-il observer. Les sous-marins sont ainsi les seuls à échapper à l'anéantissement des ports et des villes, comme l'ont déjà établi plusieurs rapports. Il semble plus efficace de miner les approches des bases, de faire escorter les convois par l'aviation et de bombarder les usines qui fabriquent les pièces détachées des sous-marins, voire de tenter des opérations de sabotage.

Roosevelt augmente la durée hebdomadaire de travail

Washington, 7 février

En guise de contribution à l'ouverture d'un second front en Europe, le président américain a porté la durée minimale de travail hebdomadaire de quarante à quarante-huit heures. Les heures supplémentaires seront payées 50 % plus cher. Cette décision ne doit toutefois s'appliquer que dans trente-deux bassins d'emploi en difficulté.

L'augmentation des prix et des salaires est aussi limitée. La hausse de salaire exigée par les employés des abattoirs a ainsi été refusée parce qu'elle entraînait une augmentation du coût de la vie supérieure aux 15 % autorisés. De son côté, le ministre britannique du Travail a interdit aux femmes de travailler plus de cinquante-six heures...

Les femmes remplacent les hommes aux machines, 56 heures par semaine.

L'Armée rouge reconquiert Koursk

Koursk, 9 février
La victoire de Stalingrad donne des ailes à l'Armée rouge. Les troupes du général Golikov viennent de reprendre Koursk, tandis que les troupes de Vatoutine se sont emparées de Bielgorod. Le mouvement débordant des Soviétiques a pris les Allemands par surprise. A présent toutes les lignes allemandes, d'Orel à Kharkov, sont menacées. Conquis par les Allemands en novembre 1941, Koursk était devenu le centre nerveux de leur réseau de communication et le lieu stratégique de transit du ravitaillement et des renforts entre le front sud et le front central. Elle est la première des trois principales bases établies par les Allemands durant l'hiver 1941 – avec Orel et Kharkov – à être reconquise. Les trois villes avaient servi de points de départ aux offensives allemandes de l'été dernier contre Stalingrad. Les Soviétiques vont à leur tour utiliser Koursk comme base pour prendre en tenailles Kharkov, où ils tenteront de piéger la division Panzer du général SS Hausser. Le danger n'a pas échappé à von Manstein, qui est allé voir Hitler pour lui demander l'autorisation de replier les troupes du secteur du Don menacées d'encerclement. Selon son habitude, Hitler a d'abord dit non, puis s'est finalement laissé convaincre. Il a néanmoins ordonné de tenir à tout prix Kharkov, la quatrième ville d'URSS, alors que la sagesse voudrait que les Allemands l'évacuent.

Un soldat allemand tend à un Soviétique un billet annonçant sa reddition.

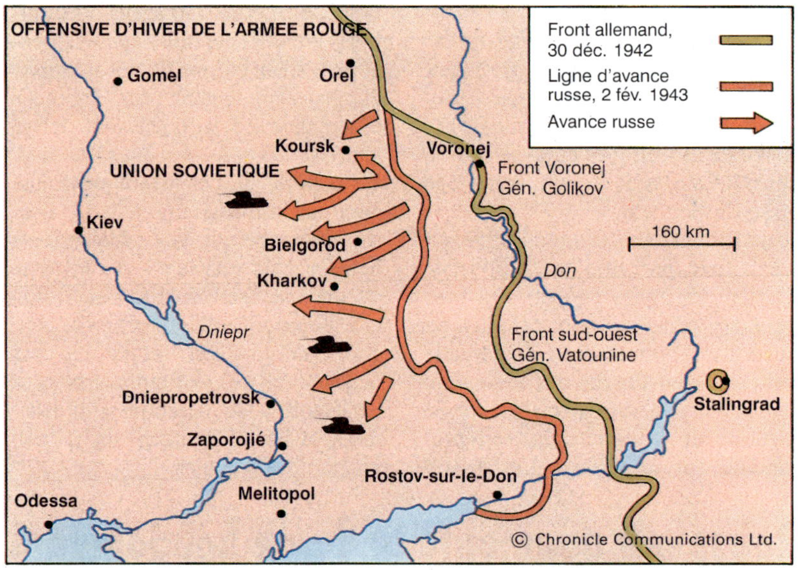

La 8e armée alliée pénètre en Tunisie

Tunisie, 12 février
La 7e division blindée a aujourd'hui passé la frontière tunisienne en force, laissant la Libye aux mains des Alliés. De son côté, Rommel a regroupé les restes de l'Afrikakorps derrière la ligne Mareth, construite par les Français. On peut s'attendre à de nouvelles batailles prochainement. Montgomery, dont les avant-gardes sont en Tunisie depuis le 4, rééquipe la 8e armée avec le matériel et les armes qui lui arrivent par le port libéré de Tripoli. Ses prochains objectifs sont Médenine et Ben Gardane, où se trouvent des pistes d'atterrissage.

Moisson d'hiver pour les U-Boote

Océan Atlantique, 9 février
Vingt U-Boote ont harcelé durant cinq jours le convoi SC-118, coulant treize des soixante-trois navires marchands qui le composaient. Celui-ci disposait pourtant de dix navires d'escorte et d'une couverture aérienne. Mais l'obscurité des longues nuits d'hiver avantage les sous-marins. Trois d'entre eux ont toutefois été coulés.
Afin d'esquiver la menace aérienne, l'amiral Dönitz a concentré une importante force sous-marine au large du Groenland, dans un « angle mort », territoire que l'aviation ne peut atteindre.

Gandhi entame une grève de la faim

Inde, 10 février
Le mahatma Gandhi a aujourd'hui cessé de s'alimenter afin de protester contre l'emprisonnement par la police britannique de tous les membres du Parti du congrès. Lui-même a été incarcéré dans le palais de l'Aga Khan, à Poona. Le leader nationaliste et non violent envisage de ne rien manger ni boire, hormis du jus de fruit étendu d'eau. Il a déclaré qu'il ne jeûnera toutefois pas « jusqu'à la mort ». Le vice-roi, le marquis de Lintithgow, a dénoncé ce « chantage politique » sans objet.

Winston Churchill rentre d'une tournée au Moyen-Orient

Londres, 8 février
Après un voyage de plus de seize mille kilomètres, Churchill est arrivé à la gare de Paddington avec quatre minutes d'avance sur l'horaire prévu. Il a effectué sa tournée au Moyen-Orient à bord d'un bombardier Liberator piloté par un Américain, qui l'a mené à Casablanca, au Caire, en Turquie, à Chypre et à Alger, ainsi que sur les lignes de la 8e armée à Tripoli. Il a aussitôt réuni ses ministres afin de les informer des résultats de sa conférence avec le président Roosevelt. Ce soir, il retourne à *Casablanca*... en compagnie de Humphrey Bogart et d'Ingrid Bergman.

Churchill a été acclamé par la foule lors de sa récente visite à Tripoli.

1943

Février

Di	Lu	Ma	Me	Je	Ve	Sa
	1	2	3	4	5	6
7	8	9	10	11	12	13
14	15	16	17	18	19	20
21	22	23	24	25	26	27
28						

14. URSS : l'Armée rouge reprend Vorochilovgrad et Rostov-sur-le-Don.

14. Tunisie : les forces de l'Axe du général von Arnim lancent une offensive. Elles prennent Sidi-bou-Saïd et enfoncent un coin dans les lignes alliées.

14. Italie : 142 bombardiers de la RAF attaquent Milan.

15. Tunisie : l'Afrikakorps de Rommel prend Gafsa.

16. URSS : les Soviétiques entrent dans les faubourgs de Kharkov, la principale base des Allemands sur le front sud (→ 19).

16. Tunisie : la 8e armée britannique prend Médenine.

16. Grande-Bretagne : création de la station de radio Risorgi par des prisonniers de guerre italiens antifascistes. Ses émissions appellent à résister à Mussolini.

16. Vichy : loi instituant le Service du travail obligatoire.→

17. Norvège : un commando atterrit près de Vermork. Il a pour mission de détruire l'usine d'eau lourde utilisée par les Allemands pour la recherche atomique (→ 28).

17. France : treize jeunes Alsaciens de Ballesdorf, arrêtés lors d'une tentative pour passer en Suisse le 12 février, sont fusillés au camp du Struthof.

18. Birmanie : les Chindits coupent la ligne de chemin de fer Mandalay-Myitkyina.→

18. Tunisie : les Allemands occupent Sbeïtla et avancent sur Kasserine (→ 20).

18. Etats-Unis : un bombardier B-29 s'écrase à Seattle au cours d'un vol d'essai de la Superforteresse : 31 morts.

19. URSS : Hitler visite le QG de von Manstein à Zaporojie. Il annonce à ses troupes que de nouvelles armes secrètes vont les aider à gagner la bataille.

20. URSS : au sud de Kharkov l'Armée rouge s'empare de Pavlograd et attaque la poche de Krasnograd, tenue par le 2e corps blindé SS (→ 21).

Victoire de Rommel à Kasserine

De nombreux soldats américains ont été faits prisonniers en Tunisie.

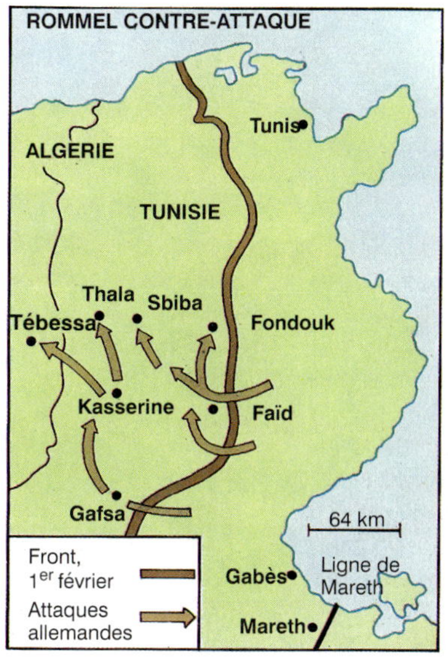

Tunisie, 20 février
Le récent retour de Rommel en Afrique du Nord produit ses effets. Le 2e corps américain vient de subir un grave revers au col de Kasserine. Il y a six jours, Rommel et von Arnim, rassemblant leurs blindés, décidaient de passer de nouveau à l'attaque. Le plan prévu par Rommel était particulièrement audacieux. Profitant de sa position centrale entre les forces alliées, il comptait bien détruire les divisions américaines avant de se retourner contre les Britanniques, puis foncer sur Tébessa et atteindre Bône dans la foulée. Pour éviter l'enveloppement, la 1re armée britannique et le 19e corps français auraient été dans l'obligation d'abandonner toute la Tunisie à l'Axe. Heureusement pour les Alliés, von Arnim, inquiet pour ses propres positions, a retiré en cours d'opération la moitié de la 10e division Panzer et le bataillon de chars Tigre, rendant impossible une pénétration plus profonde dans les lignes alliées.
Rommel n'en a pas moins lancé ses vétérans à l'assaut du secteur américain. Le choc fut si violent que les Américains, qui manquent d'expérience, durent se replier en catastrophe. Le 14, à Sidi-bou-Saïd, les chars de la 1re division blindée américaine se sont fait tailler en pièces par la 21e division Panzer. Arrivés en renfort, les Anglais subirent le même sort. Mais le général Ziegler, le second de von Arnim, se contenta de cette victoire et temporisa. De son côté, Rommel progressait. Le 17, il était à Friana et s'emparait de l'aérodrome américain de Thelepte. Ce fut la panique dans le camp allié. A Tébessa, Américains et Anglais commencèrent à détruire les dépôts de matériel. Hier, Allemands et Italiens ont attaqué le col de Kasserine. Ce n'est que cet après-midi que Rommel a pu s'en emparer. Le détachement américain du colonel Stark a été rapidement mis hors de combat, et seule une petite unité britannique a opposé une résistance acharnée. Le général Alexander a interdit tout mouvement de retraite. Rommel doit maintenant choisir entre deux objectifs : Thala ou Tébessa.

Parution d'une nouvelle loi sur le Service du travail obligatoire

France, 16 février
Avec la loi qui paraît aujourd'hui, une nouvelle étape est franchie dans la réquisition de main-d'œuvre au profit de l'économie de guerre allemande. Après le demi-échec de la relève et de la loi du 4 septembre 1942, il s'agit de recruter de plus forts contingents en puisant directement dans la jeunesse. Cette loi rend en effet obligatoire le travail aux champs, à l'atelier ou en usine, pour tous les jeunes gens nés entre le 1er janvier 1920 et le 31 décembre 1922, pour une durée de deux ans. Pour les garçons déjà mobilisés dans les Chantiers de jeunesse, aucune échappatoire n'est possible, mais les réseaux de résistance préparent des structures d'accueil dans les maquis pour les réfractaires civils. Tous, il est vrai, ne partiront pas pour l'Allemagne, la plupart d'entre eux devant travailler en France dans des usines ou des entreprises « protégées », au service de l'économie allemande. On estime à environ cinq millions le nombre de Français travaillant en permanence pour le Reich. Ce chiffre inclut les 650 000 qui sont déjà partis ou qui partiront bientôt au titre du Service du travail obligatoire. Les qualifications des ouvriers français, comme celles des Belges, sont très appréciées.

Une affiche alléchante pour la réquisition de la main-d'œuvre.

▷

Le Vieux-Port est détruit

Un petit cargo a été coulé à l'entrée du Vieux-Port entièrement dévasté.

Marseille, 17 février
Un amas de ruines couvrant quatorze hectares, c'est tout ce qui subsiste du Vieux-Port, quartier certes insalubre, mais qui constituait l'âme même de Marseille. Ce n'est d'ailleurs pas pour des motifs sanitaires que cette « épuration » a été décidée par les Allemands, mais pour des raisons de sécurité. Tout un monde impossible à contrôler fourmillait en effet dans ce quartier aux ruelles étroites et aux habitations surpeuplées où il était facile de se cacher. Le 24 janvier, la population a été réveillée par les ordres d'évacuation diffusés par haut-parleurs. Le quartier était cerné par d'importantes forces de police. Le soir, des dizaines de milliers de personnes étaient entassées dans le camp de Fréjus. Seules celles qui ont pu justifier d'une situation en règle et d'un abri chez des parents ont été relâchées. Le même jour, une importante rafle était effectuée dans tout Marseille, au cours de laquelle six mille personnes furent arrêtées. Le 11 février commençait la destruction du quartier.

Emeute étudiante contre le nazisme

Munich, 20 février
Des manifestations antinazies sans précédent depuis le début du Troisième Reich ont éclaté à Munich après le procès de trois militants hostiles au régime. Des slogans contre Hitler ont été hurlés dans les rues et inscrits sur les murs sous les yeux ébahis des passants.
Les émeutes ont commencé après que le gauleiter de Bavière, Paul Giesler, eut effectué une visite à l'université en vue d'enquêter en personne sur les tracts antinazis qui y circulaient. Plutôt que faire de la politique, Giesler a engagé les étudiantes à servir leur patrie en faisant un enfant par an ! Il s'est fait jeter dehors après avoir proposé aux jeunes femmes de mettre à leur disposition de beaux nazis...
Rose blanche, le mouvement de protestation antinazi, était mené par Hans Scholl, un étudiant en médecine de 25 ans, et par sa sœur Sophie, une étudiante en biologie de 21 ans, encouragés par le professeur de philosophie Kurt Huber. Hier, un concierge les a vus distribuer des tracts du haut d'un balcon et les a dénoncés à la Gestapo. Arrêtés, les deux étudiants et leur professeur ont été torturés avant d'être condamnés à mort par le sanguinaire président de la Cour du peuple Roland Freisler.

Kharkov aux mains de l'Armée rouge

Kharkov, 19 février
L'ancien grand centre industriel qui est tombé hier aux mains de l'Armée rouge n'est plus qu'un tas de ruines déserté par ses habitants. Les Soviétiques ont été étonnés de constater que les Allemands aussi avaient fui Kharkov. Le général SS Paul Hausser a passé outre aux ordres de Hitler de défendre la ville jusqu'au dernier combattant. Il a préféré sauver ses chars plutôt que de se retrouver dans la situation de Paulus à Stalingrad.
En trois mois, les Soviétiques ont parcouru 640 km, mais ils ont subi de lourdes pertes et leurs lignes sont dangereusement étirées. L'ennemi ne va-t-il pas en profiter pour lancer une contre-offensive ?

Guerre d'usure menée par les Chindits

Birmanie, 18 février
Les troupes britanniques et gurkhas agissant derrière les lignes japonaises se sont aujourd'hui sérieusement heurtées à l'ennemi. Depuis dix jours, elles progressent en territoire birman contrôlé par les Japonais, avec pour mission de saboter les lignes de chemin de fer et les autres moyens de communication. Forte de trois mille hommes, leur troupe est composée de soldats de la 77e brigade indienne conduits par le général Orde Wingate. Ils sont plus connus sous le terme de Chindits, déformation du mot birman *chinthe* qui signifie lion. Ils étaient initialement chargés de soutenir certaines opérations d'envergure. Les voilà à présent qui se battent seuls dans l'épaisse jungle birmane. (→ 6.3)

Les Chindits, trois mille hommes qui connaissent la jungle et sont des spécialistes des actions de guérilla.

1943

Février

Di	Lu	Ma	Me	Je	Ve	Sa
	1	2	3	4	5	6
7	8	9	10	11	12	13
14	15	16	17	18	19	20
21	22	23	24	25	26	27
28						

21. Londres : de Gaulle décide que le futur Comité national de la Résistance comprendra des représentants des partis politiques.→

21. Munich : Hans et Sophie Scholl et Christoph Probst, les chefs du groupe Rose blanche, sont guillotinés.

21. URSS : von Manstein lance une contre-offensive pour reprendre Kharkov et arrêter la poussée des Soviétiques vers le Dniepr.

21. Inde : la population observe une journée de prières pour paralyser le pays.

22. Bulgarie : le gouvernement accepte de déporter les Juifs de Thrace et de Macédoine (11 000 personnes) à Treblinka.

22. Tunisie : Rommel annule les attaques sur Sbiba et Thala quand la 6e division blindée britannique arrive en renfort.

23. Londres : de Gaulle demande au général Giraud de déclarer les territoires français d'Afrique du Nord République de la France libre.

23. Atlantique : un U-Boot coule un pétrolier du convoi UC-1. C'est le premier succès opérationnel de la torpille acoustique allemande Falke.

24. Tunisie : création du groupe d'armées d'Afrique commandé par Rommel (→ 25).

25. URSS : Staline ordonne au général Rokossovski d'attaquer en direction de Smolensk et de Gomel. La moitié de ses troupes seulement sont arrivées sur le front.

25. Grande-Bretagne : la RAF et l'US Air Force lancent une campagne de bombardement ininterrompue, avec l'attaque de Nuremberg aujourd'hui (→ 2.3).

25. Nouvelle-Zélande : des prisonniers de guerre japonais s'évadent : 48 morts.

26. France : « Arquebuse retrouve Brumaire ». Le colonel Passy et le Wing Commander Yeo Thomas, parachutés près de Lyons-la-Forêt, ont rejoint Pierre Brossolette. Ils sont chargés de coordonner militairement la résistance en zone nord (→ 26.3).

L'Armée rouge est à l'honneur

Grande-Bretagne, 21 février
Un message de Joseph Staline a été u dans toute l'Angleterre aujourd'hui à l'occasion du 25e anniversaire de l'Armée rouge. Staline y remercie les Anglais pour leurs «vœux d'amitié» et affirme sa confiance en leur victoire commune. A Cardiff, le député Clement Attlee a souligné l'importance de la bataille de Stalingrad : «Permettez-moi de rendre hommage à la ténacité de Staline qui a su retenir ses réserves jusqu'au moment de la contre-attaque.» A Sheffield, Sir Stafford Cripps a dit de Staline : «Nous lui devons, ainsi que le reste du monde, la plus profonde gratitude pour son courage, ses qualités de chef, et son immense compétence.» Ce soir à Londres, 2 000 militaires ont donné un spectacle en l'honneur de l'Armée rouge devant plus de 6 000 spectateurs dont Mme Churchill, présidente du Fonds pour l'aide à la Russie, et M. Maisky, l'ambassadeur soviétique. Le lieutenant Laurence Olivier a présidé la prise d'armes depuis l'*Alexander Nevsky*, et le capitaine de corvette Ralph Richardson en a lu le texte. John Gielgud, «la voix de Radio Moscou», y a décrit la bataille de Stalingrad. Mais nulle mention du fondateur de l'Armée rouge, Léon Trotski.

En Tunisie, les Alliés repoussent Rommel

Des soldats alliés examinent un tank abandonné par les troupes de l'Axe.

Kasserine, 25 février
Le général Rommel n'a pas eu gain de cause. Le *Comando supremo* lui a ordonné de poursuivre son offensive en direction de Thala et Le Kef. Le plan du général allemand, qui visait à cisailler les communications de la 1re armée britannique et à pousser sur Bône, a échoué. Cette erreur a permis aux Alliés d'utiliser toutes leurs réserves pour contrer les Allemands.
Le 22, les troupes de l'Axe attaquaient devant Thala. La 6e DB britannique et la 9e DI américaine du général Le Roy, aidées par l'artillerie de la division de marche de Constantine, ont repoussé sans ménagement les assauts des Panzer. Inquiet, Rommel donnait l'ordre de se replier. Le lendemain matin, il ne restait plus d'Allemands devant Thala. Aujourd'hui, les Alliés ont réoccupé le col de Kasserine déserté par l'ennemi.
Conséquence de cette bataille : Patton va remplacer le général Fredendhal, et le commandement allié, se rangeant aux avis du général français Koeltz, a décidé que chaque secteur serait tenu par des unités d'une même nationalité (→ 6.3).

De Gaulle accueille les partis politiques

Londres, 21 février
Le général de Gaulle a finalement tranché dans un débat qui divise la Résistance depuis des mois, à savoir la place des partis politiques au sein de cette dernière. L'attitude des partis en juillet 1940, où seuls quelques dizaines de députés et sénateurs avaient voté contre le maréchal Pétain, et leur attentisme face à la collaboration et au nazisme les ont discrédités aux yeux de beaucoup de résistants.
Ainsi, le leader du mouvement Combat, le capitaine Henri Frenay, estime qu'à la libération du pays de nouvelles élites issues de la Résistance devront prendre le relais et gouverner le pays à la place des anciens partis politiques. A l'inverse, Jean Moulin pense que la Résistance doit être un facteur d'union nationale et, pour ce faire, inclure les partis politiques engagés dans la lutte contre l'occupant. C'est l'opinion d'Edouard Herriot et de Léon Blum ; ce dernier, de sa prison de Bourrassol, déclare dans une lettre au général de Gaulle que la Résistance ne peut se passer des partis. Après réflexion, le général de Gaulle a choisi : le futur Comité national de la Résistance comprendra des représentants des partis et des syndicats ouvriers qui luttent aussi contre les nazis et Vichy.

Les réserves d'eau lourde du Reich détruites par un commando

Vermork, Norvège, 28 février
Un groupe de neuf commandos norvégiens entraînés en Angleterre a réussi l'une des plus audacieuses opérations de sabotage. Ils se sont attaqués à une usine qui fabrique de l'eau lourde, élément fondamental à la réalisation d'une bombe atomique. Après avoir été parachutés au-dessus d'un lac gelé, les commandos ont parcouru 80 kilomètres à travers les montagnes enneigées, avant de parvenir près de l'usine. Auparavant, ils avaient été rejoints par des résistants locaux. Malgré les dispositifs de haute sécurité protégeant l'endroit, cible d'une récente attaque avortée, les saboteurs parvinrent à échapper à l'attention des gardes et à placer leurs charges explosives, faisant sauter 286 réservoirs d'eau lourde.

Le bâtiment qui abritait le laboratoire atomique, après son explosion.

Les nazis en quête de conductrices

Berlin, 28 février
L'Allemagne est à la recherche de conductrices. L'Association des femmes allemandes a lancé un appel aujourd'hui pour enrôler des femmes dans ses programmes de cours de conduite et de maintenance des véhicules. Ces cours seront gratuits et visent, à l'instar de la mobilisation des corps de travail et autres mesures récentes, à libérer une masse d'hommes plus importante pour les envoyer au front, l'effort de guerre étant devenu prioritaire. Un autre exemple de cet état de fait nous est fourni par le décret du 4 février suspendant les activités de «luxe» jugées peu essentielles à l'effort de guerre, telles la fabrication de bijoux ou la confiserie. ▷

Angleterre : le bilan après un an d'austérité

Angleterre, 1er mars
Un an après l'établissement des premières mesures d'austérité, la consommation des Britanniques a chuté de 20 % par rapport à son niveau en temps de paix, et cela en dépit de la hausse des revenus qui sont aujourd'hui de 50 % plus élevés qu'en 1938.
Le rationnement, la hausse des impôts et la pénurie de certains produits ont bouleversé le train de vie familial. Si les dépenses liées à l'alimentation, à l'habillement et au transport ont chuté, les achats d'alcool et de tabac ont en revanche doublé. De nombreux accessoires domestiques, autrefois courants, sont maintenant considérés comme produits de première nécessité. Ainsi, cette année, on ne fabrique que de la vaisselle blanche, et la plupart des tasses sont dépourvues d'anses. Un seul standard de qualité préside à la fabrication des draps, couvertures, poêles, casseroles, bouilloires, appareils électriques, tapis, linoléum, crayons, briquets et parapluies. Dans la composition des jouets, il n'entre plus ni chanvre, ni caoutchouc, ni liège. Le manque de papier oblige les journaux à limiter leurs éditions à quatre pages.
Sous le coup de ces pénuries s'est développé un marché parallèle, notamment pour les cigarettes, les lames de rasoir, les piles électriques, les peignes, les épingles de nourrice, les tétines de biberon, le rouge à lèvres, les réveille-matin et les bicyclettes.
Les messages du ministère de l'Alimentation invitant à tout récupérer ne manquent pas d'humour : « La moindre pelure est une injure. » Dans le même esprit – britannique –, les saucisses ont été rebaptisées « mie de pain en tenue de combat ». On trouve même des recettes de thé aux orties ! De plus en plus d'Anglais élèvent des poules et des milliers de familles se sont mises à « bêcher pour la victoire » et à cultiver des légumes au milieu de leur gazon.

Une nouvelle route alliée en Birmanie

Des terrassiers percent une nouvelle route à travers la montagne birmane.

Birmanie, 1er mars
Une nouvelle route, percée à travers la Birmanie, va permettre de ravitailler les troupes nationalistes de Tchang Kaï-chek. Deux de ses divisions, la 22e et la 38e, retirées derrière la frontière indienne, ont parcouru 440 kilomètres, de Ledo à Myitkyina à la frontière chinoise, en passant par la vallée du Hukawng et le col de Pangsan. Sous le commandement du général Stilwell, le tenace chef d'état-major américain de Tchang Kaï-chek, les deux divisions ont fait 4 000 morts parmi les Japonais au cours des trois derniers mois. A leur suite se sont engagés les ingénieurs de l'armée américaine avec 15 000 ouvriers. Depuis que la route de Birmanie a été coupée par les Japonais en 1942, les nationalistes sont ravitaillés par un pont aérien américain qui relie Dinjan au Yunnan, en passant par les contreforts de l'Himalaya. Bien que périlleux en raison des turbulences et d'une neige aveuglante qui causent de nombreux accidents, ce parcours a cependant permis d'acheminer plus de ravitaillement que l'ancienne route de Birmanie. (→ 3)

Erwin Rommel bat en retraite en Tunisie

Tunisie, 6 mars
Rommel a aujourd'hui tenté u[n]e offensive contre la 8e armée brita[n]nique près de Médenine. Il voul[a]it dégager la ligne Mareth en contou[r]nant les forces de Montgomer[y]. Dans ce but, il a lancé la 10e di[vi]sion Panzer vers le sud-ouest, av[ec] ordre de reprendre Médenine et [de] se rabattre ensuite sur le golfe [de] Gabès. Mais Montgomery avait [eu] le temps de regrouper ses forces. A[u] cours des dix derniers jours, les [ef]fectifs alliés ont ainsi quadrup[lé], avantage qui s'est vite concréti[sé] sur le champ de bataille. Romm[el] s'est retrouvé avec 160 tanks cont[re] 400 pour les Anglais et les Franç[ais] de la 1re DFL, qui disposaient [en] outre de la suprématie aérien[ne] avec trois escadres de chasseu[rs] opérant depuis des bases avancé[es]. Il ne restait même plus au Rena[rd] du désert l'avantage de la surpris[e]. Les Alliés avaient réussi à décod[er] ses messages et à repérer ses tank[s]. Quand, ce matin, Rommel a at[ta]qué, Monty l'attendait, retranc[hé] sur de solides positions. Les Al[le]mands furent rapidement assail[lis] par les tanks et mitraillés par [les] avions alliés. Ayant perdu 40 tank[s], Rommel n'eut d'autre recours q[ue] de battre en retraite. (→ 10)

La résistance yougoslave tient les Allemands en échec

Yougoslavie, 4 mars
Depuis le mois de janvier, les forces de la résistance communiste font face avec courage à une offensive des Allemands et de leurs alliés croates et tchetniks. Appuyés par 18 000 oustachis et par 3 divisions italiennes, 150 000 Allemands, dont la division d'élite Prinz Eugen, ont tenté d'empêcher le repli des hommes de Tito, concentrés en Bosnie. Organisés en divisions mobiles, les résistants se sont frayé un passage jusqu'à la rivière Neretva et se battent avec acharnement pour garder cette voie ouverte. La division italienne Murge a été taillée en pièces, et les tchetniks ont été décimés. Les pertes sont très lourdes, mais, heureusement, la majeure partie des troupes de Tito est maintenant à l'abri au Monténégro.

Une colonne de maquisards yougoslaves en marche dans la région de Sjéni[ca]

1943

Mars

Di	Lu	Ma	Me	Je	Ve	Sa
	1	2	3	4	5	6
7	8	9	10	11	12	13
14	15	16	17	18	19	20
21	22	23	24	25	26	27
28	29	30	31			

7. URSS : des unités de Panzer attaquent la 6ᵉ armée soviétique à Krasnograd.

8. Rennes : un bombardement allié fait 252 morts.

8. Allemagne : l'état-major de la marine ajoute un rotor de codage à la machine à chiffrer Enigma.

8. Chine : des forces japonaises traversent le Yang-tseu-kiang, pour voler les récoltes de riz.

9. Nouvelle-Guinée : l'aviation japonaise attaque la base alliée de Wau (→ 14).

9. URSS : le général SS Hausser contre-attaque au nord et à l'ouest de Kharkov.

9. France : à Arbourse, dans la Nièvre, le leader RNP Marcel Déat échappe de peu à des rafales de fusil-mitrailleur.

9. Tunisie : Rommel, toujours malade, laisse son commandement au général italien Messe.

10. Chine : la 14ᵉ force aérienne américaine est créée. Elle est placée sous les ordres du général Claire Chenault.

10. Tunisie : les FFL de Leclerc repoussent trois assauts germano-italiens à Ksar-Rhilane.

11. Atlantique : le convoi HX-228 est attaqué par une meute d'U-Boote. Le destroyer *HMS Harvester* éperonne l'*U-444,* qui est ensuite coulé. Le *Harvester,* avarié, est coulé par l'*U-432.*

12. Allemagne : la RAF lâche 1 000 tonnes de bombes sur Essen. L'usine Krupp est sérieusement endommagée.

12. Italie : 100 000 ouvriers à Turin et 130 000 à Milan sont en grève pour protester contre le régime de Mussolini.

12. Tunisie : les unités néo-zélandaises font mouvement au sud et à l'ouest de Médenine. Elles préparent l'attaque de la ligne Mareth (→ 18).

13. Pologne : les troupes SS commencent à démanteler le ghetto de Cracovie. 14 000 Juifs sont dispersés dans les camps de la mort ou dans d'autres ghettos.

En France, la résistance au STO s'organise

Dans de nombreuses gares, des activistes empêchent les trains du STO de partir.

France, 12 mars
Devant l'ampleur des manifestations organisées contre la relève, et par peur de voir l'occupant se substituer à lui, le gouvernement de Vichy s'est facilement résolu à utiliser la contrainte à l'encontre des ouvriers refusant de partir pour l'Allemagne. Tandis que de nombreux réfractaires tentent de soudoyer l'administration ou préfèrent entrer dans la clandestinité, les rafles se multiplient. Aujourd'hui, le journal communiste clandestin *l'Humanité* donne des consignes de résistance : « Si la foule, au lieu d'être moutonnière, se rebiffe, si les flics sont rossés ou abattus, ils seront un peu plus réservés. »
L'Humanité du 12 février avait déjà relaté en détail la manifestation de Montluçon du 6 février. Au moment du départ d'un train de requis pour le STO, la gare fut envahie par une foule de femmes ; tandis que certaines se couchaient sur la voie, d'autres molestaient le chef de gare et jetaient des pierres aux gardes mobiles. De nombreuses arrestations avaient été immédiatement effectuées, en application des consignes du ministère de l'Intérieur.

Rommel en congé de maladie forcé

Allemagne, 10 mars
Hitler a envoyé le maréchal Erwin Rommel en congé de maladie forcé, jusqu'à ce qu'il soit en mesure de mener une offensive victorieuse sur Casablanca. Il trouve en effet trop « pessimiste » celui qui était encore il y a peu de temps son soldat favori.
Convié à prendre le thé avec le Führer dès son arrivée de Rome, Rommel a tenté en vain de sensibiliser Hitler à la gravité de la situation militaire en Tunisie. Il l'a supplié de permettre l'évacuation des troupes de l'Axe vers l'Italie, où elles pourraient être rééquipées et utilisées en vue de la défense de l'Europe. Mais Hitler n'a rien voulu entendre.
Rommel a constaté hier une attitude similaire chez Mussolini. Le Duce, qui craint trop les effets sur l'opinion italienne de l'annonce de la perte de la Tunisie, a préféré proposer de donner une division supplémentaire à Rommel, qui a refusé. Le maréchal allemand a confié à son journal tout le « respect » qu'il éprouve pour Mussolini, « certainement un grand acteur, comme tous les Italiens ». Mais il a aussi écrit : « Peut-être aurais-je dû lui parler autrement. Mais j'étais trop dégoûté par ce discours éternellement optimiste. »

Trois navires marchands allemands se sabordent à Goa

Une opération audacieuse efficacement menée par un commando britannique.

Goa, 10 mars
Des agents du SOE, appuyés par des volontaires de la cavalerie légère et de la cavalerie écossaise de Calcutta, ont effectué un raid la nuit dernière contre quatre navires marchands des forces de l'Axe. Les navires mouillaient dans le port de Goa, comptoir portugais resté neutre depuis le début des hostilités. Le commando fit le tour de l'Inde sur une barge, de Calcutta à Goa, avec l'intention de saisir le navire marchand *Ehrenfels.* Son patron, le capitaine Rofels, avait été soudoyé, mais il ouvrit quand même le feu sur le commando et saborda son navire. Il trouva la mort avec quatre de ses marins. Le *Braunfels,* le *Drachenfels* et le navire italien *Anfora* ont aussi été sabordés. Il n'y a pas eu de victime britannique. ▷

Les Juifs sauvés par les Bulgares

Sofia, 10 mars
Les Bulgares, dans un tollé général soutenu par l'Eglise et le roi Boris, ont empêché la déportation et la mort certaine de 50 000 Juifs. Le commissaire aux Affaires juives, Alexandre Belev, et le lieutenant SS, Theodor Dannecker, comptaient déporter les Juifs vivant à l'intérieur des frontières bulgares d'avant-guerre. Des parlementaires ont rendu visite au ministre de l'Intérieur Peter Gabrovski et demandé l'annulation de l'ordre. En s'opposant aux déportations, la Bulgarie s'aligne sur la Hongrie, l'Italie et la Finlande. (→ 15)

Le prix d'une paire de chaussures

France, mars
Clac, clac ! Le bruit des pas a changé. Les énormes semelles de bois des galoches des enfants et des chaussures de femme résonnent sur le pavé. Les Allemands ne laissant aux Français que 12 % de leur production de cuir, le dessus des souliers est fait d'un ersatz de caoutchouc bien fragile. Il faut pourtant les ménager, car, pour les confier à un cordonnier, il faut se munir de ses cartes d'alimentation et de textile, et le ressemelage est hors de prix. Quant à une paire neuve, mieux vaut ne pas y penser : cela vaut 3 000 francs au marché noir.

Le Maréchal et les semelles de bois.

1943

Mars

Di	Lu	Ma	Me	Je	Ve	Sa
	1	2	3	4	5	6
7	8	9	10	11	12	13
14	15	16	17	18	19	20
21	22	23	24	25	26	27
28	29	30	31			

14. Algérie : dans un discours radiodiffusé, le général Giraud déclare qu'il renonce à la révolution nationale de Pétain et rejette l'armistice (→ 18).

14. Nouvelle-Guinée : les Australiens et les Américains attaquent les positions des Japonais, qui se replient (→ 31).

14. Méditerranée : un sous-marin italien coule le sous-marin *HMS Thunderbolt*.

15. France : la police arrête à Lyon Kriegel Valrimont, Morin-Forestier, Serge Ravanel et Raymond Aubrac, responsables de l'AS et de Libération-Sud. Ils partaient organiser en Savoie des maquis de réfractaires au STO.

15. Vichy : sur ordre de Hitler, tous les aéroports des environs sont rendus inutilisables. Des rumeurs ont circulé sur des projets de Pétain de fuir en Afrique du Nord.

15. Grande-Bretagne : lancement du premier sous-marin miniature, le X-craft. Il ne fait que 15 m de long.

16. Moscou : Staline renouvelle sa demande d'ouvrir un second front.

17. Birmanie : les Japonais encerclent la 55e brigade indienne à Rathedaung. Grâce à l'arrivée de renforts, elle peut se replier sur Buthidaung.

18. Tunisie : le 2e corps du général Patton prend Gafsa et poursuit son avance sur El-Guetta (→ 20).

18. Birmanie : les troupes alliées renoncent à chasser les Japonais de Donbaik (→ 26).

18. Villefranche-sur-Saône : les ouvriers métallurgistes cessent le travail pour protester contre le STO.

18. Amérique du Sud : la Guyane française rejoint la France combattante.

19. Corse : Fred Scamaroni se suicide à la citadelle d'Ajaccio. La police secrète italienne a démantelé en deux jours le réseau gaulliste qu'il avait mis en place en quelques semaines.

20. Berlin : un second attentat organisé par des officiers de la Wehrmacht pour assassiner Hitler échoue.

Les Alliés à l'attaque de la ligne Mareth

Une section d'infanterie enlève une position protégée par des fils barbelés.

Tunisie, 20 mars
Selon sa tactique habituelle, le général Montgomery n'a pas donné de suite à sa victoire de Médenine. Son objectif est d'enfoncer la ligne Mareth, construite à l'origine par les Français pour contenir les Italiens en Libye. Cette ligne s'étend de la côte aux collines Matmata, au sud. Montgomery a choisi l'attaque frontale, qu'il compte appuyer par une manœuvre de débordement, confiée à un corps d'armée néo-zélandais dont le flanc-garde sera assuré par la Force L de Leclerc. Depuis ce matin, le 2e corps américain du général George Patton attaque au nord, afin de détourner les troupes de réserve de l'Axe. Inspiré par la tactique d'El-Alamein, le général Montgomery a confié à l'infanterie – composée de trois divisions du 30e corps, menées par le général Sir Oliver Leese – le soin de percer un passage pour le 10e corps du général Brian Horrocks. L'infanterie a pris pied derrière les lignes ennemies, mais la progression des tanks a été entravée par les mines et par le sol meuble de l'oued Zigzaou.
Concentrée dans une poche relativement petite, l'infanterie s'est trouvée sous le feu nourri de l'artillerie allemande. Ce soir, les Néo-Zélandais de Fayberg progressent rapidement, et Leclerc a pris Bir Zoltane. (→ 22)

Le général Giraud choisit de renoncer à la révolution nationale du Maréchal

Alger, 18 mars
L'heure du choix est venue. Alerté par son entourage de l'impopularité engendrée par le maintien en Algérie et au Maroc des structures de l'Etat français, le général Giraud a sauté le pas et décidé de rompre avec Vichy. Le 14, à Alger, le général Giraud, au cours d'une réunion organisée par la Mission des Alsaciens et des Lorrains en Afrique du Nord, a annoncé le rétablissement des lois républicaines. Ce discours (en fait rédigé par Jean Monnet) condamne l'armistice, rejette le régime établi par le gouvernement de Vichy et renonce aux principes de la révolution nationale. Le lendemain, une série de décrets, publiés aujourd'hui même au *Journal officiel,* annulaient les lois antisémites toujours en vigueur. Des concessions capitales, qui satisferont les Etats-Unis : ceux-ci les avaient posées comme un préalable au réarmement d'une armée française en Afrique du Nord. Le général Giraud, qui reconnaît du reste que c'est le premier discours démocratique qu'il ait fait de sa vie, n'a pas hésité : le réarmement français valait bien un discours.

Kharkov repris par les Allemands

Rastenburg, 15 mars

La nuit dernière, un communiqué spécial du QG de Hitler annonçait que trois divisions d'élite des Waffen-SS – « Adolf Hitler », « Totenkopf » et « Das Reich » – avaient repris la ville de Kharkov après des combats de rue acharnés, grâce à une manœuvre d'encerclement du nord et de l'ouest, soutenue en force par la Luftwaffe. Le haut commandement de l'Armée rouge n'a pas encore reconnu la perte de Kharkov, précisant simplement que « de lourds combats continuent dans la région », mais il a transmis aux défenseurs des ordres qui rappellent Stalingrad. Les journaux ont lancé la formule de ralliement : « Nous pouvons et nous devons repousser l'attaque sur Kharkov et sur le Donets, à n'importe quel prix. » Au nord de Kharkov, une nouvelle offensive nazie est dirigée contre Bielgorod, forteresse sur la voie de chemin de fer qui mène à Koursk, ville que les Allemands tentent de toute évidence de reconquérir.

Les succès allemands découlent de a contre-offensive de von Manstein le 22 février : il a pris les Soviétiques au dépourvu, alors qu'ils étaient dispersés dans leur marche vers l'ouest au lendemain de la victoire de Stalingrad. L'une des premières exactions commises par les nazis dès qu'ils sont entrés dans Kharkov a été de massacrer deux cents personnes dans un hôpital, qu'ils ont ensuite incendié.

Des artilleurs allemands résistent sous le feu roulant des canons soviétiques.

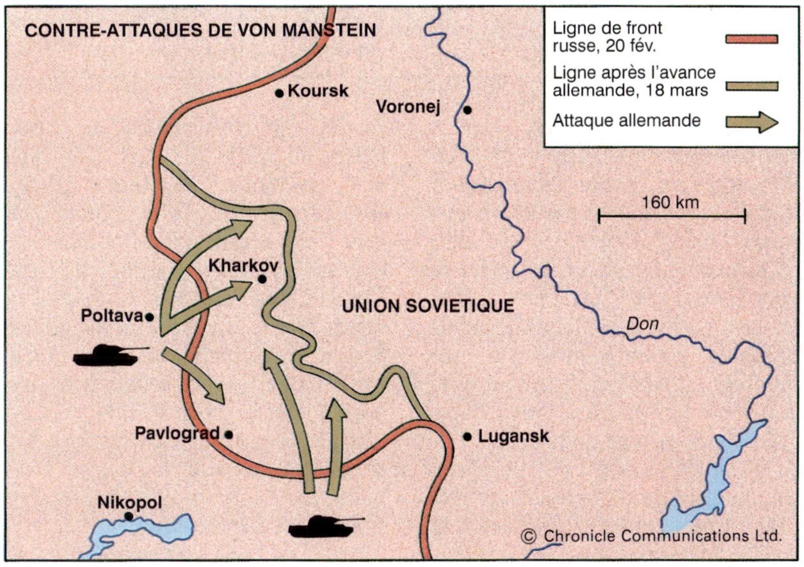

Des abris d'urgence pour les Allemands victimes de la RAF

Allemagne, 17 mars

La population allemande vit de plus en plus dans la crainte de raids aériens, car les dernières attaques de la RAF ont détruit des milliers de maisons et dévasté la région industrielle de la Ruhr. A elle seule, la ville d'Essen a vu 80 de ses usines touchées, dont 54 sérieusement endommagées lors de deux raids majeurs au cours du mois écoulé. L'usine d'armement Krupp, notamment, a été touchée, plus de 3 500 maisons ont été anéanties et 650 personnes tuées lors des raids nocturnes du 5 et du 12 mars. Pour loger les sans-abri, 33 refuges ont été construits, mais cela ne suffit pas pour autant. Des messages pathétiques sont gribouillés sur les ruines, du genre : « Où êtes-vous tous ? Maman habite chez les Schmidt », ou : « Si vous êtes encore en vie, j'habite chez les Müller. » Berlin est également touché. Après le raid du 1er mars, les murs de la ville se sont couverts de slogans du type « Remerciements au Führer » ou « Tout ce que nous voulons, c'est la paix et du pain. » L'étendue des dommages n'est plus cachée par les autorités, qui tentent pourtant de redresser le moral de la population. Elles prévoient même que l'offensive aérienne britannique risque de durer et citent en exemple le calme qu'affichent les Anglais dans de telles circonstances.

Les Juifs grecs déportés à Auschwitz

Athènes, 15 mars

Les nazis ont commencé en Grèce leurs opérations de déportation, mobilisant 20 trains pour l'acheminement de 11 000 Juifs, et en cherchant d'autres pour faire subir le même sort aux 50 000 Juifs qui restent. Aucune communauté juive, si petite soit-elle, n'est à l'abri des nazis : les trois Juifs de l'île de Samothrace, sur une population totale de 2 000 personnes, ont connu le même sort que leurs frères de la terre ferme. Mais ce sont surtout les Juifs de Salonique qui sont visés. La communauté, qui regroupe environ ·0 000 personnes, a été « rassemblée » à l'intérieur de la ville en de multiples ghettos, séparés les uns des autres par des cordons de troupe qui leur interdisent toute communication.

Les Allemands vont maintenant vider ces ghettos de leur population, qui sera déportée en Pologne. Certains serviront de cobayes pour des expériences médicales, cautionnées par Himmler qui a fait jurer le silence aux chercheurs concernés, en particulier le Pr Karl Clauberg, qui compte essayer de stériliser les femmes par les rayons X. Il semblerait cependant que quelques Juifs grecs soient parvenus à s'échapper. Ils tenteront sans doute de gagner la Bulgarie ou la Turquie.

Les Chindits franchissent l'Irrawaddy

Irrawaddy, Birmanie, 15 mars

Deux colonnes de Chindits, dirigées par les commandants Mike Calvert et Bernard Fergusson, ont franchi l'Irrawaddy avec pour objectif la destruction du viaduc de chemin de fer des gorges du Gokteik. Le gros des Chindits doit bientôt les rejoindre. Ces 3 000 soldats sont sous le commandement du général Orde Wingate, qui les mène au combat en Birmanie du Nord depuis le 13 février, avec son mot d'ordre quasi biblique : « Nous nous dressons aux portes de la bataille. »

« Secouant le nid de guêpes » japonais, comme il se plaît à le dire, le général Wingate fait route avec des mules pour tout moyen de transport, et le ravitaillement lui est parachuté. Les Chindits sont remarquablement efficaces malgré le tempérament difficile de leur commandant, artilleur de formation, guérillero de fait, et maniacodépressif de surcroît. Ils ont réussi à dynamiter de nombreux ponts stratégiques, et les Japonais ont dû détourner des milliers de soldats de leurs offensives en Inde et en Chine pour les contrer. La rive orientale de l'Irrawaddy, très déboisée, contrairement à la rive gauche, laisse les Chindits très exposés et les Japonais rassemblent trois divisions pour leur porter une attaque.

1943

Mars

Di	Lu	Ma	Me	Je	Ve	Sa
	1	2	3	4	5	6
7	8	9	10	11	12	13
14	15	16	17	18	19	20
21	22	23	24	25	26	27
28	29	30	31			

21. URSS : le dégel et la boue bloquent les opérations.

22. Auschwitz : un nouveau crématorium est ouvert. Une chambre à gaz souterraine, pouvant contenir 2 000 personnes, est reliée à cinq fours crématoires (→ 31).

22. Tunisie : des chasseurs Hurricane de la RAF écrasent une contre-attaque de Panzer près de la ligne Mareth.

23. Tunisie : la 1re division blindée américaine venge sa défaite de Kasserine. Elle détruit 32 chars de la 10e division Panzer à El-Guettar.

23. Danemark : premières élections libres dans un pays européen occupé : 143 sièges pour la coalition nationale du Parti du gouvernement. Les 5 restants pour les nazis danois et le Parti paysan pronazi.

23. Méditerranée : la Luftwaffe coule le transport de troupes britannique *Windsor Castle* au large de l'Algérie.

23. Berlin : le Dr Korherr, statisticien de Himmler, l'informe que 1 419 467 Juifs d'Europe ont été tués depuis le début de la guerre (→ 31).

25. Tunisie : la 4e division indienne franchit la ligne Mareth (→ 27).

26. France : en parallèle à la mission militaire *Arquebuse* de Passy, Brossolette conclut sa mission politique *Brumaire*. Cinq mouvements de résistance du Nord se regroupent dans un Comité de coordination (→ 3.4).

26. Pacifique : une escadre navale américaine empêche les Japonais de ravitailler les îles Aléoutiennes. Les croiseurs *Salt Lake City* et *Nachi* sont gravement endommagés (→ 31).

26. Guyane : arrivée à Cayenne du gouverneur Rapenne, nommé par le général Giraud. Les Américains refusent l'accès de la colonie au représentant de la France combattante.

27. Etats-Unis : les Américains désirent substituer une administration interalliée à l'administration française en Indochine.

Les Chindits quittent la Birmanie

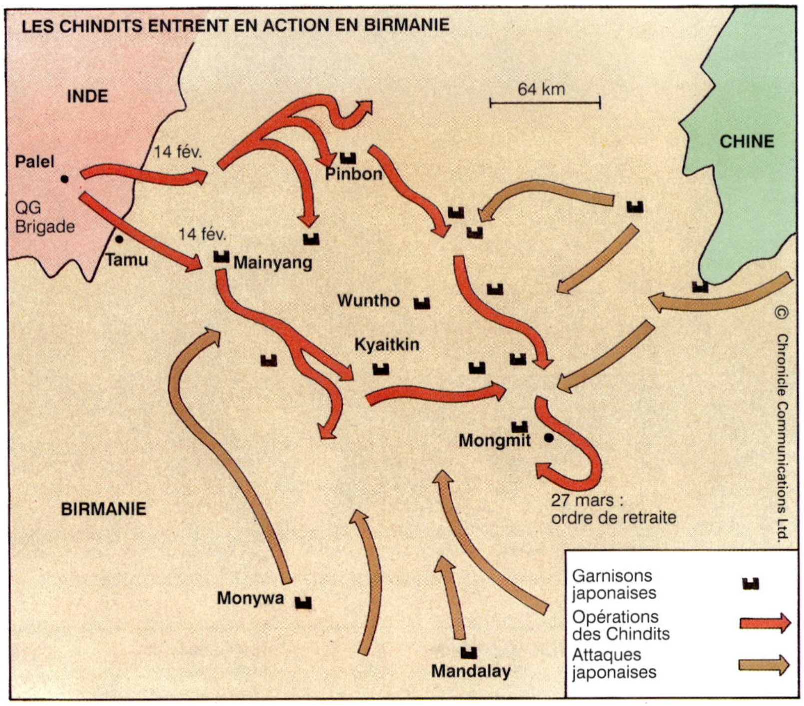

Hehting Chaung, 26 mars
Les Chindits du général Orde Wingate ont reçu l'ordre de se replier. Il n'y a plus que 2 200 survivants sur les 3 000 Britanniques, Gurkhas et Birmans engagés derrière les lignes japonaises. Cela fait cinq semaines qu'ils sillonnent la jungle birmane, exécutant sabotage sur sabotage, et parvenant à en imposer aux Japonais, pourtant grands spécialistes de ce type de terrain.
Mais, après la traversée de l'Irrawaddy, les Chindits se sont trouvés pris au piège entre trois rivières et cernés par trois divisions japonaises. Il ne leur restait plus que deux solutions : rejoindre l'Inde, vers le nord, ou bien poursuivre vers l'est, région où la population leur est favorable, mais qui est trop éloignée pour recevoir du ravitaillement aérien. Le général Geoffrey Scones, qui commande le 4e corps britannique, leur a ordonné de regagner l'Inde. Les Chindits sont considérés par les Alliés comme des héros, et le général Scones ne souhaite pas sacrifier inutilement des troupes aussi précieuses.

En prison, les murs ont des oreilles

Londres, 22 mars
Une information qui se révélera peut-être vitale a été recueillie au centre secret d'interrogatoire de Kensington Park Gardens. Deux généraux allemands faits prisonniers en Afrique du Nord avaient été enfermés ensemble dans une cellule munie de micros. Au cours d'une conversation, qui a été enregistrée, les deux hommes ont évoqué les fusées à longue portée destinées à frapper Londres et se sont étonnés qu'elles n'aient pas encore été mises en service. Cela, associé à d'autres informations, intéresse fort les services de renseignements.

Katyn est détruit par les Allemands

Katyn, 22 mars
L'unité SS qui a littéralement anéanti le village de Katyn était composée de criminels allemands libérés des camps de concentration pour effectuer les basses besognes. Ces hommes, commandés par le général Oskar Dirlewanger, ont exécuté 149 des 150 habitants de Katyn et ont réduit le village en cendres. Cette atroce opération de nettoyage était destinée à décourager les autres paysans d'offrir leur aide aux partisans qui opèrent derrière les lignes allemandes, et que l'on estime à 150 000 environ.

Naissance des « maquis » et organisation des réseaux

France, mars
Grand ordonnateur du Service du travail obligatoire, Fritz Sauckel serait-il du même coup le grand pourvoyeur des « maquis » ? Ceux-ci fleurissent à travers la France, particulièrement depuis le début de l'année. De nombreux jeunes gens cherchent en effet à se cacher afin d'échapper aux rafles du STO. Leur intérêt personnel les y pousse. Des tracts émanant des mouvements politiques clandestins les y incitent. Un grenier ou une cave peuvent faire l'affaire. Une maison forestière abandonnée ou une bergerie sont beaucoup plus sûres. Ainsi, les « maquisards » retrouvent d'instinct les sentiers et les caches qu'utilisaient les huguenots, les prêtres réfractaires ou, déjà, les soldats de Napoléon refusant d'aller mourir en Russie. Mais « prendre le maquis » ne signifie pas forcément entrer sciemment en résistance. On rencontre parmi les réfractaires au STO autant de garçons de droite que de communistes, autant de « sans parti » que de militants, ainsi que quelques brebis galeuses qui justifient la réputation de gangsters que les propagandes allemande et vichyste ne manquent pas de leur faire. Les problèmes de ravitaillement occupent plus ces premiers maquisards que l'action militaire, et la plupart de leurs coups de main sont destinés à se procurer vivres et équipements.
Les maquis sont toutefois peu à peu intégrés aux réseaux clandestins organisés, auxquels ils fournissent des troupes en une période cruciale pour l'organisation des mouvements de résistance. Un projet à été transmis en janvier au général Delestraint, qui dirige l'Armée secrète. Il s'agirait de constituer un camp d'instruction retranché sur le plateau du Vercors.

Les U-Boote toujours redoutables

Atlantique nord, 21 mars
Les sous-marins allemands continuent leurs ravages. Ces trois dernières semaines, ils ont coulé une cinquantaine de navires de commerce alliés dans l'Atlantique nord. Les U-Boote opèrent dans une région qui ne peut être survolée que par les avions alliés à très long rayon d'action, qui sont en nombre insuffisant. Les convois naviguant vers l'Europe sont les plus menacés : le grand amiral Karl Dönitz, qui a succédé à Erich Raeder en tant que commandant en chef de la flotte, les a désignés comme objectif prioritaire.
Ces jours-ci, cette stratégie a permis aux U-Boote de remporter une victoire dévastatrice. Par une mer démontée et des vents de force 10, le convoi HX-229, assez rapide, avait rattrapé le convoi SC-122, plus lent. Ensemble, ils formaient une flotte de 90 navires marchands et de 16 escorteurs : une cible de choix. Les services secrets allemands avaient renseigné l'amiral Dönitz sur l'itinéraire du convoi, et 38 U-Boote avaient été lancés à leur poursuite. Le mauvais temps gênant les Allemands autant que les Alliés, les sous-marins atteignirent leur objectif presque par hasard, et, pendant quelque temps, ne surent pas s'ils avaient affaire à un convoi ou à deux. Ce matin, 21 navires étaient coulés, contre un seul U-Boot, mais des renforts alliés arrivés hier d'Irlande du Nord et d'Islande ont, semble-t-il, endommagé de nombreux sous-marins. Dönitz a rappelé sa meute. (→ 30.4)

Les U-Boote constituent une grave menace, même pour les porte-avions.

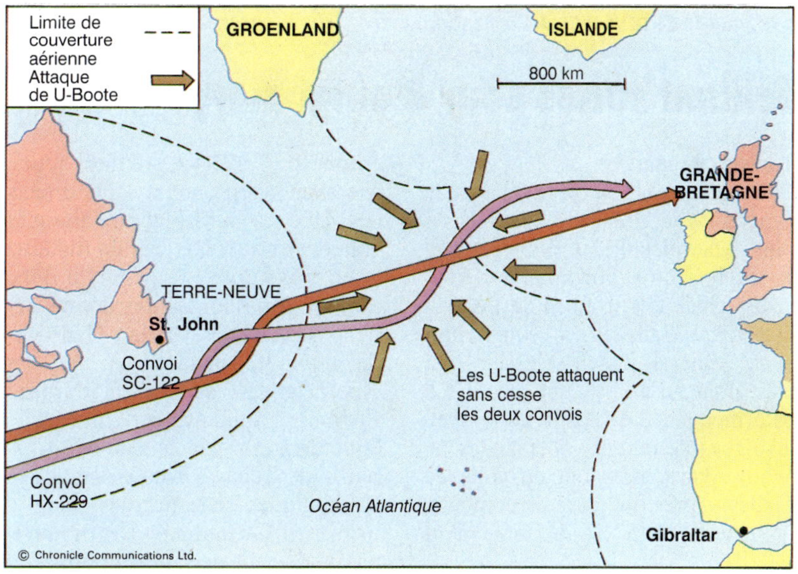

Les Allemands ont peur de l'invasion

France, 26 mars
Les nazis ont arrêté les 3 000 Anglais et Américains – hommes, femmes et enfants – qui vivaient encore en France dans l'ancienne zone occupée. Les hommes ont, semble-t-il, été déportés en Allemagne. Tous les civils des régions côtières devront être évacués avant le 30 mars, et des démolitions à but défensif ont commencé dans des ports comme Brest ou La Rochelle. Les Allemands paraissent sérieusement craindre une invasion alliée.

L'escadrille Normandie sur le front

Polotniani-Zavod, 22 mars
Les pilotes français de l'escadrille Normandie sont prêts à combattre auprès de leurs camarades soviétiques sous le commandement de Jean Tulasne. Ils ont aujourd'hui rejoint la base de Polotniani-Zavod, proche du front. Ce minuscule village a été à moitié brûlé par les Allemands, qui viennent d'en être chassés.
Les volontaires de cette escadrille sont maintenant à pied d'œuvre. Les premières missions de couverture des bombardiers soviétiques sont déjà programmées.
C'est en février 1942 que le commissaire à l'Air de la France libre avait proposé à l'URSS une escadrille de chasse. En deux mois, les volontaires furent regroupés puis transférés sur la base d'Ivanovo afin d'y subir un entraînement. Ils se sont familiarisés avec les avions soviétiques, ont appris les rudiments de la langue russe et se sont habitués aux basses températures. Les Yak 1 qu'ils ont reçus en janvier sont de bons appareils, hormis le fait que les commandes pneumatiques des volets, du train ou de l'armement ont tendance à geler...

Les Néo-Zélandais mènent les troupes alliées à la victoire

Tunisie, 27 mars
Montgomery a modifié ses plans. Ses troupes piétinant devant la ligne Mareth, il a reporté tous ses efforts dans le secteur tenu par les Néo-Zélandais et la Force L de Leclerc. Ce dernier contrôlait le djebel El-Matleb, qui domine la trouée d'El-Hamma, l'objectif de Montgomery. La manœuvre de débordement a parfaitement réussi. Les Néo-Zélandais – 27 000 hommes et 200 chars – ont donné l'assaut dans les collines près de Tebaga. La 8e brigade blindée et l'infanterie néo-zélandaises sont montées en première ligne, suivies par la 1re division blindée. La manœuvre a été facilitée par le crépuscule et par une tempête de sable, qui empêchaient les canons antichars allemands de Tebaga de repérer les mouvements des troupes adverses. Ce matin, les Alliés se sont rués dans la brèche. Dans la soirée, le général italien Messe a donné l'ordre à ses troupes de se replier derrière l'oued Akarit afin d'éviter l'encerclement. Quant à von Arnim, successeur de Rommel, il a décidé de déployer les chars de la 15e division Panzer pour arrêter les Alliés. Il espère ainsi donner à son infanterie le temps d'opérer sa retraite depuis la ligne Mareth et de s'installer sur de nouvelles positions de défense. (→ 29)

25 mars. Détente pour le roi George VI, qui assiste à un spectacle donné lors de sa visite officielle à la Home Fleet.

1943

Mars

Di	Lu	Ma	Me	Je	Ve	Sa
	1	2	3	4	5	6
7	8	9	10	11	12	13
14	15	16	17	18	19	20
21	22	23	24	25	26	27
28	29	30	31			

28. Tunisie : Montgomery câble à Churchill : « La 8e armée a infligé une défaite sévère à l'ennemi. »

29. Rastenburg : Hitler donne l'ordre de construire des rampes de lancement de bombes volantes sur la côte de la Manche.

29. Tunisie : la 8e armée britannique prend Gabès.→

30. Atlantique : le croiseur *HMS Glasgow* intercepte le forceur de blocus allemand *Regensburg* au large de l'Islande. Son équipage le saborde avant de se suicider.

30. Moscou : les convois alliés vers Mourmansk sont suspendus à cause de trop lourdes pertes. Staline soupçonne des motifs politiques.

30. Pays-Bas : des Mosquito de la RAF bombardent l'usine de matériel radio Philips à Eindhoven.

31. Iles Salomon : l'aviation japonaise effectue un raid sur les îles Russell.

31. Washington : l'état-major américain ordonne pour le 7 mai l'invasion d'Attu, aux îles Aléoutiennes (→ 24.4).

31. Chine : les Américains ouvrent des centres d'entraînement pour les officiers chinois.

31. Sardaigne : raid aérien des Américains sur la base et le port de Cagliari (→ 10.4).

31. Rastenburg : Hitler reçoit le roi Boris de Bulgarie pour des entretiens.

31. Nouvelle-Guinée : sous les ordres du colonel MacKechnie, un bataillon d'infanterie américain débarque à l'embouchure du Waria (→ 14.4).

31. URSS : l'Armée rouge reprend Anastasievsk, au nord de Novorossiisk, dans le Caucase.

31. Tunisie : les Britanniques occupent le cap Serrat (→ 1.4).

31. Alger : Ferhat Abbas remet au gouverneur général Peyrouton le *Manifeste du peuple algérien*, réclamant « la condamnation et la fin de la colonisation ».

Les Alliés entrent dans Gabès

Les soldats de la Royal Artillery poursuivent leur progression en Tunisie.

Brillant succès pour Montgomery

Tunisie, 29 mars

Pour de nombreux observateurs, le général Montgomery a mené là sa plus belle bataille. C'était la première fois qu'il affrontait les nouveaux chefs des troupes de l'Axe – le général Hans-Jürgen von Arnim et le général italien Messe –, et c'est pour lui un éclatant succès. La 8e armée alliée a atteint les nouvelles lignes de défense allemandes de Wadi Akarit, non loin du golfe de Gabès. Après dix jours de combats, la ligne Mareth est définitivement enfoncée. Les deux premiers jours, elle avait résisté aux assauts directs des Alliés, à qui les contre-attaques ennemies ont coûté cher en matériel et en vies humaines. Monty a donc modifié son plan : il a ordonné aux blindés du général Brian Horrocks de rejoindre pendant la nuit les Néo-Zélandais du général Bernard Freyberg, qui avaient tourné la ligne Mareth par le sud-ouest. A partir de Tebaga, Néo-Zélandais et Britanniques se sont rués dans la trouée d'El-Hamma. Les mouvements de nuit de tant d'hommes et de chars – une des spécialités de Rommel – étaient encore peu pratiqués par les Alliés. De même, utiliser l'aviation pour appuyer l'action des forces terrestres était pour eux assez nouveau ; lors de l'assaut sur Tebaga, des contrôleurs aériens, en première ligne, guidaient par radio les pilotes des avions pour l'attaque des chars et des positions ennemis. L'infanterie et les blindés alliés étaient protégés par les chasseurs-bombardiers qui se relayaient pour harceler l'ennemi. Environ six mille soldats de l'Axe ont été faits prisonniers, des Italiens en majorité. Aujourd'hui, les troupes de Monty sont entrées dans Gabès, suivies d'éléments de la Force L de Leclerc.

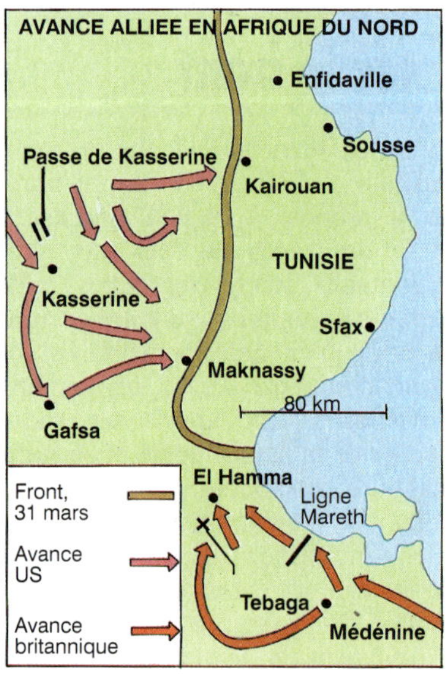

La 8e armée : une vraie tour de Babel

Afrique du Nord, 30 mars

Depuis Hannibal, on n'avait pas connu d'armée aussi polyglotte que la 8e armée. Ce sont des hommes du monde entier qui ont partagé les dangers et les privations, les défaites et les triomphes, la chaleur implacable du jour et le froid intense de la nuit. Le sang qui a coulé dans le désert était celui de soldats de toutes les races et de nombreuses nations. Il y avait des Australiens, qui ont combattu avec tant d'acharnement sur le flanc nord d'El-Alamein que leur gouvernement a craint qu'une génération entière ne soit sacrifiée ; des Néo-Zélandais, dont les blindés ont fait merveille, et dont les fantassins Maoris se sont révélés aussi redoutables que les Gurkhas de la division indienne dans les combats de Tobrouk ; à Bir-Hakeim, les Français libres ont gagné l'estime de Rommel lui-même ; peu de combattants ont été aussi braves que le détachement des volontaires palestiniens, mais la brigade des Grecs a montré face aux Italiens et aux Allemands la même bravoure que lorsqu'elle défendait sa patrie. Les régiments écossais, souvent aux côtés des Sud-Africains, des Anglais, des Irlandais et des Gallois, se sont eux aussi distingués. Voilà qui sont ces hommes que l'on surnomme avec respect les Rats du désert.

Monty : le sabre et le goupillon.

L'Allemagne d'abord, le Japon ensuite !

A Casablanca, réunion d'état-major pour Churchill et ses conseillers.

Washington, 28 mars

En janvier dernier déjà, les défaites du Japon à la périphérie de son empire du Pacifique auraient dû être exploitées par les Alliés. C'est ce que pensaient les chefs militaires pour ce théâtre d'opérations. Pourtant, au sommet de Casablanca, il a été décidé que le Pacifique ne viendrait qu'au cinquième rang des priorités dans la stratégie alliée. Il faut « battre Hitler d'abord », et cette nécessité primordiale n'est contestée par personne. Les chefs d'état-major ont décidé que, si les Alliés ne prenaient pas pour l'instant l'initiative dans le Pacifique, une offensive de grande envergure serait lancée dès la défaite de l'Allemagne. Les troupes alliées auraient d'abord à s'emparer du bastion japonais de Rabaul, puis des îles Aléoutiennes, et ensuite à progresser d'est en ouest dans le Pacifique, en prenant les îles Gilbert, les îles Marshall, puis les îles Truk, dans l'archipel des Carolines, et enfin les Mariannes. MacArthur a été chargé de coordonner deux mouvements conjoints vers Rabaul, l'un à partir de Guadalcanal et l'autre de Nouvelle-Guinée. Toutefois, à la conférence de Washington des commandants du Pacifique, il est apparu que les renforts n'étaient pas suffisants pour atteindre Rabaul. Il a donc été décidé qu'ils ne défendraient que la Nouvelle-Guinée, l'archipel des Salomon et quelques autres points stratégiques.

De « Lettre à un otage » au « Petit Prince »

L'auteur de « Lettre à un otage ».

New York, mars

On ne peut imaginer d'œuvres plus différentes que celles que Saint-Exupéry publie, à un mois d'intervalle. Sa *Lettre à un otage*, dédiée à un ami juif, est le récit de sa fuite de l'Europe en guerre et une réflexion sur le bonheur et sur l'humanité, thèmes qui lui sont chers.

L'autre ouvrage, *le Petit Prince*, est une fable poétique qui raconte les amours d'un étrange petit garçon venu d'une minuscule planète, et d'une rose qui l'a « apprivoisé ». Livre qui s'adresse aux enfants, ou plutôt à ce qui, chez l'adulte, appartient à l'enfance éternelle.

Dans les camps d'extermination nazis, la mort est devenue une industrie

Pologne, 31 mars

Un nouveau crématorium, comprenant une chambre à gaz souterraine avec cinq fours crématoires, vient d'entrer en service au camp d'Auschwitz. Il va permettre aux nazis d'exterminer plus vite les Juifs et les Tziganes. Six camps servent à la destruction systématique des Juifs. Le plus ancien est celui de Kulmhof (Chelmno), où 150 000 Juifs ont été gazés entre décembre 1941 et septembre 1942. On extermine aussi à Belzec, en Galicie : de mars à décembre 1942 y ont été tuées 550 000 personnes ; à Sobibor, camp situé près de Lublin, 200 000 Juifs ont péri entre avril et juin 1942. Il y a aussi le camp de Maïdanek, situé à Lublin même, celui de Treblinka, au nord-est de Varsovie, et celui d'Auschwitz. Dans ces camps, on procède à la destruction massive des Juifs. Mais, à Kulmhof, Treblinka et Auschwitz, des dizaines de milliers de Tziganes sont eux aussi voués à la mort. L'extermination se fait à l'aide d'un gaz, le zyklon (acide cyanhydrique) que fabriquent deux firmes privées : la Dessauer Werke et la Kaliwerke. Une des usines du trust de la chimie IG-Farben fournit le stabilisateur du gaz. Les responsables de la SS sont allés jusqu'à « industrialiser » ce processus de mise à mort. Dans ce système, rien ne se perd : l'argent liquide est versé à la Reichsbank, de même que les métaux rares, les bijoux et les dents en or prélevées sur les cadavres. Montres et stylos sont vendus aux soldats allemands. Les vêtements et sous-vêtements sont envoyés à la Volksdeutsche Mittelstelle, une organisation d'aide sociale aux Allemands des pays d'Europe orientale. Quant aux cheveux des femmes, ils servent à faire des chaussons de feutre pour les équipages de sous-marins et les employés de la Reichsbahn...

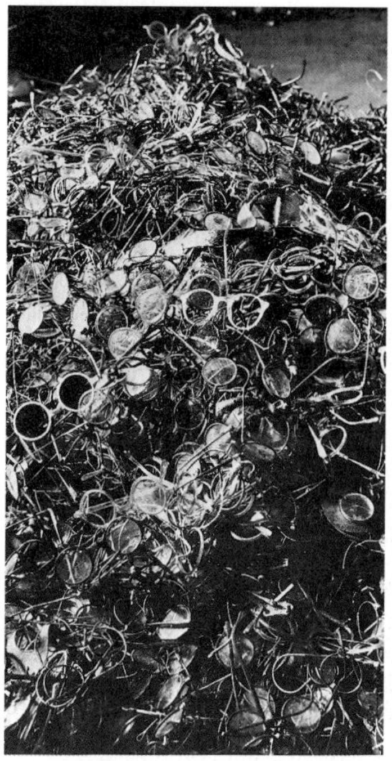

Tout resservira...

Horrible besogne pour ces prisonniers : brûler les cadavres décharnés.

1943

Avril

Di	Lu	Ma	Me	Je	Ve	Sa
				1	2	3
4	5	6	7	8	9	10
11	12	13	14	15	16	17
18	19	20	21	22	23	24
25	26	27	28	29	30	

1er. Tunisie : bombardement allié de la piste d'atterrissage d'El-Maou, près de Sfax.

3. Grande-Bretagne : des chasseurs bombardiers Focke-Wulf 190A-8 font un raid sur Eastbourne (→ 17).

3. Paris : réunion du Comité de coordination de la Résistance en zone nord, sur convocation de Jean Moulin. Il obtient son adhésion au futur Comité national de la Résistance (→ 27.5).

4. France : la RAF bombarde les usines de Boulogne-Billancourt : 403 morts et 519 blessés.

5. Birmanie : dans la nuit, les Japonais infiltrent Indin sur la côte de l'Arakan. Ils contrôlent la péninsule de Mayu (→ 7.5).

5. Libye : le bombardier américain B-24 *Lady be Good* perd son cap. L'équipage saute en parachute au-dessus du désert (→ 12).

5. Allemagne : le pasteur Dietrich Bonhoeffer est arrêté pour activités antinazies, puis déporté à Flossenburg.

5. URSS : première victoire du groupe de chasse Normandie des FAFL. Un Focke-Wulf 190A-8 est abattu par les chasseurs Yak 1 de Preziosi et Durand (→ 11.10).

5. Vichy : le gouvernement de Laval livre aux Allemands Léon Blum, Edouard Daladier et le général Gamelin. Ils sont transférés en Allemagne.

5. Tunisie : la 8e armée britannique attaque la ligne de défense allemande de l'Akarit (→ 6).

7. Tunisie : les forces de l'Axe se replient sur la ligne d'Enfidaville.

10. Tunisie : les Alliés s'emparent de Sfax (→ 12).

10. Sardaigne : 84 bombardiers américains coulent le croiseur italien *Trieste* et endommagent gravement le croiseur *Gorizia*.

10. Tunisie : le commandant de la division de marche de Constantine, le général Edouard Welvert, est tué par une mine à l'entrée de Kairouan.

Les armées allemandes aux abois

L'air torride du désert tunisien ne ralentit pas l'avance des blindés alliés.

Nouvelle défaite des forces de l'Axe

Tunisie, 6 avril
La nuit sans étoiles a été fatale aux chasseurs alpins italiens installés sur les hauteurs qui dominent l'oued Akarit. Les sentinelles n'ont pas même soupçonné l'assaut de la 4e division indienne, jusqu'au moment où elles ont senti contre leur gorge l'acier froid des *kukris,* les poignards des Gurkhas, ces soldats népalais qui forment une troupe d'élite dans l'armée britannique. La bataille de rupture qu'ils ont menée a totalement réussi. En quelques heures, plus de 4 000 soldats italiens se sont rendus.

Plus bas dans la plaine, les 50e et 51e divisions de la 8e armée ont lancé l'assaut une heure avant l'aube et ont réussi à enfoncer les défenses allemandes. A présent, ce sont les blindés du 10e corps qui vont entrer en action, pour exploiter le succès de l'infanterie.

Attaques massives de l'aviation alliée

Tunisie, 5 avril
L'aviation alliée a lancé contre les forces de l'Axe une attaque d'une ampleur jamais atteinte en Méditerranée : les avions ont effectué plus de mille sorties, un record pour la campagne d'Afrique du Nord. Les Forteresses volantes et les Mitchell ont causé de gros dégâts à trois aéroports sur le sol italien : Borizza, Boca de Felso et Milo. Au sol, 250 avions ont été détruits. Les convois d'approvisionnement de l'Axe ont été gravement touchés. Quatorze Junkers Ju 52/3m, transportant du pétrole, ont été abattus par des Lightning au large des côtes tunisiennes, et trois navires de ravitaillement ont été incendiés par des bombardiers, qui ont aussi coulé un contre-torpilleur qui les escortait. Naples a subi une attaque massive ce soir; les Liberator ont atteint une partie des installations portuaires et mis l'aérodrome hors d'usage. Cette nuit, les Wellington de la RAF ont bombardé des objectifs au-delà des lignes de bataille et détruit des gares, des hangars et des usines aux alentours de Sfax. Ils ont aussi touché des docks et des chantiers navals dans plusieurs ports de la Sicile.

Mussolini n'a pas pu convaincre Hitler de faire la paix

Salzbourg, 10 avril
Benito Mussolini quitte demain le château de Klessheim, où ses entretiens avec Hitler se poursuivent depuis le 7 avril. Les observateurs ont été frappés par le délabrement physique des deux dictateurs. Le Duce, à 59 ans, a déjà l'air d'un vieillard, voûté, le visage gris. Hitler aussi semble atteint par les défaites de ses armées à l'Est et en Afrique du Nord. Ses tics nerveux se sont aggravés, et il paraît lui aussi plus âgé que ses 53 ans, bien que son regard n'ait rien perdu de son magnétisme. C'est le Führer qui a conduit les entretiens : le Duce, qui sait que son peuple ne croit plus en lui, voulait que l'Axe conclût la paix avec l'URSS, pour consacrer toutes ses forces à repousser une éventuelle invasion alliée à l'Ouest. Hitler ne veut pas en entendre parler. Il a évoqué les nouvelles armes secrètes allemandes, les *Vergeltungswaffen* (armes de représailles), qui mettront selon lui les Alliés à genoux, ou le dispositif Schnorkel, qui permettra aux U-Boote d'accomplir des missions beaucoup plus longues. Les descriptions enthousiastes de Hitler ont fini par convaincre Mussolini.

Le Führer doit accueillir ces jours prochains la plupart des chefs des pays alliés de l'Allemagne : viendront notamment le Roumain Antonescu, le Hongrois Horthy, le Norvégien Quisling, le Croate Pavelic et le Français Laval. Il lui faudra être aussi persuasif avec eux qu'avec Mussolini.

Mussolini est accueilli par Hitler.

Des plans pour l'après-guerre

Londres, 7 avril
Le gouvernement britannique a publié un livre blanc sur un projet ambitieux, le « futur ordre économique mondial ». Ce plan est dénommé plan Keynes, du nom de son principal auteur, l'économiste John Maynard Keynes, conseiller principal du Trésor. Ses théories avaient déjà inspiré le New Deal aux Etats-Unis. Il préconise la création, après la guerre, d'une banque internationale qui fournirait aux Etats des moyens de paiement leur permettant de commercer entre eux, ce qui stimulerait les échanges par une plus grande stabilité monétaire. Aux Etats-Unis, des plans analogues, commandités par le secrétaire au Trésor, Henry Morgenthau, sont à l'étude.

Un millier de morts près d'Anvers

Anvers, 5 avril
Une escadre de bombardiers américains a effectué sur la ville de Mortsel, près d'Anvers, une attaque dont les conséquences sont dramatiques. On estime qu'il y a plus d'un millier de tués. Dans les décombres d'une école, on est encore à la recherche des corps de 250 enfants. De nombreuses rues sont purement et simplement effacées. Le bourgmestre et d'autres responsables se sont rendus sur les lieux de la catastrophe et ont promis que tout serait fait pour aider les victimes. Déjà, de nombreux volontaires participent aux opérations de sauvetage. La population a fait preuve de solidarité : de la nourriture, de l'argent et des vêtements ont été collectés. Cette attaque visait les usines Erla.

L'aviation japonaise perd sa supériorité

Guadalcanal, 7 avril
Les Japonais tentent de reconquérir la supériorité aérienne dans la région. Leur commandant en chef pour le sud-ouest du Pacifique, l'amiral Yamamoto, a voulu éprouver la force des Alliés en lançant contre eux plus de 200 appareils. 67 bombardiers Aichi D3A Val et 120 chasseurs Mitsubishi A6M Zero ont décollé de Nouvelle-Bretagne, pour attaquer des navires alliés dans Ironbottom Sound, au nord de l'île de Guadalcanal. Le destroyer américain *Aaron Ward*, un pétrolier et le dragueur de mines néo-zélandais *Moa* ont été coulés. Les Japonais ont perdu dix-neuf appareils, et les Américains sept, mais un seul de leurs pilotes. Ce résultat est plutôt décevant pour Yamamoto, car il révèle que ses aviateurs sont moins performants qu'auparavant. Depuis une semaine, son porte-avions est à Rabaul, où il harcèle les bases aériennes ennemies. La mer de Bismarck est à présent zone dangereuse pour les Japonais, qui y ont perdu huit navires le mois dernier. (→ 8.5)

Un avion de transport allié au-dessus de l'archipel des Aléoutiennes.

1943

Avril

Di	Lu	Ma	Me	Je	Ve	Sa
				1	2	3
4	5	6	7	8	9	10
11	12	13	14	15	16	17
18	19	20	21	22	23	24
25	26	27	28	29	30	

11. Allemagne : Hitler accepte la demande de Dönitz de construire plus d'U-Boote. Les usines de chars et d'avions gardent cependant la priorité pour les rares fournitures d'acier.

12. Moscou : Staline écrit à Churchill qu'il est enchanté des dommages infligés aux centres industriels allemands.

12. Tunisie : les Alliés s'emparent de Sousse (→ 17).

13. Grande-Bretagne : à Imber un pilote de la RAF faisant une démonstration d'attaque au sol tire par erreur sur les spectateurs : 25 morts.

14. Allemagne : mort du fils de Staline, Jakob Djougachvili, au camp de Sachsenhausen.

14. Pacifique : l'aéronavale japonaise achève une série de raids sur les îles Salomon et la Nouvelle-Guinée. Elle attaque la flotte alliée dans la baie de Milne.

15. Italie : des bombardiers de la RAF attaquent La Spezia.

15. Belgique : Paul Colin, directeur du journal collaborationniste *Cassandre*, est abattu par le jeune résistant Armand Fraiteur.

16. Mexico : Ramon Mercader, alias Jacques Mornard, est condamné à vingt ans d'emprisonnement pour le meurtre de Léon Trotski.

16. France : pour les protéger des bombardements, les populations civiles sont évacuées de Brest, Cherbourg, Dieppe, St-Malo et Le Havre.

16. Londres : le gouvernement polonais en exil demande à la Croix-Rouge d'enquêter sur le massacre de Katyn.→

17. Grande-Bretagne : trente chasseurs bombardiers allemands Focke-Wulf 190A-8 font un raid sur Londres. Au retour, l'un d'entre eux atterrit par erreur sur l'aérodrome de Malling.

17. Sicile : des bombardiers américains font un raid sur Palerme, Catane et Syracuse.

17. France : les accords du Perreux réunifient dans la clandestinité les différentes tendances de la CGT.

Un mystérieux charnier est découvert à Katyn

Katyn, 16 avril
« Les Polonais cherchent leurs officiers en Sibérie, mais ils sont là, dans la forêt. » Voilà ce qu'a confié à la police allemande de Katyn, près de Smolensk, un paysan de la région. A l'endroit indiqué, les Allemands ont découvert des fosses communes, d'où ils ont exhumé les corps de 4 100 officiers polonais. Les victimes avaient les mains liées dans le dos et avaient été tuées d'une balle dans la nuque. Les corps ont pu être identifiés grâce à des documents retrouvés sur eux ; certains seraient des Soviétiques victimes des purges staliniennes. Cette découverte a fourni à Goebbels un matériau rêvé pour sa propagande : « J'ai veillé à ce que les fosses communes soient inspectées par des journalistes neutres venus de Berlin », écrit-il dans son journal. Des médecins légistes des pays occupés ont pu se rendre à Katyn, ainsi que des personnalités, comme Robert Brasillach, invitées par les autorités du Reich à constater *de visu* l'étendue du massacre.

Des corps très difficiles à identifier.

Le gouvernement polonais en exil à Londres demande une enquête de la Croix-Rouge internationale, ce qui indigne Moscou. Les Soviétiques accusent les Allemands de ce massacre et le gouvernement polonais de complicité. Cette affaire risque de compliquer les relations entre gouvernements alliés. (→ 18)

▷

Les avions alliés à l'attaque sur deux continents

Réorganisation de l'aviation alliée

Afrique du Nord, 15 avril
Le général de corps aérien Arthur Tedder a été nommé à la tête de l'état-major des forces aériennes alliées de la Méditerranée, qui viennent d'être réorganisées. Après l'expérience de la campagne de Tunisie, au cours de laquelle l'armée de l'air avait étroitement soutenu l'action des forces terrestres, une force tactique pour l'Afrique du Nord-Ouest vient d'être créée. Le général Arthur Coningham en a reçu le commandement. Elle est chargée d'appuyer au sol les offensives visant la destruction des points forts de l'ennemi. Une force stratégique équipée de bombardiers lourds et moyens américains et britanniques est également mise en place. Son rôle sera d'attaquer des objectifs plus éloignés – bases, navires ou centres de transmissions. L'ampleur des territoires à couvrir par l'aviation alliée a rendu nécessaire la création de trois commandements séparés : le Middle East Command, pour la zone qui s'étend de l'Inde à Tunis ; le North African Air Command, confié aux Américains et dirigé de Tunisie par le général Carl Spaatz ; enfin la RAF, maintenant basée à Malte. Cette nouvelle organisation de l'aviation alliée tient également compte des projets d'invasion de l'Europe.

Mitrailleur d'une Forteresse volante lors d'un raid aérien sur l'Allemagne.

Les stratèges alliés au travail.

Tous les Allemands à la défense civile

Allemagne, 11 avril
Hermann Göring, celui-là même qui avait prédit que la Luftwaffe mettrait l'Angleterre à genoux, a décrété le 2 avril que tous les Allemands valides devaient participer à la défense aérienne du pays. Les femmes aussi devront s'intégrer aux équipes de surveillance qui se relaieront nuit et jour. Les ouvriers des usines sont également incorporés dans la défense civile ou les services d'urgence, destinés à enrayer la baisse de la production causée par les raids. Les routes et les voies ferrées notamment ont beaucoup souffert, et voyager est devenu aussi difficile que dangereux.

Raid massif de la RAF sur Stuttgart

Allemagne, 15 avril
Le raid de cette nuit sur Stuttgart a été officiellement décrit comme une « très grande offensive » sur l'un des plus importants centres industriels d'Allemagne. 462 avions y ont pris part. Les Halifax et les Stirling ont largué sur la ville des bombes explosives de 2 et 4 tonnes et des milliers d'engins incendiaires. L'attaque a duré trois quarts d'heure. Les pilotes des derniers bombardiers étaient guidés vers leur objectif à la lueur des immenses incendies qui s'étaient déclarés. Certains quadrimoteurs, alourdis par les bombes et le carburant qu'ils transportaient, volaient si bas que leurs canonniers pouvaient distinguer leur cible à la lumière de la lune. Après avoir percuté un pylône électrique, un Stirling a dû abandonner une partie de son chargement, les bombes incendiaires commençant à prendre feu. Vingt-trois appareils alliés ne sont pas revenus. Le même soir, des bombardiers soviétiques à long rayon d'action ont lancé des attaques isolées sur Dantzig et sur Königsberg.

Un amas de ferraille tordue : tout ce qui reste d'une usine de Stuttgart.

Les raids des Alliés vont s'intensifier

Europe, 17 avril
L'Allemagne doit s'attendre à subir de plus en plus de bombardements : le Bomber Command de la RAF a lancé la bataille de la Ruhr. Des centaines d'avions bombardent chaque nuit ou presque les industries et les usines d'armement de la région, que les équipages surnomment avec cynisme la « vallée heureuse ». Quant à l'US Air Force, qui opère en plein jour sur des objectifs précis, elle a lancé ses premières attaques au cœur même du Reich et, malgré la perte de 10 % de ses avions, veut poursuivre. Le général Ira Eaker, commandant la 8e armée aérienne, tente de faire adopter sa proposition d'une « offensive combinée de bombardement depuis le Royaume-Uni ». Il est convaincu qu'une coordination alliée dans ce domaine mettrait rapidement l'Allemagne à genoux. Cela nécessiterait cependant, selon Ira Eaker lui-même, de « procéder à la destruction des chasseurs ennemis dans les airs comme au sol ». En effet, la Luftwaffe, consciente du danger croissant que représentent les bombardiers alliés, a décidé d'accélérer la fabrication des chasseurs qui devront défendre le Reich jour et nuit. (→ 21)

Ecouter la BBC est un crime puni de mort

Vienne, 12 avril
Condamné à mort par un tribunal spécial, un homme âgé de 47 ans a été décapité ce matin. Son crime ? Avoir écouté dans son appartement viennois, à trente ou quarante reprises, des émissions radiodiffusées de l'étranger, et en avoir parlé dans son entourage de manière « hostile à l'Allemagne ». L'interdiction absolue d'écouter les émissions des radios étrangères en Allemagne date du premier jour de la guerre, c'est-à-dire du 1er septembre 1939. Au cours de l'année 1941, l'ordonnance sur la radio a précisé qu'outrepasser cette interdiction revenait à commettre une « trahison consciente et délibérée du peuple » et que ce crime serait puni de mort. Déjà, avant le début de la guerre, étaient apparus les fameux « postes populaires » destinés à rendre plus difficile l'audition des radios étrangères : ne recevant qu'une gamme réduite de longueurs d'ondes, leurs propriétaires devaient se limiter aux radios allemandes. Il y a eu cette année dans le Reich 878 condamnations pour écoute de radios étrangères, et 985 l'an dernier. Malgré tout, les Allemands bravent en masse la loi : selon la BBC, les auditeurs clandestins au moins occasionnels sont plusieurs millions.

Le dur combat des partisans yougoslaves

Partisan yougoslave posant une mine : désormais, les Alliés les soutiennent.

Monténégro, 15 avril
C'est un succès décisif pour Tito : depuis deux ans, les partisans dont il est le chef mènent, totalement seuls, une dure guérilla contre les forces de l'Axe, qui a provoqué de lourdes pertes des deux côtés. Il semble à présent que les Alliés se soient décidés à les soutenir.
Jusqu'ici, les Britanniques livraient des armes à un groupe de partisans royalistes, les tchetniks, mais ces derniers se sont ralliés à l'Axe. Aujourd'hui, des officiers de liaison alliés, canadiens d'origine yougoslave, ont été parachutés dans la région à la recherche des hommes de Tito, en route vers le Monténégro. L'Axe avait lancé contre eux, sans succès, une vaste offensive : cinq divisions allemandes, dont une de Waffen SS, y participaient, avec un régiment d'infanterie, trois divisions italiennes, des Oustachi, militants pronazis croates, et des tchetniks. Après de furieux combats, les partisans ont pu s'échapper, emmenant avec eux 4 000 blessés. (→ 15.5)

Leningrad : les Allemands chassés par l'Armée rouge

Leningrad, 14 avril
L'Armée rouge n'a pas cédé : selon l'état-major suprême, elle a résisté à une vaste offensive de l'infanterie et des blindés allemands au sud-ouest de la ville. L'attaque, qualifiée curieusement de mouvement « offensif-défensif », n'a abouti à « aucun changement matériel ». Elle n'a donc pas menacé sérieusement le corridor occupé par les Russes, qui y ont construit une route et une voie ferrée. Large de 19 km seulement à cet endroit, c'est le cordon ombilical qui relie la ville assiégée au monde extérieur, et qui permet de ravitailler une population durement éprouvée.
Cette offensive paraissait plutôt destinée à reprendre un peu de terrain avant que les Soviétiques ne tentent à nouveau de délivrer complètement Leningrad et de chasser les Allemands et leurs alliés. Depuis qu'elle est parvenue à établir le contact avec la ville le 18 janvier, l'Armée rouge a tenté par deux fois de mettre fin au siège. Le 10 février, elle a dû renoncer face aux Espagnols de la division Azul, et elle a été repoussée à nouveau le 19 mars. Les adversaires sont maintenant face à face, chacun cherchant chez l'autre une faille qui lui permettrait de lancer l'assaut décisif.

Le « Lady be Good » perdu au Sahara

Libye, 12 avril
Les sauveteurs sont partis ce matin de la base américaine de Benghazi pour tenter de retrouver les survivants d'un Liberator qui, par manque de carburant, s'est écrasé dans le désert. Il semble qu'une erreur de navigation ait conduit le *Lady be Good* dans une région qu'il n'aurait pas dû survoler. Les huit survivants essaient désespérément de regagner une base, à pied sous l'accablante chaleur du Sahara. Ils se dirigent vers le nord, mais s'épuisent de jour en jour. Ils n'ont plus d'eau. Leur capitaine écrit dans son journal : « Toujours priant. Les yeux vont mal, perdu tout notre pds *(sic)*, souffrance partout. »

Les Allemands décidés à résister coûte que coûte en Afrique

Tunisie, 17 avril
La requête de Rommel a été rejetée. Il avait demandé à Hitler et à Mussolini d'évacuer l'Afrique du Nord afin de préparer l'invasion en Europe, mais les ingénieurs militaires allemands travaillent activement à de nouvelles lignes de défense en Tunisie. L'état-major de Berlin estime en effet qu'il faut, pour que l'invasion des Alliés en Europe soit repoussée à l'année prochaine, que les forces de l'Axe tiennent ici jusqu'à l'automne. La supériorité numérique des Alliés est cependant écrasante. Ils alignent 3 000 avions et 1 200 chars, contre 500 avions et 130 chars pour l'Axe. Mais les combats risquent d'être rudes, car les Allemands sont des défenseurs d'une redoutable efficacité. (→ 21)

Une unité d'infanterie prend un peu de repos au cours de la campagne.

1943

Avril

Di	Lu	Ma	Me	Je	Ve	Sa
				1	2	3
4	5	6	7	8	9	10
11	12	13	14	15	16	17
18	19	20	21	22	23	24
25	26	27	28	29	30	

18. Moscou : l'URSS accuse la Gestapo d'avoir inventé le massacre de Katyn (→ 30).

18. Méditerranée : au cours d'un engagement aérien de dix minutes au large du cap Bon, des chasseurs alliés abattent 59 avions de transport et 10 chasseurs de la Luftwaffe, en route pour la Tunisie.

19. Varsovie : début de la destruction du ghetto.→

20. Belgique : des résistants attaquent un convoi en route vers les camps allemands et en libèrent les déportés. Lors d'une autre action, ils détruisent 250 000 fiches de l'Office du travail obligatoire (→ 11.5).

20. France : la ration hebdomadaire de viande est fixée à 120 g par personne.

21. Pacifique : en représailles au raid d'hier sur Nauru par les Américains, des avions japonais attaquent la base américaine de Funafuti, dans les îles Ellice.

21. Tokyo : l'amiral Mineichi Koga remplace Yamamoto au commandement de la flotte combinée japonaise (→ 21.5).

21. Tunisie : les régiments maoris néo-zélandais s'emparent de Takrouna.

22. Tunisie : les forces alliées lancent une offensive sur tout le front à l'ouest de Tunis.→

23. Londres : création du Cossac, commandement combiné anglo-américain destiné à mettre au point un débarquement en Europe. Le lieutenant-général britannique Morgan en prend la tête.

24. Etats-Unis : la 7e division américaine appareille de San Francisco, avec mission d'envahir Attu, dans les îles Aléoutiennes (→ 26).

24. France : Paul Gassovski, le chef départemental adjoint de la Milice des Bouches-du-Rhône, est abattu. Il est le premier milicien tué dans un attentat (→ 27).

24. Tunisie : le 19e corps d'armée du général Koeltz prend à son tour l'offensive dans les montagnes en direction de Zaghouan.

L'atroce fin du ghetto de Varsovie

Après avoir mené une résistance acharnée, les Juifs sont capturés par les SS.

Stroop attend toujours sa médaille.

Varsovie, 19 avril

Le 13 février, Himmler avait donné au général SS Jurgen Stroop l'ordre de détruire le ghetto de Varsovie. Aujourd'hui, à la veille de la pâque juive, il a fait encercler ce qui reste du ghetto par cinq bataillons de SS et un bataillon de collaborateurs ukrainiens, soit 2 000 à 3 000 hommes appuyés par une section d'obusiers et des chars. En face, équipés d'un armement dérisoire, se trouvent environ 70 000 Juifs, mais seuls 750 d'entre eux disposent au moins d'un pistolet. S'ils ont récupéré quelques mitrailleuses, ils ne possèdent toutefois qu'une seule mitraillette pour tout le ghetto. Le chef de l'organisation juive de combat, Mordechaï Aniliewicz, prévenu dès 2 h ce matin, a ordonné aux combattants de gagner leurs postes, pendant que la population gagnerait les abris prévus ou tenterait de se dissimuler dans les caves et les greniers. Vers 4 h, de petits groupes de soldats ont fait leur entrée silencieusement dans le ghetto afin de ne pas éveiller l'attention. Puis, à 6 h, les Allemands, précédés par les chars, sont arrivés dans la rue Zamenhofa, où ils ont été accueillis par des tirs nourris d'armes automatiques et une pluie de bombes de fabrication artisanale. Bientôt, un char prit feu, et les SS, dans les rangs desquels on comptait déjà des morts et des blessés, se replièrent dans le désordre le plus total Dans l'après-midi, ils sont pourtan revenus à la charge, mais Stroop changé de tactique devant cett résistance inattendue : ses soldat détruisent maintenant les immeubles à l'explosif et au canon avan de s'engager dans les rues. Pou échapper au brasier, les gens sautent par les fenêtres des maisons e flammes après avoir jeté des matelas pour amortir leur chute. Ai leurs, ils tentent de fuir par le égouts, mais les Allemands le inondent. Sans armes lourdes, résistance ne peut empêcher le destructions, mais les combattan refusent de mourir sans avoir tu certains de leurs bourreaux.

La campagne au printemps...

Les cloches vont sonner de nouveau

Angleterre, 20 avril

L'interdiction de sonner les cloches sera levée en Angleterre à partir du dimanche de Pâques. Annoncée à la Chambre des communes par Churchill, cette mesure s'applique aux dimanches et aux autres occasions spéciales « au vu de l'évolution de la situation ». Mais la plupart des 12 000 églises paroissiales ne pourront en profiter, leurs cloches étant hors d'état depuis trois ans que dure l'interdiction et leurs sonneurs ayant rejoint l'armée. Le signal d'invasion reste pourtant la cloche.

Bon anniversaire : la RAF fête Hitler

Europe, 21 avril

La RAF a tenu à fêter le 54e ann versaire de Hitler par un raid la nu dernière sur Berlin, ainsi que s Stettin et Rostock dans la Baltiqu A l'est, les Soviétiques attaquaie Tilsit. Stettin, port clé qui ravitail les armées nazies au nord de Russie, fut le plus durement touch Plus de 150 bombes de 2 tonnes furent lâchées en 40 minutes. P ailleurs, d'autres avions mouillaie des mines au large de la Bretagn Quant à Hitler, on suppose qu se reposait à la montagne.

La marine impériale du Japon est en deuil

Guadalcanal, 18 avril
Hier, l'amiral Isoroku Yamamoto a trouvé la mort lors d'un guet-apens aérien tendu par les Américains. Yamamoto, symbole de la marine impériale nippone et grand stratège de l'attaque sur Pearl Harbor, a été abattu au-dessus des îles Salomon par des chasseurs américains P-38 Lightning. La connaissance du code japonais, intercepté et déchiffré par le service de renseignements de la marine américaine, a permis de planifier l'opération. Dans le message figurait l'heure d'arrivée de Yamamoto au-dessus de Kahili. Une escadre de 17 chasseurs Lightning décolla de Guadalcanal pour l'intercepter. Toujours ponctuel, l'amiral était à l'heure à son dernier rendez-vous. Quatre Lightning parvinrent à briser la défense des chasseurs d'escorte et abattirent son avion, qui s'écrasa dans la jungle. La mort de Yamamoto porte un coup décisif au moral des Japonais. Il était vénéré par tous les marins, popularité méritée depuis le raid sur Pearl Harbor. Si, pour des raisons évidentes, les Japonais préfèrent taire la nouvelle de sa mort, il est surprenant que les Américains aient décidé d'agir de même. (→ 21)

L'amiral Yamamoto lorsqu'il rêvait de soumettre les Etats-Unis.

Les forces de l'Axe acculées en Tunisie

Tunisie, 23 avril
L'offensive finale de Montgomery est en bonne voie. Hier, ses troupes s'emparaient de Takrouna, tandis que la 1re armée britannique du général Anderson chargée de l'effort principal entrait dans la danse. Au nord du front, le 2e corps américain de Patton a commencé sa progression inexorable vers Bizerte. Les Français du corps franc d'Afrique ainsi que des tabors, corps de troupes marocains, participent aux opérations. Pour le corps d'armée du général Koeltz, qui est censé n'intervenir qu'en deuxième position dans le dispositif allié, ces deux journées se sont réduites à des patrouilles et des tirs d'artillerie. La progression des Alliés est lente mais inexorable, malgré la rudesse de la défense de l'Axe.

Les troupes alliées font route vers le lieu de leur prochaine bataille.

1943

Avril

Di	Lu	Ma	Me	Je	Ve	Sa
				1	2	3
4	5	6	7	8	9	10
11	12	13	14	15	16	17
18	19	20	21	22	23	24
25	26	27	28	29	30	

25. Chine : Sun Tien-ying, le commandant de la 5e armée chinoise, passe du côté des Japonais.

25. Atlantique : le *HMS Biter* enregistre la première victoire d'un porte-avions d'escorte. Il coule l'*U-203*, aidé par le destroyer *Pathfinder* (→ 30).

26. Tunisie : le 5e corps britannique prend la colline de Longstop et atteint le djebel Bou Aoukaz.

26. Iles Aléoutiennes : une escadre navale américaine bombarde les positions des Japonais à Attu (→ 11.5).

26. Océan Indien : le leader nationaliste indien Chandra Bose, après avoir exhorté depuis Berlin les Indiens par radio à se soulever contre les Anglais, fait route vers l'Asie (→ 21.10).

27. Allemagne : de nuit, 561 bombardiers de la RAF larguent 1 350 tonnes de bombes sur Duisburg (→ 4.5).

27. France : pour coordonner les maquis qui se multiplient en zone sud, Frenay crée le SNM (Service national maquis), dirigé de Lyon par l'avocat Michel Brault. Celui du Vercors compte déjà 350 hommes.

28. Méditerranée : le sous-marin *HMS Unshaken* coule un torpilleur italien.

28. Stockholm : la Suède proteste contre le minage de ses eaux territoriales par l'Allemagne.

29. URSS : une série d'attaques de l'Armée rouge repousse lentement les Allemands du Caucase (→ 5.5).

29. Marseille : arrêté par la police de sécurité allemande à la suite d'une trahison, Chevance-Bertin, le chef régional de Combat, réussit à s'enfuir (→ 3.5).

30. Tunisie : des unités de Panzer reprennent le djebel Bou Aoukaz au cours d'une contre-attaque (→ 1.5).

30. Londres : le gouvernement polonais en exil tente d'améliorer ses relations avec l'URSS. Il retire sa demande d'enquête sur le massacre de Katyn. →

Katyn : controverse russo-polonaise

Londres, 30 avril
La commission médicale internationale, composée de spécialistes des pays occupés, en est à sa troisième journée d'investigation dans le charnier de Katyn, dressant un rapport sur les 4 143 corps d'officiers polonais qui y ont été retrouvés. Ce massacre, qu'on soupçonne être l'œuvre des agents de Staline, a soulevé l'émoi des exilés polonais. L'Union des patriotes polonais de Moscou a accusé le gouvernement polonais en exil à Londres d'avoir coopéré à une provocation de Hitler. Le 26 avril, les Russes rompaient les relations diplomatiques avec les Polonais de Londres. (→ 1.5)

Mouillage de mines en mer Baltique

Angleterre, 29 avril
La RAF a mouillé des mines dans la Baltique la nuit dernière, paralysant la navigation dans plusieurs secteurs. Baptisé *Gardening* (jardinage) – chaque secteur miné porte un nom de fleur – l'opération est une méthode de guerre peu connue mais redoutable, surtout pour les U-Boote en route pour une mission ou une session d'entraînement. Près de 11 400 mines furent mouillées l'an dernier par la RAF, malgré une défense antiaérienne fournie. Cette nuit, la RAF a toutefois perdu 23 avions.

Plus de morts sur route qu'au combat

Angleterre, 30 avril
Les routes ont fait plus de morts en Angleterre l'an dernier que deux années de guerre réunies. On dénombre 145 012 soldats morts au combat ces deux dernières années, contre 147 500 victimes sur les routes l'an dernier, et ce malgré la baisse du nombre de voitures privées en circulation, qui est tombé de 2 millions en 1939 à 718 000 cette année. Ces chiffres ont été communiqués lors d'un discours par Leslie Hore-Belisha, l'inventeur des passages cloutés lorsqu'il était ministre des Transports.

▷

Les Anglais redoutent les armes secrètes

Londres, 30 avril
La menace d'une attaque de la Grande-Bretagne à l'aide de fusées à long rayon d'action est devenue cause d'inquiétude au sein du gouvernement britannique. Le 11, le War Office a soumis aux chefs d'état-major un rapport concluant que les Allemands mettaient au point une fusée haute de 30 m dont la charge explosive peut atteindre 1,25 t, et la portée 200 km. Le service d'analyse des photographies aériennes de la RAF a reçu l'ordre de vérifier tous les clichés pris dans un rayon de 200 km autour des villes de Londres et de Southampton.
Le 20, Duncan Sandys, gendre de Churchill et secrétaire parlementaire au ministère du Ravitaillement, a été nommé à la tête d'un comité chargé d'enquêter sur un éventuel programme allemand de fusées à longue portée, ainsi que sur la base où celui-ci serait développé. L'étude des photographies aériennes prises lors d'un raid au-dessus de Kiel en mai 1942 a révélé un site possible à Peenemünde, sur la Baltique, où d'importants travaux de construction et de terrassement sont en effet visibles. Des opérations de reconnaissance ont aussitôt été lancées.
Dès le 22, un Mosquito a pu prendre de nouvelles photographies du site. L'une d'elles laisse deviner un objet dépassant d'un bâtiment et pointé vers la mer. Sur le cliché suivant, pris quatre secondes plus tard, l'objet a disparu et on aperçoit à la place un petit nuage de fumée. Sans le savoir, les Anglais ont probablement photographié le 21e lancement expérimental d'une fusée A4. Mais le comité Sandys dispose maintenant d'un nombre suffisant de preuves pour affirmer que Peenemünde est bien une base expérimentale de recherche sur les explosifs et les projectiles. Bien que ce centre ne paraisse pas encore opérationnel, il fera toutefois l'objet d'une étroite surveillance.

Les Chindits se replient en Inde

Les Chindits utilisent des moyens de transport adaptés au terrain.

Inde, 30 avril
Les survivants de la première expédition des Chindits en Birmanie occupée sont de retour en Inde britannique, après avoir franchi la rivière Chindwin il y a deux semaines. Sur un effectif de 3 000 hommes engagés, ils sont 2 000 à être revenus du front, mais 600 d'entre eux, trop éprouvés par trois mois de guérilla dans la jungle, ne retourneront sans doute pas au combat. Les Chindits sont les pionniers de ce que leur commandant, le général Wingate, appelle « la pénétration profonde ». Bien que Wingate soit fort controversé dans les rangs de l'armée régulière, on lui reconnaît toutefois le succès des Chindits : la voie ferrée Mandalay-Myitkyina est restée hors d'état durant un mois ; mais on peut aussi lui reprocher leur échec global, car ils ont dû reculer et laisser aux Japonais le contrôle de la Birmanie. Wingate soutient cependant que son expédition prouve que les Alliés, avec un entraînement adéquat, peuvent contrer les Japonais, particulièrement au combat dans la jungle.

On se bat encore dans le ghetto

Varsovie, 26 avril
« 1 330 Juifs de plus ont été extirpés de leurs cachettes et exterminés sur-le-champ ; 362 sont morts au combat », précise le rapport des SS au général Stroop. Hier, ils faisaient état de la capture de 27 464 Juifs, et Stroop signifiait à Himmler qu'il affrétait un train spécial pour les déporter à Treblinka.
La résistance organisée s'étiole. Dans le ghetto, Aniliewicz a demandé des mitraillettes, des grenades et des explosifs à ses adjoints en zone aryenne, les pistolets étant inutiles. On se bat de manière isolée. Les gens essaient de fuir par les canalisations, mais les Allemands les en empêchent en y jetant des grenades fumigènes. (→ 8.5)

L'invasion alliée décrite aux nazis par un clochard

Méditerranée, 30 avril
Les services de renseignements nazis sont stupéfaits : des documents anglais ultra-secrets, qui décrivent la prochaine phase du débarquement allié en Europe, leur sont tombés entre les mains. Ces documents étaient contenus dans une mallette attachée au corps d'un officier britannique, rejeté sur une plage espagnole. Y figurait une lettre de Mountbatten adressée au général Eisenhower, indiquant que la Sardaigne, plutôt que la Sicile jusqu'alors pressentie, serait le site du débarquement en Europe. Ce que les nazis ne savent pas, c'est qu'ils ont affaire à un gigantesque canular, baptisé opération *Mincemeat*. On suppose que le cadavre du commandant Martin est celui d'un clochard mort de pneumonie dans un hôpital de Londres. Le corps a été transporté dans un caisson étanche et mis à la mer par le sous-marin *Seraph*. Par souci de réalisme, le commandant Martin portait sur lui une photo de sa fiancée, le reçu de sa bague de fiançailles, des billets de théâtre et un avertissement de son banquier. Le faux commandant recevra tous les honneurs d'un enterrement militaire, et un avis de décès paraîtra dans le *Times*.

Fusils belges, équipement britannique, fez sur la tête... les troupes coloniales belges arrivent en Afrique occidentale britannique.

Bataille pour le contrôle de l'océan Atlantique

Un convoi menacé par les U-Boote

Atlantique nord, 30 avril
Le convoi ONS-5, qui s'achemine vers l'Amérique du Nord, est sur le point de déclencher une importante bataille navale. Les nazis, qui ont repéré le convoi dans la journée d'hier, à 800 km à l'est de la pointe sud du Groenland, ont coulé l'un de ses 42 navires marchands. L'amiral Dönitz rassemble 51 U-Boote pour attaquer massivement le convoi avant qu'il atteigne Terre-Neuve. Cette attaque est possible, vu le grand nombre d'U-Boote opérationnels : 240 au total. Mais les messages codés des Allemands ont été déchiffrés par les Anglais, et cinq destroyers de Saint John's, à Terre-Neuve, ont pris la mer pour venir porter assistance au convoi. De son côté, la Royal Canadian Air Force prépare ses Catalina pour renforcer sa défense aérienne. Le vent, qui souffle en tempête et qui risque de disperser le convoi, va jouer un rôle déterminant dans l'issue de la bataille. Quant au premier navire de l'escorte, le destroyer *Duncan*, il a dû faire demi-tour pour éviter la panne de carburant.

La vie périlleuse à bord des convois

Atlantique nord, 30 avril
On imagine mal les conditions périlleuses devenues habituelles pour les convoyeurs de l'Atlantique nord. Les navires marchands, peu protégés et souvent à des kilomètres de leurs navires d'escorte, sont la proie incessante des avions et des sous-marins, mais ils doivent, quoi qu'il arrive, garder leur cap et maintenir leur vitesse de croisière. Les victimes des attaques sont souvent repêchées dans un état grave, brûlées par le mazout qui s'enflamme à la surface de la mer. Certains naufragés passent des jours entiers dans des canots ou accrochés à une épave avant qu'on ne les retrouve. Mais la plupart s'engageront pour d'autres convois, conscients pourtant que 4 500 navires marchands ont déjà été coulés.

Le convoi ONS-5 faisait face à une flotte de 51 U-Boote tels que ceux-ci.

Un marin allemand, rescapé d'un U-Boot coulé, appelle au secours.

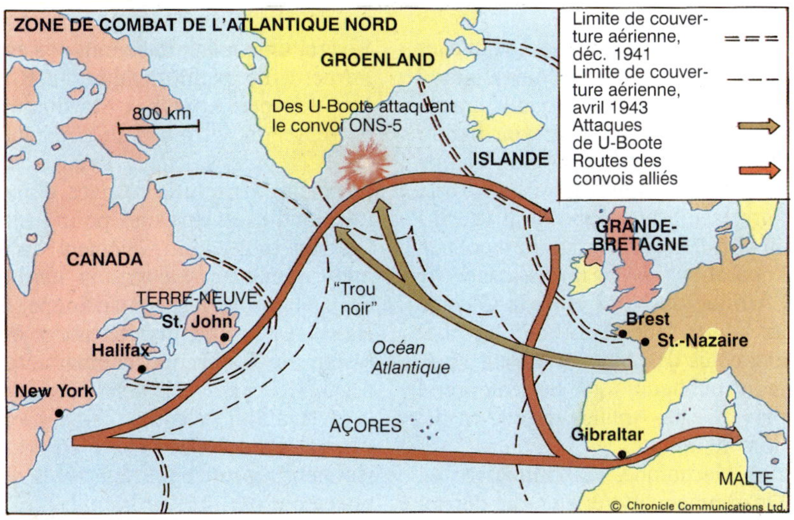

Défense aérienne : le talon d'Achille

Atlantique nord, 30 avril
Dans leur bataille acharnée contre les U-Boote, le talon d'Achille des Alliés a longtemps été la protection aérienne des convois, faiblesse particulièrement notable au sud-ouest du Groenland, dans une zone qui a reçu le surnom de *Black Gap* (brèche noire). Cette brèche dans la défense aérienne des Alliés est la conséquence du manque d'avions à long rayon d'action, priorité ayant longtemps été donnée aux bombardiers stratégiques quadrimoteurs. Mais les armées de l'air anglaise, américaine et canadienne ont réagi en réclamant plus de Liberator B-24 américains, d'un rayon d'action de plus de 3 200 km. A présent disponibles, ces Liberator vont se révéler d'autant plus redoutables qu'ils sont équipés du nouveau système de localisation radar ASV III et de mines de fond Mark IX. Les Liberator opèrent depuis les bases de Terre-Neuve, d'Islande et d'Irlande du Nord. Aucun U-Boot, désormais, ne peut s'estimer à l'abri de leurs attaques en aucune zone de l'Atlantique nord.

Nouvelles armes contre les U-Boote

Angleterre, 30 avril
Les navires d'escorte bénéficient de nouvelles techniques dans leur lutte contre les U-Boote. C'est ainsi que le système Asdic, qui détecte les U-Boote en plongée, est maintenant flanqué de deux appareils de localisation en surface, le Huff Duff et le Type 271 M.
Le premier détecte les émissions radio des sous-marins et en précise la direction ; quant au second, il peut localiser un U-Boot dans un rayon de 60 km. Les mines de fond sont également l'objet de récents progrès. Mouillées jusqu'à présent dans le sillage des vaisseaux, elles peuvent dorénavant être lancées vers l'avant (système Hedgehog), ce qui permet au navire de garder le contact Asdic avec sa cible lors du largage de mines.

1943

Mai

Di	Lu	Ma	Me	Je	Ve	Sa
						1
2	3	4	5	6	7	8
9	10	11	12	13	14	15
16	17	18	19	20	21	22
23	24	25	26	27	28	29
30	31					

1er. France : en zone sud, les travailleurs font un quart d'heure de grève pour protester contre les déportations.

1er. Alger : l'ancien chef d'état-major de l'armée de l'air, le général Vuillemin, rejoint la France combattante.

1er. Alger : le général Georges rejoint Giraud. Il est admis à siéger au Conseil de l'empire.

1er. Tunisie : au nord, les Américains s'emparent de la cote 609. Les Allemands se replient sur Mateur.

1er. Berlin : la Commission médicale internationale confirme que le massacre de Katyn a eu lieu en 1940 et que les Soviétiques peuvent en être les auteurs (→ 5).

2. Pologne : des résistants exécutent le général Krüger, chef de la Gestapo à Cracovie.

3. Tunisie : les tabors et les corps francs d'Afrique prennent Mateur.

3. Lyon : la Gestapo arrête Christian Pineau, fondateur et chef de Libération-Nord.

4. Allemagne : la RAF fait 693 morts à Dortmund ; c'est jusqu'ici le raid le plus meurtrier (→ 14).

5. Tunisie : au sud, le 19e corps français attaque vers Pont-du-Fahs. A 30 km de Tunis, le 5e corps britannique occupe le djebel Bou-Aoukaz.

5. URSS : l'Armée rouge reprend Krimsk et Neberjaisk, dans le Kouban (→ 22).

6. Tunisie : les blindés britanniques qui foncent sur Tunis écrasent la 15e division Panzer (→ 7).

7. Birmanie : la 26e division indienne se replie vers le nord, après la prise de Buthidaung par les Japonais (→ 14).

8. Chine : les forces japonaises occupent Nanhsien (→ 13).

8. Détroit de Sicile : l'amiral Cunningham lance l'opération *Retribution* pour empêcher les armées de l'Axe d'évacuer l'Afrique du Nord.

8. Vichy : Laval ordonne à l'amiral Robert le sabordage des navires de guerre et de commerce ancrés aux Antilles.

Les Alliés prennent Tunis et Bizerte

Afrique du Nord, 7 mai

L'opération *Vulcain* est terminée. Tunis et Bizerte sont aux mains des Alliés. La population est venue accueillir en masse ses libérateurs. La libération de la ville n'est pas finie pour autant, car des groupes de Chemises noires et de soldats allemands fanatiques ont pris position autour des bâtiments publics et des mosquées et continuent à tirer.

Il était 3 h 15 ce matin quand les troupes britanniques ont reçu l'ordre d'entrer dans la ville. Les voitures blindées du 11e régiment de hussards ouvrirent la marche devant les tanks, comme elles l'ont fait dans toutes les villes libérées depuis El-Alamein.

L'assaut final contre les collines du djebel Bou Aoukaz qui dominent la ville avait commencé hier par un barrage d'artillerie d'une intensité inégalée depuis El-Alamein. Le pilonnage intensif de toutes les positions a fait des ravages chez l'ennemi. Les rescapés de la division Panzer « Hermann Göring » furent balayés malgré leur bravoure.

A l'aube, la RAF déclenchait une attaque massive et, à 9 h 30, la 4e division indienne avait ouvert la voie aux tanks du 9e corps. Au même moment, la 9e division d'infanterie américaine libérait Bizerte et la 1re division blindée dépassait Ferryville. Enfin, en début d'après-midi, les blindés du 11e régiment de hussards, qui forme l'avant-garde de la 7e division blindée britannique, sont entrés dans Tunis. (→ 9)

Durant la prise de Tunis, des soldats alliés s'abritent derrière un blindé.

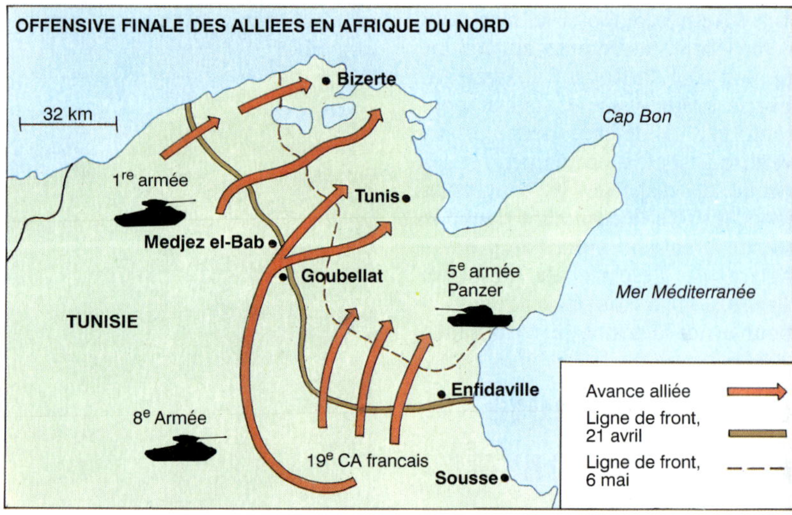

Les Antilles au bord de la rébellion

Antilles, 5 mai

Les Antilles françaises vont-elles enfin rallier la France combattante ? L'amiral Robert, le haut-commissaire français qui règne en maître sur la Martinique et la Guadeloupe au nom du maréchal Pétain, doit faire face à une opposition de plus en plus décidée. Depuis le succès de l'opération *Torch,* la dissidence de l'Afrique du Nord et de la Guyane ainsi que leur reprise du combat aux côtés des Alliés troublent l'opinion publique, qui ne comprend plus que les Antilles restent en dehors de la lutte.

En Martinique, à l'initiative du Dr Emmanuel Véry et du député maire de Fort-de-France Victor Sévère, un comité de libération s'est formé. Une pétition adjurant Robert de « permettre à la Martinique de reprendre sa place au combat » lui a été remise, mais l'amiral se retranche derrière la menace d'une intervention américaine pour justifier son refus d'un ralliement qu'il juge prématuré. La tension monte de jour en jour. En Guadeloupe, à Basse-Terre, une manifestation en faveur de la France combattante, organisée par l'ancien président de la délégation exécutive du conseil général Paul Valentino, a été violemment réprimée par les forces de police qui ont tiré sur la foule.

1 000 arrestations en 2 jours à Sofia

Sofia, 5 mai

Au cours des deux jours de couvre feu qui ont été imposés à Sofia, le autorités ont arrêté 1 000 person nes, dont 400 sont présumées com munistes. La capitale bulgare a ét bouclée pendant que les troupes al laient de maison en maison à l recherche des assassins du colone Georgi Pantev, chef de la police abattu dans la nuit d'avant-hie alors qu'il regagnait son domicile Seuls sa proche famille, les officier de l'armée et les représentants d l'Etat seront conviés aux funéraille du chef de la police. (→ 28.8)

Les SS investissent le QG du ghetto

Varsovie, 8 mai
Le général SS Jurgen Stroop pense enfin être arrivé à bout de son opération de « nettoyage » du ghetto juif. D'après lui, seuls 4 000 rebelles restent à dénicher. Rue Mila, les SS ont découvert aujourd'hui le bunker que les « rebelles » utilisaient comme QG, démolissant pour cela deux usines de machines-outils où les Juifs travaillaient auparavant sous le contrôle des SS. Après avoir fermé toutes les issues, Stroop a fait injecter des gaz fumigènes, arrachant aux occupants les cris de : « Ils ne nous prendront pas vivants ! » Aniliewicz et ses quatre-vingts camarades ont préféré se suicider plutôt que tomber aux mains des nazis, pour qui le ghetto est maintenant devenu plus sûr.

Russes et Polonais font assaut d'amitié

Londres, 5 mai
Un peu plus d'une semaine après leur rupture, Staline et le gouvernement polonais en exil ont renoué leurs liens d'amitié dans le but de vaincre l'Allemagne nazie. Mais le général Sikorski rappelle qu'ils restent divisés sur certains « points », allusion probable à la découverte à Katyn, dans l'est de la Pologne, d'un charnier d'officiers polonais qui auraient été assassinés par les troupes soviétiques en 1940.

Attaque nippone sur le Yang-tseu-kiang

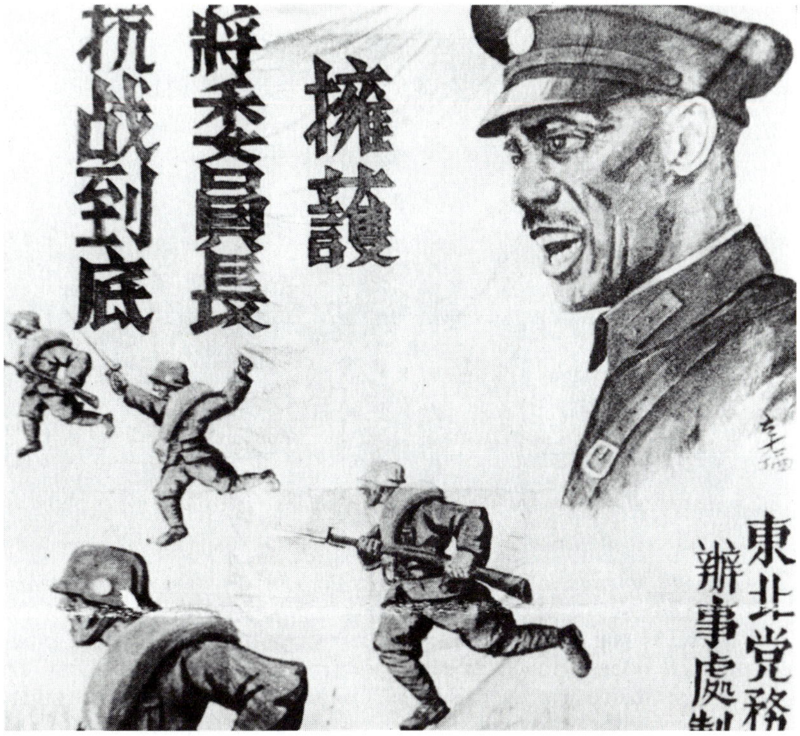

Affiche de propagande nationaliste destinée à encourager le recrutement.

Tch'ang-Cha, 5 mai
Dans le cadre d'une double offensive en Chine centrale, les Japonais ont pris d'assaut les rives sud du lac Toung Ting, débarquant à moins de 80 km de Tch'ang-Cha, capitale de la province du Hunan ravagée par la guerre. Cette ville est aux mains des nationalistes chinois qui ont déjà repoussé par trois fois les offensives japonaises.
Simultanément, des troupes japonaises fortes de 7 000 à 8 000 hommes et appuyées par l'armée de l'air portaient une deuxième attaque au sud de la province du Hubei, prenant quatre villages au nord du lac. Les deux attaques combinées ont laissé les stratèges alliés dans l'expectative. Ils sont incapables de déterminer si cette offensive a pour but la prise de Tch'ang-Cha ou si les Japonais comptent encercler les forces chinoises à l'ouest, ce qui permettrait la saisie, voire la destruction, de l'importante récolte de riz qui fait de cette région l'une des plus riches de Chine.

Les Alliés mettent en place l'Amgot

Londres, 1er mai
C'est par un simple communiqué interallié que le monde a appris la création de l'Amgot (Allied Military Government of Occupied Territories), l'Administration militaire alliée des territoires occupés. La mise en place d'une telle administration correspond à un vœu profond du président Roosevelt. Les pays de l'Axe seront administrés directement par les Alliés. Des autorités locales se verront progressivement attribuer des compétences limitées, en attendant la signature de traités de paix et la formation de gouvernements légaux. En ce qui concerne les territoires des pays qui combattent aux côtés des Alliés, les attributions de l'Amgot seront limitées aux nécessités des opérations militaires (transports, réquisitions, etc.), les gouvernements réfugiés à Londres retrouvant les attributs de leur souveraineté. Reste le cas des Etats amis dont les gouvernements sont restés sur place et collaborent, comme c'est le cas en France ; faut-il les traiter en vaincus ou en alliés ? Dans un récent mémorandum confidentiel, le président Roosevelt avait déclaré : « Quand nous entrerons en France, nous devrons considérer cela comme une occupation militaire. Auparavant, le Comité national français sera réorganisé et sans de Gaulle. » Un point de vue qui, probablement, n'améliorera pas les relations déjà froides entre les deux hommes.

Les U-Boote subissent une défaite dans l'Atlantique nord

Atlantique nord, 7 mai
Le convoi ONS-5 a subi trois jours durant les assauts de la plus grande flottille d'U-Boote jamais rassemblée depuis le début de la guerre. Forte de cinquante et un navires, la flottille Fink (pinson) a trouvé le convoi ONS-5 aux prises avec des vents violents. Elle a envoyé treize navires marchands par le fond avant d'être repoussée par l'escorte, dotée de deux nouvelles armes : le Hedgehog, qui lance des mines de fond vers la proue des bateaux, et l'efficace radar Type 271 M. Sept U-Boote ont été coulés, deux autres détruits par collision, et cinq sérieusement endommagés. (→ 13)

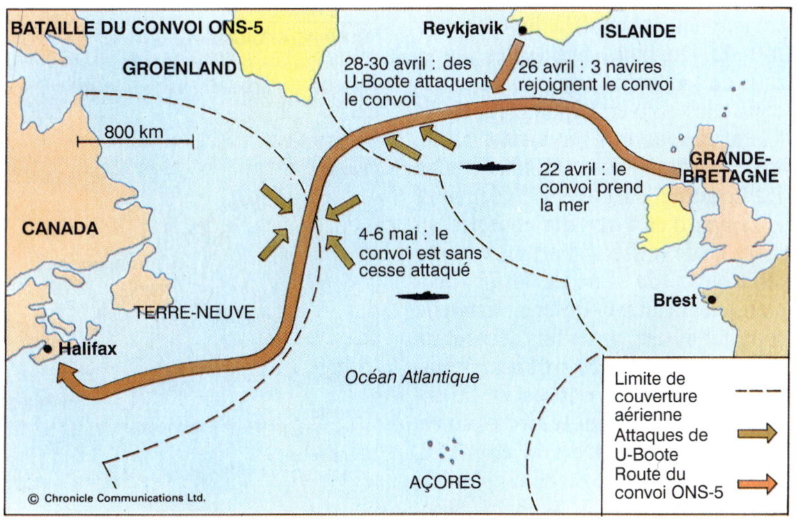

Destroyers nippons en difficulté

Iles Salomon, 8 mai
Un destroyer japonais est hors d'état et deux autres sont sérieusement endommagés après avoir subi une série de raids menés aujourd'hui aux îles Salomon par des bombardiers américains. Les bombardiers Dauntless ont pris les Japonais par surprise au large de l'île de Gizo, touchant un destroyer de plein fouet avec une bombe de 500 kg. Pour ne pas être en reste, les pilotes américains et néo-zélandais des Liberator ont aussi bombardé les bases japonaises de Kahili, Ballale, Fauro, et Munda. (→ 12)

1943

Mai

Di	Lu	Ma	Me	Je	Ve	Sa
						1
2	3	4	5	6	7	8
9	10	11	12	13	14	15
16	17	18	19	20	21	22
23	24	25	26	27	28	29
30	31					

9. Tunisie : l'armée italienne du général Messe est encerclée dans le djebel Zaghouan par la division française d'Oran du général Boissau.

10. Tunisie : la 6e division blindée britannique isole les troupes de l'Axe dans la péninsule du cap Bon, en atteignant Hammamet.

11. Tunisie : le corps d'armée français déborde le djebel Zaghouan. Le général Boissau reçoit la reddition de la division italienne Superga.

11. Détroit de Sicile : les Alliés achèvent un bombardement aérien de trois jours sur l'île italienne de Pantelleria (→ 5.6).

11. Belgique : Armand Fraiteur est exécuté par pendaison pour avoir abattu le collaborateur Paul Colin le 15 avril.

11. Washington : arrivée de Churchill pour la conférence Trident, sur la stratégie des Alliés après la victoire en Afrique du Nord (→ 19).

11. Iles Aléoutiennes : la 7e division d'infanterie américaine débarque sur l'île d'Attu (→ 16).

12. Nouvelle-Géorgie : une escadre américaine bombarde de nuit les positions japonaises de Munda et Vila. Elle mouille des mines dans le golfe de Kula.

12. Tunisie : von Arnim et Cramer, chefs de l'Afrikakorps, se rendent aux Britanniques du 5e corps d'armée (général Allfrey). La division de marche du Maroc reçoit la reddition du groupe Pfeiffer.

12. Maroc : mise en résidence surveillée de Pierre Pucheu à Ksar-el-Souk.

13. Atlantique : une meute de 7 U-Boote attaque le convoi HX-237 : 3 navires sont perdus de chaque côté (→ 19).

13. Chine : sous la pression japonaise, les troupes chinoises évacuent Kung-an (→ 29).

14. Tunisie : le général Mast est nommé résident général de France en Tunisie.

15. Tunis : le bey Lamine remplace le bey de Tunis, Mohammed el-Moncef, destitué hier par Giraud.

Les Anglais en difficulté en Birmanie

Les Japonais progressent après avoir réussi à repousser l'offensive britannique.

New Delhi, 14 mai

La première offensive alliée en Birmanie s'est soldée par un cuisant échec. Après une campagne longue de six mois, les troupes britanniques sont de nouveau à leur point de départ. C'est en décembre dernier que l'offensive tant annoncée avait débuté, la 14e division indienne faisant route le long de l'étroite péninsule Mayu dans la baie du Bengale avec pour objectif de dégager le terrain et saisir l'île stratégique d'Akyab.

La prise de l'île aurait permis à l'aviation alliée d'y préparer des raids contre Rangoon. Au début, tout allait bien. Le port de Maungdaw et la ville de Buthidaung tombèrent sans grande résistance. Mais début janvier l'offensive fut sérieusement ralentie, à cause de territoires difficilement franchissables de la péninsule, et la division fut arrêtée par les Japonais à huit kilomètres de Donbaik. Les Alliés lancèrent de vaillantes attaques de front contre les bunkers japonais, mais ils furent chaque fois repoussés.

Ces échecs subis à Donbaik et à Rathedaung donnèrent à l'ennemi le temps d'envoyer des renforts au front et de passer à l'offensive avec les troupes de choc de la 55e division. Convaincu qu'une nouvelle retraite aurait un effet désastreux sur le moral de ses troupes, Winston Churchill s'y opposa et fit envoyer des tanks, qui furent éliminés presque aussitôt. De nouvelles attaques furent lancées, sans plus de succès. Le général William Slim, envoyé en mars pour faire le point, se rendit compte que le moral des troupes était sérieusement atteint par ces échecs répétés. D'autres s'y ajoutèrent, chaque attaque contre les Japonais étant repoussée par un feu nourri. Le général Lomax fut mis à la tête de la 14e division, et Slim retourna au front pour y trouver la situation « formidablement » mauvaise. L'une des brigades était pratiquement anéantie, et de petits groupes de soldats affamés guerroyaient encore ici et là dans les collines. La déroute était totale et le 8 avril Churchill devait écrire : « Nous sommes en train de nous faire complètement dominer par les Japonais. » Au début du mois de mai, les Japonais avaient repris Maungdaw, et l'arrivée de la mousson marquait une pause dans les combats. (→ 28.6)

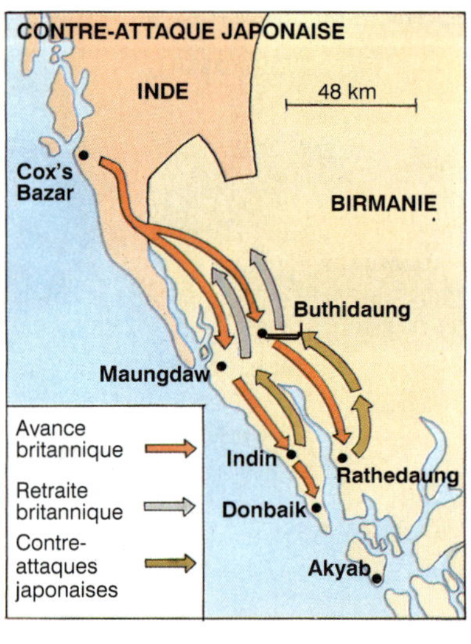

Les Pays-Bas sous loi martiale nazie

Amsterdam, 9 mai

Les Allemands ont aujourd'hui proclamé la loi martiale aux Pays-Bas. Le couvre-feu s'applique de 8 h à 20 h, et des milliers de Néerlandais ont été arrêtés. Ces mesures ont été prises par le commissaire du Reich Arthur Seyss-Inquart pour répondre aux actes de résistance à l'occupation nazie et aux troubles économiques qui ne cessent de s'étendre. Sont interdits les attroupements de plus de cinq personnes, l'impression et la distribution de tracts appelant à la résistance, et la vente d'alcool dans les bars. Les grèves et lock-out sont aussi déclarés hors la loi, et tous les Néerlandais de 18 à 35 ans sont réquisitionnés pour travailler dans les usines de guerre en Allemagne. (→ 16)

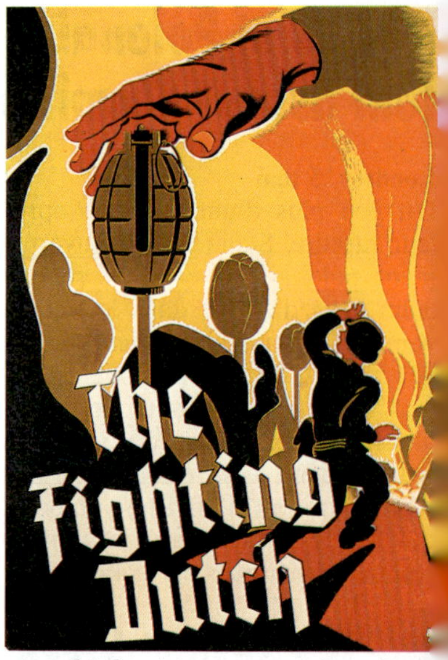

Appel à la résistance aux Pays-Bas.

Un navire-hôpital coulé par le Japon

Brisbane, 15 mai

Un sous-marin japonais, l'*I-177*, coulé le navire-hôpital australie *Centaur* au large de Brisbane. C dernier était pourtant brillamme illuminé et facilement identifiabl Ses passagers, pour la plupart e dormis, avaient peu de chances s'en sortir. On compte 268 vic mes, dont 11 infirmières. Un de troyer américain a secouru les re capés, qui sont 63, dont une femm une infirmière de l'armée. (→ 18.6

Triomphe pour les Alliés en Afrique du Nord

250 000 soldats faits prisonniers

Tunisie, 13 mai
Il était 14 h 15 aujourd'hui quand le message de victoire, adressé à Winston Churchill, est tombé sur les téléscripteurs : « Sir, lisait-on, il est de mon devoir de vous informer que la campagne de Tunisie est terminée. Il n'y a plus de résistance. Nous sommes les maîtres des rivages d'Afrique du Nord. Signé : général Alexander. »
Von Arnim, commandant en chef des troupes allemandes en Afrique du Nord, s'est rendu hier aux Alliés, imité aujourd'hui par l'Italien Messe, commandant des forces de l'Axe. Ce fut une capitulation soudaine. Les Alliés ont vu des milliers d'Allemands s'avancer vers eux, en colonnes motorisées ou à pied, pour se rendre. Aimables, des spécialistes allemands montraient aux Britanniques ahuris le fonctionnement de leurs véhicules. Tout désir de résistance a disparu au sein de l'Afrikakorps. Alors que le général von Vaerst, à la tête de la 5e division Panzer, proclamait : « Nous nous battrons jusqu'au dernier », ses troupes levaient les bras et préféraient se rendre. Un escadron de hussards a fait 9 000 prisonniers sur la plage Porto-Farina à Bizerte, où les soldats allemands attendaient désespérément du secours. Quant à ceux qui avaient pris la fuite sur de petits esquifs, ils ont été facilement cueillis par la Royal Navy.
En tout, on évalue à près de 125 000 le nombre d'Allemands qui se seraient rendus, les Italiens étant sans doute presque aussi nombreux, ce qui porterait à 250 000 le total des prisonniers. Situation inquiétante pour Hitler, dont le mot d'ordre était de se battre « jusqu'à la dernière cartouche ». L'Afrikakorps était un bouclier vital pour la défense de l'Europe nazie.
Du côté allié, les conclusions sont multiples. Les généraux américains ont pu apprécier l'efficacité des blindés allemands ; les Français ont repris courage et goût au combat ; quant aux Anglais, ils célèbrent la victoire dans les cafés de Tunis et mesurent tout le chemin parcouru depuis El-Alamein.

Cet Arabe qui combattait sous l'uniforme allemand est à présent prisonnier.

Le général Bernard Montgomery reçoit les redditions allemande et italienne ; les points de rassemblement des forces ennemies sont déterminés sur la carte.

L'Italie, prochain objectif des Alliés

Sardaigne, 13 mai
La Sardaigne s'apprête à faire face au débarquement allié. Deux semaines de bombardements ininterrompus ont conduit les Allemands à y envoyer des renforts pour prêter main-forte aux Italiens. L'état-major des forces de l'Axe et Hitler, de plus en plus convaincus d'une offensive imminente en Sardaigne, veillent à la réparation immédiate des défenses côtières et des terrains d'aviation endommagés lors des derniers raids. Ces bombardements intensifs font partie du plan de diversion monté par les Alliés, plan qui laisse présager un débarquement en Sardaigne, avec une opération de diversion en Sicile. De plus, l'opération *Mincemeat* a parfaitement fonctionné : le contenu de la mallette du major William Martin révélant tout le détail des opérations a intoxiqué l'Abwehr. Moins convaincu, le maréchal Kesselring, commandant des forces allemandes en Italie, garde d'importantes troupes mobiles stationnées en Sicile et en Italie du Sud, régions qu'il juge plus susceptibles d'accueillir un débarquement. Mussolini lui-même a donné l'ordre d'envoyer des renforts en Sardaigne. Dans un communiqué rendu public à l'occasion du jour de l'Infanterie, le prince Umberto a révélé que l'Italie est à court de matières premières et que son armée est mal approvisionnée. Il n'a pas précisé que des grèves paralysaient les régions industrielles de Milan et de Turin. L'opposition au régime fasciste est d'ailleurs de plus en plus ouverte. La radio pirate *Milano-Liberta* a appelé les Siciliens à la révolte, leur enjoignant de « balayer les fascistes et d'ouvrir les portes de l'île à la démocratie et à la liberté » ! A Rome, le journal d'extrême droite *Regime Fascista* a involontairement donné la mesure du mécontentement populaire. Son rédacteur en chef, Roberto Farinacci, ex-bras droit de Mussolini, a appelé les Chemises noires à descendre dans la rue et « à terroriser la population pour qu'elle obéisse et qu'elle redouble ses efforts de guerre ». ▷

L'envoyé des Juifs polonais se suicide

Londres, 12 mai
On n'entendra plus sur les ondes sa voix vibrante dénoncer les atrocités des nazis envers les Juifs : Szmul Zygielboim s'est suicidé aujourd'hui. En 1940, ce dirigeant du parti social-démocrate juif polonais avait réussi à gagner l'Angleterre. Depuis, il n'avait cessé de clamer au monde libre l'horreur du génocide des Juifs. Il a laissé une lettre pour expliquer son geste : « Je ne peux vivre tandis que les survivants des Juifs de Pologne continuent à être exterminés. [...] En mourant, je veux exprimer ma révolte contre l'apathie avec laquelle le monde se résigne au massacre. » (→ 16)

Un avion allemand passe aux Anglais

Aberdeen, 9 mai
L'aéroport de Dyce, près d'Aberdeen, a été le théâtre d'un incident peu banal : un Junkers Ju 88 de la base norvégienne de Kjevik s'y est posé volontairement. Son équipage semble avoir choisi le camp allié. Ce chasseur de nuit est équipé d'un radar d'interception aérienne FuG 202 Lichtenstein, en état de marche. Cet appareil a déjà permis aux chasseurs allemands de remporter nombre de leurs succès contre les bombardiers de la RAF.

Acheter des bons de guerre est la seule manière de débarrasser l'Europe des punaises nazies.

Les bombardements alliés s'intensifient

Les ports sont visés aussi : bombes alliées sur les chantiers navals de Kiel.

Allemagne, 14 mai
La bataille de la Ruhr fait rage. Depuis deux jours, l'aviation alliée pilonne inlassablement la grande région industrielle allemande. Le port fluvial de Duisbourg a été attaqué hier pour la cinquième fois. Equipés du fameux dispositif Oboe, 10 Mosquito précédaient 562 bombardiers lourds. 5 240 tonnes de bombes ont été larguées sur la ville. La nuit dernière, Bochum, dans le bassin houiller, a été à son tour pratiquement réduit à un amas de décombres. Le bombardement était si intense qu'un Stirling est revenu à sa base avec trois engins incendiaires accrochés aux ailes.
Les raids alliés ne se limitent d'ailleurs pas à la « vallée heureuse » de la Ruhr, ni à l'Allemagne proprement dite : Berlin ainsi que la Tchécoslovaquie et la Belgique sont visés. Les Forteresses volantes ont attaqué ce soir à Anvers l'usine General Motors qui appartenait aux Américains avant la guerre. En deux jours, 4 000 tonnes de bombes ont été larguées. 72 appareils sont perdus, mais le Bomber Command se résigne à accepter ces pertes comme inévitables.

Staline dissout le Komintern

Moscou, 15 mai
Voilà qui calmera peut-être les inquiétudes des Alliés. Staline a décidé de dissoudre la IIIe Internationale communiste, encore appelée Komintern, organisation chargée de contrôler les partis communistes à l'étranger. Cette décision, effective dans une semaine, est prise très opportunément. Mais, derrière ce geste, la réalité est autre. Le contact reste permanent entre Moscou et les dirigeants des partis communistes du monde. La dissolution du Komintern ne fait qu'entériner une situation vieille de plus de quinze ans. Créée par Lénine, la IIIe Internationale n'était plus qu'un appareil totalement soumis aux ordres et aux intérêts de Staline. Peu après l'invasion allemande en 1941, le Komintern avait quitté Moscou pour Ufa, à l'ouest de l'Oural. A cette époque circulaient déjà des rumeurs sur sa dissolution, mais ses activités ont continué, dirigées par le vétéran bolchevique Dmitri Manuilski, le Bulgare Georgi Dimitrov et l'Italien Palmiro Togliatti.
Cet épisode conduit de nombreux observateurs à penser que la dissolution promise aujourd'hui par Staline n'empêchera pas l'organisation communiste de poursuivre ses activités.

Nouvelle offensive allemande contre les partisans yougoslaves

Yougoslavie, 15 mai
L'opération *Schwarz* (noire) risque fort d'être particulièrement cruelle. Pour la cinquième fois, l'Axe va essayer d'anéantir les résistants de Tito. Cette offensive est la plus importante jamais lancée dans le pays. Les troupes de l'Axe ont ordre de traiter « avec la plus extrême brutalité les populations hostiles ». Elles sont composées de quatre divisions allemandes et italiennes, que renforcent des Bulgares et des oustachis, Croates pronazis organisés en milice. En tout, ce sont 100 000 hommes qui sont ligués contre des résistants en nombre bien inférieur. Les Allemands et leurs alliés ont changé de tactique : ils ont adopté les méthodes des partisans, se déplaçant de nuit le plus souvent, à travers les montagnes, évitant les routes fréquentées (→ 28).

Jeunes partisans yougoslaves : les Allemands ont décidé de les anéantir.

1943

Mai

Di	Lu	Ma	Me	Je	Ve	Sa
						1
2	3	4	5	6	7	8
9	10	11	12	13	14	15
16	17	18	19	20	21	22
23	24	25	26	27	28	29
30	31					

16. Pays-Bas : les Allemands confisquent les postes de radio.

16. Iles Aléoutiennes : les forces japonaises d'Attu se replient sur Chichagof Harbor.

16. URSS : les Allemands lancent l'opération *Baron gitan* pour éliminer les partisans soviétiques (→ 3.6).

17. Washington : les Etats-Unis et la Grande-Bretagne décident de se communiquer les codes de l'ennemi.→

17. Londres : première émission d'« Honneur et Patrie », station radio de la Résistance française, dirigée par André Gillois. L'indicatif est un air sifflé promis à un grand avenir : *le Chant des partisans.*

17. Egypte : l'escadre française d'Alexandrie, commandée par l'amiral Godfroy, se rallie au général Giraud.

17. Alger : le général Giraud invite le général de Gaulle à Alger.

18. Etats-Unis : réunion des Nations unies pour établir une répartition de nourriture plus équitable dans le monde d'après-guerre.

19. Atlantique : l'*U-954* de Peter Dönitz, fils de l'amiral, est coulé par un avion de la RAF ainsi que trois U-Boote du convoi SC-130.

20. Attu : les Américains sont bloqués par les Japonais au col Clevesy.

20. Tunis : défilé de la victoire. Les troupes d'Afrique du Nord et les FFL défilent séparément.

21. France : le général de Gaulle communique une *Instruction personnelle et secrète* au général Delestraint, chef de l'Armée secrète. L'*IPS* précise : « Le principe de la nécessité des actions immédiates est admis. »

21. Washington : les Alliés décident de débarquer sur les côtes de la Manche le 1er mai 1944 (→25).

21. Tokyo : les Japonais annoncent enfin la mort de l'amiral Yamamoto, déjà connue des Américains.

Le ghetto de Varsovie n'existe plus

Les derniers survivants quittent le ghetto sous la menace des armes allemandes : ils seront tous déportés et exterminés.

Varsovie, 16 mai
Ce soir à 20 h 15, les artificiers allemands ont fait sauter la grande synagogue Tlomacki, dans la partie « aryenne » de la ville. Le général SS Jürgen Stroop peut savourer son triomphe et conclure froidement son rapport à Himmler sur les opérations de liquidation du ghetto : « L'ancien quartier juif n'existe plus [...]. Nombre total des Juifs dont le sort est réglé : 56 065 [...]. Les troupes allemandes ont rempli leur devoir sans défaillance, dans un parfait esprit de camaraderie. » Stroop indique que, parmi les Allemands et leurs collaborateurs, on compte 16 morts et 85 blessés. Sur les Juifs arrêtés, 7 000 ont été abattus sur place, autant ont été déportés vers Treblinka, où ils ont été immédiatement gazés, 15 000 acheminés vers les camps de concentration et d'extermination de Lublin, et ceux qui restent répartis dans d'autres camps. Plusieurs milliers de Juifs ont été enterrés sous les décombres. De même, la police juive n'a pas été épargnée. Tous ses membres ont été tués ou déportés. Rares sont ceux qui ont pu fuir, comme le commandant des groupes de combat de la zone des Brossiers, Marek Edelman, ou ce groupe de résistants qui, le 12, avait surgi d'un égout et, après s'être emparé d'un camion, avait pu gagner sain et sauf les environs de Varsovie. Les nazis ratissent encore les décombres, en prenant leur temps, car ils savent que la faim et la soif feront un jour ou l'autre sortir les quelques Juifs qui se cachent encore. Il ne leur reste plus qu'à parachever leur œuvre de mort en détruisant les derniers grands ghettos subsistants, à Lodz, à Lvov et à Bialystock.

Cette fois-ci, c'est vraiment la fin du combat pour les Juifs du ghetto.

▷

La RAF détruit deux grands barrages de la Ruhr

Ruhr, Allemagne, 17 mai
La nuit dernière, 19 Lancaster ont décollé de l'aéroport de Scampton, en Angleterre. Leur destination ? La Ruhr, comme bien d'autres bombardiers. Pourtant, ce n'est pas un raid comme les autres : les Lancaster transportent des bombes d'un modèle ultra-secret, encore jamais utilisées. Volant à moins de 60 m d'altitude pour échapper à la DCA ennemie, ils survolent les Pays-Bas et l'Allemagne. Une première vague se dirige vers les immenses barrages de la Möhne, de l'Eder et de la Sorpe. Sur chaque avion, l'opérateur radio met en marche les stabilisateurs des bombes de cinq tonnes, en forme d'immenses tambours. A 18 m d'altitude, la bombe est lâchée. Décrivant une trajectoire dont l'angle d'incidence avec la surface de l'eau est très faible, la bombe rebondit avant d'atteindre le tablier du barrage et de sombrer. La pression de l'eau déclenche le détonateur. Perforant la muraille, la bombe ouvre une gigantesque brèche dans le barrage de la Möhne. Une deuxième fracasse de la même manière celui de l'Eder. Des millions de mètres cubes d'eau déferlent dans les vallées. La destruction des turbines hydroélectriques prive d'électricité de nombreuses usines. Les deux rivières alimentaient en eau potable 4 millions de personnes et produisaient 75 % de l'énergie électrique du bassin de la Ruhr. Huit Lancaster sont perdus : la Flak en a abattu quatre ; un s'est écrasé, endommagé par sa propre bombe ; deux autres se sont heurtés à des câbles électriques, et le dernier à un arbre, son pilote ayant été ébloui par un projecteur. Au cours de ce raid – qui vaudra la Victoria Cross à son chef, le lieutenant-colonel Gibson –, 56 hommes d'équipage ont trouvé la mort.

L'énorme brèche ouverte dans le barrage sur la Möhne témoigne de l'efficacité de la nouvelle bombe utilisée par la RAF.

A basse altitude, un Lancaster largue une bombe au-dessus de la Ruhr.

Le chef d'escadrille Guy Gibson.

Albert Speer réquisitionne des ouvriers

Ruhr, 22 mai
Les secours d'urgence sont déjà organisés dans la vallée de la Möhne. Pain, lait et café sont distribués aux familles privées d'électricité. Au moins 1 294 personnes ont été tuées par la vague de trois mètres et de 100 millions de m³ qui a submergé la vallée, inondant villes et villages, détruisant routes et voies ferrées. Parmi les victimes il y a 700 paysans slaves, dont 493 femmes ukrainiennes. Albert Speer, ministre de l'Armement, a déjà transféré 7 000 hommes du chantier du mur de l'Atlantique en France pour reconstruire les ouvrages éventrés par les Anglais.

Les redoutables bombes à roulement

Londres, 17 mai
Barnes Wallis est un inventeur à succès : il a déjà mis au point le fameux Wellington, et c'est à lui que l'on doit la bombe à roulement qui a détruit les barrages de la Ruhr. Il s'agit d'une bombe qui ricoche à la surface de l'eau et sombre devant la cible avant d'exploser. Les premiers essais n'étaient pa[s] concluants : au contact de l'eau, l[a] bombe explosait. Il a fallu l'équipe[r] d'un super-propulseur qui la dirig[e] quand elle est larguée par l'avion[.] Wallis est ravi de l'efficacité de s[a] trouvaille, mais aussi effrayé de[s] pertes humaines qu'a entraînées so[n] utilisation.

Churchill s'adresse au Congrès américain

Une attitude familière de Churchill pendant son discours au Congrès.

Washington, 19 mai
Tous les plans de guerre doivent être « parcourus et même dominés par une volonté suprême : broyer l'ennemi ». C'est sur ce ton de défi que Winston Churchill s'est adressé aux deux chambres du Congrès américain. Il a exprimé son optimisme quant à l'évolution de la guerre et à la stratégie de l'Alliance. Le Premier ministre, qui avait déjà tenu un discours devant le Sénat et la Chambre des représentants en décembre 1941, a été accueilli par une très longue ovation. La radio de Londres a retransmis intégralement son allocution, qui a duré cinquante minutes.
Churchill a été acclamé à plusieurs reprises : d'abord lorsqu'il a rendu hommage à la coopération des deux nations, puis lorsqu'il a affirmé la détermination de son gouvernement à combattre les Japonais en Birmanie. Il a rappelé qu'en janvier 1942 les deux pays s'étaient partagé le travail et les responsabilités : aux Américains l'océan Pacifique et le Japon, aux Britanniques l'Atlantique et l'Allemagne. Puis il a livré son pronostic, que partage le président Roosevelt : « La défaite du Japon n'entraînerait pas la défaite de l'Allemagne, mais la défaite de l'Allemagne entraînerait à coup sûr la défaite du Japon. » (→25)

En uniforme, des membres de la Légion des volontaires français contre le bolchevisme (LVF) défilent à Paris, devant la préfecture de police.

Offensive aérienne des Alliés en Italie

Méditerranée, 20 mai
Les aéroports d'Italie, de Sardaigne et de Sicile sont bombardés sans relâche, de jour comme de nuit. Les Alliés cherchent en effet à neutraliser la Luftwaffe et l'aviation italienne. En quarante-huit heures, pas moins de 186 avions de l'Axe ont été détruits. Situé à 140 km au nord de Rome, l'aéroport de Grosseto a été particulièrement touché. Les Forteresses volantes y ont déchaîné un véritable orage d'acier. Les bombes à fragmentation ont détruit 58 bombardiers italiens.

Il y a du nouveau sur le front de l'Est

Moscou, 22 mai
La situation est tendue sur le front russe. Les deux adversaires se préparent à lancer de nouvelles offensives. Le vacarme des barrages d'artillerie résonne et, dans les airs comme à terre, l'activité est intense tandis que les forces terrestres prennent position. La bataille sera sans doute centrée sur l'important saillant soviétique devant Koursk. Hitler a déjà retardé l'opération *Zitadelle*, qui sera lancée contre ce saillant. Prévue d'abord pour le 9, elle ne commencera qu'à la mi-juin, car elle manque encore de préparation. Le Führer sait que le sort de la guerre en dépend.

Un avion à réaction pour la Luftwaffe ?

Berlin, 17 mai
Le général Adolf Galland est enthousiaste. Pour le compte de la Luftwaffe, il vient d'essayer l'un des premiers avions à réaction, le Me 262 de Willy Messerschmitt. Après avoir atterri, il a aussitôt appelé le feldmarschall Ehrard Milch, inspecteur de la Luftwaffe et ingénieur général de l'air, afin de lui vanter les qualités de l'avion.
Il voudrait déjà obtenir que cet appareil soit fabriqué en série en vue d'en équiper la chasse allemande. Mais il faudra pour cela recevoir l'accord de Hermann Göring et, ensuite, celui de Hitler.

Ultra : le plus protégé de tous les secrets alliés

Londres, 17 mai
La coopération entre Alliés devient décidément de plus en plus étroite. La Grande-Bretagne et les Etats-Unis ont signé un accord par lequel ils s'engagent à collaborer dans le décryptage des communications ennemies. Les Etats-Unis se concentrent sur les codes et les chiffres japonais, tandis que la Grande-Bretagne s'occupe de ceux de l'Allemagne et de l'Italie. De part et d'autre de l'Atlantique, les experts disposeront des travaux, des programmes et des résultats du décryptage de leurs collègues. Il a été décidé d'adopter le nom de code Ultra pour toute information concernant les machines à chiffrer : l'allemande Enigma, la japonaise Purple et l'italienne C38M.
C'est à Bletchley Park, dans le Buckinghamshire, à 65 km au nord de Londres, que le gouvernement a installé son institut de déchiffrage. Ce nom banal désigne en effet l'endroit où les spécialistes travaillent d'arrache-pied afin de permettre aux chefs des Alliés de connaître les secrets ennemis.
Cette vaste propriété héberge un aréopage d'hommes et de femmes brillants, universitaires, ingénieurs et joueurs d'échecs, qui s'acharnent à percer les secrets de la machine Enigma, que les Allemands perfectionnent chaque jour. Le cloisonnement est extrêmement strict, et, pour des raisons de sécurité, aucun ne sait sur quoi travaille son voisin : l'ennemi ne doit pas se douter que ses communications sont sur le point d'être décryptées. Les mesures de sécurité sont également draconiennes en ce qui concerne la circulation des renseignements : des unités de liaison sont spécialement chargées de transmettre les informations dont la communication est absolument nécessaire aux seuls officiers supérieurs spécialement habilités à recevoir les dossiers Ultra, qui ne doivent en aucun cas être interceptés par l'ennemi.

1943

Mai

Di	Lu	Ma	Me	Je	Ve	Sa
						1
2	3	4	5	6	7	8
9	10	11	12	13	14	15
16	17	18	19	20	21	22
23	24	25	26	27	28	29
30	31					

23. Berlin : Dönitz ordonne d'équiper les U-Boote avec des canons antiaériens (→ 24).

24. Allemagne : au cours d'un raid nocturne, la RAF a lâché 2 000 tonnes de bombes sur Dortmund. Depuis le début de la guerre, 100 000 tonnes de bombes ont été larguées sur l'Allemagne.

24. Lyon : des groupes francs des MUR, déguisés en agents de la Gestapo, font évader de l'hôpital de l'Antiquaille des responsables de la Résistance : Morin-Forestier, Kriegel-Valrimont et Ravanel.

26. Alexandrie : arrivée du premier convoi qui traverse la Méditerranée sans perte depuis 1941. Il était parti de Gibraltar le 17 mai.

26. Auschwitz : un millier de Tziganes sont gazés (→ 8.6).

27. Tunisie : Churchill et le général Marshall, chef d'état-major de l'armée américaine, arrivent pour préparer la campagne d'Italie.

27. Paris : 500 tableaux sont brûlés par les nazis, parmi lesquels des œuvres de Picasso, Paul Klee et Max Ernst.

28. Washington : Roosevelt confie à James Byrnes la direction du Bureau de mobilisation de guerre, créé hier pour coordonner la production.

29. Chine : les forces chinoises arrêtent l'avancée japonaise à Chongqing et reprennent Yuyangkwan (→ 1.6).

30. Auschwitz : le capitaine SS Josef Mengele prend le poste de médecin du camp.→

30. Alger : arrivée du général de Gaulle. L'après-midi, il est accueilli au monument aux morts par une foule énorme, réunie par le groupe algérien du mouvement Combat que dirige René Capitant.

30. Iles Aléoutiennes : fin de la résistance japonaise sur l'île d'Attu. 28 hommes sont faits prisonniers sur les 2 622 que comptait la garnison (→ 27.6).

31. Alger : le général de Gaulle envisage avec Giraud un gouvernement provisoire de la République française (→ 3.6).

Les Alliés préparent l'invasion en Europe

Washington, 25 mai

Les plans des Alliés pour la fin de l'année et pour 1944 se précisent. Au cours d'une conférence de treize jours baptisée Trident, Churchill, Roosevelt et leurs chefs d'état-major ont établi le programme militaire des armées alliées. Prenant acte de l'effondrement allemand en Afrique et de la stabilisation du front dans le Pacifique, ils ont prévu un débarquement anglo-saxon en Sicile (opération *Husky)*, qui devrait être libérée avant la fin de l'année, suivi d'un débarquement en Italie continentale. Une action politique en direction des Italiens sera entreprise, afin de les inciter à capituler, voire à renverser eux-mêmes le régime fasciste.

Churchill et Roosevelt ont fixé une date et un lieu pour l'ouverture d'un second front en France (opération *Overlord)*. Le débarquement devrait avoir lieu en Normandie, en mai ou juin 1944. En attendant, la cadence des bombardements stratégiques sur l'Allemagne devra être encore accrue afin de briser le potentiel industriel du Reich. L'Allemagne sera désormais bombardée jour et nuit. Dans le Pacifique, les Alliés ont décidé de passer à l'offensive; ils ont mis au point une stratégie de reconquête des îles par sauts de puce : chaque île conquise servira de tremplin pour l'attaque du prochain objectif. Roosevelt et Churchill ont présenté les grandes lignes de ce programme à la presse, indiquant qu'ils poursuivraient le combat jusqu'à la capitulation sans condition de ceux qui ont « brutalisé » les Alliés.

Soutien anglais pour les hommes de Tito

Le QG sévèrement gardé de Tito : les Alliés répondent enfin à ses appels.

Yougoslavie, 28 mai

Le contact est enfin établi entre les Britanniques et les résistants de Tito. Deux officiers et deux radios ont été parachutés dans les montagnes serbes, en pleine tourmente. Le capitaine Deakin, chef de la mission, ancien secrétaire de Churchill, reste en contact direct avec Londres. Les visiteurs ont été très chaudement accueillis : l'armée de Tito est confrontée à l'opération *Schwarz*, qui est la plus grande offensive de l'Axe lancée jusqu'ici contre eux.

L'un des opérateurs radio, le sergent palestinien Peretz Rosenberg, a pu voir un ordre écrit qui enjoint aux forces de l'Axe de tout détruire ici, y compris les civils et les animaux. Un agent secret britannique, le major Bill Hudson, est arrivé en Yougoslavie dès 1941, à bord d'un sous-marin. Les renseignements obtenus sur les mérites comparés des deux grands groupes de résistants ont décidé les Anglais à soutenir finalement Tito plutôt que les tchetniks commandés par le général royaliste Draza Mihailovic. (→ 11.6)

De Gaulle change d'avis et autorise l'action immédiate

Le général Delestraint, chef de l'AS.

Londres, 21 mai

Le 10 mai, le général Delestraint, commandant de l'Armée secrète en France, avait adressé au général de Gaulle un rapport sur son organisation. C'est le 11 novembre dernier que le général Delestraint avait pris le commandement de cette Armée secrète, dont les groupes Combat, Libération et Franc-Tireur avaient constitué le noyau en faisant fusionner leurs formations paramilitaires. Depuis, deux problèmes importants s'étaient posés : d'abord, la centralisation excessive de l'organisation pouvait être dangereuse en cas d'arrestation de ses chefs. Le second problème concernait la reconnaissance ou non de l'action immédiate, principe fort discuté dans les divers mouvements de Résistance et jusqu'alors rejeté par Londres, qui y voyait un risque de renforcement du dispositif ennemi en France.

Le général de Gaulle a pris nettement position aujourd'hui dans une *Instruction personnelle et secrète*, qu'il a adressée au général Delestraint en réponse à son rapport. Il y précise les conditions dans lesquelles le général aura à exercer ses fonctions, en décentralisant ses responsabilités. Mais, surtout, il admet pour la première fois le principe de l'action immédiate. En entérinant une situation existante, il choisit en fait d'autoriser ce qu'il sait ne pouvoir empêcher.

Dönitz rappelle ses sous-marins

Atlantique nord, 24 mai
Le grand amiral Dönitz a ordonné à ses sous-marins de quitter les eaux de l'Atlantique nord. Pourtant, plus tôt dans la journée, il s'était adressé aux commandants des U-Boote en disant : « Vous êtes les seuls qui puissiez passer à l'offensive contre l'ennemi et le battre [...]. La nation allemande sait depuis longtemps que notre arme est la plus redoutable de toutes et que l'issue de la guerre dépend de celle de la bataille de l'Atlantique. » Quelques heures après, Dönitz apprenait que deux sous-marins de plus avaient été coulés en attaquant un convoi. Les pertes de ce mois s'élèvent à 33 bâtiments, mais surtout cela révèle que les escortes ennemies sont de plus en plus difficiles à éviter. Il y a cinq jours, un groupe de 33 U-Boote a attaqué le convoi SC-130; ils n'ont pas réussi à couler un seul navire, mais, en revanche, cinq d'entre eux ont sombré. Dans l'un d'eux, l'*U-54,* tous les marins ont péri, ainsi que le propre fils de l'amiral, Peter, âgé de 21 ans. Dönitz n'a montré aucune émotion lorsqu'il a appris la nouvelle, mais il a dû se rendre à l'évidence qui s'impose chaque jour davantage : le combat qui dure depuis deux ans pour couper la route de l'océan Atlantique aux Alliés est en passe d'être perdu. Les radars et les progrès réalisés dans le décodage des machines Enigma ont rendu les U-Boote de plus en plus vulnérables face à des escortes chaque jour plus redoutables.
Les porte-avions américains et britanniques ont amélioré la couverture aérienne des routes suivies par les convois, et des armes anti-sous-marines très efficaces, comme le Hedgehog et le Squid, ont fait leur apparition. Le problème est que les U-Boote, pourtant plus nombreux que jamais, n'arrivent plus à atteindre les navires ennemis. En mai, le tonnage perdu par les Alliés s'élevait à moins d'un tiers des pertes constatées en mars, qui atteignaient 476 000 t. Dès ce soir, les U-Boote font route vers le sud, pour prendre position au large des Açores. Certains resteront au nord, pour que les Alliés croient que leurs convois sont toujours menacés. Les Allemands espèrent ainsi immobiliser des escorteurs alliés aussi longtemps que possible.

La Royal Navy continue à recruter.

Hommage aux marins courageux.

Première réunion des chefs du CNR

Paris, 27 mai
Les longues négociations que Jean Moulin a menées avec les différents mouvements de Résistance des deux zones a abouti à la création, au début de ce mois, du Conseil national de la Résistance. Le but que le général de Gaulle a fixé à Jean Moulin – l'unification de toutes les organisations de combat sous son autorité – est donc atteint, non sans mal d'ailleurs, car Jean Moulin a dû vaincre bien des obstacles et des répugnances avant d'arriver à ce résultat.
La première réunion de cette instance nationale a eu lieu aujourd'hui, rue du Four, chez René Corbin, qui est membre de l'équipe de Pierre Cot. Seize groupements étaient représentés, dont huit mouvements, six partis politiques et deux centrales syndicales. En Europe occupée, l'ampleur de cette structure est sans équivalent. Au cours de cette première réunion, une motion présentée par Georges Bidault a été adopée à l'unanimité. Elle proclame la nécessité d'un gouvernement provisoire « répudiant officiellement et dans les faits la dictature de Vichy », gouvernement confié au général de Gaulle, « qui fut l'âme de la Résistance aux jours sombres ».

Mort mystérieuse de Bertie Albrecht

Paris, 28 mai
Bertie Albrecht, qui était aux côtés de Henri Frenay l'âme du mouvement Combat, est morte à la prison de Fresnes dans des conditions très douteuses. Arrivée ce matin à Mâcon pour assister à une importante réunion à l'*Hôtel de Bourgogne,* elle attendait tranquillement l'heure du rendez-vous quand la Gestapo l'a encerclée. Ne pensant qu'à sauver ses camarades, elle s'est mise à hurler : « Alerte, la Gestapo est là ! » ce qui a permis à la plupart d'entre eux de prendre la fuite. Elle fut aussitôt réduite au silence et entraînée dans une voiture. On ignore si la mort de cette femme extraordinaire, qui a su payer son courage de sa vie, est la conséquence d'un suicide ou d'un meurtre.

Arrestation de quatorze maquisards dans le massif du Vercors

Mens (Isère), 27 mai
Une opération, menée par des francs-tireurs du massif du Vercors a mal tourné : quatorze d'entre eux ont été arrêtés par le bataillon italien Bolzano sous le contrôle de la Gestapo.
C'est le premier coup rude que subit le maquis du Vercors, et cela va l'obliger à modifier sensiblement son organisation et sa stratégie. Ce maquis compte déjà neuf camps, composés de trente à cinquante hommes chacun, recrutés parmi les jeunes réfractaires de la région. Trop statiques, et donc vulnérables, ces camps auraient besoin d'être mieux encadrés. Mais, ici comme ailleurs, le recrutement de cadres pose des problèmes. Par crainte que les hommes arrêtés ne parlent sous la torture, les chefs du maquis se sont mis à l'abri.

Le plateau du Vercors est un camp d'entraînement pour les maquisards.

1943

Juin

Di	Lu	Ma	Me	Je	Ve	Sa
		1	2	3	4	5
6	7	8	9	10	11	12
13	14	15	16	17	18	19
20	21	22	23	24	25	26
27	28	29	30			

1er. Alger : le gouverneur général d'Algérie Marcel Peyronton remet sa démission à de Gaulle, qui l'accepte, et à Giraud, qui la refuse.

1er. Etats-Unis : grève de 500 000 mineurs pour des revendications de salaire (→ 7).

1er. Atlantique : le sloop d'escorte *HMS Starling* et un Liberator de la RAF coulent chacun un U-Boot.

2. Alger : Giraud réagit à la divulgation de la démission de Peyronton par de Gaulle en l'accusant par écrit de vouloir établir en France un système analogue au nazisme. Il charge du maintien de l'ordre l'amiral Muselier, exclu de la France libre en mai 1942.

2. France : fondation de la milice au camp des Calabres, près de Vichy.

2. Méditerranée : le destroyer *HMS Jervis* et le navire grec *Vasilissa Olga* attaquent un convoi italien. Ils coulent le torpilleur *Castore* et 2 cargos.

3. Chine : les Japonais mettent fin à leur « offensive du riz » dans le Hubei occidental. Ils saisissent tous les bateaux sur le cours supérieur du Yang-tseu-kiang (→ 14).

3. URSS : les Allemands lancent l'opération *Cottbus* contre les partisans soviétiques de la région de Borissov.

3. Chine : les forces chinoises reprennent Nanhsien, dans la province du Hunan.

3. Clermont-Ferrand : des ouvriers, sympathisants de la Résistance, détruisent 300 t de pneus à l'usine Michelin (→ 26).

3. Iles Salomon : l'amiral Halsey donne des ordres pour l'opération *Toenails*, en Nouvelle-Géorgie (→ 7).

3. Paris : au Théâtre de la Cité, première de la pièce de Sartre, *les Mouches*.

4. Alger : le général Giraud est nommé commandant en chef de l'armée française (→ 6).

4. Atlantique : le sous-marin *HMS Truculent* coule l'*U-308* au large des îles Féroé.

5. Méditerranée : des navires britanniques bombardent l'île de Pantelleria (→ 11).

Les Français iront unis au combat

Le général Giraud accueille le général de Gaulle à sa descente d'avion.

Alger, 3 juin
Le Comité français de libération nationale a été réorganisé. Après trois jours d'entretiens auxquels ont participé de Gaulle et Giraud, un communiqué annonce ce soir que le Comité devient le « pouvoir central français ». Il exerce la souveraineté de la France dans tous les territoires non contrôlés par l'ennemi, et dirige l'effort de guerre et l'action des Forces françaises libres. Le Comité se compose de sept membres qui sont, autour de De Gaulle et Giraud, René Massigli et André Philip (choisis par de Gaulle), Jean Monnet et le général George (choisis par Giraud), et enfin le général Catroux, agréé par les deux camps, qui devient le nouveau gouverneur général. Ce Comité est le résultat d'un compromis entre les deux tendances rivales des FFL, menées par de Gaulle et Giraud, et qui sont ainsi traitées sur un pied d'égalité. Pour le général de Gaulle, qui est arrivé ici le 30 mai, cela peut être considéré comme un succès. Les Français libres réaffirment dans leur communiqué leur volonté de balayer le régime du maréchal Pétain et de restaurer les libertés dans le pays. Ils appellent tous leurs compatriotes à les rejoindre dans la lutte contre l'occupant afin que la France, par son combat et sa victoire, puisse retrouver « sa place traditionnelle parmi les grandes puissances alliées » et soit représentée lors des négociations internationales qui interviendront lorsque la guerre sera terminée (→ 4).

Audacieuse évasion du colonel Fabien

Paris, 1er juin
Depuis son arrestation en novembre dernier, le colonel Fabien a fait le tour des prisons : le Cherche-Midi, Fresnes, la prison de Dijon, puis le fort de Romainville. Partout interrogé, c'est-à-dire torturé, il a fini par s'évader, après plusieurs vaines tentatives. Albert Ouzoulias a reçu aujourd'hui une lettre de cet homme extraordinaire, qui lui raconte sa fuite : « Après avoir percé un mur, nous devions filer par groupes de deux ou trois en profitant des moments d'inattention de la sentinelle [...]. L'opération était assez hasardeuse, néanmoins le premier groupe, dont j'étais, réussit à passer après deux heures d'attente [...]. Je doute que plusieurs groupes aient pu passer. »

Départ d'un contingent de la classe 1942 au titre du STO.

Les Japonais face aux Alliés en Chine

Yichang, 1er juin
Les Japonais reculent en Chine. Hier, les B-24 des alliés chinois et américains ont abattu 20 chasseurs nippons en 15 minutes au-dessus de Yichang, bombardé à deux reprises en trois jours. Pour contrer l'avance japonaise dans le Hunan, 24 avions américains ont aussi attaqué la base de ravitaillement de Yochow, au nord-est du lac Toung Ting. Ils ont détruit un train, et 200 personnes ont péri. (→ 3)

Violents raids de la Luftwaffe sur Koursk

Moscou, 5 juin
La Luftwaffe passe à l'offensive : elle a lancé une série d'attaques sur Koursk, pivot du saillant soviétique qui avance dangereusement dans les lignes allemandes entre Orel au nord et Kharkov au sud. Malgré le transfert d'escadrons de chasseurs à l'ouest, destinés à contrer la menace des bombardiers alliés, et l'envoi de renforts nécessaires en Méditerranée, la 4e Luftflotte du maréchal von Richthofen est redevenue une puissante force d'assaut. Aux Stuka et aux Bf 109 s'ajoutent à présent les antichars Henschel 129 et les chasseurs Focke-Wulf 190A-8. La Luftwaffe, tout comme la Wehrmacht d'ailleurs, doit consacrer une grande part de ses efforts à contenir la puissance croissante des partisans soviétiques, qui disposent à présent de leurs pistes d'atterrissage derrière les lignes allemandes elles-mêmes. Selon un rapport établi par les Allemands, ces pistes peuvent être utilisées par des bimoteurs. Elles permettent aux partisans de se faire ravitailler et d'évacuer les blessés et les civils (→ 10).

L'Eglise inquiète pour la vertu anglaise

Grande-Bretagne, 1er juin
Les enfants illégitimes sont de plus en plus nombreux au Royaume-Uni. Cette année, on en a enregistré 53 000 naissances, alors qu'il n'y en avait que 32 000 par an au début de la guerre. Elles représentent 6,5 % du total des naissances. Cette augmentation a été l'un des différents points discutés à la Convocation de Canterbury, que l'Eglise anglicane consacre aux mœurs actuelles.
Le Dr Barnes, évêque de Birmingham, a déclaré que le déclin de la franchise coïncidait avec une augmentation de la criminalité et de la licence sexuelle. Les Britanniques montrent des signes de « dégénérescence », et une « conception moins rigoureuse de l'hygiène et du contrôle de soi ». La guerre a sa part dans ce déclin, mais « on ne peut attendre propreté, sincérité et honnêteté chez des gens élevés dans des maisons humides, pleines de vermine, et insalubres ». Selon le Dr Chavasse, évêque de Rochester, « les jeunes femmes convenables disent qu'il est risqué de sortir avec la plupart des jeunes gens, qui paraissent les considérer comme des prostituées en puissance ».

Alerte aux maladies vénériennes !

L'armée a pris le pouvoir en Argentine

Buenos Aires, 5 juin
C'est pratiquement sans effusion de sang qu'une junte militaire a pris le pouvoir en Argentine. Le général Arturo Rawson, connu pour être un sympathisant des Alliés, devient président à la place du Dr Ramon Castillo. Le gouvernement de ce dernier avait mené ce qu'il appelait une « politique de prudence », en fait dictée par la crainte que lui inspiraient les puissantes factions pro-allemandes et pro-italiennes du pays, et donc assez hostile aux Alliés. Ramon Castillo s'est enfui hier du palais présidentiel, la Casa Rosada ; il a trouvé refuge à bord du dragueur de mines *Drummond*.

1er juin. Churchill félicite les soldats alliés victorieux, venus l'écouter dans les ruines de l'amphithéâtre romain de Carthage.

1943

Juin

Di	Lu	Ma	Me	Je	Ve	Sa
		1	2	3	4	5
6	7	8	9	10	11	12
13	14	15	16	17	18	19
20	21	22	23	24	25	26
27	28	29	30			

6. Alger : rencontre de Gaulle-Churchill. Celui-ci ne cache pas au général qu'il est là pour surveiller les négociations avec Giraud.

6. Madrid : Franco propose de créer des zones « hors bombardements » en Europe. Les Alliés rejettent l'idée, considérée comme avantageuse pour les pays de l'Axe (→ 10).

7. Alger : extension du CFLN de 7 à 14 membres.

7. Iles Salomon : l'aviation japonaise commence une série d'attaques sur Guadalcanal. Les Américains abattent 23 avions et en perdent 9.

7. Etats-Unis : la plupart des 500 000 mineurs en grève reprennent le travail.

7. Europe : les Allemands démantèlent à Paris et à Bruxelles la filière d'évasion franco-belge Comète.

8. Tokyo : l'état-major japonais ordonne à ses troupes d'évacuer l'île de Kiska, dans les Aléoutiennes (→ 27).

9. Paris : la Gestapo arrête le général Delestraint, chef de l'Armée secrète, au métro Muette (→ 21).

9. Alger : de Gaulle présente sa démission au CFLN, Giraud refusant le principe de la subordination du commandant en chef au CFLN (→ 22).

10. URSS : 700 bombardiers de nuit soviétiques attaquent les aéroports à l'ouest de Koursk et les positions allemandes de Iaroslavl ; 19 sont abattus.

11. Alger : le CFLN, réuni par Giraud, refuse d'entériner la démission de De Gaulle.

11. Berlin : Himmler ordonne la liquidation de tous les ghettos en Pologne (→ 15).

11. Montevideo : l'Uruguay reconnaît le Comité français de libération nationale.

11. Allemagne : raid aérien américain sur les chantiers de construction d'U-Boote de Wilhelmshaven (→ 13).

12. France : la Gestapo arrête à Royat le général Frère, chef de l'Organisation de résistance de l'armée.

Josef Mengele nommé à Auschwitz

Auschwitz-Birkenau, 8 juin
D'un geste nonchalant de sa main gantée, le capitaine SS Josef Mengele, nouveau médecin du camp, a séparé 880 Juifs de Salonique en deux groupes : ceux qui mourront tout de suite et ceux qui vivront un peu plus longtemps. Mengele assiste toujours à l'arrivée des nouveaux prisonniers, qui lui fournissent des cobayes humains pour ses sinistres expériences médicales. Il recherche surtout les jumeaux pour tester leurs réactions respectives à la maladie ou à la torture. Un de ses collègues, Carl Clauberg, s'intéresse à la stérilisation : il a annoncé hier à Himmler qu'il était possible, en utilisant les rayons X, de stériliser jusqu'à mille « demi-Juifs » et Tziganes par jour.

Le colonel Blimp ne fait pas l'unanimité

Londres, 11 juin
Un soldat de Sa Majesté divise les Anglais. C'est le colonel Blimp, héros du film *The Life and Death of Colonel Blimp (Vie et mort du colonel Blimp).* Winston Churchill a assisté à la première de ce film, qu'il a peu apprécié. Peut-être en interdira-t-il la vente à l'étranger, car ce film devait prouver que l'armée anglaise s'était enfin débarrassée des officiers réactionnaires et guindés. Or, le colonel Blimp, censé les personnifier, loin d'être ridicule, est fort sympathique !

Le brave colonel Blimp pourra-t-il finalement partir pour l'étranger ?

Directives pour les bombardiers alliés

Londres, 10 juin
Le Bomber Command a reçu une nouvelle version de la directive « Pointblank », le projet du général Ira Eaker visant à coordonner la stratégie des bombardiers alliés. Ce document préconise de chercher à détruire les chasseurs ennemis au sol et dans les airs. Ce faisant, la directive reconnaît la menace que représentent les chasseurs allemands non seulement lors des raids américains, le jour, mais aussi lors des raids britanniques, la nuit.
Les appareils du commandement britannique et ceux de l'US Air Force essuient de lourdes pertes sous le feu des chasseurs de la Luftwaffe, de plus en plus redoutables. La stratégie d'Eaker est de coordonner les bombardiers alliés dans des attaques visant à anéantir l'industrie aéronautique en Allemagne, directive qui n'est pas du goût de Sir Arthur Harris, commandant en chef des bombardiers de la RAF. Ce dernier est convaincu que ses bombardiers peuvent paralyser l'Allemagne en pilonnant de façon intensive les grandes villes. En réponse à la directive, il a simplement rappelé la décision des chefs d'état-major au sommet de Casablanca, à savoir que « l'objectif prioritaire » des bombardiers se doit d'être « la destruction progressive des systèmes économique, industriel et militaire de l'Allemagne, ainsi que du moral des Allemands, au point d'affaiblir leur capacité à faire la guerre ».

Les Alliés à l'assaut de Pantelleria

Les troupes britanniques se lancent à l'assaut de l'île de Pantelleria.

Pantelleria, 11 juin
La petite île italienne de Pantelleria, au sud-ouest de la Sicile, s'est rendue aujourd'hui aux Alliés après quatre jours de bombardements intensifs. Durant près de cent heures, les bombardements alliés n'ont pas cessé, venant des airs et de la mer. D'importantes escadrilles de Forteresses volantes larguaient leurs bombes, en vagues successives qui duraient parfois une heure et quart, tandis que croiseurs et destroyers tiraient des centaines d'obus sur toute cible à leur portée. On peut se demander quel intérêt peut bien présenter une île aussi insignifiante aux yeux des Alliés. En fait, Pantelleria revêt une importance stratégique. D'une part, l'île dispose d'un terrain d'aviation à portée immédiate de la Sicile, à peine distante de 100 km, atout important dans le cas d'un débarquement allié en Sicile. Le port de l'île a été pour sa part bien trop endommagé pour présenter encore un quelconque intérêt. Mais la raison majeure de l'attaque pourrait bien être une simple démonstration de force à l'égard d'une population italienne déjà très ébranlée. Tel ce destroyer anglais qui vida pratiquement toutes ses munitions sur l'un des deux forts de Pantelleria, avant d'intercepter le message radio de la garnison qui demandait du secours. Plus de 100 000 tracts ont été lancés sur l'île, appelant à une capitulation sans conditions.

Tito s'échappe encore une fois

Yougoslavie, 11 juin
Ce n'est pas la première fois que Tito échappe aux forces de l'Axe. Sa tête a été mise à prix (100 000 Reichsmark), ce qui en fait l'homme le plus recherché d'Europe. Aujourd'hui, il s'en est fallu d'un cheveu qu'il ne tombe aux mains de ses ennemis. La ferme bosniaque qui lui servait de QG a été encerclée par des soldats italiens. Prévenu quelques instants avant l'arrivée de l'ennemi, Tito a eu juste le temps de passer par une fenêtre et de se dissimuler dans un fossé. Il y est resté pendant plusieurs heures, échappant par miracle au ratissage en règle des environs de la ferme par les Italiens qui ont fusillé les partisans pris aux alentours. (→ 23)

Tito dans la région de la Bosnie.

12 juin. Le roi George, en visite à Tripoli, aux côtés de Montgomery.

Arrestation du chef de l'Armée secrète

Paris, 9 juin
C'est un message en clair déposé à Lyon dans une boîte aux lettres surveillée par la Gestapo qui a permis ce matin l'arrestation du chef de l'AS, le général Delestraint. Ce dernier devait rencontrer René Hardy, responsable du Nap-Fer (noyautage des chemins de fer), pour lui proposer le poste de chef du 3e bureau de l'Armée secrète. Malheureusement, le rendez-vous n'ayant pu être annulé par le chef d'état-major de l'Armée secrète, Henry Aubry, tous les résistants ont été arrêtés. Reconnu par Jean Multon, un résistant retourné par la Gestapo, René Hardy s'est fait a rêter dans le train qui le menait d Lyon à Paris. Il est incarcéré à prison de Chalon-sur-Saône, et, c matin au métro la Muette, c'est u agent français de l'Abwehr, Ren Saumandre, qui était au rende vous. S'étant présenté au génér peu méfiant comme un agent c Hardy, il eut tôt fait de savoir qu Delestraint avait un autre rende vous au métro Rue-de-la-Pomp avec le capitaine Gastaldo, qui, l aussi, a été pris au piège avec un c ses adjoints, Jean-Louis Théobal Ainsi, le cercle se resserre autour c l'état-major de la Résistance.

1943

Juin

Di	Lu	Ma	Me	Je	Ve	Sa
		1	2	3	4	5
6	7	8	9	10	11	12
13	14	15	16	17	18	19
20	21	22	23	24	25	26
27	28	29	30			

13. Allemagne : la Luftwaffe abat 22 des 60 bombardiers américains B-17 qui attaquent les chantiers de construction d'U-Boote à Kiel.

13. Grande-Bretagne : les Allemands lâchent pour la première fois des bombes antipersonnel à ailettes : 74 morts et 130 blessés.

13. Méditerranée : la garnison italienne de l'île de Linosa se rend aux Alliés.

14. Méditerranée : des unités britanniques s'emparent de l'île italienne de Lampione. Les Alliés contrôlent tout le détroit de Sicile.

14. Grande-Bretagne : trois forces aériennes tactiques sont créées par les Alliés. Elles ont pour zones d'opérations l'Italie et la Méditerranée, l'Europe occidentale, l'Asie.

15. Pologne : sous les ordres du colonel SS Paul Blobel, des Juifs condamnés aux travaux forcés commencent à exhumer à Janow les corps de 1 200 Juifs de Lvov tués en mars, sur lesquels ils prélèvent les dents et les anneaux en or avant de les incinérer (→ 21).

15. Allemagne : premier vol près de Münster de l'Arado Ar-234, le premier bombardier à réaction du monde.

15. Turquie : Ankara réaffirme sa neutralité, en confirmant ses traités d'amitié séparés avec l'URSS et l'Allemagne.

16. Guadalcanal : 120 avions japonais attaquent les navires mouillés dans les eaux de l'île. Des chasseurs néo-zélandais P-40 et américains Grumman F-4F en abattent 107 (→ 21).

17. France : la Gestapo et l'Abwehr poursuivent le démantèlement des organisations de Résistance. Après l'arrestation du général Frère le 12 à Royat, celle du général Olleris le 11 à Thiers et des généraux Gilliot et Grandsart le 12 à Vichy et à Clermont, la Gestapo s'apprête à capturer Jean Moulin. (→ 21)

18. Europe : le CFLN est reconnu par les gouvernements en exil des Pays-Bas, du Luxembourg, de Yougoslavie et de Tchécoslovaquie (→ 26.8).

Churchill remplace ses commandants

Wavell, promu au poste de vice-roi.

New Delhi, 18 juin

Le maréchal Archibald Wavell, l'un des doyens du haut commandement britannique, a été « écarté » par un Churchill plutôt impatient. Wavell, qui fut commandant en chef des troupes du Moyen-Orient et de la campagne d'Afrique du Nord, commandait récemment celles du Pacifique du Sud-Ouest. Il a été remplacé en Inde par le général Claude Auchinleck. Wavell y est nommé vice-roi. De fait, Auchinleck est écarté du théâtre européen, mais n'en conserve pas moins un rôle important.

La Sicile, point de mire des Alliés

Sicile, 16 juin

Les bombardiers alliés ont déversé aujourd'hui des milliers de tonnes de bombes explosives sur la Sicile, préparant de toute évidence un débarquement, bien que la radio romaine continue de citer la Sardaigne comme autre site possible. Un présentateur de la radio italienne a décrit la situation actuelle comme étant « la plus grave de notre époque moderne ». Quatre cuirassés anglais sont stationnés à Gibraltar et un entraînement intensif de commandos de débarquement, dont on ne connaît pas l'objectif, est en cours sur une plage d'Ecosse. Entre-temps, deux autres îles italiennes ont capitulé.

Le 13, dès que le destroyer anglais *Nubia* a pointé à l'horizon, les drapeaux blancs flottaient sur la minuscule île de Linosa. Plus près des côtes africaines, l'île de Lampedusa, bombardée par air et par mer, s'est rendue le 12. L'anecdote raconte que le pilote d'un chasseur anglais, Jack Cohen, fut forcé de se poser sur l'île à cause de problèmes mécaniques, au beau milieu du bombardement. Des Italiens se sont précipités vers lui en agitant des drapeaux blancs et en le suppliant d'arrêter le bombardement. Cohen dut d'abord se mettre lui-même à l'abri des bombes. Puis, avec l'aide de mécaniciens italiens, il parvint à remettre son moteur en route et alla prévenir son commandement de la capitulation de l'île. La reddition de Pantelleria et des îles voisines a fermé désormais le détroit de Sicile aux mouvements des navires allemands et italiens. (→ 28)

Les Chinois reprennent pied au Hubei

Kung-an, 14 juin

Les troupes chinoises ont fini de balayer aujourd'hui l'ouest de la province du Hubei, recapturant les derniers villages perdus lors de l'ultime offensive nippone, qui avait pour but de prendre Tch'ang-Cha, capitale de la province agricole du Hunan, avant de marcher sur Chongqing, capitale provisoire des nationalistes chinois. Les Chinois ont perdu de 70 000 à 80 000 hommes contre seulement 3 000 à 4 000 pour les Japonais. Mais le vent a tourné il y a deux semaines en faveur des Chinois, qui ont forcé les Japonais à battre en retraite jusqu'à Kung-an, village repris aujourd'hui même. La semaine dernière déjà, 60 000 Japonais étaient arrêtés à Shih-pai sur les rives de la rivière Ching par les troupes nationalistes de Tchang Kaï-chek, qui avait exhorté ses hommes à défendre le village comme s'il s'agissait d'un nouveau Stalingrad. (→ 12.8)

Avions-ambulances et navires-hôpitaux en mer Méditerranée

Tunisie, 19 juin

L'histoire de ce sapeur anglais, grièvement blessé par une mine allemande, est exemplaire. Quand il fut recueilli par les ambulanciers, ses jours semblaient comptés. La jambe pratiquement amputée par l'explosion, il perdait beaucoup de sang et un éclat de shrapnel s'était logé dans son crâne. Seul un miracle pouvait le sauver. Le miracle en question prit la forme d'un avion Dakota équipé en salle d'opération, avec chirurgien et infirmiers au grand complet. Moins d'une heure après l'explosion, l'opération avait lieu en plein vol et lui sauvait la vie. Sa jambe était amputée, et sa blessure à la tête traitée provisoirement avant que des soins plus approfondis lui soient administrés dans un hôpital d'Alger. Dans toute autre guerre, le soldat serait décédé. Mais aujourd'hui la RAF a mis au point des « avions-ambulances » dont le rôle est déterminant dans le sauvetage des blessés. On évalue à plus de 3 000 les vies ainsi sauvées dans la campagne d'Afrique du Nord. Le général néo-zélandais Freyberg doit lui-même la vie aux avions-hôpitaux, après avoir été recueilli sur un terrain d'aviation en plein désert avec de graves blessures au cou. Pour le personnel navigant, les risques sont élevés, les avions sans défense volant souvent au-dessus des positions ennemies. Un infirmier reçut ainsi deux balles dans les jambes mais continua à assister son blessé jusqu'à ce que son avion se pose, avant de s'évanouir.

L'unité des infirmiers aéroportés.

1943

Juin

Di	Lu	Ma	Me	Je	Ve	Sa
		1	2	3	4	5
6	7	8	9	10	11	12
13	14	15	16	17	18	19
20	21	22	23	24	25	26
27	28	29	30			

20. France : un raid aérien des Alliés sur Le Creusot fait 280 morts et 203 blessés.

20. Grande-Bretagne : des Lancaster de la RAF décollent pour la première mission de bombardement en navette (→24).

20. Nouvelle-Guinée : le QG de la 6e armée américaine est installé dans la baie de Milne.

21. Nouvelle-Géorgie : au sud de l'île, des marines du 4e bataillon de Raiders occupent la pointe Segi, non défendue par les Japonais (→27).

21. Berlin : Himmler ordonne de liquider les ghettos juifs des territoires soviétiques occupés.

22. URSS : pour le deuxième anniversaire de l'invasion, Radio Moscou affirme que 6,4 millions d'Allemands ont été tués ou faits prisonniers (→5.7).

22. Allemagne : la 8e force aérienne américaine bombarde l'usine de caoutchouc de Hüls, au cours de son premier grand raid de jour sur la Ruhr (→25).

22. Alger : décret du CFLN sur la fusion des troupes françaises dans une armée unique. Giraud devient commandant en chef des forces d'Afrique du Nord. De Gaulle prend le commandement sur les autres territoires (→30).

23. Pacifique : des troupes américaines débarquent dans les îles Trobriand, au sud-est de la Nouvelle-Guinée, sans rencontrer d'opposition (→30).

23. Berchtesgaden : contesté sur la déportation des Juifs, Hitler déclare : « L'Allemagne a perdu un demi-million d'hommes [...]. Dois-je pourvoir aux besoins de ces autres-là ? [...] Vous devez apprendre à haïr. »

25. New York : arrivée de 957 militaires évadés des Antilles. La majorité (885) rallie la France combattante.

25. Pologne : le ghetto juif de Czestochowa est anéanti. Ses habitants sont envoyés à Auschwitz après une vaine tentative de résistance (→27).

26. France : des résistants font sauter le dépôt de locomotives de Fives-Lille.

Jean Moulin arrêté par les Allemands

Lyon, 21 juin
Cet après-midi, Klaus Barbie et ses sbires ont arrêté à Caluire, dans la villa du docteur Dugoujon, Jean Moulin, le président du Conseil national de la Résistance. Il devait présider une réunion sur la réorganisation de l'Armée secrète, dont le chef, le général Delestraint, est aux mains de l'Abwehr depuis le 9. En plus de Jean Moulin, il s'y trouvait Raymond Aubrac, Bruno Larat, le nouveau chef du centre des opérations de parachutage et d'atterrissage en zone sud, les colonels Lacaze et Schwarzfeld, Henri Aubry, et René Hardy, le responsable du Nap-Fer. Tous, excepté Hardy qui est parvenu à s'échapper, sont en cours d'interrogatoire, et Barbie ne sait pas lequel d'entre eux est Jean Moulin.

Crise ouverte entre Roosevelt et de Gaulle

Fin mai, de Gaulle arrive en Afrique du Nord où il va se heurter à Giraud.

Alger, 22 juin
Il restait au général de Gaulle une dernière bataille à gagner : celle de l'affirmation sans réserve de la suprématie du CFLN sur toutes les hiérarchies militaires, y compris le commandement suprême allié.

C'est paradoxalement le président Roosevelt qui, dans son désir de l'éliminer de la scène politique, lui a fourni une occasion d'affaiblir encore plus son rival, le général Giraud. Le 17, le général Eisenhower convoque de Gaulle et Giraud à une conférence en vue d'harmoniser les points de vue sur la participation française à la guerre. Il fait part de la position américaine : aucune autorité militaire ne sera concédée au général de Gaulle, l'armée française doit dépendre du seul commandement suprême allié, et le général Giraud doit rester commandant en chef. En cas de refus, les fournitures de matériel de guerre seront arrêtées. Fureur du général de Gaulle qui, le 19, envoie un message à Eisenhower, protestant contre le diktat américain et rappelant qu'en 1917 la France avait équipé le corps expéditionnaire américain sans jamais intervenir dans l'organisation ni dans le commandement des forces du général Pershing. A son tour, le CFLN prend connaissance du mémorandum et à l'unanimité, hormis les généraux Giraud et Georges, décide de ne pas y répondre. En même temps, Giraud est sommé de se subordonner au CFLN ou de quitter le gouvernement et son commandement. Une fois encore, Jean Monnet raccommode les morceaux. Le CFLN a adopté à l'unanimité sa proposition de partager le commandement en chef. A Giraud, l'Afrique du Nord et l'AOF ; à de Gaulle les autres territoires. Un comité militaire permanent sera formé qui aura pour mission de préparer l'unification de l'armée, par l'intégration des FFL, de l'armée d'Afrique et des résistants.

De Valera perd des voix en Irlande

Dublin, 25 juin
Le dirigeant irlandais Eamon De Valera, qui cherche à éviter la guerre à son pays, est de moins en moins soutenu par son électorat. A la dernière élection générale, il a perdu la majorité absolue, bien que son parti, le Fianna Fail, reste encore le plus important au parlement avec 67 sièges. Mais ce sont 4 sièges de moins que la coalition adverse et 10 de moins que son score de 1938. Il n'est pas certain que De Valera accepte de rester Premier ministre dans ces conditions, forcé de réunir une coalition ou de diriger le pays avec des pouvoirs restreints.

« Les Mouches » et « l'Etre et le Néant »

Paris, 25 juin
Il est des écrivains que la guerre rend prolifiques. Ce mois-ci, Jean-Paul Sartre s'affirme en tant que philosophe avec la parution de *l'Etre et le Néant* et se découvre dramaturge avec la création des *Mouches*, le 3 juin, au théâtre de la Cité.

Malheureusement, ces deux œuvres ne rencontrent qu'un succès limité : l'énorme *Essai d'ontologie phénoménologique*, sous-titre de son ouvrage, décourage le lecteur moyen, même s'il s'annonce comme une des œuvres majeures pour la pensée de ce siècle. Quant à la pièce, que l'auteur qualifie de « tragédie de la liberté », elle aurait pu plaire davantage si les critiques ne l'avaient pas unanimement boudée.

Bombardements accrus des Alliés sur l'Europe

La RAF attaque de nouveau la Ruhr

Londres, 25 juin
Les bombardiers continuent leur offensive sur la région industrielle de la Ruhr. Hier, c'était au tour de la ville de Wuppertal d'être la cible d'un raid nocturne de 630 bombardiers, qui a causé d'importants dégâts. Deux nuits auparavant, les villes de Mulheim et de Krefeld avaient subi un sort similaire. Et, le 22, c'était un raid de jour qu'entreprenaient les Américains sur l'usine de caoutchouc synthétique de Hüls. Un porte-parole de la RAF a précisé que les raids dureraient tant que l'ennemi « aurait encore assez d'armes pour empêcher les Alliés de prendre pied en Europe ».

Les pilotes américains découvrent les objectifs désignés pour chaque avion.

Raid « navette » de la RAF en Italie

Londres, 24 juin
Les Alliés ont mis au point une nouvelle stratégie de bombardement en faisant tourner leurs appareils à la façon de véritables « navettes », enchaînant mission sur mission. C'est ainsi que le groupe nº 5 de bombardiers, composé de 60 Lancaster, a d'abord frappé les usines de Friedrichshafen sur les rives du lac de Constance dans la nuit du 20 au 21, avant de rallier Blida en Algérie. De là, après un jour de repos, les bombardiers ont attaqué la base italienne de La Spezia sur le chemin du retour. Huit avions sont restés en Algérie pour y subir des réparations. L'opération, qui avait pour nom *Bellicose*, a fait de lourds dégâts à Friedrichshafen, où sont construits les radars Wurzburg. A noter que les chasseurs allemands ne se sont pas montrés, malgré la pleine lune. On suppose que, postés en embuscade, ils attendaient les Lancaster sur le chemin du retour. Mais ces derniers ont continué leur route sur Blida. Autre nouvelle tactique introduite lors du raid, les Pathfinder ont déployé leurs fusées éclairantes de façon « décentrée » par rapport à la cible, afin que leurs fumées ne gênent pas les bombardiers, tactique qui s'était révélée efficace dans la Ruhr. A La Spezia, les bombardiers ont dû opérer à l'aveuglette, le port ayant été obscurci d'un écran de fumée par ses défenseurs. Malgré ce succès, la stratégie « navette » ne risque pas de devenir chose courante, en raison des difficultés de révision et d'entretien des Lancaster en Afrique du Nord.

Un million d'Allemands évacués suite aux bombardements

Ruhr, 25 juin
La Ruhr et la région du Rhin ont été déclarées zones de guerre par les Allemands. Le Dr Robert Ley, membre du gouvernement nazi, a ordonné l'évacuation de plus d'un million de femmes, d'enfants, de vieillards et d'infirmes. La décision a été prise en réponse aux bombardements de plus en plus soutenus de la RAF. Ces derniers temps, près d'un millier de bombes s'abattent chaque nuit sur la seule région de la Ruhr. Les Alliés voient d'ailleurs leur force de frappe encore augmentée par l'introduction de nouvelles tactiques, tel le système « navette », et par la prochaine entrée en service de l'aviation de la 8e armée américaine, stationnée en Angleterre. La presse allemande est très concernée par ce qu'elle appelle la bataille de la Ruhr, notant que la Ruhr et la vallée du Rhin se retrouvent « en première ligne ». Une radio allemande a par ailleurs décrit les dommages infligés par la RAF comme « dépassant tout ce que l'on peut imaginer ». Dans son journal, Goebbels est d'ailleurs prompt à noter que, à son avis, l'industrie aéronautique anglaise et la RAF ont pris le pas sur leurs homologues allemands. Churchill, de son côté, en visionnant les films pris par la RAF lors des derniers raids, en est venu à se demander « si [les Anglais ne sont] pas des monstres et s'il n'en [font] pas un peu trop ». Ce à quoi son invité, le ministre australien Richard Casey, lui a répondu : « Nous n'avons pas commencé les premiers. Et c'est leur peau ou la nôtre. » (→ 28)

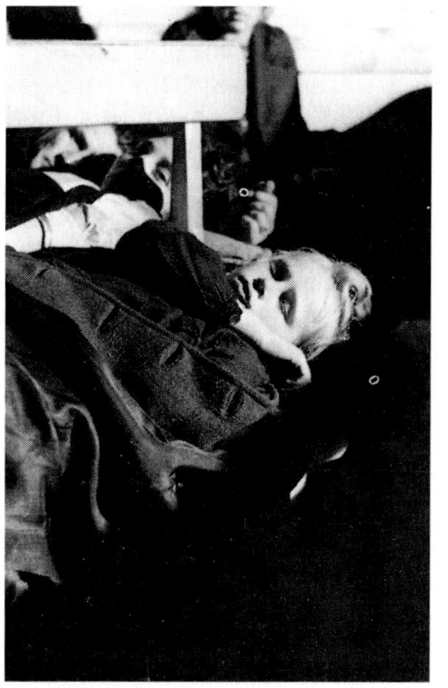
Les Allemands sans abri.

Winston Churchill décide de soutenir Tito

Londres, 23 juin
Winston Churchill vient de confier à une mission militaire, commandée par un officier du haut commandement britannique, le rôle d'épauler Tito dans sa lutte contre les nazis en Yougoslavie. Après avoir hésité des mois durant entre apporter son soutien aux partisans de Tito ou à ceux de son rival Mihailovic, Churchill est à présent persuadé que seul Tito est capable de lutter efficacement contre les forces de l'Axe. Bien que Mihailovic collabore avec les Italiens contre Tito, Churchill continuera néanmoins d'approvisionner les tchetniks, en raison notamment des pressions exercées par le gouvernement yougoslave en exil. (→ 28.8)

Des tomates au jardin du Luxembourg

Paris, juin
Dans un rond de fleurs rouges, le grand parterre du Luxembourg offre aux yeux des promeneurs de charmants carrés de pommes de terre, d'épinards et de tomates. Des salades poussent aux Tuileries à l'ombre des rosiers. D'honorables membres de l'Amicale des jardins des prévoyants de Lutèce surveillent leurs prochaines récoltes.
Depuis que la loi du 18 septembre 1940 a mis à la disposition des ouvriers et des chefs de famille les terrains urbains exploitables, les petits potagers se sont multipliés dans toutes les villes.

1943

Juin

Di	Lu	Ma	Me	Je	Ve	Sa
		1	2	3	4	5
6	7	8	9	10	11	12
13	14	15	16	17	18	19
20	21	22	23	24	25	26
27	28	29	30			

27. Nouvelle-Géorgie : les marines américains débarqués à la pointe Segi commencent à avancer vers le port de Viru.

27. Grèce : des bombardiers américains attaquent les aéroports allemands d'Eleusis et de Hassani, près d'Athènes.

27. Iles Aléoutiennes : ignorant les plans d'évacuation des Japonais, les Américains bombardent leurs positions à Kiska (→ 22.7).

28. Allemagne : bombardement de Cologne par les avions de la Royal Air Force ; le gouvernement de Berlin le qualifie de raid de terreur.

28. Méditerranée : l'US Air Force bombarde Livourne en Italie, et Messine en Sicile.

28. Birmanie : des Wellington de la RAF attaquent le port d'Akyab.

29. Varsovie : cinq Polonais, dont un enfant de un an, sont exécutés pour avoir abrité des Juifs (→ 2.8).

29. Iles Salomon : quatre croiseurs et quatre destroyers américains bombardent de nuit les îles de Bougainville et de Kolombangara (→ 30).

30. Martinique : l'amiral Robert, haut-commissaire de Vichy aux Antilles françaises, annonce qu'il se retire.→

30. Méditerranée : l'US Air Force attaque Palerme et les aéroports environnants en Sicile, et bombarde Cagliari en Sardaigne.

30. Washington : les Etats-Unis ont dépensé 71 milliards de dollars pour la défense – 93 % de toutes les dépenses gouvernementales – au cours des douze derniers mois. Dans la même période, les revenus ont été de 21 milliards de dollars.

30. Alger : Louis Joxe est nommé secrétaire général du Comité français de libération nationale (→ 31.7).

30. Pologne : les Allemands arrêtent le général Rowecki, qui commandait l'Armée de l'intérieur, organisation militaire secrète de la résistance polonaise.

Pour une capitulation sans conditions

Londres, 30 juin

Lors d'un discours à Guildhall, où il recevait aujourd'hui la médaille de la Liberté de la ville de Londres, Churchill a répondu aux critiques sur l'objectif allié de la « capitulation sans conditions » de l'Axe, politique qu'il avait présentée à la récente conférence de Casablanca. A ceux qui soutiennent qu'une reddition sans conditions durcira la résistance de l'ennemi, Churchill rétorque : « Nous devons prendre de telles décisions à long terme afin d'empêcher que le monde soit une nouvelle fois déchiré, ruiné et noirci par leurs complots calculateurs et leurs agressions sauvages. » Churchill est d'avis que la solution proposée par ses critiques, un traité de paix, soulèverait l'opinion publique et serait en outre encore moins acceptable pour les Allemands que la reddition sans conditions.

Des tentatives ont d'ailleurs été faites pour mettre des projets de traité par écrit, mais Churchill les a trouvés si ridicules qu'il les a fait aussitôt jeter au panier. Le Premier ministre est d'avis que les Alliés doivent briser les tyrannies nazie, fasciste et japonaise sans pour cela sombrer dans une « simple soif de vengeance ».

Les Antilles rallient la France libre

Martinique, 30 juin

L'amiral Robert vient de passer la main. Réfugié sur le croiseur *Emile Bertin*, le haut-commissaire français aux Antilles a demandé aujourd'hui par l'intermédiaire du gouvernement des Etats-Unis l'envoi d'un représentant du Comité de libération nationale d'Alger.

La situation était sans issue car, depuis le mois d'avril, les Etats-Unis avaient rompu toute relation avec l'amiral Robert, et il est probable que les marines seraient intervenus si le comité de libération n'était pas parvenu à ses fins.

C'est le ralliement de l'armée de terre qui a fait basculer la situation. En effet, le 27, la garnison de Balata passe à la « dissidence » et se rallie à de Gaulle. Le chef de la garnison, le lieutenant Renvoisé, prend contact avec le commandant Tourtet, un officier connu pour ses sentiments républicains. De son côté, l'amiral Robert, décidé à maintenir l'ordre, avait envisagé de démobiliser des troupes terrestres. Mais il était déjà trop tard.

En liaison avec le comité de libération qui déclenchait une manifestation de masse, Tourtet annonçait hier à l'amiral Robert que l'armée de terre ne lui obéirait plus.

Une offensive nazie prévue en Ukraine

Model prépare la grande offensive.

Ukraine, 30 juin

Une importante offensive nazie es envisagée en Ukraine, qui mettr aux prises l'Armée rouge et l Wehrmacht. Hitler projette l'opération *Citadelle*, dans l'espoir d sortir de l'impasse sur le front d l'Est et de prendre en tenailles le forces soviétiques près de Koursk Il a réuni pour ce faire près de u million d'hommes et 2 500 tank sous les ordres du général Model e du général Hoth. Mais Staline averti par le réseau suisse d'espionnage Lucy, a renforcé ses positions

Le dernier ghetto balayé en Pologne

Lvov, 27 juin

Les Allemands ont éliminé le dernier grand ghetto de Pologne. C'est le général SS Fritz Katzmann qui a conduit la rafle des derniers Juifs de la ville, évalués à 20 000, et en a organisé la déportation aux camps de la mort d'Auschwitz et de Belzec. Là encore, les Juifs avaient commencé à construire des abris souterrains comme à Varsovie.

Afin d'éviter des pertes dans leurs rangs, les Allemands ont fait sauter et incendier les maisons. Quelques hommes armés de pistolet ont résisté avec acharnement, mais en vain. Bien que 500 Juifs soient parvenus à se sauver par les égouts, au moins 3 000 ont été ensevelis sous les décombres. (→ 29)

La queue à Londres sous la pluie : femmes et enfants attendent du poisson l'une des seules denrées qui n'est pas rationnée.

Les Américains en vue de Rabaul

Les péniches de débarquement – les « dragons verts » – à l'assaut de l'île de Rendova dans le Pacifique.

Nouvelle-Guinée, 30 juin
L'opération *Cartwheel* est mise en route. Ce plan ambitieux, concocté par les stratèges de Washington en liaison avec le général MacArthur et l'amiral Halsey, prévoit une douzaine de débarquements de véhicules amphibies aux îles Salomon et en Nouvelle-Guinée, afin de partir à l'assaut du bastion japonais de Rabaul, dès les premiers mois de 1944. Les opérations ont commencé avec dix jours d'avance par un débarquement de commandos à Segi, en Nouvelle-Géorgie. Le capitaine australien Kennedy avait signalé aux Américains que les Japonais construisaient un aérodrome à Munda. La seule présence de ce terrain d'aviation pouvant faire capoter l'offensive alliée, le colonel Michael S. Currin a donc été envoyé en avant-garde. Les combats ont été horribles, car la jungle de Nouvelle-Géorgie s'est révélée encore plus dense et plus marécageuse que celle de Guadalcanal.
Aujourd'hui, les troupes de MacArthur ont ouvert le bal, en s'emparant de deux îles qui font partie de l'archipel des Trobriand, Kiriwana et Woodlark. Sur ces îles, une base radar de la RAAF a été montée et le génie installe déjà des terrains d'aviation. Au même moment, la 43ᵉ DI du général John Hester débarquait par surprise sur l'île de Rendova, en Nouvelle-Géorgie, submergeant les défenses japonaises en dépit de raids aériens meurtriers. Le navire de l'amiral Richmond Turner, le commandant de la Task Force de protection, a été touché à plusieurs reprises. Mais la chasse venue de Guadalcanal a pu rétablir la situation : quarante bombardiers nippons ont été détruits. Simultanément, au nord de la Nouvelle-Guinée, la 41ᵉ DI et la force australienne MacKechnie ont été débarquées à Nassau-Bay. Elles ont commencé à progresser dans l'intérieur afin de faire leur jonction avec la 3ᵉ division australienne qui tient la piste aérienne de Wau. L'objectif des Alliés dans ce secteur, la prise de Lae, va être sans doute facilité, car le général japonais Imamura a envoyé ses troupes plus au sud pour défendre Salamaua qu'il croit menacé.

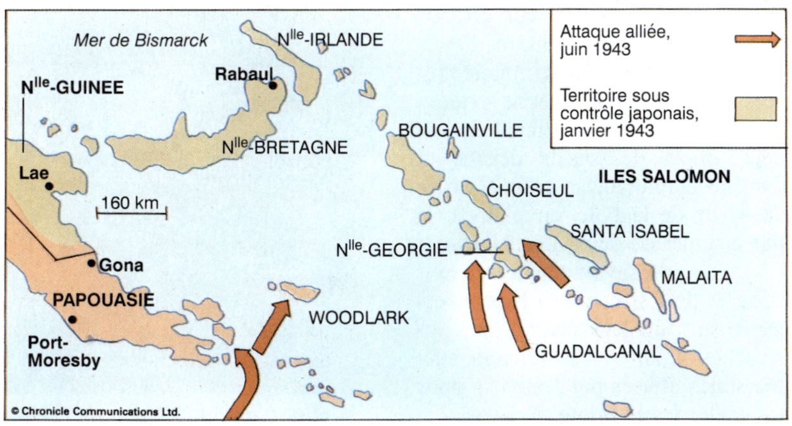

Production record pour les usines de guerre anglaises

Grande-Bretagne, 30 juin
Les industries de guerre anglaises atteignent une productivité record. Près de cinq millions d'hommes et de femmes sont au travail dans les industries d'armement. C'est l'aéronautique qui connaît le plus fort développement avec 1 600 000 travailleurs, dont 40 % de femmes, et une production de 26 000 avions par an, dont 7 000 bombardiers. Les blindés sont produits au rythme de 24 000 par an, dont 7 400 tanks.
Les statistiques estiment à neuf sur dix la proportion de femmes célibataires et à huit sur dix celle de femmes mariées qui sont employées dans l'industrie ou dans l'armée auxiliaire. Les mères d'enfants en bas âge sont quasiment les seules à ne pas travailler. Le troisième âge participe aussi à l'effort de guerre. Plus de un million de travailleurs ont plus de 65 ans !
Les salaires hebdomadaires varient entre 6 et 7 livres pour les hommes. Certains ouvriers spécialisés, notamment dans les moteurs d'avions, gagnent jusqu'à 20 livres par semaine. Mais les salaires feminins sont inférieurs de moitié. L'entrée des femmes à l'usine a toutefois provoqué une sérieuse amélioration des conditions de travail. L'assistance sociale s'est développée et de nombreuses cantines ont vu le jour. Les pauses thé, inaugurées par les femmes, ont été étendues aux hommes.
Les autorités municipales ouvrent des crèches pour les travailleuses ayant des enfants en bas âge. La semaine a été ramenée de 70 heures en 1940 à 55 aujourd'hui pour les hommes et à 50 pour les femmes, avec un jour de congé par semaine et une semaine de congés payés par an. Des comités chargés de promouvoir un accroissement de la rentabilité du travail ont obtenu que de la musique soit diffusée dans les ateliers : depuis lors, on a constaté une hausse de productivité de 15%.

1943

Juillet

Di	Lu	Ma	Me	Je	Ve	Sa
				1	2	3
4	5	6	7	8	9	10
11	12	13	14	15	16	17
18	19	20	21	22	23	24
25	26	27	28	29	30	31

1er. France : Claude Bouchinet-Serreulles, président du CNR par intérim, place Pierre Lambert à la tête du secrétariat sud, et garde Daniel Cordier au nord (→ 8).

1er. Nouvelle-Géorgie : les marines prennent Viru.

1er. Alger : le décret de dissolution du Parti communiste français est rapporté.

2. Nouvelle-Guinée : la force MacKechnie, qui tient une tête de pont sur la baie de Nassau, établit le contact avec la 3e division australienne (→ 19.8).

2. Alger : le général Giraud quitte l'Algérie pour les USA.

3. Nouvelle-Géorgie : des forces américaines débarquent à Zanana, à 30 km de Munda, sans rencontrer d'opposition.

3. Antilles : à Fort-de-France, le comité de libération présidé par Victor Sévère proclame le rattachement des Antilles à la France combattante. A Alger, le CFLN désigne Henri Hoppenot comme délégué extraordinaire aux Antilles.

4. Cologne : la Luftwaffe inaugure la tactique dite de la truie sauvage. Des chasseurs de nuit opèrent indépendamment du système de détection par radar. Ils sont guidés par des contrôleurs au sol vers les bombardiers ennemis.

5. URSS : les Allemands attaquent le saillant de Koursk sur un front de 270 km. Le char Panther est utilisé pour la première fois.→

6. Iles Salomon : une force navale américaine intercepte de nuit 10 contre-torpilleurs japonais qui ont débarqué 850 hommes à Kolombangara hier. Elle en coule deux, mais perd le croiseur léger *Helena*.→

9. Nouvelle-Géorgie : les forces américaines déclenchent l'attaque sur Munda.

9. Atlantique : en une semaine, 8 U-Boote ont été coulés par des patrouilles aériennes (→ 24).

9. Méditerranée : 3 000 navires appareillent des ports de Tunisie pour la Sicile. Ils transportent les 160 000 hommes de la 7e armée américaine et de la 8e armée britannique.

Bataille navale en Nouvelle-Géorgie

Nouvelle-Géorgie, 6 juillet
Un accrochage a eu lieu ce matin entre les flottes américaine et japonaise, alors que les Américains tentaient de débarquer des renforts sur l'île de Kolombangara, au nord de la Nouvelle-Géorgie. Deux navires ont été perdus de part et d'autre. Sur l'île de Nouvelle-Géorgie, les Américains se heurtent à une résistance de plus en plus soutenue de la part des Japonais. Ils ont cependant réussi à traverser le détroit de 8 km qui sépare la Nouvelle-Géorgie de l'île Rendova et à établir une tête de pont près du terrain d'aviation de Munda. D'autres débarquements ont eu lieu à Viru et au mouillage de Rice, au nord de l'île. (→ 9)

Des munitions sont débarquées.

Le général Sikorski s'écrase en avion

Gibraltar, 4 juillet
Le général Wladyslaw Sikorski, l'homme qui incarnait la résistance polonaise face aux oppresseurs nazis, est mort aujourd'hui à Gibraltar. Son avion s'est écrasé en mer juste après le décollage. Il revenait d'une tournée d'inspection des forces polonaises du général Anders stationnées en Egypte. Les Anglais écartent l'hypothèse d'un sabotage, mais les Polonais sont loin d'en être convaincus. Ses fonctions de général en chef ont été dévolues au général Sosnkowski. Le leader du parti paysan, Mikolajczyk, a pris la présidence du Conseil.

Mort du résistant Jean Moulin

France, 8 juillet
Jean Moulin a succombé à ses blessures. Le président du CNR, finalement identifié par Barbie, a été questionné avec une telle sauvagerie qu'il est mort pendant son transfert en Allemagne des suites des supplices qui lui ont été infligés. Malgré l'acharnement de ses tortionnaires, il n'a pas livré ses secrets. Déjà un autre résistant assure l'intérim, Claude Bouchinet-Serreulles. Parachuté en France le 16 juin pour seconder le délégué du général de Gaulle, il n'a eu que trois entretiens avec Jean Moulin.

Un port du Bengale repris par les Alliés

Delhi, 9 juillet
Les troupes anglo-indiennes de Birmanie ont conduit un raid éclair contre le port de Maungdaw, dans la baie du Bengale. Hier, un communiqué des Alliés annonçait que les troupes avaient pu expulser les Japonais de Maungdaw et en occuper le port pendant plusieurs heures. Mais, après de violents combats, les Alliés devaient se retirer, non sans avoir auparavant capturé du matériel ennemi et récolté de précieux renseignements. Aujourd'hui, la RAF prenait le relais et bombardait Maungdaw. (→ 1.8)

Le général Wladyslaw Sikorski.

Les Alliés traquent les U-Boote dans le golfe de Gascogne

Golfe de Gascogne, 1er juillet
Dans l'Atlantique nord, seule une minuscule flottille de sept U-Boote reste en poste, après que les Alliés ont réussi à resserrer leur couverture aérienne. La marine et l'aviation alliées se tournent maintenant vers le golfe de Gascogne pour y traquer les U-Boote. Elles leur ont déjà infligé de lourds dégâts, et l'amiral Dönitz leur a donné l'ordre de sortir de la baie, en plongée et par groupes de deux. Les Alliés ont l'avantage de savoir déchiffrer leur code et de les localiser. Ils concentrent surtout leur action sur les « vaches à lait », ces tankers submersibles utilisés par les nazis pour ravitailler les U-Boote. (→ 9)

Coup au but dans le golfe de Gascogne : un U-Boot est touché.

L'opération « Citadelle » se présente mal

Une colonne de blindés soviétiques T34 passe à l'action dans la bataille de Koursk tandis que les avions anti-chars Sturmovik harcèlent les blindés allemands.

Koursk, 5 juillet
Hitler a finalement donné son aval à l'opération *Citadelle*, le plan destiné à fermer le saillant de Koursk entre Orel et Kharkov. Dans l'esprit du Führer, il s'agissait d'effacer le désastre de Stalingrad et de reprendre à nouveau l'initiative face aux Russes. Pour ce faire, l'OKW a rassemblé 900 000 hommes, 2 700 chars et canons d'assaut, ainsi que 1 800 avions, dégarnissant le reste du front de l'Est des deux tiers de ses unités blindées. Pour affronter les redoutables chars T34, les Allemands alignent de nouveaux blindés : les chars Panther équipés d'un canon de 75 mm, les chars lourds Tigre et les canons d'assaut Ferdinand, montés sur des châssis de chars Tigre. Du côté soviétique, on s'est aussi préparé à l'affrontement. Sachant parfaitement que l'ennemi tenterait une attaque en pinces à la base du saillant, le plan soviétique est d'enliser l'assaut allemand dans un énorme réseau de positions défensives, avant de lancer les blindés à l'attaque. Effectivement, les Russes ont mis en place des lignes de défense parallèles sur plus de 40 km de profondeur.

L'effet de surprise n'a pas joué, car le réseau d'espionnage Lucy avait fourni à Staline la date approximative de l'offensive : entre le 3 et le 6 juillet. Les renseignements recueillis sur le front au dernier moment ont permis aux Russes de déclencher, pendant les vingt-quatre heures qui ont précédé l'assaut, un formidable barrage d'artillerie qui a ébranlé les Allemands. Ce matin, à 5 h, au sud et au nord du saillant, les blindés allemands se sont ébranlés sous un déluge de fer et de feu. Les Panther tombent en panne. Les Tigre et les Ferdinand, s'ils progressent, rencontrent des batteries antichars qui les déciment. Aujourd'hui, les Allemands piétinent à 30 km de leur point de départ.

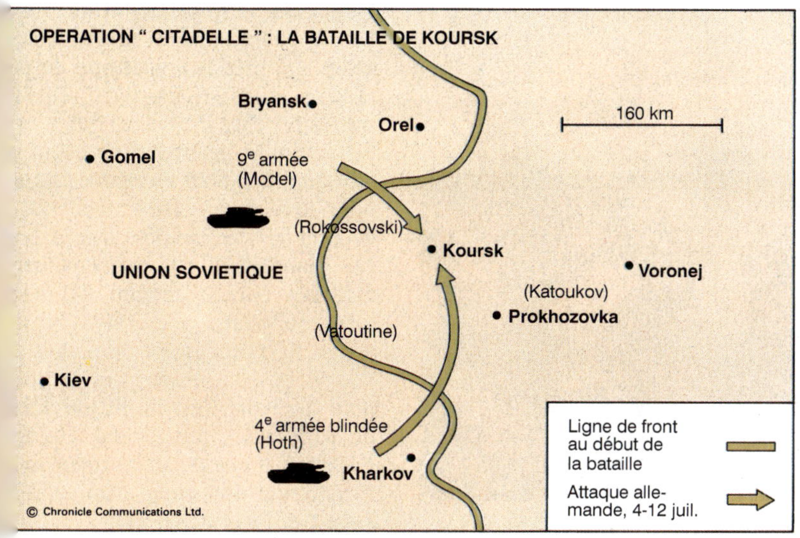

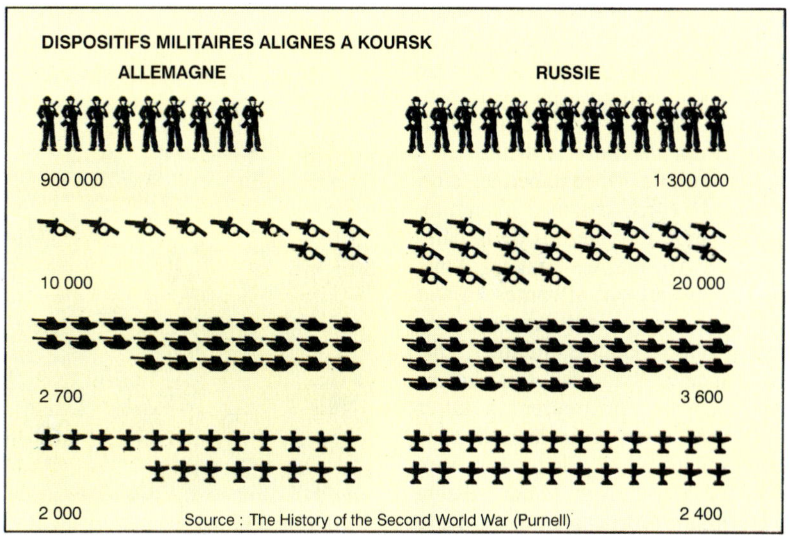

Les Alliés débarquent en Sicile malgré la tempête

Les armées de l'Axe prises au dépourvu

Syracuse, 10 juillet

Pendant quelques heures, les Alliés ont bien cru que l'invasion de la Sicile allait tourner au désastre. C'est le plus grand débarquement qui ait été tenté à ce jour, et il a été perturbé par un violent orage, inhabituel en cette saison. La Méditerranée était complètement démontée, et les milliers d'hommes à bord des barges de débarquement luttaient contre un ennemi redoutable : le mal de mer. Soudain, le vent est tombé, et l'armada de 3 000 navires a pu enfin approcher les plages siciliennes.

Pour la première fois, les Alliés attaquaient le territoire de l'Axe en Europe.

L'opération *Husky* s'est déroulée exactement comme prévu. Le convoi, formé de navires venus de ports d'Egypte, du Maghreb, de Malte et des Etats-Unis, s'est assemblé au moment voulu. La tempête a finalement retardé le débarquement de une heure seulement.

Ce matin, dès l'aube, 150 000 soldats anglais et américains étaient à terre, et 320 000 hommes doivent les rejoindre ces deux prochains jours. La tempête avait achevé de persuader les défenseurs italiens de l'impossibilité d'un débarquement. La plupart d'entre eux dormaient et, par centaines, ils ne se sont réveillés que pour se rendre, comprenant, mais trop tard, que la Sicile est l'objectif des Alliés.

En effet, ces derniers ont efficacement intoxiqué leurs ennemis, leur livrant même un cadavre porteur de faux documents, ce qui avait convaincu Hitler que la Sardaigne était visée. Pour défendre la Sicile, il n'y a donc qu'une armée italienne, la 6e, et le 14e corps d'armée allemand, qui compte des vétérans de la campagne d'Afrique. Ce sont les Américains qui les ont affrontés au sud de l'île, alors que la 8e armée britannique n'a rencontré qu'une faible résistance à Syracuse. Les American Rangers, eux, eurent à lutter durement pour tenir leur tête de pont sur les plages. Ils se sont trouvés face à la division blindée d'élite « Hermann Göring » et à ses Tigre de 56 tonnes. Mais leur artillerie de marine, appelée à la rescousse grâce aux talkies-walkies nouvellement inventés, a réussi à disperser les Panzer. Les Américains ont alors investi un poste de commande italien. Quand la sonnerie du téléphone a retenti, un correspondant de guerre stationné à Rome depuis 1939 a décroché. Au bout du fil, quelqu'un demandait où étaient les Américains, ce à quoi il répondit en italien : « Quels Américains ? Tout est calme ici. »

En revanche, ce fut bien plus difficile pour les parachutistes : sur les 137 planeurs britanniques engagés, 69 sont tombés à la mer, noyant quelque 200 hommes. 56 ont atterr un peu partout en Sicile, et 12 seu lement ont atteint avec précisio leur objectif, un pont stratégique a sud de Syracuse. Les Américain n'ont pas fait mieux : leurs pilote manquaient d'expérience et les na vigateurs étaient mal entraînés pou les missions de nuit. Les 2 781 pa rachutistes se sont retrouvés épar pillés dans un rayon de 80 km. Mai les Alliés ont, en fait, profité de c chaos. La présence soudaine de pa rachutistes un peu partout a semé l confusion chez l'ennemi, qui a cr l'effectif allié beaucoup plus impor tant qu'il ne l'était en réalité ; auss pour tenter d'y faire face, a-t- dégarni les têtes de pont des plage Les plans alliés ont été largemen modifiés par le général Montgo mery, qui tient à ce que sa 8e armé arrive la première à Messine, e veut donc progresser vers le nor pour atteindre l'est de l'Etna. Cel ne plaît guère au général Georg Patton, à la tête de la 7e armée am ricaine, qui doit alors avancer ve l'ouest et Palerme (→ 11).

Un transport de troupes britannique débarque sur les côtes siciliennes des soldats chargés d'armes et de matériel.

L'aube se lève sur les soldats alliés débarquant sur une plage de Sicile.

1943

Juillet

Di	Lu	Ma	Me	Je	Ve	Sa
				1	2	3
4	5	6	7	8	9	10
11	12	13	14	15	16	17
18	19	20	21	22	23	24
25	26	27	28	29	30	31

11. Sicile : le 30e corps britannique atteint Palazzolo. La division Panzer « Hermann Göring » déclenche une contre-attaque vers Gela.

12. URSS : au camp de prisonniers de Krasnogorsk, des officiers allemands et des émigrés communistes fondent le Comité national de l'Allemagne libre, dont le général von Seydlitz, ancien adjoint de Paulus à Stalingrad, prend la tête, pour renverser le régime hitlérien.

12. Koursk : l'Armée rouge déclenche une grande contre-offensive au nord du saillant.

12. Sicile : Américains et Britanniques font leur jonction à Raguse.

13. Iles Salomon : lors de la bataille de Kolombangara, une escadre navale américaine coule le croiseur japonais *Jintsu*. Mais 1 200 Japonais débarquent sur l'île. Le *Gwin*, destroyer américain, est coulé.

13. Rastenburg : Hitler fait cesser les opérations autour de Koursk et redéployer ses forces en Italie (→ 14).

14. Sicile : les Alliés occupent le port d'Augusta et prennent l'aéroport de Biscari. Messine est lourdement bombardée.

14. Paris : le détachement FTP 14-Juillet attaque une unité de la Wehrmacht à la grenade, avenue de la Grande-Armée. Quinze Allemands sont tués.

14. Martinique : l'envoyé du CFLN, Henri Hoppenot, arrive à Fort-de-France.

15. Drancy : opération *Nuit et brouillard* : départ de 3 trains de déportés, parmi lesquels le général Delestraint, pour le camp du Struthoff.

15. Sicile : Patton exige la présence du 4e tabors marocains (890 hommes répartis en 4 goums).

16. Italie : des avions alliés lâchent des tracts signés par Roosevelt et Churchill : « L'heure a sonné pour les Italiens de [...] mourir pour Hitler et Mussolini, ou de vivre pour l'Italie et la civilisation. »

17. Sicile : les Alliés créent le gouvernement militaire des territoires occupés, l'Amgot.→

Les Panzer sont écrasés à Koursk

Koursk, 14 juillet

La plus grande bataille de blindés que le monde ait jamais connue s'achève sur une défaite pour ceux de Hitler. La plaine qui entoure le village Prokhorova, au sud-est de Koursk, est jonchée d'épaves fumantes, débris de canons et carcasses d'avions ou de chars. Par centaines, les T-34 de la 5e armée de la garde du général Pavel Rotmistrov ont chargé les Panther et les Tigre. Selon les paroles du général Guderian, « ils filaient sur le champ de bataille comme des rats » et fonçaient sur les Panzer, leur tirant dessus à bout portant. « Rapidement, raconte Rotmistrov, la terre devint noire et brûlée par les immenses torches des chars en flammes. » Le pilote d'un char russe, blessé, fonça délibérément sur un Tigre, et la collision des deux blindés les fit exploser en une immense boule de feu. Il y avait presque 2 000 chars engagés dans l'affrontement, et au bout de huit heures, quand l'obscurité s'est faite sur le champ de bataille, les deux camps avaient déjà perdu la moitié de leurs effectifs.

Les Allemands prétendent avoir porté à l'ennemi autant de coups qu'ils en ont reçu, mais ils ont brûlé là leurs dernières cartouches. Ils ont perdu la bataille de Koursk, et sans doute aussi la guerre sur le front de l'Est. Une contre-attaque de l'Armée rouge le 12 à Orel, au nord de Koursk, a confirmé la défaite allemande. Hitler en est très conscient. Pendant la préparation de l'opération *Citadelle*, il avait répété qu'il « ne devait pas y avoir d'échec », et avait jeté dans la bataille toutes les forces dont l'Allemagne pouvait disposer. Dans son appel, qui a été lu aux soldats le 4 juillet, il affirmait : « Vous allez participer à d'immenses offensives, dont l'issue décidera peut-être de la guerre [...]. Votre victoire convaincra plus que jamais le monde entier que toute résistance à l'armée allemande est finalement vaine. »

Guderian, opposé à l'opération *Citadelle*, a dit à Hitler que le fait que les Allemands tinssent Koursk ou non importait fort peu au monde. Le Führer, pour une fois d'accord, a répondu : « Vous avez raison. Dès que je pense à cette attaque, mon estomac se retourne. »

La chasse impitoyable aux Panzer, vue de l'intérieur d'un char soviétique.

Les tirs des chars russes illuminent la nuit pendant la bataille de Koursk.

Les T-34 de l'Armée rouge ouvrent la route aux fantassins soviétiques.

Tensions entre les généraux alliés

Messine, 17 juillet
La course folle est engagée. Venu d'Alger, le général George Patton Jr., très élégant avec ses culottes de cheval et ses bottes luisantes, a lancé la 7e armée américaine vers Messine, tentant de prendre de vitesse la 8e armée britannique de Montgomery. Le terrain accidenté et la vive résistance allemande ralentissent la progression des Alliés, mais ce sont surtout les désaccords entre les deux généraux qui sont préoccupants. L'orgueilleux Patton n'avait accepté qu'à contrecœur de servir de bouclier à Montgomery, qui devait progresser rapidement le long de la côte est. Lorsque la 8e armée eut pris position non loin de Catane, Montgomery changea soudain ses plans et décida d'attaquer par l'ouest de l'Etna. Ses hommes ont donc combattu autour de Vizzini, comme les Américains. Furieux, Patton est allé protester auprès du commandant en chef, le général Harold Alexander. Le très courtois « Alex », surpris de cette colère, a préféré laisser un peu la bride sur le cou à Patton. En effet, ce n'est pas tant le problème stratégique qui inquiète Alexander que la querelle personnelle entre les deux hommes. La condescendance de Monty envers les Américains moins expérimentés, son assurance désinvolte exaspèrent Patton, ainsi que l'allure dégagée des « rats du désert » de Monty. Surtout, il enrage de devoir jouer les seconds couteaux, et voudrait que la victoire soit américaine (→ 18).

Les généraux se disputent pendant que leurs hommes montent à l'assaut.

Des prisonniers allemands sont rassemblés par les Alliés sur une plage.

Des criminels nazis répondent de leurs massacres en URSS

Krasnodar, 14 juillet
Le procès des onze Allemands accusés du meurtre de nombreux Soviétiques, s'est ouvert. Les faits datent de l'occupation par la Wehrmacht de cette ville du nord du Caucase. Des détails terribles y sont révélés, comme l'utilisation de « camions de la mort », dans lesquels les victimes, en général des Juifs, étaient enfermées ; les gaz d'échappement, propulsés à l'intérieur du véhicule hermétiquement clos, les asphyxiaient durant leur acheminement vers une immense fosse en dehors de la ville, où les dépouilles étaient alors jetées. Il est prouvé que 7 000 personnes ont ainsi été tuées à Krasnodar, en plus de celles qui ont été fusillées ou pendues pour avoir osé manquer de respect au IIIe Reich. Des témoignages insoutenables relatent que « les hommes, les femmes et les enfants étaient indifféremment entassés dans le camion ». A l'hôpital, les malades étaient « mis sur des brancards et chargés dans les camions par les Allemands ». Les journalistes des pays alliés ont été invités à assister au procès, ce qui transforme parfois les audiences en véritables spectacles. Il s'agit de montrer clairement aux Allemands coupables des crimes ignobles commis en URSS qu'ils n'échapperont pas à la justice. Ce procès de criminels de guerre n'est sans doute que le premier d'une longue série.

Nouvelle vague de terreur en Pologne

Bialystok, 15 juillet
La répression contre les partisans polonais s'accentue. Les Allemands prétendent pacifier le pays : le village de Szaulicze, près de Wolkowysk, a été incendié et ses habitants ont été fusillés. A Bialystok, Wasilkow, Lomscha et ailleurs, onze cents partisans, ou supposés tels, ont été tués, leurs biens confisqués et leurs maisons détruites. Les intellectuels et leurs familles sont toujours persécutés. Les nazis pensent ainsi, à tort, intimider la population et juguler la résistance.

Violente bataille aérienne à Bougainville

Iles Salomon, 17 juillet
Le combat, commencé hier soir, a duré douze heures. Ce raid est le plus important que les Alliés aient jamais lancé jusqu'ici contre les Japonais. Sept navires ennemis ont été coulés et quarante avions endommagés ou détruits après que plus de deux cents appareils alliés ont attaqué la zone de Buin-Faisi au sud-est de Bougainville. Des vagues de Liberator et de Forteresses volantes ont bombardé pendant neuf heures l'aérodrome de Kahili cette nuit, empêchant tout décollage et atteignant les avions au sol. Ce matin, des bombardiers Dauntless et des bombardiers torpilleurs Avenger ont pris la relève. Tandis que les chasseurs qui les escortent s'expliquaient avec les Zero japonais, les bombardiers atteignaient les navires stationnés dans le port de Buin-Faisi. Un croiseur léger, deux destroyers, un chasseur de sous-marins, deux cargos et un pétrolier ont été envoyés par le fond. Les Alliés ont fait des ravages dans la nuée de Zero qui avaient décollé pour défendre le port : 49 appareils, dont 4 hydravions, ont été abattus. Pour les Japonais, c'est un véritable désastre. Quant aux Alliés, ils n'ont perdu que 6 avions dans la bataille.

Natalité en hausse, mariages en baisse

Grande-Bretagne, 12 juillet
La guerre a éparpillé bien des familles, mais le taux de natalité, pour le premier trimestre de 1943, a atteint son plus haut niveau depuis dix-sept ans au Royaume-Uni ; en effet, il est de 16,8 pour 1 000, ce qui représente environ 684 000 naissances par an. En 1940 et 1941, la natalité avait nettement fléchi par rapport à l'avant-guerre. Cependant, le nombre des mariages n'a jamais été aussi faible depuis le début de la guerre. La mortalité faiblit, elle aussi, par rapport à 1939

1943

Juillet

Di	Lu	Ma	Me	Je	Ve	Sa
				1	2	3
4	5	6	7	8	9	10
11	12	13	14	15	16	17
18	19	20	21	22	23	24
25	26	27	28	29	30	31

18. Etats-Unis : un U-Boot détruit le dirigeable américain *K-74* au large de la Floride.

18. Sicile : la 45e division américaine occupe Caltanisetta. La 1re division canadienne s'empare de Valguarnera.

19. Rome : 270 bombardiers américains lâchent plus de 500 t de bombes sur le nœud ferroviaire de San Lorenzo, et sur les aéroports du Littorio et de Ciampino (→ 24).

19. Londres : un plan visant à utiliser les icebergs comme bases aériennes est dévoilé par Churchill.

20. Washington : Roosevelt ordonne de partager avec les Britanniques les recherches sur les armes atomiques (→ 20.8).

21. Iles Salomon : l'aviation américaine coule deux contre-torpilleurs japonais.

21. Sicile : les Alliés ont fait 40 000 prisonniers et contrôlent la moitié de l'île (→ 22).

22. URSS : l'Armée rouge reprend Bolkhov et Mtsensk, au nord d'Orel, sous les attaques de la Luftwaffe.

22. Iles Salomon : un groupe de reconnaissance américain a débarqué la nuit dernière dans l'île de Velle Lavella pour préparer l'invasion (→ 25).

22. Iles Aléoutiennes : une flotte de deux cuirassés et de quatre croiseurs américains bombarde les positions des Japonais sur Kiska (→ 30).

22. Vichy : publication d'un décret autorisant les Français à s'engager dans les formations allemandes de Waffen SS.

23. Méditerranée : le sous-marin italien *Ascianghi* est coulé par les destroyers *HMS Eclipse* et *Laforey*, après avoir torpillé et endommagé le croiseur *HMS Newfoundland*.

23. Sicile : le général Patton reçoit l'ordre d'avancer de Palerme sur Messine (→ 30).

23. URSS : les Allemands sont repoussés sur leurs positions de départ au nord du saillant de Koursk (→ 26).

24. Atlantique : sept U-Boote ont été coulés en une semaine.

Mussolini de plus en plus menacé

Le Führer tente de galvaniser le Duce

Feltre, 19 juillet
Hitler a harangué Mussolini cinq heures durant, en vain. Il n'a pu ranimer chez le Duce, hagard et abattu, la flamme et l'énergie du fanatisme. Le Führer a effectué ce voyage impromptu après avoir été informé que l'armée italienne était « au bord de l'effondrement ».
Deux jours plus tôt, en conseil de guerre, il avait déclaré que « seules des mesures barbares » pourraient sauver l'Italie, en parlant de cours martiales et de tribunaux spéciaux pour écarter les « éléments indésirables ». La Sicile, a-t-il répété au Duce, ne pourrait être sauvée qu'au prix d'une réorganisation totale de l'armée. Hitler a invoqué la « voix de l'histoire » et rappelé à son allié que leurs tâches à tous deux ne pouvaient être laissées à une autre génération. Il a aussi promis des renforts et assuré que les U-Boote et de nouvelles armes terrifiantes feraient de l'Angleterre un nouveau Stalingrad. Mais le Duce est resté morne et silencieux tandis que le Führer tempêtait, et son désarroi a encore augmenté quand il a appris que Rome avait été bombardée.
L'homme qui est retourné ce soir à Rome y a trouvé l'opinion publique bouleversée devant les quartiers en flammes. Il n'a plus grand-chose en commun avec le dictateur qui voulait bâtir un nouvel Empire romain.

Une attitude belliqueuse du Duce : ses anciens fidèles le rejettent à présent.

L'assemblée fasciste vote contre le Duce

Rome, 24 juillet
Les courtisans de Mussolini se sont retournés contre lui. Au cours du premier Grand Conseil fasciste depuis 1939, le retour à une monarchie constitutionnelle, avec un Parlement démocratique, a été adopté par dix-neuf voix contre sept et une abstention. Le Duce semble pour l'instant mépriser cette révolution de palais. Jusqu'à présent, le Grand Conseil n'avait servi qu'à entériner les décisions du dictateur.
Les fascistes récalcitrants sont conduits par Dino Grandi, autrefois ami intime et admirateur de Mussolini, accompagné de Giuseppe Bottai et du comte Galeazzo Ciano, gendre du Duce. Mais Mussolini ne s'est pas rendu compte que les hiérarques avaient le soutien du roi Victor-Emmanuel, du prince héritier Umberto ainsi que du maréchal Badoglio. Les récentes tentatives de Carlo Scorza, véritable deuxième dictateur en Italie, pour augmenter l'emprise du parti dans toutes les couches de la société, les défaites constantes de l'armée et les importantes pertes récentes dans l'aviation, tout cela a fini par rassembler l'opposition au Duce. (→ 25)

Signes d'agitation dans les Balkans

Sofia, 23 juillet
Les succès militaires alliés en Sicile ont accentué les tensions dans l'Europe du Sud-Ouest. L'agitation a gagné la capitale bulgare : la troupe a été rappelée, et les lignes téléphoniques ont été coupées momentanément il y a deux jours. Un avion non identifié a lâché des tracts appelant la population à renverser le gouvernement et à chasser les Allemands. La tension est vive en Roumanie également : les permissions des soldats ont été annulées, et des renforts ramenés de Grèce.

La « guerre du rail » en Union soviétique

Moscou, 20 juillet
L'ordre vient du conseil suprême soviétique, la *stavka*. Tous les partisans doivent s'investir dans la « guerre du rail » contre les voies ferrées allemandes, afin d'empêcher le ravitaillement et les renforts de parvenir sur le front. Les Allemands étaient déjà contraints d'utiliser des trains blindés en raison des attaques des partisans, et beaucoup d'unités ont déjà subi des pertes sévères au cours de leur voyage vers l'Est. Les trajets en train seront désormais encore plus périlleux.

Affiche de propagande vichyste.

Rome bombardée par les Américains

Rome, 19 juillet
L'attaque a provoqué la panique dans la capitale italienne. Les bombardiers alliés ont largué ce matin plus de 500 t de bombes explosives sur des « objectifs militaires » situés dans les faubourgs. Sur les 158 B-17 et les 112 B-24 qui participaient au raid, 5 seulement ont été abattus. Des milliers de gens fuient la ville à bord des véhicules les plus variés. Le pape s'est fait conduire sur les lieux pour réconforter les victimes. La soutane tachée du sang des blessés, il a annoncé que le Vatican, Etat neutre, s'offrait pour abriter les Romains. (→ 21)

Pie XII : il ne faut pas détruire Rome !

Rome, 24 juillet
Dans les faubourgs de la Ville éternelle règne encore l'odeur âcre des incendies provoqués par les bombardements. Le pape a supplié tous les combattants d'épargner la ville. Le Vatican a démenti que le pape avait écrit au président Roosevelt pour condamner les raids, qui ont durement touché une des églises. Radio Vatican précise : « Le pape est impartial. Il n'a pas l'intention d'accroître la haine qui règne entre les belligérants. Cependant, Rome est unique, et les deux camps devraient admettre cela. » Cet appel du pape est destiné à sauver ce trésor de l'humanité. (→ 25)

Hambourg, cible des bombes alliées

Londres, 24 juillet
Sur les 791 bombardiers lancés sur Hambourg la nuit dernière dans le cadre de l'opération *Gomorrhe,* seuls douze n'ont pas rejoint leur base britannique. Ce succès est dû en grande partie à l'utilisation par les appareils, pour la première fois, du dispositif Window. Celui-ci est constitué de bandelettes métalliques qui traînent hors de l'avion et brouillent les radars de l'ennemi. Cette nuit, la Flak tirait à l'aveuglette. D'autres raids sur la cité allemande sont déjà planifiés.

Palerme conquise par les armées alliées

La population de Palerme acclame les Américains qui entrent dans la ville.

Palerme, 22 juillet
Les Alliés triomphent en Sicile : la 7e armée de Patton a dévalé les montagnes et s'est ruée le long de la côte pour s'emparer aujourd'hui de la ville, semant la déroute dans les forces de l'Axe, qui fuient dans un désordre complet. L'avance de Patton a été spectaculaire, l'ennemi faiblissant chaque jour devant la puissance américaine. A présent, la course vers Messine, dans l'est de l'île, peut commencer. La 8e armée britannique a plus de difficultés face aux parachutistes allemands dont les canons antichars de 88 mm se sont à nouveau montrés terriblement efficaces, surtout en terrain accidenté. Les Canadiens du Hastings and Prince Edward Regiment, que commande lord Tweedsmuir, ont pris le village perché d'Assoro en utilisant une tactique employée il y a presque 200 ans par le général Wolfe pour s'emparer de Québec. La ville surplombe une vertigineuse façade rocheuse, que les Canadiens ont escaladé en « quarante épuisantes et terribles minutes ». Pour les défenseurs allemands, la surprise a été totale. Les Canadiens ont alors pu lancer l'assaut sur leur objectif principal : la ville de Leonforte. Après des combats de rue qui ont duré toute la nuit dernière, elle est tombée ce matin. (→ 23)

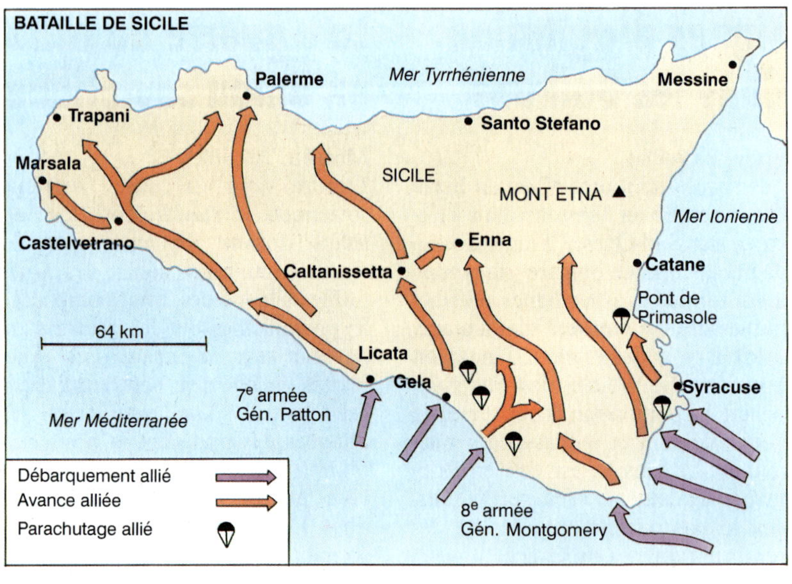

1943

Juillet

Di	Lu	Ma	Me	Je	Ve	Sa
				1	2	3
4	5	6	7	8	9	10
11	12	13	14	15	16	17
18	19	20	21	22	23	24
25	26	27	28	29	30	31

25. Nouvelle-Géorgie : les 37e et 43e divisions américaines déclenchent une offensive contre Munda, mais progressent très peu.

25. Rastenburg : Hitler ordonne de fabriquer les fusées en série pour bombarder Londres (→ 31).

26. Essen : le Dr Gustav Krupp von Bohlen a une attaque d'apoplexie face aux ruines de ses usines bombardées.

26. Rastenburg : Hitler suppose que la Grèce sera le prochain site de débarquement allié, aussi y fait-il établir des défenses (→ 31).

27. France : la Gestapo arrête les principaux responsables de Libération-Sud dans la Drôme. Hier, elle a arrêté ceux de Franc-Tireur à Valence.

27. France : un commando du BCRA fait sauter le barrage de Gigny, sur la Saône, à l'aide de mines sous-marines. Les nazis n'ont plus de voies navigables vers l'Italie (→ 13.8).

27. Nouvelle-Géorgie : les Américains concentrent leurs attaques sur la colline de Horseshoe.

27. Rastenburg : Hitler confie au capitaine SS Otto Skorzeny la mission de faire évader Mussolini. Il a l'intention de le rétablir comme chef fantoche de l'Italie occupée par l'Allemagne.

27. Italie : transfert de Mussolini sur l'îlot de Ponza.

29. Italie : après la dissolution du parti fasciste, Badoglio dissout les corporations et la Chambre des faisceaux. Les détenus politiques sont libérés.

30. Sicile : les Allemands sont encerclés au nord-est (→ 5.8).

31. Nouvelle-Géorgie : les Américains liquident la résistance japonaise à Bartley Ridge, mais sont repoussés sur la colline de Horseshoe (→ 5.8).

31. Alger : Giraud devient commandant en chef de toutes les forces françaises. Il est ainsi évincé de la présidence du CFLN. De Gaulle préside le nouveau Comité de défense nationale, qui subordonne l'armée au pouvoir civil.

La défaite plonge l'Italie dans le chaos politique

Après avoir renversé Mussolini, les Romains se mettent à briser ses statues.

Les jeunes Italiens défilent dans les rues pour exiger la fin des combats.

Mussolini, renvoyé par le roi, est arrêté

Rome, 25 juillet
Benito Mussolini n'est plus rien. Le roi Victor-Emmanuel III a renvoyé l'homme qui a plongé son pays dans une guerre désastreuse, et qui venait d'être désavoué par le Grand Conseil fasciste après tout juste une demi-heure d'entretien à la villa Savoia. Le roi lui a dit : « Je le regrette, je le regrette, mais il n'y a pas d'autre solution... En ce moment, vous êtes l'homme le plus haï d'Italie. » Sitôt congédié, Mussolini a été jeté dans une ambulance et conduit à la caserne de la police militaire, *via* Quintino Sella, où il est depuis maintenu sous bonne garde.

Le roi a pris le commandement des forces armées et nommé au poste de Premier ministre le maréchal Badoglio, qui s'est lui-même longtemps compromis avec le fascisme. A son retour à Rome après son entretien avec Hitler à Feltre, Mussolini avait senti un vent de rébellion souffler sur la capitale bombardée. Néanmoins, il ne s'attendait pas à ce que le roi et les chefs militaires soient partie prenante du complot fomenté par Dino Grandi et les dignitaires du Grand Conseil fasciste. Les manifestations contre la guerre se multiplient dans le Nord, et les Alliés remportent victoire sur victoire en Sicile. Les bombardements sur Rome et les grandes villes ont déclenché la colère populaire. Le mécontentement était latent : les fascistes, qui scandaient Viva il Duce ! par millions, ont perdu leurs illusions. Mussolini leur avait promis la victoire, et c'est la défaite qui attendait ses légions en Afrique de l'Est, en Albanie, en Grèce, en Egypte, en Libye et en Tunisie. Le peuple italien craint à présent l'inévitable invasion qui répandra la guerre partout, jusque dans les villages les plus reculés. Mais deux questions lancinantes se posent : comment Hitler réagira-t-il à la défection de l'Italie ? Et que feront les Alliés ? (→ 27)

La situation est confuse dans tout le pays

Milan, 30 juillet
Des milliers d'ouvriers en grève défilent dans les rues pour exiger la paix ; des soldats refusent d'ouvrir le feu, contrevenant ainsi à la loi martiale qui interdit grèves et manifestations : voilà les scènes qui se déroulent aujourd'hui en Italie. Les gardes ont assisté passivement à l'invasion de la prison de Cellari par une foule en colère, qui a libéré une centaine de prisonniers antifascistes. Quelques fanatiques de Mussolini, dont un de ses neveux, Vito, se sont barricadés à l'intérieur du siège du parti fasciste à Rome, et des récits de lynchage parviennent de tout le pays. Depuis la déposition du Duce il y a cinq jours, les événements se succèdent avec une extraordinaire rapidité. La gauche démocratique s'insurge et voudrait que l'Italie se range aux côtés des Alliés et que l'armée italienne, supérieure en nombre, se retourne contre les Allemands. Mais le maréchal Badoglio doit louvoyer et affirmer son pouvoir. Il y a cinq jours, il n'a pas hésité à faire ouvrir le feu sur une manifestation antifasciste à Rome. Il y a eu cent quatre morts. Hitler a réagi très promptement : il a fermé les passages des Alpes et ordonné à Rommel de réunir huit divisions pour empêcher que les ponts et les tunnels soient détruits. Après la chute inévitable de la Sicile, les Alliés se préparent à présent à envahir la péninsule elle-même le plus rapidement possible, avant que les Allemands aient le temps d'établir de solides positions de défense dans les montagnes du centre du pays. Badoglio n'a qu'une marge de manœuvre très étroite pour gouverner. Le général Dwight Eisenhower lui a offert de libérer les prisonniers de guerre italiens si son pays arrête de coopérer avec les Allemands. Le nouveau Premier ministre voudrait que sa patrie sorte de la guerre ; mais il reste à voir comment il réussira à faire sortir la guerre de l'Italie. (→ 2.8)

Badoglio : l'homme qui succède au Duce

Rome, 25 juillet
Le maréchal Pietro Badoglio n'est pas très connu à l'étranger, surtout chez les Alliés. C'est pourtant un homme détesté par Hitler, qui a même proposé d'envoyer un commando spécial pour le tuer. Après avoir mené la conquête de l'Ethiopie en 1936, il a été nommé chef d'état-major général. Conscient de la faiblesse militaire de son pays, il essaya sans succès d'empêcher le Duce d'entrer en guerre avec la France en 1940.

Le nouveau maître du jeu.

La RAF déclenche un déluge de feu sur Hambourg

Un bilan plus lourd que celui du Blitz

Hambourg, 31 juillet

L'opération *Gomorrhe* a déchaîné l'enfer sur Hambourg. La RAF a largué sur la ville 8 621 tonnes de bombes. Trompant les défenses allemandes grâce au dispositif Window, les Lancaster de la RAF ont attaqué le grand port trois fois en cinq jours, semant la mort et provoquant des destructions d'une ampleur indicible. Les Forteresses volantes de la 8e armée de l'air US ont participé à l'opération, surgissant au-dessus de la ville en feu jour après jour, leurs bombardements précis s'ajoutant aux ravages massifs de la RAF. Au total, 2 752 appareils ont participé à l'attaque, et 86 ne sont pas rentrés. Au cours de la deuxième attaque, dans la nuit du 27 au 28 juillet, les bombes incendiaires ont été employées si massivement que la ville n'était plus qu'un immense brasier sur une surface de 3 km². Il ne restait que des cendres dans les abris, devenus de véritables fours crématoires, où les gens s'étaient réfugiés.

Selon un témoin qui se trouvait à bord d'un bombardier qui a survolé Hambourg à la fin de l'attaque, « le panache de fumée s'élevait en spirale à 8 km d'altitude, et on pouvait voir les immenses bâtiments des usines brûler. Les défenses de la ville paraissent avoir été totalement débordées ». Le bilan est effroyable : 30 482 personnes ont péri, c'est-à-dire qu'il y eut plus de morts que pendant tout le Blitz à Londres. Des rescapés blêmes de terreur émergent encore des ruines fumantes. Des cantines ambulantes distribuent de la soupe. La destruction des installations téléphoniques aggrave encore le chaos. Les usines d'armement ont subi de graves dommages. Trois U-Boote ont été détruits, ainsi que de nombreux navires. 580 usines sont en ruine, et 37 000 civils gravement blessés. Le tunnel stratégique sous l'Elbe s'est effondré. Un commentateur allemand a déclaré : « Terreur, terreur, terreur. Pure, nue, sanglante. Hambourg a été lourdement frappé par ce raid de terreur. C'est un fait, et nous ne pouvons le nier. »

En plein jour, un bombardier largue ses bombes au-dessus de Hambourg.

Des pans de murs carbonisés : tout ce qui reste d'un théâtre de Hambourg.

La Flak abusée par un nouveau leurre

Londres, 31 juillet

Lors de l'attaque sur Hambourg, le Bomber Command de la RAF a utilisé un nouveau moyen pour tromper la défense antiaérienne allemande. C'est, pour une fois, un système fort simple, qui a reçu le nom de code de Window. Cela consiste à aveugler les radars ennemis en laissant traîner des bandes d'aluminium fixées aux carlingues des bombardiers. Ces bandes métalliques apparaissent sur les écrans ennemis et faussent le repérage des avions. Le soir du 24 juillet, le système a été mis en œuvre à Hambourg, semant la panique parmi les contrôleurs antiaériens allemands. L'un d'eux s'est même exclamé : « Les bombardiers anglais se multiplient ! » Il devenait impossible de diriger les chasseurs allemands sur les appareils alliés, ce qui explique pourquoi si peu d'entre eux ont été abattus. Lors des attaques suivantes, les contrôleurs aériens ont cessé d'indiquer des cibles précises aux chasseurs ; ils ne peuvent les renseigner que globalement sur la position et l'altitude de la vague de bombardiers.

Des bombes de plus en plus meurtrières

Hambourg, 31 juillet

La sécheresse de l'été explique en partie l'ampleur de l'incendie qui a ravagé la ville. Mais c'est surtout la technique de la RAF qui s'est révélée d'une efficacité redoutable.

Les bombardiers larguent à la fois des bombes incendiaires – les plus légères enflamment les toits et les autres tombent à l'intérieur des bâtiments – et des bombes explosives, dont l'effet de souffle attise encore plus les foyers. Chaque explosion provoque un incendie qui épuise l'oxygène et crée une dépression. L'air chaud monte et des masses d'air froid le remplacent, créant parfois des vents de 250 km/h, qui aspirent les gens dans la fournaise et provoquent de terrifantes tempêtes de feu. (→3.8)

L'Armée rouge fait céder la Wehrmacht

Orel, 26 juillet
Les Allemands évacuent leur bastion d'Orel. La Wehrmacht, malgré de lourdes pertes, n'a pas réussi à supprimer le saillant soviétique de Koursk, et la puissante contre-offensive ennemie l'a contrainte à présent à abandonner sa propre position avancée, à 300 km au sud de Moscou. A contrecœur, Hitler a autorisé le maréchal von Kluge à ordonner la retraite de ses troupes il y a deux jours. Il devenait évident qu'elles étaient menacées et risquaient un désastre comparable à Stalingrad : l'Armée rouge avait enfoncé les lignes fortifiées allemandes sur une largeur de 30 km, et mis cinq divisions en déroute. Les deux camps ont eu l'occasion, à Koursk, d'expérimenter massivement des matériels nouveaux. Les deux armées y ont utilisé des avions antichars, équipés de canons de gros calibre. Les fameux Stuka allemands, avec chacun deux canons de 37 mm, et les Henschel 129W, avec les canons de 30 mm, se sont révélés redoutables. Les Soviétiques leur ont opposé des Sturmovik et les Il-2, dotés de canons de 37 mm qui ont, au cours d'une attaque de vingt minutes, transformé 70 chars de la 9ᵉ division Panzer en un monceau de ferraille calcinée (→ 31).

L'armée japonaise évacue Kiska en secret

Kiska, 30 juillet
Le bombardement incessant de l'île de Kiska par les B-17 américains ne sert plus à rien : la garnison japonaise composée de 5 200 hommes a quitté sa dernière place forte de l'ouest des Aléoutiennes. A la faveur du brouillard, deux croiseurs et douze destroyers ont quitté l'île discrètement il y a deux nuits. Depuis deux mois, les bombardements américains à partir d'Adak, distant de 300 km, c'est-à-dire à deux heures de vol, n'ont pas cessé. Les Américains risquent fort de continuer à ignorer le départ des Japonais. Kiska est en général entouré d'épais nuages, qui rendent les reconnaissances difficiles et incitent les bombardiers à rester en altitude.

Japonais dans les îles Aléoutiennes.

Les succès des FTP-MOI de Manouchian

France, janvier
L'un des mouvements de partisans les plus actifs à Paris est celui de Missak Manouchian. A la tête de ses FTP-MOI, il organise attentat sur attentat. Le mouvement de la Main-d'œuvre immigrée regroupe depuis 1924 les étrangers antifascistes, souvent juifs, venus chercher asile en France. Ceux-ci se sont naturellement trouvés intégrés aux réseaux communistes.
Pour le seul mois de juillet, le groupe Manouchian revendique les attaques suivantes : un autobus plein d'Allemands à Clichy le 2, une maison réquisitionnée à Noisy-le-Sec le 9, deux casernes, une à Paris le 8 et une à Choisy-le-Roi le 10, un train de permissionnaires allemands dans la nuit du 10 au 11 et un train de marchandises le 28, un groupe d'officiers allemands à la gare de La Folie le 31 ; sans compter l'exécution de deux traîtres : un à Denain le 2 et un à Paris le 21.

Adolf Hitler se cloître dans son QG prussien

Rastenburg, 31 juillet
Hitler est très déprimé ; selon sa secrétaire Traudl Junge, « il a l'air très sévère. Il reste assis, le regard fixe, sans dire un mot ». Cette humeur sombre ne l'abandonne pas depuis le désastre de Stalingrad et la défaite de l'Axe en Afrique du Nord. Depuis, il semble ne plus être capable de décider de la stratégie à suivre. Dans son QG, la *Wolfsschanze* (la Tanière du loup), il ne cesse de ruminer les menaces d'un débarquement imminent des Alliés en Europe.
Des rapports militaires estiment que l'invasion commencera par la Grèce, mais Hitler penche pour l'Italie. Il sait, pour avoir lu la transcription d'un entretien téléphonique entre Churchill et Roosevelt, que le roi d'Italie tente de faire sortir son pays de la guerre. Des forces ont été retirées du front russe et envoyées en Italie, laissant le terrain libre aux Soviétiques.
Les Allemands ont essuyé une défaite à Koursk, où ils ont perdu 3 000 chars. Ailleurs, la situation est tout aussi inquiétante. Les U-Boote ont dû abandonner l'Atlantique, car trente-sept d'entre eux ont été coulés en juillet et, pour la première fois, les Alliés ont construit suffisamment de navires de commerce pour compenser les pertes qu'ils ont subies. La RAF peut désormais déchaîner l'enfer sur le Reich. La destruction de Hambourg, il y a trois nuits, a semé la terreur parmi la population allemande. Même les fidèles de Hitler ne croient plus à la victoire. Himmler a envoyé des commandos SS en mission dans les camps d'extermination pour faire disparaître au plus vite les preuves du massacre de millions de Juifs.
Mais Hitler se raccroche encore à quelques espoirs. A la base de Peenemünde, au nord de l'Allemagne, les savants du Reich expérimentent de nouvelles armes : parmi elles, un avion sans pilote et une énorme bombe volante.

es « valisards » partent à l'assaut de la campagne française

rance, juillet
vec les beaux jours, les paysans oient arriver par le train et se réandre dans les campagnes de bien ranges visiteurs. Munis de grands cs ou de valises (ce qui leur a valu nom de valisards), ils vont de rme en ferme pour acheter des ctuailles. Les plus honnêtes font nsi provision pour l'hiver, mais la upart revendent la marchandise x fois plus cher au marché noir. es paysans refusent rarement cette ccasion de tirer un meilleur prix leurs produits. Quand l'argent anque, certains se livrent aux ocs les plus invraisemblables : dix quets de cigarettes permettent obtenir 15 livres de beurre, prix un costume neuf pour le « valird ». Une paysanne a échangé un nbon contre une paire de chausres, une chemise et un pneu.

Gare Saint-Lazare, le retour d'une fructueuse tournée de ravitaillement.

1943

Août

Di	Lu	Ma	Me	Je	Ve	Sa
1	2	3	4	5	6	7
8	9	10	11	12	13	14
15	16	17	18	19	20	21
22	23	24	25	26	27	28
29	30	31				

1er. Iles Salomon : la vedette lance-torpilles américaine PT-109, commandée par le lieutenant John F. Kennedy, est coulée par le contre-torpilleur japonais *Amagiri* (→ 8).

2. Chine : Tchang Kaï-chek est nommé président par intérim du gouvernement nationaliste, succèdant à Lin Sen, mort hier.

2. Lisbonne : le conseiller de la légation d'Italie, le marquis d'Ayeto, rencontre l'ambassadeur britannique pour lui faire part de la volonté italienne de sortir du conflit.

3. Grande-Bretagne : les deux chiffreurs polonais, Henryk Zygalski et Marian Rejewski, ont les premiers cassé le code ennemi Enigma.

4. Italie : l'aviation américaine fait 150 morts dans un raid sur Naples. Rome le qualifie de « barbare et sans pitié ».

4. Iles Aléoutiennes : les Américains lâchent 150 tonnes de bombes sur l'île de Kiska, désertée par les Japonais (→ 15).

5. Nouvelle-Géorgie : après douze jours de combats, les Américains s'emparent de l'aéroport de Munda.

5. Lituanie : les Allemands déportent les derniers Juifs de Vilnius au camp de travail de Vaivara en Estonie (→ 24).

5. URSS : l'Armée rouge reprend Orel et Bielgorod.→

6. Italie : sept divisions allemandes pénètrent en Italie du Nord et s'emparent des points stratégiques (→ 8).

6. Vichy : Laval refuse à Speer un nouveau contingent de travailleurs. Conscient que le STO mine le régime, il tente de décider Berlin à laisser les ouvriers travailler en France.

7. Iles Salomon : 4 contre-torpilleurs japonais apportent des renforts sur l'île de Kolombangara. 6 destroyers américains les interceptent dans le détroit de Vela et en coulent trois (→ 11).

7. France : les groupes francs accentuent les sabotages du rail. Ils font sauter un train de munitions près de Marseille.

La Birmanie déclarée Etat indépendant

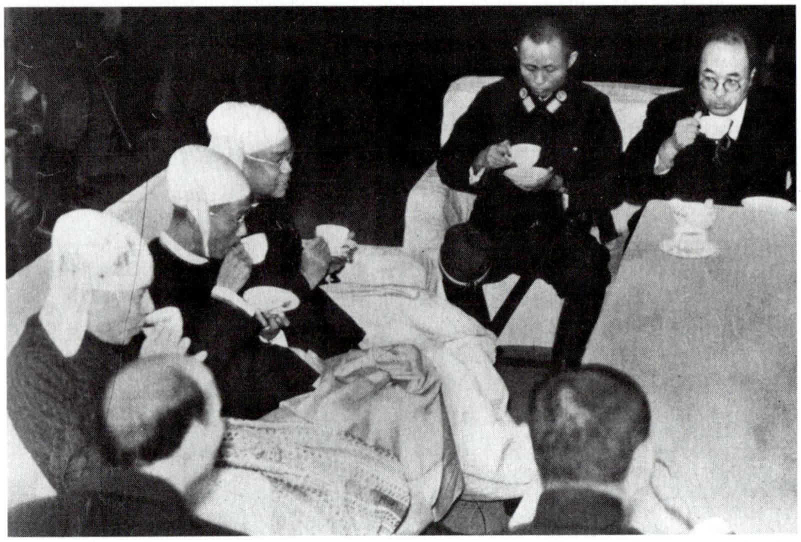

Les représentants birmans rencontrent les Japonais à Tokyo.

Rangoon, 1er août
Le Japon a annoncé aujourd'hui l'indépendance de la colonie britannique de Birmanie. L'administration militaire en place, avec à sa tête le général Mazikazu Kawabe, a remis le pouvoir au dirigeant nationaliste birman, le Dr Ba Maw, Premier ministre de tutelle soutenu depuis un an par les Japonais.
Le peuple birman a été prévenu ce matin par Radio Tokyo de son nouveau statut : « La Birmanie devient le cinquième pays indépendant de la grande sphère de coprospérité d'Asie orientale, après le Japon, la Chine, la Thaïlande, et la Mandchourie. » La première action du nouvel Etat indépendant a été de déclarer la guerre à la Grande-Bretagne et aux Etats-Unis. La déclaration a été lue à l'Assemblée birmane par le Dr Ba Maw. Lors d'une récente visite à Tokyo, le même Ba Maw parlait déjà de « partager la guerre avec le Japon, la vie comme la mort ». La manœuvre japonaise était attendue depuis longtemps. Les nationalistes birmans, qui avaient soutenu les Japonais lors de l'invasion de 1942, sont maintenant rassemblés au sein de l'Armée nationale de Birmanie et contribuent grandement à la propagande japonaise, tout comme l'Armée nationale des Indes, constituée par d'anciens prisonniers de guerre et dirigée par Subhas Chandra Bose. Le Japon espère que l'indépendance accordée aux Birmans rendra crédible sa prétendue lutte contre le colonialisme. (→ 13)

Les Alliés prennent Catane et Palerme

Les Anglais dans les rues de Catane.

Sicile, 5 août
Les Alliés, près de conclure leur avancée victorieuse en Sicile, menacent directement Messine. Les Anglais ont mené bataille autour de l'Etna, les Highlanders prenant Biancavilla, et le 13e corps Catane et Palerme. Les Allemands font retraite vers Messine, en laissant derrière eux d'importants effectifs pour les couvrir. La progression des Anglais est facilitée par le travail des troupes aéroportées qui devancent le gros de l'armée pour s'emparer des ponts. Quant à la 7e armée américaine, elle opère par débarquements sur la côte nord pour déborder les forces de l'Axe (→ 6).

L'Armée rouge reprend Orel

Orel, 5 août
Les Russes célèbrent la repris d'Orel, qui était aux mains des nazi depuis 1941. La nouvelle a été sa luée à Moscou sur le coup de minui par une salve d'honneur tirée pa cent vingt pièces d'artillerie. Le Russes avaient bataillé ferme jus qu'aux portes d'Orel, prêts à livre combat dans les rues. Mais leur patrouilles les trouvèrent désertes craignant d'être encerclés, les Alle mands avaient battu en retraite. L reprise d'Orel élimine la menace qu planait sur Moscou et ouvre la voi à une nouvelle phase de l'avancé soviétique, avec Briansk comm prochain objectif. (→ 10)

Goebbels propose d'évacuer Berlin

Berlin, 1er août
Les Berlinois ont appris la nouvel ce matin. Dans une allocution r diodiffusée, Goebbels leur a e joint de quitter la ville s'ils ne so pas employés dans les industries c guerre. Jusqu'à présent, les sourc officielles avaient toujours écar l'hypothèse d'un raid majeur s Berlin, et l'annonce de ce matin fait qu'étayer les rumeurs d'une c pitale sur le point de tomber. D laissez-passer seront accordés a femmes, aux enfants, aux retrait et aux malades, ainsi que des cart de rationnement et des couverture

1er août. Le président Lin Sen, i à gauche avec Tchang Kaï-che est mort aujourd'hui.

Bombardements du pétrole roumain

Le Caire, 2 août
Hier après-midi, les Alliés ont mené un raid audacieux contre les puits de pétrole de Ploiesti, en Roumanie. Le général U. G. Ent, commandant de la 9e armée de l'air américaine, a mené lui-même le raid : les bombardiers Liberator B-24 ont décollé de bases en Afrique du Nord et attaqué leur objectif en volant au ras de la cime des arbres. A son retour, Ent a décrit l'opération en ces termes : « Quand on en aura fini avec Ploiesti, les forces de l'Axe auront bien du mal à revenir à leur débit de 18 000 tonnes par jour. On ne peut pas faire voler un avion sans essence, et cet après-midi nous avons bien progressé dans notre projet d'en priver les avions et les blindés ennemis. On a été les premiers au-dessus de l'objectif. On touchait tout ce qu'on voulait. Le ciel était zébré de tirs de la Flak. J'avais l'impression qu'on nous tirait dessus avec n'importe quoi, même avec des fusils. »
Les Liberator ont répliqué avec leurs mitrailleuses, lâchant sur les batteries antiaériennes des bombes explosives et incendiaires, ainsi que les bombes à retardement destinées à exploser plusieurs heures après le raid. L'opération avait été préparée dans ses moindres détails, grâce en particulier à des entraînements à basse altitude conduits en Italie et en Sicile contre des objectifs imaginaires. Sur la base de ces entraînements, il fut décidé d'affronter la Flak et de tenter de balayer les installations de Ploiesti en un seul raid surprise. Les stratèges étaient d'avis que les chasseurs ennemis n'auraient pas le temps de réagir à l'attaque, mais les faits ont démenti cette supposition. Sur les 177 Liberator qui ont participé à ce raid, [illegible]6 ont été perdus, dont 7 forcés d'atterrir en Turquie.

Bombardier B-24 à l'œuvre au-dessus des installations pétrolières de Ploiesti.

Les bombardiers survolent les installations dévastées par les flammes.

Tentative d'évasion à Treblinka : mort de plusieurs gardes

Treblinka, 2 août
Les détenus de Treblinka se sont révoltés cet après-midi, tuant seize gardes avec des armes volées dans l'arsenal du camp, dont un serrurier avait copié la clé. Un ancien capitaine de l'armée polonaise, Julian Chorazycki, avait imaginé le plan. Malheureusement, il est mort peu avant la date prévue pour le soulèvement, et ce sont deux officiers de l'ancienne armée tchécoslovaque qui ont dû mener à bien l'évasion collective. Armés en tout et pour tout de vingt fusils et de vingt grenades, ainsi que de quelques revolvers, les détenus devaient attaquer juste avant le coucher du soleil afin que les évadés puissent bénéficier de l'obscurité. Profitant du fait que plusieurs gardes se baignaient dans le Bug, c'est à 15 h 45 que la révolte a éclaté. Au signal, les détenus ont mis le feu à l'essence qu'ils avaient répandue plus tôt autour des bâtiments à la place du désinfectant qu'ils étaient censés utiliser. Le feu a pris instantanément et a gagné l'arsenal qui a explosé, multipliant les foyers. Les détenus ont profité du chaos pour sortir leurs armes et abattre seize des gardes allemands et ukrainiens. Cent cinquante détenus ont réussi à s'échapper ; les autres, au nombre de cinq cent cinquante, ont été abattus dans la cour du camp. Treblinka, conçu comme camp d'extermination et non de détention, n'aurait jamais dû contenir un tel nombre de détenus, mais les effectifs ont été augmentés ce printemps quand Himmler, en visite à Treblinka, a donné l'ordre de déterrer les centaines de milliers de corps entassés dans les fosses communes et de les incinérer, pour effacer les preuves du massacre.

Nouveau succès allié en Nouvelle-Géorgie

Nouvelle-Géorgie, 7 août
Deux jours après avoir pris Munda, les Alliés ont remporté un nouveau succès dans le Pacifique en coulant trois contre-torpilleurs japonais. Seul le *Shigure* a échappé aux navires américains. Les Japonais ont été attaqués alors qu'ils tentaient de ravitailler l'île de Kolombangara où ont trouvé refuge les rescapés de la garnison de Munda. Des 5 000 Japonais de Munda, 1 500 ont péri brûlés dans leurs bunkers. La prise de Munda et de son terrain d'aviation rapproche les bombardiers alliés de leur objectif de Rabaul, la base navale japonaise, plus proche maintenant de 300 km.

Evasion spectaculaire de dix résistants

Riom, 3 août
Dix détenus, condamnés pour avoir tenté de délivrer des camarades, étaient transférés de Riom à Eysses par le train. A Pont-Mort, des hommes montent dans leur voiture et déclarent : « Nous sommes des policiers de la brigade spéciale. Des résistants ont prévu un coup de force, nous venons chercher les prisonniers. » Sans méfiance, les gardiens les suivent avec les détenus dans des voitures. Deux heures plus tard, ils se réveillent dans un bois, avec dans la poche un billet de mille francs et cette déclaration : « Tous contre les Boches. Signé : Combat, Libération, Franc-Tireur. »

1943

Août

Di	Lu	Ma	Me	Je	Ve	Sa
1	2	3	4	5	6	7
8	9	10	11	12	13	14
15	16	17	18	19	20	21
22	23	24	25	26	27	28
29	30	31				

8. Sicile : la 3e division américaine prend Sant'Agata. La 78e division britannique s'empare de Bronte (→ 10).

8. Méditerranée : Mussolini est transféré dans l'île de la Maddalena, au nord de la Sardaigne (→ 28).

8. Vérone : les Italiens assurent les Allemands qu'il n'y aura pas de négociations de paix séparées avec les Alliés.

9. Ankara : la Hongrie et la Grande-Bretagne concluent un accord secret. Les Hongrois ne tireront pas sur les avions alliés survolant leur pays. Les Alliés ne bombarderont pas de cibles en Hongrie.

9. Danemark : Erik Scavenius, Premier ministre, refuse d'envoyer en Allemagne pour y être jugés des partisans accusés de sabotage (→ 24).

10. URSS : l'Armée rouge prend Khotinetz, à l'est d'Orel (→ 14).

10. Allemagne : les avions de la RAF lâchent 3 444 t de bombes sur Nuremberg.

11. Iles Salomon : l'amiral Halsey ordonne la première opération selon la tactique dite du saut de grenouille : l'occupation des bases japonaises de Vella Lavella (→ 15).

12. Italie : 656 bombardiers de la RAF dévastent Milan, en larguant 1 252 tonnes de bombes incendiaires. Des négociations secrètes pour un armistice sont ouvertes (→ 14).

13. France : à La Javassière, des écluses du canal de Briare sont sabotées. 3 400 péniches sont bloquées sur les autres canaux (→ 12.9).

13. Maroc : Pierre Pucheu, l'ancien ministre de l'Intérieur du régime de Vichy, est arrêté.

13. Autriche : survolant la Hongrie, les Alliés font leur premier raid contre les usines de Wiener Neustadt (→ 18).

14. Vichy : Pierre Laval refuse sa coopération aux Allemands pour déporter tous les Juifs français.

14. Sicile : sur ordre du général Eisenhower, Patton fait ses excuses au soldat qu'il a frappé dans un hôpital.

Badoglio déclare Rome « ville ouverte »

Madrid, 14 août
Un général italien s'est rendu cette semaine à Madrid en secret pour s'entretenir avec l'ambassadeur de Grande-Bretagne. On sait que le but de la rencontre était d'évoquer le cas de Rome, qui vient d'essuyer une deuxième journée de bombardements et que le nouveau gouvernement italien aimerait voir déclarée « ville ouverte ». On apprend aussi cette semaine qu'un autre général italien est en pourparlers avec le maréchal Rommel à la frontière italienne, apparemment pour soulever la même question. Pietro Badoglio, le nouveau Premier ministre, a annoncé ce soir que Rome était désormais « ville ouverte » à des millions de Romains enchantés, mais de source alliée on dément ce soir à Alger en avoir reçu la confirmation officielle et on indique que Rome ne sera « ouverte » que lorsque tous les ministères, agences gouvernementales, organisations et industries militaires auront quitté la ville : « Tant que Rome servira de centre de communication militaire aux Allemands, la ville restera un objectif légitime de bombardements alliés. » Certains voient dans l'attitude de Badoglio la preuve que l'Italie se prépare à continuer la guerre et n'a aucune intention de signer la paix avec les Alliés. (→ 15)

Rome secouée par les bombes.

Conférence des Alliés à Québec

Québec, 13 août
Winston Churchill est arrivé à Québec pour une série de rencontres avec le Premier ministre canadien Mackenzie King, et plus tard avec le président Roosevelt. Churchill loge au château Frontenac, qui surplombe le Saint-Laurent. Sa suite comprend les chefs de son état-major, un subalterne de son unité antiaérienne, le lieutenant-colonel Guy Gibson, le commandant du dernier raid contre les barrages de la Ruhr et le chef des Chindits de Birmanie, le général Orde Wingate. Lors de son escale à Halifax, Churchill a entonné l'hymne national canadien avec ses hôtes, *The Maple Leaf Forever*. Au programme des entretiens qu'il aura avec Roosevelt, Churchill est censé aborder la question du commandement combiné en Asie du Sud-Est, ainsi que les projets de débarquement en Europe de l'Ouest – sur lequel les deux Alliés ont des points de vue divergents. (→ 20)

La résistance allemande à Hitler propose son programme

Allemagne, 9 août
Vingt personnalités allemandes se sont réunies avec pour objectif de renverser le pouvoir national-socialiste en Allemagne. Se choisissant le nom de Cercle de Kreisau, par référence au domaine de Kreisau qui appartient à leur membre fondateur, le comte Helmuth James von Moltke, les vingt contestataires ont rendu publique la liste des principes d'une réforme postnazie.
Dans cette proclamation, on relève : « 1. La justice, qui est bafouée, doit être restaurée [...] 2. La liberté de pensée et la liberté de conscience seront garanties [...] 3. Elimination de la manipulation totalitaire de la conscience et reconnaissance de l'inviolabilité de la dignité humaine comme principe fondamental d'un ordre de paix et de justice [...] 4. L'unité de base de la coexistence pacifique est la famille [...] 5. Le travail doit être conçu de façon à stimuler le sens de la responsabilité personnelle [...] »

Les règles changent pour les conscrits

Washington, 14 août
La commission chargée des effectifs de guerre a modifié les règles de la conscription aux Etats-Unis, éliminant le système du tirage au sort. La liste des corps de métier exemptés du service national a été modifiée, afin de protéger la main-d'œuvre essentielle aux industries de guerre. Paul McNutt, commissaire des effectifs, a aussi annoncé que la paternité ne figurait plus au rang des causes d'exemption, alléguant en substance que « la paternité ne dispense pas l'homme de contribuer à la victoire ».

12 août. Le capitaine Clark Gable, de l'armée de l'air américaine, pose avec son mitrailleur Phillip Hulse avant un raid sur la Ruhr.

L'Armée rouge marche sur Kharkov

Les chars et les fantassins soviétiques montent à l'assaut de la Wehrmacht.

Ukraine, 14 août

Les forces soviétiques, dans leur progression victorieuse vers l'ouest après la chute de Bielgorod, sont arrivées aux portes de Kharkov. Les Allemands, qui défendent l'importante ville ukrainienne, sont désormais menacés d'être encerclés par les chars soviétiques qui s'infiltrent derrière leurs lignes.

L'offensive russe, important volet de la stratégie soviétique après la grande victoire de Koursk, n'implique pas moins de cent vingt divisions, qui ne sont pas encore fatiguées, bien qu'elles se soient déjà portées à l'attaque des troupes épuisées du maréchal von Manstein. Les commandants soviétiques, les généraux Koniev et Vatoutine, ont concentré leurs efforts sur le point de jonction de la 4e division Panzer et du groupe Kempf et font passer leurs troupes par la brèche qu'ils ont ménagée. Apparemment inépuisables, ces troupes sont soutenues par une aviation tout aussi imposante : cent divisions aériennes, c'est-à-dire dix mille avions, patrouillent au-dessus du champ de bataille. Face à cette imposante armada, la Luftwaffe est forcée de déplacer des escadrilles du front de l'Ouest au front russe et elle trouve de plus en plus difficile de soutenir la Wehrmacht. Le problème qui se pose maintenant aux Allemands est de trouver des réserves afin d'enrayer le déferlement des troupes soviétiques. (→ 16)

Le lieutenant John F. Kennedy et son équipage naufragés aux îles Salomon

Rendova, îles Salomon, 8 août

L'équipage d'une vedette lance-torpilles coulée par les Japonais a réussi à rejoindre les siens après une semaine d'efforts. Le commandant du PT-109, le lieutenant John F. Kennedy, a décrit l'aventure incroyable qu'il a vécue après qu'un destroyer japonais, *l'Amagiri*, a éperonné son bateau au large de l'île de Kolombangara le 1er août. Onze des treize membres d'équipage ont survécu à l'impact, dont un blessé. Après avoir dérivé pendant cinq heures accrochés à des débris flottants, les rescapés parvinrent à prendre pied sur une petite île. Kennedy, fils de l'ex-ambassadeur américain en Grande-Bretagne, se remit aussitôt à l'eau, en pleine nuit, pour tenter d'intercepter une vedette alliée.

L'effort fut vain et, deux jours plus tard, Kennedy et ses hommes gagnèrent à la nage un îlot voisin, large de deux cents mètres et couvert de palmiers, en quête de nourriture. De là, ils atteignirent une troisième île. Ils y rencontrèrent deux indigènes en pirogue à qui ils remirent un message gravé sur une noix de coco : « Ile de Nauru, porteur connaît position. Peut vous y mener. Onze rescapés. Besoin de petit bateau. » Après leur avoir enjoint de porter ce message à la base américaine de Rendova, ils furent secourus le lendemain.

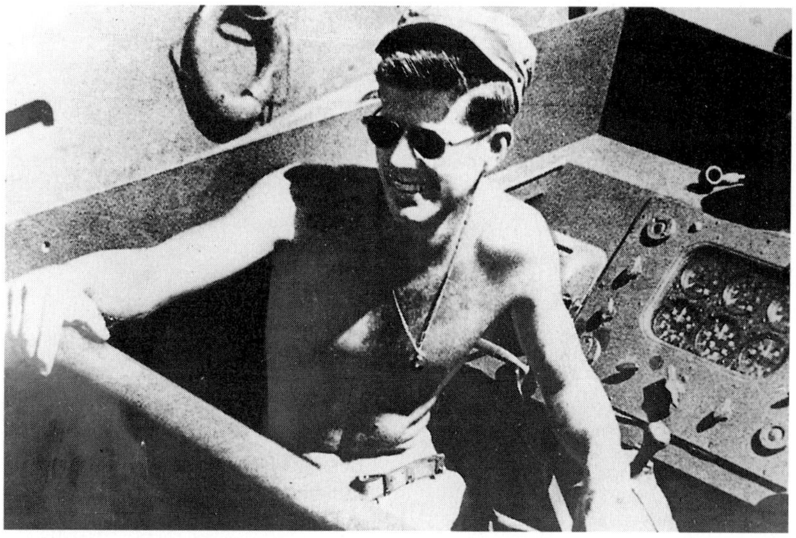

Le lieutenant Kennedy a nagé toute une nuit pour chercher de l'aide.

Les nationalistes chinois en péril

Shandong, 12 août

Une division de nationalistes chinois se retrouve isolée dans la région du Shandong et est mise en péril par les attaques combinées des Japonais et des communistes chinois. La division en question, le 51e corps du Kuo-min-tang, en opération dans les montagnes du Yimeng, mène une guérilla contre les Japonais depuis maintenant trois mois. Les nationalistes ont essuyé un cuisant revers : ils ont perdu leur commandant en chef, et leur QG a été dévasté lors d'une attaque de la [illegible] armée communiste. (→ 15)

Patton gifle un soldat hospitalisé et embarrasse ses chefs

Sicile, 14 août

Célèbre pour son peu de respect des règlements militaires, George Patton est aussi un homme irascible et de tempérament violent. Lors d'une tournée au 93e hôpital militaire américain à Sant'Agata en Sicile, le commandant de la 7e armée a porté la main sur un soldat visiblement en état de choc. Ce dernier lui ayant confié : « Mes nerfs ont lâché, je ne peux plus supporter les obus », Patton, hors de lui, l'a giflé, lui criant au visage : « Cesse de pleurnicher ! Je ne veux pas que tous les braves soldats ici présents voient un pauvre lâche en train de pleurnicher ! » Ebruitée par des journalistes, l'affaire fait grand bruit aux Etats-Unis, où l'état-major a demandé la mise aux arrêts de Patton et son retour au pays pour y être jugé et dégradé. Très embarrassé, Ike a dû user de toute son influence pour conserver auprès de lui le meilleur et le seul véritable meneur de blindés de l'armée américaine.

En définitive, Patton sera envoyé à Londres pour prendre part à la préparation de l'opération *Overlord* et s'y faire oublier. En attendant, à partir d'aujourd'hui, Patton devra, pendant huit jours, faire la tournée des mess et des cantines pour s'excuser d'avoir frappé un soldat de l'armée de la libre Amérique.

Le général Patton fait scandale en giflant un de ses soldats hospitalisés.

1943

Août

Di	Lu	Ma	Me	Je	Ve	Sa
1	2	3	4	5	6	7
8	9	10	11	12	13	14
15	16	17	18	19	20	21
22	23	24	25	26	27	28
29	30	31				

15. France : au cours d'une mission de ravitaillement des maquis de Savoie, un Halifax de la RAF s'écrase à Annecy.

15. Chine : fin des combats entre les troupes du Kuo-min-tang et les Japonais dans la région du Shandong.

15. Iles Salomon : six mille soldats américains débarquent sur l'île de Vella Lavella (→ 25).

15. Madrid : le général italien Castellano rencontre l'ambassadeur britannique Sir Samuel Hoare. Il lui fait savoir que l'Italie est prête à déclarer la guerre à l'Allemagne.

16. Pologne : les Allemands entrent dans le ghetto juif de Bialystok (→ 27).

16. URSS : les Soviétiques reprennent Jidra, au nord-est de Briansk.

17. Lisbonne : le Portugal autorise les Alliés à utiliser les bases militaires des Açores.

18. Chine : Soong, ministre des Affaires étrangères de Tchang Kaï-chek, proteste auprès de Washington car la Chine est exclue des conférences au sommet alliées.

19. Allemagne : le général Hans Jeschonnek, chef d'état-major de la Luftwaffe, se suicide. Il laisse une note demandant que Göring ne se charge pas de ses funérailles.

19. Lisbonne : deux porte-parole officiels, les généraux Bedell-Smith (E.-U.) et Strong (G.-B.) entament des négociations d'armistice avec le général Castellano (→ 31).

19. Nouvelle-Guinée : les Australiens et les Américains forcent les Japonais à abandonner le mont Tambu (→ 23).

19. Alger : le CFLN nomme René Cassin président de la commission d'enquête sur les crimes de guerre, créée hier (→ 3.9).

21. URSS : l'Armée rouge s'empare de Zmïev, au sud de Kharkov (→ 23).

21. France : le groupe Honneur et Patrie exécute le commandant Ort près de Châteauroux. Cet agent double était connu des Allemands sous le nom d'Oméga (→ 28).

Raid allié sur des usines allemandes

Les Forteresses volantes au-dessus de leur objectif de Schweinfurt : vulnérables sans leurs chasseurs d'escorte.

Allemagne, 18 août

Les Forteresses volantes de la 8e armée de l'air américaine ont bataillé ferme contre des essaims de chasseurs nazis venus les intercepter au-dessus de l'Allemagne. Les bombardiers alliés ont pénétré jusqu'à 1 200 km à l'intérieur des terres pour attaquer les usines de roulements à billes à Schweinfurt et les ateliers aéronautiques Messerschmitt à Regensburg. La Luftwaffe a harcelé les bombardiers tout au long du trajet sans pour autant empêcher les Américains d'infliger de lourds dégâts aux usines.

Ces objectifs figuraient en tête de liste dans la stratégie *Pointblank* des Alliés, qui vise à concentrer les raids américains et britanniques sur les usines de production de chasseurs pour la Luftwaffe. Les B-17 se sont frayé un passage grâce à leurs redoutables mitrailleuses, se protégeant mutuellement et serrant les rangs à mesure qu'ils perdaient des appareils. Les bombardiers ont essuyé de lourdes pertes : sur les 376 Forteresses qui ont participé [à] cette opération, 36 ont été perdu[es] dans le raid sur Schweinfurt, pu[is] 24 dans celui sur Regensburg. D[u] côté allemand, 25 chasseurs ont é[té] mis en pièces.

Les conclusions des commandan[ts] américains qui ont analysé les r[é]sultats du raid rejoignent précis[é]ment celles de l'état-major de [la] RAF, à savoir que des bombardie[rs] sans escorte ne peuvent condui[re] des raids de jour en Allemagne sa[ns] courir d'énormes risques. (→ 4.9)

Les Alliés bombardent la base secrète de Peenemünde

Europe du Nord, 18 août

Agissant d'après les renseignements fournis par le réseau Alliance, les bombardiers de la RAF ont attaqué la nuit dernière la base ultrasecrète de Peenemünde où sont fabriquées les fusées et les bombes volantes allemandes. Les 597 bombardiers ont déversé 1 593 tonnes de bombes explosives, faisant 732 morts. Dans cette base, l'ingénieur Werner von Braun et le professeur Oberth travaillent à la mise au point d'armes à longue portée. Les dégâts sont tels que les nazis ont décidé de disperser les installations : recherche à Garmish-Partenkirschen, soufflerie à Kochel, fabrication à Nordhausen. Une dispersion qui va retarder [la] mise au point des armes secrètes [du] Führer.

De nouvelles techniques de bo[m]bardement ont été mises en œuv[re] lors du raid : la « trajectoire mi[nu]tée » à partir d'une origine et d'[un] cap connus, et la technique de « bo[m]bardement massif ».

L'île Kiska reprise par les Américains

Kiska, Aléoutiennes, 15 août
La campagne américaine aux îles Aléoutiennes a pris fin de façon démesurée : 34 300 soldats américains et canadiens ont pris d'assaut l'île de Kiska aujourd'hui, pour s'apercevoir que les Japonais l'avaient désertée trois semaines auparavant. Le QG allié a justifié le bombardement intensif qu'il mène depuis dix-huit jours en notant qu'il lui était impossible de savoir s'il restait des ennemis, leurs installations radio étant hors d'usage.
La reprise de Kiska met un terme à une campagne de quinze mois qui était surtout destinée à convaincre l'opinion publique américaine de l'impossibilité d'un débarquement japonais en Alaska.

Les drapeaux alliés côte à côte.

En Sicile, les Alliés victorieux à Messine

Troupes américaines à Messine : à la recherche des tireurs embusqués.

Messine, 17 août
Les troupes de la 3e division d'infanterie américaine ont franchi les portes de la ville à 10 h ce matin, cinquante minutes à peine avant celles de la 8e armée britannique.
Les Allemands ont quitté Messine en bon ordre, laissant derrière eux une importante provision de munitions, d'armes et d'essence. Mais pour les habitants de Messine, qui émergent de leurs caves et autres cachettes, le spectacle est affligeant : leur ville a été rasée par les bombes et les obus aussi bien alliés qu'italiens. Il n'y avait ni fleurs ni vin pour les conquérants : les citoyens de Messine sont désorientés, sans un regard pour les Alliés qui déambulent dans les rues et s'arrêtent dans les cafés, hagards et épuisés, pour parler de tous leurs compagnons morts et blessés lors des violents combats des trente-neuf derniers jours.
Bien qu'inférieures aux prévisions, les pertes sont lourdes : Anglais et Canadiens totalisent 2 721 morts, 2 183 disparus et 7 939 blessés, soit, au total, 12 843 hommes. Pour leur part, les Américains en dénombrent 9 968 : 2 811 morts, 686 disparus, et 6 471 blessés. Les Britanniques estiment à 164 000 le nombre de victimes et de prisonniers du côté de l'Axe, et à 100 000 hommes les effectifs qui ont dû se retirer sur la péninsule.

Bombe atomique : coopération alliée

Québec, 20 août
La Grande-Bretagne et les Etats-Unis ont conclu un accord portant sur le développement d'une arme secrète : la bombe atomique. Le président Roosevelt et Winston Churchill ont signé aujourd'hui un premier accord aux termes duquel l'agence nouvellement formée ne peut être utilisée par l'une des parties contre l'autre ni contre tout tiers sans l'autorisation préalable des deux parties. L'accord fait suite à plusieurs mois de négociations. Le projet secret sera dirigé par un comité mixte siégeant à Washington. Par ailleurs, le président Roosevelt a convaincu Churchill d'accepter le général Marshall comme commandant en chef des forces alliées. (→ 23)

Sabotage factice

Londres, 18 août
Un article paru dans le *Times* d'aujourd'hui relate le sabotage d'une centrale électrique dans le Suffolk, article que ne manqueront pas d'apprécier les services de renseignements nazis. Le contraire serait dommage, puisque cet article a été écrit spécialement à leur intention par le Twenty Committee, département du Service de renseignements anglais spécialisé dans les agents doubles et la désinformation. Ce « sabotage » doit prouver aux Allemands la fiabilité des deux agents doubles norvégiens, Mutt et Jeff.

Le marché noir s'affiche dans les rues

L'Eglise tolère ; la propagande veille.

Paris, août
L'archevêque de Paris, le cardinal Suhard, l'a déclaré : « Ces modestes opérations extralégales par lesquelles on se procure quelques suppléments jugés nécessaires se justifient par les nécessités de la vie. » Ainsi justifié et cautionné par l'Eglise, le marché noir s'étale sans complexe dans les rues et dans le métro. Il a pris une telle ampleur qu'il est devenu depuis quelque temps plus important que le commerce officiel. On achète de tout au marché noir, même des médicaments et des appartements. Mais le produit clandestin numéro un reste le beurre.

Les soldats australiens votent aux élections fédérales dans leur pays.

1943

Août

Di	Lu	Ma	Me	Je	Ve	Sa
1	2	3	4	5	6	7
8	9	10	11	12	13	14
15	16	17	18	19	20	21
22	23	24	25	26	27	28
29	30	31				

22. Mer Baltique : un prototype de fusée V1 atterrit sur l'île danoise de Bornholm. Un agent allié le photographie en secret (→ 30.9).

23. Nouvelle-Guinée : quatre destroyers américains bombardent la base aérienne nippone de Finschhafen (→ 1.9).

24. Danemark : la résistance au nazisme s'amplifie : on assiste à des attentats à la bombe et à des émeutes (→ 29).

24. Allemagne : Himmler, chef des SS, est nommé ministre de l'Intérieur du Reich.

26. Washington : la Grande-Bretagne, les Etats-Unis et le Canada reconnaissent partiellement l'autorité du CFLN et du général de Gaulle. Le lendemain, Moscou le reconnaît comme seul représentant de la République française.

27. Golfe de Gascogne : le destroyer canadien *Athabaskan* et le sloop d'escorte *HMS Egret* sont touchés par des bombes allemandes radioguidées.

27. Slovénie : des forces croates et allemandes attaquent la garnison italienne de Ljubljana.

28. Pacifique : des marines américains débarquent aux îles Ellice, à Nanoméa.

28. Italie : Mussolini est transféré au Gran Sasso, dans les Abruzzes (→ 8.9).

28. Paris : arrestation de Jean Cavaillès, chef du réseau Cohors.

30. URSS : sur le front de l'Ouest, l'Armée rouge reprend Ielna. Au sud, les armées de Tolboukhine prennent Taganrog, sur la mer d'Azov ; elles manœuvrent pour isoler les Allemands en Crimée (→ 1.9).

31. Sicile : le général Castellano demande la protection des Alliés pour les Italiens contre des représailles allemandes à la signature de l'armistice (→ 3.9).

31. Brest : le sous-marin japonais *I-8* arrive de Penang. Il transporte un équipage qui vient chercher l'*U-1224*, offert par les Allemands.

L'Armée rouge reprend Kharkov

Moscou, 23 août

La reprise de Kharkov, ville principale d'Ukraine, a été saluée ce soir à Moscou par une salve d'honneur tirée par 224 pièces d'artillerie. Les troupes du général Koniev ont pris la ville dans la journée d'hier, après la retraite du maréchal von Manstein et de son 11e corps, auquel Hitler avait pourtant ordonné de défendre Kharkov à tout prix. Von Manstein n'avait guère le choix. Ses troupes allant être encerclées, le maréchal a jugé plus utile de préserver son 11e corps d'un massacre certain plutôt que de défendre un amas de ruines. Plus au sud, le général Tolboukhine a enfoncé les lignes allemandes sur le front de la rivière Mius et fait route vers le bassin du Donets avec pour objectif de reprendre possession de la région et de ses richesses minérales et d'isoler les troupes allemandes encore en poste en Crimée et dans la tête de pont du Kuban. Les nazis reconnaissent d'ailleurs que, tel « un torrent printanier », les forces soviétiques se déversent par la brèche de leurs lignes de Mius. (→ 30)

Les SS liquident le ghetto de Bialystok

Pologne, 27 août

Le massacre des Juifs se poursuit, malgré la montée de la résistance et le développement de l'Organisation de combat des Juifs. Les 25 000 survivants du ghetto de Bialystok ont ainsi été déportés aux camps d'extermination de Treblinka et de Maïdanek. Les habitants du ghetto ont d'abord été rassemblés sur la place Jurowiecka où une tentative de rébellion fut rapidement étouffée. Plusieurs centaines de résistants sont encore retranchés dans les égouts de la ville ou dans des bunkers improvisés, mais les SS les traquent impitoyablement. Seul le ghetto de Lodz résiste encore à la « solution finale » de Hitler. Les Juifs de Bialystok sont les derniers déportés à Treblinka, où une rébellion armée fut écrasée au début du mois. Des Juifs du camp ont vu leur vie prolongée de quelques semaines car ils ont été assignés à la démolition des baraques. Un dernier train plein des vêtements volés aux morts fait route vers l'Allemagne.

Manifestations antinazies en Bulgarie

Sofia, 28 août

La mort du roi Boris, surnommé par beaucoup le pathétique pantin de Hitler, a été suivie de démonstrations antinazies à Sofia et d'appels à la grève générale à travers toute la Bulgarie. Nombreux sont les Bulgares persuadés que le roi Boris est mort assassiné sur ordre de Hitler, tandis que d'autres font état d'une double pneumonie ou d'un arrêt cardiaque. Il s'était rallié à Hitler en novembre 1940 lors de la rencontre de Berchtesgaden. Mais ses sujets sont demeurés pour la plupart hostiles aux Allemands, et le roi n'a jamais pu réunir de volontaires pour servir sur le front russe. Des renseignements en provenance de Suisse indiquent que Hitler aurait demandé la mobilisation générale en Bulgarie, la construction de défenses supplémentaires le long de la frontière turque, et qu'il aurait donné carte blanche à la Gestapo en Bulgarie. Le roi Boris aurait alors décidé d'abdiquer plutôt que d'obéir à Hitler, et il aurait été abattu par l'un de ses propres gardes du corps. Selon la loi bulgare, le roi a le devoir de désigner trois régents avant sa mort. Le fait qu'il n'ait pu le faire confirme qu'il était inconscient ou que son décès est survenu brutalement.

Boris (à droite) : pantin du Reich ?

Les Allemands sont préparés aux raids

Allemagne, 28 août

Pour les Allemands, le mois d'août a été celui des bombardements : le 1er, l'armée de l'air américaine a ravagé les installations pétrolières de Ploiesti en Roumanie ; puis, le 1[illegible] la RAF a bombardé le centre d'essais de fusées de Peenemünde ; enfin, la nuit dernière, c'était au tour de Nuremberg d'être atteint lors d'un raid qui a fait plus de trois mille morts. La propagande nazie a abandonné sa politique visant à minimiser les dégâts ; elle publie au contraire dans les journaux des instructions destinées aux citadins. On lit ainsi des titres du genre : « Protégez vos vies et vos biens » ou « Equipement pour la protection contre les raids aériens ». Les habitants des zones à haut risque sont avisés d'envoyer leurs biens les plus précieux en lieu sûr, et de stocker de l'eau dans leurs abris pour éteindre les incendies. Mais pour les trois cent mille personnes délogées chaque mois par les bombes, de tels conseils se révèlent inutiles.

Un nouveau front allié

Québec, 23 août
Winston Churchill, le président Roosevelt et le Premier ministre canadien Mackenzie King sont parvenus à un accord au terme de la conférence du Quadrant, décidant de monter un deuxième front contre les Allemands en France.
Priorité absolue sera donnée au débarquement, ou opération *Overlord*. Dans le communiqué publié après la conférence, il est précisé que «le champ entier des opérations mondiales» a été passé en revue et que «les décisions nécessaires ont été prises afin d'assurer l'action offensive» des Alliés. Churchill aurait préféré un ensemble d'opérations contre la Norvège et aussi en Europe du Sud pour donner suite à l'offensive en Italie, plutôt que le front français préconisé par les Américains.
D'autres divergences sont apparues quant à la guerre en Asie du Sud-Est, les Américains voulant envahir la Birmanie alors que Churchill proposait Sumatra. Les Américains ont de nouveau emporté la décision, mais le commandement combiné en Asie du Sud-Est (SEAC) de cette invasion sera probablement confié à un Britannique. Cette opération sera doublée d'une seconde campagne derrière les lignes japonaises par les Chindits du général Wingate. Quant aux prochaines étapes de la guerre du Pacifique, planifiées par les Américains, les Britanniques ont donné leur feu vert. (→ 1.10)

King, Roosevelt, Churchill et leurs chefs d'état-major réunis à Québec.

Deux Anglais s'échappent du stalag 383

Stalag 383, Bavière, 26 août
Deux prisonniers anglais sont parvenus à s'échapper du stalag 383 hier soir, franchissant les portails du camp grâce à de faux uniformes et à de faux laissez-passer. Les deux évadés, le sergent Suggit de la garde des dragons et le sergent Beeson de la RAOC, ont dû avancer d'un jour leur évasion en raison du nombre de tentatives figurant au calendrier du Comité d'évasion, plusieurs de leurs compagnons s'apprêtant eux aussi à s'enfuir. Ils ont fabriqué leurs faux uniformes avec des tuniques australiennes teintes en vert avec des colorants provenant du théâtre du camp. Leurs badges sont en carton recouvert de papier argenté, et leurs médailles sont en étain peint à l'encre en rouge et en noir. Un garde alsacien, de connivence avec eux, leur a prêté ses papiers comme modèle pour fabriquer les faux. C'est à la nuit tombée que les deux sergents ont franchi le portail, avec une nonchalance toute britannique. Ils emportaient même des sandwichs dans leurs étuis à revolver.

La loi martiale est décrétée au Danemark

Représailles des nazis contre le sabotage au Danemark : la mort dans la rue.

Copenhague, 29 août
En réponse aux récents sabotages qui secouent le pays, les Allemands ont envoyé 50 000 hommes au Danemark, décrété la loi martiale dans six villes de province et désarmé la marine danoise. La marine s'est sabordée aujourd'hui. Le 24 à midi, une violente explosion a détruit le grand hall du Forum de la capitale, conçu pour accueillir 16 000 personnes. Les grèves et les sabotages se sont multipliés depuis les nouvelles de succès alliés en Union soviétique et en Europe du Sud. Les Allemands ont réclamé le couvre-feu, la censure de la presse et la peine de mort pour les saboteurs. Mais le gouvernement danois, soutenu dans sa décision par le roi Christian, a rejeté leurs demandes. Au cours de ces dernières semaines, des usines ont été dynamitées, des trains sabotés, et une centrale électrique du Jutland a été mise hors d'état. Dans la capitale provinciale d'Odense, où les grèves ont fait fermer les usines, la foule a envahi les rues aux cris de «Longue vie aux Alliés!», agitant des drapeaux anglais et américains et entonnant des hymnes patriotiques. (→ 1.10)

Lord Mountbatten en Asie du Sud-Est

Québec, 25 août
Le commandement allié en Asie du Sud-Est a été confié à lord Louis Mountbatten, âgé de 43 ans, chef des opérations combinées. Autrefois capitaine de destroyer, Mountbatten est en fait le modèle dont Noel Coward s'est inspiré pour sa pièce *In which we Serve*. Il sera responsable des opérations au départ de l'Inde et de l'île de Ceylan. Sa nomination vient étayer les rumeurs selon lesquelles le rôle des opérations commando, sur terre comme sur mer, serait primordial dans les contre-offensives que les Anglais monteraient contre les Japonais. Jusque-là, les bases anglaises d'Inde et de Ceylan se trouvaient sous commandement séparé.

Revers japonais aux îles Salomon

Munda, Nouvelle-Géorgie, 25 août
Les Alliés contrôlent totalement la Nouvelle-Géorgie, dans l'archipel des îles Salomon. Les Japonais ont évacué leurs troupes de Kolombangara et de Vella Lavella, après plusieurs défaites terrestres et aériennes qui les ont empêchés d'assurer le ravitaillement de leurs garnisons. La perte du terrain d'aviation de Munda et, il y a cinq jours, la destruction de cent soixante-dix appareils sur le tarmac de Wewak, en Nouvelle-Guinée, ont été déterminantes pour les Japonais. Leurs pertes dans la bataille de Nouvelle-Géorgie sont estimées à deux mille cinq cents morts et dix-sept navires coulés. Bilan du côté des Alliés : mille morts et six bateaux perdus.

1943

Septembre

Di	Lu	Ma	Me	Je	Ve	Sa
			1	2	3	4
5	6	7	8	9	10	11
12	13	14	15	16	17	18
19	20	21	22	23	24	25
26	27	28	29	30		

1er. Pacifique : une nouvelle escadre de porte-avions américains (*Essex*, *Yorktown* et *Independence*) attaque l'île Marcus, à 300 km du Japon. Des unités américaines débarquent dans l'île Baker, à l'est des îles Gilbert, pour y établir une piste d'aviation (→ 17).

1er. Iles Salomon : les troupes d'infanterie américaines débarquées hier à Vella Lavella atteignent Orete Cove.

1er. Nouvelle-Guinée : les raids aériens contre les bases japonaises s'intensifient pour préparer l'attaque de Lae (→ 4).

1er. URSS : les Soviétiques reprennent Dorogobuj, à 80 km à l'est de Smolensk.

2. Allemagne : Hitler nomme Albert Speer ministre du Reich pour l'Armement et la Production de guerre.

2. URSS : sur le front central, l'Armée rouge coupe la voie ferrée Briansk-Kiev. Dans le Donetz, elle menace Stalino.

3. France : les bombardements alliés sur Paris et Abbeville font 405 morts.

3. Iles Salomon : les forces américaines progressent dans l'île d'Arundel et consolident leurs positions à Vella Lavella (→ 6).

3. Alger : le CFLN annonce que les ministres ayant servi le régime de Vichy seront traduits en Haute Cour (→ 17).

3. France : le général de Lattre de Tassigny s'évade de la prison de Riom où il purgeait une peine de dix ans pour « abandon de poste » (→ 18.10).

3. Berlin : un million de civils ont été évacués de la ville (→ 4).

3. Italie : la 8e armée britannique de Montgomery traverse le détroit de Messine et occupe Reggio de Calabre.→

4. Rastenburg : Hitler autorise l'évacuation de la tête de pont du Kouban dans le Caucase.

4. URSS : l'Armée rouge prend le nœud ferroviaire de Merefa, au sud de Kharkov (→ 8).

4. Italie : des troupes alliées débarquent entre Reggio de Calabre et Catona (→ 9).

Les Alliés débarquent en Calabre

Détroit de Messine, 3 septembre
Les Britanniques ont pris pied sur le continent européen. Le général Montgomery n'a pris aucun risque : quatre cuirassés ont bombardé intensivement le détroit. Toutes les pièces d'artillerie disponibles ont été disposées le long de la côte sicilienne. Une pluie d'obus de toutes tailles s'est abattue sur les plages des environs de Reggio de Calabre. Cette invasion, dite opération *Baytown*, a pour but de balayer les défenses allemandes de Salerne, où un débarquement de plus grande ampleur est prévu. Deux divisions de Panzer étaient stationnées il y a peu dans la région de Reggio de Calabre, mais les Allemands sont partis au moment où les hommes du 13e corps, composé de la 5e division britannique et de la 1re division canadienne de la 8e armée anglaise, ont atteint la côte aujourd'hui. Les Alliés n'ont donc rencontré qu'une faible résistance, des soldats italiens s'offrant même à les aider à débarquer. Les envahisseurs se déploient rapidement dans cette région accidentée de la Calabre, mais le manque de routes, le terrain difficile et les destructions opérées par les Allemands ralentissent leur progression. Parallèlement, à partir de la Sicile, des convois se préparent pour la deuxième phase de l'invasion. La 5e armée alliée, composée du 6e corps américain ainsi que du 10e corps britannique, commandée par le général Mark Clark, débarquera sur le continent à Salerne.

Avant de débarquer, des officiers observent à la jumelle la côte calabraise.

Les Alliés déchargent leur équipement, souvent avec l'aide des Italiens.

L'Italie et les Alliés concluent en secret un armistice en Sicile

Cassibile, 3 septembre
C'est dans un secret absolu que le général Giuseppe Castellano a signé l'accord par lequel l'Italie se retire de la guerre. Le général américain Walter Bedell Smith, chef d'état-major d'Eisenhower, représentait les Alliés. Cet armistice ne doit être annoncé qu'au « moment opportun », afin d'éviter une réaction brutale de Hitler, qui se traduirait par le désarmement de l'armée italienne et l'occupation du pays par les Allemands. Il a été préparé par des semaines de négociations menées au Portugal. Le maréchal Badoglio n'a jamais caché son désir de voir l'Italie cesser le combat. (→ 8)

Le général Bedell Smith signe l'armistice : l'Italie n'est plus en guerre.

Les « expériences » des médecins nazis

Allemagne, 2 septembre
Des prisonniers en bonne santé sont utilisés comme cobayes humains : ces atrocités ont lieu dans les camps de concentration hitlériens, selon le ministre de l'Intérieur polonais en exil. Des médecins nazis, méprisant totalement le serment d'Hippocrate, y poursuivent des expériences médicales abominables et criminelles. A Ravensbrück sont pratiquées de sinistres opérations chirurgicales de l'abdomen, des ablations d'os ou de muscles dans les membres et des inoculations du tétanos et de la tuberculose. Le professeur Julius Gepphard a ainsi tué ou mutilé de nombreux déportés. Tout près de Munich, au camp de Dachau, le chirurgien tchèque Franz Blaha est devenu un expert pour écorcher et dépecer les cadavres des prisonniers ; la peau est ensuite traitée et tannée. Dans des ateliers du camp, on transforme alors ce « cuir » en sacs à main, porte-monnaie, gants, abat-jour ou culottes de cheval. Certains SS offrent à leur femme des morceaux de peau humaine ainsi travaillés, surtout ceux qui sont tatoués. Lorsque la matière première, transformée par des prisonniers qui étaient autrefois tanneurs ou selliers, vient à manquer, Sigismund Rascher, le médecin chef, choisit une vingtaine de détenus jeunes, à la peau intacte, et les fait abattre d'une balle dans la nuque, afin qu'ils ne soient pas endommagés.

Les Alliés progressent en Nouvelle-Guinée

Des plaques de métal posées sur le sable permettent aux véhicules d'y rouler.

Lae, 4 septembre
La reconquête de la Nouvelle-Guinée par les Alliés se poursuit. Les vétérans australiens, endurcis à El-Alamein, et les Américains ont franchi un pas décisif en lançant par mer une offensive pour s'emparer du port de Lae, dans le golfe de Huon. Les Australiens de la 9e division arrivaient sur le rivage lorsqu'un avion japonais attaqua leur embarcation, tuant sept soldats. Mais, une fois à terre, les Alliés ont avancé sans interruption vers Lae. Les Japonais ont été induits en erreur par une ruse des Australiens qui avaient menacé la localité voisine de Salamaua, sans toutefois l'attaquer. Les Japonais ont alors renforcé les défenses de ce village, ce qui a affaibli Lae. Cependant, leurs avions, décollant de Rabaul, ont continué à harceler les Alliés tout au long de la journée, et ont tué environ cent vingt hommes. Mais leurs attaques n'ont pas réussi à entraver la progression vers l'ouest de la 9e division. (→ 5)

Vingt millions de Britanniques pour l'effort de guerre

Grande-Bretagne, 1er septembre
L'effort de guerre dans le pays mobilise la population plus que partout ailleurs, y compris en Allemagne. Les chiffres du ministère du Travail montrent que plus de 22 750 000 hommes et femmes font partie de l'armée, de la Défense civile ou accomplissent un travail lié à la guerre, dans les usines d'armement ou les services par exemple. Avec un million de bénévoles en plus, cela représente donc 70 % des 33 millions de Britanniques âgés de 16 à 64 ans. Un million de personnes de plus de 65 ans travaillent à plein temps. Avant la guerre, aucun expert n'aurait cru cela possible, selon le ministre du Travail Ernest Bevin. Dix millions de femmes âgées de moins de 45 ans sont déjà recensées pour le travail de guerre. La décision récente d'inscrire celles qui ont entre 45 et 50 ans a valu à Bevin de nombreuses critiques au Parlement et dans la presse, qui lui a reproché d'« enrôler les grand-mères ». Le ministre fait observer que 1 500 000 femmes de plus de 45 ans participent déjà à l'effort de guerre, et parmi elles, 500 000 sont âgées de plus de 45 ans. Il est convaincu que les femmes mûres ne se sentiront pas offensées d'avoir à travailler en usine ; les hommes de leur âge ne le sont pas. « Les dockers de la Merseyside sont actuellement âgés en moyenne de près de 51 ans, et s'occupent d'un nombre impressionnant de navires. J'en ai vu un de 81 ans l'autre jour transporter d'énormes sacs de sucre cubain. Quand je pense à de tels exemples, je n'ai pas l'impression d'être dur. » Un tiers des femmes dans l'armée ou dans l'industrie ne font pas partie de la classe ouvrière. Environ 100 000 femmes travaillent dans les chemins de fer, d'autres sont soudeuses dans les chantiers navals. Dans les usines d'armement et de munitions, on compte environ 2 250 000 ouvriers de plus au travail que pendant la Grande Guerre.

Bombardements britanniques de « saturation » sur Berlin

Berlin, 4 septembre
La capitale du Reich a reçu hier 1 000 tonnes de bombes anglaises en moins de vingt minutes. Il y a quelques jours encore, les Allemands prétendaient que les pertes de la RAF étaient si lourdes que ses avions n'oseraient plus survoler Berlin... Le Bomber Command a adopté une nouvelle tactique, en lançant sur la ville une flotte de 316 Lancaster et de 4 Mosquito pendant un temps très court. Il n'y a eu que 22 avions abattus contre 47 il y a trois jours et 56 le mois dernier. L'attaque de cette nuit a coûté la vie à 422 Berlinois et provoqué d'importants dégâts. (→ 19.11)

Cet amas de boue et de débris est tout ce qui reste d'une rue de Berlin.

1943

Septembre

Di	Lu	Ma	Me	Je	Ve	Sa
			1	2	3	4
5	6	7	8	9	10	11
12	13	14	15	16	17	18
19	20	21	22	23	24	25
26	27	28	29	30		

5. Nouvelle-Guinée : à 30 km de Lae, des parachutistes américains prennent Nadzab.

6. Iles Salomon : riposte japonaise à Arundel (→ 21).

6. Chine : le général Stilwell demande à Tchang Kaï-chek de collaborer contre le Japon avec les communistes (→ 13).

6. Corse : le sous-marin *Casabianca* débarque 5 tonnes de matériel pour la Résistance, essentiellement des bazookas.

8. France : la Wehrmacht occupe les huit départements sous contrôle italien.

8. Italie : les Allemands interceptent un message codé des Italiens. Il indique la présence de Mussolini au Gran Sasso. Skorzeny y fait aussitôt une reconnaissance (→ 12).

8. Nouvelle-Guinée : sous les attaques de la 5ᵉ division australienne, les Japonais évacuent Salamaua. Ils se replient sur Lae, bombardé par 4 destroyers américains (→ 11).

8. URSS : l'Armée rouge occupe Stalino, centre industriel vital du bassin du Donetz.

9. Corse : le Front national déclenche le soulèvement des résistants. Ils neutralisent les forces italiennes et occupent Ajaccio. (→ 11)

9. Téhéran : l'Iran déclare la guerre à l'Allemagne.

9. Océan Arctique : le 349ᵉ Panzergrenadieren allemand débarque au Spitzberg. Il détruit des installations militaires alliées.→

10. Sardaigne : suite à un accord secret avec le commandant en chef allemand, les Alliés occupent l'île sans coup férir.

10. URSS : les Soviétiques reprennent Marioupol, sur la mer d'Azov, et débarquent à Novorossisk (→ 14).

10. Méditerranée : les Alliés occupent l'île de Castelrosso dans le Dodécanèse (→ 18).

11. Corse : arrivée des troupes allemandes, de Sardaigne. Hier, le jeune Poggionovo (17 ans) a hissé le drapeau de la France libre sur la Préfecture d'Ajaccio (→ 13).

Annonce de la reddition de l'Italie

Italie, 8 septembre
L'Italie ne se bat plus. Aujourd'hui, le général Eisenhower a rendu publique la capitulation sans condition de l'ancien allié du Reich. Deux heures plus tard, le maréchal Badoglio, chef du gouvernement depuis la chute de Mussolini, a fait à la radio une déclaration similaire. L'heure de la nouvelle a été calculée pour coïncider avec les principaux débarquements alliés sur les côtes de la péninsule, afin d'éviter la résistance des armées italiennes. En ce moment, un important convoi de navires de guerre se dirige en effet vers les plages de Salerne.
Le secret a été bien gardé. C'est au Portugal qu'ont eu lieu les négociations auxquelles ont participé des représentants du Vatican et le général britannique Adrian Carton de Wiart. Celui-ci a été libéré par les Italiens pour se rendre à Londres et essayer de persuader le gouvernement anglais de tenter le débarquement au nord de Rome. Accompagné du général Zanussi, il est arrivé à Lisbonne le 26 août. Les négociations étant déjà entamées avec le général Castellano, sa mission était dès lors sans objet. Les Italiens souhaitaient aussi un allégement des conditions posées par les Alliés. Ils n'ont pas eu gain de cause. L'Italie capitule sans condition. Mais les vainqueurs ont pris du retard dans leurs opérations de débarquement.

Pacifique : premier raid aérien allié sur la Nouvelle-Guinée

Nouvelle-Guinée, 11 septembre
La 5ᵉ division australienne a attaqué Salamaua. Le village était vulnérable depuis le retrait des troupes japonaises parties défendre Lae, un peu plus au nord. L'avance alliée sur Salamaua avait été un peu retardée par les préparatifs des 7ᵉ et 9ᵉ divisions australiennes pour l'attaque de Lae par terre et par mer. Il y a six jours, au cours de la première attaque aérienne alliée de la guerre du Pacifique, des parachutistes américains et des artilleurs australiens ont été déposés dans la vallée de Markham et ont investi sans résistance un aérodrome désaffecté à Nadzab, au nord-ouest de Lae. Aussitôt réparée par les techniciens alliés, la piste était utilisable dès le 7 septembre. (→ 16)

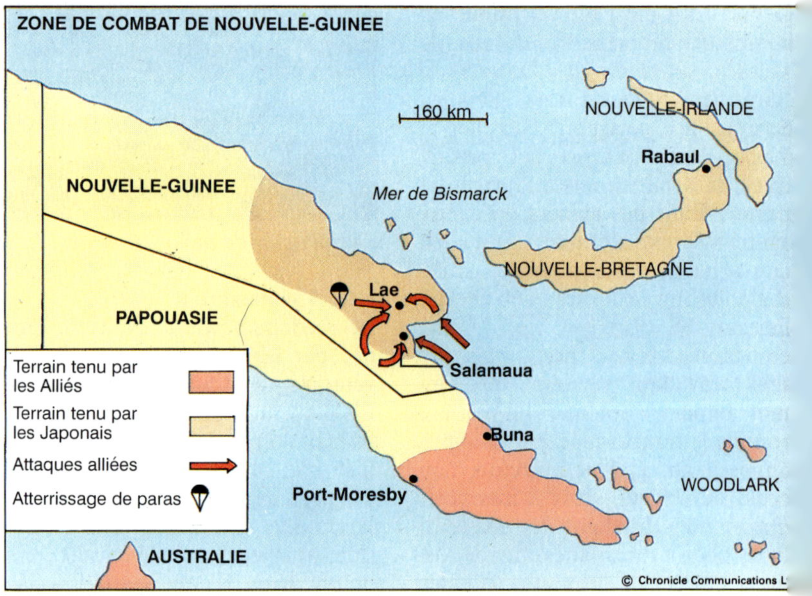

Pilonnage de l'île de Spitzberg par la marine allemande

L'île septentrionale de Spitzberg pilonnée par l'artillerie allemande.

Spitzberg, 9 septembre
La Kriegsmarine a réussi sa mission. Les installations côtières son détruites et la station de radio n peut plus émettre. C'est une puissante escadre qui a attaqué cette île de l'Arctique : deux cuirassés, l *Tirpitz* et le *Scharnhorst*, et di contre-torpilleurs. Le *Tirpitz* es l'orgueil de la flotte allemande e son bâtiment le plus puissant. Il été construit il y a deux ans, mai c'est seulement aujourd'hui que se canons sont entrés en action. L'ol jectif choisi est bien modeste, et cel prouve à quel point la Royal Nav a réussi à confiner l'adversaire dan l'Altenfjord, au nord de la Norvège C'est là que doivent à présent s réfugier les navires allemands pou échapper à la Home Fleet.

Les Alliés débarquent dans le golfe de Salerne

Les troupes alliées débarquent facilement sur les plages de Campanie, mais elles se heurteront bientôt aux Allemands.

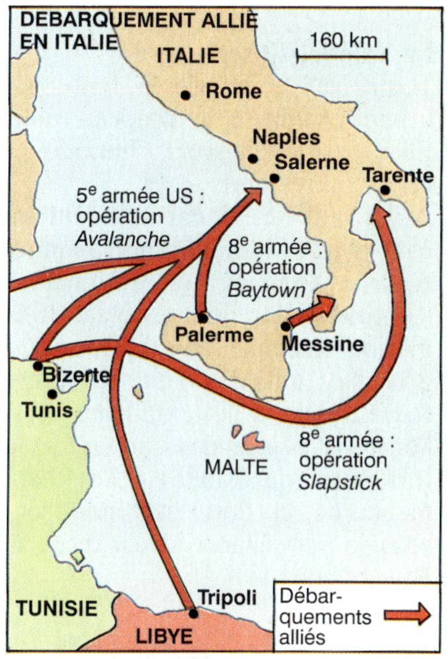

Salerne, 9 septembre

Les soldats alliés ont l'impression d'être en vacances plutôt que de participer à une invasion. La tension était extrême dans l'immense convoi hier à 18 h 30, avant le déclenchement de l'opération *Avalanche*. C'est alors que la voix du commandant en chef, le général Eisenhower, a retenti dans les haut-parleurs des navires, annonçant la reddition italienne. Le message a été accueilli par des hourras et des acclamations. Les hommes évoquaient déjà des virées nocturnes à Naples. L'ambiance est devenue dangereusement détendue, malgré les mises en garde des officiers. A 3 h 30, le général Mark Clark a donné le signal du débarquement à la 5e armée. Des unités comme les British Commandos et les American Rangers ont progressé jusqu'à ce soir sans rencontrer de résistance. Leurs chefs et eux ignorent que les Allemands, dans leur retraite, ont habilement disposé trois divisions de Panzer et la 29e division de Panzergrenadieren dans la région de Salerne. Sur le flanc droit du 10e corps britannique, la 56e division anglaise d'infanterie s'est heurtée à de violents contre-attaques alors qu'elle se dirigeait vers l'aérodrome de Montecorvino. Elle a atteint le village de Battipaglia, mais n'a pu en déloger les Allemands. Les hommes de la 46e division progressent plus au nord, vers Salerne, par la route côtière. Au sud de la Sele, une rivière qui sépare deux têtes de pont alliées, deux régiments de la 36e division américaine Texas débarquaient à peine lorsqu'ils ont été pris sous le feu nourri des Allemands. La panique a failli s'emparer des Américains, dont beaucoup combattaient pour la première fois, et en ont presque oublié leurs mois de préparation et d'entraînement. Déjà, les barges commençaient à regagner les transports en mer. Mais les hommes se sont finalement repris et ont atteint leur objectif, situé un peu à l'intérieur des terres. Pendant la nuit, trois bataillons de Rangers sont parvenus à s'emparer du mont Chiunzi. Ce matin à l'aube, ils contrôlaient les deux pics jumeaux dominant le col et la route principale menant à Naples.

Une immense armée alliée a ainsi débarqué, mais les deux têtes de pont au nord et au sud de la Sele sont séparées par une bande de dix kilomètres. Le général Mark Clark, resté en mer pour le moment, n'a qu'une vue partielle de la situation à terre. La fumée l'empêche de bien distinguer la bataille, et les communications radio ne sont pas bonnes. Les renforts allemands qui viennent du sud de la péninsule continuent à affluer vers Salerne. Cette fois, les vacances sont bien finies. (→ 10)

Tarente tombe aux mains des Alliés

Tarente, 9 septembre

Bien que l'opération *Slapstick* ait été improvisée, elle a pleinement réussi. Six navires de guerre britanniques sont entrés dans le port de Tarente où ils ont débarqué 3 600 parachutistes. Il n'y avait pas d'Allemands en vue, et la garnison italienne les a accueillis à bras ouverts. Tarente n'est pas couvert par l'aviation alliée basée en Sicile. Il s'agissait de conquérir un port, qui pourra servir à ravitailler l'armée alliée en Italie et à éviter que la marine italienne ne tombe aux mains des Allemands. Mais celle-ci est déjà en route pour Malte.

Après la capitulation italienne, les Allemands occupent Rome

Les soldats italiens qui devaient défendre Rome se rendent aux Allemands.

Rome, 10 septembre

Les Allemands ont très vite réagi à la capitulation italienne en lançant l'opération *Achse* (Axe). Quelques heures après l'annonce radiodiffusée du maréchal Badoglio, le général von Vietinghoff, commandant la 10e armée allemande, a lancé des parachutistes et une division de Panzer pour occuper Rome. Le corps motorisé du général Carboni s'est désagrégé sous la poussée des Allemands. Ses cinq divisions ont capitulé après quelques heures de combat aux portes de Rome. Hier, Victor-Emmanuel III, des membres du gouvernement et les chefs d'état-major des trois armes ont quitté Rome pour Brindisi. (→ 11) ▷

1943

Septembre

Di	Lu	Ma	Me	Je	Ve	Sa
			1	2	3	4
5	6	7	8	9	10	11
12	13	14	15	16	17	18
19	20	21	22	23	24	25
26	27	28	29	30		

12. France : un commando du BOA détruit le dépôt de munitions à l'arsenal de Langres.

12. Italie : les Alliés prennent l'île de Capri, sans tirer un seul coup de feu.

12. Italie : des gauleiters sont nommés par Hitler à Trieste, en Vénétie et dans le Haut-Adige. Speer prend le contrôle de l'industrie de guerre.

13. Chongqing : Tchang Kaï-chek est élu président du gouvernement nationaliste chinois (→ 27).

13. Grèce : la division italienne Acqui résiste à une attaque des Allemands à Céphalonie (→ 22).

14. Rastenburg : Hitler donne l'ordre à ses armées de se replier sur la ligne Panther, entre Kiev et Vitebsk (→ 17).

15. France : Emile Bollaert est désigné comme successeur de Jean Moulin à la tête de la Délégation générale.

15. Munich : Mussolini annonce qu'il reprend la direction du parti fasciste (→ 23).

16. Toulouse : le chef de la Gestapo est exécuté par les résistants du groupe Mohrange (→ 28).

16. Nouvelle-Guinée : les 7e et 9e divisions australiennes occupent Lae, abandonné par les Japonais (→ 19).

17. Italie : les Allemands évacuent la côte ouest en attaquant Altavilla et Battipaglia pour couvrir leur retraite (→ 18).

17. Alger : le CFLN crée une Assemblée consultative provisoire de 84 membres. 40 délégués y représentent la Résistance intérieure (→ 21.10).

17. Belgique : le capitaine Cassart revient d'Allemagne. Il a réussi à s'évader du palais de justice de Berlin pendant son procès.

18. Pacifique : l'aviation américaine bombarde Tarawa dans les îles Gilbert (→ 14.11).

18. Méditerranée : après les îles de Kos, Leros et Samos ces derniers jours, les Anglais prennent Simi, Stampalia et Ikaria dans le Dodécanèse. La Luftwaffe bombarde les aéroports de Kos (→ 4.10).

La flotte italienne se rend aux Alliés

La Valette, 10 septembre

Toutes les unités de la flotte italienne ont hissé le drapeau noir. Elles se dirigent vers Gibraltar et vers d'autres ports alliés.

A La Valette, le commandant en chef pour la Méditerranée, l'amiral Andrew Cunningham, a signalé à l'Amirauté la reddition totale de la marine italienne en ces termes : « Veuillez informer Leurs Majestés Royales que la flotte italienne est à l'ancre à portée des canons de la forteresse de Malte ». Les bâtiments de la flotte italienne sont sous la surveillance de ceux de la Royal Navy.

Une arme nouvelle : la bombe guidée

Malte, 10 septembre

Les Allemands ont expérimenté une arme d'un type nouveau. Sa première victime est un des navires italiens en route vers Malte pour se rendre. Le cuirassé *Roma* a été atteint par une bombe guidée. Il a à peine eu le temps de tirer ses premiers et derniers obus avant d'exploser.

Ces bombes sont de deux sortes : Ruhrstahl Sd 1400 et Henschel Hs 293. Radioguidées, elles sont larguées par avion sur leur objectif au sol. Dotées d'un empennage et d'un moteur-fusée, elles préfigurent les missiles air-sol. (→ 16)

Les propositions de Churchill aux Alliés

Cambridge, Etats-Unis, 1er sept.

Une citoyenneté commune pour les Etats-Unis et la Grande-Bretagne dans l'avenir : tel est le souhait de Churchill, exprimé dans un discours à l'université de Harvard. Il a appelé de ses vœux un avenir dans lequel les deux peuples « ne se sentiraient pratiquement plus étrangers » l'un à l'autre. Churchill a toujours accordé une grande importance aux liens qui unissent son pays aux Etats-Unis, mais c'est la première fois qu'il se déclare favorable à des relations aussi étroites entre les deux pays. (→ 19)

L'Armée rouge reprend la ville de Briansk

Briansk, 17 septembre

C'est une victoire essentielle pour l'Armée rouge, qui a balayé six divisions d'infanterie de la Wehrmacht. En libérant le grand centre industriel de Briansk, elle a repris aux Allemands le seul bastion qui pouvait leur permettre de menacer Moscou. Grâce aux six voies ferrées qui en partent, la ville était devenue un centre essentiel pour acheminer les hommes et les armes vers les champs de bataille. Avant de l'évacuer, l'armée de von Manstein l'a complètement détruite, en faisant sauter absolument toutes les usines. Les Soviétiques ont néanmoins retrouvé là une base importante pour progresser vers Gomel, Kiev et Smolensk. Les Allemands sont peu à peu repoussés vers l'ouest, en direction du Dniepr, où ils espèrent arrêter l'avance ennemie. (→ 21)

« Tuez le monstre allemand ! » Voilà l'ordre lancé par cette affiche.

La libération de la Corse est commencée

Ajaccio, 13 septembre

La nuit dernière, le sous-marin *Casabianca* a débarqué 109 hommes du bataillon de choc dans le port d'Ajaccio. Ce sont les premiers FFL à fouler le sol corse. D'autres sont attendus. Tout a changé dans l'île en novembre 1942, avec le débarquement de 100 000 Chemises noires. La résistance s'est organisée dans le cadre du Front national qui est alors entré en relation avec Londres et Alger. En avril dernier, Giraud avait envoyé le commandant de gendarmerie Colonna d'Istria, dit Cesari, coordonner l'action clandestine. Le *Casabianca* a alors entamé ses missions d'approvision-nement en vivres, armes et matériel. L'annonce de la reddition de l'Itali[e] donne le signal de l'insurrection. Entre les Corses et les Allemand[s] stationnés dans l'île et en Sardai[-]gne, les Italiens jouent double jeu. Tandis que les hommes de Cesar[i] occupent la côte ouest et la monta[-]gne, les Allemands prennent Basti[a] aux Italiens. Pendant ce temps, G[i]raud se bat pour obtenir des Allié[s] qui se battent à Salerne de qu[oi] transporter ses troupes. On finit pa[r] lui octroyer deux contre-torpi[l]leurs. C'est le général Henry Ma[r]tin qui commande l'opération. (→ 2[3])

Des troupes de FFL débarquent dans le port d'Ajaccio libéré par les partisan[s]

Alors qu'on se bat à Salerne, Mussolini est libéré

Mussolini monte dans le minuscule avion qui va plonger dans le vide.

Des Britanniques de la 5e armée se cachent derrière des Panzer détruits.

L'exploit des commandos de Skorzeny

Gran Sasso (2 172 m), 12 sept.
L'opération *Chêne* du général Student est un succès. Le major parachutiste Mors et le capitaine SS Otto Skorzeny ont réussi la mission impossible d'enlever Mussolini, qui était prisonnier à l'hôtel-refuge *Campo Imperatore* perché à plus de 2 000 m dans le massif de Gran Sasso. L'accès n'y est possible que par un funiculaire. L'heure H est fixée à 14 h. A 2 h du matin, Mors quitte Rome en camion avec deux compagnies de parachutistes et une compagnie blindée. Après 250 km de route, le convoi arrive à Assergi où se trouve la station du téléphérique qui est neutralisée. Il est 14 h 5. Au même moment, huit planeurs se posent sur le minuscule plateau où se trouve le refuge. Le terrain n'est pas plat comme prévu, la pente est forte et le sol couvert de rochers. Des planeurs se fracassent, mais il n'y a pas de blessés. Celui de Skorzeny s'arrête à 15 m du refuge. Les 90 hommes se ruent vers le bâtiment. Après avoir trouvé la chambre de Mussolini, Skorzeny y pénètre, renverse du pied la chaise d'un opérateur radio, détruit l'appareil émetteur et se place au garde-à-vous devant le Duce en criant : « Duce, le Führer m'a envoyé pour vous libérer ! » Dehors, le général Spoleti, arrivé avec Skorzeny, supplie les Italiens de ne pas tirer. Le général Cueli, chargé de la garde de Mussolini, se rend et offre à boire. Pas un coup de feu n'a été tiré. Il est 14 h 15. Deux minutes plus tard, Mors et 20 de ses hommes arrivent par le funiculaire. Il apprend à Skorzeny que le petit avion Storch qui doit emmener le Duce depuis la vallée a cassé son train en se posant. Un Storch de réserve, piloté par le lieutenant Gerlach, réussit à venir se poser à moins de 65 m. Skorzeny exige de monter dans le biplace avec Mussolini. C'est de la folie. Gerlach lance l'avion surchargé qui plonge dans le vide, se redresse et atteint Practica di Mare. De là, le Duce est transféré à Vienne où il est accueilli par le chancelier Hitler.

Le capitaine SS Otto Skorzeny.

Le spectre d'un nouveau Dunkerque

Salerne, 18 septembre
Un premier détachement de la 8e armée du général Montgomery, qui arrive de Calabre à marche forcée, vient d'établir le contact avec des éléments de la 5e armée américaine, à trente kilomètres au sud de Salerne. La tête de pont est à présent solidement établie. Les troupes allemandes du général Vietinghoff battent en retraite. C'est la fin d'une semaine d'angoisse pour le général Clark commandant la 5e armée et responsable de l'opération *Avalanche*. N'avait-il pas envisagé, le 13, de rembarquer ses hommes qui ne parvenaient pas à contenir les contre-attaques allemandes ? De son côté, au même moment, Vietinghoff pensait que les Alliés allaient connaître un autre Dunkerque.

Le 10e corps britannique du général McCreery, qui constituait la force d'assaut nord, avait débarqué en deux points au nord de Salerne et deux points au sud. Son flanc gauche, tenu par les Rangers américains, a eu fort à faire pour percer vers le col de Chiunzi. La 56e division d'infanterie, sur l'aile droite, a été arrêtée à Battipaglia avant d'être repoussée. Au lieu de se replier sur Rome, Vietinghoff avait choisi de retarder l'invasion alliée.

La force d'assaut sud, composée des 45e et 36e divisions d'infanterie du 6e corps américain, qui avait débarqué au sud du fleuve Sele et avait progressé vers l'intérieur, a bientôt dû se replier de trois kilomètres face aux pressions de deux divisions Panzer. L'aérodrome de Montecorvino, chèrement conquis mais toujours mitraillé par l'ennemi, n'a pu être utilisé. Retranché sur une plage, le QG de Clark a dû être déménagé après que les lignes américaines eurent été sérieusement enfoncées.

De plus, l'aviation allemande pilonnait les navires qui poursuivaient leurs opérations de débarquement dans la baie de Salerne. Les nouvelles bombes radioguidées ont causé de gros dégats. Deux croiseurs et deux navires-hôpitaux ont été coulés.

C'est à la suite de la contre-offensive de Vietinghoff, qui tentait d'élargir la brèche existant entre le 10e corps britannique et le 6e corps américain, que Clark a dressé des plans d'évacuation. Les troupes de Montgomery étaient alors encore trop éloignées. Clark a tout de même reçu des renforts parachutés de Sicile, et les hommes affectés jusque-là au débarquement du matériel sont venus se joindre aux combattants. En face, la vigueur des attaques baissait et Vietinghoff a bientôt donné l'ordre de repli. Aujourd'hui, les chars britanniques ont repris Battipaglia et les Américains ont poussé jusqu'à Ponte Sele. A présent, la route de Naples est ouverte. (→ 20)

1943

Septembre

Di	Lu	Ma	Me	Je	Ve	Sa
			1	2	3	4
5	6	7	8	9	10	11
12	13	14	15	16	17	18
19	20	21	22	23	24	25
26	27	28	29	30		

19. Nouvelle-Guinée : Kaiapit est pris par les Australiens après de durs combats.

20. France : les Allemands créent une zone interdite sur la côte méditerranéenne.

20. Italie : les Alliés lancent une offensive vers Naples. La 8e armée britannique, venant de Calabre, fait sa jonction avec les Américains à Auletta.

21. Iles Salomon : les Japonais évacuent les îles centrales. Ils se concentrent sur Choiseul et Bougainville. Les Américains contrôlent Arundel.

21. URSS : l'Armée rouge s'empare de Tchernigov.

22. Nouvelle-Guinée : la 20e brigade australienne débarque au nord de Finschhafen.

22. URSS : les Allemands évacuent Poltava, en Ukraine. Ils ont entièrement détruit la ville avant de se replier (→25).

22. Italie : la 78e division britannique débarque à Bari (→27).

23. Rastenburg : Hitler rejette la proposition de Goebbels de faire la paix soit avec Staline, soit avec Churchill, pour éviter de combattre sur deux fronts.

23. Naples : les Allemands détruisent les installations portuaires et coulent les navires italiens (→30).

23. Corse : après avoir pris Bonifacio avant-hier, les patriotes et les commandos du bataillon de choc des FFL s'emparent de Porto-Vecchio (→4.10).

23. Nantes : après un premier raid meurtrier le 16, l'US Air Force bombarde de nouveau la ville : 1 150 civils sont tués.

24. Nouvelle-Guinée : les Australiens s'emparent de l'aéroport de Finschhafen (→26).

24. Iles Salomon : l'aérodrome construit à Vella Lavella par les Alliés est opérationnel (→4.10).

25. Atlantique : une meute de 20 U-Boote a attaqué les convois ONS-18 et ON-202 durant cinq jours. Équipés des nouvelles torpilles acoustiques T5, ils ont coulé 6 cargos (36 422 tonnes) et 2 escorteurs. Trois U-Boote ont été coulés.

Les Soviétiques reconquièrent Smolensk

L'Armée rouge reconquiert souvent des territoires totalement dévastés.

Smolensk, 25 septembre
L'avance de l'Armée rouge paraît vraiment irrésistible. Les hommes du général Popov ont repris aujourd'hui Smolensk, un important bastion que les Allemands s'étaient assuré lors de leur marche sur Moscou. Les combats faisaient rage depuis plusieurs jours déjà. Selon le Kremlin, les Soviétiques ont tout d'abord atteint la banlieue nord de la ville et repoussé les Allemands rue par rue jusqu'à ce qu'ils aient la ville entière sous leur contrôle. La Wehrmacht a admis que Smolensk était tombé, mais essaie de masquer l'importance de cette défaite pour le Reich. Elle affirme que son arrière-garde l'a évacué devant l'avance de l'ennemi « après avoir procédé à la démolition nécessaire d'importantes installations militaires. » La radio de Berlin a indiqué que le mauvais temps avait empêché la Luftwaffe d'intervenir et que « les formations allemandes avaient un rôle extrêmement difficile : maintenir leurs positions face à un ennemi numériquement supérieur. » Roslavl, à 55 km au sud-est de Smolensk, a été aussi repris par l'Armée rouge, et la bataille se joue à présent le long d'un front de 450 km un peu à l'est du Dniepr. Staline a promis la plus haute décoration militaire d'URSS, la médaille de héros de l'Union soviétique, aux soldats qui réussiront à franchir le Dniepr. Déjà, dans les régions de Rjitchev et de Kanev, au sud de Kiev, des têtes de pont encore peu importantes ont été mises en place. Il est probable qu'elles sont l'œuvre de Cosaques habitués à ce genre d'actions et qui, à cheval, traversent de nuit les rivières de part et d'autre des positions allemandes et les attaquent ensuite sur leurs arrières. Les Soviétiques rappellent que les Allemands n'ont jamais réussi jusqu'ici à maintenir une ligne défensive sur une rivière, et sont certains qu'ils ne tiendront pas davantage le Dniepr. Mais tout ne réussit pas à l'Armée rouge non plus : il y a peu, un parachutage soviétique sur la rive droite du fleuve a tourné au désastre. (→26)

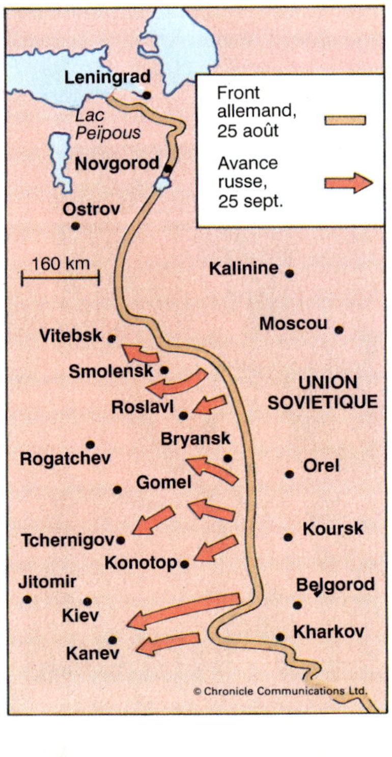

Les nazis liquident le ghetto de Vilnius

Vilnius, 24 septembre
Deux « actions spéciales » nazies ont suffi pour faire disparaître le ghetto de Vilnius. Les habitants ont été dépouillés de leurs biens, rassemblés et envoyés vers les chambres à gaz de Majdanek ou vers les camps de travail d'Estonie. Les plus âgés ont été exécutés d'une balle dans la nuque dans les bois voisins de Ponary. Il y avait ici 60 000 Juifs avant la guerre. Ils ne sont plus que 2 000, qui travaillent pour les ateliers des fourreurs allemands.

Réforme fiscale en Grande-Bretagne

Londres, 23 septembre
Dix millions de Britanniques sont concernés par la réforme des impôts annoncée ce soir. Elle touchera les citoyens recevant un salaire hebdomadaire. Leurs employeurs seront chargés de collecter le nouvel impôt. Pour les autres salariés, pas de changement : ils paieront toujours une somme calculée sur leur revenu de l'année précédente. Chaque contribuable assujetti à ce nouvel impôt, dit Paye (Pay As You Earn), aura un numéro de code permettant à l'employeur de déduire le montant dû.

Les Italiens face à leurs anciens alliés

Céphalonie, 25 septembre
L'armée italienne vit un drame. Après la signature de l'armistice, le gouvernement Badoglio a fui la capitale avec la famille royale sans laisser aucune directive. Refusant de se laisser désarmer, les soldats du général Gandin ont résisté aux Allemands. Et aujourd'hui, ayant épuisé leurs munitions, ils se sont rendus. En représailles, les Allemands ont décidé de passer par les armes leurs prisonniers italiens : cinq mille soldats et officiers ont été massacrés, plus de quinze cents sont morts en tentant de résister. Trois mille, enfin, ont été engloutis avec le transport de troupes les emmenant en captivité en Allemagne qui a été bombardé.

Le « Tirpitz » mis hors d'état de nuire

Altenfjord, 22 septembre
A 8 h 12 ce matin, une énorme explosion retentit sous la coque du *Tirpitz*. Le grand cuirassé allemand de 43 000 t, que l'on disait insubmersible, frémit et prend une gîte de 15 degrés. Les avaries causées à ses trois moteurs principaux immobiliseront le navire pendant plusieurs mois. L'opération *Source* est un succès. Six petits sous-marins type X, *midget submarines*, ont été préparés pour cette mission. Ces bâtiments, dont l'équipage est de quatre hommes pour l'attaque, portent chacun deux charges explosives de deux tonnes sur leurs flancs, à l'exclusion de tout armement. Ils ont été convoyés par des sous-marins plus grands depuis l'Ecosse jusqu'à 250 km des côtes norvégiennes. Deux ont été perdus lors du transit; trois ont passé les barrages du Kaafjord et approchent de l'objectif. L'X-6 et l'X-7 réussissent à déposer leurs mines, dotées de détonateurs à minuterie, sous le *Tirpitz*. Mais ils sont repérés, pris dans des filets. Les commandants Cameron et Place et les six hommes d'équipage survivants sont capturés et interrogés à bord du cuirassé. Mais ils ne parlent pas et les mines explosent peu après. L'X-5 a été surpris plus tôt et coulé à quelques centaines de mètres de l'objectif. Quant à l'X-10 que commande un Australien, le lieutenant de vaisseau Hudspeth, des avaries l'ont empêché d'attaquer et il est resté au large des côtes norvégiennes.

Une nouvelle république fasciste à Salo

Hitler a encore besoin de Mussolini : il l'a fait libérer et le remet au pouvoir.

Salo, 23 septembre
Le Duce est de retour. Rentré d'Allemagne, Benito Mussolini vient d'établir les bases d'un nouveau régime sur les bords du lac de Garde, à Salo.
Après qu'il fut libéré de sa prison du Gran Sasso par les commandos du capitaine SS Otto Skorzeny, le 12, Mussolini a été transféré en Allemagne, à Munich puis au quartier général de Hitler. Le Führer l'aurait convaincu, à moins qu'il ne l'ait forcé, de revenir à la vie politique active. La menace d'exercer des représailles sur les populations italiennes placées sous contrôle allemand depuis l'éviction du Duce a pu être brandie. A moins que le désir de pouvoir et de vengeance du dictateur ait suffi. Le 18, sur les ondes de Radio-Munich, celui-ci a annoncé la reconstitution du parti fasciste dissous et a nommé à sa tête Pavolini. Il s'en est pris au roi Victor-Emmanuel et a annoncé le retour à la République. Enfin, il a réaffirmé sa fidélité à l'Axe.
Aujourd'hui, Mussolini a proclamé la République sociale italienne et désigné un gouvernement composé d'extrémistes. L'armée, qui a enregistré de nombreuses défections, sera réorganisée par le général Graziani, nommé ministre de la Défense. Le Duce a aussi annoncé la convocation prochaine d'une assemblée constituante. En attendant, il a défini les grandes lignes de son futur régime : le fascisme doit revenir à ses origines – socialiste, anticapitaliste et républicain.

Lord Beaverbrook à nouveau ministre

Londres, 25 septembre
Churchill a remanié son cabinet. Il a rappelé son vieil ami lord Beaverbrook, qui revient après dix-huit mois d'absence. Il est nommé lord du Sceau privé. Il était parti l'an dernier à la suite d'une dispute avec Ernest Bevin, le ministre du Travail, ce qui avait créé des tensions au gouvernement. Depuis, les journaux de « Beaver » font campagne pour l'ouverture d'un second front en Europe. Les Soviétiques seront donc satisfaits de ce remaniement. Le leader du parti travailliste, Clement Attlee, devient lord-président du Conseil. Sir John Anderson devient chancelier, à la place de Kingsley Wood, mort avant-hier.

Le chancelier Sir John Anderson.

Les jeunes Anglaises sont réquisitionnées aux champs pour la moisson.

L'industrie anglaise a besoin de bras

Westminster, 24 septembre
La Grande-Bretagne aura besoin de 700 000 ouvriers supplémentaires l'année prochaine, en plus des 22 750 000 déjà à l'ouvrage. C'est le ministre du Travail, Ernest Bevin, qui l'a annoncé. Dorénavant, les femmes seront employées dans l'industrie plutôt que dans les forces armées. Les adolescents de 16 à 17 ans, filles et garçons, vont être embauchés dans les usines d'aéronautique. Dans les mines, ceux qui travaillaient en surface seront envoyés au fond.

Afflux de réfugiés italiens en Suisse

Berne, 24 septembre
Selon les autorités fédérales, ils sont peut-être vingt mille Italiens, civils et militaires, qui se sont réfugiés en Suisse depuis la signature de l'armistice entre leur pays et les Alliés. La plupart ont passé la frontière sans rien emporter, et il faut leur procurer de quoi survivre – nourriture, vêtements, abri. La répartition des nouveaux arrivants dans les différents cantons est problématique. Ils seront sans doute répartis en fonction de leurs capacités professionnelles.

1943

Septembre

Di	Lu	Ma	Me	Je	Ve	Sa
			1	2	3	4
5	6	7	8	9	10	11
12	13	14	15	16	17	18
19	20	21	22	23	24	25
26	27	28	29	30		

26. France : des résistants libèrent 32 des leurs, incarcérés à la prison de Saint-Etienne (→ 2.10).

26. Nouvelle-Guinée : les contre-attaques japonaises à Finschhafen pour repousser les Australiens échouent. L'aviation américaine attaque la base de Wewak. Elle détruit 64 avions japonais et coule 6 navires (→ 2.10).

26. URSS : l'Armée rouge atteint les faubourgs de Kiev.

26. Allemagne : les évêques catholiques dénoncent le programme d'euthanasie pour les malades mentaux et incurables.

27. Italie : les Britanniques occupent l'aéroport de Foggia. Les Canadiens prennent Melfi.

27. Chine : Mao Tse-min (frère de Mao Tse-toung) est exécuté sur ordre de Tchang Kaï-chek (→ 16.10).

27. Grèce : les Allemands s'emparent de l'île de Corfou. Ils liquident la garnison italienne.

28. Paris : les francs-tireurs de Manouchian abattent en pleine rue l'adjoint de Sauckel en France, le Dr Julius Ritter.

28. Allemagne : un prototype d'U-Boot Walter, l'*U-792*, est lancé. Equipé d'une turbine au peroxyde d'hydrogène, il doit atteindre en plongée la vitesse de 25 nœuds grâce à sa coque profilée.

29. Malte : Eisenhower et le maréchal Badoglio signent l'accord définitif de l'armistice à bord du cuirassé *HMS Nelson* (→ 30).

29. URSS : les Soviétiques reprennent le contrôle de la voie ferrée Smolensk-Vitebsk, sur le front ouest. Au sud, ils s'emparent de Krementchoug sur la rive gauche du Dniepr (→ 30).

30. France : le journal clandestin *Défense de la France* publie les premières photos des camps de concentration.

30. France : André Comps, un agent de renseignements français, dérobe les plans détaillés d'un site de lancement de V1. Ils sont envoyés à Londres (→ 28.10).

Les Américains aux portes de Naples

Dissimulés sous un filet de camouflage, les artilleurs alliés s'activent.

Italie, 30 septembre
Les troupes alliées sont parvenues aux portes de Naples. Dans la ville, la population s'est soulevée contre la garnison allemande, portant le combat dans les rues et faisant des centaines de morts. Le 5e corps britannique a atteint le Vésuve, tandis que le 6e corps américain a pris Avellino, et même Naples est sur le point de tomber. Mais les commandants américains (et même britanniques) se sont montrés préoccupés de la lenteur de la 8e armée de Montgomery à venir prêter main-forte à la 5e armée américaine à Salerne. (→ 1.10)

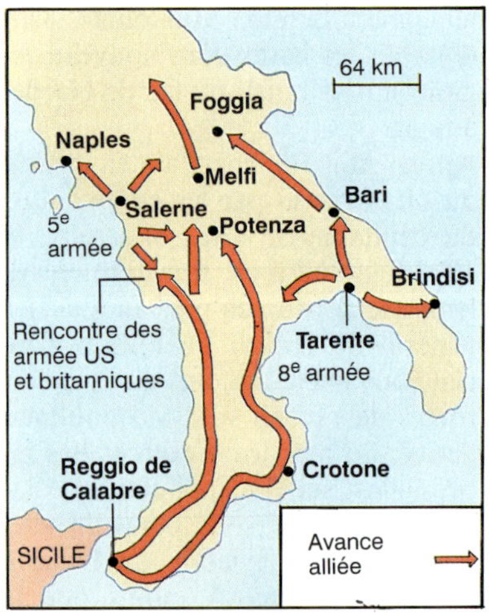

Des Italiens effacent des murs de leur ville jusqu'au nom du dictateur.

Mutation agricole en Angleterre

Révolution agricole en Angleterre.

Grande-Bretagne, 30 septembre
Cet automne, la récolte n'atteindra pas les chiffres records de l'an dernier, mais dans la plupart des régions la productivité restera bien supérieure aux niveaux d'avant-guerre. Les fermiers « bêchent pour la victoire » avec tant d'entrain que le paysage lui-même s'en ressent. Les quatre cinquièmes de la Grande-Bretagne sont exploités et tout changement de régime agricole en modifie radicalement l'aspect. Au début de la guerre, les pâturages représentaient près de 7 millions d'hectares, contre 5 pour l'agriculture. Aujourd'hui, la situation s'est inversée. Avant la guerre, en effet, 70 % des produits alimentaires des Anglais étaient importés. Le blocus nazi a menacé cet approvisionnement, d'où le recours à une plus grande autonomie en matière agricole. Les récoltes de pommes de terre, d'orge et de blé ont presque doublé, bien que seule l'orge dépassera cette année son niveau record de 1942. Ce résultat a été obtenu au prix de changements importants : les collines ont été labourées, l'impact étant inévitable sur la faune et la flore locales. Les fermiers se sont tournés vers une agriculture de plus en plus extensive, détruisant les haies mitoyennes, et ont recours aux engrais pour améliorer les rendements. Si la commission Scott note « aucune contradiction entre beauté et rendement », cet avis est loin d'être partagé par tous.

L'Armée rouge marche sur Kiev

Des troupes soviétiques en mission de reconnaissance près de Kiev.

Moscou, 30 septembre
L'Armée rouge continue sa marche triomphale vers l'ouest, prenant la ville de Roudnya dans le nord-ouest ainsi que Krementchoug, l'importante bifurcation ferroviaire sur la rive orientale du Dniepr, à 220 km au sud de Kiev. Les Soviétiques rassemblent leurs troupes en vue de la phase finale de leur offensive sur Kiev, capitale de l'Ukraine. La nuit dernière, un communiqué annonçait que l'artillerie russe pilonnait Gomel, et que, plus au nord, l'Armée rouge avait avancé de dix kilomètres vers l'importante base nazie de Moghilev en Russie blanche. De source officieuse, on apprend à Moscou qu'une farouche bataille est engagée dans les faubourgs de Zaporojie, sur le dernier méandre du Dniepr avant son embouchure, 80 km en aval de Dniepropetrovsk. Cela signifie que les forces soviétiques ont pris pied à tous les endroits stratégiques du Dniepr et que les Allemands se battent désespérément pour garder prise sur sa rive orientale. De surcroît, les Russes ont établi des têtes de pont sur la rive occidentale au sud de Kiev et ont commencé à les relier entre elles de façon à créer un front uni. (→ 1.10)

Soulèvement antiallemand à Naples

Naples, 30 septembre
Les Alliés ne sont plus très loin. Les Napolitains ont gagné. Leur ville sera bientôt libérée. Lassés de subir l'exploitation de l'armée allemande qui pillait les magasins et raflait des ouvriers pour le travail obligatoire, les Napolitains se sont soulevés en masse le 27. Le mouvement a été déclenché à la suite du meurtre d'un jeune passant par les Allemands, au cours du saccage d'un grand magasin, rue de Rome. Les combats se sont rapidement propagés à l'ensemble de la ville. A chaque fenêtre, sur chaque toit, des tireurs sont soudain apparus. Dès le lendemain, le soulèvement était pris en main par un Front unique révolutionnaire dirigé par Tarsia, un ouvrier âgé de soixante-dix ans. Son siège était établi dans le lycée Sannazzaro. Au prix de lourdes pertes, les insurgés sont parvenus à immobiliser huit des Panzer engagés contre eux par le colonel Scholl, commandant la place. Hier, les combats se sont concentrés dans le quartier de la place Carita, autour des hôtels Universo et Bologna et sur le terrain de sport de Vomero où les Allemands s'étaient repliés. Le quartier général de Scholl, installé dans l'hôtel Parco, a été attaqué à plusieurs reprises. Une trêve négociée entre les Allemands et les insurgés est restée sans effet. Et les Alliés arrivent. (→ 1.10)

Grèves sauvages en Grande-Bretagne dans les mines et les chantiers navals

Les femmes anglaises s'entraident.

Grande-Bretagne, 30 septembre
Les industries de guerre britanniques font face à une série de grèves sauvages. Neuf mille ingénieurs ont interrompu leur travail depuis deux semaines à Vickers Armstrong et à Barrow-in-Furness pour protester contre les primes de mérite. Ils ont voté en masse la poursuite de la grève, malgré les appels à la reprise de leur syndicat, l'AEU. Les meneurs, qui désavouent les dirigeants du syndicat, veulent négocier directement avec Ernest Bevin, le ministre du Travail, lequel a refusé d'intervenir sous prétexte que l'honneur des syndicats était en jeu. Un décret de 1940 interdit les grèves, mais les peines d'emprisonnement sont impossibles à appliquer, comme l'ont prouvé l'an dernier les événements des mines Betteshanger, dans le Kent. A l'époque, il y eut plus de mille citations contre les grévistes, transformées en amendes alors que leurs dirigeants syndicaux étaient punis de peines de prison. Mais quand les mineurs ont refusé de payer les amendes, le manque de place dans les prisons a empêché leur incarcération. Ernest Bevin fit suspendre la sentence et les mineurs retournèrent au travail. Le même problème a resurgi dans les mines de Lanarkshire, en Ecosse, où 7 000 mineurs se sont mis en grève pour protester contre les amendes infligées à leurs collègues lors d'une grève précédente. Le dirigeant syndical local en impute la responsabilité à des « agents extérieurs ». Bevin a récemment déclaré aux Communes qu'il dénombrait trois types de grève : celles de « dernier ressort » déclenchées par les travailleurs ; celles causées par les employeurs ; et la troisième, de nature politique, causée par les trotskistes et autres factions opposées à la guerre. Bevin a déclaré en substance : « Je ne veux d'aucune façon porter atteinte aux syndicats légitimes – je les veux forts –, mais j'estime que des mesures doivent être prises afin d'empêcher que l'effort de guerre soit entravé par ces activités. » Il y a déjà eu cette année une grève des dockers à Liverpool, et la menace d'une grève de 16 000 ouvriers plane au-dessus des usines Rolls-Royce de Hillington, en protestation contre les salaires inférieurs des femmes. Or, elles constituent les deux tiers de la main-d'œuvre actuelle. (→ 5.10)

Des ouvrières de Kansas City préparent des vivres pour l'Angleterre.

1943

Octobre

Di	Lu	Ma	Me	Je	Ve	Sa
					1	2
3	4	5	6	7	8	9
10	11	12	13	14	15	16
17	18	19	20	21	22	23
24	25	26	27	28	29	30
31						

1er. URSS : les forces soviétiques commencent à franchir le Dniepr.

1er. Grande-Bretagne : la construction de docks flottants destinés au débarquement des Alliés en Europe commence en secret (→ 11).

2. France : les FTP organisent l'évasion de 79 détenus à la prison du Puy-en-Velay (→ 21).

2. Nouvelle-Guinée : la 20e brigade australienne s'empare du port de Finschhafen.

3. Italie : des troupes du 6e corps américain prennent Bénévent.

4. Mer Egée : les Allemands reprennent l'île de Kos.

4. Arctique : des appareils du porte-avions américain *Ranger* coulent 4 cargos allemands.

5. Grande-Bretagne : à Barrow, les grévistes des chantiers navals reprennent le travail (→ 29).

5. Italie : le 10e corps britannique atteint le fleuve Volturno.

5. Lyon : réunion des chefs et représentants des maquis de toute la France. Louis-Eugène Mangin, délégué militaire des deux zones, et le lieutenant-colonel Thomas estiment à 20 000 les maquisards encadrés dont 15 000 sont équipés.

6. Iles Salomon : les Américains débarquent dans l'île de Kolombangara évacuée par les Japonais (→ 12).

6. Nouvelle-Guinée : des unités australiennes s'emparent de Dumpu (→ 16).

6. Italie : la 5e armée américaine prend Capoue et atteint le Volturno.

7. Paris : au mont Valérien, depuis le 4 octobre, 126 otages ont été fusillés par les nazis.

7. Mer Egée : les croiseurs *Sirius* et *Penelope* et les destroyers *Faulknor* et *Fury* coulent un convoi allemand en route pour Kos (→ 26).

8. Ajaccio : de Gaulle annonce lors d'un discours public qu'il rétablit la légalité républicaine.

9. URSS : l'Armée rouge atteint le détroit de Kertch. Le Caucase est libéré (→ 14).

Les Alliés entrent dans Naples libéré

Dans les rues de Resina, les habitants de la ville regardent passer les Alliés qui font route vers Naples.

Naples, 1er octobre

C'est dans une ville libre mais à moitié détruite que les Alliés sont entrés aujourd'hui. La campagne a duré trois semaines et a coûté 12 000 morts aux Anglo-Américains. Toutes les infrastructures militaires ont été détruites par les bombes alliées et par les Allemands eux-mêmes dans leur retraite. Le port, objectif principal des Alliés, n'est plus qu'un amoncellement d'épaves et de débris, et sa zone industrielle est complètement rasée. Une forte puanteur flotte sur la ville : les Allemands ont dynamité les égouts ainsi que l'aqueduc qui approvisionnait la ville en eau potable. La population, qui dépasse le million d'habitants, se retrouve exposée à la famine et aux épidémies. Placés sous le commandement du général McCreery, les chars du 10e corps ont été les premiers à entrer dans la ville et sont déjà en route pour le fleuve Volturno où les Allemands tentent de se retrancher, laissant à la 82e division aéroportée le soin de faire régner l'ordre à Naples. Bien que la plupart des Allemands aient battu en retraite vers le nord, la progression de Salerne à Naples n'a jamais été facile. Avant d'atteindre la plaine, les Alliés ont dû faire route à travers des terrains accidentés facilement défendus par de petits détachements allemands et rendu plus impraticables encore par le fortes pluies qui ont emporté pon et routes. Montgomery prépare un grande offensive dans l'est contr Foggia. Les Allemands placent d gros espoirs sur leur nouvel bombe-planeur radiocommandé qui a causé de lourds dégâts a navire anglais *Warspite* à Salerne coulé le navire italien *Roma*.

Les nazis pillent Rome et ses trésors

Rome, 6 octobre

Les sbires de Hermann Göring font leurs courses. Munis de listes, les nazis pillent systématiquement les musées et les églises de Rome et envoient leur butin en Allemagne. Les tableaux de maître et les manuscrits anciens sont emballés en vrac par ces mêmes soldats qu'on disait venus pour « protéger » la ville des Alliés. Les œuvres d'art ne sont pas les seules à quitter l'Ital pour le Reich : des milliers d'e soldats italiens sont « recrutés » envoyés en Allemagne aux trava forcés. Augmentant la pression s leurs anciens partenaires, des par chutistes nazis ont encerclé le Va can. La rumeur circule que le pa aurait envoyé une lettre scellée à s cardinaux, à ouvrir au cas où serait arrêté.

Retraite nippone en Nouvelle-Géorgie

Vila, îles Salomon, 4 octobre
A court de vivres et de munitions, les forces japonaises ont abandonné aujourd'hui leur dernier bastion en Nouvelle-Géorgie, Kolombangara. L'information provient des observateurs clandestins alliés en poste dans les îles encore occupées par les Japonais, qui ont fourni de précieux renseignements tout au long de la campagne.
Au cours de ces dernières vingt-quatre heures, les navires japonais ont tenté d'évacuer les rescapés de la garnison de 10 000 hommes qui défendait Vila, le dernier terrain d'aviation japonais des îles centrales des Salomon. Les Alliés ont harcelé les Japonais sur une grande échelle, abattant 12 avions et coulant 27 navires. Le bilan s'élève à 2 483 morts du côté japonais et à 1 094 morts et 3 873 blessés du côté américain. Le QG allié du Pacifique sud-ouest est d'avis que le retrait des troupes japonaises de Kolombangara découle de la décision alliée de contourner l'île et d'y laisser les Japonais « dépérir comme des fleurs fanées ». Un porte-parole de l'amiral Halsey a précisé que la prise de Vella Lavella, au nord de Kolombangara, avait eu également pour conséquence d'empêcher le ravitaillement japonais de Vila.
Maintenant que les Alliés ont enfin étendu leur contrôle à toutes les îles centrales des Salomon, la voie est libre pour lancer la prochaine phase de l'opération *Cartwheel*, à savoir l'offensive sur la plus grande des îles, Bougainville. (→ 6)

Les Danois à la rescousse des Juifs

Copenhague, 4 octobre
Une indiscrétion, volontaire, de l'attaché maritime allemand G.F. Duckwitz a permis d'éviter la déportation des Juifs danois ordonnée par Hitler. 477 Juifs ont quand même été arrêtés dans la nuit du 1er au 2 octobre, mais les autres sont passés en Suède avec la complicité de la population. Un des premiers réfugiés arrivés à Stockholm, Niels Bohr, physicien lauréat du prix Nobel, a été reçu par le roi de Suède qui l'a assuré que son gouvernement accueillera tous les Juifs danois. Au Danemark même, c'est une extraordinaire mobilisation en faveur de la communauté menacée qui se met en place. Pour atteindre la Suède, il faut traverser le Sund, un détroit dont la largeur varie entre 8 et 24 km. La flotte de pêche est mobilisée, la police protège les passeurs et les prévient des horaires des patrouilles allemandes. Tous les soirs, des bateaux appareillent pour la Suède, au nez et à la barbe de l'occupant nazi. (→ 31)

Les bombardements de la RAF en forme d'apocalypse venue du ciel.

A régime nouveau, hommes nouveaux

Alger, 3 octobre
Par décret, le CFLN vient de créer une commission chargée de nommer les futurs préfets de la libération. Au mois de juillet dernier, Claude Bouchinet-Serreulles avait chargé Michel Debré de la mise en place de ces nouvelles autorités administratives en liaison avec les mouvements de résistance et les hommes du NAP (Noyautage des administrations publiques) qu'il consulte. Le but est de remplacer au moins provisoirement les préfets régionaux de Vichy par des commissaires de la République, des hommes issus de la Résistance, qui donneront une personnalité neuve à la France libérée.

La Corse enfin libérée

Les Forces françaises libres en Corse : libération de l'île de Beauté.

Bastia, Corse, 4 octobre
C'est d'Ajaccio que le mouvement insurrectionnel est parti le 9 septembre. Le maquis corse, majoritairement communiste et constitué localement en comités de libération, lançait alors un appel à l'aide. Giraud et le CFLN (Comité français de libération nationale) envoyèrent des troupes. Dans la nuit du 12 au 13, 3 sections du bataillon de choc débarquaient à Ajaccio, suivies par d'autres unités. Presque en même temps et suite à l'armistice italien, la garnison allemande se trouvait renforcée par des troupes évacuées de Sardaigne : la brigade blindée « Reichsführer SS » et la 90e division de Panzergrenadieren. Mais bientôt, appelées par Kesselring sur le continent, ces troupes perdaient la moitié de leurs effectifs en tentant de repasser en Italie. Ce matin, à 5 h 45, le 6e tabors est entré dans Bastia, rejoint un peu plus tard par les chars légers du 4e spahis marocains et le bataillon de choc. Le général Louchet commandait l'attaque. Une libération endeuillée dans la matinée par un bombardement des Alliés, qui ignoraient le départ des Allemands. C'est au col de Teghime et près de Bastia que les combats les plus durs ont eu lieu.

« Le Corbeau » divise les Parisiens

Paris, 1er octobre
Le nouveau film d'Henri-Georges Clouzot, *le Corbeau*, risque fort de ne pas faire que des amis au réalisateur. Réalisé pour la firme allemande Continental, d'après un scénario d'avant-guerre, l'œuvre traite le thème de la lettre anonyme, pratique qui connaît ici un franc succès... Le Dr Germain (Pierre Fresnay) habite une petite ville de province et reçoit un jour une lettre anonyme. Bientôt, c'est une véritable épidémie. Un climat de délation s'installe, chacun devenant suspect jusqu'au moment où l'on découvre l'identité du Corbeau. Un portrait au vitriol qui dérange d'autant plus que les lettres de dénonciation connaissent leur apogée depuis l'an dernier.

L'affiche du film tant décrié du réalisateur Henri-Georges Clouzot.

1943

Octobre

Di	Lu	Ma	Me	Je	Ve	Sa
					1	2
3	4	5	6	7	8	9
10	11	12	13	14	15	16
17	18	19	20	21	22	23
24	25	26	27	28	29	30
31						

10. Méditerranée : des Forteresses volantes attaquent la Grèce continentale et les îles de Crète et de Rhodes pour la première fois.

10. Toulouse : l'avocat général Lespinasse, qui avait requis la peine capitale contre Marcel Langer, commandant FTP, est abattu de 4 balles de pistolet.

11. Vichy : 11 chefs de la Milice, dont Joseph Darnand, s'engagent dans la Waffen SS.

11. URSS : le groupe de chasse Normandie a remporté plus de 50 victoires. Il est fait compagnon de la Libération par de Gaulle (→ 31.7.1944).

11. Grande-Bretagne : le nom de code *Mulberry* est adopté pour les ports artificiels en construction. Ils devront soutenir les débarquements projetés en Normandie.

12. Nouvelle-Bretagne : 349 bombardiers américains dévastent Rabaul dans une attaque surprise.

12. Sarrebrück : 23 militants de Combat raflés à Paris en février 1942 sont condamnés à mort et 18 à la déportation.

13. Italie : des soldats de la 5e armée américaine franchissent le Volturno.

14. URSS : les Soviétiques s'emparent de Zaporojie et se battent dans les faubourgs de Melitopol, en Ukraine. Ils cherchent à isoler la 17e armée allemande en Crimée (→ 17).

15. Iles Salomon : les ordres sont donnés pour l'invasion des îles septentrionales (→ 18).

16. Nouvelle-Guinée : la 9e division australienne repousse les attaques japonaises contre Finschhafen (→ 20).

16. Chongqing : lord Louis Mountbatten vient s'entretenir avec Tchang Kaï-chek (→ 19).

16. Italie : les Allemands se replient sur la ligne de défense Barbara, entre Cantalupo, dans les Apennins, et Mondragone, sur la côte ouest (→ 22).

16. Rome : les troupes SS raflent 1 000 des 7 000 Juifs de la ville pour les déporter à Auschwitz.

16. France : suspension des départs du STO vers le Reich.

Raid allié contre les usines allemandes

Des colonnes de fumée s'élèvent des usines bombardées de Schweinfurt.

Londres, 14 octobre

Les Forteresses volantes de la 8e armée de l'air américaine ont fait route sur Schweinfurt aujourd'hui, pour en bombarder les usines de roulements à billes. Leurs équipages sont revenus persuadés d'avoir causé de gros dégâts aux usines. L'un des aviateurs a même déclaré : « Quand on a quitté les lieux, l'usine n'était plus qu'un immense brasier. Toutes nos bombes ont fait mouche. » Mais les bombardiers ont chèrement payé le prix de leur succès. Sur les 291 avions du raid, 228 ont bombardé l'objectif. Mais 60 sont portés disparus et de nombreux autres sont gravement endommagés. L'escadre était protégée sur une partie du parcours par des chasseurs Thunderbolt, mais, une fois leur rayon d'action dépassé, les Thunderbolt ont dû décrocher et laisser les bombardiers aux prises avec les chasseurs allemands. Leurs mitrailleuses s'étant révélées inefficaces pour les tenir en échec, les Alliés en concluent qu'il est indispensable de couvrir les bombardiers par des chasseurs. Une 9e armée de l'air sera formée le 16 octobre, en vue d'escorter les bombardiers et, à plus long terme, d'assister la future invasion de l'Europe.

Le Portugal prête les Açores aux Alliés

Lisbonne, 12 octobre

La bataille de l'Atlantique penche en faveur des Alliés depuis l'annonce, ce soir, par le dictateur portugais, le Dr Salazar, de l'arrivée de troupes britanniques aux Açores. Les îles, qui occupent une position stratégique au milieu de l'Atlantique, seront utilisées pour la protection aérienne des convois naviguant entre la Grande-Bretagne et les Etats-Unis. L'accord fait suite à plusieurs semaines de pourparlers secrets anglo-portugais. Malgré un traité signé au XIXe siècle entre les deux pays, le Portugal était resté prudemment neutre, à l'exemple de l'autre dictateur de la Péninsule, Franco. Le pacte reflète un changement d'attitude des pays neutres, de plus en plus nombreux à penser que Hitler perdra la guerre. Les Etats-Unis, bien que n'ayant pas signé le traité, pourront également faire relâche aux Açores pour des opérations combinées avec les Anglais. Jusqu'à présent, la couverture aérienne était assurée par les Catalina et les Wellington de la RAF à partir de la Grande-Bretagne et de Terre-Neuve. Ainsi, une zone de quelques centaines de kilomètres échappait à leur contrôle, où les U-Boote tendaient des embuscades aux convois. Le consulat allemand des Açores ferme ses portes mais le Reich maintient ses relations diplomatiques avec le Portugal.

Des détenus tuent leurs geôliers

Sobibor, 14 octobre

Les six cents détenus du camp de la mort de Sobibor, des femmes pour la plupart d'entre eux, ont monté une audacieuse tentative d'évasion aujourd'hui, attaquant leurs geôliers par surprise. La révolte a été organisée par les détenus juifs de Russie blanche, avec à leur tête Alexandre Petchersky, trente-quatre ans, un ancien commissaire politique de l'Armée rouge qui les a décidés à tenter une évasion. Les Juifs révoltés étaient armés de quelques armes à feu et de grenades, volées dans les baraquements SS, et d'une poignée de couteaux et de hachettes. La mutinerie a débuté cet après-midi lors d'une inspection de routine des cabanes des prisonniers. Les rebelles ont tué onze gardes, puis lancé un « hourra » en signe d'insurrection. Dans la confusion qui a suivi, les détenus ont tenté leur chance. Les gardes en ont abattu deux cents, d'autres ont péri dans les champs de mines qui encerclent le camp, mais de cent à trois cents détenus sont parvenus à s'échapper. Petchersky et son second, Leon Feldhandler, font apparemment partie de ces derniers. Ils vont sans doute tenter de rejoindre les partisans car c'est leur seule chance de survie. L'armée et la police ont encerclé le camp et ses environs. Cette nuit, les Juifs piégés à l'intérieur se défendaient toujours. (→ 16)

Au Danemark, les nazis recrutent par voie d'affiche : contre les bolcheviks, ils font même appel aux Vikings.

Badoglio en guerre contre les nazis

Madrid, 13 octobre
Il y a un mois, l'Italie était l'alliée de Hitler. Elle est maintenant son ennemie. L'ambassadeur d'Italie en poste à Madrid a remis aujourd'hui à son homologue allemand une déclaration de guerre à transmettre à Berlin. Signée par le maréchal Badoglio, elle ne fait pas de l'Italie un nouvel allié au sens strict mais plutôt un « cobelligérant », car certains généraux et dirigeants fascistes ont encore à répondre de leurs crimes de guerre. Badoglio a enjoint à tous les soldats italiens de « lutter contre les Allemands jusqu'au dernier homme ». Dans une lettre adressée à Eisenhower, il a précisé : « Cet acte permet de rompre avec un passé peu glorieux et mon gouvernement sera heureux de marcher à vos côtés vers une victoire inéluctable. » Le débat est lancé de savoir si les Italiens se battront contre les Allemands en Italie. Ils se battent déjà aux côtés des Anglais en mer Egée et prêtent main-forte aux Alliés en Sardaigne et en Corse. Reste à résoudre le problème épineux des milliers de prisonniers de guerre italiens aux mains des Alliés.

Le maréchal Badoglio (à droite) aux côtés d'un général américain.

Actions partisanes en Yougoslavie

Zeneca, 13 octobre
Les partisans yougoslaves viennent de porter de sérieux coups à l'industrie de guerre allemande en détruisant plusieurs des usines Krupp situées dans le pays. Les patriotes ont revendiqué notamment le sabotage de vingt-sept locomotives et de cent cinquante wagons. Des combats de rues se déroulent actuellement à Zeneca et dans d'autres villes où l'on s'attend à l'envoi de renforts allemands. Les partisans ont annoncé que la division italienne Venezia, qui avait participé à la répression de leurs actions, était passée de leur côté. (→ 4.12)

Sacha Guitry sauve Tristan Bernard

Paris, 13 octobre
Au début de l'Occupation, Tristan Bernard plaisantait au sujet des Allemands : « On disait toujours « On les aura, on les aura », eh bien, ça y est, maintenant on les a ! » C'est lui que les Allemands ont eu à leur tour. Sans Sacha Guitry et sans Arletty, qui sont intervenus aujourd'hui en sa faveur auprès du ministre Schleier, son arrestation aurait pu avoir des conséquences dramatiques. On sait que les relations privilégiées que Guitry entretient avec les Allemands lui ont déjà permis de venir plusieurs fois en aide à des amis en difficulté.

1943

Octobre

Di	Lu	Ma	Me	Je	Ve	Sa
					1	2
3	4	5	6	7	8	9
10	11	12	13	14	15	16
17	18	19	20	21	22	23
24	25	26	27	28	29	30
31						

17. URSS : sur le front central, l'Armée rouge franchit le Dniepr et prend Loïev (→ 22).

17. Pacifique : le sous-marin américain *Tarpon* coule le *Michel*, dernier navire de commerce armé des Allemands opérant au large du Japon.

18. Grande-Bretagne : le général de Lattre de Tassigny, accompagné de Claudius-Petit, arrive de Mâcon à bord d'un avion de la RAF.

18. Iles Salomon : l'aviation américaine bombarde la base japonaise de Buin, sur l'île de Bougainville (→ 27).

19. France : les Allemands lancent une opération contre les maquis de Corrèze. Ils arrêtent 63 maquisards (→ 27).

19. Bornéo : la population de Jesselton se soulève contre les Japonais. Elle en tue 40, mais subit des représailles.

20. Nouvelle-Guinée : la 24e brigade australienne arrive en renfort à Finschhafen (→ 16.11).

20. New Delhi : lord Wavell remplace lord Linlightgow au poste de vice-roi des Indes.

21. Singapour : avec le soutien du Japon, Subhas Chandra Bose crée un gouvernement provisoire de l'Inde libre.

21. Alger : le CFLN rétablit le décret Crémieux, naturalisant français les Juifs d'Algérie ; décret abrogé par le régime de Vichy en 1940 (→ 3.11).

21. Lyon : Lucie Aubrac, aidée par les groupes francs, fait évader son mari Raymond du fort Montluc. Il avait été arrêté avec Jean Moulin.

22. Nouvelle-Bretagne : l'aviation alliée attaque Rabaul et détruit 123 avions japonais (→ 2.11).

22. Italie : un bataillon britannique franchit le fleuve Trigno, sur la côte est.

23. Manche : des vedettes lance-torpilles allemandes coulent le croiseur *HMS Charybdis*.

23. Paris : la Gestapo arrête Roland Farjon, chef de l'OCM pour la région Nord - Pas-de-Calais, et le général Verneau, chef de l'ORA (→ 24).

Les criminels de guerre seront jugés

Londres, 20 octobre
Dix-sept pays alliés se sont réunis à Londres aujourd'hui pour décider la création d'une commission des crimes de guerre. Le comité sera présidé par le vicomte Simon, ministre de la Justice et chef de la magistrature en Angleterre et au Pays de Galles. Des avocats passeront au crible les preuves fournies par les Alliés. L'Union soviétique, bien qu'absente à la réunion d'aujourd'hui, sera également appelée à collaborer aux enquêtes (→ 19.12).

Des prisonniers de guerre échangés

Göteborg, 19 octobre
L'échange de centaines de prisonniers de guerre anglais et allemands a débuté cet après-midi dans le port de Göteborg en Suède. La plupart des Anglais avaient été capturés en 1940 à Dunkerque ; d'autres à Dieppe l'an dernier avec des Canadiens. Les prisonniers de guerre allemands, encore en uniforme du désert, appartenaient à l'Afrikakorps de Rommel. Il s'agit du premier échange de prisonniers entre Allemands et Anglais depuis le début de la guerre. Une précédente tentative avait tourné court en 1941. Pas moins de 5 000 Allemands et 5 400 Anglais vont enfin rentrer chez eux. (→ 25)

Retour attendu d'un prisonnier.

Discussions entre Alliés

Eden (à gauche) lors de son arrivée à Moscou, accueilli par Molotov.

Les Allemands en passe d'être encerclés

Moscou, 22 octobre
Les troupes soviétiques ont coupé la route ferroviaire qui servait de retraite aux Allemands retranchés à Dniepropetrovsk sur le Dniepr. Les troupes du général Malinovsky avancent maintenant sur Krivoï-Rog et menacent d'encercler près de un million d'Allemands dans le méandre du fleuve. Les nazis sont bien conscients de la menace, et le correspondant à Berlin du bureau télégraphique de Scandinavie juge la situation « extrêmement sérieuse » et précise que les troupes allemandes « seront forcées de battre en retraite pour éviter l'encerclement ». Dans le journal suédois *Aftonbladet*, les porte-parole nazis disent même que « tout le front allemand en Russie du Sud est menacé d'effondrement ». Bien que conscients des risques, les nazis n'ont pas d'autre choix que de battre en retraite, encore et toujours. L'échec est d'autant plus cuisant qu'ils comptaient tenir le front du Dniepr et avaient distribué des tracts à l'intention des soldats soviétiques où on lisait : « L'Allemagne a muré la rive occidentale du Dniepr de fer et de béton. Nous y avons bâti un rempart de l'Est aussi infranchissable que le mur de l'Atlantique. On vous envoie à une mort certaine. Elle vous attend sur le Dniepr. Arrêtez-vous avant qu'il ne soit trop tard. » Mais les troupes soviétiques n'ont pas hésité. Nombreux sont ceux qui sont morts sur le Dniepr, mais le gros des troupes est passé. (→ 25)

Projets d'après-guerre pour l'Europe

Moscou, 19 octobre
Les ministres des Affaires étrangères des trois Grands – Hull, Eden et Molotov – se sont rencontrés aujourd'hui au Kremlin dans le but d'« échanger leurs points de vue en toute franchise et en toute liberté ». Les pourparlers, prévus sur une dizaine de jours, devraient déboucher sur un accord entre les Etats-Unis, l'Union soviétique et la Grande-Bretagne, leur interdisant toute négociation séparée avec l'Allemagne. Seront évoqués les termes d'une coopération entre les trois Grands qui garantirait la paix et la sécurité de l'après-guerre. Le projet d'une organisation internationale, ouverte à tous les pays épris de paix, devrait être approuvé. Dans le cadre d'une réunion séparée aujourd'hui à Londres, Anglais et Américains ont promis une augmentation de leur aide militaire à Staline au cours des huit mois à venir : 2 700 000 tonnes de matériel devraient transiter par leurs ports du Pacifique, 2 400 000 par le golfe Persique, et 1 000 000 par l'océan Arctique. (→ 30)

Les troupes soviétiques à l'attaque sur le front du Dniepr.

Chine contre Japon : nouvelle stratégie

Chongqing, 19 octobre
La route de Birmanie étant coupée, les Alliés projettent de ravitailler les troupes en Chine par un pont aérien depuis l'Inde en passant au-dessus de l'Himalaya. C'est ce qu'ont conclu Louis Mountbatten, commandant en chef des forces en Asie du Sud-Est, et le dirigeant des nationalistes chinois, le général Tchang Kaï-chek.
Mountbatten a réussi a convaincre le chef du Kuo-min-tang de ne pas limoger son chef d'état-major américain, le général Stilwell. Les deux hommes sont en désaccord depuis que Stilwell a recommandé au Kuo-min-tang de lever son embargo sur les forces communistes chinoises dans le nord. (→ 4.12)

Tchang Kaï-chek avec sa femme et le général Joseph Stilwell.

L'Eglise condamne le péché de chair

Grande-Bretagne, 19 octobre
La montée alarmante des maladies vénériennes en Grande-Bretagne a fait l'objet d'un long communiqué publié aujourd'hui par les archevêques de Canterbury et d'York qui l'ont traitée de « problème moral autant que médical ». A leurs yeux, la cause principale du fléau est la « fornication », condamnée par l'Eglise : « La promiscuité menace de détruire la vie familiale... La résistance morale a plus de valeur que toutes les précautions physiques. » Les archevêques proposent que des récréations plus saines que les distractions nocturnes soient instituées dans les camps et les casernes.

Un SS d'Auschwitz tué par une Juive

Auschwitz-Birkenau, 23 octobre
Des femmes juives internées dans c camp se sont révoltées aujourd'hu abattant l'un des gardes et en ble sant plusieurs autres. La rébellion débuté dans la salle de déshabillag des chambres à gaz, où une femm a saisi le revolver du sergent S Josef Schillinger, connu comm l'un des gardes les plus sadiques c camp, et l'a tué d'une balle. L autres femmes se sont jetées s leurs geôliers, scalpant l'un d'ent eux et arrachant le nez à un autr Mais leur révolte fut vite matée. I commandant Rudolf Höss les a fa sortir une à une et les a toutes fa abattre. (→ 25)

Les Alliés intensifient leurs raids aériens

Londres, 23 octobre
L'Europe nazie essuie un bombardement tous azimuts : les Américains ont utilisé hier pour la première fois les bases d'Italie dans leurs raids contre l'Autriche, alors que chasseurs et bombardiers survolaient la France et les Pays-Bas, et que l'Allemagne recevait la visite nocturne des bombardiers de la RAF comme à l'accoutumée. L'intensité du bombardement est telle qu'au cours des cent derniers jours, la RAF et l'armée de l'air américaine ont déversé 74 000 tonnes de bombes sur l'Allemagne et l'Europe occupée. Dans le même laps de temps, les nazis n'ont lâché que 480 tonnes de bombes sur l'Angleterre lors de raids nocturnes qui leur ont coûté 10 % de leurs appareils. Les Alliés, quant à eux, en ont perdu moins de 5 %.

Affiche de recrutement de la RAF.

Brouillage radio des chasseurs nazis

Allemagne, 23 octobre
Pointblank, l'opération conjointe anglo-américaine de bombardement, a atteint une rare intensité et un haut degré de complexité. La RAF, qui dispose maintenant de 700 bombardiers lourds opérationnels contre seulement 300 au début de l'année dernière, enchaîne ses raids nocturnes contre les villes allemandes. Hier, les chefs d'état-major américains ont décidé la création d'une 15e armée de l'air, qui opérera depuis l'Italie contre des objectifs hors de portée de la 8e armée basée en Grande-Bretagne. Un nombre croissant de ruses techniques sont utilisées pour protéger les bombardiers des chasseurs de nuit allemands, tel le système Corona qui diffuse en allemand depuis Londres de faux ordres, des articles de journaux, et même des allocutions de Hitler sur les longueurs d'ondes utilisées par les aviateurs nazis. (→ 3.11)

Les Américains sont appelés à cultiver et à mettre en conserve leurs propres fruits et légumes.

Les nazis déportent les Juifs de Rome

Italie, 18 octobre
A Rome, capitale du catholicisme, les Allemands ont longuement hésité avant de s'attaquer aux Juifs. Ils ont franchi le pas le 26 septembre, quand le chef de la police de sécurité, Hubert Kappler, a exigé une rançon de 50 kg d'or, menaçant de prendre 200 otages si on ne les lui remettait pas dans les 36 heures. Toute la ville contribua à la rançon et réunit 80 kg d'or. Cela, pourtant, ne suffit pas aux nazis. Le 9 octobre, Berlin ordonna la déportation des Juifs romains. Avant-hier, les rafles ont commencé et, aujourd'hui, mille Juifs ont été envoyés à Auschwitz. (→ 23)

1943

Octobre

Di	Lu	Ma	Me	Je	Ve	Sa
					1	2
3	4	5	6	7	8	9
10	11	12	13	14	15	16
17	18	19	20	21	22	23
24	25	26	27	28	29	30
31						

24. France : le général Revers succède au général Verneau à la tête de l'ORA.

24. Yougoslavie : formation de la brigade Garibaldi avec les déserteurs de l'armée fasciste.

24. Mer Egée : le destroyer *HMS Eclipse* est coulé par une mine. Il tentait de ravitailler la garnison de Leros (→ 12.11).

25. Auschwitz : plus de 2 000 jeunes femmes de Salonique sont assassinées dans les chambres à gaz (→ 3.11).

25. URSS : les troupes du général Malinovski franchissent le Dniepr par surprise, et prennent Dniepropetrovsk.

26. Allemagne : vol initial du prototype Dornier Do 335V-1. Il est équipé d'une hélice tractive à l'avant et d'une hélice propulsive à l'arrière.

27. Iles Salomon : la 8e brigade néo-zélandaise débarque dans les îles Treasury, en préparation à l'invasion de Bougainville. Le 2e bataillon parachutiste des marines américains débarque de nuit sur l'île de Choiseul, dans une opération de diversion (→ 1.11).

27. Paris : les chefs de zone sud du Service national maquis se réunissent. Leurs effectifs s'élèvent à 15 000 hommes (→ 11.11).

27. Suède : les Allemands établissent un blocus dans le détroit de Skagerrak (→ 2.11).

28. Berlin : Goebbels admet que l'Armée rouge a enfoncé les principales défenses allemandes, et que l'URSS est un « énorme danger » (→ 31).

29. Londres : les dockers de la Tamise se mettent en grève.

29. Italie : la 1re division canadienne prend Cantalupo.

30. Italie : la 5e armée américaine force la ligne Barbara sur la côte ouest et s'empare de Mondragone.

30. Moscou : la conférence des ministres des Affaires étrangères alliés s'achève. Ils confirment le principe de la reddition sans conditions de l'Allemagne.

31. Danemark : au terme d'un mois de mobilisation, 5 919 Juifs ont pu gagner la Suède.

La pénicilline : un produit miracle contre l'infection

31 octobre
La guerre devient de plus en plus sauvage et inhumaine et, parallèlement, la médecine fait des progrès gigantesques dans le traitement des blessures et des maladies. Un nouveau médicament miracle appelé pénicilline connaît un vif succès, sauvant un grand nombre de vies humaines. La pénicilline est un type de moisissure qui attaque de nombreuses espèces de bactéries. Ses vertus ont été découvertes par accident en 1928 par le savant écossais Alexander Fleming, mais son principe actif ne fut isolé qu'en 1940. Des milliers de blessés de guerre bénéficient actuellement du traitement. La pénicilline a pour effet principal de combattre l'empoisonnement du sang autour des plaies infectées. Par ailleurs, un institut national travaille en Allemagne sur les méthodes d'éradication des maladies infectieuses comme le typhus, qui avait pris des proportions épidémiques pendant la Grande Guerre. En Italie, l'atébrine est utilisée avec succès contre la malaria. La formation des infirmiers a également contribué à diminuer le nombre de victimes. Au plus fort de la bataille, nombreux sont ceux qui n'hésitent pas à ramper vers les blessés pour pratiquer des transfusions sanguines. ▷

Stockage de la pénicilline.

Bases de fusées nazies prises en photo par la RAF

Grande-Bretagne, 28 octobre
Un avion de reconnaissance de la RAF qui survolait Abbeville a photographié une base de lancement de « bombes volantes » V1. A la différence du V2, connu depuis quelque temps, ce n'est que depuis deux mois que les Alliés sont au courant des recherches menées par les Allemands sur le V1. Cette mission photographique a été mise au point à la suite d'informations fournies par l'agent français André Comps.
Ce nouveau succès dans le domaine du renseignement confirme la valeur des missions de l'Unité de reconnaissance photographique (PRU) de la RAF. Celle-ci a été fondée à Heston en avril 1940 par le lieutenant-colonel Sidney Cotton. Cotton, qui était pilote civil avant la guerre, avait aussi travaillé dans un laboratoire photographique. Avec le capitaine Frederick Winterbotham, de l'Intelligence Service, Cotton a mené les premières missions de photographie aérienne au-dessus de l'Allemagne dans les mois qui ont précédé la guerre. Bien qu'il accomplisse aussi des missions pour l'Amirauté, pour le ministère de la Guerre et pour d'autres instances gouvernementales, le PRU dépend du Coastal Command de la RAF. Les avions du PRU sont des Spitfire spécialement adaptés, des Mark IV-PR actionnés par un moteur Merlin 45 de 1 440 chevaux, qui emportent plus de carburant que les versions de combat. Les performances aérodynamiques de l'appareil sont optimisées par un polissage poussé de toutes ses surfaces. Son rayon d'action dépasse 2 700 km. Il n'est muni d'aucune arme, emportant à la place une caméra à objectif de 50 cm d'ouverture.
Le centre d'interprétation photographique de Wembley analyse ensuite les clichés avec des lentilles stéréoscopiques pour optimiser les informations recueillies. (→ 5.12)

Les Allemands isolés en Crimée

Des prisonniers allemands et roumains, défaits par l'Armée rouge en Ukraine, en route pour les camps.

Moscou, 31 octobre
Le général Tolboukhine, commandant du quatrième front d'Ukraine, a pris la ville de Tchanlinka, à une vingtaine de kilomètres au nord de Perekop, qui contrôle l'accès en Crimée par le nord-ouest. Avec la route principale coupée et la voie de chemin de fer sous le feu des Russes, les Allemands en Crimée se retrouvent virtuellement isolés du reste de leurs troupes sur le continent. On évalue le nombre d'Allemands et de Roumains retranchés dans la péninsule à 150 000, sans compter la majeure partie de la 17e armée qui a traversé le détroit de Kertch pour s'y réfugier. Les troupes risquent d'être de plus en plus isolées à mesure que les Soviétiques continuent d'avancer sur Kherson, le long de la mer Noire. Les Allemands disposent encore d'un avantage sur l'eau, puisque leur marine contrôle la mer Noir et que les Soviétiques craignen trop leurs Stuka pour s'y aventurer Tant qu'ils garderont cet avantage Hitler s'opposera au retrait de se troupes de Crimée, conscient que l présence de ses divisions inquièt les Soviétiques, qui doivent protéger leurs arrières. Quant au maréchal von Kleist, il préférerait d beaucoup évacuer ses hommes, se chars et ses canons. (→ 6.11)

Les pluies d'automne retardent l'offensive alliée en Italie

Italie, 31 octobre
Les Allemands ont perdu leurs alliés italiens, mais reçoivent une aide providentielle : la pluie. Les rivières peu profondes de l'été sont devenues de véritables torrents, et les sentiers de montagne ont des allures de marécages. L'infanterie alliée est la première à en souffrir. Les vivres ne font pas défaut dans l'arrière-garde, mais dans les premières lignes les hommes cherchent surtout à s'abriter dans les tranchées et les fossés et se résignent à manger leurs rations et leurs conserves de bœuf. Ils ne gardent qu'un vague souvenir des repas chauds d'antan. Quant aux Allemands, ils apprennent à se servir de la pluie, leur nouvelle alliée. Ils dynamitent les ponts et les conduits souterrains sous les routes, et tendent des pièges partout. Les villages sont rasés pour ne pas offrir d'abri aux Alliés qui continuent néanmoins leur progression, mais à une allure de tortue. Au début du mois, la 5e armée américaine franchissait la rivière Volturno sous couvert d'un écran de fumée et d'un barrage d'artillerie. Le 14, la tête de pont était large de 6 kilomètres. Dans l'est, Montgomery marquait une pause pour regrouper sa 8e armée, pause que les Allemands ont mise à profit pour lui opposer quatre divisions. (→ 2.11)

Chemin de fer de la mort en Birmanie

Rangoon, Birmanie, 25 octobre
Les Japonais ont fait construire une voie ferrée reliant Bangkok à la Birmanie. Longue de 500 km environ, elle longe la vallée de la rivière Khwae Noi sur 250 km et traverse la jungle et les montagnes sur le reste de son parcours. Les Japonais ont forcé 200 000 Asiatiques et 69 000 prisonniers de guerre à construire la voie. Cent mille Asiatiques et 16 000 prisonniers ont succombé à ce travail.

Les Anglais forcés d'abandonner Kos

Kos, 28 octobre
Après une dernière semaine où ils n'ont vécu que de caroube et de confiture, les rescapés anglais de l'invasion de Kos ont quitté l'île cette nuit pour la côte turque, à bord d'une barque de pêche. Malgré une résistance acharnée, les hommes du 1er bataillon ont été défaits par les Stuka, l'artillerie, et 4 000 soldats allemands. Les SS ont fusillé 90 officiers italiens pour leur avoir porté assistance. (→ 12.11)

L'Ecosse fête le retour de ses prisonniers

A leur retour, les prisonniers de guerre sont accueillis dans la liesse.

Leith, 25 octobre
Pas moins de 3 694 prisonniers de guerre et détenus civils britanniques ont débarqué aujourd'hui à Leith, en Ecosse, des liners *Empress of Russia* et *Drottningholm*. Ils ont été accueillis au son des cornemuses, des sirènes de bateau et des clameurs de la foule qui se pressait sur les quais. La Croix-Rouge était aussi présente pour leur offrir des cigarettes, des pommes et du chocolat. Tous les rapatriés s'accordent pour dire que les Allemands ont perdu le moral. Au dire du sapeur Richard Wray, de retour dans sa ville natale, « ils s'attendent à la défaite et il est inutile de préciser qu'on n'a pas manqué de leur enfoncer le clou ! »

Les partisans italiens résistent aux nazis

Des villageois italiens pleurent leurs morts, exécutés par les nazis.

Rome, 31 octobre
Un ample mouvement de résistance se développe en Italie contre les occupants allemands, en réaction aux actes de vengeance commis par ces derniers. Les nazis continuent de rassembler des Italiens pour les envoyer aux travaux forcés en Allemagne, et les Juifs connaissent le même sort tragique que leurs coreligionnaires ailleurs en Europe occupée. Dans le nord, les résistants italiens prennent exemple sur les partisans yougoslaves de Tito. Ils possèdent peu d'armes en dehors de celles que les ex-soldats ont gardées en cachette depuis leur démobilisation. A ces fusils et à ces grenades s'ajoutent des bombes artisanales utilisées surtout à Rome, à Milan et à Turin.

En représailles, les nazis exécutent systématiquement dix Italiens pour chaque soldat allemand abattu. Ils ont également institué la peine de mort pour « sabotage » industriel, car dans le nord les syndicats communistes poussent à la grève. Les ouvriers protestent, refusant de travailler pour les nazis, et veulent les empêcher de s'approprier les matières premières industrielles. Ils débraient tous les jours. Et les Chemises noires, dont le nombre décroît, hésitent désormais à brutaliser leurs concitoyens.

Vienne est à portée des bases italiennes

Brindisi, 24 octobre
Onze jours après que l'Italie a changé de camp et déclaré la guerre à l'Allemagne, des bombardiers alliés ont pour la première fois frappé le Reich à partir du sol italien. Traversant les Alpes, ils ont atteint des cibles autrichiennes, jusqu'à Vienne. Les trois cents bombardiers quadrimoteurs, accompagnés de deux cents chasseurs, ont d'abord frappé la Styrie, à quelque cent trente kilomètres au sud-ouest de la capitale autrichienne. Dans la région se tenait en effet une conférence des leaders nazis, mais aussi une rencontre de football qui avait attiré dix-huit mille personnes...

Des Canadiens progressent dans le village de Campochiaro, en Italie.

1943

Novembre

Di	Lu	Ma	Me	Je	Ve	Sa
	1	2	3	4	5	6
7	8	9	10	11	12	13
14	15	16	17	18	19	20
21	22	23	24	25	26	27
28	29	30				

1er. Iles Salomon : en une journée, les Américains ont débarqué 14 000 hommes sur l'île de Bougainville.

2. Bougainville : la flotte américaine coule le croiseur léger japonais *Sendai* au cours de la bataille de la baie de l'Impératrice-Augusta. Elle empêche les Japonais de débarquer des renforts.→

2. Nouvelle-Bretagne : 75 bombardiers américains B-25, escortés par 80 chasseurs P-38 Lightning, attaquent la base japonaise de Rabaul (→ 5).

2. Birmanie : les Japonais repoussent les attaques des Chinois sur le Tarung (→ 28.12).

2. Mer du Nord : le *Master Standfast*, qui a forcé le blocus de la Suède, est capturé par les Allemands.

2. Italie : des patrouilles alliées atteignent le fleuve Garigliano, en avant de la ligne de défense allemande Gustav.

3. Allemagne : 539 bombardiers B-17 de l'US Air Force dévastent la base navale de Wilhemshaven. Ils utilisent la méthode de bombardement aveugle H2X (→ 8).

3. Alger : première réunion de l'Assemblée consultative provisoire.

3. Pologne : cinq usines des SS sont fermées dans la région de Lublin. 17 000 travailleurs juifs sont abattus à la mitrailleuse. Le « Vendredi sanglant » marque la fin de l'opération *Action de grâces*, causant la mort de 50 000 Juifs (→ 11).

4. Etats-Unis : l'usine X-10 de fabrication de plutonium ouvre à Oak Ridge (→ 2.12).

4. Paris : Robert Bacqué, radio de la Confrérie Notre-Dame, est retourné par l'Abwehr le jour de son arrestation. Le réseau du colonel Rémy étant cloisonné, il ne perd qu'une de ses branches.

5. Italie : sur la côte adriatique, la 78e division britannique repousse les Panzer du général Herr et s'empare de Vasto (→ 6).

6. Atlantique nord : le 2e groupe d'escorte du capitaine de vaisseau Walker coule deux U-Boote (→ 9).

Les Soviétiques à Kiev

Kiev, 6 novembre
Après 777 jours d'occupation nazie, Kiev a été libéré par l'Armée rouge. La nouvelle donnera une dimension supplémentaire à l'anniversaire de la Révolution de 1917, célébré demain. C'est le général Vatoutine qui a lancé l'offensive pour libérer la ville, il y a trois jours. Vatoutine a pris von Manstein au piège en lui laissant croire qu'il allait l'attaquer avec une tête de pont sur le Dniepr à Boukrine puis, après que von Manstein y eut porté ses troupes, il lança l'assaut sur Lyoutezh, moins bien défendu. Les Soviétiques s'engouffrèrent dans la brèche et contournèrent Kiev à l'ouest. Les Allemands se rendirent vite à l'évidence que la ville allait tomber, et von Manstein évacua la plupart de ses troupes, ne laissant sur place que la 88e division d'infanterie pour couvrir sa retraite. Dominée en effectifs et en puissance de feu, la 88e DI fut littéralement massacrée. Ses quelques rescapés tentent actuellement de rejoindre les leurs, ayant perdu tout leur matériel lourd. La chute de Kiev est une victoire psychologique de taille pour l'Armée rouge ; elle met fin à une suite de contre-attaques jusque-là victorieuses des Allemands. Les nazis avaient en effet balayé les quelque 7 000 parachutistes lancés sur le Dniepr, bloqué une offensive à Boukrine et administré aux Russes une cuisante défaite à Krivoï-Rog, tuant 10 000 de leurs soldats et en faisant 5 000 autres prisonniers. L'Armée rouge a repris sa dynamique de succès et sa marche victorieuse vers l'ouest. (→ 7)

Les troupes allemandes se retirent de Kiev face à l'Armée rouge.

Les causes des succès de l'Armée rouge

Moscou, 6 novembre
Au moment où l'Union soviétique semblait sur le point de s'effondrer, son armée a retourné une situation désespérée et enregistre les succès contre une armée pourtant réputée la plus puissante et la plus professionnelle du monde. Elle doit son succès spectaculaire à un flot intarissable de troupes et de matériel. C'est ce déversement continu qui a fini par submerger les Allemands. L'Armée rouge compte à présent 6,5 millions d'hommes contre 4,3 millions pour les Allemands ; 5 600 chars contre 2 600 ; elle les domine aussi en artillerie (90 000 pièces contre 54 000) et en avions (8 800 contre 3 000). Mais son succès n'est pas seulement une affaire de chiffres : les Russes ont rattrapé leur retard technique sur les Allemands en matière d'avions et de chars ; de nouveaux officiers ont fait leurs preuves, prônant de nouvelles tactiques ; et les soldats russes ne sont pas en reste, étonnants de courage et de patriotisme.

Armand Peugeot sabote son usine

France, 5 novembre
Le sabotage industriel fait plus de dégâts aux usines Peugeot que les bombardements alliés. On se rappelle le raid de la RAF du 14 juillet qui a fait peu de dégâts, mais de nombreuses victimes.
Harry Ree, membre du SOE, le service secret britannique, a alors convaincu Armand Peugeot de saboter lui-même les installations de son usine avec l'aide de ses propres ingénieurs. Dès lors, la construction de tourelles destinées aux chars allemands s'en trouve définitivement compromise. (→ 31.12)

L'offensive alliée continue en Italie

Italie, 6 novembre
Des renforts allemands font route vers l'Adriatique pour bloquer la progression de la 8e armée, victorieuse hier à Vasto malgré la résistance farouche des chars du général Herr. Les destroyers anglais ont porté assistance à la 8e armée, pilonnant la côte adriatique sur le chemin des troupes britanniques et canadiennes. Par ailleurs, la 8e division indienne a atteint Palmoli, et la 5e armée américaine n'est plus qu'à une quinzaine de kilomètres de Capoue, mais se trouve ralentie par les pluies diluviennes dans son lent cheminement vers Rome.

Les Alliés à Moscou préparent la paix

Moscou, 1er novembre
Les Etats-Unis, la Grande-Bretagne et l'Union soviétique ont signé hier à Moscou une résolution les engageant à œuvrer ensemble pour la paix, une fois vaincues les forces de l'Axe. Une nouvelle organisation internationale verra le jour, les Nations unies, et des accords limiteront la production d'armes. Les trois ministres présents, Eden, Cordell Hull et Molotov, ont résolu de constituer une commission basée à Londres qui aura pour but d'étudier la question de l'Europe d'après guerre, en particulier de l'indépendance restaurée de l'Autriche. (→ 9)

Nouvelle offensive des Alliés dans le Pacifique

Prenant les Japonais par surprise, les marines débarquent à Bougainville.

Rabaul : les Américains bombardent la rade et le terrain d'aviation.

Débarquement américain aux Salomon

Torokina, Salomon, 5 novembre
Cinq jours après le débarquement de sept bataillons amphibies sur la côte ouest de Bougainville, la plus grande des îles Salomon, les marines ont établi une tête de pont au cap Torokina, longue de six kilomètres et profonde de cinq. Le génie a déjà commencé à bâtir un terrain d'aviation, d'où les Américains lanceront des opérations de bombardement contre Rabaul en Nouvelle-Bretagne, où se trouve le QG japonais du Pacifique sud-ouest. Les débarquements américains (opération *Cherryblossom*) ont été coordonnés avec des attaques de diversion un peu partout dans l'archipel. Le général Harukichi Hayakutake, pris par surprise, avait regroupé la majorité de ses 40 000 hommes sur la côte sud de Bougainville. La réaction japonaise à l'invasion a eu lieu vingt-quatre heures plus tard avec une manœuvre de la 8e flotte de l'amiral Omori visant à harceler l'armada américaine dans la baie de l'Impératrice-Augusta. Omori a perdu son croiseur *Sendai* et son destroyer *Hatsukaze*, et trois autres navires sont avariés. Cet échec lui coûtera son poste.

L'aviation américaine bombarde Rabaul

Nouvelle-Bretagne, 5 novembre
Les porte-avions américains ont lancé une attaque surprise contre Rabaul aujourd'hui, première offensive du genre depuis le mois de juin. L'amiral Halsey en a chargé le contre-amiral Frederick C. Sherman et son corps expéditionnaire TF38, composé des porte-avions *Saratoga* et *Princeton*. La nouvelle était tombée qu'une flotte de sept croiseurs lourds, un croiseur léger et quatre destroyers japonais faisaient route vers Rabaul, en préparation d'une offensive majeure contre la flotte américaine dans la baie de l'Impératrice-Augusta. Halsey devait frapper vite pour décontenancer l'adversaire. Par chance, les porte-avions, cachés par les nuages, ont été mal identifiés par les avions japonais qui les ont pris pour des croiseurs. En revanche, le ciel était dégagé au-dessus de Rabaul, facilitant l'attaque américaine. Les chasseurs japonais ont attendu en vain que les tirs antiaériens dispersent l'escadre alliée, et seuls dix avions américains sont portés disparus. Du côté japonais, trois croiseurs, l'*Atago*, le *Maya* et le *Mogami*, et trois destroyers ont été touchés.

Double stratégie dans le Pacifique

Washington, 2 novembre
Bien qu'ils aient promis de concentrer leurs efforts sur la guerre en Europe, les Américains n'en préparent pas moins une double offensive dans le Pacifique. L'une, avec à sa tête l'amiral Nimitz, visera le Pacifique centre alors que la seconde, sous les ordres du général MacArthur, couvrira le Pacifique sud-ouest, de la Nouvelle-Guinée aux Philippines. Quant aux importantes garnisons japonaises du Pacifique sud, les Alliés tenteront de les isoler au moyen de l'armée de l'air. (→ 5)

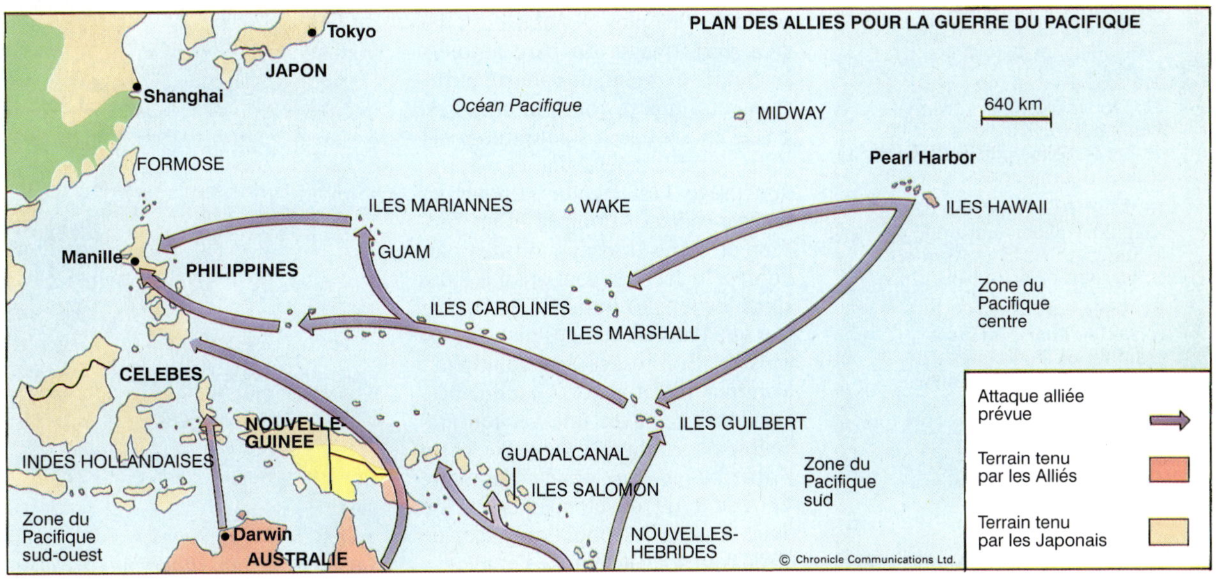

1943

Novembre

Di	Lu	Ma	Me	Je	Ve	Sa
	1	2	3	4	5	6
7	8	9	10	11	12	13
14	15	16	17	18	19	20
21	22	23	24	25	26	27
28	29	30				

7. URSS : le commandant de la 44ᵉ armée soviétique est fait prisonnier derrière les lignes allemandes à Nikopol.

7. Iles Salomon : l'aviation japonaise attaque sans résultat les porte-avions américains *Saratoga* et *Princeton* (→ 13).

9. Atlantique : l'*U-707* est coulé par l'escorte du convoi MKS-29A. Soixante U-Boote ont subi le même sort au cours des trois derniers mois (→ 17).

10. Italie : la 8ᵉ division indienne s'empare de Castiglione (→ 15).

11. France : le CNR décrète une grève d'une heure, largement suivie dans tout le pays. Dans l'Ariège, des résistants font sauter 60 pylônes de lignes à haute tension.→

11. France : à Montmelard, le maquis de Beaubery, sous les ordres du commandant Ziegler, occupe la ville quelques heures.

11. Nouvelle-Bretagne : 185 appareils, venant de cinq porte-avions américains, attaquent Rabaul. 68 chasseurs japonais Zero sont détruits au sol, et le croiseur *Agano* est mis hors de combat (→ 26).

11. Theresienstadt : 47 000 Juifs sont forcés de rester dehors, debout, dans le froid et sous la pluie, de 4 h du matin à midi (→ 21.12).

12. Italie : le maréchal Italo Balbo est exécuté par les fascistes.

12. Allemagne : Dönitz se plaint : « Dans l'Atlantique l'ennemi connaît tous nos secrets. » (→ 14)

12. Dodécanèse : des troupes allemandes débarquent sur l'île de Leros, tenue par les Italiens et les Britanniques.

13. Mer Egée : une bombe téléguidée allemande coule le destroyer *HMS Dulverton*, au large de Kos (→ 16).

13. Vichy : les Allemands censurent le discours radiodiffusé de Pétain concernant un changement de la Constitution (→ 14).

13. URSS : l'Armée rouge occupe le nœud ferroviaire de Jitomir, à l'ouest de Kiev (→ 14).

Tête de pont renforcée aux îles Salomon

Les marines en action dans la jungle marécageuse de Bougainville.

Torokina, Salomon, 13 novembre

Les Américains consolident la tête de pont que les marines du général Hal Turnage ont établie sur l'île de Bougainville il y a treize jours. La semaine dernière, les Japonais y ont débarqué un corps expéditionnaire pour tenter de l'anéantir. Sous-estimant les forces en présence, les Japonais ont été tenus en échec, perdant quatre cents hommes dans l'opération.

Après l'arrivée d'une nouvelle vague de renforts, le général Turnage dispose à présent de trente-quatre mille hommes. Mais les Alliés sont préoccupés par les difficultés que rencontre le génie pour construire un terrain d'aviation dans des conditions qui relèvent du défi. Les marines pataugent jusqu'aux genoux dans des eaux marécageuses. Ce sont justement ces marécages qui avaient convaincu les Japonais de l'impossibilité d'un débarquement allié à Torokina. Cette erreur de jugement risque d'avoir de graves conséquences pour eux. (→ 25)

Nouvelle politique française au Liban

Beyrouth, 11 novembre

La gendarmerie, sur l'ordre de Jean Helleu, délégué général du CFLN dans les territoires sous mandat de Syrie et du Liban, a procédé à l'arrestation du président du Liban, Bechara Khoury, du Premier ministre, Riad Solh, et de six membres de son cabinet. Ces arrestations, doublées de la suspension de la Constitution et de la dissolution de la Chambre des députés, font suite à la déclaration d'indépendance de fait, votée le 8 novembre par le Parlement. Par des amendements, la Constitution était modifiée par la suppression de « toutes références aux prérogatives de l'Etat mandataire, désigné par la Société des Nations ». Lors de l'occupation de ces territoires par les Britanniques et les Français libres, le général Catroux avait réaffirmé la volonté du Comité français de Londres de ne pas demander de second mandat à la Société des Nations à l'expiration de celui confié à la France et qui expirait en mai 1945. De plus, il avait alors indiqué que le gouvernement français proposerait l'indépendance pour la Syrie et pour le Liban. Le CFLN, considérant que l'indépendance avant la fin normale du mandat était un acte unilatéral, a donné instruction à son délégué de ne pas l'admettre.

La Jeep, véhicule polyvalent pour offensives tout-terrain

7 novembre

La Jeep Willys est devenue l'un des véhicules les plus populaires et les plus performants du parc automobile allié. Ce véhicule robuste et polyvalent à quatre roues motrices est entré en service à l'automne 1941 dans l'armée américaine et, depuis, son usage s'est étendu à toutes les armées alliées. Equipée d'un moteur et d'une transmission des plus sobres, la Jeep est tout aussi à l'aise dans les jungles humides de Birmanie que dans les steppes glaciales de Russie. Son usage est multiple : voiture d'état-major, ambulance, camionnette ; avec une version amphibie pour les passages à gué, et un « Rotabuggy » à moteur autogire en cours de développement. Une Jeep à chenilles pour les glaces de l'Alaska est également à l'étude.

La Jeep, version amphibie, traverse une rivière de Nouvelle-Guinée.

Le maquis en plein jour à Oyonnax

Les maquisards en armes et en uniforme devant le monument aux morts.

Oyonnax, 11 novembre

L'événement qui s'est déroulé à Oyonnax aujourd'hui restera certainement longtemps gravé dans toutes les mémoires.

Alors que le gouvernement de Vichy avait interdit toute cérémonie commémorative du 11 Novembre, les maquis de l'Ain, sur l'initiative de leur chef Henri Romans-Petit, ont défilé devant le monument aux morts de la petite ville de l'Ain, où ils ont déposé une gerbe. L'opération s'est déroulée en plein jour devant une foule tout d'abord médusée, puis bientôt délirante. Tout avait été chronométré avec soin au cours des nuits précédentes. En une minute trente, les accès à la ville ont été verrouillés, les points névralgiques neutralisés, et les issues des maisons des suspects bloquées. Les chefs des maquis étaient en uniforme d'officier. Le clairon et le drapeau marchaient en tête, suivis de la garde d'honneur en gants blancs ! Il s'agissait avant tout de prouver que les maquisards ne sont pas les « terroristes » que décrit la propagande de Vichy, mais d'honorables soldats, et d'attirer ainsi plus de cadres dans leurs rangs.

De Gaulle, seul président du CFLN

Alger, 9 novembre

Conformément à la décision du CFLN, prise le 6 novembre à l'unanimité de ses membres, de rétablir la légalité républicaine par la séparation des pouvoirs civils et militaires et de donner au Comité le même caractère représentatif qu'à l'Assemblée consultative provisoire qui se réunit à Alger depuis le 3 novembre, en faisant entrer des représentants de la Résistance et des partis politiques, son président prend les mesures suivantes :

- Le général Henri Giraud n'est plus membre du CFLN du fait de ses responsabiltés militaires ;
- De nouveaux membres sont nommés par décret. Pour la résistance, ce sont Henri Frenay, commissaire aux Prisonniers, Réfugiés et Déportés, et Emmanuel d'Astier de La Vigerie, commissaire à l'Intérieur. Pour les partis politiques, il s'agit de Henri Queuille, en tant que commissaire d'Etat, chargé des relations avec l'Assemblée consultative provisoire et des affaires interministérielles, et de Louis Jacquinot, ancien sous-secrétaire d'Etat du cabinet de Paul Reynaud au printemps 1940, qui est nommé commissaire à la Marine.

Voilà qui marque la reconnaissance de De Gaulle comme chef du gouvernement de la France libre.

Hitler se vengera du bombardement

Munich, 8 novembre

Hitler s'est rendu à Munich pour y prononcer son discours annuel. Il a promis au peuple allemand de le venger du « bombardement terroriste » allié. « Même si nous ne pouvons pas atteindre les Etats-Unis à l'heure actuelle, a-t-il déclaré en substance, il reste grâce à Dieu un pays qui est à notre portée et sur lequel nous allons nous concentrer. Nos centaines de milliers de sans-abri seront l'avant-garde de notre vengeance. » Hitler a enjoint aux Allemands de ne pas perdre leur sang-froid, dénonçant à l'occasion les « crapules » qui souhaitent la paix.

450 manifestants antinazis arrêtés

Grenoble, 13 novembre

La résistance a organisé une manifestation patriotique à Grenoble avant-hier à l'occasion de l'anniversaire de l'Armistice, dont la commémoration est interdite par Pétain. La police a procédé à l'arrestation de 450 manifestants qui seront déportés en Allemagne. A Grenoble, haut lieu de la résistance, la Gestapo tente d'étouffer le mouvement d'opposition au gouvernement de Vichy. En représailles, cette nuit, le chef des groupes francs, Louis Nal, et Aimé Regnet ont fait sauter le parc d'artillerie. Des centaines de tonnes de munitions, d'armes et de matériel sont détruites.

Propagande anticommuniste.

Diffusion d'un faux numéro du journal « le Soir » à Bruxelles

LE SOIR

17 HEURES

EN PLEINE ACTION

La Conférence de Berlin

Stratégie Efficace

Berlin admet que la situation est des plus sérieuses.

ANNIVERSAIRE

UN DOCUMENT

Du décrochage

En page 2 figurent le feuilleton d'un certain G. Stapo ainsi que cette petite annonce : « Réservez votre rexiste, il n'y en aura pas pour tout le monde. »

Bruxelles, 9 novembre

Aujourd'hui comme à l'accoutumée, les marchands de journaux ont mis en vente vers 17 h l'édition du journal *le Soir* qui venait de leur être livrée. Cherchant les rubriques et les signatures habituelles, les lecteurs ont vite constaté, certains avec effarement, d'autres avec jubilation, que le numéro était composé d'articles antiallemands et anticollaborationnistes fustigeant avec esprit la mainmise de l'occupant sur le journal et sur la Belgique. L'opération a été réalisée avec le plus grand soin. Le faux *Soir* présente les mêmes caractères et le même format que le vrai, dont la parution a été retardée. Tandis que le Tout-Bruxelles de la collaboration fulmine, les « journalistes » clandestins se tiennent cois.

1943

Novembre

Di	Lu	Ma	Me	Je	Ve	Sa
	1	2	3	4	5	6
7	8	9	10	11	12	13
14	15	16	17	18	19	20
21	22	23	24	25	26	27
28	29	30				

14. Iles Gilbert : des Forteresses volantes B-17 bombardent l'atoll de Tarawa.

14. Allemagne : l'*U-794* entre en service à Kiel, équipé d'un schnorkel (manche amenant de l'air frais aux moteurs Diesel). Il doit procéder aux essais de navigation à grande vitesse en plongée périscopique.

14. Bermudes : un destroyer américain à l'exercice tire par erreur une torpille active. Elle manque de justesse le cuirassé *Iowa*. Roosevelt est à bord.

14. URSS : von Manstein lance une contre-offensive pour reprendre Jitomir.

15. France : le Service national maquis, les FTP et l'AS créent le Comité maquis de zone nord.

16. Dodécanèse : les Allemands sont maîtres de l'île de Leros. Les Anglais décident d'évacuer toutes les autres îles.

16. Nouvelle-Guinée : les chars australiens attaquent le centre principal de résistance des Japonais, à Sattelberg (→29).

16. Paris : Missak Manouchian est arrêté, et son groupe FTP démantelé. La Gestapo arrête Joseph Epstein, commissaire aux opérations des FTP en région parisienne (→13.12).

17. Atlantique : Dönitz prend personnellement en main une attaque d'U-Boote contre les convois alliés SL-139 et MKS-30 comprenant 66 navires marchands.

18. URSS : les Soviétiques évacuent Jitomir.

19. Grande-Bretagne : la RAF utilise pour la première fois le Fido, système qui permet aux bombardiers de se poser dans le brouillard.

19. Iles Gilbert : l'aéronavale américaine pilonne les atolls de Tarawa et Makin (→20).

20. Atlantique : Dönitz annule l'attaque de ses U-Boote. Les convois alliés sont protégés par 19 navires de guerre et une couverture aérienne continue. 3 U-Boote sont coulés (→28).

20. URSS : des troupes soviétiques traversent le Dniepr au sud de Tcherkassy (→26).

Débarquement américain aux îles Gilbert

Erreur de calcul : les marines pataugent sur 800 m lors du débarquement.

Tarawa, 20 novembre

Des centaines de marines piégés par le corail et fauchés par les balles : tel est le lourd bilan du débarquement sur l'atoll de Tarawa, aux îles Gilbert, débarquement qui fut près de tourner à la catastrophe. La première vague de marines a cependant réussi à établir une tête de pont sur l'île Betio, site de l'unique terrain d'aviation des îles Gilbert, mais les troupes alliées sont encore immobilisées sous le feu ennemi.

Le corps expéditionnaire américain est composé de 18 600 hommes environ au total. Par ailleurs, une autre offensive américaine a eu lieu sur l'atoll japonais de Makin, et une troisième est prévue à Apamama aux îles Gilbert. Toutes trois font partie d'une campagne visant à repousser les Japonais d'île en île à travers le Pacifique centre. Aujourd'hui, le débarquement à Tarawa a été précédé d'un bombardement des défenses côtières japonaises par une flotte de dix-huit navires alliés. Mais, dès le début du débarquement, les chars amphibies et les transporteurs de troupes se sont échoués sur les barrières de corail, suite à une erreur de calcul des marées, et les marines se sont retrouvés avec 800 mètres de hauts-fonds à parcourir à découvert sous le feu nourri des Japonais. (→21)

Une plage du Pacifique après la bataille : lourdes pertes parmi les marines.

Sir Oswald Mosley est libéré de prison

Londres, 20 novembre

Un peu avant 7 h ce matin, Sir Oswald Mosley a quitté la prison de Holloway par une porte dérobée. Il y était détenu depuis 1940. Il a été relâché pour des raisons de santé. Lui et son épouse, qui partageait le même logement en prison, vont retrouver leurs deux fils âgés de deux et quatre ans, qui étaient gardés par des amis.

Dans la journée, de nombreux manifestants travaillistes ou syndicalistes ont protesté contre la libération de Mosley devant le ministère de l'Intérieur. Afin de calmer les esprits, le gouvernement, qui a ordonné la libération du leader pronazi, a fait savoir qu'il était parfaitement en mesure de contrôler ses faits et gestes. (→1.12)

Le maréchal Pétain interdit d'antenne

Vichy, 14 novembre

Hier soir, les Français attendaient un discours radiodiffusé du maréchal Pétain : ils ont entendu des extraits de l'opérette *Dédé*...

Entre-temps, le texte du maréchal avait été soumis aux Allemands par le chef du gouvernement Pierre Laval. Ce dernier avait toutes les raisons de quêter auprès de l'occupant la censure d'un discours annonçant la prochaine publication d'un acte constitutionnel qui lui retirait sa qualité de « dauphin » pour confier aux parlementaires présents en métropole le soin d'élire un nouveau chef de l'Etat français en cas de décès du Maréchal. Les Allemands, qui soutiennent Laval, ont donc interdit à Pétain de réaffirmer que lui seul incarnait la légitimité d'un pouvoir qui pourrait redevenir parlementaire à sa mort. Ils ont préféré diffuser cette aubade quelque peu irrévérencieuse.

En réaction, Pétain a affirmé qu'il n'était plus en état d'exercer ses fonctions. Ce matin, il n'a pas assisté au lever des couleurs, tandis que son entourage tentait de diffuser son message auprès de la presse étrangère. Il a pourtant accepté que Radio Vichy annonce qu'il n'avait pas pu parler « pour des raisons imprévues »...

L'offensive italienne dans l'impasse

Italie, 15 novembre
Le silence est tombé sur le front italien. Les Alliés sont au bord de l'épuisement, et les défenseurs nazis ne valent guère mieux. Anglais et Américains de la 5e armée ont livré le meilleur d'eux-mêmes.
Quant à la 56e division d'infanterie britannique, elle a pris d'assaut le 5 novembre une montagne désertique de mille mètres, le Monte Camino, pour la trouver truffée de mines et essuyer à mi-hauteur une contre-offensive meurtrière de la 15e division de Panzergrenadieren. Finalement, épuisés, ils ont dû lâcher pied et battre en retraite. Du côté du 6e corps, après des jours passés à traquer d'insaisissables défenseurs allemands, les Américains se sont retirés sur ordre du général Mark Clark.

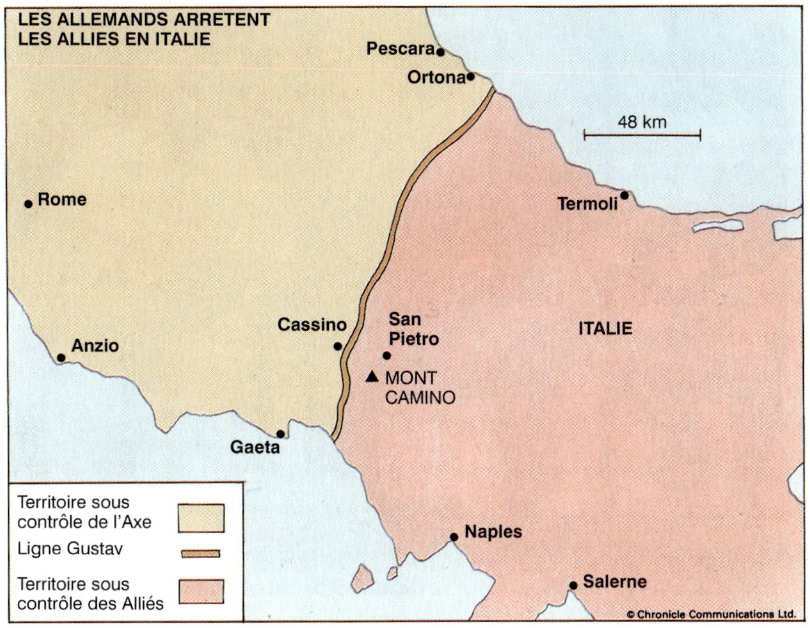

Sabotage en Italie : les Allemands prennent des otages à Milan

Milan, 15 novembre
Pour tenter de prévenir de futurs sabotages, les SS ont arrêté aujourd'hui près de deux mille ouvriers italiens des faubourgs industriels de Milan, qu'ils retiennent en otages. Mais les bombes continuent d'exploser et, en dépit des amendes infligées à la population, le sabotage sous toutes ses formes se poursuit dans la capitale économique de l'Italie.
Dans le même temps, les Allemands se pressent d'évacuer des milliers de prisonniers de guerre britanniques vers le Reich. Nombreux sont ceux qui ont profité de la confusion du lendemain de l'armistice pour échapper à leurs geôliers. Certains ont rejoint les rangs des communistes du nord et se battent aux côtés de déserteurs italiens ralliés aux rebelles. La Résistance continue de harceler les occupants allemands et leurs collaborateurs fascistes. Une embuscade récemment organisée dans la région de Florence a fait six morts parmi les fascistes.
Les nazis se rabattent sur la population juive. Dernièrement, ce sont au moins sept mille cinq cents Juifs romains qui ont été déportés. Des centaines d'autres sont parvenus à trouver refuge dans les catacombes, où les chrétiens, autrefois, se cachaient de leurs persécuteurs. (→ 22)

Ce n'est pas un char nazi qui empêchera les Milanais de résister.

Bombardiers alliés contre Berlin : la campagne d'hiver

Allemagne, 19 novembre
La bataille de Berlin est lancée : 440 Lancaster et 4 Mosquito ont bombardé la capitale la nuit dernière, déversant 2 300 tonnes d'explosifs. Le mauvais temps a cloué au sol les chasseurs de nuit de la Luftwaffe, et seuls neuf Lancaster sont portés disparus. C'est également cette nuit que 395 avions ont fait route sur Mannheim, faisant de ce raid le plus intense en bombardements depuis le début de la guerre. A Berlin, la Wilhelmstrasse a été entièrement détruite, le bilan s'élevant à 131 morts. Sir Arthur Harris, chef du Bomber Command, a déclaré : « Nous pouvons mettre Berlin à feu et à sang. Cela nous coûtera entre 400 et 500 avions, mais cela coûtera la guerre à l'Allemagne. » Lors du raid de la nuit dernière, les bombardiers ont suivi les Pathfinder au-dessus du niveau des nuages et largué leurs bombes en se guidant avec leurs fusées éclairantes. Les bombardiers américains ne se mêlent toujours pas aux raids de nuit, leur préférant les attaques de jour sous couvert de chasseurs Mustang, chasseurs qui n'ont toujours pas le rayon d'action requis pour les raids actuels. (→ 23)

Une usine d'eau lourde bombardée

Norvège, 16 novembre
Quelque 155 bombardiers de la 8e armée de l'US Army Air Force ont aujourd'hui effectué un raid contre l'usine de Vermork située à l'ouest d'Oslo. Celle-ci produit de l'eau lourde nécessaire à la fabrication de la bombe atomique.
Cette opération aérienne fait suite à l'attaque commando réalisée avec succès en février dernier. Cette fois-ci, l'usine n'a pas été sérieusement endommagée. Mais le seul fait qu'elle puisse être à la merci d'un raid inquiète suffisamment les Allemands pour ralentir le développement de leurs recherches concernant la bombe atomique. Les mines de molybdène de Knaben ont été bombardées au cours de la même mission.

1943

Novembre

Di	Lu	Ma	Me	Je	Ve	Sa
	1	2	3	4	5	6
7	8	9	10	11	12	13
14	15	16	17	18	19	20
21	22	23	24	25	26	27
28	29	30				

21. Tarawa : les marines américains se heurtent à une résistance japonaise acharnée.

22. Italie : cinq bataillons du 5e corps britannique établissent une solide tête de pont sur la rive nord du Sangro.

23. Iles Gilbert : malgré de lourdes pertes, les Américains contrôlent les atolls de Tarawa et de Makin. Les Japonais ont épuisé leurs munitions (→ 4.12).

23. Berlin : 764 bombardiers de la RAF ont lâché la nuit dernière 2 000 tonnes de bombes explosives sur la ville. 1 737 civils sont morts.

24. Berlin : au cours d'un nouveau raid nocturne, les Allemands tentent de perturber la RAF en utilisant une voix de femme pour diriger leurs chasseurs. La RAF utilise alors le même procédé pour guider ses bombardiers (→ 3.12).

25. Nouvelle-Bretagne : quatre destroyers américains coulent 3 contre-torpilleurs japonais au cap Saint-George (→ 9.12).

25. Formose : l'aviation américaine détruit 42 avions japonais dans un raid sur Shinchiku.

26. Allemagne : Hitler assiste à une démonstration du chasseur à réaction Me 262 à Insterburg. Il ordonne sa fabrication en série... comme bombardier !

27. Alger : le CFLN fusionne les services de renseignements gaullistes et giraudistes en une Direction générale des services spéciaux (DGSS). Le gaulliste Jacques Soustelle la dirige.

28. Bogota : un U-Boot ayant coulé l'un de ses navires hier, la Colombie déclare la guerre à l'Allemagne.

28. Italie : le 5e corps britannique déclenche une offensive pour franchir en masse le Sangro. Montgomery déclare que « la route de Rome est ouverte ».

29. Nouvelle-Guinée : les Australiens prennent la base japonaise de Bonga (→ 1.12).

30. Italie : la 8e armée prend Fossacesia au nord du Sangro. La 5e armée américaine monte des attaques de diversion en préparation à un assaut sur le mont Camino (→ 2.12).

Conférence du Sextant pour les Alliés

Moment de détente au soleil pour Tchang Kaï-chek, Roosevelt et Churchill.

Le Caire, 25 novembre
C'est à l'ombre des pyramides que s'est décidée la stratégie future des Alliés face au Japon dans le Pacifique. Roosevelt et Churchill en sont à leur septième réunion de guerre, mais pour la première fois Tchang Kaï-chek, chef des nationalistes chinois, se joignait à eux. A cette conférence dite du Sextant assistaient aussi l'amiral Louis Mountbatten, haut commandant des forces alliées en Asie du Sud-Est, et le général « Vinegar Joe » Stilwell, commandant en chef des forces terrestres américaines pour l'Inde, la Chine et la Birmanie. Song Mei-Ling, l'épouse de Tchang Kaï-chek, qui a fait ses études aux Etats-Unis, lui servait d'interprète.

Pour loger les délégués – deux cent un Britanniques, quatre-vingt-dix Américains et vingt Chinois – qui ont participé au sommet, un hôtel et plus de 40 villas ont été réquisitionnés. Un réseau téléphonique a été spécialement installé pour relier les salles de conférence dans l'hôtel et les villas des délégués. Un camp de toile a été construit par des ingénieurs américains pour abriter les mille soldats chargés de protéger la conférence. Les familles arabes des environs ont été priées de s'éloigner en échange de cadeaux. Aucun communiqué officiel sur le sommet ne sera publié avant le retour en Chine de Tchang Kaï-chek. Roosevelt et Churchill doivent assister à une autre réunion à Téhéran. (→ 28)

Le recul allemand continue en Russie

Gomel, 26 novembre
L'Armée rouge continue à repousser les Allemands. Ils sont à présent au nord de Gomel, dans les marais du Pripiat. Le front s'étend sur 150 km en Russie blanche. Cette offensive, bien préparée, a contraint la Wehrmacht à abandonner les positions préparées pour l'hiver. Les Allemands pensaient rester plusieurs mois dans les nombreuses tranchées bien équipées qu'ils ont creusées. Au lieu de cela, ils doivent battre en retraite dans des marécages et des forêts déjà recouverts d'une neige épaisse, où les partisans à l'affût ne leur feront pas de quartier. Le haut commandement allemand admet d'ailleurs que ces derniers « essaient d'entraver [leurs] mouvements de repli ». (→ 1.12)

Les Soviétiques libèrent le peuple.

Churchill et Roosevelt rencontrent Staline

Téhéran, 28 novembre
Les trois chefs de l'alliance militaire la plus puissante que le monde ait jamais connue sont à nouveau réunis. Mais, cette fois, leurs intérêts sont clairement divergents : leurs visions respectives de la victoire sur l'Allemagne et le Japon sont très différentes. Churchill veut que la Grande-Bretagne et son vaste empire retrouvent leur gloire passée. Roosevelt tente d'imposer une paix conforme aux conceptions américaines et cherche à imposer les idéaux de la charte de l'Atlantique et des « quatre libertés ». Il estime qu'il a besoin pour cela de la coopération de Staline et croit qu'il peut le convaincre aussi facilement que les politiciens américains. Il lui fera savoir que la préservation de l'Empire britannique n'intéresse pas les Etats-Unis. Staline, quant à lui, a mené la guerre à l'écart des deux autres Alliés. Bien qu'il y ait eu quelques opérations militaires combinées entre l'Union soviétique et les Anglo-Saxons et bien que les deux pays coopèrent en matière d'armement, Staline n'a jusqu'ici rien laissé filtrer de ses projets concernant l'après-guerre. (→ 4.12)

Le Brésil en guerre aux côtés des Alliés

Rio de Janeiro, 22 novembre
Un corps expéditionnaire brésilie va se rendre en Europe. Au moin 300 000 soldats partiront procha nement pour soutenir le combat de Alliés sur le sol du Vieux Cont nent. L'armée de l'air, qui défen déjà l'immense côte du pays, er verra aussi un contingent. Le Brés a déclaré la guerre aux puissance de l'Axe le 22 août 1942 après un série d'attaques sous-marines co tre des navires marchands dans le eaux brésiliennes.

Rafle chez les Alsaciens-Lorrains réfugiés

Clermont-Ferrand, 25 novembre
Après l'avoir longtemps ignoré, les Allemands ont soudain décidé de purger le foyer d'action subversive que constitue à leurs yeux l'université de Strasbourg repliée à Clermont-Ferrand après l'annexion allemande des deux provinces de l'Est. Deux cents soldats de la Luftwaffe stationnés à Aulnat et tous les membres des services spéciaux de Clermont-Ferrand et de Vichy ont participé à l'opération. Celle-ci avait pour but d'appréhender, d'une part, les doyens des facultés ainsi que les étudiants juifs et étrangers et, d'autre part, les Alsaciens-Lorrains âgés de dix-huit à trente ans, sujets allemands et donc considérés comme déserteurs par l'occupant. Au total, huit cents personnes ont été interpellées. Au cours de cette rafle, un professeur, Paul Colomb, et un étudiant de seize ans, Henri Blanchet, qui cherchaient à fuir, ont été froidement abattus. Après plusieurs tris et vérifications, quatre-vingt-trois arrestations ont été maintenues. Les doyens ont été libérés, mais les Juifs ont été acheminés vers le camp de Drancy. Quant aux Alsaciens-Lorrains, ils se sont vu offrir de rentrer libres dans leur province après avoir satisfait à leurs obligations envers la loi allemande, c'est-à-dire service du travail ou service militaire.

La 2e DIM a pris position en Italie

Naples, 26 novembre
Lorsque le général Juin, accompagné d'une partie de son état-major, est arrivé hier à Naples où les hommes de la 2e division d'infanterie marocaine, commandée par le général Doddy, avaient achevé de débarquer le 22, personne n'était là pour l'accueillir. C'est aujourd'hui qu'il a rencontré le général Clark, commandant de la 5e armée américaine. Ce dernier est resté évasif quant à l'affectation du corps expéditionnaire français. Cependant, Juin a cru comprendre que ses unités seraient utilisées comme troupes auxiliaires des troupes américaines et que lui-même n'aurait qu'un poste de commandement subalterne. Il ne fait aucun doute que Clark est resté sur la désastreuse impression laissée par la défaite française de 1940.
A la condition que ses troupes ne soient pas séparées, Juin a finalement admis qu'elles soient mises à la disposition du général Lucas, qui dirige le 6e corps d'armée américain, qui progresse actuellement avec difficulté à la droite de la 5e armée le long de la vallée du Volturno. Juin sait que le rôle qui sera dévolu à l'armée française, recréée en Afrique du Nord, dans la reconquête de l'Europe dépendra de la façon dont les combattants du corps expéditionnaire français se comporteront dans les prochaines semaines sur le front italien. Et il a bon espoir.

Deux fantassins marocains débarqués en Italie vérifient l'armement.

1943

Décembre

Di	Lu	Ma	Me	Je	Ve	Sa
			1	2	3	4
5	6	7	8	9	10	11
12	13	14	15	16	17	18
19	20	21	22	23	24	25
26	27	28	29	30	31	

1er. Norvège : les Allemands arrêtent 1 500 étudiants et professeurs à la faculté d'Oslo.

1er. Allemagne : le collaborateur français Jacques Doriot reçoit la croix de fer pour sa conduite sur le front de l'Est.

1er. Nouvelle-Guinée : les Australiens prennent Huanko dans la péninsule de Huon.

1er. URSS : Moscou affirme que les partisans de Biélorussie ont tué 282 000 Allemands depuis le début de la guerre.

2. URSS : en Ukraine, l'Armée rouge franchit le fleuve Ingoulets et parvient à moins de 10 km de Znamenka.

2. Italie : 88 bombardiers allemands attaquent le port de Bari, sur la mer Adriatique. Ils touchent le *John Harvey* qui explose, avec 2 000 bombes de gaz moutarde à bord. A l'ouest du front, une attaque anglo-américaine est déclenchée sur le mont Camino (→ 5).

2. Etats-Unis : quinze savants atomistes, dont Klaus Fuchs, connu plus tard comme agent soviétique, arrivent de Grande-Bretagne. Ils viennent compléter l'équipe de recherche américaine.

3. URSS : les Soviétiques reprennent Dovsk, au sud de Gomel. En Ukraine, ils progressent à l'ouest de Tcherkassy (→ 9).

3. Varsovie : en représailles à un sabotage, les SS et la Gestapo exécutent une centaine de travailleurs des tramways.

3. Berlin : Göring ordonne des attaques aériennes concentrées sur les ports et les usines britanniques « pour venger les raids de terreur de l'ennemi ».→

4. Japon : le sous-marin américain *Sawfish* coule le porte-avions d'escorte japonais *Chuyo* au large de Honshu.

4. La Paz : la Bolivie déclare la guerre à la Roumanie et à la Hongrie.

4. Iles Marshall : une escadre américaine de 6 porte-avions et 9 croiseurs attaque l'atoll de Kwajalein. Six navires de transport sont coulés, et 55 avions japonais abattus. Le porte-avions *Lexington* est touché par les Japonais (→ 8).

Bevin ordonne que les appelés anglais aillent au charbon

Westminster, 2 décembre
Ernest Bevin, le ministre du Travail britannique, a pris une nouvelle mesure spectaculaire : il a annoncé ce matin à la Chambre des communes que certains appelés seraient réquisitionnés pour travailler dans les mines au lieu d'être incorporés dans l'armée. D'ici au mois d'avril, 30 000 hommes âgés de 25 ans ou moins seront tirés au sort parmi les conscrits et envoyés à la mine. Un chiffre de 0 à 9 sera tiré au sort. Les appelés dont le numéro d'enregistrement au service national finit par le chiffre tiré seront ainsi désignés. Après un examen médical, ils recevront une formation de quatre semaines, qui se déroulera en partie sous terre, puis commenceront à travailler sous la direction de mineurs expérimentés. Ils ne seront employés à l'extraction du charbon proprement dite qu'après avoir passé quatre mois à la mine. Bevin a indiqué qu'il aurait préféré ne pas recourir à cette contrainte, mais que les nécessités l'y obligeaient. Certains parlementaires doutaient qu'il ait la possibilité légale de procéder à une telle réquisition. La réponse de Bevin a été sans appel : « Oh si ! Je suis habilité à réquisitionner n'importe qui pour n'importe quel travail. » La production de houille du Royaume-Uni est tombée à 200 millions de tonnes cette année ; en effet, il n'y a plus que 700 000 mineurs actuellement.

« Il gagnera grâce à vous : il faut du charbon pour le second front. »

Colère à Londres : Mosley est libre

Westminster, 1er décembre
C'est l'effervescence à Londres, suite à la décision du ministre de l'Intérieur, Herbert Morrison, de faire sortir de prison l'ancien chef du parti fasciste anglais, Sir Oswald Mosley. A une très large majorité, la Chambre des communes vient d'entériner cette décision. Mais les intervenants travaillistes au débat ont vivement critiqué le ministre et, à l'extérieur, une manifestation anti-Mosley a été conduite jusqu'à Caxton Hall par le député communiste Willie Gallagher. Un des travaillistes a comparé la libération d'Oswald Mosley à celle de Hitler par le gouvernement de Weimar. Herbert Morrison s'est pourtant longuement expliqué. Il a indiqué que Mosley n'avait pas été vraiment libéré, mais simplement que ses conditions de détention avaient changé : il est à présent assigné à résidence en province. Il souffre de phlébite, et les différents médecins qui l'ont examiné, notamment lord Dawson of Penn, pensent que le séjour en prison est un risque grave pour sa santé. Un député a fait remarquer que des milliers de femmes de ménage qui ont des varices ont les mêmes «problèmes de santé» que Mosley. Morrison s'est plaint des attaques dont il a été l'objet dans la presse et jusque dans son propre parti, ce qui lui a été fort désagréable : «Ces derniers temps ont été très difficiles pour moi. Si certains pensent que j'ai signé cet ordre avec plaisir, ils se trompent. J'ai dû prendre cette décision et je l'ai prise [...] sachant qu'elle serait impopulaire.» Le leader travailliste Arthur Greenwood a ensuite déclaré ironiquement que rien n'aurait causé plus de joie à Mosley que de provoquer des débats aussi passionnés au Parlement.

«Mosley en prison» : la libération du dirigeant pronazi est mal accueillie.

Maurice Sarraut est tué par la Milice

Toulouse, 3 décembre
Hier soir, le directeur de *la Dépêche* arrivait à son domicile quand un homme a tiré sur sa voiture. Atteint à la tête, Maurice Sarraut est mort peu après. Tout d'abord, on a songé à une opération montée par la Résistance ou par le PPF de Doriot. Mais les soupçons du secrétaire général de la police de Vichy, René Bousquet, se sont vite portés sur la Milice. Joseph Darnand a nié. Mais Sarraut était filé par les miliciens toulousains depuis plusieurs jours. Haï par l'extrême droite et par les collaborateurs, le radical Sarraut faisait partie de ces personnalités centristes que le régime du Maréchal avait contactées en vue de rompre son isolement grandissant, entre la montée du «péril» gaulliste et la progression de l'influence de Pierre Laval. En novembre, des responsables de la Milice, de la LVF et des services de sécurité allemands réunis à l'hôtel Lutétia avaient décidé d'éliminer Sarraut, afin de décourager les centristes tentés par un «maréchalisme» nouveau style.

Raids meurtriers... pour les attaquants

Berlin, 3 décembre
Curieux résultat pour le raid d'hier soir sur la capitale du Reich : il y a plus de victimes parmi les équipages de la RAF (230) qu'à terre (141 Berlinois sont morts ou portés disparus). En raison des vents violents, l'attaque a été dispersée. Un des pilotes a raté sa cible de plus de 80 km. Deux correspondants de guerre de la RAF ont péri : le capitaine Nordhal Grieg du *Daily Mail*, apparenté au célèbre compositeur norvégien, et Norman Stockton, du *Sydney Sun*. Ce soir, c'est Leipzig qui est l'objectif pour 527 bombardiers. Ce raid «à l'aveugle» est conduit par deux Lancaster dotés d'une version nouvelle du radar H2S, et précédés de l'escadrille de Pathfinder, chargée d'illuminer le ciel de la ville en y larguant des bombes éclairantes. Les premiers comptes rendus indiquent que le bombardement est bien plus précis que celui d'hier.

Tito devient président du gouvernement provisoire yougoslave

Jajce, Bosnie, 4 décembre
Les 54 délégués du Comité antifasciste de libération nationale acclament Josip Broz, plus connu sous le nom de Tito : dans cette vaste salle décorée de portraits de Staline, Churchill et Roosevelt, ils viennent de le proclamer maréchal de l'armée populaire et chef du gouvernement provisoire. Le programme élaboré par ce dernier est, assez étonnamment, imprégné de libéralisme : il préserve la propriété privée et promet des élections libres après la fin de la guerre. Tito est depuis longtemps un communiste fidèle, mais il fait preuve de modération sur les instances de Staline, qui voulait la mise en place d'un front populaire. D'ailleurs, le président du Comité, Ivan Ribar, n'est pas communiste. On ignore en revanche quels seront le rôle et la position du roi en exil Pierre II. Les partisans contrôlent désormais un sixième de la Yougoslavie. Avec une armée qui compte plus de deux cent mille hommes, Tito est considéré par les Alliés comme un partenaire vital pour la reconquête de l'Europe. Il immobilise au moins une douzaine de divisions allemandes. Les rangs des partisans se sont augmentés de nombreux soldats de l'ancienne armée italienne d'occupation; les Alliés vont livrer des armes par avion et envoyer des conseillers dans le pays.

Tito (à droite) et quelques-uns des chefs des partisans de Yougoslavie.

Les Alliés se préparent à une campagne en France au début de l'année prochaine

Téhéran, 4 décembre
Pour la première fois depuis la révolution d'Octobre, Staline est sorti de son pays. Il est venu dans la capitale perse pour entendre Roosevelt et Churchill lui exposer leur plan d'invasion de la France à partir de la Manche, au printemps ou à l'été de l'année prochaine. Un communiqué de la conférence, qui s'est achevée le 1er décembre, précise que les trois hommes « ont des plans communs pour la destruction des armées allemandes. [Ils sont] en parfait accord sur l'ampleur et la date des opérations entreprises à l'est, à l'ouest et au sud ». La campagne italienne se poursuivra donc, même s'il faut transférer une partie du matériel et des effectifs en France. Staline a froncé les sourcils lorsqu'il a entendu Churchill dire qu'un débarquement en France ne pourra se faire que si l'Allemagne est empêchée d'y envoyer des renforts importants dans les deux mois après l'attaque. Le Soviétique s'est alors demandé si une invasion aurait jamais lieu. Roosevelt s'est satisfait d'entendre Staline promettre que l'URSS se joindrait à la guerre contre le Japon dès que le Reich serait battu. Cela lui a paru tellement évident qu'il n'en a même pas été fait mention dans le procès-verbal de l'entretien. (→ 16)

Staline, Roosevelt et Churchill à Téhéran, avec leurs conseillers.

Un « Soulier » qui déchaîne les passions

Paris, 1er décembre
Que de retards, que de bruits et de fureur ont précédé la création du *Soulier de satin* de Paul Claudel, qui a pu enfin avoir lieu à la Comédie-Française ! Le barrage de la censure allemande, les frais immenses engagés pour cette œuvre démesurée, sa longueur : tout s'opposait à ce qu'elle puisse être jouée en ces temps difficiles. Claudel lui-même, découragé, avait souvent songé à attendre la fin de la guerre pour la représenter sans la dénaturer. Il a finalement dû se résoudre à des concessions et ramener sa pièce, d'une durée initiale de neuf heures, à cinq heures en raison du couvre-feu. Les premiers spectateurs en sont sortis partagés entre l'enthousiasme et la stupeur. Grelottants aussi, malgré les couvertures et les manteaux de fourrure dont ils s'étaient emmitouflés. Il est vrai que le froid était tel que le metteur en scène de la pièce, Jean-Louis Barrault, qui incarne aussi le personnage de Rodrigue, a dû pincer Marie Bell-Prouhèze pour l'empêcher de s'évanouir. Ivre de bonheur sous les ovations, Claudel a continué à saluer tandis que la salle se vidait, et il a fallu éteindre la rampe pour l'arracher à son rêve. Cependant que Sacha Guitry, qui a surtout jugé la pièce interminable, murmurait : « Heureusement qu'il n'y avait pas la paire !... »

1943

Décembre

Di	Lu	Ma	Me	Je	Ve	Sa
			1	2	3	4
5	6	7	8	9	10	11
12	13	14	15	16	17	18
19	20	21	22	23	24	25
26	27	28	29	30	31	

5. Grenoble : en représailles à un attentat ayant causé la mort de 10 Allemands, 50 otages sont exécutés.

5. Inde : l'aviation japonaise attaque Calcutta : 350 morts.

5. Italie : la 8e division indienne avance sur Ortona.

5. France : la 8e force aérienne américaine lance l'opération *Arbalète*. Sur renseignements fournis par le réseau Alliance, elle bombarde les rampes de lancement de V1 dans le Pas-de-Calais (→ 24).

6. Italie : les Britanniques contrôlent le mont Camino.

7. Italie : le 6e corps américain déclenche une offensive au col de Mignano contre les positions allemandes de San Pietro.

8. Iles Marshall : une escadre américaine effectue un nouveau raid sur l'atoll de Kwajalein.

8. Nouvelle-Guinée : avec la prise de Wareo, les Australiens s'ouvrent la route de Sio, sur la côte nord de la péninsule de Huon. Les Japonais repliés de Lae ont fortifié la place (→ 2.1.1944).

8. Inde : 18 bombardiers et 50 chasseurs japonais attaquent l'aéroport de Tinsukia (→ 25).

8. Italie : la 2e division d'infanterie marocaine de l'armée française remplace la 34e division américaine au centre du front.

9. URSS : les Soviétiques reprennent Znamenka (→ 14).

9. Iles Salomon : à 400 km de Rabaul, l'aéroport de Torokina, sur l'île de Bougainville, devient opérationnel (→ 13).

10. Italie : la 1re division canadienne se joint à l'offensive dirigée sur le port d'Ortona. →

11. New Delhi : les unités de la RAF et de l'US Air Force dans le Sud-Est asiatique sont réunies en un commandement aérien oriental unique. Le maréchal de l'air Sir Richard Peirse en prend la tête (→ 18).

11. Allemagne : l'aviation américaine attaque le chantier naval d'U-Boote à Emden. Elle perd 20 avions, mais 138 chasseurs allemands auraient été détruits (→ 13).

La RAF veut mettre le Reich à genoux

Londres, 7 décembre
Dans sa lettre adressée au ministre de l'Air, Sir Arthur Harris, général de la RAF, réaffirme sa conviction que les bombardiers britanniques, et plus précisément les Lancaster, peuvent à eux seuls causer la défaite de l'Allemagne. Il prévoit d'avoir quarante groupes de « Lanc » opérationnels dans les trois mois à venir. Ceux-ci pourront larguer sur l'Allemagne 13 850 tonnes de bombes par mois et y « provoquer des dévastations telles que la capitulation sera inévitable ». Selon Harris, cela pourrait bien intervenir d'ici au mois d'avril 1944. (→ 11)

« Soutenez-les ! » : affiche de la RAF.

Himmler tente de contacter les USA

Berlin, 9 décembre
Heinrich Himmler, le ministre de l'Intérieur de l'Allemagne nazie, avait pris la décision de rencontrer à Stockholm un représentant de Washington, afin de sonder les possibilités de conclure une paix entre les Etats-Unis et le Reich. Mais la rencontre a échoué, le représentant américain ayant quitté brusquement la Suède. Ce n'est pas la première tentative de Himmler : il y a un mois, le chef des services secrets allemands, Walter Schellenberg, avait déjà eu un entretien avec un intermédiaire américain dans la capitale suédoise. ▷

Les cinéastes s'en vont en guerre, mais cette fois les balles et le sang sont réels

Les générations futures auront la preuve de la violence des combats pour le village italien de San Pietro : ils sont filmés par une équipe de cinéastes de Hollywood, dirigés par le major John Huston. Les professionnels du cinéma britannique et américain sont eux aussi en guerre. *Desert Victory*, qui décrit la progression de la 8e armée d'El-Alamein à Tripoli, est un extraordinaire document sur la guerre, qui remporte partout un grand succès. Les prises de vues ont été faites au front par 26 cameramen dirigés par le major David Macdonald, qui a travaillé autrefois pour Hollywood. Sept de ses hommes sont morts ou ont disparu, et quatre autres ont été faits prisonniers. Le film s'ouvre sur un impressionnant barrage d'artillerie qui cloue le spectateur dans son fauteuil. Il a fallu des kilomètres de pellicule pour ce film, que Churchill a envoyé à Roosevelt et à Staline. Ce dernier en a ordonné des projections pour les soldats soviétiques. Un autre film documentaire remarquable, sorti cette année, a pour titre *Fires Were Started, I Was a Fireman* (les incendies éclataient, j'étais pompier). Réalisé par Humphrey Jennings à Londres, il relate un jour et une nuit d'une caserne de pompiers, et ces derniers y tiennent leurs propres rôles. Deux documentaires romancés ont obtenu un beau succès : *The Gentle Sex* (le beau sexe), dernier film de Leslie Howard, mort le 1er juin dans un avion abattu par les Allemands, et *Millions Like Us* (ceux de chez nous), de Frank Launder et Sidney Gilliat. Le premier raconte le destin d'un groupe de jeunes filles auxiliaires de l'armée; le second, celui de femmes dans une usine d'aéronautique. Le réalisateur américain John Ford filme la Navy dans le Pacifique et a été blessé lors du tournage de *The Battle of Midway* (la bataille de Midway). Le capitaine Clark Gable participe à un documentaire sur les bombardiers.

Lilli Palmer et Barbara Waring dans « The Gentle Sex ».

Entre El-Alamein et Tripoli, une scène de « Desert Victory ».

La bataille fait rage autour de San Pietro

San Pietro, Italie, 10 décembre

C'est, paraît-il, Hitler lui-même qui a choisi San Pietro pour que les Allemands s'y installent. Ce village, construit sur les pentes du mont Sammucro, domine la stratégique vallée du Liri, que suit leur ligne de défense Gustav. Depuis quatre jours, les combats font rage. Les soldats américains essaient de déloger les Allemands de leurs postes de tir. Les hommes du 143e régiment d'infanterie ont réussi à atteindre les premiers barbelés défensifs, mais les mitrailleuses et les mortiers ont fait des ravages dans leurs rangs, tuant 300 d'entre eux avant qu'ils ne se replient. Les blindés doivent à présent venir à la rescousse. (→ 17)

Près de San Pietro, des Canadiens fouillent les prisonniers allemands.

Roosevelt contre la conscription des pères

Washington, 10 décembre

Le président Roosevelt s'est résolu à signer ce matin une nouvelle loi de conscription qui prévoit que les Américains pères d'enfants nés avant l'entrée en guerre du pays ne pourront être mobilisés qu'après tous les autres. Il désavoue ainsi son conseiller Paul McNutt, président de la commission des effectifs de guerre, qui était favorable à l'incorporation des pères de famille. Il est probable que le général Lewis Hershey, actuel président de la commission de conscription, le rempla cera prochainement.

Jusqu'ici, on distinguait quatre ca tégories d'hommes incorporables célibataires, célibataires soutiens d famille, mariés sans enfants ou don les enfants sont nés après Pear Harbor, et enfin les autres homme mariés. Le Président reste fidèle ses propres conceptions et sensibl à celles qu'il perçoit chez ses com patriotes : il veut désormais qu l'on distingue seulement ceux qu ont des enfants et les autres.

Une invention aussi simple qu'efficace

Londres, 11 décembre

Un récipient en carton ondulé tout simple a transformé la guerre aérienne en Europe. Il s'agit d'un réservoir supplémentaire, qui équipe depuis peu les chasseurs américains basés en Angleterre. Ces réservoirs, qui contiennent environ 330 litres de carburant, permettent aux chasseurs d'escorter les bombardiers lourds américains qui attaquent au cœur de l'Allemagne même en plein jour. Il n'est pas exagéré d'affirmer que c'est grâce à eux que la 8e armée de l'air américaine a pris l'avantage sur la Luftwaffe. Les nouveaux Mustang équipés de ces réservoirs ont un rayon d'action de 900 km à partir de leur base, et leur vitesse de 600 km/h est bien supérieure à celle des chasseurs allemands.

L'armée chinoise a repris Changteh

Changteh, 9 décembre

L'armée nationaliste chinoise a r pris le contrôle de Changteh, un ville occupée à deux reprises par l Japonais et à présent détruite.

Les combats, parmi les plus du qu'ait connus la Chine, ont du deux semaines. Le ravitailleme des nationalistes a été assuré p des bataillons de coolies. Cette vil de 160 000 habitants est située a cœur d'une riche région agricol De sanglantes luttes au corps corps se sont déroulées dans s rues, et les Japonais ont même u lisé des gaz toxiques. Le génér chinois Hsueh Yueh a admis que l pertes de ses troupes excédaie celles des Japonais, mais qu'il fall de toute façon reprendre Changte à n'importe quel prix. (→ 25)

1943
Décembre

Di	Lu	Ma	Me	Je	Ve	Sa
			1	2	3	4
5	6	7	8	9	10	11
12	13	14	15	16	17	18
19	20	21	22	23	24	25
26	27	28	29	30	31	

12. Rastenburg : Hitler nomme Rommel commandant en chef de la forteresse Europe.

13. France : la Gestapo lance l'opération *Minuit* dans la région toulousaine. Elle arrête 110 résistants, dont François Verdier, chef régional du MUR (→ 2.1.1944).

13. Grèce : les Allemands fusillent 1 000 otages dans la région de Kalavryta.

13. Allemagne : 710 bombardiers américains, escortés par les nouveaux chasseurs P-51D Mustang, font des raids sur Brême et sur Kiel.

13. Nouvelle-Guinée : la Task Force 76 appareille de l'île de Goodenough. Elle a mission d'effectuer les débarquements en Nouvelle-Bretagne (→ 18).

14. Grèce : 300 bombardiers alliés font un raid sur Athènes.

14. URSS : l'Armée rouge lance son offensive d'hiver. Elle reprend Tcherkassy en Ukraine et attaque Vitebsk à partir du saillant de Nevel en Biélorussie (→ 21).

15. Italie : la 5e armée américaine attaque sur toute la ligne Bernhard. La 2e division marocaine s'empare du mont Castelnuovo et du col San Michele.

16. Italie : les Américains prennent le mont Lungo (→ 17).

17. Allemagne : les avions de la RAF ont bombardé Berlin la nuit dernière, tuant 717 personnes. Face à une défense tenace, près de 300 aviateurs britanniques et canadiens sont morts dans l'attaque (→ 29).

17. France : les FTP font exploser 22 bombes au dépôt de Montauban ; 17 locomotives sont mises hors d'usage (→ 31).

18. New Delhi : le général Joseph Stilwell est nommé commandant des troupes chinoises en Inde et en Birmanie septentrionale.

18. Vichy : par lettre, Pétain informe Hitler que, « conformément à sa demande, les modifications des lois seront désormais soumises avant publication aux autorités d'occupation », et accepte de faire entrer Darnand, Déat et Doriot dans le gouvernement.

Les réformes algériennes de De Gaulle

Le général de Gaulle et le général Catroux entourés de chefs traditionnels.

Constantine, 12 décembre
S'il a fait pleurer d'émotion le Dr Bendjelloul, porte-parole des musulmans partisans de l'intégration, le discours prononcé par le général de Gaulle à Constantine a, en revanche, épouvanté les Européens sans pour autant satisfaire les nationalistes algériens.
Les réformes annoncées par de Gaulle reprennent les propositions du général Catroux, qu'il a désigné en juin au poste de gouverneur général de l'Algérie. Pourtant réputé pour ses visions larges et généreuses, Catroux ne préconise rien de plus que l'application du projet du Front populaire, à savoir la reconnaissance de la plénitude des droits politiques à certaines catégories de musulmans, anciens combattants et titulaires de diplômes secondaires. Le discours du général de Gaulle, qui dans le même temps affirme en privé que « tout se terminera par l'indépendance », paraît bien timoré comme réponse au *Manifeste du peuple algérien* adressé par Ferhat Abbas aux puissances alliées au lendemain du débarquement en Afrique du Nord.
Ce manifeste ne revendiquait pas moins que l'émancipation complète de l'Algérie...

Train rare et cher pour les Allemands

Allemagne, 18 décembre
Les citoyens allemands ne voyageront pas beaucoup pour Noël. La Reichsbahn, compagnie ferroviaire nationale, est de plus en plus réservée à l'usage militaire. Les restrictions et les prix pour les simples voyageurs vont encore augmenter. Déjà, pour empêcher les civils d'encombrer les trains, les vacances scolaires commencent à des dates différentes dans le Reich, et les voyages sont limités au nouvel an, à la Pentecôte, à Noël et à Pâques.

Un pacte d'amitié tchéco-soviétique

Moscou, 12 décembre
La Tchécoslovaquie se rapproche de l'Union soviétique. Le président en exil Benes a signé solennellement au Kremlin, sous l'œil de Staline, un traité « d'amitié, d'assistance mutuelle et de collaboration après la guerre ». Il a déclaré : « Le jour du châtiment viendra pour l'Allemagne. Notre peuple, qui a tant souffert, aura alors gagné une paix longue, solide et durable. » Le ministre des Affaires étrangères soviétique, Molotov, a alors répondu : « Notre armée continue à combattre pour tous les peuples qui souffrent sous le joug allemand. »

Les Soviétiques jugent des Allemands pour crimes de guerre

Kharkov, 16 décembre
Les Allemands commencent à répondre des atrocités commises dans les régions de l'URSS qu'ils ont occupées. En juillet, huit Allemands, convaincus d'avoir commis d'horribles crimes de guerre, ont été fusillés. Aujourd'hui, dans un théâtre converti en tribunal a lieu un autre procès. Le capitaine Wilhelm Langheld, le caporal Reinhardt Retelav et Hans Ritz, membre de la Gestapo, ainsi que leur chauffeur soviétique Mikhaïl Bulanov sont accusés d'avoir participé au massacre de nombreuses personnes, gazées dans des camions, fusillées, pendues ou brûlées vives. Trente mille Soviétiques ont péri de la sorte pendant l'occupation allemande de la zone de Kharkov. (→ 21)

Deux victimes de la barbarie nazie, parmi tant d'autres partout en Europe.

▷

Un quota pour les émigrants chinois

Washington, 17 décembre
L'émigration aux Etats-Unis va être plus facile pour les candidats chinois. Le président Roosevelt a en effet adopté une loi qui institue un quota annuel d'immigrants de ce pays. Le nouveau texte annule la loi de 1882, dite *Chinese Exclusion Act*, et la législation du début du siècle, très antichinoise à cause du mythe du « péril jaune » et des persécutions contre les coolies asiatiques. Le Président a convaincu le département d'Etat et le Congrès de supprimer ces dispositions qui visaient les ressortissants d'un pays allié dans la guerre contre le Japon.

Les ennuis de santé de Churchill

Londres, 16 décembre
Pour la deuxième fois cette année, Winston Churchill, qui a 69 ans, est atteint de pneumonie. Il est encore en Iran à l'occasion de la conférence de Téhéran, et un bulletin officiel indique ce soir que « son état général est aussi satisfaisant que possible ». Des prières sont dites pour le Premier ministre un peu partout dans l'Empire britannique et ailleurs. Les parlementaires inquiets ont été rassurés en apprenant que Churchill prenait de la pénicilline. Une longue convalescence sera, malgré tout, nécessaire.

San Pietro évacué par les Allemands

San Pietro, Italie, 17 décembre
Il a fallu aux Alliés des chars, des canons, des mortiers, des grenades au phosphore et, surtout, une ténacité d'acier pour prendre San Pietro. Ce soir, les habitants remontent de leurs caves pour découvrir les ruines de leur ville. Les cadavres de jeunes soldats américains sont placés dans des housses de coton blanc, leur plaque d'identité fixée à leurs brodequins. Mille cinq cents Américains sont morts, mais la petite ville constituait une véritable forteresse située sur un « nid d'aigle ». Il ne s'y trouvait pourtant que 150 Panzergrenadieren.

Les Américains en Nouvelle-Bretagne

Les Américains dans la jungle : grenades et mitraillettes prêtes à l'action.

Nouvelle-Bretagne, 18 décembre
L'invasion de la Nouvelle-Bretagne a commencé. Le 112e régiment de cavalerie du général Cunningham a fait diversion il y a trois jours en débarquant dans la péninsule d'Arawe, au sud de l'île.
Aujourd'hui, les bombardements visant à préparer l'offensive se sont intensifiés sur le cap Gloucester, à l'ouest. Parti de Nouvelle-Guinée le 14, le 112e a suivi un plan de dernière minute destiné à établir quatre têtes de pont sur l'île. Si les premières infiltrations n'ont posé aucun problème, la deuxième vague d'attaquants, qui devait s'emparer d'une piste d'atterrissage, a été repérée ; douze bateaux pneumatiques sur quinze ont été coulés. Il s'agit là de la dernière phase du plan *Elkton* de MacArthur, qui prévoit de réunir les troupes alliées de Nouvelle-Guinée et des îles Salomon, puis d'isoler la base clé de Rabaul. (→ 19)

L'imposant Messerschmitt Me 323 : version motorisée du planeur Me 321 Gigant, il est notamment employé sur le front de l'Est.

1943

Décembre

Di	Lu	Ma	Me	Je	Ve	Sa
			1	2	3	4
5	6	7	8	9	10	11
12	13	14	15	16	17	18
19	20	21	22	23	24	25
26	27	28	29	30	31	

19. Nouvelle-Bretagne : les Américains s'emparent de la piste d'atterrissage d'Arawe.

19. URSS : *l'Internationale* cesse d'être l'hymne national.

20. Nouvelle-Bretagne : des bombardiers américains B-24 pilonnent les positions japonaises du cap Gloucester.

21. Italie : la 1re division canadienne pénètre dans les faubourgs d'Ortona (→ 28).

21. URSS : les Soviétiques détruisent une tête de pont allemande à Kherson, sur l'embouchure du Dniepr.

21. Auschwitz : Stanislaw Dorosiewicz et Hersh Kurcwaig s'échappent du camp après avoir tué un garde.

22. URSS : 14 284 soldats espagnols sont rapatriés en Espagne. 3 000 volontaires continuent à se battre avec les nazis au sein de la légion Azul.

22. Varsovie : la Gestapo exécute 62 Juifs découvert cachés dans une cave (→ 31).

22. Grenoble : la Gestapo assassine le doyen de la faculté des sciences, René Gosse, et son fils. Tous deux étaient membres du MUR.

23. Vichy : les Allemands nomment Cecil von Renthe Fink auprès de Pétain comme délégué spécial diplomatique. Il doit, en fait, le surveiller (→ 30).

24. France : les Allemands abattent 24 enfants dans la salle des fêtes de Habère-Lullin, en Haute-Savoie.

24. URSS : l'Armée rouge déclenche une grande offensive en Ukraine afin de détruire le saillant allemand du Dniepr et d'ouvrir la route de Roumanie.

25. Nouvelle-Bretagne : les Japonais attaquent la tête de pont américaine de la péninsule d'Arawe (→ 26).

25. Inde : des bombardiers japonais attaquent Chittagong.

25. URSS : les Soviétiques coupent la route de Vitebsk à Polotsk, vitale pour le ravitaillement allemand à l'ouest.→

25. Norvège : le *Scharnhorst* appareille pour intercepter le convoi allié JW-55B (→ 26).

Violents combats aériens en Chine

Province du Hunan, 25 décembre
Les nationalistes chinois sont en passe de prendre l'avantage dans le Hunan, au nord du pays. Le combat, très sanglant, était jusque-là incertain, mais l'armée du Kuomin-tang a repris Kung-an, une des premières villes tombées il y a deux mois. Cent mille soldats japonais avaient envahi la région pour empêcher les Chinois d'aller au sud, dans le Yunnan, pour participer à la reconquête de la Birmanie prévue par les Alliés. Les avions sont de plus en plus présents dans cette bataille. A Changteh, au centre du Hunan, le ravitaillement des Chinois en armes par l'US Army Air Force est compromis : il y a quinze jours, l'aviation japonaise a attaqué les aérodromes alliés, détruisant quarante avions.

« La guerre en Chine est la nôtre. »

Un Noël sans dinde pour les Anglais

Grande-Bretagne, 25 décembre
Le repas de Noël ne sera pas un festin cette année dans les foyers britanniques. Les bouchers ont reçu les dindes et des oies en contingents réduits. Pour 800 clients, un commerçant ne recevra que 15 volailles, de quoi fournir une famille sur dix. Mais les ménagères avisées ont réussi à confectionner malgré tout le *Christmas pudding* avec quelques fruits secs, pourtant rationnés.

« Ike », chef de l'armée d'invasion alliée

Roosevelt avec Eisenhower, chargé de mener à bien l'invasion en France.

Washington, 24 décembre
Le commandant suprême du corps expéditionnaire allié qui doit envahir la France est connu : il s'agit du général Dwight Eisenhower, surnommé « Ike ». C'est ce qu'a annoncé le président Roosevelt ce soir à la radio. On sait déjà que le général Bernard Montgomery restera à la tête de toutes les forces alliées terrestres, jusqu'à ce qu'Eisenhower ait installé son QG en France. Il en est de même pour les chefs de la marine et de l'armée de l'air. Tout cela a été discuté avec Staline à la conférence de Téhéran, où tous les détails de l'attaque imminente sur l'Allemagne à l'est, à l'ouest et au sud ont été décidés. Roosevelt a réaffirmé l'admiration qu'il avait pour les exploits « éclatants » d'Eisenhower en Afrique du Nord, en Sicile, puis dans la péninsule italienne. Le commandement des forces alliées en Méditerranée est confié au général Henry Maitland Wilson, qui s'était distingué au début de la campagne d'Afrique du Nord avant de partir pour le Moyen-Orient. Roosevelt a promis au général Wilson que les troupes américaines « resteraient sous ses ordres sur ce difficile théâtre d'opérations jusqu'à ce que les objectifs alliés désignés soient tous effectivement remplis ». (→27)

Raids alliés contre les fusées du Reich

France, 24 décembre
L'opération *Crossbow* est en cours. Depuis le 4 décembre, l'US Air Force continue à bombarder les lanceurs de missiles V1 que les Allemands construisent un peu partout dans le nord de la France. La RAF a également attaqué les 16 et 17 décembre, mais doit continuer ses raids sur l'Allemagne et Berlin notamment. La construction des rampes de lancement des V1 est surveillée de près depuis trois mois par les unités de reconnaissance photographique de la RAF, qui en ont dénombré pas moins de 54 au 19 décembre.

La revanche des bonnes à tout faire

Paris, décembre
Le sujet est à la mode dans les thés mondains (à la chicorée bien entendu) : les bonnes à tout faire sont devenues aussi introuvables que le thé véritable et les petits fours. Depuis le début de l'année, celles qui proposent encore leurs services demandent un salaire qui est passé de 600 francs à 1 000 et même 1 500 francs par mois. C'est compter d'ailleurs sans la prime que certaines réclament pour prix de leur discrétion et qui peut monter elle aussi jusqu'à 1 000 francs par mois. En ces temps de marché noir et de fraude obligatoire, qui oserait la leur refuser ?

Tout envoi anonyme de menaces est désormais puni de mort

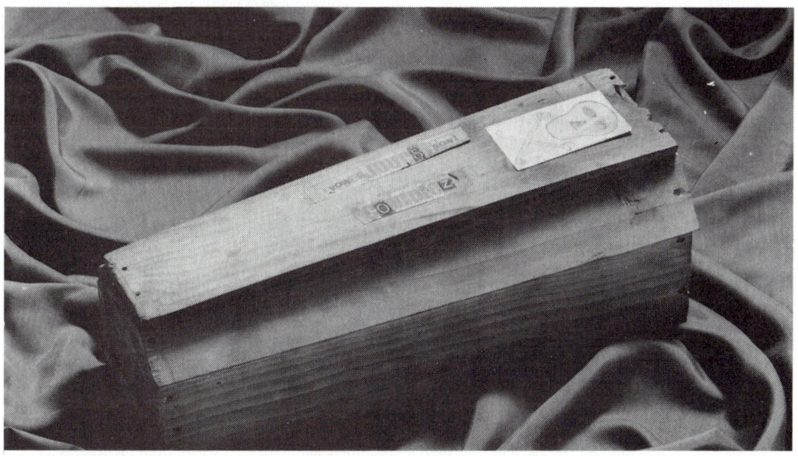
« Vos jours sont comptez » (sic), prévient cette missive très explicite.

Paris, 21 décembre
La guerre est propice à la multiplication des envois anonymes. Tandis que les collaborateurs manient de préférence la lettre de dénonciation, les résistants adressent, quant à eux, des cercueils miniatures ou des bouts de corde de chanvre à la signification explicite à ceux qu'ils veulent prévenir. C'est pourquoi une loi, parue aujourd'hui, modifie les articles 305 et 308 du Code pénal, qui punit de mort les auteurs de menaces orales et écrites, en y ajoutant toutes les menaces exercées au moyen « d'images, de symboles ou d'emblèmes ».

L'année triomphale des Soviétiques

Moscou, 25 décembre

L'Armée rouge termine l'année aussi bien qu'elle l'a commencée, lançant hier en Ukraine une offensive visant à ouvrir une brèche dans le front allemand le long de la route Kiev-Jitomir. Les troupes allemandes tentent de défendre la Galicie et la Roumanie, mais les Soviétiques ont déjà pris Gorodok dans la région de Vitebsk et sont sur le point d'enfoncer les positions défensives allemandes. Ainsi se termine une année marquée par la volte-face des Soviétiques à Stalingrad qui mit un terme à l'écrasante offensive allemande. Depuis ce retournement de situation en début d'année, les Soviétiques ont vaincu les nazis à Koursk lors de la plus grande bataille de chars de tous les temps, repris Kharkov pour la seconde fois, libéré Kiev, isolé la 17e armée allemande en Crimée, franchi le Dniepr et brisé le « mur de l'Est » de Hitler. Mais le bilan ne s'arrête pas aux victoires : les Russes ont mis l'année à profit pour mobiliser leurs réserves et armer des millions d'hommes. Leur armée a mis en service des chars T-34 version améliorée et des Staline à canons de 122 mm, tandis que les nazis tentent d'accélérer leur production de chars Tigre et Panther pour faire face au flot intarissable des T-34. On retrouve la même suprématie dans les airs, les Russes produisant d'excellents avions en nombre considérable : pas moins de 2 900 par mois en 1943, dont 2 500 avions de combat. Sur l'année, la production russe de chars légers a atteint un total de 3 500, celle des chars moyens et lourds 16 000, les canons mobiles 4 000 et les armes à feu de tout calibre 130 000. L'Armée rouge reçoit en outre du matériel allié, des camions américains pour certaines de leurs divisions et des avions Airacobra et Kittyhawk pour leurs pilotes. Ainsi équipée, l'Armée rouge est devenue une véritable machine de guerre. Staline projette de reprendre l'Ukraine en totalité et de détruire la Wehrmacht en une série d'offensives contre des points chauds, puis de marcher sur la Pologne, la Roumanie, et l'Allemagne elle-même. Les Allemands se défendent avec adresse, mais l'avantage est maintenant du côté des Soviétiques. (→ 26)

Les troupes soviétiques s'approchent d'un Focke-Wulf Fw 189 allemand abattu.

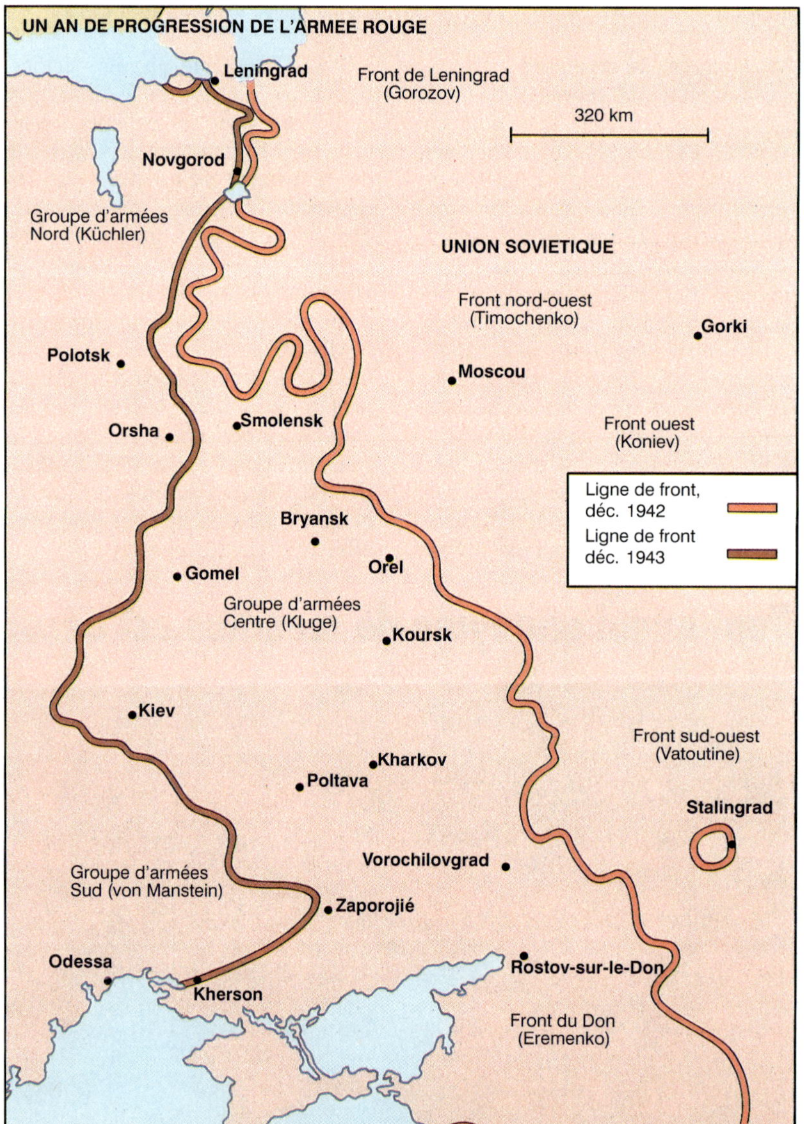

Succès du raid aux îles Salomon

Iles Salomon, 24 décembre

Un corps expéditionnaire américain s'est porté aujourd'hui au nord de Bougainville pour pilonner en cette veille de Noël les bases japonaises du nord de l'île et de l'îlot de Buka. Croiseurs et destroyers ont ouvert le feu à 12 h 30, arrosant d'obus les bases aériennes de Bonin, à Bougainville, et de Buka, où le feu s'est déclaré, probablement grâce à un tir sur un dépôt d'essence ou de munitions. Les Alliés ont également touché les bases de vedettes japonaises sur la côte et dans les récifs de corail au large de Buka. Les batteries japonaises, dominées par le feu nourri des navires et des avions alliés, n'ont rien pu faire contre l'attaque.

Des criminels nazis pendus à Kharkov

Kharkov, 19 décembre

Trois criminels de guerre nazis, Langheld, Retelav et Ritz, ont été pendus ce matin sur la place du marché de Kharkov, avec leur complice russe Bulanov. Ils étaient accusés d'atroces massacres contre la population. On estime à 50 000 le nombre de personnes venues assister à leur exécution. La corde au cou, les quatre criminels ont été hissés sur la plate-forme d'une camionnette qui, en démarrant, s'est dérobée sous leurs pieds, les laissant se balancer à des potences de pin.

Tito désavoue le roi de Yougoslavie

Yougoslavie, 22 décembre

Le maréchal Tito, chef des partisans yougoslaves, a fait savoir au roi en exil, Pierre II, que le pays se passera de lui après la guerre. Le jeune roi s'est en effet attiré les foudres des partisans à cause de sa vie oisive à Londres, et pour avoir décoré un commandant des rebelles tchetniks. Les tchetniks, menés par le royaliste Draza Mihailovic, sont accusés d'avoir changé de camp depuis que les Alliés leur ont préféré Tito et ses partisans comme compagnons de résistance contre Hitler.

1943

Décembre

Di	Lu	Ma	Me	Je	Ve	Sa
			1	2	3	4
5	6	7	8	9	10	11
12	13	14	15	16	17	18
19	20	21	22	23	24	25
26	27	28	29	30	31	

26. Alger : le général de Lattre est nommé commandant en chef de l'armée B pour l'opération *Anvil*.

26. Nouvelle-Bretagne : un violent bombardement naval précède le débarquement de la 1re division de marines américains au cap Gloucester.

27. Nouvelle-Bretagne : la 1re division de marines avance de 5 km vers l'aéroport. Elle est gênée par les marécages et les pluies torrentielles (→ 30).

27. Roumanie : 51 wagons de vivres, destinés aux enfants sous-alimentés, sont envoyés en France.→

28. Birmanie : la 38e division chinoise s'empare des positions japonaises dans la vallée du Tarung (→ 10.1.1944).

28. Berlin : Himmler ordonne que la mortalité dans les camps de travail soit réduite. Il manque de travailleurs dans les usines d'armement.

29. URSS : l'Armée rouge reprend Korosten en Ukraine.

29. France : les responsables de l'AS et des FTP signent un accord unifiant leurs deux mouvements de résistance dans les Forces françaises de l'intérieur [FFI] (→ 5.1.1944).

29. Berlin : la RAF perd 81 hommes d'équipage lors d'un raid nocturne qui fait 182 victimes (→ 3.1.1944).

30. URSS : l'Armée rouge a enfoncé les lignes allemandes du front ukrainien sur 300 km. 1 000 agglomérations ont été reprises en six jours.

30. Lyon : les groupes francs distribuent 25 000 exemplaires d'un faux *Nouvelliste*, journal collaborateur de la région.

30. Vichy : pour accentuer la lutte contre la Résistance, Joseph Darnand, Sturmbannführer de la Waffen SS, est nommé secrétaire d'Etat au Maintien de l'ordre (→ 20.1.1944).

31. France : la Résistance intensifie la bataille du rail : plus de 220 sabotages ont eu lieu ce mois-ci.

31. URSS : les Soviétiques reprennent Jitomir et encerclent Vitebsk (→ 5.1.1944).

Nombreux succès pour la Royal Navy

Des survivants du « Scharnhorst » recueillis à bord du « Duke of York ».

Le « Scharnhorst » coulé dans l'Arctique

Océan Arctique, 26 décembre

Le *Scharnhorst*, croiseur allemand de 31 800 tonnes et avant-dernier du genre, a été coulé par les Anglais à 19 h 45 aujourd'hui, au large de la Norvège. Il avait quitté Altenfjord le jour de Noël pour attaquer le convoi allié JW-55B qui faisait route pour l'Union soviétique avec une précieuse cargaison de munitions. Le commandant en chef de la flotte britannique, l'amiral Bruce Fraser, depuis longtemps à l'affût d'une telle opportunité, était à bord du cuirassé *Duke of York*. Le navire allemand fut repéré par les croiseurs *Belfast*, *Norfolk* et *Sheffield* aux premières lueurs de l'aube et légèrement endommagé, mais il put se dégager rapidement. Plus tard, dans l'après-midi, il trouva sur son chemin le *Duke of York* qui lui ouvrit une voie d'eau sous la ligne de flottaison. Sir Bruce appela à la rescousse deux divisions de destroyers, qui torpillèrent le croiseur allemand. L'honneur revint finalement au croiseur *Jamaica* de porter le coup de grâce qui devait envoyer le *Scharnhorst* par le fond.

Les Juifs se rebellent dans les camps

Europe, 31 décembre

Le camp d'Auschwitz-Birkenau est devenu la clé de voûte du macabre édifice nazi voué à l'extermination des Juifs. Avec cinq nouvelles chambres à gaz en service cette année et autant de crématoriums, Auschwitz est devenu la destination finale de milliers de Juifs déportés de France et de Pologne, de Grèce, d'Italie, de Russie, de Tchécoslovaquie, des Pays-Bas et d'Allemagne. L'objectif de Himmler de liquider les ghettos russes et polonais cet été fut mené avec tout autant de froide efficacité. En Pologne, les rares Juifs encore en vie sont condamnés aux travaux forcés, où ils ne tarderont pas à succomber. Mais l'année a aussi été marquée par un début de rébellion, qui a vu les Juifs s'insurger contre leurs geôliers, détruire les baraquements des camps et se battre les armes à la main contre les nazis dans les ghettos. Des Juifs polonais se sont même suicidés dans les trains de la mort, forme suprême de résistance contre l'implacable machine nazie. On évalue à un million le nombre de Juifs massacrés depuis janvier. Leur résistance aux bourreaux semble, hélas! insuffisante pour empêcher leur extermination.

Golfe de Gascogne : destroyers coulés

Golfe de Gascogne, 28 décembre

Deux croiseurs de la Royal Navy se sont frottés aujourd'hui à une dizaine de destroyers allemands dans le golfe de Gascogne, et en ont coulé trois en moins de deux heures et demie de combat. Le capitaine H. Grant, de l'*Enterprise*, a réussi à se faufiler à travers un barrage d'obus, « sifflant tout autour du navire, entre les mâts et à ras du pont », en ne perdant que son antenne radio. Le second croiseur, le *Glasgow*, a subi des dégâts plus importants. La domination anglaise contre un ennemi numériquement supérieur est d'autant plus surprenante que cinq des destroyers allemands appartenaient à la gamme Narvik de croiseurs de poche aux canons de 5,9 pouces, beaucoup plus performants que les 6 pouces de l'antique *Enterprise*. Les navires allemands étaient sortis protéger un forceur de blocus, l'*Alsterufer*, qui apportait du ravitaillement. Avant qu'ils puissent lui prêter mainforte, l'*Alsterufer* était coulé hier par deux Liberator et un hydravion Sunderland. Les destroyers allemands décidaient alors de rentrer au port, mais ils furent pris dans une tempête. C'est dans ces conditions que les croiseurs britanniques purent se glisser parmi eux et ouvrir le feu, coulant trois destroyers et en endommageant plusieurs autres.

Les Américains à l'offensive.

Les marines en Nouvelle-Bretagne

Les Américains en Nouvelle-Bretagne : à l'assaut des Japonais.

Cap Gloucester, 30 décembre

Trois bataillons de la 1re division des marines ont pris le terrain d'aviation du cap Gloucester, situé en Nouvelle-Bretagne, quatre jours après leur débarquement en force sur la côte ouest. Les Zero japonais ont répliqué aujourd'hui par un bombardement en règle du terrain d'aviation, qu'ils tenaient encore la veille. Mais quand les marines auront réparé la piste, l'aviation alliée se trouvera maîtresse de tout l'espace aérien au-dessus des importants détroits de Dampier et de Vitiaz, entre la Nouvelle-Guinée et la Nouvelle-Bretagne. Le contrôle des détroits est fondamental pour protéger l'avancée des troupes du général MacArthur le long de la côte nord de Nouvelle-Guinée, tout en interdisant aux Japonais l'usage de ces détroits pour le ravitaillement de leur QG de Rabaul, de plus en plus isolé. La prise du terrain d'aviation du cap Gloucester a débuté il y a quatre jours quand les marines, la plupart des vétérans de Guadalcanal, ont débarqué dans les vagues sur les plages nord et sud du cap. La résistance japonaise était pratiquement inexistante sur la côte sud, infestée de marécages où les soldats s'enfonçaient jusqu'à la ceinture. Mais, une fois sur la route, les marines ont essuyé un feu nourri de mortiers et de mitrailleuses provenant d'une place forte d'une douzaine de bunkers. Les chars alliés ont enfoncé les défenses nippones, tirant à bout portant et tuant 266 Japonais (→ 1.1.1944).

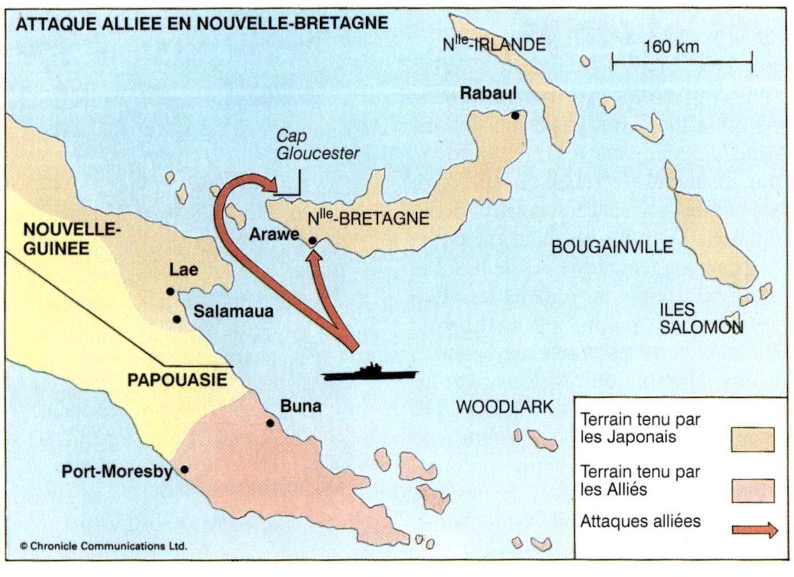

Les industries en temps de guerre : cycles de production et cycles de destruction

Le monde, 31 décembre

La guerre qui déchire le monde est une affaire de conflits et d'idéologies, mais c'est aussi une affaire économique et industrielle. On pourrait se demander si l'humanité n'est pas éternellement condamnée à connaître en alternance des cycles de production et de destruction. Plus vite les avions sont abattus et les navires coulés, plus vite encore on en produit de nouveaux. Ce n'est donc pas une surprise si la production d'avions a pris son essor au cours de l'année écoulée. Les Soviétiques en ont produit 34 900 cette année contre 25 436 l'an dernier, mais ce n'est rien en comparaison des 85 898 que les Etats-Unis ont fabriqués cette année, une production double de celle de 1942.

Quant à la Grande-Bretagne, elle n'est pas en reste : 26 263 avions construits en 1943 contre 23 672 en 1942, progression qui lui permet de devancer l'Allemagne malgré le bond en avant de la production nazie : 24 807 appareils en 1943 contre 15 409 en 1942. L'industrie japonaise connaît le même essor : 16 693 appareils en 1943 contre 8 861 l'année précédente. Au vu de ces chiffres, les Etats-Unis ont la plus forte productivité. Rien de surprenant à cela, quand on constate qu'en deux ans le budget de la Défense aux Etats-Unis est passé de 50 à 85 milliards de dollars.

La solution américaine : une industrie de guerre en plein essor.

Les rations fondent, les Français aussi

France, décembre

Conséquence du rationnement, en trois ans, le taux de mortalité a augmenté de 11,6 % par rapport aux chiffres d'avant-guerre. C'est dans le département des Bouches-du-Rhône que la hausse est la plus inquiétante, avec 57 %, contre 24 % dans la Seine. Les Français meurent de faim. Les tests d'aptitude au STO ont montré que 77 % des Parisiens examinés présentaient un amaigrissement important, mais les plus touchés sont les vieillards, ainsi que les enfants, ces derniers présentant des troubles de croissance et des carences graves. Le ministère du Ravitaillement sera mieux nommé ministère du Ration nement. Au fil des mois, la liste de denrées alimentaires rationnée s'est allongée et les rations o elles-mêmes diminué. Le pain e de plus en plus rare. La ration c viande est tombée, de 3,500 kg p mois et par personne en 1939, 620 g. Une telle pénurie s'expliqu par l'interruption du commerce e térieur et par les ponctions extr mement lourdes des Allemands. cela s'ajoute une très mauvaise r partition des denrées qui restent, cause du bouleversement du traf routier et ferroviaire.

Les grands orchestres sur le devant de la scène

Cinéma : guerre et paix font recette

Hollywood parie sur les deux tableaux : ses studios produisent à la fois des films de guerre, teintés de patriotisme, et des films dits d'évasion, à caractère purement récréatif. Le marché est gigantesque : des millions de spectateurs enthousiastes se pressent dans les salles obscures au moins une fois par semaine, souvent deux. En Grande-Bretagne, une trentaine de millions de tickets sont vendus chaque semaine. Parmi les récents succès outre-Atlantique, Humphrey Bogart troque sa neutralité cynique de *Casablanca* pour un rôle plus engagé dans *Sahara*, où il est commandant d'un char en Afrique du Nord.
La guerre du Pacifique n'est pas oubliée avec *Bataan*, tandis que les actrices Joan Crawford et Bette Davis apportent une note de gaieté au registre hollywoodien avec *Stage Door Canteen*. Dans les classiques, Ingrid Bergman se fait remarquer dans *Pour qui sonne le glas*, et Joan Fontaine incarne *Jane Eyre* au côté d'Orson Welles. René Clair lance Veronica Lake dans *J'ai épousé une sorcière*, tandis que, sur un ton plus militant, Jean Grémillon réalise *Le ciel est à vous*.
En Allemagne, Josef von Baky remporte un vif succès avec un film en couleurs, *Münchhausen,* commandé par Goebbels pour le 25e anniversaire de l'UFA, la compagnie allemande de cinéma.

Glenn Miller et son orchestre : le plus célèbre des big bands.

Musique : de Glenn Miller à Lili Marlene

Les orchestres d'outre-Atlantique font la loi en matière de musique, continuant leur conquête du globe dans la foulée des troupes américaines. Les « big bands » font fureur, orchestres de 30 musiciens et plus. Les plus connus sont ceux de Tommy Dorsey, Harry James, Artie Shaw, Woody Herman, et surtout Glenn Miller, dont les succès remontent à 1939 avec *In the Mood* et *Moonlight Serenade*, et dont le tout dernier s'appelle *American Patrol*. Miller a dissous depuis son orchestre et rejoint l'armée où il œuvre pour le renouveau du registre musical de l'US Air Force. Tout autre est la carrière de Frank Sinatra, dispensé de service national à cause d'un tympan percé, et que les succès comme *You'll Never Know*, *Brazil*, et *My Heart and I* ont propulsé en tête du hit-parade.
En France, Maurice Chevalier interprète *la Symphonie des semelles de bois*, et Tino Rossi *le Chant du gardian*. Charles Trenet, autre gloire montante, signe un de ses meilleurs succès avec *Que reste-t-il de nos amours ?* Mais le grand succès de la guerre reste *Lili Marlene*, chanson allemande dont la version anglaise est interprétée par Anne Shelton.

Concerts, théâtre et littérature en 1943

La musique classique n'a rien à envier aux chansons populaires : son audience a considérablement augmenté depuis le début de la guerre, avec un nouveau record du box-office pour le BBC Symphony Orchestra, qui détrône la chanteuse Gracie Fields. Des salles de concert s'improvisent : la cathédrale de Chester accueille Pablo Casals, qui joue le concerto pour violoncelle d'Elgar à guichets fermés.
A Paris, le théâtre se porte bien, avec des recettes triples de celles de 1938. Raimu est actuellement sur la scène de la Comédie-Française ; Paul Claudel vient de créer *le Soulier de satin*, acclamé par la critique, et Jean Vilar, à la tête d'une jeune compagnie, s'attaque à *l'Orage* de Strindberg et à *Césaire ou la Puissance de l'esprit* de Schlumberger.
En littérature, le jeune philosophe Jean-Paul Sartre présente son essai d'ontologie phénoménologique, intitulé *l'Etre et le Néant*, publié par Gallimard avec la permission des nazis. Ce qui n'empêche nullement Sartre d'écrire des articles pour la presse clandestine de la Résistance. André Malraux, quant à lui, tente une ontologie de l'héroïsme dans *les Noyers de l'Altenburg*. Mais la grande surprise nous vient de Saint-Exupéry avec *le Petit Prince*, qui retrace la rencontre de l'auteur, en plein désert, avec un enfant venu d'une autre planète.

Bogart et Bergman : le duo choc.

Frank Sinatra : une voix d'or.

Shelton chante « Lili Marlene ».

Le philosophe Jean-Paul Sartre.

“ Au quartier général ” par Barnett Freedman.

1944

1944

Janvier

Di	Lu	Ma	Me	Je	Ve	Sa
						1
2	3	4	5	6	7	8
9	10	11	12	13	14	15
16	17	18	19	20	21	22
23	24	25	26	27	28	29
30	31					

1er. Pacifique : l'aéronavale américaine attaque avec succès un convoi japonais au large de Kavieng, en Nouvelle-Irlande.

1er. Algérie : la 3e escadre de chasse de l'armée de l'air française est créée. Elle réunit les groupes de chasse Navarre, Champagne et Roussillon.

2. Toulouse : un commando des groupes francs des MUR s'empare des archives de la Gestapo. Celles-ci contiennent les noms des agents de la région et ceux des dénonciateurs. Quatre agents de la Gestapo sont abattus.

3. Etats-Unis : pour la première fois, un hélicoptère transporte du plasma sanguin sur les lieux d'un accident.

3. Italie : le corps expéditionnaire français du général Juin remplace la 45e division américaine sur le front (→ 7).

4. Rastenburg : Hitler refuse que von Manstein déplace des troupes de la boucle du Dniepr vers le nord.

5. URSS : l'Armée rouge s'empare de Berditchev, au sud-ouest de Kiev (→ 6).

5. France : les mouvements de zone nord, Résistance et Défense de la France, et les MUR de zone sud (Combat, Franc-Tireur et Libération) se regroupent dans le Mouvement de libération nationale (MLN) (→ 1.2).

6. Londres : les Américains confient le commandement de leurs forces aériennes stratégiques basées en Europe au général Spaatz (→ 11).

6. Nouvelle-Bretagne : au sud du cap Gloucester, les troupes américaines attaquent les Japonais sur la crête Aogiri (→ 9).

6. Vichy : Philippe Henriot devient secrétaire d'Etat à l'Information et à la Propagande, suivant les exigences allemandes de remaniement ministériel imposées à Laval.

7. France : des officiers sont parachutés dans le Lot, pour organiser le réseau Vény (→ 9).

8. URSS : les Soviétiques reprennent Kirovograd, nœud ferroviaire et routier (→ 10).

Les Russes en Pologne

Les Allemands, enlisés dans un véritable bourbier, battent en retraite.

Kiev, 6 janvier

Le premier front d'Ukraine du général Vatoutine a passé la frontière polonaise d'avant-guerre, lançant une grande offensive depuis Kiev et repoussant les nazis jusqu'aux portes de Sarny, important nœud ferroviaire sur la ligne Kiev-Varsovie. Vatoutine ne laisse aucun répit aux Allemands, et le QG soviétique a rapporté dans un communiqué spécial ce matin que près de trois mille Allemands avaient trouvé la mort au cours des récents combats et que soixante-huit pièces d'artillerie et quatre-vingt-trois chars avaient été mis hors combat. Les nazis ne cachent pas l'ampleur de leur retraite d'Ukraine, un porte-parole a déclaré hier : « Le haut commandement allemand ne compte pas s'accrocher au territoire russe uniquement pour des questions de prestige. Si nos troupes se trouvaient contraintes d'évacuer le sol russe, la question aurait peu d'importance en elle-même ; l'essentiel serait de maintenir le front intact sur toute la ligne. »

Le communiqué semble confirmer que les Allemands s'apprêtent à une retraite majeure. Les troupes soviétiques ont avancé de près de 650 km depuis le début de leur offensive en juillet dernier. Si leur progression est aussi rapide cet hiver, ce n'est pas seulement en Pologne que leurs troupes pénétreront, mais peut-être même en Prusse-Orientale, fief du militarisme allemand.

Nouveau raid sur Berlin : inquiétant bilan pour la RAF

Berlin, 3 janvier

La RAF a monté la nuit dernière son deuxième raid nocturne contre Berlin en deux jours, lâchant plus de 1 000 tonnes de bombes sur la capitale, ainsi qu'elle l'avait fait la veille, avec des résultats tout auss. décevants, voire inquiétants, pour la RAF. Seuls 82 logements ont été détruits par les bombes, qui ont fai 36 victimes parmi les Berlinois, e 79 la nuit précédente. Ce sont au contraire les bombardiers qui on souffert : la nuit dernière, 27 Lan caster ont été abattus sur un total d 383 avions, faisant 168 morts parm les équipages. La veille, le bilan d côté de la RAF était aussi sombre avec 28 appareils abattus sur 421 e le même nombre de victimes : 168 Ces pertes représentent 7 % de effectifs assignés aux missions, u taux qui ne saurait être toléré bie longtemps. Il suffisait pour s'e convaincre de voir la mine des avia teurs la nuit dernière quand ils or reçu leur ordre de mission pou Berlin : « des exclamations d'ho reur et d'incrédulité », au dire d l'un d'entre eux.

Quant aux Berlinois, ils essuyaie ce second raid avec moins de pa nique que la veille, quand les pon piers avaient perdu nombre de leu véhicules dans les flammes et so les pans de murs effondrés. Cet nuit, ils sont restés à la périphér de la ville jusqu'à la fin du ra avant d'intervenir.

L'avenir de la Pologne passe par Moscou

Londres, 5 janvier

Le gouvernement polonais en exil à Londres a publié un communiqué sur sa position quant à l'Union soviétique. Depuis que l'Armée rouge est entrée en territoire polonais, la question a pris une dimension toute particulière. Le communiqué polonais appelle à la coopération de ses résistants avec l'Armée rouge, mais à condition que les relations diplomatiques soient rétablies entre l'Union soviétique et la Pologne. Cette condition donne la mesure des tensions qui existent entre la Pologne, qui se méfie des intentions de Moscou, et l'Union soviétique, qui n'a toujours pas officiellement reconnu le gouvernement polonais en exil. Les diplomates alliés ont accueilli le communiqué polonais avec une discrète satisfaction, y voyant le signe d'un rapprochement entre les deux pays. Il serait difficile d'expliquer différemment l'appel polonais à une collaboration avec l'Armée rouge. Cette bonne volonté n'est pas chose nouvelle chez les Polonais, qui font observer qu'ils ont tenté à plusieurs reprises de rétablir des relations avec l'Union soviétique et que c'est elle qui, jusqu'à présent, n'a donné aucune suite à cette demande (→ 11).

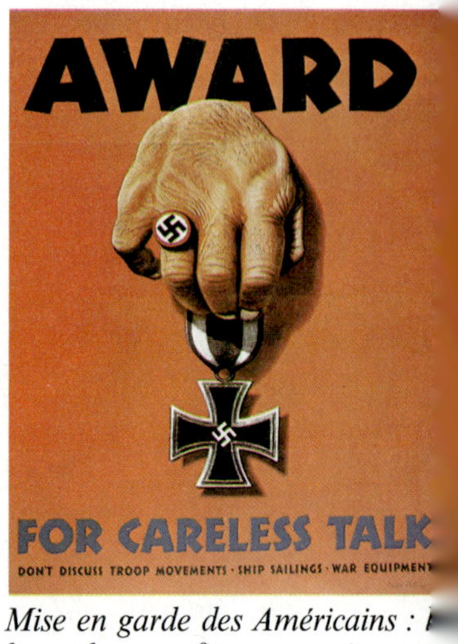

Mise en garde des Américains : l bavardage profite aux nazis.

Jimmy Stewart : de l'écran au cockpit

Grande-Bretagne, 7 janvier
Le commandant James Stewart, de l'US Air Force, la star montante de Hollywood, s'est distingué dans le ciel de France aujourd'hui, à la tête du 445e groupe de bombardiers. C'est au retour d'un raid contre Ludwigshaven qu'il a fait preuve de courage et de sang-froid. Lorsqu'il s'est aperçu que le groupe de tête des bombardiers perdait son cap et s'égarait au-dessus de la France, incapable de l'avertir puisque sa radio était en panne, Stewart a lancé ses propres bombardiers dans le sillage du groupe de tête pour le protéger des chasseurs allemands. Sa couverture a limité les pertes alliées à 8 Liberator, et Stewart a réussi à ramener en totalité ses 48 appareils.

Mort d'un rebelle

Copenhague, 5 janvier
Ce matin, le corps criblé de balles de Kaj Munk, prêtre, poète et dramaturge danois, a été retrouvé dans une forêt du Jutland, quelques heures après son enlèvement par un gang nazi connu sous le nom de Peter-Gruppen. Kaj Munk était devenu une haute figure de la résistance danoise, dénonçant les crimes des nazis du haut de sa chaire de Vedersoe, dans le Jutland.

Les Alliés passent à l'offensive en Italie

Offensive anglaise en Italie : une lente progression à coups de mortier.

Italie du Sud, 7 janvier
Le 10e corps britannique et le 2e corps américain ont réussi à percer la ligne défensive allemande au sud de Rome. Hier, les Alliés s'emparaient du village de San Vittore et, aujourd'hui, ils ont repoussé les Allemands du Monte Porchia après un combat d'une rare violence. En revanche, la 46e division britannique, toujours bloquée par les nazis à hauteur du Peccia, ne parvient pas à faire traverser à ses chars les eaux de la rivière en crue. Les Alliés doivent se résoudre à lutter pour chaque mètre de terrain dans cette zone montagneuse, retardés dans leur marche par la Wehrmacht, qui a retrouvé toute son efficacité malgré la capitulation des Italiens.
Les Alliés se préparent à une grande offensive, et le souci majeur du général Mark Clark est de détourner le plus possible l'attention des nazis en vue du débarquement à Anzio, prévu le 22 janvier. De leur côté, les troupes allemandes se retranchent au fond de la vallée du Liri, dans les montagnes surplombant Cassino (→ 9).

Les troupes américaines débarquent en Nouvelle-Guinée

Saidor, 2 janvier
Aujourd'hui, les troupes américaines de la 6e armée ont débarqué à Saidor, sur la côte nord de la Nouvelle-Guinée, parvenant ainsi à couper l'arrière-garde japonaise du gros de ses troupes à Madang, à 0 km. Le débarquement marque le début de l'offensive de MacArthur visant à chasser les Japonais de Nouvelle-Guinée. Le bilan des premiers combats est lourd pour l'ennemi : 1 275 morts chez les Japonais et 55 chez les Américains. La prise de Saidor, un dépôt de munitions, est un désastre pour le général Adachi dont les 20 000 hommes ont pris en tenailles entre les unités américaines et australiennes : il ne leur reste qu'une seule issue pour se dégager : une bande de 300 km de large à travers la jungle.

Les Américains débarquent à Saidor et prennent les Japonais en tenailles.

Le débarquement en France revu et corrigé par Monty

Londres, 6 janvier
Le général Montgomery, commandant en chef des armées de terre alliées, a apporté d'importantes modifications à l'opération *Overlord.*
Préparé par une équipe anglo-américaine placée sous la responsabilité du général Morgan, chef d'état-major du haut commandement allié (Cossac), le plan original préconisait le débarquement en Normandie de trois divisions seulement, en raison du manque de péniches de transport. Les troupes débarqueraient au nord de Caen et, après avoir consolidé leur tête de pont, marcheraient au nord-ouest pour prendre Cherbourg. Elles seraient couvertes par une division aérienne sur chaque aile et renforcées par de nouvelles troupes débarquées par vagues successives. Le total du corps expéditionnaire atteindrait dix-huit divisions. Selon Churchill, un tel plan n'avait de sens que si les forces allemandes présentes en France s'étaient limitées à une douzaine de divisions et si la puissance de leur aviation avait été considérablement réduite.
Le général Montgomery pense que les Allemands n'auraient aucun mal à contenir un front aussi limité et que les vagues de renfort se gêneraient mutuellement. Il est parvenu à rallier le général Eisenhower à ses vues. Il s'est attaqué à la refonte de l'opération alliée, projetant le débarquement simultané de cinq divisions sur un front de 80 km de large, allant de l'Orne jusqu'au Cotentin.
Montgomery a ajouté une troisième division aérienne aux deux prévues initialement. Il a prévu de pallier le manque de navires, mais la date du débarquement en sera en conséquence repoussée d'un mois, ce qui reporterait le jour J à la fin mai.
De leur côté, les Allemands s'inquiètent des nombreuses faiblesses de leur défense côtière et comptent renforcer la protection des plages.

1944

Janvier

Di	Lu	Ma	Me	Je	Ve	Sa
						1
2	3	4	5	6	7	8
9	10	11	12	13	14	15
16	17	18	19	20	21	22
23	24	25	26	27	28	29
30	31					

9. Nouvelle-Bretagne : les Américains se heurtent à une résistance tenace des Japonais sur la crête d'Aogiri (→ 16).

9. Italie : le 2e corps américain attaque Cervaro et le mont Trocchio, sur la ligne Gustav.

9. Lyon : un attentat contre deux soldats allemands est immédiatement suivi de l'exécution de 22 otages (→ 10).

9. Malaisie : l'*U-188,* parti de Lorient le 30 juin 1943, quitte Penang pour l'Allemagne. Il a embarqué à Singapour cent tonnes d'étain, onze de caoutchouc, une demi-tonne de quinine, et de l'opium destiné à Göring.

10. URSS : en Ukraine, l'Armée rouge coupe la voie ferrée Smela-Kristinovka. Elle anéantit plusieurs divisions allemandes au nord de Kirovograd.

11. Pacifique : le sous-marin *HMS Tally Ho* coule le croiseur japonais *Kuma*.

11. Iles Marshall : l'aviation américaine attaque les navires japonais et les bases militaires dans l'atoll de Kwajalein.

11. Allemagne : 570 B-17 et B-24 américains bombardent les industries d'aéronautique de Brunswick, Oschersleben et Halberstadt. 60 bombardiers sont abattus par la Luftwaffe (→ 29).

12. Italie : la 34e division américaine se dirige vers Cassino, après avoir pris Cervaro. La 3e DIA attaque Sant'Elia (→ 17).

13. Birmanie : les Chinois éliminent la résistance japonaise à Yupbang Ga. Ils franchissent le Tarung et progressent vers le nord (→ 31).

14. URSS : sur le front de Leningrad, la 2e armée de choc soviétique attaque à partir de la tête de pont d'Oranienbaum. La 59e armée tente d'encercler Novgorod, mais progresse peu (→ 19).

14. France : un sabotage fait dérailler l'express Pau-Toulouse : 25 morts (→ 19).

15. Nouvelle-Guinée : la 9e division australienne occupe Sio, évacué par les Japonais (→ 26).

Les Alliés progressent en Birmanie

Un soldat gurkha pendant l'assaut.

New Delhi, 10 janvier

Maungdaw, le grand port birman du golfe du Bengale, est tombé. C'est la 14e armée anglaise du général William Slim qui s'en est emparé la nuit dernière. Le commandement pour l'Asie du Sud-Est de Mountbatten, installé depuis peu ici, a annoncé la victoire ce matin. Les dépêches du front indiquent que la 14e armée a lancé une offensive limitée dans l'Arakan, et que le succès de Maungdaw fait suite aux opérations d'infiltration menées depuis des semaines par les troupes britanniques et indiennes. Slim veut assurer le contrôle de l'embouchure du fleuve Naf, de Maungdaw et de Buthidaung avant de se diriger vers le sud afin de s'emparer d'Akyab. La prise de Maungdaw a été précé-dée la nuit dernière par un intense tir de barrage de l'artillerie. Les infanteries britannique et indienne sont ensuite montées à l'assaut infligeant de lourdes pertes aux Japonais, qui ont dû reculer. Les plans alliés pour l'opération *Buccaneer* – un débarquement dans les îles Alaman – sont prêts. L'état-major considère toutefois que cet assaut mobiliserait des hommes et du matériel indispensables pour le débarquement en Europe et pour les opérations américaines dans le Pacifique. Mountbatten a donc ajourné l'opération *Buccaneer.* La moitié de ses navires de combat pourront ainsi participer au débarquement en France.

Roosevelt voudrait interdire les grèves

Washington, 11 janvier

Roosevelt ne fait plus l'unanimité. Il a proposé dans son discours sur l'état de l'Union des mesures qui suscitent des controverses. Il veut en particulier faire adopter une loi qui mettrait, à quelques exceptions près, toutes les personnes valides, hommes et femmes, au service du gouvernement. Il ne s'agit pas tant, dans ce projet, de renforcer encore les forces armées que de « prévenir les grèves » : le gouvernement aurait des pouvoirs supplémentaires sur les travailleurs du pays. Quant aux dirigeants syndicaux, ils comparent ce projet à un « remède de charlatan », et dénoncent haut et clair les « maux inhérents » à un système de travail obligatoire. Ils affirment qu'une telle loi n'aurait aucune efficacité, et font remarquer que les conflits sociaux se multiplient aussi dans les pays où la législation du travail est fort stricte, comme la Grande-Bretagne.

L'URSS propose une nouvelle frontière

Londres, 11 janvier

La frontière russo-polonaise do[it] suivre la ligne Curzon, propose[e] par les Alliés en 1919. C'est d[u] moins ce que propose le gouvern[e]ment soviétique en réponse aux d[é]clarations du gouvernement pol[o]nais en exil sur les relations d[es] deux pays. Si ce projet devenait ré[a]lité, une partie de la Pologne orie[n]tale deviendrait soviétique. (→ 15.[2])

De nombreux parachutages prévus pour équiper la Résistance

Londres, 9 janvier

L'opération *Carpetbagger* a commencé. Les aviations américaine et anglaise ont commencé à ravitailler massivement les mouvements de résistance européens, pour les armer en prévision du débarquement à venir. Les soutes des bombardiers sont chargées de caisses contenant des mitraillettes Sten, des munitions, des explosifs, des mortiers et des postes de radio, qu'ils parachutent à des endroits convenus en France, en Belgique, en Italie et aux Pays-Bas. Selon les estimations alliées, les partisans ont déjà reçu de quoi armer vingt mille combattants. Les très rapides bombardiers Mosquito satisfont parfois même des commandes quelques heures seulement après qu'elles ont été transmises par radio.

Grâce au matériel parachuté, les résistants pourront continuer leur lutte.

Le comte Ciano exécuté pour trahison

Vérone, 11 janvier
Le comte Ciano, gendre de Mussolini et ancien ministre des Affaires étrangères d'Italie, a été fusillé ce matin par un peloton d'exécution dans la prison de la ville. Quatre anciens dignitaires fascistes ont été exécutés avec lui et treize autres personnes ont été condamnées par contumace le 8 janvier. Leur crime ? Avoir voté contre le Duce, Benito Mussolini, au Grand Conseil fasciste en juillet dernier. Ciano et son épouse Edda avaient jugé préférable de quitter l'Italie pour la Bavière en août dernier : on les avait prévenus que leurs enfants étaient en danger. Là, des sauf-conduits pour l'Espagne leur ont été promis, mais le couple a été remis au gouvernement fasciste d'Italie du Nord.

En août 1939, Hitler et Ciano, alors alliés indéfectibles, au Berghof, résidence autrichienne du Führer.

De Gaulle visite Churchill malade

Marrakech, 12 janvier
Le général de Gaulle a retrouvé Sir Winston Churchill en bonne forme. Venu par avion lui rendre visite dans la villa où il passe quelques semaines de convalescence, il lui a demandé s'il peignait toujours. Le Premier ministre a répondu : « Je suis trop faible pour cela, mais je me sens assez d'attaque pour faire la guerre. » Mais les deux hommes n'ont pas seulement plaisanté. Ils ont confirmé de futurs accords de coopération entre les deux pays.

Tous les produits de la vie quotidienne sont à présent rationnés, y compris les robes du soir...

Réunion japonaise pacifiste en Chine

Yenan, 15 janvier
C'est ici, au QG des communistes chinois, que se réunissent les Japonais qui veulent la paix : dissidents, prisonniers de guerre transfuges et communistes japonais veulent former une Ligue de libération du peuple. Un dirigeant communiste, Nosaka Sanzo, a proposé l'adoption d'un projet socialiste modéré, exigeant la cessation des hostilités, le limogeage de l'élite militaire japonaise, le châtiment des criminels de guerre et la tenue d'élections libres.

Victor Basch est tué par la Milice

Neyron, 10 janvier
Se sachant menacé, Victor Basch, le président de la Ligue des droits de l'homme, se cachait dans la banlieue lyonnaise. Ayant retrouvé sa trace, le chef de la milice de Lyon, Joseph Lécussan, l'a arrêté ce soir ainsi que sa femme Hélène, qui n'a pas voulu le quitter. En voyant l'âge du prisonnier (80 ans), les Allemands ont refusé de le garder. Mais Lécussan ne voulait pas lâcher sa proie. Il a emmené les deux vieillards en voiture, les a fait descendre au bord d'une route de campagne et les a froidement exécutés de plusieurs coups de feu.

1944

Janvier

Di	Lu	Ma	Me	Je	Ve	Sa
						1
2	3	4	5	6	7	8
9	10	11	12	13	14	15
16	17	18	19	20	21	22
23	24	25	26	27	28	29
30	31					

16. Nouvelle-Bretagne : les Japonais contre-attaquent les positions américaines au cap Gloucester.

17. Nouvelle-Bretagne : les Américains éliminent la résistance japonaise près de la tête de pont d'Arawe (→ 26).

17. Australie : la viande est rationnée.

17. Italie : le 10e corps britannique lance l'opération *Panther*, une offensive le long du Garigliano.

17. Londres : Eisenhower place le général Omar Bradley à la tête de l'armée américaine de débarquement en Europe.

18. Italie : les 5e et 56e divisions britanniques établissent des têtes de pont au nord du Garigliano (→ 19).

19. France : un commando fait sauter l'usine Ratier à Figeac. Elle fabrique 300 hélices à pas variables par semaine, pour la Luftwaffe (→ 5.3).

20. URSS : la 59e armée soviétique occupe Novgorod. La 2e armée de choc et la 42e armée font leur jonction près de Ropcha, au sud-ouest de Leningrad. Elles encerclent sept divisions allemandes.

20. La Manche : l'artillerie côtière britannique coule le forceur de blocus allemand *Munsterland*.

21. Londres : Eisenhower tient sa première conférence avec les chefs militaires chargés de préparer le débarquement en Normandie (→ 1.2).

21. Berlin : pendant une demi-heure la nuit dernière, 769 bombardiers de la RAF ont lâché 80 tonnes de bombes par minute sur la ville (→ 9.2).

21. Londres : la Luftwaffe lance l'opération *Bouquetin*. 447 bombardiers font un raid nocturne sur la ville (→ 31).

22. Pacifique : la flotte d'invasion américaine appareille pour les îles Marshall (→ 31).

22. URSS : l'Armée rouge encercle Vitebsk (→ 24).

22. Rome : l'aviation alliée lâche 2 millions de tracts annonçant que la libération de la ville est proche.→

Darnand reçoit les pleins pouvoirs

Vichy, 20 janvier
Nommé secrétaire général de la Milice le 31 décembre, Joseph Darnand a reçu, le 10 janvier, délégation permanente pour « exercer l'autorité sur l'ensemble des forces de police ». Aujourd'hui, il se voit habilité à créer des cours martiales pour juger les individus arrêtés en flagrant délit d'action terroriste et les faire immédiatement passer par les armes. Cette extraordinaire extension de son pouvoir en quelques semaines à peine s'explique par la volonté de Vichy de réprimer le plus durement possible les actes de résistance, prouvant ainsi sans conteste une aggravation de sa politique de collaboration.

Darnand en uniforme de la Milice.

L'avance alliée continue en Italie

Italie, 19 janvier
Le 10e corps britannique du général Richard McCreery a traversé le Garigliano. Appuyé par l'artillerie navale, il a établi des têtes de pont stratégiques sur la rive nord du fleuve. La ville de Minturno est tombée elle aussi et, plus à l'intérieur des terres, la 56e division a franchi le Rapido.
Cependant, le feu nourri des Allemands a empêché la 46e division de poursuivre sa progression. De plus, le général allemand von Vietinghoff a demandé le renfort de deux divisions blindées pour consolider ses positions. (→ 22)

Les Alliés établissent une tête de pont à Anzio

Quelques prisonniers allemands gardés à vue sur une plage, près d'Anzio.

Ce char Sherman de l'armée britannique n'a pas pu prouver ici son efficacité.

Anzio, 22 janvier
Minuit. La nuit est noire comme de l'encre. Les 243 navires du convoi arrivé le soir au large de ce petit port de la mer Tyrrhénienne sont silencieux. Les Anglo-Américains du 6e corps qui participent à l'opération *Shingle* mettent à l'eau les barges de débarquement. Tous s'attendent à une riposte violente de l'ennemi au moment où les hommes prennent pied sur la plage.
Le général américain John Lucas, qui est à la tête de l'opération, était lui-même pessimiste : « Je me sens comme l'agneau mené à l'abattoir », écrivait-il il y a treize jours, après s'être entretenu avec le général Alexander, commandant en chef. Mais il ne s'est rien passé ou presque : Anzio est vide, une vraie ville fantôme. Les habitants en ont été évacués, et il n'y a personne pour la défendre. Au sein du haut commandement, la surprise a été totale. Alors que le soir tombe sur la ville, près de 50 000 hommes et 3 000 véhicules ont débarqué ; treize soldats ont été tués, la plupart par des mines. La route de Rome, à 50 km au nord, est ouverte. Les services de renseignements indiquent qu'ils n'y ont pratiquement pas repéré d'Allemands. Cependant, Lucas reste méfiant : ne voulant pas recommencer l'erreur de Salerne, qui a presque provoqué la débâcle alliée, il est décidé à assurer la défense de ses têtes de pont avant d'aller plus loin. Persuadé que la résistance ennemie serait acharnée, il avait fait creuser des tranchées par ses hommes. Le supérieur de Lucas, le général Mark Clark, est arrivé ce soir accompagné du général Alexander. Celui-ci est d'avis d'avancer rapidement, en s'appuyant sur d'importantes unités mobiles, opinion que partage Churchill. Mais Lucas préfère apparemment suivre le conseil de Clark, c'est-à-dire « ne pas prendre de risques » : il a établi son QG dans une cave à vin, et il y reste. (→ 23)

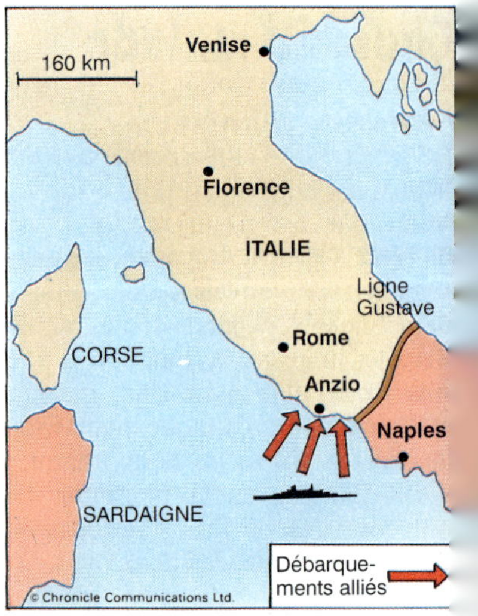

Nouvelle offensive des mouvements de résistance en Belgique

Jean Burgers, chef du groupe G.

Belgique, 16 janvier
Durement éprouvée vingt-quatre heures plus tôt, la Résistance belge vient de prouver qu'elle pouvait réussir des opérations d'envergure. La nuit dernière, le groupe G spécialisé dans le sabotage, que dirige Jean Burgers, a procédé à la destruction de nombreux pylônes électriques à travers tout le pays.
L'opération s'est déroulée de façon très coordonnée, si bien que le courant a été coupé de façon simultanée dans tous les grands centres de production belges. Les effets de cette gigantesque interruption du courant électrique se sont fait sentir jusque dans la Ruhr et le nord de la France. Les réparations ne seront pas aisées. En effet, les ingénieurs et les techniciens membres du groupe G ont fait en sorte qu'aucun des pylônes, même le plus isolé, ne soit oublié par les équipes de saboteurs.
Ce succès faisait suite à une dure épreuve. Le 14, Walther Dewé était tué lors d'une rafle menée dans un quartier de Bruxelles. Cet homme, qui dirigeait le mouvement Clarence après avoir déjà, durant la Grande Guerre, organisé un réseau de renseignements, expliquait simplement son engagement : « Puisque j'ai une femme et quatre enfants, j'ai cinq raisons de lutter pour la patrie. »

Les SS arrêtent les policiers danois

Copenhague, 19 janvier
Tôt ce matin, les patrouilles all[e]mandes ont investi les rues désert[es] de la capitale. Elles ont occupé tou[s] les postes de police et désarmé tou[s] les policiers, qui sont en état d'a[r]restation. La scène s'est répété[e] par tout le pays. C'est le général S[S] Günther Pancke qui a ordonn[é] cette rafle, après la capture par u[n] patrouilleur allemand d'un navi[re] de réfugiés en route vers la Suèd[e]. Les Allemands sont persuadés qu[e] la police locale aide les Dano[is] qu'ils recherchent, notamment l[es] Juifs, à s'enfuir à l'étranger.

L'Armée rouge est entrée dans Leningrad

Cadavres dans une rue de Leningrad : le bombardement allemand a cessé.

Leningrad, 19 janvier
Après ses écrasantes victoires en Ukraine, l'Armée rouge se tourne à présent vers l'ancienne capitale des tsars, encore assiégée par les Allemands. La garnison soviétique et les armées du front du Volkhov ont uni leurs forces pour lancer l'offensive contre les assiégeants et ont enfoncé leurs lignes sur une largeur de 40 km. Elles ont anéanti sept divisions ennemies et capturé 37 des canons à longue portée qui pilonnent systématiquement la ville depuis que Hitler a donné l'ordre de la détruire dès le début du siège, en septembre 1941. Ce soir, les Allemands battent en retraite. Des colonnes de soldats soviétiques investissent les rues dévastées de la ville. Elles se dirigent vers le sud, à Krasnoïe Selo et, par la baie gelée de Kronstadt, vers Oranienbaum, où une poignée de Soviétiques a tenu bon pendant toute la durée du siège. Cette poche de résistance a reçu en secret des renforts il y a une semaine. Des soldats de la 2e armée de choc y ont été amenés de nuit par bateau. Ils sont restés cachés jusqu'au moment de l'assaut, prenant les Allemands par surprise.

Le camp de Rawa-Rouska en Pologne, où sont internés les prisonniers de guerre, notamment français, et récidivistes de l'évasion.

1944

Janvier

Di	Lu	Ma	Me	Je	Ve	Sa
						1
2	3	4	5	6	7	8
9	10	11	12	13	14	15
16	17	18	19	20	21	22
23	24	25	26	27	28	29
30	31					

23. Anzio : 50 000 soldats alliés ont été débarqués sur la tête de pont du rivage. A la tombée de la nuit, la Luftwaffe coule le destroyer *HMS Janus* et endommage le *HMS Jervis*.

24. Anzio : les troupes alliées se contentent d'élargir leur tête de pont. La Luftwaffe coule le navire-hôpital *St. David*.

24. URSS : 7 armées soviétiques, dont 3 blindées, lancent une grande offensive contre les forces allemandes encerclées au sud-est de Kiev.

25. URSS : l'Armée rouge s'empare du nœud ferroviaire de Krasnogvardeisk, au sud de Leningrad (→ 27).

26. Nouvelle-Bretagne : plus de 200 avions américains font un raid sur les installations militaires japonaises de Rabaul. Ils détruisent au sol 83 des 92 chasseurs Zero de la base.

26. Islande : une meute de dix U-Boote coule trois cargos du convoi JW-56A au large de l'île (→ 28.2).

26. Italie : la loi martiale est proclamée à Rome. Sur la ligne Gustav, la 3e division algérienne s'empare des hauteurs du Belvédère.

27. France : la Milice de Darnand étend son activité à la zone nord.

29. URSS : en reprenant Tchoudovo, les Soviétiques contrôlent la voie ferrée Leningrad-Moscou (→ 2.2).

29. Allemagne : 763 bombardiers américains attaquent le centre industriel de Francfort. 700 civils sont tués, mais 29 avions sont abattus (→ 24.2).

29. Mer Tyrrhénienne : le croiseur *HMS Spartan* est coulé par une bombe guidée.

29. France : dans le massif du Vercors, les Allemands détruisent le maquis de Malleval. 31 maquisards sont tués (→ 13.2).

30. Italie : raid américain sur les bases de la Luftwaffe dans la vallée du Pô (→ 31).

31. Birmanie : les forces chinoises prennent Taro (→ 1.2).

Le Japon maltraite ses prisonniers

Londres, 28 janvier
La cruauté des Japonais envers leurs prisonniers de guerre et les mauvais traitements qu'ils leur infligent souvent ont été officiellement dénoncés par les Alliés. Le ministre britannique des Affaires étrangères, Anthony Eden, a rappelé : « Le gouvernement japonais doit être conscient dorénavant que le comportement des responsables de son armée ne sera pas oublié. » La Chambre des communes et le Congrès ont été informés des conditions atroces et inhumaines dans lesquelles vivent les prisonniers des camps japonais, souvent torturés par leurs geôliers.

Les gardes japonais tuent parfois les prisonniers à coups de baïonnette.

L'Argentine rompt tout lien avec l'Axe

Buenos Aires, 26 janvier
La foule en liesse était dans les rues de la capitale ce matin. Cette explosion de joie a été provoquée par la nouvelle de la rupture des relations entre l'Argentine et les deux puissances de l'Axe.
En signant le décret, à 8 h, le président Ramirez faisait de son pays le vingt et unième d'Amérique à tourner le dos à l'Allemagne et au Japon. C'est la découverte dans le pays d'un vaste réseau d'espionnage impliquant des personnes de la haute société qui a provoqué cette rupture. Selon certains diplomates, il s'agirait plutôt d'un moyen d'éviter la rupture avec les Etats-Unis. ▷

Leningrad libéré du blocus allemand

Leningrad, 27 janvier
Le siège de la ville est enfin terminé. Le supplice des habitants aura duré 872 jours : la famine, les bombes et les obus ont tué plus d'un million de personnes. Le général Leonid Govorov, qui a organisé et commandé l'assaut final, a annoncé dans un ordre du jour que les Allemands avaient abandonné leurs positions : « La ville de Leningrad a été totalement libérée du blocus ennemi et du barbare pilonnage d'artillerie auquel il la soumettait. » S'adressant à ses hommes, aux marins de la flotte de la Baltique et aux « travailleurs de la ville de Lénine », Govorov a indiqué qu'en douze jours de combats l'Armée rouge avait pris 700 redoutes ennemies et contraint les Allemands à reculer sur une distance de 60 à 100 km. La ville a beaucoup souffert. De nombreux immeubles ont été détruits par les Stuka et les canons à longue portée. Les Allemands ont pillé et incendié les faubourgs du sud qu'ils occupaient. Les cadavres des partisans qu'ils avaient capturés sont encore pendus aux arbres. Le grondement de l'artillerie a fait place au silence pour la première fois depuis deux ans et demi. Les habitants, hâves et épuisés, sont sortis de leurs abris et ont pu circuler sans crainte dans les rues redevenues sûres. Les vrais vainqueurs du siège, ce sont eux : ils ont vu leurs familles mourir de faim ; ils ont mangé du pain fait de sciure de bois, et parfois même des cadavres. Un million de civils et 150 000 soldats sont morts, de faim pour la plupart. Mais leur ville a prouvé au monde entier que la puissance militaire de Hitler pouvait être défiée.
Les soldats soviétiques déferlent à présent vers l'ouest à la poursuite du groupe d'armées Nord du maréchal von Kuchler, dont l'infériorité en effectifs, en armement et en avions est patente. L'Armée rouge n'est plus très loin de la puissante ligne de défense allemande connue sous le nom de code Panther. Elle part du golfe de Finlande vers le sud, le long de la rivière Narva et des lacs Peïpous et Pskov, jusqu'à la ville d'Ostrov. Hitler est toujours convaincu que ce « mur du Nord » est inexpugnable, ce qui reste encore à démontrer. (→ 29)

Dans l'étendue blanche, l'Armée rouge s'approche des défenses allemandes.

Encore des bombes sur Londres et le sud de l'Angleterre

Londres, 31 janvier
La Luftwaffe attaque encore : la capitale et le sud de l'Angleterre ont été bombardés pour la première fois depuis des mois, au cours d'une série de raids nocturnes. L'opération *Steinbock* (Capricorne) a été déclenchée le 21 janvier au soir. Le prix payé par la Luftwaffe pour ces attaques est très élevé – jusqu'à huit appareils perdus par raid. Mais la propagande estime que ce « petit Blitz » est utile, car il laisse penser que l'Allemagne peut riposter au bombardement constant de la RAF sur son sol. Lors du premier raid, 447 sorties d'avions, parmi lesquels des bombardiers lourds He 177, ont été enregistrées et seulement 32 tonnes de bombes ont été larguées. Les Allemands n'ont certes pas engagé 600 avions, ainsi qu'ils le prétendent, mais cette offensive confirme les rapports des services de renseignements, selon lesquels la Luftwaffe ferait toujours construire des bombardiers, pour compenser ses pertes. Il est dès lors permis de douter que les bombardements stratégiques seront les seuls à se poursuivre cette année, comme l'affirme le chef du Bomber Command de la RAF, Arthur Harris.

L'illustration de cette page d'écriture extraite d'un cahier d'écolier témoigne du degré d'embrigadement du peuple allemand, dès le plus jeune âge.

Les Australiens prennent Shaggy Ridge en Nouvelle-Guinée

Nouvelle-Guinée, 26 janvier
Les vétérans australiens ont accompli un exploit : ils se sont rendus maîtres de Shaggy Ridge, une ligne de crête de la chaîne Finisterre, aux dépens des Japonais. Après la chute de Lae, les Alliés ont lancé une vaste campagne pour briser la résistance du Japon dans le sud-ouest du Pacifique.
Les Australiens de la 18e brigade d'infanterie de la 7e division ont été chargés de la région du golfe de Huon. Ils ont trouvé les Japonais retranchés dans de solides positions défensives dans le piémont de la chaîne Finisterre. Fin décembre, ils ont attaqué au sud de Shaggy Ridge et pris un promontoire surnommé le Pimple (Bouton). Depuis le 17 janvier, ils progressaient sous la ligne de crête. L'ennemi a finalement abandonné la partie. (→ 10.2)

Les Australiens commencent à creuser des tranchées sur Shaggy Ridge.

Attaque alliée dans les îles Marshall

Pacifique, 31 janvier
Les Américains continuent à renforcer leur position dans la zone centrale du Pacifique. Ils ont lancé une offensive massive sur les îles Marshall. Cinquante-quatre mille marines et soldats y participent, appuyés par 297 navires, 700 avions de l'aéronavale et 475 de l'armée de l'air. Ces derniers, partis de Tarawa et de Makin, dans les îles Gilbert, ont causé de graves dégâts aux aérodromes japonais. Les avions de l'aéronavale ont détruit la plupart des appareils encore intacts. Puis, trois jours avant le débarquement, les cuirassés ont pilonné les îles autour de l'atoll de Kwajalein. Trois groupes d'assaut ont frappé aujourd'hui, et à 9 h 30 Majuro était investi sans qu'aucun homme ne soit tombé. Les traîtres récifs de corail des îles de Roi et de Namur ont rendu la tâche plus difficile à la 4e division de marines chargée de les attaquer. La flotte japonaise basée à Truk est restée impuissante : l'aéronavale nippone manque de pilotes. Trois mille Japonais ont survécu au bombardement préliminaire de l'atoll de Kwajalein par les Américains. Ils essaient de repousser les envahisseurs, mais leur résistance paraît de toute façon sans espoir, tant est grande leur infériorité numérique. (→ 2.2)

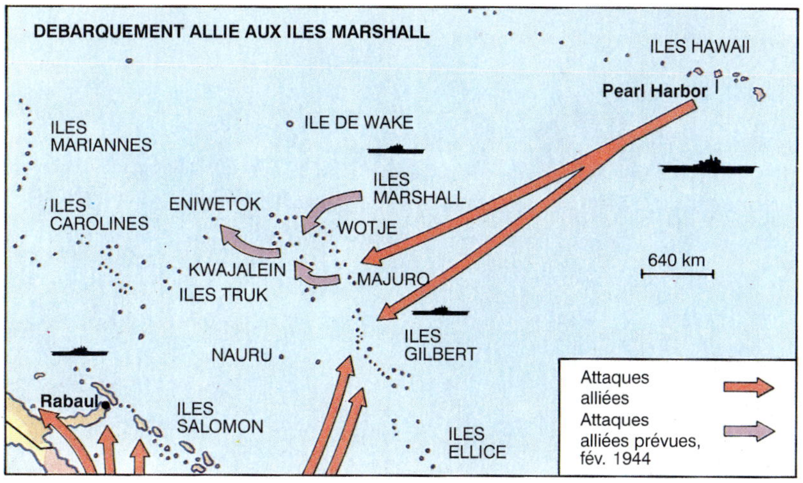

Les Américains renforcent leur aviation dans le Pacifique

A Rabaul, un B-25 Mitchell américain pilonne les navires japonais.

Pacifique, 31 janvier
La domination aérienne alliée dans la région est de plus en plus nette. En dépit de l'accord passé entre les Américains et les Britanniques de donner la priorité à la guerre contre Hitler, une large proportion des bombardiers, des chasseurs et des transporteurs de troupes fabriqués aux Etats-Unis sont affectés aux groupes de combat du Pacifique. Le handicap aérien des Japonais ne cesse d'augmenter. Leur aéronavale perd de plus en plus d'avions, et, ce qui est peut-être encore plus révélateur, ils manquent cruellement de pilotes qualifiés. La production des usines aéronautiques du Japon est très inférieure à celle des Etats-Unis. Les nouveaux bombardiers Superforteresses B-29 seront lancés dans la guerre contre le Japon.

Les Alliés sont en difficulté sur la plage d'Anzio

Anzio, 31 janvier
La victoire ne paraît plus sourire aux Alliés débarqués à Anzio il y a neuf jours. L'effet de surprise dont ils bénéficiaient s'est dissipé. Au lieu d'avancer sur Rome, ils n'ont pu lancer que quelques attaques limitées, qui leur ont causé de lourdes pertes. Le maréchal allemand Kesselring a fait venir des renforts d'un peu partout en Italie, pour encercler les têtes de pont alliées. Les rangers américains ont pataugé, de nuit, sur plus de 6 km dans un canal d'irrigation, pour attaquer le village de Cisterna, mais ils ont été repérés au dernier moment et massacrés par les canons des Panzer.
Six d'entre eux seulement ont pu se dégager du piège et sont parvenus à rejoindre les lignes américaines. La 24e brigade anglaise des Guards s'est heurtée dans la nuit du 29 au 30 à une âpre résistance du 29e régiment de Panzergrenadieren, retranché dans le hameau de Carroceto. (→ 1.2)

A l'abri des tireurs allemands.

Katyn : Moscou met l'Allemagne en cause

Moscou, 26 janvier
L'URSS a aujourd'hui répliqué aux accusations allemandes concernant la responsabilité dans le massacre de milliers d'officiers polonais à Katyn, en mettant en cause l'Allemagne. Une commission spéciale soviétique aurait établi que les Polonais étaient encore en vie lorsque les Allemands ont investi la région, en juillet 1941. Les affirmations allemandes avaient conduit à la rupture des relations entre le gouvernement polonais en exil à Londres et le Kremlin. Cette situation ne manque pas de poser certains problèmes alors que l'Armée rouge progresse en Pologne.

Peine capitale pour un espion allemand

Londres, 26 janvier
Oswald Job va être exécuté. Un tribunal l'a jugé coupable d'espionnage au profit de l'Allemagne et condamné à mort. Né de parents allemands, il était installé à Paris depuis 1911. Les nazis l'ont emprisonné en 1940 car il était porteur d'un passeport britannique. Recruté par les services secrets, il est revenu en Angleterre en prétendant s'être évadé. Il écrivait en Allemagne des lettres dans lesquelles il ajoutait à l'encre sympathique des renseignements sur les plans d'invasion alliés. Il a été démasqué grâce à un agent double dont le nom de code est Libellule.

1944

Février

Di	Lu	Ma	Me	Je	Ve	Sa
		1	2	3	4	5
6	7	8	9	10	11	12
13	14	15	16	17	18	19
20	21	22	23	24	25	26
27	28	29				

1er. Birmanie : la 38e division chinoise attaque les positions japonaises de Taihpa Ga (→ 4).

1er. Anzio : après avoir essayé en vain de dégager les Rangers, luttant à 900 m de Cisterna, la 3e division américaine s'installe sur la défensive près d'Isola Bella (→ 3).

1er. Varsovie : une bombe posée par des partisans polonais tue le général SS Franz Kutschera, chef de la Gestapo locale.

2. Varsovie : en représailles à l'attentat d'hier, cent otages sont exécutés.

2. Iles Marshall : les 23e et 24e régiments de marines achèvent la conquête des îles de Roi et de Namur. Les Japonais ont perdu 3 742 hommes, et les Américains 190.

2. URSS : l'Armée rouge franchit la frontière d'Estonie. Elle s'empare de Vanakula.

2. Moscou : Staline autorise l'aviation américaine à utiliser six bases soviétiques pour les bombardements en navette sur l'Europe (→ 3).

3. Iles Marshall : les Américains bombardent l'atoll d'Eniwetok. La 7e division débarque sur l'île Burton (→ 4).

3. Italie : les nouvelles 2e division néo-zélandaise et 4e division indienne sont reliées à la 5e armée américaine dans le secteur de Cassino.

3. France : Emile Bollaert et Pierre Brossolette sont arrêtés après le naufrage du *Jouet des flots*. Ils devaient rallier Alger (→ 22.3).

4. Pacifique : la marine américaine bombarde Paramushiro, dans les eaux territoriales japonaises.

5. URSS : sur le front nord, l'Armée rouge occupe Gdov, au bord du lac Peïpous. A l'ouest de Kiev, elle occupe Rovno et Loutsk.

5. France : la Gestapo arrête Michel Hollard, un agent de renseignements opérant sur les sites de lancements des V1.

5. Italie : les Allemands repoussent les assauts du 2e corps américain contre le mont Cassin et Sant'Angelo (→ 12).

Contre-attaque des Allemands en Italie

Les renforts américains en route vers la tête de pont menacée d'Anzio.

Anzio, 3 février

La tête de pont alliée « doit être écrasée dans le sang des soldats anglais ». Ce sont les mots mêmes de Hitler. Hier soir, ces soldats ont essuyé un massif pilonnage d'artillerie, alors que la 14e armée allemande prépare une vaste contre-attaque sur le saillant britannique. Les Allemands ont en ligne de mire le « doigt de gant » investi par la 1re division britannique lors de son offensive avortée sur Campoleone. A Anzio, Annie, un canon de 300 mm monté sur rail, a provoqué de graves dégâts. Mais la nouvelle arme secrète allemande, Goliath, un minichar radioguidé et rempli d'explosifs, n'a pas résisté aux tirs alliés. Au milieu de la matinée, la position alliée était très affaiblie. Les pertes dépassaient 1 400 hommes. Les Allemands ont souffert tout autant, mais ne paraissent pas décidés à abandonner. Le 6e corps britannique a reçu l'ordre de préparer des positions de défense dans la tête de pont.

Nouvelle instance pour la Résistance

France, 1er février

Le Comidac a enfin vu le jour. Après plusieurs mois de querelles politiques, les chefs de la Résistance sont parvenus à mettre en place ce Comité d'action, qui devrait rendre plus cohérente et plus efficace la lutte contre l'occupant allemand. Son rôle est d'assurer la liaison entre les Forces françaises de l'intérieur (FFI) et le Conseil national de la Résistance (CNR) créé par Jean Moulin en 1943. Toutes les tendances de la Résistance y seront représentées.

Approuvée aujourd'hui, la charte du Comidac le définit comme un organisme de contrôle de toutes les forces armées de la Résistance, qui ont combattu séparément jusque-là. Pour mettre rapidement sur pied des opérations clandestines, cette centralisation est plus pratique que le commandement actuel des FFI. Pourtant, cette réforme n'a pas enthousiasmé le Bureau central de renseignements et d'action de Londres ni la direction générale des services spéciaux d'Alger : ces instances estiment que la décision des mouvements de Résistance de l'intérieur n'est qu'une nouvelle manière pour eux de manifester leur volonté d'obtenir une indépendance accrue.

La 7e division indienne attaquée par les Japonais en Birmanie

Arakan, Birmanie, 4 février

L'opération *Ha-Go* est en cours. Les vétérans de la 55e division japonaise ont attaqué l'arrière-garde du 15e corps britannique à Taung Bazaar ; ils se trouvent ce soir dans la passe de Ngakyedauk, face à la 7e division indienne du général Frank Messervy. Depuis le début du mois de décembre dernier, les Anglais progressaient dans la péninsule d'Arakan, vers Akyab, un point stratégique dont le contrôle est essentiel pour lancer une attaque sur Rangoon. Sur la route de Maungdaw à Buthidaung, ils se sont heurtés à un système de défense qui est formé de tunnels inexpugnables. Les Britanniques, dont l'arrière-garde est menacée, risquent de se voir infliger une défaite comparable à celle de l'an dernier déjà dans l'Arakan. (→ 6)

Une sentinelle japonaise devant un pont détruit par les Britanniques.

Les Etats-Unis maîtres des îles Marshall

La bannière étoilée flotte sur les ruines d'un QG japonais des Marshall.

Kwajalein, 4 février
Les Japonais se sont battus jusqu'à la mort plutôt que de se rendre. Mais, après quatre jours de combats acharnés, les Américains se sont emparés de tous les atolls importants des Marshall, établissant ainsi une position stratégique pour le ravitaillement des troupes lors des futures offensives alliées dans la zone centrale du Pacifique. Les îles Marshall, sous mandat nippon, étaient un maillon important dans la défense périphérique du Pacifique japonais (carte p. 485). Elles deviennent le premier territoire de l'empire à tomber aux mains des Alliés. Le général Tojo, Premier ministre, a déclaré devant la Diète : « L'évolution de la guerre est plus défavorable de jour en jour. Pour la première fois, l'ennemi a attaqué sur le sol japonais. » Le débarquement de 40 000 marines et fantassins américains sur Kwajalein, Roi et Namur, les trois îles principales de l'atoll de Kwajalein, était la plus vaste opération déclenchée par les Alliés dans le Pacifique. Namur et Roi sont tombées en deux jours. Mais une garnison japonaise continue à résister sur une zone de 400 m de large au nord-est de Kwajalein. La 7e division du général Charles Corlett contrôle à présent 80 îles dans l'atoll. Les Japonais, inférieurs en nombre, ont lutté avec un incroyable acharnement. 3 742 d'entre eux ont péri à Namur et à Roi, et 91 seulement ont été faits prisonniers. 190 Américains sont morts et 547 ont été blessés. A Kwajalein, 30 Japonais ont survécu sur une garnison de 8 000 hommes, tandis que les Etats-Unis ont perdu, quant à eux, 372 soldats. (→ 17)

Grande campagne alliée de mystification : fausses cartes et faux plans s'accumulent

Londres, 1er février
Les Allemands sont au courant de tout ce qui concerne le 1er groupe d'armées américain, stationné dans le Norfolk et le Yorkshire. Ils ont repéré ses terrains d'entraînement, savent qu'il débarquera à Calais et connaissent ses plans de bataille. Malheureusement pour eux, ils ignorent un détail : le 1er groupe d'armées n'existe pas, ni la 12e armée britannique d'ailleurs. Ce sont des fantômes créés par les Alliés pour lancer l'ennemi sur de fausses pistes, afin de l'empêcher de deviner où le débarquement aura lieu. Ainsi, des bruits circulent sur les opérations *Fortitude North* (attaque en Norvège), *Graffham* (en Suède), *Zeppelin* (sur les côtes roumaines de la mer Noire). L'un de ces faux débarquements est un casse-tête pour les Allemands : il s'agit de l'opération *Royal Flush*; la carte tombée entre leurs mains est celle d'une côte qui peut aussi bien être en Suède qu'en Espagne ou en Turquie. L'Allemagne a ainsi dispersé ses soldats en Europe, dans tous les endroits « menacés ». Les services de renseignements allemands réalisent parfois des prouesses qui ne font qu'accroître le dépit des militaires : récemment, ils ont intercepté la fin d'une conversation téléphonique entre Roosevelt et Churchill qui s'achevait sur ces mots de Roosevelt : « Eh bien, nous ferons de notre mieux. Et maintenant, je vais à la pêche. » (→ 29)

Les auteurs des faux plans – et des vrais : le haut état-major allié pose pour les photographes; Montgomery semble déjà pressé de se remettre au travail.

Poches, revers et plis sont de retour

Grande-Bretagne, 1er février
Les tailleurs se réjouissent, et les esclaves de la mode aussi. Depuis deux ans, les vestes n'avaient pas de poches, et les pantalons étaient sans revers en raison des restrictions. Tout cela est terminé à présent. Les fanfreluches et les colifichets de toutes sortes sont de nouveau autorisés. Pour les femmes également, le nombre des boutons et celui des plis ne sont plus limités.

Des Français pour l'industrie allemande

Vichy, 2 février
Pierre Laval a cédé aux exigences allemandes : les ouvriers français envoyés de force outre-Rhin seront plus nombreux, les limites d'âge ayant été repoussées. Tous les hommes de 16 à 60 ans et toutes les femmes sans enfant de 18 à 45 ans peuvent être réquisitionnés. Selon le code du Service du travail obligatoire, institué en 1943, Laval doit envoyer en Allemagne un million d'ouvriers d'ici au mois de juin. Le nouvel accord a été signé avec Fritz Sauckel, plénipotentiaire du Reich pour les questions de main-d'œuvre. Cette mesure va à l'encontre de la politique d'Albert Speer, le ministre allemand de l'Industrie de guerre. Ce dernier juge en effet plus efficace d'utiliser la production des usines en France plutôt que de faire venir les ouvriers français en Allemagne. Il a d'ailleurs interdit l'envoi dans le Reich de certains d'entre eux : ceux qui travaillent dans un certain nombre d'entreprises répertoriées, dites *Speerbetriebe*. (→ 1.3)

Moscou célèbre les succès soviétiques

Moscou, 3 février
Des salves de victoire retentissent dans la capitale : les Russes fêtent leur succès. Staline a annoncé que dix divisions allemandes avaient été prises au piège dans la boucle du Dniepr au cours de la plus grande opération d'encerclement menée depuis celle de Stalingrad. Par ailleurs, l'armée du général Govorov est entrée en Estonie après sa grande offensive de Leningrad.

1944

Février

Di	Lu	Ma	Me	Je	Ve	Sa
		1	2	3	4	5
6	7	8	9	10	11	12
13	14	15	16	17	18	19
20	21	22	23	24	25	26
27	28	29				

6. Birmanie : le général Orde Wingate lance une opération pour déloger les Japonais de la région de Myitkyina.

8. URSS : sur le 3e front d'Ukraine, les Soviétiques reprennent Nikopol, centre vital de production de manganèse.

8. Congo : le général de Gaulle clôt la conférence de Brazzaville. Il déclare que les peuples colonisés doivent « s'élever peu à peu au niveau où ils seront capables de participer à la gestion de leurs affaires ».

9. Londres : pour la première fois, le *Chant des partisans* de Druon et Kessel est lu à la BBC.

9. Limoges : 12 bombardiers Lancaster du groupe 617 de la RAF ont dévasté la nuit dernière l'usine de moteurs d'avions Gnome et Rhône.

9. URSS : les généraux Koniev et Malinovski commencent à liquider la 8e armée allemande à Kirovograd (→ 12).

10. Iles Carolines : la flotte japonaise abandonne sa base de l'atoll de Truk (→ 17).

10. Birmanie : les Japonais prennent le col de Ngakyedauk, isolant la 7e division indienne à Sinzweya (→ 18).

10. Nouvelle-Guinée : la 5e division australienne, venant de Sio, fait sa jonction avec les Américains à Saidor.

12. Océan Indien : le transport de troupes britannique *Khedive Ismail* est coulé par le sous-marin japonais *I-27*. Près de 2 000 hommes périssent. Les destroyers *HMS Petard* et *Paladin* coulent l'*I-27*.

12. Mont Cassin : la 34e division américaine est arrêtée à 270 m de la ville de Cassino par les Allemands. La 4e division indienne commence à relever les Américains.

12. Anzio : les Alliés ont été repoussés à 5 km de leur dernière ligne de défense.→

12. Rastenburg : Hitler fusionne l'Abwehr avec le service de sécurité de Himmler. Le mois dernier, la Gestapo a arrêté le comte von Moltke, conseiller de l'Abwehr, pour complot contre Hitler.

Les Alliés cloués sur les plages d'Anzio

Anzio, 12 février

Les Alliés débarqués à Anzio ne parviennent toujours pas à enfoncer les défenses allemandes. A Londres, Churchill tempête : « Nos fauves se sont rués sur Anzio – et on dirait maintenant des baleines échouées. » Le Premier ministre fulmine à l'idée que 72 000 hommes et 18 000 véhicules soient cloués sur place sans qu'apparaisse l'ombre d'une solution. Les offensives allemandes se succèdent et les Alliés sont contraints à la défensive au point que les rôles sont inversés : le débarquement aurait dû briser l'impasse du mont Cassin, mais c'est maintenant les troupes alliées du mont Cassin qui intensifient leurs attaques pour soulager les renforts débarqués à Anzio. Sur les plages d'Anzio, le moral est au plus bas. La 14e armée du général von Mackensen reçoit des renforts tous les jours et se retrouvera bientôt forte de dix divisions contre cinq pour les Alliés. Avant même de lancer leur contre-offensive, les nazis ont réussi à les refouler jusqu'au rivage, appuyés par la Luftwaffe, elle aussi renforcée. Les correspondants de guerre alliés ont reçu l'ordre d'arrêter toute retransmission depuis Anzio, en réaction à une dépêche qui envisageait l'hypothèse d'une nouvelle retraite « à la Dunkerque ». Mais la censure n'arrête pas les tracts nazis destinés aux Anglais et illustrés de photos de femmes nues, sur lesquelles on lit : « Les Américains en Angleterre ont beaucoup d'argent et de temps libre pour s'occuper de vos épouses. » (→ 19)

Pris au milieu de la tourmente, des réfugiés quittent le mont Cassin.

Cumul de mandats et corruption ?

Le député Aneurin Bevan accuse.

Grande-Bretagne, 11 février

Le ministre anglais des Affaires étrangères, Anthony Eden, a rejeté aujourd'hui les accusations lancées la veille par Aneurin Bevan, député travailliste du Pays de Galles. Bevan accuse le gouvernement de laisser de nombreux parlementaires toucher plusieurs salaires, doublant leur mandat d'activités annexes au sein du service public, allant d'obscures commissions gouvernementales au poste d'ambassadeur.
Une mesure d'urgence permet bien aux parlementaires de cumuler des postes sans devoir pour cela renoncer à leur siège, mais Bevan accuse Churchill d'en abuser et de multiplier les dérogations pour s'acheter les bonnes grâces des députés. Le gouvernement a rejeté l'accusation mais a promis de se pencher sur la question.

Un foyer Lebensborn est secrètement inauguré en France

Lamorlaye, 6 février

Oriflammes et flonflons, le traditionnel cérémonial SS, accompagnaient l'inauguration du foyer *Westwald*, à Lamorlaye, près de Chantilly dans la région parisienne.
L'opération était toutefois entourée d'une relative discrétion, car ce foyer Lebensborn, le seul qui ait été ouvert en France, doit rester inconnu du public. Il n'est pas sûr en effet que l'opinion française soit très réceptive aux théories nazies de reproduction de la race aryenne. Car, à l'instar d'établissements équivalents qui existent en Allemagne depuis quelque temps déjà, le foyer *Westwald* est une usine à fabriquer de bons petits SS. Dans ce centre, qui fonctionne depuis un an, plusieurs enfants sont déjà nés. Les femmes qui « travaillent » là – françaises, mais aussi néerlandaises, belges et norvégiennes – sont consentantes pour donner leurs enfants à la Grande Allemagne. Elles savent qu'ils leur seront très tôt retirés. Les garçons sont envoyés à Munich quelques semaines à peine après leur naissance pour y recevoir une éducation nazie. Les filles restent en revanche un peu plus longtemps au foyer avec leur mère. Les pères sont tous SS ou membres des services de sécurité : l'élite du Reich.

Helsinki bombardé par les Soviétiques

Helsinki, 7 février
Pas moins de 200 bombardiers soviétiques ont attaqué Helsinki la nuit dernière, visant en priorité le terrain d'aviation de Malm, mais dévastant également les quartiers résidentiels à la bombe incendiaire. Les Finlandais interprètent le raid comme une manœuvre pour les forcer à demander la paix. Maintenant que le siège de Leningrad est levé, l'Armée rouge se fait menaçante, progressant le long de la Baltique. Mais l'agence de presse soviétique Tass dément les rumeurs selon lesquelles des négociations de paix sont déjà en cours entre la Finlande et l'Union soviétique. (→ 16)

Un cardinal dénonce les raids sur Berlin

Westminster, 9 février
George Bell, cardinal de Chichester, a mis en cause la moralité des bombardements de la RAF. Dans une allocution prononcée aujourd'hui à la Chambre des lords, le cardinal se demande si le gouvernement anglais a compris l'enjeu moral de ses propres raids. « Ce n'est pas, a-t-il dit, les dégâts matériels qui sont en cause, mais les futures relations entre les peuples dans l'Europe de l'après-guerre. » Au sujet des raids sur Berlin, le cardinal a précisé : « Hommes et femmes se sont retrouvés piégés dans des tourbillons de flammes et de fumée. On parle de 74 000 morts. Il s'agit d'une politique de dévastation officiellement reconnue : ce n'est pas un acte de guerre que l'on peut justifier. » Prenant à partie la déclaration du général Arthur Harris selon laquelle Berlin sera bombardé « jusqu'à ce que le cœur de l'Allemagne nazie cesse de battre », le cardinal Bell a mis les députés en garde : « Justifier des méthodes inhumaines en prônant leur efficacité a des relents d'idéologie nazie. » Scrupules que le cardinal n'est pas le seul à partager, mais qui ne pèseront pas bien lourd dans le contexte actuel. Dans sa réponse au cardinal, le vicomte Cranborne, secrétaire aux Dominions, nie que son pays se livre à des raids terroristes, et rétorque qu'il continuera ses bombardements « de façon implacable jusqu'à la victoire finale ».

L'Armée rouge sur le front balte

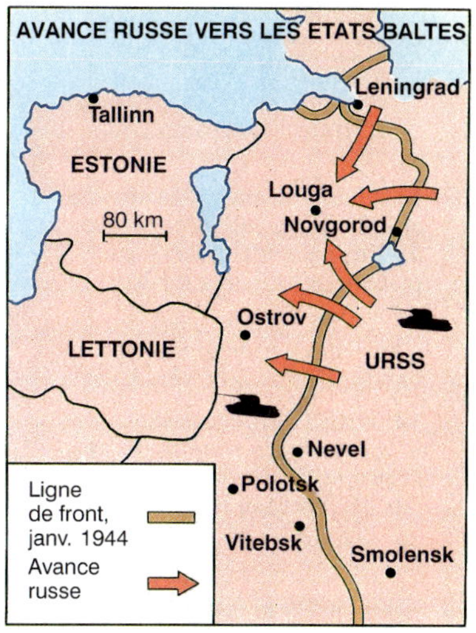

Leningrad, 12 février
L'Armée rouge continue son offensive sur le front de la Baltique, malgré la résistance acharnée des Allemands. Hitler a remplacé le maréchal von Küchler par le général Model, spécialiste des blindés, et lui a envoyé des renforts pour tenir le front. Néanmoins, la 2e armée de choc soviétique a pris d'assaut Kingisepp et atteint Narva sur le golfe de Finlande. A 135 km au sud de Leningrad, l'Armée rouge a atteint le village de Louga et marche sur Pskov. Si leur progression continue à ce rythme, les Soviétiques trouveront bientôt sur leur chemin les fortifications nazies de la ligne Panther qui barrent les routes menant aux Etats baltes. (→ 13)

Traité signé entre Anglais et Français

Alger, 8 février
Le gouvernement britannique et le Comité français de libération nationale ont signé hier dans la banlieue d'Alger deux accords portant sur leurs relations économiques. Le premier porte sur l'assistance mutuelle des deux signataires dans l'effort de guerre, sans qu'ils aient à se rendre de comptes ; le second sur un taux de change qui fixe la livre à 200 francs sur l'ensemble des territoires français et vise à faciliter le commerce entre lesdits territoires. (→ 11.3)

Au QG du Bomber Command, on évalue les dégâts des bombardements.

Une affiche du gouvernement de Vichy ou l'art d'inverser les rôles.

Les bombardements alliés remis en cause

Londres, 9 février
Les déclarations du cardinal Bell ont relancé le débat sur l'efficacité et la moralité des bombardements alliés au-dessus de l'Allemagne. Sir Arthur Harris, général de l'armée de l'air britannique, persiste à penser qu'un bombardement stratégique mettrait l'Allemagne à genoux et éviterait aux Alliés une coûteuse invasion de l'Europe.
Rêve ou réalité ? Ainsi, l'exemple de Hambourg, dévasté en juillet dernier par des incendies qui ont fait 42 000 victimes, mérite réflexion. Dans les jours suivant le raid, le moral des ouvriers allemands a été touché et la productivité a notablement baissé. Mais pas pour longtemps. On évalue à cinquante jours de travail le retard occasionné par le raid. En fait, suite aux efforts d'Albert Speer, ministre de l'Armement, la production d'armes en Allemagne ne cesse de croître. Celle des blindés est passée de 760 par mois au début de 1943 à 1 229 en décembre de la même année. Celle des avions a grimpé de 15 288 en 1942 à 25 094 en 1943. La conséquence la plus tangible des bombardements alliés est d'avoir forcé les Allemands à détourner une partie des effectifs de la Luftwaffe pour protéger le Reich des bombardiers alliés, privant la Wehrmacht en Italie et en URSS de sa précieuse couverture aérienne. (→ 15)

Les nazis en guerre contre le jazz

Allemagne, 12 février
Le jazz et ses airs entraînants, révolution qui nous vient de La Nouvelle-Orléans des années vingt, n'ont pas fini d'enflammer les responsables nazis. L'un d'entre eux a écrit au secrétaire allemand des Affaires culturelles, Alfred Rosenberg, pour lui demander de faire la chasse à cette musique et à toutes les autres formes d'influences anti-allemandes. Les critiques de musique nazis ont déjà commencé leur guerre verbale, traitant le jazz d'« interminable dépravation » et d'« appel scandaleux aux bas instincts de la populace ».

1944

Février

Di	Lu	Ma	Me	Je	Ve	Sa
		1	2	3	4	5
6	7	8	9	10	11	12
13	14	15	16	17	18	19
20	21	22	23	24	25	26
27	28	29				

13. Haute-Savoie : 4 avions de la RAF larguent 54 containers d'armes aux maquisards du plateau des Glières (→ 26.3).

13. URSS : sur le front nord, l'Armée rouge libère Louga et Lyady. Elle avance vers Pskov.

14. URSS : en Ukraine, les Soviétiques pénètrent dans la poche de Korsoun, défendue par les Allemands.

14. Détroit de Malacca : l'*It-23*, un ancien sous-marin italien armé par un équipage allemand, est coulé par le sous-marin *HMS Tally Ho*.

15. Iles Salomon : des forces néo-zélandaises et américaines débarquent aux îles Vertes, à 200 km de Rabaul.

15. Londres : le gouvernement polonais en exil rejette un projet des Soviétiques. Ceux-ci proposaient que la ligne Curzon (sur le fleuve Boug) soit la frontière orientale de la Pologne après la guerre (→ 4.3).

15. Argentine : des officiers, favorables aux pays de l'Axe, tentent un coup d'Etat.

16. URSS : le 3e corps de Panzer essaie de dégager la poche de Korsoun (→ 17).

16. Stockholm : des diplomates finlandais et soviétiques se rencontrent pour négocier un armistice (→ 24).

16. Anzio : le général allemand Mackensen lance l'opération *Pêche*. 432 pièces d'artillerie pilonnent la tête de pont alliée.

17. Anzio : les Allemands s'enfoncent de 3 km dans les lignes américaines. Les avions alliés lâchent 1 000 t de bombes pour les arrêter (→ 19).

17. Iles Marshall : des troupes américaines débarquent sur les îlots les moins défendus de l'atoll d'Eniwetok.

18. Mer Tyrrhénienne : l'*U-410* coule le croiseur *HMS Penelope*, au large d'Anzio.

18. URSS : au nord du front, la 1re armée d'assaut soviétique reprend Staraïa Roussa (→ 22).

19. Iles Marshall : le 22e régiment de marines, qui a débarqué hier, contrôle l'île d'Engebi. Le 106e régiment d'infanterie débarque sur l'atoll d'Eniwetok (→ 22).

L'abbaye du Mont-Cassin bombardée

Il ne reste de l'abbaye du Mont-Cassin que des ruines qui abritent mieux les nazis que l'édifice d'origine.

Mont Cassin, 15 février
L'abbaye du Mont-Cassin, fondée au-dessus de la vallée du Liri il y a plus de mille quatre cents ans par saint Benoît, n'existe plus. Pas moins de 142 bombardiers alliés, B-17, B-25 et B-26, y ont déversé 600 tonnes de bombes lors d'un raid qui a duré une journée et une nuit. Le bombardement de l'abbaye déjà plusieurs fois détruite et reconstruite ne manquera pas d'alimenter de vives controverses, mais, pour l'instant, les Alliés sont soulagés de sa disparition. Ils pensaient que les Allemands s'en servaient comme poste d'observation pour l'artillerie. Les Alliés bataillent bec et ongles dans la vallée du Liri en contrebas pour tenter de soulager leurs cinq divisions clouées sur les plages d'Anzio. C'est le général Bernard Freyberg et ses troupes néo-zélandaises, chargées d'attaquer dans les hauteurs, qui a recommandé le bombardement de l'abbaye. Les généraux américains s'y sont d'abord opposés, jusqu'au moment où le général Henry Wilson, commandant des forces alliées en Méditerranée, a survolé l'abbaye et a cru apercevoir des antennes radio. C'était une erreur. L'abbaye n'étai plus occupée par les Allemands, qu avaient simplement aidé aupara vant ses moines à transférer de pré cieux manuscrits au Vatican. Dès l fin du bombardement, les parachu tistes allemands s'y sont posés, re foulant les Néo-Zélandais et la 4 division indienne. Quelle ironie, s l'on songe qu'au XVIIIe siècle o devait abandonner jusqu'à sa cann considérée comme une arme pou pénétrer dans le monastère ! (→ 16

Vaine offensive des Allemands sur Anzio

Anzio, 19 février
Au terme de trois jours de durs combats, les troupes alliées qui tiennent la tête de pont d'Anzio sont parvenues à repousser une sévère offensive allemande. L'attaque a été lancée le 16 par la 14e armée du général von Mackensen, appuyée par la Luftwaffe. Grâce à la puissance de leur artillerie, les Allemands ont ouvert une brèche dans le secteur tenu par la 45e division américaine. Les Panzer s'y sont engouffrés. Durant un temps, les Alliés ont craint de voir leurs lignes coupées en deux. Concentrant leur puissance de feu, ils sont toutefois parvenus à stopper les blindés ennemis. Ils n'en ont pas moins été repoussés jusque sur les plages. Mais, cette nuit, la 1re division britannique et la 45e division américaine ont mis en échec les Allemands à Carroceto. (→ 29)

La Côte d'Azur zone interdite

Marseille, 14 février
Les Allemands ont informé le gou vernement de Vichy que les sep départements riverains de la Méd terranée sont soumis au régime d la zone interdite. Ils sont plac sous commandement allemand. L loi martiale y a été instaurée et l personnes dont la présence n'est p essentielle doivent quitter les lieux

Raid américain dans les îles Carolines

La base navale japonaise de Truk dévastée par les bombes américaines.

Pacifique sud, 17 février
Les Américains font monter la pression dans le Pacifique. Cette semaine, les forces de l'amiral Nimitz ont concentré leurs efforts sur la base aérienne de Truk, dans les îles Carolines. Se relayant durant deux jours et une nuit, leurs bombardiers ont détruit 275 avions ennemis, dont 220 au sol, ainsi que 15 navires de guerre et 25 navires marchands. Truk n'offre désormais plus de résistance à l'offensive américaine sur les îles Mariannes.
A l'est, les Américains ont aujourd'hui débarqué sur l'atoll d'Eniwetok, étape finale de leur offensive dans les îles Marshall. Leur supériorité numérique ne permet pas de douter de l'issue des combats. (→ 22)

L'Armée rouge encercle la Wehrmacht

Kiev, 17 février
L'Armée rouge vient d'annoncer l'élimination de 52 000 soldats allemands, la nuit dernière, suite à une tentative de percée de la Wehrmacht. Les troupes allemandes, 60 000 hommes en tout, se trouvaient piégées dans une poche près de Korsoun, à 120 km au sud-est de Kiev. A l'aube, elles sont parvenues à se dégager et à rallier Lysyanka, croyant s'être tirées d'affaire. C'est alors que les blindés soviétiques et la cavalerie cosaque ont surgi de la brume matinale. En dépit du bilan fourni, il est possible que quelques milliers d'Allemands aient pu s'échapper. Dans tous les cas, il s'agit d'une sévère défaite pour la Wehrmacht. (→ 18)

Les Japonais défiés par des cuisiniers

Birmanie, 18 février
La grande offensive japonaise en Birmanie, l'opération *Ha-Go*, s'est heurtée à une résistance insolite : celle des cuisiniers, des commis et de toute l'intendance du 15e corps indien. Les troupes japonaises venaient de couper les lignes de la 7e division indienne et allaient attaquer l'arrière-garde du 15e corps. Mais c'était compter sans son personnel administratif qui, basé à Sinzweya, leur opposa une résistance farouche. (→ 24)

La RAF reprend ses raids contre Berlin

Allemagne, 16 février
Les bombardiers de la RAF ont repris la route de Berlin la nuit dernière, après une interruption de plus de deux semaines due au mauvais temps. Le raid a mobilisé 891 avions, dont 43 ne sont pas revenus. Ces nouvelles pertes risquent de mettre un terme à la « bataille de Berlin », commencée en novembre dernier, que les critiques aimeraient voir remplacée par des raids contre les usines allemandes d'armement, moins bien défendues. (→ 26)

La prison d'Amiens « libérée » par la RAF

L'attaque en rase-mottes de la prison d'Amiens a été filmée; les Mosquito piquent l'un après l'autre sur le mur d'enceinte pour y larguer leurs bombes.

Amiens, 18 février
A midi, quatorze Mosquito de la RAF ont surgi en rase-mottes au-dessus des murs de la prison d'Amiens et ont lâché leurs bombes. Organisée à l'initiative de Dominique Ponchardier, qui dirige dans le Nord un réseau rattaché aux services secrets britanniques, l'opération *Jericho* visait à faire évader plusieurs résistants dont l'exécution était prévue pour les prochains jours. Les prisonniers avaient été prévenus et s'étaient déclarés « prêts à mourir sous les bombes alliées plutôt que sous les balles nazies ». L'escadrille a exécuté à la lettre l'opération préparée sur maquette. Deux vagues successives d'appareils ont frappé les murs d'enceinte et les locaux des gardes, puis le bloc des cellules, afin d'en pulvériser les portes et les murs. De nombreux prisonniers ont alors cru leur dernière heure arrivée. Dans le fracas et la fumée des explosions, 258 détenus sont parvenus à prendre la fuite, dont près de 80 résistants, aidés de l'extérieur par les hommes de Ponchardier. Mais 56 autres détenus qui tentaient de fuir ont été tués par les gardes. L'évadé le plus connu est Louis Vivant, chef des maquis de la Somme. Il reste toutefois 74 détenus dans la prison, dont André Tempez, fondateur de l'OCM dans la Somme (fusillé le 8 avril à Arras). Le Dr Mans a choisi, lui, de remplir son devoir de médecin : il est resté. La RAF déplore quant à elle la mort du chef de l'opération, le commandant Charles Pickard, un véritable as de l'aviation qui s'était déjà illustré dans le raid sur Bruneval, le 28 février 1942. (→ 6.3)

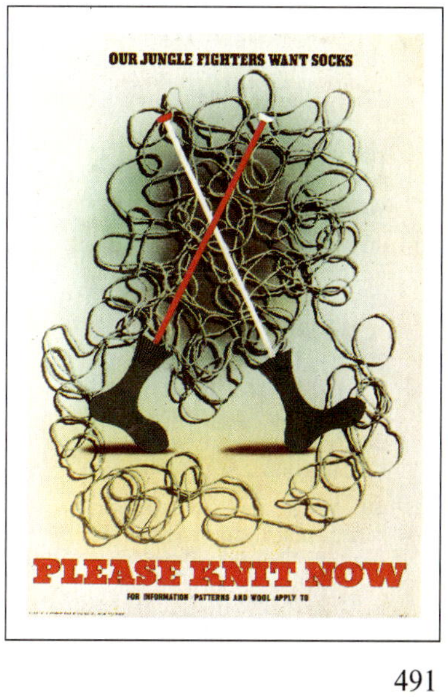

1944

Février

Di	Lu	Ma	Me	Je	Ve	Sa
		1	2	3	4	5
6	7	8	9	10	11	12
13	14	15	16	17	18	19
20	21	22	23	24	25	26
27	28					

20. Norvège : sur le lac Tinnsjo, des agents alliés coulent un ferry-boat qui transportait 600 litres d'eau lourde destinés à la recherche atomique allemande.

21. Irlande : Washington demande à Dublin d'expulser les diplomates de l'Axe (→ 10.3).

22. URSS : l'Armée rouge reprend Krivoï-Rog, centre vital pour les gisements de fer et de manganèse (→ 29).

22. Iles Marshall : les marines contrôlent l'atoll d'Eniwetok et débarquent sur l'île de Parry.

23. Iles Mariannes : des porte-avions américains attaquent Guam, Saipan et Tinian.

23. France : malgré les promesses de Darnand à la suite de la révolte des détenus de la centrale d'Eysses, douze résistants sont fusillés par des gardes mobiles français volontaires pour les exécuter.

24. Birmanie : la 7e division indienne chasse les Japonais du col de Ngakyedauk (→ 4.3).

24. Allemagne : lors d'un raid sur Schweinfurt, 11 des 266 bombardiers américains sont abattus (→ 25).

24. Finlande : le Premier ministre annonce que son pays est prêt à faire la paix immédiatement avec l'URSS.

25. Allemagne : raid de 594 bombardiers de la RAF sur l'usine d'aéronautique d'Augsbourg (→ 6.3).

26. Paris : Léo Hamon détruit 200 000 fiches de la classe 42 au fichier central du STO.

27. Finlande : 600 bombardiers soviétiques ont attaqué Helsinki, durant toute la nuit dernière (→ 29).

28. Mourmansk : arrivée du convoi allié JW-57 – 42 cargos et 1 pétrolier. Le destroyer *HMS Mahratta* a été coulé, ainsi que deux U-Boote.

29. Iles de l'Amirauté : la 1re division de cavalerie américaine débarque sur l'île de Los Negros. Elle prend l'aérodrome.→

29. Anzio : les Alliés repoussent une attaque allemande sur leur flanc droit (→ 2.3).

Raids records de l'aviation américaine

Londres, 26 février

Ce fut la « grande semaine » de l'aviation américaine, qui a lancé raid sur raid contre l'Allemagne avec ses bombardiers lourds, escortés de chasseurs Mustang à long rayon d'action. En six jours, 1 000 bombardiers et 900 chasseurs ont pris part à 13 raids majeurs contre les usines d'aéronautique au cœur de l'Allemagne, avec pour objectif de décapiter la Luftwaffe. Ce ne sont pas moins de 3 800 sorties de bombardiers qui se sont enchaînées toute la semaine, au terme de laquelle 226 avions étaient portés disparus, soit une perte, jugée acceptable, de 6 % sur l'ensemble de l'opération. Les bombardiers ont infligé d'énormes dégâts aux usines allemandes, et les Mustang ont abattu 517 chasseurs nazis, tuant 225 membres d'équipage et en blessant 141, soit près de 10 % des effectifs de la Luftwaffe. Les Mustang ont complètement changé l'équilibre des forces aériennes en Europe. Ils peuvent maintenant escorter les bombardiers alliés sur tout leur parcours et se révèlent en outre bien supérieurs aux chasseurs nazis Bf 109 et Fw 190. Les bombardiers américains, qui auparavant jouaient à cache-cache avec les chasseurs allemands, se montrent maintenant ostensiblement, et les Allemands se portent au devant d'eux dès la Manche franchie. Les batailles ont lieu plus près des côtes ; cela permet aux chasseurs alliés à plus court rayon d'action, tels les Spitfire, de prêter main-forte à leurs cousins. L'aviation anglaise s'est aussi distinguée cette semaine puisque ses bombardiers ont mené des attaques contre Leipzig et Stuttgart. (→ 4.3)

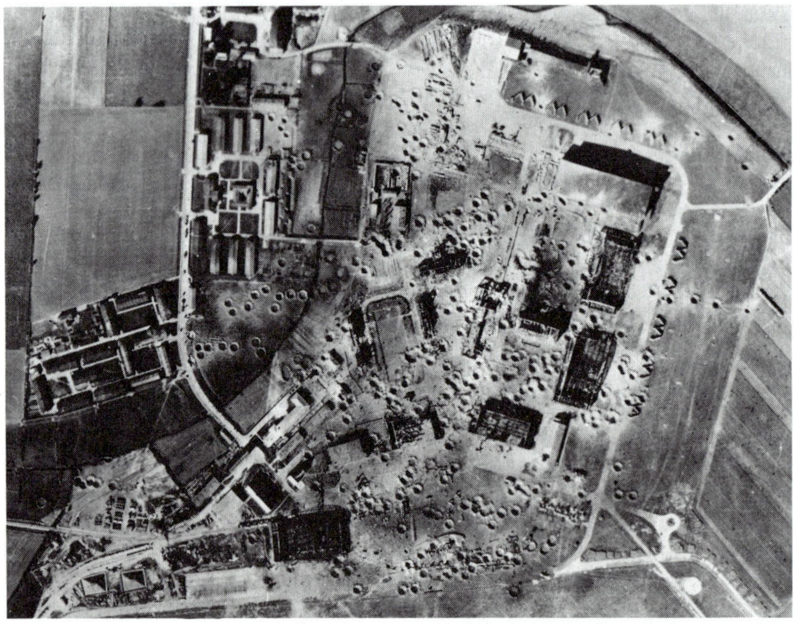

Un paysage lunaire après le bombardement d'une usine aéronautique nazie.

Tojo à la tête des armées japonaises

En page de couverture : le général Tojo, croulant sous les médailles.

Tokyo, 22 février

Le Premier ministre japonais, le général Hideki Tojo, a démis de leurs fonctions les commandants en chef de l'armée de terre et de la marine, suite à la défaite catastrophique de Truk la semaine dernière, quand l'importante base japonaise des îles Carolines a été dévastée par les Alliés. Le général Tojo succède donc comme chef des armées au général Sugiyama. Mais Tojo, qui cumule les portefeuilles, s'attire les critiques : il est à la fois Premier ministre, ministre de la Guerre, contrôleur des Munitions, ministre du Commerce et de l'Industrie et aussi de l'Education. L'un des frères de l'empereur a émis d'ailleurs une protestation officielle à ce sujet. Et certains officiers l'ont surnommé Takauji, en référence à un célèbre parvenu du XIVe siècle.

Premières cibles de la RAF : les usines

Allemagne, 25 février

La « Grande Semaine » de bombardements alliés sur l'Allemagne s'est achevée par un double raid sur les usines de roulements à billes de Schweinfurt. Après le raid de l'US Army Air Force la nuit dernière, la RAF a pris le relais cette nuit avec 662 avions. L'opération a échoué : seuls 22 avions ont atteint l'objectif et 33 autres ont été abattus.

Grave attentat contre le général Vatoutine

Kiev, 29 février

Le général Nikolaï Vatoutine, commandant le premier front d'Ukraine et l'un des plus brillants généraux de l'Armée rouge, a été gravement blessé aujourd'hui dans une embuscade. Vatoutine avait joué un rôle majeur dans la bataille de Koursk l'année dernière, ainsi que dans toute l'offensive d'Ukraine. C'est en se rendant au front qu'il est tombé dans une embuscade tendue par des nationalistes ukrainiens, un groupe de séparatistes qui s'étaient liés avec les nazis. Ces derniers leur avaient en effet promis d'établir un Etat ukrainien. Leurs espoirs déçus, les Ukrainiens combattent désormais les Russes et les Allemands. Vatoutine, qui sera regretté par l'Armée rouge, avait planifié avec Koniev la récente résorption de la poche allemande à Korsoun. Le général Joukov a pris la relève de Vatoutine à la tête du premier front d'Ukraine. (→ 1.3)

La Finlande prête à signer l'armistice

Helsinki, 29 février
La Finlande retient son souffle : la Diète, le parlement d'Helsinki, est en train d'étudier les termes de l'armistice avec l'Union soviétique. Ils comprennent des concessions territoriales similaires à celles imposées par les Russes lors de la « guerre d'hiver » de 1939-1940, mais n'incluent pas la reddition sans conditions comme préalable aux négociations. Le point d'achoppement pour les Finlandais demeure la volonté qu'ont les Soviétiques d'occuper leur base navale de Hangö, qui contrôle l'entrée du golfe de Finlande. Mais, étant donné la situation militaire, la Finlande peut difficilement refuser. (→ 17.3)

Sabotage d'un train allemand en Grèce

Athènes, 22 février
Les résistants grecs du groupe Andarte ont dynamité la voie ferrée qui relie Athènes à Salonique au passage d'un train allemand. Quatre cents soldats sont morts dans le déraillement et des centaines d'autres ont été blessés. Cette action marque le début d'une nouvelle offensive dans les Balkans, coordonnée par les officiers britanniques des services spéciaux.

Une double offensive dans le Pacifique

Débarquement des troupes américaines dans les îles de l'Amirauté.

Pacifique, 29 février
Les Américains ont envahi aujourd'hui les îles de l'Amirauté, nouvelle étape de leur offensive dans l'archipel Bismarck. La base japonaise de Rabaul est de plus en plus isolée et l'évacuation de leur flotte à Truk dans les Carolines marque l'effondrement de la première ligne de défense japonaise.
La guerre du Pacifique prend du coup un nouvel essor : MacArthur s'apprête à poursuivre l'offensive vers les Philippines au nord, et la flotte américaine continue sa poussée dans le Pacifique centre, progressant par sauts de puce, d'atoll en atoll, dans les îles Marshall. L'état-major considère la route du Pacifique centre comme plus efficace du point de vue « logistique, stratégique et tactique » que celle du Pacifique sud-ouest, mais il recommande une offensive sur deux fronts pour tromper l'ennemi.
Rabaul est désormais neutralisé. Son importante garnison, prête à mourir pour l'empereur, risque d'attendre longtemps car les Alliés n'ont aucune intention d'y porter une attaque de front. Le contournement des bastions japonais est en effet l'une des stratégies alliées dans la guerre du Pacifique. (→ 1.3)

Opération de propagande pour le procès du groupe Manouchian

Paris, 23 février
Il n'a fallu que trente minutes à la cour martiale allemande pour prononcer les vingt-trois sentences de mort concernant les membres du groupe Manouchian. Sans doute pour mettre en lumière les préoccupations « humanitaires » des juges, elle a annoncé qu'elle avait accepté le recours en grâce de la seule femme accusée, Olga Bancic (transférée en Allemagne, elle sera décapitée à la hache le 10 mai 1944). Missak Manouchian et ses camarades ont été fusillés. Les Allemands ont souhaité donner une grande publicité au procès.
Ils ont édité à 15 000 exemplaires une affiche rouge représentant les visages de dix des accusés à côté de sanglantes photos de cadavres et de trains renversés. Manouchian a été crédité à lui seul de « 56 attentats, 150 morts et 600 blessés ». Ces chiffres ont été gonflés en vue d'exacerber les sentiments « antiterroristes » de l'opinion, tout en jouant sur l'antisémitisme et l'anticommunisme. A deux exceptions près, les accusés portent des noms étrangers. Tous sont des partisans FTP. Neuf sont recensés comme juifs par les Allemands. Jugés par une cour martiale, ils sont pourtant toujours désignés comme des « bandits ». Il est vrai que deux voleurs polonais ont été ajoutés au lot. L'effet désiré ne sera toutefois pas entièrement atteint. Ce procès apprendra à ceux qui en doutaient qu'il existe une organisation militaire de libération du territoire.

Guerre d'Italie et débarquement : le compromis

Italie, 29 février
Tandis que la pluie arrose les troupes clouées à Cassino, les stratèges alliés se penchent sur le sort de leur offensive commune en Italie. Celui-ci est déterminé par les projets du débarquement en Normandie, l'opération *Overlord* prévue pour le mois de mai, et en Provence, l'opération *Anvil* qui est programmée pour coïncider avec *Overlord* de façon à créer une diversion.
Les Anglais proposent de sortir de l'impasse d'Anzio en ramenant leur 8e armée du front de l'Adriatique pour lancer une offensive de grande envergure aux côtés de la 5e armée américaine. Cette opération, baptisée *Diadem*, est proposée par le chef d'état-major du général Alexander, le général Harding. Elle serait lancée trois semaines avant le débarquement de Normandie de façon à détourner des divisions allemandes de France vers l'Italie. Le concept séduit beaucoup Winston Churchill, qui a hâte de voir une victoire de ses troupes en Italie. Du coup, l'état-major britannique est opposé au projet de débarquement en Provence, incompatible avec l'opération *Diadem*.
Les généraux américains montrent moins d'enthousiasme. La lenteur et le coût en vies humaines de la campagne d'Italie les font hésiter. Ils trouvent plus séduisant le projet de débarquement en Provence. C'est l'opinion que défend Eisenhower, qui représente l'état-major américain aux négociations.
Le général anglais Wilson, récemment promu commandant en chef des forces alliées en Méditerranée, et le général Alexander, qui insistent pour que les Alliés restent en Italie jusqu'au succès de leur offensive, ont finalement eu gain de cause. Eisenhower n'a accepté qu'à contrecœur que l'opération *Anvil* soit reportée au mois de juillet. Une nouvelle phase de l'offensive alliée en Italie a donc été programmée pour le printemps. (→ 31.3)

1944

Mars

Di	Lu	Ma	Me	Je	Ve	Sa
			1	2	3	4
5	6	7	8	9	10	11
12	13	14	15	16	17	18
19	20	21	22	23	24	25
26	27	28	29	30	31	

1er. Japon : suppression du repos dominical.

1er. URSS : l'Armée rouge prend Russaki, près de Pskov.

1er. Iles de l'Amirauté : les troupes américaines repoussent les attaques japonaises contre leur périmètre de défense à Los Negros.

2. Ankara : les Alliés retirent à la Turquie l'aide de la loi prêt-bail. Elle ne participe pas assez à l'effort de guerre allié.

2. Italie : à Salerne, plus de 400 personnes, réfugiées dans un train de marchandises vide, meurent asphyxiées par l'oxyde de carbone alors que le train est arrêté dans un tunnel.

3. France : les Allemands massacrent « pour l'exemple » les 16 habitants du hameau ardéchois des Crottes. Des maquisards y ont passé 48 h. 15 otages ont été pendus en public hier à Nîmes (→ 28).

4. Iles de l'Amirauté : des troupes américaines viennent renforcer la tête de pont de Los Negros (→ 9).

4. Japon : tous les étudiants sont mobilisés.

4. Birmanie : les Maraudeurs du colonel Merrill entrent en action. Ils bloquent la route de Walawbum à Kamaing, dans la vallée de Hukawng. Le but de l'opération est de reprendre Myitkyina et de rouvrir la route de Birmanie (→ 5).

4. Pologne : à Varsovie, la Résistance exécute 20 agents de la Gestapo. Le gouverneur Hans Frank rappelle dans une réunion de nazis à Cracovie : « Les Juifs sont une race qui doit être éliminée. Chaque fois que nous en attrapons un, il doit être exterminé. »

4. URSS : en Ukraine, l'Armée rouge repousse les Allemands au-delà du fleuve Boug, à part une poche à Ouman (→ 5).

4. Anzio : les combats sont suspendus des deux côtés. Les Allemands rassemblent leurs forces et les Alliés réorganisent le front.

4. France : des membres de la mission *Patchouli*, spécialisés dans le sabotage industriel, mettent hors service les usines Bronzavia à Courbevoie (→ 5).

Berlin bombardé par les Américains

Allemagne, 4 mars
Des avions américains ont bombardé Berlin pour la première fois depuis le début des raids alliés sur la capitale, en novembre dernier. Les bombardiers, des B-17 pour la plupart, se sont divisés pour attaquer simultanément Cologne, Bonn et Düsseldorf. Jusqu'à présent, les Américains avaient refusé d'attaquer Berlin en raison de son éloignement : leurs chasseurs d'escorte n'avaient pas un rayon d'action suffisant pour les accompagner. De récents progrès dans ce domaine permettent désormais aux Lightning P-38J et aux Mustang P-51D de les escorter, couvrant sans problème les 2 000 kilomètres du trajet aller-retour. La Luftwaffe n'est pas intervenue, mais la Flak était au rendez-vous. Sur les 502 bombardiers et leurs 720 chasseurs d'escorte, 39 appareils ont été abattus. La défense antiaérienne autour de Berlin est particulièrement efficace, comme l'ont souvent constaté les avions de la RAF. C'est pourquoi il est peu probable que les raids sur Berlin reprennent avec la même intensité qu'au début de l'hiver, du moins dans un proche avenir. (→ 6)

De retour d'un raid sur Berlin, l'équipage constate les dégâts.

Grèves antinazies en Italie du Nord

Zurich, 3 mars
On vient d'apprendre en Suisse que près de six millions d'ouvriers italiens ont lancé un mouvement de grève en Italie du Nord, qui s'étend de la Toscane et de l'Emilie jusqu'aux frontières des pays transalpins. La production s'est arrêtée dans nombre d'usines vitales pour la Wehrmacht : les usines d'armement de Breda et Marelli, les usines de pneumatiques Pirelli Italiana et celles des moteurs pour l'aéronautique Isotta Fraschini. Les affiches placardées à Milan par les grévistes demandent l'arrêt des déportations de main-d'œuvre vers le Reich, l'amélioration des conditions de vie en Italie et la suppression du service militaire.
Publié clandestinement à Rome, le journal communiste *Unita Proletaria* a révélé récemment les projets des fascistes de laisser déporter un million de travailleurs en Allemagne. Leurs salaires seraient ridiculement bas, leurs conditions de travail barbares, et, surtout, ils seraient employés au service exclusif des intérêts nazis. Les cheminots ont eux aussi débrayé et, mercredi dernier, aucun train n'a pu quitter Milan pour la Suisse. La presse fasciste, dans un but d'intimidation, rend compte de châtiments infligés aux antifascistes : deux partisans récemment arrêtés à Milan ont été fusillés sur-le-champ.

En Normandie, Rommel fait renforcer le mur de l'Atlantique

Rommel avec l'un de ses officiers.

France, 1er mars
Rommel est arrivé dans le nord de la France pour prendre le commandement des forces allemandes en vue du débarquement allié. Le Renard du désert a été consterné de découvrir que le prétendu mur de l'Atlantique n'était pas encore achevé, et il s'est aussitôt mis au travail pour faire fortifier toute la côte normande. Quant au programme d'entraînement au débarquement de ses troupes, Rommel a dû y renoncer faute de main-d'œuvre : ce sont ses propres soldats qu'il a mis au travail pour abattre des arbres, tailler des pieux et ériger des palissades sur les plages. L'essence fait cruellement défaut et Rommel doit se contenter de chevaux et de charrettes. Le maréchal a fait demander 50 millions de mines destinées à la première ligne de défense sur les plages; mais il ne compte en recevoir que 6 millions. Quant aux 240 charges de ciment dont il aurait besoin chaque jour, il n'en dispose que de 50. En outre, Rommel est en désaccord avec von Rundstedt, commandant en chef du front ouest. Rommel est persuadé que les Alliés débarqueront en Normandie, tandis que von Rundstedt mise sur le Pas-de-Calais. Au nord de la Seine, six divisions blindées sont tenues en réserve. Leur emploi dépend cependant du Führer. Ni Rommel ni von Runstedt ne peuvent en disposer sans l'aval de Hitler. (→ 6.5)

Les nazis annulent leur offensive d'Anzio

Dans le bourbier d'Anzio, une pièce d'artillerie est dégagée à la bêche.

Anzio, 2 mars
La pluie a cessé aujourd'hui et les bombardiers alliés en ont profité pour pilonner les troupes allemandes clouées à Anzio depuis trois jours. Hier déjà, les Allemands, gênés par la pluie, avaient dû céder du terrain; et maintenant, les troupes américaines du 509e bataillon de parachutistes bénéficient du renfort du 30e régiment et de la 3e division d'infanterie. Kesselring a donc annulé son offensive, s'attirant ainsi les foudres de Hitler. (→4)

La solde en cause au parlement anglais

Londres, 2 mars
Le gouvernement anglais a jeté ses dernières forces dans la bataille pour faire passer au Parlement un vote visant à augmenter la solde des forces armées. Les membres de la majorité gouvernementale n'ont pas hésité à se présenter au Parlement en uniforme, pour un débat lancé par Kendall, député indépendant. Au cours du vote qui a suivi, l'augmentation de la solde a été rejetée avec un écart de 23 voix, une douche froide pour le gouvernement de coalition nationale, habitué à une écrasante majorité.

Un étrange convoi : avions Thunderbolt dans une rue d'Angleterre.

1944

Mars

Di	Lu	Ma	Me	Je	Ve	Sa
			1	2	3	4
5	6	7	8	9	10	11
12	13	14	15	16	17	18
19	20	21	22	23	24	25
26	27	28	29	30	31	

5. France : les groupes francs de Marseille sabotent l'usine Pechiney de Gardanne. La production française d'alumine est réduite de 25 %.

5. URSS : les Soviétiques avancent de 50 km en Ukraine.

5. Birmanie : au nord-est, des forces chinoises s'emparent de Maingkwan. Deux brigades de Chindits atterrissent derrière les lignes ennemies à Indaw.

6. Berlin : 658 bombardiers de la 8e force aérienne américaine larguent 2 000 t de bombes sur la ville, dans un raid de jour. La Luftwaffe en abat 69 (→16).

6. France : les bombardiers de la RAF dévastent la gare de triage de Trappes. C'est le début d'une campagne destinée à détruire les communications du nord de la France.

7. Auschwitz : 3 823 Juifs tchèques venant du camp de Theresienstadt sont gazés.

8. Birmanie : le général Renya Mutaguchi lance l'opération *U-Go*, offensive anticipée pour s'emparer d'Imphal en Inde.→

8. Pays de Galles : les mineurs se mettent en grève pour des revendications salariales (→24).

9. Iles de l'Amirauté : l'aérodrome de Momote, sur l'île de Los Negros, est opérationnel pour la chasse américaine (→15).

10. Nouvelle-Bretagne : les Américains prennent la base aérienne japonaise de Talasea.

10. URSS : l'Armée rouge prend Ouman, importante base de la Luftwaffe en Ukraine.→

10. Mauthausen : Adolf Eichmann et ses acolytes organisent la déportation des Juifs hongrois au camp d'Auschwitz (→19).

10. Ecosse : le convoi RA-57, venant d'URSS, arrive au loch Ewe avec un seul navire perdu pour 3 U-Boote coulés (→31).

11. Birmanie : la 7e division indienne prend Buthidaung dans l'Arakan. Les Japonais occupent Witok, sur la frontière indienne.→

11. Alger : Pierre Pucheu, ancien ministre de l'Intérieur de Vichy, est condamné à mort par un tribunal militaire (→20).

Le poète Max Jacob est mort à Drancy

Drancy, 5 mars
Brisé par la maladie et le chagrin, Max Jacob s'est éteint au camp de Drancy où il était interné. Tous ses amis, Mauriac, Cocteau, Picasso, Eluard, s'étaient mobilisés pour obtenir sa libération, mais le vieux poète juif n'a pas attendu le résultat de leurs démarches, qui étaient pourtant bien près d'aboutir.
Il avait été arrêté le 24 février par la Gestapo française à l'abbaye de Saint-Benoît-sur-Loire où, converti au catholicisme après avoir vu le Christ en apparition, il s'était retiré depuis des années et faisait office de sacristain, tout en portant l'étoile jaune.

Mort avec une exemplaire sérénité.

Nouvelle version du Spitfire, le Mark XIV

Grande-Bretagne, 8 mars
Une nouvelle version du Spitfire, le Mark XIV, vient d'être livrée à la RAF. Son moteur Griffon, qui remplace le Merlin des précédentes séries, développe 2 050 chevaux. Ce nouveau moteur et un fuselage amélioré permettent au Mark XIV d'atteindre les 700 km/h, avec une vitesse ascensionnelle également en net progrès. Cette amélioration des performances permettra au nouveau Spitfire de contrer efficacement son homologue allemand, le Focke-Wulf Fw 190. ▷

Birmanie : l'offensive alliée reprend de plus belle

Les Maraudeurs du colonel Merrill en route sous un soleil de plomb.

Américains et Chindits nettoient leurs armes en pleine jungle.

Succès pour Merrill et ses Maraudeurs

Birmanie du Nord, 8 mars

Les Maraudeurs de Merrill, homologues américains des Chindits de Wingate, sont à leur tour entrés dans la légende. Ce groupe de 3 000 soldats a été recruté par le ministère de la Guerre pour des opérations particulièrement périlleuses. Commandés par le colonel Frank Merrill, ils sont arrivés en Inde en octobre dernier. Affectés par Mountbatten au secteur nord du général Stilwell – en route pour la vallée du Hukaung avec Kamaing, Mogaung et Myitkyina comme objectifs – les Maraudeurs ont fait la jonction début février. Stilwell les a chargés d'opérer un mouvement tournant vers l'est pour surprendre l'arrière-garde japonaise à Walawbum. Les Japonais, coincés entre les Chinois et les Américains, ont concentré leurs attaques sur les Maraudeurs, les chargeant cinq jours durant à la baïonnette. Inférieurs en nombre, les Maraudeurs ont repoussé les attaques-suicides des Japonais grâce à la puissance de feu de leurs mitrailleuses. L'une de leurs unités a combattu pendant 36 heures sans eau ni vivres. Hier, surpris par une manoeuvre d'encerclement, les Japonais étaient forcés de battre en retraite. Les Maraudeurs ont à déplorer huit morts et sept blessés.

Les Chindits se posent derrière le front

Indaw, Birmanie, 9 mars

L'opération *Thursday*, l'une des manœuvres les plus spectaculaires de l'offensive birmane, a débuté le 5 mars à l'aube quand deux brigades de Chindits ont posé leurs planeurs à 300 km en arrière des lignes japonaises. Les deux brigades du général Wingate, 9 000 hommes au total, ont atterri dans la région dite Broadway, à 80 km au nord d'Indaw, avec tout leur matériel – mules comprises – tandis qu'une troisième brigade faisait route par voie de terre. La manœuvre des Chindits vise à couper le ravitaillement aux forces japonaises qui combattent contre les troupes du général Stilwell descendues du nord vers Myitkyina, et contre les troupes chinoises venues du Yunnan. L'expédition des Chindits faillit être annulée au dernier moment sur la foi de photographies aériennes qui montrent les pistes d'atterrissage rendues inutilisables à cause de troncs d'arbres amenés par les Japonais. A Piccadilly, situé à 30 km au sud de Broadway, 31 soldats ont ainsi trouvé la mort lors des premiers atterrissages. Mais les Chindits sont parvenus à se poser à Broadway et à construire une piste en 12 heures. La nuit suivante 55 transporteurs de troupes ont pu se poser sans encombre.

Les Japonais lancent une offensive en direction d'Imphal

Birmanie, 11 mars

Alliés et Japonais se disputent l'initiative d'une guerre qui a repris de plus belle en Birmanie. En même temps que les deux offensives alliées du début de la semaine, les Japonais lançaient la leur sur la frontière indienne. Déjà, le mois dernier, ils avaient lancé l'opération *Ha-Go*, consistant en l'attaque des positions anglaises dans la péninsule d'Arakan, non loin de la frontière indienne de l'Assam. La 55e division japonaise s'était glissée derrière les lignes alliées pour tenter de les couper de leur ravitaillement, qui provenait à la fois du nord et de l'est. Les 15e et 7e divisions indiennes étaient ainsi isolées dans Sinzweya, où l'intendance alliée allait opposer une résistance farouche. Elle parvenait à repousser seule les attaques des Japonais jusqu'au 25 février, où des renforts arrivèrent. Les Alliés ont ensuite repris l'offensive, s'emparant aujourd'hui du dernier obstacle sur la route d'Akyab, Buthidaung. Mais, au nord, ce sont les Japonais qui ont repris l'offensive avec l'opération *U-Go*, lancée dans la nuit du 7 au 8 mars. L'attaque préventive, qui vise à empêcher l'offensive alliée en Birmanie du Nord, est dirigée contre Imphal, le centre de ravitaillement et de communications allié situé dans les monts Manipur, de l'autre côté de la frontière indienne. Les Japonais ont aujourd'hui franchi ces monts, à l'ouest de la rivière Chindwin. L'opération *U-Go* a surpris le général Slim : il attendait une attaque la semaine prochaine et doit maintenant se précipiter de Buthidaung à Imphal. (→ 13)

Percée de l'Armée rouge en Ukraine

Kiev, 10 mars
L'Armée rouge a réussi une nouvelle percée en Ukraine, la troisième en une semaine. L'armée du général von Manstein est en déroute sur toute la largeur du front, de l'estuaire du Dniepr au sud jusqu'au village de Tarnopol au nord, et elle tente désespérément d'éviter l'encerclement. La Wehrmacht en fuite s'enlise dans la boue et abandonne sur place armes et munitions. L'Armée rouge a annoncé qu'elle avait capturé 200 chars Tiger et Panther. Cette percée est l'œuvre de Koniev et de son second front d'Ukraine, qui ont ouvert une brèche large de 175 km qui s'enfonce de 65 km à l'intérieur des lignes ennemies. Selon la *Pravda*, « il peut sembler incroyable que l'Armée soviétique puisse avancer même d'un pas dans ce terrain inondé, mais elle a atteint cet état suprême où plus aucun obstacle ne peut l'arrêter ». (→ 13)

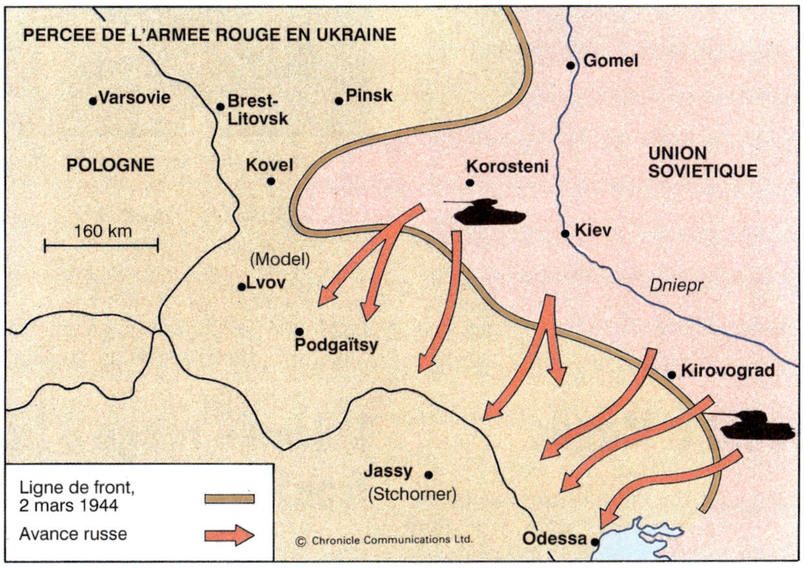

L'Eire garde ses diplomates nazis

Dublin, 10 mars
L'Eire a officiellement rejeté la requête américaine du 21 février qui demandait l'expulsion des diplomates de l'Axe en poste à Dublin. Les Etats-Unis considèrent leur présence comme un danger pour la vie de leurs soldats. L'Eire a justifié son refus en précisant qu'une expulsion équivaudrait à une déclaration de guerre.

Grévistes italiens contre chars nazis

Milan, 8 mars
Plus de un million d'ouvriers italiens ont quitté leurs lieux de travail. Ce gigantesque mouvement de grève touche toute l'Italie du Nord encore occupée. Les nazis tentent de faire réintégrer leurs postes aux ouvriers sous la menace des SS et des chars de la Wehrmacht. Ils menacent d'imposer la loi martiale et de condamner à mort les meneurs.

Les Allemandes appelées à travailler

Allemagne, 7 mars
Les nazis ont lancé une grande campagne de recrutement, destinée surtout aux femmes, afin de renforcer les effectifs d'une force de travail qui ne cessent de diminuer. L'an dernier, déjà, Fritz Sauckel, le plénipotentiaire du Reich en charge du Travail, avait fait recruter trois millions de femmes âgées de 17 à 45 ans, mais plus de deux millions avaient invoqué des obligations familiales ou des raisons de santé pour se désister. L'organisation nazie des femmes fait maintenant du porte-à-porte et tente de persuader les Allemandes de travailler « au service de la communauté ».

1944

Mars

Di	Lu	Ma	Me	Je	Ve	Sa
			1	2	3	4
5	6	7	8	9	10	11
12	13	14	15	16	17	18
19	20	21	22	23	24	25
26	27	28	29	30	31	

12. Londres : le gouvernement tchécoslovaque en exil diffuse par radio un appel aux armes à la population tchèque.

13. URSS : l'Armée rouge reprend Kherson, sur l'embouchure du Dniepr.

13. Birmanie : les Japonais attaquent la piste d'aviation de Broadway, utilisée pour ravitailler les Chindits.

13. Moscou : l'URSS et le gouvernement d'Italie du Sud rétablissent des relations diplomatiques.

14. Chine : la 8e armée de route communiste prend Chinhsien dans le Hubei.

15. Mont Cassin : la troisième offensive alliée commence par un bombardement qui détruit la ville de Cassino. 140 civils et 96 soldats alliés sont tués.→

15. Europe : des unités de la Wehrmacht se rejoignent sur la frontière hongroise.

15. Paris : le CNR adopte le *Programme d'action de la Résistance*, rédigé par Pierre Villon, dirigeant communiste du Front national.

16. Stuttgart : 863 bombardiers de la RAF ont effectué un raid nocturne sur la ville.

16. Vichy : Marcel Déat, réclamé au gouvernement par les autorités allemandes, est nommé ministre du Travail et de la Solidarité nationale.

16. Nouvelle-Guinée : attaque d'un convoi japonais au large de Wewak par l'aviation américaine (→ 19).

16. Birmanie : les Chindits coupent à Mawlu la voie ferrée Mandalay-Myitkyina (→ 18).

17. URSS : l'Armée rouge s'empare du nœud ferroviaire et routier de Doubno.→

17. Méditerranée : l'*U-371* coule le transport de troupes américain *Dempo* : 498 morts.

18. Salzbourg : Hitler retient l'amiral Horthy, régent de Hongrie, et ordonne à l'armée d'occuper le pays (→ 19).

18. France : les Allemands attaquent le PC régional du Vercors à Saint-Julien. Dix maquisards sont tués.

Cassino bombardé par les Alliés en vue d'une offensive

Les Néo-Zélandais devant Cassino.

Cassino, 15 mars
La ville de Cassino a été totalement dévastée aujourd'hui au cours d'un bombardement intensif de quatre heures. Le raid allié a mobilisé 775 bombardiers pour éliminer une petite garnison allemande constituée par 350 hommes, soit 2 bombardiers et 5 tonnes de bombes par soldat ennemi. L'artillerie a ensuite pris le relais, lançant 195 969 obus sur les décombres. Pourtant, quand les Néo-Zélandais de la 6e brigade d'infanterie ont lancé l'offensive, ce fut pour essuyer un feu nourri des quelques défenseurs encore en vie. Entre-temps, les Gurkhas avaient donné l'assaut à l'abbaye en ruine du Mont-Cassin, atteignant ainsi la marque 435 de la carte d'état-major, connue sous le nom de colline du Pendu et distante de 400 mètres de l'abbaye.

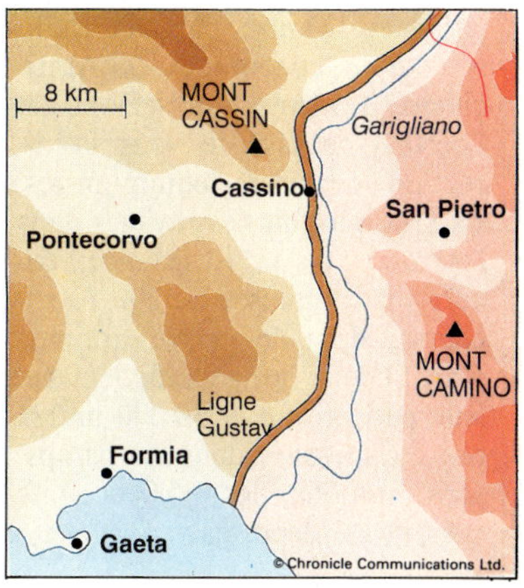

Raid sur Vienne : rôle de l'Autriche dans les hostilités

Vienne, 17 mars
Deux cents appareils de l'US Air Force basés en Italie, des B-17 escortés de chasseurs P-47 et P-38, ont aujourd'hui bombardé des objectifs industriels au cœur de l'Autriche. Ce raid soulève le problème de la responsabilité de l'Autriche dans le conflit.
Jusqu'à présent, le pays a été relativement épargné, bien que de nombreux Autrichiens servent dans les armées du Reich. Les Alliés sont partagés à son sujet. Les ministres des Affaires étrangères des pays alliés réunis à Moscou en novembre dernier ont déclaré que l'Autriche était le « premier pays à avoir été victime de l'agression nazie ». Ils n'en considèrent pas moins les Autrichiens comme « responsables d'avoir combattu aux côtés de l'Allemagne hitlérienne ». Certains Autrichiens sont en effet devenus de fidèles serviteurs des Allemands, comme Arthur Seyss-Inquart, commissaire du Reich aux Pays-Bas, Ernst Kalterbrunnen, successeur d'Heydrich, ou Otto Skorzeny, chef des commandos. D'ailleurs, pour Hitler, l'Autriche n'est qu'un *Land* allemand. Il semble que la majorité des Autrichiens ait approuvé l'Anschluss en 1938, mais les attaques répétées des nazis contre l'Eglise ont fini par leur aliéner le puissant parti social-chrétien autrichien.
Dans les provinces de Carinthie et de Styrie, les minorités slovènes ont établi des liens avec les partisans yougoslaves de Tito et ont commencé à organiser la résistance. D'autre part, la radio soviétique encourage les Autrichiens à former un « front de liberté » antifasciste sous la direction de chefs communistes. La Gestapo fait des ravages dans les rangs de la Résistance, encore mal organisée : 2 000 Autrichiens, dont le prêtre antinazi Karl Scholz, ont payé de leur vie leur patriotisme et 30 000 autres ont été envoyés dans les camps, sans compter les 65 000 Juifs qui ont été déportés.

Les Japonais aux portes des Indes

Imphal, 18 mars
Les troupes du général Mutaguchi ont franchi la frontière indienne et se dirigent vers la base alliée d'Imphal, alors que le général Slim, pris par surprise, fait route avec sa 14e armée vers le nord pour tenter de les intercepter. Pour aggraver le problème, les Chindits d'Orde Wingate, qui ont pu poser leurs planeurs derrière les lignes ennemies près d'Indaw, ne parviennent pas à ébranler les Japonais. Les Chindits ont pour mission d'empêcher le ravitaillement des forces japonaises en Birmanie du Nord et de rouvrir la route entre Ledo et Kun Ming. Ils sont parvenus à couper la voie ferrée de Mandalay à Myitkyina, mais ils se retrouvent maintenant bien loin de la zone des combats, qui se situe autour d'Imphal. La tactique du général Slim est de rallier au plus vite la vallée d'Imphal et d'y entraîner l'armée japonaise pour l'obliger à étirer ses colonnes de ravitaillement. Pendant ce temps, la 20e division indienne, pressée par la 33e division japonaise, s'est retirée dans les collines au-dessus de Tamu et défend l'accès d'Imphal. Mutaguchi se prépare à attaquer Sangshak au nord pour ouvrir la route vers son second objectif, le centre ferroviaire et de ravitaillement de Kohima, un objectif que les Japonais jugent tout aussi important qu'Imphal. (→ 22)

Les Japonais à dos d'éléphant.

La route de Birmanie : succès allié.

Les Américains débarquent à Manus

Manus, 15 mars
Les troupes américaines du 8e de cavalerie de la 2e brigade de la 1re division de cavalerie ont débarqué à Manus, dans les îles de l'Amirauté, au nord de la Nouvelle-Guinée. Après un feu de barrage déclenché par la marine et l'aviation alliées, la première vague d'attaquants a pris pied sur la côte, parvenant à faire sauter les mines et les nids de mitrailleuses avant de converger vers le terrain d'aviation de Lorengau, où les Japonais se sont retranchés. La conquête des îles de l'Amirauté est une étape importante de la stratégie du général MacArthur, qui vise à longer la côte nord de la Nouvelle-Guinée jusqu'à la péninsule de Vogelkop, d'où il pourrait lancer une grande offensive dans les Philippines. (→ 16)

Un Hellcat de la marine américaine prêt à décoller dans le Pacifique.

L'Armée rouge à la frontière roumaine

Kiev, 17 mars
L'Armée rouge continue son offensive victorieuse en Ukraine. Aujourd'hui, Joukov s'est emparé de Doubno, l'ancienne forteresse cosaque du légendaire Tarass Boulba, tandis qu'au sud Koniev a franchi le Dniestr à quelques kilomètres de la frontière roumaine. Il a ensuite fait un crochet vers le nord pour encercler la première armée Panzer. Les communiqués font état ce soir de combats de rue à l'importante jonction ferroviaire de Moghilev-Podolski, distante de 65 km seulement du fleuve Prout et de la frontière roumaine. Un communiqué décrit le passage du Dniestr en ces termes : « L'avancée des troupes soviétiques fut si rapide et si stupéfiante que les Allemands n'ont pas eu le temps de détruire les ponts transbordeurs ni les bacs. Ils ont subi de lourdes pertes. » Maintenant que la voie ferrée de Lvov-Odessa est coupée, la route du ravitaillement dont dépend l'armée sud de von Manstein est condamnée et l'Armée rouge menace d'isoler les forces nazies en Pologne de celles qui se battent en Russie. (→ 20)

Mars

Di	Lu	Ma	Me	Je	Ve	Sa
			1	2	3	4
5	6	7	8	9	10	11
12	13	14	15	16	17	18
19	20	21	22	23	24	25
26	27	28	29	30	31	

19. Nouvelle-Guinée : la marine américaine bombarde la base japonaise de Wewak.

20. URSS : l'Armée rouge reprend Moghilev-Podolski et Vinnitsa, bases clés en Ukraine.

20. Pacifique : le 4e régiment de marines débarque sur l'île Emira, dans l'archipel Bismarck, sans opposition japonaise.

22. Birmanie : les Japonais franchissent la frontière indienne en pénétrant dans le Manipur (→ 24).

22. Allemagne : Berlin annonce la nomination d'un nouveau gouvernement en Hongrie, conduit par Dome Sjotay.

22. Ottawa : le Canada et la Chine signent un traité d'aide mutuelle.

23. Francfort : un raid de la RAF fait 948 morts et 120 000 sans-abri.

23. URSS : l'Armée rouge cerne le QG allemand de Tarnopol (→ 26).

23. Grèce : les Allemands commencent à déporter les Juifs grecs à Auschwitz (→ 28).

23. Mont Cassin : les assauts des Néo-Zélandais échouent. Ils subissent de lourdes pertes. Alexander décide de cesser les attaques frontales.

24. Rome : les Allemands exécutent 335 otages, en représailles à un attentat commis hier par des résistants, qui a fait 33 morts lors d'une parade de SS.

24. Paris : la Gestapo arrête Claude Bourdet, chef du NAP, membre du CNR, du MLN et n° 1 de Combat (→ 15.4).

25. Iles de l'Amirauté : les Américains mettent fin à la résistance des Japonais sur l'île de Manus (→ 30).

25. Allemagne : pendant la nuit, par grand vent, 72 des 811 bombardiers attaquant Berlin sont perdus, dont 50 abattus par la Flak (→ 31).

25. Londres : Eisenhower ignore la requête de Churchill d'attaquer les rampes de lancement de V1 installées en France. Il donne la priorité aux bombardements des centres de communications.

La RAF bombarde les usines Michelin

Clermont-Ferrand, 18 mars

Dix-neuf morts, vingt-six blessés, trente maisons détruites, trois cents autres endommagées : tel est le bilan du bombardement des usines Michelin par cinq cents appareils de la RAF. Ce gâchis aurait pu être évité si la direction de la société avait accepté de participer au sabotage de la production de l'usine, qui avait été demandé par l'état-major allié à Maurice Southgate, chef des opérations spéciales britanniques. L'opération ayant été jugée « indécente et inutile », alors que la production était réquisitionnée par les Allemands, Southgate a dû donner le feu vert à la RAF.

Helsinki : impasse des négociations

Helsinki, 17 mars

La Finlande fait traîner les négociations avec l'Union soviétique, malgré des termes d'armistice qui lui sont favorables. Déjà opposé à l'occupation de sa base de Hangö par l'Armée rouge, Helsinki pose maintenant des conditions quant au sort des troupes allemandes dans le nord du pays. Les Soviétiques comptent bien faire prisonniers les 100 000 hommes du général Dietl, mais Helsinki exige qu'ils soient libres de retourner en Allemagne « avec tous les honneurs militaires qui leur sont dus ». L'Union soviétique a jugé inacceptables ces nouvelles conditions. (→ 22.4)

L'aviation américaine recrute.

Les Allemands envahissent la Hongrie

Budapest, 19 mars

Alors que dans le sud-est de l'Europe les armées de Staline parviennent aux portes du Reich, Hitler a ordonné à ses troupes d'envahir la Hongrie et de saisir son réseau de communications. Les Allemands se préparent ainsi à défendre la vallée du Danube, la voie royale pour envahir le Reich. Le régent hongrois, l'amiral Horthy, a été convoqué au château de Klessheim à Salzbourg, où Hitler lui a donné l'ordre de désigner un Premier ministre pronazi, de remettre à l'armée allemande la totalité du contrôle du réseau de transports hongrois et de faciliter la tâche des SS dans la déportation des Juifs. Horthy est retourné à Budapest pour y être reçu par une garde d'honneur allemande. Il s'est retiré dans son palais dont il n'est plus ressorti depuis. L'ambassadeur plénipotentiaire du Reich en Hongrie, Edmund Veesenmayer, mobilise « toutes les ressources disponibles pour la victoire finale », et les quelque 500 000 Juifs hongrois, épargnés jusqu'à présent, vont prendre le chemin d'Auschwitz. L'amiral Horthy s'était rangé du côté de Hitler le 20 novembre 1940, mais il avait récemment semblé vouloir se dégager d'une alliance devenue de plus en plus périlleuse et en conséquence, il a informé les Alliés qu'il se rendrait sans conditions dès que leurs troupes atteindraient ses frontières. (→ 22)

Les troupes hongroises, contraintes de se battre aux côtés des nazis.

Renforts nazis en Roumanie occupée

Bucarest, 23 mars

Suite à leur occupation de la Hongrie, les Allemands ont renforcé leur contrôle de la Roumanie, occupée depuis octobre 1940. Le maréchal Antonescu, dictateur roumain et grand admirateur de Hitler, a été informé que 50 000 soldats de la Wehrmacht étaient envoyés en renfort pour protéger les voies de communication et les puits de pétrole vitaux pour l'armée du Reich. Avec l'Armée rouge à sa porte, Antonescu n'est pas enthousiasmé par la nouvelle. Mais Hitler a déjà dépêché quatre divisions Panzer et plusieurs divisions d'infanterie en Roumanie. La politique étrangère du pays a été dictée tout au long de la guerre par les prétentions territoriales de ses voisins. En juin 1940, la Roumanie avait dû ainsi céder à Staline la Bessarabie et la Bukovine du Nord, et en août elle cédait la Transylvanie du Nord à la Hongrie. Mais, un an plus tard, la Roumanie s'alliait au Reich contre l'Union soviétique et elle récupérait ses deux provinces. Cette semaine, deux divisions roumaines ont aidé la Wehrmacht à occuper la Hongrie. Alors que l'Armée rouge pénètre en Bessarabie, la BBC a averti la Roumanie : il est encore temps d'abandonner les nazis, sous peine d'essuyer la colère des Alliés. (→ 27)

Mort de Wingate, chef des Chindits

Imphal, Inde, 24 mars

Certains héros meurent bêtement. Le général Orde Wingate, le célèbre chef des Chindits, a aujourd'hui trouvé la mort dans un accident d'avion. La RAF avait pourtant interdit tous les vols sur la région en raison du mauvais temps. Mais Wingate a refusé d'obtempérer. La mort l'a cueilli en plein ciel, loin de ce vacarme des armes qu'il aimait. Sa disparition sera regrettée par certains, et accueillie avec soulagement par d'autres. Sa personnalité était très controversée. Toujours en quête de croisades, Wingate s'était d'abord distingué en Ethiopie, autant pour son talent que pour sa brutalité. Son état-major le détestait à un point tel qu'après sa vaine tentative de suicide à l'aide d'un rasoir, au lendemain d'un échec, un de ses officiers lui avait lancé : « Imbécile, pourquoi n'avez-vous pas utilisé un revolver ! » Mais c'est en Birmanie qu'il s'est vraiment rendu célèbre en mettant en pratique ses théories sur la pénétration en profondeur en territoire ennemi. Leur succès a été tel que c'est Sir Winston Churchill en personne qui a salué cet « homme d'audace et de génie ».

Lancée il y a trois semaines, l'opération *Thursday* avait pour but de couper les lignes japonaises dans le nord-est de la Birmanie et de harceler leurs arrières. Dès le dixième jour de l'opération, la 77ᵉ brigade du major Calvert avait pris Mawlu, coupé toutes les routes et les voies ferrées menant vers le nord-est et établi des places fortes ravitaillées par air. En revanche, de son côté, la 16ᵉ brigade du major Fergusson, épuisée par une longue marche dans la jungle, n'est toujours pas parvenue à prendre Indaw, la principale base de ravitaillement des Japonais. A présent, le temps presse, car l'ennemi rassemble des renforts en vue d'une contre-attaque.

Mais les Chindits sont désorientés par la disparition de leur chef. Leur mission était d'attaquer les Japonais du côté chinois, mais il semble que Wingate ait enfreint les ordres pour porter son offensive à l'ouest, du côté indien. Comme il ne consignait rien par écrit et ne se confiait jamais à ses subordonnés, Orde Wingate emporte avec lui tous les secrets de sa tactique. (→ 29)

Le général Wingate est mort comme il a vécu, en ignorant les directives.

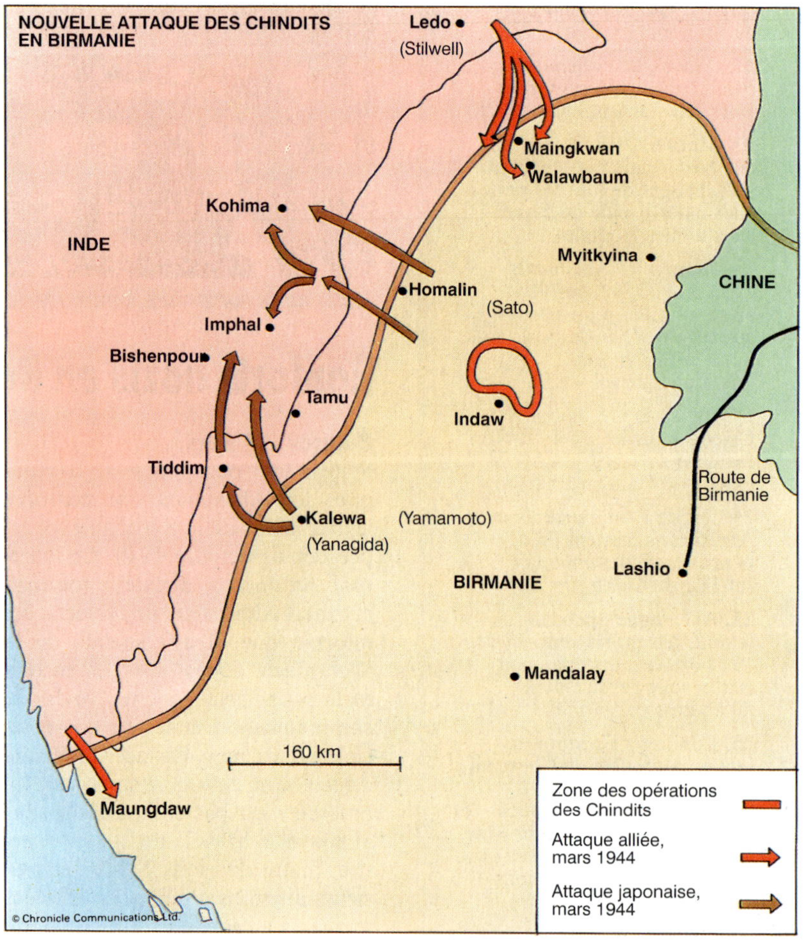

Pablo Picasso, auteur dramatique

Paris, 19 mars

C'est dans l'appartement de Michel Leiris qu'a eu lieu en privé la première du *Désir attrapé par la queue*, de Picasso. Cette pièce surréaliste et érotique est inspirée de Jarry et d'Apollinaire. Ajoutera-t-elle à la gloire du peintre ? Cette représentation était, en tout cas, un événement très parisien. Les acteurs en étaient Raymond Queneau, Albert Camus, Jean-Paul Sartre et Simone de Beauvoir. Les comédiens professionnels Maria Casarès et Jean-Louis Barrault étaient dans le public, ainsi que Georges Braque, Henri Michaux, Armand Salacrou et un certain docteur Lacan.

L'épuration fait un exemple : Pucheu

Alger, 20 mars

Au petit matin, Pierre Pucheu est tombé sous les balles françaises. Ses dernières paroles ont été pour affirmer que le général Henri Giraud était un homme sans honneur.

Ministre de l'Intérieur du gouvernement de Vichy jusqu'en avril 1942, chargé à ce titre de faire exécuter les mesures de représailles collectives allemandes, en particulier celles d'octobre 1941, Pucheu a été parmi ceux qui saisirent l'importance de l'entrée en guerre des Etats-Unis et qui tentèrent de convaincre Pétain de négocier. Dès l'annonce du débarquement allié en Afrique du Nord, il se mit en route pour l'Espagne. Le 15 février 1943 il reçut une invitation de Giraud à se rendre à Alger.

Le 22 mai 1943, il est placé en résidence surveillée dans le Sud-Est marocain en attendant que sa situation puisse être examinée. Giraud, responsable de son internement, fait voter son arrestation ainsi que l'octroi à un tribunal militaire de la compétence pour juger Pucheu. Celui-ci fait citer Giraud pour sa défense et lui rappelle l'engagement formel qu'il avait pris de l'accueillir dans une unité combattante. Condamné à mort, Pucheu demande en vain la grâce de De Gaulle, qui fait valoir sa responsabilité dans l'exécution des otages de Châteaubriant et la « raison d'Etat ». (→ 27.4)

Evasion spectaculaire d'un stalag

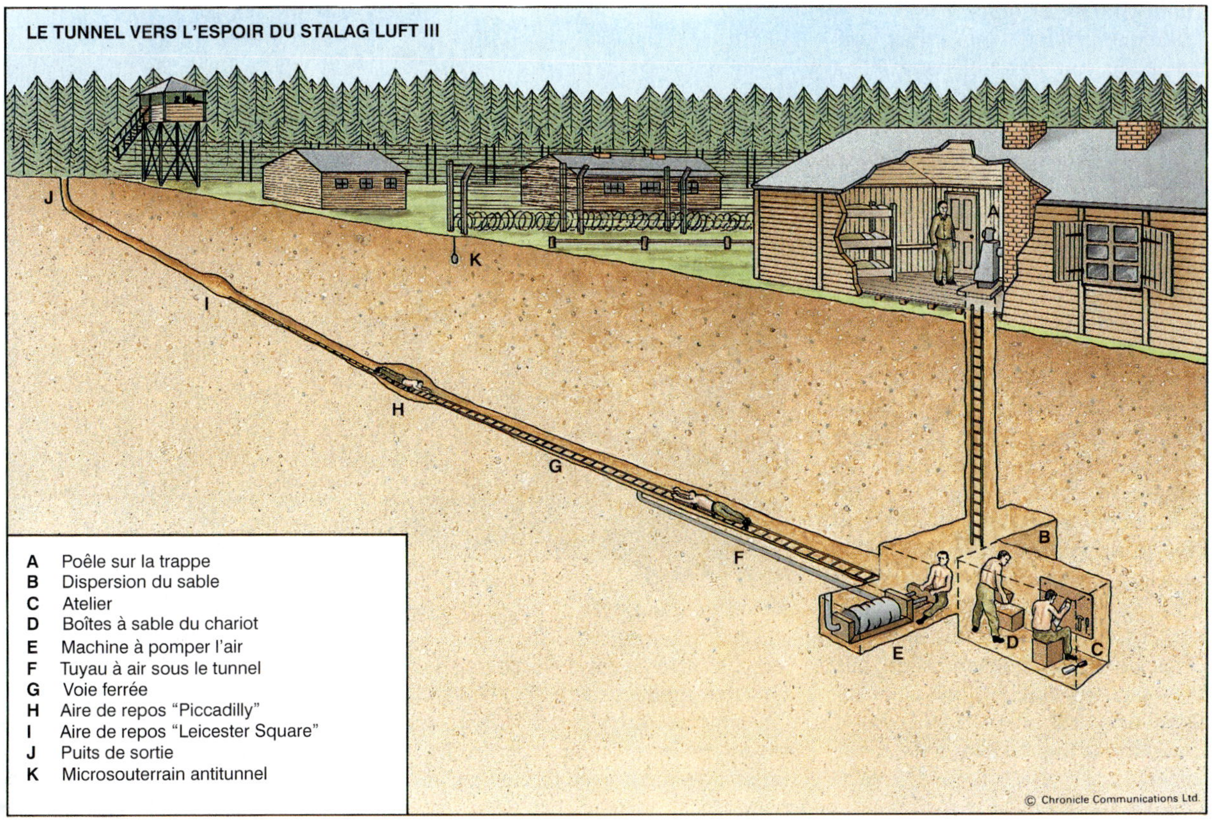

Stalag Luft III, 24-25 mars
Evasion spectaculaire la nuit dernière au camp de prisonniers de Sagan, à 130 km au sud-est de Berlin. Les préparatifs duraient depuis deux ans, temps qu'il a fallu au prisonnier de guerre Wally Moody, pilote de Spitfire et ingénieur des Mines de son état, pour creuser un tunnel providentiel avec l'aide de ses compagnons. Cette nuit, Moody et ses soixante-quinze compagnons ont emprunté le long tunnel de 120 mètres menant derrière le mur d'enceinte, tunnel magnifiquement conçu avec des trous d'aération et des rails qui servaient à évacuer les débris. Les prisonniers ont fait surface dans les bois derrière le mur, se fondant deux par deux dans la nuit, certains en direction du sud et de la frontière tchécoslovaque, quelques-uns vers l'ouest à la recherche d'un train, d'autres encore vers le nord en direction des ports de la Baltique. L'évasion s'est déroulée pendant qu'un raid allié était mené sur Berlin, moment délicat puisque la garde des camps est doublée lors de ces opérations. Mais ce n'est qu'à l'aube que l'alarme a été donnée. Par bonheur, les soixante-seize évadés étaient déjà loin.

Des représailles meurtrières à Rome

Rome, 24 mars
Le massacre auquel se sont livrés les Allemands à Rome aujourd'hui mettra-t-il fin aux actions de la Résistance dans la capitale italienne ? Depuis quelque temps déjà, celle-ci ne se contente plus de s'organiser clandestinement. Certains groupes plus impatients commettent déjà des sabotages ou même des attentats, et n'hésitent pas à agir en pleine rue et en plein jour. Hier après-midi, Via Rasella, un balayeur a arrêté son chariot contenant 18 kg d'explosif au milieu de la chaussée. Sur un signe d'un complice posté au bout de la rue, il a allumé la mèche. La charge a explosé juste au passage d'une colonne d'Allemands. Les soldats survivants ont alors été pris sous le feu de partisans postés aux fenêtres. La lutte a duré deux heures. Une fois informé, le commandant en chef allemand pour l'Italie, le général Kesselring, a ordonné de fusiller dix Italiens pour chaque Allemand tué. La Gestapo a fait son choix parmi ses prisonniers et les habitants de la Via Rasella raflés et a demandé les autres otages à la police italienne. Le total s'est finalement élevé à 335, dont des Juifs, un prêtre, des magistrats, des prisonniers de droit commun, deux enfants de quatorze ans et le colonel de Montezemolo, chef présumé des partisans, qui n'a jamais parlé. Ils ont été sauvagement mitraillés dans les grottes de la fosse Ardéatine.

Des chefs de la Résistance arrêtés préfèrent se donner la mort

Paris, 22 mars
Pierre Brossolette, l'un des conseillers du général de Gaulle à Londres, a préféré se donner la mort plutôt que de risquer de parler sous la torture. Trompant la surveillance de ses gardiens, il s'est jeté du cinquième étage des bureaux de l'avenue Foch où il était interrogé par la Gestapo. Fait prisonnier après le naufrage du *Jouet des Flots*, le bateau de pêche qui l'emmenait, Brossolette avait d'abord espéré que les Allemands ne l'identifieraient pas. Son espoir s'est vite évanoui. Dès lors, sa décision était prise. Il ne lui restait plus qu'à trouver l'occasion de la mettre à exécution. Depuis hier, c'est le troisième haut responsable de la Résistance qui choisit de cette façon la voie du silence. Arrêté par la police française en possession de papiers compromettants trois jours après avoir débarqué en Bretagne et livré à la Gestapo, Gilbert Dévy, dit Méré-dic, s'est lui aussi donné la mort quelques heures après son interpellation en absorbant une pilule de cyanure. Le même jour, François Delimal, dit Faraday, s'est suicidé de la même façon, rue des Saussaies. Cet officier d'opérations aériennes responsable de la région C avait été arrêté la veille à Paris par la Gestapo.

Pierre Brossolette, créateur du CNR.

Les mineurs anglais signent un accord

Grande-Bretagne, 24 mars
Les syndicats de mineurs ont signé un accord avec les propriétaires des sociétés minières, qui sera valable pendant quatre ans. Il vise à stabiliser l'emploi et à augmenter la productivité de l'extraction de charbon en Grande-Bretagne. Les salaires seront plus directement liés au rendement. De plus, un mineur sur vingt sera promu ouvrier spécialisé, avec un salaire hebdomadaire de plus de 5 livres. Les syndicats ont également obtenu la réintégration des 60 000 mineurs en grève dans le Yorkshire.

1944

Mars

Di	Lu	Ma	Me	Je	Ve	Sa
			1	2	3	4
5	6	7	8	9	10	11
12	13	14	15	16	17	18
19	20	21	22	23	24	25
26	27	28	29	30	31	

26. France : les auxiliaires de la Gestapo de la bande Bonny-Laffont mettent à sac la ville de Brantôme, en Dordogne. Hier, les maquisards du groupe Marius y ont exécuté deux officiers SS (→ 2.4).

26. URSS : l'Armée rouge atteint le fleuve Prout à la frontière roumaine, sur un front de 85 km de large.

27. Ukraine : les troupes soviétiques reprennent Kamenets-Podolski (→ 30).

27. Roumanie : arrivée de troupes allemandes (→ 2.4).

28. Lituanie : à Kaunas, les SS abattent les enfants juifs de moins de 13 ans (→ 4.4).

29. Iles Carolines : l'aéronavale américaine détruit 150 avions japonais et coule 17 cargos et pétroliers aux Palaos (→ 1.4).

29. Inde : la 15e division japonaise coupe la route d'Imphal à Kohima (→ 6.4).

29. Birmanie : des troupes chinoises occupent Shaduzup, à l'entrée de la vallée de Mogaung (→ 9.4).

29. Washington : le Congrès accorde 1 350 millions de dollars à l'Agence de secours et de réadaptation des Nations unies, pour aider les réfugiés.

29. Italie : le corps expéditionnaire français du général Juin et le 2e corps américain relèvent les Britanniques sur le front du Garigliano (→ 5.5).

29. Alger : le colonel Cristofini est condamné à mort. Il avait organisé la Phalange africaine qui a combattu en Tunisie aux côtés des Allemands (→ 4.5).

30. Iles de l'Amirauté : les Américains s'emparent de l'île de Pityilu, au nord de Manus.

31. Philippines : l'amiral Koga, commandant en chef de la flotte japonaise, est tué. Son avion s'écrase à Mindanao (→ 3.5).

31. Alger : le colonel Billotte élabore le plan *Caïman*. Il prévoit de parachuter une division française dans le Massif central, pour renforcer les maquisards après les débarquements (→ 10.4).

La chute du plateau des Glières

Haute-Savoie, 27 mars

L'attaque générale lancée hier contre le plateau des Glières par les Allemands et la Milice s'est achevée aujourd'hui par la mort du capitaine Anjot qui commandait le bataillon de maquisards. Sur les 467 hommes qui composaient le bataillon des Glières, 155 ont été tués au combat, 30 sont portés disparus et 160 ont été faits prisonniers. Les survivants se savent condamnés. Mais comment en est-on arrivé à cette extrémité ?

Il s'agissait de regrouper dans ce réduit montagneux 250 hommes environ, chargés de récupérer le matériel et les armes que devaient parachuter les Alliés. Le 30 janvier se trouvaient regroupés sur le plateau, sous le commandement de Théodose Morel, dit Tom, le détachement de l'Armée secrète qu'il dirigeait en Haute-Savoie, ainsi que trois sections de FTP, une cinquantaine de républicains espagnols et quelques autres combattants. Tous étaient prêts avec Tom à « vivre libre ou mourir ».

Le regroupement sur le plateau rassembla bientôt 467 maquisards, qu'il fallut tant bien que mal tenter d'organiser. Les circonstances allaient bientôt transformer en place forte ce qui n'aurait dû rester qu'une aire de parachutage.

Le 13 février a lieu le premier largage d'armes. Mais, dès la fin du mois, le plateau est encerclé par les Groupes mobiles de réserve (GMR) qui remplacent les gendarmes et les gardes mobiles. Tom croit trouver un arrangement avec l'intendant de police local, mais les promesses faites ne sont pas honorées. C'est ainsi que, lors d'une opération de représailles contre le PC des GMR, Tom est tué par le commandant Lefèvre, qui, bien que prisonnier des maquisards, avait demandé à conserver son pistolet pour la sauvegarde de son honneur d'officier.

Londres commet ensuite une grave erreur. Le 10 mars, la RAF parachute 90 tonnes d'armes, de quoi équiper 4 000 hommes. Voilà les maquisards, par définition mobiles, cloués sur place. Comment pourraient-ils désormais abandonner cet arsenal sans combattre jusqu'au dernier homme ? Le 18, le capitaine Anjot prend le commandement de la bataille. Le 20, les hommes de Darnand passent à l'attaque, en vain. Le 25, les Allemands noient le plateau sous un déluge de fer et de feu avant de donner l'assaut, à quarante contre un.

Les troupes allemandes montent à l'assaut du camp retranché des Glières.

Les raids alliés sapent le moral de la population allemande

Allemagne, 31 mars

Les raids de la RAF connaissent un taux de pertes élevé – 95 des 79 bombardiers envoyés contre Nuremberg la nuit dernière ne sont pas revenus –, mais leur impact sur la population allemande n'en est pas moins redoutable. Un rapport secret du SD, le service de sécurité des SS, fait état qu'à Berlin par exemple la population vit dans la crainte des raids alliés, surtout des raids de jour. Au cours des derniers mois, Berlin a essuyé 16 raids d'envergure, dont 11 depuis le début de l'année. Le bilan s'élève à 616 morts et un million et demi de sans-abri. Les autorités allemandes suggèrent aux familles d'envoyer leurs enfants à la campagne, loin des zones à risque. (→ 15.4)

Répétition en vue du débarquement

Slapton Sands, Devon, 31 mars
Le 7e corps américain, sous la direction du général J. Lawton Collins, a répété les manœuvres du futur débarquement sur les plages de Slapton Sands dans le Devon. Le site a été choisi pour sa ressemblance avec les plages du nord de la France. La répétition, opération *Beaver*, a commencé par le parachutage de troupes aéroportées et un bombardement naval, suivis d'un débarquement par péniches. Mais l'opération a été un fiasco total au niveau de la coordination des unités, au point que les responsables vont lancer une enquête la semaine prochaine pour tenter d'en comprendre les causes. (→ 5.4)

Vote de confiance

Grande-Bretagne, 29 mars
Churchill a fini par imposer ses vues au parlement britannique. Hier soir, ses membres avaient voté pour l'égalité des salaires entre instituteurs et institutrices, contre l'avis du gouvernement et par 117 voix contre 116. Mais le Premier ministre a renversé la situation en appelant aujourd'hui à un vote de confiance sur sa conduite de la guerre, qu'il a fait jumeler au rejet de la loi sur l'égalité des salaires. Il a ainsi imposé son opinion.

Hitler furieux face à l'offensive russe

Le maréchal von Manstein.

Le maréchal von Kleist.

Berlin, 30 mars
Rendu furieux par les succès de l'Armée rouge en Ukraine, Hitler a fini par mettre à pied deux de ses maréchaux : von Manstein, commandant du groupe d'armées Sud, et von Kleist, commandant du groupe d'armées A. Le renvoi de von Manstein est la conclusion logique d'une longue série de querelles. Hitler insistait pour affirmer que la Wehrmacht ne devait jamais reculer. Von Manstein, maître de la bataille défensive, était tellement persuadé du contraire que, convoqué il y a cinq jours à Berchtesgaden, il a refusé l'ordre de Hitler de tenir à tout prix le front de la rivière Bug. Von Manstein a argumenté, disant que c'était impossible et que la 1re armée Panzer risquait de se trouver prise dans un « chaudron », comme à Stalingrad. Hitler a dû se rendre à ses arguments, mais sa revanche n'a pas tardé. Il a rendu hommage au talent de von Manstein, mais a déclaré qu'il lui fallait un homme qui « volerait de division en division et tirerait le maximum de ses troupes ». Hitler reste persuadé que la Wehrmacht s'est enfuie en Ukraine, alors qu'elle a été dépassée par la puissance et la rapidité des Soviétiques. (→ 1.4)

Les « bébés du Blitz », nés pendant les raids allemands sur Londres, attendent le train qui les mènera en sécurité à la campagne.

Attaque manquée contre un convoi

Océan Arctique, 31 mars
Le convoi allié JW-58, qui fait route dans l'océan Arctique, est sorti indemne d'un redoutable assaut combiné d'U-Boote et de la Luftwaffe.
Redoutant une attaque, les Alliés lui avaient adjoint une escorte forte de deux porte-avions, cinq sloops d'escorte, vingt destroyers, cinq corvettes et un croiseur. Les avions de la RAF ont abattu six avions allemands et coulé un sous-marin. La marine a coulé, pour sa part, trois U-Boote, sous le commandement du capitaine F. J. « Johnnie » Walker, l'as de la lutte anti-sous-marine. Aucun navire du convoi allié n'a été perdu.

Défense aérienne en Angleterre : le travail du ROC

Grande-Bretagne, 31 mars
La défense aérienne britannique repose sur le travail du Royal Observer Corps (ROC) qui, de pair avec le réseau radar Home Chain, assure la détection des appareils ennemis survolant la Grande-Bretagne.
Fondé en 1920, le ROC regroupe des observateurs civils qui travaillent à mi-temps et se relaient 24 h sur 24 dans des postes d'observation répartis à travers tout le pays. Leur tâche principale est de suivre la trajectoire des avions ennemis qui franchissent le faisceau des radars. Ils sont reliés par téléphone aux bases de chasseurs de la RAF qui, sur la foi des informations reçues, envoient des appareils à la rencontre de l'ennemi dans des conditions d'attaque optimales.
Le ROC a acquis ses lettres de noblesse pendant la bataille d'Angleterre, tout particulièrement lors des raids de la Luftwaffe contre les stations radar du sud de l'Angleterre, en août 1940. En outre, les observateurs du ROC se sont distingués lors du Blitz en notant les zones d'impact des bombes incendiaires, afin d'aider les pompiers à atteindre les foyers avant que le feu ne se propage. Le ROC a connu un moment de répit depuis les derniers raids *Baedeker* du printemps 1942, mais une nouvelle période de grande activité a commencé avec les nouvelles attaques de la Luftwaffe contre Londres et les autres villes anglaises, offensive qu'ils ont surnommée le « Baby Blitz ».
Au tout début des hostilités, les hommes du ROC n'avaient pas droit à des uniformes, et rares étaient ceux qui pouvaient se procurer un casque. On les reconnaît aujourd'hui à leur uniforme bleu. Les qualités requises, elles, n'ont pas changé : les membres du ROC doivent avoir une bonne ouïe et une excellente vue, savoir bien reconnaître les types d'avion et être constamment vigilants.

1944

Avril

Di	Lu	Ma	Me	Je	Ve	Sa
						1
2	3	4	5	6	7	8
9	10	11	12	13	14	15
16	17	18	19	20	21	22
23	24	25	26	27	28	29
30						

1er. URSS : l'Armée rouge encercle quarante mille soldats allemands à Skala, en Ukraine.

1er. Suisse : vingt-six bombardiers américains attaquent par erreur Schaffhouse : 50 morts.

1er. Grande-Bretagne : une zone profonde de 16 km est fermée à la population le long des côtes de la Manche (→ 5).

2. Roumanie : les premières troupes soviétiques franchissent le Prout et occupent Gerca.

2. France : à Ascq, des résistants font dérailler le train transportant la 12e division Panzer SS. 86 habitants de la commune, âgés de 15 à 76 ans, sont massacrés en représailles.

3. Nouvelle-Guinée : l'aviation américaine attaque Hollandia et détruit la plupart des avions japonais. Il n'en reste que 25 opérationnels (→ 22).

3. Hongrie : l'aviation alliée bombarde Budapest.

4. Alger : le général de Gaulle fait entrer au CFLN François Billoux et Fernand Grenier, mandatés par le PCF.→

4. Pologne : une reconnaissance aérienne des Alliés permet de photographier une partie du camp de la mort d'Auschwitz.

4. Egypte : une brigade grecque se mutine (→ 22).

5. Roumanie : après avoir bombardé Bucarest, la 15e force aérienne américaine s'attaque au centre pétrolier de Ploiesti (→ 15).

7. France : la Wehrmacht se déplace de Corrèze vers le Limousin pour continuer les représailles contre les maquis. Le préfet estime qu'il y a eu trois mille arrestations en une semaine (→ 9).

8. Chine : les Japonais bombardent le Henan (→ 17).

8. Moscou : une salve de 324 coups marque l'arrivée de l'Armée rouge en Roumanie et en Tchécoslovaquie.→

8. URSS : la reconquête de la Crimée est déclenchée par les Soviétiques (→ 10).

8. Allemagne : l'aviation américaine bombarde l'usine Volkswagen de Fallersleben.

Combats en Roumanie

L'armée allemande tente d'arrêter la progression soviétique en Roumanie.

Moscou, 8 avril

L'Armée rouge est entrée en Roumanie : c'est ce qu'annonce le ministre soviétique des Affaires étrangères, Viatcheslav Molotov. Depuis le 2 avril, les Russes ont franchi en plusieurs endroits le Prout, fleuve frontière entre les deux Etats. Ils vont pourchasser les armées allemande et roumaine jusqu'à leur « déroute et leur capitulation complète ». Le fait même que ces nouvelles soient données par Molotov, et non par un général, indique assez l'aspect politique de cette manœuvre. Officiellement, il s'agit de « la première étape vers la restauration de la frontière établie par le traité de 1940 et que la Roumanie a violée en attaquant traîtreusement en 1941, à la suite de l'Allemagne hitlérienne ». Molotov a ajouté que « la nécessité militaire justifie seule l'entrée en Roumanie et n'est aucunement une menace pour l'intégrité territoriale du pays ou pour l'ordre social existant ». En attendant, l'Armée rouge continue son avance vers le quartier général de l'armée roumaine à Iasi.

Le « Tirpitz » est à son tour neutralisé

Norvège, 3 avril

Le seul cuirassé dont disposait encore l'Allemagne, le *Tirpitz*, est désormais hors de combat. Il était en réparation dans l'Altenfjord après l'attaque des sous-marins britanniques du mois de septembre. La Royal Navy, qui intercepte les messages codés de la Kriegsmarine, savait qu'il était prêt à repartir et a envoyé vers la Norvège deux de ses porte-avions, le *Victorious* et le *Furious*. A 4 h 15 ce matin, 41 bombardiers Fairey Barracuda, escortés par 41 chasseurs, ont attaqué, touchant le *Tirpitz* à quatorze reprises. L'épais blindage du cuirassé lui a évité de sombrer, mais il ne pourra pas naviguer avant plusieurs mois.

Invasion alliée en France : le jour J n'est plus très loin

Grande-Bretagne, 5 avril

Les îles Britanniques sont progressivement isolées du reste du monde. Devant l'imminence de l'invasion, la tension devient de plus en plus sensible dans le pays. Toutes les permissions militaires sont suspendues ; les restrictions sont de plus en plus sévères pour le courrier et le téléphone, extrêmement contrôlés. Rien n'a encore été dévoilé, même si la catastrophe a été frôlée plusieurs fois. A Chicago, un paquet s'est déchiré à la poste centrale et a laissé échapper son contenu, qui comprenait certains documents ultrasecrets sur le plan d'invasion. Un sergent américain du QG londonien les avait par erreur envoyés à sa sœur. Plus classiquement, un officier de haut rang, camarade de promotion d'Eisenhower à West Point, s'est vanté au cours d'une réception au Claridge de connaître la date d'invasion. Il a été renvoyé sur-le-champ aux Etats-Unis et dégradé. Le général Patton luimême, à une autre soirée, s'est laissé aller à quelques confidences imprudentes. Mais il n'a pas été inquiété. Les Allemands sont sûrs que l'invasion est imminente. La presse annonce le bombardement quotidien des défenses côtières par des centaines d'avions alliés. (→ 17)

Campanie, 3 avril : lors de sa dernière éruption s'élève du Vésuve un panache de fumée spectaculaire qui préfigure Hiroshima.

Désastre japonais dans les îles Palaos

Un cargo japonais brûle après l'attaque américaine dans les Carolines.

Pacifique sud, 1er avril
Le bilan est extrêmement lourd pour les Japonais. Trois porte-avions américains ont lancé des centaines d'appareils à l'attaque dans l'archipel des Palaos et d'autres îles des Carolines. Ils ont coulé deux contre-torpilleurs, quatre escorteurs, de très nombreux navires marchands et détruit 150 avions japonais. Les appareils américains ont décollé avant-hier à l'aube et de nouveau hier. Vingt d'entre eux ne sont pas rentrés. La flotte japonaise a dû quitter Truk, mais la concentration dans les Palaos de son avant-garde restait une menace potentielle pour la progression de MacArthur en Nouvelle-Guinée. Les Palaos sont hors de portée des bombardiers lourds basés à Darwin, en Australie, aussi l'US Navy a-t-elle dû faire appel à la Task Force 58, soit presque toute la 5e flotte, pour éliminer l'ennemi de l'archipel comme elle l'a déjà fait à Truk. Un avion de reconnaissance nippon ayant repéré les Américains, l'attaque avait dû être avancée au 30 mars, tandis que les Japonais rappelaient en renfort tous leurs appareils disponibles à Peleliu et à Yap. Les avions américains avaient miné l'accès aux ports, piégeant ainsi de nombreux navires, devenus des cibles idéales pour les bombardiers alliés. L'amiral Mineichi Koga, à la tête de la flotte japonaise, voulut alors transférer son QG du navire amiral *Masashi* à Davao. Mais son avion, parti hier, n'est jamais arrivé à bon port.

Le Japon arrêté en Inde

Imphal, 6 avril
Le destin de l'Inde va se décider ici, dans l'Etat du Manipur, à 60 km à peine de la Birmanie. C'est en tout cas ce qu'affirme le général Slim, chef de l'armée britannique, avant la bataille qu'il doit livrer contre les Japonais qui ont lancé leur « marche sur Delhi ». Il y a trois semaines que l'invasion a débuté, lorsque la 33e division de la 15e armée du général Renya Mutaguchi a attaqué la 17e division indienne, espérant ainsi faire venir des renforts qui affaibliraient la garnison de la ville stratégique d'Imphal. Mais Slim a concentré ses trois divisions dans la plaine, tandis que la 17e ne cédait pas de terrain sans combattre. Un pont aérien achemine en renfort des éléments de la 7e division indienne du front d'Arakan à Dimapur, au nord d'Imphal. Deux brigades vont rejoindre à Dimapur le 23e corps et une troisième doit renforcer le 4e à Imphal, dont Mutaguchi et ses hommes menacent à présent le sud-ouest. Deux autres divisions japonaises sont engagées dans le combat : la 15e attaque la ville par le sud-ouest, et la 31e tente de couper la route de l'Inde à Kohima à 80 km plus au nord.
Aujourd'hui, la 161e brigade de la 5e division indienne est entrée dans cette ville, mais d'autres n'ont pu forcer le passage. La lutte a été féroce : la moitié des défenseurs de Nungshigum, une colline dominant Imphal, ont péri. Les Alliés sont ravitaillés par leur aviation, mais les Japonais sont, eux, menacés de famine s'ils n'arrivent pas à se ravitailler à Imphal. (→9)

Soldats japonais accroupis autour d'un canon de campagne, dans la jungle.

De Gaulle reste seul au pouvoir

Alger, 8 avril
Né en 1879, Giraud a donc été mis d'office à la retraite, et son poste a été supprimé par le CFLN le 4 avril. Aujourd'hui vient de lui être proposé le poste d'inspecteur général des Forces françaises, qu'il a refusé. De Gaulle, nommé par le CFLN à la tête des forces armées, a fait valoir ce soir à la radio de la France libre qu'une autorité unique coordonnerait plus efficacement les efforts de tous les Français.

Pleins pouvoirs pour Goebbels à Berlin

Berlin, 7 avril
Le chaos menace la capitale du Reich, très éprouvée par les bombardements alliés. Pour tenter d'y remédier, Hitler a nommé Joseph Goebbels, déjà ministre de la Propagande, au poste de Stadtspräsident. L'artisan de la « guerre totale » dispose d'un pouvoir absolu : une loi d'exception lui attribue la totalité des compétences administratives et juridiques. Les autorités militaires, la police, les pompiers, les services d'ambulance ainsi que l'organisation du secours et du ravitaillement sont sous ses ordres. Les Berlinois qui travaillent dans les bureaux et les magasins sont réquisitionnés dans les équipes d'urgence. Les bombardements ont désorganisé la ville : les pompiers sont débordés, les sans-abri ne reçoivent pas assez de nourriture et de vêtements, et le pillage se répand. Des troubles ont éclaté et les SS ont dû intervenir. De plus, la destruction des fichiers de la police empêche l'arrestation des « éléments indésirables » qui déferlent sur la ville sans papiers d'identité.

Les enfants d'Izieu envoyés à la mort

Izieu, 7 avril
« Capturés : quarante-quatre enfants juifs de 3 à 10 ans et huit adultes. Ils seront transportés à Drancy demain. » En ces termes précis et froidement administratifs, le lieutenant SS Klaus Barbie, chef de la Gestapo de Lyon, décrit la destruction de la colonie d'enfants d'Izieu, un centre hébergeant des enfants juifs. Drancy sera pour eux le dernier arrêt avant les chambres à gaz d'Auschwitz-Birkenau.

1944

Avril

Di	Lu	Ma	Me	Je	Ve	Sa
						1
2	3	4	5	6	7	8
9	10	11	12	13	14	15
16	17	18	19	20	21	22
23	24	25	26	27	28	29
30						

9. France : Pâques rouges dans le Jura. Pour venger les pertes infligées par les maquisards, les Allemands déportent 307 habitants de St-Claude (→ 21).

9. Inde : le 4ᵉ corps britannique est encerclé par les Japonais à Imphal (→ 12).

10. URSS : l'Armée rouge libère le port d'Odessa.

10. France : lors du premier parachutage en Auvergne, 13 containers d'armes sont largués au maquis du mont Mouchet.

11. URSS : les Soviétiques reprennent Kertch, en Crimée.

11. Pays-Bas : des Mosquito de la RAF bombardent avec précision un immeuble occupé par la Gestapo à La Haye. Ils détruisent les dossiers de déportation de Néerlandais.

12. Iles de l'Amirauté : les Américains occupent Pak.

12. URSS : le général Jänecke demande à Hitler l'autorisation d'évacuer la Crimée. Le Führer refuse et ordonne de résister jusqu'au dernier homme.

12. Italie : le roi Victor-Emmanuel abdique en faveur de son fils, le prince Humbert. Il le nomme lieutenant-général du royaume, mais celui-ci ne sera investi qu'après la libération de Rome (→ 21).

13. Stockholm : les Etats-Unis et la Grande-Bretagne exigent de la Suède qu'elle arrête ses livraisons de roulements à billes à l'Allemagne.

13. URSS : en Crimée, l'Armée rouge prend Simferopol (→ 14).

14. Birmanie : sous la pression des Etats-Unis, Ho Ying-chin, ministre chinois de la Guerre, ordonne à ses troupes de franchir le fleuve Salouen et d'attaquer les Japonais.

14. Bombay : le transport de munitions *Fort Stikine* explose. 740 personnes sont tuées, 27 navires naufragés et 40 000 tonnes de nourriture détruites.

15. URSS : après un siège de trois semaines, les Soviétiques prennent Ternopol, au sud-est de Lvov (→ 16).

15. France : Marcel Degliame, membre du PCF, remplace Claude Bourdet à la tête de *Combat*.

Les bombardiers alliés changent de cibles

Londres, 15 avril

Bref répit pour les villes et les usines allemandes : les Alliés bombardent à présent des objectifs ferroviaires en France et en Belgique, pour préparer l'invasion. Ce changement ne plaît pas vraiment à tous les généraux. Arthur Harris « Bert », chef du Bomber Command de la RAF, est toujours convaincu que le Reich peut être vaincu grâce aux raids aériens, malgré les très lourdes pertes infligées à ses troupes au cours de la bataille de Berlin. Il n'a pas oublié la sanglante guerre de tranchées de 1914-1918 et se méfie beaucoup d'une invasion. Il envoie pourtant ses propres soldats à la mort. Le général Carl « Tooey » Spaatz, qui commande la force aérienne stratégique américaine en Europe, est du même avis, mais pour d'autres raisons. Selon lui, la puissance de combat de l'Allemagne ne survivra pas à la destruction de ses raffineries. Il craint aussi que l'armée de l'air ne perde son indépendance en servant de simple appui aux forces terrestres. Ces réticences ont forcé Eisenhower à demander aux autorités politiques d'imposer sa stratégie. Il pense qu'il est indispensable de détruire le réseau ferré et routier pour réussir l'invasion. Il a été persuasif, puisqu'il a obtenu d'avoir sous ses ordres l'ensemble des bombardiers alliés pendant toute l'opération de l'invasion. (→ 19)

Raid américain sur Ploiesti et Bucarest

Les Alliés ont atteint leur objectif : les réservoirs de pétrole de Ploiesti.

Foggia, 15 avril

Les Alliés ont mobilisé d'impressionnants moyens pour attaquer Bucarest et les gisements pétroliers de Ploiesti en Roumanie : 448 Forteresses volantes et Liberator de la 15ᵉ armée, escortés par 150 Mustang, ont affronté les chasseurs allemands qui tentaient de défendre les voies ferrées menacées par les Alliés. Ces derniers ont en effet lancé l'offensive sur les communications du Reich avec le front sud. Les bombardiers américains se sont approchés à moins de 230 km des percées russes dans l'est de la Roumanie. Les Allemands ont inauguré une nouvelle tactique en envoyant contre les Liberator qui attaquaient à Bucarest des chasseurs de nuit Do 217. La Luftwaffe a perdu treize appareils, contre dix bombardiers et quatre chasseurs du côté américain. Cette nuit, la RAF a poursuivi l'offensive.

Pour leur premier raid en Roumanie, les Wellington avaient pour objectif Turnu Severin, sur la rive nord du Danube, un important centre ferroviaire entre Bucarest, Budapest et Belgrade. Selon les équipages de la dernière vague des Wellington, la lueur des incendies était visible à 100 km de distance. Volant bas, ils ont mitraillé les barges de la Flak sur le Danube, avant de larguer leurs bombes de deux tonnes sur les voies ferrées.

Des planeurs pour les Chindits

Indaw, Birmanie du Nord, 9 avril

Des centaines d'hommes ont franchi en planeur la frontière birmane pour renforcer les rangs des Chindits, unités de pénétration à longue distance qui opèrent derrière les lignes nippones. La première vague était chargée de couper les communications de l'armée japonaise qui combat les Chinois du général Stilwell. La seconde a atterri plus à l'ouest, rejoignant les premières colonnes de Chindits, afin de couper les liaisons des troupes japonaises qui assiègent Imphal.

Nouvel exploit d'un sous-marin anglais

Bergen, 10 avril

Les petits sous-marins anglais de type X sont décidément redoutables. Après leur audacieux assaut contre le cuirassé *Tirpitz* en septembre dernier, ils viennent d'inscrire à leur actif un nouveau coup d'éclat, et cette fois sans perdre aucun membre d'équipage. En effet, le *X-24*, commandé par le lieutenant Shean, est parvenu à entrer et à sortir du port de Bergen, pourtant sévèrement gardé, sans être repéré. Le sous-marin anglais s'est glissé sous un navire marchand de 7 500 tonnes, le *Barenfels*, a placé ses charges explosives et a réussi à s'échapper du port avant l'explosion. Celle-ci a coulé le navire. Les Allemands, stupéfaits, pensent qu'il s'agit d'un acte de sabotage.

Un sous-marin de type X fait surface

L'Armée rouge a reconquis la Crimée

Kertch, 14 avril

Il n'a fallu que six jours aux Soviétiques pour reconquérir la Crimée. Seule la pointe sud de la péninsule, autour de Sébastopol, est encore aux mains des Allemands, qui résistent au 4e front ukrainien du maréchal Tolboukhine.

L'attaque de l'Armée rouge a suivi la libération du port d'Odessa, qui servait aux Allemands à ravitailler la 7e armée du général Jänecke dans la presqu'île. Les hommes de Tolboukhine ont déferlé par l'isthme de Perekop, prenant les défenseurs à revers en traversant la lagune de Sivach, déverrouillant ainsi l'accès à la Crimée par le nord. Le général Eremenko est alors arrivé par l'est, attaquant depuis Kertch.

Les Soviétiques ont bousculé les Allemands et leurs alliés roumains qui, sur les ordres de Hitler, ont tenté d'établir une seconde ligne de défense au sud de Perekop, au lieu de céder du terrain comme l'aurait voulu Jänecke. A présent, ils n'ont plus le choix : il leur faut se replier sur la ligne Gneisenau qui entoure Sébastopol.

Plusieurs milliers d'auxiliaires non combattants allemands, roumains et soviétiques ont été évacués vers Constanta. Jänecke voudrait que ses hommes le soient aussi avant d'être pris au piège, mais Hitler a décidé que Sébastopol devrait être tenu à tout prix. Un prix qui risque bien d'être élevé : Radio Moscou a diffusé aujourd'hui les ordres suivants : « Marins, aviateurs ! Ne les laissez pas s'enfuir ! Détruisez leurs navires ! Abattez leurs avions ! Ne permettez pas qu'un seul ennemi échappe au châtiment ! » (→ 16)

Ce matériel allemand, abandonné à Odessa, a été récupéré par l'Armée rouge.

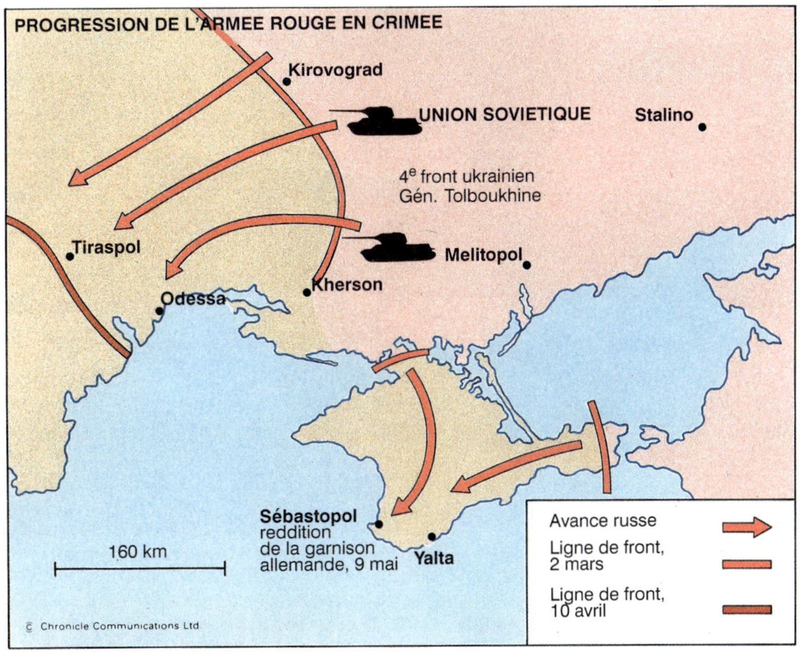

Lutte acharnée entre les Alliés et les Japonais dans le Manipur

Kohima, 12 avril

Chacun des adversaires veut en finir au plus vite, en tout cas avant l'arrivée de la mousson le mois prochain. La bataille en est d'autant plus sanglante entre les Japonais, dont la « marche sur Delhi » a été arrêtée voilà une semaine par les troupes du général Slim, et les défenseurs de l'Inde britannique. A Kohima, à 80 km au nord d'Imphal, la 31e division japonaise lutte pied à pied avec une armée composite de 3 500 hommes, qui comprend des Rajpoutes, des Royal West Kents et des Assamais, alors que la ville d'Imphal est assiégée par la 15e armée nippone et par l'armée nationale indienne de Subhas Chandra Bose. Depuis huit jours, Kohima est menacé, et la route vers Imphal coupée ; 100 000 Anglo-Indiens qui se battent dans la plaine sont isolés. Deux tentatives alliées pour les rejoindre ont échoué. Les éléments avancés de la 161e brigade de la 5e division indienne sont parvenus jusqu'à Kohima, mais ont été pris au piège à Jotsoma. Des renforts sont envoyés en ce moment au 33e corps, responsable du secteur de Kohima, tandis que la 23e brigade de la 3e division indienne est dépêchée au sud pour appuyer la 2e division et couper les communications japonaises. La bataille fait aussi rage à Naga, un village situé au pied de la chaîne du même nom, au nord de Kohima. Les soldats japonais, affamés, attaquent même la nuit pour tenter de trouver du ravitaillement. (→ 20)

La nasse s'est refermée sur les Juifs de Hongrie

Budapest, 15 avril

La Hongrie n'est plus un abri sûr pour les Juifs, après les rafles opérées par les Allemands en Ruthénie et en Croatie. Le gouvernement a cédé aux exigences des nazis, qui veulent que les 767 000 Juifs du pays soient déportés et soumis à un « traitement spécial » en Pologne. Miklos Kallay, qui est resté Premier ministre jusqu'au 22 mars dernier, a toujours refusé les persécutions antisémites, malgré les pressions allemandes pour l'institution de ghettos et le port obligatoire de l'étoile jaune. Hitler reprocha ces positions libérales en avril 1943 au régent Horthy, qui répondit qu'il ne pouvait pas « battre les Juifs à mort » ; le Führer lui fit alors la leçon, affirmant que les nations qui ne se débarrassent pas des Juifs disparaissent. Une nouvelle rencontre a eu lieu ce mois-ci. L'insistance de Hitler a redoublé, alors que l'Armée rouge s'approche de la frontière hongroise. Döme Szjotay, qui proclame haut et fort qu'il est un « pionnier de l'antisémitisme », a remplacé Kallay. Un plénipotentiaire nazi, Edmund Veesenmayer, et une milice commandée par le général SS Otto Winkelmann contrôlent les affaires intérieures de la Hongrie, qui a vu arriver le 19 mars une véritable armée de « conseillers » allemands. Parmi eux se trouve le responsable des affaires juives à la Gestapo, Adolf Eichmann. Cet homme méticuleux, qui tient pour l'instant des propos rassurants, est celui qui a organisé le transport de millions de Juifs d'Europe vers les camps de la mort. Avec lui sont arrivés des Einsatzcommandos, qui ont déjà prouvé leur brutalité dans la mise en œuvre des déportations. A Auschwitz, les gardes prétendent en ricanant qu'« on mangera bientôt du salami hongrois », et les ingénieurs vérifient que les chambres à gaz et les fours crématoires fonctionnent parfaitement. (→ 15.5)

1944

Avril

Di	Lu	Ma	Me	Je	Ve	Sa
						1
2	3	4	5	6	7	8
9	10	11	12	13	14	15
16	17	18	19	20	21	22
23	24	25	26	27	28	29
30						

16. URSS : les troupes de Malinovski franchissent le Dniestr à Tiraspol, en Ukraine.

17. Chine : les Japonais lancent l'opération *Ichi-Go*, qui a pour but d'écraser les Chinois entre le fleuve Jaune et le Yang-tseu-kiang, et de détruire les bases aériennes américaines dans le Henan.

18. URSS : les Soviétiques reprennent Balaklava, près de Sébastopol (→ 6.5).

18. Iles Carolines : des B-24 américains bombardent la base aérienne japonaise de Woleai.

18. France : la RAF bombarde Rouen, Juvisy et Noisy-le-Sec. 1 383 civils sont tués (→ 19).

19. Chine : les Japonais attaquent à Zhengzhou, dans le Henan, carrefour ferroviaire sur la ligne Pékin-Hankou (→ 28).

19. Océan Indien : les appareils des porte-avions *USS Saratoga* et *HMS Illustrious*, protégés par le cuirassé *Richelieu*, attaquent la base japonaise de Sabang, à Sumatra. Le raid est une diversion en vue des débarquements à Hollandia.

20. Inde : la 2e division britannique rejoint la garnison assiégée de Kohima (→ 4.5).

20. Ankara : la Turquie suspend ses livraisons de chrome à l'Allemagne.

21. Paris : la gare de triage de La Chapelle est bombardée par les Alliés : 641 morts (→ 30).

21. France : la Milice attaque les maquisards du plateau du Vercors, à Vassieux et à La Chapelle (→ 15.6).

21. Italie : un gouvernement de coalition, où sont représentées toutes les tendances politiques, est formé par le maréchal Badoglio.

21. Nouvelle-Guinée : l'escadre de l'amiral Mitscher attaque les bases aériennes japonaises de Hollandia et des îles de Wake, Sawar et Sarmi (→ 22).

22. Alger : le CFLN proteste auprès des Britanniques. Hier, ils ont décidé unilatéralement d'interdire l'usage du chiffre dans les télégrammes échangés entre le CFLN et ses représentants à Londres.

Le Japon prépare une offensive en Chine

Tokyo, 22 avril

L'ambitieuse « marche sur Delhi » ne suffit pas aux généraux japonais. Ils vont lancer l'armée impériale dans une offensive tout aussi aventureuse en Chine. L'état-major y a renforcé le corps expéditionnaire en vue de soumettre le pays une fois pour toutes. Le 17 avril, les 1re et 17e armées japonaises ont commencé une manœuvre destinée à établir une route terrestre de ravitaillement pour l'armée du sud en Thaïlande et en Malaisie. Il s'agit aussi d'occuper les nouveaux aérodromes alliés du sud-est de la Chine, que les Américains utilisent pour attaquer les convois dans le détroit de Formose, et qui pourraient servir à leurs bombardiers à long rayon d'action pour des raids éventuels sur l'archipel japonais.

Par ailleurs, une autre armée nippone se dirige vers l'Indochine française. Le haut commandement chinois de Chongqing a annoncé que des colonnes ennemies progressaient dans le Hunan, où les Japonais prétendent avoir mis trois cent mille Chinois en déroute. Trois jours avant l'attaque, Tchang Kaï-chek avait ordonné à plusieurs de ses divisions de quitter le Yunnan pour la Birmanie afin de soutenir le général Stilwell. Craignant une offensive japonaise, il avait auparavant toujours refusé d'envoyer des renforts et avait même prévenu que les divisions chinoises déjà en Birmanie ne feraient pas de zèle, pour rester à sa disposition. Il a fallu que Roosevelt insiste énergiquement, par câble, pour que d'autres divisions partent pour aider les Alliés.

Dans un temple shinto de Tokyo, hommage aux soldats morts au combat.

Les femmes auront le droit de voter

Alger, 21 avril

En marge de l'ordonnance signée par de Gaulle sur l'organisation des pouvoirs publics et du régime de la France après la guerre, le CFLN a pris la décision d'accorder le droit de vote aux femmes, en vertu de l'article 17 du texte, qui en constitue la principale innovation.

Les dirigeants de la IIIe République avaient souvent abordé le dossier sans jamais se résoudre à sauter le pas. Le rôle admirable joué par les femmes durant la guerre ne permet plus de tergiverser sur la question. Le texte comporte également la création, auprès des préfets de chaque département, d'un comité de libération représentant les divers courants de la Résistance.

Finlande-URSS : un armistice difficile

Moscou, 22 avril

Les négociations de paix entre la Finlande et l'URSS sont rompues, annonce ce soir Andreï Vychinski, vice-président du Conseil et vice-commissaire aux Affaires étrangères d'URSS. Cette rupture fait suite au rejet finlandais des conditions d'armistice proposées par les Soviétiques, notamment la suppression des relations avec le Reich, la restauration du traité finno-soviétique de 1940 et le paiement de très lourdes indemnités pour dommages de guerre pendant cinq ans.

La loi prêt-bail est prorogée de un an

Washington, 19 avril

Le président Roosevelt a été autorisé à proroger de un an les contrats passés aux termes de la loi prêt-bail. La Chambre a pris cette décision à une large majorité. Malgré tout, cette loi suscite des questions : que va-t-il se passer à présent, alors que la fin de la guerre semble proche ? La loi a permis à la Grande-Bretagne d'obtenir du matériel, des armes et des produits alimentaires. Certains Américains pensent que le pays est de nouveau en mesure de payer pour cela.

Les marins grecs se rebellent en Egypte

Alexandrie, 22 avril

Le vice-amiral Petros Voulgaris, commandant en chef des forces navales grecques, se prépare à investir cinq vaisseaux de guerre stationnés dans le port. La désobéissance de leurs équipages a provoqué jusqu'au 12 avril une véritable grève de tous les marins grecs en Egypte. La 1re division de l'armée grecque s'est aussi rebellée contre ses officiers. Cette mutinerie a pour cause la lutte entre monarchistes et communistes à propos du régime à établir après le départ des nazis. (→ 23)

Un bureau de recrutement de la Waffen SS, au nom de l'Europe.

MacArthur s'empare de Hollandia

Les soldats américains débarquent.

Les Alliés ont même amené un bulldozer pour réparer les dégâts des bombes.

Hollandia, 22 avril

La capitale administrative de la Nouvelle-Guinée néerlandaise est de nouveau aux mains des Alliés. Ce matin, sous les ordres du général MacArthur, 52 000 hommes s'en sont emparés. Le débarquement a mobilisé un convoi de 113 navires, escortés par les 5e et 7e flottes américaines. Il rend toute fuite impossible pour le général Adachi et ses 50 000 hommes, à présent encerclés à Wewak, où ils s'étaient rassemblés pour repousser l'attaque alliée. Au même moment, les Australiens ont pris Madang, une ville voisine. Après que l'aéronavale américaine de la flotte du Pacifique a détruit au sol plus de 100 avions japonais à Hollandia et dans des aéroports voisins, la force amphibie alliée a débarqué à Hollandia, à Aitape et dans la baie de Tanahmera. La capitale n'est plus qu'une ville fantôme dévastée au moment où les premiers Américains, couverts de boue rouge, y pénètrent. La garnison de 12 000 hommes, visiblement prise de panique, s'était réfugiée dans la jungle sitôt après le bombardement de Hollandia par les Alliés à l'aube. Dans la chambre d'un officier japonais, des bottes bien cirées sont encore rangées au pied du lit, et un uniforme est suspendu à la porte.

Cette victoire consolera sans doute quelque peu MacArthur de ses déconvenues politiques : ses espoirs de devenir président des Etats-Unis se sont définitivement envolés, puisqu'il n'a pas été désigné comme candidat lors des primaires du Parti républicain qui se sont déroulées il y a trois semaines. (→ 24)

L'étau soviétique se resserre sur les Allemands en Crimée

Yalta, 16 avril

Les Allemands ne peuvent plus espérer fuir de Crimée que par un seul port, Sébastopol : l'armée autonome de marine du général Erenenko a repris Yalta. L'aéroport de Sébastapol, Kacha, est tombé lui aussi et les combats font rage sur les champs de bataille de Balaklava et d'Inkerman. La situation de la 7e armée est désespérée. Les Allemands essuient des pertes considérables en tentant d'évacuer la Crimée. Un de leurs correspondants décrit « l'orage de feu déchaîné par les bombardiers, les bombardiers en piqué et les chasseurs sur nos navires ». Les épaves des bateaux, littéralement criblées d'obus par les canons soviétiques, et les cadavres des noyés obstruent le port de Sébastopol. (→ 18)

Un des canons si meurtriers pour les Allemands au cours de leur retraite.

Le jour J approche : 1. Les diplomates sous bonne garde

Londres, 17 avril

A la demande pressante du commandement militaire, qui prépare l'invasion en Europe (l'opération *Overlord*), le cabinet britannique a supprimé nombre des avantages traditionnels des diplomates. Ainsi, la valise diplomatique est suspendue et les ambassades sont étroitement surveillées, y compris celles des pays amis, puisqu'il est avéré qu'elles n'offrent pas une garantie absolue contre les espions de tout poil. Le délégué civil du CFLN a protesté contre l'interdiction qui lui a été faite, à la même occasion, de passer en les chiffrant des messages de services entre Londres et Alger. La république d'Eire pose un grave problème, car le gouvernement de De Valera entretient toujours des relations avec le Reich dont les agents circulent librement à Dublin. La frontière avec l'Irlande du Nord est très surveillée. (→ 27)

2. Les voies ferrées détruites en France

France, 19 avril

Les bombardements des Alliés en France n'ont jamais été aussi massifs : les voies ferrées et les ponts du nord et de l'ouest du pays, essentiels pour la défense allemande en cas d'invasion, sont continuellement attaqués par la RAF et l'US Air Force. En 36 heures, environ 7 000 tonnes de bombes ont été larguées. Les pilotes ont la consigne d'opérer avec la plus grande précision pour limiter le nombre des victimes. La nuit dernière, les Lancaster et les Halifax de la RAF ont, lors d'une attaque d'une ampleur encore inédite, envoyé 4 000 tonnes de bombes au-dessus de la région de Paris et de Rouen. Chaque fois que les Alliés larguent une tonne de bombes dans la zone d'invasion prévue, le pays en reçoit deux ailleurs, pour ne pas attirer les soupçons des Allemands. Dix-neuf avions alliés seulement ont été abattus. Il est probable que les chasseurs allemands sortent moins souvent en raison de la pénurie de carburant due à la destruction des raffineries.

1944

Avril

Di	Lu	Ma	Me	Je	Ve	Sa
						1
2	3	4	5	6	7	8
9	10	11	12	13	14	15
16	17	18	19	20	21	22
23	24	25	26	27	28	29
30						

23. Alexandrie : des officiers grecs prennent à l'abordage 3 navires mutinés : 50 morts.

24. Alexandrie : les derniers équipages de marins mutinés et la 1re brigade de l'armée grecque se rendent, mettant fin à trois semaines de rébellion.

24. Washington : les stratèges militaires américains admettent la nécessité de la défaite du Japon avant l'invasion du pays.

24. Nouvelle-Guinée : les Australiens prennent Madang, à l'ouest de la péninsule Huon.

25. Nouvelle-Guinée : dans la baie de Humboldt, les Alliés débarquent des renforts.

26. Nouvelle-Guinée : la 5e division australienne occupe Alexishafen, au nord de Madang. Les Américains s'emparent de l'aérodrome de Cyclops, près de Hollandia.

26. Arctique : des avions des *HMS Victorious* et *Furious* coulent trois navires ennemis.

26. Manche : le torpilleur des FNFL, *la Combattante*, coule une vedette lance-torpilles allemande (→ 13.5).

27. France : le commandant du camp de Compiègne fait classer « Nuit et Brouillard » 1 800 détenus, en représailles à l'exécution de Pucheu. Triés parmi les résistants les plus actifs, ils seront déportés vers les camps de la mort du Reich.

28. Chine : la 14e force aérienne américaine bombarde les ponts sur le fleuve Jaune, pour entraver l'avance des Japonais (→ 7.5).

28. Birmanie : une offensive sino-américaine est déclenchée dans la vallée de Mogaung, en direction de Myitkyina (→ 6.5).

29. Nouvelle-Guinée : les Américains remettent en service les aérodromes de Hollandia et d'Aitape (→ 4.5).

30. Iles Carolines : pendant que l'amiral Mitscher attaque la base japonaise de Truk avec 12 porte-avions, 8 croiseurs et 9 destroyers bombardent l'île de Satawan (→ 1.5).

30. France : des maquisards font sauter 6 pylônes à haute tension dans l'Hérault au cours d'un sabotage interrégion.

Un général allemand est enlevé en Crète

Patrick Leigh Fermor (assis, 2e à partir de la dr.) avec des partisans crétois.

Crète, 26 avril

« Veuillez considérer que vous êtes un prisonnier de guerre. » Le ton est fort poli, mais le propos est appuyé par une mitraillette menaçante. La voiture du général Heinrich Kreipe, commandant la 22e division Panzergrenadieren en Crète, vient d'être arrêtée sur la route par un groupe d'hommes agitant une lampe rouge. L'instant d'après, avec le général toujours à l'arrière et un officier des British Guards au volant, l'auto se dirige vers une plage distante d'une trentaine de kilomètres. A chacun des 22 points de passage, des sentinelles saluent à la vue des fanions. Les ravisseurs du général, le major Patrick Leigh Fermor et le capitaine Stanley Moss, des Forces combinées britanniques, sont partis pour Le Caire avec lui, en laissant un message précisant que leur coup de main était exclusivement britannique et que des représailles contre la population civile seraient totalement injustifiées. Le message se termine ainsi : « Nous sommes désolés de laisser cette jolie voiture ici. »

Le poète Desnos est arrêté et déporté

Compiègne, avril

Alors que ses amis croyaient la libération de Robert Desnos acquise, le responsable du camp de Compiègne, le docteur Illers, s'est brusquement ravisé et a ordonné le transfert du poète en Allemagne. Desnos a été arrêté le 22 février par des policiers allemands. Sa concierge l'avait prévenu, mais il n'a pas voulu laisser sa compagne Youki seule. Ecrivant au grand jour des articles souvent à double sens dans la revue *Aujourd'hui*, Desnos publiait aussi clandestinement des textes et des poèmes. Certains prétendent que c'est Alain Laubreaux, confrère et adversaire de Desnos, qui aurait convaincu Illers de ne pas le libérer.

Patton en dit trop

Londres, 25 avril

Le général Patton croit à la prédestination absolue. Il a encore fait des siennes et a indisposé plusieurs membres du Congrès américain en affirmant devant un public anglais que la « destinée » de la Grande-Bretagne et des Etats-Unis était de gouverner le monde une fois gagnée la guerre. La version écrite de ce discours suggère que Patton inclut l'URSS dans cette « destinée ».

Première visite officielle de Pétain à Paris depuis quatre ans

Paris, 26 avril

Venu dans la capitale pour la première fois depuis l'armistice, le maréchal Pétain s'est adressé à une foule nombreuse, rassemblée, à la nouvelle de sa présence, à l'Hôtel de Ville. Parlant du balcon, il a tout d'abord mis en garde contre toute participation à la résistance, puis il ajouta, avec le poids de son prestige : « Je vous demande, en mon nom et au nom du président Laval, de ne rien faire qui puisse retarder ou compromettre la réalisation de nos vœux. » Une grande messe solennelle, avec réception sur le parvis du Maréchal par le cardinal Suhard et toutes les autorités allemandes en grand uniforme, a été dite a Notre-Dame à la mémoire des victimes des bombardements alliés sur Paris et sa banlieue.

Le maréchal Pétain sur le parvis de Notre-Dame, après quatre ans d'absence.

Le compte à rebours du jour J est commencé

Le tragique bilan d'un entraînement

Grande-Bretagne, 29 avril

Au moins 638 soldats et marins américains ont trouvé la mort lors d'un entraînement sur les côtes du Devon, qui a tourné au drame. L'opération *Tigre*, qui devait préfigurer l'opération *Overlord*, a été troublée par l'attaque de navires lance-torpilles allemands. De plus, une erreur de transmission a empêché certains soldats débarqués sur la plage de Slapton Sands d'être prévenus du retard de une heure appliqué à l'opération. Ils se sont trouvés pris sous le feu de leurs propres bateaux. En outre, des navires lance-torpilles allemands sont parvenus à tromper la vigilance des patrouilleurs britanniques pour couler deux bateaux de débarquement de véhicules blindés et en endommager un troisième. Les responsables de l'entraînement ont eu des sueurs froides en découvrant que dix des hommes portés disparus étaient en possession de documents top secret concernant l'opération *Overlord*. Mais les dix corps ont finalement été retrouvés. (→ 6.5)

L'Angleterre est devenue un arsenal

Grande-Bretagne, 30 avril

Le sud du pays est transformé en gigantesque camp militaire avec ses parcs de blindés, de camions et l'artillerie, et ses dépôts d'armes destinés à armer les 3,5 millions d'hommes de l'opération *Overlord*. Le premier assaut sera porté par les Américains et les Britanniques, assistés de volontaires irlandais, canadiens et français. Mais presque toute l'Europe occupée participera à l'offensive : les Français avec la 2e division blindée du général Leclerc, deux régiments de parachutistes SAS et des commandos de fusiliers marins; les Belges et les Néerlandais, avec chacun une brigade et deux escadrons; les Norvégiens, avec quatre escadrons, et les Tchécoslovaques avec trois; les Australiens et les Néo-Zélandais avec neuf escadrilles chacun.

Un Havoc A-20 américain bombarde une gare dans le nord de la France.

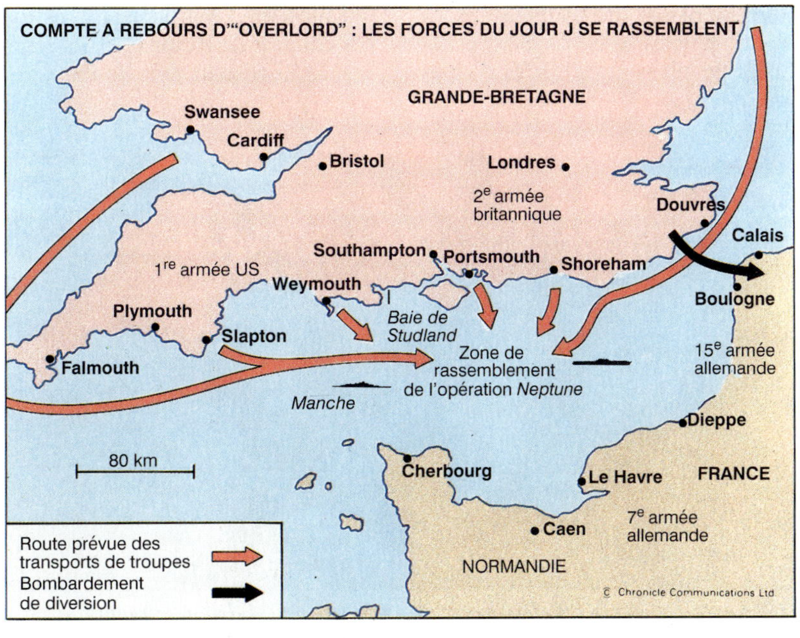

Intense campagne de bombardements

Europe, 30 avril

Une offensive aérienne totale est actuellement menée dans toute l'Europe du Nord contre les trains de ravitaillement, les ponts, les installations radar, les stations de télégraphie sans fil et les transformateurs électriques. La zone visée s'étend dans un rayon de 240 km autour des points de débarquement prévus, depuis Liège, en Belgique, jusqu'à Orléans, sur la Loire. Les missions de bombardement sont toutefois conduites de façon à ne pas laisser l'ennemi deviner ce qu'elles préparent.

Un millier de locomotives ont ainsi été détruites ces derniers mois. A elle seule, une escadrille de la RAF en a anéanti trente-quatre en deux nuits de mission. Les trains qui cherchent refuge dans les tunnels sont immobilisés à l'intérieur par des bombes larguées à chaque issue. Quelque 18 000 travailleurs de l'organisation Todt ont été envoyés auprès de Rommel afin de consolider les défenses côtières et de réparer les voies ferrées.

Limitation de la liberté de circuler

Europe, 27 avril

A partir de minuit, il sera interdit de quitter la Grande-Bretagne. Les visas de sortie ne seront plus valables, exceptés ceux fournis durant la semaine écoulée. Seules certaines visites en Irlande seront autorisées après enquête minutieuse.

L'ennemi a lui aussi réduit la liberté de circulation dans la zone qu'il contrôle. Les riverains des côtes françaises ont été déplacés; les familles évacuées de la Ruhr après le début des bombardements alliés ont été renvoyées dans leur région. De son côté, le régime de Vichy a rompu ses relations avec tous les Etats neutres en Europe en vue d'empêcher toute forme de renseignements de parvenir aux Alliés. Les valises diplomatiques des attachés français à Madrid, Lisbonne et Berne ont été saisies.

1944

Mai

Di	Lu	Ma	Me	Je	Ve	Sa
	1	2	3	4	5	6
7	8	9	10	11	12	13
14	15	16	17	18	19	20
21	22	23	24	25	26	27
28	29	30	31			

1er. France : le CNR a appelé à faire grève de 11 h à midi. Pour éviter une démonstration de force de la Résistance, les autorités allemandes et le régime de Vichy accordent la journée chômée.

1er. Iles Carolines : en deux jours d'attaque, les Américains ont détruit la base de Truk. 93 avions japonais sur 104 ont été abattus ou détruits au sol (→ 11).

1er. Londres : arrivée d'une mission militaire des partisans yougoslaves (→ 5).

2. Madrid : sous la pression des Alliés, Franco modifie sa politique. Il retire les 14 284 volontaires de la légion Azul restant sur le front de l'Est. Il réduit à 20 t par mois les livraisons de wolfram au Reich (fabrication de charges creuses)

3. Tokyo : l'amiral Toyoda remplace l'amiral Koga, tué le 31 mars, au commandement en chef de la flotte japonaise.

4. Nouvelle-Guinée : les Américains débarquent des renforts à Aitape (→ 17).

4. Inde : un bataillon du Royal Norfolk britannique prend la crête GPT à Kohima (→ 7).

4. Annecy : en représailles de l'exécution hier à Alger du colonel Cristofini, 5 chefs de maquis savoyards sont fusillés.

5. Paris : des agents de l'Abwehr arrêtent Dejussieu, dit Pontcarral, chef d'état-major national des FFI (→ 13).

5. Italie : Alexander ordonne aux unités alliées d'enfoncer la ligne Gustav le 11 mai (→ 11).

6. Inde : Gandhi, emprisonné depuis août 1942, est libéré en raison de son état de santé.

6. Birmanie : les attaques des troupes sino-américaines sur les positions japonaises de Ritpong échouent (→ 11).

6. URSS : l'assaut final de Sébastopol est déclenché par le général Tolboukhine. Depuis hier, les Katiouchka bombardent la ville (→ 8).

6. Allemagne : 1 800 travailleurs réquisitionnés en France sont affectés à la fabrication des armes secrètes V1 et V2 dans les usines souterraines du camp de Dora.

Ultime répétition du débarquement

Slapton Sands, Devon, 6 mai

Une ultime répétition du débarquement en France a eu lieu cette semaine sur les plages anglaises. Les responsables de l'opération *Fabius* se sont efforcés de faire mieux que lors des tentatives précédentes, en particulier celle du mois dernier, où 638 soldats américains avaient été tués au beau milieu de l'opération sous le feu d'une vedette allemande. La « générale » de cette semaine, qui a duré cinq jours, a mobilisé les forces américaines, anglaises et canadiennes qui ont débarqué entre Littlehampton, dans le Sussex, et Slapton Sands, dans le Devon, sur quatre plages sélectionnées pour leur ressemblance avec les plages françaises prévues pour le débarquement. La flotte alliée a répété simultanément les manœuvres de débarquement, de rembarquement et d'envoi des renforts, ainsi que d'évacuation des blessés au moyen de péniches de débarquement. Si l'opération *Fabius* s'est déroulée de façon satisfaisante, le général américain Norman Cota a toutefois déclaré à son état-major de la 29e division : « Lors du débarquement réel, les petits désaccords qu'on a connus à Slapton Sands risquent d'être amplifiés et d'entraîner des incidents qui, à première vue, paraîtront plutôt chaotiques. Les péniches ne seront pas lancées au: moments prévus et il y aura de troupes débarquées à de mauvai endroits... L'ennemi parviendra e certains points à contenir nos trou pes. Nous devrons improviser e garder la tête froide. » (→ 8)

Répétition du débarquement : troupes alliées à l'assaut des plages anglaises.

Rommel renforce les défenses côtières

La Roche-Guyon, 6 mai

Rommel est à pied d'œuvre au quartier général du groupe B de la Wehrmacht à La Roche-Guyon. Le maréchal a fait renforcer les défenses côtières, des Pays-Bas à la presqu'île du Cotentin, en passant par le Pas-de-Calais. Les plages sont hérissées de barbelés et de pieux pointés vers la mer, parsemées de mines et dominées de bunkers récemment construits. Dans la péninsule du Cotentin, des fils tendus entre les mines empêchent tout atterrissage d'avions. Mais le problème pour les Allemands est de deviner sur quelles plages débarqueront les Alliés. Les dix divisions Panzer du général Schweppenburg ont ainsi été réparties entre les forces côtières de Rommel et les réserves de Rundstedt près de Paris.

Obstacles érigés sur les plages par les nazis en vue du débarquement.

Des mots croisés jettent le trouble

Londres, 2 mai

Les mots croisés du *Daily Tel graph* ont plongé les responsable du débarquement dans la conste nation : deux des secrets les mieu gardés de l'opération, les noms d code des plages françaises ciblées, sont révélés au grand jour. Ce so des officiers supérieurs du comi de débarquement, grands crucive bistes devant l'Eternel, qui o donné l'alerte. La réponse éta « Utah » dans un cas et, dans l'a tre, « Omaha ». Or, ce sont là l deux noms de code des plages c débarquement.

Les officiers ont donc immédiat ment soupçonné que leurs secre étaient communiqués par le bia des mots croisés, d'autant plus qu quelques jours auparavant, c'était mot « Overlord », nom de code l'invasion, qui était apparu. L services de renseignements que tionnent actuellement l'auteur ces jeux, un instituteur de ci quante-quatre ans, Leonard Daw qui vit dans le Surrey.

Les partisans de Tito harcèlent les nazis

Yougoslavie, 5 mai
L'armée de partisans de Tito, qui regroupe près de 300 000 hommes armés jusqu'aux dents, a réussi à investir la capitale de la Croatie, Zagreb, et à y saisir un dépôt d'armes nazi. Faisant de nombreux prisonniers, les partisans se sont ensuite évanouis dans la nature selon leur habitude. Le Front de libération nationale de Tito contrôle désormais la plupart des villages du Monténégro. Il n'a pas fallu moins de quatre divisions allemandes pour les chasser de Slovénie, et encore, les Allemands ne sont toujours pas à l'abri de leurs escarmouches dans cette région. Le général Rendulic et sa 2e armée de Panzer ont fort à faire : dix de ses divisions lui sont nécessaires pour contrer les partisans de Tito. Les Allemands sont, certes, parvenus à reprendre possession des îles de l'Adriatique entre Fiume et Split, que les partisans occupaient depuis le retrait des troupes italiennes l'année dernière, mais ils continuent à être harcelés. Les Britanniques, sous la houlette du général Maclean, ont décidé pour leur part d'investir l'île de Vis pour y préparer des missions de commandos contre les nazis en Yougoslavie. (→ 25)

Raid de précision contre La Haye

La Haye, Pays-Bas, 3 mai
Une opération « portes ouvertes » dans la capitale néerlandaise : au cours d'un raid qui restera un modèle du genre, un Mosquito de la RAF a lancé deux bombes, soufflant la porte du ministère de l'Air en plein centre-ville. Deux autres bombes, lâchées au même moment, s'en prenaient aux fenêtres encadrant la porte. Le pilote n'avait pas droit à l'erreur, lâchant ses bombes à quinze mètres du bâtiment. Mission impossible, mais réussie !

Un lycéen achète les sujets du bac

Paris, mai
Dans un temps où tout se vend au marché noir, un candidat au baccalauréat de philosophie a acheté les sujets de l'examen à l'organisme de censure allemand chargé de les contrôler. Malheureusement pour lui, voulant se rembourser des dix mille francs qu'il avait payé, il les a revendus à des camarades qui les ont eux-mêmes vendus à d'autres. En quelques jours, tout Paris les a connus. Il a fallu évidemment choisir de nouveaux sujets.

Des familles entières trouvent refuge dans les grottes des falaises de Douvres pour échapper aux obus allemands tirés depuis Calais.

Mai

Di	Lu	Ma	Me	Je	Ve	Sa
	1	2	3	4	5	6
7	8	9	10	11	12	13
14	15	16	17	18	19	20
21	22	23	24	25	26	27
28	29	30	31			

7. Chine : les Japonais font leur liaison à Suiping, sur la voie ferrée Pékin-Hankou (→ 11).

7. Inde : les Alliés suspendent leur attaque dans la région d'Imphal (→ 3.6).

8. Crimée : désobéissant aux ordres de Hitler, le général Schörner fait évacuer les troupes allemandes de Sébastopol (→ 9).

8. Londres : Eisenhower fixe le jour J au 5 juin.

9. Allemagne : Hitler appelle sous les armes la classe 1926.

9. France : en vue du jour J, l'aviation américaine effectue des raids intensifs sur les bases de la Luftwaffe (→ 15).

10. Alger : le CFLN estime à 175 000 les combattants dans la Résistance en France (→ 15).

10. URSS : les Soviétiques libèrent 2 000 Alsaciens-Lorrains engagés de force dans la Wehrmacht. Ils avaient été capturés sur le front de l'Est.

11. Japon : les Japonais lancent l'opération *A-Go*, défense des îles Mariannes, sous les ordres du vice-amiral Ozawa (→ 20).

11. Birmanie : les Chinois déclenchent une offensive en vue de conquérir la Birmanie du Nord. Deux divisions franchissent le Salouen (→ 18).

11. Italie : à 23 h, 1 600 canons ouvrent le feu sur la ligne Gustav (→ 13).

12. Londres : les Alliés avertissent les satellites de l'Axe (Hongrie, Roumanie, Bulgarie) qu'ils subiront des conditions de paix rigoureuses s'ils ne se retirent pas du conflit.

12. Allemagne : 886 bombardiers américains font des raids massifs sur les usines de carburant synthétique.

13. Manche : le torpilleur des FNFL *la Combattante* coule la vedette lance-torpilles *S-147*. L'amiral Dönitz perd son second fils, Klaus.

13. France : grâce à un agent de l'Abwehr, le Belge Alfred Dormal, la Gestapo arrête à Clermont-Ferrand le délégué du CFLN en zone sud, Jacques Bingen. Après une tentative d'évasion, il se suicidera.

Adolf Eichmann, maître chanteur

Eichmann : le chantage continue.

Budapest, 8 mai
Adolf Eichmann, chef des Affaires juives à la Gestapo, se sert des Juifs hongrois comme otages. Il a demandé à Joel Brand, membre du Comité de sauvetage et d'assistance des Juifs hongrois, de se rendre en Turquie pour faire aux Alliés la proposition suivante : les Juifs hongrois seront épargnés contre livraison de 10 000 camions aux Allemands. Entre-temps, un premier convoi de déportés a quitté la Hongrie pour Auschwitz.

Pétain quitte Vichy pour la capitale

Seine-et-Oise, 7 mai
Craignant un débarquement allié imminent, les Allemands redoutent que Pétain soit à cette occasion enlevé ou bien qu'il ne s'évade. Aussi ont-ils décidé de transférer son lieu de résidence en zone nord, où ils pourront plus facilement le surveiller. Selon le communiqué officiel, le Maréchal a décidé de faire un « séjour temporaire » en région parisienne. N'avait-il pas promis aux habitants de la capitale de revenir les voir ? Le texte censuré par Laval ne relate pas les manifestations de tristesse qui ont salué son départ de Vichy. Les photos en ont été interdites à la publication. Onze voitures de policiers allemands ont accompagné la limousine du Maréchal jusqu'au château de Voisins. ▷

Les troupes de Juin s'illustrent sur le Garigliano

Massif du Maio, 13 mai
Depuis ce soir, un immense drapeau français visible depuis la mer jusqu'au mont Cassin flotte sur le Maio. Les Allemands ont évacué le massif dans la journée. Ce qui reste de la 71e division d'infanterie allemande a commencé à se replier en direction du nord-ouest. Au cours d'une audacieuse offensive en deux temps lancée le 10 au soir, les troupes du général Juin sont parvenues à creuser une brèche de 25 km de large sur 12 km de profondeur dans la redoutable ligne Gustav.
Depuis quelque temps, Juin rongeait son frein. Les attaques frontales menées dans les vallées par les Alliés sur la route de Rome lui semblaient vaines et coûteuses. Son plan consistait à rompre les défenses allemandes en s'emparant des sommets qui commandent les vallées. Ce serait l'occasion pour lui de prouver la supériorité de ses troupes nord-africaines rompues à la guerre de montagne, encadrées par des Français qui ne rêvent que de venger l'affront de 1940. Mais ce n'était pas l'avis du général Alexander, qui souhaitait confiner à un rôle de diversion la 5e armée américaine du général Clark, dont dépend le corps expéditionnaire français, pendant que la 8e armée britannique se réserverait l'honneur d'entrer la première dans Rome. Alexander a fini par laisser carte blanche à Clark « entre la 8e armée et la mer ».
Cela suffisait à Juin pour mettre son plan à exécution. Le rôle principal a été dévolu à la 2e division d'infanterie marocaine (DIM) du général Dody qui devait conquérir le mont Faito puis le Maio, assistée par la 1re DFL, la 4e DMM (division marocaine de montagne) et la 3e DIA (division d'infanterie algérienne). L'attaque française était prévue pour le 10 au soir. Elle devait se déclencher à partir de la tête de pont sur le Garigliano, par surprise, donc sans préparation d'artillerie. C'était une erreur. La riposte allemande fut vigoureuse. Dans la nuit, les soldats français se sont pris dans les barbelés et se sont perdus dans les champs de mines. Le Faito a été chèrement conquis, blockhaus par blockhaus. Mais il n'était pas question d'aller plus loin. « On remet ça demain matin », a annoncé Juin.
Le 12 au matin, l'offensive a été relancée, précédée cette fois d'une intense préparation d'artillerie. L'ennemi était fatigué, lui aussi. La 2e DIM a tour à tour conquis les monts Girofano et Cerasola qui défendent tout le massif du Maio. Le Maio lui-même est bientôt tombé. Privés de leurs postes d'observation, les Allemands ne pouvaient plus s'opposer à la progression des troupes françaises dans les vallées. Sant'Andrea, Sant'Ambrogio et Castelforte ont été pris à l'ennemi au prix toutefois de combats de rue meurtriers. Toute l'aile droite du dispositif allemand est à présent ébranlée.
Pendant ce temps, les Américains piétinent devant Santa Maria Infante, les Polonais échouent une fois de plus devant Cassino, et les Britanniques se maintiennent difficilement sur le Rapido.

De Gaulle – en visite sur le front –, Bethouart, Diethlem, Juin et de Lattre.

Les goumiers du général Juin traversent le Garigliano en canot pneumatique.

Les Soviétiques reprennent Sébastopol

Crimée, 9 mai
Après un bombardement qui a duré trois jours, les troupes du général Tolboukhine ont pris d'assaut les ruines de Sébastopol, portant le coup de grâce à la 17e armée allemande et à ses alliés roumains. Les pertes ennemies s'élèvent à près de 20 000 morts, et le nombre de prisonniers à 24 361. Un porte-parole allemand a rendu compte de la défaite des armées du Reich avec une étonnante franchise : « Le matin du troisième jour, quand les Russes ont fait irruption dans le secteur sud de la ville, le haut commandement allemand a décidé de renoncer. » La prise de Sébastopol marque la fin de l'offensive de Crimée, péninsule que les Allemands ont surnommée autrefois leur « porte-avions de la mer Noire ». Les Stuka empêchaient jusqu'alors les Soviétiques d'exploiter leur flotte dans la région. Maintenant qu'ils ont repris la Crimée, ces derniers vont pouvoir utiliser le port de Sébastopol, une fois reconstruit, pour lancer des attaques contre les côtes roumaines.

La Wehrmacht se retire de Crimée

Sébastopol, 13 mai
Les derniers effectifs de la 17e armée allemande, en déroute depuis la prise de Sébastopol il y a quatre jours, ont rembarqué au cap Kherson. Toute la péninsule de Crimée est désormais aux mains de l'Armée rouge, qui peut se prévaloir d'avoir éliminé lors des combats pour Sébastopol quelque 40 000 hommes. Ces chiffres portent à 110 000 le nombre total de morts, de blessés et de prisonniers des forces de l'Axe durant l'offensive de Crimée. L'évacuation de la péninsule par les Allemands ne s'est pas déroulé dans les meilleures conditions : 19[illegible] de leurs navires, parmi lesquels 69 transporteurs de troupes, ont été coulés par la marine et l'aviation soviétiques, faisant 8 000 nouvelles victimes. L'Armée rouge a saisi 111 chars, 2 304 pièces d'artillerie et 49 avions. La déroute allemande illustre les profondes divisions qui minent l'état-major de Hitler. Le mot d'ordre du Führer, ne jamais céder et lutter sans merci jusqu'au dernier homme, ne semble plus l'honneur. (→ 31)

Les Alliés à l'attaque sur le front italien

Italie, 13 mai
Les Alliés ne sont toujours pas parvenus à percer le front allemand autour de Cassino, la fameuse ligne Gustav. Mais, après trois tentatives infructueuses, ils ont décidé de tenter une nouvelle percée vers le nord avec des effectifs accrus : des troupes britanniques, polonaises, américaines, canadiennes et coloniales françaises s'efforcent désormais de briser sur un front réduit les lignes allemandes. Avant-hier, les soldats marocains du corps expéditionnaire français du général Juin ont pris le mont Faito, tandis que, sur leur flanc droit, la 8e division indienne et la 4e division britannique parvenaient à passer les eaux tumultueuses du Rapido et à élargir des têtes de pont sous le feu nourri des Allemands. Le 2e corps polonais, quant à lui, attaque le mont Cassin par les versants est et nord, et le 2e corps américain progresse de son côté le long de la côte. L'offensive combinée, qui a été minutieusement préparée, doit coïncider avec le débarquement allié dans le nord de la France. Les Allemands, dupés par les mouvements des Alliés qui leur ont fait croire à un nouveau débarquement au nord de Rome, ont déplacé inutilement deux divisions. L'actuelle offensive alliée a commencé avant-hier à 23 h dans la vallée du Liri avec le tir de 1 600 pièces d'artillerie. A l'aube, les chars alliés sont passés à l'attaque, couverts par 3 000 avions.

.a lente progression vers le nord de l'infanterie américaine en Italie.

.es bases alliées en .hine bombardées

:hongqing, 11 mai
.es Japonais ont attaqué les bases ériennes des Alliés en Chine, afin 'empêcher les Américains d'utili-er leurs B-29 pour monter des aids contre le Japon. Dans la rainte que les Japonais puissent arvenir à leurs fins, le général 'laire Chennault, commandant de 14e armée de l'air américaine, a emandé des renforts, mais l'offen-ive japonaise en Birmanie mobilise outes les troupes alliées. (→ 17)

La côte danoise fermée au trafic

Copenhague, 9 mai
Avec un débarquement allié maintenant imminent, les nazis ont fermé au trafic maritime toute la côte nord du Danemark. Le général Haneken, responsable du secteur danois du mur de l'Atlantique, a annoncé que son artillerie ouvrira le feu sur toute embarcation passant à moins de dix milles des côtes. Les îles danoises se retrouvent coupées du continent. La même situation prévaut aux Pays-Bas. (→ 28.6)

1944

Mai

Di	Lu	Ma	Me	Je	Ve	Sa
	1	2	3	4	5	6
7	8	9	10	11	12	13
14	15	16	17	18	19	20
21	22	23	24	25	26	27
28	29	30	31			

14. Italie : le 13e corps britannique établit une tête de pont à côté de Sant' Angelo, sur la rive ouest du Rapido.

14. Grande-Bretagne : des officiers du renseignement déchiffrent un message codé de Göring. Ils découvrent ainsi une opération visant à tromper les bombardiers alliés en les attirant vers des aérodromes inutilisés.

15. Budapest : l'évacuation massive des Juifs de Hongrie vers Auschwitz commence, à raison de 4 000 par jour (→ 25).

15. France : les Allemands suppriment tous les trains civils. Les attaques aériennes contre le système ferroviaire perturbent les mouvements militaires (→ 21).

15. Italie : la 1re DFL s'empare de San Giorgio a Liri.

16. Allemagne : le maréchal Milch ordonne de préparer le bombardement de la Grande-Bretagne avec des bombes volantes FZG-76 [V1] (→ 13.6).

16. Alger : le général de Gaulle accepte les plans d'action de la Résistance au jour J. Le plan *Vert* vise le sabotage ferroviaire, le *Bleu* les installations électriques, le *Violet* les transmissions et *Bibendum* doit empêcher l'arrivée de renforts (→ 5.6).

17. Nouvelle-Guinée : les Américains débarquent sur l'île de Wake (→ 18).

17. Java : les Alliés détruisent les dépôts de carburant de la base japonaise de Surabaya.

17. Chine : dans le Yunnan, les Chinois s'emparent de la zone autour du pont Huei-jen (→ 25).

18. Mer de Norvège : l'*U-241* est coulé par un Catalina de la RAF. Avant-hier, l'*U-240* a été coulé par un Sunderland.

19. Italie : les troupes américaines occupent Gaète et le mont Grande (→ 23).

20. Pacifique : une escadre de porte-avions américains attaque l'île de Marcus, au nord-est des Mariannes.

20. Nouvelle-Guinée : l'île de Wake est aux mains des Américains. Les 809 défenseurs japonais ont été tués (→ 29).

Des évadés du stalag Luft III sont repris et fusillés

Sinistre mirador du stalag Luft III.

Stalag Luft III, 19 mai
Encore un crime de guerre à mettre au compte des Allemands : la Gestapo a fait fusiller cinquante aviateurs alliés, évadés en mars du camp de prisonniers nazi près de Sagan, en Silésie, et repris par la suite. L'ordre d'exécution émanait très certainement de Hitler lui-même, rendu furieux lorsqu'il avait appris leur évasion. Il avait même agoni d'injures Himmler, le chef de la Gestapo, le rendant personnellement responsable de leur évasion. Seuls trois évadés – deux Norvégiens et un Danois – sont parvenus à rejoindre l'Angleterre en ralliant Stettin, à l'embouchure de l'Oder, et en y trouvant passage pour la Suède. D'autres évadés sont parvenus à Sarrebruck, non loin de la frontière française, avant d'être repris.
Au lieu d'être remis à la Luftwaffe, comme le stipule la convention de Genève, les aviateurs avaient été livrés à la Gestapo. La plupart ont été fusillés à la prison de Gorlitz, près de Dresde. Une vingtaine ont été renvoyés au stalag, où ils ont pu témoigner des exécutions auprès de leurs compagnons. L'un d'entre eux, toujours détenu au stalag, est le pilote canadien Wally Moody, l'ingénieur des mines qui avait conçu le tunnel d'évasion. L'alarme avait été donnée avant que ne vienne son tour d'emprunter la galerie.

▷

La chute du mont Cassin ouvre la route de Rome

Mont Cassin, 18 mai
L'ancienne abbaye du Mont-Cassin, symbole de la résistance allemande, est tombée aux mains des troupes alliées. Une première tentative du 2e corps polonais le 12 mai avait échoué, tandis que la 8e armée se battait en vain pour sortir de l'impasse dans la vallée du Liri et que le 13e corps britannique se heurtait toujours à une résistance acharnée sur les rives du Rapido. Près de la côte, le 2e corps américain était également tenu en échec quand soudain la bataille tourna en faveur des Alliés. La 2e division marocaine française parvenait à franchir un terrain montagneux prétendument inaccessible et à mettre la 71e division allemande en déroute. Du coup, Américains et Britanniques reprenaient leur progression. Les Polonais se lançaient de nouveau à l'assaut du mont Cassin et parvenaient cette fois-ci à en chasser les parachutistes allemands. Depuis ce matin, le drapeau polonais flotte sur les ruines de l'abbaye bénédictine déjà plusieurs fois détruite.

La ville de Cassino ravagée par plusieurs semaines de combat : en haut à droite, les ruines de l'abbaye.

Juin poursuit son offensive dans les montagnes

Italie, 19 mai
La progression des troupes françaises a certainement beaucoup pesé dans la décision du maréchal Kesselring d'ordonner à ses parachutistes d'évacuer le mont Cassin. En effet, après être parvenus à franchir les monts Aurunces, les soldats nord-africains du général Juin avaient coupé la route stratégique reliant Itri à Pico, puis ont commencé aujourd'hui le siège de Pico, cœur de la ligne Hitler et nœud de communication important, menaçant les arrières du dispositif ennemi. A la suite du retrait allemand sur la ligne Hitler le 15, Juin avait préféré poursuivre son offensive dans la montagne plutôt que s'épuiser à conquérir les vallées encaissées faciles à défendre. Aussi, dans la nuit du 15 au 16 a-t-il lancé 25 000 hommes et 4 000 mulets à l'assaut des parois des monts Aurunces, réputés infranchissables par les Allemands. Ils ont ainsi pris tour à tour les monts Petrella, Revole et Fagetta.

Le général Juin observe sur le terrain les résultats de sa tactique : conquérir les sommets plutôt que les vallées.

Le Japon s'accroche à sa base birmane

Birmanie, 18 mai
Les Alliés se sont emparés de la gare de Myitkyina, importante base japonaise de ravitaillement sur la ligne Rangoon-Mandalay. Hier déjà, le 150e régiment de la 50e division chinoise était parvenu à prendre le terrain d'aviation de Myitkyina, seule piste en dur de toute la Birmanie du Nord. Seule ombre au tableau, les Maraudeurs de Merrill, équivalent américain des Chindits de Wingate, ne sont toujours pas parvenus à entrer dans la ville, repoussés par les Japonais et diminués pour leur part par trois mois de rudes combats dans la jungle. Ils sont en route depuis le mois de mars, descendant depuis Ledo au nord-est, parallèlement à la 38e division chinoise. Aujourd'hui, ils attendent précisément le renfort de cette 38e division pour repartir à l'attaque de Myitkyina. (→ 2.6)

Qui administrera les pays libérés ?

Londres, 16 mai
Maintenant que leurs pays sont sur le point d'être libérés, les gouvernements en exil s'apprêtent à assumer leurs nouvelles fonctions. Les gouvernements de la Belgique, des Pays-Bas et de la Norvège ont signé un accord de coopération avec les forces alliées, qui porte sur l'administration des territoires libérés. Les accords signés à Londres donnent aux commandants alliés « toute latitude de responsabilité et d'autorité suprêmes à l'égard de la population civile, comme la situation militaire l'exigera ». Les dispositions sont temporaires et les gouvernements reprendront tous leurs droits dès que la situation le permettra. Des pourparlers sont en cours avec le général de Gaulle en ce qui concerne l'administration des futurs territoires français libérés.

Un gouvernement provisoire à Alger

L'Assemblée consultative d'Alger, le parlement de la France libre.

Alger, 15 mai
L'Assemblée consultative a approuvé à l'unanimité une résolution invitant le Comité français de libération nationale (CFLN) à prendre désormais le nom de Gouvernement provisoire de la République française (GPRF). Avant-hier, Vincent Auriol avait affirmé à la tribune : « On ne reconnaît pas le Comité ou l'Assemblée pour ne pas préjuger de l'avenir du peuple français et le laisser libre de manifester son opinion. Mais, pour qu'il vote, ce peuple, il faut bien qu'un gouvernement le convoque, prépare les lois électorales, administre le territoire. Quelle autorité peut faire cela ? Ni Pétain, ni Hitler, ni certains dont nous parlons... C'est donc le gouvernement de fait qui assurera cette tâche. »
Cette décision visait essentiellement à « baliser le terrain » avant la libération du territoire et face aux décisions alliées, principalement américaines, de gérer la France libérée comme un pays vaincu et sans Etat. C'est aussi dans ce but que se développe depuis un certain temps à Alger toute une activité institutionnelle.

Le Commonwealth prépare l'après-guerre

éunis à Londres : Smuts, Mackenzie King, Churchill, Curtin et Fraser.

rande-Bretagne, 17 mai
es Premiers ministres britannique, nadien, australien, néo-zélandais sud-africain se sont réunis à ondres pour jeter les grandes ases de leur politique d'après-uerre. Ils ont réaffirmé leur vonté commune de contribuer après victoire à l'établissement d'une ganisation mondiale chargée de éserver la paix. Les ministres du Commonwealth ont ainsi déclaré en substance : « Nous nous réjouissons des liens de parenté qui nous unissent. Nous avons fait front ensemble à deux guerres mondiales et notre alliance en est sortie grandie. Nous rendons grâces à Dieu de nous avoir délivrés d'un si grand péril et nous nous devons par tous les moyens de mettre fin au supplice de l'humanité. »

Victoire alliée aux îles de l'Amirauté

Pacifique, 18 mai
MacArthur et l'armée américaine ont fini par venir à bout des dernières poches de résistance japonaises dans les îles de l'Amirauté, au nord-est de la Nouvelle-Guinée. La campagne avait pour but de prendre leurs terrains d'aviation et de couper les dernières lignes de ravitaillement de leurs bases de Rabaul et de Kavieng. La campagne a duré trois mois et a coûté aux Américains 326 morts et 1 189 blessés, contre 3 280 morts et 75 prisonniers du côté japonais.

Hommage au grand jour à la Résistance

Carmaux, 20 mai
Plusieurs milliers de personnes, encadrées par des membres armés des groupes francs de la région de Montpellier, ont assisté aux obsèques de Louis Torcatis, dit Bouloc. Chef régional des groupes francs et des corps francs de la Libération, ce dernier a été assassiné le 18 sur les ordres de l'intendant de police Marty. Après le sermon, la foule a entonné *la Marseillaise*. Bien que prévenus, ni la Milice ni les Allemands n'ont osé intervenir et empêcher cet hommage à un résistant.

1944

Mai

Di	Lu	Ma	Me	Je	Ve	Sa
	1	2	3	4	5	6
7	8	9	10	11	12	13
14	15	16	17	18	19	20
21	22	23	24	25	26	27
28	29	30	31			

21. Europe : l'aviation alliée lance l'opération *Chattanooga*, destruction systématique des cibles ferroviaires.

23. Italie : les Alliés déclenchent une offensive à partir de la tête de pont d'Anzio.

24. Italie : la 3e division américaine atteint Cisterna, dans le secteur d'Anzio.
Le 11e bataillon de marche de la 1re DFL enlève Pontecorvo après de violents combats.
Hitler autorise Kesselring à se replier sur la ligne César (→ 25).

25. Chine : les Japonais prennent Lo-yang, dans la province du Henan (→ 1.6).

25. Budapest : 138 870 Juifs hongrois ont été déportés à Auschwitz. La moitié ont été immédiatement gazés.

26. France : l'aviation alliée bombarde Saint-Etienne, Lyon, Nice et Chambéry. 2 086 civils sont tués, 3 043 blessés (→ 31).

27. Londres : les Alliés abandonnent les plans de largage de parachutistes dans le centre du Cotentin. Ils ont appris par les décodages Ultra que les Allemands y ont déplacé d'importants renforts.

27. Paris : première au Vieux-Colombier de *Huit Clos*, pièce de Jean-Paul Sartre.

27. Paris : la police française détruit l'imprimerie de *Défense de la France* (→ 17.6).

28. France : à la suite de dénonciations, les Allemands anéantissent le maquis Bir Hakeim à La Parade, en Lozère (→ 5.6).

29. Nouvelle-Guinée : sur l'île de Biak, la première bataille de blindés de la guerre du Pacifique est engagée.→

30. Londres : le général Kœnig est officiellement reconnu commandant en chef des FFI par Eisenhower. Il est assisté d'un état-major tripartite, dirigé par le colonel Passy.

31. Moscou : Staline et son état-major mettent au point l'opération *Bagration* pour libérer la Biélorussie (→ 20.6).

31. Auschwitz : les SS ont récupéré 40 kg de dents en or sur les Juifs hongrois gazés depuis le 17 mai (→ 14.6).

L'Europe est noyée sous les bombes

Londres, 31 mai
L'aviation alliée martèle les objectifs d'invasion à travers toute l'Europe, enchaînant leurs raids jour et nuit. Ne serait-ce qu'aujourd'hui, les attaques ont porté sur les ponts de la Seine, quatre gares de triage en Allemagne et les installations pétrolières de Ploiesti en Roumanie. Pour ce faire, les Alliés ont mobilisé pas moins de mille bombardiers lourds et mille deux cents chasseurs. La Luftwaffe n'est pratiquement pas intervenue, et seuls un bombardier et quatre chasseurs ne sont pas rentrés du raid. Libérés de leur fonction d'escorte, les chasseurs ont même pu passer à l'attaque et mitrailler des voies ferrées et des terrains d'aviation. Ils ont été relayés en fin de journée par des chasseurs bombardiers, qui ont attaqué deux bases aériennes dans l'ouest de l'Allemagne et mis le feu aux installations et aux avions au sol. Quant aux raids de nuit, ils font tout autant de dégâts. La nuit dernière, la RAF s'est concentrée sur un objectif secret de la côte française, sans perdre un seul avion. Le raid a également permis de larguer de nombreuses mines en mer ainsi que dans les fleuves, et de lancer trente Mosquito à l'attaque des complexes chimiques de Leverkusen. Cette nuit, pour la cinquième fois consécutive, les bombardiers de la RAF ont pilonné la côte française entre Calais et Boulogne, larguant des centaines de tonnes de bombes sur les batteries allemandes, les défenses côtières et le réseau de transport nazi. Au crépuscule d'autres avions de la RAF ont décollé pour le Reich. (→ 6.6)

Un bombardier Havoc A-20 lâche ses bombes sur une gare française.

La propagande exploite les effets des bombardements alliés

France, 31 mai
Après l'hommage officiel du maréchal Pétain aux victimes des raids alliés, Vichy prendra le relais de la propagande allemande et exploitera à son tour les effets désastreux des bombardements alliés. Un journal comme *l'Œuvre*, publié à Paris par un groupe de collaborateurs, titre « Les massacres continuent » et commente : « Plus de 12 000 morts depuis deux mois au compte des *libérateurs* », puis détaille « le tragique bilan de la Pentecôte » au cours duquel, selon l'article, près de 6 000 Français ont péri sous les bombes alliées. De leur côté, les responsables des services secrets de la France libre ont envoyé hier le message suivant à Londres au sujet du bombardement d'Orléans, le 26 : « On se demande quel procédé de visée ont employé les aviateurs alliés pour *moucher* la cathédrale alors qu'ils essayaient d'avoir l'embranchement des Aubrais. » Le bilan est de 300 morts. Le bombardement de Lyon, le lendemain, n'était pas plus précis : 400 appareils ont largué sur la ville 1 500 bombes de 250 à 500 kilos. Des trois gares visées, seule celle de Vaise a été endommagée. On déplora 700 morts. Il est vrai que les équipages britanniques opérant de nuit étaient pl précis. Aujourd'hui, ce sont des lotes américains trop rapideme entraînés qui larguent leurs bomb de jour, à très haute altitude, signal de leur leader.

La capitale est durement touchée par des bombardements aveugles.

·uet-apens japonais en Nouvelle-Guinée

ak, Nouvelle-Guinée, 29 mai
ɛs troupes de choc du général acArthur, à l'attaque en Nou-lle-Guinée, sont tombées dans un ège tendu par les Japonais. Les ɔupes des 158ᵉ, 162ᵉ et 186ᵉ régi-ɛnts d'infanterie avaient débar-ɩé hier à Bosnik sur l'île de Biak, . large des côtes de la Nouvelle-uinée avant de s'enfoncer dans ɩe vallée bordée d'une haute fa-se afin de gagner les terrains aviation japonais au cœur de l'île. e rencontrant pour toute résis-ɩnce que de rares salves de mitrail-ɩses et de mortiers, ils avaient teint la plus orientale des bases ponaises à Mokmer, la trouvant rangement désertée avec ses bâti-ents encore intacts. Mais à peine ; troupes s'étaient-elles avancées r le terrain qu'une pluie d'obus se ettait à tomber, tirée depuis les cavernes de la falaise. Le colonel Naoyuki Kuzume s'y est apparemment retranché avec un nombre considérable de ses soldats, peut-être la totalité de sa garnison de 11 000 hommes. Les déloger pourrait prendre des mois, une mauvaise surprise pour MacArthur qui tablait sur une offensive de quelques semaines le mettant en vue des Philippines, distantes de 1 400 km. MacArthur a demandé des chars et des bombardiers pour renforcer les troupes clouées à Mokmer. Il a fait stationner des bombardiers Mitchell à Wake, petit îlot de corail situé à 350 km à l'est de Biak.
Wake est tombé aux mains des Alliés il y a dix jours, à l'issue d'un combat qui a fait 809 morts en trois jours parmi les Japonais et 43 morts et 139 blessés du côté des forces américaines. (→ 7.6)

ébarquement sans histoire sur l'île de Biak : la surprise est pour plus tard.*

·ormann autorise le lynchage des pilotes

llemagne, 30 mai
ɛs pilotes alliés abattus au-dessus : l'Allemagne ne doivent plus attendre à la moindre pitié. Tel est sens de la directive envoyée au-urd'hui par le Reichsleiter Martin ɔrmann à tous les dirigeants de gion nazis. La « loi du lynch » t ainsi formellement approuvée ır le gouvernement de Berlin. La rective de Bormann, représentant ı parti auprès du Führer et res-ɔnsable de son organisation, fait ite à un article de presse du ministre de la Propagande, Joseph Goebbels, daté du 27 mai. Sous le titre « Commentaires sur la terreur aérienne de l'ennemi », Goebbels concluait qu'en raison des « méthodes criminelles de combat » de l'aviation alliée ses pilotes ne pouvaient plus compter sur la bonté du peuple allemand qui répondrait au meurtre par le meurtre dans sa « légitime colère ». La directive de Bormann donne ainsi une caution gouvernementale aux incitations de Goebbels à une justice populaire.

Avance alliée sur Rome

Destination Rome : une Jeep isolée fait route à travers la campagne.

Terracina, Italie, 25 mai
Les patrouilles des 2ᵉ et 3ᵉ corps américains ont effectué leur jonction aujourd'hui dans les marais Pontins, non loin du village de Terracina, mettant un terme à quatre mois d'immobilisation des troupes débarquées. La marche sur Rome a commencé, mais les Alliés ne sont pas au bout de leurs peines.
L'armée allemande se retranche au nord-ouest derrière une nouvelle ligne défensive, la ligne César, non sans avoir livré auparavant une résistance farouche à Cisterna, où 950 soldats de la 3ᵉ division américaine ont été tués ou blessés. Le commandant américain, le général Mark Clark, aimerait voir la totalité des troupes débarquées marcher sur Rome, mais le général Harold G. Alexander, commandant en chef des forces alliées, a donné l'ordre d'attaquer Valmontone où il espère conjuguer l'offensive avec la remontée de la 8ᵉ armée britannique pour prendre la 10ᵉ armée allemande en tenailles. Clark va tenter le compromis. Il a donné l'ordre au général Lucien Truscott de scinder ses forces et de porter l'attaque avec le 6ᵉ corps le long de l'autoroute 7 sur Albano et sur Valmontone. Aujourd'hui a débuté l'offensive sur cet important nœud de communications sur l'autoroute 6, mais s'est aussitôt heurtée aux chars et aux armes antichars des nazis. (→ 4.6)

Tito échappe de justesse aux Allemands

Drvar, Bosnie, 25 mai
Tito, chef des partisans yougoslaves, et le major Randolph Churchill, fils du Premier ministre britannique, ont failli être capturés aujourd'hui par des parachutistes allemands et des soldats aéroportés par planeurs qui encerclaient le quartier général des partisans situé dans le village de Drvar. Le major Churchill, qui fait partie de la mission militaire britannique, avait quitté les lieux quelques minutes avant l'attaque. Tito a dû abandonner un de ses officiers agonisant, blessé à la tête. Deux correspondants de guerre ont été capturés : John Talbot, de l'agence Reuter, et Stoyan Pribichevich, de *Time-Life*, mais ce dernier a finalement réussi à s'échapper. On pense que l'attaque s'est faite à l'instigation du major SS Otto Skorzeny, le sauveur de Mussolini. Les autres membres de la mission britannique avaient heureusement évacué le quartier général plusieurs jours auparavant. L'ampleur de l'opération, précédée d'attaques en piqué et escortée par des blindés et de l'infanterie, montre que les Allemands s'inquiètent sérieusement des succès répétés de Tito. Le chef des partisans s'étant enfui à cheval pour se cacher dans les montagnes, les Allemands ont fait payer leur échec à la population de Drvar. Presque tous les habitants du village – femmes et nouveau-nés compris – ont été emmenés sur la place principale pour y être fusillés.

Randolph Churchill jeune marié ; à présent, il combat avec Tito.

Hitler s'adressant à un général sur le front de l'Est, vu par le caricaturiste russe Kukriniksi.

Paris va-t-il mourir de faim ?

Paris, juin
Avenue de l'Observatoire, un Allemand trait une vache tandis que des passants font la queue pour boire un verre de lait. Cette scène plutôt insolite montre à quel point les Parisiens, tenaillés par la faim, sont à l'affût de la moindre denrée comestible, qui atteint d'ailleurs des prix prohibitifs. Alors que le salaire d'une dactylo est en moyenne de 50 F par jour, les carottes se vendent 30 F les huit, le beurre 350 F le kilo et le café, luxe suprême, 1 000 à 2 000 F au marché noir. Il vaut mieux réserver son argent pour l'achat de pommes de terre, nourriture bien plus consistante. Elles coûtent environ 375 F le kg.

Moins de chômage pour l'après-guerre

Grande-Bretagne, 26 mai
La Grande-Bretagne sortira de la crise après la guerre, et le chômage sera jugulé. C'est ce qu'affirme un livre blanc du gouvernement, qui prône une politique d'expansion créatrice d'emplois. Il y est prévu notamment d'importants investissements pour les travaux publics. Le gouvernement sera assisté par des experts pour les questions de commerce international. Des subventions permettront de maintenir la stabilité des prix.

Le Canada intensifie son effort de guerre

Ottawa, 31 mai
Dans tout le pays, les familles suivent avec anxiété l'évolution de la situation en Europe : en effet, 30 000 soldats canadiens combattent dans les armées alliées.
Le Premier ministre, William Mackenzie King, pensait que le Canada profiterait de la guerre sans sacrifier de vies humaines. En fait, sa population de onze millions d'habitants participe très activement à l'effort de guerre allié. Parmi les 500 000 hommes de son armée, beaucoup sont tombés à Hong Kong, à Dieppe et en Italie. Les six cents vaisseaux de sa marine ont escorté plus de la moitié des convois dans l'Atlantique. Ses chaînes de montage produisent des canons à moyenne portée encore plus vite que Krupp à Essen ou que l'usine soviétique de Magnitogorsk, tandis que ses chantiers navals sont très actifs. Grâce à l'énergie fournie par la centrale hydroélectrique du lac St. John, le Canada est devenu le troisième producteur du monde d'aluminium. A Goose Bay, dans le Labrador, les pistes d'atterrissage en béton du nouvel aéroport sont prêtes pour accueillir des avions assez lourds pour traverser l'Atlantique. Sur la côte du Pacifique, dans une île de la Colombie britannique, un aéroport similaire assure la défense des îles Aléoutiennes contre les Japonais.

1944

Juin

Di	Lu	Ma	Me	Je	Ve	Sa
				1	2	3
4	5	6	7	8	9	10
11	12	13	14	15	16	17
18	19	20	21	22	23	24
25	26	27	28	29	30	

1er. Chine : les Japonais s'emparent de Pingchien et de Changshouchie.

1er. Grande-Bretagne : les opérations *Courage Nord* et *Courage Sud* s'achèvent. Leur but était de persuader les Allemands que l'invasion se ferait en même temps en Norvège et dans le Pas-de-Calais.

2. Birmanie : les forces alliées assiègent la garnison japonaise de Myitkyina (→ 16).

2. Europe : l'opération *Forcené* débute : raid de 130 bombardiers alliés en navette d'Afrique du Nord à l'URSS, et, au passage, attaque des cibles en Hongrie et en Roumanie.

3. Inde : la bataille de Kohima est terminée.

4. France : la nuit dernière, 259 bombardiers de la RAF ont attaqué quatre batteries côtières, une en Normandie et trois dans le Pas-de-Calais.

4. Italie : les Américains entrent dans Rome.→

4. Portsmouth : altercation entre Churchill et de Gaulle, qui s'oppose à la mise en place d'une administration militaire alliée en France (→ 14.6).

5. France : Rommel quitte son QG pour l'Allemagne (→ 6).

5. Londres : après la diffusion, le 1er de ce mois, du vers de la *Chanson d'automne* de Verlaine, « Les sanglots longs des violons de l'automne », la BBC diffuse le vers suivant : « Blessent mon cœur d'une langueur monotone ». C'est, pour la Résistance, le signal pour déclencher les sabotages.→

5. Normandie : peu avant minuit, des éclaireurs alliés sont parachutés pour baliser les zones d'atterrissage des troupes aéroportées : près de Caen, à Bénouville, pour les Britanniques ; autour de Sainte-Mère-Eglise, dans le Cotentin, pour les Américains. Sont également parachutés des éléments du 2e RCP dans le Morbihan, zone Malestroit – Saint-Marcel devant empêcher, avec l'appui des FFI, les 150 000 hommes de la Wehrmacht en Bretagne de passer en Normandie.→

Les Américains entrent dans Rome

Rome, 4 juin
Le jour n'est pas encore levé quand les premières Jeep américaines franchissent prudemment le Tibre pour atteindre la basilique Saint-Pierre. Les Allemands ont laissé Rome intacte, et la première des trois capitales de l'Axe est tombée. Si l'avancée des troupes américaines rencontre encore certains îlots de résistance allemande dans les faubourgs, le gros des hommes de Kesselring a fui vers le nord, chassé par l'avant-garde de la 8e armée britannique et par celle du CEF, dont la 1re DFL qui a occupé Tivoli en fin de matinée. Poggionovo, jeune soldat corse du BIMP, hissera symboliquement le drapeau frappé de la Croix de Lorraine sur l'ambassade de France au Palais Farnèse. Deux millions de Romains déferlent dans les rues. Les soldats allemands, qui se dirigent vers Sienne sous le feu de 500 bombardiers lourds, n'ont pas l'occasion d'appliquer de sanglantes représailles, comme ils l'avaient déjà fait à Naples en octobre dernier. Ils avaient bien déclaré Rome ville ouverte, mais les Alliés restaient prudents. Devant le Capitole, une foule innombrable ovationne le général Mark Clark et ses hommes. Les Allemands ont épargné Rome et ils vont probablement exploiter ce geste : déjà, Radio Berlin a nié toute valeur stratégique à la ville et fait de Hitler son sauveur, alors même que les Alliés découvrent les corps de 336 otages jetés dans des grottes par les SS. (→ 7)

Devant le Colisée, les Italiens accueillent joyeusement leurs libérateurs.

Les troupes alliées fonçant dans les rues de Rome dépassent un char en feu.

Londres jette dans la bataille toutes les forces de la Résistance

Londres, 5 juin
Fin 1943, le Bloc-Planning, constitué par quatre spécialistes français du renseignement et dépendant du bureau central de renseignement et d'action de la France libre, puis de la France combattante à Londres, avait élaboré divers plans de sabotage destinés à être exécutés par la Résistance en soutien au débarquement : le plan *Vert* pour la destruction des voies de chemin de fer, le plan *Jaune* pour les PC ennemis, le plan *Rouge* pour les dépôts de munitions, le plan *Bleu* pour les lignes électriques, le plan *Violet* pour les lignes de télécommunications à longue distance, le plan *Bibendum*, ex-plan *Tortue*, enfin, pour les voies de communications permettant les mouvements des renforts allemands. Tout a été calculé en vue de leur mise en œuvre successive. Chaque région était placée sous les ordres d'un délégué militaire chargé de mettre en place des équipes de sabotage.
Au moment choisi, la BBC devait diffuser le message propre à chaque type d'opération. Cette mécanique de précision autorisait une grande souplesse d'action. Aujourd'hui, à la demande du général Eisenhower, la BBC a lancé tous les messages simultanément. Consulté, le général Kœnig, commandant en chef des FFI à Londres, avait donné son accord. Informé, de Gaulle n'avait émis aucune réserve.
Le déclenchement simultané de ces plans présente l'avantage de multiplier sur une grande surface les difficultés de communication et de transport de l'ennemi et, parallèlement, d'accroître son incertitude quant au lieu de la principale bataille, une immobilisation de ses troupes étant un élément important dans le déroulement de l'opération. 44 équipes mixtes franco-alliées participèrent à l'exécution de ces plans et, dans le cadre de la stratégie choisie, exécutèrent les missions *Jodburgh* et *Sussex*.

De Gaulle refuse de céder aux Alliés

Londres, 5 juin
A la dernière minute, une violente mésentente entre le général de Gaulle et les dirigeants anglo-saxons a risqué de ternir l'éclat de l'opération *Overlord* et de compromettre l'avenir des relations interalliées. Hier, de Gaulle a rencontré Churchill à Londres. Il s'est élevé contre le projet d'administration alliée de la France après sa libération et il a stigmatisé la mission de l'Amgot (administration militaire alliée des territoires occupés), notamment son projet de diffuser une « monnaie fabriquée à l'étranger, qui aurait cours forcé en France ». Fidèle interprète de Roosevelt, Churchill lui a répondu : « Chaque fois qu'il nous faudra choisir entre l'Europe et le grand large, nous serons toujours pour le grand large. » Les deux hommes se sont rendus ensuite chez Eisenhower, qui avait soumis à de Gaulle le projet de la déclaration qu'il se proposait de lire à la BBC et de diffuser en France sous forme de tracts. De Gaulle l'a jugée « inacceptable ». Dans son message, le commandant en chef interallié invitait les Français à « exécuter ses ordres » et, après avoir précisé que « dans l'administration, tout le monde continuerait d'exercer ses fonctions », annonçait que « les Français choisiront eux-mêmes leurs représentants et leur gouvernement », sans faire la moindre allusion au président du CFLN.
Ayant appris aujourd'hui que le texte de la déclaration était déjà imprimé, de Gaulle a décidé de ne pas envoyer sur le continent, avec l'échelon administratif interallié, les 220 membres de la MMLA, la mission militaire de liaison administrative. De plus, il a exigé de pouvoir adresser au peuple français un message radiodiffusé. Au ministère britannique des Affaires étrangères, Anthony Eden et l'ambassadeur français Pierre Viénot se sont fait l'écho de la « haine » que se portent de Gaulle et Churchill. Mais, finalement, les revendications de De Gaulle ont été acceptées. L'engagement du MMLA sera réduit. Le général parlera à la radio à l'heure de son choix, seul, sans être précédé ni suivi d'aucun autre chef d'Etat ou de gouvernement. ▷

Eisenhower déclenche l'invasion

Portsmouth, 5 juin

A 16 h, les dés étaient jetés, sans appel. Vu l'état de fatigue des soldats, entassés dans les barges de débarquement depuis trois jours, Montgomery voulait lancer l'invasion hier, malgré le mauvais temps. Mais Eisenhower a différé *Overlord* de 24 heures : les bateaux de guerre déjà en mer ont été rappelés. Parmi les officiers réunis autour d'Eisenhower, Montgomery et l'amiral Ramsay voulaient profiter d'une possible embellie pour donner le feu vert ; mais pour le délégué d'Eisenhower, le général Tedder, le risque d'une nouvelle détérioration du temps, qui rendrait inefficace la couverture aérienne, était trop grand. Les conditions idéales pour l'opération (marée montante au petit matin et pleine lune pour le parachutage des troupes) ne seront réunies que les 5 et 6. Sinon, l'invasion devra être reportée au 19, mais un million d'hommes ont déjà embarqué avec leur équipement. Eisenhower prendra seul la décision. « J'affirme que nous devons attaquer. Cela ne me plaît pas, mais je ne vois pas d'autre choix », dit-il lentement et ajoute : « OK, allons-y ! » Puis, il a consigné par écrit son entière responsabilité. (→ 6)

Eisenhower discute avec un parachutiste américain prêt pour le jour J.

Partout en France, la Résistance est prête à donner l'assaut

France, 5 juin

Opérations de guérilla ou insurrection nationale ? Telle était la principale question qui divisait les FTP – communistes – des autres composantes des FFI, il y a encore peu de temps. La diffusion simultanée de tous les messages destinés à activer les opérations de sabotage ne laisse plus de doute. L'assistance de la Résistance aux opérations militaires alliées prendra la forme d'un soulèvement général planifié.

Depuis ces dernières semaines, les effectifs des maquis ont considérablement augmenté. Dans toutes les régions de France, des milliers d'hommes se tiennent prêts. Certains sont bien équipés grâce aux parachutages, mais d'autres les ont vainement attendus. En face, les Allemands sont toujours là, nombreux, puissants et rendus de plus en plus nerveux par la recrudescence des sabotages et des attentats, autant d'actions « commandées » par Londres ou effectuées par des groupes pressés d'en découdre.

La présence sur place des équipes franco-alliées parachutées, l'importance des liaisons radio avec Londres et Alger, les largages de conteneurs d'armes et d'équipements pour quelque 20 000 hommes durant le seul mois de mai entretiennent un climat d'enthousiasme, qui n'empêche pas les lucides de trouver les côtes normandes bien éloignées de leur propre base d'opérations.

Des maquisards récupèrent des containers parachutés contenant des armes.

1944

Juin

Di	Lu	Ma	Me	Je	Ve	Sa
				1	2	3
4	5	6	7	8	9	10
11	12	13	14	15	16	17
18	19	20	21	22	23	24
25	26	27	28	29	30	

JOUR J

0 h. Normandie : les premiers parachutistes de trois divisions aéroportées anglo-américaines sont largués sur le Cotentin et à l'est de l'Orne.

0 h 16. Canal de Caen : six planeurs britanniques atterrissent avec un détachement qui doit s'emparer des ponts.

1 h 45. Normandie : le général allemand Marcks déclenche l'alerte d'invasion.

2 h 40. France : de son QG, von Rundstedt estime que les parachutages alliés sont une feinte, pour couvrir le vrai débarquement près de Calais.

5 h. Berchtesgaden : le QG de Hitler est informé de l'invasion alliée. Pensant qu'il s'agit d'une diversion, Jodl refuse de réveiller le Führer.

5 h 50. Normandie : 700 navires de guerre commencent à pilonner les défenses côtières.

6 h 31. Normandie : la 4e division américaine débarque à Utah Beach, à 2 km au sud du point prévu. Les 1re et 29e divisions américaines débarquent à Omaha Beach.

7 h 30. Normandie : les 50e et 3e divisions britanniques débarquent à Gold et à Sword, la 3e division canadienne à Juno.

9 h. Berchtesgaden : Hitler est réveillé et aussitôt informé du débarquement allié.

9 h. Ouistreham : les 177 Français du 1er bataillon de fusiliers marins commando prennent le blockhaus du casino de Riva-Bella.

12 h. Klessheim : Hitler se réjouit de la situation.

16 h. La Roche-Guyon : Hitler ordonne à Rommel, de retour à son QG, d'anéantir la tête de pont alliée dans la nuit.

16 h 15. Berchtesgaden : Hitler déjeune tardivement. Au sujet de son régime végétarien, il dit à ses hôtes : « L'éléphant est le plus robuste des animaux. Il ne mange pas de viande. »

21 h. Normandie : les combats s'arrêtent sur tout le front.

23 h. Berchtesgaden : Hitler tient sa seconde conférence. Il reste persuadé que les débarquements sont une diversion.

Une météo défavorable a failli retarder de quinze jours l'opération « Overlord »

Portsmouth
Le colonel écossais Jim Stagg, le météorologue attitré d'Eisenhower, s'entretenait avec le chef suprême deux fois par jour. Stagg raconte qu'au fil de ces rencontres, Eisenhower en vint à deviner ses prévisions : « Il savait, d'après mon expression, ce que j'allais dire avant même que je lui présente la situation. » Fin mai, les prévisions météo étaient si mauvaises que Ike (le surnom d'Eisenhower) décida de reporter l'opération *Overlord* de 24 heures, jusqu'au 6 juin. Au-delà de cette date, rien ne pouvait être entrepris pendant quinze jours. « Par chance, l'incroyable arriva, dit Stagg. Je lui dis le dimanche que nous attendions une courte embellie entre deux dépressions. Je le persuadai que la phase la plus calme surviendrait lundi et se prolongerait jusqu'au mardi. » Le lundi, Stagg confirmait cette prévision à Eisenhower, qui, parvenu à sa voiture, dit à Kay Summersby, son chauffeur : « Le jour J est venu. Nous ne pouvons revenir en arrière maintenant. » Les Allemands, dépossédés par les Alliés de leurs stations météo en Islande, au Groenland et sur les îles Spitzberg et Jan Mayen, situées entre la Norvège et l'Islande, n'avaient plus qu'à regarder par la fenêtre pour prévoir le temps. Ils pensèrent que l'invasion serait ajournée. Et, le 6 juin, Rommel se rendit à Ulm pour l'anniversaire de sa femme.

Les cerveaux de l'opération « Overlord »

Le commandement suprême des Alliés (de gauche à droite) : Bradley, Ramsay, Tedder, Eisenhower, Montgomery, Leigh-Mallory et Bedell-Smith.

Londres
Le général Dwight Eisenhower, âgé de 54 ans, ancien garçon de ferme du Kansas, se froisse quand on évoque son manque d'expérience du champ de bataille. « J'avais à faire des choses si dangereuses qu'elles en devenaient insensées », dit-il. En tant que chef suprême, il a prouvé qu'il était un vrai leader, sachant gagner la fidélité de ses officiers supérieurs. Son délégué, le général Arthur Tedder, conduisait les raids de bombardement pendant la Première Guerre mondiale. Ike le considère comme « un des plus grands chefs militaires de son temps ». Le vainqueur d'El-Alamein, le général Bernard Montgomery, est reconnu comme un brillant soldat ; il le sait et n'est pas commode avec ceux qui l'approchent. Le général Trafford Leigh-Mallory avait un rôle défensif au sein des chasseurs de la RAF et s'est chargé de l'assaut aérien en France. Le général Omar Bradley, qui a près de 50 ans, dont 30 ans de service, a fait ses premières armes en Afrique du Nord. Le général Walter Bedell-Smith a combattu en 1917. Il a un grand sens du détail, mais il manque d'humour. Quant à l'amiral Bertram Ramsay, expert en actions amphibies et sorti de sa retraite pour la guerre, il a été décoré pour l'organisation de l'évacuation de Dunkerque.

Les Allemands pris par surprise

Une unité des troupes de débarquement qui ont surpris les Allemands.

La Roche-Guyon
Le général Edgar Feuchtinger, chef de la plus puissante force d'assaut en Normandie, la 21e division Panzer, n'était pas à son poste au matin du jour J ; d'après ses subordonnés, il était auprès de sa maîtresse française. Il n'est pas le seul officier supérieur pris en défaut. Rommel ne revint de chez son épouse que dans l'après-midi du lendemain. Hier soir, au château de La Roche-Guyon, le QG du groupe armé B, le général Hans Speidel, chef d'état-major, buvait avec ses compagnons conjurés contre Hitler. Le général Friedrich Dollman, chef de la 7e armée, avait relâché l'état d'alerte pour ses hommes postés sur la plage et était parti pour Rennes avec ses officiers supérieurs pour des manœuvres sur plan. A Paris, Gerd von Rundstedt, commandant en chef pour la région ouest, n'a pas réagi quand il a appris que les stations radar entre Cherbourg et Le Havre avaient été brouillées et que la BBC transmettait de nombreux messages codés aux résistants français, car il était persuadé que les Alliés attaqueraient le Pas-de-Calais. Le parachutage et le débarquement des troupes ne le firent pas changer d'avis. Lorsque les généraux, soudainement alarmés, réveillèrent Hitler, il était déjà 9 h. A 16 h 55, le Führer transmit ses ordres à von Rundstedt : « La tête de pont du débarquement ennemi doit être dégagée avant minuit. » Mais cinq têtes de pont étaient déjà installées par les Alliés.

Le coup de bluff des Alliés est un succès

France
Fait des plus encourageants pour les Alliés, les Allemands attendent d'autres débarquements sur les côtes du nord de la France, en particulier dans le Pas-de-Calais. Les manœuvres de diversion des Alliés continuent de les tromper. La plus belle supercherie est la création d'une armée fantôme rassemblée au sud-est de l'Angleterre, le 1er groupe d'armées américain du général George Patton. Tout est factice : son campement, son équipement, sa station de radio et ses journaux. Des espions allemands, faits prisonniers et utilisés comme agents doubles, contribuent également à la mystification. La nuit dernière, des bombardiers de la RAF ont ajouté à la confusion en larguant des Window (bandelettes métalliques destinées à brouiller les radars ennemis) pour convaincre les Allemands que c'est une flotte imposante qui se dirige vers Boulogne et Le Havre. A la suite de cette tactique, l'état-major allemand déplace très tardivement ses blindés vers la Normandie et refuse d'envoyer en renfort des éléments de la 5e armée basée au nord de la Seine. (→ 8)

Le plus grand débarquement de l'Histoire

Une partie de la plus grande flotte de débarquement de l'Histoire larguant véhicules, matériel et hommes par milliers sur les plages de Normandie.

Portsmouth
Par une nuit de grand vent, sous la pluie battante, une armada de plus de 6 000 bateaux – navires de guerre et de commerce, barges de débarquement – vogue en suivant les chenaux balisés, dégagés par une flottille de dragueurs de mines. Naviguant sur un front large de 80 km et protégée sur ses flancs par des essaims de vedettes lance-torpilles, la flotte du débarquement transporte 185 000 hommes et environ 20 000 véhicules. Pour chaque soldat, chaque barge et chaque char, un lieu et une heure précis de débarquement ont été déterminés. Dix jours plus tôt, l'amiral Sir Bertram Ramsay, commandant en chef des forces navales pour l'opération *Overlord*, arrivait à son quartier général de Southwick à Portsmouth. Il portait un lourd volume imprimé, de format Tellière : le plan *Neptune*. Tous les déplacements des 47 convois pour le lancement d'*Overlord* y sont consignés. Chaque bateau connaît sa destination et son point de retour en Grande-Bretagne, où les canons seront nettoyés et le ravitaillement des troupes d'invasion commencera. Près de 200 000 hommes de la marine marchande participent à l'opération. A 300 km de là, la RAF et la Royal Navy font des allers-retours et donnent l'illusion aux radars ennemis qu'une flotte importante cingle sur Calais. En fait, c'est vers les plages de Normandie qu'elle se dirige, conformément au plan *Neptune*. Les premiers bateaux de balisage sont déjà en place et les vedettes lance-torpilles sont prêtes à déployer un écran de fumée contre l'artillerie lourde qui défend Le Havre. Au total, 1 213 vaisseaux prennent part à l'opération. Avant l'aube, 7 cuirassés, dont le *Warspite* et le *Frobisher*, 23 croiseurs et 105 destroyers commencent à pilonner les positions ennemies. Des hommes-grenouilles et des ingénieurs débarrassent les fonds marins des mines et des multiples obstacles qui les encombrent.
Les 864 navires marchands reconvertis et les 4 126 barges de déba quement se portent à l'assaut. C'e la phase la plus dangereuse, car l barges peuvent facilement sombr en haute mer. La Royal Navy, q convoie les Britanniques et l Canadiens, a pour bases six po entre Southampton et Shoreha tandis que les navires américains utilisent six autres, de Torbay Poole. C'est la plus grande flotte débarquement de toute l'Histoi Au soir du jour J, 132 715 solda ont débarqué. Mais le plan *Neptu* ne fait que débuter : 200 000 solda doivent encore embarquer pour France. Pour cela, deux ports fl tants Mulberry ont été achemir depuis l'Angleterre. (→ 12)

Jour J : les Alliés débarquent en Normandie

urchargés d'équipement pour mener à bien les combats les plus acharnés, les Royal Marines et les chars amphibies Sherman débarquent à Sword Beach.

oudain les hommes s'enfoncent ıns l'eau glacée, jusqu'à la poiine. Alourdis par leur équipeent, ils avancent difficilement, ut en maintenant leurs fusils en ıir. Parvenus sur la plage, ils se ettent à ramper dans la pénomre emplie du grondement aérien, ors que les positions ennemies, pinnées par les vaisseaux situés au rge, s'effacent derrière un rideau obus. Il est 6 h 31. Embarquée deuis 70 heures dans l'attente de heure H du jour J, la 4e division infanterie américaine (600 homes répartis en 20 barges) aborde le otentin et s'assure du contrôle Utah Beach. Des parachutistes rgués cette nuit en seize points clés sur les flancs de la zone de débarquement ont déjà pris pied en Normandie. La même scène se déroule dans quatre autres secteurs situés à 80 km à l'est. En raison des horaires de marée variables, le débarquement sur les plages de Gold, Juno et Sword est prévu 1 h 25 après celui d'Omaha et Utah. A Omaha, bande de sable cernée par les rochers, la 1re division d'infanterie doit donner l'assaut à des positions ennemies solidement défendues, au moment où des artificiers font sauter les obstacles et les champs de mines. Mais l'essentiel de l'équipement s'est perdu dans la mer, tandis que les barges touchant les bancs de sable amenaient les hommes près de la plage. Sur terre, ces derniers se débattent, sans armes, sous le feu nourri des Allemands. Pour les Anglais, à Omaha Beach, c'est une histoire d'occasions manquées. Contre toute attente, les parachutistes ont atteint leurs objectifs, mais, au lieu de profiter de l'avantage, la 3e division s'enterre durant le combat. Sur les plages de Juno et Gold, les soldats anglais et canadiens connaissent un succès mitigé. Les bombardements aériens et navals ne parviennent pas à neutraliser l'artillerie ennemie. Les barges de débarquement et les blindés sont touchés, mais les chars réussissent à se frayer un chemin à travers les champs de mines et les engins à bobine déroulent une piste de toile armée sur le terrain accidenté.

Du côté anglais et canadien, 75 215 hommes ont attaqué par la mer et 7 900 par voie aérienne (57 500 et 15 500 respectivement pour les Américains). Les pertes en hommes, tués, blessés, disparus ou faits prisonniers, s'élèvent à 6 603 Américains, 3 000 Anglais, 946 Canadiens et 244 Français. Quant aux Allemands, ils ont perdu environ 6 500 hommes. 114 avions alliés ont été détruits.

**Voir, pages suivantes, le déroulement des opérations pour chaque tête de pont du débarquement.*

Les paras à l'assaut

Le bocage normand est parsemé de planeurs alliés, abandonnés par leur équipage – les avions qui les ont remorqués repartent pour l'Angleterre.

Normandie
L'invasion de l'Europe, ou opération *Overlord*, commence à l'aube du 6 juin lorsque la 6e division britannique pose ses planeurs au nord de Caen pour s'emparer du pont de Benouville. Ces quelques hommes constituent en fait l'avant-garde d'une impressionnante force armée aéroportée, dispersée par des vents violents. Pas moins de 23 400 Bérets rouges, auxquels s'ajoutent les 82e et 101e divisions américaines, sont largués en parachute ou en planeur derrière Utah Beach, au sud du Cotentin. Mais, à cause de la tempête, parachutistes et planeurs s'éparpillent dans toute la Normandie et de nombreux soldats sont projetés dans les arbres. Les commandants se débattent pour réunir leurs unités, utilisant tous les hommes qu'ils trouvent pour attaquer les cibles les plus urgentes.
Paradoxalement, la totale désorganisation de la manœuvre gêne considérablement les Allemands dans leur riposte : ils ont l'impression que toute la Normandie grouille de troupes alliées et ne peuvent déceler aucune logique dans leurs déplacements.
Des petits groupes de parachutistes attaquent les Allemands partout où ils les rencontrent. Une fraction de la 82e division capture le général Falley, chef de la 91e division allemande. Ses troupes, ainsi neutralisées, ne peuvent intervenir lors du débarquement à Utah Beach. A la tête du 9e bataillon britannique de parachutistes, le lieutenant-colonel Otway prend, avec seulement 150 hommes, la batterie allemande de Merville, pourtant solidement défendue : un des combats les plus courageux et les plus meurtriers de la journée. Ce soir, l'invasion peut continuer à se déployer sur ses deux flancs.

Combats meurtriers à Omaha Beach où les Allemands résistent vigoureusement

Omaha Beach
Avant même que les hommes n'accostent, les ennuis commencent. A 3 h du matin, les premières troupes quittent les navires ancrés au large pour les barges de débarquement, mais, secouées par la tempête, dix d'entre elles sombrent aussitôt, laissant 300 soldats, heureusement équipés de gilets de sauvetage, se débattre dans l'eau. Les chars amphibies coulent comme des pierres ; un tiers des 96 blindés détachés avec les 1 450 premiers hommes est perdu, et seulement 6 des 16 bulldozers blindés chargés de dégager la voie arrivent à bon port. Sur la plage, les « rescapés » tombent sous le tir infernal des mortiers et des mitrailleuses, car les bombardements aériens et navals ont laissé intactes les positions ennemies. Des hommes restent dans l'eau, certains s'abritent derrière les digues, les autres restent paralysés sur la plage, au milieu des hurlements des blessés et des débris de matériel. Pendant des heures règne une extrême confusion. Mais dans ce chaos on assiste à bien des actes d'héroïsme. Un lieutenant attaque un retranchement, armé de quelques grenades. Un ingénieur détecte les mines avec un simple couteau. Les rangers américains escaladent les falaises à pic pour attaquer les

Des soldats alliés blessés, au repos.

places fortes allemandes à la point du Hoc, mais les batteries tant re doutées ne sont pas en place. L colonel George A. Taylor vient d débarquer et, se relevant aprè qu'un obus a éclaté à ses pieds, lance aux hommes effondrés autou de lui : « Bientôt ne resteront sur l plage que les morts et les agon sants ! » Hésitants, les hommes ac ceptent de lui obéir. Pour le génér Omar Bradley, à bord du croiseu américain *Augusta*, la situation es indécise. Mais le vent tourne : co trairement aux Alliés, qui cont nuent de déferler, les Allemanc n'ont pas de réserves. (→ 7)

L'enfer vécu à Omaha Beach n'a pas été vain : sous le drapeau américa accroché à la falaise, les soldats encerclent leurs prisonniers de guerre.

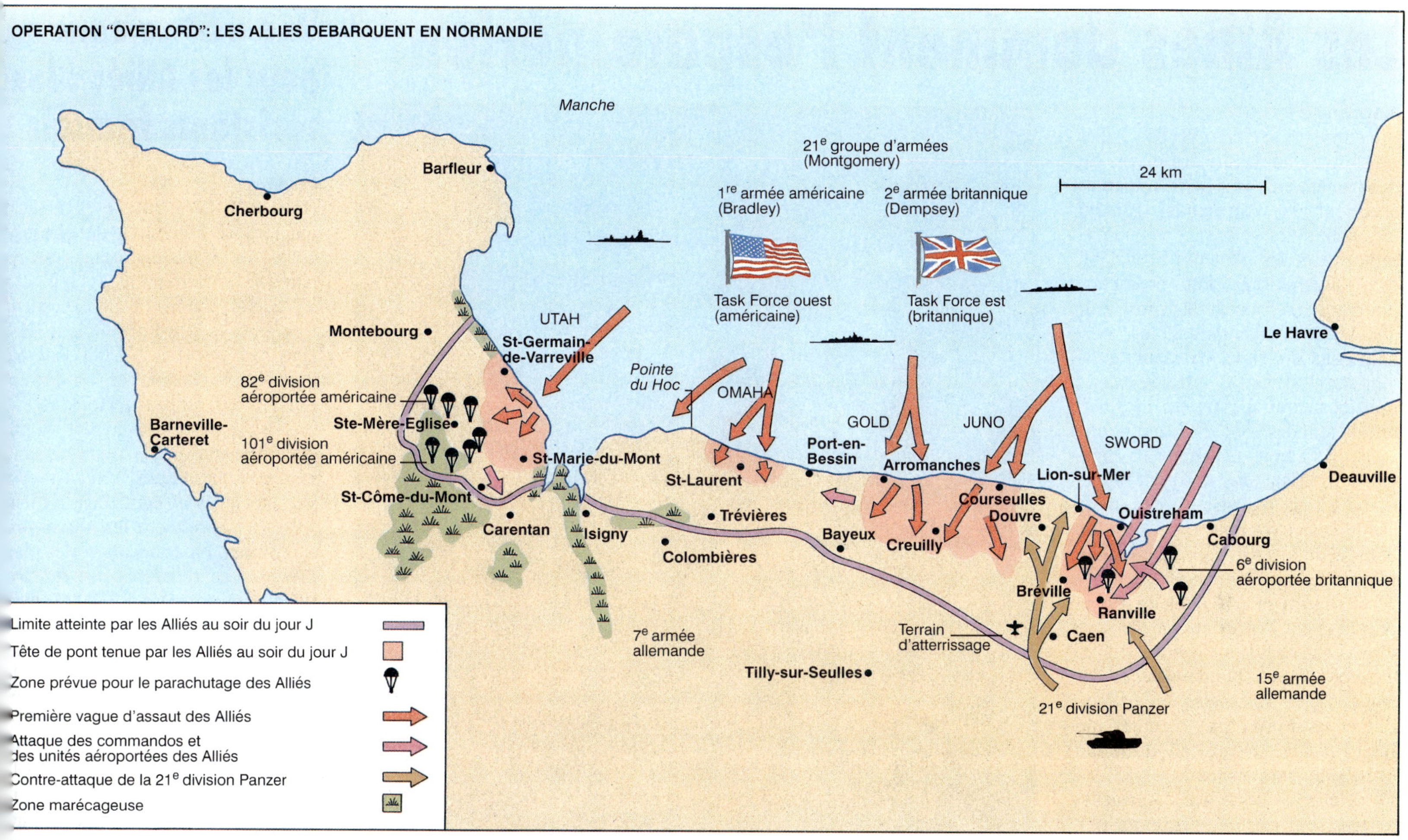

Progression des Alliés sur les plages de Normandie

tah : plage nette

tah Beach
eux heures après le débarquement, la 4e division américaine se rige vers les villages à l'intérieur s terres. A midi, les ingénieurs t dégagé la plage, au prix de morts et de 39 blessés. Les places rtes ennemies n'ont pas résisté x attaques d'une compagnie enre. La plupart des Allemands se ndent dès qu'ils sont cernés par Américains. Certains sont pris, ınis seulement de quelques mitillettes et mortiers, d'un canon 88 ou de la tourelle d'un vieux ar Renault.
plus dur est la traversée des amps inondés derrière les dunes : hommes pataugent, portant un uipement de 34 kg, et s'enfoncent rfois dans l'eau jusqu'au cou. Ce r, 23 000 hommes ont débarqué, ec 1 700 chars, canons et caons. On déplore pour cette opéion 197 victimes. (→ 10)

Gold : la surprise

Gold Beach
Touché à la jambe juste après avoir débarqué, le major Dick Gosling, chef de la batterie d'artillerie du 1er bataillon du régiment du Hampshire, rejoint en rampant les autres blessés dans un blockhaus allemand passé aux mains des Alliés. Le petit déjeuner des Allemands, fait de saucisses et de café, est encore tiède. L'un d'eux a reçu une lettre d'une jeune fille française, lui donnant rendez-vous le soir du 6 juin. Il y a eu de durs moments et Gold Beach est jonchée de barges déchiquetées, de chars, de couvertures, de matériel et de corps mutilés. Les soldats, qui se dirigent vers l'intérieur des terres, sont acclamés par des Français qui leur lancent des fleurs. Dans la soirée, la 50e division d'infanterie atteint la route de Bayeux à Caen. Les 4e et 7e dragons n'ont rencontré qu'une faible résistance allemande. (→ 7)

Juno : Panzer prêts

Juno Beach
Les Canadiens, qui débarquent plus tard avec la marée montante, sont aux prises avec les mines ennemies immergées et les chevaux de frise. De nombreuses barges de débarquement de la première vague sont perdues. Soudain, trois autres barges sont touchées, mais deux hommes seulement sont tués; les autres se libèrent des épaves et se lancent à l'attaque. Avant la nuit, la 2e brigade blindée a dégagé douze passages et les soldats se déploient dans la région après d'intenses combats de rue à Courseulles. Les patrouilles de chars, négligeant les tireurs embusqués, ont atteint Brettonville. Von Rundstedt a finalement obtenu de Hitler l'autorisation d'envoyer la puissante 12e division Panzer. A minuit, elle atteint Evercy, à 14,4 km au sud-ouest de Caen, et se positionne sur le passage des Alliés arrivant de Juno. (→ 10)

Sword : le bouchon

Sword Beach
A 7 h 30, deux heures après l'heure H, un semblant d'ordre succède à la pagaille. Sept des huit accès prévus vers les terres sont dégagés. Des fusiliers marins de la France libre contrôlent Ouistreham après avoir conquis les blockhaus de Riva-Bella. Avant 13 h 30, les Britanniques menés par lord Lovat ont pris Hermanville. Le bataillon d'infanterie royale légère du Shropshire fait une avancée. A 16 h, il est renforcé par le régiment de cavalerie du Staffordshire. A Bieville, à 5 km de Caen, la 21e division Panzer du général Edgar Feuchtinger passe à l'attaque. Mais, après la perte de 5 chars sur 24, il y renonce et s'engage dans la zone entre Sword et Juno. Les Alliés progressent lentement. A l'arrière, un embouteillage de blindés retarde le ravitaillement. Prudence oblige : Caen reste pour le moment aux mains ennemies. (→ 10) ▷

Les Alliés dominent l'espace aérien

Normandie
La domination aérienne des Alliés est absolue au-dessus des plages du débarquement. 13 743 appareils harcèlent les Allemands, guident les canons des vaisseaux de guerre, remorquent les planeurs et lâchent des parachutistes. Les chasseurs-bombardiers foncent en piqué sur les défenses allemandes, et, plus haut dans le ciel, les chasseurs guettent la Luftwaffe. Attente vaine pour beaucoup d'entre eux : les pertes allemandes sont telles que seulement 185 avions peuvent être engagés dans la bataille. Il ne fait aucun doute que la maîtrise du ciel est la clé de la victoire pour cette nouvelle bataille de France, comme en 1940. Mais c'étaient alors les Stuka et les Bf 109 qui régnaient dans les airs et déchaînaient l'enfer au sol. Aujourd'hui, ce sont les Spitfire et les Typhoon, les Thunderbolt et les Mustang, les Lancaster, les Marauder et les Forteresses volantes qui interdisent à tout avion allemand l'accès au ciel normand.
Dans chaque unité, les contrôleurs aériens sont prêts à appeler en renfort les avions alliés qui croisent plus haut, constamment en alerte. A l'avant du front, des attaques sont lancées sur les voies ferrées, les routes et les unités allemandes qui essaient de progresser. Décidément, le ciel est aujourd'hui le pré carré des Alliés. (→ 13)

Un B-26 Marauder patrouille au-dessus des navires alliés dans la Manche.

Une « 5e colonne » pour les Alliés : les résistants français

Londres
Hier, la BBC a diffusé en françai un nombre inhabituel de message codés. « Mathurin aime les ép nards », « Ma femme a l'œil vif » « L'acide rougit le tournesol ». Ces phrases sibyllines étaient dest nées aux quelque 175 000 comba tants de la Résistance en Franc répartis en quinze régions milita res, à qui ont été livrées depu quelques mois des quantités d'a mes et de munitions.
Les messages avaient tous le mên sens : ils appelaient les maquisar au combat, en application des pla prévus. Les résistants ont massiv ment réagi : sur les 1 050 sabotag ferroviaires demandés par l'éta major allié, 950 ont été exécuté Les trains sont bloqués, d'innon brables barrages routiers emp chent les Allemands de circuler, les postiers français ont rendu in pérant le réseau téléphonique l'armée ennemie.
En outre, quarante-quatre équip mixtes franco-alliées sont réparti sur tout le territoire français, à l'e ception de l'Alsace, et opèrent l'intérieur du dispositif allemar Chacune d'elle est reliée par rad à l'état-major FFI du général K nig et à l'état-major interallié général Eisenhower. (→ 9)

Les soldats français débarquent aussi

Riva-Bella
Ils étaient quelques Français, ce matin, à participer à l'opération *Overlord*. Un bataillon de fusiliers marins forts de 177 hommes, intégré au commando franco-britannique n° 4, a débarqué sur la plage de Ouistreham avec la mission de s'emparer des blockhaus défendant cet endroit de la côte.
Depuis avril 1941, les soldats du lieutenant de vaisseau Kieffer s'entraînaient en Angleterre en participant à des opérations de débarquement sur les côtes ennemies. Ce matin, à 7 h 20, ils ont sauté à l'eau sous les tirs de la batterie surplombant le blockhaus, construit à la place de l'ancien casino de Riva-Bella rasé par les Allemands.
Les premières victimes sont tombées tandis qu'elles traversaient la plage. Blessé à la cuisse, Kieffer a choisi de suivre ses hommes, qui ont progressé à couvert jusqu'aux abords du casino. A 8 h 30, chacun était à son poste d'attaque. C'est alors qu'a surgi un vieil homme à la longue moustache blanche, qui a affirmé vouloir « faire le coup de feu » avec les soldats. C'était le premier compatriote qu'ils rencontraient ! Le blockhaus est tombé peu après 9 h. Durant le reste de la journée, le commando n° 4 a rejoint d'autres unités sur la route de Bénouville avant de traverser l'Orne et de rejoindre le hameau du Plein, déjà libéré. A l'issue de cette première journée de combat, les commandos français comptaient 21 tués et 93 grands blessés.

Agitation et effervescence en France

France
D'innombrables rumeurs circulent dans le pays. On a si souvent entendu parler de débarquement que plus personne n'y croit. Cette fois, le doute n'est plus permis : les Alliés ont débarqué. La nouvelle est un véritable choc pour les collaborateurs. Sur les ondes de Radio Paris, le journaliste proallemand Jean Hérold-Paquis interpelle une dernière fois ses auditeurs : « Si la France doit vivre, la Grande-Bretagne, comme Carthage, doit être détruite. » Peu de citoyens prennent ce message au sérieux. Radio Vichy a diffusé aussi un appel du maréchal Pétain à 14 h 15 précises. Il a parlé aux Français en ces termes : « Obéissez aux ordres du gouvernement. Les circonstances de la bataille pourront amener l' mée allemande à prendre des dis sitions spéciales dans les zones combat. Acceptez cette nécess c'est une recommandation insta que je vous fais dans l'intérêt votre sauvegarde. »
Chez les résistants, l'annonce débarquement allié est évidemm accueillie avec joie. La nouvelle, s'est répandue comme une traî de poudre, a même atteint les sons. A Annecy, en Haute-Sav Julien Helfgott, membre du quis, qui avait été capturé dan plateau des Glières et condamn mort, a pu faire parvenir quelq lignes à ses compagnons par l'in médiaire d'un gardien comp sant : « Débarquement couro de succès. Tout va pour le mieu

Crabes et Crocodiles débarquent !

Normandie
La « ménagerie Hobo » est arrivée sur les plages de Gold, Juno et Sword, où les Britanniques débarquent; c'est ainsi qu'est surnommée la 79e division blindée, que commande le général Percy Hobart. Ce dernier est un passionné de chars depuis toujours, mais il avait été relevé de son commandement de la 7e division blindée par les généraux Wavell et Wilson, qui ne lui faisaient « aucune confiance ». Il s'était retrouvé soldat de 1re classe dans la Home Guard en mai 1940. Mais Churchill l'avait rappelé : la doctrine britannique a changé après le débarquement raté à Dieppe, notamment sous l'impulsion du maréchal Alan Brooke. Le rôle actuel des blindés est d'ouvrir des brèches dans les défenses fortifiées adverses, pour préparer la voie aux fantassins. le général Hobart a donc organisé la 79e division et y a réuni divers engins : le Duplex Drive (DD), inventé par Nicholas Strausler en 1943, camion amphibie constitué par un char Sherman sur lequel est posée une toile imperméable amovible et qui est équipé de deux hélices lui permettant de progresser à 4,3 nœuds; le Crabe, une version antimine du char Sherman, doté de fléaux qui dégagent un passage de trois mètres de large; la Bobine qui, en déroulant un tapis de toile armée sur le sable, ouvre une route carrossable; le Crocodile, formé d'un châssis de Churchill Mark-VIII équipé d'un lance-flammes d'une portée de 120 m et d'une remorque blindée contenant 1 800 litres de combustible; le Churchill Avre (Armoured Vehicle Royal Engineers), dont le pont se déploie en trente secondes sur une faille de 9 m. Il en existe encore d'autres, qui peuvent tous être utilisés comme armes d'assaut, d'autant plus rapides qu'une grande faculté d'initiative est laissée à leurs équipages.

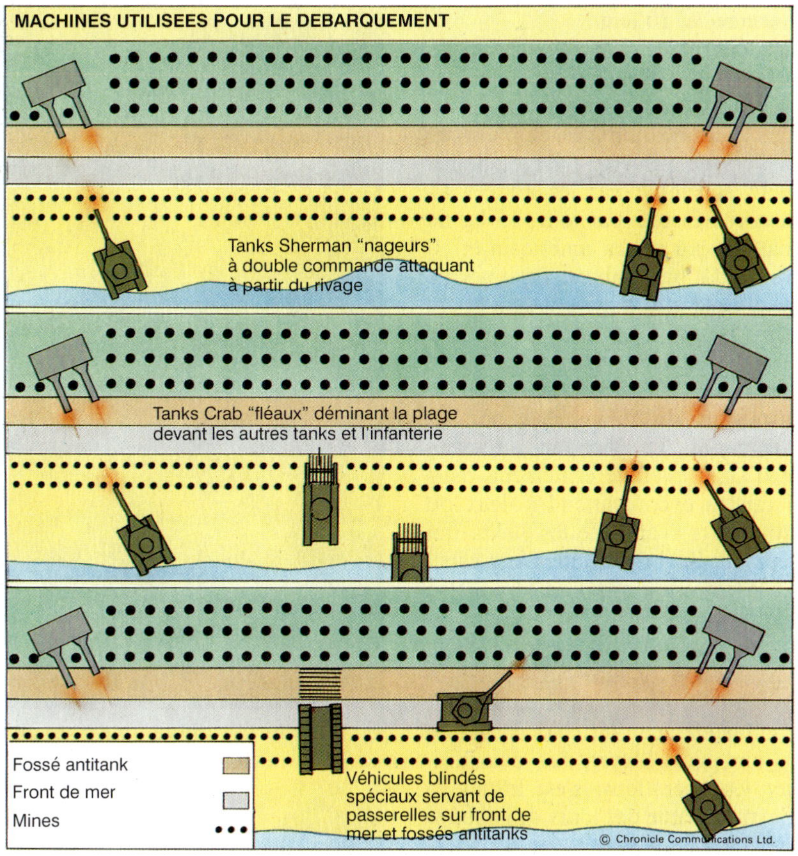

Les soldats britanniques apprécient les traditions d'accueil des Français.

Jour J : les chefs alliés ont confiance

Londres
Les chefs alliés évoquent le débarquement sur un ton rassurant. Le président Roosevelt, à qui un journaliste demandait ses impressions, a répondu tout simplement que l'horaire avait été respecté, puis il a souri.
Le général de Gaulle s'est adressé aux Français à la radio. Alors que Pétain les exhortait à ne pas bouger, de Gaulle les a appelés au combat : « C'est la bataille de France et c'est, bien évidemment, la bataille de la France. »
Aux Communes, Winston Churchill a déclaré : « De nombreux dangers [...], hier soir terrifiants, sont à présent surmontés. »

Une autre armée a débarqué : celle des journalistes

Normandie
Pour couvrir l'opération *Overlord*, les Alliés ont accrédité pas moins de 558 journalistes. Certains ont été envoyés en Ecosse pour induire les Allemands en erreur, mais un bon nombre d'entre eux sont en Normandie : la BBC, à elle seule, a 48 correspondants de guerre, et les premiers récits du débarquement par des témoins ont été retransmis par la radio. Mais, comme toujours tout au long de la guerre, les censeurs sont présents aux côtés des journalistes. Ils sont aussi sur les plages et vérifient que les reportages ne contiennent pas d'« informations qui puissent être utilisées par l'ennemi ». Cela provoque inévitablement des tensions avec les journalistes. Mais c'était déjà le cas dès octobre 1939, lorsque les militaires alliés avaient reçu la visite des premiers correspondants de presse. Techniquement, la censure est « volontaire » dans le camp allié, les autorités pouvant être consultées sur ce qui pourrait « servir » à l'ennemi. Si cet avis n'est pas suivi, les responsables de la publication sont éventuellement poursuivis. En pratique, les journalistes estiment qu'ils participent eux-mêmes à l'effort de guerre et évitent naturellement de donner des indications qui pourraient être exploitées par l'adversaire. Mais les militaires cherchent aussi à contrôler l'information en exerçant ce que l'armée américaine appelle la « censure à la source », c'est-à-dire en limitant les accréditations ou en interdisant l'accès à certaines zones. Néanmoins, l'arrivée de correspondants – et de généraux – américains a permis de faciliter les contacts avec les officiers supérieurs et d'éviter ainsi mesquineries et rebuffades. Nombre de journalistes ont fait leur travail avec une conscience professionnelle qui leur a valu un respect général, comme, par exemple, Ed Murrow, Drew Middleton ou Alan Moorehead.

1944

Juin

Di	Lu	Ma	Me	Je	Ve	Sa
				1	2	3
4	5	6	7	8	9	10
11	12	13	14	15	16	17
18	19	20	21	22	23	24
25	26	27	28	29	30	

7. Nouvelle-Guinée : les forces américaines prennent l'aéroport de l'île de Biak (→ 11).

7. Belgique : le roi Léopold III est transféré en Allemagne.

7. Italie : la 43e division américaine prend Civita Vecchia. Le corps expéditionnaire français remplace le 2e corps américain.

7. Normandie : des SS de la 12e division de Panzer abattent 34 prisonniers canadiens à Authie. La 50e division britannique prend Bayeux intact ; les Alliés y installent une piste d'aviation.

7. Londres : un accroissement des raids aériens sur les dépôts de carburant allemands est ordonné. Des messages ont été interceptés, révélant un sérieux manque de carburant d'avions.

8. Normandie : grâce à des plans pris aux Américains, les Allemands réalisent que le débarquement est le début de l'invasion de la France. A la prise de Port-en-Bessin par les Britanniques, les têtes de pont de Gold et Omaha font leur liaison (→ 10).

8. France : dans le cadre du plan *Vert,* les maquisards de Romans-Petit ont détruit 98 locomotives en deux jours, dans l'Ain et le Haut-Jura.

8. Italie : les Allemands se replient le long de la côte adriatique (→ 17).

9. URSS : l'Armée rouge lance une offensive contre les Finlandais dans l'isthme de Carélie (→ 20).

9. Allemagne : l'état-major de Hitler est convaincu qu'un autre débarquement, plus important, va se produire dans le Pas-de-Calais ou en Belgique.

9. Alger : promulgation d'une ordonnance intégrant les FFI à l'armée française (→ 12).

9. Paris : les Chantiers de la jeunesse sont dissous lors d'un conseil présidé par Laval.

10. Rome : Ivanoe Bonomi devient Premier ministre, après la démission, hier, du maréchal Badoglio.

10. Chine : cinq divisions japonaises se regroupent pour attaquer Tch'ang-cha (→ 12).

Jonction des Alliés en Normandie

Normandie, 10 juin
Les énormes Mulberry, ces ports préfabriqués installés au large des plages, ont déjà permis de débarquer 326 000 hommes et plusieurs milliers de véhicules. Le ravitaillement acheminé par les armées alliées représente, par jour, 15 kg de matériel par soldat américain et 10 par soldat britannique. Les têtes de pont Gold et Omaha ont déjà opéré leur jonction il y a deux jours. Pour cela, il a fallu débarrasser Gold Beach de 900 t d'obstacles et de dispositifs divers installés par les Allemands. La jonction d'Omaha et d'Utah est faite également, mais il faudra encore attendre deux ou trois jours avant que les 80 km qui séparent Sword d'Utah soient sûrs.
La progression alliée est loin d'être partout aussi facile : vers Caen, les Canadiens sont aux prises avec la 12e division blindée SS « Hitlerjugend ». Ces nazis fanatiques sont commandés par un colonel âgé de 33 ans, Kurt Meyer, qui, pour diriger les opérations, s'est installé à Caen dans une des tours de l'abbaye aux Dames et a juré que ses hommes ne s'arrêteraient pas avant d'avoir rejeté les Alliés à la mer. Lors d'une attaque de nuit, ses troupes ont réussi à encercler le poste de commandement canadien, mais la perte de six chars a obligé les SS à se replier ; les Canadiens ont finalement eu raison des fanfaronnades de Meyer.
Montgomery a installé son QG au château de Creully. A son arrivée, il a trouvé des troupes britanniques assez démoralisées par les combats continuels qu'elles ont menés depuis le jour J. C'est en partie pour cela qu'il a refusé de lancer une attaque frontale sur Caen, qui est pourtant un important centre de communications allemand, et qu'il tente de prendre la ville à revers. Il a lancé la 2e armée vers Villers-Bocage et Falaise. Leigh-Mallory, qui n'a qu'une confiance relative dans ce genre d'opérations, a refusé le parachutage de la 1re division aéroportée derrière Caen.
Un coup dur a tout de même été porté aux Allemands par le bombardement du QG du groupe de Panzer ouest de La Caine, tuant dix-sept officiers d'état-major et détruisant le système de transmissions. Les Américains, quant à eux, se

En route vers le front : un convoi de véhicules alliés traverse Bayeux.

Ces adolescents, qui participaient au combat, sont prisonniers de guerre.

trouvent face à une résistance inégale. Souvent, ils se sont heurtés à des régiments de la Wehrmacht dans lesquels il n'y avait pas un seul Allemand ; ainsi, entre Omaha et Gold, une unité américaine s'est trouvée encerclée par des soldats polonais, serbes et russes, abandonnés à eux-mêmes par l'encadrement allemand. Ces hommes ont indiqué qu'un escadron entier de Russes blancs enrôlés de force était, comme eux, prêt à se rendr
C'est autour de Cherbourg que
résistance ennemie est la plus fort
d'autant plus que les haies et le
champs inondés constituent un te
rain difficile pour les attaquant
qui ne sont pas encore maîtres d
toute la presqu'île du Cotentin. In
patient, Bradley a ordonné au gén
ral Lawton Collins de jeter tout
les forces de son 7e corps dans
bataille pour Carentan. (→ 11)

Massacre à Oradour

Oradour-sur-Glane, 10 juin
Qui aurait pensé que l'occupant puisse se livrer – comme il le fait en Union soviétique – à de tels actes de barbarie en France ? Hier, le village d'Oradour-sur-Glane, en Haute-Vienne, a été détruit et la quasi-totalité de ses habitants massacrée. Afin de venger la disparition, hier, d'un officier SS enlevé par les maquisards, la 3e compagnie du 1er bataillon du régiment « Der Führer », rattaché à la division « Das Reich », a été chargée des représailles à Oradour.
A 14 h, ses hommes, dont la moitié sont des Alsaciens incorporés dans l'armée allemande, ont encerclé le village et rassemblé les habitants sur le champ de foire. Les femmes et les enfants ont été dirigés vers l'église, tandis que les hommes étaient enfermés dans des granges « le temps que durerait la perquisition des maisons ».
Soudain, les rafales d'armes automatiques crépitent dans les granges, tandis que le village est incendié. Mais la véritable horreur, les témoins l'ont découverte aujourd'hui en poussant la porte de l'église noircie par les flammes : le sol était jonché des corps calcinés des deux cent deux enfants et des deux cent quarante femmes que comptait le village. De ce brasier n'est sortie qu'une survivante. Elle racontera comment l'église a été enfumée et ses occupants mitraillés avant que le feu achève les survivants.
En raison du nombre de réfugiés qui résidaient à Oradour, le bilan approximatif se situe entre six cents et mille morts.

Les corps calcinés de femmes et d'enfants retrouvés dans l'église incendiée.

Tragique erreur des FTP à Tulle

Tulle, 9 juin
Conquise hier par les FTP du département, la préfecture de la Corrèze a aujourd'hui été réoccupée par un détachement de reconnaissance de la division SS « Das Reich », qui se dirigeait vers le nord à la suite de l'annonce du débarquement allié en Normandie. Après la découverte de dizaines de cadavres allemands, portant, selon le colonel Kowacht, des traces de torture, celui-ci a ordonné la pendaison de 99 Tullistes et la déportation de 149 autres.
Les FTP affirment avoir voulu « hâter la fin des hostilités » en libérant Tulle. Leur optimisme, qui les a poussés à croire que Brive, Toulouse, Tarbes, Lyon et Périgueux étaient déjà libérés, les a incités à ne prendre en compte que la faiblesse des effectifs allemands dans le département. Erreur d'appréciation, ils ne se sont pas rendu compte que la terrible division « Das Reich » était en train de se replier et allait passer près de Tulle. Dès lors, une grande prudence était nécessaire de la part des combattants.

1944

Juin

Di	Lu	Ma	Me	Je	Ve	Sa
				1	2	3
4	5	6	7	8	9	10
11	12	13	14	15	16	17
18	19	20	21	22	23	24
25	26	27	28	29	30	

11. Iles Mariannes : 16 porte-avions américains lancent leurs appareils contre Saipan, Guam, Tinian et Rota. Un tiers des 450 avions japonais a été abattu ou détruit au sol (→ 17).

11. Normandie : la 7e division blindée britannique attaque Caen par l'ouest. Elle prend Tilly-sur-Seulles, mais en est délogée par une contre-attaque de la division Panzer Lehr.

12. Chine : Mao Tsé-toung, chef des forces communistes, annonce son soutien à Tchang Kaï-chek contre le Japon (→ 18).

12. Paris : la Commission d'action militaire de la Résistance ordonne aux FFI d'intensifier la guérilla.

12. France : von Rundstedt fait savoir qu'il considère les FFI comme des francs-tireurs et qu'il les traitera comme tels.

12. Normandie : la 101e division aéroportée américaine s'empare de Carentan (→ 13).

13. Suède : une fusée A-4 (V2) s'écrase. Les débris sont récupérés pour être étudiés par les militaires suédois.

13. Angleterre : les Allemands lancent leurs dix premiers V1 sur le pays. Quatre l'atteignent, dont un qui tue six personnes à Londres (→ 17).

14. Iles Kouriles : l'aviation américaine fait un raid sur Matsuwa (→ 15).

15. Normandie : les généraux Montgomery et Bradley sont d'accord pour choisir Cherbourg comme prochain objectif.

15. France : les maquisards du Vercors repoussent une attaque des Allemands à Saint-Nizier. Les 3 500 FFI du maquis ont verrouillé le plateau (→ 3.7).

16. Birmanie : la 50e division chinoise prend Kamaing (→ 27).

16. Normandie : un obus de 406 mm, tiré par le cuirassé *HMS Rodney*, tue le commandant de la 12e division Panzer, à 32 km des côtes.

17. Italie : l'opération *Brassard* est déclenchée. Venant de Corse, la force 255 du corps expéditionnaire français débarque à l'île d'Elbe (→ 19).

De Gaulle de retour sur le sol de France

De Gaulle accueilli dans la liesse.

Bayeux, 14 juin
« Le pays attend de vous la poursuite des combats. » Cette phrase, prononcée sur un podium orné des drapeaux américain, canadien et britannique, a valu à Charles de Gaulle une ovation du public. C'est la première fois que le général revoit la France depuis 1940. Il s'est aussi rendu tout près de la zone des combats, à Isigny, où les sauveteurs dégageaient encore des cadavres des ruines. Il y a deux jours, Bayeux avait déjà accueilli Churchill, accompagné du maréchal Smuts, mais sans de Gaulle – ce qui avait surpris et suscité des questions à la Chambre des communes. (→ 6.7)

Les B-29 atteignent l'archipel japonais

Washington, 15 juin
Le Japon n'est plus à l'abri des raids des Alliés : quarante-sept B-29 de la 20e armée américaine, partis de Chine, ont bombardé aujourd'hui le sol japonais, atteignant une aciérie à Yawata, sur l'île de Kyushu. La radio de Tokyo a aussitôt démenti que les appareils aient atteint des objectifs situés dans la capitale ou dans des grandes villes. Elle précise que les dégâts sont minimes et que six avions ont été abattus. (→ 8.7) ▷

L'armée allemande résiste à l'avance des Alliés

Echec des Rats du désert de Monty

Villers-Bocage, 13 juin
L'expérience des Rats du désert n'a servi à rien cette fois-ci. La tentative de prendre Caen à revers en s'emparant de Villers-Bocage s'est achevée dans une totale confusion et par de lourdes pertes en vies humaines. Montgomery avait pourtant engagé deux des formations d'élite de sa 8e armée, la 51e division de Highlands et la 7e division blindée. Cette dernière, après quelques heurts avec l'ennemi à Livry, a progressé jusqu'à Villers-Bocage sans rencontrer de résistance sérieuse. Une partie du 4e régiment de cavaliers de Londres, renforcée par une compagnie motorisée du 1er bataillon, avait atteint la cote 213, à l'est de la ville. L'ennemi ne se montrait toujours pas. Mais, entre-temps, la 501e division SS de blindés lourds, conduite par le lieutenant Michael Wittmann, avait gagné Villers par un chemin creux. Elle passa alors à l'attaque, détruisant quatre chars Cromwell, et lança l'assaut contre les Britanniques.
Au milieu de la matinée, cent hommes étaient tués ou prisonniers et 27 chars détruits. Wittmann se retira alors, mais l'artillerie et les renforts allemands eurent tôt fait de disperser le reste des Britanniques. Une autre tentative pour déloger les Allemands a échoué malgré le soutien des chasseurs-bombardiers. Ces échecs sont en partie imputables à la fatigue, la 7e division blindée étant épuisée par les combats qu'elle mène depuis 1940.

Il faut y aller : les Américains au pas de course dans une ville normande.

Churchill, accompagné de Montgomery, visite les plages du débarquement.

Hitler en désaccord avec ses généraux

Soissons, 17 juin
La rencontre a eu lieu dans un bunker souterrain, construit en 1940 lorsque le Führer parlait d'envahir l'Angleterre. La situation s'est inversée aujourd'hui et les difficultés de l'armée allemande en Normandie sont telles que Gerd von Rundstedt, commandant en chef des armées à l'Ouest, et Erwin Rommel, qui dirige le groupe B, ont exigé une entrevue avec Hitler. Ce dernier, pâle et hagard, a refusé de modifier quoi que ce soit à la stratégie établie. Recroquevillé sur son siège, il jouait nerveusement avec ses lunettes en écoutant Rommel lui déclarer que le combat était sans espoir et qu'il fallait au moins mettre les troupes hors de portée de la redoutable artillerie navale alliée. Le Führer a rejeté tous ces arguments, refusant d'admettre que la pénurie de carburant et les raids aériens alliés rendaient impossible une riposte allemande. L'entrevue a duré de 9 h à 16 h, interrompue par un repas composé de riz et de légumes que Hitler a assaisonné de pilules diverses. Le Führer s'accroche à la certitude que les V1 vont dévaster l'Angleterre et la forcer à implorer la paix. Des « hordes de chasseurs à réaction » sont prêtes, selon lui, à fondre sur l'ennemi. A cet instant Hitler a été interrompu par le passage d'avions alliés. Peu après le départ des généraux, une énorme explosion a secoué durement le bunker : un V1, tombé en panne venait de s'y écraser.

Destruction de l'imprimerie de « Combat »

Villeurbanne, 17 juin
Un sérieux coup vient d'être porté à la presse clandestine en France occupée. L'imprimerie installée dans les locaux de la rue Viala, à Villeurbanne, a été découverte et détruite par la Milice. Henri Bollier, jeune polytechnicien qui s'était mis au service d'Henri Frenay, avait installé cette imprimerie en juillet dernier. Les machines qu'il s'était procurées en pièces détachées permettaient de sortir deux cent mille exemplaires de *Combat*, cent mille de *Défense de la France* et parfois des numéros d'autres journaux clandestins pour la zone sud. Cet après-midi, chacun était à son poste de travail quand les miliciens, qui avaient cerné le local, ont donné l'ordre de reddition. Bollier s'est défendu les armes à la main. Il a été abattu en tentant de fuir. Sur les trois autres personnes présentes, deux ont été tuées et une grièvement blessée.

Les GI bouleversent la vie des Anglais

Londres, 14 juin
La Grande-Bretagne est devenue un immense camp militaire international : en vue du débarquement en Europe, des millions d'hommes y sont stationnés depuis plusieurs mois. La cohabitation est parfois un véritable choc des cultures, surtout lorsqu'il s'agit des Américains. Nouvelles danses, nouveaux mots, nouveaux vêtements, nouvelles habitudes alimentaires (notamment celle de mâcher du chewing-gum) : la vie anglaise en est transformée. Mais la vie de nombreux Américains le sera également quand ils auront épousé leurs fiancées britanniques. L'invasion de ces arrivants fort voyants a parfois posé des problèmes : les tensions raciales entre Américains en sont un exemple, surtout lorsque les autorités militaires ont voulu établir une ségrégation dans les pubs. Elle a été refusée et des rixes parfois mortelles entre soldats ont éclaté.

Des armes secrètes pour chacun des deux camps

Ce « bombardon » en construction ressemble à un grand immeuble flottant.

Les brancardiers évacuent une des victimes des redoutables V1 allemands.

Des ports flottants au large des plages

Normandie, 12 juin
D'immenses pontons de béton et d'acier sont installés au large des plages du débarquement depuis ce matin. Ce sont les éléments des ports préfabriqués Mulberry, qui comptent parmi les innovations les plus ingénieuses des Alliés pour mener à bien l'opération *Overlord.* Ces quais flottants, constitués par un assemblage de tronçons, montent et descendent avec la marée. Ils permettent aux navires de ravitaillement de décharger leur cargaison sans attendre que les Alliés aient conquis un port traditionnel.
Le débarquement d'août 1942 à Dieppe a convaincu l'état-major allié que l'invasion de la France ne pourrait commencer par la prise d'un port. Pourtant, la nécessité de ravitailler les armées obligeait à trouver un moyen pour permettre aux navires de décharger leur cargaison, en tenant compte des fortes houles et des tempêtes de la Manche. Des solutions variées ont été envisagées ; l'une d'entre elles était de provoquer un fort bouillonnement dans l'eau pour calmer les vagues et d'utiliser de grands flotteurs de caoutchouc soudés à des quilles de béton. Mais les structures rigides se sont montrées plus efficaces. La construction de pontons de métal et de ciment, les « bombardons », a donc été lancée. Quinze exemplaires ont été essayés avec succès à Weymouth pendant les tempêtes d'avril. Ils ont ensuite été ancrés dans les ports anglais de la côte sud. Les Allemands n'ont jamais deviné à quoi servaient ces engins, que la Luftwaffe a souvent photographiés. Deux Mulberries ont été montés, l'un à Arromanches pour les Anglais et l'autre à Saint-Laurent pour les Américains. Les cargaisons y sont déchargées, puis acheminées vers la côte grâce à une piste flottante, le « gâteau roulé », conçue pour supporter les camions les plus lourds. (→ 19)

Ambulances sur une piste flottante.

Les bombes volantes atteignent Londres

Londres, 17 juin
La menace longtemps brandie par les Allemands est devenue réalité. Les attaques des bombes volantes se multiplient sur la capitale et sur le sud-est de l'Angleterre. Les premières ont eu lieu il y a quatre jours, mais c'est hier seulement que Herbert Morrison a fait état d'une offensive massive, tout en ajoutant que les dégâts étaient « relativement minimes ». Cela n'est pas tout à fait exact ; ils sont même sur le point de devenir importants. Selon les chiffres publiés à 6 h ce matin, 18 personnes sont mortes et 166 ont été blessées, la première explosion ayant fait six morts le 13 juin dans le quartier de Bethnal Green.
Hier, 73 bombes volantes sont tombées sur la capitale, et, aujourd'hui, 24 personnes ont été tuées dans un pub. Cette arme, baptisée V1 (V pour *Vergeltung,* c'est-à-dire représailles) par Hitler lui-même, ressemble à un petit avion aux ailes courtes. Lancée du Pas-de-Calais, elle vole à basse altitude, propulsée par un moteur à réaction, qui s'arrête lorsque l'engin est au-dessus de Londres. Le V1 pique alors sans bruit vers le sol en 15 secondes. Il transporte une tonne d'explosifs. Il peut y avoir des dégâts jusqu'à 250 m du point d'impact, surtout à cause du souffle. Les vitres volent en éclats, blessant les passants. Beaucoup sont brûlés vifs. A l'approche de la bombe, le moment le plus inquiétant est celui où le moteur s'arrête : les gens lèvent la tête, puis se jettent au sol. (→ 18)

Comment le V1 atteint-il son objectif ?

Allemagne, 17 juin
La nouvelle arme de Hitler est un monoplan de métal, propulsé par un statoréacteur qui lui permet d'atteindre la vitesse de 650 km/h. Mais c'est surtout l'ingéniosité de son système de guidage qui attire l'attention. Le V1 est doté d'un pilote automatique à gyroscope, qui tient compte des paramètres de vol comme le roulis ou les changements d'altitude, en fonction desquels il actionne les gouvernails de direction et de profondeur. S'y ajoutent un compas avec un cap préréglé et un loch enregistreur dont l'hélice est dans le nez de l'appareil, permettant d'évaluer la distance parcourue. Dès qu'elle est atteinte, le gouvernail de profondeur est braqué sur la position de plein piqué, le moteur est coupé et l'engin pique vers le sol. Il explose avant de l'atteindre, ne creusant qu'un petit cratère, mais causant des dégâts considérables à cause du souffle. ▷

Les Américains à l'assaut des Mariannes

A couvert, les marines de la première vague attendent leurs camarades.

Saipan, 17 juin
Le 5e corps amphibie des marines a lancé l'assaut sur Saipan, île occupée par les Japonais. Depuis hier, le bombardement naval américain n'a pas cessé. Guam et Tinian sont les prochains objectifs des Etats-Unis. De l'archipel des Mariannes, situé à moins de 1 900 km de Tokyo, les Américains pourront lancer leurs B-29 sur le Japon. L'offensive des Mariannes est la plus importante menée à ce jour par les forces amphibies dans le Pacifique.
Deux semaines à peine après le débarquement en Normandie, cette offensive rassemble une véritable armada de 535 bateaux de guerre et de transport, ayant à leur bord 127 000 marines et soldats, ce qui démontre l'ampleur des ressources militaires des Alliés. Les marines ont commencé à débarquer avant-hier matin à 7 h. Leurs 600 barges s'étiraient en une file de plus de 6,5 km de long. Les Japonais ont aligné 30 000 hommes. Ce soir, la tête de pont est sûre et les forces américaines renforcent leurs positions. Les chefs japonais se rendent bien compte que la défaite est inévitable, mais leur sens de l'honneur les pousse à combattre jusqu'à la dernière extrémité. (→ 18)

Céline fuit devant l'avance alliée

Paris, 17 juin
Pour les intellectuels proches du nazisme, c'est « la fin des haricots », comme l'avait présagé Drieu La Rochelle. Céline a pris le train à la gare de l'Est avec sa femme Lucette et son inséparable chat Bébert. Direction Baden-Baden. Il précède ses amis Robert Le Vigan et Jean Luchaire, qui croient encore à une victoire possible du Reich.
Comme le dit amèrement l'écrivain, ils ont tous « l'article 75 au cul », lequel menace de mort « tout Français qui, en temps de guerre, entretiendra des intelligences avec une puissance étangère ».

Les Juifs de Corfou raflés et déportés

Grèce, 14 juin
Les 1 795 personnes formant l'une des plus anciennes communautés juives d'Europe, celle de l'île de Corfou, ont été amenées aujourd'hui sur le continent pour être déportées au camp d'Auschwitz-Birkenau. La rafle a eu lieu le 6, jour du débarquement allié en Normandie. Depuis, les Juifs n'ont rien reçu à boire ni à manger. Les Allemands les ont jetés sans ménagement dans des camions qui les ont emmenés jusqu'à la gare de Larissa, où ils ont été entassés dans des wagons à bestiaux à destination de la Pologne.

1944

Juin

Di	Lu	Ma	Me	Je	Ve	Sa
				1	2	3
4	5	6	7	8	9	10
11	12	13	14	15	16	17
18	19	20	21	22	23	24
25	26	27	28	29	30	

18. Iles Mariannes : débarquée hier à Saipan, la 27e division d'infanterie américaine prend l'aérodrome d'Aslito (→ 20).

18. Pologne : les Allemands déclenchent près de Lublin une opération contre les partisans.

18. Italie : les Alliés prennent Assise, à l'est de Pérouse.

18. Normandie : à l'aube, la 9e division américaine atteint Carteret, sur la côte ouest du Cotentin. Quatre divisions allemandes y sont isolées.

19. Normandie : une tempête de force 8 détruit le Mulberry américain de Saint-Laurent, mis en service hier à Omaha.

20. Finlande : l'Armée rouge prend Viipuri, sur le golfe de Finlande.

20. Allemagne : le comte von Stauffenberg est promu colonel et nommé chef d'état-major du général Fromm. Chef de file des militaires de haut rang conspirant contre Hitler, il a accès au QG du Führer (→ 11.7).

20. URSS : l'Armée rouge masse 124 divisions et 5 200 chars en Biélorussie (→ 22).

20. Italie : les Britanniques occupent Pérouse. La 1re DFL prend Castelvecchio. Elle est relevée dans la nuit par la 2e DIM (→ 25).

20. France : Jean Zay, ancien ministre du Front populaire, est arraché de sa prison et assassiné par la Milice (→ 7.7).

20. Cotentin : le 7e corps américain libère Valognes. Ses avant-gardes atteignent les faubourgs de Cherbourg.

21. Nouvelle-Guinée : sur l'île de Biak, les Américains n'arrivent pas à déloger les Japonais des cavernes (→ 28).

22. Helsinki : von Ribbentrop promet des troupes pour convaincre les Finlandais de rester en guerre aux côtés du Reich (→ 28).

23. Iles Mariannes : à Saipan, les Américains et les Japonais se livrent de violents combats dans la vallée de la Mort (→ 6.7).

24. Normandie : les Alliés ont débarqué 750 000 soldats depuis le jour J (→ 26).

Un V1 atteint une église : 119 morts

Londres, 18 juin
La chapelle des Gardes, à Wellington Barracks, près de Buckingham Palace, était comble pour l'office du matin. En un instant, le bâtiment n'était plus que ruines : un V1 venait de le frapper de plein fouet. Le bilan est lourd : 119 morts, dont la moitié de civils, et 102 blessés graves. Les V1 sont une arme terrifiante, car ils sont beaucoup plus meurtriers que les bombes classiques : ils arrivent nuit et jour d'Europe du Nord, ce qui rend inefficace tout système d'alerte. (→ 27)

Un enfant indemne, mais terrorisé.

Succès japonais en Chine centrale

Tch'ang-cha, 18 juin
Deux villes de Chine centrale sont aux mains des Japonais : après deux semaines de combats acharnés, la 7e armée japonaise s'est emparée de Tch'ang-cha et de Tchou-Tchéou. Son prochain objectif est Hengyang, à 120 km, qui est un carrefour ferroviaire important sur la voie qui mène de Canton à Hankow. L'offensive menée depuis trois semaines par les Japonais est destinée d'abord à couper le ravitaillement des Chinois, puis à se diriger au sud pour détruire les aérodromes qui permettent aux Américains de menacer le Japon. (→ 26)

1 200 000 Soviétiques reprennent la Biélorussie

L'avancée des troupes de l'Armée rouge en Biélorussie est implacable ; les fantassins progressent derrière le rideau de fumée provoqué par les tirs de l'artillerie.

Moscou, 22 juin

L'Armée rouge a choisi le jour anniversaire de l'invasion de son territoire par les armées du IIIe Reich pour lancer une offensive générale contre les forces allemandes occupant la Biélorussie.

L'opération a été baptisée *Bagration*, d'après le nom d'un officier tsariste qui fut mortellement blessé en combattant les armées de Napoléon à Borodino, en 1812. L'objectif de l'offensive n'est rien moins que la destruction du groupe allemand d'armées du Centre.

La nuit dernière, des partisans ont saboté les lignes de chemin de fer, les ponts et les câbles téléphoniques en 10 500 endroits simultanément, endommageant sérieusement les lignes de ravitaillement et de communications allemandes. Puis, ce matin, le rouleau compresseur de l'Armée rouge a enfoncé les défenses de l'ennemi. Les Soviétiques ont rassemblé 1 200 000 soldats, répartis en 124 divisions équipées de 5 200 chars et pièces d'artillerie lourde et assistées de 6 000 avions. En face se trouvent 400 000 Allemands qui, eux, ne disposent que de 900 tanks et pièces d'artillerie et de 1 300 avions.

Les services de renseignements avaient averti le général von Busch, commandant le groupe d'armées du Centre. Mais Hitler, se fondant sur son « intuition », s'est laissé tromper par une opération de désinformation soviétique, visant à faire croire que l'Armée rouge mènerait une double attaque en direction des terrains pétrolifères du sud de la Roumanie et vers Varsovie. Il a donc dégarni les défenses de von Busch en transférant quarante-huit divisions d'infanterie et trois divisions Panzer en Galicie. Celles-ci se retrouvent à présent débordées par l'offensive soviétique et ne jouent aucun rôle dans la bataille qui s'annonce. L'« intuition » du Führer a été démentie ce matin, lorsque l'Armée rouge a commencé ses terribles tirs d'artillerie. Ses groupes de chars T-34 ont ensuite déferlé sur les lignes allemandes, suivis par un réseau serré de fantassins. Dans le même temps, les chasseurs-bombardiers Sturmovik fondaient sur les positions les plus solides de l'ennemi. Sous le choc, des brèches se sont ouvertes dans les défenses allemandes.

Les troupes soviétiques se dirigent vers Minsk. Le 1er front baltique du général Bagramyan a enfoncé la 3e division Panzer du général Reinhardt et menace Vitebsk d'encerclement. Toutes les positions tenues par les Allemands en Biélorussie sont en danger. (→ 29)

'île d'Elbe libérée par les Français

le d'Elbe, 19 juin

Venant de Corse, les hommes du corps expéditionnaire français ont planté le drapeau tricolore sur les hauteurs de l'île d'Elbe, lieu du premier exil de Napoléon, après avoir pris Portoferraio à l'issue d'une bataille brève et sanglante.

Sur le continent, les Britanniques se battent pour prendre Pérouse, important nœud de communications. La ville d'Assise est tombée. Le 13e corps britannique a atteint la ligne Albert, encore tenue par des troupes allemandes qui couvrent le repli du reste de leur armée sur la ligne Gothique.

Chute du réduit FFI du mont Mouchet

Auvergne, 20 juin

Après avoir cru au plan *Caïman*, qui visait à la constitution d'un front intérieur au lendemain du débarquement allié, les FFI déchantent. Le 11, les maquisards auvergnats retranchés au mont Mouchet ont capté le message du général Kœnig invitant à « rompre le contact pour permettre une phase de réorganisation ». Ils ont alors décidé de se replier sur le réduit de La Truyère, à 25 km de là.

Aujourd'hui, les Allemands ont donné l'assaut. A la tombée de la nuit, après une résistance héroïque, les maquisards ont dû décrocher.

La dispersion du maquis de Saint-Marcel

Morbihan, 18 juin

Conformément au plan visant à créer des maquis destinés à déstabiliser les arrières de l'ennemi après le débarquement, et où les volontaires FFI seraient organisés militairement, trois mille FFI du Morbihan s'étaient rassemblés au camp de Saint-Marcel où, jusqu'au 13, ils ont été ravitaillés en armes et en munitions. Mais, aujourd'hui, un incident est survenu. Deux voitures allemandes se sont aventurées par mégarde dans le camp. L'une a pu s'échapper. Quelques heures plus tard, Saint-Marcel était assiégé. En fin de soirée, les FFI ont dû détruire leur matériel et décrocher. Les pertes allemandes sont élevées.

Les maquis bretons sont très actifs : ici, le sabotage d'une voie ferrée.

L'armée japonaise ébranlée par les succès alliés

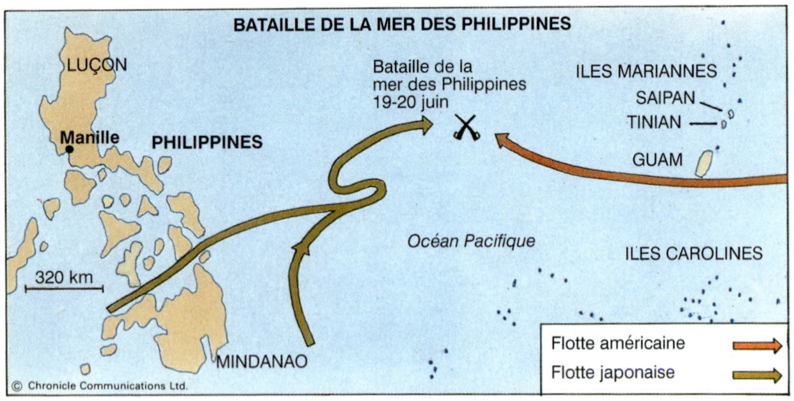

La route de Kohima à Imphal aux mains des Britanniques et des Indiens.

Victoire américaine dans les Mariannes

Pacifique, 20 juin
La marine américaine a remporté une victoire décisive dans les Mariannes, abattant tant d'avions japonais au cours des deux derniers jours que les pilotes parlent du « grand tir aux pigeons des Mariannes ». Les Japonais avaient voulu profiter de l'offensive des Américains pour lancer une attaque massive contre leurs porte-avions, mais l'opération, baptisée *A-go*, a tourné à la catastrophe. Les Japonais se sont portés au-devant des Américains avec une flotte de porte-avions et de navires de combat, ainsi qu'une flottille de réserve, commandées par l'amiral Toyoda. Ces avions devaient recevoir l'appui des appareils basés dans les îles de Saipan, Tinian et Guam. Mais les Américains se sont lancés à l'assaut des Mariannes avec la flotte la plus puissante jamais assemblée dans le Pacifique : 5 cuirassés, 11 croiseurs, 12 croiseurs d'escorte et une flotte de 15 porte-avions sous les ordres du vice-amiral Mitscher, réunissant au total 956 avions.

La 5e flotte de réserve de l'amiral Spruance comptait, pour sa part, 7 cuirassés, 21 croiseurs et 69 destroyers. Hier matin, à 8 h 30, les Japonais ont lancé l'attaque, mais les Américains étaient prévenus. Leurs sous-marins avaient observé l'armada japonaise qui se formait, et leurs radars avaient repéré les avions dès leur envol. Les Américains envoyèrent 300 chasseurs au-devant de l'escadre japonaise, coup d'autant plus rude que les Japonais ne reçurent pas de renforts de leurs bases de Saipan, Tinian et Guam, attaquées peu de temps auparavant par les Américains. La déroute fut totale : les chasseurs américains ont abattu 242 avions japonais, en ont perdu pour leur part 29.

Pour ajouter à la débâcle des Japonais, les sous-marins américains ont coulé deux porte-avions, le *Shokaku* et le *Taiho*. L'amiral Ozawa, commandant des porte-avions, n'évalua pas tout de suite l'étendue de la catastrophe, pensant que les avions qui tardaient à rentrer s'étaient posés à Guam.

Aujourd'hui, le réveil a été rude : Mitscher a envoyé 216 de ses avions attaquer la flotte japonaise, coulant un autre porte-avions et abattant 65 avions japonais. Ce soir, l'amiral Ozawa bat en retraite sur Okinawa ; il a perdu 480 avions, soit les trois quarts des effectifs embarqués, bilan désastreux pour une opération que les Japonais considéraient eux-mêmes comme une des « batailles décisives » dans le Pacifique.

Un avion japonais s'écrase en mer.

Les Japonais lèvent le siège d'Imphal

Imphal, Inde, 22 juin
Les Alliés ont libéré la route de Kohima à Imphal, mettant en déroute la 15e armée japonaise qui les harcelait en Inde depuis trois mois. L'opération *U-Go* se solde par un cuisant échec : des 100 000 Japonais venus de Birmanie, 30 502 sont morts et 23 003 blessés, contre 2 700 morts et 10 000 blessés alliés. L'opération *U-Go* avait mobilisé trois divisions de la 15e armée, sous les ordres du général Mutaguchi : la 33e, venue de Tiddim au sud, ainsi que les 15e et 31e, venues de l'est, qui s'étaient portées contre les bases alliées d'Imphal et de Kohima. Les Alliés avaient contré la manœuvre avec quatre divisions des Indes, sous le commandement du général Geoffrey Scoones : la 17e et la 20e pour contenir les Japonais à Imphal, la 5e et la 23e pour harceler leurs colonnes dans la plaine et les prendre en étau. Les Alliés n'ont jamais perdu le contrôle de la plaine d'Imphal et de son espace aérien, contrôle doublé d'une maîtrise totale des communications. Dès le mois d'avril, Imphal était ravitaillé par avion. Le général Mutaguchi s'obstinait pourtant contre Imphal et Kohima, refusant d'admettre la réalité. Il avait même demandé au général Kotoku Sato et à sa 31e division d'attaquer Imphal sans vivres ni munitions ; mais, devant l'évidence et le manque de ravitaillement, Sato avait retiré ses troupes de Kohima le 3 juin. Ce retrait devait libérer deux autres divisions alliées pour prêter main-forte à celles d'Imphal. Pendant ce temps, Mutaguchi ordonnait à sa 15e division de monter des opérations de plus en plus ambitieuses, tout en lui prélevant des troupes jusqu'à ce que son commandant, le général Yamamuchi, se retrouve avec un effectif réduit à un bataillon et demi. Dans ces conditions, il n'est pas étonnant que Yamamuchi ait passé le plus clair de son temps à écrire des poèmes *haikai*, de style traditionnel.

Autour d'Imphal, les combats ont pris des allures sauvages, les attaquants japonais piétinant les cadavres de leurs compagnons pour se lancer à l'attaque des tranchées. Sur la route d'Ukhrul et dans le col de Shenam, les conditions se sont révélées tout aussi épouvantables, de fortes pluies, du brouillard et une jungle impénétrable s'ajoutant à la brutalité des combats. La route d'Imphal à Kohima, au cœur de la bataille, est entourée par ailleurs de crêtes élevées dont les Japonais ont su profiter, s'y retranchant après les attaques meurtrières qu'ils lançaient. Puis le combat a tourné en faveur des Alliés : le 17 juin, les Japonais se retiraient de la crête Mao Songsan sans livrer bataille, première retraite du genre depuis le début de la campagne. (→25)

Juin

Di	Lu	Ma	Me	Je	Ve	Sa
				1	2	3
4	5	6	7	8	9	10
11	12	13	14	15	16	17
18	19	20	21	22	23	24
25	26	27	28	29	30	

25. Inde : la route d'Imphal à Kohima est rouverte par les Alliés (→ 3.7).

25. Baie de Seine : la Luftwaffe attaque les navires alliés avec des missiles. Un chasseur est accroché sur un bombardier non piloté, contenant une charge explosive de 1 725 kg. Au point de lancement, ce dernier est lâché et dirigé sur sa cible par radio.

25. Italie : le corps expéditionnaire français franchit en force la rivière Orcia, ligne évacuée par les Allemands (→ 3.7).

26. Chine : les Japonais écrasent les défenses chinoises et s'emparent de la base américaine de Heng-yang (→ 29.7).

26. Normandie : 5 287 soldats alliés ont été tués depuis le jour J (→ 27).

27. Londres : un V1 tue 14 civils à la gare Victoria.→

28. Nouvelle-Guinée : à l'est de l'île de Biak, les Japonais évacuent les cavernes (→ 2.7).

28. Copenhague : une grève générale est déclenchée (→ 1.7).

28. Washington : les Etats-Unis rompent leurs relations avec la Finlande (→ 29).

29. Berchtesgaden : Rommel et von Rundstedt assistent à une conférence du Führer, qui ne leur permet pas d'exposer la situation sur le front de l'Ouest ; en revanche, il promet plus d'armes secrètes et de chasseurs à réaction (→ 6.7).

29. Italie : le groupe de bombardement Bretagne, des FAFL, fait sauter le dépôt de munitions de La Spezia.

30. Auschwitz : les 1 795 Juifs de Corfou arrivent au camp. Ils ont passé 24 jours dans des wagons plombés, sans eau ni nourriture. La moitié sont morts en route. Les survivants sont aussitôt gazés (→ 8.7).

30. Londres : un V1 touche le ministère de l'Air, au cœur du Strand : 198 morts (→ 3.7).

30. Cotentin : reddition des 6 000 soldats allemands qui résistaient encore au cap de La Hague. Toute la pointe nord de la péninsule est aux mains des Américains.→

L'Armée rouge libère la route de Minsk

L'Armée rouge à l'attaque en Biélorussie : l'artillerie en pleine action.

Moscou, 29 juin
L'Armée rouge vient de faire tomber Bobrouïsk, dernier bastion nazi au sud de la « ligne patrie », en Biélorussie. La voie est désormais libre pour un mouvement en tenailles autour de la capitale de la Biélorussie, la ville de Minsk. Les dernières dépêches annoncent la prise de la jonction ferroviaire d'Osipovitchi, à 100 km au sud-est de Minsk. Ajoutée aux autres succès récents de l'Armée rouge, comme la traversée du Dniepr et la liquidation de la garnison allemande de Vitebsk, la chute de Bobrouïsk a été portée au crédit du général Konstantin Rokossovski, général que Staline avait fait arrêter peu avant la guerre et qui se voit aujourd'hui promu au rang de maréchal. Rokossovski est commandant en chef du premier front de Biélorussie et responsable du succès de la campagne, baptisée opération *Bagration*. Hitler avait tenté d'enrayer son offensive en ordonnant formellement à la Wehrmacht de tenir coûte que coûte les places fortes de Vitebsk, Mogilev et Polotsk. Pour tout résultat, les unités allemandes se sont retrouvées isolées, encerclées et massacrées par l'Armée rouge, comme par exemple à Vitebsk. (→ 3.7)

La Résistance exécute Henriot

Paris, 28 juin
Philippe Henriot, secrétaire d'Etat à l'Information et à la Propagande du régime de Vichy, a été abattu aujourd'hui par la Résistance. Un commando d'hommes déguisés en policiers a investi le quartier général du ministère et abattu Henriot en présence de sa femme. Philippe Henriot s'était rallié dès juin 1940 au régime de Vichy. Editorialiste de Radio Vichy, il attaquait avec violence les Alliés et les résistants, qu'il traitait d'« assassins criminels » et leurs dirigeants de « lâches ». Devenu l'un des chefs de la Milice, il entrait au gouvernement Laval en janvier 1944. (→ 7.7)

Henriot, tribun du régime de Vichy.

Les Chindits prennent Mogaung après un mois de combat

Sur les routes de Birmanie, les Alliés ont pris Mogaung et tiennent bon.

Mogaung, Birmanie, 27 juin
La 77e brigade des Chindits, sous le commandement du major Mike Calvert, a fini par prendre Mogaung avec l'aide du 114e régiment chinois. La victoire alliée isole du coup la 18e division japonaise à Myitkyina, où elle se bat encore contre les Chinois du général Stilwell et les Maraudeurs de Merrill. Les Chindits se sont battus durant tout un mois pour prendre Mogaung et les pertes ont été tellement élevées, à cause des blessures, des maladies et des conditions de survie épouvantables, que le dernier assaut sur le pont de chemin de fer a été livré avec seulement 230 Gurkhas, 110 fusiliers et soldats du régiment de Liverpool, et 180 soldats de Staffordshire, alors qu'ils étaient 800 au départ. (→ 8.7)

Les Américains prennent Cherbourg

Cherbourg, 27 juin

Après plusieurs jours de résistance qui leur ont permis de saboter les installations portuaires, les derniers Allemands retranchés à Cherbourg se sont rendus aux Américains. Les Alliés ont fait 45 000 prisonniers, mais ils déplorent, pour leur part, 1 800 morts et 15 000 blessés. La réparation du port prendra plusieurs semaines. C'est dans la journée d'hier que la résistance allemande a fléchi, sous le feu soutenu de 3 cuirassés, 4 croiseurs et 11 destroyers, pilonnant l'arsenal et ses défenses. Le général von Schlieben, commandant des forces allemandes, s'est alors décidé à sortir de l'arsenal pour se rendre au général Manton Eddy, commandant de la 9e division. Mais von Schlieben refusa d'ordonner au reste de la garnison de se rendre. Seuls 800 soldats étaient sortis à sa suite, et les combats devaient encore durer vingt-quatre heures. Maintenant que toute résistance a cessé, les Américains font la fête : les soldats du 7e corps sont tombés sur des stocks de champagne et de cognac, et leur belle discipline s'est aussitôt évanouie. Par ailleurs, on apprenait que von Schlieben avait l'intention de se rendre depuis déjà deux jours, mais que Rommel s'y était opposé. « Parmi les troupes qui défendent la ville, avait-il plaidé devant le maréchal, on compte 2 000 blessés impossibles à soigner. Le sacrifice des autres est-il bien nécessaire ? » Ce à quoi Rommel avait répondu : « Vous êtes tenu, par ordre du Führer, de vous battre jusqu'à la dernière cartouche. » Maintenant que les Américains sont maîtres du port, leur prochain objectif est le cap de la Hague. (→ 30)

De longues files de prisonniers allemands défilent devant la mairie.

Les renforts allemands barrent la route de Caen aux Anglais

Normandie, 30 juin

Le 8e corps britannique a dû reporter l'opération *Epsom*, qui vise à couper les lignes allemandes à l'ouest de Caen. Le général Dempsey a retiré aujourd'hui la 11e division blindée des hauteurs de la cote 112, qui surplombe la route de Caen. Les messages des Allemands, interceptés grâce à la méthode Ultra, ont en effet appris aux Alliés que les Allemands s'apprêtaient à prendre d'assaut la cote 112 avec les 9e et 10e divisions Panzer, venues du front russe. Dempsey a sous ses ordres 60 000 hommes et il dispose de 600 chars et de 700 pièces d'artillerie, mais il n'ignore pas la supériorité matérielle allemande. L'offensive sur Caen a donc été reportée. Depuis le 6 juin, les Alliés ont eu 7 704 morts : 4 868 Américains, 2 443 Anglais et 393 Canadiens. Du côté des Français, les pertes s'élèvent pour les forces engagées dans l'opération *Overlord* à 924 morts, auxquels il faut ajouter les 2 880 FFI tués depuis le jour J. (→ 3.7)

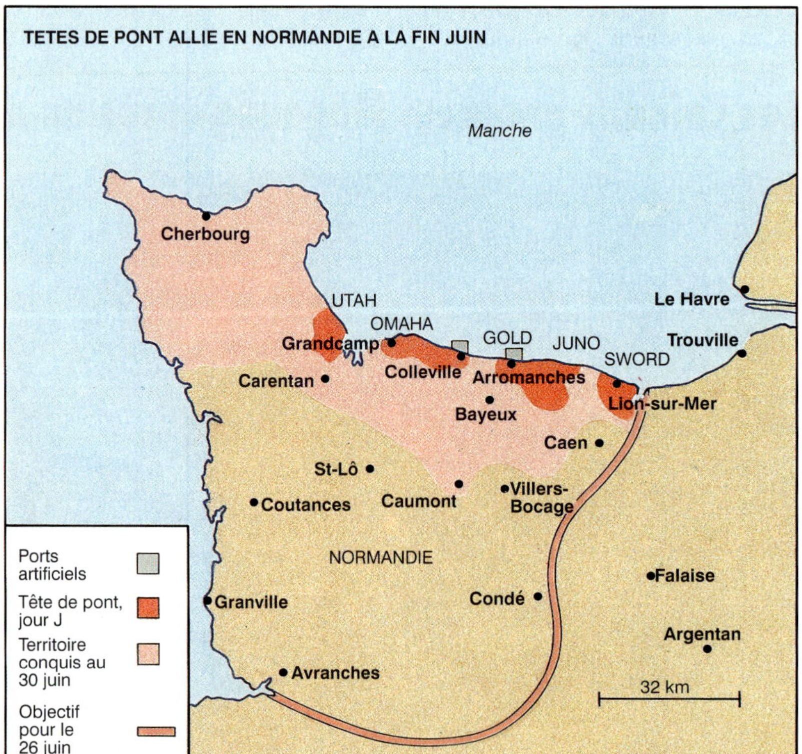

Sabotage héroïque du dépôt de Jonzac

Charente-Inférieure, 30 juin

Les explosions ne sont pas près de s'arrêter dans les carrières de Hurtebise, à Jonzac, que les Allemands avaient transformées en dépôt de munitions. Elles ont aujourd'hui été la cible d'un sabotage de la part du groupe franc Alerte, à la demande de Londres. Le principal artisan de l'opération, Pierre Ruibet, sous-lieutenant FFI, s'était fait embaucher comme manutentionnaire et s'est sacrifié pour en assurer le succès. Les anciennes galeries contenaient la valeur de cent vingt trains de munitions.

Un cabinet pronazi nommé en Finlande

Helsinki, 29 juin

Un cabinet pronazi s'est formé autour du président Rysto Ryti, contre la volonté du peuple et celle de la majorité du Parlement finlandais. Son but déclaré, malgré la situation désespérée de l'armée finlandaise, est de continuer à combattre l'Armée rouge. Six membres du gouvernement ont démissionné en signe de protestation. Ryti les a remplacés par des fidèles peu susceptibles de s'opposer à sa politique. En réponse, le secrétaire d'Etat américain Cordell Hull menace de rompre les relations diplomatiques avec la Finlande. (→ 4.8)

Bilan des V1 en Grande-Bretagne

Londres, 27 juin

Le ministre de l'Intérieur et de la Sécurité, Herbert Morrison, a présenté au cabinet de guerre le bilan des victimes des V1. En deux semaines, ces bombes volantes ont tué 1 600 personnes et en ont blessé grièvement 4 500 autres. La gravité du péril n'a pas été divulguée au public, à qui l'on affirme sur les ondes que les habitants du sud de l'Angleterre ne se sont pas laissé impressionner par ces « choses vicieuses ». La famille royale montre l'exemple en restant à Londres malgré la destruction du terrain de tennis du roi par un V1. (→ 30)

1944

Juillet

Di	Lu	Ma	Me	Je	Ve	Sa
						1
2	3	4	5	6	7	8
9	10	11	12	13	14	15
16	17	18	19	20	21	22
23	24	25	26	27	28	29
30	31					

1er. France : la Wehrmacht attaque les maquis FTP du Morvan. 16 maquisards sont tués ou blessés, ainsi que 174 soldats allemands.

1er. Danemark : les Allemands proclament l'état d'urgence à cause de la grève générale.

1er. Etats-Unis : ouverture de la conférence de Bretton Woods. Les représentants de 44 Etats (Mendès-France pour le GPRF) y mettent au point un système monétaire international (→ 22).

2. Nouvelle-Guinée : le 158e régiment d'infanterie américain débarque sur l'île Nœmfoor.

3. France : dans le Vercors, Yves Farge, commissaire désigné par de Gaulle, proclame la restauration de la République (→ 21).

3. Londres : un V1 touche un immeuble à Chelsea : 74 morts et 50 blessés (→ 11).

3. Normandie : la 1re armée américaine lance son offensive vers Saint-Lô et Coutances, au sud du Cotentin, et rencontre une forte résistance allemande.

3. Inde : la 7e division indienne reprend Ukhrul aux Japonais, après de brefs combats (→ 3.8).

4. Nouvelle-Guinée : sur l'île Nœmfoor, les parachutistes américains prennent l'aérodrome de Kornasoren, après celui de Kamiri hier (→ 10).

4. URSS : en libérant Polotsk, les Soviétiques s'ouvrent le passage vers la Lituanie (→ 10).

5. Normandie : les Américains atteignent La Haye-du-Puits.

6. Iles Mariannes : face à l'avancée des Américains, l'amiral Nagumo et le général Saito, commandants japonais à Saipan, se font hara-kiri (→ 8).

6. Washington : de Gaulle s'entretient avec Roosevelt sur l'organisation du monde après la guerre (→ 11).

7. Normandie : la RAF lâche 2 276 t de bombes à Caen (→ 8).

8. Paris : une colonne de prisonniers alliés en transit est insultée par la foule. L'incident est monté de toutes pièces pour servir la propagande allemande.

Horthy s'oppose aux déportations

Les Juifs de Hongrie qui n'ont pu être sauvés à temps arrivent à Auschwitz.

Budapest, 8 juillet
Adolf Eichmann poursuit méthodiquement son funeste projet : au cours des sept dernières semaines, 300 000 Juifs de Hongrie ont été déportés et exterminés au camp d'Auschwitz-Birkenau. Mais, aujourd'hui, l'amiral Miklos Horthy, régent de Hongrie, cédant aux pressions des gouvernements alliés, de la Croix-Rouge, du pape et du roi de Suède, a ordonné de mettre un terme aux déportations. Il avait fallu que Hitler intervienne personnellement pour que Horthy accepte le principe des déportations il y a deux mois. Maintenant que l'Armée rouge est à ses frontières, Horthy se sent assez fort pour s'opposer ouvertement à Hitler, renvoyant les fascistes Laszlo, Baky et Vitez Endre qui assistaient les nazis dans leur politique raciste.
Eichmann, déterminé à poursuivre les déportations, se heurte à une opposition de plus en plus ouverte. C'est ainsi que Raoul Wallenberg, diplomate suédois, fait route vers Budapest avec 630 visas d'entrée en Suède pour des Juifs de Hongrie et des documents anglais garantissant l'entrée en Palestine de 700 Juifs supplémentaires. Wallenberg est attendu demain à Budapest avec des consignes précises du roi de Suède : protéger les Juifs, le temps que les visas soient prêts, puis pourvoir à leur évacuation. (→ 18)

Les Italiens retrouvent le goût du combat

Les partisans arrêtent les fascistes.

Udine, Italie, 1er juillet
Nullement impressionnés par les sauvages répressions nazies, des milliers de patriotes italiens se sont réfugiés dans les collines du nord et luttent contre l'occupant. La 8e armée britannique équipe et entraîne pour sa part des brigades italiennes, composées de soldats qui étaient autrefois leurs ennemis et qui, désormais, depuis le début de l'année, se battent à leurs côtés. L'un des commandants anglais les a ainsi décrits : « On avait de la pitié et même du dédain pour les Italiens lors de la campagne d'Afrique. Maintenant, on les découvre : des soldats accomplis, auxquels on a redonné toute leur fierté. »

Au Havre, la base sous-marine saute

Le Havre, 6 juillet
Cette nuit, Maurice Leboucher a fait sauter la base sous-marine du Havre, seul et de sa propre initiative. Cet électricien embauché par la Kriegsmarine a branché sur le téléphone de la base un relais destiné, au premier appel, à envoyer le courant électrique nécessaire à la mise à feu d'une mèche lente conduisant à la chambre de chargement des torpilles. Aussi simple que génial ! L'explosion de cinquante-quatre torpilles a entraîné celle des réservoirs d'air comprimé et de cent vingt tonnes d'obus. Six des huit alvéoles ont été détruits. La marine allemande vient de perdre son abri le plus sûr de la région.

Nouveau raid allié contre le Japon

Washington, 8 juillet
Les Superforteresses B-29 basées en Chine ont lancé leur second raid contre le Japon en moins d'un mois. La nuit dernière, les bombardiers américains du 20e Bomber Command ont attaqué la base navale de Sasebo et les fonderies de Yahata, qui avaient fait l'objet d'un premier raid il y a trois semaines.
Le général Arnold, commandant de l'US Air Force, a créé le 20e Bomber Command pour lancer des raids partout dans le monde. Mais, pour l'instant, les B-29 ne voleront que de nuit, jusqu'à ce que l'unité soit parfaitement rodée. (→ 18)

« L'Ukraine est libérée ! »

Suicides collectifs des Japonais devant les Alliés

Saipan, 8 juillet
Les troupes américaines débarquées à Saipan ont du mal à savourer leur victoire. Depuis l'épisode de Tarawa, les vétérans de la campagne du Pacifique commencent à s'habituer à la farouche détermination des soldats japonais, résolus à périr au combat. C'est donc sans grande surprise que les Américains ont essuyé à Saipan une charge désespérée de l'ennemi, qui s'est soldée par la mort des 1 500 attaquants. Mais ce n'était encore rien par rapport à la macabre surprise qui les attendait du côté de Marpi : des milliers de cadavres, dont ceux de femmes et d'enfants, gisaient sur les rochers ou étaient ballottés par les vagues. D'après les rares survivants, les habitants, terrifiés, s'étaient jetés du haut des falaises afin de ne pas tomber aux mains des Alliés, convaincus par le commandant de Saipan, le général Saito, qu'ils seraient torturés, puis mis à mort s'ils étaient pris vivants. Le général Saito, pour sa part, s'est suicidé selon les règles.
Le récit des survivants ne fait que confirmer les déclarations des soldats faits prisonniers, qui s'attendent tous à être torturés et exécutés. C'est plus cette peur panique que l'observation d'un quelconque rituel samouraï qui est à l'origine de cette volonté collective de suicide. La propagande japonaise est largement responsable de cet état d'esprit. C'est elle qui représente les soldats américains sous la forme de « bêtes sauvages », Roosevelt et Churchill prenant les traits de démons cornus. De nombreux articles des magazines populaires japonais décrivent les Américains comme des dégénérés, obsédés sexuels et racistes forcenés, qui se débarrassent de leurs enfants malformés en leur percutant la tête contre les murs. Il est vrai que ce n'est pas le récent torpillage d'un navire-hôpital par les Américains qui va rassurer les Japonais. (→ 9)

Violents combats dans les rues de Caen

En route vers Caen, les Anglais traversent le village de La Délivrande.

Caen, 8 juillet
La nuit dernière, les bombardiers de la RAF ont lâché 2 276 tonnes de bombes sur Caen, et le cuirassé *Rodney* a pilonné la ville avec des centaines d'obus de 400 mm pour préparer l'offensive alliée qui a eu lieu ce matin. Les troupes canadiennes et britanniques ont investi la ville, en dépit d'une résistance opiniâtre des Panzer du colonel SS Meyer. Ce soir, les Alliés ont réussi à prendre la rive droite de l'Orne, mais les hommes du colonel Meyer occupent toujours les cheminées de Colombelles et transfèrent des divisions vers le secteur américain.
Les officiers du colonel Meyer ont tous été tués au cours du dernier mois de combat, et aucun n'a pu être remplacé. « Les officiers et les hommes savent que la lutte est sans espoir, consigne Meyer dans son journal de bord, mais ils sont prêts à remplir leur devoir jusqu'à leur dernier souffle. » (→ 9)

Rundstedt démis de ses fonctions

Obersalzberg, 6 juillet
Gerd von Rundstedt a été démis de ses fonctions de commandant en chef des forces de l'Ouest, après avoir fait un rapport peu glorieux de la situation militaire au Führer. Son entretien avec Hitler fut suivi d'une conversation téléphonique des plus tendues avec le maréchal Keitel, chef du haut commandement nazi. « Que devons-nous faire ? » lui demanda Keitel. « Faites la paix, tas d'imbéciles ! » lui rétorqua von Rundstedt. Le jour suivant, ce dernier était limogé. Il sera remplacé par von Kluge.

Le maréchal Gerd von Rundstedt.

Les Alliés préparent activement le débarquement en Provence

Les troupes françaises accueillies à Sienne dans la liesse générale.

Sienne, 3 juillet
Sienne est tombé aux mains des Al liés, lors d'un assaut mené par le troupes algériennes du corps expé ditionnaire français. Mais les Allié victorieux n'ont pas le temps d souffler. A peine a-t-elle repouss les derniers défenseurs nazis hor de la ville que la 3e division algé rienne (DIA) se prépare à fair route vers Naples pour y embar quer à destination de la Provence Les Algériens sont remplacés par l 4e division marocaine (DMM), qu s'apprête, pour sa part, à faire rout vers Florence et le front de la lign Gothique. La 5e armée américaine qui a pris la ville côtière de Cecin est sur le point d'encercler L vourne. Une grande partie de se effectifs va aussi être affectée a débarquement en Provence. (→ 9)

L'Armée rouge prend la base de Minsk

Moscou, 3 juillet
Minsk, capitale de la Biélorussie et dernier bastion nazi du territoire soviétique, a été pris aujourd'hui par l'Armée rouge, dix jours après le début de l'opération *Bagration*. La place forte, qui défend l'accès à la Prusse-Orientale, a été encerclée, puis prise d'assaut par le 3e front de Biélorussie du général Cherniakovski et par le 1er front de Biélorussie du maréchal Rokossovski. Ils ont fait 73 000 prisonniers, dont les généraux allemands Michaelis et Konradi, et ont également pris au piège d'importants effectifs à l'est de Minsk. Tout le long du front, la situation est tout aussi favorable à l'Armée rouge. Au nord, le 1er front baltique du général Bagramyan a investi Polotsk et en a chassé les Allemands, s'étant fixé Vilnius, capitale de la Lituanie, comme prochain objectif. Au sud, le maréchal Joukov monte une attaque contre Baranovitchi, qui défend le flanc droit des armées allemandes.
Dans son message de félicitations adressé à Staline, Churchill rend hommage à l'Armée rouge qui, selon lui, « pulvérise les armées allemandes ». Hitler a limogé le maréchal von Busch et l'a remplacé par Model, qui, malgré toute son expérience, aura bien du mal à contenir la poussée soviétique.

Avant de battre en retraite, les nazis ont abattu les prisonniers soviétiques.

Georges Mandel est exécuté par la Milice

Forêt de Fontainebleau, 7 juillet
A l'occasion d'un prétendu transfert en zone sud, Georges Mandel a été exécuté dans la forêt de Fontainebleau d'une rafale de mitraillette par un milicien qui, avec ses complices, a ensuite maquillé l'assassinat en attentat « terroriste ».
Mandel avait été nommé ministre de l'Intérieur par Reynaud en mai 1940, sous la IIIe République. La même année, il fut arrêté par le régime de Vichy. Il personnifiait la résistance au nazisme et était opposé à l'armistice. En 1942, il fut livré aux Allemands. En mai dernier, il a été rapatrié et interné à la Santé. C'est sur les ordres exprès de Joseph Darnand, responsable de la police et du maintien de l'ordre dans le gouvernement Laval, qu'il vient d'être exécuté.

En 1940, Georges Mandel avait tenté d'organiser la résistance au Maroc avant d'être ramené en France.

1944

Juillet

Di	Lu	Ma	Me	Je	Ve	Sa
						1
2	3	4	5	6	7	8
9	10	11	12	13	14	15
16	17	18	19	20	21	22
23	24	25	26	27	28	29
30	31					

9. Italie : la 2e DMM du CEF se dirige vers Poggibonsi, à 40 km au sud de Florence (→ 16).

9. Iles Mariannes : Saipan est conquis par les Américains. Les 30 000 Japonais de la garnison ont été tués (→ 21).

10. Nouvelle-Guinée : les Japonais attaquent au-delà de la rivière Driniumor, dans le secteur d'Aitape (→ 28).

10. Normandie : Montgomery ordonne l'opération *Goodwood* pour la 2e armée britannique : attaquer Caen à l'est ; et l'opération *Cobra* pour la 1re armée américaine : prendre Saint-Lô.

10. URSS : Hitler refuse un repli stratégique du groupe d'armées Nord derrière le fleuve Dvina (→ 13).

11. Berchtesgaden : convoqué à une réunion par Hitler, Stauffenberg se munit d'une bombe, mais il remet l'attentat à plus tard, Himmler et Göring étant absents (→ 15).

11. Londres : 41 000 femmes et enfants sont évacués, à cause des attaques de V1 (→ 18).

11. Canada : arrivée de De Gaulle. Il rencontre des savants atomistes français qui l'informent de l'évolution de l'arme atomique américaine.

11. Washington : Roosevelt reconnaît le GPRF comme administration légitime des territoires libérés en France.

12. Normandie : la 2e division américaine prend la cote 192, à 4 km à l'est de Saint-Lô (→ 18).

12. France : un commando de dix hommes du mouvement de résistance Honneur de la police s'empare de 3 t d'armes et de munitions à Meudon (→ 24).

13. Lituanie : l'Armée rouge s'empare de Vilnius.

14. URSS : au sud de la Biélorussie, les Soviétiques prennent Pinsk, avec l'aide des partisans (→ 17).

14. Paris : 100 000 personnes manifestent à l'appel du Comité parisien de libération. →

15. Rastenburg : la deuxième tentative de Stauffenberg pour assassiner Hitler échoue. Le Führer lève la conférence à l'improviste (→ 20).

Roosevelt candidat pour un 4e mandat

Le président Franklin D. Roosevelt.

Washington, 11 juillet
Le président Roosevelt a annoncé la nouvelle au cours d'une conférence de presse : candidat sortant, il se présente pour un quatrième mandat, record absolu dans les annales de la Maison Blanche. Roosevelt a fait fermer les portes de son bureau pour éviter la ruée des journalistes vers les téléphones, avant de leur lire la lettre qu'il avait adressée à Robert Hannegan, président du Comité national démocrate, qui le pressait de se présenter à nouveau : « En temps de guerre, chaque homme a un officier supérieur, et l'officier supérieur du Président, c'est le peuple américain. » (→ 20)

Un chasseur nazi se pose en Angleterre

Base de Woodbridge, 13 juillet
Un chasseur de nuit allemand Ju 88G s'est posé sur une base de la RAF dans le Suffolk, à la suite d'une erreur de navigation. La chance a voulu qu'à son bord se trouvent trois systèmes radar conçus pour contrecarrer ceux de la RAF : le système FuG 220, qui se joue du dispositif allié Window ; le FuG 227 Flensburg, réglé sur la fréquence Monica utilisée par les bombardiers de la RAF pour surveiller leurs arrières ; et le FuG Naxos, réglé sur le radar allié à balayage vertical, le H2S. Du travail en perspective pour les techniciens anglais. ▷

Monty au pied du mur

La ville de Caen écrasée sous les bombes : Montgomery ne progresse plus.

Caen, 9 juillet
Les Alliés sont de plus en plus critiques à l'égard de Montgomery, devant son incapacité à se dégager des abords de Caen.
Les troupes anglaises et canadiennes de Dempsey sont clouées sur les rives de l'Orne, à l'intérieur de la ville, et les Allemands tiennent toujours, au sud, les hauteurs de Bourguébus. Un autre point stratégique important, la cote 112, a été brièvement pris par les troupes de Dempsey avant d'être reconquis par les nazis. Les lourdes pertes en vies humaines font hésiter Montgomery, qui sait qu'après quatre années de guerre les effectifs ne sont pas près d'être remplacés. En dépit des critiques, Montgomery met sur pied un nouveau plan pour exploiter la supériorité de la 21e armée en matière de chars, 4 fois plus puissante que les nazis. Montgomery prépare une gigantesque offensive de 750 chars à l'est de Caen, en direction de Falaise. « J'ai décidé que le moment est venu, a-t-il annoncé, de jouer cartes sur table sur le front est. »

L'offensive alliée en Italie : un bilan

Italie, 14 juillet
Il y a deux mois, les Alliés repoussaient les Allemands de leurs positions prétendues imprenables, tout au long de la ligne Gustav, de Cassino aux rives de la mer Tyrrhénienne. Depuis, les Alliés ont pris Rome, repoussé les Allemands sur 400 km, pratiquement annihilé dix divisions allemandes, enfoncé deux armées et franchi deux nouvelles lignes de défense. Leur progression irrésistible est due autant à leur supériorité numérique qu'à leur concentration sur les points stratégiques, comme à Cassino. La ligne Gothique risque d'être plus difficile à franchir, étant donné qu'une partie des effectifs alliés seront retirés et affectés au débarquement dans le sud de la France. (→ 16)

Vilnius tombe aux mains des Russes

Lituanie, 13 juillet
L'Armée rouge a pris Vilnius, capitale de la Lituanie. La ville, qui faisait autrefois partie de la Pologne, était occupée par les nazis depuis juin 1941. La garnison, que les troupes SS ont empêchée de se rendre, a été annihilée. Parmi les victimes, on compte plusieurs des parachutistes lâchés sur la ville avec la consigne de « tenir ou mourir ». Nombre d'entre eux furent abattus avant même de toucher le sol ; d'autres, dès qu'ils posèrent le pied sur les toits. La voie est désormais libre pour que les Soviétiques isolent les Etats baltes et avancent en Prusse-Orientale. La Wehrmacht se retire sur une nouvelle ligne défensive à hauteur de la frontière polonaise, à 90 km de Varsovie.

L'Armée rouge marche sur la ville de Lvov

Moscou, 13 juillet
L'Armée rouge démontre une fois de plus qu'elle domine parfaitement le front de l'Est, en lançant depuis l'Ukraine une double offensive en direction de la rivière Bug et de Lvov, l'une des plus grandes villes de la Pologne d'avant-guerre. Les troupes soviétiques, commandées par le maréchal Koniev, convergent sur la ville de Brody, où elles espèrent prendre quarante mille Allemands au piège dans un « chaudron » et les anéantir.
Cette offensive soviétique revêt également un caractère politique, puisque la rivière Bug fait partie de la ligne Curzon, que Staline veut faire reconnaître comme la future frontière entre l'Union soviétique et la Pologne. Ce qui revient à dire que la ville de Lvov, chère au cœur des Polonais, tomberait sous contrôle soviétique.

Les vainqueurs ne sont pas tendres pour leurs compatriotes qui se sont trompés de camp. Le 14 juillet, en France, des « collaboratrices », reconnaissables à leur tête rasée, sont exposées à la vindicte populaire.

Sur l'île de Saipan, un soldat américain aide une famille à se reloger : les habitants sont évacués loin des combats qui font rage sur la plage.

1944

Juillet

Di	Lu	Ma	Me	Je	Ve	Sa
						1
2	3	4	5	6	7	8
9	10	11	12	13	14	15
16	17	18	19	20	21	22
23	24	25	26	27	28	29
30	31					

16. Italie : les Britanniques reprennent Arezzo. Opposant une résistance acharnée, les Allemands renforcent pendant ce temps la ligne Gothique.

17. Pologne : des unités soviétiques de la 1re armée de la garde franchissent la rivière Bug (→23).

17. Moscou : les autorités font défiler 57 600 prisonniers de guerre allemands dans les rues.

17. Norvège : des avions britanniques attaquent le *Tirpitz*. Ils échouent dans leur tentative de le couler, mais l'endommagent malgré un écran de fumée protecteur.

17. France : premier bombardement américain au napalm sur le dépôt de carburant de Coutances.

18. Mer Egée : les Allemands raflent les 2 000 Juifs des îles de Rhodes et de Kos pour les déporter à Auschwitz (→24).

18. Italie : le 2e corps polonais prend Ancône aux Allemands.

19. Italie : la 34e division américaine prend Livourne. Les Allemands y ont dissimulé 25 000 bombes (→21).

20. Etats-Unis : Roosevelt reçoit l'investiture du parti démocrate en vue d'un quatrième mandat (→8.11).

21. Allemagne : Hitler remplace le général Kurt Zeitzler, chef d'état-major général de la Wehrmacht, par le général Heinz Guderian.

21. France : les régiments de montagne de la 157e division allemande montent à l'assaut du Vercors. Au même moment, 400 Waffen SS atterrissent en planeur sur le plateau (→31).

21. Iles Mariannes : deux divisions de marines américains débarquent sur Guam. 19 500 Japonais défendent l'île (→24).

22. URSS : l'Armée rouge anéantit 5 divisions allemandes (40 000 hommes) encerclées en Ukraine près de Brody (→27).

22. Etats-Unis : la conférence de Bretton Woods s'achève. Les accords créent le Fonds monétaire international (FMI) et la Banque internationale pour la reconstruction et le développement (BIRD).

Les Alliés à l'attaque en Normandie

Malgré leurs offensives, les Anglais tenus en échec à Caen

Caen, 20 juillet

Dempsey et sa 2e armée ont tenté d'enfoncer les défenses allemandes au sud de Caen au cours d'une ambitieuse offensive, l'opération *Goodwood*. Mais, devant la perte de 5 537 hommes et 400 chars, ils ont dû renoncer. Les commandants alliés considèrent que l'opération est un échec, mais le général Montgomery insiste pour la présenter comme une opération de diversion. Elle avait commencé le 18 juillet à l'aube par un bombardement massif, Américains et Britanniques lâchant 7 700 tonnes de bombes sur les positions nazies. L'intensité du bombardement fut telle que plusieurs soldats allemands, paniqués, se suicidèrent. Après le pilonnage des positions, trois divisions blindées du 8e corps ont porté l'attaque à l'est de Caen ; mais, dans la matinée, les chars s'immobilisaient aux abords de la ville derrière l'étroite tête de pont qui enjambe l'Orne, coincés entre leur propre champ de mines et les attaques ennemies. Les Allemands, en fait, étaient bien préparés. La 1re division Panzer, composée de 80 chars Panther et Tiger commandés par l'impétueux général Josef « Sepp » Dietrich, s'était portée vers les hauteurs de Bourguébus, au sud de la ville. Elle y arrêta les Alliés avant la tombée de la nuit. Depuis, les Allemands ont repoussé tous les assauts lancés contre les hauteurs.

Devant la supériorité de l'ennemi, Montgomery a préféré cesser l'opération au lieu de perdre davantage d'hommes et de chars. Les Américains le jugent trop prudent, mais Montgomery maintient qu'une pression constante aura raison de la résistance allemande. Il persiste aussi à penser que cela obligera les Allemands à dépêcher des renforts vers l'est, rendant du coup plus facile la progression des Américains vers Avranches. (→23)

Opération « Goodwood » : des soldats alliés embusqués derrière une haie.

Les Américains à Saint-Lô : la bataille du bocage fait rage

Saint-Lô, 18 juillet

Au terme d'un combat opiniâtre, qui compte parmi les actions les plus héroïques de la campagne en cours, les Américains ont pris les hauteurs de Saint-Lô et semblent sur le point d'en terminer avec la meurtrière bataille du bocage. Cette offensive a coûté aux Alliés d'énormes pertes en vies humaines – près de 5 000 victimes –, mais la 352e division allemande est désormais anéantie et les parachutistes d'élite du général Meindel sont en déroute. Les Américains se battent depuis le début du mois pour prendre le contrôle de la route de Saint-Lô à Coutances. Les douze premiers jours, ils n'ont pu avancer que de 11 km. Les haies touffues du bocage se prêtent à merveille aux tactiques défensives des Allemands et rendent la progression alliée des plus difficiles.

Les troupes américaines, baïonnette au poing, dans les rues de Saint-Lô.

Des officiers fomentent un attentat contre Hitler

Le Führer, blessé, survit à l'explosion

Rastenburg, 20 juillet
C'est dans la salle des cartes de la Tanière du loup, camp retranché au fin fond d'une forêt de Prusse-Orientale, que Hitler a échappé à un grave attentat. Le Führer écoutait le rapport pessimiste du général Heusinger, relatant la situation sur le front russe, et se penchait sur la carte, loupe en main, quand une violente déflagration dévasta la salle. A quelques centaines de mètres de là, le colonel Claus von Stauffenberg jeta un coup d'œil à sa montre. Il était exactement 12 h 42. Le colonel, qui se trouvait avec le Führer quelques minutes auparavant, pensait pouvoir se féliciter d'une mission bien remplie. La mort du dictateur paraissait certaine. Von Stauffenberg, 37 ans, avait mis à exécution un projet concocté de longue date par des généraux allemands déterminés à éliminer Hitler et à sauver l'honneur de l'Allemagne. Von Stauffenberg réussit à franchir les postes de contrôle et à rejoindre l'avion qui l'attendait. A 13 h 15 il décollait pour Berlin, où l'attendaient ses complices. Après 3 heures de vol, von Stauffenberg se rendait immédiatement au ministère de la Guerre, qu'il s'attendait à trouver en pleine effervescence. Tel n'était pas le cas. Comme prévu, les comploteurs avaient bien reçu le coup de téléphone attendu d'un complice à Rastenburg, mais la communication étant mauvaise, les nouvelles étaient confuses. Il n'était pas certain que Hitler fût bien mort. Bientôt, les comploteurs devaient déchanter : Hitler était blessé mais bien vivant. La serviette que von Stauffenberg avait déposée sous la table, qui contenait la bombe, avait été malencontreusement déplacée par l'un des officiers présents. Le bilan s'élevait à quatre morts. Quant aux soupçons, ils portèrent sur von Stauffenberg, qu'un sergent avait vu glisser la serviette sous la table. Il fallut quelques heures à Hitler pour se rendre compte de l'étendue du complot. Les deux tympans percés, le bras droit temporairement paralysé et les jambes brûlées, Hitler a repris ses esprits et accueilli Mussolini, en visite à Rastenburg, lui aussi rescapé d'un récent coup d'Etat. Le Führer lui a montré le lieu de l'explosion, quatre heures à peine après l'attentat.

Hitler et Mussolini constatent les dégâts dans la chambre des cartes.

Les conspirateurs prônaient la paix

Berlin, 20 juillet
Le cercle des officiers qui conspiraient contre Hitler s'était considérablement élargi avec la venue de von Stauffenberg. Celui-ci avait en effet rejeté le régime conservateur préconisé par la vieille garde des antinazis et insisté pour que figurent également au nouveau gouvernement socialistes, sociaux-chrétiens et syndicalistes. Il était établi que des unités militaires à Berlin et dans ses environs devaient contribuer à la prise du pouvoir, mais les conspirateurs voulaient limiter par la suite le rôle de l'armée. Pour mettre fin à la guerre, ils devaient persuader les Alliés que le militarisme allemand était jugulé. Ces plans utopiques ont fait long feu. Tout en sachant que Hitler avait échappé à l'attentat, von Stauffenberg avait quand même tenté de mener le coup d'Etat jusqu'au bout. La responsabilité d'encercler les bureaux du gouvernement incombait au major Otto Remer, qui avait également pour mission d'arrêter Goebbels. Quand Remer arriva, Goebbels téléphona à Hitler et le persuada de parler au major. Quelques heures après, les conspirateurs ébahis entendaient à la radio que Hitler allait s'adresser à la nation.

Von Stauffenberg, l'auteur de l'attentat

Berlin, 20 juillet
L'auteur de l'attentat n'était pas, au départ, opposé au régime nazi. Entré dans les premiers à l'Académie de la guerre de Berlin en 1936, Claus von Stauffenberg avait été promu officier d'état-major deux ans plus tard. Il devait s'interroger sur la politique menée par le Führer dès les premiers pogroms et son opposition ne fit que croître à la vue des atrocités commises par les SS en Russie. Grièvement blessé en Tunisie, où il perdit l'œil gauche et la main droite, Stauffenberg avait déclaré à sa femme : « Je sens maintenant que je dois faire quelque chose pour l'Allemagne. Nous autres, officiers, devons prendre nos responsabilités. »

Von Stauffenberg (à gauche) est le cerveau du complot contre Hitler.

Composition du gouvernement fantôme

Berlin, 20 juillet
Les conspirateurs s'apprêtaient à remplacer le Führer à la tête du gouvernement par le général Ludwig Beck, ancien chef d'état-major des armées, qui avait démissionné en 1938 pour protester contre les projets de Hitler. Carl Goerdeler, ex-maire de Leipzig, devait prendre le poste de chancelier, avec Wilhelm Leuschner, ex-dirigeant des syndicats, comme vice-chancelier. A Rommel devait échoir le poste de commandant en chef des armées, et à Ulrich von Hassel, ambassadeur à Rome avant la guerre, celui de ministre des Affaires étrangères. Des douze ministres choisis, seuls deux, Beck et Rommel, étaient militaires de carrière. (→ 4.8)

Le général Ludwig Beck, qui devait remplacer Hitler à la Chancellerie.

Retrait des troupes alliées en Italie

Rome, 21 juillet
C'était inévitable : l'état-major allié a résolu de retirer du front italien 100 000 soldats pour les affecter à l'invasion prochaine du sud de la France. La totalité du 6e corps américain et le corps expéditionnaire français convergent sur Naples pour l'embarquement, ne laissant que 153 000 hommes – Britanniques et Polonais pour la plupart – face à la formidable ligne Gothique. Cette décision de stratégie générale avait été prise au sommet, Roosevelt et Staline ayant opté pour un double débarquement en France, alors que Churchill s'était prononcé pour une action dans les Balkans, plus conforme aux intérêts de son pays. (→ 26)

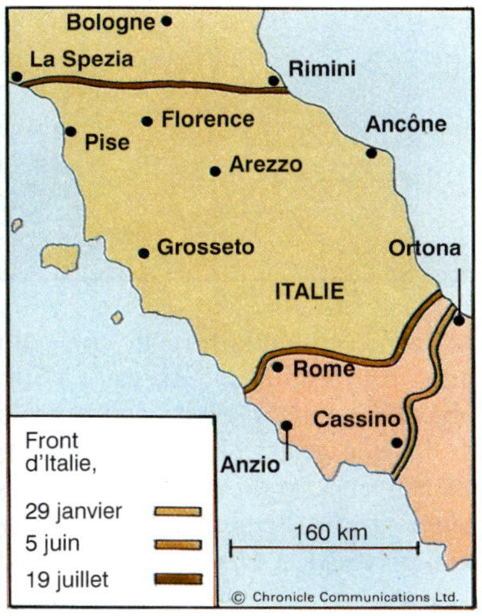

Les Anglais se mobilisent contre les V1

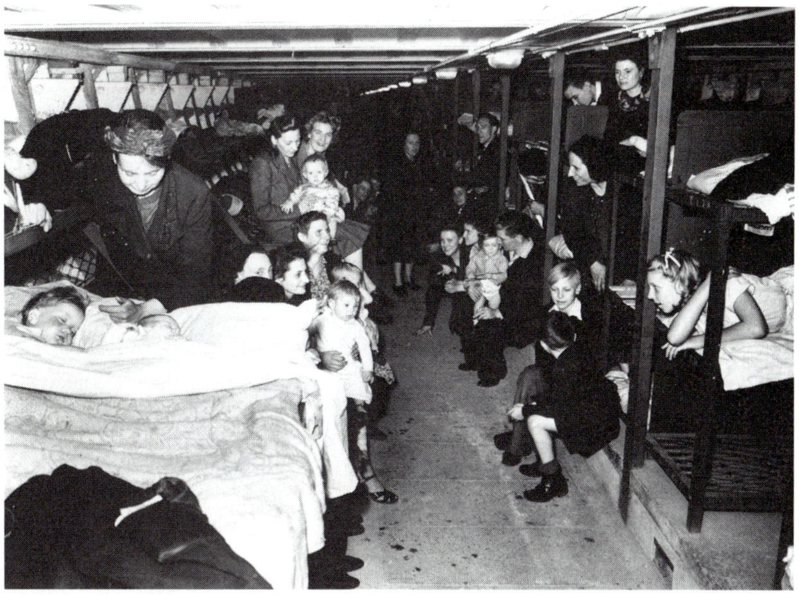
Malgré les bombes, la vie continue dans les abris souterrains de Londres.

Londres, 18 juillet
La ville de Londres se vide face aux raids des V1. Plus de 500 000 enfants et mères de famille ont été évacués, et leur nombre s'accroît chaque jour. Un demi-million d'autres personnes, âgées et sans-abri pour la plupart, quittent également la capitale, bénéficiant du statut d'évacués « assistés ». L'ampleur de l'évacuation dépasse celle de 1939-1940. Les huit abris spéciaux, creusés à 30 mètres sous terre à la suite du Blitz, sont mis en service pour la première fois. Chacun contient assez de couchettes pour 8 000 personnes. « Le couloir des bombes », trajectoire empruntée par les V1 au-dessus du Kent, du Sussex et des banlieues du sud-est de Londres, est le plus touché. Près de 200 000 habitations y ont été détruites. Mais de grands progrès sont accomplis en matière de défense contre les V1. Les chasseurs de la RAF patrouillent au-dessus de la Manche et les abattent ou les déstabilisent du bout des ailes pour les envoyer s'écraser en mer. Plus de 1 500 pièces d'artillerie les attendent sur la côte, ainsi que des barrages de ballons. La moitié des V1 sont ainsi abattus avant d'atteindre leur cible.

André Malraux est arrêté

Gramat (Dordogne), 22 juillet
Blessé par une patrouille allemande lors d'une embuscade, l'écrivain André Malraux a été arrêté et conduit à la prison de Toulouse, où il se fait passer pour un officier britannique de mère canadienne. Il est entré dans la résistance active à la suite de l'arrestation de ses frères Claude et Roland, respectivement en mars et mai 1944.
Roland Malraux avait en effet été surpris en flagrant délit d'émissions radio vers Londres. Quant à l'auteur de *la Condition humaine*, il est en contact étroit avec le groupe Veny, un maquis bien armé et organisé qui se tient en rapport avec le SOE anglais, où il était connu sous le nom de colonel Berger.

Malraux, dit colonel Berger.

Rommel blessé par un pilote de la RAF

Bernay, France, 17 juillet
Le maréchal Erwin Rommel, l'un des commandants les plus charismatiques de l'armée allemande, gît ce soir sans connaissance dans un hôpital de Bernay, atteint de multiples fractures du crâne. Rommel, commandant des troupes qui combattent l'invasion alliée en Normandie, se rendait à son QG quand son véhicule fut attaqué par un chasseur de la RAF piloté par le commandant J. J. Le Roux. Le chauffeur de Rommel a tenté de mettre sa voiture à couvert sous les arbres d'un chemin de traverse, mais le chasseur a réussi à l'atteindre d'une salve de mitrailleuse.

Maquisards gardés par un milicien avant d'être interrogés. La Milice a été créée, avec l'accord de l'occupant, pour maintenir l'ordre en France.

Le général Tojo est évincé du pouvoir

Tokyo, 18 juillet
Le général Hideki Tojo, Premier ministre et chef d'état-major, a été forcé de présenter la démission de son cabinet à la suite d'une révolution de palais fomentée par d'anciens dirigeants. Inquiets des récentes défaites de leur pays, ceux-ci ont conseillé à l'empereur de faire appel au général Kuniaki Koiso et à l'amiral Mitsumasa Yonei pour remplacer Tojo. Ce renversement marque un retour à la séparation traditionnelle au Japon entre l'armée et la marine. Le général Tojo a tenté de conserver son pouvoir politique en proposant de céder ses pouvoirs militaires. En vain.

1944

Juillet

Di	Lu	Ma	Me	Je	Ve	Sa
						1
2	3	4	5	6	7	8
9	10	11	12	13	14	15
16	17	18	19	20	21	22
23	24	25	26	27	28	29
30	31					

23. France : les FFI du Rhône attaquent à Vaugry un train de ravitaillement destiné à la Luftwaffe. 46 wagons de carburant sont incendiés.

23. Pologne : l'Armée rouge s'empare de Lublin.

23. Normandie : la 1re armée canadienne entre en opération.

24. Iles Mariannes : deux divisions de marines américains débarquent à Tinian.

24. France : un groupe d'action du SOE immobilise un train de munitions allemand dans le tunnel de Bernay et récupère un important stock d'armes.

24. France : la Gestapo perquisitionne le couvent des oblats de Sainte-Marie-Immaculée, près de Melun, et abat six religieux. Des FFI y avaient entreposé les armes d'un parachutage.

25. Océan Indien : le cuirassé *Richelieu* participe avec la flotte orientale britannique au bombardement de la base navale japonaise de Sabang.

26. Normandie : Marigny est pris par les Américains.

26. Rastenburg : Hitler donne l'ordre de construire une ligne de défense supplémentaire en Italie, au pied des Alpes.

27. URSS : les Soviétiques reprennent aux Allemands six places fortes clés, dont Lvov et Bialystok.

28. Normandie : la 4e division blindée américaine s'empare de Coutances, le premier objectif de l'opération *Cobra* (→ 31).

28. Pologne : l'Armée rouge prend Brest-Litovsk (→ 31).

28. Nouvelle-Guinée : à Biak, les Américains liquident la poche japonaise d'Ibdi (→ 31).

29. Mandchourie : des B-29 américains bombardent les usines sidérurgiques d'Anshan.

31. Rastenburg : Hitler ordonne la tactique de la terre brûlée, si la retraite devient nécessaire.

31. URSS : Staline décerne au régiment de chasse Normandie le titre de Niémen. Il assurait la protection des troupes soviétiques, lors du franchissement de ce fleuve.

L'Armée rouge à 20 km de Varsovie

Moscou, 31 juillet

On a pu entendre pour la première fois à Varsovie les canons de l'Armée rouge. Les chars soviétiques sont parvenus à Wolomin, à 20 km seulement de la capitale. Radzynib au nord et Otwock au sud sont près de tomber à tout moment, ce qui laisserait la voie libre aux troupes de Rokossovski pour avancer jusqu'à la Vistule, dernière ligne de résistance des Allemands aux portes de la ville. L'Armée rouge a, de fait, déjà traversé la Vistule à Sandomierz, à 160 km au sud, et elle compte maintenant remonter vers la capitale. Ces derniers succès soviétiques sont l'aboutissement d'une remarquable percée des chars à travers la plaine polonaise, suite à la prise de Minsk. Au cours des derniers jours Lublin est tombé, puis Brest-Litovsk, ancienne forteresse capturée par les Panzer de Hitler lors des tout premiers jours de l'invasion de la Russie. Les Soviétiques ont progressé de 720 km en cinq semaines. Ils ont détruit le groupe d'armées Centre de Model, tuant ou faisant prisonniers 31 de ses 47 commandants divisionnaires. Cependant, l'avancée victorieuse des Russes se traduit par un étirement de leurs lignes de communication. La résistance allemande s'est étoffée et des renforts sont arrivés. La Wehrmacht est parvenue à contenir les tentatives de Rokossovski pour traverser la Vistule près de Varsovie. Incapables de prendre la ville dans leur lancée, les Soviétiques vont devoir attendre des renforts et du ravitaillement pour préparer un assaut en règle, ce qui risque de prendre du temps. Quant à l'armée polonaise, elle prépare une insurrection à Varsovie. Son objectif est de prendre le contrôle de la ville pour essayer de prendre les Soviétiques de vitesse et d'y établir le gouvernement provisoire polonais en exil à Londres. (→ 1.8)

La découverte du camp de Maïdanek

Lublin, 24 juillet

Les troupes soviétiques qui sont entrées dans le camp d'extermination de Maïdanek, dans la banlieue de Lublin, sont allées d'horreur en horreur. Des centaines de corps difficilement identifiables comme étant ceux d'êtres humains étaient entassés derrière des fils barbelés. Les soldats ont découvert des monceaux de cadavres, car, visiblement, le nombre des victimes passées à la chambre à gaz était si élevé que les fours ne suffisaient pas à les faire disparaître. Des rumeurs au sujet des camp nazis circulaient déjà depuis un certain temps à l'Ouest. Mais c'est la première fois qu'un camp est « libéré ». Les premiers témoignages attestent que les rumeurs étaient fondées.

Les preuves de la barbarie nazie.

Disparition en vol de Saint-Exupéry

Corse, 31 juillet

La base de Borgo n'a plus aucune nouvelle d'Antoine de Saint-Exupéry, ni du Lightning à bord duque il s'est envolé en direction des Alpes. Le célèbre pilote de guerre et écrivain s'était réfugié à New York en juin 1940. Il y avait écrit *Pilote de guerre* en 1942, *Lettre à un otage* et *le Petit Prince* en 1943. A cette date il avait décidé de regagner Alger avec la ferme volonté de se réengager, en dépit son âge, quarante-quatre ans, et de ses anciennes blessures. Son prestige lui avait servi à obtenir des autorités françaises les dérogations nécessaires. Peut-être s'est-il envolé vers les étoiles, pour une fin digne de son Petit Prince ?

Assaut allemand contre la forteresse du Vercors

Drôme, 31 juillet
Les Allemands sont maîtres du plateau du Vercors. La tête de pont dauphinoise ne sera jamais une base offensive. Quelque 840 Français y ont été tués, dont 201 civils.
Cette idée d'une « île en terre ferme » protégée de tous côtés par une « muraille de Chine », sur laquelle, le moment venu, on pourrait lâcher des bataillons de parachutistes, était de Pierre Dalloz, qui avait convaincu le général Delestraint, chef de l'Armée secrète, et Jean Moulin. En février 1943, le plan *Montagnards* était adopté. Le « patron » en était Eugène Chavant. Le premier parachutage de matériel se déroula le 13 novembre. Il y manquait des armes lourdes. Elles manqueront d'ailleurs jusqu'à la fin. C'est qu'entre-temps Delestraint et Jean Moulin avaient été arrêtés et le projet avait été noyé dans le flot de la préparation du débarquement allié.
Le 6 juin, le Vercors a pourtant reçu de Londres le message de mobilisation des maquis. Si François Huet, chef militaire du Vercors, s'est alors interrogé sur l'aide qu'il pouvait apporter au front de Normandie, Marcel Descour, responsable FFI pour la région Rhône-Alpes, a décidé d'appliquer les ordres. Donc, tous les maquisards ont rejoint le plateau dont les issues ont été bouclées. Quand le contre-ordre général est arrivé de Londres, le 10 juin, il était trop tard.
Les premières attaques allemandes ont été contenues. Pendant un mois, rien ne s'est passé. Le 21 juillet, un vrombissement s'est fait entendre au-dessus du plateau. Des Dakota américains ? Non, des Dornier allemands remorquant des planeurs. En très peu de temps, les Waffen SS ont conquis la cuvette de Vassieux, au cœur du dispositif. En même temps, des régiments de montagne allemands attaquaient le plateau de trois côtés. Le 23, Huet a donné à ses hommes débordés et insuffisamment équipés l'ordre de dispersion. Les Allemands se sont alors livrés à d'atroces représailles sur la population civile. Découvrant l'hôpital du maquis installé dans la grotte de la Luire, ils ont achevé les blessés.
Dans un télégramme qu'il a envoyé à Londres et à Alger, Chavant, désespéré, a qualifié les responsables français et alliés de « criminels » et de « lâches ».

République Française
LIBERTE EGALITE FRATERNITE
POPULATION DU VERCORS :
Le 3 Juillet 1944, LA REPUBIQUE FRANÇAISE a été officiellement restaurée dans le Vercors.
A dater de ce jour les décrets de VICHY sont abolis et toutes les lois Républicaines remises en vigueur.
LE COMITÉ DE LIBÉRATION NATIONALE DU VERCORS investi dans ses fonctions par Monsieur le Commissaire de la République, détient des pouvoirs très étendus.
Chargé de l'application de ces décisions, il désire administrer le pays avec le plus grand esprit de JUSTICE, mais aussi avec FERMETE. Le Comité compte sur le concours dévoué et sur le bon sens de toute cette population du Vercors, qui pendant toute la période de résistance clandestine a manifesté un courage et un attachement à la France au-dessus de tout éloge.
Notre région est en état de siège. Le Comité de Libération Nationale demande donc à la population de faire l'impossible comme il le fera lui-même pour mettre à la disposition du Commandement Militaire qui a la charge écrasante de nous protéger contre un ennemi toujours aussi barbare, tous les moyens dont il dispose.
Habitants du Vercors, c'est chez vous que la grande REPUBLIQUE vient de renaître. Vous pouvez en être fiers. Nous sommes certains que vous saurez la défendre. Nous voudrions que le 14 JUILLET 1944 soit pour le Vercors une occasion de plus de manifester sa foi Républicaine et son profond attachement à la grande Patrie.
VIVE LA REPUBLIQUE FRANÇAISE !
VIVE LA FRANCE !
VIVE LE GÉNÉRAL DE GAULLE !
Pour le Comité de Libération Nationale,
LE PRESIDENT : CLÉMENT

Sur le plateau, les maquisards ont restauré la République française.

Progression des troupes américaines et conquête d'Avranches

Avranches, 31 juillet
Après cinq jours de combats, les Américains viennent enfin de conquérir Avranches. Tout le front ouest de l'armée allemande a été enfoncé. La 1re armée du général Bradley, rejointe par la 3e armée du général Patton, se prépare maintenant à lancer une offensive en direction de la Bretagne.
Les offensives britannique et canadienne au sud et à l'est de Caen avaient convaincu von Kluge, commandant en chef de la Wehrmacht à l'ouest, que les Alliés concentreraient leurs efforts dans la région. Il y avait donc stationné ses meilleures unités blindées. Quatorze divisions allemandes, dont six blindées, faisaient ainsi face aux quatorze divisions britanniques et canadiennes, alors que onze divisions allemandes, dont deux blindées, se trouvaient opposées aux quinze divisions américaines.
L'offensive de Bradley, baptisée l'opération *Cobra*, a commencé le 25 juillet par un violent bombardement des lignes allemandes. Mais, dans la confusion générale, les Américains ont bombardé leurs propres positions. Le bilan, lourd, est de 136 morts, dont le commandant du 1er groupe américain, le général McNair, et de 621 blessés. Cette tragique méprise a quelque peu ébranlé le moral du 7e corps du général Collins au moment même où il s'élançait. Mais celui-ci a bientôt réalisé que les Panzer pouvaient être débordés. Il s'est alors résolu à agir rapidement. Renforcés par des défenses d'acier, les chars Sherman ont tracé leur chemin à travers les haies du bocage normand à une vitesse éclair. En l'espace d'une nuit, ils ont émergé dans la campagne ouverte, face à des défenses allemandes qui s'effritaient. Les chars américains ont alors volé de village en village, où ils ont été accueillis en libérateurs par une foule en liesse.
La bataille n'est certes pas terminée, mais l'ennemi a aujourd'hui essuyé une sévère défaite. Les Allemands se trouvent actuellement dans l'impossibilité d'organiser une contre-attaque efficace. (→ 1.8)

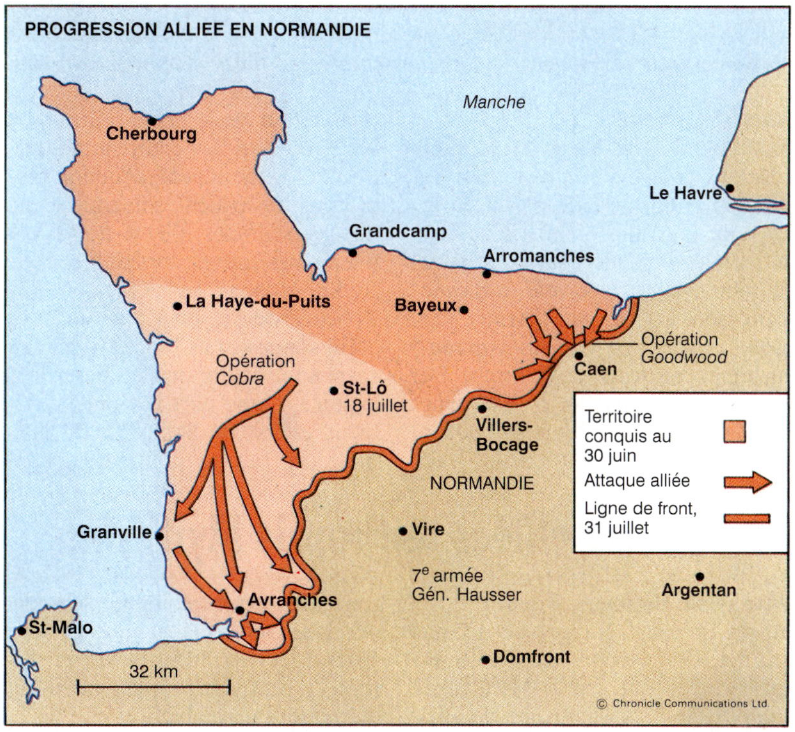

Les Philippines : prochain objectif pour MacArthur

Pearl Harbor, 31 juillet
Après la prise des Mariannes ce mois-ci et l'occupation du nord de la Nouvelle-Guinée, le président Roosevelt et son état-major se sont réunis à Pearl Harbor pour définir les prochaines étapes de leur offensive dans le Pacifique. Faut-il passer par les Philippines ou par Formose pour attaquer le Japon ? Le général MacArthur a vigoureusement défendu la thèse d'une conquête des Philippines. D'après lui, les Américains auraient une « obligation morale » envers les Philippins. D'autre part, laisser de côté l'importante base de Luçon serait militairement risqué. L'amiral King, chef de la marine américaine, préférait, lui, attaquer directement Formose. L'amiral Nimitz reste pour sa part indécis. De son côté, l'amiral Halsey recommande d'attaquer Okinawa, tremplin idéal vers le Japon. En revanche, tous s'accordent à dire que la Chine ne jouera pas de rôle majeur dans l'offensive. C'est finalement MacArthur qui a emporté la décision. (→ 1.8)

1944

Août

Di	Lu	Ma	Me	Je	Ve	Sa
		1	2	3	4	5
6	7	8	9	10	11	12
13	14	15	16	17	18	19
20	21	22	23	24	25	26
27	28	29	30	31		

1er. Normandie : la 2e division blindée du général Leclerc (16 000 hommes) débarque à Utah Beach (→ 11).

1er. France : le 12e groupe d'armées américain est créé, sous les ordres du général Bradley, avec la 3e armée de Patton et la 1re de Hodges. Cette dernière fait sauter le verrou du front de Normandie en prenant Avranches.

1er. Lituanie : les Soviétiques s'emparent de Kaunas, isolant les Etats baltes de la Prusse-Orientale (→ 11).

1er. Iles Mariannes : à Guam, les Américains poursuivent les Japonais qui se replient au nord. A Tinian, les marines liquident les derniers résistants.

1er. Finlande : le maréchal Mannerheim devient président de la République. Il remplace Ryti, démissionnaire (→ 2.9).

2. France : les troupes de Patton avancent en Bretagne, atteignant Dinan et Rennes. Hitler ordonne de les isoler.

2. Ankara : la Turquie rompt ses relations avec le Reich.

3. Pologne : l'Armée rouge franchit la Vistule.

3. Guam : une force navale américaine bombarde les concentrations de troupes japonaises sur le mont Santa Rosa, au nord de l'île (→ 10).

3. Manche : une torpille Marder chevauchée par un Allemand coule le destroyer *HMS Quorn*.

3. France : les troupes américaines prennent Mortain.

4. Berlin : Hitler demande au président du Tribunal du peuple que les comploteurs du 20 juillet soient « pendus haut et court comme du bétail de boucherie » (→ 8).

4. Italie : des troupes sud-africaines pénètrent dans la banlieue sud de Florence (→ 5).

5. Pacifique : deux escadres de porte-avions américains attaquent les bases japonaises des îles Bonin (→ 6.9).

5. France : les FFI et les Américains libèrent Vannes. Les forces allemandes en Bretagne sont encerclées.→

Début de l'insurrection à Varsovie

De jeunes insurgés polonais se familiarisent avec le fonctionnement d'une mitrailleuse russe modèle PPS-41.

Varsovie, 1er août

Les Polonais de Varsovie se sont insurgés contre l'occupant nazi et ont repris une grande partie de la capitale. L'Armée polonaise de l'intérieur, commandée par le général Bor-Komorowski, a été appuyée dans son action par l'Armée du peuple, encadrée par les communistes, et par des civils en armes. Le drapeau polonais flotte désormais sur de nombreux bâtiments publics repris aux nazis. La bataille fait rage autour de la poste centrale où les Allemands contre-attaquent. Les Polonais étaient d'autant plus prêts qu'ils avaient entendu les canons soviétiques à l'est de la Vistule, ainsi qu'un communiqué de Radio Moscou les prévenant que « l'heure de passer à l'action avait enfin sonné ». Les Polonais de Varsovie sont déterminés à libérer leur capitale, d'une part par pur patriotisme et soif de liberté, mais aussi pour des raisons politiques : l'Armée polonaise de l'intérieur est loyale au gouvernement en exil à Londres et compte bien prendre le contrôle de la ville avant l'arrivée des Soviétiques, qui entendent installer leur propre Comité polonais de libération nationale. Mais on peut se demander si elle pourra tenir encore longtemps les nazis en respect. Les Russes l'aideront-ils ? Ou Staline attendra-t-il la défaite de l'armée locale avant de venir reprendre Varsovie aux nazis ? (→ 3)

Les armées alliées ont repris Myitkyina

Myitkyina, Birmanie, 3 août

Après un siège qui a duré dix semaines, les troupes chinoises et américaines ont repris Myitkyina, importante base japonaise de Birmanie sur le cours supérieur de l'Irrawaddy. Mais pour le général « Vinegar Joe » Stilwell, ce furent dix éprouvantes semaines. Deux bataillons chinois se sont perdus et ont ouvert le feu l'un sur l'autre ; le commandant Merrill a été victime d'une crise cardiaque et ses Maraudeurs se sont retrouvés en si piteux état du fait d'une dysenterie chronique que certains ont découpé le fond de leur pantalon pour se soulager sans perdre la bataille de vue. Quand les Maraudeurs ont eu besoin de renforts, Stilwell leur a fait parvenir un bataillon d'ingénieurs du génie américains pour que le combat « garde son caractère américain ». Sans aucune expérience de combat, les nouvelles recrues ont été massacrées. Aujourd'hui, les hommes de Stilwell ont investi Myitkyina, où ils n'ont trouvé qu'une arrière-garde de 187 Japonais prêts au suicide, la garnison principale de 4 500 hommes ayant échappé à l'encerclement. (→ 14.9)

Le maquis libère un train de déportés

Annonay, 3 août

Parti de Marseille, un train de déportés stationnait en gare de Peyraud près d'Annonay. Il a été attaqué par le maquis, qui a réussi à en faire évader soixante hommes et sept femmes. Le corps franc, commandé par le lieutenant Norbert, s'est ensuite fondu dans la nature. Trois prisonniers du train sont morts pendant le combat. Il est rare que les maquisards s'attaquent à des trains de prisonniers politiques et parviennent à en libérer.

Les Américains à l'assaut de la Bretagne

Prisonniers allemands en tête, les Alliés avancent à travers le bocage.

Bretagne, 5 août
La 3e armée du général George Patton, fraîchement débarquée sur le sol français, a rapidement percé en direction de la Bretagne. Ses blindés progressent à un tel rythme qu'ils perdent le contact radio avec leurs QG divisionnaires et se font ravitailler en route, avant même que soient établis de vrais centres de ravitaillement. En cinq jours, l'avant-garde a atteint Lorient, après un crochet par Rennes, et d'ici à 24 heures d'autres unités arriveront aux portes de Brest. Les troupes allemandes en Bretagne font retraite vers les ports, qu'ils ont fortifiés et que Hitler a ordonné de tenir jusqu'au dernier homme. Pour la première fois de la campagne, les résistants se battent aux côtés des troupes régulières : ils sont 20 000 hommes et femmes encadrés par le colonel Eon, qui vient de Londres et a été parachuté avec son état-major au complet cette nuit, en même temps que des armes et des munitions. (→ 6)

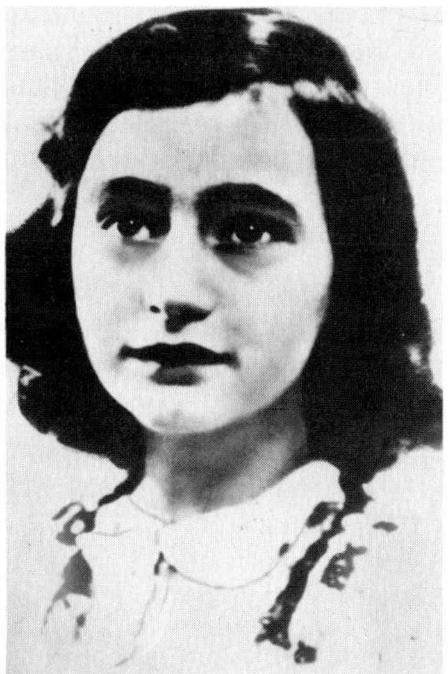

4 août. Anne Frank, une jeune fille juive de 14 ans, vivait cachée dans un grenier à Amsterdam depuis juillet 1942, avec toute sa famille. Ils ont été dénoncés aujourd'hui à la Gestapo.

Les Alliés font leur entrée à Florence

Florence, 5 août
La 5e armée américaine et le 8e corps britannique continuent leur progression vers le nord, sans le concours des Français ni d'une grande partie des soldats américains à présent affectés au débarquement en Provence. Le front italien a reçu en échange le renfort du corps expéditionnaire brésilien, fort de 25 000 hommes, et de la 96e division américaine, exclusivement composée de Noirs américains, qui vont recevoir le baptême du feu. Progressant le long de la chaîne des Apennins, les Alliés ont fait leur entrée dans Florence aujourd'hui. Ils y ont trouvé de nombreux bâtiments anciens dynamités et cinq des six ponts détruits. Seul le Ponte Vecchio est encore debout.

Scènes typiques dans Rennes libéré

Le 4 août, les Rennais applaudissent aux discours des libérateurs.

Entre FTP et FFI, un résistant de la dernière heure a choisi : il est FTI...

Des vitamines et des médicaments : merci, les infirmiers américains !

1944

Août

Di	Lu	Ma	Me	Je	Ve	Sa
		1	2	3	4	5
6	7	8	9	10	11	12
13	14	15	16	17	18	19
20	21	22	23	24	25	26
27	28	29	30	31		

6. France : les Américains attaquent Dinard, avancent sur Lorient et Le Mans, atteignent Mayenne et prennent Laval.

7. Grande-Bretagne : depuis le 13 juin, les V1 allemands ont tué plus de 5 000 personnes et détruit 25 000 habitations (→ 28).

7. France : Eisenhower déplace le QG de Londres à Granville.

7. France : sur ordre de Hitler, von Kluge lance l'opération *Luttich*, contre-offensive en direction d'Avranches. Les Panzer de Hausser reprennent Mortain, mais sont arrêtés par l'aviation américaine.→

8. Chine : les forces japonaises occupent Hengyang après deux mois de combats (→ 8.9).

8. France : à Brive, des FTP s'emparent d'un train allemand en partance vers l'est. Il devait emmener les ouvriers de la manufacture d'armes de Tulle.

9. Alger : le GPRF rétablit par ordonnance la légalité républicaine en métropole (→ 31).

9. Rennes : parution du premier numéro non clandestin de *Défense de la France*.

9. Slovaquie : une centaine de prisonniers de guerre français, évadés des camps, rejoignent les partisans sous les ordres du capitaine de Lannurien.

10. Rastenburg : pour contrer la supériorité aérienne alliée, Hitler ordonne de transférer à l'ouest la totalité des 2 000 chasseurs de la Luftwaffe.

11. Vichy : Pétain charge l'amiral Auphan de remettre à de Gaulle une lettre par laquelle il lui transmet ses pouvoirs de chef de l'Etat à la condition expresse qu'il reconnaisse la légitimité de l'autorité et des actes du gouvernement de Vichy.

11. Rastenburg : Hitler permet un retrait partiel des troupes de von Kluge à Mortain.

11. France : l'opération *Totalisateur*, offensive de la 1re armée canadienne sur Falaise, échoue et est annulée.→

12. Cherbourg : le pipe-line sous-marin Pluto, à travers la Manche, entre en service. Il peut fournir 700 tonnes de carburant par jour aux Alliés.

L'offensive alliée continue en Normandie

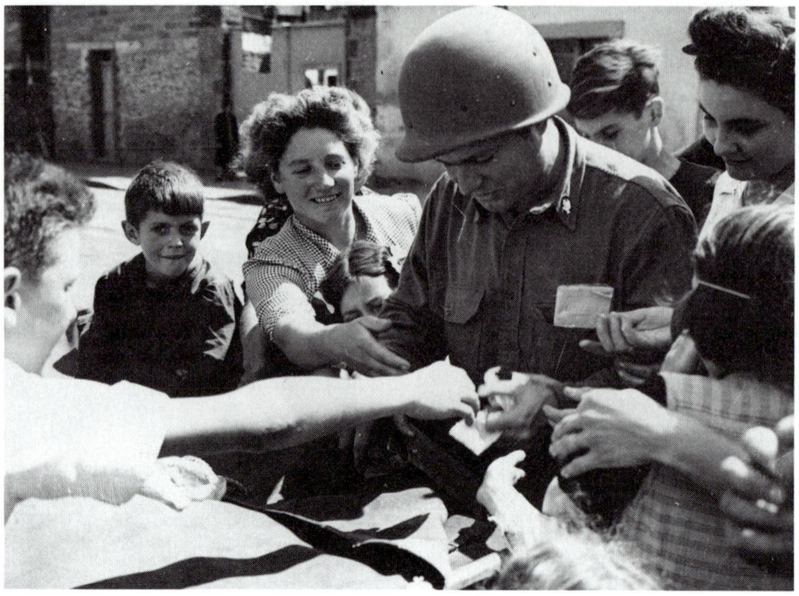

Un Américain assiégé en Normandie... mais pour du chewing-gum !

Normandie, 12 août
La Bretagne est verrouillée et ses ports assiégés. Patton peut maintenant faire route vers la Seine avec la majeure partie de sa 3e armée. Les Alliés ont pris Le Mans. Alençon, plus au nord, est tombé hier. La tactique consiste à mettre le 15e corps de Patton en place à Argentan, vis-à-vis de la 1re armée canadienne qui marche sur Falaise, de façon à piéger ce qui reste du 2e corps SS Panzer du général Paul Hausser, dont 10 divisions ont déjà été anéanties. Sur ordre de Hitler, Hausser a lancé une contre-attaque à Mortain, à l'est d'Avranches. De façon à profiter de l'effet de surprise, les Panzer ont avancé sans l'habituel pilonnage d'artillerie préalable et ont débordé deux compagnies d'infanterie américaines; ils sont ainsi parvenus à 14 km d'Avranches. Mais le système de décryptage allié Ultra a averti à temps les Américains de la contre-attaque. Les Panzer se sont vite heurtés à un essaim de chasseurs-bombardiers et à une solide défense d'infanterie et d'artillerie. Les Allemands en déroute se sont repliés. Sur les 1 400 Panzer assemblés pour contrer l'invasion de Normandie, il n'y en a plus aujourd'hui que 150, plus 30 canons automoteurs. Von Kluge n'a plus qu'à battre en retraite vers la Seine et à économiser ce qui lui reste de troupes. Mais Hitler a déjà rejeté cette possibilité. (→ 13)

Les cheminots se mettent en grève

Paris, 10 août
Les cheminots parisiens se sont mis en grève, paralysant la capitale et perturbant le réseau dans son ensemble.
Des piquets de grève ont été mis en place, repoussant l'arme au poing les travailleurs indécis. Les cheminots appartiennent pour la plupart au mouvement communiste et la grève est interprétée comme une démonstration de force de l'aile communiste de la Résistance. Ce mouvement de grève a été amplement suivi, malgré les décrets allemands interdisant toute grève et donnant les pleins pouvoirs au nouveau commandant militaire en poste à Paris, le général Dietrich von Choltitz, qui a désormais le droit de vie et de mort sur la population civile. Le mouvement menace en effet le haut commandement allemand, très dépendant du réseau ferroviaire.
Très actifs dans la Résistance, les communistes ont appelé les Parisiens au combat : le 14 juillet dernier, le Front national avait apposé sur les murs de Paris des affiches invitant la population à se soulever et encourageant chaque Français à tuer un Allemand, un membre de la Milice ou un collaborateur. Intégré dans la hiérarchie militaire du général Kœnig, le commandant de Paris et de sa banlieue, le colonel Rol-Tanguy (le nom de guerre d'Henry Tanguy) est un militant communiste qui s'est déjà distingué pendant la guerre d'Espagne. (→ 19)

Leclerc et sa 2e DB libèrent Alençon

Alençon, 11 août
Débarquée les 1er et 2 août, la 2e DB du général Leclerc, avec ses 16 000 hommes, ses 240 chars et ses 650 canons, s'est vu fixer par le général Patton la mission de prendre Alençon. Ce soir, c'est chose faite, sans combat. Leclerc a même trouvé le pont intact. Mais, en traversant la campagne normande, la 2e DB s'est parfois trouvée prise sous le feu des canons antichars allemands camouflés derrière les haies, ce qui vaut au bocage le surnom d'enfer des blindés.

La route de Falaise dégagée par la RAF

Normandie, 7 août
La RAF est sortie en nombre, pilonnant les forces blindées SS, en préparation à l'assaut combiné de l'infanterie canadienne et des chars polonais. Les Panzer, qui contiennent les Alliés sur la route de Caen à Falaise, ont été attaqués par les Typhoon de la RAF à la roquette : 1 019 bombardiers ont lâché 3 462 tonnes de bombes sur les positions allemandes. Les appareils de l'US Army Air Force ont manqué pour leur part de précision, tuant 65 de leurs propres hommes au sol.

Le général Dietrich von Choltitz, nouveau commandant nazi à Paris.

Guam est reconquise

Les marines débarquent à Guam, qui servira de tremplin vers le Japon.

Guam, 10 août
La conquête des Mariannes s'est achevée par la prise de Pati Point, dernier bastion japonais au nord-est de Guam. Les Américains ont mis trois semaines à reconquérir leur ancien protectorat. La résistance nippone maintenant balayée, le génie américain se met au travail pour transformer Guam et les îles de Tinian et Saipan, reprises il y a deux mois, en de véritables porte-avions, insubmersibles de surcroît. Les Superforteresses B-29, capables d'atteindre le Japon distant de 2 500 km, y seront basées. Les pertes japonaises à Guam sont évaluées à plus de 10 000 morts, sur un total de 18 500 soldats, ainsi que 1 250 prisonniers. Les pertes américaines s'élèvent à 1 744 morts et 5 970 blessés, y compris les marines se battant dans la jungle du nord qui ont été atteints par leur propre artillerie. Le tournant de la bataille est survenu il y a quinze jours, quand les Japonais ont échoué dans leur contre-offensive et ne sont pas parvenus à briser la tête de pont américaine sur la côte ouest. (→ 17)

Le pape soutient l'insurrection polonaise

Rome, 11 août
Le pape a exprimé indirectement son soutien aux Polonais insurgés de Varsovie dans le journal du Vatican, l'*Osservatore Romano.*
Dans un éditorial musclé, le journal constate que « l'avancée soviétique ne rencontre aucun obstacle. Chaque fois que les nouvelles font état d'une bataille près d'une ville, ses faubourgs puis la ville même sont systématiquement investis dans les heures qui suivent. Seul Varsovie échappe à la règle. A Varsovie, les résistants polonais se sont battus et se battent encore. Nous posons la question : y a-t-il la moindre connexion entre ces deux faits? Se trouve-t-on devant une division de l'effort de guerre?» L'auteur se demande pourquoi les insurgés en sont réduits à « demander de l'aide à ceux qui [leur] en doivent » et conclut par un commentaire désabusé : « Cette aide ne vient toujours pas... Pourquoi les dépêches soviétiques ignorent-elles depuis plusieurs jours le drame qui se joue à Varsovie ? » (→ 13)

Nouvelle offensive soviétique en Baltique

Moscou, 11 août
Le haut commandement soviétique a annoncé le début d'une nouvelle offensive dans les Etats baltes. Elle a commencé hier à l'aube par un violent tir d'artillerie au sud-est de l'Estonie. Dès la fin du tir, les chars et l'infanterie du 3e front de la Baltique, commandés par le général Maslennikov, ont enfoncé les défenses allemandes dans la région de Pskov. Progressant d'environ 25 km, ils ont pris la ville de Pechory, gare importante, et fini d'encercler les 30 divisions allemandes prises au piège dans les Etats baltes. Les généraux nazis von Kurowski et Lindenmann, capturés par les Russes, annoncent que leurs divisions « sont sur le point d'être exterminées à cause de la stratégie irresponsable de Hitler », et appellent le peuple et l'état-major à mettre fin à la guerre.

Hitler fait pendre les conspirateurs

Berlin, 8 août
Huit officiers allemands, dont le maréchal Erwin von Witzleben, ont été pendus à la prison de Ploetzensee pour avoir pris part au complot du 20 juillet contre Hitler. Vêtus de vieux vêtements, avec des pantalons trop larges sans ceinture ni bretelles, les conjurés ont comparu devant Roland Freisler, président du Tribunal du peuple, pour un procès humiliant où les sarcasmes et les injures ne leur ont pas été épargnés. Ils ont ensuite été pendus à des crochets de boucherie avec des cordes à piano. Le procès et la pendaison ont été filmés sur ordre de Hitler et les films lui ont été envoyés pour qu'il puisse les projeter dans sa salle privée.

Churchill en visite sur le front italien

Naples, 11 août
La visite de Churchill à Naples a remonté le moral des troupes de la 8e armée britannique et de la 5e armée américaine. Les troupes alliées en Italie se sentent un peu délaissées depuis le retrait de nombreux soldats affectés au débarquement en Provence et la publicité faite aux opérations en Normandie. Churchill s'est rendu à Naples pour rencontrer Tito, avec lequel il aimerait ressusciter le projet d'une campagne dans les Balkans, campagne rejetée par les Américains et les Soviétiques. Et Churchill prendra aussi connaissance du nouveau plan conçu par le général Alexander pour enfoncer les défenses allemandes de la ligne Gothique.

9 août. Le général Clark et James Forrestal, ministre de la Marine, en Italie, inspectent les Nisei du 100e bataillon d'infanterie.

1944

Août

Di	Lu	Ma	Me	Je	Ve	Sa
		1	2	3	4	5
6	7	8	9	10	11	12
13	14	15	16	17	18	19
20	21	22	23	24	25	26
27	28	29	30	31		

13. Italie : la 8e division indienne avance dans le nord de Florence. Elle va aider les résistants italiens à étendre leur contrôle sur la ville.

13. Normandie : Bradley arrête le 15e corps américain devant Argentan, au lieu d'ordonner une poussée au nord pour faire sa jonction avec les Canadiens et isoler la poche de Falaise.

14. Falaise : dans un nouvel assaut, une division canadienne parvient à 7 km de la ville. 13 hommes sont tués en envoyant des fusées éclairantes jaunes pour signaler leur position. Or, ces fusées sont aussi des indicateurs de cibles pour les avions de la RAF.

15. Italie : les Alliés avancent vers la ligne Gothique, entre Carrare et Pesaro (→ 25).

15. France : l'opération *Dragon* est déclenchée en Provence. Le 6e corps américain débarque.→

16. Paris : à la cascade du bois de Boulogne, les Allemands massacrent 42 jeunes résistants à la mitrailleuse (→ 20).

16. Provence : le 2e corps d'armée du général de Lattre prend position en avant des troupes américaines (→ 22).

16. Savoie : les FFI donnent l'ordre d'insurrection générale.

16. Pologne : les Soviétiques atteignent Ossow, à 11 km au nord-est de Varsovie (→ 19).

16. France : des intercepteurs à réaction Messerschmitt Me 163 Komet attaquent pour la première fois une formation de bombardiers américains B-17.

17. France : Falaise est pris par la 1re armée canadienne du général Crerar. Les défenseurs allemands de Saint-Malo se rendent au 8e corps américain (→ 19).

17. Nouvelle-Guinée : les parachutistes américains écrasent la résistance japonaise sur l'île Nœmfoor (→ 20).

18. URSS : l'Armée rouge atteint la frontière d'avant-guerre en Prusse-Orientale.

19. Rastenburg : Hitler donne l'ordre au gouverneur von Choltitz de réduire Paris à un « champ de ruines ».→

Le dernier convoi de déportés quitte le camp de Drancy

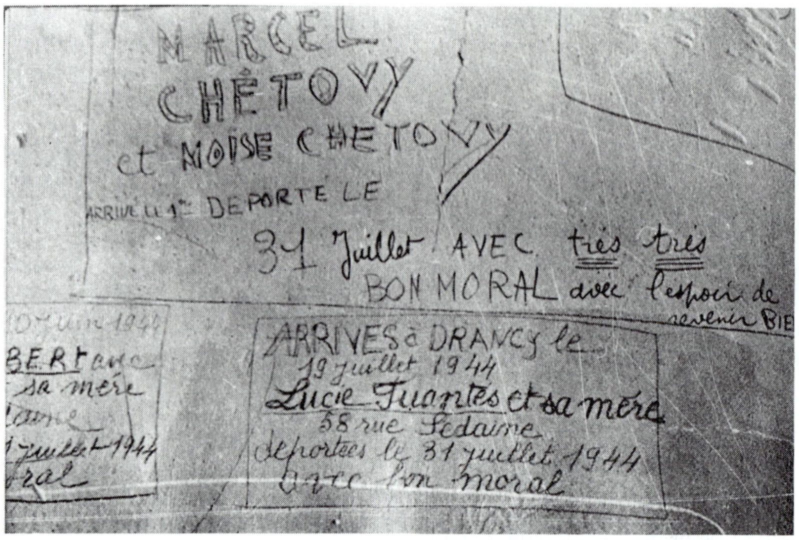

Les graffitis laissés par les Juifs témoignent qu'ils ignoraient tout de leur sort.

Drancy, 17 août
Alors que les Alliés sont quasiment aux portes de la capitale, un nouveau convoi de déportés a aujourd'hui quitté le camp de Drancy à destination de l'Allemagne. C'est le soixante-cinquième. Chacun sait qu'il s'agit aussi certainement du dernier. Depuis le 20 août 1941, environ 70 000 des 76 000 Juifs déportés à partir de la France ont transité par cette sinistre antichambre des camps de la mort. Il s'agissait d'étrangers dans un premier temps, puis de Français, des hommes exclusivement jusqu'en juillet 1942 et par la suite des femmes et des enfants.
Hauts de quatre étages, les bâtiments aux logements inachevés de la cité de la Muette, située en pleine ville de Drancy, forment un U autour d'une cour carrée. Ainsi, à quelques kilomètres de Paris ont pu être entassés jusqu'à huit mille occupants à la fois. Ils y ont connu la faim, le froid, les paillasses douteuses des lits superposés, les puces et les punaises, le point d'eau unique par chambrée de soixante personnes, les humilitations, la honte... Durant l'hiver 1942, le *Parizer Zeitung* avait publié un reportage photographique tendant à démontrer que les conditions de vie au camp de Drancy n'étaient pas aussi dures que certains le prétendaient.
A partir de juillet 1943, le camp a été exclusivement contrôlé par les SS, qui ont succédé ainsi à l'administration française. Quatre convois en sont partis pour Auschwitz-Birkenau jusqu'en juillet 1942, quarante de juillet 1942 à juillet 1943 et vingt et un depuis juillet 1943. Le 27 mars 1942, le premier convoi a emporté les personnalités de la communauté juive de la capitale arrêtées dans la nuit du 11 au 12 décembre 1941 dans des wagons à bestiaux.

Staline refuse d'accorder son aide aux Polonais insurgés

Varsovie, 19 août
La situation des combattants polonais est désespérée. Les hommes du général Tadeusz Bor-Komorowski, acculés par les Allemands, ne tiennent plus que trois poches isolées dans la ville. Les tentatives de l'Armée polonaise de l'intérieur et des partisans communistes de la Garde du peuple pour reprendre le contrôle de Varsovie ne pourraient réussir que grâce à une aide substantielle des Soviétiques, qui ont atteint la rive opposée de la Vistule.

Des lance-roquettes parachutés par les Alliés sont répartis entre les insurgés.

Mais Staline a refusé d'accorder cette aide. Les Soviétiques ont indiqué, il y a trois jours, que « les événements de Varsovie sont une entreprise téméraire et désastreuse qui fait de nombreuses victimes dans la population civile. Cela n'aurait pas été le cas si le commandement soviétique avait été informé de son déclenchement et si les Polonais étaient restés en contact avec lui ». L'URSS a donc décidé de rester à l'écart de cette affaire. L'Armée rouge dispose de trois aérodromes situés à quelques minutes de vol de Varsovie, alors que les bombardiers britanniques et sud-africains qui tentent de ravitailler les insurgés partent de Foggia, en Italie méridionale, et doivent survoler l'Europe, étant ainsi constamment exposés aux attaques de la Luftwaffe. Sur dix bombardiers partis il y a trois jours, six ne sont pas rentrés. Ces pertes auraient certainement pu être évitées si Staline avait autorisé les appareils alliés à atterrir sur les aéroports que contrôle l'Armée rouge. (→ 23)

Offensive des Alliés en France sur deux fronts

Débarquement de matériel pour les Alliés sur une plage de Provence.

Un dépôt de munitions allemand à Falaise saute lors d'un raid de la RAF.

Les Alliés débarquent en Provence

Cannes, 15 août
A 8 h ce matin, l'opération alliée *Anvil-Dragoon* (Enclume-Dragon) a commencé : un deuxième front est ouvert en France. Ce sont trois divisions du 6e corps de la 7e armée américaine, commandées par le général Lucien Truscott, qui ont débarqué les premières, suivies immédiatement par le détachement d'armée B du général de Lattre de Tassigny, le « roi Jean ». Les Français sont sous les ordres du général Alexander Patch, mais de Lattre prendra leur commandement dès que leurs deux corps seront engagés. Le barrage d'artillerie de six cuirassés et vingt et un croiseurs alliés, cette nuit, a pris les Allemands par surprise. Leurs défenses côtières ont reçu 5 000 t de bombes, puis la division aéroportée du général Frederick a été parachutée. La Résistance et les commandos français du général Sudre ont contribué à conquérir l'objectif « Ligne bleue », c'est-à-dire à assurer la tête de pont entre Saint-Tropez et Cannes. Les Alliés ont perdu 320 hommes sur 400 000, et les Forces françaises libres sont déjà en route pour Marseille et Toulon.

La police de Paris entre en rébellion

Paris, 19 août
Les Allemands ont un nouvel ennemi dans la capitale : le 15 août, les 20 000 agents de police se sont mis en grève. Gardant leurs armes, ils ont rejoint la Résistance. Ce matin, à 7h 00, la préfecture a été prise d'assaut et 700 Allemands ont été capturés. Les policiers ont pris de court les communistes, dont le chef, le colonel Rol-Tanguy, est arrivé à bicyclette à la préfecture et a donné des ordres pour déclencher l'insurrection générale. Depuis ce matin, la ville est privée de gaz par les Allemands. (→ 20)

La sainte colère du lieutenant Murphy

Provence, 15 août
C'est un exploit peu banal qu'a accompli le lieutenant Audie Murphy, vingt ans, fils d'un métayer texan. Il a pris une colline à lui tout seul. Après qu'un homme eut été tué par les Allemands, Murphy devint fou de rage : il se précipita sur la colline, l'injure aux lèvres et les grenades en main, et investit un poste de mitrailleuse. Toujours furieux, il se mit à tirer et tua tous les Allemands. Il y a peu, réprimandé pour avoir boxé un soldat, il avait déclaré : « Ces foutus règlements sont trop lourds à respecter. »

Les Américains à moins de 70 km de Paris

Mantes-Gassicourt, 19 août
La pluie tombait à verse lorsque les unités de la 3e armée de Patton ont traversé la Seine, à 65 km de Paris. Quelques hommes sont passés par un barrage de retenue, d'autres à bord d'embarcations d'assaut, à Mantes-Gassicourt, non loin de La Roche-Guyon, où est installé le QG allemand. Tandis que de violents combats se poursuivent dans la poche de Falaise, près d'Argentan, où sont concentrées d'importantes forces blindées, Patton a envoyé trois corps d'armée au sud pour prendre Chartres et Orléans, et des unités d'avant-garde sont prêtes à s'emparer de Fontainebleau. Les Allemands, qui battent en retraite depuis Falaise et Argentan, sont harcelés par l'aviation alliée qui, dans la confusion des opérations au sol, a parfois atteint des soldats de son propre camp. Selon la 51e division de Highlanders, 51 hommes ont été ainsi tués au cours de 40 attaques lancées par erreur. Le maréchal von Kluge, démis par Hitler de ses fonctions de commandant en chef du groupe d'armée B, s'est suicidé en s'empoisonnant. Quatre jours plus tôt, sa voiture avait été mitraillée par les Alliés, sa radio détruite et il avait perdu le contact avec le QG de Berlin. Hitler se persuada qu'il essayait de négocier la paix. Lorsque les communications furent rétablies, von Kluge refusa de contre-attaquer comme Berlin le lui ordonnait. Avant de se tuer, il a écrit une lettre pleine de respect au Führer, le pressant pourtant d'arrêter la guerre pour que cessent les souffrances allemandes. Le maréchal Walter Model le remplace. (→ 20)

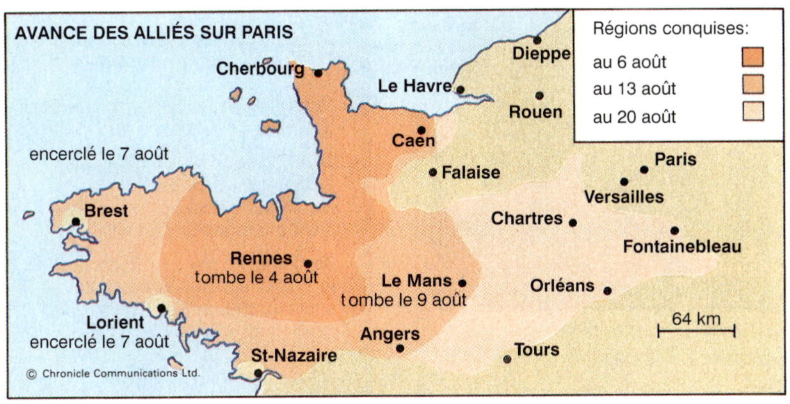

Le régime de Vichy sans gouvernement

Paris, 17 août
A présent convaincu de la défaite allemande, Laval envisageait de restaurer le Parlement afin de sauver la France de la menace communiste et d'apparaître ainsi comme un héros une fois le calme revenu. Mais l'ambassadeur du Reich, Otto Abetz, a informé Laval du transfert de son gouvernement à Belfort en raison du risque qu'il encourrait à Paris. Laval refusa. Abetz menaça. Réponse finale de Laval : « Je dois donc m'incliner. Mais vous comprendrez que, dans ces conditions, je cesse d'exercer mes fonctions de chef du gouvernement. »

« Je suis partout » : la fuite vers l'est

Paris, 18 août
« C'est plus *Je suis partout !*, c'est *Je suis parti !* » scandent les titis parisiens. Tandis que l'insurrection se développe dans Paris, l'équipe du journal a embarqué sur des camions allemands et le convoi a pris la route de l'Allemagne. Le journaliste Lucien Rebatet et le chroniqueur de Radio Paris, Jean Hérold-Paquis, étaient parmi eux. Robert Brasillach a refusé de les suivre. Ce n'est pas l'approche des Alliés, a-t-il déclaré, qui peut le faire fuir. Hier soir, il est allé tranquillement revoir *Huis clos* de Sartre, mais ce matin il a quand même jugé plus prudent de changer d'adresse.

Affiche en mémoire du village victime de la barbarie nazie.

1944

Août

Di	Lu	Ma	Me	Je	Ve	Sa
		1	2	3	4	5
6	7	8	9	10	11	12
13	14	15	16	17	18	19
20	21	22	23	24	25	26
27	28	29	30	31		

20. Lyon : à Saint-Genis-Laval, la Gestapo exécute 110 détenus extraits du fort Montluc. Les maquisards de Savoie fusillent en représailles 80 prisonniers allemands (→ 27).

20. Nouvelle-Guinée : sur l'île de Biak, les combats cessent. 4 700 Japonais ont été tués, contre 2 550 morts et blessés chez les Américains (→ 16.9).

20. Normandie : la 7e armée allemande tente de s'échapper de la poche de Falaise (→ 21).

21. Etats-Unis : les Alliés ouvrent la conférence de Dumbarton Oaks. Elle établira le Conseil de sécurité de l'ONU pour l'après-guerre.

22. Paris : 600 barricades sont érigées. Le général Bradley autorise la 2e DB de Leclerc à marcher sur la ville, sur ordre de Eisenhower (→ 25).

22. France : les Américains entrent à Grenoble, libéré hier par les FFI. Les troupes du 2e corps de De Lattre atteignent les faubourgs de Toulon et de Marseille (→ 25).

23. Roumanie : Iasi a été pris hier par l'Armée rouge, qui progresse au sud-est de la ville. 130 000 hommes de la 6e armée germano-roumaine sont encerclés.

23. Bucarest : le roi Michel ordonne à ses forces armées l'arrêt des hostilités contre l'Armée rouge. Il fait arrêter le maréchal Antonescu (→ 26).

24. Rastenburg : Hitler donne l'ordre d'établir un nouveau mur à l'ouest. Il charge des membres du parti de faire le travail, n'ayant plus confiance dans l'armée (→ 29).

25. Italie : la 8e armée britannique lance une offensive générale sur la ligne Gothique. →

25. Rastenburg : Hitler donne l'ordre de retirer les unités des îles de la mer Egée et du Péloponnèse, sauf d'Athènes et du Pirée (→ 7.10).

26. Allemagne : les villageois de Russelsheim, excités par les SS, assomment l'équipage d'un avion américain abattu.

26. France : les FFI libèrent le Puy-de-Dôme, et occupent Clermont-Ferrand. Ils entrent également à Vichy (→ 31).

Dernier combat dans la poche de Falaise

Des prisonniers allemands sont transportés à travers les ruines de Falaise.

Falaise, 21 août
La poche de Falaise n'existe plus. La bataille a été sanglante. Il y a quinze jours, la 1re armée canadienne avait déclenché l'opération *Totalize* pour neutraliser les Allemands qui étaient déjà encerclés. Il faut dire que les forces terrestres alliées ont été bien appuyées par les redoutables chasseurs-bombardiers Typhoon munis de lance-roquettes, mais l'ennemi a combattu jusqu'au bout avec une détermination quasi fanatique. Quelque 30 000 Allemands ont réussi à fuir en traversant la Seine, après que Hitler a autorisé hier le maréchal Walter Model à organiser la retraite. Environ 10 000 autres ont péri. Les Alliés ont fait 50 000 prisonniers et se sont emparés de grandes quantités de matériel. La route est à présent libre pour fondre sur Paris. Falaise est tombé le 17 août malgré les efforts de la 12e division SS Panzer, mais des restes de la 7e armée et de la 5e armée Panzer demeuraient dans la poche, pouvant encore s'échapper par un couloir situé entre Falaise et Argentan. Aujourd'hui, plusieurs divisions polonaises, canadiennes et britanniques, arrivées du nord, ont rejoint la 1re armée américaine partie d'Argentan, fermant l'issue aux Allemands qui, sous le feu de l'aviation alliée, essaient de fuir par les routes encombrées d'épaves. (→ 22)

Pétain est contraint de quitter Vichy

Vichy, 20 août
Jusqu'à la fin, le maréchal Pétain aura été fidèle à son personnage de « prisonnier ». Le 17, son « geôlier », Renthe-Fink, lui a annoncé que le gouvernement allemand lui accordait « l'autorisation de transférer sa résidence en zone nord » en raison des risques d'encerclement de Vichy et de l'impossibilité qui en résulterait pour lui de rester en contact avec son gouvernement installé à Paris. Pétain accepterait volontiers de rejoindre la capitale. Mais on lui parle de Nancy. Il refuse. Le 19, Renthe-Fink lui affirme que Laval s'est replié sur Belfort. Le maréchal n'en croit rien et le fait clairement savoir. Alors, le ton change. Les Allemands menacent de bombarder Vichy. Pétain cède, sans oublier de mettre en scène sa reddition. Il avait pris soin, en effet, de s'entourer de témoins lorsque les Allemands l'ont forcé, ce matin, à quitter l'hôtel du Parc. Et un message tout autant adressé aux Français qu'à de Gaulle passe déjà de mains en mains : « Ceux qui vous tiendront un langage propre à vous conduire vers la réconciliation, ceux-là sont des chefs français. Ils continuent mon œuvre, soyez à leurs côtés. »

Les soldats français entrent dans Paris libéré

Paris, 25 août

Paris est libre! Cet après-midi, à 14 h 30 exactement, le général allemand Dietrich von Choltitz, gouverneur du Grand Paris, s'est rendu au lieutenant Henri Karcher, qui sert dans la 2e DB du général Leclerc, première unité alliée à être entrée dans Paris. Des tireurs allemands isolés sont encore à l'œuvre, mais le général de Gaulle a pu, lui aussi, pénétrer dans la ville en début de soirée pour se rendre immédiatement, rue Saint-Dominique, au ministère de la Guerre, occupé dès le 24 août par les FFI et le colonel de Chevigné chargé de préparer l'installation du général. Les premiers chars de la 2e DB, sous la conduite du capitaine Dronne, étaient entrés, en fait, dans la capitale le 24 au soir, acclamés par la foule. Le lendemain, dès 8 heures, un PC opérationnel s'était établi à la préfecture de police. En faisaient partie le colonel Billotte, le préfet Charles Luizet, Jacques Chaban-Delmas, délégué national militaire, ainsi qu'Alexandre Parodi, délégué national civil. Un ultimatum transmis par le consul de Suède au général von Choltitz lui intimant l'ordre de se rendre ayant été rejeté, le général Leclerc décida de s'emparer du PC de von Choltitz installé dans l'hôtel Meurice et monta une opération à cet effet. Confiée au détachement du commandant La Horie, chef d'état-major du colonel Billotte, celle-ci est menée par les lieutenants Franjoux et Karcher. La garnison ayant été très vite maîtrisée, Karcher se trouva devant un von Choltitz qui l'attendait, assis à son bureau, et qui répondit simplement «Ja» lorsqu'il lui fut demandé de se rendre. Le général fut aussitôt emmené au QG de Leclerc. Il était 16 h quand il apposa sa signature sur le protocole de reddition. Souhaitant associer à la signature de ce protocole les FFI dont il avait apprécié le rôle dans la libération de la ville, Leclerc demanda à Rol-Tanguy de le contresigner après lui avoir abandonné l'honneur, ainsi qu'à Valrimont, de conduire von Choltitz au PC des FFI à la gare Montparnasse.

C'est donc de là que sera envoyé aux troupes allemandes l'ordre de leur commandement de cesser toute résistance.

Un symbole : les Américains descendent les Champs-Elysées ; il y a quatre ans, les Allemands y défilaient.

▷

Scènes vues dans Paris libéré

Des tireurs embusqués sèment la panique dans la foule, à la Concorde.

Le général de Gaulle s'apprête à descendre les Champs-Elysées.

Humiliation publique pour cet homme accusé de collaboration.

La revanche : un Allemand fait prisonnier par les résistants français.

Les Parisiens ont contribué à libérer leur ville après quatre ans de joug allemand

Paris, 25 août

Les Parisiens ont prouvé leur bravoure. C'est dans une large mesure grâce à eux que la libération de la capitale a été si rapide. Au moins 3 000 d'entre eux ont été tués la semaine dernière. La Résistance avait appelé le 18 août à la grève générale. Le lendemain, la police se soulève, le Comité de libération parisien et le Conseil national de la Résistance déclenchent l'insurrection. Le 20 août, des barricades apparaissent un peu partout, l'Hôtel de Ville est investi et des attaques sont lancées contre les Allemands et leurs installations. Des soldats sont tués et des véhicules incendiés. Le général von Choltitz, gouverneur militaire du Grand Paris, accepte alors l'offre de la Résistance, qui propose un cessez-le-feu jusqu'à ce que les Allemands aient évacué la ville. Mais les SS refusent de coopérer, et les chefs de la Résistance rompent la trêve le 22 août. 2 000 Allemands sont tués. Par ailleurs, Hitler ordonne à von Choltitz d'écraser le soulèvement : « Paris ne tombera aux mains de l'ennemi que lorsqu'il n'en restera qu'un amas de décombres. » Hier soir à 21 h, les cloches des églises ont retenti malgré tout : les premières unités de la 2e DB de Leclerc viennent d'atteindre l'Hôtel de Ville. Le général von Choltitz décide alors de désobéir à Hitler et de ne pas détruire la ville. Les Parisiens ont gagné. (→ 26)

Le tireur de Notre-Dame rate de Gaulle

Paris, 26 août

Le général de Gaulle et les chefs de la Résistance s'avancent sur le parvis de Notre-Dame. Depuis l'Etoile, ils marchent au milieu d'une foule en liesse et s'apprêtent à assister dans la cathédrale à un *Te Deum* pour la libération de la ville. Soudain, une rafale de mitraillette déchire l'air. Dans le chaos qui a suivi les premières heures de la victoire, des tireurs isolés sont restés en liberté. Un d'entre eux, un seul, a pu gagner les hauteurs de la cathédrale. L'immense défilé avait déjà essuyé des tirs sporadiques peu après l'avenue George-V et surtout à la Concorde. Cette fois, le mystérieux tireur a tué plusieurs personnes et, dans la panique, 300 autres se sont blessées. Le général Leclerc arrête des FFI qui mitraillent au jugé les tours de l'église. A l'intérieur, un coup de feu sème la panique. Plusieurs personnalités se jettent au sol pour se mettre à couvert. Le général Koenig hurle : « N'avez-vous aucune fierté ? Debout ! » Charles de Gaulle, quant à lui, n'a pas perdu son calme une seule seconde et pénètre à grandes enjambées dans la cathédrale.

La chasse aux collaborateurs commence

Paris, 26 août

Les tirs d'artillerie lourde qui résonnent encore dans les banlieues de la capitale n'empêchent pas les Parisiens de fêter leur libération tout en assouvissant leur soif de vengeance. Dans les rues qui ne sont toujours pas totalement sûres, certains d'entre eux donnent la chasse aux collaborateurs ou aux prétendus tels. Les Parisiens n'ont pas oublié le massacre de 35 jeunes gens âgés de dix-sept à vingt-cinq ans par des Français travaillant pour la Gestapo, près de la cascade du bois de Boulogne, le 16 août. Ils se souviennent aussi de l'exécution des prisonniers politiques détenus à Romainville par leurs geôliers, qui s'apprêtaient à faire retraite devant l'avance des Alliés, il y a quelques jours à peine.

La plupart des personnalités de la collaboration ont déjà quitté Paris dans les bagages des Allemands ou même avant eux. Ne restent que les seconds couteaux de la Milice et ces femmes que l'on surnomme les « collaboratrices horizontales ».

Celles-ci excitent particulièrement la vindicte populaire. Avant-hier devant la préfecture de police, l'une d'elle, les cheveux rasés, portait autour du cou une pancarte sur laquelle était inscrit : « Elle a tué son mari. »

Avance des Alliés sur la Côte d'Azur

Nice, 25 août
L'une après l'autre, les villes du Sud s'ouvrent aux armées alliées. La 3e division d'infanterie américaine est entrée dans Avignon. Grenoble est tombé, et si les Allemands tiennent encore Marseille et Toulon, partout ailleurs leurs troupes battent en retraite. L'avance alliée dans le sud de la France a commencé le 15 août avec l'opération *Dragoon*, sur la Côte d'Azur, entre Toulon et Cannes. La faiblesse de la résistance ennemie a surpris les libérateurs. Pour défendre toute la côte, la 19e armée du général Friedrich Wiese ne dispose que de sept divisions. En trois jours, près de 100 000 hommes de la 7e armée du général Patch et du détachement d'armée B de De Lattre ont débarqué. A l'intérieur, la Wehrmacht est harcelée par les résistants, qui ont été les premiers à entrer dans Grenoble. Affaiblis par le départ d'une partie de leurs effectifs pour la Normandie, les Allemands ne sont pas en mesure de défendre leur flanc sud : même Hitler l'a admis. Le 16 août, il a décidé que ses troupes se retireraient progressivement du sud de la France, jusqu'au niveau d'une ligne joignant Sens, Dijon et la frontière suisse. Les Alliés ont pu intercepter cet ordre et le décoder, trouvant ainsi confirmation que leur avance ne serait pas ralentie. Ils ont progressé dans deux directions à la fois : par les montagnes, Digne et Gap, vers Grenoble, et par la côte en direction d'Avignon, d'où les Américains de la 7e armée et les Français du 2e corps comptent remonter la vallée du Rhône jusqu'à Lyon. Les ordres de Hitler et le succès de l'opération *Dragoon* ont été fatals au régime de Vichy, qui s'est effondré avec une étonnante rapidité. Le 17 août, le chef du gouvernement, Pierre Laval, a été contraint de quitter Paris. Cet ardent zélateur de la collaboration avec le régime nazi refusait d'en partir dans l'espoir improbable de négocier avec les Alliés. Quatre jours plus tard, c'est le maréchal Pétain lui-même que les Allemands ont contraint de quitter Vichy. Les deux hommes sont actuellement à Belfort. (→ 27)

Un char français dans les rues d'Avignon, qui vient d'être libéré.

Le Tout-Paris se retrouve à Drancy

Drancy, août
Pour le Tout-Paris du spectacle qui a mené joyeuse vie pendant les quatre années d'occupation, les ennuis commencent. Ironie du sort, ces anciens privilégiés suivent le même parcours que les Juifs sur le chemin de la déportation. Après leur arrestation, ils sont regroupés au Vel' d'Hiv, puis à Drancy. Seule variante, d'importance il est vrai, ils sont ensuite dirigés vers une prison parisienne et non vers un camp d'extermination. Sacha Guitry a été arrêté le 23 août, parmi les premiers, ce qui lui donné l'occasion de faire un bon mot : « Quand avez-vous été arrêté ? Le jour de la libération ! » De son côté, l'actrice Arletty, qui n'a rien perdu de sa gouaille, a lancé aux FFI venus l'interpeller : « Ah, pour une belle prise, c'est une belle prise ! » Sous les verrous, tout ce beau monde retrouve ses usages. Tino Rossi chante la messe dominicale. Affectée à l'entretien des toilettes, la comédienne Mary Marquet déclare : « Le nouveau cabinet est formé et je suis garde des seaux ! » Où trouver la cantatrice wagnérienne Germaine Lubin et l'acteur Pierre Fresnay ? Mais, en compagnie de l'ancien ministre Jérôme Carcopino : en prison, bien sûr !

Berlin trahi par Sofia et Bucarest

Bucarest, 26 août
Les positions allemandes dans les Balkans s'effondrent. Les Roumains, qui ont combattu aux côtés des Allemands à Stalingrad et en Crimée, ont déclaré hier la guerre au Reich. Ils ont aujourd'hui reconquis leur capitale après de durs combats contre la Wehrmacht. Le gouvernement proallemand de Bucarest est tombé il y a quatre jours lorsque le roi Michel a fait arrêter le maréchal Antonescu, qui refusait de négocier un armistice avec les Alliés.
Les Bulgares viennent à leur tour d'annoncer leur intention de cesser le combat. Ils ont commencé à désarmer les garnisons allemandes et ont entamé des négociations d'armistice. (→ 30)

Nouvel assaut de la 8e armée en Italie

« Voici l'ennemi », proclame cette affiche italienne en désignant les anciens alliés de Rome.

Italie, 25 août
Winston Churchill a assisté à l'offensive de la 8e armée britannique contre la ligne Gothique depuis un champ d'oliviers surplombant la vallée. « Je n'ai jamais été si près de l'ennemi et je n'ai jamais entendu siffler autant de balles durant la guerre », a-t-il confié.
L'opération a été programmée par le général Oliver Leese, commandemant la 8e armée. Il a ramené ses troupes de l'ouest du pays afin d'attaquer sur le versant est des Apennins. L'objectif est de traverser la rivière Foglia et d'enfoncer la ligne de défense allemande le long de la côte adriatique, de façon à permettre une large percée de blindés dans la plaine du Pô. Les combats s'annoncent très durs. Les Allemand alignent dix divisions d'infanterie face aux Alliés.

Stratégies alliées et manque de fuel

France, 26 août
A présent que Paris a été libéré, chacune des composantes des forces alliées redevient maîtresse de sa stratégie. Tandis que le général Patton envisage de poursuivre vers la Marne, le général Montgomery décide d'aller délivrer Anvers et de pénétrer dans la Ruhr. Les états-majors s'affrontent. Eisenhower soutient Patton dans son offensive vers la Sarre. De son côté, Montgomery ne voit pas d'un bon œil la dispersion des forces alliées et l'allongement du front. Les difficultés d'approvisionnement en fuel risquent de trancher le débat. Le transport du carburant qui parvient à Cherbourg, seul port de ravitaillement des armées alliées, est plus lent que la progression des troupes.

1944

Août

Di	Lu	Ma	Me	Je	Ve	Sa
		1	2	3	4	5
6	7	8	9	10	11	12
13	14	15	16	17	18	19
20	21	22	23	24	25	26
27	28	29	30	31		

27. France : au cours de leur retraite, des soldats allemands tuent 22 habitants de Provins. Des SS ont incendié Maille-en-Touraine avant-hier, après avoir massacré 124 civils.

27. Paris : Eisenhower promet à de Gaulle de lui fournir des uniformes et des équipements militaires (→ 30).

28. Hongrie : l'Armée rouge avançant dans les Carpates, le général Lakatos forme un nouveau gouvernement, prêt à négocier (→ 1.10).

28. Bordeaux : à la suite d'un accord entre les négociants bordelais et le commandant Kühnemann, les Allemands évacuent la ville, occupée deux heures plus tard par les FFI.

28. France : le 20e corps de Patton franchit la Marne à Château-Thierry. Il atteint les faubourgs de Reims.

29. Rastenburg : Hitler donne l'ordre de fortifier les côtes de la mer du Nord, du Danemark aux Pays-Bas (→ 2.9).

30. Allemagne : le général von Stulpnagel, gouverneur militaire de France impliqué dans le complot du 20 juillet, est pendu après une tentative manquée de suicide (→ 14.10).

30. France : les troupes canadiennes entrent à Rouen.

31. Pologne : 67 000 Juifs du ghetto de Lodz ont été déportés à Auschwitz ce mois-ci (→ 19.9).

31. Roumanie : la population de Bucarest accueille avec joie les chars soviétiques (→ 9.9).

31. Alger : le GPRF est transféré à Paris. Le général Catroux devient son représentant en Afrique du Nord.

31. France : les Alliés, aidés par les FFI, contrôlent tous les ponts de la Somme. Le général Eberbach, commandant de la 5e armée Panzer, est fait prisonnier en pyjama (→ 1.9).

31. Brest : les Américains suspendent l'assaut contre la poche allemande, après une semaine de combats (→ 21.9).

31. Italie : des unités canadiennes percent les défenses de la ligne Gothique, près de la côte adriatique (→ 8.9).

Les Alliés reprennent Marseille et Toulon

La joie des soldats français devant l'ancien QG allemand à Toulon.

Marseille, 28 août

La côte française de la Méditerranée est à présent entièrement libérée. La semaine dernière, le général Schaeffner, gouverneur militaire allemand de Marseille, avait refusé de se rendre aux Français. Aujourd'hui, il a capitulé, comme l'a fait son homologue de Toulon, l'amiral Ruhfuss, hier. Le général de Lattre de Tassigny, qui commandait les forces françaises, a donc atteint l'objectif qu'il s'était fixé. Marseille s'est rendu à l'issue d'une bataille sanglante et confuse, dans laquelle les forces françaises régulières et les résistants, communistes pour une large part, ont paru parfois combattre chacun pour soi. 4 000 Français sont morts, mais les pertes ennemies sont plus élevées encore et 37 000 Allemands ont été faits prisonniers. Le port lui-même n'est plus qu'un immense amas de métal tordu : onze navires coulés en bloquent l'accès. Le combat pour Toulon, avec les trente forts qui l'entourent, n'a pas été moins âpre ; de violents affrontements ont eu lieu dans les galeries souterraines construites par les Français et agrandies par les Allemands.

L'Allemagne privée du pétrole roumain

Bucarest, 30 août

L'Armée rouge s'est emparée des gisements pétroliers de Ploiesti, qui constituaient la principale source d'approvisionnement pour les Allemands. Ceux-ci ne peuvent donc plus compter que sur leurs usines de carburant synthétique, massivement bombardées par les Alliés. Ploiesti produisait cinq millions de tonnes de brut par an, raffiné sur place et convoyé en Allemgne par la voie ferrée ou par des barges qui remontaient le Danube. La RAF avait miné le fleuve et le gisement était une des principales cibles de la 15e armée de l'air américaine. Les attaques de ses bombardiers, venant d'Italie, avaient déjà limité la production à deux millions de tonnes.

La Slovaquie brûle

Prague, 29 août

Les partisans slovaques ont appelé à l'insurrection générale contre les Allemands et déclaré la formation d'une république tchécoslovaque libre. Le soulèvement est centré sur la ville de Banska Bystrica, dans le centre de la Slovaquie, et les rebelles tiennent à présent une large partie de la région qui l'entoure. L'événement a provoqué la colère de Hitler, qui a ordonné à la Wehrmacht et aux SS d'écraser dans le sang cette révolte. (→ 24.9)

Raid aérien sur les usines allemandes de pétrole synthétique

Meerbeek, 27 août

La RAF a lancé 216 Halifax, supportés par des Mosquito et des Lancaster, à l'attaque des raffineries de pétrole synthétique Rheinpreussen de Meerbeek, situées dans la Ruhr. C'est pour les Britanniques le premier raid de jour important depuis le 12 août 1941, ce qui souligne l'importance de l'objectif. Le Reich manque cruellement de pétrole : les Panzer, en particulier les Tiger qui consomment plus de 6 litres d'essence par kilomètre, tombent en panne sèche. La Luftwaffe aurait besoin de 160 000 tonnes de carburant par mois, mais elle n'en reçoit que 10 000. Les usines produisent des chars et des avions immobilisés faute d'essence. (→ 12.9)

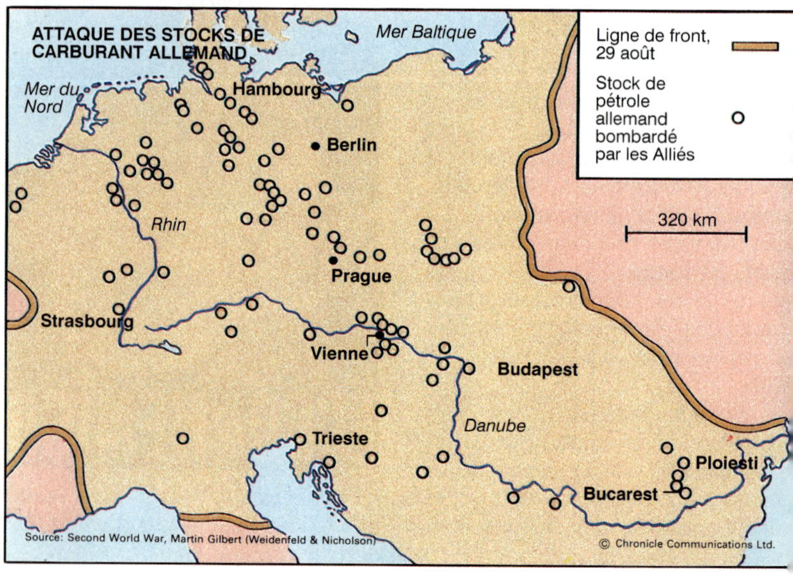

Querelle stratégique entre les Alliés

Londres, 31 août

L'unité de la stratégie alliée est menacée par un désaccord entre les généraux anglo-saxons. A son QG londonien, Eisenhower a déclaré aujourd'hui devant des correspondants de guerre que, certes, Montgomery était « un grand ami personnel et un des grands soldats de cette guerre », mais les grandes lignes du plan pour l'avance des Alliés en Allemagne contredisent largement ce que le général britannique avait proposé. Les armées alliées seront séparées en trois colonnes principales. Celle que commande Montgomery frappera les Allemands sur l'aile gauche. Les hommes de Bradley avanceront au centre et l'armée de Méditerranée venant du sud rejoindra celle de Patton sur l'aile droite. Ce concept de « front large » d'Eisenhower est contesté par Montgomery, favorable à une seule offensive massive sur la droite, à travers la France du Nord et la Belgique. Faute d'une quantité suffisante de carburant, Eisenhower ne peut laisser Patton et Montgomery progresser simultanément au sud et au nord. Il n'ose pas arrêter Patton, très populaire aux Etats-Unis, mais ne peut se permettre de contrer Monty. Il autorise donc Patton à avancer et fait appuyer le 21ᵉ groupe d'armée de Monty par la 1ʳᵉ armée Nord américaine. Toutefois, l'objectif principal du Britannique n'est pas la Ruhr, mais Anvers, nécessaire au ravitaillement des Alliés cet hiver : en effet, les ports les plus proches sont en Normandie, les voies ferrées sont détruites et la « route du ballon rouge », réseau de routes à sens unique aménagées par les Américains pour les camions de ravitaillement qui font la navette depuis les plages du débarquement, est complètement saturée.

La lutte contre les V1 s'avère efficace

Londres, 28 août

La menace que faisaient peser les V1 sur l'Angleterre s'éloigne. Sur 94 lancés aujourd'hui, quatre seulement ont atteint Londres. Les tactiques de défense en profondeur s'avèrent efficaces. Les V1 doivent d'abord échapper aux chasseurs en patrouille au-dessus de la Manche, puis aux batteries de DCA de la côte sud, puis à nouveau à d'autres chasseurs. Enfin, au cours de leur descente, ils se heurtent au barrage de ballons du sud de la capitale. Par ailleurs, les rampes de lancement continuent à être détruites par les Alliés en France. (→ 8.9)

Paris passe sous le contrôle du GPRF

Paris, 30 août

« L'Etat est rentré chez lui », a déclaré le général de Gaulle, qui est installé au ministère de la Guerre, d'où il était parti secrétaire d'Etat en 1940. L'ancien commandant de la 1ʳᵉ DFL, le général Kœnig, est maintenant chef des FFI et, depuis le 18 août, gouverneur militaire de Paris. Son bureau est installé aux Invalides. Il a confirmé que sa mission est d'intégrer les FFI aux forces régulières, mais priorité sera donnée pour l'instant au rétablissement de la loi et de l'ordre.

Les Alliés lancés à l'assaut de l'« imprenable » ligne Gothique

Italie, 30 août

Le maréchal Kesselring l'a assuré à Hitler : la ligne Gothique est inexpugnable. Le moment est venu de vérifier si c'est exact. Le 1ᵉʳ corps canadien et le 5ᵉ corps britannique, appuyés dans les champs de mines par l'aviation, ont traversé la rivière Foglia et, malgré de lourdes pertes, ont commencé à attaquer les défenses qui, selon les Allemands, égalent celles de Cassino. Les maisons ont été rasées, les arbres enlevés et les vignobles arrachés pour faire place à des nids de mitrailleuses, dont chacun est disposé pour protéger efficacement son voisin. Les emplacements pour l'artillerie ont été creusés à l'explosif dans les rochers des Apennins, et des champs de mines immenses s'étendent de la côte de l'Adriatique à la mer de Ligurie. (→ 31)

Des blindés alliés font mouvement à l'abri d'un rideau de fumée.

Les égouts, dernier refuge des insurgés

Varsovie, 28 août

Les rebelles continuent à résister dans la capitale polonaise, mais ils perdent du terrain. Depuis que Staline leur a refusé l'aide de l'Armée rouge, la Luftwaffe est intervenue et la ville est pilonnée par l'artillerie lourde. Les bombardements sont si violents que l'Armée du peuple a été contrainte d'abandonner ses positions dans la vieille ville pour se réfugier dans les égouts, d'où surgissent des commandos qui attaquent les soldats allemands. Les Polonais, qui combattent avec leur bravoure coutumière, commencent à souffrir de la faim mais, plus que tout, ils ont besoin d'armes. (→ 5.9)

1944

Septembre

Di	Lu	Ma	Me	Je	Ve	Sa
					1	2
3	4	5	6	7	8	9
10	11	12	13	14	15	16
17	18	19	20	21	22	23
24	25	26	27	28	29	30

1er. Yougoslavie : opération alliée *Ratweek* contre les voies de communication pour bloquer les Allemands en Grèce et aider les partisans de Tito à faire leur jonction avec les Soviétiques (→ 27).

1er. France : les Canadiens s'emparent de Dieppe, les Britanniques d'Arras et les Américains de Verdun.

2. Rastenburg : Hitler ordonne la création de 25 nouvelles divisions Panzer.

2. Alsace : les SS évacuent le camp du Struthof, après avoir massacré 107 prisonniers membres du réseau Alliance.

3. Belgique : la 2e division blindée britannique de la garde entre à Bruxelles, peu après le départ des derniers Allemands.

3. France : les troupes de De Lattre entrent à Lyon, évacué hier par les Allemands. Les FFI libèrent Mâcon.

4. Anvers : la 11e division blindée britannique entre dans le port et s'y arrête, sa ligne de ravitaillement étant étirée sur 480 km.

5. Moscou : l'URSS déclare la guerre à la Bulgarie (→ 9).

6. Iles Carolines : les seize porte-avions de l'escadre de l'amiral Mitscher attaquent les bases japonaises des îles Palau (→ 16).

7. France : les Américains prennent Besançon et Sedan. Ils franchissent la Moselle (→ 9).

7. Allemagne : Pétain et Laval sont transférés de Belfort au château de Sigmaringen du fait de l'avance des Alliés (→ 1.10).

8. Belgique : le gouvernement Pierlot, exilé à Londres depuis 1940, revient à Bruxelles. Le 7e corps américain occupe Liège.→

8. Italie : des éléments de la 8e armée britannique sont bloqués sur la route de Rimini par les défenses allemandes des crêtes de Coriano et Gemmano (→ 13).

8. Grèce : les forces allemandes commencent l'évacuation (→ 26).

9. Belgique : la 1re armée canadienne prend Ostende. Les Américains entrent aux Pays-Bas, près de Maastricht (→ 17).

Les Alliés en Belgique

Belgique, 8 septembre
Les troupes britanniques, canadiennes et polonaises ont joué de vitesse et traversé le nord de la France en dix jours pour envahir la Belgique et libérer Anvers. Ils ont atteint aujourd'hui le canal Albert, laissant derrière eux des canons, des colonnes de Panzer détruits et des files de prisonniers de guerre. C'est le général Brian Horrocks qui a mené l'offensive. Il s'était distingué en Tunisie en conduisant par une nuit de pleine lune une charge mémorable qui avait pris les Allemands au dépourvu. Cette fois-ci, le général a lancé son offensive depuis la tête de pont de Vernon, dans la vallée de la Seine, débordant les défenseurs allemands et les harcelant par ses manœuvres nocturnes. Une poussée de 70 km l'a mené à Amiens où il a fait prisonnier le général Eberbach, commandant de la ville, et s'est emparé des ponts enjambant la Somme. Arras et Douai sont ensuite tombés et la division des gardes blindés est entrée à Bruxelles le 3 septembre. Le lendemain, la 11e division blindée prenait Anvers. Les Canadiens, de leur côté, assiégeaient les ports de Boulogne, Calais et Dunkerque, que les Allemands tentent toujours de tenir pour empêcher les Alliés de disposer de ports à proximité du front. Hitler s'évertue à rassembler de nouvelles divisions d'infanterie, faisant monter au front les hommes âgés et les infirmes cantonnés jusque-là aux postes d'arrière-garde. Même les marins et les aviateurs sont reconvertis en fantassins. Le Führer a dû rappeler le maréchal von Rundstedt, qu'il avait limogé et tenu responsable de la débâcle face au débarquement, et lui a donné pour consigne de contenir les Alliés jusqu'à l'hiver, espérant que neige et brouillard donneront au Reich un sursis providentiel. (→ 10)

Défilé de victoire à Bruxelles.

Paris et Londres touchés par les premiers V2

Paris, 8 septembre
Ce matin à 11 heures, une explosion soudaine s'est produite à Charentonneau, près de Maisons-Alfort, tuant et blessant une vingtaine de personnes. Prévenu par les services de police, le professeur Moureu, directeur du laboratoire municipal de la Ville de Paris, s'est rendu sur les lieux. L'étendue des dégâts et l'examen des débris de l'engin lui ont fait pressentir que la fusée qui avait explosé n'était pas un simple V1. Il ne s'est pas trompé, l'engin, qui après un vol d'environ quatre minutes et demie s'est écrasé dans la banlieue parisienne, est un V2, une fusée allemande d'un type nouveau. Stationnée près de Saint-Vith, en Belgique, la 444e batterie expérimentale avait lancé deux fusées sur Paris, mais, par chance, la première s'est désintégrée en entrant dans les basses couches denses de l'atmosphère. En fin d'après-midi, Londres a reçu aussi un V2, tiré des environs de La Haye. L'engin a explosé à Chiswick à 18 h 43, tuant 3 personnes et en blessant gravement 17... Un fort double bang a été entendu, mais après l'explosion. Ultime coïncidence, c'est aujourd'hui qu'on a appris à Londres le démantèlement des bases de V1 du Pas-de-Calais.

Une pénurie d'essence ralentit les Alliés

Lorraine, 9 septembre
Après une traversée éclair de la campagne française, Patton et sa 3e armée sont tombés en panne d'essence sur les rives de la Moselle. Seule la prise de 37 camions d'essence destinée aux Allemands a évité aux Américains la paralysie totale. Les vivres et les munitions ne manquent pas, mais c'est également le manque d'essence qui retient la 1re armée américaine qui, elle, est en vue d'Aix-la-Chapelle, ainsi que la 21e armée de Montgomery sur les rives du canal Albert, à Anvers. Si une partie du ravitaillement est convoyé par avion C-47, la majorité transite par le port de Cherbourg, le seul qui soit opérationnel, mais qui se trouve cependant à 500 km du front. (→ 11)

La 21e armée de Montgomery est immobilisée à Anvers, en Belgique.

Les renégats russes renvoyés chez eux

Londres, 4 septembre
Le gouvernement britannique a dé- cidé de renvoyer en Union sovié- tique ses prisonniers russes. Les Anglais détiennent déjà près de 12 000 Soviétiques dans des camps et 2 000 autres arrivent de France chaque semaine. Certains de ces prisonniers ont choisi de se battre aux côtés des nazis par haine des communistes, mais la plupart sont des soldats de l'Armée rouge, faits prisonniers par les Allemands, et ils se sont laissé embrigader pour construire les défenses du mur de l'Atlantique. Leur présence en Angleterre est devenue une source de friction entre la Grande-Bretagne et l'URSS.

Les Russes s'emparent des Balkans

Bucarest, 9 septembre
L'Armée rouge continue sa percée dans les Balkans et la défense allemande dans la région s'effondre. Le 3e front d'Ukraine du général Tolboukhine n'a pas rencontré de résistance en pénétrant hier en Bulgarie. Le gouvernement bulgare vient d'annoncer qu'il a déclaré la guerre à l'Allemagne et que les Russes doivent être accueillis «comme des frères». Les Soviétiques ont déjà atteint Bucarest et l'armée roumaine se bat désormais à leurs côtés dans les Carpates, où ils se fraient un chemin à travers les montagnes pour atteindre la Hongrie. L'armée hongroise a tenté jusqu'à présent de les repousser, mais la rumeur court à Budapest que l'amiral Horthy, le dirigeant hongrois, s'apprête à changer de camp. La situation est tout autre en Yougoslavie où Tito et ses partisans ont libéré de vastes régions dans le sud du pays. L'Armée rouge a franchi la frontière du côté roumain il y a trois jours et la jonction avec les partisans de Tito est sur le point de se réaliser. Les deux forces en présence ont déjà conclu un accord quant au futur partage des opérations. Dans l'immédiat, la mission de Tito sera de couper les communications des troupes allemandes qui battent en retraite depuis la Bulgarie et du groupe d'armées E du général Alexander Lohr lorsque celui-ci devra renoncer à sa position plus que précaire en Grèce. La RAF et l'US Army Air Force ont joué un rôle capital dans l'opération *Ratweek*, qui a consisté à couper tous les principaux axes de retraite des Allemands entre la Grèce et la Bulgarie d'une part, entre Vienne et Budapest d'autre part. Lohr et le maréchal Weichs, du groupe d'armées F en Yougoslavie, tenteront certainement de se frayer un chemin vers le nord, mais les nazis encerclés sur les îles grecques n'ont aucune chance de s'échapper. Le problème qui se pose maintenant aux Alliés est de décider quel type de gouvernement sera mis en place dans les Balkans, suite aux impressionnants succès de l'Armée rouge.

Les troupes soviétiques traversent les villages dévastés des Balkans.

Staline ne porte toujours pas secours aux insurgés de Varsovie

Varsovie, 5 septembre
Contre toute attente, les insurgés de Varsovie tiennent toujours en respect les SS du général Erich von dem Bach-Zelewski. Les Polonais insurgés font preuve d'un courage éclatant, défendant avec acharnement chaque rue, chaque bâtiment, où des enfants n'ayant pas plus de dix ans se battent aux côtés de leurs aînés. Les insurgés utilisent le système d'égouts comme réseau de communication et les caves comme théâtre d'opérations. Staline refuse toujours de leur porter secours malgré l'insistance de Roosevelt et de Churchill qui, de leur côté, ne veulent pas poser leurs avions de ravitaillement sur des pistes soviétiques sans accord préalable. L'Armée rouge est, elle, clouée sur les rives de la Vistule, face à trois divisions Panzer. Mais les Polonais accusent Staline de ne pas intervenir par calcul politique. (→ 16.9)

Varsovie en ruine : une patrouille allemande arpente les rues désertes.

La Finlande accepte l'armistice russe

Helsinki, 2 septembre
La Finlande a finalement accepté les termes de l'armistice proposés par l'Union soviétique, mettant fin à trois ans de guerre contre son puissant voisin. La délégation allemande brûle ses dossiers et le général Rendulic, commandant des forces allemandes en Finlande du Nord, se prépare à évacuer ses troupes. Il a été convenu, en effet, que celles-ci devront avoir quitté le territoire le 15 septembre. Après cette date, les troupes restées sur place devront se rendre et seront désarmées. Les Finlandais sont, par ailleurs, tenus de rompre leurs relations diplomatiques avec le Reich. Les autres termes de l'armistice seront négociés à Moscou.

Le black-out sera bientôt supprimé

Grande-Bretagne, 6 septembre
Les lumières sont sur le point de se rallumer en Angleterre. La fin du black-out est prévue pour le 17 septembre, date à laquelle prendra effet le «black-out partiel». Les fenêtres autres que les lucarnes pourront à partir de cette date se doter de rideaux ordinaires. Les lampadaires seront progressivement rallumés et les phares de voiture à lumière diffuse seront autorisés. Le black-out sera par la suite entièrement supprimé, si les circonstances le permettent, bien entendu.

Raid allié de jour sur la Mandchourie

Chongqing, 8 septembre
Les Superforteresses américaines B-29 basées en Chine ont opéré pour la première fois au grand jour, bombardant des cibles japonaises à Anshan, en Mandchourie occupée. La cible principale des 90 B-29 du raid a été le complexe industriel de Showa, la plus grande aciérie de la région. Onze autres Superforteresses ont attaqué des voies ferrées à Anshan et près de Sinsiang. La radio de Tokyo affirme que trois B-29 ont été abattus, mais en réalité l'USAAF n'a eut aucune perte.

1944

Septembre

Di	Lu	Ma	Me	Je	Ve	Sa
					1	2
3	4	5	6	7	8	9
10	11	12	13	14	15	16
17	18	19	20	21	22	23
24	25	26	27	28	29	30

10. Berlin : Himmler ordonne d'exécuter les familles de tous les déserteurs (→ 19).

10. Aix-la-Chapelle : une Jeep de l'armée américaine est le premier véhicule allié à franchir la frontière du Reich.

11. Pacifique : des sous-marins américains coulent les cargos japonais *Rakuyo* et *Kachidoki Maru*, en route de Singapour à Formose. 1 274 prisonniers de guerre alliés périssent.

11. Québec : Roosevelt et Churchill se rencontrent pour la conférence Octagon (→ 16).

12. Moscou : l'URSS signe l'armistice avec la Roumanie, qui lui cède la Bucovine et la Bessarabie. La Roumanie entre en guerre contre l'Allemagne et la Hongrie, sur laquelle elle récupère la Transylvanie.

12. Belgique : les Allemands se replient derrière le canal de l'Escaut (→ 9.10).

12. France : les 12 000 défenseurs allemands du Havre se rendent. Les Allemands évacuent Rochefort, occupé le soir même par le groupe FFI Bir Hakeim, séparant ainsi les poches de résistance de La Rochelle et de Royan.→

13. Washington : Enrico Fermi introduit la première charge d'uranium dans un réacteur de production de plutonium (→ 19).

13. Italie : deux divisions anglo-canadiennes s'emparent de la crête de Coriano (→ 21).

14. Birmanie : les Japonais évacuent leur ligne de défense du fleuve Manipur (→ 2.10).

15. Paris : le GPRF crée par ordonnance des cours spéciales de justice pour présider à l'épuration. Le ministre de la Justice, François de Menthon, ordonne l'arrestation de Pétain.

15. Norvège : 28 bombardiers Lancaster de la RAF, venant de l'aérodrome de Yagodnik en URSS, attaquent le cuirassé allemand *Tirpitz* dans l'Altenfjord. Il est endommagé par une bombe de 5,5 t (→ 12.11).

16. Etats baltes : 40 divisions de l'Armée rouge marchent vers la Baltique sur un front de 200 km. Elles se dirigent sur Tallinn, en Estonie, et Riga, en Lituanie (→ 22).

Redditions allemandes à la Résistance

Les tenues des maquisards valent bien l'uniforme des Allemands en déroute.

Centre, 10 septembre
La Résistance vient de remporter deux succès dans la même journée en obtenant la reddition de deux colonnes allemandes du 64e corps d'armée en retraite. Forte de 5 000 hommes bien équipés, commandée par le général Bauer, la première a été bloquée devant Autun après avoir perdu plus de la moitié de ses effectifs. Colonne d'arrière-garde de 20 000 hommes sous le commandement du général Elster, la seconde s'est fait piéger dans le bec d'Allier après avoir tenté de franchir la Loire à Decize. Le harcèlement qui, depuis le 20 août, a retardé la progression de ces deux colonnes et provoqué de lourdes pertes dans leurs rangs est le fait des FFI de la zone sud, et plus particulièrement de l'action menée conjointement par le groupe mobile des FFI du Sud-Ouest et du Centre opérant sous le commandement du colonel Schneider (venu d'Alger comme officier d'opérations) et du corps franc Pomiès.

Les Américains sur le sol allemand

Trèves, Allemagne, 11 septembre
Les Américains ont repris leur avancée dans le secteur central, pénétrant du Luxembourg en Allemagne au nord de Trèves et se battant pour la première fois sur le sol allemand. Un peu plus au nord, d'autres troupes américaines ont franchi la frontière néerlandaise à Maastricht et lancent une offensive sur Aix-la-Chapelle. Les faibles défenses allemandes de la ligne Siegfried ont été surprises, mais von Runstedt, rétabli dans son commandement pour défendre la ligne, a jeté une division d'infanterie entière contre les Américains pour les faire reculer. De son côté, la 2e armée britannique s'est dégagée de sa tête de pont du canal Albert et son avant-garde s'engage à présent sur le sol néerlandais. Un porte-parole britannique a précisé qu'au cours de l'opération, il y a eu plus de morts et d'équipement détruit chez les Allemands que durant n'importe quel autre jour depuis le débarquement. Fuyant les régions qu'elles ont occupées pendant quatre ans, les troupes de la Wehrmacht et les civils affluent en voiture, en camion et, parfois, même à bicyclette sur les routes qui mènent en Allemagne. Ce flot continu se répand dans la vallée du Rhin, y colportant des histoires de guerre qui ébranlent le moral des populations. (→ 17

Jonction entre les troupes de De Lattre et celles de Leclerc

Côte-d'Or, 12 septembre
Aujourd'hui, vers 13 h, un peloton de l'escadron Savary du 1er régiment de fusiliers marins appartenant à la 1re DFL, faisant partie de la 1re armée (de Lattre) a fait sa jonction près de Montbard avec un peloton du 1er régiment de spahis marocains de la 2e DB (Leclerc). Dans la journée, plusieurs autres contacts ont été établis. Ainsi, les deux forces débarquées en Normandie et en Provence n'en forment ce soir plus qu'une. La jonction a produit un effet psychologique certain sur les troupes. Mais elle éclaire aussi d'un autre jour la stratégie alliée. Il n'y a plus désormais en France qu'un seul front de 800 km de long, sur lequel sont déployées pas moins de 54 divisions.

Les Français de Normandie et ceux de Provence se rencontrent enfin.

Staline lâche des armes sur Varsovie

Varsovie, 16 septembre
Staline vient finalement de porter assistance aux insurgés de Varsovie qui luttent depuis six semaines pour libérer leur capitale. L'Armée rouge piétine depuis longtemps aux portes de la ville, Staline ayant jusqu'à présent refusé de porter assistance aux Polonais qu'il traite de «réactionnaires». Le dirigeant soviétique a même empêché Anglais et Américains de porter toute l'aide voulue aux insurgés, étant ainsi en partie responsable de la mort de 200 aviateurs alliés – polonais, anglais, américains et sud-africains – auxquels il a refusé l'atterrissage sur ses pistes. Au cours des deux derniers jours, les avions soviétiques ont enfin lâché des armes et des munitions au-dessus de la ville, mais en quantité négligeable : deux mitrailleuses et quelque 50 pistolets, contribution rendue plus insignifiante encore du fait du mode de livraison : sans parachute. La plupart des armes ont été endommagées et rendues inutilisables par l'impact. Enfin, l'Armée rouge se lance à l'attaque de la capitale, la 1re division d'infanterie, constituée de Polonais recrutés en Russie, investissant Praga, dans la banlieue de Varsovie. (→ 18)

La stratégie des Alliés contre le Japon

A Québec, Roosevelt et Churchill font le point sur la stratégie alliée.

Québec, 16 septembre
La conférence Octagon, huitième sommet stratégique des Alliés, s'est achevé par un point de presse au cours duquel le président Roosevelt a annoncé que, dès la capitulation de l'Allemagne, «l'Empire britannique et les Etats-Unis œuvreront ensemble» contre le Japon. La majeure partie de la conférence a porté cependant sur trois autres points : la coopération anglo-américaine en matière de «bombe atomique», la préoccupation de Churchill quant à la situation politique dans les Balkans au lendemain de la guerre, et le plan proposé par le secrétaire américain au Trésor, Henry Morgenthau, de faire de l'Allemagne vaincue un pays «agraire». Winston Churchill, sur le point qui le préoccupe, a confié à Roosevelt qu'il craignait de voir «l'influence russe s'étendre dangereusement» dans les Balkans, surtout en Grèce et en Yougoslavie, et Roosevelt commence à se ranger à son avis.

Robert Brasillach se livre à la police

Paris, 14 septembre
Certains le croyaient en fuite à Sigmaringen avec l'équipe de *Je suis partout*. C'est cette fausse information divulguée par la presse qui a permis au journaliste et écrivain Robert Brasillach d'échapper jusqu'à maintenant assez facilement aux recherches. Depuis le mois d'août, il se cachait dans une chambre de bonne, ravitaillé par des amis. Mais, en apprenant l'arrestation de sa mère, il a décidé de se livrer à la police pour hâter sa libération. A la préfecture de police, il est tombé sur une ancienne connaissance de l'Ecole normale qui lui a conseillé de repartir discrètement. Brasillach n'a rien voulu savoir.

Le lieutenant Brasillach en 1939.

Double offensive américaine dans les archipels du Pacifique

Washington, 16 septembre
Les deux grandes offensives américaines dans le Pacifique sont sur le point de converger : les forces de MacArthur remontent de la Nouvelle-Guinée vers le nord-ouest et ont pris l'île de Morotai, en Indonésie, tandis que l'amiral Nimitz et la 1re division de marines ont débarqué sur l'île Peleliu, dans les Palau, à 700 km au nord-est de Morotai. Les Philippines sont maintenant à portée des deux armées. Le débarquement de Morotai s'est déroulé sans opposition notable, tandis que celui de Peleliu s'est heurté à une vive résistance de la part des Japonais, avec de nombreuses pertes des deux côtés. Assez curieusement, l'état-major considère que la prise de Morotai est importante sur le plan stratégique alors que de nombreux officiers ne voient plus l'intérêt d'avoir pris Peleliu. (→ 17)

Dans les îles de l'archipel Palau, un vaisseau tire un essaim de fusées.

Un sous-marin «X» détruit un dock

Bergen, 14 septembre
Les Anglais sont très fiers de leur *midget submarine*, arme secrète qui leur permet de pénétrer incognito dans les eaux les plus surveillées. L'*X-24* du lieutenant Westmacott a ainsi fait sauter un dock flottant dans le port de Bergen en Norvège. Avec son équipage de 4 hommes, l'*X-24* s'est faufilé sur 50 km à travers un dédale d'îles et de mines avant d'atteindre l'embouchure du fjord, se dirigeant ensuite au périscope jusqu'à l'entrée du port. Forcé de plonger à 12 m pour éviter un navire marchand, Westmacott est remonté fixer ses charges explosives à retardement sous le dock avant de regagner la haute mer.

1944

Septembre

Di	Lu	Ma	Me	Je	Ve	Sa
					1	2
3	4	5	6	7	8	9
10	11	12	13	14	15	16
17	18	19	20	21	22	23
24	25	26	27	28	29	30

17. Iles Palau : les Américains prennent l'aérodrome de Peleliu (→ 22).

17. Pays-Bas : le gouvernement ordonne l'insurrection générale quand la 2ᵉ armée britannique atteint la frontière. Les Alliés lancent l'opération aéroportée *Market Garden*.→

18. Pologne : à contrecœur, Staline a donné son accord aux Américains pour ravitailler les insurgés de Bor-Komorovski, à Varsovie. 107 bombardiers leur lâchent des vivres et des armes. 70 % des conteneurs tombent du côté allemand (→ 3.10).

19. Rastenburg : pour s'assurer que l'armée obéit au parti nazi, Hitler ordonne à tous les commandants de suivre les conseils des gauleiters (→ 25).

19. Moscou : l'URSS signe l'armistice avec la Finlande. Helsinki doit céder à l'URSS le territoire de Petsamo et lui donner à bail Porkkala (→ 2.10).

19. Pays-Bas : des civils de Nimègue rasent les têtes des femmes qui ont fréquenté les nazis pendant l'Occupation. Les troupes aéroportées américaines libèrent Eindhoven.

20. Pas-de-Calais : les batteries allemandes du cap Blanc-Nez reçoivent en deux heures 5 600 bombes explosives, lâchées par 646 bombardiers alliés (→ 21).

21. Danemark : les Allemands répriment une grève générale déclenchée l'avant-veille pour protester contre des déportations.

21. Pays-Bas : les blindés britanniques franchissent le Waal à Nimègue. Ils se dirigent sur Arnhem, où les Allemands reprennent le pont routier sur le Rhin (→ 27).

21. Italie : les Canadiens et la 3ᵉ brigade grecque de montagne prennent Rimini (→ 26).

22. Boulogne : les Canadiens obtiennent la reddition de la garnison allemande (→ 23).

23. Iles Carolines : les Américains débarqués hier sur l'atoll d'Ulithi découvrent un lagon immense, inestimable comme base navale éventuelle (→ 24).

23. Paris : par décret, le GPRF incorpore les FFI dans l'armée.

L'Armée rouge prend le port de Tallinn

Moscou, 22 septembre
Les chars du maréchal Govorov ont débordé les défenses allemandes le long du golfe de Finlande, prenant le port clé de Tallinn, capitale de l'Estonie. Ce faisant, les Russes ont ôté aux Allemands du groupe d'armées Nord l'une de leurs dernières voies de retraite maritimes. Le général Schorner devra battre en retraite vers le sud ou vers l'ouest pour éviter à ses troupes déjà malmenées d'être anéanties. En capturant le port de Tallinn et ses installations, les Soviétiques disposent dorénavant d'une excellente base d'opérations pour attaquer la marine allemande dans la Baltique. L'aviation soviétique a déjà coulé trois transporteurs de grande taille à Tallinn lors de la prise du port. L'attaque éclair de Govorov a pris les Allemands par surprise. Couvrant 80 km en une journée, les chars ont laissé l'infanterie nettoyer les dernières poches de l'arrière-garde allemande, ne permettant pas aux hommes de Schorner d'organiser une véritable ligne de défense. La poussée de l'Armée rouge est telle qu'elle s'est également emparée du nœud ferroviaire de Tapa et de la ville de Paide, à 75 km au sud-est de Tallinn.

Les SS tentent de cacher leurs actes

Estonie, 19 septembre
A mesure que l'Armée rouge progresse, les Allemands tentent désespérément d'effacer toute trace des meurtres et des tortures qu'ils ont perpétrés. L'Armée rouge étant sur le point de libérer le camp de concentration de Klooga, les SS ont massacré la quasi-totalité de ses 3 000 détenus, Juifs, prisonniers politiques estoniens et soldats soviétiques pour la plupart. Seulement 85 d'entre eux ont échappé au carnage. Tous les soldats nazis capturés et même les habitants de la région nient être au courant de ce qui se passait dans les camps. (→ 26)

Accord allié sur l'énergie atomique

New York, 19 septembre
Winston Churchill et le président Roosevelt ont conclu leur conférence de trois jours par un important accord sur le développement de l'énergie atomique. Ils ont rejeté la proposition du physicien danois Niels Bohr qui tenait à divulguer les secrets de la bombe et à la soumettre à un contrôle international. L'accord porte sur une « collaboration totale » dans le domaine de l'énergie atomique après la guerre entre les Etats-Unis et la Grande-Bretagne, qui se sont réservé l'option de lâcher une bombe atomique sur le Japon après un avertissement.

Après cinq ans de privation, ce Français affamé n'hésite pas à ramasser le blé tombé à terre lors d'une distribution de nourriture par les Alliés.

Mort d'un héros de la RAF : Guy Gibson

Guy Gibson, un intrépide aviateur.

Pays-Bas, 19-20 septembre
Le lieutenant-colonel Guy Gibson héros de la RAF, est mort en mis sion au-dessus de la Ruhr. So Mosquito s'est écrasé près du vi lage de Steenbergen lors d'un rai contre le centre de communication de Rheydt. Les raids qu'il ava menés sur la Ruhr l'avaient rend célèbre, en particulier un raid spec taculaire contre trois barrages l'a dernier. Dernier rescapé d'une pro motion de 25 aviateurs, Gibson fa sait figure d'immortel. Il avait déj essuyé des alertes aux commande de ses Blenheim avant la retraite d Dunkerque. Puis il avait aligné 9 missions en deux mois sur des cha seurs de nuit, abattant 6 avion ennemis. Devenu pilote de bom bardier, Gibson faisait partie d premier raid de 1 000 avions cont Cologne avant de se distinguer dan la Ruhr. Affecté récemment à de tâches administratives, c'est à sa d mande que Gibson a participé a dernier raid contre Rheydt, en qu lité d'éclaireur et de bombardier e chef pour une escadrille de Lanca ter. On suppose que son Mosqui a été touché par la Flak et qu volait trop bas pour pouvoir se tir d'affaire en parachute. Guy Gibso avait vingt-cinq ans.

La bataille d'Arnhem est difficile et incertaine

Arnhem, 17 septembre
Planeurs et parachutistes alliés se sont posés à proximité de la frontière allemande, avec pour objectif de prendre, en territoire néerlandais, les ponts sur la Meuse et le Rhin. L'opération, baptisée *Market Garden*, vise à contourner la ligne Siegfried et à préparer une invasion par «la porte de derrière», moins bien protégée. Montgomery assure que, de cette façon, la guerre pourrait être gagnée avant Noël. Les parachutistes américains ont pour mission de prendre une série de ponts sur la Meuse et le Waal, et les Anglais d'occuper deux ponts importants sur le cours inférieur du Rhin, près d'Arnhem. Les parachutistes du 1er escadron de reconnaissance se sont posés à 13 km à l'ouest d'Arnhem sans rencontrer de résistance, avec trois quarts d'heure d'avance sur le corps principal, la 1re brigade de parachutistes et la 1re brigade de planeurs de la 1re division aéroportée. Les Néerlandais ont accueilli les Alliés avec un tel enthousiasme que leur progression en a été ralentie. Le temps que les parachutistes parviennent au pont de chemin de fer, il était dynamité. Quant au pont routier plus au nord, il se trouvait à leur arrivée défendu par d'importants effectifs mis en place à son extrémité sud. Les troupes britanniques ne réussissaient guère mieux : postées à 3 km du QG du maréchal Model, elles se heurtaient aux 9e et 10e divisions Panzer SS venues se regrouper à Arnhem. Le commandant britannique, le général Robert Urquhart, a échappé de justesse à la capture en se réfugiant dans une maison. Il a réussi à rejoindre le front, mais sans pouvoir encore reprendre contact avec son état-major.

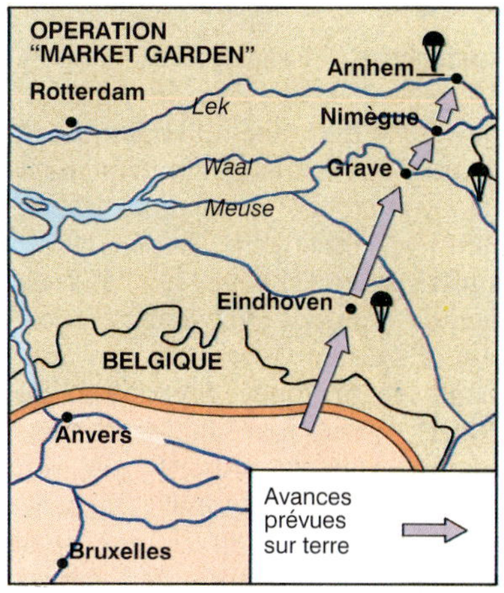

Les parachutistes anglais sont encerclés par l'ennemi à Arnhem

Arnhem, 20 septembre
Les parachutistes alliés résistent depuis maintenant quatre jours et trois nuits au pilonnage d'artillerie et aux attaques incessantes des Panzer et de l'infanterie allemande. Les unités anglaises, éparpillées, se battent tant bien que mal avec des liaisons radio perturbées par les arbres et les hauts bâtiments. Le contact radio sol-air est également mauvais, ce qui a conduit la RAF à larguer du matériel sur des zones encore contrôlées par l'ennemi. Les 50 Anglais qui tiennent l'extrémité nord du pont de chemin de fer ont perdu le contact radio avec le poste de commande de l'hôtel Hartenstein. Ils sont cependant parvenus à repousser toutes les attaques de véhicules blindés et de half-tracks à travers le pont, mais manquent d'eau, de vivres et de munitions. Pour ajouter aux malheurs des Anglais, le plan de leur opération est tombé aux mains des ennemis, qui l'ont trouvé dans un planeur accidenté. Ainsi, quand les parachutistes de la 4e brigade se sont présentés au-dessus de leur objectif, ce fut pour essuyer le feu meurtrier des Allemands qui les attendaient. La division blindée des gardes a tenté de rejoindre les parachutistes en faisant route vers le nord depuis la frontière néerlandaise. Les parachutistes américains ont pour leur part capturé les ponts sur la Meuse, mais n'ont pu prendre ceux du Waal. La poussée conjuguée des Alliés vers Arnhem rencontre, en fait, une solide résistance de la part des Panzer.

Avant de sauter dans le vide, ces parachutistes font le signe de la victoire.

En plein territoire ennemi, les rescapés doivent avancer avec précaution.

Les nazis résistent en dépit des pertes

Versailles, 23 septembre
Avec maintenant deux millions de soldats sous ses ordres, le général Eisenhower vient juste d'établir son quartier général à Versailles. La 7e armée américaine, qui a débarqué en Provence le mois dernier, a fait la jonction avec la 3e armée de Patton. Le front allié s'étend maintenant de façon ininterrompue de la Manche à la frontière suisse. Depuis le jour J, les Allemands sur le front ouest ont perdu plus de un million d'hommes, dont la moitié faits prisonniers. A la demande de l'amiral Bertram Ramsay, commandant en chef des forces navales, Eisenhower donne maintenant la priorité à l'élimination des forces ennemies dans l'estuaire de l'Escaut et à la remise en état du port d'Anvers. La responsabilité en incombera aux Canadiens. A mesure que les Alliés pénètrent en Allemagne, la résistance grandit. Des signes de division apparaissent entre les forces de l'armée régulière et les unités de SS, plus fanatiques. Lorsque les troupes américaines sont entrées à Stolberg, village à 60 km à l'ouest de Cologne, le maire a offert d'aider les Américains à localiser les poches de résistance. Des unités SS montent au front pour juguler le problème croissant des désertions. Le commandant de la 18e division Panzergrenadier a publié un ordre stipulant que les familles de «ces bâtards qui ont livré d'importants secrets militaires» devront payer leur trahison. (→ 29)

Hitler est déprimé et insomniaque

Rastenburg, 17 septembre
Apprenant la nouvelle du parachutage allié à Arnhem, Hitler a été victime d'un malaise, probablement un léger trouble cardiaque. Même dans ses meilleurs jours, Hitler souffre constamment de maux de tête, de crampes et de vertiges, passant de crises de rage à des moments de profonde dépression. Le Führer prend tout un assortiment de médicaments prescrits par son docteur, Theodor Morell : des vitamines A et D et du glucose pour stimuler son appétit; des pilules pour la digestion; de la vitamultine-Ca pour combattre la dépression; des tablettes de caféine et de pervitine; des injections d'extraits de cœur et de foie; de la cocaïne pour les maux de tête et des calmants pour dormir. Hitler passe son temps à haranguer ses généraux au sujet des nouvelles armées qu'il compte lever, des armes secrètes bientôt mises au point. Il table aussi sur les dissensions qui ne manqueront pas d'éclater chez les Alliés, facteurs qui assureront au Reich une victoire qui devrait durer cent ans. Mais l'angoisse d'une défaite toute proche et les drogues de Morell ont fait de Hitler une épave. Les rares occasions où il s'aventure au-dehors, il titube et trébuche, le teint terreux et les yeux injectés de sang, avant de s'en retourner dans son bunker.

Londres se prépare pour la paix : un globe d'avant-guerre est de nouveau accroché à son lampadaire à Piccadilly Circus.

Le général Bradley prend la ville de Brest

Le port de Boulogne, dévasté par la guerre, aux mains des Alliés.

Brest, 21 septembre
Le général américain Omar Bradley a achevé sa poussée controversée de Normandie jusqu'au bout du Finistère, prenant cette semaine la ville de Brest après un siège de 27 jours. Les prisonniers allemands sont 35 000; la garnison principale de Brest, 6 600 soldats, s'est rendue après avoir immobilisé tout un tiers de la 3e armée de Patton. Comme l'a dit le général John Wood, commandant de la 4e division blindée, il y a six semaines : « Nous gagnons la guerre du mauvais côté : nous devrions être en train de foncer sur Paris. » Or, Paris est tombé il y a 25 jours, et les villes de Bruxelles et d'Anvers sont tombées deux semaines avant Brest. Bradley, qui a préféré s'en tenir rigoureusement au plan original de l'opération *Overlord*, craignait qu'une contre-attaque des Allemands du sud vers la côte ne coupe les chars de Patton de ses bases de ravitaillement, d'où des conséquences désastreuses. Les Alliés contrôlent désormais tous les ports du nord de la Bretagne. Quant aux ports de l'Atlantique, comme Lorient et Saint-Nazaire, leurs garnisons allemandes refusent de se rendre et un bombardement naval sera peut-être nécessaire.

La Belle Irène, un ogre de l'épuration

Marseille, 20 septembre
Trois corps portant des traces de blessures atroces ont été découverts au bord d'un ruisseau. Il s'agit d'une femme, Mme Garnier, et de ses deux enfants, un jeune garçon et une fille de quinze ans qui respirait encore. Après enquête, ces trois personnes auraient été victimes de la « Belle Irène », une ancienne auxiliaire de la Gestapo reconvertie, évolution des temps oblige, dans les basses besognes de l'épuration. Cette famille était juste soupçonnée d'avoir dénoncé un jeune FFI. En suivant les méthodes de la Gestapo, la Belle Irène fait régner la terreur parmi ses anciens amis.

Raid des Alliés sur les îles Philippines

Philippines, 22 septembre
Les avions de la 3e flotte américaine ont décollé de leurs porte-avions dans la journée d'hier pour un premier raid allié contre les Philippines. Quittant la flotte 250 km à l'est des îles, les avions ont bombardé les terrains d'aviation japonais près de Manille, sur l'île de Luçon. Les Alliés rapportent avoir détruit 205 avions japonais, 110 en vol et 95 au sol sur les bases de Nicholls et de Clark. Quinze avions américains sont portés disparus. Les Américains ont également bombardé la baie de Subic et le chantier naval de Cavite, coulant 11 navires et en endommageant 92.

1944

Septembre

Di	Lu	Ma	Me	Je	Ve	Sa
					1	2
3	4	5	6	7	8	9
10	11	12	13	14	15	16
17	18	19	20	21	22	23
24	25	26	27	28	29	30

24. Iles Palau : les marines américains se heurtent à une puissante contre-attaque des Japonais sur Peleliu.

24. Tchécoslovaquie : l'Armée rouge pénètre de 32 km dans le pays, au-delà de la frontière polonaise (→ 6.10).

24. Washington : émanant du ministère de l'Economie, le plan Morgenthau prévoit de vider l'Allemagne d'après-guerre de ses industries et de la convertir entièrement à l'agriculture.

25. Chine : Tchang Kaï-chek demande que Stilwell soit rappelé de Chine (→ 6.10).

26. Iles Palau : sur Peleliu, les marines américains prennent la colline 120. Ils isolent les Japonais dans plusieurs poches (→ 5.10).

26. Auschwitz : le Dr Josef Mengele procède à la sélection d'un millier d'enfants. Il fixe une planche sur un poteau, et expédie directement tous ceux qui échouent à l'atteindre vers les chambres à gaz (→ 1.10).

26. Italie : des conseillers américains sont parachutés à Stresa. Ils doivent monter un réseau de renseignements pour les partisans italiens.

27. France : les Allemands fusillent 39 habitants d'Etobon, dans le territoire de Belfort. Le village soutenait le maquis.

28. Pays-Bas : les chasseurs du groupe Alsace des FAFL abattent un Messerschmitt 109. Pour la première fois, ils rencontrent un Messerschmitt 262 à réaction.

29. Italie : deux régiments de SS, sous les ordres du major Walter Reder, commencent une opération de représailles contre les partisans dans la région de Bologne (→ 1.10).

29. Suisse : le Conseil fédéral décide d'interdire toute exportation de matériel de guerre vers l'Allemagne, à partir du 1er octobre (→ 7.11).

29. Pas-de-Calais : la 9e brigade d'infanterie canadienne neutralise la batterie allemande du cap Gris-Nez (→ 30).

30. Atlantique : ce mois-ci, 19 U-Boote ont été coulés.

Les troupes alliées piégées à Arnhem capitulent

Un vent de désolation souffle sur Arnhem après la défaite des Alliés : moins de un quart des troupes engagées a échappé au désastre.

Arnhem, 27 septembre

Les dernières troupes anglaises et polonaises assiégées à Arnhem ont dû se rendre hier aux Allemands après avoir tenu la tête de pont pendant neuf jours. Les trois derniers jours, la plupart des hommes sont restés sans eau et survivaient avec des rations six fois inférieures à la normale. Ils profitaient des orages pour recueillir l'eau de pluie dans les plis de leurs manteaux. L'ordre de retraite fut donné lundi par Montgomery et le passage du Rhin fut tenté dans la nuit du 25 au 26. Seuls 2 400 hommes sur les 10 000 que comptait l'opération ont pu se replier, traversant le Rhin à la nage ou en bateau. 1 200 sont morts et 6 642 ont été faits prisonniers. Le QG allié rapporte que 12 000 Allemands ont été tués ou blessés lors des combats. Les Alliés auraient subi des pertes encore plus lourdes sans l'action décisive menée par le major Richard Lonsdale et l'arrière-garde qu'il était parvenu à former avec des soldats épars, isolés de leurs unités. Grâce à cette arrière-garde improvisée, Lonsdale a pu défendre les abords de la tête de pont et a ainsi permis aux autres de s'échapper. Puis, blessé, il a traversé le fleuve large de plus de un kilomètre, pour se mettre à l'abri sur la rive sud. Un bataillon du régiment du Dorsetshire avait en effet réussi à prendre cette rive sud, en se frayant un chemin depuis Nimègue distant de 15 km, malgré une tenace résistance allemande. Bien que les Alliés ne soient pas parvenus à prendre le contrôle du Rhin, Eisenhower juge l'opération positive : en s'attaquant aux ponts sur la Meuse et le Waal, les Alliés ont porté le front à Nimègue et consolidé la défense d'Anvers.

Les survivants d'Arnhem racontent leur lutte sans espoir

Arnhem, 27 septembre

Chaque rescapé d'Arnhem raconte son histoire, celle d'une lutte terrible, nuit et jour, sous le feu des Allemands. Les actes de bravoure et aussi les sacrifices furent légion. « Donnez-nous quelques chars, disent-ils, et nous retournerons finir le travail. » « Les Panzer nous ont posé beaucoup de problèmes, précise le capitaine Bethune Taylor, au point qu'un major est allé se planter avec un Piat et s'en est mis deux à dos. Chaque fois qu'il levait la tête, les Panzer tiraient. Finalement il a pu viser et en a fait sauter un. » Quant au caporal John Stilwell, il raconte comment il a pu échapper aux lance-flammes : « Ils ont eu le soldat à côté de moi. Il a poussé un râle d'agonie. J'ai réussi à me frayer un chemin jusqu'au fleuve. »

Sous le feu des Allemands, les Alliés ont tenu neuf jours à Arnhem.

La guerre est loin d'être terminée

QG allié, France, 27 septembre

Le revers d'Arnhem met un terme à l'espoir des Alliés de conclure la guerre avant la fin de l'année. Montgomery a perdu sa bataille et n'a pu mener à bien son offensive fer de lance sur un front réduit. Eisenhower en revient à sa stratégie d'offensive sur un large front, chère aux Américains. On peut tirer les leçons d'Arnhem en remarquant que les parachutistes ont été déployés en trois vagues et non une, empêchant la 1re division aéroportée de peser de tout son poids sur les Allemands. Le matériel radio s'est révélé inadéquat et les communications ont été perturbées. Quant aux parachutistes, ils se sont posés trop loin des ponts et certains ont dû faire 15 km de marche. (→3.10)

Le « Volkssturm », ultime armée du Reich

Le décret est affiché à Berlin.

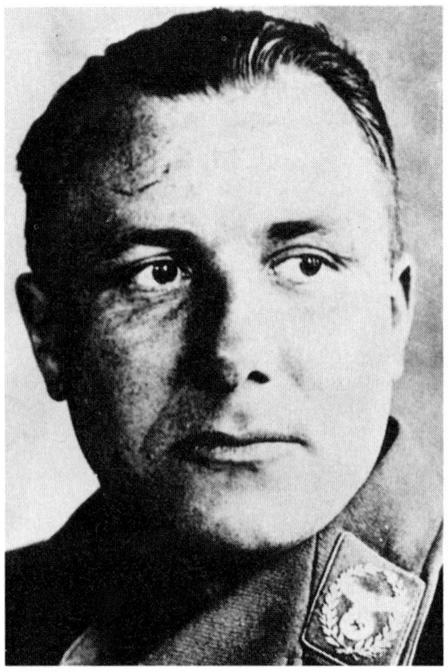

Bormann dirigera le Volkssturm.

Berlin, 25 septembre
Cette fois, tous les Allemands sont sous les drapeaux. Par ordre du Führer, les hommes de 16 à 60 ans sont mobilisés pour constituer une milice populaire, le *Volkssturm* (assaut du peuple). Son organisation est confiée aux gauleiters nazis, sous l'autorité de Himmler et de Bormann, et non à l'armée, tant est grande la méfiance de Hitler à l'égard de ses généraux. Le Volkssturm est chargé de la « défense de la patrie » et assurera des missions de surveillance, de garde, en tant qu'auxiliaire de la Wehrmacht. Ses membres, après une instruction militaire, recevront une solde et devront porter un brassard spécial. Il est douteux qu'ils puissent être suffisamment armés, étant donné qu'il faut d'abord équiper l'armée. Cette milice comprendra essentiellement des adolescents et des hommes déjà âgés, puisque presque tous les autres sont au front, dispersés partout en Europe. Très peu d'entre eux sont en Allemagne : bien des divisions régulières chargées de défendre le pays ont des effectifs qui correspondent plutôt à ceux de bataillons. (→ 5.10)

27 septembre. Les marines à Peleliu, une des îles Palau. Cette importante base japonaise du Pacifique est tombée après douze jours de combat.

Retraite allemande vers la Courlande

Riga, 27 septembre
La pression de l'Armée rouge s'accentue. L'Estonie est en passe d'être complètement abandonnée par les Allemands qui, sous la direction du général Schörner, battent en retraite par le couloir de Riga pour se réfugier en Courlande, qui est pour eux une région encore relativement sûre. Il reste à savoir combien de temps ils pourront utiliser ce couloir, qui est constamment attaqué par les Soviétiques depuis la Lituanie. Les pertes infligées à la Wehrmacht sont considérables et, ce qui est plus grave pour eux, les Allemands seront incapables de réagir quand l'URSS lancera son armée sur la Prusse-Orientale. (→ 5.10)

L'armée anglaise a franchi le Rubicon

Rimini, 26 septembre
La 8e armée britannique marche sur les traces de César – mais en sens opposé : elle a franchi le Rubicon. Les Alliés combattent avec acharnement sur les flancs de la tête de pont ouverte dans la ligne Gothique. S'ils assurent cette position, ils pourront envahir en force les plaines du nord par le versant oriental des Apennins. Le général Henry Maitland Wilson, commandant en chef des Alliés en Méditerranée, a félicité ses armées en ces termes : « J'espère que la traversée du Rubicon vous conduira, comme pour un célèbre chef militaire du passé, à une victoire décisive qui anéantira les troupes de Kesselring. »

Soutien allié aux partisans yougoslaves

Le chef des partisans yougoslaves, Tito, avec sa secrétaire, Olga.

Dalmatie, 27 septembre
De nombreux soldats britanniques sont arrivés dans les îles de la Dalmatie. Alliés aux partisans de Tito, ils se préparent à envahir la côte yougoslave. La Royal Navy est basée à Vis, la plus au large des îles de l'archipel, et contrôle ainsi la circulation maritime. Les commandos britanniques partent aussi de Vis pour établir des batteries d'artillerie sur l'île de Brac, afin d'attaquer les convois de ravitaillement et empêcher les patrouilleurs allemands de prendre la mer. Plus au sud, en Albanie, les combats font déjà rage. La garnison allemande a reçu l'ordre de protéger à tout prix la seule voie ferrée qui permette à la Wehrmacht d'évacuer la Grèce. (→ 4.10)

La guerre civile paraît évitée en Grèce

Caserte, Italie, 26 septembre
Les partisans grecs ont conclu un accord qui préservera peut-être la paix civile en Grèce. Les chefs des deux formations extrémistes ont accepté d'entrer dans un gouvernement d'union, lui-même soutenu par l'armée britannique. A l'approche du retrait des Allemands de Grèce, une rupture paraissait inévitable entre le parti d'extrême droite (Edes), et celui d'extrême gauche (Elas). Ce dernier est bien armé et très discipliné, ce qui fait craindre à Churchill que la Grèce ne bascule après la guerre dans le camp soviétique. C'est pourquoi le général Wilson, commandant en chef allié en Méditerranée, a organisé cette conférence. Le général Zervas, pour l'Edes, et le général Safaris, pour l'Elas, ont accepté d'entrer dans le gouvernement formé par l'ancien Premier ministre George Papandreou à son retour d'exil. Mais la trêve est fragile : chaque parti entend conserver les fiefs où il s'est implanté et, en trois ans, chacun a eu le temps de se préparer à la guerre civile. (→ 1.10)

Les Allemands doivent abandonner Calais

Soldats canadiens en patrouille à Calais, après la capitulation allemande.

Calais, 30 septembre
Il n'a fallu que peu de temps aux Canadiens de la 3e division pour liquider les dernières poches de résistance allemande, qu'ils ont investies la nuit dernière à minuit. Hier, les deux commandants militaires s'étaient rencontrés lors d'une trêve pour organiser l'évacuation d'environ 25 000 civils. Depuis, les Alliés se sont emparés des puissants canons du cap Gris-Nez, qui bombardaient Douvres. Les Allemands ont paru d'abord vouloir combattre jusqu'au dernier, mais, après plusieurs heures de bombardements, ils ont capitulé. 7 000 d'entre eux, y compris leur chef, sont prisonniers. Seule, l'obstination de Hitler, obsédé par l'idée de tenir coûte que coûte la côte française, aura causé la mort de 120 000 hommes. Les Alliés contrôlent donc à présent la plus grande partie du territoire français. En trois semaines, des régions entières dans le centre et le sud-ouest ont été libérées, mais la situation n'évolue guère au-delà de la Moselle, d'Aix-la-Chapelle à Belfort. La 3e armée de Patton s'est heurtée à une âpre résistance en Alsace-Lorraine, autour de Metz notamment. Plus au nord, des incursions ont été réussies en Allemagne, sans percée notable. (→ 3.10)

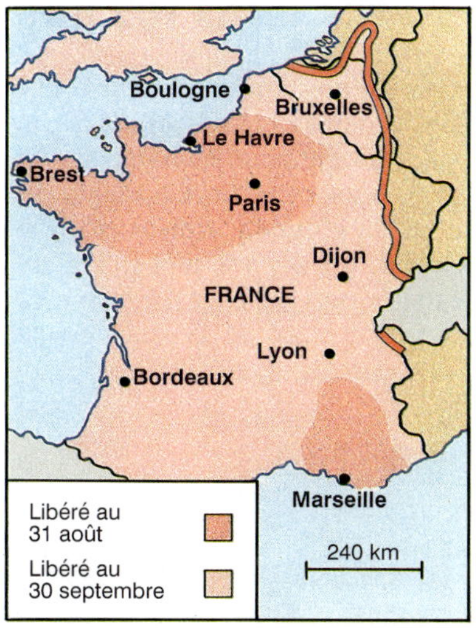

Les restrictions s'aggravent en Allemagne

Allemagne, 30 septembre
L'année dernière encore, les Allemands mangeaient à leur faim. Ce n'était pas le cas des populations de Pologne, de France, de Belgique et des Pays-Bas, sévèrement rationnées, car la plus grande partie de la production agricole de ces pays partait pour le Reich. Aujourd'hui, aussitôt qu'une région est libérée, le garde-manger allemand se vide un peu plus. Les produits comme le pain, la farine et les matières grasses sont encore à peu près disponibles, mais les gens commencent à « se serrer la ceinture » : la quantité de viande quotidienne par personne atteint 90 g, soit la moitié de ce qu'elle était avant-guerre. Les citadins sont les plus touchés, depuis que les voies ferrées sont devenues une cible prioritaire pour les Alliés.

1944

Octobre

Di	Lu	Ma	Me	Je	Ve	Sa
1	2	3	4	5	6	7
8	9	10	11	12	13	14
15	16	17	18	19	20	21
22	23	24	25	26	27	28
29	30	31				

1er. Moscou : des officiels hongrois viennent négocier un armistice en secret (→ 10).

1er. Grèce : des unités grecques débarquent sur les îles de Lemnos et Mytilène.

1er. Buchenwald : au cours d'expériences « médicales », sept prisonniers homosexuels sont castrés (→ 7).

1er. Italie : les troupes du corps expéditionnaire brésilien sont engagées dans une offensive sur Bologne (→ 10).

2. Birmanie : Mountbatten ordonne de lancer l'offensive contre Mandalay (→ 28).

2. Finlande : l'Armée rouge poursuit les Allemands qui se replient en Laponie (→ 23.11).

3. Allemagne : les Américains enfoncent la ligne Siegfried au nord d'Aix-la-Chapelle.

3. Dunkerque : les armées combattantes concluent une trêve pour permettre l'évacuation des civils.

4. Yougoslavie : l'Armée rouge prend Pancevo, sur la rive orientale du Danube (→ 12).

4. Grèce : les Britanniques déclenchent l'opération *Manne*. Ils débarquent à Patras, au nord du Péloponnèse (→ 5).

4. Aix-la-Chapelle : la 6e armée Panzer contre-attaque sans succès pour tenter de refermer la brèche ouverte dans la ligne Siegfried (→ 8).

5. Iles Palau : à Peleliu, face au mont Umurbrogol tenu par les Japonais, le 7e régiment de marines américain est relevé par le 5e régiment.

5. Allemagne : les hôpitaux sont placés sous contrôle militaire. Les jeunes gens âgés de 16 ans sont mobilisés (→ 18).

6. Chine : Roosevelt retire Stilwell du poste de chef d'état-major de Tchang Kaï-chek. Il reste commandant des troupes chinoises de Birmanie et du Yunan (→ 19).

6. Slovaquie : des unités tchécoslovaques pénètrent dans leur pays, après avoir franchi la chaîne des Carpates.

7. Rastenburg : Hitler ordonne d'évacuer toutes les forces allemandes de Grèce.

Sigmaringen abrite les exilés de Vichy

Sigmaringen, 1er octobre
Ce matin, à 11 h 15, dans un roulement de tambour, le drapeau français s'est élevé dans le ciel de Sigmaringen. Un détachement de miliciens en armes a relevé un détachement de la Wehrmacht. Sous le soleil blafard de l'automne, Fernand de Brinon s'est avancé sur le perron du château et a prononcé son premier discours de président de la Commission gouvernementale pour la défense des intérêts français en Allemagne : « Mes premières paroles exprimeront notre reconnaissance au Führer qui a marqué lui-même que, sur la terre du Reich grand-allemand, tout entier tendu vers l'effort de guerre, les Français qui travaillent pour leur patrie demeurent en France. »
Ainsi, en allemand, Vichy se dit Sigmaringen. Les dirigeants de l'Etat français ont abandonné une ville d'eaux de l'Allier pour une autre, tout aussi désuète, dans le Bade-Wurtenberg, et l'hôtel du Parc pour un château Hohenzollern très baroque.
Pétain et Laval sont arrivés les premiers, contraints et forcés. Le chef de l'Etat loge au septième étage, le chef du gouvernement au sixième. L'un et l'autre s'ennuient de cette situation dont ils n'attendent rien. S'estimant toujours prisonnier, Pétain, qui avait déclaré : « Quoi qu'il arrive, moi, je resterai toujours au milieu de mes concitoyens », fait la grève du pouvoir en préparant sa défense. Désœuvré, Laval rêve d'un prochain retour triomphal à Paris. Ils savent que le pouvoir n'est pas à Sigmaringen. Les seuls à vouloir s'en convaincre sont les membres de la Commission gouvernementale : Fernand de Brinon, ambassadeur de Vichy en zone nord, Joseph Darnand, chef de la Milice, Jean Luchaire, grand maître de la presse collaboratrice, le général Eugène Bridoux, secrétaire d'Etat à la Défense de Laval, et Marcel Déat, chef du Rassemblement national populaire.
Trente mille Français les ont suivis en exil. Eux ne mènent pas la vie de château. L'hiver s'annonce froid à Sigmaringen et le ravitaillement rare. Le médecin de la colonie, Louis-Ferdinand Céline, a fort à faire. ▷

Les chefs alliés préoccupés par le moral des troupes

Europe, 4 octobre
Eisenhower est inquiet : le moral dans les armées alliées, en Europe du Nord-Ouest, n'est plus ce qu'il était il y a quelques semaines, lorsque la victoire sur Hitler paraissait n'être qu'une question de jours. Depuis lors, après le désastre d'Arnhem, les combats font rage autour de Metz et d'Aix-la-Chapelle. Les armées allemandes se sont largement ressaisies après leur déroute de l'été et ne laisseront plus leurs adversaires avancer d'un pouce sans combattre. La dureté redoublée des combats entraîne une forte augmentation des cas de psychose. C'est ce qui a décidé Eisenhower à envoyer à toutes les unités de combat un rapport du chirurgien général des armées américaines à ce sujet, indiquant que « les traumatismes psychiatriques sont aussi inévitables en temps de guerre que les blessures par balles ou par éclat d'obus ». La psychose des champs de bataille, déjà constatée pendant la Grande Guerre, est causée par la peur de mourir ou d'être mutilé au combat ; elle peut affecter n'importe quel soldat. Ses effets peuvent être limités si les hommes prennent un repos régulier et si leur encadrement est solide et leur inspire confiance. Mais certaines divisions se battent depuis le jour J et beaucoup de jeunes et brillants officiers sont eux-mêmes touchés par cette psychose. Cet état de fait s'explique par la tendance à lancer sur les objectifs clés des formations expérimentées plutôt que des soldats encore peu habitués à combattre. Les Anglais, en guerre depuis cinq ans, sont plus conscients que les Américains de la nécessité de ménager leurs troupes. Le manque d'hommes se fait sentir et Montgomery a dû dissoudre certaines unités pour en maintenir d'autres. Au contraire, les Américains ne cessent d'envoyer de nouvelles divisions en Europe et les maintiennent plus longtemps au front.

Les insurgés de Varsovie capitulent

Varsovie, 3 octobre
La capitale polonaise est tombée. Les derniers coups de feu ont été tirés vers 22 h hier, après 63 jours de combat contre les forces réunies de la Wehrmacht et des SS. Face à deux divisions Panzer, le général Tadeusz Bor-Komorowski, commandant les forces armées polonaises, n'avait plus ni munitions, ni nourriture, et ne pouvait compter sur une aide soviétique. Il a dû se rendre. Etonnamment, les Allemands, par respect pour la bravoure des Polonais au combat, ont accepté de les traiter en prisonniers de guerre et non en francs-tireurs. Environ 15 000 insurgés ont péri, ainsi que près de 200 000 civils, tués par le déluge de bombes qui a ravagé la ville. Les Allemands ont perdu 10 000 hommes. Stanislaw Mikolajczyk, Premier ministre polonais en exil, a ainsi fait part de la capitulation : « Les opérations militaires ont cessé après l'épuisement de toutes les réserves. Le peuple et la garnison mouraient de faim. Le combat s'est terminé après de vaines tentatives de sortie des insurgés, la perte de la vieille ville, des faubourgs de Mokotow, de Zoliborz et, enfin, après que tout espoir en une aide extérieure s'est éteint. » Les vaincus marchent à présent vers les camps de prisonniers, en chantant leur hymne national, sous les acclamations des survivants civils : la Pologne est défaite, mais elle reste indomptée. (→ 24.11)

Les habitants de Varsovie sont chassés de leur ville par les Allemands.

L'offensive de l'Armée rouge dans les pays baltes menace Riga

Riga, 5 octobre
L'URSS accentue sa pression sur les Allemands en Lettonie. Poursuivant une stratégie qui doit lui permettre d'envahir la Prusse-Orientale, elle a lancé une nouvelle offensive : quatre corps de chars et quatorze divisions blindées ont attaqué les positions allemandes entre Riga et Tilsitt. Un succès des Soviétiques aurait pour conséquence de prendre au piège en Courlande les restes du groupe d'armées Nord allemand, qui s'y est replié. Par ailleurs, le port de Riga lui-même est sous la menace de l'Armée rouge, qui a repris la ville d'Ogre, important centre ferroviaire, à une trentaine de kilomètres plus au sud. Mais il semble évident que les Allemands lutteront avec acharnement pour garder le contrôle de Riga ; ils sont actuellement à l'œuvre pour en renforcer les défenses. (→ 10)

La RAF détruit une digue à Walcheren

Pays-Bas, 3 octobre
Les sept Mosquito et les 252 Lancaster de la RAF ont rempli leur mission : leurs bombes Tallboy ont ouvert une brèche à Westkapelle, dans la digue qui borde sur trois côtés l'île néerlandaise de Walcheren. Les positions d'artillerie bétonnées installées par les Allemands, contrôlant l'embouchure de l'Escaut, empêchaient l'approche d'Anvers. Le gouvernement néerlandais a donné à contrecœur son accord pour ce raid. La mer inonde à présent presque toute l'île ; plus de cent habitants ont péri et l'eau continue de monter. (→ 25)

4 octobre. Un V2 allemand a explosé hier soir à Blakenhall Crescent dans l'est de Londres. Les sauveteurs s'activent, mais il y a peu d'espoir de sauver les huit personnes qui sont encore sous les décombres.

Révolte matée au camp d'Auschwitz

Auschwitz-Birkenau, 7 octobre
La mutinerie a éclaté avec une rapidité foudroyante et a été réprimée plus brutalement encore. A midi aujourd'hui, pendant l'appel, des membres des Sonderkommando, armés de pics à glace et de marteaux qu'ils s'étaient procurés en secret, se sont jetés sur les gardes SS. Puis ces détenus «privilégiés», qui ont pour tâche de vider les chambres à gaz des cadavres des Juifs, de les incinérer et de disperser les cendres dans le camp, ont mis le feu à leurs baraquements et au crématorium IV. Les renforts SS sont arrivés immédiatement, ripostant à la mitrailleuse et à la grenade aux armes rudimentaires des prisonniers. En même temps, au crématorium II, dans le bloc voisin, les Sonderkommando se sont rebellés également, tuant trois SS avant d'être massacrés ou capturés par des patrouilles avec des chiens. Les survivants attendent d'être exécutés et incinérés à leur tour.

Débarquement des Anglais en Grèce

Patras, 5 octobre
Les paysans, au travail dans les champs, ont vu les premiers les parachutes multicolores qui emplissaient le ciel. Ils se sont précipités à la rencontre de leurs libérateurs. L'armée anglaise est revenue en Grèce, tenant ainsi une promesse faite trois ans plus tôt. Les forces aéroportées arrivées hier n'avaient qu'une mission de reconnaissance: le gros de l'armée était encore en route. Leur premier objectif était un aéroport, qu'ils ont trouvé déserté et démoli. Néanmoins, quelques heures après y atterrissait le premier Dakota. Et maintenant que la totalité des troupes a débarqué, il est clair que les Allemands ont évacué le Péloponnèse. Les Britanniques progressent rapidement le long du golfe de Corinthe pour prendre de vitesse les 10 000 soldats de la garnison à Athènes. La population paraît très marquée physiquement par les privations. L'argent est inutile; nourriture, cigarettes et quinine sont les seuls moyens de paiement acceptés. (→ 7)

1944

Octobre

Di	Lu	Ma	Me	Je	Ve	Sa
1	2	3	4	5	6	7
8	9	10	11	12	13	14
15	16	17	18	19	20	21
22	23	24	25	26	27	28
29	30	31				

8. Allemagne : les Américains déclenchent une opération en tenaille sur Aix-la-Chapelle.

8. Grèce : les Britanniques et les Grecs occupent Corinthe.

9. Belgique : les Canadiens débarquent à Breskens, sur l'estuaire de l'Escaut (→ 4.11).

10. Bornéo : des bombardiers B-24 américains font un raid sur la raffinerie de Balikpapan. Elle produit 40 % des huiles de graissage des Japonais.

10. Iles Ryukyu : sous les ordres de l'amiral Mitscher, 17 porte-avions et 5 cuirassés attaquent Okinawa. 110 avions japonais sont abattus.

10. Aix-la-Chapelle : l'étau des Américains se referme. Ils menacent de détruire la ville si les Allemands ne se rendent pas dans les 24 heures (→ 13).

10. Italie : à l'est du front, la 10e division indienne élimine les défenses allemandes sur le Rubicon. Le 2e corps américain lance une nouvelle attaque sur Bologne. (→ 26).

11. Philippines : les appareils de deux escadres de porte-avions américains attaquent les aérodromes japonais de Luçon.

11. Roumanie : l'Armée rouge et les Roumains prennent Cluj, en Transylvanie (→ 15).

11. Allemagne : les SS fusillent 4 prisonniers français et 24 allemands, responsables de la Résistance intérieure du camp de Sachsenhausen.

12. Yougoslavie : les partisans de Tito et les Soviétiques prennent Subotica, sur la voie ferrée Belgrade-Budapest (→ 20).

12. Grèce : les Britanniques débarquent à Corfou. Athènes est déclarée ville ouverte (→ 14).

13. Moscou : Staline promet à Churchill que l'URSS déclarera la guerre au Japon dès la défaite allemande.

13. Anvers : après les premiers tirs de V1 hier, les Allemands lancent deux V2 sur la ville.

14. Formose : l'escadre de l'amiral Halsey neutralise l'île. 321 avions et 40 destroyers japonais sont détruits en deux jours de raids, ainsi que 71 avions américains (→ 18).

Les Américains bientôt à Aix-la-Chapelle

Accalmie passagère pour ces artilleurs américains dans Bismarckstrasse.

Aix-la-Chapelle, 13 octobre
La plus occidentale des villes du Reich sera-t-elle bientôt aux mains alliées? Les Américains sont aux portes d'Aix-la-Chapelle. La progression de leur infanterie a été précédée par des bombardements aériens de l'aviation alliée, au cours desquels douze chasseurs de la Luftwaffe ont été abattus. Les Allemands se sont aussi livrés à des contre-attaques suicidaires sur les hauteurs à l'est de la ville. Ce soir, les faubourgs industriels de la ville ne sont plus que des décombres jonchés de cadavres. Mais la bataille se poursuit dans la cité même. La fumée des incendies qui la ravagent est visible de Cologne, à 40 km de distance. Le combat pour Aix-la-Chapelle, première ville allemande menacée par les Alliés et position clé sur la ligne Siegfried, risque fort d'être sanglant. (→ 19)

Les «Nations unies» pour l'après-guerre

Washington, 9 octobre
Dumbarton Oaks, élégante résidence coloniale de Georgetown, peut fermer ses portes. La conférence sur la structure de la future organisation des Nations unies vient de s'y achever. Certaines divergences importantes entre les Etats-Unis, l'URSS et la Grande-Bretagne y ont été réglées. Roosevelt a réussi à faire reconnaître la Chine comme une des quatre puissances principales. L'URSS a obtenu que ces quatre grandes puissances disposent d'un droit de veto et a aussi exigé un droit de vote pour chacune de ses seize républiques, à l'instar de certains dominions britanniques. Un compromis a été adopté : en plus de l'URSS elle-même, l'Ukraine et la Biélorussie disposeront aussi d'une voix.

Les délégués à la conférence de Washington : de graves divisions subsistent.

Un front qui va de Riga à Athènes

L'armée allemande isolée en Courlande

Memel, 10 octobre
Les Allemands continuent à perdre du terrain dans les pays baltes : l'Armée rouge a atteint la côte de la Baltique à l'entrée de Memel et à Palanga. Memel, première ville annexée par Hitler en mars 1939, tient encore face au 1er front balte soviétique du général Bagramyan, mais les Allemands sont pris au piège dans Riga assiégé et dans la péninsule de Courlande. Berlin envoie, certes, des renforts dans le Nord, mais ils sont seulement chargés d'empêcher l'ennemi d'atteindre la Prusse-Orientale. L'Armée rouge contrôle à présent la plus grande partie de la Lituanie. Tallinn, la capitale de l'Estonie, est tombé aux mains des Russes huit jours après le début de leur offensive actuelle. La mer reste donc la seule porte de sortie pour les Allemands repliés en Courlande, c'est-à-dire les 16e et 18e armées du groupe d'armées Nord, commandées par le général

Riga, dévasté par les nazis en fuite.

Schörner et dotées d'équipements lourds. La situation n'est pas encore désespérée pour les Allemands, puisque la Kriegsmarine contrôle la Baltique grâce à ses vaisseaux lourds, comme l'*Admiral Hipper*, mais la possible invasion soviétique en Prusse-Orientale les mettrait en grand péril. (→ 19)

Les Panzer lancés à l'assaut en Hongrie

Budapest, 10 octobre
Une des plus violentes batailles de blindés de la guerre se déroule en ce moment dans la plaine hongroise. Non loin de la ville de Debrecen, deux divisions Panzer du groupe d'armées Sud, que commande le général Johannes Friessner, font face à trois des corps blindés du maréchal Rodion Malinovski, qui viennent d'Ukraine.
Les Tiger et Panther pour les Allemands et les T-34 dotés de canons de 85 mm pour les Soviétiques sont engagés dans une bataille sans merci. Les Panzer, soutenus par les Hongrois, infligent de lourdes pertes aux Soviétiques et à leurs alliés roumains. Mais ces succès, qui font croire à Hitler que la victoire est à nouveau dans son camp, ne trompent pas le général Friessner : il sait qu'il lui sera impossible de maintenir sa position lorsque Malinovski aura engagé toutes les forces dont il dispose. (→ 12)

Rommel contraint à s'empoisonner sur ordre de Hitler

Rommel avait conspiré contre Hitler.

Ulm, 14 octobre
Le maréchal Rommel est mort de suites de son accident de voiture d'une « embolie due à des fractures du crâne antérieures » : telle sera la version officielle. En fait, deux généraux dépêchés par Hitler sont venus ce matin dans la propriété du maréchal, au bord du Danube. Une heure plus tard, ce dernier annonç à sa femme et à son fils Manfred « Dans un quart d'heure, je sera mort », et il leur fit ses adieux Hitler accusait Rommel d'avoi participé au complot contre lu mais le maréchal a eu droit a de funérailles nationales. (→ 15)

Avec l'aide des partisans grecs, les Alliés libèrent Athènes

Athènes, 14 octobre
Voilà qui aurait enthousiasmé lord Byron : à l'ombre de l'Acropole, un comte anglais a conduit ses troupes jusqu'au cœur de la ville ravagée par la guerre. Le colonel comte Jellicoe est devenu une figure légendaire de la résistance en Grèce. Avec ses hommes – quelques Britanniques et un nombre toujours croissant de partisans –, il a parcouru à pied les 50 km de routes défoncées qui relient Athènes à l'aérodrome de Mégare, dont ils se sont emparés il y a quelques jours. L'opération *Manna* se poursuit : le gros du corps expéditionnaire britannique est arrivé à son tour à Mégare. Une immense flotte de croiseurs et de destroyers grecs et anglais, commandée par le vice-amiral Mansfield, va débarquer ses hommes en Grèce. Leur première tâche, essentielle, sera de nourrir la capitale. Les premières conserves de viande fournies par les Britanniques se négocient déjà à prix d'or au marché noir. Des ingénieurs doi-

Les libérateurs sont là : remise solennelle de l'Union Jack à un jeune Grec.

vent rétablir l'eau et l'électricité : les Allemands ont détruit les installations avant leur départ. Ensuite, les Anglais auront à maintenir la loi et l'ordre dans un pays au bord de la guerre civile. Churchill craint qu'en l'absence d'un gouvernement légalement constitué les communistes ne profitent du vide laissé par les Allemands. L'Armée nationale de libération, l'Elas, marxiste, et les nationalistes de l'Edes se préparent depuis des années au combat. Les murs d'Athènes sont couverts des affiches rouges ou bleues des deux factions. (→ 18)

Staline, Churchill et l'Europe du Sud

Moscou, 9 octobre
Churchill est actuellement en visi à Moscou. Au cours de ses entr tiens avec Staline, il s'est interrog sur l'avenir de l'Europe de l'Est du Sud, peu à peu investie par l'A mée rouge. Le Premier ministre déclaré ne pas être très préoccu par la Roumanie, chasse gardée de l'URSS. Il a proposé que l'influenc des Alliés soit partagée en Youg slavie, mais est resté très ferme po la Grèce : le Royaume-Uni, pr mière puissance navale en Médite ranée, tient à y conserver un rô déterminant.

1944

Octobre

Di	Lu	Ma	Me	Je	Ve	Sa
1	2	3	4	5	6	7
8	9	10	11	12	13	14
15	16	17	18	19	20	21
22	23	24	25	26	27	28
29	30	31				

15. Lettonie : l'Armée rouge s'empare de Riga.

15. Allemagne : la mort de Rommel est annoncée, suite à ses blessures de guerre.

16. Budapest : les membres du gouvernement hongrois sont arrêtés et envoyés en Allemagne.

17. France : après de lourdes pertes (800 morts et plus de 3 000 blessés), le général de Lattre suspend l'offensive de la 1re armée française contre les lignes allemandes dans les Vosges (→ 24).

17. Ulm : lors des funérailles nationales de Rommel, von Rundstedt prononce l'oraison au nom de Hitler. Il le qualifie de « combattant infatigable pour la cause du Führer [...], imprégné de l'esprit national-socialiste ».

18. Tokyo : le QG impérial ordonne l'opération *Sho-go* (Victoire). Elle est destinée à écarter la menace américaine sur les Philippines (→ 20).

18. Paris : le GPRF signe une ordonnance sur la confiscation des profits illicites (→ 23).

18. Allemagne : Hitler décrète la levée en masse des hommes valides de 16 à 60 ans pour le Volkssturm (milice du peuple).

18. Grèce : le Premier ministre, Papandhréou, et le gouvernement grec, en exil depuis 1941, reviennent à Athènes (→ 1.11).

19. Allemagne : l'Armée rouge entre en Prusse-Orientale (→ 22).

19. Aix-la-Chapelle : Wilck, commandant allemand, exhorte ses troupes à se battre jusqu'au dernier homme (→ 21).

20. Auschwitz : les Allemands brûlent d'énormes liasses de documents du camp dans les fours crématoires. Ils essaient de dissimuler les preuves des morts, des tortures et des expériences médicales (→ 25).

21. Philippines : les Américains repoussent une contre-attaque nocturne à Leyte, tuant plus de 600 Japonais (→ 23).

21. Iles Palau : la résistance japonaise prend fin sur Angaur et laisse les autres îles isolées et sans défense. 1 300 Japonais ont été tués (→ 2.11).

MacArthur de retour aux Philippines

Leyte, Philippines, 20 octobre
« Je reviendrai », avait-il promis en quittant les Philippines en 1942. C'est fait : à midi, le général Douglas MacArthur, arrivé à bord du croiseur *Nashville*, foule une plage de la côte est de l'île de Leyte, au centre de l'archipel. Deux heures plus tard, sanglé dans son uniforme neuf, accompagné du président philippin en exil Sergio Osmena, il proclame d'une voix vibrante d'émotion : « Peuple des Philippines, je suis revenu ! [...] Ralliez-vous à moi ! » Il indique ensuite que le coup de force de Leyte scinde en deux les forces japonaises des Philippines – au total 225 000 hommes – et rend inopérantes les troupes à Mindanao. Les Américains ont lancé sur le pays la plus grande opération amphibie du Pacifique, qui s'est accélérée voici deux mois lorsque des missions de reconnaissance ont révélé des failles surprenantes dans la défense ennemie. La flotte d'invasion compte 600 navires et les débarquements ont commencé voici trois jours. A présent, 100 000 hommes de la 6e armée sont en position autour de la capitale de Leyte, Tacloban, et de Dulag, au sud. Les défenseurs ont été pris par surprise et n'ont que faiblement résisté après la prise de leurs postes de tir. La plupart des 21 500 hommes en poste à Leyte se sont repliés à l'intérieur de l'île. Le général Yamashita, commandant en chef japonais dans les Philippines, pensait que l'attaque principale frapperait Luçon, à nouveau bombardée par l'aviation hier, et il a envoyé d'urgence des renforts sur Leyte. (→ 21)

Le retour : MacArthur et ses officiers débarquent sur le rivage de Leyte.

Les soldats américains se jettent à couvert pour se protéger des tirs ennemis.

Roosevelt rappelle « Vinegar Joe » Stilwell

Washington, 19 octobre
Cette fois, l'irascible général Joseph « Vinegar Joe » Stilwell a dû partir. Roosevelt lui a ordonné de quitter ses fonctions de chef d'état-major auprès de Tchang Kaï-chek. Il est étonnant que la rupture ne soit pas intervenue plus tôt, tant les désaccords entre les deux hommes étaient connus. Tchang Kaï-chek a exigé cette démission, car Stilwell ne montrait aucune intention de collaborer avec lui. Roosevelt, finalement convaincu, a fait part hier de sa décision au chef nationaliste et lui a annoncé l'arrivée d'un autre chef d'état-major. Tchang Kaï-chek était persuadé que Stilwell faisait passer la reconquête de la Birmanie avant la guerre en Chine orientale. Stilwell n'a jamais caché son mépris pour le Chinois, l'appelant toujours, en public comme en privé, par l'absurde nom de code de Peanut (cacahuète). Stilwell sera employé au Pentagone et le général Wedemeyer, un des chefs d'état-major de Mountbatten, va le remplacer comme conseiller de Tchang Kaï-chek. (→ 10.11)

Raid massif des Alliés sur Duisburg

Allemagne, 15 octobre
Les Alliés ont à nouveau démontré leur supériorité aérienne. La Ruhr a été massivement bombardée ces jours-ci. Hier soir a débuté un raid décrit par le ministre anglais de l'Air comme le plus important jamais lancé en une nuit. 1 013 Lancaster et Halifax de la RAF, 1 251 Forteresses volantes et Liberator américains y ont participé. Duisburg, Cologne et le barrage sur la Sorpe ont été atteints. (→ 30)

Les U-Boote sont toujours à l'affût dans l'Atlantique

Berlin, 21 octobre
Le grand-amiral Dönitz a encore prouvé quel formidable adversaire il peut être. La Royal Navy espérait mettre pratiquement fin à la guerre sur mer en capturant les ports français puissamment fortifiés qui ont servi de base aux U-Boote pendant presque toute la guerre. Mais Dönitz avait prévu cette éventualité. Il a transféré les bases sous-marines en Norvège et un nouveau schnorchel plus perfectionné commence a équiper la flotte. Malgré tout, les Alliés ont réussi à couler 19 U-Boote le mois dernier. C'est le comte von Matuschka, à bord de l'*U-482,* qui a fait la preuve des qualités du schnorchel. A partir d'une base norvégienne, il a parcouru 4 306 km, le sous-marin restant immergé pendant 90 % du trajet. Il n'a pas été détecté, même dans les eaux très fréquentées du nord de l'Irlande, et a coulé cinq navires dont la corvette *Hurst Castle*. Le schnorchel est un long tube qui relie le sous-marin à la surface et permet de l'alimenter en oxygène. Il possède une valve qui se ferme lorsqu'une grosse lame le submerge, et qui empêche l'eau de pénétrer dans le vaisseau, mais aussi l'air, ce qui asphyxie presque les marins et peut blesser leurs tympans lorsque l'air arrive à nouveau. Ce type de dispositif est à l'étude depuis 1940 dans la marine allemande. Dönitz a commencé à en doter les U-Boote à partir du moment où les avions alliés sont devenus pour eux un réel danger. Grâce au schnorchel, un sous-marin peut non seulement rester immergé, mais aussi envoyer des signaux radio à longue portée indécelables par l'ennemi. Le dispositif ralentit cependant un U-Boot de plusieurs nœuds, ce qui explique peut-être le faible taux de leurs succès, mais leur présence oblige de nombreux navires de la Royal Navy, qui seraient utiles ailleurs, à continuer d'escorter les convois de cargos.

L'armée de Tito entre dans Belgrade

Défilé triomphal pour les partisans.

Belgrade, 20 octobre
Tito peut triompher : la 1re division prolétarienne, formation d'élite de son armée nationale de libération, a chassé les Allemands de Belgrade et libéré la capitale des envahisseurs honnis. Il s'agit en fait d'une opération combinée dans laquelle se côtoyaient les partisans, menés par deux des plus brillants lieutenants de Tito, Dapcevitch et Popovitch, et les troupes du 3e front ukrainien du général Tolboukhine. La stratégie avait été élaborée avec Staline, lors de la visite clandestine de Tito à Moscou le mois dernier. La libération de Belgrade est une éclatante victoire politique pour Tito, qui gagne ainsi clairement la lutte pour le pouvoir en Yougoslavie, face au royaliste Draza Mihailovic. Il établira sans doute un régime communiste dans le pays après la guerre. La bataille de Belgrade a été particulièrement rude, les Allemands combattant désespérément pour conserver ouverte une route qui leur permette de continuer à se replier depuis la Grèce et l'Albanie. Ils ont d'ailleurs été constamment harcelés, au cours de cette retraite, par les aviations britannique et américaine, qui soutenaient les partisans yougoslaves. La chute de la ville va rendre extrêmement problématique la progression vers le nord du groupe d'armées E du général Lohr. Ce dernier court personnellement de graves périls : la cruauté qu'il a montrée pendant l'occupation l'a rendu particulièrement impopulaire. S'il tombe entre les mains des partisans, ils ne feront pas de quartier. (→ 1.11)

L'Armée rouge en passe de dominer toute l'Europe centrale

Belgrade, 20 octobre
Les Etats des Balkans cèdent, les uns après les autres, devant le rouleau compresseur de l'Armée rouge. La Roumanie et la Bulgarie se sont rapidement effondrées et combattent à présent contre leurs anciens alliés allemands. Le tour de la Hongrie est maintenant venu. Son armée a déployé au combat, pour contrer l'avancée soviétique, plus d'énergie qu'elle n'en avait jamais montrée aux côtés de la Wehrmacht sur le front de l'Est, mais cette résistance atteint ses limites. La 1re armée hongroise qui, soutenue par les Allemands, tenait les cols des Carpates, a lâché prise et les troupes du 4e front ukrainien du général Petrov déferlent du sud, à travers les défilés montagneux qui conduisent à la haute vallée de la Tisza. En même temps, Malinovski, qui a eu raison de Friessner lors de la bataille de chars de Debrecen, se dirige au nord vers Budapest. L'affolement règne dans la capitale hongroise. La ville est encombrée de hordes de réfugiés qui la traversent et le gouvernement tente d'appeler à la discipline : « La fuite provoquée par la panique doit céder la place au calme et à un comportement viril. » Il paraît de plus en plus clair qu'un nouveau domino est sur le point de tomber en Europe centrale. (→ 15)

Les Allemands cèdent à Aix-la-Chapelle

.es réfugiés assistent au départ des soldats allemands prisonniers des Alliés.

\ix-la-Chapelle, 21 octobre
.e siège de la ville aura duré dix)urs. Elle est à présent aux mains es Alliés, après une résistance charnée des formations d'élite et es parachutistes allemands. A cinq eprises, les défenseurs sont montés l'assaut la nuit dernière avec une nergie désespérée, mais la puisance de feu des Américains les a epoussés. Ce matin, le colonel almand Gerhardt Wilck a chargé eux prisonniers américains de porr un message qui proposait une apitulation négociée. Puis il a gané le QG du général John Cortez a insisté pour que ses 400 hommes soient correctement traités. Il a déclaré à ses troupes : « Je pense qu'il est inutile de poursuivre le combat. J'ai enfreint les ordres, qui étaient de lutter jusqu'au bout. Le commandant américain m'interdit de vous saluer d'un "Sieg Heil" ou d'un "Heil Hitler", mais je le fais en esprit. » La garnison, composée de 1 626 soldats, n'avait plus ni munitions, ni nourriture, ni eau. La plupart des rues de la vieille ville sont bloquées par les décombres et, seule, la cathédrale médiévale est à peu près intacte. La population civile avait demandé la capitulation il y a dix jours déjà. (→ 16.11)

orthy victime de Mickey Mouse »

ıdapest, 15 octobre
la suite des victoires de l'Armée uge en Transylvanie, l'amiral orthy, le régent hongrois qui a ngtemps tenté de soustraire son ys à la mainmise allemande avant ıvasion de mars 1944, a annoncé ns un discours radiodiffusé qu'il ait demander l'armistice. Queles heures plus tard, il a été enlevé r les SS et emmené en Allemagne. opération *Mickey Mouse* a été enée par Otto Skorzeny, qui avait ıvé Mussolini, et le général SS ich von dem Bach-Zelewski, qui détruit Varsovie. Horthy a été nplacé par le chef des Croix fléées, Ferenc Szalassy, en qui les emands ont toute confiance.

Projets alliés pour les zones occupées

QG allié, 18 octobre
Les Alliés ont révélé au QG d'Eisenhower quelques-unes des mesures relatives à l'établissement d'un gouvernement militaire allié en Allemagne. Le gouvernement allemand sera suspendu, tous les biens de l'Etat et du parti nazi saisis. Toute résistance armée sera punie de mort. Les tribunaux seront dénazifiés, les journaux interdits et les publications nouvelles soumises à autorisation. Le gouvernement aura l'anglais pour langue officielle. Le personnel allié aura l'interdiction de fraterniser avec la population; les lois créant une discrimination fondée sur la race, la religion ou les opinions seront abrogées.

1944

Octobre

Di	Lu	Ma	Me	Je	Ve	Sa
1	2	3	4	5	6	7
8	9	10	11	12	13	14
15	16	17	18	19	20	21
22	23	24	25	26	27	28
29	30	31				

22. Prusse-Orientale : l'Armée rouge est arrêtée par les Allemands à Insterburg, à 72 km du QG de Hitler (→ 1.11).

22. Pacifique : deux escadres japonaises appareillent de Bornéo. L'une se dirige vers le détroit de Mindoro, l'autre vers la mer de Sulu.

23. Philippines : à l'ouest de Palawan, les sous-marins américains *Darter* et *Dace* coulent les croiseurs lourds japonais *Atago* et *Maya* (→ 24).

23. Paris : ouverture du procès du journaliste collaborateur Suarez (→ 9.11).

23. France : les Etats-Unis, la Grande-Bretagne et l'URSS reconnaissent *de jure* le GPRF.

24. France : le général de Lattre dirige l'offensive sur Belfort. Le 1er corps du général Béthouart devra prendre le dispositif ennemi par surprise (→ 14.11).

25. Norvège : l'Armée rouge s'empare du port de Kirkenes.

25. Berlin : Himmler ordonne de détruire la collection de squelettes juifs à l'Institut anatomique du Reich.

26. Italie : des pluies torrentielles arrêtent l'avance des Alliés (→ 27).

27. Pays-Bas : les Canadiens prennent Bergen op Zoom et les Britanniques Tilburg (→ 31).

28. Birmanie : les Chinois s'emparent de Myothit (→ 1.11).

28. Moscou : l'URSS signe un armistice avec la Bulgarie, qui retire ses troupes de Thrace et de Macédoine. L'armée bulgare est placée sous commandement soviétique.

28. Paris : le GPRF décrète la dissolution des milices patriotiques et des groupes de FFI non intégrés à l'armée (→ 4.11).

28. Dunkerque : à l'est de la poche allemande, deux sections FFI capturent un bataillon allemand à Zuydcoote.

30. Leyte : les Américains prennent Dagami (→ 1.11).

31. Auschwitz : les chambres à gaz sont fermées. 1 700 Juifs du dernier transport de Theresienstadt ont été gazés hier (→ 25.11).

Des intellectuels pour la modération

Paris, 25 octobre
La polémique qui dure depuis le mois de septembre entre François Mauriac et Albert Camus reprend de plus belle. Aujourd'hui, dans *Combat*, Camus répond au récent article de Mauriac, éditorialiste du *Figaro*, qui prône la modération vis-à-vis des anciens collaborateurs. Pour Camus, une telle indulgence serait criminelle : « La vertu de la charité est assez singulière pour que j'aie eu l'air, réclamant la justice, de plaider pour la haine. » Parmi les intellectuels qui, comme Mauriac, souhaitent que l'épuration se fasse dans le calme et la dignité, Jean Paulhan a, lui aussi, marqué son désaccord avec les extrémistes en démissionnant en septembre des *Lettres françaises*.

Cologne bombardé

Allemagne, 30-31 octobre
Le raid aérien lancé hier sur la ville a causé de graves dégâts : 493 bombardiers lourds de la RAF ont largué 4 061 tonnes de bombes, dont 610 tonnes de bombes incendiaires. 554 Allemands ont été tués. Ce raid était nécessaire, selon le commandement britannique, pour s'assurer que Cologne ne puisse servir de « base avancée ». D'autres attaques aériennes étaient dirigées contre onze objectifs, des raffineries de pétrole surtout. 671 bombardiers américains y ont participé.

La victoire aura coûté très cher.

L'US Navy écrase le Japon lors d'un combat géant

Premier round : le Japon pose l'appât

Philippines, 24 octobre
Près de 300 bâtiments de guerre se sont engagés au large des Philippines dans ce qui pourrait bien devenir la plus grande bataille navale de tous les temps. Le Japon a lancé pratiquement toutes ses forces dans le combat dans le but d'anéantir la 3e et la 7e flotte américaine. L'opération japonaise, baptisée *Sho-1*, a été décidée après que les Nippons ont pris connaissance du projet américain d'attaquer Leyte. L'amiral Toyoda espère appâter et détourner les flottes américaines de Leyte et les piéger entre deux groupes de cuirassés : la 1re force navale du vice-amiral Kurita qui a fait route depuis Brunei, et la 2e force navale du vice-amiral Shima qui fait route depuis le Japon. Les Japonais ont posé en appât la flotte de porte-avions de l'amiral Ozawa, qui regroupe les quatre derniers porte-avions nippons. Mais, hier à l'aube, deux sous-marins américains repéraient une moitié de la 1re flotte de Kurita et, un peu plus tard dans la matinée, les sous-marins lui coulaient deux croiseurs. Le plus grave pour les Japonais est que les Américains se sont portés à la rencontre de leurs forces d'attaque et non de l'appât. Les avions américains et japonais se sont jetés dans la bataille. Le premier bâtiment américain détruit, le porte-avions *Princeton*, l'a été au large de la côte est de Luçon, abandonné par son équipage après un violent bombardement japonais. Un croiseur léger et cinq destroyers ont également été endommagés. C'est alors que dans la mer de Sibuyan, entre les îles Philippines, les avions américains ont piqué sur la flotte de Kurita, coulant le cuirassé *Musashi*. Kurita s'est replié vers l'ouest, s'éloignant de Leyte. Averti, et ayant repéré les porte-avions d'Ozawa au nord du cap Engaro, l'amiral Halsey a donné ce soir l'ordre de les attaquer. L'appât ayant, semble-t-il, joué son rôle, Kurita a viré de bord et fait route à nouveau vers Leyte, où la 7e flotte américaine manque désormais cruellement de couverture aérienne.

Un pilote kamikaze, touché en vol, vise un navire de la flotte américaine.

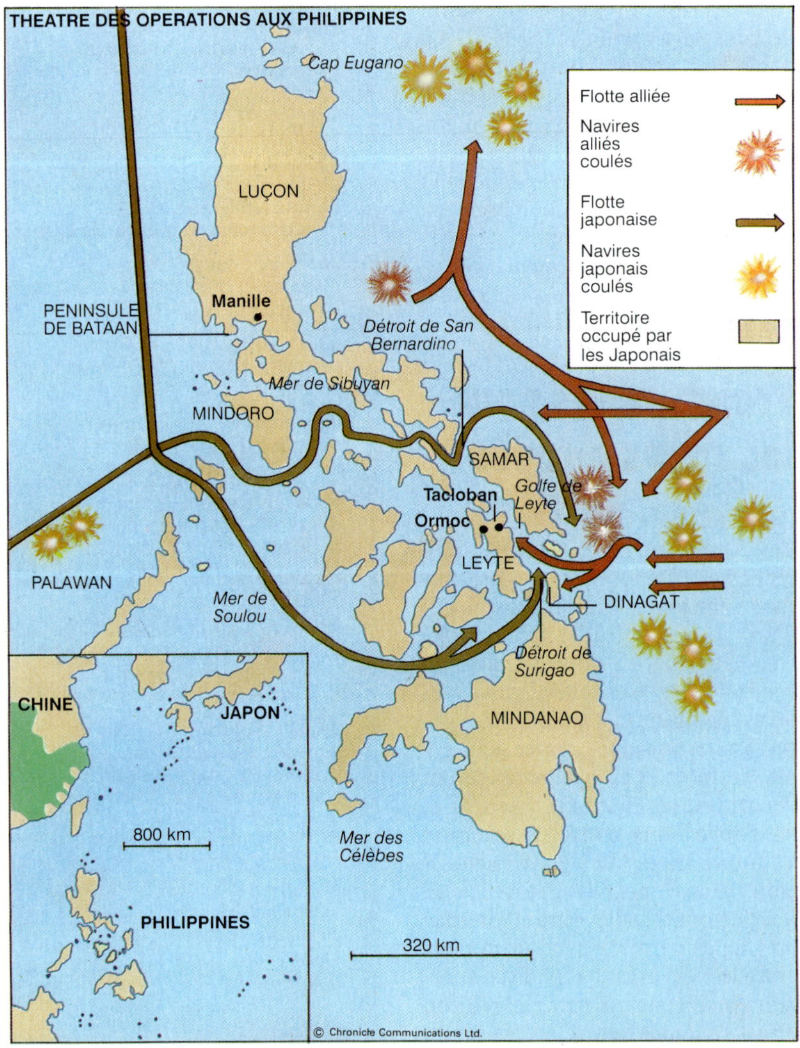

Second round : les Américains par KO

Philippines, 26 octobre
Après trois jours de combat qui ont mobilisé pas moins de 282 navires, un record, la marine américaine a remporté une victoire écrasante sur les Japonais. Sur les 30 navires coulés, 24 sont japonais, y compris leurs quatre derniers porte-avions. Le combat s'est centré sur les mer intérieures des Philippines : le golfe de Leyte, mais aussi la mer de Sibuyan, le détroit de Surigao ainsi que la zone au large de l'île Samar et du cap Engano. Le 24 octobre l'amiral Halsey envoya ses porte-avions au-devant de ceux d'Ozawa au large d'Engano. Au même moment, l'amiral Nishumura passait le détroit de Surigao avec ses navires pour rejoindre Kurita dans le golfe du Leyte. Le contre-amiral Oldendorff se portait alors à sa rencontre pour l'une des rares confrontation directes entre les flottes américaine et japonaise. Nishumura perdait la bataille, sombrant avec son navire amiral, le *Yamashiro*, et un autre cuirassé. Mais, pendant qu'Oldendorff livrait bataille à Nishumura Kurita passait le détroit de San Bernardino sans se faire repérer et attaquait les navires de la 7e flotte du contre-amiral Sprague qui couvraient le débarquement des marines à Leyte. Kurita leur coula cinq navires avant de se retirer, à la surprise générale, car il craignait une contre-attaque de l'aéronavale américaine. Mais les porte-avions américains étaient, à 500 km au nord, aux prises avec les quatre derniers porte-avions japonais. Le matin venu, tous quatre étaient coulés ainsi que deux destroyers, qui achevait de consommer la débâcle japonaise.
La marine et l'aviation américaines ont eu raison de la marine impériale nippone, avec cependant une ombre au tableau : hier, au plus fort de l'engagement, le Japon a lancé dans la bataille ses pilotes kamikazes qui ont écrasé délibérément leurs appareils bourrés de bombes sur les navires américains. La première victime de cette nouvelle et inquiétante tactique a été un porte-avions d'escorte, le *Saint Lô*. (→25.11)

Les Alliés sur le point de libérer Anvers

Pays-Bas, 31 octobre
La 15ᵉ armée allemande est en pleine retraite dans le sud des Pays-Bas ; ses troupes s'entassent sur les bacs pour passer la Meuse et se pressent sur les deux derniers ponts de Moerdijk. L'aviation alliée harcèle les colonnes allemandes. La bataille finale pour la libération d'Anvers est sur le point de débuter. La majeure partie de l'isthme du Beveland a été nettoyée, mais il reste à prendre les positions allemandes à Walcheren, île qui contrôle l'estuaire de l'Escaut, avant de pouvoir rouvrir le port. Les Américains, qui ont pris Aix-la-Chapelle il y a dix jours, y ont nommé aujourd'hui un bourgmestre non nazi, sans révéler son identité, car les Allemands ont promis de tuer les familles de toute personne acceptant des fonctions publiques sous tutelle des Alliés. Plus au sud, la 3ᵉ armée de Patton est toujours immobilisée sur les bords de la Moselle. Ulcéré d'être en fin de liste pour les allocations d'essence, Patton a envoyé ses officiers fouiller dans les dépôts de la 1ʳᵉ armée : ils en sont revenus avec « une bonne quantité d'essence ». Bien qu'il ait pour consigne d'assurer « une reconnaissance continue », Patton entend bien faire route vers la Sarre. La 1ʳᵉ armée française progresse, pour sa part, dans les Vosges avec pour objectif la trouée de Belfort et une poussée vers Strasbourg, au nord. (→ 1.11)

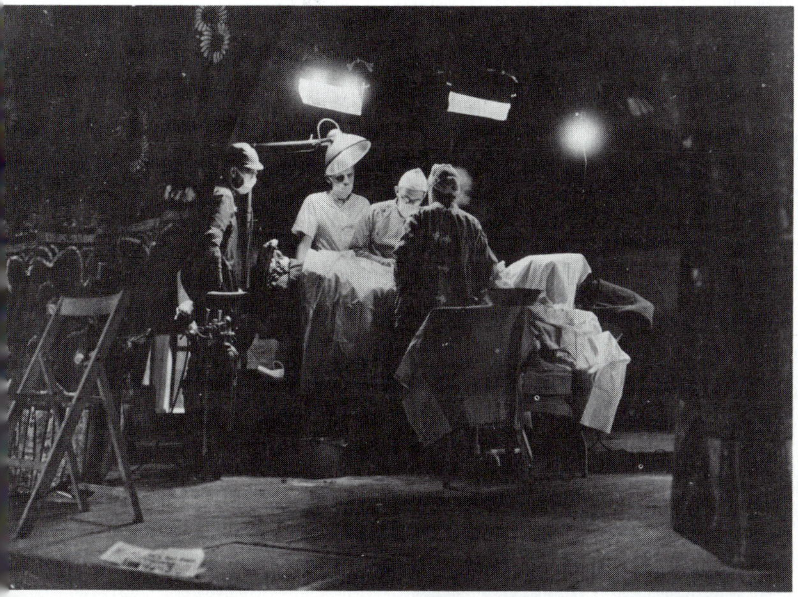

Les coulisses de la guerre : une scène de théâtre sert de salle d'opération.

Les « tire-au-flanc » d'Italie face à l'hiver

Italie, 27 octobre
Il y a une chanson que la radio des troupes anglaises en Italie se garde bien de diffuser. Ce n'est pas la chanson allemande *Lili Marlene*, qui reste, elle, en tête du hit-parade de la 8ᵉ armée, mais une chanson qui se chante sur son air, faisant allusion aux propos médisants d'un membre du Parlement britannique :

Nous sommes les tire-au-flanc du jour J,
Planqués en Italie,
Toujours sur la bouteille,
Et toujours à faire la bombe ;
Chapardeurs de la Huitième avec nos tanks,
Nous vivons à Rome de pair avec les Yanks.
Nous sommes les tire-au-flanc du jour J,
Planqués en Italie.

« Planqués » n'est pas le mot. La 8ᵉ armée s'apprête à affronter un nouvel hiver, tandis qu'à l'ouest des Apennins la 5ᵉ armée américaine a abandonné sa dernière offensive. Malgré leurs pertes énormes – plus de 20 000 hommes tués, blessés ou faits prisonniers depuis Cassino –, les armées d'Italie n'ont plus fait la une des journaux depuis le débarquement d'Anzio, et leur moral en est atteint. (→ 1.11)

1944

Novembre

Di	Lu	Ma	Me	Je	Ve	Sa
			1	2	3	4
5	6	7	8	9	10	11
12	13	14	15	16	17	18
19	20	21	22	23	24	25
26	27	28	29	30		

1ᵉʳ. Japon : le premier des 9 000 ballons explosifs destinés à bombarder les Etats-Unis est lâché. Ils doivent traverser le Pacifique portés d'ouest en est par les courants aériens le long du 40ᵉ parallèle (→ 5.5.1945).

1ᵉʳ. Yougoslavie : Tito et le chef du gouvernement en exil signent un accord sur une nouvelle Constitution. Le roi Pierre II restera chef de l'Etat.

1ᵉʳ. Grèce : les Britanniques occupent Salonique évacué hier par les Allemands, qui abandonnent Florina aujourd'hui. A Athènes, des mesures sont prises pour atténuer la famine.

1ᵉʳ. Pays-Bas : le 2ᵉ corps canadien déclenche l'attaque contre l'île de Walcheren, à l'embouchure de l'Escaut. Il est appuyé par des commandos franco-britanniques.→

2. Iles Palau : à Peleliu, les Américains reprennent sans succès leur offensive contre les positions japonaises du mont Umurbrogol (→ 27).

2. Yougoslavie : les partisans de Tito prennent Zadar (→ 6).

2. Walcheren : le commando français du capitaine Kieffer et une brigade britannique libèrent Flessingue.

3. Iles Mariannes : l'aviation japonaise attaque les bases aériennes américaines de Saipan et Tinian (→ 5).

3. Birmanie : les troupes chinoises sont sur l'Irrawaddy.

3. Pays-Bas : les Canadiens mettent fin à la résistance allemande dans la poche de Breskens. 12 700 Allemands sont faits prisonniers (→ 5).

4. Hongrie : la résistance des troupes germano-hongroises, les pluies et l'épuisement arrêtent l'Armée rouge à 64 km de Budapest (→ 15).

4. Belgique : les dragueurs de mines alliés atteignent Anvers. Ils commencent à nettoyer les approches du port et l'estuaire de l'Escaut (→ 16).

4. Paris : le PCF organise un meeting avec le CNR au Vel' d'Hiv', en protestation contre la dissolution des milices patriotiques (→ 27).

Malinovski aux portes de Budapest

Moscou, 1ᵉʳ novembre
Les troupes du maréchal Malinovski ont franchi la lande de Kecskemet, à une soixantaine de kilomètres au sud de Budapest. La ville de Kecskemet, clé de la défense allemande, a été prise à l'issue d'un violent combat de rues. Moscou espère que le maréchal Malinovski et ses troupes fêteront le 27ᵉ anniversaire de la révolution russe, la semaine prochaine, dans les rues de la capitale hongroise. Mais les Allemands sont résolus à défendre la ville. Ils ont déjà étouffé une insurrection des nationalistes slovaques et leur position en est renforcée. (→ 4)

Les Juifs hongrois à nouveau menacés

Budapest, 1ᵉʳ novembre
Face au gouvernement fantoche mis en place par les nazis, les Juifs de Hongrie sont à nouveau en danger. Contrairement à l'amiral Horthy (en état d'arrestation), le régime de Ferenc Szalasi n'a aucune intention de sauver les Juifs de la déportation et ne reconnaît plus les visas délivrés par le diplomate suédois Raoul Wallenberg pour les protéger. Le ministre de l'Intérieur les a prévenus : « Qu'aucune personne de race juive ne se figure qu'elle peut échapper aux lois de l'Etat hongrois ! » Adolf Eichmann, de retour à Budapest, compte envoyer les Juifs aux camps de concentration à pied, dans l'espoir qu'un grand nombre mourra en route.

Récit d'un jour de guerre pareil à tant d'autres...

Pays-Bas : l'Escaut en point de mire

Pays-Bas, 1er novembre
Une force navale alliée de 181 navires a tenté un débarquement amphibie sur l'île de Walcheren, à l'embouchure de l'Escaut. L'estuaire défendu par les Allemands contrôle l'accès au port d'Anvers. Les Alliés ont débarqué à Westkapelle et à Flushing. Le combat fait rage sur terre comme sur mer.

Combats sans merci sur l'île de Leyte

Philippines, 1er novembre
Américains et Japonais s'affrontent dans un combat sans merci pour le contrôle de l'île de Leyte. Les bombes et les impacts suicidaires des kamikazes japonais ont coulé aujourd'hui le destroyer américain *Abner Read*, ont gravement endommagé trois bâtiments et en ont touché deux autres. (→ 2)

Italie : les Anglais traversent le Ronco

Italie, 1er novembre
La bataille d'Italie continue pour la 8e armée britannique. La 10e division indienne s'est avancée jusqu'à la rivière Rabbi, près de Ravenne. Elle a établi une tête de pont sur le Ronco et pris la ville de Meldola sur sa rive ouest. La 4e division est, pour sa part, arrêtée en vue du terrain d'aviation de Forli. (→ 9)

Raids permanents sur l'Allemagne

Europe, 1er novembre
La 8e armée de l'air américaine a mené des raids de jour contre les usines de pétrole synthétique de Gelsenkirchen et contre les gares de Hamm et de Coblence. Seul un chasseur est porté disparu. La nuit dernière, les Halifax et les Lancaster de la RAF ont continué leurs raids sur Cologne.

Les troupes britanniques, baïonnette au poing, débarquent aux Pays-Bas.

Les guérilleros philippins accueillent les Américains débarqués à Leyte.

Les chars et les fantassins de l'Armée rouge avancent sur Budapest.

Les Soviétiques sur le front du Danube

Hongrie, 1er novembre
Continuant sa percée en Hongrie, l'Armée rouge a pris la ville de Kecskemet, quatrième ville hongroise par ordre d'importance, qui s'ajoute aux 200 villages hongrois qu'ils ont déjà pris. Les Russes sont à 80 km de Budapest et avancent le long d'un front large de 115 km entre le Tisza et le Danube. (→ 4)

Birmanie : lente avancée des Alliés

Birmanie, 1er novembre
Les hommes de la 36e division britannique, après une pause de plusieurs jours à Mawpin, se sont remi en route le long de la ligne de chemin de fer Mandalay-Myitkyina jusqu'à un kilomètre et demi d Mawlu. Dans les collines du Chi la 5e division indienne a balay une place forte japonaise. (→ 3)

Prusse-Orientale : les Russes arrivent

Prusse-Orientale, 1er novembre
Les soldats de l'Armée rouge op rent un vaste mouvement en tena les centré sur la Prusse-Oriental passant par la Hongrie au sud et Pologne à l'ouest. Ils converge vers la ville de Dantzig, le long de rivière Narew. Des réfugiés ont p la route pour se mettre à l'abri d Russes vengeurs. (→ 20)

Avance rapide des Alliés en Lorraine

France, 1er novembre
Le 319e régiment d'infanterie am ricain a attaqué les positions en mies près de Nancy, dans le secte de Létricourt. Prenant les Al mands par surprise, les América ont libéré les villages en une heu et demie, rejetant l'ennemi sur rive opposée de la Seille et faisa 162 prisonniers. (→ 9)

1944

Novembre

Di	Lu	Ma	Me	Je	Ve	Sa
			1	2	3	4
5	6	7	8	9	10	11
12	13	14	15	16	17	18
19	20	21	22	23	24	25
26	27	28	29	30		

5. Pays-Bas : à Heusden, les Allemands en retraite rassemblent 200 citoyens dans l'hôtel de ville et le font sauter.

5. Le Caire : un membre de l'organisation terroriste juive Stern assassine lord Moyne, ministre résident britannique au Moyen-Orient.

6. Philippines : l'escadre de porte-avions du vice-amiral McCain achève son attaque des bases japonaises de Luçon. En deux jours, elle a détruit 400 avions japonais et coulé le croiseur lourd *Nachi*. Un kamikaze endommage le porte-avions *Lexington*.

6. Yougoslavie : les forces de Tito prennent Monastir (→ 13).

6. Walcheren : les Canadiens s'emparent de Middelburg (→ 8).

7. Tokyo : l'espion soviétique Richard Sorge est exécuté.

7. Leyte : les Américains anéantissent la résistance japonaise sur une des crêtes prises d'assaut hier (→ 14).

7. Moscou : Staline refuse de renouer les relations diplomatiques avec la Suisse. Il invoque l'interdiction du parti communiste et les livraisons d'armes faites à l'Allemagne.

8. Birmanie : la 5e division indienne occupe Fort White.

8. Allemagne : le major Walter Nowotny, héros de la Luftwaffe (258 victoires) et commandant de la première unité équipée de Messerschmitt Me 262 à réaction, est tué au combat.

9. Paris : première séance de l'Assemblée consultative, élargie à 248 membres. Félix Gouin est élu président (→ 13).

9. Italie : la 8e armée britannique s'empare de Forli, en Romagne (→ 15).

10. Chine : les Japonais prennent les bases aériennes américaines de Guilin et de Liuzhou, dans la province du Guangxi (→ 25).

11. Paris : le général de Gaulle et Churchill assistent au défilé militaire sur les Champs-Elysées. Au cours d'entretiens, hier, de Gaulle a obtenu que la France ait une zone d'occupation en Allemagne.

L'armée de Patton franchit la Moselle

La 3e armée ne connaît que des ennuis mineurs lors du passage de la Moselle.

Nancy, 9 novembre

Patton a traversé la Moselle avec sa 3e armée sur un large front s'étendant de Lunéville au sud à Thionville au nord. Ses hommes ont poussé des pointes qui les ont amenés à quatre kilomètres seulement de la frontière du Reich. Des communiqués en provenance du QG du maréchal von Rundstedt font état des mille chars et du demi-million d'hommes déployés par Patton. Les Allemands ont l'impression que Patton lance la première offensive de la campagne d'hiver. La cité fortifiée de Metz, qui a tenu Patton en échec pendant deux mois, est en passe d'être enveloppée par un mouvement en tenailles à partir du nord et du sud. Les commandants alliés mobilisent les chasseurs bombardiers Thunderbolt pour attaquer les Panzer qui ralentissent leur progression. Les chars et l'infanterie de Patton ont coopéré avec la 7e armée pour prendre Château-Salins, à l'est de Nancy. Dans la région, Patton a couvert 10 km en 72 heures sous les averses et les chutes de neige, sur des routes embourbées et truffées de mines. La côte de Delme, qui surplombe la Sarre de ses 500 mètres, dernier obstacle avant la frontière allemande, est tombée aux mains des troupes de Patton après un redoutable combat à travers vignes et vergers, où des mines meurtrières pendaient aux arbres. Les pièces d'artillerie capturées sur les hauteurs ont été aussitôt retournées contre l'armée allemande en déroute. (→ 13)

Les Alliés dégagent la route d'Anvers

Walcheren, 8 novembre

Des commandos canadiens et britanniques, rejoints par des unités néerlandaises et françaises, ont débordé les dernières défenses allemandes de l'île de Walcheren, ouvrant l'estuaire de l'Escaut à la navigation jusqu'au port d'Anvers. Parmi les 8 000 Allemands faits prisonniers figure le général Daser, commandant de la 70e division, surnommée la dyspeptique, car la plupart de ses hommes sont des « invalides chroniques ». La RAF et ses bombardiers ont ouvert une brèche de 350 mètres de large dans la digue de Westkapelle, inondant le centre de l'île. Epaulées par les canons du navire *Warspite*, des troupes amphibies ont débarqué sur les dunes et avancé avec de l'eau jusqu'aux genoux vers le chef-lieu de l'île, Middleburg, pour y trouver les familles néerlandaises et les soldats allemands entassés dans les étages supérieurs des maisons. Acclamés par la population, les Alliés ont embarqué les Allemands et les ont évacués par bateau. Le chenal de l'Escaut sera déminé sur 110 km et les installations du port d'Anvers seront réparées avant que la ville soit ouverte au trafic, d'ici deux à trois semaines.

Un intellectuel condamné à mort

Paris, 9 novembre

Georges Suarez, condamné à mort le 23 octobre, a été exécuté. C'est le premier intellectuel parisien à être fusillé pour collaboration. Ami d'Otto Abetz, biographe de Clemenceau et d'Aristide Briand, ce journaliste à *Aujourd'hui* n'est certainement pas le plus coupable des soutiens du nazisme, mais il a eu la malchance d'avoir été jugé parmi les premiers. Au cours de son procès, il lui a été reproché d'avoir été « embauché et emboché au service du Reich ». Tous ses amis l'avaient lâché. Seuls Youki, la veuve de Robert Desnos, et Joseph Kessel ont courageusement tenté de le défendre. En vain.

Objectif Singapour : le raid le plus long

Singapour, 5 novembre

La 20e armée de l'air américaine, basée à Calcutta, a réussi le plus long raid de jour de l'histoire de la guerre en envoyant cinquante-trois B-29 bombarder les docks de Singapour et les raffineries de Pangkalan Brandon à Sumatra, un parcours aller-retour d'environ six mille kilomètres. Singapour, *shonan* ou « Lumière du sud » pour les Japonais, est la plus grande base navale en Asie du Sud-Est. Quant aux raffineries, elles sont l'une des sources principales d'essence pour l'aviation japonaise. (→ 7)

L'acharnement des soldats nazis : par patriotisme

Europe, 5 novembre
Malgré les promesses que leur fait Hitler, en particulier sur les prétendues armes miracles qui renverseraient la situation, les Allemands doivent bien se rendre à l'évidence que la défaite est proche. Pourquoi, dès lors, les soldats de la Wehrmacht se battent-ils avec tant d'acharnement ? Ils ne croient certainement pas au succès de la contre-offensive que Hitler prépare pour repousser les Alliés. Elle est gardée tellement secrète que seuls les officiers d'état-major les plus haut placés en ont connaissance et, d'ailleurs, n'y croient pas nécessairement. En ce qui concerne les Waffen-SS, le bras militaire du parti nazi, il est vrai que leurs militants sont politiquement endoctrinés et souvent fanatiques. Il suffira de rappeler, ici, la conduite de la 12e division des Hitlerjugend Panzer SS en Normandie. Mais la vaste majorité des troupes allemandes, du commandant en chef von Rundstedt au soldat de 2e classe, n'ont plus guère aujourd'hui de sympathie pour Hitler et ne désireraient rien de mieux que de déposer les armes. Qu'est-ce qui les en empêche ? Les raisons sont multiples. Il y a d'abord le traditionnel patriotisme qui transcende tout ce que les Allemands pourraient bien penser de Hitler et de ses sbires. L'autre raison est la reddition sans conditions demandée par les Alliés. Les Allemands l'interprètent comme le démantèlement même de leur pays : ils ont donc tout intérêt à continuer le combat. Depuis l'échec du complot de juillet contre Hitler et le durcissement du régime, la peur de désobéir aux ordres n'est pas à écarter. Mais une raison peut-être plus pressante encore est la peur viscérale qu'ils ont de l'ennemi de l'Est. Nombreux sont les Allemands qui pensent que Staline et les communistes représentent la menace majeure qui plane sur l'Europe. Ils n'ont pas rompu avec leurs démons de 1919 !

Les V2 à l'assaut de l'Angleterre

Les passants s'attroupent devant le brasier déclenché par l'impact d'un V2.

Une version expérimentale du V2.

Londres, 10 novembre
Winston Churchill vient finalement d'admettre que la Grande-Bretagne est la cible d'une nouvelle fusée allemande à long rayon d'action, le V2. Près d'une centaine de V2 se sont écrasés sur le sol anglais depuis celui qui a frappé Chiswick, dans la banlieue ouest de Londres, le 8 septembre. Jusqu'à présent, les autorités britanniques ont démenti l'existence d'une nouvelle arme pour ne pas alarmer l'opinion. La cadence de lancement des V2 depuis les Pays-Bas a atteint huit fusées par jour et les dégâts sont bien supérieurs à ceux des V1. Des centaines de Londoniens en ont déjà été les victimes. La radio allemande a annoncé cette semaine que Londres était « dévastée » par la nouvelle arme secrète. Winston Churchill l'a démenti aujourd'hui devant le Parlement, en précisant que « les dégâts et le nombre de victimes sont peu élevés pour le moment ». Mais il est reconnu que le V2 est l'arme la plus destructrice à l'heure actuelle : la fusée grimpe jusqu'à une altitude de 100 à 120 km et voyage à la vitesse de 5 000 km/h environ, en emportant une tonne d'explosifs dans son ogive. Un seul de ces engins a fait 17 morts dans le nord de Londres, et quatre fusées ont dévasté 2 000 maisons à Croydon, dans le Surrey. Ajoutés aux V1 qui les ont précédés, les nouveaux V2 ont porté à 25 000 le nombre de maisons détruites et à 1 000 000 celui des maisons endommagées au cours des cinq derniers mois. La ville d'Anvers a également essuyé des attaques de V2. Ce qui rend le V2 si surprenant, c'est qu'aucune alerte ne peut être donnée : la fusée est bien trop rapide et l'impact a raison de la plupart des abris, sauf des plus profonds. L'arrivée d'un V2 est annoncée par une gigantesque déflagration suivie d'un souffle sonore, de flashes lumineux et de colonnes de fumée. L'expli cation officielle du premier impac de Chiswick fut qu'une conduite d gaz avait explosé. L'explication fu reprise tant de fois qu'une Londc nienne nota dans son journal, e entendant l'explosion d'un V2 « Tiens, encore une conduite d gaz volante. » Churchill a final ment levé le secret sur la nouvell fusée, en partie pour contrer la pr pagande nazie. « Il n'y a aucun raison d'exagérer le danger, a-t annoncé, jusqu'à présent son an pleur et ses conséquences n'ont p été significatives. » Pour les Allié contrer les V2 consiste à détruire l bases des fusées aux Pays-Bas. L Allemands ont déjà été contrain d'installer leurs bases un peu plus l'est depuis septembre. Depuis 3 octobre, cependant, le lanceme des V2 a repris. (→ 25)

Sur le fonctionnement des V2, v l'appendice 3, pp. 708-709.

Roosevelt élu pour un quatrième mandat

Les présidentielles aux Etats-Unis ont l'allure d'un plébiscite pour Roosevelt.

Washington, 8 novembre

Lorsque les lumières se sont éteintes la nuit dernière à la Maison Blanche, Franklin D. Roosevelt était assuré d'avoir remporté son quatrième mandat, malgré la campagne hargneuse du républicain Thomas Dewey, qui était allé jusqu'à critiquer sa famille et même son chien Fala. Sans être un raz de marée, la victoire du Président sortant est confortable, puisque les derniers résultats du dépouillement donnent Roosevelt vainqueur dans 35 Etats avec 413 votes de grands électeurs, contre 13 Etats favorables à Dewey, avec 118 votes. En termes de votes populaires, les grands électeurs représentent 23 millions de voix pour Roosevelt et 20 millions pour Dewey. Roosevelt se repose aujourd'hui, mais son secrétariat de presse a publié un communiqué, qui précise notamment : « Ce qui est le plus important, c'est que nous avons démontré une fois de plus que la démocratie est une force vive. » Les démocrates ont remporté 23 sièges de plus à la Chambre des représentants et 7 de plus au Sénat. Ils restent majoritaires dans les deux Chambres.

Yougoslavie : les soldats anglais de la 31ᵉ batterie légère tirent une salve vers une position ennemie distante de 1 200 mètres.

1944

Novembre

Di	Lu	Ma	Me	Je	Ve	Sa
			1	2	3	4
5	6	7	8	9	10	11
12	13	14	15	16	17	18
19	20	21	22	23	24	25
26	27	28	29	30		

12. Allemagne : la brigade SS Charlemagne est créée. Elle comprend les survivants de la brigade Frankreich, ceux de la LVF et les miliciens réfugiés en Allemagne (→ 17.2.1945).

12. Berlin : Hitler déclare aux Allemands : « Ma vie n'a pas d'importance. »

13. Paris : le gouvernement est remanié. Du fait de l'ampleur des ruines, de Gaulle crée un ministère de la Reconstruction et de l'Urbanisme (→ 24).

13. Lorraine : les Américains, qui ont franchi la Moselle à gué hier à Cattenom, achèvent l'encerclement de Metz.

14. Philippines : en deux jours, l'aéronavale américaine a coulé le croiseur *Kiso* et quatre contre-torpilleurs japonais dans la baie de Manille (→ 25).

14. Franche-Comté : le général de Lattre déclenche l'opération *Indépendance*, offensive de la 1ʳᵉ armée française sur Belfort. La 2ᵉ division d'infanterie marocaine s'enfonce de 5 km dans les défenses allemandes.

15. Italie : une grève générale éclate à Turin, en soutien aux Alliés. Plus de 1 000 partisans échappent à une opération allemande de nettoyage (→ 20).

15. Hongrie : l'Armée rouge prend Jaszberény, à 48 km à l'est de Budapest (→ 29).

16. Belgique : dix V1 tuent 263 civils à Anvers.

16. Bruxelles : trois ministres communistes démissionnent du gouvernement. Ils protestent contre le désarmement des groupes de résistance (→ 25).

17. Mer Jaune : le sous-marin américain *Spadefish* coule le porte-avions japonais *Shinyo*.

17. Albanie : les Allemands mettent fin à leur résistance dans la capitale, Tirana (→ 21).

18. France : dans les Vosges, la 2ᵉ DB de Leclerc enfonce la ligne de défense allemande, en prenant d'assaut Badonviller. La 2ᵉ division marocaine du général de Lattre attaque les défenses de Belfort (→ 19).

18. Paris : le GPRF signe une ordonnance instituant la Haute Cour de justice, chargée de juger les ministres de Vichy.

Le dernier cuirassé nazi est coulé par la RAF en Norvège

Norvège, 12 novembre

Le *Tirpitz*, cuirassé jumeau du *Bismarck*, a finalement été envoyé par le fond par trente bombardiers Lancaster de la RAF qui, partis d'Ecosse, ont fait route vers le fjord de Tromsö en Norvège. Ils ont lâché des bombes géantes de 6 tonnes depuis une altitude de 4 000 mètres avec une précision redoutable. Au moins deux bombes ont fait mouche directement, perçant la coque et faisant sauter la soute à munitions. Le cuirassé s'est retourné, piégeant près d'un millier d'hommes sous sa coque. Les équipes de sauvetage qui sont maintenant au travail entendent le chant sourd des marins enfermés qui entonnent le *Deutschland über Alles*, mais elles ont peu d'espoir de les atteindre à temps. Le *Tirpitz* avait passé la plupart de son temps acculé dans les fjords norvégiens. Avec sa vitesse et sa puissance de feu, le *Tirpitz* tenait plusieurs de leurs cuirassés et porte-avions en alerte au cas où il tenterait d'atteindre la haute mer. C'est ainsi qu'indirectement le *Tirpitz* a contribué au désastre du convoi PQ-17 en juillet 1942. En simulant un départ de son fjord, il avait attiré plusieurs bâtiments d'escorte alliés du convoi, rendant ce dernier beaucoup plus vulnérable.

La marine anglaise dans le Pacifique

Westminster, 15 novembre

Les sous-marins britanniques ont coulé 23 navires de ravitaillement et un vaisseau anti-sous-marin japonais dans le Pacifique, pertes non négligeables si on les ajoute aux 45 vaisseaux dont l'Amirauté a annoncé la destruction le 11 novembre. La Royal Navy a ainsi coulé 69 vaisseaux japonais en cinq jours, démontrant combien elle est efficace dans l'appui qu'elle apporte aux Américains. Cette situation est le fruit des succès des Anglais dans l'Atlantique, qui leur permettent d'envoyer plus de vaisseaux dans l'océan Indien, d'où ils effectuent leurs sorties dans le Pacifique. (→ 24) ▷

Mort du maréchal Leigh-Mallory

Londres, 14 novembre
Le maréchal de l'air Sir Trafford Leigh-Mallory et sa femme Doris ont trouvé la mort dans un accident d'avion alors qu'ils se rendaient à Ceylan. Le maréchal devait y prendre le commandement de l'aviation alliée en Asie du Sud-Est. Son avion a rencontré de violentes perturbations atmosphériques au-dessus des Alpes et s'est écrasé contre la cheminée du Diable. Sir Trafford Leigh-Mallory, dont la carrière fut brillante sinon controversée, s'était distingué dans la bataille d'Angleterre, y critiquant les tactiques de lord Dowding avant de recevoir le commandement des armées de l'air alliées pour le débarquement en Normandie.

Sir Trafford Leigh-Mallory.

Les Alliés prêts à envahir l'Allemagne

Les troupes de la 7e armée américaine avancent à travers la forêt française.

Europe, 18 novembre
Les forces alliées, qui ont reçu le renfort de la 9e armée américaine du général Simpson, s'apprêtent à lancer une nouvelle offensive en Allemagne sur trois fronts. La 1re et la 9e armée font face à la trouée d'Aix-la-Chapelle, une étendue de terrain dégagé sur 30 km entre Stolberg et Heinsberg, mais où la rivière de la Ruhr abrite des défenses de la ligne Siegfried. La 21e armée de Montgomery se tient un peu plus au nord. Au sud, la 3e armée de Patton doit d'abord s'emparer de Metz et de Thionville avant de s'ouvrir en Lorraine un passage vers la Sarre. Les Allemands, qui occupent la ligne Maginot, ont retourné les canons vers l'ouest contre les Alliés. Plus au sud, le groupe d'armées franco-américain, dont la 1re armée française du général de Lattre de Tassigny, s'apprête à avancer par la trouée de Belfort entre les Vosges et le Jura. Mais une section du front allié, entre les troupes de Patton et celles au nord des Anglais et des Américains, est très exposée. Sur 110 km, seules six divisions américaines tiennent les Ardennes. (→ 19)

Raids de l'aviation alliée pour épauler les troupes au sol

Allemagne, 16 novembre
Dans le but d'assister les troupes au sol, l'aviation alliée a pilonné les défenses allemandes. La 8e armée de l'air américaine a déployé 1 208 B-17 et B-24 pour des raids contre les voies de chemin de fer et les postes d'artillerie à Duren et Eschweiler, près d'Aix-la-Chapelle. Les bombardiers de la RAF, eux, ont pris pour cibles Düren, Julich et Heinsberg. Ces trois villes ont été durement touchées, et Düren compte 2 403 victimes. Toutes forces confondues, 9 400 t de bombes explosives ont été lâchées dans l'opération, avec pour but de préparer l'attaque de la 1re et de la 9e armée américaine sur la Ruhr. Les raids ont souligné la coordination de plus en plus efficace entre les armées de terre et de l'air. Le contrôle de l'espace aérien par les Alliés fut l'une des causes du succè du débarquement en Normandie Les avions alliés continuent d'attaquer les bases aériennes et le lignes de ravitaillement nazies. Le bases de lancement des V2 et le usines d'essence synthétique fon partie des cibles prioritaires. Si Arthur Harris, chef du Bombe Command, prépare un assaut ma jeur sur les villes allemandes, ave Berlin pour objectif principal. (→ 18

Le Premier ministre britanniqu Winston Churchill rejoint l général de Gaulle à Paris pour l commémoration de l'armistice.

Les Alliés poussent les Japonais à la défensive en Birmanie

Myitkyina, Birmanie, 18 novembre
Les Japonais sont sur la défensive sur toute la longueur du front birman, soit près de 1 300 km. Dans le nord, les troupes chinoises et américaines avancent vers Indaw en direction du sud, le long du « corridor du chemin de fer », tandis que plus au sud la 14e armée anglo-indienne s'apprête à traverser le Chindwin et l'Irrawaddy. L'offensive alliée au nord est commandée par le général Dan Sultan depuis que Stilwell a été démis de ses fonctions. Elle a débuté il y a quatre semaines et a déjà couvert plus de 150 km le long du « corridor du chemin de fer » et du cours supérieur de l'Irrawaddy, où la 38e division chinoise menace maintenant Bhamo. Plus à l'est, la nouvelle 6e armée chinoise suit l'axe de la route de Birmanie pour les rejoindre. Face à ces adversaires, le général Masaki Honda et sa 33e armée ne cessent de battre en retraite. Le général n'a aucun espoir de recevoir des renforts du Japon. L'une de ses divisions lui a même été retirée pour être envoyée en Indochine. Il est dominé en nombre par les troupes de Sultan et risque également de voir sa retraite coupée par la 14e armée du général William Slim, 280 km plus au sud. Slim fait bâtir des routes et des dépôts de ravitaillement en vue de l'opération *Extended Capital*, dont l'objectif est de traverser le Chindwin, de détruire la 15e armée du général Katamura dans la vaste plaine de Shwebo, et de continuer jusqu'à l'Irrawaddy. Slim s'affirme d'ailleurs comme la révélation de la campagne de Birmanie, puisqu'il est le seul rescapé des commandants d'origine : Orde Wingate est mort, Stilwell en disgrâce et Geoffrey Scoones de retour en Inde, alors que du côté japonais Masaku Kawabe, commandant de l'armée de Birmanie, Renya Mutaguchi, commandant de la 15e armée, et neuf autres généraux ont été limogés depuis la débâcle d'Imphal. Les directives de Slim sont de rouvrir la route de Birmanie, mais il projette d'aller plus loin et de détruire l'armée japonaise en Birmanie. Tâche dont il reconnaît la difficulté, disant des Japonais qu'ils sont « les insectes de guerre les plus redoutables de l'histoire ». (→ 19)

1944

Novembre

Di	Lu	Ma	Me	Je	Ve	Sa
			1	2	3	4
5	6	7	8	9	10	11
12	13	14	15	16	17	18
19	20	21	22	23	24	25
26	27	28	29	30		

19. Tokyo : mise en service du porte-avions géant *Shinano*, pouvant emporter 147 engins. Son pont d'envol en acier de 20 cm d'épaisseur doit résister à tout impact de bombe (→ 29).

19. Birmanie : les troupes britanniques franchissent le Chindwin dans une opération dirigée sur Meiktila (→ 2.12).

19. Washington : le coût de la guerre pour les Etats-Unis est estimé à 250 millions de dollars par jour.

19. France : l'avant-garde de la 1re DB française est la première unité alliée à atteindre le Rhin à Rosenau. Dans les Vosges, la 2e DB de Leclerc enfonce la dernière ligne de défense allemande à Lafrimbolle.

20. Allemagne : l'Armée rouge approchant rapidement de Rastenburg, Hitler quitte son QG et rentre à Berlin (→ 28).

20. France : les troupes de la 1re armée du général de Lattre investissent Mulhouse et Belfort (→ 22).

21. Albanie : le gouvernement provisoire d'Enver Hodja s'installe à Tirana, évacué hier par les Allemands (→ 29).

21. Pacifique : le sous-marin américain *Sealion* coule le cuirassé japonais *Kongo*, au large de Formose.

23. Finlande : les troupes finlandaises repoussent les Allemands de Laponie en Norvège.

24. Londres : le Premier ministre polonais en exil, Stanislaw Mikolajczyk, démissionne. Il proteste contre les propositions d'une nouvelle frontière est pour la Pologne.

24. Paris : les catholiques résistants tiennent le congrès constitutif du MRP.

25. Philippines : l'aéronavale américaine coule les croiseurs japonais *Kumano* et *Yasoshima* près de Luçon. Les kamikazes endommagent quatre porte-avions américains.

25. Londres : un V2 tue 160 personnes et fait 200 blessés.→

25. Auschwitz : les Allemands commencent à détruire les chambres à gaz et les fours crématoires (→ 26).

Percée russe dans les Etats baltes

Les chars soviétiques à l'assaut des Etats baltes : une étape obligatoire avant la ruée sur la Prusse.

Riga, 20 novembre

Les dépêches allemandes font état d'une grande offensive lancée par l'Armée rouge en Lettonie. D'après Radio Berlin, l'attaque porte sur un front de 30 km au sud-est de Liepaja, sur la côte baltique. Le communiqué parle d'un violent barrage d'artillerie préparant la voie aux troupes soviétiques, précisant que « les Russes ont mobilisé un nombre gigantesque de chasseurs, de bombardiers, de chasseurs bombardiers et de bombardiers en piqué. Ils ont profité du terrain gelé pour engager des chars en nombre considérable ». Aucune confirmation de Moscou n'a été reçue, mais l'assaut pourrait annoncer une tentative de l'Armée rouge d'anéantir les troupes allemandes dans la région de Courlande, ou d'éradiquer la tête de pont toujours défendue par la Wehrmacht près de Memel. Les Soviétiques doivent certainement s'assurer d'abord que leurs arrières sont couverts avant de porter leur offensive en Prusse-Orientale. En revanche, ils sont sur le point d'achever le nettoyage de l'archipel de Moonslund dans la Baltique, opération de petite envergure mais particulièrement complexe, commencée le 29 septembre par un débarquement sur l'île de Muhu. Depuis, les Russes ont passé l'archipel au peigne fin, repoussant la garnison allemande jusqu'à l'extrémité de l'île de Saaremaa.

Impact meurtrier d'un V2 à Londres

Londres, 25 novembre

C'est aux environs de midi qu'a eu lieu le plus meurtrier des impacts de V2 depuis le début des tirs allemands. La fusée s'est écrasée sur un grand magasin *Woolworth* dans le sud-est de Londres, magasin qui connaissait son affluence coutumière du samedi. On évalue le nombre des victimes à 160 et celui des blessés à 200. Une jeune fille qui a survécu à l'explosion décrit ainsi la scène : « Des choses continuaient à tomber du ciel, des fragments d'objets et des morceaux d'êtres humains. Il y avait une tête de cheval dans le caniveau. Plus loin, un bout de landau tout tordu avec une main de bébé dans sa manche de laine. Devant le pub, un bus était écrasé avec des rangées de gens à l'intérieur, tous morts. Là où *Woolworth* se dressait, il n'y avait plus rien. Juste un immense trou avec des nuages de poussière. Plus de bâtiments, que des tas de briques et de décombres et, tout en dessous, des gens qui criaient. »

Nanning pris par l'armée japonaise

Nanning, 25 novembre

Le Japon a annoncé la prise de Nanning, ancienne capitale de la province du Guangxi, à 160 km de la frontière indochinoise. Les forces japonaises progressent vers le sud depuis une semaine et la prise de Nanning signifie que la Chine est désormais coupée en deux. De source alliée, on ne confirme toujours pas la chute de la ville, mais on la tient pour probable (→ 30).

Raid sur Tokyo : un bilan peu flatteur

Saipan, 24 novembre
L'aviation américaine a lancé son premier raid de jour contre Tokyo, mais l'opération s'est soldée par un échec. Des 111 Superforteresses B-29 qui ont décollé de leurs nouvelles bases de Saipan, dans les îles Mariannes, pour un long parcours de 4 800 km, 17 ont dû déclarer forfait sur panne de moteur et seuls 24 ont pu lâcher leurs bombes à proximité de leurs objectifs. Leur cible principale, l'usine de Musachi de la Nakashima Aircraft Company, a été à peine touchée. L'un des B-29 a été éperonné en plein vol par un chasseur japonais, alors qu'un autre s'est écrasé, en panne de carburant. (→27)

La chute de Metz

Metz, 22 novembre
La ville fortifiée de Metz est tombée aux mains des Alliés après un siège de deux mois. C'est un Français qui a été nommé gouverneur militaire de la ville, après quatre ans d'occupation allemande. Mais ce sont les Américains qui sont venus à bout des deux dernières poches de résistance dans la ville, grâce à l'action conjuguée de la 5ᵉ division d'infanterie du général Patton au sud et de la 95ᵉ division d'infanterie au nord. La ville de Mulhouse a également été libérée. (→23)

Les forces françaises libèrent Strasbourg

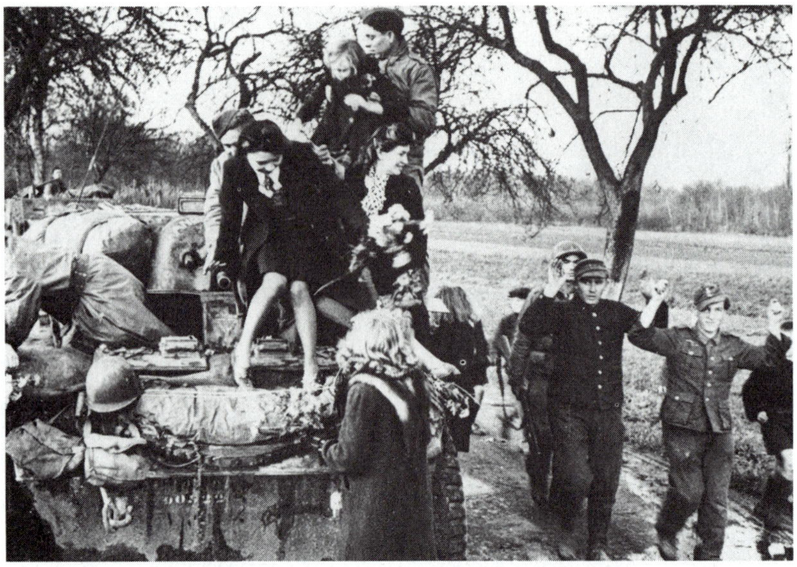

Accueil chaleureux pour les vainqueurs, retraite honteuse pour les vaincus.

Strasbourg, 23 novembre
Strasbourg vient d'être libéré par la 2ᵉ DB du général Leclerc. La veille, descendant des Vosges, elle s'était emparée de Saverne et de Phalsbourg. Le serment fait à Koufra, en Libye, de se battre jusqu'à ce que «le drapeau français flotte à nouveau sur Paris et sur Strasbourg» a été tenu. Les Allemands ont apparemment été pris par surprise et on annonce la capture de 4 000 prisonniers. Dans les locaux de l'Institut d'anatomie du Reich, qui fut fondé à Strasbourg par Himmler en 1940, des dizaines de corps décapités ont été retrouvés. Sur le front, toute l'attention se porte désormais sur la «poche de Colmar», un saillant qui s'enfonce dans les lignes alliées depuis 30 km environ au sud de Strasbourg jusqu'à Rosenau, au sud de Mulhouse, tenu par près de 50 000 soldats allemands. L'artillerie française a pris position sur le Rhin, à quelques kilomètres de Bâle, et pilonne les positions allemandes à Baden, sur la rive est. Les gares de triage ont été démolies et le trafic ferroviaire interrompu avec la Suisse. Des feux ont commencé à se propager dans la forêt Noire. Comme les bacs sur le Rhin ont été démolis, des unités allemandes piégées sur la rive ouest ont dû se réfugier en Suisse. (→29)

La guerre s'enlise en Italie, où les Alliés marquent une pause

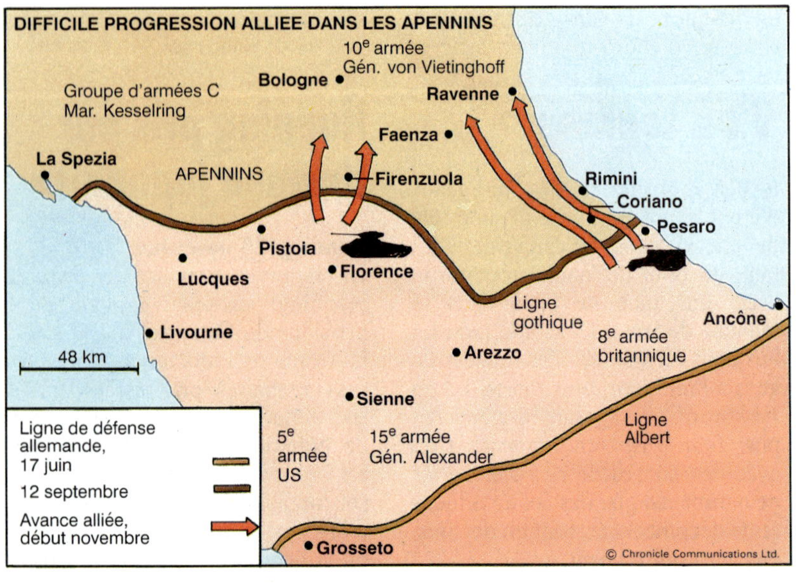

Italie du Nord, 20 novembre
Alors que l'hiver s'installe, le général Alexander, commandant en chef des forces alliées en Italie, a provisoirement interrompu la campagne. Ses chars se trouvent dans l'impossibilité de progresser plus avant, surtout avec les centaines de rivières à traverser dans la plaine marécageuse du Pô. La défense allemande a été particulièrement efficace, mais coûteuse. Les Allemands semblent tout aussi exténués que les soldats alliés et l'activité sur le front risque de se limiter cet hiver à des patrouilles et à des duels d'artillerie. Les Alliés vont en profiter pour s'entraîner, en particulier au passage des rivières et à la guérilla alpine qui les attend. (→26)

1944

Novembre

Di	Lu	Ma	Me	Je	Ve	Sa
			1	2	3	4
5	6	7	8	9	10	11
12	13	14	15	16	17	18
19	20	21	22	23	24	25
26	27	28	29	30		

26. Auschwitz : les derniers Sonderkommando, prisonniers ayant pour tâche de brûler ou d'incinérer leurs camarades gazés, sont massacrés.

27. Extrême-Orient : des B-29 américains bombardent Tokyo et Bangkok.

27. Iles Palau : les combats prennent fin à Peleliu. Sur tout l'archipel, les Américains ont eu 1 792 morts et 8 000 blessés pour 13 600 Japonais tués.

27. Auschwitz : 600 gardes du camp reçoivent la croix de fer, pour avoir réprimé la révolte du 7 octobre (→18.1.1945).

27. Mer de Norvège : l'aéronavale britannique coule un bateau-prison allemand. Sur les 2 248 prisonniers de guerre soviétiques à bord, seulement 415 survivent (→7.12).

27. Washington : Cordell Hull, secrétaire d'Etat depuis 1933, démissionne. Il est remplacé par Edward Stettinius.

27. Paris : venant d'URSS, Maurice Thorez débarque au Bourget. Il a été amnistié le 6 novembre de sa condamnation pour désertion en 1939 (→8.12).

28. Allemagne : les troupes de Patton franchissent la frontière et entrent en Sarre (→1.12).

29. Alsace : la 2ᵉ DB s'empare d'Erstein, à 15 km au sud-ouest de Strasbourg. Les positions de la 19ᵉ armée allemande se réduisent à une poche autour de Colmar, de Sélestat à Thann (→7.12).

29. Albanie : les Allemands évacuent Scutari, près de la frontière nord. Ils commencent à se replier vers le fleuve Drina, en Yougoslavie.

29. Pacifique : au large de la baie de Tokyo, le sous-marin américain *Archerfish* coule le porte-avions géant japonais *Shinano*, lors de sa première sortie. Il a navigué 20 heures.

30. Chine : Tchang Kaï-chek retire de Birmanie les 22ᵉ et 38ᵉ divisions chinoises. Elles vont renforcer les défenses de Kunming, désormais menacé par l'avance japonaise (→10.12).

30. Hongrie : l'Armée rouge prend Eger, à 100 km au nord-est de Budapest (→7.12).

L'Armée rouge aux portes de Budapest

Budapest, 29 novembre
Le maréchal Tolboukhine a échoué dans sa tentative de prendre directement Budapest, freiné par le mauvais temps et par une résistance acharnée de la part des Allemands et des Hongrois. L'Armée rouge a traversé le Danube au nord de son confluent avec la Drava et menace d'encercler la capitale hongroise, en remontant vers le nord en direction du lac Balaton. Ses troupes ont déjà parcouru 40 km, prenant la capitale provinciale de Paks, ainsi que le port de Mohacs, sur le Danube. Berlin a admis la nuit dernière que les armées allemandes dans le sud de la Hongrie étaient menacées par les Russes qui traversent le Danube « en très grand nombre ». (→ 30)

Un arsenal explose, causant 68 morts

Burton-on-Trent, 27 novembre
Un arsenal souterrain a explosé avec un stock considérable de bombes, faisant 68 morts et causant une déflagration gigantesque qui a été entendue à 100 km à la ronde. Les bombes, représentant l'équivalent de plusieurs centaines de raids aériens, ont creusé deux cratères à l'emplacement de l'arsenal, le plus grand mesurant 100 m de profondeur et près de un kilomètre de diamètre. Des bombes ont été projetées dans la campagne alentour, causant des dégâts dans un rayon de 5 km.

Le 30 novembre, Sir Winston Churchill fête ses 70 ans.

Les kamikazes japonais font mouche

Un Yokosuka P1Y1 « Frances » en flammes, un des avions des kamikazes.

Pacifique, 29 novembre
Les attaques-suicides des pilotes kamikazes se sont poursuivies en novembre, causant de graves soucis aux Américains. La situation est même devenue particulièrement sérieuse pour la flotte au large de Leyte. Le 1er novembre, déjà, un kamikaze avait écrasé son avion contre le destroyer *Abner Read* : le navire s'était retourné et avait sombré en l'espace de quelques minutes. Les porte-avions de la 3e flotte américaine apportant leur soutien aux troupes débarquées à Leyte ont également subi de nombreuses attaques : le 5 novembre, le *Lexington* était attaqué par quatre Zeke. Trois d'entre eux étaient abattus à temps, mais le dernier parvenait à s'écraser sur le flanc tribord, causant des pertes importantes.
Le 25 novembre, au moment même où les porte-avions étaient relevés de leur fonction à Leyte, un raid de kamikazes y semait la panique, endommageant pas moins de quatre porte-avions. Les débris d'un avion désintégré s'écrasaient sur le pont du *Hancock* et y mettaient le feu ; le *Cabot*, l'*Intrepid* et l'*Essex* étaient sérieusement touchés. Les cuirassés *Colorado* et *Maryland* subissaient, eux aussi, de lourds dégâts. Tous les marins américains, des amiraux aux simples matelots, se sentent concernés par le fléau que représentent les kamikazes : un avion kamikaze sur quatre fait mouche et un sur trente-trois coule un navire.

Le port d'Anvers ouvert aux Alliés

Anvers, 28 novembre
Le premier convoi britannique est arrivé à Anvers dans la liesse générale, sans avoir subi la moindre perte. Des canons, des obus, des véhicules et des vivres peuvent dorénavant être convoyés jusqu'à 100 km à peine du front. Les dragueurs de mines, qui nettoient l'Escaut depuis près d'un mois, ont remonté le fleuve à la tête du convoi, repêchant les dernières mines. Une escorte aérienne a suivi les navires, prête à repousser les avions allemands, mais aucun n'est intervenu.

L'effort de guerre anglais : un bilan

Londres, 28 novembre
Le gouvernement britannique a publié aujourd'hui un bilan de l'effort de guerre anglais. Ces chiffres étaient tenus secrets jusqu'à présent. On apprend ainsi que la productivité par habitant est plus forte en Grande-Bretagne que partout ailleurs : en cinq ans, les Anglais ont produit 102 600 avions, 25 000 chars et 722 navires de guerre. Au niveau des victimes, on compte un civil pour six soldats, et une habitation anglaise sur trois est soit endommagée, soit détruite.

Raids des Alliés sur le Reich : un conflit d'objectifs

Londres, 30 novembre
Les raids alliés sur l'Allemagne ont atteint une rare intensité. Hier, pas moins de 1 040 bombardiers américains escortés de 849 chasseurs ont attaqué la raffinerie de Misburg et la gare de triage de Hamm. La RAF est également de la partie. Ses Lancaster escortés de Mustang et de Spitfire ont attaqué à Dortmund au lever du jour, et ses Mosquito s'en sont pris à Duisburg, mais la plupart de leurs bombes ont manqué leur objectif. Essen et Neuss ont également été bombardés hier et avant-hier. L'intensité des opérations est telle que les usines d'armements ont du mal à soutenir la cadence des bombardements. Les raids alliés se déroulent sans opposition notoire de la Luftwaffe, qui a pratiquement disparu. Quant aux techniques alliées, elles se sont considérablement affinées depuis le débarquement sur les plages de Normandie.
Mais des discordes ont éclaté entre les Alliés. Alors que l'armée de l'air américaine s'en tient aux objectifs arrêtés, installations pétrolières et centres de communication, le responsable du Bomber Command de la RAF a, pour sa part, décidé d'en revenir au bombardement des villes allemandes. Sir Arthur Harris estime en effet que sa tactique finira par écourter la guerre. Mais elle attire la foudre des critiques, autant pour des raisons pratiques que morales. Le cardinal Bell a déjà fait connaître son opposition au Parlement, et Sir Charles Portal, chef de l'état-major de l'air, s'est opposé à Harris en démontrant que plus de la moitié de ses raids sont dirigés contre des civils. Harris ne démord pas de sa conviction, et cite comme contre-exemple la prétendue destruction de la capacité industrielle de la Ruhr. Harris balaie les questions de moralité d'une phrase : « La totalité des villes allemandes restantes ne vaut pas la vie d'un seul grenadier anglais. »

1944

Décembre

Di	Lu	Ma	Me	Je	Ve	Sa
					1	2
3	4	5	6	7	8	9
10	11	12	13	14	15	16
17	18	19	20	21	22	23
24	25	26	27	28	29	30
31						

1er. Allemagne : la 3e armée de Patton atteint la ligne de défense allemande sur la Sarre.

2. Birmanie : la 11e division d'Afrique orientale atteint le Chindwin à Kalewa (→ 10).

2. Moscou : de Gaulle, arrivé hier, rencontre Staline (→ 10).

3. Allemagne : les troupes de Patton traversent la Sarre (→ 5).

3. Athènes : la police tire sur des manifestants communistes.

4. Italie : le 1er corps canadien s'empare de Ravenne (→ 16).

5. Athènes : sur ordre de Churchill, les blindés britanniques ouvrent le feu sur une manifestation (→ 7).

6. Allemagne : à Merseburg-Leuna, la RAF bombarde l'une des plus grandes usines de carburant synthétique (→ 18).

7. Philippines : l'aviation américaine coule un convoi de renforts japonais destinés à Leyte. Les troupes du général Hodge débarquent dans la baie d'Ormoc, sous les attaques intensives des kamikazes.→

7. Hongrie : les 35 divisions soviétiques de Tolboukhine contrôlent la rive sud-ouest du lac Balaton.

7. Alsace : le général de Lattre déclenche l'offensive de la 1re armée française contre la poche de Colmar (→ 10).

7. Norvège : l'aéronavale britannique exécute une opération de mouillage de mines, au large de Stavanger.

8. Pacifique : une escadre navale américaine ainsi que des B-24 et des B-29 attaquent les bases japonaises d'Iwo Jima (→ 5.1.1945).

8. Allemagne : la 95e division américaine dépasse Sarrelouis pour percer la ligne Siegfried. Elle se heurte à une dure contre-attaque allemande (→ 12).

8. Paris : le GPRF crée les Compagnies républicaines de sécurité (CRS), pour accueillir les membres des milices patriotiques dissoutes (→ 23.1.1945).

9. Hongrie : les troupes soviétiques de Malinovski atteignent la boucle du Danube au nord de Budapest (→ 22).

La Grèce au bord de la guerre civile

Athènes, 7 décembre
Les chars et les troupes britanniques ont envahi les rues d'Athènes pour contenir une insurrection de l'Elas, l'Armée nationale populaire de libération, et de l'EAM, le Front national de libération. L'Elas est le bras militaire du KKE, le parti communiste grec. Des dizaines de personnes sont mortes au cours des troubles, qui ont commencé le 1er décembre lorsque George Papandhréou, Premier ministre social-démocrate du gouvernement de coalition provisoire, publia un décret visant à démobiliser les partisans tant de gauche que de droite qui s'étaient battus contre les Allemands. L'EAM se retira de la coalition gouvernementale en signe de protestation et appela à la grève générale. Le 3 décembre, de violents affrontements eurent lieu entre communistes et forces de police, faisant 12 morts. Le 5 décembre, Churchill ordonna au commandant des troupes britanniques en Grèce, le général Scobie, de restaurer l'ordre avec ou sans l'appui de Papandhréou et Scobie décréta la loi martiale. Aujourd'hui, aux premières lueurs de l'aube, l'Elas a investi la capitale, où les soldats anglais, dominés en nombre, ont monté des barricades pour leur tenir tête.
En Grande-Bretagne, les députés du parti travailliste condamnent fermement l'action de Churchill contre les « mouvements populaires qui ont activement contribué à battre les nazis ». Mais, pour Churchill, aucun gouvernement n'est tranquille si des armées privées « prêtent serment à des groupes, des partis, des idéologies, plutôt qu'à leur nation ». (→ 15)

Le défilé d'adieu des Home Guards

Dernier défilé de la Home Guard devant la reine à Hyde Park.

Londres, 3 décembre
Les contingents de la Home Guard sont accourus de tous les coins de la Grande-Bretagne pour participer à leur grand défilé d'adieu au cœur de Londres. La parade a commencé à Hyde Park dans le West End, où les gardes ont salué le roi, la reine et les ministres, avant de parcourir 5 km à travers le centre-ville, acclamés par la foule des Londoniens venus les voir une dernière fois. La parade a été conduite par les hommes du district de Londres et les artilleurs antiaériens qui ont défendu la capitale contre les bombes volantes. Vingt-neuf sections étaient représentées, dont la Home Guard américaine constituée d'Américains vivant à Londres. Dans un communiqué, George VI a déclaré ce soir : « Vous avez montré comment des hommes de milieux et de métiers si différents pouvaient œuvrer ensemble à une grande cause. Je suis fier de ce que la Home Guard a accompli et je vous remercie du fond du cœur. »

« Henri V » : un film de Laurence Olivier

Laurence Olivier en Technicolor.

Londres, 1er décembre
Shakespeare n'a pas fini de fair vibrer la fibre patriotique des An glais : le film *Henri V*, signé d Laurence Olivier, draine une foul considérable vers les salles de c néma en cette fin d'année. Olivie l'a lui-même produit et réalisé et tient le rôle principal. Mais les cr tiques sont partagés : « Techn color clinquant et trop long d'un demi-heure, obscur et vulgaire pa moments », dit le *News Chr nicle*. Le *People* le gratifie po sa part du « film le plus ambitieu difficile, ennuyeux, magnifique, e citant et déconcertant jamais pr duit ». Et l'*Observer* de porter a nues la scène de la charge de cavalerie française, sur une mus que de William Walton. Le para lèle entre la bataille d'Azincourt 1415 et de l'Europe de 1944 n'e pas perdu pour tout le monde. (→ 3

Femmes recrutées

Allemagne, 5 décembre
L'armée et l'aviation recrutent femmes de plus de dix-huit a comme auxiliaires dans la Wel macht et la Luftwaffe, afin d'e voyer plus d'hommes au fro Pour Gertrud Scholtz-Klink, s nommée la Reichsfrauenführer dirigeante de l'Œuvre allema des femmes, « l'ennemi, plein haine, est résolu à annihiler peuple allemand ».

Patton franchit la Sarre

Le commandant allemand du fort Saint-Quentin se rend aux Alliés.

Sarre, 5 décembre
La 3e armée du général Patton continue de déferler dans le bassin de la Sarre par les trois têtes de pont établies sur le fleuve. Les troupes américaines se lancent à l'assaut de l'importante zone industrielle allemande et ont porté le front à 15 km au-delà du fleuve. Elles ne sont plus qu'à 8 km de la capitale régionale, Sarrebruck, tandis que les combats continuent à Sarreguemines où les Allemands livrent une résistance acharnée. Saarlautern est tombé aux mains des Alliés et la première ceinture de la ligne Siegfried est menacée. Le fort Saint-Quentin, l'un des trois forts tenus par les Allemands dans la région de Metz, à l'arrière du front, vient également de tomber et les Alliés y ont fait 600 prisonniers. Pour la petite histoire, Mme le représentant Clare Booth Luce, épouse de l'éditeur du magazine *Time*, a fait une visite au front avec d'autres membres de la Chambre des représentants et a été invitée par les troupes à tirer à l'obusier de 155 mm contre les positions allemandes.

« Rose de Tokyo » : la sirène japonaise

Philippines, 7 décembre
Il y a une voix que les troupes américaines dans le Pacifique ont appris à reconnaître : c'est celle de « Rose de Tokyo », Américaine d'origine japonaise qui anime un programme de propagande sur Radio Tokyo destiné aux soldats américains. Son message est loin d'être subtil : de sa voix suave et langoureuse, « Rose », de son vrai nom Iva Ikuko Toguri d'Aquino, susurre aux GI que leurs petites amies laissées aux Etats-Unis les trompent. Ce qu'elle ne risque pas de mentionner ce soir, c'est que les Américains ont réussi leur débarquement à Ormoc Bay, dans l'île de Leyte. (→ 10)

Heilbronn dévasté par un raid allié

Londres, 5 décembre
Le responsable du Bomber Command, Sir Arthur Harris, continue sa campagne de raids contre les villes allemandes. La nuit dernière, 282 Lancaster et 10 Mosquito ont attaqué Heilbronn, ville située sur l'axe ferroviaire nord-sud de l'Allemagne. Le bombardier de tête a coordonné l'attaque, lâchant des bombes éclairantes et dirigeant les Lancaster sur leur cible. Une première vague de bombes explosives a ébranlé la ville, suivie de 2 000 tonnes de bombes incendiaires. Depuis, Heilbronn est en flammes. On évalue le nombre des victimes à 7 000. Quant à la RAF, elle a perdu 12 Lancaster.

1944

Décembre

Di	Lu	Ma	Me	Je	Ve	Sa
					1	2
3	4	5	6	7	8	9
10	11	12	13	14	15	16
17	18	19	20	21	22	23
24	25	26	27	28	29	30
31						

10. Alsace : au sud de la poche de Colmar, la 2e division marocaine du général de Lattre libère Thann (→ 17).

10. Berlin : Hitler part pour Bad Nauheim, son nouveau QG du front ouest.

10. Moscou : en présence de De Gaulle et de Staline, Bidault et Molotov signent le traité d'alliance et d'assistance mutuelle franco-soviétique.

10. Leyte : les Américains s'emparent d'Ormoc (→ 15).

10. Chine : les forces japonaises de l'opération *Ichi-Go* font leur jonction avec les garnisons d'Indochine. Elles contrôlent la voie ferrée vitale reliant la Chine à l'Indochine (→ 23).

10. Birmanie : les ingénieurs alliés achèvent la construction du pont Bailey (346 mètres de long) sur le Chindwin.

11. Bad Nauheim : Hitler expose l'opération *Brouillard d'automne* aux officiers du front ouest. Il s'agit d'une grande offensive dans les Ardennes, destinée à reprendre Anvers. Von Manteuffel constate que Hitler est « un homme brisé, au teint maladif, aux mains tremblantes » (→ 16).

12. Allemagne : les forces allemandes se replient sur la rive orientale de la Ruhr.

13. Lorraine : le fort Saint-Jacques à Metz, le dernier tenu par la Wehrmacht, capitule.

13. France : le GPRF nationalise les Houillères du Nord et du Pas-de-Calais (→ 16.1.1945).

13. Mer de Sulu : des kamikazes attaquent la 7e flotte américaine, en route pour l'invasion de Mindoro. Le croiseur *Nashville* est gravement endommagé (→ 15).

15. Birmanie : les Chinois prennent Bhamo. La garnison japonaise s'est échappée (→ 20).

15. Tchécoslovaquie : une unité soviétique, venant de Hongrie, établit une tête de pont à Sahy.

16. Italie : la 8e armée britannique prend Faenza (→ 26).

16. Océan Indien : l'aéronavale britannique attaque les installations pétrolières de Belawan-Deli, à Sumatra (→ 4.1.1945).

Glenn Miller et son avion disparaissent

Nord de Londres, 16 décembre
On est toujours sans nouvelles du major Glenn Miller. Le célèbre chef d'orchestre a décollé hier de Abbots Ripton à bord de l'avion d'un colonel américain, sous une pluie battante, alors que tous les autres vols étaient annulés. Il se rendait à Paris pour y rejoindre son orchestre et donner un concert à la demande du général Eisenhower. L'orchestre, qui doit jouer le 21, n'est pas encore prévenu de sa disparition. Glenn Miller dirige l'American Band du corps expéditionnaire. Il a donné 71 concerts depuis son arrivée en Grande-Bretagne, il y a six mois.

Glenn Miller est porté disparu.

Bonny et Lafont condamnés à mort

Paris, 13 décembre
Neuf Français, qui étaient membres de la Gestapo, ont été condamnés à mort aujourd'hui. Parmi eux se trouvent Henri Lafont, ancien vendeur de voitures, un des responsables du quartier général de la Gestapo, rue Lauriston, à Paris, ainsi que son associé, l'ancien inspecteur de police Pierre Bonny, qui avait fait parler de lui durant l'affaire Stavisky. Le procès a duré douze jours, pendant lesquels la cour a entendu d'horribles récits de tortures et d'exécutions sommaires. Des douze « gestapistes » initialement inculpés, l'un est mort de diabète en détention et deux autres ont été condamnés à la prison à vie. (→ 26) ▷

Impact d'un V2 sur un cinéma d'Anvers

Anvers, 16 décembre
Un V2 s'est écrasé sur le cinéma Rex de l'avenue de Keyser à Anvers, faisant 567 victimes, dont 296 soldats alliés. Dans la salle pleine à craquer, 1 200 spectateurs assistaient à la projection de *Buffalo Bill.* Soudain, un éclair fusa, toit et balcon s'écroulèrent sur le public. En conjonction avec l'offensive des Ardennes, les Allemands font porter leurs attaques de V2 sur Anvers plutôt que sur Londres. Il y a trois semaines, un V2 y tuait 152 personnes. Celui d'aujourd'hui a été tiré d'Enschede aux Pays-Bas, base distante de 200 km seulement. (→ 24)

La guerre civile reprend en Grèce

Athènes, 15 décembre
Le soleil se couche derrière le Parthénon dans le vacarme des tirs d'artillerie. Après une courte pause au cours de laquelle les autorités britanniques et grecques ont tenté de trouver un règlement à la guerre civile qui secoue le pays, Athènes est de nouveau la proie des combats. Des parachutistes anglais sont assiégés dans l'Acropole et le quartier général britannique est pris sous le feu de canons de 75 mm. Les positions tenues par l'Elas sont elles-mêmes menacées par les chars et l'aviation anglaises.

Désaccord allié sur la Pologne

Londres, 15 décembre
Les Alliés sont divisés quant à l'avenir politique de la Pologne. Winston Churchill a souligné la position britannique dans un discours à la Chambre des communes. Ses porte-parole ont précisé que le Premier ministre est à la recherche d'un compromis, mais dans son discours Churchill a surtout déploré le manque d'engagement des Américains, qui ne se sont pas clairement prononcés sur la question russo-polonaise. Or, le risque d'un grave désaccord entre les Alliés est trop grand pour que la question soit remise à plus tard.

Contre-attaque dans les Ardennes

La contre-offensive des divisions Panzer dans les Ardennes est soutenue par treize divisions d'infanterie.

Ardennes, 16 décembre
A 5 h 30 ce matin, dans les Ardennes, les GI ont connu un réveil brutal : le silence des collines enneigées a été brisé par un violent barrage d'artillerie qui a duré toute une heure. A peine était-il terminé que la première division allemande émergeait de la brume glaciale et fondait sur les Alliés. L'offensive, que le maréchal von Rundstedt a planifiée, a pour objectif d'enfoncer le front américain là où il est le plus fragile – dans les Ardennes, où ils estimaient une opération allemande peu probable –, et de reprendre l'important port stratégique d'Anvers aux Alliés. Vingt divisions allemandes sont mobilisées pour l'opération, dont les sept divisions blindées de la 6e armée du général Dietrich et de la 5e armée Panzer du général von Manteuffel, ainsi que quatre divisions d'infanterie de la 7e armée du général Brandenberger. Un vent de panique a soufflé sur les troupes américaines, fortes seulement de six divisions sur un front de 100 km, soit 83 000 hommes et 420 chars contre 250 000 hommes et 950 chars pour les Alle mands. Si Dietrich parvient à pren dre les ponts sur la Meuse au sud d Liège et à atteindre Anvers, il pour rait alors couper les troupes d 21e groupe d'armées du généra Montgomery du gros des troupe américaines. Mais, ce soir déjà malgré leur succès initial, les Alle mands piétinent, contenus par le Américains à Malmédy au nord e à la frontière luxembourgeoise a sud. Mais la route qui mène à Bas togne, ville stratégique, leur rest grande ouverte. (→ 20)

L'effet de surprise et le brouillard ont favorisé les Allemands

Ardennes, 16 décembre
La contre-offensive de la Wehrmacht dans les Ardennes, qui a débuté ce matin, a pris les troupes américaines par surprise. Les Allemands ont en effet su entourer leur opération du plus grand secret. Mais d'autres raisons expliquent leur succès. D'une part, le moral des assaillants est en hausse, et durant les deux premières semaines de décembre, seuls quatre soldats allemands ont déserté pour se rendre aux Alliés. D'autre part, le brouillard a empêché les Alliés de profiter de leur supériorité aérienne, et la tactique des Allemands d'enfoncer leurs chars loin dans les lignes alliées a semé la confusion chez les Américains. Enfin, le lieutenant-colonel SS Otto Skorzeny s'est infiltré dans les lignes alliées avec ses hommes déguisés en soldats américains. Mais le succès de la contre-offensive nazie repose sur leur ca pacité à tenir leur rythme initial. O le sol détrempé et les forêts touffue leur causent déjà des problèmes d mobilité, et leurs réserves d'essenc sont si basses qu'ils n'ont d'autr solution que de prendre le plus vi possible des dépôts de carburan américains. Enfin, il leur faut su tout compter sur la persistance d brouillard, sinon l'aviation allie fera un carnage.

Les Américains débarquent à Mindoro

Mindoro, 15 décembre
Les troupes du général MacArthur ont débarqué sur l'île de Mindoro, deuxième étape de leur offensive dans les Philippines. Les Américains sont maintenant à portée immédiate de l'île principale de Luçon, qui leur fait face de l'autre côté du détroit. C'est à 7 h 35 ce matin que les troupes de la 24e division ont débarqué à Mindoro, établissant rapidement un front large de 14 km et profond de 18 km. La résistance des Japonais a été faible, leur garnison dans l'île ne dépassant pas cent soldats. Les Américains ont pris la ville de San Jose et quatre pistes d'atterrissage désaffectées. MacArthur projette de bâtir des pistes supplémentaires à Mindoro de façon à étendre la couverture aérienne des Alliés jusqu'au golfe de Lingayen et à la baie de Manille, distantes de 250 km au nord, pour en interdire l'accès à la marine japonaise. Pour empêcher les avions japonais basés à Luçon d'attaquer les troupes américaines à Mindoro, les porte-avions de la 3e flotte ont envoyé leurs appareils bombarder les bases japonaises près de Manille, détruisant et endommageant 242 avions ennemis. Mais ce sont les tempêtes tropicales qui ont le plus handicapé les Américains, des vagues de 25 mètres causant la perte de 3 destroyers et de 719 hommes d'équipage.

Les roquettes fusent sur Mindoro.

Black-out sur les suicides des kamikazes

Golfe de Leyte, 15 décembre
Les correspondants de guerre alliés ont reçu l'interdiction de rapporter les attaques suicides des kamikazes, black-out décrété par MacArthur et l'amiral Nimitz. Les kamikazes ont mis hors d'état un porte-avions et deux destroyers prenant part à l'invasion de Mindoro. MacArthur et Nimitz craignent que la divulgation des attaques suicides ne sème la panique aux Etats-Unis et justifient la censure en arguant que le black-out empêchera les Japonais de juger de l'efficacité de leurs attaques.

11 décembre. Des Françaises libérées d'une prison allemande, dans le village alsacien de Haguenau, laissent exploser leur joie.

1944

Décembre

Di	Lu	Ma	Me	Je	Ve	Sa
					1	2
3	4	5	6	7	8	9
10	11	12	13	14	15	16
17	18	19	20	21	22	23
24	25	26	27	28	29	30
31						

17. Alsace : les troupes de la 1re armée française prennent Kaysersberg et Ammerschwihr à 6 km de Colmar (→ 20.1.1945).

18. Pacifique : un typhon fait chavirer trois destroyers de la 3e flotte américaine au large des Philippines. 150 appareils sont éjectés des ponts des porte-avions (→ 25).

18. Allemagne : l'aviation américaine attaque des cibles stratégiques à Cologne, Bonn, Coblence et Mayence (→ 23).

18. Paris : parution du premier numéro du journal *le Monde*.

19. Versailles : Skorzeny lance la rumeur d'une tentative d'assassinat contre Eisenhower par un commando d'hommes deguisés en prêtres et en religieuses. Il ne quitte plus son QG, et donne le commandement des 1re et 9e armées américaines à Montgomery.

20. Birmanie : la 19e division indienne s'empare de Kawlin, au nord (→ 4.1.1945).

20. Belgique : les Allemands encerclent la 101e division aéroportée et les 9e et 10e divisions blindées américaines à Bastogne. Les Alliés imposent le black-out sur les nouvelles du front des Ardennes.

20. Allemagne : le général Patton commence à déplacer des unités de la 3e armée, de la Sarre vers les Ardennes.

21. Ardennes : les Allemands s'emparent de Saint-Vith. Par manque de carburant, la 2e division Panzer SS reste immobilisée toute la journée, n'ayant pas réussi à s'emparer des dépôts américains.

22. Ardennes : les Allemands atteignent Saint-Hubert, à 40 km de la Meuse. La région de Saint-Vith est évacuée par les Américains. Patton lance sa contre-attaque au sud de Bastogne, avec 3 divisions.→

22. Hongrie : Miklos Dalnoky forme un gouvernement provisoire hongrois, à Debrecen (→ 29).

23. Ardennes : un vent glacial dégage le plafond très bas qui empêchait l'intervention de l'aviation alliée. Seize C-47 parachutent du ravitaillement aux assiégés de Bastogne (→ 25).

Une base de la RAF attaquée par l'Elas

Athènes, 20 décembre
Les rebelles grecs de l'Elas ont attaqué un quartier général de la RAF à Kifisia, à 15 km au nord d'Athènes. Les hommes se sont barricadés dans un hôtel en ruine, faisant front aux rebelles communistes jusqu'à l'arrivée des renforts britanniques, chars et voitures blindées en tête. Un communiqué de l'armée britannique fait état de femmes et d'enfants prenant part à l'assaut, armés de mortiers et d'artillerie légère. A Athènes même, l'Elas a attaqué et mis le feu à une prison où des collaborateurs attendaient d'être jugés. (→ 28)

Les rebelles de l'Elas à l'attaque.

Indochine : l'armée populaire de Giap

Tonkin, 23 décembre
Des communiqués en provenance d'Indochine française affirment que des unités militaires Viêt-minh seraient en voie de formation près de la frontière chinoise. A leur tête se trouve Vô Nguyên Giap, un ancien professeur de philosophie d'Hanoi, qui s'est déjà distingué en organisant des bandes de guérilleros en Indochine. Meneur brillant et énergique, Giap forme son armée populaire dans le but d'attaquer les postes militaires français en Indochine. Il annonce avoir équipé son armée de mitraillettes, de fusils de modèles récents et de grenades. (→ 19.1.1945) ▷

Ardennes : les Allemands attaquent Bastogne

Encerclement des forces américaines

Bastogne, 22 décembre
Plusieurs milliers de soldats américains de la 28e division d'infanterie et des 10e et 101e divisions aéroportées sont assiégés à Bastogne. Deux divisions Panzer et une division d'infanterie encerclent la ville et ont communiqué un ultimatum ce matin aux Américains, les sommant de se rendre. Le général Anthony McAuliffe a répondu par ce court message : « A l'intention du commandant allemand : des nèfles ! Signé : le commandant américain. » Incroyable désinvolture, car les Américains sont, en fait, dans une situation plus que précaire, à Bastogne comme ailleurs. Les Panzer font route vers Ourtheville au nord-ouest et vers Celles au sud, à peu de distance de Dinant et de Namur. Plus au nord les Américains, qui, sur 22 000 hommes, en ont perdu 8 000 à Saint-Vith, battent en retraite. Au quartier général à Versailles, Eisenhower vient de rencontrer Bradley, Patton et Devers, du 6e groupe d'armées engagé en Lorraine. Le bilan est sombre : une partie du 12e groupe d'armées de Bradley, coupé du gros des troupes dans le saillant des Ardennes, va être transféré sous les ordres de Montgomery. Bradley a mal pris la nouvelle, d'autant plus que Montgomery aurait fait récemment une entrée remarquée et quelque peu chancelante dans un QG américain et y aurait refusé une invitation à déjeuner. Mais, sur le champ de bataille, le vent pourrait être en train de tourner. Les attaques allemandes sont continuellement enrayées, aussi bien par les poches de résistance américaines que par les pénuries d'essence qui frappent leurs troupes. Quant aux prévisions météorologiques, elles annoncent la fin de la pluie glacée et des nuages bas qui empêchaient les Alliés, jusqu'à présent, d'exploiter leur suprématie aérienne. Patton, entretemps, a retiré ses troupes du front de la Sarre et se dirige avec plus de 130 000 véhicules vers Bastogne, que contre toute attente il va parvenir à rallier avant la nuit.

Un char américain Sherman profite de son nouveau camouflage.

Des prisonniers américains gisent dans un champ, abattus par les SS.

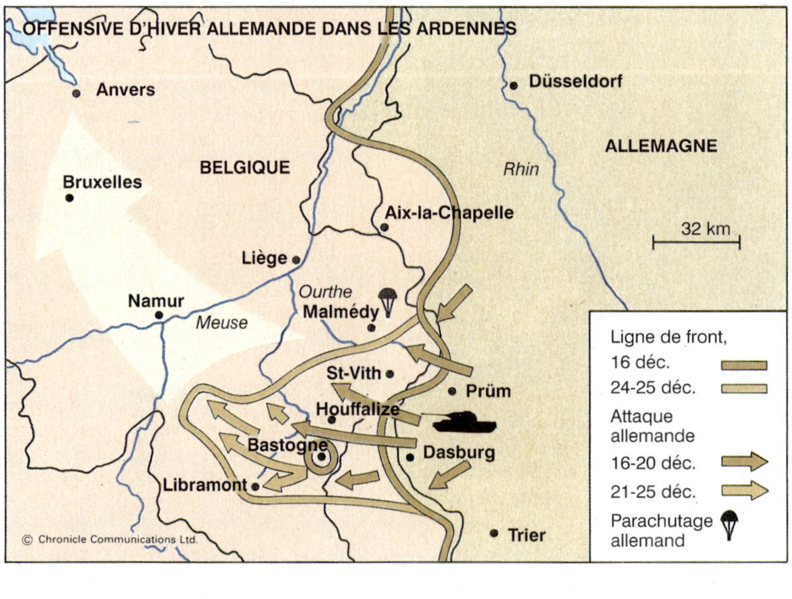

Crimes de guerre des SS à Malmédy

Belgique, 17 décembre
Un groupe de réglage d'artillerie américain de 125 hommes faiblement armés est tombé nez à nez près du village de Malmédy avec les Panzer du lieutenant-colonel SS Jochen Peiper. Sans protection ni armes lourdes, les Américains se sont rendus aux Allemands. La suite est confuse : depuis l'un des blindés, un SS abat un prisonnier à bout portant, puis les autres Américains sont poussés dans un champ près de la route. Un blindé Hanomag pointe sa mitrailleuse sur le groupe et ouvre le feu, fauchant les hommes sans défense. Les SS reprennent alors leur chemin, laissant derrière eux près de la moitié des fantassins morts dans le champ enneigé, les autres ne valaient guère mieux. A la nuit tombée, quelques-uns des survivants parviennent à rallier Malmédy. La nouvelle circule au front et les Américains n'en sont que plus résolus à se battre jusqu'au dernier. (→ 21)

Des nazis se font passer pour des GI

Huy, 18 décembre
Un soldat américain particulièrement bavard est venu relever l[a] garde d'un pont sur la Meuse. Au[x] troupes américaines en route vers l[e] front, il a pu donner des nouvelle[s] bien inquiétantes, en particulier su[r] les terribles ravages qu'y feraient le[s] Panzer allemands. Il a fallu un cer[tain] temps aux Alliés pour se rendr[e] compte que cet Américain n'éta[it] autre qu'un soldat allemand bili[n]gue, déguisé en GI. Il fait partie d[u] nouveau plan de Hitler, mis en œ[u]vre par le lieutenant-colonel Ott[o] Skorzeny, qui consiste à faire pass[er] des soldats déguisés derrière l[es] lignes américaines pour y semer [la] panique et saboter les systèmes [de] communication. Les Américai[ns] sont maintenant obligés de faire d[es] contrôles d'identité et de poser a[ux] suspects des questions pièges, q[ue] ce soient les scores de base-ball [ou] le nom du chien de Roosevelt. (→ 3

Le réseau allemand de communication gravement touché

Allemagne, 23 décembre
Le système de transport allemand est au bord de la paralysie totale. Le réseau ferroviaire est surchargé par les incessants déplacements de troupes vers les différents fronts, auxquels s'ajoutent le transport des réfugiés du front russe et le convoyage de milliers de prisonniers et de déportés. Lors des premières années de la guerre, l'aviation alliée avait concentré ses raids sur les systèmes de transports en Belgique et en France. Mais, depuis septembre dernier, c'est l'Allemagne elle-même qui est prise pour cible et ses routes, voies ferrées, ponts, voies fluviales et terrains d'aviation sont périodiquement bombardés.
Les civils doivent désormais se munir d'autorisations spéciales pour prendre le train, et seuls les voyages professionnels ou pour des motifs personnels urgents sont autorisés. Dans les villes, les citadins se rendent au travail accrochés en grappes aux tramways. Quant aux bicyclettes, elles sont réquisitionnées pour des usages en rapport direct avec la guerre.

Une nouvelle unité pour l'arme secrète

Wendover, Utah, 17 décembre
Une nouvelle unité de bombardement top secret, le 509e groupe composite, a été mise sur pied et suit un entraînement spécial sur les rives du Grand Lac Salé, dans l'Utah. Seul le commandant du groupe, le colonel Paul Tibbets, en connaît la mission. Il est probable que le 509e groupe s'entraîne en vue du largage d'un nouveau type de bombe sur le Japon, la bombe atomique. La base aérienne de Wendover a été choisie en raison de son fort ensoleillement : 300 jours par an. Les pilotes utiliseront des B-29 pour larguer des maquettes de bombes depuis des altitudes de 000 à 10 000 mètres. Il s'agit de mettre au point une technique spéciale de largage en piqué, car la nouvelle bombe produira de monumentales ondes de choc qu'il leur faudra éviter. (→ 30)

1944

Décembre

Di	Lu	Ma	Me	Je	Ve	Sa
					1	2
3	4	5	6	7	8	9
10	11	12	13	14	15	16
17	18	19	20	21	22	23
24	25	26	27	28	29	30
31						

24. Manche : le paquebot belge *Léopoldville* est coulé au large de Cherbourg par l'*U-486*. Il transportait 2 237 soldats américains : 782 morts.

24. Grande-Bretagne : 45 Heinkel He 111 modifiés lancent en vol 31 V1 sur Manchester. 17 atteignent leur cible.

25. Philippines : les troupes d'élite japonaises de Luçon sont transférées à Mindanao.

25. Ardennes : les Allemands atteignent Celles, à 6 km de la Meuse. Ils sont arrêtés par la contre-offensive de la 2e division blindée américaine, qui détruit 80 Panzer (→ 26).

26. Philippines : une escadre navale japonaise bombarde la tête de pont américaine à Mindoro (→ 4.1.1945).

26. Italie : la 14e armée allemande lance en vain une contre-attaque dans la vallée du Serchio (→ 5.4.1945).

26. Paris : Henri Lafont et Pierre Bonny, anciens membres de la Gestapo française, sont exécutés (→ 27.1.1945).

26. France : le gouvernement rembourse à la Belgique les 10 milliards d'or déposés par la Banque centrale de Belgique à la Banque de France. Laval les avait remis aux Allemands.

26. Bad Nauheim : Guderian, convaincu que l'offensive des Ardennes finira sur un échec, tente en vain de persuader Hitler de l'annuler. (→ 9.1.1945).

27. Atlantique : l'escorteur canadien *St. Thomas*, du convoi HX-327, coule l'*U-877*.

29. Hongrie : les chars de l'Armée rouge entrent à Budapest. Les Allemands ont abattu les deux émissaires soviétiques envoyés pour négocier une reddition (→ 31).

30. Etats-Unis : à Los Alamos, les savants atomistes du projet *Manhattan* estiment que la bombe atomique sera prête à la fin de juillet 1945 (→ 31.1.1945).

31. Versailles : Eisenhower donne l'ordre à Montgomery d'abandonner la stratégie misant sur l'épuisement des Allemands et de monter une attaque au nord du front des Ardennes (→ 7.1.1945).

La Hongrie déclare la guerre au Reich, tandis que Budapest est pris d'assaut

La bataille de Budapest : les soldats soviétiques prennent position.

Budapest, 31 décembre
Le gouvernement national provisoire de Hongrie, constitué sous l'égide des Soviétiques, s'est réuni aujourd'hui dans la ville libérée de Debrecen. Son cabinet a décidé à l'unanimité de déclarer la guerre à l'Allemagne, précisant que seule la victoire des Alliés pourra « renforcer l'indépendance de la Hongrie ». Pendant ce temps, les combats font rage à Budapest : l'Armée rouge encercle la capitale, chèrement défendue par les Allemands et leurs alliés hongrois. La bataille est sanglante et sans merci, surtout depuis que les défenseurs de la ville ont abattu de sang-froid deux officiers soviétiques venus, sous couvert du drapeau blanc, leur présenter les termes d'une reddition. Les troupes soviétiques ont réussi à pénétrer dans l'enceinte de la ville et à occuper plusieurs pâtés de maisons. Leur artillerie pilonne la ville et une épaisse fumée flotte sur les bâtiments en flammes. Mais les défenseurs n'ont pas dit leur dernier mot : ils sont solidement retranchés avec mortiers et mitrailleuses, les rues sont minées et leurs tireurs sont embusqués sur les toits. Les défenseurs ont pour ordre de se battre jusqu'au dernier. Après le meurtre des deux officiers soviétiques, ils n'ont guère le choix.

Sorties des chaînes de Detroit, des ambulances prêtes pour le front.

Bastogne libéré par une contre-attaque alliée

Des fantassins américains progressent dans un bois, non loin de Bastogne.

Des blindés américains attendent les ordres sur la route de Bastogne.

Bastogne, 26 décembre
A la tombée de la nuit, les sentinelles postées sur les lignes sud de défense de la ville ont signalé l'approche de trois chars « apparemment amis ». Il s'agissait en effet de trois Sherman de la 4e division blindée du général Patton, qui vient de traverser le Luxembourg. Cela signifiait que le siège de la ville par les Allemands était levé.
Les troupes américaines ont engagé leur offensive il y a six jours. « Foncez », leur a simplement dit Patton. Leur progression a été retardée par le parachutage de soldats allemands chargés de défendre chaque parcelle de terrain.
Pendant ce temps, les Américains assiégés dans Bastogne ont cru leur dernière heure arrivée. Le jour de Noël a été marqué par un intense bombardement aérien suivi d'une attaque de Panzer dirigée contre les défenses ouest de la ville. Les combats ont duré toute la journée. Les blindés allemands ont toutefois été sérieusement accrochés par les hommes du 101e régiment aéroporté et divers autres renforts rassemblés avec difficulté. Le soir, l'assaut était enfin repoussé.
L'échec des Allemands à Bastogne, ville située au croisement de cinq grandes voies de communication, marque certainement le point de non-retour de leur opération risquée dans les Ardennes. Observant la règle de la mobilité maximale des blindés inhérente au Blitzkrieg, les régiments Panzer de von Manteuffel, incapables de prendre Bastogne, ont continué vers la Meuse. Mais le succès de 1940 ne se répétera pas. Depuis trois jours, les positions allemandes sont pilonnées par l'aviation alliée. L'avant-garde de leurs troupes a été stoppée à Celles. Aujourd'hui, ce qui reste des régiments Panzer a commencé à faire retraite. Von Manteuffel est furieux de l'incapacité dans laquelle s'est trouvé Hitler de lui fournir les renforts qu'il exigeait au moment où il en avait besoin. Ce n'est qu'aujourd'hui qu'on lui a accordé la possibilité de disposer des réserves existantes, alors que celles-ci sont à présent immobilisées par manque de carburant.
Si le groupe de combat de Peiper avait poussé vers Stavelot il y a dix jours, il aurait pu mettre la main sur d'énormes réserves américaines de fuel. Maintenant à court d'approvisionnement, Peiper a dit à ses hommes qu'ils n'avaient plus qu'à rentrer à la maison : ils ne sont plus que 800 sur 4 000 initialement.
Hitler a été informé aujourd'hui qu'il ne lui fallait plus compter comme il le faisait jusqu'alors, sur la prise d'Anvers. Même la Meuse est à présent hors de portée des Allemands. Quand von Manteuffel a rendu compte à Hitler de la contre-offensive alliée et de son propre repli, celui-ci lui a ordonné de stopper le retrait de ses troupes. Von Rundstedt, le très sceptique commandant en chef de l'offensive des Ardennes, a commenté laconiquement : « C'est un second Stalingrad qui se prépare. » (→ 1.1.1945)

Les commandos de faux GI de Skorzeny sont exécutés

Ardennes, 31 décembre
Les Américains ont trouvé une solution simple et – espèrent-ils – efficace au problème de l'infiltration des commandos de faux GI dirigés par Skorzeny à l'intérieur de leurs lignes. Trois de ces Allemands faits prisonniers en uniforme américain ont été passés par les armes aujourd'hui. Quinze autres attendent de subir le même sort. Les Américains sont à présent très vigilants. Le général Bradley raconte comment il s'est vu demander à un barrage routier qui était le mari de Betty Grable ! Aucun vrai Américain n'ignore en effet qu'il s'agit du trompettiste Harry James.

Tous les Allemands déguisés en GI sont passibles du peloton d'exécution.

Des jets effectuent un bombardement

Allemagne, 24 décembre
Pour la première fois aujourd'hui des avions à réaction ont accompli une mission de bombardement. Peu avant 11 h ce matin, une escadrille d'Arado 234B allemands basés à Munster-Handorf et dirigés par le capitaine Dieter Lukesch ont effectué un raid contre une usine et une gare de triage de Liège, en Belgique. Tous les appareils sont rentrés. L'un d'eux a simplement endommagé son train à l'atterrissage. Un peu plus tard, les mêmes avions sont retournés sur la même cible avec le même succès. (→ 1.1.1945)

Grands classiques et exploits guerriers sur scène et au cinéma

Grande-Bretagne, décembre

Tandis que, dans Paris libéré, *Huis clos* de Jean-Paul Sartre rallie tous les suffrages, ce sont les grands classiques qui continuent à faire recette sur les scènes d'outre-Manche.

Les trois personnages de Sartre ne peuvent échapper à leur tête-à-tête et découvrent bientôt que « l'enfer, c'est les autres ». L'auteur, qui est aussi philosophe et romancier, prône l'engagement politique des intellectuels. Il a lui-même joué un certain rôle dans la Résistance en France.

En revanche, à Londres cette saison, la tradition l'emporte et les amateurs des drames de Shakespeare ou des comédies de l'époque de la restauration britannique ont été comblés. Le plus grand événement de l'année a certainement été la reprise des activités de l'Old Vic Company, qui s'est reconstituée au New Theatre sous la direction de Ralph Richardson et de Laurence Olivier, tous deux libérés de l'aéronavale, et de John Burrel.

Cette compagnie a inauguré ses représentations le 31 juillet avec *Peer Gynt*, d'Ibsen, mis en scène par Tyrone Guthrie, avec Richardson dans le premier rôle et la participation de Laurence Olivier. Les deux hommes se sont retrouvés dans *Arms and the Man*, de George Bernard Shaw, Olivier interprétant un merveilleux Sergius et Richardson un Buntschli tout aussi réussi.

Dans *Richard III*, de Shakespeare, Olivier a par ailleurs été salué par le célèbre critique James Agate comme le meilleur Richard de sa génération, comparable selon lui au grand Henry Irving. De son côté, pour sa quatrième interprétation de *Hamlet*, John Gielgud a été reconnu par tous comme particulièrement éblouissant. Le même James Agate a écrit : « Nul doute qu'il restera comme le meilleur Hamlet de notre époque. »

A part le *Henry V*, produit, réalisé et interprété par Olivier, le principal film de l'année aura été *The Way Ahead*, de Carol Reed, avec David Niven, qui montre la transformation d'un groupe de recrues inexpérimentées en une redoutable unité de combat. Citons encore la dernière fiction documentaire de propagande produite par la Crown Film Unit et intitulée *Western Approaches*, relatant la dure condition de naufragés dérivant durant deux semaines à bord d'un bateau de sauvetage dans l'océan Atlantique. Le film a été tourné en mer d'Irlande avec des marins qui ont ainsi revécu avec la plus grande vérité le drame qu'ils avaient connu.

Autre événement de la saison : la célébration du cinquantième anniversaire des Promenades concerts à l'Albert Hall, en présence des orchestres de la BBC, du London Philarmonic et du London Symphonic. A cette occasion, un hommage a été rendu à Sir Henry Wood, fondateur des « Prom », décédé le 19 août dernier, qui a longtemps dirigé ces concerts.

Ralph Richardson (à g.) et Laurence Olivier (à d.) dans « Arms and the Man ».

L'un des interprètes de « Western Approaches » revit son naufrage à l'écran.

Le chef d'orchestre Sir Henry Wood.

En Grèce, Churchill cherche à régler la guerre civile

Athènes, 28 décembre

Le Premier ministre britannique, Winston Churchill, a quitté la capitale grecque aujourd'hui après une visite impromptue de quatre jours. Il était accompagné de son ministre des Affaires étrangères, Anthony Eden. Les deux hommes se sont privés des festivités de Noël à Londres pour tenter de trouver d'urgence un règlement satisfaisant aux problèmes que pose la guerre civile qui enflamme le pays.

Durant son séjour, Churchill a eu des entretiens avec des hommes politiques grecs ainsi qu'avec des représentants du mouvement rebelle Elas. Ces discussions ont eu lieu en dépit des tirs d'artillerie, alimentés au cœur de la ville par les deux partis, et des bombardement infligés par les Beaufighter de la RAF aux positions de l'Elas. Un obus est venu frapper l'ambassade de Grande-Bretagne dans la cave de laquelle les négociations se déroulaient à la lueur de lampes tempête. Un éclat a bien failli atteindre Churchill, qui s'est relevé en disant simplement : « Quel culot ! »

Un moment de détente est cependant intervenu lorsque l'archevêque Damaskinos, l'homme que les Britanniques aimeraient promouvoir comme régent, a été pris par un garde pour l'un des invités de la soirée costumée organisée à l'occasion des fêtes de Noël. (→ 5.1.1945)

La Pologne a deux gouvernements

Lublin, 31 décembre

La complexité de la situation polonaise s'est encore aggravée la nuit dernière. A Lublin, le Comité de libération nationale, soutenu par les Soviétiques, s'est proclamé gouvernement provisoire de la Pologne libérée. Avec le gouvernement Arciszewski en exil à Londres depuis le début de la guerre, cela en fait donc deux ! Les membres de ce dernier ont d'ailleurs élevé « la plus vive protestation » à l'encontre de ce qu'ils estiment être un acte unilatéral dénué de tout fondement légal. (→ 1.1.1945)

“ Une des fosses communes – Bergen-Belsen ” par Leslie Cole.

1945

1945

Janvier

Di	Lu	Ma	Me	Je	Ve	Sa
	1	2	3	4	5	6
7	8	9	10	11	12	13
14	15	16	17	18	19	20
21	22	23	24	25	26	27
28	29	30	31			

1er. Europe : avec 1 035 avions, la Luftwaffe lance l'opération *Bodenplatte* contre les bases aériennes des Alliés (→ 5).

1er. Alsace : Hitler déclenche l'opération *Vent du nord*, destinée à écarter la tenaille alliée au sud des Ardennes.→

2. Copenhague : des résistants détruisent une usine fabriquant des pièces de fusées V2.

2. Atlantique : l'hélicoptère Sikorsky entre en service dans les escortes de convois alliés.

3. France : le gouvernement rétablit la gratuité de l'enseignement secondaire (→ 28.3).

3. Versailles : la 1re armée américaine, dont fait partie la 2e DB, ayant reçu l'ordre de se replier du nord de l'Alsace et d'évacuer Strasbourg pour occuper la crête des Vosges, de Gaulle, aussitôt averti, réagit sur-le-champ et confie à de Lattre la mission impérative de défendre Strasbourg, « avec ou sans l'accord du commandement américain ». Puis, vers 16 h, de Gaulle voit Eisenhower à son QG, ainsi que Churchill. Il le persuade d'annuler l'ordre d'évacuer Strasbourg et le nord de l'Alsace.

4. Pacifique : en deux jours d'attaques sur Formose et les îles Ryukyu, l'aéronavale américaine a abattu 110 avions japonais (→ 24).

4. Philippines : gravement endommagé par un kamikaze, le porte-avions américain *Ommaney Bay* se saborde.

4. Birmanie : les Britanniques occupent Akyab, base vitale sur la côte de l'Arakan (→ 5).

5. Alsace : les Allemands refranchissent le Rhin et établissent une tête de pont à Gambsheim, à 20 km au nord de Strasbourg (→ 7).

5. France : 354 Lancaster de la RAF lâchent 1 651 tonnes de bombes sur Royan. La ville est rasée aux trois quarts et 2 000 habitants sont tués (→ 14).

6. Philippines : les Japonais n'ont plus que 35 avions à Luçon, mais les kamikazes poursuivent leurs attaques. Ils endommagent 2 cuirassés et 3 croiseurs américains (→ 9).

Le Japon est soumis à la pression alliée

Japon, 1er janvier
L'année 1945 commence mal pour les Japonais. La guerre n'a jamais touché de si près leur territoire national. La progression des Alliés fait perdre la maîtrise des airs et des océans à l'empire du Soleil-Levant, dont les remparts s'écroulent les uns après les autres. N'escomptant plus aucun répit, les Japonais ont recours à des actions militaires désespérées, comme les attaques suicidaires d'avions ou de sous-marins.
Le Japon tente, par ailleurs, de renforcer les défenses de son territoire en rapatriant des forces aériennes et antiaériennes des théâtres de guerre périphériques. Ses troupes stationnées dans le sud-ouest du Pacifique, qui ont été débordées par l'avance alliée, ont été totalement abandonnées à leur sort.
Dans le Sud-Est asiatique, les Alliés, qui disposent de la maîtrise du ciel, maintiennent une forte pression sur les troupes japonaises qui se retirent de Birmanie devant les multiples assauts de la 14e armée britannique. Celle-ci opère sur tout le front chinois, indochinois et birman. Dans la mer de Chine orientale, les porte-avions américains de la 3e flotte pilonnent sans cesse les bases aériennes japonaises de Formose, des Pescadores, de Ryukyu et de Luçon, afin d'enrayer les opérations des kamikazes contre la force d'intervention de MacArthur qui approche du golfe de Lingayen.
L'invasion des îles Mariannes, en juin dernier, a fortement impressionné les Japonais, car elle plaçait leur pays à la portée des bombardiers B-29.
La menace est devenue réalité depuis le 24 novembre, date à laquelle une escadrille de 111 B-29 a effectué un premier raid sur Tokyo. D'autres suivront. (→ 4)

L'arme ultime : les avions-suicides.

Attaque allemande en Alsace

Alsace, 1er janvier
Les forces allemandes ont lancé une offensive nocturne contre les positions alliées sur un front de 75 km, entre Sarrebrück et Strasbourg. L'opération, baptisée *Vent du nord*, est conduite par la 1re armée du général Hans von Obstfelder. Elle a pour but d'exploiter la faiblesse du 6e groupe d'armées américain causée par le repli de certaines de ses forces dans les Ardennes, plus au nord. Libérée en novembre dernier, la ville de Strasbourg est à nouveau menacée. (→ 3)

Un espoir en Grèce

Athènes, 5 janvier
Le gouvernement modéré qui s'est mis en place à Athènes aujourd'hui saura-t-il mettre un terme à la guerre civile qui ravage le pays ? Son chef, le général Plastiras, n'a pas accordé à l'Elas la moitié des postes ministériels que le mouvement d'extrême gauche exigeait. Il a exclu tous les extrémistes de son équipe et a demandé à « tous ceux qui s'étaient fourvoyés en tournant leurs armes contre leur propre pays » de reprendre le travail. (→ 12)

En Birmanie, les Japonais se replient devant les Britanniques

Des soldats indiens débarquent à Akyab, sur la côte ouest de l'Arakan.

Birmanie, 5 janvier
Quatre semaines après avoir tra versé la rivière Chindwin, l 19e division indienne est sur l point d'entrer dans Shwebo, dont l chute est attendue pour demain Après avoir parcouru 144 km l'est d'Indaw, où ils ont fait leu jonction avec les troupes de l 36e division indienne et les divi sions chinoises du général Sultar les hommes de la 19e ont fait rout vers le sud en direction de Shwebo Le général Slim, commandant l 14e armée britannique, espéra amener les Japonais à combattr dans la plaine de Shwebo, situé entre les rivières Chindwin et Irr waddy. Au lieu de cela, l'ennemi préféré se replier de l'autre côté d l'Irrawaddy. La 14e armée se d rige donc à présent vers le sud da l'espoir de s'emparer de la base d Meiktila et de couper la 15e a mée japonaise de ses arrières. (→

L'aviation dans la bataille des Ardennes

Ardennes, 5 janvier
La Luftwaffe a fêté la nouvelle année par une attaque de 1 035 appareils, chasseurs et bombardiers confondus, sur 27 bases aériennes alliées en Belgique et dans le sud des Pays-Bas. L'opération, baptisée *Bodenplatte*, s'est soldée par la destruction de 156 avions. Mais, de leur côté, les Allemands ont perdu 277 appareils, abattus par la DCA alliée ou par leur propre Flak. Cet échec met certainement un terme au pouvoir aérien allemand à l'Ouest.
Quand Hitler programmait l'offensive des Ardennes, Göring lui avait promis une force d'un millier d'avions. Connaissant l'optimisme de ce dernier, le Fürher ne comptait que sur 800 appareils. Mais, de toute façon, cette force ne pouvait que faire de la figuration face aux milliers de bombardiers que les Alliés sont capables d'aligner pour contrer l'avancée des Panzer.
Le mauvais temps a été un atout décisif pour les Allemands dans les premiers jours de leur offensive, car il empêchait l'aviation alliée de décoller. Mais, le 22 décembre, six jours après l'attaque, le vent s'était levé et le ciel dégagé permit à l'aviation alliée de frapper les colonnes de chars allemands et de renforcer la garnison américaine assiégée dans Bastogne. Au milieu de cette semaine, le temps s'est à nouveau couvert et les Allemands ont attaqué la ville belge d'Houffalize. (→ 11)

Explosion d'un pont de bois, miné par les Américains pour protéger leur repli.

Polémique autour du pouvoir polonais

Londres, 1er janvier
Le sort de la Pologne divise les Alliés. Hier, Winston Churchill a affirmé sans détour que son gouvernement continuerait à reconnaître le gouvernement polonais en exil à Londres et non le comité de Lublin soutenu par les Soviétiques, jusqu'à ce que des négociations aient lieu à ce sujet entre la Grande-Bretagne, l'URSS et les Etats-Unis. Que pouvait-il faire d'autre, alors que l'Armée rouge contrôle les zones libérées de Pologne ?

Mort d'un très actif amiral en retraite

Paris, 2 janvier
L'amiral Sir Bertram Ramsay, chef des forces navales du corps expéditionnaire allié, a été tué dans le crash de l'avion qui devait l'emmener à Bruxelles pour une conférence. L'accident est survenu peu de temps après le décollage. Agé de 61 ans, il avait repris du service en 1939. C'est lui qui avait planifié l'évacuation de Dunkerque, l'invasion de l'Afrique du Nord et de la Sicile, ainsi que les opérations navales du débarquement.

1945

Janvier

Di	Lu	Ma	Me	Je	Ve	Sa
	1	2	3	4	5	6
7	8	9	10	11	12	13
14	15	16	17	18	19	20
21	22	23	24	25	26	27
28	29	30	31			

7. Dantzig : la Kriegsmarine reçoit l'accord de Hitler pour évacuer les troupes isolées en Courlande et à Memel.

7. Hongrie : les Allemands prennent Esztergom, au nord-ouest de Budapest, dans leur poussée pour libérer la garnison assiégée dans la capitale.

7. France : Montgomery indispose les Américains. Lors d'une conférence de presse, il minimise leurs opérations dans la bataille des Ardennes (→ 19).

7. Alsace : les Allemands déclenchent une offensive en tenaille sur Strasbourg. Au nord, ils attaquent la 6e armée américaine vers Haguenau. Au sud, venant de la poche de Colmar, ils font une percée sur Erstein, dans les lignes de la 1re armée française (→ 20).

8. Allemagne : le groupe Champagne de l'armée de l'air française bombarde la voie ferrée Fribourg-Karlsruhe.

9. Bad Nauheim : Hitler ne tient aucun compte des avertissements de Guderian sur les préparatifs des Soviétiques en vue d'une offensive à l'est (→ 12).

11. Ardennes : des unités de la 2e armée britannique et de la 3e armée américaine font leur jonction à Saint-Hubert.

11. Budapest : les fascistes des Croix fléchées torturent, puis assassinent, 92 malades et membres du personnel de l'hôpital juif (→ 20).

12. Berlin : Gertrud Seele, une infirmière de 27 ans, est exécutée comme « ennemie de l'Etat ». Elle a manifesté en privé sa haine des nazis.

12. Indochine : lors d'une attaque des Américains contre des porte-avions japonais à Cam Ranh, le croiseur français *La Motte-Picquet*, pris dans la zone des combats, est coulé (→ 9.3).

13. Turquie : Ankara ouvre les détroits aux navires alliés (→ 1.3).

13. Ardennes : les 1re et 3e armées américaines accentuent leur pression sur Houffalize, en coupant les routes au nord-est et au sud de la ville. →

Offensive générale de l'Armée rouge contre l'Allemagne

Moscou, 12 janvier
L'Armée rouge a aujourd'hui lancé sa grande offensive d'hiver. Celle-ci prévoit l'engagement de 163 divisions contre les positions allemandes en Pologne et en Prusse-Orientale. Les Allemands disposent de positions de défense bien établies, mais ils n'ont que 30 divisions à opposer aux Soviétiques et combattent à un char contre cinq.
Hitler a refusé de croire les rapports de ses services de renseignements, qui annonçaient l'offensive soviétique. Il n'a pas suivi les conseils du général Guderian, à présent chef d'état-major, et a refusé de rapatrier des troupes engagées dans les Ardennes et de différer l'attaque contre Budapest.
La bataille engagée aujourd'hui par le 1er front ukrainien du général Koniev dans le sud de la Pologne n'est que la première étape de l'offensive générale de l'Armée rouge, qui est prête à passer à l'attaque depuis Memel, sur la Baltique, jusqu'à Varsovie, 450 km plus au sud, ville qui doit être le premier objectif du 1er front biélorusse du maréchal Joukov. S'ils franchissent la Vistule, les Soviétiques seront à moins d'une centaine de kilomètres de la frontière allemande. Et ils ont constitué suffisamment de stocks pour envisager une pénétration en profondeur de ces régions. (→ 20)

Les jeunes et les vieux Allemands luttent « pour la liberté et la vie ».

Bilan de la bataille des Ardennes : non décisif, mais lourd

Ardennes, 13 janvier
Les Allemands avaient engagé 250 000 hommes dans l'offensive risquée des Ardennes. Un mois plus tard, ils en ont perdu 120 000, tués, blessés ou prisonniers. Les Américains leur ont opposé 600 000 soldats, sur lesquels 8 607 ont été tués et 68 283 sont blessés ou portés disparus. Les forces britanniques déplorent 1 400 morts.
Les pertes en matériels ont été considérables, pour les Alliés comme pour les Allemands. Ces derniers ont perdu 600 chars contre 733 pour les Américains et un millier d'avions. Mais ils ne peuvent plus remplacer le matériel détruit, alors que les Alliés l'auront fait d'ici quelques semaines à peine.
Les Allemands ont été bien près de réaliser leur objectif, qui était de conquérir Anvers. Leurs attaques de V2 ont causé de lourds dommages à la ville belge. Le 16 décembre dernier, la chute d'un V2 sur un cinéma a fait 567 morts, dont 296 militaires britanniques : le plus lourd bilan jamais enregistré pour un tir de fusée.
La bataille des Ardennes a permis de tester la capacité des Alliés à faire face à une contre-offensive. Son unique conséquence a été de retarder de quelques semaines l'entrée des troupes alliées en Allemagne. Hitler n'a fait que gaspiller des forces qui lui auraient été indispensables pour contrer l'offensive engagée hier par l'Armée rouge sur le front de l'Est. (→ 15)

Deux jeunes Allemands se rendent.

MacArthur est à 175 km de Manille

Des soldats appartenant à la force d'intervention de MacArthur franchissent une rivière sur la route de San Fabian.

Philippines, 9 janvier
Soutenue par la présence de la 3ᵉ flotte et précédée par d'importants bombardements, la 6ᵉ armée américaine du général Walter Krueger a débarqué dans le golfe de Lingayen, à 175 km au nord de Manille.
Les Japonais ne lui ont opposé que peu de résistance. En revanche, la force navale d'intervention de MacArthur a eu à subir d'incessantes attaques de kamikazes lors de sa traversée de l'archipel philippin et de la mer de Chine méridionale. Les avions-suicides japonais ont réussi à couler ou à endommager 40 navires américains. L'*HMS Australia* a été frappé cinq fois. Il a perdu 44 marins, mais il est toutefois resté opérationnel.
Avant de débarquer ses hommes sur l'île de Luçon, la force navale de MacArthur s'est emparée, le 15 décembre, de l'île de Mindoro, au sud de Manille, à partir de laquelle l'aviation américaine peut à présent soutenir l'invasion de Luçon. La 6ᵉ armée est rapidement parvenue à installer une tête de pont large de plus de 20 km sur une profondeur de 5 km. San Fabian a été conquis.
L'amiral Ernest King, chef d'état-major de la marine américaine, aurait préféré contourner Luçon pour attaquer Formose. MacArthur s'y est farouchement opposé, décrétant que l'île de Luçon devait être conquise après celle de Leyte. Les prochains objectifs sont les îles d'Iwo Jima et Okinawa. (→ 17)

Progression des Alliés en Birmanie

Akyab, 7 janvier
Après la prise d'Akyab par le 15ᵉ corps, les troupes alliées des 81ᵉ et 82ᵉ divisions ouest-africaines progressent le long de la côte birmane en direction de Myebon. L'armée et les commandos marins britanniques y ont débarqué en vue de couper la retraite des troupes japonaises. Mais celles-ci s'étaient déjà repliées sur Mandalay. A présent, des débarquements plus importants sont prévus en vue d'appuyer la progression terrestre des Alliés. Toutes ces opérations sont soutenues par des bombardements effectués par la petite flotte alliée, renforcée par l'arrivée de deux destroyers australiens. Des raids côtiers et des opérations de harcèlement des bâtiments ennemis sont aussi menés à partir de petites embarcations très adaptées à cette côte fort découpée. (→ 14)

Une trêve est-elle possible en Grèce ?

Athènes, 12 janvier
Le général Ronald Scobie, commandant des forces britanniques en Grèce, a rencontré des représentants de l'armée de libération nationale Elas. Il leur a exposé ses conditions pour aboutir à une trêve. Il semblerait que les rebelles acceptent de conclure un armistice et d'échanger leurs prisonniers. (→ 5.2)

1945

Janvier

Di	Lu	Ma	Me	Je	Ve	Sa
	1	2	3	4	5	6
7	8	9	10	11	12	13
14	15	16	17	18	19	20
21	22	23	24	25	26	27
28	29	30	31			

14. France : les Allemands de la poche de La Rochelle attaquent Marans, où se tient une foire. Ils s'emparent de 2 300 bovins et moutons (→ 14.4).

14. Birmanie : la 19e division indienne franchit l'Irrawaddy et établit des têtes de pont à Thabeikkyin et à Singu (→ 15).

15. Pologne : l'Armée rouge s'empare du nœud ferroviaire de Kielce, au sud de Varsovie.

15. Ardennes : les Américains entrent à Houffalize, évacué par les Allemands, après avoir dégagé Bastogne hier (→ 23).

15. La Manche : le service ferroviaire par ferry-boat est rétabli entre la France et l'Angleterre.

16. Pologne : les Soviétiques prennent Radom, et encerclent complètement Varsovie (→ 17).

16. Berlin : Hitler déplace son QG. Il s'installe dans un bunker enterré à 7,30 m sous la chancellerie du Reich (→ 21).

16. France : les usines Renault, sous séquestre depuis octobre 1944 pour collaboration, sont nationalisées (→ 29.5).

16. Anvers : une grève éclate dans le port. Les dockers craignent la suppression de leur « salaire de la peur ».

17. Philippines : MacArthur insiste vivement pour une prise rapide de Manille et de la piste de Clark Field (→ 20).

18. Varsovie : le gouvernement provisoire de Lublin s'installe dans la capitale (→ 19).

18. Auschwitz-Birkenau : les SS commencent à évacuer les survivants du camp vers des camps en Allemagne (→ 27).

19. Versailles : Montgomery est furieux. Eisenhower rejette sa stratégie d'une poussée vers le Rhin conduite par les troupes du général Bradley (→ 28).

20. Moscou : avec la signature de l'armistice, le gouvernement provisoire hongrois accepte de payer 300 millions de dollars de réparations aux Alliés et de se joindre aux combats contre l'Allemagne (→ 13.2).

20. Alsace : de Lattre lance une nouvelle offensive contre la poche de Colmar.→

Résistance japonaise sur l'île de Luçon

Des Américains se mettent à couvert tandis qu'un Sherman ouvre la route.

Philippines, 20 janvier

Les troupes américaines du 14e corps progressent à partir de leur tête de pont établie sur la côte de Luçon le 9. Elles sont actuellement aux abords de San Miguel, à 140 km de Manille. Alors qu'elles n'avaient pas rencontré d'opposition lors de leur débarquement, elles ont dû faire face depuis à une forte résistance japonaise.

Le général Yamashita, qui est à la tête de 260 000 hommes – la plus large concentration de forces rencontrée par les Alliés dans le Pacifique – a préféré ne pas s'opposer à la puissance de feu américaine sur les plages de Luçon. Il a replié ses troupes en vue d'encercler les forces américaines qui se sont enfoncées vers l'intérieur.

MacArthur est persuadé qu'il peut contrôler la plaine centrale de Manille en l'espace de quatre à six semaines. Aussi pousse-t-il ses hommes en avant. L'un de ses principaux objectifs est la base aérienne de Clark Field, qui est nécessaire au soutien de l'attaque contre Iwo Jima et Okinawa. (→ 21)

Strasbourg entre Alliés et Allemands

Alsace, 20 janvier

La contre-offensive allemande en Alsace, baptisée *Vent du nord* et lancée le jour de l'an, a ramené l'ennemi à 13 km de Strasbourg, provoquant une véritable panique. Depuis le 5 janvier, les Allemands ont en effet établi une tête de pont à Gambsheim. Regroupée entre Sarreguemines et Bitche, la 10e division Panzer est à l'avant-garde de l'offensive menée sur Saverne et Strasbourg. Elle a repris Sessenheim et fait sa jonction avec les unités ayant franchi le fleuve. Ces forces continuent leur offensive vers le sud de l'Alsace. Leur but est de rejoindre et de dégager Colmar et d'ouvrir ainsi la voie au-delà des Vosges. L'objectif de Hitler est que les forces du groupe d'armées de Blaskowitz parviennent à enfoncer le 6e groupe d'armées franco-américain, qui contrôle un front de 120 km de large.

Pour empêcher cette dangereuse manœuvre, la 1re armée française a lancé une attaque massive visant à réduire la poche de Colmar. Mais le temps est glacial (– 20 °C), la visibilité très faible et les tempêtes de neige rendent encore plus difficiles les opérations qui sont conduites sans appui aérien, tant les conditions atmosphériques sont mauvaises. (→ 23)

Libérée de la menace japonaise, la route birmane est rouverte

Un convoi japonais est attaqué par les avions de la RAF sur la route birmane.

Birmanie, 15 janvier

La jonction de deux armées chinoises à Mongyu, près de la frontière sino-birmane, marque la libération totale de la route birmane. Venues du nord-ouest, les divisions chinoises placées sous le commandement américain du général Sultan ont chassé les Japonais du nord de la Birmanie. De son côté, l'armée nationaliste chinoise du général Wai Li-huang a progressé à marche forcée depuis le Yunnan. Après trois années durant lesquelles les nationalistes chinois ont été coupés des Alliés, à l'exception d'une liaison par pont aérien depuis l'Inde, la route birmane est à présent dégagée de toute menace japonaise. Les derniers foyers de résistance autour de Wanting et de Namkham ont été nettoyés. (→ 21) ▷

L'avancée victorieuse des Soviétiques en Pologne

La 1re armée polonaise, sous contrôle soviétique, à la conquête de Varsovie.

Les troupes de Rokossovski ratissent la Pologne, chars en tête.

La chute de Varsovie est consommée

Varsovie, 17 janvier
Le 1er front de Biélorussie du maréchal Joukov a finalement fait tomber Varsovie, après plus de cinq ans de terrible domination hitlérienne. Depuis le mois d'août la capitale était déchirée par l'insurrection de l'Armée intérieure polonaise, qui tentait de la libérer elle-même. Mais c'est Joukov qui a lancé l'assaut final, au terme d'une opération mûrement réfléchie et brillamment exécutée. Ses troupes du génie ont commencé par bâtir de nouvelles routes et des ponts sur la Vistule et par déblayer des passages à travers les champs de mines. De grandes quantités de munitions, d'essence et de ravitaillement ont alors été amassées et la préparation politique particulièrement soignée : Moscou reconnut le Comité de Lublin comme gouvernement légitime de la Pologne, et Joukov accueillit au sein de son armée la 1re armée polonaise du général Rola-Zymierski. La campagne pour la libération de Varsovie commença, le 12 janvier, par une attaque du 1er front d'Ukraine du maréchal Koniev, qui emprunta la première tête de pont sur la Vistule en direction de Cracovie. Joukov lui emboîta le pas deux jours plus tard, après un pilonnage intensif des défenses allemandes, érigées en deux lignes distantes de 3 km. Le général allemand Guderian voulait abandonner la première ligne dès le début de l'offensive soviétique, mais Hitler s'y opposa. Résultat : ce furent les deux lignes de défense qui subirent le barrage d'artillerie soviétique. L'infanterie de Joukov s'engouffra dans les brèches, des deux côtés de la capitale. C'est seulement alors que Joukov lâcha ses chars dans les brèches grandes ouvertes. Les blindés encerclèrent la capitale, se portant jusqu'à Sochaczew, 50 km plus à l'ouest.
C'est aux troupes polonaises que revint l'honneur de porter l'assaut final sur Varsovie, qu'elles parvinrent à libérer avant la tombée de la nuit. Hélas! Varsovie n'est plus qu'une capitale en ruine, dépeuplée, que l'occupation nazie a détruite de fond en comble. (→ 18)

Une avancée de 150 km en une semaine

Moscou, 20 janvier
L'Armée rouge balaie désormais littéralement la Pologne, au rythme de 150 km par semaine. Les Soviétiques marquaient jadis des pauses pour permettre à leur infanterie de souffler. Mais, maintenant, grâce aux véhicules fournis en prêt-bail par les Alliés, l'infanterie russe est motorisée et parvient à suivre le rythme des chars. La percée est foudroyante sur toute la largeur du front. Au nord, le général Tcherniakhovski a ouvert une brèche de 65 km dans la défense prusso-orientale et se retrouve 50 km à l'intérieur du territoire allemand. Le maréchal Rokossovski n'est plus qu'à 180 km au sud-est de Dantzig et menace d'isoler toute la Prusse-Orientale, berceau du militarisme allemand. Joukov, après avoir pris Varsovie, vient de faire tomber Lodz, grand centre industriel et textile, qui constitue une base indispensable pour toute avancée sur Berlin. Au sud du front, Koniev a pris Cracovie et menace la frontière tchécoslovaque. Il s'est emparé au passage de Praszka, à la frontière de la Silésie allemande. Rien ne semble pouvoir arrêter l'Armée rouge. Des colonnes de chars et de camions s'étendent à perte de vue à travers la plaine polonaise. La tactique soviétique est d'avancer avec les détachements mobiles les plus rapides au devant des chars et des groupes d'armées. Lorsqu'ils se heurtent à une quelconque résistance ou qu'ils débordent une poche allemande, ils détachent une unité spéciale pour s'en occuper tandis que le gros des troupes continue à progresser. Ils sont suivis dans le ciel par des nuées d'avions soviétiques, prêts à fondre sur la moindre cible nazie. Quelques rescapés de la Luftwaffe leur livrent un combat acharné, tel l'as des pilotes de Stuka, Hans-Ulrich Rudel, qui affirme avoir détruit cinq cents chars soviétiques et un cuirassé. Mais ce n'est pas Rudel qui va arrêter l'Armée rouge à lui tout seul. Les Soviétiques ont un avantage numérique écrasant. Et déjà la terreur gagne l'est de l'Allemagne : les Soviétiques sont bien décidés à se venger des nazis. (→ 2

Le Comité de Lublin prépare une purge

Moscou, 19 janvier
Les craintes du gouvernement polonais à Londres étaient fondées : le Comité de Lublin mis en place par les Soviétiques a publié un décret annonçant la purge des « membres irresponsables » de l'Armée intérieure polonaise et des partisans du gouvernement polonais à Londres. Le décret demande à l'armée de poursuivre tous les « assassins de l'armée intérieure qui poussent à la guerre civile ». Le décret accuse le général Bor-Komorowski, chef de l'insurrection de Varsovie : « Son insurrection provocante et sa capitulation ultérieure ont considérablement aidé les Allemands. » Il ne fait plus guère de doute que le Comité de Lublin compte éliminer tous ceux qui ne suivent pas sa ligne de conduite communiste.

1945

Janvier

Di	Lu	Ma	Me	Je	Ve	Sa
	1	2	3	4	5	6
7	8	9	10	11	12	13
14	15	16	17	18	19	20
21	22	23	24	25	26	27
28	29	30	31			

21. Luçon : les Américains occupent Tarlac et avancent vers Clark Field (→ 31).

21. Birmanie : sur la côte de l'Arakan, la 71e brigade indienne prend Kyaupkyu, sur l'île de Ramree.

21. Berlin : Hitler ordonne à tous ses commandants de lui transmettre leurs opinions sincèrement et rapidement.

22. Birmanie : la 20e division indienne s'empare de Monywa, le dernier port tenu par les Japonais sur le Chindwin (→ 29).

23. France : au cours d'une réunion du comité central du PCF à Ivry, Maurice Thorez accepte le désarmement des groupes de partisans.

23. Ardennes : la 7e division blindée américaine s'empare de Saint-Vith (→ 28).

23. Berlin : Hitler nomme Himmler à la tête du groupe d'armées de la Vistule. Il n'a aucune expérience du commandement opérationnel.

23. Berlin : Hitler accepte un nouveau programme de constructions navales. Il ordonne l'extension du système d'esclavage aux chantiers navals du Nord (→ 30).

23. Berlin : le comte von Moltke, chef des résistants du Cercle de Kreisau, est exécuté.

24. Haute-Silésie : l'Armée rouge s'empare de Gleiwitz.

24. Iles Volcano : une escadre de cuirassés et de croiseurs américains pilonne les défenses japonaises d'Iwo Jima (→ 17.2).

25. Paris : le général de Gaulle proteste, car la France n'est pas invitée à Yalta (→ 30).

26. Prusse-Orientale : l'Armée rouge atteint la Baltique, au nord-est d'Elbing, isolant 500 000 Allemands (→ 27).

27. Lyon : Charles Maurras est condamné à la réclusion perpétuelle pour collaboration. Le chef de l'Action française s'écrie : « C'est la revanche de Dreyfus ! » (→ 6.2)

27. Alsace : des unités de la 5e DB française et la 3e DI américaine investissent Jebsheim, à l'est de Colmar, et atteignent le canal de Colmar (→ 3.2).

Les Russes découvrent Auschwitz

Les SS ont tenté de cacher leurs actes

Auschwitz-Birkenau, 27 janvier
C'est vers midi que quatre cavaliers de l'Armée rouge, arme au poing, ont prudemment descendu l'allée qui mène à l'enceinte du camp. A travers les barbelés, ils ont aperçu, stupéfaits, de véritables squelettes vivants glissant comme des fantômes parmi les cadavres étalés dans la neige. Les soldats venaient de découvrir l'horrible réalité du camp d'Auschwitz. Une réalité que les SS ont tenté de dissimuler. Il y a de cela neuf jours, lorsqu'ils ont appris l'approche de l'Armée rouge, les nazis ont brûlé la plupart des baraquements ainsi que tous les documents compromettants, avant d'évacuer les 20 000 détenus qui tenaient encore debout. Ils ont abattu les autres sur place avant de se mettre en route vers des camps plus à l'ouest. Ceux qui n'arrivaient pas à suivre ont été achevés en chemin et jetés au fond des fossés. Avant de partir, les nazis ont dynamité les installations les plus compromettantes du camp, tels les chambres à gaz et les fours crématoires, et incendié 29 des 35 entrepôts. Mais, dans les entrepôts restants, les soldats soviétiques ont découvert d'immenses piles de vêtements, de chaussures, de lunettes, de fausses dents et de valises. Les étiquettes d'hôtels sur les valises et les marques de fabrique des vêtements indiquent que les victimes provenaient de tous les coins d'Europe, de la Hongrie aux Pays-Bas. Quelques centaines de rescapés ont été laissés pour compte dans l'hôpital du camp ; ce sont les malades atteints de diphtérie, de scarlatine ou de typhus. Ils ont passé les neuf derniers jours à errer dans le camp déserté, à chercher de la nourriture et de quoi se chauffer dans les baraquements en ruine. A travers les barbelés, ils ont vu les chars et les camions de la Wehrmacht s'enfoncer et disparaître dans la brume et ils se sont mis à couper le grillage par endroits pour faire main basse sur des pommes de terre. Aux soldats soviétiques accourus sur les lieux, ils jettent maintenant des regards hébétés. C'est la fin de leur terrible cauchemar !

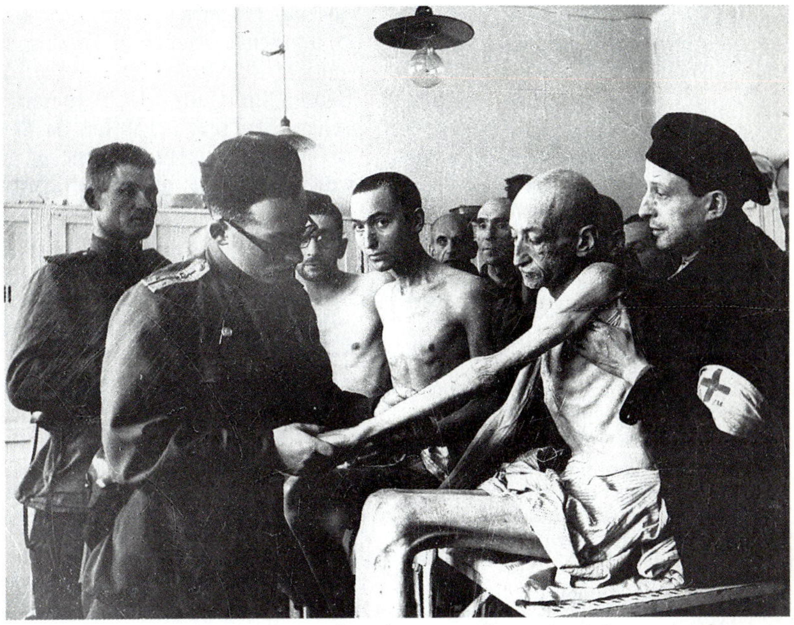

Un médecin soviétique examine l'un des rescapés, un ingénieur autrichien.

Des regards tourmentés.

L'Armée rouge à 150 km de Berlin

Moscou, 27 janvier
Le maréchal Koniev a virtuellement isolé la région de la Haute-Silésie du reste du Reich. Quant aux troupes du maréchal Joukov, les dépêches allemandes annoncent qu'elles ont contourné Poznan et que leur avant-garde est aux portes de Bentschen, à seulement 150 km de Berlin. Au nord, le maréchal Rokossovski a percé jusqu'à la Baltique et isolé la Prusse-Orientale, prenant près des deux tiers de la province : Königsberg, au nord, est isolé et Dantzig menacé. Rokossovski a dû faire preuve de vitesse aujourd'hui pour contrer une ultime contre-attaque allemande en direction de la Vistule. A Berlin même, une armée composée principalement d'écoliers et de vieillards est prête à se battre jusqu'au bout. On évacue les réfugiés des rues pour que les renforts puissent y circuler et la radio allemande prépare la population au choc : « C'est notre dernière chance, annonce-t-elle, le sort du peuple allemand se résume à un seul slogan : victoire ou destruction. » (→ 28)

Strasbourg sauvé par les Français

Strasbourg, 23 janvier
La 1re armée française a arrêté l'offensive allemande *Vent du nord* devant Strasbourg. Le général Eisenhower était prêt à laisser la ville retomber aux mains des Allemands, pourvu que cela facilitât la retraite de sa 7e armée. Le général de Gaulle a menacé de retirer ses troupes du commandement allié si Strasbourg était sacrifié. Eisenhower a cédé, mais laisse aux Français la responsabilité de défendre la ville. (→ 27)

1945

Janvier

Di	Lu	Ma	Me	Je	Ve	Sa
	1	2	3	4	5	6
7	8	9	10	11	12	13
14	15	16	17	18	19	20
21	22	23	24	25	26	27
28	29	30	31			

28. Belgique : le saillant allemand dans les Ardennes est totalement réduit par les forces alliées. La 1re armée américaine attaque la ligne Siegfried (→ 2.2).

28. Pologne : l'Armée rouge s'empare de Katowice et des mines de charbon de Dabrowa.

28. Lituanie : les Soviétiques, en occupant la poche de Memel, libèrent toute la Lituanie.

28. Sofia : le prince Cyrille de Bulgarie est condamné à mort pour les crimes de guerre commis sous sa régence en 1943-1944.

28. Berlin : la population civile reçoit l'ordre de creuser des tranchées antichars.

28. Versailles : Eisenhower restitue le commandement de la 1re armée américaine au général Bradley. Il l'avait temporairement confié à Montgomery (→ 2.2).

29. Birmanie : les Japonais échouent dans leur tentative de chasser les Chinois des positions défensives de la route de Birmanie, à Lashio. Hier, Tchang Kaï-chek l'a rebaptisée route Stilwell (→ 31).

30. Malte : Roosevelt et Churchill préparent leur prochaine conférence avec Staline à Yalta (→ 4.2).

30. Berlin : Speer envoie une note à Hitler. Il l'informe que l'état de l'industrie allemande est si mauvais que les productions alimentaires et d'électricité doivent désormais avoir priorité sur celles de l'armement.

30. Berlin : dans une allocution à la radio, Hitler exhorte les Allemands à mourir pour sauver le Reich.

31. Luçon : la 11e division aéroportée débarque au sud de la baie de Manille, à Nasugbu.→

31. Moscou : le premier congrès de l'Eglise orthodoxe russe depuis la révolution de 1917 est ouvert et prie pour Staline et pour la victoire.

31. Prusse-Orientale : l'Armée rouge encercle Königsberg.→

31. Washington : la première charge de plutonium fissile à usage militaire est prête à l'utilisation (→ 20.2).

L'Armée rouge entre en Allemagne

Moscou, 31 janvier

Le maréchal Joukov a franchi la frontière du Reich et avancé de 20 km à l'intérieur de la Poméranie, prenant Driesen, à 150 km de Berlin. Ses troupes sont arrivées sur les rives de l'Oder et ont coupé la voie ferroviaire de Berlin à Dantzig. Elles menacent maintenant Francfort-sur-l'Oder, à 70 km à l'est de la capitale. La menace qui plane sur Berlin a été reconnue par le docteur Ley, qui écrit dans *Der Angriff* : « Nous nous battrons devant Berlin, dans Berlin, et derrière Berlin. » Les derniers espoirs allemands reposent principalement sur les villes fortifiées que l'Armée rouge a contournées, telles que Poznan, à plusieurs kilomètres derrière le front, dont les 60 000 hommes résistent avec acharnement à l'assaut soviétique. Les premières lignes nazies sont épaulées par le Volkssturm, l'armée d'écoliers et de vieillards, et par les élèves d'une école d'officiers qui se cantonnent à la défense. Ce sont les troupes régulières qui montent les contre-attaques, fortes parfois de plusieurs bataillons et appuyées par des Panzer. Partout ailleurs, l'Armée rouge continue d'avancer. Le maréchal Rokossovski a isolé trois armées allemandes en Prusse-Orientale. Il a pris la ville de Tannenberg, là où les Allemands avaient écrasé les troupes du tsar lors de la Première Guerre mondiale. Avant de battre en retraite, les Allemands ont retiré de la ville le mausolée de von Hindenburg, vainqueur de cette bataille, et ont détruit le monument qui commémorait sa victoire sur les Russes. Von Hindenburg avait remporté cette bataille en profitant de l'hésitation des officiers du tsar, qui se demandaient quels chevaux lancer sur Berlin. Mais, cette fois-ci, même von Hindenburg n'aurait pu arrêter les Soviétiques. (→ 5.2)

Les forces de l'Armée rouge se battent désormais sur le sol allemand.

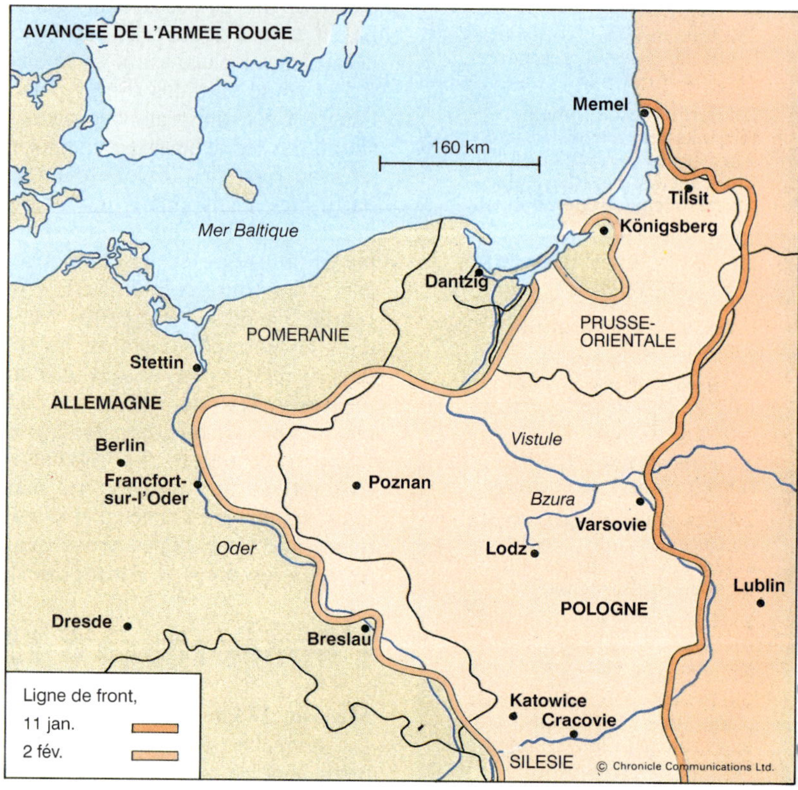

Philippines : les forces américaines avancent sur Manille

Luçon, 31 janvier

Les troupes du général MacArthur, débarquées sur l'île de Luçon il y a trois semaines, convergent sur Manille. Le 14e corps a pris aujourd'hui la base aérienne de Clark Field, à 80 km au nord de la capitale philippine. Au sud de la ville, les parachutistes de la 11e division aéroportée se sont posés à Nasagbu, prenant les Japonais par surprise. La bataille pour Clark Field et son réseau de tunnels s'est terminée par la retraite des survivants du groupe de Kembu, fort de 30 000 hommes, vers les monts Zambales. Quant au général Yamashita, le commandant en chef des forces japonaises aux Philippines, il mène aussi la lutte avec les 150 000 hommes du groupe de Shobu au nord-est de l'île pour empêcher Luçon de devenir un tremplin pour des attaques américaines contre le Japon. (→ 3.2)

Les Russes coulent un paquebot allemand

Dantzig, 31 janvier
Le paquebot allemand *Wilhelm Gustloff* a été torpillé par le sous-marin soviétique *S-13* la nuit dernière au large de la péninsule de Hela. Surchargé de réfugiés de Prusse-Orientale, le paquebot a rapidement coulé dans les eaux glaciales. On craint qu'il y ait près de 7 000 morts, ce qui en ferait le plus grand désastre maritime de tous les temps. Pendant son appareillage, les réfugiés étaient venus l'entourer sur de petits esquifs, implorant les marins de les prendre à bord, les femmes tenant leurs enfants à bout de bras et criant : « Prenez-nous à bord ! Sauvez les enfants ! » Aux premières nouvelles, il y aurait peu de rescapés. L'assaillant, le sous-marin *S-13*, est un vaisseau récemment revenu sur le théâtre des opérations, depuis que la capitulation de la Finlande a rouvert la route de la Baltique. Le *S-13* relâchait au port finlandais de Turku et l'ironie du sort veut que son capitaine, Sasha Marinescu, ait appareillé pour fuir la police secrète après une violente beuverie. Sans cela, il n'aurait jamais rencontré sur son chemin l'infortuné paquebot.

La route de Birmanie ouverte aux Alliés

Un camion arborant la bannière étoilée s'engage sur la route de Birmanie.

Myitkyina, Birmanie, 31 janvier
La route de Birmanie, qui relie l'Inde à la Chine par Ledo, Myitkyina et Bhamo, est de nouveau aux mains des Alliés qui l'ont empruntée pour convoyer du ravitaillement à l'armée nationaliste de Tchang Kaï-chek. Le premier convoi, des canons de 75 mm et de 105 mm, a été accueilli à la frontière chinoise par des feux d'artifice. « Durant toutes les années pendant lesquelles la Chine s'est battue isolée, a déclaré Tchang Kaï-chek, les Japonais ont dit que, si la route de Birmanie était coupée, nous perdrions courage. Or, voici qu'arrive cette caravane, déferlant sur la Chine par une route qu'ils croyaient avoir conquise à tout jamais. » (→ 9.2)

L'armée américaine exécute un soldat

France, 31 janvier
L'armée américaine a exécuté l'un de ses soldats, Eddie Slovik, pour cause de désertion. C'est la première exécution du genre pour les Américains depuis la guerre civile, il y a 80 ans. Slovik, âgé de 24 ans, avait déserté son unité lors du débarquement de Normandie. Après l'avoir rejointe, il avait déserté une nouvelle fois.

Le Japon privé du pétrole de Sumatra

Océan Indien, 29 janvier
Les bombardiers anglais ont décollé de leurs porte-avions pour mener des raids dévastateurs sur les raffineries de Sumatra, principale source de pétrole raffiné des Japonais. La destruction des raffineries les obligera à importer leur pétrole brut et à le raffiner sur place, doublant ainsi leur besoin en navires pétroliers.

1945

Février

Di	Lu	Ma	Me	Je	Ve	Sa
				1	2	3
4	5	6	7	8	9	10
11	12	13	14	15	16	17
18	19	20	21	22	23	24
25	26	27	28			

1er. Pologne : l'Armée rouge prend Torun, sur la Vistule.

2. Singapour : 88 bombardiers B-29 américains détruisent la base navale japonaise.

2. Allemagne : la 1re armée américaine franchit la ligne Siegfried et enlève Udenbreth et Neuhof (→ 9).

3. Philippines : les Américains atteignent les faubourgs nord de Manille. Au sud de la baie, ils larguent un régiment de parachutistes en renfort sur la crête Tagaytay (→ 6).

3. Alsace : la 1re armée française réduit le dernier îlot de résistance allemand à Colmar (→ 9).

4. Crimée : Staline, Roosevelt et Churchill ouvrent la conférence de Yalta.

5. Allemagne : les troupes de Joukov atteignent Küstrin, sur l'Oder, à 75 km de Berlin.

5. Athènes : le gouvernement accepte un armistice avec les communistes de l'EAM, qui déposent les armes (→ 12).

6. Paris : condamné à mort le 19 janvier pour collaboration, Robert Brasillach est fusillé. Le général de Gaulle a rejeté son recours en grâce (→ 15.3).

7. Belgique : le gouvernement Pierlot démissionne (→ 11).

7. Suisse : 1 200 Juifs arrivent dans un train de la Deutsche Reichsbahn, en provenance du camp de Theresienstadt. C'est le résultat de négociations secrètes menées par Himmler, qui tente d'obtenir une paix séparée avec les pays occidentaux (→ 19).

8. Yalta : entre deux réunions de travail, les commandants alliés visitent le champ de bataille de Balaklava (→ 11).

9. Birmanie : les troupes indiennes achèvent la conquête de l'île de Ramree (→ 15).

9. Amérique du Sud : après l'Equateur il y a une semaine, le Paraguay déclare la guerre à l'Allemagne et au Japon (→ 16).

10. Allemagne : la 1re armée américaine prend les barrages de la Ruhr. Elle ne peut pas franchir la rivière inondée, les Allemands ayant détruit la digue de Schwammerauer.

Les Américains à Manille : farouche résistance nippone

Manille, 6 février
Le général MacArthur a annoncé ce soir que la prise de Manille était imminente. Mais, pour l'instant, les combats de rue continuent de faire rage. MacArthur accuse les Japonais d'avoir « mis le feu sans motif au quartier d'affaires » et de se rendre coupables de « destruction et de sabotage généralisés » dans la capitale philippine. Depuis que la 1re division de cavalerie américaine a pris la prison de Santo Tomas et libéré ses 3 700 prisonniers alliés, les troupes du 14e corps avancent rue par rue face à une âpre résistance japonaise. Le commandant de la garnison, l'amiral Iwabuchi, a rejeté l'ordre d'évacuation du général Yamashita, convaincu que ses 16 000 hommes peuvent tenir tête aux Américains à l'intérieur des murs de la vieille ville. (→ 13)

Une jeune Philippine de Manille.

Prisonniers libérés dans l'est de Luçon

Cabu, Philippines, 2 février
Les rangers américains, assistés de guérilleros philippins, ont monté un raid spectaculaire à 40 km derrière les lignes ennemies la nuit dernière. Ils ont attaqué une prison à Cabu, dans l'est de Luçon, abattant les 223 gardes et libérant 510 prisonniers de guerre, hagards et décharnés, détenus dans les prisons philippines depuis 1942. ▷

Joukov tenu en échec

L'Armée rouge en marche est arrêtée par la fonte des neiges.

Moscou, 10 février
Après avoir établi une tête de pont sur l'Oder à Küstrin, Joukov et son armée ne parviennent plus à progresser. Ils sont tenus en échec à 65 km de Berlin ; c'est une grosse déception pour les Soviétiques qui espéraient prendre la capitale avant la fin du mois. Mais le maréchal Joukov a de bonnes raisons de marquer le pas. Il a subi de lourdes pertes lors de sa traversée de la Pologne et doit attendre que ses lignes de ravitaillement le rattrapent. Il a dû dérouter une partie de ses troupes sur Poznan, forteresse où sont retranchés d'importants effectifs nazis. Les Allemands ont également bénéficié de la venue providentielle de la boue, le radoucissement de la température ayant transformé le sol gelé en bourbier et fait fondre la glace sur l'Oder. Joukov prend donc le temps de réorganiser ses troupes et de préparer la traversée du fleuve. Le maréchal est d'autre part conscient d'offrir le flanc aux Allemands en Poméranie. Les forces nazies y sont commandées par le Reichsführer SS Heinrich Himmler lui-même, un homme sans aucun entraînement militaire. Le fait est révélateur du peu de confiance que Hitler accorde désormais à ses généraux. Himmler a pour mission d'attaquer Joukov dans les cinq jours. Le haut commandement soviétique a donné consigne au maréchal Rokossovski de passer le premier à l'offensive. Ce matin, il s'est mis en route pour livrer bataille en Poméranie. (→ 15)

Les raids alliés se succèdent en Europe

Allemagne, 9 février
Les bombardements alliés continuent à un rythme élevé. La nuit dernière, les bombardiers de la RAF ont attaqué les objectifs stratégiques de Politz, Wanne-Eickel et Krefeld ; la nuit précédente, ce sont Goch, Clèves et le canal de Dortmund-Ems qui avaient été touchés. La semaine dernière, le 3 février, plus de 1 200 bombardiers américains avaient attaqué Berlin, protégés par une escorte de 900 chasseurs. Une douzaine de kilomètres carrés du centre-ville avaient été incendiés et l'aéroport de Tempelhof sérieusement endommagé. Le raid avait fait près de 1 000 victimes, y compris Roland Freisler, l'infâme président du tribunal, qui a été écrasé par une poutre. Les Liberator de l'aviation américaine ont également bombardé Vienne, mais 29 appareils ont été abattus par la Flak. La RAF s'est occupée pour sa part des rampes de lancement de V2 aux Pays-Bas. Parmi les autres objectifs, citons les bases d'U-Boote à Ijmuiden et les positions allemandes près de Goch, à la frontière néerlandaise. (→ 14)

Boeing B-17 au-dessus de Berlin.

La ligne Siegfried est enfoncée

Nimègue, 9 février
Après le pilonnage des positions allemandes par les bombardiers et l'artillerie lourde, les Alliés ont pris d'assaut la iigne Siegfried. La première ligne s'est effondrée et les Canadiens ont franchi les plaines inondées en camions amphibies jusqu'aux rives du Rhin. En amont, la 1re armée américaine se prépare à attaquer les barrages de la Ruhr avant que les Allemands n'en ouvrent les vannes. Les premières lignes nazies sont composées de soldats invalides, mais, derrière, sont tapies les divisions Panzer, qui peuvent encore donner du fil à retordre aux Alliés.

Les Alliés réduisent la poche de Colmar

Colmar, 9 février
« Au 21e jour d'une âpre bataille au cours de laquelle les troupes américaines et françaises ont rivalisé d'ardeur, de ténacité et de sens manœuvrier, l'ennemi a été chassé de la plaine d'Alsace et a dû repasser le Rhin. » Le communiqué du général de Lattre reflète la réalité.
Vu la situation difficile où se trouvaient les Allemands sur tous les fronts en janvier, la 1re armée française décidait de reprendre l'initiative en Alsace. De Lattre montait deux attaques convergentes contre la poche de Colmar. Le 1er corps du général Béthouart y pénétrerait par le sud, le deuxième du général de Montsabert par le nord. Leur objectif commun serait Neuf-Brisach, qui commande le passage du Rhin. Le 20 janvier, l'opération était lancée. La température de - 20 °C et le terrain facile à défendre jouaient contre les assaillants. Leur progression était lente, les contre-attaques des Allemands meurtrières. Le 25, de Lattre obtenait le renfort du 21e corps américain. Le 2 février, Colmar était libéré. Le 3, le commandement allemand ordonnait l'évacuation de la poche.

Un char américain franchit les obstacles bétonnés de la ligne Siegfried.

1945

Février

Di	Lu	Ma	Me	Je	Ve	Sa
				1	2	3
4	5	6	7	8	9	10
11	12	13	14	15	16	17
18	19	20	21	22	23	24
25	26	27	28			

11. Bruxelles : Achille Van Acker forme un gouvernement d'union nationale (→ 20.3).

12. Berlin : les Allemandes âgées de 16 à 60 ans sont mobilisées comme auxiliaires du Volkssturm (→ 17).

13. Philippines : près de Manille, la 11e division aéroportée s'empare de la base navale de Cavite et de l'aérodrome de Nicholls.

13. Paris : de Gaulle décline oralement l'invitation de Roosevelt de le rencontrer à Alger (→ 28).

13. Berlin : Guderian fait nommer par Hitler son adjoint, Walter Wenck, chef d'état-major du groupe d'armées de la Vistule. Il devient l'adjoint de Himmler sur ce front.

14. New York : Erich Gimpel et William Colepaugh, espions allemands qui ont débarqué d'un U-Boot, sont condamnés à mort.

15. Birmanie : sur l'Irrawaddy, la 7e division indienne prend Pakokku et établit une tête de pont à Nyaungu, sur l'autre rive du fleuve (→ 21).

15. Allemagne : la loi martiale est proclamée. En Silésie du Nord, les troupes soviétiques de Koniev encerclent Breslau et atteignent le confluent de l'Oder et de la Neisse.

16. Amérique du Sud : le Chili et le Venezuela déclarent la guerre à l'Allemagne et au Japon, après l'Uruguay hier et le Pérou il y a quatre jours (→ 24).

16. Japon : des avions américains attaquent les aéroports et des cibles industrielles à Tokyo et à Yokohama.

17. Iles Volcano : la phase finale des bombardements aériens et navals est lancée contre Iwo Jima. 170 hommes-grenouilles sont perdus en testant les défenses japonaises (→ 19).

17. Allemagne : le général Wenck a déclenché hier une contre-attaque vers Pyritz, au nord-est de Berlin. La 33e division de Waffen SS « Charlemagne » est envoyée sur le front de Poméranie (→ 18).

La conférence de Yalta

Staline, Roosevelt et Churchill réunis à la conférence de Yalta.

Yalta, 11 février

Roosevelt, Churchill, et Staline se sont rencontrés à Yalta pour décider du sort de l'Europe d'après-guerre. La conférence, tenue dans un palais surplombant la mer Noire, s'est conclue par un certain nombre d'accords. D'une part, les participants ont décidé de diviser l'Allemagne vaincue en quatre zones d'occupation sous le contrôle des Alliés. D'autre part, une conférence sera tenue à San Francisco en avril pour établir la charte de la nouvelle organisation des « nations unies ». Des accords ont été conclus concernant la composition des nouveaux gouvernements en Pologne et en Yougoslavie. Le Comité de Lublin mis en place par les Soviétiques devra inclure des membres du gouvernement polonais à Londres. Quant à Tito, il devra accueillir au sein de son gouvernement Ivan Subasich, de l'ancien gouvernement monarchiste. D'autres accords sont plus discrets : Staline doit déclarer la guerre au Japon dans les deux mois suivant la fin de la guerre en Europe ; les frontières de la Pologne vont être repoussées vers l'ouest, permettant aux Soviétiques d'annexer ses régions les plus orientales. (→ 20)

Débarquement des Américains dans l'île de Corregidor

Philippines, 16 février

Après un bombardement naval et un raid aérien, les parachutistes et les marines américains ont débarqué sur l'île forteresse de Corregidor, qui contrôle l'entrée de la baie de Manille. Corregidor est défendue par une garnison de 5 200 Japonais en excellente condition et armés jusqu'aux dents. Le fort fut le cadre de la défense héroïque des forces américaines et philippines en 1942. Aujourd'hui, ce sont les Japonais qui livrent une résistance fanatique, retranchés dans un labyrinthe de grottes et de tunnels. C'est le 29 janvier que 30 000 Américains ont débarqué près de Manille, au nord-ouest de la baie de Subic, pour isoler dans un premier temps la péninsule de Bataan.

Deux jours plus tard, les troupes américaines débarquaient au sud de la baie de Manille, à Nasugbu. Elles prenaient la base aérienne stratégique de Clark Field le 31 janvier, et la 1re division de cavalerie atteignait les faubourgs de Manille le 3 février. Six semaines donc après le premier débarquement à Lingayen, Manille est pratiquement encerclé. Toutefois, la Perle de l'Orient est encore loin d'être libérée. L'armée japonaise a ordonné l'évacuation de la ville, mais 16 000 marins japonais sont décidés à s'y battre jusqu'au bout. (→ 21)

L'Armée rouge prend Budapest après un siège de 50 jours

Budapest, 13 février

Budapest, la plus puissante capitale satellite de Hitler, est tombé aux mains de l'Armée rouge après 50 jours de siège. Le commandant allemand, le général Pfeffer-Widenbruch, a été capturé alors qu'il cherchait à s'échapper par les égouts. D'après Moscou, plus de 49 000 soldats allemands et hongrois sont tombés dans la bataille. Hitler a déployé toutes ses forces pour tenter de sauver la capitale hongroise, envoyant en renfort la 4e division Panzer du général Herbert Gilles, mais elle a été arrêtée à 20 km de la ville. Désormais, annonce Radio Moscou, « la route de Vienne est grande ouverte ». (→ 7.3)

Le drapeau russe est hissé devant le Parlement, à Budapest.

Dresde ravagé par un bombardement de la RAF

L'ancienne cité est dévastée par le feu

Allemagne, 14 février
La ville de Dresde a été dévastée la nuit dernière par un raid meurtrier de la RAF, qui a causé un gigantesque incendie. Les toutes premières estimations font état d'au moins 135 000 morts sur 700 000 habitants, population grossie depuis peu par 500 000 réfugiés du front de l'Est. Le raid a été dirigé par le commandant Maurice Smith à la tête d'une première vague de 244 Lancaster. Dresde était sans défense : les canons de la Flak avaient été envoyés au front et le peu de chasseurs disponibles sont arrivés trop tard sur les lieux. C'est donc sans opposition aucune que Smith a déclenché le bombardement : d'abord un chapelet de bombes explosives pour défoncer les bâtiments, suivies des redoutables bombes incendiaires. La première vague de Lancaster fut suivie d'une seconde vague de 529 bombardiers, qui ont lâché en tout 1 478 tonnes de bombes explosives et 1 182 tonnes de bombes incendiaires. Le feu prit des proportions cataclysmiques, créant un tel appel d'air que les habitants furent aspirés vers le brasier comme des fétus de paille. On peut se demander, à l'issue de ce raid meurtrier, pour quelle raison une ville historique sans aucun intérêt militaire a été dévastée de la sorte. Ce bombardement obéit, en fait, à la logique de l'opération *Thunderclap*, qui vise à forcer la capitulation de l'Allemagne par une série de raids contre son réseau ferroviaire. Il a également eu pour but de saper le moral des Allemands. Mais il n'a pas fait l'unanimité chez les Alliés : les Américains, en particulier, l'ont jugé «terroriste», mais se sont aperçus que le bombardement, en portant un coup aux communications allemandes, pouvait aider les Soviétiques militairement et que, politiquement, il serait perçu comme tel. Les Etats-Unis n'ont d'ailleurs pas été en reste aujourd'hui : 311 de leurs bombardiers B-17 ont achevé le travail de la RAF, lâchant 771 tonnes supplémentaires de bombes sur la ville en ruine. (→22)

A Dresde, l'effigie de la Justice a été miraculeusement épargnée par le bombardement allié.

Dresde ravagé par les flammes : les survivants du raid tentent d'identifier les victimes du brasier.

Les Alliés à l'assaut de la Westphalie

Westphalie, 13 février
La 1re armée canadienne du général Sir Henry Crerar est sur le point de remporter la bataille de Westphalie, une gigantesque partie de cache-cache dans les 130 kilomètres carrés de conifères qui se dressent en rangs serrés entre le Rhin et la Meuse, au sud de Nimègue. La 43e division du général Sir Brian Horrocks a pris la ville de Clèves et s'est lancée à l'assaut de Goch et d'Udem, avant que von Rundstedt puisse rassembler ses Panzer de réserve.
La défense allemande a toutefois été fort efficace dans une forêt toute en crêtes et en vallons, les 10 000 soldats du Reich, pourtant peu entraînés, profitant du relief pour se poster en embuscade. La 1re armée de parachutistes du général Meindl a également donné du fil à retordre aux Alliés. La forêt est l'un des derniers points forts de la Wehrmacht dans la région.
L'opération *Veritable* des Alliés, qui a pour but de passer le cours inférieur du Rhin, se solde par un bilan élevé en regard du petit nombre de divisions allemandes qu'ils ont eu à affronter, seulement neuf. Mais le terrain est maintenant dégagé au sud pour les Américains, qui auront affaire à une opposition nettement diminuée. (→ 22)

Une patrouille britannique ratisse les rues de Clèves, en Allemagne.

Les rebelles grecs déposent les armes

Athènes, 12 février
Le ministre résident du gouvernement britannique en Méditerranée, Harold MacMillan, a conclu un accord avec les rebelles communistes de l'Elas. Après une longue nuit d'entretien avec leurs dirigeants, MacMillan a annoncé ce matin la fin de la guerre civile en Grèce. Les rebelles ont accepté de déposer les armes : 40 000 fusils, 108 pièces d'artillerie et 315 mitrailleuses. Une garde nationale, nouvellement constituée, sera chargée de maintenir l'ordre. L'un des dirigeants de l'Elas, le général Gonatas, émet toutefois des réserves, notant que « le traité ne renferme pas des garanties suffisantes pour l'avenir ».

Allemagne : les femmes mobilisées

Allemagne, 17 février
L'avancée triomphale de l'Armée rouge a plongé les dirigeants allemands dans le désarroi. Martin Bormann a publié un décret il y a cinq jours mobilisant les femmes allemandes dans le Volkssturm, l'Armée du peuple. Jusqu'alors, elles étaient uniquement volontaires. Leur participation à l'effort de guerre a donc franchi une nouvelle étape. Un second signe de désarroi remarqué par les Alliés a été l'obligation pour les Allemands d'évacuer l'expert en fusées Wernher von Braun et ses collègues de la base de V2 à Peenemünde, sur la Baltique. Le centre est menacé par les Soviétiques. (→ 8.3)

1945

Février

Di	Lu	Ma	Me	Je	Ve	Sa
				1	2	3
4	5	6	7	8	9	10
11	12	13	14	15	16	17
18	19	20	21	22	23	24
25	26	27	28			

18. Allemagne : l'offensive du général Wenck en Poméranie commence à faiblir (→ 5).

19. Iles Volcano : la 5e flotte américaine lance l'opération *Détachement*, l'invasion d'Iwo Jima. 30 000 marines débarquent sur l'île fortifiée, défendue par 21 000 Japonais.

19. Allemagne : à son QG de Hohenlychen, Himmler reçoit le comte Folke Bernadotte, président de la Croix-Rouge suédoise. Il essaie d'obtenir des négociations de paix avec les pays occidentaux (→ 12.3).

20. Etats-Unis : l'usine K-25 d'Oak Ridge produit assez d'uranium 235 pour préparer une bombe atomique (→ 16.7).

20. Prusse-Orientale : le maréchal Alexandre Vassilevski remplace le maréchal Ivan Tcherniakhovski, mort de ses blessures avant-hier, à la tête du 3e front de Biélorussie.

21. Philippines : les Américains réoccupent toute la presqu'île de Bataan, à Luçon. Autour de Manille et à Corregidor, les combats se poursuivent.

21. Iwo Jima : des kamikazes coulent le porte-avions américain *Bismarck Sea* et endommagent le *Saratoga* (→ 23).

22. Corregidor : 2 000 Japonais se suicident en faisant sauter un dépôt de munitions (→ 27).

22. Birmanie : deux brigades indiennes et la 255e brigade blindée britannique se dirigent vers Meiktila (→ 26).

22. Allemagne : des unités de la 7e armée américaine traversent la Sarre (→ 23).

22. Versailles : Eisenhower annonce que les Alliés ont fait 900 000 prisonniers allemands.

22. France : le GPRF crée les comités d'entreprise dans les établissements de plus de 100 salariés.

23. Pologne : après un mois de siège, l'Armée rouge prend la forteresse de Poznan (→ 28).

24. Le Caire : le Premier ministre d'Egypte, Ahmed Maher Pacha, est assassiné. Il vient de lire un décret du roi Farouk déclarant la guerre à l'Allemagne et au Japon (→ 27).

Avancée de l'armée alliée en Birmanie

Nyaungu, Birmanie, 21 février
Sept jours après leur traversée de l'Irrawaddy, le général « Punch » Cowan et sa 17e division indienne se mettent en marche vers Meiktila, la principale base japonaise en Birmanie du centre. La traversée du fleuve et l'offensive britannique ont pris de court le général Katamura, qui pensait qu'elles auraient lieu au nord de Mandalay. En portant son attaque au sud, le général William Slim, commandant de la 14e armée britannique, compte bien couper les lignes de la 15e armée de Katamura et la détruire.

Les Alliés en route vers Düsseldorf

Ruhr, Allemagne, 23 février
Le général William Simpson est parvenu en une seule journée à faire traverser la Ruhr à 28 de ses bataillons d'infanterie. L'opération *Grenade* a débuté à 3 h 30 du matin. Il a fallu utiliser des fumigènes, à cause de la pleine lune. Les Américains construisent des ponts pour faire passer leurs chars et Simpson s'apprête à marcher sur Düsseldorf. La Wehrmacht, qui avait envoyé des troupes en renfort en Westphalie, a été prise au dépourvu et tarde à monter sa contre-offensive.

Japon : Churchill monte au créneau

Le Caire, 20 février
Winston Churchill et le président Roosevelt, de retour de la conférence de Yalta, se sont entretenus plusieurs heures au Caire sur les prochaines étapes de la guerre contre le Japon. Churchill a réaffirmé au président américain sa « détermination de jeter toutes ses forces dans la bataille contre les Japonais ». Les deux hommes d'Etat se sont entretenus également avec le roi Farouk d'Egypte, l'empereur d'Ethiopie, le roi Saoud d'Arabie Saoudite et d'autres chefs d'Etat, réunis au Caire pour un sommet arabe. Le roi Saoud a offert à Winston Churchill une épée ornée d'un pommeau en or massif. ▷

De nouveaux raids sur l'Allemagne

Allemagne, 22 février
La nuit dernière, lors de raids alliés sur l'Allemagne, 349 bombardiers de la RAF ont largué 1 116 tonnes de bombes sur le centre ferroviaire de Worms, à 20 km au nord de Mannheim, tandis que 1 195 bombardiers de la 8e armée de l'air américaine dévastaient la ville de Nuremberg à l'aide de bombes incendiaires. Le raid n'est pas sans rappeler ceux de Dresde et de Chemnitz, encore fort controversés. Un envoyé de l'Associated Press a commenté ainsi le raid sur Dresde : « L'armée de l'air alliée a adopté la formule du bombardement terroriste des zones urbaines allemandes... de façon à précipiter la chute de Hitler. » (→ 27)

Mort mystérieuse de Jacques Doriot

Messkirsh, 22 février
Sur la route de Mengen, deux avions ont surgi au-dessus de la Mercedes de Doriot, qu'ils ont mitraillée. Avions allemands agissant sur ordre, avions alliés passant là par hasard ? La seconde hypothèse est certainement la bonne. Le chef du PPF avait refusé de s'identifier aux « restes » de Vichy et de suivre ses rivaux de toujours à Sigmaringen. Il s'était installé sur le lac de Constance pour y préparer l'avènement d'un « Etat populaire français », pour lequel il bénéficiait de l'appui des nazis.

Chasse ouverte aux sous-marins nazis

Atlantique, 24 février
Dans la seule journée d'aujourd'hui, les Alliés ont coulé trois sous-marins nazis : deux par des bombardiers et le troisième par l'escorte d'un convoi. Le total des U-Boote coulés ce mois-ci est de 19 bâtiments. Mais l'Allemagne les remplace à un rythme effréné par des modèles encore plus puissants : pas moins de 30 ont été mis en chantier pour le seul mois de janvier, et leurs schnorchels en font de redoutables adversaires. (→ 28)

Les Américains prennent Iwo Jima

Les marines partent à l'attaque sur les plages volcaniques d'Iwo Jima et y établissent une tête de pont.

Iwo Jima, 23 février
Les Américains débarqués à Iwo Jima livrent un combat acharné pour la conquête de l'atoll. Ils ont perdu 2 500 hommes en quatre jours, mais une poignée de marines est finalement parvenue à planter la bannière étoilée au sommet du mont Suribachi, colline de 200 m qui domine l'extrémité sud de l'île. L'événement a été salué par de vives clameurs poussées par les trente mille hommes des 4e et 5e divisions de marines qui regardaient en contrebas. Les soldats qui ont réalisé cet exploit appartiennent au 28e régiment de combat de la 5e division. Ils ont utilisé un morceau de tuyau de drainage en guise de mât. A peine avaient-ils planté le drapeau qu'une poignée de Japonais faisaient irruption de leurs tunnels cachés et se faisaient abattre par les marines. La lutte pour le contrôle d'Iwo Jima n'est pas terminée pour autant. Les Américains ont pris un terrain d'aviation le premier jour, mais il en reste encore deux aux mains des Japonais. L'enjeu stratégique d'Iwo Jima n'est en effet un secret pour personne : l'atoll est un tremplin idéal pour lancer des raids de bombardiers B-29 contre le Ja pon, distant de 1 000 km. Au poin que les stratèges de Tokyo se son même penchés sur la quantité d'ex plosif qu'il faudrait pour désin tégrer totalement l'atoll, une île volcanique de 6 km sur 2. L'état major japonais a finalement opté pour l'installation de 21 000 soldat retranchés dans un réseau de gale ries souterraines. Les 20 km de tun nels ont résisté jusqu'ici à deu mois et demi de bombardement aériens et à trois jours de pilonna ges, au cours desquels ils ont reç 40 000 obus. (→ 26)

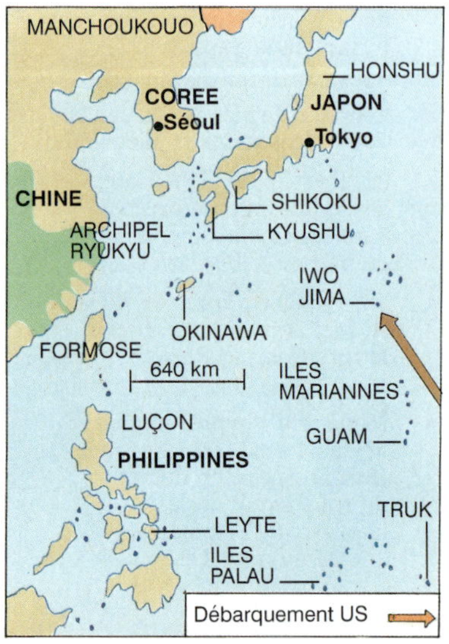

Image symbolique : la bannière étoilée dressée sur le mont Suribachi.

1945

Février

Di	Lu	Ma	Me	Je	Ve	Sa
				1	2	3
4	5	6	7	8	9	10
11	12	13	14	15	16	17
18	19	20	21	22	23	24
25	26	27	28			

25. Japon : 172 bombardiers américains B-29 effectuent le premier raid nocturne sur Tokyo. Ils lâchent 450 tonnes de bombes incendiaires (→ 10.3).

25. Poméranie : l'Armée rouge enfonce les positions de la division SS Charlemagne, près d'Hammerstein. Engagée hier, elle s'est heurtée à des « Allemands libres » combattant avec les Soviétiques (→ 1.3).

25. Allemagne : le 7e corps américain élargit sa tête de pont sur la Ruhr, en prenant Düren. Le char Pershing M 26 est engagé dans les combats, lors du passage de la rivière par la 3e division blindée.

26. Birmanie : la 19e division indienne avance vers Mandalay pour tromper les Japonais sur la manœuvre d'encerclement de Slim, à partir de Ngazun. Plus au sud, la 17e division indienne prend l'aérodrome de Thabuktong, à 20 km de Meiktila (→ 28).

26. Allemagne : la 1re armée canadienne lance l'opération *Blockbuster*, une offensive contre Clèves et Uedem.

27. Philippines : les Américains nettoient les derniers îlots de résistance japonais à Manille. Le pays est formellement réintégré au Commonwealth (→ 28).

27. Moyen-Orient : après la Syrie hier, le Liban déclare la guerre à l'Allemagne et au Japon (→ 28).

28. Allemagne : la 1re armée américaine franchit la rivière Erft, à 16 km de Cologne.→

28. Bucarest : Moscou nomme Andreï Vychinski commissaire soviétique en Roumanie (→ 2.3).

28. Westminster : aux Communes, une motion regrettant que la conférence de Yalta ne permette pas aux Polonais de choisir leur propre destinée est rejetée par 396 votes contre 25.

28. Londres : les conversations entre Churchill et Georges Bidault, ministre français des Affaires étrangères, s'achèvent. La France refuse d'être puissance invitante à la conférence de San Francisco, n'ayant pas été invitée à Yalta (→ 16.3).

Des millions d'Européens fuient la guerre

Europe, février

Partout, et sur tous les fronts, les populations civiles fuient l'avance des différentes armées.

Mein Kampf annonçait avec précision les terribles événements de la guerre. Hitler avait écrit que l'élimination de la France ne serait pas réalisée « par des prières au Seigneur ni par des discours, [mais] par une guerre sanglante ». Il a, hélas ! tenu parole. Face à la barbarie hitlérienne qui s'effondre, on ne peut que déplorer que les Alliés ne soient pas plus humains et n'aient su démontrer avec force la supériorité de la justice et de la réflexion sur l'arbitraire et la folie totalitaires. Ainsi, Arthur Harris, du Bomber Command, prône les bombardements qui tuent de simples civils. Ceux-ci sont-ils méprisables au point que « la population allemande de toute une ville ne vaille pas la vie d'un seul grenadier anglais », comme il l'a déclaré ? Ilya Ehrenburg, l'idéologue soviétique, exhorte pour sa part les soldats de l'Armée rouge : « Massacrez. Foncez de l'avant et massacrez ! » Les massacres et la torture sont le propre de toutes les armées, et ce ne sont ni les Américains ni les Français qui ont apporté un démenti... De Drancy à Auschwitz, des nisei à Katyn, ce conflit est un lugubre et sinistre cri d'horreur. Or certains Alliés relaient les hurlements des loups nazis au lieu de les réduire au silence. Sortir de la barbarie aurait été vaincre la guerre. Les Alliés ne vont que la gagner.

Désolation, destruction, malheur de cette guerre, de toutes les guerres...

Les Alliés encerclent Meiktila en Birmanie

Birmanie, 28 février

La 17e division et la 255e brigade blindée indiennes viennent d'encercler Meiktila. Les troupes britanniques ont parcouru 130 km depuis l'Irrawaddy, enfonçant les barrages des Japonais sur leur chemin. Pittoresque village dont les temples se mirent dans les eaux lacustres, Meiktila est la plaque tournante des transports de la 33e et de la 15e armées japonaises. Si le général Cowan parvient à prendre le village, le gros des troupes japonaises en Birmanie sera neutralisé. Le général Kasuya qui en assure la défense ne dispose que de 3 500 soldats d'arrière-garde, mais prépare une résistance acharnée, donnant même des sagaies aux blessés. (→ 4.3)

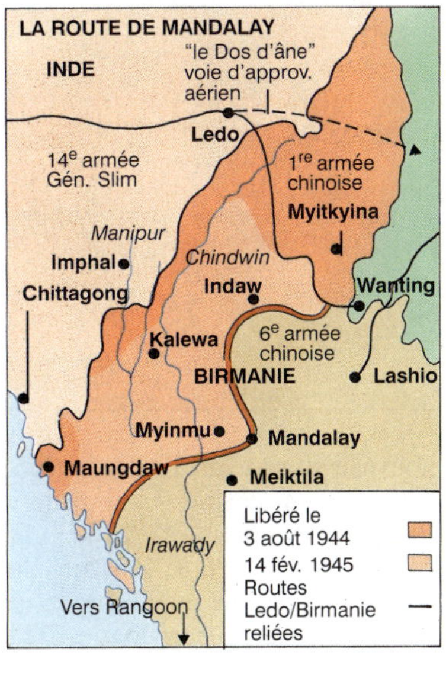

Les Alliés avancent le long du Rhin

Rhin, 28 février

Les Alliés ont lancé la double opération *Lumberjack* et *Undertone* pour repousser les Allemands jusqu'au Rhin. Le front s'étend sur 250 km, d'Uedem au nord à Trèves au sud. Une unité britannique a trouvé 6 km de rivage sans défense à hauteur de Calcar. La 9e armée américaine progresse à un rythme tel que certaines de ses positions ne sont pas communiquées par souci de sécurité. Aux dernières nouvelles, la 9e armée serait à 3 km seulement de München-Gladbach, aux portes de Düsseldorf. Le front n'est plus qu'à 15 km de Cologne, pilonné par les Long Toms 155 mm de l'artillerie américaine. (→ 7.3)

Berlin dévasté par un nouveau raid

Berlin, 27 février

L'aviation américaine a monté un nouveau raid contre Berlin dans la journée d'hier, mobilisant 1 112 bombardiers pour un total de 2 800 tonnes de bombes incendiaires déversées sur la ville. C'est le plus grand raid allié à ce jour monté contre la capitale du Reich : il a été déversé un kilo d'explosif par habitant, ce qui constitue un sinistre record. Un immense incendie dévore toujours la ville. (→ 2.3)

L'Arabie Saoudite entre en guerre

Riyad, 28 février

L'Arabie Saoudite est le dernier pays du Moyen-Orient à déclarer la guerre à l'Allemagne. Avant-hier, c'était la Syrie qui rejoignait le camp des Alliés, après l'Irak et l'Iran l'année dernière. Cet empressement soudain est dû à une déclaration récente selon laquelle seuls les pays qui auront déclaré la guerre à l'Allemagne avant le 1er mars seront invités à la conférence de San Francisco sur l'organisation des « nations unies ». A noter qu'au Moyen-Orient, seuls l'Iran et l'Arabie Saoudite ont déclaré la guerre à la fois à l'Allemagne et au Japon.

La deuxième base d'Iwo Jima est prise

A l'assaut d'Iwo Jima : les marines avancent au lance-flammes.

Iwo Jima, 26 février
Les marines ont pris d'assaut le deuxième des trois terrains d'aviation d'Iwo Jima, Motoyami n° 2, et un poste d'artillerie important, la colline 382. Le combat continue de faire rage sur l'atoll du Pacifique. « Nous prévoyons de prendre la totalité de l'île dans les prochains jours », a déclaré le général Holland Smith, commandant des marines du Pacifique. Les marines ont maintenant à faire face aux solides défenses autour de Motoyami qui gardent l'accès du troisième terrain d'aviation, encore en construction. Le général Smith a invité ses hommes à ne pas sous-estimer la tâche qui reste à accomplir, bien que les pertes américaines commencent enfin à décroître. « C'est le plus rude combat auquel nous avons dû faire face en 168 ans », a-t-il ajouté. Les Etats-Unis ont besoin des terrains d'Iwo Jima pour les chasseurs d'escorte qui accompagneront les B-29 dans leurs raids contre le Japon. (→ 26.3)

Les Américains débarquent à Palawan

Puerto Princesa, 28 février
Volant de succès en succès après la reprise de Manille et de Corregidor au cours des deux derniers jours, les marines ont débarqué ce matin à Palawan, cinquième île des Philippines par sa taille et située la plus à l'ouest de l'archipel. La première vague des marines, appartenant à la 41ᵉ division, a débarqué dans des camions blindés amphibies sans rencontrer d'opposition et a fait route rapidement vers l'intérieur pour prendre Puerto Princesa et ses deux terrains d'aviation désaffectés. Mais les espoirs d'y libérer 150 prisonniers de guerre se sont évanouis quand cinq rescapés leur ont relaté la fin atroce des soldats brûlés vivants par les Japonais en décembre dernier. Pour MacArthur, l'absence de résistance sur l'île est une nouvelle preuve de l'incapacité de l'ennemi « à deviner [ses] plans ». Palawan se situe à 1 250 km des côtes chinoises et à 400 km des champs de pétrole que le Japon exploite au nord de Bornéo. (→ 3.3)

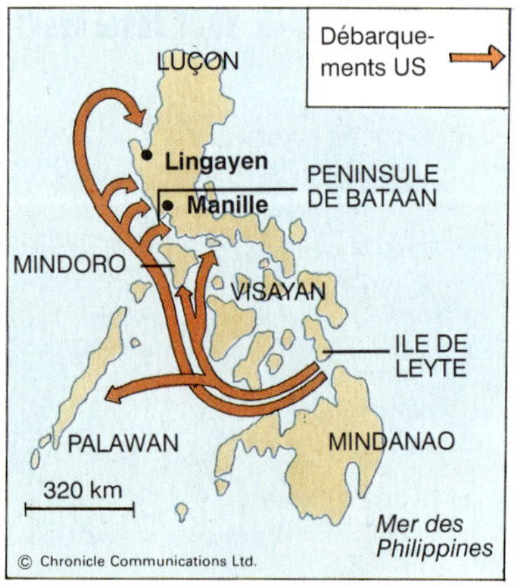

1945

Mars

Di	Lu	Ma	Me	Je	Ve	Sa
				1	2	3
4	5	6	7	8	9	10
11	12	13	14	15	16	17
18	19	20	21	22	23	24
25	26	27	28	29	30	31

1er. Ankara : la Turquie déclare la guerre à l'Allemagne.

1er. Poméranie : les troupes soviétiques de Joukov lancent une offensive en direction du port de Kolberg (→ 7).

2. Allemagne : la 3ᵉ armée américaine s'empare de Trèves. La 9ᵉ prend Neuss et atteint le Rhin, face à Düsseldorf.

2. Cologne : 858 bombardiers de la RAF effectuent un raid sur la ville. Elle est détruite aux trois quarts (→ 11).

3. Manille : les Américains réduisent le dernier îlot de résistance japonais dans le ministère des Finances.

3. Pays-Bas : les bombardiers de la RAF manquent leur cible à La Haye, un site de lancement de V2, tuant 500 civils.

4. Finlande : Helsinki déclare formellement la guerre au Reich, avec effet rétroactif au 15 septembre 1944.

5. Roumanie : Petru Groza, procommuniste, forme un nouveau gouvernement (→ 1.4).

7. Birmanie : les Chinois occupent Lashio (→ 11).

7. Allemagne : la 4ᵉ division blindée du 12ᵉ corps de Patton a progressé en deux jours de 70 km dans l'Eifel, en direction de Coblence. Le 7ᵉ corps américain prend Cologne. →

8. Pays-Bas : des résistants ont tenté avant-hier d'exécuter le général SS Hans Rauter. En représailles, les Allemands fusillent 117 Néerlandais.

8. Londres : sur le marché de Smithfield, un V2 tue ou blesse 233 personnes (→ 17).

9. Allemagne : la 1ʳᵉ armée américaine occupe Bonn. Les Alliés contrôlent la rive ouest du Rhin, depuis Xanten, ville prise hier par les Canadiens, jusqu'à Remagen (→ 15).

9. Indochine : les Japonais suppriment l'administration française. L'amiral Decoux, gouverneur, est arrêté (→ 10).

10. Philippines : les Américains débarquent à Mindanao (→ 18).

10. Berlin : Hitler remplace von Rundstedt par le maréchal Kesselring au commandement en chef du front ouest.

Les Alliés prennent la ville de Meiktila

Birmanie, 4 mars
La 17ᵉ division indienne a pris d'assaut Meiktila en Birmanie après une bataille farouche qui a laissé 2 000 Japonais morts dans les rues. L'assaut a commencé le 1er mars, supervisé par le commandant de la 14ᵉ armée, le général William Slim. La 255ᵉ brigade blindée indienne s'est d'abord emparée des hauteurs surplombant la ville, puis les Gurkhas du général Slim ont fait leur entrée par les faubourgs du nord. Le général Kasuya et sa garnison, retranchés dans des tunnels et profitant des défenses naturelles de la ville, ont offert une résistance acharnée : il a fallu trois jours aux Alliés pour venir à bout des derniers soldats japonais. (→ 7)

Bucarest en émoi

Bucarest, 2 mars
Andreï Vychinski, commissaire soviétique des Affaires étrangères, étend la loi stalinienne à la Roumanie. Impitoyable, comme au temps de son mandat comme procureur des grands procès spectacles de Moscou, Vychinski a ordonné au roi Michael de dissoudre le gouvernement de coalition Radescu et de le remplacer par un cabinet communiste. (→ 5)

L'armée allemande recrute des enfants

Allemagne, 5 mars
Ce sont maintenant des enfants de 16 ans qui montent au front pour défendre le Reich. Tous les Allemands mâles nés en 1929 sont recrutés et envoyés au front se battre contre les Alliés. Depuis septembre de jeunes garçons de seize ans servaient déjà dans le Volkssturm, l'Armée du peuple. La machine de propagande nazie montre dans ses films d'actualité des jeunes appartenant aux Jeunesses hitlériennes décorés de la Croix de fer pour avoir mis des chars ennemis hors combat. Mais de tels artifices ne suffisent pas à dissimuler que ces recrutements d'enfants sont le dernier geste de désespoir d'une nation au bord du gouffre. (→ 17)

Les Américains traversent le Rhin

Des Américains profitent de l'abri offert par un pont intact sur le Rhin.

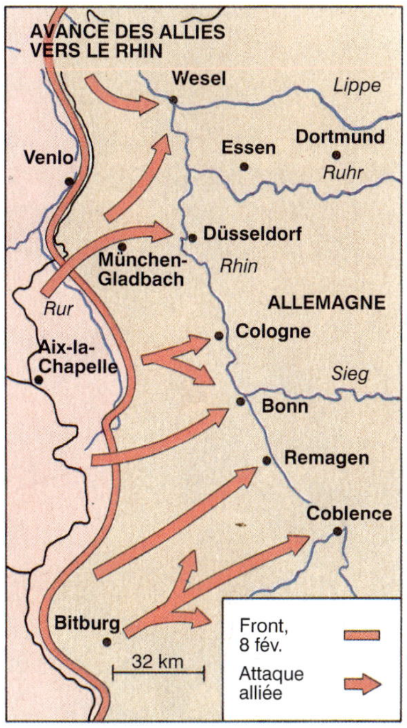

Remagen, 7 mars
Ordre de Hitler : aucun pont sur le Rhin ne doit tomber aux mains des Alliés. C'est donc sans surprise aucune que le général Courtney Hodges, qui a atteint le Rhin à Cologne, y a trouvé tous les ponts détruits. Mais, à 50 km plus au sud, le lieutenant Emmet Burrows émergeait de la forêt au-dessus de Remagen pour découvrir le pont de chemin de fer de Ludendorff en contrebas, emprunté par les soldats allemands en déroute. En toute hâte, un peloton de blindés américains chargeait en direction du pont. A leur vue, un soldat allemand du génie faisait détoner des explosifs qui creusaient un petit cratère. Mais les Américains continuaient à rouler, tirant des obus sur la rive opposée. L'un des impacts jeta à terre le soldat du génie chargé des explosifs. Quand il reprit ses esprits, il se jeta sur le détonateur et tourna la clef de contact. Sans résultat. Un sergent de la Wehrmacht se précipita sur le pont, sous le feu nourri de l'ennemi, pour allumer la mèche à la main. Une puissante explosion souleva le pont... qui retomba en position, toujours en un seul morceau et plus solide que jamais ! (→ 17)

Attaque allemande contre le port de Granville

Normandie, 9 mars
Des troupes allemandes basées à Jersey, dans les îles Anglo-Normandes, et laissées de côté par les Alliés lors du débarquement ont monté un raid audacieux contre Granville. Leur commando, constitué d'éléments des trois forces armées, a réussi un exploit à 800 km du front actuel, couvrant les 40 km de leur base à Granville à bord de treize embarcations légères. Leur raid aurait dû tourner à la catastrophe. Repérés par le radar de Coutainville, les ports sont mis en état d'alerte. Le patrouilleur américain *PC-564* basé à Saint-Malo croise peu avant minuit les navires allemands. Au cours du combat, le patrouilleur encaisse coup sur coup trois obus, et est abandonné. Le commando débarqua ainsi sans encombre à 1 h du matin. Il entreprit de dynamiter les installations portuaires et de couler quatre cargos. Quinze soldats américains et huit britanniques ont été tués, ainsi que six Français. Le commando a libéré 79 prisonniers allemands, dont 9 ont été repris aussitôt. Le commando a réussi à capturer cinq Américains et huit Anglais avant de prendre la fuite.

Le Japon s'empare par surprise de l'Indochine

Hanoi, 10 mars
Assiégés dans la citadelle de la grande ville indochinoise, un millier d'hommes aux ordres du général Massimi viennent de se rendre, après s'être battus pendant deux jours, au prix de 50 % de pertes. Lors de leur reddition, les Japonais ont rendu les honneurs de la guerre aux survivants. L'offensive générale des troupes japonaises avait été déclenchée hier matin. Malgré les rumeurs d'attaque qui couraient depuis quelque temps, les officiers généraux français n'avaient voulu y voir qu'un incident local. Seul le général Sabbatier avait consigné les troupes de la citadelle de Hanoi, consigne qui avait été levée à la suite d'un message rassurant du général Mordant. Puis s'écoulèrent quelques heures, précieuses, avant que l'alerte générale ne soit donnée. A Saigon, où il se trouvait dans l'ignorance totale des événements, l'amiral Decoux, gouverneur général, s'est vu sommé par l'ambassadeur Matsumoto de placer les troupes françaises sous les ordres du commandement japonais. Exigence de pure forme. Les troupes nippones se ruaient déjà sur toutes les garnisons françaises, utilisant la méthode qui leur est chère de l'agression surprise. Elles ne rencontrèrent que peu de résistance, sauf à Hanoi. Quelques rares détachements de soldats français ont gagné la jungle. L'aviation américaine basée au Yunnan n'est pas intervenue. Roosevelt ne serait pas fâché de voir les Français chassés d'Indochine, fût-ce par les soldats de l'empire du Soleil-Levant. (→ 11)

La cruauté des Japonais est ici dénoncée par un de leurs prisonniers.

▷

Contre-attaque nazie en Hongrie

Budapest, 7 mars
Hitler a lancé une contre-attaque visant à reprendre Budapest et les champs de pétrole hongrois. L'opération mobilise deux armées Panzer qui tentent un mouvement tournant autour du lac Balaton. Le flanc sud a également pour mission de harceler l'Armée rouge qui avance sur Vienne. Les premières dépêches en provenance du front font état de quelques maigres succès allemands, leurs chars se sortant tant bien que mal d'une mer de boue. Mais il apparaît que les Soviétiques s'attendaient à l'attaque et ont préparé dans cette perspective de profondes lignes de défense. (→ 24)

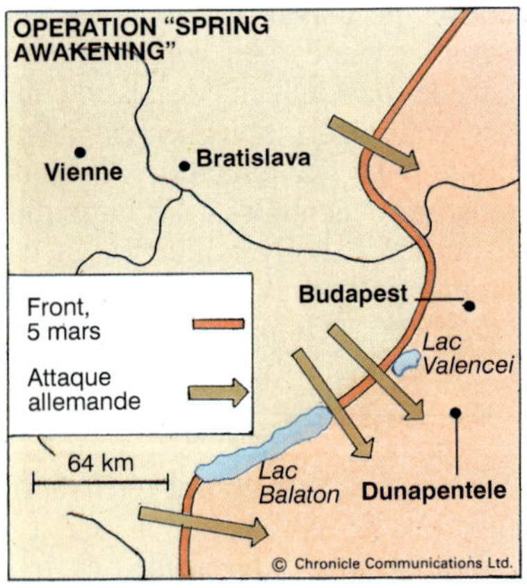

Joukov isole Stettin et attaque Küstrin

Moscou, 7 mars
Le maréchal Joukov a mené une attaque vers le nord jusqu'à la Baltique, a écrasé au passage la 3e armée Panzer avant de couper Stettin de la mer. D'après les dépêches allemandes, Joukov monte des offensives d'envergure le long d'un front sur l'Oder, allant de Stettin jusqu'au sud-est de Berlin. L'un des objectifs en jeu est la forteresse de Küstrin, située à 60 km à l'est de la capitale allemande. Un communiqué en provenance du haut commandement allemand précise que les Soviétiques ont l'intention de prendre Küstrin avant d'attaquer Berlin. Entre-temps, le maréchal Rokossovski continue de nettoyer la Poméranie. Hier, ses hommes ont pris la place forte de Grudziadz, aux portes de Dantzig. (→ 12)

Tokyo est dévasté lors d'un raid allié

Les maisons japonaises traditionnelles en bois disparues, il ne reste presque rien de Tokyo après le raid des Alliés.

Tokyo, 10 mars
L'aviation américaine a mené un raid dévastateur sur Tokyo la nuit dernière, ravageant 40 kilomètres carrés de quartiers de la capitale avec 1 700 tonnes de bombes incendiaires. Le bilan est lourd pour les Japonais : on parle de 83 000 morts, mais le nombre des victimes pourrait atteindre 130 000, avec certainement près de un million de sans-abri. On évalue à 267 000 le nombre de bâtiments détruits. C'est le raid le plus meurtrier de tous les temps : 279 Superforteresses B-29 ont été conduites au-dessus de la capitale japonaise par des Pathfinder, volant à près de 500 km à l'heure à basse altitude de façon à larguer leurs bombes avec précision. Le ciel nocturne s'est embrasé, et une forte brise a propagé l'incendie parmi les frêles habitations de plâtre et de bois. Le moral des Japonais a été rudement ébranlé par le raid : les morts sont entassés dans les rues et sur les ponts. L'effet de surprise a joué en faveur des Alliés et la défense japonaise a été prise au dépourvu : canons antiaériens et chasseurs de nuit n'ont réussi à abattre que quatorze B-29 américains. L'état-major de l'aviation alliée voit dans ce résultat un bon argument en faveur des bombardements stratégiques : le maintien d'une telle politique pourrait convaincre les Japonais de capituler. Les Alliés n'auraient alors pas besoin d'avoir recours à une invasion de l'archipel qui serait très coûteuse en vies humaines. (→ 17)

Les nouvelles tactiques de raid sont couronnées de succès

Japon, 10 mars
De récents changements de tactique chez les Alliés ont contribué au succès du dernier raid contre Tokyo. Déjà, en novembre dernier, un grand pas en avant était accompli avec l'entrée en service des bases aériennes dans les Mariannes : les bombardiers alliés avaient deux fois moins de distance à couvrir pour attaquer la capitale japonaise. Mais les raids de plein jour à 10 000 m d'altitude ont échoué : en deux mois, seule l'une des neuf usines aéronautiques prises pour cibles était sérieusement endommagée. Ce mois-ci, le général Curtis LeMay, commandant de l'US Army Air Force dans les Mariannes, a donc décidé de lancer des raids nocturnes à basse altitude et de déverser des bombes incendiaires sur les quartiers les plus inflammables de Tokyo. Les avions ont besoin de moins de carburant à basse altitude et peuvent donc embarquer plus de bombes.

1945

Mars

Di	Lu	Ma	Me	Je	Ve	Sa
				1	2	3
4	5	6	7	8	9	10
11	12	13	14	15	16	17
18	19	20	21	22	23	24
25	26	27	28	29	30	31

11. Birmanie : les Gurkhas de la 19e division indienne prennent aux Japonais la colline sacrée de Mandalay, qui domine la ville au nord (→ 20).

12. Indochine : les Japonais réduisent la garnison française de Lang Son. Ils exécutent les 460 survivants. Le général Lemonier est décapité (→ 23).

12. Allemagne : les troupes soviétiques de Joukov prennent Küstrin, sur l'Oder, à 80 km à l'est de Berlin (→ 18).

12. Hohenlychen : Himmler, dans le cadre de pourparlers secrets, promet aux Alliés de remettre les camps de la mort intacts aux Alliés, en opposition à Hitler.

14. Berlin : Eichmann déclare : « J'irai heureux dans ma tombe, en sachant que j'ai aidé à tuer six millions de Juifs. »

15. Zossen : des bombardiers américains larguent 31 000 bombes incendiaires et explosives sur le QG de l'état-major de l'armée, près de Berlin (→ 21).

15. Allemagne : la 7e armée américaine lance l'opération *Undertone*, l'occupation du triangle Sarre-Palatinat.

15. France : la Haute Cour de justice prononce sa première sentence : la détention perpétuelle pour l'amiral Estéva, l'ancien résident du régime de Vichy en Tunisie (→ 5.4).

16. Paris : la France propose une série d'amendements à la charte de Dumbarton Oaks, sur l'organisation de l'ONU (→ 19.4).

16. Hohenlychen : Himmler reste couché, simulant une grippe (→ 20).

17. Japon : 307 bombardiers B-29 américains ont largué depuis hier 2 335 t de bombes sur Kobe. 15 000 personnes sont tuées ou blessées (→ 19).

17. Europe : Eisenhower donne l'ordre à Patton de ne pas se diriger sur la Tchécoslovaquie. Il n'y a rien pour l'arrêter et lui permettre d'atteindre Prague avant l'Armée rouge.

17. Allemagne : le pont de Remagen, pris intact par les Alliés le 7 mars, s'écroule à cause d'un surchargement. 28 soldats américains sont tués.

Les Alliés larguent une bombe géante

Grande-Bretagne, 14 mars
Les as de la RAF peuvent se targuer d'un nouveau succès. L'escadrille des Dambuster a en effet attaqué le viaduc de Bielefeld en Allemagne avec une bombe géante de 10 tonnes, baptisée Grand Slam. Des Lancaster de la 617e escadrille ont dû être spécialement adaptés pour porter la nouvelle bombe : les soutes ont été renforcées et les appareils équipés de quatre moteurs Rolls-Royce Merlin de 1 298 ch. Pour gagner du poids, les équipages habituels ont même été réduits de deux personnes. Ce sont quatorze Lancaster qui ont décollé de la base de Woodhall Spa pour leur mission, treize avec des bombes Tallboy de 6 tonnes, et le dernier, piloté par le commandant Jock Calder, portant la bombe Grand Slam.
Calder l'a larguée au-dessus du viaduc de Bielefeld depuis une altitude de 4 000 m, faisant exploser le pont sur plus de 60 mètres. Au moment du largage, le Lancaster allégé a fait un bond de 200 m, secouant rudement l'équipage. Mais la secousse fut vite oubliée à la vue du spectacle : Calder avait fait mouche. (→ 15)

L'indépendance de l'Annam proclamée

Annam, 11 mars
Trois jours après le coup de force des Japonais en Indochine, et avec leur appui, Bao Dai, empereur d'Annam, a dénoncé le traité de protectorat imposé à son pays par la France en 1883 et a proclamé l'indépendance de l'Annam, réunissant sous son autorité la Cochinchine et le Tonkin. C'est sans compter avec les forces nationalistes du Viêt-minh conduites par Hô Chi Minh qui disposent de l'appui de Tchang Kaï-chek. (→ 12)

Les fusées V2 repartent à l'attaque

Le cratère de boue ouvert par un V2 dans les faubourgs de Londres.

Londres, 17 mars
Les Allemands parviennent toujours à lancer des V2 contre l'Angleterre et la Belgique malgré tous les efforts déployés par les Alliés pour détruire leurs bases de lancement. A ses débuts en septembre, la campagne de lancement des V2 était menée depuis des bases des Pays-Bas, mais lors de l'occupation d'Arnhem les sites ont été temporairement déplacés au Danemark. Depuis le début octobre, les bases ont réintégré les Pays-Bas et, en fin d'année, elles ont été implantées dans un grand parc boisé près de La Haye. Les bombardiers de la RAF ayant attaqué le site de nombreuses fois en janvier, en février et finalement, début mars, les Allemands ont dû bouger, d'où l'arrêt temporaire des attaques de V2. Le nouveau site est toujours près de La Haye, cette fois-ci sur l'hippodrome de Duindicht. La base est peu protégée, vu la nature du site : la nappe phréatique, proche de la surface, rend impossible toute construction souterraine de dépôts. Les avions de reconnaissance alliés ont donc aisément repéré les rampes de lancement et la RAF prépare des raids en conséquence. Le but est de repousser les fusées vers l'intérieur de l'Allemagne, d'où elles ne pourront plus atteindre l'Angleterre. Un autre facteur d'encouragement est le succès des raids alliés contre les réseaux de transport allemands, ce qui rend très difficile l'approvisionnement de la base en carburant et en pièces détachées. (→ 27)

Les écoliers à la rescousse au Japon

Tokyo, 17 mars
Les écoliers japonais âgés de plus de sept ans sont mobilisés pour servir dans les usines de guerre. Cette nouvelle mesure prise par le cabinet japonais entre en vigueur le 1er avril. Seules les écoles primaires pour les moins de sept ans resteront ouvertes. Toutes les autres écoles et universités seront fermées, et leurs professeurs et étudiants mobilisés pour travailler dans les usines de munitions et d'alimentation, la défense antiaérienne et la recherche militaire. Pour la radio de Tokyo, la mobilisation des étudiants est « une puissante composante de la défense nationale et un noyau de production en accord avec la gravité de la situation militaire ».

Le général MacArthur inspecte les dégâts sur place, à Manille.

Patton sème la panique chez l'ennemi

Coblence, 17 mars
La 3e armée de Patton a franchi la Moselle et progresse vers le sud, où elle menace l'arrière de la ligne Siegfried. Les Allemands y sont déjà aux prises avec Patch et sa 7e armée dans la Sarre. Les colonnes de Patton, épaulées par les chasseurs bombardiers américains, sèment la terreur dans les rangs nazis. Les routes sont paralysées par l'afflux des réfugiés allemands fuyant au-devant d'eux vers le Rhin et vers les trois ponts qui sont encore ouverts. Patton fait actuellement route le long de la rive occidentale de Coblence en direction de Mayence. Sa 3e armée et la 7e de Patch ont fait près de 100 000 prisonniers. (→ 21)

Les nazis détruisent leurs ponts.

L'usine d'armement Krupp bombardée

Allemagne, 11 mars
La RAF a dévasté l'usine Krupp d'Essen, symbole de la machine de guerre nazie. Le raid a mobilisé 1 079 bombardiers lourds, qui ont déversé 4 661 tonnes de bombes sur le site en moins d'une demi-heure, faisant 897 morts. Le succès du raid contraste avec les analyses pessimistes de certains services de renseignements alliés qui jugent peu concluants les résultats des derniers raids stratégiques : ainsi, d'après les Américains, le raid sur la ville de Dresde n'aurait affecté que la production allemande de cigarettes et non son industrie militaire.

Le suicide de Pierre Drieu La Rochelle

Paris, 15 mars
« Oui, je suis un traître. Oui, j'ai été d'intelligence avec l'ennemi. J'ai apporté l'intelligence française à l'ennemi. Ce n'est pas ma faute si cet ennemi n'a pas été intelligent... Nous avons joué, j'ai perdu. Je réclame la mort. » Ecrit dans la retraite où il se cache depuis la Libération, *Récit secret* est le testament de Drieu La Rochelle, qui a exécuté de ses propres mains la sentence qu'il réclamait à son encontre. « Je ne veux pas être tué par des lâches », écrivait-il encore à son ami André Malraux il y a quelques jours.

Sortie sur les écrans français du film de Marcel Carné, « les Enfants du paradis », avec Arletty et Jean-Louis Barrault dans les rôles principaux.

1945

Mars

Di	Lu	Ma	Me	Je	Ve	Sa
				1	2	3
4	5	6	7	8	9	10
11	12	13	14	15	16	17
18	19	20	21	22	23	24
25	26	27	28	29	30	31

18. Poméranie : la 1re armée polonaise s'empare de Kolberg, sur la Baltique. L'Armée rouge s'approche des ports de Gdynia et de Dantzig.

19. Berlin : Hitler ordonne de détruire toutes les installations industrielles du Reich dans les régions où la Wehrmacht doit se replier. Guderian et Speer refusent d'accepter cet ordre.→

20. Berlin : sur proposition de Guderian, Hitler remplace Himmler à la tête du groupe d'armées de la Vistule par le général Heinrici.

20. Moscou : l'URSS dénonce le traité d'amitié et de neutralité soviéto-turc.

20. Paris : la France signe des accords économiques avec la Belgique, les Pays-Bas et le Luxembourg.

21. Chine : les Japonais lancent une offensive pour s'emparer des bases aériennes américaines de Laohokow, Sian et Ankang, dans le Hubei (→ 25).

21. Allemagne : la 3e armée américaine prend Mayence.

21. Hohenlychen : Himmler refuse d'accompagner Guderian à Berlin pour convaincre Hitler de rechercher un armistice (→ 28).

22. Silésie : les troupes de Koniev franchissent l'Oder au sud d'Oppeln (→ 24).

22. Allemagne : le 12e corps de Patton commence à franchir le Rhin à Nierstein. Il retire cette gloire à Montgomery, qui avait préparé ses traversées pour le jour suivant (→ 24).

22. Sigmaringen : l'écrivain Louis-Ferdinand Céline quitte l'Allemagne pour se rendre au Danemark.

23. Paris : le GPRF annonce officiellement la création de l'Union française et de la Fédération indochinoise. Mais de Gaulle précise que le Laos, le Cambodge et le Viêt-nam restent des colonies ou des protectorats français (→ 16.8).

24. Hongrie : malgré de vigoureuses contre-attaques des Allemands, les troupes soviétiques de Tolboukhine prennent Székesfehérvar et enfoncent les lignes allemandes à l'ouest de Budapest (→ 30).

Hitler : la politique de la terre brûlée

Allemagne, 19 mars
Hitler a ordonné la mise en place d'une politique de la terre brûlée, déclarant notamment : « Si nous perdons la guerre, la nation périra de même. » Selon sa politique, les installations militaires, les voies ferrées et autres réseaux de transport, les industries et les réserves de vivres devront être détruites. En fait, les Alliés se sont déjà acquittés de la majeure partie du travail, en particulier en ce qui concerne les systèmes de transport : le réseau ferroviaire est virtuellement paralysé, sauf les sections que l'Armée rouge entreprend de transformer pour son propre usage.

Les marines fêtés par les Philippins

Panay, 18 mars
En débarquant dans l'île de Pana dans les Philippines, les marines on eu droit à une heureuse surprise : a lieu d'être accueillis par des rafale de mitrailleuses, ils l'ont été pa une garde d'honneur ! Panay a, e effet, été reprise aux Japonais pa les guérilleros philippins. Ce renfo imprévu va faciliter la tâche de Américains qui continuent de d barquer des troupes. Mais, à Iw Jima, après 26 jours de combat, le marines rencontrent toujours ur résistance acharnée. Le bilan est plus lourd de toute la campagne d Pacifique : déjà 4 189 morts. (→ 1.

La reconstruction est prioritaire

Grande-Bretagne, 20 mars
A l'issue de la guerre, les Angla lanceront un plan de reconstructic s'étalant sur deux ans. Le gouve nement de coalition a pour objec de procurer une habitation à tou famille en faisant la demande, sc 750 000 logements à édifier. plan de suppression des tauc commencé avant la guerre sera pris et accéléré. Quelque 500 0 logements doivent être remplac Les ouvriers du bâtiment seront premiers soldats mis en disponi lité après la guerre.

L'Allemagne de Hitler attaquée sur deux fronts

Ces soldats soviétiques à bord d'un char T-34 sont au cœur de l'Allemagne.

Les troupes américaines traversent le Rhin à Sankt Goar.

L'Armée rouge prête à marcher sur Berlin

Moscou, 24 mars

L'Armée rouge prépare soigneusement sa dernière campagne : la bataille de Berlin. Le maréchal Joukov, après avoir pris la place forte de Küstrin – dernier obstacle qui lui barrait la route –, élargit sa tête de pont sur l'Oder en vue de l'ultime offensive. Les dépêches allemandes indiquent que six divisions d'infanterie et deux brigades de blindés ont atteint le carrefour de Golzow, à 50 km des faubourgs de Berlin. Leur avancée est lente mais inexorable. Quant aux troupes du maréchal Tolboukhine en Hongrie, elles ont balayé la contre-offensive hitlérienne, l'opération *Réveil du printemps*, et ont repris leur marche sur Vienne. Au nord, le maréchal Rokossovski resserre son étau sur les villes de Dantzig et de Königsberg, tandis que les Allemands continuent d'évacuer la Prusse-Orientale en toute hâte. C'est au général Schorner, évacué de la Courlande où ses troupes restent toujours piégées, qu'est revenue la lourde tâche de reprendre le commandement du groupe A de la Wehrmacht face aux forces du maréchal Koniev. Les Soviétiques lui ont déjà infligé de lourdes pertes près d'Oppeln en Silésie et continuent ces derniers jours de peser de tout leur poids sur son groupe. Pour l'Armée rouge, la route de Berlin est grande ouverte. (→28)

Création, au Caire, de la Ligue arabe

Le Caire, 22 mars

L'Egypte, l'Arabie Saoudite, le Liban, la Jordanie, la Syrie, le Yémen et l'Irak viennent de signer dans la capitale égyptienne l'acte fondateur de la Ligue arabe, dont les principes avaient été élaborés lors de la conférence d'Alexandrie, en septembre dernier. Le Caire, où s'est déjà déplacé le centre du mouvement nationaliste arabe, l'a ainsi emporté sur Bagdad. L'initiative égyptienne est en effet intervenue après que le régent irakien, créature de la Grande-Bretagne, a envisagé de concrétiser le vieux rêve d'une ligue anglo-hachémite, déjà caressé par Lawrence d'Arabie. Son projet prévoyait de constituer une Grande Syrie formée de la Syrie, du Liban, de la Palestine et de la Transjordanie, puis de créer une ligue arabe par alliance de la Grande Syrie et de l'Irak, qui prendrait la tête de l'organisation. Le pacte signé aujourd'hui sauvegarde, au contraire, l'indépendance et la souveraineté des Etats membres et s'oppose au projet fédéral du Croissant fertile irakien. Il maintient la diversité politique des Etats de la région, et fait apparaître l'Egypte comme l'indispensable arbitre des divisions arabes.

Les Alliés franchissent le Rhin en nombre

Wesel, 24 mars

Après de minutieux préparatifs, Montgomery a finalement donné le coup d'envoi de la traversée du Rhin, une entreprise à grande échelle attendue depuis longtemps par ses partenaires alliés. Cent soixante kilomètres au sud, Patton l'a précédé d'une journée, soucieux de ne pas laisser au maréchal anglais l'honneur de « porter le ballon ». Patton a traversé le fleuve à hauteur de Nierstein et n'a rencontré qu'une faible opposition, ce qui lui a permis de faire route sur Darmstadt. Patton fait la une des journaux, mais c'est l'opération massive de Montgomery qui a les plus grandes retombées stratégiques : son objectif est de pénétrer au cœur des plaines de l'Allemagne du Nord tandis que la 9e armée américaine a pour mission d'encercler la région industrielle de la Ruhr. Les troupes de Montgomery se déploient sur un front de trente kilomètres et regroupent des effectifs considérables : 1 250 000 soldats anglais, canadiens et américains ; 5 500 pièces d'artillerie, canons antichars et roquettes. A elle seule, la 2e armée britannique dispose de 120 000 tonnes de munitions. Les Anglais ont traversé le Rhin la nuit dernière à hauteur de Wesel, réduit à l'état de ruines par un intense bombardement allié : la Wehrmacht y a tenu bon pendant près de 24 heures. Au sud, la 9e armée américaine n'a pas rencontré d'opposition notable : « Il n'y a pas eu de vrai combat, devait dire un officier américain, l'artillerie avait déjà fait le travail. » L'opération *Varsity* avait préparé le terrain ce matin avec le parachutage de 21 000 hommes au nord-est de Wesel. Ils y ont rapidement maîtrisé toute résistance et opéré la jonction avec le gros des troupes. Ce n'est qu'à l'extrémité gauche du flanc que la résistance est farouche. « Les Allemands se battent comme des fous ! » ont rapporté les Canadiens. Trois têtes de pont sont maintenant établies sur le Rhin : Wesel au nord (Montgomery), Nierstein (Patton) et Remagen (1re armée américaine). (→25)

Les pièces d'artillerie traversent le Rhin en route pour Francfort.

Mandalay passe aux mains des Anglais

Mandalay, Birmanie, 20 mars
Mandalay est tombé. Le Premier ministre britannique est satisfait. C'est la 19e division indienne, sous le commandement du général Peter Rees, surnommé le Napoléon de poche du fait de sa petite taille, qui a pris la ville. Trois semaines auparavant, la division qui avait intentionnellement attiré les 15e et 53e divisions japonaises vers leur tête de pont sur l'Irrawaddy pour faciliter l'attaque de la 17e division indienne à Meiktila, avait commencé sa marche vers Mandalay. « Agissez avec audace et prenez des risques ! » étaient les instructions du général Rees à ses officiers. Le 7 mars, ils étaient arrivés à Powa Taung, toujours sans voir la colline de Mandalay et ses temples prestigieux. Deux jours plus tard, la division avait atteint les faubourgs de la ville. Les Gurkhas et les Royal Berkshires ont pris la colline après des combats très violents au sabre, à la baïonnette et à la grenade dans les souterrains des temples bouddhistes. Pendant les dix jours suivants, les soldats se sont battus pour chaque pouce de terrain. Enfin, après plusieurs raids aériens meurtriers, les Japonais ont battu en retraite. (→ 29)

Des mitrailleurs indiens surveillent la route de Mandalay.

Les Américains bombardent Kobe et Kure

Tokyo, 19 mars
Les porte-avions de la flotte américaine du Pacifique ont bombardé le Japon. Tokyo a estimé à environ 1400 le nombre des avions qui ont participé aux raids sur Kobe, principal port japonais, et sur Kure, la base navale la plus importante du pays. Des milliers de soldats étaient terrifiés devant l'ampleur du carnage. Les Japonais se sont vengés par des attaques kamikazes sur les porte-avions américains. L'*Essex*, l'*Enterprise* et le *Wolf* ont été touchés. Sur le porte-avions *Franklin*, 832 marins ont péri. C'est le massacre le plus meurtrier dû à une attaque kamikaze.

Churchill pendant une visite aux troupes alliées près du Rhin.

La RAF touche une école par erreur

Copenhague, 21 mars
Des pilotes alliés ont détruit une prison qui était aux mains de la Gestapo. Mais à quel prix ! Dans les sous-sols de l'immeuble Shell, des résistants danois étaient torturés. Il y avait également 32 détenus au dernier étage. La RAF devait détruire les étages inférieurs. L'opération à coûté la vie à une centaine de nazis et à six détenus. Les autres ont pu s'enfuir. Mais l'un des six avions a incendié une école en s'écrasant. Les autres pilotes l'ont alors bombardé en le prenant pour cible. 112 civils sont morts, dont 86 enfants et 17 instituteurs.

1945

Mars

Di	Lu	Ma	Me	Je	Ve	Sa
				1	2	3
4	5	6	7	8	9	10
11	12	13	14	15	16	17
18	19	20	21	22	23	24
25	26	27	28	29	30	31

25. Chine : les Américains évacuent la base aérienne de Laohokow, après avoir fait sauter les installations (→ 19.5).

25. Allemagne : Montgomery interdit aux troupes anglaises de fraterniser avec la population allemande. Sur la rive droite du Rhin, elles prennent Wesel et font leur jonction avec les Américains.

26. Iwo Jima : les 300 derniers défenseurs japonais (sur une garnison de 21 000 soldats le 19 février) lancent une attaque suicide contre les Américains.

27. Orpington : un V2 atteint cette ville du Kent. C'est le dernier des 1 115 V2 tirés par les Allemands sur la Grande-Bretagne. 2 855 personnes ont été tuées par leurs impacts.

28. Pologne : l'Armée rouge s'empare du port de Gdynia.

28. Berlin : Hitler force Heinz Guderian, chef d'état-major général de la Wehrmacht, à prendre un congé de maladie de six semaines. Il le remplace par le général Hans Krebs.

28. Paris : l'Assemblée consultative vote la suppression des subventions à l'enseignement libre. De Gaulle les maintient.

29. Birmanie : après son échec pour reprendre Meiktila, le général japonais Honda donne l'ordre à ses troupes de se replier sur Pyawbwe (→ 11.4).

29. Allemagne : la 3e armée américaine prend Francfort.

29. Grande-Bretagne : dans le Kent, le dernier des 9 200 V1 tirés par les Allemands contre l'Angleterre atteint Sittingbourne. 6 000 V1 ont franchi les défenses antiaériennes, tuant 6 100 personnes (→ 31).

30. Dantzig : les troupes soviétiques de Rokossovski s'emparent de la ville (→ 6.4).

31. Allemagne : dans une allocution radio, Eisenhower demande leur reddition aux forces armées allemandes.

31. Allemagne : la 1re armée française du général de Lattre commence à franchir le Rhin à Spire et à Germersheim. Elle est appuyée par le 1er corps aérien français, qui aligne 98 Republic P-47 Thunderbolt, 40 Spitfire et 11 Mustang P-11.→

Invasion prochaine de l'île d'Okinawa

Extrême-Orient, 26 mars
Les porte-avions de la flotte britannique du Pacifique ont attaqué les bases aériennes japonaises situées sur les îles Sakaishima, entre Okinawa et Formose, afin d'empêcher l'ennemi de les utiliser. La Royal Navy a pour mission d'apporter un soutien logistique à l'invasion américaine d'Okinawa, dernière étape avant l'invasion planifiée des îles japonaises elles-mêmes. Une armada composée de 1400 navires de guerre transportant 155 000 soldats se dirige en effet vers Okinawa. Les Américains s'attendent à ce que les Japonais mobilisent toute leur force militaire pour contrer leur offensive. (→ 6.4)

Le Reich luttera sans merci

Allemagne, 26 mars
Martin Bormann, le chef du parti nazi, a appelé tous les citoyens du IIIe Reich, épuisés par la guerre à devenir les loups-garous de la guérilla contre les envahisseurs alliés dans une lutte jusqu'au boutiste. « Les loups-garous son nés du national-socialisme, affirme Bormann. Ils sont sans pitié et ne reconnaissent pas les lois de l'armée régulière... La haine doit être notre credo et la vengeance notre cri de guerre. » (→ 2.4.)

L'Argentine déclare la guerre à l'Axe

Buenos Aires, 27 mars
La déclaration de guerre de l'Argentine à l'Allemagne et au Japo a été soutenue par un grand mouvement populaire. Les Argentins n sont absolument pas probritar niques par tradition, mais ils or fait preuve de sympathie pour cause alliée en faisant des dons g néreux pour les prisonniers d guerre à la Croix-Rouge et à d'a tres organisations.
Un rapport a également fait ét d'une étude officielle en cours, q va s'inspirer du droit britanniqu pour le nouveau système élector du pays.

Ike laisse Berlin aux Soviétiques

Etat-major allié, 28 mars
Eisenhower a ordonné aux forces alliées, déjà très avancées en Allemagne, de ne pas continuer au-delà de l'Elbe et de permettre ainsi à l'Armée rouge de prendre Berlin. Récemment encore, Churchill et Roosevelt rêvaient de prendre la ville avant Staline. En fait, les troupes occidentales sont à 320 km de la capitale allemande, alors que les troupes soviétiques en sont à moins de 80 km. Eisenhower déclare ne pas être prêt à risquer la vie de ses hommes pour obtenir un avantage politique sur un allié. Cet argument est critiqué. En effet, Britanniques, Américains et Canadiens affirment ne rencontrer aucune résistance et pouvoir arriver à Berlin les premiers, tandis que les Soviétiques ont à lutter contre des unités de SS fanatiques prêts à se battre jusqu'au dernier. Churchill a eu un mauvais pressentiment à son retour d'Allemagne, où il a rendu visite aux forces alliées. Il pense que Staline va tirer un avantage politique de la situation et en profiter pour hisser le drapeau rouge sur la capitale allemande. Le Premier ministre britannique a l'intention de demander à Eisenhower de changer d'avis. « Nous devrions serrer la main des Soviétiques aussi loin que possible à l'est », a-t-il déclaré. (→ 7.4)

L'Armée rouge en Autriche

Autriche, 30 mars
Le maréchal Tolboukhine a franchi la frontière autrichienne en force et se trouve à 80 km de Vienne. Parallèlement, le maréchal Malinovski avance sur un front de 200 km et a cassé les lignes allemandes à Bratislava. L'avantage est toutefois aux troupes du 3e front d'Ukraine de Tolboukhine. Ce sont elles qui ont battu les Allemands en Hongrie, mais les troupes allemandes affaiblies n'ayant pas contre-attaqué, les Soviétiques ont simplement continué leur marche sur l'Autriche. Le succès de l'avance massive de Tolboukhine a brisé le moral des troupes allemandes, y compris des Waffen SS de la 6e armée Panzer. La Wehrmacht s'est totalement effondrée. (→ 3.4)

La course des Alliés en Allemagne

Etat-major allié, 31 mars
Les Alliés sont prêts pour l'assaut final en Allemagne. Les différentes armées prennent position dans la Ruhr en vue d'opérer leur jonction entre Münster et Paderborn. Le 21e groupe d'armées de Montgomery tient les ports de la mer du Nord, et Patton est sur le point de rejoindre la 1re armée américaine à Kassel. La 7e armée avance en direction d'Heidelberg et la 1re armée française se dirige vers la Suisse. La défense allemande est anéantie. La suprématie aérienne des Alliés est totale. Les bombardements ont détruit les axes de communication. Les épaves bloquent les ports. (→ 6.4)

L'Armée rouge arrive en Autriche et foule aux pieds le drapeau nazi.

Armes miracles : trop tard pour sauver le Reich

Allemagne, 31 mars
Les Alliés occidentaux occupent toute la région du Rhin et les Soviétiques se préparent à franchir l'Oder ; dès lors, les jours du IIIe Reich sont comptés.
Les propos vaniteux si souvent tenus par Hitler sur les nouvelles armes miracles capables de bouleverser complètement les données du conflit et de changer son issue se révèlent maintenant dénués de sens.
C'est en novembre 1942 que Hitler a révélé pour la première fois l'existence d'une nouvelle génération d'armes secrètes. Il faisait allusion aux V1 et aux V2, qui étaient alors à un stade rudimentaire de leur développement et allaient être utilisés dix-huit mois plus tard. Puis, ce fut le débarquement de Normandie et la destruction de leurs sites de lancement ne se fit guère attendre. Néanmoins, il est vrai que ces fusées causèrent des dégâts considérables en Angleterre et en Belgique, mais il était trop tard pour que ces nouvelles armes aient un réel impact sur le rapport de forces militaire en Europe.
Les récents bombardements des Alliés sur les moyens de communication et les sites industriels allemands ont clairement prouvé que même les appareils de type Me 262, Arado Ar 234 et Me 163 étaient trop peu nombreux et transportaient trop peu de carburant pour menacer la suprématie aérienne des Alliés. Ces remarques s'appliquent également à la nouvelle génération d'U-Boote : les types XXI et XXIII à long rayon d'action dans l'océan ou à proximité des côtes. Leur grande vitesse en plongée et leur capacité à rester longtemps immergés auraient pu poser de graves problèmes aux Alliés s'ils avaient été nombreux. Or, jusqu'à maintenant, on a pu observer que trois sous-marins de type XXIII seulement avaient effectué des missions lors de ces deux derniers mois et pas un seul U-Boot de type XXI.

1945

Avril

Di	Lu	Ma	Me	Je	Ve	Sa
1	2	3	4	5	6	7
8	9	10	11	12	13	14
15	16	17	18	19	20	21
22	23	24	25	26	27	28
29	30					

1er. Luçon : les Américains débarquent sur la presqu'île de Bicol. Ils s'emparent de l'aérodrome de Legaspi (→ 10).

1er. Moscou : Staline reçoit des télégrammes de Churchill et de Roosevelt protestant contre les procédés soviétiques en Roumanie et en Pologne.

1er. Allemagne : les 1re et 9e armées américaines opèrent leur jonction à Lippstadt. 340 000 soldats allemands sont encerclés dans la Ruhr.

1er. Hongrie : les troupes soviétiques de Tolboukhine prennent Sopron, près de la frontière autrichienne.

1er. Paris : l'Arc de triomphe et Notre-Dame sont de nouveau illuminés.

2. Berlin : Bormann lance un appel aux Allemands pour « la victoire ou la mort ». La station Radio Werwolf (loup-garou) a démarré ses émissions hier avec le slogan : « Plutôt morts que rouges » (→ 5).

3. Autriche : l'Armée rouge prend Wiener Neustadt (→ 6).

4. Slovaquie : les troupes soviétiques de Malinovski occupent Bratislava (→ 18).

4. Allemagne : la 1re armée française investit Karlsruhe. La 3e armée américaine prend Kassel et Gotha, à 60 km de Buchenwald. Les SS font évacuer le camp (→ 12).

5. Sigmaringen : Pétain écrit à Hitler afin d'obtenir le droit de rentrer en France, « pour y défendre son honneur » (→ 26).

5. Paris : Pierre Mendès France démissionne du GPRF.

5. Moscou : Molotov informe l'ambassadeur du Japon que le pacte de non-agression de 1941 ne sera pas renouvelé.→

5. Italie : la 5e armée américaine lance une offensive en direction de La Spezia (→ 10).

6. Prusse-Orientale : l'Armée rouge déclenche l'attaque sur la poche de Königsberg (→ 9).

7. Moscou : Staline répond à Churchill et à Roosevelt. Il rejette leurs critiques et signale au président américain que la résistance allemande est beaucoup plus vigoureuse à l'est qu'à l'ouest (→ 21).

Les forces américaines à Okinawa

Les forces américaines se déploient sur les plages d'Okinawa. Aucune résistance japonaise n'est en vue.

Okinawa, 6 avril
Les forces américaines ont débarqué sur l'île d'Okinawa, à environ 545 km de Kyushu. L'île doit servir de tremplin à l'invasion du Japon cette année. Les débarquements ont commencé le 1er avril sur un front de 16 km au sud-est de l'île avec une flotte d'invasion gigantesque. En une heure, 16 000 Américains avaient débarqué et les importantes bases aériennes de Kadena et de Yontan furent rapidement occupées. Les Américains ont été surpris par l'absence de résistance des Japonais. L'invasion d'Okinawa, appelée opération *Iceberg*, est le plus important débarquement du Pacifique. Comme les Américains s'attendaient à une forte résistance, ils avaient mis en ligne la 10e armée, commandée par le général Simon Buckner, comprenant cinq divisions, ainsi que trois divisions du corps des marines, soit au total 548 000 hommes, forces considérables appuyées par 320 navires de combat et 1 140 navires auxiliaires. Au corps expéditionnaire de l'US Navy s'étaient joints de nombreux éléments de la flotte britannique du Pacifique. Pour isoler Okinawa avant le débarquement, l'aviation américaine a longuement bombardé les bases de Kyushu. Les B-29 avaient interrompu leurs bombardements sur les villes japonaises pour se joindre à ces attaques. L'objectif des Américains est de construire des bases sur un front de 96 km, c'est-à-dire sur toute la longueur de l'île, dans le but de s'en servir comme soutien logistique lors de l'invasion future du Japon. Les Japonais ont, eux, concentré 120 000 hommes environ à Okinawa. Ils ont évité les dégâts des raids américains en ne plaçant que des forces symboliques sur les plages et en établissant une très solide défense à l'intérieur, où ils pourront se battre tout en étant hors de portée des tirs de la marine américaine. Mais des opérations kamikazes n'en ont pas moins été entreprises en lever de rideau et c'est ainsi qu'ont déjà été touchés le navire de guerre *USS West Virginia* et le porte-avions *HMS Indomitable*. A Okinawa même, le 24e corps d'armée américain se dirige vers la très importante ligne Shuri, tandis que le 3e corps amphibie rencontre une ré sistance acharnée au nord. Diffé rents raids japonais ont été lancé contre les forces navales alliées, a cours desquels ils ont coulé six na vires et gravement endommagé l porte-avions *USS Hancock*. Ce différentes opérations ont requis u grand nombre d'avions et fait app à 335 kamikazes. (→ 12)

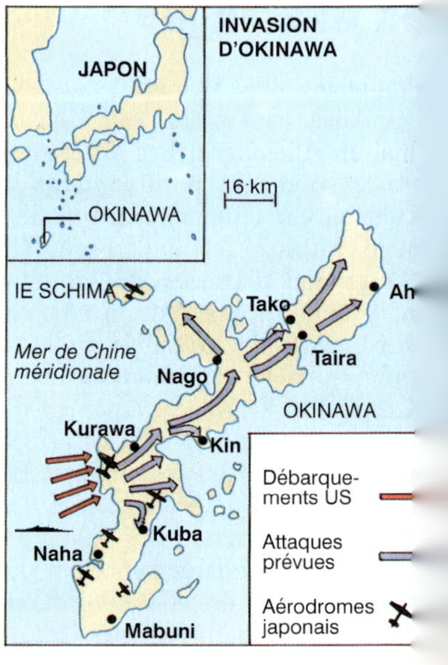

La déroute allemande face à l'avance des Alliés

Ruhr : reddition de 100 000 hommes

Ruhr, 6 avril
Deux armées américaines se sont emparées de la région industrielle de la Ruhr et ont capturé 20 000 prisonniers par jour. Déjà, presque 100 000 hommes ont été faits prisonniers et on en comptera plus de 300 000 lorsque les dernières poches de résistance du groupe d'armées B du maréchal Walter Model auront été éliminées.
La 9e armée américaine de Simpson est descendue vers le nord pour rejoindre la 1re armée de Hodge à Lippstadt, à l'est de la vallée de la Ruhr. Warburg est tombé après qu'un ultime combat a été livré par des civils. La 9e armée est sur le point de prendre la ville de Hamm. C'est une ville industrielle et un centre ferroviaire du nord de la Ruhr qui fut, pendant des années, une cible de la Royal Air Force. Il reste quelques unités allemandes retranchées dans la forêt avoisinante qui ne semblent pas se rendre compte de la présence alliée. En effet, lorsque des détachements de corvée sont allés chercher des munitions dans un dépôt de Marburg, les troupes alliées les attendaient. L'aviation alliée a jeté cinq millions de tracts sur les forces allemandes encerclées, les informant de l'avance décisive des Alliés et les invitant à déposer les armes. (→ 9)

Vienne en flammes : les soldats soviétiques contre les derniers combattants.

L'Armée rouge marche sur Vienne

Vienne, 6 avril
La radio viennoise a diffusé ce soir un message tragique sur l'arrivée imminente des troupes soviétiques. Le message a été interrompu par le bruit de tirs d'artillerie lourde. Les troupes du maréchal Tolboukhine se trouvent, en effet, à moins de deux kilomètres du centre-ville. « En ce moment même, a annoncé le speaker, des obus explosent tout autour de nous, sur la tour de la cathédrale Saint-Etienne, sur le Burgtheater très endommagé et sur le château de Schönbrunn. Nos soldats se battent avec tous les moyens disponibles. Les groupes du Volkssturm sont également mobilisés pour intervenir dans tous les combats et pour soutenir les soldats de la Wehrmacht. On peut voir les bombes et les obus exploser.
Les Soviétiques tentent de forcer les lignes allemandes au sud-ouest de la ville. La bataille fait rage dans toute la capitale. » Après un court interlude de musique viennoise, le speaker a appelé à défendre la ville par tous les moyens, même « le dos au mur ». (→ 13)

La presse nazie : la chute est proche

Allemagne, 5 avril
Le dernier numéro du *Schwarze Korps*, publication nazie de Himmler, a admis que l'Allemagne est au bord de l'effondrement total et, dans une déclaration sans précédent, laisse entendre que les Allemands vont être obligés d'accepter l'éventualité d'une défaite militaire. Mais nombreux sont ceux qui pensent encore que les Allemands ne cesseront jamais les combats et que la croyance collective en une juste cause n'a absolument pas changé.

Manque d'essence

Ruhr, 2 avril
Le général Kurt Student a été contraint à différer son attaque contre la 9e armée américaine basée dans la Ruhr à cause du manque de carburant pour les chars. Cette pénurie causée par les bombardements des Alliés sur des usines de carburant synthétique et l'occupation des gisements de pétrole en Roumanie et en Hongrie par l'Armée rouge a paralysé les forces allemandes. Nagykanisza, principale source hongroise de ravitaillement, est elle aussi occupée depuis peu.

En Allemagne, les Alliés sont accueillis par des drapeaux blancs

eddition de soldats allemands.

Nord-ouest de l'Allemagne, 7 avril
A l'ouest, l'armée allemande se désintègre sous le feu des Alliés qui gagnent Brême, Hanovre et l'Elbe. De longues colonnes de prisonniers allemands marchent péniblement vers l'ouest en direction des camps de détention alliés. Les troupes britanniques, elles, se sont arrêtées à Hanovre, tandis que des unités d'avant-garde se dirigeaient vers Brême. Les Américains sont entrés à Würzburg. Laissant derrière eux la zone dévastée de la Ruhr, les Alliés traversent actuellement des villes que la guerre n'a apparemment pas touchées. Mais l'approvisionnement des commerces pose problème : les étalages sont souvent vides. Des drapeaux blancs apparaissent aux façades des maisons.

Des commandos de Royal Marines dans la ville dévastée d'Osnabrück.

Le pacte soviéto-japonais dénoncé

Moscou, le 5 avril
L'Union soviétique s'apprête à mettre un terme au pacte de non-agression, d'une durée de cinq ans, avec le Japon. En effet, le Kremlin a annoncé ce soir la possibilité d'une guerre avec l'empire du Soleil-Levant. Mais le pacte n'est pas arrivé à son terme : il reste à peine plus de un an avant qu'il n'expire. Radio Moscou a fait état d'un document diplomatique transmis par Molotov, commissaire aux Affaires étrangères, à l'ambassadeur du Japon. Ce document accuse, en effet, le Japon d'aider l'Allemagne dans sa guerre contre l'Union soviétique. Les Alliés ont accueilli favorablement cette décision. Ils pensent que les Soviétiques devraient éventuellement ouvrir un nouveau front en Mandchourie. Radio Tokyo a immédiatement averti le peuple japonais d'un éventuel changement pouvant survenir rapidement entre les deux pays. Dans ce communiqué, le gouvernement japonais a affirmé qu'il s'efforcera, malgré tout, de maintenir la paix entre les deux pays. Le document diplomatique soviétique explique, lui, que le pacte avec le Japon a été conclu en 1941, c'est-à-dire avant l'agression allemande contre l'Union soviétique et avant le début des hostilités entre la Grande-Bretagne, les Etats-Unis et le Japon. « Depuis lors, la situation a radicalement changé », déclare ce document. Dans la mesure où l'Allemagne nazie a attaqué l'Union soviétique et que le Japon est entré en guerre contre ses alliés britanniques et américains, ce pacte n'aurait plus aucune légitimité. D'autre part, selon les modalités mêmes du pacte, si aucune des parties concernées n'y apporte de modifications dans un délai de huit jours, il sera automatiquement prolongé de cinq ans. L'URSS doit donc le dénoncer au plus vite.

Remaniements US dans le Pacifique

Washington, 3 avril
Le général MacArthur a été nommé commandant en chef des armées de terre américaines du Pacifique, et l'amiral Nimitz commandant de toutes les unités navales. Cette décision, qui met fin à la répartition du théâtre des opérations en zones géographiques distinctes, comme le Pacifique sud-ouest ou le Secteur océanique, vise à mettre en place une nouvelle structure de commandement en vue de l'invasion du Japon. L'état-major central conserve le contrôle des opérations stratégiques dans le Pacifique. (→ 14)

Japon : un nouveau Premier ministre

Tokyo, le 7 avril
Les députés japonais, conscients de la situation désespérée du pays, ont conseillé à l'empereur de rappeler d'urgence l'amiral retraité Kantaro Suzuki, un modéré, pour diriger le nouveau gouvernement, à la suite de la démission du général Kuniaki Koiso il y a deux jours. La crise de confiance à l'égard de Koiso a été précipitée par l'invasion d'Okinawa et par la toute récente dénonciation, par les Soviétiques, du pacte de non-agression avec l'URSS. Il a été conseillé au nouveau Premier ministre de mettre fin à la guerre aussi vite que possible. Suzuki avait été le leader du groupe pacifiste opposé à l'extension du conflit à la Chine.

Le combat continue pour ce soldat.

Le « Yamato » est coulé par l'US Navy

Le « Yamato », le plus grand cuirassé du monde, en proie aux flammes.

Mer de Chine orientale, 7 avril
Après un combat de 90 minutes contre l'aviation américaine, le plus gros et le plus puissant cuirassé au monde, le *Yamato*, qui jaugeait 72 000 tonnes, a été coulé aujourd'hui. Près de 2 500 hommes ont péri dans le naufrage. Accompagné du croiseur *Yahagi* et de huit destroyers, le *Yamato* exécutait une mission suicide. Son équipage avait été prévenu : « Le sort de l'empire repose entre vos mains. »

Après l'invasion d'Okinawa par les Américains, l'état-major japonais a décidé de consacrer toutes ses forces à déloger l'ennemi. Le rôle du *Yamato* était d'attirer l'aviation embarquée américaine, ce qui aurait laissé la flotte alliée à la merci des kamikazes. Le cuirassé japonais devait ensuite se frayer un passage jusqu'à terre pour débarquer ses deux mille soldats sur l'île d'Okinawa. De toute façon, le navire n'avait pas assez de carburant pour effectuer un éventuel retour.

Les avions de la force aéromaritime américaine TF 58 ont attaqué le *Yamato* au large de l'île de Kyushu. Frappé par cinq torpilles et par de nombreuses bombes, le cuirassé a commencé à donner de la bande. Gouvernail bloqué, il ne pouvait que tourner sur lui-même. Une épaisse colonne de fumée s'échappait du navire alors qu'il s'enfonçait dans l'eau. La TF 58 a également coulé quatre destroyers, mais, de son côté, elle a perdu dix avions.

Nouvelle offensive alliée en Italie

Cesena, 1er avril
Il y a quatre jours, le commandant de la 8e armée, le général Richard McCreery, a réuni tous ses officiers dans une petite salle de cinéma et les a promus lieutenants-colonels. Sur le plan militaire, son objectif est de détruire les unités allemandes au sud du Pô dans ce qui pourrait être la dernière bataille de l'épuisante campagne d'Italie. Les Allemands devront faire face à un assaut massif de différentes armées comprenant des Américains, dont beaucoup sont d'origine japonaise, des Britanniques, mais aussi des Brésiliens, des Italiens, des Néo-Zélandais, des Polonais, des Indiens, des Gurkhas et la brigade juive. (→ 5)

Fin de la coalition gouvernementale

Angleterre, 7 avril
Ernest Bevin, ministre du Travail, a annoncé la dissolution imminente de la coalition gouvernementale. « Nous sommes à un tournant », a-t-il affirmé en critiquant Churchill dans le but de favoriser une coalition d'après-guerre qu'il dirigerait. Bevin a ajouté : « J'ai une profonde estime pour le Premier ministre dans ses fonctions de chef de guerre, il a toute ma confiance à cet égard. Mais il n'a jamais eu mon soutien en tant que chef du parti conservateur. » (→ 21.5)

Avril

Di	Lu	Ma	Me	Je	Ve	Sa
1	2	3	4	5	6	7
8	9	10	11	12	13	14
15	16	17	18	19	20	21
22	23	24	25	26	27	28
29	30					

8. Allemagne : les troupes du 12e corps de Patton découvrent des collections d'œuvres d'art et la réserve nationale d'or allemande dans une mine de sel, près de Merkers.

9. Allemagne : l'amiral Wilhelm Canaris, ancien chef de l'Abwehr, le général Hans Oster, adjoint de Canaris, et le pasteur Dietrich Bonhoeffer, théologien, sont pendus pour trahison à Flossenburg.

9. La Ruhr : le 16e corps de la 9e armée américaine prend l'usine Krupp à Essen. Plus à l'est, le 13e corps franchit la Leine et attaque Hanovre.

9. Kiel : les bombardiers de la RAF coulent l'*Admiral Scheer*, l'un des deux derniers cuirassés de poche allemands, et endommagent gravement le croiseur lourd *Admiral Hipper* (→ 16).

10. Philippines : les Américains occupent l'île de Jolo, entre Mindanao et Bornéo (→ 16).

11. Birmanie : la 5e division indienne atteint Yamethin, au sud de Pyawbe. Elle a pour ordre d'ouvrir la route de Rangoon et de prendre les aérodromes de Toungoo (→ 16).

11. Moscou : l'URSS et la Yougoslavie signent un traité d'assistance mutuelle.

11. Allemagne : la 1re armée américaine prend Nordhausen. Une usine souterraine d'assemblage de V2 est découverte intacte, près de la ville.

12. Okinawa : le destroyer *Mannert L. Abele* est le premier navire américain coulé par un avion-suicide japonais Ohka 11, lancé d'une altitude de 6 000 m par un avion porteur, propulsé par trois moteurs-fusées, avec 1 800 kg d'explosif dans le nez (→ 15).

13. Allemagne : Eisenhower ordonne à la 9e armée américaine de rester sur l'Elbe, atteint hier à Tangermünde. Bradley l'a informé que la poussée finale sur Berlin coûterait 100 000 hommes (→ 14).

14. France : le général de Larminat déclenche l'attaque des forces françaises contre les poches allemandes de Royan et de l'estuaire de la Gironde (→ 15).

Les Américains pleurent Roosevelt

Washington, 12 avril
Le président Franklin Delano Roosevelt, seul président américain à avoir été élu quatre fois, est mort aujourd'hui, à Warm Springs, en Georgie, à l'âge de soixante-trois ans. Tout le pays est en deuil de ce Président démocrate qui fut à l'origine de la politique du New Deal, laquelle mit fin à la crise économique de 1929. Il fit sortir les Etats-Unis de l'isolationnisme pour les conduire à la victoire de la Seconde Guerre mondiale. Bien que son état de santé ait été déficient ces derniers mois et qu'on pût s'attendre au pire, la mort de Roosevelt a été ressentie avec une vive émotion à Washington. Dans le monde entier, des soldats et des marins américains ont refusé sur le moment d'y croire. Sa veuve, Eleanor, a déclaré qu'elle était plus désolée pour le peuple américain et pour le monde que pour elle-même. Le sénateur républicain Robert Taft, son adversaire de toujours, a évoqué le Président défunt en des termes élogieux. Il fut, a-t-il dit, « la plus grande figure de notre temps » et il disparaît au moment de « son apogée ». « Nous avons la chance, a déclaré le secrétaire à l'Intérieur, Harold Ickes, d'avoir donné à la civilisation le plus grand dirigeant politique de l'histoire de ce pays. »

Des soldats américains ont refusé de croire à la mort de Roosevelt.

Harry Truman devient le 33e Président

Washington, 12 avril
Harry Truman, le Vice-Président, a prêté serment et devient ainsi le 33e Président. Il s'est adressé à la presse en ces termes : « Messieurs, si vous avez jamais prié, priez pour moi maintenant ! C'est comme si la lune, les étoiles et les planètes m'étaient tombées dessus. » Peu après, le secrétaire à la Guerre, Henry Stimson, informait Truman que les Etats-Unis avaient mis au point un nouvel explosif, doté d'« une puissance incroyable ».
De nombreuses personnalités ont exprimé leur inquiétude par rapport au manque d'expérience de l'ancien sénateur. Le speaker Sam Rayburn a déclaré pour sa part que « Truman ne sera peut-être pas un grand et brillant Président comme Roosevelt, mais il sera un bon Président, au jugement sûr ».

Truman, ici au piano, avec Lauren Bacall : il n'aura plus beaucoup de temps pour la musique, désormais.

Manifestation de joie en Allemagne

Berlin, 13 avril
L'Allemagne a réagi officiellement par un silence respectueux à l'annonce de la mort de Roosevelt. Cependant, dans la situation désespérée où ils se trouvent, les dirigeants nazis ont accueilli la nouvelle comme un signe des dieux. « Mon Führer, je vous félicite. Roosevelt est mort. C'est inscrit dans les astres, la seconde moitié d'avril sera un tournant pour nous », tels furent les propos de Goebbels à Hitler. Bien des nazis ont ainsi voulu voir dans la mort de Roosevelt un signe prémonitoire.
Mais il y a aussi des Allemands qui craignent que cet événement ne les isole davantage et les laisse à leur triste sort, à la merci de Churchill et de Staline.

La plus grande offensive alliée sur l'Italie

Italie, 10 avril
Peu de batailles auront été aussi destructrices : 234 bombardiers de l'USAAF ont largué 24 000 bombes incendiaires. Puis, 740 bombardiers de l'US Tactical Air Force ont détruit les positions d'artillerie ennemies. Enfin, 825 bombardiers ont largué 1 690 tonnes de bombes sur les environs de Lugo. Les Allemands, pris de court, s'étaient renforcés en vue d'une attaque d'infanterie qui n'a finalement pas eu lieu. Des chars lance-flammes ont traversé le fleuve Senio, suivis par plusieurs bataillons d'infanterie. Après quatre mois d'entraînement intensif, ceux-ci ont fait la preuve de leur efficacité sur le terrain. A l'aube, les Alliés avaient traversé le fleuve en force sur trois ponts Bailey construits par le génie britannique. Alors que les Alliés commençaient à construire un nouveau barrage, les Pendjabis de la 8e division indienne se préparaient à franchir le fleuve Santerno.
Sur la rive droite, les Fantails – véhicules chenillés amphibies – de la 9e division blindée ainsi que la 56e division d'infanterie ont dû traverser les eaux peu profondes du lac Comacchio avant d'atteindre les lignes allemandes et de menacer les positions ennemies sur les fleuves Argenta et Reno.
Les Alliés sont satisfaits de leur domination aérienne. Celle-ci est d'autant plus totale que la marine est entrée en possession d'un nouvel atlas de reconnaissance photographique qui permet d'identifier les cibles. Jouant maintenant le rôle d'observateur au sol, elle entre directement en contact avec les bombardiers. (→ 21)

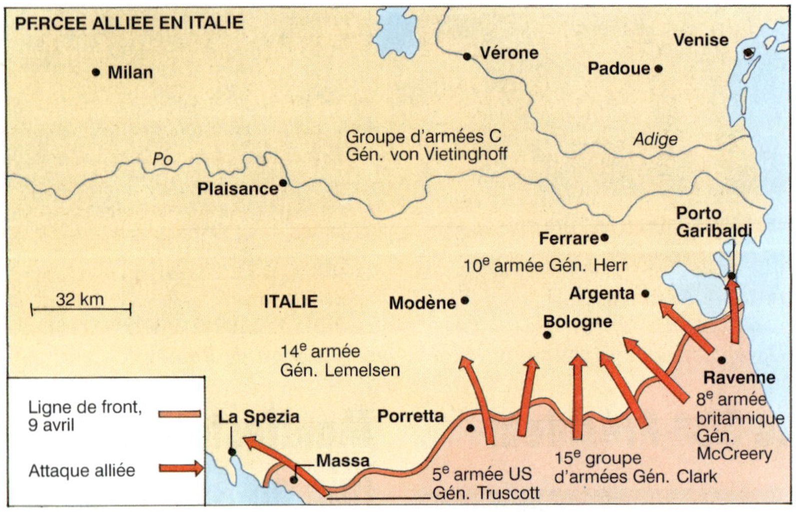

Bombardement meurtrier sur Tokyo

Tokyo, 14 avril
Aucun bâtiment n'a résisté à l'attaque du raid de quatre heures mené par des Superforteresses B-29 de l'US Army Air Force sur une zone d'environ vingt kilomètres carrés. Il ne demeure que des cendres et des décombres, là où hier il y avait encore des maisons en bois, des commerces et des fabriques de munitions. Le palais impérial a également été endommagé. La tempête de feu a commencé par le largage de plusieurs tonnes de bombes incendiaires qui ont agi avec une violence inouïe. Deux jours après la découverte de Buchenwald, le carnage fondait sur Tokyo.

L'amiral Nimitz indique la cible.

Buchenwald est libéré

Le IIIe Reich ne laisse derrière lui que des cadavres nus et squelettiques.

Allemagne occupée, 12 avril
Même pour les généraux les plus endurcis, la découverte des camps de concentration fut insoutenable. Lorsqu'ils sont entrés dans le camp d'Ohrdruf, Eisenhower et Bradley ont éclaté en sanglots. Le général Patton, pourtant habitué aux batailles sanglantes, fut tellement bouleversé par la vision de centaines de cadavres nus et amoncelés partout qu'il en tomba malade. Hier, les Américains sont arrivés à Buchenwald. Ce camp a été au départ conçu pour les opposants politiques dès juillet 1937, mais il est bientôt devenu également un lieu d'extermination raciale.
C'est ici qu'en 1941 furent gazés les 1 200 premiers Juifs, alors que les nazis commençaient à étudier la mise en place de ce qu'ils vont par la suite appeler solution finale.
Le spectacle qui s'offre aux troupes américaines est si insupportable que les GI en sont frappés de stupeur. Dans des baraquements d'une saleté repoussante gisent quelque 20 000 travailleurs réduits au rang d'esclaves. Squelettiques et décharnés, à demi mourants, ils assistent, résignés et apathiques tant est grande leur faiblesse, à l'entrée des soldats alliés. Pas un geste, pas un mot. Aucune joie n'éclaire les yeux de ces survivants, qui comprennent sans doute que ce qu'ils ont vécu ne pourra pas plus s'effacer de leur esprit que de l'héritage du monde de l'après-guerre. Ouvriers, paysans, bourgeois ou intellectuels, plus rien ne les distingue les uns des autres. Ces ombres sont niées. Elles viennent de Hongrie, de Pologne, d'Autriche, de Belgique, d'Union soviétique, des Pays-Bas... ou de France, d'Espagne, des pays scandinaves... Quant aux détenus juifs de Buchenwald, les nazis les ont à nouveau déportés. La plupart d'entre eux venaient d'Auschwitz ou d'autres camps de l'est. Ainsi, de nombreux détenus ont été emmenés à Flossenburg, où Himmler les maintient en vie dans l'éventualité de négocier leur échange. Il espère encore que des négociations de paix avec les Alliés auront lieu. (→ 17)

Des survivants de Buchenwald.

Les Alliés près de la victoire, le Reich en déroute

Königsberg tombe après un long siège

Moscou, 9 avril
Königsberg, capitale de la Prusse-Orientale et place forte allemande de la Baltique, est tombé aux mains de l'Armée rouge après un siège de cinquante-neuf jours. On compte 42 000 morts et 27 000 prisonniers du côté allemand. Cette bataille a également coûté la vie à 25 000 civils ; en effet, Hitler avait refusé leur évacuation. Le général Otto Lasch, jugeant la situation désespérée, a fini par se rendre pour éviter d'autres massacres. Hitler, furieux, a ordonné qu'il soit fusillé, mais il est déjà prisonnier des Soviétiques.

Königsberg est maintenant sous le contrôle de l'Armée rouge.

Vienne est libéré

Vienne, 13 avril
Vienne avait été la première capi-ale européenne occupée par les na-zis. La ville vient d'être libérée par e maréchal soviétique Tolbou-khine, sept ans après l'Anschluss. Bien que, lors du référendum du 0 avril 1938, intervenu il est vrai près l'entrée de la Wehrmacht à Vienne, les Autrichiens se soient prononcés à 99,73 % pour le ratta-chement au Reich, les Alliés ont urieusement décidé dès 1943 qu'ils e considéreraient pas l'Autriche omme un pays conquis.

Les chars britanniques passent dans les rues désertes d'Arnhem.

Berlin va tomber

Moscou, 14 avril
L'Armée rouge est sur le point d'envahir Berlin. Les maréchaux victorieux, Joukov, Koniev et Rokossovski, sont prêts à entrer en force à Berlin. Joukov et Koniev se détestent cordialement. Ce sont des rivaux acharnés qui se disputent l'honneur de la prise de la capitale allemande. Les Soviétiques ralentissent leur avance sur d'autres fronts, l'objectif prioritaire étant la prise de Berlin. La Prusse-Orientale et Vienne sont tombés. La ville de Graz est menacée. Les Soviétiques gardent leur énergie pour la marche sur Berlin, bataille perdue d'avance pour le Reich. (→ 18)

Soldats américains devant « le Jardin d'hiver », de Manet, volé par les nazis.

Les armées alliées se rejoignent

Centre de l'Allemagne, 14 avril
Grâce à la percée de la 3e armée du général Patton dans la forêt de Thuringe et à son avance vers Dresde et Leipzig, Américains et Soviétiques sont sur le point d'effectuer leur jonction et l'Allemagne va bientôt être coupée en deux. Les Alliés craignent que Hitler ne fasse une dernière tentative pour défendre Berchtesgaden. Les troupes américaines et françaises se trouvant près du Danube, elles sont sur le point d'entrer en Bavière. Au nord, les Britanniques occupent déjà les ports de Brême, de Hambourg et de Wilhelmshaven. (→ 19)

Le Reich aux abois

Allemagne, 14 avril
Les bombardements continus sur l'Allemagne sont en train d'anéantir la Luftwaffe. Pendant les dernières quarante-huit heures, les Alliés ont dénombré 1 740 avions ennemis abattus sur une soixantaine de bases aériennes. Parmi ceux-ci, 332 ont été détruits lors de combats aériens. De nombreux avions ennemis manquent de carburant. Le cuirassé de poche *Admiral Sheer* a été coulé après un bombardement à Kiel, il y a cinq jours. C'est une perte importante.

Marche mortelle

Allemagne, 13 avril
Les nazis ont forcé des prisonniers à faire huit cents kilomètres à pied dans des conditions épouvantables. Selon les rapports britanniques, sur 6 000 Soviétiques, Américains et Britanniques, 533 prisonniers seulement sont encore en vie. Les Soviétiques viennent de camps situés en Pologne, les Américains et les Britanniques du stalag 7A, près de Breslau. En janvier, les deux groupes se sont dirigés vers Görlitz, en Silésie. En février, la plupart des prisonniers étaient morts de faim, de dysenterie, d'épuisement ou étaient victimes de la cruauté de leurs gardiens.

1945

Avril

Di	Lu	Ma	Me	Je	Ve	Sa
1	2	3	4	5	6	7
8	9	10	11	12	13	14
15	16	17	18	19	20	21
22	23	24	25	26	27	28
29	30					

15. Okinawa : la 6ᵉ division de marines subit de lourdes pertes sous les tirs des Japonais, dans la presqu'île de Motobu (→ 20).

15. Pays-Bas : la 1ʳᵉ armée canadienne prend Arnhem.

15. France : la 8ᵉ force aérienne américaine lâche 1 120 t de bombes au napalm sur les poches allemandes de l'estuaire de la Gironde.

16. Luçon : après deux jours de bombardement, les Américains débarquent sur Carabao. Les Japonais ont évacué l'île (→ 22).

16. Mer Baltique : le *Lützow*, le dernier cuirassé de poche allemand, est coulé par la RAF dans le port de Swinemünde.

17. Mer Baltique : le sous-marin soviétique *L-3* coule le paquebot allemand *Goya*. 6 220 réfugiés se noient.

17. Allemagne : une centaine d'avions de la Luftwaffe sont détruits au sol par l'aviation alliée. Avançant sur Tübingen, la 1ʳᵉ armée française coupe en deux la 19ᵉ armée allemande.

18. Mer du Nord : la RAF lâche 5 000 t de bombes sur l'île d'Heligoland. Les marins allemands, qui organisent un transfert pacifique des Alliés, sont abattus par les SS.

18. Allemagne : la 3ᵉ armée de Patton atteint la frontière tchèque, près de Hof (→ 5.5).

19. Etats-Unis : Truman reçoit Bidault, qui vient représenter la France à la conférence de San Francisco (→ 25).

19. Allemagne : la 1ʳᵉ armée américaine prend Leipzig. Les Britanniques atteignent l'Elbe, à 50 km de Hambourg (→ 21).

20. Berlin : durant la réception de son 56ᵉ anniversaire, Hitler est voûté et il tremble.→

20. France : la dernière poche allemande de l'estuaire de la Gironde est éliminée. La garnison allemande de Royan capitule (→ 1.5).

21. Italie : le 2ᵉ corps polonais s'empare de Bologne (→ 25).

21. Allemagne : à Wustrow, Himmler reçoit Norbert Masur du Congrès juif mondial. Il refuse de libérer les Juifs sous son contrôle.

Les soldats de la 5ᵉ DB prennent Stuttgart

Un char français pénètre dans les ruines de la grande ville allemande.

Stuttgart, 21 avril

Les derniers ordres donnés à la 5ᵉ DB du général de Vernejoul étaient de foncer sur Tübingen et Grotzingen pour investir Stuttgart vers le sud et préparer la poussée ultérieure vers le Jura souabe. Elle s'est rapidement et fort bien acquittée de sa mission. Après avoir bousculé l'ennemi sur son passage, elle a atteint aujourd'hui son principal objectif. Les 4ᵉ et 6ᵉ Combat Command se sont disputé l'entrée dans Stuttgart. Ce sont les chars du 6ᵉ CC qui y ont pénétré les premiers, vers 15 h 30, suivis deux heures plus tard par ceux du 4ᵉ CC. Les blindés ont déferlé dans les grandes avenues de cette ville qui comptait 800 000 habitants avant la guerre. Des immeubles ébranlés par les bombardements aériens, il ne reste souvent que les façades noircies. Et, soudain, les ruines se sont mises à vivre. Des centaines, bientôt des milliers d'hommes ont surgi des caves, prisonniers et déportés du travail portant tous sur leurs vêtements la marque de leur origine nationale. Des Polonais, des Belges, des Grecs, des Néerlandais, des Yougoslaves et des Français remettent leurs geôliers en offrandes à leurs libérateurs.

Le combat fait rage sur l'île d'Okinawa

Okinawa, 20 avril

Les Japonais continuent à résister coûte que coûte à la pointe sud de l'île d'Okinawa. Le 24ᵉ corps américain du général John Hodges, qui progresse vers les aérodromes de Machinato et Yonabaru, n'a gagné en deux jours que 1 800 m face aux 80 000 hommes du général Ushijima. Les défenseurs s'appuient avec efficacité sur un vaste réseau de tunnels et de grottes. Le reste de l'île est aux mains des Américains, qui ont aussi conquis, après une bataille de six jours, l'île voisine de Ie Shima, dont ils avaient besoin comme base aérienne. (→ 4.5)

« GI Joe » orphelin : Ernie Pyle est mort

Ie Shima, Okinawa, 18 avril

Ernie Pyle a disparu au combat, tué par la balle d'un tireur japonais isolé. Le célèbre correspondant de guerre est mort parmi les simples GI, dont il avait si bien raconté le destin. C'est à eux qu'il manquera le plus. Grâce à Pyle, l'Amérique avait compris la réalité quotidienne de la guerre : la boue, le sang et l'agonie sur le champ de bataille. Il avait pendant presque tout le conflit suivi les soldats américains en Afrique, en Italie, et avait assisté au débarquement en France, avant de se rendre dans le Pacifique. Ernest Taylor Pyle avait 44 ans.

Churchill s'inquiète pour la Pologne

Londres, 21 avril

Les ambitions de Staline s'affichent de plus en plus clairement, au grand dam de ses alliés. On vient d'apprendre la signature d'un pacte d'assistance mutuelle entre l'URSS et le gouvernement polonais de Lublin, qui est tout à sa dévotion. Les ministres des Affaires étrangères des trois Grands, Eden, Stettinius et Molotov, ont précisé leur position respective à Washington, les Anglo-Saxons insistant pour qu'un gouvernement d'union nationale soit mis en place en Pologne. Devant le refus net de Molotov, Eden a confirmé ses inquiétudes à Churchill, indiquant que l'URSS n changerait peut-être d'attitude qu si elle était « durement confronté à la réalité ». (→ 5.5)

Avancée birmane

Birmanie, 16 avril

Les Alliés continuent à progresse dans le pays. Rangoon, la capital est nettement à la portée du génér Slim. Le 15ᵉ corps occupe Taungu dans la péninsule d'Arakan.

Dans le centre, le 4ᵉ corps est à poursuite de la 33ᵉ armée nippon du général Honda dans la vallée Sittang. Les Japonais battent aus en retraite le long de l'Irrawadd laissant le 33ᵉ corps progresser ve le sud et les gisements pétrolie de Yenangyaung. (→ 23)

15 avril. Un cortège funèb imposant pour le président Ro sevelt qui sera enterré à New Yor dans Hyde Park.

L'étau allié se resserre autour de Berlin encerclé

L'URSS à l'assaut de la capitale

Oder, 16 avril
Il est 4 h du matin. Le maréchal Joukov, après avoir observé un moment Berlin depuis son bunker de la tête de pont Koustrine, sur l'Oder, ordonne tout à coup : « Maintenant, camarades, allez-y ! » Trois fusées rouges flamboient au-dessus des lignes et, d'un seul coup, une clarté aveuglante illumine les positions allemandes : 143 projecteurs et des milliers de phares de camions et de chars sont braqués vers elles. Trois fusées vertes s'élancent vers le ciel. A ce signal, des milliers de canons lourds, alignés roue contre roue, déclenchent le barrage d'artillerie le plus gigantesque qu'ait connu le front est. Des villages sont anéantis, des forêts entières se transforment en immenses brasiers. Les Soviétiques ont rassemblé 2,5 millions de soldats, 41 600 canons et mortiers, 6 250 chars, 3 255 lance-roquettes et 7 500 avions sur les trois fronts commandés par Joukov, Koniev et Rokossovski. Face à ce formidable déploiement de forces, il n'y a personne. Le général Heinrici, commandant le groupe d'armées de la Vistule, qui a reçu l'ordre de sauver Berlin, a installé plus loin une deuxième ligne de défense.
Les Allemands sont installés sur les hauteurs de Seelöw où les redoutables canons de la Flak, amenés de Berlin, tiennent en respect les chars de Joukov. Mais le 1er front ukrainien de Koniev remonte rapidement du sud, et Rokossovski, plus au nord, va se lancer résolument dans la bataille. (→ 20)

L'Armée rouge en action, dans la banlieue de Berlin ravagée par les bombes.

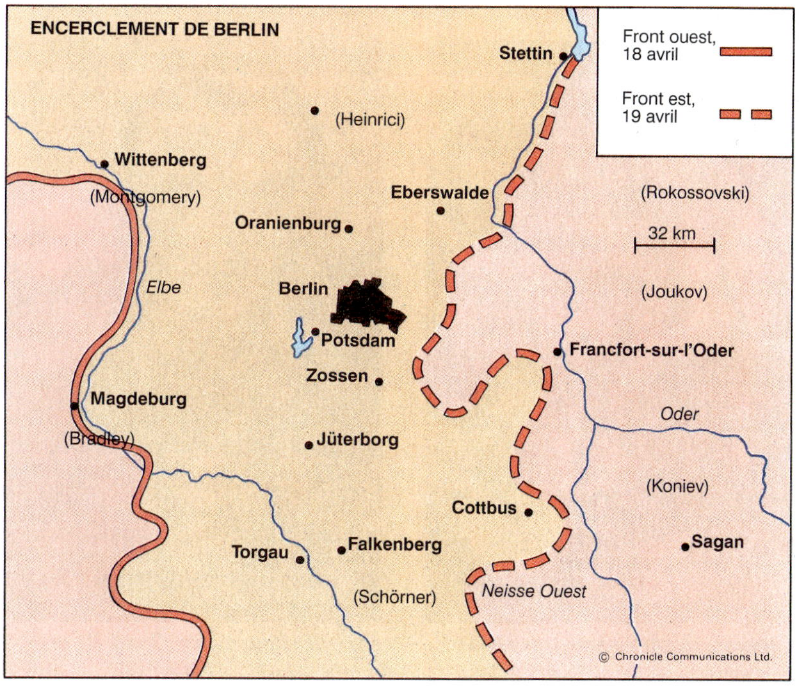

Hitler se terre dans son dernier bunker

Berlin, 16 avril
Eva Braun est arrivée dans la capitale. Elle a préféré quitter Berchtesgaden pour rejoindre Hitler dans son bunker et partager avec lui les derniers jours du IIIe Reich. Lorsque le Führer lui a dit qu'elle aurait dû rester en Bavière, elle a répondu qu'elle ne voulait pas vivre dans une Allemagne où il ne serait pas. « Une vraie Allemande ne le ferait pas », a-t-elle ajouté. Eva Braun, qui est depuis plus de douze ans la maîtresse de Hitler, a passé toute la guerre dans le Nid d'aigle de Berchtesgaden à nager, faire du ski, lire des romans à l'eau de rose et regarder des films d'amour.
Albert Speer, le ministre allemand de l'Armement, a été abasourdi par la directive de Hitler donnant l'ordre de détruire toutes les installations militaires et industrielles ainsi que l'infrastructure des transports, pour qu'elles ne tombent pas aux mains de l'ennemi. Il a protesté, mais le Führer est resté inflexible, répétant qu'il ne servait à rien de sauver le peuple allemand puisque la guerre était perdue. Malgré tout, Speer tente de passer outre, avec la complicité d'officiers de l'armée.
Hitler voit la trahison partout. Il a renvoyé Karl Brandt, commissaire du Reich à la Santé, parce que ce dernier avait ordonné à sa famille de regagner la Thuringe afin de se rendre aux Américains. Dans Berlin assiégé, le Führer, de son bunker, a adressé un ordre du jour à l'armée : « Quiconque donne un ordre de retraite doit être fusillé sur l'heure. » (→ 20)

Les Berlinois luttent pour rester en vie

Berlin, 18 avril
Les habitants de la capitale, comme Hitler, ont cherché refuge sous terre. A l'approche des armées alliées, ils ne quittent plus leurs caves et leurs abris, sauf pour tenter de trouver de l'eau et de quoi manger. Mais la nourriture se fait rare à Berlin. Pour une miche de pain, les gens font la queue des heures durant la nuit, terrifiés à la pensée que les bombardements soviétiques recommenceront, dès cinq heures du matin. Ils doivent aussi se garder de certains de leurs compatriotes : les SS, dit-on, fusillent facilement ceux que l'on accuse d'être « défaitistes ». Les rafles pour l'enrôlement dans le Volkssturm continuent aussi. A présent, beaucoup de Berlinois n'ont plus qu'un seul espoir : la capitulation. (→ 20)

La bataille de la Ruhr est enfin terminée

Ruhr, 21 avril
Il y a trois jours, le maréchal Walter Model, commandant des forces allemandes de la Ruhr, s'est rendu dans la forêt près de Düsseldorf. Là, il a quitté sa voiture, a dégainé son pistolet et s'est tiré une balle dans la tête. Quelques mois plus tôt, nommé commandant militaire de la région, il avait proclamé : « Aucun de nous n'abandonnera vivant un seul pouce du sol allemand à l'ennemi. Longue vie à notre bien-aimé Führer ! » Aujourd'hui, la bataille de la Ruhr est bien finie. 325 000 soldats allemands, dont trente généraux et un amiral, sont prisonniers. Eisenhower indique dans son ordre du jour : « Vingt et une divisions ennemies, trois blindées, une Panzergrenadier et trois parachutistes, ont été anéanties. » ▷

Scènes d'horreur à Bergen-Belsen

Bergen-Belsen, 17 avril
Le tas est haut de plus de un mètre, long de quatre-vingts et large de trente. Ce sont des cadavres de femmes, squelettiques, empilés en désordre. On ne voit pas les visages, seulement des genoux, des coudes et des bassins décharnés, des mains et des pieds recroquevillés. On dirait l'étal surchargé de la boutique d'un boucher dément, où les mouches dansent sur l'amas des chairs qui noircissent.
Il y a deux jours, l'armée britannique a réussi à conclure une trêve avec le commandant allemand du camp et a pu y pénétrer. Au début, les gardes hongrois sont restés en poste, pour éviter une « révolte massive », et ont tué 83 prisonniers pour des fautes légères. Les Britanniques ont dès lors pris la situation en main, et le commandant du camp, Josef Kramer, a été arrêté par un sergent juif, Norman Turgel. Les gardes du camp, désarmés, ont reçu l'ordre d'enterrer les quelque 10 000 cadavres découverts dans l'enceinte. Il faut les enfermer pour les protéger de la vengeance des prisonniers; hier, sept kapos ont été battus à mort. 30 000 prisonniers sont encore en vie, Juifs, Tziganes et prisonniers politiques pour la plupart, mais le typhus et la dysenterie font des ravages. Le personnel sanitaire anglais lutte pour enrayer l'épidémie. Derrick Sington, premier officier britannique à entrer dans le camp, a été frappé d'horreur. Une jeune Juive hongroise lui a montré les cadavres : « Trois cents mètres plus loin, raconte-t-il, il y avait un amas de corps, haut de deux mètres. Le vent amenait jusqu'à nos narines la puanteur de la chair en putréfaction. » (→ 21)

Des femmes SS bien nourries jettent des cadavres dans une fosse commune.

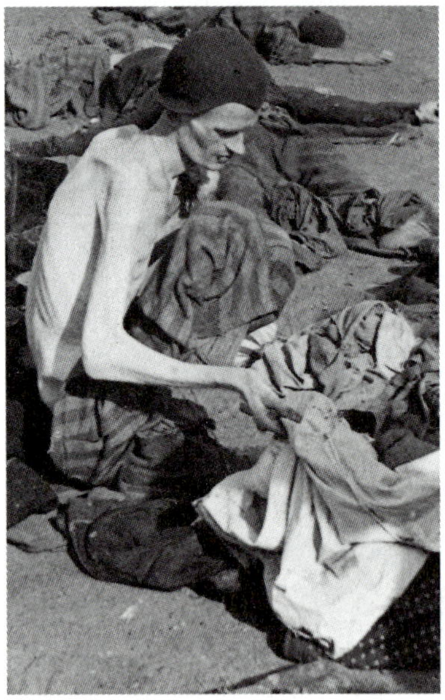

Un mort-vivant épouille ses hardes.

L'un des bourreaux : Josef Kramer.

Les forces soviétiques se rapprochent inexorablement de Berlin

Allemagne, 20 avril
Hitler a 56 ans aujourd'hui. Mais cet anniversaire ne sera célébré que par les grondements de l'artillerie soviétique qui tonne chaque jour plus près de la capitale allemande. L'offensive lancée par Joukov et Koniev voilà quatre jours est désormais appuyée par le deuxième front biélorusse du maréchal Rokossovski. Les troupes de ce dernier ont traversé les marécages du bras occidental de l'Oder, empêchant la 3e armée Panzer allemande de défendre Berlin. Plus au sud, le maréchal Koniev a traversé la Spree et pris aujourd'hui Calau au cours de sa progression vers la capitale. L'attaque directe, par l'est, du premier front biélorusse de Joukov s'est heurtée à une forte résistance près de Seelöw. Mais la 7e armée allemande est prise en tenailles entre les troupes de Joukov et de Koniev. Malgré tout, Hitler a refusé catégoriquement qu'elle soit autorisée à se rendre. Quelques départements ministériels ont été transférés en Allemagne du Sud ou au Schleswig-Holstein. Le Führer, en revanche, a décidé de rester à Berlin. Il est sorti une seule fois de son bunker aujourd'hui, très brièvement, pour décorer quelques adolescents membres des Jeunesses hitlériennes, en récompense de leur bravoure. (→ 23)

1945

Avril

Di	Lu	Ma	Me	Je	Ve	Sa
1	2	3	4	5	6	7
8	9	10	11	12	13	14
15	16	17	18	19	20	21
22	23	24	25	26	27	28
29	30					

22. Philippines : les Américains contrôlent entièrement les îles de Cebu et de Jolo (→ 9.6).

23. Birmanie : des commandos du 4e corps britannique entrent par surprise dans Toungoo.

23. Berlin : Albert Speer fait ses adieux à Hitler. Il lui avoue les mesures qu'il a prises pour s'opposer à la politique de la terre brûlée. Il repart libre.

24. Lübeck : au consulat de Suède, Himmler propose à Bernadotte que l'Allemagne se rende aux Occidentaux, mais pas aux Soviétiques.

24. Berlin : Hitler accepte la demande de Bormann d'arrêter Göring. Il a envoyé hier soir un télégramme au Führer, lui réclamant « la direction du Reich avec pleins pouvoirs ».

25. San Francisco : ouverture de la conférence qui a pour but de mettre en place l'Organisation des Nations Unies (→ 5.5).

25. Italie : les Américains prennent Parme et Vérone. La Résistance prend le contrôle de Milan. Le 1er BLE et le BM 111 franchissent les Alpes au col de la Lombarde et ocupent Tende et La Brigue.

27. Allemagne : Bernadotte informe Himmler du rejet par les Alliés d'une paix séparée.

28. Berlin : Hitler apprend par la BBC les tentatives de négociations de Himmler. Il ordonne son arrestation (→ 30).

28. Espagne : l'asile politique est accordé à Pierre Laval pour une durée de trois mois (→ 31.7).

29. Caserte : représentant le général Vietinghoff, le colonel Schweinitz signe la capitulation inconditionnelle des forces allemandes en Italie (→ 2.5).

29. Autriche : Karl Renner, ancien chancelier, forme un gouvernement provisoire (→ 15.5).

29. France : les Françaises votent pour la première fois, au premier tour des élections municipales (→ 13.5).

30. Allemagne : la 7e armée américaine prend Munich. La 5e DB française pénètre en Autriche au nord de Bregenz. Les Soviétiques libèrent le camp de Ravensbrück (→ 5.5).

Les forces de l'Axe s'effondrent face aux Alliés

La jonction alliée a eu lieu sur l'Elbe

Elbe, 27 avril

La nouvelle est parvenue simultanément à Washington, à Moscou et à Londres : les armées américaine et soviétique ont opéré leur jonction. Toutes les radios ont aussitôt annoncé l'événement et diffusé des discours des trois grands chefs alliés. Churchill a brièvement évoqué l'« inflexible détermination » des Alliés à « accomplir leur devoir ». A la radio de Moscou, Staline a rendu hommage aux « soldats valeureux de nos Alliés ». Truman a déclaré que ce « grand triomphe des armées alliées » devait beaucoup au courage et à la ténacité du président Roosevelt. La jonction officielle a eu lieu à Torgau dans la journée. Des caméras ont filmé la rencontre entre soldats soviétiques et américains, sur un pont de chemin de fer détruit au-dessus de l'Elbe, et la poignée de main que le général F. E. Reinhardt, commandant la 69e division d'infanterie américaine, a échangée avec un général soviétique non identifié de la 58e division de la garde. Mais, dès le 25 avril, une patrouille de la 69e division, dirigée par le lieutenant Albert Kotzebue, avait repéré un cavalier russe isolé près du village de Stehla. Un peu plus tard, le lieutenant William Robinson rencontrait d'autres Soviétiques à Torgau. Kotzebue, par radio, a vite rendu compte de la situation à ses supérieurs : « Mission accomplie. Prends des dispositions pour une rencontre entre officiers supérieurs. » Son message s'achève par deux mots laconiques : « Aucune victime », qui révèlent assez les craintes que la rencontre avec l'Armée rouge inspirait aux dirigeants anglo-saxons. La fin du Reich, désormais coupé en deux, paraît proche. Les routes sont encombrées de soldats allemands, de civils tirant des charrettes à bras et d'ex-prisonniers de guerre, qui tous fuient devant les Soviétiques. Aux fenêtres des villages traversés par les soldats américains en marche vers l'Elbe sont accrochés des draps blancs, et des visages inquiets épient derrière les rideaux de dentelle. A Torgau, les GI ont croisé des paysans désorientés, des hommes poussant des carrioles pleines de boîtes de conserve, des infirmières et une douzaine d'accordéonistes. Plus loin, ils ont vu des Allemands faire la queue pour piller un magasin.

La jonction officielle entre Américains et Soviétiques sur l'Elbe, à Torgau.

Le maréchal Pétain rentre en France

Vallorbe, 26 avril

Le maréchal Pétain a salué militairement l'aide de camp du général Kœnig, commandant en chef des FFI. Puis il s'est avancé vers le général lui-même, qui a refusé de lui serrer la main. Le vieux maréchal a mis quelque temps à comprendre qu'il était en état d'arrestation. Il a été installé dans un train pour Paris, en seconde classe. A Pontarlier, des crachats et des pierres ont atteint la vitre de son compartiment. Le maréchal fêtait aujourd'hui ses 90 ans.

C'est un étrange itinéraire qui a conduit Pétain de Sigmaringen à Vallorbe. Il avait en vain écrit à Hitler pour lui demander de le laisser rentrer en France « défendre son honneur ». Devant l'avancée des Alliés, les Allemands avaient au contraire décidé de le transférer plus à l'Est, afin de le « mettre en sécurité ».

Le 21, le Maréchal refusait d'obéir à Reinebeck et à Tangstein, qui tenaient auprès de lui les rôles que remplissaient Abetz et Renthe-Fink, et décidait d'attendre les Français à Sigmaringen. Mais on le força à partir en prétendant le mener en Suisse. Il comprend toutefois qu'on le conduit en Bavière. Arrivé à Zeill par des routes encombrées de réfugiés, il refuse de repartir. Après une nuit de discussions, Tangstein lui déclare enfin : « Vous savez bien que nous avons l'ordre de vous emmener en Bavière. Nous ne le ferons pas. – Et votre gouvernement ? – Il n'y a plus de gouvernement... Nous agissons de nous-mêmes. » Mais Pétain ne veut pas bouger tant que les autorités suisses ne lui ont pas délivré de visa. Il l'obtient le 22 au soir. La petite troupe rejoint alors Bregenz, où elle échappe à un bombardement intense. Le 23, elle franchit la frontière à Sainte-Marguerite. Le gouvernement français demande aussitôt l'extradition du Maréchal. De Gaulle fait savoir secrètement qu'il ne la souhaite pas : il préférerait que Pétain termine ses jours en Suisse. Elle est tout de même accordée. (→ 23.7)

Les gardes SS de Dachau massacrés par les soldats américains

Dachau, 29 avril

La découverte de l'horreur du camp de Dachau a rendu fous furieux les GI : ils ont tué tous les gardes SS qu'ils voyaient, y compris 122 d'entre eux qui s'étaient rendus. A Weling, un peu plus loin, 43 SS ont été massacrés; un officier est mort le crâne défoncé à coups de barre de fer. Les GI des 157e et 222e régiments d'infanterie ont découvert les monceaux de cadavres autour d'un crématorium et de wagons à bestiaux. Des civils du voisinage, avec leurs enfants, fouillaient les corps pour les piller. Un gradé allemand exigea avec arrogance de se rendre dans les formes : « Butez-les ! » cria quelqu'un. 80 personnes furent tuées avant que la fusillade ne puisse être arrêtée. (→ 30)

Les survivants de Dachau libérés ont à peine la force d'être joyeux.

L'Armée rouge s'empare de Berlin en neuf jours

Le piège des chars

22 avril
La résistance acharnée des défenseurs des faubourgs a cédé. Joukov et Koniev déploient rapidement leurs chars, qui forment à présent un vaste anneau autour de la capitale. La 47ᵉ armée de Joukov et la 4ᵉ armée des blindés de la garde sont, toutes deux, à l'ouest de la ville ; elles ne sont séparées que par quarante kilomètres. Celle de Rokossovski, qui avait été un temps retardée dans les marais de l'Oder, empêche à présent la 3ᵉ armée blindée allemande de venir à la rescousse de la ville par le nord.

Le Reichstag assailli par les avions, les chars et les fantassins soviétiques.

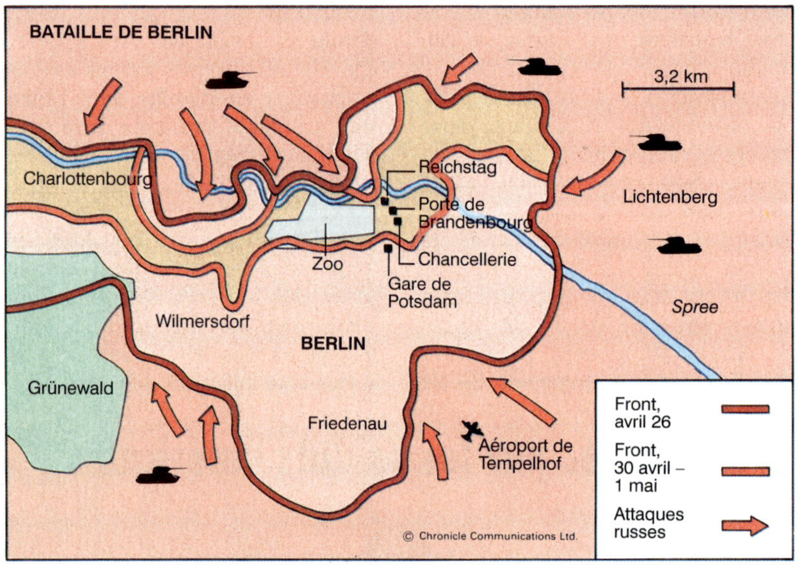

L'artillerie gronde

23 avril
L'Armée rouge frappe Berlin au nord, à l'est et au sud. Le centre et l'ouest sont bombardés continuellement par la puissante artillerie des Soviétiques. Les bâtiments s'effondrent les uns après les autres. Les Sturmovik foncent en piqué par-dessus les ruines, pour réduire au silence les bastions allemands. Les troupes d'assaut soviétiques auront bientôt atteint la ligne de défense des SS, près de la gare de Stettin, à 2 km d'Unter den Linden.

L'attaque aérienne

24 avril
La RAF prend part à la bataille en lançant ses chasseurs bombardiers sur la 12ᵉ armée du général Wenck qui, abandonnant le front ouest, progresse vers l'est pour secourir la ville. Les pilotes indiquent que toute la partie orientale de Berlin est en flammes. Au sol, les hommes de Koniev franchissent le canal de Tetlow, pourtant bien défendu, sur des ponts construits par le génie et malgré le feu ennemi.

La ville encerclée

25 avril
La capitale de Hitler est maintenant complètement encerclée par l'Armée rouge. Les chars de Joukov se sont rués à travers les faubourgs du nord et ont coupé toutes les routes menant vers l'ouest. Hier, à Ketzin, ils ont rejoint Koniev qui venait du sud. Dans la ville, les canons russes tirent à bout portant sur les bâtiments gouvernementaux.

Sursaut allemand

26 avril
Les chars russes ont franchi la Spree et atteint Jannowitzbrücke, à quelques centaines de mètres du palais impérial et d'Unter den Linden. Pourtant, un regain d'optimisme est apparu dans le bunker de Hitler : le général Wenck a lancé une offensive par l'ouest et a bien progressé vers la capitale. Du côté soviétique, l'amertume règne au QG de Koniev : Staline a attribué à chacune de ses armées une partie de Berlin et la frontière qu'il a tracée est telle que c'est au rival de Koniev, Joukov, qu'incombe la tâche prestigieuse de prendre le Reichstag.

L'étau se resserre

27 avril
L'optimisme de Hitler s'est vite dissipé : Wenck s'est arrêté à 20 km de Berlin. Malgré un sursaut de la 9ᵉ armée du général Busse, prise au piège, la ville est occupée, rue par rue, maison après maison. Des combats acharnés accompagnent l'avance soviétique. Les Allemands ne tiennent plus qu'un corridor, étroit de 5 km et long de 18, orienté d'est en ouest, où les exécutions sommaires perpétrées par les SS font régner la terreur.

Plus rien à manger

28 avril
La garnison allemande est à court de vivres et de munitions. Le général Weiding, commandant en chef pour la capitale, estime que les balles viendront à manquer dans deux jours. La défense ne tiendra peut-être pas jusque-là : les Russes se rapprochent du Reichstag. Ils s'infiltrent par le métro et les égouts, neutralisant les défenseurs par surprise. Les Allemands ne tiennent plus que les quartiers qui entourent Tiergarten.

Les derniers carrés

29 avril
Le sacrifice des derniers défenseurs de Berlin paraît bien inutile. Ils sont dispersés en petits groupes dans les postes de tir de la Flak ou autour des grands abris antiaériens. Des canons sont installés dans les cours des gares et les jardins, pour ralentir les chars. Il semble qu'une résistance plus importante s'organise autour de Tiergarten, mais de plus en plus d'hommes, conscients de la défaite, bravent les pelotons d'exécution SS et se rendent.

Berlin est vaincu

30 avril
Le Reichstag est tombé. Les Sovié tiques ont pointé leurs canons sur l bâtiment à cinq heures ce matin e l'ont pilonné jusqu'au début d l'après-midi. Les hommes de Jou kov, progressant dans les trou d'obus, ont atteint les murs d l'immeuble et trouvé leur chemi dans les couloirs et les salles effor drées. L'honneur de hisser le dra peau rouge sur le toit est revenu deux sergents, Yegorov et Kontar La bataille de Berlin est finie.

▷

La mort, seul destin des tyrans de l'Europe

Une des dernières photos de Hitler, qui décore ses défenseurs, des enfants.

Dans l'intimité de Berchtesgaden.

A Berlin, Hitler et Eva Braun choisissent de se suicider

Berlin, 30 avril

En ce lundi après-midi, dans le bunker de la Chancellerie du Reich, Martin Bormann, Goebbels et les proches du Führer attendent près de sa chambre. Une détonation retentit. Après quelques minutes, le petit groupe entre dans la pièce : ensanglanté, Adolf Hitler gît sur un divan aux côtés d'Eva Braun. Ils sont morts. Hitler s'est tiré une balle de revolver dans la bouche et Eva Braun s'est empoisonnée. Le valet de Hitler, Heinz Linge, et une ordonnance portent alors dans le jardin de la Chancellerie le corps du Führer enveloppé dans une couverture de l'armée, rabattue sur le visage fracassé. Le chauffeur du « maître », Kempka, emporte Eva que lui a remis Bormann. Entre deux bombardements, le couple est déposé dans un cratère d'obus. Après un bref salut nazi, tous se retirent, laissant Kempka arroser les cadavres d'essence et les enflammer. Presque jusqu'au bout, Hitler avait cru à la victoire de l'Allemagne et à un retournement de situation. Mais les nouvelles de ces deux derniers jours avaient subitement dessillé les yeux du dictateur. Avant-hier, le général Weidling, chef du Volkssturm – cette milice composée d'hommes âgés et d'enfants chargée de défendre Berlin –, lui avait annoncé que l'ennemi progressait dans la Wilhelmstrasse et qu'il serait devant la Chancellerie d'ici à une trentaine d'heures. Hitler dicta un message au maréchal Keitel, chef de l'OKW, pour l'informer que « la défense de Berlin prenait fin » et « qu'il préférait la mort à la reddition... » Quelques heures plus tard, pour la récompenser de son indéfectible loyauté, il épousait sa maîtresse Eva Braun. Le conseiller municipal Walter Wagner, qui combattait dans une rue proche, présida la cérémonie. Bormann et Goebbels furent les témoins des « jeunes mariés ». Le lendemain, à 15 h 30, Adolf Hitler et Eva Braun se suicidaient. Ainsi prenait fin le « Reich millénaire ».

Le testament de Hitler : les Juifs sont seuls responsables

Berlin, 29 avril

Le nazisme renaîtra des cendres de l'Allemagne écrasée par la défaite : voilà ce qu'affirme Hitler dans un dernier testament rédigé juste avant son suicide. Son sacrifice et celui de ses soldats serviront à préparer « une seconde naissance triomphante du mouvement national-socialiste et, ainsi, d'une nation vraiment unifiée ». L'ultime message de Hitler à la postérité est daté de la nuit qui précéda son suicide. Il y répète que la guerre a été provoquée par la « juiverie internationale » qui est « seule responsable ». Ni lui ni « personne d'autre en Allemagne » n'a voulu la guerre, et de plus il a toujours répété que « cette fois, non seulement des millions périraient, mais les vrais coupables paieraient pour leurs fautes », et que leur châtiment se ferait à l'aide de moyens plus humains (les chambres à gaz) que la guerre. Hitler, obsédé, voit la trahison partout dans les armées, et jusque dans la SS. Même Himmler et Göring, ses deux fidèles des premiers jours, l'ont trahi en cherchant la fin de la guerre. Ils sont immédiatement démis de toutes leurs fonctions; le grand amiral Karl Dönitz et Joseph Goebbels sont désignés comme successeurs. Hitler demande enfin que ses biens personnels soient transmis à sa sœur Paula, afin qu'elle « puisse vivre bourgeoisement ». (→ 3.5)

Le Duce exécuté par des partisans

Milan, 29 avril

Aujourd'hui, une foule déchaînée s'est emparée des cadavres du Duce et de ses derniers compagnons pour les pendre par les pieds à la façade d'un garage de la place Loreto, sur les lieux mêmes où les fascistes, le 10 août 1944, avaient exécuté des otages. Lorsqu'il avait quitté Milan le 25 avril, Mussolini espérait rejoindre la Valteline ou le Tessin et, de là, gagner la Suisse. Mais, avant-hier, la caravane de Mussolini fut arrêtée près du lac de Côme par un détachement de partisans. Afin de continuer leur chemin, les Allemands livrèrent les fascistes qui les accompagnaient. Mussolini, qui avait revêtu un uniforme allemand, fut découvert au fond d'un camion et arrêté. Dès lors, le sort du Duce était scellé. Le lendemain, un officier communiste des Volontaires de la liberté, le colonel Valerio, de son vrai nom Walther Audisio, arriva dans le village de Dongo où Mussolini était retenu et se fit livrer les prisonniers. Un tribunal improvisé prononça rapidement la sentence. Puis Audisio exécuta de sa main Mussolini et Clara Petacci à Giulino di Mezzegra, et retourna à Dongo où il fit fusiller les quinze autres prisonniers, dont cinq ministres du gouvernement de Salo.

Les cadavres de Mussolini et de sa maîtresse livrés à la foule.

Dönitz nommé pour succéder à Hitler

Flensburg, 30 avril
Hitler est mort, mais il y a un nouveau Führer en Allemagne. Il s'agit du chef suprême de la marine du Reich, le grand amiral Karl Dönitz. Hitler l'a choisi en particulier parce qu'il était l'un des derniers qui lui soit resté fidèle : Himmler lui-même avait trahi, et Göring avait fait la preuve de son incompétence. Le nouveau président du Reich va annoncer demain, dans un discours radiodiffusé, qu'il continuera à combattre. Il est clair, pourtant, qu'il sait pouvoir seulement retarder une défaite inévitable. Dönitz a organisé la redoutable flotte des U-Boote de la Kriegsmarine. Pour lui, la guerre aurait pu être gagnée si l'Allemagne avait disposé d'une flotte sous-marine encore plus puissante. (→ 2.5)

Le grand amiral, à présent Führer.

Les Allemands ne savaient-ils rien ?

Bergen-Belsen, 27 avril
Ignorance ou lâcheté ? Les notables des communautés allemandes voisines des camps prétendent n'avoir rien su. Amenés par les Alliés, ils y ont vu les cadavres à demi brûlés et parfois dévorés par les détenus. De Bergen-Belsen, où des dizaines de personnes meurent encore chaque jour, les Allemands ne soupçonnaient rien, malgré les continuels transports autour de ce camp de transit. A Buchenwald, mille femmes sont entrées en chantant, mais sont ressorties en larmes. (→ 30)

1945

Mai

Di	Lu	Ma	Me	Je	Ve	Sa
		1	2	3	4	5
6	7	8	9	10	11	12
13	14	15	16	17	18	19
20	21	22	23	24	25	26
27	28	29	30	31		

1er. Birmanie : l'opération *Dracula* est déclenchée contre Rangoon. Deux bataillons de parachutistes gurkhas sont lâchés à 40 km de la ville.

1er. France : les forces du général de Larminat réduisent la poche allemande de l'île d'Oléron (→ 9).

1er. Allemagne : les Américains font prisonnier le maréchal von Rundstedt, à Bad Tölz.

1er. Italie : les partisans de Tito s'emparent du port de Trieste, devançant la 8e armée britannique. 150 000 Allemands sont enfermés en Yougoslavie (→ 14).

2. Berlin : les forces allemandes se rendent au maréchal Joukov qui envoie immédiatement des troupes rechercher les corps de Hitler et de Goebbels.

2. Allemagne : la 2e armée britannique s'empare des ports de Lübeck et Wismar, sur la Baltique. Le Danemark et la province allemande du Schleswig-Holstein sont isolés.

2. Italie : 490 000 soldats allemands déposent les armes.

3. Birmanie : la 26e division indienne occupe Rangoon, évacué par les Japonais (→ 15).

3. Philippines : les Américains prennent Davao, sur l'île de Mindanao (→ 13).

3. Allemagne : l'amiral Dönitz transfère le siège de son gouvernement à Flensburg.

4. Allemagne : l'amiral von Friedeburg signe la reddition sans conditions des armées allemandes stationnées aux Pays-Bas, au Danemark et en Allemagne du Nord-Ouest.

5. Etats-Unis : ayant traversé le Pacifique, un ballon explosif japonais tue six civils dans l'Oregon (→ 8).

5. Danemark : le 13e bataillon aéroporté britannique arrive à Copenhague (→ 9).

5. Autriche : les Français Léon Blum, Paul Reynaud, Edouard Daladier et le général Gamelin, l'ancien chancelier autrichien Kurt von Schuschnigg et le pasteur allemand Martin Niemöller sont libérés par les Américains au château d'Itter, dans le Tyrol. Ils libèrent aussi le camp de Mauthausen.

La prise du Nid d'aigle

Les ruines calcinées de la retraite du Führer, au-dessus de Berchtesgaden.

Berchtesgaden, 5 mai
Le sous-groupement de pointe de la 2e DB, commandé par le capitaine Buis et le lieutenant-colonel Répiton-Préneuf, est entré hier dans Berchtesgaden tapissé de blanc par ses habitants en signe de reddition. Les Américains étaient déjà là, rigolards, pointant le pouce en l'air puis vers leur poitrine pour indiquer que c'était eux qui étaient arrivés les premiers.
Mais les Français savaient que le plus important n'était pas la bourgade dans la vallée, dont le nom avait abusé les GI, mais l'Obersalzberg où était implanté le Berghof surmonté par le fameux Nid d'aigle. Dans sa jeep, le capitaine Touyeras a dépassé les half-tracks qui peinaient dans la pente et est parvenu le premier au Berghof. Les Français y ont découvert les villas de Hitler complètement dévastées. Encore un peu d'escalade et ils ont atteint le Nid d'Aigle.
Aujourd'hui, depuis le sanctuaire déserté de Hitler, Buis et Répiton-Préneuf ont appris que le général Kesselring avait signé la capitulation du groupe d'armées G qui se trouvait devant eux. Pour ces hommes, les combats entamés sous les ordres du général Leclerc dans les sables du désert se terminent dans cette vallée de Bavière.

Les Australiens ont attaqué à Tarakan

Bornéo, 1er mai
L'assaut lancé par l'Australie sur l'île de Tarakan, au large de Bornéo, est le premier pas tenté pour débarrasser les Indes néerlandaises des Japonais. La 26e brigade d'infanterie de la 9e division a débarqué ce matin et mis en échec 2 100 soldats impériaux. C'est malgré tout sans enthousiasme que le gouvernement australien a engagé son armée dans cette campagne, qu'il considère comme une opération de nettoyage, avant une offensive directe contre le Japon. (→ 10.6)

Attaque des chars japonais à Okinawa

Okinawa, 4 mai
Le sud de l'île est toujours le théâtre de violents combats. La 32e armée du général Ushijima a lancé un assaut massif, appuyé par les chars. 13 000 obus ont atteint les positions américaines, puis les fantassins ont attaqué. En mer, les kamikazes ont coulé 17 navires et en ont endommagé 11 autres, tuant 682 Américains. Quatre raids de commandos derrière les lignes américaines ont en revanche échoué. Les Japonais ont perdu environ 5 000 hommes et 131 avions. (→ 11)

▷

Capitulation allemande en Europe du Nord-Ouest

Landes de Lüneburg, 4 mai
Sous une tente plantée dans la lande désolée de Lüneburg, trois généraux et trois amiraux ont apposé, ce soir, leur signature sur l'acte de reddition de toutes les forces armées du nord-ouest de l'Allemagne, des Pays-Bas et du Danemark. Tandis que Montgomery en lisait les clauses, un général allemand a saisi nerveusement une cigarette. Monty, qui ne supporte pas la fumée, lui a jeté un regard cinglant, et l'Allemand l'a rangée avec hâte. La représentation allemande était menée par un amiral, Hans Georg von Friedburg, apparu pour la première fois hier pour demander à Montgomery d'accepter la capitulation de trois armées Panzer, en retrait devant l'Armée rouge, et de laisser un passage à travers les lignes britanniques aux civils fuyant devant les Russes. « Non, certainement pas », lui a répondu Montgomery, le priant d'informer Dönitz que ses armées devront se rendre aux Soviétiques. Quant au problème des civils, il en discutera après la capitulation. « Ce fut un grand choc pour eux », raconte Montgomery. Puis il a envoyé les Allemands déjeuner dans une tente séparée. Au cours du repas, von Friedburg pleura. La reddition prendra effet à partir de 8 h demain matin. Plus de 500 000 soldats sont concernés. Ils iront rejoindre les 500 000 autres, déjà faits prisonniers dans les dernières vingt-quatre heures. Ce soir, von Friedburg et ses officiers dorment au quartier général de Montgomery ; demain, ils seront emmenés à celui d'Eisenhower à Reims pour poursuivre les négociations. Monty, sobre habituellement, s'est offert ce soir un verre de champagne. (→ 5)

La fin d'un Reich auquel son Führer prédisait mille ans...

Allemagne, 5 mai
L'amiral Karl Dönitz, le successeur de Hitler, a ordonné, le 1er mai, aux soldats de combattre jusqu'au bout, tandis que Himmler tentait de négocier des conditions favorables de capitulation avec les Alliés. Les Britanniques avançaient alors sur Lübeck et Hambourg, alors que les Américains s'enterraient sur la rive ouest de l'Elbe. Le 2 mai, les Soviétiques, au nord et au sud de Berlin, avaient opéré leur jonction dans Charlottenburg. Les Américains et les Russes s'étaient rencontrés près de Barow et d'Abbendorft. Les défenseurs d'Innsbruck, eux, entamaient des négociations de paix, tandis que les Français atteignaient Gotzis et Obersdorf, en Autriche. Les Britanniques prenaient Lübeck, et les Canadiens Oldenburg. Le 3, l'Armée rouge rejoignait les Américains sur l'Elbe, à l'ouest de Berlin, et les Anglais au nord. Dans la ville même, elle neutralisait les dernières poches de résistance tandis que les Américains avançaient rapidement sur Salzbourg et Linz, et que les Anglais poursuivaient leur avance le long du canal de Kiel. Hier, des unités de la 3e armée américaine ont franchi l'Inn, et Innsbruck s'est enfin rendu. Les Américains ont pris Salzbourg, puis ont fait route en direction de Berchtesgaden. La 1re armée américaine se préparait à marcher sur la Tchécoslovaquie. A Berlin, les Allemands tentaient d'atteindre les lignes américaines et britanniques, pour éviter d'être capturés par les Russes. Aujourd'hui, malgré la capitulation, la résistance contre les Soviétiques continue. Le groupe d'armées Centre bat en retraite en Tchécoslovaquie, en combattant durement près d'Olmutz. A Haar, en Bavière, le groupe d'armées G, sous les ordres du général Hausser, signe sa reddition sans conditions. Sur la Baltique, Swinemünde et Peenemünde, les centres de recherche en balistique du Reich, viennent de tomber.

Montgomery lit les clauses de la capitulation aux officiers allemands.

Le combat continue en Tchécoslovaquie

Prague, 5 mai
Suite à plusieurs révoltes spontanées dans le reste du pays, les patriotes tchèques se sont soulevés aujourd'hui contre les Allemands, qui occupent toujours Prague. Des combats font rage dans les rues de la capitale tchèque. Ce soir, les patriotes tiennent la majeure partie de la ville, mais les Allemands contrôlent toujours des positions clés, alors que les chars et d'autres unités de la Wehrmacht font mouvement hors de leurs bases. Les nazis, en particulier, occupent l'une des stations de radio qui répète que « toutes les positions militaires importantes sont entre les mains de la Wehrmacht ». Les patriotes détiennent également une station de radio et y diffusent désespérément des appels à l'aide aux Alliés. La 3e armée américaine du général Patton est en Tchécoslovaquie et voudrait bien lancer l'assaut sur Prague, mais le général Vlassov, après avoir combattu avec son armée aux côtés des nazis, vient de lancer ses hommes du Comité de libération des peuples de Russie, le KONR, dans l'insurrection. (→ 6)

Goebbels est mort

Berlin, 1er mai
Joseph Goebbels a d'abord empoisonné ses six enfants : Helga, douze ans, Hilda, onze ans, Helmut, neuf ans, Holde, sept ans, Hedda, cinq ans, et Heide, trois ans. Après leur avoir fait des injections mortelles, il a quitté son bunker avec sa femme et ordonné à un SS de leur tirer une balle dans la nuque.

Mort tragique de survivants des camps

Neustadt, Allemagne, 3 mai
Un épisode dramatique a coûté la vie à 8 000 personnes rescapées des camps de concentration. Les victimes, surtout juives, venaient des camps de Neuengamme et de Stutthof. Le commandant Max Pauly les avait embarquées sur les paquebots *Cap Arcona*, *Deutschland* et *Thielbek*, plutôt que de les laisser dans les camps, à la Croix-Rouge ou aux Alliés. Mais, cet après-midi, trois chasseurs Typhoon de la RAF opérant dans la baie de Neustadt, ont coulé les bateaux au cours d'une attaque éclair. La plupart des passagers se sont noyés. Ceux qui ont réussi à sauter par-dessus bord ont été pris sous les tirs des mitrailleuses nazies.

De Valera affligé

Dublin, 3 mai
Le Premier ministre de l'Etat libre d'Irlande, Eamon De Valera, a présenté aujourd'hui ses condoléances à la Chancellerie allemande pour la mort d'Adolf Hitler. Son action ne fait qu'ajouter au scandale des relations continues entre l'Eire et l'Allemagne tout au cours de la guerre. (→ 18)

La fin du IIIe Reich libère l'Europe de la barbarie

Les civils allemands fuient par tous les moyens les zones des combats.

Le goût amer de la défaite pour ces officiers allemands au camp d'Esterwegen.

Dans Prague libéré, un feu brûle encore derrière la place de la vieille ville.

Dans les rues emplies de décombres, les Danois acclament les soldats alliés.

Les soldats alliés dans les ruines du Berghof à Berchtesgaden, en Bavière.

En France, des enfants jouent avec des armes laissées par les Allemands.

▷

Le rôle des SS lors de la reddition

Italie, 2 mai
Les fils de l'intrigue qui a conduit à la capitulation des forces allemandes en Italie viennent d'être démêlés. C'est un SS, Karl Wolff, qui a organisé les négociations en Suisse et en Italie du Nord, avec Allen Dulles, le délégué de l'OSS, organisme fondé en 1942 et réunissant l'ensemble des réseaux alliés d'espionnage. Les premières tentatives de paix avaient été lancées en décembre par deux SS, craignant que la politique de la terre brûlée de Hitler n'amène à la destruction du patrimoine de l'Italie. Dulles, se méfiant des manigances de Wolff, a accepté d'engager des pourparlers lorsque deux partisans italiens ont été libérés, en signe de bonne volonté. Les négociations ont réellement commencé à Ascona, sur le lac Majeur. Malgré les objections des Russes, deux officiers alliés ont rejoint Dulles dans le secret absolu. Sérieusement menacé, Karl Wolff a été rappelé à Berlin, où il a usé de son charme pour échapper à la fureur de Hitler. Cependant, ses conspirateurs et lui sont menacés de mort jusqu'à ce que la capitulation soit signée à Caperta. (→ 14.7)

Les soldats américains dans Milan.

Les Russes arrêtent des envoyés polonais

San Francisco, 5 mai
Les délégués britanniques et américains à la conférence des Nations unies ont été choqués aujourd'hui quand Molotov, ministre soviétique des Affaires étrangères, a révélé que seize négociateurs polonais, accusés de « manœuvres de diversion contre l'Armée rouge », avaient été arrêtés par les Russes. Pour les Alliés, la plupart d'entre eux (le général Obulicki, successeur du général Bor-Komorowski à la tête de l'Armée polonaise intérieure, et les leaders des principaux partis) auraient dû être consultés sur la formation du nouveau gouvernement polonais. Churchill est furieux de la « perfidie » avec laquelle les Polonais ont été attirés en Russie. (→ 7)

La victoire, selon un artiste polonais.

C'est la fin de la guerre pour les U-Boote

Danemark, 5 mai
Cinq U-Boote, dont 4 du type XXI, ont été coulés aujourd'hui au cours d'une attaque aérienne des Alliés dans le Cattégat, vingt-quatre heures avant que Dönitz ne leur ordonne de cesser les hostilités. D'autres raids aériens sont prévus pour imposer l'idée que la bataille de l'Atlantique est bien terminée. Pour la deuxième fois au cours du siècle, la tentative des Allemands de vaincre l'Angleterre en paralysant sa flotte marchande a échoué. Cette fois, ce sont les U-Boote qui ont coulé le plus de cargos, et 175 bâtiments alliés, essentiellement anglais, ont été détruits. Les Allemands ont perdu 784 navires et 1 162 sous-marins. (→ 15)

1945

Mai

Di	Lu	Ma	Me	Je	Ve	Sa
		1	2	3	4	5
6	7	8	9	10	11	12
13	14	15	16	17	18	19
20	21	22	23	24	25	26
27	28	29	30	31		

6. Tchécoslovaquie : la 3e armée américaine prend Pilsen. Elle reçoit l'ordre d'y rester pour permettre aux Soviétiques d'occuper le reste du pays (→ 9).

7. Norvège : le général Böhme, commandant en chef des forces allemandes, annonce le cessez-le-feu à la radio d'Oslo.

7. Allemagne : la garnison allemande de Breslau se rend à l'Armée rouge après un siège de 82 jours.→

7. Mer du Nord : l'*U-2336*, un U-Boot côtier du nouveau type XXIII, coule les cargos *Sneland* et *Avondale Port*, devant le Firth of Forth.

8. Washington : Truman avertit les Etats-Unis que la guerre n'est qu'à demi gagnée.

8. Bavière : les Américains arrêtent Göring à Bruck (→ 19).

8. Algérie : un défilé organisé à Sétif pour la victoire dégénère en émeute : 29 morts. Tout le Constantinois se soulève. L'armée intervient (→ 13).

9. Danemark : à Copenhague, le *Prinz Eugen*, dernier croiseur lourd allemand, se rend. L'île de Bornholm est occupée par les Soviétiques.

9. Oslo : l'opération *Jugement dernier* est déclenchée avec l'arrivée du général Urquhart et de 160 « diables rouges » norvégiens, à bord de 8 avions Stirling. Le chef fantoche Vidkun Quisling se constitue prisonnier. Le commissaire du Reich Josef Terboven se suicide (→ 13).

9. France : la poche allemande de Dunkerque capitule, après celles de Saint-Nazaire et de La Rochelle hier, et celle de Lorient avant-hier.→

9. Mer Egée : les garnisons allemandes des petites îles du Dodécanèse se rendent, après celle de Rhodes le 1er mai.

11. Okinawa : les Américains lancent une nouvelle offensive contre la ligne Shuri (→ 22).

11. Tchécoslovaquie : les 850 000 soldats allemands encerclés au nord-est de Prague capitulent (→ 10.6).

12. Etats-Unis : Washington suspend les expéditions de la loi prêt-bail vers l'URSS.

La Rochelle, Lorient et Saint-Nazaire sont libres !

Côte atlantique, 8 mai
Hier, les Allemands qui tenaient encore la poche de Lorient ont capitulé. Au cours du conflit, Lorient était devenu l'une des principales bases d'U-Boote et disposait des formidables abris bétonnés du port de Keroman. Ce dernier porte désormais le nom d'un résistant alsacien, Stosskopft, mort au Strüthof en 1944. Les hostilités ont cessé au cours de la nuit dernière.
Aujourd'hui, l'ennemi a capitulé à Saint-Nazaire, reddition signée à 17 h par les généraux américains Chomel et Kramer, et, du côté allemand, par l'amiral Mirow et le général Junck. Quant à La Rochelle, pièce maîtresse du mur de l'Atlantique, elle est libre depuis ce soir minuit, après que l'amiral Schirlitz a offert sa reddition personnelle au commandant Meyer. Il avait eu fort à faire avec l'opposition très combative des FFI.

L'Australie attaque la Nouvelle-Guinée

Nouvelle-Guinée, 11 mai
Les vétérans de la 6e division australienne ont attaqué aujourd'hui Wewak, en Nouvelle-Guinée, où ils se sont emparés du secteur occupé par le quartier général de la 8e armée japonaise.
Cette attaque est l'aboutissement de six mois d'une pénible campagne dans la jungle, depuis que l'armée australienne a pris la relève du général MacArthur, qui avançait à saute-mouton, dans la neutralisation des forces japonaises. Les effectifs des garnisons ennemies, en incluant celles de la Nouvelle Bretagne et des Salomon, dépassaient les 150 000 hommes, avec une concentration maximale autour de Rabaul, en Nouvelle-Bretagne. La tactique des Américains consistait à laisser les Japonais « pourrir sur pied », mais les Australiens ont l'intention de « détruire l'ennemi chaque fois que cela est possible avec un minimum de pertes ». Cependant, pour beaucoup d'Australiens, les pertes humaines sont un prix trop élevé. (→ 19)

La guerre est finie ! L'allégresse envahit les rues

Des Britanniques enthousiastes célèbrent la victoire sur la place du Parlement.

Londres fête la victoire dans l'allégresse

Londres, 8 mai

« La guerre avec l'Allemagne est finie ! Longue vie à la cause de la paix ! *God save the King !* » La foule qui a attendu toute la journée dans les rues de Londres est restée silencieuse pour entendre ces mots, diffusés par Churchill depuis Downing Street à 15 h. Mais tous savaient déjà que la guerre était terminée. Preuve en est : dans la bande dessinée du *Daily Mirror* de ce matin, la célèbre pin-up Jane était complètement nue, comme promis, pour fêter la paix. Quand elle a été enfin annoncée officiellement, la population a pu extérioriser des sentiments longtemps contenus : les Londoniens se sont mis ainsi à brandir des drapeaux, à grimper aux réverbères, à chanter et à danser dans les rues. Une foule immense, massée devant Buckingham Palace, réclamait le roi en chantant. George VI apparut bientôt au balcon, tête nue, avec son épouse et ses deux filles. C'était la première des huit apparitions publiques de la famille royale de la journée.

Pendant ce temps, Churchill lisait une déclaration à la Chambre des communes : « C'est quasiment le monde entier qui s'est ligué pour vaincre les scélérats qui se prosternent maintenant devant nous... mais n'oublions pas que le Japon, traître et avide, reste indompté. Ses cruautés odieuses appellent la justice et le châtiment. » Plus tard, Churchill s'est montré au balcon de Buckingham avec les souverains, puis, à Whitehall, au-dessus d'une marée humaine, où, après avoir enlevé son chapeau, il s'est joint aux chœurs, entonnant l'hymne *Land of Hope and Glory*. « C'est notre victoire, a-t-il dit. Dans toute notre histoire, nous n'avons jamais connu un aussi grand jour que celui-ci. » Ce soir, des feux de joie et de multiples éclairages illuminent la capitale, tandis que des projecteurs envoient leurs rayons balayer le ciel, au son des sirènes des bateaux lançant le signal de la victoire.

Winston Churchill et George VI.

La joie explose dans Wall Street, sous les serpentins et les confettis.

Célébration à New York, Paris et Moscou

New York, Paris, Moscou, 9 mai

Avant-hier, à l'annonce officielle, par une agence de presse, de la capitulation inconditionnelle des Allemands, New York est devenu le théâtre d'une énorme kermesse. A Wall Street, on a lancé assez de confettis pour des centaines de mariages. Les employés de bureau ont délaissé par milliers leur lieu de travail pour se joindre à la fête, dans les rues, où des serpentins, des feuilles d'annuaire déchirées et des papiers multicolores étaient jetés du haut des gratte-ciel. Pourtant, on avait recommandé aux New-Yorkais de « rester calmes ». La ville résonnait de chansons, de cris de joie, du vacarme des avions évoluant dans le ciel et des sifflements retentissants des navires dans le port. Le trafic sur les principales avenues est arrivé à saturation, bloquant ainsi les véhicules. La cathédrale Saint-Patrick, envahie par la foule, était pleine à craquer de militaires et d'ouvrières en foulards.

A Paris, d'énormes titres annonçant la capitulation des armées du Troisième Reich barrent la une de tous les journaux. Les Parisiens sont à leurs balcons pour acclamer les parades des avions alliés. En ce jour de victoire, ils ont droit à des feux d'artifice... et à une bouteille de vin par adulte.

A Moscou, la population se répand dans les rues en une immense célébration spontanée. La foule en liesse porte les soldats à bout de bras. Cependant, la parade militaire organisée officiellement pour marquer la victoire sur le fascisme ainsi que la fin de la Grande Guerre patriotique n'aura lieu que le 24 juin. ▷

Prague, la dernière capitale libérée

Prague, 9 mai

Avant-hier, Prague était la dernière capitale européenne à être délivrée du joug nazi.

Le 12 avril, Bujnicenko, un ex-général soviétique qui avait suivi Vlassov et collaborait avec les nazis, s'était replié avec les survivants de son armée sur Prague. Il rejoignait ainsi Vlassov qui attendait l'arrivée des Américains, déjà parvenus à Pilsen, à moins de 100 km de la capitale. Le 5 mai, le Comité de libération des peuples de Russie, l'organisation de Vlassov, se lançait dans la bataille contre l'occupant nazi, aux côtés des résistants.

Avant-hier, après deux jours de violents combats, Prague était libéré, mais les troupes américaines, elles, étaient arrêtées, à la grande colère du général Patton, qui n'admettait pas d'être brisé dans son élan par les diplomates et par des accords avec les Soviétiques qu'il ignorait et ne voulait pas connaître.

Aujourd'hui, l'Armée rouge vient d'entrer dans Prague, mais les troupes de Vlassov se sont déjà repliées vers les lignes américaines. Dès leur arrivée, Vlassov et ses hommes, y compris le général Malsyskine envoyé en parlementaire, ont été considérés comme prisonniers et ils sont actuellement gardés par la Military Police. Avançant comme à leur habitude avec une puissance écrasante, les troupes soviétiques venant des trois fronts russes ont encerclé les restes du groupe d'armées Centre ennemi de Schörner et ont foncé sur la ville. Le général Lelyushenko, arrivé avec la 4e armée blindée de la Garde en début de matinée, a envoyé par radio le message suivant à Koniev : « Ultime résistance fasciste détruite. Beaucoup de prisonniers. » Lelyushenko peut rapporter : « Il n'y a pas de troupes américaines. »

La ville garde toutefois encore la trace des combats violents qui opposèrent les SS aux partisans. Les corps de cinquante d'entre eux, qui ont été exécutés, sont toujours étendus dans la gare de Masaryk. Six opérateurs ont été tués au cours de l'attaque de l'immeuble de Radio Prague. Même après que le général Toussaint, commandant en chef de la Wehrmacht en Bohême, se fut livré au siège de la police, les SS ont poursuivi les combats. L'Armée rouge les a matés et ses chars T-34 ont investi les avenues de Prague dévastées, repoussant l'ennemi au-delà des lignes américaines.

La croix gammée des nazis est brûlée à Prague devant des photographes.

La paix a gagné également les îles Anglo-Normandes

Iles Anglo-Normandes, 9 mai

Des centaines de postes de radio ont été envoyés clandestinement aux habitants des îles de Jersey, Guernesey et Sark pour qu'ils puissent apprendre par la voix de Churchill que l'occupation est enfin terminée. Un soldat allemand est monté au sommet d'une grue sur le port de Jersey pour hisser le drapeau britannique. Sur le destroyer *HMS Bulldog*, Alexandre Coutanche, le bailli de Jersey, a pu fumer du vrai tabac pour la première fois depuis des années et se laver les mains avec du vrai savon, après avoir signé l'acte de capitulation. Les insulaires, tout comme les 10 000 soldats occupants, étaient dans une situation proche de la famine. La viande avait depuis longtemps disparu et, depuis des mois, on se contentait d'un ragoût de chou. Cependant, même ces derniers jours, le commandant allemand, le vice-amiral Huffmeier, était resté un fidèle de Hitler et menaçait de se battre, malgré la défaite de son pays. Il avait dressé, il y a peu encore, une liste d'éventuels otages. Hier, il a ordonné à ses hommes de n'adresser que le salut nazi aux officiers anglais. La plupart étaient trop ivres pour lui obéir. (→ 7.6)

Signature de l'acte de capitulation de l'Allemagne à Reims

Reims, 7 mai

A 1 h 45 ce matin, dans une salle du collège moderne de garçons, le général Alfred Jodl, du haut commandement allemand, a signé l'acte de reddition de « toutes les forces terrestres, navales et aériennes qui sont à cette date sous le contrôle allemand ». Jodl a déclaré : « Le peuple et les soldats allemands ont sans doute souffert plus qu'aucun autre peuple dans le monde. Je peux seulement exprimer le souhait que les vainqueurs les traiteront avec générosité. » Le cessez-le-feu, qui concerne les fronts est et ouest, prendra effet demain à minuit.

L'acte a été signé par les généraux Bedell Smith (Etats-Unis), Susloparov (Union soviétique), Robb et Strong (Grande-Bretagne) et Sevez (France).

Jodl signe pour l'Allemagne le premier acte de capitulation, à Reims.

Keitel capitule le 8 mai à Berlin

Berlin, 8 mai

Aux environs de minuit, au QG so viétique de Karlshorst, au nord-es de Berlin, l'Allemagne a capitulé Le maréchal Keitel et les chefs de forces navales et aériennes alle mandes ont attendu douze heure que les Alliés aient fini de se que reller pour savoir qui signerait. L maréchal Joukov et le maréchal d l'air anglais Tedder, qui représen tait son pays et les Etats-Unis, or signé comme parties contractante. tandis que le général américai Spaatz et le général de Lattre s gnaient comme témoins. La cap tulation générale des forces all mandes prend effet à 23 h 01 GMT La radio allemande a diffusé l'ordr du haut commandement ce soir.

Les kamikazes attaquent la flotte alliée

Pacifique, 12 mai
Des centaines de *kikusui* (chrysanthèmes volants) se sont sacrifiés pour tenter de faire échec à l'invasion d'Okinawa par les Américains. Jusqu'à hier, pas moins de six attaques kamikazes majeures, faisant intervenir un total de 1 092 pilotes de commandos suicides, ainsi que des attaques aériennes conventionnelles, ont eu lieu. Les kamikazes s'en sont pris plus particulièrement aux escadres de porte-avions alliés. C'est ainsi que, depuis le 1er mai, lors de la sixième attaque, les porte-avions *Bunker Hill* et *Enterprise* ont été touchés, le premier subissant de lourdes pertes : 392 tués. Le jour suivant, le navire de guerre *New Mexico* a été également atteint. La flotte britannique du Pacifique n'a pas échappé aux commandos suicides, en retournant opérer vers les îles Sakishima. Le 4 mai, le *Formidable* et l'*Indomitable* ont été touchés et, le 9 mai, le *Victorious* et le *Formidable* frappés de nouveau. Les porte-avions ont subi peu de dommages, les kamikazes s'écrasant sur leurs ponts cuirassés. (→ 22)

Un kamikaze précipite son appareil contre un navire de guerre américain.

Raid américain sur les bases nippones

Guam, 8 mai
Toutes les bases aériennes japonaises de Kyushu, point de départ des opérations lancées contre les troupes américaines à Okinawa, ont été anéanties. C'est ce qu'affirment aujourd'hui les équipages des B-29, de retour d'un raid. Ils n'ont pas subi de riposte des chasseurs ni des feux antiaériens, tandis qu'ils bombardaient les cibles industrielles, au cours de leur 18e raid sur les îles du Sud depuis le 27 mars.
La supériorité des chasseurs américains apparut aussi lorsque 65 Mustang venant d'Iwo Jima réussirent à bombarder les aérodromes et les centres de munitions, dans les quartiers Chiba et Kisarazu de Tokyo, sans rencontrer d'opposition. (→ 14)

Seul litige entre les Alliés : la Pologne

San Francisco, 7 mai
Les Etats-Unis, l'Union soviétique, la Grande-Bretagne et la Chine sont aujourd'hui parvenus à un accord, sauf sur le sort de la Pologne et les problèmes de tutelle. Demain, les autres nations tenteront d'achever la rédaction de la charte pour les nouvelles Nations unies. Deux points litigieux ont été résolus entre les Alliés occidentaux et l'URSS. L'assemblée générale aura le pouvoir d'arbitrer les conflits internationaux qui menacent d'apparaître en temps de paix et se verra confier la juridiction des futures alliances. Le règlement de la question polonaise a été empêché par l'arrestation inexpliquée des seize délégués polonais à Moscou. (→ 16)

1945

Mai

Di	Lu	Ma	Me	Je	Ve	Sa
		1	2	3	4	5
6	7	8	9	10	11	12
13	14	15	16	17	18	19
20	21	22	23	24	25	26
27	28	29	30	31		

13. Algérie : l'ordre est rétabli dans le Constantinois. L'armée a fait des milliers de morts parmi les Algériens en écrasant la rébellion.

13. Norvège : le prince Olaf et les membres du gouvernement en exil reviennent à Oslo (→ 7.6).

13. Philippines : à Luçon, les Américains prennent le col de Balete aux Japonais (→ 27).

14. Belgique : la police disperse à Liège une manifestation antimonarchiste (→ 16.6).

14. Japon : 472 bombardiers B-29 américains larguent 2 500 tonnes de bombes incendiaires sur Nagoya. Vingt chasseurs japonais sont abattus (→ 19).

15. Birmanie : l'armée nationale de Birmanie du général Aung San se joint aux Alliés. Les Japonais avaient soutenu sa création (→ 26).

15. Yougoslavie : la dernière poche de résistance allemande se rend près de Slovenjgradec.→

15. Autriche : le gouvernement Renner instaure la République.

16. Océan Indien : le cuirassé français *Richelieu* participe à la poursuite du croiseur lourd japonais *Haguro*, qui sera coulé par des destroyers britanniques dans le détroit de Malacca.

16. San Francisco : la France et la Chine obtiennent chacune un siège de membre permanent au Conseil de sécurité de l'ONU (→ 19.6).

18. Flensburg : Dönitz émet un ordre du jour à la Wehrmacht. Il essaie de se disculper en exprimant son horreur des camps de concentration et en dissociant l'action des militaires des atrocités nazies (→ 21).

18. Irlande : un programme d'aide à l'Europe, d'une valeur de 12 millions de dollars en nourriture et en vêtements, est annoncé par De Valera.

19. Moyen-Orient : des troupes françaises arrivent en Syrie et au Liban. Des manifestations y sont organisées depuis le 8 mai par les nationalistes, pour obtenir l'indépendance (→ 21).

19. Flensburg : les Britanniques arrêtent Rosenberg. Théoricien du parti nazi, il a formulé sa politique raciale (→ 21).

Le Japon se retire des ports chinois

Fou-tcheou, 19 mai
Les Japonais ont quitté aujourd'hui le port de Fou-tcheou, sept mois après s'en être emparés. Deux autres ports, Amoy et Swatow, ont aussi été abandonnés par les Japonais, qui se replient sur Hong Kong, confirmant ainsi la rumeur d'une retraite stratégique de Chine méridionale, dictée par Tokyo. Depuis que les Américains ont repris les Philippines, ces ports sont à portée de leurs bombardiers. Dans l'éventualité d'une invasion, ils seraient privés des soutiens venant du Japon ou de Formose. (→ 27)

La fin des combats en Yougoslavie

Belgrade, 17 mai
La guerre est finie en Yougoslavie : c'est maintenant l'heure des bilans. Sur une population de 15 millions d'habitants, 1,4 million de civils (dont 55 000 Juifs) et 305 000 soldats ont péri. Peu de pays ont autant souffert en termes de pertes humaines. Les Allemands ont violemment combattu les partisans, livrant bataille 7 jours durant, après la libération de Zagreb. Tito, déterminé à sauvegarder l'unité du pays, a accepté des royalistes dans son gouvernement provisoire, mais il a affirmé que la Yougoslavie sera un Etat communiste. (→ 12.6)

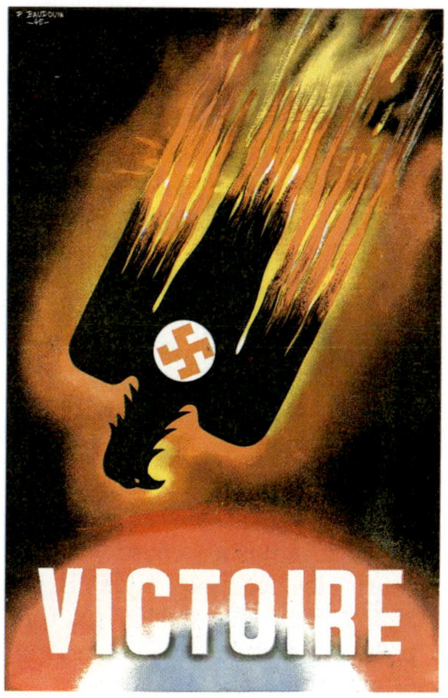

Chute embrasée de l'aigle nazi.

Les sous-marins jouent un rôle clé dans le Pacifique

Pacifique, 15 mai
Les sous-marins américains qui opèrent dans le Pacifique centre et l'Australie ont contribué de façon décisive à la situation critique des Japonais, en coulant 60 % de leurs navires marchands. L'année dernière, ils ont battu leurs propres records en envoyant par le fond des bateaux japonais pour un poids total de 2 387 780 tonnes. Les pertes des Japonais ont atteint un taux de 300 000 tonnes par mois. La production de guerre nippone, privée de son ravitaillement en pétrole et en matières premières du fait de l'intervention des sous-marins, risque ainsi de s'effondrer. Devant la pénurie de nourriture importée, la population est menacée par la famine. L'essentiel de l'offensive sous-marine a été conduite par la force américaine du Pacifique centre. De plus, des sous-marins ont opéré depuis des ports australiens. En septembre 1944, ils furent rejoints par la 8e flottille de sous-marins de la Royal Navy, partie de Ceylan pour Fremantle, pour rallier la 7e flotte. Tout comme les sous-marins néerlandais, ils ont concentré leurs efforts au large de Singapour, de Java, de l'Indochine et des Philippines, où les forces navales japonaises se sont retirées, après avoir quitté les îles Marshall en février 1944.
Les sous-marins américains ont aussi infligé de lourdes pertes aux navires de guerre japonais. L'an passé, au large de Formose, ils ont coulé le *Kongo* ainsi que sept porte-avions, dont le super porte-avions de 59 000 tonnes, le *Shinano*. Ce bâtiment gigantesque venait d'être transformé en porte-avions et faisait route vers Kure pour les ultimes finitions lorsque, le 29 novembre, il rencontra le sous-marin *Archerfish*, en mission de surveillance au large de Honshu, chargé de secourir les équipages de B-29. L'*Archerfish* dut lancer six torpilles pour couler le *Shinano*, qui avait embarqué 1 435 marins.

Raid américain sur des usines japonaises

Les terribles ravages causés par les bombes incendiaires à Nagoya.

Japon, 19 mai
Tandis que 272 B-29 attaquent aujourd'hui Hamamatsu, on apprend qu'un quartier de Nagoya, le centre de production d'avions le plus important du Japon, a été complètement rasé au cours de deux raids la semaine dernière, les 14 et 16 mai. Ces deux opérations marquent le coup d'envoi d'une série d'attaques des centres industriels nippons de second ordre. Les photos de reconnaissance témoignent des ravages causés par les bombes incendiaires larguées par plus de 450 B-29, de loin la force d'attaque la plus importante jamais lancée sur le continent japonais, mettant le feu à Nagoya sur 15 km². Depuis le début des attaques incendiaires, près de 150 km² de tissu urbain ont été ainsi détruits. Les fabriques d'avions Aichi à Nagoya et deux autres usines clés ont été détruites. Celle de Mitsubishi, la plus grande du monde, a été endommagée. Le bilan du raid sur Hamamatsu est encore inconnu. Les bombes ont été larguées à moyenne altitude, avec des instruments de précision. (→ 23)

Tout n'est pas joué, avertit Churchill

Londres, 13 mai
Dans son discours diffusé ce soir pour marquer la victoire en Europe, Churchill a évoqué ces cinq années capitales passées à la tête du pays, au cours desquelles le peuple britannique, au bord de la défaite, s'est ressaisi et a conduit la guerre jusqu'en Allemagne, aux côtés des Américains et des Soviétiques.
« J'aimerais pouvoir vous assurer ce soir que nos ennuis sont terminés, a-t-il dit, mais nous devons nous assurer que les nobles buts qui nous ont fait entrer en guerre ne sont pas battus en brèche. Il serait peu utile de punir les hitlériens si des gouvernements totalitaires ou policiers les remplaçaient. »

Trieste disputé

Trieste, 14 mai
La Grande-Bretagne et les Etats-Unis tiennent une position ferme face au maréchal Tito au sujet de l'occupation de Trieste, territoire depuis longtemps disputé par la Yougoslavie et l'Italie. Tito a protesté vigoureusement contre la présence des troupes alliées, affirmant que ses partisans se sont emparés de ce territoire et qu'il réglera la question lui-même avec l'Italie.

Les partis de gauche sont en tête aux élections municipales

France, 13 mai
Les femmes ont participé pour la première fois à un scrutin à l'occasion des élections municipales. C'est aussi la première consultation de tous les Français depuis 1937, mis à part l'absence des requis du STO, des prisonniers de guerre et des déportés qui ne sont pas encore rentrés. Ce second tour est dominé par l'incroyable progression des partis de gauche : les socialistes obtiennent la majorité dans 4 100 municipalités (1 370 en 1935) sur les 35 000 communes du territoire français, et les communistes passent de 310 conseils municipaux à 1 400. En revanche, les radicaux reculent avec 6 400 municipalités par rapport aux 9 000 obtenues en 1935, les modérés n'en obtenant que 15 600 contre 22 600 lors de la précédente consultation.

Emancipées par la guerre, les femmes font irruption dans la vie politique.

1945

Mai

Di	Lu	Ma	Me	Je	Ve	Sa
		1	2	3	4	5
6	7	8	9	10	11	12
13	14	15	16	17	18	19
20	21	22	23	24	25	26
27	28	29	30	31		

20. Berlin : nommé par les Soviétiques, le Dr Arthur Werner prend ses fonctions de bourgmestre de la ville (→ 5.6).

21. Allemagne : sur ordre des Britanniques, les baraquements du camp de concentration de Bergen-Belsen sont brûlés, à cause du typhus (→ 31).

21. Allemagne : une patrouille britannique arrête Himmler, près de Hambourg (→ 23).

21. Grande-Bretagne : le parti travailliste vote le retrait de son soutien au gouvernement de coalition (→ 23).

22. Okinawa : les Américains s'emparent de Yonabaru, à l'est de la ligne Shuri.

22. Allemagne : une exposition est organisée à Berchtesgaden, pour montrer une partie des œuvres d'art volées dans toute l'Europe, sur ordre de Göring.

23. Londres : les Alliés révèlent l'existence de Pluto, le pipeline sous-marin de la Manche. Il les ravitaillait en carburant en Europe depuis le jour J.

23. Allemagne : les Américains découvrent une cachette à Sankt Johann. Elle contient 4 millions de dollars en diverses devises et serait un butin personnel de Himmler.

24. Japon : 520 B-29 Superforteresses partis des Mariannes larguent 3 600 t de bombes sur les centres industriels de Tokyo. 17 B-29 sont abattus (→ 26).

24. Iles Ryukyu : l'aviation américaine attaque les aérodromes servant de bases aux kamikazes contre la flotte américaine à Okinawa (→ 27).

24. Allemagne : le maréchal Ritter von Greim se suicide. Le 24 avril, Hitler l'avait nommé commandant en chef de la Luftwaffe, pour remplacer Göring.

24. Paris : de Gaulle décerne la grand-croix de la Légion d'honneur à Montgomery.

26. Birmanie : les forces alliées occupent Bassein, à 150 km à l'ouest de Rangoon (→ 27).

26. Allemagne : les sergents Ray Weston et Bill Ottery enterrent Himmler dans une tombe anonyme, à Lüneburg.

Des chefs nazis arrêtés

Albert Speer, ministre de l'Armement, et l'amiral Dönitz sont arrêtés.

Flensburg, 23 mai
L'amiral Karl Dönitz, le Führer de Flensburg, a été arrêté ce matin, avec d'autres membres de son gouvernement. De même, le haut commandement allemand a été dissous et ses officiers appréhendés, sur ordre du général Eisenhower. L'amiral Hans Georg von Friedburg, qui a signé la capitulation à Lüneburg, s'est suicidé en absorbant du poison, juste après son arrestation. En dehors de la ville, au château de Glucksburg, Albert Speer, ministre de l'Armement, mis en état d'arrestation alors qu'il prenait son bain, a réagi avec détachement : « C'est une bonne chose. De toute façon, c'était un opéra. »
D'autres Allemands connaissent un sort différent. Wernher von Braun et divers scientifiques experts en balistique ont embarqué pour les Etats-Unis, *via* la France. Reinhard Gehlen, un officier de renseignements important, qui possède des dossiers sur les agents allemands opérant en Union soviétique, a été également bien accueilli par les Américains. (→ 5.6)

Himmler réussit à échapper à la justice

Allemagne, 23 mai
Heinrich Himmler, le responsable de la politique d'extermination des Juifs, a mis fin à ses jours alors qu'il était examiné par un médecin britannique, au quartier général de la 2e armée, à Lüneburg. Pourtant fouillé et déshabillé, il a réussi à avaler une minuscule fiole de cyanure. Les lavages d'estomac et les produits vomitifs n'ont pas permis de le sauver. Son corps a été laissé tel quel sur le sol, jusqu'à ce qu'il soit retrouvé par un officier de liaison de l'Armée rouge. Himmler, âgé de 44 ans, avait pris la fuite après la capitulation allemande. Arrêté par une patrouille britannique près de Hambourg, il avait prétendu être un garde champêtre du nom de Heinrich Hitzinger, mais, durant l'interrogatoire, il a ôté son bandeau et remis ses habituelles lunettes rondes. (→ 26)

Elections prévues après la démission de Churchill

Grande-Bretagne, 23 mai
Des élections générales, les premières depuis dix ans, auront lieu le 5 juillet. La compétition est lancée. En effet, Churchill, en démissionnant de son poste de Premier ministre, a mis fin automatiquement au gouvernement de coalition. Les mécanismes constitutionnels ont bien fonctionné.
Quatre heures plus tard, le roi a obtenu de Churchill qu'il forme un nouveau gouvernement. Mais le roi allait-il dissoudre de bonne grâce le Parlement le mois suivant pour permettre les élections de juillet ? Il a finalement accepté. Churchill a d'abord formé une équipe intérimaire, à laquelle les dirigeants travaillistes et la plupart des libéraux ont refusé de participer.
Au début de la semaine, il a demandé aux travaillistes de rester dans le gouvernement de coalition au moins jusqu'à la défaite du Japon. Sous la pression des activistes du parti, Clement Attlee a répliqué : « Nous ne continuerons que jusqu'en octobre. » Churchill a jugé cette attitude inacceptable, car annonçant une période d'incertitude néfaste. Mais, à Westminster, on a le sentiment que l'organisation du parti travailliste en vue des élections surpasse celle de ses rivaux. Ce qui explique qu'ils voudraient bien en avancer la date. (→ 4.6)

22 mai. Tir réussi sur un train japonais en marche en Birmanie ; il apportait sans doute du pétrole aux troupes japonaises.

Le Japon ébranlé par les bombardements

Le Japon dans la ligne de mire : Tokyo dévasté par les bombes incendiaires.

Japon, 26 mai
L'empereur Hirohito et la famille impériale ont échappé de justesse aux derniers bombardements qui ont ravagé Tokyo. Les B-29 américains ont largué des bombes incendiaires tout autour du palais impérial, et le quartier d'affaires de Marunouchi a été détruit par les flammes. Radio Tokyo a confirmé les dires de l'aviation américaine, à savoir que le palais impérial et celui d'Omiya ont été touchés, mais que l'empereur et l'impératrice sont sains et saufs. C'est le second raid américain en l'espace de 48 heures : cette fois-ci, les Superforteresses B-29 étaient au nombre de 464 et ont lâché 4 000 tonnes de bombes incendiaires. Le quartier dévasté de Marunouchi comptait de nouveaux bâtiments modernes que l'on disait résistants au feu et aux tremblements de terre : c'était – jusqu'à aujourd'hui – une véritable vitrine du Japon moderne. De son côté, l'aviation japonaise se manifeste à nouveau par des raids de kamikazes contre les navires américains au large d'Okinawa, ainsi que par d'autres raids suicidaires plus insolites encore : des avions japonais se sont posés volontairement sur les terrains d'aviation des îles Yontan et Katena, avant de lâcher sur la piste une meute de commandos armés jusqu'aux dents qui ont été aussitôt abattus. (→ 29)

Liban et Syrie en quête d'autonomie

Damas, 21 mai
Le Liban et la Syrie ont rompu aujourd'hui les négociations avec la France. Les nationalistes arabes revendiquent en effet leur droit à l'indépendance, mais la France tient à conserver son emprise sur le Levant. Lorsque les Forces françaises libres ont libéré le Liban et la Syrie du régime de Vichy, elles leur ont offert l'indépendance. Mais cela s'est vite résumé à un gouvernement aux pouvoirs limités, la France conservant le contrôle de la Défense et des Affaires étrangères. Pour l'instant, la situation paraît bloquée et les accrochages se multiplient entre nationalistes et forces de l'ordre. (→ 29)

Rations diminuées

Grande-Bretagne, 22 mai
De nouveaux rationnements alimentaires, concernant notamment les matières grasses, le bacon et le savon, frappent les Britanniques. Ces nouvelles mesures sont dictées par la nécessité de partager des ressources alimentaires déjà maigres avec les pays d'Europe nouvellement libérés.
La ration hebdomadaire de matières grasses chute ainsi de moitié, de 60 à 30 grammes, et les rations de savon de près de dix pour cent. Par ailleurs, le prix des fruits et du poisson est en hausse.

Prisonniers nazis mis à contribution

Londres, 22 mai
Les soldats du Reich se sont mis à reconstruire le pays que Hitler avait juré de détruire. En effet, 25 prisonniers de guerre allemands se sont mis au travail dans le sud-est de Londres. Armés de pioches et de bêches, les travailleurs forcés ont commencé par ouvrir une tranchée de quelques mètres qui abritera les égouts des futures maisons. Le ministre du Travail, Duncan Sandys, leur a rendu visite sur le chantier et a même échangé quelques mots d'allemand avec eux. « Nous espérons en tirer du bon travail », a-t-il conclu.

Après évacuation des détenus, les troupes alliées détruisent le camp de la mort de Bergen-Belsen en incendiant les baraquements au lance-flammes.

1945

Mai

Di	Lu	Ma	Me	Je	Ve	Sa
		1	2	3	4	5
6	7	8	9	10	11	12
13	14	15	16	17	18	19
20	21	22	23	24	25	26
27	28	29	30	31		

27. Okinawa : dernière grande offensive aérienne japonaise : la flotte américaine est attaquée par des kamikazes, et cinq bombardiers chargés d'explosifs s'écrasent sur les aérodromes de l'île.→

27. Philippines : les Américains prennent Santa Fe et la piste de Villa Verde, à Luçon (→ 9.6).

27. Birmanie : la 6e armée chinoise est transportée de Birmanie en Chine par un pont aérien de l'aviation américaine (→ 3.8).

28. Londres : l'Amirauté annonce la suppression des convois.

29. Japon : le port de Yokohama est détruit à 85 % par les B-29 américains.→

29. Tokyo : l'amiral Ozawa est nommé commandant en chef de la flotte japonaise. Il remplace l'amiral Toyoda.

29. Syrie : les forces françaises bombardent Hama et Damas. Des gendarmes syriens attaquent les postes militaires français (→ 31).

29. Norvège : l'écrivain Knut Hamsun, prix Nobel en 1920, est arrêté. Il était délégué de la Norvège au congrès des journalistes organisé par les nazis à Vienne, en 1943.

29. France : la société Moteurs Gnôme et Rhône devient la Snecma. C'est la seconde nationalisation d'une entreprise collaborationniste (→ 26.6).

30. Iran : Téhéran réclame le retrait des troupes britanniques et soviétiques.

30. Okinawa : les Japonais évacuent la ligne Shuri. Ils se replient au sud de l'île (→ 4.6).

30. France : de Gaulle remanie le gouvernement. Pierre-Henri Teitgen devient garde des Sceaux et Jacques Soustelle ministre de l'Information (→ 21.10).

31. Autriche : l'ancien chef des SS et de la police du district de Lublin, Odilo Globocnik, se suicide lors de son arrestation par une patrouille britannique.

31. Londres : la Commission interalliée des crimes de guerre tient sa première séance (→ 5.6).

Nanning repris par les nationalistes

Nanning, 27 mai
Le Japon a essuyé un revers majeur en Chine du Sud avec la perte de Nanning, capitale de la province du Guangxi, à 125 km de la frontière indochinoise. Nanning était un important relais stratégique du Japon pour le ravitaillement de ses armées en Birmanie, Thaïlande, Malaisie et Indochine. La capitale a été reprise par les nationalistes chinois venant à la fois du nord et de l'est, et coupant ainsi la route nord-sud qui relie l'Indochine au nœud ferroviaire de Liuzhou. Récemment améliorée, cette route était un axe essentiel de déplacement pour les troupes et le ravitaillement des Japonais.

Bras de fer en Syrie

Damas, Syrie, 31 mai
Pour la seconde fois en l'espace de 18 mois, la Grande-Bretagne est intervenue en Syrie. Faisant suite à la rupture des négociations sur l'indépendance, des combats ont éclaté il y a trois jours entre nationalistes arabes et soldats français. Anthony Eden, ministre britannique des Affaires étrangères, a négocié un cessez-le-feu entre les parties. Les Etats-Unis soutiennent la Syrie et le retrait de la France paraît maintenant inévitable. (→ 1.6)

Capture d'une « star » de la propagande

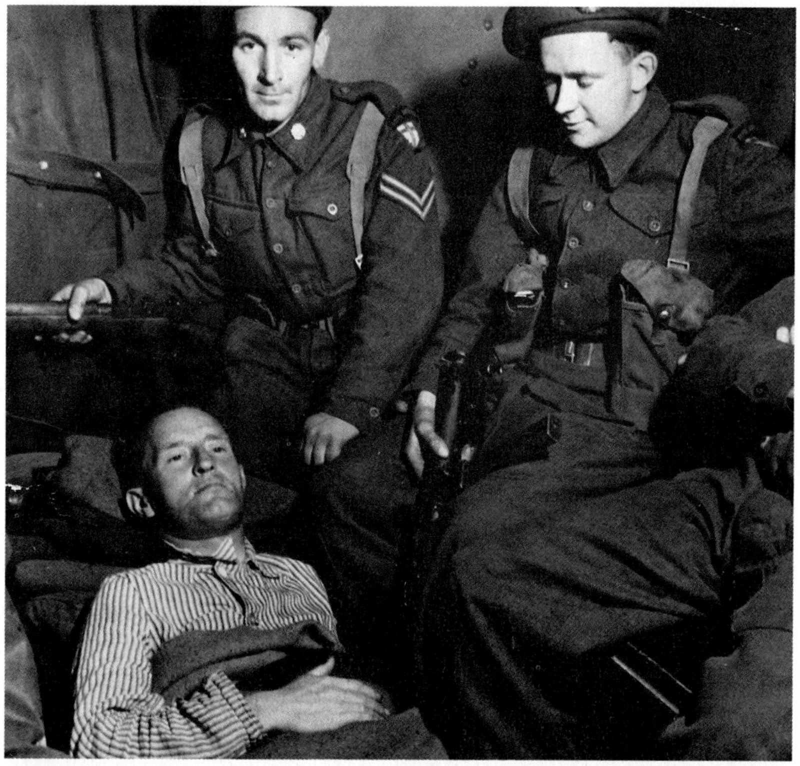
Les soldats anglais veillent sur leur prisonnier, l'impassible William Joyce.

Hambourg, 28 mai
William Joyce, alias Lord Haw Haw, a été capturé dans un bois entre Hambourg et la frontière danoise. Bien connu pour ses programmes de propagande nazie à la radio allemande, William Joyce a été trahi par sa voix. Il était venu bavarder en allemand avec deux officiers britanniques qui ramassaient du bois pour faire un feu. Lorsqu'il glissa dans sa conversation quelques phrases en anglais, son accent aristocratique si connu l'a aussitôt trahi. Alors qu'il était interrogé, il porta la main à sa poche. Ce geste malheureux lui a valu de récolter une balle dans la cuisse. Joyce portait sur lui un faux passeport au nom de Hansen. (→ 25.6)

Japon : invasion ou bombardements ?

Tokyo, 29 mai
Le Japon capitulera-t-il sous la double pression du blocus maritime et des bombardements alliés ? Déjà, des centaines de kilomètres carrés de quartiers urbains ont été rasés par les bombes incendiaires. Lors du dernier raid des Superforteresses B-29, 40 km² ont été incendiés à Tokyo, portant ainsi à 125 km² la toltalité des zones détruites. Des millions de citadins ont abandonné leurs demeures et gagné la campagne. Le moral des civils s'effondre. Outre les raids sur Tokyo, les B-29 se chargent également de lâcher des mines dans la mer intérieure et le détroit de Shimonoseki avec de surprenants résultats : leurs mines coulent plus de cargos japonais que les sous-marins américains et assurent le blocus total du Japon, empêchant son ravitaillement en vivres et en matériaux stratégiques. L'aviation américaine s'apprête à faire venir d'autres B-29 d'Extrême-Orient pour intensifier ses opérations.
Les Alliés préparent toujours l'invasion du Japon et redoutent que l'attitude fanatique des Japonais débouche sur un bain de sang. Mais les chefs de l'armée de l'air continuent à croire qu'un bombardement massif du Japon entraînera sa capitulation sans qu'une invasion soit nécessaire. (→ 1.6)

Déminage périlleux des côtes anglaises

Great Yarmouth, Norfolk, 31 mai
La paix est revenue sur l'Europe, mais tous les dangers ne sont pas écartés pour autant. Le déminage des côtes anglaises en est un exemple flagrant. Les cartes des champs de mines ont été perdues et, dans certains cas, l'érosion a profondément modifié la topographie sous-marine. Le déminage en surface revient à l'armée de terre, tâche périlleuse puisque 98 ingénieurs sont morts au travail depuis 1943. Sous la surface de la mer, c'est la Royal Navy qui en est responsable, ses plongeurs désamorçant les mines sous l'eau. Les bombes non explosées dans les rues des villes doivent également être neutralisées.

Combats acharnés au sud d'Okinawa

Okinawa, 27 mai
La 10ᵉ armée américaine est sur le point de prendre Okinawa, île stratégique située à 550 km au sud du Japon. Les marines ont franchi l'Asato et capturé plusieurs quartiers de la capitale, Naha. Les Américains contrôlent le nord de l'île depuis le 20 avril, mais la conquête du sud a été retardée par des pluies torrentielles et par la résistance acharnée de la 32ᵉ armée japonaise, commandée par le général Ushijima. La 7ᵉ division américaine, en particulier, mène un âpre combat en vue de prendre la forteresse de Shuri, une position clé de la ligne de défense japonaise dans la partie sud de l'île. (→ 30)

Sur le chemin du retour : civils et prisonniers de guerre libérés par l'Armée rouge s'en retournent vers le secteur contrôlé par l'armée américaine. Des milliers de soldats et de réfugiés parcourent l'Europe dévastée.

1945

Juin

Di	Lu	Ma	Me	Je	Ve	Sa
					1	2
3	4	5	6	7	8	9
10	11	12	13	14	15	16
17	18	19	20	21	22	23
24	25	26	27	28	29	30

1er. Paris : Henri Frenay, ministre des Prisonniers, Déportés et Réfugiés, accueille Jules Caron, le millionième rapatrié d'Allemagne.

1er. Moyen-Orient : des troupes britanniques entrent en Syrie et au Liban.

1er. Japon : l'aviation américaine largue 3 000 t de bombes incendiaires sur Osaka.

2. Rome : le pape manifeste à la radio son espoir que les Allemands se détournent du nazisme pour une vie nouvelle.

4. France : les billets de banque cessent d'avoir cours légal. La Banque de France commence à les échanger, ainsi que les bons du Trésor (→ 30).

4. Okinawa : deux régiments de marines américains débarquent sur la presqu'île d'Oroku. Ils attaquent l'aérodrome de Naha, toujours tenu par les Japonais.

5. Okinawa : un typhon endommage 8 porte-avions, 4 cuirassés et 7 croiseurs de la 3e flotte américaine. Le croiseur lourd *Louisville* et le cuirassé *Mississippi* sont victimes de kamikazes (→ 9).

5. Londres : Churchill rejette les accusations de De Gaulle, qui reproche aux Britanniques de pousser la Syrie dans la guerre civile.

6. Berlin : les Soviétiques découvrent un corps, dans les jardins de la Chancellerie, supposé être celui de Hitler.

7. Allemagne : tous les citoyens allemands de la zone occupée par les Alliés occidentaux reçoivent l'ordre de regarder des films sur Bergen-Belsen et Buchenwald (→ 16).

7. Norvège : le roi Haakon revient à Oslo, cinq ans, jour pour jour, après son exil.

8. Mer de Java : le sous-marin britannique *Trenchant* coule le croiseur japonais *Ashigara* (→ 16).

9. Philippines : les Américains prennent Mandog, la dernière position défensive importante des Japonais à Mindanao (→ 21).

9. Grande-Bretagne : la RAF révèle l'existence du Vampire, un nouveau chasseur à réaction qui vole à plus de 800 km/h.

Les Alliés divisent l'Allemagne en quatre

Berlin, 5 juin

La Commission de contrôle interalliée chargée d'administrer l'Allemagne vaincue s'est réunie à Berlin pour rédiger sa première proclamation. Elle a annoncé que l'Allemagne sera divisée en quatre zones d'occupation, à l'instar de la capitale elle-même. Berlin sera administré par un gouvernement interallié qui devra prendre ses décisions à l'unanimité. Les quatre membres de la commission, Eisenhower, Montgomery, Joukov et de Lattre de Tassigny, se sont rencontrés au QG des forces soviétiques pour rédiger un long document en quinze articles. Ils y réaffirment la défaite complète de l'Allemagne, « qui porte la responsabilité du conflit », et revendiquent le contrôle du pays sous tous ses aspects. Restent à définir les limites des zones qui seront occupées par les Alliés. Leurs grandes lignes ont d'ores et déjà été dégagées : l'URSS occupera la zone est, la Grande-Bretagne le nord-ouest, les Etats-Unis le sud-ouest et la France la zone ouest. Les frontières de l'Allemagne redeviendront celles existant au 31 décembre 1937, moins la Prusse-Orientale.

Les soldats cosaques rapatriés en URSS

Les Cosaques ont été trompés et vont être rapatriés en Union soviétique.

Autriche, 1er juin

L'armée britannique commence le rapatriement en URSS de 40 000 soldats cosaques, la plupart accompagnés de leurs familles. Les cosaques se sont battus aux côtés de la Wehrmacht, sous le commandement du général Timophey Domanoc. Ils se sont rendus aux Anglais qui, pour encourager leur reddition et éviter tout trouble, leur ont assuré qu'ils seraient autorisés à s'établir dans l'Ouest. C'est ainsi qu'ils ont été désarmés sans peine, les Anglais ayant ordre de tirer au moindre signe de résistance. La supercherie fut même entretenue par une fausse conférence il y a deux jours à l'intention des chefs cosaques. Mais quand ils réalisèrent qu'on les remettait aux autorités soviétiques, de nombreux cosaques se sont soulevés. Les soldats britanniques ont dû les forcer à monter dans des camions à coups de crosses, de baïonnettes et de manches de pioche. Les incidents se sont multipliés lorsqu'il a fallu charger le gros des troupes dans des trains en partance pour la Russie. Des cosaques ont été abattus, d'autres se sont suicidés à l'idée du sort qui les attendait en Union soviétique. Nombre de soldats britanniques ont d'ailleurs exécuté ce rapatriement à contrecœur : ils en étaient venus à admirer des soldats qu'ils ont maintenant l'impression de trahir.

Le poète Desnos meurt du typhus

Robert Desnos, mort à 45 ans.

Tchécoslovaquie, 8 juin

J'ai rêvé tellement fort de toi
J'ai tellement marché, tellement parlé
Tellement aimé ton ombre
Qu'il ne me reste plus rien de toi.
Il me reste d'être dans l'ombre parmi les autres
D'être cent fois plus ombre que l'ombre
D'être l'ombre qui viendra et reviendra
Dans ta vie ensoleillée.

Au camp de concentration de Terezin, un infirmier tchèque a reconnu Robert Desnos parmi les prisonniers mourants, victimes du typhus. Il a recueilli sur lui un bout de papier froissé sur lequel le poète arrêté en février 1944 avait tracé quelques vers, réminiscence d'un poème écrit autrefois, son testament à sa femme, Youki. L'armistice n'arrête pas la mort.

George VI en visite dans la Manche

Guernesey, 7 juin

Ce sont des obusiers pris aux Allemands qui ont tiré les vingt et une salves de bienvenue lors de l'arrivée à Guernesey du roi George VI et de la reine Elisabeth venus fêter la libération des îles Anglo-Normandes. Une foule de quelques milliers de personnes a accompagné le couple royal en agitant des drapeaux et des bouquets de fleurs aux couleurs nationales tout au long de son périple qui l'a mené dans les autres îles de l'archipel.

Les Japonais ne capituleront pas

Les bombes pleuvent sur Osaka.

Tokyo, 9 juin
Les Alliés ont bombardé massivement trois villes du Japon et l'armée américaine est sur le point de faire tomber Okinawa. Mais les Japonais n'ont aucune intention de capituler : ils ont même intensifié leurs opérations kamikazes contre les navires américains au large d'Okinawa. Au cours des trois derniers jours, 67 pilotes kamikazes se sont sacrifiés, envoyant deux destroyers par le fond et faisant 312 victimes. Ces attaques ont mis fin aux espoirs de reddition que nourrissaient les Alliés. Il apparaît même que le Premier ministre Suzuki, pourtant un modéré, s'oppose à une telle reddition qu'il considère comme une trahison des forces japonaises encore au combat. Les Alliés continuent donc leurs attaques : 110 bombardiers B-29 sans escorte ont enchaîné des raids sur les usines aéronautiques de Nagoya, Narao et Akashi. Les chasseurs américains ont attaqué pour leur part les bases aériennes de Kyushu utilisées par les kamikazes. Quant à l'armée du général Ushijima au sud d'Okinawa, elle a été coupée en deux par un débarquement de marines derrière les lignes nippones. (→10)

1945

Juin

Di	Lu	Ma	Me	Je	Ve	Sa
					1	2
3	4	5	6	7	8	9
10	11	12	13	14	15	16
17	18	19	20	21	22	23
24	25	26	27	28	29	30

10. Okinawa : la 6ᵉ division de marines américains réduit la résistance japonaise dans la presqu'île d'Oroku à une poche de 1 800 mètres carrés.

10. Bornéo : des troupes australiennes débarquent dans la baie de Brunei et dans les îles de Labuan et Muara (→15).

11. Tchécoslovaquie : les autorités soviétiques commencent l'expulsion des Allemands des Sudètes vers l'ouest (→29).

12. Okinawa : les Japonais de la presqu'île d'Oroku se suicident pour ne pas avoir à se rendre. Leur poche ne fait plus que 900 m^2.

12. Italie : les Yougoslaves évacuent le port de Trieste.

12. France : la censure de la presse est supprimée.

13. Okinawa : les Américains contrôlent toute la presqu'île d'Oroku.

14. Chine : après la prise d'Ichan, les Chinois poursuivent les Japonais vers Liéou-tchéou (→17).

14. Hambourg : Joachim von Ribbentrop, ancien ministre des Affaires étrangères du Reich, est fait prisonnier par des soldats britanniques (→8.8).

15. Japon : des bombardiers américains larguent 3 000 t de bombes sur Osaka (→16).

15. Londres : le roi George VI dissout officiellement le Parlement, resté en place durant neuf ans et demi (→5.7).

16. Okinawa : les Américains détruisent au lance-flammes les positions des Japonais, dans les cavernes fortifiées des monts Yaeju et Yazu (→17).

16. San Francisco : Georges Bidault propose de porter la cause française en Syrie devant l'Assemblée de l'ONU (→1.8).

16. Allemagne : à Dachau, 2 500 prisonniers sont morts, principalement à cause du typhus, depuis le 29 avril.

16. Belgique : le Premier ministre Van Acker présente la démission du gouvernement au régent. Il ne veut pas assumer « la responsabilité politique des paroles que prononcerait le roi », en cas de retour (→19).

Les Australiens débarquent à Brunei

Les troupes australiennes débarquent sur les plages de Labuan.

Bornéo, 15 juin
Après un bombardement intensif des côtes par l'aviation et la marine, les Australiens ont débarqué à Bornéo, dans la baie de Brunei, et sur les îlots voisins de Labuan et de Muara. La baie de Brunei est le meilleur port naturel de la côte nord-ouest de Bornéo et le haut commandement américain l'avait proposée comme base avancée pour la flotte britannique du Pacifique. Les Anglais ont émis des réserves en la matière, faisant valoir que le site est trop à l'écart du théâtre des opérations et qu'il ne saurait être prêt à temps : les travaux de construction s'étendraient jusqu'à la fin de l'année et, d'ici là, Singapour a toutes les chances d'être repris. Néanmoins, le débarquement a bien eu lieu avec des troupes australiennes appuyées par la 7ᵉ flotte américaine et la 1ʳᵉ armée de l'air australienne. La 9ᵉ division a commencé par débarquer sur l'île de Labuan une brigade, qui a pris le port le 10 juin. L'aéroport tombait le même jour. Les Australiens faisaient alors route vers la ville de Brunei, ne rencontrant qu'une faible résistance, et prenaient la ville le 13 juin. Aujourd'hui, les Australiens ont complété l'opération avec la prise des îles de Labuan et de Muara. (→20)

Le 12 juin, le général Eisenhower est honoré par la ville de Londres.

▷

Montgomery parle aux Allemands

Hambourg, 10 juin
Montgomery a fait une déclaration ce soir sur les ondes de Radio Hambourg. Le maréchal a déclaré que le peuple allemand se devait « d'apprendre sa leçon une fois pour toutes », non seulement parce qu'il avait perdu la guerre, mais parce qu'il était responsable de sa déclaration, comme en 1914. « Si on ne vous le répète pas, à vous et à vos enfants, vous risquez de vous laisser tromper à nouveau par vos dirigeants et de vous retrouver dans une nouvelle guerre. » Il a conseillé aux parents de lire son message à leurs enfants.

Les Tchèques sous la loi soviétique

Prague, 10 juin
Les Tchèques se sont à peine remis du joug nazi qu'ils se heurtent à l'emprise des Soviétiques et à leur volonté d'imposer une « soviétisation volontaire ». Les Russes ont en effet la mainmise sur l'économie tchèque et en profitent pour faire pression sur le nouveau gouvernement. Pression d'autant plus forte que trois divisions soviétiques stationnent aux portes de la capitale. « Ils nous traitent comme de mauvais garnements en mal d'éducation politique », a déclaré un citoyen désabusé.

Raids alliés contre les bases nippones

Nouvelle-Guinée, 16 juin
La flotte britannique du Pacifique a lancé ses avions Seafire, Firefly et Avenger contre les bases japonaises des îles Carolines, au nord de la Nouvelle-Guinée. Les raids ont été couronnés de succès et, à la surprise des Anglais, leurs avions n'ont pas été interceptés. Seul un appareil a été perdu, abattu depuis le sol. Pourtant, tout avait mal commencé : au décollage, l'Avenger du chef d'escadrille a manqué son envol et s'est écrasé dans la mer. Commentaire d'un pilote : « Enfer et damnation, le boss est tombé dans la mare ! »

1945

Juin

Di	Lu	Ma	Me	Je	Ve	Sa
					1	2
3	4	5	6	7	8	9
10	11	12	13	14	15	16
17	18	19	20	21	22	23
24	25	26	27	28	29	30

17. Okinawa : les Américains utilisent des chars spécialement conçus pour lancer du napalm contre les cavernes fortifiées des Japonais dans le secteur de la crête de Kunishi.

17. Chine : les Japonais commencent à évacuer la zone comprise entre le fleuve Jaune et le Yang-tseu-kiang.

18. Japon : les bombardiers américains lancent une série de raids contre des objectifs civils dans 58 villes secondaires.

18. Okinawa : le général Buckner, commandant de la 10e armée américaine, est tué par un éclat de corail projeté par un obus ennemi (→ 21).

18. Moscou : seize officiers de l'Armée de l'intérieur polonaise sont déférés en justice pour avoir combattu l'Armée rouge.

18. Paris : le général de Gaulle préside sur les Champs-Elysées un défilé des troupes françaises victorieuses. Il est ouvert par la 2e DB, avec Leclerc en tête sur son char *Tailly* (→ 16.8).

19. Belgique : le roi Léopold refuse d'abdiquer (→ 4.7).

19. San Francisco : la délégation du Mexique fait adopter un texte qui refuse à l'Espagne un siège à l'ONU, tant que Franco sera au pouvoir (→ 26).

20. Bornéo : les Australiens s'emparent des champs pétrolifères de Seria, dans le Brunei.

20. France : le régiment Normandie-Niémen atterrit au Bourget. Ses Yak totalisent 273 victoires homologuées.

21. Luçon : les Américains prennent Aparri, le dernier port aux mains des Japonais. Ils entrent en contact avec les guérilleros philippins (→ 25).

22. Japon : les B-29 américains attaquent les usines aéronautiques de Himeji, Kagamigahara, Akashi, Tamashima et l'arsenal naval de Kure (→ 2.7).

22. Chine : les Japonais évacuent Liuzhou, en incendiant la ville (→ 26).

22. Bornéo : les Australiens éliminent la résistance japonaise sur l'île de Tarakan (→ 25).

23. San Francisco : les quatre Grands acceptent l'entrée de la Pologne aux Nations unies.→

La chute d'Okinawa

Etre pris vivant est une marque de déshonneur pour les soldats japonais.

Okinawa, 21 juin
Après trois mois de durs combats, la conquête d'Okinawa s'est finalement achevée par la désintégration de la défense japonaise, dont les effectifs étaient tombés à 30 000 au cours de la semaine. Un millier de Japonais se sont rendus hier, et 1 700 aujourd'hui. Par ailleurs, des centaines de soldats japonais se sont suicidés en se jetant depuis les hautes falaises de l'île. Mais la plupart des soldats se sont battus jusqu'à la mort. Au moins trois mille d'entre eux sont morts au combat dans les trois derniers jours, après l'arrivée du 8e régiment de marines américains. L'une des dernières victimes des combats fut le commandant de la 10e armée américaine, le général Buckner, tué par un éclat d'obus alors qu'il inspectait la crête où s'étaient déroulés les derniers combats. Okinawa libéré peut maintenant être utilisé par les Américains comme base avancée pour les raids contre le Japon, distant de 600 km. Les B-29 pourront ainsi emporter moins de carburant et plus de bombes que les bombardiers basés dans les Mariannes qui devaient couvrir plus de 4 500 km. (→ 27)

Okinawa : le lourd bilan des Alliés

Okinawa, 21 juin
Il a fallu quatre-vingt-deux jours pour conquérir Okinawa, au cours desquels les Américains ont perdu 49 151 hommes : 12 520 morts et disparus, 36 631 blessés, soit plus que pendant l'ensemble des six campagnes précédentes. Du côté japonais, Okinawa s'est traduit par 110 000 morts et seulement 7 400 prisonniers. Quant aux victimes civiles, leur nombre dépasse sans doute 80 000. Les Alliés estiment que l'invasion du Japon se traduirait par des pertes bien plus lourdes encore : peut-être 250 000 morts du côté américain.

Hirohito recherche une issue pacifique

Tokyo, 21 juin
Maintenant que les troupes américaines ne sont plus qu'à 600 km du Japon, l'empereur Hirohito a chargé ses ministres de trouver une issue diplomatique à la guerre. L'initiative, inattendue, fait suite à une allocution diffusée depuis Okinawa, où il est question de défaite imminente. Cette dernière allocution est l'œuvre des généraux Sho et Ushijima qui se sont ensuite rituellement donné la mort avec leur sabres. Le général Sho a laissé une note posthume, où il affirme : « Je m'en vais sans regret, sans honte et sans obligations. » (→ 29)

Comité de Lublin : partage du pouvoir

Moscou, 23 juin
Les deux groupes rivaux qui se disputent le pouvoir en Pologne sont parvenus à un accord. Américains et Britanniques contestaient le Comité de Lublin soutenu par les Soviétiques : leurs revendications ont été partiellement satisfaites par l'inclusion de trois responsables polonais exilés à Londres, dont Stanislaw Mikolajczyk, l'ancien Premier ministre qui prend le titre de Premier ministre adjoint. Deux officiels non communistes de Pologne sont également inclus dans le nouveau gouvernement. Le pouvoir sera partagé entre les communistes et leurs opposants d'une manière bien plus équitable que les Alliés n'osaient l'espérer. L'arrangement réduira la tension qui s'était installée entre les quatre Grands. (→ 28)

La démobilisation !

Grande-Bretagne, 18 juin
La démobilisation commence aujourd'hui pour les soldats anglais, bien que la guerre continue de faire rage en Extrême-Orient. Le gouvernement estime que 30 000 hommes retourneront à la vie active chaque semaine, et leur nombre pourra peut-être même être porté à 60 000 par semaine d'ici au mois d'août. Les soldats démobilisés ont reçu une tenue dite de démobilisation et quelques effets civils. (→ 17.8)

Des signes de bienvenue attendent les Anglais pour leur retour au pays.

1945

Juin

Di	Lu	Ma	Me	Je	Ve	Sa
					1	2
3	4	5	6	7	8	9
10	11	12	13	14	15	16
17	18	19	20	21	22	23
24	25	26	27	28	29	30

24. Thaïlande : l'aviation britannique détruit le pont de la rivière Kwai Noi, sur la voie ferrée Bangkok-Moulmein. 12 493 des prisonniers alliés qui l'ont construite, sur ordre des Japonais, sont morts.

25. Luçon : les Américains s'emparent de Tuguegarao et de Gattaran.

25. Bornéo : les Australiens occupent les champs pétrolifères de Miri, au Sarawak (→ 3.7).

25. Londres : William Joyce alias Lord Haw Haw, le propagandiste nazi, est traduit en justice pour haute trahison.

25. France : des résistants non communistes, dont François Mitterrand, créent l'Union démocratique et socialiste de la Résistance (UDSR).

26. Iles Ryukyu : des marines américains débarquent sur l'île de Kume (→ 2.7).

26. Chine : les Chinois reprennent aux Japonais l'aérodrome de Liuzhou (→ 1.7).

26. France : les transports aériens et l'Aéropostale sont nationalisés (→ 2.12).

27. Okinawa : un kamikaze touche le porte-avions américain *Bunker Hill*, tuant 373 hommes d'équipage (→ 30.7).

28. Philippines : MacArthur annonce la fin des opérations à Luçon. La 7e armée est affectée au nettoyage des 23 000 Japonais restants (→ 4.7).

28. Varsovie : un gouvernement d'unité nationale est formé. Il comprend plusieurs membres de l'ancien gouvernement polonais en exil de Londres. La France le reconnaît (→ 5.7).

29. Prague : la Tchécoslovaquie cède à l'URSS 12 200 km² de la Ruthénie (→ 3.8).

30. Washington : James Byrnes est nommé secrétaire d'Etat. Il remplace Edward Stettinius, qui a démissionné le 27 pour devenir ambassadeur à l'ONU.

30. France : une ordonnance sur le blocage des prix et la lutte contre le marché noir est signée.

30. France : Thorez clôt le Xe Congrès du PCF. Il propose la fusion des partis communiste et socialiste (→ 5.7).

Signature de la charte des Nations unies

Stettinius signe devant Truman.

San Francisco, 26 juin
Cinquante pays ont signé la charte de la nouvelle Organisation des Nations unies. Le délégué de la Chine a été le premier à signer, et pas moins de sept délégués ont signé pour l'Union soviétique. La cérémonie officielle est l'aboutissement de neuf semaines de négociations pour définir la charte de l'Organisation, dont la vocation sera le maintien de la paix mondiale. Harry Truman l'a qualifiée d'« infrastructure solide qui servira à construire un monde meilleur ». Le Président a ajouté : « C'est l'espoir d'une telle charte qui a donné courage à tous les peuples abattus dans les jours les plus noirs de la guerre. Car cette déclaration des nations du monde est empreinte d'une grande foi : la foi que la guerre n'est pas inévitable, la foi que la paix peut être maintenue. »

Truman approuve l'invasion du Japon

Washington, 29 juin
Cinq millions de soldats alliés, américains pour la plupart, prendront part à l'invasion du Japon. Le président Truman vient en effet d'approuver la directive de ses chefs d'état-major qui projettent un débarquement à Kyushu (opération *Olympic*) le 1er novembre, et un débarquement sur l'île principale de Honshu (opération *Coronet*) le 1er mars 1946. Le débarquement de Honshu mobilisera d'importants effectifs venus d'Europe. Le général MacArthur a été choisi pour organiser l'invasion et a communiqué son plan stratégique pour l'assaut des deux îles, qui mobilisera respectivement 13 et 23 divisions, y compris la 1re armée américaine venue d'Europe. Les Britanniques, quant à eux, contribueront aux opérations avec leurs bombardiers Tiger à long rayon d'action. (→ 2.7)

Célébration de la victoire à Moscou

Les étendards nazis jetés bas.

Moscou, 24 juin
Les Soviétiques ont célébré leur victoire sur le nazisme devant la tombe de Lénine, à Moscou, sur la place Rouge. Sous une pluie battante, les soldats soviétiques ont apporté sur la place deux cents étendards de la 1re division de Panzer SS « Adolf Hitler » – la garde personnelle du Führer – et les ont jetés à terre. L'honneur de mener le défilé de la victoire est revenu au maréchal Joukov, montant le classique cheval blanc réservé aux héros conquérants. S'adressant à une foule nombreuse, Joukov a qualifié l'Armée rouge d'armée la plus forte du monde, mais a mis en garde les Soviétiques de ne pas devenir pour autant « prétentieux ».

1945

Juillet

Di	Lu	Ma	Me	Je	Ve	Sa
1	2	3	4	5	6	7
8	9	10	11	12	13	14
15	16	17	18	19	20	21
22	23	24	25	26	27	28
29	30	31				

1er. Chine : les forces chinoises libèrent la ville de Liuzhou.

1er. Allemagne : les Alliés s'installent dans leurs secteurs respectifs, déterminés par la conférence du 5 juin (→ 4).

2. Japon : le gouvernement annonce que 5 millions de civils ont été tués ou blessés par les bombes américaines. Il décide l'évacuation de Tokyo (→ 10).

2. Iles Ryukyu : la fin des opérations des marines est annoncée officiellement.

3. Moscou : l'URSS demande à participer aux négociations sur le statut de Tanger (→ 11.8).

4. Allemagne : 85 % des industries allemandes de la zone occupée par les Soviétiques depuis le mois de mai ont été détruites (→ 8).

4. Belgique : le journal liégeois *le Monde du travail* titre : « Le roi tiendra-t-il encore longtemps la démocratie en échec ? » (→ 15).

4. Mindanao : la 24e division américaine détache un corps expéditionnaire amphibie, comprenant des guérilleros philippins, dans la baie de Sarangani, au sud de l'île (→ 12).

5. Bornéo : des renforts australiens débarquent dans la baie de Balikpapan, à la pointe Penadjim. A partir de leurs têtes de pont, ils s'enfoncent à l'intérieur de l'île (→ 10).

5. France : dans *le Populaire*, Léon Blum rejette l'offre d'unité du PCF (→ 14).

5. Grande-Bretagne : dix ans après les dernières élections générales, les Britanniques votent. Le résultat est différé, pour compter les voix des soldats à l'étranger (→ 26).

5. Washington : le général Carl Spaatz est chargé de mener l'offensive aérienne américaine contre le Japon.

6. Chine : le général Claire Chennault, le chef des Tigres volants, remet sa démission de commandant de la 14e armée de l'air sino-américaine (→ 9).

7. Allemagne : la France reçoit la gestion de la Sarre (→ 10).

L'armée d'occupation arrive à Berlin

Parade anglaise à la porte de Brandebourg, en secteur soviétique, à Berlin.

Berlin, 4 juillet

Des milliers de Berlinois se sont massés le long des rues pour assister à l'arrivée de l'armée d'occupation britannique. Femmes et enfants ont escaladé les piles de débris pour mieux voir le spectacle, celui du 11e hussard de la 7e division blindée. Les troupes anglaises ont couvert un trajet de près de 200 km depuis leur zone d'occupation jusqu'à Berlin, quatorze heures de route dont trois heures passées à Magdeburg à attendre des Russes l'autorisation de passage. Ils ont défilé devant des colonnes de soldats soviétiques dans des charrettes tirées par des chevaux. Face aux blindés soviétiques très éprouvés par les combats, les chars fraîchement repeints des hussards détonnaient. Berlin ne semble habité que par des femmes, qui travaillent par milliers à dégager les décombres, brique par brique. Le travail de déblaiement ayant bien avancé, les forces d'occupation ne les requièrent plus que sept heures par jour, contre treize précédemment. (→ 6)

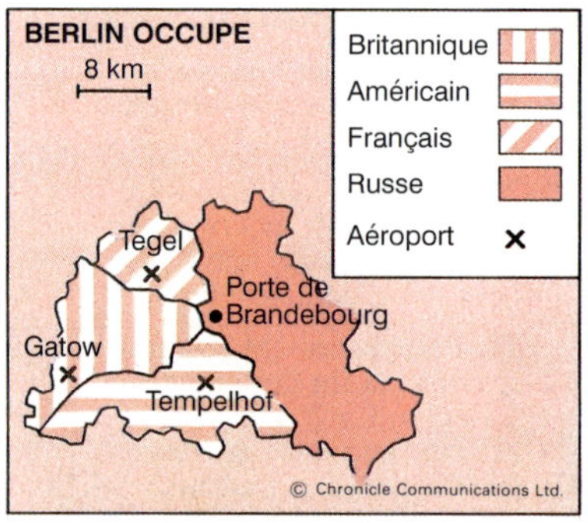

Assaut australien contre Balikpapan

Manille, 3 juillet

Deux jours après son débarquement à Balikpapan, au sud-est de Bornéo, la 7e division australienne a pris la situation en main et avance vers l'intérieur et le long des côtes. Le débarquement avait été précédé d'une campagne de bombardement naval et aérien qui a duré quinze jours. Misant sur son efficacité, le commandant australien avait choisi d'attaquer au cœur des défenses ennemies. L'assaut a été décidé contre l'avis du gouvernement australien, qui ne désirait pas voir la 7e division impliquée. MacArthur a passé outre, arguant qu'aucune autre division ne saurait la remplacer dans les délais. (→ 5)

Recherche savants

Washington, 6 juillet

Les chefs d'état-major américains ont donné le feu vert à une opération baptisée *Overcast*. Il s'agit pour les Américains de mettre la main sur certains savants allemands, ces « cerveaux rares dont nous désirons mettre à contribution l'incessante productivité intellectuelle ». Les Alliés reconnaissent que les Allemands ont pris beaucoup d'avance dans plusieurs domaines scientifiques, comme l'astronautique. Les Américains ont déjà rassemblé les spécialistes des V2, dont Wernher von Braun, pour empêcher qu'ils ne tombent aux mains des Russes... et les utiliser à leur profit.

Le nouveau cabinet polonais reconnu

Londres, 5 juillet

Les gouvernements anglais et américain ont reconnu aujourd'hui le Gouvernement provisoire polonais d'unité nationale. Le ministère des Affaires étrangères britannique a émis un communiqué qui salue sa mise en place et note que, selon les accords de Yalta, « des élections libres » doivent être tenues dans les plus brefs délais « par suffrage universel et scrutin secret ». La Grande-Bretagne cesse du coup de reconnaître le gouvernement polonais de Londres. (→ 16.8)

Le thé de la victoire, une fête improvisée dans les rues de Londres.

1945

Juillet

Di	Lu	Ma	Me	Je	Ve	Sa
1	2	3	4	5	6	7
8	9	10	11	12	13	14
15	16	17	18	19	20	21
22	23	24	25	26	27	28
29	30	31				

8. Allemagne : les Soviétiques décident la création de cinq gouvernements territoriaux.

9. Chine : les Chinois prennent Nam Quan, sur la frontière indochinoise. L'armée nippone en Chine est coupée de sa garnison en Indochine (→ 1.8).

9. France : de Gaulle propose un référendum sur des institutions différentes de celles de la IIIe République (→ 27).

10 : Allemagne : les autorités américaines confient à la France l'administration de la région du Palatinat.

10. Japon : 1 022 chasseurs bombardiers des porte-avions de la 3e flotte américaine attaquent les 70 aérodromes de la région de Tokyo. 173 avions japonais sont détruits (→ 17).

10. Bornéo : la progression des Australiens à l'est de Balikpapan est arrêtée par des murs de pétrole en feu, allumés par les Japonais (→ 18).

10. Pologne : le gouvernement déclare que tous les Allemands vivant à l'est de la ligne Oder-Neisse seront expulsés en Allemagne.

11. France : des milliers de spectateurs découvrent le film *Autant en emporte le vent*.

11. Berlin : les Soviétiques remettent la moitié ouest de la ville aux occupants américains et britanniques (→ 12).

12. Luçon : les Américains larguent des milliers de bombes au napalm sur les poches de résistance japonaises (→ 20).

12. Allemagne : le partage du Bade et du Wurtemberg entre Français et Américains règle la question de Stuttgart (→ 15).

13. Paris : l'éditeur Robert Denoël comparaît en justice, pour fait de collaboration.

13. Grande-Bretagne : le commandement suprême des forces alliées (SHAEF) d'Eisenhower est dissous.

14. Rome : l'Italie déclare la guerre au Japon.

14. Paris : le CNR clôt les états généraux de la Renaissance française. Les résolutions prises marquent la prépondérance du PCF (→ 21).

Condamnation du traître de Stuttgart

Paris, 11 juillet

Procès exemplaire que celui de Paul Ferdonnet, surnommé le Traître de Stuttgart, qui a attiré la foule de ceux qui croient avoir entendu sa voix sur Radio Stuttgart. En fait, Ferdonnet n'a jamais parlé à la radio. Résidant à Berlin depuis 1927, ce petit journaliste sans envergure, antisémite et admirateur de Hitler, a vite été récupéré par les services de propagande du Reich qui lui ont confié des fonctions de traducteur, notamment pour la radio. Il a affirmé au tribunal qu'il était en travail forcé. Mais il s'est avéré qu'il traduisait déjà les discours de Hitler avant la guerre. Il a été condamné à mort. (→ 4.8)

La vie des soldats alliés en Allemagne

Allemagne occupée, 14 juillet

Les soldats américains auront le droit de « fraterniser » avec les civils dans les zones occupées, dans un cadre soigneusement défini : la proposition d'Eisenhower fait partie du plan allié pour le contrôle unifié du pays. Les soldats anglais, pour leur part, n'ont pas cette liberté. Mais ils ne sont pas sans savoir qu'une simple barre de chocolat leur permet de « fraterniser » avec les « Fraulein » allemandes.

Le Japon à la table des négociations

Un ferry japonais bombardé par les Alliés : à quand la capitulation ?

Moscou, 13 juillet

Le Japon cherche à revenir sur son refus de capituler et a entamé des pourparlers avec l'Union soviétique. De source diplomatique, on apprend qu'une rencontre a eu lieu entre l'ambassadeur japonais à Moscou, Naotake Sato, et le commissaire des Affaires étrangères au Kremlin, V. Molotov. Le Japon aurait demandé à l'Union soviétique de sonder la Grande-Bretagne et les Etats-Unis quant à une éventuelle capitulation. Le rapprochement a commencé il y a trois jours à la suite du raid américain sur Tokyo et du pilonnage des usines de Hitachi, à 85 km au nord-est de la capitale, par la marine américaine. A Moscou, Sato a fait savoir que l'empereur voulait mettre fin à la guerre dans les plus brefs délais et compait envoyer à Moscou le prince Konoe, ancien Premier ministre, avec tous pouvoirs pour aborder les relations russo-japonaises, et tout particulièrement la question de la Mandchourie. La réponse du Kremlin a été mesurée : les Soviétiques estiment qu'aucune négociation n'est possible sans que le Japon offre au préalable sa capitulation sans conditions. Mais Staline soulèvera néanmoins la question à la conférence de Potsdam la semaine prochaine.

Le maréchal Joukov décoré de l'ordre du Bain par les Anglais

Sir Bernard Montgomery avec les généraux soviétiques nouvellement décorés.

Berlin, 12 juillet

C'est le maréchal Bernard Montgomery qui a présidé à Berlin la cérémonie de remise de décorations aux officiers de l'Armée rouge. Agissant au nom du roi d'Angleterre, Montgomery a remis au maréchal Joukov la grand-croix de l'ordre du Bain. Le maréchal britannique a aussi décoré le maréchal Rokossovski et les généraux Sokolovski et Malinine. La garde d'honneur était constituée par les grenadiers de la King's Company, avec les chars du 8e hussard, alignés de chaque côté. Une bannière proclamait en toile de fond : « Gloire aux forces soviétiques qui plantèrent à Berlin le drapeau de la victoire ! »

1945

Juillet

Di	Lu	Ma	Me	Je	Ve	Sa
1	2	3	4	5	6	7
8	9	10	11	12	13	14
15	16	17	18	19	20	21
22	23	24	25	26	27	28
29	30	31				

15. Allemagne : les Américains cèdent l'administration du sud de la Rhénanie à la France.

15. Allemagne : les autorités américaines déclarent que 70 000 nazis seront internés dans leur zone (→ 13.8).

15. Belgique : le roi refuse la démission du gouvernement. Celui-ci reprend ses fonctions.

16. Berlin : Churchill et Truman arrivent pour la conférence de Potsdam. Ils doivent débattre avec Staline des questions territoriales, des réparations de guerre et de la politique à l'égard du Japon. La France n'a pas été invitée.

17. Pacifique : la 3ᵉ flotte américaine est rejointe par la flotte britannique du Pacifique. Une escadre navale américaine bombarde la zone industrielle de Hitachi, sur l'île de Honshu.

18. Bornéo : les Australiens occupent le port pétrolier de Sambodja.

18. Japon : l'aéronavale anglo-américaine attaque la base navale de Yokosuka. Elle endommage le *Nagato*, le plus puissant des cuirassés de la flotte japonaise (→ 24).

20. Washington : le Congrès ratifie les accords monétaires de Bretton-Woods.

20. Etats-Unis : Little Joe, le premier missile conçu pour faire face aux avions-suicides japonais, est testé avec succès.

20. Mindanao : des unités américaines débarquées sur l'île de Bahut, dans la baie de Sarangani, réduisent la garnison japonaise (→ 25).

20. Belgique : Achille Van Acker réclame l'abdication du roi, dans un retentissant discours à la Chambre (→ 2.8).

21. France : dans un discours à Waziers, Maurice Thorez appelle les ouvriers à s'engager dans la « bataille de la production » (→ 15.8).

21. Potsdam : Churchill et Truman s'accordent pour larguer la bombe atomique sur le Japon, s'il refuse la capitulation sans conditions (→ 25).

Essai réussi pour la bombe atomique

Alamogordo, 16 juillet

L'immense explosion déchira l'air silencieux du désert du Nouveau-Mexique avec une violence inimaginable. A ce moment, Robert Oppenheimer, directeur du laboratoire responsable du *Manhattan Project*, c'est-à-dire la construction d'une bombe d'une puissance jamais atteinte, fut saisi d'effroi et pensa à ces mots de la *Bhagavad-Gita* : « Si les rayons de mille soleils éclataient dans le ciel, ce serait comme la splendeur du Tout-Puissant. » Maintenant, songea-t-il, l'homme peut dire comme le dieu Krishna : « Je suis devenu la mort qui détruit les mondes. »

La première bombe au plutonium a explosé avec une puissance équivalant à celle de 20 000 t de TNT. La tour d'acier qui supportait le dispositif fut pulvérisée en un instant, le sable vitrifié et un nuage en forme de champignon s'éleva à 12 000 m d'altitude. La lueur de l'explosion a rendu momentanément aveugles tous ceux qui l'observaient en négligeant d'abriter leurs yeux. *Trinity* – c'est le nom de code choisi par Oppenheimer pour cet essai de la première bombe atomique – s'achève sur un incontestable succès scientifique : les deux milliards qu'a coûté le projet *Manhattan* n'ont pas été gaspillés.

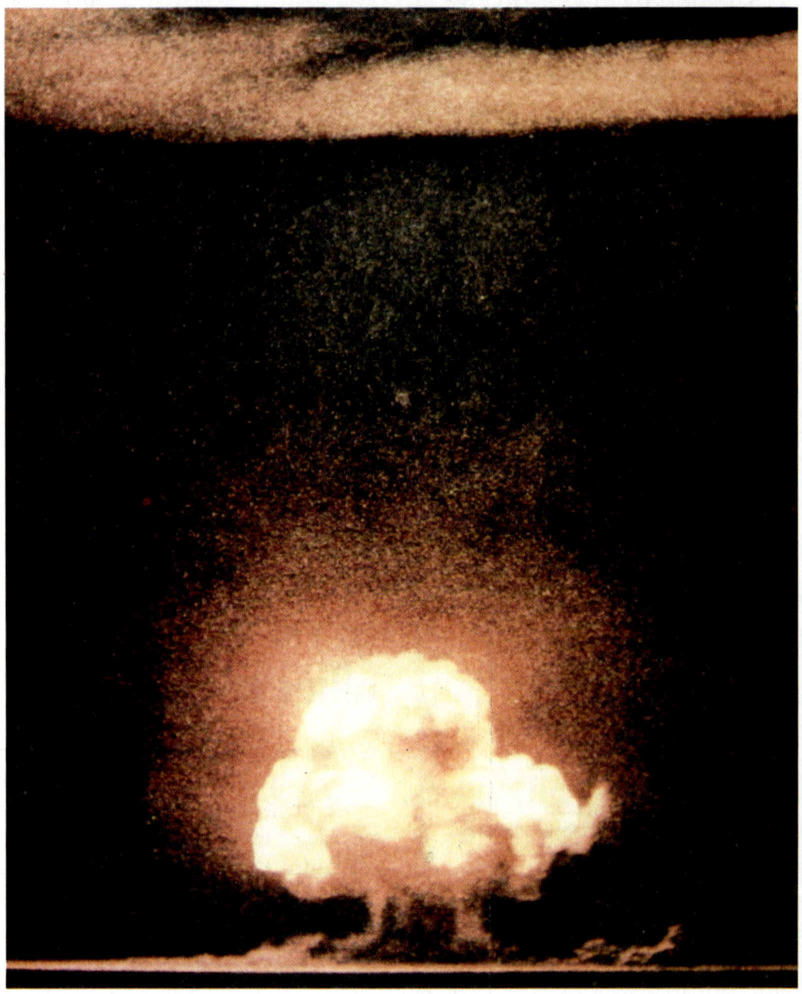

Un nuage en forme de champignon se développe après l'explosion de la bombe.

L'arme nucléaire va influencer les pourparlers de Potsdam

Un instant de détente pour Staline, Truman, Churchill et leurs interprètes.

Potsdam, 18 juillet

Comment organiser la paix dans les pays d'Europe et comment continuer la guerre au Japon : voici les deux principaux sujets de la conférence des chefs alliés, qui se réunissent pour une deuxième session plénière dans un ravissant palais du XVIIIᵉ siècle, le Cecilienhof. Pour les Américains et les Britanniques, une nouvelle capitale est arrivée au cours de la conférence. Truman en a fait part à Churchill par une note codée : « La naissance du bébé s'est bien passée. » L'événement évoqué est, bien sûr, la réussite de l'explosion d'Alamogordo. Staline savait peut-être que l'essai avait eu lieu. Mais, en tout cas, les Américains ont désormais moins besoin de l'appui soviétique et feront moins d'efforts pour convaincre l'URSS d'entrer en guerre contre le Japon. (→ 21)

1945

Juillet

Di	Lu	Ma	Me	Je	Ve	Sa
1	2	3	4	5	6	7
8	9	10	11	12	13	14
15	16	17	18	19	20	21
22	23	24	25	26	27	28
29	30	31				

22. Tokyo : le Japon se dit prêt à des négociations de paix.

23. Paris : le procès de Pétain s'ouvre devant la Haute Cour de justice. Edouard Daladier, Paul Reynaud et Albert Lebrun témoignent contre le Maréchal (→ 28).

24. Japon : les avions de la 3e flotte américaine attaquent tous les aérodromes de Nagoya à Osaka, et la base navale de Kure. Ils coulent le cuirassé japonais *Hyuga*.

25. Paris : à la demande de De Gaulle, Paul Valéry a des obsèques nationales.

25. Etats-Unis : avec l'accord de Truman, Stimson, secrétaire à la Guerre, et le général MacArthur ordonnent au général Spaatz de lancer la première bombe nucléaire sur le Japon, à partir du 3 août (→ 31).

25. Potsdam : Churchill et Eden rejoignent Londres pour les résultats des élections (→ 26).

25. Mindanao : toute résistance organisée des Japonais cesse dans la baie de Sarangani.

26. Potsdam : les trois Grands adressent un ultimatum au Japon. Ils exigent une capitulation sans conditions, sous peine de « destruction totale et immédiate » (→ 28).

27. Japon : des avions américains larguent des tracts d'avertissement sur onze villes avant de les bombarder (→ 3.8).

27. France : l'Assemblée consultative se prononce en faveur d'une Assemblée constituante souveraine (→ 3.8).

28. Grande-Bretagne : Clement Attlee, le nouveau chef du gouvernement, et son ministre des Affaires étrangères, Ernest Bevin, rejoignent la conférence de Potsdam (→ 2.8).

30. Pacifique : le croiseur américain *Indianapolis* est coulé par le sous-marin japonais *I-58*. Il a livré les éléments de la bombe atomique à Tinian, dans les Mariannes, il y a quatre jours (→ 2.8).

31. Singapour : le croiseur lourd japonais *Takao* est coulé par des charges explosives disposées par des sous-marins de poche britanniques X-craft.

Les Japonais refusent encore de capituler

Tokyo, 28 juillet

Le Japon ne se rendra pas sans conditions. Il a rejeté les propositions des Alliés dans ce sens, alors que les bombardiers américains larguent sur les villes de l'archipel des tracts enjoignant aux habitants à « fuir ou périr ».

Le Premier ministre Suzuki vient d'annoncer que la déclaration conjointe des Etats-Unis, de l'Angleterre et de la Chine, faite à Potsdam voici deux jours et donnant au Japon à choisir entre la capitulation et « une destruction prompte et totale », ne pouvait qu'être ignorée par le gouvernement. En effet, cet ultimatum passe sous silence certaines questions essentielles, concernant en particulier l'empereur et le statut du trône après la reddition.

Le Japon a également demandé il y a deux semaines à Moscou que l'URSS joue le rôle de médiateur dans le règlement de la paix et qu'elle reçoive le prince Konoe comme envoyé spécial, mais il n'a reçu aucune réponse. Les faucons du cabinet – le ministre de la Guerre, Korechika Anami, et surtout les chefs d'état-major de l'armée et de la marine Yoshijiro Umezu et Soemu Toyoda – prétendent que les Alliés veulent renverser l'empereur. Pour empêcher le débarquement américain, ils entendent mettre en œuvre le plan *Ketsu-Go*, qui nécessite 2,35 millions de soldats, plus 4 millions de réservistes et une milice de 28 millions de civils.

Pendant ce temps, des tracts sont largués sur différentes villes japonaises, invitant la population à tenir compte de l'avertissement et à les fuir avant les bombardements. (→ 30)

Les Superforteresses américaines survolent le Fujiyama au cours d'un raid.

L'emploi de la nouvelle bombe est prévu

Washington, 31 juillet

La bombe atomique fait partie de l'arsenal stratégique des Etats-Unis. C'est ce qui ressort du mémorandum adressé par le secrétaire à la Guerre, Henry Stimson, au président Truman sur les possibilités d'amener le Japon à capituler. A côté de mesures incluant des bombardements classiques, ce mémorandum indique que l'arme atomique peut être utilisée. Les stratèges sont conscients des ravages causés par cette bombe, mais ils craignent aussi les pertes des Alliés estimées à 500 000 hommes en cas d'invasion du Japon. Cette décision a été acceptée par le gouvernement américain dès le 31 mai, comme le précise un rapport officiel : « Aucun avertissement ne pourra être donné aux Japonais [...] ; la cible la plus appropriée serait une usine d'armement [...] voisine de logements ouvriers. » Churchill et Stimson ont précisé que la bombe atomique était pour eux une arme comme une autre, mais cette opinion n'est pas unanime parmi les officiels et les scientifiques. (→ 1.8)

Pierre Laval a été arrêté par les Alliés

Fin de parcours pour Pierre Laval.

Linz, 31 juillet

A la fin de la matinée, un Junker 88 atterrit à l'aérodrome. Le passager qui en descend, suivi de son épouse, se livre sans résister aux autorités militaires américaines de la région. Ces dernières le remettent immédiatement à l'armée française, installée à Baden-Baden, en Forêt-Noire. Pierre Laval, car c'est de lui qu'il s'agit, a peu changé. Il est seulement amaigri, conséquence probable de l'ulcère à l'estomac dont il souffre, et son visage est bronzé par le soleil catalan. En effet, il arrive de Barcelone, où il était assigné à résidence au fort de Montjuich depuis le 2 mai dernier. Le 21 avril, Laval, qui se considérait depuis plusieurs mois comme prisonnier des Allemands à Sigmaringen, avait refusé d'être transféré vers le « réduit » bavarois. Après avoir essayé en vain d'entrer en Suisse, il s'était adressé à son ami José de Lequerica, ancien ambassadeur de Franco à Vichy, devenu ministre des Affaires étrangères. Ce dernier avait accepté d'accueillir l'ancien président du Conseil, mais seulement à titre temporaire. L'Espagne devait bien vite trouver que Laval était un otage bien encombrant, même pour un pays neutre, les autorités voulant garder de bonnes relations avec les Alliés. Laval fut donc prié de quitter le pays, pour une destination de son choix. Après avoir envisagé de gagner l'Irlande, il décida de se rendre aux Français. (→ 1.8)

▷

Les réfugiés en Europe : le rôle des Nations unies

Europe, 31 juillet
Quand, enfin, les combats cessèrent, plus de onze millions d'Européens, Allemands non compris, n'étaient plus que des réfugiés sans abri. Certains avaient fui devant les armées en marche, d'autres avaient été déportés par les nazis, d'autres encore étaient des prisonniers de guerre fraîchement libérés. Un quart de la population allemande se trouvait également sans ressources. Les autorités alliées devaient régler le sort de gens parlant toutes sortes de langues, dénués de tout et souvent rendus malades physiquement ou mentalement par la guerre. Beaucoup d'entre eux sont immédiatement repartis à pied, traversant en tous sens l'Europe dévastée, pour aller retrouver les leurs. C'est grâce à l'action de l'administration des Nations unies pour le secours et le relèvement (UNRRA), en coopération avec d'autres organisations comme la Croix-Rouge, que 8 221 000 personnes ont déjà été rapatriées.
Les « personnes déplacées » sont d'abord regroupées par nationalité dans des camps de transit, ce qui pose déjà bien des problèmes. Certains survivants, traumatisés, n'ont aucun souvenir de leur vie précédente. D'autres ne veulent pas retourner dans leur pays, surtout s'il est passé sous administration soviétique. Les réfugiés sont acheminés vers des camps de réception situés généralement dans les pays d'origine, où il sont examinés par des médecins. Ils reçoivent aussi un peu d'argent et de la nourriture et sont éventuellement renseignés sur leur famille. On les aide aussi à regagner l'endroit où ils vivaient, afin qu'ils retrouvent leur maison, dans la mesure du possible. 78 500 personnes sont ainsi rapatriées par jour. L'Italie du Nord compte à elle seule 40 de ces camps de réception. L'un deux, à Trévise, accueille jusqu'à 20 000 personnes par jour.

Winston Churchill battu

Grande-Bretagne, 26 juillet
C'est un événement historique : pour la première fois, le Parti travailliste gagne une élection générale de manière éclatante et pourra s'appuyer pour gouverner sur une confortable majorité. Les résultats du vote du 5 juillet sont à présent connus. Les travaillistes occupent 393 sièges à la Chambre des communes, les conservateurs et leurs alliés 213, les libéraux 12 et les autres partis 22. Winston Churchill a remporté un triomphe personnel à chacune de ses apparitions pendant la campagne, mais les électeurs avaient apparemment décidé de sanctionner la politique menée par les conservateurs avant-guerre et ils ont choisi le parti le plus décidé à entreprendre des réformes sociales. Churchill a accepté le verdict des urnes avec élégance, déclarant : « Je remercie le peuple britannique pour la bienveillance qu'il a souvent témoignée à ses serviteurs. » Il a démissionné ce soir, et le roi a désigné le leader travailliste Clement Attlee, 62 ans, pour lui succéder. Cet homme calme, voire effacé, a déjà une longue expérience au gouvernement, puisqu'il participait au gouvernement d'union nationale de Churchill pendant la guerre.

Gagnez la paix : votez travailliste !

Pétain devant ses juges

Paris, 28 juillet
« Philippe Pétain a l'aspect d'un très vieil homme [...]. Il est absent à son procès. » C'est ainsi que le journaliste Georges Altschuler décrit l'accusé du « procès du siècle ». Les audiences ont commencé lundi dernier, dans une salle assez exiguë du Palais de justice, où le public se presse. Les cafés alentour sont envahis de gens qui n'ont pu entrer dans la salle. L'atmosphère est tendue : le jugement de l'ancien chef de l'Etat passionne le pays et suscite des controverses parfois violentes. Des menaces de mort sont même parvenues au tribunal. Pétain, pâle et très calme, est en uniforme, avec son képi de maréchal. Il n'a plus prononcé un mot depuis qu'il a lu, le premier jour, une déclaration rédigée par ses avocats. Il est jugé par la Haute Cour de justice, composée du premier président de la Cour de cassation, du premier président de la cour d'appel de Paris et du président de la chambre criminelle de la Cour de cassation, tous trois restés en fonctions sous Vichy. Douze des vingt-quatre jurés sont des parlementaires qui ont voté contre Pétain en 1940, les autres sont des résistants désignés par l'Assemblée consultative. Pétain, qui loge au Palais de justice pendant les débats, est défendu par maîtres Fernand Payen, Jean-Marie Lemaire et Jacques Isorni. Il est incarcéré au fort de Montrouge depuis le 26 avril, date de son retour en France. (→ 15.8)

Le maréchal Pétain semble absent.

1945

Août

Di	Lu	Ma	Me	Je	Ve	Sa
			1	2	3	4
5	6	7	8	9	10	11
12	13	14	15	16	17	18
19	20	21	22	23	24	25
26	27	28	29	30	31	

1er. France : à son arrivée au Bourget, Pierre Laval est emmené sous haute protection à la prison de Fresnes (→ 15.10).

1er. Moyen-Orient : la Syrie et le Liban prennent en charge l'administration des troupes locales. La France a accepté que leurs gouvernements créent des armées nationales (→ 13.12).

1er. Iles Salomon : les Alliés encerclent les derniers Japonais à Buin, au sud de Bougainville.

1er. Chine : les mines larguées par l'aviation alliée arrêtent les bateaux japonais sur le fleuve Yang-tseu-kiang (→ 5).

2. Belgique : après la démission des ministres catholiques, Achille Van Acker remanie son gouvernement (→ 30.9).

3. France : le gouvernement regrette de ne pas avoir été associé aux travaux de Potsdam, mais accepte de participer à la future conférence de Londres (→ 7).

3. France : l'Assemblée consultative tient sa dernière séance (→ 17).

3. Japon : les B-29 américains larguent des mines qui ferment l'accès aux grands ports (→ 5).

3. Birmanie : les Alliés viennent à bout des Japonais qui ont tenté une percée à partir des monts Pegu Yomas. Sur 18 000 combattants japonais, 11 500 sont tués ou capturés (→ 25).

3. Tchécoslovaquie : les populations allemande et hongroise sont privées de la citoyenneté tchèque.

3. Toulon : sabordé en 1942, le cuirassé *Strasbourg* est remis à flot.

4. Java : l'aviation américaine bombarde les positions des Japonais à Surabaya.

4. Singapour : sept aviateurs américains capturés sont exécutés par des gardes japonais (→ 23).

4. Washington : le commandement du général MacArthur est étendu aux îles Ryukyu, au sud de Kyushu. →

4. France : Paul Ferdonnet, le « traître de Radio Stuttgart », est exécuté.

L'Allemagne démembrée à Potsdam

Potsdam, 2 août
Les trois Grands ont scellé le sort de l'Allemagne vaincue : elle sera désarmée, divisée en zones distinctes et n'aura pas le droit de se réarmer. Le document résumant la conférence porte la signature du président Truman, du maréchal Staline et de Clement Attlee, qui a remplacé Churchill au cours du sommet après avoir remporté les élections. Une conférence des ministres des Affaires étrangères doit être établie pour que la coopération des trois vainqueurs se poursuive efficacement, ce qui n'ira pas sans difficultés si l'on en juge par le ton des délibérations et par l'atmosphère qui règne à la conférence de Postdam.
Les trois Grands proposent de démanteler les cartels et les industries de guerre allemandes. Se ralliant dans une certaine mesure aux propositions du secrétaire au Trésor américain, Henry Morgenthau Jr., ils envisagent que l'économie future de l'Allemagne soit essentiellement consacrée à l'agriculture et aux « industries locales ».
Alors que l'Italie se voit proposer un traité de paix, il est précisé aux Allemands qu'ils « n'échapperont pas à la responsabilité » de leurs actes. C'est l'Allemagne qui devra payer les dommages de guerre, et le procès des grands criminels de guerre s'ouvrira bientôt. De vastes territoires allemands seront attribués à la Pologne et à l'URSS.
L'Espagne de Franco, à qui il est reproché d'avoir soutenu les efforts des puissances de l'Axe, se voit privée de la possibilité de rejoindre les Nations unies.
Les signataires ont remercié Churchill de sa contribution à la conférence et, surtout, de son action pendant la guerre. (→ 3)

Le soleil brille à Potsdam pour Attlee, Truman, Staline et leurs conseillers.

Le naufrage secret de l'« Indianapolis »

Philippines, 2 août
Ils sont 316 à être restés deux jours entiers dans leurs canots de sauvetage, au milieu des requins. Le croiseur lourd américain *Indianapolis* a été torpillé il y a trois jours, à minuit, par le sous-marin japonais *I-58*. Il a sombré si vite qu'il n'a pas eu le temps d'envoyer un SOS. Une grande partie des 1 196 hommes d'équipage ont été pris au piège dans les ponts inférieurs.
Par chance, quarante-huit heures plus tard, un avion devait repérer quelques-uns des canots. Les 880 marins portés disparus le sont sans doute à jamais. Aucune recherche ne sera entreprise, car la mission de l'*Indianapolis*, qui revenait de la base aéronavale de Tinian, où il avait transporté du matériel nucléaire, était secrète et le silence radio a été ordonné.

MacArthur organise l'armée d'invasion

Manille, 4 août
Les préparatifs américains en vue de l'invasion du Japon sont presque achevés. Le général MacArthur commande l'armée qui regroupera, en plus des 250 000 hommes qui sont déjà sous ses ordres aux Philippines, 500 000 hommes stationnés dans les îles Ryukyu, en particulier à Okinawa. Les Etats-Unis prévoient que 650 000 soldats doivent pouvoir envahir l'île méridionale du Japon, Kyushu, à partir du 1er novembre. Ensuite, au mois de mars prochain, une armée de un million d'hommes, parmi lesquels des Australiens, des Britanniques et des Canadiens, devrait investir l'île principale, Honshu. (→ 5)

Une nouvelle vie pour les fiancées des GI

Grande-Bretagne, 1er août
Des milliers de jeunes filles anglaises attendent de prendre le bateau pour les Etats-Unis. Là-bas, elles doivent épouser leurs fiancés, des soldats qu'elles ont rencontrés lorsque l'armée américaine a stationné en Grande-Bretagne. Environ 20 000 couples se sont déjà mariés en Europe et on estime qu'il y a encore 80 000 couples en attente : voilà qui prouve bien que la popularité des « Yanks » en Grande-Bretagne ne s'est jamais démentie. La Croix-Rouge américaine a déjà mis en place des « Ecoles de mariées », où ces dernières reçoivent une formation rapide censée les familiariser avec la civilisation de leur nouvelle patrie.

De nouvelles unités bombardent le Japon

Iles Mariannes, 1er août
Faut-il ou non utiliser la bombe atomique ? Hommes politiques et chefs d'état-major en débattent encore. Mais les militaires sont déjà prêts : plusieurs bombardiers du 509e groupe de la 20e Air Force formé en décembre dernier ont déjà opéré plusieurs raids d'entraînement depuis le 20 juillet sur le Japon. Certains équipages, triés sur le volet, sont arrivés aux Mariannes le 29 mai. En juin, des renforts constitués par les B-29 du 393e escadron de bombardiers superlourds les ont rejoints. Le 509e est sous les ordres du colonel Paul Tibbets, qui dirigerait donc éventuellement le premier bombardement atomique de l'histoire. (→ 6)

1945

Août

Di	Lu	Ma	Me	Je	Ve	Sa
			1	2	3	4
5	6	7	8	9	10	11
12	13	14	15	16	17	18
19	20	21	22	23	24	25
26	27	28	29	30	31	

5. Japon : les B-29 lâchent des tracts sur 12 villes. Ils annoncent des bombardements.

5. Chine : les Chinois enlèvent les villes de Tanchouk et Sinning aux Japonais (→ 15).

6. Iles Mariannes : à 2 h 45, la Superforteresse *Enola Gay*, commandée par le colonel Paul Tibbets, décolle de la base de Tinian vers Hiroshima.→

6. Japon : les Américains bombardent Nishinomiya, Ube, Mikage, Imabari et Saga.

6. Etats-Unis : Washington menace le Japon « d'un déluge de ruines » s'il ne se rend pas.

7. France : le GPRF reconnaît les accords de Potsdam. Mais il fait des réserves sur les dispositions permettant la réédification d'administrations centrales allemandes (→ 13).

7. Japon : le Nakajima Kikka, copie japonaise du chasseur à réaction Messerschmitt Me-262, accomplit son vol inaugural.

8. Londres : une convention internationale signée par les Alliés institue un tribunal militaire à Nuremberg.→

8. Japon : plus de 200 B-29 effectuent des raids sur Tokyo, Yawata et Fukuyama (→ 9).

8. Moscou : l'URSS déclare la guerre au Japon.

9. Mandchourie : l'Armée rouge déclenche une offensive en tenailles, à partir de la Mongolie et de la région de Vladivostok.→

10. Mandchourie : au nord, l'Armée rouge franchit le fleuve Amour et se dirige sur Kharbin et Tsitsihar. Au sud, des unités entrent en Corée (→ 12).

11. Paris : les Alliés ouvrent une conférence, décidée à Potsdam, pour débattre du statut de Tanger. L'Espagne en est exclue (→ 16.9).

11. Sakhaline : une division soviétique envahit la partie méridionale de l'île (→ 25).

11. Manille : MacArthur, désigné par les Alliés pour recevoir la capitulation des Japonais, déclare que l'usage de la bombe atomique n'était pas nécessaire (→ 15).

La ville d'Hiroshima n'existe plus

Ici s'élevait une ville florissante ; il ne reste d'Hiroshima que des troncs noircis et des pans de murs en béton.

Hiroshima, 6 août

Il est 8 heures 15 minutes 17 secondes. A 9 000 mètres d'altitude, la soute du B-29 *Enola Gay* s'ouvre et libère son unique bombe, surnommée Little Boy. 51 secondes plus tard, à 600 mètres au-dessus de la ville, c'est l'explosion, qui libère une puissance jamais atteinte, supérieure à celle de 20 000 t de TNT. L'instant d'après, la ville n'existe plus. Au-dessous de l'épicentre, la chaleur atteint 6 000 °C. L'effet de souffle correspond à une pression de 8 t par m^2.

Le nombre des victimes n'est pas encore connu. La ville comptait 280 000 habitants civils; près de 100 000 d'entre eux sont déjà morts carbonisés : l'empreinte noircie de leur corps sur un mur est parfois tout ce qui reste d'eux. Mais plus de 200 000 personnes pourraient mourir plus tard de leurs brûlures et de l'effet des radiations. La bombe tue de mille manières, toutes plus affreuses les unes que les autres : les gens perdent leur peau par plaques, leurs oreilles fondent, leurs yeux coulent sur leurs joues, leurs intestins éclatent. Certains, encore debout, sont réduits en cendres en un instant. Un prêtre jésuite raconte : « Dans le district de Hakushima, les cadavres, dénudés et brûlés, étaient particulièrement nombreux. Des silhouettes affreusement mutilées nous imploraient avant de s'effondrer. » Un autre témoin se souvient : « Je suis monté sur la colline de Hikiyama et j'ai regardé en bas. Hiroshima avait disparu. » Le président Truman, à bord du croiseur *Augusta*, a déclaré : « Ceci est le plus grand événement de l'histoire. » Le général Leslie Groves, chef du projet *Manhattan*, a félicité par téléphone Robert Oppenheimer, directeur du laboratoire de Los Alamos, où la bombe a été élaborée. Little Boy, l'engin d'Hiroshima, n'était pas, comme celui de l'essai du 16 juillet, une bombe au plutonium, sa charge explosive était constituée d'uranium 235.

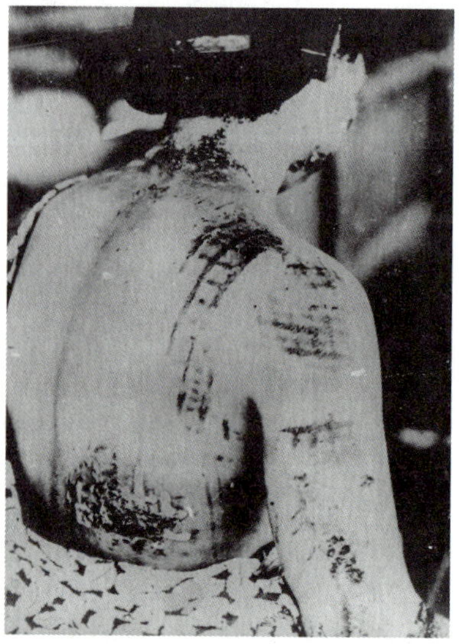

Le motif de son kimono s'est incrusté sur la peau brûlée de cette femme.

Le colonel Paul Tibbets, à bord de l'avion qui a détruit Hiroshima.

La bombe atomique a changé la face du monde

Fat Man détruit le port de Nagasaki

Nagasaki, 9 août
Pour la seconde fois, les Alliés ont utilisé l'arme atomique contre le Japon. Nagasaki, qui a été totalement ravagé, n'était pas l'objectif initial du raid. Mais une couverture nuageuse très épaisse, rendant tout bombardement à vue impossible, a sauvé la ville de Kokura. Nagasaki, situé dans l'ouest de l'île de Kyushu, comptait 250 000 habitants; c'était un port militaire et un chantier naval, comportant une importante population catholique. La bombe au plutonium, surnommée Fat Man, a été larguée au-dessus d'une zone très urbanisée, qui a été détruite à 70 % : le relief accidenté a absorbé une partie de l'effet de souffle, pourtant plus puissant qu'à Hiroshima. L'engin a explosé à 10 h 58. Aussitôt, une énorme boule de feu s'est formée, s'élevant à 2 500 m d'altitude pour se changer en une colonne de fumée noire haute de 16 000 m, qui a obscurci le ciel à 45 km à la ronde. Des incendies ont éclaté spontanément jusqu'à 15 km. A Tokyo, la radio a demandé l'ouverture de négociations de paix.

Symbole terrifiant d'une ère nouvelle, le champignon atomique de Nagasaki.

Les Alliés dans la course à la bombe

Etats-Unis, 9 août
Les Alliés ont finalement été les premiers à fabriquer une bombe atomique; ce sont eux qui avaient lancé le programme scientifique et industriel de loin le plus important. Dès 1938, après les expériences d'Otto Hahn sur la fission nucléaire, les savants du monde entier s'étaient mis à l'œuvre pour tenter de percer les secrets de l'énergie atomique. Après le début de la guerre, les Allemands poursuivirent les recherches de leur côté, investissant en Norvège l'unique usine européenne d'eau lourde, modérateur permettant de contrôler la réaction en chaîne. Heureusement, un important stock existait en Grande-Bretagne, grâce à une initiative prise en 1940 par le ministre français de l'Armement, Raoul Dautry. La recherche se développait aussi aux Etats-Unis. Les Alliés finirent en 1941 par unir leurs efforts : le projet *Manhattan*, relayé par le puissant potentiel industriel américain, mobilisait de nombreux savants de toutes nationalités et déboucha sur les expériences de Los Alamos.

Fallait-il vraiment lancer la bombe A ?

Washington, 9 août
La décision du président Truman d'utiliser la bombe nucléaire ne fait pas l'unanimité. Certains savants et militaires, parmi lesquels l'amiral Leahy, chef d'état-major de la marine, la critiquent sévèrement. Pour eux, elle était moralement condamnable et militairement inutile : les bombardements classiques étaient suffisants, puisque le Japon, faute de carburant, n'essayait même pas d'intercepter les avions ennemis. La victoire alliée était de toutes façons proche. Mais les partisans de Truman observent que la bombe A a sans doute évité à des millions de soldats d'avoir à envahir le Japon et que la position des Etats-Unis, qui auront vaincu seuls le Japon, sera renforcée face à l'URSS. (→ 11)

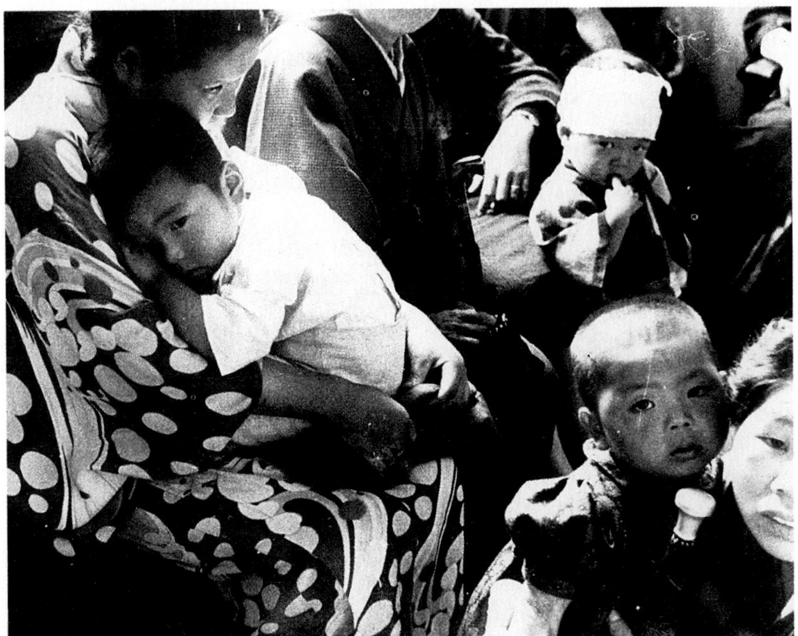

Les survivants d'Hiroshima attendent d'être examinés par des médecins.

L'énergie puisée au cœur de la matière

Japon, 7 août
L'énorme puissance de la bombe d'Hiroshima provient de l'infiniment petit : c'est la rupture des atomes qui libère une gigantesque énergie. Ainsi, lorsqu'un neutron frappe le noyau d'un atome d'uranium 235, l'un des isotopes de l'uranium, celui-ci se divise en un atome de baryum et un de krypton, libérant un ou deux neutrons qui, à leur tour, frappent les atomes voisins, déclenchant ainsi une réaction en chaîne. Cette fission, obtenue lorsque la masse d'uranium 235 est dite critique, est une source considérable d'énergie et provoque une énorme explosion. D'autres éléments, comme le plutonium, sont fissiles et utilisables dans la fabrication des bombes nucléaires. ▷

L'URSS déclare la guerre au Japon

Vladivostok, 9 août
Le piège allié s'est refermé encore un peu plus sur le Japon la nuit dernière : l'Union soviétique s'est lancée dans la guerre du Pacifique. Moscou a annoncé sa décision à minuit. Dix minutes plus tard, à 8 000 km de Moscou, une imposante armée, rassemblée en secret ces trois derniers mois, commençait à envahir la Mandchourie (rebaptisée Mandchoukouo par les Japonais). Son premier objectif est d'encercler l'armée de la province du Guangdong, puis de s'assurer le contrôle de la région. Ce matin, les Soviétiques ont déjà beaucoup progressé et leur aviation a bombardé des cibles au-delà des lignes japonaises.
Staline a donc tenu la promesse faite à Roosevelt lors de la conférence de Yalta : l'URSS est entrée en guerre contre le Japon trois mois après la fin des hostilités en Europe. Les bombes atomiques américaines ont sans doute incité Staline à respecter ses engagements. A Moscou, Molotov, le commissaire aux Affaires étrangères, a affirmé que son pays, désireux de mettre fin aux hostilités, n'a déclaré la guerre au Japon que parce que ce dernier est la seule grande puissance qui empêche le rétablissement de la paix. Il a précisé que les Japonais avaient demandé la médiation de l'URSS, mais que leur refus de capituler sans conditions avait conduit au rejet de leur requête.
La force d'assaut russe comprend des troupes qui ont déjà fait leurs preuves en Europe. Elle regroupe 1 200 000 soldats, 3 900 avions, 5 500 chars et 26 000 canons. Les Japonais alignent 780 000 hommes seulement, 1 000 avions, 1 155 chars et 6 620 canons. (→10)

Les avions et les blindés soviétiques à l'assaut des Japonais en Mandchourie.

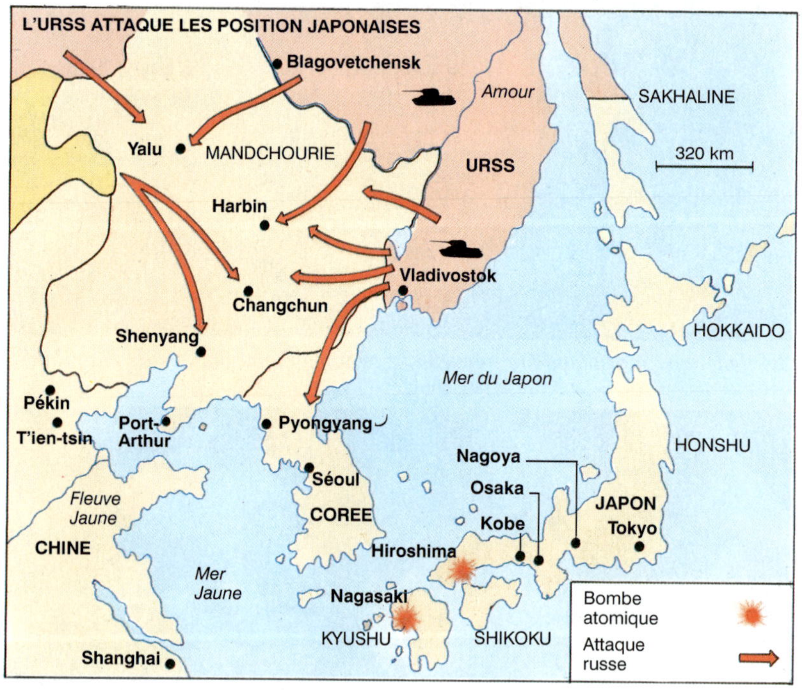

Hirohito approuve les « colombes » de son gouvernement

Tokyo, 11 août
La paix est dans l'impasse. Après avoir bien débuté, les négociations entre les Alliés et les Japonais sont rompues. Elles butent sur le rôle futur de l'empereur Hirohito. Une note du secrétaire d'Etat américain, James Byrnes, est parvenue aujourd'hui au cabinet japonais, l'informant du rejet de son offre de reddition, puisqu'elle n'est pas inconditionnelle. Elle comporte en effet l'exigence de conserver intacts le rôle et les prérogatives du souverain. Les Américains refusent d'accorder une telle garantie. Pour eux, une reddition inconditionnelle suppose que l'empereur soit « assujetti » à l'autorité du commandant en chef des forces alliées, et qu'à terme un régime constitutionnel soit institué dans le pays par « la volonté librement exprimée du peuple japonais ».
La réaction américaine a plongé le cabinet japonais en plein désarroi. Les ministres avaient espéré avoir enfin trouvé un moyen de mettre fin à la guerre, après un conseil qui s'était tenu dans un abri antiaérien du palais impérial pendant toute une nuit. Les tenants de la ligne dure entendaient exiger que le Japon ne soit pas occupé, qu'il démobilise lui-même et que les criminels de guerre soient jugés par des tribunaux japonais. Les « colombes », sous l'impulsion du ministre des Affaires étrangères, Shigenori Togo, acceptaient la reddition à la seule condition que l'empereur soit épargné. Hirohito avait alors été consulté. Il approuva Togo, dont les décisions furent alors acceptées à l'unanimité. (→13)

Un tribunal international pour les nazis

Nuremberg, 8 août
Le symbole est clair : c'est dans la ville où se sont déroulés des parades et des défilés nazis et où les infâmes lois raciales ont été promulguées que les criminels de guerre nazis seront jugés. Ils comparaîtront devant un tribunal militaire composé de représentants des Etats-Unis, de la Grande-Bretagne, de l'URSS et de la France. Les chefs nazis, actuellement en détention, sont accusés d'avoir provoqué la guerre en violation des traités internationaux, de l'avoir menée en enfreignant les lois de la guerre, d'avoir pratiqué, enfin, une politique d'extermination, d'asservissement et de déportation sur des personnes humaines. Avoir obéi aux ordres ne sera pas considéré comme un argument recevable. (→20.11)

L'arme du diable ou la justice divine ?

Londres, 11 août
L'énergie atomique, ses utilisations industrielles et ses conséquences sur le commerce : c'est ce thème que développe la presse alliée dans son ensemble, alors que l'étendue des dégâts qu'ont provoqués les deux bombes au Japon n'est pas encore connue. Une radio de Tokyo a évoqué l'« arme diabolique » et accusé les Alliés d'être les assassins de la justice et de l'humanité. Mais le président Truman a indiqué que le secret de la bombe serait bien gardé et que sa puissance aurait une influence déterminante pour maintenir la paix, en ajoutant : « Nous remercions Dieu que [la bombe] nous ait été donnée plutôt qu'à nos ennemis ; nous Le prions pour qu'Il nous guide pour l'utiliser selon Ses préceptes et Ses voies. »

1945

Août

Di	Lu	Ma	Me	Je	Ve	Sa
			1	2	3	4
5	6	7	8	9	10	11
12	13	14	15	16	17	18
19	20	21	22	23	24	25
26	27	28	29	30	31	

12. Mandchourie : l'Armée rouge prend Mutankiang.

13. Japon : l'aviation américaine lance des tracts sur les villes. Ils avisent les Japonais du cours des négociations (→ 14).

13. Berlin : les Français s'installent dans leur zone d'occupation, à l'ouest.

13. Indochine : Hô Chi Minh appelle à l'insurrection (→ 19).

14. Mandchourie : l'armée du Guangdong continue la lutte, malgré le cessez-le-feu du gouvernement japonais (→ 19).

15. Japon : n'étant pas encore informée de la cessation des hostilités, la 20e force aérienne américaine envoie 754 B-29 bombarder la région de Tokyo.

15. Chine : le commandant en chef de l'armée communiste, Chou Teh, prévient les Alliés que les communistes attendent leur part de la reddition japonaise (→ 24).

15. Paris : Pétain est condamné à mort par la Haute Cour.

15. France : le 37e congrès de la SFIO rejette l'unité organique avec le PCF.

15. URSS : Moscou reconnaît le gouvernement de Sofia (→ 25).

15. Washington : Truman nomme MacArthur chef des troupes d'occupation au Japon.

16. Moscou : par la signature d'un traité, la frontière soviéto-polonaise est fixée sur la ligne Curzon (→ 16.10).

16. Paris : de Gaulle nomme le général Leclerc commandant en chef des forces terrestres en Indochine, et l'amiral d'Argenlieu haut-commissaire (→ 19).

17. Paris : de Gaulle commue la peine de mort de Pétain en détention à perpétuité, en raison de son grand âge.

17. France : une ordonnance institue un référendum sur la Constitution, pour le mois d'octobre (→ 21.10).

17. Tokyo : Higashikumi, le nouveau Premier ministre, forme son cabinet (→ 19).

18. Indonésie : la république indonésienne est proclamée. Sukarno est président (→ 29.9).

Le Japon capitule : la guerre est finie

Tokyo, 14 août
Le monde est à nouveau en paix. Près de six ans après le début de la guerre, le Japon a capitulé sans conditions. La nouvelle a été annoncée en même temps à Paris, à Londres et à Moscou. Les Etats-Unis ont ordonné que les armées nippones se rendent immédiatement sur tous les fronts et que le Japon envoie « sur-le-champ des émissaires auprès du commandement suprême allié pour l'informer de l'état des forces japonaises ».
Les armées alliées ont reçu l'ordre de cesser les hostilités sur l'heure. Le général MacArthur a été mandaté pour accepter la capitulation au nom des vainqueurs. Une foule bouleversée s'est rassemblée devant le palais impérial de Tokyo, où la décision de l'empereur a été rendue publique. Des milliers de gens, en larmes, se sont prosternés en gémissant : « Pardonne-nous, ô notre empereur ! nos efforts n'ont pas été suffisants. » Dans le palais, Hirohito a enregistré un message pour ses sujets, dans lequel il leur demande d'obéir avec loyauté à son ordre de capitulation. Lorsque la radio diffusera l'appel, les Japonais entendront pour la première fois la voix de celui qui, pour eux, est d'essence divine et qui ne leur a jamais parlé directement. Le cabinet a décidé ce matin seulement de capituler, après que les Etats-Unis eurent déclaré que la Constitution impériale ne serait pas abolie. L'empereur a alors exhorté ses ministres à « supporter l'insupportable ».

Hirohito : la défaite du dieu vivant.

Appel de l'empereur Hirohito à ses sujets

Tokyo, 15 août
L'événement est historique : l'empereur Hirohito ne s'était jamais adressé à son peuple et n'avait, bien sûr, jamais parlé à la radio. Tous les Japonais ont cessé le travail et, à midi, dans un pays plongé dans un profond silence, la voix de l'empereur a retenti : « Bien que chacun ait donné le meilleur de soi-même, que les forces terrestres et navales aient combattu bravement [...] et que nos cent millions de sujets nous aient servi avec dévotion, l'évolution de la guerre n'est pas favorable au Japon [...]. L'ennemi a commencé à employer une bombe nouvelle et très meurtrière, dont la puissance est réellement incalculable [...]. Si nous continuons à combattre, le seul résultat sera l'effondrement et la disparition non seulement de la nation japonaise, mais aussi de toute civilisation. » (→ 16)

Attaque au palais

Tokyo, 15 août
Un groupe d'officiers fanatiques a réussi à s'introduire dans le parc du palais impérial la nuit dernière, espérant convaincre Hirohito de renoncer à la capitulation. Ils ont tué le général commandant la garde impériale, qu'ils espéraient gagner à leur cause, et gardé le contrôle du palais toute la nuit avant de se rendre. Le chef des conjurés, le major Kenji Hatanaka, s'est suicidé.

Tous les soldats de l'armée japonaise ne se sont pas rendus

L'Armée rouge continue d'avancer en Mandchourie après la capitulation.

Guam, 18 août
La guerre est finie, mais tous les combattants ne le savent pas. Des mois pourraient bien s'écouler encore avant la reddition totale des soldats japonais. Les Alliés craignent que, bien avant la capitulation, des soldats japonais de certaines îles du Pacifique n'aient reçu l'ordre de se cacher dans la jungle pour harceler l'ennemi et de ne jamais se rendre. Ils n'ont pas entendu l'appel de l'empereur à la radio. Nombre d'entre eux n'obéiront qu'à leurs officiers, dont beaucoup sont morts ou portés disparus. Un problème analogue a surgi en Mandchourie, où les Japonais n'ont cessé le combat qu'hier, après avoir reçu l'ordre écrit de l'empereur, dont ils avaient pourtant entendu la voix il y a deux jours. (→ 21) ▷

Les Alliés célèbrent leur victoire sur le Japon

Les drapeaux britanniques flottent sur le quartier de Battersea au sud de Londres : la fête de la victoire y est fixée pour la postérité.

15 août
A l'annonce de la capitulation sans conditions du Japon à minuit, heure de Londres, les nations alliées du monde entier ont enfin pu donner libre cours à leur joie et célébrer le retour à la paix. A Washington, la nouvelle a éclaté à 19 h, et la foule s'est alors pressée devant la Maison Blanche, en scandant haut et fort : « On veut Truman ! » Le Président est alors sorti sous le portique saluer la foule : « Nous attendions ce jour depuis Pearl Harbor », a-t-il déclaré. Un congé de deux jours a été décrété pour les employés de l'Etat. A New York, le maire, La Guardia, a tenu à rendre un hommage posthume à Roosevelt ; au cours d'une allocution radiophonique, la voix étouffée par l'émotion, La Guardia a déclaré : « Il manque à cette journée l'homme qui l'a rendue possible et qui n'est plus parmi nous. Je sais que cent trente millions d'Américains remercient ce soir Franklin Delano Roosevelt. » Au-dehors, des tonnes de serpentins jonchent les rues et les trottoirs, sous les pieds des New-Yorkais qui dansent au son des sirènes des bateaux et des klaxons des taxis.
Dans les villes d'Australie, les citadins se rendaient tout juste à leur travail quand la nouvelle a éclaté. Ils se sont rués dans les rues, et les danses et les feux d'artifice se sont prolongés tard dans la nuit.
A Londres, la nouvelle a été radiodiffusée à minuit par le Premier ministre Clement Attlee. Quant aux milliers de Britanniques qui se sont rendus ce matin au travail sans avoir entendu la nouvelle, ils en ont été quittes pour retourner chez eux avec deux jours de congés à la clef. La pluie n'a pas empêché le roi et la reine de se rendre en carrosse découvert à la première cérémonie d'ouverture du Parlement depuis le début de la guerre. Les rues étaient noires de monde, mais un silence respectueux est tombé lorsque le roi a pris la parole à 21 h : « Le monde s'attend à certaines qualités de la part des peuples de l'Empire britannique et du Commonwealth, a-t-il déclaré, nous avons un rôle à jouer dans la restauration de l'ordre brisé de la civilisation. C'est pour cette grande mission que je fais maintenant appel à vous. » La famille royale a dû faire de nombreuses apparitions au balcon du palais. A l nuit tombée, les deux princesses s sont jointes à la foule en liesse dan la rue. Le maréchal Montgomery été fêté, quant à lui, dans les rue de sa ville natale de Lambert, au cris de Sacré Monty !
En Chine, Tchang Kaï-chek s'e adressé à son peuple sur les ondes « Notre foi en la justice, à traver ces noires journées de désespoir, enfin été couronnée de succès. »
Pour les vaincus, l'ambiance n'éta pas à la fête. A Tokyo, l'empereu Hirohito s'est adressé à son peupl qui l'écoutait, tête baissée vers sol, devant le palais impéria « Hélas ! devait noter un comme tateur radio, comment pourraien ils redresser la tête face à tant d honte ? » (→ 19)

La foule des Parisiens en liesse fête sa liberté enfin recouvrée

Devant le palais Garnier, la foule en liesse se masse.

De jeunes Françaises symbolisent la victoire des Alliés.

La police encadre la foule sur les Champs-Elysées.

Un « rideau de fer » descend sur l'Europe

Londres, 16 août
Selon Churchill, un « rideau de fer » est tombé sur l'Europe. L'ancien Premier ministre a exposé ses craintes à la Chambre des communes, à savoir qu'une « tragédie de grande envergure se joue derrière le rideau de fer qui divise à présent l'Europe en deux ». En l'occurrence, Churchill fait surtout allusion au sort des Allemands qui sont expulsés des territoires appartenant jadis à l'Allemagne. Ceux-ci viennent d'être cédés à la Pologne contre ceux que l'Union soviétique s'est appropriés à l'Est dans le cadre des nouvelles frontières de l'Etat polonais. On est en effet sans nouvelles de nombre de ces Allemands « déplacés ». Puis Churchill a esquissé un sombre tableau des événements de l'autre côté du rideau de fer : « Une famille pourrait être paisiblement installée autour d'un feu de cheminée, quand, soudain, un coup résonne à la porte et voilà qu'apparaît un policier armé jusqu'aux dents. Il se peut qu'il appelle au-dehors un père, un fils ou un ami et que celui-ci disparaisse à sa suite dans la nuit profonde pour ne plus jamais donner signe de vie. Tout ce que ses proches savent, c'est qu'il vaut mieux ne pas poser de questions. » Et Churchill de continuer : « Roosevelt a défini les Quatre Libertés, dont celle de ne rien avoir à craindre, qu'on interprète à tort comme voulant dire ne pas avoir à craindre l'invasion d'un pays ennemi. Mais c'est la moindre des craintes pour l'homme de la rue. Sa véritable crainte, c'est celle du policier qui frappe à la porte. »

La Mandchourie est rendue à la Chine

Moscou, 15 août
L'Union soviétique et le gouvernement de Chongqing viennent de signer un traité d'amitié qui stipule que la Mandchourie sera rendue aux nationalistes chinois dans les trois mois suivant la fin des hostilités. Le traité exclut la Chine communiste des négociations, une victoire pour le gouvernement de Tchang Kaï-chek sur son rival communiste. En échange, l'Union soviétique verra ses intérêts sauvegardés : Port-Arthur deviendra une base navale commune aux deux puissances, et Dairen deviendra un port franc.

La « prison dorée » des tyrans nazis

Luxembourg, 13 août
Hermann Göring a dû renoncer aux drogues, mais il prend toujours son petit déjeuner au lit. Von Ribbentrop essaie de se détendre, et son compagnon de chambre, Frank le « boucher » de Pologne, lit tout haut des passages de la Bible. Pour les vingt-quatre nazis en garde à vue au Palace Hôtel de Mondorf-les-Bains, la routine s'installe. Ils seront bientôt jugés à Nuremberg et devront abandonner leur terrasse au soleil pour la lumière plus crue d'un tribunal de guerre. Aux dernières nouvelles, Hess plaidera l'amnésie. (→ 28)

Démobilisation accélérée pour les Anglais

Westminster, 17 août
Le processus de démobilisation se poursuit à un rythme accéléré en Grande-Bretagne. Chaque mois, 171 000 hommes seront démobilisés : au 31 décembre, le total devrait atteindre un million d'hommes et cent mille femmes, soit des chiffres en hausse par rapport aux 825 000 initialement prévus. De même, un million d'hommes devraient être relâchés des usines de munitions dans les huit prochaines semaines, la plupart pour prendre une retraite bien méritée. Certains vont être déçus, car la date de démobilisation est fonction des différentes branches des forces armées : les mécaniciens spécialistes du radar risquent de garder leur uniforme plusieurs mois, voire quelques années de plus que les simples conducteurs de camions. La nouvelle est tombée alors que le ministre de l'Energie, Emmanuel Shinwell, lançait une campagne pour augmenter la production de charbon de dix-huit millions de tonnes par an pour parer à la pénurie d'essence.

1945

Août

Di	Lu	Ma	Me	Je	Ve	Sa
			1	2	3	4
5	6	7	8	9	10	11
12	13	14	15	16	17	18
19	20	21	22	23	24	25
26	27	28	29	30	31	

19. Manille : seize délégués japonais arrivent à bord de deux Mitsubishi, portant les croix vertes de reddition sur les ailes et la dérive. Ils viennent régler les détails de la capitulation impériale (→ 31).

19. Mandchourie : le général japonais Hata signe l'acte de reddition avec le maréchal soviétique Vassilievski (→ 21).

19. Indochine : le Viêt-minh prend le pouvoir à Hanoi.

20. Etats-Unis : le comité de production de guerre lève les restrictions sur les biens de consommation (→ 6.9).

20. Pologne : des manifestations antisémites éclatent à Cracovie.

21. Japon : les kamikazes reçoivent l'ordre de cesser les opérations.

22. Mandchourie : les Soviétiques occupent Port-Arthur.

22. Washington : arrivé hier, de Gaulle s'entretient avec Truman. Il lui expose la proposition française d'internationalisation de la Ruhr (→ 29).

22. Japon : la milice japonaise de volontaires est dissoute.

23. Iles Kouriles : les troupes soviétiques du Kamtchatka prennent les îles de Shimushu et Paramushiro aux Japonais.

23. Manille : MacArthur fait relâcher 5 000 Philippins, incarcérés pour des raisons de sécurité (→ 31).

23. Iran : un couvre-feu est instauré en Azerbaïdjan, qui réclame son indépendance. Les Soviétiques empêchent les gendarmes iraniens d'intervenir (→ 12.12).

24. Chine : Tchang Kaï-chek affirme que le gouvernement chinois de Chongqing n'a pas de visées en Indochine (→ 28).

24. Indochine : à Hué, l'empereur Bao Dai abdique en faveur du Viêt-minh (→ 27).

25. Sakhaline : en prenant Toyohara et Otomari au sud, les Soviétiques contrôlent l'île.

25. Bulgarie : contestées par le gouvernement américain, les élections prévues pour demain sont différées.

Les Japonais déposent les armes

Le peuple de Mandchourie accueille ses libérateurs soviétiques.

Mandchourie : les Soviétiques attaquent

Mukden, 21 août

L'Armée rouge occupe désormais la quasi-totalité de la Mandchourie, mettant fin à quatorze ans d'occupation japonaise. Les Japonais se rendent au rythme de cent mille hommes par jour. Bien qu'elle ait accepté le principe d'une capitulation, l'Armée rouge tente de s'emparer du plus de territoires possible avant le cessez-le-feu : hier, des parachutistes ont sauté sur les quatre principales villes mandchoues. L'Armée rouge espère reprendre Port-Arthur dans les prochaines 24 heures. Cette campagne, qui dure depuis douze jours, est l'œuvre du maréchal Vassilievski ; il a mobilisé trois armées sur un front de plus de 2 000 km. Bien que dominés en nombre et en matériel, les Japonais ont profité des hautes montagnes qui entourent le bassin de la Mandchourie pour organiser leur défense. Mais les blindés soviétiques ont aisément franchi les cols de l'Hingan, recevant par avion essence et munitions. (→ 22)

Les nationalistes prennent Shanghai

Shanghai, 25 août

Les nationalistes chinois et les forces communistes sont engagés dans une course effrénée pour la libération de la Chine. Aujourd'hui, le général Tchang Kaï-chek, à la tête des troupes du Kuo-min-tang, a investi les villes de Shanghai et de Nankin, la capitale d'avant-guerre, mais les forces communistes font également route vers les deux cités. Une dépêche du Kuo-min-tang annonce que les nationalistes occupent l'ouest de Shanghai. Pour leur part, les communistes annoncent que 50 000 travailleurs chinois occupent les usines de Shanghai et collent des affiches leur souhaitant la bienvenue. A Nankin, où Tchang espère rétablir la capitale, les troupes du Kuo-min-tang ont été les premières à accepter la capitulation des Japonais. Mais les communistes annoncent qu'ils sont à portée de Hong Kong au sud et de T'ien-tsin au nord. Les négociations entre les deux groupes sont dans l'impasse : le chef communiste Mao Tsé-toung refuse de répondre à l'invitation de Tchang à Chongqing pour de nouvelles discussions. Mao propose d'envoyer à sa place un représentant en la personne de Chou En-lai. (→ 28)

Capitulation des Japonais en Birmanie

Rangoon, 25 août

La guerre a pris fin en Birmanie avant même l'annonce de la capitulation du Japon. Mais la semaine prochaine verra la capitulation officielle des Japonais. Le général Takazo Numata, chef d'état-major du maréchal Terauchi, commandant de l'armée japonaise du Sud, doit gagner Rangoon depuis Saigon pour se rendre officiellement aux Alliés. Il y a trois semaines, la 12e armée britannique du général Montagu Stopford a empêché la 33e armée du général Honda de fuir vers la Malaisie. Depuis, il y a eu des affrontements isolés, certaines unités japonaises ignorant encore l'ordre de l'empereur de « supporter l'insupportable ». (→ 28)

Reddition du général Numata.

Arrestation du dernier empereur

Mandchourie, 22 août

Agé de 39 ans, Puyi, le dernier empereur de Chine, a été capturé et incarcéré en Mandchourie par les forces soviétiques. Il était empereur de l'Etat du Mandchoukouo contrôlé par le Japon. Puyi fut empereur de Chine à l'âge de trois ans et le resta jusqu'à l'abdication de la dynastie mandchoue – il avait alors six ans. Il fut brièvement restauré sur le trône en 1917 ; en 1924, il fut forcé de quitter le palais de Pékin et s'établit à T'ien-tsin, territoire japonais. En 1932, le Japon avait mis Puyi à la tête de l'Etat fantoche du Mandchoukouo, ex-Mandchourie.

Harry S. Truman met fin au prêt-bail

Grande-Bretagne, 25 août
Clement Attlee, le nouveau Premier ministre britannique, a averti ses compatriotes de l'imminence d'une longue période d'austérité. Les pénuries d'aliments et d'autres produits vitaux se feront encore plus sentir que pendant la guerre. La Grande-Bretagne devra faire face à sa plus grave crise économique, suite à l'annulation soudaine par le président Truman de la loi du prêt-bail, intervenue il y a quatre jours. Le programme initié par le président Roosevelt en 1941 avait permis à la Grande-Bretagne d'importer des denrées sans débourser d'argent liquide. A l'annulation du programme, la Grande-Bretagne a réagi par des restrictions immédiates sur les importations de produits alimentaires, de coton, de tabac, de pétrole, ainsi que de nombreux produits manufacturés. En outre, bon nombre de produits à usage domestique seront maintenant réservés en priorité à l'exportation. Une délégation de diplomates britanniques se rendra à Washington la semaine prochaine pour tenter de trouver une solution temporaire de compromis. Les diplomates américains ont fait remarquer que leur Président était obligé de mettre un terme au programme prêt-bail une fois la guerre terminée, mais que la Grande-Bretagne pourrait bénéficier d'un prêt conséquent. Churchill pense, à l'instar de Clement Attlee, que le président américain a agi sans consultation préalable.

Procès de Quisling, le traître norvégien

Oslo, 20 août
Vidkun Quisling, le dictateur pronazi norvégien, a bondi à la lecture de l'acte d'accusation dressé contre lui et a proclamé son innocence. La scène se passe au tribunal d'Oslo, devant lequel Quisling est accusé de haute trahison, de meurtre et de vol de propriété royale. Le ministère public a produit divers documents, retrouvés en Allemagne dans les archives des nazis, prouvant que Quisling était en contact avec les dirigeants nazis bien avant la guerre. En 1939, d'après l'un de ces documents, il aurait incité Hitler à occuper la Norvège, car les Norvégiens, disait-il, étaient presque tous proanglais.

Libération du héros allié de Corregidor

Mukden, 19 août
On vient de retrouver 34 officiers alliés prisonniers depuis 1942 dans un camp à 150 km de Mukden en Mandchourie. Parmi eux se trouve notamment le général Jonathan Wainwright, qui avait dirigé l'héroïque résistance des Américains à Corregidor dans les Philippines en 1942. Les prisonniers ont été libérés par une équipe de volontaires américains, des médecins parachutés dans la région peu avant qu'elle ne tombe entre les mains des Russes. Parmi ces prisonniers figurent également le commandant de la garnison de Singapour et le gouverneur des Indes néerlandaises.

Bombe atomique : l'inquiétude grandit

On découvre progressivement les effets pervers de la bombe atomique.

Tokyo, 22 août
Après les deux explosions nucléaires d'Hiroshima et de Nagasaki, le bilan vient d'atteindre 70 000 morts et ne cesse de grimper. Selon Radio Tokyo, il y aurait plus de 120 000 blessés, auxquels il faut ajouter 290 000 sans-abri. On n'a pas encore estimé le nombre de victimes restant à dégager des décombres. Le premier savant japonais à visiter les ruines d'Hiroshima s'attendait à un bilan beaucoup plus élevé : « Un grand nombre de ceux qui ont reçu des brûlures ne survivront pas, compte tenu des effets troublants de la bombe », a déclaré Suzeto Torii, technicien au QG de la défense aérienne japonaise. « Ceux dont les brûlures étaient légères avaient assez bonne mine au début, puis ils ont commencé à décliner en quelques jours. Depuis, un grand nombre de personnes sont mortes. »
Des témoins racontent que lorsque la première bombe a explosé au bout de son parachute, il y a eu un éclair géant suivi d'une énorme masse de fumée qui a pris la forme d'un champignon. D'autres témoins ont parlé d'« ondes de chaleur concentriques » qui ont duré près de deux secondes. « La très forte pression après l'explosion a été longtemps ressentie. La relation entre l'éclair et la pression explosive rappelle celle de la foudre et du tonnerre. Cinq à dix minutes après l'explosion, il y a eu une pluie noire qui a laissé des taches noires sur les vêtements clairs. »

L'après-guerre en Angleterre : une nouvelle crise

Londres, 25 août
La guerre est finie, mais les problèmes ne font que commencer. C'est le raisonnement pessimiste tenu par le gouvernement britannique cette semaine à la Chambre des communes. L'analyse qu'il propose va plus loin qu'un simple bilan des villes dévastées ou des réfugiés. Ernest Bevin, le nouveau ministre des Affaires étrangères, a annoncé lundi dernier que la reconstruction économique du pays était devenue l'objectif numéro un de la politique du gouvernement ; en effet, selon les rapports publiés cette semaine, sept cent mille maisons ont besoin d'être réparées, ne serait-ce qu'à Londres. Problèmes économiques amplifiés par l'annonce de l'annulation du programme de prêt-bail des Américains. « Mesure grave et déconcertante », comme l'a affirmé Winston Churchill, maintenant passé dans l'opposition. Et, de fait, cette mesure est synonyme de pénurie et donc de rationnement alimentaire. En outre, les dirigeants politiques sont inquiets de voir des Etats satellites communistes mis en place par l'Union soviétique en Europe de l'Est. Ernest Bevin a parlé d'incertitude en ce qui concerne les élections libres en Pologne et « d'un Etat totalitaire remplacé par un autre » en Bulgarie, en Hongrie et en Roumanie. L'avancée du communisme ne se limite pas à l'Europe. En Chine, maintenant que le Japon est vaincu, les communistes de Mao Tsé-toung n'ont pas hésité à mettre en garde les nationalistes de Tchang Kaï-chek et à évoquer le spectre d'une guerre civile.
Pour noircir encore le tableau, de récents rapports en provenance du Japon indiquent que le nombre de victimes qui succombent aux brûlures causées par l'explosion des bombes nucléaires à Hiroshima et Nagasaki ne cesse de croître chaque jour, dépassant largement les prévisions des scientifiques.

1945

Août

Di	Lu	Ma	Me	Je	Ve	Sa
			1	2	3	4
5	6	7	8	9	10	11
12	13	14	15	16	17	18
19	20	21	22	23	24	25
26	27	28	29	30	31	

26. Grande-Bretagne : Arthur Harris, le chef du Bomber Command de la RAF, annonce sa démission.

27. Indochine : Jean Sainteny, émissaire du général de Gaulle, rencontre à Hanoi un représentant du Viêt-minh, Vô Nguyen Giap.

28. Hanoi : Hô Chi Minh annonce la formation d'un gouvernement provisoire. Tous les postes clés sont détenus par les communistes (→ 2.9).

28. Japon : des parachutistes américains sont les premiers Alliés à fouler le sol japonais, sur l'aérodrome d'Atsugi. La 3e flotte de l'amiral Nimitz entre dans la baie de Tokyo avec 23 porte-avions, 12 sous-marins, 12 cuirassés, 116 destroyers et 26 croiseurs.

28. Chine : Mao Tsé-toung rencontre Tchang Kaï-chek à Chongqing. Ils engagent des pourparlers afin d'éviter une guerre civile entre nationalistes et communistes (→ 27.11).

29. Canada : de Gaulle s'entretient à Ottawa avec Mackenzie King, le Premier ministre canadien.

29. Indochine : le 1er groupe d'armées chinois, entré au Viêt-nam le 27 conformément aux accords de Potsdam, arrive à Hanoi. Il occupe le nord du 16e parallèle. Le sud est à la charge des Britanniques.

29. Singapour : les forces nippones du Sud-Est asiatique (740 000 hommes) se rendent à l'amiral Mountbatten.

29. Allemagne : les maréchaux nazis von Brauchitsch et von Manstein sont arrêtés par les Britanniques (→ 17.9).

29. Japon : tandis que les marines débarquent sur la base navale de Yokosuka, le général MacArthur atterrit sur l'aérodrome voisin. Les hélices des avions japonais ont été enlevées, pour dissuader un éventuel kamikaze de tenter un geste de désespoir (→ 31).

30. Hong Kong : appuyés par leur flotte, les Britanniques réoccupent la colonie.

31. Manille : les troupes japonaises des Philippines capitulent officiellement.

Jugement des criminels de guerre nazis

Nuremberg, 28 août

Parmi les 24 premiers criminels de guerre qui seront jugés à Nuremberg, la « brute joviale » du parti nazi, Hermann Göring, est en tête de liste, suivi par Rudolf Hess, ami de la première heure de Hitler. Martin Bormann, dont on est sans nouvelles depuis qu'il a disparu du bunker, vient en troisième position. De nombreux civils font partie de la liste : le baron Konstantin von Neurath, premier ministre des Affaires étrangères de Hitler, Gustav Krupp von Bohlen, magnat de l'industrie, Franz von Pappen, vice-chancelier de Hitler en 1933-1934 et Hjalmar Schacht, financier de génie et ministre de Hitler. (→ 31)

Hermann Göring : condamné.

Japon : capitulation officielle à Tokyo

Yokohama, 31 août

Le général MacArthur vient d'installer le commandement suprême des Alliés à Yokohama, le principal port de Tokyo. MacArthur est ainsi le premier étranger à gouverner le Japon en mille ans d'histoire japonaise. Il prépare les termes de la capitulation officielle du Japon qui sera signée après-demain à bord de l'*USS Missouri* dans la baie de Tokyo. « Le plan de la capitulation se déroule de la meilleure façon possible, a-t-il précisé, nous avons toutes les raisons de croire que l'occupation continuera sans heurts et sans que le sang soit versé. »

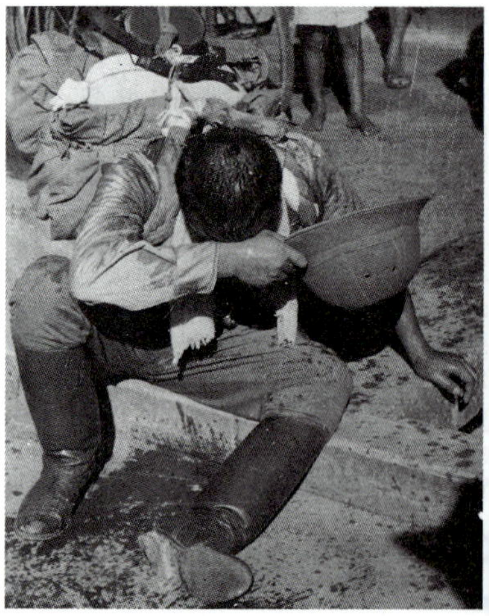

Le visage de la défaite : un officier japonais terrassé par la honte.

Tokyo est retourné à une vie normale, bien que les corps de trente civils qui se sont fait hara-kiri après l'annonce de la capitulation gisent toujours dans la rue devant le palais impérial. Depuis la première vague de 7 500 Américains qui ont atterri à Tokyo il y a trois jours, les soldats alliés affluent au rythme de trois cents transporteurs de troupes par jour. Le débarquement principal des troupes alliées à Yokohama et dans l'île sud de Kyushu débutera après la capitulation officielle. MacArthur acceptera cette capitulation du Japon des mains du ministre des Affaires étrangères Mamoru Shigemitsu, et du chef d'état-major de l'armée, Yoshijiro Umezu, qui signeront pour le nouveau gouvernement provisoire. Les représentants de chacune des douze nations alliées signeront également la capitulation. (→ 2.9)

D'atroces expériences médicales au Japon

Tokyo, 31 août

A mesure que les prisonniers de guerre alliés sont libérés au Japon, on apprend que d'atroces expériences médicales ont été pratiquées sur nombre de leurs codétenus. Certains ont été soumis à la vivisection, d'autres utilisés comme cobayes et inoculés avec de l'acide ou des bactéries mortelles, d'autres encore congelés à −20 °C. Huit Américains capturés après la perte de leur B-29 en mai dernier ont ainsi servi à des expériences de vivisection menées par le professeur Fukujiro à l'université de Kyushu. L'un des prisonniers eut l'estomac amputé et une artère coupée dans une expérience visant à mesurer le temps qu'il mettrait à mourir. C'est à l'unité 731 de Harbin, en Mandchourie, qu'ont eu lieu les expériences les plus atroces, expériences ultra-secrètes de guerre bactériologique. Des bactéries du charbon, de la typhoïde et du choléra ont été inoculées à des prisonniers pour tester la virulence des microbes. D'autres sont morts après des expositions prolongées aux rayons X, ou de décompression mortelle dans une chambre à vide.

Les prisonniers rescapés s'alarment à la possibilité que le commandant de l'unité 731, Shiro Ishii, puisse échapper à la justice en échange de secrets bactériologiques qu'il livrerait aux Etats-Unis.

Derrière le masque des rituels, la choquante cruauté des Japonais.

Les victimes de la guerre confrontées à la paix

Une famille sans abri part à l'aventure dans Berlin en ruine.

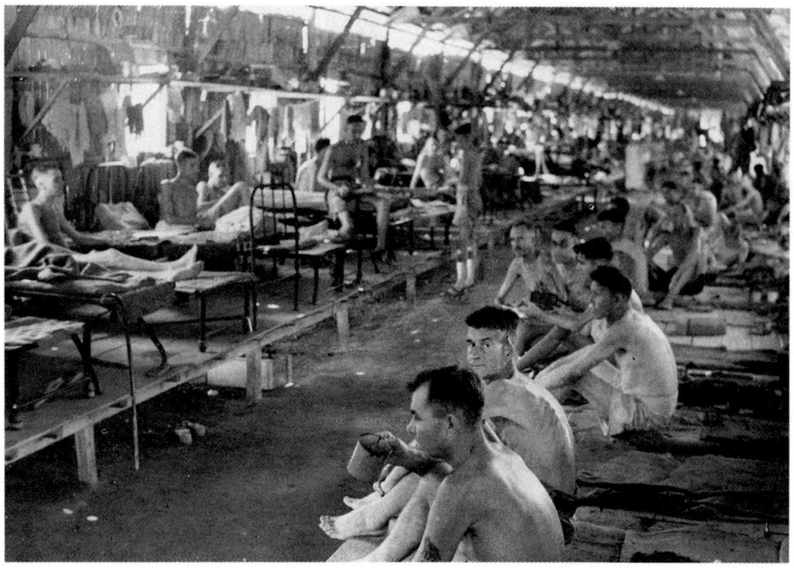

Les prisonniers britanniques qui ont survécu à la prison de Changi.

Des millions de réfugiés en Europe

Allemagne, 31 août
Des millions de réfugiés dérivent à travers l'Europe d'après-guerre, sans nourriture et sans abri. Certains d'entre eux cherchent à regagner leur village d'origine, dont ils sont parfois distants de milliers de kilomètres. D'autres fuient leur pays envahi par les armées conquérantes, tels ces Allemands chassés de Pologne et de Silésie. Mais il y a aussi les cinq millions de prisonniers de guerre et de travailleurs forcés soviétiques qui retournent chez eux. Il y a aussi les réfugiés d'Europe de l'Est qui fuient l'Armée rouge, et les Juifs qui ont survécu aux camps de la mort et qui font route vers les ports dans l'espoir d'atteindre la Palestine. Les Allemands qui avaient fui, ces derniers mois, leurs villes bombardées s'en reviennent vers leurs habitations, bien souvent en ruine. Dans la zone ouest de l'Allemagne, une personne sur cinq est un réfugié. La plus grande confusion règne, et chacun s'efforce de survivre ou de reprendre pied.
On estime à quelque 20 millions le nombre total de réfugiés errants sur les routes d'Europe. L'aide à ces « personnes déplacées » est devenue principalement la responsabilité de l'Administration de réhabilitation et d'assistance des Nations unies (UNRRA), établie dès 1943 pour venir en aide aux réfugiés des nations luttant contre les forces de l'Axe. Financée en majeure partie par les Etats-Unis, l'UNRRA tente de mettre un peu d'ordre dans le chaos d'après-guerre.
Mais certains réfugiés, qui ne font pas confiance aux autorités, partent à la dérive, réduits à la mendicité, se livrant parfois à la violence pour régler de vieux comptes. D'autres, apeurés, perdus, sans solution d'avenir, se sont habitués à la vie des camps, à leurs tentes et à leurs rations alimentaires, et rechignent à l'idée d'abandonner ces maigres réconforts.

Une réfugiée et son enfant.

L'horreur des camps dévoilée au monde

Japon, 31 août
Les prisonniers de guerre alliés libérés des camps japonais racontent des histoires horribles sur leur détention. Un rapport officiel sur le camp principal de la baie de Tokyo se résume ainsi : « A-t-on jamais connu pareil enfer ? » Le commandant Joel Boone, médecin qui a participé à l'évacuation des prisonniers du camp et de l'hôpital voisin de Shinagawa, décrit la situation en ces termes : « Nos prisonniers étaient malades à force de manger de l'herbe et du riz. Nombre d'entre eux étaient atteints de dysenterie à cause des conditions insalubres de logement. » Le major Maurice Ditton a raconté pour sa part l'esclavage auquel il avait été soumis en Thaïlande : la construction du chemin de fer de Bangkok à Moulmein. « Nos hommes mouraient tous les jours, raconte-t-il, les survivants perdaient leurs forces. Les gardes coréens forçaient les malades à travailler dix-huit heures par jour. » Jusqu'à présent, seul un millier de prisonniers de guerre alliés ont recouvré la liberté, mais on estime à trente-six mille le nombre de ceux qui sont encore détenus au Japon.

Après-guerre : l'Asie face à son avenir

Tokyo, 31 août
La guerre du Pacifique s'achève sur la défaite des Japonais, malgré la résistance fanatique de leurs soldats. Le Japon sera occupé, traité comme un dangereux ennemi potentiel et désarmé par ses vainqueurs. Ceux-ci cherchent à éviter que ne se reproduisent les mêmes erreurs qu'en Allemagne à la fin de la Première Guerre mondiale, qui avaient permis le renouveau du militarisme sous Hitler.
Les Alliés ont en effet remporté une grande victoire, mais ils doivent désormais faire face à leurs dissensions internes. La Chine est en passe de devenir la première puissance d'Asie en lieu et place du Japon : la lutte pour le pouvoir s'intensifie entre les nationalistes de Tchang Kaï-chek et les communistes de Mao Tsé-toung soutenus par l'Union soviétique.
En Corée, les Américains et les Soviétiques envoient des troupes pour désarmer les Japonais : les Soviétiques occuperont le nord du pays, et les Américains le sud. Par ailleurs, un mouvement nationaliste révolutionnaire prépare l'indépendance des Indes néerlandaises, tandis qu'en Indochine française le dirigeant révolutionnaire Hô Chi Minh projette également de déclarer l'indépendance.

Les premiers mois de l'après-guerre

Septembre 1945

1er. Japon : les Soviétiques occupent tout l'archipel des îles Kouriles.
2. Japon : dans la baie de Tokyo, à bord du cuirassé *Missouri*, deux représentants du Japon signent l'acte de capitulation devant le général MacArthur, marquant la fin de la Seconde Guerre mondiale.
2. Indochine : Hô Chi Minh proclame l'indépendance de la République démocratique du Viêt-nam.
6. Etats-Unis : le président Harry Truman présente au Congrès le *Fair Deal*, son programme de redressement économique du pays.
8. Corée : en application des décisions prises en 1943 à la conférence du Caire, l'URSS au nord et les Etats-Unis au sud entrent en Corée pour y désarmer les Japonais.
11. Grande-Bretagne : conformément aux accords de Potsdam, une conférence interalliée réunit les ministres des Affaires étrangères des cinq Grands, pour élaborer les traités de paix avec les satellites de l'Axe.
16. Pologne : le gouvernement rompt ses relations diplomatiques avec le Vatican. Ce dernier refuse de tenir compte des frontières polonaises pour nommer des évêques.
16. Maroc : suite à la décision prise à la conférence de Paris, close le 2 septembre, les troupes espagnoles évacuent la zone de Tanger.
17. Allemagne : le commandant et 44 gardiens du camp de Bergen-Belsen sont jugés par un tribunal de guerre britannique à Lüneburg : 11 sont condamnés à mort.
19. Grande-Bretagne : le gouvernement promet l'autonomie à l'Inde.
23. Egypte : le Premier ministre égyptien, Nokrashi Pacha, réclame le départ des Britanniques de la zone du canal de Suez.
24. Japon : Hirohito fait porter la responsabilité de la guerre sur Tojo.
26. France : la première de la pièce d'Albert Camus, *Caligula*, a lieu à Paris, avec Gérard Philipe dans le rôle principal.
29. Indonésie : les troupes néerlandaises débarquent dans leurs anciennes possessions coloniales, appuyées par les Britanniques.
30. Belgique : dans un message officiel, Léopold III déclare qu'il se soumettra au verdict de la Nation.

Octobre 1945

2. Grande-Bretagne : à Londres, les cinq Grands se séparent sans trouver d'accord sur les termes du communiqué final de la conférence.
3. Indochine : Leclerc arrive à Saigon avec les premiers éléments de la 2e DB.
4. France : une ordonnance prévoit la refonte des différents régimes de protection sociale en une organisation unique, la Sécurité sociale, commune à tous les Français.
8. Etats-Unis : le président Harry Truman déclare que les Etats-Unis ne livreront pas le secret de la bombe atomique à leurs alliés.
8. France : la Fédération syndicale mondiale (FSM) est créée à Paris. Louis Saillant, de la CGT, en est le secrétaire général. Le syndicat américain AFL et les syndicats chrétiens ne la rejoignent pas.
10. France : l'ancien chef de la Milice, Joseph Darnand, est fusillé.
15. France : condamné à mort le 9 octobre au terme d'un procès hâtif, Pierre Laval est exécuté. Il a auparavant tenté de s'empoisonner.
15. France : la revue de Jean-Paul Sartre, *les Temps modernes*, sort son premier numéro.
16. Grande-Bretagne : le cabinet Attlee obtient pour cinq ans la prolongation des pleins pouvoirs de guerre.
16. Pologne : l'Armée rouge étend son occupation à tout le pays, afin de lutter contre les mouvements de résistance clandestins.
17. Argentine : le colonel Peron, écarté par le président Farell, est rappelé au pouvoir sous la pression populaire, comme ministre de la Guerre.
21. France : le oui l'emporte au référendum sur l'abandon de la Constitution de 1875, et le maintien du GPR. L'élection de l'Assemblée constituante est un succès pour les communistes qui obtiennent 26,2 % des voix et pour le MRP.
24. Norvège : condamné à mort pour collaboration, Quisling est exécuté.
24. Etats-Unis : la charte des Nations unies est ratifiée par les 51 Etats membres. L'ONU entre en vigueur.
30. Brésil : le président Vargas est renversé par un pronunciamento.

Novembre 1945

5. France : le gouvernement accorde l'autonomie administrative au Cambodge.
6. France : le général de Gaulle remet les pouvoirs à l'Assemblée constituante, lors de sa séance inaugurale.
6. URSS : lors de la célébration du 27e anniversaire de la révolution, Molotov, le chef de la diplomatie soviétique, se déclare opposé à la politique des blocs. Mais l'URSS annonce son intention de construire la bombe atomique.
9. France : la conférence internationale sur les réparations, chargée d'arrêter le plan de démantèlement de l'industrie allemande, se réunit.
11. Yougoslavie : les élections de la Chambre fédérale et de la Chambre des nationalités sont un triomphe pour le Front populaire de Tito. Les candidats de l'opposition en avaient été exclus.
13. France : le général de Gaulle est élu à l'unanimité chef du gouvernement par l'Assemblée constituante.
13. Palestine : un comité d'enquête anglo-américain est formé sur le problème palestinien. La situation est tendue entre communautés juive et arabe à propos de la création d'un Etat juif.
16. Etats-Unis : la conférence des trois Etats anglo-saxons détenant le secret atomique est close. Les chefs des gouvernements canadien, américain et britannique optent pour l'utilisation industrielle et non militaire de l'énergie atomique.
18. Bulgarie : le parti communiste remporte plus de 90 % des suffrages aux élections législatives. L'opposition n'a pas présenté de liste.
20. Allemagne : le procès des criminels de guerre nazis s'ouvre devant un tribunal militaire international à Nuremberg.
21. France : un gouvernement d'union nationale, dominé par le PCF, la SFIO et le MRP, est formé. Maurice Thorez devient ministre d'Etat à la Fonction publique.
24. Italie : le gouvernement Parri démissionne, les libéraux étant opposés au programme d'épuration des personnels fascistes.
29. Yougoslavie : la République fédérale populaire de Yougoslavie est proclamée, et le roi déchu.

Décembre 1945

2. France : l'Assemblée adopte le projet de loi nationalisant les quatre principaux établissements de crédit. Le statut de la Banque de France est modifié.
3. Grèce : soixante mille personnes, poursuivies à la suite des affrontements de décembre 1944, sont amnistiées. Les élections sont fixées au 31 mars 1946.
4. France : les Etats-Unis et le Canada accordent des crédits à la France, respectivement de 550 et 242 millions de dollars.
6. Etats-Unis : un accord financier est conclu avec le gouvernement britannique, qui reçoit un crédit de 1,1 milliard de livres.
12. Norvège : à Oslo, Cordell Hull reçoit le prix Nobel de la paix ; il fut un des créateurs de l'ONU.
12. Iran : la République autonome d'Azerbaïdjan est proclamée par un mouvement séparatiste. L'URSS la soutient.
13. Grande-Bretagne : les gouvernements français et britannique signent un accord sur l'évacuation de leurs troupes en Syrie et au Liban.
13. Chine : le général Marshall intervient comme négociateur dans la guerre civile.
21. France : le Conseil des ministres adopte le décret de création du commissariat général au Plan. Jean Monnet en est commissaire général.
21. Allemagne : le général Patton meurt de ses blessures à Heidelberg, après un accident de voiture.
26. France : le gouvernement ratifie les accords de Bretton Woods et dévalue le franc. Aligné sur la livre et le dollar, il perd les deux tiers de sa valeur.
27. URSS : la conférence de Moscou, qui réunit les ministres des Affaires étrangères des Etats-Unis, de la Grande-Bretagne et de l'URSS, s'achève. Le communiqué final annonce la création d'un « conseil allié pour le Japon », présidé par MacArthur, et d'une commission d'Extrême-Orient. Le contrôle de l'énergie atomique est confié à l'Assemblée de l'ONU.
27. Etats-Unis : la Banque internationale pour la reconstruction et le développement (BIRD), et le Fonds monétaire international (FMI) sont mis en place.

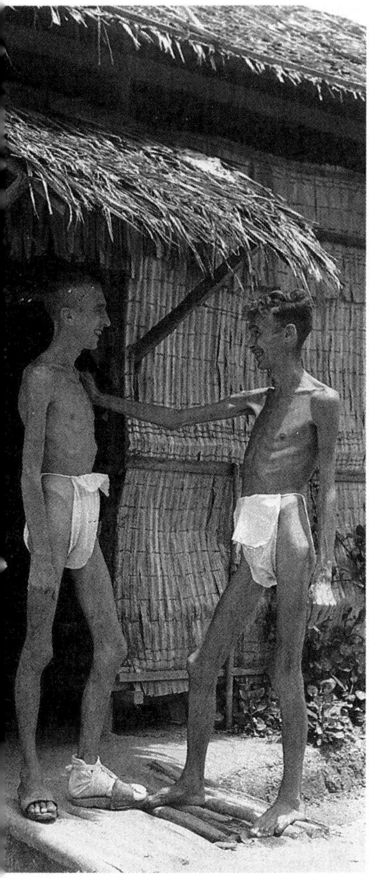

es survivants d'un camp japonais.

La délégation japonaise venue signer l'armistice doit écouter la lecture de l'acte par le général MacArthur.

e porte-avions « Implacable », qui transporte des prisonniers britanniques libérés des geôles japonaises, arrive dans le port de Vancouver.

A Nuremberg, les hauts dignitaires nazis accusés

C'est à Nuremberg, la « capitale » mythique du nazisme, que se déroule le procès des fauteurs de guerre. Un absent de marque dans le box des accusés : Hitler.

L'idée de punir les responsables d'une guerre n'est pas neuve. Déjà au sortir de la Grande Guerre, le traité de Versailles prévoyait le jugement de Guillaume II pour « offense suprême contre la morale internationale et l'autorité sacrée des traités ». Le procès n'eut pas lieu, car le Kaiser s'était réfugié aux Pays-Bas, qui refusèrent son extradition. Ce procès, s'il s'était déroulé, eût été fort simple, sur le fond et sur la forme. Il n'en va plus de même quand, en 1945, les Alliés décident de juger de manière exemplaire les hauts dignitaires nazis.

Certes, il s'agit d'établir la responsabilité de l'Allemagne nazie dans le déclenchement du conflit, mais il faut surtout juger les actes de barbarie pratiqués à grande échelle sur des populations civiles et le génocide organisé de groupes humains entiers. Des crimes inconnus ou non reconnus par le droit international, qui font qu'au mois de mai 1945 rien n'est encore décidé au sujet de ce procès qui est loin de faire l'unanimité chez les Alliés. C'est dès l'automme 1941 que les premières informations sur les violences auxquelles étaient soumises les populations civiles parviennent aux Alliés. A la même époque, un rapport sur les activités des Einsatzgruppen, ces commandos mobiles chargés d'abattre les commissaires politiques soviétiques et d'exterminer les Juifs, parvient simultanément à Churchill et au pape Pie XII. Les Britanniques et les gouvernements en exil à Londres lancent des avertissements. En octobre 1942, Washington et Londres proposent la mise en place d'une commission d'enquête sur les crimes de guerre. Un grand nombre d'Etats acceptent d'y participer.

Le 1er novembre 1943, Churchill, Roosevelt et Staline contresignent une déclaration qui reprend les conclusions de leurs ministres des Affaires étrangères réunis à Moscou : les criminels nazis seront jugés à la fin de la guerre, mais aucune procédure n'est encore définie. Tout va changer avec la nomination, le 2 mai 1945 par le nouveau président Harry Truman, du juge Robert H. Jackson au poste de procureur général des Etats-Unis au procès des criminels de guerre. Jackson va s'employer à éviter les écueils juridiques, afin que ce procès ne ressemble pas à une parodie de justice, et à donner corps et âme au grand projet des Alliés.

Le 8 août 1945, après quatre mois de débats à huis clos, les juristes anglais, américains, français et soviétiques signent les accords de Londres, qui définissent les statuts du tribunal militaire international chargé de juger les grands criminels de guerre et les chefs d'accusation, qui sont au nombre de quatre : « plan concerté ou complot, crimes contre la paix, crimes de guerre et crimes contre l'humanité ».

Pour les Anglo-Saxons, qui n'ont pas connu l'occupation, les deux premiers chefs d'accusation sont essentiels, la guerre d'agression allemande a violé le droit. Du côté français et soviétique, ce sont le crimes de guerre qui retiennent l'a tention : les exécutions d'otages e de prisonniers, les destructions d villes, les déportations de résistant au titre du décret *Nuit et Broui lard*; des délits dont la définition n présente pas de difficultés et qu depuis la fin du XIXe siècle, sor passibles de châtiments.

Concernant le génocide des Juifs e celui des Tziganes dont on ne pa lera pas, les juristes alliés se voier obligés de créer une nouvelle cat gorie juridique, les crimes contr l'humanité, afin de pouvoir juge les responsables des persécution raciales et antisémites avant 1939.

Autre innovation juridique des a cords de Londres : une organisatio peut être déclarée criminelle a même titre qu'un individu, décisio prise afin de pouvoir inculper gouvernement du Reich, les che du NSDAP, l'OKW, la SS, la SA e la Gestapo. Dès lors, plus rien n s'oppose à l'ouverture du gran procès.

de crimes contre l'humanité sont jugés

rnst Kaltenbrunner, le successeur de Reinhard Heydrich à la Gestapo.

Göring applique à la lettre le mot d'ordre : « Pas un mot contre Hitler ! »

e 20 novembre le lord Justice eoffrey Lawrence, le président du ibunal militaire international, lit acte d'accusation aux vingt-trois ignitaires inculpés. A l'exception e Hitler, Goebbels, Himmler et ey, qui se sont suicidés, et de Borann qui a disparu, c'est la « fine eur » du nazisme qui se retrouve ans le box des accusés : Göring, aréchal du Reich et commandant n chef de la Luftwaffe ; l'intrigant ibbentrop, ministre des Affaires rangères ; Rudolf Hess, Kaltenunner, le successeur de Heydrich la tête du RSHA ; Alfred Rosenrg, le théoricien du parti ; Hans rank, le gouverneur général de la ologne ; Frick, ancien ministre de ntérieur ; Sauckel, ex-commisire à la main-d'œuvre et grand ourvoyeur d'« esclaves » pour les ines du Reich ; Speer, le ministre l'Armement ; Baldur von Schich, le chef des Jeunesses hitlénnes ; Fritzsche, Funck, Seyssquart, Julius Streicher, le direcur du *Stürmer*, un maniaque de l'antisémitisme ; quatre militaires, le maréchal Keitel, chef de l'OKW ; le général Jodl, chef de l'état-major ; les amiraux Raeder et Dönitz ; enfin le discret von Papen, ex-chancelier du Reich, et Hjalmar Schacht, ministre de l'Economie et président de la Reichsbank avant 1939.

Le lendemain, tous les accusés plaidant non coupables, la procédure d'accusation se met en branle. Puis, pendant quatre mois, les séances consistent en une interminable présentation de documents, l'interrogatoire des accusés et l'audition des vingt-neuf témoins de l'accusation. Les témoignages de ces derniers sont accablants et déclenchent la colère des accusés. La projection d'un film sur les camps de concentration jette le trouble parmi les accusés, certains ricanent, d'autres, comme Sauckel s'écrient : « C'est une honte ! Une honte pour nous et pour nos enfants ! » mais, quand le général SS von der Bach-Zelewski vient confirmer que la lutte contre les partisans en Union soviétique n'était qu'un prétexte pour exterminer les populations slaves et juives, un Göring hors de lui le traite de « salaud ».

Malgré leurs hautes fonctions dans l'appareil nazi, les accusés clament tous leur ignorance et se retranchent derrière la même excuse : ils obéissaient à des ordres supérieurs qui venaient d'Adolf Hitler. Keitel ne savait rien. Kaltenbrunner ne savait rien. Le bon docteur Schacht qui, avant guerre, se plaignait de l'amateurisme des SS, voulait simplement aider les Juifs à émigrer ; quant à Streicher, il se découvre, au grand étonnement de la Cour, un brillant passé de sioniste. Au mois de mars 1946, la parole est à la défense. Göring, amaigri, désintoxiqué par les médecins – il était morphinomane –, s'affirme d'emblée comme le numéro deux du régime nazi, assume tout avec une habileté diabolique et, au nom de l'Allemagne, réfute l'accusation portée par les Soviétiques à propos du massacre de Katyn. Début juillet, les avocats entament les plaidoiries ; le 31 août 1946, les accusés prononcent leur ultime déclaration.

Le 1er octobre 1946, lord Lawrence prononce les condamnations. Un par un, les accusés défilent dans le box et écoutent le verdict. Pour douze d'entre eux (Göring, Ribbentrop, Kaltenbrunner, Rosenberg, Frank, Sauckel, Jodl, Frick, Seyss-Inquart, Streicher, Keitel et Bormann par contumace) reconnus coupables de crimes contre l'humanité, c'est la mort par pendaison. Von Papen, Schacht et Fritzsche sont acquittés malgré l'opposition des Soviétiques ; Funck, Hess et Raeder sont condamnés à la prison à vie, von Schirach et Speer à vingt ans, Neurath à quinze, et Dönitz à dix.

Le 16 octobre, les condamnés sont pendus dans la salle de gymnastique de la prison de Spandau, hormis Göring qui s'est suicidé. Les corps sont ensuite incinérés, et les cendres dispersées dans une rivière « quelque part en Allemagne ».

Le témoignage des photographes de guerre

Par Sir Tom Hopkinson, éditeur du « Picture Post », 1940-1950.

Peu de temps après la défaite française, je rencontrai pour la première fois Robert Capa. Comme nous nous asseyions au café Royal, je lui demandai : « Vous êtes un photographe de guerre célèbre. Or, nos photographes vont devenir, eux aussi, par la force des choses, des photographes de guerre. Que doivent-ils donc savoir de ces photos ? » Capa répondit sans hésiter : « Nous avons tous tendance à penser que nous prenons des images héroïques faites en studio... En fait, non. Les cadavres ont juste l'air d'un tas de bûches. Un corps entier, c'est déjà trop. Il faut une main, un pied, un *symbole* de la mort, pas une reproduction. »

Je pensais à cela cinq ans plus tard, lorsque je reçus une photo prise par Margaret Bourke White, après l'entrée des forces alliées dans Cologne : dans un caniveau, une main amputée côtoyait une machine à écrire démolie. Parmi les centaines de milliers de photographies de guerre que j'ai vues, c'est la seule que j'ai gardée. La photographie est aussi une « arme de guerre », et les pays combattants s'en servent pour exprimer, à chaque moment de la lutte, leurs aspirations nationales. Pour les Soviétiques, la guerre est la continuité d'une lutte héroïque pour la fondation d'un Etat socialiste idéal dans un monde hostile. Dans les années 1920 et 1930, les films russes deviennent populaires, et les photographes ont recours à cette formule pour dépeindre un peuple uni sous la houlette paternaliste de Staline. Les résultats parfois sont magnifiques, d'autres fois ils sentent la mise en scène – comme « le Colonel » de Max Alpert.

La guerre est décrite par les photographes allemands comme une marche triomphale. Les thèmes de l'irrésistible pouvoir de la machine de guerre nazie et de l'inutilité de la résistance ont atteint leur paroxysme lors du triomphal pas de l'oie de Hitler après la chute de la France. Mais tout cela change en 1942, au moment de la défaite de Stalingrad. Il apparaît alors plus important de privilégier les besoins de l'armée que de soutenir le moral de la nation. Des photographies de troupes accablées sont alors utilisées pour inciter les civils à donner des vêtements. Au début de la guerre, le ministère de l'Information britannique, voulant cacher le manque de préparation du pays, tente de bloquer la publication de certaines photos. Le *Picture Post* du 4 novembre 1939 dénonce la situation en laissant des espaces blancs sous le titre « Blackout » ; un symbole de la guerre qu'il est interdit de photographier. Les magazines se feront ensuite plus violents et utiliseront des photos pour leur impact en fonction d'objectifs précis : l'ouverture du métro londonien comme abri ; un meilleur équipement pour les armées d'Afrique du Nord. La guerre touchant à sa fin, les Britanniques se tourneront vers l'avenir et les photographes mettront en valeur tout ce qui peut contribuer à la reconstruction du pays.

Moment d'humiliation, saisi par Henri Cartier-Bresson, lorsqu'une femme reconnaît l'informatrice de la Gestapo qui l'a dénoncée. Dessau 1945.

« Le Colonel », par le photographe russe Max Alpert. Celui-ci avait commencé sa carrière en 1924 et devint un pionnier du reportage photographique. Pendant la Seconde Guerre mondiale, il travailla pour l'agence Tass et assura notamment la couverture du 4e front ukrainien en Tchécoslovaquie.

Bouleversante photo de Margaret Bourke White : une main amputée et une machine à écrire détruite, à Cologne, dans une rue bombardée.

Une des rares photos du jour J, prise par Robert Capa en Normandie. Toutes, sauf six, ont été détruites au cours du développement. Celles qui subsistent sont floues mais évocatrices. Capa, qui a été correspondant et photographe pour le magazine « Life », s'est fait un nom grâce à ses reportages sur les champs de bataille : guerre civile d'Espagne, 1936 ; guerre sino-japonaise, 1938.

Le coût humain de la Seconde Guerre mondiale

PAYS	Effectif max. des forces armées	Militaires tués ou disparus	Civils tués ou disparus
Afrique du Sud	140 000	9 000	Aucune victime connue
Allemagne [1]	10 000 000	3 500 000	2 000 000
Australie	680 000	34 000	Moins de 100
Belgique	800 000	10 000	90 000
Brésil	200 000	1 000	Aucune victime connue
Bulgarie	450 000	19 000	Chiffre inconnu
Canada	780 000	43 000	Aucune victime connue
Chine	5 000 000	1 500 000	Peut-être 20 000 000
Danemark	15 000	4 000	3 000
Etats-Unis	16 400 000	292 000	Moins de 10
Finlande	250 000	79 000	11 000
France	5 000 000	253 000	350 000
Grande-Bretagne	4 700 000	420 000 [2]	70 000
Grèce	150 000	17 000	391 000
Hongrie	350 000	147 000	280 000
Inde	2 400 000	48 000	Aucune victime connue
Italie [1]	4 500 000	380 000	180 000
Japon [1]	6 000 000	2 600 000	953 000
Norvège	25 000	5 000	8 000
N^{lle}-Zélande	157 000	12 000	Aucune victime connue
Pays-Bas	500 000	14 000	242 000
Pologne	1 000 000	600 000	6 000 000
Roumanie	600 000	73 000	465 000
Tchécoslovaquie	180 000	7 000	310 000
Union soviétique [1]	20 000 000	13 600 000	7 700 000
Yougoslavie	3 700 000	305 000	1 400 000

Source: *The World at Arms* (Reader's Digest)

1- Les territoires coloniaux, annexés, ou sous mandat sont inclus dans les chiffres. L'Autriche est incluse dans les chiffres de l'Allemagne.

2- Y compris 22 000 hommes des troupes coloniales.

On ne connaît pas avec certitude le nombre de victimes de la guerre, mais l'estimation fait généralement état de 55 millions de morts. Dans certaines régions, les statistiques sont difficiles à établir, comme aux Philippines où l'on considère néanmoins que l'occupation japonaise a fait un million de victimes. Il est clair qu'il y a eu davantage de morts chez les civils que chez les militaires, la Chine et l'URSS étant les deux pays qui ont le plus souffert. Après le massacre, c'est la désolation : même dans la Grande-Bretagne victorieuse avec 6,5 pour cent de foyers détruits et une économie à la dérive. Parmi les protagonistes, seuls les Etats-Unis n'ont pas essuyé de trop grosses pertes.

COMMENT LA PRODUCTION ALLEMANDE A DEFIE LES BOMBARDIERS

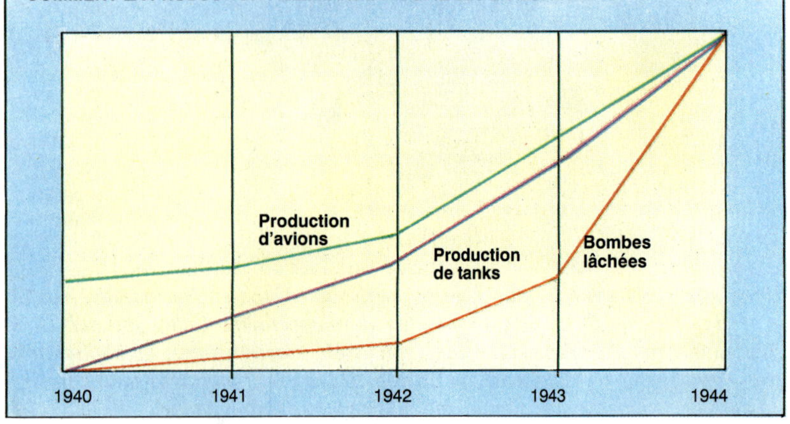

PERTES DES NAVIRES MARCHANDS ALLIES (en millions de tonnes)

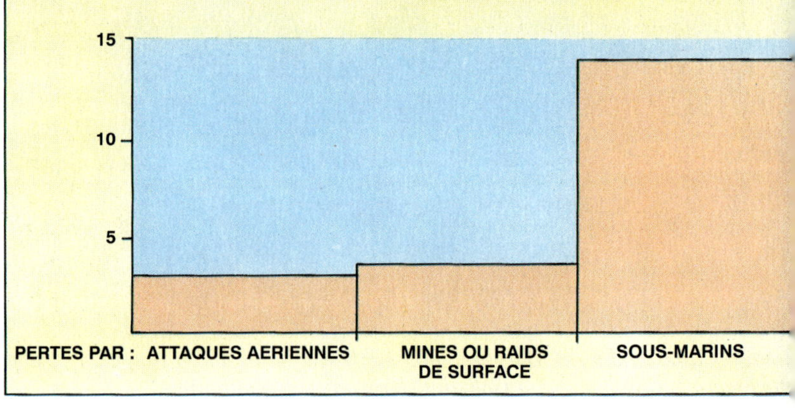

Ci-dessus : retrouvailles après des années d'angoisse et de peur. Ci-contre : le capitaine Francis, commandant de la prison de Singapour, fait se prosterner devant lui les gardes japonais du camp de prisonniers de Changi. Ci-dessous : en Tchécoslovaquie, cérémonie du souvenir à Lidice. En représailles à l'assassinat de Reinhard Heydrich en 1942, le village fut rasé et tous ses habitants déportés en Allemagne.

GLOSSAIRE

AAF : Army Air Force.

ABDA : Australian British Dutch American Command (Commandement australo-anglo-néerlando-américain).

Abwehr : Service de renseignements des forces armées allemandes.

A : Aircraftsman (soldat de l'armée de l'air).

ACP : Assemblée consultative provisoire.

AIF : Australian Imperial Forces (Forces impériales australiennes).

Air Cdre : Air Commodore.

Air Group : escadrille au grand complet sur un porte-avions.

AMGOT : Allied Military Government in Occupied Territory (Administration militaire alliée des territoires occupés).

ANZAC : Australia, New Zeland-Fidji-New Hebrides and New Caledonia Command (Commandement d'Australie, Nouvelle-Zélande, Fidji, Nouvelles-Hébrides et Nouvelle-Calédonie).

AOC : Air Officer Commanding (officier de l'air chargé d'un commandement).

Artillerie : canons de gros calibre basés au sol.

AS : Armée secrète.

ASV : Air-to-surface vessel radar (radar embarqué).

AT : engin antichar.

ATC : Air Transport Command (Commandement du transport aérien).

ATS : Auxiliary Territorial Service (Corps d'auxiliaires féminin britannique).

AVG : American Volunteer Group (Groupe de volontaires américains « Flying Tigers »).

Axe : Terme qui désigne l'Allemagne, l'Italie et le Japon liés par traité.

Barge de débarquement : bateau à fond plat, dont l'avant s'ouvre pour les débarquements amphibies.

BBC : British Broadcasting Corporation (Radiodiffusion britannique).

BCRA[M] : Bureau Central de Renseignement et d'Action [Militaire].

BEF : British Expeditionary Force (les forces expéditionnaires britanniques envoyées en France en 1939-1940).

Block : baraque des détenus.

BOA : Bloc (ou bureau) d'opérations aériennes.

Bomber Command : Commandement des bombardiers de la RAF ; dans la force aérienne américaine, l'unité de bombardiers correspond à un corps.

CAI : Commission d'action immédiate.

CC : Combat Command (Groupement tactique de division blindée. Trois par division).

CC[R] : Comité central [de la Résistance]

CDLL : « Ceux de la Libération ».

CDLR : « Ceux de la Résistance ».

CFLN : Comité français de libération nationale.

CFTC : Confédération française des travailleurs chrétiens.

CGT : Confédération générale du travail.

Char d'infanterie : char destiné à appuyer une attaque d'infanterie.

Chef d'état-major : officier supérieur d'état-major d'une formation.

Chef d'état-major combiné : Comité d'officiers supérieurs d'état-major britanniques et américains.

Chef de l'état-major général impérial : chef d'état-major de la force armée britannique, de l'empire et des dominions.

CNF : Comité national français.

CNR : Comité national de la Résistance.

COMIDAC : Comité militaire d'action.

Corps : nombre de divisions sous le commandement d'un général ; de 75 000 à 150 000 hommes.

CPL : Comité parisien de libération.

COPA : Centre des opérations de parachutage et d'atterrissage (zone sud).

Croiseur de bataille : navire de guerre de la taille d'un cuirassé mais avec moins d'armement et une vitesse égale à celle d'un croiseur.

CSM : Company Sergeant-Major (sergent-chef).

Cuirassé : le plus grand et le mieux armé des vaisseaux de guerre ; en général, 30 000 tonnes.

DB : divisions blindées.

DCA : Défense contre avions.

DF : Défense de la France.

DFL : Division française libre.

DGSS : Direction Générale des Services spéciaux.

DIA : division d'infanterie alpine.

DIC : division d'infanterie coloniale.

DIM : division d'infanterie motorisée.

DIUS : division d'infanterie américaine.

DMM : division marocaine de montagne.

DST : Direction de la surveillance du territoire.

E-boat : vedette lance-torpilles allemande.

Einsatzgruppen : groupes d'extermination formés de SS, de policiers, encadrés par des officiers SS, chargés d'éliminer les Juifs et les ennemis du Reich en Europe de l'Est (Pologne-URSS).

Escadre : unité de la force aérienne constituée de trois à cinq groupes d'avions.

Escadrille : unité de la force aérienne, partie d'un escadron (ceux-ci sont composés de quatre avions ou plus).

Feldgendarmerie : police militaire en Allemagne.

FFI : Forces françaises de l'intérieur.

FFL : Forces françaises libres.

Fighter Command : Commandement des chasseurs de la RAF ; la force de frappe de la RAF opère à bord de chasseurs ; dans la force aérienne américaine, une unité correspond à un corps.

Flak : Fliegerabwehrkanone (DCA allemande).

Fleet Air Arm : forces aéronavales de la Royal Navy.

FM : fusil-mitrailleur.

Forces navales : comprennent au moins un cuirassé ou un croiseur de bataille.

Front : les forces combattantes au premier rang de l'armée ; ou corps d'armée soviétique.

FT : Franc-Tireur.

FTP[F] : Francs-Tireurs et Partisans [français].

Gauleiter : chef de district allemand.

GC : George Cross (la plus importante des décorations britanniques données aux civils qui se sont distingués par leur courage).

Gestapo : Geheime Staatspolizei (police secrète d'Etat en Allemagne).

GF : groupes francs.

GHQ : General Headquarters (quartier général).

GI : militaire américain.

GMR : groupes mobiles de réserve.

GOC : General Officer Commanding (officier général de commandement).

Groupe d'armées : nombre d'armées sous le commandement d'un maréchal ou d'un général. Souvent plus d'un million d'hommes.

Groupe de bataille : corps expéditionnaire mené par un cuirassé ou un croiseur de bataille.

Groupement : brigade composée de 600 à 700 avions.

HMAS : His Majesty's Australian Ship (navire australien).

HMS : His Majesty's Ship (navire britannique).

IPS : instruction personnelle et secrète.

IS : Intelligence Service (Service de renseignements britannique).

Kampfgruppe : groupe de combat. Unité spécialisée de la Wehrmacht et de la Luftwaffe qui équivaut, dans l'armée alliée, au Combat Command.

Kapo : détenu responsable d'un groupe de travail, choisi par les SS parmi les détenus de droit commun.

Kempetai : Police politique japonaise.

Kriegsmarine : Marine allemande.

KZ ou **KL :** Kozentrationslager (camp de concentration).

Lt : lieutenant.

Luftflotte : Partie de la flotte aérienne allemande.

Luftwaffe : Forces aériennes allemandes.

LVF : Légion des volontaires français contre le bolchevisme.

MI5 : Service de contre-espionnage britannique.

MI6 : Service secret britannique.

MAAF : Mediterranean Allied Air Force (Force aérienne des Alliés en Méditerranée).

MLN : Mouvement de libération nationale.

MMLA : Mission militaire de liaison administrative.

MTB : British motor torpedo boat (vedette lance-torpilles anglaise).

MUR : Mouvements unis de Résistance.

Musulman : surnom des déportés arrivés au dernier degré de l'épuisement.

NAP : Noyautage des administrations publiques.

NAP-FER : Noyautage des chemins de fer.

NKVD : Narodny Komissariat Vnutrennykh Del (Commissariat soviétique aux affaires internes, responsable des camps de travail ; troupes utilisées comme corps d'élite).

NSDAP : National Sozialistiche Deutchsland Arbeit Partei (Parti national-socialiste allemand du travail).

OCM : Organisation civile et militaire.

OKH : Oberkommando der Heeres (haut commandement de l'armée de terre allemande).

OKL : Oberkommando der Luftwaffe (haut commandement de l'armée de l'air allemande).

OKM : Oberkommando der Kriegsmarine (haut commandement de la marine de guerre allemande).

OKW : Oberkommando der Wehrmacht (haut commandement des forces armées allemandes).

ORA : Organisation de résistance de l'armée.

OSS : Office of Strategic Service (Service de renseignements américain, ancêtre de la CIA).

Panzer : terme général pour les chars allemands et les unités blindées.

Panzergrenadier : fantassin motorisé allemand.

PCF : Parti communiste français.

Porte-avions d'escorte : un porte-avions de petite taille assurant la couverture aérienne des convois.

PT boat : terme américain pour vedette lance-torpilles.

QG : quartier général.

RAAF : Royal Australian Air Force (Force aérienne d'Australie).

RAF : Royal Air Force (Force aérienne de Grande-Bretagne).

RAFVR : Royal Air Force Volunteer Reserve (volontaires de la Royal Air Force).

RAMC : Royal Army Medical Corps (Service sanitaire de l'armée royale de Grande-Bretagne).

RAN : Royal Australian Navy (marine australienne).

RANVR : Royal Australian Naval Volunteer Reserve (volontaires de la marine australienne).

RAOC : Royal Army Ordnance Corps (Service du matériel de l'armée britannique).

RCAF : Royal Canadian Air Force (Force aérienne du Canada).

RCN : Royal Canadian Navy (marine canadienne).

RCNVR : Royal Canadian Naval Volunteer Reserve (volontaires de la marine canadienne).

RCP : Régiment de chasseurs parachutistes.

Regia Aeronautica : Force aérienne italienne.

Rgt : régiment.

Regimental Combat Team : membres de plusieurs armes réunies.

Revier : infirmerie d'un camp.

Rfn : Rifleman (fusilier).

RIC : Régiment d'infanterie coloniale.

RIN : Royal Indian Navy (marine royale d'Inde).

RN : Royal Navy (marine royale de Grande-Bretagne).

RNP : Rassemblement national populaire.

RNVR : Royal Naval Volunteer Reserve (volontaires de la Royal Navy).

RNZAF : Royal New Zeland Air Force (Force aérienne de Nouvelle-Zélande).

RSHA : Reichssicherheitshauptamt (Services centraux de la sécurité du Reich comprenant la Gestapo, le SD et l'inspection centrale des camps).

RSM : Régiment de spahis marocains.

RTA : Régiment de tirailleurs algériens.

RTS : Régiment de tirailleurs sénégalais.

SAAF : South African Air Force (Force aérienne sud-africaine).

SAS : Special Air Service (Service spécial aérien britannique).

SD : Sicherheitsdienst (Service de sécurité des SS).

SEAC : South-East Asia Command (commandement du Sud-Est asiatique).

SFIO : Section française de l'Internationale ouvrière.

Sg : sergent.

SHAEF : Supreme Headquarter of Allied Expeditionary Forces (quartier général de l'état-major des forces expéditionnaires alliées).

SIS : Secret Intelligence Service (Unité cryptographique de l'armée américaine).

SIS : Secret Intelligence Service britannique (*voir* MI6).

SOE : Special Operations Executive (Direction des opérations spéciales britannique : créée en 1940 pour encourager la Résistance dans les pays occupés).

Squad : (section dans l'armée américaine).

SS : Schutzstaffelt (troupe de protection du parti nazi).

Stavka : haut commandement soviétique.

STO : Service du travail obligatoire.

TAF : Tactical Air Force (pour les Alliés, force aérienne tactique).

TC : « Témoignage chrétien ».

TD : Tankdestroyer (chasseur de chars).

TF : Taskforce (groupement tactique temporaire).

TR : « Travaux ruraux »

UGIF : Union générale des Israélites de France.

USAAF : United States Army Air Force (Force aérienne américaine, autrefois USAAC pour US Army Air Corps).

USMC : US Marine Corps (Corps des marines).

USN : US Navy (marine américaine)

USS : US Ship (bateau américain).

USSTAF : US Strategic Air Force (Force aérienne stratégique américaine).

WAAC : Women's Auxiliary Army Air Corps (Corps d'armée auxiliaire féminin américain).

WAAF : Women's Auxiliary Air Force (britannique).

Waffen SS : Unité de combat de SS appartenant à l'armée allemande.

Wehrmacht : Forces armées allemandes autres que les Waffen SS.

WRNS : Women's Royal Naval Service (femmes appartenant à la marine britannique).

WVHA : Wirtschafts Verwaltungshauptamt der SS (Office principal de l'administration et de l'économie des SS ; administra les camps à partir d'avril 1942).

WVS : Women's Voluntary Service (volontaires féminines britanniques).

ANNEXE 1
Que sont devenus les leaders après la guerre ?

Pour la plupart de ceux qui l'ont vécue, la Seconde Guerre mondiale a été un terrible traumatisme, tant en raison de sa durée que de son extension sur tous les secteurs de l'existence. L'un de ses traits essentiels est d'avoir été « totale » pour tous ceux, hommes, femmes et enfants, qui y ont été impliqués. Les uns ont tout perdu ; d'autres en sortent indemnes.
Mais la guerre constitue aussi l'occasion unique pour les militaires de mesurer leurs capacités. Quant aux chefs d'Etat en fonction pendant ces périodes de crise, ils s'assurent une place privilégiée dans le cœur de leur concitoyens. Ainsi Winston Churchill était-il tenu en haute estime, même par ses ennemis. De son côté, le général Eisenhower sera porté à la présidence des Etats-Unis après la guerre, par la volonté du peuple américain qui manifestera ainsi son admiration pour la façon qu'il a eu de diriger le corps expéditionnaire allié en Europe. On sait par ailleurs qu'aucun vainqueur n'est jamais passé en jugement pour ses actes, aussi criminels furent-ils.
On trouvera ici une brève biographie des acteurs, leaders politiques ou militaires qui ont survécu à la guerre.

Harold Alexander. Commandant extrêmement populaire, le maréchal Alexander est nommé gouverneur général du Canada de 1946 à 1952, année où il devient ministre britannique de la Défense pendant deux ans. Il est fait vicomte en 1946, comte en 1956. Décoré de l'ordre du Mérite en 1959, il meurt à 77 ans, le 16 juin 1969.

Clement Richard Attlee. Premier ministre pendant six ans, après la victoire en 1945 des Travaillistes, Attlee met à exécution un vaste programme de nationalisation, fonde le service national de la santé et accorde à l'Inde son indépendance. Il mène l'opposition de 1951 à 1955, prend sa retraite et est fait comte. Il meurt à 84 ans, le 8 octobre 1967.

William Maxwell Aitken Beaverbrook. Magnat de la presse à la personnalité très controversée, né au Canada, lord Beaverbrook utilise toujours ses journaux pour véhiculer ses opinions sur la situation politique de la Grande-Bretagne. Il passe de nombreuses années dans le sud de la France et aux Bahamas. En 1947, il devient chancelier de l'université du Nouveau-Brunswick. Ami de Churchill, il est en 1956 un fervent supporter des conservateurs pendant la crise de Suez. En 1962-1963, il s'oppose à l'entrée des Britanniques dans la CEE, qu'il juge comme une trahison vis-à-vis de l'unité du Commonwealth. Il meurt à 88 ans, le 9 juin 1964.

Ernest Bevin. C'est en qualité de ministre des Affaires étrangères que Bevin assiste en 1945 à la conférence de Postdam, puis en 1946 à la conférence de la paix, à Paris, où il contribue à mettre un point final aux traités de paix avec les anciens alliés de l'Allemagne (Bulgarie, Roumanie, Hongrie). L'intransigeance de l'Union soviétique le pousse à entériner la division de l'Allemagne. Il prend une part très importante à l'élaboration et à la signature du traité de Bruxelles (mars 1948) et fait entrer son pays dans l'Otan en avril 1949. Il meurt à 70 ans, le 14 avril 1951, quelque temps après avoir été fait lord du Sceau Privé.

Martin Bormann. Homme de confiance d'Hitler qui en fit son exécuteur testamentaire, il est l'un de chefs nazis qui a tenté de s'enfuir d Berlin le 1er mai 1945 lorsque le Russes ont encerclé la ville. O avait perdu sa trace lorsqu'en 1972 son corps a été formellement identifié. Il avait été condamné à mor par contumace à Nuremberg.

Omar Nelson Bradley. Le « gén ral des GI » qui a commandé l'a mée de terre en France est le de nier des officiers américains à avo été promu au grade de général cin étoiles. Il succède à Eisenhower e 1948 comme chef des armées. D 1949 à 1953, il préside le comité d chefs d'état-major des trois armée Il meurt à 88 ans, le 8 avril 1981.

Mark Wayne Clark. Le général Clark reçoit, en avril 1945, l'acte de capitulation des forces allemandes stationnées en Italie et en Autriche. Il devient haut-commissaire puis commandant, en 1947, des forces terrestres américaines. En 1952, il succède à Ridgway comme commandant en chef des forces des Nations unies en Corée, et des forces américaines d'Extrême-Orient. De 1954 à 1966, Clark est président de la *Citadel*, une académie militaire de Charleston. Il meurt à 88 ans, le 16 avril 1984.

Les leaders au pouvoir en temps de paix

Charles de Gaulle. Démissionnaire en 1946, il devient chef du gouvernement en 1958. Il fonde la Ve République et en devient le premier président. Au pouvoir jusqu'en 1969, il développe la Force de frappe, scelle la réconciliation franco-allemande et retire la France de l'organisation militaire de l'Otan. Il meurt le 9 novembre 1970 à 80 ans.

Dwight David Eisenhower. En 1950, il est nommé commandant suprême des forces du Pacte atlantique en Europe. Elu 34e président des Etats-Unis en 1952, il est réélu en 1956 et joue un rôle modérateur dans les crises engendrées par la « guerre froide » et dans les problèmes intérieurs d'intégration. Il meurt à 78 ans, le 28 mars 1969.

Anthony Eden. Député, leader de l'opposition de 1945 à 1951, Eden devient ministre des Affaires étrangères lorsque les conservateurs reviennent au pouvoir en 1951. En 1953, il cherche activement à résoudre les problèmes coréen et indochinois. Il succède comme Premier ministre à Churchill en 1955 et porte le poids de l'humiliation britannique dans la crise de Suez, un an plus tard. Il démissionne en janvier 1951. Il est fait comte d'Avon en 1961 et meurt à 79 ans, le 14 janvier 1977.

Vinston Churchill. Après avoir été ın fervent leader de l'opposition, Churchill redevient Premier ministre de 1951 à 1955. Prônant une alliance étroite avec les Etats-Unis, l soutient activement l'Otan et participe encore, à l'âge de 85 ans, à la bataille électorale de 1959. Il se etire définitivement du Parlement n 1963. S'il refuse d'être anobli, il accepte cependant d'être fait chevalier de l'ordre de la Jarretière et meurt à 90 ans, le 24 janvier 1965.

Andrew Browne Cunningham. L'amiral Cunningham est fait baron en 1945, vicomte en 1946 – il s'appelle désormais lord Cunningham of Hyndhope – puis est décoré de l'ordre du Mérite la même année avant de prendre sa retraite. En 1950 et en 1952, il est nommé haut-commissaire à l'assemblée générale de l'Eglise d'Ecosse. En 1951, il publie ses Mémoires, *l'Odyssée d'un marin*, et meurt à 80 ans, le 12 juin 1963.

Karl Dönitz. Successeur désigné de Hitler, le grand amiral Dönitz a négocié la capitulation de l'Allemagne. Jugé pour crimes de guerre à Nuremberg, en qualité de président du Reich, il est reconnu coupable de complicité dans les crimes nazis, bien qu'il se soit toujours défendu d'avoir donné des ordres contraires à l'honneur militaire. Condamné à dix ans de prison, il est relâché en 1956 et meurt à 89 ans, le 25 décembre 1980.

Hermann Göring. Fondateur avec Himmler de la Gestapo et organisateur des camps de concentration, il est fait prisonnier par les Américains et il est jugé à Nuremberg. Assis avec arrogance au premier rang des accusés, il assume l'entière responsabilité des crimes dont on l'accuse et est condamné à mort. Quelques heures avant l'exécution, le 16 octobre 1946, il se suicide en avalant une capsule de cyanure. Il était âgé de 53 ans.

Heinz Guderian. Théoricien des divisions blindées, le général Guderian est arrêté par les Américains le 10 mai 1945. Après deux années d'interrogatoire, les accusations de crimes de guerre retenues contre lui sont abandonnées et, moins d'un an plus tard, il est relâché. Ses Mémoires, intitulés *Souvenirs d'un soldat*, sont publiés en 1952 et traduits en dix langues. Il meurt à 64 ans, le 17 mai 1954.

Arthur Travers Harris. Pionnier de la tactique très controversée des bombardements aériens, le général de l'air Harris abandonne dès 1945 le commandement en chef du bombardement stratégique et devient l'un des directeurs de la South Africa Marine Corporation. Il est fait baronet en 1953 et publie ses Mémoires, *Bomber Offensive*. Il s'éteint à 91 ans, le 5 avril 1984, après s'être retiré de la vie publique.

Alfred Jodl. Le général Jodl, l'un des conseillers de Hitler, signe la capitulation allemande à Reims. Il déclare à Nuremberg n'avoir fait qu'obéir aux ordres. Mais il est reconnu coupable de quatre chefs d'accusation : conspiration, crimes contre la paix, crimes de guerre et crimes contre l'humanité, et est pendu le 16 octobre 1946, à 56 ans. Ses derniers mots sont : « Salut à toi, ô mon Allemagne ! »

Alphonse Juin. Résident général au Maroc en 1947, Juin est nommé, en 1951, commandant interallié des forces terrestres atlantiques du secteur Centre-Europe, puis en 1953, des forces aériennes et maritimes. Elevé à la dignité de maréchal de France en 1952, il est élu la même année à l'Académie française. Mis à la retraite en 1962, il se retire de la vie publique et meurt à 78 ans, le 27 janvier 1967.

William F. Halsey. Surnommé par ses hommes le Taureau, l'amiral américain avait fait sienne la devise *frapper dur, frapper vite, frapper souvent*. Il joue un rôle clé dans la défaite japonaise du Pacifique et est présent le jour où est signée la capitulation. Il prend sa retraite en 1945, à 63 ans, après 45 ans de service, et se lance dans les affaires. Il meurt à l'âge de 76 ans, le 16 août 1959.

Empereur Hirohito. En dépit des atrocités commises par les Japonais sur les champs de bataille et dans les camps de prisonniers, Hirohito n'est pas jugé pour crimes de guerre et continue à gouverner. En 1946, pendant l'occupation américaine, il renonce à ses pouvoirs divins et accepte une nouvelle Constitution. Il reste l'une des grandes figures internationales jusqu'à sa mort, survenue le 7 janvier 1989.

Gueorgui Joukov. Le général Joukov signe l'acte de capitulation allemande du 8 mai 1945 et devient commandant en chef de la zone soviétique en Allemagne. Ministre de la Défense en 1955, sa popularité menace Khrouchtchev qui l'écarte de la direction du Parti. Correspondant à l'étranger pour la *Pravda* de 1952 à 1957, il reçoit le prix Lénine du meilleur journaliste et meurt à 77 ans, le 18 juin 1974.

Wilhelm Keitel. Homme lige du Führer, le maréchal Keitel a signé la capitulation du Troisième Reich. Jugé à Nuremberg, il prétend n'avoir fait qu'obéir aux ordres. Reconnu coupable, il déclare, juste avant d'être exécuté le 16 octobre 1946 : « Plus de deux millions de soldats allemands sont tombés pour leur patrie avant moi. Je suis la trace de mes enfants, tous morts pour l'Allemagne. »

Albert Kesselring. Extradé en Italie et reconnu coupable d'avoir ordonné l'exécution d'otages italiens lors du massacre des Fosses ardéatines en 1944, il est condamné à mort en 1947 par une cour martiale britannique siégeant à Venise. La sentence est commuée en emprisonnement à vie. Il est libéré en 1952 pour raisons médicales et devient président de la ligue nationaliste des anciens combattants allemands, le Casque d'acier (*Stahlhelm*). Il meurt le 16 juillet 1960.

Deux héros britanniques de légende

Louis Mounbatten. Succédant en 1947 à lord Wawell comme vice-roi des Indes, il est très critiqué lors de la partition du pays. Fait comte Mountbatten of Burma, il devient amiral de la flotte en 1956, puis chef d'état-major de la Défense jusqu'en 1965. Il meurt dans un attentat de l'IRA, le 27 août 1979.

Bernard Montgomery. Après avoir reçu la reddition des armées allemandes du nord-ouest en mai 1945, il devient en 1951 commandant adjoint des forces atlantiques en Europe. En 1946, il avait été fait Premier vicomte Montgomery de Alamein. Il prend sa retraite en 1958 et meurt le 24 mars 1976.

Chester William Nimitz. Après avoir signé avec MacArthur l'acte de capitulation du Japon, il succède à l'amiral King comme chef d'état-major général de la marine, de 1945 à 1947. Nommé administrateur des Nations unies au Cachemire entre 1949 et 1954, il se trouve dans l'impossibilité d'y organiser le référendum décidé par l'ONU. Ambassadeur itinérant des Nations unies, il remplit diverses missions de bons services. Il meurt à l'âge de 80 ans, le 20 février 1966.

Douglas MacArthur. Commandant des troupes alliées d'occupation au Japon, il supervise la transformation du pays en un Etat démocratique. En juin 1950, il est nommé commandant en chef du corps expéditionnaire des Nations unies en Corée du Sud. Mais son attitude risquant de conduire à l'élargissement du conflit, il est relevé de ses fonctions le 11 avril 1951. Il meurt le 5 avril 1964.

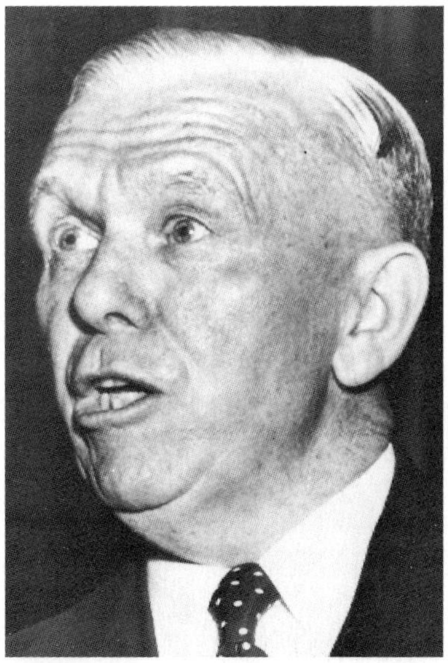

George C. Marshall. Après avoir assuré la présidence de l'état-major anglo-américain jusqu'à la fin des hostilités, il est envoyé en Chine comme observateur en 1945-1946. Puis, de 1947 à 1949, il met en place, comme secrétaire d'Etat, le plan d'aide à l'Europe qui porte son nom. Pendant la guerre de Corée, il freine MacArthur. En 1953, il reçoit le prix Nobel de la paix et meurt le 8 novembre 1959.

Viatcheslav Molotov. Ministre des Affaires étrangères, il négocie les traités qui lient les Etats d'Europe de l'Est à l'URSS. Il se rend célèbre à l'Assemblée des Nations unies par ses « niet » répétés. A l'arrivée au pouvoir de Khrouchtchev, il est écarté et envoyé comme ambassadeur en Mongolie jusqu'en 1960. Il est exclu du parti communiste en 1964 et meurt à 96 ans, le 8 novembre 1986.

George S. Patton. Relevé de ses fonctions en octobre 1945 par le général Eisenhower à la suite de ses commentaires à la presse sur la dénazification, il est grièvement blessé dans un accident de voiture et meurt à l'âge de 60 ans, le 21 décembre de la même année. Il s'était fait remarquer auparavant, en insistant sur la nécessité d'enseigner la stratégie dans les écoles en vue de la prochaine guerre.

Hubert Pierlot. Sénateur catholique de 1926 à 1946, chef du gouvernement en exil à Londres pendant la guerre, il rentre à Bruxelles le 8 septembre 1944. Le 27, il forme un nouveau gouvernement d'union nationale, auquel participent trois communistes. Mais, critiqué par les socialistes, il démissionne, le 7 février 1945 et quitte le pouvoir. Fait comte par le prince-régent, il meurt à 80 ans, le 13 décembre 1963.

Erich Raeder. Le grand amiral de Hitler est accusé, à Nuremberg, d'avoir lancé la guerre navale contre les pays neutres. Reconnu coupable, il est condamné à la détention perpétuelle dans la prison de Spandau, à Berlin. Il est relâché en septembre 1955, au bout de neuf ans, à cause de sa santé défaillante et de son grand âge. Il meurt à 84 ans, le 6 novembre 1960, en laissant ses Mémoires.

Paul-Henri Spaak. Quelque temps Premier ministre après la guerre, ce socialiste belge est plusieurs fois ministre des Affaires étrangères entre 1946 et 1966 et joue un très grand rôle sur la scène internationale. Champion de l'unité européenne, il fait entrer la Belgique dans l'Otan dont il assure le secrétariat général de 1957 à 1961. Il se retire en 1966 et meurt à l'âge de 71 ans, le 31 juillet 1972.

Tchang Kaï-chek. Après la guerre, le chef du gouvernement nationaliste chinois, qui est à la tête du Kuo-min-tang, doit faire face aux troupes de Mao Tsé-toung qui relancent la guerre civile. Elu président de la République en mai 1948, il doit se réfugier à Formose après la prise de Pékin par les communistes. Il y établit son gouvernement, soutenu par les Etats-Unis. Il meurt à 87 ans, le 5 avril 1975.

Vidkun Quisling. Chef du parti pronazi norvégien, le Nasjonal Samling, puis dirigeant fantoche à la solde de Hitler, il se livre à la police norvégienne en mai 1945. Jugé et condamné à mort pour haute trahison, il est exécuté le 24 octobre 1945, à l'âge de 58 ans. Collaborateur de la pire espèce, son nom est resté comme terme injurieux désignant tous les traîtres à leur pays.

Konstantin Rokossovski. Décoré de l'ordre du Bain à la fin de la guerre, ce maréchal soviétique prend la nationalité polonaise en 1949 et devient ministre de la Défense. Il doit démissionner en novembre 1956 quand Gomulka revient au pouvoir. Rentré en URSS, il est nommé vice-ministre de la Défense en 1958, puis inspecteur général des armées en 1962. Il meurt à 72 ans, le 5 août 1968.

Joseph Stilwell. Ce général américain à la forte personnalité, qui s'est principalement distingué lors de la bataille d'Okinawa, était surnommé par ses hommes Joe Vinaigre. Rentré aux Etats-Unis en octobre 1945, il assiste aux essais nucléaires sur l'atoll de Bikini en juillet 1946. Il meurt à 63 ans d'un cancer de l'estomac, le 12 octobre 1945. Ses cendres sont dispersées dans le Pacifique.

Arthur Tedder. Promu maréchal de la Royal Air Force en 1945, il devient chef d'état-major de l'armée de l'air en 1946 et doit traiter des problèmes de démobilisation et de réorganisation de l'armée durant la « guerre froide ». Il est fait baron en 1946. En 1950, il devient président de l'université de Cambridge et administrateur de la BBC. Il meurt à 76 ans, le 3 juin 1966, en laissant ses Mémoires.

Semion Timochenko. L'un des conseillers les plus proches de Staline, ce maréchal soviétique est envoyé, de 1945 à 1947, en Chine, où il réorganise les troupes de Mao Tsé-toung. A partir de 1956, et jusqu'à sa retraite en 1960, il commande le district de Biélorussie. Il a toujours refusé de retracer sa carrière militaire dans des Mémoires et n'a laissé qu'un court récit de la première victoire soviétique de la guerre à Rostov-sur-le-Don. Il meurt à 75 ans, le 31 mars 1970.

Les chefs communistes après la guerre

Joseph Staline. Après avoir agrandi, par des déplacements de frontières, le territoire de l'URSS de 500 000 km² et réduit les pays de l'Est à l'état de « satellites », il développe à l'extérieur une stratégie de « guerre froide » et, à l'intérieur, une politique de répression de masse. Il meurt à 73 ans, le 5 mars 1953.

Josip Broz, dit Tito. Numéro un yougoslave après la guerre, il refuse, en juin 1948, d'obéir au Kominform et rompt avec Moscou. Il poursuit une politique indépendante aux deux blocs et s'impose, à la conférence de Belgrade en 1961, comme l'un des leaders des non-alignés. Il meurt à 87 ans, le 4 mai 1980.

Henry Maitland Wilson. Successeur du général Eisenhower comme commandant suprême des forces interalliées en Méditerranée en 1944, il établit son quartier général à Alger et dirige le débarquement en Provence. Il est alors nommé maréchal, puis représentant personnel du Premier ministre auprès de l'état-major combiné anglo-américain de Washington, jusqu'en 1947. Il est élevé à la pairie en 1946. Il meurt à l'âge de 86 ans, le 31 décembre 1964.

Hideki Tojo. Ce général, qui a exercé sa dictature sur le Japon jusqu'en juillet 1944, est arrêté par les Alliés en septembre 1945. Il tente en vain de se suicider. Accusé d'avoir provoqué l'entrée en guerre du Japon en décidant l'attaque de Pearl Harbor, il est reconnu coupable de crimes contre la paix et responsable d'atrocités. Condamné à mort, il est pendu le 23 décembre 1948. Il avait 63 ans.

Harry Truman. Après la mort de Roosevelt en avril 1945, il devient le 33e président des Etats-Unis. Il hâte la fin de la guerre en décidant d'utiliser la bombe atomique en août 1945. Pour contrer l'expansion soviétique en Europe, il prône, en 1947, la doctrine du *containment*. Réélu en 1948, il envoie les troupes américaines en Corée en 1950. Il se retire en 1952 et meurt à 88 ans, le 26 décembre 1972.

Archibald Percival Wavell. Chef d'armée, apprécié de ses hommes, le maréchal britannique est vice-roi des Indes de 1943 à 1947, date à laquelle il est fait comte. L'année suivante, il devient Constable of the Tower. En 1949, il est nommé lord-lieutenant de Londres. Il meurt à 67 ans, le 5 mai 1950 en laissant des Mémoires. Ses funérailles ont lieu en grande pompe à l'abbaye de Westminster.

Tomoyuki Yamashita. Malgré la capitulation du Japon, ce général surnommé le Tigre de la Malaisie poursuit le combat et ne se rend que le 3 septembre 1945. Le 8 octobre, accusé d'avoir laissé ses troupes commettre des atrocités, il est condamné à mort au terme d'un procès jugé irrégulier, que MacArthur refuse de réviser. Il est exécuté le 23 février 1946. Il avait 60 ans.

ANNEXE 2
La France et les Français dans la guerre

Table des matières

« Chronique » restitue, au jour le jour, le déroulement d'une guerre qui a embrasé plusieurs continents. La part réservée à la France ne pouvait qu'y être restreinte. Les informations qui suivent ont pour ambition de fournir au lecteur quelques éléments indispensables à la lecture des faits. Ce choix ne saurait être exhaustif.

Les derniers gouvernements de la IIIe République

Janvier 1939. Le président du Conseil Edouard Daladier et les membres du Gouvernement. En ratifiant les accords de Munich, Daladier pensait sauver la paix.

Ministère Edouard Daladier

(10 avril 1938 – 20 mars 1940)

Président du Conseil, Défense nationale et Guerre, puis Affaires étrangères (à partir du 13.9.1939) . . . . Edouard Daladier
Vice-président du Conseil . . . . Camille Chautemps
Intérieur . . . . Albert Sarraut
Affaires étrangères (jusqu'au 13.9.1939) . . . Georges Bonnet
Finances . . . . Paul Reynaud
Justice . . . . Paul Marchandeau
puis, à partir du 13.9.1939 . . . . Georges Bonnet
Travaux publics . . . . Anatole de Monzie
Travail . . . . Charles Pomaret
Marine militaire . . . . César Campinchi
Air . . . . Guy La Chambre
Colonies . . . . Georges Mandel
Anciens Combattants . . . . . . Auguste Champetier de Ribes
puis, à partir du 13.9.1939 . . . . René Besse
Education nationale . . . . Jean Zay
puis, à partir du 13.9.1939 . . . . Yvon Delbos
Commerce . . . . Fernand Gentin
Agriculture . . . . Henri Queuille
Santé publique . . . . Marc Rucart
Postes, Télégraphes et Téléphones . . . . Jules Julien
Marine marchande . . . . Louis de Chappedelaine
puis, à partir du 13.9.1939 . . . . Alphonse Rio
Blocus (créé le 13.9.1939) . . . . Georges Pernot
Armement (créé le 13.9.1939) . . . . Raoul Dautry
Economie nationale (supprimé le 15.9.1939) . . . . Raymond Patenôtre
Haut-commissaire à l'Economie nationale (créé le 15.9.1939). . . . . Daniel Serruys
Commissaire général à l'Information (à partir du 19.6.1939) . . . . Jean Giraudoux
Sous-secrétaire d'Etat à la Défense nationale et à la Guerre (à partir du 13.9.1939) . . . . Hippolyte Ducos
Sous-secrétaire d'Etat aux Affaires étrangères (à partir du 13.9.1939) . . . . Auguste Champetier de Ribes

Edouard Daladier (1884-1970)
Professeur agrégé, député radical-socialiste de 1919 à la guerre, le "taureau du Vaucluse" participe à de nombreux gouvernements à partir de 1928, notamment comme ministre de la Défense. En 1933, puis en 1934, il est président du Conseil. Il participe au Front populaire. Rappelé à la tête du gouvernement en 1938, il signe avec Hitler, Mussolini et Chamberlain les accords de Munich et décide l'entrée en guerre de la France. Démissionnaire le 20 mars 1940, il est arrêté dès septembre par les autorités de Vichy. Traduit devant la cour de Riom, il est déporté par les Allemands en 1943. Libéré en 1945, il est réélu député du Vaucluse jusqu'en 1958.

Ministère Paul Reynaud

(21 mars – 10 mai 1940)

Président du Conseil et Affaires étrangères . . . Paul Reynaud
Vice-président du Conseil . . . . Camille Chautemps
Sous-secrétaire d'Etat . . . . Robert Schuman
Défense nationale et Guerre . . . . Edouard Daladier
Sous-secrétaire d'Etat . . . . Hippolyte Ducos
Marine militaire . . . . César Campinchi
Sous secrétaire d'Etat . . . . Jean Le Cour-Grandmaison
Armement . . . . Raoul Dautry
Sous-secrétaire d'Etat . . . . François Blancho
Air . . . . Laurent-Eynac
Sous-secrétaire d'Etat . . . . Colonel Meny
Ravitaillement . . . . Henri Queuille
Information . . . . L.-O. Frossard
Sous-secrétaire d'Etat . . . . André Février
Colonies . . . . Georges Mandel
Blocus . . . . Georges Monnet
Intérieur . . . . Henri Roy
Sous-secrétaire d'Etat . . . . Louis Jacquinot
Justice . . . . Albert Serol
Finances . . . . Lucien Lamoureux
Sous-secrétaire d'Etat . . . . Joseph Laniel
Education nationale . . . . Albert Sarraut
Travaux publics . . . . Anatole de Monzie
Sous-secrétaire d'Etat . . . . Fabien Albertin
Agriculture . . . . Paul Thellier
Commerce et Industrie . . . . Louis Rollin
Sous-secrétaire d'Etat . . . . Amaury de La Grance
Travail . . . . Charles Pomaret
Ancien Combattants et Pensionnés . . . . Albert Rivière
Marine marchande . . . . Alphonse Rio
Sous-secrétaire d'Etat . . . . Noël Pinelli
Postes, Télégraphes, Téléphones et Transmissions Jules Julien
Santé publique . . . . Marcel Héraud
Sous-secrétaire d'Etat (Affaires étrangères) . . . . Auguste Champetier de Ribes
Sous-secrétaire d'Etat (présidence du Conseil), secrétaire du Cabinet de Guerre et du Comité de Guerre (à partir du 30 mars 1940) . . . . Paul Baudouin
Sous-secrétaire d'Etat (Economie nationale) . René Hachette

(10 mai – 18 mai 1940)

Entrent au gouvernement :
Ministre d'Etat . . . . Louis Marin
Ministre d'Etat . . . . Jean Ybarnegaray
Quittent le gouvernement :
Sous-secrétaire d'Etat (Affaires étrangères) . . . . Auguste Champetier de Ribes
Sous-secrétaire d'Etat (Défense nationale) . Hippolyte Ducos
Sous-secrétaire d'Etat (Armement) . . . . . . François Blancho
Sous-secrétaire d'Etat (Intérieur) . . . . Louis Jacquinot
Sous-secrétaire d'Etat (Economie nationale) . René Hachette
Sous-secrétaire d'Etat (Finances) . . . . Joseph Laniel
Sous-secrétaire d'Etat (Travaux publics) . . . . Fabien Albertin
Sous-secrétaire d'Etat (Commerce et Industrie) . . . . Amaury de La Grance
Sous-secrétaire d'Etat (Marine marchande) . . . . Noël Pinelli

(18 mai - 5 juin 1940)

Permutations :
Paul Reynaud prend également la Défense nationale.
Edouard Daladier passe aux Affaires étrangères.
Entrent au gouvernement :
Ministre d'Etat, vice-président du Conseil . . . . Maréchal Pétain
Colonies . . . . Louis Rollin
Intérieur . . . . Georges Mandel
Commerce et Industrie . . . . Léon Baréty
Quittent le gouvernement :
Intérieur . . . . Henri Roy
Commerce et Industrie . . . . Louis Rollin

(5 au 16 juin 1940)

Permutations :
Paul Reynaud prend les Affaires étrangères.
Paul Baudouin quitte le sous-secrétariat à la présidence du Conseil pour celui des Affaires étrangères.
Entrent au gouvernement :
Sous-secrétaire d'Etat (Défense nationale et Guerre) . . . . Général de Gaulle
Information . . . . Jean Prouvost
Finances . . . . Yves Bouthillier
Education nationale . . . . Yvon Delbos
Commerce et Industrie . . . . Albert Chichery
Famille française . . . . Georges Pernot
Quittent le gouvernement :
Affaires étrangères . . . . Edouard Daladier
Sous-secrétaire d'Etat (Information) . . . . André Février
Finances . . . . Lucien Lamoureux
Education nationale . . . . Albert Sarraut
Commerce et Industrie . . . . Léon Baréty
Santé publique . . . . Marcel Héraud

Ministère Philippe Pétain

(16 juin - 12 juillet 1940)

Président du Conseil . . . . Maréchal Pétain
Ministre d'Etat, vice-président du Conseil . . . . Camille Chautemps
Ministre d'Etat, vice-président du Conseil (à partir du 23.6.1940) . . . . Pierre Laval
Ministre d'Etat (du 23 au 27.6.1940) . . . . . . Adrien Marquet
Défense nationale . . . . Général Weygand
Justice . . . . Charles Frémicourt
Affaires étrangères . . . . Paul Baudouin
Intérieur . . . . Charles Pomaret
puis, à partir du 27.6.1940 . . . . Adrien Marquet
Finances et Commerce . . . . Yves Bouthillier
Guerre . . . . Général Colson
Marine militaire et Marine marchande . . . . Amiral de la Flotte Darlan
Air . . . . Général Pujo
Education nationale . . . . Albert Rivaud
Travaux publics et Transmissions . . . . L.-O. Frossard
puis, à partir du 27.6.1940 . . . . André Février
Agriculture et Ravitaillement . . . . Albert Chichery
Colonies . . . . Albert Rivière
Travail . . . . André Février
puis, à partir du 27.6.1940 . . . . Charles Pomaret
Anciens Combattants et Famille française . . . . Jean Ybarnegaray
Commissariat général au Ravitaillement (créé le 18.6.1940) . . . . Intendant du général Bernard
Haut-commissariat à la Propagande française (créé le 19.6.1940) . . . . Jean Prouvost
Reconstitution nationale (créé le 26.6.1940) . . . . Général Doumenc
Sous-secrétaire d'Etat (Service des Réfugiés) . . . . Robert Schuman
Sous-secrétaire d'Etat . . . . Raphaël Alibert

Paul Reynaud (1878-1966)
Avocat, député du Bloc national de 1919 à 1924, plusieurs fois ministre de 1930 à 1932, cet homme de droite préconise toutefois une politique de résistance aux dictatures. Il entre en 1938 dans le cabinet Daladier auquel il succède le 21 mars 1940. Il appelle à son service Weygand et Pétain, mais s'oppose à eux lorsqu'ils réclament l'armistice. Démissionnaire le 16 juin 1940, il est arrêté par les autorités de Vichy en septembre et est traduit devant la cour de Riom. Déporté par les Allemands en 1942, libéré en 1945, il témoigne au procès de Pétain. Réélu député jusqu'en 1962, il participe à diverses instances européennes. Il s'écarte de De Gaulle en 1960 après l'avoir soutenu.

Les hommes et les institutions de l'Etat français

Les actes fondateurs du régime de Vichy

La loi constitutionnelle du 10 juillet 1940.
Article unique.
« L'Assemblée nationale donne tous pouvoirs au gouvernement de la République sous l'autorité et la signature du maréchal Pétain, à l'effet de promulguer, par un ou plusieurs actes, une nouvelle Constitution de l'Etat français.
« Cette Constitution devra garantir les droits du travail, de la famille et de la patrie.
« Elle sera ratifiée par la nation et appliquée par les Assemblées qu'elle aura créées. »

Les actes constitutionnels du 11 juillet 1940.
– Acte constitutionnel n° 1 :
« Nous, Philippe Pétain, maréchal de France,
« Vu la loi constitutionnelle du 10 juillet 1940, déclarons assumer les fonctions de chef de l'Etat français.
« En conséquence, nous décrétons : l'article 2 de la loi constitutionnelle du 25 février 1875 est abrogé. »
– Acte constitutionnel n° 2 :
« Nous, maréchal de France, chef de l'Etat français,
« Vu la loi constitutionnelle du 10 juillet 1940, décrétons :
Article premier. « 1. Le chef de l'Etat français a la plénitude du pouvoir gouvernemental, il nomme et révoque les ministres et secrétaires d'Etat qui ne sont responsables que devant lui.
« 2. Il exerce le pouvoir législatif en Conseil des ministres :
a) jusqu'à la formation des nouvelles assemblées ;
b) après cette formation, en cas de tension extérieure ou de crise intérieure grave sur sa seule décision et dans la même forme. Dans les mêmes circonstances, il peut édicter toute disposition d'ordre budgétaire et fiscal.
« 3. Il promulgue les lois et assure leur exécution.
« 4. Il nomme à tous les emplois civils et militaires pour lesquels la loi n'a pas prévu d'autre mode de désignation.
« 5. Il dispose de la force armée.
« 6. Il a le droit de grâce et d'amnistie.
« 7. Les employés et ambassadeurs des puissances étrangères sont accrédités auprès de lui ; il négocie et ratifie les traités.
« 8. Il ne peut déclarer la guerre sans l'assentiment préalable des Assemblées législatives. »
Art. 2. « Sont abrogées toutes dispositions des lois constitutionnelles des 24 février 1875, 25 février 1875 et 16 juillet 1875, incompatibles avec le présent acte. »
– Acte constitutionnel n° 3 :
Article premier. « Le Sénat et la Chambre des députés subsisteront jusqu'à ce que soient formées les Assemblées prévues par la loi constitutionnelle. »
Art. 2. « Le Sénat et la Chambre des députés sont ajournés jusqu'à nouvel ordre. Ils ne pourront désormais se réunir que sur convocation du chef de l'Etat. »
Art. 3. « L'article premier de la loi constitutionnelle du 16 juillet 1875 est abrogé. »
Ces textes accordaient les pleins pouvoirs au maréchal Pétain.

Ceux qui ont voté contre Pétain

Sur les 649 membres du Parlement réunis en Congrès, 80 ont refusé de voter la loi constitutionnelle du 10 juillet 1940 : MM. Astier, Audeguil, Auriol, Bachelet, Badie, Bedin, Bender, Biondi, Blum, Bonnevay, Boulet, Bruguier, Buisset, Cabannes, Camel, de Chambrun, Champetier de Ribes, Chaumié, Chaussy, Collomp, Crutel, Daroux, Delom-Sorbé, Dépierre, Dormoy, Elmiger, Fleurot, Fouchard, Froment, Giacobbi, Godard, Gouin, Gout, Gros, Guy, Hennesy, Hussei, Isoré, Jardon, Jaubert, Jordery, Labrousse, Le Bail, Lecacheux, Le Gorgeu, Luquot, Malroux, Manent, Margaine, Martin, Mauger, Mendiondou, Moch, Montel, de Moustier, Moutet, Nicod, Noguères, Odin, Paul-Boucour, Perrot, Pézières, Philip, Plaisant, Ramadier, Rambaud, Renoult, Roche, C. Rolland, J.-L. Rolland, Rous, Roy, Sénès, Serre, Simon, Tanguy-Prigent, Thiébaut, Thivrier, Trémintin, Zunino.

Le fonctionnement de l'Etat présidé par le maréchal Pétain

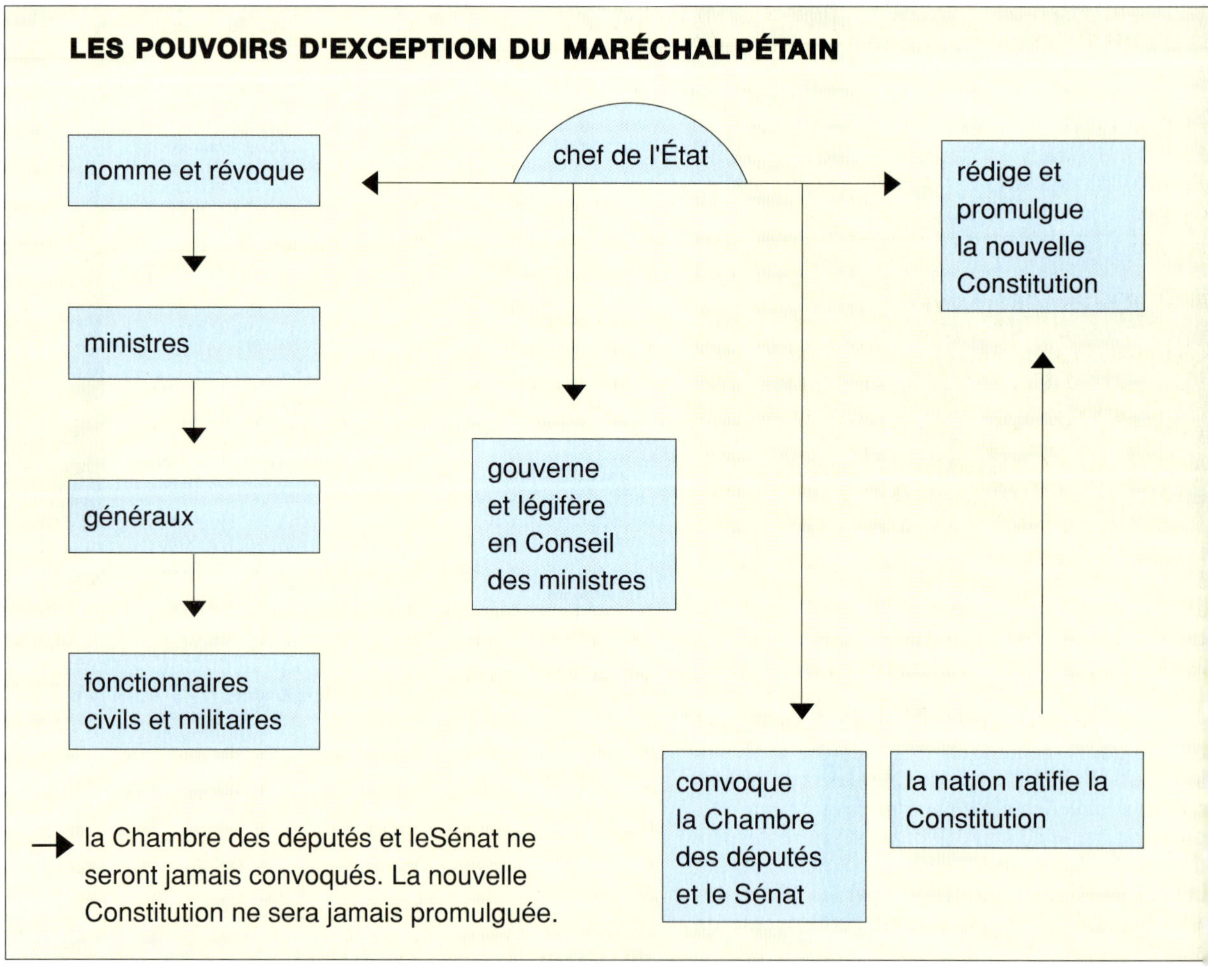

Ministère Pierre Laval (I)

(13 juillet – 13 décembre 1940)

Vice-président du Conseil, puis Affaires étrangères (à partir du 28.10.1940) . . . Pierre Laval
Justice . . . Raphaël Alibert
Intérieur . . . Adrien Marquet
puis, à partir du 6.9.1940 . . . Marcel Peyrouton
Affaires étrangères (jusqu'au 28.10.1940) . . . Paul Baudouin
Finances . . . Yves Bouthillier
Défense nationale . . . Général Weygand
puis, à partir du 12.9.1940 . . . Général Huntziger
Marine . . . Amiral Darlan
Aviation . . . Général Pujo
puis, à partir du 6.9.1940 . . . Général Bergeret
Instruction publique . . . Emile Mireaux
Jeunesse et Famille (jusqu'au 6.9.1940) . . . Jean Ybarnegaray
Agriculture et Ravitaillement . . . Pierre Caziot
Communications . . . François Piétri
puis, à partir du 6.9.1940 . . . Berthelot
Colonies . . . Henri Lémery
puis, à partir du 6.9.1940 . . . Amiral Platon
Production industrielle et Travail . . . René Belin

Interim
(14 décembre 1940 – 9 février 1941)

Pierre-Etienne Flandin devient ministre des Affaires étrangères et assume, par intérim, la vice-présidence du même cabinet.

Ministère François Darlan

(25 février 1941 – 17 avril 1942)

Vice-présidence du Conseil, ministre des Affaires étrangères, de la Marine, de l'Information, de l'Intérieur (jusqu'au 11 août 1941) . . . Amiral François Darlan
Ministres d'Etat . . . Lucien Romier et Henri Moysset
Guerre . . . Général Huntziger
puis, à partir de novembre 1941 . . . Amiral François Darlan
Justice . . . Joseph Barthélémy
Intérieur (à partir du 11.8.1941) . . . Pierre Pucheu
Information et Propagande (à partir du 11.8.1941) . . . Paul Marion
Economie nationale et Finances . . . Yves Bouthillier
Agriculture . . . Pierre Caziot
Secrétaire d'Etat à l'Aviation . . . Général Bergeret
Secrétaire d'Etat à l'Education nationale et à la Jeunesse . . . Jérôme Carcopino
Secrétaire d'Etat à la Famille et à la Santé . . . Jacques Chevalier
puis, à partir du 11.8.1941 . . . Docteur Huard
Secrétaire d'Etat au Ravitaillement . . . Jean Achard
puis, à partir du 18.7.1941 . . . Paul Charbin
Secrétaire d'Etat à la Production industrielle . . Pierre Pucheu
puis, à partir du 18.7.1941 . . . François Lehideux
Secrétaire d'Etat au Travail . . . René Belin
Secrétaire d'Etat aux Communications . . . Berthelot
Secrétaire d'Etat aux Colonies . . . Contre-amiral Platon

Ministère Pierre Laval (II)

(18 avril 1942 – 17 août 1944)

Président du Conseil, Intérieur, Aff. étr., Information . . . Pierre Laval
Ministre d'Etat . . . Lucien Romier
Justice . . . Joseph Barthélémy
Finances . . . Pierre Cathala
Agriculture et Ravitaillement . . . Jacques Leroy-Ladurie
Education nationale . . . Abel Bonnard
Secrétaire d'Etat à la Guerre . . . Général Bridoux
Secrétaire d'Etat à la Marine . . . Amiral Auphan
Secrétaire d'Etat à l'Aviation . . . Général Jannekeyn
Secrétaire d'Etat au Travail . . . Hubert Lagardelle
Secrétaire d'Etat à la Production industrielle . . . Jean Bichelonne
Secrétaire d'Etat aux Communications . . . Robert Gibrat
Secrétaire d'Etat au Ravitaillement . . . Max Bonnafous
Secrétaire d'Etat aux Colonies . . Gouverneur général Brévié
Secrétaire d'Etat à la Famille et à la Santé . . . Raymond Grasset
Secrétaires d'Etat auprès du chef du gouvernement . . . Fernand de Brinon, Jacques Benoist-Méchin, . . . Paul Marion, Jacques Guérard
Secrétaire général à la Police . . . René Bousquet
Secrétaire général à l'Administration de l'Intérieur . . . Georges Hilaire
Délégué général aux Relations franco-allemandes . . . Jacques Barnaud
Commissaire général aux Sports . . . Colonel Pascot

Commission de Sigmaringen

(6 septembre 1944 – 22 avril 1945)

Président de la Délégation gouvernementale française pour la défense des intérêts français en Allemagne, puis, à partir du 28.10.1944, de la Commission gouvernementale française pour la défense des intérêts nationaux . . . Fernand de Brinon
Délégué à l'Organisation des forces nationales . . . Joseph Darnand
Commissaire à la Propagande et à l'Information . . . Jean Luchaire
Délégué à la Protection des prisonniers de guerre . . . Général Bridoux
Délégué à la Solidarité nationale et à la Protection des travailleurs français en Allemagne . . . Marcel Déat

Les beaux jours du régime de Vichy : le maréchal Pétain, Laval et les ministres en juillet 1940.

Philippe Pétain (1856-1951)
Issu d'une famille de cultivateurs, ce saint-cyrien est un brillant élève de l'Ecole de guerre avant d'y enseigner à son tour de 1901 à 1910. En 1914 pourtant, sur le point de prendre sa retraite, il n'est que colonel, en raison d'une trop grande indépendance d'esprit. En 1911, il a accueilli dans son régiment un jeune sous-lieutenant nommé Charles de Gaulle.
Placé à la tête d'une simple brigade au début des hostilités, il est bientôt promu général et prend en 1915 le commandement de la 2e armée avec laquelle il participe à la bataille de Champagne. Partisan de l'action défensive, il se voit confier en 1916 la défense de Verdun. Là comme ailleurs, il tente d'épargner la vie de ses soldats et parvient à leur communiquer son calme confiant. En désaccord avec l'état-major sur l'importance stratégique de la défense de Verdun, il est nommé à la tête du groupe des armées du Centre. En mai 1917, devant l'accroissement du malaise dans l'armée, il est nommé commandant en chef à la place de Nivelle. A ce poste, il sait redonner confiance aux soldats et au pays. Mais, en raison de la persistance de ses conceptions défensives, c'est Foch qui lui est préféré en 1918 comme généralissime des armées alliées. Il est élevé à la dignité de maréchal de France en novembre 1918.
Vice-président du Conseil supérieur de la guerre en 1920, puis inspecteur général des armées en 1922, il est envoyé au Maroc en 1925 pour réprimer la rébellion d'Abd el-Krim. Il est préféré à Lyautey, jugé moins sûr politiquement par le pouvoir républicain. Il est élu à l'Académie française en 1929. Dans le climat troublé des années trente, le "vainqueur de Verdun", très populaire, apparaît comme un recours. En 1934, Doumergue le nomme ministre de la Guerre. En 1939, Daladier l'envoie comme ambassadeur dans l'Espagne de Franco. Appelé le 18 mai 1940 à la vice-présidence du Conseil afin de rassurer la population, il s'oppose, aux côtés du général Weygand, à Reynaud qui souhaite continuer le combat en Afrique du Nord. Le 16 juin, il succède à ce dernier à la tête du gouvernement et demande l'armistice aux Allemands: celui-ci est signé le 22 juin. Le 10 juillet, sur proposition de Laval, l'Assemblée nationale lui confie les pleins pouvoirs. Le 11, il devient chef de l'Etat français qui est fondé sur la fidélité à sa personne et qui engage une politique de collaboration avec l'Allemagne. Lors de leur retraite, les Allemands l'emmènent à Belfort, puis à Sigmaringen où il se considère comme leur prisonnier. Le 24 avril 1945, il se livre aux autorités françaises. Traduit devant la Haute Cour de justice en juillet et août 1945, il est condamné à mort. Le général de Gaulle commue sa peine en détention perpétuelle. Il est enfermé au fort du Portalet jusqu'en novembre 1945, puis dans la citadelle de l'île d'Yeu jusqu'à sa mort.

Les personnalités du gouvernement de Vichy

Raphaël Alibert (1886-1963)
Maître des requêtes au Conseil d'Etat, ce jurisconsulte antirépublicain et monarchiste appuie Laval en juillet 1940. Nommé garde des Sceaux, il promulgue les premiers décrets antisémites du nouveau régime : la loi du 22 juillet, le statut des Juifs du 3 octobre, puis il abroge le décret Crémieux privant les Juifs d'Algérie de la nationalité française. Le 7 mars 1947, Raphaël Alibert est condamné par la Haute Cour de justice à la peine de mort par contumace. Amnistié en 1959, il meurt à Bordeaux en 1963.

Joseph Barthélémy (1874-1945)
Docteur en droit, député du Gers en 1919, il est nommé en 1924 vice-président de la commission des Affaires étrangères. Rien ne destinait *a priori* ce spécialiste des questions parlementaires à jouer le rôle d'artisan de la répression des mouvements de résistance. Il est garde des Sceaux dans le ministère Darlan en février 1941. Il le restera jusqu'au 20 août 1944. Arrêté à la Libération, il mourra en prison à Toulouse en mai 1945, avant même d'avoir comparu devant la Haute Cour de justice.

Paul Baudouin (1895-1964)
Fils putatif du président du Conseil Maurice Rouvier, ce polytechnicien inspecteur des Finances est, entre les deux guerres, directeur général de la Banque de l'Indochine. Le 30 mars 1940, Paul Reynaud le nomme sous-secrétaire d'Etat à la présidence du Conseil, secrétaire du cabinet de Guerre et du comité de Guerre. Il est ensuite ministre des Affaires étrangères du gouvernement Pétain jusqu'en octobre 1940. Il est condamné le 3 mars 1947 à cinq ans de travaux forcés et à l'indignité nationale.

François Darlan (1881-1942)
Le filleul de Georges Leygues est ministre de la Marine de 1924 à 1926. En 1939, il commande les forces navales avec le titre d'amiral de la flotte. Vice-président du Conseil en février 1941, il est persuadé de la victoire prochaine du Reich. Il engage des négociations avec l'Allemagne, dont le résultat aurait pu faire entrer la France dans la guerre aux côtés de l'Axe. Remplacé par Pierre Laval en avril 1942, il rallie le camp allié en novembre de la même année. Il est assassiné le 24 décembre 1942.

Charles Huntziger (1880-1941)
Saint-cyrien, le futur général Huntziger sert durant la Première Guerre mondiale sur le front d'Orient. Commandant des troupes du Levant en 1933, il entre au conseil supérieur de la Guerre en 1938. En 1940 il est à la tête de la 2e armée, puis du 4e groupe d'armées, battu à Sedan. Il négocie les armistices avec l'Allemagne et l'Italie. Ministre de la Guerre le 6 septembre 1940, il le restera jusqu'à sa mort, survenue le 12 novembre 1941 dans un accident d'avion.

Pierre Laval (1883-1945)
Plusieurs fois chef du gouvernement entre les deux guerres, il obtient du Parlement les pleins pouvoirs pour le maréchal Pétain en 1940. Vice-président du Conseil, il est écarté du pouvoir par Pétain en décembre 1940. Il y revient en avril 1942 et met en place la politique de collaboration avec l'Allemagne. En 1945, il tente en vain de se réfugier en Espagne. Condamné à mort le 9 octobre 1945, il tente de se suicider le matin de son exécution. Ranimé, il est fusillé le 15 octobre 1945.

Pierre Pucheu (1899-1944)
Condisciple et ami de Marcel Déat à l'Ecole normale supérieure, il fait carrière dans l'industrie. Secrétaire d'Etat à la Production industrielle en février 1941, il est nommé à l'Intérieur au mois d'août 1941. Il crée les Sections spéciales et est amené à désigner les otages qui seront fusillés par l'occupant à Châteaubriant. En 1943, il gagne l'Afrique du Nord, espérant servir dans l'armée. Il est arrêté, jugé et condamné à mort. Il est exécuté à Alger le 20 mars 1944.

Maxime Weygand (1867-1965)
Cet ancien chef de l'état-major de Foch de 1914 à 1918 remplace Gamelin le 19 mai 1940, trop tard pour rétablir une situation déjà compromise. Ministre de la Dé fense nationale, puis délégué géné ral du gouvernement en Algérie, i tente de reconstituer une armée ca pable de reprendre le combat. Il es interné par les Allemands en 194 et libéré par les Alliés en 1945. L Haute Cour prononce un non-lie à son bénéfice en 1946. Il meurt à Paris en janvier 1965.

Les ultras de la collaboration

Jean Bichelonne (mort en 1944)
Directeur du contrôle des chemins de fer au ministère des Travaux publics, ce major de Polytechnique, « monstre d'organisation et de travail », est un pur produit des grandes écoles. Durant l'Occupation, il fait travailler l'industrie française pour les Allemands. Réfugié à Sigmaringen en décembre 1944, il entre sur invitation d'Himmler dans la clinique SS de Hohenlychen, en Prusse-Orientale, afin de se faire opérer du genou. L'opération réussit, mais Bichelonne meurt quinze jours plus tard.

Fernand de Brinon (1885-1947)
Dès les années vingt, ce journaliste sans envergure cultive l'amitié franco-allemande. En 1935, il devient vice-président du Comité France-Allemagne, antenne d'une association nazie dirigée par Otto Abetz. En 1940, il est nommé délégué du gouvernement français en zone occupée, puis secrétaire d'Etat en 1942. Il participe à la fondation de la LVF, qu'il préside à partir de 1943. Président de la Commission gouvernementale de Sigmaringen en 1944, il est condamné à mort par la Haute Cour et exécuté.

Joseph Darnand (1897-1945)
Héros de la Grande Guerre, prisonnier en 1940, il s'évade pour rejoindre Vichy. Ancien militant de l'Action française, puis de la Cagoule, il fonde en 1940 le Service d'ordre légionnaire, qui devient en 1943 la Milice, police politique chargée de la lutte contre la Résistance. Adhérent de la LVF et des Waffen SS, il devient secrétaire général au Maintien de l'ordre en 1943 et secrétaire d'Etat à l'Intérieur en 1944. Arrêté par les Alliés, il est condamné à mort par la Haute Cour et exécuté.

Louis Darquier, dit de Pellepoix (1897-1980)
Louis Darquier fonde et dirige avant-guerre un hebdomadaire antisémite, *La France enchaînée*. Lieutenant d'artillerie en 1939, il s'installe à Paris dès son retour de captivité et continue ses activités antisémites. Le 6 mai 1942, il remplace Xavier Vallat au haut-commissariat aux Questions juives. Sous son autorité, la persécution des Juifs redoubla et perdit toutes les prétentions qu'elle avait pu avoir à la légalité. Il s'est réfugié en Espagne après-guerre.

Marcel Déat (1894-1955)
Ce professeur agrégé de philosophie quitte la SFIO en 1933 pour fonder le Parti socialiste de France. Albert Sarraut le nomme ministre de l'Air en 1936. Pacifiste de gauche, partisan d'un compromis avec l'Allemagne, il se demande en août 1939 s'il faut « mourir pour Dantzig ». Rallié au nazisme en 1940, il dirige le journal *l'Œuvre*. Il entre au gouvernement en mars 1944. Membre du gouvernement de Sigmaringen, il échappe aux Alliés et meurt en exil à Turin.

Jacques Doriot (1898-1945)
Député communiste de la Seine depuis 1924, maire de Saint-Denis de 1930 à 1937, cet ancien ouvrier métallurgiste se sépare du PC en 1934 et fonde en 1936 le Parti populaire français, d'inspiration fasciste. Rallié dès 1940 à la politique de collaboration, il participe à la création de la LVF et part combattre sur le front Est. Toujours désireux de se distinguer de Vichy, il fonde en 1945 un comité concurrent de la Commission de Sigmaringen. Il est tué lors d'une attaque aérienne.

Philippe Henriot (1889-1944)
Militant catholique de droite, député de Bordeaux, ce professeur de l'enseignement libre rallie Vichy dès 1940. Orateur de talent, il devient speaker à Radio Vichy, puis, à partir de 1943, à Radio Paris. La même année, il adhère à la Milice, puis aux Waffen SS. Il entre dans le gouvernement de Pierre Laval comme secrétaire d'Etat à l'Information en 1944. Peu après, il est exécuté par des corps francs des MUR. Il a droit à des obsèques nationales à Notre-Dame de Paris.

Jean Hérold-Paquis (1912-1945)
Rédacteur dans divers journaux d'extrême droite, condamné pour abus de confiance en 1936, il rejoint en 1937 l'Espagne franquiste où il devient speaker à Radio Saragosse. Condamné pour escroquerie en 1939, il est intégré aux services de propagande de Vichy avant de devenir le principal animateur de Radio Paris, où il affirme chaque jour que « Londres, comme Carthage, doit être détruite ». Ramené de Sigmaringen, il est condamné à mort par la Haute Cour et exécuté.

Structures de la Résistance et de la France libre

Les résistants de la première heure

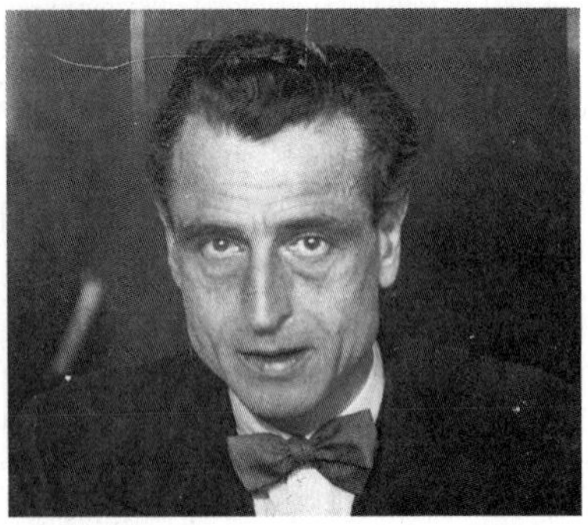

Emmanuel d'Astier de la Vigerie (1900-1969). Cet officier de marine fonde dès 1940 le mouvement Libération-Sud et, en 1941, le journal clandestin *Libération*, qu'il dirigera jusqu'en 1964. Il participe à Londres à la création du Comité de coordination des activités de la Résistance, qui donne naissance, en zone sud, au MUR (Mouvement uni de la Résistance), dont il est l'un des dirigeants. Membre du CNR, il est ministre de l'Intérieur du CFLN, puis du GPRF. Il est député de Paris jusqu'en 1958.

Claude Bourdet (1909)
Fils d'Edouard Bourdet, auteur dramatique, antifasciste convaincu, Claude Bourdet rejoint le groupe Combat à l'automne 1940. Directeur du journal du même nom, il est membre du CNR quand il est arrêté en mars 1944 et déporté en Allemagne. A la Libération, il est nommé directeur de la Radiodiffusion française. Son action en faveur de l'indépendance algérienne lui vaut un nouveau séjour en prison en 1956. En 1960, il contribue à fonder le PSU.

Diego Charles Brosset (1898-1944)
Gendre du général Mangin, le colonel Brosset se trouve en mission en Colombie lorsque la guerre est déclarée. Il rejoint le général de Gaulle dès l'été 1940. Il commande une brigade en Libye, puis, le 1er août 1943, il prend le commandement de la 1re division française libre. A la tête de cette unité, il combat en Italie et prend Sienne. En 1944, la 1re DFL libère Lyon. Le général Brosset meurt le 20 novembre 1944 dans un accident de Jeep près de Belfort.

René François Cassin (1887-1976)
Ce professeur de droit rejoint Londres dès l'armistice de 1940. Il exerce ses compétences de juriste au sein de diverses instances de la France libre à Londres, puis à Alger. Il participe après la guerre à la fondation de l'Unesco et est l'un des artisans de la Déclaration universelle des droits de l'homme. Il est nommé au Conseil constitutionnel en 1960, puis à la tête de la Cour européenne des droits de l'homme en 1965. Il obtient le prix Nobel de la paix en 1968.

Georges Catroux (1877-1969)
Ce saint-cyrien sert en Afrique du Nord dans l'entre-deux-guerres. Rappelé en 1939, il est nommé gouverneur général de l'Indochine. Démis par Vichy, il rejoint Londres. Il est haut-commissaire au Levant en 1941, membre du CFLN et gouverneur de l'Algérie en 1943, puis ministre d'Afrique du Nord en 1944. De 1945 à 1948, il est ambassadeur en URSS. L'hostilité des Français d'Algérie l'empêche de devenir ministre de l'Algérie du gouvernement Mollet en 1956.

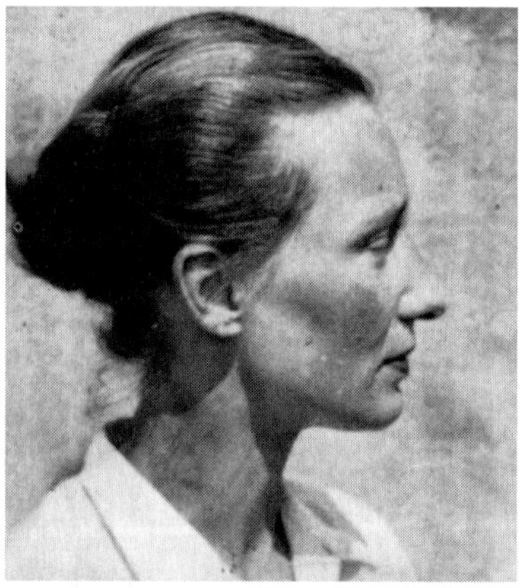

Marie-Madeleine Fourcade (1909-1989). D'une vieille famille de la bourgeoisie marseillaise, Marie-Madeleine Fourcade, à la suite de l'arrestation en 1941 du commandant Loustanau-Lacau, prend la direction du réseau Alliance (Arche de Noé pour les Allemands, ses agents portant des noms d'animaux) qu'elle dirigera pendant toute la guerre. Elle est un des membres fondateurs de l'UNR en 1958, et présidera l'Association France-Liban. Député européen (RPR) de 1982 à 1983.

Henri Frenay (1905-1988)
Officier de carrière, ce saint-cyrien organise en 1940 le premier réseau de résistance en zone sud, le Mouvement de libération nationale. En 1941, celui-ci devient le mouvement Combat, qu'il dirige, ainsi que le journal clandestin du même nom. Appelé à Londres, il travaille à l'unification militaire des mouvements de Résistance et devient l'un des dirigeants des MUR. En 1943, il entre au CFLN, puis, en 1945, au GPRF. Il abandonne toute activité politique en 1946.

Marie-Pierre Koenig (1898-1970)
Ce fils de facteur d'orgues fait connaissance avec le métier des armes en 1917 comme engagé volontaire. En 1940, le capitaine Koenig combat en Norvège. Il choisit de rester à Londres et de continuer le combat avec le général de Gaulle. En 1942, le général Koenig commande la 1re BFL à Bir Hakeim. Commandant en chef des FFI en 1944, gouverneur militaire de Paris, il sera le commandant de la zone d'occupation française en Allemagne de 1945 à 1949.

Edgar de Larminat (1895-1962)
Chef d'état-major au Levant, ce saint-cyrien rejoint la France libre dès 1940. Haut-commissaire de l'Afrique française libre, il obtient le ralliement de Brazzaville. Il commande les Forces françaises en Egypte, participe au débarquement en Provence et libère Royan en avril-mai 1945. Après-guerre, il est inspecteur général des troupes d'outre-mer. Appelé à présider le haut tribunal militaire qui juge les auteurs du putsch d'Alger en 1962, il se suicide.

Leclerc, Philippe Marie de Hauteclocque, dit (1902-1947)
Ce major de l'Ecole de guerre rejoint de Gaulle en 1940. Gouverneur du Cameroun, puis commandant de l'AEF, il prend part aux campagnes de Tripolitaine et de Tunisie, puis au débarquement de Normandie. Avec la 2ᵉ DB, il libère Paris et Strasbourg. Commandant militaire en Indochine en 1945, puis inspecteur des forces d'Afrique du Nord en 1946, il meurt accidentellement en 1947. Maréchal de France à titre posthume en 1952.

Edmond Michelet (1899-1970)
Militant catholique, il lance à Brive en 1932 le mouvement des Equipes sociales. Il entre très tôt dans la Résistance et devient responsable du mouvement Liberté, puis, dans le Limousin, de Combat après la fusion des deux mouvements. Arrêté en 1943, il est déporté à Dachau. Elu en 1945 député de Corrèze, puis du Finistère à partir de 1967, ce gaulliste inconditionnel est plusieurs fois ministre. Il termine sa carrière comme ministre de la Culture à partir de 1969.

Eugène Delestraint (1879-1945)
Saint-cyrien, Eugène Delestraint est considéré comme un des meilleurs spécialistes des blindés de l'entre-deux-guerres. En 1940, il commande un groupement blindé. Après l'Armistice, il gagne la zone sud. En 1942, il est contacté par les dirigeants de Combat et est nommé, en novembre de la même année, chef de l'Armée secrète par le général de Gaulle. Arrêté en 1943, il est déporté à Dachau et assassiné au mois d'avril 1945.

Emile Muselier (1882-1965)
Vice-amiral en 1939, il a dans la marine la réputation usurpée d'être un officier « rouge ». Il rejoint le général de Gaulle en juin 1940 et s'attelle à la création des Forces navales françaises libres. Membre du Comité national français, il rallie les îles de Saint-Pierre-et-Miquelon à la France libre. Il se brouille avec de Gaulle et quitte le CNF en 1942. Il rejoint Giraud en 1943. En 1946, il publie un ouvrage polémique sur la guerre : *De Gaulle contre le gaullisme*.

Colonel Rémy, Gilbert Renault, dit (1904-1984). Producteur de cinéma avant-guerre, Gilbert Renault rejoint Londres en juin 1940. Il fonde un réseau de renseignements qui obtient des résultats surprenants grâce à la qualité de son recrutement. Devenu colonel Rémy, c'est en 1941 qu'il baptise son réseau Confrérie Notre-Dame. Durant le conflit, pas un navire allemand n'aborde ni ne quitte les ports de l'Atlantique sans que Londres en soit prévenu. Il a publié de nombreux ouvrages sur la Résistance.

Charles Tillon (1897)
Cet ouvrier métallurgiste est un des meneurs de la mutinerie des marins de la mer Noire en 1919. Membre du comité central du PCF depuis 1932, il combat en Espagne dans les brigades internationales. Il refuse la défaite en 1940 et réorganise le parti dans la région de Bordeaux. En 1942, il est nommé commandant en chef des Francs-Tireurs et Partisans français. Ministre du GPRF et député après la Libération, il est évincé de la direction du PC de 1952 à 1957, puis exclu en 1970.

Jean de Lattre de Tassigny (1889-1952). Général en 1939, il combat brillamment sur l'Aisne en 1940. En 1942, il tente de s'opposer à l'invasion de la zone libre : un tribunal militaire le condamne à dix ans de prison. Il s'évade et rejoint Alger en septembre 1943. En 1944, il commande l'armée qui débarque en Provence et constitue avec l'appoint des FFI la 1ʳᵉ armée qui libère Colmar. En 1952, il est fait maréchal à titre posthume.

Les gouvernements de la France libre

Le Comité national français

(24 septembre 1941)

Président . . . . Charles de Gaulle
Economie, Finances et Colonies . . . . René Pleven
Affaires étrangères . . . . Dejean
Guerre . . . . Général Legentilhomme
Marine et Marine marchande . . . . Vice-amiral Muselier
puis, à partir du 5.3.1942 . . . . Contre-amiral Auboyneau
Justice et Instruction publique . . . . René Cassin
Intérieur, Travail et Information . . . . André Diethelm
Air . . . . Général Valin
Commissaire national sans attribution . . . .
. . . . Capitaine de vaisseau Thierry d'Argenlieu

René Pleven (1901)
Directeur général d'une entreprise en Angleterre jusqu'en 1939, il devient l'adjoint de Jean Monnet au Comité de coordination franco-anglais en octobre. Il rallie le général de Gaulle à Londres en juillet 1940. Nommé secrétaire général de l'AEF, il occupe ensuite divers postes au CNF, au CFLN et au GPRF. Elu député UDSR des Côtes-du-Nord en 1945, il conserve son siège jusqu'en 1973. Plusieurs fois ministre sous la IVe République, il assure deux fois les fonctions de président du Conseil entre 1950 et 1951. Réservé à l'égard de la politique du premier président de la Ve République, il soutient la candidature de Georges Pompidou et devient garde des Sceaux de 1969 à 1973.

Jean Monnet (1888-1979)
Cet économiste et industriel, qui est secrétaire général adjoint de la SDN de 1919 à 1923, est nommé en 1939 président du Comité de coordination économique franco-britannique. C'est lui qui inspire le projet d'union entre la France et la Grande-Bretagne proposé par Churchill. Il entre au CFLN en 1943. Après la Libération, il préside le comité qui élabore le premier plan de modernisation et d'équipement du pays, dit plan Monnet (1947-1953). Œuvrant dans diverses instances européennes, premier président de la Haute Autorité de la CECA, il partage avec Robert Schuman le titre de "père de l'Europe"

Comité français de libération nationale

(7 juin 1943)

Co-présidents . Généraux Henri Giraud et Charles de Gaulle
Commissaires d'Etat . . . . Généraux Georges et Catroux
Affaires étrangères . . . . René Massigli
Intérieur . . . . André Philip
Finances . . . . Maurice Couve de Murville
Justice, Education nationale et Santé publique . Jules Abadie
Armement, Approvisionnement et Reconstruction . . . .
. . . . Jean Monnet
Production et Commerce . . . . André Diethelm
Communications et Marine marchande . . . . . . René Mayer
Colonies . . . . René Pleven
Travail et Prévoyance sociale . . . . Adrien Texier
Information . . . . Henri Bonnet

(10 novembre 1943)

Président . . . . Général Charles de Gaulle
Commissaires d'Etat . . . . . . Général Catroux, André Philip,
. . . . Henri Queuille
et, à partir du 4.4.1944 . . . . François Billoux
Commissaire en mission . . . . Jean Monnet
Affaires étrangères . . . . René Massigli
Intérieur . . . . Emmanuel d'Astier de la Vigerie
adjoint, à partir du 17.11.1943 . . . . Pierre Bloch
Justice . . . . François de Menthon
Guerre et Air (jusquau 4.4.1944) . . . . André Le Troquer
Guerre (à partir du 4.4.1944) . . . . André Diethelm
Air (à partir du 4.4.1944) . . . . Fernand Grenier
Marine . . . . Louis Jacquinot
Colonies . . . . René Pleven
Finances . . . . Pierre Mendès France
Information . . . . Henri Bonnet
Communications et Marine marchande . . . . . . René Mayer
Prisonniers, Déportés et Réfugiés . . . . Henri Frenay
Travail et Prévoyance sociale . . . . Adrien Tixier
Ravitaillement et Production (jusqu'au 4.4.1944) . . . .
. . . . André Diethelm
Economie (à partir du 4.4.1944) . . . . André Giaccobi
Instruction publique . . . . René Capitant
Territoires libérés (à partir du 4.4.1944) . . . .
. . . . André Le Trocquer

André Philip (1902-1970)
Ce professeur d'économie politique, qui professe à la fois des opinions marxistes et chrétiennes, est député socialiste du Rhône de 1936 jusqu'à la guerre. Résistant de la première heure, il rejoint la France libre et occupe divers postes au sein de ses instances, à Londres, puis à Alger. Réélu député du Rhône en 1945 et jusqu'en 1951, il est ministre des Finances puis de l'Economie nationale dans plusieurs ministères de la IVe République, et dirige la délégation française à la Commission économique européenne de 1947 à 1951. Exclu de la SFIO en 1958, il participe à la création du Parti socialiste autonome (PSA), qui deviendra le PSU. Il le quitte en 1962.

Pierre Mendès France (1907-1982)
Ce député radical-socialiste de l'Eure depuis 1932 est arrêté par les autorités de Vichy en 1940. Il s'évade et rejoint de Gaulle en 1942. Après avoir servi dans les Forces aériennes françaises libres, il devient membre du CNF, puis du GPRF, dont il démissionne en avril 1945. Plusieurs fois ministre sous la IVe République, il devient président du Conseil en 1954-1955. Il se distingue notamment en signant les accords qui mettent fin à la guerre d'Indochine, en ouvrant la voie à l'indépendance de la Tunisie et en faisant échec à la CED. Caution morale du mouvement socialiste rénové, il se retire de la vie politique en 1973.

Le Gouvernement provisoire de la République française

(3 juin 1944)

Même composition que le CFLN.

(9 septembre 1944)

Remaniement :
Ministre d'Etat . . . . Jules Jeanneney
Affaires étrangères . . . . Georges Bidault
Intérieur . . . . Adrien Tixier
Justice . . . . François de Menthon
Finances . . . . Aimé Lepercq
puis, à partir du 4.11.1944 . . . . René Pleven
Défense nationale . . . . André Diethelm
Air . . . . Charles Tillon
Education nationale . . . . René Capitant
Production industrielle . . . . René Lacoste
Santé . . . . François Billoux
Agriculture . . . . François Tanguy-Prigent
Emmanuel d'Astier de la Vigerie quitte le gouvernement.

Henri Giraud (1879-1949)
Ce saint-cyrien se distingue lors de la Grande Guerre durant laquelle il est blessé, fait prisonnier et s'évade deux fois. Dans l'entre-deux-guerres, il participe à la pacification du Maroc et enseigne à l'Ecole de guerre. Il est nommé général en 1930 Commandant de la 7e armée en 1939, il remplace le général Corap à la tête de la 9e armée en ma 1940. Ses troupes ne parviennent pas à résister à la pression allemande sur la Meuse et il est fai prisonnier le 18 mai. Il s'évade de la forteresse al lemande de Königstein en avril 1942, rejoint la zone libre, puis Alger où il assure le comman dement en chef civil et militaire de l'Afrique du Nord après l'assassinat de l'amiral François Dar lan. En juin 1943, il devient coprésident du CFLN avec le général de Gaulle, devant qui il doit s'effa cer en novembre de la même année. Il se consacre alors à ses fonctions militaires et, comme com mandant en chef – poste qu'il occupe jusqu'e 1944 – , réorganise les forces françaises et pren notamment une part importante dans la libératio de la Corse.

Le Comité national de la Résistance

Composition du CNR

Participants à la première réunion du Comité national de la Résistance, le 27 mai 1943:

Président . . . . Jean Moulin
Secrétaire . . . . Pierre Meunier
Secrétaire adjoint . . . . Chambeiron

Au titre des mouvements de Résistance :

OCM (Organisation civile et militaire) . . . . J.-H. Simon
CDL (Ceux de la Libération) . . . . Coquoin-Lenormand
CDLR (Ceux de la Résistance) . . . . Lecompte-Boinet
Libération Nord . . . . Charles Laurent
Libération Sud . . . . Pascal Copeau
Combat . . . . Claude Bourdet
Franc-Tireur . . . . Claudius Petit
Front national . . . . Pierre Villon

Au titre des partis politiques et des syndicats :

CGT . . . . Louis Saillant
CFDT . . . . Gaston Tessier
Fédération républicaine . . . . Jacques Debû-Bridel
Alliance démocratique . . . . Joseph Laniel
Démocrates chrétiens . . . . Georges Bidault
Radicaux . . . . Marc Rucart
Socialistes . . . . André Le Trocquer
Communistes . . . . André Mercier

Bureau du CNR :
Georges Bidault (successeur de Jean Moulin à la présidence du CNR), Blocq-Mascart (successeur de J.-H. Simon à l'OCM), Louis Saillant (CGT), Pierre Villon (Front national), Pascal Copeau (Libération Sud).

Motion fondatrice du CNR

"Le Conseil national de la Résistance, réuni quelque part en France occupée le 27 mai 1943, constate avec une joie immense la libération totale de l'Afrique du Nord par la victoire des armées alliées, anglaises, américaines et françaises.

"Cette victoire, venant après les magnifiques succès remportés par l'armée de l'Union soviétique, apporte aux Français qui luttent sur le sol national une grande espérance.

"Le Conseil s'incline avec piété devant tous ceux qui sont tombés. Il félicite et il remercie les combattants et leurs chefs. Il dit son admiration à tous. Il adresse une pensée particulière de reconnaissance et d'affection à ceux qui ont vaincu sous le drapeau de la France. Il se réjouit que le grand effort africain, esquissé depuis le mois de juin 1940, poursuivi dès la rentrée en guerre de l'AEF, développé en 1941 et 1942 grâce à la participation des forces de la France combattante aux campagnes de Cyrénaïque, grâce aux exploits de la colonne Leclerc, ait été parachevé aujourd'hui par la jeune armée du général Giraud. Le Conseil salue avec une vive satisfaction la décision prise, au lendemain de cette victoire, par le général de Gaulle et par le général Giraud de se rencontrer très prochainement à Alger pour y réaliser l'unité de toutes les forces françaises dressées contre l'ennemi de la patrie et ses complices du dedans.

"En cette heure solennelle de l'histoire de notre pays et au moment où va se fixer son destin, le Conseil doit exprimer l'opinion du peuple qui lutte sur le sol de la métropole encore occupé, sur les conditions dans lesquelles il convient de consacrer cette unité.

"La France, déjà présente sur tous les fronts, aspire à rentrer plus intensément encore dans la guerre libératrice et à y jeter toutes les ressources de son empire libéré.

"Pour atteindre pleinement son but, il faut qu'elle ait, au plus tôt, un gouvernement unique et fort qui coordonne et qui ordonne, affirmant aux yeux du monde son prestige retrouvé de grande nation.

"Le Conseil considère comme inadéquate l'institution à cet effet d'un simple comité exécutif, surtout s'il devait comporter une dualité de direction incompatible avec les nécessités de la guerre et l'ampleur de sa mission.

"La France ne peut concevoir que la création d'un véritable gouvernement provisoire certes, mais en ayant toutes les formes et toute l'autorité, répudiant une fois pour toutes et officiellement comme dans les faits la dictature de Vichy, ses hommes et ses prolongements.

"Elle entend que ce gouvernement – c'est le devoir du Conseil de l'affirmer avec netteté – soit confié au général de Gaulle qui fut l'âme de la Résistance aux jours sombres et qui n'a cessé depuis le 18 juin 1940 de préparer en pleine lucidité et en pleine indépendance la renaissance de la patrie détruite comme des libertés républicaines déchirées.

"Elle souhaite ardemment que le général Giraud, qui a préparé et assuré avec les Alliés la victoire en Afrique du Nord, prenne le commandement de l'armée française ressuscitée.

"Ainsi seront réalisées techniquement et moralement les conditions nécessaires à l'unité de toutes les forces françaises combattantes, instrument indispensable de la libération et de la résurrection du pays."

Jean Moulin (1899-1943)
Plus jeune préfet de France en 1937, nommé en Eure-et-Loir, cet ancien chef de cabinet d'un ministre du Front populaire résiste aux injonctions des Allemands en juin 1940 lors de leur entrée à Chartres. Placé en disponibilité par les autorités de Vichy, il rejoint Londres en 1941. Le général de Gaulle en fait son représentant en zone non occupée. Il est parachuté en France en janvier 1942 avec la mission d'unifier les mouvements de résistance sous la houlette de Londres. Ses efforts aboutissent en mai 1943 à la fondation du CNR dont il devient le premier président. Trahi par un membre de son organisation, il est arrêté par la Gestapo à Caluire, dans la banlieue de Lyon, le 21 juin 1943. Torturé, il meurt durant son transfert en Allemagne. En décembre 1964, ses cendres sont déposées au Panthéon.

Georges Bidault (1899-1983)
Ce professeur agrégé d'histoire, militant de l'Action catholique, est avant la guerre l'un des dirigeants chrétiens-démocrates, fondateur et éditorialiste du journal *L'Aube*, de même obédience. Il entre au mouvement Combat en 1941. En 1943, après l'arrestation de Jean Moulin, il devient président du CNR dont il est déjà membre. Nommé ministre des Affaires étrangères du GPRF, il participe ensuite à la création de la IVe République et à la fondation du MRP sous les couleurs duquel il est élu député de la Loire. Président du Conseil (1949-1950), plusieurs fois ministre des Affaires étrangères, il défend une politique fondée sur l'alliance atlantique et l'union européenne. Devenu adepte de l'Algérie française, il est amené à rompre avec le général de Gaulle. Rallié à l'OAS, il doit s'exiler de 1962 à 1968.

Pierre Villon (Roger Ginsburger, dit) (1901-1980)
Cet architecte alsacien, entré au Parti communiste en 1932, dirige les maisons d'édition du PC à partir de 1938. Il est emprisonné en 1940 en raison de ses activités d'éditeur qu'il a poursuivi clandestinement après la défaite – il a notamment édité, en compagnie de Jacques Solomon, *l'Université libre*, organe de la Résistance étudiante. Il s'évade en janvier 1942. Secrétaire du Front national, mouvement de résistance communiste, il représente en mai 1943 cette organisation au sein du CNR dont il devient un des cinq membres du bureau permanent, en même temps qu'il est nommé à la tête du Comité d'action militaire (Comac). Membre de l'Assemblée consultative dès 1944, il est élu député de l'Allier en 1946, puis réélu jusqu'en 1962 et de 1967 à 1978. Il est membre du comité central du PCF de 1945 à 1970.

L'épuration : le procès du régime de Vichy

L'épuration est souvent présentée comme un règlement de comptes atroce. Sans aucun doute, il existait chez beaucoup de Français à la Libération un profond sentiment de vengeance. La violence de ces sentiments peut étonner aujourd'hui, mais les événements étaient tout frais dans les mémoires, et l'opinion publique découvrait les horreurs de quatre ans de guerre civile, les massacres de la Milice et les déportations. L'impulsion de la vengeance devait inévitablement être satisfaite sous peine de graves débordements. En mars 1945, on parlera de cent mille exécutions sommaires. Il semble qu'il y ait eu, en fait, moins de dix mille victimes, la plupart des exécutions ayant eu lieu avant le débarquement du 6 juin 1944.

L'un des premiers actes du Gouvernement provisoire de la République française fut de créer, par une ordonnance du 27 juin 1944, des commissions d'épuration habilitées à proposer des mesures disciplinaires dans les administrations. Parant au plus pressé, le gouvernement va confier à des juridictions nouvelles la responsabilité de juger les Français coupables de « collaboration ». Une Haute Cour de justice est créée afin de juger le chef de l'Etat français, le maréchal Pétain, et Pierre Laval. Des cours de justice fonctionneront auprès du siège des cours d'appel pour juger les acteurs du drame les moins célèbres, tandis que des chambres civiques condamneront à des peines de dégradation nationale le menu fretin. Entre-temps, on arrête, parfois exagérément et pas toujours à bon escient. Entre septembre 1944 et avril 1945, 126 020 personnes sont emprisonnées dans des conditions parfois insatisfaisantes, mais qui n'autorisent pas à parler de régime concentrationnaire ainsi que l'ont fait certains adversaires de l'épuration. 36 377 personnes sont libérées dans les premières semaines, et, à la fin d'avril 1945, 24 383 suspects sont encore internés. Le bilan final fait apparaître que 55 % des internés ont été libérés et 45 % livrés à la justice. Dans l'ensemble, les verdicts des cours furent relativement modérés. Un phénomène qui s'explique par l'abondance des plaintes dépourvues de toute preuve ou par le caractère vague des témoignages à charge. Au bénéfice du doute, l'indulgence s'imposait. Une indulgence qui ne sera pas du goût de tout le monde. Pendant l'hiver 1944-1945, on assistera à des attaques de prison et à des lynchages de prisonniers libérés, sans que les autorités puissent toujours s'y opposer. Il en sera ainsi à Lyon, à Annecy et à Dijon où, le 18 février 1945, le commissaire Marsac dont le procès venait d'être reporté fut tué par la foule en colère. Les cours de justice prononceront au total 41 000 non-lieux et 6 274 acquittements. Il y aura 6 763 condamnations à mort, dont 763 seront exécutées, le général de Gaulle, puis le président Vincent Auriol faisant usage de leur droit de grâce, 13 271 condamnations aux travaux forcés et 26 529 peines de prison. L'épuration a touché en définitive moins d'un Français sur mille.

Quelques verdicts de la Haute Cour de Justice

Date	Nom	Décision
15 mars 1945	Estéva Jean-Pierre	Détention à perpétuité
20 avril 1945	Dentz Henri	Peine de mort (commuée)
2 mai 1945	Chatel Yves	Mort avant le jugement
13 juin 1945	Barthélémy Joseph	Mort avant le jugement
19 juin 1945	Déat Marcel	Peine de mort (par contumace)
4 juillet 1945	Bonnard Abel	Peine de mort (par contumace)
15 août 1945	Pétain Philippe	Peine de mort (commuée)
5 septembre 1945	Bichelonne Jean	Mort avant le jugement
5 septembre 1945	Février André	Arrêt des poursuites
5 septembre 1945	Pinot Maurice	Arrêt des poursuites
5 septembre 1945	Rivière Albert	Arrêt des poursuites
19 septembre 1945	Debeney Victor	Arrêt des poursuites
3 octobre 1945	Darnand Joseph	Condamné à mort et exécuté
9 octobre 1945	Laval Pierre	Condamné à mort et exécuté
28 novembre 1945	Cayrel Antoine	Arrêt des poursuites
5 décembre 1945	Schumann Robert	Arrêt des poursuites
12 décembre 1945	Leroy-Ladurie Jacques	Arrêt des poursuites
12 mars 1946	Chevalier Jacques	20 ans de travaux forcés
12 mars 1946	Gibrat Robert	10 ans de dégradation nationale
13 mars 1946	Gabolde Maurice	Peine de mort (par contumace)
15 mars 1946	Dayras Georges	Peine de mort (commuée)
18 mars 1946	Ybarnegaray Jean	Dégradation nationale (sursis)
28 mars 1946	Colson Louis	Arrêt des poursuites
6 mai 1946	Weygand Maxime	Arrêt des poursuites
13 juin 1946	Achard Louis	Arrêt des poursuites
13 juin 1946	Pomaret Charles	Arrêt des poursuites
10 juillet 1946	Berthelot Jean	2 ans de détention
11 juillet 1946	Charbin Paul	10 ans de dégradation nationale
17 juillet 1946	Lagardelle Hubert	Travaux forcés à perpétuité
18 juillet 1946	Bonnefoy René	Peine de mort (par contumace)
18 juillet 1946	Rochat Charles	Peine de mort (par contumace)
19 juillet 1946	Cayla Léon	5 ans de détention
26 juillet 1946	Flandin Pierre-Etienne	5 ans de dégradation nationale (sursis)
14 août 1946	Abrial Jean	10 ans de travaux forcés
14 août 1946	Auphan Paul	Travaux forcés à perpétuité
14 août 1946	Marquis André	5 ans de détention
23 janvier 1947	Mireaux Emile	Arrêt des poursuites
23 janvier 1947	Rivaud Albert	Arrêt des poursuites
30 janvier 1947	Moreau Robert	Arrêt des poursuites
18 février 1947	Frémicourt Charles	Arrêt des poursuites
3 mars 1947	Baudouin Paul	5 ans de travaux forcés
6 mars 1947	de Brinon Fernand	Condamné à mort et exécuté
7 mars 1947	Alibert Raphaël	Peine de mort (par contumace)
7 mars 1947	Hilaire Georges	5 ans de détention (par contumace)
14 mars 1947	Robert Georges	10 ans de travaux forcés
19 mars 1947	Caziot Pierre	Dégradation nationale
21 mars 1947	Annet Armand	Dégradation nationale
22 mars 1947	Lémery Joseph	5 ans de dégradation nat. (sursis)
25 mars 1947	Chautemps Camille	5 ans de détention (par contumace)
25 mars 1947	Guérard Jacques	Peine de mort (commuée)
28 mars 1947	de Laborde Jean	Peine de mort (commuée)
2 mai 1947	Michelier Félix	Arrêt des poursuites
2 mai 1947	Ripert Georges	Arrêt des poursuites
8 mai 1947	Musnier de Pleignes F.	Arrêt des poursuites
22 mai 1947	Di Pace Vincent	Arrêt des poursuites
6 juin 1947	Benoist-Méchin Jacques	Peine de mort (commuée)
19 juin 1947	du Patty du Clam Charles	Arrêt des poursuites
19 juin 1947	Portmann Georges	Arrêt des poursuites
4 juillet 1947	de l'Epine Amaury	Arrêt des poursuites
4 juillet 1947	Fatou Pierre	Arrêt des poursuites
11 juillet 1947	Prouvost Jean	Arrêt des poursuites
11 juillet 1947	Carcopino Jérôme	Arrêt des poursuites
25 juillet 1947	Lamirand Georges	Arrêt des poursuites
18 novembre 1947	de La Porte du Theil J.	Arrêt des poursuites
18 novembre 1947	Gait Maurice	Arrêt des poursuites
28 novembre 1947	Noguès Charles	20 ans de trav. forcés (par contumace)
10 décembre 1947	Darquier de Pellepoix L.	Peine de mort (par contumace)
10 décembre 1947	Vallat Xavier	10 ans de détention
18 décembre 1947	Grasset Raymond	Arrêt des poursuites
28 janvier 1948	Marquet Adrien	10 ans de dégradation nationale
29 janvier 1948	Boyez Emile	Arrêt des poursuites
29 janvier 1948	Roujou Frédéric	Arrêt des poursuites
29 janvier 1948	Weinmann Robert	Arrêt des poursuites
25 mai 1948	Pascot Joseph	5 ans de dégradation nationale (sursis)
27 mai 1947	Mathé Pierre	5 ans de dégradation nationale
1er juin 1948	Bléhaut Henri	10 ans de détention
3 juin 1948	Delmotte Georges	2 ans de détention
4 juin 1948	Piétri François	5 ans de dégradation nat. (par contumace)
24 juin 1948	Creyssel Paul	4 ans de détention
29 juin 1948	Lemoine Antoine	5 ans de dégradation nationale
1er juillet 1948	Laure Emile	Acquitté
2 juillet 1948	Masson André	Peine de mort (par contumace)
8 juillet 1948	Bouthillier Yves	3 ans de détention
16 juillet 1948	Chasseigne François	10 ans de travaux forcés
22 juillet 1948	Bruneton Gaston	4 ans et demi de détention
25 novembre 1948	Bergeret Jean	Arrêt des poursuites
25 novembre 1948	Pujo Jean-Louis	Arrêt des poursuites
2 décembre 1948	Bonnafous Max	Arrêt des poursuites
14 décembre 1948	Marion Paul	10 ans de détention
16 décembre 1948	Boisson Pierre	Mort avant le jugement
18 décembre 1948	Bridoux Eugène	Peine de mort
22 décembre 1948	Peyrouton Marcel	Acquitté
27 janvier 1949	Barnaud Jacques	Arrêt des poursuites
27 janvier 1949	Belin René	Arrêt des poursuites
27 janvier 1949	Jannekeyn Jean	Arrêt des poursuites
17 février 1949	Decoux Jean	Arrêt des poursuites
17 février 1949	Gastin Paul	Arrêt des poursuites
17 février 1949	Lehideux François	Arrêt des poursuites
17 février 1949	Moniot Paul	Arrêt des poursuites
21 juin 1949	Moysset Henri	Mort avant le jugement
23 juin 1949	Bousquet René	5 ans de dégradation nationale

Bilan économique et humain

Pertes humaines

Militaires tués au combat ou morts de leurs blessures	**173 000**
dont:	
Combattants 1939-1940	92 000
FFI	24 000
Combattants des armées de la Libération	57 000
Morts du fait de l'ennemi	**280 000**
Prisonniers de guerre	40 000
Déportés politiques	60 000
Déportés raciaux	100 000
Travailleurs requis	40 000
Alsaciens et Lorrains incorporés dans la Wehrmacht	40 000
Victimes civiles	**150 000**
Bombardements	60 000
Opérations terrestres et massacres	60 000
Otages fusillés	30 000
Total	**603 000**

Les versements de l'Etat français au Reich

Année	Frais d'occupation payés par la France (1)	Total des versements de l'Etat français (2)	En pourcentage du revenu national de 1938 (3)
1940	80 000	81 600	10,9
1941	121 500	144 300	19,3
1942	109 000	156 700	20,9
1943	194 000	273 600	36,6
1944	126 900	206 300	27,6

1. En millions de francs courants.
2. En y incluant le déficit de l'accord de compensation.
3. En francs 1938.

Dégâts matériels

Immeubles:	
Détruits	460 000
dont 324 000 immeubles d'habitation	
Endommagés	1 900 000
Chemins de fer:	
Voies détruites	22 000 km
Gares principales	115 sur 300
Gares de triage	24 sur 40
Réseau routier:	
Ponts détruits	7 500
Voies navigables:	
Inutilisables	8 250 km sur 9 624
Ports maritimes:	
Quais détruits	85 km sur 143

De plus, 370 000 ha de terrain sont à déminer.

.e Sacré-Cœur épargné par miracle.

La Normandie paie un lourd tribut à la guerre : les ruines de Saint-Lô après les combats de 1944.

ANNEXE 3

Industrie allemande et main-d'œuvre déportée

En janvier 1942, Hitler et Himmler décident d'utiliser au maximum les possibilités des camps de concentration. Au moins 1 500 000 déportés seront utilisés par l'industrie allemande. La liste ci-dessous donne les noms des principales entreprises qui les utilisèrent comme main-d'œuvre, suivis du nom des camps et des commandos extérieurs (ces derniers en italique) où les déportés étaient contraints de travailler jusqu'à ce que mort s'ensuive.

ADLER SA
Natzwiller-Struthof
Francfort-sur-le-Main
AEG
Stutthof
Thorn-Torun
Riga-Kaiserwald
ASTRA
Flossenburg
Chemnitz
AUTO-UNION
Flossenburg
Hohenstein-Ernstthal
Zschopau
Zwickau
BMW
Buchenwald et Dora-Mittelbau
Abteroda
Eisenach-Thuer
Dachau
Allach
Blaichach
Kaufbeuren
Lochhausen
Moosach
Trostberg
DAIMLER BENZ
Schirmeck (Bas-Rhin)
Haslach
DORNIER
Dachau
Aufkirch-Kaufbeuren
Kaufering
Trutzkirch-Tutzing
ERLA
Buchenwald et Dora-Mittelbau
Thekla/Leipzig
Leipzig-Lindenthal
Flossenburg
Mulchén - Sankt Micheln
FORD
Buchenwald et Dora-Mittelbau
Cologne Fordwerke
GOLDSCHMITT
Gross-Rosen
Langenbielau-Bielawa
HEINKEL
Buchenwald et Dora-Mittelbau
Gandersheim
Mauthausen
Wien-Schwechat
Natzwiller-Struthof (Bas-Rhin)
Zuffenhausen
Ravensbrück
Barth/Ostsee

Arrivée d'un convoi de déportées aux usines Krupp d'Essen.

Berlin-Shonefeld
Rostock-Marienehe
Schwarzenforst
Sachsenhausen
Oranienburg
IG FARBEN
Auschwitz-Oswiecim
Camp central
Buchenwald et Dora-Mittelbau
Wolfen-Bitterfeld
Gross-Rosen
Waldenburg
JUNKER
Buchenwald et Dora-Mittelbau
Aschersleben
Halberstadt
Tarthun
KRUPP
Buchenwald et Dora-Mittelbau
Essen
Gross-Rosen
Langenbielau-Bielawa
Markstadt-Laskowitz
Natzwiller-Struthof
Geisenheim
Papenburg
Rastdorf-sur-Werlte
Sachsenhausen
Königswusterhausen
MESSERSCHMITT
Dachau
Asbach-Baumenheim
Augsburg
Augsburg-Pfersee
Burgau
Durach-Kottern
Fischen
Gablingen
Horgau-Pfersee
Kaufering
Moosach
Flossenburg
Johanngeorgenstadt
Mauthausen
Camp central
METALL UNION
Auschwitz-Oswiecim
Camp central
OPTA RADIO
Flossenburg
Wolkenburg
OPTIQUE IENA
Buchenwald et Dora-Mittelbau
Weimar-Fischtenheim
PHOTO AGFA
Dachau
Munich
PUCH
Mauthausen
Graz
RHEINMETALL BORSIG AG
Buchenwald et Dora-Mittelbau
Düsseldorf
SHELL
Neuengamme
Hambourg
Geilenburg
SCHNEIDER
Buchenwald et Dora-Mittelbau
Leipzig-Lindenthal
Meuselwitz
Taucha
SIEMENS
Auschwitz-Oswiecim
Bobrek
Flossenburg
Nuremberg
Ravensbrück
Camp central
Furstenberg
Neubrandenburg
SOLVAY
Buchenwald et Dora-Mittelbau
Bernburg
STEYR
Mauthausen
Aflens
Steyr-Munichholz
Radom
TELEFUNKEN
Gross-Rosen
Langenbielau-Bielawa
VALENTIN
Neuengamme
Brema-Farge
VISTRA
Buchenwald et Dora-Mittelbau
Wolfen-Bitterfeld
VOLKSWAGEN
Neuengamme
Fallersleben
Wolfsburg
ZEISS-IKON
Flossenburg
Dresde
ZEITZ
Buchenwald et Dora-Mittelbau
Gleina « Willy »
ZEPPELIN
Dachau
Friedrichshafen

ANNEXE 4

L'armement pendant la Seconde Guerre mondiale

es unités sont généralement exprimées dans le système métrique, sauf pour certaines données concernant les Britanniques. Les dates correspondent, sauf ıdication contraire, à la période où l'arme était effectivement en service. Cette présentation ne prétend pas être exhaustive, mais s'attache à mettre en ıleur un certain nombre d'exemples plus particulièrement significatifs.

TERRE

Les chars

Les chars ont été introduits sur les champs de bataille en 1916 en vue de sortir de l'impasse de la guerre de position. Leur tâche était de conduire l'infanterie à travers les tranchées ennemies en lui fournissant un support de feu mobile et rapproché. Ils étaient alors lourds et lents, mais le char léger a fait son apparition dès 1918.
Entre les deux guerres, les armées ont, chacune, développé différents types de chars. C'est avec cette nouvelle génération que les belligérants ont abordé la guerre en 1939.
Les Britanniques avaient trois types de blindés : légers, petits et armés d'une simple mitrailleuse, conçus pour des missions de reconnaissance ; lourds, mieux blindés et plus lents, pour appuyer l'infanterie ; moyens enfin, comme le A9, peu blindés mais plus rapides et dotés d'un canon plus puissant, afin de remplir le rôle autrefois dévolu à la cavalerie.
Les chars français étaient lourds et destinés à percer les défenses ennemies, comme le char B, ou moyens, incorporés aux régiments de cavalerie mécanisée. Les armées italienne et japonaise disposaient d'engins légers et moyens, comme les Américains pour qui les chars moyens étaient destinés à être incorporés à l'infanterie. De ce fait, et jusqu'en 1941, les blindés de la cavalerie furent appelés « véhicules de combat ». Les Allemands s'équipèrent de chars de reconnaissance et de chars moyens. L'Armée rouge, enfin, possédait des chars lourds et des chars moyens rapides. Très vite, il est apparu que les chars devenaient un élément décisif de toute bataille. Les Allemands ont, à cette fin, fabriqué des chars de plus en plus lourds, et en même temps des engins plus petits, mais très adaptés à ce type de combat, comme le Jagdpanther. Les Américains ont construit des chars peu blindés mais très armés, comme le M36, alors que les Soviétiques utilisaient des chars lourds. Leur T-34 fut un des premiers chars à tout faire. Il a inspiré le Centurion britannique et le M26 américain.

Blindés des armées de l'Axe

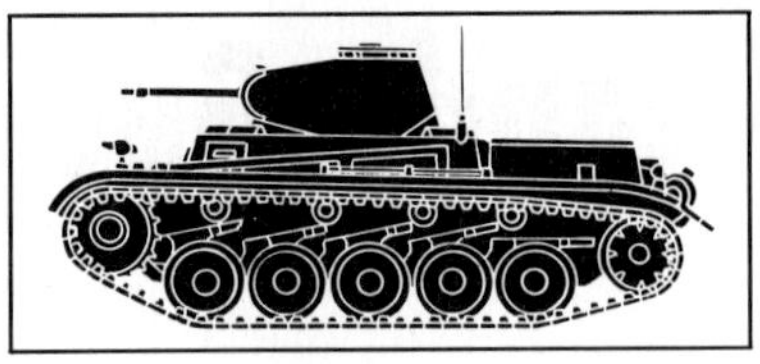

1939 : PzKw II, All.
Poids : 10 tonnes. Canon : 20 mm.

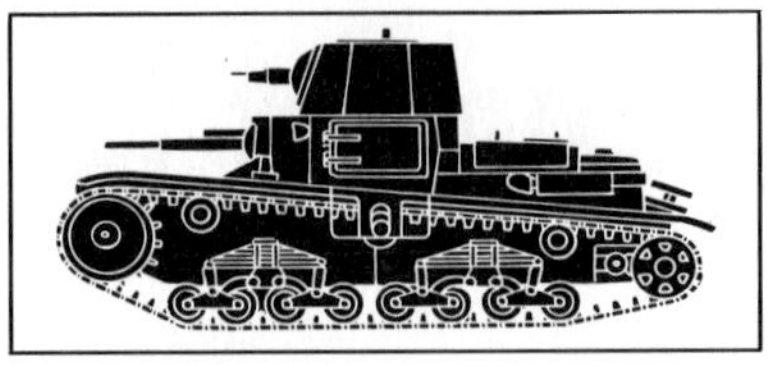

1939 : M11/39, Italie
Poids : 11 tonnes. Canon : 37 mm.

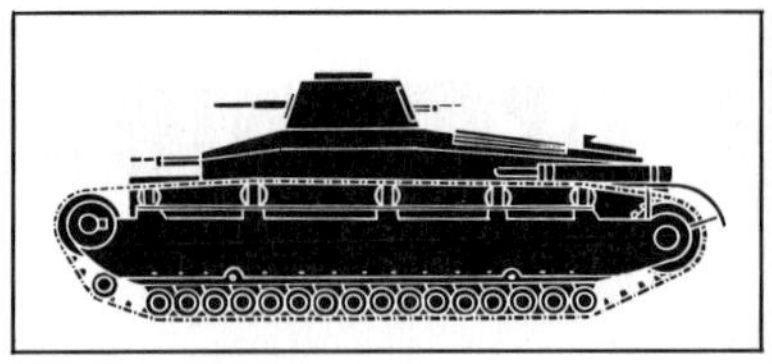

1939 : Type 92, Japon
Poids : 26 tonnes. Canon : 37 mm.

1939 : PzKw III, All.
Poids : 15 tonnes. Canon : 37 mm.

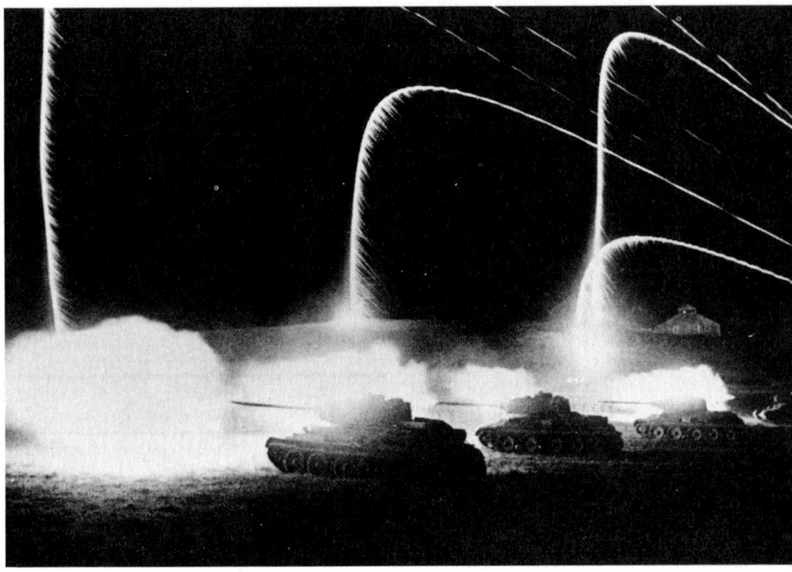

1940 : PzKw IV, All.
Poids : 17,3 tonnes. Canon : 75 mm.

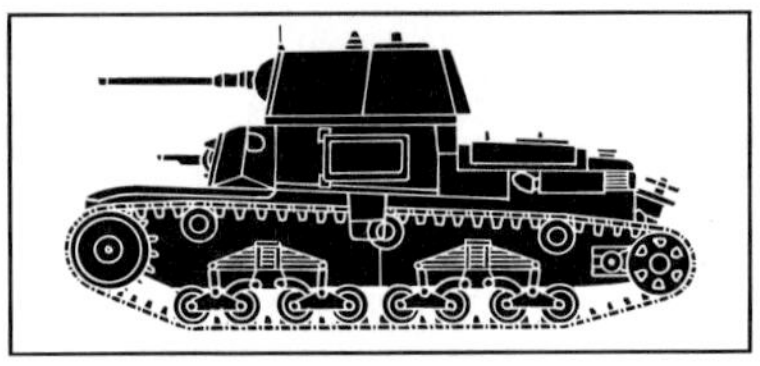

1941 : M13/40, Italie
Poids : 14 tonnes. Canon : 47 mm.

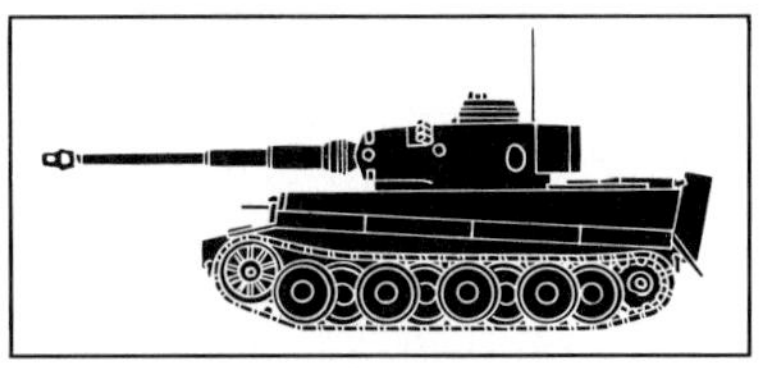

1942 : Tiger I, All.
Poids : 56 tonnes. Canon : 88 mm.

1942 : PzKw IVJ Special, All.
Poids : 25 tonnes. Canon : 75 mm.

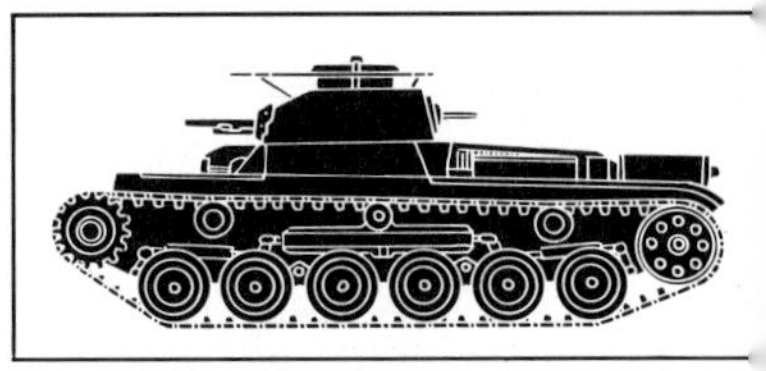

1942 : Type 97, Japon
Poids : 15 tonnes. Canon : 57 mm.

1943 : Panther, All.
Poids : 43 tonnes. Canon : 75 mm.

1944 : Tiger II, All.
Poids : 68 tonnes. Canon : 88 mm.

Le rôle dévolu aux Panzer par les stratèges du IIIe Reich

De 1939 à 1942, les Panzer ont été le fer de lance de l'offensive allemande. Ils enfonçaient les défenses ennemies et pénétraient à grande vitesse jusqu'à ses arrières. Cela désorganisait les communications avec l'état-major, empêchant ainsi toute contre-attaque. Au cours de leur avancée, les Panzer isolaient les troupes ennemies dans des poches, réduites ensuite par l'infanterie. Les officiers des régiments blindés restaient à l'avant, donnant leurs ordres par radio.

Blindés des armées alliées

1939 : Char B, France
Poids : 32 tonnes. Canon : 47 mm.

1939 : Renault R-35, France
Poids : 9,8 tonnes. Canon : 37 mm.

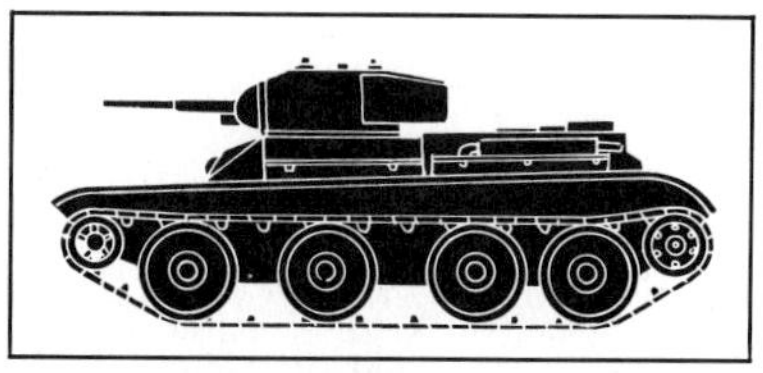

1939 : BT-7, URSS
Poids : 14,8 tonnes. Canon : 45 mm.

1939 : M2A4, EU
Poids : 10,3 tonnes. Canon : 37 mm.

1939 : Light Tank Mk VI, GB
Poids : 5 tonnes. Mitrailleuse.

1939 : Infantry Tank Mk I, GB
Poids : 11 tonnes. Mitrailleuse.

1939 : A9 Cruiser I, GB
Poids : 12,7 tonnes. Canon : 40 mm.

1940 : Infantry Tank Mk II, GB
Poids : 26 tonnes. Canon : 40 mm.

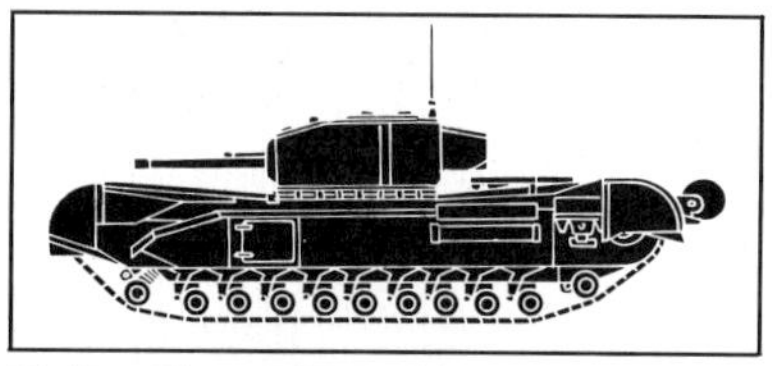

1940 : Churchill I, GB
Poids : 38,5 tonnes. Canon : 40 mm.

1940 : KV-1, URSS
Poids : 46 tonnes. Canon : 76 mm.

1940 : M3 Stuart (Honey), EU
Poids : 12 tonnes. Canon : 37 mm.

1941 : T-34/76, URSS
Poids : 28 tonnes. Canon : 76 mm.

1941 : M3 Lee (Grant), EU
Pds : 30 t. Canons : 75 mm, 37 mm.

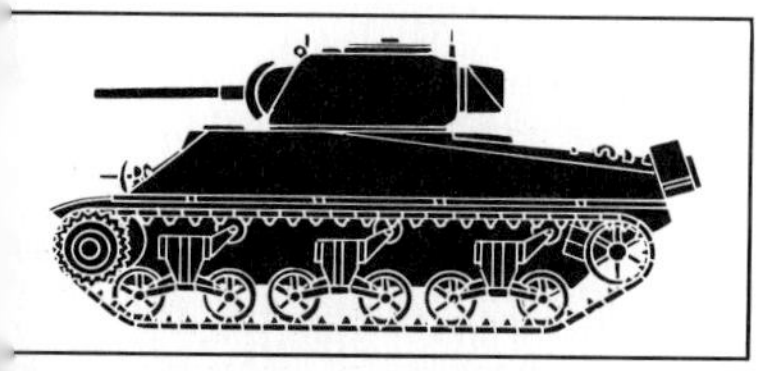

1942 : M4 Sherman, EU
Poids : 33 tonnes. Canon : 75 mm.

1943 : T-34/85, URSS
Poids : 32 tonnes. Canon : 85 mm.

1943 : M10, EU
Poids : 30 tonnes. Canon : 76 mm.

1944 : Cromwell, GB
Poids : 28 tonnes. Canon : 75 mm.

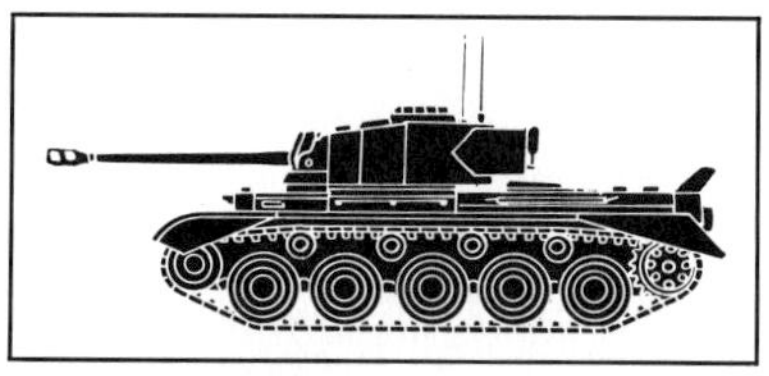

1944 : Comet, GB
Poids : 33 tonnes. Canon : 77 mm.

1944 : IS-1, URSS
Poids : 45 tonnes. Canon : 85 mm.

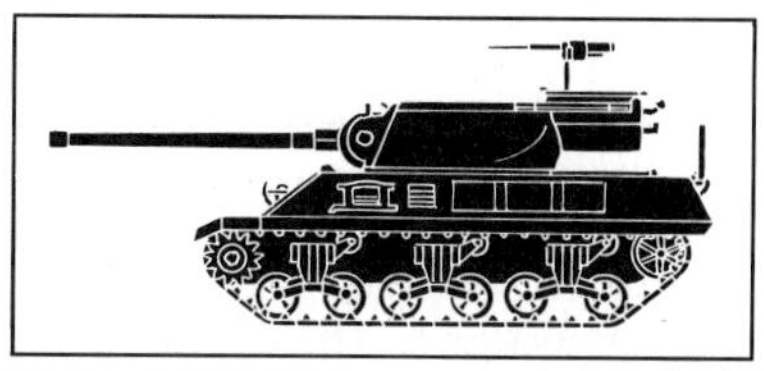

1944 : M36, EU
Poids : 27,7 tonnes. Canon : 90 mm.

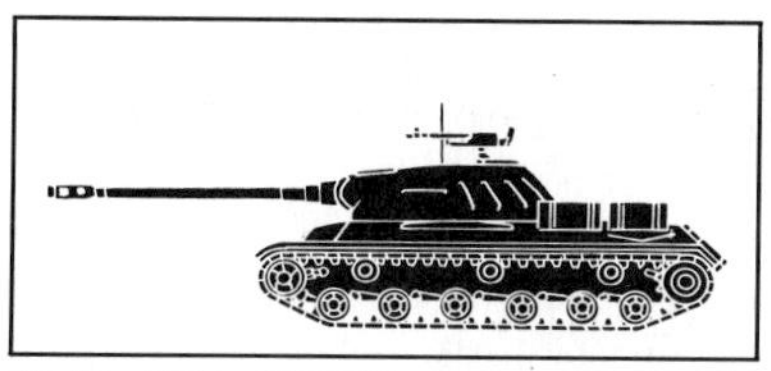

1945 : IS-3, URSS
Poids : 46 tonnes. Canon : 120 mm.

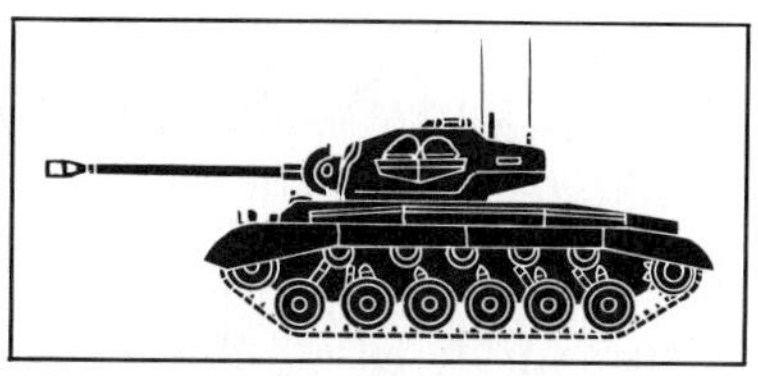

1945 : M26 Pershing, EU
Poids : 42 tonnes. Canon : 90 mm.

TERRE

Les armes antichars

Pour les constructeurs de chars, la guerre à gagner était, avant tout, celle qui opposait l'obus au blindage. Au début du conflit, aucun canon ne dépassait le calibre de 76 mm et aucun blindage n'excédait l'épaisseur de celui du char Mk II, soit 80 mm. Au cours de la guerre, calibres et épaisseurs ont augmenté.

Des limites se sont vite imposées aux constructeurs dans leur recherche d'un char idéal : celui qui aurait le plus gros canon tout en ayant le blindage le plus épais. En effet, le poids du blindage alourdit les chars et les rend moins mobiles. La taille du canon détermine celle de la tourelle qui, à son tour, détermine la masse globale du char.

Durant l'été 1942, le théâtre de l'Afrique du Nord fut dominé par les combats de chars. On trouvera, ci-contre, une illustration des forces en présence. Le graphique présente les principaux canons antichars en usage et compare leur potentiel de pénétration d'un blindage, en fonction de leur portée. Les performances diminuent avec l'accroissement de la distance. Cela explique que la plupart des engagements impliquant des blindés ont eu lieu sur des distances de moins de 1 000 m. Sur le théâtre européen, elles furent encore inférieures. Le graphique démontre la supériorité du canon antichar allemand de 88 mm, initialement destiné à la lutte antiaérienne, et qui a d'abord équipé le Tiger. Les Britanniques ont monté leur meilleur canon, le 76 mm, sur des Sherman américains. On notera aussi, sur le graphique, que le canon du PzKw IV Spécial, plus long que celui de la première version de ce char, permet d'obtenir une plus grande vitesse de propulsion de l'obus, qui traverse alors une épaisseur de blindage bien plus grande. Les blindages les plus épais étaient installés sur l'avant et sur les flancs des chars, qui sont les parties les plus exposées aux coups portés par l'ennemi.

Les illustrations ci-contre présentent les modèles de chars figurant sur le graphique :
En haut à gauche : Valentine.
En haut à droite : Matilda II (Infantry Tank Mk II)

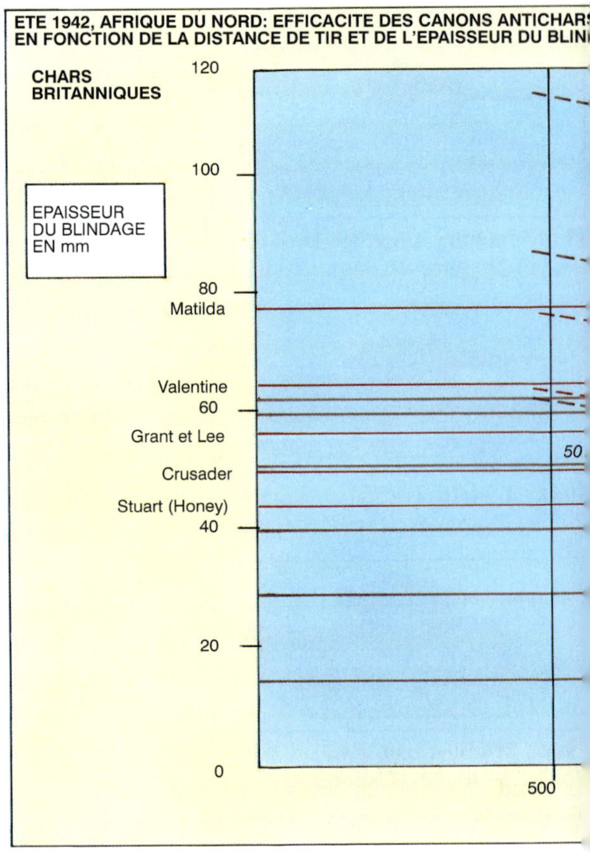

Ci-dessus : M3 Lee (Grant).

En bas à gauche : Crusader.

En bas à droite : M3 Stuart (Honey).

En haut à gauche : le 88 mm.

En haut à droite : PzKw III.

Ci-dessous : PzKw IV spécial.

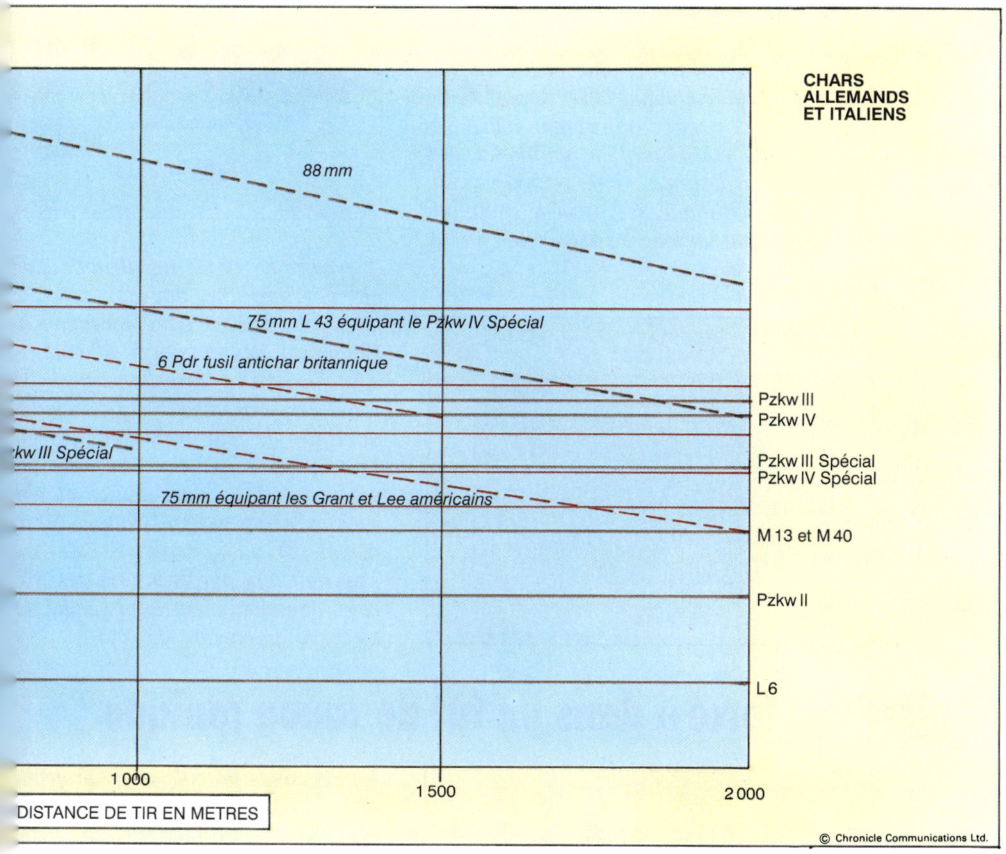

Ci-dessus : PzKw III spécial.

En bas à droite : M13/40.

En bas à gauche : PzKw II.

TERRE

Les obus à effet cinétique

Percer le blindage

Les deux méthodes les plus utilisées durant la guerre pour percer le blindage étaient basées l'une sur l'effet cinétique et l'autre sur l'effet chimique – c'est-à-dire explosif – des projectiles employés.

L'effet cinétique dépend de la masse et de la vitesse du projectile. Plus celui-ci est dense et plus sa vitesse est grande, plus sa capacité de pénétration du blindage est importante. Les obus à effet cinétique étaient fabriqués dans un métal très dur, tel que le tungstène. Pour augmenter la vitesse de propulsion, on pouvait soit accroître la longueur du canon, soit utiliser un projectile de masse plus élevée. Ces deux solutions comportaient des limites. Un canon trop long rend un char peu manœuvrable. Une masse trop importante provoque un plus fort recul. Aussi les fabricants de munitions ont-ils eu recours à d'autres méthodes. L'une consistait à utiliser des fûts de canons coniques, l'autre à utiliser des projectiles de calibre moindre.

Le modèle le plus courant de projectile à effet chimique était l'obus à fort pouvoir explosif, doté d'une amorce. L'efficacité de ce type de projectile ne dépend pas de sa vitesse. En raison de sa trajectoire plus haute, il est moins précis que le type d'obus précédent. Il est plus efficace contre les blindages rivetés que contre les blindages soudés ou coulés. L'obus à effet explosif était toutefois très employé durant le conflit en raison de sa double utilisation contre les blindés et contre l'infanterie. Les Britanniques, dont les premiers chars n'étaient dotés que d'obus à effet cinétique, ont été handicapés par l'absence de souplesse d'emploi de ce projectile.

Dans cette catégorie, les obus les plus efficaces étaient ceux qui ajoutaient au premier effet celui de la charge creuse qui décuple le pouvoir de déflagration. Il était notamment appliqué sur les obus de type HEAT.

Mais, bientôt, des armes antichars portables et sans recul ainsi que des lance-grenades antichars firent leur apparition.

Projectiles à coiffes multiples

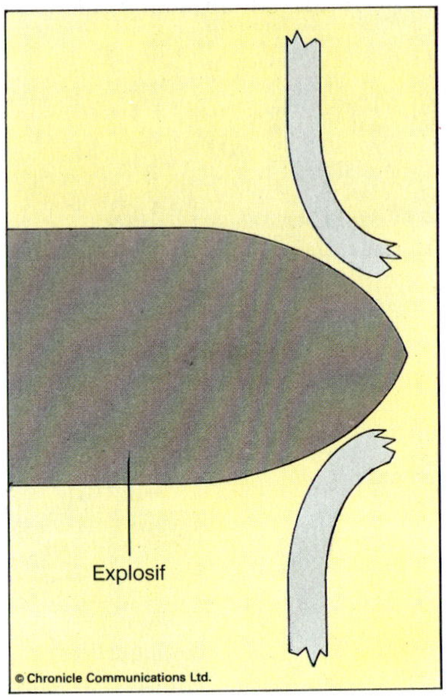

L'inconvénient des obus à effet cinétique était que, s'ils ne frappaient pas leur cible sous le bon angle, ils pouvaient facilement rebondir. Pour supprimer ce risque, ils ont été dotés d'une coiffe en métal mou. Au moment de l'impact, celle-ci se plantait pendant une fraction de seconde dans le blindage vers lequel elle « guidait » l'obus lui-même qui y pénétrait alors. Mais, à son tour, cette coiffe avait l'inconvénient de casser la vitesse du projectile principal et d'absorber une partie de son énergie cinétique. On résolut cette difficulté par l'adjonction d'une seconde coiffe profilée en métal très léger, destinée à ne remplir qu'un rôle balistique. Ce procédé a été utilisé tout au long de la seconde moitié de la guerre.

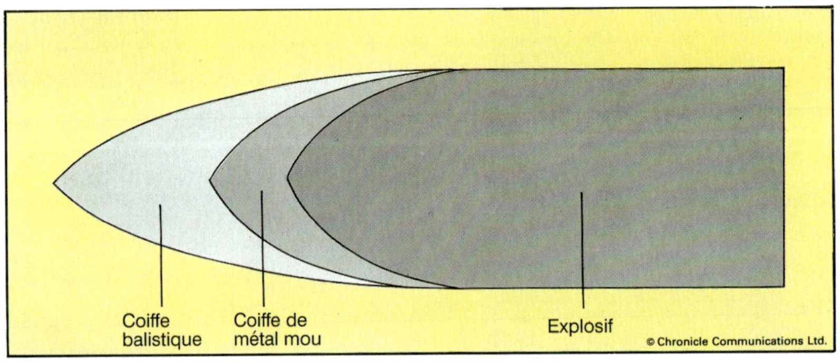

Guidage de l'obus dans le canon

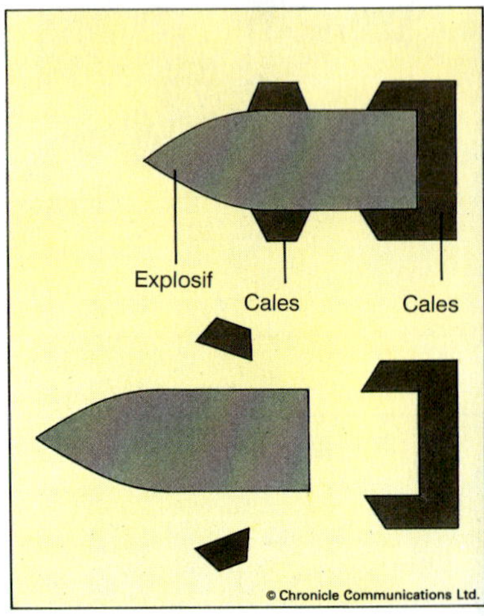

A partir de 1944, les Britanniques ont développé un nouveau procédé pour faire face à l'augmentation de l'épaisseur des blindages allemands. Afin de lutter contre la perte de vitesse des projectiles de gros calibre au cours de leur trajectoire, ils ont imaginé d'utiliser des obus de diamètre inférieur, plus denses et plus rapides, en les guidant dans le fût du canon par un système de cales qui s'ajustait aux parois intérieures. Ces cales abandonnaient le projectile dès sa sortie du canon.

Système du projectile « forcé » dans un fût de canon conique

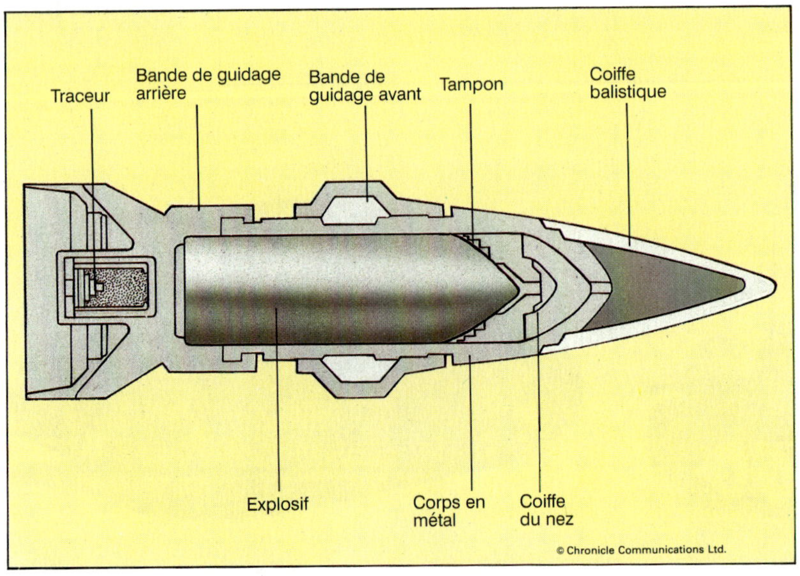

La vitesse de propulsion du projecti[le] à la sortie du canon est l'un de[s] principaux paramètres qui déte[r]minent l'efficacité d'un obus à e[f]fet cinétique. Un moyen d'accroîtr[e] cette vitesse consiste à utiliser de[s] canons à fûts coniques. L'obus e[st] ainsi « forcé » à l'intérieur d'un di[a]mètre qui va en diminuant. Il e[st] équipé de guides en forme de jupe o[u] de bandes latérales en matière pla[s]tique, qui s'usent au fur et à mesu[re] qu'il progresse le long du fût. Quan[d] le projectile émerge du canon, ce q[ui] reste de ces guides se détache de s[es] flancs. Pour des raisons technique[s] ce procédé n'a toutefois été emplo[yé] que sur les canons de petit diamèt[re] équipant certains véhicules blind[és] ou certains canons antichars.

Les obus à effet explosif

Projectile à charge creuse HEAT

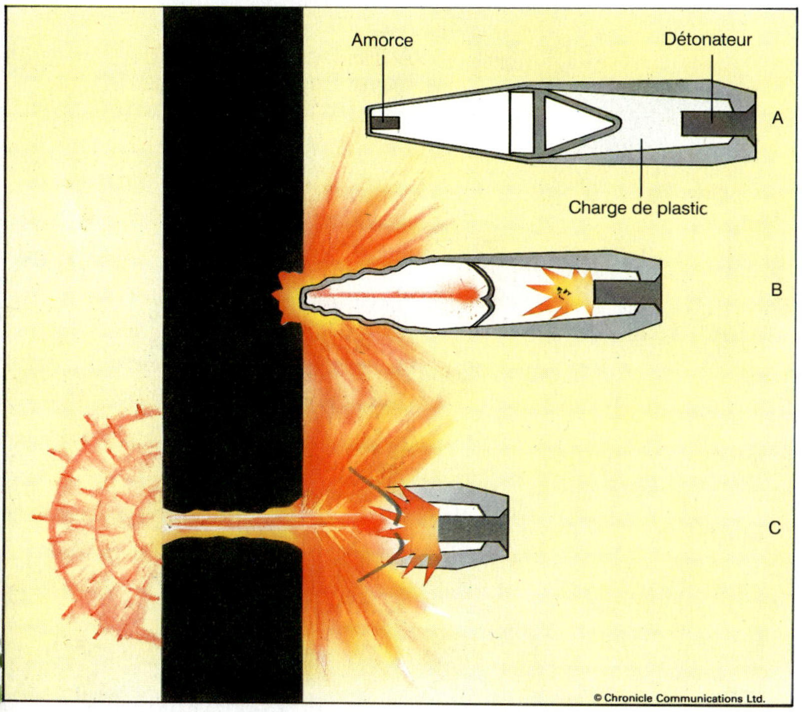

Développé à la fin de la guerre, l'obus HEAT – High Explosive Anti-Tank – répondait parfaitement au besoin croissant d'un projectile à haut pouvoir explosif. Il était composé d'une charge de plastic enfermée dans une enveloppe peu épaisse de métal léger, munie à son extrémité d'une amorce. En atteignant la cible blindée, le projectile s'écrasait sur celle-ci. Le choc activait l'amorce qui déclenchait l'explosion. L'onde de choc ébranlait le blindage jusqu'à le percer, projetant à l'intérieur du char des éclats meurtriers pour ses servants.

Obus Panzerfaust à courte portée

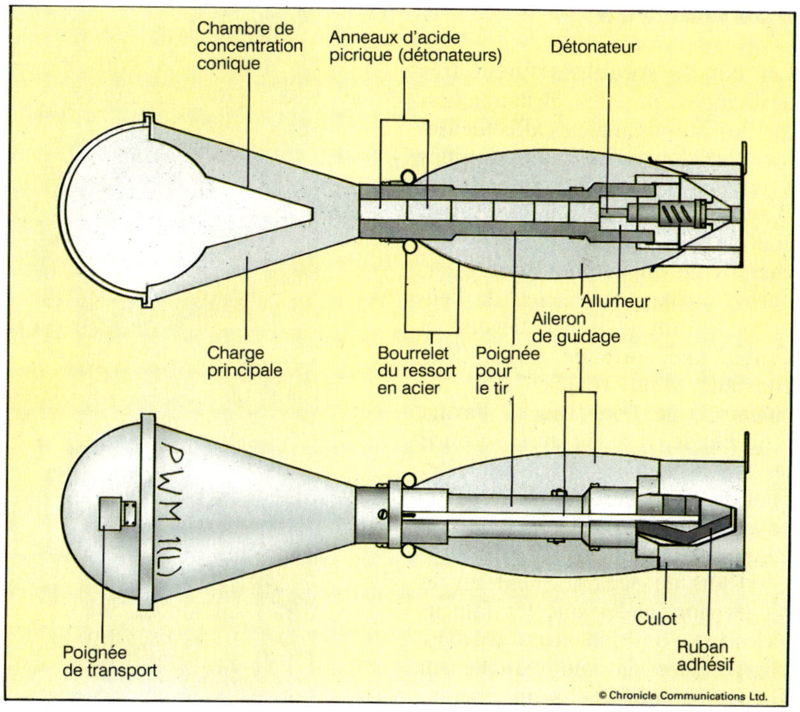

Parmi les armes antichars portables, le Panzerfaust (poing blindé) allemand fait figure de pionnier, tout comme le bazooka américain, auquel il ressemble. Cette arme tire des obus de 2 kg, de forme spéciale : le renflement de l'une des extrémités renforce l'effet Monroe, du nom de l'Américain qui découvrit le principe de l'obus à charge creuse. Lors de l'impact, l'explosion pouvait faire fondre un blindage de 20 cm. Le Panzerfaust était assez peu précis et de très courte portée (60 m), mais s'est révélé d'une efficacité redoutable contre les chars alliés.

Trajectoire et portée des projectiles

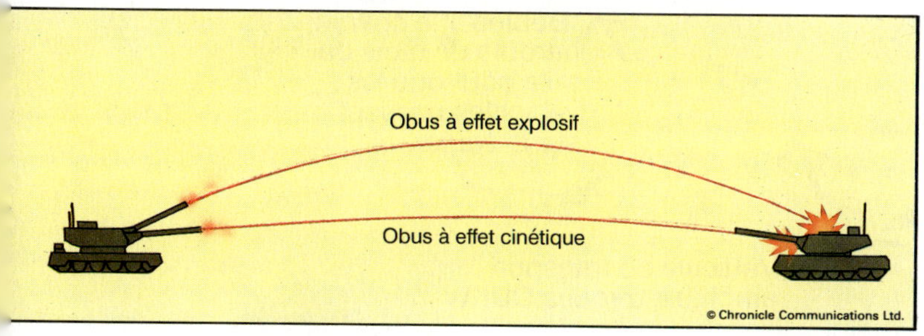

Au moment du tir, la vitesse des obus à effet cinétique est presque deux fois plus grande que celle des obus à effet explosif. Suivant une trajectoire presque rectiligne, ils se dirigent directement sur la cible. En revanche, il est indispensable, lorsque l'on utilise des obus à effet explosif à trajectoire courbe, de savoir avec précision à quelle distance se trouve la cible. Le commandant du char doit donc la calculer pour atteindre son objectif dès le premier coup. L'acquisition de ce savoir fait partie de l'entraînement de tout bon soldat. Avec l'expérience, certains commandants de char acquièrent une précision de tir remarquable.

Un T-34/76 soviétique touché à mort sur le front de l'Est.

TERRE

Les blindés spécialisés

Les blindés spécialisés furent très développés par les Britanniques, qui les surnommaient affectueusement les clowns. Ils étaient destinés à remplir deux tâches principales. Il apparut en Afrique du Nord qu'il était nécessaire de déblayer les champs de mines pour progresser, parfois même sous le feu de l'ennemi. Ce fut le travail dévolu au Crabe, une sorte de grand fléau constitué d'un rouleau doté de chaînes, que l'on fixait à l'avant d'un blindé. Il fallait aussi secourir les chars touchés : les véhicules blindés de secours, Armoured Recover Vehicles (ARV), se virent confier cette tâche.

C'est lors du débarquement sur les plages normandes que les fameux « clowns » ont fait leurs preuves. L'expérience du raid manqué sur Dieppe en août 1942 avait enseigné aux stratèges du jour J que les troupes de débarquement avaient besoin d'un soutien blindé aussitôt qu'elles prenaient pied sur le rivage. Les chars devaient donc être équipés de dispositifs amphibies de façon à pouvoir « nager » jusqu'à la côte. Il fallait aussi trouver les moyens de déminer rapidement, de circonvenir les blockhaus et de permettre aux chars de franchir les obstacles, tout cela sous le feu de l'ennemi. La 79e division blindée britannique, placée sous la direction du général Percy Hobart, fut entraînée dans ce but dès le mois de mars 1943. Les blindés spécialisés ont ainsi apporté un soutien décisif aux opérations de débarquement des Britanniques et des Canadiens, pendant toute la campagne de 1944 et 1945. Même s'ils ont développé des blindés entièrement amphibies comme le DUKW et l'Alligator, les Américains ont beaucoup utilisé le Sherman DD « nageur » – en fait muni d'une jupe de toile armée amphibie et d'hélices. A Omaha Beach, ils ont été mis à l'eau trop tôt et peu d'entre eux ont atteint la côte. Cela explique en partie les pertes plus lourdes là qu'ailleurs, et notamment qu'à Utah Beach.

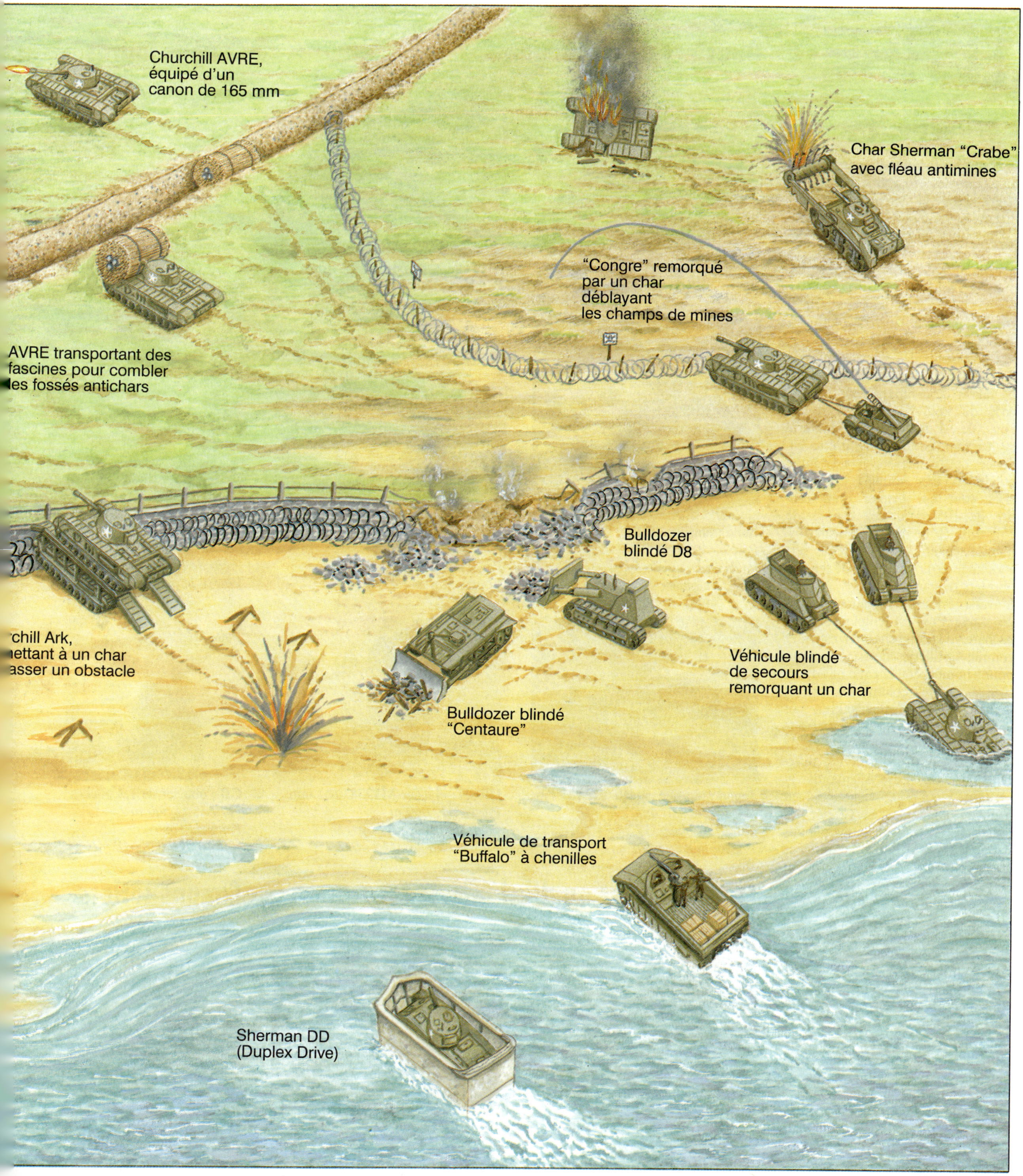
Churchill AVRE,
équipé d'un
canon de 165 mm
Char Sherman "Crabe"
avec fléau antimines
"Congre" remorqué
par un char
déblayant
les champs de mines
AVRE transportant des
fascines pour combler
les fossés antichars
Bulldozer
blindé D8
chill Ark,
ettant à un char
asser un obstacle
Véhicule blindé
de secours
remorquant un char
Bulldozer blindé
"Centaure"
Véhicule de transport
"Buffalo" à chenilles
Sherman DD
(Duplex Drive)

TERRE

L'artillerie

Sur tous les théâtres d'opérations et dans tous les environnements, l'artillerie a joué le même rôle essentiel durant la Seconde Guerre mondiale qu'au cours de la Première. Matériel spécialisé mis à part, les pièces d'artillerie sont de deux types : canons et obusiers. Les projectiles tirés par les premiers ont une grande vitesse initiale et leur trajectoire est tendue, alors que ceux tirés par les seconds sont des obus explosifs, dont la trajectoire est courbe.
L'obusier de campagne constitue la base de tout système d'artillerie. Son rôle est de soutenir l'infanterie et les blindés. Capable d'une cadence de tir élevée, il est d'une utilisation très souple. Les obusiers sont en général d'un calibre de 105 mm. Les canons de 150 mm et de calibre voisin forment l'artillerie moyenne, qui sert à augmenter la puissance de feu des obusiers de campagne.
L'artillerie lourde s'ajoute aux précédentes. Elle est employée pour préparer des offensives terrestres et comme artillerie de siège, voire pour bombarder l'ennemi d'une côte à l'autre, comme les Britanniques et les Allemands l'ont fait au-dessus de la Manche.
Les obusiers et les canons légers, de 75 mm et moins, ont connu différents usages. Les Allemands et les Japonais, notamment, les ont beaucoup employés. Servis par des fantassins, ils étaient utilisés pour pilonner les positions renforcées ennemies. Ces armes pouvaient aussi être aéroportées et se révélèrent fort efficaces en montagne.
L'artillerie antiaérienne peut être légère, moyenne ou lourde. La première équipe les troupes de l'avant et défend des points précis menacés par l'artillerie ennemie. Les autres contrôlent des zones plus vastes.
Le développement le plus intéressant fut celui des canons automoteurs, qui ont accompagné les chars partout. Les canons d'assaut en sont une variante. Ils ont été utilisés pour appuyer l'infanterie et comme armes antichars. Les Allemands s'en sont même servis comme substituts aux chars.

Obusiers de campagne

All. : obusier modèle 18, 105 mm
Portée : 11 000 m
Poids de l'obus : 15 kg
Vitesse initiale : 470 m/s

GB : canon/obusier de 25 livres
Portée : 12 000 m
Poids de l'obus : 11,5 kg
Vitesse initiale : 518 m/s

Italie : obusier 75/18
Portée : 9 600 m
Poids de l'obus : 6,5 kg
Vitesse initiale : 457 m/s

EU : obusier M1, 105 mm
Portée : 11 000 m
Poids de l'obus : 15 kg
Vitesse initiale : 472 m/s

Japon : obusier modèle 91, 105 mm
Portée : 18 000 m
Poids de l'obus : 15,75 kg
Vitesse initiale : 731 m/s

URSS : obusier M1938, 122 mm
Portée : 12 000 m
Poids de l'obus : 22 kg
Vitesse initiale : 515 m/s

Canons lourds

All. : 24 cm Kanone 3
Portée : 37 500 m
Poids de l'obus : 152 kg
Vitesse initiale : 870 m/s

EU : obusier M1, 8 pouces
Portée : 17 000 m
Poids de l'obus : 91 kg
Vitesse initiale : 594 m/s

GB : obusier de 7,2 pouces
Portée : 15 500 m
Poids de l'obus : 91 kg
Vitesse initiale : 518 m/s

Canons légers ou d'infanterie

EU : obusier M8, 75 mm
Portée : 8 750 m
Poids de l'obus : 6,5 kg
Vitesse initiale : 381 m/s

All. : canon de 7,5 cm IeIG 18
Portée : 3 700 m
Poids de l'obus : 6 kg
Vitesse initiale : 210 m/s

Canons côtiers

GB : canon de 14 pouces
Portée : 45 km
Poids de l'obus : 720 kg
Vitesse initiale : 305 m/s

Canons moyens

GB : canon de 5,5 pouces
Portée : 15 000 m
Poids de l'obus : 45 kg
Vitesse initiale : 510 m/s

EU : obusier M1, 155 mm.
Portée : 15 000 m
Poids de l'obus : 43 kg
Vitesse initiale : 564 m/s

URSS : canon M37, 152 mm
Portée : 17 000 m
Poids de l'obus : 40 kg
Vitesse initiale : 655 m/s

All. : obusier M18, 150 mm
Portée : 13 500 m
Poids de l'obus : 43 kg
Vitesse initiale : 518 m/s

Canons automoteurs

GB : Sexton, 25 livres
Monté sur un châssis de Ram
Membres d'équipage : 5
Poids : 30 tonnes

EU : GMC M12, 155 mm
Monté sur un châssis de M3 Lee
Membres d'équipage : 6
Poids : 30 tonnes

URSS : SU-122, 122 mm
Disposé sur un châssis de T-34/76
Membres d'équipage : 5
Poids : 30 tonnes

All. : Hummel, 150 mm
Disposé sur un châssis de Pzkw IV
Membres d'équipage : 6
Poids : 23,5 tonnes

Canons d'assaut

All. : SuG III AusfG, 75 mm
Disposé sur un châssis de Pzkw III
Membres d'équipage : 4
Poids : 35 tonnes

URSS : SU-76, 76 mm
Disposé sur un châssis de T-70
Membres d'équipage : 4
Poids : 29,5 tonnes

Italie : Semovente 75/18, 75 mm
Disposé sur un châssis de M11/39
Membres d'équipage : 3
Poids : 13 tonnes

Canons antiaériens

GB : 3,7 pouces
Portée : 29 000 m
Poids de l'obus : 13 kg
Vitesse initiale : 792 m/s

All. : canon de 88 mm Flak
Portée : 32 000 m
Poids de l'obus : 9,5 kg
Vitesse initiale : 1 000 m/s

Suède : 40 mm Bofors
Portée : 4 600 m
Poids de l'obus : 1 kg
Vitesse initiale : 823 m/s

TERRE

Les tirs d'artillerie

Les techniques de l'artillerie se sont considérablement affinées et perfectionnées tout au long de la Seconde Guerre mondiale.

Les diagrammes ci-contre révèlent à quel point les tirs peuvent être imprécis, en raison du nombre important de paramètres qui déterminent la trajectoire de l'obus dans l'air. Les tirs d'artillerie sont le plus souvent indirects, c'est-à-dire que les servants du canon ne voient pas l'objectif à atteindre. On recourt en général à un observateur chargé de repérer la cible et d'en déterminer les coordonnées. En théorie, il doit préparer les tirs avant le déclenchement d'un barrage d'artillerie : chaque canon tire tour à tour, et sa hausse est réglée suivant les indications de l'observateur jusqu'à ce que la cible soit touchée. Mais l'artillerie est souvent amenée à ouvrir le feu sur des positions ennemies sans aucune préparation. Au fur et à mesure que l'observateur parvient à préciser les coordonnées de l'objectif, le tir est ajusté directement (voir détail page ci-contre). Mais il n'est pas toujours possible d'utiliser un observateur, en particulier lorsqu'il s'agit d'atteindre un point situé au-delà des lignes ennemies. Les blindés et l'infanterie doivent alors ajuster eux-mêmes le tir. Un appareil spécial leur permet de calculer la hausse nécessaire en fonction de la localisation de la cible, de facteurs météorologiques et des caractéristiques propres de chaque canon, et d'obtenir un réglage d'une assez grande précision.

Des plans de tir sont établis avant toute opération. Chaque canon se voit attribuer une cible, même s'il ne doit pas intervenir immédiatement : il faut pouvoir riposter avec efficacité aux attaques et aux contre-offensives de l'ennemi. Les tirs d'artillerie sont utilisés à des fins diverses. Le tir préliminaire précède une attaque, et le tir de soutien appuie l'assaut. Le tir de harcèlement est censé disperser les troupes ennemies et les démoraliser. Les tirs de contre-batterie sont dirigés contre ses canons, localisés grâce à des techniques acoustiques.

Les conditions atmosphériques sont un facteur essentiel

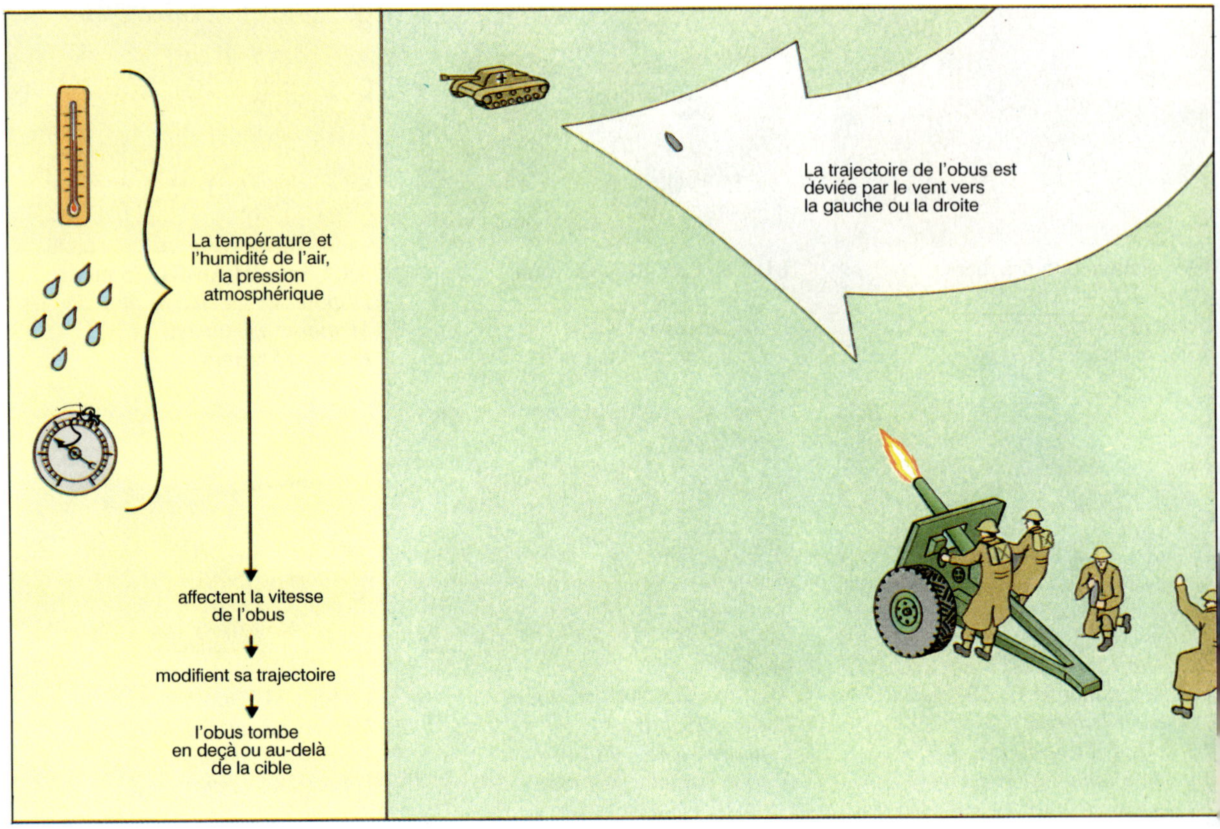

Tirer un obus sans tenir compte de la température, de la pression barométrique et du vent ne sert à rien : le projectile n'atteint alors jamais sa cible. En effet, sa vitesse de déplacement assez lente le rend sensible aux variations des facteurs atmosphériques, qui affectent sa trajectoire (voir schémas ci-dessus). Il est donc primordial que les artilleurs disposent d'informations très précises sur la météo. Dans les armées alliées, un bulletin était communiqué toutes les six heures. Des tables détaillées, élaborées lors des essais des canons, permettent d'adapter les réglages aux conditions atmosphériques du moment.

La dispersion des obus, un facteur inévitable d'imprécision

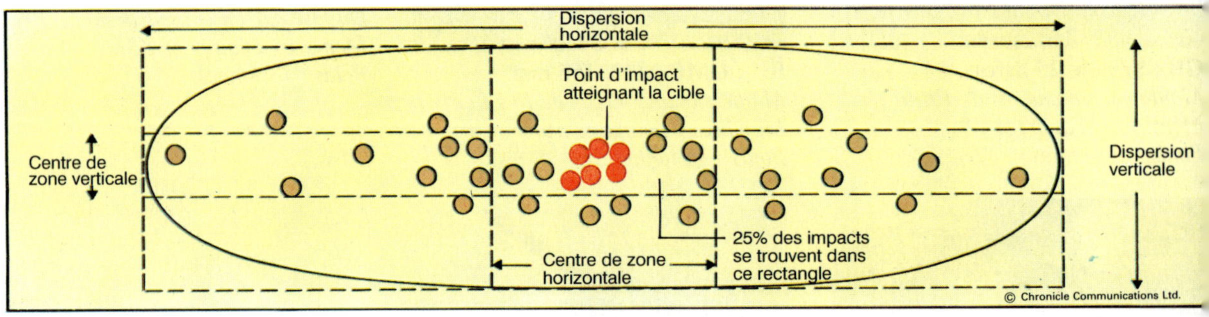

Le diagramme ci-dessus montre les impacts d'obus tirés par un canon dont le réglage est resté constant durant toute l'opération. Il fait clairement apparaître ce que l'on nomme la dispersion naturelle des obus. Beaucoup d'entre eux ont explosé au centre de la cible (impacts colorés en rouge), d'autres sont disséminés plus ou moins loin. L'artillerie est donc utilisée pour atteindre des zones assez importantes en surface, et non des points précis. Plusieurs facteurs provoquent cette dispersion. Tous les soins apportés à la fabrication en série des obus ne peuvent empêcher de petites variations dans le poids de chacun d'entre eux. La vitesse initiale du projectile et son comportement dans l'air en seront modifiés. La ceinture de métal mou de l'obus, qui le bloque en position de chargement et obture le tube du canon, peut varier légèrement en épaisseur, ce qui modifie la vitesse. Plus grande est la portée du canon, plus grande est la zone de dispersion.

Cible invisible : le rôle essentiel des observateurs

Un tir d'artillerie est dit direct lorsque les hommes qui servent le canon ou le mortier voient l'objectif visé. Il est dit indirect lorsque la cible leur est cachée, par exemple en raison de l'éloignement ou des accidents de terrain. Pendant la Seconde Guerre mondiale, le recours à des observateurs travaillant en liaison étroite avec les artilleurs et les équipages des blindés s'est beaucoup développé.

L'exemple ci-dessus montre le début de l'attaque d'un village par l'infanterie, soutenue par les chars. L'ennemi s'est embusqué dans des tranchées à l'entrée de la localité. Il est nécessaire de le maintenir sous le feu pour protéger l'approche des fantassins. Un observateur avancé identifie l'objectif et fournit ses coordonnées topographiques précises au poste d'artillerie. Il indique aussi s'il faut détruire l'objectif ou seulement, comme c'est le cas ici, le neutraliser. Les communications se font par radio, parfois par téléphone lorsque l'artillerie est installée sur des positions fixes.

A l'aide d'un instrument spécial, le traceur, l'officier de tir, au poste de commande de la batterie d'artillerie, détermine alors une hausse initiale pour les canons, en tenant compte des conditions météorologiques. Il fait alors tirer une première salve par un des canons. Si l'observateur constate que l'obus tombe trop à droite, au-delà de l'objectif, il envoie alors des instructions pour que soit corrigé le prochain tir. Après la deuxième et la troisième salve, il transmet pareillement de nouvelles corrections. Lorsque la quatrième salve atteint la cible, l'officier de tir règle alors la hausse définitive, et tous les canons entrent en action.

Un obusier britannique de 5,5 pouces en action en Afrique du Nord.

TERRE

Armes du fantassin

Les armes utilisées dans l'infanterie ont été perfectionnées tout au long du conflit. Elles sont devenues de plus en plus légères, alors que leur puissance de feu augmentait considérablement.

Au début de la guerre, les soldats étaient généralement équipés de fusils à magasin et culasse mobile, mais les Américains disposaient déjà d'une arme semi-automatique, le Garand, qui évitait au tireur de réarmer après chaque salve. Les autres belligérants, à l'exception des Britanniques, se sont peu à peu équipés de fusils de ce type. Leurs avantages étaient réels, mais ils avaient aussi deux défauts : leur mécanisme tombait très souvent en panne et ils consommaient des munitions en quantité bien plus importante. Les carabines, plus légères et plus petites, ont surtout été utilisées dans la jungle.

Les mitrailleuses n'étaient guère différentes des modèles utilisés au cours de la Première Guerre mondiale. Montées sur trépied et équipées d'un refroidissement par eau, elles étaient utilisées comme armes défensives, mais aussi, grâce à leur grande portée (2 000 à 3 000 m), pour soutenir les unités chargées de l'assaut. En revanche, en 1939, les mitrailleuses légères et les fusils-mitrailleurs étaient beaucoup plus efficaces que ceux de 1918. Les nouveaux modèles, bien moins lourds même avec leur chargeur, possédaient un mécanisme simplifié et étaient équipés d'un bipied amovible. Certains d'entre eux, comme le MG42 allemand, pouvaient aussi être alimentés par bandes. Une nouvelle arme automatique, la mitraillette, est apparue dans tous les pays. Elle s'est révélée très efficace au cours des combats rapprochés. C'est cependant l'utilisation du mortier qui est l'innovation principale en 1939. A l'époque de la Grande Guerre, c'était un engin fort encombrant, mais les modèles de deux et trois pouces apparus plus tard se sont révélés beaucoup plus maniables. Le mortier est alors devenu, presque partout, l'« artillerie » du fantassin par excellence.

Des fusils plus légers, plus petits, qui tirent de plus en plus vite

1 : Lee Enfield nº 4 Mk 1 (GB)
Calibre : 7,7 mm.
Longueur du canon : 63 cm.
Poids : 4,116 kg.
2 : M1 Garand (EU)
Calibre : 7,62 mm.
Longueur du canon : 60,96 cm.
Poids : 4,309 kg.
3 : modèle 1930G (URSS)
Calibre : 7,62 mm.
Longueur du canon : 51,94 cm.
Poids : 3,458 kg.
4 : Karabiner 98K (All.)
Calibre : 7,92 mm.
Longueur du canon : 59,94 mm.
Poids : 3,883 kg.
5 : Mannlicher 1891 (Italie)
Calibre : 6,5 mm.
Longueur du canon : 78 cm.
Poids : 3,854 kg.
6 : Meiji 38 (Japon)
Calibre : 6,5 mm.
Longueur du canon : 79,88 cm.
Poids : 3,854 kg.

Les mortiers, armes d'appui privilégiées pour les fantassins

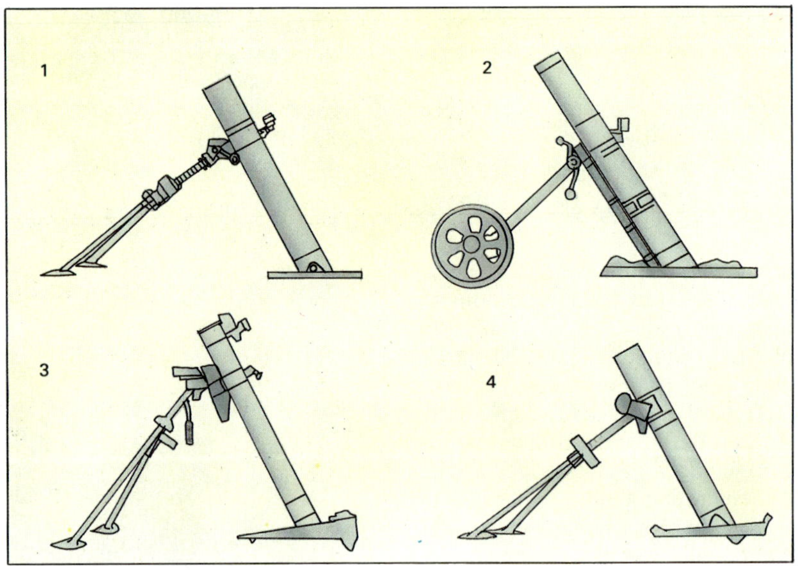

1 : mortier de 76 mm (GB)
Poids : 48,82 kg.
Longueur du tube : 129,50 cm.
Poids de l'obus : 4,5 kg.
Portée : 2 500 m.
Cadence de tir : 10 obus par minute.
2 : mortier de 82 mm (URSS)
Poids : 45 kg
Longueur du tube : 122 cm
Poids de l'obus : 3,35 kg
Portée : 3 100 m.
Cadence de tir : entre 15 et 20 obus par minute.
3 : Granatwerfer 34 (81,4 mm) (All.)
Poids : 56,70 kg.
Longueur du tube : 114 cm.
Poids de l'obus : 3,4 kg.
Portée : 2 400 m.
Cadence de tir : 15 obus par minute.
4 : modèle 99 (81 mm) (Japon)
Poids : 47,50 kg.
Longueur du tube : 64,10 cm.
Poids de l'obus : 3,14 kg.
Portée : 2 000 m.
Cadence de tir : 15 obus par minute.

Photographie ci-dessus : mortier M1 de 81 mm (EU)
Poids : 61,70 kg.
Longueur du tube : 126 cm.
Portée : 3 000 m.
Poids de l'obus : 3,110 kg
Cadence de tir : 18 obus par minute.

Des mitrailleuses plus légères et plus puissantes

Mitraillettes, des armes d'assaut

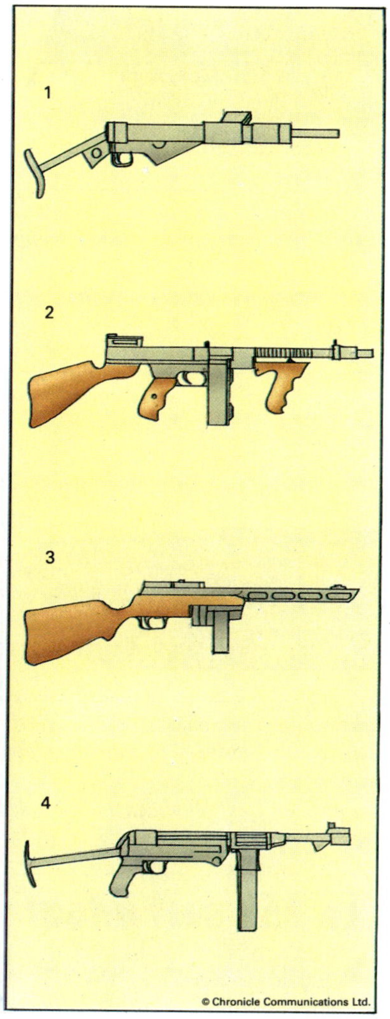

1 : mitraillette Sten (GB)
Calibre : 9 mm.
Longueur du canon : 19,6 cm.
Poids : 3,17 kg.
Chargeur de 32 cartouches.
2 : Thompson M1928 (EU)
Calibre : 11,43 mm.
Longueur du canon : 26,7 cm.
Poids : 4,59 kg.
Chargeur de 20 cartouches.
3 : PPSh-1941G (URSS)
Calibre : 7,62 mm.
Longueur du canon : 26,7 cm.
Poids : 3,63 kg.
Chargeur de 35 à 71 cartouches.
4 : MP38 9 mm Schmeisser (All.)
Longueur du canon : 24,8 cm.
Poids : 4,10 kg.
Chargeur de 32 cartouches.

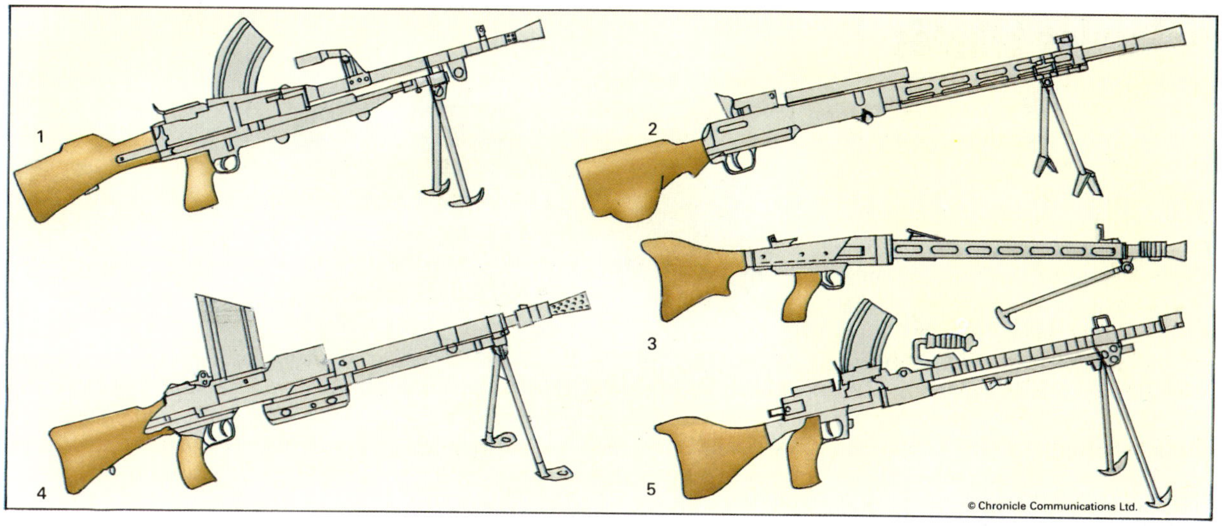

Mitrailleuses légères et fusils-mitrailleurs, efficaces et sûrs

1 : modèle Bren (GB)
Calibre : 7,70 mm.
Longueur du canon : 63,5 cm.
Poids : 10,12 kg.
500 coups à la minute.
Chargeur de 30 cartouches.
2 : DP 1928 (URSS)
Calibre : 7,62 mm.
Longueur du canon : 60,5 cm.
Poids : 9,30 kg.
550 coups à la minute.
Chargeur de 47 cartouches.
3 : MG 42 (All.)
Mitrailleuse légère.
Calibre : 7,92 mm.
Longueur du canon : 53,3 cm.
Poids : 11,56 kg.
1 200 coups à la minute.
Utilise comme chargeurs des bandes de longueur variable.
4 : Châtellerault M1929 (France)
Calibre : 7,5 mm.
Longueur du canon : 50 cm.
Poids : 9,18 kg.
550 coups à la minute.
Chargeur de 47 cartouches.
5 : type 96 (Japon)
Calibre : 6,5 mm.
Longueur du canon : 55,1 cm
Poids : 9,07 kg.
Atteint une cadence de 550 coups à la minute.
Chargeur de 30 cartouches.

Mitrailleuses lourdes, des armes à longue portée redoutables

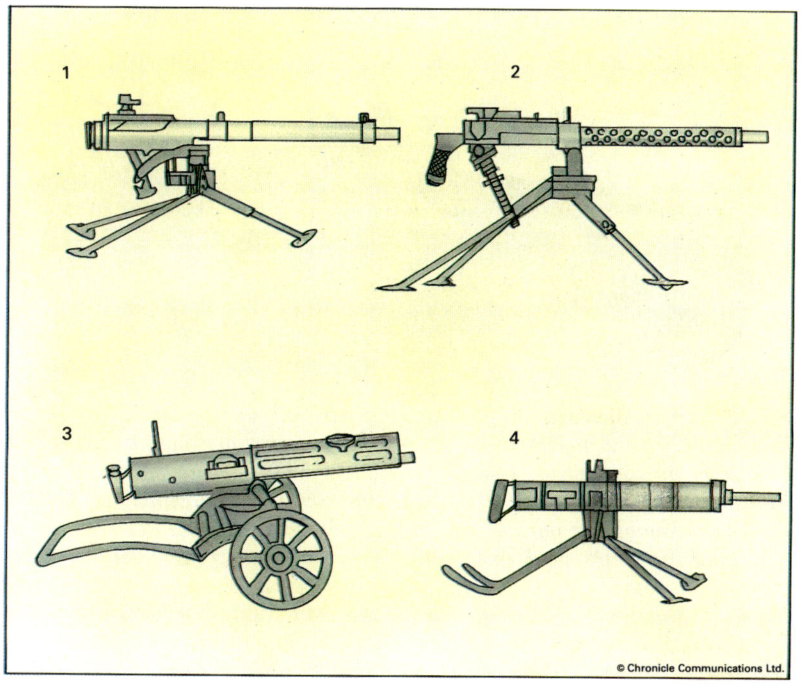

1 : Vickers Mark 11 (GB)
Calibre : 7,69 mm.
Poids : 18,14 kg.
Longueur du canon : 72,3 cm.
450 coups à la minute.
Bande de 250 cartouches.
2 : Browning M1919A4 (EU)
Calibre : 7,62 mm.
Poids : 13,95 kg.
Longueur du canon : 60,9 cm.
500 coups à la minute.
Bande de 250 cartouches.
3 : Maxim M1910 (URSS)
Calibre : 7,62 mm.
Poids : 23,81 kg.
Longueur du canon : 72,1 cm.
550 coups à la minute.
Bande de 250 cartouches.
4 : type 92 (Japon)
Calibre : 7,7 mm.
Poids : 27,67 kg.
Longueur du canon : 74,9 cm.
450 coups à la minute.
Magasin de 30 cartouches.

TERRE

L'Axe

Véhicules blindés

Les théoriciens de l'arme blindée se sont très vite rendus compte que les chars, employés seuls, étaient rarement efficaces. Leur action doit être soutenue par l'artillerie et l'infanterie. Le problème est alors de rendre les fantassins aussi mobiles que les chars sur le champ de bataille, et, cela, même sous le feu ennemi. Un modèle de véhicule blindé de transport de troupes, le char Mark IX, avait été construit en Grande-Bretagne dès 1918 et, au cours de la décennie suivante, les ingénieurs de l'armement expérimentèrent des chars monoplaces. Ensuite est apparu l'Universal Carrier. Ce véhicule, qui ne pouvait transporter que quelques hommes, a, en fait, plus souvent été utilisé comme engin de reconnaissance ou comme poste mobile de tir. Pendant la première partie de la guerre, les Britanniques ont donc dû utiliser des camions pour transporter leurs hommes.
Les Américains avaient construit dès 1930 des véhicules à chenilles, dont certains blindés. Les divisions blindées de leur infanterie étaient équipées des engins M2 et M3. Du côté allemand, quelques véhicules blindés, modèles Sd Kfz 250 et Sd Kfz 251, étaient déjà en service lorsque la guerre éclata. Les capacités de production de l'industrie d'armement du Reich n'étant pas illimitées, il a fallu du temps pour que toutes les divisions d'infanterie blindées Panzergrenadier soient équipées d'engins de ce type. Ainsi, comme les Britanniques, les Allemands ont dû au début de la guerre se contenter de camions.
Curieusement, les Soviétiques ne se sont pas intéressés à ce type de véhicules. Leur infanterie était à bord des chars, qu'elle devait évacuer lorsqu'ils étaient touchés; elle était par conséquent très vulnérable aux tirs d'obus.
A partir de 1944, les alliés occidentaux ont mis en service des chars de petit format, type Ram ou Kangaroo, et des blindés amphibies. Mais ce n'est qu'après la guerre que les transports de troupes ont été complètement blindés.

A gauche : Sd Kfz 2, Allemagne. *« Sonderkraftfahrzeug » (Sd Kfz) signifie véhicule spécial à moteur. Produit de 1940 à 1944, il ne transporte que deux hommes, mais atteint 110 km/h et se comporte très bien sur tous les terrains. Il a été utilisé comme transport de troupes, mais aussi pour d'autres missions.*
A droite : Sd Kfz 10, Allemagne. *Fabriqué dès 1937, il a d'abord servi au transport des fantassins. Sept soldats peuvent y prendre place. Equipé d'un canon, il a plus tard été utilisé par la Flak.*

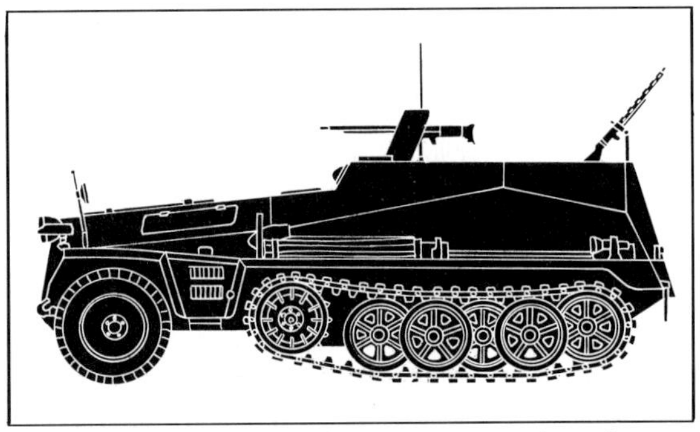

A gauche : Sd Kfz 250, Allemagne. *C'est le premier vrai transport blindé allemand. Son châssis est celui du Sd Kfz 10, mais avec un blindage en plus, le haut restant ouvert. Il est prévu pour six hommes et doté de deux mitrailleuses. Remplacé par le Sd Kfz 251, le 250 a ensuite beaucoup servi à la reconnaissance.*
A droite : Type 97 APC, Japon. *Il s'agit, en fait, du char Type 97, sans sa tourelle. Les véhicules blindés des Japonais ont surtout été utilisés dans les plaines du Mandchoukouo (la Mandchourie).*

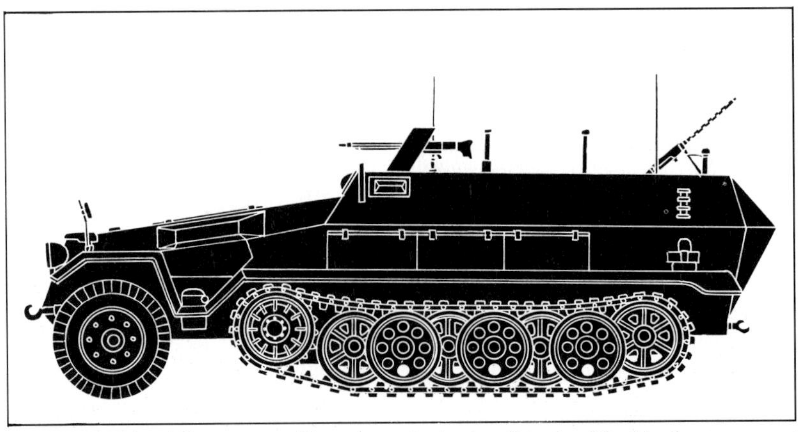

Sd Kfz 251, Allemagne. *C'est le principal véhicule blindé de transport allemand. Il pèse trois tonnes et peut transporter dix hommes, plus un officier et un conducteur. Comme le Sd Kfz 250, il est armé de deux mitrailleuses. Il faut 23 Sd Kfz 251 pour transporter une compagnie entière. Quelques exemplaires ont été affectés aux divisions blindées dès 1939, mais il a fallu du temps pour que toutes les unités Panzergrenadier en soient dotées. Ce retard s'explique en partie par le développement des unités blindées : la production n'arrivait pas à fabriquer assez de véhicules. De plus, le Sd Kfz 251, comme le Sd Kfz 250, s'adaptait à des usages fort variés (voir ci-contre) et était commandé par toutes les unités de la Wehrmacht.*

Le 251 sert à tout

Véhicule de base
Véhicule radio
Véhicule d'assaut du génie
Véhicule de commandement
Véhicule de reconnaissance
Véhicule d'écoute
Véhicule de repérage d'artillerie
Poste mobile d'observation
Poseur de câbles téléphoniques
Téléphone de campagne mobile
Transport de matériel du génie
Transport de munitions
Ambulance

Equipements divers :
- canon de 75 mm
- canon antichar de 37 mm
- canon de DCA de 15 mm
- canon de DCA de 20 mm
- mortier de 80 mm
- projecteur infrarouge
- lance-flammes

Les Alliés

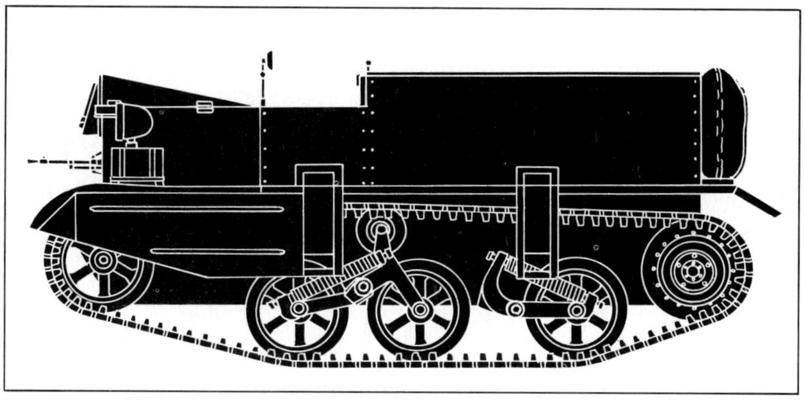

Universal Carrier, Grande-Bretagne. *Les Britanniques ont affecté ce véhicule blindé aux tâches les plus variées. Il transporte cinq hommes et peut rouler à 51 km/h. Destiné à l'origine aux pelotons d'éclaireurs de l'infanterie, il a connu très vite une large diffusion : plus de 35 000 exemplaires ont été construits en Grande-Bretagne, et autant dans les dominions.*

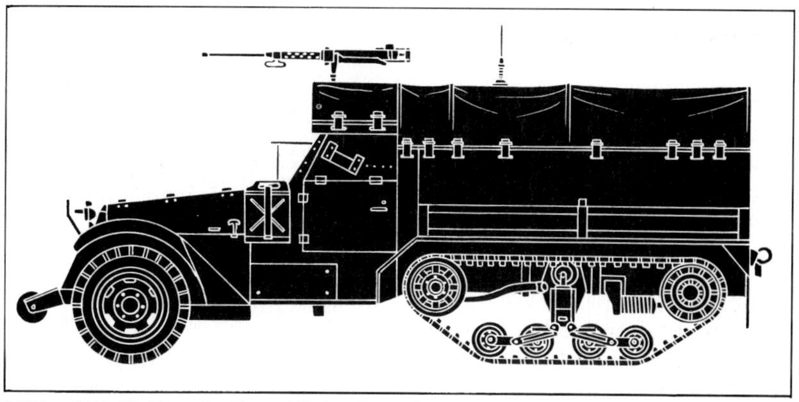

White M3 Halftrack, Etats-Unis. *C'est le transport de troupes blindé de base pour les Américains, comme l'Universal Carrier l'est pour les Britanniques. Il est d'ailleurs très adapté à cette fonction, car dix hommes y tiennent à l'aise. Son rayon d'action dépasse 300 km. Il peut être équipé d'un canon antichar de 75 mm, d'un mortier ou d'une tourelle d'artillerie.*

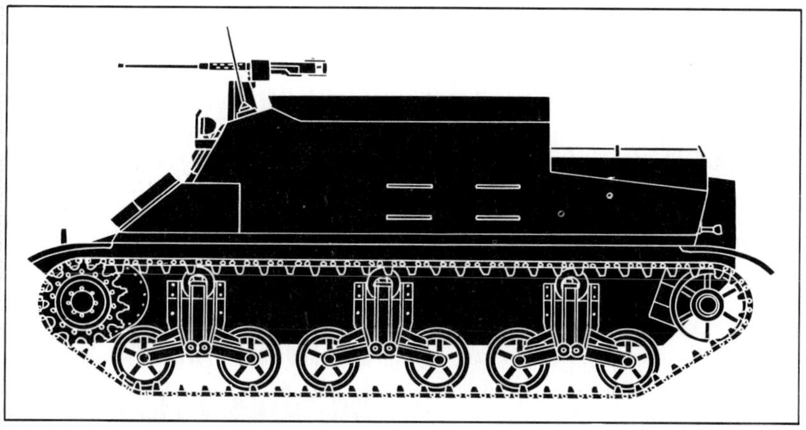

Priest, Grande-Bretagne. *C'est, en fait, un obusier de 105 mm Priest autotracté. Monté sur un châssis de char type General Lee privé de son canon, il est surnommé le «prêtre défroqué». Il transporte 12 fantassins. Les Canadiens l'utilisèrent les premiers, en Normandie. Il a participé aux opérations de l'hiver 1944-1945 en Italie.*

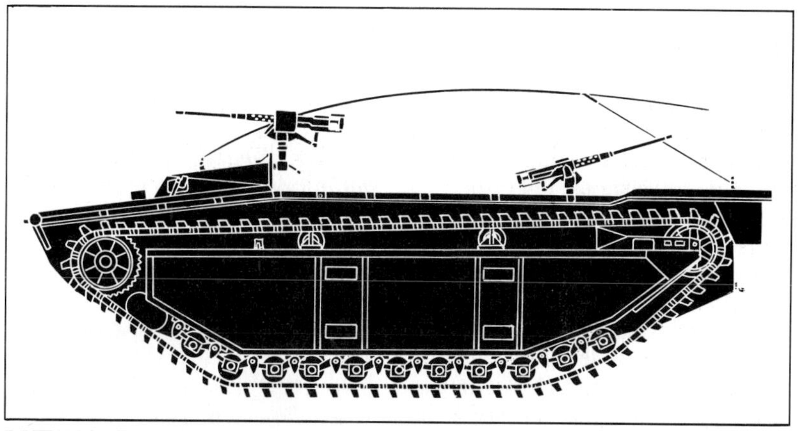

LVT(A)2, Etats-Unis. *Connu sous le nom de Buffalo par les Britanniques, ce blindé, qui peut transporter 30 personnes, est aussi amphibie. Il a été largement utilisé en Europe, dans le bassin méditerranéen et dans le Pacifique. Les derniers modèles sont dotés d'une rampe à l'arrière, permettant le transport de matériel lourd et facilitant l'évacuation des hommes.*

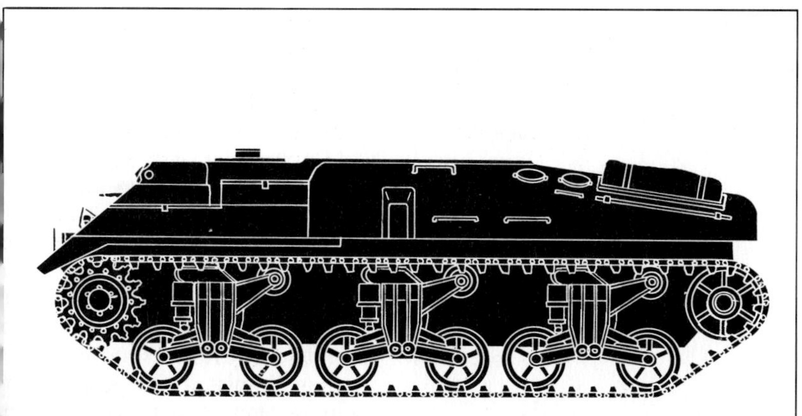

Ram Kangaroo, Grande-Bretagne. *Construit à partir d'un châssis de char Sherman canadien, il a équipé deux régiments blindés – un canadien et un britannique – vers la fin de 1944. Ces derniers étaient regroupés dans la 79e division blindée, qui englobait tous les blindés spécialisés dans le 21e groupe d'armées britannique. Il peut transporter huit fantassins.*

M39, Etats-Unis. *Comme de nombreux autres véhicules de ce type, il est construit à partir d'un châssis existant, celui de l'engin antichar M18 Hellcat. Il ressemble plus qu'aucun autre modèle de cette époque aux transports blindés d'aujourd'hui, mais n'est pas fermé en haut. 12 hommes y prennent place. Il a été utilisé en Europe durant les derniers mois de la guerre.*

TERRE

Les V1, la première des « armes secrètes » promises par Hitler

Bombes volantes

Fusées et bombes volantes étant des armes aériennes, elles pourraient figurer dans l'annexe consacrée à l'armée de l'air. Il nous a paru plus judicieux de les ranger parmi les armes terrestres, puisque les V1 et V2 allemands préfiguraient les missiles sol-sol.

Le père des fusées est sans aucun doute un Russe, Constantin Tsiolkovski, dont les premières théories datent de 1903, et qui inventa même le moteur à hydrogène et oxygène liquides. Un Soviétique, Tsander, procéda en 1929 aux essais d'un moteur-fusée à pétrole et air. En 1935, il construisit une fusée haute de 10 m, qui ressemblait apparemment beaucoup au V2 allemand. Aux Etats-Unis, Robert Goddard menait des recherches sur les fusées à carburant liquide, recherches dont la valeur ne fut reconnue qu'après sa mort, survenue en 1945.

Contrairement aux Alliés, les Allemands s'intéressèrent aux fusées à longue portée bien avant la guerre. Dès 1932, l'armée finança les travaux menés par le capitaine Walter Dornberger et un jeune scientifique, Wernher von Braun, à Kummersdorf, près de Berlin. En 1937, ils expérimentèrent avec succès la fusée A1 (Aggregat 1), propulsée par un moteur à alcool et à oxygène liquide. En 1931, un autre jeune savant allemand, Paul Schmidt, avait déposé un brevet pour un avion à décollage vertical, avec un moteur à réaction. La Luftwaffe s'y était intéressée, mais ce n'est qu'au mois d'avril 1941 qu'un appareil de taille normale fut mis au point.

Entre-temps, von Braun et Dornberger avaient obtenu la construction d'un centre de recherches et d'essais secret à Peenemünde, sur la Baltique, qu'ils dirigeaient. L'armée allemande leur demanda en 1938 d'élaborer une fusée d'une portée de 320 km. Les recherches aboutirent à la mise au point du V2 (Vergeltungswaffe, arme de représailles). De même, la commande à Peenemünde d'un moteur à réaction pour un missile sans pilote à longue portée déboucha sur la fabrication du V1.

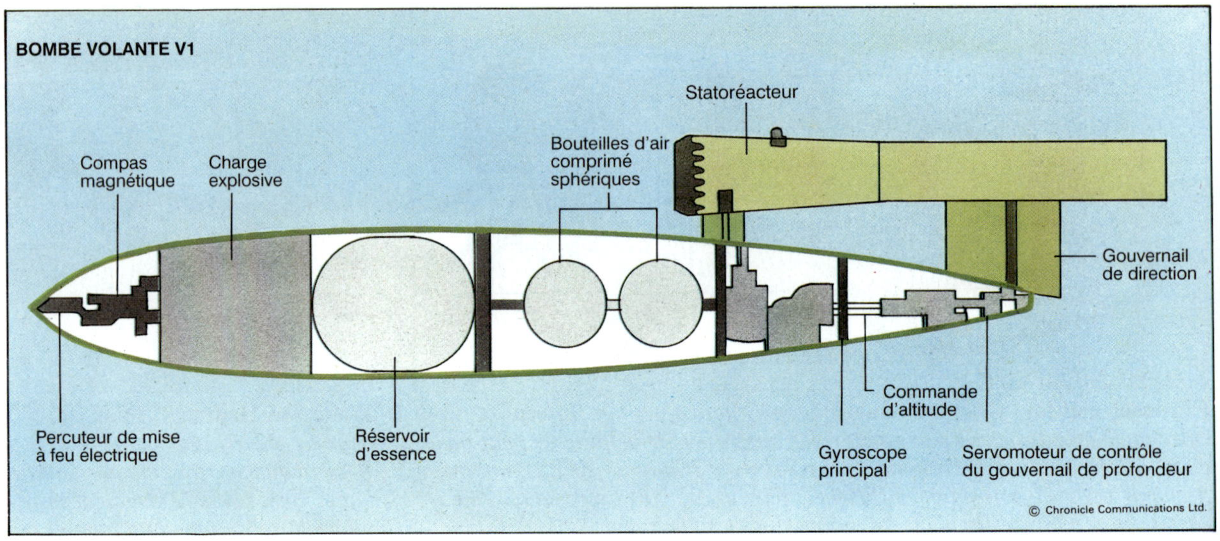

Les bombes volantes V1, également appelés FZG76, étaient en bois et en acier léger. Ils avaient une envergure de 5,50 m, étaient longs de près de 8 m et pesaient 2 t. Porteurs de 500 kg d'amatol, ils étaient lancés sur des rampes de 45 m de long. Un mécanisme à pistons donnait au missile une vitesse initiale suffisante pour que l'ouverture des clapets Argus de son propulseur mette en marche son moteur. Le carburant était un mélange d'essence et d'air comprimé, injecté dans une chambre de combustion occupant le tiers du turbopropulseur, long de 3,50 m. Le V1, une fois lancé, volait à la vitesse de 600 km/h, entre 800 et 1 000 m d'altitude, dirigé grâce à des gyroscopes et des compas magnétiques. A l'avant de l'appareil, une hélice actionnait un compte-tours préréglé mesurant la distance parcourue. Lorsque la portée désirée était atteinte, les spoilers se rabattaient et l'engin plongeait, coupant le moteur. La portée maximale des V1 fut de 400 km. 80 % d'entre eux environ atterrissaient dans un rayon de 12 km autour de leur objectif.

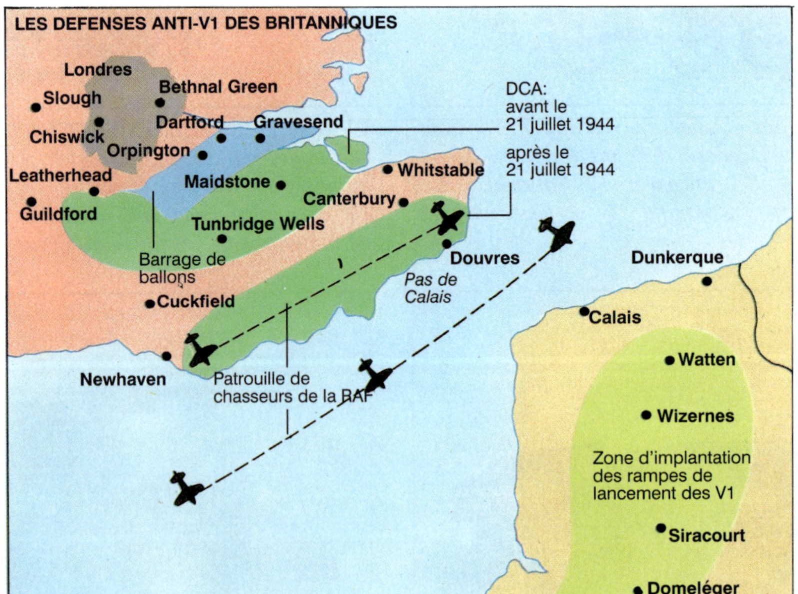

La lutte contre les bombes volantes

C'est d'abord l'altitude de croisière des V1 qui a posé un problème aux artilleurs : ces engins volaient trop bas pour les canons lourds de la DCA, mais restaient hors d'atteinte des canons légers. Les chasseurs rapides pouvaient cependant les neutraliser; les pilotes les abattaient ou bien glissaient l'aile de leur avion sous celle de l'engin, le faisant basculer. Les chasseurs ne pouvaient aller très loin sans pénétrer dans les zones de DCA (voir carte ci-contre). La défense fut redéployée en juin 1944 et les patrouilles de chasse purent survoler la Manche. Les V1 qui leur échappaient se trouvaient sous le feu des canons, à mise à feu automatique pour la plupart, puis se heurtaient à la ceinture de ballons protégeant Londres. Les V2, en revanche, volaient trop haut et trop vite pour être abattus. La seule parade était d'attaquer leurs sites de lancement.

Ci-dessus : un V1, photographié quelques secondes avant d'exploser au sol.
A droite : la fusée V2. On remarque l'importance des réservoirs de carburant.

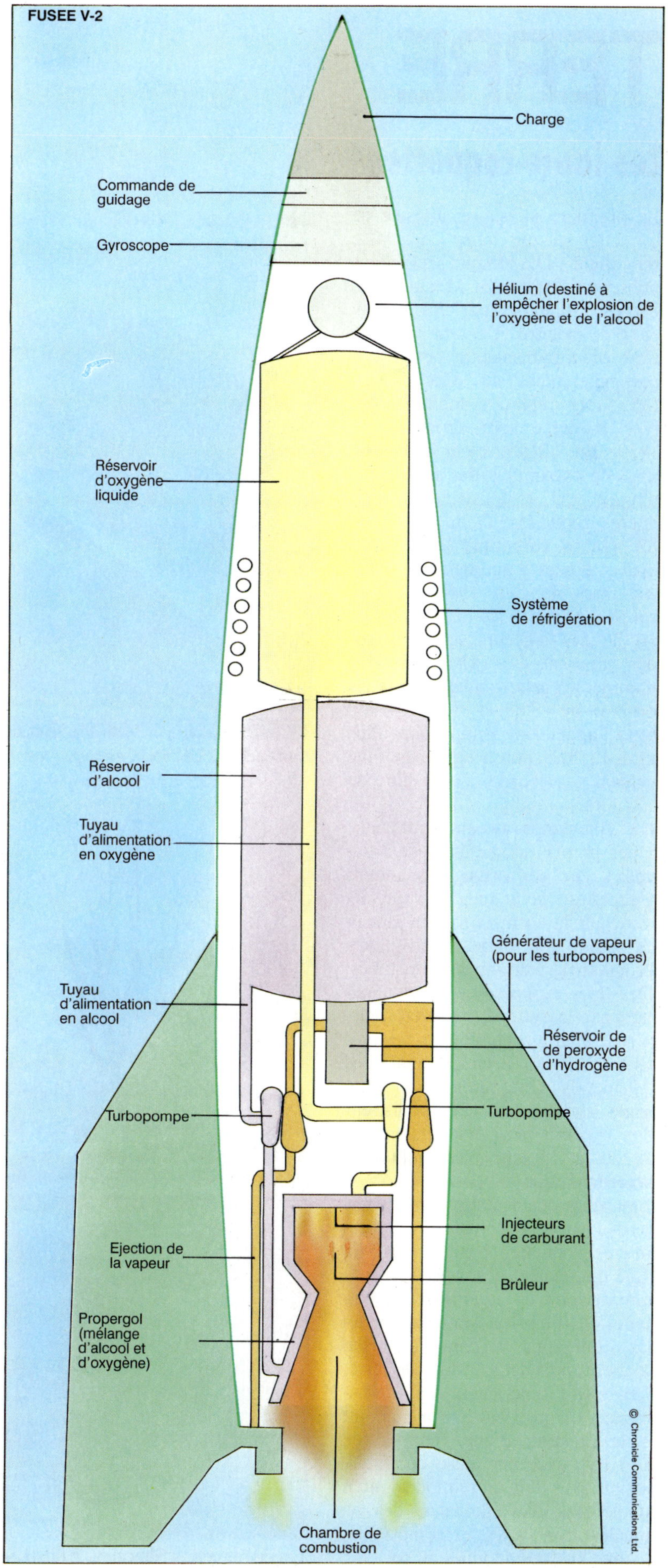

Les fusées V2, plus rapides que le son

Les V2 étaient des fusées longues de 14 m, d'un diamètre de 1,70 m et d'un poids total de 13 t, dont une charge explosive de 1 t. Il s'agissait, comme pour les V1, d'amatol, qui est un mélange de TNT et de nitrate d'ammonium. Le carburant (propergol) était constitué d'alcool et d'oxygène liquide. Deux turbopompes centrifuges alimentaient la chambre de combustion, elle-même refroidie par alcool. Le moteur comportait dix-huit brûleurs dans une tuyère unique, où la température atteignait 2 700 °C et exerçait une poussée de 26 t. L'engin était transporté jusqu'au site de lancement par des camions spéciaux. Le site était rapidement évacué sitôt après le lancement.

A 30 km d'altitude, la fusée s'inclinait à 40° puis, une minute après le départ, était à 50 km d'altitude, avec une vitesse de 5 000 km/h. La combustion était alors coupée par radio, mais l'engin continuait à s'élever jusqu'à 100 km d'altitude, avant de retomber en chute libre. Sa portée était de plus de 300 km. Certains V2 étaient dotés de gyroscopes programmés qui, en agissant sur l'ouverture de vannes contrôlant la combustion, servaient à modifier la trajectoire de la fusée.

Dégâts provoqués par un V2; l'effet de souffle des V1, qui arrivaient moins vite au sol, était plus grand par rapport à la charge explosive transportée.

TERRE

Les lance-roquettes

La première utilisation attestée de roquettes sur un champ de bataille remonte à 1232, lorsque les Chinois utilisèrent contre les Mongols des flèches propulsées par des cartouches de poudre. Ce type d'armes s'est ensuite beaucoup développé, particulièrement au XIXe siècle. Les lance-roquettes multiples de type moderne sont apparus vers 1930. En URSS, c'est le laboratoire de dynamique des gaz de Leningrad qui a construit les premières roquettes. D'un calibre de 82 mm, à carburant solide, elles étaient dotées d'une ogive de 3 kg. Au mois de juin 1941, l'Armée rouge mit en service des rampes de 36 de ces lanceurs, montées sur des camions. Les Allemands surnommèrent cette nouvelle arme les orgues de Staline. Les Soviétiques l'appelaient Katiouchka. Plus tard, l'URSS utilisa également une version plus lourde, d'un calibre de 132 mm.

Les Allemands avaient commencé à peu près au même moment à travailler sur ces armes. Ils mirent d'abord au point un engin qui déclenchait la formation d'un rideau de fumée : le Nebelwerfer (lance-brouillard), comportant six tubes. Des têtes explosives y furent ajoutées par la suite. La roquette elle-même était propulsée par un moteur mis à feu électriquement. Les Allemands n'utilisèrent pas cette arme avant 1941 et produisirent par la suite plusieurs versions de 21, 28 et 31 cm, mais toujours à lanceur unique.

Les Alliés occidentaux ont été plus tardifs dans ce domaine. Les premières roquettes britanniques, de 7,62 cm, étaient destinées à la lutte antiaérienne et organisées en batteries Z. Puis les Mattress (matelas) sont apparus, dans la marine d'abord, puis dans l'armée de terre. Les essais américains n'ont commencé qu'en 1940 et ont abouti à la création d'une roquette de 114 mm avec une vrille de stabilisation, puis d'un autre modèle muni d'ailerons. Elles équipaient des véhicules très variés, y compris les avions lors des attaques au sol.

Katiouchka, URSS. *Ces roquettes, tirées dans un vacarme étourdissant, avaient une portée de 4,8 km.*

Lance-roquettes Sherman, Etats-Unis. *Il lançait 60 roquettes de 114 mm, une par une ou par salves.*

Nebelwerfer 42, 21 cm, Allemagne. *Sa portée est de 7 900 m. En cinq minutes, il tire trois salves lançant chacune cinq roquettes en huit secondes.*

Nebelwerfer 41, 15 cm, Allemagne. *Sa portée est de 6 800 m ; toutes les cinq minutes sont tirées trois salves de dix secondes lançant six roquettes.*

Batterie Z, 7,62 cm, Grande-Bretagne. *Elle était utilisée comme arme anti-aérienne. Ses roquettes UP-3 de 1,80 m ont une portée de 3 000 m.*

Mattress, Grande-Bretagne. *Une salve est tirée pour appuyer un débarquement amphibie ; cette arme a été largement utilisée dès l'invasion de la Sicile.*

Un barrage de tirs de roquettes ; la fumée épaisse est caractéristique.

SWG 41, Allemagne. *Les roquettes parviennent sur le terrain disposées dans des casiers de métal, prêtes au lancement ; leur portée atteint 2 200 m.*

Land Mattress, GB. *30 roquettes de 7,62 cm ; portée 2 700 m.*

TERRE

La logistique

La logistique est un terme générique désignant toutes les opérations d'entretien d'une armée et de sa force de frappe sur le terrain. Ces opérations comprennent l'approvisionnement en munitions, en vivres et en carburant; la réparation et l'entretien des véhicules, des armes et du matériel; le secours aux malades et aux blessés, ainsi que leur évacuation.

La mécanisation très poussée, qui distingue la Seconde Guerre mondiale de la Première, posa aux spécialistes de la logistique toute une série de nouveaux problèmes. Dans le désert d'Afrique du Nord, de même que sur le front russe au début de la guerre, l'attaquant s'est toujours trouvé forcé d'arrêter sa progression une fois ses stocks épuisés. De même, les Alliés se sont rapidement trouvés à court de carburant lors de leur traversée de la France pendant l'été 1944. En Birmanie, la jungle compliquait sérieusement les problèmes d'approvisionnement; quand le général Slim reprit en main la 14e armée britannique, il était crucial pour lui de résoudre ces difficultés, ce qu'il a fait grâce aux ponts aériens. Dans le Pacifique, c'est l'immensité de l'océan qui a dicté la stratégie américaine de progression d'île en île, les lignes de ravitaillement devant être raccourcies au maximum.

Par ailleurs, plus l'équipement militaire se perfectionnait, plus l'organisation logistique était complexe. C'est ainsi que les armées alliées, dans lesquelles on s'attachait aux conditions de vie des soldats, ont eu besoin d'un nombre d'hommes beaucoup plus important pour assurer la logistique des premières lignes que les armées soviétique ou japonaise.

Les organisations détaillées ci-contre étaient celles de l'armée britannique durant la guerre. Cinq principes devaient être respectés pour que l'ensemble fonctionne : simplicité et facilité de gestion; flexibilité et coopération optimale entre les différents services; prévoyance et esprit d'anticipation de la part des opérateurs.

L'approvisionnement, une organisation à quatre niveaux

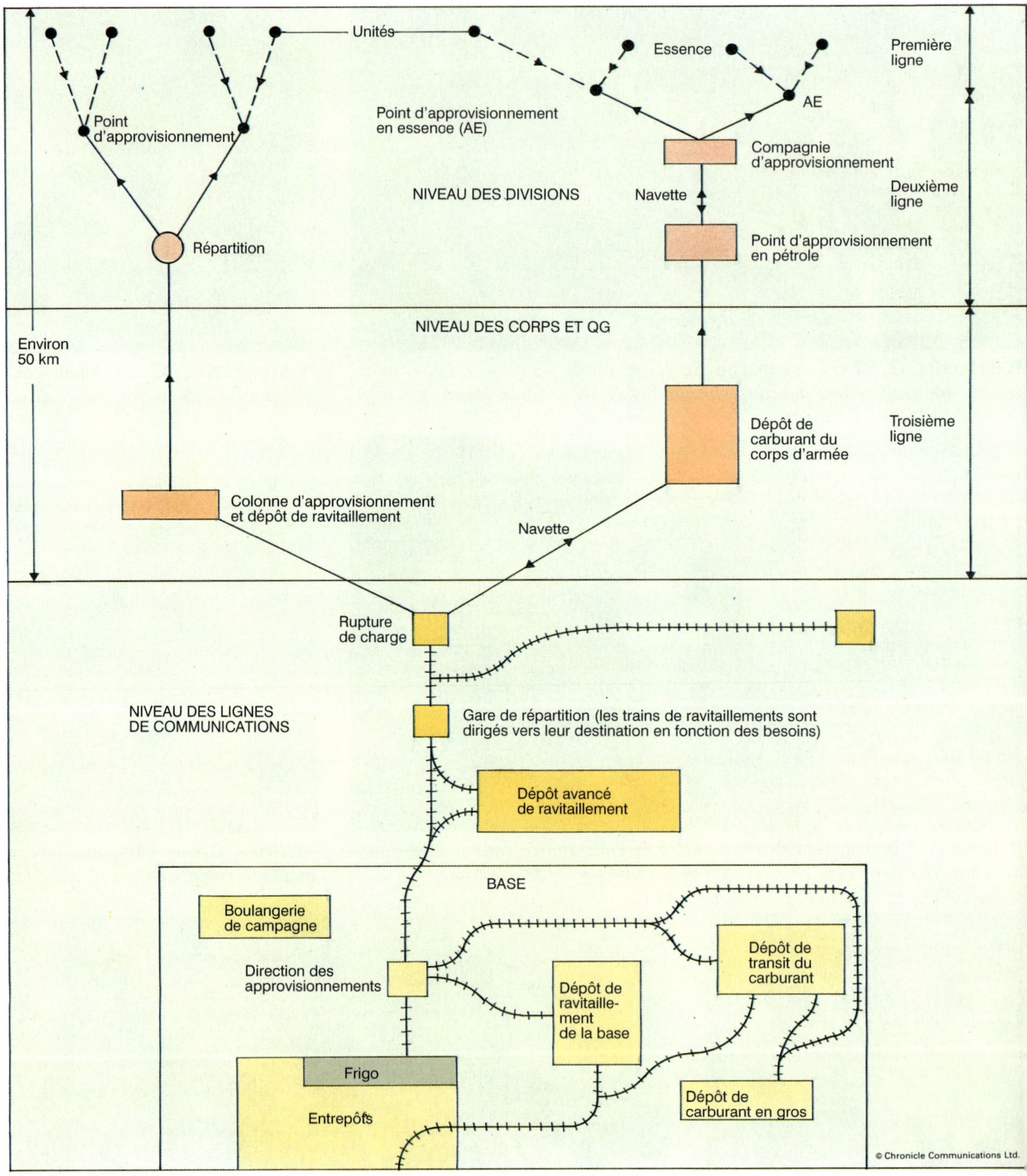

Ce diagramme représente le système d'approvisionnement utilisé pour ravitailler un corps expéditionnaire britannique constitué ici de deux divisions. Au front, le transport des approvisionnements est assuré par les bataillons (première ligne de ravitaillement), qui se procurent ce dont ils ont besoin aux dépôts de carburant et de ravitaillement, alimentés eux-mêmes par une seconde ligne de transport, au niveau de la division. Les divisions, quant à elles, reçoivent les stocks grâce à une troisième ligne de transport, au niveau du corps d'armée.

L'approvisionnement à partir des ports jusqu'à cette troisième ligne se faisait rarement par voies ferrées, soit parce que celles-ci n'existaient pas, soit parce qu'elles étaient détruites, d'où la nécessité, la plupart du temps, d'une 4e ligne de transport. Au mois d'août 1944, en Normandie, un système plus souple fut mis en place : les camions de ravitaillement reliaient Cherbourg et les plages du débarquement aux divisions. Point faible de ce dispositif : la fatigue des conducteurs, qui acheminaient par camion 650 tonnes de marchandises par jour pour chaque division.

Munitions, approvisionnement séparé

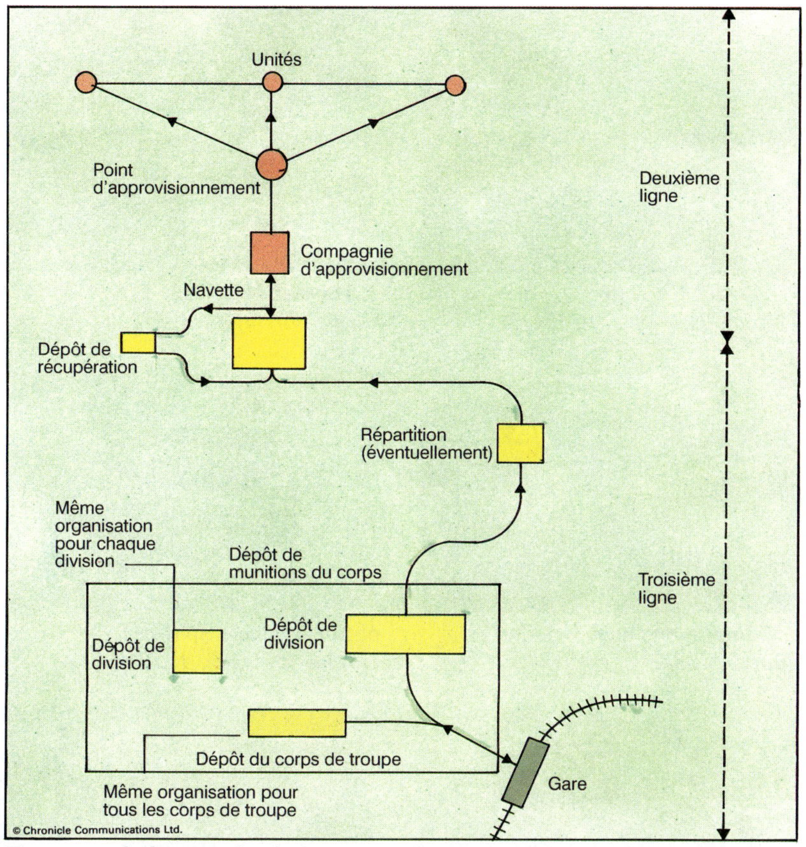

En raison de leur poids, de leur encombrement et des problèmes spécifiques à leur acheminement, les munitions font l'objet d'un système séparé d'approvisionnement. Aux points d'approvisionnement (PA), les différents types de munitions sont stockés séparément, d'où la grande superficie des dépôts. Des dépôts secondaires sont aussi prévus non loin du champ de bataille.

Réparation des véhicules : vers l'arrière

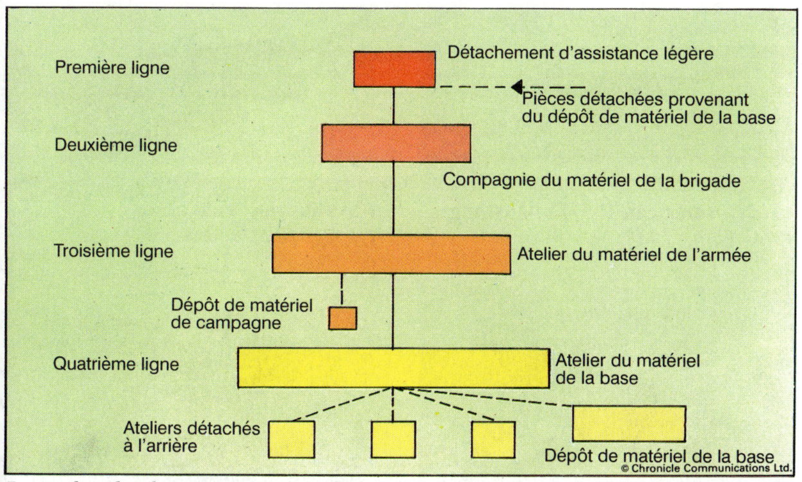

Les véhicules britanniques ont d'abord été réparés par la Royal Army Ordonance Corps (RAOC), le service du matériel, puis par la Royal Electrical and Mechanical Engineers (REME), corps de techniciens fondé en mai 1942. Tout bataillon avait un détachement d'assistance légère (LAD). Plus l'intervention sur un véhicule était longue, plus elle s'effectuait à l'arrière des lignes.

Intervention accélérée auprès des blessés

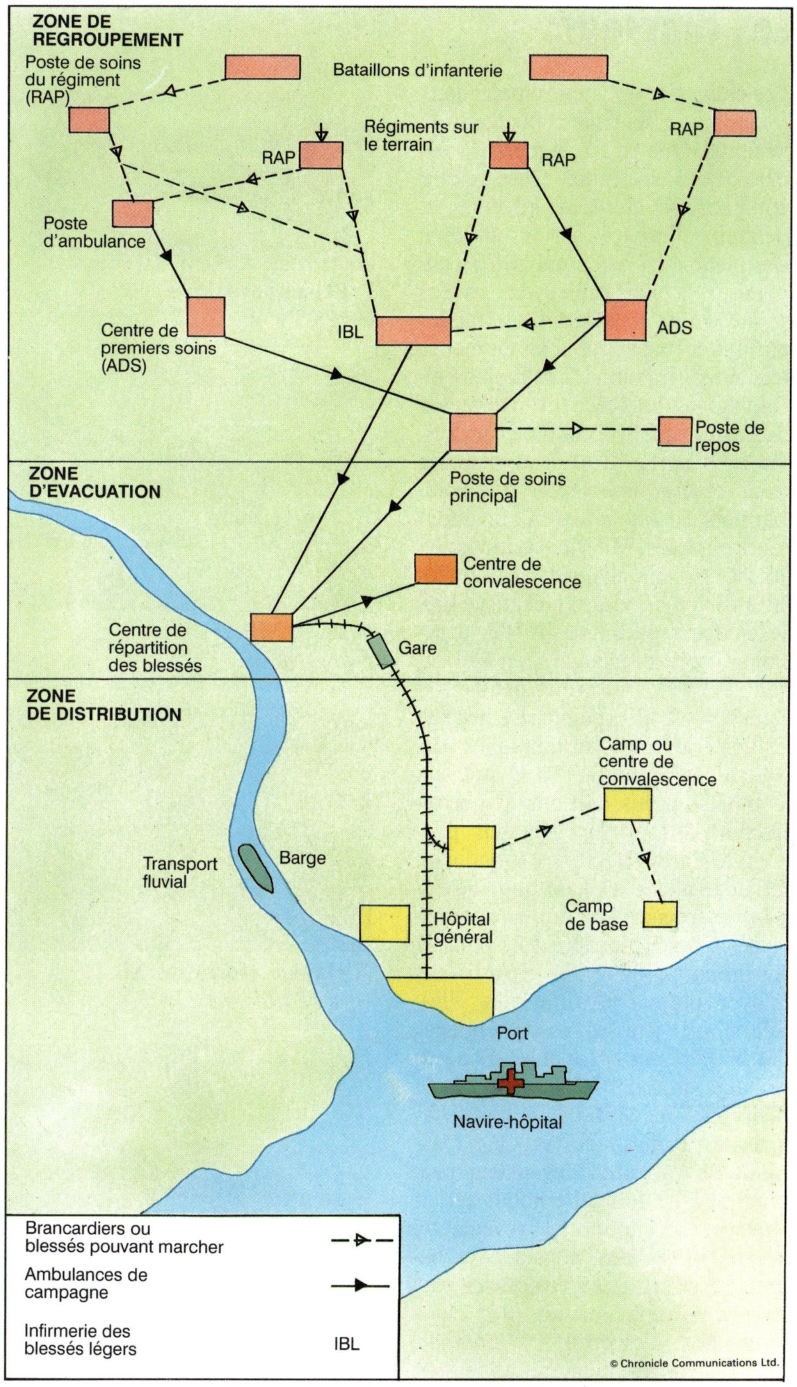

L'assurance pour un blessé d'être rapidement soigné a un effet très positif sur son moral. Le système britannique d'évacuation des blessés reposait donc avant tout sur la rapidité d'intervention, ainsi que sur la possibilité de prodiguer des soins aussi près que possible du front, pour que les soldats rétablis puissent regagner leurs postes dans les plus brefs délais. Le blessé est d'abord amené au Regimental Aid Post (RAP), poste de soins du régiment, où un médecin examine ses blessures, lui administre les premiers soins et prend si nécessaire des dispositions pour son transport à l'Advanced Dressing Station (ADS), le poste de soins avancés où sont effectuées les interventions vitales. Plus la blessure est jugée grave, plus le blessé est éloigné du front.

AIR

Les chasseurs des Alliés

Les chasseurs

Les chasseurs ont eu à remplir deux fonctions essentielles pendant la Seconde Guerre : conquérir la suprématie aérienne, c'est-à-dire combattre les chasseurs adverses, et défendre l'espace aérien national des incursions des bombardiers ennemis. Jusqu'au milieu des années trente, on ne considérait pas que les chasseurs étaient capables de mener à bien ces missions. Les biplans au fuselage en bois avaient une vitesse ascensionnelle trop faible et un système d'alerte trop rudimentaire pour espérer intercepter des bombardiers avant qu'ils n'atteignent leurs objectifs. Mais le monoplan en métal est venu changer les données du problème : le premier du genre, le chasseur allemand Bf 109, a accompli son vol inaugural en 1935 et fait ses premières armes pendant la guerre civile d'Espagne. Le Spitfire et le Hurricane britanniques devaient suivre peu après. Quant aux combats aériens, ils n'ont fait que reprendre les principes établis pendant la Première Guerre mondiale : prendre plus d'altitude que l'adversaire et plonger sur lui, si possible avec le soleil derrière soi, pour le surprendre. D'où les efforts déployés pour construire des chasseurs aux vitesses ascensionnelles les plus élevées et capables d'opérer à haute altitude. La raréfaction de l'air à haute altitude imposait ses propres contraintes, car les réactions de l'appareil devenaient plus molles. Une fois un combat aérien engagé, la supériorité revenait à l'appareil le plus maniable et capable d'effectuer les virages les plus serrés. L'autre mission des chasseurs fut d'escorter les bombardiers. Dans les premières années de la guerre, les deux camps se sont trouvés handicapés par l'autonomie insuffisante de leurs chasseurs. Les réservoirs largables apportèrent un début de réponse, mais ce n'est qu'avec l'arrivée du chasseur à long rayon d'action P-51 Mustang, en 1944, que le problème fut entièrement résolu. Le premier chasseur à réaction fit son apparition la même année et annonça la fin des moteurs à pistons (voir p. 716-717).

1. Polikarpov I-16
URSS, 1934.

2. Gloster Gladiator
Grande-Bretagne, 1936.

3. Hawker Hurricane I
Grande-Bretagne, 1937.

4. Bloch MB-151
France, 1939.

5. Morane-Saulnier MS.406
France, 1938.

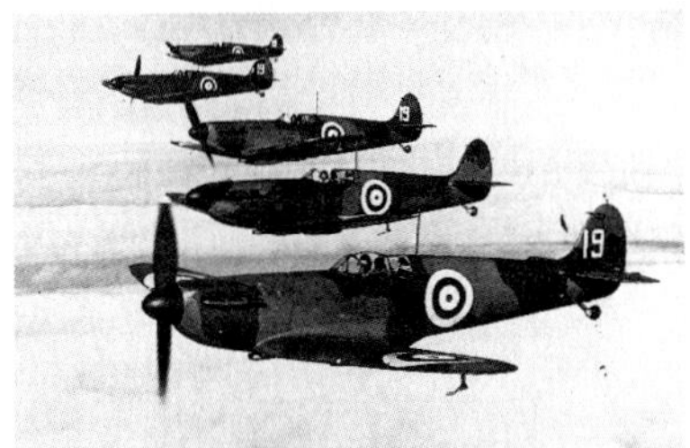

6. Supermarine Spitfire I
Grande-Bretagne, 1938.

7. Hawker Hurricane Mk-II
Grande-Bretagne, 1941.

8. Republic P-47B Thunderbolt
Etats-Unis, 1942.

9. Tempest II
Grande-Bretagne, 1945.

10. Typhoon
Grande-Bretagne, 1943.

11. N. American P-51D Mustang
Etats-Unis, 1943.

12. Yakovlev Yak-3
URSS, 1943.

13. Gloster Meteor I
Grande-Bretagne, 1943.

14. Supermarine Spitfire Mk-XIV
Grande-Bretagne, 1944.

15. Republic P-47M Thunderbolt
Etats-Unis, 1944.

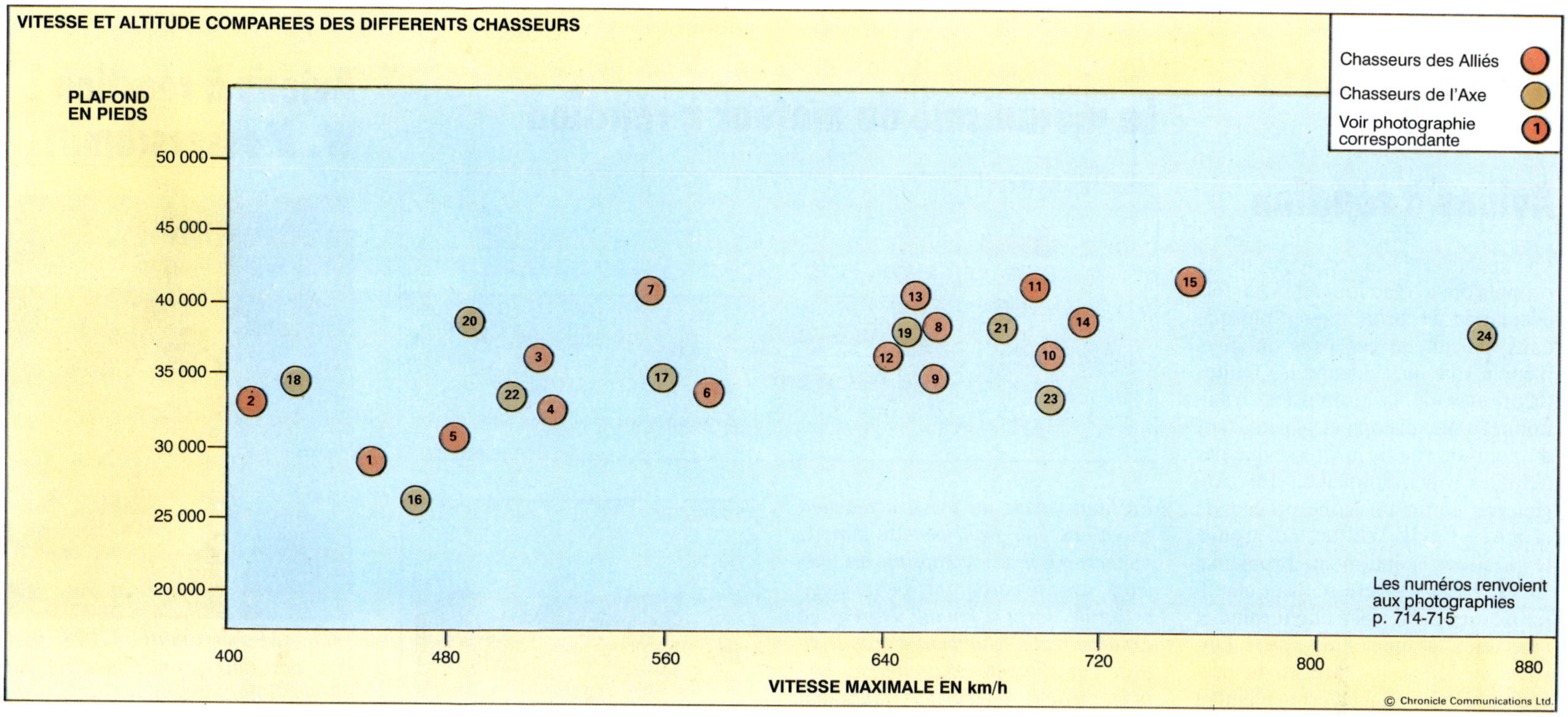

Les chasseurs de l'Axe

16. Messerschmitt Bf 109B
Allemagne, 1936.

17. Messerschmitt Bf 109E
Allemagne, 1937.

18. Fiat CR-42
Italie, 1939.

19. Focke-Wulf Fw 190A
Allemagne, 1939.

20. Nakajima Ki-43 Oscar
Japon, 1939.

21. Messerschmitt Bf 109G
Allemagne, 1942.

22. Mitsubishi A6M2 Zero
Japon, 1939.

23. Focke-Wulf Fw 190D
Allemagne, 1943.

24. Messerschmitt Me 262
Allemagne, 1942.

La chasse aux performances

Le graphique ci-dessus représente l'amélioration des performances des chasseurs durant la guerre. L'altitude maximale opérationnelle n'a pas beaucoup varié : en fait, les combats aériens se sont pratiquement tous déroulés à moins de 10 000 mètres d'altitude. Sur le front de l'Ouest, une grande rivalité s'est instaurée entre le Spitfire et le Bf 109, aux performances très similaires. L'Allemagne a brièvement pris l'avantage avec le Focke-Wulf Fw 190, mais la RAF lui a donné la réplique avec le Tempest et des versions améliorées du Spitfire. L'avion américain P-47 s'est également distingué. Sur le front russe, les I-16 de l'Armée rouge ont été dominés par les Bf 109, mais les Yakovlev ont permis par la suite de réduire l'écart, même s'ils étaient toujours dominés par les Bf 109 et les Fw 190 au-dessus de 7 000 mètres. Dans le Pacifique, les Alliés ont été surpris par la maîtrise technologique des Japonais : le Zero, sa maniabilité et son rayon d'action ainsi que l'habileté de ses pilotes se sont révélés redoutables. Ce n'est qu'à partir de 1943, avec l'arrivée du Corsair et du Hellcat de la marine américaine, que la supériorité du Zero a finalement été mise en échec dans le Pacifique.

AIR

Avions à réaction

La découverte du principe de la propulsion à réaction est à la fois allemande et britannique, puisque dans chacun de ces pays un ingénieur a mis en évidence les limites théoriques de la propulsion traditionnelle par pistons et hélices, tant du point de vue de la vitesse que des altitudes opérationnelles. En Angleterre, ce fut un jeune officier de la RAF, Frank Whittle, qui trouva la première solution au problème, en 1929 : une tuyère pouvait chauffer de l'air aspiré par une turbine et l'éjecter à grande vitesse vers l'arrière. Il déposa un brevet du procédé en 1930, mais c'est seulement cinq ans plus tard que les industriels du ministère de l'Air s'intéressèrent au projet. Son homologue allemand fut Hans-Joachim Pabst von Ohain, assistant de recherches à l'université de Göttingen. Sa collaboration, à partir de 1936, avec le constructeur d'avions Ernst Heinkel aboutit à la mise au point du He 178, qui, le 27 août 1939, accomplit le premier vol à réaction de l'histoire. Entre-temps, avec des moyens limités, Whittle avait construit son premier moteur à réaction au printemps 1937, mais il lui fallut quatre ans pour développer un modèle d'essais en vol, époque où le biréacteur He 280 de Heinkel établit un record de vitesse à 750 km/h. Cependant, la Luftwaffe ne passa pas de contrat de production avec Heinkel, mais se tourna vers Willi Messerschmitt, qui s'intéressait à la propulsion par fusée : ce fut le Me 163 Komet. Messerschmitt parvint à faire voler un prototype à réaction, le Me 262, au printemps 1941, mais ne reçut pas de contrat de production avant juin 1943. En décembre de la même année, Hitler décida soudain qu'il devait s'agir d'un bombardier plutôt que d'un chasseur, ce qui en repoussa la fabrication et la mise en service à mai 1944. Par ailleurs, l'appareil de Whittle ne put être testé en vol qu'en mai 1941. C'est alors seulement qu'il reçut une commande du ministère de l'Air pour un biréacteur qui allait devenir le Gloster Meteor.

Le mécanisme du moteur à réaction

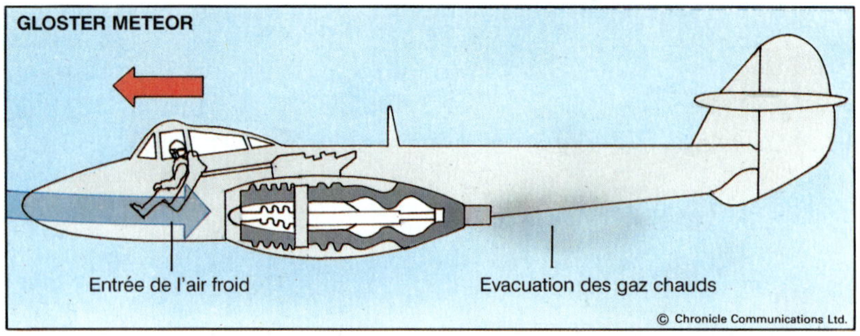

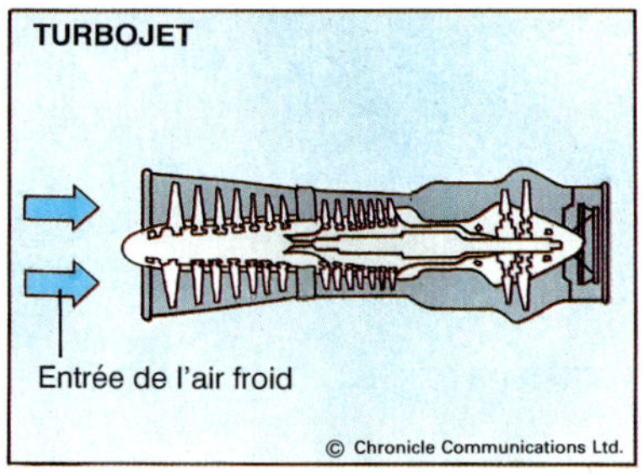

En haut : dans un avion à réaction en vol, de l'air froid pénètre dans le moteur où il est comprimé et mélangé avec le carburant. Le mélange est brûlé, les gaz chauds entrent en expansion et s'échappent à grande vitesse par la tuyère. A droite : les premiers avions à réaction utilisaient un turboréacteur, modèle de base du moteur à réaction.

Avions à réaction : W. Messerschmitt

Willi Messerschmitt (1898-1978), l'un des plus grands constructeurs aéronautiques allemands, fut souvent en désaccord avec les chefs de la Luftwaffe.

L'avion le plus rapide de la Seconde Guerre mondiale

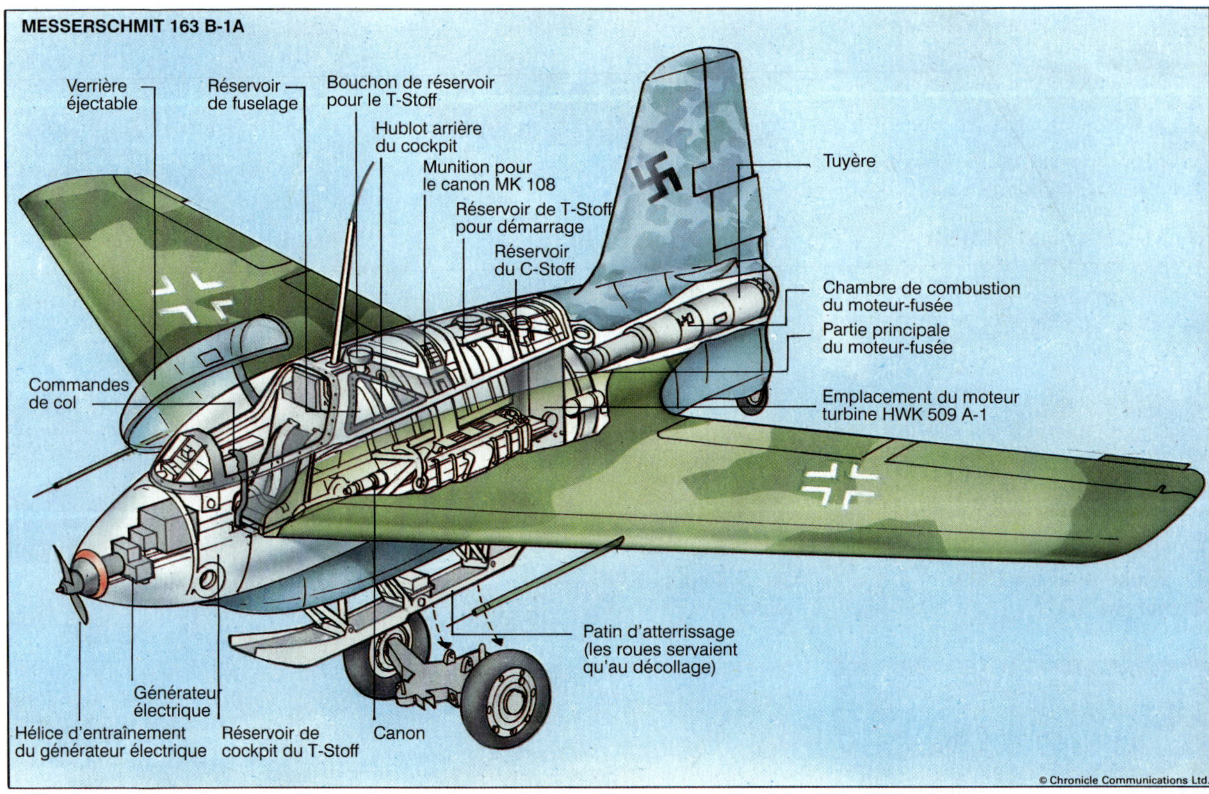

Le Messerschmitt Me 163B Komet n'était pas un appareil à réaction, mais un avion-fusée. Il utilisait un carburant et un comburant : le C-Stoff (méthanol et hydrazine) et le T-Stoff (peroxyde d'azote) dont le mélange entrait en combustion. Le Komet était doté d'un train de roues amovible pour le décollage. Il atteignait une altitude de 10 000 m en 90 secondes. Une fois le carburant et le comburant épuisés, le Komet devenait un planeur à grande vitesse. Pour l'atterrissage, il était seulement équipé d'un patin : les accidents furent fréquents, et seulement 48 Komet sur 370 résistèrent aux hostilités.

Les avions à réaction allemands

Heinkel He 178
Le premier prototype d'avion à réaction. Vitesse maximale : 700 km/h.

Messerschmitt Me 262
Vit. max. : 860 km/h ; vit. ascens. max. : 1 300 m/min ; portée : 1 000 km.

Bombardier Arado Ar- 34
Vit. max. : 740 km/h ; tonnage de bombes : 1 650 kg ; portée : 1 100 km.

Chasseur fusée Messerschmitt Me 163B Komet
Vit. max. : 950 km/h ; vit. asc. max. : 5 460 m/min ; portée : 100 km.

Les avions à réaction britanniques

Gloster Whittle (E.28/39)
Prototype. Premier vol en mai 1941, vit. max. : 590 km/h.

Gloster Meteor F.1
Vit. max. : 650 km/h ; vit. asc. max. : 715 m/min ; portée : 1 600 km.

AIR

Les bombardiers

Pour les théoriciens d'avant-guerre, le bombardier était l'arme du futur. Le fait qu'il permettait d'atteindre l'ennemi au cœur de son territoire, frappant ainsi directement la population, devait, selon eux, conduire à une capitulation beaucoup plus rapide. Les armées de l'air ont donc donné priorité aux bombardiers sur les chasseurs. La Luftwaffe fut créée au moment de la prise du pouvoir par Hitler, qui comptait l'utiliser pour obtenir des concessions territoriales de ses voisins. Pour atteindre cet objectif, il devait la développer rapidement et il opta pour des bombardiers de taille moyenne, comme les He 111 et les Do 17, afin de pouvoir les fabriquer en très grande quantité. Quand la Grande-Bretagne commença à réarmer, sa politique était d'égaler le nombre d'avions allemands ; elle choisit donc aussi les bombardiers de taille moyenne. A la fin des années trente, le ministère de l'Air britannique commanda la construction d'une nouvelle famille d'avions lourds, à long rayon d'action, dans la mesure où les modèles existants n'étaient pas capables d'atteindre l'est de l'Allemagne. Ainsi naquit la lignée des Halifax, Stirling et Manchester au début de l'année 1941. L'Union soviétique possédait ses propres bombardiers lourds avant la guerre, mais ils étaient avant tout destinés à assister les troupes au sol. Les Américains, dont les frontières étaient peu menacées, ne possédèrent pas de bombardiers lourds avant 1939. Ils furent longtemps convaincus qu'un bombardier suffisamment blindé pouvait pénétrer l'espace aérien ennemi de jour, et effectuer ainsi un bombardement plus précis. Le sort des avions de la RAF au début de la guerre ne les fit pas changer d'avis ; leur flotte de bombardiers subit de lourdes pertes en Allemagne avant qu'ils ne disposent de chasseurs à long rayon d'action pour en assurer la protection. Le bombardier le plus efficace de la guerre fut sans doute le Lancaster britannique, jusqu'à ce que le B-29 américain entre en service en 1944.

Les Alliés

Armstrong Whitworth Whitley
Grande-Bretagne, 1937.

Handley Page Hampden
Grande-Bretagne, 1938.

Vickers Wellington
Grande-Bretagne, 1938.

Short Stirling
Grande-Bretagne, 1940.

Handley Page Halifax
Grande-Bretagne, 1940.

Avro Lancaster
Grande-Bretagne, 1941.

Amiot 143
France, 1935.

Petlyakov TB-7 (Pe-8)
URSS, 1936.

Forteresse volante Boeing B-17
Etats-Unis, 1939.

Consolidated B-24 Liberator
Etats-Unis, 1939.

Martin B-26 Marauder
Etats-Unis, 1940.

Superforteresse Boeing B-29
Etats-Unis, 1942.

Equipages de vol : une chance sur quatre de s'en sortir indemne

Le Bomber Command de la RAF a perdu près de 50 500 hommes lors de la Seconde Guerre mondiale. En moyenne, sur 100 hommes d'équipage aptes au combat au front, 51 moururent en mission, 9 lors d'accidents hors mission, 3 furent gravement blessés, 12 faits prisonniers (dont certains blessés de surcroît) ; un seul de ceux qui furent abattus parvint à éviter la capture. Un aviateur sur quatre seulement parvint donc à échapper à tous les dangers et sortit indemne de la guerre, du moins physiquement, car les traumatismes émotionnels marquèrent souvent ces hommes longtemps après la fin des combats.

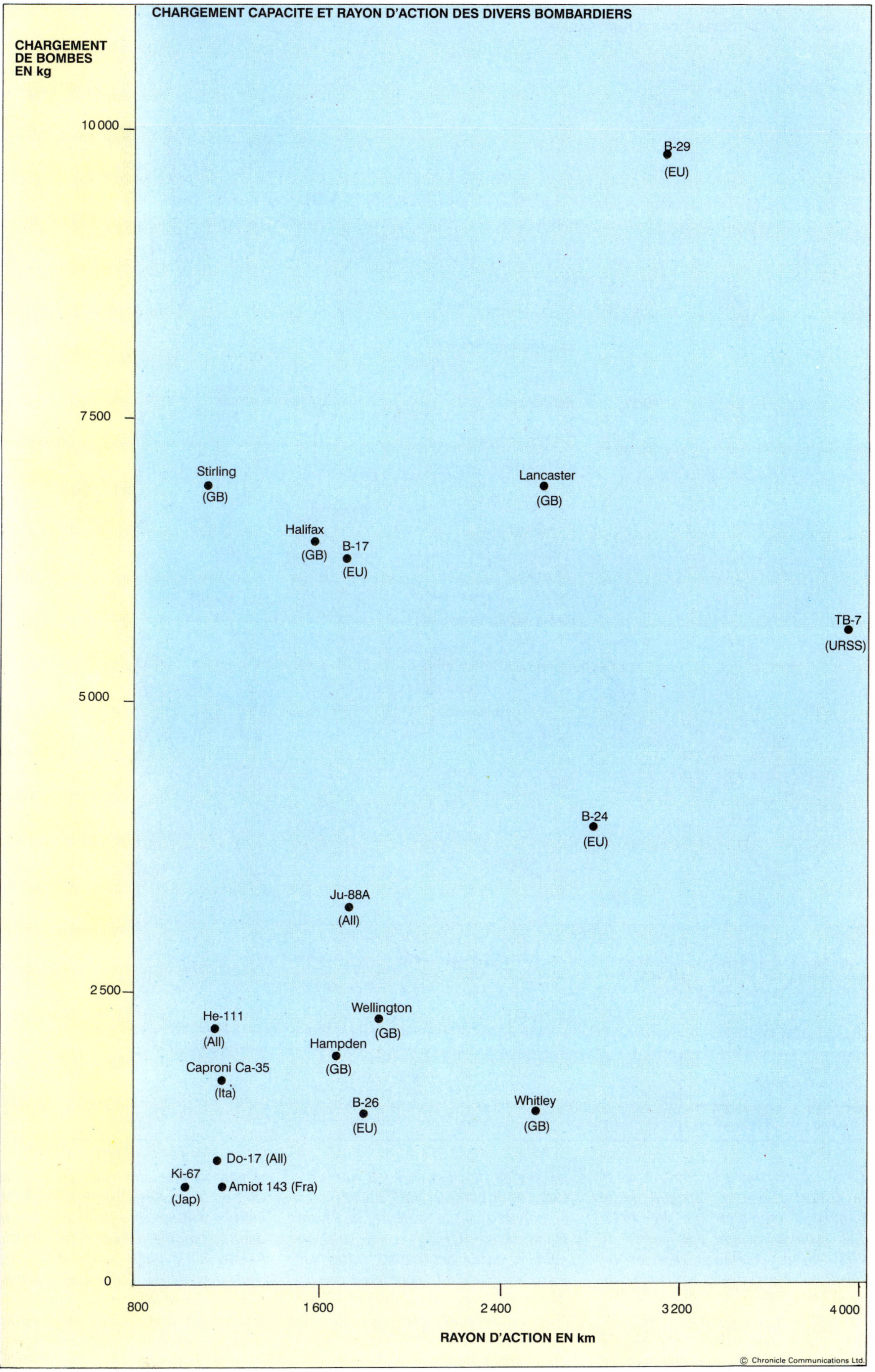

Forces de l'Axe

Junkers Ju 88A
Allemagne, 1939.

Dornier Do 17
Allemagne, 1937.

Heinkel He-111
Allemagne, 1937.

Caproni Ca 135
Italie, 1937.

Mitsubishi Ki-67 Hiryu
Japon, 1944.

AIR

Les radars

Le système du radar a intéressé dès le début du siècle les scientifiques du Vieux Continent : en 1904, l'Allemand Hülsmeyer a réalisé le premier appareil de ce type, qui détectait les bateaux à un kilomètre de distance. Puis le Français David expérimenta en 1934 un système de détection électromagnétique pour avions, et le paquebot *Normandie* fut doté en 1935 d'un dispositif analogue, mis au point par Ponte et Gutton.

En Grande-Bretagne, l'ingénieur Robert Watson-Watt, de la station de recherche radio du National Physical Laboratory, développa la technique du radar et l'appliqua à la détection des avions ennemis, ce que ne permettait pas les méthodes acoustiques de l'époque. Ses expériences furent couronnées de succès et, en 1935, le ministère de l'Air lui donna l'argent nécessaire pour parfaire le système. A la fin de l'été 1936, la première station de radar fut mise en place à Bawdsey, près de Felixtowe et, pendant trois ans, un réseau de ces stations, appelé Chain Home, fut installé tout autour des îles Britanniques. Le dispositif était appelé à l'origine Radio Location puis RDF (Radio Direction Finding).

Le système permet de connaître trois éléments clés : la distance des avions, leur altitude et leur vitesse. Les émetteurs, montés sur des tours en bois hautes de 73 m, envoient des impulsions radio sur une bande passante, large de 22-30 MHz, ce qui permet une couverture étendue. Le signal qui croise un avion est alors renvoyé à l'émetteur et relié à un écran, sur lequel apparaît alors un point qui représente l'avion. On évalue la distance à laquelle il se trouve à partir de la durée du trajet aller et retour de l'onde. L'altitude est connue en comparant le signal reçu par deux récepteurs séparés l'un de l'autre par une distance connue, et le décalage en fréquence de l'onde émise et de l'onde de retour (effet Doppler). Plus tard, l'usage du terme américain radar (radio detection and range) s'est imposé partout.

Cette carte montre la couverture de la Chain Home à l'époque de la bataille d'Angleterre, en été 1942. Les stations avaient une portée de 193 km et pouvaient détecter les mises en place de la Luftwaffe au nord de la France. Elles donnaient assez d'informations à la RAF pour intercepter les avions ennemis à temps. Cependant, pour être repérés, les engins devaient voler à une altitude inférieure à 900 mètres. Un deuxième type de système, la Chain Home Low (CHL), a été mis au point à partir des études faites sur un radar construit pour protéger un dépôt d'armes. Il disposait d'une longueur d'ondes plus courte de 200 MHz et avait une antenne pivotante fonctionnant comme un projecteur mobile alors que celle de la Chain Home était fixe. La CHL joua également un rôle essentiel pendant la bataille d'Angleterre dans la mesure où la tactique utilisée par les chasseurs de la Luftwaffe était de voler à basse altitude au-dessus de la Manche, dans le but d'obtenir un effet de surprise maximum au moment de l'attaque.

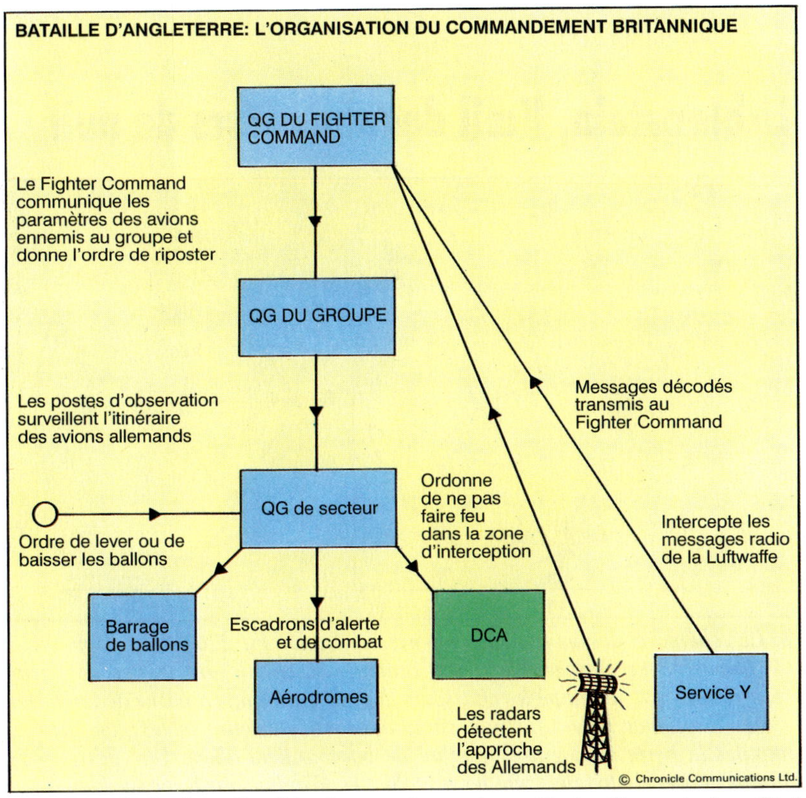

Au cours de la bataille d'Angleterre, le système Chain Home était relié à l'état-major du commandement des chasseurs de la RAF (Fighter Command) qui, ainsi alerté, pouvait prévenir ses troupes suffisamment tôt.

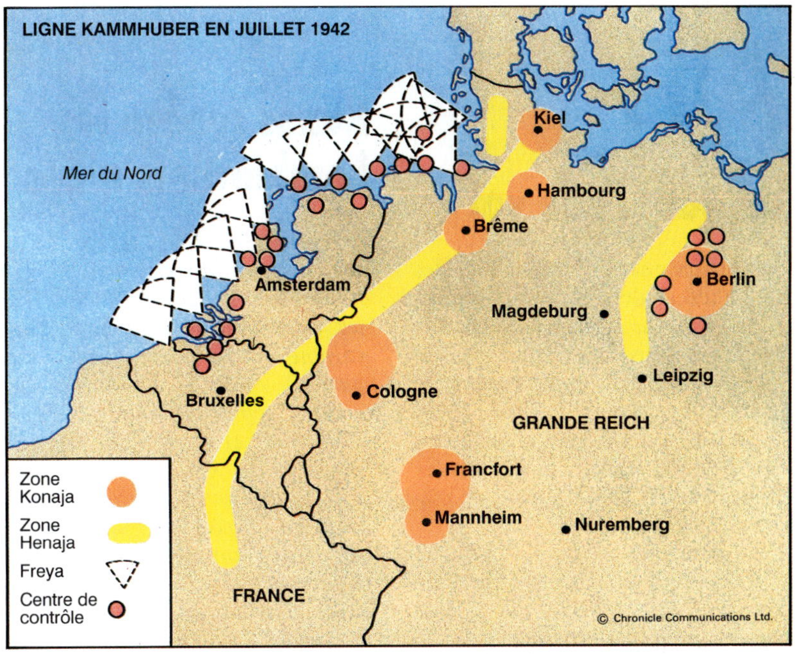

La ligne Kammhuber, réplique allemande de la Chain Home, a été mise en place en 1942. Couvrant les côtes de la Manche et de la mer du Nord, les radars Freya étaient chargés de la protection avancée. Les secteurs Henaja, longs de 37 km, étaient dotés d'une batterie de projecteurs. Les radars Würzburg détectaient l'altitude des bombardiers, et les chasseurs de nuit se déployaient à la bonne altitude pour les amener jusqu'aux secteurs Henaja. Les tables de Seeburg servaient à guider les chasseurs vers les bombardiers, les canons ayant l'ordre de ne pas tirer dans la zone d'affrontement.

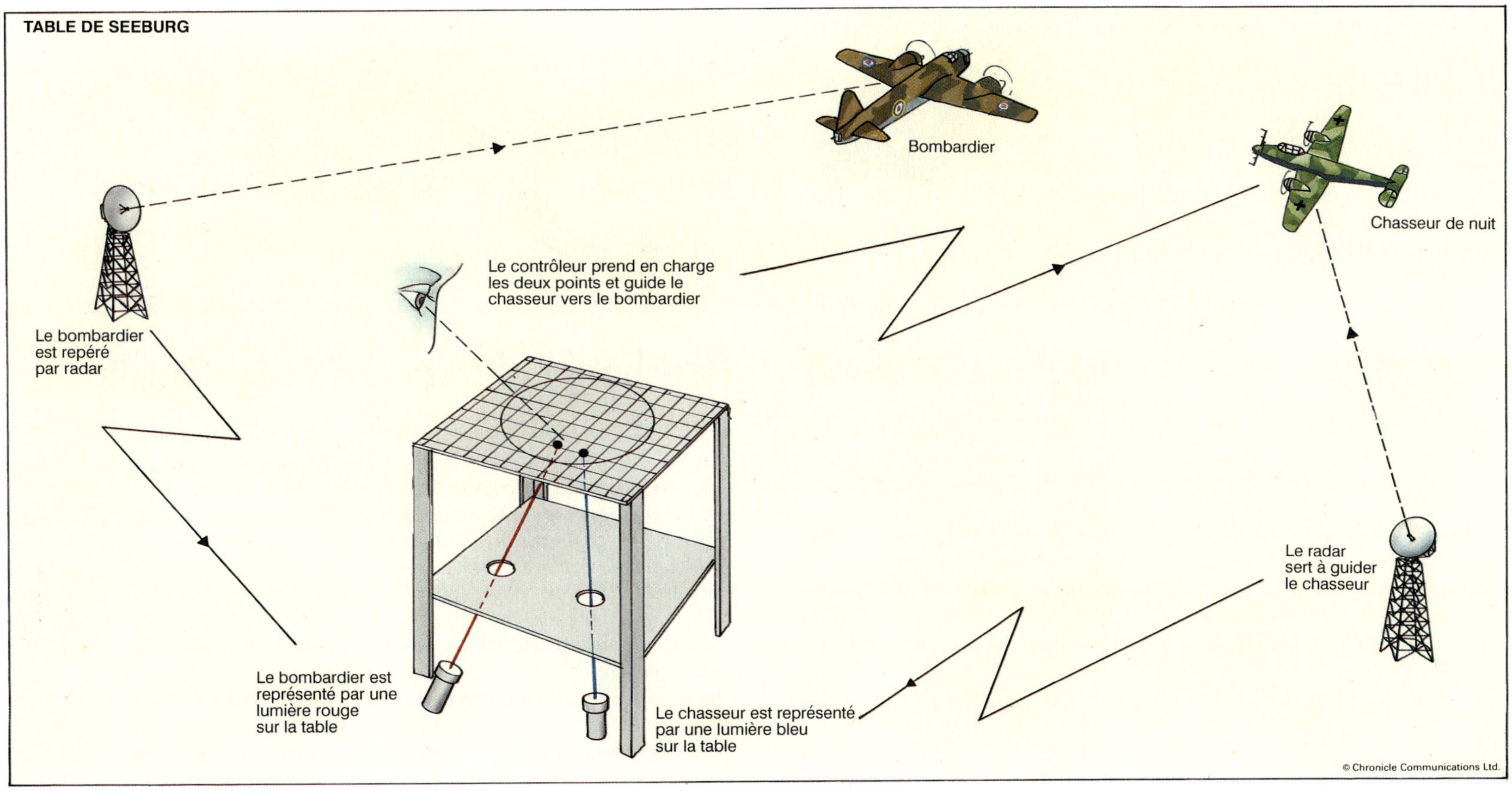

La table de Seeburg est un système simple mais ingénieux, utilisé par les Allemands pour guider leurs chasseurs de nuit vers les bombardiers dans la zone de Konaja. Cette table en plexiglas est quadrillée, chaque case représentant 2,5 km². Un radar suit la trajectoire du bombardier, un autre le chasseur de nuit. Les signaux radio émis se transforment en deux points lumineux qui donnent, par l'intermédiaire de la table, la position des avions. Le contrôleur qui surveille l'opération peut ainsi diriger le chasseur vers le bombardier.

AIR

Les radars de vol

Les radars ont eu dans les batailles aériennes au-dessus de la Grande-Bretagne et de l'Allemagne un rôle essentiel. Mais, à l'origine, on ne s'en est servi que comme système de navigation aérienne. Jusqu'en 1939, les avions se repéraient en estimant leur position le jour, et d'après les étoiles la nuit, généralement de manière assez imprécise.

Les Allemands ont été les premiers à se doter d'un dispositif, le Knickebein (éclopé), dérivé du système Lorenz pour l'atterrissage sans visibilité. L'appareil comprenait deux antennes radio, qui émettaient vers l'avion des signaux en morse permettant au pilote de se guider au cours de son approche. Les Britanniques ont rapidement réussi à provoquer des interférences dans ces transmissions, mais les Allemands ont alors adopté des dispositifs plus perfectionnés.

Le radar est devenu également nécessaire dans le domaine de l'interception aérienne. Les chasseurs de nuit en ont été dotés dès la fin de 1940. Les premiers modèles, assez rudimentaires, utilisaient les ondes métriques, puis ils ont rapidement été remplacés par des appareils à ondes centimétriques, plus sensibles.

Le radar, qui émet un signal, est un système dit actif, par opposition aux systèmes passifs. Ces derniers, comme le dispositif allemand Naxos, permettaient de détecter le signal. D'autres étaient, en plus, destinés à brouiller les ondes émises. Par exemple, Mandrel émettait un bruit sur les fréquences du radar d'alerte allemand Freya. Window était constitué de bandes d'aluminium qui trompaient les radars ennemis en faisant apparaître comme une tempête de neige sur l'écran. Ce dernier leurre a été utilisé par la RAF à Hambourg en juin 1943. Les Allemands trouvèrent la parade en réussissant à distinguer le « nuage Window », qui se déplaçait lentement, de l'image radar des bombardiers, plus rapides. Quelques dispositifs allemands sont décrits ci-contre, la page suivante étant consacrée aux systèmes alliés.

Naxos repère les bombardiers alliés

1. *Le FuG 350 Naxos est un dispositif qui permet aux chasseurs de nuit de détecter les transmissions H2S des bombardiers alliés (voir page suivante), qu'ils peuvent alors attaquer. Il utilise la bande des fréquences comprises entre 2 500 et 2 700 MHz et est efficace dans un rayon de 50 km. Il comporte, en général, une antenne pivotante fixée au-dessus du cockpit, mais parfois aussi logée dans le nez. Dans certaines variantes du système, une seconde antenne était installée dans la queue de l'appareil. Naxos a équipé la Luftwaffe à l'automne 1943, mais les Britanniques ont connu son existence en juillet 1944 seulement, lorsqu'un Ju-88 a atterri par erreur en Angleterre.*

Lichtenstein, l'œil des chasseurs de nuit

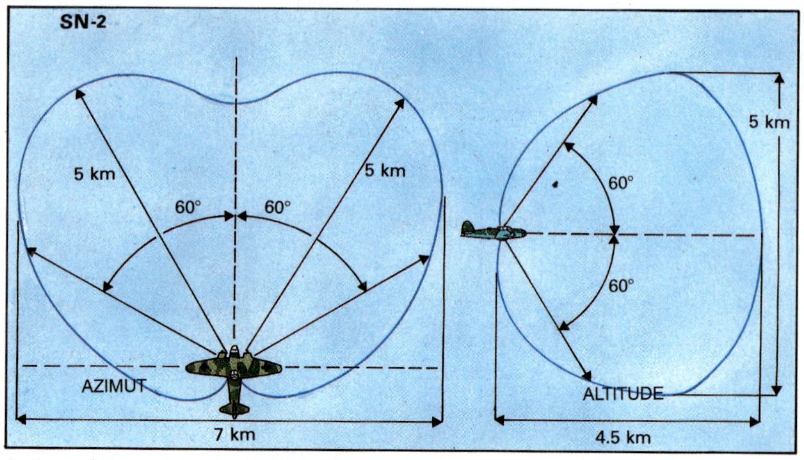

2. *Le schéma ci-dessus indique la portée du radar Fu 220 Lichtenstein SN-2. Ce dispositif, reconnaissable à son antenne placée devant le nez de l'avion (voir ci-dessous), a équipé les chasseurs de nuit allemands à partir de l'automne 1943. Il permet l'identification simultanée de plusieurs cibles; on peut lui imputer la perte d'un grand nombre de bombardiers alliés. Une des parades était d'utiliser de longues bandes métalliques Window, ou Rope (corde).*

Neptun : en queue

3. *Les radars Neptun ont existé en plusieurs versions. Les modèles V et J, radars d'interception, équipent les chasseurs monoplaces; les modèles R surveillent la zone à l'arrière de l'appareil. Les V/R et G/R combinent les précédents. Par rapport à Lichtenstein, Neptun a l'avantage de donner sur un seul écran, et non sur deux, la position, l'altitude et l'éloignement de l'objet observé. Les radars installés à l'arrière des avions apparurent en 1943 sur les Mosquito, qui participaient de plus en plus aux raids alliés. Les premiers Neptun avaient des antennes verticales sous les ailes, qui furent vite remplacées par des modèles horizontaux placés à l'arrière de l'avion.*

Flensburg : efficace

4. *Le FuG 227 Flensburg est un des plus efficaces parmi les dispositifs de détection allemands. Il repère les signaux émis par le radar d'arrière Monica (voir page suivante). En juin 1944, après la capture d'un chasseur allemand Ju-88 en Angleterre, les Britanniques se sont aperçus que Flensburg pouvait détecter un bombardier équipé du système Monica à plus de 200 km de distance et qu'il n'était même pas pris en défaut face aux multiples signaux en provenance d'une escadre entière de ces avions. La seule parade était de ne pas utiliser Monica. Heureusement pour les Alliés, 250 Flensburg seulement avaient été mis en service, bien que le système datât de 1942.*

Schräge Musik

5. *Schräge Musik (musique de jazz) n'est pas un radar, mais il compta parmi les dispositifs allemands les plus menaçants pour les bombardiers alliés. Il s'agissait d'un canon antiaérien de 20 mm, le MG FF Oerlikon, spécialement étudié pour toucher un avion à son point le plus faible, c'est-à-dire au ventre. Il a été inventé par un pilote de chasse, le major Rudolf Schönert, qui remporta sa première victoire avec ce dispositif à bord d'un Do-217, au-dessus de Berlin, en mai 1943. C'est seulement à la fin de la guerre qu'un canon dirigé par radar, tirant obliquement ou vers le haut, fut mis au point. Mais avant cela, Schräge Musik prouva sa terrible efficacité.*

Gee : un maître, deux esclaves, un avion

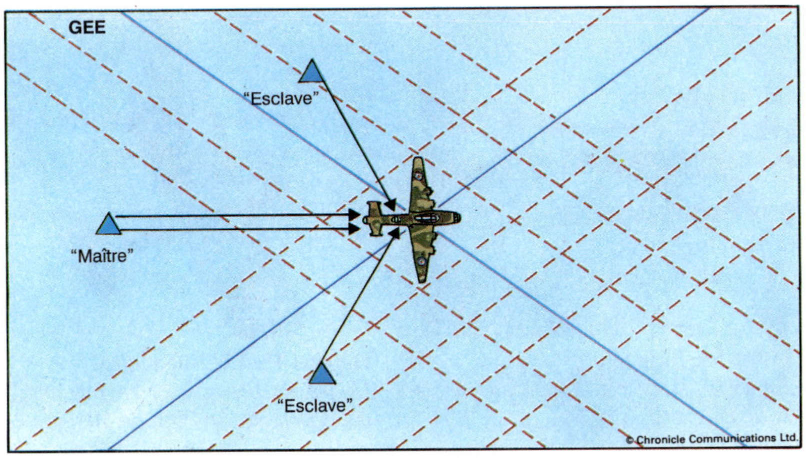

1. *Gee, de son vrai nom TR 1335, est un dispositif de guidage aérien radioélectrique, opérationnel dès août 1940. Il utilise trois émetteurs au sol (le maître et les deux esclaves), distants de 300 km environ, qui envoient des signaux radio à l'avion pris en charge, lui indiquant à quelle distance des émetteurs il se trouve. Il peut alors connaître sa position en se référant à une carte spéciale. Sa portée, limitée par la courbure terrestre, est de 600 km.*

Oboe ou le jeu du chat et de la souris

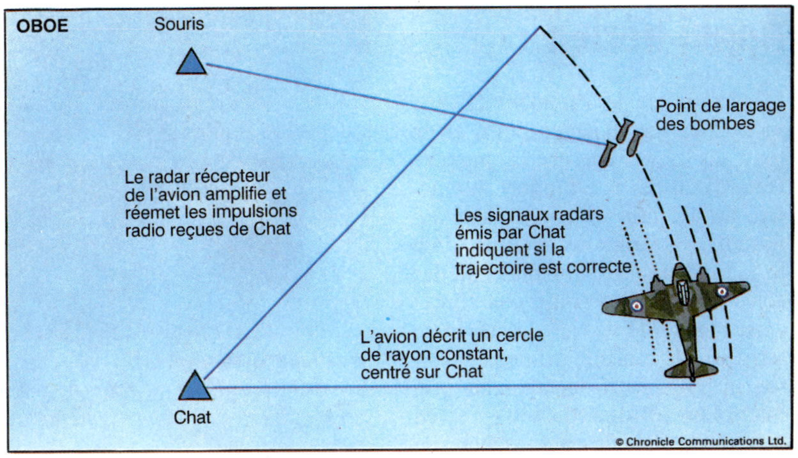

2. *Oboe (hautbois) est un système de guidage radioélectrique. Il utilise deux stations au sol, qui expédient à un avion un signal, lequel est retransmis à terre. Le premier faisceau (le Chat) permet à l'avion d'atteindre son objectif. Le second (la Souris), lorsqu'il se croise avec le premier, indique au bombardier qu'il peut larguer ses bombes. La portée du système Oboe est de 320 km pour un avion évoluant à 7 620 m, ce qui est assez faible.*

ABC : brouillage

3. *ABC, ou Airborne Cigar (cigare des airs), est un système de brouillage des transmissions radio des chasseurs de nuit allemands. Il a été utilisé pour la première fois par le 101ᵉ escadron de la RAF à Stuttgart dans la nuit du 7 au 8 octobre 1943.*

Boozer : alerte

4. *Boozer (poivrot) est un dispositif passif d'alerte, détectant les radars d'interception aérienne des Allemands et leurs Würzburg, basés au sol. Deux voyants, jaune et rouge, s'allument sur le tableau de bord de l'avion allié lorsqu'il entre dans le champ des radars.*

H2S permet l'identification des cibles

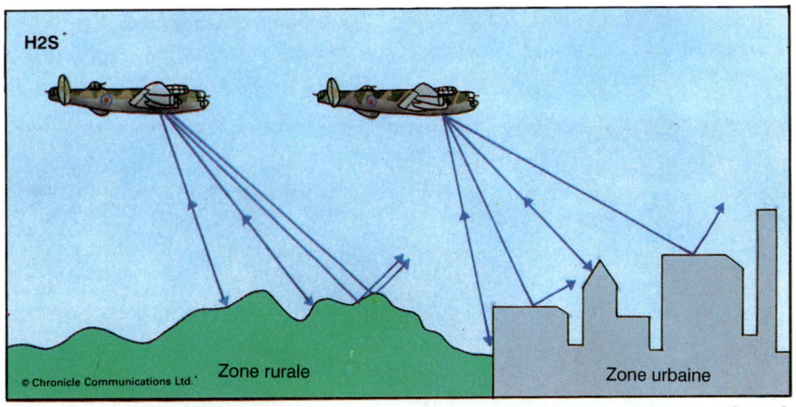

5. *H2S, surnommé « Home, sweet home » par les aviateurs, était à l'étude depuis 1937. Il n'équipa pourtant les bombardiers qu'à la fin de 1941 : en effet, les radars furent d'abord essentiellement cantonnés dans un rôle défensif. Dirigé vers le sol, il transmet au navigateur une image assez fidèle, sur un écran, du paysage que l'avion survole ; l'équipage peut ainsi savoir où il se trouve.*

Serrate : détection

6. *Serrate est un dispositif de détection passif, qui réagit aux transmissions radio des chasseurs de nuit allemands. Il a été essayé sur des Beaufighter en juin 1943, mais a surtout équipé les Mosquito, plus rapides et plus maniables.*

Monica : alarme

7. *Monica est un radar placé sur la queue des bombardiers britanniques dès juin 1943. Il prévient de l'approche d'un chasseur de nuit, sans plus de précision. En revanche, les chasseurs allemands dotés du système Flensburg localisaient les bombardiers utilisant Monica.*

AIR

Appui aérien

Dès la fin de la Première Guerre mondiale, les aviateurs ont, dans tous les pays, cherché à prendre leurs distances par rapport aux autres armes, afin de gagner leur autonomie. Néanmoins, durant toute la Seconde Guerre mondiale, un des rôles essentiels dévolus aux forces aériennes fut le soutien à l'armée de terre et à la marine, principalement fourni sous deux formes. La première est l'« interdiction » : en attaquant au-delà des lignes de l'ennemi, les avions empêchent ce dernier d'acheminer des renforts ou des munitions. C'est ce qu'ont fait les Alliés lors du débarquement en Normandie. La seconde est l'« appui aérien rapproché », qui est le soutien aux troupes au cours des combats, ce que l'aviation était accoutumée à faire depuis la Première Guerre mondiale. Néanmoins, les états-majors ont plus tard négligé presque partout ce rôle, s'attachant davantage aux moyens d'obtenir la maîtrise des airs et d'augmenter la puissance des bombardements. La Luftwaffe seule faisait exception. Son action, combinée à celle des Panzer, a beaucoup contribué à la réussite de la guerre éclair : les bombardiers en piqué Ju-87 Stuka, qui communiquaient par radio avec des officiers de la Luftwaffe accompagnant les troupes au sol, sont devenus célèbres autant pour la précision de leur tir que pour leurs sirènes hurlantes, qui semaient la terreur dans les rangs ennemis.

Après la défaite française, les Britanniques prirent plus au sérieux le soutien de l'infanterie par l'aviation, mais celui-ci ne devint opérationnel qu'en août 1942, quand Montgomery exigea qu'en Afrique du Nord, son QG et celui de la Force aérienne du désert fussent localisés en un seul endroit. Les Soviétiques payèrent par de lourdes pertes leur inexpérience, les Américains, eux, s'adaptant rapidement. Pour qu'un soutien aérien soit efficace, il est nécessaire que les deux armes concernées collaborent très étroitement à toutes les étapes du processus, comme c'est le cas dans l'exemple détaillé page suivante.

Les Alliés

Westland Lysander, GB.
Il assiste l'artillerie et parachute les agents alliés en territoire ennemi.

Potez 63, France.
En 1940, il sert de bombardier léger et de chasseur.

Hurricane Mk-IV Hurribomber, GB. *Armé de 2 bombes de 225 kg et de 8 roquettes ; utilisé en Libye.*

Hawker Typhoon, GB.
Fer de lance du soutien de la RAF dès 1944 ; avec bombes ou roquettes.

Curtiss P-40C Tomahawk, EU.
Largement utilisé par tous les Alliés ; il peut transporter 450 kg de bombes.

A-24 Douglas Dauntless, EU.
Ce bombardier en piqué peut transporter 450 kg de bombes.

Iliouchine Il-2 Sturmovik, URSS.
Sturmovik est le nom générique des avions de soutien rapproché soviétiques ; l'Il-2, avec ses 600 kg de bombes, est le plus célèbre et le plus efficace.

L'Axe

Heinkel He 51, Allemagne.
Utilisé en Espagne et en Pologne, il transporte six bombes de 50 kg.

Junkers Ju 87, Allemagne.
Le plus célèbre des avions de soutien ; peut transporter 1800 kg de bombes.

Mitsubishi Ki-15 (Babs), Japon.
Rayon d'action : 1 800 km ; transporte jusqu'à 500 kg de bombes.

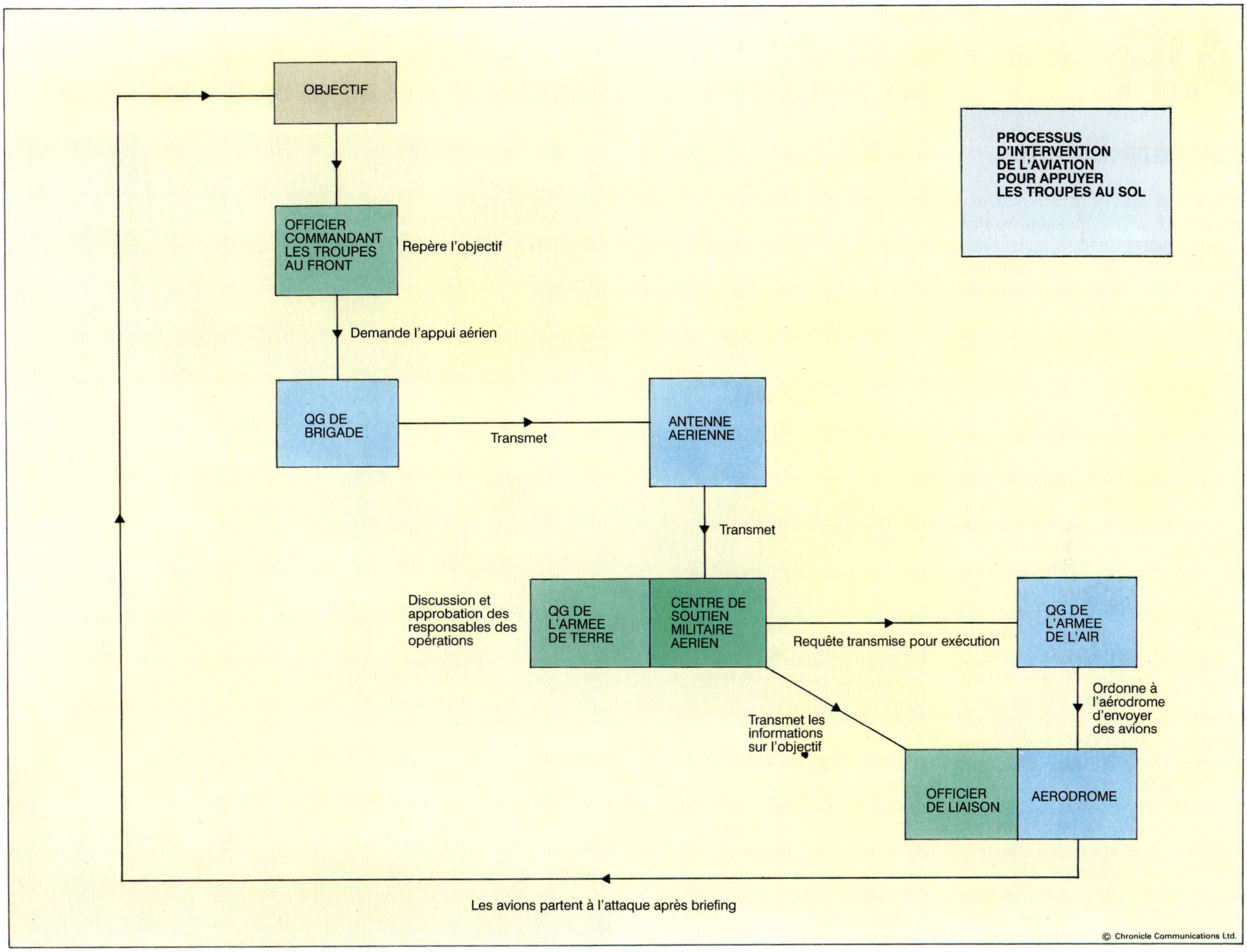

Le schéma ci-dessus décrit le processus d'intervention de l'aviation pour appuyer les soldats au sol, mis au point par les Britanniques à l'automne 1942 en Afrique du Nord. L'officier commandant les troupes concernées se fait d'abord décrire la cible, sur laquelle il voudrait que soit lancée une attaque aérienne. Il en rend compte à ses supérieurs, au QG de brigade le plus souvent, qui transmet à l'antenne aérienne de la RAF située généralement au même endroit que le QG. Cette dernière soumet alors le cas au Centre de soutien militaire aérien (Army Air Support Centre), administré conjointement par la RAF et l'armée de terre. La demande est examinée par les responsables des opérations. Si elle est acceptée, le QG de l'armée de l'air est alors chargé d'affecter des avions à la mission demandée, et les informations sont transmises à un officier de liaison présent sur l'aérodrome concerné. Ce dernier donne aux pilotes les détails sur la cible et la situation des troupes, notamment sur la position des forces amies dans le secteur. En cas de besoin, l'antenne aérienne peut guider l'avion par radio vers l'objectif.
Un autre dispositif permettait une intervention aérienne encore plus rapide. Il s'agit du système dit Cab Rank (station de taxis), schématisé ci-contre. Les avions tournoyaient, restant à l'affût au-dessus de la zone de combat en attendant d'être appelés par radio afin de bombarder une cible désignée. Pour être efficace, cette technique, très employée par les Alliés en Normandie, suppose une nette supériorité aérienne.

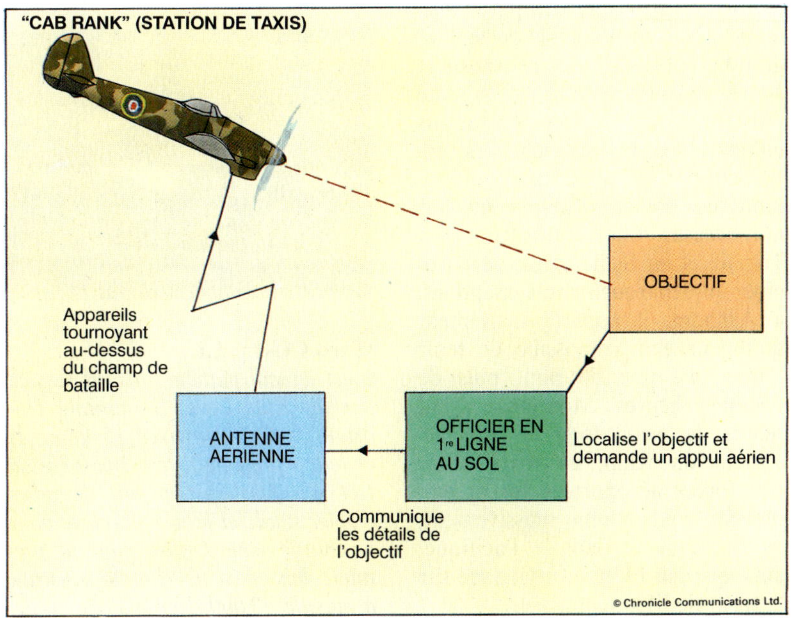

AIR

Les parachutistes

Le premier saut en parachute réussi remonte à 1797. Pendant la Première Guerre mondiale, le parachute a sauvé la vie de plusieurs observateurs embarqués à bord des ballons, très vulnérables aux tirs d'artillerie. Malgré tout, l'idée de lancer des soldats au combat en les larguant d'un avion n'a été sérieusement étudiée qu'à partir de 1930. Les Soviétiques ont été les pionniers en la matière : en 1936, des observateurs étrangers ont pu assister au parachutage d'une brigade entière. A la suite des purges staliniennes, toutefois, ces essais se sont interrompus. Ce sont les Allemands qui ont repris le flambeau. Leurs régiments de chasseurs parachutistes, les Fallschirmjäger, sautaient directement au-dessus du théâtre d'opérations ou étaient convoyés jusque-là par planeur. La distinction classique entre troupes parachutées et troupes aéroportées apparaissait déjà. Ces unités sont intervenues dès le 10 mai 1940 dans les Pays-Bas et lors de la prise du fort belge d'Eben-Emael. Ces opérations impressionnant les Britanniques, ils constituèrent à leur tour des unités de parachutistes au cours de l'automne 1940, employées pour la première fois à l'assaut d'un viaduc d'Italie du Sud, en février 1941. L'invasion de la Crète en mai 1941 confirma l'efficacité des paras allemands, mais provoqua la perte d'un grand nombre d'avions de transport Ju-52, ce qui empêcha par la suite l'organisation d'autres opérations comparables. En revanche, les unités aéroportées américaines et britanniques devinrent de plus en plus nombreuses. Elles combattirent en Tunisie et en Sicile avant de participer au débarquement. Cependant, à Arnhem, il apparut clairement qu'il leur était impossibe de tenir seules une tête de pont plus de quelques heures. Montgomery sut retenir la leçon lors du franchissement du Rhin, en mars 1945. Les forces aéroportées furent employées, mais moins massivement, en Birmanie et dans le Pacifique, ainsi que par l'Union soviétique sur le front de l'Est.

Les planeurs amènent hommes et fret au cœur du combat

DFS 230, All.
Ce planeur, conçu tout spécialement pour les opérations aéroportées, a été utilisé lors de la prise d'Eben-Emael le 10 mai 1940. Il transporte huit paras et deux hommes d'équipage. Il peut être remorqué à la vitesse maximale de 160 km/h et est largué à plus de 3 000 m d'altitude. Il est équipé d'un parachute de freinage et parfois de rétrofusées pour réduire la vitesse avant l'atterrissage.

Me 321 Gigant, All.
Construit peu après mai 1940, il fut le plus grand planeur de la guerre. Prévu pour le matériel lourd (charge utile : 22 t), il pouvait aussi transporter 130 hommes. Il était, à l'origine, tracté par trois Bf 110, vite remplacés, vu la difficulté de la manœuvre, par le He 111Z (constitué de deux He 111 accolés). Il fallait utiliser des fusées d'appoint au décollage. Dès 1941, une version à six moteurs, le Me 323 (ci-contre), a servi comme transporteur lourd. Les hélices étaient françaises.

Hamilcar, GB.
C'est le plus grand des planeurs britanniques. Avec ses deux hommes d'équipage et sa charge utile de près de 8 t, il transportait des armes lourdes et même des chars légers, Tetrarch ou Locust. Il pouvait aussi embarquer deux Universal Carrier, ou bien un canon antiaérien de type Bofors.

Airspeed Horsa, GB.
Il pouvait convoyer 29 hommes et a servi surtout comme transport de troupes, mais un obusier léger de 75 mm américain pouvait aussi y être chargé. La version Mark II s'ouvrait en deux pour faciliter le chargement. Utilisé dès 1943 en Sicile, il a été précieux au cours de l'invasion alliée en Normandie.

Waco CG-4A, EU.
C'est le seul planeur mis en service par les Etats-Unis. Surnommé Hadrian, il peut convoyer 15 hommes et leur équipement, ou 1 680 kg de fret. Le fuselage est fait de tubes d'acier soudé et le nez se relève pour le chargement. Utilisé pour la première fois en Sicile, il a été construit à plus de 12 000 exemplaires.

Avions de transport adaptés aux opérations aéroportées

Tupolev TB-3, URSS.
Bombardier à l'origine, le TB-3 a fait son premier vol en 1930 et a cessé d'être fabriqué en 1937. Néanmoins, il a été utilisé pour transporter des troupes et des parachutistes pendant toute la guerre. Son rayon d'action est de l'ordre de 2 500 km, sa charge utile de 6 800 kg et sa vitesse maximale de 290 km/h.

Douglas DC-3 (C-47) Dakota, Etats-Unis.
Le Dakota était un avion de ligne répandu dès 1935, avant de devenir le transport de troupes le plus utilisé de la guerre. Il a également remorqué des planeurs. Sa charge utile normale est de 3,9 t, son rayon d'action de plus de 3 000 km et sa vitesse maximale de 370 km/h.

Armstrong Whitworth Albemarle, Grande-Bretagne.
Prévu pour être un bombardier, l'Albemarle est devenu transport de troupes et remorqueur de planeurs. Il a quatre hommes d'équipage, une vitesse de 426 km/h, un rayon d'action de 2 200 km et une charge utile de 6,35 t.

Junkers Ju 52/3m, Allemagne.
Près de 5 000 exemplaires en ont été construits. Principal transport de troupes allemand, il a aussi remorqué des planeurs. Sa charge utile est de 2,6 t, sa vitesse de 300 km/h, mais son rayon d'action de 1 300 km seulement.

Les parachutistes combattent derrière les lignes ennemies

Parachutiste britannique.

Les conditions particulières dans lesquelles combattent les paras ont conduit toutes les armées à les doter de tenues et d'équipements spéciaux, notamment de casques et de combinaisons étudiés pour lutter contre le sillage au moment du saut. Les armes sont enfermées dans des conteneurs, qui peuvent peser jusqu'à 60 kg et sont fixés au harnais du parachute. Pendant le saut, le soldat libère la charge, qui reste suspendue par un filin à 4 m audessous de lui et le stabilise. Le parachute est déployé automatiquement : la poignée d'ouverture, fixée à une corde dans l'avion, est actionnée par le poids du para.

Embarquement de parachutistes soviétiques à bord d'un transport TB-3.

AIR

Les hélicoptères

Au XVe siècle, Léonard de Vinci invente une hélice aérienne de sustentation. Mais le premier hélicoptère date toutefois du XVIIIe siècle et se présente sous la forme d'un jouet très populaire. C'est seulement au siècle suivant que plusieurs engins expérimentaux effectuent de courts vols. En 1907, Paul Cornu réalise la première élévation d'un hélicoptère avec un pilote à bord. Si l'élévation verticale au moyen de l'aile rotative est une chose acquise, la poursuite du vol reste incertaine. Elle nécessite en effet de contrôler le cercle balayé par les pales des rotors et leur angle d'attaque dans l'air. Au début des années 1920, l'Espagnol Juan de la Cierva propose un compromis avec l'autogire, qui associe une aile rotative pour l'élévation et une hélice conventionnelle pour la poussée en avant. Ce dispositif rencontre un grand intérêt dans de nombreux pays, notamment en Grande-Bretagne, en Allemagne, et aux Etats-Unis, où l'expérience est poursuivie. Le décollage vertical nécessite de contrer les forces de torsion générées par le rotor. En 1936, en France, Louis Breguet construit son gyroplane à rotors contrarotatifs et René Dorand met au point le plateau cyclique de réglage de l'incidence des pales, permettant de voler dans toutes les directions. En Allemagne, la firme Focke-Wulf introduit, durant cette même année, le Fw-61 équipé de deux rotors contrarotatifs, mais aussi d'une hélice classique. Anton Flettner la remplace par deux rotors de sustentation, agissant simultanément pour propulser l'hélicoptère en avant, et bientôt supplantés par deux rotors autonomes, d'inclinaison variable. En 1939, aux Etats-Unis, Igor Sikorsky résout le problème de la torsion, avec un petit rotor de queue dont il équipe son modèle VS-3000. Les Allemands utiliseront les hélicoptères, lancés à partir des navires ou des U-Boote, pour la reconnaissance en mer, alors que les Alliés ne les emploieront que dans les manœuvres de sauvetage, ou pour tester les radars.

Les pales pivotantes du rotor : le secret du décollage vertical

Vol dans toutes les directions, surplace, décollage et atterrissage verticaux : toutes ces évolutions sont permises aux hélicoptères grâce à leurs rotors, qui entraînent les pales. Les articulations de ces rotors donnent aux pilotes la possibilité de modifier l'angle d'attaque de chaque pale (voir schémas 1a et 1b), autorisant ainsi le décollage vertical, et l'angle d'incidence des pales en fonction de leur position sur le cercle balayé (voir schémas 2a, 2b 2c et 2d) permettant ainsi les manœuvres les plus variées. Ces opérations sont possibles grâce aux plateaux cycliques de la tête du rotor qui sont solidaires l'un de l'autre : le premier pivote avec l'arbre du rotor et peut s'incliner dans toutes les directions. Il est encastré dans le second, qui ne tourne pas, mais peut monter et descendre le long de l'arbre. Les pales sont reliées au plateau supérieur par des biellettes de pas. Le pilote peut agir sur le plateau inférieur par l'intermédiaire de deux bielles de commande de vol, déterminant l'inclinaison et l'incidence des pales.

Le profil des pales de rotor est calculé de manière que la pression de l'air s'exerce sur elles de bas en haut, ce qui crée une poussée initiale (schéma 1a). Quand l'angle d'incidence de la pale augmente, la pression de l'air au-dessus d'elle diminue, et en conséquence, la poussée vers le haut augmente (schéma 1b).

Les quatre commandes de base utilisées par le pilote lors du vol

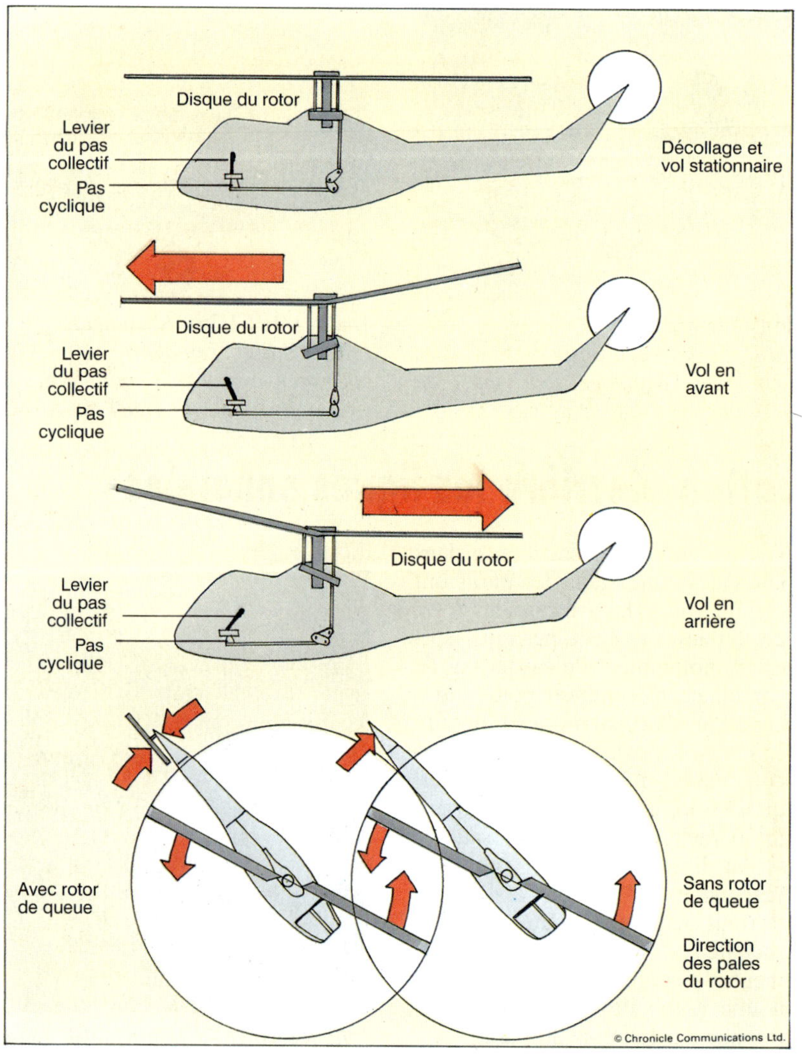

Un hélicoptère en vol est extrêmement maniable, grâce en particulier aux quatre commandes principales dont dispose le pilote, dont trois sont actionnées par le manche à balai. La première d'entre elles est la commande du pas cyclique : elle permet, en faisant varier l'angle d'incidence des pales par rapport au cercle balayé, d'obtenir de l'hélicoptère les évolutions souhaitées (schémas 3a, 3b et 3c). Le pilote l'utilise aussi pour négocier les virages, en relevant une pale et en abaissant celle qui lui fait face. La deuxième commande est celle du pas collectif, qui permet de relever et d'abaisser les plateaux cycliques pour le décollage et l'atterrissage. La troisième est la poignée d'arrivée des gaz, qui permet le contrôle de la vitesse de l'appareil en variant la vitesse de rotation des pales. La dernière des commandes, séparée du manche à balai, est constituée de deux palonniers, reliés au rotor de queue et utilisés, avec le pas cyclique, pour contrôler la direction. Le rotor de queue, ou rotor anticouple, joue un autre rôle essentiel (schéma 3d) : il compense l'action d'un couple qui tend à faire tourner le fuselage de l'appareil en sens inverse de celui des pales du rotor principal. Cet inconvénient n'existe pas si l'hélicoptère est doté de rotors contrarotatifs.

Les Alliés

Avro Rota (Cierva C.30A), Grande-Bretagne
Ce n'est pas un hélicoptère, mais un autogire utilisé par la RAF pour le calibrage des radars. Vit. max. : 180 km/h. Rayon d'action : 400 km.

Sikorsky R-6A (RAF Hoverfly I), Etats-Unis
Il a été développé à partir du prototype Sikorsky VS-300 et s'est révélé très performant. Vit. max. : 120 km/h. Rayon d'action : 320 km.

Sikorsky R-4B (RAF Hoverfly II), Etats-Unis
Développé à partir du R-4, il effectue son premier vol en octobre 1943. Vit. max. : 155 km/h. Rayon d'action : 320 km.

Bell modèle 30, Etats-Unis
Le premier de la longue série des hélicoptères Bell, très performant, effectue son premier vol en 1943. Vit. max. : 135 km/h. Rayon d'action : 240 km.

L'Axe

Flettner Fl 282 Kolibri, Allemagne
Lancé depuis les navires, a servi, dès 1940, comme patrouilleur et aussi pour des missions de liaison. Vit. max. : 145 km/h. Rayon d'action : 170 km.

Focke-Achgelis Fa 223 Drache, Allemagne
Equipé de six sièges, devait être employé comme hélicoptère de transport et n'a jamais été opérationnel. Vit. max. : 145 km/h. Rayon d'action : 320 km.

Focke-Achgelis Fa 330 Bachstelze, Allemagne
Il est ingénieusement conçu pour servir de poste d'observation volant pour les U-Boote. Il pèse à peine 80 kg, et a une vitesse de vol minimale de 25 km/h.

MER

Les U-Boote

Au début de la guerre, la flotte sous-marine allemande comprend 56 U-Boote, répartis en deux catégories (bâtiments côtiers de moins de 750 tonnes et sous-marins océaniques de 1 000 tonnes) principalement représentées par les Type VII et Type IX. Ils fonctionnent avec un moteur Diesel, en surface, et utilisent une batterie électrique en immersion. Le Type VII constitue le fer de lance de la flotte durant la guerre, soit 700 des 1 158 U-Boote construits pendant cette période. Pendant la bataille de l'Atlantique, l'augmentation de leur nombre renforça leur efficacité. Afin de maintenir le maximum de Type VII en patrouille, les Allemands utilisèrent alors des vaisseaux de ravitaillement en mer. Mais ils seront coulés en grand nombre, grâce aux services secrets alliés, au cours de l'été 1941. Ils lancèrent alors un sous-marin pétrolier, le Type XIV, surnommé Milchkühe (vache à lait), et portant 432 tonnes de mazout. Le problème essentiel des U-Boote est la nécessité de recharger leurs batteries en surface, limitant la durée de leur immersion. La situation s'aggrave avec l'amélioration des méthodes de détection sous-marine alliées, d'autant plus que la vitesse en immersion reste faible (un peu plus de 4 nœuds). La première solution trouvée est le schnorchel, développé par la marine néerlandaise avant la guerre, qui permet aux moteurs Diesel de fonctionner sous l'eau. Mais la vitesse atteinte ne sera encore que de 6 nœuds, jusqu'à la production du schnorchel Oelfken dans les derniers mois du conflit (voir page suivante). Autre réponse apportée : le moteur Walter, qui équipait les Types XVII et XVIII (voir page suivante). Les recherches sur la vitesse en immersion aboutirent aux sous-marins électriques (Types XXI et XXIII). Avec leur coque hydrodynamique et leurs batteries puissantes, ils atteignaient, en immersion, 17 nœuds, ce qui suffisait pour rattraper les convois ennemis. Mais sept seulement étaient opérationnels à la fin de la guerre.

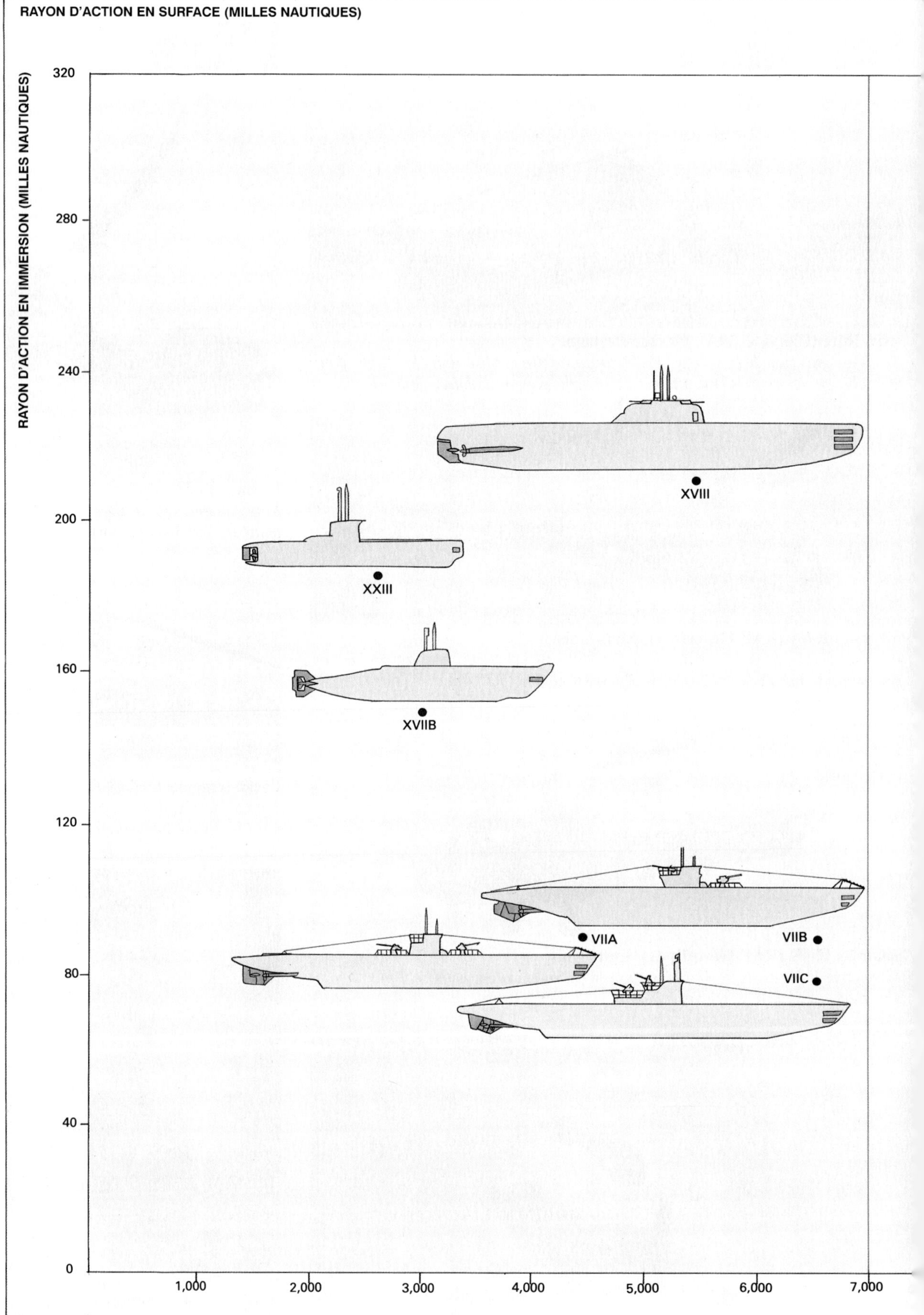

U-BOOTE: RAYON D'ACTION EN SURFACE ET EN IMMERSION

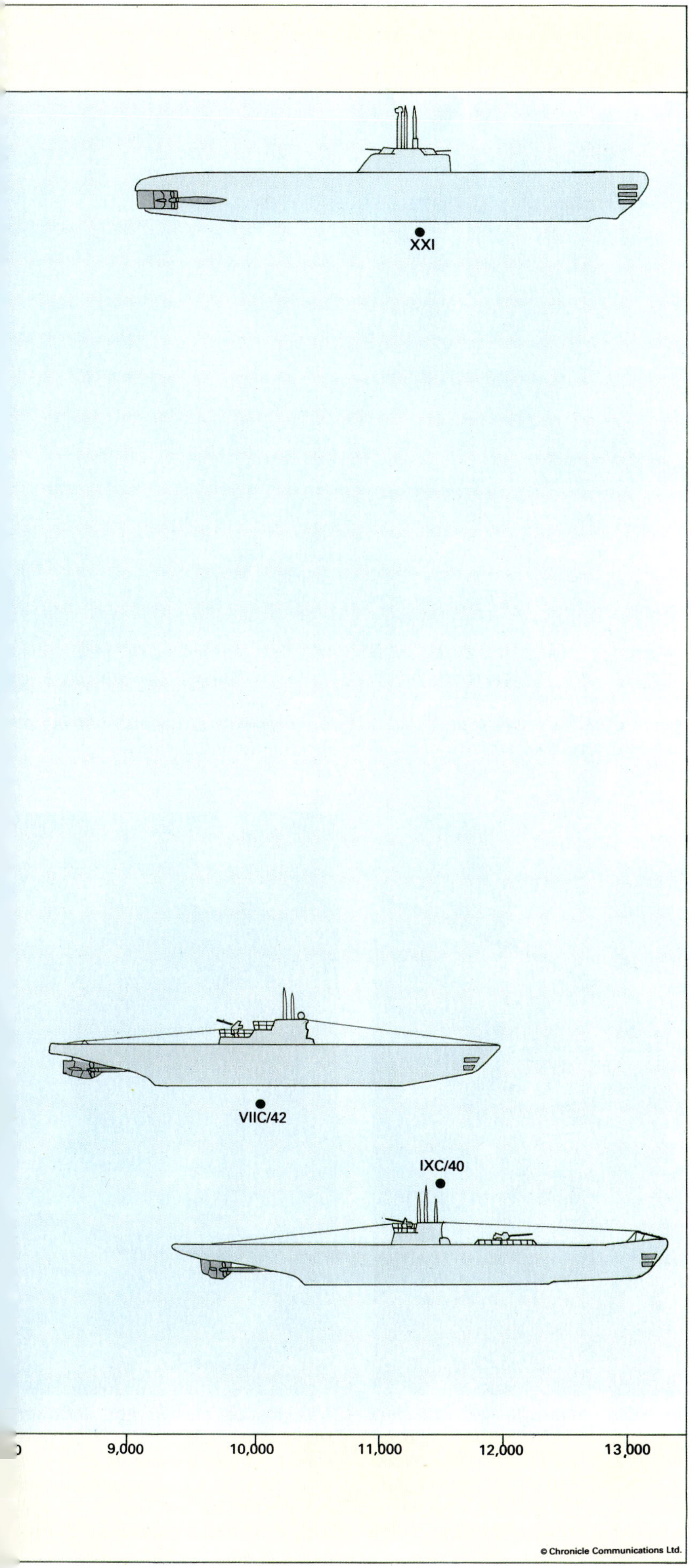

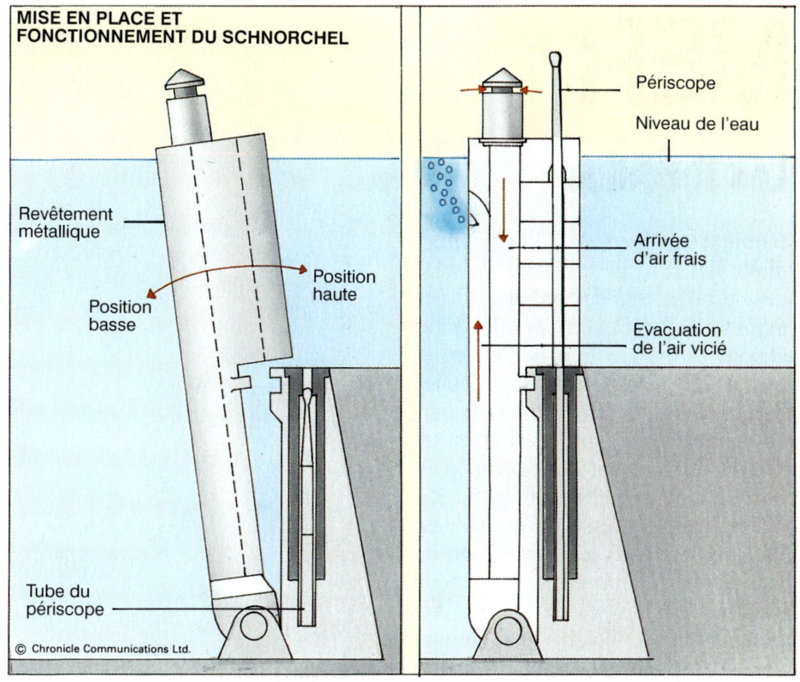

Ce schéma représente le schnorchel Oelfken, qui a été mis au point au début de 1945 pour le sous-marin Type VII. Fixé horizontalement sur le pont quand il n'est pas utilisé, il est relevé manuellement et attaché au kiosque lorsqu'il entre en fonction. L'air frais est aspiré par le tube interne et l'air usé rejeté par le cylindre qui l'entoure. Il faut remarquer que la tête du périscope, quand elle n'est pas immergée, se trouve juste au-dessus du sommet du schnorchel. S'il affaiblit efficacement la menace constituée par les avions, le schnorchel a néanmoins des inconvénients. Il empêche une navigation précise, réduit la vitesse à un maximum de 8 nœuds, même avec le système Oelfken, et, par gros temps, l'eau pénètre par le tube dans la salle de contrôle.

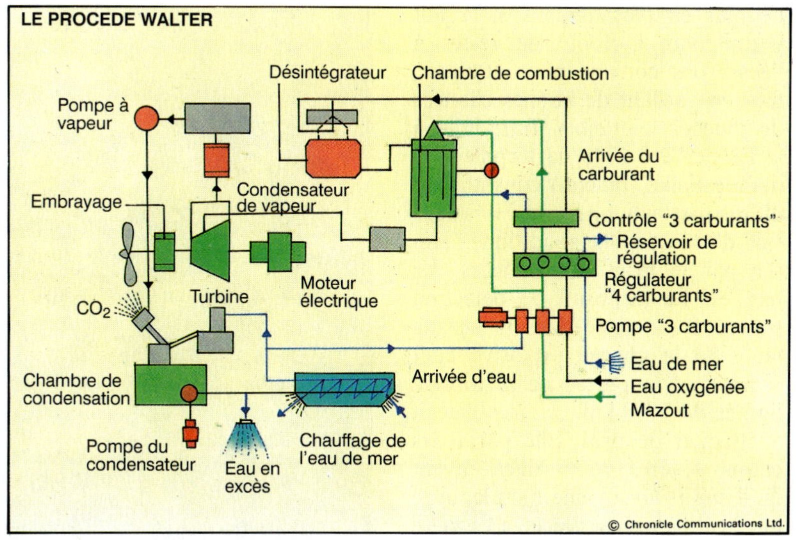

Le moteur Walter, décrit par ce schéma, utilise de l'eau de mer, du peroxyde de carbone et du mazout, amené jusqu'à la chambre de combustion. L'eau est décomposée, le dioxyde de carbone à haute pression et la vapeur qui en résultent servent à actionner la turbine. La vapeur est condensée et l'eau peut être recyclée, tandis que le dioxyde de carbone est rejeté hors du sous-marin et se dissout dans la mer. Le moteur Walter permet aux U-Boote d'atteindre, en immersion, une vitesse de 20 nœuds, bien supérieure aux 4 nœuds des sous-marins classiques, mais seulement pour de très courtes périodes. Le reste du temps, les sous-marins utilisent un moteur Diesel traditionnel.

MER

Les torpilles

Pendant la Seconde Guerre mondiale, les torpilles étaient lancées des sous-marins, des navires ou des avions. Au début du conflit, elles étaient propulsées par de l'air comprimé créant un sillage de bulles caractéristique, des pistolets à percussion déclenchant la charge explosive au moment de toucher la cible. Leur portée effective est de 3 à 6 km, à une vitesse de 40 nœuds. Les Allemands disposaient aussi de pistolets magnétiques, prévus pour attaquer les navires de guerre. Actionnés par le champ magnétique des bateaux, ils étaient conçus pour faire exploser la torpille sous leur quille. En fait, l'explosion se produisait souvent trop tôt. La torpille électrique constitua un nouveau progrès. Sa vitesse n'est que de 30 nœuds, mais elle se révèle beaucoup plus difficile à détecter. Fin 1942, les Allemands ont mis au point la torpille Fat, pour toucher un plus grand nombre de bateaux. Elle pouvait suivre une trajectoire rectiligne, puis circulaire. Les tactiques des escortes alliées devenant de plus en plus agressives, la Fat permit aux U-Boote de rester à l'écart des convois pour attaquer, tout en gardant de bonnes chances de toucher leur cible. Introduite à la fin de l'été 1943, la torpille allemande Falke (faucon) constitua un ultime perfectionnement. Il s'agissait d'une torpille acoustique, attirée par le bruit des moteurs des navires. Le dispositif de détection sonore étant placé dans le nez, la taille de la charge explosive était réduite, et la portée de la torpille limitée de 5 à 8 km, ce qui obligeait à attaquer de près. Elle porta des coups sévères aux Alliés, avant qu'ils ne trouvent une parade, avec une boîte à bruits, placée à l'arrière de l'escorte, et reproduisant, en l'amplifiant, le son des moteurs. Enfin, apparurent des torpilles chevauchés part des plongeurs, italiennes et anglaises, appelées respectivement Maiale (cochon) et Chariot. La charge explosive, détachable, se fixait sur le flanc des bateaux. Elles furent surtout utilisées en Méditerranée.

Déjà endommagé par la Luftwaffe, le destroyer «HMS Berkeley» est coulé par une torpille britannique. La photographie a été prise à l'instant même de l'impact. Dans le cas présent, la proue est soufflée et le naufrage est pratiquement immédiat. L'impact d'une torpille est en général fatal, excepté pour les navires de guerre d'un tonnage plus élevé. Ces derniers n'en réchappent qu'en scellant le plus vite possible les compartiments étanches qui divisent le navire, isolant ainsi la zone où la torpille a frappé.

Un sous-marin électrique allemand type XXI, en construction à la fin de la guerre. Les trois ouvertures présentes sur le flanc tribord (il en est de même à bâbord) sont celles des tubes lance-torpilles. Souvent, plusieurs torpilles sont propulsées sur la même cible, afin de l'atteindre plus sûrement. Certains U-Boote ont des tubes lance-torpilles placés à l'arrière, utilisés en général dans un but d'intimidation, quand le sous-marin veut rapidement battre en retraite.

Une torpille est chargée dans un sous-marin britannique. Une torpille standard mesure 8 m de long et pèse 320 kg. C'est pourquoi un tel chargement est une opération délicate, et ne peut en aucun cas s'effectuer à la hâte, surtout en mer.

Une torpille nommée Annie

Le chargement, à bord d'un porte-avions, d'une torpille sur un Swordfish britannique. Malgré son aspect balourd, et une vitesse maximale de 220 km/h, le Filet à provisions, comme l'appelait son équipage, devait prouver son efficacité en tant qu'avion lance-torpilles. De toutes les torpilles lancées depuis un avion, la plus perfectionnée fut l'américaine Fido, utilisée contre les sous-marins en immersion. Cette torpille à tête chercheuse, attirée par la cavitation (formation de bulles par l'hélice du submersible) fut officiellement appelée Mark 24, et reçut vite le surnom de Wandering Annie (Annie la baladeuse). Elle fut secrètement mise en service vers le mois de mai 1943.

Comment sont chargées les torpilles

La technique des sous-mariniers anglais qui placent une torpille dans son tube de lancement. Bien que la torpille puisse glisser sur un rail, l'opération ne peut être menée à bien en plein combat, et le submersible doit battre en retraite pour charger de nouvelles torpilles. Sur la droite, une torpille de réserve est prête à être engagée mécaniquement sur le rail de chargement. Chaque sous-marin emporte en général 20 torpilles. Au cours d'une mission, les tubes de lancement sont prêts à fonctionner en permanence. Habituellement, les torpilles sont propulsées par de l'air comprimé. Parfois, les tubes sont utilisés pour se débarrasser des ordures du sous-marin, mais cela peut alerter l'ennemi.

Les convois luttent contre les U-Boote

Le schéma présent montre comment un convoi de l'Atlantique se déploie en mer. Le chef de convoi est responsable de la sécurité de la navigation des cargos, et le commandant d'escorte assure leur protection contre les attaques ennemies. Idéalement, les U-Boote passent sous l'escorte, de façon à torpiller les navires marchands en tirs rapprochés. Mais une escorte bien entraînée et prête à en découdre peut les en empêcher. Quand un U-Boot est détecté, l'escorte met en place un des nombreux dispositifs anti-sous-marins. Différents noms de code leur sont attribués : par exemple, Artichoke (artichaut) désigne la riposte engagée lorsqu'un navire marchand est torpillé de jour, et Raspberry (framboise) quand il est attaqué de nuit. Dans la phase finale de la guerre, les U-Boote ont été contraints de lancer leurs torpilles à de grandes distances de leurs cibles.

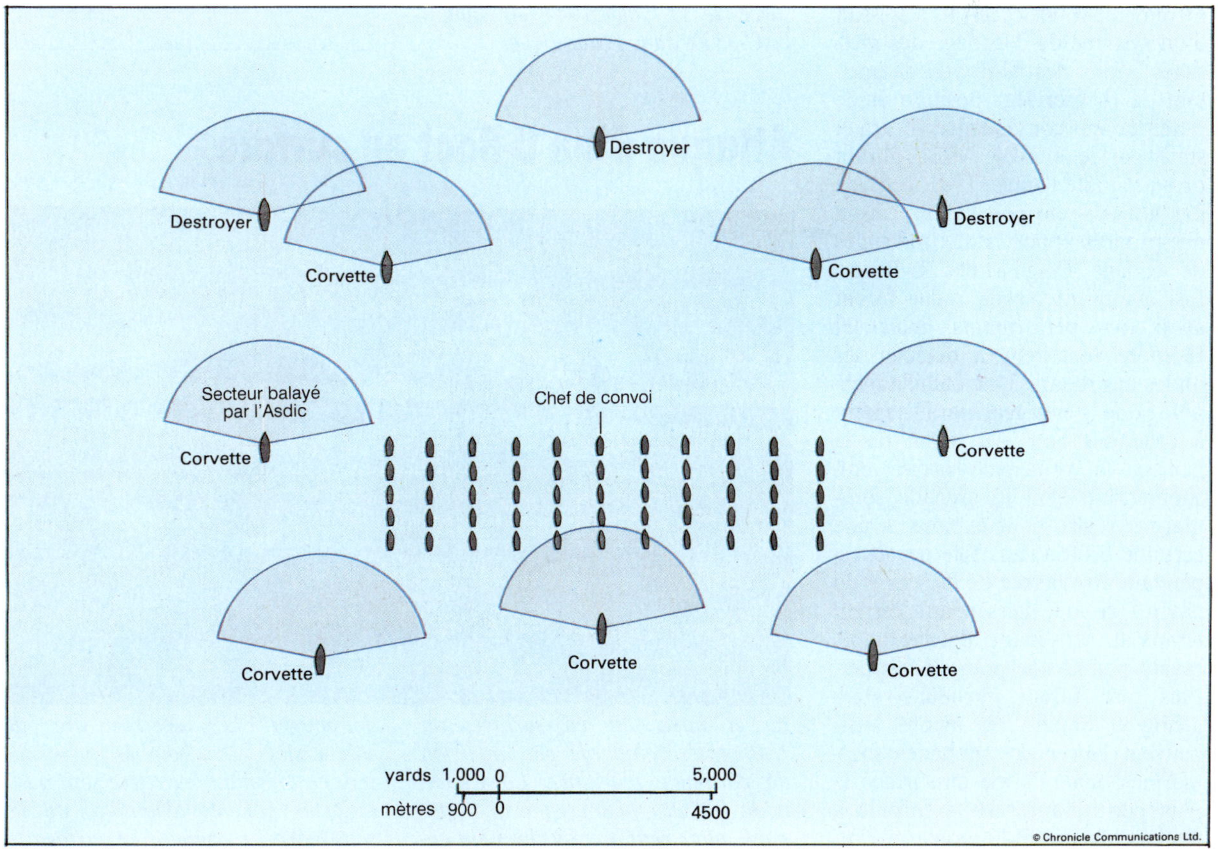

MER

Lutte sous-marine

Au moment où la guerre éclate, les Britanniques sont mal équipés pour faire face aux U-Boote. Ils ont confiance dans leurs convois, et dans le système de détection Asdic, inventé en 1918 pour neutraliser la menace sous-marine. C'est pourquoi les vaisseaux d'escorte sont en nombre insuffisant pour chaque convoi. Détection et destruction sont les deux faces de la guerre sous-marine. Dans les premiers temps de son utilisation, l'Asdic (voir page suivante) ne fut pas très efficace. Sa portée était limitée, et les sous-marins peu nombreux à opérer sur les vastes océans. Par la suite, des stations côtières furent mises en place pour détecter les messages radio des U-Boote, et déterminer ainsi leur position. Ce système est appelé High Frequency Direction Finding (recherche directionnelle par haute fréquence). Il équipa plus tard les navires d'escorte, utilisant également un radar pour localiser les sous-marins en surface. Ultra fut un autre dispositif extrêmement efficace. Il s'agissait d'un système de décodage des messages radio des U-Boote, permettant de repérer leur position et de modifier en conséquence le trajet suivi par le convoi. Mais, durant presque toute l'année 1942, cela n'a pas toujours été possible, en raison des progrès apportés aux machines de codage Enigma des U-Boote. Les avions munis de radar furent aussi très performants, mais les U-Boote réussirent à détecter les ondes des radars. Une bataille technologique s'engagea, parallèlement à celle des airs. Au début de la guerre, la principale arme anti-submersible était la grenade sous-marine, réglée pour exploser à une certaine profondeur. Elle devait cependant être lancée de la poupe du navire, ce qui laissait un certain temps au sous-marin détecté auparavant par l'Asdic pour s'échapper. Plus tard furent introduits Hedgehog et Squid. Les avions aussi peuvent lancer des grenades sous-marines, mais l'arme air-surface la plus performante est la torpille à tête chercheuse Fido (voir p. 733).

Emploi des armes anti-sous-marins par les navires de surface

Hedgehog (hérisson), à gauche, qui équipe les vaisseaux d'escorte à partir de 1942, est un lanceur qui supporte 24 projectiles, contenant chacun 14,5 kg d'explosif. Mis à feu simultanément, ils décrivent une parabole pour retomber à 200 m devant la proue du navire et explosent au contact d'un objet solide. Avantage sur la grenade sous-marine : le submersible n'a pas le temps de riposter. L'US Navy développa un modèle plus petit, appelé Mousetrap (souricière), destiné aux navires anti-sous-marins plus légers et pouvant lancer 4 ou 8 roquettes.

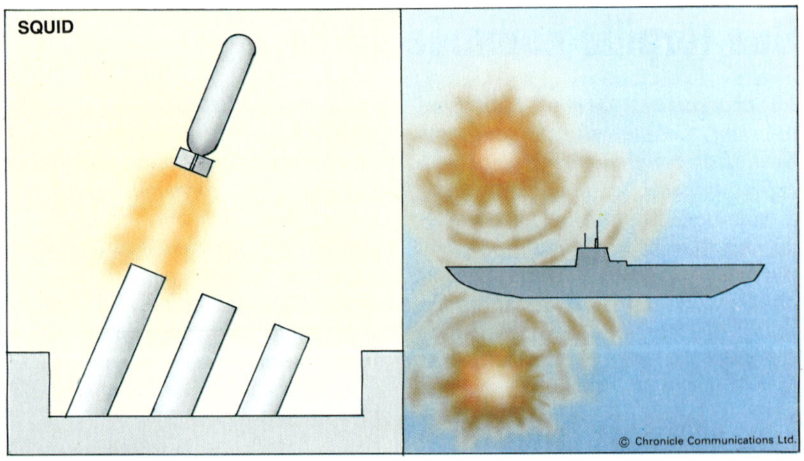

Squid (encornet), à droite, est une autre arme offensive anti-sous-marins, mise en service en 1944. Bien plus lourde que le Hedgehog, elle est formée de trois tubes propulsant 160 kg d'explosif à une distance de 650 m, ce qui laisse encore moins de temps au U-Boot pour réagir. Ses charges sont réglées pour exploser à une profondeur déterminée et endommagent leur cible en produisant des ondes de choc qui heurtent violemment la coque du bateau. Elle connaît son premier succès le 31 juillet 1944, en coulant l'« U-333 » dans l'Atlantique.

Attaque d'un U-Boot en surface

Ici et naviguant en surface, un U-Boot est bombardé par un avion de patrouille maritime. La canonnade fait des victimes parmi l'équipage, mais peut aussi gravement endommager la superstructure du submersible. Des bombes qui explosent en touchant leur cible sont aussi larguées par les avions contre les sous-marins naviguant en surface.

Les grenades sont roulées à la mer

Des grenades sous-marines sont roulées sur un rail par-dessus la proue d'un vaisseau d'escorte. Chacune contient 180 kg d'explosif. Elles peuvent aussi être lancées.

BATAILLE DE L'ATLANTIQUE: GUERRE ANTI-SOUS-MARINE

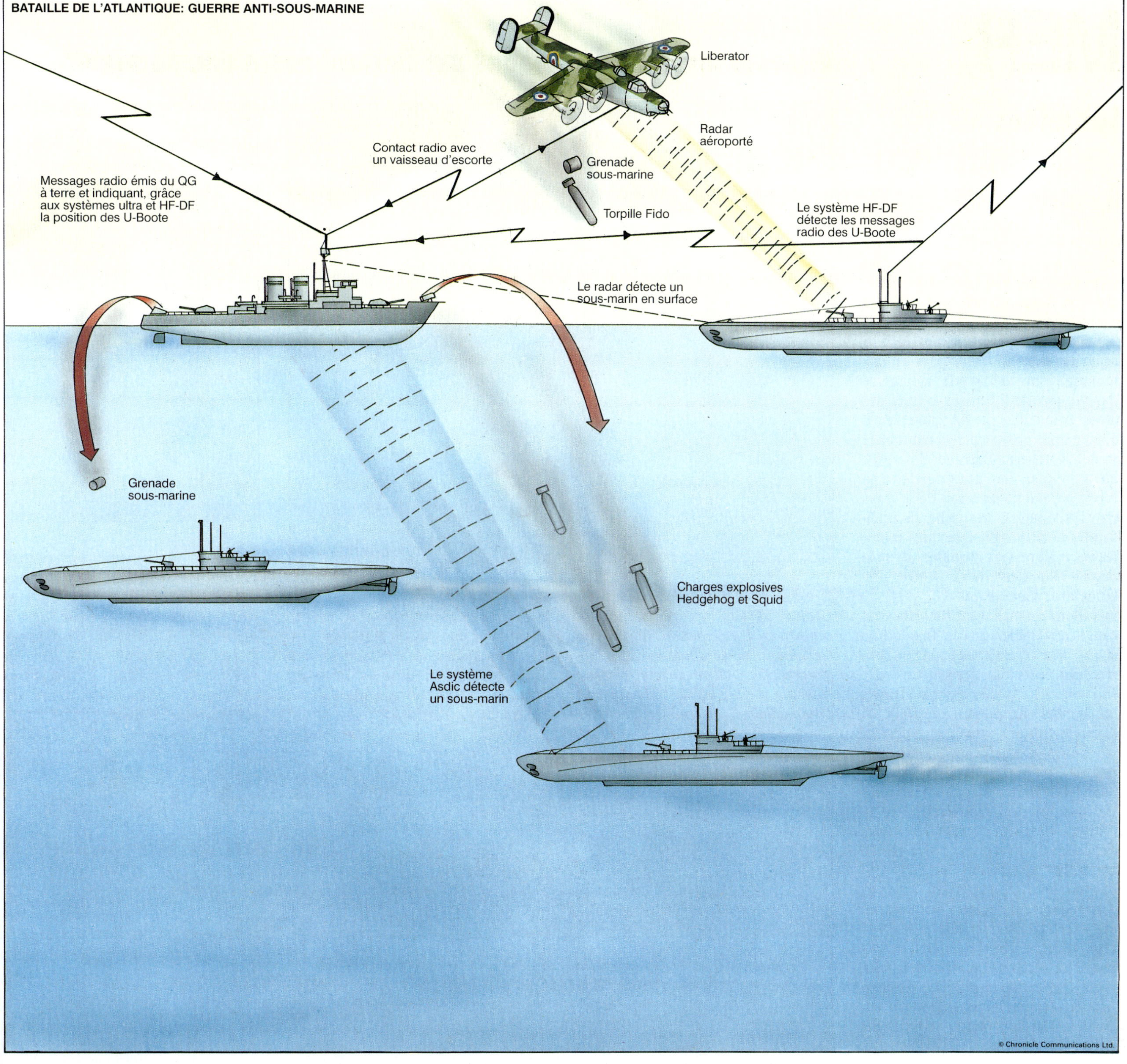

Le schéma représenté ici montre l'ensemble des moyens de détection et des armes dont disposaient les Alliés dans la bataille de l'Atlantique. L'Asdic (sonar après la guerre) est demeuré le seul système de détection des U-Boote. Un émetteur envoie des ultrasons, qui se réfléchissent contre les surfaces solides. L'écho qui en résulte est recueilli, et permet de calculer la position de l'impact. L'Asdic est performant à une portée de 2 km, mais seul un opérateur peut distinguer un sous-marin d'un poisson, ou même d'une perturbation due aux marées. Au début de la guerre, les escortes communiquaient par lampe Aldis ou radio, mais en 1943 fut introduit un procédé américain très efficace, le Talk Between Ships (messages entre bateaux). Les navires pouvaient aussi communiquer avec les avions de patrouille maritime, par lampe ou radio. Le rôle joué par l'aviation dans la bataille de l'Atlantique est majeur. En effet, elle a coulé autant d'U-Boote que la marine. Les avions principalement utilisés sont les hydravions Sunderland Catalina (appelé aussi Canso par les Canadiens), puis le Liberator américain à long rayon d'action. Ainsi fut finalement réduit le Black Gap (trou noir), zone du centre de l'Atlantique qui échappait à toute couverture aérienne. Profitant de la nappe nuageuse, les avions prenaient souvent par surprise les U-Boote en surface. Il fallait 40 secondes au meilleur équipage pour plonger en profondeur. Il était alors trop tard. La seule riposte possible de l'U-Boot est d'utiliser ses canons antiaériens.

MER

Les mines

L'utilisation des mines est une des manières les moins nobles, et pourtant une des plus redoutables, de mener la guerre maritime : en tonnage, bien plus de 20 % des pertes alliées en navires commerciaux sont à imputer aux mines. Celles-ci sont défensives ou offensives. C'est à la première catégorie qu'appartenaient celles qui formaient le barrage hâtivement établi par les Britanniques au début de la guerre dans le pas de Calais et le long des côtes orientales de l'Angleterre. Il était même prévu de reconstituer le vaste Northern Barrage de 1918, qui s'étendait des îles Orcades à la Norvège, mais l'invasion de ce pays par l'Allemagne empêcha la réalisation de ce projet. Quelques mines furent malgré tout mouillées dans le détroit du Danemark, entre l'Islande et le Groenland.

Les deux camps ont fait un égal usage des mines à des fins offensives : elles étaient déposées à l'entrée des ports par des bateaux, des sous-marins ou des avions. Toutes les armées disposaient en 1939 de mines à contact conventionnelles et de mines magnétiques. Les Allemands remportèrent une manche avec leurs mines magnétiques, mais les Britanniques trouvèrent vite la parade. Puis apparurent les mines acoustiques, mises en œuvre par le bruit du moteur des bateaux, qui durent alors s'équiper du marteau Kango, sorte de boîte à bruit placée en avant de leur proue. En 1944 leur succédèrent les mines à dépression, ou mines huîtres, sensibles à la variation de la pression de l'eau provoquée par le passage d'un navire. Les seuls remèdes contre ces dernières étaient de larguer des charges explosives dans les zones suspectes, ou de diminuer au maximum la vitesse des bateaux. Les Britanniques ont aussi inventé la Limpet (patelle), une mine qui se fixait à la coque d'un navire grâce à un aimant. Les dispositifs dont étaient équipées les mines pour empêcher toute manipulation et tentative de désamorçage étaient aussi ingénieux que multiples, rendant fort délicate leur neutralisation.

Mines à contact : des pièges qui flottent entre deux eaux

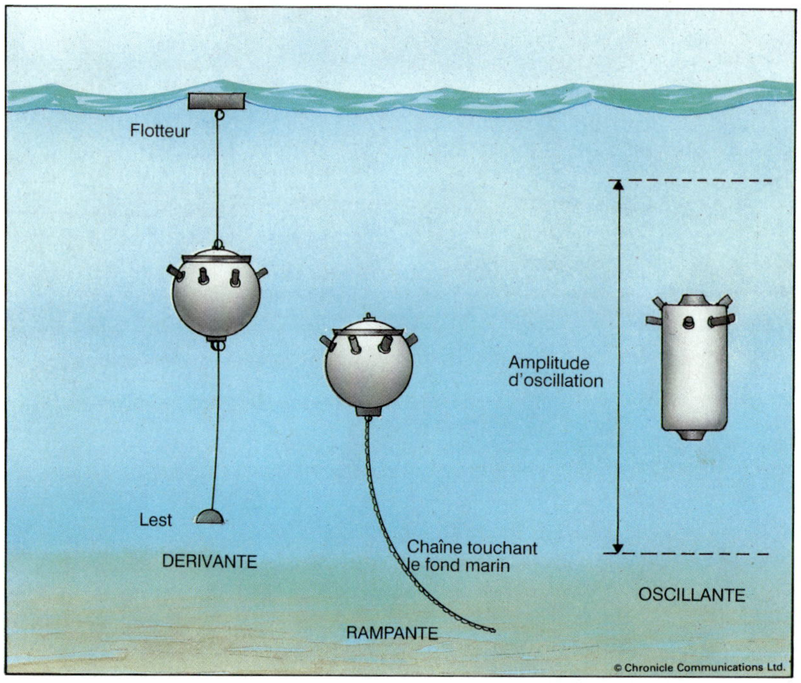

Il existe trois types de mines : dérivante (à gauche), rampante (au centre) et à oscillation (à droite). Celle-ci est dotée d'une valve hydrostatique qui s'ouvre lorsque la pression de l'eau baisse, libérant de l'ammoniac : la mine s'enfonce alors. Ses antennes Hertz sont faites d'un tube de verre entouré de plomb, contenant une solution conductrice de bichromate. Heurté par un bateau, le tube se brise et libère la solution : le contact électrique établi déclenche l'explosion.

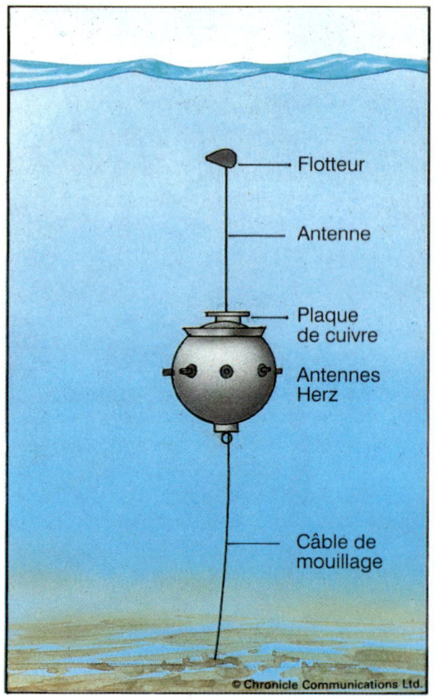

La mine à antenne est efficace contre les bateaux et les sous-marins. L'antenne est un câble de cuivre, doté d'un flotteur qui se maintient à 3 m de profondeur. Lorsque la coque en métal d'un navire touche l'antenne, le câble transmet une impulsion électrique qui fait exploser la mine.

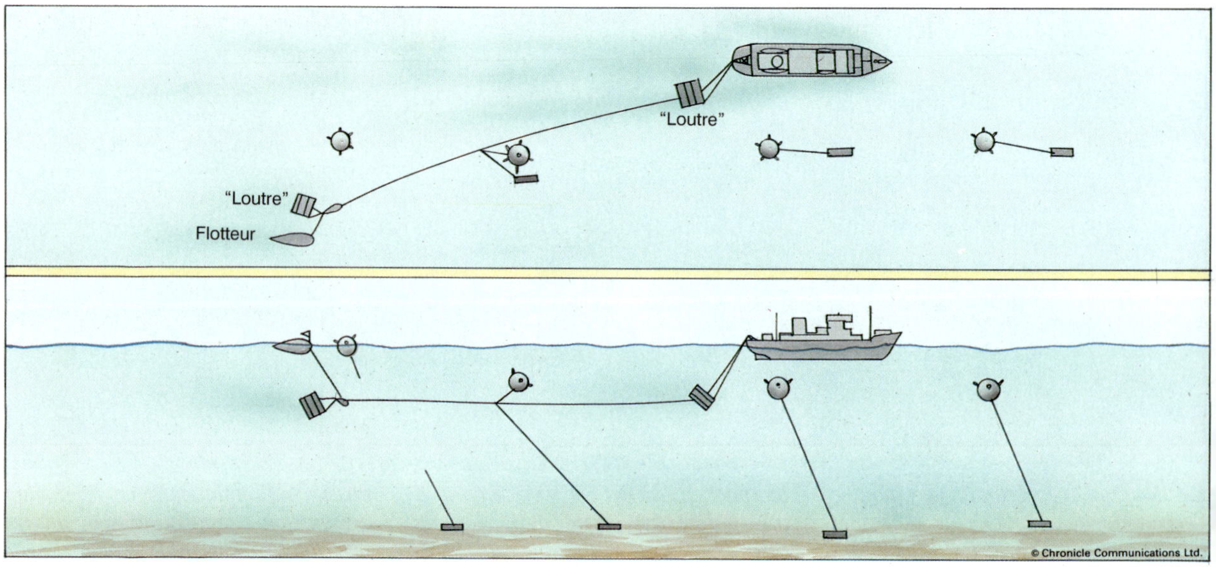

Le dragage dit Oropesa, mis au point par les Britanniques en 1919, s'est révélé très efficace pour neutraliser les mines amarrées. Le problème était de couper les orins, ou câbles d'amarrage. A cette fin, un filin entouré de barbelés et muni, de place en place, de lames tranchantes est remorqué dans l'eau par le dragueur de mines tant en étant maintenu à la profondeur désirée par un lest ; une pièce de bois, surnommée la loutre, attachée à un flotteur, assure la stabilité du dispositif en gardant le câble tendu et protège ainsi la poupe du navire. Lorsque les câbles d'amarrage ont été sectionnés, les mines remontent à la surface. Il est alors facile de provoquer leur explosion sans risque en tirant dessus au fusil.

Mines magnétiques : actionnées par le passage d'un navire

Les navires à coque métallique ont toujours une signature magnétique, c'est-à-dire qu'ils engendrent un faible champ magnétique autour d'eux. Cette propriété commande le fonctionnement des mines déposées en grand nombre par les Allemands en 1939-1940 dans les eaux alliées, en particulier dans l'estuaire de la Tamise. La mine est, en général, parachutée. Elle est dotée d'un mouvement d'horlogerie qui fonctionne jusqu'à une profondeur inférieure à trois brasses (environ 5,50 m) et peut déclencher l'explosion, ce qui interdit d'essayer de la retirer du fond marin où elle repose. Lorsqu'un bateau passe à la verticale de la mine, la variation du champ magnétique qui en résulte actionne une aiguille, déclenchant un circuit électrique qui provoque l'explosion. Pour protéger les navires, il fallait les démagnétiser, c'est-à-dire les entourer d'un câble électrique annulant leur signature. Le système LL (voir ci-dessous) est un câble traîné par un navire, qui envoie des impulsions électriques qui suffisent à faire sauter les mines.

Une mine magnétique allemande, récupérée dans l'estuaire de la Tamise.

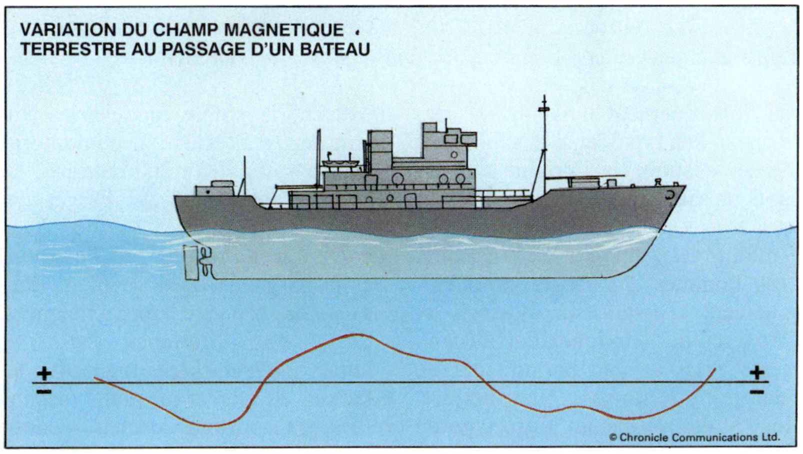

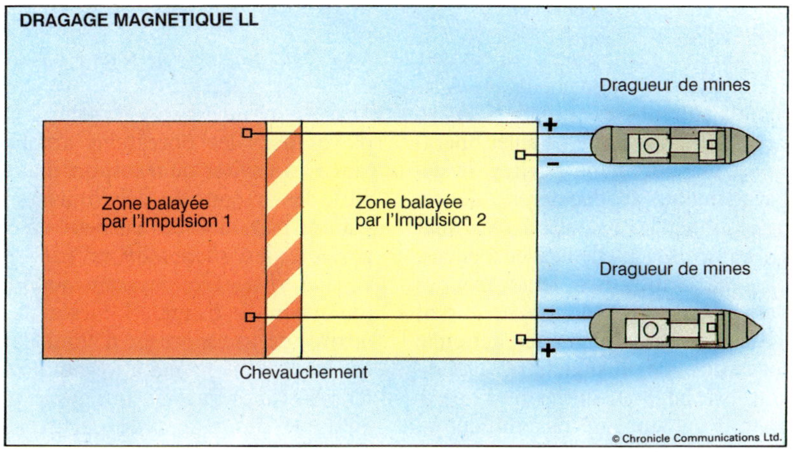

Mines classiques et mines acoustiques

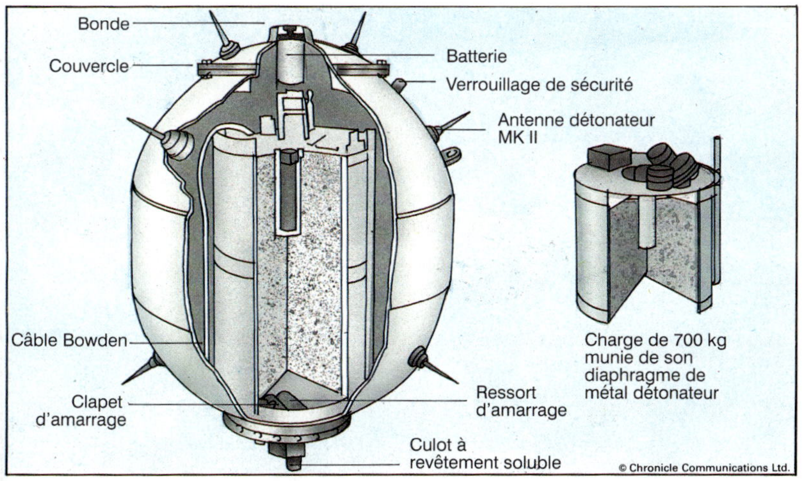

Un modèle de mine classique, la Mark XVII anglaise. Elle peut être mouillée jusqu'à 900 m de profondeur, avec une charge de 145 ou 225 kg. Chacune de ses onze antennes est un détonateur qui, en cas de choc, provoque l'explosion. La mine acoustique (à droite) est dotée d'une membrane en caoutchouc qui réagit à la variation de pression de l'eau au passage en surface d'un navire, comprimant un diaphragme de métal souple qui crée un contact électrique et déclenche l'explosion.

Mines conçues pour la défense côtière

Certains modèles de mines sont étudiés pour défendre les rivages en cas de débarquement. Les mines à filin, comme la Mark XXV britannique représentée ci-contre, appartiennent à cette catégorie. Le dispositif comporte un filin, maintenu à la surface de l'eau grâce à des flotteurs de caoutchouc et raccordé à un levier fixé à la mine. Le câble, heurté par un navire, se tend et tire sur le levier, qui frappe l'antenne Hertz de la mine, en général mouillée à 4,5 m de profondeur. Les Allemands ont expérimenté toute une série de pièges pour les plages de l'Atlantique. Hedgehog (hérisson) est l'un d'entre eux. Il est formé de trois poutrelles métalliques soudées entre elles et dotées d'une mine à chaque extrémité. Un autre était constitué par un lourd pieu de bois fiché dans le sol ; un obus attaché à son sommet était censé empêcher les avions d'atterrir sur les plages.

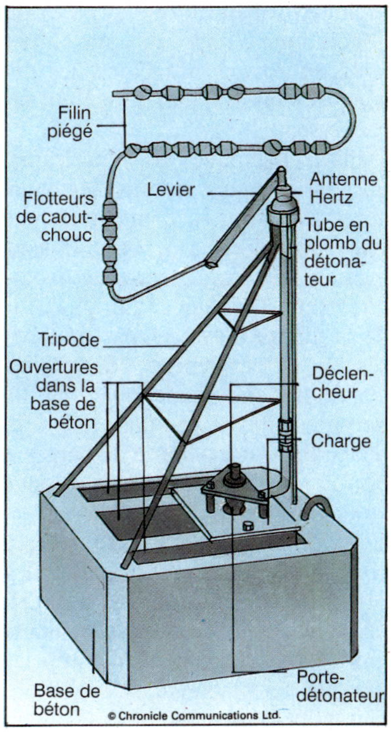

MER

Engins amphibies

Le général George C. Marshall, chef d'état-major de l'armée américaine, déclarait en 1943 : « Avant la guerre, je n'avais jamais entendu parler de navires de débarquement, si ce n'est de bateaux en caoutchouc. Aujourd'hui, je ne pense plus qu'à ça ! »
Le désastre du débarquement dans les Dardanelles en 1915 avait mis un terme aux opérations amphibies de grande ampleur. C'est pourquoi, en 1939, aucune des nations combattantes ne s'était préparée à cette stratégie.
Lorsqu'ils envisagèrent d'envahir l'Angleterre en juin 1940, les Allemands furent les premiers à se heurter à la nécessité de telles opérations. Dépourvus de navires de débarquement, ils décidèrent de réquisitionner les bateaux à fond plat en service sur les fleuves européens, afin de transporter leurs troupes vers l'Angleterre. Mais ils ne purent s'assurer la suprématie aérienne au-dessus de l'Angleterre, condition préalable au succès de l'opération. Vu l'ampleur des difficultés, ils renoncèrent. Les Britanniques et les Américains, quant à eux, se rendirent compte que la guerre ne pouvait être gagnée qu'à la condition de prendre pied en Europe. A partir de l'opération *Torch* de novembre 1942 en Afrique du Nord, les débarquements amphibies jouèrent un rôle essentiel.
Dans le Pacifique, les Américains, qui ont conquis les îles les unes après les autres, à commencer par Guadalcanal en août 1942, se sont livrés à une longue série de débarquements. Les Alliés, qui au début de la guerre n'avaient pas de navires de débarquement, durent en construire en grande quantité. Ils ne purent même pas faire face à la demande. Cette pénurie de barges a parfois sérieusement entravé leur stratégie.
Ce type d'opération exigeait une coopération et une coordination des plus étroites entre les armées alliées. D'ailleurs, les débarquements amphibies n'étaient-ils pas appelés dans la terminologie officielle anglaise opérations combinées ?

Trois types d'embarcation pour le débarquement

Le « HMS Royal Ulsterman » faisait autrefois la liaison avec l'Irlande. Il fut utilisé en Norvège en 1940.

Trois types de bateaux sont employés dans les opérations amphibies : les navires de transport d'une part, les barges de débarquement d'autre part, divisées en deux catégories : les *shore-to-shore* (de rivage à rivage) et les *ship-to-shore* (de navire à rivage). Le rôle des navires de transport est d'emmener les troupes et le matériel du port d'embarcation jusqu'à une position au large des plages de débarquement. Le *HMS Royal Ulsterman* et le *HMS Glenearn* (voir ci-dessous) sont des modèles standard. Le premier, affecté à l'infanterie, peut transporter 500 soldats et 6 barges de débarquement d'assaut, descendues à l'eau grâce à des bossoirs (grues destinées à l'origine aux canots de sauvetage). Le *Glenearn*, un des trois *Glen*, également affecté à l'infanterie, peut emporter jusqu'à 700 hommes, 24 barges de débarquement d'assaut sur bossoirs et 3 barges de débarquement mécanisées, mises à l'eau par un mât de charge. Le transport des blindés, lui, est assuré par un autre type de navire.
Parmi les barges de débarquement (voir page suivante), les plus grandes, les *shore-to-shore*, sont utilisées pour les opérations dans la Manche. Les deux modèles les plus courants, affectés à l'infanterie, transportent 100 à 200 hommes. La seconde catégorie de barges est constituée par les *ship-to-shore*, comme le Landing Craft Personnel et la barge de débarquement d'assaut, de capacité, respectivement, de 25 et 35 hommes. Parmi les autres *ship-to-shore* figurent les barges de débarquement mécanisées, transportant un char, et aussi le Landing Craft Vehicle Personnel pouvant convoyer 36 soldats ou un camion de 3 t. D'autres barges permettent de créer un appui d'artillerie au large des plages.

Le « HMS Glenearn » fut utilisé, comme ses frères jumeaux, par les commandos en Méditerranée en 1941.

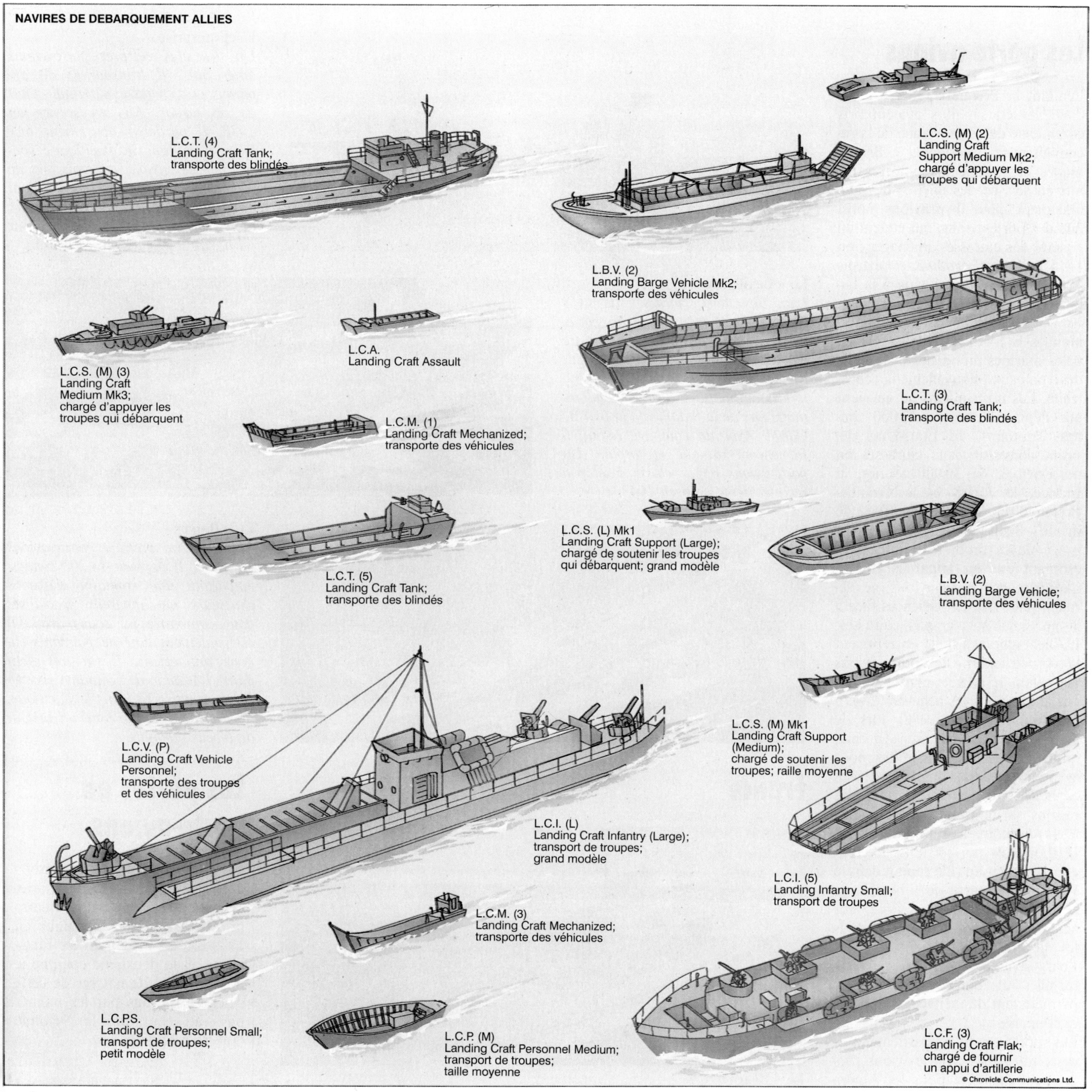
NAVIRES DE DEBARQUEMENT ALLIES
L.C.T. (4)
Landing Craft Tank;
transporte des blindés
L.C.S. (M) (2)
Landing Craft
Support Medium Mk2;
chargé d'appuyer les
troupes qui débarquent
L.B.V. (2)
Landing Barge Vehicle Mk2;
transporte des véhicules
L.C.A.
Landing Craft Assault
L.C.S. (M) (3)
Landing Craft
Medium Mk3;
chargé d'appuyer les
troupes qui débarquent
L.C.T. (3)
Landing Craft Tank;
transporte des blindés
L.C.M. (1)
Landing Craft Mechanized;
transporte des véhicules
L.C.S. (L) Mk1
Landing Craft Support (Large);
chargé de soutenir les troupes
qui débarquent; grand modèle
L.C.T. (5)
Landing Craft Tank;
transporte des blindés
L.B.V. (2)
Landing Barge Vehicle;
transporte des véhicules
L.C.S. (M) Mk1
Landing Craft Support
(Medium);
chargé de soutenir les
troupes; raille moyenne
L.C.V. (P)
Landing Craft Vehicle
Personnel;
transporte des troupes
et des véhicules
L.C.I. (L)
Landing Craft Infantry (Large);
transport de troupes;
grand modèle
L.C.I. (5)
Landing Infantry Small;
transport de troupes
L.C.M. (3)
Landing Craft Mechanized;
transporte des véhicules
L.C.P.S.
Landing Craft Personnel Small;
transport de troupes;
petit modèle
L.C.P. (M)
Landing Craft Personnel Medium;
transport de troupes;
taille moyenne
L.C.F. (3)
Landing Craft Flak;
chargé de fournir
un appui d'artillerie
© Chronicle Communications Ltd.

MER

Les porte-avions

Pendant la Première Guerre mondiale, les états-majors avaient pris conscience de l'importance de la reconnaissance aérienne. Britanniques et Américains ont très tôt mis en service des navires de ravitaillement pour hydravions, ainsi que des porte-avions, qui étaient en général des cuirassés aménagés : en 1916 le *HMS Engadine*, avec trois hydravions, avait participé à la bataille du Jutland.
En 1922, le traité de Washington limita à la fois l'effectif des principales marines mondiales et la taille des bateaux nouvellement construits. Les porte-avions ne devaient pas déplacer plus de 27 000 tonnes. Toutefois, les Etats-Unis désirant convertir deux cuirassés en porte-avions de 36 000 tonnes, la France, le Japon et la Grande-Bretagne furent autorisés à faire de même. Seuls les Japonais firent usage de ce droit, les autres pays estimant que les appareils embarqués sur des porte-avions ne seraient pas vraiment efficaces face à la puissance des grands cuirassés. L'Allemagne et l'Italie entreprirent la construction de porte-avions peu avant la guerre, mais n'eurent pas le temps de les achever.
C'est en novembre 1940, lors de l'attaque britannique sur Tarente, qu'un porte-avions démontra pour la première fois l'ampleur de ses capacités. Ce fut d'ailleurs une des raisons qui poussèrent les Japonais à entreprendre leur raid sur Pearl Harbor. Les porte-avions jouèrent effectivement un rôle capital dans le Pacifique : à partir de la bataille de la mer de Corail en mai 1942, leur action fut déterminante dans tous les grands affrontements navals. Leurs avions – chasseurs, lance-torpilles et bombardiers – leur permettaient de menacer n'importe quel navire.
Les porte-avions appartiennent à deux catégories : porte-avions proprement dits (CV pour les Américains), qui sont les plus puissantes unités des flottes, et les porte-avions d'escorte (CVE) plus petits, chargés de la protection aérienne des convois.

Etats-Unis

L'« Enterprise »
Un des plus célèbres porte-avions américains. Il transportait 80 appareils et sa vitesse maximale était de 33 nœuds. Mis en service en 1938, il participa activement aux opérations dans le Pacifique. Touché par des avions ennemis lors de la bataille des îles Salomon en août 1942, il ne fut immobilisé que deux mois. En 1960, il fut remplacé par un navire à propulsion nucléaire.

Le « Lexington »
L'un des deux cuirassés de l'US Navy qui fut transformé en porte-avions après le traité de 1922, l'autre étant le Saratoga. *Ils transportaient chacun 90 avions. Achevé en 1937, le* Lexington *fut gravement endommagé lors de la bataille de la mer de Corail. Avec un équipage réduit, il fut encore attaqué et torpillé. Un porte-avions de la classe Exeter a reçu le même nom en 1943.*

Le « Bogue »
C'est un des premiers porte-avions d'escorte. Il déplace 14 200 tonnes, emportant une vingtaine d'avions, chasseurs ou appareils spécialisés pour combattre les sous-marins. Il est également doté de puissants canons antiaériens. Il fut très actif dans l'Atlantique, coulant six U-Boote, puis servit dans le Pacifique, où il envoya par le fond un briseur de blocus japonais.

France

Le « Béarn »
C'est l'unique porte-avions dont disposait la France en 1939. Il s'agit d'un cuirassé de la classe Normandie converti. Il déplace 22 146 tonnes, conformément aux limitations imposées par le traité de Washington. Deux autres porte-avions avaient été mis en chantier avant la guerre, le « Joffre » et le « Painlevé », mais ils furent démantelés pendant l'Occupation.

Les pertes en porte-avions

La première colonne ci-dessous indique le nombre de porte-avions en service dans les quatre principales marines du globe en 1939 (ou en 1941 pour les Etats-Unis), et la deuxième colonne le nombre total de navires de cette catégorie perdus par les mêmes pays au cours de la Seconde Guerre mondiale.

France	**1**	**0**
Etats-Unis	**7**	**11**
Grande-Bretagne	**6**	**7**
Japon	**10**	**20**

Grande-Bretagne

Le « HMS Biter »
Ce porte-avions d'escorte de la classe Archer a été achevé en 1942. Son déplacement est de 8 200 t, avec 15 avions; il resta en service après-guerre.

Le « HMS Battler »
Porte-avions d'escorte de la classe Attacker, déplaçant 11 420 tonnes, avec 18 avions. 41 navires de ce type furent construits, la plupart aux Etats-Unis.

Le « HMS Furious »
Le premier porte-avions de la Royal Navy, en construction dès 1917. A servi activement de 1939 à 1944, avant d'être réformé; déplacement : 22 450 t.

Le « HMS Ark Royal »
Achevé en 1938, avec un déplacement de 22 000 tonnes; coulé le 14 novembre 1941 en Méditerranée, non loin de Gibraltar.

Le « HMS Victorious »
Entré en service en 1939. Avec l'« Illustrious », il fut le premier à être doté d'un pont d'envol blindé; il a servi en Méditerranée et dans le Pacifique.

Japon

Le « Hosho » : *le premier porte-avions japonais est un ancien pétrolier transformé; achevé en 1919, son déplacement est de 7 500 t; 15 appareils.*

Le « Shoho » : *comme le « Zuiho », c'est au départ un porte-sous-marins, achevé en 1942; il porte 30 avions; coulé à la bataille de la mer de Corail.*

Le « Kaga »
Achevé en 1926, ce porte-avions de 33 000 t est un cuirassé modifié, transportant 48 appareils; coulé lors de la bataille de Midway en juin 1942.

MER

Les cuirassés

A la fin de la Première Guerre mondiale, les cuirassés étaient de loin les plus imposants des vaisseaux de guerre. Les plus récents d'entre eux déplaçaient à peu près 30 000 tonnes, et des bâtiments de plus de 40 000 tonnes, avec des canons de 16 pouces, étaient déjà en construction.
Le traité de Washington, signé en 1922, était destiné à empêcher une ruineuse course aux armements navals entre les Etats-Unis, le Japon, la Grande-Bretagne et la France. Il interdisait à chaque marine de dépasser un nombre déterminé de cuirassés, ce qui impliquait la mise au rebut de plusieurs navires existants et limitait les lancements de bâtiments neufs, qui ne devaient pas dépasser 35 000 tonnes.
Lorsqu'il arriva au pouvoir, Hitler était fermement décidé à réarmer l'Allemagne au mépris du traité de Versailles. Pour renforcer rapidement la marine de guerre, il fit accélérer la construction de navires d'un type nouveau, les Panzerschiffe, plus connus sous le nom de cuirassés de poche. Le premier d'entre eux, le *Deutschland* (rebaptisé ensuite *Lützow*), avait d'ailleurs été commandé bien avant 1933. Avec ses 16 000 tonnes, il était en fait très proche d'un croiseur puissamment blindé. La course aux armements reprit alors de plus belle; les marines des différents pays modernisèrent leurs navires et entreprirent d'en construire de nouveaux, toujours plus grands. En 1939, les Etats-Unis et la Grande-Bretagne avaient chacun quinze cuirassés en chantier, le Japon dix, la France neuf, l'Italie quatre et l'Allemagne deux. La flotte du Reich, évitant d'affronter la Royal Navy, fut lancée contre les navires de commerce. En Méditerranée, il y eut, certes, des batailles navales, mais les combats aériens devinrent vite déterminants. De même, dans le Pacifique, il apparut dès l'attaque japonaise de Pearl Harbor que la guerre sur mer avait changé de nature. Dès 1943, les cuirassés ne jouaient plus qu'un rôle proche de celui des porte-avions d'escorte.

Les Alliés

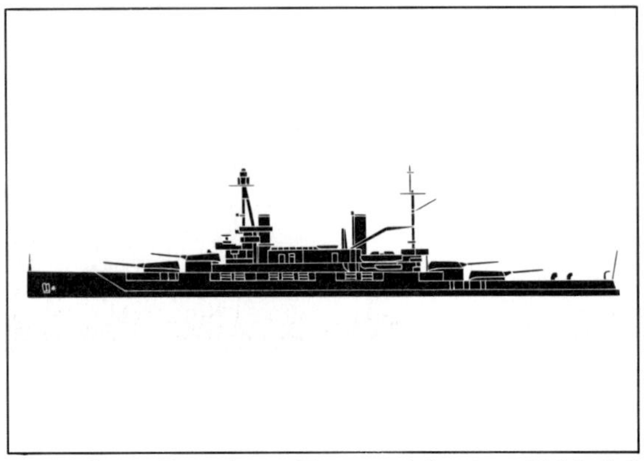

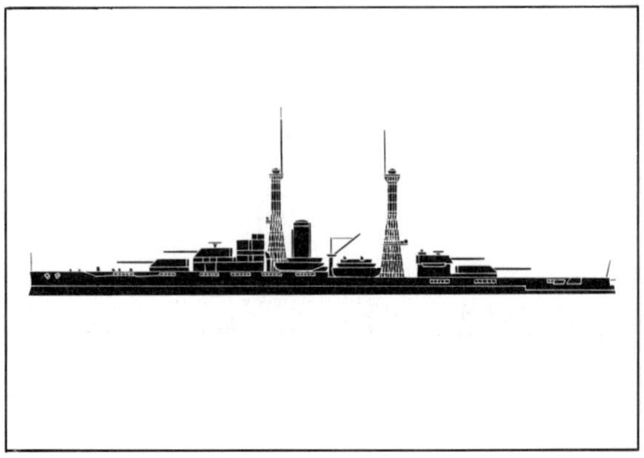

A gauche : « Lorraine », France. *Achevé en 1916, il déplaçait 28 500 t; il a été modernisé peu après 1930. Armement : 8 canons de 340 mm, 14 de 138,6 mm, 8 de 100 mm; sister ships : « Bretagne » et « Provence ». A rallié les Forces françaises libres et servi en Méditerranée et dans l'Atlantique pendant toute la guerre.*
A droite : « Nevada », EU. *Achevé en 1916, modernisé ensuite; déplacement : 34 000 tonnes; armement : 10 canons de 14 pouces; 12 de 5 pouces; sister ship : « Oklahoma ». Coulé à Pearl Harbor en 1941.*

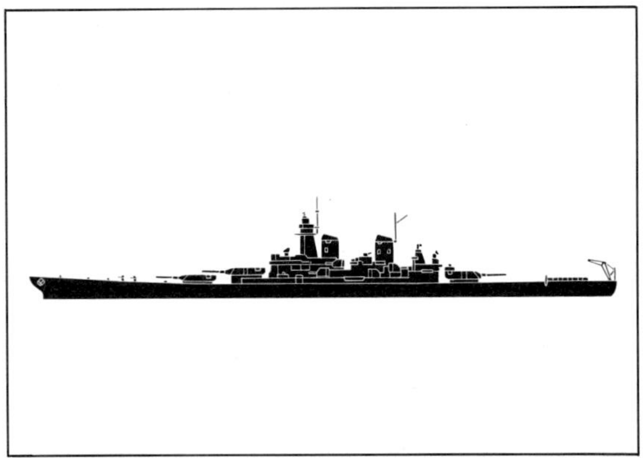

A gauche : « New Jersey », EU. *Achevé en 1942; déplace 57 450 t; armement : 9 canons de 16 pouces et 20 de 5 pouces; sister ships : « Iowa », « Missouri » et « Wisconsin ». A servi dans le Pacifique. Réformé en 1969, mais a repris du service au large du Liban en 1983.*
A droite : « Queen Elizabeth », GB. *Achevé en 1915; 36 000 t; 8 canons de 15 pouces et de 20 canons de 4,5 pouces. Endommagé par des plongeurs italiens à Alexandrie en décembre 1941; réformé en 1948.*

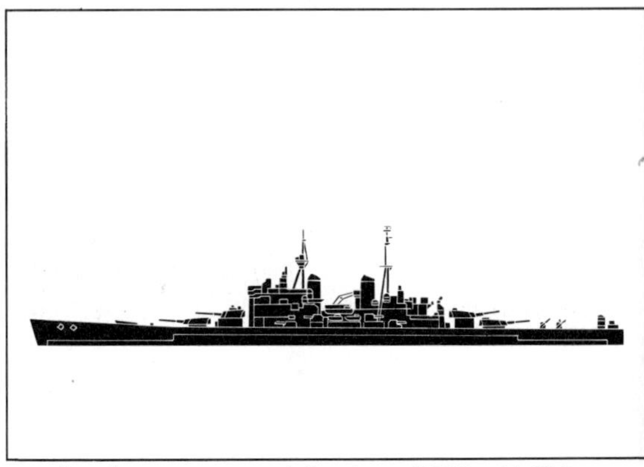

A gauche : « HMS Hood », GB. *Fleuron de la Royal Navy entre les deux guerres. Achevé en 1920; 41 200 t; armement : 8 canons de 15 pouces et 14 canons de 4 pouces; coulé par le « Bismarck » en mai 1941.*
A droite : « HMS Vanguard », GB. *Dernier cuirassé britannique; construction commencée pendant la guerre et terminée en 1946; déplacement : 51 420 t; armement : 8 canons de 15 pouces et 16 de 5,25 pouces.*

L'Axe

« Andrea Doria », Italie
Achevé en 1916, il déplace 25 200 t ; armement : 10 canons de 320 mm et 12 de 135 mm ; sister ship : « Duilio » ; désaffecté en 1958.

« Bismarck », Allemagne
Achevé en 1940 ; déplace 41 000 t. Armé de 8 canons de 380 mm, de 12 de 150 mm et de 16 de 105 mm. Coulé en mai 1941 dans l'Atlantique.

« Nagato », Japon
Achevé en 1920 ; déplace 34 100 t ; 8 canons de 406 mm, 18 de 140 mm et 8 de 127 mm ; sister ship : « Mutsu » ; a survécu à la guerre.

« Yamato », Japon
Le plus grand des cuirassés, déplace 72 800 t ; achevé en 1941 ; 9 canons de 460 mm, 12 de 155 mm ; sister ship : « Musashi » ; coulé en avril 1945.

Tirs d'artillerie à bord des cuirassés

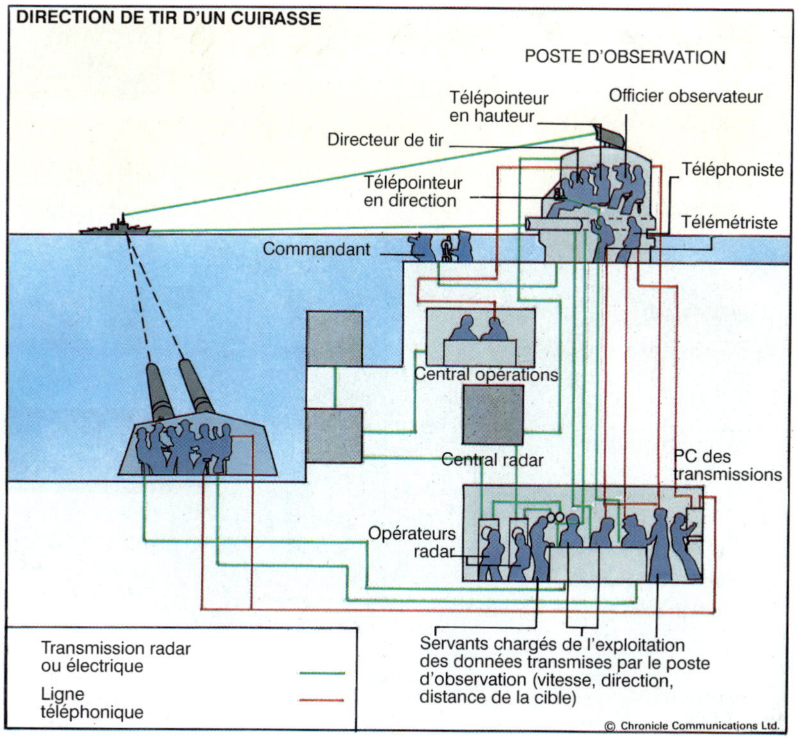

Le schéma ci-dessus montre l'organisation du tir d'artillerie à bord d'un cuirassé de la Seconde Guerre mondiale. L'artillerie navale pose des problèmes particuliers, puisque le tir vers une cible mobile est déclenché à partir d'un poste lui-même mobile. Il faut tenir compte, en plus de la distance de la cible, de sa vitesse, de sa trajectoire et aussi de celle du bateau attaquant. Le commandant décide de tirer après que le poste de contrôle, en haut de la passerelle, lui a communiqué les données nécessaires, envoyées aussi au poste de transmission, qui calcule la hausse des canons, spécifiée ensuite aux tourelles. La précision des canons est encore améliorée grâce aux radars. ▷

Militaires : les grades des différentes nations

GRADES ET GALONS DANS LES PRINCIPAUX PAYS BELLIGERANTS

GRADE (FRANÇAIS)	ALLEMAGNE	ITALIE	JAPON
MARECHAL DE FRANCE	MARECHAL	MARECHAL D'ITALIE	GENERAL
VICE-AMIRAL	VICE-AMIRAL	VICE-AMIRAL (DI ARMATA)	VICE-AMIRAL
GENERAL DE DIVISION AERIENNE	GENERAL	LIEUTENANT GENERAL	MAJOR-GENERAL
COLONEL OU LIEUTENANT-COLONEL	LIEUTENANT-COLONEL	LIEUTENANT-COLONEL	LIEUTENANT-COLONEL
COMMANDANT	COMMANDANT	COMMANDANT	COMMANDANT
CAPITAINE (AIR)	CAPITAINE	CAPITAINE	CAPITAINE
LIEUTENANT	LIEUTENANT	LIEUTENANT	LIEUTENANT
SOUS-LIEUTENANT	SOUS-LIEUTENANT	SOUS-LIEUTENANT	SOUS-LIEUTENANT
ADJUDANT-CHEF	SERGENT-MAJOR	SERGENT-MAJOR	SERGENT-MAJOR
SERGENT (TERRE)	SERGENT	SERGENT	SERGENT
QUARTIER-MAITRE	QUARTIER-MAITRE	QUARTIER-MAITRE	QUARTIER-MAITRE
SOLDAT 1re CLASSE	CAPORAL	CAPORAL	CAPORAL

Ce tableau est une sélection des différents rangs qui n'a pas la prétention d'être exhaustif. Comme le Japon, les Etats-Unis et l'URSS n'ont pas d'armée de l'air autonome, ce sont les grades de l'armée de terre qui ont été utilisés. Dans la colonne de gauche sont indiqués les grades français.

GRANDE-BRETAGNE	FRANCE	ETATS-UNIS	URSS
MARECHAL		GENERAL D'ARMEE	MARECHAL DE L'UNION SOVIETIQUE
VICE-AMIRAL		VICE-AMIRAL	VICE-AMIRAL
GENERAL DE DIVISION AERIENNE		GENERAL DE DIVISION AERIENNE	GENERAL
LIEUTENANT COLONEL (TERRE)		LIEUTENANT-COLONEL	LIEUTENANT-COLONEL
COMMANDANT		COMMANDANT	COMMANDANT
CAPITAINE (AIR)		CAPITAINE	CAPITAINE
LIEUTENANT (TERRE)		LIEUTENANT	LIEUTENANT
SOUS-LIEUTENANT (ROYAL NAVY)		SOUS-LIEUTENANT	SOUS-LIEUTENANT
ADJUDANT (RAF)		ADJUDANT-CHEF	SERGENT-MAJOR
SERGENT (TERRE)		SERGENT	SERGENT
QUARTIER-MAITRE		MATELOT DE 1re CLASSE	QUARTIER-MAITRE
SERGENT		SOLDAT DE 1re CLASSE	CAPORAL

Les hommes au combat : les uniformes des soldats

Les illustrations ci-dessous présentent quelques-uns des uniformes de soldats, marins et aviateurs des principaux pays en guerre. Les uniformes de la marine sont ceux qui se ressemblent le plus puisqu'ils sont tous bleus. Ceux des autres armes diffèrent davantage. Les tenues ont été choisies non seulement en fonction du climat et des conditions de combat, mais aussi, plus que lors des précédents conflits, pour un confort maximal. Chaque nation a cependant son interprétation de la meilleure couleur de camouflage. Bien que le culte de la discipline soit le fondement des armées, il connaît, lui aussi, des variations parfois surprenantes d'une armée à l'autre.

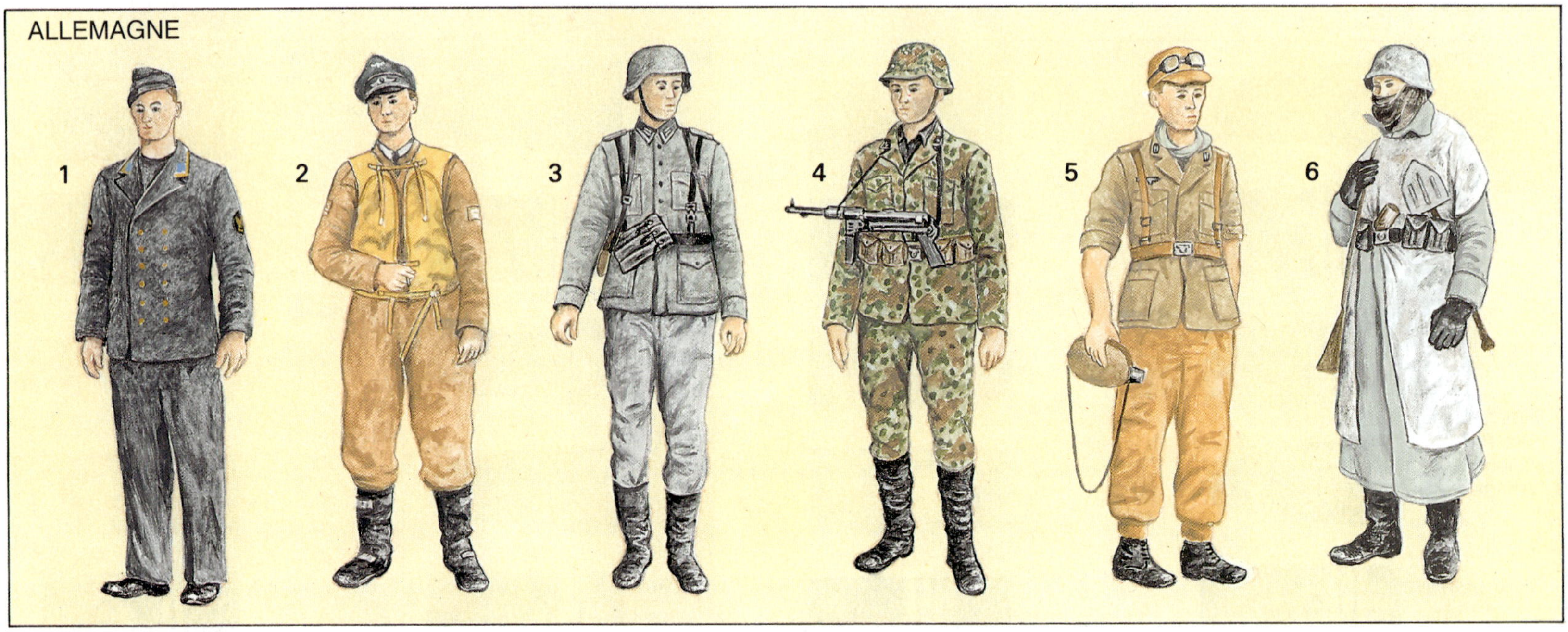

1. Homme d'équipage de sous-marin; 2. Aviateur de la Luftwaffe; 3. Fantassin en uniforme pour climat tempéré; 4. Soldat de la Waffen SS en tenue de camouflage; 5. Soldat de l'Afrika Korps; 6. Au front de l'Est, avant que les troupes aient été équipées pour faire face à l'hiver russe.

1. Officier de cavalerie en tenue de sortie; 2. Fantassin accompagnant les forces de l'Axe en Afrique du Nord; 3. Uniforme de marin en climat tempéré.

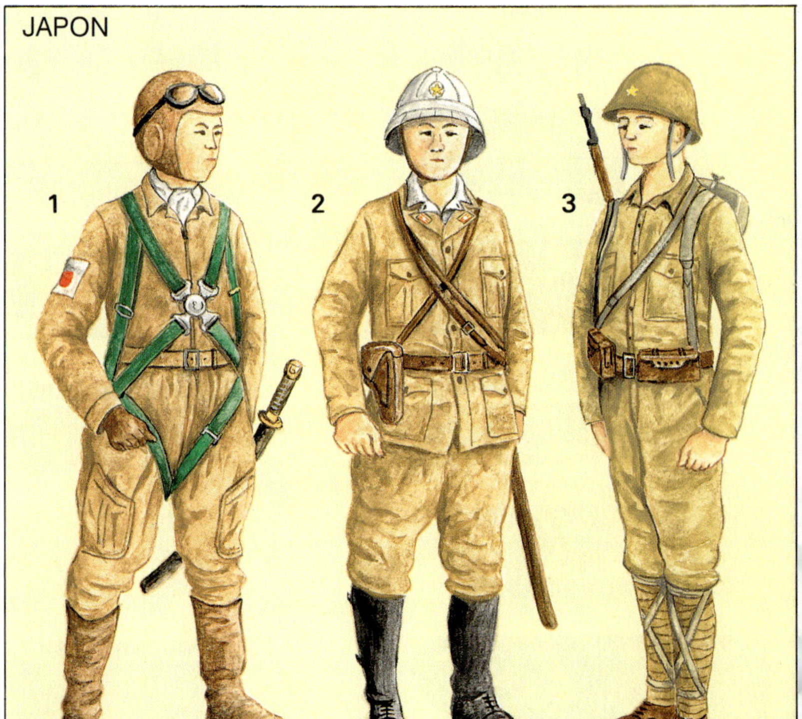

1. Pilote kamikaze portant le foulard blanc symbolique; 2. Officier, il garde l'épée des samouraïs pendant les combats; 3. Fantassin.

1. Officier d'infanterie en tenue de combat, Europe du Nord-Ouest, 1944; 2. Sergent de la RAF; 3. Matelot en tenue de sortie; 4. Servant de tanks, Afrique du Nord, 1942; 5. Chindit en Birmanie, 1943.

1. Fantassin en 1940.
2. Matelot en 1939.

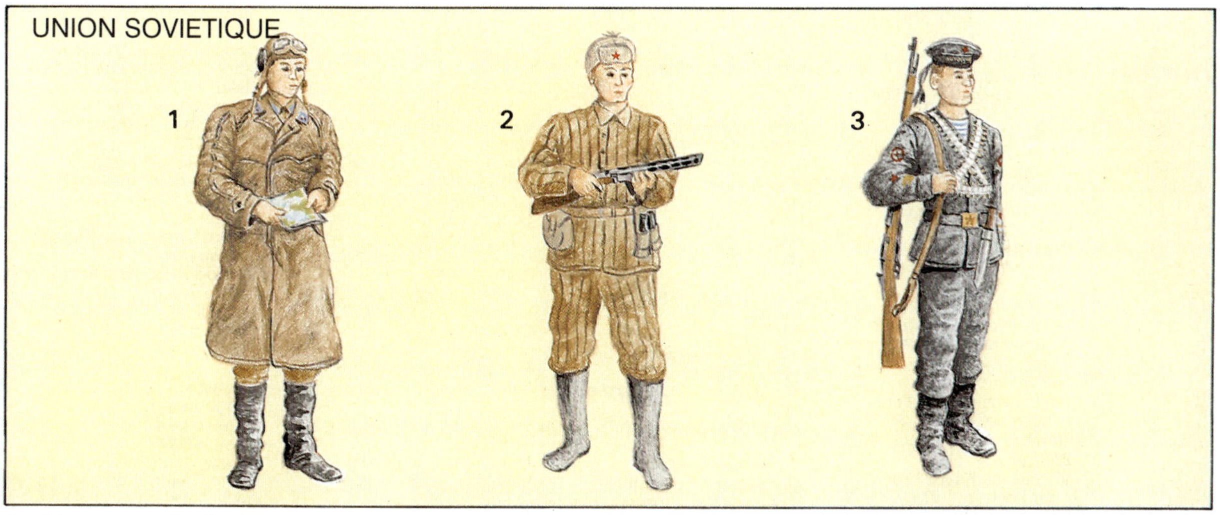

1. Lieutenant de l'aviation soviétique, 1941; 2. Fantassin en uniforme de combat d'hiver, doublé de kapok, très efficace pour se protéger du froid; 3. Fusilier marin, qui correspond au marine américain.

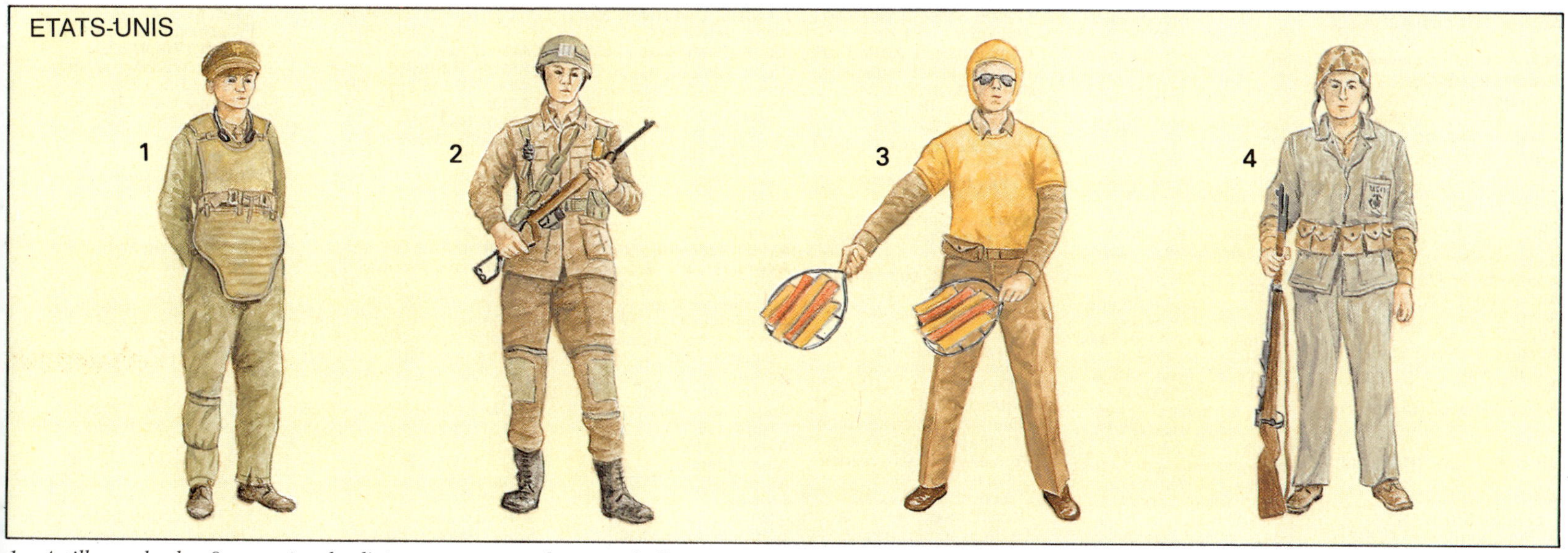

1. Artilleur de la 8e armée de l'air, avec son gilet pare-balles, Grande-Bretagne, 1943; 2. 17e division aérienne, 1944; 3. Officier d'appontage, Pacifique, 1945; 4. Marine; ce corps d'élite a prouvé son efficacité dans le Pacifique en 1942.

Index Général

Quelques indications au sujet de l'index : chaque entrée est suivie de la date faisant référence à l'événement traité dans l'article. Cet événement est parfois antérieur, du fait de la durée de certaines batailles ; le numéro de page est indiqué en italique pour les données traitées en chronologie et en romain maigre pour les sujets qui font l'objet d'un article ; nous avons, dans la mesure du possible, essayé de dater tous les événements au jour près ; les capitales bénéficient d'entrées séparées. Il en va de même pour les hommes politiques qui ont joué un rôle essentiel au cours de cette guerre, tels Winston Churchill ou Charles de Gaulle.

A

D

H

I

J

T

U

V

Z

Crédits photographiques

Jaquette

1: Peter Newark's Pictures – 2: Tallandier – 3: Popperfoto – 4: Peter Newark's Pictures – 5: Hulton-Deutsch – 6: Jacques Legrand sa – 7: Popperfoto – 8: Robert Hunt Library – 9: Topham Picture Library – 10: Photo US Army – 11: Popperfoto – 12: Peter Newark's Pictures – 13: Tallandier – 14: Topham Picture Library – 15: Peter Newark's Pictures – 16: Tallandier – 17: Tallandier – 18: Jacques Legrand sa – Tableau de Turner

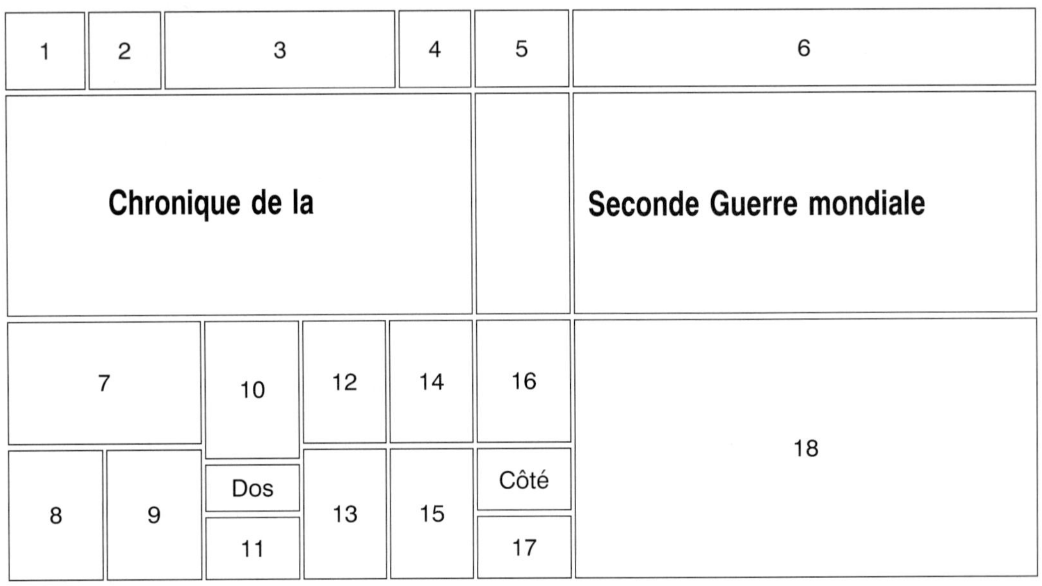

Le nom de certaines agences a été abrégé.
Leur nom complet est le suivant:

AP: Associated Press
IWM: Imperial War Museum
Mary Evans: Mary Evans Picture Library
MARS: Military Archive and Research Service
Newark: Peter Newark's Pictures
CP: Collection privée
Popper: Popperfoto
Topham: Topham Picture Library
AP/Topham: Topham Picture Library/Associated Press

Les tableaux suivants ont été utilisés pour séparer les années:

52/53: *La Bataille d'Angleterre* de Paul Nash (IWM)
148/149: *Une vue de l'East End* (détail) de Graham Sutherland (Tate Gallery)
260-261: *La Bataille d'Egypte 1942* d'Anthony Gross (IWM)
366/367: *Les riveteurs* (détail) de Sir Stanley Spencer (IWM)
476/477: *Quartier général* de Barnett Freedman (IWM)
594/595: *Une fosse commune, Bergen Belsen* de Leslie Cole (IWM)

La position des illustrations est indiquée de la façon suivante: H = haut, B = bas, M = milieu, G = gauche, D = droite, X = milieu gauche, Y = milieu droite.

Les crédits photographiques des illustrations utilisées dans la Chronique de la Seconde Guerre mondiale figurent dans l'index. Certaines erreurs d'attribution ont pu être commises. Nous prions l'agence propriétaire du copyright de nous excuser et lui demandons de nous contacter aux fins de rectification.

13 - B: Chronicle - **H:** Topham
14 - HG: Tallandier
15 - PP: ET Archive
16 - HD: Topham
17 - BD: Popper - **BG:** Roger Viollet - **HD:** Topham
18 - BG: DR Archives Jacques Legrand SA - **MD:** ET Archive - **HM:** Fox Photo
19 - BX: Chronicle - **HG:** Popper - **HD:** Topham
20 - BD: Popper - **HD:** Robert Opie - **HG:** SAFARA/Tallandier
21 - BM: Popper - **HD:** Topham
22 - DY: Hulton Deutsch Collection - **HY:** Popper
23 - BM: Camera Press - **HD:** Popper - HG: Topham
24 - BM: Chronicle - **HM:** Popper
25 - HG: Newark - **HD:** Robert Opie - **BD:** Roger Viollet
26 - BX: Popper - **HG:** Topham
27 - HY: Newark - **BM:** Popper - **HG:** Popper
28 - MG: The New York Times
29 - BD: Hulton Deutsch Collection - **HM:** Robert Hunt Library - **BG:** Robert Opie
30 - BX: Chronicle - **MD:** MARS
31 - HY: Chronicle - **BD:** ET Archive - **HG:** Hulton Deutsch Collection - **BG:** Popper - **HX:** Topham
32 - HX: Popper - **BD, BG:** Tallandier
33 - HD: Barnaby's Picture - **BD:** Chronicle - **BG:** Robert Opie - **HG:** Roger Viollet
34 - MD: Edimedia - **HY:** Popper - **BD:** Topham
35 - BD: ET Archive - **HX:** Popper - **BX:** Ronald Grant Archives
36 - MG: France Reportage
37 - HM: MARS - **M:** Topham
38 - MY: Order of St John - **HM, MX:** Popper - **BM: Tallandier**
39 - BD, HY, MG: Popper
40 - HX: MARS - **BD, HD:** Popper
41 - MG: Chronicle - **BD:** Mary Evans - **HY:** Newark
42 - BY: MARS - **HD:** Novosti
43 - BG: Christmas Archives - **HX:** ET Archive - **BD:** Tallandier
44 - BG, HX: Popper - **MD:** Tallandier
45 - BD: Newark - **HD:** Topham
46 - HM: Chronicle - **BM:** Popper
47 - BD: Popper - **BG:** Robert Opie - **HD:** Topham
48 - HM: Popper - **BD:** Topham
49 - BD, HD, HG: Popper
50 - MD: Larousse - **HX:** Popper - **BG:** Tallandier
51 - MG: Popper - **BD, HD:** Ronald Grant Archives
54 - BY: Larousse - **BD:** Tallandier - **HM:** Topham
55 - HX, MG: Popper - **BD:** Robert Opie
56 - BG, HG: Popper - **MD:** Topham
57 - HD: AP - **BG:** Popper
58 - BG: Newark - **HM:** Popper - **BD:** Topham
59 - BM: Kharbine Tapabor - **HM:** Popper
60 - MY: Ronald Grant Archives - **HG:** Tallandier
61 - HM: Popper - **BD:** Robert Opie - **BG:** Ronald Grant Archives
62 - HY: Kharbine Tapabor - **HX:** Mary Evans - **BM:** Tallandier
63 - BM: Chronicle - **HM:** Topham
64 - MD: Chronicle - **HX:** Popper - **BG:** Topham
65 - HG: Hulton Deutsch Collection - **BG:** Popper
66 - MD: Hulton Deutsch Collection - **HG:** Kharbine Tapabor - **BG:** Kobal Collection
67 - BG: Tallandier - **HG:** Topham
68 - M: MARS - **BD:** Popper - HD: Robert Opie
69 - MG: Kharbine Tapabor
70 - MG: DITE - **HD:** Hulton Deutsch Collection - **BD:** Tallandier - **BG:** Topham
71 - HY: Hulton Deutsch Collection - **BY:** Popper
72 - BD: Newark - **HD:** Tallandier
73 - M, MD: Topham
74 - B: Chronicle - **H:** MARS
75 - MD: Popper - **BG:** Ronald Grant Archives
76 - HM: Topham
77 - BD, BG: Popper - **HG:** Tallandier
78 - MG: Popper - **BD:** Robert Opie
79 - HD: Popper - **BD:** Robert Opie
80 - HD: Newark
81 - BG: France Reportage - **MD:** MARS - **BD, HD:** Newark
82 - BM: Chronicle - **HM:** Popper
83 - HD: ALL - **BM:** Popper
84 - HD: Topham
85 - HM: Camera Press - **BY:** MARS - **M - Topham**
86 - BM: Hugo Jaeger Life Magazine Collection - **HG:** Newark
87 - BD, HY: Larousse
88 - HM: Chronicle - **BG:** Topham
89 - HD: Popper - **BD:** SIRPA/ECPA
90 - M: Popper - **BY:** Tallandier
91 - BM: DR Archives Jacques Legrand SA - **HD:** Tallandier
92 - BD: Hulton Deutsch Collection - **BM:** Popper - **BG, HD, HG:** Topham
93 - HG: Hulton Deutsch Collection
94 - BG: Tallandier - **HX:** Topham
95 - HM: ET Archive
96 - B: Popper - **H:** Topham
97 - HD: Keystone - **BD:** Larousse
98 - BG: Chronicle - **BD:** Hulton Deutsch Collection - **HM:** Popper
99 - BD: France Reportage - **HX:** Hulton Deutsch Collection - **HD:** Roger Viollet
100 - HD: Newark BH - **Tallandier**
101 - HM: Keystone - **BG:** Newark - **BD:** Popper
102 - HD: BN/MARS - **MD:** Chronicle - **BD:** Tallandier
103 - HD: DR - **MG:** Tallandier
104 - BM: Edimedia - **HG:** France Reportage - **HD:** Tallandier
105 - HX: BN/Tallandier - **MD:** Newark - **BG:** Tallandier
106 - M: Popper - **BM:** Tallandier
107 - BD: Popper - **HM:** Topham
108 - H: Chronicle
109 - HY: Mary Evans
110 - BM: Archives du Musée de Strasbourg - **HM:** Chronicle
111 - M: Tallandier
112 - BG: Popper - **HM:** Topham
113 - MD: David King Collection - **BY:** Newark - **HM:** Popper
114 - BD: Larousse - **MG:** Topham
115 - BM: Chronicle - **HM:** Kharbine Tapabor
116 - BD: Chronicle - **HD:** IWM
117 - HD: IWM - **BG:** Robert Hunt Library
118 - HD: Hulton Deutsch Collection - **BG:** Tallandier
119 - HD: IWM - **BD, MD, MY:** Popper
120 - HD: Newark - **MD:** Popper
121 - M: Hulton Deutsch Collection - **BD:** Popper
122 - BG: Newark - **HD:** Popper - **HG:** Topham
123 - HD: AP - **MD:** BN/Tallandier
124 - BX: Chronicle - **HD:** DR collection - **BD:** Tallandier - **HG:** Topham
125 - HD: AP - **BD:** France Reportage
126 - HD: Newark - **HG:** Topham
127 - HY: Chronicle - **BY:** Topham
128 - HM: Hulton Deutsch Collection - **BM:** Popper
129 - HM: Chronicle - **M Collection PPP - BD, BG:** DITE
130 - BM: A. Zucca - **HM:** Topham
131 - HG: Popper - **MD, MY:** Popper - **BM:** Topham
132 - HG: Larousse - **BD:** Newark - **BG:** Topham
133 - HM: AP - **BM:** Rodger Magnum
134 - M: AP - **HD:** Bridgeman
135 - BD, HD, MG: Newark - **MG:** Popper - **HY:** Robert Opie
136 - BD: Archives du Musée de Strasbourg - **HM:** France Reportage
137 - HD, HG: Harenberg Kommunication - **BD:** Tallandier
138 - HM: Fleet Air Army/MARS - **BY:** Robert Opie
139 - HM: AP - **BG:** IWM - **BD:** Kharbine Tapabor
140 - MY: AP - **BX:** Hulton Deutsch Collection - **BD:** Larousse
141 - HG: Camera Press - **BG:** Newark - **MD:** Popper
142 - BY: Parry Tallandier - **MD:** Popper - **MY:** Tallandier
143 - M: Chronicle - **BY:** Larousse - **HM:** Newark
144 - BY: Kharbine Tapabor - **MD:** Larousse DR - **HM:** Popper
145 - HG: ET Archive - **HD:** Popper
146 - BD: AP - **HD:** Popper
147 - HD: Newark - **HX:** Popper - **BD:** Ronald Grant Archives
150 - BM: Chronicle - **HM:** Topham
151 - HY: MARS - **BG:** Popper
152 - BG: IWM - **HD:** MARS
153 - BG: Fox Photos - **HD:** MARS - **BD:** Robert Opie
154 - MD: Kharbine Tapabor - **HM:** MARS
155 - HG: ET Archive - **BG:** Tallandier - **HD:** Topham
156 - BM: DR - **MD:** Larousse/Musée de la Marine - **HY:** Robert Hunt Library
157 - HD: Camera Press - **HG:** Robert Hunt Library
158 - MD: AP (Topham) - **HM:** Popper
159 - BM, HM, MD: Popper
160 - HM: Camera Press - **BY:** Central Press/Tallandier
161 - HD: Camera Press - **BD:** Newark - **MG:** Robert Opie
162 - MD: Kharbine Tapabor - **HX:** MARS - **BX:** Popper
163 - BM: Popper - **HM:** Robert Hunt Library
164 - BY: Robert Opie - **HG:** Topham
165 - HD: AP - **MG:** Chronicle
166 - BG, HG, MG: DITE - **MD:** Newark
167 - BM: Barnaby's Pictures - **HM:** Hulton Deutsch Collection
168 - HY: MARS - **BG:** Robert Opie
169 - BY: Herald/Evening Times - **HM:** Hulton Deutsch Collection - **BG:** Topham
170 - HG: Robert Hunt Library
171 - HM: Popper - **BX:** Robert Hunt Library - **BY:** Topham
172 - MD: Chronicle - HD: National Maritime Museum/MARS
173 - BD, MD: Topham
174 - BG: Popper - **HG:** Rodger Magnum
175 - MD: Chronicle - **BD:** Popper - **BG:** Robert Opie - **HD:** Topham
176 - HG: Popper - **MY:** Topham
177 - M: Chronicle - **HM:** Newark
178 - HG: Camera Press - **BH:** Hulton Deutsch Collection - **MD:** Popper
179 - HD: Newark - **BX:** Popper - **HG:** Robert Hunt Library
180 - HG: Camera Press - **MD:** David King Collection
181 - BD: Popper - **HD:** Popper
182 - HM: ET Archive - **BM:** Topham
183 - BM: Camera Press - **HM:** Hulton Deutsch Library
184 - HD: Topham
185 - BM: Camera Press - **H:** Liverpool Museum
186 - BM: Bundesarchiv - **HY:** Hulton Deutsch Library - **HX:** Popper
187 - BM: Newark - **HM:** Tallandier
188 - HD: Popper - **HG:** Popper
189 - MG: DITE - **HD:** Newark
190 - BM: Camera Press - **HM:** MARS
191 - BM: Camera Press - **G:** Topham
192 - MD: Chronicle - **BY:** Newark - **BD:** Topham - **HD:** Topham
193 - HM: Camera Press - **BM:** Robert Hunt Library
194 - BG: IWM - **BD, HM:** Topham
195 - MD: Chronicle - **HD:** Hulton Deutsch Collection
196 - HG: ECP Armée (Tallandier) - **BG:** Popper - **MD:** Robert Hunt Library
197 - HM: Chronicle - **MD:** Newark - **HG:** Popper
198 - M: Chronicle - **BD:** Popper - **BX:** Popper
199 - HD: Camera Press - **BM:** Hulton Deutsch Collection - **HG:** Robert Hunt Library
200 - HD: Camera Press
201 - HD: Camera Press - **BD:** Novosti - **MD:** Topham
202 - BM: Chronicle - **HM:** MARS
203 - BD: Popper - **HD:** Topham
204 - MD: Newark - **BM:** Popper - **HG, HM:** Topham
205 - BG: Mary Evans - **HD:** Topham
206 - MG, MX: Camera Press
207 - MD: Robert Opie - **HM, MX:** Topham
208 - M: Popper - **HD:** Robert Hunt Library
209 - HG: Camera Press - **BY:** ET Archive - **HD:** IWM
210 - HX: Popper - **M:Robert Hunt Library**
211 - BM, HM: Topham
212 - BD: Popper - **HM:** Topham
213 - HM: Robert Hunt Library - **BM:** TASS
214 - BD: Mary Evans - **M:** Topham
215 - HM: Camera Press - **BM:** Topham
216 - M: TASS - **HD:** Topham
217 - HD: Newark - **HG:** Robert Hunt Library - **BD:** Robert Opie
218 - M: Chronicle - **HM:** IWM
219 - BM: Chronicle - **HM:** TASS
220 - BD: IWM - **HM:** National Archives of Canada
221 - BX: Novosti - **MG:** Topham
222 - HD: Chronicle - **HG:** TASS
223 - BG: Mary Evans - **HG:** Popper - **HX:** Topham
224 - BM: IWM - **HM:** Topham
225 - HX: Camera Press - **BG:** Chronicle - **HD:** Topham
226 - HM: IWM - **BM:** Topham
227 - BD: Camera Press - **BG:** IWM - **HM:** Topham
228 - MD: ECP Armée - **BM:** ET Archive - **HM:** Topham
229 - MG: Camera Press - **BD:** ET Archive - **HD:** Robert Hunt Library
230 - BY: Camera Press - **HM:** Topham
231 - MG: IWM - **BX:** Robert Opie
232 - HM: TASS - **BD:** Topham
233 - HX: Camera Press - **BD:** DR - **BX:** Larousse
234 - HG: Chronicle - **HD:** Topham
235 - M: Hulton Deutsch Collection - **HD:** Robert Hunt Library
236 - BX, BY, HM: ET Archive
237 - HY: DITE - **BD:** MARS
238 - BD: IWM - **H:** TASS
239 - BM: Popper - **HD:** Topham
240 - BD: Tallandier
241 - MD: Chronicle - **BD:** IWM - **BG:** Robert Opie
242 - BD: Mary Evans - **BX, HY:** Topham
243 - HM: Chronicle - **BD:** IWM
244 - BG: Larousse - **MD:** Robert Hunt Library - **HG:** Topham
245 - MD: Camera Press - **BX:** Robert Opie
246 - HD: Camera Press - **HG:** Camera Press - **BD:** Chronicle
247 - HX: Popper - BG: Snark international/Edimedia
248 - H: US Navy/CP
249 - B: Chronicle - **HD:** Hulton Deutsch collection - **HG:** Topham
250 - HM: Robert Hunt Library - **BD:** US Navy/CP
251 - BM: DITE - **HM, HM:** Topham
252 - HD: Hulton Deutsch collection - **HG:** National Archives/CP - **BM:** Topham
253 - BD: Popper - **M:** Robert Hunt Library
254 - HY: Barnaby's - **BD, BX, HX:** Popper
255 - BM: CP - **HM:** Robert Hunt Library
256 - HD: Camera Press
257 - BX: Camera Press - **MD:** Robert Hunt Library - **HM:** Tallandier
258 - BM: MARS - **HM:** Robert Hunt Library
259 - HX: Popper - **BD:** Roger Shall/Tallandier - **HD:** Roger Shall/Tallandier
262 - BD: Popper - **M:** Topham
263 - BG, HM: Robert Hunt Library - **BD:** Robert Opie
264 - HM: Newark - **BX:** Popper - **HM:** Topham
265 - BX: Chronicle - **HM, MD:** Robert Hunt Library
266 - BX, HD: Popper
267 - BD: Camera Press - **MG:** Chronicle - **HM:** Robert Hunt Library
268 - M: Illustrated London News - **BD:** Robert Hunt Library
269 - BM, HM: Robert Hunt Library
270 - HX: AP - **BD:** Bundesarchiv/CP
271 - HG: Chronicle - **HD:** Hulton Deutsch Collection - **BG:** Popper
272 - BM: Chronicle - **HM:** IWM
273 - MD: Popper - **BG, HG:** Robert Hunt Library
274 - H: Topham
275 - BG: France-Reportage - **HG:** Robert Hunt Library - **HD:** Topham
276 - M: Chronicle - **HD:** Newark
277 - HD: Camera Press - **BD:** ET Archive - **MG:** Topham
278 - HM: France Reportage - **BY:** Robert Opie
279 - HD: Camera Press - **MG:** IWM - **BD:** Newark
280 - BY: Topham - **HD:** UPI
281 - BX, MD: Newark - **HX:** Robert Hunt Library
282 - MD: IWM - **HM:** Syndication International
283 - BM: Newark - **HY:** Popper
284 - HM: IWM - **BD:** Popper
285 - HM, M: Popper
286 - MD: ET Archive - **HM:** Robert Hunt Library
287 - BD: Camera Press - **HD:** Chronicle - **BG:** Popper
288 - HD: Robert Hunt Library - **BD:** Robert Opie
289 - HG: CP - **HD:** Topham
290 - M: US Air Force Photo/CP - **HM:** US Navy/CP
291 - HM, M: Camera Press - **BM:** Chronicle
292 - BD: Kharbine Tapabor - **HY:** Robert Hunt Library
293 - BG: Chronicle - **HM:** Popper
294 - BD: Bundesarchiv - **HM:** Popper
295 - BD: Newark - **BX, HM:** Robert Hunt Library
296 - HD: Popper - **BD:** Robert Hunt Library
297 - MY: Chronicle - **MG:** Robert Hunt Library - **BY:** Tallandier - **HY:** US Marine Corps/CP
298 - HG: IWM - **BM:** Robert Hunt Library
299 - BG: Hulton Deutsch Collection - **BD:** Larousse - **HM:** Novosti
300 - M: Chronicle - **BY:** ET Archive
301 - BD: Kharbine Tapabor - **HG:** Popper
302 - HM: Robert Hunt Library
303 - BD: ECP Armée - HD: Newark - HG: Newark
304 - BD: Newark - **HM:** Popper
305 - BD: Chronicle - **H:** Topham
306 - M: National Archive/CP
307 - MD: A. Zucca - **HY:** Camera Press - **BX:** Chronicle - **MG:** DITE
308 - HX: Keystone - **MY:** Popper
309 - B: Chronicle - **HD:** IWM - **HG:** IWM
310 - HM: Camera Press
311 - BG: Chronicle - **BD:** IWM - **HM, M:** Topham
312 - BG: Chronicle - **BD:** ET Archive
313 - HM: IWM - **M:** IWM - **BD:** Newark
314 - HG: Camera Press - **BX:** Newark - **HD:** Popper
315 - HD: Camera Press - **BG:** Chronicle - **BD:** Novosti
316 - MY: Popper - **HG:** Robert Hunt Library - **BG:** Topham
317 - HM: CDJC/Tallandier - **MD:** IWM - **BG:** Newark
318 - BD: Camera Press - **HM:** Popper
319 - BY: Newark - **HM:** Robert Hunt Library
320 - BD: ET Archive - **HG:** Topham
321 - BD: Chronicle - **HD:** Popper
322 - HM: Robert Hunt Library - **BM:** Tallandier
323 - BD: ET Archive - **MG:** IWM - **BX, HD:** Popper
324 - HD: Camera Press - **BX:** Popper - **BD:** Topham
325 - HM: Bundesarchiv
326 - BM, HG: Popper - **HD:** Topham
327 - BD: Tallandier - **HM:** US Navy/CP
328 - HG: Camera Press - **MY:** Robert Hunt Library - **BX:** Tallandier
329 - HG: Popper - **BD:** Topham - **HD:** US Army/CP
330 - BD: Popper - **HM:** Topham
331 - HG: Hulton Deutsch Collection - **BD:** National Archives of Canada - **BX:** Order of St. John
332 - HG: Popper - **BM, MD:** Robert Hunt Library
333 - BD: Chronicle - **MG:** Newark
334 - BG, HM: IWM
335 - D: Chronicle - **BG, HG:** Robert Hunt Library
336 - HM: Australian War Memorial - **BM:** Chronicle - **BD:** Popper
337 - BG: Newark - **HX:** Robert Hunt Library
338 - BX: Hulton Deutsch Collection - **HG:** Popper - **BD:** Robert Opie
339 - HM: DITE - **MG:** Popper - **BM:** Topham
340 - HM: Chronicle - **BM:** DR Archives Jacques Legrand SA
341 - BM: Camera Press - **HG:** Robert Hunt Library
342 - BD: Popper - **HG:** Robert Hunt Library
343 - HG: Camera Press - **BM:** Chronicle
344 - HD: Chronicle - **BD:** Topham
345 - BD: Camera Press - **H:** Popper - **BG:** Topham
346 - HM: Camera Press - **M:** Chronicle - **BD:** Popper
347 - MD: Robert Hunt Library - **BG:** Robert Opie
348 - MD: Popper - **HD, MG:** Robert Hunt Library
349 - MG: Camera Press - **BD:** Robert Opie
350 - M: Robert Hunt Library
351 - BD: ET Archive - **HG:** Tallandier/BN
352 - BM: Camera Press - **HG:** David King Collection
353 - BG: Chronicle - **HG:** IWM - **HD:** Tallandier/Coll. partic.
354 - BD: Robert Hunt Library - **HG:** Tallandier
355 - HM: Camera Press - **M:** Chronicle
356 - MD: Newark - **HM:** Topham
357 - HG, MD: Newark - **BG:** Robert Hunt Library
358 - BG: Newark - **BD:** Robert Hunt Library - **HM:** Topham
359 - HG: Camera Press - **HD:** Chronicle - **BG:** Kharbine Tapabor - **BD:** Topham
360 - BD: Newark - **M:** Robert Hunt Library
361 - BX: Chronicle - **HG:** Popper
362 - BD: David King Collection - **BG:** ECP Armée - **HD:** Popper - **HG:** Tallandier
363 - HM: Chronicle - **BD:** Kharbine Tapabor
364 - BD: Chronicle - **HG:** Popper - **BG:** Ronald Grant Archives - **HD:** Topham
365 Newark (toutes ill.)
368 - HD: Australian War Memorial - **MD:** Topham
369 - HM: Popper - **BM:** US Marine Corps
370 - HM: DITE - **BD:** Popper
371 - BD: APN (Novosti) - **H:** Camera Press - **BG:** Chronicle
372 - HX: Robert Hunt Library - **BG:** US Army
373 - M: Chronicle - **BX:** DITE - **HM:** Robert Hunt Library
374 - HG: Novosti - **MD:** Popper - **BG:** Tallandier
375 - HG: Robert Hunt Library - **BY:** Tallandier
376 - BM: Chronicle - **HY:** Novosti
377 - BG: Camera Press - **BD, BM, H:** Popper
378 - HG: Robert Hunt Library - **BG:** Tallandier
379 - HM: Kharbine Tapabor - **BM:** Popper
380 - BD: ET Archive - **BG:** Popper - **HM:** Robert Hunt Library
381 - BD: Hulton Deutsch Collection - **HM:** Robert Hunt Library
382 - M: Chronicle - **BD, HM:** Popper

Crédits photographiques

383 - HD: Chronicle - **BD:** J. Dubout/Tallandier - **HM:** Robert Hunt Library
384 - BY: Newark - **HG:** Tallandier
385 - BM: Popper - **HM:** Robert Hunt Library
386 - BG: Camera Press - **BD:** Newark - **HX:** Robert Hunt Library
387 - HM: Hulton Deutsch Collection - **BD:** Popper
388 - BD: D. Gujovic - **HM:** Robert Hunt Library
389 - HM: Tallandier - **BM:** Topham
390 - BG: A. Zucca - **HD:** Robert Hunt Library
391 - M: Chronicle - **HM:** Robert Hunt Library
392 - HM: Chronicle
393 - M: Chronicle - **HM:** DITE - **BD:** Popper
394 - BX: Chronicle - **BD:** Popper - **HM:** Robert Hunt Library
395 - HG: Camera Press - **HD:** DITE - **BG:** Musée de l'Air - **BD:** Popper
396 - HM: Robert Hunt Library - **BD:** Topham
397 - BG: National Archives/CP - **MD:** Robert Hunt Library
398 - BM: Popper - **MG:** Robert Hunt Library - **HM:** Topham
399 - BD: Camera Press - **HM:** Robert Hunt Library
400 - HM: Popper - **HD:** Robert Hunt Library - **BX:** Robert Opie
401 - HX: Newark - **HM:** Popper
402 - BD: DITE - **HM:** Newark
403 - BM: Chronicle - **M:** DITE - **HM:** Popper
404 - BM: Chronicle - **HD:** Robert Hunt Library
405 - HM: Camera Press - **BM:** Chronicle
406 - BY: Chronicle - **MD:** ET Archive - **HM:** Keystone/CP
407 - BM: Camera Press - **HM:** DITE
408 - BG: Bridgeman Art Library - **BD:** Robert Hunt Library - **HM:** Topham
409 - BD: Popper - **HD:** Robert Hunt Library
410 - M: Camera Press - **HD:** Robert Hunt Library - **MD:** Robert Hunt Library
411 - HG: Topham - **BG:** Vals/L.L.
412 - HD: Photo x coll. CHGM - **M:** Robert Hunt Library
413 - HX, HY: ET Archive - **BD:** IWM
414 - MD: France Reportage - **HM:** Topham
415 - HX: ET Archive - **BG:** Popper - **BD:** Ronald Grant Archives
416 - BG: Popper - **HM, MD:** Robert Hunt Library
417 - BD : ET Archive - **HX:** Popper
418 - BD: ET Archive - **M:** IWM
419 - MY: Camera Press - **HM:** Popper
420 - BD: Popper - **HD:** Robert Hunt Library
421 - BM: Chronicle - **HG:** US Marine Corps/CP
422 - BD: Newark - **HY:** Robert Hunt Library - **MD:** Topham
423 - B: Chronicle - **H:** Topham
424 - HD: Popper - **BM:** Robert Hunt Library
425 - BD, HD: Camera Press - **MD:** Magnum
426 - HM: Camera Press - **M:** Robert Hunt Library
427 - BD: ET Archive - **HD:** Topham
428 - BM: Chronicle - **HM:** Robert Hunt Library
429 - BY: Hulton Deutsch Collection - **HG:** CP - **HD:** Robert Hunt Library
430 - BM, HM: Robert Hunt Library
431 - BM: BN/Tallandier/SAFARA - **HY:** Robert Hunt Library
432 - HM: Kharbine Tapabor - **BD:** Popper - **BX:** Robert Hunt Library
433 - HM: Newark - **M:** US Air Force/CP
434 - BD, HY: Topham
435 - MD: Hulton Deutsch Collection - **BD:** Popper - **HG:** Topham
436 - HD: US Air Force
437 - BG: J. Dubout/Tallandier - **BD, HM:** Popper - **MG:** Robert Hunt Library
438 - HY: Chronicle - **BY:** Topham
439 - MG: National Archives of Canada - **HD:** Robert Hunt Library
440 - HD, MD: Camera Press - **BD:** Robert Hunt Library
441 - HM: Australian War Mem./CP - **BM:** Robert Hunt Libary
442 - MD: Chronicle - **BM:** Robert Hunt Library
443 - HD: Chronicle - **BM:** Popper - **HG:** US Army/CP
444 - HD: ET Archive - **BD:** Tallandier
445 - BX, HD: Robert Hunt Library - **HG:** Topham
446 - BY: Chronicle - **HM:** Topham
447 - MD: Popper - **HM:** Tallandier - **BG:** Topham
448 - MY: Chronicle - **HD:** ET Archive - **BM:** National Archives of Canada - **HM:** Robert Hunt Library
449 - HD: IWM - **BD, HG:** Newark
450 - HD: Camera Press
451 - HD: DITE - **BG:** IWM - **BD:** J. Dubout/Tallandier
452 - BD: ET Archive - **HM:** Topham
453 - MG: Camera Press - **BG:** Topham
454 - BX, MD: Robert Hunt Library - **HG:** Topham
455 - MX: ET Archive - **BG:** IWM - **MD:** Topham
456 - BD: Chronicle - **HD:** Popper
457 - BD: National Archives of Canada - **HD, MG:** Topham
458 - M: Popper
459 - BD: Chronicle - **HD, HG:** Robert Hunt Library
460 - BD: Popper - **HM:** Topham
461 - BD: Comité d'Histoire de la Seconde Guerre mondiale - **HG:** DR Archives Jacques Legrand SA - **BD:** Newark
462 Robert Hunt Library (toutes ill.)
463 - BM, HM: Chronicle - **BM:** Topham
464 - MD: ET Archive - **HM:** Topham
465 - BG: DITE - **BD:** IWM
466 - HM: Popper - **BD:** Robert Hunt Library
467 - MD: IWM - **MG:** Robert Hunt Library
468 - BG: British Film Institute - **HD:** National Archives of Canada - **HX:** Ronald Grant Archives
469 - HM: DITE - **BD:** Novosti/CP
470 - HM: Robert Hunt Library - **BM:** Topham
471 - MG: IWM - **HM:** Popper - **BM:** Tallandier
472 - BM: Chronicle - **HM:** Robert Hunt Library
473 - BD: ET Archive - **HM:** Robert Hunt Library
474 - HG: Australian War Memorial - **BG:** Chronicle - **MD:** Newark
475 - BD: Hulton Deutsch Collection - **BY, BM:** Popper - **BG, BX:** Ronald Grant Archives
478 - BD: Newark - **HM:** Popper
479 - BM: Australian War Memorial - **HM:** Robert Hunt Library
480 - BD: Edimedia - **HX:** Robert Hunt Library
481 - MD: Gérard Griol/Tallandier - **BG:** Mary Evans - **HX:** Robert Hunt Library
482 - HG: Camera Press - **MD:** Chronicle - **BD:** DR Archives Jacques Legrand SA - **HD:** Robert Hunt Library
484 - BD: Australian War Memorial - **HM:** DITE - **BG:** National Archives of Canada
485 - MG: Camera Press - **HM:** Chronicle - **MD:** Popper
486 - HM: Camera Press - **BD:** Keystone
487 - HG: DITE - **MD:** Topham
488 - HD: Hulton Deutsch Collection - **M:** US Army
489 - HD: Chronicle - **M:** Popper - **BG:** Topham
490 - HD: Robert Hunt Library
491 - HD: Camera Press - **HG:** DITE - **BD:** ET Archive
492 - HD: Newark - **M:** Robert Hunt Library
493 - BG: Musée de Guerre/Larousse - **HM:** US Army
494 - M: CP - **BX:** Robert Hunt Library
495 - MD: BN/Tallandier - **HG:** Robert Hunt Library - **BG:** US Air Force
496 - HD: DITE - **BD:** Newark - **HG:** US Army
497 - BD, MG: Chronicle - **HD:** Robert Hunt Library
498 - BM, HD: DITE - **HY:** Robert Hunt Library
499 - BG: Newark - **MD:** Robert Hunt Library
500 - BM: Chronicle - **HM:** Topham
501 - HG: Chronicle - **BY:** Coll. Edimages/Larousse
502 - BM: Chronicle - **HD:** Musée de l'armée/Tallandier
503 - BG: Popper - **HX, HY:** Robert Hunt Library
504 - BD: National Archives - **HM:** Robert Hunt Library
505 - MD: Act. française/Tallandier - **HG:** DITE
506 - M: IWM - **BD:** Popper
507 - M: Chronicle - **HM:** Novosti
508 - BD: Léonard de Selva/Tapabor - **M:** Newark
509 - BM: Kharbine Tapabor - **HG:** US Army - **HM:** US Army
510 - HM: Robert Hunt Library - **BD:** Tallandier/Coll. Teissère
511 - BM: Chronicle - **HM:** Robert Hunt Library
512 Topham (toutes ill.)
513 - HD: Popper - **BG:** Topham
514 - M: ECA - **HM:** ECP Armée
515 - HD: Camera Press - **MG:** US Army
516 - HD: Camera Press - **BD:** ECP Armée
517 - MG: Popper - **HD:** Tallandier
518 - BD: DITE - **HD:** Topham
519 - HD: Camera Press - **BD:** Chronicle - **MG:** National Archives
520 - MX: Chronicle - **BG:** Newark - **HX:** Popper
521 DITE (toutes ill.)
522 - BM: AFP - **HM:** DITE
523 - H: Camera Press
524 - HG: Newark - **BD, HD:** Topham
525 - H: Chronicle
526 - H: Camera Press
527 - HD: Camera Press - **MG:** Popper
528 - HM: Topham
529 - BG: Camera Press - **HM:** Chronicle
530 - HD: Popper - **MD:** Robert Hunt Library
531 - HD: Camera Press - **MG:** Tallandier
532 - M: Popper - **HM:** Robert Hunt Library
533 Popper (toutes ill.)
534 - MD: Popper - **HG:** Robert Hunt Library
535 - H: Camera Press - **BD:** National Archives
536 - HG: Chronicle - **BX:** National Archives - **HD:** Robert Hunt Library
537 - MD: Larousse - **BM, HM:** Robert Hunt Library
538 - BM: Chronicle - **HM:** Topham
539 - BX: DITE - **BD:** Kharbine Tapabor - **HM:** Weimar Archive
540 - MD: Camera Press - **BM:** DITE - **HM:** Popper
541 - MG: Novosti - **HD:** Popper - **BX:** Tallandier
542 - BG: DITE - **BD, HG:** Popper
543 Robert Hunt Library (toutes ill.)
544 - BD: Popper - **BX, HM:** Robert Hunt Library
545 - BM: Bundesarchiv - **MG:** Chronicle - **MD:** Larousse - **HM:** Popper
546 - HD: Chronicle - **BY:** Novosti
547 - BD: Chronicle - **HD:** Tallandier
548 - HM: Robert Hunt Library
549 - MG: DITE - **MD:** IWM - **BG:** Popper - **BD, HD:** Tallandier
550 - HM: DITE - **BD:** Hulton Deutsch Collection
551 - HD: Chronicle - **HG:** DITE - **BD:** Robert Hunt Library
552 - HM: Larousse - **BM:** Robert Hunt Library
553 - BD: Chronicle - **HD, HG:** DITE
554 - BG: Kharbine Tapabor - **HD:** Popper
555 - D: Topham
556 - BG, MX: DITE - **HG, MG:** Topham
557 - BX: ET Archive - **HM:** Topham
558 - BD: Chronicle - **HM:** DITE
559 - HM: Chronicle - **BM:** DITE
560 - BY: Popper - **HY:** Topham
561 - HM: DITE - **BM:** Popper
562 Tallandier (toutes ill.)
563 - BM: Newark - **HM:** Robert Hunt Library - **MD:** Tallandier
564 - BM: National Archives of Canada - **HD:** Popper
565 - BM, M: Camera Press - **HD:** Chronicle
566 Topham (toutes ill.)
567 - H: Camera Press - **BM:** DITE
568 - BG: DITE - **HX:** Newark - **MY:** Topham - **HG:** Ullstein Bilderdienst
569 - MX: Chronicle - **HG:** Topham
570 - HD: DITE - **BD:** Popper
571 - BD: DITE - **HD:** Popper
572 - M: DITE - **MX:** Novosti - **HD:** Topham
573 Robert Hunt Library (toutes ill.)
574 - BD: Chronicle - **HX:** Robert Hunt Library
575 - BD: Robert Opie - **HG:** Topham
576 - BM: Chronicle - **HM:** Robert Hunt Library
577 - MG: DITE - **BD:** Newark
578 - M: DITE - **BM:** Robert Hunt Library - **HM:** Topham
579 - HM: DITE - **BD:** National Archives of Canada
580 Popper (toutes ill.)
581 - HG: Newark - **BG:** Robert Hunt Library
582 - HM: DITE - **BD, MG:** Popper
583 - HD: David King Collection
584 - BG: Chronicle - **HM:** DITE
585 - BG: Newark - **HM:** Popper
586 - HD: Ronald Grant Archives - **M:** Topham
587 - HG: DITE - **MD:** Popper
588 - HD: DITE
589 - BG, MD: DITE - **HX:** Robert Hunt Library
590 - HM: Camera Press - **BM:** Chronicle - **M:** DITE
591 - BD: Newark - **HD:** Robert Hunt Library
592 - BM, HG: Camera Press - **HD:** Topham
593 - BG: Crown Film Unit/COI - **BY:** Hulton Deutsch Collection - **HM:** John Vickers
596 - HY: Hulton Deutsch Collection - **BM:** Robert Hunt Library
597 - MG: DITE - **MD:** ET Archive
598 - BG: IPS/DITE - **HD:** Topham
599 - BM: Popper - **HM:** Robert Hunt Library
600 - HG: Popper - **HD:** TASS
601 - MD: BOTH picture - **HD:** Novosti
602 - HD: Camera Press - **MD:** Chronicle
603 - MG: Robert Hunt Library - **MD:** Topham
604 - HG: Camera Press - **HD:** Popper - **BD:** Tallandier
605 - BD: Camera Press - **HM:** CP
606 Popper (toutes ill.)
607 - MG: Topham
608 - BX: Chronicle - **BD, HD:** Topham
609 - BY: Chronicle - **M:** TASS
610 - BX: Chronicle - **HG:** US Marine Corps/CP
611 - HY: Chronicle - **HG:** Robert Hunt Library - **BD:** Tallandier
612 - MG: Chronicle - **HD:** US Air Force
613 - BD: Newark - **M:** Popper
614 - HX: Camera Press - **BG:** Kharbine Tapabor
615 - HD: Camera Press - **HG:** CP - **BY:** Topham
616 - BG: Robert Hunt Library
617 - M: Chronicle - **BM:** David King Collection
618 - BD: Chronicle - **HD:** National Archives
619 - HM: Camera Press - **BD:** Popper - **BG:** Robert Hunt Library
620 - M: Newark - **BG:** CP
621 - HD: Topham/AP - **BY:** Popper
622 - BD: Camera Press - **MG:** Chronicle - **HD:** Tallandier - **BX:** US National Archives
623 - HM: Camera Press - **BM:** Robert Hunt Library - **M:** Topham
624 - HM: ECA/Tallandier - **BD:** Robert Hunt Library
625 - M: Chronicle - **HM:** Newark
626 - MX, MY: Camera Press - **HM:** Popper
627 - BM: DITE - **HM:** Topham
628 - M: Chronicle - **HM:** TASS
629 - PP: Novosti
630 - BD: Hulton Deutsch Collection - **HY:** Popper - **HG:** Robert Hunt Library
631 - HD: DITE - **MG:** Newark
632 - M: Popper
633 - BG, MG: Camera Press - **HG:** DITE - **HD:** National Archives of Canada - **HD:** Popper - **BD, MD:** Robert Hunt Library
634 - MX: ET Archive - **HX:** Hulton Deutsch Collection
635 - BG: Newark - **HG:** Popper - **HD:** Topham
636 - HM: Camera Press - **BM:** Tallandier
637 - MG: Keystone Press - **BD:** Tallandier
638 - BD: Tallandier - **HM:** US Air Force/CP
639 Popper (toutes ill.)
640 - HG: IWM - **BM:** Popper
641 - HM: Camera Press - **BD:** TASS
642 - M: Camera Press - **HD:** Larousse
643 - BD, HD: Popper - **HG:** US Air Force
644 - HD: Robert Hunt Library
645 - HY: National Archives - **BG:** Robert Opie - **BY:** TASS
646 - MY: Chronicle - **BD, HM:** Popper
647 - HD: National Archives - **BM:** Tallandier
648 - HD: Newark - **BM:** Popper
649 - HD: AP - **M:** Robert Hunt Library
650 - HY: Labour Party - **MY:** Tallandier
651 - HM: Camera Press - **M:** Chronicle
652 - BY, HD: Popper - **BD:** Robert Hunt Library
653 - BM: Popper - **HM:** Robert Hunt Library
654 - M: Chronicle - **HM:** Novosti
655 - HD: Robert Hunt Library
656 - H: Popper
657 - BG, HG: SCA/Tallandier - **MG:** Tallandier
658 - HM: Novosti - **BY:** Topham
659 - M: Hulton Deutsch Collection
660 - HY: AP - **MD:** Camera Press - **BM:** Robert Hunt Library
661 - HD: Popper - **BX, HG:** Topham
663 - B: National Archives of Canada - **HG:** Popper - **HD:** Topham
664 - H: Popper
665 DITE (toutes ill.)
666 - B: Magnum
667 - H: David King Collection - **BD:** Magnum - **BG:** Tom Hopkinson
668 Chronicle (toutes ill.)
669 - B: Camera Press - **HD, HG:** Popper
672 - HG: Hulton Deutsch Collection - **BD, BG, HD, MX, MY:** Popper
673 - BY, HM: Hulton Deutsch Collection - **BD, BG, BX, HD:** Popper - **HG:** DITE
674 - HG: Camera Press - **BD, BG, BX, BY, HD, HX, HY:** Popper
675 - BG: Camera Press - **HG:** Hulton Deutsch Collection - **HD:** Newark - **BX, BY, HM:** Popper - **BD:** US Army
676 - BY, HX: Camera Press - **HG, HY:** DITE - **BG:** Hulton Deutsch Collection - **BD, BX, HD:** Popper
677 - HD: DITE - **HG:** Hulton Deutsch Collection - **BD, BG, BX, BY, HX, HY:** Popper
678 - B: Edimedia
679 - MG: SCA/Tallandier - **MD:** Edimedia
681 - MG: Keystone/Tallandier - **BD:** DR
682 - HG: DR - **HX:** Keystone - **HY:** Roger Viollet/Tallandier - **HD, MG, MX, MY:** Tallandier - **MD:** SCA/Tallandier
683 - HG, HX, HY, MG, MX, MY, MD: Tallandier - **HD:** Roger Viollet
684 - HG: Keystone - **HX: DR - HY: DR - HD:** Larousse - **MG, MX:** Tallandier - **MY:** Keystone - **MD:** IWM
685 - HG, HD, MX: Tallandier - **HX:** Usis - **HY:** AFP/Larousse - **MG:** DITE - **MY:** Tallandier/Keystone - **MD:** Larousse
686 - MG: AFP/Larousse - **MD:** DITE
687 - MG: Larousse - **M:** DITE - **MD:** Tallandier/Keystone
689 - BG: Tallandier - **BD:** Larousse
690 - M: DR
692 - HD, HX, HY, MD, MX, MY: Chronicle - **MD:** Magnum
693 Chronicle (toutes ill.)
694 - MD: Chronicle - **BD, BX, HD, HX, MX:** Tank Museum
695 - MG: Chronicle - **BG, BM, HG:** IWM - **HM, MD, MD:** Tank Museum
696 Chronicle (toutes ill.)
697 - BG, HD, HG: Chronicle - **BD:** Tank Museum
698 - PP: Chronicle
699 - PP: Chronicle
700 - BD, BY, HX, HY, MD, MX: IWM - **BX, HD, MD, MX, MY:** Ian Hogg
701 - BD, HD, HG, HY, MX: IMW - **HX, MG:** Ian Hogg - **BG, BX, MD, MG, MX, MY, MY:** Tank Museum
702 Chronicle (toutes ill.)
703 - BD: Camera Press - **H:** Chronicle - **BD:** National Archives of Canada
704 - HM, M: Chronicle - **MD:** Ian Hogg
705 à 708 Chronicle (toutes ill.)
709 - D: Chronicle - **BG:** Popper - **HG:** Tallandier
710 - BD: Popper - **HD:** Robert Hunt Library
711 - BD, BG, BM, HD, HG, MD: IWM - **MG:** T.J. Gordon
712 - PP: Chronicle
713 Chronicle (toutes ill.)
714 - BX, BY, HD, MD, MX, MY: IWM - **BD:** Popper - **MX:** Tallandier
715 - H: Chronicle - **BY, MG, MX, MY:** IWM - **BX, MG:** Kenneth Munson - **BG:** MARS
716 - BD, HM, MY: Chronicle - **HD:** Hulton Deutsch Collection
717 - BD, BG, HD, MD, MG: IWM - **HG:** Popper
718 - HD, HX, HY, MD, MX, MY: IWM - **MX:** Kharbine Tapabor - **MY:** Topham
719 - G: Chronicle - **BD, HD, MD:** IWM - **MD:** Kenneth Munson
720 à 723 Chronicle (toutes ill.)
724 - BM, HX, HY, MD, MX, MY: IWM - **HD:** MARS - **MD:** National Air Space Museum - **MX:** Popper
725 Chronicle (toutes ill.)
726 - BD, HD, M, MD: IWM - **M:** Robert Hunt Library
727 - BD, BG, HD, HG, MD, MG: IWM
728 Chronicle (toutes ill.)
729 - BG: Bell Helicopter - **BD, HD, HG, MD, MG:** IWM - **MG:** Newark
730 - D: Chronicle
731 Chronicle (toutes ill.)
732 - D, HD: IWM - **BM:** TRM Pictures
733 - BD: Chronicle - **HD, HG:** IWM
734 - HM, MD: Chronicle - **BD, BM:** IWM
735 - PP: Chronicle
736 Chronicle (touted ill.)
737 - BD, BG, MD, MG: Chronicle - **HD:** IWM
738 IWM (toutes ill.)
739 - PP: Chronicle
740 - BM: IWM - **M:** National Aviation Museum - **MD:** Popper - **HM:** Topham
741 - BD, HD, HG, MD, MG, MG: IWM - **MD:** MARS - **BD:** Popper
742 à 747 Chronicle (toutes ill.)